KICKER-ALMANACH 2017

Zusammenstellung und Bearbeitung

Robert Hohensee

Ulrich Matheja

COPRESS VERLAG

INHALTSVERZEICHNIS

Kapitel 1:
Die Saison
Die Ergebnisse der Saison 10
- Die Spiele der A-Nationalmannschaft 13
- Die Spiele der Junioren-Nationalmannschaft U21 16
- Die Spiele der Olympia-Auswahl 17
- Die Spiele der Frauen-A-Nationalmannschaft 19

Die Europapokalspiele der deutschen Klubs .. 21
Die Bundesliga 2015/16 32
- Alle Spielereinsätze und Torschützen 32
- Die Abschlusstabelle 35
- Die „Ewige Tabelle" (1963–2016) 37

Die 2. Bundesliga 2015/16 38
- Alle Spielereinsätze und Torschützen 38
- Die Abschlusstabelle 41
- Die „Ewige Tabelle" (1974–2016) 42

Die 3. Liga 2015/16 44
- Alle Spielereinsätze und Torschützen 44
- Die Abschlusstabelle 48
- Die „Ewige Tabelle" (2008–2016) 49

Die Regionalliga 2015/16................. 50
- Die Abschlusstabelle Nord 50
- Die Abschlusstabelle Nordost 51
- Die Abschlusstabelle West 52
- Die Abschlusstabelle Südwest 53
- Die Abschlusstabelle Bayern 54

Weitere wichtige Entscheidungen........... 55
- DFB-Pokal-Endspiel 2016 Männer 55
- Aufstieg zur Bundesliga 2016 55
- Aufstieg zur 2. Bundesliga 2016 55
- Aufstieg zur 3. Liga 2016 56
- Deutsche A- und B-Junioren-Meisterschaft (U19 und U17) 57
- DFB-Junioren-Vereinspokal-Endspiel 2016 57
- DFB-Pokal-Endspiel 2016 Frauen 57
- Die Abschlusstabelle der Frauen-Bundesliga 2015/16 58
- Aufstieg zur Frauen-Bundesliga 59
- Die Abschlusstabellen der 2. Frauen-Bundesliga 2015/16 59
- Die Abschlusstabellen der fünfthöchsten deutschen Spielklassen 2015/16 60
- Aufstieg zur Regionalliga 2016 63

Kapitel 2:
Die Länderspiele
Die Bilanz der 917 deutschen A-Länderspiele . 66
- Alle Spiele von 1908–2016, alle Aufstellungen und Torschützen 69
- Die 87 Länderspielgegner in der Einzelbilanz 116
- Die Erklärung der Länderkürzel 127

- Ehrentafel der Nationalspieler 128
- Rangliste der Nationalspieler mit 50 und mehr Länderspielen 159
- Rangliste der Vereine mit mehr als 50 Berufungen 161
- Die Länderspieltorschützen 164
- Die Trainerbilanzen 166

Die Bilanz der 334 Junioren-Länderspiele U21 167
- Alle Spiele von 1979–2016, alle Aufstellungen und Torschützen 169
- Berufungen zu den Junioren-Spielen U21 186
- Alle Torschützen der Junioren-Spiele U21 203
- Die häufigsten Berufungen und die erfolgreichsten Vereine 205

Kapitel 3:
Die deutsche Meisterschaft
Die deutschen Meister von 1903–2016 208
- Ehrentafel der Meister 208
- Alle Endspiele von 1903–1963, die Aufstellungen der Meisterklubs sowie die Spielerkader der Meister ab 1963 209
- Die Endrundenspiele von 1903–1963 217

Kapitel 4:
Die deutschen Pokalwettbewerbe
Die DFB-Pokal-Sieger von 1935–2016...... 230
- Ehrentafel der Pokalsieger 230
- Alle Endspiele von 1935–2016 und die Aufstellungen der Pokalsieger 230
- Alle Pokal-Ergebnisse von 1935–2016 236
- Die Pokal-Endspiele der DDR 272

Deutscher Supercup und Ligapokal........ 273
Der Länderpokal der Amateure............ 278

Kapitel 5:
Der deutsche Ligafußball
Die Bundesliga 280
- Die Abschlusstabellen von 1963/64–2015/16 280
- Die Torschützenkönige 1964–2016 289
- Der Aufstieg zur Bundesliga 1964–2016 290
- Bundesliga-Auf- und Abstiege 294

Die 2. Bundesliga 295
- Die Meister der 2. Liga Nord und Süd von 1974–1981 295
- Die Abschlusstabellen der eingleisigen 2. Bundesliga von 1981/82–2015/16 295
- Die Torschützenkönige 1975–2016 302

- Der Aufstieg zur 2. Bundesliga
  1975–2016 *303*
Die 3. Liga. 306
- Die Abschlusstabellen der 3. Liga
  2008/09–2015/16 *306*
- Die Torschützenkönige 2009–2016 *308*
- Der Aufstieg zur 3. Liga 2009–2016 *308*
Die Regionalliga 309
- Die Meister der Regionalligen 1963/64–
  2015/16 *309*
- Die Torschützenkönige 1964–2016 *309*
Die (Amateur-) Oberliga. 311
- Die Meister 1974/75–2015/16 *311*
Die deutschen Regionalmeister vor 1963. . . . 313
- Die Meister der Landes- bzw. Regional-
  Verbände *313*
- Die Gaumeister 1934–1945 *314*
- Die Meister der „alten" 2. Ligen bis 1963 *317*
DDR-Fußball 317
- Die Meister der DDR *317*
- Die Meister der DDR-Liga *317*
Bunt gemischt. 318
- Fußballer des Jahres – Schiedsrichter des
  Jahres – Trainer des Jahres – Bundesliga-
  Nachwuchsrunde – Hallen-Masters/DFB-
  Hallenpokal – DFB-Futsal-Cup – Auch sie
  waren einmal Deutsche Meister

Kapitel 6:
Die 1. Bundesliga
Die Visitenkarten der 18 Bundesligisten 322
Die Bundesligaspieler von A bis Z im Porträt . 334

Kapitel 7:
Die 2. Bundesliga
Die Visitenkarten der 18 Zweitligisten
und ihre Spieler. 410

Kapitel 8:
Die 3. Liga
Die Visitenkarten der 20 Drittligisten
und ihre Spieler. 426

Kapitel 9:
Die Fußball-Weltmeisterschaft
Die Fußball-Weltmeister 440
- Die Siegerliste von 1930–2014 *440*
- Die Qualifikations- und Endrundenspiele
  von 1930–2014 *440*
- Die WM-Torschützenkönige *481*
- Die deutschen WM-Aufgebote *481*
Der FIFA Confederations Cup. 482
- Die Siegerliste von 1992–2013 *482*
- Die Turniere von 1992–2013 *482*
- Die Torschützenkönige von 1992–2013 *485*

Die Junioren-Weltmeisterschaft U20 486
- Die Siegerliste von 1977–2015 *486*
- Die Endrundenturniere von 1977–2015 *486*
Die Junioren-Weltmeisterschaft U17 494
- Die Siegerliste von 1985–2015 *494*
- Die Endrundenturniere von 1985–2015 *494*
Die „Futsal"-Weltmeisterschaft. 501
Die „Beach-Soccer"-Weltmeisterschaft 501

Kapitel 10:
Die Olympischen Fußballturniere
Die Fußball-Olympiasieger 504
- Die Siegerliste von 1908–2016 *504*
- Die Olympischen Fußball-Wettbewerbe
  von 1900/1908–2016 *504*
- Die Medaillenspiegel beim Olympischen
  Fußball-Turnier *515*
- Die Torschützenkönige von 1908–2016 *516*
- Die deutschen Olympia-Aufgebote *516*
Die Bilanz der 49 Spiele der deutschen
Olympia-Auswahl von 1982- 2016 517
- Die Ergebnisse von 1982–1998 *517*
- Die Aufstellungen und Torschützen 2016 *517*
- Die Geschichte der deutschen Olympia-
  Mannschaften *518*

Kapitel 11:
Die Fußball-Europameisterschaft
Die Fußball-Europameister 522
- Die Siegerliste von 1960–2016 *522*
- Die Qualifikations- und Endrundenspiele
  von 1960–2016 *522*
- Die EM-Torschützenkönige *535*
- Die deutschen EM-Aufgebote *535*
Die Junioren-Europameisterschaft U21/U23 . 536
- Die Siegerliste von 1972–2015 *536*
- Die deutschen Qualifikationsspiele und
  Endrunden
  von 1972–2015 *536*
Die Junioren-Europameisterschaft U18/U19 . 542
- Die Siegerliste der FIFA/UEFA-Jugendturniere
  von 1948–1980 *542*
- Die EM-Siegerliste von 1981–2016 *542*
- Die deutschen Qualifikationsspiele und
  Endrunden von 1981–2016 *542*
Die Junioren-Europameisterschaft U16/U17 . 552
- Die Siegerliste von 1982–2016 *552*
- Die deutschen Qualifikationsspiele und
  Endrunden von 1982–2016 *552*
Die Amateur-Wettbewerbe der UEFA 564
- Die Siegerliste der Amateur-EM von
  1967–1978 und des „UEFA Regions Cup"
  von 1999–2015 *564*
Die „Futsal"-Europameisterschaft. 564
- Die Siegerliste von 1996–2014 *564*
- Der Wettbewerb 2015/16 *564*

Der UEFA „Futsal" Cup 564
- Die Siegerliste von 2002–2015 *564*
- Der Wettbewerb 2015/16 *565*

Kapitel 12:
Die Europapokale
Der Europapokal der Landesmeister/
Champions League..................... 568
- Die Siegerliste von 1956–2016 *568*
- Die Ergebnisse und Siegermannschaften
  von 1956–2016 *568*
Der Europapokal der Pokalsieger 609
- Die Siegerliste von 1961–1999 *609*
- Die Endspielergebisse und Siegermannschaften
  von 1961–1999 *608*
Messepokal/UEFA-Pokal/Europa League.... 615
- Die Siegerliste von 1958–2016 *615*
- Die Ergebnisse und Siegermannschaften
  von 1958–2016 *615*
Statistisches 672
- Die Rangliste der Sieger und Finalisten
  von 1956–2016 *672*
- Die Bilanzen der deutschen Klubs und
  Städte *674*
- Die Nationenwertung von 1956–2016 *675*
Die UEFA-Youth League 676
- Die Siegerliste von 2014–2016 *576*
- Der Wettbewerb 2015/16 *576*

Kapitel 13:
Der Jugendfußball
Die Junioren-Länderspiele U19/U20........ 678
- Die Bilanz der 190 Spiele von 1981–2016 *678*
- Alle Spiele von 1981–2016, alle Aufstellungen
  und Torschützen *679*
- Die Sieger der U-20-Spielrunde von
  2002–2016 *688*
Die A-Junioren-Länderspiele U18/U19...... 688
- Die Bilanz der 992 Spiele *688*
- Alle Aufstellungen und Torschützen 2015/16 *690*
Die B1-Junioren-Länderspiele U17......... 692
- Die Bilanz der 523 Spiele *692*
- Alle Aufstellungen und Torschützen 2015/16 *693*
Die B2-Junioren-Länderspiele U16 (Schüler) . 695
- Die Bilanz der 453 Spiele *695*
- Alle Aufstellungen und Torschützen 2015/16 *696*
Die C-Junioren-Länderspiele U15.......... 697
- Die Bilanz der 33 Spiele *697*
- Alle Aufstellungen und Torschützen 2015/16 *697*
Die deutsche A-Junioren-Meisterschaft
U18/U19 698
- Die Siegerliste von 1969–2016 *698*
- Die Endrundenspiele und Siegermannschaften
  von 1969–2016 *698*
Die deutsche B-Junioren-Meisterschaft
U16/U17 707
- Die Siegerliste von 1977–2016 *707*
- Die Endrundenspiele und Siegermannschaften
  von 1977–2016 *707*
Der DFB-Junioren-Vereinspokal U18/U19 ... 715
- Die Siegerliste von 1987–2016 *715*
- Die Endrundenspiele und Siegermannschaften
  von 1987–2016 *715*
Weitere Junioren-Wettbewerbe............ 723
- Die Länderpokal-Sieger von 1953–2009 *723*
- Die Sieger der Sichtungsturniere ab 2010 *723*
- Die Meister der A-Junioren-Bundesliga *723*
- Die Meister der B-Junioren-Bundesliga *723*
- Die Meister der C-Junioren-Regionalligen *723*

Kapitel 14:
Der Frauen-Fußball
Die Frauen-A-Länderspiele................ 726
- Die Bilanz der 431 Spiele von 1982–2016 *726*
- Alle Spiele von 1982-2016, alle Aufstellungen
  und Torschützen *726*
- Berufungen zu den Frauen-Länderspielen *750*
- Alle Torschützen der Frauen-Länderspiele *761*
- Die häufigsten Einsätze *762*
Die Frauen-Länderspiele U23............. 762
- Die Bilanz der 19 Spiele von 2007–2012 *762*
Die Frauen-Länderspiele U21............. 762
- Die Bilanz der 102 Spiele von 1990–2006 *762*
Die Frauen-Länderspiele U20............. 763
- Die Bilanz der 53 Spiele von 2006–2016 *763*
- Alle Aufstellungen und Torschützen
  2015/16 *763*
Die Frauen-Länderspiele U19............. 764
- Die Bilanz der 220 Spiele *764*
- Alle Aufstellungen und Torschützen
  2015/16 *764*
Die Juniorinnen-Länderspiele U17 766
- Die Bilanz der 246 Spiele von 1997–2016 *766*
- Alle Aufstellungen und Torschützen
  2015/16 *766*
Die Juniorinnen-Länderspiele U16 768
- Die Bilanz der 67 Spiele von 2007–2016 *768*
- Alle Aufstellungen und Torschützen
  2015/16 *768*
Die Juniorinnen-Länderspiele U15 769
- Die Bilanz der 61 Spiele von 2003–2016 *769*
- Alle Aufstellungen und Torschützen
  2015/16 *769*
Die deutsche Frauen-Meisterschaft 771
- Die Siegerliste von 1974–2016 *771*
- Die Endrundenspiele und Siegermannschaften
  von 1974–1990 *771*

Die zweigeteilte Frauen-Bundesliga 776
- Die Siegerliste 1991–1997 776
- Die Endrundenspiele und Siegermannschaften von 1991–1997 776

Die eingleisige Frauen-Bundesliga 777
- Die Abschlusstabellen und Spielerinnen der Meister von 1998–2016 777

Die „Ewige" Tabelle der Frauen-Bundesliga seit 1990/91. 781

Der DFB-Frauen-Pokal 782
- Die Siegerliste 1981–2016 782
- Die Endrundenspiele und Siegermannschaften von 1981–2016 782

Sonstiges. 797
- Die Länderpokal-Sieger – Frauen-Supercup – Bundesliga-Eröffnungsturnier – Frauen-Masters/DFB-Hallenpokal – Fußballerinnen des Jahres – Bundesliga-Torschützenköniginnen – Die Meister der 2. Frauen-Bundesliga – Die Deutsche B-Juniorinnen-Meisterschaft – Die Meister der B-Juniorinnen-Bundesliga

Die Weltmeisterschaft der Frauen. 799
- Die Siegerliste von 1991–2015 799
- Die Endrundenspiele und Siegermannschaften von 1991–2015 799

Das Olympiaturnier der Frauen. 802
- Die Siegerliste von 1996–2016 7802
- Die Endrundenspiele und Siegermannschaften von 1996–2016 802

Die U19/20-Weltmeisterschaft der Frauen ... 804
- Die Siegerliste von 2002–2014 804
- Die Endrundenspiele 2014 804

Die U17-Weltmeisterschaft der Juniorinnen .. 804
- Die Siegerliste von 2008–2014 804
- Die Endrundenspiele 2014 804

Die Europameisterschaft der Frauen 805
- Die Siegerliste von 1984–2013 805
- Die deutschen Qualifikationsspiele, Endrunden und Siegermannschaften von 1984–2013 805

Die U19-Europameisterschaft der Frauen ... 808
- Die Siegerliste von 1998–2016 808
- Die Endrundenspiele 2016 808

Die U17-Europameisterschaft der Juniorinnen 808
- Die Siegerliste von 2008–2016 808
- Die Endrundenspiele 2016 808

UEFA-Frauen-Pokal/Champions League 809
- Die Siegerliste von 2002–2016 808
- Die Ergebnisse und Siegermannschaften von 2002–2016 808

Die Weltfußballerinnen des Jahres. 814
UEFA Best Player in Europe 814
Die Welttrainer/innen des Jahres 814

Kapitel 15:
Anhang

Europas Abschlusstabellen und Pokal-Endspiele 2015/16 816

Auszeichnungen 826
- Die Weltfußballer des Jahres von 1982–2015 825
- Europas Fußballer des Jahres von 1956–2015 827
- Europas Torjäger des Jahres von 1968–2016 827
- Die Welttrainer des Jahres von 2010–2015 827

100 Jahre „Copa America" 1916-2016. 828

Weitere Kontinentalmeisterschaften 835
- Nord-/Mittelamerika – Afrika – Asien – Ozeanien – bedeutende regionale Turniere

Internationale Klub-Wettbewerbe 836
- UEFA Supercup 836
- Weltpokal 837
- FIFA-Klub-Weltmeisterschaft 37
- Intercontinental-Cup 37
- Südamerika: Copa Libertadores, Supercopa, Recopa, Copa Conmebol, Copa Mercosur, Copa Merconorte, Copa Sudamericana 838
- Nord-/Mittelamerika: Pokal der Landesmeister, Pokal der Pokalsieger 839
- Afrika: Pokal der Landesmeister, Pokal der Pokalsieger, CAF Cup, Confederation Cup, Super Cup 840
- Asien: Pokal der Landesmeister/Champions League, Pokal der Pokalsieger, Super Cup, AFC Cup, Presidents Cup 842
- Ozeanien: Pokal der Landesmeister/ O-League 843

Wichtige Termine für die Fußballsaison 2015/16. 844
- Die Spielzeit Monat für Monat 844
- Die Spielzeit nach Wettbewerben 846

Titelbild: SVEN SIMON (Jerome Boateng, der Fußballer des Jahres 2016);
Bilder Innenteil: Imago

© 2016 by Copress Verlag in der Stiebner Verlag GmbH,
Hirtenweg 8 b, 82031 Grünwald und
Olympia-Verlag GmbH, Badstraße 4-6, 90402 Nürnberg
Alle Rechte vorbehalten. Wiedergabe, auch auszugsweise, nur mit
ausdrücklicher Genehmigung durch den Verlag.   www.copress.de
Gesamtherstellung: Stiebner, Grünwald   Printed in Germany
ISBN-13: 978-3-7679-1104-8

Vorwort

Nach der EM ist vor der WM. Und wieder gibt es einen Schnitt. Bastian Schweinsteiger und Lukas Podolski, die 2004 in der Nationalmannschaft debütierten, erklärten nach der EM in Frankreich ihren Rücktritt aus derselben. Beide stehen stellvertretend für die Generation, die nach dem blamablen EM-Aus 2004 maßgeblich am Neuaufbau des DFB-Flaggschiffs beteiligt waren. Erst unter Jürgen Klinsmann und seit zehn Jahren unter Joachim Löw. Seitdem hat Deutschland in jedem Turnier (je drei Welt- und Europameisterschaften) mindestens das Halbfinale erreicht. Rekord! Dass es nach dem WM-Titel 2014 nicht zum EM-Titel 2016 langte, ist dabei (fast) nebensächlich. Verletzungen und die Sperre von Hummels im Halbfinale gegen Frankreich trugen sicherlich dazu bei. Allerdings zeigte die deutsche Mannschaft in der ersten Halbzeit eine hervorragende Leistung – belohnte sich jedoch nicht durch ein Tor. Hier muss und wird der Bundestrainer in der bald anstehenden WM-Qualifikation ansetzen. Es ist bezeichnend, dass der bereits abgeschriebene Mario Gomez wie Phönix aus der Asche in die Stammformation zurückkehrte und sein verletzungsbedingtes Fehlen im Halbfinale als bedeutende Schwächung der Offensive gewertet wurde. Sollte aber Mario Götze in neuer alter Umgebung wieder in Form kommen und Marco Reus von Last-Minute-Verletzungen verschont bleiben, dürfte man den kommenden Aufgaben gelassen zusehen. Alles andere wäre Jammern auf höchstem Niveau.

Schließlich haben sich auch einige Spieler ins Gespräch gebracht, die auf eine fast nicht lösbare Mission nach Rio geschickt wurden. Gemeint ist die Olympia-Auswahl, über deren Reise nach Brasilien niemand so recht glücklich zu sein schien. Dabei hatte sich erstmals seit 1988 wieder ein DFB-Team für Olympia qualifiziert. Doch vielen Vereinen war – verständlich – das Hemd näher als die Hose. Nach langen Verhandlungen einigte man sich, maximal zwei Spieler pro Verein zu nominieren. Doch Horst Hrubesch hatte schon oft gezeigt, dass er ein erfolgreiches Team formen kann. Schließlich kommt ein Großteil der WM-Mannschaft von 2014 aus der U 21, die unter seiner Führung 2009 Europameister wurde. Auch das diesjährige Olympia-Team wuchs von Spiel zu Spiel zu einer Einheit zusammen und erreichte als erstes DFB-Team ein olympisches Finale. Das hatte vorher nur die DDR geschafft (Olympiasieger 1976, Finalist 1980). Dass es am Ende nicht zu Gold langte, war Pech. Schließlich spielte man nicht nur gegen elf Gegenspieler und ein enthusiastisches Publikum sondern gegen ein Land, in dem der Stachel von 2014 noch tief sitzt. Trotz seines Weltstars Neymar brauchte Brasilien aber eine Verlängerung und das Elfmeterschießen, um seine Fans nach den Enttäuschungen der letzten Jahre halbwegs zu versöhnen.

Horst Hrubesch geht nach über 16 Jahren nun in den verdienten Ruhestand. Ihren Abschied als Bundestrainerin hatte auch Silvia Neid, seit für die Frauen-Nationalmannschaft zuständig, angekündigt. Ihre Erfolgsbilanz als Trainerin ist beeindruckend: Weltmeisterin 2007, Europameisterin 2009 und 2013, Olympiasiegerin 2016. Sie gewann alles, was es zu gewinnen gab! Ihre Nachfolgerin Steffi Jones kennt sich mit Erfolgen auch bestens aus. Als Spielerin war sie 2003 Weltmeisterin, dreimal Europameisterin. Und von Olympia kehrte sie 2000 und 2004 mit Bronze zurück. Ihre erste Bewährungsprobe ist die EM 2017 in den Niederlanden. Schließlich konnte die DFB-Auswahl schon achtmal Europameister werden und hat den EM-Titel seit 1995 abonniert. Was die Aufgabe aber sicherlich nicht einfacher macht. Das Gold von Rio sollte deshalb eher Ansporn als Hypothek sein.

Ein weiterer Erfolgstrainer nahm im Sommer 2016 Abschied – wenn auch „nur" vom FC Bayern München und der Bundesliga. Pep Guardiola zieht es in die Premier League zu Manchester City. In seinen drei Jahren beim deutschen Rekordmeister holte Guardiola drei Meisterschaften in Folge, zweimal das Double, je einmal die Klub-Weltmeisterschaft und den europäischen Supercup. Dafür wäre er bei jedem Verein unsterblich geworden und die Fans würden ihm ein Denkmal nach dem anderen bauen, doch in München zählt anscheinend nur ein Wettbewerb: die Champions League. Und obwohl er auch hier dreimal in Folge das Halbfinale erreichte, konnte er den Coup von Jupp Heynckes aus dem Jahr 2013 nicht wiederholen. 2014 war gegen Real Madrid, 2015 gegen den FC Barcelona und dieses Jahr gegen Atletico Madrid Endstation. Nun nimmt der FC Bayern mit Carlo Ancelotti einen neuen Anlauf. Dass die Bayern mit ihm auch die fünfte Meisterschaft in Folge (bereits vier waren neuer Rekord!) gewinnen, scheint beschlossene Sache. Allerdings hat auch Rivale Borussia Dortmund gewaltig aufgerüstet. Vielleicht gibt es ja wieder ein deutsches Finale auf britischem Boden wie 2013. Diesmal aber nicht in Wembley sondern in der walisischen Hauptstadt Cardiff. Dem deutschen Fußball würde es gut tun. 2014 wurde Deutschland ein Jahr nach dem Finale FC Bayern – Borussia Dortmund Weltmeister. Und 2018 steht die nächste WM an.

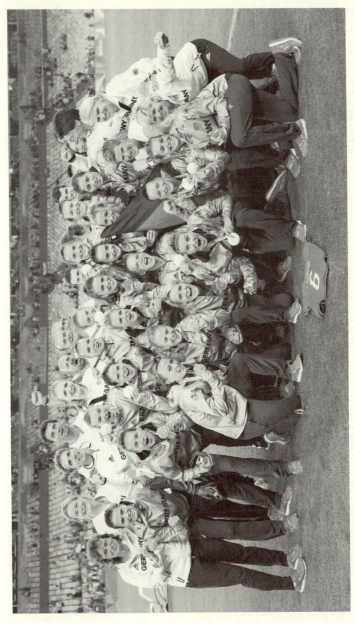

Gold zum Abschied: Silvia Neid (vordere Reihe ganz rechts) krönte ihre bemerkenswerte Karriere als Bundestrainerin mit dem Olympiasieg in Rio de Janeiro.

Von alledem kann der „Rest" der Bundesliga momentan nur träumen. Im Zeitalter explodierender Ablösesummen und Spielergehälter geht die Schere immer weiter auseinander. Und manchmal verdirbt Geld auch den Charakter. Charakter bewies dagegen Jerome Boateng nach der fremdenfeindlichen Verbalattacke aus dem rechten Lager. Auch die Fans zeigten Flagge und bekundeten ihr „Ja" zu Boateng als Nachbar. Die deutschen Sportjournalisten setzten noch einen drauf und wählten den Abwehrspieler vom FC Bayern München zu Deutschlands Fußballer des Jahres 2016. Bravo!

Ob das viele Geld der Bundesliga gut tut, wird sich zeigen. Nicht immer bedeuten erstklassige Gehälter auch erstklassige Leistungen. Beispiele aus der Premier League gibt es genug. Zum anderen wäre ein Serge Gnabry, der beim FC Arsenal nicht zum Stamm gehört, durch seinen Auftritt bei Olympia aber auch ins Blickfeld der Bundesliga geriet, hierzulande wohl nur für ganz wenige Klubs finanzierbar. Irgendwann ist man halt gefangen im goldenen Käfig.

Trotzdem gibt es genug Beispiele, dass man auch durch solides Wirtschaften auf den Erfolgsweg kommen kann. Borussia Mönchengladbach und der 1. FSV Mainz 05 sind zwei. Und auch eine Etage tiefer bewies der SC Freiburg, dass man auch mit weniger Geld durchaus Beachtliches leisten kann. Postwendend gelang dem Team von Trainer Christian Streich die Rückkehr in die Bundesliga. In diese zieht mit RB Leipzig zum ersten Mal seit 2009 wieder ein Klub aus den neuen Bundesländern ein. Damals stieg Energie Cottbus ab und RB wurde gegründet. Während es in der Lausitz aber seitdem bergab ging und der FC Energie 2016/17 nur noch viertklassig ist, begab sich RB sofort auf die Überholspur. Der Aufstieg soll nur eine weitere Zwischenstation sein. Ganz offen wird im Umfeld von der Champions League gesprochen. Ob hier ein neuer Rivale für den FC Bayern heranwächst, wird die Zukunft zeigen. Auch wenn es nicht bei allen gut ankommt, Tradition ist letztlich (leider) nicht alles. Wie sagten schon die alten Römer: pecunia not olet. Geld stinkt nicht.

Dass Tradition alleine nicht ausreichend ist, zeigte sich in der Relegation zwischen Eintracht Frankfurt und dem 1. FC Nürnberg. Die Eintracht befand sich im Frühjahr 2016 im freien Fall, der fünfte Abstieg drohte. Der 1. FC Nürnberg legte dagegen eine tolle Rückrunde hin – und trotzdem langte es nicht zum Wiederaufstieg. Damit hat der Drittletzte der Bundesliga zum vierten Mal in Folge in der Relegation die Klasse halten können.

Die Klasse halten konnte auch ein Klub, der für viele Experten Abstiegskandidat Nr. 1 war: der SV Darmstadt 98. Sein Erfolgscoach Dirk Schuster wurde vom kicker-sportmagazin zum „Mann des Jahres 2015" und von den Sportjournalisten zum Trainer des Jahres gekürt. Jetzt hat er das Böllenfalltor in Richtung FC Augsburg verlassen. Und mit ihm viele Leistungsträger der letzten Jahre. Ob das „Modell Darmstadt" damit am Ende ist, ist nur eine von vielen spannenden Fragen der kommenden Spielzeit. Auch die Würzburger Kickers haben gezeigt, dass es auch ohne großes Budget durchaus möglich sein kann, erfolgreich Fußball zu spielen.

Auf eine lange Tradition zurückblicken kann auch der Fußball in Südamerika. Bereits 1916, als Europa inmitten eines mörderischen Weltkriegs steckte, wurde dort der erste Kontinentalmeister ermittelt. Die 100-jährige Geschichte der „Copa America" wird in diesem Almanach entsprechend gewürdigt. Gewürdigt werden soll auch das Engagement der vielen Leserinnen und Leser, die uns wieder über die E-Mail-Adresse almanach@kicker.de kontaktiert haben. Der Teufel liegt halt manchmal im Detail. Wir hoffen jedoch, auch diesmal wieder eine gute Mischung gefunden zu haben und wünschen allen eine spannende Saison 2016/17.

Nürnberg, im August 2016　　　　　　　　　　　　　　　　　　　　　　　　U. M.

KAPITEL 1

DIE SAISON

Die deutschen Länderspiele

Die A-Nationalmannschaft

3. September 2014 gegen **Argentinien** in Düsseldorf	2:4	(0:2)
4. September 2015 gegen **Polen** in Frankfurt (EM-Qualifikation)	3:1	(2:1)
7. September 2015 gegen **Schottland** in Glasgow (EM-Qualifikation)	3:2	(2:2)
8. Oktober 2015 gegen **Irland** in Dublin (EM-Qualifikation)	0:1	(0:0)
11. Oktober 2015 gegen **Georgien** in Leipzig (EM-Qualifikation)	2:1	(0:0)
13. November 2015 gegen **Frankreich** in Paris Saint-Denis	0:2	(0:1)
17. November 2015 gegen die **Niederlande** in Hannover	abgesagt	
26. März 2016 gegen **England** in Berlin	2:3	(1:0)
29. März 2016 gegen **Italien** in München	4:1	(2:0)
29. Mai 2016 gegen die **Slowakei** in Augsburg	1:3	(1:2)
4. Juni 2016 gegen **Ungarn** in Gelsenkirchen	2:0	(1:0)
12. Juni 2016 gegen die **Ukraine** in Lille (EM-Gruppenspiel)	2:0	(1:0)
16. Juni 2016 gegen **Polen** in Paris Saint-Denis (EM-Gruppenspiel)	0:0	
21. Juni 2016 gegen **Nordirland** in Paris (EM-Gruppenspiel)	1:0	(1:0)
26. Juni 2016 gegen die **Slowakei** in Lille (EM-Achtelfinale)	3:0	(2:0)
2. Juli 2016 gegen **Italien** in Bordeaux (EM-Viertelfinale)	n. V. 1:1 (1:1, 0:0) Elfmeterschießen 6:5	
7. Juli 2016 gegen **Frankreich** in Marseille (EM-Halbfinale)	0:2	(0:1)

Die Junioren-Nationalmannschaft U 21

3. September 2015 gegen **Dänemark** in Lübeck	2:1	(0:1)
8. September 2015 gegen **Aserbaidschan** in Baku (EM-Qualifikation)	3:0	(1:0)
9. Oktober 2015 gegen **Finnland** in Essen (EM-Qualifikation)	4:0	(3:0)
13. Oktober 2015 gegen **Färöer** in Torshavn (EM-Qualifikation)	6:0	(4:0)
13. November 2015 gegen **Aserbaidschan** in Regensburg (EM-Qualifikation)	3:1	(2:1)
17. November 2015 gegen **Österreich** in Fürth (EM-Qualifikation)	4:2	(2:1)
24. März 2016 gegen **Färöer** in Frankfurt (EM-Qualifikation)	4:1	(1:1)
29. März 2016 gegen **Russland** in Rostow (EM-Qualifikation)	2:0	(1:0)

Die Olympia-Mannschaft

4. August 2016 gegen **Mexiko** in Salvador (Olympia-Gruppenspiel)	2:2	(0:0)
7. August 2016 gegen **Südkorea** in Salvador (Olympia-Gruppenspiel)	3:3	(1:1)
10. August 2016 gegen **Fidschi** in Belo Horizonte (Olympia-Gruppenspiel)	10:0	(6:0)
13. August 2016 gegen **Portugal** in Brasilia (Olympia-Viertelfinale)	4:0	(1:0)
17. August 2016 gegen **Nigeria** in Sao Paulo (Olympia-Halbfinale)	2:0	(1:0)
20. August 2016 gegen **Brasilien** in Rio de Janeiro (Olympia-Endspiel)	n. V. 1:1 (1:1, 0:1) Elfmeterschießen 4:5	

Die Junioren-Nationalmannschaft U 20

3. September 2015 gegen **Italien** in Lucca (U-20-Spielrunde)	2:0	(1:0)
7. September 2015 gegen **Polen** in Wloclawek (U-20-Spielrunde)	1:2	(1:2)
7. Oktober 2015 gegen die **Türkei** in Ulm (Elite Cup)	1:0	(1:0)
10. Oktober 2015 gegen die **Niederlande** in Aalen (Elite Cup)	2:1	(1:0)
13. Oktober 2015 gegen **England** in Heidenheim (Elite Cup)	1:0	(0:0)
12. November 2015 gegen **Italien** in Osnabrück (U-20-Spielrunde)	0:2	(0:1)
16. November 2015 gegen **Polen** in Münster (U-20-Spielrunde)	0:0	
23. März 2016 gegen die **Schweiz** in Freiburg (U-20-Spielrunde)	1:1	(1:0)
26. März 2016 gegen die **Schweiz** in Delémont (U-20-Spielrunde)	1:1	(1:1)

Die Junioren-Nationalmannschaft U 19/18

4. September 2015 gegen **England** in Bergisch Gladbach	2:3	(0:1)
7. September 2015 gegen die **Niederlande** in Raalste	2:1	(0:0)
6. Oktober 2015 gegen die **USA** in Stuttgart (Elite Cup)	8:1	(2:0)
9. Oktober 2015 gegen **Mexiko** in Großaspach (Elite Cup)	1:0	(0:0)
12. Oktober 2015 gegen **Schottland** in Reutlingen (Elite Cup)	2:2	(0:1)
12. November 2015 gegen die **Niederlande** (U18) in Side (Vier-Nationen-Turnier)	0:1	(0:1)

13. November 2015 gegen **Schweden** in Völklingen (Vier-Nationen-Turnier) 3:0 (0:0)
14. November 2015 gegen **Tschechien** (U18) in Side (Vier-Nationen-Turnier) 2:3 (0:0)
15. November 2015 gegen **Serbien** in Pirmasens (Vier-Nationen-Turnier) 1:0 (0:0)
16. November 2015 gegen die **Türkei** (U18) in Side (Vier-Nationen-Turnier) 0:0
17. November 2015 gegen **Frankreich** in Homburg (Vier-Nationen-Turnier) 3:2 (1:1)
14. Dezemberi 2015 gegen die **Ukraine** (U18) in Shefayim (Vier-Nationen-Turnier) 1:0 (0:0)
15. Dezemberi 2015 gegen **Israel** (U18) in Petah Tikva (Vier-Nationen-Turnier) 2:3 (1:1)
17. Dezemberi 2015 gegen **Serbien** (U18) in Shefayim (Vier-Nationen-Turnier) 5:1 (4:1)
24. März 2016 gegen **Frankreich** (U18) in Konz 0:0
26. März 2016 gegen **Südkorea** in Ingelheim 2:1 (1:1)
28. März 2016 gegen **Frankreich** (U18) in Salmtal 4:1 (1:1)
29. März 2016 gegen **Südkorea** in Worms 1:0 (0:0)
20. April 2016 gegen die **Schweiz** (U18) in Grenchen 1:1 (0:0)
10. Mai 2016 gegen **Irland** (U18) in Rüsselsheim 2:2 (1:2)
11. Juli 2016 gegen **Italien** in Stuttgart (EM-Gruppenspiel) 0:1 (0:0)
14. Juli 2016 gegen **Portugal** in Großaspach (EM-Gruppenspiel) 3:4 (1:1)
17. Juli 2016 gegen **Österreich** in Reutlingen (EM-Gruppenspiel) 3:0 (0:0)
21. Juli 2016 gegen die **Niederlande** in Sandhausen (EM, Spiel u. d. 5. Platz) n. V. 3:3 (2:2, 1:0)
Elfmeterschießen 5:4

Die Junioren-Nationalmannschaft U 17

9. September 2015 gegen **Italien** in Bremen (Vier-Nationen-Turnier) 1:2 (1:1)
11. September 2015 gegen **Israel** in Obervieland (Vier-Nationen-Turnier) 6:0 (1:0)
13. September 2015 gegen die **Niederlande** in Oberneuland (Vier-Nationen-Turnier) 2:2 (1:1)
18. Oktober 2015 gegen **Australien** in Chillan (WM-Gruppenspiel) 4:1 (3:0)
22. Oktober 2015 gegen **Argentinien** in Chillan (WM-Gruppenspiel) 4:0 (3:0)
22. Oktober 2015 gegen **Belgien** in Tubize 2:1 (2:0)
24. Oktober 2015 gegen **Belgien** in Tubize 2:0 (0:0)
25. Oktober 2015 gegen **Mexiko** in Talca (WM-Gruppenspiel) 1:2 (0:0)
29. Oktober 2015 gegen **Kroatien** in Concepcion (WM-Achtelfinale) 0:2 (0:1)
18. November 2015 gegen **England** in Burton-upon-Trent 5:3 (3:0)
20. November 2015 gegen **England** in Rotherham 1:2 (1:2)
5. Februar 2016 gegen die **Niederlande** in Lagos (Algarve Cup) 1:0 (0:0)
7. Februar 2016 gegen **England** in Lagos (Algarve Cup) 2:2 (0:2)
9. Februar 2016 gegen **Portugal** in Faro-Loulé (Algarve Cup) 5:0 (2:0)
24. März 2016 gegen die **Slowakei** in Düsseldorf (EM-Qualifikation) 5:1 (2:1)
26. März 2016 gegen **Bulgarien** in Ratingen (EM-Qualifikation) 1:1 (0:1)
29. März 2016 gegen die **Niederlande** in Düsseldorf (EM-Qualifikation) 1:0 (1:0)
5. Mai 2016 gegen die **Ukraine** in Baku (EM-Gruppenspiel) 2:2 (1:1)
8. Mai 2016 gegen **Bosnien-Herzegowina** in Baku (EM-Gruppenspiel) 3:1 (1:1)
11. Mai 2016 gegen **Österreich** in Baku (EM-Gruppenspiel) 4:0 (3:0)
14. Mai 2016 gegen **Belgien** in Baku (EM-Viertelfinale) 1:0 (0:0)
18. Mai 2016 gegen **Spanien** in Baku (EM-Halbfinale) 1:2 (1:0)

Die Junioren-Nationalmannschaft U 16

12. September 2015 gegen **Belgien** in Tubize 5:1 (1:0)
14. September 2015 gegen **Belgien** in Tubize 1:2 (1:1)
22. Oktober 2015 gegen **Österreich** in Kuchl 4:2 (1:1)
24. Oktober 2015 gegen **Österreich** in Rif 2:1 (1:0)
19. November 2015 gegen **Tschechien** in Bautzen 3:0 (2:0)
21. November 2015 gegen **Tschechien** in Zittau 4:1 (2:0)
4. Februar 2016 gegen **Portugal** in Vila Real de Santo Antonio (UEFA-Turnier) 3:3 (1:1)
Elfmeterschießen 4:5
6. Februar 2016 gegen **Frankreich** in Vila Real de Santo Antonio (UEFA-Turnier) 2:1 (2:0)
8. Februar 2016 gegen die **Niederlande** in Vila Real de Santo Antonio (UEFA-Turnier) 2:0 (1:0)
12. April 2016 gegen **Italien** in Meerbusch 3:2 (1:1)
14. April 2016 gegen **Italien** in Bottrop 3:0 (1:0)
16. Mai 2016 gegen **Frankreich** in Soissons 1:1 (0:1)

Die Junioren-Nationalmannschaft U 15

19. Mai 2016 gegen die **Niederlande** in Leer 1:0 (1:0)
21. Mai 2016 gegen die **Niederlande** in Wilhelmshaven 1:2 (0:1)

Die Länderspiele

Die Frauen-A-Nationalmannschaft
18. September 2015 gegen **Ungarn** in Halle (EM-Qualifikation) 12:0 (7:0)
22. September 2015 gegen **Kroatien** in Zagreb (EM-Qualifikation) 1:0 (1:0)
22. Oktober 2015 gegen **Russland** in Wiesbaden (EM-Qualifikation) 2:0 (1:0)
25. Oktober 2015 gegen die **Türkei** in Sandhausen (EM-Qualifikation) 7:0 (3:0)
26. November 2015 gegen **England** in Duisburg 0:0
3. März 2016 gegen **Frankreich** in Tampa (Vier-Nationen-Turnier) 1:0 (0:0)
6. März 2016 gegen **England** in Nashville (Vier-Nationen-Turnier) 2:1 (0:1)
10. März 2016 gegen die **USA** in Boca Raton (Vier-Nationen-Turnier) 1:2 (1:2)
8. April 2016 gegen die **Türkei** in Istanbul (EM-Qualifikation) 6:0 (2:0)
12. April 2016 gegen **Kroatien** in Osnabrück (EM-Qualifikation) 2:0 (1:0)
22. Juli 2016 gegen **Ghana** in Paderborn 11:0 (9:0)
3. August 2016 gegen **Simbabwe** in Sao Paulo (Olympia-Gruppenspiel) 6:1 (2:0)
6. August 2016 gegen **Australien** in Sao Paulo (Olympia-Gruppenspiel) 2:2 (1:2)
9. August 2016 gegen **Kanada** in Brasilia (Olympia-Gruppenspiel) 1:2 (1:1)
12. August 2016 gegen **China** in Salvador (Olympia-Viertelfinale) 1:0 (0:0)
16. August 2016 gegen **Kanada** in Belo Horizonte (Olympia-Halbfinale) 2:0 (1:0)
19. August 2016 gegen **Schweden** in Rio de Janeiro (Olympia-Endspiel) 2:1 (0:0)

Die Frauen-Nationalmannschaft U20
21. Oktober 2015 gegen **Schweden** in Kassel 0:1 (0:0)
2. März 2016 gegen **England** in La Manga (Vier-Nationen-Turnier) 0:1 (0:0)
4. März 2016 gegen **Norwegen U23** in La Manga (Vier-Nationen-Turnier) 3:0 (3:0)
6. März 2016 gegen **Japan U23** in La Manga (Vier-Nationen-Turnier) 0:1 (0:1)

Die Frauen-Nationalmannschaft U19
15. September 2015 gegen **Ungarn** in Szombathely (EM-Qualifikation) 2:0 (0:0)
17. September 2015 gegen **Kasachstan** in Buk (EM-Qualifikation) 7:0 (3:0)
20. September 2015 gegen **Serbien** in Szombathely (EM-Qualifikation) 6:1 (4:0)
5. April 2016 gegen **Irland** in Dublin (EM-Qualifikation) 1:0 (1:0)
7. April 2016 gegen **Polen** in Dublin (EM-Qualifikation) 3:1 (0:0)
10. April 2016 gegen **Aserbaidschan** in Dublin (EM-Qualifikation) 5:1 (1:1)
19. Juli 2016 gegen **Spanien** in Senica (EM-Gruppenspiel) 0:1 (0:0)
22. Juli 2016 gegen die **Schweiz** in Senica (EM-Gruppenspiel) 2:4 (1:1)
25. Juli 2016 gegen **Österreich** in Senica (EM-Gruppenspiel) 3:1 (1:0)

Die Juniorinnen-Nationalmannschaft U17
2. September 2015 gegen **Frankreich** in Baryssau (UEFA-Turnier) 3:1 (1:1)
4. September 2015 gegen **Polen** in Schodsina (UEFA-Turnier) 2:0 (1:0)
7. September 2015 gegen **Weißrussland** in Minsk (UEFA-Turnier) 3:0 (0:0)
26. Januar 2016 gegen **Frankreich** in Salou/Spanien 1:0 (1:0)
28. Januar 2016 gegen **Frankreich** in Salou/Spanien 1:1 (1:0)
19. März 2016 gegen die **Schweiz** in Enzesfeld-Lindabrunn (EM-Qualifikation) 2:0 (1:0)
21. März 2016 gegen **Russland** in Enzesfeld-Lindabrunn (EM-Qualifikation) 3:0 (1:0)
24. März 2016 gegen **Österreich** in Rohrendorf (EM-Qualifikation) 4:1 (0:0)
4. Mai 2016 gegen **Spanien** in Slutsk (EM-Gruppenspiel) 2:2 (0:0)
7. Mai 2016 gegen **Italien** in Schodsina (EM-Gruppenspiel) 0:0
10. Mai 2016 gegen **Tschechien** in Baryssau (EM-Gruppenspiel) 4:0 (3:0)
13. Mai 2016 gegen **England** in Schodsina (EM-Halbfinale) 4:3 (1:1)
16. Mai 2016 gegen **Spanien** in Baryssau (EM-Endspiel) 0:0, Elfmeterschießen 3:2

Die Juniorinnen-Nationalmannschaft U16
2. September 2015 gegen **Dänemark** in Lögumkloster 3:1 (2:0)
18. November 2015 gegen **England** in Burton-upon-Trent 7:0 (3:0)
11. Februar 2016 gegen die **Niederlande** in VR de Santo Antonio (UEFA-Turnier) 1:1 (1:1)
Elfmeterschießen 4:2
13. Februar 2016 gegen **Schottland** in Vila Real de Santo Antonio (UEFA-Turnier) 5:0 (2:0)
15. Februar 2016 gegen **Frankreich** in Vila Real de Santo Antonio (UEFA-Turnier) 2:0 (1:0)
12. Mai 2016 gegen **Österreich** in Traunstein 3:1 (1:1)
1. Juli 2016 gegen **Schweden** in Rade (Nordic Cup, Gruppenspiel) 4:1 (2:1)
3. Juli 2016 gegen die **Niederlande** in Moss (Nordic Cup, Gruppenspiel) 3:2 (2:0)
5. Juli 2016 gegen **Finnland** in Fredrikstad (Nordic Cup, Gruppenspiel) 9:0 (3:0)
7. Juli 2016 gegen **Norwegen** in Sarpsborg (Nordic Cup, Endspiel) 1:3 (0:1)

Die Juniorinnen-Nationalmannschaft U15

28. Oktober 2015 gegen **Schottland** in Bingen	5:1	(3:0)
30. Oktober 2015 gegen **Schottland** in Bingen	6:0	(4:0)
28. November 2015 gegen **Belgien** in Tubize	1:0	(0:0)
27. April 2016 gegen die **Niederlande** in Rijssen	3:3	(2:1)
24. Mai 2016 gegen **Tschechien** in Flöha	5:0	(3:0)
26. Mai 2016 gegen **Tschechien** in Flöha	1:0	(1:0)

Die Spiele der A-Nationalmannschaft

Deutschland – Polen 3:1 (2:1) am 4. September 2015 in Franfurt (EM-Qualifikation)
Deutschland: Neuer (Bayern München) – Can (FC Liverpool), Boateng (Bayern München), Hummels (Borussia Dortmund), Hector (1. FC Köln) – Schweinsteiger (Manchester United), Kroos (Real Madrid) – Müller (Bayern München), Özil (FC Arsenal), Bellarabi (Bayer Leverkusen)/53. Gündogan (Borussia Dortmund) – Götze (Bayern München)/90.+1 Podolski (Galatasaray Istanbul) – Trainer: Löw.
Polen: Fabianski (Swansea City) – Piszczek (Borussia Dortmund)/43. Olkowski (1. FC Köln), Szukala (Osmanlispor Ankara), Glik (FC Turin), Rybus (Terek Grosny) – Jodlowiec (Legia Warschau), Krychowiak (FC Sevilla) – Grosicki (Stade Rennes)/83. Peszko (Lechia Danzig), Milik (Ajax Amsterdam) – Maczynski (Wisla Krakau)/63. Blaszczykowski (AC Florenz) – Lewandowski (Bayern München) – Trainer: Nawalka.
Tore: 1:0 Müller (12.), 2:0 Götze (19.), 2:1 Lewandowski (36.), 3:1 Götze (82.) – SR: Rizzoli (Italien) – Zuschauer: 48 500 (ausverkauft).

Anmerkung: Bei weiteren Länderspielen sind die Vereinsnamen nur noch bei neu hinzukommenden Spielern angegeben.

Schottland – Deutschland 2:3 (2:2) am 7. 9. 2015 in Glasgow (EM-Qualifikation)
Schottland: Marshall (Cardiff City) – Hutton (Aston Villa), R. Martin (Norwich City), Hanley (Blackburn Rovers), Mulgrew (Celtic Glasgow) – Maloney (Hull City)/60. Anya (FC Watford), Forrest (Celtic Glasgow)/81. Ritchie (AFC Bournemouth) – McArthur (Crystal Palace), Brown (Celtic Glasgow)/80. C. Martin (Derby County) – Morrison (West Bromwich Albion) – S. Fletcher (AFC Sunderland) – Trainer: Strachan.
Deutschland: Neuer – Can, Boateng, Hummels, Hector – Schweinsteiger, Kroos – Müller, Gündogan, Özil/90.+2 Kramer (Bayer Leverkusen) – Götze/86. Schürrle (VfL Wolfsburg) – Trainer: Löw.
Tore: 0:1 Müller (18.), 1:1 Hummels (28., Eigentor), 1:2 Müller (34.), 2:2 McArthur (43.), 2:3 Gündogan (54.) – SR: Kuipers (Niederlande) – Zuschauer: 50 753.

Irland – Deutschland 1:0 (0:0) am 8. 10. 2015 in Dublin (EM-Qualifikation)
Irland: Given (Stoke City)/43. Randolph (West Ham United) – Christie (Derby County), Keogh (Derby County), O'Shea (AFC Sunderland), Ward (FC Burnley)/69. Meyler (Hull City) – McCarthy (FC Everton) – Hendrick (Derby County), Brady (Norwich City) – Hoolahan (Norwich City) – Walters (Stoke City), Murphy (Ipswich Town)/65. Long (FC Southampton) – Trainer: O'Neill.
Deutschland: Neuer – Ginter (Borussia Dortmund)/77. Bellarabi, Boateng, Hummels, Hector – Gündogan/84. Volland (TSG 1899 Hoffenheim), Kroos – Özil, Reus (Borussia Dortmund) – Müller – Götze/35. Schürrle – Trainer: Löw.
Tor: 1:0 Long (70.) – SR: Velasco Carballo (Spanien) – Zuschauer: 50 604.

Deutschland – Georgien 2:1 (0:0) am 11. 10. 2015 in Leipzig (EM-Qualifikation)
Deutschland: Neuer – Ginter, Boateng, Hummels, Hector – Gündogan, Kroos – Müller, Özil, Reus/90. Bellarabi – Schürrle/76. M. Kruse (VfL Wolfsburg) – Trainer: Löw.
Georgien: Revishvili (Mordowia Saransk) – Kverkvelia (Rubin Kasan), Amisulashvili (Karsiyaka Izmir), Kashia (Vitesse Arnhem) – Lobjanidze (Omonia Nikosia), Navalovsky (Dila Gori) – Kankava (Stade Reims), Kvekveskiri (Inter Baku)/78. Khizanishvili (Inter Baku) – Kazaishvili (Vitesse Arnhem)/90. Kobakhidze (Wolyn Luzk), Okriashvili (KRC Genk) – Gelashvili (AE Pafos)/46. Vatsadze (Aarhus GF) – Trainer: Tskhadadze.
Tore: 1:0 Müller (50., Foulelfmeter), 1:1 Kankava (53.), 2:1 M. Kruse (79.) – SR: Kralovec (Tschechien) – Zuschauer: 43 630 (ausverkauft).

Frankreich – Deutschland 2:0 (1:0) am 13. 11. 2015 in Paris Saint-Denis
Frankreich: Lloris (Tottenham Hotspur) – Sagna (Manchester City), Varane (Real Madrid), Koscielny (FC Arsenal), Evra (Juventus Turin) – Diarra (Olympique Marseille)/80.Schneiderlin (Manchester United) – Pogba (Juventus Turin), Matuidi (Paris Saint-Germain)/88.Cabaye (Crystal Palace) – Griezmann (Atletico Madrid)/80.Ben Arfa (OGC Nizza), Giroud (FC Arsenal)/69.Gignac (Tigres de Monterrey), Martial (Manchester United)/69.Coman (Bayern München) – Trainer: Deschamps.
Deutschland: Neuer – Rüdiger (AS Rom), Boateng/46.Mustafi (FC Valencia), Hummels – Ginter/79. Volland, Khedira (Juventus Turin)/61.Gündogan, Schweinsteiger, Hector/34.Can – Müller, Draxler (VfL Wolfsburg)/61. Sané(FC Schalke 04) – Gomez (Besiktas Istanbul) – Trainer: Löw.
Tore: 1:0 Giroud (45.+1), 2:0 Gignac (86.) – SR: Mateu Lahoz (Spanien) – Zuschauer: 80 000.

Deutschland – Niederlande abgesagt am 17. 11. 2015 in Hannover
Das Spiel sollte nach den Terror-Anschlägen von Paris laut Bundestrainer Joachim Löw „eine Botschaft für Freiheit und Demokratie" werden. Für Bondscoach Danny Blind stand es „allein im Zeichen der Einigkeit, nicht vor dem Terror zu weichen." Doch es kam anders und die Begegnung wurde wegen eines möglichen Sprengstoffanschlags abgesagt.

Deutschland – England 2:3 (1:0) am 26.3. 2016 in Berlin
Deutschland: Neuer – Can, Rüdiger, Hummels/46. Tah (Bayer Leverkusen), Hector – Khedira, Kroos – Müller/75. Podolski, Özil, Reus/64. Schürrle – Gomez/80. Götze – Trainer: Löw.
England: Butland (Stoke City)/45.+1 Forster (FC Southampton) – Clyne (FC Liverpool), Cahill (FC Chelsea), Smalling (Manchester United), Rose (Tottenham Hotspur) – Dier (Tottenham Hotspur) – Henderson (FC Liverpool), Alli (Tottenham Hotspur) – Lallana (FC Liverpool)/71. Barkley (FC Everton), Welbeck (FC Arsenal)/71. Vardy (Leicester City) – Kane (Tottenham Hotspur) – Trainer: Hodgson.
Tore: 1:0 Kroos (43.), 2:0 Gomez (57.), 2:1 Kane (61.), 2:2 Vardy (74.), 2:3 Dier (90.+1) – SR: Rocchi (Italien) – Zuschauer: 72 000 (ausverkauft).

Deutschland – Italien 4:1 (2:0) am 29. 3. 2016 in München
Deutschland: ter Stegen (FC Barcelona) – Rüdiger, Mustafi, Hummels – Rudy (TSG 1899 Hoffenheim), Hector/85. Ginter – Özil, Kroos/90. Kramer – Müller/69. Can, Draxler/85. Volland – Götze/61. Reus – Trainer: Löw.
Italien: Buffon (Juventus Turin) – Darmian (Manchester United), Bonucci (Juventus Turin)/61. Ranocchia (Sampdoria Genua), Acerbi (Sassuolo Calcio) – Florenzi (AS Rom)/61. De Silvestri (Sampdoria Genua), Giaccherini (FC Bologna)/69. El Shaarawy (AS Rom) – Montolivo (AC Mailand), Motta (Paris Saint-Germain)/68. Parolo (Lazio Rom) – Bernardeschi (AC Florenz), Insigne (SSC Neapel)/68. Okaka (RSC Anderlecht) – Zaza (Juventus Turin)/78. Antonelli (AC Mailand) – Trainer: Conte.
Tore: 1:0 Kroos (24.), 2:0 Götze (45.), 3:0 Hector (59.), 4:0 Özil (75., Foulelfmeter), 4:1 El Shaarawy (83.) – SR: Drachta (Österreich) – Zuschauer: 62 653.

Deutschland – Slowakei 1:3 (1:2) am 29. 5. 2016 in Augsburg
Deutschland: Leno (Bayer Leverkusen)/46. ter Stegen – Kimmich (Bayern München)/75. Schürrle, Boateng/64. Höwedes (FC Schalke 04), Rüdiger – Rudy, Khedira/46. Weigl (Borussia Dortmund), Hector – Götze, Draxler – Sané – Gomez/46. Brandt (Bayer Leverkusen) – Trainer: Löw.
Slowakei: Kozacik (Viktoria Pilsen) – Pekarik (Hertha BSC), Durica (Lokomotive Moskau), Skrtel (FC Liverpool), Svento (1. FC Köln) – Hrosovsky (Viktoria Pilsen)/78. Skriniar (Sampdoria Genua) – Hamsik (SSC Neapel)/85. Gregus (FK Jablonec) – Kucka (AC Mailand)/81. Pecovsky (MSK Zilina), Weiss (Al-Gharafa Doha) – Duris (Viktoria Pilsen)/68. Sestak (Ferencvaros Budapest) – Duda (Legia Warschau)/61. Stoch (Bursaspor) – Trainer: Kozak.
Tore: 1:0 Gomez (13., Foulelfmeter), 1:1 Hamsik (41.), 1:2 Duris (44.), 1:3 Kucka (52.) – SR: Gumienny (Belgien) – Zuschauer: 22 110 – Bes. Vorkommnis: Die Halbzeitpause wurde aufgrund eines schweren Gewitters um 25 Minuten verlängert.

Deutschland – Ungarn 2:0 (1:0) am 4. 6. 2016 in Gelsenkirchen
Deutschland: Neuer – Höwedes, Boateng, Rüdiger, Hector/46. Can – Khedira/46. Gomez, Kroos/68. Schweinsteiger – Müller/69. Sané, Özil, Draxler/60. Schürrle – Götze/79. Podolski – Trainer: Löw.
Ungarn: Kiraly (Szombathely Haladas) – Fiola (Puskas Akademia)/82. Bese (MTK Budapest), Guzmics (Wisla Krakau), Lang (Videoton Szekesfehervar), Kadar (Lech Posen) – Nagy (Ferencvaros Buda-

pest) – Dzsudzsak (Bursaspor), Pinter (Ferencvaros Budapest)/59. Gera (Ferencvaros Budapest), Kleinheisler (Werder Bremen)/82. Stieber (1. FC Nürnberg), Lovrencsics (Lech Posen) – Szalai (Hannover 96)/64. Priskin (Slovan Bratislava) – Trainer: Storck.
Tore: 1:0 Lang (39., Eigentor), 2:0 Müller (63.) – SR: Martin Strömbergsson (Schweden) – Zuschauer: 52 104.

Deutschland – Ukraine 2:0 (1:0) am 12. 6. 2016 in Lille (EM-Gruppenspiel)
Deutschland: Neuer – Höwedes, Boateng, Mustafi, Hector – Khedira, Kroos – Müller, Özil, Draxler/78. Schürrle – Götze/90. Schweinsteiger – Trainer: Löw.
Ukraine: Pyatov (Schachtar Donezk) – Fedetskyy (FC Dnipro), Khacheridi (Dynamo Kiew), Rakytskyy (Schachtar Donezk), Shevchuk (Schachtar Donezk) – Sydorchuk (Dynamo Kiew), Stepanenko (Schachtar Donek) – Yarmolenko (Dynamo Kiew), Kovalenko (Schachtar Donezk)/74. Zinchenko (FK Ufa), Konoplyanka (FC Sevilla) – Zozulya (FC Dnipro)/66. Seleznev (Kuban Krasnodar) – Trainer: Fomenko.
Tore: 1:0 Mustafi (19.), 2:0 Schweinsteiger (90.+2) – SR: Atkinson (England) – Zuschauer: 43 035.

Deutschland – Polen 0:0 am 16. 6. 2016 in Paris Saint-Denis (EM-Gruppenspiel)
Deutschland: Neuer – Höwedes, Boateng, Hummels, Hector – Khedira, Kroos – Müller, Özil, Draxler/71. Gomez – Götze/66. Schürrle – Trainer: Löw.
Polen: Fabianski – Piszczek, Glik, Pazdan (Legia Warschau), Jedrzejczyk (Legia Warschau) – Krychowiak, Maczynski/76. Jodlowiec – Blaszczykowski/80. Kapustka (Cracovia Krakau), Grosicki/87. Peszko – Milik – Lewandowski – Trainer: Nawalka.
SR: Kuipers (Niederlande) – Zuschauer: 73 648.

Nordirland – Deutschland 0:1 (0:1) am 21. 6. 2016 in Paris Prinzenpark (EM-Gruppenspiel)
Nordirland: McGovern (Hamilton Academical) – Hughes (ohne Verein), McAuley (West Bromwich Albion), Cathcart (FC Watford), J. Evans (West Bromwich Albion)/84. McGinn (FC Aberdeen) – Norwood (FC Reading) – Ward (Nottingham Forest)/70. Magennis (FC Kilmarnock), C. Evans (Blackburn Rovers), Davis (FC Southampton), Dallas (Leeds United) – Washington (Queens Park Rangers)/59. Lafferty (Birmingham City) – Trainer: O'Neill.
Deutschland: Neuer – Kimmich, Boateng/76. Höwedes, Hummels, Hector – Khedira/69. Schweinsteiger, Kroos – Müller, Özil, Götze/55. Schürrle – Gomez – Trainer: Löw.
Tor: 0:1 Gomez (30.) – SR: Turpin (Frankreich) – Zuschauer: 44 125.

Deutschland – Slowakei 3:0 (2:0) am 26. 6. 2016 in Lille (EM-Achtelfinale)
Deutschland: Neuer – Kimmich, Boateng/72. Höwedes, Hummels, Hector – Khedira/76. Schweinsteiger, Kroos – Özil, Müller, Draxler/72. Podolski – Gomez – Trainer: Löw.
Slowakei: Kozacik – Pekarik, Skrtel, Durica, Gyömber (AS Rom)/84. Salata (Ferencvaros Budapest) – Skriniar – Kucka, Hrosovsky, Hamsik, Weiss/46. Gregus – Duris/64. Sestak – Trainer: Kozak.
Tore: 1:0 Boateng (8.), 2:0 Gomez (43.), 3:0 Draxler (63.) – SR: Marciniak (Polen) – Zuschauer: 44 312 – Bes. Vorkommnis: Kozacik hält Foulelfmeter von Özil (13.).

Deutschland – Italien n. V. 1:1 (1:1, 0:0)/Elfmeterschießen 6:5 am 2. 7. 2016 in Bordeaux (EM-Viertelfinale)
Deutschland: Neuer – Höwedes, Boateng, Hummels – Kimmich, Hector – Khedira/16. Schweinsteiger, Kroos – Özil, Müller – Gomez/72. Draxler – Trainer: Löw.
Italien: Buffon – Barzagli (Juventus Turin), Bonucci, Chiellini (Juventus Turin)/120. Zaza – Florenzi/86. Darmian, Parolo, De Sciglio (AC Mailand) – Sturaro (Juventus Turin), Giaccherini – Pelle (FC Southampton), Eder (Inter Mailand)/108. Insigne – Trainer: Conte.
Tore: 1:0 Özil (65.), 1:1 Bonucci (78., Handelfmeter) – Elfmeterschießen: 0:1 Insigne, 1:1 Kroos, Zaza verschießt, Müller (gehalten), 1:2 Barzagli, Özil verschießt, Pelle verschießt, 2:2 Draxler, Bonucci (gehalten), Schweinsteiger verschießt, 2:3 Giaccherini, 3:3 Hummels, 3:4 Parolo, 4:4 Kimmich, 4:5 De Sciglio, 5:5 Boateng, Darmian (gehalten), 6:5 Hector – SR: Kassai (Ungarn) – Zuschauer: 38 764.

Deutschland – Frankreich 0:2 (0:1) am 7. 7. 2016 in Marseille
(EM-Halbfinale)
Deutschland: Neuer – Kimmich, Boateng/61. Mustafi, Höwedes, Hector – Schweinsteiger/79. Sané – Can/67. Götze, Kroos – Özil, Draxler – Müller – Trainer: Löw.
Frankreich: Lloris – Sagna, Koscielny, Umtiti (Olympique Lyon), Evra – Pogba, Matuidi – Sissoko (Newcastle United), Payet (West Ham United)/71. Kanté (Leicester City) – Griezmann/90.+2 Cabaye – Giroud/78. Gignac – Trainer: Deschamps.
Tore: 0:1 Griezmann (45.+2, Handelfmeter) – 0:2 Griezmann (72.) – SR: Rizzoli (Italien) – Zuschauer: 64 078.

Die Spiele der Junioren-Nationalmannschaft U 21

Deutschland – Dänemark 2:1 (0:1) am 3. September 2015 in Lübeck
Deutschland: Schwäbe (VfL Osnabrück)/ 46. Wellenreuther (RCD Mallorca) – Toljan (TSG 1899 Hoffenheim)/82. Klostermann (RaseBallsport Leipzig), Tah (Bayer Leverkusen)/46. Stark (Hertha BSC), Süle (TSG 1899 Hoffenheim), Gerhardt (1. FC Köln) – Goretzka (FC Schalke 04)/46. Weigl (Borussia Dortmund), Kimmich (Bayern München)/46. Arnold (VfL Wolfsburg) – Werner (VfB Stuttgart)/61. Öztunali (Werder Bremen), Gnabry (West Bromwich Albion)/46. Meyer (FC Schalke 04), Brandt (Bayer Leverkusen)/73. Sané (FC Schalke 04) – Selke (RB Leipzig) – Trainer: Hrubesch.
Dänemark: Höjbjerg (FC Fredericia) – Holst (Bröndby IF), Banggaard (FC Midtjylland), Gregor (FC Nordsjaelland), Da Silva (Bröndby IF) – Maxsö (FC Nordsjaelland)/73. Greve (Odense BK), Christensen (FC Fulham) – Hjulsager (Bröndby IF)/62. Börsting (Aalborg BK), Nielsen (Esbjerg fB)/62. Marcondes (FC Nordsjaelland), Andersen (Willem II Tilburg)/80. Blaabjerg (Aalborg BK) – Ingvartsen (FC Nordsjaelland)/73. Zohore (Odense BK) – Trainer: Thorup.
Tore: 0:1 Nielsen (42.), 1:1 Werner (51.), 2:1 Öztunali (81.) – SR: Harkam (Österreich) – Zuschauer: 4823.

Aserbaidschan – Deutschland 0:3 (0:1) am 8. 9. 2015 in Baku (EM-Qualifikation)
Aserbaidschan: Magomedaliyev (Sumqayit FK) – Isayev (Neftci Baku), Naghiyev (FK Zira), Badalov (Neftci Baku), Salahli (Qarabag Agdam) – Jamalov (FK Qäbälä), Ilter (TSG Neustrelitz) – Abdullayev (Neftci Baku)/85. Muradbayli (Neftci Baku), Diniyev (Inter Baku)/63. Mustafayev (Qarabag Agdam), Jafarov (Xäzär Länkäran) – Aliyev (Xäzär Länkäran)/46. Karimov (Kapaz Gäncä) – Trainer: Vahabzada.
Deutschland: Wellenreuther – Toljan, Tah, Süle, Gerhardt – Arnold/84. Weigl, Kimmich – Werner/46. Öztunali, Goretzka, Brandt/65. Meyer – Selke – Trainer: Hrubesch.
Tore: 0:1 Selke (33.), 0:2 Kimmich (88., Foulelfmeter), 0:3 Selke (90.+2) – SR: Boucaut (Belgien) – Zuschauer: 500 – Gelb-Rote Karte: Naghiyev (45.) – Bes. Vorkommnisse: Selke schießt Foulelfmeter an den Pfosten (41.), Meyer schießt Handelfmeter an den Pfosten (69.).

Deutschland – Finnland 4:0 (3:0) am 9. 10. 2015 in Essen (EM-Qualifikation)
Deutschland: Wellenreuther – Toljan, Klostermann, Süle – Weigl/68. Meyer – Brandt/46. Gnabry, Kimmich, Goretzka/82. Arnold, Sané – Selke – Trainer: Hrubesch.
Finnland: Virtanen (IFK Mariehamn) – Hatakka (Honka Espoo), Mero (Borussia Mönchengladbach), O´Shaughnessy (FC Brentford), Väisänen (Honka Espoo) – Soiri (Vaasan PS), Kamara (FC Arsenal), Yaghoubi (Rovaniemen PS), Lassas (HJK Helsinki)/64. Anyamele (HIFK Helsinki) – Rahimi (HIFK Helsinki)/76. Tamminen (Vaasan PS), Skrabb (Atvidabergs FF) – Trainer: Kautonen.
Tore: 1:0 Sané (13.), 2:0 Selke (16.), 3:0 Kimmich (27.), 4:0 Sané (90.+1) – SR: Tohver (Estland) – Zuschauer: 4675.

Färöer – Deutschland 0:6 (0:4) am 13. 10. 2015 in Torshavn (EM-Qualifikation)
Färöer: Sigurdsson (IF Fuglafjördur) – Joensen (IF Fuglafjördur), Eriksen (B36 Torshavn), T. Olsen (TB Tvöroyri), Dam (B36 Torshavn) – Bjartalid (KI Klaksvik)/86.Ingason (HB Torshavn), J. Hansen (TB Tvöroyri), B. Hansen (Silkeborg IF)/30.Wardum (HB Torshavn), Heinesen (B36 Torshavn)/59. Egilsson (AB Argir)) – Edmundsson (NSI Runavik) – Thomsen (FC Midtjylland) – Trainer: B. Jacobsen.
Deutschland: Wellenreuther – Toljan, Klostermann, Süle/46.Cacutalua (VfL Bochum), Gerhardt – Kimmich, Goretzka/69.Stendera (Eintracht Frankfurt) – Brandt/46.Gnabry, Sané – Arnold – Meyer – Trainer: Hrubesch.
Tore: 0:1 Meyer (8.), 0:2 Arnold (13.), 0:3 Meyer (40.), 0:4 Süle (45.+2), 0:5 Sané (73.), 0:6 Gnabry (75.) – SR: Amhof (Schweiz) – Zuschauer: 581 – Gelb-Rote Karte: Edmundsson (42.).

Deutschland – Aserbaidschan 3:1 (2:1) am 13. 11. 2015 in Regensburg (EM-Qualifikation)
Deutschland: Wellenreuther – Weiser (Hertha BSC), Akpoguma (Fortuna Düsseldorf), Süle, Toljan – Kimmich/82.Haberer (VfL Bochum) – Arnold/70.Stendera, Goretzka – Gnabry/46.Brandt, Meyer, Werner – Trainer: Hrubesch.
Aserbaidschan: Magomedaliyev – Mammadov (Neftci Baku), Guliyev (FK Zira), Naghiyev – Isayev/81. Nasirov (Kapaz Gäncä), Salahli – Jamalov, Mustafayev – Ilter – Abdullayev/76.Hüseynov (Inter Baku) – Behnke (TSG Neustrelitz)/67.Muradbayli – Trainer: Vahabzada.
Tore: 0:1 Isayev (30.), 1:1 Werner (37.), 2:1 Arnold (43.), 3:1 Werner (63.) – SR: Krastev (Bulgarien) – Zuschauer: 8922 (ausverkauft).

Deutschland – Österreich 4:2 (2:1) am 17. 11. 2015 in Fürth (EM-Qualifikation)
Deutschland: Wellenreuther – Akpoguma, Tah, Süle, Toljan – Weigl/83. Arnold – Kimmich, Goretzka – Sané, Meyer/ – Selke/79. Werner – Trainer: Hrubesch.
Österreich: Bachmann (Bury Town) – Mwene (VfB Stuttgart), Gugganig (FSV Frankfurt), Lienhart (Real Madrid), Martschinko (Austria Wien) – Jäger (SC Rheindorf Altach), Rasner (SV Grödig)/90. Serbest (Austria Wien) – Schöpf (1. FC Nürnberg), M. Gregoritsch (Hamburger SV), Lazaro (RB Salzburg)/55. Gruber ()Sturm Graz – Friesenbichler (Austria Wien)/60. Kvasina (Austria Wien) – Trainer: W. Gregoritsch.
Tore: 0:1 M. Gregoritsch (21., Foulelfmeter), 1:1 M. Meyer (39.), 2:1 Goretzka (42.), 3:1 Selke (50.), 4:1 Sané (76.), 4:2 M. Gregoritsch (86.) – SR: Hernandez Hernandez (Spanien) – Zuschauer: 7852.

Deutschland – Färöer 4:1 (1:1) am 24. 3. 2016 in Frankfurt (EM-Qualifikation)
Deutschland: Wellenreuther – Toljan, Klostermann, Süle, Gerhardt – Stark/46. Dahoud (Borussia Mönchengladbach), Weigl/80. Christiansen (FC Ingolstadt 04) – Sané, Meyer, Brandt/84. Öztunali – Selke – Trainer: Hrubesch.
Färöer: Rasmussen (Vikingur Göta) – Joensen, Eriksen, Nattestad (FH Hafnarfjördur), Jonsson (HB Torshavn) – Dam/84. B. Hansen, Edmundsson (B68 Toftir)/50. Wardum, J. Hansen (FC Helsingör), Bjartalid/70. Egilsson (HB Thorshavn) – T. Jacobsen (HB Thorshavn) – Thomsen – Trainer: B. Jacobsen.
Tore: 1:0 Sané (17.), 1:1 Dam (43.), 2:1 Nattestad (59., Eigentor), 3:1 Meyer (63., Foulelfmeter), 4:1 Brandt (74.) – SR: Kralovic (Slowakei) – Zuschauer: 4152 (ausverkauft).

Russland – Deutschland 0:2 (0:1) am 29. 3. 2016 in Rostow (EM-Qualifikation)
Russland: Borodjko (Jenisei Krasnojarsk) – Zhivoglyadov (Dynamo Moskau), Kuftin (FK Strogino), Zuev (Zenit St. Petersburg), Karavaev (FK Jablonec) – Efremov (Slovan Liberec)/62. Tashaev (Dynamo Moskau), Barinov (Lokomotive Moskau), Yakuba (Kuban Krasnodar)/71. Guliev (Spartak Moskau, Gasilin (FC Schalke 04)/75. Sheydaev (Zenit St. Petersburg) – Zobnin (Dynamo Moskau), Komlichenko (FK Krasnpdar) – Trainer: Pisarev.
Deutschland: Wellenreuther – Toljan, Klostermann/46. Stark, Süle, Gerhardt – Christiansen, Dahoud – Sané/90.+1 Weiser, Meyer, Brandt/89. Amiri (TSG 1899 Hoffenheim) – Selke – Trainer: Hrubesch.
Tore: 0:1 Selke (12.), 0:2 Meyer (79.) – SR: Kalogeropoulos (Griechenland) – Zuschauer: 3000.

Die Spiele der Olympia-Mannschaft

Mexiko – Deutschland 2:2 (0:0) am 4. 8. 2016 in Salvador (Olympia-Gruppenspiel)
Mexiko: Talavera (Deportivo Toluca) – Abella (Santos Laguna), Montes (CR Monterrey), Salcedo (Deportivo Guadalajara), Torres Nilo (Tigres de Monterrey) – Perez (Deportivo Guadalajara), Gutierrez (CF Pachuca) – Pizarro (CF Pachuca)/81. Cisneros (Deportivo Guadalajara), Lozano (CF Pachuca)/83. Guzman (CF Pachuca) – Bueno (Deportivo Guadalajara), Peralta (CF America)/74. Torres (Houston Dynamo) – Trainer: Gutierrez.
Deutschland: Horn (1. FC Köln) – Toljan (TSG 1899 Hoffenheim), Ginter (Borussia Dortmund), Süle (TSG 1899 Hoffenheim), Klostermann (RB Leipzig) – L. Bender (Bayer Leverkusen), S. Bender (Borussia Dortmund) – Brandt (Bayer Leverkusen), Goretzka (FC Schalke 04)/28. Gnabry (FC Arsenal), Meyer (FC Schalke 04)/89. Christiansen (FC Ingolstadt 04) – Selke (RB Leipzig)/84. Petersen (SC Freiburg) – Trainer: Hrubesch.
Tore: 1:0 Peralta (52.), 1:1 Gnabry (58.), 2:1 Pizarro (61.), 2:2 Ginter (79.) – SR: Faghani (Iran) – Zuschauer: 16 500.

Deutschland – Südkorea 3:3 (1:1) am 7. 8. 2016 in Salvador (Olympia-Gruppenspiel)
Deutschland: Horn – Toljan, Ginter, Süle, Klostermann – S. Bender, L. Bender – Brandt, Meyer, Gnabry – Selke/83. Petersen – Trainer: Hrubesch.
Südkorea: D.-J. Kim (Seongnam Ilhwa) – S.-C. Lee (Jeonnam Dragons Gwangyang), Choi (Jeonbuk Hyundai)/46. C.-D. Lee (Gwangju FC), Jeong (Ulsan Hyundai), Sim (Seoul E-Land FC) – Jang (Guangzhou R & F), Y.-W. Park (FC Seoul) – Kwon (Suwon Blue Wings)/82. Ryu (Bayer Leverkusen), Moon (Pohang Steelers)/76. Suk (FC Porto), Son (Tottenham Hotspur) – Hwang (RB Salzburg) – Trainer: Shin.
Tore: 0:1 Hwang (25.), 1:1 Gnabry (33.), 2:1 Selke (55.), 2:2 Son (57.), 2:3 Suk (87.), 3:3 Gnabry (90.+2) – SR: Pitana (Argentinien) – Zuschauer: 17 121.

Deutschland – Fidschi 10:0 (6:0) am 10. 8. 2016 in Belo Horizonte (Olympia-Gruppenspiel)
Deutschland: Horn – Toljan/46. Max (FC Augsburg), S. Bender, Süle, Klostermann/46. Bauer (FC Ingolstadt 04) – L. Bender, Christiansen/67. Prömel (Karlsruher SC) – Brandt, Meyer, Gnabry – Petersen – Trainer: Hrubesch.
Fidschi: Tamanisau (Hekari United) – Khem (Nadi FC)/66. Nabenia (Ba FA), Singh (Ba FA), Dreola (Suva FA), P. Naidu (Ba FA) – Waranaivalu (Rewa Nausori) – Nakalevu (Rewa Nausori)/46. Baravilala (Suva FA), Chand (Suva FA) – Hughes (Suva FA), Krishna (Wellington Phoenix) – Verevou (Rewa Nausori)/66. Turagabeci (Suva FA) – Trainer: Farina.
Tore: 1:0 Gnabry (8.), 2:0 Petersen (14.), 3:0 Meyer (29.), 4:0 Petersen (32.), 5:0 Petersen (40.), 6:0 Gnabry (45.), 7:0 Meyer (48.), 8:0 Meyer (52.), 9:0 Petersen (63., Foulelfmeter), 10:0 Petersen (70.) – SR: Al Mirdasi (Saudi-Arabien) – Zuschauer: 16 521 – Bes. Vorkommnis: Tamanisau hält Foulelfmeter von Meyer (58.).

Portugal – Deutschland 0:4 (0:1) am 13. 8. 2016 in Brasilia (Olympia-Viertelfinale)
Portugal: Bruno Varela (Vitoria Setubal) – Ricardo Esgaio (Sporting Lissabon), Tobias Figueiredo (Nacional Funchal), Ié (FC Villarreal), Fernando Fonseca (FC Porto) – Podstawski (FC Porto) – André Martins (Sporting Lissabon)/58. Goncalo Paciencia (FC Porto), Sergio Oliveira (FC Porto)/39. Ramos (CD Chaves)/61. Tiago Silva (CD Feirense) – Bruno Fernandes (Udinese Calcio) – Salvador Agra (Nacional Funchal), Carlos Mané (Sporting Lissabon) – Trainer: Rui Jorge.
Deutschland: Horn – Toljan, Ginter, Süle, Klostermann – S. Bender – Brandt, L. Bender/71. Prömel, Meyer, Gnabry/82. Max – Selke/78. Petersen – Trainer: Hrubesch.
Tore: 0:1 Gnabry (45.+1), 0:2 Ginter (57.), 0:3 Selke (75.), 0:4 Max (87.) – SR: Lopez Castellanos (Guatemala) – Zuschauer: 55 412.

Nigeria – Deutschland 0:2 (0:1) am 17. 8. 2016 in Sao Paulo (Olympia-Halbfinale)
Nigeria: Daniel (Enugu Rangers) – Shehu (Uniao Madeira), Troost-Ekong (FK Haugesund), Seth Muenfuh (Supreme Court Abuja), Amuzie (SC Olhanense) – Udo (Abia Warriors)/ 71. Popoola Saliu (Seraing United), Usman Edu (Kwara United Ilorin) – Mikel (FC Chelsea) – Ezekiel (Al-Arabi Doha), S. Umar (AS Rom)/ 64. Ajayi Oluwafemi (CS Sfaxien), A. Umar (Osmanlispor Ankara) – Trainer: Siasia.
Deutschland: Horn – Toljan, Ginter, Süle, Klostermann – S. Bender/76. Prömel – Brandt, L. Bender, Meyer/84. Petersen, Gnabry/77. Max – Selke – Trainer: Hrubesch.
Tore: 0:1 Klostermann (9.), 0:2 Petersen (89.) – SR: Pitana (Argentinien) – Zuschauer: 35 562.

Brasilien – Deutschland n. V. 1:1 (1:1, 0:1), Elfmeterschießen 5:4 am 20. 8. 2016 in Rio de Janeiro (Olympia-Endspiel)
Brasilien: Weverton (Atletico Paranaense) – Zeca (FC Santos), Marquinhos (Paris Saint-Germain), Rodrigo Caio (FC Sao Paulo), Douglas Santos (Atletico Mineiro) – Walace (Gremio Porto Alegre), Renato Augusto (Beijing Guo'an), Neymar (FC Barcelona) – Gabriel Jesus (Palmeiras Sao Paulo)/96. Rafinha (FC Bardelona), Gabriel Barbosa (FC Santos)/70. Felipe Anderson (Lazio Rom), Luan (Gremio Porto Alegre) – Trainer: Micale.
Deutschland: Horn – Toljan, Ginter, Süle, Klostermann – S. Bender – Brandt, L. Bender/67. Prömel, Meyer, Gnabry – Selke/76. Petersen – Trainer: Hrubesch.
Tore: 1:0 Neymar (27.), 1:1 Meyer (59.) – Elfmeterschießen: 0:1 Ginter, 1:1 Renato Augusto, 1:2 Gnabry, 2:2 Marquinhos, 2:3 Brandt, 3:3 Rafinha, 3:4 Süle, 4:4 Luan, Petersen (gehalten), 5:4 Neymar – SR: Faghani (Iran) – Zuschauer: 63 707.

Die Spiele der Frauen-A-Nationalmannschaft

Deutschland – Ungarn 12:0 (7:0) am 18. 9. 2015 in Halle (EM-Qualifikation)
Deutschland: Schult (VfL Wolfsburg) – Maier (Bayern München), Krahn (Bayer Leverkusen)/46. Leupolz (Bayern München), Bartusiak (1. FFC Frankfurt), Kemme (Turbine Potsdam)/46. Blässe (VfL Wolfsburg) – Behringer (Bayern München) – Goeßling (VfL Wolfsburg) – Bremer (Olympique Lyon), Laudehr (1. FFC Frankfurt) – Mittag (Paris Saint-Germain)/46. Däbritz (Bayern München), Popp (VfL Wolfsburg) – Trainerin: Neid.
Tore: 1:0 Popp (7.), 2:0 Maier (9.), 3:0 Kemme (13), 4:0 Behringer (19., Foulelfmeter), 5:0 Bremer (28.), 6:0 Goeßling (28.), 7:0 Goeßling (39.), 8:0 Laudehr (63.), 9:0 Popp (66.), 10:0 Bremer (70.), 11:0 Leupolz (72.), 12:0 Bremer (84.) – SR: Persson (Schweden) – Zuschauer: 4378.

Kroatien – Deutschland 0:1 (0:1) am 22. 9. 2015 in Zagreb (EM-Qualifikation)
Deutschland: Schult – Krahn, Behringer, Bartusiak, Bremer – Goeßling, Laudehr/68. Leupolz – Maier, Kemme/46. Schmidt (Turbine Potsdam), Mittag – Popp/46. Däbritz – Trainerin: Neid.
Tor: 0:1 Popp (5.) – SR: Bonnin (Frankreich) – Zuschauer: 500.

Deutschland – Russland 2:0 (1:0) am 22. 10. 2015 in Wiesbaden (EM-Qualifikation)
Deutschland: Schult – Maier, Krahn/74. Demann (TSG 1899 Hoffenheim), Bartusiak, Kemme – Goeßling, Behringer – Leupolz/84. Blässe, Mittag, Däbritz – Islacker (1. FFC Frankfurt)/68. Magull (SC Freiburg) – Trainerin: Neid.
Tore: 1:0 Islacker (8.), 2:0 Maier (48.) – SR: Mitsi (Griechenland) – Zuschauer: 4516.

Deutschland – Türkei 7:0 (3:0) am 25. 10. 2015 in Sandhausen (EM-Qualifikation)
Deutschland: Schult – Maier, Krahn/46. Demann, Bartusiak, Kemme – Goeßling, Behringer/64. Blässe – Leupolz, Mittag, Däbritz – Islacker/70. Magull – Trainerin: Neid.
Tore: 1:0 Islacker (6.), 2:0 Mittag (29.), 3:0 Behringer (36., Foulelfmeter), 4:0 Däbritz (69.), 5:0 Magull (78.), 6:0 Magull (86.), 7:0 Däbritz (90.+3) – SR: Daly (Irland) – Zuschauer: 6734.

Deutschland – England 0:0 am 26. 11. 2015 in Duisburg
Deutschland: Benkarth (SC Freiburg) – Maier, Krahn, Peter (VfL Wolfsburg), Rauch (Turbine Potsdam) – Goeßling, Behringer/46. Leupolz – Blässe/46. Däbritz, Magull/46. Islacker, Laudehr – Mittag/67. Marozsan (1. FFC Frankfurt) – Trainer: Neid.
SR: Staubli (Schweiz) – Zuschauer: 6705.

Deutschland – Frankreich 1:0 (0:0) am 3. 3. 2016 in Tampa (Vier-Nationen-Turnier)
Deutschland: Schult – Maier, Krahn/66. Henning (Arsenal LFC), Bartusiak, Doorsoun-Khajeh (SGS Essen) – Behringer/79. Kemme, Goeßling – Kerschowski (VfL Wolfsburg)/79. Blässe, Marozsan, Däbritz/88. Huth (Turbine Potsdam) – Mittag/61. Popp – Trainerin: Neid.
Tore: Tor: 1:0 Maier (83.) – SR: Borjas (Honduras) – Zuschauer: 13 027.

Deutschland – England 2:1 (0:1) am 6. 3. 2016 in Nashville (Vier-Nationen-Turnier)
Deutschland: Benkarth – Hendrich (1. FFC Frankfurt), Bartusiak, Henning/53. Peter, Kemme/64. Maier – Marozsan/46. Däbritz, Behringer/46. Goeßling – Blässe, Popp, Kerschowski/78. Mittag – Islakker/78. Magull – Trainerin: Neid
Tore: 0:1 Duggan (9.), 1:1 Flaherty (76., Eigentor), 2:1 Peter (82., Foulelfmeter) – SR: Koroleva (USA) – Zuschauer: 25 363.

USA – Deutschland 2:1 (2:1) am 10. 3. 2016 in Boca Raton (Vier-Nationen-Turnier)
Deutschland: Schult – Maier, Peter, Bartusiak, Kemme/74. Huth – Marozsan, Behringer/74. Goeßling – Blässe, Mittag/84. Islacker, Kerschowski/84. Petermann (SC Freiburg) – Popp – Trainerin: Neid
Tore: 0:1 Mittag (28.), 1:1 Morgan (35.), 2:1 Mewsis (41.) – SR: Chenard (Kanada) – Zuschauer: 13 501.

Türkei – Deutschland 0:6 (0:2) am 8. 4. 2016 in Istanbul (EM-Qualifikation)
Deutschland: Schult – Maier, Krahn, Bartusiak, Hendrich – Blässe/66. Huth, Marozsan/66. Leupolz, Däbritz, Kerschowski – Popp, Mittag/76. Islacker – Trainerin: Neid
Tore: 0:1 Kerschowski (29.), 0:2 Mittag (40.), 0:3 Kerschowski (60.), 0:4 Popp (78.), 0:5 Popp (86.), 0:6 Kerschoski (90.+3) – SR: Guillemin (Frankreich) – Zuschauer: 500.

Deutschland – Kroatien 2:0 (1:0) am 12. 4. 2016 in Osnabrück (EM-Qualifikation)
Deutschland: Schult – Maier, Peter, Bartusiak, Kemme – Marozsan, Däbritz – Bremer/64. Leupolz, Kerschowski/64. Huth – Popp, Mittag/80. Islacker – Trainerin: Neid.
Tore: 1:0 Marozsan (32.), 2:0 Mittag (50.) – SR: Soro (Norwegen) – Zuschauer: 8276.

Deutschland – Ghana 11:0 (9:0) am 22. 7. 2016 in Paderborn
Deutschland: Schult – Kerschowski/46. Kemme, Krahn/46. Peter, Bartusiak, Maier(81. Henning – Behringer, Marozsan, Däbritz/81. Magull – Popp, Mittag/Leupolz, Laudehr/Islacker – Trainerin: Neid.
Tore: 1:0 Mittag (1.), 2:0 Marozsan (6.), 3:0 Popp (13.), 4:0 Abobea (27., Eigentor), 5:0 Bartusiak (29.), 6:0 Däbritz (30.), 7:0 Mittag (31.), 8:0 Mittag (39.), 9:0 Mittag (42.), 10:0 Islacker (66.), 11:0 Marozsan (90.+1) – SR: Lehtovaara (Finnland) – Zuschauer: 6243.

Simbabwe – Deutschland 1:6 (0:2) am 3. 8. 2016 in Sao Paulo (Olympia-Gruppenspiel)
Deutschland: Schult – Kerschowski/72. Kemme, Bartusiak, Krahn, Maier – Behringer – Däbritz, Marozsan – Mittag/64. Goeßling, Laudehr/19. Leupolz – Popp – Trainerin: Neid.
Tore: 0:1 Däbritz (22.), 0:2 Popp (36.), 1:2 Basopo (50.), 1:3 Behringer (53.), 1:4 Behringer (78., Elfmeter-Nachschuss), 1:5 Leupolz (83.), 1:6 Chibanda (90., Eigentor) – SR: Gani (Malaysia) – Zuschauer: 20 521 – Bes. Vorkommnis: Magwede hält Foulelfmeter von Behringer (78.).

Deutschland – Australien 2:2 (1:2) am 6. 8. 2016 in Sao Paulo (Olympia-Gruppenspiel)
Deutschland: Schult – Maier, Krahn/46. Henning, Bartusiak, Kemme – Marozsan/70. Goeßling, Behringer, Däbritz – Leupolz, Mittag/61. Kerschowski, Popp – Trainerin: Neid.
Tore: 0:1 Kerr (6.), 0:2 Foord (45.), 1:2 Däbritz (45.+2), 2:2 Polkinghorne (88., Eigentor) – SR: Keighley (Neuseeland) – Zuschauer: 37 475.

Deutschland – Kanada 1:2 (1:1) am 9. 8. 2016 in Brasilia (Olympia-Gruppenspiel)
Deutschland: Schult – Henning/46. Krahn, Peter, Bartusiak, Kemme – Goeßling, Behringer – Kerschowski/68. Leupolz, Marozsan/68. Popp, Islacker – Mittag – Trainerin: Neid.
Tore: 1:0 Behringer (13., Foulelfmeter), 1:1 Tancredi (26.), 1:2 Tancredi (60.) – SR: Ri (Nordkorea) – Zuschauer: 8227.

China – Deutschland 0:1 (0:0) am 12. 8. 2016 in Salvador (Olympia-Viertelfinale)
Deutschland: Schult – Kemme, Bartusiak, Krahn, Maier – Däbritz, Behringer – Leupolz/69. Huth (Turbine Potsdam), Marozsan/88. Goeßling – Mittag, Popp/90. Islacker – Trainerin: Neid.
Tor: 0:1 Behringer (76.) – SR: Monzul (Ukraine) – Zuschauer: 9642 – Gelb-Rote Karte: Sha. Wang (57.) – Bes. Vorkommnis: Shu. Wang schießt Foulelfmeter an den Pfosten (84.).

Kanada – Deutschland 0:2 (0:1) am 16. 8. 2016 in Belo Horizonte (Olympia-Halbfinale)
Deutschland: Schult – Maier, Bartusiak, Krahn, Kemme – Behringer, Däbritz – Leupolz/90.+3 Islacker, Mittag/80. Kerschowski, Marozsan/46. Goeßling – Popp – Trainerin: Neid.
Tore: 0:1 Behringer (21., Foulelfmeter), 0:2 Däbritz (59.) – SR: Ri (Nordkorea) – Zuschauer: 5641.

Schweden – Deutschland 1:2 (0:0) am 19. 8. 2016 in Rio de Janeiro (Olympia-Endspiel)
Deutschland: Schult – Maier, Krahn, Bartusiak, Kemme – Marozsan, Behringer/70. Goeßling – Leupolz, Mittag, Däbritz/83. Huth – Popp – Trainerin: Neid.
Tore: 0:1 Marozsan (48.), 0:2 Sembrant (62., Eigentor), 1:2 Blackstenius (67.) – SR: Chenard (Kanada) – Zuschauer: 52 432.

Die Spiele der sieben deutschen Klubs im Europapokal 2014/15

Der Weg von Bayern München in der Champions League

Gruppenphase:

Olympiakos Piräus – Bayern München 0:3 (0:0) am 16. 9. 2015
Piräus: Roberto – Elabdellaoui, da Costa, Siovas, Masuaku – Cambiasso/66. Fortounis – Leandro Salino, Kasami – Pardo/82. Seba, Dominguez/61. Hernani – Ideye – Trainer: Silva.
München: Neuer – Lahm, Boateng, Alaba, Juan Bernat – Xabi Alonso/76. Kimmich – Thiago, Vidal/79. Götze – Müller, Douglas Costa – Lewandowski/59. Coman – Trainer: Guardiola.
Tore: 0:1 Müller (52.), 0:2 Götze (89.), 0:3 Müller (90.+2, Foulelfmeter) – SR: Velasco Carballo (Spanien) – Zuschauer: 33 300 (ausverkauft).

Bayern München – Dinamo Zagreb 5:0 (4:0) am 29. 9. 2015
München: Neuer – Lahm, Boateng/64. Rafinha, Alaba, Juan Bernat/46. Javi Martinez – Kimmich – Götze, Thiago – Coman, Lewandowski, Douglas Costa/58. Müller – Trainer: Guardiola.
Zagreb: Eduardo – Matel, Benkovic/46. Goncalo, Taravel, Pivaric – Ademi – Paulo Machado/61. Rog, Antolic – Soudani, Junior Fernandes – Pjaca/69. Henriquez – Trainer: Mamic.
Tore: 1:0 Douglas Costa (13.), 2:0 Lewandowski (22.), 3:0 Götze (25.), 4:0 Lewandowski (28.), 5:0 Lewandowski (55.) – SR: Kulbakov (Weißrussland) – Zuschauer: 70 000 (ausverkauft).

FC Arsenal – Bayern München 2:0 (0:0) am 20. 10. 2015
Arsenal: Cech – Bellerin, Mertesacker, Koscielny, Monreal – Coquelin, Santi Cazorla – Ramsey/57. Oxlade-Chamberlain, Özil, Sanchez/82. Gibbs – Walcott/74. Giroud – Trainer: Wenger.
München: Neuer – Lahm, Boateng, Alaba, Juan Bernat – Xabi Alonso/71. Kimmich – Müller, Thiago, Vidal/71. Rafinha, Douglas Costa – Lewandowski – Trainer: Guardiola.
Tore: 1:0 Giroud (77.), 2:0 Özil (90.+4) – SR: Cakir (Türkei) – Zuschauer: 59 824 (ausverkauft).

Bayern München – FC Arsenal 5:1 (3:0) am 4. 11. 2015
München: Neuer – Lahm, Boateng/69. Benatia, Javi Martinez, Alaba – Xabi Alonso – Müller, Douglas Costa, Thiago, Coman/54. Robben – Lewandowski/71. Vidal – Trainer: Guardiola.
Arsenal: Cech – Debuchy, Mertesacker, Gabriel Paulista, Monreal – Campbell/59. Gibbs, Coquelin, Santi Cazorla/87. Chambers, Özil – Sanchez – Giroud/84. Iwobi – Trainer: Wenger.
Tore: 1:0 Lewandowski (10.), 2:0 Müller (29.), 3:0 Alaba (44.), 4:0 Robben (55.), 4:1 Giroud (69.), 5:1 Müller (89.) – SR: Rocchi (Italien) – Zuschauer: 70 000 (ausverkauft).

Bayern München – Olympiakos Piräus 4:0 (3:0) am 24. 11. 2015
München: Neuer – Lahm, Boateng, Badstuber, Rafinha – Vidal – Robben/33. Kimmich, Müller, Douglas Costa/72. Javi Martinez, Coman – Lewandowski/56. Benatia – Trainer: Guardiola.
Piräus: Roberto – Elabdellaoui/78. Leandro Salino, Da Costa, Siovas, Masuaku – Pardo/67. Hernani, Kasami/67. Fortounis, Milivojevic, Cambiasso, Seba – Ideye – Trainer: Silva.
Tore: 1:0 Douglas Costa (8.), 2:0 Lewandowski (16.), 3:0 Müller (20.), 4:0 Coman (69.) – SR: Eriksson (Schweden) – Zuschauer: 70 000 (ausverkauft) – Rote Karte: Badstuber (52., Notbremse).

Dinamo Zagreb – Bayern München 0:2 (0:0) am 9. 12. 2015
Zagreb: Eduardo – Ivo Pinto, Sigali, Taravel, Pivaric – Rog/81. Pavicic, Goncalo, Antolic – Coric/61. Pjaca – Soudani, Junior Fernandes/74. Paulo Machado – Trainer: Mamic.
München: Ulreich – Lahm, Javi Martinez, Benatia/46. Boateng, Rafinha – Xabi Alonso – Green/62. Vidal, Rode, Kimmich, Ribery/46. Müller – Lewandowski – Trainer: Guardiola.
Tore: 0:1 Lewandowski (61.), 0:2 Lewandowski (64.) – SR: Martin Strömbergsson (Schweden) – Zuschauer: 19 681 – Bes. Vorkommnis: Müller schießt Foulelfmeter an den Pfosten (88.).

Die Europapokalspiele 21

Achtelfinale:

Juventus Turin – Bayern München 2:2 (0:1) am 23. 2. 2016
Turin: Buffon – Lichtsteiner, Barzagli, Bonucci, Evra – Khedira/69. Sturaro, Marchisio/46. Hernanes – Cuadrado, Pogba – Mandzukic, Dybala/75. Morata – Trainer: Allegri.
München: Neuer – Kimmich, Alaba – Lahm, Juan Bernat/74. Benatia – Vidal – Robben, Müller, Thiago, Douglas Costa/84. Ribery – Lewandowski – Trainer: Guardiola.
Tore: 0:1 Müller (43.), 0:2 Robben (55.), 1:2 Dybala (63.), 2:2 Sturaro (76.) – SR: Atkinson (England) – Zuschauer: 41 332 (ausverkauft).

Bayern München – Juventus Turin n. V. 4:2 (2:2, 0:2) am 16. 3. 2016
München: Neuer – Lahm, Kimmich, Benatia/46. Juan Bernat, Alaba – Xabi Alonso/60. Coman – Douglas Costa, Müller, Vidal, Ribery/101. Thiago – Lewandowski – Trainer: Guardiola.
Turin: Buffon – Lichtsteiner, Barzagli, Bonucci, Evra – Khedira/68. Sturaro, Hernanes – Cuadrado/89. Pereyra, Alex Sandro – Pogba – Morata/72. Mandzukic – Trainer: Allegri.
Tore: 0:1 Pogba (5.), 0:2 Cuadrado (28.), 1:2 Lewandowski (73.), 2: Müller (90.+1), 3:2 Thiago (108.), 4:2 Coman (110.) – SR: Eriksson (Schweden) – Zuschauer: 70 000 (ausverkauft).

Viertelfinale:

Bayern München – Benfica Lissabon 1:0 (1:0) am 5. 4. 2016)
München: Neuer – Lahm, Kimmich/60. Javi Martinez, Alaba, Juan Bernat – Vidal – Douglas Costa/70. Coman, Müller/85. Götze, Thiago, Ribery – Lewandowski – Trainer: Guardiola.
Lissabon: Ederson – André Almeida, Nilsson Lindelöf, Jardel, Eliseu – Fejsa, Renato Sanches – Pizzi/90.+1 Samaris, Gaitan – Mitroglou/70. Raul Jimenez, Jonas/83. Salvio – Trainer: Rui Vitoria.
Tore: 1:0 Vidal (2.) – SR: Marciniak (Polen) – Zuschauer: 70 000 (ausverkauft)

Benfica Lissabon – Bayern München 2:2 (1:1) am 13. 4. 2016
Lissabon: Ederson – André Almeida, Nilsson Lindelöf, Jardel, Eliseu/88. Jovic – Fejsa, Renato Sanches – Salvio/68. Talisca, Carcela-Gonzalez – Pizzi/57. Guedes – Raul Jimenez – Trainer: Rui Vitoria.
München: Neuer – Lahm, Javi Martinez, Kimmich, Alaba – Xabi Alonso/90. Juan Bernat – Douglas Costa, Vidal, Thiago, Ribery/90.+1 Götze/84. Lewandowski – Trainer: Guardiola.
Tore: 1:0 Raul Jimenez (27.), 1:1 Vidal (38.), 1:2 Müller (52.), 2:2 Talisca (76.) – SR: Kuipers (Niederlande) – Zuschauer: 63 235 – Bes. Vorkommnis: Benfica-Trainer Rui Vitoria wurde wegen Reklamierens aus dem Innenraum verwiesen (75.).

Halbfinale:

Atletico Madrid – Bayern München 1:0 (1:0) am 27. 4. 2016
Madrid: Oblak – Juanfran, Gimenez, Savic, Filipe Luis – Gabi, Augusto – Saul Niguez/85. Thomas, Koke – Fernando Torres, Griezmann – Trainer: Simeone.
München: Neuer – Lahm, Javi Martinez, Alaba, Juan Bernat/77. Benatia – Xabi Alonso – Vidal, Thiago/70. Müller – Coman/64. Ribery, Douglas Costa – Lewandowski – Trainer: Guardiola.
Tor: 1:0 Saul Niguez (11.) – SR: Clattenburg (England) – Zuschauer: 52 127 (ausverkauft).

Bayern München – Atletico Madrid 2:1 (1:0) am 3. 5. 2016
München: Neuer – Lahm, Javi Martinez, Boateng, Alaba – Xabi Alonso – Vidal – Douglas Costa/73. Coman, Müller, Ribery – Lewandowski – Trainer: Guardiola.
Madrid: Oblak – Juanfran, Gimenez, Godin, Filipe Luis – Gabi, Augusto/46. Ferreira-Carrasco – Saul Niguez, Koke/90.+3 Savic – Griezmann/82. Thomas, Fernando Torres – Trainer: Simeone.
Tore: 1:0 Xabi Alonso (31.), 1:1 Griezmann (53.), 2:1 Lewandowski (74.) – SR: Cakir (Türkei) – Zuschauer: 70 000 (ausverkauft) – Bes. Vorkommnisse: Oblak hält Foulelfmeter von Müller (34.), Neuer hält Foulelfmeter von Fernando Torres (84.).

Der Weg des VfL Wolfsburg in der Champions League

Gruppenphase:

VfL Wolfsburg – ZSKA Moskau 1:0 (1:0) am 15. 9. 2015
Wolfsburg: Benaglio – Träsch, Naldo, Dante, R. Rodriguez – Luiz Gustavo – Kruse – Caligiuri/85. Guilavogui, Draxler, Schürrle/76. Arnold – Dost/46. Bendtner – Trainer: Hecking.
Moskau: Akinfeev – Mario Fernandes, V. Berezutskiy, Ignashevich, Shchennikov – Wernbloom, Natcho/65. Doumbia – Tosic/78. Milanov, Eremenko, Dzagoev – Musa – Trainer: Slutskiy.
Tor: 1:0 Draxler (40.) – SR: Moen (Norwegen) – Zuschauer: 20 126.

Manchester United – VfL Wolfsburg 2:1 (1:1) am 30. 9. 2015
Manchester: de Gea – Valencia/46. Young, Smalling, Blind, Darmian – Schneiderlin, Schweinsteiger/72. Jones – Mata, Rooney, Depay/62. Pereira – Martial – Trainer: Van Gaal.
Wolfsburg: Benaglio – Träsch/77. Jung, Naldo, Dante, R. Rodriguez – Guilavogui, Arnold/70. Schürrle – Draxler, Kruse, Caligiuri – Dost/70. Bendtner – Trainer: Hecking.
Tore: 0:1 Caligiuri (5.), 1:1 Mata (34., Handelfmeter), 2:1 Smalling (53.) – SR: Kassai (Ungarn) – Zuschauer: 74 811.

VfL Wolfsburg – PSV Eindhoven 2:0 (0:0) am 21. 10. 2015
Wolfsburg: Benaglio – Träsch, Naldo, Dante, R. Rodriguez – Luiz Gustavo, Guilavogui/85. Arnold – Caligiuri/73. Vieirinha, Draxler/80. Schürrle – Kruse – Dost – Trainer: Hecking.
Eindhoven: Zoet – Brenet, Bruma, Moreno, Poulsen/74. De Wijs – Hendrix/73. Locadia – Pröpper, Maher, Guardado – Narsingh – De Jong/81. Pereiro – Trainer: Cocu.
Tore: 1:0 Dost (46.), 2:0 Kruse (57.) – SR: Undiano Mallenco (Spanien) – Zuschauer: 23 375 – Bes. Vorkommnis: Benaglio hält Foulelfmeter von Locadia (90.+1).

PSV Eindhoven – VfL Wolfsburg 2:0 (0:0) am 3. 11. 2015
Eindhoven: Zoet – Arias, Bruma, Moreno, Brenet – Guardado – Maher/74. Hendrix, Pröpper – Narsingh/83. Pereiro, Locadia/75. Isimat-Mirin – De Jong – Trainer: Cocu.
Wolfsburg: Benaglio – Jung, Naldo, Klose, R. Rodriguez – Luiz Gustavo, Guilavogui/69. Draxler – Caligiuri, Arnold, Schürrle/65. Vieirinha – Dost/69. Bendtner – Trainer: Hecking.
Tore: 1:0 Locadia (55.), 2:0 De Jong (86.) – SR: Eriksson (Schweden) – Zuschauer: 35 000.

ZSKA Moskau – VfL Wolfsburg 0:2 (0:0) am 25. 11. 2015
Moskau: Akinfeev – Mario Fernandes, A. Berezutskiy, Ignashevich/46. Vasin, Nababkin/75. Natcho – Wernbloom, Dzagoev/90. Panchenko – Tosic, Milanov, Musa – Doumbia – Trainer: Slutskiy.
Wolfsburg: Benaglio – Träsch, Naldo, Dante, Schäfer – Guilavogui, Arnold – Vieirinha, Caligiuri/61. Schürrle – Kruse/81. Jung – Dost/86. Bendtner – Trainer: Hecking.
Tore: 0:1 Akinfeev (67., Eigentor), 0:2 Schürrle (88.) – SR: Rocchi (Italien) – Zuschauer: 16 450 (in Khimki).

VfL Wolfsburg – Manchester United 3:2 (2:1) am 8. 12. 2015
Wolfsburg: Benaglio – Träsch, Naldo, Dante, R. Rodriguez/16. Schäfer – Guilavogui – Vieirinha/78. Klose, Draxler/85. Caligiuri, Arnold, Schürrle – Kruse – Trainer: Hecking.
Manchester: De Gea – Varela, Smalling, Blind, Darmian/43. Borthwick-Jackson – Schweinsteiger/69. Carrick, Fellaini – Lingard, Mata/69. Powell, Depay – Martial – Trainer: Van Gaal.
Tore: 0:1 Martial (10.), 1:1 Naldo (13.), 2:1 Vieirinha (29.), 2:2 Guilavogui (82., Eigentor), 3:2 Naldo (84.) – SR: Mazic (Serbien) – Zuschauer: 26 400 (ausverkauft).

Achtelfinale:

KAA Gent – VfL Wolfsburg 2:3 (0:1) am 17. 2. 2016
Gent: Sels – Nielsen, Mitrovic, Asare – Renato Neto, Kums – Foket, Simon/61. Matton – Milicevic/61. Saief, Dejaegere – Depoitre/80. Coulibaly – Trainer: Vanhaezebrouck.
Wolfsburg: Casteels – Jung/45+1 Schürrle, Knoche, Dante, R. Rodriguez – Träsch, Luiz Gustavo – Vieirinha/80. Schäfer, Arnold, Draxler – Kruse/90.+2 Putaro – Trainer: Hecking.
Tore: 0:1 Draxler (43.), 0:2 Draxler (54.), 0:3 Kruse (60.), 1:3 Kums (80.), 2:3 Coulibaly (89.) – SR: Moen (Norwegen) – Zuschauer: 19 500.

VfL Wolfsburg – KAA Gent 1:0 (0:0) am 8. 3. 2016
Wolfsburg: Casteels – Träsch, Knoche, Dante, R. Rodriguez – Luiz Gustavo – Guilavogui, Arnold/83.
Vieirinha – Draxler/78. Caligiuri – Schürrle/89. Schäfer, Kruse – Trainer: Hecking.
Gent: Sels – Rafinha/78. Foket, Nielsen, Gershon, Asare – Renato Neto, Kums – Dejaegere, Matton/68.
Saief – Milicevic, Simon/70. Coulibaly – Trainer: Vanhaezebrouck.
Tor: 1:0 Schürrle (74.) – SR: Skomina (Slowenien) – Zuschauer: 23 457.

Viertelfinale:

VfL Wolfsburg – Real Madrid 2:0 (2:0) am 6. 4. 2016
Wolfsburg: Benaglio – Vieirinha, Naldo, Dante, R. Rodriguez – Luiz Gustavo – Guilavogui, Arnold – Bruno Henrique/80. Träsch, Draxler/90. + 2 Schäfer – Schürrle/85. Kruse – Trainer: Hecking.
Madrid: Navas – Danilo, Pepe, Sergio Ramos, Marcelo – Modric/64. Isco, Casemiro, Kroos/85. James – Bale, Cristiano Ronaldo – Benzema/41. Jesé – Trainer: Zidane.
Tore: 1:0 R. Rodriguez (18., Foulelfmeter), 2:0 Arnold (25.) – SR: Rocchi (Italien) – Zuschauer: 26 400 (ausverkauft).

Real Madrid – VfL Wolfsburg 3:0 (2:0) am 12. 4. 2016
Wolfsburg: Navas – Carvajal, Sergio Ramos, Pepe, Marcelo – Casemiro – Modric/90.+2 Varane, Kroos – Bale, Benzema/84. Jesé, Cristiano Ronaldo – Trainer: Zidane.
Wolfsburg: Benaglio – Vieirinha, Naldo, Dante, R. Rodriguez – Luiz Gustavo – Guilavogui/80. Dost, Arnold – Bruno Henrique/73.Caligiuri, Draxler/32. Kruse – Schürrle – Trainer: Hecking.
Tore: 1:0 Cristiano Ronaldo (16.), 2:0 Cristiano Ronaldo (17.), 3:0 Cristiano Ronaldo (77.) – SR: Kassai (Ungarn) – Zuschauer: 76 684.

Der Weg von Borussia Mönchengladbach in der Champions League

Gruppenphase:

FC Sevilla – Borussia Mönchengladbach 3:0 (0:0) am 15. 9. 2015
Sevilla: Sergio Rico – Coke, Andreoll, Kolodziejczak, Tremoulinas – Nzonzi, Krychowiak – Vitolo, Banega/76. Krohn-Dehli, Reyes/83. Konoplyanka – Gameiro/71. Immobile – Trainer: Emery.
Mönchengladbach: Sommer – Korb, Brouwers, Jantschke, Wendt – Nordtveit, Stindl/67. Dahoud – Hahn/73. N. Schulz,Traoré, Raffael/83. Drmic – Hazard – Trainer: Favre.
Tore: 1:0 Gameiro (47., Foulelfmeter), 2:0 Banega (66., Foulelfmeter), 3:0 Konoplyanka (84.) – SR: Kralovec (Tschechien) – Zuschauer: 36 959 – Bes. Vorkommnis: Gameiro schießt Foulelfmeter an die Latte (50.).

Borussia Mönchengladbach – Manchester City 1:2 (0:0) am 30. 9. 2015
Mönchengladbach: Sommer – Korb/78. Traoré, Christensen, Alvaro Dominguez, Wendt – Dahoud/85. Nordtveit, Xhaka – Herrmann/72. Hahn, Johnson – Raffael – Stindl – Trainer: Schubert.
Manchester: Hart – Sagna, Demichelis, Otamendi, Kolarov – Yaya Touré/46. Fernando, Fernandinho – De Bruyne, Silva/65. Jesus Navas, Sterling/90.+3 Zabaleta – Aguero – Trainer: Pellegrini.
Tore: 1:0 Stindl (54.), 1:1 Christensen (65., Eigentor), 1:2 Aguero (90., Foulelfmeter) – SR: Turpin (Frankreich) – Zuschauer: 46 217 (ausverkauft) – Bes. Vorkommnis: Hart hält Foulelfmeter von Raffael (20.).

Juventus Turin – Borussia Mönchengladbach 0:0 am 21. 10. 2015
Turin: Buffon – Barzagli, Bonucci, Chiellini – Marchisio – Khedira, Pogba – Cuadrado/61. Pereyra, Alex Sandro – Mandzukic/70. Zaza, Morata/81. Dybala – Trainer: Allegri.
Mönchengladbach: Sommer – Korb, Christensen, Alvaro Dominguez, Wendt – Dahoud/88. Nordtveit, Xhaka – Traoré/82. Hahn, Johnson – Stindl, Raffael/74. Hazard – Trainer: Schubert.
SR: Thomson (Schottland) – Zuschauer: 40 940 (ausverkauft).

Borussia Mönchengladbach – Juventus Turin 1:1 (1:0) am 3. 11. 2015
Mönchengladbach: Sommer – Nordtveit, Christensen, Alvaro Dominguez, Wendt – Dahoud, Xhaka – Traoré, Johnson/85. Hazard – Stindl – Raffael – Trainer: Schubert.
Turin: Buffon – Lichtsteiner, Bonucci, Chiellini, Evra – Sturaro/87. Lemina, Marchisio, Pogba – Hernanes – Dybala/63. Cuadrado, Morata/75. Barzagli – Trainer: Allegri.
Tore: 1:0 Johnson (18.), 1:1 Lichtsteiner (44.) – SR: Kuipers (Niederlande) – Zuschauer: 46 217 (ausverkauft) – Rote Karte: Hernanes (53., grobes Foulspiel).

Borussia Mönchengladbach – FC Sevilla 4:2 (1:0) am 25. 11. 2015
Mönchengladbach: Sommer – Korb, Christensen, Nordtveit, Wendt – Dahoud/79. M. Schulz, Xhaka – Traoré/13. Drmic, Johnson/87. Elvedi – Stindl – Raffael – Trainer: Schubert.
Sevilla: Sergio Rico – Coke/82. Mariano, Rami, Kolodziejczak, Tremoulinas – Krychowiak – Krohn-Dehli/64. Nzonzi – Banega – Vitolo, Konoplyanka – Gameiro/76. Llorente – Trainer: Emery.
Tore: 1:0 Stindl (29.), 2:0 Johnson (68.), 3:0 Raffael (78.), 3:1 Vitolo (82.), 4:1 Stindl (83.), 4:2 Banega (90.+1, Foulelfmeter) – SR: Skomina (Slowenien) – Zuschauer: 45 177.

Manchester City – Borussia Mönchengladbach 4:2 (1:2) am 8. 12. 2015
Manchester: Hart – Clichy/80. Sagna, Otamendi, Mangala, Kolarov – Yaya Touré – Delph/65. Bony, Fernandinho – De Bruyne/65. Jesus Navas, Silva – Sterling – Trainer: Pellegrini.
Mönchengladbach: Sommer – Elvedi, Christensen, Nordtveit, Korb, Wendt/84. Hazard – Xhaka – Dahoud/67. M. Schulz, Johnson/72. Drmic – Stindl, Raffael – Trainer: Schubert.
Tore: 1:0 Silva (16.), 1:1 Korb (19.), 1:2 Raffael (42.), 2:2 Sterling (80.), 3:2 Sterling (81.), 4:2 Bony (85.) – SR: Makkelie (Niederlande) – Zuschauer: 41 829.

Der Weg von Bayer Leverkusen in der Champions League und Europa League

Champions League, Play-offs:

Lazio Rom – Bayer Leverkusen 1:0 (0:0) am 18. 8. 2015
Rom: Berisha – Basta, De Vrij/89. Gentiletti, Mauricio, Lulic – Onazi/53. Milinkovic-Savic, Biglia, Parolo – Candreva, Klose/46. Keita, Felipe Anderson – Trainer: Pioli.
Leverkusen: Leno – Hilbert, Tah, Papadopoulos, Wendell – Kramer, L. Bender – Bellarabi, Son/46. Mehmedi – Calhanoglu/84. Brandt – Kießling/90.+3 R. Kruse – Trainer: Schmidt.
Tor: 1:0 Keita (77.) – SR: Eriksson (Schweden) – Zuschauer: 37 819.

Bayer Leverkusen – Lazio Rom 3:0 (1:0) am 26. 8. 2015
Leverkusen: Leno – Hilbert, Tah, Papadopoulos, Wendell – Kramer, L. Bender – Bellarabi/90. Ramalho, Calhanoglu/79. R. Kruse – Kießling, Mehmedi/75. Brandt – Trainer: Schmidt.
Rom: Berisha – Basta, Mauricio, De Vrij, Radu/56. Kishna – Onazi/82. Morrison, Parolo – Felipe Anderson/70. Gentiletti, Candreva, Lulic – Keita – Trainer: Pioli.
Tore: 1:0 Calhanoglu (39.), 2:0 Mehmedi (48.), 3:0 Bellarabi (88.) – SR: Velasco Carballo (Spanien) – Zuschauer: 28 222 – Gelb-Rote Karte: Mauricio (68.).

Champions League, Gruppenphase:

Bayer Leverkusen – BATE Baryssau 4:1 (1:1) am 16. 9. 2015
Leverkusen: Leno – Hilbert, Tah, Papadopoulos, Wendell – L. Bender/44. Kramer, Kampl – Mehmedi, Calhanoglu/77. Brandt – Bellarabi – Chicharito/72. Kießling – Trainer: Schmidt.
Baryssau: Chernik – Polyakov, Dubra, Milunovic, Mladenovic – Baga/60. Karnitski, Aleksievich – Stasevich, Hleb/30. A. Volodko, Gordeychuk/78. M. Volodko – Signevich – Trainer: Yermakovich.
Tore: 1:0 Mehmedi (4.), 1:1 Milunovic (13.), 2:1 Calhanoglu (47.), 3:1 Chicharito (59.), 4:1 Calhanoglu (75., Handelfmeter) – SR: Makkelie (Niederlande) – Zuschauer: 24 280.

FC Barcelona – Bayer Leverkusen 2:1 (0:1) am 29. 9. 2015
Barcelona: ter Stegen – Dani Alves, Piqué, Mascherano, Mathieu – Busquets – Rakitic/72. Sergi Roberto, Iniesta/60. Jordi Alba – Sandro Ramirez/63. Munir, Suarez, Neymar – Trainer: Luis Enrique.
Leverkusen: Leno – Donati/76. Hilbert, Tah, Papadopoulos, Wendell – Kramer, L. Bender – Kampl, Calhanoglu – Bellarabi/66. Brandt – Chicharito/54. Kießling – Trainer: Schmidt.
Tore: 0:1 Papadopoulos (22.), 1:1 Sergi Roberto (80.), 2:1 Suarez (82.) – SR: Atkinson (England) – Zuschauer: 68 694.

Bayer Leverkusen – AS Rom 4:4 (2:2) am 20. 10. 2015
Leverkusen: Leno – Donati, Tah, Papadopoulos, Wendell – Toprak/79. Yurchenko, Kramer/66. Brandt – Kampl, Calhanoglu – Bellarabi/56. Mehmedi – Chicharito – Trainer: Schmidt.
Rom: Szczesny – Torosidis, Manolas, Rüdiger, Digne – De Rossi – Pjanic, Nainggolan – Florenzi/90. Iturbe – Salah/62. Iago Falque, Gervinho/85. Dzeko – Trainer: Garcia.
Tore: 1:0 Chicharito (4.), 2:0 Chicharito (19.), 2:1 De Rossi (29.), 2:2 De Rossi (38.), 2:3 Pjanic (54.), 2:4 Iago Falque (73.), 3:4 Kampl (84.), 4:4 Mehmedi (86.) – SR: Kassai (Ungarn) – Zuschauer: 29 412 (ausverkauft).

AS Rom – Bayer Leverkusen 3:2 (2:0) am 4. 11. 2015
Rom: Szczesny – Florenzi/56. Maicon/76. Torosidis, Manolas, Rüdiger, Digne – De Rossi – Pjanic, Nainggolan – Salah, Gervinho/68. Iturbe – Dzeko – Trainer: Garcia.
Leverkusen: Leno – Donati, Tah, Papadopoulos, Wendell – Toprak, Kampl – Calhanoglu, Mehmedi/88. Brandt – Kießling/46. Bellarabi/73. Kramer, Chicharito – Trainer: Schmidt.
Tore: 1:0 Salah (2.), 2:0 Dzeko (29.), 2:1 Mehmedi (46.), 2:2 Chicharito (51.), 3:2 Pjanic (80., Foulelfmeter) – SR: Karasev (Russland) – Zuschauer: 38 361 – Rote Karte: Toprak (79., Notbremse).

BATE Baryssau – Bayer Leverkusen 1:1 (1:0) am 24. 11. 2015
Baryssau: Chernik – Zhavnerchik, Polyakov, Milunovic, Mladenovic – Yablonski – A. Volodko/78. Nikolic, Hleb/73. Karnitski – Rios/46. M. Volodko, Gordeychuk – Mozolevsky – Trainer: Yermakovich.
Leverkusen: Leno – Donati, Tah, Ramalho, Wendell – Kramer, Kampl – Bellarabi, Mehmedi/89. Yurchenko, Calhanoglu/78. Brandt – Chicharito – Trainer: Schmidt.
Tore: 1:0 Gordeychuk (2.), 1:1 Mehmedi (68.) – SR: Turpin (Frankreich) – Zuschauer: 12 601 (ausverkauft).

Bayer Leverkusen – FC Barcelona 1:1 (1:1) am 9. 12. 2015
Leverkusen: Leno – Hilbert, Tah, Toprak, Wendell – Kampl, Kramer/90. Papadopoulos – Bellarabi, Mehmedi/70. Kießling – Calhanoglu/79. Brandt – Chicharito – Trainer: Schmidt.
Barcelona: ter Stegen – Adriano, Bartra, Vermaelen, Jordi Alba/74. Juan Camara – Sergi Samper – Rakitic, Kaptoum/62. Gumbau – Messi, Sandro Ramirez, Munir – Trainer: Luis Enrique.
Tore: 0:1 Messi (20.), 1:1 Chicharito (24.) – SR: Clattenburg (England) – Zuschauer: 29 412 (ausverkauft).

Europa League, Zwischenrunde:

Sporting Lissabon – Bayer Leverkusen 0:1 (0:1) am 18. 2. 2016
Lissabon: Rui Patricio – Joao Pereira, Coates/73. Ewerton, Ruben Semedo, Jefferson – Aquilani/61. Adrien Silva, William Carvalho – Joao Mario, Carlos Mané – Ruiz – Gutierrez/61. Slimani – Trainer: Jorge Jesus.
Leverkusen: Leno – Jedvaj/85. Hilbert, Tah, Toprak, Wendell – Kramer, Calhanoglu – Bellarabi, Brandt/66. Papadopoulos, Mehmedi/79. Henrichs – Kießling – Trainer: Schmidt.
Tor: 0:1 Bellarabi (26.) – SR: Kuipers (Niederlande) – Zuschauer: 26 201 – Gelb-Rote Karte: Ruben Semedo (74.).

Bayer Leverkusen – Sporting Lissabon 3:1 (1:1) am 25. 2. 2016
Leverkusen: Leno – Jedvaj, Tah, Papadopoulos/88. Kruse, Wendell – Kramer, Calhanoglu – Bellarabi, Brandt/46. Mehmedi – Chicharito, Kießling/63. Ramalho – Trainer: Schmidt.
Lissabon: Rui Patricio – Joao Pereira, Naldo, Ewerton, Jefferson – William Carvalho, Aquilani – Carlos Mané/63. Ruiz, Bruno Cesar/78. Gelson Martins – Joao Mario, Gutierrez/67. Slimani – Trainer: Jorge Jesus.
Tore: 1:0 Bellarabi (29.), 1:1 Joao Mario (38.), 2:1 Bellarabi (65.), 3:1 Calhanoglu (87.) – SR: Buquet (Frankreich) – Zuschauer: 26 585.

Europa League, Achtelfinale:

FC Villarreal – Bayer Leverkusen 2:0 (1:0) am 10. 3. 2016
Villarreal: Areola – Mario Gaspar, Bailly, Victor Ruiz, Rukavina – Manu Trigueros, Bruno Soriano – Denis Suarez, Samu Castillejo/80. Nahuel – Soldado/76. Baptistao, Bakambu/82. Adrian Lopez – Trainer: Marcelino.
Leverkusen: Leno – Jedvaj, Papadopoulos, Tah, Wendell – Kramer/65. Frey, Calhanoglu – Bellarabi/86. Mehmedi, Brandt – Chicharito, Kießling/67. Kruse – Trainer: Schmidt.
Tore: 1:0 Bakambu (4.), 2:0 Bakambu (56.) – SR: Rocchi (Italien) – Zuschauer: 18 000 – Gelb-Rote Karte: Jedvaj (90.+5).

Bayer Leverkusen – FC Villarreal 0:0 am 17. 3. 2016
Leverkusen: Leno – Bellarabi, Tah, Papadopoulos/80. Ramalho, Wendell – Frey, Kramer/68. Yurchenko – Mehmedi/59. Kruse, Brandt – Calhanoglu – Chicharito – Trainer: Schmidt.
Villareal: Sergio Asenjo – Mario Gaspar, Bailly, Victor Ruiz, Rukavina – Pina, Bruno Soriano – Denis Suarez/90. Pedraza, Samu Castillejo/61. Manu Trigueros – Bakambu, Soldado/74. Adrian Lopez – Trainer: Marcelino.
SR: Collum (Schottland) – Zuschauer: 23 409.

Der Weg des FC Augsburg in der Europa League

Gruppenphase:

Athletic Bilbao – FC Augsburg 3:1 (0:1) am 17. 9. 2015
Bilbao: Iago Herrerin – de Marcos, Etxeita, Laporte, Lekue – Elustondo/46. Mikel Rico, Benat – Susaeta, Raul Garcia/80. Gurpegi, Ibai/64. Sabin – Aduriz – Trainer: Valverde.
Augsburg: Hitz – Verhaegh, Callsen-Bracker, Klavan, Feulner – Baier – Kohr/72. Trochowski – Esswein, Halil Altintop/59. Koo, Ji – Matavz/66. Werner – Trainer: Weinzierl.
Tore: 0:1 Halil Altintop (15.), 1:1 Aduriz (55.), 2:1 Aduriz (66.), 3:1 Susaeta (90.) – SR: Bezborodov (Russland) – Zuschauer: 42 000.

FC Augsburg – Partizan Belgrad 1:3 (0:1) am 1. 10. 2015
Augsburg: Hitz – Verhaegh, Callsen-Bracker/75. Trochowski, Hong, Feulner/46. Max – Baier – Koo – Bobadilla, Halil Altintop, Ji – Matavz/46. Esswein – Trainer: Weinzierl.
Belgrad: Z. Zivkovic – Vulicevic, Balazic/46. Ostojic, Fabricio, Subic – Jevtovic – Babovic, Brasanac – A. Zivkovic, Stevanovic – Oumarou/22. Bojinov/66. Petrovic – Trainer: Milinkovic.
Tore: 0:1 A. Zivkovic (31.), 0:2 Ji (54., Eigentor), 1:2 Bobadilla (58.), 1:3 A. Zivkovic (62.) – SR: Tudor (Rumänien) – Zuschauer: 22 948 – Gelb-Rote Karte: Subic (64.).

AZ Alkmaar – FC Augsburg 0:1 (0:1) am 22. 10. 2015
Alkmaar: Coutinho – Johansson/77. Hupperts, Gouweleeuw, Van der Linden, Haps – Luckassen, Rienstra/61. Haye – Van Overeem, Henriksen, Dabney Souza/70. Tankovic – Janssen – Trainer: Van den Brom.
Augsburg: Hitz – Verhaegh, Callsen-Bracker, Klavan, Max – Baier/58. Kohr – Koo – Bobadilla/79. Esswein, Trochowski/70. Feulner, Werner – Caiuby – Trainer: Weinzierl.
Tor: 0:1 Trochowski (43.) – SR: Zelinka (Tschechien) – Zuschauer: 16 511.

FC Augsburg – AZ Alkmaar 4:1 (2:1) am 5. 11. 2015
Augsburg: Hitz – Verhaegh, Janker, Klavan, Max – Baier/65. Feulner – Kohr – Bobadilla/78. Werner, Ji, Caiuby – Matavz/55. Koo – Trainer: Weinzierl.
Alkmaar: Coutinho – Johansson, Gouweleeuw, Van der Linden, Haps – Luckassen, Rienstra/52. Ortiz – Van Overeem, Henriksen/37. Haye, Jahanbakhsh/76. Hupperts – Janssen – Trainer: Van den Brom.
Tore: 1:0 Bobadilla (24.), 2:0 Bobadilla (33.), 2:1 Janssen (45.+1), 3:1 Ji (66.), 4:1 Bobadilla (74.) – SR: Madden (Schottland) – Zuschauer: 21 241.

FC Augsburg – Athletic Bilbao 2:3 (1:1) am 26. 11. 2015
Augsburg: Hitz – Verhaegh, Janker, Klavan, Stafylidis – Baier – Kohr – Esswein/76. Koo, Trochowski/56. Caiuby, Ji – Halil Altintop/56. Bobadilla – Trainer: Weinzierl.
Bilbao: Iago Herrerin – Boveda, Gurpegi, Laporte, Balenziaga – Mikel Rico, San José/73. Iturraspe – Susaeta, Sabin/58. Williams – Eraso/58. Raul Garcia – Aduriz – Trainer: Valverde.
Tore: 0:1 Susaeta (10.), 1:1 Trochowski (41.), 2:1 Bobadilla (59.), 2:2 Aduriz (83.), 2:3 Aduriz (86.) – SR: Ribeiro Soares Dias (Portugal) – Zuschauer: 23 741.

Partizan Belgrad – FC Augsburg 1:3 (1:1) am 10. 12. 2015
Belgrad: Z. Zivkovic – Bandalovski, Fabricio, Cirkovic, Subic/64. Petrovic – Jevtovic – Babovic, Brasanac – A. Zivkovic, Ninkovic/84. Grbic – Oumarou – Trainer: Drulovic.
Augsburg: Hitz – Verhaegh, Callsen-Bracker/40. Hong, Janker, Stafylidis/80. Max – Baier – Bobadilla, Koo/60. Caiuby, Trochowski, Ji – Matavz – Trainer: Weinzierl.
Tore: 1:0 Oumarou (11.), 1:1 Hong (45.+2), 1:2 Verhaegh (51.), 1:3 Bobadilla (89.) – SR: Tagliavento (Italien) – Zuschauer: 20 000 – Gelb-Rote Karte:A. Zivkovic (80.).

Zwischenrunde:

FC Augsburg – FC Liverpool 0:0 am 18. 2. 2016
Augsburg: Hitz – Verhaegh, Janker, Klavan, Stafylidis – Kohr – Feulner – Esswein, Halil Altintop/87. Koo, Werner/81. Ji – Bobadilla/23. Caiuby – Trainer: Weinzierl.
Liverpool: Mignolet – Clyne, Kolo Touré, Sakho, Alberto Moreno – Henderson, Can – Milner/81. Ibe, Roberto Firmino, Coutinho – Sturridge/68. Origi – Trainer: Klopp.
SR: Fernandez Borbalan (Spanien) – Zuschauer: 25 000 (ausverkauft).

FC Liverpool – FC Augsburg 1:0 (1:0) am 25. 2. 2016
Liverpool: Mignolet – Clyne, Lucas, Sakho, Alberto Moreno – Henderson, Can – Milner, Roberto Firmino, Coutinho/79. Teixeira – Sturridge/66. Origi – Trainer: Klopp.
Augsburg: Hitz – Verhaegh, Janker/90. Parker, Klavan, Stafylidis – Kohr – Koo/80. Moravek – Esswein, Halil Altintop, Werner/72. Bobadilla – Caiuby – Trainer: Weinzierl.
Tor: 1:0 Milner (5., Handelfmeter) – SR: Turpin (Frankreich) – Zuschauer: 45 000.

Der Weg des FC Schalke 04 in der Europa League

Gruppenphase:

APOEL Nikosia – FC Schalke 04 0:3 (0:2) am 17. 9. 2015
Nikosia: Waterman – Mario Sergio, Astiz, Carlao, Antoniadis/23. Artymatas – Vinicius/61. Stilic, Nuno Morais – Makridis, de Vincenti – Vander, Sotiriou/56. Cavenaghi – Trainer: Ketsbaia.
Schalke: Fährmann – Junior Caicara, Neustädter, J. Matip, Aogo – Goretzka, Geis/61. Höger – Sané/80. Sam, Meyer – di Santo, Huntelaar/75. Höjbjerg – Trainer: Breitenreiter.
Tore: 0:1 J. Matip (28.), 0:2 Huntelaar (35.), 0:3 Huntelaar (71.) – SR: Chapron (Frankreich) – Zuschauer: 13 512 – Rote Karte: de Vincenti (77., SR-Beleidigung).

FC Schalke 04 – Asteras Tripolis 4:0 (3:0) am 1. 10. 2015
Schalke: Fährmann – Riether, Höwedes, J. Matip, Kolasinac – Geis/46. Ayhan, Höjbjerg – Goretzka/73. Meyer, Sané – Huntelaar, di Santo/63. Choupo-Moting – Trainer: Breitenreiter.
Tripolis: Theodoropoulos – Zisopoulos, Goian/70. Fountas, Sankare, Giannoulis – Ederson/79. Kourbelis – Lluy, Iglesias, Hamdani, Mazza/59. Tsokanis – Giannou – Trainer: Vergetis.
Tore: 1:0 di Santo (28.), 2:0 di Santo (37.), 3:0 di Santo (44., Handelfmeter), 4:0 Huntelaar (84.) – SR: Van Boekel (Niederlande) – Zuschauer: 42 447.

FC Schalke 04 – Sparta Prag 2:2 (1:0) am 22. 10. 2015
Schalke: Fährmann – Junior Caicara, Höwedes, Neustädter, Kolasinac/84. Aogo – Ayhan/61. Geis, Höjbjerg/61. Sané – Goretzka, Choupo-Moting – Meyer – Di Santo – Trainer: Breitenreiter.
Prag: Bicik – Marecek, Brabec, Nhamoinesu, Hybs – Jiracek – Dockal, Matejovsky/90.+2 Husbauer – Konate/62. Lafata, Krejci – Fatai/88. Holek – Trainer: Svoboda.
Tore: 1:0 Di Santo (6.), 1:1 Fatai (50.), 1:2 Lafata (63.), 2:2 Sané (73.) – SR: Soares Dias (Portugal) – Zuschauer: 51 244.

Sparta Prag – FC Schalke 04 1:1 (1:1) am 5. 11. 2015
Prag: Bicik – Marecek, Brabec, Nhamoinesu, Hybs – Jiracek – Dockal, Matejovsky – Fatai/88. Konate, Krejci – Lafata/90.+1 Julis – Trainer: Hejkal.
Schalke: Fährmann – Junior Caicara, Neustädter, Ayhan, Aogo – Höjbjerg, Geis – Sané/82. Meyer, Goretzka/87. Kolasinac, Choupo-Moting – Huntelaar/77. Di Santo – Trainer: Breitenreiter.
Tore: 1:0 Lafata (6.), 1:1 Geis (21., Foulelfmeter) – SR: Gomez (Spanien) – Zuschauer: 17 352.

FC Schalke 04 – APOEL Nikosia 1:0 (0:0) am 26. 11. 2015
Schalke: Fährmann – Junior Caicara/83. Riether, Matip, Neustädter, Aogo – Goretzka, Geis/79. Höjbjerg – Sané, Choupo-Moting – Di Santo/62. Meyer, Huntelaar – Trainer: Breitenreiter.
Nikosia: Waterman – Mario Sergio, Joao Guilherme, Carlao, Antoniadis/31. Astiz – Nuno Morais – Artymatas, Vinicius – Charalambidis/76. Vander, De Vincenti – Sotiriou/54. Makridis – Trainer: Ketsbaia.
Tor: 1:0 Choupo-Moting (86.) – SR: Ekberg (Schweden) – Zuschauer: 43 117 – Bes. Vorkommnis: Waterman hält Handelfmeter von Aogo (89.).

Asteras Tripolis – FC Schalke 04 0:4 (0:2) am 10. 12. 2015
Tripoli: Theodoropoulos – Lluy, Sankare, Goian/63. Zisopoulos, Panteliadis – Tsokanis, Iglesias/69. Dimoutsos – Lanzarote/65. Bertoglio, Fernandez, Hamdani – Giannou – Trainer: Vergetis.
Schalke: Fährmann – Junior Caicara, Höwedes/79. Friedrich, Neustädter, Kolasinac – Geis/65. Ayhan, Höjbjerg – Sam, Choupo-Moting – Di Santo, Huntelaar/79. Meyer – Trainer: Breitenreiter.
Tore: 0:1 Di Santo (29.), 0:2 Choupo-Moting (37.), 0:3 Choupo-Moting (78.), 0:4 Meyer (86.) – SR: Liany (Israel) – Zuschauer: 5000.

Zwischenrunde:

Schachtar Donezk – FC Schalke 04 0:0 am 18. 2. 2016
Donezk: Pyatov – Srna, Kucher, Rakytskyy, Ismaily – Malyshev/89. Kryvtsov, Stepanenko – Marlos/74. Wellington Nem, Kovalenko, Taison/79. Eduardo – Gladkyy – Trainer: Lucescu.
Schalke: Fährmann – Junior Caicara, Matip, Neustädter, Kolasinac – Geis, Goretzka – Sané/87. Sam, Meyer/81. Schöpf, Belhanda/88. Huntelaar – Choupo-Moting – Trainer: Breitenreiter.
SR: Göcek (Türkei) – Zuschauer: 25 000 (in Lwiw) – Gelb-Rote Karte: Kucher (86.).

FC Schalke 04 – Schachtar Donezk 0:3 (0:1) am 25. 2. 2016
Schalke: Fährmann – Junior Caicara, Matip, Neustädter, Kolasinac/46. Aogo – Geis, Goretzka/45.+2 Di Santo – Schöpf/58. Sam, Belhanda, Sané – Huntelaar – Trainer: Breitenreiter.
Donezk: Pyatov – Srna, Kryvtsov, Rakytskyy, Ismaily – Malyshev, Stepanenko – Marlos/74. Wellington Nem, Kovalenko, Taison/80. Eduardo – Ferreyra/89. Boryachuk – Trainer: Lucescu.
Tore: 0:1 Marlos (27.), 0:2 Ferreyra (63.), 0:3 Kovalenko (77.) – SR: Jug (Slowenien) – Zuschauer: 45 308.

Der Weg von Borussia Dortmund in der Europa League

3. Qualifikationsrunde:

Wolfsberger AC – Borussia Dortmund 0:1 (0:1) am 30. 7. 2015 in Klagenfurt
Wolfsberg: Kofler – Berger, Sollbauer, Hüttenbrenner, Palla – Standfest/90. Tschernegg – Zündel, Seidl, Putsche/70. Trdina, Wernitznig/81. Jacobo – Silvio – Trainer: Kühbauer.
Dortmund: Bürki – Piszczek, Sokratis, Hummels, Schmelzer – Gündogan, Weigl/66. Castro – Hofmann/66. Kagawa, Reus/80. Kampl, Mkhitaryan – Aubameyang – Trainer: Tuchel.
Tor: 0:1 Hofmann (14.) – SR: Massa (Italien) – Zuschauer: 30 250 (ausverkauft).

Borussia Dortmund – Wolfsberger AC 5:0 (0:0) am 6. 8. 2015
Dortmund: Weidenfeller – Piszczek, Sokratis, Hummels, Schmelzer – Gündogan/77. S. Bender, Weigl – Reus/77. Hofmann, Kagawa/65. Castro, Mkhitaryan – Aubameyang – Trainer: Tuchel.
Wolfsberg: Kofler – Berger, Sollbauer, Hüttenbrenner, Palla – Standfest/85. Tschernegg – Wernitznig/74. Zulj, Putsche/67. Trdina, Weber, Jacobo – Silvio – Trainer: Kühbauer.

Tore: 1:0 Reus (48.), 2:0 Aubameyang (64.), 3:0 Mkhitaryan (73.), 4:0 Mkhitaryan (82.), 5:0 Mkhitaryan (86.) – SR: Avram (Rumänien) – Zuschauer: 65 190.

Play-offs:

Odds BK Skien – Borussia Dortmund 3:4 (3:1) am 20. 8. 2015
Skien: Rossbach – Ruud, Bergan, Hagen, Grögaard – Jensen, Samuelsen/57. Berg, Nordkvelle – Akabueze/65. Halvorsen, Zekhnini – Occean/78. Flo – Trainer: Fagermo.
Dortmund: Weidenfeller – Castro/46. Sokratis, Ginter, Hummels, Schmelzer – S. Bender/68. Weigl – Gündogan – Kampl/63. Ramos, Kagawa, Mkhitaryan – Aubameyang – Trainer: Tuchel.
Tore: 1:0 Samuelsen (1.), 2:0 Nordkvelle (20.), 3:0 Ruud (22.), 3:1 Aubameyang (34.), 3:2 Kagawa (47.), 3:3 Aubameyang (76.), 3:4 Mkhitaryan (85.) – SR: De Sousa (Portugal) – Zuschauer: 12436.

Borussia Dortmund – Odds BK Skien 7:2 (4:1) am 27. 8. 2015
Dortmund: Weidenfeller – Ginter, Sokratis/64. Piszczek, Hummels, Schmelzer – Weigl – Gündogan/66. S. Bender – Hofmann, Kagawa, Mkhitaryan/64. Aubameyang – Reus – Trainer: Tuchel.
Skien: Rossbach – Hurme, Bergan, Hagen, Grögaard – Jensen – Nordkvelle/64. Gashi, Berg – Halvorsen, Zekhnini/76. Akabueze – Occean/46. Flo – Trainer: Fagermo.
Tore: 0:1 Halvorsen (19.), 1:1 Mkhitaryan (25.), 2:1 Reus (27.), 3:1 Reus (32.), 4:1 Kagawa (40.), 5:1 Gündogan (51.), 6:1 Reus (57.), 6:2 Berg (64.), 7:2 Kagawa (90.) – SR: Aranovskiy (Ukraine) – Zuschauer: 64 200.

Gruppenphase:

Borussia Dortmund – FK Krasnodar 2:1 (1:1) am 17. 9. 2015
Dortmund: Weidenfeller – Ginter, Sokratis, Hummels, Schmelzer/46. Kagawa – Gündogan – Castro/61. Weigl, Park – Januzaj, Mkhitaryan – Aubameyang/72. Ramos – Trainer: Tuchel.
Krasnodar: Dykan – Jedrzejczyk, Sigurdsson, Granqvist, Petrov – Strandberg – Akhmedov, Kaboré/70. Gazinsky – Pereyra/60. Laborde, Mamaev/81. Ari – Smolov – Trainer: Kononov.
Tore: 0:1 Mamaev (12.), 1:1 Ginter (45.+1), 2:1 Park (90.+3) – SR: Liany (Israel) – Zuschauer: 55 200.

PAOK Saloniki – Borussia Dortmund 1:1 (1:0) am 1. 10. 2015
Saloniki: Olsen – Miguel Vitor, Ricardo Costa, Tzavellas – Konstantinidis, Garry Rodrigues – Kace/85. Harisis, Tziolis, Sabo – Mak/73. Jairo da Silva, Berbatov/89. Pelkas – Trainer: Tudor.
Dortmund: Weidenfeller – Piszczek, Subotic, S. Bender, Park – Weigl/66. Schmelzer, Castro – Hofmann, Mkhitaryan/65. Ramos, Januzaj/84. Leitner – Reus – Trainer: Tuchel.
Tore: 1:0 Mak (34.), 1:1 Castro (72.) – SR: Taylor (England) – Zuschauer: 25 663.

FK Qäbälä – Borussia Dortmund 1:3 (0:2) am 22. 10. 2015
Qäbälä: Bezotosnyi – Dashdemirov, Vernydub, Stankovic, Ricardinho – Meza/83. Sadygov, Gai – Zenjov/79. Zec, Pereyra/60. Zargarov, Dodo – Antonov – Trainer: Grygorchuk.
Dortmund: Weidenfeller – Ginter, Sokratis, Hummels/63. Piszczek, Park/69. Schmelzer – Gündogan/63. Bender, Weigl, Kagawa – Hofmann, Reus – Aubameyang – Trainer: Tuchel.
Tore: 0:1 Aubameyang (31.), 0:2 Aubameyang (38.), 0:3 Aubameyang (72.), 1:3 Dodo (90.+3) – SR: Bebek (Kroatien) – Zuschauer: 9000 (in Baku).

Borussia Dortmund – FK Qäbäla 4:0 (2:0) am 5. 11. 2015
Dortmund: Weidenfeller – Piszczek, Bender, Hummels, Schmelzer – Ginter/62. Gündogan, Weigl – Mkhitaryan, Castro, Reus/46. Januzaj – Aubameyang/68. Ramos – Trainer: Tuchel.
Qäbälä: Pietrzkiewicz – Vernydub, Rafael Santos, Stankovic – Dashdemirov, Meza/76. Jamalov, Gai, Ricardinho – Antonov/69. Pereyra, Dodo – Zenjov/86. Zargarov – Trainer: Grygorchuk.
Tore: 1:0 Reus (28.), 2:0 Aubameyang (45.+1), 3:0 Zenjov (67., Eigentor), 4:0 Mkhitaryan (70.) – SR: Delferiere (Belgien) – Zuschauer: 57 000.

FK Krasnodar – Borussia Dortmund 1:0 (1:0) am 26. 11. 2015
Krasnodar: Dykan – Jedrzejczyk, Granqvist, R. Sigurdsson, Kaleshin – Akhmedov/85. Torbinskiy, Kaboré – Smolov, Pereyra/75. Gazinsky, Mamaev/84. Laborde – Ari – Trainer: Kononov.
Dortmund: Weidenfeller – Piszczek/80. Ginter, Bender, Hummels, Schmelzer – Weigl/86. Leitner – Gündogan, Castro – Hofmann/68. Januzaj, Mkhitaryan – Ramos – Trainer: Tuchel.
Tor: 1:0 Mamaev (2., Foulelfmeter) – SR: Gözübüyük (Niederlande) – Zuschauer: 30 150.

Borussia Dortmund – PAOK Saloniki 0:1 (0:1) am 10. 12. 2015
Dortmund: Weidenfeller – Ginter, Subotic, Hummels, Park – Bender/46. Weigl – Stenzel, Kagawa/66. Aubameyang – Januzaj, Reus/46. Mkhitaryan – Ramos – Trainer: Tuchel.
Saloniki: Glykos – Konstantinidis, Skondras, Malezas, Tzavellas, Mystakidis/78. Garry Rodrigues – Kace, Tziolis, Cimirot – Berbatov/71. Sabo, Mak/66. Leovac – Trainer: Tudor.
Tor: 0:1 Mak (33.) – SR: Gestranius (Finnland) – Zuschauer: 55 200.

Zwischenrunde:

Borussia Dortmund – FC Porto 2:0 (1:0) am 18. 2. 2016
Dortmund: Bürki – Piszczek, Sokratis, Hummels, Schmelzer – Weigl, Sahin/57. Leitner – Mkhitaryan, Kagawa/87. Ginter, Reus/86. Pulisic – Aubameyang – Trainer: Tuchel.
Porto: Casillas – Varela, Layun, Martins Indi, José Angel – Ruben Neves, Sergio Oliveira/76. Evandro – Marega, Herrera, Brahimi/59. André André – Aboubakar/87. Suk – Trainer: Peseiro.
Tore: 1:0 Piszczek (6.), 2:0 Reus (71.) – SR: Banti (Italien) – Zuschauer: 65 851 (ausverkauft).

FC Porto – Borussia Dortmund 0:1 (0:1) am 25. 2. 2016
Porto: Casillas – Maxi Pereira, Layun, Marcano, José Angel – Ruben Neves, Danilo Pereira – Marega, Evandro/71. Herrera, Varela/66. Brahimi – Aboubakar/57. Suk – Trainer: Peseiro.
Dortmund: Bürki – Ginter, Bender, Hummels/46. Subotic, Schmelzer – Gündogan/46. Sahin, Weigl – Mkhitaryan, Kagawa, Reus/70. Ramos – Aubameyang – Trainer: Tuchel.
Tor: 0:1 Casillas (23., Eigentor) – SR: Clattenburg (England) – Zuschauer: 32 707.

Achtelfinale:

Borussia Dortmund – Tottenham Hotspur 3:0 (1:0) am 10. 3. 2016
Dortmund: Weidenfeller – Piszczek, Bender/58. Subotic, Hummels, Durm, Schmelzer – Weigl – Mkhitaryan, Castro – Reus/82. Kagawa – Aubameyang/82. Ramos – Trainer: Tuchel.
Tottenham: Lloris – Trippier, Alderweireld, Wimmer, Davies – Mason, Carroll – Onomah, Eriksen/65. Lamela, Son/76. Kane – Chadli/58. Dembelé – Trainer: Pochettino.
Tore: 1:0 Aubameyang (30.), 2:0 Reus (61.), 3:0 Reus (70.) – SR: Cakir (Türkei) – Zuschauer: 65 848.

Tottenham Hotspur – Borussia Dortmund 1:2 (0:1) am 17. 3. 2016
Dortmund: Lloris – Trippier, Alderweireld, Wimmer, Davies/12. Rose – Dier, Mason – Lamela/74. Onomah, Alli/70. Carroll, Chadli – Son – Trainer: Pochettino.
Dortmund: Weidenfeller – Ginter, Subotic, Sokratis/54. Durm – Piszczek, Schmelzer – Weigl – Mkhitaryan/72. Kagawa – Castro – Reus/60. Pulisic – Aubameyang – Trainer: Tuchel.
Tore: 0:1 Aubameyang (24.), 0:2 Aubameyang (71.), 1:2 Son (74.) – SR: Rizzoli (Italien) – Zuschauer: 34 593.

Viertelfinale:

Borussia Dortmund – FC Liverpool 1:1 (0:1) am 7. 4. 2016
Dortmund: Weidenfeller – Piszczek, Hummels, Bender/76. Sokratis – Castro, Weigl – Durm/46. Sahin, Schmelzer – Mkhitaryan – Reus – Aubameyang/77. Pulisic – Trainer: Tuchel.
Liverpool: Mignolet – Clyne, Lovren, Sakho, Alberto Moreno – Can – Henderson/46. Allen, Milner – Lallana/77. Roberto Firmino, Coutinho – Origi/84. Sturridge – Trainer: Klopp.
Tore: 0:1 Origi (36.), 1:1 Hummels (48.) – SR: Velasco Carballo (Spanien) – Zuschauer: 65 848 (ausverkauft).

FC Liverpool – Borussia Dortmund 4:3 (0:2) am 14. 6. 2016
Liverpool: Mignolet – Clyne, Lovren, Sakho, Alberto Moreno – Can/80. Lucas, Milner – Lallana/62. Allen, Roberto Firmino/62. Sturridge, Coutinho – Origi – Trainer: Klopp.
Dortmund: Weidenfeller – Piszczek, Sokratis, Hummels, Schmelzer – Weigl – Castro/82. Gündogan, Kagawa/77. Ginter – Mkhitaryan, Reus/83. Ramos – Aubameyang – Trainer: Tuchel.
Tore: 0:1 Mkhitaryan (5.), 0:2 Aubameyang (9.), 1:2 Origi (48.), 1:3 Reus (57.), 2:3 Coutinho (66.), 3:3 Sakho (78.), 4:3 Lovren (90.+1) – SR: Cakir (Türkei) – Zuschauer: 44 742.

Die Bundesliga 2015/16 (53. Saison)

Alle Einsätze und alle Tore

Bayern München (25 Spieler eingesetzt):
Neuer (34), Lewandowski (32), T. Müller (31), Alaba, Vidal (je 30), Douglas Costa, Thiago (je 27), Lahm, Xabi Alonso (je 26), Rafinha (25), Coman, Kimmich (je 23), Boateng (19), Javi Martinez, Juan Bernat (je 16), Robben, Rode (je 15), Benatia, Götze (je 14), Ribery (13), Badstuber (7), Tasci (3), Dante, Pantovic, Ulreich (je 1).
14 Spieler erzielten 78 Tore:
Lewandowski (30), T. Müller (20), Coman, Douglas Costa, Robben, Vidal (je 4), Götze (3), Ribery, Thiago (je 2), Alaba, Benatia, Javi Martinez, Lahm, Rode (je 1) – Dazu kommt je ein Eigentor von Goretzka (FC Schalke 04) und Niedermeier (VfB Stuttgart).

Borussia Dortmund (26 Spieler eingesetzt):
Bürki (33), Aubameyang, Mkhitaryan, Weigl (je 30), Kagawa (29), Ramos (27), Reus, Schmelzer (je 26), Castro, Gündogan, Sokratis (je 25), Ginter (24), Piszczek (20), S. Bender (19), Durm (14), Leitner, Pulisic, Sahin (je 9), Hofmann (7), Januzaj, Subotic (je 6), Park (5), Passlack (3), Kampl, Weidenfeller (je 1).
13 Spieler erzielten 80 Tore:
Aubameyang (25), Reus (12), Mkhitaryan (11), Kagawa, Ramos (je 9), Castro, Ginter (je 3), Hummels, Pulisic (je 2), Durm, Gündogan, Hofmann, Sokratis (je 1) – Dazu kommt je ein Eigentor von Felipe (Hannover 96) und Niedermeier (VfB Stuttgart).

Bayer 04 Leverkusen (27 Spieler eingesetzt):
Bellarabi, Leno (je 33), Calhanoglu (31), Kießling (30), Brandt, Tah (je 29), Chicharito, Kramer, Mehmedi, Wendell (je 28), Kampl (22), Ramalho, Toprak (je 19), Papadopoulos (16), Jedvaj (15), Donati, Hilbert (je 12), L. Bender (11), Frey, Henrichs, Kruse (je 9), Boenisch (8), Aranguiz, Yurchenko (je 7), Kresic, Son, Yelldell (je 1).
12 Spieler erzielten 51 Tore:
Chicharito (17), Brandt (9), Bellarabi (6), Kießling (5), Calhanoglu, Kampl (je 3), Aranguiz, Mehmedi (je 2), L. Bender, Boenisch, Toprak, Yurchenko (je 1) – Dazu kommt je ein Eigentor von Verhaegh (FC Augsburg), Djilobodji (Werder Bremen), Sulu (SV Darmstadt 98), Ekdal (Hamburger SV) und Riether (FC Schalke 04).

Borussia Mönchengladbach (26 Spieler eingesetzt):
Dahoud, Sommer (je 32), Christensen, Nordtveit, Raffael (je 31), Stindl, Wendt (je 30), Hazard (29), Xhaka (28), Johnson (26), Traoré (24), Elvedi (21), Herrmann (18), Korb (17), Hahn (15), Drmic (13), Jantschke (12), Hinteregger (10), Hrgota (9), Brouwers, Hofmann, M. Schulz (je 8), Alvaro Dominguez (6), Stranzl (4), Sippel (2), N. Schulz (1).
14 Spieler erzielten 64 Tore:
Raffael (13), Hahn (8), Stindl (7), Johnson (6), Dahoud (5), Hazard, Nordtveit (je 4), Christensen, Herrmann, Traoré, Wendt, Xhaka (je 3), Drmic, Korb (je 1) – Dazu kommt je ein Eigentor von Toljan (TSG 1899 Hoffenheim), Gentner (VfB Stuttgart) und Großkreutz (VfB Stuttgart).

FC Schalke 04 (28 Spieler eingesetzt):
Fährmann, J. Matip (je 34), L. Sané (33), Meyer (32), Huntelaar (31), Neustädter (30), Choupo-Moting, Geis (je 28), Di Santo, Goretzka (je 25), Aogo, Höjbjerg, Junior Caicara, Kolasinac (je 23), Riether (17), Belhanda, Höwedes (je 15), Schöpf (13), Höger (5), Draxler (3), Friedrich, Sam (je 2), Ayhan, Kehrer, Nastasic, Nübel, Platte, Reese (je 1).
13 Spieler erzielten 47 Tore:
Huntelaar (12), L. Sané (8), Choupo-Moting (6), Meyer (5), J. Matip, Schöpf (je 3), Belhanda, Di Santo, Geis (je 2), Draxler, Goretzka, Höwedes, Kolasinac (je 1) – Dazu kommt je ein Eigentor von Gebre Selassie (Werder Bremen), Schär (TSG 1899 Hoffenheim), Christensen (Borussia Mönchengladbach) und Hinteregger (Borussia Mönchengladbach).

1. FSV Mainz 05 (29 Spieler eingesetzt):
Karius, Malli (je 34), Baumgartlinger, Jairo (je 31), Bell, Brosinski (je 30), Clemens (28), Latza (27), De Blasis (26), Cordoba (22), Balogun, Bungert (je 21), Muto (20), Frei (18), Bengtsson (16), Bussmann (13), Niederlechner, Serdar (je 12), Donati (11), Onisiwo (9), Moritz (8), Hack (7), Jara (6), Klement, Koo (je 2), Beister, Park, Parker, Soto (je 1).

12 Spieler erzielten 46 Tore:
Malli (11), Jairo, Muto (je 7), Clemens, Cordoba (je 5), De Blasis (4), Baumgartlinger (2), Balogun, Bell, Brosinski, Bussmann, Onisiwo (je 1).

Hertha BSC (26 Spieler eingesetzt):
Plattenhardt (33), Haraguchi, Kalou (je 32), Darida, Skjelbred (je 31), Lustenberger (30), Jarstein, Weiser (je 29), Ibisevic (26), Baumjohann (24), Brooks (23), Langkamp, Stocker (je 22), N. Stark (21), Cigerci (18), Hegeler (16), Van den Bergh (13), Pekarik (12), Kraft, Regäsel, Schieber (je 6), Mittelstädt (3), Beerens (2), Kohls, Ronny, N. Schulz (je 1).

11 Spieler erzielten 41 Tore:
Kalou (14), Ibisevic (10), Darida (5), Haraguchi, Plattenhardt, N. Stark, Weiser (je 2), Baumjohann, Brooks, Lustenberger, Stocker (je 1) – Dazu kommt ein Eigentor von Polanski (TSG 1899 Hoffenheim).

VfL Wolfsburg (29 Spieler eingesetzt):
M. Kruse (32), Arnold (31), Guilavogui (30), Caligiuri, Naldo, Schürrle, Träsch (je 29), Vieirinha (26), R. Rodriguez (24), Dante (23), Dost, Luiz Gustavo (je 22), Benaglio, Draxler, M. Schäfer (je 21), Bendtner, Casteels (je 13), S. Jung, Knoche (je 11), Klose (8), Bruno Henrique (7), Putaro, Seguin (je 4), Azzaoui, De Bruyne, Hunt, Perisic (je 2), Ascues, F. Rodriguez (je 1).

16 Spieler erzielten 46 Tore:
Schürrle (9), Dost (8), M. Kruse (6), Draxler (5), Arnold (3), Bendtner, Caligiuri, Guilavogui, R. Rodriguez (je 2), Dante, Klose, Knoche, Luiz Gustavo, Perisic, M. Schäfer, Vieirinha (je 1) – Dazu kommt ein Eigentor von Galvez (Werder Bremen).

1. FC Köln (23 Spieler eingesetzt):
Modeste (34), Heintz, Horn, Risse (je 33), Hector, Lehmann (je 32), Bittencourt, Gerhardt (je 29), Maroh, Osako (je 25), Zoller (24), Vogt (23), Sörensen (22), Olkowski (19), Hosiner, Jojic (je 15), Mladenovic (14), Mavraj (12), Svento (7), Hartel (6), Kessler, Klünter, Nagasawa (je 1).

11 Spieler erzielten 38 Tore:
Modeste (15), Zoller (6), Bittencourt, Risse (je 3), Gerhardt, Heintz, Jojic, Maroh (je 2), Hosiner, Osako, Svento (je 1).

Hamburger SV (28 Spieler eingesetzt):
Holtby (34), Ostrzolek (32), Ilicevic (31), Lasogga (30), N. Müller (29), Djourou, Spahic (je 26), Gregoritsch (25), Adler (24), Cleber (23), Diekmeier, G. Sakai (je 22), Hunt (21), Schipplock (20), G. Jung, Kacar (je 19), Ekdal (14), Diaz, Rudnevs (je 11), Drobny (10), Olic (9), Bahoui, Drmic (je 6), Stieber (2), Altintas, Arslan, Hirzel, Mickel (je 1).

11 Spieler erzielten 38 Tore:
N. Müller (9), Lasogga (8), Gregoritsch (5), Ilicevic (4), Holtby (3), Djourou, Hunt, Rudnevs (je 2), Cleber, Drmic, Kacar (je 1) – Dazu kommt je ein Eigentor von Hummels (Borussia Dortmund) und Hinteregger (Borussia Mönchengladbach).

FC Ingolstadt 04 (25 Spieler eingesetzt):
M. Matip (33), Groß, Leckie (je 32), Hartmann, B. Hübner (je 30), Roger (29), Hinterseer, Özcan (je 28), Ro. Bauer, Morales (je 24), Bregerie (22), Lex (21), Cohen, Da Costa (je 20), Christiansen (19), Suttner (18), Lezcano (17), Levels (16), Kachunga (10), Nyland (6), Engel, Multhaup, Pekhart (je 4), Danilo, Wannenwetsch (je 1).

12 Spieler erzielten 33 Tore:
Hartmann (12), Hinterseer (6), Leckie (3), Lex, Lezcano, M. Matip (je 2), Ro. Bauer, Groß, B. Hübner, Levels, Morales, Roger (je 1).

FC Augsburg (27 Spieler eingesetzt):
Hitz (33), Klavan, Kohr (je 31), Esswein (29), Baier (28), Bobadilla, Koo (je 27), Caiuby, Max (je 26), Verhaegh (25), Hong (23), Ji (21), Halil Altintop, Feulner (je 19), Finnbogason (14), To. Werner (13), Janker (12), Gouweleeuw, Matavz, Moravek, Stafylidis (je 11), Callsen-Bracker (10), Trochowski (6), Mölders, Opare (je 4), Manninger (2), Ajeti (1).
13 Spieler erzielten 40 Tore:
Koo (8), Finnbogason (7), Verhaegh (6), Bobadilla, Caiuby (je 4), Esswein (3), Hong (2), Halil Altintop, Baier, Callsen-Bracker, Feulner, Moravek, Stafylidis (je 1) – Dazu kommt je ein Eigentor von Leno (Bayer 04 Leverkusen) und Baumgartl (VfB Stuttgart).

Werder Bremen (30 Spieler eingesetzt):
Wiedwald (34), Gebre Selassie, Vestergaard (je 33), Ujah (32), Bartels, Junuzovic (je 30), Fritz, S. Garcia (je 29), Pizarro (28), Grillitsch, Öztunali (je 25), Galvez (21), Bargfrede, Djilobodji (je 14), Lukimya (12), U. Garcia (11), Lorenzen, Sternberg (je 9), Fröde, Kroos, Yatabaré (je 8), M. Eggestein (7), Johannsson, Kleinheisler (je 6), Veljkovic (3), Zander (2), Guwara, Hilßner, Hüsing, Yildirim (je 1).
13 Spieler erzielten 49 Tore:
Pizarro (14), Ujah (11), Bartels (8), Junuzovic (4), Djilobodji, Johannsson, Vestergaard (je 2), Fritz, Galvez, Gebre Selassie, Grillitsch, Öztunali, Yatabaré (je 1) – Dazu kommt ein Eigentor von Barba (VfB Stuttgart).

SV Darmstadt 98 (23 Spieler eingesetzt):
Caldirola (34), Gondorf, Heller, Mathenia, Sulu (je 33), Wagner (32), T. Kempe, Niemeyer, Rausch (je 31), Rosenthal (23), M. Vrancic (22), Garics (21), Jungwirth (19), Holland (18), Rajkovic, Stroh-Engel (je 15), Sailer (14), Junior Diaz (12), Platte (11), Sirigu (6), Gorka (4), Ivana, Zaluska (je 1).
9 Spieler erzielten 38 Tore:
Wagner (14), Sulu (7), Heller (6), Gondorf (3), Niemeyer, Rausch, M. Vrancic (je 2), Rajkovic, Sailer (je 1)

TSG 1899 Hoffenheim (26 Spieler eingesetzt):
Baumann, Süle, Volland (je 33), Kaderabek (28), Polanski (27), Strobl (26), Amiri, Uth (je 25), Rudy, Schär, Vargas (je 24), Schmid (23), Bicakcic, Schwegler (je 21), Toljan (18), Kim, Kramaric (je 15), Kuranyi (14), Ochs (13), Zuber (12), Hamad (7), Elyounoussi (6), Szalai (4), Canouse, Grahl, Joelinton (je 1).
12 Spieler erzielten 39 Tore:
Uth, Volland (je 8), Kramaric (5), Amiri, Schmid (je 4), Rudy, Vargas, Zuber (je 2), Hamad, Polanski, Schär, Toljan (je 1).

Eintracht Frankfurt (30 Spieler eingesetzt):
Hradecky (34), Hasebe (32), Abraham, Aigner (je 31), Oczipka (30), Seferovic (29), Russ (28), Stendera (26), Zambrano (24), Castaignos, Meier (je 19), Ignjovski (18), Huszti, Reinartz (je 15), Medojevic (14), Chandler, Djakpa, Waldschmidt (je 12), Fabian (11), Regäsel (10), Ben-Hatira (9), Kittel (8), Gacinovic (7), Flum, Kadlec (je 5), Gerezgiher (3), Ayhan, Kinsombi (je 2), Inui, Rinderknecht (je 1).
11 Spieler erzielten 32 Tore:
Meier (12), Castaignos (4), Aigner, Russ, Seferovic (je 3), Stendera (2), Ben-Hatira, Hasebe, Huszti, Medojevic, Reinartz (je 1) – Dazu kommt je ein Eigentor von Bell (1. FSV Mainz 05) und Hlousek (VfB Stuttgart).

VfB Stuttgart (31 Spieler eingesetzt):
Insua, Ti. Werner (je 33), Didavi (31), Kostic, Tyton (je 30), Gentner, Rupp, Schwaab (je 29), Maxim (25), Serey Dié (23), Klein (22), Baumgartl, Harnik, Sunjic (je 19), Niedermeier (18), Kravets (15), Großkreutz (10), Tashchy (9), Kliment (8), Ginczek, Hlousek (je 7), Heise (5), Ferati, Kruse, Ristl, Vlachodimos (je 3), Barba, Gruezo, Langerak, M. Zimmermann (je 2), Wanitzek (1).
14 Spieler erzielten 48 Tore:
Didavi (13), Ti. Werner (6), Gentner, Kostic, Rupp (je 5), Ginczek, Niedermeier (je 3), Harnik (2), Barba, Kliment, Kravets, Maxim, Serey Dié, Sunjic (je 1) – Dazu kommt je ein Eigentor von Garics (SV Darmstadt 98) und Hunt (Hamburger SV).

Bundesliga Saison 2015/16

	Bayern München	Borussia Dortmund	Bayer 04 Leverkusen	Bor. M'gladbach	FC Schalke 04	1. FSV Mainz 05	Hertha BSC	VfL Wolfsburg	1. FC Köln	Hamburger SV	FC Ingolstadt 04	FC Augsburg	Werder Bremen	SV Darmstadt 98	TSG Hoffenheim	Eintracht Frankfurt	VfB Stuttgart	Hannover 96	Heimbilanz g. u. v.	Auswärtsbilanz g. u. v.	Tore	Pkt.	Gesamt Tore	Punkte
1. Bayern München	K	5:1 / 0:0	3:0 / 0:0	3:0 / 1:0	5:0 / 0:0	3:0 / 1:2	2:0 / 0:2	2:0 / 1:1	4:0 / 0:1	5:0 / 1:2	2:0 / 0:1	2:1 / 1:0	5:0 / 1:0	3:0 / 0:2	2:0 / 1:2	1:0 / 0:0	4:0 / 3:1	3:1 / 1:0	15 / 1 / 1 / 14 / 3 / 0	51:8 / 29:9	45 / 42	80:17	88
2. Borussia Dortmund	0:0 / 1:5	I	3:0 / 1:0	4:0 / 1:3	3:2 / 2:2	2:0 / 0:2	3:1 / 0:1	2:1 / 1:2	2:1 / 1:2	3:1 / 1:3	4:0 / 0:2	5:1 / 1:3	3:2 / 1:2	2:2 / 2:2	3:1 / 1:1	4:1 / 1:1		4:2 / 1:0	13 / 3 / 1 / 10 / 3 / 4	49:14 / 33:20	45 / 33	82:34	78
3. Bayer 04 Leverkusen	0:3 / 0:0	0:0 / 1:3	C	5:0 / 1:0	1:1 / 3:2	3:1 / 2:2	2:1 / 1:2	3:0 / 0:0	1:1 / 3:2	1:0 / 0:0	3:0 / 0:0	3:3 / 1:1	1:4 / 3:0	2:4 / 0:0	1:1 / 3:1	4:3 / 3:1	4:0 / 3:0	3:0 / 1:0	10 / 3 / 4 / 8 / 6 / 3	31:17 / 25:23	33 / 27	56:40	60
4. Bor. M'gladbach	3:1 / 1:1	1:3 / 0:4	2:1 / 1:2	K	2:1 / 1:0	2:1 / 1:2	5:0 / 1:0	2:0 / 1:2	1:0 / 0:1	3:2 / 0:3	3:0 / 1:0	2:2 / 3:0	4:1 / 0:2	3:0 / 2:0	3:3 / 1:0	3:1 / 3:1	4:0 / 3:1	3:0 / 1:0	13 / 1 / 3 / 4 / 4 / 9	46:24 / 25:32	40 / 15	67:50	55
5. FC Schalke 04	1:3 / 0:3	2:3 / 2:3	3:1 / 0:1	2:1 / 1:2	E	2:1 / 3:1	2:0 / 2:1	3:0 / 1:1	3:0 / 0:3	3:1 / 2:1	3:0 / 0:1	2:1 / 2:2	3:1 / 2:1	1:1 / 0:0	1:1 / 1:2	3:1 / 0:0	1:1 / 3:1	3:1 / 0:1	8 / 7 / 2 / 7 / 4 / 6	28:24 / 23:25	29 / 23	51:49	52
6. 1. FSV Mainz 05	0:3 / 1:3	2:0 / 2:2	2:1 / 0:1	1:0 / 1:2	0:0 / 2:1	R	2:0 / 1:2	3:3 / 0:2	2:3 / 0:0	2:3 / 0:3	1:0 / 1:1	3:2 / 1:0	3:1 / 1:1	1:1 / 3:0	3:1 / 1:3	2:1 / 0:0	3:1 / 2:3	3:1 / 0:1	8 / 4 / 5 / 8 / 1 / 8	23:18 / 23:24	28 / 22	46:42	50
7. Hertha BSC	0:2 / 0:2	0:0 / 0:0	0:0 / 1:2	1:4 / 0:5	2:0 / 1:2	2:0 / 0:0	S	1:1 / 2:0	2:0 / 1:1	0:0 / 3:0	1:1 / 0:0	4:2 / 0:1	2:1 / 0:1	2:1 / 0:0	0:0 / 2:0	0:0 / 3:1	2:1 / 2:2	2:2 / 1:0	8 / 5 / 4 / 5 / 3 / 9	24:15 / 18:27	28 / 22	42:42	50
8. VfL Wolfsburg	0:2 / 1:2	1:2 / 2:5	1:0 / 1:4	1:0 / 1:2	3:0 / 3:0	0:0 / 2:0	1:1 / 0:2	P	1:1 / 1:0	2:0 / 1:0	1:1 / 0:2	0:0 / 0:0	6:0 / 0:3	2:1 / 1:2	1:3 / 4:2	Z	3:1 / 1:3	2:2 / 2:1	9 / 5 / 3 / 5 / 3 / 9	32:17 / 15:32	32 / 18	47:49	45
9. 1. FC Köln	0:1 / 1:2	1:2 / 2:1	0:2 / 0:0	1:0 / 2:2	0:0 / 1:3	1:1 / 0:0	0:1 / 2:2	1:1 / 0:2	O	1:1 / 1:1	0:0 / 0:0	0:0 / 0:0	0:1 / 1:0	1:2 / 3:4	1:1 / 1:1	3:1 / 1:0	1:3 / 3:1	0:0 / 0:0	5 / 8 / 4 / 5 / 8 / 4	16:18 / 22:24	23 / 20	38:42	43
10. Hamburger SV	1:2 / 0:5	3:1 / 0:3	0:0 / 0:1	3:0 / 3:0	3:0 / 0:1	1:3 / 3:0	0:3 / 3:0	0:1 / 1:1	1:1 / 1:1	R	0:1 / 0:1	2:1 / 0:1	1:0 / 2:1	0:3 / 1:1	2:1 / 1:1	0:0 / 1:1	0:0 / 0:3	1:2 / 2:3	6 / 4 / 7 / 4 / 8 / 5	20:23 / 20:23	22 / 19	40:46	41
11. FC Ingolstadt 04	1:2 / 0:2	0:4 / 0:2	1:0 / 0:0	0:0 / 2:2	3:0 / 0:1	1:0 / 1:0	1:2 / 0:2	0:1 / 0:1	1:1 / 1:1	0:1 / 1:1	T	1:0 / 1:2	1:2 / 2:0	2:0 / 0:2	1:1 / 1:1	2:0 / 1:1	3:3 / 1:0	2:2 / 0:4	6 / 3 / 8 / 5 / 5 / 7	22:18 / 11:24	26 / 15	33:42	40
12. FC Augsburg	1:3 / 2:1	1:3 / 1:5	2:2 / 0:1	1:0 / 2:4	2:1 / 2:1	3:3 / 3:2	3:1 / 1:2	0:2 / 0:0	1:3 / 1:0	1:3 / 1:0	3:3 / 0:6	M	1:2 / 1:2	0:0 / 0:2	1:3 / 1:1	0:2 / 1:1	1:0 / 0:4	1:0 / 3:0	6 / 3 / 8 / 3 / 6 / 6	18:27 / 11:24	21 / 15	42:52	38
13. Werder Bremen	0:1 / 1:5	1:3 / 2:1	0:2 / 4:1	0:1 / 0:0	1:0 / 0:3	3:1 / 1:1	1:1 / 1:2	0:1 / 1:1	0:0 / 1:0	1:1 / 2:1	2:0 / 1:1	1:2 / 2:1	A	2:2 / 2:1	1:0 / 0:0	1:0 / 0:1	6:2 / 1:1	4:1 / 0:1	2 / 6 / 9 / 7 / 0 / 10	27:30 / 23:35	20 / 18	50:65	38
14. SV Darmstadt 98	0:3 / 0:1	2:2 / 1:2	1:2 / 0:0	0:2 / 2:0	0:2 / 0:2	2:3 / 2:2	0:2 / 3:0	0:2 / 1:1	0:0 / 0:1	0:1 / 0:4	0:1 / 0:1	2:1 / 2:2	A	G	0:0 / 2:0	N	0:0 / 0:2	2:2 / 1:0	6 / 6 / 5 / 3 / 6 / 8	15:29 / 13:24	24 / 14	38:53	38
15. TSG Hoffenheim	1:2 / 2:1	2:1 / 1:1	1:1 / 1:2	3:1 / 2:3	2:1 / 2:1	3:2 / 2:4	1:0 / 2:1	1:0 / 1:3	0:0 / 1:4	1:0 / 0:0	1:1 / 2:3	2:0 / 1:1	2:2 / 1:0	2:0 / 0:0	A	0:0 / 2:0	2:2 / 3:1	2:1 / 1:0	6 / 6 / 5 / 3 / 4 / 10	22:25 / 17:29	24 / 13	39:54	37
16. Eintracht Frankfurt	0:0 / 0:1	1:2 / 1:4	1:3 / 1:3	0:5 / 0:3	0:0 / 2:2	2:1 / 1:0	1:1 / 1:1	1:0 / 2:4	1:1 / 0:0	1:2 / 3:1	0:0 / 0:1	1:3 / 0:4	2:1 / 0:3	2:1 / 2:2	0:0 / 1:3	Z	2:2 / 2:1	2:1 / 1:0	6 / 6 / 5 / 1 / 5 / 11	22:24 / 12:28	24 / 8	34:52	36
17. VfB Stuttgart *	1:3 / 0:4	0:3 / 2:3	0:2 / 3:4	1:3 / 1:4	0:1 / 1:1	3:1 / 0:0	1:1 / 1:2	3:1 / 1:3	3:1 / 2:3	1:3 / 2:2	3:1 / 1:3	4:4 / 0:2	1:1 / 2:6	2:0 / 2:3	5:1 / 0:1	1:4 / 4:2	I	3:1 / 2:1	6 / 1 / 10 / 3 / 1 / 13	32:17 / 15:32	19 / 14	50:75	33
18. Hannover 96 *	0:1 / 1:3	0:1 / 2:4	0:1 / 0:3	1:3 / 0:4	0:1 / 1:3	0:1 / 0:3	1:3 / 2:2	0:4 / 1:2	1:2 / 1:0	2:3 / 2:3	0:1 / 0:2	1:2 / 1:0	1:2 / 1:4	1:0 / 1:2	1:3 / 0:2	1:2 / 1:3	1:1 / 1:2	N	4 / 0 / 13 / 3 / 1 / 13	15:30 / 16:32	12 / 13	31:62	25

* Absteiger in die 2. Bundesliga. Aufsteiger aus der 2. Bundesliga: SC Freiburg, RasenBallsport Leipzig. Relegation: Eintracht Frankfurt – 1. FC Nürnberg 1:1, 1:0.

Hannover 96 (33 Spieler eingesetzt):
Zieler (34), S. Sané (31), H. Sakai (26), C. Schulz, Sobiech (je 25), Albornoz, Karaman (je 23), Schmiedebach (22), Kiyotake (21), Prib, Sorg (je 20), Marcelo (19), Klaus (18), Saint-Maximin (16), Andreasen (15), Gülselam (13), Szalai (12), Bech, Erdinc (je 11), Milosevic (10), Benschop, Fossum (je 9), Anton, Felipe, Hoffmann (je 8), Hugo Almeida (7), Yamaguchi (6), Sarenren-Bazee (5), Sulejmani (4), Arkenberg, M.Wolf (je 2), Bähre, Dierßen (je 1).

15 Spieler erzielten 30 Tore:
Sobiech (7), Kiyotake (5), Karaman (3), Andreasen, S. Sané, C. Schulz (je 2), Anton, Bech, Benschop, Hugo Almeida, Klaus, Marcelo, Saint-Maximin, H. Sakai, Schmiedebach (je 1) – Dazu kommt ein Eigentor von Sulu (SV Darmstadt 98).

15 Spieler spielten bei zwei Vereinen:
15 Spieler kamen in der Saison 2015/16 bei zwei Vereinen der Bundesliga zum Einsatz: Kaan Ayhan (FC Schalke 04 und Eintracht Frankfurt), Dante (Bayern München und VfL Wolfsburg), Giulio Donati (Bayer 04 Leverkusen und 1. FSV Mainz 05), Julian Draxler (FC Schalke 04 und VfL Wolfsburg), Josip Drmic (Borussia Mönchengladbach und Hamburger SV), Jonas Hofmann (Borussia Dortmund und Borussia Mönchengladbach), Aaron Hunt (VfL Wolfsburg und Hamburger SV), Kevin Kampl (Borussia Dortmund und Bayer 04 Leverkusen), Ja-Cheol Koo (1. FSV Mainz 05 und FC Augsburg), Robbie Kruse (Bayer 04 Leverkusen und VfB Stuttgart), Joo-Ho Park (1. FSV Mainz 05 und Borussia Dortmund), Felix Platte (FC Schalke 04 und SV Darmstadt 98), Yanni Regäsel (Hertha BSC und Eintracht Frankfurt), Nico Schulz (Hertha BSC und Borussia Mönchengladbach) sowie Adam Szalai (TSG Hoffenheim und Hannover 96).

„Ewige" Bundesliga-Tabelle (1963–2016)

Verein	Jahre	Sp.	S	U	N	Tore	Pkt.
1. Bayern München	51	1738	1018	389	331	3764:1919	3443
2. Werder Bremen	52	1764	748	440	576	2976:2556	2684
3. Hamburger SV	53	1798	728	480	590	2875:2548	2664
4. Borussia Dortmund	49	1662	728	427	507	2915:2355	2611
5. VfB Stuttgart	51	1730	718	421	591	2901:2522	2575
6. Borussia Mönchengladbach	48	1636	660	433	543	2799:2378	2413
7. FC Schalke 04	48	1628	644	406	578	2409:2331	2338
8. 1. FC Köln	45	1526	612	387	527	2531:2252	2223
9. Eintracht Frankfurt	47	1594	581	405	608	2506:2484	2146
10. 1. FC Kaiserslautern	44	1492	575	372	545	2348:2344	2094
11. Bayer 04 Leverkusen	37	1262	539	351	372	2111:1677	1968
12. Hertha BSC	33	1114	406	280	428	1584:1701	1498
13. VfL Bochum	34	1160	356	306	498	1602:1887	1374
14. 1. FC Nürnberg	32	1084	341	276	467	1402:1726	1299
15. MSV Duisburg	28	948	296	259	393	1291:1520	1147
16. Hannover 96	28	948	293	235	420	1310:1609	1114
17. Karlsruher SC	24	812	241	230	341	1093:1408	953
18. Fortuna Düsseldorf	23	786	245	215	326	1160:1386	950
19. VfL Wolfsburg	19	646	251	162	233	995:951	915
20. Eintracht Braunschweig	21	706	242	177	287	937:1086	903
21. TSV München 1860	20	672	238	170	264	1022:1059	884
22. SC Freiburg	15	544	166	137	241	682:864	635
23. Arminia Bielefeld	16	544	153	139	252	645:883	598
24. KFC Uerdingen 05	14	476	138	129	209	644:844	543
25. Hansa Rostock	12	412	124	107	181	492:621	479
26. 1. FSV Mainz 05	10	340	117	93	130	450:478	444
27. TSG 1899 Hoffenheim	8	272	87	76	109	400:434	337
28. Waldhof Mannheim	7	238	71	72	95	299:378	285
29. Kickers Offenbach	7	238	77	51	110	368:486	282
30. Rot-Weiss Essen	7	238	61	79	98	346:483	262
31. FC St. Pauli	8	272	58	80	134	296:485	254
32. Energie Cottbus	6	204	56	43	105	211:338	211
33. FC Augsburg	5	170	55	45	70	201:242	210
34. Alemannia Aachen	4	136	43	28	65	186:270	157
35. SG Wattenscheid 09	4	140	34	48	58	186:248	150
36. 1. FC Saarbrücken	5	166	32	48	86	202:336	144
37. Dynamo Dresden	4	140	33	45	62	132:211	140
38. Rot-Weiß Oberhausen	4	136	36	31	69	182:281	139
39. Wuppertaler SV	3	102	25	27	50	136:200	102
40. Borussia Neunkirchen	3	98	25	18	55	109:223	93
41. SV Darmstadt 98	3	102	21	29	52	124:210	92
42. FC 08 Homburg	3	102	21	27	54	103:200	90
43. SpVgg Unterhaching	2	68	20	19	29	75:101	79
44. Stuttgarter Kickers	2	72	20	17	35	94:132	77
45. Tennis Borussia Berlin	2	68	11	16	41	85:174	49
46. FC Ingolstadt 04	1	34	10	10	14	33:42	40
47. SSV Ulm 1846	1	34	9	8	17	36:62	35
48. Fortuna Köln	1	34	8	9	17	46:79	33
49. SC Paderborn 07	1	34	7	10	17	31:65	31
50. Preußen Münster	1	30	7	9	14	34:52	30
51. SpVgg Greuther Fürth	1	34	4	9	21	26:60	21
52. Blau-Weiß 90 Berlin	1	34	3	12	19	36:76	21
53. VfB Leipzig	1	34	3	11	20	32:69	20
54. Tasmania 1900 Berlin	1	34	2	4	28	15:108	10

Tabelle wurde nach dem Drei-Punkte-System errechnet.
*) = In der Saison 1971/72 wurden alle Spiele von Arminia Bielefeld nur für den Gegner gewertet. Die von Arminia erbrachten Leistungen bleiben in allen Spalten unberücksichtigt:

| | 34 | 6 | 7 | 21 | 41:75 | 25 |

1993/94 wurden Dynamo Dresden 4 Punkte, 1999/2000 Eintracht Frankfurt 2 Punkte, 2003/04 dem 1. FC Kaiserslautern 3 Punkte abgezogen.

2. Bundesliga 2015/16:

Alle Einsätze und alle Tore

SC Freiburg (27 Spieler eingesetzt):
Abrashi, Höfler, Schwolow (je 33), Petersen (32), Frantz, Grifo, Günter, Philipp (je 31), Kempf (30), Guedé, Höhn (je 26), Torrejon (20), Hufnagel (19), Mujdza (18), Niederlechner (14), P. Stenzel (11), Föhrenbach, J. Schuster (je 8), Hedenstad, Kleindienst, Nielsen (je 7), Stanko (5), Kath (4), Falahen (3), Möller Daehli (2), Klandt, Schleusener (je 1).
14 Spieler erzielten 75 Tore:
Petersen (21), Grifo (14), Niederlechner, Philipp (je 8), Frantz (6), Kempf (5), Abrashi, Höhn (je 3), Höfler (2), Föhrenbach, Guedé, Hufnagel, J. Schuster, Torrejon (je 1).

RB Leipzig (24 Spieler eingesetzt):
Forsberg, Orban, Poulsen, Sabitzer (je 32), D. Kaiser, Klostermann, Selke (je 30), Demme (28), Ilsanker (26), Bruno, Halstenberg (je 24), Compper (23), A. Jung (22), Coltorti (21), R. Khedira, Quaschner (je 19), Gulacsi (14), Nukan (12), Teigl (11), Sebastian (6), Kalmar (4), Gipson (2), Hierländer, Touré (je 1).
13 Spieler erzielten 52 Tore:
Selke (10), Forsberg, Sabitzer (je 8), D. Kaiser, Poulsen (je 7), Compper (3), Bruno, Halstenberg (je 2), Ilsanker, Klostermann, Nukan, Orban, Quaschner (je 1) – Dazu kommt je ein Eigentor von Parensen (1. FC Union Berlin) und Vollath (Karlsruher SC).

1. FC Nürnberg (29 Spieler eingesetzt):
Behrens, Burgstaller (je 33), Brecko (32), Füllkrug (30), Blum (29), Bulthuis, Leibold (je 28), Möhwald (27), Hovland, Sepsi (je 26), Margreitter (25), Schöpf (19), Erras, Kerk (je 16), Petrak, Polak (je 15), R. Schäfer (14), Kirschbaum (12), Gislason (11), Rakovsky (10), Stieber (6), Kutschke (5), Stark, Teuchert (je 4), Sylvestr (3), Hercher (2), R. Koch, Mössmer, Mühl (je 1).
16 Spieler erzielten 65 Tore:
Füllkrug (14), Burgstaller (13), Schöpf (6), Behrens, Erras (je 5), Blum, Kerk, Leibold (je 4), Hovland, Polak (je 2), Bulthuis, Möhwald, Petrak, Stark, Stieber, Teuchert (je 1) – Dazu kommt je ein Eigentor von Leistner (1. FC Union Berlin), Föhrenbach (SC Freiburg) und Leipertz (1. FC Heidenheim).

FC St. Pauli (23 Spieler eingesetzt):
Buballa, Himmelmann (je 34), L. Sobiech (32), Sobota (31), Buchtmann, Thy, P. Ziereis (je 30), Rzatkowski (28), Hornschuh, S. Maier (je 27), Alushi (26), Nehrig (22), Choi, Dudziak (je 21), Picault, Verhoek (je 16), Kalla (15), Gonther (12), J. Keller, Miyaichi (je 5), Deichmann (4), Halstenberg (3), Eden (2).
16 Spieler erzielten 44 Tore:
Thy (8), Rzatkowski (7), Picault, L. Sobiech (je 4), S. Maier, Sobota (je 3), Halstenberg, Hornschuh, Miyaichi, Nehrig, Verhoek (je 2), Alushi, Buchtmann, Choi, Dudziak, Kalla (je 1) – Dazu kommt ein Eigentor von Löwe (1. FC Kaiserslautern).

VfL Bochum (24 Spieler eingesetzt):
Celozzi (34), Haberer, Hoogland, Terodde (je 33), Losilla (32), Bastians, Bulut, Terrazzino (je 31), Fabian (29), Mlapa (28), Eisfeld (26), Perthel (25), Riemann (18), Luthe (16), Novikovas (15), Cacutalua (11), Maria (9), Rafael (8), Wijnaldum (7), Simunek (6), Weis (4), Cwielong (3), Pavlidis, Saglam (je 1).
12 Spieler erzielten 55 Tore:
Terodde (25), Mlapa, Terrazzino (je 5), Bulut, Hoogland (je 4), Eisfeld, Haberer (je 3), Bastians (2), Fabian, Losilla, Perthel, Rafael (je 1) – Dazu kommt ein Eigentor von Röcker (SpVgg Greuther Fürth).

1. FC Union Berlin (24 Spieler eingesetzt):
Kreilach (32), Wood (31), Brandy (30), B. Kessel, Parensen (je 29), Leistner, Trimmel, Zejnullahu (je 26), Daube, Puncec (je 23), Fürstner, Skrzybski (je 21), D. Haas (20), Redondo (19), Quiring (17), Quaner, M. Thiel (je 15), Busk (14), F. Kroos (12), Pogatetz (11), Nikci (9), R. Korte, Schönheim (je 8), Köhler (2).
16 Spieler erzielten 55 Tore:
Wood (17), Kreilach (12), B. Kessel (6), Brandy, Skrzybski (je 3), F. Kroos, Nikci, M. Thiel (je 2), Daube, Leistner, Puncec, Quaner, Quiring, Schönheim, Trimmel, Zejnullahu (je 1) – Dazu kommt ein Eigentor von Schmitz (Fortuna Düsseldorf).

Karlsruher SC (29 Spieler eingesetzt):
Yamada (31), Torres (30), Gulde, Hoffer (je 27), Krebs, Nazarov, Valentini (je 26), Diamantakos, Meffert (je 24), B. Barry, Peitz (je 23), Prömel (21), Sallahi (20), Vollath (18), Gouaida (17), D. Kempe, Orlishausen (je 16), Stoll (13), Mauersberger, Thoelke (je 12), Traut (11), Manzon (10), Gordon (9), Köpke (4), Marvin Mehlem (3), T. Fahrenholz, Hennings (je 2), Dehm, Max (je 1).
13 Spieler erzielten 34 Tore:
Diamantakos (8), Torres (5), Hoffer (4), Yamada (3), Gulde, Nazarov, Prömel, Sallahi, Valentini (je 2), B. Barry, Gordon, Manzon, Meffert (je 1) – Dazu kommt ein Eigentor von Oumari (FSV Frankfurt).

Eintracht Braunschweig (27 Spieler eingesetzt):
Gikiewicz (33), Khelifi (32), Reichel (31), Holtmann (30), Boland, Decarli, Hochscheidt, Matuschyk (je 29), Baffo (27), Omladic (25), Zuck (23), Ofosu-Ayeh (20), Ademi (18), Schönfeld (16), Sauer (15), Correia (14), Berggreen, Pfitzner (je 13), Kumbela (11), Düker, Tietz (je 8), Kijewski (7), Hvilsom (5), D. Vrancic (3), D. Dogan, Fejzic, Oehrl (je 1).
14 Spieler erzielten 40 Tore:
Khelifi (8), Reichel (7), Berggreen, Boland (je 5), Holtmann (4), Hochscheidt (3), Ademi, Decarli, Kumbela, Matuschyk, Omladic, Pfitzner, Sauer, Tietz (je 1) – Dazu kommt je ein Eigentor von Bastians (VfL Bochum), Mujdza (SC Freiburg), Reinhardt (1. FC Heidenheim) und Peitz (Karlsruher SC).

SpVgg Greuther Fürth (31 Spieler eingesetzt):
V. Berisha, M. Caligiuri, Mielitz (je 33), Zulj (32), Gießelmann (31), Freis, Stiepermann (je 30), J. Gjasula (29), Röcker (27), Franke, A. Hofmann (je 22), Wurtz (20), Weilandt (17), Heidinger (15), Tripic, Vukusic (je 14), Schröck (12), Sukalo (11), Thesker (9), Hirsch, Kumbela, Rapp (je 6), Davies (5), R. Rodriguez (4), Maderer, Marcos, Trinks (je 2), Azemi, Flekken, Lam, Schad (je 1).
11 Spieler erzielten 48 Tore:
Freis (12), V. Berisha, Zulj (je 8), J. Gjasula, Stiepermann (je 5), Sukalo (3), Vukusic, Weilandt (je 2), Gießelmann, Röcker, Wurtz (je 1) – Dazu kommt ein Eigentor von Börner (Arminia Bielefeld).

1. FC Kaiserslautern (28 Spieler eingesetzt):
Marius Müller (33), Halfar, Jenssen (je 31), K. Przybylko, Vucur (je 30), Karl (28), Zimmer (27), Löwe, Ziegler (je 23), Colak, Gaus (je 22), Ring (21), Heubach (20), Görtler, Mockenhaupt (je 18), Deville (17), Klich (16), Bödvarsson (15), Fomitschow (13), M. Schulze (12), Piossek (9), Osei Kwadwo (5), Pich (4), Thommy (2), Alomerovic, Mugosa, Pokar, T. Schmidt (je 1).
17 Spieler erzielten 46 Tore:
Jenssen, K. Przybylko (je 7), Colak (5), Deville, Vucur (je 4), Klich (3), Bödvarsson, Gaus, Görtler, Piossek, Ring (je 2), Halfar, Heubach, Karl, Löwe, Mockenhaupt, Zimmer (je 1) – Dazu kommt je ein Eigentor von Wolze (MSV Duisburg), Madlung (Fortuna Düsseldorf) und Ballas (FSV Frankfurt).

1. FC Heidenheim (26 Spieler eingesetzt):
Leipertz, Schnatterer (je 34), Feick (33), Kraus (32), Griesbeck (31), J. Zimmermann (30), Morabit, Theuerkauf (je 27), Titsch-Rivero (24), Halloran (22), Strauß (21), Mat. Wittek (18), T. Beermann (17), Philp (15), Finne (14), Thomalla, Voglsammer (je 13), T. Göhlert (12), Skarke (11), Frahn, Grimaldi (je 10), J. Reinhardt (8), Widemann (5), Heidinger, K. Müller (je 4), Schröter (3).
14 Spieler erzielten 41 Tore:
Leipertz (10), Morabit, Schnatterer (je 6), Thomalla (4), Feick (3), Finne, Griesbeck, Halloran (je 2), Frahn, Grimaldi, Kraus, Skarke, Theuerkauf, Mat. Wittek (je 1) – Dazu kommt ein Eigentor von Haji Safi (FSV Frankfurt).

Arminia Bielefeld (26 Spieler eingesetzt):
Hesl, Schuppan (je 33), Dick, Klos (je 32), Börner (31), Hemlein, Nöthe (je 30), Behrendt (28), Ulm (27), Junglas, Salger (je 26), Schütz (24), Görlitz (23), Burmeister (14), Hornig, Ryu (je 10), Mast, F. Rodriguez, Voglsammer (je 9), Affane, C. Müller (je 8), Van der Biezen (7), Jopek (4), Davari, St. Lang, Staude (je 1).
11 Spieler erzielten 37 Tore:
Klos (12), Nöthe (7), Ulm (5), Görlitz (3), Behrendt, Börner, Dick (je 2), Burmeister, Hemlein, Salger, Schütz (je 1) – Dazu kommt ein Eigentor von Parensen (1. FC Union Berlin).

SV Sandhausen (26 Spieler eingesetzt):
Knaller, Linsmayer (je 33), Kister, Wooten (je 32), Kulovits (30), Paqarada (29), Bouhaddouz (28), Klingmann (27), F. Hübner (26), Jovanovic, Thiede (je 24), Roßbach, Zillner (je 21), Kosecki (17), D. Schulz (15), Bieler, Pledl (je 12), Vollmann (11), Kuhn (10), Kratz, Stolz (je 7), Olajengbesi (6), Schaaf (4), Hammann, Vunguidica (je 3), Wulle (1).

12 Spieler erzielten 39 Tore:
Bouhaddouz (9), Jovanovic, Wooten (je 6), Linsmayer (5), F. Hübner, Vollmann (je 3), Kosecki (2), Bieler, Kister, Klingmann, Stolz, Zillner (je 1) – Dazu kommt ein Eigentor von Vucur (1. FC Kaiserslautern).

Fortuna Düsseldorf (27 Spieler eingesetzt):
Rensing (34), Schauerte (31), Haggui (29), Bellinghausen, Schmitz (je 27), Pohjanpalo (26), Demirbay (25), J. Koch, Sararer (je 24), Bebou (23), O. Fink, Ya Konan (je 20), Madlung (19), Bolly (18), Akpoguma, Strohdiek (je 17), Bodzek (16), Mavrias, Sobottka (je 15), Djurdjic, Van Duinen (je 12), Avevor (7), Iyoha (5), Gartner, Liendl (je 3), Holthaus (2), Rüzgar (1).

12 Spieler erzielten 31 Tore:
Demirbay (10), Ya Konan (4), Sararer (3), Bebou, Bolly, Djurdjic, O. Fink, Pohjanpalo (je 2), Haggui, Mavrias, Schmitz, Van Duinen (je 1) – Dazu kommt ein Eigentor von Hesl (Arminia Bielefeld).

TSV München 1860 (32 Spieler eingesetzt):
C. Schindler (33), Kagelmacher, Okotie (je 32), Liendl (29), Adlung (28), Max. Wittek (27), Degenek (25), Bülow, Claasen (je 22), Mugosa (20), Eicher (19), Rama, M. Wolf (je 16), Mölders, Ortega, Vollmann (je 15), Aycicek, Mauersberger (je 14), Yegenoglu (13), Lacazette, Mvibudulu (je 9), Beister (8), Karger, Mulic (je 7), Neudecker (6), St. Hain, Rodnei (je 5), D. Stahl (4), Simon (3), E. Taffertshofer (2), Bandowski, V. Kovac (je 1).

14 Spieler erzielten 32 Tore:
Okotie (8), Liendl, Mölders (je 4), Bülow, M. Wolf (je 3), Mauersberger (2), Adlung, Aycicek, Claasen, Degenek, Kagelmacher, Rama, C. Schindler, Vollmann (je 1).

MSV Duisburg (30 Spieler eingesetzt):
Ratajczak, Wolze (je 33), Onuegbu (30), Bajic, Bohl, Holland (je 29), Feltscher (27), Meißner (26), Albutat (23), Bröker, Chanturia (je 22), Iljutcenko (21), Grote (20), Janjic, Klotz (je 17), Obinna, Scheidhauer (je 15), Dausch (12), Bomheuer, Poggenberg (je 10), Özbek, Tomané (je 9), Hajri (6), Brandstetter (5), De Wit, Dvali, Engin, Hossmann, Lenz, Wiegel (je 1).

14 Spieler erzielten 32 Tore:
Chanturia, Onuegbu (je 4), Bohl, Bröker, Iljutcenko, Obinna, Wolze (je 3), Feltscher, Klotz (je 2), Albutat, Bajic, Janjic, Meißner, Scheidhauer (je 1).

FSV Frankfurt (26 Spieler eingesetzt):
Weis (34), Huber (31), Perdedaj (30), Konrad (28), Haji Safi (27), Ballas, Dedic, Halimi (je 26), S. Barry, Gugganig, Schahin (je 25), Epstein (22), Felipe Pires (20), Kapllani, Kruska (je 19), Engels (17), Yann (15), Awoniyi (13), Kalmar, J. Oumari (je 12), Golley (10), I.-H. Park (5), Bittroff, Zimling (je 3), Gerezgiher (2), Mangafic (1).

15 Spieler erzielten 32 Tore:
Schahin (5), Dedic, Halimi (je 4), Kapllani, Perdedaj (je 3), Gugganig, Haji Safi, Yann (je 2), Awoniyi, Ballas, S. Barry, Felipe Pires, Golley, Kalmar, Konrad (je 1) – Dazu kommt ein Eigentor von Sobiech (FC St. Pauli).

SC Paderborn 07 (32 Spieler eingesetzt):
Bakalorz (31), Koc, Stoppelkamp, Wahl (je 29), Hartherz, Stöger (je 25), Hohenederm, Wydra (je 24), L. Kruse (21), M. Ndjeng, Proschwitz, Saglik (je 19), Heinloth (18), Helenius (14), Bertels, Heuer Fernandes, Narey, Ouali (je 13), Brückner, Sebastian (je 12), Bickel (10), Krauße (9), M. Pepic, Schonlau (je 8), Brasnic, Kirch (je 7), Lakic, Vucinovic (je 6), Sylvestr (4), Hünemeier, Ruck (je 2), Rafa Lopez (1).

13 Spieler erzielten 28 Tore:
Stoppelkamp (6), Proschwitz (5), Helenius (4), Koc, Saglik, Wahl (je 2), Bakalorz, Bertels, Hartherz, Hoheneder, Narey, M. Ndjeng, Stöger (je 1).

11 Spieler spielten bei zwei Vereinen:
Elf Spieler kamen in der Saison 2015/16 bei zwei Vereinen der 2. Bundesliga zum Einsatz: Marcel Halstenberg (FC St. Pauli und RB Leipzig), Sebastian Heidinger (1. FC Heidenheim und SpVgg Greuther Fürth), Zsolt Kalmar (RB Leipzig und FSV Frankfurt), Domi Kumbela (SpVgg Greuther Fürth und Eintracht Braunschweig), Michael Liendl (Fortuna Düsseldorf und TSV München 1860), Jan Mauersberger (Karlsruher SC und TSV München 1860), Stefan Mugosa (1. FC Kaiserslautern und TSV München 1860), Tim Sebastian (RB Leipzig und SC Paderborn 07), Jakub Sylvestr (1. FC Nürnberg und SC Paderborn 07), Andreas Voglsammer (1. FC Heidenheim und Arminia Bielefeld) sowie Korbinian Vollmann (TSV München 1860 und SV Sandhausen).

2. Bundesliga
Saison 2015/16

	SC Freiburg	RB Leipzig	1. FC Nürnberg	FC St. Pauli	VfL Bochum	1. FC Union Berlin	Karlsruher SC	Eintr. Braunschweig	SpVgg Greuther Fürth	1. FC Kaiserslautern	1. FC Heidenheim	Arminia Bielefeld	SV Sandhausen	Fortuna Düsseldorf	TSV München 1860	MSV Duisburg	FSV Frankfurt	SC Paderborn 07	Heimbilanz / Auswärtsbilanz g. u. v. Tore Pkt.	Gesamt Tore Punkte
1. SC Freiburg *	K	2:1 1:3	6:3 1:2	4:3 0:3	1:3 2:3	3:0 1:2	1:1 1:2	2:2 0:6	5:2 3:2	2:0 2:1	2:0 2:1	2:2 4:3	4:1 2:1	1:2 2:1	3:0 2:1	3:0 1:1	2:0 3:1	4:1 2:1	13 2 2 47:20 41 / 9 4 4 28:19 31	75:39 72
2. RasenBallsport Leipzig *	1:1 1:2	—	3:2 1:3	0:1 1:1	1:3 2:0	3:0 3:3	1:1 1:2	2:2 2:0	2:2 2:1	2:0 0:2	2:0 3:1	2:2 4:3	0:1 2:0	2:1 3:1	2:2 1:1	4:2 1:1	3:1 1:1	2:0 1:0	11 4 2 33:17 36 / 9 4 4 21:15 31	54:32 67
3. 1. FC Nürnberg	2:1 3:6	3:1 1:3	C	1:0 4:3	2:1 1:0	6:2 3:3	2:0 1:1	2:0 1:3	2:1 2:3	3:1 1:0	3:1 3:0	1:0 2:4	0:1 1:1	2:2 1:1	1:0 0:2	4:2 1:0	1:1 3:0	2:1 1:0	11 5 1 33:18 38 / 8 3 6 35:23 27	68:41 65
4. FC St. Pauli	1:0 3:4	1:0 1:0	0:4 0:1	K	1:1 2:0	0:0 3:3	1:2 1:2	1:0 0:0	3:2 0:2	5:2 1:2	1:0 4:2	0:0 2:4	4:1 2:0	4:0 1:1	2:2 0:2	2:0 2:0	1:0 0:2	3:4 4:0	9 6 0 26:22 33 / 5 3 7 19:17 18	45:39 51
5. VfL Bochum	2:0 3:1	1:0 1:3	2:1 1:1	1:1 1:0		1:1 3:3	1:2 1:0	0:2 2:2	2:2 5:0	1:2 1:2	1:0 4:2	2:2 2:0	1:3 3:2	1:0 1:1	2:1 2:2	2:0 2:0	2:2 5:1	4:0 1:0	7 7 3 31:19 28 / 6 5 6 25:21 23	56:40 51
6. 1. FC Union Berlin	2:1 0:3	1:1 0:3	3:3 2:6	3:3 0:2	1:0 0:1		0:3 3:1	1:0 2:4	1:2 0:2	2:2 2:0	1:0 2:2	1:1 1:0	3:2 1:0	1:0 0:3	3:0 0:0	3:2 1:2	4:0 2:3	0:2 4:0	9 4 4 32:20 31 / 7 5 5 24:30 16	56:50 49
7. Karlsruher SC	1:1 0:1	1:1 0:2	2:1 0:0	2:1 0:0	1:0 3:0	0:3 1:2		1:0 1:0	1:0 0:3	2:2 2:0	0:0 1:1	1:1 1:2	1:0 3:4	1:0 1:1	0:0 3:0	1:0 1:1	1:2 0:0	0:0 1:0	7 4 4 23:14 28 / 5 4 8 12:23 19	35:37 47
8. Eintr. Braunschweig	2:2 2:2	0:2 1:2	3:1 1:2	0:0 0:1	1:1 3:2	2:1 1:3	0:1 0:3		0:1 1:0	1:0 0:2	1:0 2:2	1:2 2:0	3:1 0:2	2:0 3:4	0:0 1:1	1:1 2:2	0:1 4:2	2:1 0:4	7 5 1 21:15 27 / 4 6 7 23:23 19	44:38 46
9. SpVgg Greuther Fürth	2:3 2:5	2:2 2:5	3:2 0:3	1:2 2:5	0:2 2:0	2:1 1:3	6:0 2:2	3:0 3:0	O	3:1 3:4	0:2 2:3	0:2 2:4	2:0 1:0	1:0 1:1	0:0 1:1	2:0 3:0	3:0 0:0	3:0 1:1	8 5 4 25:25 26 / 5 5 7 24:30 20	49:55 46
10. 1. FC Kaiserslautern	0:2 1:2	1:1 1:3	1:1 2:3	0:0 0:0	1:1 2:0	2:1 2:2	0:1 1:0	2:0 4:2	3:1 4:2	R	1:1 3:0	2:1 3:2	2:0 2:2	2:1 0:0	1:3 1:0	1:0 2:3	1:1 0:2	1:1 1:0	6 7 4 18:19 25 / 6 6 5 31:28 24	49:47 45
11. 1. FC Heidenheim	1:2 0:2	1:1 1:3	0:1 3:3	0:0 0:0	1:1 2:3	0:1 4:3	3:1 1:3	1:1 2:2	1:0 1:3	1:3 1:1	T	1:1 1:2	1:1 1:1	1:2 2:3	1:0 0:3	2:1 1:1	3:0 2:0	1:1 1:1	4 8 4 14:19 20 / 4 10 5 14:20 22	42:40 45
12. Arminia Bielefeld	1:4 2:2	1:1 1:1	0:2 2:4	0:0 0:0	3:1 1:3	4:3 0:3	0:1 0:1	2:2 3:0	1:1 1:3	1:0 1:0	1:0 3:4		1:0 3:2	0:1 0:3	1:1 2:1	1:0 1:2	2:0 2:3	1:1 0:0	6 6 5 18:23 24 / 5 5 8 20:16 20	38:39 42
13. SV Sandhausen	0:2 0:2	0:2 2:3	0:0 2:0	2:1 0:0	1:2 0:1	0:2 3:1	0:1 3:1	0:2 3:1	1:1 0:3	1:2 1:0	1:0 3:1	A		2:0 0:3	0:1 1:1	3:0 0:1	2:1 1:2	1:0 6:0	6 6 5 18:22 23 / 6 2 9 22:27 20	40:50 40
14. Fortuna Düsseldorf	2:0 1:2	1:1 1:1	0:1 1:1	3:1 1:0	3:1 1:3	1:1 1:0	1:1 1:1	1:1 1:1	1:0 1:3	1:4 1:1	1:3 1:0	G	1:0 4:1		3:0 1:1	1:2 0:1	2:0 1:0	1:0 1:1	8 3 5 18:22 27 / 3 2 11 14:25 11	32:47 35
15. TSV München 1860	2:2 1:0	1:1 2:2	1:1 2:2	2:0 1:1	1:3 2:0	0:0 2:1	3:2 2:2	1:4 0:0	3:2 2:2	1:0 2:0	1:0 2:3	1:1 0:0	3:2 1:0	A		1:1 1:1	1:0 0:1	0:1 0:0	6 5 6 17:17 23 / 5 8 4 15:29 23	32:46 34
16. MSV Duisburg **	1:1 0:3	2:2 0:2	0:0 2:1	0:0 0:2	0:2 3:2	1:2 1:3	0:1 1:3	0:2 3:1	2:2 3:1	1:3 1:2	2:2 1:0	2:3 0:0	2:1 3:0	2:0 1:1	N		0:1 0:1	1:0 0:0	6 5 6 17:22 23 / 6 5 6 15:32 23	32:54 32
17. FSV Frankfurt **	1:3 0:2	0:1 1:3	1:1 0:3	1:0 1:3	2:2 1:1	2:3 2:0	1:2 1:2	0:1 4:0	2:0 1:0	2:1 0:4	1:1 1:1	—	1:0 0:6	4:4 0:0	3:3 1:0		—	1:1 2:0	4 7 6 18:37 19 / 1 6 12 15:22 9	33:59 32
18. SC Paderborn 07 **	1:2 2:4	0:1 1:1	0:1 0:2	0:1 0:0	1:1 1:3	1:0 4:4	1:0 2:0	0:2 4:4	2:2 1:1	0:2 3:0	0:2 1:1	1:1 1:1	4:0 0:1	0:2 4:0	A	N	1:1 2:0		2:4 7 8 13:28 13 / 2 4 11 15:27 15	28:55 28

* Aufsteiger in die Bundesliga. Absteiger aus der Bundesliga: VfB Stuttgart, Hannover 96. Relegation: Eintracht Frankfurt – 1. FC Nürnberg 1:1, 1:0.
** Absteiger in die 3. Liga. Aufsteiger aus der 3. Liga: Dynamo Dresden, Erzgebirge Aue, Würzburger Kickers. Relegation: Würzburger Kickers – MSV Duisburg 2:0, 2:1.

„Ewige" Tabelle der 2. Bundesliga (1974–2016)

In dieser Tabelle sind alle Vereine enthalten, die in der zweigeteilten 2. Liga seit 1974/75 und in der „eingleisigen" Liga seit 1981/82 spielten.

Verein	Jahre	Sp.	S	U	N	Tore	Pkt.
1. Alemannia Aachen	28	1020	406	263	351	1491:1407	1481
2. SpVgg Greuther Fürth	27	956	392	256	308	1452:1201	1432
3. Fortuna Köln	26	970	371	263	336	1589:1432	1376
4. FC St. Pauli	24	858	346	245	267	1290:1129	1283
5. Stuttgarter Kickers	23	864	350	214	300	1400:1199	1264
6. SC Freiburg	22	812	346	222	244	1266:1066	1260
7. Hannover 96	22	818	341	232	245	1398:1105	1255
8. Karlsruher SC	21	744	322	179	243	1198:998	1145
9. VfL Osnabrück	23	860	296	219	345	1270:1396	1107
10. Waldhof Mannheim	20	736	287	203	246	1102:985	1064
11. SV Darmstadt 98	18	684	287	172	225	1101:955	1033
12. MSV Duisburg	20	716	275	199	242	1037:953	1024
13. SG Wattenscheid 09	20	748	272	205	271	1168:1156	1021
14. TSV München 1860 *	19	668	275	179	214	999:812	1002
15. 1. FC Saarbrücken	19	698	270	190	238	1033:997	1000
16. 1. FSV Mainz 05	19	676	252	206	218	993:920	962
17. Arminia Bielefeld *	17	610	258	166	186	972:773	933
18. 1. FC Nürnberg *	15	536	265	131	140	923:639	920
19. Hertha BSC *	15	556	241	159	156	926:662	879
20. FC 08 Homburg	15	570	230	151	189	895:765	841
21. Rot-Weiß Oberhausen	18	648	200	168	280	835:1027	768
22. Kickers Offenbach *	14	518	208	135	175	879:774	757
23. Rot-Weiss Essen *	15	562	200	148	214	901:876	748
24. Eintracht Braunschweig	15	548	200	146	202	756:717	746
25. Union Solingen	14	536	175	145	216	762:910	670
26. FSV Frankfurt	16	574	174	131	269	753:1029	653
27. SpVgg Bayreuth	12	458	174	100	184	727:741	622
28. KFC Uerdingen 05	11	400	170	107	123	626:499	617
29. Fortuna Düsseldorf	12	428	165	119	144	617:551	614
30. VfL Bochum	11	378	169	94	115	584:467	601
31. FC Augsburg	12	436	152	110	174	632:673	566
32. SV Meppen	11	404	124	139	141	495:547	511
33. Preußen Münster	9	346	139	93	114	516:484	510
34. Energie Cottbus	11	374	134	103	137	510:490	505
35. SpVgg Unterhaching	11	390	132	108	150	472:495	504
36. 1. FC Kaiserslautern	9	306	131	99	76	472:325	492
37. 1. FC Köln	8	272	131	77	64	446:317	470
38. Hessen Kassel	8	304	129	74	101	457:408	461
39. 1. FC Union Berlin	10	340	119	100	121	476:487	457
40. Tennis Borussia Berlin	9	338	113	91	134	485:519	430
41. Erzgebirge Aue	10	340	113	90	137	413:465	429
42. SC Paderborn 07	9	306	106	84	116	379:421	402
43. Hansa Rostock	8	288	103	79	106	383:378	388
44. Blau-Weiß 90 Berlin	7	260	98	85	77	405:350	379
45. Eintracht Trier	8	294	102	69	123	416:448	375
46. SSV Ulm 1846	8	298	96	77	125	427:492	365
47. Eintracht Frankfurt	6	204	100	57	47	345:227	357
48. Carl Zeiss Jena	8	286	85	92	109	360:424	347
49. Wuppertaler SV	7	274	88	74	112	393:410	338
50. FC Schalke 04	5	190	94	54	42	356:211	336
51. VfL Wolfsburg	7	262	85	78	99	363:437	333
52. Rot Weiss Ahlen	8	272	87	62	123	341:439	323
53. Chemnitzer FC	7	252	81	73	98	289:358	316
54. Wormatia Worms	6	230	84	50	96	326:372	302
55. VfB Leipzig	6	214	78	58	78	271:285	292
56. FC Ingolstadt 04	6	204	62	69	73	244:266	255
57. Freiburger FC	5	192	64	45	83	322:392	237
58. Bayer Leverkusen	4	152	66	38	48	250:204	236
59. Bayern Hof	4	152	61	35	56	231:217	218
60. Westfalia Herne	4	152	59	39	54	255:236	216
61. Wacker Burghausen	5	170	54	54	62	223:247	216
62. VfB Oldenburg	5	192	52	59	81	268:338	215

#	Team						
63.	Dynamo Dresden	5	170	52	48	70	208:252	204
64.	Schwarz-Weiß Essen	4	152	52	36	64	226:268	192
65.	BVL/FC Remscheid	5	192	47	51	94	232:358	192
66.	1. SC Göttingen 05	4	156	50	39	67	247:285	189
67.	Röchling Völklingen	4	154	52	29	73	224:291	185
68.	Borussia Mönchengladbach	3	102	49	35	18	193:112	182
69.	VfR Bürstadt	4	154	50	30	74	207:258	180
70.	SC Herford	4	156	46	40	70	209:255	178
71.	FV Würzburg 04	4	154	46	37	71	183:278	175
72.	Arminia Hannover	4	152	48	29	75	223:297	173
73.	VfB Lübeck	4	136	43	34	59	170:205	163
74.	Viktoria Köln	3	118	40	39	39	197:191	159
75.	Rot-Weiß Lüdenscheid	4	156	39	38	79	207:337	155
76.	FSV Zwickau	4	136	39	37	60	137:201	154
77.	Wacker 04 Berlin	4	152	41	30	81	181:316	153
78.	TuS Koblenz *	4	136	41	37	58	164:209	151
79.	SV Sandhausen *	4	136	40	35	61	139:188	149
80.	SSV Reutlingen *	4	140	44	22	74	195:261	148
81.	FK Pirmasens	4	152	38	30	84	209:345	144
82.	1. FC Schweinfurt 05	4	148	36	33	79	171:296	141
83.	Borussia Dortmund	2	76	39	20	17	158:81	137
84.	Holstein Kiel	3	118	38	23	57	149:210	137
85.	FC Gütersloh *	3	102	35	32	35	125:135	134
86.	VfB Stuttgart	2	76	40	13	23	167:96	133
87.	KSV Baunatal	3	114	36	21	57	168:229	129
88.	Viktoria Aschaffenburg	3	114	32	29	53	151:191	125
89.	Jahn Regensburg	4	144	28	38	78	163:277	122
90.	VfR Aalen *	3	102	30	33	39	110:124	121
91.	RB Leipzig	2	68	33	18	17	93:63	117
92.	SpVgg Erkenschwick	3	118	26	28	64	140:230	106
93.	Borussia Neunkirchen	3	114	26	23	65	140:242	101
94.	Werder Bremen	1	42	30	8	4	97:33	98
95.	DSC Wanne-Eickel	2	76	26	19	31	129:137	97
96.	1. FC Bocholt	2	80	27	16	37	131:140	97
97.	ESV Ingolstadt	2	78	27	11	40	119:181	92
98.	1. FC Heidenheim	2	68	23	22	23	91:84	91
99.	MTV Ingolstadt	2	78	27	10	41	120:163	91
100.	1. FC Mülheim	2	76	22	22	32	101:140	88
101.	DJK Gütersloh	2	76	23	14	39	109:133	83
102.	OSC Bremerhaven	2	76	21	17	38	113:167	80
103.	OSV Hannover	2	80	20	15	45	96:187	75
104.	SV Wehen Wiesbaden	2	68	16	23	29	75:102	71
105.	TSG 1899 Hoffenheim	1	34	17	9	8	60:40	60
106.	Rot-Weiß Erfurt	2	66	12	16	38	70:135	52
107.	Bonner SC	1	38	14	5	19	53:72	47
108.	FC Hanau 93	1	38	11	7	20	72:98	40
109.	VfR Heilbronn	1	38	10	10	18	51:78	40
110.	SC Charlottenburg	1	38	10	9	19	49:68	39
111.	Olympia Wilhelmshaven	1	38	10	7	21	54:81	37
112.	Hallescher FC	1	32	7	13	12	35:47	34
113.	VfR Mannheim	1	38	8	10	20	43:85	34
114.	Stahl Brandenburg	1	32	8	7	17	37:53	31
115.	Sportfreunde Siegen	1	34	8	7	19	35:54	31
116.	Eintracht Bad Kreuznach	1	38	8	7	23	49:83	31
117.	VfB Eppingen	1	38	7	8	23	44:86	29
118.	TuS Schloß Neuhaus	1	38	7	8	23	43:92	29
119.	HSV Barmbek-Uhlenhorst	1	38	6	8	24	34:86	26
120.	TSV Havelse	1	38	6	7	25	44:82	25
121.	FSV Salmrohr	1	38	4	13	21	48:94	25
122.	Würzburger Kickers	1	38	4	9	25	38:93	21
123.	BSV Schwenningen	1	38	4	7	27	31:102	19
124.	SV Babelsberg 03	1	34	4	6	24	39:82	18
125.	Spandauer SV	1	38	2	4	32	33:115	10

*) Punktabzüge: 1984/85 Kickers Offenbach (2 Punkte), 1995/96 1. FC Nürnberg (6) und Hertha BSC (3), 1996/97 FC Gütersloh (3), 2002/03 SSV Reutlingen (6), 2007/08 und 2008/09 TuS Koblenz (6 und 3), 2009/10 und 2010/11 Arminia Bielefeld (4 und 3), 2010/11 TSV München 1860 (2), 2014/15 SV Sandhausen (3) und VfR Aalen (2), 2015/16 SV Sandhausen (3).

Die Spiele von Rot-Weiss Essen wurden 1993/94 nur für den Gegner gewertet:
                                  38   9   11   18   44:60   38

3. Liga 2015/16:

Alle Einsätze und alle Tore

Dynamo Dresden (27 Spieler eingesetzt):
Eilers, Hefele, Modica (je 38), Lambertz, Stefaniak (je 34), Aosman, Fa. Müller (je 33), Blaswich, Mar. Hartmann, Testroet (je 30), Kreuzer, Moll (je 25), J.-P. Müller (21), Tekerci (19), J. Müller (16), Kutschke, Teixeira (je 15), Väyrynen (14), Holthaus (11), Andrich (8), Fetsch (6), Wiegers (5), Dürholtz (4), Hauptmann, Kornetzky (je 2), Landgraf, M. Schubert (je 1).
12 Spieler erzielten 74 Tore:
Eilers (23), Testroet (18), Hefele (7), Aosman (5), Mar. Hartmann, Stefaniak (je 4), Kutschke, Lambertz, Väyrynen (je 3), Modica (2), Andrich, Tekerci (je 1) – Dazu kommt ein Eigentor von Dorda (Hansa Rostock).

Erzgebirge Aue (22 Spieler eingesetzt):
Männel, Riese (je 37), S. Breitkreuz, Rizzuto (je 36), Skarlatidis (35), Adler, Samson (je 33), Susac (32), Hertner, Kvesic, Tiffert (je 31), M. Wegner (30), Könnecke, J. Riedel (je 25), Handle (24), Soukou (16), Köpke (14), Kluft (11), Nattermann (8), Baranowski, H. Yildiz (je 2), Jendrusch (1).
13 Spieler erzielten 42 Tore:
Köpke (10), Adler (6), S. Breitkreuz (5), Kvesic, Skarlatidis, M. Wegner (je 4), Riese, Soukou (je 2), Handle, Hertner, Kluft, Könnecke, Samson (je 1).

Würzburger Kickers (26 Spieler eingesetzt):
Fennell, Wulnikowski (je 37), Benatelli, Weil (je 36), Karsanidis (33), Shapourzadeh (31), Daghfous, Kurzweg, Schoppenhauer (je 30), Nothnagel (29), Jabiri (25), Nagy (24), Haller (20), Billick (18), D. Russ (17), Bieber (16), E. Taffertshofer, Vocaj (je 14), Soriano (13), Thomik, Weißenberger (je 10), Demirtas, Gutjahr (je 5), N. Herzig (4), Brunnhübner (2), F. Weiß (1).
13 Spieler erzielten 42 Tore:
Shapourzadeh, Soriano (je 8), Benatelli (5), Fennell, Jabiri (je 4), Daghfous, Weil (je 3), Karsanidis (2), Bieber, Haller, Nothnagel, D. Russ, Schoppenhauer (je 1) – Dazu kommt ein Eigentor von Hörnig (Fortuna Köln).

1. FC Magdeburg (26 Spieler eingesetzt):
C. Beck (38), Glinker (36), Sowislo (35), Brandt (33), Butzen, T. Chahed, Löhmannsröben (je 32), Farrona Pulido, Handke (je 30), Puttkammer (26), Altiparmak (24), Razeek (23), Hebisch (21), L. Fuchs (19), Hainault, M. Niemeyer (je 18), S. Ernst (15), Hammann (13), Bankert (12), Kinsombi (11), K. Kruschke (10), Malone (9), F. Schiller (6), Reimann (4), Tischer (2), M. Schlosser (1)
13 Spieler erzielten 49 Tore:
C. Beck (19), Sowislo (4), Farrona Pulido (4), S. Ernst, L. Fuchs (je 3), Brandt, T. Chahed, Malone, M. Niemeyer, Razeek (je 2), Altiparmak, Hebisch, Löhmannsröben (je 1).

VfL Osnabrück (25 Spieler eingesetzt):
Schwäbe (38), C. Groß (37), Hohnstedt, Savran, Willers (je 36), Dercho, Ornatelli, Pisot, Syhre (je 35), Alvarez (31), Menga (29), Falkenberg (28), Kandziora (25), Sembolo (21), S. Chahed (15), St. Tigges (12), Bleker (10), Odenthal (8), Taskesen, Thee, Tüting (je 6), K. Krasniqi (5), Grassi (4), P. Richter (2), Feldhahn (1).
13 Spieler erzielten 46 Tore:
Alvarez (10), Savran (9), Pisot (5), C. Groß (4), Hohnstedt, Kandziora, Ornatelli, Syhre (je 3), Sembolo (2), Menga, St. Tigges, Tüting, Willers (je 1).

Chemnitzer FC (31 Spieler eingesetzt):
Dem, A. Fink (je 35), Danneberg (34), Endres, Röseler (je 32), Kunz (31), Stenzel, Türpitz (je 30), Conrad (27), R. König (25), Cincotta (24), Bittroff (17), Ofosu, Steinmann (je 16), Frahn, Nandzik (je 15), Baumgart, Kaffenberger, Löning (je 13), Cappek, A. Dartsch, Kehl-Gomez (je 11), Uzoma (10), Cecen (8), Gersbeck, J. Koch (je 5), Scheffel (4), Batz, Fenin (je 2), M. Rapp, Tittel (je 1).
15 Spieler erzielten 50 Tore:
A. Fink (15), Frahn (8), Danneberg (6), Türpitz (4), Cincotta, Dem (je 3), Conrad, Löning (je 2), Baumgart, Dartsch, Kaffenberger, R. König, Nandzik, Ofosu, Steinmann (je 1) – Dazu kommt je ein Eigentor von Neumann (VfR Aalen) und Hefele (Dynamo Dresden).

SG Sonnenhof Großaspach (24 Spieler eingesetzt):
Dittgen (37), Leist, Rizzi, Schiek (je 36), Rühle (35), Röttger (34), Binakaj (33), Breier (32), Renneke (31), Gehring, T. Schröck (je 27), Gäng (26), Kienast (22), Hägele, Ngankam (je 21), Lorch (16), K. Broll (14), Landeka (11), M. Schuster (9), Vecchione (7), Sohm (6), Jüllich, R. Schuster (je 5), Schommer (3).
11 Spieler erzielten 57 Tore:
Breier (11), Röttger (10), Rizzi (9), Dittgen, Rühle (je 6), Binakaj (4), Gehring, Renneke, Schiek (je 3), Landeka, Sohm (je 1) – Dazu kommt ein Eigentor von Czichos (Holstein Kiel).

Rot-Weiß Erfurt (27 Spieler eingesetzt):
Erb (37), O. Aydin, Tyrala (je 36), Kammlott (33), Laurito, Menz (je 32), Nikolaou (29), Odak (27), Judt, Pigl, Szimayer (je 26), Uzan (23), Klewin (21), Hergesell (19), Höcher (18), Domaschke (17), Brückner (16), Benamar, Bergmann (je 14), Bichler (12), Elchmeier (10), Möckel (9), Kadric (4), Burdenski, Löschner, Schikowski, Twardzik (je 1).
13 Spieler erzielten 46 Tore:
Kammlott (12), O. Aydin, Menz, Tyrala (je 5), Erb, Höcher, Szimayer, Uzan (je 3), Möckel, Nikolaou (je 2), Benamar, Bergmann, Brückner (je 1) – Dazu kommt ein Eigentor von Dorda (Hansa Rostock).

Preußen Münster (23 Spieler eingesetzt):
Kopplin (38), Lomb (37), Kara, Pischorn (je 36), Bischoff, Reichwein (je 33), P. Hoffmann, Krohne (je 32), Laprevotte, Fe. Müller (je 29), Philipps (25), B. Schwarz (24), Heitmeier, Özkara (je 23), Wiebe (21), Tritz (17), Amachaibou (16), Schweers (15), Grimaldi (11), Schöneberg (9), Piossek (6), L. Stoll (2), Schulze Niehues (1).
16 Spieler erzielten 42 Tore:
Reichwein (7), Krohne (5), Bischoff, P. Hoffmann (je 4), Grimaldi, Kara, Laprevotte, Pischorn (je 3), Kopplin, Piossek (je 2), Amachaibou, Heitmeier, Fe. Müller, Özkara, Schweers, Wiebe (je 1) – Dazu kommt ein Eigentor von Willers (VfL Osnabrück).

Hansa Rostock (29 Spieler eingesetzt):
Schuhen (37), Gardawski (36), Ahlschwede (35), Henn (34), Erdmann, Jänicke (je 32), Andrist (30), Kofler (28), M. Hoffmann (26), Dorda (24), Perstaller (23), Gottschling, Ziemer (je 20), S. Benyamina, Garbuschewski, Ikeng (je 15), Lukowicz (14), Baumgarten, Platje (je 13), Schwertfeger, Wannenwetsch (je 12), Grupe, Ülker (je 7), Youssef (6), Esdorf (5), Bickel (3), Gröger, A. Stevanovic (je 2), Brinkies (1).
17 Spieler erzielten 39 Tore:
Andrist (7), Jänicke, Ziemer (je 6), Ahlschwede, S. Benyamina (je 3), Bickel, M. Hoffmann (je 2), Baumgarten, Dorda, Erdmann, Gardawski, Henn, Ikeng, Kofler, Perstaller, Platje, Ülker (je 1) – Dazu kommt je ein Eigentor von Mar. Hartmann (Dynamo Dresden), Möckel (Rot-Weiß Erfurt) und Butzen (1. FC Magdeburg).

Fortuna Köln (27 Spieler eingesetzt):
Königs (36), Bender (35), Biada, Dahmani (je 33), Kwame (30), Poggenborg (29), Flottmann, Hörnig, Uaferro (je 28), Andersen (25), Glockner, M. Kessel, J. Rahn (je 24), O. Schröder (23), Oliveira Souza (22), Pazurek (18), Engelman (17), T. Fink (16), O. Yilmaz (11), Boss (10), Mimbala (7), Bösing (6), Koruk, C. Röcker, J. Schneider, C. Serdar (je 5), Theisen (4).
10 Spieler erzielten 53 Tore:
Königs (16), Biada (14), Dahmani, Oliveira Souza (je 6), Bender, Hörnig, M. Kessel, Pazurek, J. Rahn (je 2), Andersen (1) – Dazu kommt je ein Eigentor von Menig (VfR Aalen), Ikeng (Hansa Rostock) und Ruprecht (SV Wehen Wiesbaden).

1. FSV Mainz 05 II (30 Spieler eingesetzt):
Höler, Pflücke (je 37), D. Bohl, Kalig (je 36), Derstroff, D. Parker (je 35), Saller (33), Huth (31), Schilk (29), Seydel (23), Costly (22), Ihrig, Wachs (je 21), Hack (17), Klement, Moos (je 16), Tim Müller (15), Schorr (13), Häusl (12), S. Serdar (7), Nedelev (6), Zeaiter (5), Ede, Kamarieh (je 4), Franzin, F. Müller, Wagener (je 2), Beister, Bungert, Moritz (je 1).
10 Spieler erzielten 48 Tore:
Derstroff (12), Höler (11), Klement, D. Parker (je 6), Saller (5), Costly, Kalig, Seydel (je 2), Bungert, Schilk (je 1).

Hallescher FC (25 Spieler eingesetzt):
Osawe (38), Engelhardt (36), Bredlow (35), Bertram, Kleineheismann (je 33), Diring (31), Acquistapace, Banovic, Lindenhahn, Pfeffer, Rau (je 26), Brügmann (25), Aydemir, T. Kruse (je 23), Tob. Müller (22), M. Jansen (21), Baude, Furuholm (je 18), Barnofsky (15), Ziegenbein (11), Bähre (6), Königshofer, Stagge, Wallenborn (je 3), R. Urban (1).
14 Spieler erzielten 48 Tore:
Osawe (10), Bertram (9), Aydemir (5), Engelhardt (4), Banovic, Diring, Furuholm, Lindenhahn (je 3), Kleineheismann, Tob. Müller (je 2), Acquistapace, Brügmann, T. Kruse, Pfeffer (je 1).

Holstein Kiel (26 Spieler eingesetzt):
Heider (38), Herrmann, Schäffler (je 37), Lewerenz, Schnellhardt (je 35), Czichos (34), Kegel (31), Kohlmann, Siedschlag (je 30), D. Weidlich (29), S. Sané (28), D. Schmidt (27), Zentner (25), Nyarko (17), Fetsch (15), Janzer (14), Jakusch (13), Sigurbjörnsson (12), Wirlmann (10), Evseev (7), Guder, Man. Hartmann, M. Krause (je 6), Sicker, Wahl (je 3), Salem (1).
12 Spieler erzielten 43 Tore:
Lewerenz (11), Czichos (7), Schnellhardt (5), D. Schmidt (4), Fetsch, Heider, Janzer, Schäffler (je 3), Evseev, Guder, Nyarko, Siedschlag (je 1) – Dazu kommt ein Eigentor von Kurzweg (Würzburger Kickers).

VfR Aalen (23 Spieler eingesetzt):
Schwabl (37), Bernhardt (35), Barth, Menig, Welzmüller (je 34), Morys, S. Neumann (je 33), Drexler (31), T. Schulz (29), Klauß (28), Kienle (27), R. Müller (26), Kartalis, Wegkamp (je 25), Ojala (21), Chessa (19), Kotzke (15), Edwini-Bonsu (11), Vasiliadis (8), Reisig, Schnitzler, Zahner (je 4), Hodja (2).
10 Spieler erzielten 33 Tore:
Drexler (9), Morys (6), Ojala (5), S. Neumann, Wegkamp (je 3), Kienle, R. Müller (je 2), Kartalis, Klauß, Menig (je 1) – Dazu kommt je ein Eigentor von Schweers (Preußen Münster) und Lorenz (SV Wehen Wiesbaden).

SV Wehen Wiesbaden (26 Spieler eingesetzt):
Kolke (38), Blacha (37), M. Lorenz, K. Schindler (je 36), P. Funk, Geyer (je 34), Pezzoni (32), Schnellbacher (30), Dams (28), S. Mrowca (27), Mintzel (26), Oehrl (24), Ruprecht (21), Book, Vitzthum (je 20), J. Lindner (18), Wein (11), Golley, Mende (je 10), F. Franke, P. Mayer, Sene (je 8), S. Benyamina, Cappek (je 3), Kleinsorge (2), Acquistapace (1).
12 Spieler erzielten 34 Tore:
Oehrl, Schnellbacher (je 8), K. Schindler (6), Book, M. Lorenz, Ruprecht (je 2), Blacha, Dams, J. Lindner, Mintzel, Sene, Vitzthum (je 1) – Dazu kommt ein Eigentor von Uzan (Rot-Weiß Erfurt).

Werder Bremen II (39 Spieler eingesetzt):
Kazior (36), Hüsing, von Haacke (je 29), M. Busch, Manneh (je 28), Hilßner (26), Aidara (22), Rother, Verlaat (je 21), Papunashvili (20), Oelschlägel (19), Bytyqi, Guwara (je 18), Duffner, Rehfeldt (je 17), Käuper (16), Kobylanski (15), Zander (14), Aycicek, Fröde (je 13), Argyris, Jacobsen (je 12), Eggersglüß (11), M. Eggestein, Lorenzen, P. Mainka (je 9), Capin (6), Grillitsch, Veljkovic, Yildirim (je 5), U. Garcia, Pavlovic, Sternberg (je 4), Lukowicz, R. Wolf (je 2), A. Dogan, S. Garcia, Hehne, Zetterer (je 1).
18 Spieler erzielten 39 Tore:
Hilßner, Kazior (je 7), von Haacke (je 4), Manneh (3), Eggersglüß, Guwara, Papunashvili, Yildirim (je 2), Aycicek, Bytyqi, M. Eggestein, Grillitsch, Hüsing, Jacobsen, Kobylanski, Lorenzen, Rother, Verlaat (je 1) – Dazu kommt je ein Eigentor von Barth (VfR Aalen), Männel (Erzgebirge Aue) und Nedelev (1. FSV Mainz 05 II).

Stuttgarter Kickers (30 Spieler eingesetzt):
Baumgärtel (37), Berko (36), Leutenecker, Stein (je 33), S. Braun (30), Starostzik (28), Jordanov (26), Mendler (24), Bihr (23), Abruscia, Badiane (je 22), G. Müller, Sattelmaier (je 21), Bahn (20), Marchese (19), Soriano (18), K. Gjasula, Mvibudulu (je 16), Pachonik (15), M. Fischer (14), Nebihi (13), C. Klaus (12), Sliskovic (9), Ko. Müller (7), Engelbrecht, Gaiser (je 3), Ivan, L. Lehmann (je 2), D. Lang, Sirgedas (je 1).
13 Spieler erzielten 37 Tore:
Berko (11), S. Braun (4), Abruscia, Baumgärtel, G. Müller, Soriano (je 3), Badiane, Mendler, Nebihi (je 2), Jordanov, Leutenecker, Mvibudulu, Stein (je 1) – Dazu kommt ein Eigentor von Kirchhoff (VfB Stuttgart II).

Energie Cottbus (32 Spieler eingesetzt):
Kaufmann, Szarka (je 35), P. Breitkreuz, Kauko, Möhrle (je 34), Sukuta-Pasu (31), Holz, Zeitz (je 28), Bouziane (27), Mattuschka, Michel, Schorch (je 23), Lück (22), Hübener (20), Mimbala (17), Renno, Zickert (je 16), Cretu (12), R. Berger, Djengoue, Knechtel, Lungu, Sergi Arimany (je 7), Garbuschewski, Geisler, Ledgerwood (je 6), Kyereh (3), Hebler, Karbstein (je 2), Czyborra, Häußler, Trochanowski (je 1).

11 Spieler erzielten 32 Tore:
Sukuta-Pasu (10), P. Breitkreuz (7), Kauko (4), Michel, Möhrle, Schorch (je 2), Bouziane, Garbuschewski, Holz, Kaufmann, Mattuschka (je 1).

VfB Stuttgart II (34 Spieler eingesetzt):
M. Zimmermann (34), Besuschkow, Grüttner (je 33), Mwene, Rathgeb (je 32), Gabriele, Peric (je 31), Uphoff (25), Elva, Sama (je 21), Ristl (20), Tashchy (19), Ferati, Hagn, Kirchhoff, Wanitzek (je 17), Vier (16), Grbic (15), Kiesewetter, Owusu (je 14), Sonora (12), Lovric (11), Cacau (9), M. Funk (7), Celik, Ripic (je 6), Bolten, Heise (je 5), Dos Santos, Groiß, Kranitz (je 2), Baumgartl, Kliment, Langerak (je 1).

14 Spieler erzielten 38 Tore:
Gabriele, Tashchy (je 6), Grüttner (5), Besuschkow (4), Cacau, Ferati, Wanitzek (je 3), Ripic (2), Elva, Hagn, Kiesewetter, Sama, Vier, M. Zimmermann (je 1).

Acht Spieler spielten bei zwei Vereinen:
Acht Spieler kamen in der Saison 2015/16 bei zwei Vereinen der 3. Liga zum Einsatz: Jonas Acquistapace (SV Wehen Wiesbaden und Hallescher FC), Soufian Benyamina (SV Wehen Wiesbaden und Hansa Rostock), Christian Cappek (Chemnitzer FC und SV Wehen Wiesbaden), Mathias Fetsch (Dynamo Dresden und Holstein Kiel), Ronny Garbuschewski (Energie Cottbus und Hansa Rostock), Maik Lukowicz (Werder Bremen II und Hansa Rostock), Cedric Mimbala (Energie Cottbus und Fortuna Köln) sowie Elia Soriano (Stuttgarter Kickers und Würzburger Kickers).

3. Liga — Saison 2015/16

	Dynamo Dresden	Erzgebirge Aue	Würzburger Kickers	1. FC Magdeburg	VfL Osnabrück	Chemnitzer FC	SGS Großaspach	Rot-Weiß Erfurt	Preußen Münster	Hansa Rostock	Fortuna Köln	1. FSV Mainz 05 II	Hallescher FC	Holstein Kiel	VfR Aalen	SV Wehen Wiesbaden	Werder Bremen II	Stuttgarter Kickers	Energie Cottbus	VfB Stuttgart II	g.	Heimbilanz / Auswärtsbilanz u. v.	Tore	Pkt.	Gesamt Tore	Punkte
1. Dynamo Dresden *	K	1:1 / 1:1	2:1 / 1:1	3:2 / 2:2	2:1 / 3:0	2:2 / 0:1	0:0 / 1:2	3:2 / 1:3	2:3 / 0:0	1:3 / 2:2	1:5 / 0:4	1:1 / 1:0	0:0 / 2:3	1:2 / 0:0	4:0 / 2:2	4:0 / 1:1	2:1 / 2:1	1:1 / 2:0	0:1 / 2:2	4:1 / 1:0	13 / 8	5 / 10	1 / 1	41:15 / 34:20	44 / 34	75:35	78
2. Erzgebirge Aue *	1:1 / 1:1	—	0:0 / 1:1	0:3 / 1:1	0:0 / 1:1	1:2 / 0:1	2:0 / 1:2	0:1 / 1:3	1:1 / 0:3	0:0 / 1:1	1:5 / 0:4	1:1 / 1:0	1:1 / 0:2	1:1 / 0:3	0:0 / 1:1	1:1 / 1:1	1:1 / 0:4	0:0 / 1:1	1:0 / 3:0	1:0 / 1:0	11 / 8	8 / 6	0 / 3	24:4 / 18:17	41 / 29	42:21	70
3. Würzburger Kickers *	1:0 / 2:1	1:0 / 1:1	C	1:1 / 1:0	1:1 / 0:1	1:1 / 0:1	2:0 / 0:2	1:1 / 0:2	3:0 / 1:3	2:1 / 0:0	1:2 / 1:0	1:0 / 0:2	4:0 / 0:1	1:1 / 0:3	1:0 / 0:0	1:1 / 1:1	2:1 / 0:4	2:0 / 1:0	2:2 / 1:0	1:0 / 0:0	6 / 10	8 / 2	6 / 8	22:15 / 21:10	28 / 36	43:25	64
4. 1. FC Magdeburg	2:3 / 2:3	0:3 / 0:0	0:1 / 1:1		3:0 / 3:0	2:0 / 1:2	4:0 / 3:2	1:0 / 2:0	3:0 / 0:0	4:1 / 2:1	4:1 / 0:0	3:1 / 2:1	3:1 / 0:2	1:1 / 2:2	2:2 / 0:0	0:0 / 1:1	2:1 / 0:4	2:0 / 1:0	2:2 / 1:0	0:0 / 2:2	10 / 4	4 / 9	6 / 6	34:19 / 15:18	35 / 21	49:37	56
5. VfL Osnabrück	0:3 / 1:2	0:0 / 0:3	1:1 / 1:0	3:0 / 0:0	E	4:2 / 2:1	1:0 / 1:0	2:1 / 2:0	3:0 / 2:1	4:2 / 2:0	1:3 / 0:1	3:1 / 0:0	3:1 / 2:1	3:2 / 1:0	2:2 / 0:0	0:0 / 1:1	2:1 / 1:2	3:0 / 1:1	2:2 / 1:0	1:1 / 1:1	8 / 6	5 / 9	4 / 6	34:19 / 15:18	32 / 23	46:41	56
6. Chemnitzer FC	2:2 / 0:1	1:2 / 1:2	1:0 / 1:1	0:0 / 0:3	2:1 / 0:2	R	4:2 / 2:0	1:1 / 2:4	3:1 / 1:3	0:1 / 3:2	1:3 / 1:3	3:1 / 1:0	3:1 / 1:3	4:2 / 2:5	0:0 / 0:0	0:1 / 0:1	2:1 / 2:3	1:1 / 4:0	0:0 / 4:0	1:1 / 1:0	10 / 6	8 / 6	3 / 7	28:19 / 18:22	30 / 22	52:46	55
7. SGS Großaspach	0:0 / 1:2	0:0 / 2:0	1:0 / 1:0	1:0 / 0:4	3:3 / 0:2	4:2 / 2:0		2:1 / 1:0	1:1 / 0:0	0:0 / 1:3	0:1 / 2:2	5:1 / 0:3	0:0 / 0:3	3:1 / 3:0	0:1 / 1:3	0:1 / 3:1	3:1 / 4:1	3:0 / 3:0	4:0 / 1:5	1:1 / 3:0	5 / 8	8 / 4	4 / 6	33:19 / 19:27	35 / 20	58:47	54
8. Rot-Weiß Erfurt	3:2 / 1:3	2:0 / 0:1	0:3 / 0:0	0:2 / 0:4	4:2 / 1:2	4:2 / 0:3	—		2:2 / 1:1	0:2 / 1:1	0:2 / 1:1	3:0 / 0:0	0:0 / 1:4	1:0 / 3:0	3:0 / 0:1	1:0 / 2:2	0:1 / 1:2	4:0 / 1:0	1:5 / 0:0	3:0 / 3:1	9 / 5	3 / 5	7 / 9	22:22 / 25:28	33 / 21	47:50	50
9. Preußen Münster	2:3 / 1:3	0:1 / 1:3	0:0 / 0:3	0:0 / 0:1	1:2 / 0:1	3:1 / 1:3	2:0 / 2:2	2:0 / 1:0	S	0:0 / 2:1	2:1 / 1:2	1:1 / 0:0	3:1 / 0:2	1:0 / 1:3	3:0 / 0:2	0:1 / 0:3	3:1 / 0:3	4:2 / 2:0	0:0 / 3:0	3:1 / 1:2	9 / 5	5 / 8	2 / 7	26:19 / 17:22	26 / 23	43:41	49
10. Hansa Rostock	1:3 / 2:2	0:0 / 1:2	0:1 / 0:3	1:2 / 1:1	3:1 / 0:1	2:2 / 0:0	1:1 / 1:3	2:0 / 1:0	3:1 / 1:3		0:0 / 1:3	1:0 / 0:4	3:1 / 0:2	0:0 / 3:3	3:0 / 0:0	4:1 / 0:3	2:1 / 1:1	1:1 / 3:0	0:0 / 0:0	1:0 / 1:3	7 / 5	5 / 8	5 / 8	27:17 / 15:31	27 / 22	42:48	49
11. Fortuna Köln	1:5 / 0:4	1:5 / 0:4	0:3 / 0:1	0:0 / 0:1	3:0 / 0:4	1:1 / 1:1	0:3 / 1:2	1:0 / 0:3	2:1 / 1:3	5:1 / 0:1	O	1:1 / 0:4	2:0 / 0:0	0:4 / 0:4	4:0 / 1:2	3:0 / 1:3	0:2 / 1:1	1:2 / 0:0	3:0 / 0:1	1:3 / 1:3	9 / 2	8 / 9	2 / 9	35:35 / 25:32	29 / 20	56:69	49
12. 1. FSV Mainz 05 II	1:1 / 0:3	1:1 / 0:1	0:3 / 3:3	0:0 / 1:1	0:0 / 1:1	3:0 / 1:1	0:1 / 1:0	3:1 / 2:3	1:0 / 0:0	2:0 / 0:1	1:1 / 1:1	R	4:0 / 2:0	0:4 / 1:1	2:1 / 1:2	3:0 / 1:3	2:1 / 0:1	1:1 / 0:1	1:3 / 1:3	1:3 / 1:0	7 / 5	4 / 10	4 / 4	23:15 / 25:32	25 / 19	48:47	48
13. Hallescher FC	0:0 / 2:3	0:1 / 0:4	1:1 / 1:0	2:2 / 1:3	0:0 / 0:0	1:0 / 0:5	4:1 / 1:3	1:1 / 0:3	3:1 / 1:3	4:1 / 2:0	0:0 / 0:0	1:1 / 1:0	T	1:0 / 0:0	3:1 / 0:0	2:0 / 0:0	6:2 / 1:1	3:2 / 0:0	2:3 / 0:2	0:3 / 1:1	9 / 4	5 / 11	1 / 5	33:21 / 15:27	29 / 19	48:48	48
14. Holstein Kiel	1:2 / 0:0	3:0 / 3:0	1:0 / 1:0	1:2 / 1:1	1:2 / 1:2	5:2 / 1:0	3:1 / 2:4	0:0 / 0:0	2:0 / 1:3	1:3 / 0:3	2:0 / 0:0	0:4 / 2:0	0:4 / 2:0	M	3:1 / 0:2	0:2 / 2:2	3:1 / 0:0	3:0 / 0:0	0:0 / 1:0	2:0 / 1:1	6 / 5	4 / 11	6 / 5	23:26 / 21:21	22 / 26	44:47	48
15. VfR Aalen	0:1 / 0:4	1:3 / 0:1	1:3 / 1:1	0:0 / 0:2	0:2 / 2:0	0:0 / 0:1	0:1 / 1:3	3:1 / 1:0	0:2 / 0:0	0:4 / 0:0	0:0 / 1:3	0:4 / 1:0	0:4 / 1:3	3:1 / 3:1	A	2:3 / 1:1	3:1 / 1:2	1:1 / 1:1	2:1 / 1:2	3:1 / 0:1	6 / 6	8 / 6	3 / 9	18:14 / 17:26	26 / 18	35:40	44
16. SV Wehen Wiesbaden	2:2 / 0:4	1:1 / 1:0	0:0 / 0:0	2:0 / 0:4	1:2 / 1:0	0:0 / 1:0	2:0 / 1:3	3:0 / 0:0	0:3 / 1:3	0:0 / 2:1	1:3 / 0:2	0:0 / 3:4	3:1 / 0:0	3:1 / 0:0	G		1:1 / 0:2	1:3 / 1:3	0:0 / 2:0	3:1 / 3:1	7 / 4	9 / 7	3 / 7	26:17 / 9:31	30 / 13	35:48	43
17. Werder Bremen II	1:2 / 0:4	0:0 / 0:2	1:2 / 1:2	1:1 / 0:1	2:1 / 1:0	1:1 / 2:3	0:4 / 1:2	3:1 / 1:2	0:2 / 0:2	0:0 / 2:3	2:0 / 0:1	1:1 / 1:1	2:1 / 1:1	0:1 / 3:2	1:1 / 1:0	A		2:1 / 1:1	1:0 / 0:1	3:1 / 1:2	7 / 5	5 / 7	5 / 5	20:21 / 22:35	26 / 17	42:56	43
18. Stuttgarter Kickers **	1:2 / 1:1	1:1 / 1:0	1:0 / 0:2	2:0 / 1:1	0:0 / 1:1	5:2 / 0:2	0:4 / 1:0	0:0 / 1:2	0:1 / 2:1	1:3 / 1:1	0:4 / 0:0	2:3 / 1:4	0:1 / 2:3	0:0 / 3:0	1:1 / 0:3	1:0 / 3:3	N		2:1 / 0:2	4:1 / 1:0	7 / 5	4 / 5	5 / 6	18:21 / 20:31	25 / 17	38:52	43
19. Energie Cottbus **	0:2 / 0:1	2:1 / 0:1	1:2 / 1:2	1:1 / 2:2	0:1 / 1:2	2:2 / 0:1	2:2 / 0:2	1:5 / 0:0	3:0 / 0:0	0:0 / 0:1	3:0 / 1:3	0:0 / 3:2	0:1 / 0:3	0:0 / 3:2	1:1 / 0:3	1:3 / 0:3	4:0 / 2:0	—		0:1 / 2:2	3 / 6	6 / 10	1 / 4	17:30 / 15:22	15 / 26	32:52	41
20. VfB Stuttgart II **	1:1 / 1:4	1:2 / 0:0	1:2 / 0:0	2:2 / 2:2	0:1 / 1:1	1:1 / 1:0	1:1 / 1:1	1:0 / 3:0	1:3 / 2:1	1:1 / 1:0	0:3 / 3:0	1:3 / 0:3	0:1 / 1:1	1:1 / 0:2	1:1 / 1:1	1:3 / 1:3	2:1 / 1:3	N / 0:1 / 2:2			3 / 4	6 / 4	4 / 11	19:28 / 19:35	15 / 16	38:63	31

* Aufsteiger in die 2. Bundesliga. Absteiger aus der 2. Bundesliga: MSV Duisburg, FSV Frankfurt, SC Paderborn 07. Relegation: Würzburger Kickers – MSV Duisburg 2:0, 2:1.
** Absteiger in die Regionalligen. Aufsteiger aus den Regionalligen: FSV Zwickau, Sportfreunde Lotte, Jahn Regensburg.

„Ewige" Tabelle der 3. Liga (2008–2016)

Verein	Jahre	Sp.	S	U	N	Tore	Pkt.
1. Rot-Weiß Erfurt	8	304	113	79	112	395:386	418
2. VfB Stuttgart II	8	304	96	81	127	372:411	369
3. VfL Osnabrück	6	228	99	63	66	310:238	360
4. SV Wehen Wiesbaden	7	266	91	85	90	330:338	358
5. SpVgg Unterhaching *	7	266	92	65	109	360:399	339
6. 1. FC Heidenheim	5	190	91	48	51	301:222	321
7. Dynamo Dresden	5	190	83	50	57	267:212	299
8. Jahn Regensburg	6	228	71	71	86	265:297	284
9. Preußen Münster	5	190	72	62	56	254:217	278
10. Chemnitzer FC	5	190	74	51	65	242:218	273
11. Wacker Burghausen	6	228	68	64	96	270:345	268
12. Kickers Offenbach *	5	190	69	58	63	237:200	263
13. Hansa Rostock	5	190	71	48	71	250:259	261
14. Stuttgarter Kickers *	5	190	59	54	77	221:264	228
15. SV Sandhausen	4	152	53	50	49	212:203	209
16. Arminia Bielefeld	3	114	56	32	26	185:130	200
17. Holstein Kiel	4	152	49	51	52	182:176	198
18. Hallescher FC	4	152	54	36	62	186:26	198
19. Eintracht Braunschweig	3	114	55	27	32	182:110	192
20. 1. FC Saarbrücken	4	152	50	40	62	212:227	190
21. VfR Aalen	4	152	45	53	54	163:194	188
22. Werder Bremen II	5	190	46	50	94	202:294	188
23. Erzgebirge Aue	3	114	51	33	94	142:105	186
24. Carl Zeiss Jena	4	152	46	46	60	177:224	184
25. Borussia Dortmund II	4	152	40	45	67	170:222	165
26. SV Darmstadt 98	3	114	41	36	37	141:122	159
27. Bayern München II	3	114	36	35	43	139:157	143
28. SV Babelsberg 03	3	114	32	31	51	115:160	127
29. MSV Duisburg	2	76	33	24	19	106:83	123
30. SG Sonnenhof Großaspach	2	76	26	22	28	97:107	100
31. Energie Cottbus	2	76	24	25	27	82:102	97
32. Fortuna Köln	2	76	26	17	33	94:116	95
33. 1. FSV Mainz 05 II	2	76	22	24	30	91:99	90
34. Wuppertaler SV Borussia	2	76	21	20	35	76:106	83
35. Karlsruher SC	1	38	23	10	5	69:27	79
36. RB Leipzig	1	38	24	7	7	65:34	79
37. 1. FC Union Berlin	1	38	22	12	4	59:23	78
38. Fortuna Düsseldorf	1	38	20	9	9	54:33	69
39. SC Paderborn 07	1	38	20	8	10	68:38	68
40. FC Ingolstadt 04	1	38	18	10	10	72:46	64
41. Würzburger Kickers	1	38	16	16	6	43:25	64
42. Kickers Emden	1	38	16	11	11	45:44	59
43. 1. FC Magdeburg	1	38	14	14	10	49:37	56
44. TuS Koblenz	1	38	13	10	15	38:46	49
45. SV Elversberg	1	38	10	10	18	32:54	40
46. Rot Weiss Ahlen *	1	38	11	9	18	45:69	39
47. Rot-Weiß Oberhausen	1	38	8	14	16	33:47	38
48. Alemannia Aachen *	1	38	7	10	21	40:68	26

Punktabzüge: 2008/09 Stuttgarter Kickers (3 Punkte), 2010/11 Rot Weiss Ahlen (3 und Rückstufung auf den letzten Platz), 2012/13 Kickers Offenbach (2 und Lizenzverweigerung), 2012/13 Alemannia Aachen (insgesamt 5), 2014/15 SpVgg Unterhaching (2).

RL Nord — Saison 2015/16

	VfL Wolfsburg II	VfB Oldenburg	ETSV Weiche	SV Drochtersen/A.	SV Meppen	TSV Havelse	VfB Lübeck	BSV SW Rehden	Eintr. Braunschweig II	VfL Bor. 06 Hildesheim	Eintracht Nordstedt	Hannover 96 II	Lüneburger SK Hansa	Hamburger SV II	FC St. Pauli II	Goslarer SC 08	BV Cloppenburg	TSV Schilksee	Heimbilanz g. u. v.	Auswärtsbilanz g. u. v.	Tore	Pkt.	Gesamt Tore	Punkte
1. VfL Wolfsburg II	K	0:2 / 2:1	2:0 / 0:1	1:1 / 1:1	4:0 / 1:3	1:0 / 1:1	6:1 / 2:1	3:0 / 1:1	1:0 / 5:1	0:1 / 1:1	1:1 / 5:1	8:1 / 5:0	1:1 / 1:1	2:1 / 1:0	4:0 / 3:0	3:0 / 2:1	4:1 / 2:1	2:0 / 1:2	7:0 / 4:0	13/2 2/2 2/2	48:11 39:13	41 38	87:24	79
2. VfB Oldenburg	1:2 / 2:0	—	0:0 / 0:0	1:1 / 1:0	3:0 / 5:1	4:0 / 0:0	3:1 / 3:2	0:0 / 3:0	2:1 / 0:0	2:0 / 1:0	2:0 / 1:1	2:1 / 1:1	4:2 / 4:2	5:1 / 2:1	1:0 / 3:0	0:0 / 0:0	2:0 / 2:2	7:0 / 4:0	11/2 5/5 1/1	38:10 27:11	38 36	65:21	74
3. ETSV Weiche	1:0 / 0:0	0:0 / 0:0	C	4:0 / 1:3	1:2 / 2:2	5:1 / 1:1	3:2 / 0:0	3:0 / 2:1	1:0 / 1:0	6:1 / 0:1	2:0 / 1:0	1:1 / 1:4	1:1 / 2:2	3:2 / 3:1	1:0 / 3:2	1:0 / 0:0	0:0 / 1:2	7:0 / 4:0	11/5 5/0 3/1	33:10 24:19	38 26	57:29	64
4. SV Drochtersen/Assel	1:1 / 1:1	1:1 / 1:0	3:1 / 0:4	K	3:1 / 1:0	1:0 / 0:2	1:4 / 1:0	0:2 / 1:0	1:0 / 0:0	2:0 / 1:0	1:1 / 2:3	0:0 / 1:1	2:1 / 2:4	3:2 / 1:2	1:0 / 0:2	1:0 / 4:0	0:0 / 0:1	1:0 / 0:0	8/5 5/8 3/3	21:14 25:17	38 29	46:31	62
5. SV Meppen	1:1 / 1:1	1:5 / 0:3	2:2 / 1:1	2:1 / 1:3	E	5:2 / 2:5	0:2 / 2:5	2:2 / 1:1	0:0 / 1:0	1:0 / 1:0	1:0 / 2:3	3:1 / 1:1	1:1 / 1:2	0:0 / 1:2	5:0 / 2:2	4:0 / 0:3	0:1 / 6:0	1:0 / 0:0	8/6 3/3 3/5	38:19 19:23	38 20	57:42	55
6. TSV Havelse	1:2 / 1:6	0:0 / 0:4	1:1 / 1:5	1:3 / 0:1	5:2 / 2:5	R	2:1 / 3:5	2:1 / 1:1	2:1 / 1:1	1:2 / 1:0	3:1 / 0:0	0:2 / 2:2	2:1 / 3:1	0:3 / 2:3	3:1 / 0:2	4:0 / 3:0	6:0 / 4:0	2:1 / 2:1	10/2 5/2 2/6	28:28 20:32	27 20	48:60	47
7. VfB Lübeck	1:2 / 0:1	0:1 / 1:3	0:1 / 2:3	0:1 / 4:1	0:2 / 0:2	3:5 / 1:2	S	1:1 / 1:0	3:0 / 0:1	1:1 / 0:3	0:0 / 1:1	0:0 / 1:1	2:2 / 1:1	0:3 / 2:3	2:0 / 2:0	1:0 / 1:3	2:1 / 1:3	2:0 / 4:0	8/5 5/4 3/3	22:13 28:33	25 20	50:46	45
8. BSV SW Rehden	1:0 / 0:1	2:3 / 1:0	1:2 / 2:3	2:1 / 2:0	0:0 / 2:2	1:1 / 0:3	3:0 / 1:1	P	1:1 / 0:2	0:0 / 1:3	4:2 / 3:3	1:2 / 2:4	2:0 / 2:2	2:1 / 1:1	2:1 / 3:0	4:1 / 1:1	0:0 / 0:4	1:0 / 1:0	7/4 4/7 2/4	25:18 22:27	26 19	47:45	45
9. Eintr. Braunschweig II	1:0 / 1:0	1:0 / 0:0	1:2 / 0:0	1:1 / 2:1	1:0 / 0:2	1:2 / 1:2	3:1 / 1:1	0:2 / 0:0	O	1:3 / 0:0	1:0 / 1:3	4:2 / 0:2	2:2 / 2:1	0:3 / 2:3	4:1 / 2:2	1:0 / 4:0	1:1 / 2:3	3:1 / 1:1	7/6 4/4 2/4	21:23 15:14	23 22	36:37	45
10. VfV Bor. 06 Hildesheim	1:5 / 0:5	2:2 / 1:6	2:2 / 1:2	3:2 / 0:2	1:0 / 0:2	0:0 / 1:3	1:3 / 0:3	0:2 / 0:0	R	3:1 / 1:0	3:1 / 1:0	0:1 / 1:1	2:0 / 0:1	2:1 / 1:1	2:0 / 0:4	3:0 / 3:0	2:1 / 1:0	3:0 / 2:0	8/4 4/5 4/7	25:25 21:25	22 22	46:50	44
11. Eintracht Nordstedt	0:5 / 1:8	0:1 / 1:2	1:3 / 1:3	3:2 / 2:1	1:1 / 0:3	0:0 / 1:3	0:1 / 3:1	0:0 / 2:4	1:3 / 0:1	2:0 / 1:0	T	2:0 / 3:1	1:0 / 2:1	1:1 / 2:0	0:4 / 1:0	2:0 / 0:3	0:0 / 3:0	3:0 / 1:0	8/3 6/5 4/2	23:23 22:30	23 21	45:53	44
12. Hannover 96 II	1:2 / 2:4	1:1 / 1:1	1:2 / 0:0	0:0 / 0:3	1:1 / 1:3	2:0 / 2:2	0:0 / 1:1	1:2 / 4:2	2:4 / 1:3	2:1 / 1:1	2:3 / 1:1	M	0:0 / 2:1	1:1 / 0:2	1:1 / 2:0	1:4 / 3:0	3:0 / 1:1	1:0 / 1:0	6/3 6/10 2/3	28:25 24:21	21 21	52:46	42
13. Lüneburger SK Hansa	1:2 / 2:4	0:1 / 2:4	1:2 / 0:0	1:1 / 2:3	1:1 / 2:3	2:1 / 1:3	2:2 / 1:1	2:0 / 2:2	3:0 / 2:1	1:3 / 2:4	0:0 / 2:1	0:0 / 2:1	A	3:0 / 2:3	3:3 / 0:0	2:2 / 1:1	4:1 / 1:1	1:0 / 2:1	6/6 6/5 3/3	23:21 26:30	21 18	49:51	41
14. Hamburger SV II	2:1 / 0:4	2:0 / 0:1	1:1 / 1:3	2:1 / 0:0	0:1 / 0:2	3:1 / 0:1	0:2 / 1:1	3:2 / 3:0	3:1 / 0:0	4:2 / 3:1	0:1 / 2:1	1:0 / 0:2	3:0 / 2:3	G	2:1 / 1:1	1:2 / 1:1	1:2 / 3:0	1:1 / 3:0	6/5 6/8 2/6	23:21 20:28	24 17	43:49	41
15. FC St. Pauli II	0:3 / 1:3	2:3 / 0:1	1:1 / 1:1	2:1 / 0:0	1:0 / 0:5	0:3 / 0:1	1:2 / 0:2	1:1 / 1:3	0:0 / 1:3	0:2 / 1:1	0:2 / 4:0	0:1 / 0:2	3:3 / 3:3	2:1 / 1:1	A	1:1 / 1:1	2:2 / 3:0	3:1 / 2:1	4/3 7/8 3/5	23:21 20:28	24 17	43:58	41
16. Goslarer SC 08 **	1:2 / 1:4	1:4 / 0:0	1:1 / 2:3	0:2 / 0:4	0:0 / 0:3	0:3 / 0:1	0:4 / 1:1	4:1 / 1:1	1:0 / 0:4	3:1 / 4:1	2:0 / 0:3	1:2 / 2:2	3:3 / 3:3	1:2 / 1:1	3:2 / 0:3	N	3:0 / 1:0	1:1 / 2:0	5/6 3/3 3/8	19:26 19:30	18 21	38:56	39
17. BV Cloppenburg **	0:3 / 0:2	2:1 / 2:0	2:1 / 1:0	0:0 / 0:4	0:4 / 0:6	4:3 / 3:0	1:2 / 2:4	3:3 / 0:2	0:5 / 0:0	1:3 / 2:2	0:5 / 0:1	2:7 / 0:0	4:1 / 1:1	0:3 / 0:4	1:2 / 0:3	N	—	1:0 / 0:1	2/2 7/4 2/11	17:32 10:34	13 10	27:66	23
18. TSV Schilksee **	0:7 / 0:7	0:4 / 0:7	0:5 / 0:1	1:4 / 0:2	1:2 / 1:4	2:4 / 1:2	2:4 / 1:2	1:2 / 0:3	1:2 / 1:3	0:5 / 0:2	0:5 / 1:2	0:7 / 0:7	0:7 / 0:7	0:3 / 0:3	0:1 / 1:3	0:2 / 1:1	1:0 / 0:1	N	1/0 4/1 4/13	11:48 10:45	4 4	21:93	8

Kein Aufsteiger in die 3. Liga. Aufstiegsspiele: VfL Wolfsburg II – Jahn Regensburg 1:0, 0:2. Kein Absteiger aus der 3. Liga.
** Absteiger in die Oberligen. Aufsteiger aus den Oberligen: Lupo Martini Wolfsburg, Germania Egestorf/Langreder (Niedersachsen), SV Eichede (Schleswig-Holstein).

RL Nordost — Saison 2015/16

#	Team	FSV Zwickau	Berliner AK 07	Wacker Nordhausen	BFC Dynamo	FC Oberlausitz	SV Babelsberg 03	Carl Zeiss Jena	TSG Neustrelitz	VfB Auerbach	Hertha BSC II	RB Leipzig II	Viktoria 89 Berlin	Budissa Bautzen	ZFC Meuselwitz	FC Schönberg 95	FSV Luckenwalde	Germ. Halberstadt	Optik Rathenow	Heim g	u	v	Tore	Pkt	Ausw. g	u	v	Tore	Pkt	Gesamt Tore	Punkte
1	FSV Zwickau *	K	2:1	4:1	0:3	3:3	0:0	0:1	1:0	2:2	0:0	1:0	3:1	0:1	0:2	0:2	0:5	2:4	1:2	15	2	0	51:13	47	9	3	5	26:17	30	77:30	77
2	Berliner AK 07	1:1	—	4:0	3:0	1:3	1:1	1:3	3:1	2:2	1:2	2:0	3:3	1:1	0:0	2:0	2:0	1:6	2:2	13	3	3	35:8	42	9	8	2	33:14	35	68:22	77
3	Wacker Nordhausen	1:1	1:1	C	1:0	3:0	1:1	1:3	2:0	3:2	1:1	1:1	3:1	1:1	3:1	2:3	1:3	0:2	6:1	10	5	4	35:16	35	7	5	6	24:23	26	59:39	61
4	Berliner FC Dynamo	2:3	1:3	1:1	K	2:2	2:0	2:0	2:1	2:0	2:0	2:0	3:3	2:2	2:1	2:3	4:1	2:0	0:2	10	7	2	29:14	34	7	4	7	37:34	22	66:48	56
5	FC Oberlausitz	2:3	1:3	0:1	2:6	E	1:2	2:0	3:1	1:1	2:0	2:0	3:0	1:0	3:0	1:1	1:0	2:0	2:1	9	6	3	29:23	33	5	7	7	23:25	22	52:48	54
6	SV Babelsberg 03	0:0	1:3	0:0	0:0	1:1	R	0:0	2:1	1:3	2:2	2:3	3:0	0:0	3:0	3:5	6:1	5:2	2:0	9	7	1	29:11	34	5	7	6	20:18	19	49:29	53
7	Carl Zeiss Jena	2:4	3:1	1:1	1:1	2:0	0:2	S	3:2	1:1	3:2	1:3	0:3	4:2	3:0	0:1	0:2	2:1	3:2	8	5	4	28:22	27	4	2	11	15:11	26	43:33	53
8	TSG Neustrelitz	1:0	2:0	0:2	1:3	0:5	0:2	0:2	P	0:2	6:0	4:1	0:0	2:1	1:1	0:0	4:0	5:2	2:0	11	4	2	29:13	37	4	2	11	24:29	14	53:42	51
9	VfB Auerbach	2:2	2:3	0:2	3:2	1:0	1:3	0:3	2:0	O	2:3	2:3	0:0	1:3	0:0	1:1	4:0	2:2	3:1	9	5	4	36:20	31	4	8	5	16:24	19	52:44	50
10	Hertha BSC II	0:0	1:0	3:1	1:2	0:4	0:2	0:5	3:1	1:2	R	1:1	0:1	2:3	4:1	2:1	3:2	2:2	4:1	6	6	5	24:21	24	6	5	7	28:38	24	52:59	48
11	RasenBallsport Leipzig II	1:0	2:1	1:2	0:2	2:2	0:0	0:1	2:4	2:0	2:3	T	1:0	2:1	2:3	3:3	6:2	2:0	0:1	7	3	5	29:25	24	7	3	7	20:23	20	49:48	44
12	Viktoria 89 Berlin	3:1	1:3	0:5	3:2	0:3	2:0	0:5	0:0	1:1	5:1	0:5	M	2:1	2:3	3:3	3:3	2:0	3:1	8	2	7	31:26	29	4	6	10	15:36	9	46:62	38
13	Budissa Bautzen	0:1	1:3	2:1	0:0	1:2	2:1	1:1	1:1	1:1	2:3	2:2	1:3	A	3:1	1:1	1:2	3:0	2:0	8	1	5	25:23	25	3	4	7	21:24	12	46:47	37
14	ZFC Meuselwitz	0:7	2:1	1:0	1:2	1:5	1:1	0:0	0:0	1:1	0:0	2:1	2:2	0:4	G	1:0	2:1	1:2	0:3	7	4	6	18:20	25	3	5	9	16:39	12	34:59	37
15	FC Schönberg 95	0:2	0:0	1:2	0:0	1:2	1:0	1:3	1:2	1:1	1:1	1:0	1:3	0:3	1:0	A	1:0	0:0	0:3	5	4	8	19:25	20	4	5	7	18:27	16	37:52	36
16	FSV Luckenwalde	0:5	0:2	0:2	1:3	2:1	0:1	2:0	2:1	3:0	3:2	6:2	3:3	1:2	4:1	2:3	N	0:1	0:3	5	1	7	16:34	16	4	1	13	17:46	13	33:80	29
17	Germania Halberstadt **	2:4	0:6	1:1	2:0	0:1	1:2	0:4	2:3	3:0	0:3	0:1	0:3	1:2	0:3	0:1	—		4:2	4	1	11	23:44	13	4	2	10	16:36	10	39:80	23
18	Optik Rathenow	1:2	0:2	2:0	1:1	2:1	1:1	2:3	1:3	1:0	2:5	1:1	1:3	1:2	1:1	0:A	1:0	2:4	N	3	2	4	16:28	13	2	4	12	17:38	9	33:66	22

* Aufsteiger in die 3. Liga. Aufstiegsspiele: SV Elversberg – FSV Zwickau 1:1, 0:1. Absteiger aus der 3. Liga: Energie Cottbus.

** Absteiger in die Oberliga. Aufsteiger aus den Oberligen: Union Fürstenwalde (NOFV-Nord), 1. FC Lokomotive Leipzig (NOFV-Süd).

RL West Saison 2015/16

	Spfr. Lotte	Bor. M'gladbach II	FC Viktoria Köln	Bor. Dortmund II	RW Oberhausen	Fort. Düsseldorf II	Alemannia Aachen	Wattenscheid 09	FC Schalke 04 II	SC Verl	SC Wiedenbrück	Rot-Weiss Essen	Rot Weiss Ahlen	SV Rödinghausen	1. FC Köln II	SSVg Velbert	TuS Erndtebrück	FC Kray	FC Wegberg-Beeck	g.	u.	v.	Tore	Pkt.	Gesamt Tore	Punkte
1. Sportfreunde Lotte *	K	3:0 / 2:1	1:1 / 3:3	0:1 / 1:1	1:0 / 0:2	3:1 / 4:2	1:0 / 6:0	2:1 / 3:1	2:0 / 2:1	2:0 / 3:2	1:0 / 3:2	2:0 / 3:3	4:1 / 3:0	1:0 / 0:0	2:0 / 0:4	2:0 / 0:0	1:1 / 4:0	4:0 / 3:1	2:1 / 5:0	15	2	2	35:7	47	67:23	83
2. Bor. Mönchengladbach II	2:1 / 0:3	—	1:3 / 3:2	1:0 / 2:1	1:0 / 0:2	3:0 / 3:1	2:3 / 2:3	1:1 / 2:3	2:2 / 5:2	3:2 / 1:1	1:2 / 0:0	3:3 / 3:3	3:1 / 0:0	1:0 / 3:0	2:0 / 4:0	2:2 / 4:1	5:1 / 3:0	2:2 / 0:0	2:0 / 6:2	10	6	3	41:20 / 39:26	37	80:46	68
3. FC Viktoria Köln	1:1 / 1:0	1:1 / 2:2	C	1:1 / 1:1	3:1 / 1:1	1:1 / 2:3	—	1:1 / 0:3	2:1 / 1:2	1:1 / 1:1	1:1 / 0:0	3:1 / 1:1	4:1 / 0:2	0:0 / 2:4	0:0 / 4:0	5:1 / 1:0	5:0 / 0:0	2:2 / 2:2	2:0 / 2:0	11	8	4	45:17 / 21:19	38	66:36	63
4. Borussia Dortmund II	1:1 / 1:0	1:2 / 0:2	0:3 / 0:1	K	2:0 / 1:3	4:2 / 0:3	6:0 / 0:2	1:1 / 0:0	1:1 / 0:0	3:1 / 2:0	3:1 / 1:0	3:1 / 1:1	4:1 / 0:2	2:4 / 0:0	4:0 / 1:0	5:1 / 1:0	5:0 / 0:0	2:2 / 1:0	2:0 / 2:0	11	5	7	34:17 / 23:19	30	57:36	60
5. Rot-Weiß Oberhausen	2:0 / 0:1	3:2 / 1:2	0:3 / 1:0	3:1 / 1:1	E	0:1 / 0:1	3:1 / 3:1	2:3 / 1:3	4:2 / 2:1	1:3 / 0:0	0:2 / 1:1	1:2 / 1:1	2:0 / 1:5	2:0 / 5:1	2:2 / 3:2	5:1 / 1:0	3:0 / 1:3	1:3 / 3:0	2:0 / 4:0	12	3	8	36:20 / 22:24	39	58:44	59
6. Fortuna Düsseldorf II	1:3 / 0:3	3:2 / 1:2	1:1 / 1:0	3:0 / 1:1	3:1 / 1:1	R	3:1 / 1:0	0:0 / 1:3	2:1 / 0:0	1:4 / 1:3	3:1 / 3:1	2:0 / 1:1	4:1 / 1:0	1:0 / 1:1	2:3 / 1:1	1:1 / 2:3	0:0 / 3:0	6:3 / 3:0	4:1 / 4:0	13	6	4	37:20 / 26:31	38	63:51	59
7. Alemannia Aachen	0:0 / 0:1	0:3 / 0:2	1:0 / 0:6	0:0 / 1:3	1:0 / 4:1	1:0 / 0:3	—	3:1 / 3:3	2:3 / 1:0	1:4 / 1:3	2:3 / 4:0	2:0 / 0:1	3:1 / 2:2	1:0 / 0:0	1:0 / 0:0	2:3 / 1:0	0:0 / 1:1	3:0 / 0:3	4:0 / 4:0	11	5	7	27:20 / 25:15	30	52:43	56
8. SG Wattenscheid 09	1:3 / 1:2	1:1 / 1:2	2:3 / 0:1	0:2 / 0:1	1:0 / 4:1	2:3 / 1:1	3:1 / 1:3	S	1:3 / 1:3	2:3 / 0:1	2:2 / 2:2	2:0 / 0:1	4:1 / 5:3	2:0 / 0:2	4:0 / 1:2	2:2 / 2:1	9:1 / 3:2	1:1 / 1:0	5:0 / 3:0	9	5	9	34:23 / 27:29	33	61:52	55
9. FC Schalke 04 II	1:1 / 1:0	2:5 / 1:2	2:1 / 1:3	1:1 / 0:0	2:2 / 2:4	0:1 / 0:2	1:3 / 0:2	0:0 / 3:1	P	1:2 / 1:2	2:1 / 1:0	2:3 / 3:0	0:3 / 1:3	1:0 / 1:1	0:0 / 2:0	2:1 / 4:2	0:0 / 4:0	1:1 / 1:1	2:0 / 3:0	10	5	11	34:23 / 20:28	28	44:44	51
10. SC Verl	1:1 / 0:2	0:1 / 0:2	1:0 / 2:3	0:3 / 1:1	2:0 / 0:0	1:0 / 2:4	3:1 / 1:0	1:1 / 2:3	2:1 / 1:1	O	1:1 / 0:1	1:2 / 1:0	2:0 / 1:1	0:0 / 1:4	0:1 / 1:1	1:2 / 3:0	2:4 / 0:5	2:1 / 0:1	0:2 / 2:4	8	4	10	23:23 / 20:23	28	43:46	51
11. SC Wiedenbrück	1:2 / 2:0	1:2 / 3:1	1:1 / 1:1	0:2 / 1:3	2:0 / 1:1	3:2 / 2:3	0:4 / 1:1	2:2 / 1:0	3:0 / 0:2	0:1 / 1:1	R	0:3 / 2:3	3:1 / 1:1	1:0 / 1:0	4:3 / 0:0	0:1 / 3:0	1:0 / 0:1	3:0 / 1:1	2:0 / 2:2	7	4	8	29:23 / 21:22	28	50:45	50
12. Rot-Weiss Essen	3:3 / 1:3	3:3 / 1:3	1:1 / 1:1	2:0 / 1:1	2:0 / 1:1	3:2 / 3:1	3:3 / 2:4	3:0 / 2:0	3:0 / 0:2	0:2 / 0:2	0:3 / 2:3	T	1:2 / 0:2	2:0 / 1:1	2:0 / 0:2	2:3 / 1:2	1:1 / 3:2	0:0 / 4:0	1:0 / 3:0	9	6	9	34:23 / 14:26	33	48:49	48
13. Rot Weiss Ahlen	0:0 / 1:3	1:1 / 1:3	1:1 / 1:1	1:1 / 1:3	2:0 / 1:3	1:3 / 2:4	3:1 / 1:0	2:0 / 4:1	1:0 / 0:2	1:2 / 3:0	1:1 / 1:3	1:2 / 0:2	M	2:0 / 0:0	0:0 / 1:1	2:0 / 0:0	0:0 / 3:2	1:3 / 1:1	2:1 / 1:0	8	6	8	32:31 / 24:29	30	56:60	46
14. SV Rödinghausen	2:4 / 0:0	1:1 / 2:2	0:2 / 0:3	0:2 / 2:2	2:0 / 2:2	1:2 / 2:0	2:1 / 0:2	0:1 / 2:3	1:0 / 0:2	0:1 / 0:2	1:0 / 3:4	2:0 / 1:1	3:1 / 2:1	A	1:1 / 1:1	0:0 / 0:0	2:3 / 3:0	1:1 / 4:1	6:1 / 5:0	6	10	6	27:21 / 16:21	27	43:42	43
15. 1. FC Köln II	2:4 / 0:1	0:0 / 0:3	0:1 / 0:4	2:1 / 1:2	2:0 / 0:2	2:2 / 1:3	1:1 / 1:1	2:2 / 2:1	2:1 / 0:2	3:0 / 1:0	1:3 / 1:0	2:0 / 1:1	4:1 / 1:2	1:1 / 1:1	G	0:0 / 0:0	2:1 / 1:1	4:1 / 4:1	5:0 / 5:0	6	10	6	27:21 / 21:28	28	44:51	41
16. SSVg Velbert **	0:0 / 0:2	1:1 / 2:2	0:0 / 0:5	3:0 / 1:0	2:1 / 2:3	1:3 / 0:3	3:2 / 2:0	4:0 / 2:4	1:2 / 0:0	1:1 / 0:2	0:2 / 2:4	2:0 / 2:3	3:1 / 3:2	0:1 / 0:4	0:3 / 0:3	A	0:0 / 0:0	0:0 / 0:4	2:1 / 2:1	4	5	9	13:28 / 25:37	17	38:65	36
17. TuS Erndtebrück **	0:2 / 0:1	0:3 / 1:5	0:0 / 0:5	0:0 / 1:3	0:1 / 2:3	0:1 / 3:1	3:2 / 1:2	2:3 / 1:9	1:2 / 0:4	5:0 / 2:4	2:2 / 2:4	1:0 / 1:9	2:3 / 2:3	3:2 / 2:4	3:0 / 0:3	1:3 / 3:0	Z	1:0 / 4:0	1:0 / 3:0	5	5	8	23:24 / 19:44	20	42:68	32
18. FC Kray **	1:3 / 0:4	0:2 / 1:5	0:2 / 2:0	0:3 / 3:1	1:2 / 0:2	0:3 / 3:6	1:3 / 1:2	0:1 / 2:4	0:0 / 0:3	0:2 / 0:5	0:0 / 1:2	0:2 / 0:2	1:1 / 2:4	1:1 / 1:4	1:4 / 0:4	4:0 / 0:4	0:4 / 0:3	—	1:0 / 0:2	1	6	11	19:37 / 17:44	9	36:81	18
19. FC Wegberg-Beeck **	0:2 / 0:5	2:6 / 0:2	0:2 / 0:2	1:3 / 0:6	1:1 / 1:1	0:3 / 1:1	2:2 / 0:2	3:0 / 0:5	2:3 / 0:3	2:0 / 2:4	0:0 / 2:2	1:0 / 1:3	2:1 / 2:4	0:5 / 0:2	2:1 / 2:1	2:1 / 0:2	0:3 / 0:1	Z		3	4	11	20:42 / 10:54	13	30:96	16

* Aufsteiger in die 3. Liga. Aufstiegsspiele: Sportfreunde Lotte – Waldhof Mannheim 0:0, 2:0, Kein Absteiger aus der 3. Liga.
** Absteiger in die Oberligen. Aufsteiger aus den Oberligen: Sportfreunde Siegen, TSG Sprockhövel (Westfalen), Wuppertaler SV (Niederrhein), Bonner SC (Mittelrhein).
Die Liga spielt 2016/17 mit 18 Klubs.

52 Kapitel 1: Die Saison

RL Südwest — Saison 2015/16

	Waldhof Mannheim	SV Elversberg	TSG Hoffenheim II	Kickers Offenbach	Eintracht Trier	FC Homburg	1. FC Saarbrücken	Hessen Kassel	Wormatia Worms	1. FC Kaiserslautern II	FC Astoria Walldorf	TSV Steinbach	FK Pirmasens	Bahlinger SC	SC Freiburg II	SV Spielberg	SpVgg Neckarelz	Saar 05 Saarbrücken	Heimbilanz / Auswärtsbilanz g. u. v. Tore				Pkt.	Gesamt Tore	Punkte
1. Waldhof Mannheim	K	1:0 / 1:3	3:1 / 3:2	0:2 / 4:0	0:2 / 4:3	1:1 / 1:1	3:1 / 1:1	2:0 / 0:1	2:3 / 1:0	2:0 / 1:0	0:1 / 1:1	4:0 / 3:0	1:1 / 1:1	0:0 / 3:0	3:0 / 2:1	4:1 / 3:0	3:0 / 2:1	5:0 / 0:1	12 / 3 / 2			38:9 26:10	39 / 34	64:19	73
2. SV Elversberg	3:1 / 0:1	—	3:2 / 1:5	4:3 / 5:1	1:1 / 2:2	3:1 / 4:0	0:0 / 0:2	0:1 / 2:2	5:0 / 2:0	1:0 / 2:0	2:0 / 2:3	0:0 / 1:1	3:1 / 1:0	0:0 / 2:0	3:0 / 4:1	3:0 / 0:0	2:0 / 2:1	1:0 / 7:1	14 / 4 / 4			41:10 28:18	44 / 28	69:28	72
3. TSG Hoffenheim II	0:1 / 1:3	2:1 / 2:3	C	5:1 / 1:1	1:1 / 2:2	4:0 / 2:3	4:1 / 1:3	2:2 / 1:0	5:0 / 2:0	1:0 / 2:0	2:0 / 1:3	4:0 / 0:0	3:1 / 1:0	2:0 / 3:0	2:1 / 1:2	4:1 / 1:0	3:0 / 2:1	6:1 / 2:1	10 / 2 / 4			41:17 36:22	32 / 34	77:39	66
4. Kickers Offenbach	0:4 / 2:0	1:1 / 3:4	1:2 / 1:5	K	1:2 / 1:2	3:0 / 2:3	2:3 / 2:2	4:0 / 1:0	4:1 / 1:1	1:0 / 1:1	2:0 / 1:3	0:0 / 3:0	4:0 / 2:1	4:4 / 1:0	1:2 / 2:1	2:1 / 4:0	0:0 / 1:1	0:2 / 3:1	10 / 4 / 4			32:15 35:34	35 / 29	67:49	64
5. Eintracht Trier	0:2 / 2:2	2:2 / 1:1	1:2 / 0:0	6:0 / 0:1	E	3:0 / 0:2	0:0 / 3:2	4:0 / 0:1	0:2 / 1:0	1:0 / 1:1	1:0 / 0:4	1:0 / 1:0	1:1 / 3:0	4:0 / 1:0	2:1 / 5:2	1:0 / 3:1	1:1 / 1:1	2:0 / 3:0	10 / 5 / 3			32:15 30:18	35 / 30	62:33	63
6. FC Homburg	1:1 / 1:1	2:4 / 1:3	1:1 / 3:4	2:3 / 4:2	0:2 / 2:3	R	3:0 / 2:2	1:0 / 0:2	1:0 / 5:0	1:3 / 1:0	1:2 / 0:4	1:0 / 4:0	3:1 / 2:2	1:3 / 0:4	4:0 / 2:3	1:0 / 1:0	1:1 / 1:2	2:0 / 0:3	9 / 3 / 5			36:17 26:16	30 / 33	59:42	59
7. 1. FC Saarbrücken	1:1 / 1:3	2:0 / 0:0	3:1 / 1:4	3:4 / 3:0	0:2 / 2:3	3:0 / 2:0	S	3:1 / 1:1	0:3 / 0:3	1:0 / 3:0	2:2 / 0:3	2:1 / 2:1	0:0 / 3:2	4:0 / 0:3	3:3 / 0:1	2:0 / 2:0	1:1 / 1:2	2:0 / 4:0	8 / 5 / 5			27:18 32:24	29 / 30	48:36	54
8. Hessen Kassel	1:3 / 1:1	0:1 / 1:1	1:1 / 1:2	1:1 / 0:2	0:2 / 2:3	2:2 / 0:0	0:1 / 1:2	P	0:1 / 1:2	0:1 / 1:2	1:1 / 2:1	2:0 / 4:4	A	2:2 / 1:2	0:0 / 2:1	5:1 / 1:0	1:1 / 6:0	3:1 / 1:0	9 / 4 / 6			29:16 19:20	31 / 23	42:32	53
9. Wormatia Worms	0:0 / 0:3	2:1 / 1:0	1:1 / 1:2	1:2 / 1:2	0:2 / 3:2	2:3 / 1:1	2:1 / 2:0	5:0 / 0:0		1:3 / 0:0	3:0 / 1:1	1:1 / 1:0	1:0 / 3:2	0:0 / 1:3	1:0 / 1:0	1:0 / 1:0	6:0 / 1:0	3:1 / 1:0	9 / 2 / 7			25:13 17:19	28 / 25	54:54	48
10. 1. FC Kaiserslautern II	0:1 / 3:2	0:2 / 0:5	0:1 / 3:1	2:1 / 1:2	0:0 / 1:2	0:0 / 1:1	0:0 / 1:1	0:0 / 4:4	2:0 / 3:0	R	2:1 / 1:2	0:2 / 0:0	0:2 / 1:4	M	1:1 / 2:5	2:2 / 1:1	4:2 / 5:0	6:1 / 4:1	7 / 6 / 5			31:22 23:32	29 / 19	47:42	43
11. FC Astoria Walldorf	0:2 / 0:3	0:0 / 0:1	1:1 / 0:1	1:0 / 0:1	3:0 / 1:1	3:1 / 1:2	3:0 / 3:0	1:2 / 1:1	3:0 / 2:0	1:2 / 1:1	T	0:1 / 1:2	0:2 / 1:4	4:1 / 2:0	3:3 / 1:1	2:2 / 4:0	5:0 / 1:3	2:0 / 0:1	5 / 5 / 7			21:15 26:27	23 / 20	46:53	42
12. TSV Steinbach	1:0 / 0:4	1:1 / 0:4	0:3 / 0:4	1:0 / 1:2	2:1 / 0:4	0:2 / 2:1	0:0 / 0:3	0:3 / 1:3	0:1 / 1:1	4:4 / 0:0	0:1 / 2:0		0:2 / 1:4	2:2 / 0:1	5:2 / 1:1	1:1 / 1:0	5:0 / 1:3	2:0 / 4:0	6 / 2 / 9			22:25 24:28	22 / 20	36:56	42
13. FK Pirmasens	1:1 / 0:4	0:0 / 1:3	1:2 / 0:4	1:2 / 2:2	0:2 / 0:3	0:2 / 0:2	0:3 / 0:3	1:2 / 1:3	0:3 / 2:2	0:2 / 1:3	0:0 / 0:2	0:2 / 1:4	A	0:2 / 0:0	0:2 / 0:3	1:0 / 0:2	0:2 / 0:1	1:1 / 2:5	5 / 4 / 8			20:27 16:29	20 / 20	36:56	39
14. Bahlinger SC **	0:3 / 1:1	0:0 / 1:3	2:3 / 1:1	4:1 / 1:2	0:2 / 0:3	1:3 / 0:2	2:2 / 1:0	3:1 / 0:0	0:3 / 2:2	2:1 / 2:1	0:3 / 2:0	0:2 / 1:1	2:2 / 0:0	G	0:0 / 3:3	3:1 / 1:1	5:0 / 1:3	2:0 / 3:0	7 / 3 / 7			30:26 15:32	24 / 13	45:58	37
15. SC Freiburg II **	1:3 / 0:0	0:1 / 0:0	0:1 / 1:2	1:2 / 1:5	2:5 / 1:2	2:0 / 1:1	2:1 / 1:0	2:3 / 1:2	0:3 / 0:3	5:2 / 1:1	4:1 / 3:3	2:3 / 1:2	0:2 / 0:3	3:3 / 0:0	A	5:0 / 0:1	0:1 / 1:3	0:1 / 1:0	6 / 1 / 8			34:30 16:30	19 / 15	50:60	34
16. SV Spielberg	1:4 / 0:3	2:0 / 0:3	1:5 / 0:1	1:5 / 1:4	1:2 / 1:2	0:0 / 2:0	0:0 / 3:1	0:1 / 1:2	2:0 / 0:1	0:2 / 0:2	1:3 / 1:2	2:5 / 0:1	2:0 / 2:0	1:3 / 1:1	N		0:1 / 1:0	0:1 / 3:0	6 / 1 / 10			17:28 11:42	20 / 6	28:70	26
17. SpVgg Neckarelz **	0:1 / 0:3	1:2 / 0:2	0:2 / 4:3	0:3 / 0:0	1:1 / 0:2	1:3 / 0:6	1:3 / 1:3	0:0 / 0:1	1:3 / 1:3	2:2 / 2:4	1:4 / 0:5	1:3 / 1:3	1:4 / 1:1	0:2 / 1:1	0:2 / 1:0	—		2:0 / 0:2	4 / 3 / 11			21:30 11:46	15 / 11	32:76	26
18. Saar 05 Saarbrücken **	1:0 / 0:5	1:7 / 0:1	1:2 / 0:6	0:1 / 1:3	1:3 / 0:4	2:0 / 3:0	0:3 / 1:3	1:3 / 1:4	1:3 / 1:1	1:3 / 1:2	0:4 / 1:2	1:4 / 0:4	0:7 / 2:5	1:1 / 1:4	0:1 / 0:2	0:1 / 1:2	N		1 / 3 / 14			12:53 9:47	6 / 5	21:100	11

Kein Aufsteiger in die 3. Liga. Aufstiegsspiele: Sportfreunde Lotte – Waldhof Mannheim 0:0, 2:0; SV Elversberg – FSV Zwickau 1:1, 0:1. Absteiger aus der 3. Liga: Stuttgarter Kickers, VfB Stuttgart II.
** Absteiger in die Oberligen. Aufsteiger aus den Oberligen: SSV Ulm 1846 Fußball, FC Nöttingen (Baden-Württemberg), Teutonia Watzenborn-Steinberg (Hessen), TuS Koblenz (Rheinland-Pfalz/Saar).
Die Liga spielt 2016/17 mit 19 Klubs.

Die Saison 53

RL Bayern Saison 2015/16

	Jahn Regensburg	Wacker Burghausen	1. FC Nürnberg II	SpVgg Unterhaching	FV Illertissen	Bayern München II	SpVgg Bayreuth	TSV Buchbach	SpVgg Greuther Fürth II	TSV München 1860 II	FC Ingolstadt 04 II	FC Memmingen	SV Schalding-H.	1. FC Schweinfurt 05	Vikt. Aschaffenburg	FC Augsburg II	FC Amberg	TSV Rain/Lech	g.	Heimbilanz u.	v.	Auswärtsbilanz Tore	Pkt.	Gesamt Tore	Punkte
1. Jahn Regensburg *	K	3:2 1:0	0:1 1:3	2:1 2:0	1:0 1:0	0:2 1:1	1:1 0:0	1:1 0:0	3:1 0:2	1:1 0:0	5:0 2:1	4:1 1:1	4:1 0:0	5:0 1:2	3:2 0:4	3:2 1:0	4:3 0:3	1:0 1:2	12	3	2	44:19 17:17	39 25	61:36	64
2. Wacker Burghausen	0:1 2:3		2:1 1:2	2:1 2:0	0:2 0:1	3:2 0:1	3:5 1:1	0:1 2:3	0:2 2:0	1:1 0:4	1:4 0:0	3:0 0:1	1:1 1:1	4:1 1:1	0:3 2:2	2:1 2:1	3:0 2:0	2:1 0:0	11 8	4	4	31:15 21:18	35 28	58:33	63
3. 1. FC Nürnberg II	3:1 1:0	2:1 2:1	C	0:2 2:1	1:1 1:2	1:2 2:1	0:0 1:1	1:2 4:2	1:0 0:0	2:2 1:1	2:2 3:3	1:1 1:0	0:2 1:1	1:1 1:0	5:0 0:1	2:1 2:2	2:4 2:0	2:0 2:0	11 3	3	3	33:16 24:21	36 27	57:37	63
4. SpVgg Unterhaching	0:2 1:0	0:1 0:1	2:1 1:1		0:0 0:1	2:4 1:3	6:1 2:3	2:0 1:1	1:0 3:0	1:1 1:0	2:2 0:0	1:0 2:5	0:2 0:0	1:0 1:1	5:0 0:1	2:2 0:2	1:0 2:4	1:1 0:2	8 7	3	6	26:13 33:19	31 25	59:32	56
5. FV Illertissen	1:3 0:4	1:0 1:4	1:2 1:0	2:2 1:2	E	0:0 1:1	2:4 1:1	1:3 0:1	4:0 0:1	3:1 1:0	0:0 4:0	4:1 1:4	1:4 1:0	2:1 4:1	4:3 5:1	1:1 2:1	1:0 3:0	3:2 1:0	10 4	4	4	26:13 33:19	33 20	53:49	53
6. Bayern München II	1:0 1:1	3:2 0:1	1:2 1:0	1:1 1:4	0:0 1:1	R	2:2 1:0	3:0 0:0	2:4 1:0	0:1 2:3	T 4:2 1:1	M 2:3 0:6	A 2:2 1:2	G 6:0 1:0	A 1:1 1:2	N 0:0 2:2	0:3 2:4	3:1 5:3	7 4	3	7	37:27 16:22	28 24	54:38	52
7. SpVgg Bayreuth	0:0 1:1	0:1 5:1	0:0 2:0	2:2 2:2	2:2 2:0	1:2 2:2	S	1:2 2:1	2:3 3:2	0:4 0:2	3:2 2:3	0:2 0:0	0:2 2:1	2:0 0:3	1:1 2:0	0:0 1:4	1:0 3:0	3:1 4:2	7 6	4	6	21:13 33:25	28 24	52:57	49
8. TSV Buchbach	1:0 2:3	0:1 1:1	2:4 2:4	0:3 1:1	2:0 1:1	0:1 2:1	1:2 2:1	P	1:1 1:1	0:4 1:1	2:3 3:3	2:0 1:3	0:2 5:0	1:0 0:2	1:1 1:0	0:0 1:4	1:1 2:1	4:0 4:2	6 6	4	6	23:23 29:34	24 24	43:46	48
9. SpVgg Greuther Fürth II	1:0 0:5	0:2 2:3	0:5 2:1	2:0 0:5	0:0 1:3	2:4 0:4	1:1 0:1	1:1 1:1	O	0:0 1:0	2:3 0:0	2:3 0:1	0:2 1:4	2:1 0:0	1:1 0:1	4:0 1:4	2:1 1:3	4:0 3:3	6 8	4	5	22:23 21:23	24 19	53:56	47
10. TSV München 1860 II	1:0 2:0	1:1 1:0	0:1 1:1	1:1 4:2	0:0 1:3	1:3 1:0	4:0 4:0	0:0 2:3	1:0 1:1	R	0:0 1:1	0:3 1:0	1:5 5:1	6:0 1:1	1:1 1:0	1:1 1:2	3:0 1:1	4:1 4:3	8 5	5	5	30:22 23:34	29 20	48:38	46
11. FC Ingolstadt 04 II	0:1 1:4	1:4 0:4	0:1 0:0	1:1 1:1	0:0 1:3	2:3 2:1	3:2 1:2	0:0 1:1	1:0 0:0	1:1 0:1	T	2:3 1:2	2:1 2:1	4:0 1:1	5:3 1:0	1:1 1:2	1:3 1:1	4:2 2:1	7 4	5	8	26:15 22:23	26 20	55:54	46
12. FC Memmingen	0:1 0:3	1:4 1:4	0:1 0:1	0:5 0:0	4:1 1:4	0:4 0:1	2:2 0:1	0:1 1:1	3:3 0:0	1:1 0:0	4:2 1:0		1:1 3:4	2:1 2:1	1:1 1:0	1:1 1:0	1:3 0:0	4:2 0:0	7 4	6	4	27:26 28:28	25 17	52:60	42
13. SV Schalding-H.	0:0 1:4	1:1 0:3	1:0 0:1	0:5 0:0	1:1 4:1	1:1 1:2	2:2 0:2	0:0 3:2	3:2 3:0	1:5 2:1	1:2 2:3	M	3:3 1:0	3:1 1:0	1:3 1:1	3:3 0:0	0:1 1:3	5:3 1:1	9 3	5	11	33:21 19:39	30 10	40:62	40
14. 1. FC Schweinfurt 05	2:1 0:5	0:0 2:4	1:0 1:1	0:3 2:2	1:5 3:4	3:1 0:0	2:2 2:0	0:0 0:0	0:3 0:5	1:5 2:1	1:2 4:4	2:3 0:6	A	2:1 1:3	1:3 1:1	1:1 1:5	4:0 0:1	5:3 0:2	5 6	4	8	20:30 20:32	29 9	44:52	38
15. Vikt. Aschaffenburg **	4:0 2:3	0:0 2:2	1:0 1:0	0:1 1:5	1:5 3:4	1:0 1:3	2:0 1:2	0:0 2:3	0:3 0:5	1:0 1:2	0:3 3:5	2:3 0:6	1:1 2:2	A		3:3 0:0	0:0 3:3	A 2:0 0:1	1:0 0:2	7 6	8	10	31:18 13:34	29 9	49:63	35
16. FC Augsburg II	0:1 2:3	0:1 0:2	2:2 0:3	0:6 0:1	0:0 0:2	1:4 0:0	1:1 0:0	3:3 1:2	1:1 4:2	1:2 1:1	1:0 0:4	1:1 0:4	1:1 0:4	1:2 5:1	0:0 3:3		2:2 2:0	1:0 0:2	6 5	6	10	28:27 21:36	24 9	52:63	33
17. FC Amberg **	0:1 2:3	1:2 0:3	2:2 4:0	2:1 0:6	0:1 0:2	1:4 2:3	0:1 1:3	1:2 0:1	2:4 1:3	1:2 0:0	1:1 1:0	1:4 1:0	1:2 5:1	0:4 1:0	2:2 2:0			1:0 0:1	4 5	7	8	31:31 21:32	19 14	36:57	29
18. TSV Rain/Lech **	2:1 0:1	0:0 0:2	1:1 0:3	2:0 1:0	2:2 2:3	2:3 1:3	2:3 2:3	2:4 0:1	3:3 0:1	1:2 1:1	1:1 1:1	1:4 3:5	3:1 3:5		2:0 0:1	1:3 1:3	1:0 0:1	N	5 2	1	14	27:35 17:42	19 7	44:77	27

* Aufsteiger in die 3. Liga. Aufstiegsspiele: VfL Wolfsburg II – Jahn Regensburg 1:0, 0:2. Kein Absteiger aus der 3. Liga.
** Absteiger aus den Bayernligen: SV Seligenporten, SpVgg Bayern Hof (Nord), VfR Garching, TSV 1860 Rosenheim (Süd).
Relegation: SpVgg Bayern Hof – Viktoria Aschaffenburg 2:1, 2:1; TSV 1860 Rosenheim – FC Augsburg II 2:1, 0:1; TSV 1860 Rosenheim – Viktoria Aschaffenburg 0:0, 1:0.

DFB-Vereinspokal Männer 2015/16

Endspiel am 21. Mai 2016 in Berlin:

Bayern München – Borussia Dortmund n. V. 0:0, Elfmeterschießen 4:3)
München: Neuer – Lahm, Kimmich, Boateng, Alaba – Vidal – Thiago – Müller – Douglas Costa, Ribery/108. Coman – Lewandowski – Trainer: Guardiola.
Dortmund: Bürki – Bender, Sokratis, Hummels/78. Ginter – Piszczek, Schmelzer/70. Durm – Weigl – Mkhitaryan, Castro/106. Kagawa – Reus – Aubameyang – Trainer: Tuchel.
Elfmeterschießen: 0:1 Kagawa, 1:1 Vidal, Bender (gehalten), 2:1 Lewandowski, Sokratis (Pfosten), Kimmich (gehalten), 2:2 Aubameyang, 3:2 Müller (verwandelt), 3:3 Reus, 4:3 Douglas Costa – SR: Fritz (Korb) – Zuschauer: 74 322 (ausverkauft).

Aufstieg zur Bundesliga 2015/16

Der Meister (SC Freiburg) und Zweite (RB Leipzig) der 2. Bundesliga stiegen direkt auf. Der Dritte der 2. Bundesliga (1. FC Nürnberg) bestritt gegen den Drittletzten der Bundesliga (Eintracht Frankfurt) Relegationsspiele.

Eintracht Frankfurt – 1. FC Nürnberg 1:1 (0:1) am 19. 5. 2016
Frankfurt: Hradecky – Chandler, Abraham, Russ, Oczipka – Hasebe, Huszti – Aigner/61. Ben-Hatira, Meier/70. Stendera, Gacinovic/84. Castaignos – Seferovic – Trainer: Kovac.
Nürnberg: Schäfer – Brecko, Margreitter, Bulthuis, Sepsi – Petrak, Behrens – Kerk/74. Blum, Leibold/89. Gislason – Füllkrug/85. Hovland, Burgstaller – Trainer: Weiler.
Tore: 0:1 Russ (43., Eigentor), 1:1 Gacinovic (65.) – SR: Siebert (Berlin) – Zuschauer: 51 500 (ausverkauft).

1. FC Nürnberg – Eintracht Frankfurt 0:1 (0:0) am 23. 5. 2016
Nürnberg: Schäfer – Brecko, Margreitter, Bulthuis, Sepsi/84. Hovland – Petrak/74. Gislason, Behrens – Kerk/74. Blum, Leibold – Füllkrug, Burgstaller – Trainer: Weiler.
Frankfurt: Hradecky – Chandler/69. Ignjovski, Abraham, Zambrano, Oczipka – Hasebe – Huszti – Ben-Hatira/58. Meier, Stendera/11. Fabian, Gacinovic – Seferovic – Trainer: Kovac.
Tor: 0:1 Seferovic (66.) – SR: Dingert (Lebecksmühle) – Zuschauer: 50 000 (ausverkauft).

Aufstieg zur 2. Bundesliga 2015/16

Der Meister (Dynamo Dresden) und Zweite (Erzgebirge Aue) der 3. Liga stiegen direkt auf. Der Dritte der 3. Liga (Würzburger Kickers) bestritt gegen den Drittletzten der 2. Bundesliga (MSV Duisburg) Relegationsspiele.

Würzburger Kickers – MSV Duisburg 2:0 (1:0) am 20. 5. 2016
Würzburg: Wulnikowski – Weil, Schoppenhauer, Fennell, Kurzweg – Taffertshofer, Benatelli – Russ/74. Shapourzadeh, Daghfous – Karsanidis/57. Haller – Soriano/70. Nagy – Trainer: Hollerbach.
Duisburg: Lenz – Bohl, Meißner, Bajic, Poggenberg – Holland, Hajri – Chanturia/75. Klotz, Wolze/86. Bröker – Iljutcenko, Onuegbu/53. Scheidhauer – Trainer: Gruev.
Tore: 1:0 Weil (10., Foulelfmeter), 2:0 Nagy (79.) – SR: Stegemann (Niederkassel) – Zuschauer: 9806 (ausverkauft).

MSV Duisburg – Würzburger Kickers 1:2 (1:1) am 24. 5. 2016
Duisburg: Lenz – Feltscher, Meißner, Hajri, Poggenberg – Albutat/74. Iljutcenko, Holland – Chanturia/56. Klotz, Wolze/70. Bröker – Onuegbu, Obinna – Trainer: Gruev.
Würzburg: Wulnikowski – Weil, Schoppenhauer, Fennell, Kurzweg/72. Nothnagel – Russ, Taffertshofer, Benatelli, Haller – Karsanidis/88. Billick – Soriano/88. Jabiri – Trainer: Hollerbach.
Tore: 1:0 Schoppenhauer (33., Eigentor), 1:1 Soriano (37.), 1:2 Benatelli (90.+2) – SR: Stieler (Hamburg) – Zuschauer: 29 500 – Rote Karte: Obinna (90., SR-Beleidigung).

Die Saison

Aufstieg zur 3. Liga 2015/16

Die Meister der fünf Regionalligen ermittelten mit dem Zweiten der Regionalliga Südwest in Hin- und Rückspielen drei Aufsteiger in die 3. Liga.

VfL Wolfsburg II – Jahn Regensburg 1:0 (1:0) am 25. 5. 2016
Wolfsburg: Brunst – Kleihs, Klamt, Sprenger, Pläschke – Herrmann, Wimmer, Seguin, Stolze/79. Schulz – Medjedovic/77. Hernandez, El-Helwe/87. Bobal – Trainer: Ismael.
Regensburg: Pentke – Nandzik, Palionis, Odabas, Hein – Lais, Geipl, Hesse/87. Luge – George, Pusch/74. Knoll, Ziereis/77. Hyseni – Trainer: Herrlich.
Tor: 1:0 Pläschke (13.) – SR: Dr. Thomsen (Kleve) – Zuschauer: 4700.

Jahn Regensburg –VfL Wolfsburg II 2:0 (0:0) am 29. 5. 2016
Regensburg: Pentke – Nandzik, Palionis, Odabas, Hein – Lais, Geipl, Hesse/74. Luge – George/79. Knoll, Pusch/89. Paulus, Ziereis – Trainer: Herrlich.
Wolfsburg: Brunst – Kleihs/58. Hernandez, Klamt, Sprenger, Pläschke/51. Korczowski – Herrmann, Wimmer, Seguin, Stolze/72. Schulz – Medjedovic, El-Helwe – Trainer: Ismael.
Tore: 1:0 Geipl (54., Foulelfmeter), 2:0 Pusch (57.) – SR: Petersen (Stuttgart) – Zuschauer: 14 189 – Gelb-Rote Karte: Wimmer (82.).

Sportfreunde Lotte – SV Waldhof Mannheim 0:0 am 25. 5. 2016
Lotte: Fernandez – Langlitz, Rahn, Nauber, Al-Hazaimeh – Dej, Wendel, Pires-Rodrigues – Granatowski/81. Neidhart, Tankulic/70. Rosinger, Freiberger – Trainer: Atalan.
Mannheim: Cetin – Marco Müller, Seegert, Fink, Mühlbauer – Gärtner/72. Strifler, Balitsch – Ibrahimaj/83. Korte, Förster, Sommer – Burgio/68. Mombongo-Dues – Trainer: Kocak.
SR: Rohde (Rostock) – Zuschauer: 5373 (ausverkauft).

SV Waldhof Mannheim – Sportfeunde Lotte 0:2 (0:2) am 29. 5. 2016
Mannheim: Cetin – Marco Müller/58. Strifler, Seegert, Fink, Mühlbauer – Gärtner/52. Mombongo-Dues, Balitsch – Ibrahimaj, Förster, Sommer – Burgio/74. Korte – Trainer: Kocak.
Lotte: Fernandez – Langlitz, Rahn, Nauber, Al-Hazaimeh/81. Neidhart – Dej, Wendel/65. Hettich, Pires-Rodrigues/51. Heyer – Granatowski, Rosinger, Freiberger – Trainer: Atalan.
Tore: 0:1 Granatowski (24.), 0:2 Rosinger (26.) – SR: Osmers (Hannover) – Zuschauer: 22 371.

SV Elversberg – FSV Zwickau 1:1 (0:0) am 25. 5. 2016
Elversberg: Batz – Berzel/22. Feisthammel, Maek, Leandro, Birk – Kehl-Gomez, Washausen – Schloffer/69. Cuntz, Obernosterer/85. Sellentin, Oesterhelweg – Tunjic – Trainer: Wiesinger.
Zwickau: Unger – Berger, Mai, Paul – Wachsmuth, Lange – P. Göbel/90. Grandner, Frick/69. Schlicht, C. Göbel – Zimmermann, Nietfeld/90.+2 Schröter – Trainer: Ziegner.
Tore: 1:0 Oesterhelweg (66.), 1:1 Mai (68.) – SR: Dietz (Kronach) – Zuschauer: 6000 (ausverkauft).

FSV Zwickau – SV Elversberg 1:0 (0:0) am 29. 5. 2016
Zwickau: Unger – Berger/53. Grandner, Mai, C. Göbel – Lange, Wachsmuth – P. Göbel, Frick/73. Schröter/90.+2 Morosow, Schlicht – Nietfeld, Zimmermann – Trainer: Ziegner.
Elversberg: Batz – Kohler, Maek, Leandro, Birk – Kehl-Gomez, Washausen – Obernosterer/74. Sellentin, Cuntz, Oesterhelweg – Tunjic/61. Göttel – Trainer: Wiesinger.
Tor: 1:0 Wachsmuth (78.) – SR: Cortus (Röthenbach a. d. Pegnitz) – Zuschauer: 4775 (in Plauen).

Deutsche A-Junioren-Meisterschaft der U 19

Endspiel am 29. Mai 2016 in Sinsheim:

Borussia Dortmund – TSG 1899 Hoffenheim 5:3 (1:1)
Dortmund: Reimann – Pieper, Schumacher, El-Bouazzati/88. Binias – Larsen/77. Sauerland, Dietz, Burnic, Scuderi – Passlack, Serra – Arweiler/70. Güner/90.+1 Aydogan – Trainer: Wolf.
Hoffenheim: Kobel – Bühler/70. Politakis, Hoffmann, Kapp, Gimber – Lorenz – Geiger, Beck/70. Hack – Ochs, Otto, N. Wähling – Trainer: Kaltenbach.
Tore: 1:0 Arweiler (4.), 1:1 Geiger (33.), 2:1 Passlack (48.), 3:1 Arweiler (50.), 3:2 Beck (52.), 4:2 Serra (66.), 5:2 Serra (83.), 5:3 Cevik (89.) – SR: Kempter (Sauldorf) – Zuschauer: 14 767.

• Alle Runden und alle Ergebnisse siehe Kapitel 13.

Deutsche B-Junioren-Meisterschaft der U 17

Endspiel am 19. Juni 2016 in Dortmund:

Bayer Leverkusen – Borussia Dortmund 2:0 (0:0)
Leverkusen: Prinz – Popovic, Boller, Shala, Stanilewicz – Akkaynak, Grym/80. Songue – Havertz, Ekene/80.+5 Spellerberg, Bednarczyk – Yalcin – Trainer: Anfang.
Dortmund: Schragl – Schulte, Kilian, Sechelmann, Beste – Kyeremateng, Wanner/49. Bulut – Schwermann/62. Lippert, Yilma, Kopacz – Aydinel/62. Kehr – Trainer: Hoffmann.
Tore: 1:0 Havertz (59.), 2:0 Bednarczyk (80.+2) – SR: Günsch (Marburg) – Zuschauer: 6150.

• Alle Runden und alle Ergebnisse siehe Kapitel 13.

DFB-Junioren-Vereinspokal 2015/16

Endspiel am 21. Mai 2016 in Berlin:

Hannover 96 – Hertha BSC 4:2 (2:2)
Hannover: Neubauer – Morison, Witte, Springfeld, Ritzka – Zentler/78. Baar, Langer – Epale-Otto, Demir – Huth/52. Riegel, Darwish – Trainer: Stendel.
Berlin: Schaffran – Egerer, Kraeft/85. Nickel, Torunarigha, Akyol – Friede – Covic/66. Cakmak, Bektic, Jensen, Mittelstädt – Brömer/79. Blumberg – Trainer: Thom.
Tore: 0:1 Mittelstädt (5.), 1:1 Huth (23.), 2:1 Darwish (32., Foulelfmeter), 2:2 Jensen (37.), 3:2 Darwish (82.), 4:2 Ritzka (90.+3) – SR: Dr. Kampka (Mainz) – Zuschauer: 4500.

• Alle Runden und alle Ergebnisse siehe Kapitel 13.

DFB-Vereinspokal Frauen 2015/16

Endspiel am 21. Mai 2016 in Köln:

VfL Wolfsburg – SC Sand 2:1 (1:1)
Wolfsburg: Schult – Fischer, Wedemeyer, Dickenmann – Peter, Bernauer/46. Bussaglia, Goeßling – Kerschowski, Bachmann/57. Blässe – Jakabfi/82. Wullaert, Popp – Trainer: Kellermann.
Sand: Kober – Savin/85. Meyer, Zirnstein, L. Vetterlein, Sandvej – Vojtekova, Igwe, van Bonn/90.+1 Migliazza, Burger – Damnjanovic/64. Veth, Skorvankova – Trainer: Fischinger.
Tore: 1:0 Jakabfi (7.), 1:1 Damnjanovic (27.), 2:1 Jakabfi (80.) – SR: Söder (Schwarzenbruck) – Zuschauer: 16 542.

• Alle Runden und alle Ergebnisse siehe Kapitel 14.

BL Frauen
Saison 2015/16

	Bayern München	VfL Wolfsburg	1. FFC Frankfurt	SC Freiburg	SGS Essen	FF USV Jena	Turbine Potsdam	TSG Hoffenheim	SC Sand	Bayer Leverkusen	Werder Bremen	1. FC Köln	Heimbilanz / Auswärtsbilanz g u v			Tore	Pkt.	Gesamt Tore	Punkte
1. Bayern München	K	1:0 / 1:1	0:1 / 1:1	1:0 / 3:0	2:1 / 1:0	5:1 / 1:1	3:1 / 2:0	1:1 / 3:1	2:0 / 3:0	5:0 / 5:0	2:0 / 2:0	1:0 / 2:0	9 9	1 1	1 0	23:5 / 24:3	28 29	47:8	57
2. VfL Wolfsburg	1:1 / 0:1	—	3:1 / 2:0	2:2 / 2:0	4:0 / 3:1	1:2 / 8:0	2:5 / 0:4	3:0 / 4:0	0:1 / 4:2	2:0 / 3:0	2:0 / 3:0	5:2 / 3:0	6 6	2 2	3 3	25:14 / 31:8	20 27	56:22	47
3. 1. FFC Frankfurt	0:1 / 1:0	0:2 / 1:3	C	0:2 / 2:0	2:0 / 2:3	1:2 / 8:0(?)	1:0 / 4:3	3:0 / 4:0	2:0 / 3:0	4:0 / 2:0	3:0 / 3:0	4:0 / 2:0	8 7	0 2	3 3	25:7 / 24:18	24 22	49:25	46
4. SC Freiburg	0:3 / 0:1	0:2 / 2:2	4:0 / 2:0	K	1:2 / 3:0	5:1 / 5:4	1:0 / 4:3	4:1 / 1:0	2:0 / 3:0	6:1 / 3:1	2:2 / 0:1	6:1 / 1:0	5 4	1 3	4 4	26:14 / 12:10	17 15	38:24	32
5. SGS Essen	0:1 / 1:2	1:3 / 0:4	3:2 / 0:2	0:3 / 2:1	E	1:2 / 1:1	1:1 / 0:2	0:0 / 2:2	1:0 / 1:4	0:1 / 5:4	3:0 / 6:0	3:2 / 3:0	5 5	1 1	5 5	17:15 / 22:22	16 16	39:37	32
6. FF USV Jena	1:1 / 1:5	0:8 / 2:1	4:5 / 1:5	1:1 / 2:1	1:4 / 0:4	R	K	3:1 / 1:1	1:0 / 1:4	3:1 / 0:0	1:0 / 2:1	0:2 / 1:2	5 4	2 2	4 5	18:23 / 12:22	17 14	30:45	31
7. Turbine Potsdam	0:2 / 1:3	4:0 / 5:2	3:4 / 0:1	2:0 / 0:2	0:0 / 1:1	0:1 / 0:3	—	2:1 / 3:0	0:2 / 1:1	6:0 / 0:1	4:0 / 4:1	4:0 / 2:3	6 3	1 2	4 6	25:10 / 17:18	19 11	42:28	30
8. TSG Hoffenheim	1:3 / 1:1	0:4 / 0:3	0:1 / 1:4	2:0 / 0:0	4:0 / 2:1	1:1 / 1:3	2:3 / 2:0	—	2:0 / 3:0	3:1 / 1:2	2:0 / 4:0	4:0 / 1:1	5 3	1 3	5 5	19:16 / 14:17	16 12	33:33	28
9. SC Sand	0:3 / 0:2	2:4 / 1:0	0:3 / 0:2	0:0 / 1:4	4:1 / 1:0	2:1 / 0:1	1:1 / 2:0	0:2 / 2:3	C	4:0 / 0:0	3:0 / 0:1	4:0 / 1:1	4 4	3 1	4 6	17:16 / 12:14	15 13	29:30	28
10. Bayer Leverkusen	0:5 / 0:5	0:2 / 0:2	0:4 / 0:4	1:3 / 1:6	4:5 / 1:0	0:0 / 1:3	1:0 / 0:6	2:1 / 1:3	0:0 / 0:4	K	4:1 / 1:1	2:0 / 2:1	4 2	2 1	5 8	14:21 / 7:35	14 7	21:56	21
11. Werder Bremen *	0:2 / 0:2	0:3 / 0:2	1:1 / 0:3	1:0 / 2:2	0:6 / 0:3	1:2 / 0:1	1:4 / 0:4	0:4 / 0:2	1:0 / 0:3	1:1 / 1:4	E	6:2 / 2:2	3 0	2 2	6 9	12:25 / 5:28	11 2	17:53	13
12. 1. FC Köln *	0:2 / 0:1	0:3 / 2:5	0:2 / 0:4	0:1 / 1:6	0:3 / 2:3	2:1 / 2:0	3:2 / 0:4	1:1 / 1:2	1:5 / 1:1	1:2 / 0:2	2:2 / 2:6	R	2 1	2 1	7 9	10:24 / 10:36	8 4	20:60	12

* Absteiger in die 2. Frauen-Bundesliga. Aufsteiger aus der 2. Frauen-Bundesliga: MSV Duisburg (Nord), Borussia Mönchengladbach (Süd).

Aufstieg zur Frauen-Bundesliga 2015/16

Der Meister der 2. Frauen-Bundesliga Nord und der Vizemeister der Gruppe Süd stiegen direkt auf: MSV Duisburg und Borussia Mönchengladbach (Meister TSG 1899 Hoffenheim II war nicht aufstiegsberechtigt).

Die Abschlusstabellen der 2. Frauen-Bundesliga 2015/16

Gruppe Nord			
1. MSV Duisburg (A) *	22	75:14	66
2. BV Cloppenburg	22	61:25	49
3. FSV Gütersloh 2009	22	53:30	43
4. Herforder SV Bor. Friedenst. (A)	22	57:41	37
5. 1. FC Lübars (M) **	22	49:29	36
6. SV Meppen	22	35:27	35
7. Turbine Potsdam II	22	55:40	31
8. VfL Wolfsburg II	22	28:28	28
9. SV Henstedt-Ulzburg (N)	22	38:58	21
10. B-W Hohen Neuend. (N)	22	20:50	12
11. FFV Leipzig **	22	18:88	12
12. Holstein Kiel **	22	19:78	5

Gruppe Süd			
1. TSG Hoffenheim II	22	61:12	58
2. Bor. Mönchengladbach (N) *	22	54:22	50
3. Bayern München II	22	49:28	43
4. 1. FC Saarbrücken	22	40:29	43
5. TSV Schott Mainz (N)	22	26:25	33
6. TSV Crailsheim	22	39:50	29
7. 1. FFC Frankfurt II	22	32:36	26
8. VfL Sindelfingen	22	28:44	26
9. Hessen Wetzlar (N)	22	30:28	24
10. SV Weinberg	22	29:43	18
11. ETSV Würzburg **	22	21:58	13
12. Alemannia Aachen **	22	21:55	9

Aufsteiger: Bramfelder SV, 1. FC Union Berlin, Arminia Bielefeld – Dazu kommt aus der Bundesliga: Werder Bremen – Der 1. FC Lübars zieht seine Mannschaft freiwillig in die Berlin-Liga zurück.

Aufsteiger: 1. FFC Niederkirchen, SC Sand II – Dazu kommt aus der Bundesliga: 1. FC Köln.

Relegation: SV Weinberg – Blau-Weiß Hohen Neuendorf 7:1 und 3:3. Durch den späteren freiwilligen Rückzug des 1. FC Lübars bleibt Hohen Neuendorf in der 2. Bundesliga.

Die Abschlusstabellen der fünfthöchsten deutschen Spielklassen 2015/16

Schleswig-Holstein-Liga
1. SV Eichede * 34 92:31 81
2. Eutin 08 34 108:46 76
3. Holstein Kiel II 34 76:31 68
4. TSB Flensburg (N) 34 73:38 65
5. SV Todesfelde 34 78:55 62
6. Heider SV 34 59:46 58
7. Flensburg 08 34 90:68 52
8. TSV Kropp 34 71:63 50
9. TSV Altenholz 34 62:56 50
10. VfR Neumünster (A) 34 62:44 46
11. PSV Union Neumünster 34 54:62 43
12. Oldenburger SV (N) 34 76:80 42
13. Kilia Kiel (N) 34 43:64 39
14. TuS Hartenholm 34 36:90 30
15. Preetzer TSV ** 34 45:76 28
16. SV Henstedt-Ulzburg ** 34 38:98 26
17. TuRa Meldorf ** 34 38:88 24
18. FC Reher/Puls (N) ** 34 40:105 15

Aufsteiger: Frisia Risum-Lindholm (Verbandsliga Nord-West), Concordia Schönkirchen (Verbandsliga Nord-Ost), TSV Lägerdorf (Verbandsliga Süd-West), NTSV Strand 08 (Verbandsliga Süd-Ost) – Dazu kommt aus der Regionalliga: TSV Schilksee.

Oberliga Hamburg
1. TuS Dassendorf 34 80:22 72
2. HSV Barmbek-Uhlenhorst 34 75:34 71
3. Victoria Hamburg 34 79:43 63
4. FC Süderelbe 34 95:34 60
5. TSV Buchholz 08 34 73:37 60
6. Altona 93 34 65:41 57
7. Condor Hamburg 34 73:56 54
8. SV Rugenbergen 34 67:52 51
9. SV Curslack-Neuengamme 34 72:50 50
10. SV Halstenbek-Rellingen 34 60:44 49
11. WTSV Concordia (N) 34 82:61 47
12. Niendorfer TSV 34 56:39 46
13. VfL Pinneberg 34 48:43 44
14. Türkiye Wilhelmsburg (N) 34 56:73 40
15. Buxtehuder SV 34 51:72 39
16. Meiendorfer SV ** 34 48:77 35
17. USC Paloma ** 34 42:105 17
18. SV Lurup (N) ** 34 13:252 1

Aufsteiger: TuS Osdorf, Wedeler TSV (Landesliga Hammonia), Klub Kosova Hamburg (Landesliga Hansa – Meister SC Poppenbüttel verzichtete.)

Oberliga Niedersachsen
1. Lupo Martini Wolfsburg * 30 74:27 72
2. Germ. Egestorf/Langreder * 30 63:39 53
3. SSV Jeddeloh 30 62:56 50
4. Eintracht Northeim 30 64:52 48
5. SC Spelle-Venhaus 30 65:54 44
6. SVG Göttingen 07 (N) 30 55:44 43
7. FT Braunschweig (A) 30 51:52 43
8. VfL Osnabrück II 30 51:48 42
9. VfL Oldenburg 30 47:44 42
10. Arminia Hannover 30 52:50 41
11. TuS Lingen (N) ** 30 57:47 40
12. 1. FC Wunstorf 30 52:48 40
13. Heeslinger SC (N) 30 48:54 40
14. TB Uphusen 30 43:69 33
15. VfL Bückeburg (N) ** 30 42:77 25
16. Teutonia Uelzen ** 30 32:97 11

Aufsteiger: Hannoverscher SC (Landesliga Hannover), MTV Gifhorn (Landesliga Braunschweig), Blau-Weiß Bornreihe (Landesliga Lüneburg), TuS Bersenbrück (Landesliga Weser-Ems). – Dazu kommt aus der Regionalliga: BV Cloppenburg. Mitabsteiger Goslarer SC 08 hatte keine Oberliga-Lizenz beantragt und spielt 2016/17 in der Landesliga Braunschweig – TuS Lingen zieht seine Mannschaft freiwillig in die 2. Kreisklasse Emsland zurück.

Bremen-Liga
1. Bremer SV (M) 30 120:17 80
2. Blumenthaler SV 30 100:32 72
3. Werder Bremen III 30 108:42 59
4. TuS Schwachhausen 30 82:62 55
5. Brinkumer SV 30 90:48 53
6. SG Aumund-Vegesack 30 66:48 49
7. Bremer TS Neustadt (N) 30 49:61 40
8. Habenhauser FV 30 52:66 39
9. ESC Geestemünde (N) 30 67:79 38
10. VfL 07 Bremen 30 49:62 34
11. SV Grohn 30 48:61 32
12. Leher TS 30 53:76 32
13. TSV Grolland 30 62:105 31
14. OSC Bremerhaven 30 60:109 30
15. Union 60 Bremen ** 30 32:82 19
16. Vatan Sport Bremen ** 30 25:113 9

Aufsteiger: FC Oberneuland, TSV Melchiorshausen (Landesliga Bremen).

NOFV-Oberliga Nord
1. Union Fürstenwalde * 30 84:35 69
2. Hansa Rostock II 30 78:30 65
3. Hertha Zehlendorf 30 75:37 59
4. Tennis Borussia Berlin (N) 30 55:35 55
5. SV Lichtenberg 47 30 54:34 53
6. Malchower SV 30 65:46 48
7. Anker Wismar (N) 30 59:36 45
8. Germania Schöneiche 30 32:30 40
9. Victoria Seelow (N) 30 38:46 39
10. SV Altlüdersdorf 30 49:56 38
11. Hertha Charlottenburg (N) 30 45:49 37

12. 1. FC Neubrandenburg **	30	55:61	36
13. Brandenburger SC Süd 05	30	38:61	33
14. FC Strausberg	30	29:48	30
15. 1. FC Frankfurt/Oder (N)	30	31:77	21
16. Berliner SV Hürtürkel **	30	24:130	10

Aufsteiger: VSG Altglienicke (Berlin-Liga), Grün-Weiß Brieselang (Brandenburg-Liga), Mecklenburg Schwerin (Verbandsliga Mecklenburg-Vorpommern) – Dazu kommt aus der Regionalliga: Optik Rathenow – Der 1. FC Neubrandenburg stellte einen Insolvenzantrag und stand daher als Absteiger fest. Der Brandeburger SC Süd 05 spielt 2016/17 in der NOFV-Oberliga Süd.

NOFV-Oberliga Süd

1. 1. FC Lok. Leipzig **	30	78:14	74
2. Inter Leipzig (N)	30	71:29	63
3. Bischofswerdaer FV 08 (N)	30	60:31	57
4. Carl Zeiss Jena II	30	72:42	49
5. Einheit Rudolstadt	30	46:34	45
6. VfL Halle 96	30	60:50	43
7. Union Sandersdorf	30	48:48	43
8. SSV Markranstädt	30	49:48	41
9. FSV Barleben (N)	30	52:47	40
10. Energie Cottbus II **	30	56:66	40
11. Askania Bernburg	30	43:45	38
12. VFC Plauen (A)	30	47:66	37
13. Rot-Weiß Erfurt II **	30	49:65	34
14. SV Schott Jena	30	43:68	34
15. Wismut Gera (N)	30	30:66	21
16. FC Eisenach **	30	17:102	8

Energie Cottbus II und Rot-Weiß Erfurt II ziehen ihre Mannschaften vom Spielbetrieb zurück.

Aufsteiger: Chemie Leipzig (Sachsenliga), SV Merseburg 99 (Verbandsliga Sachsen-Anhalt). Aus der Thüringenliga hatte kein Verein für die Oberliga gemeldet. – Dazu kommt aus der Regionalliga: Germania Halberstadt. Der Brandenburger SC Süd 05 wechselt aus der Gruppe Nord in die Gruppe Süd.

Oberliga Westfalen

1. Sportfreunde Siegen (A) *	34	59:31	64
2. SpVgg Erkenschwick	34	62:38	63
3. TSG Sprockhövel *	34	73:48	61
4. SC Roland Beckum	34	67:48	60
5. Westfalia Rhynern	34	78:50	59
6. SV Lippstadt 08	34	58:44	55
7. Eintracht Rheine	34	59:54	55
8. SuS Neuenkirchen	34	66:63	52
9. TSV Marl-Hüls (N)	34	66:65	48
10. Arminia Bielefeld II	34	57:58	43
11. TuS Ennepetal	34	62:60	42
12. FC Gütersloh 2000	34	52:61	42
13. SuS Stadtlohn	34	49:60	42
14. Hammer SpVg	34	50:65	41
15. ASC 09 Dortmund	34	55:87	38
16. SC Paderborn 07 II (N)	34	49:63	36
17. SV Schermbeck (N) **	34	49:78	31
18. SV Zweckel **	34	40:78	28

Aufsteiger: SC Hassel (Westfalenliga 1), FC Brünninghausen, 1. FC Kaan-Marienborn (Westfalenliga 2) – Dazu kommt aus der Regionalliga: TuS Erndtebrück.

Oberliga Niederrhein

1. Wuppertaler SV *	34	69:25	74
2. KFC Uerdingen 05 (A)	34	59:38	62
3. Jahn Hiesfeld	34	70:48	58
4. TuRU Düsseldorf	34	46:40	52
5. SpVg Schonnebeck (N)	34	52:48	50
6. VfR Fischeln	34	66:64	49
7. SC Kapellen-Erft	34	55:51	48
8. TSV Meerbusch	34	54:58	48
9. SC Düsseldorf-West (N)	34	43:50	47
10. SV Hönnepel-Niedermörmter	34	56:48	46
11. Ratinger SV 04/19	34	47:46	45
12. 1. FC Bocholt	34	52:52	45
13. MSV Duisburg II **	34	50:42	43
14. VfB Hilden	34	48:58	41
15. Schwarz-Weiß Essen	34	51:62	40
16. 1. FC Mönchengladbach (N) **	34	41:67	33
17. Rot-Weiß Oberhausen II **	34	43:72	31
18. TV Kalkum-Wittlaer (N) **	34	36:69	24

Der MSV Duisburg II zieht seine Mannschaft vom Spielbetrieb zurück.

Aufsteiger: Sportfreunde Baumberg, Cronenberger SC (Landesliga 1), VfB Homberg (Landesliga 2) – Dazu kommen aus der Regionalliga: SSVg Velbert, FC Kray.

Mittelrheinliga

1. Bonner SC *	30	55:27	63
2. VfL Alfter	30	69:47	56
3. SV Bergisch Gladbach 09	30	60:34	53
4. TSC Euskirchen	30	62:46	50
5. TV Herkenrath (N)	30	41:34	49
6. Borussia Freialdenhoven	30	47:33	48
7. FC Hürth	30	51:46	45
8. Viktoria Arnoldsweiler	30	55:53	45
9. FC Hennef 05 (A)	30	55:51	41
10. Spvg Wesseling-Urfeld (N)	30	46:55	35
11. Blau-Weiß Friesdorf (N)	30	37:48	35
12. Germania Windeck	30	36:58	32
13. SV Breinig (N) **	30	40:50	29
14. Alemannia Aachen II **	30	36:50	28
15. VfL Leverkusen **	30	34:65	27
16. SV 1914 Eilendorf **	30	33:60	24

Aufsteiger: Siegburger SV 04, VfL Rheinbach (Landesliga 1), Hilal Bergheim, FC Inde Hahn (Landesliga 2) – Dazu kommt aus der Regionalliga: FC Wegberg-Beeck.

Oberliga Rheinland-Pfalz/Saar

1. TuS Koblenz (A) * — 32 — 68:23 — 76
2. SC Hauenstein — 32 — 49:29 — 62
3. FC Karbach (N) — 32 — 52:46 — 54
4. Borussia Neunkirchen — 32 — 51:44 — 51
5. Hertha Wiesbach — 32 — 55:51 — 47
6. TSG Pfeddersheim — 32 — 50:39 — 44
7. Röchling Völklingen — 32 — 40:41 — 43
8. Viktoria Jägersburg (N) — 32 — 49:58 — 42
9. FSV Salmrohr — 32 — 49:49 — 41
10. Eintr. Glas/Chem. Wirges ** — 32 — 38:46 — 41
11. SV Gonsenheim — 32 — 50:59 — 41
12. Arminia Ludwigshafen — 32 — 49:61 — 41
13. TSV Schott Mainz — 32 — 65:64 — 39
14. SpVgg Burgbrohl — 32 — 49:61 — 39
15. FK Pirmasens II (N) — 32 — 44:47 — 37
16. SV Elversberg II ** — 32 — 53:70 — 34
17. SV Mehring (N) ** — 32 — 41:64 — 28
18. SVN Zweibrücken (A) ** — 0 — 0:0 — 0

Aufsteiger: TuS Mechtersheim, SV Morlautern (Verbandsliga Südwest), Rot-Weiß Koblenz (Rheinlandliga), FV Diefflen (Saarlandliga) – Dazu kommen aus der Regionalliga: Saar 05 Saarbrücken – Eintracht Glas/Chemie Wirges zieht seine Mannschaft freiwillig in die Rheinlandliga zurück.

Hessenliga

1. Teut. Watzenb.-Steinb. (N) * — 32 — 81:40 — 68
2. Rot-Weiss Frankfurt (N) — 32 — 81:45 — 64
3. TSV Lehnerz — 32 — 59:38 — 57
4. FSC Lohfelden — 32 — 62:49 — 57
5. Eintracht Stadtallendorf — 32 — 63:55 — 54
6. 1. FC Eschborn ** — 32 — 55:54 — 49
7. SV Wiesbaden ** — 32 — 57:46 — 48
8. Viktoria Griesheim — 32 — 49:55 — 42
9. Sportfreunde Seligenstadt — 32 — 50:57 — 42
10. Rot-Weiß Hadamar — 32 — 50:62 — 41
11. Borussia Fulda (N) — 32 — 36:51 — 39
12. KSV Baunatal (A) — 32 — 63:64 — 39
13. Hessen Dreieich (N) — 32 — 54:60 — 38
14. OSC Vellmar — 32 — 54:69 — 35
15. Bayern Alzenau — 32 — 43:60 — 34
16. Spvgg 05 Oberrad ** — 32 — 36:58 — 31
17. Buchonia Flieden ** — 32 — 42:72 — 27

Aufsteiger: SV Steinbach, FC Ederberland (Verbandsliga Nord), Viktoria Kelsterbach (Verbandsliga Mitte), Viktoria Urberach, Rot-Weiß Darmstadt (Verbandsliga Süd) – Der 1. FC Eschborn stellt den Spielbetrieb ein, der SV Wiesbaden zieht seine Mannschaft freiwillig in die Gruppenliga zurück.

Oberliga Baden-Württemberg

1. SSV Ulm 1846 * — 34 — 77:32 — 75
2. FC Nöttingen (A) * — 34 — 87:50 — 68
3. FSV 08 Bissingen (N) — 34 — 58:38 — 63
4. Karlsruher SC II — 34 — 60:39 — 61
5. 1. CfR Pforzheim (N) — 34 — 58:39 — 54
6. FSV Hollenbach — 34 — 57:53 — 54
7. SV Oberachern (N) — 34 — 67:53 — 52
8. TSG Balingen — 34 — 49:39 — 51
9. FV Ravensburg — 34 — 62:53 — 50
10. SV Sandhausen II (N) — 34 — 59:47 — 49
11. SSV Reutlingen — 34 — 57:54 — 43
12. Stuttgarter Kickers II — 34 — 47:62 — 43
13. Freiburger FC ** — 34 — 46:53 — 42
14. Kehler FV ** — 34 — 41:51 — 42
15. SGV Freiberg ** — 34 — 47:63 — 41
16. FC 08 Villingen ** — 34 — 45:67 — 41
17. Germania Friedrichstal ** — 34 — 29:91 — 23
18. SC Pfullendorf ** — 34 — 21:83 — 13

Aufsteiger: Neckarsulmer SU, 1. Göppinger SV (Verbandsliga Württemberg), FC Astoria Walldorf II (Verbandsliga Baden), Offenburger FV (Verbandsliga Südbaden) – Dazu kommen aus der Regionalliga: Bahlinger SC, SC Freiburg II, SV Spielberg, SpVgg Neckarelz.

Bayernliga Nord

1. SV Seligenporten (A) * — 34 — 72:42 — 69
2. VfB Eichstätt — 34 — 70:44 — 68
3. SpVgg Bayern Hof * — 34 — 68:40 — 67
4. TSV Großbardorf — 34 — 57:23 — 67
5. SpVgg SV Weiden — 34 — 64:26 — 67
6. Alemannia Haibach — 34 — 58:49 — 58
7. SC Eltersdorf — 34 — 55:55 — 48
8. TSV Aubstadt — 34 — 48:49 — 47
9. 1. FC Sand (N) — 34 — 50:57 — 46
10. 1. SC Feucht (N) — 34 — 57:61 — 40
11. DJK Don Bosco Bamberg (N) — 34 — 55:75 — 39
12. Würzburger FV — 34 — 43:55 — 38
13. Jahn Regensburg II — 34 — 47:49 — 38
14. SV Erlenbach — 34 — 39:51 — 35
15. ASV Burglengenfeld (N) ** — 34 — 32:51 — 33
16. Jahn Forchheim ** — 34 — 38:74 — 31
17. VfL Frohnlach — 34 — 41:66 — 30
18. FC Eintr. Bamberg 2010 (A) ** — 34 52:79 — 29

Aufsteiger: SpVgg Ansbach, Würzburger Kickers II (Landesliga Nordwest), ASV Neumarkt (Landesliga Nordost), DJK Ammenthal (Landesliga Mitte) – Dazu kommen aus der Regionalliga: Viktoria Aschaffenburg, FC Amberg – SSV Jahn Regensburg II wechselt in die Bayernliga Süd.

Bayernliga Süd

1. VfR Garching (A) * — 34 — 67:29 — 68
2. SV Pullach — 34 — 63:37 — 65
3. TSV 1860 Rosenheim * — 34 — 66:39 — 64
4. 1. FC Sonthofen — 34 — 62:33 — 60
5. FC Unterföhring — 34 — 55:43 — 59
6. SV Heimstetten (A) — 34 — 63:47 — 58
7. SV Kirchanschöring (N) — 34 — 48:45 — 51
8. TSV Dachau — 34 — 55:48 — 45
9. SpVgg Hankofen-Hailing — 34 — 48:55 — 44
10. FC Pipinsried — 34 — 50:56 — 43
11. TSV Kottern (N) — 34 — 59:58 — 42

12. DJK Vilzing	34	40:47	42
13. BCF Wolfratshausen	34	47:64	42
14. TSV Schwabmünchen	34	43:64	42
15. TSV Landsberg	34	51:54	41
16. TSV Bogen	34	55:66	36
17. SV Erlbach (N) **	34	36:53	33
18. SpVgg Ruhmannsfelden (N) **	34	22:92	8

Aufsteiger: FC Gundelfingen (Landesliga Südwest), FC Ismaning (Landesliga Südost). Jahn Regensburg kommt aus der Bayernliga Nord. – Dazu kommt aus der Regionalliga: TSV Rain/Lech.

Regionalliga-Qualifikation

Im Norden stieg nur der Niedersachsenmeister direkt in die Regionalliga auf. Zwei weitere Aufsteiger wurden in einer Aufstiegsrunde mit dem Vizemeister aus Niedersachsen, den Meistern aus Schleswig-Holstein und Bremen sowie einem Vertreter aus Hamburg ermittelt.

Bremer SV – Germania Egestorf/Langreder	1:1
Altona 93 – SV Eichede	1:1
Germania Egestorf/Langreder – SV Eichede	2:2
Bremer SV – Altona 93	0:2
SV Eichede – Bremer SV	2:1
Germania Egestorf/Langreder – Altona 93	2:1

1. Germania Egestorf/Langreder	3	5:4	5
SV Eichede	3	5:4	5
3. Altona 93	3	4:3	4
4. Bremer SV	3	2:5	1

Im Südwesten ermittelten die Vizemeister der Oberliga Rheinland-Pfalz/Saar, der Hessenliga und der Oberliga Baden-Württemberg einen vierten Aufsteiger.

FC Nöttingen – Rot-Weiss Frankfurt	3:2
Rot-Weiss Frankfurt – SC Hauenstein	3:2
SC Hauenstein – FC Nöttingen	4:4

1. FC Nöttingen	2	7:6	4
2. Rot-Weiss Frankfurt	2	5:5	3
3. SC Hauenstein	2	6:7	1

In Bayern gab es Relegationsspiele zwischen dem 15. und 16. der Regionalliga und den Zweiten bzw. Zweitbestplatzierten der Bayernliga Nord und Süd. Da kein bayerischer Klub aus der 3. Liga abstieg und Jahn Regensburg in die 3. Liga aufstieg, wurde ein weiterer Platz in der Regionalliga Bayern frei.

SpVgg Bayern Hof – Viktoria Aschaffenb.	2:1, 2:1
TSV 1860 Rosenh. – FC Augsburg II	2:1, 0:1
TSV 1860 Rosenh. – Viktoria Aschaffenb.	0:0, 1:0

Gelassen vor dem Halbfinale: Lukas Podolski, Emre Can, Julian Draxler, Mats Hummels, Manuel Neuer, Mario Götzr, André Schürrle und Shkodran Mustafi. Trotz einer starken Leistung unterlag Deutschland aber gegen Frankreich 0:2.

KAPITEL 2

DIE DEUTSCHEN LÄNDERSPIELE

Die Bilanz der 917 deutschen A-Länderspiele

(Stand: 8.7.2016)

Gegner	Zahl der Spiele	Gesamtbilanz					Spiele in Deutschland				im Lande des Gegners oder neutraler Platz			WM- und EM-Endrunden Olympische Spiele		
		Siege	Unentsch.	Niederl.	Tore		Siege	Unentsch.	Niederl.	Siege	Unentsch.	Niederl.	Siege	Unentsch.	Niederl.
Ägypten	1	–	–	1	1:2		–	–	–	–	–	1	–	–	–
Albanien	14	13	1	–	38:10		7	–	–	6	1	–	–	–	–
Algerien	3	1	–	2	3:5		–	–	–	–	–	–	1	–	1
Argentinien	22	7	5*)	10	31:32		2	2	6	1	1	3	4	2*)	1
Armenien	3	3	–	–	15:2		2	–	–	1	–	–	–	–	–
Aserbaidschan	4	4	–	–	15:2		2	–	–	2	–	–	–	–	–
Australien	6	3	1	2	16:10		1	1	–	–	–	–	2	–	–
Belgien	25	20	1	4	58:26		8	1	2	8	–	3	4	–	–
Böhmen-Mähren	1	–	1	–	4:4		–	1	–	–	–	–	–	–	–
Bolivien	1	1	–	–	1:0		–	–	–	–	–	–	1	–	–
Bosnien-Herzegowina	2	1	1	–	4:2		1	–	–	–	1	–	–	–	–
Brasilien	22	5	5	12	31:40		4	1	6	–	4	5	1	–	1
Bulgarien	21	16	2	3	56:24		9	–	–	6	2	2	1	–	1
Chile	7	5	–	2	12:7		2	–	–	–	–	2	3	–	–
China	2	1	1	–	2:1		1	–	–	–	1	–	–	–	–
Costa Rica	1	1	–	–	4:2		–	–	–	–	–	–	1	–	–
Dänemark	26	15	3	8	53:36		8	1	2	5	2	4	2	–	2
DDR	1	–	–	1	0:1		–	–	–	1	–	–	–	–	1
Ecuador	2	2	–	–	7:2		–	–	–	1	–	–	1	–	–
Elfenbeinküste	1	–	1	–	2:2		–	1	–	–	–	–	–	–	–
England	33	12	6*)	15	42:67		3	3	7	7	–	6	2	3*)	2
Estland	3	3	–	–	11:1		2	–	–	1	–	–	–	–	–
Färöer	4	4	–	–	10:1		2	–	–	2	–	–	–	–	–
Finnland	22	15	6	1	80:19		7	1	–	9	4	–	–	–	–
Frankreich	28	9	6*)	13	43:45		5	2	4	2	3	7	2	1*)	2
Georgien	5	5	–	–	12:2		3	–	–	2	–	–	–	–	–
Gibraltar	2	2	–	–	11:0		1	–	–	1	–	–	–	–	–
Ghana	3	2	1	–	9:3		1	–	–	–	–	–	1	1	–
Griechenland	9	6	3	–	21:9		2	1	–	3	1	–	1	1	–

66 Kapitel 2: Die deutschen Länderspiele

Gegner	Zahl der Spiele	Gesamtbilanz Siege	Gesamtbilanz Unentsch.	Gesamtbilanz Niederl.	Tore	Spiele in Deutschland Siege	Spiele in Deutschland Unentsch.	Spiele in Deutschland Niederl.	im Lande des Gegners oder neutraler Platz Siege	im Lande des Gegners oder neutraler Platz Unentsch.	im Lande des Gegners oder neutraler Platz Niederl.	WM- und EM-Endrunden Olympische Spiele Siege	WM- und EM-Endrunden Olympische Spiele Unentsch.	WM- und EM-Endrunden Olympische Spiele Niederl.
Iran	2	2	–	–	4:0	–	–	–	1	–	–	1	–	–
Irland	20	9	5	6	35:24	6	2	2	3	2	4	–	1	–
Island	4	3	1	–	11:1	1	–	–	2	1	–	–	–	–
Israel	4	4	–	–	12:1	2	–	–	2	–	–	–	–	–
Italien	34	8	11*)	15	41:50	4	4	4	4	2	7	–	5*)	4
Japan	2	1	1	–	5:2	–	1	–	1	–	–	–	–	–
Kamerun	3	2	1	–	7:2	1	1	–	–	–	–	1	–	–
Kanada	2	2	–	–	6:1	1	–	–	1	–	–	–	–	–
Kasachstan	4	4	–	–	14:1	2	–	–	2	–	–	–	–	–
Kolumbien	4	2	2	–	10:5	2	–	–	–	1	–	–	1	–
Kroatien	8	5	1	2	18:10	2	–	–	2	1	–	1	–	2
Kuwait	1	1	–	–	7:0	1	–	–	–	–	–	–	–	–
Lettland	3	2	1	–	6:1	1	–	–	1	–	–	–	1	–
Liechtenstein	4	4	–	–	27:3	3	–	–	1	–	–	–	–	–
Litauen	2	1	1	–	3:1	–	1	–	1	–	–	–	–	–
Luxemburg	13	12	–	1	60:11	6	–	–	5	–	1	1	–	–
Malta	9	8	1	–	38:3	5	–	–	3	1	–	–	–	–
Marokko	4	4	–	–	12:3	1	–	–	1	–	–	2	–	–
Mexiko	10	4	4	1	20:9	2	1	–	–	3	1	2	1*)	–
Moldawien	4	4	–	–	18:3	2	–	–	2	–	–	–	–	–
Neuseeland	1	1	–	–	2:0	–	–	–	1	–	–	–	–	–
Niederlande	40	15	15	10	77:64	5	6	5	6	7	3	4	2	2
Nigeria	1	1	–	–	1:0	1	–	–	–	–	–	–	–	–
Nordirland	15	9	4	2	33:13	3	2	1	5	1	1	1	1	–
Norwegen	20	13	5	2	50:17	6	2	1	7	3	–	–	–	1
Österreich	39	25	6	8	89:55	10	4	2	11	2	4	4	–	2
Oman	1	1	–	–	2:0	–	1	–	1	–	–	–	–	–
Paraguay	2	1	1	–	4:3	–	1	–	–	–	–	1	–	–
Peru	1	1	–	–	3:1	–	–	–	–	–	–	1	–	–
Polen	21	13	7	1	34:12	5	3	–	5	2	1	3	2	–
Portugal	18	10	5	3	29:16	2	2	1	4	2	–	4	1	1
Rumänien	13	8	3	2	38:18	5	1	–	2	1	2	1	1	–

Gegner	Zahl der Spiele	Gesamtbilanz				Spiele in Deutschland			im Lande des Gegners oder neutraler Platz			WM- und EM-Endrunden Olympische Spiele		
		Siege	Unentsch.	Niederl.	Tore	Siege	Unentsch.	Niederl.	Siege	Unentsch.	Niederl.	Siege	Unentsch.	Niederl.
Russland (Sowjetunion/GUS)	19	14	2	3	48:15	6	1	1	4	–	2	4	1	–
Saarland	2	2	–	–	6:1	1	–	–	1	–	–	–	–	–
San Marino	2	2	–	–	19:0	1	–	–	1	–	–	–	–	–
Saudi-Arabien	2	2	–	–	11:0	–	–	–	1	–	–	1	–	–
Schottland	17	8	5	4	26:23	4	2	–	2	3	2	2	–	–
Schweden	36	15	9*)	12	70:60	7	5*)	2	4	4	8	4	–	1
Schweiz	51	36	6	9	138:65	14	4	3	19	1	4	3	1	2
Serbien & Montenegro/Jugoslawien	28	16	4	8	49:33	7	3	4	4	–	4	5	1	2
Slowakei	11	8	–	3	25:12	4	–	2	3	–	2	1	–	–
Slowenien	1	1	–	–	1:0	–	–	–	1	–	–	–	–	–
Spanien	22	9	6	7	28:23	4	2	–	2	3	3	3	1	3
Südafrika	4	3	1	–	9:2	3	–	1	–	1	–	–	–	–
Südkorea	3	2	–	1	5:5	–	–	–	–	–	1	2	–	–
Thailand	1	1	–	–	5:1	–	–	–	1	–	–	–	–	–
Tschechien	6	4	–	2	10:9	1	–	1	1	–	–	2	–	1
Tschechoslowakei	17	10	4*)	3	36:24	5	1	1	3	1	1	2	2*)	1
Türkei	20	14	3	3	49:13	5	2	1	6	1	2	3	–	–
Tunesien	3	1	2	–	4:1	1	–	–	–	1	–	–	1	–
Ukraine	6	3	3	–	12:5	2	–	–	–	3	–	1	–	–
Ungarn	34	13	10	11	71:64	8	4	3	4	6	6	1	–	2
Uruguay	11	8	2	1	29:12	3	1	–	2	–	–	3	1	1
USA	11	7	–	4	23:17	2	–	1	2	–	3	3	1	–
Vereinigte Arabische Emirate	3	3	–	–	14:3	–	–	–	2	–	–	1	–	–
Wales	17	9	6	2	26:10	4	4	–	5	2	2	–	–	–
Weißrussland	1	–	1	–	2:2	–	1	–	–	–	–	–	–	–
Zypern	6	5	–	–	29:1	3	–	–	2	1	–	–	–	–
Gesamtbilanz	917	532	185	200	2053:1088	236	78	66	201	75	99	95	32	35

*) Darunter ein 2:2 n. V. am 20.6.1976 in Belgrad gegen CSSR, ein 3:3 n. V. am 8.7.1982 in Sevilla gegen Frankreich, ein 0:0 n. V. am 21.6.1986 in Monterrey gegen Mexiko, ein 1:1 am 31.3.1988 in Berlin gegen Schweden, ein 1:1 n. V. am 4.7.1990 in Turin gegen England, ein 1:1 n. V. am 26.6.1996 in London gegen England, ein 1:1 n. V. am 30.6.2006 in Berlin gegen Argentinien und ein 1:1 n. V. am 2.7.2016 in Bordeaux gegen Italien. Die Spiele werden mit diesen Torergebnissen in allen Bilanzen gewertet, aber unabhängig vom Ausgang des Elfmeterschießens als Unentschieden gewertet. Die Tore aus dem Elfmeterschießen zählen nicht in der Torübersicht; sie dienen lediglich der Ermittlung des Siegers.

Die A-Nationalmannschaften

1908: 3 Spiele: 3 Niederlagen

1 **Schweiz**, 5.4., Basel, 3:5 verloren: Baumgarten – Hempel, Jordan – Ludwig, Hiller II, Weymar – Hensel, Förderer (1), Kipp, Becker (2), Baumgärtner – Kapitän: Hiller II – Schiedsrichter: H.P. Devitte (Schweiz).
2 **England**, 20.4., Berlin, 1:5 verloren: Eichelmann – Hantschick, P. Fischer – Poppe, Hiller II, Weymar – Gehrts, Neumann, Förderer (1), Matthes, Baumgärtner – K.: Hiller II – SR: P. Neumann (Deutschland).
3 **Österreich**, 7.6., Wien, 2:3 verloren: Eichelmann – Riso I, Tänzer – Poetsch, Hiller II, Weymar – Schmidt, Garrn, Kipp (1), Jäger (1), Baumgärtner – K.: Kipp – SR: G. Wagstaffe Simmons (England).

1909: 3 Spiele: 1 Sieg, 1 Unentschieden, 1 Niederlage

4 **England**, 13.3., Oxford, 0:9 verloren: Ad. Werner – Hantschick, Massini – Ugi, Dr. Glaser, Hunder – Albrecht, Garrn, Jäger, Röpnack, Baumgärtner – K.: Dr. Glaser. SR: T. Kyle (England).
5 **Ungarn**, 4.4., Budapest, 3:3 unentschieden: Ad. Werner – Hirth, Riso I – Poetsch, Ugi (1), Hunder – Dutton, Richter, Worpitzky (2), Queck, Schulz – K.: Ugi – SR: H. Meisl (Österreich).
6 **Schweiz**, 4.4., Karlsruhe, 1:0 gewonnen: Illmer – Dr. Nicodemus, Neumaier – Burger, Dr. Glaser, Hiller II – Schweikert, Förderer, Löble, Kipp (1), Oberle – K.: Dr. Glaser – SR: A. Sohn (Deutschland).

1910: 4 Spiele: 1 Sieg, 3 Niederlagen

7 **Schweiz**, 3.4., Basel, 3:2 gewonnen: Riso II – Hempel, Kühnle – Burger, Trautmann, Hunder – Wegele, Hiller III (1), Löble, Kipp (2), Philipp – K.: Hunder – SR: H. P. Devitte (Schweiz).
8 **Niederlande**, 24.4., Arnheim, 2:4 verloren: Chr. Schmidt – Hempel, Hollstein – Poetsch, Breunig, Unfried – Wegele, Gehrts, Fick (1), Kipp (1), Philipp – K.: Chr. Schmidt – SR: J. T. Howcroft (England).
9 **Belgien**, 16.5., Duisburg, 0:3 verloren: Faas – Neumaier, Berghausen – Ugi, Dr. Glaser, Budzinski – Gablonsky, Schilling, Bauwens (Breynk), Reißlant, Bert (Adalbert Friedrich) – K.: Dr. Glaser – SR: H.J. Willing (Niederlande).
10 **Niederlande**, 16.10., Kleve, 1:2 verloren: Ad. Werner – Neiße, Hense – Ugi, Bülte, Weymar – Hanssen, Schilling, Worpitzky, Umbach, Queck (1) – K.: Ugi – SR: H. Istace (Belgien).

1911: 7 Spiele: 2 Siege, 1 Unentschieden, 4 Niederlagen

11 **Schweiz**, 26.3., Stuttgart, 6:2 gewonnen: Ad. Werner – Kühnle, Hollstein – Burger, Breunig (1), Krauß – Gablonsky (1), Förderer (2), Fuchs (1), Kipp (1), W. Fischer – K.: Breunig – SR: H. Istace (Belgien).
12 **England**, 14.4., Berlin, 2:2 unentschieden: Ad. Werner – Neiße, Hempel – Burger, Ugi, Hunder – Hanssen, Hiller III, Worpitzky, Kipp, Möller – K.: Ugi – SR: H. J. Willing (Niederlande).
13 **Belgien**, 23.4., Lüttich, 1:2 verloren: Ad. Werner – Neiße, Hollstein – Ugi, Breunig, Burger – Hanssen, Förderer (1), Fuchs, Reiser, W. Fischer – K.: Breunig – SR: J. P. Schumacher (England).
14 **Schweden**, 18.6., Stockholm, 4:2 gewonnen: Ad. Werner – Wiggers, Hempel – Burger, Ugi, Hunder – Dumke (3), Droz, Worpitzky, Kipp (1), Möller – K.: Ugi – SR: C. Buchwald (Dänemark).
15 **Österreich**, 10.9., Dresden, 1:2 verloren: Ad. Werner – Röpnack, Hempel – Burger, Breunig, Hunder – Gablonsky, Hiller III, Worpitzky (1), Kipp, Möller – K.: Breunig – SR: H. J. Willing (Niederlande).
16 **Schweden**, 29.10., Hamburg, 1:3 verloren: Ad. Werner – Burger, Hempel – Sorkale, Ugi, Hunder – Gablonsky, Dumke, Jäger, P. Kugler, Möller (1) – K.: Ugi – SR: H. J. Willing (Niederlande).
17 **Ungarn**, 17.12., München, 1:4 verloren: Borck – Hempel, Koenen – Ugi, Knesebeck, Hunder – Wegele, Förderer, Worpitzky (1), Hirsch, Thiel – K.: Ugi – SR: H. Meisl (Österreich).

1912: 8 Spiele: 2 Siege, 2 Unentschieden, 4 Niederlagen

18 **Niederlande**, 24.3., Zwolle, 5:5 unentschieden: Ad. Werner – Röpnack, Hollstein – Burger, Breunig, Gros – Wegele, Förderer, Fuchs (1), Hirsch (4), Oberle – K.: Breunig – SR: J. T. Howcroft (England).
19 **Ungarn**, 14.4., Budapest, 4:4 unentschieden: Ad. Werner – Röpnack, Hempel – Krogmann, Ugi, Krauß – Wegele, Jäger (1), Worpitzky (1), Kipp (1), Möller (1) – K.: Jäger – SR: H. Meisl (Österreich).
20 **Schweiz**, 5.5., St. Gallen, 2:1 gewonnen: Alb. Weber – Hempel, Neumajer – Burger, Dr. Glaser, Ugi – Wegele, Mechling (1), Löble, Kipp (1), Oberle – K.: Dr. Glaser – SR: H. P. Devitte (Schweiz).
21 **Österreich**, 29.6. (Olymp. Fußballturnier), Stockholm, 1:5 verloren: Alb. Weber – Röpnack, Hollstein – Krogmann, Breunig, Bosch – Wegele, Jäger (1), Worpitzky, Kipp, Hirsch – K.: Breunig – SR: H. J. Willing (Niederlande).

22 **Rußland,** 1.7. (Olymp. Fußballturnier), Stockholm, 16:0 gewonnen: Ad. Werner – Reese, Hempel – Burger (1), Dr. Glaser, Ugi – Uhle, Förderer (4), Fuchs (10), Oberle (1), Thiel – K.: Ugi – SR: C. J. Groothoff (Niederlande).
23 **Ungarn,** 3.7. (Olymp. Fußballturnier), Stockholm, 1:3 verloren: Ad. Werner – Röpnack, Hollstein – Krogmann, Ugi, Bosch – Wegele, Förderer (1), Fuchs, Hirsch, Oberle – K.: Ugi – SR: C. J. Groothoff (Niederlande).
24 **Dänemark,** 6.10., Kopenhagen, 1:3 verloren: Alb. Weber – Möller, Diemer – Ugi, Knesebeck, Bosch – Wegele, Jäger (1), Worpitzky, Kipp, Wolter – K.: Ugi – SR: H. J. Willing (Niederlande).
25 **Niederlande,** 17.11., Leipzig, 2:3 verloren: Hofmeister – Röpnack, Diemer – Ugi, Breunig, Bosch – Wegele, Förderer, Jäger (2), Kipp, Gaebelein – K.: Breunig – SR: E. Herzog (Ungarn).

1913: 4 Spiele: 4 Niederlagen
26 **England,** 21.3., Berlin, 0:3 verloren: Chr. Schmidt – Diemer, Möller – Völker, Edy, Jungtow – Wegele, Jäger, Löble, Kipp, Fischer – K.: Jäger – SR: H. J. Willing (Niederlande).
27 **Schweiz,** 18.5., Freiburg, 1:2 verloren: Chr. Schmidt – Röpnack, Diemer – Bosch, P. Kugler, H. Schmidt – Wegele, Mechling, Fürst, Kipp (1), Hirsch – K.: Kipp – SR: C. Barette (Frankreich).
28 **Dänemark,** 26.10., Hamburg, 1:4 verloren: J. Schneider – Röpnack, Möller – Kipp, Breunig, Schümmelfelder – Wegele, Förderer, Jäger (1), Hirsch, Zilgas – K.: Breunig – SR: H. J. Willing (Niederlande).
29 **Belgien,** 23.11., Antwerpen, 2:6 verloren: J. Schneider – Röpnack, Möller – Kipp, Breunig, Schümmelfelder – Wegele (1), Jäger, Fuchs (1), Hirsch, Fischer – K.: Röpnack – SR: H. A. M. Terwogt (Niederlande).

1914: 1 Spiel: 1 Unentschieden
30 **Niederlande,** 5.4., Amsterdam, 4:4 unentschieden: Hofmeister – Dr. W. Völker, Rokosch – Schümmelfelder, Ludewig, Bollmann – Wegele (1), Jäger (1), Harder (1), Queck (1), Fischer – K.: Jäger – SR: J. T. Howcroft (England).

1920: 3 Spiele: 1 Sieg, 2 Niederlagen
31 **Schweiz,** 27.6., Zürich, 1:4 verloren: Stuhlfauth – Höschle, Schneider – H. Schmidt, Kalb, Riegel – Wunderlich, Harder, Jäger (1), Seiderer, Wolter – K.: Jäger – SR: L. Ballint (Ungarn).
32 **Österreich,** 26.9., Wien, 2:3 verloren: Stuhlfauth – Mohns, Lohneis – Hagen, Tewes, Riegel – Wunderlich, Harder, Jäger, Seiderer (1), Sutor (1) – K.: Jäger – SR: L. Fehery (Ungarn).
33 **Ungarn,** 24.10., Berlin, 1:0 gewonnen: Lohrmann – Gg. Schneider, Mohns – Krause, Tewes, Riegel – L. Fiederer, Harder, Jäger (1), Popp, Forell – K.: Jäger – SR: Hicscz (Jugoslawien).

1921: 3 Spiele: 2 Unentschieden, 1 Niederlage
34 **Österreich,** 5.5., Dresden, 3:3 unentschieden: Stuhlfauth – Mohns, Fritzsche – Riegel, Tewes, Schümmelfelder – Wunderlich, Popp (1), Seiderer (1), Träg (1), Sutor – K.: Tewes – SR: W. Eymers (Niederlande).
35 **Ungarn,** 5.6., Budapest, 0:3 verloren: Stuhlfauth – Gg. Schneider, H. Müller – Marohn, Tewes, Schümmelfelder – Höger, Schnürle – Jäger, Gröner, Kreß – K.: Jäger – SR: H. Retschury (Österreich).
36 **Finnland,** 18.9., Helsingfors, 3:3 unentschieden: Schwedler – Mohns, J. Müller – Au, Tewes, Krause – Höger, Herberger (2), Kalb (1), Hutter, Wolter – K.: Tewes – SR: E. Albihn (Schweden).

1922: 3 Spiele: 1 Sieg, 2 Unentschieden
37 **Schweiz,** 26.3., Frankfurt a.M., 2:2 unentschieden: Lohrmann – Wellhöfer, J. Müller – Lang, Edy, Hagen – Retter, Franz (1), Seiderer (1), Hutter, Altvater – K.: Seiderer – SR: W. Boas (Niederlande).
38 **Österreich,** 23.4., Wien, 2:0 gewonnen: Mauch – Edy, H. Müller – Wetzel, Kalb, Riegel – Strobel, Weißenbacher (1), Jäger (1), Träg, Sutor – K.: Jäger – SR: F. Gerö (Ungarn).
39 **Ungarn,** 2.7., Bochum, 0:0 unentschieden: Lohrmann – H. Müller, Mohns – Flink, Tewes, H. Schmidt – Strobel, Franz, Jäger, Träg, Esser – K.: Jäger – SR: H. Retschury (Österreich).

1923: 6 Spiele: 2 Siege, 1 Unentschieden, 3 Niederlagen
40 **Italien,** 1.1., Mailand, 1:3 verloren: Stuhlfauth – T. Kugler, J. Müller – Hagen, Lang, H. Schmidt – Wunderlich, Franz, Seiderer (1), Träg, Sutor – K.: Träg – SR: E. Stutz (Schweiz).
41 **Niederlande,** 10.5., Hamburg, 0:0 unentschieden: Dr. Zörner – Risse, H. Müller – Pohl, Eikhof, Krause – Wunderlich, Lüke, Hartmann, Claus-Oehler, Maneval – K.: Wunderlich – SR A. Björklund (Schweden).
42 **Schweiz,** 3.6., Basel, 2:1 gewonnen: Dr. Zörner – Risse, H. Müller – H. Schmidt, Eikhof, Riegel – Montag, Sobeck, Hartmann (2), Wieder, Sutor – K.: Riegel – SR: G. Mauro (Italien).

43 **Schweden,** 29.6., Stockholm, 1:2 verloren: Dr. Zörner – Risse, H. Müller – Hagen, Popp, Riegel – Montag, Franz, Seiderer (1), Wieder, Sutor – K.: Riegel – SR: R. Smedvik (Norwegen).
44 **Finnland,** 12.8., Dresden, 1:2 verloren: Dr. Zörner – Risse, H. Müller – Krause, Eikhof, Pohl – Leip, Lüke, Hartmann, Claus-Oehler (1), Sutor – K.: Eikhof – SR: J. Mutters (Niederlande).
45 **Norwegen,** 4.11., Hamburg, 1:0 gewonnen: Stuhlfauth – Risse, Bache – H. Schmidt, Kalb, Krause – Leip, Reißmann, Harder (1),Wieder, Sutor – K.: Stuhlfauth – SR: Th. van Zwieteren (Niederlande).

1924: 7 Spiele: 3 Siege, 1 Unentschieden, 3 Niederlagen

46 **Österreich,** 13.1., Nürnberg, 4:3 gewonnen: Stuhlfauth – T. Kugler, J. Müller – Hagen, Kalb, H. Schmidt – Auer (1), Franz (3), Seiderer, Wieder, Sutor – K.: Seiderer – SR: E. Hebak (Tschechoslowakei).
47 **Niederlande,** 21.4., Amsterdam, 1:0 gewonnen: Stuhlfauth – J. Müller, Kugler – Hagen, Kalb, H. Schmidt – Auer (1), Franz, Seiderer, Träg, Ascherl – K.: Seiderer – SR: F. Herren (Schweiz).
48 **Norwegen,** 15.6., Christiania, 2:0 gewonnen: Stuhlfauth – Risse, T. Kugler – Lang, Kalb, H. Schmidt – Strobel, Hochgesang, Harder, Wieder (1), Sutor (1) (Krause) – K.: Stuhlfauth – SR: A. Björklund (Schweden).
49 **Schweden,** 31.8., Berlin, 1:4 verloren: Kuhnt – Risse, Bache – Eschenlohr, Lux, Lang – Leip, Hartmann, Harder (1), Kirsei, Paulsen (Schumann) – K.: Harder – SR: F. Herren (Schweiz).
50 **Ungarn,** 21.9., Budapest, 1:4 verloren: Stuhlfauth – Popp, Roller – Lang, Kalb, H. Schmidt – Strobel, Hochgesang, Harder (1), Bantle, Sutor – K.: Harder – SR: H. Retschury (Österreich).
51 **Italien,** 23.11., Duisburg, 0:1 verloren: Stuhlfauth – J. Müller, T. Kugler (H. Müller) – Hagen, Kalb, H. Schmidt – Höger, Fleischmann, Herberger (Franz), Meißner, Paulsen – K.: H. Schmidt – SR: Th. van Zwieteren (Niederlande).
52 **Schweiz,** 14.12., Stuttgart, 1:1 unentschieden: Stuhlfauth – Beier, J. Müller – Hagen, Kalb, H. Schmidt – Höger, Franz, Jäger, Harder (1), Paulsen – K.: Jäger – SR: J. Mutters (Niederlande).

1925: 4 Spiele: 2 Siege, 2 Niederlagen

53 **Niederlande,** 29.3., Amsterdam, 1:2 verloren: Zolper – Beier, J. Müller – Lang, Lux, Hagen – Voß (1), Sobeck, Herberger, Harder, Paulsen – K.: Harder – SR: F. Herren (Schweiz).
54 **Schweden,** 21.6., Stockholm, 0:1 verloren: Ertl – Beier (Aug. Werner), Kutterer – Lang, Niederbacher, Martwig – Ruch, Montag, Karl Schulz, Ritter, Paulsen – K.: Lang – SR: L. Andersen (Dänemark).
55 **Finnland,** 26.6. Helsingfors, 5:3 gewonnen: Ertl – Aug. Werner, Kutterer – Lang, Lux, Martwig – Voß (1), Montag, K. Schulz, Paulsen (3), Ruch (1) – K.: Paulsen – SR: O. Benzer (Schweden).
56 **Schweiz,** 25.10., Basel, 4:0 gewonnen: Ertl – J. Müller, Kutterer – Lang, Köhler, H. Schmidt – Martwig, Franz, Harder (3), Hochgesang (1), Sutor – K.: Harder – SR: E. Braun (Österreich).

1926: 4 Spiele: 2 Siege, 1 Unentschieden, 1 Niederlage

57 **Niederlande,** 18.4., Düsseldorf, 4:2 gewonnen: Ertl – J. Müller, Kutterer – Nagelschmitz, Köhler, Lang – Schröder, Gedlich, Harder (1), Pöttinger (3), L. Hofmann – K.: Harder – SR: L. Andersen (Dänemark).
58 **Schweden,** 20.6., Nürnberg, 3:3 unentschieden: Stuhlfauth – Popp, Kutterer – Martwig, Köhler, Schmidt – Auer, Franz, Harder (3), Pöttinger, L. Hofmann – K.: Harder – SR: L. Andersen (Dänemark).
59 **Niederlande,** 31.10., Amsterdam, 3:2 gewonnen: Ertl – J. Müller, Kutterer – Martwig (Geiger), Kalb, H. Schmidt – Scherm, Hochgesang, Harder (2), Wieder (1), Träg – K.: Harder – SR: A. J. Prince Cox (England).
60 **Schweiz,** 12.12., München, 2:3 verloren: Ertl – Beier, Kutterer – Geiger, Köhler, H. Schmidt – Scherm (1), Hochgesang (1), Harder, Wolpers, L. Hofmann – K.: Harder – SR: J. Mutters (Niederlande).

1927: 3 Spiele: 1 Sieg, 1 Unentschieden, 1 Niederlage

61 **Dänemark,** 2.10., Kopenhagen, 1:3 verloren: Ertl – Brunke, Kling – Mantel, Leinberger, Blum – Haftmann, R. Hofmann, Gedlich, Frank, Kießling (1) – K.: Blum – SR: R. Smedvik (Norwegen).
62 **Norwegen,** 23.10., Altona, 6:2 gewonnen: Stuhlfauth – Brunke, T. Kugler – Köpplinger, Kalb (1), Martwig – Reinmann, Hochgesang (2), Pöttinger (2), R. Hofmann, L. Hofmann (1) – K.: Kalb – SR: L. Andersen (Dänemark).
63 **Niederlande,** 20.11., Köln, 2:2 unentschieden: Stuhlfauth – Falk, T. Kugler – J. Weber, Kalb, Heidkamp – Reinmann, R. Hofmann, Pöttinger (2), Kuzorra, L. Hofmann – K.: Kalb – SR: A. J. Prince Cox (England).

1928: 6 Spiele: 4 Siege, 2 Niederlagen
64 **Schweiz,** 15.4., Bern, 3:2 gewonnen: Wentorf – J. Müller, Kutterer – Knöpfle, Leinberger, Berthold – E. Albrecht (1), Hornauer (1), Pöttinger, R. Hofmann (1), L. Hofmann – K.: J. Müller – SR: S. F. Rous (England).

65 **Schweiz,** 28.6. (Olymp. Fußballturnier), Amsterdam, 4:0 gewonnen: Stuhlfauth – Beier, H. Weber – Knöpfle, Kalb, Leinberger – E. Albrecht, Hornauer (1), Pöttinger, R. Hofmann (3), L. Hofmann – K.: Kalb – SR: W. Eymers (Niederlande).

66 **Uruguay,** 3.6. (Olymp. Fußballturnier), Amsterdam, 1:4 verloren: Stuhlfauth – Beier, H. Weber – Knöpfle, Kalb, Leinberger – E. Albrecht, Hornauer, Pöttinger, R. Hofmann (1), L. Hofmann – K.: Kalb – SR: Youssef Mohammed (Ägypten).

67 **Dänemark,** 16.9., Nürnberg, 2:1 gewonnen: Wentorf – Beier, H. Weber – Knöpfle, Leinberger, Heidkamp (1) – Reinmann, Horn, J. Schmitt, Pöttinger, L. Hofmann (1) – K.: Beier – SR: P. Ruoff (Schweiz).

68 **Norwegen,** 23.9., Oslo, 2:0 gewonnen: Stuhlfauth – H. Müller, Risse – Knöpfle, Leinberger, Heidkamp – E. Albrecht, Winkler, J. Schmitt (1), Kuzorra (1), Kießling – K.: Stuhlfauth – SR: L. Andersen (Dänemark).

69 **Schweden,** 30.9., Stockholm, 0:2 verloren: Gehlhaar – Beier, H. Weber – Knöpfle, Köhler, Heidkamp – E. Albrecht, Sobeck, Pöttinger, Kuzorra, L. Hofmann – K.: Beier – SR: S. Hansen (Dänemark).

1929: 5 Spiele: 4 Siege, 1 Unentschieden
70 **Schweiz,** 10.2., Mannheim, 7:1 gewonnen: Kreß – Schütz, H. Weber – Geiger, Leinberger, Knöpfle – Reinmann, Sobeck (2), Pöttinger (1), Frank (4), L. Hofmann – K.: Pöttinger – SR: L. Andersen (Dänemark).

71 **Italien,** 28.4., Turin, 2:1 gewonnen: Stuhlfauth – Beier, H. Weber – Geiger, Leinberger, Knöpfle – E. Albrecht, Hornauer (1), Pöttinger, Frank (1), L. Hofmann – K.: Stuhlfauth – SR: E. Gray (England).

72 **Schottland,** 1.6., Berlin, 1:1 unentschieden: Stuhlfauth – Schütz, Brunke – Geiger, Gruber, Heidkamp – Ruch (1), Sobeck, Pöttinger, R. Hofmann, L. Hofmann – K.: Stuhlfauth – SR: O. Olssen (Schweden).

73 **Schweden,** 23.6., Köln, 3:0 gewonnen: W. Kreß – Schütz, H. Weber – Geiger, Leinberger, Knöpfle – E. Albrecht, Sobeck, Horn, R. Hofmann (3), L. Hofmann – K.: L. Hofmann – SR: E. Braun (Österreich).

74 **Finnland,** 20.10., Altona, 4:0 gewonnen: Blunk – Beier, Hagen – Flick, K. Schulz, W. Völker – E. Albrecht, Szepan (1), Horn, R. Hofmann (1), Sackenheim (2) – K.: Hagen – SR: B. H. Bech (Norwegen).

1930: 6 Spiele, 2 Siege, 2 Unentschieden, 2 Niederlagen
75 **Italien,** 2.3., Frankfurt a. M., 0:2 verloren: Stuhlfauth – Hagen, H. Weber – Knöpfle (Mantel), Leinberger, Heidkamp – E. Albrecht, Szepan, Pöttinger, Frank, L. Hofmann – K.: Stuhlfauth – SR: P. Ruoff (Schweiz).

76 **Schweiz,** 4.5., Zürich, 5:0 gewonnen: W. Kreß – Schutz, Stubb (Hagen) – Hergert, Leinberger, Heidkamp – Bergmaier, Sackenheim, Kuzorra (3), R. Hofmann (2), A. Huber – K.: Leinberger – SR: S. F. Rous (England).

77 **England,** 10.5., Berlin, 3:3 unentschieden: W. Kreß – Schutz, Stubb – Heidkamp, Leinberger, Mantel – Bergmaier, Pöttinger, Kuzorra, R. Hofmann (3), L. Hofmann – K.: L. Hofmann – SR: J. Mutters (Niederlande).

78 **Dänemark,** 7.9., Kopenhagen, 3:6 verloren: Wenz – Brunke, Stubb – Hergert, Münzenberg, Mantel – Straßburger, Sobeck, Hohmann (1), R. Hofmann (1), Kund (1) – K.: R. Hofmann – SR: O. Olssen (Schweden).

79 **Ungarn,** 28.9., Dresden, 5:3 gewonnen: Kreß – Schütz, Burkhardt – Hergert, Leinberger, Heidkamp – Albrecht, Lachner (1), Ludwig (1), R. Hofmann (1), L. Hofmann (2) – K.: R. Hofmann – SR: L. Andersen (Dänemark).

80 **Norwegen,** 2.11., Breslau, 1:1 unentschieden: Jakob – Weber, Stubb – Kauer, Münzenberg, Wendl – Albrecht, Lachner, Hohmann (Hanke(1), R. Hofmann, Straßburger – K.: R. Hofmann – SR: H. S. Boekmann (Niederlande).

1931: 7 Spiele: 1 Sieg, 3 Unentschieden, 3 Niederlagen
81 **Frankreich,** 15.3., Paris 0:1 verloren: Kreß – Schütz, Weber – Münzenberg, Leinberger, Knöpfle – Bergmaier, Haringer, Hergert, R. Hofmann, L. Hofmann (Welker) – K.: R. Hofmann – SR: T. Crew (England).

82 **Niederlande,** 26.4., Amsterdam, 1:1 unentschieden: Kreß – Schröder, Weber – Stößel, Kauer, Knöpfle – Albrecht, Lachner, Schlösser (1), R. Hofmann, F. Müller – K.: H. Weber – SR: A. Bergquist (Schweden).
83 **Österreich,** 24.5., Berlin, 0:6 verloren: Gehlhaar – Beier, Weber – Knöpfle, Münzenberg, E. Müller – Bergmaier, Sobeck, Hohmann, R. Hofmann, F. Müller – K.: H. Weber – SR: O. Olssen (Schweden).
84 **Schweden,** 17.6., Stockholm, 0:0 unentschieden: Kreß – Emmerich, Brunke – Kauer, Leinberger, Knöpfle – Bergmaier, Sobeck, Ludwig, Widmayer, Sackenheim – K.: Leinberger – SR: J. Langenus (Belgien).
85 **Norwegen,** 21.6., Oslo, 2:2 unentschieden: Kreß – Emmerich, Brunke – Kauer, Leinberger, Knöpfle – Bergmaier (1), Sobeck, Ludwig (1), Widmayer, Sackenheim – K.: Leinberger – SR: I. Eklind (Schweden).
86 **Österreich,** 13.9., Wien, 0:5 verloren: Kreß – Emmerich, Brunke – Kauer, Leinberger, Knöpfle – Weiß, Hornauer, Kuzorra, R. Hofmann, Kund – K.: Leinberger – SR: O. Olssen (Schweden).
87 **Dänemark,** 27.9., Hannover, 4:2 gewonnen: Kreß – Schütz, Stubb – Gramlich, Leinberger, Knöpfle – H. Tibulski, Szepan, Kuzorra (1), R. Hofmann (3), Kobierski – K.: Leinberger – SR: A. Miesz (Österreich).

1932: 5 Spiele: 3 Siege, 2 Niederlagen

88 **Schweiz,** 6.3., Leipzig, 2:0 gewonnen: Kreß – Schütz, Stubb – Gramlich, Leinberger, Knöpfle – Langenbein, Rohr, Kuzorra, R. Hofmann (2), Kobierski – K.: Leinberger – SR: H. S. Boekmann (Niederlande).
89 **Finnland,** 1.7., Helsingfors, 4:1 gewonnen: Jakob – Schütz, Stubb – Gramlich, Leinberger, Knöpfle – Fischer, R. Hofmann (3), Rutz (1), Kuzorra, Kobierski – K.: Leinberger – SR: J. Anderssen (Schweden).
90 **Schweden,** 25.9., Nürnberg, 4:3 gewonnen: Jakob – Haringer, Stubb – Knöpfle, Leinberger, Oehm – Bergmaier, Krumm (1), Rohr (2), R. Hofmann, Kobierski (1) – K.: Leinberger – SR: R. Barlassina (Italien).
91 **Ungarn,** 30.10., Budapest, 1:2 verloren: Jakob – L. Huber, Wendl – Janes, Leinberger (Joppich), Knöpfle – Albrecht, Lachner, Malik (1), R. Hofmann, Kobierski – K.: Leinberger – SR: A. Carraro (Italien).
92 **Niederlande,** 4.12., Düsseldorf, 0:2 verloren: Buchloh – Schütz, Stubb – Mahlmann, Leinberger, Knöpfle – Albrecht, Wigold, Kuzorra, R. Hofmann, Kobierski – K.: Leinberger – SR: O. Olssen (Schweden).

1933: 6 Spiele: 3 Siege, 2 Unentschieden, 1 Niederlage

93 **Italien,** 1.1., Bologna, 1:3 verloren: Jakob (Buchloh) – Haringer, Wendl – Gramlich, Leinberger, Knöpfle – Bergmaier, Krumm, Rohr (1), Malik, Kobierski – K. Leinberger – SR: L. Baert (Belgien).
94 **Frankreich,** 19.3., Berlin, 3:3 unentschieden: Jakob – Haringer, Wend – Gramlich, Hergert, Mantel – Fischer, Lachner (1), Rohr (2), Lindner (R. Hofmann), Kobierski – K.: Hergert – SR: T. Crew (England).
95 **Belgien,** 22.10., Duisburg, 8:1 gewonnen: Buchloh – Busch, Hundt – Janes, Bender, Breuer – Albrecht (1), Wigold (2), Hohmann (3), Rasselnberg (1), Kobierski (1) – K.: E. Albrecht – SR: O. Olssen (Schweden).
96 **Norwegen,** 5.11., Magdeburg, 2:2 unentschieden: Buchloh – Hundt, Busch – Janes, Bender, Breuer – Albrecht (1), Wigold, Hohmann (1), Rasselnberg, Kobierski – K.: E. Albrecht – SR: J. F. van Moorsel (Niederlande).
97 **Schweiz,** 19.11., Zürich, 2:0 gewonnen: Jakob – Haringer, Wendl – Gramlich, Goldbrunner, Eiberle – Lehner, Lachner (1), Hohmann (1), Rasselnberg, Heidemann – K.: Gramlich – SR: R. Barlassina (Italien).
98 **Polen,** 3.12., Berlin, 1:0 gewonnen: Jakob – Haringer, Krause – Janes, Bender, Appel – Lehner, Lachner, Hohmann, Rasselnberg (1), Kobierski – K.: Kobierski – SR: O. Olssen (Schweden).

1934: 8 Spiele: 7 Siege, 1 Niederlage

99 **Ungarn,** 14.1., Frankfurt a. M., 3:1 gewonnen: Kreß – Haringer (Schäfer), Stubb (1) – Gramlich, Goldbrunner, Oehm – Lehner, Lachner (1), Conen (1), Noack, Politz – K.: Gramlich – SR: L. Baert (Belgien).
100 **Luxemburg,** 11.3., Luxemburg, 9:1 gewonnen (WM-Qualifikation): Buchloh – Hundt, Haringer – Janes, Szepan, Oehm – Albrecht (1), Wigold (1), Hohmann (3), Rasselnberg (4), Kobierski – K.: E. Albrecht – SR: Th. de Wolf (Niederlande).

101 **Belgien**, 27.5. (Weltmeisterschaft – Vorrunde), Florenz, 5:2 gewonnen: Kreß – Haringer, Schwartz – Janes, Szepan, Zielinski – Lehner, Hohmann, Conen (3), Siffling (1), Kobierski (1) – K.: Szepan – SR: F. Mattea (Italien).
102 **Schweden**, 31.5. (Weltmeisterschaft – Zwischenrunde), Mailand, 2:1 gewonnen: Kreß – Haringer, Busch – Gramlich, Szepan, Zielinski – Lehner, Hohmann (2), Conen, Siffling, Kobierski – K.: Szepan – SR: R. Barlassina (Italien).
103 **Tschechoslowakei**, 3.6. (Weltmeisterschaft – Halbfinale), Rom, 1:3 verloren: Kreß – Haringer, Busch – Zielinski, Szepan, Bender – Lehner, Siffling, Conen, Noack (1), Kobierski – K.: Szepan – SR: R. Barlassina (Italien).
104 **Österreich**, 7.6. (Weltmeisterschaft – Spiel um den 3. und 4. Platz), Neapel, 3:2 gewonnen: Jakob – Janes, Busch – Zielinski, Münzenberg, Bender – Lehner (2), Siffling, Conen (1), Szepan, Heidemann – K.: Szepan – SR: A. Carraro (Italien).
105 **Polen**, 9.9., Warschau, 5:2 gewonnen: Buchloh – Janes, Busch – Zielinski, Münzenberg, Bender – Lehner (2), Siffling (1), Hohmann (1), Szepan (1), Fath – K.: Szepan – SR: O. Olssen (Schweden).
106 **Dänemark**, 7.10., Kopenhagen, 5:2 gewonnen: Buchloh – Janes, Schwartz – Gramlich, Münzenberg, Zielinski – Lehner, Hohmann (1), Rohwedder (1), Szepan, Fath (3) – K.: Szepan – SR: R. Bäckström (Schweden).

1935: 17 Spiele: 13 Siege, 1 Unentschieden, 3 Niederlagen

107 **Schweiz**, 27.1., Stuttgart, 4:0 gewonnen: Buchloh – Stührk, Busch – Gramlich, Goldbrunner, Appel – Lehner (1), Siffling, Conen (3), Rohwedder, Kobierski – K.: Goldbrunner – SR: L. Leclercq (Frankreich).
108 **Niederlande**, 17.2., Amsterdam, 3:2 gewonnen: Buchloh – Stührk, Busch – Gramlich, Münzenberg, Zielinski (Janes) – Lehner, Hohmann (1), Conen (1), Rohwedder, Kobierski (1) – K.: Gramlich – SR: O. Olssen (Schweden).
109 **Frankreich**, 17.3., Paris, 3:1 gewonnen: Jakob – Janes, Busch – Gramlich, Münzenberg, Zielinski – Lehner (1), Hohmann (1), Conen, Siffling, Kobierski (1) – K.: Gramlich – SR: L. Baert (Belgien).
110 **Belgien**, 28.4., Brüssel, 6:1 gewonnen: Jakob – Munkert, Busch – Gramlich, Goldbrunner, W. Schulz – Lehner, Siffling, Lenz (2), Damminger (2), Fath (2) – K.: Gramlich – SR: Dr. J. F. van Moorsel (Niederlande).
111 **Irland**, 8.5., Dortmund, 3:1 gewonnen: Buchloh – Janes, Tiefel – Zielinski, Goldbrunner, Bender – Lehner (1), Siffling, Lenz, Damminger (2), Fath – K.: Buchloh – SR: A. Krist (Tschechoslowakei).
112 **Spanien**, 12.5., Köln, 1:2 verloren: Buchloh – Janes, Busch – Gramlich, Münzenberg, Bender – Lehner, Hohmann, Conen (1), Rasselnberg, Fath – K.: Gramlich – SR: J. Langenus (Belgien).
113 **Tschechoslowakei**, 26.5., Dresden, 2:1 gewonnen: Jakob – Janes, Tiefel – Gramlich, Goldbrunner, Zielinski – Lehner, Lenz (2), Conen, Siffling, Fath – K.: Gramlich – SR: J. Langenus (Belgien).
114 **Norwegen**, 27.6., Oslo, 1:1 unentschieden: Jakob – Janes, Tiefel – Gramlich, Goldbrunner, Zielinski – Lehner, Lenz (1), Conen, Siffling, Fath – K.: Gramlich – SR: S. Flisberg (Schweden).
115 **Schweden**, 30.6., Stockholm, 1:3 verloren: Buchloh – Janes, Tiefel – Zielinski, Münzenberg, Bender – Lehner, Siffling, Conen, Rohwedder (1), Kobierski – K.: Münzenberg – SR: E. Ulrich (Dänemark).
116 **Finnland**, 18.8., München, 6:0 gewonnen: Jakob – Janes, Munkert – Gramlich, Goldbrunner, Schulz – Lehner (3), Siffling, Conen (3), Szepan, Fath – K.: Szepan – SR: B. Pfitzner (Tschechoslowakei).
117 **Luxemburg**, 18.8., Luxemburg, 1:0 gewonnen: Jürissen – Busch, H. Gramlich – Zielinski, Sold, Stephan – Elbern, Gellesch, Fricke, Urban, Günther (1) – K.: Busch – SR: L. Baert (Belgien).
118 **Rumänien**, 25.8., Erfurt, 4:2 gewonnen: Buchloh – Münzenberg, H. Gramlich – Werner, Deike, Kitzinger – Malecki, Lenz (1), Hohmann (1), Rasselnberg (1), Simetsreiter (1) – K.: Hohmann – SR: Dr. J. F. van Moorsel (Niederlande).
119 **Polen**, 15.9., Breslau, 1:0 gewonnen: Jakob – Haringer, H. Gramlich – R. Gramlich, Goldbrunner, Zielinski – Lehner, Lenz, Conen (1), Siffling, Fath – K.: Rudolf Gramlich – SR: O. Olssen (Schweden).
120 **Estland**, 15.9., Stettin, 5:0 gewonnen: Sonnrein – Münzenberg, Tiefel – Sukop, Mathies, W. Schulz – Malecki (1), Hohmann, Damminger (1), Rasselnberg (1), Simetsreiter (2) – K.: Hohmann – SR: E. Malmström (Schweden).
121 **Lettland**, 13.10., Königsberg, 3:0 gewonnen: Jürissen – Stührk, Tiefel – Ruchay, Mathies, Appel – Langenbein (1), Lenz (1), Panse (1), Bökle, Heidemann – K.: Tiefel – SR: M. Rutkowski (Polen).

74 *Kapitel 2: Die deutschen Länderspiele*

122 **Bulgarien**, 20.10., Leipzig, 4:2 gewonnen: Buchloh – Münzenberg, Haringer – Gramlich, Goldbrunner, Warnken – Lehner (1), Siffling, Poertgen (1), Szepan, Simetsreiter (2) – K.: Szepan – SR: M. Ivancsics (Ungarn).
123 **England**, 4.12., London, 0:3 verloren: Jakob – Haringer, Münzenberg – Janes, Goldbrunner, Gramlich – Lehner, Szepan, Hohmann, Rasselnberg, Fath – K.: Szepan – SR: O. Olssen (Schweden).

1936: 11 Spiele: 5 Siege, 2 Unentschieden, 4 Niederlagen
124 **Spanien**, 23.2., Barcelona, 2:1 gewonnen: Jakob – Münzenberg, Munkert – Janes, Goldbrunner, R. Gramlich – Lehner, Siffling, Lenz, Szepan, Fath (2) – K.: Szepan – SR: J. Langenus (Belgien).
125 **Portugal**, 27.2., Lissabon, 3:1 gewonnen: Buchloh (Jakob) – Münzenberg, Tiefel – Janes, Goldbrunner, Kitzinger (1) – Lehner (1), Hohmann (1), Siffling, Szepan, Simetsreiter – K.: Szepan – SR: P. Escartin (Spanien).
126 **Ungarn**, 15.3., Budapest, 2:3 verloren: Sonnrein – Münzenberg, Munkert – Janes, Sold, Kitzinger – Elbern, Gellesch, Lenz (1), Szepan, Urban (1) – K.: Szepan – SR: A. Krist (Tschechoslowakei).
127 **Luxemburg**, 4.8., Berlin (Olymp. Fußballturnier), 9:0 gewonnen: Buchloh – Münzenberg, Ditgens – Mehl, Goldbrunner, Bernard – Elbern (1), Gauchel (2), Hohmann, Urban (3), Simetsreiter (3) – K.: Münzenberg – SR: P. von Hertzka (Ungarn).
128 **Norwegen**, 7.8., Berlin (Olymp. Fußballturnier), 0:2 verloren: Jakob – Münzenberg, Ditgens – Gramlich, Goldbrunner, Bernard – Lehner, Siffling, Lenz, Urban, Simetsreiter – K.: Gramlich – SR: Dr. A. W. Barton (England).
129 **Polen**, 13.9., Warschau, 1:1 unentschieden: Buchloh – Janes, Münzenberg – Mehl, Rodzinski, Kitzinger – Elbern, Gauchel, Hohmann (1), Euler, Günther – K.: Münzenberg – SR: R. Eklöw (Schweden).
130 **Tschechoslowakei**, 27.9., Prag, 2:1 gewonnen: Jakob – Münzenberg, Munkert – Rodzinski, Goldbrunner, Kitzinger – Elbern (1), Gellesch, Siffling (1), Lenz, Kobierski – K.: Münzenberg – SR: O. Olssen (Schweden).
131 **Luxemburg**, 27.9., Krefeld, 7:2 gewonnen: Jürissen – Busch, Sievert – O. Tibulski, Rohde, Zielinski – Malecki (1), Billen, Poertgen (3), Kuzorra (2), Günther (1) – K.: Busch – SR: Dr. J. F. Moorsel (Niederlande).
132 **Schottland**, 14.10., Glasgow, 0:2 verloren: Jakob – Münzenberg, Munkert – Janes, Goldbrunner, Kitzinger – Elbern, Gellesch, Siffling, Szepan, Urban – K.: Szepan – SR: H. Nattras (England).
133 **Irland**, 17.10., Dublin, 2:5 verloren: Jakob – Münzenberg, Munkert – Rodzinski, Goldbrunner, Kitzinger – Lehner, Siffling, Hohmann, Szepan (1), Kobierski (1) – K.: Szepan – SR: W. Webb (Schottland).
134 **Italien**, 15.11., Berlin, 2:2 unentschieden: Jakob – Münzenberg, Munkert – Janes, Goldbrunner, Kitzinger – Elbern, Gellesch, Siffling (2), Szepan, Urban – K.: Szepan – SR: R. Eklöw (Schweden).

1937: 11 Spiele: 10 Siege, 1 Unentschieden
135 **Niederlande**, 31,1., Düsseldorf, 2:2 unentschieden: Jakob – Janes, Münzenberg – Gellesch, Goldbrunner, Kitzinger – Lehner (2), Hohmann, Friedel, Szepan, Günther – K.: Szepan – SR: L. Leclercq (Frankreich).
136 **Frankreich**, 21.3., Stuttgart, 4:0 gewonnen: Jakob – Janes, Münzenberg – Gellesch, Goldbrunner, Kitzinger – Lehner (1), Siffling, Lenz (1), Szepan, Urban (2) – K.: Szepan – SR: R. Barlassina (Italien).
137 **Luxemburg**, 21.3., Luxemburg, 3:2 gewonnen: Köhl – Appel, Klaas – Kupfer, Sold, Schädler – Malecki, Gauchel, Poertgen (1), Hohmann, Striebinger (2) – K.: Hohmann – SR: K. Wunderlin (Schweiz).
138 **Belgien**, 25.4., Hannover, 1:0 gewonnen: Jakob – Haringer, Münzenberg – Kupfer, Goldbrunner, Kitzinger – Lehner, Rohwedder, Lenz, Hohmann (1), Striebinger – K.: Münzenberg – SR: A. J. Jewell (England).
139 **Schweiz**, 2.5., Zürich, 1:0 gewonnen: Jakob – Billmann, Münzenberg – Kupfer, Goldbrunner, Kitzinger (1) – Lehner, Szepan, Eckert, Noack, Urban – K.: Szepan – SR: L. Baert (Belgien).
140 **Dänemark**, 16.5., Breslau, 8:0 gewonnen: Jakob – Janes, Münzenberg – Kupfer, Goldbrunner, Kitzinger – Lehner (1), Gellesch, Siffling (5), Szepan (1), Urban (1) – K.: Szepan – SR: A. Krist (Tschechoslowakei).
141 **Lettland**, 25.6., Riga, 3:1 gewonnen: Jürissen – Welsch, Münzenberg – Männer, Sold, Schädler – Elbern, Siffling, Berndt (2), Hohmann (1), Simetsreiter – K.: Hohmann – SR: A. Krist (Tschechoslowakei).

142 **Finnland**, 29.6., Helsinki, 2:0 gewonnen (WM-Qualifikation): Jakob – Janes, Münzenberg – Kupfer, Goldbrunner, Kitzinger – Lehner (1), Gellesch, Siffling, Szepan, Urban (1) – K.: Szepan – SR: Dr. Remke (Dänemark).
143 **Estland**, 29.8., Königsberg, 4:1 gewonnen (WM-Qualifikation): Jakob – Janes, Münzenberg – Rose, Goldbrunner, Schädler – Lehner (2), Gauchel (2), Berndt, Szepan, Simetsreiter – K.: Szepan – SR: B. Pfitzner (Tschechoslowakei).
144 **Norwegen**, 24.10., Berlin, 3:0 gewonnen: Jakob – Janes, Münzenberg – Kupfer, Goldbrunner, Kitzinger – Lehner, Gellesch, Siffling (3), Szepan, Urban – K.: Szepan – SR: P. Snape (England).
145 **Schweden**, 21.11., Hamburg, 5:0 gewonnen (WM-Qualifikation): Jakob – Janes, Münzenberg – Kupfer, Goldbrunner, Gellesch – Lehner, Schön (2), Siffling (2), Szepan (1), Urban – K.: Szepan – SR: B. Pfitzner (Tschechoslowakei).

1938: 9 Spiele: 3 Siege, 4 Unentschieden, 2 Niederlagen

146 **Schweiz**, 6.2., Köln, 1:1 unentschieden: Jürissen – Janes, Münzenberg – Kupfer, Sold, Gellesch – Lehner, Urban, Siffling, Szepan (1), Striebinger – K.: Szepan – SR: R. G. Rudd (England).
147 **Ungarn**, 20.3., Nürnberg, 1:1 unentschieden: Jakob – Billmann, Münzenberg – Kitzinger, Goldbrunner, Mengel – Lehner, Siffling (1), Berndt, Kuzorra, Fath – K.: Münzenberg – SR: J. Langenus (Belgien).
148 **Luxemburg**, 20.3., Wuppertal, 2:1 gewonnen: H. Klodt – Schulz, Ditgens – Berg, Sold, Schädler – Winkler, Gauchel (2), Lenz, Heibach, Holz – K.: Sold – SR: Wüthrich (Schweiz).
149 **Portugal**, 24.4., Frankfurt, 1:1 unentschieden: Jakob – Janes, Münzenberg – Kupfer, Goldbrunner, Kitzinger – Lehner, Gellesch, Siffling (1), Szepan, Fath – K.: Szepan – SR: R. Barlassina (Italien).
150 **England**, 14.5., Berlin, 3:6 verloren: Jakob – Janes, Münzenberg – Kupfer, Goldbrunner, Kitzinger – Lehner, Gellesch (1), Gauchel (1), Szepan, Pesser (1) – K.: Szepan – SR: J. Langenus (Belgien).
151 **Schweiz**, 4.6., Paris (Weltmeisterschaft), 1:1 nach Verlängerung: Raftl – Janes, Schmaus – Kupfer, Mock, Kitzinger – Lehner, Gellesch, Gauchel (1), Hahnemann, Pesser – K.: Mock – SR: J. Langenus (Belgien).
152 **Schweiz**, 9.6., Paris (Weltmeisterschaft, Wiederholungsspiel), 2:4 verloren: Raftl – Janes, Streitle – Kupfer, Goldbrunner, Skoumal – Lehner, Stroh, Hahnemann (1), Szepan, Neumer (1 Selbsttor Lörtscher) – K.: Szepan – SR: Eklind (Schweden).
153 **Polen**, 18.9., Chemnitz, 4:1 gewonnen: Jakob – Janes, Münzenberg – Kupfer, Goldbrunner, Kitzinger – Hahnemann, Stroh, Gauchel (3), Schön (1), Pesser – K.: Münzenberg – SR Wüthrich (Schweiz).
154 **Rumänien**, 25.9., Bukarest, 4:1 gewonnen: Raftl – Appel, Schmaus – Wagner, Mock, Skoumal – Biallas, Hahnemann, Stroh (1), Schön (1), Pesser (1) (Eigentor Albu) – K.: Mock – SR: Popovich (Jugoslawien).

1939: 15 Spiele: 9 Siege, 2 Unentschieden, 4 Niederlagen

155 **Belgien**, 29.1., Brüssel, 4:1 gewonnen: Platzer – Streitle, Schmaus – Rohde, Goldbrunner, Gellesch – Lehner (1), Hahnemann (1), Binder (1), Schön (1), Arlt – K.: Goldbrunner – SR: Eklöw (Schweden).
156 **Jugoslawien**, 26.2., Berlin, 3:2 gewonnen: H. Klodt – Janes (1), Streitle – Kupfer, O. Tibulski, Kitzinger – Biallas (1), Stroh, Gauchel, Hahnemann, Urban (1) – K.: Janes – SR: Rutkowski (Polen).
157 **Italien**, 26.3., Florenz, 2:3 verloren: Platzer – Janes (1), Schmaus – Kupfer, Goldbrunner, Kitzinger – Lehner, Hahnemann (1), Gauchel, Schön, Pesser – K.: Janes – SR: Baert (Belgien).
158 **Luxemburg**, 26.3., Differdingen, 1:2 verloren: Flotho – Münzenberg, Immig – Rohde, Picard, Männer – Malecki, Pöhler, Hänel (1), Fiederer, Arlt – K.: Münzenberg – SR: Charlier (Belgien).
159 **Irland**, 23.5., Bremen, 1:1 unentschieden: Jakob – Janes, Streitle – Kupfer, Rohde, Kitzinger – Lehner, Hahnemann, Gauchel, Schön (1), Arlt – K.: Janes – SR: Dr. Remke (Dänemark).
160 **Norwegen**, 22.6., Oslo, 4:0 gewonnen: H. Klodt – Janes (1), Schmaus – Kupfer, Goldbrunner, Kitzinger – Lehner, Gellesch, Schön (2), Schaletzki, Urban (1) – K.: Janes – SR: Eklind (Schweden).
161 **Dänemark**, 25.6., Kopenhagen, 2:0 gewonnen: H. Klodt – Janes, Streitle – Kupfer, Rohde, Kitzinger – Biallas, Hahnemann, Conen (1), Gauchel (1), Arlt – K.: Janes – SR: Johansen (Norwegen).
162 **Estland**, 29.6., Tallinn, 2:0 gewonnen: Deyhle – Janes, Moog – Jakobs, Rohde, Männer – Lehner (1), Schaletzki, Hänel, Gauchel, Arlt – K.: Janes – SR: Jürgens (Lettland).
163 **Slowakei**, 27.8., Preßburg, 0:2 verloren: Jürissen – Immig, Marischka – Sabeditsch, Pekarek, Merkel – Hofer, Reitermaier, Binder, Kaburek, Gärtner – K.: Binder – SR: Popovich (Jugoslawien).
164 **Ungarn**, 24.9., Budapest, 1:5 verloren: Jakob – Janes, Schmaus – Kupfer, Goldbrunner, Kitzinger – Lehner (1), Gellesch, Schön, Szepan, Pesser – K.: Szepan – SR: Dattilo (Italien).

165 **Jugoslawien**, 15.10., Zagreb, 5:1 gewonnen: H. Klodt – Janes, Billmann – Kupfer, Sold, Kitzinger – Lehner, Schön (3), Conen, Szepan (2), Urban – K.: Szepan – SR: Barlassina (Italien).
166 **Bulgarien**, 22.10., Sofia, 2:1 gewonnen: H. Klodt – Janes, Billmann – Kupfer, Sold, Kitzinger – Lehner, Gellesch, Conen (1), Szepan, Urban (1) – K.: Szepan – SR: Stefanovic (Jugoslawien).
167 **Böhmen-Mähren**, 12.11., Breslau, 4:4 unentschieden: Raftl – Janes (1), Billmann – Kupfer, Sold, Männer – Lehner, Schön, Binder (3), Urban, Arlt – K.: Janes – SR: Popovich (Jugoslawien).
168 **Italien**, 26.11., Berlin, 5:2 gewonnen: Raftl – Janes, Billmann – Kupfer, Rohde, Kitzinger – Lehner (1), Hahnemann, Conen (1), Binder (3), Pesser – K.: Janes – SR: Escartin (Spanien).
169 **Slowakei**, 3.12., Chemnitz, 3:1 gewonnen: Jahn – Billmann, Kubus – Goede, Rohde, Kitzinger – Lehner (1), Schön (1), Hänel, Fiederer (1), Arlt – K.: Lehner – SR: Dr. Remke (Dänemark).

1940: 10 Spiele: 5 Siege, 2 Unentschieden, 3 Niederlagen

170 **Ungarn**, 7.4., Berlin, 2:2 unentschieden: H. Klodt – Janes, Billmann – Kupfer, Rohde, Kitzinger – Lehner, Gauchel (1), Conen, Binder (1), Pesser – K.: Janes – SR: Baert (Belgien).
171 **Jugoslawien**, 14.4., Wien, 1:2 verloren: Raftl – Janes, Schmaus – Hanreiter, Hofstätter, Skoumal – Lehner (1), Hahnemann, Binder, Gauchel, Pesser – K.: Janes – SR: Dattilo (Italien).
172 **Italien**, 5.5., Mailand, 2:3 verloren: H. Klodt – Janes, Billmann – Kupfer, Rohde, Kitzinger – Lehner, Hahnemann, Binder (2), Urban, Pesser – K.: Janes – SR: Ivancsics (Ungarn).
173 **Rumänien**, 14.7., Frankfurt, 9:3 gewonnen: Martinek – Janes, Moog – Kupfer, Krüger, Kitzinger – Plener (2), Hahnemann (2), F. Walter (3), Fiederer (2), Arlt – K.: Janes – SR: Scorzoni (Italien).
174 **Finnland**, 1.9., Leipzig, 13:0 gewonnen: H. Klodt – Schneider, Moog – Kupfer, Dzur, Kitzinger – Plener, Hahnemann (6), F. Walter (2), Conen (4), Arlt (1) – K.: Kitzinger – SR: Dr. Remke (Dänemark).
175 **Slowakei**, 15.9., Preßburg, 1:0 gewonnen: Jahn – Janes, Moog – Zwolanowski, Dzur, Männer – Eppenhoff, Hahnemann, Conen, Jelinek, Durek (1) – K.: Janes – SR: Scarpi (Italien).
176 **Ungarn**, 6.10., Budapest, 2:2 unentschieden: H. Klodt – Janes, Moog – Kupfer, Goldbrunner, Kitzinger – Lehner (1), Hahnemann (1), F. Walter, Conen, Pesser – K.: Janes – SR: Dattilo (Italien).
177 **Bulgarien**, 20.10., München, 7:3 gewonnen: H. Klodt – Streitle, Moog – Kupfer (1), Goldbrunner, Hammerl – Lehner (1), F. Walter, Conen (4), Sing, Gärtner (1) – K.: Goldbrunner – SR: Kiss (Ungarn).
178 **Jugoslawien**, 3.11., Zagreb, 0:2 verloren: H. Klodt – Janes, Streitle – Kupfer, Rohde, Kitzinger – Lehner, Zwolanowski, F. Walter, Fiederer, Arlt – K.: Janes – SR: Scarpi (Italien).
179 **Dänemark**, 17.11., Hamburg, 1:0 gewonnen: Jahn – Janes, Moog – Kupfer, Rohde, Kitzinger – Lehner, F. Walter, Binder, Schön (1), Pesser – K.: Janes – SR: Ahlfors (Finnland).

1941: 9 Spiele: 6 Siege, 1 Unentschieden, 2 Niederlagen

180 **Schweiz**, 9.3., Stuttgart, 4:2 gewonnen: H. Klodt – Janes, Streitle Kupfer, Rohde, Kitzinger – Hanreiter, Hahnemann, F. Walter (1), Schön (2), Kobierski (1) – K.: Janes – SR: Scorzoni (Italien).
181 **Ungarn**, 6.4., Köln, 7:0 gewonnen: H. Klodt – Janes (1), Miller – Kupfer, Rohde, Kitzinger – Hanreiter, Hahnemann (2), F. Walter (1), Schön (2), Kobierski (1) – K.: Janes – SR: Escartin (Spanien).
182 **Schweiz**, 20.4., Bern, 1:2 verloren: H. Klodt – Janes, Miller – Kupfer, Rohde, Kitzinger – Hanreiter, Hahnemann (1), F. Walter, Schön, Kobierski – K.: Janes – SR: Scarpi (Italien).
183 **Rumänien**, 1.6., Bukarest, 4:1 gewonnen: H. Klodt – Janes, Billmann – Kupfer, Rohde, Kitzinger – Lehner, F. Walter (1), Binder, Willimowski (2), Kobierski (1) – K.: Janes – SR: Bizic (Slowakei).
184 **Kroatien**, 15.6., Wien, 5:1 gewonnen: Jahn – Sesta, Schmaus – Urbanek, Mock, Hanreiter – Lehner (2), Hahnemann, F. Walter (2), Willimowski (1), Fiederer – K.: Hahnemann – SR: Mieß (Deutschland), Wüthrich (Schweiz) nicht erschienen.
185 **Schweden**, 5.10., Stockholm, 2:4 verloren: H. Klodt – Janes, Billmann – Kupfer, Rohde, Kitzinger – Lehner (1), Hahnemann, F. Walter ((1), Schön, Gärtner – K.: Janes – SR: Laursen (Dänemark).
186 **Finnland**, 5.10., Helsinki, 6:0 gewonnen: Jahn – Richter, Miller – Pohl, Dzur, Schubert – H. Burdenski, Gellesch, Eppenhoff (3), Willimowski (3), Kobierski – K.: Gellesch – SR: Eklind (Schweden).
187 **Dänemark**, 16.11., Dresden, 1:1 unentschieden: Jahn – Janes, Miller – Kupfer, Rohde, Schubert – Hahnemann (1), F. Walter, Conen, Willimowski, Fiederer – K.: Janes – SR: Eklind (Schweden).
188 **Slowakei**, 7.12, Breslau, 4:0 gewonnen: Jahn – Janes, Miller – Pohl, Rohde, Schubert – Riegler, Hahnemann, Conen (2), F. Walter (1), Durek (1) – K.: Janes – SR: Kroner (Rumänien).

1942: 10 Spiele: 7 Siege, 1 Unentschieden, 2 Niederlagen

189 **Kroatien**, 18.1., Agram, 2:0 gewonnen: Jahn – Sesta, Schmaus – Wagner, Mock, Hanreiter – Riegler, Decker (1), Conen, F. Walter, Durek (1 Eigentor Brozovic) – K.: Mock – SR: Moler (Slowakei).

Die Spiele der A-Nationalmannschaften 77

190 **Schweiz**, 1.2., Wien, 1:2 verloren: Jahn – Sesta, Schmaus – Wagner, Mock, Hanreiter – Fitz, Decker (1), Eppenhoff, F. Walter, Durek – K.: Mock – SR: Scarpi (Italien).
191 **Spanien**, 12.4., Berlin, 1:1 unentschieden: Jahn – Janes, Miller – Kitzinger, Rohde, Sing – F. Dörfel, Decker (1), Conen, F. Walter, Durek – K.: Janes – SR: Barlassina (Italien).
192 **Ungarn**, 3.5., Budapest, 5:3 gewonnen: Jahn – Janes (1), Miller – Kitzinger, Rohde, Sing (1) – F. Dörfel (1), Decker, Conen, F. Walter (2), Durek – K.: Janes. SR: Barlassina (Italien).
193 **Bulgarien**, 19.7., Sofia, 3:0 gewonnen: Jahn – Janes, Miller – Kupfer, Sold, Sing – H. Burdenski, Decker (2), F. Walter, Gauchel, Arlt (1) – K.: Janes – SR: Moler (Slowakei).
194 **Rumänien**, 16.8., Beuthen, 7:0 gewonnen: Jahn – Janes, Miller – Kupfer, Sold, Sing – H. Burdenski (1), Decker (1), F. Walter (3), Willimowski (1), Klingler (1) – K.: Janes – SR: Moler (Slowakei).
195 **Schweden**, 20.9., Berlin, 2:3 verloren: Jahn – Janes, Miller – Kupfer, Sold, Rohde – Lehner (1), Decker, F. Walter, Sing, Klingler (1) – K.: Janes – SR: Laursen (Dänemark).
196 **Schweiz**, 18.10., Bern, 5:3 gewonnen: Jahn – Janes, Miller – Kupfer, Rohde, Sing – Lehner, F. Walter (1), Willimowski (4), Klingler, Urban – K.: Janes – SR: Escartin (Spanien).
197 **Kroatien**, 1.11., Stuttgart, 5:1 gewonnen: Jahn – Janes (1), Adamkiewicz – Kupfer, Rohde, Sing – Lehner, F. Walter (1), Willimowski (2), Urban, Klingler (1) – K.: Janes – SR: Palasti (Ungarn).
198 **Slowakei**, 22.11., Preßburg, 5:2 gewonnen: Jahn – Janes, Miller – Kupfer, Rohde, Sing – Adamkiewicz (1), Decker (1), Willimowski, F. Walter, Klingler (3) – K.: Janes – SR: Bazant (Kroatien).

1950: 1 Spiel: 1 Sieg
199 **Schweiz**, 22.11., Stuttgart, 1:0 gewonnen: Turek – H. Burdenski (1), Streitle – Kupfer, Baumann, Barufka (Röhrig) – B. Klodt, Morlock, O. Walter, Balogh, Herrmann – K.: Kupfer – SR: Ellis (England).

1951: 6 Spiele: 4 Siege, 2 Niederlagen
200 **Schweiz**, 15.4., Zürich, 3:2 gewonnen: Turek – H. Burdenski, Streitle – Mebus, Baumann, Barufka – Gerritzen (1), Röhrig, O. Walter (1), F. Walter (1), B. Klodt (Schade) – K.: Fritz Walter – SR: Ellis (England).
201 **Türkei**, 17.6., Berlin, 1:2 verloren: Turek – Streitle, Kohlmeyer – Posipal, Liebrich, Haferkamp (1) – Gerritzen, F. Walter, Schade, Röhrig (Schanko), Herrmann – K.: Fritz Walter – SR: Carpani (Italien).
202 **Österreich**, 23.9., Wien, 2:0 gewonnen: Turek – Streitle, Kohlmeyer – Mebus, Posipal, Schanko – Gerritzen (Haferkamp(1), Preißler, Morlock, F. Walter, Barufka (Herrmann) – K.: Fritz Walter – SR: Evans (England).
203 **Irland**, 17.10., Dublin, 2:3 verloren: Turek – Streitle, Kohlmeyer – Mebus, Posipal, Schanko – Gerritzen, Preißler, Morlock (1), F. Walter (1), Herrmann – K.: Fritz Walter – SR: Ling (England).
204 **Türkei**, 21.11., Istanbul, 2:0 gewonnen: Adam – Streitle, Kohlmeyer – Mebus, Posipal, Schanko – Rahn, Morlock (2), F. Walter, Haferkamp, Termath – K.: Fritz Walter – SR: Ellis (England).
205 **Luxemburg**, 23.12., Essen, 4:1 gewonnen: Bögelein – Juskowiak, Bauer – Mebus, Wewers, Schanko – Rahn (1), Stollenwerk, Schröder, F. Walter, Termath (2) – K.: Fritz Walter – SR: Baert (Belgien).

1952: 6 Spiele: 4 Siege, 1 Unentschieden, 1 Niederlage
206 **Luxemburg**, 20.4., Luxemburg, 3:0 gewonnen: Adam – Retter, Bauer – Wientjes (Haferkamp), Posipal, Schanko – B. Klodt (1), Stollenwerk (1), Zeitler (1), Schröder, Ehrmann – K.: Posipal – SR: Bauwens (Belgien).
207 **Irland**, 4.5., Köln, 3:0 gewonnen: Adam – Retter, Kohlmeyer – Posipal (1), Streitle, Schanko – B. Klodt, Röhrig, O. Walter (1), Herrmann (Stollenwerk), Termath (1) – K.: Streitle – SR: Ellis (England).
208 **Frankreich**, 5.10., Paris, 1:3 verloren: Turek – Retter, Borkenhagen – Posipal, Liebrich, Schanko – Rahn, Wientjes, O. Walter (1), (Stollenwerk), F. Walter, Termath – K.: Fritz Walter – SR: Evans (England).
209 **Schweiz**, 9.11., Augsburg, 5:1 gewonnen: Turek – Retter, Kohlmeyer – Eckel, Posipal, Schanko – B. Klodt, Morlock (1), O. Walter (1), F. Walter (1), Schäfer (2) – K.: Fritz Walter – SR: Orlandini (Italien).
210 **Jugoslawien**, 21.12., Ludwigshafen, 3:2 gewonnen: Turek – Retter, Kohlmeyer – Eckel, Posipal, Schanko – Rahn (1), Morlock (1), O. Walter, F. Walter (1), Termath (1) – K.: Fritz Walter – SR: Ellis (England).
211 **Spanien**, 28.12., Madrid, 2:2 unentschieden: Turek – Retter, Kohlmeyer – Eckel, Posipal, Schanko – Rahn, Morlock, O. Walter (1) (Metzner), F. Walter, Termath (1) – K.: Fritz Walter – SR: Orlandini (Italien).

Kapitel 2: Die deutschen Länderspiele

1953: 4 Spiele: 2 Siege, 2 Unentschieden

212 **Österreich**, 22.3., Köln, 0:0 unentschieden: Turek – Retter, Kohlmeyer – Eckel (Harpers), Posipal, Schanko – Rahn, Morlock, O. Walter (Röhrig), F. Walter, Schäfer – K.: Fritz Walter – SR: Bauwens (Belgien).

213 **Norwegen**, 19.8., Oslo, 1:1 unentschieden (WM-Qualifikation): Turek – Retter, Kohlmeyer – Eckel, Posipal, Schanko – Rahn, Morlock, O. Walter, F. Walter (1), Schäfer (Pfaff) – K.: Fritz Walter – SR: Aussum (Niederlande).

214 **Saarland**, 11.10., Stuttgart, 3:0 gewonnen (WM-Qualifikation): Turek – Retter, Erhard – Mai, Posipal, Gottinger (Eckel) – Rahn, Morlock (2), Schade (1), Metzner, Schäfer – K.: Posipal – SR: van der Meer (Niederlande).

215 **Norwegen**, 22.11., Hamburg, 5:1 gewonnen (WM-Qualifikation): Turek – Retter, Kohlmeyer – Eckel, Posipal, Mai – Rahn (1), Morlock (2), O. Walter (1), F. Walter (1), Herrmann – K.: Fritz Walter – SR: Luty (England).

1954: 12 Spiele: 8 Siege, 4 Niederlagen

216 **Saarland**, 28.3., Saarbrücken, 3:1 gewonnen (WM-Qualifikation): Turek – Retter, Kohlmeyer – Posipal, Liebrich, Schanko – Rahn, Morlock (2), F. Walter (O. Walter), Röhrig, Schäfer (1) – K.: Fritz Walter – SR: Bronkhorst (Niederlande).

217 **Schweiz**, 25.4., Basel, 5:3 gewonnen: Kubsch – Retter (Kohlmeyer), Laband – Eckel, Posipal, Mai – Herrmann (B. Klodt), Morlock (1), O. Walter, F. Walter (2), Schäfer (2) – K.: Fritz Walter – SR: Griffiths (Wales).

218 **Türkei**, 17.6., Bern, 4:1 gewonnen (Weltmeisterschafts-Vorrunde): Turek – Laband, Kohlmeyer – Eckel, Posipal, Mai – B. Klodt (1), Morlock (1), O. Walter (1), F. Walter, Schäfer (1) – K.: Fritz Walter – SR: da Costa (Portugal).

219 **Ungarn**, 20.6., Basel, 3:8 verloren (Weltmeisterschafts-Vorrunde): Kwiatkowski – Bauer, Kohlmeyer – Posipal, Liebrich, Mebus – Rahn (1), Eckel, F. Walter, Pfaff (1), Herrmann (1) – K.: Fritz Walter – SR: Ling (England).

220 **Türkei**, 23.6., Zürich, 7:2 gewonnen (Weltmeisterschafts-Vorrunde, Entscheidung um Platz 2 der Gruppe 2): Turek – Laband, Bauer – Eckel, Posipal, Mai – B. Klodt, Morlock (3), O. Walter (1), F. Walter (1), Schäfer (2) – K.: Fritz Walter – SR: Vincenti (Frankreich).

221 **Jugoslawien**, 27.6., Genf, 2:0 gewonnen (Weltmeisterschafts-Zwischenrunde): Turek – Laband, Kohlmeyer – Eckel, Liebrich, Mai – Rahn (1), Morlock, O. Walter, F. Walter, Schäfer (Selbsttor Horvat) – K.: Fritz Walter – SR: Zsolt (Ungarn).

222 **Österreich**, 30.6., Basel, 6:1 gewonnen (Weltmeisterschafts-Vorschlußrunde): Turek – Posipal, Kohlmeyer – Eckel, Liebrich, Mai – Rahn, Morlock (2), O. Walter, F. Walter (2), Schäfer (1) – K.: Fritz Walter – SR: Orlandini (Italien).

223 **Ungarn**, 4.7., Bern, 3:2 gewonnen (Endspiel um die Weltmeisterschaft): Turek – Posipal, Kohlmeyer – Eckel, Liebrich, Mai – Rahn (2), Morlock (1), O. Walter, F. Walter, Schäfer – K.: Fritz Walter – SR: Ling (England).

224 **Belgien**, 26.9., Brüssel, 0:2 verloren: Herkenrath – Erhard, Kohlmeyer – Posipal, Liebrich, Mai – Rahn, Morlock, O. Walter, Biesinger, B. Klodt – K.: Posipal – SR: Bronkhorst (Niederlande).

225 **Frankreich**, 16.10., Hannover, 1:3 verloren: Turek – Erhard, Kohlmeyer – Posipal, Liebrich, Mai – B. Klodt, Stürmer (1), O. Walter, Islacker, Termath (Seeler) – K.: Posipal – SR: Griffiths (Wales).

226 **England**, 1.12., London, 1:3 verloren: Herkenrath – Posipal, Kohlmeyer – Erhard, Liebrich, Harpers – Kaufhold, Pfeiffer, Seeler, Derwall, Beck (1) – K.: Posipal – SR: Orlandini (Italien).

227 **Portugal**, 19.12., Lissabon, 3:0 gewonnen: Herkenrath – Posipal, Juskowiak (1) – Erhard (1), Liebrich, Harpers – B. Klodt, Miltz, Kreß (Waldner), Derwall, Pfaff – K.: Posipal – SR: van der Meer (Niederlande).

1955: 6 Spiele: 2 Siege, 4 Niederlagen

228 **Italien**, 30.3., Stuttgart, 1:2 verloren: Herkenrath – Juskowiak (1), Kohlmeyer – Mai, Posipal, Harpers – Rahn (Waldner), Morlock, Seeler, F. Walter, Schäfer – K.: Fritz Walter – SR: Zsolt (Ungarn).

229 **Irland**, 28.5., Hamburg, 2:1 gewonnen: Kubsch – Retter, Erhard – Schlienz, R. Hoffmann, Mai (1) – Waldner (1), Weilbächer, Biesinger, Röhrig, Schäfer – K.: Röhrig – SR: van der Meer (Niederlande).

230 **Sowjetunion**, 21.8., Moskau, 2:3 verloren: Herkenrath – Juskowiak, Posipal – Eckel, Liebrich, Harpers – Rahn, F. Walter (1), Morlock (Schröder), Röhrig, Schäfer (1) – K.: Fritz Walter – SR: Ling (England).

231 **Jugoslawien**, 25.9., Belgrad, 1:3 verloren: Herkenrath – K. Schmidt, Posipal – Eckel, Liebrich, Röhrig – Waldner (Kraus), Morlock (1), O. Walter, F. Walter, Schäfer – K.: Fritz Walter – SR: Zsolt (Ungarn).

232 **Norwegen**, 16.11., Karlsruhe, 2:0 gewonnen: Herkenrath – Posipal, K. Schmidt – Eckel, Liebrich, Harpers – Kraus, F. Walter (1), Biesinger (Schröder), Röhrig (1), Waldner – K.: Fritz Walter – SR: Seipelt (Österreich).
233 **Italien**, 18.12. Rom, 1:2 verloren: Herkenrath – Posipal (Juskowiak), K. Schmidt – Eckel, Liebrich, Mai – Rahn, F. Walter, Stollenwerk, Röhrig (1), Schäfer – K.: Fritz Walter – SR: Ellis (England).

1956: 8 Spiele: 2 Siege, 1 Unentschieden, 5 Niederlagen

234 **Niederlande**, 14.3., Düsseldorf, 1:2 verloren: Herkenrath – Posipal, Juskowiak – Eckel, Schlienz, K. Schmidt – B. Klodt, F. Walter, Seeler (Waldner), Röhrig, Schäfer (Selbsttor v. d. Hart) – K.: Fritz Walter – SR: Leafe (England).
235 **England**, 26.5., Berlin, 1:3 verloren: Herkenrath – Retter, Juskowiak – Schlienz, Wewers, Mai – Waldner, Morlock (Pfaff), O. Walter, F. Walter (1), Schäfer – K.: Fritz Walter – SR: Zsolt (Ungarn).
236 **Norwegen**, 13.6., Oslo, 3:1 gewonnen: Sawitzki – Erhard, Juskowiak – Dörner, Wewers Mai – Bäumler (1), Schröder, Biesinger (1), Pfaff, Schönhöft (1) – K.: Pfaff – SR: van der Meer (Niederlande).
237 **Schweden**, 30.6., Stockholm, 2:2 unentschieden: Sawitzki – Erhard, Juskowiak – Eckel, Wewers, Dörner – B. Klodt, Schröder (1), Biesinger (1), Pfaff, Vollmar – K.: Pfaff – SR: Schippers (Niederlande).
238 **Sowjetunion**, 15.9., Hannover, 1:2 verloren: Herkenrath – K. Schmidt, Juskowiak – Eckel, Posipal, Erhard – Waldner, Schröder (1), Biesinger (Schäfer), F. Walter, Vollmar – K.: Fritz Walter – SR: Ellis (England).
239 **Schweiz**, 21.11., Frankfurt, 1:3 verloren: Kubsch – K. Schmidt, Juskowiak – Eckel, Liebrich, Szymaniak (Mai) – Vollmar, F. Walter, Neuschäfer (1), Pfaff, Schäfer – K.: Fritz Walter – SR: Seipelt (Österreich).
240 **Irland**, 25.11., Dublin, 0:3 verloren: Kwiatkowski – Erhard, Juskowiak – Schlebrowski, Wewers, Mai – Rahn, Morlock, Miltz, Schäfer (Eckel), Vollmar – K.: Morlock – SR: Murdock (England).
241 **Belgien**, 23.12., Köln, 4:1 gewonnen: Kwiatkowski – Juskowiak, Köchling – Schlebrowski, Wewers (1), Szymaniak – Waldner, Geiger, Kelbassa (1), Schröder (1), Vollmar (1) – K.: Juskowiak – SR: Bronkhorst (Niederlande).

1957: 5 Spiele: 4 Siege, 1 Niederlage

242 **Österreich**, 10.3., Wien, 3:2 gewonnen: Herkenrath – Juskowiak, K. Schmidt – Szymaniak, Wewers, Erhard – Rahn (2), Schröder, Kraus (1), Schäfer, Vollmar (Waldner) – K.: Hans Schäfer – SR: Bronkhorst (Niederlande).
243 **Niederlande**, 3.4., Amsterdam, 2:1 gewonnen: Tilkowski – Juskowiak, K. Schmidt – Erhard, Wewers, Szymaniak – Rahn, Schröder, Kraus, A. Schmidt (1), Siedl (1) – K.: Rahn – SR: Leafe (England).
244 **Schottland**, 22.5., Stuttgart, 1:3 verloren: Tilkowski – Gerdau, Juskowiak – Stollenwerk, Wewers, Szymaniak – Rahn, Schröder, Kelbassa, A. Schmidt, Siedl (1) – K.: Rahn – SR: Dienst (Schweiz).
245 **Schweden**, 20.11., Hamburg, 1:0 gewonnen: Sawitzki – Erhard, K. Schmidt – Mai, Herb. Schäfer, Szymaniak – Peters, A. Schmidt (1), Kelbassa, Schröder, Hans Schäfer (Klodt) – K.: Hans Schäfer – SR: Zsolt (Ungarn).
246 **Ungarn**, 22.12., Hannover, 1:0 gewonnen: Herkenrath – Erhard (Stollenwerk), Juskowiak – Eckel, Wewers, Szymaniak – Cieslarczyk, A. Schmidt, Kelbassa (1), Schäfer, Vollmar – K.: Hans Schäfer – SR: Martens (Niederlande).

1958: 14 Spiele: 5 Siege, 5 Unentschieden, 4 Niederlagen

247 **Belgien**, 2.3., Brüssel, 2:0 gewonnen: Herkenrath – Erhard, Juskowiak – Eckel, Wewers, Szymaniak – Waldner, A. Schmidt (1), Kelbassa, Schäfer (1), B. Klodt – K.: Hans Schäfer – SR: Leafe (England).
248 **Spanien**, 19.3., Frankfurt, 2:0 gewonnen: Herkenrath – Stollenwerk, Juskowiak – Eckel, Erhard, Szymaniak – B. Klodt (1), A. Schmidt, F. Walter, Schäfer, Cieslarczyk (1) – K.: Hans Schäfer – SR: Ellis (England).
249 **Tschechoslowakei**, 2.4., Prag, 2:3 verloren: Sawitzki – Erhard, Juskowiak – Eckel, A. Schmidt (Waldner), Schnellinger – Steffen, Sturm, F. Walter, Schäfer, Cieslarczyk (1) (Selbsttor Stacho) – K.: Hans Schäfer – SR: Latyschew (Sowjetunion).
250 **Argentinien**, 8.6., Malmö, 3:1 gewonnen (Weltmeisterschaft – Vorrunde): Herkenrath – Stollenwerk, Juskowiak – Eckel, Erhard, Szymaniak – Rahn (2), F. Walter, Seeler (1), A. Schmidt, Schäfer – K.: Hans Schäfer – SR: Leafe (England).
251 **Tschechoslowakei**, 11.6., Hälsingborg, 2:2 unentschieden (Weltmeisterschaft – Vorrunde): Herkenrath – Stollenwerk, Juskowiak – Schnellinger, Erhard, Szymaniak – Rahn (1), F. Walter, Seeler, Schäfer (1), B. Klodt – K.: Hans Schäfer – SR: Ellis (England).

252 **Nordirland**, 15.6., Malmö, 2:2 unentschieden (Weltmeisterschaft – Vorrunde): Herkenrath – Stollenwerk, Juskowiak – Eckel, Erhard, Szymaniak – Rahn (1), F. Walter, Seeler (1), Schäfer, B. Klodt – K.: Hans Schäfer – SR: Campos (Portugal).
253 **Jugoslawien**, 19.6., Malmö, 1:0 gewonnen (Weltmeisterschaft – Viertelfinale): Herkenrath – Stollenwerk, Juskowiak – Eckel, Erhard, Szymaniak – Rahn (1), F. Walter, Seeler, A. Schmidt, Schäfer – K.: Hans Schäfer – SR: Wyssling (Schweiz).
254 **Schweden**, 24.6., Göteborg, 1:3 verloren (Weltmeisterschaft – Halbfinale): Herkenrath – Stollenwerk, Juskowiak – Eckel, Erhard, Szymaniak – Rahn, F. Walter, Seeler, Schäfer (1), Cieslarczyk – K.: Hans Schäfer – SR: Zsolt (Ungarn).
255 **Frankreich**, 28.6., Göteborg, 3:6 verloren (Weltmeisterschaft – Spiel um 3. und 4. Platz): Kwiatkowski – Stollenwerk, Erhard – Schnellinger, Wewers, Szymaniak – Rahn (1), Sturm, Kelbassa, Schäfer (1), Cieslarczyk (1) – K.: Hans Schäfer – SR: Brozzi (Argentinien).
256 **Dänemark**, 24.9., Kopenhagen, 1:1 unentschieden: Herkenrath – Stollenwerk, Juskowiak – Erhard, Jäger, Szymaniak – Kraus, Haller (Cieslarczyk), Seeler, A. Schmidt, Rahn (1) – K.: Rahn – SR: Fencl (Tschechoslowakei).
257 **Frankreich**, 26.10., Paris, 2:2 unentschieden: Tilkowski – Stollenwerk, Bauer – A. Schmidt, Erhard, Szymaniak – Rahn (1), Haller, Seeler (1), Geiger, Cieslarczyk – K.: Rahn – SR: Ellis (England).
258 **Österreich**, 19.11., Berlin, 2:2 unentschieden: Tilkowski – Stollenwerk, Schnellinger – Eckel, Erhard, Szymaniak – Rahn (2), Haller, Seeler, A. Schmidt, Kapitulski – K.: Rahn – SR: Fencl (Tschechoslowakei).
259 **Bulgarien**, 21.12., Augsburg, 3:0 gewonnen: Sawitzki – Stollenwerk, Schnellinger – Mai, Erhard, Benthaus – Waldner (1), Geiger, Seeler (2), Haller (Morlock), Rahn – K.: Rahn – SR: Seipelt (Österreich).
260 **Ägypten**, 28.12., Kairo, 1:2 verloren: Tilkowski – Zastrau, Schnellinger – Mai (Kördell), Pyka, Benthaus – Rahn, Morlock (1), Biesinger (Ringel), Faeder, Klöckner – K.: Rahn – SR: Lo Bello (Italien).

1959: 6 Spiele: 2 Siege, 2 Unentschieden, 2 Niederlagen

261 **Schottland**, 6.5., Glasgow, 2:3 verloren: Sawitzki – Juskowiak (1), Schnellinger – Benthaus, Erhard, Szymaniak – Rahn, Geiger, Seeler (1), A. Schmidt, Schäfer – K.: Rahn – SR: Ellis (England).
262 **Polen**, 20.5., Hamburg, 1:1 unentschieden: Sawitzki – Mauritz, Juskowiak – Mai, Erhard, Szymaniak – B. Klodt (Stein (1)), Geiger, Haller, A. Schmidt, Klöckner – K.: Erhard – SR: Campos (Portugal).
263 **Schweiz**, 4.10., Bern, 4:0 gewonnen: Tilkowski – Stollenwerk, Juskowiak – Benthaus, Erhard, Szymaniak – Rahn (1), Seeler (A. Schmidt), Brülls (1), Siedl, Vollmar (1) – K.: Erhard – SR: Seipelt (Österreich).
264 **Niederlande**, 21.10., Köln, 7:0 gewonnen: Ewert – Stollenwerk, Juskowiak – Benthaus, Erhard, Szymaniak – Rahn, A. Schmidt (2), Seeler (3), Brülls (1), Siedl (1) – K.: Erhard – SR: Galba (Tschechoslowakei).
265 **Ungarn**, 8.11., Budapest, 3:4 verloren: Tilkowski – Stollenwerk, Juskowiak – Benthaus, Erhard, Szymaniak – Rahn, A. Schmidt. Seeler (2), Brülls (1), Siedl – K.: Erhard – SR: Sar (Sowjetunion).
266 **Jugoslawien**, 20.12., Hannover, 1:1 unentschieden: Sawitzki – Stollenwerk, Schnellinger – Schulz, Erhard, Szymaniak – Rahn, A. Schmidt (1), Seeler, Brülls (Vollmar), Siedl – K.: Erhard – SR: Martens (Niederlande).

1960: 7 Spiele: 5 Siege, 2 Niederlagen

267 **Chile**, 23.3., Stuttgart, 2:1 gewonnen: Tilkowski – Stollenwerk, Schnellinger – Benthaus, Erhard (Wilden), Sundermann – Rahn, Haller (1), Seeler (1), A. Schmidt (Schütz), Brülls – K.: Erhard – SR: Dienst (Schweiz).
268 **Portugal**, 27.4., Ludwigshafen, 2:1 gewonnen: Tilkowski – Erhard, Schnellinger – Schulz, Wilden, Szymaniak – Rahn (1), Schütz, Seeler (1), Haller, Brülls – K.: Erhard – SR: Howley (England).
269 **Irland**, 11.5., Düsseldorf, 0:1 verloren: Sawitzki – Giesemann, Erhard – Schulz, Wenauer, Porges – Steffen, A. Schmidt, Brülls, Haller, Vollmar – K.: Erhard – SR: Ellis (England).
270 **Island**, 3.8., Reykjavik, 5:0 gewonnen: Tilkowski – Lutz, Schnellinger – Schulz, Erhard, Szymaniak – Reitgaßl (1), Brülls (Marx(1), Seeler (1), Haller, G. Dörfel (2) – K.: Erhard – SR: Wharton (Schottland).
271 **Nordirland**, 26.10., Belfast, 4:3 gewonnen (WM-Qualifikation): Tilkowski Erhard, Schnellinger – Giesemann, Wilden, Szymaniak – Kreß, Brülls (1), Seeler (1), Herrmann, G. Dörfel (2) – K.: Erhard – SR: Horn (Niederlande).

272 **Griechenland**, 20.11., Athen, 3:0 gewonnen (WM-Qualifikation): Tilkowski – Lutz, Schnellinger – Giesemann, Erhard, Szymaniak – Kreß, Haller (1), Seeler, Brülls (1), G. Dörfel (1) – K.: Erhard – SR: Ehrlich (Jugoslawien).

273 **Bulgarien**, 23.11., Sofia, 1:2 verloren: Ewert – Lutz, Schnellinger – Giesemann, Erhard, Szymaniak (Benthaus) – Kreß (G. Dörfel), Haller, Brülls, Herrmann, Vollmar (1.) – K.: Erhard – SR: Kowal (Polen).

1961: 6 Spiele: 5 Siege, 1 Niederlage

274 **Belgien**, 8.3., Frankfurt, 1:0 gewonnen: Tilkowski – Lutz, Schnellinger (Wilden) – Giesemann, Erhard, Szymaniak – Vollmar, Haller, Seeler, Brülls, G. Dörfel (1) – K.: Erhard – SR: Gulde (Schweiz).

275 **Chile**, 26.3., Santiago, 1:3 verloren: Tilkowski – Lutz, Erhard – Giesemann (Werner), Wilden, Szymaniak – Kreß, Brülls, Seeler, Herrmann (1), G. Dörfel – K.: Erhard – SR: Praddaude (Argentinien).

276 **Nordirland**, 10.5., Berlin, 2:1 gewonnen (WM-Qualifikation): Tilkowski – Erhard, Schnellinger – Werner, Wilden, Szymaniak – Kreß (1), Herrmann, Seeler, Stürmer, Brülls (1) – K.: Erhard – SR: Lindberg (Schweden).

277 **Dänemark**, 20.9., Düsseldorf, 5:1 gewonnen: Tilkowski – Nowak, Schnellinger – Schulz, Wenauer, Giesemann – Kreß (1), Herrmann, Seeler (3), Haller, Brülls (1) – K.: Seeler – SR: Martens (Niederlande).

278 **Polen**, 8.10., Warschau, 2:0 gewonnen: Tilkowski – Nowak, Erhard – Schulz, Wenauer, Giesemann – Olk (Kreß), Herrmann, Seeler, Haller (1), Brülls (1) – K.: Erhard – SR: Galba (Tschechoslowakei).

279 **Griechenland**, 22.10., Augsburg, 2:1 gewonnen (WM-Qualifikation): Tilkowski – Nowak, Schnellinger – Schulz, Erhard, Giesemann – Kreß (1), Herrmann, Seeler (2), Haller, Brülls – K.: Erhard – SR: Nilsen (Norwegen).

1962: 8 Spiele: 5 Siege, 2 Unentschieden, 1 Niederlage

280 **Uruguay**, 11.4., Hamburg, 3:0 gewonnen: Fahrian – Schnellinger, Kurbjuhn – Schulz, Wenauer, Szymaniak – Koslowski (1), Haller (1), Seeler, Brülls, Schäfer (1) – K.: Seeler – SR: Horn (Niederlande).

281 **Italien**, 31.5., Santiago, 0:0 unentschieden (Weltmeisterschaft – Vorrunde): Fahrian – Nowak, Schnellinger – Schulz, Erhard, Szymaniak – Sturm, Haller, Seeler, Schäfer, Brülls – K.: Hans Schäfer – SR: Davidson (Schottland).

282 **Schweiz**, 3.6., Santiago, 2:1 gewonnen (Weltmeisterschaft – Vorrunde): Fahrian – Nowak, Schnellinger – Schulz, Erhard, Szymaniak – Koslowski, Haller, Seeler (1), Schäfer, Brülls (1) – K.: Hans Schäfer – SR: Horn (Niederlande).

283 **Chile**, 6.6., Santiago, 2:0 gewonnen (Weltmeisterschaft – Vorrunde): Fahrian – Nowak, Schnellinger – Schulz, Erhard, Giesemann – Kraus, Szymaniak (1), Seeler (1), Schäfer, Brülls – K.: Hans Schäfer – SR: Davidson (Schottland).

284 **Jugoslawien**, 10.6., Santiago, 0:1 verloren (Weltmeisterschaft – Viertelfinale): Fahrian – Nowak, Schnellinger – Schulz, Erhard, Giesemann – Brülls, Haller, Seeler, Szymaniak, Schäfer – K.: Hans Schäfer – SR: Yamasaki (Peru).

285 **Jugoslawien**, 30.9., Zagreb, 3:2 gewonnen: Fahrian – Erhard, Schnellinger – Schulz, Wilden, Reisch – Trimhold (Koslowski), Schütz, Strehl (3), Konietzka, Kraus – K.: Erhard – SR: Rigato (Italien).

286 **Frankreich**, 24.10., Stuttgart, 2:2 unentschieden: Fahrian (Bernard) – Pott, Schnellinger – Schulz (Steinmann (1)), Wilden, Reisch – . Seeler, Schütz, Strehl, Konietzka (1), Solz – K.: Seeler – SR: Seipelt (Österreich).

287 **Schweiz**, 23.12., Karlsruhe, 5:1 gewonnen: Bernard – Nowak, Schnellinger – Werner (1), Wilden, Reisch – Kraus (2), Schütz (2), Seeler, Küppers (1), Heiß – K.: Seeler – SR: Roomer (Niederlande).

1963: 4 Spiele: 2 Siege, 2 Niederlagen

288 **Brasilien**, 5.5., Hamburg, 1:2 verloren: Fahrian – Nowak, Schnellinger – Schulz, Wilden, Werner (1) – Heiß, Schütz, Seeler, Konietzka (Strehl), G. Dörfel – K.: Seeler – SR: Dienst (Schweiz).

289 **Türkei**, 28.9., Frankfurt, 3:0 gewonnen: Fahrian – Nowak, Pott – Schulz, Wilden, A. Schmidt (Reisch) – Libuda, Krämer, Seeler (3), Konietzka (Overath), G. Dörfel – K.: Seeler – SR: Rigato (Italien).

290 **Schweden**, 3.11., Stockholm, 1:2 verloren: Sawitzki – Nowak, Kurbjuhn – Schulz, Wilden, Reisch – Libuda, Krämer, Seeler, Overath, G. Dörfel (1) – K.: Seeler – SR: Horn (Niederlande).

291 **Marokko**, 29.12., Casablanca, 4:1 gewonnen: Ewert – Nowak, Kurbjuhn – Schulz, Wilden (Overath). Reisch – Libuda, Krämer (1), A. Schmidt (1), Konietzka (2), Gerwien (Ferner) – K.: A. Schmidt – SR: Gardeazabal (Spanien).

1964: 5 Spiele: 1 Sieg, 2 Unentschieden, 2 Niederlagen

292 **Algerien**, 1.1., Algier, 0:2 verloren: Ewert (Tilkowski) – Lutz, Kurbjuhn – Schulz, Wilden, Reisch – Libuda (Ferner), Krämer, A. Schmidt (Overath), Konietzka, Gerwien – K.: A. Schmidt – SR: Bahri (Tunesien).

293 **Tschechoslowakei**, 29.4., Ludwigshafen 3:4 verloren: Fahrian – Nowak, Pott – Schulz (Reisch), Wilden, Weber – Thielen, Geiger (1), Seeler (2), Overath, Solz (Libuda) – K.: Seeler – SR: Hannet (Belgien).

294 **Schottland**, 12.5., Hannover, 2:2 unentschieden: Tilkowski – Nowak, Steiner – Szymaniak, Giesemann, Weber – Libuda, A. Schmidt (Reisch), Seeler (2), Geiger, G. Dörfel – K.: Seeler – SR: Poulsen (Dänemark).

295 **Finnland**, 7.6., Helsinki, 4:1 gewonnen: Tilkowski – Lutz (W. Sturm), Redder – Schulz, Sieloff, Weber – Kraus (1), Geiger (1), A. Schmidt (1), Konietzka, Overath (1) – K.: A. Schmidt – SR: Lindberg (Schweden).

296 **Schweden**, 4.11., Berlin, 1:1 unentschieden (WM-Qualifikation): Tilkowski – Nowak, Schnellinger – Szymaniak, Giesemann, Weber – Brunnenmeier (1), Haller, Seeler, Overath, G. Dörfel – K.: Seeler – SR: Dienst (Schweiz).

1965: 8 Spiele: 5 Siege, 1 Unentschieden, 2 Niederlagen

297 **Italien**, 13.3., Hamburg, 1:1 unentschieden: Tilkowski (Manglitz) – Piontek, Patzke – Höttges (Steinmann), Sieloff (1), Weber – Heiß, Küppers, Brunnenmeier, Konietzka, Hornig – K.: Brunnenmeier – SR: Michaelsen (Dänemark).

298 **Zypern**, 24.4., Karlsruhe, 5:0 gewonnen (WM-Qualifikation): Manglitz – Höttges, Patzke – Schulz, Sieloff (2), Lorenz – Ulsaß, Konietzka, Strehl (1), Overath (2), Hornig – K.: Schulz – SR: Mootz (Luxemburg).

299 **England**, 12.5., Nürnberg, 0:1 verloren: Tilkowski – Piontek, Höttges – Schulz, Sieloff, Lorenz (Steinmann) – Thielen, Krämer, Rodekamp, Overath, Hornig – K.: Schulz – SR: Zsolt (Ungarn).

300 **Schweiz**, 26.5., Basel, 1:0 gewonnen: Tilkowski – Piontek, Höttges – Schulz, Sieloff, Lorenz – Heiß, Küppers, Rodekamp (1), Overath, Rebele – K.: Schulz – SR: Bueno (Spanien).

301 **Brasilien**, 6.6., Rio de Janeiro, 0:2 verloren: Tilkowski – Piontek, Höttges (Giesemann) – Schulz, Sieloff, Lorenz – Heiß, Krämer, Rodekamp, Overath (Küppers), Libuda – K.: Schulz – SR: Riveros (Peru).

302 **Schweden**, 26.9., Stockholm, 2:1 gewonnen (WM-Qualifikation): Tilkowski – Höttges, Schnellinger – Beckenbauer, Sieloff, Schulz – Brunnenmeier, Grosser, Seeler (1), Szymaniak, Krämer (1) – K.: Seeler – SR: Dagnall (England).

303 **Österreich**, 9.10., Stuttgart, 4:1 gewonnen: Tilkowski – Höttges, Lorenz – Beckenbauer, Sieloff (1), Weber – Nafziger, Ulsaß (3), Brunnenmeier, Netzer, Krämer – K.: Tilkowski – SR: Dienst (Schweiz).

304 **Zypern**, 14.11., Nikosia, 6:0 gewonnen (WM-Qualifikation): Tilkowski – Piontek, Höttges – Beckenbauer, Weber, Szymaniak (1) – Heiß (1), Brunnenmeier (2), Netzer, Krämer (1), Hornig, (Selbsttor Panayotu) – K.: Szymaniak – SR: Francesconi (Italien).

1966: 14 Spiele: 11 Siege, 1 Unentschieden, 2 Niederlagen

305 **England**, 23.2., London, 0:1 verloren: Tilkowski – Lutz, Lorenz – Schulz, Weber, Szymaniak – Krämer, Beckenbauer, Held, Netzer, Hornig (Heiß) – K.: Szymaniak – SR: Roomer (Niederlande).

306 **Niederlande**, 23.3., Rotterdam, 4:2 gewonnen: Bernard – Höttges. Lorenz – Beckenbauer (2), Schulz. Weber – Brülls, Seeler (1), Held, Overath, Emmerich (1) – K.: Seeler – SR: Dagnall (England).

307 **Irland**, 4.5., Dublin, 4:0 gewonnen: Maier – Lutz, Kurbjuhn – Beckenbauer (1), Schulz, Höttges – Grabowski, Haller (1), Seeler, Overath (2), Hornig – K.: Seeler – SR: Mullen (Schottland).

308 **Nordirland**, 7.5., Belfast, 2:0 gewonnen: Bernard – Lutz, Höttges (Piontek) – Weber, Schulz, Beckenbauer – Grabowski, Overath, Seeler (1), Grosser, Heiß (1) – K.: Seeler. SR: Philips (Schottland).

309 **Rumänien**, 1.6., Ludwigshafen, 1:0 gewonnen: Tilkowski – Lutz, Schnellinger – Szymaniak, Weber, Höttges – Grabowski (Held), Ulsaß, Seeler (1), Overath, Hornig – K.: Seeler. SR: Mayer (Österreich).

310 **Jugoslawien**, 23.6., Hannover, 2:0 gewonnen: Tilkowski – Höttges, Schnellinger – Beckenbauer, Schulz, Weber – Krämer, Haller, Seeler (1), Overath (1), Held – K.: Seeler – SR: Lööw (Schweden).

311 **Schweiz**, 12.7., Sheffield, 5:0 gewonnen (Weltmeisterschaft – Vorrunde) – Tilkowski – Höttges, Schnellinger – Beckenbauer (2), Schulz, Weber – Brülls, Haller (2), Seeler, Overath, Held (1) – K.: Seeler – SR: Philips (Schottland).

312 **Argentinien**, 16.7., Birmingham, 0:0 unentschieden (Weltmeisterschaft – Vorrunde): Tilkowski – Höttges, Schnellinger – Beckenbauer, Schulz, Weber – Brülls, Haller, Seeler, Overath, Held – K.: Seeler – SR: Zecevic (Jugoslawien).
313 **Spanien**, 20.7., Birmingham, 2:1 gewonnen (Weltmeisterschaft – Vorrunde), Tilkowski – Höttges, Schnellinger – Beckenbauer, Schulz, Weber – Krämer, Overath, Seeler (1), Held, Emmerich (1) – K.: Seeler – SR: Marques (Brasilien).
314 **Uruguay**, 23.7., Sheffield, 4:0 gewonnen (Weltmeisterschaft – Viertelfinale): Tilkowski – Höttges, Schnellinger – Beckenbauer (1), Schulz, Weber – Haller (2), Overath, Seeler (1), Held, Emmerich – K.: Seeler – SR: Finney (England).
315 **Sowjetunion**, 25.7., Liverpool, 2:1 gewonnen (Weltmeisterschaft – Halbfinale): Tilkowski – Lutz, Schnellinger – Beckenbauer (1), Schulz, Weber – Haller (1), Overath, Seeler, Held, Emmerich – K.: Seeler – SR: Lo Bello (Italien).
316 **England**, 30.7., London, 2:4 n. Verlg. verloren (Weltmeisterschaft – Endspiel): Tilkowski – Höttges, Schnellinger – Beckenbauer, Schulz, Weber (1) – Haller (1), Overath, Seeler, Held, Emmerich – K.: Seeler – SR: Dienst (Schweiz).
317 **Türkei**, 12.10., Ankara, 2:0 gewonnen: Maier – Heidemann, Höttges – Weber, Schulz, Overath – Grabowski, Küppers (1), G. Müller, Netzer, Rupp (1) – K.: Schulz – SR: Romantschev (Bulgarien).
318 **Norwegen**, 19.11., Köln, 3:0 gewonnen: Maier – Heidemann, Höttges – Beckenbauer, Schulz, Weber – B. Dörfel, Ulsaß (2), Seeler (1), Overath, Held – K.: Seeler – SR: Aalbrecht (Niederlande).

1967: 8 Spiele: 5 Siege, 1 Unentschieden, 2 Niederlagen

319 **Marokko**, 22.2., Karlsruhe, 5:1 gewonnen: Wolter – Patzke, Höttges – Beckenbauer, Schulz, Fichtel – Herrmann, Ulsaß (2) (Zaczyk (1)), Heynckes (1), Overath (Löhr(1)), Held – K.: Schulz – SR: De Marchi (Italien).
320 **Bulgarien**, 22.3., Hannover, 1:0 gewonnen: Maier – Patzke, Höttges – Weber, Schulz (Fichtel), Overath – Krämer, Herrmann, Heynckes (1), Netzer, Löhr – K.: Schulz – SR: Machin (Frankreich).
321 **Albanien**, 8.4., Dortmund, 6:0 gewonnen (EM-Qualifikation): Tilkowski – Patzke, Höttges – Beckenbauer, Schulz, Weber – B. Dörfel, Ulsaß, G. Müller (4), Overath, Löhr (2) – K.: Schulz – SR: Hirviniemi (Finnland).
322 **Jugoslawien**, 3.5., Belgrad, 0:1 verloren (EM-Qualifikation): Maier – Patzke, Vogts – Beckenbauer, Schulz, Fichtel – Held, Küppers, G. Müller, Overath, Löhr – K.: Schulz – SR: de Mendibil (Spanien).
323 **Frankreich**, 27.9., Berlin, 5:1 gewonnen: Maier – Patzke, Höttges – Beckenbauer (G. Müller (1)), Schulz, Weber – Libuda (1), Siemensmeyer (2), Seeler, Overath (1), Löhr – K.: Seeler – SR: Monti (Italien).
324 **Jugoslawien**, 7.10., Hamburg, 3:1 gewonnen (EM-Qualifikation): Maier – Patzke, Höttges – Siemensmeyer, Schulz, Weber – Roth, Seeler (1), G. Müller (1), Overath, Löhr (1) – K.: Seeler – SR: Lo Bello (Italien).
325 **Rumänien**, 22.11., Bukarest, 0:1 verloren: Wolter – Patzke, Vogts – Beckenbauer, Schulz, Weber – Libuda, Siemensmeyer, Seeler, Overath, Löhr – K.: Seeler – SR: Mayer (Österreich).
326 **Albanien**, 17.12., Tirana, 0:0 unentschieden (EM-Qualifikation): Wolter – Patzke, Höttges – Netzer, Schulz, Weber – Held, Küppers, Meyer, Overath, Löhr – K.: Schulz – SR: Marschall (Österreich).

1968: 11 Spiele: 5 Siege, 5 Unentschieden, 1 Niederlage

327 **Belgien**, 6.3., Brüssel, 3:1 gewonnen: Maier – Vogts, Höttges – Beckenbauer, Schulz, Fichtel – Köppel, Laumen (1), Löhr, Netzer, Volkert (2) (Maas) – K.: Schulz – SR: Scheurer (Schweiz).
328 **Schweiz**, 17.4., Basel, 0:0 unentschieden: Wolter – Heidemann (Fichtel), Vogts – Beckenbauer, Schulz, Weber – Köppel, Seeler, Löhr, Netzer, Volkert – K.: Seeler – SR: d'Agostini (Italien).
329 **Wales**, 8.5., Cardiff, 1:1 unentschieden: Wolter (Bernard) – Vogts, Höttges – Fichtel, Bäse, Weber – Laumen, Neuberger, Held, Overath (Netzer), Köppel – K.: Overath – SR: Lindberg (Schweden).
330 **England**, 1.6., Hannover, 1:0 gewonnen: Wolter – Vogts, Lorenz – L. Müller, Fichtel, Weber – B. Dörfel, Beckenbauer (1), Löhr, Overath, Volkert – K.: Overath – SR: Van Ravens (Niederlande).
331 **Brasilien**, 16.6., Stuttgart, 2:1 gewonnen: Wolter – Vogts, Lorenz (Höttges) – L. Müller, Fichtel, Weber – B. Dörfel (1), Beckenbauer (1), Held (1), Overath, Neuberger – K.: Overath – SR: Lööw (Schweden).
332 **Frankreich**, 25.9., Marseille, 1:1 unentschieden: Maier – Vogts, Lorenz – Schulz, Fichtel, L. Müller (Netzer) – B. Dörfel, Beckenbauer, G. Müller, Overath (1), Held – K.: Schulz – SR: de Mendibil (Spanien).
333 **Österreich**, 13.10., Wien, 2:0 gewonnen (WM-Qualifikation): Maier – Vogts, Höttges – Beckenbauer, Schulz, Weber – B. Dörfel, Ulsaß, G. Müller (1), Netzer, Held (Selbsttor Eigenstiller) – K.: Schulz – SR: Ecksztain (Polen).

334 **Zypern**, 23.11., Nikosia, 1:0 gewonnen (WM-Qualifikation): Wolter – Vogts, Höttges (Gerwien) Weber, Schulz (Patzke), Lorenz – Wimmer, B. Dörfel, G. Müller (1), Overath, Held – K.: Schulz – SR: Pirvu (Rumänien).
335 **Brasilien**, 14.12., Rio de Janeiro, 2:2 unentschieden: Maier – Vogts, Patzke – Schulz, Beckenbauer, Weber (Lorenz) – B. Dörfel, Netzer, Held (1), Overath (Wimmer), Volkert (Gerwien,(1)) – K.: Schulz – SR: Zsolt (Ungarn).
336 **Chile**, 18.12., Santiago, 1:2 verloren: Wolter – Vogts, Patzke – Beckenbauer (Bella), Schulz, Lorenz – Wimmer, Netzer, Ohlhauser, Ulsaß (1), (Overath), Gerwien (B. Dörfel) – K.: Schulz – SR: Robbies (Chile).
337 **Mexiko**, 22.12., Mexico City, 0:0 unentschieden: Maier – Vogts, Patzke – Bella, Beckenbauer, Lorenz – B. Dörfel, Held, Ulsaß, Overath (Wimmer), Gerwien (Volkert) – K.: Overath – SR: Robles (Guatemala).

1969: 7 Spiele: 4 Siege, 3 Unentschieden
338 **Wales**, 26.3., Frankfurt, 1:1 unentschieden: Maier – Vogts, Höttges – Patzke, Schulz, Lorenz – Libuda, Ulsaß (L. Müller), G. Müller (1), Held, Rebele (B. Dörfel) – K.: Schulz – SR: Lo Bello (Italien).
339 **Schottland**, 16.4., Glasgow, 1:1 unentschieden (WM-Qualifikation): Wolter (Maier) – Patzke, Vogts – Beckenbauer, Schulz, Schnellinger – B. Dörfel, Haller, G. Müller (1), Overath (Lorenz). Held – K.: Schulz – SR: Gardeazabal (Spanien).
340 **Österreich**, 10.5., Nürnberg, 1:0 gewonnen (WM-Qualifikation): Maier – Höttges, Vogts – Beckenbauer, Schulz, Patzke – B. Dörfel, Overath, G. Müller (1), Held (Heynckes), Brenninger (Volkert) – K.: Schulz – SR: Fiala (CSSR).
341 **Zypern**, 21.5., Essen, 12:0 gewonnen (WM-Qualifikation): Maier – Vogts, Höttges (1) (L. Müller) – Beckenbauer, Schulz, Lorenz (1) (Patzke) – Libuda, Haller (2), G. Müller (4), Overath (3), Held (1) – K.: Schulz – SR: Colling (Luxemburg).
342 **Österreich**, 21.9., Wien, 1:1 unentschieden: Wolter – Höttges, Vogts – Beckenbauer, Schulz, Weber (Fichtel) – B. Dörfel (Libuda), G. Müller (1). Seeler, Overath, Held – K.: Seeler – SR: Lo Bello (Italien).
343 **Bulgarien**, 24.9., Sofia, 1:0 gewonnen: Maier – Höttges, Vogts – Beckenbauer, Schulz (L. Müller), Fichtel – B. Dörfel (1), Seeler, G. Müller, Overath, Maas – K.: Seeler – SR: Dileg Talaz (Türkei).
344 **Schottland**, 22.10., Hamburg, 3:2 gewonnen (WM-Qualifikation): Maier – Höttges, Vogts – Beckenbauer, Schulz, Fichtel (1) – Libuda (1), Seeler, G. Müller (1), Overath, Haller – K.: Seeler – SR: Droz (Schweiz).

1970: 14 Spiele: 9 Siege, 2 Unentschieden, 3 Niederlagen
345 **Spanien**, 11.2., Sevilla, 0:2 verloren: Manglitz – Vogts, Schnellinger – Netzer, Beckenbauer, Weber – Libuda, G. Müller, Seeler, Haller, Grabowski – K.: Seeler – SR: Vigliani (Frankreich).
346 **Rumänien**, 8.4., Stuttgart, 1:1 unentschieden: Maier – Vogts, Höttges – Beckenbauer, Schnellinger, Weber (Sieloff) – Grabowski, Haller (Lorenz), G. Müller, Overath (1), Maas (Roth) – K.: Overath – SR: Emsberger (Ungarn).
347 **Irland**, 9.5., Berlin, 2:1 gewonnen: Wolter – Patzke, Vogts – Beckenbauer, Schulz, Weber – Grabowski (Dietrich), Seeler (1), G. Müller, Overath (Held), Löhr (1) – K.: Seeler – SR: Bostroem (Schweden).
348 **Jugoslawien**, 13.5., Hannover, 1:0 gewonnen: Manglitz – Vogts, Höttges – Beckenbauer, Schnellinger, Fichtel – Libuda, Seeler (1), G. Müller, Overath, Löhr – K.: Seeler – SR: Scheurer (Schweiz).
349 **Marokko**, 3.6., Leon, 2:1 gewonnen (Weltmeisterschaft – Vorrunde): Maier – Vogts, Höttges (Löhr) – Beckenbauer, Schulz, Fichtel – Haller (Grabowski), Seeler (1), G. Müller (1), Overath, Held – K.: Seeler – SR: Van Ravens (Niederlande).
350 **Bulgarien**, 7.6., Leon, 5:2 gewonnen (Weltmeisterschaft – Vorrunde): Maier – Vogts, Höttges – Beckenbauer (Weber), Schnellinger, Fichtel – Libuda (1), Seeler (1), G. Müller (3), Overath, Löhr (Grabowski) – K.: Seeler – SR: Ortiz de Mendebil (Spanien).
351 **Peru**, 10.6., Leon, 3:1 gewonnen (Weltmeisterschaft – Vorrunde): Maier – Vogts, Höttges (Patzke) – Beckenbauer, Schnellinger, Fichtel – Libuda (Grabowski), Seeler, G. Müller (3), Overath, Löhr – K.: Seeler – SR: Aguilar (Mexiko).
352 **England**, 14.6., Leon, 3:2 n. Verl. gewonnen (Weltmeisterschaft – Viertelfinale): Maier – Vogts, Höttges (Schulz) – Beckenbauer (1), Schnellinger, Fichtel – Libuda (Grabowski), Seeler (1), G. Müller (1), Overath, Löhr – K.: Seeler – SR: Coerezza (Argentinien).
353 **Italien**, 17.6., Mexico City, 3:4 n. Verlg. verloren (Weltmeisterschaft – Halbfinale): Maier – Vogts, Patzke (Held) – Beckenbauer, Schnellinger (1), Schulz – Grabowski, Seeler, G. Müller (2), Overath, Löhr (Libuda) – K.: Seeler – SR: Yamasaki (Mexiko).

354 **Uruguay**, 20.6., Mexico City, 1:0 gewonnen (Weltmeisterschaft – Spiel um den 3. Platz): Wolter – Patzke, Vogts – Weber, Schnellinger (Lorenz), Fichtel – Libuda (Löhr), Seeler, G. Müller, Overath (1), Held – K.: Seeler – SR: Sbardella (Italien).
355 **Ungarn**, 9.9., Nürnberg, 3:1 gewonnen: Maier – Vogts, Höttges – Beckenbauer, Sieloff (1), Weber – Grabowski, Fichtel, Seeler, G. Müller (2), Löhr (Libuda) – K.: Seeler – SR: Marschall (Österreich).
356 **Türkei**, 17.10., Köln, 1:1 unentschieden (EM-Qualifikation): Maier – Vogts, Höttges – Beckenbauer, Sieloff (Heynckes), Weber – Libuda, Fichtel, G. Müller (1), Overath, Grabowski – K.: Overath – SR: Bonett (Malta).
357 **Jugoslawien**, 18.11., Zagreb, 0:2 verloren: Maier – Vogts, Höttges – Beckenbauer, Weber, Roth – Libuda, Netzer, Heynckes, Overath, Held (Grabowski) – K.: Overath – SR: Vizhanyo (Ungarn).
358 **Griechenland**, 22.11., Athen, 3:1 gewonnen: Groß – Vogts, Höttges – Beckenbauer (1), Sieloff, Bella – Libuda, Netzer (1) (Flohe), Heynckes, Overath (Roth), Grabowski (1) – K.: Overath – SR: Bentu (Rumänien).

1971: 9 Spiele: 7 Siege, 1 Unentschieden, 1 Niederlage

359 **Albanien**, 17.2., Tirana, 1:0 gewonnen (EM-Qualifikation): Maier – Vogts, Patzke (Bella) – Beckenbauer, Schnellinger, Weber – Grabowski, Netzer, G. Müller (1), Overath, Heynckes – K.: Overath – SR: Betschirov (Bulgarien).
360 **Türkei**, 25.4., Istanbul, 3:0 gewonnen (EM-Qualifikation): Maier – Vogts, Patzke – Wimmer, Beckenbauer, Weber – Grabowski, Köppel (1) (Flohe), G. Müller (2), Netzer, Heynckes – K.: Beckenbauer – SR: Kruaschwili (Sowjetunion).
361 **Albanien**, 12.6., Karlsruhe, 2:0 gewonnen (EM-Qualifikation): Maier – Schwarzenbeck, Vogts (Bleidick) – Sieloff, Beckenbauer, Wimmer – Grabowski (1), Netzer (1), Köppel, Overath (Held), Heynckes – K.: Overath – SR: Latsios (Griechenland).
362 **Norwegen**, 22.6., Oslo, 7:1 gewonnen: Kleff – Breitner, Vogts – Schwarzenbeck, Beckenbauer (1) (Bleidick), Wimmer (Sieloff) – Grabowski, Netzer (1), G. Müller (3), Overath (1), Held (1) – K.: Overath – SR: Lööw (Schweden).
363 **Schweden**, 27.6., Göteborg, 0:1 verloren: Maier – Vogts, Schwarzenbeck – Wimmer, Beckenbauer, Weber – Grabowski, Netzer, G. Müller, Overath, Held (Heynckes) – K.: Overath – SR: Wharton (Schottland).
364 **Dänemark**, 30.6., Kopenhagen, 3:1 gewonnen: Maier – Vogts, Schwarzenbeck – Flohe (1), Beckenbauer (1), Weber – Köppel (Grabowski), Overath, G. Müller (1), Netzer (Heynckes), Held (Wimmer) – K.: Overath – SR: Boosten (Niederlande).
365 **Mexiko**, 8.9., Hannover, 5:0 gewonnen: Maier – Vogts (Zembski), Schwarzenbeck – Weber, Beckenbauer, Fichtel – Grabowski (Libuda), Köppel (1) (Steffenhagen), G. Müller (3), Netzer (1), Heynckes – K.: Beckenbauer – SR: Lööw (Schweden).
366 **Polen**, 10.10., Warschau, 3:1 gewonnen (EM-Qualifikation): Maier – Breitner, Schwarzenbeck – Fichtel, Beckenbauer, Wimmer – Grabowski (1), Köppel, G. Müller (2), Netzer, Heynckes – K.: Beckenbauer – SR: Marschall (Österreich).
367 **Polen**, 17.11., Hamburg, 0:0 unentschieden (EM-Qualifikation): Maier – Höttges, Schwarzenbeck – Weber, Beckenbauer, Fichtel – Libuda, Wimmer (Köppel), G. Müller, Overath, Grabowski – K.: Overath – SR: Mullen (Schottland).

1972: 7 Spiele: 6 Siege, 1 Unentschieden

368 **Ungarn**, 29.3., Budapest, 2:0 gewonnen: Maier – Höttges, Breitner (1) – Schwarzenbeck, Beckenbauer, Wimmer – Hoeneß (1), Flohe, G. Müller, Netzer, Heynckes (Held) – K.: Beckenbauer – SR: Lo Bello (Italien).
369 **England**, 29.4., London, 3:1 gewonnen (Europameisterschaft – Viertelfinale): Maier – Höttges, Breitner – Schwarzenbeck, Beckenbauer, Wimmer – Grabowski, Hoeneß (1), G. Müller (1), Netzer (1), Held – K.: Beckenbauer – SR: Heliet (Frankreich).
370 **England**, 13.5., Berlin, 0:0 unentschieden (Europameisterschaft – Viertelfinale): Maier – Höttges, Breitner – Schwarzenbeck, Beckenbauer, Wimmer – Hoeneß (Heynckes), Flohe, G. Müller, Netzer, Held – K.: Beckenbauer – SR: Gugulovic (Jugoslawien).
371 **Sowjetunion**, 26.5., München, 4:1 gewonnen: Maier (Kleff) – Höttges (Bonhof), Breitner – Schwarzenbeck, Beckenbauer, Wimmer – Heynckes, Hoeneß, G. Müller (4), Netzer, E. Kremers – K.: Beckenbauer – SR: Marques (Brasilien).
372 **Belgien**, 14.6., Antwerpen, 2:1 gewonnen (Europameisterschaft – Halbfinale): Maier – Höttges, Breitner – Schwarzenbeck, Beckenbauer, Wimmer – Heynckes, Hoeneß (Grabowski), G. Müller (2), Netzer, E. Kremers – K.: Beckenbauer – SR: Mullen (Schottland).

373 **Sowjetunion**, 18.6., Brüssel, 3:0 gewonnen (Europameisterschaft – Endspiel): Maier – Höttges, Breitner – Schwarzenbeck, Beckenbauer, Wimmer (1) – Heynckes, Hoeneß, G. Müller (2), Netzer, E. Kremers – K.: Beckenbauer – SR: Marschall (Österreich).

374 **Schweiz**, 15.11., Düsseldorf, 5:1 gewonnen: Maier – Höttges, Breitner – Schwarzenbeck, Beckenbauer, Wimmer (Vogts) – Heynckes, Hoeneß, G. Müller (4), Netzer (1), E. Kremers (Geye) – K.: Beckenbauer – SR: van der Kroft (Niederlande).

1973: 10 Spiele: 6 Siege, 1 Unentschieden, 3 Niederlagen

375 **Argentinien**, 14.2., München, 2:3 verloren: Maier – Höttges, Vogts – Schwarzenbeck (Cullmann (1)), Beckenbauer, Breitner – Geye, Wimmer, Heynckes (1), Overath, E. Kremers (Held) – K.: Beckenbauer – SR: Lo Bello (Italien).

376 **Tschechoslowakei**, 28.3., Düsseldorf, 3:0 gewonnen: Franke – Vogts, Breitner – Schwarzenbeck, Beckenbauer, Flohe – Heynckes, Hoeneß (Cullmann), G. Müller (2), Overath, E. Kremers (1) – K.: Beckenbauer – SR: Keller (Schweiz).

377 **Jugoslawien**, 9.5., München, 0:1 verloren: Maier – Höttges – Schwarzenbeck, Beckenbauer, Flohe – Grabowski, Hoeneß, G. Müller, Overath, Held (E. Kremers) – K.: Beckenbauer – SR: Buzek (Österreich).

378 **Bulgarien**, 12.5., Hamburg, 3:0 gewonnen: Franke – Höttges, Breitner – Cullmann (1), Beckenbauer (1), Kapellmann – Grabowski, Flohe (Köppel), G. Müller, Overath, E. Kremers (Eigentor Jordanov) – K.: Beckenbauer – SR: Jonsson (Schweden).

379 **Brasilien**, 16.6., Berlin, 0:1 verloren: Maier – Breitner, Vogts – Cullmann, Beckenbauer, Flohe – Heynckes, Hoeneß (Kapellmann), G. Müller, Overath, E. Kremers – K.: Beckenbauer – SR: van Gemert (Niederlande).

380 **Sowjetunion**, 5.9., Moskau, 1:0 gewonnen: Kleff – Höttges, Breitner – Schwarzenbeck, Beckenbauer, Danner – Grabowski (Wunder), Köppel (Hoeneß), G. Müller (1), Flohe, Heynckes (E. Kremers) – K.: Beckenbauer – SR: Mladenovic (Jugoslawien).

381 **Österreich**, 10.10., Hannover, 4:0 gewonnen: Kleff – Kapellmann (H. Kremers), Höttges – Weber (1) (Hölzenbein), Beckenbauer (Cullmann), Flohe – Grabowski, Hoeneß, G. Müller (2), Overath, E. Kremers (1) – K.: Beckenbauer – SR: Delcourt (Belgien).

382 **Frankreich**, 13.10., Gelsenkirchen, 2:1 gewonnen: Kleff – Höttges (Cullmann), H. Kremers – Weber, Beckenbauer, Flohe – Grabowski, Hoeneß, G. Müller (2), Overath, E. Kremers – K.: Beckenbauer – SR: Scheurer (Schweiz).

383 **Schottland**, 14.11., Glasgow, 1:1 unentschieden: Kleff (Maier) – Vogts, Höttges – Weber, Beckenbauer, Wimmer (Cullmann) – Grabowski, Hoeneß (1), Held (Flohe), Netzer, E. Kremers (Heynckes) – K.: Beckenbauer – SR: J. K. Taylor (England).

384 **Spanien**, 24.11., Stuttgart, 2:1 gewonnen: Maier – Vogts, Höttges (Bonhof) – Weber (Schwarzenbeck), Beckenbauer, Cullmann – Grabowski, Hoeneß (Hölzenbein), G. Müller, Overath, Heynckes (2) – K.: Beckenbauer – SR: MacKenzie (Schottland).

1974: 15 Spiele: 11 Siege, 2 Unentschieden, 2 Niederlagen

385 **Spanien**, 23.2., Barcelona, 0:1 verloren: Nigbur – Vogts (Breitner), Höttges – Weber, Beckenbauer, H. Kremers (Wimmer) – Grabowski (Heynckes), Hoeneß, G. Müller, Overath, Herzog – K.: Beckenbauer – SR: Jurea (CSSR).

386 **Italien**, 26.2., Rom, 0:0 unentschieden: Maier – Höttges (H. Kremers), Breitner – Schwarzenbeck, Beckenbauer, Cullmann – Hoeneß, Netzer, G. Müller, Overath, Heynckes – K.: Beckenbauer – SR: Bucheli (Schweiz).

387 **Schottland**, 27.3., Frankfurt a. M., 2:1 gewonnen: Maier – Breitner (1), Vogts – Schwarzenbeck, Beckenbauer, Cullmann – Grabowski (1), Hoeneß, G. Müller, Wimmer, Herzog – K.: Beckenbauer – SR: Schiller (Österreich).

388 **Ungarn**, 17.4., Dortmund, 5:0 gewonnen: Nigbur – Vogts, H. Kremers – Schwarzenbeck (Bonhof), Beckenbauer, Cullmann – Grabowski, Hoeneß (Flohe), G. Müller (2), Wimmer (1) (Hölzenbein (1)), E. Kremers (1) – K.: Beckenbauer – SR: Schaut (Belgien).

389 **Schweden**, 1.5., Hamburg, 2:0 gewonnen: Maier – Vogts, Breitner – Schwarzenbeck, Beckenbauer, Cullmann (Hölzenbein) – Grabowski, Hoeneß, G. Müller, Netzer, E. Kremers (Heynckes, 2/Bonhof) – K.: Beckenbauer – SR: Kitabdjan (Frankreich).

390 **Chile**, 14.6., Berlin, 1:0 gewonnen (Weltmeisterschaft – 1. Finalrunde): Maier – Vogts, Breitner (1) – Schwarzenbeck, Beckenbauer, Cullmann – Grabowski, Hoeneß, G. Müller, Overath, (Hölzenbein), Heynckes – K.: Beckenbauer – SR: Babacan (Türkei).

391 **Australien**, 18.6., Hamburg, 3:0 gewonnen (Weltmeisterschaft – 1. Finalrunde): Maier – Vogts, Breitner – Schwarzenbeck, Beckenbauer, Cullmann (1) (Wimmer) – Grabowski, Hoeneß, G. Müller (1), Overath (1), Heynckes (Hölzenbein) – K.: Beckenbauer – SR: Kamel (Ägypten).

392 **DDR**, 22.6., Hamburg, 0:1 verloren (Weltmeisterschaft – 1. Finalrunde): Maier – Vogts, Breitner – Schwarzenbeck (Höttges), Beckenbauer, Cullmann – Grabowski, Hoeneß, G. Müller, Overath (Netzer), Flohe – K.: Beckenbauer – SR: Barreto Ruiz (Uruguay).
393 **Jugoslawien**, 26.6., Düsseldorf, 2:0 gewonnen (Weltmeisterschaft – 2. Finalrunde): Maier – Vogts, Breitner (1) – Schwarzenbeck, Beckenbauer, Bonhof – Hölzenbein (Flohe), Wimmer (Hoeneß), G. Müller (1), Overath, Herzog – K.: Beckenbauer – SR: Marques (Brasilien).
394 **Schweden**, 30.6., Düsseldorf, 4:2 gewonnen (Weltmeisterschaft – 2. Finalrunde): Maier – Vogts, Breitner – Schwarzenbeck, Beckenbauer, Bonhof (1) – Hölzenbein (Flohe), Hoeneß (1), G. Müller, Overath (1), Herzog (Grabowski (1)) – K.: Beckenbauer – SR: Kasakow (Sowjetunion).
395 **Polen**, 3.7., Frankfurt a. M., 1:0 gewonnen (Weltmeisterschaft – 2. Finalrunde): Maier – Vogts, Breitner – Schwarzenbeck, Beckenbauer, Bonhof – Grabowski, Hoeneß, G. Müller (1), Overath, Hölzenbein – K.: Beckenbauer – SR: Linemayr (Österreich).
396 **Niederlande**, 7.7., München, 2:1 gewonnen (Weltmeisterschaft – Endspiel): Maier – Vogts, Breitner (1) – Schwarzenbeck, Beckenbauer, Bonhof – Grabowski, Hoeneß, G. Müller (1), Overath, Hölzenbein – K.: Beckenbauer – SR: J. K. Taylor (England).
397 **Schweiz**, 4.9., Basel, 2:1 gewonnen: Maier – Vogts, H. Kremers – Schwarzenbeck (Kapellmann), Beckenbauer, Cullmann (1) – Geye (1), Bonhof, Hölzenbein (Seel), Hoeneß, Herzog – K.: Beckenbauer – SR: Schiller (Österreich).
398 **Griechenland**, 20.11., Piräus, 2:2 unentschieden (EM-Qualifikation): Maier – Vogts, H. Kremers – Schwarzenbeck, Beckenbauer, Cullmann (1) (Kapellmann) – Geye, Wimmer (1), Hölzenbein, Hoeneß, Heynckes (Pirrung) – K.: Beckenbauer – SR: Rainea (Rumänien).
399 **Malta**, 22.12., Gzira, 1:0 gewonnen (EM-Qualifikation): Nigbur – Vogts, Dietz – Körbel, Beckenbauer, Cullmann (1) (Seliger) – Pirrung (B. Nickel), Bonhof, Kostedde, Flohe, Hölzenbein – K.: Beckenbauer – SR: Emsberger (Ungarn).

1975: 7 Spiele: 3 Siege, 3 Unentschieden, 1 Niederlage

400 **England**, 12.3., London, 0:2 verloren: Maier – Bonhof, Vogts – Körbel, Beckenbauer, Cullmann – Ritschel, Flohe, Kostedde (Heynckes), Wimmer (H. Kremers), Hölzenbein – K.: Beckenbauer – SR: Schaut (Belgien).
401 **Bulgarien**, 27.4., Sofia, 1:1 unentschieden (EM-Qualifikation): Maier – Vogts, Breitner – Schwarzenbeck, Beckenbauer, Bonhof – Ritschel (1), Hoeneß (Körbel), Seel, Netzer, Heynckes (Hölzenbein) – K.: Beckenbauer – SR: Dubach (Schweiz).
402 **Niederlande**, 17.5., Frankfurt, 1:1 unentschieden: Maier – Vogts, Bonhof – Kliemann, Beckenbauer, Körbel – Ritschel, Wimmer (1) (Cullmann), Seel, Beer, Hölzenbein – K.: Beckenbauer – SR: Hungerbühler (Schweiz).
403 **Österreich**, 3.9., Wien, 2:0 gewonnen: Maier – Kaltz, Vogts – Schwarzenbeck (Danner), Beckenbauer (Beer), 2), Körbel – Seel, Wimmer (Keller), Gersdorff, Stielike, Hölzenbein – K.: Beckenbauer – SR: Palotai (Ungarn).
404 **Griechenland**, 11.10., Düsseldorf, 1:1 unentschieden (EM-Qualifikation): Maier – Kaltz, Vogts – Körbel, Beckenbauer, Breitner – Hölzenbein, Beer, Kostedde, Netzer, Heynckes (1) – K.: Beckenbauer – SR: Thomas (Wales).
405 **Bulgarien**, 19.11., Stuttgart, 1:0 gewonnen (EM-Qualifikation): Maier – Vogts, Dietz – Schwarzenbeck, Beckenbauer, Danner – Hölzenbein, Wimmer, Beer, Stielike, Heynckes (1) – K.: Beckenbauer – SR: MacKenzie (Schottland).
406 **Türkei**, 20.12., Istanbul, 5:0 gewonnen (EM-Qualifikation): Kargus – Vogts, Dietz (Reichel) – Schwarzenbeck, Beckenbauer, Danner – Hölzenbein, Wimmer (Bonhof), Beer (1), Stielike (Worm, 2), Heynckes (2) – K.: Beckenbauer – SR: Michelotti (Italien).

1976: 7 Spiele: 5 Siege, 2 Unentschieden

407 **Malta**, 28.2., Dortmund, 8:0 gewonnen (EM-Qualifikation): Maier – Vogts (1), Dietz – Schwarzenbeck, Beckenbauer, Beer (2) – Hölzenbein (1), Wimmer (Bongartz), Worm (2), Stielike (Cullmann), Heynckes (2) – K.: Beckenbauer – SR: Kuston (Polen).
408 **Spanien**, 24.4., Madrid, 1:1 unentschieden (EM-Viertelfinale): Maier – Vogts, Dietz (Reichel) – Schwarzenbeck (Cullmann), Beckenbauer, Bonhof – Hölzenbein, Wimmer, Beer (1), Danner, Worm – K.: Beckenbauer – SR: Taylor (England).
409 **Spanien**, 22.5., München, 2:0 gewonnen (EM-Viertelfinale): Maier – Vogts, Dietz – Schwarzenbeck, Beckenbauer, Bonhof – Hoeneß (1), Wimmer, Toppmöller (1), Beer, Hölzenbein – K.: Beckenbauer – SR: Wurtz (Frankreich).
410 **Jugoslawien**, 17.6., Belgrad, 4:2 n. Verl. gewonnen (Europameisterschaft – Halbfinale): Maier – Vogts, Dietz – Schwarzenbeck, Beckenbauer, Bonhof – Hoeneß – Wimmer (D. Müller, 3), Beer, Danner (Flohe,(1)), Hölzenbein – K.: Beckenbauer – SR: Delcourt (Belgien).

411 **Tschechoslowakei**, 20.6., Belgrad, 2:2 n. Verl., Elfmeterschießen 5:3 für CSSR (Europameisterschaft – Endspiel): Maier – Vogts, Dietz – Schwarzenbeck, Beckenbauer, Bonhof – Hoeneß, Wimmer (Flohe), D. Müller (1), Beer (Bongartz), Hölzenbein (1) – K. Beckenbauer – SR: Gonella (Italien) – Die Tore aus dem 11-m-Schießen zählen nicht in der Torjägerstatistik, sondern dienen lediglich der Feststellung des Sieges. Die 11-m-Tore: Bonhof, Flohe, Bongartz.
412 **Wales**, 6.10., Cardiff, 2:0 gewonnen: Kargus – Vogts, Dietz – Zimmermann (Schwarzenbeck), Beckenbauer (1), Beer (Seliger) – Rummenigge, Flohe, Hoeneß (D. Müller), Stielike, Heynckes (1) – K.: Beckenbauer – SR: Mathewson (England).
413 **Tschechoslowakei**, 17.11., Hannover, 2:0 gewonnen: Maier – Vogts (Kaltz), Dietz – Schwarzenbeck, Beckenbauer, Bonhof – Rummenigge, Hoeneß, Beer (1), Flohe (1), Heynckes – K.: Beckenbauer – SR: Dubach (Schweiz).

1977: 11 Spiele: 7 Siege, 3 Unentschieden, 1 Niederlage

414 **Frankreich**, 23.2., Paris, 0:1 verloren: Maier – Vogts, Dietz – Nogly, Beckenbauer, Bonhof – Rummenigge, Flohe, D. Müller (Beer), Stielike, Hölzenbein – K.: Beckenbauer – SR: Sanchez Ibanez (Spanien).
415 **Nordirland**, 27.4., Köln, 5:0 gewonnen: Maier (Franke) – Vogts, Dietz – Nogly, Kaltz, Bonhof (1) – Abramczik, Fischer (2), D. Müller (1), Flohe (1), Hölzenbein – K.: Vogts – SR: Palotai (Ungarn).
416 **Jugoslawien**, 30.4., Belgrad, 2:1 gewonnen: Maier (Kargus) – Tenhagen, Vogts – Rüßmann, Kaltz, Bonhof (1) – Abramczik, Beer, Fischer, D. Müller (1), Flohe (Magath) – K.: Vogts – SR: Babacan (Türkei).
417 **Argentinien**, 5.6., Buenos Aires, 3:1 gewonnen: Franke – Vogts, Dietz – Rüßmann, Kaltz, Bonhof – Abramczik, Hölzenbein (1), Fischer (2), Beer (Rummenigge), Volkert – K.: Vogts – SR: Coelho (Brasilien).
418 **Uruguay**, 8.6., Montevideo, 2:0 gewonnen: D. Burdenski – Vogts, Dietz – Rüßmann (Nogly), Kaltz, Bonhof – Rummenigge, Flohe (1), D. Müller (1), Magath, Volkert (Abramczik, Hölzenbein) – K.: Vogts – SR: Coerezza (Argentinien).
419 **Brasilien**, 12.6., Rio de Janeiro, 1:1 unentschieden: Maier – Vogts, Dietz – Rüßmann, Kaltz, Bonhof – Abramczik, Hölzenbein (Tenhagen), Fischer (1), Beer (Flohe), Volkert (Rummenigge) – K.: Vogts – SR: Pestarino (Argentinien).
420 **Mexiko**, 14.6., Mexiko City, 2:2 unentschieden: Maier – Vogts, Dietz – Rüßmann, Kaltz, Bonhof (Nogly) – Hölzenbein, Bongartz, Fischer (2), D. Müller (Volkert), Flohe (Beer) – K.: Vogts – SR: Dorantes (Mexiko).
421 **Finnland**, 7.9., Helsinki, 1:0 gewonnen: Maier – Vogts, Dietz – Bonhof, Kaltz, Rüßmann – Abramczik (Rummenigge), Hölzenbein, Fischer (1), Beer (Bongartz), Volkert – K.: Vogts – SR: Jarkow (Sowjetunion).
422 **Italien**, 8.10., Berlin, 2:1 gewonnen: Maier – Vogts, Dietz – Bonhof, Kaltz (1), Rüßmann – Rummenigge (1), Flohe, Fischer, Beer, Volkert (Hölzenbein) – K.: Vogts – SR: Rion (Belgien).
423 **Schweiz**, 16.11., Stuttgart, 4:1 gewonnen: Franke – Vogts, Dietz (H. Zimmermann) – Bonhof, Kaltz, Rüßmann – Abramczik, Burgsmüller, Fischer (2), Flohe (1), Seel. Dazu Selbsttor Meyer – K.: Vogts – SR: Gonella (Italien).
424 **Wales**, 14.12., Dortmund, 1:1 unentschieden: Maier – Vogts, Dietz – Bonhof, Tenhagen, Rüßmann – Abramczik, Burgsmüller, Fischer 1 (Seel), Flohe, Hölzenbein – K.: Vogts – SR: Corver (Niederlande).

1978: 13 Spiele: 5 Siege, 5 Unentschieden, 3 Niederlagen

425 **England**, 22.2., München, 2:1 gewonnen: Maier – Vogts, H. Zimmermann – Bonhof (1), Schwarzenbeck, Rüßmann – Abramczik, Flohe (Burgsmüller), Hölzenbein (Worm(1)), Neumann (Dietz), Rummenigge – K.: Vogts – SR: Wöhrer (Österreich).
426 **Sowjetunion**, 8.3., Frankfurt, 1:0 gewonnen: Maier – Vogts, Dietz, Kaltz, Rüßmann (1) – Abramczik, Hölzenbein, Fischer, Flohe, Rummenigge – K.: Vogts – SR: Gordon (Schottland).
427 **Brasilien**, 5.4., Hamburg, 0:1 verloren: Maier – Vogts, Dietz (Kh. Förster) – Bonhof, Kaltz, Rüßmann – Abramczik (H. Müller), Beer (Worm), Fischer, Flohe, Rummenigge – K.: Vogts – SR: Palotai (Ungarn).
428 **Schweden**, 19.4., Stockholm, 1:3 verloren: Maier (D. Burdenski) – Vogts, H. Zimmermann – Bonhof (1) (Dietz), Kaltz, Rüßmann – Abramczik, Hölzenbein, Fischer, H. Müller (Worm), Rummenigge – K.: Vogts – SR: Burns (England).
429 **Polen**, 1.6., Buenos Aires, 0:0 unentschieden (Weltmeisterschaft): Maier – Vogts, H. Zimmermann – Bonhof, Kaltz, Rüßmann – Abramczik, Beer, Fischer, Flohe, H. Müller – K.: Vogts – SR: Coerezza (Argentinien).

430 **Mexiko**, 6.6., Cordoba, 6:0 gewonnen (Weltmeisterschaft): Maier – Vogts, Dietz – Bonhof, Kaltz, Rüßmann – Rummenigge (2), Flohe (2), Fischer, D. Müller (1), H. Müller (1) – K.: Vogts – SR: Bouzo (Syrien).
431 **Tunesien**, 10.6., Cordoba, 0:0 unentschieden (Weltmeisterschaft): Maier – Vogts, Dietz – Bonhof, Kaltz, Rüßmann – Rummenigge, Flohe, Fischer, D. Müller, H. Müller – K.: Vogts – SR: Orozco (Peru).
432 **Italien**, 14.6., Buenos Aires, 0:0 unentschieden (Weltmeisterschaft): Maier – Vogts, Dietz – Bonhof, Kaltz, Rüßmann – Rummenigge, Flohe (Beer), Fischer, H. Zimmermann (Konopka), Hölzenbein – K.: Vogts – SR: Maksimovic (Jugoslawien).
433 **Niederlande**, 18.6., Cordoba, 2:2 unentschieden (Weltmeisterschaft): Maier – Vogts, Dietz – Bonhof, Kaltz, Rüßmann – Abramczik (1), Beer, D. Müller (1), Hölzenbein, Rummenigge – K.: Vogts – SR: Barreto Ruiz (Uruguay).
434 **Österreich**, 21.6., Cordoba, 2:3 verloren (Weltmeisterschaft): Maier – Vogts, Dietz – Bonhof, Kaltz, Rüßmann – Abramczik, Beer (H. Müller), D. Müller (Fischer), Hölzenbein (1), Rummenigge (1) – K.: Vogts – SR: Klein (Israel).
435 **Tschechoslowakei**, 11.10., Prag, 4:3 gewonnen: Maier – Kaltz, Dietz – Bonhof (2), Zewe, Kh. Förster – Abramczik (1), Cullmann, Fischer, H. Müller (1) (Worm, Kl. Allofs), Rummenigge – K.: Maier – SR: Daina (Schweiz).
436 **Ungarn**, 15.11., Frankfurt/M., 0:0 (nach 60 Minuten wegen Nebels abgebrochen): Maier – Kaltz, Dietz – Bonhof, Zewe, Rüßmann – Abramczik, Cullmann, Fischer, Kl. Allofs, Rummenigge – K.: Maier – SR: Wurtz (Frankreich).
437 **Niederlande**, 20.12., Düsseldorf, 3:1 gewonnen: D. Burdenski – Kaltz, Dietz – Bonhof (1), Zewe, Stielike – Abramczik (Borchers), Cullmann (H. Zimmermann), Fischer (1), Kl. Allofs, Rummenigge (1) – K.: Dietz – SR: Palotai (Ungarn).

1979: 9 Spiele: 7 Siege, 2 Unentschieden

438 **Malta**, 25.2., Gzira, 0:0 unentschieden (EM-Qualifikation): Maier – Kaltz, Dietz – Bonhof, Zewe (Toppmöller), Kh. Förster Abramczik, Cullmann, Fischer, H. Müller, Rummenigge (Kl. Allofs) – K.: Maier – SR: Christov (CSSR).
439 **Türkei**, 1.4., Izmir, 0:0 unentschieden (EM-Qualifikation): D. Burdenski – Kaltz, Dietz – Bonhof, Stielike, H. Zimmermann (Kh. Förster) – Rummenigge (Kelsch), Cullmann, Toppmöller, H. Müller, Borchers, – K.: Dietz – SR: Stuper (UdSSR).
440 **Wales**, 2.5., Wrexham, 2:0 gewonnen (EM-Qualifikation): Maier – Kaltz, Dietz – Bonhof, Stielike (Martin), Kh. Förster – Rummenigge, Cullmann, Fischer (1), H. Zimmermann (1), Kl. Allofs – K.: Maier – SR: Michelotti (Italien).
441 **Irland**, 22.5., Dublin, 3:1 gewonnen: Maier (D. Burdenski) – Kaltz, B. Förster – H. Zimmermann (Hartwig), Cullmann, Kh. Förster Rummenigge (1) (Memering), Schuster, D. Hoeneß (1), H. Müller (Kelsch (1)), Kl. Allofs – K.: Maier/Cullmann – SR: Courtney (England).
442 **Island**, 26.5., Reykjavik, 3:1 gewonnen: Maier (Schumacher) – Konopka, B. Förster – Kh. Förster (Kaltz), Cullmann, Schuster – Kelsch (1), H. Zimmermann (Hartwig), D. Hoeneß (2), Groh, Memering – K.: Maier – SR: Hope (Schottland).
443 **Argentinien**, 12.9., Berlin, 2:1 gewonnen: D. Burdenski – Kaltz, Dietz – Kh. Förster, Cullmann, Schuster – Rummenigge (1), Bonhof, Fischer, H. Müller, Kl. Allofs (1) – K.: Dietz – SR: Eriksson (Schweden).
444 **Wales**, 17.10., Köln, 5:1 gewonnen (EM-Qualifikation): D. Burdenski – Kaltz (1), Dietz – Kh. Förster (1), Cullmann, Schuster (Zimmermann) – Rummenigge (1) (Briegel), Bonhof, Fischer (2), H. Müller, Kl. Allofs – K.: Dietz – SR: Keizer (Niederlande).
445 **Sowjetunion**, 21.11., Tiflis, 3:1 gewonnen: Nigbur – Kaltz (Zimmermann), Briegel – Kh. Förster, Cullmann, Dietz (Votava) – Rummenigge (2), Schuster (B. Förster), Fischer (1), H. Müller, H. Nickel – K.: Dietz/Cullmann – SR: Hirviniemi (Finnland).
446 **Türkei**, 22.12., Gelsenkirchen, 2:0 gewonnen (EM-Qualifikation): Nigbur – Kaltz, Dietz – Bonhof, Cullmann, B. Förster – Rummenigge, Stielike (Zimmermann (1)), Fischer (1), H. Müller, H. Nickel – K.: Dietz – SR: Renggli (Schweiz).

1980: 11 Spiele: 9 Siege, 2 Unentschieden

447 **Malta**, 27.2., Bremen, 8:0 gewonnen (EM-Qualifikation): D. Burdenski – Kaltz, Cullmann, Kh. Förster, Dietz – Bonhof (1), B. Förster (Kelsch (1)), H. Müller – Rummenigge (1), Fischer (2), Kl. Allofs (2) (H. Nickel) – K.: Dietz – SR: Rolles (Luxemburg) – Dazu ein Selbsttor von Malta.
448 **Österreich**, 2.4., München, 1:0 gewonnen: Nigbur (Schumacher) – Kaltz, Cullmann, Kh. Förster, Dietz (Briegel) – Bonhof, B. Förster (Schuster), H. Müller (1) – Rummenigge, Hrubesch, Kl. Allofs (Del Haye) – K.: Dietz/Cullmann – SR: Vautrot (Frankreich).

449 **Polen**, 13.5., Frankfurt, 3:1 gewonnen: Schumacher – Kaltz, Cullmann, Kh. Förster, Dietz – B. Förster (Schuster (1)), Magath, Briegel (Jakobs), H. Müller (Hrubesch) – Rummenigge (1), Kl. Allofs (1) – K.: Dietz – SR: Menegali (Italien).
450 **Tschechoslowakei**, 11.6., Rom (EM-Endrunde), 1:0 gewonnen: Schumacher – Kaltz, Cullmann, Kh. Förster, Dietz – B. Förster (Magath), Stielike, Briegel, H. Müller – Rummenigge (1), Kl. Allofs – K.: Dietz – SR: Michelotti (Italien).
451 **Niederlande**, 14.6., Neapel (EM-Endrunde), 3:2 gewonnen: Schumacher – Kaltz, Stielike, Kh. Förster, Dietz (Matthäus) – Schuster, Briegel, H. Müller (Magath) – Rummenigge, Hrubesch, Kl. Allofs (3) – K.: Dietz/ Rummenigge – SR: Wurtz (Frankreich).
452 **Griechenland**, 17.6., Turin (EM-Endrunde), 0:0 unentschieden: Schumacher – Kaltz, Stielike, Kh. Förster, B. Förster (Votava) – Cullmann, Briegel, H. Müller, Memering – Rummenigge (Del Haye), Hrubesch – K.: Cullmann – SR: McGinlay (Schottland).
453 **Belgien**, 22.6., Rom (EM-Finale), 2:1 gewonnen: Schumacher – Kaltz, Schuster, Kh. Förster, Dietz – Schuster, Briegel (Cullmann), H. Müller – Rummenigge, Hrubesch (2), Kl. Allofs – K.: Dietz – SR: Rainea (Rumänien).
454 **Schweiz**, 10.9., Basel, 3:2 gewonnen: Schumacher – Kaltz, Schuster, Kh. Förster, Dietz – Briegel, Magath (1), H. Müller (2) – Rummenigge, Hrubesch, Kl. Allofs – K.: Dietz – SR: Agnolin (Italien).
455 **Niederlande**, 11.10., Eindhoven, 1:1 unentschieden: Schumacher (Immel) – Kaltz, Niedermayer, Kh. Förster, Dietz – Briegel, Magath, H. Müller – Rummenigge, Hrubesch (1), Kl. Allofs – K.: Dietz – SR: Christov (CSSR).
456 **Frankreich**, 19.11., Hannover, 4:1 gewonnen: Schumacher – Kaltz (1), Schuster, Kh. Förster, Dietz – Briegel (1), Votava, H. Müller – Allgöwer, Hrubesch (1), Kl. Allofs (1) – K.: Dietz – SR: Nyhus (Norwegen).
457 **Bulgarien**, 3.12., Sofia, 3:1 gewonnen (WM-Qualifikation): Schumacher – Kaltz (2), Stielike, Kh. Förster, Dietz – Briegel, Magath (Votava), H. Müller – Rummenigge (1), Hrubesch, Kl. Allofs (Borchers) – K.: Dietz – SR: Lattanzi (Italien).

1981: 11 Spiele: 8 Siege, 3 Niederlagen

458 **Argentinien**, 1.1., Montevideo, 1:2 verloren (Copa de Oro/Mini-WM): Schumacher – Kaltz, Bonhof, Kh. Förster, Dietz – Briegel, Magath, H. Müller – Rummenigge, Hrubesch (1), Kl. Allofs – K.: Dietz – SR: Castillo (Spanien).
459 **Brasilien**, 7.1., Montevideo, 1:4 verloren (Copa de Oro/Mini-WM): Schumacher – Kaltz (Dremmler), Bonhof, Kh. Förster, Dietz – Votava, Briegel, Magath, H. Müller – Rummenigge, Kl. Allofs (1) (Allgöwer) – K.: Dietz – SR: Silvagno (Chile).
460 **Albanien**, 1.4., Tirana, 2:0 gewonnen (WM-Qualifikation): Schumacher – Kaltz, Stielike, Kh. Förster (Hannes), Dietz – Schuster (2), Magath, H. Müller – Rummenigge, Hrubesch, Kl. Allofs – K.: Dietz – SR: Venci (CSSR).
461 **Österreich**, 29.4., Hamburg, 2:0 gewonnen (WM-Qualifikation): Schumacher – Kaltz, Stielike, Kh. Förster, Briegel – Schuster, Breitner, Magath, H. Müller – Rummenigge, Fischer (1) (Allgöwer). Dazu ein Eigentor des Österreichers Krauss – K.: Rummenigge – SR: Corver (Niederlande).
462 **Brasilien**, 19.5., Stuttgart, 1:2 verloren: Schumacher (Immel) – Kaltz, Hannes, Kh. Förster, Briegel – Schuster (Dietz), Breitner, Magath, H. Müller – Rummenigge, Fischer (1) (Allgöwer) – K.: Rummenigge – SR: White (England).
463 **Finnland**, 24.5., Lahti, 4:0 gewonnen (WM-Qualifikation): Schumacher – Kaltz (1), Hannes, Kh. Förster, Briegel (1) – Dremmler, Breitner, Magath (Allgöwer) – Rummenigge, Fischer (2), H. Müller (Borchers) – K.: Rummenigge – SR: Carpenter (Irland).
464 **Polen**, 2.9., Königshütte, 2:0 gewonnen (WM-Qualifikation): Schumacher – Kaltz (Hieronymus), Hannes, B. Förster, Briegel (Dremmler) – Breitner, Magath, H. Müller – Borchers, Fischer (1), Rummenigge (1) – K.: Rummenigge – SR: Johannsen (Schweden).
465 **Finnland**, 23.9., Bochum, 7:1 gewonnen (WM-Qualifikation): Schumacher – Kaltz, Stielike, B. Förster, Briegel – Dremmler (1), Breitner (2), Magath – Borchers, Fischer (1), Rummenigge (3) – K.: Rummenigge – SR: Rolles (Luxemburg).
466 **Österreich**, 14.10., Wien, 3:1 gewonnen (WM-Qualifikation): Schumacher – Kaltz, Stielike, Kh. Förster, Briegel – Dremmler, Breitner, Magath (1) – Littbarski (2), Fischer, Rummenigge – K.: Rummenigge – SR: Ponnet (Belgien).
467 **Albanien**, 18.11., Dortmund, 8:0 gewonnen (WM-Qualifikation): Immel – Kaltz (1) (Matthäus) Stielike, Kh. Förster, Briegel – Dremmler, Breitner (1), Magath – Rummenigge (3) (Milewski), Fischer (2), Littbarski (1) – K.: Rummenigge/Fischer – SR: Björnestad (Norwegen).
468 **Bulgarien**, 22.11., Düsseldorf, 4:0 gewonnen (WM-Qualifikation): Schumacher – Kaltz (1), Hannes, Kh. Förster, Briegel – Dremmler, Breitner, Magath (Kl. Allofs) – Rummenigge (2), Hrubesch, Fischer (1) – K.: Rummenigge – SR: Fredriksson (Schweden).

1982: 15 Spiele: 7 Siege, 4 Unentschieden, 4 Niederlagen

469 **Portugal**, 17.2., Hannover, 3:1 gewonnen: Schumacher (Franke) – Kaltz, B. Förster, Kh. Förster, Briegel – Dremmler, Breitner, Rummenigge – Hrubesch (Matthäus), Fischer (2), Littbarski (Allgöwer). Dazu ein Eigentor von Humberto – K.: Rummenigge – SR: Ponnet (Belgien).

470 **Brasilien**, 21.3., Rio de Janeiro, 0:1 verloren: Schumacher – Kaltz, Stielike, Kh. Förster, Briegel – Dremmler, Breitner, Matthäus – Littbarski (Mill), Fischer (Hrubesch), H. Müller (Engels) – K.: Kaltz – SR: Castilho (Spanien).

471 **Argentinien**, 24.3., Buenos Aires, 1:1 unentschieden: Schumacher – Kaltz, Stielike, Kh. Förster, Briegel – Dremmler (1), Matthäus, Breitner (B. Förster), H. Müller – Littbarski (Mill), Hrubesch (Engels) – K.: Kaltz – SR: Bazan (Uruguay).

472 **Tschechoslowakei**, 14.4., Köln, 2:1 gewonnen: Schumacher – Kaltz (Engels), Hannes, Kh. Förster, Briegel – Dremmler (B. Förster), Breitner (1), Matthäus – Rummenigge, Fischer (Mill), Littbarski (1) – K.: Rummenigge – SR: Quiniou (Frankreich).

473 **Norwegen**, 12.5., Oslo, 4:2 gewonnen: Franke (Immel) – B. Förster (Hannes), Stielike, Kh. Förster, Briegel (Hieronymus) – Matthäus, Breitner (Reinders), Magath – Rummenigge (2), Hrubesch (Fischer), Littbarski (2) – K.: Rummenigge – SR: Johansson (Schweden).

474 **Algerien**, 16.6., Gijon, 1:2 verloren (WM Endrunde): Schumacher Kaltz, Stielike, Kh. Förster, Briegel – Dremmler, Breitner, Magath (Fischer) – Rummenigge (1), Hrubesch, Littbarski – K.: Rummenigge – SR: Revoredo (Peru).

475 **Chile**, 20.6., Gijon, 4:1 gewonnen (WM-Endrunde): Schumacher – Kaltz, Stielike, Kh. Förster, Briegel – Dremmler, Breitner (Matthäus), Magath, Rummenigge (3) – Hrubesch, Littbarski (Reinders (1)) – K.: Rummenigge – SR: Galler (Schweiz).

476 **Österreich**, 25.6., Gijon, 1:0 gewonnen (WM Endrunde): Schumacher Kaltz, Stielike, Kh. Förster, Briegel – Dremmler, Breitner, Magath, Rummenigge (Matthäus) – Littbarski, Hrubesch (1) (Fischer) – K.: Rummenigge/Kaltz – SR: Valentine (Schottland).

477 **England**, 29.6., Madrid, 0:0 unentschieden (2. WM-Finalrunde): Schumacher – Kaltz, Stielike, Kh. Förster, Briegel – Dremmler, B. Förster, Breitner, H. Müller (Fischer) – Reinders (Littbarski), Rummenigge – K.: Rummenigge – SR: Coelho (Brasilien).

478 **Spanien**, 2.7., Madrid, 2:1 gewonnen (2. WM-Finalrunde): Schumacher – Kaltz, Stielike, Kh. Förster, B. Förster – Dremmler, Breitner, Breitner, Rummenigge (Reinders) – Littbarski (1), Fischer (1) – K.: Rummenigge/Kaltz – SR: Casarin (Italien).

479 **Frankreich**, 8.7., Sevilla, 3:3 n. V. unentschieden, Elfmeterschießen 5:4 (WM-Halbfinale): Schumacher – Kaltz, Stielike, Kh. Förster, B. Förster – Dremmler, Breitner, Magath (Hrubesch), Briegel (Rummenigge (1)) – Littbarski (1), Fischer (1) – K.: Kaltz – SR: Corver (Niederlande). Die Tore aus dem Elfmeterschießen zählen nicht in der Torjägerstatistik, sie dienen lediglich der Feststellung des Siegers. 11-m-Tore: Kaltz, Breitner, Littbarski, Hrubesch, K.-H. Rummenigge.

480 **Italien**, 11.7., Madrid 1:3 verloren (WM-Endspiel): Schumacher – Kaltz, Stielike, Kh. Förster, B. Förster – Dremmler (Hrubesch), Breitner (1), Rummenigge (H. Müller), Briegel – Littbarski, Fischer – K.: Rummenigge/Kaltz – SR: Coelho (Brasilien).

481 **Belgien**, 22.9., München, 0:0 unentschieden: Schumacher – Dremmler, Hannes, Kh. Förster, B. Förster – H. Müller (Milewski), Stielike, Matthäus, Briegel – Littbarski, Rummenigge – K.: Rummenigge – SR: Christov (CSSR).

482 **England**, 13.10., London, 2:1 gewonnen: Schumacher – Kaltz, Strack, Kh. Förster (Hieronymus), B. Förster – Meier (Littbarski), Dremmler, Briegel, Matthäus – Rummenigge (2), Kl. Allofs (Engels) – K.: Rummenigge – SR: Palotai (Ungarn).

483 **Nordirland**, 17.11., Belfast, 0:1 verloren (EM-Qualifikation): Schumacher – Kaltz, Stielike, Strack, B. Förster – Matthäus (Völler), Schuster (Engels), Briegel – Rummenigge, Kl. Allofs, Littbarski – K.: Rummenigge – SR: Nyhus (Norwegen).

1983: 10 Spiele: 6 Siege, 2 Unentschieden, 2 Niederlagen

484 **Portugal**, 23.2., Lissabon, 0:1 verloren: Schumacher – Kaltz, B. Förster, Kh. Förster, Briegel – Dremmler, Rolff, Matthäus (Otten) – Rummenigge, Völler (Meier), Littbarski (Kl. Allofs) – K.: Rummenigge – SR: Bacou (Frankreich).

485 **Albanien**, 30.3., Tirana, 2:1 gewonnen (EM-Qualifikation): Schumacher – B. Förster, Strack, Kh. Förster, Otten – Engels, H. Müller, Briegel – Littbarski, Völler (1) (Meier), Rummenigge (1) – K.: Rummenigge – SR: Menegali (Italien).

486 **Türkei**, 23.4., Izmir, 3:0 gewonnen (EM-Qualifikation): Schumacher – Dremmler (1), Strack, Kh. Förster, Briegel – Engels, Schuster, H. Müller – Littbarski (Rolff), Völler, Rummenigge (2) – K.: Rummenigge – SR: Christov (CSSR).

487 **Österreich**, 27.4., Wien, 0:0 unentschieden (EM-Qualifikation): Schumacher – Dremmler, Strack, Kh. Förster, Briegel (B. Förster) – Engels, Schuster, H. Müller (Rolff) – Littbarski, Völler, Rummenigge – K.: Rummenigge – SR: McGinlay (Schottland).
488 **Jugoslawien**, 7.6., Luxemburg, 4:2 gewonnen (Jubiläumsspiel anl. des 75jährigen Bestehens des Luxemburgischen Fußball-Verbandes): D. Burdenski (Stein) – B. Förster (Otten), Stielike, Kh. Förster, Briegel – Rolff, Schuster (1), H. Müller (Waas) – Rummenigge (1), Völler, Meier (2) (Matthäus) – K.: Rummenigge – SR: Bastian (Luxemburg).
489 **Ungarn**, 7.9., Budapest, 1:1 unentschieden: Schumacher (D. Burdenski) – B. Förster (Matthäus), Strack, Kh. Förster, Briegel – Rolff, Groh, H. Müller (Waas), Meier – Littbarski, Völler (1) – K.: Kh. Förster – SR: Krchnak (CSSR).
490 **Österreich**, 5.10., Gelsenkirchen, 3:0 gewonnen (EM-Qualifikation): Schumacher – Dremmler, Strack, Kh. Förster, Briegel – Rolff, Augenthaler, Schuster, Meier (Matthäus) – K.-H. Rummenigge (1), Völler (2) (Waas) – K.: K.-H. Rummenigge – SR: Agnolin (Italien).
491 **Türkei**, 26.10., Berlin, 5:1 gewonnen (EM-Qualifikation): Schumacher – Otten, Strack, Augenthaler, Briegel (Herget) – Matthäus, Stielike (1), Meier (M. Rummenigge) – Littbarski, Völler (2), K.-H. Rummenigge (2) – K.: K.-H. Rummenigge – SR: Sostaric (Jugoslawien).
492 **Nordirland**, 16.11., Hamburg, 0:1 verloren (EM-Qualifikation): Schumacher – Dremmler, Stielike (Strack), Kh. Förster, Briegel – Matthäus, Augenthaler, Rolff, Meier (Littbarski) – K.-H. Rummenigge, Waas – K.: K.-H. Rummenigge – SR: Palotai (Ungarn).
493 **Albanien**, 20.11., Saarbrücken, 2:1 gewonnen (EM-Qualifikation): Schumacher – B. Förster, Strack (1), Kh. Förster, Briegel (Otten) – Dremmler, Matthäus, Meier – Littbarski (Waas), Völler, K.-H. Rummenigge (1). – K.: K.-H. Rummenigge – SR: Mattsson (Finnland).

1984: 11 Spiele: 7 Siege, 1 Unentschieden, 3 Niederlagen

494 **Bulgarien**, 15.2., Varna, 3:2 gewonnen: D. Burdenski – Bockenfeld, Herget, Kh. Förster, Brehme – Stielike (2), Schuster, Meier – Bommer, Völler (1) (Kl. Allofs), K.-H. Rummenigge – K.: K.-H. Rummenigge – SR: Wöhrer (Österreich).
495 **Belgien**, 29.2., Brüssel, 1:0 gewonnen: Schumacher – Dremmler, Herget, Kh. Förster (Augenthaler), Brehme (Bruns) – Stielike, Schuster, Matthäus – Bommer (Kl. Allofs), Völler (1), K.-H. Rummenigge – K.: K.-H. Rummenigge – SR: Thomas (Niederlande).
496 **Sowjetunion**, 28.3., Hannover, 2:1 gewonnen: Schumacher (Roleder) – Rolff (Otten), Herget, Kh. Förster, Briegel – Matthäus, Bruns, Meier – Milewski (Bommer), Völler (1), Kl. Allofs (Brehme (1)) – K.: Kh. Förster – SR: Namoglu (Türkei).
497 **Frankreich**, 18.4., Straßburg, 0:1 verloren: Schumacher – B. Förster, Bruns, Kh. Förster, Briegel – Rolff (Herget), Matthäus, Brehme, Meier (Littbarski) – K.-H. Rummenigge, Völler – K.: K.-H. Rummenigge – SR: Barbaresco (Italien).
498 **Italien**, 22.5., Zürich, 1:0 gewonnen (80 Jahre FIFA): Schumacher (D. Burdenski) – B. Förster, Stielike, Kh. Förster, (Matthäus) Briegel (1) – Buchwald (Bommer), K.-H. Rummenigge, Rolff, Brehme – Völler, Kl. Allofs – K.: K.-H. Rummenigge – SR: Coelho (Brasilien).
499 **Portugal**, 14.6., Straßburg, 0:0 unentschieden (EM-Endrunde): Schumacher – B. Förster, Stielike, Kh. Förster, Briegel – Rolff (Bommer), Buchwald (Matthäus), K.-H. Rummenigge, Brehme – Völler, Kl. Allofs – K.: K.-H. Rummenigge – SR: Juschka (UdSSR).
500 **Rumänien**, 17.6., Lens, 2:1 gewonnen (EM-Endrunde): Schumacher – B. Förster, Stielike, Kh. Förster (Buchwald),. Briegel – Matthäus, Meier (Littbarski), Brehme – K.-H. Rummenigge, Völler (2), Kl. Allofs – K.: K.-H. Rummenigge – SR: Keizer (Niederlande).
501 **Spanien**, 20.6., Paris, 0:1 verloren (EM-Endrunde): Schumacher – B. Förster, Stielike, Kh. Förster, Briegel – Matthäus, Meier (Littbarski), Brehme (Rolff) – K.-H. Rummenigge, Völler, Kl. Allofs – K.: K.-H. Rummenigge – SR: Christov (CSSR).
502 **Argentinien**, 12.9., Düsseldorf, 1:3 verloren: Schumacher – Brehme, Bruns, Jakobs (1), Frontzeck – Bommer, Matthäus, Magath, Falkenmayer – Völler (Stielike), Mill (Schreier) – K.: Schumacher – SR: Wurtz (Frankreich).
503 **Schweden**, 17.10., Köln, 2:0 gewonnen (WM-Qualifikation): Schumacher – Jakobs, Herget, Kh. Förster, Briegel – Brehme, Matthäus, Falkenmayer (Kl. Allofs), Magath (Rahn (1)) – K.-H. Rummenigge (1), Völler – K.: K.-H. Rummenigge – SR: Valentine (Schottland).
504 **Malta**, 16.12., Ta' Qali, 3:2 gewonnen (WM-Qualifikation): Schumacher – Jakobs (Thon), Herget, Kh. Förster (1) – Matthäus, Rahn, Brehme, Briegel – K.-H. Rummenigge, Völler, Kl. Allofs (2) – K.: K.-H. Rummenigge – SR: Petrovic (Jugoslawien).

1985: 11 Spiele: 4 Siege, 2 Unentschieden, 5 Niederlagen

505 **Ungarn**, 29.1., Hamburg, 0:1 verloren: Stein (Schumacher) – Berthold (Herget), Jakobs, Kh. Förster, Briegel (Frontzeck) – Littbarski (Mill), Matthäus, Magath, Thon (Kroth) – K.-H. Rummenigge, Völler – K.: K.-H. Rummenigge – SR: Halle (Norwegen).

506 **Portugal**, 24.2., Lissabon, 2:1 gewonnen (WM-Qualifikation): Schumacher – Berthold, Herget, Jakobs, Frontzeck – Matthäus, Falkenmayer, Magath, Briegel – Littbarski (1), Völler (1) – K.: Schumacher – SR: Casarin (Italien).
507 **Malta**, 27.3., Saarbrücken, 6:0 gewonnen (WM-Qualifikation): Schumacher – Berthold, Herget, Kh. Förster, Frontzeck – Rahn (2) (Thon), Briegel (Brehme), Magath (1), Littbarski (1), Völler, K.-H. Rummenigge (2) – K.: K.-H. Rummenigge – SR: Tokat (Türkei).
508 **Bulgarien**, 17.4., Augsburg, 4:1 gewonnen: Schumacher (Stein) – Brehme, Herget, Kh. Förster, Frontzeck (Berthold) – Matthäus, Magath, Rahn (1) (Jakobs) – Littbarski (1), Völler (2), K.-H. Rummenigge (Thon) – K.: K.-H. Rummenigge/Kh. Förster – SR: Galler (Schweiz).
509 **Tschechoslowakei**, 30.4., Prag, 5:1 gewonnen (WM-Qualifikation): Schumacher – Berthold (1), Jakobs, Kh. Förster, Brehme – Matthäus 1 (Thon), Herget (1), Magath, Rahn (Kl. Allofs (1)) – Littbarski (1), Völler – K.: Schumacher – SR: Quiniou (Frankreich).
510 **England**, 12.6., Mexiko City, 0:3 verloren: Schumacher – Berthold, Herget, Jakobs, Augenthaler, Brehme – Matthäus, Magath (Thon), Rahn – Littbarski, Mill (Waas) – K.: Schumacher – SR: Leanza (Mexiko).
511 **Mexiko**, 15.6., Mexiko City, 0:2 verloren: Stein – Matthäus, Augenthaler (Frontzeck), Jakobs, Brehme – Rahn, Herget, Magath – Mill, Völler, Kögl – K.: Magath – SR: Hackett (England).
512 **Sowjetunion**, 28.8., Moskau, 0:1 verloren: Schumacher – Herget – Berthold, Kh. Förster, Brehme – Matthäus, Littbarski, Magath, Rahn – Völler, Kl. Allofs (Meier) – K. Schumacher – SR: Ravander (Finnland).
513 **Schweden**, 25.9., Stockholm, 2:2 unentschieden (WM-Qualifikation): Schumacher – Augenthaler – Berthold, Kh. Förster, Jakobs – Littbarski, Herget (1), Briegel, Brehme – K.-H. Rummenigge, Völler (1) – K.: K.-H. Rummenigge – SR: van Langenhove (Belgien).
514 **Portugal**, 16.10., Stuttgart, 0:1 verloren (WM-Qualifikation): Schumacher – Jakobs (Gründel) – Berthold, Kh. Förster, Brehme – Allgöwer, Herget, Meier, Briegel – Littbarski (Th. Allofs), K.-H. Rummenigge – K.: K.-H. Rummenigge – SR: Hackett (England).
515 **Tschechoslowakei**, 17.11., München, 2:2 unentschieden (WM-Qualifikation): Schumacher – Augenthaler – Brehme, Kh. Förster, Briegel (Frontzeck) – Rolff, Thon, Allgöwer – Littbarski (Rahn), K.-H. Rummenigge (1), Kögl – K.: K.-H. Rummenigge – SR: Thime (Norwegen).

1986: 15 Spiele: 8 Siege, 4 Unentschieden, 3 Niederlagen

516 **Italien**, 5.2., Avellino, 2:1 gewonnen: Schumacher – Augenthaler – Buchwald, Kh. Förster, Briegel – Matthäus (1), Rolff, Herget (1), Magath – K.-H. Rummenigge, Kl. Allofs (Gründel) – K.: K.-H. Rummenigge – SR: Igna (Rumänien).
517 **Brasilien**, 12.3., Frankfurt/M., 2:0 gewonnen: Schumacher – Herget – Brehme, Jakobs (Buchwald), Briegel (1) – Matthäus, Rolff, Magath, Thon – Mill (Gründel), K.-H. Rummenigge (Kl. Allofs (1)) – K.: K.-H. Rummenigge/Schumacher – SR: Agnolin (Italien).
518 **Schweiz**, 9.4., Basel, 1:0 gewonnen: Stein – Augenthaler – Berthold, Kh. Förster (Jakobs), Briegel (Buchwald) – Falkenmayer (Brehme), Matthäus, Magath, Rolff – D. Hoeneß (1), Thon (Allgöwer) – K.: Kh. Förster/Magath – SR: Quiniou (Frankreich).
519 **Jugoslawien**, 11.5., Bochum, 1:1 unentschieden: Schumacher – Augenthaler – Buchwald (Berthold), Kh. Förster, Eder – Matthäus, Herget (Kl. Allofs), Thon, Briegel – D. Hoeneß (Littbarski), Völler (1) – K.: Schumacher – SR: Eriksson (Schweden).
520 **Niederlande**, 14.5., Dortmund, 3:1 gewonnen: Stein – Herget (1) – Berthold, Eder (W. Funkel), Briegel – Matthäus (Allgöwer), Rolff, Littbarski (Gründel), Brehme – Völler (2) (Mill), Kl. Allofs – K.: Briegel – SR: Wöhrer (Österreich).
521 **Uruguay**, 4.6., Queretaro, 1:1 unentschieden (WM-Gruppenspiel): Schumacher – Augenthaler – Berthold, Kh. Förster, Briegel – Matthäus (K.-H. Rummenigge), Eder, Magath, Brehme (Littbarski) – Kl. Allofs (1), Völler – K.: Schumacher – SR: Christov (CSSR).
522 **Schottland**, 8.6., Queretaro, 2:1 gewonnen (WM-Gruppenspiel): Schumacher – Augenthaler – Berthold, Eder, Kh. Förster, Briegel (Jakobs) – Littbarski (K.-H. Rummenigge), Matthäus, Magath – Kl. Allofs (1), Völler (1) – K.: Schumacher – SR: Igna (Rumänien).
523 **Dänemark**, 13.6., Queretaro, 0:2 verloren (WM-Gruppenspiel): Schumacher – Jakobs – Berthold, Eder, Kh. Förster (K.-H. Rummenigge), Brehme – Matthäus, Rolff (Littbarski), Herget – Kl. Allofs, Völler – K.: Schumacher – SR: Ponnet (Belgien).
524 **Marokko**, 17.6., Monterrey, 1:0 gewonnen (WM-Achtelfinale): Schumacher – Jakobs – Berthold, Kh. Förster, Briegel – Matthäus (1), Magath, Eder – K.-H. Rummenigge, Völler (Littbarski), Kl. Allofs – K.: K.-H. Rummenigge – SR: Z. Petrovic (Jugoslawien).
525 **Mexiko**, 21.6., Monterrey, 0:0 unentschieden n. V., Elfmeterschießen 4:1 (WM-Viertelfinale): Schumacher – Jakobs – Berthold, Eder (Littbarski), Kh. Förster, Briegel – Matthäus, Magath,

Brehme – K.-H. Rummenigge (D. Hoeneß), Kl. Allofs – K.: K.-H. Rummenigge/Schumacher – SR: Diaz (Kolumbien) – Tore aus dem Elfmeterschießen (zählen nicht in der Torjägerstatistik, sondern dienen lediglich der Feststellung des Siegers): Kl. Allofs, Brehme, Matthäus, Littbarski.

526 **Frankreich**, 25.6., Guadalajara, 2:0 gewonnen (WM-Halbfinale): Schumacher – Jakobs – Brehme (1), Eder, Kh. Förster, Briegel – Matthäus, Rolff, Magath – K.-H. Rummenigge (Völler (1)), Kl. Allofs – K.: K.-H. Rummenigge/Schumacher – SR: Agnolin (Italien).

527 **Argentinien**, 29.6., Mexico City, 2:3 verloren (WM-Endspiel): Schumacher – Jakobs – Brehme, Kh. Förster, Briegel – Berthold, Matthäus, Eder, Magath (D. Hoeneß) – K.-H. Rummenigge (1), Kl. Allofs (Völler (1)) – K.: K.-H. Rummenigge – SR: Arppi Filho (Brasilien).

528 **Dänemark**, 24.9., Kopenhagen, 2:0 gewonnen: Schumacher – Hörster – Berthold, Kohler, Buchwald, Frontzeck – Matthäus, Thon (1) (Rahn), Rolff – Völler, Kl. Allofs (1) (Waas) – K.: Schumacher – SR: Fredriksson (Schweden).

529 **Spanien**, 15.10., Hannover, 2:2 unentschieden: Schumacher – Hörster (Augenthaler) – Berthold, Kohler, Buchwald, Frontzeck – Matthäus, Rahn (1), Rolff (Wuttke) – Wohlfarth, Waas (1) (Eckstein) – K.: Schumacher – SR: Sawtschenko (Sowjetunion).

530 **Österreich**, 29.10., Wien, 1:4 verloren: Immel – Hörster – Berthold, Buchwald, W. Funkel, Frontzeck (Völler (1)) – Rolff, Matthäus, Thon (M. Rummenigge) – Waas, Kl. Allofs – K.: Kl. Allofs – SR: Agnolin (Italien).

1987: 9 Spiele: 4 Siege, 4 Unentschieden, 1 Niederlage

531 **Israel**, 25.3., Tel Aviv, 2:0 gewonnen: Immel – Hörster – Kohler, Buchwald, Pflügler – Brehme, Matthäus (1), Rahn, Thon (1) – Waas, Völler (Wuttke) – K.: Matthäus – SR: Gächter (Schweiz).

532 **Italien**, 18.4., Köln, 0:0 unentschieden: Immel – Herget – Kohler, Buchwald, Pflügler (Frontzeck) – Rolff (Reuter), Littbarski, Matthäus, Thon – Völler, Kl. Allofs – K.: Kl. Allofs – SR: Thomas (Niederlande).

533 **Frankreich**, 12.8., Berlin, 2:1 gewonnen: Immel – Herget – Kohler, Buchwald (Rolff), Pflügler – Brehme (Reuter), Matthäus, Rahn, Dorfner – Völler (2) (Littbarski), Kl. Allofs – K.: Kl. Allofs – SR: Lund-Sörensen (Dänemark).

534 **England**, 9.9., Düsseldorf, 3:1 gewonnen: Immel – Herget – Brehme (Reuter), Kohler, Buchwald, Frontzeck – Littbarski (2), Thon, Dorfner – Völler (Wuttke(1)), Kl. Allofs – K.: Kl. Allofs – SR: Casarin (Italien).

535 **Dänemark**, 23.9., Hamburg, 1:0 gewonnen: Illgner – Herget – Reuter, Kohler, Buchwald, Frontzeck – Littbarski, Rolff, Thon (Schwabl) – Völler (1), Kl. Allofs (Rahn) – K.: Kl. Allofs, Völler – SR: Brummeier (Österreich).

536 **Schweden**, 14.10., Gelsenkirchen, 1:1 unentschieden: Illgner – Herget – Berthold (Brehme), Kohler, Buchwald, Pflügler – Littbarski (1), Thon, Dorfner – Völler, Kl. Allofs – K.: Kl. Allofs – SR: Sanchez-Arminio (Spanien).

537 **Ungarn**, 18.11., Budapest, 0:0 unentschieden: Immel –Herget – Berthold, Kohler, Frontzeck – Rolff, Matthäus (Eckstein), Thon, Reuter – Littbarski, Kl. Allofs – K.: Kl. Allofs – SR: Krchnak (CSSR).

538 **Brasilien**, 12.12., Brasilia, 1:1 unentschieden: Immel – Reuter (1), Kohler, Buchwald, Brehme (Hochstätter) – Herget – Schwabl (Ordenewitz), Matthäus, Frontzeck (Foda) – Klinsmann, Thon – K.: Matthäus – SR: Racomin (Ecuador).

539 **Argentinien**, 16.12., Buenos Aires, 0:1 verloren: Illgner – Herget – Reuter (Foda), Kohler, Pflügler – Rolff, Matthäus, Thon, Schwabl (Hochstätter) – Klinsmann, Ordenewitz – K.: Matthäus – SR: Coelho (Brasilien).

1988: 11 Spiele: 6 Siege, 4 Unentschieden, 1 Niederlage

540 **Schweden**, 31.3., Berlin, 1:1 unentschieden, Elfmeterschießen 2:4: Immel – Herget – Berthold (Reuter), Kohler, Buchwald Frontzeck – Matthäus, Littbarski (Rolff), Thon – Völler, Kl. Allofs (1) (Eckstein) – K.: Kl. Allofs/Matthäus – SR: Hartman (Ungarn). Tore aus dem 11-m-Schießen zählen nicht in der Torstatistik: Thon, Eckstein.

541 **Argentinien**, 2.4., Berlin, 1:0 gewonnen: Immel – Herget – Berthold (Brehme), Kohler (Pflügler), Borowka – Matthäus (1), Thon, Rolff – Klinsmann, Völler, Eckstein (Neubarth) – K.: Matthäus – SR: Röthlisberger (Schweiz).

542 **Schweiz**, 27.4., Kaiserslautern, 1:0 gewonnen: Immel – Herget – Brehme, Kohler, Görtz (Reuter) – Matthäus, Rolff, Thon (Littbarski), Dorfner (Schwabl) – Klinsmann (1), Völler – K.: Matthäus – SR: Blankenstein (Niederlande).

543 **Jugoslawien**, 4.6., Bremen, 1:1 unentschieden: Immel – Herget – Berthold (Dorfner), Kohler, Borowka – Matthäus (1), Rolff, Thon (Eckstein), Brehme – Klinsmann, Völler (Mill) – K.: Matthäus – SR: Spirin (Sowjetunion).

544 **Italien**, 10.6., Düsseldorf, 1:1 unentschieden (EM-Endrunden-Gruppenspiel): Immel – Herget – Berthold, Kohler, Buchwald, Brehme (1) (Borowka) – Matthäus, Littbarski, Thon – Klinsmann, Völler (Eckstein) – K.: Matthäus – SR: Hackett (England).
545 **Dänemark**, 14.6., Gelsenkirchen, 2:0 gewonnen (EM-Endrunden-Gruppenspiel): Immel – Herget – Buchwald (Borowka), Kohler, Brehme – Rolff, Littbarski, Matthäus, Thon (1) – Klinsmann (1), Völler (Mill) – K.: Matthäus – SR: Valentine (Schottland).
546 **Spanien**, 17.6., München, 2:0 gewonnen (EM-Endrunden-Gruppenspiel): Immel – Herget – Borowka, Kohler, Brehme – Matthäus, Littbarski (Wuttke), Rolff, Thon – Klinsmann (Mill), Völler (2) – K.: Matthäus – SR: Vautrot (Frankreich).
547 **Niederlande**, 21.6., Hamburg, 1:2 verloren (EM-Halbfinale): Immel – Herget (Pflügler) – Brehme, Kohler, Borowka – Matthäus (1), Rolff, Thon – Mill (Littbarski), Klinsmann, Völler – K.: Matthäus – SR: Igna (Rumänien).
548 **Finnland**, 31.8., Helsinki, 4:0 gewonnen (WM-Qualifikation): Illgner – Fach – Brehme, Kohler, Buchwald (Rolff), Görtz – Matthäus (1), Häßler – Littbarski, Völler (2), Eckstein (Riedle (1)) – K.: Matthäus – SR: Zhuk (Sowjetunion).
549 **Sowjetunion**, 21.9., Düsseldorf, 1:0 gewonnen: Illgner – Herget – Reuter, Kohler (Buchwald), Pflügler (K. Reinhardt) – Möller, Rolff, Hermann – Littbarski, Th. Allofs, Waas. Eigentor Schmatowalenko – K.: Littbarski – SR: Galler (Schweiz).
550 **Niederlande**, 19.10., München, 0:0 unentschieden (WM-Qualifikation): Illgner – Fach – Berthold, Kohler, Buchwald, Brehme – Matthäus, Thon, Häßler – Klinsmann (Mill), Völler – K.: Matthäus – SR: d'Elia (Italien).

1989: 6 Spiele, 3 Siege, 3 Unentschieden

551 **Bulgarien**, 22.3., Sofia, 2:1 gew.: Illgner – Fach (Littbarski (1)) – Berthold, Kohler, Buchwald, Brehme – Häßler, Möller, Matthäus – Riedle, Völler (1) – K.: Matthäus – SR: Krchnak (CSSR).
552 **Niederlande**, 26.4., Rotterdam, 1:1 unentschieden (WM-Qualifikation): Illgner – Berthold – Reuter, Buchwald, Kohler (Rolff), Brehme – Matthäus, Möller, Häßler – Riedle (1), Völler (Klinsmann) – K.: Matthäus – SR: Fredriksson (Schweden).
553 **Wales**, 31.5., Cardiff, 0:0 unentschieden (WM-Qualifikation): Illgner – Berthold – Reuter, A. Reinhardt, Buchwald, Brehme – Häßler, Fach, Möller – Riedle (Klinsmann), Völler – K. Völler – SR: da Silva Valente (Portugal).
554 **Irland**, 6.9., Dublin, 1:1 unentschieden: Illgner (Aumann) – Augenthaler – Reuter, Buchwald (A. Reinhardt), Pflügler – Dorfner (1) (Fach), Littbarski, Möller, Thon, Häßler – Wohlfarth – K.: Littbarski – SR: van den Wijngaert (Belgien).
555 **Finnland**, 4.10., Dortmund, 6:1 gewonnen (WM-Qualifikation): Illgner – Augenthaler – Reuter, Buchwald, Brehme – Häßler (Bein), Matthäus (1), Möller (2) (Mill), Littbarski (1) – Klinsmann (1), Völler (1) – K.: Matthäus – SR: Snoddy (Nordirland).
556 **Wales**, 15.11., Köln 2:1 gewonnen (WM-Qualifikation): Illgner – Augenthaler (A. Reinhardt) – Reuter, Buchwald, Brehme – Häßler (1), Dorfner, Möller (Bein), Littbarski, Völler (1) – K.: Littbarski – SR: Vautrot (Frankreich).

1990: 15 Spiele, 10 Siege, 4 Unentschieden, 1 Niederlage

557 **Frankreich**, 28.2., Montpellier, 1:2 verloren: Illgner – Augenthaler – Berthold, A. Reinhardt, Brehme – Häßler, Möller (1), Matthäus, Bein – Klinsmann, Riedle (Littbarski) – K. Matthäus – SR: Ramos Marcos (Spanien).
558 **Uruguay**, 25.4., Stuttgart, 3:3 unentschieden: Illgner (Aumann) – Kohler, Berthold, Buchwald, Brehme – Häßler, Littbarski, Matthäus (1), Bein (Thon) – Klinsmann (1), Völler (1) – K.: Matthäus – SR: Karlsson (Schweden).
559 **Tschechoslowakei**, 26.5., Düsseldorf, 1:0 gewonnen: Illgner – Augenthaler – Buchwald, Kohler, Brehme – Häßler (Thon), Littbarski (Möller), Matthäus, Bein (1) (Berthold) – Klinsmann (Mill), Völler – K.: Matthäus – SR: Galler (Schweiz).
560 **Dänemark**, 30.5., Gelsenkirchen, 1:0 gewonnen: Aumann (Köpke) – Augenthaler (Steiner) – Kohler (Reuter), Buchwald, Brehme (Pflügler) – Häßler (Hermann), Littbarski (Berthold), Matthäus (Thon), Bein (Möller) – Klinsmann (Mill), Völler (1) (Riedle) – K.: Matthäus/Berthold – SR: Midgley (England).
561 **Jugoslawien**, 10.6., Mailand, 4:1 gewonnen (WM-Gruppenspiel): Illgner – Augenthaler – Reuter, Buchwald, Brehme – Berthold, Häßler (Littbarski), Matthäus (2), Bein (Möller) – Völler (1), Klinsmann (1) – K.: Matthäus – SR: Mikkelsen (Dänemark).
562 **Vereinigte Arabische Emirate**, 15.6., Mailand, 5:1 gewonnen (WM-Gruppenspiel): Illgner – Augenthaler – Reuter, Buchwald, Brehme – Berthold (Littbarski), Häßler, Matthäus (1), Bein (1) – Völler (2), Klinsmann (1) (Riedle) – K.: Matthäus – SR: Spirin (UdSSR).

96   Kapitel 2: Die deutschen Länderspiele

563 **Kolumbien**, 19.6., Mailand, 1:1 unentschieden (WM-Gruppenspiel): Illgner – Augenthaler – Reuter, Buchwald, Pflügler – Berthold, Häßler (Thon), Matthäus, Bein (Littbarski (1)) – Völler, Klinsmann – K.: Matthäus – SR: Snoddy (Nordirland).
564 **Niederlande**, 24.6., Mailand, 2:1 gewonnen (WM-Achtelfinale): Illgner – Augenthaler – Reuter, Berthold, Kohler, Brehme (1), Littbarski, Matthäus, Buchwald – Klinsmann (1) (Riedle), Völler – K.: Matthäus – SR: Loustau (Argentinien).
565 **Tschechoslowakei**, 1.7., Mailand, 1:0 gewonnen (WM-Viertelfinale): Illgner – Augenthaler – Berthold, Buchwald, Kohler, Brehme – Littbarski, Matthäus (1), Bein (Möller) – Riedle, Klinsmann – K.: Matthäus – SR: Kohl (Österreich).
566 **England**, 4.7., Turin, 1:1 unentschieden n.V./4:3 im 11-m-Schießen (WM-Halbfinale): Illgner – Augenthaler – Berthold, Buchwald, Kohler, Brehme (1) – Häßler (Reuter), Matthäus, Thon – Klinsmann, Völler (Riedle) – K.: Matthäus – SR: Wright (Brasilien). Die Tore aus dem 11-m-Schießen (Brehme, Matthäus, Riedle, Thon) zählen nicht in der Torjägerstatistik, sondern dienen lediglich der Ermittlung des Siegers.
567 **Argentinien**, 8.7., Rom, 1:0 gewonnen (WM-Endspiel): Illgner – Augenthaler – Berthold (Reuter), Kohler, Buchwald, Brehme (1) – Häßler, Matthäus, Littbarski – Klinsmann, Völler – K.: Matthäus – SR: Codesal Mendez (Mexiko).
568 **Portugal**, 29.8., Lissabon, 1:1 unentschieden: Illgner – Berthold – Reuter, Kohler, Buchwald, Brehme – Bein (K. Reinhardt), Matthäus (1) (Binz), Möller – Riedle, Völler (Klinsmann) – K.: Matthäus/Brehme – SR: R. Lo Bello (Italien).
569 **Schweden**, 10.10., Stockholm, 3:1 gewonnen: Aumann – Binz – Berthold, Helmer, Brehme (1) (K. Reinhardt) – Häßler, Möller (Riedle), Matthäus, Strunz – Völler (1), Klinsmann (1) – K.: Matthäus – SR: Worrall (England).
570 **Luxemburg**, 31.10., Luxemburg, 3:2 gewonnen: (EM-Qualifikation): Illgner – Binz – Berthold, Kohler, Brehme – Häßler, Strunz, Matthäus, Bein (1) (K. Reinhardt) – Klinsmann (1), Völler (1) – K.: Matthäus – SR: Nielsen (Dänemark).
571 **Schweiz**, 19.12., Stuttgart, 4:0 gewonnen: Illgner – Berthold – Kohler, Buchwald, Helmer – Reuter, Häßler, Matthäus (1), Sammer (Thom (1)) – Klinsmann, Völler (1) (Riedle (1)) – K.: Matthäus – SR: C. Longhi (Italien).

1991: 7 Spiele, 6 Siege, 1 Niederlage

572 **Sowjetunion**, 27.3., Frankfurt/M., 2:1 gewonnen: Illgner – Berthold – Reuter (1), Kohler (Helmer), Buchwald – Häßler (Möller), Sammer, Matthäus (1), Doll – Klinsmann, Völler – K.: Matthäus – SR: Listkiewicz (Polen).
573 **Belgien**, 1.5., Hannover, 1:0 gewonnen (EM-Qualifikation): Illgner – Berthold – Reuter, Beiersdorfer, Brehme – Häßler, Sammer, Matthäus (1), Doll – Klinsmann (Helmer), Völler (Riedle) – K.: Matthäus – SR: Z. Petrovic (Jugoslawien).
574 **Wales**, 5.6., Cardiff, 0:1 verloren (EM-Qualifikation): Illgner – Berthold – Buchwald, Kohler, Brehme – Reuter, Helmer, Matthäus (Doll), Sammer (Effenberg) – Klinsmann, Völler – K.: Matthäus/Völler – SR: Bo Karlsson (Schweden).
575 **England**, 11.9., London, 1:0 gew.: Illgner – Binz – Effenberg, Kohler, Buchwald – Häßler, Matthäus, Möller, Brehme – Riedle – Doll (Klinsmann) – K.: Matthäus – SR: Spirin (Sowjetunion).
576 **Wales**, 16.10., Nürnberg, 4:1 gewonnen (EM-Qualifikation): Illgner – Binz – Buchwald, Kohler, Brehme – Reuter, Doll 1 (Effenberg), Matthäus, Möller (1) – Riedle (1) (Häßler), Völler (1) – K.: Matthäus – SR: Quiniou (Frankreich).
577 **Belgien**, 20.11., Brüssel, 1:0 gewonnen (EM-Qualifikation): Illgner – Binz – Buchwald, Kohler, Brehme – Reuter, Möller (Effenberg), Matthäus, Doll – Völler (1), Riedle – K.: Matthäus – SR: Lanese (Italien).
578 **Luxemburg**, 18.12., Leverkusen, 4:0 gewonnen (EM-Qualifikation): Illgner – Binz – Reuter, Buchwald (1), Kohler, Brehme – Möller (Bein), Matthäus (1), Doll (Häßler (1)) – Riedle (1), Völler – K.: Matthäus – SR: Przesmycki (Polen).

1992: 14 Spiele: 5 Siege, 5 Unentschieden, 4 Niederlagen

579 **Italien**, 25.3., Turin, 0:1 verloren: Illgner – Binz – Reuter, Helmer, Buchwald, Brehme (M. Schulz) Häßler, Matthäus, Doll (Bein) – Völler (Klinsmann), Riedle – K.: Matthäus – SR: Larsson (Schweden).
580 **Tschechoslowakei**, 22.4., Prag, 1:1 unentschieden: Köpke – Binz – Helmer, Buchwald, Wörns – Häßler (1) (Möller), Effenberg, Thom (Sammer), Frontzeck – Klinsmann, Völler – K.: Völler – SR: Frost (Israel).

581 **Türkei**, 30.5., Gelsenkirchen, 1:0 gewonnen: Köpke Kohler, Binz, Buchwald – Wörns (Effenberg), Häßler, Sammer, Möller, Brehme Völler (1), Klinsmann (Thom) – K.: Völler – SR: Ramos (Frankreich).
582 **Nordirland**, 2.6., Bremen, 1:1 unentschieden: Illgner – Binz (1) – Kohler, Buchwald – Reuter, Effenberg, Sammer (Thom), Häßler (Doll), Brehme – Völler, Riedle – K.: Völler – SR: Constantin (Belgien).
583 **GUS**, 12.6., Norrköping, 1:1 unentschieden (EM-Gruppenspiel): Illgner – Binz – Reuter (Klinsmann), Kohler, Buchwald, Brehme – Häßler (1), Effenberg, Doll – Völler (Möller), Riedle – K.: Völler/Brehme – SR: Biguét (Frankreich).
584 **Schottland**, 15.6., Norrköping, 2:0 gewonnen (EM-Gruppenspiel): Illgner – Kohler, Binz, Buchwald, Brehme – Häßler, Effenberg (1), Sammer, Möller – Klinsmann, Riedle (1) (Reuter, Schulz) – K.: Brehme – SR: Goethals (Belgien).
585 **Niederlande**, 18.6., Göteborg, 1:3 verloren (EM-Gruppenspiel): Illgner – Binz (Sammer) – Brehme, Helmer, Kohler, Frontzeck – Häßler, Effenberg, Möller – Riedle (Doll), Klinsmann (1) – K.: Brehme – SR: Pairetto (Italien).
586 **Schweden**, 21.6., Stockholm, 3:2 gewonnen (EM-Halbfinale): Illgner – Helmer – Reuter, Kohler, Buchwald, Brehme – Häßler (1), Effenberg, Sammer – Klinsmann (Doll), Riedle (2) – K.: Brehme – SR: Lanese (Italien).
587 **Dänemark**, 26.6., Göteborg, 0:2 verloren (EM-Endspiel): Illgner – Helmer – Reuter, Kohler, Buchwald, Brehme – Häßler – Effenberg (Thom), Sammer (Doll) – Klinsmann, Riedle – K.: Brehme – SR: Galler (Schweiz).
588 **Dänemark**, 9.9., Kopenhagen, 2:1 gewonnen: Köpke – Buchwald – Wörns, Helmer, Frontzeck – Reuter, Klinsmann (Strunz), Effenberg (1), Doll (Thon) – Riedle (1), Thom – K.: Buchwald – SR: Bodenham (England).
589 **Mexiko**, 14.10., Dresden, 1:1 unentschieden: Köpke – Thon – Buchwald – Scholz, Häßler, Matthäus, Helmer, Effenberg, K. Reinhardt – Völler (1) (Kirsten), Riedle (Klinsmann) – K.: Matthäus – SR: Marko (CSFR).
590 **Österreich**, 18.11., Nürnberg, 0:0 unentschieden: Köpke – Buchwald – Kohler, Helmer – Reuter, Häßler, Effenberg, Doll, Reinhardt (Möller) – Klinsmann, Riedle (Kirsten) – K.: Buchwald – SR: Worrall (England).
591 **Brasilien**, 16.12., Porto Alegre, 1:3 verloren: Illgner – Buchwald – Wörns, Kohler – Wolter (Zorc), Wagner (Reinhardt) – Effenberg, Matthäus, Häßler (Sammer (1)) – Klinsmann, Thom (Doll) – K.: Matthäus – SR: Escobar (Paraguay).
592 **Uruguay**, 20.12., Montevideo, 4:1 gewonnen: Köpke – Thon – Kohler, Helmer – Häßler (1) (Sammer), Zorc, Buchwald (1), Matthäus, Möller – Doll (Kirsten) – Klinsmann (1) (Labbadia) – K.: Matthäus – SR: Loustau (Argentinien).

1993: 11 Spiele: 7 Siege, 3 Unentschieden, 1 Niederlage

593 **Schottland**, 24.3., Glasgow, 1:0 gewonnen: Köpke – Thon – Buchwald, Kohler – Häßler, Zorc, Matthäus (Sammer), Doll (Effenberg), Helmer – Riedle (1), Klinsmann – K.: Matthäus/ Buchwald – SR: Schelings (Belgien).
594 **Ghana**, 14.4., Bochum, 6:1 gewonnen: Köpke – Thon – Kohler, Buchwald – Effenberg (2), Matthäus (Häßler), Zorc, Bein (Möller (1)), Helmer Klinsmann (2), Riedle (Kirsten (1)) Matthäus/Buchwald – SR: van der Ende (Niederlande).
595 **Brasilien**, 10.6., Washington, 3:3 unentschieden: Köpke – Buchwald – Kohler, Helmer – Effenberg, Zorc (Strunz), Matthäus, Ziege (Schulz), Sammer (Riedle), Möller (1) – Klinsmann (2) – K.: Matthäus – SR: Angeles (USA).
596 **USA**, 13.6., Chicago, 4:3 gewonnen: Köpke – Buchwald – Kohler (Helmer), Schulz – Strunz, Effenberg (Möller), Matthäus, Bein, Ziege – Klinsmann (1) (Pflipsen), Riedle (3) – K.: Matthäus – SR: Loustau (Argentinien).
597 **England**, 19.6., Detroit, 2:1 gewonnen: Illgner – Helmer – Buchwald, Schulz – Strunz, Effenberg (1) (Zorc), Matthäus, Möller (Sammer), Ziege – Riedle, Klinsmann (1) – K.: Matthäus – SR: Cavani (Uruguay).
598 **Tunesien**, 22.9., Tunis, 1:1 unentschieden: Illgner – Matthäus – Kohler, Schulz – Buchwald (Hobsch), Gaudino, Effenberg, Bein, Ziege – Riedle (Kirsten), Möller (1) – K.: Matthäus – SR: Medjeiba (Algerien).
599 **Uruguay**, 13.10., Karlsruhe, 5:0 gewonnen: Köpke – Matthäus – Kohler, Helmer (Zorc) – Effenberg (Ritter), Häßler, Buchwald (1), Möller (1), Ziege – Klinsmann, Riedle (1) (Kirsten (1)) – Dazu ein Eigentor von Romero – K.: Matthäus – SR: Grabher (Österreich).
600 **Brasilien**, 17.11., Köln, 2:1 gewonnen: Illgner – Matthäus – Effenberg, Kohler, Helmer – Häßler, Buchwald (1), Möller (1), Brehme – Riedle (Kirsten), Klinsmann (Gaudino) – K.: Matthäus – SR: Damgaard (Dänemark).

601 **Argentinien**, 15.12., Miami, 1:2 verloren: Köpke – Matthäus – Kohler, Helmer – Effenberg, Häßler, Buchwald, Möller (1) (Sammer), Brehme – Kirsten, Klinsmann (Thom) – K.: Matthäus – SR: Don (England).
602 **USA**, 18.12., San Francisco, 3:0 gewonnen: Illgner – Matthäus – Kohler (Sammer), Buchwald – Effenberg, Häßler (Strunz), Eilts, Brehme (Ziege) – Möller (1) – Klinsmann (Thom (1)), Kuntz (1) – K.: Matthäus – SR: Pedersen (Norwegen).
603 **Mexiko**, 22.12., Mexiko City, 0:0 unentschieden: Illgner – Matthäus – Kohler, Schulz – Strunz, Effenberg (Eilts), Gaudino (Häßler), Sammer, Ziege (Kuntz) – Möller, Klinsmann (Kirsten) – K.: Matthäus – SR: Sawtell (Kanada).

1994: 15 Spiele: 11 Siege, 2 Unentschieden, 2 Niederlagen

604 **Italien**, 23.3., Stuttgart, 2:1 gewonnen: Illgner – Matthäus – Kohler (Berthold), Buchwald – Strunz, Häßler (Basler), Effenberg, Sammer, Brehme – Möller, Klinsmann (2) – K.: Matthäus – SR: McCluskey (Schottland).
605 **Vereinigte Arabische Emirate**, 27.4., Abu Dhabi, 2:0 gewonnen: Köpke – Matthäus (Sammer) – Kohler, Berthold – Strunz, Basler, Möller (Gaudino (1)), Buchwald, Brehme (Helmer) – Kirsten (1), Thom (Häßler) – K.: Matthäus/Buchwald – SR: Craciunescu (Rumänien).
606 **Irland**, 29.5., Hannover, 0:2 verloren: Illgner – Matthäus – Kohler (Häßler), Buchwald (Berthold) – Strunz, Basler, Sammer, Wagner – Möller (Effenberg) – Klinsmann, Riedle (Völler) – K.: Matthäus – SR: Encianar (Spanien).
607 **Österreich**, 2.6., Wien, 5:1 gewonnen: Illgner – Matthäus (Basler (1)) – Berthold, Kohler – Strunz, Effenberg, Sammer (1) (Helmer), Brehme – Häßler, Möller (2) (Kuntz) – Klinsmann (1) (Riedle) – K.: Matthäus/Brehme – SR: Harrel (Frankreich).
608 **Kanada**, 8.6., Toronto, 2:0 gewonnen: Illgner – Matthäus – Kohler (Helmer), Berthold – Strunz (Gaudino), Basler (Kuntz), Sammer (1), Häßler (Wagner), Brehme – Klinsmann (Riedle), Völler (1) – K.: Matthäus – SR: Lodge (England).
609 **Bolivien**, 17.6., Chicago, 1:0 gewonnen (WM-Gruppenspiel): Illgner – Matthäus – Kohler, Berthold – Brehme, Häßler (Strunz), Sammer, Effenberg – Möller – Klinsmann (1), Riedle (Basler) – K.: Matthäus – SR: Carter (Mexiko).
610 **Spanien**, 21.6., Chicago, 1:1 unentschieden (WM-Gruppenspiel): Illgner – Matthäus – Kohler, Berthold – Strunz, Häßler, Sammer, Effenberg, Brehme – Klinsmann (1), Möller (Völler) – K.: Matthäus – SR: Cavani (Uruguay).
611 **Südkorea**, 27.6., Dallas, 3:2 gewonnen (WM-Gruppenspiel): Illgner – Matthäus (Möller) – Kohler, Berthold – Effenberg (Helmer), Häßler, Buchwald, Sammer, Brehme – Riedle (1), Klinsmann (2) – K.: Matthäus/Brehme – SR: Quiniou (Frankreich).
612 **Belgien**, 2.7., Chicago, 3:2 gewonnen (WM-Achtelfinale): Illgner – Matthäus (Brehme) – Kohler, Helmer – Berthold, Häßler, Buchwald, Sammer, Wagner – Völler (2), Klinsmann (1) (Kuntz) – K.: Matthäus/Völler – SR: Röthlisberger (Schweiz).
613 **Bulgarien**, 10.7., New York, 1:2 verloren (WM-Viertelfinale): Illgner – Matthäus (1) – Kohler, Helmer – Berthold, Häßler (Brehme), Buchwald, Möller, Wagner (Strunz) – Klinsmann, Völler – K.: Matthäus – SR: Cadena (Kolumbien).
614 **Russland**, 7.9., Moskau, 1:0 gewonnen: Köpke – Matthäus – Kohler, Helmer – Strunz, Basler (Möller), Eilts, Häßler, Weber – Klinsmann, Kuntz (1) (Riedle) – K.: Matthäus – SR: Werner (Polen).
615 **Ungarn**, 12.10., Budapest, 0:0 unentschieden: Köpke – Matthäus (Reuter) – Kohler, D. Schuster – Strunz, Todt, Eilts (Wagner), Weber – Häßler – Klinsmann, Bobic (Marschall) – K.: Matthäus/Kohler – SR: Zen-Ruffinen (Schweiz).
616 **Albanien**, 16.11., Tirana, 2:1 gewonnen (EM-Qualifikation): Köpke – Matthäus – Berthold, Kohler – Reuter, Eilts, Sammer (Strunz), Weber (D. Schuster) – Möller – Klinsmann (1), Kirsten (1) – K.: Matthäus – SR: Melnitschuk (Ukraine).
617 **Moldawien**, 14.12., Chisinau, 3:0 gewonnen (EM-Qualifikation): Köpke – Matthäus (1) – Helmer, Berthold – Reuter, Häßler, Sammer, Weber – Möller (Kuntz), Klinsmann (1), Kirsten (1) (Strunz) – K.: Matthäus – SR: Van Vliet (Niederlande).
618 **Albanien**, 18.12., Kaiserslautern, 2:1 gewonnen (EM-Qualifikation): Köpke – Matthäus (1) – Berthold, Helmer – Reuter, Häßler (Strunz), Sammer, Weber – Möller – Kirsten (Kuntz), Klinsmann (1) – K.: Matthäus – SR: Christensen (Dänemark).

1995: 12 Spiele: 8 Siege, 3 Unentschieden, 1 Niederlage

619 **Spanien**, 22.2., Jerez de la Frontera, 0:0 unentschieden: Köpke – Helmer – Babbel – Wörns (Basler), Freund, Todt, Schuster (Weber) – Häßler, Möller – Klinsmann, Kirsten – K.: Klinsmann – SR: Sundell (Schweden).

620 **Georgien**, 29.3., Tiflis, 2:0 gewonnen (EM-Qualifikation): Köpke – Helmer – Kohler, Babbel – Reuter, Eilts, Weber (Freund) – Basler, Möller – Klinsmann (2), Herrlich – K.: Klinsmann – SR: Bodenham (England).
621 **Wales**, 26.4., Düsseldorf, 1:1 unentschieden (EM-Qualifikation): Köpke – Reuter Freund, Babbel, Weber – Basler (Scholl), Eilts, Häßler, Ziege (Kuntz) – Klinsmann, Herrlich (1) – K.: Klinsmann – SR: Encinar (Spanien).
622 **Bulgarien**, 7.6., Sofia, 2:3 verloren (EM-Qualifikation): Köpke – Sammer – Reuter, Babbel, Helmer – Basler (Möller), Strunz (1) (Kirsten), Eilts – Häßler – Klinsmann (1), Herrlich – K.: Klinsmann – SR: Pairetto (Italien).
623 **Italien**, 21.6., Zürich, 2:0 gewonnen: Köpke – Sammer – Babbel, Helmer (1), Freund – Reuter, Häßler, Ziege, Heinrich – Kirsten, Kuntz (Bobic) – K.: Häßler – SR: Detruche (Schweiz) – Dazu ein Eigentor von Maldini.
624 **Schweiz**, 23.6., Bern, 2:1 gewonnen: Kahn – Sammer – Freund, Helmer – Reuter, Todt, Ziege – Häßler (1), Scholl (Weber), Möller (1) – Kuntz – K.: Häßler – SR: Grabher (Österreich).
625 **Belgien**, 23.8., Brüssel, 2:1 gewonnen: Köpke – Helmer – Strunz (Eilts), Kohler (Haber, Labbadia), Heinrich – Basler, Freund, Babbel, Möller (1) – Bobic (1), Scholl – K.: Kohler/Möller – SR: van der Ende (Niederlande).
626 **Georgien**, 6.9., Nürnberg, 4:1 gewonnen (EM-Qualifikation): Kahn – Helmer – Kohler, Babbel (1), Ziege (1) – Strunz, Freund, Häßler, Möller (1) – Klinsmann, Kirsten (1) – K.: Klinsmann – SR: McCluskey (Schottland).
627 **Moldawien**, 8.10., Leverkusen, 6:1 gewonnen (EM-Qualifikation): Köpke – Sammer (2) (Wörns) – Babbel, Helmer (1) – Freund, Eilts, Ziege – Häßler, Möller (2) (Scholl) – Klinsmann, Herrlich (Bobic). Dazu ein Eigentor von S. Stroenco – Moldawien – K.: Klinsmann – SR: Ziober (Polen).
628 **Wales**, 11.10., Cardiff, 2:1 gewonnen (EM-Qualifikation): Köpke – Sammer – Babbel (Wörns), Helmer – Freund, Eilts, Ziege – Häßler, Möller – Klinsmann (1), Herrlich (Kuntz). Dazu ein Eigentor von Melville – Wales – K.: Klinsmann – SR: Craciunescu (Rumänien).
629 **Bulgarien**, 15.11., Berlin, 3:1 gewonnen (EM-Qualifikation): Köpke – Sammer – Babbel, Kohler (Strunz), Freund – Eilts, Helmer, Basler, Häßler (1) (Reuter) – Klinsmann (2), Kuntz (Bobic) – K.: Klinsmann – SR: Nikakis (Griechenland).
630 **Südafrika**, 15.12., Johannesburg, 0:0 unentschieden: Köpke – Helmer – Kohler (Kuntz), R. Schneider – Haber (Wörns), Reuter, Bode – Häßler, Möller – Klinsmann, Bobic – K.: Klinsmann – SR: Gallagher (England).

1996: 16 Spiele: 10 Siege, 5 Unentschieden, 1 Niederlage

631 **Portugal**, 21.2., Porto, 2:1 gewonnen: Köpke – Sammer – Ziege (Albertz), Kohler, Babbel – Häßler (Basler), Freund, Helmer, Möller (2) – Klinsmann, Kuntz (Bierhoff) – K.: Klinsmann – SR: Boggi (Italien).
632 **Dänemark**, 27.3., München, 2:0 gewonnen Kahn (Köpke) – Helmer – Kohler – Reuter (Babbel), Eilts, Freund (Albertz), Ziege – Häßler, Scholl (Basler) – Klinsmann, Bierhoff (2) – K.: Klinsmann – SR: Temmink (Niederlande).
633 **Niederlande**, 24.4., Rotterdam, 1:0 gewonnen: Köpke – Sammer (Helmer) – Reuter, Kohler, Ziege – Freund, Häßler (Kuntz), Eilts (Babbel), Basler (Scholl) – Klinsmann (1), Bierhoff – K.: Klinsmann – SR: Collina (Italien).
634 **Nordirland**, 29.5., Belfast, 1:1 unentschieden: Kahn – Helmer – Basler, Strunz, Kohler, Ziege (Bode) – Scholl (1), Eilts, Möller – Bierhoff (Kuntz), Klinsmann (Bobic) – K.: Klinsmann/Kohler – SR: Young (Schottland).
635 **Frankreich**, 1.6., Stuttgart, 0:1 verloren: Köpke – Sammer – Reuter, Babbel, Ziege (Scholl) – Häßler (Basler), Eilts (Freund), Helmer, Möller – Bobic – K.: Klinsmann – SR: Wojcik (Polen).
636 **Liechtenstein**, 4.6., Mannheim, 9:1 gewonnen: Reck – Sammer (1) – Reuter (Freund), Kohler (1), Ziege (1) (Klinsmann (1)) – Eilts (Strunz), Häßler (Basler), Helmer (Bode), Möller (2) (Scholl) – Bierhoff (1), Kuntz (2) – K.: Kohler – SR: W. Müller (Schweiz).
637 **Tschechien**, 9.6., Manchester, 2:0 gewonnen (EM-Gruppenspiel): Köpke – Sammer – Reuter, Kohler (Babbel), Helmer – Häßler, Eilts, Möller (1), Ziege (1) – Bobic (Strunz), Kuntz (Bierhoff) – K.: Kohler/Häßler – SR: Elleray (England).
638 **Russland**, 16.6., Manchester, 3:0 gewonnen (EM-Gruppenspiel): Köpke – Sammer (1) – Reuter, Babbel, Helmer, Ziege – Häßler (Freund), Eilts, Möller (Strunz) – Bierhoff (Kuntz), Klinsmann (2) – K.: Klinsmann – SR: Nielsen (Dänemark).
639 **Italien**, 19.6., Manchester, 0:0 unentschieden (EM-Gruppenspiel): Köpke – Sammer – Strunz, Freund, Helmer, Ziege – Häßler, Eilts, Möller (Bode) – Klinsmann, Bobic – K.: Klinsmann – SR: Goethals (Belgien).

640 **Kroatien**, 23.6., Manchester, 2:1 gewonnen (EM-Viertelfinale): Köpke – Sammer (1) – Reuter, Babbel, Helmer, Ziege – Scholl (Häßler), Eilts, Möller – Klinsmann (1) (Freund), Bobic (Kuntz) – K.: Klinsmann/Möller – SR: Sundell (Schweden).
641 **England**, 26.6., London, 1:1 n. V./E 6:5 (EM-Halbfinale): Köpke – Sammer – Reuter, Babbel, Helmer (Bode), Ziege – Freund (Strunz), Eilts – Scholl (Häßler), Möller – Kuntz (1) – K.: Möller – SR: Puhl (Ungarn) – Tore aus dem 11-m-Schießen: Häßler, Strunz, Reuter, Ziege, Kuntz, Möller (zählen nicht in der Torstatistik, sondern dienen lediglich der Ermittlung des Siegers).
642 **Tschechien**, 30.6., London, 2:1 n. V. („Golden Goal"), EM-Endspiel: Köpke – Sammer – Strunz, Babbel, Helmer, Ziege – Eilts (Bode), Scholl (Bierhoff (2)), Häßler – Klinsmann, Kuntz – K.: Klinsmann – SR: Pairetto (Italien).
643 **Polen**, 4.9., Zabrze, 2:0 gewonnen: Kahn – Helmer – Reuter (Babbel), Kohler, Strunz, Ziege (Bode) – Häßler, Eilts, Möller (Scholl) – Bierhoff (1) (Bobic), Klinsmann (1) – K.: Klinsmann – SR: Durkin (England).
644 **Armenien**, 9.10., Eriwan, 5:1 gewonnen (WM-Qualifikation): Köpke – Reuter – Babbel, Kohler – Paßlack, Eilts, Bode (Kuntz (1)) – Häßler (2) (Tarnat), Scholl – Bierhoff (Bobic (1)), Klinsmann (1) – K.: Klinsmann – SR: Collina (Italien).
645 **Nordirland**, 9.11., Nürnberg, 1:1 unentschieden (WM-Qualifikation): Köpke – Reuter – Kohler – Babbel, Strunz, Eilts (Paßlack), Tarnat – Häßler, Möller (1) – Bobic (Bierhoff), Klinsmann – K.: Klinsmann – SR: Cakar (Türkei).
646 **Portugal**, 14.12., Lissabon, 0:0 unentschieden (WM-Qualifikation): Köpke – Sammer – Kohler – Reuter, Babbel (Tarnat), Eilts, Ziege – Basler (Kirsten) – Möller – Klinsmann, Bobic – K.: Klinsmann – SR: Puhl (Ungarn).

1997: 9 Spiele: 7 Siege, 2 Unentschieden

647 **Israel**, 26.2., Tel Aviv, 1:0 gewonnen: Kahn – Sammer – Kohler – Babbel, Eilts, Ziege – Basler (Heinrich), Möller, Wosz (1) – Klinsmann, Bobic (Kirsten) – K.: Klinsmann – SR: Braschi (Italien).
648 **Albanien**, 2.4., Granada, 3:2 gewonnen (WM-Qualifikation): Köpke – Sammer – Kohler, Helmer – Reuter (Heinrich), Eilts (Kirsten (3)), Möller, Wosz, Ziege – Bierhoff, Klinsmann – K.: Klinsmann – SR: Piraux (Belgien).
649 **Ukraine**, 30.4., Bremen, 2:0 gewonnen (WM-Qualifikation): Köpke – Helmer – Kohler – Heinrich, Eilts, Ziege – Basler (1), Wosz (Tarnat) – Bobic (Nowotny), Klinsmann, Bierhoff (1) – K.: Klinsmann – SR: Frisk (Schweden).
650 **Ukraine**, 7.6., Kiew, 0:0 unentschieden (WM-Qualifikation): Köpke – Sammer – Kohler, Helmer – Heinrich, Basler, Eilts, Wosz (Scholl), Ziege – Kirsten (Bierhoff), Klinsmann – K.: Klinsmann – SR: Vagner (Ungarn).
651 **Nordirland**, 20.8., Belfast, 3:1 gewonnen (WM-Qualifikation): Köpke – Helmer – Kohler – Wörns (Häßler), Nowotny, Ziege, Heinrich – Basler (Babbel), Möller – Klinsmann, Kirsten (Bierhoff 3) – K.: Klinsmann – SR: Encinar (Spanien).
652 **Portugal**, 6.9., Berlin, 1:1 unentschieden (WM-Qualifikation): Köpke – Helmer – Heinrich (Wosz), Kohler, Ziege – Reuter (Babbel), Nowotny – Basler, Häßler – Klinsmann, Bierhoff (Kirsten (1)) – K.: Klinsmann – SR: Batta (Frankreich).
653 **Armenien**, 10.9., Dortmund, 4:0 gewonnen (WM-Qualifikation): Köpke – Wörns, Thon, Helmer – Heinrich, Kmetsch (Ricken), Tarnat (Bierhoff) – Häßler (1), Wosz (Nowotny) – Klinsmann (2), Kirsten (1) – K.: Klinsmann – SR: Mikkelsen (Dänemark).
654 **Albanien**, 11.10., Hannover, 4:3 gewonnen (WM-Qualifikation): Kahn – Thon – Reuter, Kohler, Helmer (1), Heinrich – Häßler, Möller – Kuntz (Marschall (1)) – Bobic (Tarnat), Bierhoff (2) – K.: Kohler – SR: Pedersen (Norwegen).
655 **Südafrika**, 15.11., Düsseldorf, 3:0 gewonnen: Kahn – Helmer (Tarnat) – Wörns, Linke – Basler, D. Hamann (1), Jeremies, Ziege (Heinrich (1)) – Häßler – Bierhoff (1), Kirsten (Marschall) – K.: Häßler – SR: Michel (Slowakei).

1998: 17 Spiele: 10 Siege, 4 Unentschieden, 3 Niederlagen

656 **Oman**, 18.2., Maskat, 2:0 gewonnen: Köpke (Lehmann) – Kohler (1), Wörns – Thon – Ricken (Möller), Kmetsch (Reuter), Jeremies, Heinrich (1) – Häßler – Bierhoff, Kirsten – K.: Kohler – SR: Saleh (Vereinigte Arabische Emirate).
657 **Saudi-Arabien**, 22.2., Riad, 3:0 gewonnen: Köpke – Thon (Nowotny) – Kohler, Linke – Basler (Häßler), Hamann, Helmer (1), Tarnat – Möller (1) – Bierhoff (Marschall (1)), Kirsten (Bobic) – K.: Kohler – SR: Khamis (Bahrain).

658 **Brasilien**, 25.3., Stuttgart, 1:2 verloren: Köpke – Thon – Wörns, Kohler – Heinrich, Hamann, Helmer (Babbel), Ziege (Tarnat) – Möller – Klinsmann (Kirsten (1)), Bierhoff – K.: Klinsmann/Möller – SR: Elleray (England).

659 **Nigeria**, 22.4., Köln, 1:0 gewonnen: Kahn – Thon – Wörns, Babbel – Jeremies (Reuter), Häßler, Hamann, Tarnat – Möller (1) (Freund) – Kirsten, Bierhoff – K.: Häßler – SR: Nieto (Spanien).

660 **Finnland**, 27.5., Helsinki, 0:0 unentschieden: Köpke (Kahn) – Wörns, Matthäus, Kohler (Babbel) – Heinrich (Jeremies), Freund, Hamann (Thon), Tarnat – Häßler, Bierhoff, Kirsten (Marschall) – K.: Kohler/Häßler – SR: Bo Larsen (Dänemark).

661 **Kolumbien**, 30.5., Frankfurt/M., 3:1 gewonnen: Köpke – Thon – Wörns, Kohler – Reuter, Jeremies (Matthäus), Ziege – Häßler (Hamann), Möller (1) – Bierhoff (2) (Kirsten), Marschall, (Klinsmann) – K.: Kohler – SR: Ouzounov (Bulgarien).

662 **Luxemburg**, 5.6., Mannheim, 7:0 gewonnen: Köpke (Lehmann) – Thon (Reuter) – Wörns, Kohler (Babbel) – Heinrich, Hamann (Tarnat), Helmer (1) (Matthäus) – Ziege (1) – Möller (Marschall) – Kirsten (2) (Bierhoff (2)), Klinsmann (1) – K.: Klinsmann – SR: Stuchlik (Österreich).

663 **USA**, 15.6., Paris, 2:0 gewonnen (WM-Gruppenspiel): Köpke – Thon – Wörns, Kohler – Reuter (Ziege), Jeremies, Heinrich – Häßler (Hamann), Möller (1) (Babbel) – Klinsmann (1), Bierhoff – K.: Klinsmann – SR: Belqola (Marokko).

664 **Jugoslawien**, 21.6., Lens, 2:2 unentschieden (WM-Gruppenspiel): Köpke – Thon – Wörns, Kohler – Heinrich, Jeremies, Hamann (Matthäus), Ziege (Tarnat) – Möller (Kirsten) – Klinsmann, Bierhoff (1). Dazu ein Eigentor von S. Mihajlovic – K.: Klinsmann – SR: Nielsen (Dänemark).

665 **Iran**, 25.6., Montpellier, 2:0 gewonnen (WM-Gruppenspiel): Köpke – Thon (Hamann) – Wörns, Kohler – Heinrich, Matthäus, Helmer, Tarnat (Ziege) – Häßler (Kirsten) – Klinsmann (1), Bierhoff (1) – K.: Klinsmann – SR: Chavez (Paraguay).

666 **Mexiko**, 29.6., Montpellier, 2:1 gewonnen (WM-Achtelfinale): Köpke – Matthäus – Wörns, Babbel – Heinrich (Möller), Hamann, Helmer (Ziege), Tarnat – Häßler (Kirsten) – Klinsmann (1), Bierhoff (1) – K.: Klinsmann – SR: Pereira (Portugal).

667 **Kroatien**, 4.7., Lyon, 0:3 verloren (WM-Viertelfinale): Köpke – Matthäus – Wörns, Kohler – Heinrich, Hamann (Marschall), Jeremies, Tarnat – Häßler (Kirsten) – Klinsmann, Bierhoff – K.: Klinsmann – SR: Pedersen (Norwegen).

668 **Malta**, 2.9., Ta' Qali, 2:1 gewonnen (EM-Qualifikation): Kahn – Nowotny – Rehmer, Linke (Paßlack (1)) – Babbel, Beinlich, Basler (Neuville), Effenberg, Heinrich (Tarnat) – Bierhoff (Kirsten), Marschall (Rink) – K.: Bierhoff/Kirsten – SR: Bazzoli (Italien) – Dazu Eigentor Debono.

669 **Rumänien**, 5.9., Ta' Qali, 1:1 unentschieden: Kahn – Paßlack (Nowotny), Rehmer, Babbel, Albertz (Tarnat) – Jeremies, Nerlinger (1) – Basler, Effenberg – Kirsten, Bierhoff (Rink) – K.: Bierhoff/Kirsten – SR: Micallef (Malta).

670 **Türkei**, 10.10., Bursa, 0:1 verloren (EM-Qualifikation): Kahn – Nowotny – Babbel, Rehmer – Ramelow, Jeremies, Heinrich (Neuville) – Ricken (Bode), Beinlich – Bierhoff, Kirsten – K.: Bierhoff – SR: Dallas (Schottland).

671 **Moldawien**, 14.10., Chisinau, 3:1 gewonnen (EM-Qualifikation): Kahn – Nowotny – Babbel, Rehmer – Ramelow, Ricken (Neuville), Nerlinger, Beinlich (Wosz), Tarnat – Kirsten (2) (Jancker), Bierhoff (1) – K.: Bierhoff – SR: Marin (Spanien).

672 **Niederlande**, 18.11., Gelsenkirchen, 1:1 unentschieden: Kahn – Nowotny (Rehmer), Matthäus (Ramelow), Wörns – Strunz (Hamann), Jeremies, Heinrich – Basler (Zickler), Möller – Bierhoff, Kirsten (Marschall (1)) – K.: Bierhoff – SR: Wojcik (Polen).

1999: 13 Spiele: 7 Siege, 2 Unentschieden, 4 Niederlagen

673 **USA**, 6.2., Jacksonville, 0:3 verloren: Kahn – Matthäus – Babbel, Rehmer – Jeremies, Ricken, Ramelow (Nerlinger), Zickler (Bode) – Möller – Preetz, Marschall – K.: Matthäus – SR: Alcala (Mexiko).

674 **Kolumbien**, 9.2., Miami, 3:3 unentschieden: Kahn (Lehmann) – Wörns, Matthäus, Rehmer – Babbel, Jeremies (Nerlinger), Möller, Bode (1) – Neuville (Zickler), Preetz (2), Reich (Ricken) – K.: Matthäus – SR: Hall (USA).

675 **Nordirland**, 27.3., Belfast, 3:0 gewonnen (EM-Qualifikation): Kahn – Matthäus (Nowotny) – Babbel, Wörns – Strunz, Jeremies, Hamann (1), Heinrich – Neuville (Jancker), Bierhoff, Bode (2) (Preetz) – K.: Bierhoff – SR: Cesari (Italien).

676 **Finnland**, 31.3., Nürnberg, 2:0 gewonnen (EM-Qualifikation): Kahn – Babbel, Matthäus, Wörns – Strunz, Hamann (Nowotny), Jeremies (1), Heinrich – Neuville (1) (Kirsten), Bierhoff, Bode (Jancker) – K.: Bierhoff – SR: Kussainow (Russland).

677 **Schottland**, 28.4., Bremen, 0:1 verloren: Lehmann – Wörns, Matthäus, Nowotny – Strunz (Jancker), Hamann (Ballack), Jeremies (Ramelow), Heinrich – Neuville, Bierhoff (Kirsten), Heldt – K.: Bierhoff/Matthäus – SR: Meier (Schweiz).

678 **Moldawien**, 4.6., Leverkusen, 6:1 gewonnen (EM-Qualifikation): Kahn – Matthäus (Babbel) – Nowotny – Strunz, Hamann, Jeremies (Scholl (1)), Heinrich – Neuville, Bierhoff (3), Kirsten (1) (Ramelow), Bode (1) – K.: Bierhoff – SR: Coroado (Portugal).

679 **Brasilien**, 24.7., Guadalajara, 0:4 verloren (Confederations Cup): Lehmann – Matthäus – Wörns, Linke – Ricken, Ballack, Wosz, Heinrich (Maul) – Neuville (Gerber), Preetz (Marschall), Scholl – K.: Matthäus – SR: Alcala (Mexiko).

680 **Neuseeland**, 28. 7., Guadalajara, 2:0 gewonnen (Confederations Cup): Lehmann – Matthäus (1) (Ballack) – Wörns, Linke – Ricken, B. Schneider, Scholl (Wosz), Heinrich, – Neuville, Marschall (Rink), Preetz (1) – K.: Bierhoff – SR: Codija (Benin).

681 **USA**, 30. 7., Guadalajara, 0:2 verloren (Confederations Cup): Lehmann – Matthäus – Wörns, Linke – Heinrich (Dogan), Gerber (Maul), B. Schneider, Wosz – Neuville, Preetz, Heldt (Rink) – K.: Matthäus – SR: Alcala (Mexiko).

682 **Finnland**, 4. 9., Helsinki, 2:1 gewonnen (EM-Qualifikation): Lehmann – Matthäus – Linke, Nowotny – Babbel, Scholl (Nerlinger), Jeremies, Ziege – Neuville (Strunz), Bierhoff (2), Kirsten (B. Schneider) – K.: Bierhoff – SR: Lopez Nieto (Spanien).

683 **Nordirland**, 8. 9., Dortmund, 4:0 gewonnen (EM-Qualifikation): Lehmann – Linke, Matthäus – Babbel (Strunz), Jeremies, Nowotny (Wörns), Scholl, Ziege (3) – Neuville (B. Schneider), Bierhoff (1), Bode – K.: Bierhoff – SR: Bikas (Griechenland).

684 **Türkei**, 9. 10., München, 0:0 unentschieden (EM-Qualifikation): Kahn – Matthäus – Babbel, Linke – B. Schneider (Dogan), Hamann (Nerlinger), Jeremies, Ziege (Bode) – Neuville (Strunz), Bierhoff, Scholl – K.: Bierhoff – SR: Collina (Italien).

685 **Norwegen**, 14. 11., Oslo, 1:0 gewonnen: Lehmann – Wörns, Matthäus – Babbel (Baumann), Jeremies, Ziege, Scholl (1), Bode (Hamann) – Neuville (Linke), Kirsten (Wosz), Bierhoff (Jancker) – K.: Bierhoff/Matthäus – SR: Jol (Niederlande).

2000: 12 Spiele: 5 Siege, 3 Unentschieden, 4 Niederlagen

686 **Niederlande**, 23. 2., Amsterdam, 1:2 verloren: Kahn – Babbel, Matthäus, Linke – Sebescen (Deisler), Jeremies, Hamann (Wosz), Ziege (1) – Neuville (Baumann), Bierhoff, Scholl – K.: Bierhoff – SR: Messina (Italien).

687 **Kroatien**, 29. 3., Zagreb, 1:1 unentschieden: Kahn – Linke, Matthäus, Nowotny – Rehmer (1) (Ramelow), Hamann, Ballack, Ziege (Beinlich) – Wosz, Bierhoff, Kirsten (Rink) – K.: Bierhoff – SR: Michel (Slowakei).

688 **Schweiz**, 26. 4., Kaiserslautern, 1:1 unentschieden: Lehmann – Babbel (Wörns), Matthäus – Linke – Rehmer (Neuville), Ballack, Ziege (Bode) – Scholl (Hamann), Wosz (Rink), Preetz (Kirsten (1)), Bierhoff – K.: Bierhoff – SR: Norman (Schweden).

689 **Tschechien**, 3. 6., Nürnberg, 3:2 gewonnen: Kahn – Nowotny (Rehmer), Ramelow, Linke – Ziege, Hamann (Ballack), Babbel (Deisler), – Scholl (Bode), Häßler (Wosz) – Jancker (1) (Bierhoff (2)), Rink – K.: Kahn – SR: Trentalange (Italien).

690 **Liechtenstein**, 7. 6., Freiburg, 8:2 gewonnen: Lehmann (Butt) – Matthäus (Ramelow) – Linke (Rehmer), Nowotny – Babbel (Deisler), Jeremies (Ballack), Hamann (Häßler), Ziege (Bode (1)) – Scholl (1) (Wosz) – Bierhoff (1) (Jancker (2)), Rink (Kirsten (2)). Dazu ein Eigentor von Hasler – K.: Bierhoff/Häßler – SR: Plautz (Österreich).

691 **Rumänien**, 12. 6., Lüttich, 1:1 unentschieden (EM-Gruppenspiel): Kahn – Nowotny, Matthäus (Deisler), Linke (Rehmer) – Babbel, Jeremies, Ziege – Häßler (Hamann), Scholl (1) – Bierhoff, Rink – K.: Bierhoff – SR: Milton Nielsen (Dänemark).

692 **England**, 17. 6., Charleroi, 0:1 verloren (EM-Gruppenspiel): Kahn – Babbel, Matthäus, Nowotny – Deisler (Ballack), Hamann, Jeremies (Bode), Ziege – Scholl – Kirsten (Rink), Jancker – K.: Kahn – SR: Collina (Italien).

693 **Portugal**, 20. 6., Rotterdam, 0:3 verloren (EM-Gruppenspiel): Kahn – Nowotny, Matthäus, Linke – Rehmer, Hamann, Ballack (Rink) – Scholl (Häßler) – Deisler, Jancker (Kirsten), Bode – K.: Kahn – SR: Jol (Niederlande).

694 **Spanien**, 16. 8., Hannover, 4:1 gewonnen: Kahn – Rehmer, Nowotny, Heinrich (Linke) – Deisler, Ballack (Hamann), Ramelow, Bode (Beinlich) – Scholl (2) (Neuville), Jancker (Rink), Zickler (2) – K.: Kahn – SR: Fisker (Dänemark).

695 **Griechenland**, 2. 9., Hamburg, 2:0 gewonnen (WM-Qualifikation): Kahn – Rehmer, Nowotny, Heinrich (Linke) – Deisler (1), Ramelow, Ballack, Bode, Scholl – Zickler (Rink), Jancker. Dazu ein Eigentor von Ouzunidis – K.: Kahn – SR: Lopez Nieto (Spanien).

696 **England**, 7. 10., London, 1:0 gewonnen (WM-Qualifikation): Kahn – Rehmer, Nowotny, Linke – Deisler, Hamann (1), Ramelow, Ballack, Bode (Ziege) – Bierhoff, Scholl – K.: Bierhoff – SR: Braschi (Italien).

697 **Dänemark,** 15. 11., Kopenhagen, 1:2 verloren: Kahn – Hertzsch, Nowotny, Linke (Wosz) – Heinrich (Bode), Ramelow, Hamann, Ziege (Baumann) Scholl (1) – Zickler (Neuville), Bierhoff (Jancker) – K.: Bierhoff/Kahn – SR: Stuchlik (Österreich).

2001: 11 Spiele: 6 Siege, 3 Unentschieden, 2 Niederlage

698 **Frankreich,** 27. 2., Paris, 0:1 verloren: Kahn – Wörns, Jeremies, Linke – Rehmer (Frings), Ramelow, Hamann (Neuville), Ballack, Bode (Ziege) – Scholl, Jancker (Bierhoff) – K.: Kahn – SR: Trentalange (Italien).
699 **Albanien,** 24. 3., Leverkusen, 2:1 gewonnen (WM-Qualifikation): Kahn – Wörns, Nowotny – Jeremies, Ramelow, Deisler (1), Hamann (Rehmer), Bode – Neuville (Klose(1)), Bierhoff (Jancker), Scholl – K.: Bierhoff/Kahn – SR: Cesari (Italien).
700 **Griechenland,** 28. 3., Athen, 4:2 gewonnen (WM-Qualifikation): Kahn – Wörns, Nowotny, Heinrich – Rehmer (1), Jeremies (Ramelow), Ziege – Ballack (1), Deisler – Jancker (Bode (1)), Neuville (Klose (1)) – K.: Kahn – SR: Melo Pereira (Portugal).
701 **Slowakei,** 29. 5., Bremen, 2:0 gewonnen: Lehmann – Rehmer (Kehl), Nowotny, Baumann (1) – Ramelow, Bode (Böhme), Asamoah (1) (Zickler), Ballack (Ziege) – Deisler (Ricken), Neuville (Frings), Bierhoff (Klose) – K.: Bierhoff/Nowotny – SR: Colombo (Frankreich).
702 **Finnland,** 2. 6., Helsinki, 2:2 unentschieden (WM-Qualifikation): Kahn – Rehmer, Nowotny, Linke – Asamoah, Ramelow, Ballack (1), Bode (Ziege) – Ricken, Neuville (Klose), Jancker (1) (Bierhoff) – K.: Kahn – SR: Jol (Niederlande).
703 **Albanien,** 6. 6., Tirana, 2:0 gewonnen (WM-Qualifikation): Kahn – Rehmer (1), Nowotny, Linke – Ramelow, Ziege, Asamoah (Ricken), Ballack (1) – Deisler (Baumann), Jancker, Neuville (Zickler) – K.: Kahn – SR: Veissière (Frankreich).
704 **Ungarn,** 15. 8., Budapest, 5:2 gewonnen: Kahn – Rehmer (Metzelder), Baumann (1), Linke – Asamoah (Zickler), Kehl (1), Hamann (Ricken), Böhme (1) (Bode) – Deisler (Ziege) – Jancker (1) (Bierhoff (1)), Neuville (Klose) – K.: Kahn – SR: Ansuategui Roca (Spanien).
705 **England,** 1. 9., München, 1:5 verloren (WM-Qualifikation): Kahn – Wörns (Asamoah), Nowotny, Linke – Rehmer, Ballack (Klose), Hamann, Böhme – Deisler – Jancker (1), Neuville (Kehl) – K.: Kahn – SR: Collina (Italien).
706 **Finnland,** 6. 10., Gelsenkirchen, 0:0 unentschieden (WM-Qualifiktion): Kahn – Rehmer, Wörns, Nowotny, Ziege – Ballack, Ramelow, Böhme (Asamoah), Deisler – Bierhoff, Neuville (Klose) – K.: Kahn – SR: Frisk (Schweden).
707 **Ukraine,** 10. 11., Kiew, 1:1 unentschieden (WM-Qualifikation, Play-off): Kahn – Rehmer, Nowotny, Linke – B. Schneider (Ricken), Ramelow, Hamann, Ziege – Ballack (1) – Asamoah, Zickler (Jancker) – K.: Kahn – SR: Braschi (Italien).
708 **Ukraine,** 14. 11., Dortmund, 4:1 gewonnen (WM-Qualifikation, Play-off): Kahn – Rehmer (1) (Baumann), Nowotny, Linke – B. Schneider, Ramelow, Hamann, Ziege – Ballack (2) – Neuville (1) (Ricken), Jancker (Bierhoff) – K.: Kahn – SR: Melo Pereira (Portugal).

2002: 18 Spiele: 11 Siege, 3 Unentschieden, 4 Niederlagen

709 **Israel,** 13. 2., Kaiserslautern, 7:1 gewonnen: Kahn – Wörns (Metzelder), Nowotny (Linke) – Schneider, Ramelow (Baumann), Hamann (1), Ricken (1), Kehl – Scholl (Frings) – Jancker (Bierhoff(1)), Klose (3) (Asamoah (1)) – K.: Kahn – SR: Dunn (England).
710 **USA,** 27. 3., Rostock, 4:2 gewonnen: Rost (Butt) – Baumann, Ramelow, Linke – Schneider (Asamoah), Hamann, Frings (1), Jeremies (Heinrich), Ziege (1) (Böhme) – Neuville (1) (Brdaric), Bierhoff (1) – K.: Ziege/Hamann – SR: Brugger (Österreich).
711 **Argentinien,** 17. 4., Stuttgart, 0:1 verloren: Lehmann – Linke (Baumann), Nowotny, Metzelder – Frings (Max), Ramelow, Ballack, Jeremies (Kehl), Böhme (Ricken) – Bierhoff (Jancker), Klose – K.: Nowotny – SR: Mejuto Gonzalez (Spanien).
712 **Kuwait,** 9. 5., Freiburg, 7:0 gewonnen: Kahn – Linke, Metzelder – Frings (1), Jeremies, Kehl (Ernst), Rahn – Deisler (1) (Freier), Klose – Jancker (1), Bierhoff (3) (Bierofka). Dazu ein Eigentor von Shammari – K.: Kahn – SR: Nilsson (Schweden).
713 **Wales,** 14. 5., Cardiff, 0:1 verloren: Kahn – Heinrich, Metzelder, Linke, Ziege (Bode) – Hamann (Kehl), Jeremies, Frings, Deisler (Asamoah) – Bierhoff (Jancker), Klose – K.: Kahn – SR: Olsen (Norwegen).
714 **Österreich,** 18. 5., Leverkusen, 6:2 gewonnen: Kahn – Frings (Rahn), Linke, Metzelder, Ziege (Heinrich) – Jeremies (Baumann), Hamann, Deisler (Kehl) – Klose (3) (Asamoah), Jancker (Bierhoff), Bode (2) (Bierofka (1)) – K.: Kahn – SR: Busacca (Schweiz).

715 **Saudi-Arabien**, 1. 6., Sapporo, 8:0 gewonnen (WM-Gruppenspiel): Kahn – Linke (1), Ramelow (Jeremies), Metzelder – Frings, Schneider (1), Ballack (1), Hamann, Ziege – Klose (3) (Neuville), Jancker (1) (Bierhoff (1)) – K.: Kahn – SR: Aquino (Paraguay).
716 **Irland**, 5. 6., Ibaraki, 1:1 unentschieden (WM-Gruppenspiel): Kahn – Linke, Ramelow, Metzelder – Frings, Hamann, Ziege – Schneider (Jeremies), Ballack – Klose (1) (Bode), Jancker (Bierhoff) – K.: Kahn – SR: Nielsen (Dänemark).
717 **Kamerun**, 11. 6., Shizuoka, 2:0 gewonnen (WM-Gruppenspiel): Kahn – Linke, Ramelow, Metzelder – Frings, Hamann, Ziege – Schneider (Jeremies), Ballack – Jancker (Bode (1)), Klose (1) (Neuville) – K.: Kahn – Lopez Nieto (Spanien).
718 **Paraguay**, 15. 6., Seogwipo, 1:0 gewonnen (WM-Achtelfinale): Kahn – Frings, Rehmer (Kehl), Linke, Metzelder (Baumann) – Schneider, Jeremies, Ballack, Bode – Klose, Neuville (1) (Asamoah) – K.: Kahn – SR: Batres (Guatemala).
719 **USA**, 21. 6., Ulsan, 1:0 gewonnen (WM-Viertelfinale): Kahn – Linke, Kehl, Metzelder – Frings, Schneider (Jeremies), Hamann, Ballack (1), Ziege – Klose (Bierhoff), Neuville (Bode) – K.: Kahn – SR: Dallas (Schottland).
720 **Südkorea**, 25. 6., Seoul, 1:0 gewonnen (WM-Halbfinale): Kahn – Frings, Linke, Ramelow, Metzelder – Schneider (Jeremies), Hamann, Ballack (1), Bode – Neuville (Asamoah), Klose (Bierhoff) – K.: Kahn – SR: Meier (Schweiz).
721 **Brasilien**, 30. 6., Yokohama, 0:2 verloren (WM-Endspiel): Kahn – Frings, Linke, Ramelow, Metzelder – Schneider, Jeremies (Asamoah), Hamann, Bode (Ziege) – Neuville, Klose (Bierhoff) – K.: Kahn – SR: Collina (Italien).
722 **Bulgarien**, 21. 8., Sofia, 2:2 unentschieden: Lehmann – Metzelder (Friedrich), Ramelow, Hertzsch – Freier (Asamoah), Jeremies, Bierofka (Kehl) – Schneider (Ernst), Ballack (1) (Zickler) – Klose (Borowski), Jancker (1) – K.: Jeremies – SR: Bre (Frankreich).
723 **Litauen**, 7. 9., Kaunas, 2:0 gewonnen (EM-Qualifikation): Kahn – Linke, Ramelow, Metzelder – Frings, Hamann, Böhme, Schneider (Jeremies), Ballack (1) – Klose, Jancker (Neuville) – K.: Kahn – SR: Poll (England) – Dazu ein Eigentor von Stankevicius.
724 **Bosnien-Herzegowina**, 11. 10., Sarajevo, 1:1 unentschieden: Kahn (Lehmann) – Rehmer (Friedrich), Wörns, Ramelow, Frings – Asamoah (Freier), Jeremies, Borowski (Schneider), Kehl – Klose (Zickler), Jancker (1) – K.: Kahn/Jeremies – SR: De Santis (Italien).
725 **Färöer**, 16. 10., Hannover, 2:1 gewonnen (EM-Qualifikation): Kahn – Friedrich, Ramelow (Freier), Wörns, Frings – Schneider (Kehl), Hamann, Ballack (1), Jeremies – Jancker (Neuville), Klose (1) – K.: Kahn – SR: Koren (Israel).
726 **Niederlande**, 20. 11., Gelsenkirchen 1:3 verloren: Kahn – Rehmer, Baumann, Friedrich – Frings, Jeremies (Kehl), Ballack, Böhme (Neuville) – Schneider – Bobic (1) (Asamoah), Klose (Freier) – K.: Kahn – SR: Dallas (Schottland).

2003: 11 Spiele: 5 Siege, 3 Unentschieden, 3 Niederlagen

727 **Spanien**, 12. 2., Palma de Mallorca, 1:3 verloren: Kahn – Friedrich, Wörns, Metzelder, Rau (Baumann, Balitsch) – Schneider (Freier), Jeremies, Ramelow, Böhme – Bobic (1) (Lauth), Klose (Neuville) – K.: Kahn – SR: Riley (England).
728 **Litauen**, 29. 3., Nürnberg, 1:1 unentschieden (EM-Qualifikation): Kahn – Friedrich, Wörns, Rau (Freier) – Frings, Ramelow (1), Schneider, Hamann, Böhme (Rehmer) – Bobic (Kuranyi), Klose – K.: Kahn – SR: Esquinas Torres (Spanien).
729 **Serbien und Montenegro**, 30. 4., Bremen, 1:0 gewonnen: Rost – Friedrich (Hinkel), Baumann, Wörns, Hartmann – Freier (Asamoah), Ramelow, Kehl (1) – Frings – Bobic (Klose), Kuranyi (Lauth) – K.: Wörns – SR: De Bleeckere (Belgien).
730 **Kanada**, 1. 6., Wolfsburg, 4:1 gewonnen: Rost (Butt) – Wörns, Baumann (Rehmer) – Friedrich (Hinkel), Rau (1) – Ramelow (1) (Freier (1)), Kehl – Frings – Schneider (Hartmann) – Bobic (1) (Kuranyi), Lauth (Neuville) – K.: Wörns – SR: Poulat (Frankreich).
731 **Schottland**, 7. 6., Glasgow, 1:1 unentschieden (EM-Qualifikation): Kahn – Friedrich, Ramelow, Wörns – Frings, Jeremies, Rau (Freier) – Schneider (Kehl), Ballack – Bobic (1), Klose (Neuville) – K.: Kahn – SR: Messina (Italien).
732 **Färöer**, 11. 6., Torshavn, 2:0 gewonnen (EM-Qualifikation): Kahn (Rost) – Friedrich, Ramelow, Wörns – Freier, Jeremies (Klose (1)), Kehl, Rau (Hartmann) – Schneider – Bobic (1), Neuville – K.: Kahn/Wörns – SR: Wegereef (Niederlande).
733 **Italien**, 20. 8., Stuttgart, 0:1 verloren: Kahn – Hinkel, Wörns (Rehmer), Baumann, Rau – Schneider, Ramelow (Kehl), Jeremies, Freier – Neuville (Lauth), Bobic (Klose) – K.: Kahn – SR: Milton Nielsen (Dänemark).

734 **Island,** 6. 9., Reykjavik, 0:0 unentschieden (EM-Qualifikation): Kahn – Friedrich, Wörns, Baumann – Schneider (Deisler), Ramelow, Ballack, Kehl, Rahn (Hartmann) – Klose, Neuville (Kuranyi) – K.: Kahn – SR: Barber (England)

735 **Schottland,** 10. 9., Dortmund, 2:1 gewonnen (EM-Qualifikation): Kahn – Rehmer, Ramelow, Wörns – Friedrich, Schneider (Kehl), Baumann, Ballack (1) (Rahn) – Bobic (1) (Klose), Kuranyi – K.: Kahn – SR: Frisk (Schweden).

736 **Island,** 11. 10., Hamburg, 3:0 gewonnen (EM-Qualifikation): Kahn – Friedrich, Ramelow, Wörns – Hinkel, Schneider, Baumann, Ballack (1), Rahn – Bobic (1) (Klose), Kuranyi (1) (Neuville) – K.: Kahn – SR: Iwanow (Russland).

737 **Frankreich,** 15. 11., Gelsenkirchen, 0:3 verloren: Kahn – Friedrich, Wörns, Nowotny (Rehmer), Hinkel – Schneider (Freier), Jeremies, Ballack, Baumann (Ernst) – Bobic (Klose), Kuranyi – K.: Kahn – SR: Farina (Italien).

2004: 16 Spiele: 9 Siege, 3 Unentschieden, 4 Niederlagen

738 **Kroatien,** 18. 2., Split, 2:1 gewonnen: Kahn – Friedrich, Wörns, Nowotny, Lahm – Freier (Schneider), Frings (Ramelow 1), Hamann, Baumann – Klose (1) (Lauth), Kuranyi (Bobic) – K.: Kahn – SR: Fröjdfeldt (Schweden).

739 **Belgien,** 31. 3., Köln, 3:0 gewonnen: Lehmann – Friedrich, Wörns, Nowotny, Lahm – Hamann (1), Schneider (Ernst), Ballack (1) (Rahn), Frings (Neuville) – Freier (Jeremies), Kuranyi (1) (Bobic) – K.: Wörns – SR: Wegereef (Niederlande).

740 **Rumänien,** 28. 4., Bukarest, 1:5 verloren: Kahn (Hildebrand) – Friedrich, Ramelow, Jeremies, Lahm (1) – Schneider, Hamann, Frings (Freier), Ernst (Kehl) – Bobic (Neuville), Kuranyi – K.: Kahn/Hamann – SR: Rosetti (Italien).

741 **Malta,** 27. 5., Freiburg, 7:0 gewonnen: Lehmann – Hinkel (Freier/Kehl), Friedrich, Nowotny (1), Lahm (Ziege) – Schneider, Hamann (Jeremies), Frings (1), Ballack (4) – Bobic (1), Kuranyi (Klose) – K.: Hamann/Ballack – SR: Stredak (Slowakei).

742 **Schweiz,** 2. 6., Basel, 2:0 gewonnen: Kahn – Friedrich, Wörns, Nowotny, Lahm – Schneider (Frings), Hamann (Jeremies), Ballack (Kehl), Baumann (Ernst) – Kuranyi (2), Klose (Brdaric) – K.: Kahn – SR: Messina (Italien).

743 **Ungarn,** 6. 6., Kaiserslautern, 0:2 verloren: Kahn – Hinkel (Schweinsteiger), Wörns, Nowotny (Baumann), Lahm – Schneider, Hamann (Ernst), Ballack, Frings – Klose (Brdaric), Bobic (Podolski) – K.: Kahn – SR: Bennett (England).

744 **Niederlande,** 15. 6., Porto, 1:1 unentschieden (EM-Gruppenspiel): Kahn – Friedrich, Wörns, Nowotny, Lahm – Baumann, Hamann, Schneider (Schweinsteiger), Ballack, Frings (1) (Ernst) – Kuranyi (Bobic) – K.: Kahn – SR: Frisk (Schweden).

745 **Lettland,** 19. 6., Porto, 0:0 unentschieden (EM-Gruppenspiel): Kahn – Friedrich, Wörns, Baumann, Lahm – Hamann – Schneider (Schweinsteiger), Ballack, Frings – Kuranyi (Brdaric), Bobic (Klose) – K.: Kahn – SR: Riley (England).

746 **Tschechien,** 23. 6., Lissabon, 1:2 verloren (EM-Gruppenspiel): Kahn – Friedrich, Wörns, Nowotny, Lahm – Frings (Podolski), Hamann (Klose) – Schneider, Ballack (1), Schweinsteiger (Jeremies) – Kuranyi – K.: Kahn – SR: Hauge (Norwegen).

747 **Österreich,** 18. 8., Wien, 3:1 gewonnen: Kahn (Lehmann) – Hinkel (Huth), Fahrenhorst, Linke, Lahm – Borowski, Frings (Baumann), Schweinsteiger (Ernst), Ballack – Asamoah (Podolski), Kuranyi (3) (Brdaric) – K.: Ballack – SR: Collina (Italien).

748 **Brasilien,** 8. 9., Berlin, 1:1 unentschieden: Kahn – Hinkel (Görlitz), Huth, Fahrenhorst, Lahm – Deisler (Podolski), Frings, Schneider, Ballack – Kuranyi (1), Asamoah (Klose). K.: Ballack – SR: Meier (Schweiz).

749 **Iran,** 9. 10., Teheran, 2:0 gewonnen: Lehmann – Görlitz, Huth, Wörns (Mertesacker), Lahm – Deisler (Borowski), Ballack, Ernst (1) (Schweinsteiger), Schneider (Hitzlsperger) – Klose (Asamoah), Brdaric (1) (Podolski) – K.: Ballack – SR: Mane (Kuwait).

750 **Kamerun,** 17. 11., Leipzig, 3:0 gewonnen: Lehmann – Schneider, Mertesacker, Huth, Lahm (Hitzlsperger) – Schweinsteiger, Frings, Ballack, Ernst (Borowski) – Asamoah (Klose 2), Kuranyi (1) – K.: Ballack – SR: De Santis (Italien).

751 **Japan,** 16. 12., Yokohama, 3:0 gewonnen: Kahn – Owomoyela, Wörns, Mertesacker, Schulz – Ernst (Engelhardt), Ballack (1), Schneider (Borowski) – Asamoah, Klose (2), Podolski (Schweinsteiger) – K.: Ballack – SR: Shield (Australien).

752 **Südkorea,** 19. 12., Busan, 1:3 verloren: Kahn – Hinkel (Owomoyela), Wörns (Brdaric), Friedrich, Lahm – Schneider, Ernst, Schweinsteiger (Podolski), Ballack (1) – Kuranyi (Asamoah), Klose – K.: Ballack – SR: Salleh (Malaysia).

753 **Thailand**, 21. 12., Bangkok, 5:1 gewonnen: Hildebrand – Hinkel (Owomoyela), Mertesacker, Friedrich (Wörns), Lahm (Schulz) – Asamoah (1), Borowski, Engelhardt, Schweinsteiger – Kuranyi (2), Brdaric (Podolski 2) – K.: Friedrich/Wörns – SR: Salleh (Malaysia)

2005: 15 Spiele: 7 Siege, 5 Unentschieden, 3 Niederlagen

754 **Argentinien**, 9. 2., Düsseldorf, 2:2 unentschieden: Lehmann – Owomoyela, Mertesacker, Wörns, Hitzlsperger – Schneider, Frings (1), Ernst, Schweinsteiger (Schulz) – Kuranyi (1), Asamoah (Freier) – K.: Wörns – SR: Farina (Italien)

755 **Slowenien**, 26. 3., Celje, 1:0 gewonnen: Kahn – Hinkel (Owomoyela), Friedrich, Huth, Hitzlsperger – Frings, Ballack, Baumann (Schweinsteiger) – Neuville (Borowski), Klose (Kuranyi), Podolski (1) – K.: Ballack – SR: Poll (England)

756 **Nordirland**, 4. 6., Belfast, 4:1 gewonnen: Lehmann – Owomoyela, Mertesacker, Huth, Hitzlsperger – Schneider (Schweinsteiger), Ballack (2) (Borowski), Frings, Ernst – Asamoah (1) (Deisler), Kuranyi (Podolski 1) – K.: Ballack/Frings – SR: Richmond (Schottland)

757 **Russland**, 8. 6., Mönchengladbach, 2:2 unentschieden: Kahn – Hinkel (Deisler), Friedrich, Mertesacker, Hitzlsperger – Schneider, Frings, Ballack, Schweinsteiger (2) (Kuranyi) – Asamoah (Hanke), Podolski (Ernst) – K.: Ballack – SR: Plautz (Österreich)

758 **Australien**, 15. 6., Frankfurt, 4:3 gewonnen (Confederations Cup): Kahn – Friedrich, Mertesacker (1), Huth, Hitzlsperger – Schneider (Deisler), Frings, Ballack (1), Schweinsteiger (Ernst) – Kuranyi (1) (Asamoah), Podolski (1) – K.: Ballack – SR: Amarilla (Paraguay)

759 **Tunesien**, 18. 6., Köln, 3:0 gewonnen (Confederations Cup): Lehmann – Friedrich, Mertesacker, Huth, Hitzlsperger (Schneider) – Deisler, Frings, Schweinsteiger (1), Ballack (1) – Asamoah (Kuranyi), Podolski (Hanke 1) – K.: Ballack – SR: Prendergast (Jamaika)

760 **Argentinien**, 21. 6., Nürnberg, 2:2 unentschieden (Confederations Cup): Hildebrand – Hinkel, Mertesacker, Huth, Hitzlsperger – Deisler, Ernst, Schneider (Frings), Schweinsteiger (Engelhardt) – Kuranyi (1), Asamoah (1) (Hanke) – K.: Schneider/Frings – SR: Michel (Slowakei)

761 **Brasilien**, 25. 6., Nürnberg, 2:3 verloren (Confederations Cup, Halbfinale): Lehmann – Friedrich, Mertesacker, Huth, Schneider – Deisler (Hanke), Frings, Ballack (1), Ernst (Borowski) – Kuranyi (Asamoah), Podolski (1) – K.: Ballack – SR: Chandia (Chile)

762 **Mexiko**, 29. 6., Leipzig, 4:3 n. V. gewonnen (Confederations Cup, Spiel um den dritten Platz): Kahn – Hinkel, Mertesacker, Huth (1), Schneider – Deisler (Asamoah), Frings, Ballack (1), Schweinsteiger (1) (Ernst) – Hanke, Podolski (1) (Kuranyi) – K.: Ballack – SR: Breeze (Australien)

763 **Niederlande**, 17. 8., Rotterdam, 2:2 unentschieden: Kahn – Friedrich (Hinkel), Mertesacker (Huth), Wörns, Schneider – Frings (Hitzlsperger), Hamann (Borowski), Ballack (1), Ernst (Deisler) – Kuranyi, Klose (Asamoah 1) – K.: Ballack – SR: Hauge (Norwegen)

764 **Slowakei**, 3. 9., Bratislava, 0:2 verloren: Lehmann – Owomoyela (Hinkel), Mertesacker, Wörns (Sinkiewicz), Hitzlsperger (Jansen), Deisler, Ernst (Schweinsteiger), Ballack, Schneider (Kuranyi) – Klose, Asamoah (Podolski) – K.: Ballack – SR: Braamhaar (Niederlande)

765 **Südafrika**, 7. 9., Bremen, 4:2 gewonnen: Lehmann – Owomoyela, Mertesacker, Sinkiewicz, Jansen – Deisler (Schneider), Borowski (1), Ballack, Schweinsteiger (Ernst) – Klose (Asamoah), Podolski (3) (Kuranyi) – K.: Ballack – SR: Gilewski (Polen)

766 **Türkei**, 8. 10., Istanbul, 1:2 verloren: Kahn – Owomoyela, Sinkiewicz, Mertesacker, Jansen – Frings (Deisler) – Schneider, Borowski (Hanke), Schweinsteiger (Hitzlsperger) – Kuranyi (Neuville 1), Podolski – K.: Kahn – SR: Messina (Italien)

767 **China**, 12. 10., Hamburg, 1:0 gewonnen: Kahn – Friedrich, Metzelder, Mertesacker (Huth), Schweinsteiger (Hitzlsperger) – Frings (1) – Deisler, Borowski, Schneider – Podolski (Kuranyi), Neuville (Owomoyela) – K.: Kahn – SR: Cortez Batista (Portugal)

768 **Frankreich**, 12. 11., Paris, 0:0 unentschieden: Lehmann – Friedrich, Mertesacker, Huth, Jansen – Deisler (Schweinsteiger), Frings, Ballack, Schneider (Borowski) – Podolski (Kuranyi), Klose – K.: Ballack – SR: Bennett (England)

2006: 18 Spiele: 13 Siege, 3 Unentschieden, 2 Niederlagen

769 **Italien**, 1. 3., Florenz, 1:4 verloren: Lehmann – Friedrich, Mertesacker (Metzelder), Huth (1), Lahm – Deisler, Frings (Borowski), Ballack, Schneider (Schweinsteiger) – Klose, Podolski (Asamoah) – K.: Ballack – SR: Iturralde Gonzalez (Spanien)

770 **USA**, 22. 3., Dortmund, 4:1 gewonnen: Kahn – Friedrich (Owomoyela), Mertesacker, Metzelder, Lahm – Schneider (Borowski), Ballack (1), Kehl (Ernst) – Asamoah (Neuville 1), Klose (1), Podolski (Schweinsteiger 1) – K.: Ballack – SR: Fröjdfeldt (Schweden)

771 **Luxemburg**, 27. 5., Freiburg, 7:0 gewonnen: Lehmann (Kahn) – Friedrich, Huth (Mertesacker), Metzelder, Jansen (Hitzlsperger) – Schneider, Frings (1) (Kehl), Borowski, Schweinsteiger – Klose (2) (Asamoah), Podolski (2) (Neuville 2) – K.: Schneider – SR: Rogalla (Schweiz)

772 **Japan**, 30. 5., Leverkusen, 2:2 unentschieden: Lehmann – Schneider, Mertesacker, Metzelder (Nowotny), Jansen – Ballack, Frings, Borowski (Odonkor), Schweinsteiger (1) – Klose (1), Podolski (Neuville) – K.: Ballack – SR: Vassaras (Griechenland)

773 **Kolumbien**, 2. 6., Mönchengladbach, 3:0 gewonnen: Lehmann – Friedrich, Mertesacker, Metzelder, Lahm (Hitzlsperger) – Ballack (1), Frings (Kehl) – Schneider (Borowski 1), Schweinsteiger (1) (Jansen) – Klose (Neuville), Podolski (Asamoah) – K.: Ballack – SR: Hauge (Norwegen)

774 **Costa Rica**, 9. 6., München, 4:2 gewonnen (WM-Vorrunde): Lehmann – Friedrich, Mertesacker, Metzelder, Lahm (1) – Frings (1), Borowski (Kehl) – Schneider (Odonkor), Ballack, Schweinsteiger – Klose (2) (Neuville), Podolski – K.: Schneider/Frings – SR: Elizondo (Argentinien)

775 **Polen**, 14. 6., Dortmund, 1:0 gewonnen (WM-Vorrunde): Lehmann – Friedrich (Odonkor), Mertesacker, Metzelder, Lahm – Schneider, Frings, Ballack, Schweinsteiger (Borowski) – Klose, Podolski (Neuville 1) – K.: Ballack – SR: Medina Cantalejo (Spanien)

776 **Ecuador**, 20. 6., Berlin, 3:0 gewonnen (WM-Vorrunde): Lehmann – Friedrich, Mertesacker, Huth, Lahm – Frings (Borowski) – Schneider (Asamoah), Schweinsteiger – Ballack – Klose (2) (Neuville), Podolski (1) – K.: Ballack – SR: Ivanov (Russland)

777 **Schweden**, 24. 6., München, 2:0 gewonnen (WM-Achtelfinale): Lehmann – Friedrich, Mertesacker, Metzelder, Lahm – Frings (Kehl) – Schneider, Schweinsteiger (Borowski) – Ballack – Klose, Podolski (2) (Neuville) – K.: Ballack – SR: Simon (Brasilien)

778 **Argentinien**, 30. 6., Berlin, 1:1 unentschieden n. V./4:2 im Elfmeterschießen (WM-Viertelfinale): Lehmann – Friedrich, Mertesacker, Metzelder, Lahm – Frings – Schneider (Odonkor), Schweinsteiger (Borowski) – Ballack – Klose (1) (Neuville), Podolski – K.: Ballack – SR: Michel (Slowakei). Die Tore aus dem Elfmeterschießen (Neuville, Ballack, Podolski, Borowski) zählen nicht in der Torjägersstatistik, sondern dienen lediglich zur Ermittlung des Siegers.

779 **Italien**, 4. 7., Dortmund, 0:2 verloren n. V. (WM-Halbfinale): Lehmann – Friedrich, Mertesacker, Metzelder, Lahm – Schneider (Odonkor), Kehl, Ballack, Borowski (Schweinsteiger) – Klose (Neuville), Podolski – K.: Ballack – SR: Archundia (Mexiko)

780 **Portugal**, 8. 7., Stuttgart, 3:1 gewonnen (Spiel um den dritten Platz): Kahn – Lahm, Nowotny, Metzelder, Jansen – Frings, Kehl – Schneider, Schweinsteiger (2) (Hitzlsperger) – Klose (Neuville), Podolski (Hanke) – K.: Kahn – SR: Kamikawa (Japan) – Dazu ein Eigentor von Petit

781 **Schweden**, 16. 8., Gelsenkirchen, 3:0 gewonnen: Lehmann – Lahm, A. Friedrich (M. Friedrich), Nowotny, Jansen (Fathi) – Schneider (1) (Odonkor), Frings (Hitzlsperger), Borowski, Schweinsteiger – Klose (2) (Neuville), Podolski (Asamoah) – K.: Schneider/Borowski – SR: Farina (Italien)

782 **Irland**, 2. 9., Stuttgart, 1:0 gewonnen (EM-Qualifikation): Lehmann – Lahm, A. Friedrich, M. Friedrich, Jansen – Schneider (Borowski), Ballack, Frings, Schweinsteiger – Klose, Podolski (1) (Neuville) – K.: Ballack – SR: Medina Cantalejo (Spanien)

783 **San Marino**, 6. 9., Serravalle, 13:0 gewonnen (EM-Qualifikation): Lehmann – Lahm, A. Friedrich, M. Friedrich (1), Jansen – Schneider (1), Frings (Hitzlsperger 2), Ballack (1) (Odonkor), Schweinsteiger (2) – Klose (2) (Asamoah), Podolski (4) – K.: Ballack/Schneider – SR: Dereli (Türkei)

784 **Georgien**, 7. 10., Rostock, 2:0 gewonnen: Hildebrand – Fritz, A. Friedrich, M. Friedrich (Madlung), Hitzlsperger (Fathi) – Odonkor, Ballack (1), Trochowski (Frings), Schweinsteiger (1) – Podolski, Hanke (Schlaudraff) – K.: Ballack – SR: Lehner (Österreich)

785 **Slowakei**, 11. 10., Bratislava, 4:1 gewonnen (EM-Qualifikation): Lehmann – Fritz, A. Friedrich, M. Friedrich, Lahm – Schneider (Odonkor), Frings, Ballack (1), Schweinsteiger (1) (Trochowski) – Klose, Podolski (2) (Jansen) – K.: Ballack – SR: Hauge (Norwegen)

786 **Zypern**, 15. 11., Nicosia, 1:1 unentschieden (EM-Qualifikation): Hildebrand – Fritz, A. Friedrich, M. Friedrich, Lahm – Odonkor (Hitzlsperger), Frings, Ballack (1), Schweinsteiger – Klose, Neuville (Hanke) – K.: Ballack – SR: Fröjdfeldt (Schweden)

2007: 12 Spiele: 8 Siege, 2 Unentschieden, 2 Niederlagen

787 **Schweiz**, 7. 2., Düsseldorf, 3:1 gewonnen: Lehmann – A. Friedrich, Mertesacker, Metzelder, Lahm – Fritz, Frings (1) (Hitzlsperger), Ballack (Borowski), Schweinsteiger (Jansen) – Gomez (1) (Hanke), Kuranyi (1) (Schlaudraff) – K.: Ballack/Frings/Metzelder – SR: Bossen (Niederlande)

788 **Tschechien**, 24. 3., Prag, 2:1 gewonnen (EM-Qualifikation): Lehmann – Lahm, Mertesacker, Metzelder, Jansen – Frings, Ballack – Schneider, Schweinsteiger – Kuranyi (2), Podolski (Hitzlsperger) – K.: Ballack – SR: Rosetti (Italien)

789 **Dänemark**, 28. 3., Duisburg, 0:1 verloren: Enke – Fritz, Madlung, M. Friedrich, Jansen – Hilbert (Freier), Hitzlsperger, Rolfes (Castro), Trochowski – Kuranyi (Kießling), Schlaudraff (Helmes) – K.: Kuranyi/Hitzlsperger – SR: Webb (England)

790 **San Marino**, 2. 6., Nürnberg, 6:0 gewonnen (EM-Qualifikation): Lehmann – Lahm (Helmes), Mertesacker, Metzelder, Jansen (1) – Frings (1) – Hilbert (Fritz 1), Hitzlsperger – Schneider – Klose, Kuranyi (1) (Gomez 2) – K.: Schneider – SR: Asumaa (Finnland)
791 **Slowakei**, 6. 6., Hamburg, 2:1 gewonnen (EM-Qualifikation): Lehmann – Lahm, Mertesacker, Metzelder, Jansen – Frings – Fritz, Hitzlsperger (1) – Schneider (Rolfes) – Klose (Trochowski), Kuranyi (Gomez) – K.: Schneider/Frings – SR: Benquerenca (Portugal) – Dazu ein Eigentor von Durica
792 **England**, 22. 8., London, 2:1 gewonnen: Lehmann – A. Friedrich, Mertesacker, Metzelder, Pander (1) – Lahm – Odonkor (Hilbert), Trochowski (Rolfes), Schneider (Castro), Hitzlsperger – Kuranyi (1) – K.: Schneider/Lahm – SR: Busacca (Schweiz)
793 **Wales**, 8. 9., Cardiff, 2:0 gewonnen (EM-Qualifikation): Lehmann – A. Friedrich, Mertesacker, Metzelder, Pander (Trochowski) – Hitzlsperger – Hilbert, Jansen – Schweinsteiger – Kuranyi (Podolski), Klose (2) (Helmes) – K.: Klose/A. Friedrich – SR: Mejuto Gonzalez (Spanien)
794 **Rumänien**, 12. 9., Köln, 3:1 gewonnen: Hildebrand – Hilbert, M. Friedrich, Metzelder (A. Friedrich), Jansen (Castro) – Hitzlsperger (Rolfes) – Schneider (1) (Odonkor 1), Trochowski – Schweinsteiger – Helmes, Podolski (1) – K.: Schneider/A. Friedrich – SR: Rizzoli (Italien)
795 **Irland**, 13. 10., Dublin, 0:0 unentschieden (EM-Qualifikation): Lehmann – A. Friedrich, Mertesacker, Metzelder, Jansen – Schweinsteiger (Rolfes), Frings – Fritz, Trochowski (Castro) – Kuranyi, Gomez (Podolski) – K.: Frings – SR: Hansson (Schweden)
796 **Tschechien**, 17. 10., München, 0:3 verloren (EM-Qualifikation): Hildebrand – A. Friedrich, Mertesacker, Metzelder (Fritz), Jansen – Schweinsteiger (Gomez), Frings – Odonkor, Trochowski (Rolfes) – Kuranyi, Podolski – K.: Frings – SR: Webb (England)
797 **Zypern**, 17. 11., Hannover, 4:0 gewonnen (EM-Qualifikation): Lehmann – A. Friedrich, Mertesacker, Metzelder, Lahm – Hitzlsperger (1) – Fritz (1) (Hilbert), Trochowski (Borowski), Podolski (1) – Klose (1), Gomez (Hanke) – K.: Klose – SR: Rasmussen (Dänemark)
798 **Wales**, 21. 11., Frankfurt, 0:0 unentschieden (EM-Qualifikation): Lehmann – Castro (Hilbert), Mertesacker, Metzelder, Lahm – Borowski, Hitzlsperger (Rolfes) – Fritz, Podolski – Gomez (Neuville), Klose – K.: Klose – SR: Balaj (Rumänien)

2008: 16 Spiele: 11 Siege, 2 Unentschieden, 3 Niederlagen

799 **Österreich**, 6. 2., Wien, 3:0 gewonnen: Lehmann – Westermann, Mertesacker, M. Friedrich (Hilbert), Lahm – Schneider, Ballack (Rolfes), Hitzlsperger (1) (Jones), Schweinsteiger (Podolski) – Klose (1), Kuranyi (Gomez 1) – K.: Ballack/Klose – SR: Dondarini (Italien)
800 **Schweiz**, 26. 3., Basel, 4:0 gewonnen: Lehmann – Lahm (Trochowski), Mertesacker, Westermann, Jansen (Rolfes) – Fritz (Friedrich), Ballack, Hitzlsperger, Schweinsteiger – Klose (1) (Podolski 1), Gomez (2) (Kuranyi) – K.: Ballack – SR: Braamhaar (Niederlande)
801 **Weißrussland**, 27. 5., Kaiserslautern, 2:2 unentschieden: Lehmann – Lahm, Mertesacker, Metzelder, Hitzlsperger – Frings (Trochowski), Ballack (Jones) – Odonkor (Fritz), Schweinsteiger (Marin) – Klose (1) (Neuville), Podolski (Helmes) – K.: Ballack/Klose/Frings/Lehmann – SR: Ceferin (Slowenien) – Dazu ein Eigentor von Korytko
802 **Serbien**, 31. 5., Gelsenkirchen, 2:1 gewonnen: Lehmann – Lahm (Podolski), Mertesacker (A. Friedrich), Metzelder, Jansen (Westermann) – Frings (Rolfes), Ballack (1) – Fritz, Schweinsteiger (Odonkor) – Kuranyi (Neuville 1), Gomez – K.: Ballack – SR: Fautrel (Frankreich)
803 **Polen**, 8. 6., Klagenfurt, 2:0 gewonnen (EM-Vorrunde): Lehmann – Lahm, Mertesacker, Metzelder, Jansen – Frings, Ballack – Fritz (Schweinsteiger), Podolski (2) – Klose (Kuranyi), Gomez (Hitzlsperger) – K.: Ballack – SR: Övrebö (Norwegen)
804 **Kroatien**, 12. 6., Klagenfurt, 1:2 verloren (EM-Vorrunde): Lehmann – Lahm, Mertesacker, Metzelder, Jansen (Odonkor) – Frings, Ballack – Fritz (Kuranyi), Podolski (1) – Gomez (Schweinsteiger), Klose – K.: Ballack – SR: De Bleeckere (Belgien)
805 **Österreich**, 16. 6., Wien, 1:0 gewonnen (EM-Vorrunde): Lehmann – A. Friedrich, Mertesacker, Metzelder, Lahm – Frings, Ballack (1) – Fritz (Borowski), Podolski (Neuville) – Klose (Hitzlsperger), Gomez – K.: Ballack – SR: Mejuto Gonzalez (Spanien)
806 **Portugal**, 19. 6., Basel 3:2 gewonnen (EM-Viertelfinale): Lehmann – A. Friedrich, Mertesacker, Metzelder, Lahm – Hitzlsperger (Borowski), Rolfes – Schweinsteiger (1) (Fritz), Ballack (1), Podolski – Klose (1) (Jansen) – K.: Ballack – SR: Fröjdfeldt (Schweden)
807 **Türkei**, 25. 6., Basel, 3:2 gewonnen (EM-Halbfinale): Lehmann – A. Friedrich, Mertesacker, Metzelder, Lahm (1) – Hitzlsperger, Rolfes (Frings) – Schweinsteiger (1), Ballack, Podolski – Klose (1) (Jansen) – K.: Ballack – SR: Busacca (Schweiz)
808 **Spanien**, 29. 6., Wien, 0:1 verloren (EM-Finale): Lehmann – A. Friedrich, Mertesacker, Metzelder, Lahm (Jansen) – Frings, Hitzlsperger (Kuranyi) – Schweinsteiger, Ballack, Podolski – Klose (Gomez) – K.: Ballack – SR: Rosetti (Italien)

809 **Belgien**, 20. 8., Nürnberg, 2:0 gewonnen: Enke – Fritz, Tasci, Westermann, Lahm (Jansen) – Schweinsteiger (1), Hitzlsperger (Marin 1), Rolfes, Trochowski (Helmes) – Klose (Kuranyi), Podolski (Gomez) – K.: Klose/Schweinsteiger – SR: Vejlgaard (Dänemark)
810 **Liechtenstein**, 6. 9., Vaduz, 6:0 gewonnen (WM-Qualifikation): Enke – Fritz, Tasci, Westermann (1), Lahm – Schweinsteiger (1), Rolfes (1) (Marin), Hitzlsperger (1), Trochowski – Klose (Gomez), Podolski (2) (Kuranyi) – K.: Klose/Schweinsteiger – SR: Pereira Gomes (Portugal)
811 **Finnland**, 10. 9., Helsinki, 3:3 unentschieden (WM-Qualifikation): Enke – Fritz (Hinkel), Tasci, Westermann, Lahm – Schweinsteiger, Rolfes (Helmes), Hitzlsperger, Trochowski – Klose (3), Podolski (Gomez) – K.: Klose – SR: Kassai (Ungarn)
812 **Russland**, 11. 10., Dortmund, 2:1 gewonnen (WM-Qualifikation): Adler – A. Friedrich, Mertesacker, Westermann, Lahm – Ballack (1), Hitzlsperger (Rolfes) – Schweinsteiger, Trochowski (Frings) – Klose (Gomez), Podolski (1) – K.: Ballack – SR: Fröjdfeldt (Schweden)
813 **Wales**, 15. 10., Mönchengladbach, 1:0 gewonnen (WM-Qualifikation): Adler – A. Friedrich (Fritz), Mertesacker, Westermann, Lahm – Ballack, Hitzlsperger – Schweinsteiger, Trochowski (1) – Klose (Helmes), Podolski (Gomez) – K.: Ballack – SR: Duhamel (Frankreich)
814 **England**, 19. 11., Berlin, 1:2 verloren: Adler (Wiese) – A. Friedrich (Tasci), Mertesacker, Westermann, Compper (Schäfer) – Jones (Marin), Rolfes – Schweinsteiger – Klose (Helmes 1), Gomez (Podolski) – K.: Klose/Schweinsteiger – SR: Busacca (Schweiz)

2009: 11 Spiele: 7 Siege, 3 Unentschieden, 1 Niederlage

815 **Norwegen**, 11. 2., Düsseldorf, 0:1 verloren: Adler – Hinkel (Beck), Mertesacker (Tasci), Westermann, Lahm – Frings (Marin), Ballack – Schweinsteiger, Trochowski (Özil) – Klose (Helmes), Gomez (Kießling) – K.: Ballack – SR: Messner (Österreich)
816 **Liechtenstein**, 28. 3., Leipzig, 4:0 gewonnen (WM-Qualifikation): Enke – Beck, Mertesacker, Tasci, Lahm – Ballack (1), Hitzlsperger (Marin) – Schweinsteiger (1) (Rolfes), Jansen (1) (Helmes) – Gomez, Podolski (1) – K.: Ballack – SR: Ishchenko (Ukraine)
817 **Wales**, 1. 4., Cardiff, 2:0 gewonnen (WM-Qualifikation): Enke – Beck, Mertesacker, Tasci, Lahm – Rolfes (Westermann), Hitzlsperger – Schweinsteiger (Helmes), Ballack (1), Podolski (Trochowski) – Gomez – K.: Ballack – SR: Hauge (Norwegen) – Dazu ein Eigentor von Williams
818 **China**, 29. 5., Shanghai, 1:1 unentschieden: Enke – Lahm, A. Friedrich, Huth, Schäfer – Gentner, Hitzlsperger – Trochowski (Hinkel), Schweinsteiger, Podolski (1) – Gomez (Cacau) – K.: Lahm – SR: M. Lee (Südkorea)
819 **Vereinigte Arabische Emirate**, 2. 6., Dubai, 7:2 gewonnen: Neuer – Hinkel (Träsch), A. Friedrich (Huth), Westermann (1), Lahm (Schäfer) – Schweinsteiger, Hitzlsperger (Weis), Gentner, Trochowski (1) – Podolski (Cacau), Gomez (4) – K.: Schweinsteiger – SR: Darwish (Jordanien) – Dazu ein Eigentor von Juma
820 **Aserbaidschan**, 12. 8., Baku, 2:0 gewonnen (WM-Qualifikation): Enke – Lahm, Mertesacker, Tasci, Schäfer – Schweinsteiger (1), Ballack, Hitzlsperger (Jansen) – Klose (1) (Cacau), Gomez (Özil) – K.: Ballack – SR: Kelly (Irland)
821 **Südafrika**, 5. 9., Leverkusen, 2:0 gewonnen: Adler – Lahm, A. Friedrich, Tasci (Westermann), Schäfer – Ballack (Gentner), Rolfes (Khedira) – Schweinsteiger (Trochowski), Özil (1), Marin (Podolski) – Gomez (1) (Klose) – K.: Ballack/Klose – SR: Circhetta (Schweiz)
822 **Aserbaidschan**, 9. 9., Hannover, 4:0 gewonnen (WM-Qualifikation): Adler – Lahm, Mertesacker, Westermann, Schäfer (Beck) – Ballack (1), Hitzlsperger – Schweinsteiger (Trochowski), Özil, Podolski (1) – Gomez (Klose 2) – K.: Ballack – SR: Kakos (Griechenland)
823 **Russland**, 10. 10., Moskau, 1:0 gewonnen (WM-Qualifikation): Adler – Boateng, Mertesacker, Westermann, Lahm – Ballack, Rolfes – Schweinsteiger, Özil (A. Friedrich), Podolski (Trochowski) – Klose (1) (Gomez) – K.: Ballack – SR: Busacca (Schweiz)
824 **Finnland**, 14. 10., Hamburg, 1:1 unentschieden (WM-Qualifikation): Adler – Beck, A. Friedrich, Westermann, Lahm – Ballack (Gentner), Hitzlsperger (Özil), Trochowski – Cacau, Podolski (1) – Gomez (Klose) – K.: Ballack/Lahm – SR: Atkinson (England)
825 **Elfenbeinküste**, 18. 11., Gelsenkirchen, 2:2 unentschieden: Wiese (Neuer) – Boateng (Beck), Mertesacker, Westermann, Lahm – Hitzlsperger – Schweinsteiger (Hunt), Trochowski (Schäfer), Özil – Kießling (Gomez), Podolski (2) – K.: Lahm – SR: Kuipers (Niederlande)

2010: 17 Spiele: 12 Siege, 2 Unentschieden, 3 Niederlagen

826 **Argentinien**, 3. 3., München, 0:1 verloren: Adler – Boateng, Mertesacker, Tasci, Lahm – Ballack, Schweinsteiger (Khedira) – T. Müller (Kroos), Özil (Cacau), Podolski – Klose (Gomez) – K.: Ballack – SR: Atkinson (England)
827 **Malta**, 13.5., Aachen, 3:0 gewonnen: Neuer – Beck (Träsch), A. Friedrich (Westermann), Tasci (Hummels), Aogo (J. Boateng) – Khedira (Reinartz) – Trochowski, Kroos (Großkreutz) – Cacau

(2), Kießling, Podolski – K.: A. Friedrich/Podolski – SR: Hamer (Luxemburg) – Dazu ein Eigentor von Scicluna

828 **Ungarn**, 29. 5., Budapest, 3:0 gewonnen: Neuer – Boateng, Mertesacker, A. Friedrich (Badstuber), Westermann – Khedira (Aogo), Kroos (Marin) – Trochowski (Jansen), Özil (Cacau 1), Podolski (1) – Klose (Gomez 1) – K.: Klose/A. Friedrich/Mertesacker – SR: Larsen (Dänemark)

829 **Bosnien-Herzegowina**, 3. 6., Frankfurt, 3:1 gewonnen: Neuer – Lahm (1), Mertesacker, A. Friedrich (Tasci), Badstuber – Khedira, Schweinsteiger (2) (Kroos) – Trochowski (T. Müller), Özil (Gomez), Podolski (Marin) – Klose (Cacau) – K.: Lahm – SR: Rizzoli (Italien)

830 **Australien**, 13. 6., Durban, 4:0 gewonnen (WM-Vorrunde): Neuer – Lahm, Mertesacker, A. Friedrich, Badstuber – Khedira, Schweinsteiger – T. Müller (1), Özil (Gomez), Podolski (1) (Marin) – Klose (1) (Cacau 1) – K.: Lahm – SR: Rodriguez Moreno (Mexiko)

831 **Serbien**, 18. 6., Port Elizabeth, 0:1 verloren (WM-Vorrunde): Neuer – Lahm, Mertesacker, A. Friedrich, Badstuber (Gomez) – Khedira, Schweinsteiger – T. Müller (Marin), Özil (Cacau), Podolski – Klose – K.: Lahm – SR: Undiano Mallenco (Spanien)

832 **Ghana**, 23. 6., Johannesburg, 1:0 gewonnen (WM-Vorrunde): Neuer – Lahm, Mertesacker, A. Friedrich, J. Boateng (Jansen) – Khedira, Schweinsteiger (Kroos) – T. Müller (Trochowski), Podolski – Özil (1) – Cacau – K.: Lahm – SR: Simon (Brasilien)

833 **England**, 27. 6., Bloemfontein, 4:1 gewonnen (WM-Achtelfinale): Neuer – Lahm, Mertesacker, A. Friedrich, J. Boateng – Khedira, Schweinsteiger – T. Müller (2) (Trochowski), Podolski (1) – Özil (Kießling) – Klose (1) (Gomez) – K.: Lahm – SR: Larrionda (Uruguay)

834 **Argentinien**, 3. 7., Kapstadt, 4:0 gewonnen (WM-Viertelfinale): Neuer – Lahm, Mertesacker, A. Friedrich (1), J. Boateng (Jansen) – Khedira (Kroos), Schweinsteiger – T. Müller (1) (Trochowski), Podolski – Özil – Klose (2) – K.: Lahm – SR: Irmatov (Usbekistan)

835 **Spanien**, 7. 7., Durban, 0:1 verloren (WM-Halbfinale): Neuer – Lahm, Mertesacker, A. Friedrich, J. Boateng (Jansen) – Khedira (Gomez), Schweinsteiger – Trochowski (Kroos), Özil, Podolski – Klose – K.: Lahm – SR: Kassai (Ungarn)

836 **Uruguay**, 10. 7., Port Elizabeth, 3:2 gewonnen (WM, Spiel um den dritten Platz): Butt – J. Boateng, Mertesacker, A. Friedrich, Aogo – Khedira (1), Schweinsteiger – T. Müller (1), Özil (Tasci), Jansen (1) (Kroos) – Cacau (Kießling) – K.: Schweinsteiger – SR: Archundia (Mexiko)

837 **Dänemark**, 11. 8., Kopenhagen, 2:2 unentschieden: Wiese – Beck (Riether), J. Boateng (C. Schulz), Tasci, M. Schäfer – Gentner, Hitzlsperger (Helmes 1) – Träsch, Kroos, Marin (Hunt) – Gomez (1) – K.: Hitzlsperger/Tasci – SR: Kelly (Irland)

838 **Belgien**, 3. 9., Brüssel, 1:0 gewonnen (EM-Qualifikation): Neuer – Lahm, Mertesacker, Badstuber, Jansen (Westermann) – Khedira (Kroos), Schweinsteiger – T. Müller, Özil (Cacau), Podolski (Kroos) – Klose (1) – K.: Lahm – SR: Hauge (Norwegen)

839 **Aserbaidschan**, 7. 9., Köln, 6:1 gewonnen (EM-Qualifikation): Neuer – Riether, Mertesacker (Westermann 1), Badstuber (1), Lahm – Khedira, Schweinsteiger (Cacau) – T. Müller (Marin), Özil, Podolski (1) – Klose (2) – K.: Lahm – SR: Strömbergsson (Schweden) – Dazu ein Eigentor von R. F. Sadygov

840 **Türkei**, 8. 10., Berlin, 3:0 gewonnen (EM-Qualifikation): Neuer – Lahm, Mertesacker, Badstuber, Westermann – Khedira, Kroos – T. Müller, Özil (1) (Marin), Podolski (Träsch) – Klose (2) (Cacau) – K.: Lahm – SR: Webb (England)

841 **Kasachstan**, 12. 10., Astana, 3:0 gewonnen (EM-Qualifikation): Neuer – Lahm, Mertesacker, Badstuber, Westermann – Khedira, Kroos – T. Müller (Marin), Özil (1), Podolski (1) – Klose (1) (Gomez 1) – K.: Lahm – SR: Tudor (Rumänien)

842 **Schweden**, 17. 11., Göteborg, 0:0 unentschieden: Adler – J. Boateng (Beck), Westermann, Hummels, Schmelzer – Khedira (Kroos), Schweinsteiger (Cacau) – Großkreutz (Götze), Holtby (Schürrle), Marin (Träsch) – Gomez – K.: Schweinsteiger/Westermann – SR: Velasco (Spanien)

2011: 13 Spiele: 9 Siege, 3 Unentschieden, 1 Niederlage

843 **Italien**, 9. 2., Dortmund, 1:1 unentschieden: Neuer – Lahm (J. Boateng), Mertesacker, Badstuber (Hummels), Aogo – Khedira, Schweinsteiger – T. Müller (Götze), Özil, Podolski – Klose (1) (Großkreutz) – K.: Lahm/Schweinsteiger – SR: Braamhaar (Niederlande)

844 **Kasachstan**, 26. 3., Kaiserslautern, 4:0 gewonnen (EM-Qualifikation): Neuer – Lahm, Mertesacker, Badstuber, Aogo – Khedira, Schweinsteiger (Kroos) – T. Müller (2) (Götze), Özil, Podolski (Gomez) – Klose (2) – K.: Lahm – SR: Stavnev (Mazedonien)

845 **Australien**, 29. 3., Mönchengladbach, 1:2 verloren: Wiese – Träsch, A. Friedrich, Hummels, Schmelzer – S. Bender, Schweinsteiger (Kroos) – Schürrle, T. Müller (Götze), Podolski – Gomez (1) (Klose) – K.: Schweinsteiger/A. Friedrich – SR: Lannoy (Frankreich)

846 **Uruguay**, 29. 5., Sinsheim, 2:1 gewonnen: Neuer – Lahm (Höwedes), A. Friedrich (Badstuber), Hummels, Schmelzer – Rolfes, Kroos (Träsch) – T. Müller (Götze), Özil (Klose), Schürrle (1) (Podolski) – Gomez (1) – K.: Lahm/Klose – SR: Benquerenca (Portugal)

847 **Österreich**, 3. 6., Wien, 2:1 gewonnen (EM-Qualifikation): Neuer – Lahm, A. Friedrich, Hummels, Schmelzer – Khedira (Badstuber), Kroos (Aogo) – T. Müller, Özil, Podolski (Schürrle) – Gomez (2) – K.: Lahm – SR: Busacca (Schweiz)

848 **Aserbaidschan**, 7. 6., Baku, 3:1 gewonnen (EM-Qualifikation): Neuer – Höwedes, Hummels, Badstuber, Aogo – Lahm, Kroos – T. Müller (Holtby), Özil (1) (Götze), Podolski (Schürrle 1) – Gomez (1) – K.: Lahm – SR: Koukoulakis (Griechenland)

849 **Brasilien**, 10. 8., Stuttgart, 3:2 gewonnen: Neuer – Träsch, Hummels (J. Boateng), Badstuber, Lahm – Schweinsteiger (1) (Rolfes) – T. Müller, Götze (1) (Cacau), Kroos, Podolski (Schürrle 1) – Gomez (Klose) – K.: Lahm – SR: Kassai (Ungarn)

850 **Österreich**, 2. 9., Gelsenkirchen, 6:2 gewonnen (EM-Qualifikation): Neuer – Höwedes (J. Boateng), Hummels, Badstuber, Lahm – Schweinsteiger, Kroos (Götze 1) – T. Müller, Özil (2), Podolski (1) (Schürrle 1) – Klose (1) – K.: Lahm – SR: Tagliavento (Italien)

851 **Polen**, 6. 9., Gdansk, 2:2 unentschieden: Wiese – Träsch, Mertesacker, J. Boateng, Lahm (Schmelzer) – Rolfes (L. Bender) – Schürrle, Götze, Kroos (1), Podolski (T. Müller) – Klose (Cacau 1) – K.: Lahm/Mertesacker – SR: Orsato (Italien)

852 **Türkei**, 7. 10., Istanbul, 3:1 gewonnen (EM-Qualifikation): Neuer – J. Boateng (Höwedes), Mertesacker, Badstuber, Lahm – Schweinsteiger (1), Khedira – T. Müller (1), Götze (Reus), Podolski (Schürrle) – Gomez (1) – K.: Lahm – SR: Atkinson (England)

853 **Belgien**, 11. 10., Düsseldorf, 3:1 gewonnen (EM-Qualifikation): Neuer – Höwedes, Mertesacker, Hummels, Lahm (Gündogan) – Khedira, Kroos – T. Müller (Reus), Özil (1), Schürrle (1) – Gomez (1) (Cacau) – K.: Lahm/Mertesacker – SR: Moen (Norwegen)

854 **Ukraine**, 11. 11., Kiew, 3:3 unentschieden: Zieler – J. Boateng, Hummels, Badstuber – Träsch (Schürrle), Khedira (Rolfes 1), Kroos (1) (L. Bender), Aogo – Özil (Podolski), Götze (T. Müller 1) – Gomez (Cacau) – K.: Gomez/Podolski – SR: Velasco Carballo (Spanien)

855 **Niederlande**, 15. 11., Hamburg, 3:0 gewonnen: Neuer – J. Boateng (Höwedes), Mertesacker, Badstuber (Hummels), Aogo – Kroos (Rolfes), Khedira (L. Bender) – T. Müller (1), Özil (1), Podolski (Götze) – Klose (1) (Reus) – K.: Klose/Mertesacker – SR: Cakir (Türkei)

2012: 14 Spiele: 8 Siege, 2 Unentschieden, 4 Niederlagen

856 **Frankreich**, 29. 2., Bremen, 1:2 verloren: Wiese – J. Boateng, Hummels, Badstuber (Höwedes), Aogo – Khedira (L. Bender), Kroos – Reus (Cacau 1), Özil, Schürrle (T. Müller) – Klose (Gomez) – K.: Klose/Gomez – SR: Tagliavento (Italien)

857 **Schweiz**, 26. 5., Basel, 3:5 verloren: ter Stegen – Höwedes (S. Bender), Mertesacker, Hummels (1), Schmelzer – Khedira (Gündogan), Götze (L. Bender) – Schürrle (1), Özil (Reus 1), Podolski (Draxler) – Klose (Cacau) – K.: Klose/Mertesacker – SR: Gautier (Frankreich)

858 **Israel**, 31. 5., Leipzig, 2:0 gewonnen: Neuer – J. Boateng, Mertesacker, Badstuber, Lahm – Khedira (L. Bender), Kroos (Götze) – T. Müller (Reus), Özil, Podolski (Schürrle 1) – Gomez (1) (Klose) – K.: Lahm – SR: Blom (Niederlande)

859 **Portugal**, 9. 6., Lwiw, 1:0 gewonnen (EM-Vorrunde): Neuer – J. Boateng, Hummels, Badstuber, Lahm – Khedira, Schweinsteiger – T. Müller (L. Bender), Özil (Kroos), Podolski – Gomez (1) (Klose) – K.: Lahm – SR: Lannoy (Niederlande)

860 **Niederlande**, 13. 6., Charkiw, 2:1 gewonnen (EM-Vorrunde): Neuer – J. Boateng, Hummels, Badstuber, Lahm – Khedira, Schweinsteiger – T. Müller (L. Bender), Özil (Kroos), Podolski – Gomez (2) (Klose) – K.: Lahm – SR: Eriksson (Schweden)

861 **Dänemark**, 17. 6., Lwiw, 2:1 gewonnen (EM-Vorrunde): Neuer – L. Bender (1), Hummels, Badstuber, Lahm – Khedira, Schweinsteiger – T. Müller (Reus), Özil, Podolski (1) (Schürrle) – Gomez (Klose) – K.: Lahm – SR: Velasco Carballo (Spanien)

862 **Griechenland**, 22. 6., Gdansk, 4:2 gewonnen (EM-Viertelfinale): Neuer – J. Boateng, Hummels, Badstuber, Lahm (1) – Khedira (1), Schweinsteiger – Reus (1) (Götze), Özil, Schürrle (T. Müller) – Klose (1) (Gomez) – K.: Lahm – SR: Skomina (Slowenien)

863 **Italien**, 28. 6., Warschau, 1:2 verloren (EM-Halbfinale): Neuer – J. Boateng (T. Müller), Hummels, Badstuber, Lahm – Schweinsteiger, Khedira – Özil (1), Kroos, Podolski (Reus) – Gomez (Klose) – K.: Lahm – SR: Lannoy (Frankreich)

864 **Argentinien**, 15. 8., Frankfurt, 1:3 verloren: Zieler – J. Boateng, Hummels, Höwedes 1), Badstuber, Schmelzer – L. Bender (Götze), Khedira (Gündogan) – T. Müller (ter Stegen), Özil (Kroos), Reus – Klose (Schürrle) – K.: Klose/Khedira/J. Boateng – SR: Eriksson (Schweden)

865 **Färöer**, 7. 9., Hannover, 3:0 gewonnen (WM-Qualifikation): Neuer – Lahm, Mertesacker,

Hummels, Badstuber – Khedira – T. Müller (Schürrle), Götze (1) (Draxler), Özil (2), Reus – Klose (Podolski) – K.: Lahm – SR: Madden (Schottland)
866 **Österreich**, 11. 9., Wien, 2:1 gewonnen (WM-Qualifikation): Neuer – Lahm, Hummels, Badstuber, Schmelzer – Khedira, Kroos – T. Müller, Özil (1), Reus (1) (Götze) – Klose (Podolski) – K.: Lahm – SR: Kuipers (Niederlande)
867 **Irland**, 12. 10., Dublin 6:1 gewonnen (WM-Qualifikation): Neuer – J. Boateng, Mertesacker, Badstuber, Schmelzer – Khedira (Kroos 2), Schweinsteiger – T. Müller, Özil (1), Reus (2) (Podolski) – Klose (1) (Schürrle) – K.: Schweinsteiger – SR: Rizzoli (Italien)
868 **Schweden**, 16. 10., Berlin, 4:4 unentschieden (WM-Qualifikation): Neuer – J. Boateng, Mertesacker (1), Badstuber, Lahm – Kroos, Schweinsteiger – T. Müller (Götze), Özil (1), Reus (Podolski) – Klose (2) – K.: Lahm – SR: Proenca (Portugal)
869 **Niederlande**, 14. 11., Amsterdam, 0:0 unentschieden: Neuer – Höwedes, Mertesacker, Hummels, Lahm – L. Bender (S. Bender), Gündogan – T. Müller (Schürrle), Holtby (Neustädter), Reus (Draxler) – Götze (Podolski) – K.: Lahm – SR: Proenca (Portugal)

2013: 12 Spiele: 9 Siege, 2 Unentschieden, 1 Niederlage

870 **Frankreich**, 6. 2., Paris, 2:1 gewonnen: Neuer – Lahm, Mertesacker, Hummels, Höwedes – Khedira (1), Gündogan – T. Müller (1) (L. Bender), Özil, Podolski (Schürrle) – Gomez (Kroos) – K.: Lahm – SR: Mazzoleni (Italien)
871 **Kasachstan**, 22. 3., Astana, 3:0 gewonnen (WM-Qualifikation): Neuer – Lahm, Mertesacker, Höwedes, Schmelzer – Khedira (Gündogan), Schweinsteiger – T. Müller (2) (Schürrle), Özil, Draxler (Podolski) – Götze (1) – K.: Lahm – SR: Kakos (Griechenland)
872 **Kasachstan**, 26. 3., Nürnberg, 4:1 gewonnen (WM-Qualifikation): Neuer – Lahm, Mertesacker, Boateng, Schmelzer – Khedira, Gündogan (1) – T. Müller, Özil, Reus (2) (Jansen) – Götze (1) – K.: Lahm – SR: Özkahya (Türkei)
873 **Ecuador**, 29. 5., Boca Raton, 4:2 gewonnen: Adler – Höwedes, Mertesacker, Westermann, Jansen – L. Bender (2) (Wollscheid), Neustädter (Reinartz) – Sam (Schürrle), Draxler (Hunt), Podolski (2) (N. Müller) – Kruse (Aogo) – K.: Mertesacker – SR: Salazar (USA)
874 **USA**, 2. 6., Washington, 3:4 verloren: ter Stegen – L. Bender (Westermann 1), Mertesacker (Wollscheid), Höwedes, Jansen (Aogo) – S. Bender (Kruse 1), Reinartz – Schürrle (Sam), Draxler (Hunt), Podolski – Kruse (N. Müller) – K.: Klose/Podolski – SR: Delgadillo Haro (Mexiko)
875 **Paraguay**, 14. 8., Kaiserslautern, 3:3 unentschieden: Neuer – Lahm, Mertesacker (Boateng), Hummels, Schmelzer (Jansen) – Khedira, Gündogan (1) (L. Bender 1) – T. Müller (1) (Schürrle), Özil, Reus (Podolski) – Klose (Gomez) – K.: Lahm – SR: Bebek (Kroatien)
876 **Österreich**, 6. 9., München, 3:0 gewonnen (WM-Qualifikation): Neuer – Lahm, Mertesacker, Boateng, Schmelzer (Höwedes) – Khedira, Kroos (1) – T. Müller (1), Özil, Reus (Draxler) – Klose (1) (S. Bender) – K.: Lahm – SR: Mazic (Serbien)
877 **Färöer**, 10. 9., Torshavn, 3:0 gewonnen (WM-Qualifikation): Neuer – Lahm, Mertesacker (1), Boateng, Schmelzer – Khedira, Kroos – T. Müller (1) (sam), Özil (1), Draxler (Schürrle) – Klose (Kruse) – K.: Lahm – SR: Mazeika (Litauen)
878 **Irland**, 11. 10., Köln, 3:0 gewonnen (WM-Qualifikation): Neuer – Lahm, Mertesacker, Boateng, Jansen – Khedira (1) (Kruse), Schweinsteiger – T. Müller (Sam), Kroos, Schürrle (1) (Götze) – Özil (1) – K.: Lahm – SR: Gumienny (Belgien)
879 **Schweden**, 15. 10., Stockholm, 5:3 gewonnen (WM-Qualifikation): Neuer – Lahm, Boateng, Hummels, Jansen – Schweinsteiger, Kroos – T. Müller (Götze 1), Özil (1) (Draxler), Schürrle (3) – Kruse (Höwedes) – K.: Lahm – SR: Collum (Schottland)
880 **Italien**, 15. 11., Mailand, 1:1 unentschieden: Neuer – Höwedes, Boateng, Hummels (1), Jansen – Lahm, Khedira (S. Bender) – T. Müller (L. Bender), Kroos, Schürrle (Reus) – Götze (Özil) – K.: Lahm – SR: Benquerenca (Portugal)
881 **England**, 19. 11., London, 1:0 gewonnen: Weidenfeller – Westermann (Draxler), Mertesacker (1), Boateng (Hummels/Höwedes), Schmelzer (Jansen) – S. Bender, L. Bender – Götze, Kroos, Reus (Schürrle) – Kruse (Sam) – K.: Mertesacker – SR: Lannoy (Frankreich)

2014: 17 Spiele: 11 Siege, 4 Unentschieden, 2 Niederlagen

882 **Chile**, 5. 3., Stuttgart, 1:0 gewonnen: Neuer – Großkreutz, Mertesacker, Boateng, Jansen (Schmelzer) – Lahm, Schweinsteiger – Özil (Ginter), Kroos, Götze (1) (Podolski) – Klose (Schürrle) – K.: Lahm – SR: Clattenburg (England)
883 **Polen**, 13. 5., Hamburg, 0:0 unentschieden: Zieler (ter Stegen) – Rüdiger (Höwedes), Mustafi, Ginter, Sorg (Günter) – Rudy, Kramer – Goretzka (Hahn), M. Meyer (Arnold), Draxler – Volland (S. Jung) – K.: Draxler – SR: Borbalan (Spanien)

884 **Kamerun**, 1. 6., Mönchengladbach, 2:2 unentschieden: Weidenfeller – Boateng, Mertesacker, Hummels, Durm (Höwedes) – Khedira (Kramer), Kroos – T. Müller (1), Özil (Podolski), Reus – Götze (Schürrle 1) – K.: Mertesacker – SR: Skomina (Slowenien)
885 **Armenien**, 6.6., Mainz, 6:1 gewonnen: Weidenfeller – Boateng (Großkreutz), Mertesacker, Hummels, Höwedes (1) – Lahm (Özil), Khedira (Schweinsteiger) – Kroos, Schürrle (1) (Götze 2), Reus (Podolski) (1) – T. Müller (Klose 1) – K.: Lahm/Mertesacker – SR: Lechner (Österreich)
886 **Portugal**, 16. 6., Salvador, 4:0 gewonnen (WM-Vorrunde): Neuer – Boateng, Mertesacker, Hummels (1) (Mustafi), Höwedes – Lahm – Khedira, Kroos – Özil (Schürrle), Götze – T. Müller (3) (Podolski) – K.: Lahm – SR: Mazic (Serbien)
887 **Ghana**, 21. 6., Fortaleza, 2:2 unentschieden (WM-Vorrunde): Neuer – Boateng (Mustafi), Mertesacker, Hummels, Höwedes – Lahm – Khedira (Schweinsteiger), Kroos – Özil, Götze (1) (Klose 1) – T. Müller – K.: Lahm – SR: Ricci (Brasilien)
888 **USA**, 26. 6., Recife, 1:0 gewonnen (WM-Vorrunde): Neuer – Boateng, Mertesacker, Hummels, Höwedes – Lahm – Schweinsteiger (Götze), Kroos – Özil (Schürrle), Podolski (Klose) – T. Müller (1) – K.: Lahm – SR: Irmatov (Usbekistan)
889 **Algerien**, 30. 6., Porto Alegre, n. V. 2:1 gewonnen (WM-Achtelfinale): Neuer – Mustafi (Khedira), Mertesacker, Boateng, Höwedes – Lahm – Schweinsteiger (Kramer), Kroos – Özil (1), Götze (Schürrle 1) – T. Müller – K.: Lahm – SR: Ricci (Brasilien)
890 **Frankreich**, 4. 7., Rio de Janeiro, 1:0 gewonnen (WM-Viertelfinale): Neuer – Lahm, Boateng, Hummels (1), Höwedes – Schweinsteiger, Khedira – T. Müller, Kroos (Kramer), Özil (Götze) – Klose (Schürrle) – K.: Lahm – SR: Pitana (Argentinien)
891 **Brasilien**, 8. 7., Belo Horizonte, 7:1 gewonnen (WM-Halbfinale): Neuer – Lahm, Boateng, Hummels (Mertesacker), Höwedes – Schweinsteiger – Khedira (1) (Draxler), Kroos (2) – T. Müller (1), Özil – Klose (1) (Schürrle 2) – K.: Lahm – SR: Rodriguez Moreno (Mexiko)
892 **Argentinien**, 13. 7., Rio de Janeiro, n. V. 1:0 gewonnen (WM-Finale): Neuer – Lahm, Boateng, Hummels, Höwedes – Schweinsteiger – Kramer (Schürrle), Kroos – T. Müller, Özil (Mertesacker) – Klose (Götze 1) – K.: Lahm – SR: Rizzoli (Italien)
893 **Argentinien**, 3. 9., Düsseldorf, 2:4 verloren: Neuer (Weidenfeller) – Großkreutz, Höwedes (Rüdiger), Ginter, Durm – Kramer, Kroos (Rudy) – Schürrle (1) (T. Müller), Reus, Draxler (Podolski) – Gomez (Götze 1) – K.: Neuer/Podolski – SR: Kuipers (Niederlande)
894 **Schottland**, 7. 9., Dortmund, 2:1 gewonnen (EM-Qualifikation): Neuer – Rudy, Boateng, Höwedes, Durm – Kramer, Kroos – T. Müller (2), Reus (Ginter), Schürrle (Podolski) – Götze – K.: Neuer – SR: Moen (Norwegen)
895 **Polen**, 11. 10., Warschau, 0:2 verloren (EM-Qualifikation): Neuer – Rüdiger (Kruse), Boateng, Hummels, Durm – Kramer (Draxler), Kroos – Bellarabi, Götze, Schürrle (Podolski) – T. Müller – K.: Neuer – SR: Proenca (Portugal)
896 **Irland**, 14. 10., Gelsenkirchen, 1:1 unentschieden (EM-Qualifikation): Neuer – Rüdiger, Boateng, Hummels, Durm – Ginter (Podolski), Kroos (1) – Bellarabi (Rudy), Götze, Draxler (Kruse) – T. Müller – K.: Neuer – SR: Skomina (Slowenien)
897 **Gibraltar**, 14. 11., Nürnberg, 4:0 gewonnen (EM-Qualifikation): Neuer – Mustafi, Boateng, Durm (Hector) – Kroos (L. Bender) – Khedira (Volland), Götze (1) – Bellarabi, Podolski – T. Müller (2), Kruse – K.: Neuer – SR: Tudor (Rumänien) – Dazu ein Eigentor von Santos.
898 **Spanien**, 18. 11., Vigo, 1:0 gewonnen: Zieler – Rüdiger, Mustafi, Höwedes – Rudy, Durm – Khedira (L. Bender) – T. Müller (Bellarabi), Kroos (1), Volland – Götze (Kruse) – K.: Khedira/Kroos – SR: Johannesson (Schweden)

2015: 9 Spiele: 5 Siege, 1 Unentschieden, 3 Niederlagen

899 **Australien**, 25. 3., Kaiserslautern, 2:2 unentschieden: Zieler – Mustafi, Höwedes, Badstuber (Rudy) – Khedira (Kramer) – Bellarabi (Schürrle), Özil, Gündogan, Hector – Reus (1) (Podolski 1), Götze (Kruse) – K.: Khedira/Özil – SR: Oliver (England)
900 **Georgien**, 29. 3., Tiflis, 2:0 gewonnen (EM-Qualifikation): Neuer – Rudy, Boateng, Hummels, Hector – Schweinsteiger, Kroos – T. Müller (1) (Schürrle), Özil, Reus (1) – Götze (Podolski) – K.: Schweinsteiger – SR: Turpin (Frankreich)
901 **USA**, 10. 6., Köln, 1:2 verloren: Zieler – Rudy, Mustafi, Rüdiger, Hector – Schweinsteiger (Khedira), Gündogan (Kramer) – P. Herrmann (Bellarabi), Özil, Schürrle (Podolski) – Götze (1) (Kruse) – K.: Schweinsteiger/Podolski – SR: Makkelie (Niederlande)
902 **Gibraltar**, 13. 6., Faro (Portugal), 7:0 gewonnen (EM-Qualifikation): Weidenfeller – Rudy, Boateng, Hector – Schweinsteiger – Gündogan (1) (Khedira) – P. Herrmann (Podolski), Özil, Bellarabi (1) – Götze (Kruse 2), Schürrle (3) – K.: Schweinsteiger – SR: Pisani (Malta)
903 **Polen**, 4. 9., Frankfurt, 3:1 gewonnen (EM-Qualifikation): Neuer – Can, Boateng, Hummels, Hector – Schweinsteiger, Kroos – T. Müller (1), Özil, Bellarabi (Gündogan) – Götze (2) (Podolski) – K.: Schweinsteiger – SR: Rizzoli (Italien)

904 **Schottland**, 7. 9., Glasgow, 3:2 gewonnen (EM-Qualifikation): Neuer – Can, Boateng, Hummels, Hector – Schweinsteiger, Kroos – T. Müller (2), Gündogan (1), Özil (Kramer) – Götze (Schürrle) – K.: Schweinsteiger – SR: Kuipers (Niederlande)
905 **Irland**, 8. 10., Dublin, 0:1 verloren (EM-Qualifikation): Neuer – Ginter (Bellarabi), Boateng, Hummels, Hector – Gündogan (Volland), Kroos – Özil, Reus – T. Müller, Götze (Schürrle) – K.: Neuer – SR: Velasco (Spanien)
906 **Georgien**, 11. 10., Leipzig, 2:1 gewonnen (EM-Qualifikation): Neuer – Ginter, Boateng, Hummels, Hector – Gündogan, Kroos – T. Müller (1), Özil, Reus (Bellarabi) – Schürrle (Kruse 1) – K.: Neuer – SR: Kralovec (Tschechien)
907 **Frankreich**, 13. 11., Paris, 0:2 verloren: Neuer – Rüdiger, Boateng (Mustafi), Hummels – Ginter (Volland), Khedira (Gündogan), Schweinsteiger, Hector (Can) – T. Müller, Draxler (L. Sané) – Gomez – K.: Schweinsteiger – SR: Lahoz (Spanien)

2016: 10 Spiele: 5 Siege, 2 Unentschieden, 3 Niederlagen

908 **England**, 26. 3., Berlin, 2:3 verloren: Neuer – Can, Rüdiger, Hummels (Tah), Hector – Khedira, Kroos (1) – T. Müller (Podolski), Özil, Reus (Schürrle) – Gomez(1) (Götze) – K.: Khedira – SR: Rocchi (Italien)
909 **Italien**, 29. 3., München, 4:1 gewonnen: ter Stegen – Rüdiger, Mustafi, Hummels – Rudy, Hector (1) (Ginter) – Özil (1), T. Kroos (1) (Kramer) – T. Müller (Can), Draxler (Volland) – Götze (1) (Reus) – K.: T. Müller/Hummels – SR: Drachta (Österreich)
910 **Slowakei**, 29. 5., Augsburg, 1:3 verloren: Leno (ter Stegen) – Kimmich (Schürrle), Boateng (Höwedes), Rüdiger – Rudy, Khedira (Weigl), Hector – Götze, Draxler – L. Sané, Gomez (1) (Brandt) – K.: Khedira/Boateng/Höwedes – SR: Gumienny (Belgien)
911 **Ungarn**, 4. 6., Gelsenkirchen, 2:0 gewonnen: Neuer – Höwedes, Boateng, Rüdiger, Hector (Can) – Khedira (Gomez), T. Kroos (Schweinsteiger) – T. Müller (1) (L. Sané), Özil, Draxler (Schürrle) – Götze (Podolski) – K.: Neuer – SR: Strömbergsson (Schweden) – Dazu ein Eigentor von Lang.
912 **Ukraine**, 12. 6., Lille, 2:0 gewonnen (EM-Vorrunde): Neuer – Höwedes, Boateng, Mustafi (1), Hector – Khedira, T. Kroos – T. Müller, Özil, Draxler (Schürrle) – Götze (Schweinsteiger 1) – K.: Neuer – SR: Atkinson (England)
913 **Polen**, 16. 6., Paris, 0:0 unentschieden (EM-Vorrunde): Neuer – Höwedes, Boateng, Hummels, Hector – Khedira, T. Kroos – T. Müller, Özil, Draxler (Gomez) – Götze (Schürrle) – K.: Neuer – SR: Kuipers (Niederlande)
914 **Nordirland**, 21. 6., Paris, 1:0 gewonnen (EM-Vorrunde): Neuer – Kimmich, Boateng (Höwedes), Hummels, Hector – Khedira (Schweinsteiger), T. Kroos – T. Müller, Özil, Götze (Schürrle) – Gomez (1) – K.: Neuer – SR: Turpin (Frankreich)
915 **Slowakei**, 26. 6., Lille, 3:0 gewonnen (EM-Achtelfinale): Neuer – Kimmich, Boateng (1) (Höwedes), Hummels, Hector – Khedira (Schweinsteiger), T. Kroos – T. Müller, Özil, Draxler (1) (Podolski) – Gomez (1) – K.: Neuer – SR: Marciniak (Polen)
916 **Italien**, 2. 7., Bordeaux, 1:1 unentschieden/6:5 im Elfmeterschiessen (EM-Viertelfinale): Neuer – Höwedes, Boateng, Hummels – Kimmich, Hector – Khedira (Schweinsteiger), T. Kroos – T. Müller, Özil (1) – Gomez (Draxler) – K.: Neuer/Schweinsteiger – SR: Kassai (Ungarn)
Die Tore aus dem Elfmeterschiessen (T. Kroos, Draxler, Hummels, Kimmich, Boateng, Hector) zählen nicht in der Torjägerstatistik, sondern dienen lediglich zur Ermittlung des Siegers)
917 **Frankreich**, 7. 7., Marseille, 0:2 verloren (EM-Halbfinale): Neuer – Kimmich, J. Boateng (Mustafi), Höwedes, Hector – Schweinsteiger (L. Sané) – Can (Götze), Kroos – Özil, Draxler – T. Müller – K.: Schweinsteiger/Neuer – SR: Rizzoli (Italien)

87 Länderspielpartner in der Einzelbilanz

(WM) = Weltmeisterschafts-Endrundenspiele
(EM) = Europameisterschafts-Endrundenspiele
(OS) = Olympische Spiele

Ägypten:
28. 12.1958	Kairo	1:2
1 Spiel: 1 Niederlage		**1:2 Tore**

Albanien:
8. 4.1967	Dortmund	6:0
17. 12.1967	Tirana	0:0
17. 2.1971	Tirana	1:0
12. 6.1971	Karlsruhe	2:0
1. 4.1981	Tirana	2:0
18. 11.1981	Dortmund	8:0
30. 3.1983	Tirana	2:1
20. 11.1983	Saarbrücken	2:1
16. 11.1994	Tirana	2:1
18. 12.1994	Kaiserslautern	2:1
2. 4.1997	Granada	3:2
11. 10.1997	Hannover	4:3
24. 3.2001	Leverkusen	2:1
6. 6.2001	Tirana	2:0
14 Spiele:		**38:10 Tore**
13 Siege, 1 Unentschieden		

Algerien:
1. 1.1964	Algier	0:2
16. 6.1982	Gijon (WM)	1:2
30. 6.2014	Porto Alegre (WM)	n. V. 2:1
3 Spiele:		**3:5 Tore**
1 Sieg, 2 Niederlagen		

Argentinien:
8. 6.1958	Malmö (WM)	3:1
16. 7.1966	Birmingham (WM)	0:0
14. 2.1973	München	2:3
5. 6.1977	Buenos Aires	3:1
12. 9.1979	Berlin	2:1
1. 1.1981	Montevideo	1:2
24. 3.1982	Buenos Aires	1:1
12. 9.1984	Düsseldorf	1:3
29. 6.1986	Mexiko City (WM)	2:3
16. 12.1987	Buenos Aires	0:1
2. 4.1988	Berlin	1:0
8. 7.1990	Rom (WM)	1:0
15. 12.1993	Miami	1:2
17. 4.2002	Stuttgart	0:1
9. 2.2005	Düsseldorf	2:2
21. 6.2005	Nürnberg	2:2
30. 6.2006	Berlin (WM)	n. V. 1:1
	Elfmeterschießen	4:2
3. 3.2010	München	0:1
3. 7.2010	Kapstadt (WM)	4:0
15. 8.2012	Frankfurt	1:3
13. 7.2014	Rio de Janeiro (WM)	n. V. 1:0
3. 9.2014	Düsseldorf	2:4
22 Spiele:		**31:32 Tore**
7 Siege, 5 Unentschieden, 10 Niederlagen		

Armenien:
9. 10.1996	Eriwan	5:1
10. 9.1997	Dortmund	4:0
6. 6.2014	Mainz	6:1
3 Spiele: 3 Siege		**15:2 Tore**

Aserbaidschan:
12. 8.2009	Baku	2:0
9. 9.2009	Hannover	4:0
7. 9.2010	Köln	6:1
7. 6.2011	Baku	3:1
4 Spiele: 4 Siege		**15:2 Tore**

Australien:
18. 6.1974	Hamburg (WM)	3:0
15. 6.2005	Frankfurt	4:3
13. 6.2010	Durban (WM)	4:0
29. 3.2011	Mönchengladbach	1:2
25. 3.2015	Kaiserslautern	2:2
5 Spiele:		**14:7 Tore**
3 Siege, 1 Unentschieden, 1 Niederlage		

Belgien:
16. 5.1910	Duisburg	0:3
23. 4.1911	Lüttich	1:2
23. 11.1913	Antwerpen	2:6
22. 10.1933	Duisburg	8:1
27. 5.1934	Florenz (WM)	5:2
28. 4.1935	Brüssel	6:1
25. 4.1937	Hannover	1:0
29. 1.1939	Brüssel	4:1
26. 9.1954	Brüssel	0:2
23. 12.1956	Köln	4:1
2. 3.1958	Brüssel	2:0
8. 3.1961	Frankfurt	1:0
6. 3.1968	Brüssel	3:1
14. 6.1972	Antwerpen (EM)	2:1
22. 6.1980	Rom (EM)	2:1
22. 9.1982	München	0:0
29. 2.1984	Brüssel	1:0
1. 5.1991	Hannover	1:0
20. 11.1991	Brüssel	1:0
2. 7.1994	Chicago (WM)	3:2
23. 8.1995	Brüssel	2:1
31. 3.2004	Köln	3:0

20. 8.2008	Nürnberg		2:0
3. 9.2010	Brüssel		1:0
11.10.2011	Düsseldorf		3:1

25 Spiele: 58:26 Tore
20 Siege, 1 Unentschieden, 4 Niederlagen

Böhmen/Mähren:
12.11.1939	Breslau		4:4

1 Spiel: 1 Unentschieden 4:4 Tore

Bolivien:
17. 6.1994	Chicago (WM)		1:0

1 Spiel: 1 Sieg
1:0 Tore

Bosnien-Herzegowina:
11.10.2002	Sarajevo		1:1
3. 6.2010	Frankfurt		3:1

2 Spiele: 1 Sieg, 1 Unentschieden 4:2 Tore

Brasilien:
5. 5.1963	Hamburg		1:2
6. 6.1965	Rio de Janeiro		0:2
16. 6.1968	Stuttgart		2:1
14.12.1968	Rio de Janeiro		2:2
16. 6.1973	Berlin		0:1
12. 6.1977	Rio de Janeiro		1:1
5. 4.1978	Hamburg		0:1
7. 1.1981	Montevideo		1:4
19. 5.1981	Stuttgart		1:2
21. 3.1982	Rio de Janeiro		0:1
12. 3.1986	Frankfurt/M.		2:0
12.12.1987	Brasilia		1:1
16.12.1992	Porto Alegre		1:3
10. 6.1993	Washington		3:3
17.11.1993	Köln		2:1
25. 3.1998	Stuttgart		1:2
24. 7.1999	Guadalajara		0:4
30. 6.2002	Yokohama (WM)		0:2
8. 9.2004	Berlin		1:1
25. 6.2005	Nürnberg		2:3
10. 8.2011	Stuttgart		3:2
8. 7.2014	Belo Horizonte (WM)		7:1

22 Spiele: 31:40 Tore
5 Siege, 5 Unentschieden, 12 Niederlagen

Bulgarien:
20.10.1935	Leipzig		4:2
22.10.1939	Sofia		2:1
20.10.1940	München		7:3
19. 7.1942	Sofia		3:0
21.12.1958	Augsburg		3:0
23.11.1960	Sofia		1:2
22. 3.1967	Hannover		1:0
24. 9.1969	Sofia		1:0
7. 6.1970	Leon (WM)		5:2
12. 5.1973	Hamburg		3:0
27. 4.1975	Sofia		1:1
19.11.1975	Stuttgart		1:0
3.12.1980	Sofia		3:1
22.11.1981	Düsseldorf		4:0
15. 2.1984	Varna		3:2
17. 4.1985	Augsburg		4:1
22. 3.1989	Sofia		2:1
10. 7.1994	New York (WM)		1:2
7. 6.1995	Sofia		2:3
15.11.1995	Berlin		3:1
21. 8.2002	Sofia		2:2

21 Spiele: 56:24 Tore
16 Siege, 2 Unentschieden, 3 Niederlagen

Chile:
23. 3.1960	Stuttgart		2:1
26. 3.1961	Santiago		1:3
6. 6.1962	Santiago (WM)		2:0
18.12.1968	Santiago		1:2
14. 6.1974	Berlin (WM)		1:0
20. 6.1982	Gijon (WM)		4:1
5. 3.2014	Stuttgart		1:0

7 Spiele: 5 Siege, 2 Niederlagen 12:7 Tore

China:
12.10.2005	Hamburg		1:0
29. 5.2009	Shanghai		1:1

2 Spiele: 1 Sieg, 1 Unentschieden 2:1 Tore

Costa Rica:
9. 6.2006	München (WM)		4:2

1 Spiel: 1 Sieg 4:2 Tore

Dänemark:
6.10.1912	Kopenhagen		1:3
26. 1.1913	Hamburg		1:4
2.10.1927	Kopenhagen		1:3
16. 9.1928	Nürnberg		2:1
7. 9.1930	Kopenhagen		3:6
27. 9.1931	Hannover		4:2
7.10.1934	Kopenhagen		5:2
16. 5.1937	Breslau		8:0
25. 6.1939	Kopenhagen		2:0
17.11.1940	Hamburg		1:0
16.11.1941	Dresden		1:1
24. 9.1958	Kopenhagen		1:1
20. 9.1961	Düsseldorf		5:1
30. 6.1971	Kopenhagen		3:1
13. 6.1986	Queretaro (WM)		0:2
24. 9.1986	Kopenhagen		2:0
23. 9.1987	Hamburg		1:0
14. 6.1988	Gelsenkirchen (EM)		2:0
30. 5.1990	Gelsenkirchen		1:0
26. 6.1992	Göteborg (EM)		0:2
9. 9.1992	Kopenhagen		2:1
27. 3.1996	München		2:0
15.11.2000	Kopenhagen		1:2
28. 3.2007	Duisburg		0:1

11.	8.2010	Kopenhagen	2:2
17.	6.2012	Lwiw (EM)	2:1

26 Spiele: **53:36 Tore**
15 Siege, 3 Unentschieden, 8 Niederlagen

DDR:
22.	6.1974	Hamburg (WM)	0:1

1 Spiel: 1 Niederlage **0:1 Tore**

Ecuador:
20.	6.2006	Berlin (WM)	3:0
29.	5.2013	Boca Raton	4:2

2 Spiele: 2 Siege **7:2 Tore**

Elfenbeinküste:
18.	11.2009	Gelsenkirchen	2:2

1 Spiel: 1 Unentschieden **2:2 Tore**

England:
20.	4.1908	Berlin	1:5
13.	3.1909	Oxford	0:9
14.	4.1911	Berlin	2:2
21.	3.1913	Berlin	0:3
10.	5.1930	Berlin	3:3
4.	12.1935	London	0:3
14.	5.1938	Berlin	3:6
1.	12.1954	London	1:3
26.	5.1956	Berlin	1:3
12.	5.1965	Nürnberg	0:1
23.	2.1966	London	0:1
30.	7.1966	London (WM)	n. V. 2:4
1.	6.1968	Hannover	1:0
14.	6.1970	Leon (WM)	n. V. 3:2
29.	4.1972	London	3:1
13.	5.1972	Berlin	0:0
12.	3.1975	London	0:2
22.	2.1978	München	2:1
29.	6.1982	Madrid (WM)	0:0
13.	10.1982	London	2:1
12.	6.1985	Mexiko City	0:3
9.	9.1987	Düsseldorf	3:1
4.	7.1990	Turin (WM)	n. V. 1:1
		Elfmeterschießen	4:3
11.	9.1991	London	1:0
19.	6.1993	Detroit	2:1
26.	6.1996	London (EM)	n.V. 1:1
		Elfmeterschießen	6:5
17.	6.2000	Charleroi (EM)	0:1
7.	10.2000	London	1:0
1.	9.2001	München	1:5
22.	8.2007	London	2:1
19.	11.2008	Berlin	1:2
27.	6.2010	Bloemfontein (WM)	4:1
19.	11.2013	London	1:0

33 Spiele: **42:67 Tore**
12 Siege, 6 Unentschieden, 15 Niederlagen

Estland:
15.	9.1935	Stettin	5:0
29.	8.1937	Königsberg	4:1
29.	6.1939	Tallinn	2:0

3 Spiele: 3 Siege **11:1 Tore**

Färöer:
16.	10.2002	Hannover	2:1
11.	6.2003	Torshavn	2:0
7.	9.2012	Hannover	3:0
10.	9.2013	Torshavn	3:0

4 Spiele: 4 Siege **10:1 Tore**

Finnland:
18.	9.1921	Helsinki	3:3
12.	8.1923	Dresden	1:2
26.	6.1925	Helsinki	5:3
20.	10.1929	Hamburg	4:0
1.	7.1932	Helsinki	4:1
18.	8.1935	München	6:0
29.	6.1937	Helsinki	2:0
1.	9.1940	Leipzig	13:0
5.	10.1941	Helsinki	6:0
7.	6.1964	Helsinki	4:1
7.	9.1977	Helsinki	1:0
24.	5.1981	Lahti	4:0
23.	9.1981	Bochum	7:1
31.	8.1988	Helsinki	4:0
4.	10.1989	Dortmund	6:1
27.	5.1998	Helsinki	0:0
31.	3.1999	Nürnberg	2:0
4.	9.1999	Helsinki	2:1
2.	6.2001	Helsinki	2:2
6.	10.2001	Gelsenkirchen	0:0
10.	9.2008	Helsinki	3:3
14.	10.2009	Hamburg	1:1

22 Spiele: **80:19 Tore**
15 Siege, 6 Unentschieden, 1 Niederlage

Frankreich:
15.	3.1931	Paris	0:1
19.	3.1933	Berlin	3:3
17.	3.1935	Paris	3:1
21.	3.1937	Stuttgart	4:0
5.	10.1952	Paris	1:3
16.	10.1954	Hannover	1:3
28.	6.1958	Göteborg (WM)	3:6
26.	10.1958	Paris	2:2
24.	10.1962	Stuttgart	2:2
27.	9.1967	Berlin	5:1
25.	9.1968	Marseille	1:1
13.	10.1973	Gelsenkirchen	2:1
23.	2.1977	Paris	0:1
19.	11.1980	Hannover	4:1
8.	7.1982	Sevilla (WM)	n. V. 3:3
		Elfmeterschießen	5:4
18.	4.1984	Straßburg	0:1
25.	6.1986	Guadalajara (WM)	2:0

12.	8.1987	Berlin	2:1
28.	2.1990	Montpellier	1:2
1.	6.1996	Stuttgart	0:1
27.	2.2001	Paris	0:1
15.	11.2003	Gelsenkirchen	0:3
12.	11.2005	Paris	0:0
29.	2.2012	Bremen	1:2
6.	2.2013	Paris	2:1
4.	7.2014	Rio de Janeiro (WM)	1:0
13.	11.2015	Paris	0:2
7.	7.2016	Marseille (EM)	0:2

28 Spiele: 43:45 Tore
9 Siege, 6 Unentschieden, 13 Niederlagen

Georgien:

29.	3.1995	Tiflis	2:0
6.	9.1995	Nürnberg	4:1
7.	10.2006	Rostock	2:0
29.	3.2015	Tiflis	2:0
11.	10.2015	Leipzig	2:1

5 Spiele: 5 Siege 12:2 Toree

Ghana:

14.	4.1993	Bochum	6:1
23.	6.2010	Johannesburg (WM)	1:0
21.	6.2014	Fortaleza (WM)	2:2

3 Spiele: 2 Siege, 1 Unentschieden
9:3 Tore

Gibraltar:

14.	11.2014	Nürnberg	4:0
13.	6.2015	Faro (Portugal)	11:0

2 Spiele: 2 Siege
11:0 Tore

Griechenland:

20.	11.1960	Athen	3:0
22.	10.1961	Augsburg	2:1
22.	11.1970	Athen	3:1
20.	11.1974	Piräus	2:2
11.	10.1975	Düsseldorf	1:1
17.	6.1980	Turin (EM)	0:0
2.	9.2000	Hamburg	2:0
28.	3.2001	Athen	4:2
22.	6.2012	Gdansk (EM)	4:2

9 Spiele: 6 Siege, 3 Unentschieden 17:7 Tore

Iran:

25.	6.1998	Montpellier (WM)	2:0
9.	10.2004	Teheran	2:0

2 Spiele: 2 Siege 4:0 Tore

Irland:

8.	5.1935	Dortmund	3:1
17.	10.1936	Dublin	2:5
23.	5.1939	Bremen	1:1
17.	10.1951	Dublin	2:3
4.	5.1952	Köln	3:0
28.	5.1955	Hamburg	2:1
25.	11.1956	Dublin	0:3
11.	5.1960	Düsseldorf	0:1
4.	5.1966	Dublin	4:0
9.	5.1970	Berlin	2:1
22.	5.1979	Dublin	3:1
6.	9.1989	Dublin	1:1
29.	5.1994	Hannover	0:2
5.	6.2002	Ibaraki (WM)	1:1
2.	9.2006	Stuttgart	1:0
13.	10.2007	Dublin	0:0
12.	10.2012	Dublin	6:1
11.	10.2013	Köln	3:0
14.	10.2014	Gelsenkirchen	1:1
8.	10.2015	Dublin	0:1

20 Spiele: 35:24 Tore
9 Siege, 5 Unentschieden, 6 Niederlagen

Island:

3.	8.1960	Reykjavik	5:0
26.	5.1979	Reykjavik	3:1
6.	9.2003	Reykjavik	0:0
11.	10.2003	Hamburg	3:0

4 Spiele: 11:1 Tore
3 Siege, 1 Unentschieden

Israel:

25.	3.1987	Tel Aviv	2:0
26.	2.1997	Tel Aviv	1:0
13.	2.2002	Kaiserslautern	7:1
31.	5.2012	Leipzig	2:0

4 Spiele: 4 Siege 12:1 Tore

Italien:

1.	1.1923	Mailand	1:3
23.	11.1924	Duisburg	0:1
28.	4.1929	Turin	2:1
2.	3.1930	Frankfurt/M.	0:2
1.	1.1933	Bologna	1:3
15.	11.1936	Berlin	2:2
26.	3.1939	Florenz	2:3
26.	11.1939	Berlin	5:2
5.	5.1940	Mailand	2:3
30.	3.1955	Stuttgart	1:2
18.	12.1955	Rom	1:2
31.	5.1962	Santiago (WM)	0:0
13.	3.1965	Hamburg	1:1
17.	6.1970	Mexiko (WM)	n. V. 3:4
26.	2.1974	Rom	0:0
8.	10.1977	Berlin	2:1
14.	6.1978	Buenos Aires (WM)	0:0
11.	7.1982	Madrid (WM)	1:3
22.	5.1984	Zürich	1:0
5.	2.1986	Avellino	2:1
18.	4.1987	Köln	0:0
10.	6.1988	Düsseldorf (EM)	1:1
25.	3.1992	Turin	0:1

23.	3.1994	Stuttgart	2:1
21.	6.1995	Zürich	2:0
19.	6.1996	Manchester (EM)	0:0
20.	8.2003	Stuttgart	0:1
1.	3.2006	Florenz	1:4
4.	7.2006	Dortmund (WM)	n. V. 0:2
9.	2.2011	Dortmund	1:1
28.	6.2012	Warschau (EM)	1:2
15.	11.2013	Mailand	1:1
29.	3.2016	München	4:1
2.	7.2016	Bordeaux (EM)	n. V. 1:1
		Elfmeterschiessen	6:5

34 Spiele: **41:50 Tore**
8 Siege, 11 Unentschieden, 15 Niederlagen

Japan:

16.	12.2004	Yokohama	3:0
30.	5.2006	Leverkusen	2:2

2 Spiele: 1 Sieg, 1 Unentschieden   5:2 Tore

Kamerun:

11.	6.2002	Shizuoka (WM)	2:0
17.	11.2004	Leipzig	3:0
2.	6.2014	Mönchengladbach	2:2

3 Spiele: 2 Siege, 1 Unentschieden
7:2 Tore

Kanada:

8.	6.1994	Toronto	2:0
1.	6.2003	Wolfsburg	4:1

2 Spiele: 2 Siege **6:1 Tore**

Kasachstan:

12.	10.2010	Astana	3:0
26.	3.2011	Kaiserslautern	4:0
22.	3.2013	Astana	3:0
26.	3.2013	Nürnberg	4:1

4 Spiele: 4 Siege **14:1 Tore**

Kolumbien:

19.	6.1990	Mailand (WM)	1:1
30.	5.1998	Frankfurt/M.	3:1
9.	2.1999	Miami	3:3
2.	6.2006	M'gladbach	3:0

4 Spiele: 2 Siege, 2 Unentschieden   10:5 Tore

Kroatien:

15.	6.1941	Wien	5:1
18.	1.1942	Agram	2:0
1.	11.1942	Stuttgart	5:1
29.	6.1996	Manchester (EM)	2:1
4.	7.1998	Lyon (WM)	0:3
29.	3.2000	Zagreb	1:1
18.	2.2004	Split	2:1
12.	6.2008	Klagenfurt (EM)	1:2

8 Spiele: **18:10 Tore**
5 Siege, 1 Unentschieden, 2 Niederlagen

Kuwait:

9.	5.2002	Freiburg	7:0

1 Spiel, 1 Sieg
7:0 Tore

Lettland:

13.	10.1935	Königsberg	3:0
25.	6.1937	Riga	3:1
19.	6.2004	Porto (EM)	0:0

3 Spiele: 2 Siege, 1 Unentschieden 3:1 Tore

Liechtenstein:

4.	6.1996	Mannheim	9:1
7.	6.2000	Freiburg	8:2
6.	9.2008	Vaduz	6:0
28.	3.2009	Leipzig	4:0

4 Spiele: 4 Siege **27:3 Tore**

Litauen:

7.	9.2002	Kaunas	2:0
29.	3.2003	Nürnberg	1:1

2 Spiele: 1 Sieg, 1 Unentschieden   3:1 Tore

Luxemburg:

11.	3.1934	Luxemburg	9:1
18.	8.1935	Luxemburg	1:0
4.	8.1936	Berlin (OS)	9:0
27.	9.1936	Krefeld	7:2
21.	3.1937	Luxemburg	3:2
20.	3.1938	Wuppertal	2:1
26.	3.1939	Differdingen	1:2
23.	12.1951	Essen	4:1
20.	4.1952	Luxemburg	3:0
31.	10.1990	Luxemburg	3:2
18.	12.1991	Leverkusen	4:0
4.	6.1998	Mannheim	7:0
27.	5.2006	Freiburg	7:0

13 Spiele: **60:11 Tore**
12 Siege, 1 Niederlage

Malta:

22.	12.1974	Gzira	1:0
28.	2.1976	Dortmund	8:0
25.	2.1979	Gzira	0:0
27.	2.1980	Bremen	8:0
16.	12.1984	Ta'Qali	3:2
27.	3.1985	Saarbrücken	6:0
2.	9.1998	Ta'Qali	2:1
27.	5.2004	Freiburg	7:0
13.	5.2010	Aachen	3:0

9 Spiele: **38:3 Tore**
8 Siege, 1 Unentschieden

Marokko:

29. 12.1963	Casablanca		4:1
22. 2.1967	Karlsruhe		5:1
3. 6.1970	Leon (WM)		2:1
17. 6.1986	Monterrey (WM)		1:0
4 Spiele: 4 Siege			**12:3 Tore**

Mexiko:

22. 12.1968	Mexico City		0:0
8. 9.1971	Hannover		5:0
14. 6.1977	Mexico City		2:2
6. 6.1978	Cordoba (WM)		6:0
15. 6.1985	Mexico City		0:2
21. 6.1986	Monterrey (WM)	n. V.	0:0
	Elfmeterschießen		4:1
14. 10.1992	Dresden		1:1
22. 12.1993	Mexico City		0:0
29. 6.1998	Montpellier (WM)		2:1
29. 6.2005	Leipzig	n. V.	4:3
10 Spiele:			**20:9 Tore**
4 Siege, 5 Unentschieden, 1 Niederlage			

Moldawien:

14. 12.1994	Chisinau	3:0
8. 10.1995	Leverkusen	6:1
14. 10.1998	Chisinau	3:1
4. 6.1999	Leverkusen	6:1
4 Spiele: 4 Siege		**18:3 Tore**

Neuseeland:

28. 7.1999	Guadalajara	2:0
1 Spiel: 1 Sieg		**2:0 Tore**

Niederlande:

24. 4.1910	Arnheim	2:4
16. 10.1910	Kleve	1:2
24. 3.1912	Zwolle	5:5
17. 11.1912	Leipzig	2:3
5. 4.1914	Amsterdam	4:4
10. 5.1923	Hamburg	0:0
21. 4.1924	Amsterdam	1:0
29. 3.1925	Amsterdam	1:2
18. 4.1926	Düsseldorf	4:2
31. 10.1926	Amsterdam	3:2
20. 11.1927	Köln	2:2
26. 4.1931	Amsterdam	1:1
4. 12.1932	Düsseldorf	0:2
17. 2.1935	Amsterdam	3:2
31. 1.1937	Düsseldorf	2:2
14. 3.1956	Düsseldorf	1:2
3. 4.1957	Amsterdam	2:1
21. 10.1959	Köln	7:0
23. 3.1966	Rotterdam	4:2
7. 7.1974	München (WM)	2:1
17. 5.1975	Frankfurt	1:1
18. 6.1978	Cordoba (WM)	2:2
20. 12.1978	Düsseldorf	3:1
14. 6.1980	Neapel (EM)	3:2
11. 10.1980	Eindhoven	1:1
14. 5.1986	Dortmund	3:1
21. 6.1988	Hamburg (EM)	1:2
19. 10.1988	München	0:0
26. 4.1989	Rotterdam	1:1
24. 6.1990	Mailand (WM)	2:1
18. 6.1992	Göteborg (EM)	1:3
24. 4.1996	Rotterdam	1:0
18. 11.1998	Gelsenkirchen	1:1
23. 2.2000	Amsterdam	1:2
20. 11.2002	Gelsenkirchen	1:3
15. 6.2004	Porto (EM)	1:1
17. 8.2005	Rotterdam	2:2
15. 11.2011	Hamburg	3:0
13. 6.2012	Charkiw (EM)	2:1
14. 11.2012	Amsterdam	0:0
40 Spiele:		**77:64 Tore**
15 Siege, 15 Unentschieden, 10 Niederlagen		

Nigeria:

22. 4.1998	Köln	1:0
1 Spiel: 1 Sieg		**1:0 Tor**

Nordirland:

15. 6.1958	Malmö (WM)	2:2
26. 10.1960	Belfast	4:3
10. 5.1961	Berlin	2:1
7. 5.1966	Belfast	2:0
27. 4.1977	Köln	5:0
17. 11.1982	Belfast	0:1
16. 11.1983	Hamburg	0:1
2. 6.1992	Bremen	1:1
29. 5.1996	Belfast	1:1
9. 11.1996	Nürnberg	1:1
20. 8.1997	Belfast	3:1
27. 3.1999	Belfast	3:0
8. 9.1999	Dortmund	4:0
4. 6.2005	Belfast	4:1
21. 6.2016	Paris (EM)	1:0
15 Spiele:		**33:13 Tore**
9 Siege, 4 Unentschieden, 2 Niederlagen		

Norwegen:

4. 11.1923	Hamburg	1:0
15. 6.1924	Christiania	2:0
23. 10.1927	Hamburg	6:2
23. 9.1928	Oslo	2:0
2. 11.1930	Breslau	1:1
21. 6.1931	Oslo	2:2
5. 11.1933	Magdeburg	2:2
27. 8.1935	Oslo	1:1
7. 8.1936	Berlin (OS)	0:2
24. 10.1937	Berlin	3:0
22. 6.1939	Oslo	4:0
19. 8.1953	Oslo	1:1
22. 11.1953	Hamburg	5:1

18. 11.1955	Karlsruhe	2:0
13. 6.1956	Oslo	3:1
19. 11.1966	Köln	3:0
22. 6.1971	Oslo	7:1
12. 5.1982	Oslo	4:2
14. 11.1999	Oslo	1:0
11. 2.2009	Düsseldorf	0:1

20 Spiele: 50:17 Tore
13 Siege, 5 Unentschieden, 2 Niederlagen

Österreich:

7. 6.1908	Wien	2:3
10. 9.1911	Dresden	1:2
29. 6.1912	Stockholm (OS)	1:5
26. 9.1920	Wien	2:3
5. 5.1921	Dresden	3:3
23. 4.1922	Wien	2:0
13. 1.1924	Nürnberg	4:3
24. 5.1931	Berlin	0:6
13. 9.1931	Wien	0:5
7. 6.1934	Neapel (WM)	3:2
23. 9.1951	Wien	2:0
22. 3.1953	Köln	0:0
30. 6.1954	Basel (WM)	6:1
10. 3.1957	Wien	3:2
19. 11.1958	Berlin	2:2
9. 10.1965	Stuttgart	4:1
13. 10.1968	Wien	2:0
10. 5.1969	Nürnberg	1:0
21. 9.1969	Wien	1:1
10. 10.1973	Hannover	4:0
3. 9.1975	Wien	2:0
21. 6.1978	Cordoba (WM)	2:3
2. 4.1980	München	1:0
29. 4.1981	Hamburg	2:0
14. 10.1981	Wien	3:1
25. 6.1982	Gijon (WM)	1:0
27. 4.1983	Wien	0:0
5. 10.1983	Gelsenkirchen	3:0
29. 10.1986	Wien	1:4
18. 11.1992	Nürnberg	0:0
2. 6.1994	Wien	5:1
18. 5.2002	Leverkusen	6:2
18. 8.2004	Wien	3:1
6. 2.2008	Wien	3:0
16. 6.2008	Wien (EM)	1:0
3. 6.2011	Wien	2:1
2. 9.2011	Gelsenkirchen	6:2
11. 9.2012	Wien	2:1
6. 9.2013	München	3:0

39 Spiele: 89:55 Tore
25 Siege, 6 Unentschieden, 8 Niederlagen

Oman:

18. 2.1998	Maskat	2:0

1 Spiel: 1 Sieg 2:0 Tore

Paraguay:

15. 6.2002	Seogwipo (WM)	1:0
14. 8.2013	Kaiserslautern	3:3

2 Spiele: 4:3 Tore
1 Sieg, 1 Unentschieden

Peru:

10. 6.1970	Leon (WM)	3:1

1 Spiel: 1 Sieg
3:1 Tore

Polen:

3. 12.1933	Berlin	1:0
9. 9.1934	Warschau	5:2
15. 9.1935	Breslau	1:0
13. 9.1936	Warschau	1:1
18. 9.1938	Chemnitz	4:1
20. 5.1959	Hamburg	1:1
8. 10.1961	Warschau	2:0
10. 10.1971	Warschau	3:1
17. 11.1971	Hamburg	0:0
3. 7.1974	Frankfurt/M. (WM)	1:0
1. 6.1978	Buenos Aires (WM)	0:0
13. 5.1980	Frankfurt	3:1
2. 9.1981	Chorzow	2:0
4. 9.1996	Zabrze	2:0
14. 6.2006	Dortmund (WM)	1:0
8. 6.2008	Klagenfurt (EM)	2:0
6. 9.2011	Gdansk	2:2
13. 5.2014	Hamburg	0:0
11. 10.2014	Warschau	0:2
4. 9.2015	Frankfurt	3:1
16. 6.2016	Paris (EM)	0:0

21 Spiele: 34:12 Tore
13 Siege, 7 Unentschieden, 1 Niederlage

Portugal:

27. 2.1936	Lissabon	3:1
24. 4.1938	Frankfurt/M.	1:1
19. 12.1954	Lissabon	3:0
27. 4.1960	Ludwigshafen	2:1
17. 2.1982	Hannover	3:1
23. 2.1983	Lissabon	0:1
14. 6.1984	Straßburg (EM)	0:0
24. 2.1985	Lissabon	2:1
16. 10.1985	Stuttgart	0:1
29. 8.1990	Lissabon	1:1
21. 2.1996	Porto	2:1
14. 12.1996	Lissabon	0:0
6. 9.1997	Berlin	1:1
20. 6.2000	Rotterdam (EM)	0:3
8. 7.2006	Stuttgart (WM)	3:1
19. 6.2008	Basel (EM)	3:2
9. 6.2012	Lwiw (EM)	1:0
16. 6.2014	Salvador (WM)	4:0

18 Spiele: 29:16 Tore
10 Siege, 5 Unentschieden, 3 Niederlagen

Rumänien:

25.	8.1935	Erfurt	4:2
25.	9.1938	Bukarest	4:1
14.	7.1940	Frankfurt/M.	9:3
1.	6.1941	Bukarest	4:1
16.	8.1942	Beuthen	7:0
1.	6.1966	Ludwigshafen	1:0
22.	11.1967	Bukarest	0:1
8.	4.1970	Stuttgart	1:1
17.	6.1984	Lens (EM)	2:1
5.	9.1998	Ta' Qali	1:1
12.	6.2000	Lüttich (EM)	1:1
28.	4.2004	Bukarest	1:5
12.	9.2007	Köln	3:1

13 Spiele: **38:18 Tore**
8 Siege, 3 Unentschieden, 2 Niederlagen

Russland (Sowjetunion/GUS):

1.	7.1912	Stockholm (OS)	16:0
21.	8.1955	Moskau	2:3
15.	9.1956	Hannover	1:2
25.	7.1966	Liverpool (WM)	2:1
26.	5.1972	München	4:1
18.	6.1972	Brüssel (EM)	3:0
5.	9.1973	Moskau	1:0
8.	3.1978	Frankfurt	1:0
21.	11.1979	Tiflis	3:1
28.	3.1984	Hannover	2:1
28.	8.1985	Moskau	0:1
21.	9.1988	Düsseldorf	1:0
27.	3.1991	Frankfurt/M.	2:1
12.	6.1992	Norrköping (EM)	1:1
7.	9.1994	Moskau	1:0
16.	6.1996	Manchester (EM)	3:0
8.	6.2005	M'gladbach	2:2
11.	10.2008	Dortmund	2:1
10.	10.2009	Moskau	1:0

19 Spiele: **48:15 Tore**
14 Siege, 2 Unentschieden, 3 Niederlagen

Saarland:

11.	10.1953	Stuttgart	3:0
28.	3.1954	Saarbrücken	3:1

2 Spiele: 2 Siege **6:1 Tore**

San Marino:

6.	9.2006	Serravalle	13:0
2.	6.2007	Nürnberg	6:0

2 Spiele: 2 Siege **19:0 Tore**

Saudi-Arabien:

22.	2.1998	Riad	3:0
1.	6.2002	Sapporo (WM)	8:0

2 Spiele: 2 Siege **11:0 Tore**

Schottland:

1.	6.1929	Berlin	1:1
14.	10.1936	Glasgow	0:2
22.	5.1957	Stuttgart	1:3
6.	5.1959	Glasgow	2:3
12.	5.1964	Hannover	2:2
16.	4.1969	Glasgow	1:1
22.	10.1969	Hamburg	3:2
14.	11.1973	Glasgow	1:1
27.	3.1974	Frankfurt/M.	2:1
8.	6.1986	Queretaro (WM)	2:1
15.	6.1992	Norrköping (EM)	2:0
24.	3.1993	Glasgow	1:0
28.	4.1999	Bremen	0:1
7.	6.2003	Glasgow	1:1
10.	9.2003	Dortmund	2:1
7.	9.2014	Dortmund	2:1
7.	9.2015	Glasgow	3:2

17 Spiele: **26:23 Tore**
8 Siege, 5 Unentschieden, 4 Niederlagen

Schweden:

18.	6.1911	Stockholm	4:2
29.	10.1911	Hamburg	1:3
29.	6.1923	Stockholm	1:2
31.	8.1924	Berlin	1:4
21.	6.1925	Stockholm	0:1
20.	6.1926	Nürnberg	3:3
30.	9.1928	Stockholm	0:2
23.	6.1929	Köln	3:0
17.	6.1931	Stockholm	0:0
25.	9.1932	Nürnberg	4:3
31.	5.1934	Mailand (WM)	2:1
30.	6.1935	Stockholm	1:3
21.	11.1937	Hamburg	5:0
5.	10.1941	Stockholm	2:4
20.	9.1942	Berlin	2:3
30.	6.1956	Stockholm	2:2
20.	11.1957	Hamburg	1:0
24.	6.1958	Göteborg (WM)	1:3
3.	11.1963	Stockholm	1:2
4.	11.1964	Berlin	1:1
26.	9.1965	Stockholm	2:1
27.	6.1971	Göteborg	0:1
1.	5.1974	Hamburg	2:0
30.	6.1974	Düsseldorf (WM)	4:2
19.	4.1978	Stockholm	1:3
17.	10.1984	Köln	2:0
25.	9.1985	Stockholm	2:2
14.	10.1987	Gelsenkirchen	1:1
31.	3.1988	Berlin	1:1
		Elfmeterschießen	2:4
10.	10.1990	Stockholm	3:1
21.	6.1992	Stockholm (EM)	3:2
24.	6.2006	München (WM)	2:0
16.	8.2006	Gelsenkirchen	3:0
17.	11.2010	Göteborg	0:0
16.	10.2012	Berlin	4:4
15.	10.2013	Stockholm	5:3

36 Spiele: **70:60 Tore**
15 Siege, 9 Unentschieden, 12 Niederlagen

Schweiz:

5.	4.1908	Basel	3:5
4.	4.1909	Karlsruhe	1:0
3.	4.1910	Basel	3:2
26.	3.1911	Stuttgart	6:2
5.	5.1912	St. Gallen	2:1
18.	5.1913	Freiburg	1:2
27.	6.1920	Zürich	1:4
26.	3.1922	Frankfurt/M.	2:2
3.	6.1923	Basel	2:1
14.	12.1924	Stuttgart	1:1
25.	10.1925	Basel	4:0
12.	12.1926	München	2:3
15.	4.1928	Bern	3:2
28.	5.1928	Amsterdam (OS)	4:0
10.	2.1929	Mannheim	7:1
4.	5.1930	Zürich	5:0
6.	3.1932	Leipzig	2:0
19.	11.1933	Zürich	2:0
27.	1.1935	Stuttgart	4:0
2.	5.1937	Zürich	1:0
6.	2.1938	Köln	1:1
4.	6.1938	Paris (WM)	n. V. 1:1
9.	6.1938	Paris (WM)	2:4
9.	3.1941	Stuttgart	4:2
20.	4.1941	Bern	1:2
1.	2.1942	Wien	1:2
18.	10.1942	Bern	5:3
22.	11.1950	Stuttgart	1:0
15.	4.1951	Zürich	3:2
9.	11.1952	Augsburg	5:1
25.	4.1954	Basel	5:3
21.	11.1956	Frankfurt/M.	1:3
4.	10.1959	Bern	4:0
3.	6.1962	Santiago (WM)	2:1
23.	12.1962	Karlsruhe	5:1
26.	5.1965	Basel	1:0
12.	7.1966	Sheffield (WM)	5:0
17.	4.1968	Basel	0:0
15.	11.1972	Düsseldorf	5:1
4.	9.1974	Basel	2:1
16.	11.1977	Stuttgart	4:1
10.	9.1980	Basel	3:2
9.	4.1986	Basel	1:0
27.	4.1988	Kaiserslautern	1:0
19.	12.1990	Stuttgart	4:0
23.	8.1995	Bern	2:1
26.	4.2000	Kaiserslautern	1:1
2.	6.2004	Basel	2:0
7.	2.2007	Düsseldorf	3:1
26.	3.2008	Basel	4:0
26.	5.2012	Basel	3:5

51 Spiele: **138:65 Tore**
36 Siege, 6 Unentschieden, 9 Niederlagen

Serbien:

(bis Februar 2003 Jugoslawien, bis 2007 Serbien & Montenegro)

26.	2.1939	Berlin	3:2
15.	10.1939	Zagreb	5:1
14.	4.1940	Wien	1:2
3.	11.1940	Zagreb	0:2
21.	12.1952	Ludwigshafen	3:2
27.	6.1954	Genf (WM)	2:0
25.	9.1955	Belgrad	1:3
19.	6.1958	Malmö (WM)	1:0
20.	12.1959	Hannover	1:1
10.	6.1962	Santiago (WM)	0:1
30.	9.1962	Zagreb	3:2
23.	6.1966	Hannover	2:0
3.	5.1967	Belgrad	0:1
7.	10.1967	Hamburg	3:1
13.	5.1970	Hannover	1:0
18.	11.1970	Zagreb	0:2
9.	5.1973	München	0:1
26.	6.1974	Düsseldorf (WM)	2:0
17.	6.1976	Belgrad (EM)	n. V. 4:2
30.	4.1977	Belgrad	2:1
7.	6.1983	Luxemburg	4:2
11.	5.1986	Bochum	1:1
4.	6.1988	Bremen	1:1
10.	6.1990	Mailand (WM)	4:1
21.	6.1998	Lens (WM)	2:2
30.	4.2003	Bremen	1:0
31.	5.2008	Gelsenkirchen	2:1
18.	6.2010	Port Elizabeth (WM)	0:1

28 Spiele: **49:33 Tore**
16 Siege, 4 Unentschieden, 8 Niederlagen

Slowakei:

27.	8.1939	Bratislava	0:2
3.	12.1939	Chemnitz	3:1
15.	9.1940	Bratislava	1:0
7.	12.1941	Breslau	4:0
22.	11.1942	Bratislava	5:2
29.	5.2001	Bremen	2:0
3.	9.2005	Bratislava	0:2
11.	10.2006	Bratislava	4:1
6.	6.2007	Hamburg	2:1
29.	5.2016	Augsburg	1:3
26.	6.2016	Lille (EM)	3:0

11 Spiele: **25:12 Tore**
8 Siege, 3 Niederlagen

Slowenien:

26.	3.2005	Celje	1:0

1 Spiel: 1 Sieg **1:0 Tore**

Spanien:

12.	5.1935	Köln	1:2
23.	2.1936	Barcelona	2:1
12.	4.1942	Berlin	1:1
28.	12.1952	Madrid	2:2
19.	3.1958	Frankfurt	2:0
20.	7.1966	Birmingham (WM)	2:1
11.	2.1970	Sevilla	0:2
24.	11.1973	Stuttgart	2:1
23.	2.1974	Barcelona	0:1

24. 4.1976	Madrid		1:1
22. 5.1976	München		2:0
2. 7.1982	Madrid (WM)		2:1
20. 6.1984	Paris (EM)		0:1
15.10.1986	Hannover		2:2
17. 6.1988	München (EM)		2:0
21. 6.1994	Chicago (WM)		1:1
22. 2.1995	Jerez de la Frontera		0:0
16. 8.2000	Hannover		4:1
12. 3.2003	Palma de Mallorca		1:3
29. 6.2008	Wien (EM)		0:1
7. 7.2010	Durban (WM)		0:1
18.11.2014	Vigo		1:0
22 Spiele:			**28:23 Tore**
9 Siege, 6 Unentschieden, 7 Niederlagen			

Südafrika:

15.12.1995	Johannesburg	0:0
15.11.1997	Düsseldorf	3:0
7. 9.2005	Bremen	4:2
5. 9.2009	Leverkusen	2:0
4 Spiele: 3 Siege, 1 Unentschieden		**9:2 Tore**

Südkorea:

27. 6.1994	Dallas (WM)	3:2
25. 6.2002	Seoul (WM)	1:0
19.12.2004	Busan	1:3
3 Spiele: 2 Siege, 1 Niederlage		**5:5 Tore**

Thailand:

21.12.2004	Bangkok	5:1
1 Spiel: 1 Sieg		**5:1 Tore**

Tschechien:

9. 6.1996	Manchester (EM)	2:0
30. 6.1996	London (EM)	n. V. 2:1
3. 6.2000	Nürnberg	3:2
23. 6.2004	Lissabon (EM)	1:2
24. 3.2007	Prag	2:1
17.10.2007	München	0:3
6 Spiele: 4 Siege, 2 Niederlagen		**10:9 Tore**

Tschechoslowakei:

3. 6.1934	Rom (WM)	1:3
26. 5.1935	Dresden	2:1
27. 9.1936	Prag	2:1
2. 4.1958	Prag	2:3
11. 6.1958	Helsingborg (WM)	2:2
29. 4.1964	Ludwigshafen	3:4
28. 3.1973	Düsseldorf	3:0
20. 6.1976	Belgrad (EM)	n. V. 2:2
	Elfmeterschießen	3:5
17.11.1976	Hannover	2:0
11.10.1978	Prag	4:3
11. 6.1980	Rom (EM)	1:0
14. 4.1982	Köln	2:1
30. 4.1985	Prag	5:1
17.11.1985	München	2:2
26. 5.1990	Düsseldorf	1:0
1. 7.1990	Mailand (WM)	1:0
22. 4.1992	Prag	1:1
17 Spiele:		**36:24 Tore**
10 Siege, 4 Unentschieden, 3 Niederlagen		

Türkei:

17. 6.1951	Berlin	1:2
21.11.1951	Istanbul	2:0
17. 6.1954	Bern (WM)	4:1
23. 6.1954	Zürich (WM)	7:2
28. 9.1963	Frankfurt	3:0
12.10.1966	Ankara	2:0
17.10.1970	Köln	1:1
25. 4.1971	Istanbul	3:0
20.12.1975	Istanbul	5:0
1. 4.1979	Izmir	0:0
22.12.1979	Gelsenkirchen	2:0
23. 4.1983	Izmir	3:0
26.10.1983	Berlin	5:1
30. 5.1992	Gelsenkirchen	1:0
10.10.1998	Bursa	0:1
9.10.1999	München	0:0
8.10.2005	Istanbul	1:2
25. 6.2008	Basel (EM)	3:2
8.10.2010	Berlin	3:0
7.10.2011	Istanbul	3:1
20 Spiele:		**49:13 Tore**
14 Siege, 3 Unentschieden, 3 Niederlagen		

Tunesien:

10. 6.1978	Cordoba (WM)	0:0
22. 9.1993	Tunis	1:1
18. 6.2005	Köln	3:0
3 Spiele: 1 Sieg, 2 Unentschieden		**4:1 Tore**

Ukraine:

30. 4.1997	Bremen	2:0
7. 6.1997	Kiew	0:0
10.11.2001	Kiew	1:1
14.11.2001	Dortmund	4:1
11.11.2011	Kiew	3:3
12. 6.2016	Lille (EM)	2:0
6 Spiele:		**9:2 Tore**
3 Siege, 3 Unentschieden		

Ungarn:

4. 4.1909	Budapest	3:3
17.12.1911	München	1:4
14. 4.1912	Budapest	4:4
3. 7.1912	Stockholm (OS)	1:3
24.10.1920	Berlin	1:0
5. 6.1921	Budapest	0:3
2. 7.1922	Bochum	0:0
21. 9.1924	Budapest	1:4
28. 9.1930	Dresden	5:3

30. 10.1932	Budapest		1:2
14. 1.1934	Frankfurt/M.		3:1
15. 3.1936	Budapest		2:3
20. 3.1938	Nürnberg		1:1
24. 9.1939	Budapest		1:5
7. 4.1940	Berlin		2:2
6. 10.1940	Budapest		2:2
6. 4.1941	Köln		7:0
3. 5.1942	Budapest		5:3
20. 6.1954	Basel (WM)		3:8
4. 7.1954	Bern (WM)		3:2
22. 12.1957	Hannover		1:0
8. 11.1959	Budapest		3:4
9. 9.1970	Nürnberg		3:1
29. 3.1972	Budapest		2:0
17. 4.1974	Dortmund		5:0
15. 11.1978	Frankfurt		0:0 abgebr.
7. 9.1983	Budapest		1:1
29. 1.1985	Hamburg		0:1
18. 11.1987	Budapest		0:0
12. 10.1994	Budapest		0:0
15. 8.2001	Budapest		5:2
6. 6.2004	Kaiserslautern		0:2
29. 5.2010	Budapest		3:0
4. 6.2016	Gelsenkirchen		2:0

34 Spiele: **71:64 Tore**
13 Siege, 10 Unentschieden.,
11 Niederlagen

Uruguay:

3. 6.1928	Amsterdam (OS)		1:4
11. 4.1962	Hamburg		3:0
23. 7.1966	Sheffield (WM)		4:0
20. 6.1970	Mexiko (WM)		1:0
8. 6.1977	Montevideo		2:0
4. 6.1986	Queretaro (WM)		1:1
25. 4.1990	Stuttgart		3:3
20. 12.1992	Montevideo		4:1
13. 10.1993	Karlsruhe		5:0
10. 7.2010	Port Elizabeth (WM)		3:2
29. 5.2011	Sinsheim		2:1

11 Spiele: **29:12 Tore**
8 Siege, 2 Unentschieden, 1 Niederlage

USA:

13. 6.1993	Chicago		4:3
18. 12.1993	San Francisco		3:0
15. 6.1998	Paris (WM)		2:0
6. 2.1999	Jacksonville		0:3
30. 7.1999	Guadalajara		0:2
27. 3.2002	Rostock		4:2
21. 6.2002	Ulsan (WM)		1:0
22. 3.2006	Dortmund		4:1
2. 6.2013	Washington		3:4
26. 6.2014	Recife (WM)		1:0
10. 6.2015	Köln		1:2

11 Spiele: **23:17 Tore**
7 Siege, 4 Niederlagen

Vereinigte Arabische Emirate:

15. 6.1990	Mailand (WM)		5:1
27. 4.1994	Abu Dhabi		2:0
2. 6.2009	Dubai		7:2

3 Spiele: 3 Siege **14:3 Tore**

Wales:

8. 5.1968	Cardiff		1:1
26. 3.1969	Frankfurt		1:1
6. 10.1976	Cardiff		2:0
14. 12.1977	Dortmund		1:1
2. 5.1979	Wrexham		2:0
17. 10.1979	Köln		5:1
31. 5.1989	Cardiff		0:0
15. 11.1989	Köln		2:1
5. 6.1991	Cardiff		0:1
16. 10.1991	Nürnberg		4:1
26. 4.1995	Düsseldorf		1:1
11. 10.1995	Cardiff		2:1
14. 5.2002	Cardiff		0:1
8. 9.2007	Cardiff		2:0
21. 11.2007	Frankfurt		0:0
15. 10.2008	M'gladbach		1:0
1. 4.2009	Cardiff		2:0

17 Spiele: **26:10 Tore**
9 Siege, 6 Unentschieden, 2 Niederlagen

Weißrussland:

27. 5.2008	Kaiserslautern		2:2

1 Spiel: 1 Unentschieden **2:2 Tore**

Zypern:

24. 4.1965	Karlsruhe		5:0
14. 11.1965	Nicosia		6:0
23. 11.1968	Nicosia		1:0
21. 5.1969	Essen		12:0
15. 11.2006	Nicosia		1:1
17. 11.2007	Hannover		4:0

6 Spiele: **29:1 Tore**
5 Siege, 1 Unentschieden

Die Erklärung der Länderkürzel:

Die Abkürzungen hinter den Namen der Spieler bezeichnen die Länder, gegen die sie eingesetzt wurden. Bei den Kadern der Bundesligisten geben sie das Herkunftsland des Spielers an. Diese Kürzel entsprechen den offiziellen FIFA-Abkürzungen und gelten gleichermaßen für alle Nationalmannschaften aller Altersstufen bei den Frauen und Herren. Wenn keine offiziellen FIFA-Abkürzungen existieren, wurden die Abkürzungen des Internationalen Olympischen Komitees (IOC) verwendet:

AFG = Afghanistan, AIA = Anguilla, ALB = Albanien, ALG = Algerien, AND = Andorra, ANG = Angola, ARG = Argentinien, ARM = Armenien, ARU = Aruba, ASA = Amerikanisch Samoa, ATG = Antigua and Barbuda, AUS = Australien, AUT = Österreich, AZE = Aserbaidschan, BAH = Bahamas, BAN = Bangladesh, BDI = Burundi, BEL = Belgien, BEN = Benin, BER = Bermuda, BFA = Burkina Faso, BHR = Bahrain, BHU = Bhutan, BIH = Bosnien-Herzegowina, BLR = Weißrussland, BLZ = Belize, BOL = Bolivien, BOT = Botswana, BRA = Brasilien, BRB = Barbados, BRU = Brunei, BUL = Bulgarien, CAM = Kambodscha, CAN = Kanada, CAY = Cayman-Inseln, CGO = Kongo, CHA = Tschad, CHI = Chile, CHN = China, CIV = Elfenbeinküste, CMR = Kamerun, COD = Demokratische Republik Kongo, COK = Cook-Inseln, COL = Kolumbien, CPV = Kap Verde, CRC = Costa Rica, CRO = Kroatien, CTA = Zentralafrikanische Republik, CUB = Kuba, CUW = Curaçao, CYP = Zypern, CZE = Tschechien, DEN = Dänemark, DJI = Dschibuti, DMA = Dominica, DOM = Dominikanische Republik, ECU = Ecuador, EGY = Ägypten, ENG = England, EQG = Äquatorial-Guinea, ERI = Eritrea, ESP = Spanien, EST = Estland, ETH = Äthiopien, FIJ = Fidschi, FIN = Finnland, FRA = Frankreich, FRO = Färöer, GAB = Gabun, GAM = Gambia, GBR* = Großbritannien, GEO = Georgien, GHA = Ghana, GIB = Gibraltar, GNB = Guinea-Bissau, GRE = Griechenland, GRN = Grenada, GUA = Guatemala, GUI = Guinea, GUM = Guam, GUY = Guyana, HAI = Haiti, HKG = Hongkong, HON = Honduras, HUN = Ungarn, IDN = Indonesien, IND = Indien, IRL = Irland, IRN = Iran, IRQ = Irak, ISL = Island, ISR = Israel, ITA = Italien, JAM = Jamaika, JOR = Jordanien, JPN = Japan, KAZ = Kasachstan, KEN = Kenia, KGZ = Kirgistan, KOR = Südkorea, KOS = Kosovo, KSA = Saudi-Arabien, KUW = Kuwait, LAO = Laos, LBR = Liberia, LBY = Libyen, LCA = St. Lucia, LES = Lesotho, LIB = Libanon, LIE = Liechtenstein, LTU = Litauen, LUX = Luxemburg, LVA = Lettland, MAC = Macao, MAD = Madagaskar, MAR = Marokko, MAS = Malaysia, MDA = Moldawien, MDV = Malediven, MEX = Mexiko, MGL = Mongolei, MKD = Mazedonien, MLI = Mali, MLT = Malta, MOZ = Mosambik, MRI = Mauritius, MSR = Montserrat, MTN = Mauretanien, MWI = Malawi, MYA = Myanmar, NAM = Namibia, NED = Niederlande, NEP = Nepal, NCA = Nicaragua, NGA = Nigeria, NIG = Niger, NIR = Nordirland, NOR = Norwegen, NZL = Neuseeland, OMA = Oman, PAK = Pakistan, PAL = Palästina, PAN = Panama, PAR = Paraguay, PER = Peru, PHI = Philippinen, PNG = Papua-Neuguinea, POL = Polen, POR = Portugal, PRK = Nordkorea, PUR = Puerto Rico, QAT = Katar, ROU = Rumänien, RSA = Südafrika, RUS = Russland, RWA = Ruanda, SAM = Samoa, SCG = Serbien & Montenegro (ab 2007 SRB), SCO = Schottland, SEN = Senegal, SEY = Seychellen, SIN = Singapur, SKN = St. Kitts & Nevis, SLE = Sierra Leone, SLV = El Salvador, SMR = San Marino, SOL = Salomonen, SOM = Somalia, SRB = Serbien, SRI = Sri Lanka, SSD = Südsudan, STP = São Tomé e Príncipe, SUD = Sudan, SUI = Schweiz, SUR = Surinam, SVK = Slowakei, SVN = Slowenien, SWE = Schweden, SWZ = Swaziland, SYR = Syrien, TAH = Tahiti, TAN = Tansania, TCA = Turks & Caicos Inseln, TGA = Tonga, THA = Thailand, TJK = Tadschikistan, TKM = Turkmenistan, TOG = Togo, TPE = Taiwan, TRI = Trinidad & Tobago, TUN = Tunesien, TUR = Türkei, UAE = Vereinigte Arabische Emirate, UGA = Uganda, UKR = Ukraine, URU = Uruguay, VIN = St. Vincent & Grenadines, USA = Vereinigte Staaten von Amerika, UZB = Usbekistan, VAN = Vanuatu, VEN = Venezuela, VGB = Britische Jungfern-Inseln, VIE = Vietnam, VIR = Amerikanische Jungfern-Inseln, WAL = Wales, YEM = Jemen, YUG = Jugoslawien (ab 2003 SCG = Serbien & Montenegro), ZAM = Sambia, ZIM = Simbabwe.

Abkürzungen von Ländern, die nicht mehr existieren:
ANT = Niederländische Antillen, BOH = Böhmen-Mähren, CIS = Gemeinschaft unabhängiger Staaten, CSV = Tschechoslowakei, DDR = Deutsche Demokratische Republik, SAA = Saarland, URS = Sowjetunion.

Abkürzungen für sonstige Gebiete:
Pr. Kanton = Provinz Kanton, SVI = Süd-Vietnam
* = offizielle IOC-Abkürzung

Ehrentafel der Nationalspieler

Die Aufstellung umfaßt sämtliche seit dem ersten Länderspiel am 5. April 1908 bis zum 7.7.2016 eingesetzten 923 Nationalspieler.

19 **Abramczik** Rüdiger, 18.2.1956 (FC Schalke 04) 1977 NIR, YUG, ARG, URU, BRA, FIN, SUI, WAL – 1978 ENG, URS, BRA, SWE, POL, NED, AUT, CSV, HUN, NED – 1979 MLT

3 **Adam** Karl, 5.2.1924, † 9.7.1999 (TuS Neuendorf) 1951 TUR – 1952 LUX, IRL

2 **Adamkiewicz** Edmund, 21.4.1920, † 4.4.1991 (Hamburger SV) 1942 CRO, SVK

12 **Adler** René, 15.1.1985 (Bayer Leverkusen 10, Hamburger SV 2) 2008 RUS, WAL, ENG – 2009 NOR, RSA, AZE, RUS, FIN – 2010 ARG, SWE – 2013 FRA, ECU

3 **Albertz** Jörg, 29.1.1971, (Hamburger SV 2, Glasgow Rangers 1) 1996 POR, DEN – 1998 ROU

1 **Albrecht** Erich, 31.3.1889, † 22.4.1942 (Wacker Leipzig) 1909 ENG

17 **Albrecht** Ernst, 12.11.1907, † 26.3.1976 (Fortuna Düsseldorf) 1928 SUI, SUI, URU, NOR, SWE – 1929 ITA, SWE, FIN – 1930 ITA, HUN, NOR – 1931 NED – 1932 HUN, NED – 1933 BEL, NOR – 1934 LUX

10 **Allgöwer** Karl, 5.1.1957 (VfB Stuttgart) 1980 FRA – 1981 BRA, AUT, BRA, FIN – 1982 POR – 1985 POR, CSV – 1986 SUI, NED

56 **Allofs** Klaus, 5.12.1956 (Fortuna Düsseldorf 21, 1. FC Köln 29, Olympique Marseille 6) 1978 CSV, HUN, NED – 1979 MLT, WAL, IRL, ARG, WAL – 1980 MLT, AUT, POL, CSV, NED, BEL, SUI, NED, FRA, BUL – 1981 ARG, BRA, ALB, BUL – 1982 ENG, NIR – 1983 POR – 1984 BUL, BEL, URS, ITA, POR, ROU, ESP, SWE, MLT – 1985 CSV, URS – 1986 ITA, BRA, YUG, NED, URU, SCO, DEN, MAR, MEX, FRA, ARG, DEN, AUT – 1987 ITA, FRA, ENG, DEN, SWE, HUN – 1988 SWE

2 **Allofs** Thomas, 17.11.1959 (1. FC Kaiserslautern 1, 1. FC Köln 1) 1985 POR – 1988 URS

1 **Altvater** Heinrich, 27.8.1902, † 25.2.1994 (Wacker München) 1922 SUI

12 **Aogo** Dennis, 14.1.1987 (Hamburger SV) 2010 MLT, HUN, URU – 2011 ITA, KAZ, AUT, AZE, UKR, NED – 2012 FRA – 2013 ECU, USA

5 **Appel** Hans, 8.6.1911, † 24.7.1973 (Berliner SV 92) 1933 POL – 1935 SUI, LVA – 1937 LUX – 1938 ROU

11 **Arlt** Willi, 27.10.1919, † 27.7.1947 (Riesaer SV) 1939 BEL, LUX, IRL, DEN, EST, BOH, SVK – 1940 ROU, FIN, YUG – 1942 BUL

1 **Arnold** Maximilian, 27.5.1994 (VfL Wolfsburg) 2014 POL

43 **Asamoah** Gerald, 3.10.1978 (FC Schalke 04) 2001 SVK, FIN, ALB, HUN, ENG, FIN, UKR – 2002 ISR, USA, WAL, AUT, PAR, KOR, BRA, BUL, BIH, NED – 2003 SCG – 2004 AUT, BRA, IRN, CMR, JPN, KOR, THA – 2005 ARG, NIR, RUS, AUS, TUN, ARG, BRA, MEX, NED, SVK, RSA – 2006 USA, LUX, COL, ECU, SWE, SMR

1 **Ascherl** Willy, 7.1.1902, † 8.8.1929 (SpVgg Fürth) 1924 NED

1 **Au** Alfred, 14.12.1898, † 27.10.1986 (VfR Mannheim) 1921 FIN

3 **Auer** Karl, 12.8.1898, † 21.2.1945 (SpVgg Fürth) 1924 AUT, NED – 1926 SWE

27 **Augenthaler** Klaus, 26.9.1957 (Bayern München) 1983 AUT, TUR, NIR – 1984 BEL – 1985 ENG, MEX, SWE, CSV – 1986 ITA, SUI, YUG, URU, SCO, ESP – 1989 IRL, FIN, WAL – 1990 FRA, CSV, DEN, YUG, UAE, COL, NED, CSV, ENG, ARG

4 **Aumann** Raimond, 12.10.1963 (Bayern München) 1989 IRL – 1990 URU, DEN, SWE

51 **Babbel** Markus, 8.9.1972 (Bayern München) 1995 ESP, GEO, WAL, BUL, ITA, BEL, GEO, MDA, WAL, BUL – 1996 POR, DEN, NED, FRA, CZE, RUS, CRO, ENG, CZE, POL, ARM, NIR, POR – 1997 ISR, NIR, POR – 1998 BRA, NGA, FIN, LUX, USA, MEX, MLT, ROU, TUR, MDA – 1999 USA, COL, NIR, FIN, MDA, FIN, NIR, TUR, NOR – 2000 NED, SUI, CZE, LIE, ROU, ENG

2 **Bache** Fritz, 29.3.1898, † 6.12.1959 (Wacker 04 Berlin) 1923 NOR – 1924 SWE

31 **Badstuber** Holger, 13.3.1989 (Bayern München) 2010 HUN, BIH, AUS, SRB, BEL, AZE, TUR, KAZ – 2011 ITA, KAZ, URU, AUT, AZE, BRA, AUT, TUR, UKR, NED – 2012 FRA, ISR, POR, NED, DEN, GRE, ITA, ARG, FRO, AUT, IRL, SWE – 2015 AUS

1 **Bäse** Joachim, 2.9.1939 (Eintracht Braunschweig) 1968 WAL

1 **Bäumler** Erich, 6.1.1930, † 18.9.2003 (Eintracht Frankfurt) 1956 NOR

1 **Balitsch** Hanno, 2.1.1981 (Bayer Leverkusen) 2003 ESP

98 **Ballack** Michael, 26.9.1976 (1. FC Kaiserslautern 1, Bayer Leverkusen 27, Bayern München 42, FC Chelsea 28) 1999 SCO, BRA, NZL – 2000 CRO, SUI, CZE, LIE, ENG, POR, GRE, ENG – 2001 FRA, GRE, SVK, FIN, ALB, ENG, FIN, UKR, UKR – 2002 AUT, KSA, IRL, CMR, PAR, USA, KOR, BUL, LTU, FRO, NED – 2003 SCO, ISL, SCO, ISL, FRA – 2004 BEL, MLT, SUI, HUN, NED, LVA, CZE, AUT, BRA, IRN, CMR, JPN, KOR – 2005 SVN, NIR, RUS, AUS,

128 *Kapitel 2: Die deutschen Länderspiele*

TUN, BRA, MEX, NED, SVK, RSA, FRA – 2006 ITA, USA, JPN, COL, POL, ECU, SWE, ARG, ITA, IRL, SMR, GEO, SVK, CYP – 2007 SUI, CZE – 2008 AUT, SUI, BLR, SRB, POL, CRO, AUT, POR, TUR, ESP, RUS, WAL – 2009 NOR, LIE, WAL, AZE, RSA, AZE, RUS, FIN – 2010 ARG

1 **Balogh** Fritz, 16. 12. 1920, † 15. 1. 1951 (VfL Neckarau) 1950 SUI
1 **Bantle** Ernst, 16. 2. 1901, † 13. 4. 1978 (Freiburger FC) 1924 HUN
3 **Barufka** Karl, 15. 5. 1921, † 4. 4. 1999 (VfB Stuttgart) 1950 SUI – 1951 SUI, AUT
30 **Basler** Mario, 18. 12. 1968 (Werder Bremen 19, Bayern München 11) 1994 ITA, UAE, IRL, AUT, CAN, BOL, RUS – 1995 ESP, GEO, WAL, BUL, BEL, BUL – 1996 POR, DEN, NED, NIR, FRA, LIE, POR – 1997 ISR, UKR, UKR, NIR, POR, RSA – 1998 KSA, MLT, ROU, NED
5 **Bauer** Hans, 28. 7. 1927, † 31. 10. 1997 (Bayern München) 1951 LUX – 1952 LUX – 1954 HUN, TUR – 1958 FRA
28 **Baumann** Frank, 29. 10. 1975 (Werder Bremen) 1999 NOR – 2000 NED, DEN – 2001 SVK, ALB, HUN, UKR – 2002 ISR, USA, ARG, AUT, PAR, NED – 2003 ESP, SCG, CAN, ITA, ISL, SCO, ISL, FRA – 2004 CRO, SUI, HUN, NED, LVA, AUT – 2005 SVN
2 **Baumann** Gunther, 19. 1. 1921, † 7. 2. 1998 (1. FC Nürnberg) 1950 SUI – 1951 SUI
4 **Baumgärtner** Willy, 23. 12. 1890, † 16. 11. 1953 (Düsseldorfer SV 04) 1908 SUI, ENG, AUT – 1909 ENG
1 **Baumgarten** Fritz, 21. 12. 1886, † (Germania 88 Berlin) 1908 SUI
1 **Bauwens** Peco, 24. 12. 1886, † 24. 11. 1963 (SC 99 Köln) 1910 BEL
1 **Beck** Alfred, 12. 4. 1925, † September 1994 (FC St. Pauli) 1954 ENG
9 **Beck** Andreas, 13. 3. 1987 (TSG Hoffenheim) 2009 NOR, LIE, WAL, AZE, FIN, CIV – 2010 MLT, DEN, SWE
103 **Beckenbauer** Franz, 11. 9. 1945 (Bayern München) 1965 SWE, AUT, CYP – 1966 ENG, NED, IRL, NIR, YUG, SUI, ARG, ESP, URU, URS, ENG, NOR – 1967 MAR, ALB, YUG, FRA, ROU – 1968 BEL, SUI, ENG, BRA, FRA, AUT, BRA, CHI, MEX – 1969 SCO, AUT, CYP, AUT, BUL, SCO – 1970 ROU, IRL, YUG, MAR, BUL, PER, ENG, ITA, HUN, TUR, YUG, GRE – 1971 ALB, TUR, ALB, NOR, SWE, DEN, MEX, POL, POL – 1972 HUN, ENG, ENG, URS, BEL, URS, SUI – 1973 ARG, CSV, YUG, BUL, BRA, URS, AUT, FRA, SCO, ESP – 1974 ESP, ITA, SCO, HUN, SWE, CHI, AUS, DDR, YUG, SWE, POL, NED, SUI, GRE, MLT – 1975 ENG, BUL, NED, AUT, GRE, BUL, TUR – 1976 MLT, ESP, ESP, YUG, CSV, WAL, CSV – 1977 FRA
1 **Becker** Fritz, 13. 9. 1888, † 19. 2. 1963 (Frankfurter Kickers) 1908 SUI
24 **Beer** Erich, 9. 12. 1946 (Hertha BSC) 1975 NED, AUT, GRE, BUL, TUR – 1976 MLT, ESP, ESP, YUG, CSV, WAL, CSV – 1977 FRA, YUG, ARG, BRA, MEX, FIN, ITA – 1978 BRA, POL, ITA, NED, AUT
11 **Beier** Albert, 28. 9. 1900, † 21. 9. 1972 (Hamburger SV) 1924 SUI – 1925 NED, SWE – 1926 SUI – 1928 SUI, URU, DEN, SWE – 1929 ITA, FIN – 1931 AUT
1 **Beiersdorfer** Dietmar, 16. 11. 1963 (Hamburger SV) 1991 BEL
17 **Bein**, Uwe, 26. 9. 1960 (Eintracht Frankfurt) 1989 FIN, WAL – 1990 FRA, URU, CSV, DEN, YUG, UAE, COL, CSV, POR, LUX – 1991 LUX – 1992 ITA – 1993 GHA, USA, TUN
5 **Beinlich** Stefan, 13. 1. 1972 (Bayer Leverkusen 4, Hertha BSC 1) 1998 MLT, TUR, MDA – 2000 CRO, ESP
4 **Bella** Michael, 29. 9. 1945 (MSV Duisburg) 1968 CHI, MEX – 1970 GRE – 1971 ALB
10 **Bellarabi** Karim, 8. 4. 1990 (Bayer Leverkusen) 2014 POL, IRL, GIB, ESP – 2015 AUS, USA, GIB, POL, IRL, GEO
9 **Bender** Jakob, 23. 3. 1910, † 8. 2. 1981 (Fortuna Düsseldorf) 1933 BEL, NOR, POL – 1934 CSV, AUT, POL – 1935 IRL, ESP, SWE
19 **Bender** Lars, 27. 4. 1989 (Bayer Leverkusen) 2011 POL, UKR, NED – 2012 FRA, SUI, ISR, POR, NED, DEN, ARG, NED – 2013 FRA, ECU, USA, PAR, ITA, ENG – 2014 GIB, ESP
7 **Bender** Sven, 27. 4. 1989 (Borussia Dortmund) 2011 AUS – 2012 SUI, NED – 2013 USA, AUT, ITA, ENG
8 **Benthaus** Helmut, 5. 6. 1935 (Westfalia Herne) 1958 BUL, EGY – 1959 SCO, SUI, NED, HUN – 1960 CHI, BUL
1 **Berg** Walter, 21. 4. 1916, † 12. 5. 1949 (FC Schalke 04) 1938 LUX
1 **Berghausen** Alfred, 9. 12. 1889, † 6. 9. 1954 (Preußen Duisburg) 1910 BEL
8 **Bergmaier** Josef, 5. 3. 1909, † 5. 3. 1943 (Bayern München) 1930 SUI, ENG – 1931 FRA, AUT, SWE, NOR – 1932 SWE – 1933 ITA
5 **Bernard** Günter, 4. 11. 1939 (Schweinfurt 05 2, Werder Bremen 3) 1962 FRA, SUI – 1966 NED, NIR – 1968 WAL
2 **Bernard** Robert, 10. 3. 1913, † 17. 2. 1990 (VfR Schweinfurt) 1936 LUX, NOR
3 **Berndt** Hans, 30. 10. 1913, † 9. 4. 1988 (Tennis Borussia Berlin) 1937 LVA, EST – 1938 HUN

- 1 **Bert (Friedrich)** Adalbert, 10. 6. 1884, † 4. 7. 1962 (VfB Leipzig) 1910 BEL
- 1 **Berthold** Rudolf, 1. 4. 1903, † Dezember 1976 (Dresdner SC) 1928 SUI
- 62 **Berthold** Thomas, 12. 11. 1964 (Eintracht Frankfurt 21, Hellas Verona 10, AS Rom 18, VfB Stuttgart 13) 1985 HUN, POR, MLT, BUL, CSV, ENG, URS, SWE, POR – 1986 SUI, YUG, NED, URU, SCO, DEN, MAR, MEX, ARG, DEN, ESP, AUT – 1987 SWE, HUN – 1988 SWE, ARG, YUG, ITA, NED – 1989 BUL, NED, WAL – 1990 FRA, URU, CSV, DEN, YUG, UAE, COL, NED, CSV, ENG, ARG, POR, SWE, LUX, SUI – 1991 URS, BEL, WAL – 1994 ITA, UAE, IRL, AUT, CAN, BOL, ESP, KOR, BEL, BUL, ALB, MDA, ALB
- 3 **Biallas Hans**, 14. 10. 1918, † 20. 8. 2009 (TuS Duisburg 48/99) 1938 ROU – 1939 YUG, DEN
- 70 **Bierhoff** Oliver, 1. 5. 1968 (Udinese Calcio 31, AC Mailand 26, AS Monaco 13) 1996 POR, DEN, NED, NIR, LIE, CSV, RUS, CZE, POL, ARM, NIR – 1997 ALB, UKR, UKR, NIR, POR, ARM, ALB, RSA – 1998 OMA, KSA, BRA, NGA, FIN, COL, LUX, USA, YUG, IRN, MEX, CRO, MLT, ROU, TUR, MDA, NED – 1999 NIR, FIN, SCO, MDA, FIN, NIR, TUR, NOR – 2000 NED, CRO, SUI, CZE, LIE, ROU, ENG, DEN – 2001 FRA, ALB, SVK, FIN, HUN, FIN, UKR – 2002 ISR, USA, ARG, KUW, WAL, AUT, KSA, IRL, USA, KOR, BRA
- 3 **Bierofka** Daniel, 7. 2. 1979 (TSV München 1860 2, Bayer Leverkusen 1) 2002 KUW, AUT, BUL
- 7 **Biesinger** Ulrich, 6. 8. 1933, † 18. 6. 2011 (BC Augsburg) 1954 BEL – 1955 IRL, NOR – 1956 NOR, SWE, URS – 1958 EGY
- 1 **Billen** Matthias, 29. 3. 1910, † 1. 7. 1989 (VfL Osnabrück) 1936 LUX
- 11 **Billmann** Willi, 15. 1. 1911, † 5. 7. 2001 (1. FC Nürnberg) 1937 SUI – 1938 HUN – 1939 YUG, BUL, BOH, ITA, SVK – 1940 HUN, ITA – 1941 ROU, SWE
- 9 **Binder** Franz, 1. 12. 1911, † 24. 4. 1989 (Rapid Wien) 1939 BEL, SVK, BOH, ITA – 1940 HUN, YUG, ITA, DEN – 1941 ROU (+ 19 A für Österreich)
- 14 **Binz** Manfred, 22. 9. 1965 (Eintracht Frankfurt) 1990 POR, SWE, LUX – 1991 ENG, WAL, BEL, LUX – 1992 ITA, CSV, TUR, NIR, CIS, SCO, NED
- 2 **Bleidick** Hartwig, 26. 12. 1944 (Borussia Mönchengladbach) 1971 ALB, NOR
- 1 **Blum** Ernst, 25. 1. 1904, † 17. 5. 1980 (VfB Stuttgart) 1927 DEN
- 1 **Blunk** Wilhelm, 12. 12. 1902, † 25. 10. 1975 (Hamburger SV) 1929 FIN
- 65 **Boateng** Jerome, 3. 9. 1988 (Hamburger SV 10, Manchester City 3, Bayern München 52) 2009 RUS, CIV – 2010 ARG, MLT, HUN, GHA, ENG, ARG, ESP, URU, DEN, SWE – 2011 ITA, BRA, AUT, POL, TUR, UKR, NED – 2012 FRA, ISR, POR, NED, GRE, ITA, ARG, IRL, SWE – 2013 KAZ, PAR, AUT, FRO, IRL, SWE, ITA, ENG – 2014 CHI, CMR, ARM, POR, GHA, USA, ALG, FRA, BRA, ARG, SCO, POL, IRL, GIB – 2015 GEO, GIB, POL, SCO, IRL, GEO, FRA – 2016 SVK, HUN, UKR, POL, NIR, SVK, FRA
- 37 **Bobic** Fredi, 30. 10. 1971 (VfB Stuttgart 19, Hannover 96 7, Hertha BSC 11) 1994 HUN – 1995 ITA, BEL, MDA, BUL, RSA – 1996 NIR, FRA, CZE, ITA, CRO, POL, ARM, NIR, POR – 1997 ISR, UKR, ALB – 1998 KSA – 2002 NED – 2003 ESP, LTU, SCG, CAN, SCO, FRO, ITA, SCO, ISL, FRA – 2004 CRO, BEL, ROU, MLT, HUN, NED, LVA
- 1 **Bockenfeld** Manfred, 23. 7. 1960 (Fortuna Düsseldorf) 1984 BUL
- 40 **Bode** Marco, 23. 7. 1969 (Werder Bremen) 1995 RSA – 1996 NIR, LIE, ITA, ENG, CZE, POL, ARM – 1998 TUR – 1999 USA, COL, NIR, FIN, MDA, NIR, TUR, NOR – 2000 SUI, CZE, LIE, ENG, POR, ESP, GRE, ENG, DEN – 2001 FRA, ALB, GRE, SVK, FIN, HUN – 2002 WAL, AUT, IRL, CMR, PAR, USA,KOR, BRA
- 1 **Bögelein** Karl, 28. 1. 1927 (VfB Stuttgart) 1951 LUX
- 10 **Böhme** Jörg, 22. 1. 1974 (FC Schalke 04) 2001 SVK, HUN, ENG, FIN – 2002 USA, ARG, LTU, NED – 2003 ESP, LTU
- 1 **Bökle** Otto, 17. 2. 1912, † 16. 8. 1988 (VfB Stuttgart) 1935 LVA
- 1 **Bollmann** Albert, 5. 10. 1889, † 26. 1. 1959 (Schwarz-Weiß Essen) 1914 NED
- 6 **Bommer** Rudolf, 19. 8. 1957 (Fortuna Düsseldorf) 1984 BUL, BEL, URS, ITA, POR, ARG
- 4 **Bongartz** Hans, 3. 10. 1951 (FC Schalke 04) 1976 MLT, CSV – 1977 MEX, FIN
- 53 **Bonhof** Rainer, 29. 3. 1952 (Borussia Mönchengladbach 40, FC Valencia 11, 1. FC Köln 2) 1972 URS – 1973 ESP – 1974 HUN, SWE, YUG, SWE, POL, NED, SUI, MLT – 1975 ENG, BUL, NED, TUR – 1976 ESP, ESP, YUG, CSV, CSV – 1977 FRA, NIR, YUG, ARG, URU, BRA, MEX, FIN, ITA, SUI, WAL – 1978 ENG, URS, BRA, SWE, POL, MEX, TUN, ITA, NED, AUT, CSV, HUN, NED – 1979 TUR, WAL, ARG, WAL, TUR – 1980 MLT, AUT – 1981 ARG, BRA
- 6 **Borchers** Ronald, 10. 8. 1957 (Eintracht Frankfurt) 1978 NED – 1979 TUR – 1980 BUL – 1981 FIN, POL, FIN
- 1 **Borck** Walter, 1. 5. 1891, † 5. 1. 1949 (MTV München) 1911 HUN
- 1 **Borkenhagen** Kurt, 30. 12. 1919, † 12. 5. 2012 (Fortuna Düsseldorf) 1952 FRA
- 6 **Borowka** Ulrich, 19. 5. 1962 (Werder Bremen) 1988 ARG, YUG, ITA, DEN, ESP, NED
- 33 **Borowski** Tim, 2. 5. 1980 (Werder Bremen) 2002 BUL, BIH – 2004 AUT, IRN, CMR, JPN, THA

– 2005 SVN, NIR, BRA, NED, RSA, TUR, CHN, FRA – 2006 ITA, USA, LUX, JPN, COL, CRC, POL, ECU, SWE, ARG, ITA, SWE, IRL – 2007 SUI, CYP, WAL – 2008 AUT, POR

5 **Bosch** Hermann, 10. 3. 1891, † 16. 7. 1916 (Karlsruher FV) 1912 AUT, HUN, DEN, NED – 1913 SUI

1 **Brandt** Julian, 2. 5. 1996 (Bayer Leverkusen) 2016 SVK

8 **Brdaric** Thomas, 23. 1. 1975 (Bayer Leverkusen 1, Hannover 96 3, VfL Wolfsburg 4) 2002 USA – 2004 SUI, HUN, LVA, AUT, IRN, KOR, THA

86 **Brehme** Andreas, 9. 11. 1960 (1. FC Kaiserslautern 40, Bayern München 12, Inter Mailand 34) 1984 BUL, BEL, URS, FRA, ITA, POR, ROU, ESP, ARG, SWE, MLT – 1985 MLT, BUL, CSV, ENG, MEX, URS, SWE, POR, CSV – 1986 BRA, SUI, NED, URU, DEN, MEX, FRA, ARG – 1987 ISR, FRA, ENG, SWE, BRA – 1988 ARG, SUI, YUG, ITA, DEN, ESP, NED, FIN, NED – 1989 BUL, NED, WAL, FIN, WAL – 1990 FRA, URU, CSV, DEN, YUG, UAE, NED, CSV, ENG, ARG, POR, SWE, LUX – 1991 BEL, WAL, ENG, WAL, BEL, LUX – 1992 ITA, TUR, NIR, URS, SCO, NED, SWE, DEN – 1993 BRA, ARG, USA – 1994 ITA, UAE, AUT, CAN, BOL, ESP, KOR, BEL, BUL

48 **Breitner** Paul, 5. 9. 1951 (Bayern München 46, Real Madrid 2) 1971 NOR, POL – 1972 HUN, ENG, ENG, URS, BEL, URS, SUI – 1973 ARG, CSV, YUG, BUL, BRA, URS – 1974 ESP, ITA, SCO, SWE, CHI, AUS, DDR, YUG, SWE, POL, NED – 1975 BUL, GRE – 1981 AUT, BRA, FIN, POL, FIN, AUT, ALB, BUL – 1982 POR, BRA, ARG, CSV, NOR, ALG, CHI, AUT, ENG, ESP, FRA, ITA

1 **Brenninger** Dieter, 16. 2. 1944 (Bayern München) 1969 AUT

2 **Breuer** Theo, 15. 3. 1909, † 8. 12. 1980 (Fortuna Düsseldorf) 1933 BEL, NOR

9 **Breunig** Max, 12. 11. 1888, † 4. 7. 1961 (Karlsruher FV 7, 1. FC Pforzheim 2) 1910 NED – 1911 SUI, BEL, AUT – 1912 NED, AUT, NED – 1913 DEN, BEL

1 **Breynk** Andreas, 4. 7. 1890, † 12. 7. 1957 (Preußen Duisburg) 1910 BEL

72 **Briegel** Hans-Peter, 11. 10. 1955 (1. FC Kaiserslautern 53, Hellas Verona 19) 1979 WAL, URS – 1980 AUT, POL, CSV, NED, GRE, BEL, SUI, NED, FRA, BUL – 1981 ARG, BRA, AUT, BRA, FIN, POL, FIN, AUT, ALB, BUL – 1982 POR, BRA, ARG, CSV, NOR, ALG, CHI, AUT, ENG, ESP, FRA, ITA, BEL, ENG, NIR – 1983 POR, ALB, TUR, AUT, YUG, HUN, AUT, TUR, NIR, ALB – 1984 URS, FRA, ITA, POR, ROU, ESP, SWE, MLT – 1985 HUN, POR, MLT, SWE, POR, CSV – 1986 ITA, BRA, SUI, YUG, NED, URU, SCO, MAR, MEX, FRA, ARG

25 **Brülls** Albert, 26. 3. 1937, † 28. 3. 2004 (Borussia Mönchengladbach 22, AC Brescia 3) 1959 SUI, NED, HUN, YUG – 1960 CHI, POR, IRL, ISL, NIR, GRE, BUL – 1961 BEL, CHI, NIR, DEN, POL, GRE – 1962 URU, ITA, SUI, CHI, YUG – 1966 NED, SUI, ARG

7 **Brunke** Hans, 1. 10. 1904, † 6. 3. 1985 (Tennis Borussia Berlin) 1927 DEN, NOR – 1929 SCO – 1930 DEN – 1931 SWE, NOR, AUT

5 **Brunnenmeier** Rudolf, 11. 2. 1941, † 18. 4. 2003 (TSV München 1860) 1964 SWE – 1965 ITA, SWE, AUT, CYP

4 **Bruns** Hans-Günther, 15. 11. 1954 (Borussia Mönchengladbach) 1984 BEL, URS, FRA, ARG

17 **Buchloh** Fritz, 26. 11. 1909, † Juli 1998 (VfB Speldorf) 1932 NED – 1933 ITA, BEL, NOR – 1934 LUX, POL, DEN – 1935 SUI, NED, IRL, ESP, SWE, ROU, BUL – 1936 POR, LUX, POL

76 **Buchwald** Guido, 24. 1. 1961 (VfB Stuttgart) 1984 ITA, POR, ROU – 1986 ITA, BRA, SUI, YUG, DEN, ESP, AUT – 1987 ISR, ITA, FRA, ENG, DEN, SWE, BRA – 1988 SWE, ITA, DEN, FIN, URS, NED – 1989 BUL, NED, WAL, IRL, FIN, WAL – 1990 URU, CSV, DEN, YUG, UAE, COL, NED, CSV, ENG, ARG, POR, SUI – 1991 URS, WAL, ENG, WAL, BEL, LUX – 1992 ITA, CSV, TUR, NIR, URS, SCO, SWE, DEN, DEN, MEX, AUT, BRA, URU – 1993 SCO, GHA, BRA, USA, ENG, TUN, URU, BRA, ARG, USA – 1994 ITA, UAE, IRL, KOR, BEL, BUL

1 **Budzinski-Kreth** Lothar, 7. 8. 1886, † 1. 3. 1955 (Duisburger SV) 1910 BEL

1 **Bülte** Otto, 4. 9. 1886, † (Eintracht Braunschweig) 1910 NED

12 **Burdenski** Dieter, 26. 11. 1950 (Werder Bremen) 1977 URU – 1978 SWE, NED – 1979 TUR, IRL, ARG, WAL – 1980 MLT – 1983 YUG, HUN – 1984 BUL, ITA

5 **Burdenski** Herbert, 19. 5. 1922, † 15. 9. 2001 (FC Schalke 04 3, Werder Bremen 2) 1941 FIN – 1942 BUL, ROU – 1950 SUI – 1951 SUI

11 **Burger** Karl, 26. 12. 1883, † 3. 10. 1959 (SpVgg Fürth) 1909 SUI – 1910 SUI – 1911 SUI, ENG, BEL, SWE, AUT, SWE – 1912 NED, SUI, RUS

3 **Burgsmüller** Manfred, 22. 12. 1949 (Borussia Dortmund) 1977 SUI, WAL – 1978 ENG

1 **Burkhardt** Theodor, 31. 1. 1905, † 14. 3. 1958 (Germania Brötzingen) 1930 HUN

13 **Busch** Willy, 4. 1. 1907, † 1982 (TuS Duisburg 48/99) 1933 BEL, NOR – 1934 SWE, CSV, AUT, POL – 1935 SUI, NED, FRA, BEL, ESP, LUX – 1936 LUX

4 **Butt** Hans-Jörg, 28. 5. 1974 (Hamburger SV 1, Bayer Leverkusen 2, Bayern München 1) 2000 LIE – 2002 USA – 2003 CAN – 2010 URU

- 23 **Cacau**, 27. 3. 1981 (VfB Stuttgart) 2009 CHN, UAE, AZE, FIN – 2010 ARG, MLT, HUN, BIH, AUS, SRB, GHA, URU, BEL, AZE, TUR, KAZ, SWE – 2011 BRA, POL, BEL, UKR – 2012 FRA, SUI
- 7 **Can** Emre, 12. 1. 1994 (FC Liverpool) 2015 POL, SCO, FRA – 2016 ENG, ITA, HUN, FRA
- 5 **Castro** Gonzalo, 11. 6. 1987 (Bayer Leverkusen) 2007 DEN, ENG, ROU, IRL, WAL
- 7 **Cieslarczyk** Hans, 3. 5. 1937 (SV Sodingen 5, Borussia Dortmund 2) 1957 HUN – 1958 ESP, CSV, SWE, FRA, DEN, FRA
- 2 **Claus-Oehler** Walter, 7. 5. 1897, † 8. 11. 1941 (Arminia Bielefeld) 1923 NED, FIN
- 1 **Compper** Marvin, 14. 6. 1985 (TSG Hoffenheim) 2008 ENG
- 28 **Conen** Edmund, 10. 11. 1914, † 5. 3. 1990 (FV Saarbrücken 14, Stuttgarter Kickers 14) 1934 HUN, BEL, SWE, CSV, AUT – 1935 SUI, NED, FRA, ESP, CSV, NOR, SWE, FIN, POL – 1939 DEN, YUG, BUL, ITA – 1940 HUN, FIN, SVK, HUN, BUL – 1941 DEN, SVK – 1942 CRO, ESP, HUN
- 40 **Cullmann** Bernd, 1. 11. 1949 (1. FC Köln) 1973 ARG, CSV, BUL, BRA, AUT, FRA, SCO, ESP – 1974 ITA, SCO, HUN, SWE, CHI, AUS, DDR, SUI, GRE, MLT – 1975 ENG, NED – 1976 MLT, ESP – 1978 CSV, HUN, NED – 1979 MLT, TUR, WAL, IRL, ISL, ARG, WAL, URS, TUR – 1980 MLT, AUT, POL, CSV, GRE, BEL
- 3 **Damminger** Ludwig, 29. 10. 1913, † 4. 2. 1981 (Karlsruher FV) 1935 BEL, IRL, EST
- 6 **Danner** Dietmar, 29. 11. 1950 (Borussia Mönchengladbach) 1973 URS – 1975 AUT, BUL, TUR – 1976 ESP, YUG
- 8 **Decker** Karl, 5. 9. 1921, † 27. 9. 2005 (First Vienna FC) 1942 CRO, SUI, ESP, HUN, BUL, ROU, SWE, SVK (+ 25 A für Österreich)
- 1 **Deike** Fritz, 24. 6. 1913, † 21. 10. 1973 (Hannover 96) 1935 ROU
- 36 **Deisler** Sebastian , 5. 1. 1980 (Hertha BSC 19, Bayern München 17) 2000 NED, CZE, LIE, ROU, ENG, POR, ESP, GRE, ENG – 2001 ALB, GRE, SVK, ALB, HUN, ENG, FIN – 2002 KUW, WAL, AUT – 2003 ISL – 2004 BRA, IRN – 2005 NIR, RUS, AUS, TUN, ARG, BRA, MEX, NED, SVK, RSA, TUR, CHN, FRA – 2006 ITA
- 2 **Del'Haye** Karl, 18. 8. 1955 (Borussia Mönchengladbach) 1980 AUT, GRE
- 2 **Derwall** Josef, 10. 3. 1927, † 26. 6. 2007 (Fortuna Düsseldorf) 1954 ENG, POR
- 1 **Deyhle** Erwin, 19. 1. 1914, † Dezember 1989 (Stuttgarter Kickers) 1939 EST
- 4 **Diemer** Kurt, 17. 5. 1893, † 13. 12. 1953 (Britannia Berlin) 1912 DEN, NED – 1913 ENG, SUI
- 1 **Dietrich** Peter, 6. 3. 1944 (Borussia Mönchengladbach) 1970 IRL
- 53 **Dietz** Bernard, 22. 3. 1948 (MSV Duisburg) 1974 MLT – 1975 BUL, TUR – 1976 MLT, ESP, ESP, YUG, CSV, WAL, CSV – 1977 FRA, NIR, ARG, URU, BRA, MEX, FIN, ITA, SUI, WAL – 1978 ENG, URS, BRA, SWE, MEX, TUN, ITA, NED, AUT, CSV, HUN, NED – 1979 MLT, TUN, WAL, ARG, WAL, URS, TUR – 1980 MLT, AUT, POL, CSV, NED, BEL, SUI, NED, FRA, BUL – 1981 ARG, BRA, ALB, BRA
- 3 **Ditgens** Heinz, 3. 7. 1914, † 20. 6. 1998 (Borussia Mönchengladbach) 1936 LUX, NOR – 1938 LUX
- 15 **Dörfel** Bernd, 18. 12. 1944 (Hamburger SV 4, Eintracht Braunschweig 11) 1966 NOR – 1967 ALB – 1968 ENG, BRA, FRA, AUT, CYP, BRA, CHI, MEX – 1969 WAL, SCO, AUT, AUT, BUL
- 2 **Dörfel** Friedrich, 19. 2. 1915, † 8. 11. 1980 (Hamburger SV) 1942 ESP, HUN
- 11 **Dörfel** Gert, 18. 9. 1939 (Hamburger SV) 1960 ISL, NIR, GRE, BUL – 1961 BEL, CHI – 1963 BRA, TUR, SWE – 1964 SCO, SWE
- 2 **Dörner** Herbert, 14. 7. 1930, † 26. 3. 1991 (1. FC Köln) 1956 NOR, SWE
- 2 **Dogan** Mustafa, 1. 1. 1976 (Fenerbahçe Istanbul) 1999 USA, TUR
- 18 **Doll** Thomas, 9. 4. 1966 (Hamburger SV 3, Lazio Rom 15) 1991 URS, BEL, WAL, ENG, WAL, BEL, LUX – 1992 ITA, NIR, URS, NED, SWE, DEN, DEN, AUT, BRA, URU – 1993 SCO (+ 29 A für die DDR)
- 7 **Dorfner** Hans, 3. 7. 1965 (Bayern München) 1987 FRA, ENG, SWE – 1988 SUI, YUG – 1989 IRL, WAL
- 24 **Draxler** Julian, 20. 9. 1993 (FC Schalke 04 15, VfL Wolfsburg 9) 2012 SUI, FRO, NED – 2013 KAZ, ECU, USA, AUT, FRO, SWE, ENG – 2014 POL, BRA, ARG, POL, IRL – 2015 FRA – 2016 ITA, SVK, HUN, UKR, POL, SVK, ITA, FRA
- 27 **Dremmler** Wolfgang, 12. 7. 1954 (Bayern München) 1981 BRA, FIN, POL, FIN, AUT, ALB, BUL – 1982 POR, BRA, ARG, CSV, ALG, CHI, AUT, ENG, ESP, FRA, ITA, BEL, ENG – 1983 POR, TUR, AUT, AUT, NIR, ALB – 1984 BEL
- 1 **Droz** Rudolf, 9. 1. 1888, † (Preußen Berlin) 1911 SWE
- 2 **Dumke** Otto, 29. 4. 1887, † 24. 5. 1913 (Viktoria 89 Berlin) 1911 SWE, SWE
- 6 **Durek** Ludwig, 27. 1. 1921, † 14. 4. 2000 (FC Wien) 1940 SVK – 1941 SVK – 1942 CRO, SUI, ESP, HUN (+ 2 A für Österreich)

7 **Durm** Erik, 12. 5. 1992 (Borussia Dortmund) 2014 CMR, ARG, SCO, POL, IRL, GIB, ESP
1 **Dutton** Edwin, 8. 4. 1890, † (Preußen Berlin) 1909 HUN
3 **Dzur** Walter, 18. 11. 1919, † 19. 10. 1999 (Dresdner SC) 1940 FIN, SVK – 1941 FIN
32 **Eckel** Horst, 8. 2. 1932 (1. FC Kaiserslautern) 1952 SUI, YUG, ESP – 1953 AUT, NOR, SAA, NOR – 1954 SUI, TUR, HUN, TUR, YUG, AUT, HUN – 1955 URS, YUG, NOR, ITA – 1956 NED, SWE, URS, SUI, IRL – 1957 HUN – 1958 BEL, ESP, CSV, ARG, NIR, YUG, SWE, AUT
1 **Eckert** Jakob, 19. 9. 1916, † 5. 6. 1940 (Wormatia Worms) 1937 SUI
7 **Eckstein** Dieter, 12. 3. 1964 (1. FC Nürnberg) 1986 ESP – 1987 HUN – 1988 SWE, ARG, YUG, ITA, FIN
9 **Eder** Norbert, 7. 11. 1955 (Bayern München) 1986 YUG, NED, URU, SCO, DEN, MAR, MEX, FRA, ARG
3 **Edy (Pendorf)** Eduard, 18. 10. 1892, † 3. 11. 1958 (VfB Leipzig) 1913 ENG – 1922 SUI, AUT
35 **Effenberg** Stefan, 2. 8. 1968 (Bayern München 14, AC Florenz 21) 1991 WAL, ENG, WAL, BEL – 1992 CSV, TUR, NIR, URS, SCO, NED, SWE, DEN, DEN, MEX, AUT, BRA – 1993 SCO, GHA, BRA, USA, ENG, TUN, URU, BRA, ARG, USA, MEX – 1994 ITA, IRL, AUT, BOL, ESP, KOR – 1998 MLT, ROU
1 **Ehrmann** Kurt, 7. 6. 1922, † 2. 8. 2013 (Karlsruher FV) 1952 LUX
1 **Eiberle** Fritz, 17. 9. 1904, † 22. 9. 1987 (TSV München 1860) 1933 SUI
2 **Eichelmann** Paul 11. 10. 1879, † 9. 12. 1938 (Union 92 Berlin) 1908 ENG, AUT
3 **Eikhof** Ernst, 6. 5. 1892, † 19. 11. 1978 (Victoria Hamburg) 1923 NED, SUI, FIN
31 **Eilts** Dieter, 13. 12. 1964 (Werder Bremen) 1993 USA, MEX – 1994 RUS, HUN, ALB – 1995 GEO, WAL, BUL, BEL, MDA, WAL, BUL – 1996 DEN, NED, NIR, FRA, LIE, CSV, RUS, ITA, CRO, ENG, CSV, POL, ARM, NIR, POR – 1997 ISR, BUL, UKR, UKR
8 **Elbern** Franz, 1. 11. 1910, † 23. 2. 2002 (SV 06 Beuel) 1935 LUX – 1936 HUN, LUX, POL, CSV, SCO, ITA – 1937 LVA
3 **Emmerich** Heinz, 25. 2. 1908, † 10. 3. 1986 (Tennis Borussia Berlin) 1931 SWE, NOR, AUT
5 **Emmerich** Lothar, 29. 11. 1941, † 13. 8. 2003 (Borussia Dortmund) 1966 NED, ESP, URU, URS, ENG
3 **Engelhardt** Marco, 2. 12. 1980 (1. FC Kaiserslautern) 2004 JPN, THA – 2005 ARG
8 **Engels** Stephan, 6. 9. 1960 (1. FC Köln) 1982 BRA, ARG, CSV, ENG, NIR – 1983 ALB, TUR, AUT
8 **Enke** Robert, 24. 8. 1977, † 10. 11. 2009 (Hannover 96) 2007 DEN – 2008 BEL, LIE, FIN – 2009 LIE, WAL, CHN, AZE
3 **Eppenhoff** Hermann, 19. 5. 1919, † 10. 4. 1992 (FC Schalke 04) 1940 SVK – 1941 FIN – 1942 SUI
50 **Erhard** Herbert, 6. 7. 1930, † 3. 7. 2010 (SpVgg Fürth 49, Bayern München 1) 1953 SAA – 1954 BEL, FRA, ENG, POR – 1955 IRL – 1956 NOR, SWE, URS, IRL – 1957 AUT, NED, SWE, HUN – 1958 BEL, ESP, CSV, ARG, CSV, NIR, YUG, SWE, FRA, DEN, FRA, AUT, BUL – 1959 SCO, POL, SUI, NED, HUN, YUG – 1960 CHI, POR, IRL, ISL, NIR, GRE, BUL – 1961 BEL, CHI, NIR, POL, GRE – 1962 ITA, SUI, CHI, YUG, YUG
24 **Ernst** Fabian, 30. 5. 1979 (Werder Bremen 20, FC Schalke 04 4) 2002 KUW, BUL – 2003 FRA – 2004 BEL, ROU, SUI, HUN, NED, AUT, IRN, CMR, JPN, KOR – 2005 ARG, NIR, RUS, AUS, ARG, BRA, MEX, NED, SVK, RSA – 2006 USA
7 **Ertl** Georg, 17. 3. 1901, † 22. 10. 1968 (Wacker München) 1925 SWE, FIN, SUI – 1926 NED, NED, SUI – 1927 DEN
1 **Eschenlohr** Albert, 10. 3. 1898, † 9. 12. 1938 (Tennis Borussia Berlin) 1924 SWE
1 **Esser** Franz, 20. 1. 1900, † 21. 9. 1982 (Holstein Kiel) 1922 HUN
1 **Euler** Georg, 23. 12. 1905, † 1993 (SpVgg Sülz 07) 1936 POL
4 **Ewert** Fritz, 9. 2. 1937, † 16. 3. 1990 (1. FC Köln) 1959 NED – 1960 BUL – 1963 MAR – 1964 ALG
1 **Faas** Robert, 3. 4. 1889, † (1. FC Pforzheim) 1910 BEL
5 **Fach** Holger, 6. 9. 1962 (Bayer Uerdingen) 1988 FIN, NED – 1989 BUL, WAL, IRL
1 **Faeder** Helmut, 3. 7. 1935, † 3. 8. 2014 (Hertha BSC) 1958 EGY
2 **Fahrenhorst** Frank, 24. 9. 1977 (Werder Bremen) 2004 AUT, BRA
10 **Fahrian** Wolfgang, 31. 5. 1941 (TSG Ulm 46) 1962 URU, ITA, SUI, CHI, YUG, YUG, FRA – 1963 BRA, TUR – 1964 CSV
1 **Falk** Wilhelm, 3. 7. 1898, † 16. 10. 1961 (Wacker München) 1927 NED
4 **Falkenmayer** Ralf, 11. 2. 1963 (Eintracht Frankfurt) 1984 ARG, SWE – 1985 POR – 1986 SUI
13 **Fath** Josef, 27. 12. 1911, † 13. 8. 1985 (Wormatia Worms) 1934 POL, DEN – 1935 BEL, IRL, ESP, CSV, NOR, FIN, POL, ENG – 1936 ESP – 1938 HUN, POR
2 **Fathi** Malik, 29. 10. 1983 (Hertha BSC) 2006 SWE, GEO

2 **Ferner** Diethelm, 13. 7. 1941 (Werder Bremen) 1963 MAR – 1964 ALG
 23 **Fichtel** Klaus, 19. 11. 1944 (FC Schalke 04) 1967 MAR, BUL, YUG – 1968 BEL, SUI, WAL, ENG, BRA, FRA – 1969 AUT, BUL, SCO – 1970 YUG, MAR, BUL, PER, ENG, URU, HUN, TUR – 1971 MEX, POL, POL
  1 **Fick** Willy, 17. 2. 1891, † 5. 9. 1913 (Holstein Kiel) 1910 NED
  6 **Fiederer** Hans, 21. 1. 1920, † 15. 12. 1980 (SpVgg Fürth) 1939 LUX, SVK – 1940 ROU, YUG – 1941 CRO, DEN
  1 **Fiederer** Leo, 4. 4. 1897, † Okt. 1946 (SpVgg Fürth) 1920 HUN
  2 **Fischer** Erich, 31. 12. 1909, † Dezember 1990 (1. FC Pforzheim) 1932 FIN – 1933 FRA
 45 **Fischer** Klaus, 27. 12. 1949 (FC Schalke 04 30, 1. FC Köln 15) 1977 NIR, YUG, ARG, BRA, MEX, FIN, ITA, SUI, WAL – 1978 URS, BRA, SWE, POL, MEX, TUN, ITA, AUT, CSV, HUN, NED – 1979 MLT, WAL, ARG, WAL, URS, TUR – 1980 MLT – 1981 AUT, BRA, FIN, POL, FIN, AUT, ALB, BUL – 1982 POR, BRA, CSV, NOR, ALG, AUT, ENG, ESP, FRA, ITA
  1 **Fischer** Paul, 6. 9. 1882, † 6. 2. 1942 (Viktoria 89 Berlin) 1908 ENG
  5 **Fischer** Walter, 21. 2. 1889, † 3. 4. 1959 (Duisburger SV) 1911 SUI, BEL – 1913 ENG, BEL – 1914 NED
  1 **Fitz** Wilhelm, 12. 3. 1918, † 25. 9. 1993 (Rapid Wien) 1942 SUI
  1 **Fleischmann** Hans, 11. 5. 1898, † 28. 12. 1978 (VfR Mannheim) 1924 ITA
  1 **Flick** Hermann, 22. 11. 1905, † 19. 1. 1944 (TuS Duisburg 48/99) 1929 FIN
  1 **Flink** Karl, 7. 12. 1895, † 28. 11. 1958 (Kölner BC 01) 1922 HUN
 39 **Flohe** Heinz, 28. 1. 1948, † 15. 6. 2013 (1. FC Köln) 1970 GRE – 1971 TUR, DEN – 1972 HUN, ENG – 1973 CSV, YUG, BUL, BRA, URS, AUT, FRA, SCO – 1974 HUN, DDR, YUG, SWE, MLT – 1975 ENG – 1976 YUG, CSV, WAL, CSV – 1977 FRA, NIR, YUG, URU, BRA, MEX, ITA, SUI, WAL – 1978 ENG, URS, BRA, POL, MEX, TUN, ITA
  1 **Flotho** Heinz, 23. 2. 1915, † 29. 1. 2000 (VfL Osnabrück) 1939 LUX
  2 **Foda** Franco, 23. 4. 1966 (1. FC Kaiserslautern) 1987 BRA, ARG
 11 **Förderer** Fritz, 5. 1. 1888, † 20. 12. 1952 (Karlsruher FV) 1908 SUI, ENG – 1909 SUI – 1911 SUI, BEL, HUN – 1912 NED, RUS, HUN, NED – 1913 DEN
 33 **Förster** Bernd, 3. 5. 1956 (VfB Stuttgart) 1979 IRL, ISL, URS, TUN – 1980 MLT, AUT, POL, CSV, GRE – 1981 POL, FIN – 1982 POR, ARG, CSV, NOR, ENG, ESP, FRA, ITA, BEL, ENG, NIR – 1983 POR, ALB, AUT, YUG, HUN, ALB – 1984 FRA, ITA, POR, ROU, ESP
 81 **Förster** Karlheinz, 25. 7. 1958 (VfB Stuttgart) 1978 BRA, CSV – 1979 MLT, TUR, WAL, IRL, ISL, ARG, WAL, URS – 1980 MLT, AUT, POL, CSV, NED, GRE, BEL, SUI, NED, FRA, BUL – 1981 ARG, BRA, ALB, AUT, BRA, FIN, AUT, ALB, BUL – 1982 POR, BRA, ARG, CSV, NOR, ALG, CHI, AUT, ENG, ESP, FRA, ITA, BEL, ENG – 1983 POR, ALB, TUR, AUT, YUG, HUN, AUT, NIR, ALB – 1984 BUL, BEL, URS, FRA, ITA, POR, ROU, ESP, SWE, MLT – 1985 HUN, MLT, BUL, CSV, URS, SWE, POR, CSV – 1986 ITA, SUI, YUG, URU, SCO, DEN, MAR, MEX, FRA, ARG
  1 **Forell** Paul, 14. 1. 1892, † 3. 8. 1959 (1. FC Pforzheim) 1920 HUN
  4 **Frank** Georg, 14. 12. 1907, † 13. 11. 1944 (SpVgg Fürth) 1927 DEN – 1929 SUI, ITA – 1930 ITA
  7 **Franke** Bernd, 12. 2. 1948 (Eintracht Braunschweig) 1973 CSV, BUL – 1977 NIR, ARG, SUI – 1982 POR, NOR
 10 **Franz** Andreas, 27. 6. 1897, † 2. 5. 1970 (SpVgg Fürth) 1922 SUI, HUN – 1923 ITA, SWE – 1924 AUT, NED, ITA, SUI – 1925 SUI – 1926 SWE
 19 **Freier** Paul, 26. 7. 1979 (VfL Bochum 17, Bayer Leverkusen 2) 2002 KUW, BUL, BIH, FRO, NED – 2003 ESP, LTU, SCG, CAN, SCO, FRO, ITA, FRA – 2004 CRO, BEL, ROU, MLT – 2005 ARG – 2007 DEN
 21 **Freund** Steffen, 19. 1. 1970 (Borussia Dortmund) 1995 ESP, GEO, WAL, ITA, SUI, BEL, GEO, MDA, WAL, BUL – 1996 POR, DEN, NED, FRA, ITA, LIE, RUS, ITA, CRO, ENG – 1998 NGA, FIN
  1 **Fricke** Willi, 6. 1. 1913, † 15. 6. 1963 (Arminia Hannover) 1935 LUX
 82 **Friedrich** Arne, 29. 5. 1979 (Hertha BSC 79, VfL Wolfsburg 3) 2002 BUL, BIH, FRO, NED – 2003 ESP, LTU, SCG, CAN, SCO, FRO, ISL, SCO, ISL, FRA – 2004 CRO, BEL, ROU, MLT, SUI, NED, LVA, CZE, KOR, THA – 2005 SVN, RUS, AUS, TUN, BRA, NED, CHN, FRA – 2006 ITA, USA, LUX, COL, CRC, POL, ECU, SWE, ARG, ITA, SWE, IRL, SMR, GEO, SVK, CYP – 2007 SUI, ENG, WAL, ROU, IRL, CZE, CYP – 2008 SUI, SRB, AUT, POR, TUR, ESP, RUS, WAL, ENG – 2009 CHN, UAE, RSA, RUS, FIN – 2010 MLT, HUN, BIH, AUS, SRB, GHA, ENG, ARG, ESP, URU – 2011 AUS, URU, AUT
  9 **Friedrich** Manuel, 13. 9. 1979 (1. FSV Mainz 05 7, Bayer Leverkusen 2) 2006 SWE, IRL, SMR, GEO, SVK, CYP – 2007 DEN, MDA – 2008 AUT
  1 **Friedel** Georg, 6. 9. 1913, † 1. 6. 1987 (1. FC Nürnberg) 1937 NED
 79 **Frings** Torsten, 22. 11. 1976 (Werder Bremen 50, Borussia Dortmund 17, Bayern München 12) 2001 FRA, SVK – 2002 ISR, USA, ARG, KUW, WAL, AUT, KSA, IRL, CMR, PAR, USA, KOR,

BRA, LTU, BIH, FRO, NED – 2003 LTU, SCG, CAN, SCO – 2004 CRO, BEL, ROU, MLT, SUI, HUN, NED, LVA, CZE, AUT, BRA, CMR – 2005 ARG, SVN, NIR, RUS, AUS, TUN, ARG, BRA, MEX, NED, TUR, CHN, FRA – 2006 ITA, LUX, JPN, COL, CRC, POL, ECU, SWE, ARG, POR, SWE, IRL, SMR, GEO, SVK, CYP – 2007 SUI, CZE, SMR, SVK, IRL, CZE – 2008 BLR, SRB, POL, CRO, AUT, TUR, ESP, RUS – 2009 NOR

1 **Fritzsche** Walter, 19. 12. 1895, † 1956 (Vorwärts Berlin) 1921 AUT
22 **Fritz** Clemens, 7. 12. 1980 (Werder Bremen) 2006 GEO, SVK, CYP – 2007 SUI, DEN, SMR, SVK, IRL, CZE, CYP, WAL – 2008 SUI, BLR, SRB, POL, CRO, AUT, POR, BEL, LIE, FIN, WAL
19 **Frontzeck** Michael, 26. 3. 1964 (Borussia Mönchengladbach 16, VfB Stuttgart 3) 1984 ARG – 1985 URU, POR, MLT, BUL, MEX, CSV – 1986 DEN, ESP, AUT – 1987 ITA, ENG, DEN, URU, BRA – 1988 SWE – 1992 CSV, NED, DEN
6 **Fuchs** Gottfried, 3. 5. 1889, † 25. 2. 1972 (Karlsruher FV) 1911 SUI, BEL – 1912 NED, RUS, HUN – 1913 BEL
1 **Fürst** Fritz, 3. 7. 1891, † 8. 6. 1954 (Bayern München) 1913 SUI
2 **Funkel** Wolfgang, 10. 8. 1958 (Bayer Uerdingen) 1986 NED, AUT
4 **Gablonsky** Max, 1. 1. 1890, † 16. 7. 1969 (Bayern München) 1910 BEL – 1911 SUI, AUT, SWE
1 **Gaebelein** Arthur, 29. 3. 1891, † 4. 9. 1964 (Hohenzollern Halle) 1912 NED
3 **Gärtner** Ludwig, 19. 4. 1919, † 6. 6. 1995 (Olympia Lorsch) 1939 SVK – 1940 BUL – 1941 SWE
2 **Garrn (Ehlers)** Hermann, 11. 3. 1888, † 27. 3. 1966 (Victoria Hamburg) 1908 AUT – 1909 ENG
16 **Gauchel** Josef, 11. 9. 1916, † 21. 3. 1963 (TuS Neuendorf) 1936 LUX, POL – 1937 LUX, EST – 1938 LUX, ENG, SUI, POL – 1939 YUG, ITA, IRL, DEN, EST – 1940 HUN, YUG – 1942 BUL
5 **Gaudino** Maurizio, 12. 12. 1966 (Eintracht Frankfurt) 1993 TUN, BRA, MEX – 1994 UAE, CAN
2 **Gedlich** Richard, 17. 2. 1900, † 5. 1. 1971 (Dresdner SC) 1926 NED – 1927 DEN
2 **Gehlhaar** Paul, 27. 8. 1905, † 2. 7. 1968 (Hertha BSC) 1928 SWE – 1931 AUT
2 **Gehrts** Adolf, 30. 10. 1886, † 17. 1. 1943 (Victoria Hamburg) 1908 ENG – 1910 NED
6 **Geiger** Hans, 24. 12. 1905, † 17. 12. 1974 (ASV Nürnberg 2, 1. FC Nürnberg 4) 1926 NED, SUI – 1929 SUI, ITA, SCO, SWE
8 **Geiger** Rolf, 16. 10. 1934 (Stuttgarter Kickers 1, VfB Stuttgart 7) 1956 BEL – 1958 FRA, BUL – 1959 SCO, POL – 1964 CSV, SCO, FIN
20 **Gellesch** Rudolf, 01. 5. 1914, † 20. 8. 1990 (FC Schalke 04) 1935 LUX – 1936 HUN, CSV, SCO, ITA – 1937 NED, FRA, DEN, FIN, NOR, SWE – 1938 SUI, POR, ENG, SUI – 1939 BEL, NOR, HUN, BUL – 1941 FIN
5 **Gentner** Christian, 14. 8. 1985 (VfL Wolfsburg 4, VfB Stuttgart 1) 2009 CHN, UAE, RSA, FIN – 2010 DEN
2 **Gerber** Heiko, 11. 7. 1972 (VfB Stuttgart) 1999 BRA, USA
1 **Gerdau** Willi, 12. 2. 1929, † 11. 2. 2011 (Heider SV) 1957 SCO
4 **Gerritzen** Felix, 6. 2. 1927, † 3. 7. 2007 (Preußen Münster) 1951 SUI, TUR, AUT, IRL
1 **Gersdorff** Bernd, 18. 11. 1946 (Eintracht Braunschweig) 1975 AUT
6 **Gerwien** Klaus, 11. 9. 1940 (Eintracht Braunschweig) 1963 MAR – 1964 ALG – 1968 CYP, BRA, CHI, MEX
4 **Geye** Reiner, 22. 11. 1949, † 8. 8. 2002 (Fortuna Düsseldorf) 1972 SUI – 1973 ARG – 1974 SUI, GRE
14 **Giesemann** Willi, 2. 9. 1937 (Bayern München 11, Hamburger SV 3) 1960 IRL, NIR, GRE, BUL – 1961 BEL, CHI, DEN, POL, GRE – 1962 CHI, YUG – 1964 SCO, SWE – 1965 BRA
9 **Ginter** Matthias, 19. 1. 1994 (SC Freiburg 2, Borussia Dortmund 7) 2014 CHI, POL, ARG, SCO, IRL – 2015 IRL, GEO, FRA – 2016 ITA
5 **Glaser** Josef, 11. 5. 1887, † 12. 08. 1969 (Freiburger FC) 1909 ENG, SUI, – 1910 BEL – 1912 SUI, RUS
1 **Goede** Erich, 24. 5. 1916, † 13. 5. 1949 (Berliner SV 92) 1939 SVK
2 **Görlitz** Andreas, 31. 1. 1982 (Bayern München) 2004 BRA, IRN
2 **Görtz** Armin, 30. 8. 1959 (1. FC Köln) 1988 SUI, FIN
56 **Götze** Mario, 3. 6. 1992 (Borussia Dortmund 22, Bayern München 34) 2010 SWE – 2011 ITA, KAZ, AUS, URU, AZE, BRA, AUT, POL, TUR, UKR, NED – 2012 SUI, ISR, GRE, ARG, FRO, AUT, SWE, NED – 2013 KAZ, KAZ, IRL, SWE, ITA, ENG – 2014 CHI CMR, ARM, POR, GHA, USA, ALG, FRA, ARG, ARG, SCO, POL, IRL, GIB, ESP – 2015 AUS, GEO, USA, GIB, POL, SCO, IRL – 2016 ENG, ITA, SVK, HUN, UKR, POL, NIR, FRA
39 **Goldbrunner** Ludwig, 5. 3. 1908, † 26. 9. 1981 (Bayern München) 1933 SUI – 1934 HUN – 1935 SUI, BEL, IRL, CSV, NOR, FIN, POL, BUL, ESP – 1936 ESP, POR, LUX, NOR, CSV, SCO, IRL, ITA – 1937 NED, FRA, BEL, SUI, DEN, FIN, EST, NOR, SWE – 1938 HUN, POR, ESP, SUI, POL – 1939 BEL, ITA, NOR, HUN – 1940 HUN, BUL

68 **Gomez** Mario, 10. 07. 1985 (VfB Stuttgart 25, Bayern München 33, AC Florenz 2, Besiktas Istanbul 8) 2007 SUI, SMR, SVK, IRL, CZE, CYP, WAL – 2008 AUT, SUI, SRB, POL, CRO, AUT, ESP, BEL, LIE, FIN, RUS, WAL, ENG – 2009 NOR, LIE, WAL, CHN, UAE, AZE, RSA, AZE, RUS, FIN, CIV – 2010 ARG, HUN, BIH, AUS, SRB, ENG, ESP, DEN, KAZ, SWE – 2011 KAZ, AUS, URU, AUT, AZE, BRA, TUR, BEL, UKR – 2012 FRA, ISR, POR, NED, DEN, GRE, ITA – 2013 FRA, PAR – 2014 ARG – 2015 FRA – 2016 ENG, SVK, HUN, POL, NIR, SVK, ITA

1 **Goretzka** Leon, 6. 2. 1995 (FC Schalke 04) 2014 POL

1 **Gottinger** Richard, 4. 6. 1926, † 5. 3. 2008 (SpVgg Fürth) 1953 SAA

44 **Grabowski** Jürgen, 7. 7. 1944 (Eintracht Frankfurt) 1966 IRL, NIR, ROU, TUR – 1970 ESP, ROU, IRL, MAR, BUL, PER, ENG, ITA, HUN, TUR, YUG, GRE – 1971 ALB, TUR, ALB, NOR, SWE, DEN, MEX, POL, POL – 1972 ENG, BEL – 1973 YUG, BUL, URS, AUT, FRA, SCO, ESP – 1974 ESP, SCO, HUN, SWE, CHI, AUS, DDR, SWE, POL, NED

3 **Gramlich** Hermann, 24. 4. 1913, † 5. 3. 1942 (FC 08 Villingen) 1935 LUX, ROU, POL

22 **Gramlich** Rudolf, 6. 6. 1908, † 14. 3. 1988 (Eintracht Frankfurt) 1931 DEN – 1932 SUI, FIN – 1933 ITA, FRA, SUI – 1934 HUN, SWE, DEN – 1935 SUI, NED, FRA, BEL, ESP, CSV, NOR, FIN, POL, BUL, ENG – 1936 ESP, NOR

1 **Gröner** Emil, 25. 3. 1892, † 12. 12. 1944 (Stuttgarter SC) 1921 HUN

2 **Groh** Jürgen, 17. 7. 1956 (1. FC Kaiserslautern 1, Hamburger SV 1) 1979 ISL – 1983 HUN

1 **Gros** Wilhelm, 6. 7. 1892, † 22. 8. 1917 (Karlsruher FV) 1912 NED

1 **Groß** Volkmar, 31. 1. 1948, † 4. 7. 2014 (Hertha BSC) 1970 GRE

2 **Grosser** Peter, 28. 9. 1938 (TSV München 1860) 1965 SWE – 1966 NIR

6 **Großkreutz** Kevin, 19. 7. 1988 (Borussia Dortmund) 2010 MLT, SWE – 2011 ITA – 2014 CHI, ARM, ARG

1 **Gruber** Hans, 4. 6. 1905, † 9. 10. 1967 (Duisburger SV) 1929 SCO

4 **Gründel** Heinz, 13. 2. 1957 (Hamburger SV) 1985 POR – 1986 ITA, BRA, NED

16 **Gündogan** Ilkay, 24. 10. 1990 (Borussia Dortmund) 2011 BEL – 2012 SUI, ARG, NED – 2013 FRA, KAZ, KAZ, PAR – 2015 AUS, USA, GIB, POL, SCO, IRL, GEO, FRA

4 **Günther** Walter, 18. 11. 1915, † März 1989 (TuS Duisburg 48/99) 1935 LUX – 1936 POL, LUX – 1937 NED

1 **Günter** Christian, 28. 2. 1993 (SC Freiburg) 2014 POL

2 **Haber** Marco, 21. 9. 1971 (VfB Stuttgart) 1995 BEL, RSA

3 **Hänel** Erich, 31. 10. 1915, † 17. 3. 2003 (BC Hartha) 1939 LUX, EST, SVK

101 **Häßler** Thomas, 30. 5. 1966 (1. FC Köln 17, Juventus Turin 5, AS Rom 33, Karlsruher SC 42, TSV München 1860 4) 1988 FIN, NED – 1989 BUL, NED, WAL, IRL, FIN, WAL – 1990 FRA, URU, CSV, DEN, YUG, UAE, COL, ENG – ARG, SWE, LUX, SUI – 1991 URS, BEL, ENG, WAL, LUX – 1992 ITA, CSV, TUR, NIR, URS, SCO, NED, SWE, DEN, MEX, AUT, BRA, URU – 1993 SCO, GHA, URU, ARG, BRA, USA, MEX – 1994 ITA, UAE, IRL, AUT, CAN, BOL, ESP, KOR, BEL, BUL, RUS, HUN, MDA, ALB – 1995 ESP, WAL, BUL, ITA, SUI, GEO, MDA, WAL, BUL, RSA – 1996 POR, DEN, NED, FRA, LIE, CZE, RUS, ITA, CRO, ENG, CSV, POL, ARM, NIR – 1997 NIR, POR, ARM, ALB, RSA – 1998 OMA, KSA, NGA, FIN, COL, USA, IRN, MEX, CRO, – 2000 CZE, LIE, ROU, POR

4 **Haferkamp** Hans, 11. 10. 1921, † 30. 6. 1974 (VfL Osnabrück) 1951 TUR, AUT, TUR – 1952 LUX

1 **Haftmann** Martin, 16. 7. 1899, † Juli 1961 (Dresdner SC) 1927 DEN

12 **Hagen** Hans, 15. 7. 1894, † 11. 10. 1957 (SpVgg Fürth) 1920 AUT – 1922 SUI – 1923 ITA, SWE – 1924 AUT, NED, ITA, SUI – 1925 NED – 1929 FIN – 1930 ITA, SUI

1 **Hahn** André, 13. 8. 1990 (FC Augsburg) 2014 POL

23 **Hahnemann** Wilhelm, 14. 4. 1914, † 23. 8. 1991 (Admira Wien) 1938 SUI, SUI, POL, ROU – 1939 BEL, YUG, ITA, IRL, DEN, ITA – 1940 YUG, ITA, ROU, FIN, SVK, HUN – 1941 SUI, HUN, SUI, CRO, SWE, DEN, SVK (+ 23 A für Österreich)

33 **Haller** Helmut, 21. 7. 1939, † 11. 10. 2012 (BC Augsburg 19, FC Bologna 8, Juventus Turin 6) 1958 DEN, FRA, AUT, BUL – 1959 PO – 1960 CHI, POR, IRL, ISL, GRE, BUL – 1961 BEL, DEN, POL, GRE – 1962 URU, ITA, SUI, YUG – 1964 SWE – 1966 IRL, YUG, SUI, ARG, URU, URS, ENG – 1969 SCO, CYP, SCO – 1970 ESP, ROU, MAR

59 **Hamann** Dietmar, 27. 8. 1973 (Bayern München 12, Newcastle United 5, FC Liverpool 42) 1997 RSA – 1998 KSA, BRA, NGA, FIN, COL, LUX, USA, YUG, IRN, MEX, CRO, NED – 1999 NIR, FIN, SCO, MDA, TUR, NOR – 2000 NED, CRO, SUI, CZE, LIE, ROU, ENG, POR, ESP, ENG, DEN – 2001 FRA, ALB, HUN, ENG, UKR, UKR – 2002 ISR, USA, WAL, AUT, KSA, IRL, CMR, USA, KOR, BRA, LTU, FRO – 2003 LTU – 2004 CRO, BEL, ROU, MLT, SUI, HUN, NED, LVA, CZE – 2005 NED

1 **Hammerl** Franz, 9. 10. 1919, † 30. 7. 2001 (Post SV München) 1940 BUL

12 **Hanke** Mike, 5. 11. 1983 (FC Schalke 04 5, VfL Wolfsburg 6, Hannover 96 1) 2005 RUS, TUN, ARG, BRA, MEX, TUR – 2006 POR, GEO, SVK, CYP – 2007 SUI, CYP

1 **Hanke** Walter, 18. 3. 1910, † 1980 (FV Breslau 06) 1930 NOR

8 **Hannes** Wilfried, 17. 5. 1957 (Borussia Mönchengladbach) 1981 ALB, BRA, FIN, POL, BUL – 1982 CZE, NOR, BEL

7 **Hanreiter** Franz, 4. 11. 1913, † 21. 01. 1992 (Admira Wien) 1940 YUG – 1941 SUI, HUN, SUI, CRO – 1942 CRO, SUI (+ 6 A für Österreich)

3 **Hanssen** Karl, 5. 7. 1887, † 13. 9. 1916 (Altona 93) 1910 NED – 1911 ESP, BEL

2 **Hantschick** Otto, 11. 2. 1884, † (Union 92 Berlin) 1908 ENG – 1909 ENG

15 **Harder** Otto »Tull«, 25. 11. 1892, † 4. 3. 1956 (Hamburger SV) 1914 NED – 1920 SUI, AUT, HUN – 1923 NOR – 1924 NOR, SWE, HUN, SUI – 1925 NED, SUI – 1926 NED, SWE, NED, SUI

15 **Haringer** Sigmund, 9. 12. 1908, † 23. 2. 1975 (Bayern München 11, Wacker München 4) 1931 FRA – 1932 SWE – 1933 ITA, FRA, SUI, POL – 1934 HUN, LUX, BEL, SWE, CSV – 1935 POL, BUL, ENG – 1937 BEL

6 **Harpers** Gerhard, 12. 3. 1928 (SV Sodingen) 1953 AUT – 1954 ENG, POR – 1955 ITA, URS, NOR

4 **Hartmann** Karl, 8. 2. 1894, † 9. 12. 1971 (Union Potsdam 3, Victoria Hamburg 1) 1923 NED, SUI, FIN – 1924 SWE

4 **Hartmann** Michael, 11. 7. 1974 (Hertha BSC) 2003 SCG, CAN, FRO, ISL

2 **Hartwig** William, 5. 10. 1954 (Hamburger SV) 1979 IRL, ISL

20 **Hector** Jonas, 27. 5. 1990 (1. FC Köln) 2014 GIB – 2015 AUS, GEO, USA, GIB, POL, SCO, IRL, GEO, FRA – 2016 ENG, ITA, SVK, HUN, UKR, POL, NIR, SVK, ITA, FRA

1 **Heibach** Hans, 1. 12. 1918, † 6. 3. 1970 (Fortuna Düsseldorf) 1938 LUX

3 **Heidemann** Hartmut, 5. 6. 1941 (MSV Duisburg) 1966 TUR, NOR – 1968 SUI

3 **Heidemann** Matthias, 7. 2. 1912, † 30. 11. 1971 (Bonner FV 1, Werder Bremen 2) 1933 SUI – 1934 AUT – 1935 LVA

9 **Heidkamp** Conrad, 27. 9. 1905, † 6. 3. 1994 (Düsseldorfer SC 99 1, Bayern München 8) 1927 NED – 1928 DEN, NOR, SWE – 1929 SCO – 1930 ITA, SUI, ENG, HUN

37 **Heinrich** Jörg, 6. 12. 1969 (SC Freiburg 2, Borussia Dortmund 25, AC Florenz 10) 1995 ITA, BEL – 1997 ISR, ALB, UKR, UKR, NIR, POR, ARM, ALB, RSA – 1998 OMA, BRA, FIN, LUX, USA, YUG, IRN, MEX, CRO, MLT, TUR, NED – 1999 NIR, FIN, SCO, MDA, BRA, NZL, USA – 2000 ESP, GRE, DEN, GRE – 2002 USA, WAL, AUT

8 **Heiß** Alfred, 5. 12. 1940 (TSV München 1860) 1962 SUI – 1963 BRA – 1965 ITA, SUI, BRA, CYP – 1966 ENG, NIR

41 **Held** Sigfried, 7. 8. 1942 (Borussia Dortmund 35, Kickers Offenbach 6) 1966 ENG, NED, ROU, YUG, SUI, ARG, ESP, URU, URS, ENG, NOR – 1967 MAR, YUG, ALB – 1968 WAL, BRA, FRA, AUT, CYP, BRA, MEX – 1969 WAL, SCO, AUT, CYP, AUT – 1970 IRL, MAR, ITA, URU, YUG – 1971 ALB, NOR, SWE, DEN – 1972 HUN, ENG – 1973 ARG, YUG, SCO

2 **Heldt** Horst, 9. 12. 1969 (TSV München 1860 1, Eintracht Frankfurt 1) 1999 SCO, USA

68 **Helmer** Thomas, 21. 4. 1965 (Borussia Dortmund 10, Bayern München 58) 1990 SWE, SUI – 1991 URS, BEL, WAL – 1992 ITA, CZE, NED, SWE, DEN, DEN, MEX, AUT, URU – 1993 SCO, GHA, BRA, USA, ESP, URU, BRA, ARG – 1994 UAE, AUT, CAN, KOR, BEL, BUL, RUS, MDA, ALB – 1995 ESP, GEO, BUL, ITA, SUI, BEL, GEO, MDA, WAL, BUL, RSA – 1996 POR, DEN, NED, NIR, FRA, LIE, CSV, RUS, ITA, CRO, ENG, CSV, POL – 1997 ALB, UKR, UKR, NIR, POR, ARM, ALB, RSA – 1998 KSA, BRA, LUX, IRN, MEX

13 **Helmes** Patrick, 1. 3. 1984 (1. FC Köln 5, Bayer Leverkusen 8) 2007 DEN, SMR, WAL, ROU – 2008 BLR, BEL, FIN, WAL, ENG – 2009 NOR, LIE, WAL – 2010 DEN

11 **Hempel** Walter, 12. 8. 1887, † 10. 1. 1940 (Sportfreunde Leipzig) 1908 SUI – 1910 SUI, NED – 1911 ENG, SWE, AUT, SWE, HUN – 1912 HUN, SUI, RUS

1 **Hense** Robert, 17. 11. 1885, † 20. 6. 1966 (Kölner BC 01) 1910 NED

1 **Hensel** Gustav, 23. 10. 1884, † 29. 8. 1933 (FV Kassel) 1908 SUI

3 **Herberger** Josef, 28. 3. 1897, † 28. 4. 1977 (Waldhof Mannheim 1, VfR Mannheim 2) 1921 FIN – 1924 ITA – 1925 NED

5 **Hergert** Heinrich, 21. 2. 1904, † 18. 9. 1949 (FK Pirmasens) 1930 SUI, DEN, HUN – 1931 FRA – 1933 FRA

39 **Herget** Matthias, 14. 11. 1955 (Bayer Uerdingen) 1983 TUR – 1984 BUL, BEL, URS, FRA, SWE, MLT – 1985 HUN, POR, MLT, BUL, CSV, ENG, MEX, URS, SWE, POR – 1986 ITA, BRA, YUG, NED, DEN – 1987 ITA, FRA, ENG, DEN, SWE, HUN, BRA, ARG – 1988 SWE, ARG, SUI, YUG, ITA, DEN, ESP, NED, URS

21 **Herkenrath** Fritz, 9. 9. 1928, † 18. 4. 2016 (Rot-Weiss Essen) 1954 BEL, ENG, POR – 1955 ITA, URS, YUG, NOR, ITA – 1956 NED, ENG, URS – 1957 AUT, HUN – 1958 BEL, ESP, ARG, CSV, NIR, YUG, SWE, DEN

2 **Hermann** Günter, 5. 12. 1960 (Werder Bremen) 1988 URS – 1990 DEN
 5 **Herrlich** Heiko, 3. 12. 1971 (Borussia M'Gladbach 3, Borussia Dortmund 2) 1995 GEO, WAL, BUL, MDA, WAL
 9 **Herrmann** Günter, 1. 9. 1939 (Karlsruher SC 7, FC Schalke 04 2) 1960 NIR, BUL – 1961 CHI, NIR, DEN, POL, GRE – 1967 MAR, BUL
 2 **Herrmann** Patrick, 12. 2. 1991 (Borussia Mönchengladbach) 2015 USA, GIB
 8 **Herrmann** Richard, 28. 1. 1923, † 27. 7. 1962 (FSV Frankfurt) 1950 SUI – 1951 TUR, AUT, IRL – 1952 IRL – 1953 NOR – 1954 SUI, HUN
 2 **Hertzsch** Ingo, 22. 7. 1977 (Hamburger SV) 2000 DEN – 2002 BUL
 5 **Herzog** Dieter, 15. 7. 1946 (Fortuna Düsseldorf) 1974 ESP, SCO, YUG, SWE, SUI
39 **Heynckes** Josef, 9. 5. 1945 (Borussia Mönchengladbach 38, Hannover 96 1) 1967 MAR, BUL – 1969 AUT – 1970 TUR, YUG, GRE – 1971 ALB, TUR, ALB, SWE, DEN, MEX, POL – 1972 HUN, ENG, URS, BEL, URS, SUI – 1973 ARG, CSV, BRA, URS, SCO, ESP – 1974 ESP, ITA, SWE, CHI, AUS, GRE – 1975 ENG, BUL, GRE, BUL, TUR – 1976 MLT, WAL, CSV
 3 **Hieronymus** Holger, 22. 2. 1959 (Hamburger SV) 1981 POL – 1982 NOR, ENG
 8 **Hilbert** Roberto, 16. 10. 1984 (VfB Stuttgart) 2007 DEN, SMR, ENG, WAL, ROU, CYP, WAL – 2008 AUT
 7 **Hildebrand** Timo, 5. 4. 1979 (VfB Stuttgart 5, FC Valencia 2) 2004 ROU, THA – 2005 ARG – 2006 GEO, CYP – 2007 ROU, CZE
 4 **Hiller II** Arthur, 3. 10. 1881, † 14. 8. 1941 (1. FC Pforzheim) 1908 SUI, ENG, AUT – 1909 SUI
 3 **Hiller III** Marius, 5. 8. 1892, † 25. 11. 1964 (1. FC Pforzheim) 1910 SUI – 1911 ENG, AUT (+ 2 A für Argentinien)
21 **Hinkel** Andreas, 26. 3. 1982 (VfB Stuttgart 17, Celtic Glasgow 4) 2003 SCG, CAN, ITA, ISL, FRA – 2004 MLT, HUN, AUT, BRA, KOR, THA – 2005 SVN, RUS, ARG, MEX, NED, SVK – 2008 FIN – 2009 NOR, CHN, UAE
 7 **Hirsch** Julius, 7. 4. 1892, † wahrscheinlich 1943, am 8. 5. 1945 für tot erklärt (Karlsruher FV 4, SpVgg Fürth 3) 1911 HUN – 1912 HUN, AUT, HUN – 1913 SUI, DEN, BEL
 1 **Hirth** Herbert, 23. 1. 1884, † 11. 10. 1976 (Hertha BSC) 1909 HUN
52 **Hitzlsperger** Thomas, 5. 4. 1982 (Aston Villa 9, VfB Stuttgart 42, West Ham United 1) 2004 IRN, CMR – 2005 ARG, SVN, NIR, RUS, AUS, TUN, ARG, NED, SVK, TUR, CHN – 2006 LUX, COL, POR, SWE, SMR, GEO, CYP – 2007 SUI, CZE, DEN, SMR, SVK, ENG, WAL, ROU, CYP, WAL – 2008 AUT, SUI, BLR, POL, AUT, POR, TUR, ESP, BEL, LIE, FIN, RUS, WAL – 2009 LIE, WAL, CHN, UAE, AZE, AZE, FIN, CIV – 2010 DEN
 1 **Hobsch** Bernd, 7. 5. 1968 (Werder Bremen) 1993 TUN
 6 **Hochgesang** Georg, 3. 11. 1897, † 9. 6. 1988 (1. FC Nürnberg) 1924 NOR, HUN – 1925 SUI – 1926 NED, SUI – 1927 NOR
 2 **Hochstätter** Christian, 19. 10. 1963 (Borussia Mönchengladbach) 1987 BRA, ARG
 4 **Höger** Karl, 27. 5. 1897, † 31. 3. 1975 (Waldhof Mannheim 2, VfR Mannheim 2) 1921 HUN, FIN – 1924 ITA, SUI
40 **Hölzenbein** Bernd, 9. 3. 1946 (Eintracht Frankfurt) 1973 AUT, ESP – 1974 HUN, SWE, CHI, AUS, YUG, SWE, POL, NED, SUI, GRE, MLT – 1975 ENG, BUL, NED, AUT, GRE, BUL, TUR – 1976 MLT, ESP, ESP, YUG, CSV – 1977 FRA, NIR, ARG, URU, BRA, MEX, FIN, ITA, WAL – 1978 ENG, URS, SWE, ITA, NED, AUT
 6 **Hoeneß** Dieter, 7. 1. 1953 (VfB Stuttgart 2, Bayern München 4) 1979 IRL, ISL – 1986 SUI, YUG, MEX, ARG
35 **Hoeneß** Ulrich, 5. 1. 1952 (Bayern München) 1972 HUN, ENG, ENG, URS, BEL, URS, SUI – 1973 CSV, YUG, BRA, URS, AUT, FRA, SCO, ESP – 1974 ESP, ITA, SCO, HUN, SWE, CHI, AUS, DDR, YUG, SWE, POL, NED, SUI, GRE – 1975 BUL – 1976 ESP, YUG, CSV, WAL, CSV
 4 **Hörster** Thomas, 27. 11. 1956 (Bayer Leverkusen) 1986 DEN, ESP, AUT – 1987 ISR
 1 **Höschle** Adolf, 20. 7. 1899, † 14. 12. 1969 (Stuttgarter Kickers) 1920 SUI
66 **Höttges** Horst-Dieter, 10. 9. 1943 (Werder Bremen) 1965 ITA, CYP, ENG, SUI, BRA, SWE, AUT, CYP – 1966 IRL, NIR, ROU, YUG, SUI, ARG, ESP, URU, ENG, TUN, NOR – 1967 MAR, BUL, ALB, FRA, YUG, ALB – 1968 BEL, WAL, BRA, AUT, CYP – 1969 WAL, AUT, CYP, AUT, BUL, SCO – 1970 ROU, YUG, MAR, BUL, PER, ENG, HUN, TUR, YUG, GRE – 1971 POL – 1972 HUN, ENG, ENG, URS, BEL, URS, SUI – 1973 ARG, YUG, BUL, URS, AUT, FRA, SCO, ESP – 1974 ESP, ITA, DDR
40 **Höwedes** Benedikt, 29. 2. 1988 (FC Schalke 04) 2011 URU, AZE, AUT, TUR, BEL, NED – 2012 FRA, SUI, ARG, NED – 2013 FRA, KAZ, ECU, USA, AUT, SWE, ITA, ENG – 2014 POL, CMR, ARM, POR, GHA, USA, ALG, FRA, BRA, ARG, ARG, SCO, ESP – 2015 AUS – 2016 SVK, HUN, UKR, POL, NIR, SVK, ITA, FRA
 1 **Hofer** Franz, 4. 9. 1918 (Rapid Wien) 1939 SVK

1 **Hoffmann** Rudolf, 11. 2. 1935 (Viktoria Aschaffenburg) 1955 IRL
18 **Hofmann** Ludwig, 9. 6. 1900, † 2. 10. 1935 (Bayern München) 1926 NED, SWE, SUI – 1927 NOR, NED – 1928 SUI, SUI, URU, DEN, SWE – 1929 SUI, ITA, SCO, SWE – 1930 ITA, HUN, ENG – 1931 FRA
25 **Hofmann** Richard, 8. 2. 1906, † 5. 5. 1983 (Meerane 07 6, Dresdner SC 19) 1927 DEN, NOR, NED – 1928 SUI, SUI, URU – 1929 SCO, SWE, FIN – 1930 SUI, ENG, DEN, HUN, NOR – 1931 FRA, NED, AUT, AUT, DEN – 1932 SUI, FIN, SWE, HUN, NED – 1933 FRA
2 **Hofmeister** Ludwig, 5. 12. 1887, † 26. 9. 1959 (Bayern München 1, Stuttgarter Kickers 1) 1912 NED – 1914 NED
1 **Hofstätter** Johann, 12. 1. 1913, 27. 7. 1996 (Rapid Wien) 1940 YUG
26 **Hohmann** Karl, 18. 6. 1908, † 31. 3. 1974 (VfL Benrath) 1930 DEN, NOR – 1931 AUT – 1933 BEL, SUI, NOR, POL – 1934 LUX, BEL, SWE, POL, DEN – 1935 NED, FRA, ESP, ROU, EST, ENG – 1936 POR, LUX, POL, IRL – 1937 NED, LUX, BEL, LVA
6 **Hollstein** Ernst, 9. 12. 1886, † 9. 8. 1950 (Karlsruher FV) 1910 NED – 1911 SUI, BEL – 1912 NED, AUT, HUN
3 **Holtby** Lewis, 18. 9. 1990 (1. FSV Mainz 05 2, FC Schalke 04 1) 2010 SWE – 2011 AZE – 2012 NED
1 **Holz** Friedel, 21. 2. 1920, † 9. 4. 1941 (TuS Duisburg 48/99) 1938 LUX
3 **Horn** Franz, 26. 8. 1904, † 22. 9. 1963 (Hamburger SV) 1928 DEN – 1929 SWE, FIN
5 **Hornauer** Josef, 14. 1. 1908, † 12. 12. 1985 (TSV München 1860 3, 1. FC Nürnberg 2) 1928 SUI, SUI, URU – 1929 ITA – 1931 AUT
7 **Hornig** Heinz, 28. 9. 1937 (1. FC Köln) 1965 ITA, CYP, ENG, CYP – 1966 ENG, IRL, ROU
21 **Hrubesch** Horst, 17. 4. 1951 (Hamburger SV) 1980 AUT, POL, NED, GRE, BEL, SUI, NED, FRA, BUL – 1981 ARG, ALB, BUL – 1982 POR, BRA, ARG, NOR, ALG, CHI, AUT, FRA, ITA
1 **Huber** Alfred, 29. 1. 1910, † 25. 1. 1986 (FC 04 Rastatt) 1930 SUI
1 **Huber** Lorenz, 24. 2. 1906, † 6. 10. 1989 (Karlsruher FV) 1932 HUN
50 **Hummels** Mats, 16. 12. 1988 (Borussia Dortmund) 2010 MLT, SWE – 2011 ITA, AUS, URU, AUT, AZE, BRA, AUT, BEL, UKR, NED – 2012 FRA, SUI, POR, NED, DEN, GRE, ITA, ARG, FRO, AUT, NED – 2013 FRA, PAR, SWE, ITA, ENG – 2014 CMR, ARM, POR, GHA, USA, FRA, BRA, ARG, POL, IRL – 2015 GEO, POL, SCO, IRL, GEO, FRA – 2016 ENG, ITA, POL, NIR, SVK, ITA
8 **Hunder** Paul, 12. 1. 1884, † 9. 5. 1948 (Viktoria 89 Berlin) 1909 ENG, HUN – 1910 SUI – 1911 ENG, SWE, AUT, SWE, HUN
3 **Hundt** Eduard, 3. 8. 1909, † 22. 7. 2002 (Schwarz-Weiß Essen) 1933 BEL, NOR – 1934 LUX
3 **Hunt** Aaron, 4. 9. 1986 (Werder Bremen) 2009 CIV – 2010 DEN – 2013 ECU
19 **Huth** Robert, 18. 8. 1984 (FC Chelsea 17, FC Middlesbrough 2) 2004 AUT, BRA, IRN, CMR – 2005 SVN, NIR, AUS, TUN, ARG, BRA, MEX, NED, CHN, FRA – 2006 ITA, LUX, ECU – 2009 CHN, UAE
2 **Hutter** Willi, 3. 11. 1896, † 27. 6. 1936 (Waldhof Mannheim 1, Saar 05 Saarbrücken 1) 1921 FIN – 1922 SUI
54 **Illgner** Bodo, 7. 4. 1967 (1. FC Köln) 1987 DEN, SWE, ARG – 1988 FIN, URS, NED – 1989 BUL, NED, WAL, IRL, FIN, WAL – 1990 FRA, URU, CSV, YUG, UAE, COL, NED, CSV, ENG, ARG, POR, LUX, SUI – 1991 URS, BEL, WAL, ENG, WAL, BEL, LUX – 1992 ITA, NIR, URS, SCO, NED, SWE, DEN, BRA – 1993 ENG, TUN, BRA, USA, MEX – 1994 ITA, IRL, AUT, CAN, BOL, ESP, KOR, BEL, BUL
1 **Illmer** Eberhardt, 30. 1. 1888, † 26. 12. 1955 (FV Straßburg) 1909 SUI
19 **Immel** Eike, 27. 11. 1960 (Borussia Dortmund 4, VfB Stuttgart 15) 1980 NED – 1981 BRA, ALB – 1982 NOR – 1986 AUT – 1987 ISR, ITA, FRA, ENG, HUN, BRA – 1988 SWE, ARG, SUI, YUG, ITA, DEN, ESP, NED
2 **Immig** Franz, 10. 9. 1918, † 26. 12. 1955 (Karlsruher FV) 1939 LUX, SVK (+ 3 A für das Saarland)
1 **Islacker** Franz, 3. 2. 1926, † 1. 7. 1970 (Rot-Weiss Essen) 1954 FRA
18 **Jäger** Adolf, 31. 3. 1889, † 21. 11. 1944 (Altona 93) 1908 AUT – 1909 ENG – 1911 SWE – 1912 HUN, AUT, DEN, NED – 1913 ENG, DEN, BEL – 1914 NED – 1920 SUI, AUT, HUN – 1921 HUN – 1922 AUT, HUN – 1924 SUI
1 **Jäger** Günter, 21. 12. 1935 (Fortuna Düsseldorf) 1958 DEN
17 **Jahn** Helmut, 22. 10. 1917, † 18. 3. 1986 (Berliner SV 92) 1939 SVK – 1940 SVK, DEN – 1941 CRO, FIN, DEN, SVK – 1942 SUI, CRO, ESP, HUN, BUL, ROU, SWE, SUI, CRO, SVK
38 **Jakob** Hans, 16. 6. 1908, † 24. 3. 1994 (Jahn Regensburg) 1930 NOR – 1932 FIN, SWE, HUN – 1933 ITA, FRA, SUI, POL – 1934 AUT – 1935 FRA, BEL, CSV, NOR, FIN, POL, ENG – 1936 ESP, POR, NOR, CSV, SCO, IRL, ITA – 1937 NED, FRA, BEL, SUI, DEN, FIN, EST, NOR, SWE – 1938 HUN, POR, ENG, POL – 1939 IRL, HUN

20 **Jakobs** Ditmar, 28. 8. 1953 (Hamburger SV) 1980 POL – 1984 ARG, SWE, MLT – 1985 HUN, POR, BUL, CSV, ENG, MEX, SWE, POR – 1986 BRA, SUI, SCO, DEN, MAR, MEX, FRA, ARG
1 **Jakobs** Johannes, 1. 7. 1917, † 24. 8. 1944 (Hannover 96) 1939 EST
33 **Jancker** Carsten, 28. 8. 1974 (Bayern München 29, Udinese Calcio 4) 1998 MDA, NIR, FIN, SCO, NOR – 2000 CZE, LIE, ENG, POR, ESP, GRE, DEN – 2001 FRA, ALB, GRE, FIN, ALB, HUN, ENG, UKR, UKR – 2002 ISR, ARG, KUW, WAL, AUT, KSA, IRL, CMR, BUL, LTU, BIH, FRO
71 **Janes** Paul, 11. 3. 1912, † 12. 6. 1987 (Fortuna Düsseldorf) 1932 HUN – 1933 BEL, NOR, POL – 1934 LUX, BEL, AUT, POL, DEN – 1935 NED, FRA, IRL, ESP, CSV, NOR, SWE, FIN, ENG – 1936 ESP, POR, HUN, POL, SCO, ITA – 1937 NED, FRA, DEN, FIN, EST, NOR, SWE – 1938 SUI, POR, ENG, SUI, SUI, POL – 1939 YUG, ITA, IRL, NOR, DEN, EST, HUN, YUG, BUL, BOH, ITA – 1940 HUN, YUG, ITA, ROU, SVK, HUN, YUG, DEN – 1941 SUI, HUN, SUI, ROU, SWE, DEN, SVK – 1942 ESP, HUN, BUL, ROU, SWE, SUI, CRO, SVK
45 **Jansen** Marcell, 4. 11. 1985 (Borussia Mönchengladbach 16, Bayern München 12, Hamburger SV 17) 2005 SVK, RSA, TUR, FRA – 2006 LUX, JPN, COL, POR, SWE, IRL, SMR – 2007 SUI, CZE, DEN, SMR, SVK, WAL, ROU, IRL, CZE – 2008 SUI, SRB, POL, CRO, POR, TUR, ESP, BEL – 2009 LIE, AZE – 2010 HUN, GHA, ARG, ESP, URU, BEL – 2013 KAZ, ECU, USA, PAR, IRL, SWE, ITA, ENG – 2014 CHI
1 **Jelinek** Franz, 10. 7. 1922, † 20. 5. 1944 (Wiener SK) 1940 SVK
55 **Jeremies** Jens, 5. 3. 1974 (TSV München 1860 8, Bayern München 47) 1997 RSA – 1998 OMA, NGA, FIN, COL, USA, YUG, CRO, ROU, TUR, NED – 1999 USA, COL, NIR, FIN, SCO, MDA, FIN, NIR, TUN, NOR – 2000 NED, LIE, ROU, ENG – 2001 FRA, ALB, GRE – 2002 USA, ARG, KUW, WAL, AUT, KSA, IRL, CMR, PAR, USA, KOR, BRA, BUL, LTU, BIH, FRO, NED – 2003 ESP, SCO, FRO, ITA, FRA – 2004 BEL, ROU, MLT, SUI, CZE
3 **Jones** Jermaine, 3. 11. 1981 (FC Schalke 04) 2008 AUT, BLR, ENG
1 **Joppich** Karl, 6. 1. 1908, † 1940 (SV Hoyerswerda) 1932 HUN
1 **Jordan (Langmeier)** Ernst, 18. 5. 1883, † (Cricket-Victoria Magdeburg) 1908 SUI
6 **Jürissen** Willy, 13. 5. 1912, † 30. 10. 1990 (Rot-Weiß Oberhausen) 1935 LUX, LVA – 1936 LUX – 1937 LVA – 1938 SUI – 1939 SVK
1 **Jung** Sebastian, 22. 6. 1990 (Eintracht Frankfurt) 2014 POL
1 **Jungtow** Otto, 29. 12. 1892, † 1961 (Hertha BSC) 1913 ENG
31 **Juskowiak** Erich, 7. 9. 1926, † 1. 7. 1983 (Rot-Weiß Oberhausen 1, Fortuna Düsseldorf 30) 1951 LUX – 1954 POR – 1955 ITA, URS, ITA – 1956 NED, ENG, NOR, SWE, URS, SUI, IRL, BEL – 1957 AUT, NED, SCO, HUN – 1958 BEL, ESP, CSV, ARG, CSV, NIR, YUG, SWE, DEN – 1959 SCO, POL, SUI, NED, HUN
1 **Kaburek** Matthias, 9. 2. 1911, † 17. 2. 1976 (Rapid Wien) 1939 SVK (+ 4 A für Österreich)
86 **Kahn** Oliver, 15. 6. 1969 (Bayern München) 1995 SUI, GEO – 1996 DEN, NIR, POL – 1997 ISR, ALB, RSA – 1998 NGA, FIN, MLT, ROU, TUR, MDA, NED – 1999 USA, COL, NIR, FIN, MDA, TUR – 2000 NED, CRO, CZE, ROU, ENG, POR, ESP, GRE, ENG, DEN – 2001 FRA, ALB, GRE, FIN, ALB, HUN, ENG, FIN, UKR, UKR – 2002 ISR, KUW, WAL, AUT, KSA, IRL, CMR, PAR, USA, KOR, BRA, LTU, BIH, FRO, NED – 2003 ESP, LTU, SCO, FRO, ITA, ISL, SCO, ISL, FRA – 2004 CRO, ROU, SUI, HUN, NED, LVA, CZE, AUT, BRA, JPN, KOR – 2005 SVN, RUS, AUS, MEX, NED, TUR, CHN – 2006 USA, LUX, POR
15 **Kalb** Hans, 3. 8. 1899, † 5. 4. 1945 (1. FC Nürnberg) 1920 SUI – 1921 FIN – 1922 AUT – 1923 NOR – 1924 AUT, NED, NOR, HUN, ITA, SUI – 1926 NED – 1927 NOR, NED – 1928 SUI, URU
69 **Kaltz** Manfred, 6. 1. 1953 (Hamburger SV) 1975 AUT, GRE – 1976 CSV – 1977 NIR, YUG, ARG, URU, BRA, MEX, FIN, ITA, SUI – 1978 URS, BRA, SWE, POL, MEX, TUN, ITA, NED, AUT, CSV, HUN, NED – 1979 MLT, TUN, WAL, IRL, ISL, ARG, WAL, URS, TUN – 1980 MLT, AUT, POL, CSV, NED, GRE, BEL, SUI, NED, FRA, BUL – 1981 ARG, BRA, ALB, AUT, BRA, FIN, POL, FIN, AUT, ALB, BUL – 1982 POR, BRA, ARG, CSV, ALG, CHI, AUT, ENG, ESP, FRA, ITA, ENG, NIR – 1983 POR
5 **Kapellmann** Hans-Josef, 19. 12. 1949 (1. FC Köln 2, Bayern München 3) 1973 BUL, BRA, AUT – 1974 SUI, GRE
1 **Kapitulski** Helmut, 29. 9. 1934 (FK Pirmasens) 1958 AUT
3 **Kargus** Rudolf, 15. 8. 1952 (Hamburger SV) 1975 TUR – 1976 WAL – 1977 YUG
5 **Kauer** Erich, 8. 1. 1908, † 30. 12. 1989 (Tennis Borussia Berlin) 1930 NOR – 1931 NED, SWE, NOR, AUT
1 **Kaufhold** Gerhard, 2. 12. 1928, † 4. 10. 2009 (Kickers Offenbach) 1954 ENG
31 **Kehl** Sebastian, 13. 2. 1980 (SC Freiburg 3, Borussia Dortmund 28) 2001 SVK, HUN, ENG – 2002 ISR, ARG, KUW, WAL, AUT, PAR, USA, BUL, BIH, FRO, NED – 2003 SCG, CAN, SCO, FRO, ITA, ISL, SCO – 2004 ROU, MLT, SUI – 2006 USA, LUX, COL, CRC, SWE, ITA, POR

6 **Kelbassa** Alfred, 21. 4. 1925, † 11. 8. 1988 (Borussia Dortmund) 1956 BEL – 1957 SCO, SWE, HUN – 1958 BEL, FRA
1 **Keller** Ferdinand, 30. 7. 1946 (TSV München 1860) 1975 AUT
4 **Kelsch** Walter, 3. 9. 1955 (VfB Stuttgart) 1979 TUR, IRL, ISL – 1980 MLT
65 **Khedira** Sami, 4. 4. 1987 (VfB Stuttgart 12, Real Madrid 44, Juventus Turin 9) 2009 RSA – 2010 ARG, MLT, HUN, BIH, AUS, SRB, GHA, ENG, ARG, ESP, URU, BEL, AZE, TUR, KAZ, SWE – 2011 ITA, KAZ, AUT, TUR, BEL, UKR, NED – 2012 FRA, SUI, ISR, POR, NED, DEN, GRE, ITA, ARG, FRO, AUT, IRL – 2013 FRA, KAZ, KAZ, PAR, AUT, FRO, IRL, ITA – 2014 CMR, ARM, POR, GHA, ALG, FRA, BRA, GIB, ESP – 2015 AUS. USA, GIB, FRA – 2016 ENG, SVK, HUN, UKR, POL, NIR, SVK, ITA
2 **Kießling** Georg, 7. 3. 1903, † 24. 6. 1964 (SpVgg Fürth) 1927 DEN – 1928 NOR
6 **Kießling** Stefan, 25. 1. 1984 (Bayer Leverkusen) 2007 DEN – 2009 NOR, CIV – 2010 MLT, ENG, URU
5 **Kimmich** Joshua, 8. 2. 1995 (Bayern München) 2016 SVK, NIR, SVK, ITA, FRA
18 **Kipp** Eugen, 26. 2. 1885, † 4. 11. 1931 (Sportfreunde Stuttgart 16, Stuttgarter Kickers 2) 1908 SUI, AUT – 1909 SUI – 1910 SUI, NED – 1911 SUI, ENG, SWE, AUT – 1912 HUN, SUI, AUT, DEN, NED – 1913 ENG, SUI, DEN, BEL
1 **Kirsei** Willi, 3. 12. 1902, † 20. 12. 1963 (Hertha BSC) 1924 SWE
51 **Kirsten** Ulf, 4. 12. 1965 (Bayer Leverkusen) 1992 MEX, AUT, URU – 1993 GHA, TUN, URU, BRA, ARG, MEX – 1994 UAE, ALB, MDA, ALB – 1995 ESP, BUL, ITA, GEO – 1996 POR – 1997 ISR, ALB, UKR, NIR, POR, ARM, RSA – 1998 OMA, KSA, BRA, NGA, FIN, COL, LUX, YUG, IRN, MEX, CRO, MLT, ROU, TUR, MDA, NED – 1999 FIN, SCO, MDA, FIN, NOR, – 2000 CRO, SUI, LIE, ENG, POR (+ 49 A für die DDR)
44 **Kitzinger** Albin, 1. 2. 1912, † 6. 8. 1970 (1. FC Schweinfurt 05) 1935 ROU – 1936 POR, HUN, POL, CSV, SCO, IRL, ITA – 1937 NED, FRA, BEL, SUI, DEN, FIN, NOR – 1938 HUN, POR, ENG, SUI, POL – 1939 YUG, ITA, IRL, NOR, DEN, HUN, YUG, BUL, ITA, SVK – 1940 HUN, ITA, ROU, FIN, HUN, YUG, DEN – 1941 SUI, HUN, BUL, SUI, ROU, SWE – 1942 ESP, HUN
1 **Klaas** Werner, 10. 5. 1914, † 26. 3. 1945 (Militär SV Koblenz) 1937 LUX
6 **Kleff** Wolfgang, 16. 11. 1946 (Borussia Mönchengladbach) 1971 NOR – 1972 URS – 1973 URS, AUT, FRA, SCO
1 **Kliemann** Uwe, 30. 6. 1949 (Hertha BSC) 1975 NED
1 **Kling** Eugen, 14. 2. 1899, † 21. 12. 1971 (TSV München 1860) 1927 DEN
5 **Klingler** August, 24. 2. 1918, † 23. 11. 1944 (FV Daxlanden) 1942 ROU, SWE, SUI, SLV, CRO
108 **Klinsmann** Jürgen, 30. 7. 1964 (VfB Stuttgart 12, Inter Mailand 29, AS Monaco 24, Tottenham Hotspur 17, Bayern München 23, Sampdoria Genua 3) 1987 BRA, ARG – 1988 ARG, SUI, YUG, ITA, DEN, ESP, NED, NED – 1989 NED, WAL, FIN, WAL – 1990 FRA, URU, CSV, DEN, YUG, UAE, COL, NED, CSV, ENG, ARG, POR, SWE, LUX, SUI – 1991 URS, BEL, WAL, ENG – 1992 ITA, CSV, TUR, URS, SCO, NED, SWE, DEN, DEN, MEX, AUT, BRA, URU – 1993 SCO, GHA, BRA, USA, ENG, URU, ARG, BRA, USA, MEX – 1994 ITA, IRL, AUT, CAN, BOL, ESP, KOR, BUL, BUL, RUS, HUN, ALB, MDA, ALB – 1995 ESP, GEO, WAL, BUL, GEO, MDA, WAL, BUL, RSA – 1996 POR, DEN, NED, NIR, FRA, LIE, RUS, ITA, CRO, CZE, POL, ARM, NIR, POR – 1997 ISR, ALB, UKR, UKR, NIR, POR, ARM – 1998 BRA, COL, LUX, USA, YUG, IRN, MEX, CRO
2 **Klöckner** Theo, 19. 10. 1934 (Schwarz-Weiß Essen) 1958 EGY – 1959 POL
19 **Klodt** Bernhard, 26. 10. 1926, † 23. 5. 1996 (FC Schalke 04) 1950 SUI – 1951 SUI – 1952 LUX, IRL, SUI – 1954 SUI, TUR, TUR, BEL, FRA, POR – 1956 NED, SWE – 1957 SWE – 1958 BEL, ESP, CSV, NIR – 1959 POL
17 **Klodt** Hans, 10. 6. 1914, † 7. 11. 1996 (FC Schalke 04) 1938 LUX – 1939 YUG, NOR, DEN, YUG, BUL – 1940 HUN, ITA, FIN, HUN, HUN, BUL, YUG – 1941 SUI, HUN, SUI, ROU, SWE
137 **Klose** Miroslav, 9. 6. 1978 (1.FC Kaiserslautern 40, Werder Bremen 29, Bayern München 40, Lazio Rom 28) 2001 ALB, GRE, SVK, FIN, HUN, ENG, FIN – 2002 ISR, ARG, KUW, WAL, AUT, KSA, IRL, CMR, PAR, USA, KOR, BRA, BUL, ITA, BIH, FRO, NED – 2003 ESP, LTU, SCG, SCO, FRO, ITA, ISL, SCO, ISL, FRA – 2004 CRO, MLT, SUI, HUN, LVA, CZE, BRA, IRN, CMR, JPN, KOR – 2005 SVN, NED, SVK, RSA, FRA – 2006 ITA, USA, LUX, JPN, COL, CRC, POL, ECU, SWE, ARG, ITA, POR, SWE, IRL, SMR, SVK, CYP – 2007 SMR, SVK, WAL, CYP, WAL – 2008 AUT, SUI, BLR, POL, CRO, AUT, POR, TUR, ESP, BEL, LIE, FIN, RUS, WAL, ENG – 2009 NOR, AZE, RSA, AZE, RUS, FIN – 2010 ARG, HUN, BIH, AUS, SRB, ENG, ARG, ESP, BEL, AZE, TUR, KAZ – 2011 ITA, KAZ, AUS, URU, BRA, AUT, POL, NED – 2012 FRA, SUI, ISR, POR, NED, DEN, GRE, ITA, ARG, FRO, AUT, IRL, SWE – 2013 USA, PAR, AUT, FRO – 2014 CHI, ARM, GHA, USA, FRA, BRA, ARG
2 **Kmetsch** Sven, 13. 8. 1970 (Hamburger SV) 1997 ARM – 1998 OMA
2 **Knesebeck** Willi, 31. 3. 1887, † 18. 9. 1956 (Viktoria 89 Berlin) 1911 HUN – 1912 DEN

23 **Knöpfle** Georg, 16. 5. 1904, † 14. 12. 1987 (SpVgg Fürth 3, FSV Frankfurt 20) 1928 SUI, SUI, URU, DEN, NOR, SWE – 1929 SUI, ITA, SWE – 1930 ITA – 1931 FRA, NED, AUT, SWE, NOR, AUT, DEN – 1932 SUI, FIN, SWE, HUN, NED – 1933 ITA

26 **Kobierski** Stanislaus, 15. 11. 1910, † 18. 11. 1972 (Fortuna Düsseldorf) 1931 DEN – 1932 SUI, FIN, SWE, HUN, NED – 1933 ITA, FRA, BEL, NOR, POL – 1934 LUX, BEL, SWE, CSV – 1935 SUI, NED, FRA, SWE – 1936 CSV, IRL – 1941 SUI, HUN, SUI, ROU, FRA

1 **Köchling** Willi, 30. 10. 1924, 29. 1. 2009 (Rot-Weiss Essen) 1956 BEL

2 **Kögl** Ludwig, 7. 3. 1966 (Bayern München) 1985 MEX, CSV

1 **Köhl** Georg, 19. 11. 1910, † 15. 1. 1944 (1. FC Nürnberg) 1937 LUX

5 **Köhler** Georg, 1. 2. 1900, † 27. 1. 1972 (Dresdner SC) 1925 SUI – 1926 NED, SWE, SUI – 1928 SWE

1 **Koenen** Theo, 11. 2. 1890, † 8. 9. 1964 (Bonner FV) 1911 HUN

59 **Köpke** Andreas, 12. 3. 1962 (1. FC Nürnberg 14, Eintracht Frankfurt 25, Olympique Marseille 20) 1990 DEN – 1992 CSV, TUR, DEN, MEX, AUT, URU – 1993 SCO, GHA, BRA, USA, URU, ARG – 1994 UAE, RUS, HUN, ALB, MDA, ALB – 1995 ESP, GEO, WAL, BUL, ITA, BEL, MDA, WAL, BUL, RSA – 1996 POR, DEN, NED, FRA, CSV, RUS, ITA, CRO, ENG, CSV, ARM, NIR, POR – 1997 ALB, UKR, UKR, NIR, POR, ARM – 1998 OMA, KSA, BRA, FIN, COL, LUX, USA, YUG, IRN, MEX, CRO

11 **Köppel** Horst, 17. 5. 1948 (VfB Stuttgart 7, Borussia Mönchengladbach 4) 1968 BEL, SUI, WAL – 1971 TUR, ALB, DEN, MEX, POL, POL – 1973 BUL, URS

1 **Köpplinger** Emil, 19. 12. 1897, † 29. 7. 1988 (1. FC Nürnberg) 1927 NOR

6 **Körbel** Karl-Heinz, 1. 12. 1954 (Eintracht Frankfurt) 1974 MLT – 1975 ENG, BUL, NED, AUT, GRE

1 **Kördell** Heinz, 8. 1. 1932 (FC Schalke 04) 1958 EGY

105 **Kohler** Jürgen, 6. 10. 1965 (Waldhof Mannheim 4, 1. FC Köln 20, Bayern München 12, Juventus Turin 38, Borussia Dortmund 31) 1986 DEN, ESP – 1987 ISR, ITA, FRA, ENG, DEN, SWE, HUN, BRA, ARG – 1988 SWE, ARG, SUI, YUG, ITA, AUT, ESP, NED, FIN, URS, NED – 1989 BUL, NED – 1990 URU, CSV, DEN, NED, CSV, ENG, ARG, POR, LUX, SUI – 1991 URS, WAL, ENG, WAL, BEL, LUX – 1992 TUR, NIR, URS, SCO, NED, SWE, DEN, AUT, BRA, URU – 1993 SCO, GHA, BRA, USA, TUN, URU, BRA, ARG, USA, MEX – 1994 ITA, UAE, IRL, AUT, CAN, BOL, ESP, KOR, BEL, BUL, RUS, HUN, ALB – 1995 GEO, BEL, GEO, BUL, RSA – 1996 POR, DEN, NED, NIR, LIE, CZE, POL, ARM, NIR, POR – 1997 ISR, ALB, UKR, UKR, NIR, POR, ALB – 1998 OMA, KSA, BRA, FIN, COL, LUX, USA, YUG, IRN, CRO

22 **Kohlmeyer** Werner, 19. 4. 1924, † 26. 3. 1974 (1. FC Kaiserslautern) 1951 TUR, AUT, IRL, TUR – 1952 IRL, SUI, YUG, ESP – 1953 AUT, NOR, NOR – 1954 SAA, SUI, TUR, HUN, YUG, AUT, HUN, BEL, FRA, ENG – 1955 ITA

9 **Konietzka** (Timo) Friedhelm, 2. 8. 1938, † 12. 3. 2012 (Borussia Dortmund) 1962 YUG, FRA – 1963 BRA, TUR, MAR – 1964 ALG, FIN – 1965 ITA, CYP

2 **Konopka** Harald, 18. 11. 1952 (1. FC Köln) 1978 ITA – 1979 ISL

3 **Koslowski** Willi, 17. 2. 1937 (FC Schalke 04) 1962 URU, SUI, YUG

3 **Kostedde** Erwin, 21. 5. 1946 (Kickers Offenbach 2, Hertha BSC 1) 1974 MLT – 1975 ENG, GRE

13 **Krämer** Werner, 23. 1. 1940, † 12. 2. 2010 (MSV Duisburg) 1963 TUR, SWE, MAR – 1964 ALG – 1965 ENG, BRA, SWE, AUT, CYP – 1966 ENG, YUG, ESP – 1967 BUL

12 **Kramer** Christoph, 19. 2. 1991 (Borussia Mönchengladbach 10, Bayer Leverkusen 2) 2014 POL, CMR, ALG, FRA, ARG, ARG, SCO, POL – 2015 AUS, USA, SCO – 2016 ITA

9 **Kraus** Engelbert, 30. 4. 1934 (Kickers Offenbach 8, TSV München 1860 1) 1955 YUG, NOR – 1957 AUT, NED – 1958 DEN – 1962 CHI, YUG, SUI – 1964 FIN

1 **Krause** Emil, 21. 1. 1908, † 2. 8. 1962 (Hertha BSC) 1933 POL

6 **Krause** Walter, 14. 3. 1896, † 28. 4. 1948 (Victoria Hamburg 1, Holstein Kiel 5) 1920 HUN – 1921 FIN – 1923 NED, FIN, NOR – 1924 NOR

2 **Krauß** Willy, 10. 2. 1886, † (Carl Zeiss Jena) 1911 SUI – 1912 HUN

15 **Kremers** Erwin, 24. 3. 1949 (FC Schalke 04) 1972 URS, BEL, SUI – 1973 ARG, CSV, YUG, BUL, BRA, URS, AUT, FRA, SCO – 1974 HUN, SWE

8 **Kremers** Helmut, 24. 3. 1949 (FC Schalke 04) 1973 AUT, FRA – 1974 ESP, ITA, HUN, SUI, GRE – 1975 ENG

1 **Kreß** Anton, 8. 6. 1899, † 3. 1. 1957 (1. FC Pforzheim) 1921 HUN

9 **Kreß** Richard, 6. 3. 1925, † 30. 3. 1996 (Eintracht Frankfurt) 1954 POR – 1960 NIR, GRE, BUL – 1961 CHI, NIR, DEN, POL, GRE

16 **Kreß** Willibald, 13. 11. 1906, † 27. 1. 1989 (Rot-Weiss Frankfurt 12, Dresdner SC 4) 1929 SUI, SWE – 1930 SUI, ENG, HUN – 1931 FRA, NED, SWE, NOR, AUT, DEN – 1932 SUI – 1934 HUN, BEL, SWE, CSV

3 **Krogmann** Georg, 4. 9. 1886, † 9. 1. 1915 (Holstein Kiel) 1912 HUN, AUT, HUN
71 **Kroos** Toni, 4. 1. 1990 (Bayer Leverkusen 8, Bayern München 43, Real Madrid 20) 2010 ARG, MAL, HUN, BIH, GHA, ARG, ESP, URU, DEN, BEL, TUR, KAZ, SWE – 2011 KAZ, AUS, URU, AUT, AZE, BRA, AUT, POL, BEL, UKR, NED – 2012 FRA, ISR, POR, NED, DEN, ITA, ARG, AUT, IRL, SWE – 2013 FRA, AUT, FRO, IRL, SWE, ITA, ENG – 2014 CHI CMR, ARM, POR, GHA, USA, ALG, FRA, BRA, ARG, ASG, SCO, POL, IRL, GIB, ESP – 2015 GEO, POL, SCO, IRL, GEO – 2016 ENG, ITA, HUN, UKR, POL, NIR, SVK, ITA, FRA
1 **Kroth** Thomas, 26. 8. 1959 (Eintracht Frankfurt) 1985 HUN
1 **Krüger** Kurt, 4. 10. 1920, † 19. 1. 2003 (Fortuna Düsseldorf) 1940 ROU
2 **Krumm** Franz, 16. 10. 1909, † 9. 3. 1943 (Bayern München) 1932 SWE – 1933 ITA
14 **Kruse** Max, 19. 3. 1988 (SC Freiburg 2, Borussia Mönchengladbach 11, VfL Wolfsburg 1) 2013 ECU, USA, FRO, IRL, SWE, ENG – 2014 POL, IRL, GIB, ESP – 2015 AUS, USA, GIB, GEO
3 **Kubsch** Heinz, 20. 7. 1930, † 24. 10. 1993 (FK Pirmasens) 1954 SUI – 1955 IRL – 1956 SUI
1 **Kubus** Richard, 30. 3. 1914, † 5. 10. 1987 (Vorwärts-Rasensport Gleiwitz) 1939 SVK
2 **Kühnle** Paul, 10. 4. 1885, † 28. 12. 1970 (Stuttgarter Kickers) 1910 SUI – 1911 SUI
7 **Küppers** Hans, 24. 12. 1938 (TSV München 1860) 1962 SUI – 1965 ITA, SUI, BRA – 1966 TUR – 1967 YUG, ALB
7 **Kugler** Anton, 28. 3. 1898, † 2. 6. 1962 (1. FC Nürnberg) 1923 ITA – 1924 AUT, NED, NOR, ITA – 1927 NOR, NED
2 **Kugler** Paul, 24. 9. 1889, † 2. 2. 1962 (Viktoria 89 Berlin) 1911 SWE – 1913 SUI
1 **Kuhnt** Werner, 27. 10. 1893, † (Norden-Nordwest Berlin) 1924 SWE
2 **Kund** Willi, 11. 3. 1908, † 30. 8. 1967 (1. FC Nürnberg) 1930 DEN – 1931 AUT
25 **Kuntz** Stefan, 30. 10. 1962 (1. FC Kaiserslautern 11, Besiktas Istanbul 12, Arminia Bielefeld 2) 1993 USA, MEX – 1994 AUT, CAN, BEL, RUS, MDA, ALB – 1995 WAL, ITA, SUI, WAL, BUL, RSA – 1996 POR, NED, NIR, LIE, CZE, RUS, CRO, ENG, CSV, ARM – 1997 ALB
44 **Kupfer** Andreas, 7. 5. 1914, † 30. 4. 2001 (1. FC Schweinfurt 05) 1937 LUX, BEL, SUI, DEN, FIN, NOR, SWE – 1938 SUI, POR, ENG, SUI, SUI, POL – 1939 YUG, ITA, IRL, NOR, DEN, HUN, YUG, BUL, BOH, ITA – 1940 HUN, ITA, ROU, FIN, HUN, BUL, YUG, DEN – 1941 SUI, HUN, SUI, ROU, SWE, DEN – 1942 BUL, ROU, SWE, SUI, CRO, SVK – 1950 SUI
52 **Kuranyi** Kevin, 2. 3. 1982 (VfB Stuttgart 29, FC Schalke 04 23) 2003 LTU, SCG, CAN, ISL, SCO, ISL, FRA – 2004 CRO, BEL, ROU, MLT, SUI, NED, LVA, CZE, AUT, BRA, CMR, KOR, THA – 2005 ARG, SVN, NIR, RUS, AUS, TUN, ARG, BRA, MEX, NED, SVK, RSA, TUR, CHN, FRA – 2007 SUI, CZE, DEN, SMR, SVK, ENG, WAL, IRL, CZE – 2008 AUT, SUI, SRB, POL, CRO, ESP, BEL, LIE
5 **Kurbjuhn** Jürgen, 26. 7. 1940, † 15. 3. 2014 (Hamburger SV) 1962 URU – 1963 SWE, MAR – 1964 ALG – 1966 IRL
8 **Kutterer** Emil, 11. 11. 1898, † 13. 7. 1974 (Bayern München) 1925 SWE, FIN, SUI – 1926 NED, SWE, NED, SUI – 1928 SUI
12 **Kuzorra** Ernst, 16. 10. 1905, † 1. 1. 1990 (FC Schalke 04) 1927 NED – 1928 NOR, SWE – 1930 SUI, ENG – 1931 AUT, DEN – 1932 SUI, FIN, NED – 1936 LUX – 1938 HUN
4 **Kwiatkowski** Heinrich, 16. 7. 1926, † 23. 5. 2008 (Borussia Dortmund) 1954 HUN – 1956 IRL, BEL – 1958 FRA
4 **Laband** Fritz, 1. 11. 1925, † 3. 1. 1982 (Hamburger SV) 1954 SUI, TUR, TUR, YUG
2 **Labbadia** Bruno, 8. 2. 1966 (Bayern München 1, 1. FC Köln 1) 1992 URU – 1995 BEL
8 **Lachner** Ludwig, 25. 7. 1910, † Mai 2003 (TSV München 1860) 1930 HUN, NOR – 1931 NED – 1932 HUN – 1933 FRA, SUI, POL – 1934 HUN
113 **Lahm** Philipp, 11. 11. 1983 (VfB Stuttgart 15, Bayern München 98) 2004 CRO, BEL, ROU, MLT, SUI, HUN, NED, LVA, CZE, AUT, BRA, IRN, CMR, KOR, THA – 2006 ITA, USA, COL, CRC, POL, ECU, SWE, ARG, ITA, POR, SWE, IRL, SMR, SVK, CYP – 2007 SUI, CZE, SMR, SVK, ENG, CYP, WAL – 2008 AUT, SUI, BLR, SRB, POL, CRO, AUT, POR, TUR, ESP, BEL, LIE, FIN, RUS, WAL – 2009 NOR, LIE, WAL, CHN, UAE, AZE, RSA, AZE, RUS, FIN, CIV – 2010 ARG, BIH, AUS, SRB, GHA, ENG, ARG, ESP, BEL, AZE, TUR, KAZ – 2011 ITA, KAZ, URU, AUT, AZE, BRA, AUT, POL, TUR, BEL – 2012 ISR, POR, NED, DEN, GRE, ITA, FRO, AUT, SWE, NED – 2013 FRA, KAZ, KAZ, PAR, AUT, FRO, IRL, SWE, ITA – 2014 CHI, ARM, POR, GHA, USA, ALG, FRA, BRA, ARG
10 **Lang** Hans, 8. 2. 1899, † 27. 4. 1943 (SpVgg Fürth 2, Hamburger SV 8) 1922 SUI – 1923 ITA – 1924 NOR, SWE, HUN – 1925 NED, SWE, FIN, SUI – 1926 NED
2 **Langenbein** Kurt, 4. 11. 1910, † 1978 (VfR Mannheim) 1932 SUI – 1935 LVA
2 **Laumen** Herbert, 11. 8. 1943 (Borussia Mönchengladbach) 1968 BEL, WAL
5 **Lauth** Benjamin, 4. 8. 1981 (TSV München 1860) 2003 ESP, SCG, CAN, ITA – 2004 CRO
61 **Lehmann** Jens, 10. 11. 1969 (FC Schalke 04 2, Borussia Dortmund 14, FC Arsenal 45) 1998 OMA, LUX – 1999 COL, SCO, BRA, NZL, USA, FIN, NIR, NOR – 2000 SUI, LIE – 2001 SVK

– 2002 ARG, BUL, BIH – 2004 BEL, MLT, AUT, IRN, CMR – 2005 ARG, NIR, TUN, BRA, SVK, RSA, FRA – 2006 ITA, LUX, JPN, COL, CRC, POL, ECU, SWE, ARG, ITA, SWE, IRL, SMR, SVK – 2007 SUI, CZE, SMR, SVK, ENG, WAL, IRL, CYP, WAL – 2008 AUT, SUI, BLR, SRB, POL, CRO, AUT, POR, TUR, ESP

65 **Lehner** Ernst, 7. 11. 1912, † 10. 1 1986 (Schwaben Augsburg 55, Blau-Weiß 90 Berlin 10) 1933 SUI, POL – 1934 HUN, BEL, SWE, CSV, AUT, POL, DEN – 1935 SUI, NED, FRA, BEL, IRL, ESP, CSV, NOR, SWE, FIN, POL, BUL, ENG – 1936 ESP, POR, NOR, IRL – 1937 NED, FRA, BEL, SUI, DEN, FIN, EST, NOR, SWE – 1938 SUI, HUN, POR, ENG, SUI, SUI – 1939 BEL, ITA, IRL, NOR, EST, HUN, YUG, BUL, BOH, ITA, SVK – 1940 HUN, YUG, ITA, HUN, BUL, YUG, DEN – 1941 ROU, CRO, SWE – 1942 SWE, SUI, CRO

24 **Leinberger** Ludwig, 21. 5. 1903, † 3. 3. 1943 (SpVgg Fürth) 1927 DEN – 1928 SUI, SUI, URU, DEN, NOR – 1929 SUI, ITA, SWE – 1930 ITA, SUI, ENG, HUN – 1931 FRA, SWE, NOR, AUT, DEN – 1932 SUI, FIN, SWE, HUN, NED – 1933 ITA

3 **Leip** Rudolf, 8. 6. 1890, † 5. 3. 1947 (Guts Muths Dresden) 1923 FIN, NOR – 1924 SWE

1 **Leno** Bernd, 4. 3. 1992 (Bayer Leverkusen) 2016 SVK

14 **Lenz** August, 29. 11. 1910, † 5. 12. 1988 (Borussia Dortmund) 1935 BEL, IRL, CSV, NOR, ROU, POL, LVA – 1936 ESP, HUN, NOR, CSV – 1937 FRA, BEL – 1938 LUX

26 **Libuda** Reinhard, 10. 10. 1943, † 25. 8. 1996 (FC Schalke 04 24, Borussia Dortmund 2) 1963 TUR, SWE, MAR – 1964 ALG, CSV, SCO – 1965 BRA – 1967 FRA, ROU – 1969 WAL, CYP, AUT, SCO – 1970 ESP, YUG, BUL, PER, ENG, ITA, URU, HUN, TUR, YUG, GRE – 1971 MEX, POL

16 **Liebrich** Werner, 18. 1. 1927, † 20. 3. 1995 (1. FC Kaiserslautern) 1951 TUR – 1952 FRA – 1954 SAA, HUN, YUG, AUT, HUN, BEL, FRA, ENG, POR – 1955 URS, YUG, NOR, ITA – 1956 SUI

1 **Lindner** Willi, 27. 6. 1910, † 5. 3. 1944 (Eintracht Frankfurt) 1933 FRA

43 **Linke** Thomas, 26. 12. 1969 (FC Schalke 04 2, Bayern München 41) 1997 RSA – 1998 KSA, MLT – 1999 BRA, NZL, USA, FIN, NIR, TUR, NOR – 2000 NED, CRO, SUI, CZE, LIE, ROU, POR, ESP, GRE, ENG, DEN – 2001 FRA, FIN, ALB, HUN, ENG, UKR, UKR – 2002 ISR, USA, ARG, KUW, WAL, AUT, KSA, IRL, CMR, PAR, USA, KOR, BRA, LTU – 2004 AUT

73 **Littbarski** Pierre, 16. 4. 1960 (1. FC Köln 71, Racing Paris 2) 1981 AUT, ALB – 1982 POR, BRA, ARG, CSV, NOR, ALG, CHI, AUT, ENG, ESP, FRA, ITA, BEL, ENG, NIR – 1983 POR, ALB, TUR, AUT, HUN, TUR, NIR, ALB – 1984 FRA, ROU, ESP – 1985 HUN, POR, MLT, BUL, CSV, ENG, URS, SWE, POR, CSV – 1986 YUG, NED, URU, SCO, DEN, MAR, MEX – 1987 ITA, FRA, ENG, DEN, SWE, HUN – 1988 SWE, SUI, ITA, DEN, ESP, NED, FIN, URS – 1989 BUL, IRL, FIN, WAL – 1990 FRA, URU, CSV, DEN, YUG, UAE, COL, NED, CSV, ARG

4 **Löble** Otto, 27. 10. 1888, † 29. 5. 1967 (Stuttgarter Kickers) 1909 SUI – 1910 SUI – 1912 SUI – 1913 ENG

20 **Löhr** Johannes, 5. 7. 1942 (1. FC Köln) 1967 MAR, BUL, ALB, YUG, FRA, YUG, ROU, ALB – 1968 BEL, SUI, ENG – 1970 IRL, YUG, MAR, BUL, PER, ENG, ITA, URU, HUN

1 **Lohneis** Hans, 12. 4. 1895, † 1970 (MTV Fürth) 1920 AUT

3 **Lohrmann** Theodor, 7. 9. 1898, † 2. 9. 1971 (SpVgg Fürth) 1920 HUN – 1922 SUI, HUN

19 **Lorenz** Max, 19. 8. 1939 (Werder Bremen 17, Eintracht Braunschweig 2) 1965 CYP, ENG, SUI, BRA, AUT – 1966 ENG, NED – 1968 ENG, BRA, FRA, CYP, BRA, CHI, MEX – 1969 WAL, SCO, CYP – 1970 ROU, URU

1 **Ludewig** Heinz, 24. 12. 1889, † 16. 5. 1950 (Duisburger SV) 1914 NED

3 **Ludwig**, Johannes, 8. 6. 1903, † 7. 1. 1985 (Holstein Kiel) 1930 HUN – 1931 SWE, NOR

1 **Ludwig** Karl, 14. 5. 1886, † 3. 2. 1948 (Kölner SC 99) 1908 SUI

2 **Lüke** Josef, 13. 3. 1899, † 1948 (TuRU Düsseldorf) 1923 NED, FIN

12 **Lutz** Friedel, 21. 1. 1939 (Eintracht Frankfurt), 1960 ISL, GRE, BUL – 1961 BEL, CHI – 1964 ALG, FIN – 1966 ENG, IRL, NIR, ROU, URS

3 **Lux** Hermann, 20. 9. 1893, † 3. 1. 1962 (Tennis Borussia Berlin) 1924 SWE – 1925 NED, FIN

3 **Maas** Erich, 24. 12. 1940 (Eintracht Braunschweig) 1968 BEL – 1969 BUL – 1970 ROU

2 **Madlung** Alexander, 11. 7. 1982, (VfL Wolfsburg) 2006 GEO – 2007 DEN

5 **Männer** Ludwig, 11. 7. 1912, † 13. 1. 2003 (Hannover 96) 1937 LVA – 1939 LUX, EST, BOH – 1940 SVK

43 **Magath** Felix, 26. 7. 1953 (Hamburger SV) 1977 YUG, URU – 1980 POL, CSV, NED, SUI, NED, BUL – 1981 ARG, BRA, ALB, AUT, BRA, FIN, POL, FIN, AUT, ALB, BUL – 1982 NOR, ALG, CHI, AUT, FRA – 1984 ARG, SWE – 1985 HUN, POR, MLT, BUL, CSV, ENG, MEX, URS – 1986 ITA, BRA, SUI, URU, SCO, MAR, MEX, FRA, ARG

1 **Mahlmann** Carl-Heinz, 17. 9. 1907, † 7. 11. 1965 (Hamburger SV) 1932 NED

21 **Mai** Karl, 27. 7. 1928, † 15. 3. 1993 (SpVgg Fürth 18, Bayern München 3) 1953 SAA, NOR – 1954 SUI, TUR, TUR, YUG, AUT, HUN, BEL, FRA – 1955 ITA, IRL, ITA – 1956 ENG, NOR, SUI, IRL – 1957 SWE – 1958 BUL, EGY – 1959 POL

144 Kapitel 2: Die deutschen Länderspiele

| 95 | **Maier** Josef, 28. 2. 1944 (Bayern München) 1966 IRL, TUR, NOR – 1967 BUL, YUG, FRA, YUG – 1968 BEL, FRA, AUT, BRA, MEX – 1969 WAL, SCO, AUT, CYP, BUL, SCO – 1970 ROU, MAR, BUL, PER, ENG, ITA, HUN, TUR, YUG – 1971 ALB, TUR, ALB, SWE, DEN, MEX, POL, POL – 1972 HUN, ENG, ENG, URS, BEL, URS, SUI – 1973 ARG, YUG, BRA, SCO, ESP – 1974 ITA, SCO, SWE, CHI, AUS, DDR, YUG, SWE, POL, NED, SUI, GRE – 1975 ENG, BUL, NED, AUT, GRE, BUL – 1976 MLT, ESP, ESP, YUG, CSV, CSV – 1977 FRA, NIR, YUG, BRA, MEX, FIN, ITA, WAL – 1978 ENG, URS, BRA, SWE, POL, MEX, TUN, ITA, NED, AUT, CSV, HUN – 1979 MLT, WAL, IRL, ISL |

5 **Malecki** Edmund, 1. 11. 1914, † 21. 4. 2001 (Hannover 96) 1935 ROU, EST – 1936 LUX – 1937 LUX – 1939 LUX

2 **Malik** Richard, 10. 12. 1909, † 20. 1. 1945 (SuSV Beuthen 09) 1932 HUN – 1933 ITA

1 **Maneval** Hellmut, 13. 11. 1898, † 19. 4. 1967 (Stuttgarter Kickers) 1923 NED

4 **Manglitz** Manfred, 8. 3. 1940 (MSV Duisburg 2, 1. FC Köln 2) 1965 ITA, CYP – 1970 ESP, YUG

5 **Mantel** Hugo, 14. 5. 1907, † 3. 2. 1942 (Dresdner SC 1, Eintracht Frankfurt 4) 1927 DEN – 1930 ITA, ENG, DEN – 1933 FRA

16 **Marin** Marko, 13. 3. 1989 (Borussia Mönchengladbach 6, Werder Bremen 10) 2008 BLR, BEL, LIE, ENG – 2009 NOR, LIE, RSA – 2010 HUN, BIH, AUS, SRB, DEN, AZE, TUR, KAZ, SWE

1 **Marischka** Otto, 31. 5. 1912, † 10. 01. 1991 (Admira Wien) 1939 SVK

1 **Marohn** Arthur, 14. 6. 1893, † (Viktoria 89 Berlin) 1921 HUN

13 **Marschall** Olaf, 19. 3. 1966 (1. FC Kaiserslautern) 1994 HUN – 1997 ALB, RSA – 1998 KSA, FIN, COL, LUX, CRO, MLT, NED – 1999 USA, BRA, NZL (+ 4 A für die DDR)

1 **Martin** Bernd, 10. 2. 1955 (VfB Stuttgart) 1979 WAL

1 **Martinek** Alexander, 25. 4. 1919, † 8. 7. 1944 (Wacker Wien) 1940 ROU

6 **Martwig** Otto, 24. 2. 1903, † (Tennis Borussia Berlin) 1925 SWE, FIN, SUI – 1926 SWE, NED – 1927 NOR

1 **Marx** Joseph, 20. 11. 1934, 24. 8. 2008 (SV Sodingen) 1960 ISL

1 **Massini** Erich, 13. 9. 1889, † 26. 7. 1915 (Preußen Berlin) 1909 ENG

150 **Matthäus** Lothar, 21. 3. 1961 (Borussia Mönchengladbach 26, Bayern München 90, Inter Mailand 28, New York/New Jersey MetroStars 6) 1980 NED – 1981 ALB – 1982 POR, BRA, ARG, CSV, NOR, CHI, AUT, BEL, ENG, NIR – 1983 POR, YUG, HUN, AUT, TUR, NIR, ALB – 1984 BEL, URS, FRA, ITA, POR, ROU, ESP, ARG, SWE, MLT – 1985 HUN, POR, BUL, CSV, ENG, MEX, URS – 1986, ITA, BRA, SUI, YUG, NED, URU, SCO, DEN, MAR, MEX, FRA, ARG, DEN, ESP, AUT – 1987 ISR, ITA, FRA, HUN, BRA, ARG – 1988 SWE, ARG, SUI, YUG, ITA, DEN, ESP, NED, FIN, NED – 1989 BUL, NED, FIN – 1990 FRA, URU, CSV, DEN, YUG, UAE, COL, NED, CSV, ENG, ARG, POR, SWE, LUX, SUI – 1991 URS, BEL, WAL, ENG, WAL, BEL, LUX – 1992 ITA, MEX, BRA, URU – 1993 SCO, GHA, BRA, USA, ENG, TUN, URU, BRA, ARG, USA, MEX – 1994 ITA, UAE, IRL, AUT, CAN, BOL, ESP, KOR, BUL, BUL, RUS, HUN, ALB, MDA, ALB – 1998 FIN, COL, LUX, YUG, IRN, MEX, CRO, NED – 1999 USA, COL, NIR, FIN, SCO, MDA, BRA, NZL, USA, FIN, NIR, TUR, NOR – 2000 NED, CRO, SUI, LIE, ROU, ENG, POR

2 **Mathies** Paul, 12. 1. 1911, † 1970 (Preußen Danzig) 1935 EST, LVA

1 **Matthes** Paul, 6. 3. 1879, † (Viktoria 96 Magdeburg) 1908 ENG

1 **Mauch** Paul, 8. 5. 1897, † 15. 7. 1924 (VfB Stuttgart) 1922 AUT

2 **Maul** Ronald, 13. 2. 1973 (Arminia Bielefeld) 1999 BRA, USA

1 **Mauritz** Matthias, 13. 11. 1924 (Fortuna Düsseldorf) 1959 POL

1 **Max** Martin 7. 8. 1968 (TSV München 1860) 2002 ARG

6 **Mebus** Paul, 9. 6. 1920, † 11. 12. 1993 (VfL Benrath 1, 1. FC Köln 5) 1951 SUI, AUT, IRL, TUR, LUX – 1954 HUN

2 **Mechling** Heinrich, 25. 2. 1892, † 27. 12. 1976 (Freiburger FC) 1912 SUI – 1913 SUI

2 **Mehl** Paul, 16. 4. 1912, † 6. 5. 1972 (Fortuna Düsseldorf) 1936 LUX, POL

16 **Meier** Norbert, 20. 9. 1958 (Werder Bremen) 1982 ENG – 1983 POR, ALB, YUG, HUN, AUT, TUR, NIR, ALB – 1984 BUL, URS, FRA, ROU, ESP – 1985 URS, POR

1 **Meißner** Kurt, 11. 12. 1897, † 1973 (VfR Mannheim) 1924 ITA

3 **Memering** Caspar, 1. 6. 1953 (Hamburger SV) 1979 IRL, ISL – 1980 GRE

1 **Mengel** Hans, 6. 2. 1917, † 8. 3. 1941 (TuRU Düsseldorf) 1938 HUN

1 **Merkel** Max, 7. 12. 1918, † 28. 11. 2006 (Wiener SC) 1939 SVK (+ 1 A für Österreich)

104 **Mertesacker** Per, 29. 9. 1984 (Hannover 96 29, Werder Bremen 46, FC Arsenal 29) 2004 IRN, CMR, JPN, THA – 2005 ARG, NIR, RUS, AUS, TUN, ARG, BRA, MEX, NED, SVK, RSA, TUR, CHN, FRA – 2006 ITA, USA, LUX, JPN, COL, CRC, POL, ECU, SWE, ARG, ITA – 2007 SUI, CZE, SMR, SVK, ENG, WAL, IRL, CZE, CYP, WAL – 2008 AUT, SUI, BLR, SRB, POL, CRO, AUT, POR, TUR, ESP, RUS, WAL, ENG – 2009 NOR, LIE, WAL, AZE, AZE, RUS, CIV – 2010

ARG, HUN, BIH, AUS, SRB, GHA, ENG, ARG, ESP, URU, BEL, AZE, TUR, KAZ – 2011 ITA, KAZ, POL, TUR, BEL, NED – 2012 SUI, ISR, FRO, IRL, SWE, NED – 2013 FRA, KAZ, KAZ, ECU, USA, PAR, AUT, FRO, IRL, ENG – 2014 CHI, CMR, ARM, POR, GHA, USA, ALG, BRA, ARG

47 **Metzelder** Christoph, 5. 11. 1980 (Borussia Dortmund 32, Real Madrid 15) 2001 HUN – 2002 ISR, ARG, KUW, WAL, AUT, KSA, IRL, CMR, PAR, USA, KOR, BRA, BUL, LTU – 2003 ESP – 2005 CHN – 2006 ITA, USA, LUX, JPN, COL, CRC, POL, SWE, ARG, ITA, POR – 2007 SUI, CZE, SMR, SVK, ENG, WAL, ROU, IRL, CZE, CYP, WAL – 2008 BLR, SRB, POL, CRO, AUT, POR, TUR, ESP

2 **Metzner** Karl-Heinz, 9. 1. 1923, † 25. 10. 1994 (Hessen Kassel) 1952 ESP – 1953 SAA
1 **Meyer** Maximilian, 18. 9. 1995 (FC Schalke 04) 2014 POL
1 **Meyer** Peter, 18. 2. 1940 (Borussia Mönchengladbach) 1967 ALB
3 **Milewski** Jürgen, 19. 10. 1957 (Hamburger SV), 1981 ALB – 1982 BEL – 1984 URS
17 **Mill** Frank, 23. 7. 1958 (Borussia Mönchengladbach 9, Borussia Dortmund 8) 1982 BRA, ARG, CSV – 1984 ARG – 1985 HUN, ENG, MEX – 1986 BRA, NED – 1988 YUG, DEN, ESP, NED, NED – 1989 FIN – 1990 CSV, DEN
12 **Miller** Karl, 2. 10. 1913, † 18. 4. 1967 (FC St. Pauli) 1941 HUN, SUI, FIN, DEN, SVK – 1942 ESP, HUN, BUL, ROU, SWE, SUI, SVK
2 **Miltz** Jakob, 23. 9. 1928, † 18. 2. 1984 (TuS Neuendorf) 1954 POR – 1956 IRL
5 **Mock** Johann, 9. 12. 1906, † 22. 5. 1982 (Austria Wien) 1938 SUI, ROU – 1941 CRO – 1942 CRO, SUI (+ 12 A für Österreich)
85 **Möller** Andreas, 2. 9. 1967 (Borussia Dortmund 53, Eintracht Frankfurt 12, Juventus Turin 20) 1988 URS – 1989 BUL, NED, WAL, IRL, FIN, WAL – 1990 FRA, CSV, DEN, YUG, CSV, POR, SWE – 1991 URS, ENG, WAL, BEL, LUX – 1992 CSV, TUR, URS, SCO, NED, AUT, URU – 1993 GHA, BRA, USA, ENG, TUN, URU, BRA, ARG, USA, MEX – 1994 ITA, UAE, IRL, AUT, BOL, ESP, KOR, BUL, RUS, ALB, MDA, ALB – 1995 ESP, GEO, BUL, SUI, BUL, GEO, MDA, WAL, RSA – 1996 POR, NIR, FRA, LIE, CZE, RUS, ITA, CRO, ENG, POL, NIR, POR – 1997 ISR, ALB, NIR, ALB – 1998 OMA, KSA, BRA, NGA, COL, LUX, USA, YUG, MEX, NED – 1999 USA, COL
9 **Möller** Ernst, 19. 8. 1891, † 8. 11. 1916 (Holstein Kiel) 1911 ENG, SWE, AUT, SWE – 1912 HUN, DEN – 1913 ENG, DEN, BEL
5 **Mohns**, Arthur, 4. 2. 1896, † (Norden-Nordwest Berlin) 1920 AUT, HUN – 1921 AUT, FIN – 1922 HUN
4 **Montag** Otto, 12. 10. 1897, † 23. 12. 1973 (Norden-Nordwest Berlin) 1923 SUI, SWE – 1925 SWE, FIN
7 **Moog** Alfons, 14. 2. 1915, † 17. 12. 1999 (VfL Köln 99) 1939 EST – 1940 ROU, FIN, SVK, HUN, BUL, DEN
26 **Morlock** Max, 11. 5. 1925, † 10. 9. 1994 (1. FC Nürnberg) 1950 SUI – 1951 AUT, IRL, TUR – 1952 SUI, YUG, ESP – 1953 AUT, NOR, SAA, NOR – 1954 SAA, SUI, TUR, TUR, YUG, AUT, HUN, BEL – 1955 ITA, URS, YUG – 1956 ENG, IRL – 1958 BUL, EGY
12 **Müller** Dieter, 1. 4. 1954 (1. FC Köln) 1976 YUG, CSV, WAL – 1977 FRA, NIR, YUG, URU, MEX – 1978 MEX, TUN, NED, AUT
1 **Müller** Ernst, 13. 7. 1901, † (Hertha BSC) 1931 AUT
2 **Müller** Friedrich, 7. 2. 1907, † 15. 5. 1978 (Dresdner SC) 1931 NED, AUT
62 **Müller** Gerhard, 3. 11. 1945 (Bayern München) 1966 TUR – 1967 ALB, YUG, FRA, YUG – 1968 FRA, AUT, CYP – 1969 WAL, SCO, AUT, CYP, AUT, BUL, SCO – 1970 ESP, ROU, IRL, YUG, MAR, BUL, PER, ENG, ITA, URU, HUN, TUR – 1971 ALB, TUR, NOR, SWE, DEN, MEX, POL, POL – 1972 HUN, ENG, ENG, URS, BEL, URS, SUI – 1973 CSV, YUG, BUL, BRA, URS, AUT, FRA, ESP – 1974 ESP, ITA, SCO, HUN, SWE, CHI, AUS, DDR, YUG, SWE, POL, NED
42 **Müller** Hans, 27. 7. 1957 (VfB Stuttgart 36, Inter Mailand 6) 1978 BRA, SWE, POL, MEX, TUN, AUT, CSV – 1979 MLT, TUR, IRL, ARG, WAL, URS, TUR – 1980 MLT, AUT, POL, CSV, NED, GRE, BEL, SUI, NED, FRA, BUL – 1981 ARG, BRA, ALB, AUT, BRA, FIN, POL – 1982 BRA, ARG, ENG, ITA, BEL – 1983 ALB, TUN, AUT, YUG, HUN
9 **Müller** Henry, 12. 8. 1896, † 8. 9. 1982 (Victoria Hamburg) 1921 HUN – 1922 AUT, HUN – 1923 NED, SUI, SWE, FIN – 1924 ITA – 1928 NOR
12 **Müller** Josef, 6. 5. 1893, † 22. 3. 1984 (Phönix Ludwigshafen 1, SpVgg Fürth 10, FV Würzburg 04 1) 1921 FIN – 1922 SUI – 1923 ITA – 1924 AUT, NED, ITA, SUI – 1925 NED, SUI – 1926 NED, NED – 1928 SUI
6 **Müller** Ludwig, 25. 8. 1941 (1. FC Nürnberg 5, Borussia Mönchengladbach 1) 1968 ENG, BRA, FRA – 1969 WAL, CYP, BUL
2 **Müller** Nicolai, 25. 9. 1987 (1. FSV Mainz 05) 2013 ECU, USA

77 **Müller** Thomas, 13. 9. 1989 (Bayern München) 2010 ARG, BIH, AUS, SRB, GHA, ENG, ARG, URU, BEL, AZE, TUR, KAZ – 2011 ITA, KAZ, AUS, URU, AUT, AZE, BRA, AUT, POL, TUR, BEL, UKR, NED – 2012 FRA, ISR, POR, NED, DEN, GRE, ITA, ARG, FRO, AUT, IRL, SWE, NED – 2013 FRA, KAZ, KAZ, PAR, AUT, FRO, IRL, SWE, ITA – 2014 CMR, ARM, POR, GHA, USA, ALG, FRA, BRA, ARG, ARG, SCO, POL, IRL, GIB, ESP – 2015 GEO, POL, SCO, IRL, GEO, FRA – 2016 ENG, ITA, HUN, UKR, POL, NIR, SVK, ITA, FRA

41 **Münzenberg** Reinhold, 25. 1. 1909, † 25. 6. 1986 (Alemannia Aachen) 1930 DEN, NOR – 1931 FRA, AUT – 1934 AUT, POL, DEN – 1935 NED, FRA, ESP, SWE, ROU, EST, BUL, ENG – 1936 ESP, POR, HUN, LUX, NOR, POL, CSV, SCO, IRL, ITA – 1937 NED, FRA, BEL, SUI, DEN, LVA, FIN, EST, NOR, SWE – 1938 SUI, HUN, POR, ENG, POL – 1939 LUX

8 **Munkert** Andreas, 7. 3. 1908, † 23. 4. 1982 (1. FC Nürnberg) 1935 BEL, FIN – 1936 ESP, HUN, CSV, SCO, IRL, ITA

12 **Mustafi** Shkodran, 17. 4. 1992 (Sampdoria Genua 4, FC Valencia 8) 2014 POL, POR, GHA, ALG, GIB, ESP – 2015 AUS, USA, FRA – 2016 ITA, UKR, FRA

1 **Nafziger** Rudolf, 11, 8. 1945, † 13. 7. 2008 (Bayern München) 1965 AUT

1 **Nagelschmitz** Ernst, 1. 5. 1902, † 23. 5. 1987 (Bayern München) 1926 NED

3 **Neiße** Hermann, 5. 12. 1889, † 20. 10. 1932 (Eimsbütteler TV) 1910 NED – 1911 ENG, BEL

6 **Nerlinger** Christian, 21. 3. 1973 (Borussia Dortmund) 1998 ROU, MDA – 1999 COL, USA, FIN, TUR

37 **Netzer** Günter, 14. 9. 1944 (Borussia Mönchengladbach 31, Real Madrid 6) 1965 AUT, CYP – 1966 ENG, TUR – 1967 BUL, ALB – 1968 BEL, SUI, WAL, FRA, AUT, BRA, CHI – 1970 ESP, YUG, GRE – 1971 ALB, TUR, ALB, NOR, SWE, DEN, MEX, POL – 1972 HUN, ENG, ENG, URS, BEL, URS, SUI – 1973 SCO – 1974 ITA, SWE, DDR – 1975 BUL, GRE

1 **Neubarth** Frank, 29. 7. 1962 (Werder Bremen) 1988 ARG

2 **Neuberger** Willi, 15. 4. 1946 (Borussia Dortmund) 1968 WAL, BRA

71 **Neuer** Manuel, 27. 3. 1986 (FC Schalke 04 20, Bayern München 51) 2009 UAE, CIV – 2010 MLT, HUN, BIH, AUS, SRB, GHA, ENG, ARG, ESP, BEL, AZE, TUR, KAZ – 2011 ITA, KAZ, URU, AUT, AZE, BRA, AUT, TUR, BEL, NED – 2012 ISR, POR, NED, DEN, GRE, ITA, FRO, AUT, IRL, SWE, NED – 2013 KAZ, KAZ, PAR, AUT, FRO, IRL, SWE, ITA – 2014 CHI, POR, GHA, USA, ALG, FRA, BRA, ARG, ARG, SCO, POL, IRL, GIB – 2015 GEO, POL, SCO, IRL, GEO, FRA – 2016 ENG, HUN, UKR, POL, NIR, SVK, ITA, FRA

3 **Neumaier** Robert, 14. 4. 1885, † 22. 3. 1959 (Phönix Karlsruhe) 1909 SUI – 1910 BEL – 1912 SUI

1 **Neumann** Arno, 7. 2. 1885, † (Dresdner SC) 1908 ENG

1 **Neumann** Herbert, 14. 11. 1953 (1. FC Köln) 1978 ENG

1 **Neumer** Leopold, 8. 2. 1919, † 19. 3. 1990 (Austria Wien) 1938 SUI (+ 4 A für Österreich)

1 **Neuschäfer** Hans, 23. 11. 1931 (Fortuna Düsseldorf) 1956 SUI

2 **Neustädter** Roman, 18. 2. 1988 (FC Schalke 04) 2012 NED – 2013 ECU

69 **Neuville** Oliver, 1. 5. 1973 (Hansa Rostock 8, Bayer Leverkusen 40, Borussia Mönchengladbach 21) 1998 MLT, TUR, MDA – 1999 COL, NIR, FIN, SCO, MDA, BRA, NZL, USA, FIN, NIR, TUR, NOR – 2000 NED, SUI, ESP, DEN – 2001 FRA, ALB, GRE, SVK, FIN, ALB, HUN, ENG, FIN, UKR – 2002 USA, KSA, CMR, PAR, USA, KOR, BRA, LTU, FRO, NED – 2003 ESP, CAN, SCO, FRO, ITA, ISL, ISL – 2004 BEL, ROU – 2005 SVN, TUR, CHN – 2006 USA, LUX, JPN, COL, CRC, POL, ECU, SWE, ARG, ITA, POR, SWE, IRL, CYP – 2007 WAL – 2008 BLR, SRB, AUT

1 **Nickel** Bernd, 15. 3. 1949 (Eintracht Frankfurt) 1974 MLT

3 **Nickel** Harald, 21. 7. 1953 (Borussia Mönchengladbach) 1979 URS, TUR – 1980 MLT

1 **Nicodemus** Otto, 21. 6. 1886, † 2. 12. 1966 (SV Wiesbaden) 1909 SUI

1 **Niederbacher** Max, 22. 6. 1899, † Juni 1979 (Stuttgarter Kickers) 1925 SWE

1 **Niedermayer** Kurt, 25. 11. 1955 (Bayern München) 1980 NED

6 **Nigbur** Norbert, 8. 5. 1948 (FC Schalke 04) 1974 ESP, HUN, MLT – 1979 URS, TUR – 1980 AUT

3 **Noack** Rudolf, 30. 3. 1913, † 8. 1. 1948 (Hamburger SV) 1934 HUN, CSV – 1937 SUI

4 **Nogly** Peter, 14. 1. 1947 (Hamburger SV) 1977 FRA, NIR, URU, MEX

15 **Nowak** Hans, 9. 8. 1937, † 19. 7. 2012 (FC Schalke 04) 1961 DEN, POL, GRE – 1962 ITA, SUI, CHI, YUG, SUI – 1963 BRA, TUR, SWE, MAR – 1964 CSV, SCO, SWE

48 **Nowotny** Jens, 11. 1. 1974 (Bayer Leverkusen 47, Dinamo Zagreb 1) 1997 UKR, NIR, POR, ARM – 1998 KSA, MLT, ROU, TUR, MDA, NED – 1999 NIR, FIN, SCO, MDA, FIN, NIR – 2000 CRO, CZE, LIE, ROU, ENG, POR, ESP, GRE, ENG, DEN – 2001 ALB, GRE, SVK, FIN, ALB, ENG, FIN, UKR, UKR – 2002 ISR, ARG – 2003 FRA – 2004 CRO, BEL, MLT, SUI, HUN, NED, CZE – 2006 JPN, POR, SWE

5 **Oberle** Emil, 16. 11. 1889, † 25. 12. 1955 (Phönix Karlsruhe) 1909 SUI – 1912 NED, SUI, RUS, HUN

16 **Odonkor** David, 21. 2. 1984 (Borussia Dortmund 6, Betis Sevilla 10) 2006 JPN, CRC, POL, ARG, ITA, SWE, SMR, GEO, SVK, CYP – 2007 ENG, ROU, CZE – 2008 BLR, SRB, CRO
3 **Oehm** Richard, 22. 6. 1909, † 20. 5. 1975 (1. FC Nürnberg) 1932 SWE – 1934 HUN, LUX
79 **Özil** Mesut, 15. 10. 1988 (Werder Bremen 17, Real Madrid 30, FC Arsenal 32) 2009 NOR, AZE, RSA, AZE, RUS, FIN, CIV – 2010 ARG, HUN, BIH, AUS, SRB, GHA, ENG, ARG, ESP, URU, BEL, AZE, TUR, KAZ – 2011 ITA, KAZ, URU, AUT, AZE, AUT, BEL, UKR, NED – 2012 FRA, SUI, ISR, POR, NED, DEN, GRE, ITA, ARG, FRO, AUT, IRL, SWE – 2013 FRA, KAZ, KAZ, PAR, AUT, FRO, IRL, SWE, ITA – 2014 CHI CMR, ARM, POR, GHA, USA, ALG, FRA, BRA, ARG – 2015 AUS, GEO, USA, GIB, POL, SCO, IRL, GEO – 2016 ENG, ITA, HUN, UKR, POL, NIR, SVK, ITA, FRA
1 **Ohlhauser** Rainer, 6. 1. 1941 (Bayern München) 1968 CHI
1 **Olk** Werner, 18. 1. 1938 (Bayern München) 1961 POL
2 **Ordenewitz** Frank, 25. 3. 1965 (Werder Bremen) 1987 BRA, ARG
6 **Otten** Jonny, 31. 1. 1961 (Werder Bremen) 1983 POR, ALB, YUG, TUR, ALB – 1984 URS
81 **Overath** Wolfgang, 29. 9. 1943 (1. FC Köln) 1963 TUR, SWE, MAR – 1964 ALG, CSV, FIN, SWE – 1965 CYP, ENG, SUI, BRA – 1966 NED, IRL, NIR, ROU, YUG, SUI, ARG, ESP, URU, URS, ENG, TUR, NOR – 1967 MAR, BUL, ALB, YUG, FRA, YUG, ROU, ALB – 1968 WAL, ENG, BRA, FRA, CYP, BRA, CHI, MEX – 1969 SCO, AUT, CYP, AUT, BUL, SCO – 1970 ROU, IRL, YUG, MAR, BUL, PER, ENG, ITA, URU, TUR, YUG, GRE – 1971 ALB, ALB, NOR, SWE, DEN, POL – 1973 ARG, CSV, YUG, BUL, BRA, AUT, FRA, ESP – 1974 ESP, ITA, CHI, AUS, DDR, YUG, SWE, POL, NED
11 **Owomoyela** Patrick, 5. 11. 1979 (Arminia Bielefeld 6, Werder Bremen 5) 2004 JPN, KOR, THA – 2005 ARG, SVN, NIR, SVK, RSA, TUR, CHN – 2006 USA
2 **Pander** Christian, 28. 8. 1983 (FC Schalke 04) 2007 ENG, WAL
1 **Panse** Herbert, 6. 3. 1914, † 25. 8. 1980 (Eimsbütteler TV) 1935 LVA
4 **Paßlack** Stephan, 24. 8. 1970 (Borussia Mönchengladbach) 1996 ARG, NIR – 1998 MLT, ROU
24 **Patzke** Bernd, 14. 3. 1943 (TSV München 1860 18, Hertha BSC 6) 1965 ITA, CYP – 1967 MAR, BUL, ALB, YUG, FRA, YUG, ROU, ALB – 1968 CYP, BRA, CHI, MEX – 1969 WAL, SCO, AUT, CYP – 1970 IRL, PER, ITA, URU – 1971 ALB, TUR
6 **Paulsen (Pömpner)** Paul, 28. 12. 1892, † 17. 5. 1934 (VfB Leipzig) 1924 SWE, ITA, SUI – 1925 NED, SWE, FIN
1 **Pekarek** Josef, 2. 1. 1913, † 1992 (Wacker Wien) 1939 SVK (+ 5 A für Österreich)
12 **Pesser** Johann, 7. 11. 1911, † 12. 8. 1986 (Rapid Wien) 1938 ENG, SUI, POL, ROU – 1939 ITA, HUN, ITA – 1940 HUN, YUG, ITA, HUN, DEN (+ 8 A für Österreich)
1 **Peters** Wolfgang, 8. 1. 1929, † 22. 9. 2003 (Borussia Dortmund) 1957 SWE
7 **Pfaff** Alfred, 16. 7. 1926, † 27. 12. 2008 (Eintracht Frankfurt) 1953 NOR – 1954 HUN, POR – 1956 ENG, NOR, SWE, SUI
1 **Pfeiffer** Michael, 19. 7. 1925 (Alemannia Aachen) 1954 ENG
1 **Pflipsen** Karlheinz, 31. 10. 1970 (Borussia Mönchengladbach) 1993 USA
11 **Pflügler** Hans, 27. 3. 1960 (Bayern München) 1987 ISR, ITA, FRA, SWE, ARG – 1988 ARG, NED, URS – 1989 IRL – 1990 DEN, COL
2 **Philipp** Ludwig, 20. 12. 1889, † 14. 1. 1964 (1. FC Nürnberg) 1910 SUI, NED
1 **Picard** Alfred, 21. 3. 1913, † 12. 4. 1945 (SSV Ulm) 1939 LUX
6 **Piontek** Josef, 5. 3. 1940 (Werder Bremen) 1965 ITA, ENG, SUI, BRA, CYP – 1966 NIR
2 **Pirrung** Josef, 24. 7. 1949, † 11. 2. 2011 (1. FC Kaiserslautern) 1974 GRE, MLT
2 **Platzer** Peter, 29. 5. 1910, † 13. 12. 1959 (Admira Wien) 1939 BEL, ITA (+ 31 A für Österreich)
2 **Plener** Ernst, 21. 2. 1919, 16. 3. 2007 (Vorwärts Rasensport Gleiwitz) 1940 ROU, FIN
129 **Podolski** Lukas, 4. 6. 1985 (1. FC Köln 69, Bayern München 32, FC Arsenal 20, Inter Mailand 4, Galatasaray Istanbul 4) 2004 HUN, CZE, AUT, BRA, IRN, JPN, KOR, THA – 2005 SVN, NIR, RUS, AUS, TUN, BRA, MEX, SVK, RSA, TUR, CHN, FRA – 2006 ITA, USA, LUX, JPN, COL, CRC, POL, ECU, SWE, ARG, ITA, POR, SWE, IRL, SMR, GEO, SVK – 2007 CZE, WAL, ROU, IRL, CZE, CYP, WAL – 2008 AUT, SUI, BLR, SRB, POL, CRO, AUT, POR, TUR, ESP, BEL, LIE, FIN, RUS, WAL, ENG – 2009 LIE, WAL, CHN, UAE, RSA, AZE, RUS, FIN, CIV – 2010 ARG, MLT, HUN, BIH, AUS, SRB, GHA, ENG, ARG, ESP, BEL, AZE, TUR, KAZ – 2011 ITA, KAZ, AUS, URU, AUT, AZE, BRA, AUT, POL, TUR, UKR, NED – 2012 TUR, ISR, POR, NED, DEN, ITA, FRO, AUT, IRL, SWE, NED – 2013 FRA, KAZ, ECU, USA, PAR – 2014 CHI CMR, ARM, POR, USA, ARG, SCO, POL, IRL, GIB – 2015 AUS, GEO, USA, GIB, POL – 2016 ENG, HUN, SVK
1 **Pöhler** Ludwig, 11. 1. 1916, † 26. 3. 1975 (Hannover 96) 1939 LUX
3 **Poertgen** Ernst, 25. 1. 1912, † 3. 11. 1986 (FC Schalke 04) 1935 BUL – 1936 LUX – 1937 LUX
3 **Poetsch** Ernst, 29. 6. 1883, † (Union 92 Berlin) 1908 AUT – 1909 HUN – 1910 NED

| 14 | **Pöttinger** Josef, 16. 4. 1903, † 9. 9. 1970 (Bayern München) 1926 NED, SWE – 1927 NOR, NED – 1928 SUI, SUI, URU, DEN, SWE – 1929 SUI, ITA, SCO – 1930 ITA, ENG
| 2 | **Pohl** Erich, 15. 1. 1894, † 8. 11. 1948 (Kölner SC 99) 1923 NED, FIN
| 2 | **Pohl** Herbert, 18. 9. 1916, † 21. 11. 2010 (Dresdner SC), 1941 FIN, SVK
| 1 | **Politz** Karl, 14. 8. 1903, † 5. 9. 1987 (Hamburger SV) 1934 HUN
| 5 | **Popp** Luitpold, 7. 3. 1893, † 30. 8. 1968 (1. FC Nürnberg) 1920 HUN – 1921 AUT – 1923 SWE – 1924 HUN – 1926 SWE
| 1 | **Poppe** Walter, 5. 3. 1886, † 24. 6. 1951 (Eintracht Braunschweig) 1908 ENG
| 1 | **Porges** Ingo, 22. 8. 1938 (FC St. Pauli) 1960 IRL
| 32 | **Posipal** Josef, 20. 6. 1927, † 21. 2. 1997 (Hamburger SV) 1951 TUR, AUT, IRL, TUR – 1952 LUX, IRL, FRA, SUI, YUG, ESP – 1953 AUT, NOR, SAA, NOR – 1954 SAA, SUI, TUR, HUN, TUR, AUT, HUN, BEL, FRA, ENG, POR – 1955 ITA, URS, YUG, NOR, ITA – 1956 NED, URS
| 3 | **Pott** Fritz, 23. 4. 1939, † 11. 1. 2015 (1. FC Köln) 1962 FRA – 1963 TUR – 1964 CSV
| 7 | **Preetz** Michael, 17. 8. 1967 (Hertha BSC) 1999 USA, COL, NIR, BRA, NZI, USA – 2000 SUI
| 2 | **Preißler** Alfred, 9. 4. 1921, † 15. 7. 2003 (Preußen Münster) 1951 AUT, IRL
| 1 | **Pyka** Alfred, 28. 6. 1934, † 10. 1. 2012 (Westfalia Herne) 1958 EGY
| 3 | **Queck** Richard, 4. 11. 1888, † 20. 12. 1968 (Eintracht Braunschweig) 1909 HUN – 1910 NED – 1914 NED
| 6 | **Raftl** Rudolf, 7. 2. 1911, † 5. 9. 1994 (Rapid Wien) 1938 SUI, SUI, ROU – 1939 BOH, ITA – 1940 YUG (+ 6 A für Österreich)
| 5 | **Rahn** Christian, 15. 6. 1979 (FC St. Pauli 2, Hamburger SV 3) 2002 KUW, AUT – 2003 ISL, ISL – 2004 BEL
| 40 | **Rahn** Helmut, 16. 8. 1929, † 14. 8. 2003 (Rot-Weiss Essen 34, 1. FC Köln 6) 1951 TUR, LUX – 1952 FRA, YUG, ESP – 1953 AUT, NOR, SAA, NOR – 1954 SAA, HUN, YUG, AUT, HUN, BEL – 1955 ITA, URS, ITA – 1956 IRL – 1957 AUT, NED, SCO – 1958 ARG, CSV, NIR, YUG, SWE, FRA, DEN, FRA, AUT, BUL, EGY – 1959 SCO, SUI, NED, HUN, YUG – 1960 CHI, POR
| 14 | **Rahn** Uwe, 21. 5. 1962 (Borussia Mönchengladbach) 1984 SWE, MLT – 1985 MLT, BUL, CSV, ENG, MEX, URS, CSV – 1986 DEN, ESP – 1987 ISR, FRA, DEN
| 46 | **Ramelow** Carsten, 20. 3. 1974 (Bayer Leverkusen) 1998 TUR, MDA, NED – 1999 USA, SCO, MDA – 2000 CRO, CZE, LIE, ESP, GRE, ENG, DEN – 2001 FRA, ALB, GRE, SVK, FIN, ALB, FIN, UKR, UKR – 2002 ISR, USA, ARG, KSA, IRL, CMR, KOR, BRA, BUL, LTU, BIH, FRO – 2003 ESP, LTU, SCG, CAN, SCO, FRO, ITA, ISL, SCO, ISL – 2004 CRO, ROU
| 9 | **Rasselnberg** Josef, 18. 12. 1912, † 9. 2. 2005 (VfL Benrath) 1933 BEL, NOR, SUI, POL – 1934 LUX – 1935 ESP, ROU, EST, ENG
| 7 | **Rau** Tobias, 31. 12. 1981 (VfL Wolfsburg 5, Bayern München 2) 2003 ESP, LTU, CAN, SCO, FRO, ITA, SCO
| 2 | **Rebele** Hans, 26. 1. 1943 (TSV München 1860) 1965 SUI – 1969 WAL
| 1 | **Reck** Oliver, 27. 2. 1965 (Werder Bremen) 1996 LIE
| 1 | **Redder** Theo, 19. 11. 1941 (Borussia Dortmund) 1964 FIN
| 1 | **Reese** Hans, 17. 9. 1891, † 23. 6. 1973 (Holstein Kiel) 1912 RUS
| 35 | **Rehmer** Marko, 29. 4. 1972 (Hansa Rostock 7, Hertha BSC 28) 1998 MLT, ROU, TUR, MDA, NED – 1999 USA, COL – 2000 CRO, SUI, CZE, LIE, ROU, POR, ESP, GRE, ENG – 2001 FRA, ALB, GRE, SVK, FIN, ALB, HUN, ENG, FIN, UKR, UKR, PAR, BIH, NED – 2003 LTU, CAN, ITA, SCO, FRA
| 1 | **Reich** Marco, 30. 12. 1977 (1. FC Kaiserslautern) 1999 COL
| 2 | **Reichel** Peter, 30. 11. 1951 (Eintracht Frankfurt) 1975 TUR – 1976 ESP
| 3 | **Reinartz** Stefan, 1. 1. 1989 (Bayer Leverkusen) 2010 MLT – 2013 ECU, USA
| 4 | **Reinders** Uwe, 19. 1. 1955 (Werder Bremen) 1982 NOR, CHI, ENG, ESP
| 4 | **Reinhardt** Alois, 18. 11. 1961 (Bayer Leverkusen) 1989 WAL, IRL, WAL – 1990 FRA
| 7 | **Reinhardt** Knut, 27. 4. 1968 (Bayer Leverkusen 4, Borussia Dortmund 3) 1988 URS – 1990 POR, SWE, LUX – 1992 MEX, AUT, BRA
| 4 | **Reinmann** Baptist, 31. 10. 1903, † 2. 3. 1980 (1. FC Nürnberg) 1927 NOR, NED – 1928 DEN – 1929 SUI
| 9 | **Reisch** Stefan, 29. 11. 1941 (1. FC Nürnberg) 1962 YUG, FRA, SUI – 1963 TUR, SWE, MAR – 1964 ALG, CSV, SCO
| 1 | **Reiser** Otto, 24. 12. 1884, † 1961 (Phönix Karlsruhe) 1911 BEL
| 1 | **Reislant** Otto, 31. 5. 1883, † 28. 1. 1968 (Wacker Leipzig) 1910 BEL
| 1 | **Reißmann** Martin, 29. 9. 1900, † 8. 4. 1971 (Guts Muths Dresden) 1923 NOR
| 1 | **Reitermaier** Ernst, 26. 12. 1918, † Mai 1993 (Wacker Wien) 1939 SVK
| 1 | **Reitgaßl** Willy, 29. 2. 1936, † 23. 8. 1988 (Karlsruher SC) 1960 ISL

14 **Retter** Erich, 17. 2. 1925, † 27. 12. 2014 (VfB Stuttgart) 1952 LUX, IRL, FRA, SUI, YUG, ESP – 1953 AUT, NOR, SAA, NOR – 1954 SAA, SUI – 1955 IRL – 1956 ENG
1 **Retter** Fritz, 2. 7. 1896, † 1. 1 1965 (Sportfreunde Stuttgart) 1922 SUI
29 **Reus** Marco, 31. 5. 1989 (Borussia Mönchengladbach 8, Borussia Dortmund 21) 2011 TUR, BEL, NED – 2012 FRA, SUI, ISR, GRE, ITA, ARG, FRO, AUT, IRL, SWE, NED – 2013 KAZ, PAR, AUT, ITA, ENG – 2014 CMR, ARM, ARG, SCO – 2015 AUS, GEO, IRL, GEO – 2016 ENG, ITA
69 **Reuter** Stefan, 16. 10. 1966 (1. FC Nürnberg 9, Bayern München 18, Juventus Turin 9, Borussia Dortmund 33) 1987 ITA, FRA, ENG, DEN, HUN, BRA, ARG – 1988 SWE, SUI, URS – 1989 NED, WAL, IRL, FIN, WAL – 1990 DEN, YUG, UAE, COL, NED, ENG, ARG, POR, SUI – 1991 URS, BEL, WAL, WAL, BEL, LUX – 1992 ITA, NIR, URS, SCO, SWE, DEN, DEN, AUT – 1994 HUN, ALB, MDA, ALB – 1995 GEO, WAL, BUL, ITA, SUI, BUL, RSA – 1996 DEN, NED, FRA, LIE, CSV, RUS, CRO, ENG, POL, ARM, NIR, POR – 1997 ALB, POR, ALB – 1998 OMA, NGA, COL, LUX, USA
1 **Richter** Leopold, 22. 5. 1885, † 3. 8. 1941 (VfB Leipzig) 1909 HUN
1 **Richter** Lothar, 9. 6. 1912, † 20. 11. 2001 (Chemnitzer BC) 1941 FIN
16 **Ricken** Lars, 10. 7. 1976 (Borussia Dortmund) 1997 ARM – 1998 OMA, TUR, MDA – 1999 USA, COL, BRA, NZL – 2001 SVK, FIN, ALB, HUN, UKR, UKR – 2002 ISR, ARG
42 **Riedle** Karlheinz, 16. 9. 1965 (Werder Bremen 10, Lazio Rom 23, Borussia Dortmund 9) 1988 FIN – 1989 BUL, NED, WAL – 1990 FRA, DEN, UAE, NED, CSV, ENG, POR, SWE, SUI – 1991 BEL, ENG, WAL, BEL, LUX – 1992 ITA, NIR, URS, SCO, SWE, DEN, MEX, AUT – 1993 SCO, GHA, BRA, USA, ENG, TUN, URU, BRA – 1994 IRL, AUT, CAN, BOL, KOR, RUS
7 **Riegel** Carl, 6. 9. 1896, † 26. 11. 1970 (1. FC Nürnberg) 1920 SUI, AUT, HUN – 1921 AUT – 1922 AUT – 1923 SUI, SWE
2 **Riegler** Franz, 30. 8. 1915, † 19. 12. 1944 (Austria Wien) 1941 SVK – 1942 CRO (+ 3 A für Österreich)
2 **Riether** Sascha, 23. 3. 1983 (VfL Wolfsburg) 2010 DEN, AZE
1 **Ringel** Karl, 30. 9. 1932 (Borussia Neunkirchen) 1958 EGY (+ 2 A für das Saarland)
13 **Rink** Paulo Roberto, 21. 2. 1973 (Bayer Leverkusen 11, FC Santos 2) 1998 MLT, ROU – 1999 NZL, USA – 2000 CRO, SUI, CZE, LIE, ROU, ENG, POR, ESP, GRE
1 **Riso II** Hans, 16. 3. 1889, † (Wacker Leipzig) 1910 SUI
2 **Riso I** Heinrich, 30. 6. 1882, † (VfB Leipzig) 1908 AUT – 1909 HUN
8 **Risse** Walter, 2. 12. 1893, † 16. 6. 1969 (Düsseldorfer SC 99 5, Hamburger SV 3) 1923 NED, SUI, SWE, FIN, NOR – 1924 NOR, SWE – 1928 NOR
3 **Ritschel** Manfred, 7. 6. 1946 (Kickers Offenbach) 1975 ENG, BUL, NED
1 **Ritter** Oskar, 30. 9. 1901, † 5. 3. 1985 (Holstein Kiel) 1925 SWE
1 **Ritter** Thomas, 10. 10. 1967 (1. FC Kaiserslautern) 1993 URU
3 **Rodekamp** Walter, 13. 1. 1941, † Mai 1998 (Hannover 96) 1965 ENG, SUI, BRA
3 **Rodzinski** Josef, 29. 8. 1907, † Dezember 1984 (SV Hamborn 07) 1936 POL, CSV, IRL
12 **Röhrig** Josef, 28. 2. 1925, 12. 2. 2014 (1. FC Köln) 1950 SUI – 1951 SUI, TUR – 1952 IRL – 1953 AUT – 1954 SAA – 1955 IRL, URS, YUG, NOR, ITA – 1956 NED
25 **Rohde** Hans, 7. 12. 1914, † 3. 12. 1979 (Eimsbütteler TV) 1936 LUX – 1939 BEL, LUX, IRL, DEN, EST, ITA, SVK – 1940 HUN, ITA, YUG, DEN – 1941 SUI, HUN, SUI, ROU, SWE, DEN, SVK – 1942 ESP, HUN, SWE, SUI, CRO, SVK
4 **Rohr** Oskar, 24. 3. 1912, † 8. 11. 1988 (Bayern München) 1932 SUI, SWE – 1933 ITA, FRA
5 **Rohwedder** Otto, 3. 12. 1909, † 20. 6. 1969 (Eimsbütteler TV) 1934 DEN – 1935 SUI, NED, SWE – 1937 BEL
1 **Rokosch** Ernst, 26. 2. 1889, † (SpVgg Leipzig) 1914 NED
1 **Roleder** Helmut, 9. 10. 1953 (VfB Stuttgart) 1984 URS
26 **Rolfes** Simon, 21. 1. 1982 (Bayer Leverkusen) 2007 DEN, SVK, ENG, ROU, IRL, CZE, WAL – 2008 AUT, SUI, SRB, POR, TUR, BEL, LIE, FIN, RUS, ENG – 2009 LIE, WAL, RSA, RUS – 2011 URU, BRA, POL, UKR, NED
37 **Rolff** Wolfgang, 26. 12. 1959 (Hamburger SV 19, Bayer Leverkusen 18) 1983 POR, TUR, AUT, YUG, HUN, AUT, NIR – 1984 URS, FRA, ITA, POR, ESP – 1985 CSV – 1986 ITA, BRA, SUI, NED, DEN, FRA, DEN, ESP, AUT – 1987 ITA, FRA, DEN, HUN, ARG – 1988 SWE, ARG, SUI, YUG, DEN, ESP, NED, FIN, URS – 1989 NED
10 **Röpnack** Helmut, 23. 9. 1884, † 19. 8. 1935 (Viktoria 89 Berlin) 1909 ENG – 1911 AUT – 1912 NED, HUN, AUT, HUN, NED – 1913 SUI, DEN, BEL
1 **Roller** Gustav, 19. 2. 1895, † 1965 (1. FC Pforzheim) 1924 HUN
1 **Rose** Walter, 5. 11. 1912, † 27. 12. 1989 (SpVgg Leipzig) 1937 EST
4 **Rost** Frank, 30. 6. 1973 (Werder Bremen 1, FC Schalke 04 3) 2002 USA – 2003 SCG, CAN, FRO

4 **Roth** Franz, 27. 4. 1946 (Bayern München) 1967 YUG – 1970 ROU, YUG, GRE
  3 **Ruch** Hans, 8. 9. 1898, † 8. 8. 1947 (Union 92 Berlin 2, Hertha BSC 1) 1925 SWE, FIN – 1929 SCO
  1 **Ruchay** Fritz, 12. 12. 1909, † 6. 9. 2000 (Prussia Samland Königsberg) 1935 LVA
 11 **Rudy** Sebastian, 28. 2. 1990 (TSG Hoffenheim) 2014 POL, ARG, SCO, IRL, ESP – 2015 AUS, GEO, USA, GIB – 2016 ITA, SVK
 11 **Rüdiger** Antonio, 3. 3. 1993 (VfB Stuttgart 6, AS Rom 5) 2014 POL, ARG, POL, IRL, ESP – 2015 USA, FRA – 2016 ENG, ITA, SVK, HUN
 20 **Rüssmann** Rolf, 13. 10. 1950, † 3. 10. 2009 (FC Schalke 04) 1977 YUG, ARG, URU, BRA, MEX, FIN, ITA, SUI, WAL – 1978 ENG, URS, BRA, SWE, POL, MEX, TUN, ITA, NED, AUT, HUN
 95 **Rummenigge** Karl-Heinz, 25. 9. 1955 (Bayern München 78, Inter Mailand 17) 1976 WAL, CSV – 1977 FRA, ARG, URU, BRA, FIN, ITA – 1978 ENG, URS, BRA, SWE, MEX, TUN, ITA, NED, AUT, CSV, HUN, NED – 1979 MLT, TUR, WAL, IRL, ARG, WAL, URS, TUR – 1980 MLT, AUT, POL, CSV, NED, GRE, BEL, SUI, NED, BUL – 1981 ARG, BRA, ALB, AUT, BRA, FIN, POL, FIN, AUT, ALB, BUL – 1982 POR, CSV, NOR, ALG, CHI, AUT, ENG, ESP, FRA, ITA, BEL, ENG, NIR – 1983 POR, ALB, TUR, AUT, YUG, AUT, TUR, NIR, ALB – 1984 BUL, BEL, FRA, ITA, POR, ROU, ESP, SWE, MLT – 1985 HUN, MLT, BUL, SWE, POR, CSV – 1986 ITA, BRA, URU, SCO, DEN, MAR, MEX, FRA, ARG
  2 **Rummenigge** Michael, 3. 2. 1964 (Bayern München) 1983 TUR – 1986 AUT
  1 **Rupp** Bernd, 24. 2. 1942 (Borussia Mönchengladbach) 1966 TUR
  1 **Rutz** Willi, 7. 1. 1907, † 20. 11. 1993 (VfB Stuttgart) 1932 FIN
  1 **Sabeditsch** Ernst, 6. 5. 1920, † März 1986 (First Vienna FC) 1939 SVK (+ 7 A für Österreich)
  4 **Sackenheim** August, 5. 8. 1905, † 19. 4. 1979 (Guts Muths Dresden) 1929 FIN – 1930 SUI – 1931 SWE, NOR
  5 **Sam** Sidney, 31. 1. 1988 (Bayer Leverkusen) 2013 ECU, USA, FRO, IRL, ENG
 51 **Sammer** Matthias, 5. 9. 1967 (VfB Stuttgart 11, Inter Mailand 2, Borussia Dortmund 38) 1990 SUI – 1991 URS, BEL, WAL – 1992 CSV, TUR, NIR, SCO, NED, SWE, DEN, BRA, URU – 1993 SCO, BRA, ENG, ARG, USA, MEX – 1994 ITA, UAE, IRL, AUT, CAN, BOL, ESP, KOR, BEL, ALB, MDA, ALB – 1995 BUL, ITA, SUI, MDA, WAL, BUL – 1996 POR, NED, FRA, LIE, CZE, RUS, ITA, CRO, ENG, CZE, POR – 1997 ISR, ALB, UKR (+ 23 A für die DDR)
  4 **Sané** Leroy, 11. 1. 1996 (FC Schalke 04) 2015 FRA – 2016 SVK, HUN, FRA
 10 **Sawitzki** Günter, 22. 11. 1932 (SV Sodingen 2, VfB Stuttgart 8) 1956 NOR, SWE – 1957 SWE – 1958 CSV, BUL – 1959 SCO, POL, YUG – 1960 IRL – 1969 SWE
  3 **Schade** Horst, 10. 7. 1922, † 28. 2. 1968 (SpVgg Fürth 2, 1. FC Nürnberg 1) 1951 SUI, TUR – 1953 SAA
  4 **Schädler** Erwin, 8. 4. 1917, † 1991 (Ulmer FV 94) 1937 LUX, LVA, EST – 1938 LUX
 39 **Schäfer** Hans, 19. 10. 1927 (1. FC Köln) 1952 SUI – 1953 AUT, NOR, SAA – 1954 SAA, SUI, TUR, TUR, YUG, AUT, HUN – 1955 ITA, IRL, URS, YUG, ITA – 1956 NED, ENG, URS, SUI, IRL – 1957 AUT, SWE, HUN – 1958 BEL, ESP, CSV, ARG, CSV, NIR, YUG, SWE, FRA – 1959 SCO – 1962 URU, ITA, SUI, CHI, YUG
  1 **Schäfer** Herbert, 16. 8. 1927, † 6. 5. 1991 (Sportfreunde Siegen) 1957 SWE
  8 **Schäfer** Marcel, 7. 6. 1984 (VfL Wolfsburg) 2008 ENG – 2009 CHN, UAE, AZE, RSA, AZE, CIV – 2010 DEN
  1 **Schäfer** Max, 17. 1. 1907, † 15. 9. 1990 (TSV München 1860) 1934 HUN
  2 **Schaletzki** Reinhard, 21. 5. 1916, † 21. 3. 1995 (Vorwärts Rasensport Gleiwitz) 1939 NOR, EST
 14 **Schanko** Erich, 4. 10. 1919, † 14. 11. 2005 (Borussia Dortmund) 1951 TUR, AUT, IRL, TUR, LUX – 1952 LUX, IRL, FRA, SUI, YUG, ESP – 1953 AUT, NOR – 1954 SAA
  2 **Scherm** Karl, 8. 4. 1904, † 30. 6. 1977 (ASV Nürnberg) 1926 NED, SUI
  2 **Schilling** Christian, 11. 10. 1879, † 14. 7. 1955 (Duisburger SV) 1910 BEL, NED
  3 **Schlaudraff** Jan, 18. 7. 1983, (Alemannia Aachen) 2006 GEO – 2007 SUI, DEN
  2 **Schlebrowski** Elwin, 31. 8. 1925, † 8. 2. 2000. (Borussia Dortmund) 1956 IRL, BEL
  3 **Schlienz** Robert, 3. 2. 1924, † 18. 6. 1995 (VfB Stuttgart) 1955 IRL – 1956 NED, ENG
  1 **Schlösser** Karl, 29. 1. 1912, † 1982 (Dresdner SC) 1931 NED
 10 **Schmaus** Willibald, 16. 6. 1911, † 27. 4. 1979 (First Vienna FC) 1938 SUI, ROU – 1939 BEL, ITA, HUN, NOR – 1940 YUG – 1941 CRO – 1942 CRO, SUI (+ 15 A für Österreich)
 16 **Schmelzer** Marcel, 22. 1. 1988 (Borussia Dortmund) 2010 SWE – 2011 AUS, URU, AUT, POL – 2012 SUI, ARG, AUT, IRL – 2013 KAZ, KAZ, PAR, AUT, FRO, ENG – 2014 CHI
 25 **Schmidt** Alfred, 5. 9. 1935 (Borussia Dortmund) 1957 NED, SCO, SWE, HUN – 1958 BEL, ESP, CSV, ARG, YUG, DEN, FRA, AUT – 1959 SCO, POL, SUI, NED, HUN, YUG – 1960 CHI, IRL – 1963 TUR, MAR – 1964 ALG, SCO, FIN

3 **Schmidt** Christian, 9. 6. 1888, † 19. 3. 1917 (Concordia 95 Berlin 1, Stuttgarter Kickers 2) 1910 NED – 1913 ENG, SUI
1 **Schmidt** Hans, 2. 11. 1887, † 9. 7. 1916 (Germania 88 Berlin) 1908 AUT
16 **Schmidt** Hans, 23. 12. 1893, † 31. 1. 1971 (SpVgg Fürth 1, TV Fürth 1860 1, 1. FC Nürnberg 14) 1913 SUI – 1920 SUI – 1922 HUN – 1923 ITA, SUI, NOR – 1924 AUT, NED, NOR, HUN, ITA, SUI – 1925 SUI – 1926 SWE, NED, SUI
9 **Schmidt** Karl, 5. 3. 1932 (1. FC Kaiserslautern) 1955 YUG, NOR, ITA – 1956 NED, URS, SUI – 1957 AUT, NED, SWE
2 **Schmitt** Josef, 21. 3. 1908, † 16. 4. 1980 (1. FC Nürnberg) 1928 DEN, NOR
81 **Schneider** Bernd, 17. 11. 1973 (Bayer Leverkusen) 1999 NZL, USA, FIN, NIR, TUR – 2001 UKR, UKR – 2002 ISR, USA, KSA, IRL, CMR, PAR, USA, KOR, BRA, BUL, LTU, BIH, FRO, NED – 2003 ESP, LTU, CAN, SCO, FRO, ITA, ISL, SCO, ISL, FRA – 2004 CRO, BEL, ROU, MLT, SUI, HUN, NED, LVA, CZE, BRA, IRN, CMR, JPN, KOR – 2005 ARG, NIR, RUS, AUS, TUN, ARG, BRA, MEX, NED, SVK, RSA, TUR, CHN, FRA – 2006 ITA, USA, LUX, JPN, COL, CRC, POL, ECU, SWE, ARG, ITA, POR, SWE, IRL, SMR, SVK – 2007 CZE, SMR, SVK, ENG, ROU – 2008 AUT
3 **Schneider** Georg, 22. 4. 1892, † 5. 1. 1961 (Bayern München) 1920 SUI, HUN – 1921 HUN
1 **Schneider** Helmut, 13. 7. 1913, † 13. 2. 1984 (Waldhof Mannheim) 1940 FIN
2 **Schneider** Johannes, 5. 8. 1887, † 8. 9. 1914 (VfB Leipzig) 1913 DEN, BEL
1 **Schneider** René, 1. 2. 1973 (Hansa Rostock) 1995 RSA
47 **Schnellinger** Karl-Heinz, 31. 3. 1939 (SG Düren 99 3, 1. FC Köln 24, AS Rom 1, AC Mailand 19) 1958 CSV, CSV, FRA, AUT, BUL, EGY – 1959 SCO, YUG – 1960 CHI, POR, ISL, NIR, GRE, BUL – 1961 BEL, NIR, DEN, GRE – 1962 URU, ITA, SUI, CHI, YUG, YUG, FRA, SUI – 1963 BRA – 1964 SWE – 1965 SWE – 1966 ROU, YUG, SUI, ARG, ESP, URU, URS, ENG – 1969 SCO – 1970 ESP, ROU, YUG, BUL, PER, ENG, ITA, URU – 1971 ALB
1 **Schnürle** Fritz, 23. 2. 1898, † 9. 11. 1937 (Germania 94 Frankfurt) 1921 HUN
16 **Schön** Helmut, 15. 9. 1915, † 23. 2. 1996 (Dresdner SC) 1937 SWE – 1938 POL, ROU – 1939 BEL, ITA, IRL, NOR, HUN, YUG, BOH, SVK – 1940 DEN – 1941 SUI, HUN, SUI, SWE
1 **Schönhöft** Theo, 9. 5. 1932, † 26. 7. 1976 (VfL Osnabrück) 1956 NOR
36 **Scholl** Mehmet, 16. 10. 1970 (Bayern München) 1995 WAL, SUI, BEL, MDA – 1996 DEN, NED, NIR, FRA, LIE, CRO, ENG, CZE, POL, ARM – 1997 UKR – 1999 MDA, BRA, NZL, FIN, NIR, TUR, NOR – 2000 NED, SUI, CZE, LIE, ROU, ENG, POR, ESP, GRE, ENG, DEN – 2001 FRA, ALB – 2002 ISR
1 **Scholz** Heiko, 7. 1. 1966 (Bayer Leverkusen) 1992 MEX (+ 7 A für die DDR)
1 **Schreier** Christian, 4. 2. 1959 (Bayer Leverkusen) 1984 ARG
1 **Schröder** Erich, 20. 11. 1898, † Dezember 1975 (VfR Köln) 1931 NED
1 **Schröder** Hans, 4. 9. 1906, † 6. 1. 1970 (Tennis Borussia Berlin) 1926 NED
12 **Schröder** Willi, 28. 12. 1928, † 20. 10. 1999 (ATSV Bremen 1860 2, Werder Bremen 10) 1951 LUX – 1952 LUX – 1955 URS, NOR – 1956 NOR, SWE, URS, BEL – 1957 AUT, NED, SCO, SWE
3 **Schubert** Helmut, 17. 2. 1916, † 24. 7. 1988 (Dresdner SC) 1941 FIN, DEN, SVK
5 **Schümmelfelder** Josef, 31. 10. 1891, † 12. 2. 1966 (Bonner FV) 1913 DEN, BEL – 1914 NED – 1921 AUT, HUN
55 **Schürrle** André, 6. 11. 1990 (1. FSV Mainz 05 5, Bayer Leverkusen 19, FC Chelsea 18, VfL Wolfsburg 13) 2010 SWE – 2011 AUS, URU, AUT, AZE, BRA, AUT, POL, TUR, BEL, UKR – 2012 FRA, SUI, ISR, DEN, GRE, ARG, FRO, IRL, NED – 2013 FRA, KAZ, ECU, USA, PAR, FRO, IRL, SWE, ITA, ENG – 2014 CHI CMR, ARM, POR, USA, ALG, FRA, BRA, ARG, ARG, SCO, POL – 2015 AUS, GEO, USA, GIB, SCO, IRL, GEO – 2016 ENG, SVK, HUN, UKR, POL, NIR
11 **Schütz** Franz, 6. 12. 1900, † 22.3. 1925 (Eintracht Frankfurt) 1929 SUI, SCO, SWE – 1930 SUI, ENG, HUN – 1931 FRA, DEN – 1932 SUI, FIN, NED
6 **Schütz** Jürgen, 1. 7. 1939, † 19. 3. 1995 (Borussia Dortmund) 1960 CHI, POR – 1962 YUG, FRA, SUI – 1963 BRA
2 **Schulz** Carl, 11. 8. 1901, † 9. 3. 1971 (Holstein Kiel) 1925 SWE, FIN
4 **Schulz** Christian, 1. 4. 1983 (Werder Bremen 3, Hannover 96 1) 2004 JPN, THA – 2005 ARG – 2010 DEN
1 **Schulz** Fritz, 9. 11. 1886, † 5. 3. 1918 (Hertha BSC) 1909 HUN
1 **Schulz** Karl, 10. 5. 1901, † (Viktoria 89 Berlin) 1929 FIN
7 **Schulz** Michael, 3. 9. 1961 (Borussia Dortmund) 1992 ITA, SCO – 1993 BRA, USA, ENG, TUN, MEX
4 **Schulz** Werner, 22. 6. 1913, † 1947 (Arminia Hannover) 1935 BEL, FIN, EST – 1938 LUX
66 **Schulz** Willi, 4. 10. 1938 (Union Günnigfeld 3, FC Schalke 04 22, Hamburger SV 41) 1959 YUG – 1960 POR, IRL, ISL – 1961 DEN, POL, GRE – 1962 URU, ITA, SUI, CHI, YUG, YUG, FRA –

1963 BRA, TUR, SWE, MAR – 1964 ALG, CSV, FIN – 1965 CYP, ENG, SUI, BRA, SWE – 1966 ENG, NED, IRL, NIR, YUG, SUI, ARG, ESP, URU, URS, ENG, TUR, NOR – 1967 HUN, BUL, ALB, YUG, FRA, YUG, ROU, ALB – 1968 BEL, SUI, FRA, AUT, CYP, BRA, CHI – 1969 WAL, SCO, AUT, CYP, AUT, BUL, SCO – 1970 ESP, IRL, MAR, ENG, ITA

76 **Schumacher** Harald, 6. 3. 1954 (1. FC Köln) 1979 ISL – 1980 AUT, POL, CSV, NED, GRE, BEL, SUI, NED, FRA, BUL – 1981 ARG, BRA, ALB, AUT, BRA, FIN, POL, FIN, AUT, BUL – 1982 POR, BRA, ARG, CSV, ALG, CHI, AUT, ENG, ESP, FRA, ITA, BEL, ENG, NIR – 1983 POR, ALB, TUR, AUT, HUN, AUT, TUR, NIR, ALB – 1984 BEL, URS, FRA, ITA, POR, ROU, ESP, ARG, SWE, MLT – 1985 HUN, POR, MLT, BUL, CSV, ENG, URS, SWE, POR, CSV – 1986 ITA, BRA, YUG, URU, SCO, DEN, MAR, MEX, FRA, ARG, DEN, ESP

1 **Schumann** Georg, 17. 8. 1898, † (Vorwärts Berlin) 1924 SWE

21 **Schuster** Bernd, 22. 12. 1959 (1. FC Köln 10, FC Barcelona 11) 1979 IRL, ISL, AUT, WAL, URS – 1980 AUT, POL, NED, BEL, SUI, FRA – 1981 ALB, AUT, BRA – 1982 NIR – 1983 TUR, AUT, YUG, AUT – 1984 BUL, BEL

3 **Schuster** Dirk, 29. 12. 1967 (Karlsruher SC) 1994 HUN, ALB – 1995 ESP (+ 4 A für die DDR)

4 **Schwabl** Manfred, 18. 4. 1966 (1. FC Nürnberg) 1987 DEN, BRA, ARG – 1988 SUI

2 **Schwartz** Hans, 1. 3. 1913, † 31. 5. 1991 (Victoria Hamburg) 1934 BEL, DEN

44 **Schwarzenbeck** Georg, 3. 4. 1948 (Bayern München) 1971 ALB, NOR, SWE, DEN, MEX, POL, POL – 1972 HUN, ENG, ENG, URS, BEL, URS, SUI – 1973 ARG, CSV, YUG, URS, ESP – 1974 ITA, SCO, HUN, SWE, CHI, AUS, DDR, YUG, SWE, POL, NED, SUI, GRE – 1975 BUL, AUT, BUL, TUR – 1976 MLT, ESP, ESP, YUG, CSV, WAL, CSV – 1978 ENG

1 **Schwedler** Willy, 4. 8. 1894, † 26. 3. 1945 (VfB Pankow) 1921 FIN

1 **Schweikert** Hermann, 14. 11. 1885, † 24. 8. 1962 (1. FC Pforzheim) 1909 SUI

120 **Schweinsteiger** Bastian, 1. 8. 1984 (Bayern München 111, Manchester United 9) 2004 HUN, NED, LVA, CZE, AUT, IRN, CMR, JPN, KOR, THA – 2005 ARG, SVN, NIR, RUS, AUS, TUN, ARG, MEX, SVK, RSA, TUR, CHN, FRA – 2006 ITA, USA, LUX, JPN, COL, CRC, POL, ECU, SWE, ARG, ITA, POR, SWE, IRL, SMR, GEO, SVK, CYP – 2007 SUI, CZE, WAL, ROU, IRL, CZE – 2008 AUT, SUI, BLR, SRB, POL, CRO, POR, TUR, ESP, BEL, LIE, FIN, RUS, WAL, ENG – 2009 NOR, LIE, WAL, CHN, UAE, AZE, RSA, AZE, RUS, CIV – 2010 ARG, BIH, AUS, SRB, GHA, ENG, ARG, ESP, URU, BEL, AZE, SWE – 2011 ITA, KAZ, AUS, BRA, AUT, TUR – 2012 POR, NED, DEN, GRE, ITA, IRL, SWE – 2013 KAZ, IRL, SWE – 2014 CHI, ARM, GHA, USA, ALG, FRA, BRA, ARG – 2015 GEO, USA, GIB, POL, SCO, FRA – 2016 HUN, UKR, NIR, SVK, ITA, FRA

1 **Sebescen** Zoltan, 1. 10. 1975 (VfL Wolfsburg) 2000 NED

6 **Seel** Wolfgang, 21. 6. 1948 (Fortuna Düsseldorf) 1974 SUI – 1975 BUL, NED, AUT – 1977 SUI, WAL

72 **Seeler** Uwe, 5. 11. 1936 (Hamburger SV) 1954 FRA, ENG – 1955 ITA – 1956 NED – 1958 ARG, CSV, NIR, YUG, SWE, DEN, FRA, AUT, BUL – 1959 SCO, SUI, NED, HUN, YUG – 1960 CHI, POR, ISL, NIR, GRE – 1961 BEL, CHI, NIR, DEN, POL, GRE – 1962 URU, ITA, SUI, CHI, YUG, FRA, SUI – 1963 BRA, TUR, SWE – 1964 CSV, SCO, SWE – 1965 SUI, SWE – 1966 NED, IRL, NIR, ROU, YUG, SUI, ARG, ESP, URU, URS, ENG, NOR – 1967 FRA, YUG, ROU – 1968 SUI – 1969 AUT, BUL, SCO – 1970 ESP, IRL, YUG, MAR, BUL, PER, ENG, ITA, URU, HUN

8 **Seiderer** Leonhard, 1. 11. 1895, † 3. 7. 1940 (SpVgg Fürth) 1920 SUI, AUT – 1921 AUT – 1922 SUI – 1923 ITA, SWE – 1924 AUT, NED

2 **Seliger** Rudolf, 20. 9. 1951 (MSV Duisburg) 1974 MLT – 1976 WAL

3 **Sesta** Karl, 18. 3. 1906, † 12. 7. 1974 (Austria Wien) 1941 CRO – 1942 CRO, SUI (+ 44 A für Österreich)

6 **Siedl** Gerhard, 22. 3. 1929, † Mai 1998 (Karlsruher SC 2, Bayern München 4) 1957 NED, SCO – 1959 SUI, NED, HUN, YUG (+ 16 A für das Saarland)

14 **Sieloff** Klaus-Dieter, 27. 2. 1942, † 13. 12. 2011 (VfB Stuttgart 8, Borussia Mönchengladbach 6) 1964 FIN – 1965 ITA, CYP, ENG, SUI, BRA, SWE, AUT – 1970 ROU, HUN, TUR, GRE – 1971 ALB, NOR

3 **Siemensmeyer** Hans, 23. 9. 1940 (Hannover 96) 1967 FRA, YUG, ROU

1 **Sievert** Helmut, 12. 5. 1914, † 19. 5. 1945 (Hannover 96) 1936 LUX

31 **Siffling** Otto, 3. 8. 1912, † 20. 10. 1939 (Waldhof Mannheim) 1934 BEL, SWE, CSV, AUT, POL – 1935 SUI, FRA, BEL, IRL, CSV, NOR, SWE, FIN, POL, BUL – 1936 ESP, POR, NOR, CSV, SCO, IRL, ITA – 1937 FRA, DEN, LVA, FIN, NOR, SWE – 1938 SUI, HUN, POR

8 **Simetsreiter** Wilhelm, 16. 3. 1915, † 17. 7. 2001 (Bayern München) 1935 ROU, EST, BUL – 1936 POR, LUX, NOR – 1937 LVA, EST

9 **Sing** Albert, 7. 4. 1917, † 31. 8. 2008 (Stuttgarter Kickers) 1940 BUL – 1942 ESP, HUN, BUL, ROU, SWE, SUI, CRO, SVK

3 **Sinkiewicz** Lukas, 9. 10. 1985, (1. FC Köln) 2005 SVK, RSA, TUR
 3 **Skoumal** Stefan, 29. 11. 1909, † 28. 11. 1983 (Rapid Wien) 1938 SUI, ROU – 1940 YUG (+ 3 A für Österreich)
10 **Sobeck** Johannes, 18. 3. 1900, † 17. 2. 1989 (Alemannia 90 Berlin 2, Hertha BSC 8) 1923 SUI – 1925 NED – 1928 SWE – 1929 SUI, SCO, SWE – 1930 DEN – 1931 AUT, SWE, NOR
12 **Sold** Wilhelm, 19. 4. 1911, † 1. 9. 1995 (FV Saarbrücken 6, 1. FC Nürnberg 3, Tennis Borussia Berlin 3) 1935 LUX – 1936 HUN – 1937 LUX, LVA – 1938 SUI, LUX – 1939 YUG, BUL, BOH – 1942 BUL, ROU, SWE
 2 **Solz** Wolfgang, 12. 2. 1940 (Eintracht Frankfurt) 1962 FRA – 1964 CSV
 2 **Sonnrein** Heinrich, 28. 3. 1911, † 23. 3. 1944 (FC Hanau 93) 1935 EST – 1936 HUN
 1 **Sorg** Oliver, 29. 5. 1990 (SC Freiburg) 2014 POL
 1 **Sorkale** Walter, 17. 1. 1890, 18. 3. 1946 (Preußen Berlin) 1911 SWE
 2 **Steffen** Bernhard, 1. 6. 1937 (Fortuna Düsseldorf) 1958 CSV – 1960 IRL
 1 **Steffenhagen** Arno, 24. 9. 1949 (Hertha BSC) 1971 MEX
 1 **Stein** Erwin, 10. 6. 1935 (SpVgg Griesheim 02) 1959 POL
 6 **Stein** Ulrich, 23. 10. 1954 (Hamburger SV) 1983 YUG – 1985 HUN, BUL, MEX – 1986 SUI, NED
 1 **Steiner** Paul, 23. 1. 1957 (1. FC Köln) 1990 DEN
 1 **Steiner** Rudolf, 7. 4. 1937 (TSV München 1860) 1964 SCO
 3 **Steinmann** Heinz, 1. 2. 1938 (Schwarz-Weiß Essen 1, Werder Bremen 2), 1962 FRA – 1965 ITA, ENG
 1 **Stephan** Günter, 8. 10. 1912, † 15. 4. 1995 (Schwarz-Weiß Essen) 1935 LUX
42 **Stielike** Ulrich, 15. 11. 1954 (Borussia Mönchengladbach 6, Real Madrid 36), 1975 AUT, BUL, TUR – 1976 MLT, WAL – 1977 FRA – 1978 NED – 1979 TUR, WAL, TUR – 1980 CSV, NED, GRE, BEL, BUL – 1981 ALB, AUT, FIN, AUT, ALB – 1982 BRA, ARG, NOR, ALG, CHI, AUT, ENG, ESP, FRA, ITA, BEL, NIR – 1983 YUG, TUR, NIR – 1984 BUL, BEL, ITA, POR, ROU, ESP, ARG
 1 **Stössel** Kurt, 26. 12. 1907, † 15. 5. 1978 (Dresdner SC) 1931 NED
23 **Stollenwerk** Georg, 19. 12. 1930, † 1. 5. 2014 (SG Düren 99 4, 1. FC Köln 19) 1951 LUX – 1952 LUX, IRL, FRA – 1955 ITA – 1957 SCO, HUN – 1958 ESP, ARG, CSV, NIR, YUG, SWE, FRA, DEN, FRA, AUT, BUL – 1959 SUI, NED, HUN, YUG – 1960 CHI
10 **Strack** Gerhard, 1. 9. 1955 (1. FC Köln) 1982 ENG, NIR – 1983 ALB, TUR, AUT, HUN, AUT, TUR, NIR, ALB
 2 **Straßburger** Wilhelm, 17. 12. 1907, † 21. 12. 1991 (Duisburger SV) 1930 DEN, NOR
 4 **Strehl** Heinz, 20. 7. 1938, † 11. 8. 1986 (1. FC Nürnberg) 1962 YUG, FRA – 1963 BRA – 1965 CYP
15 **Streitle** Jakob, 11. 12. 1916, † 24. 6. 1982 (Bayern München) 1938 SUI – 1939 BEL, YUG, IRL, DEN – 1940 BUL, YUG – 1941 SUI – 1950 SUI – 1951 SUI, TUR, AUT, IRL, TUR – 1952 IRL
 3 **Striebinger** Karl, 2. 9. 1913, † 2. 7. 1981 (VfR Mannheim) 1937 LUX, BEL – 1938 SUI
 4 **Strobel** Wolfgang, 17. 10. 1896, † 19. 4. 1945 (1. FC Nürnberg) 1922 AUT,HUN – 1924 NOR, HUN
 4 **Stroh** Josef, 5. 3. 1913, † 7. 1. 1991 (Austria Wien) 1938 SUI, POL, ROU – 1939 JUG (+ 17 A für Österreich)
41 **Strunz** Thomas, 25. 4. 1968 (Bayern München 21, VfB Stuttgart 20) 1990 SWE, LUX – 1992 DEN – 1993 BRA, USA, ENG, USA, MEX – 1994 ITA, UAE, IRL, AUT, CAN, BOL, ESP, BUL, RUS, HUN, ALB, MDA, ALB – 1995 BUL, BEL, GEO, BUL – 1996 NIR, LIE, CZE, RUS, ITA, ENG, CZE, POL, NIR, NED – 1999 NIR, FIN, SCO, MDA, FIN, NIR
10 **Stubb** Hans, 8. 10. 1906, † 19. 3. 1973 (Eintracht Frankfurt) 1930 SUI, ENG, DEN, NOR – 1931 DEN – 1932 SUI, FIN, SWE, NED – 1934 HUN
 3 **Stührk** Erwin, 4. 7. 1910, † 13. 11. 1942 (Eimsbütteler TV) 1935 SUI, NED, LVA
 2 **Stürmer** Klaus, 9. 8. 1935, † 1. 6. 1971 (Hamburger SV) 1954 FRA – 1961 NIR
21 **Stuhlfauth** Heinrich, 11. 1. 1896, † 12. 9. 1966 (1. FC Nürnberg) 1920 SUI, AUT – 1921 AUT, HUN – 1923 ITA, NOR – 1924 AUT, NED, NOR, HUN, ITA, SUI – 1926 SWE – 1927 NOR, NED – 1928 SUI, URU, NOR – 1929 ITA, SCO – 1930 ITA
 3 **Sturm** Hans, 3. 9. 1935, † 20. 6. 2007 (1. FC Köln), 1958 CSV, FRA – 1962 ITA
 1 **Sturm** Wilhelm, 8. 2. 1940, † 5. 11. 1996 (Borussia Dortmund) 1964 FIN
 1 **Sukop** Albert, 24. 11. 1912, † 9. 5. 1993 (Eintracht Braunschweig) 1935 EST
 1 **Sundermann** Hans-Jürgen, 25. 1. 1940 (Rot-Weiß Oberhausen) 1960 CHI
12 **Sutor** Hans, 28. 6. 1895, † 9. 3. 1976 (1. FC Nürnberg) 1920 AUT – 1921 AUT – 1922 AUT – 1923 ITA, SUI, SWE, FIN, NOR – 1924 AUT, NOR, HUN – 1925 SUI
34 **Szepan** Fritz, 2. 9. 1907, † 14. 12. 1974 (FC Schalke 04) 1929 FIN – 1930 ITA – 1931 DEN – 1934 LUX, BEL, SWE, CSV, AUT, POL, DEN – 1935 FIN, BUL, ENG – 1936 ESP, POR, HUN,

SCO, IRL, ITA – 1937 NED, FRA, SUI, DEN, FIN, EST, NOR, SWE – 1938 SUI, POR, ENG, SUI – 1939 HUN, YUG, BUL

43 **Szymaniak** Horst, 29. 8. 1934, † 9. 10. 2009 (Wuppertaler SV 20, Karlsruher SC 12, CC Catania 5, Internazionale Mailand 1, FC Varese 1, Tasmania Berlin) 4) 1956 SUI, BEL – 1957 AUT, NED, SCO, SWE, HUN – 1958 BEL, ESP, ARG, CSV, NIR, YUG, SWE, FRA, DEN, FRA, AUT – 1959 SCO, POL, SUI, NED, HUN, YUG – 1960 POR, ISL, NIR, GRE, BUL – 1961 BEL, CHI, NIR – 1962 URU, ITA, SUI, CHI, YUG – 1964 SCO, SWE – 1965 SWE, CYP – 1966 ENG, ROU

1 **Tänzer** Willy, 12. 12. 1889, † 30. 11. 1949 (Berliner SC) 1908 AUT

1 **Tah** Jonathan, 11. 2. 1996 (Bayer Leverkusen) 2016 ENG

19 **Tarnat** Michael, 27. 10. 1969 (Karlsruher SC 4, Bayern München 15) 1996 ARM, NIR, POR – 1997 UKR, ARM, ALB, RSA – 1998 KSA, BRA, NGA, FIN, LUX, YUG, IRN, MEX, CRO, MLT, ROU, MDA

14 **Tasci** Serdar, 24. 4. 1987 (VfB Stuttgart) 2008 BEL, LIE, FIN, ENG – 2009 NOR, LIE, WAL, AZE, RSA – 2010 ARG, MLT, BIH, URU, DEN

3 **Tenhagen** Franz-Josef, 31. 10. 1952 (VfL Bochum) 1977 YUG, BRA, WAL

6 **ter Stegen** Marc-André, 30. 4. 1992 (Borussia Mönchengladbach 4, FC Barcelona 2) 2012 SUI, ARG – 2013 USA – 2014 POL – 2016 ITA, SVK

7 **Termath** Bernhard, 26. 8. 1928, † 19. 3. 2004 (Rot-Weiss Essen) 1951 TUR, LUX – 1952 IRL, FRA, YUG, ESP – 1954 FRA

6 **Tewes** Karl, 18. 8. 1886, † 7. 9. 1968 (Viktoria 89 Berlin) 1920 AUT, HUN – 1921 AUT, HUN, FIN – 1922 HUN

2 **Thiel** Otto, 23. 11. 1891, † 10. 7. 1913 (Preußen Berlin) 1911 HUN – 1912 RUS

2 **Thielen** Karl-Heinz, 2. 4. 1940 (1. FC Köln) 1964 CSV – 1965 ENG

10 **Thom** Andreas, 7. 9. 1965 (Bayer Leverkusen) 1990 SUI – 1992 CSV, TUR, NIR, DEN, DEN, BRA – 1993 ARG, USA – 1994 UAE (+ 51 A für die DDR)

52 **Thon** Olaf, 1. 5. 1966, (FC Schalke 04 40, Bayern München 12) 1984 MLT – 1985 HUN, MLT, BUL, CSV, ENG, CSV – 1986 BRA, SUI, YUG, DEN, AUT – 1987 ISR, ITA, ENG, DEN, SWE, HUN, BRA, ARG – 1988 SWE, ARG, SUI, YUG, ITA, DEN, ESP, NED, NED – 1989 IRL – 1990 URU, CSV, DEN, COL, ENG – 1992 DEN, MEX, URU – 1993 SCO, GHA – 1997 ARM, ALB – 1998 OMA, KSA, BRA, NGA, FIN, COL, LUX, USA, YUG, IRN

1 **Tibulski** Hans, 22. 2. 1909, † 25. 8. 1976 (FC Schalke 04) 1931 DEN

2 **Tibulski** Otto, 15. 12. 1912, † 25. 2. 1991 (FC Schalke 04) 1936 LUX – 1939 YUG

7 **Tiefel** Willi, 14. 7. 1911, † 23. 9. 1941 (Eintracht Frankfurt) 1935 IRL, CSV, NOR, SWE, EST, LVA – 1936 POR

39 **Tilkowski** Hans, 12. 7. 1935 (Westfalia Herne 18, Borussia Dortmund 21) 1957 NED, SCO – 1958 FRA, AUT, EGY – 1959 SUI, HUN – 1960 CHI, POR, ISL, NIR, GRE – 1961 BEL, CHI, NIR, DEN, POL, GRE – 1964 ALG, SCO, FIN, SWE – 1965 ITA, ENG, SUI, BRA, SWE, AUT, CYP – 1966 ENG, ROU, YUG, SUI, ARG, ESP, URU, URS, ENG – 1967 ALB

3 **Todt** Jens, 5. 1. 1970 (SC Freiburg) 1994 HUN – 1995 ESP, SUI

3 **Toppmöller** Klaus, 12. 8. 1951 (1. FC Kaiserslautern) 1976 ESP – 1979 MLT, TUR

6 **Träg** Heinrich, 3. 1. 1893, † 13. 10. 1976 (1. FC Nürnberg) 1921 AUT – 1922 AUT, HUN – 1923 ITA – 1924 NED – 1926 NED

10 **Träsch** Christian, 1. 9. 1987 (VfB Stuttgart 7, VfL Wolfsburg 3) 2009 UAE – 2010 MLT, DEN, TUR, SWE – 2011 AUS, URU, BRA, POL, UKR

1 **Trautmann** Wilhelm, 6. 12. 1888, † 24. 7. 1969 (Viktoria Mannheim) 1910 SUI

1 **Trimhold** Horst, 4. 2. 1941 (Schwarz-Weiß Essen) 1962 YUG

35 **Trochowski** Piotr, 22. 3. 1984 (Hamburger SV) 2006 GEO, SVK – 2007 DEN, SVK, ENG, WAL, ROU, IRL, CZE, CYP – 2008 SUI, BLR, BEL, LIE, FIN, RUS, WAL, ENG – 2009 NOR, WAL, CHN, UAE, AZE, RSA, AZE, RUS, FIN, CIV – 2010 MLT, HUN, BIH, GHA, ENG, ARG, ESP

20 **Turek**, Anton, 18. 1. 1919, † 11. 5. 1984 (Fortuna Düsseldorf) 1950 SUI – 1951 SUI, TUR, AUT, IRL – 1952 FRA, SUI, YUG, ESP – 1953 AUT, NOR, SAA, NOR – 1954 SAA, TUR, TUR, YUG, AUT, HUN, FRA

15 **Ugi** Camillo, 21. 12. 1884, † 18. 5. 1970 (VfB Leipzig 14, Sportfreunde Breslau 1) 1909 ENG, HUN – 1910 BEL, NED – 1911 ENG, BEL, SWE, SWE, HUN – 1912 HUN, SUI, RUS, HUN, DEN, NED

1 **Uhle** Karl, 16. 7. 1887, † 12. 10. 1969 (VfB Leipzig) 1912 RUS

10 **Ulsaß** Lothar, 9. 9. 1940, † 16. 6. 1999 (Eintracht Braunschweig) 1965 CYP, AUT – 1966 ROU, NOR – 1967 MAR, ALB – 1968 AUT, CHI, MEX – 1969 WAL

1 **Umbach** Josef, 8. 12. 1889, † 30. 9. 1976 (SC München-Gladbach) 1910 NED

1 **Unfried** Gustav, 24. 3. 1889, † 13. 9. 1917 (Preußen Berlin) 1910 NED

21 **Urban** Adolf, 9. 1. 1914, † 23. 5. 1943 (FC Schalke 04) 1935 LUX – 1936 HUN, LUX, NOR, SCO, ITA – 1937 FRA, SUI, DEN, FIN, NOR, SWE – 1938 SUI – 1939 YUG, NOR, YUG, BUL, BOH – 1940 ITA – 1942 SUI, CRO

1 **Urbanek** Hans, 10. 10. 1910, † 23. 6. 2000 (Admira Wien) 1941 CRO (+ 15 A für Österreich)

1 **Völker** Otto, 2. 3. 1893, † 6. 8. 1945 (Preußen Berlin) 1913 ENG

1 **Völker** Willi, 13. 10. 1906, † 6. 4. 1945 (Hertha BSC) 1929 FIN

1 **Völker** Willy, 20. 12. 1889, † November 1953 (VfB Leipzig) 1914 NED

90 **Völler** Rudolf, 13. 4. 1960 (Werder Bremen 41, AS Rom 43, Olympique Marseille 6) 1982 NIR – 1983 POR, ALB, TUR, AUT, YUG, HUN, AUT, TUR, ALB – 1984 BUL, BEL, URS, FRA, ITA, POR, ROU, ESP, ARG, SWE, MLT – 1985 HUN, POR, MLT, BUL, CSV, MEX, URS, SWE – 1986 YUG, NED, URU, SCO, DEN, MAR, FRA, ARG, DEN, AUT – 1987 ISR, ITA, FRA, ENG, DEN, SWE – 1988 SWE, ARG, SUI, YUG, ITA, DEN, ESP, NED, FIN, NED – 1989 BUL, NED, WAL, FIN, WAL – 1990 URU, CSV, DEN, YUG, UAE, COL, NED, ENG, ARG, POR, SWE, LUX, SUI – 1991 URS, BEL, WAL, WAL, BEL, LUX – 1992 ITA, CSV, TUR, NIR, URS, MEX – 1994 IRL, CAN, ESP, BEL, BUL

96 **Vogts** Hans-Hubert, 30. 12. 1946 (Borussia Mönchengladbach) 1967 YUG, ROU – 1968 BEL, SUI, WAL, ENG, BRA, FRA, AUT, CYP, BRA, CHI, MEX – 1969 WAL, SCO, AUT, CYP, AUT, BUL, SCO – 1970 ESP, ROU, IRL, YUG, MAR, BUL, PER, ENG, ITA, URU, HUN, TUR, YUG, GRE – 1971 ALB, TUR, ALB, NOR, SWE, DEN, MEX – 1972 SUI – 1973 ARG, CSV, BRA, SCO, ESP – 1974 ESP, SCO, HUN, SWE, CHI, AUS, DDR, YUG, SWE, POL, NED, SUI, GRE, MLT – 1975 ENG, BUL, NED, AUT, GRE, BUL, TUR – 1976 MLT, ESP, ESP, YUG, CSV, WAL, CSV – 1977 FRA, NIR, YUG, ARG, URU, BRA, MEX, FIN, ITA, SUI, WAL – 1978 ENG, URS, BRA, SWE, POL, MEX, TUN, ITA, NED, AUT

12 **Volkert** Georg, 28. 11. 1945 (1. FC Nürnberg 6, Hamburger SV 6) 1968 BEL, SUI, ENG, BRA, MEX – 1969 AUT – 1977 ARG, URU, BRA, MEX, FIN, ITA

6 **Volland** Kevin, 30. 7. 1992 (TSG Hoffenheim) 2014 POL, GIB, ESP – 2015 IRL, FRA – 2016 ITA

12 **Vollmar** Heinz, 26. 4. 1936, † 12. 10. 1987 (SV St. Ingbert 7, 1. FC Saarbrücken 5) 1956 SWE, URS, SUI, IRL, BEL – 1957 AUT, HUN – 1959 SUI, YUG – 1960 IRL, BUL – 1961 BEL (+ 4 A für das Saarland)

2 **Voß** Kurt, 8. 7. 1900, † (Holstein Kiel) 1925 NED, FIN

5 **Votava** Miroslav, 25. 4. 1956 (Borussia Dortmund) 1979 URS – 1980 GRE, FRA, BUL – 1981 BRA

11 **Waas** Herbert, 8. 9. 1963 (Bayer Leverkusen) 1983 YUG, HUN, AUT, NIR, ALB – 1985 ENG – 1986 DEN, ESP, AUT – 1987 ISR – 1988 URS

3 **Wagner** Franz, 23. 9. 1911, † 8. 12. 1974 (Rapid Wien) 1938 ROU – 1942 CRO, SUI (+ 18 A für Österreich)

6 **Wagner** Martin, 24. 2. 1968 (1. FC Kaiserslautern) 1992 BRA – 1994 IRL, CAN, BEL, BUL, HUN

13 **Waldner** Erwin, 24. 1. 1933, † 18. 4. 2015 (VfB Stuttgart) 1954 POR – 1955 ITA, IRL, YUG, NOR – 1956 NED, ESP, URS, BEL – 1957 AUT – 1958 BEL, CSV, BUL

61 **Walter** Fritz, 31. 10. 1920, † 17. 6. 2002 (1. FC Kaiserslautern) 1940 ROU, FIN, HUN, BUL, YUG, DEN – 1941 SUI, HUN, SUI, ROU, CRO, SWE, DEN, SVK – 1942 CRO, SUI, ESP, HUN, BUL, ROU, SUI, CRO, SUI, TUR, AUT, IRL, TUR, LUX – 1952 FRA, SUI, YUG, ESP – 1953 AUT, NOR, NOR – 1954 SAA, SUI, TUR, HUN, TUR, YUG, AUT, HUN – 1955 ITA, URS, YUG, NOR, ITA – 1956 NED, ENG, URS, SUI – 1958 ESP, CSV, ARG, CSV, NIR, YUG, SWE

21 **Walter** Ottmar, 6. 3. 1924, † 16. 6. 2013 (1. FC Kaiserslautern) 1950 SUI – 1951 SUI – 1952 IRL, FRA, SUI, YUG, ESP – 1953 AUT, NOR, NOR – 1954 SAA, SUI, TUR, TUR, AUT, HUN, BEL, FRA – 1955 YUG – 1956 ENG

1 **Warnken** Heinz, 28. 12. 1912, † 1943 (Komet Bremen) 1935 BUL

3 **Weber** Albert, 21. 11. 1888, † 17. 9. 1940 (Vorwärts Berlin) 1912 SUI, AUT, DEN

12 **Weber** Heinrich, 21. 6. 1900, † 22. 1. 1977 (Kurhessen Kassel) 1928 SUI, URU, DEN, SWE – 1929 SUI, ITA, SWE – 1930 ITA, NOR – 1931 FRA, NED, AUT

1 **Weber** Josef, 18. 4. 1898, † 5. 3. 1970 (Wacker München) 1927 NED

9 **Weber** Ralf, 31. 5. 1969 (Eintracht Frankfurt), 1994 RUS, HUN, ALB, MDA, ALB – 1995 ESP, GEO, WAL, SUI

53 **Weber** Wolfgang, 26. 6. 1944 (1. FC Köln) 1964 CSV, SCO, FIN, SWE – 1965 ITA, AUT, CYP – 1966 ENG, NED, NIR, ROU, YUG, SUI, ARG, ESP, URU, URS, ENG, TUR, NOR – 1967 BUL, ALB, FRA, YUG, ROU, ALB – 1968 SUI, WAL, ENG, BRA, AUT, CYP, BRA – 1969 AUT – 1970 ESP, ROU, IRL, BUL, URU, HUN, TUR, YUG – 1971 ALB, TUR, SWE, DEN, MEX, POL – 1973 AUT, FRA, SCO, ESP – 1974 ESP

15 **Wegele** Karl, 27. 9. 1887, † 14. 11. 1960 (Phönix Karlsruhe) 1910 SUI, NED – 1911 HUN – 1912 NED, HUN, SUI, AUT, HUN, DEN, NED – 1913 ENG, SUI, DEN, BEL – 1914 NED
5 **Weidenfeller** Roman, 6. 8. 1980 (Borussia Dortmund) 2013 ENG – 2014 CMR, ARM, ARG – 2015 GIB
1 **Weigl** Julian, 8. 9. 1995 (Borussia Dortmund) 2016 SVK
1 **Weilbächer** Hans, 23. 10. 1933 (Eintracht Frankfurt) 1955 IRL
1 **Weis** Tobias, 30. 7. 1985 (TSG Hoffenheim) 2009 UAE
1 **Weiß** Leonhard, 26. 7. 1907, † 18. 8. 1981 (1. FC Nürnberg) 1931 AUT
1 **Weißenbacher** Viktor, 15. 7. 1897, † 18. 12. 1956 (1. FC Pforzheim) 1922 AUT
1 **Welker** Hans, 21. 8. 1907, † 24. 7. 1968 (Bayern München) 1931 FRA
1 **Wellhöfer** Georg, 16. 3. 1893, † 13. 12. 1968 (SpVgg Fürth) 1922 SUI
1 **Welsch** Kurt, 21. 6. 1917, † 1981 (Borussia Neunkirchen) 1937 LVA
4 **Wenauer** Ferdinand, 26. 4. 1939, † 27. 7. 1992 (1. FC Nürnberg) 1960 IRL – 1961 DEN, POL – 1962 URU
5 **Wendl** Josef, 17. 12. 1906, † 2. 9. 1980 (TSV München 1860) 1930 NOR – 1932 HUN – 1933 ITA, FRA, SUI
2 **Wentorf** Hans, 6. 4. 1899, † 1. 1. 1970 (Altona 93) 1928 SUI, DEN
1 **Wenz** Ludwig, 27. 8. 1906, † 18. 4. 1968 (ASV Nürnberg) 1930 DEN
13 **Werner** Adolf, 19. 10. 1886, † 6. 9. 1975 (Holstein Kiel 9, Victoria Hamburg 4) 1909 ENG, HUN – 1910 NED – 1911 SUI, ENG, BEL, SWE, AUT, SWE – 1912 NED, HUN, RUS, HUN
2 **Werner** August, 6. 3. 1896, † 22. 10. 1968 (Holstein Kiel) 1925 SWE, FIN
1 **Werner** Heinz, 17. 8. 1910, † 6. 5. 1989 (1. SV Jena) 1935 ROU
4 **Werner** Jürgen, 15. 8. 1935, † 27. 5. 2002 (Hamburger SV) 1961 CHI, NIR – 1962 SUI – 1963 BRA
27 **Westermann** Heiko, 14. 8. 1983 (FC Schalke 04 19, Hamburger SV 8) 2008 AUT, SUI, SRB, BEL, LIE, FIN, RUS, WAL, ENG – 2009 NOR, WAL, UAE, RSA, AZE, RUS, FIN, CIV – 2010 MLT, HUN, BEL, AZE, TUR, KAZ, SWE – 2013 ECU, USA, ENG
1 **Wetzel** Fritz, 12. 12. 1894, † 19. 1. 1982 (1. FC Pforzheim) 1922 AUT
12 **Wewers** Heinz, 27. 7. 1927, † 29. 8. 2008 (Rot Weiss Essen) 1951 LUX – 1956 ENG, NOR, SWE, IRL, BEL – 1957 AUT, NED, SCO, HUN – 1958 BEL, FRA
4 **Weymar** Hans, 1. 2. 1886, † 10. 7. 1959 (Victoria Hamburg) 1908 SUI, ENG, AUT – 1910 NED
2 **Widmayer** Werner, 17. 5. 1909, † 14. 6. 1942 (Holstein Kiel) 1931 SWE, NOR
6 **Wieder** Ludwig, 22. 3. 1900, † 2. 12. 1977 (1. FC Nürnberg) 1923 SUI, SWE, NOR – 1924 AUT, NOR – 1926 NED
2 **Wientjes** Clemens, 8. 2. 1920, † März 1998 (Rot-Weiss Essen) 1952 LUX, FRA
6 **Wiese** Tim, 17. 12. 1981 (Werder Bremen) 2008 ENG – 2009 CIV – 2010 DEN – 2011 AUS, POL – 2012 FRA
1 **Wiggers** Hermann, 7. 4. 1880, † 1968 (Victoria Hamburg) 1911 SWE
4 **Wigold** Willi, 10. 12. 1909, † 28. 11. 1944 (Fortuna Düsseldorf) 1932 NED – 1933 BEL, NOR – 1934 LUX
15 **Wilden** Leo, 3. 7. 1936 (1. FC Köln) 1960 CHI, POR, NIR – 1961 BEL, CHI, NIR – 1962 YUG, FRA, SUI – 1963 BRA, TUN, SWE, MAR – 1964 ALG, CSV
8 **Willimowski** Ernst, 23. 6. 1916, † 30. 8. 1997 (PSV Chemnitz 4, TSV München 1860 4) 1941 ROU, CRO, FIN, DEN – 1942 ROU, SUI, CRO, SVK (+ 22 A für Polen)
36 **Wimmer** Herbert, 9. 11. 1944 (Borussia Mönchengladbach) 1968 CYP, BRA, CHI, MEX – 1971 TUR, ALB, NOR, SWE, DEN, POL, POL – 1972 HUN, ENG, ENG, URS, BEL, URS, SUI – 1973 ARG, SCO – 1974 ESP, SCO, HUN, AUS, YUG, GRE – 1975 ENG, NED, AUT, BUL, TUR – 1976 MLT, ESP, ESP, YUG, CSV
1 **Winkler** Paul, 22. 8. 1913, † 1996 (Schwarz-Weiß Essen) 1938 LUX
1 **Winkler** Willi, 24. 8. 1903, † 12. 5. 1967 (Wormatia Worms) 1928 NOR
66 **Wörns** Christian, 10. 5. 1972 (Bayer Leverkusen 22, Paris St. Germain 5, Borussia Dortmund 39) 1992 CZE, TUR, DEN, BRA – 1995 ESP, MDA, WAL, RSA – 1997 NIR, ARM, RSA – 1998 OMA, BRA, NGA, FIN, COL, LUX, USA, YUG, IRN, MEX, CRO, NED – 1999 COL, NIR, FIN, SCO, BRA, NZL, USA, NIR, NOR – 2000 SUI – 2001 FRA, ALB, GRE, ENG, FIN – 2002 ISR, BIH, FRO – 2003 ESP, LTU, SCG, CAN, SCO, FRO, ITA, ISL, SCO, ISL, FRA – 2004 CRO, BEL, SUI, HUN, NED, LVA, CZE, IRN, JPN, KOR, THA – 2005 ARG, NED, SVK
2 **Wohlfarth** Roland, 11. 1. 1963 (Bayern München) 1986 ESP – 1989 IRL
2 **Wollscheid** Philipp, 6. 3. 1989 (Bayer Leverkusen) 2013 ECU, USA
1 **Wolpers** Eduard, 24. 8. 1900, † 23. 11. 1976 (Hamburger SV) 1926 SUI
13 **Wolter** Horst, 8. 6. 1942 (Eintracht Braunschweig) 1967 MAR, ROU, ALB – 1968 SUI, WAL, ENG, BRA, CYP, CHI – 1969 SCO, AUT – 1970 IRL, URU

3 **Wolter** Karl, 2. 8. 1894, † 19. 4. 1959 (Vorwärts Berlin) 1912 DEN – 1920 SUI – 1921 FIN
1 **Wolter** Thomas, 4. 10. 1963 (Werder Bremen) 1992 BRA
7 **Worm** Ronald, 7. 10. 1953 (MSV Duisburg) 1975 TUR – 1976 MLT, ESP – 1978 ENG, BRA, SWE, CSV
9 **Worpitzky** Willi, 25. 8. 1886, † 30. 10. 1953 (Viktoria 89 Berlin) 1909 HUN – 1910 NED – 1911 ENG, SWE, AUT, HUN – 1912 HUN, AUT, DEN
17 **Wosz** Dariusz, 8. 6. 1969 (VfL Bochum 6, Hertha BSC 11) 1997 ISR, ALB, UKR, UKR, POR, ARM – 1998 MDA – 1999 BRA, NZL, USA, NOR – 2000 NED, CRO, SUI, CZE, LIE, DEN (+ 7 A für die DDR)
1 **Wunder** Klaus, 13. 9. 1950 (MSV Duisburg) 1973 URS
5 **Wunderlich** Georg, 31. 10. 1893, † 27. 5. 1963 (1860 Fürth 1, Helvetia Bockenheim 2, Stuttgarter Kickers 2) 1920 SUI, AUT – 1921 AUT – 1923 ITA, NED
4 **Wuttke** Wolfram, 17. 11. 1961, † 1. 3. 2015 (1. FC Kaiserslautern) 1986 ESP – 1987 ISR, ENG – 1988 ESP
1 **Zaczyk** Klaus, 25. 5. 1945 (Karlsruher SC) 1967 MAR
1 **Zastrau** Walter, 30. 5. 1935 (Rot-Weiss Essen) 1958 EGY
1 **Zeitler** Hans, 30. 4. 1927 (VfB Bayreuth) 1952 LUX
1 **Zembski** Dieter, 6. 11. 1946 (Werder Bremen) 1971 MEX
4 **Zewe** Gerd, 13. 6. 1950 (Fortuna Düsseldorf) 1978 CSV, HUN, NED – 1979 MLT
12 **Zickler** Alexander, 28. 2. 1974 (Bayern München) 1998 NED – 1999 USA, COL – 2000 ESP, GRE, DEN – 2001 SVK, ALB, HUN, UKR, BUL, BIH
72 **Ziege** Christian, 1. 2. 1972 (Bayern München 31, AC Mailand 10, FC Middlesbrough 11, FC Liverpool 7, Tottenham Hotspur 13) 1993 BRA, USA, ENG, TUN, URU, USA, MEX – 1995 WAL, ITA, SUI, GEO, MDA, WAL – 1996 POR, DEN, NED, NIR, FRA, LIE, CSV, RUS, ITA, CRO, ENG, CZE, POL, POR – 1997 ISR, ALB, UKR, UKR, NIR, POR, RSA – 1998 BRA, COL, LUX, USA, YUG, IRN, MEX – 1999 FIN, NIR, TUR, NOR, – 2000 NED, CRO, SUI, CZE, LIE, ROU, ENG, DEN – 2001 FRA, GRE, SVK, FIN, ALB, HUN, FIN, UKR, UKR – 2002 USA, WAL, AUT, KSA, IRL, CMR, USA, BRA – 2004 MLT
6 **Zieler** Ron-Robert, 12. 2. 1989 (Hannover 96) 2011 UKR – 2012 ARG – 2014 POL, ESP – 2015 AUS, USA
15 **Zielinski** Paul, 20. 11. 1911, † 20. 2. 1966 (Union Hamborn) 1934 BEL, SWE, CSV, AUT, POL, DEN – 1935 NED, FRA, IRL, CSV, NOR, SWE, LUX, POL – 1936 LUX
1 **Zilgas** Karl, 2. 3. 1882, † 17. 6. 1917 (Victoria Hamburg) 1913 DEN
14 **Zimmermann** Herbert, 1. 7. 1954 (1. FC Köln) 1976 WAL – 1977 SUI – 1978 ENG, SWE, POL, ITA, NED – 1979 TUR, WAL, IRL, ISL, WAL, URS, TUR
4 **Zörner** Carl, 18. 6. 1897, † 8. 11. 1941 (SC 99 Köln) 1923 NED, SUI, SWE, FIN
1 **Zolper** Karl, 30. 4. 1901, † Oktober 1990 (CfR Köln) 1925 NED
7 **Zorc** Michael, 25. 8. 1962 (Borussia Dortmund) 1992 BRA, URU – 1993 SCO, GHA, BRA, ENG, URU
2 **Zwolanowski** Felix, 12. 7. 1912, † 26. 11. 1998 (Fortuna Düsseldorf) 1940 SVK, YUG

Rangliste der Nationalspieler

(mit 50 und mehr Länderspielen)

150	Lothar Matthäus	Borussia Mönchengladbach, Bayern München, Inter Mailand, New York/New Jersey MetroStars (1980-2000)
137	Miroslav Klose	1. FC Kaiserslautern, Werder Bremen, Bayern München, Lazio Rom (2001-2014)
129	Lukas Podolski	1. FC Köln, Bayern München, FC Arsenal, Inter Mailand, Galatasaray Istanbul (seit 2004)
120	Bastian Schweinsteiger	Bayern München, Manchester United (2004-2016)
113	Philipp Lahm	VfB Stuttgart, Bayern München (2004-2014)
108	Jürgen Klinsmann	VfB Stuttgart, Inter Mailand, AS Monaco, Tottenham, Bayern München, Sampdoria Genua (1987-1998)
105	Jürgen Kohler	Waldhof Mannheim, 1. FC Köln, Bayern München, Juventus Turin, Borussia Dortmund (1986-1998)
104	Per Mertesacker	Hannover 96, Werder Bremen, FC Arsenal (2004-2014)
103	Franz Beckenbauer	Bayern München (1965-1977)
101	Thomas Häßler	1. FC Köln, Juventus Turin, AS Rom, Karlsruher SC, TSV München 1860 (1988-2000)
98	Michael Ballack	1. FC Kaiserslautern, Bayer Leverkusen, Bayern München, FC Chelsea (1997-2010)
96	Hans-Hubert Vogts	Borussia Mönchengladbach (1967-1978)
95	Josef Maier	Bayern München (1966-1979)
95	Karl-Heinz Rummenigge	Bayern München, Inter Mailand (1976-1986)
90	Rudolf Völler	Werder Bremen, AS Rom, Olympique Marseille (1982-1994)
86	Andreas Brehme	1. FC Kaiserslautern, Bayern München, Inter Mailand (1984-1994)
86	Oliver Kahn	Bayern München (1997-2006)
85	Andreas Möller	Borussia Dortmund, Eintracht Frankfurt, Juventus Turin (1988-1999)
82	Arne Friedrich	Hertha BSC, VfL Wolfsburg (2002-2010)
81	Karlheinz Förster	VfB Stuttgart (1978-1986)
81	Wolfgang Overath	1. FC Köln (1963-1974)
81	Bernd Schneider	Bayer Leverkusen (1999-2008)
79	Torsten Frings	Werder Bremen, Borussia Dortmund, Bayern München (2001-2009)
79	Mesut Özil	Werder Bremen, Real Madrid, FC Arsenal (seit 2009)
77	Thomas Müller	Bayern München (seit 2010)
76	Guido Buchwald	VfB Stuttgart (1984-1994)
76	Harald Schumacher	1. FC Köln (1979-1986)
73	Pierre Littbarski	1. FC Köln, Racing Paris (1981-1990)
72	Hans-Peter Briegel	1. FC Kaiserslautern, Hellas Verona (1979-1986)
72	Uwe Seeler	Hamburger SV (1954-1970)
72	Christian Ziege	Bayern München, AC Mailand, FC Middlesbrough, FC Liverpool, Tottenham Hotspur (1993-2004)
71	Paul Janes	Fortuna Düsseldorf (1932-1942)
71	Toni Kroos	Bayer Leverkusen, Bayern München, Real Madrid (seit 2010)
71	Manuel Neuer	FC Schalke 04, Bayern München (seit 2009)
70	Oliver Bierhoff	Udinese Calcio, AC Mailand, AS Monaco (1996-2002)
69	Manfred Kaltz	Hamburger SV (1975-1983)
69	Oliver Neuville	Hansa Rostock, Bayer Leverkusen, Borussia Mönchengladbach (1998-2008)
69	Stefan Reuter	1. FC Nürnberg, Bayern München, Juventus Turin, Borussia Dortmund (1987-1998)
68	Mario Gomez	VfB Stuttgart, Bayern München, AC Florenz, Besiktas Istanbul (seit 2007)
68	Thomas Helmer	Borussia Dortmund, Bayern München (1990-1998)
66	Horst Höttges	Werder Bremen (1965-1974)
66	Willi Schulz	Union Günnigfeld, FC Schalke 04, Hamburger SV (1959-1970)
66	Christian Wörns	Bayer Leverkusen, Paris Saint-Germain, Borussia Dortmund (1992-2005)
65	Jerome Boateng	Hamburger SV, Manchester City, Bayern München (seit 2009)
65	Sami Khedira	VfB Stuttgart, Real Madrid, Juventus Turin (seit 2009)

65	Ernst Lehner	Schwaben Augsburg, Blau-Weiß Berlin (1933-1942)
62	Thomas Berthold	Eintracht Frankfurt, Hellas Verona, AS Rom, VfB Stuttgart (1985-1995)
62	Gerhard Müller	Bayern München (1966-1974)
61	Jens Lehmann	FC Schalke 04, Borussia Dortmund, FC Arsenal (seit 1998)
61	Fritz Walter	1. FC Kaiserslautern (1940-1958)
59	Dietmar Hamann	Bayern München, Newcastle United, FC Liverpool (1997-2005)
59	Andreas Köpke	1. FC Nürnberg, Eintracht Frankfurt, Olympique Marseille (1990-1998)
56	Klaus Allofs	Fort. Düsseldorf, 1. FC Köln, Olymp. Marseille (1978-1988)
56	Mario Götze	Borussia Dortmund, Bayern München (seit 2010)
55	Jens Jeremies	TSV München 1860, Bayern München (1997-2004)
55	André Schürrle	1. FSV Mainz 05, bayer Leverkusen, FC Chelsea, VfL Wolfsburg (seit 2010)
54	Bodo Illgner	1. FC Köln (1987-1994)
53	Rainer Bonhof	Mönchengladbach, FC Valencia, 1. FC Köln (1972-1981)
53	Bernard Dietz	MSV Duisburg (1974-1981)
53	Wolfgang Weber	1. FC Köln (1964-1974)
52	Thomas Hitzlsperger	Aston Villa, VfB Stuttgart, West Ham United (2004-2010))
52	Kevin Kuranyi	VfB Stuttgart, FC Schalke 04 (2003-2008)
52	Olaf Thon	FC Schalke 04, Bayern München (1984-1998)
51	Markus Babbel	Bayern München (1995-2000)
51	Ulf Kirsten	Bayer Leverkusen (1992-2000) + 49 A-Länderspiele für die DDR
51	Matthias Sammer	VfB Stuttgart, Inter Mailand, Borussia Dortmund (1990-1997) + 23 A-Länderspiele für die DDR
50	Herbert Erhard	SpVgg Fürth, Bayern München (1953-1962)
50	Mats Hummels	Borussia Dortmund (seit 2010)

Rangliste der Vereine
(mit mehr als 50 Berufungen)

Bayern München: 2067 Berufungen (86 Nationalspieler)
Schweinsteiger 111, Beckenbauer 103, Lahm 98, Maier 95, Matthäus 90, Kahn 86, K.-H. Rummenigge 78, T. Müller 77, G. Müller 62, Helmer 58, J. Boateng 52, Babbel 51, Neuer 51, Jeremies 47, Breitner 46, Schwarzenbeck 44, Kroos 43, Ballack 42, Linke 41, Klose 40, Goldbrunner 39, Scholl 36, U. Hoeneß 35, Götze 34, Gomez 33, Podolski 32, Badstuber 31, Ziege 31, Jancker 29, Augenthaler 27, Dremmler 27, Klinsmann 23, Strunz 21, L. Hofmann 18, Reuter 18, Deisler 17, Streitle 15, Tarnat 15, Effenberg 14, Pöttinger 14, Brehme 12, Frings 12, Hamann 12, Jansen 12, Kohler 12, Thon 12, Zickler 12, Basler 11, Giesemann 11, Haringer 11, Pflügler 11, Eder 9, Bergmaier 8, Heidkamp 8, Kutterer 8, Simetsreiter 8, Dorfner 7, Bauer 5, Kimmich 5, Aumann 4, Gablonsky 4, D. Hoeneß 4, Rohr 4, Roth 4, Siedl 4, Kapellmann 3, Mai 3, Schneider 3, Görlitz 2, Kögl 2, Krumm 2, Rau 2, M. Rummenigge 2, Wohlfarth 2, Brenninger 1, Butt 1, Erhard 1, Fürst 1, Hofmeister 1, Labbadia 1, Nafziger 1, Nagelschmitz 1, Niedermayer 1, Ohlhauser 1, Olk 1, Welker 1.

1. FC Köln: 824 Berufungen (46 Nationalspieler)
Overath 81, Schumacher 76, Littbarski 71, Podolski 69, Illgner 54, Weber 53, Cullmann 40, Flohe 39, Schäfer 39, Kl. Allofs 29, Schnellinger 24, Hector 20, Kohler 20, Löhr 20 Stollenwerk 19, Häßler 17, Fischer 15, Wilden 15, Zimmermann 14, D. Müller 12, Röhrig 12, Schuster 10, Strack 10, Engels 8, Hornig 7, Rahn 6, Helmes 5, Mebus 5, Ewert 4, Pott 3, Sinkiewicz 3, Sturm 3, Bonhof 2, Dörner 2, Görtz 2, Kapellmann 2, Konopka 2, Manglitz 2, Thielen 2, T. Allofs 1, Euler 1, Flink 1, Hense 1, Labbadia 1, Neumann 1, Steiner 1.

Borussia Dortmund: 725 Berufungen (52 Nationalspieler)
Möller 53, Hummels 50, Wörns 39, Sammer 38, Held 35, Reuter 33, Metzelder 32, Kohler 31, Kehl 28, Heinrich 25, A. Schmidt 25, Götze 22, Freund 21, Reus 21, Tilkowski 21, Frings 17, Gündogan 16, Ricken 16, Schmelzer 16, Lehmann 14, Lenz 14, Schanko 14, Helmer 10, Konietzka 9, Riedle 9, Mill 8, S. Bender 7, Durm 7, Ginter 7, M. Schulz 7, Zorc 7, Großkreutz 6, Kelbassa 6, Nerlinger 6, Odonkor 6, Schütz 6, Emmerich 5, Votava 5, Weidenfeller 5, Immel 4, Kwiatkowski 4, Burgsmüller 3, K. Reinhardt 3, Cieslarczyk 2, Herrlich 2, Libuda 2, Neuberger 2, Schlebrowski 2, Peters 1, Redder 1, W. Sturm 1, Weigl 1.

VfB Stuttgart: 613 Berufungen (44 Nationalspieler)
Kh. Förster 81, Buchwald 76, Hitzlsperger 42, H. Müller 36, B. Förster 33, Kuranyi 29, Gomez 25, Cacau 23, Strunz 20, Bobic 19, Hinkel 17, Immel 15, Lahm 15, Retter 14, Tasci 14, Berthold 13, Waldner 13, Khedira 12, Klinsmann 12, Sammer 11, Allgöwer 10, Hilbert 8, Sawitzki 8, Sieloff 8, Geiger 7, Köppel 7, Träsch 7, Rüdiger 6, Hildebrand 5, Kelsch 4, Barufka 3, Frontzeck 3, Schlienz 3, Gerber 2, Haber 2, D. Hoeneß 2, Blum 1, Bögelein 1, Bökle 1, Gentner 1, Martin 1, Mauch 1, Roleder 1, Rutz 1.

Werder Bremen: 579 Berufungen (40 Nationalspieler)
Höttges 66, Frings 50, Mertesacker 46, Völler 41, Bode 40, Borowski 33, Eilts 31, Klose 29, F. Baumann 28, Fritz 22, Ernst 20, Basler 19, Lorenz 17, Özil 17, Meier 16, D. Burdenski 12, Marin 10, Riedle 10, W. Schröder 10, Borowka 6, Otten 6, Piontek 6, Wiese 6, Owomoyela 5, Reinders 4, G. Bernard 3, Hunt 3, C. Schulz 3, H. Burdenski 2, Fahrenhorst 2, Ferner 2, Heidemann 2, Hermann 2, Ordenewitz 2, Steinmann 2, Hobsch 1, Neubarth 1, Reck 1, Rost 1, Wolter 1, Zembski 1.

FC Schalke 04: 568 Berufungen (46 Nationalspieler)
Asamoah 43, Höwedes 40, Thon 40, Szepan 34, Fischer 30, Libuda 24, Fichtel 23, Kuranyi 23, W. Schulz 21, Urban 21, Gellesch 20, Neuer 20, Rüßmann 20, Abramczik 19, B. Klodt 19, Westermann 19, H. Klodt 17, Draxler 15, E. Kremers 15, Nowak 15, Kuzorra 12, Böhme 10, H. Kremers 8, Nigbur 6, Hanke 5, Bongartz 4, Ernst 4, L. Sané 4, H. Burdenski 3, Eppenhoff 3, Jones 3, Koslowski 3, Poertgen 3, Rost 3, Herrmann 2, Lehmann 2, Linke 2, Neustädter 2, Pander 2, O. Tibulski 2, Berg 1, Goretzka 1, Holtby 1, Kördell 1, M. Meyer 1, H. Tibulski 1.

Hamburger SV: 534 Berufungen (50 Nationalspieler)
Uwe Seeler 72, Kaltz 69, Magath 43, W. Schulz 41, Trochowski 35, Posipal 32, Hrubesch 21, Jakobs 20, Rolff 19, Jansen 17, Harder 15, Aogo 12, Beier 11, G. Dörfel 11, J. Boateng 10, Lang

8, Westermann 8, Stein 6, Volkert 6, Kurbjuhn 5, B. Dörfel 4, Gründel 4, Laband 4, Nogly 4, J. Werner 4, Doll 3, Giesemann 3, Hieronymus 3, Horn 3, Kargus 3, Memering 3, Milewski 3, Noack 3, C. Rahn 3, Risse 3, Adamkiewicz 2, R. Adler 2, Albertz 2, Fr. Dörfel 2, Hartwig 2, Hertzsch 2, Kmetsch 2, Stürmer 2, Beiersdorfer 1, Blunk 1, Butt 1, Groh 1, Mahlmann 1, Politz 1, Wolpers 1.

Bayer Leverkusen: 517 Berufungen (39 Nationalspieler)
B. Schneider 81, Kirsten 51, Nowotny 47, Ramelow 46, Neuville 40, Ballack 27, Rolfes 26, Wörns 22, L. Bender 19, Schürrle 19, Rolff 18, Rink 11, Waas 11, R. Adler 10, Bellarabi 10, Thom 10, Helmes 8, Kroos 8, Kießling 6, Castro 5, Sam 5, Beinlich 4, Hörster 4, A. Reinhardt 4, K. Reinhardt 4, Reinartz 3, Butt 2, Freier 2, M. Friedrich 2, Kramer 2, Wollscheid 2, Balitsch 1, Bierofka 1, Brandt 1, Brdaric 1, Leno 1, Scholz 1, Schreier 1, Tah 1.

Borussia Mönchengladbach: 472 Berufungen (38 Nationalspieler)
Vogts 96, Bonhof 40, Heynckes 38, Wimmer 36, Netzer 31, Matthäus 26, Brülls 22, Neuville 21, Frontzeck 16, Jansen 16, Rahn 14, Kruse 11, Kramer 10, Mill 9, Hannes 8, Reus 8, Danner 6, Kleff 6, Marin 6, Sieloff 6, Stielike 6, Bruns 4, Köppel 4, Paßlack 4, ter Stegen 4, Herrlich 3, Ditgens 3, H. Nickel 3, Bleidick 2, Del'Haye 2, P. Herrmann 2, Hochstätter 2, Laumen 2, Dietrich 1, Meyer 1, L. Müller 1, Pflipsen 1, Rupp 1.

1. FC Kaiserslautern: 343 Berufungen (22 Nationalspieler)
Fritz Walter 61, Briegel 53, Brehme 40, Klose 40, Eckel 32, Kohlmeyer 22, O. Walter 21, Liebrich 16, Marschall 13, Kuntz 11, K. Schmidt 9, Wagner 6, Wuttke 4, Engelhardt 3, Toppmöller 3, Foda 2, Pirrung 2, Th. Allofs 1, Ballack 1, Groh 1, Reich 1, Ritter 1.

Eintracht Frankfurt: 297 Berufungen (30 Nationalspieler)
Grabowski 44, Hölzenbein 40, Köpke 25, Gramlich 22, Berthold 21, Bein 17, Binz 14, Lutz 12, Möller 11, Schütz 11, Stubb 10, Kreß 9, R. Weber 9, Pfaff 7, Tiefel 7, Borchers 6, Körbel 6, Gaudino 5, Falkenmayer 4, Mantel 4, Reichel 2, Solz 2, Becker (für Kickers) 1, Bäumler 1, Heldt 1, S. Jung 1, Kroth 1, Lindner 1, B. Nickel 1, Weilbächer 1.

Fortuna Düsseldorf: 240 Berufungen (25 Nationalspieler)
Janes 71, Juskowiak 30, Kobierski 26, Kl. Allofs 21, Turek 20, Albrecht 17, Bender 9, Seel 6, Bommer 6, Herzog 5, Geye 4, Wigold 4, Zewe 4, Breuer 2, Derwall 2, Mehl 2, Steffen 2, Zwolanowski 2, Borkenhagen 1, Heibach 1, Jäger 1, Krüger 1, Mauritz 1, Neuschäfer 1, Bockenfeld 1.

1. FC Nürnberg: 239 Berufungen (37 Nationalspieler)
Morlock 26, Stuhlfauth 21, Kalb 15, H. Schmidt 14, Köpke 14, Sutor 12, Billmann 11, Reisch 9, Reuter 9, Munkert 8, Kugler 7, Riegel 7, Eckstein 7, Hochgesang 6, Träg 6, Wieder 6, Volkert 6, Popp 5, L. Müller 5, Geiger 4, Reinmann 4, Schwabl 4, Strehl 4, Strobel 4, Wenauer 4, Oehm 3, Sold 3, Hornauer 2, Kund 2, Philipp 2, J. Schmitt 2, Baumann 2, Friedel 1, Köhl 1, Köpplinger 1, Weiß 1, Schade 1.

Hertha BSC: 215 Berufungen (26 Nationalspieler)
A. Friedrich 79, Rehmer 28, Beer 24, Deisler 19, Bobic 11, Wosz 11, Sobeck 8, Preetz 7, Patzke 6, M. Hartmann 4, Fathi 2, Gehlhaar 2, Beinlich 1, Faeder 1, Groß 1, Hirth 1, Jungtow 1, Kirsei 1, Kliemann 1, Kostedde 1, Krause 1, E. Müller 1, Ruch 1, F. Schulz 1, Steffenhagen 1, Völker 1.

SpVgg Fürth: 175 Berufungen (22 Nationalspieler)
Erhard 49, Leinberger 24, Mai 18, Hagen 12, Burger 11, A. Franz 10, J. Müller 10, Seiderer 8, H. Fiederer 6, Frank 4, Auer 3, Knöpfle 3, Lohrmann 3, Hirsch 3, Kießling 2, Lang 2, Schade 2, Ascherl 1, L. Fiederer 1, H. Schmidt 1, Wellhöfer 1, Gottinger 1.

Real Madrid: 153 Berufungen (7 Nationalspieler)
Khedira 44, Stielike 36, Özil 30, Kroos 20, Metzelder 15, Netzer 6, Breitner 2.

FC Arsenal: 126 Berufungen (4 Nationalspieler)
Lehmann 45, Özil 32, Mertesacker 29, Podolski 20.

Inter Mailand: 121 Berufungen (8 Nationalspieler)
Brehme 34, Klinsmann 29, Matthäus 28, K. H. Rummenigge 17, H. Müller 6, Podolski 4, Sammer 2, Szymaniak 1.

AS Rom: 100 Berufungen (5 Nationalspieler)
Völler 43, Häßler 33, Berthold 18, Rüdiger 5, Schnellinger 1.

Karlsruher SC: 96 Berufungen (12 Nationalspieler)
Häßler 42, Wegele 15, Szymaniak 12, G. Herrmann 7, Oberle 5, Tarnat 4, Neumaier 3, Schuster 3, Siedl 2, Reiser 1, Reitgaßl 1, Zaczyk 1.

1. FC Schweinfurt 05: 90 Berufungen (3 Nationalspieler)
Kitzinger 44, A. Kupfer 44, G. Bernard 2.

TSV München 1860: 89 Berufungen (22 Nationalspieler)
Patzke 18, Heiß 8, Jeremies 8, Lachner 8, Küppers 7, Brunnenmeier 5, Lauth 5, Wendl 5, Häßler 4, Willimowski 4, Hornauer 3, Bierofka 2, Grosser 2, Rebele 2, Eiberle 1, Heldt 1, Keller 1, Kling 1, Kraus 1, Max 1, Schäfer 1, Steiner 1.

Juventus Turin: 87 Berufungen (6 Nationalspieler)
Kohler 38, A. Möller 20, Khedira 9, Reuter 9, Haller 6, Häßler 5.

MSV Duisburg: 85 Berufungen (8 Nationalspieler)
Dietz 53, Krämer 13, Worm 7, Bella 4, Heidemann 3, Manglitz 2, Seliger 2, Wunder 1.

Rot-Weiss Essen: 79 Berufungen (8 Nationalspieler)
Rahn 34, Herkenrath 21, Wewers 12, Termath 7, Wientjes 2, Islacker 1, Köchling 1, Zastrau 1.

Hannover 96: 76 Berufungen (16 Nationalspieler)
Mertesacker 29, Enke 8, Bobic 7, Zieler 6, Männer 5, Malecki 5, Brdaric 3, Rodekamp 3, Siemensmeyer 3, Deike 1, Hanke 1, Heynckes 1, J. Jakobs 1, Pöhler 1, C. Schulz 1, Sievert 1.

Lazio Rom: 66 Berufungen (3 Nationalspieler)
Klose 28, Riedle 23, Doll 15.

FC Chelsea: 63 Berufungen (3 Nationalspieler)
Ballack 28, Schürrle 18, Huth 17.

Dresdner SC: 62 Berufungen (15 Nationalspieler)
R. Hofmann 19, Schön 16, Köhler 5, W. Kreß 4, Dzur 3, Schubert 3, Gedlich 2, Müller 2, Pohl 2, Berthold 1, Haftmann 1, Mantel 1, Neumann 1, Schlösser 1, Stössel 1.

VfL Wolfsburg: 62 Berufungen (14 Nationalspieler)
Schürrle 13, Draxler 9, M. Schäfer 8, Hanke 6, Rau 5, Brdaric 4, Gentner 4, A. Friedrich 3, Träsch 3, Madlung 2, Riether 2, M. Arnold 1, Kruse 1, Sebescen 1.

Eintracht Braunschweig: 60 Berufungen (13 Nationalspieler)
Wolter 13, B. Dörfel 11, Ulsaß 10, Franke 7, Gerwien 6, Queck 3, Maas 3, Lorenz 2, Bülte 1. Poppe 1, Sukop 1, Bäse 1, Gersdorff 1.

FC Liverpool: 56 Berufungen (3 Nationalspieler)
Hamann 42, Can 7, Ziege 7.

Schwaben Augsburg: 55 Berufungen (1 Nationalspieler)
Lehner 55.

AC Mailand: 55 Berufungen (3 Nationalspieler)
Bierhoff 26, Schnellinger 19, Ziege 10.

Torschützen der A-Länderspiele

(in alphabetischer Reihenfolge)

Name	Tore	Name	Tore	Name	Tore	Name	Tore
Abramczik	2	Draxler	2	Herget	4	Kuranyi	19
Adamkiewicz	1	Dremmler	3	Herrlich	1	Kuzorra	7
Albrecht Ernst	4	Dumke	3	Herrmann G.	1	Lachner	4
Allofs Kl.	17	Durek	2	Herrmann R.	1	Lahm	5
Arlt	2	Effenberg	5	Heynckes	14	Langenbein	1
Asamoah	6	Elbern	2	Hiller III	1	Laumen	1
Auer	2	Emmerich L.	2	Hirsch	4	Lehner	31
Babbel	1	Eppenhoff	3	Hitzlsperger	6	Lenz	9
Badstuber	1	Erhardt	1	Hochgesang	4	Libuda	3
Bäumler	1	Ernst	1	Hölzenbein	5	Linke	1
Ballack	42	Fath	7	Hoeneß D.	4	Littbarski	18
Basler	2	Fichtel	1	Hoeneß U.	5	Löhr	5
Baumann F.	2	Fick	1	Höttges	1	Lorenz	1
Beck Al.	1	Fiederer H.	3	Höwedes	2	Ludwig J.	2
Beckenbauer	14	Fischer Kl.	32	Hofmann L.	4	Magath	3
Becker Fr.	2	Flohe	8	Hofmann R.	24	Mai	1
Beer	7	Förderer	10	Hohmann	20	Malecki	2
Bein	3	Förster Kh.	2	Hornauer	3	Malik	1
Bellarabi	1	Frank	5	Hrubesch	6	Marin	1
Bender L.	4	Franz	4	Hummels	4	Marschall	3
Bergmaier	1	Freier	1	Huth	2	Marx	1
Berndt	2	Friedrich A.	1	Jäger A.	11	Matthäus	23
Berthold Th.	1	Friedrich M.	1	Jakobs D.	1	Mechling	1
Biallas	1	Frings	10	Jancker	10	Meier	2
Bierhoff	37	Fritz	2	Janes	7	Mertesacker	4
Bierofka	1	Fuchs	13	Jansen	3	Möller A.	29
Biesinger	2	Gablonsky	1	Jeremies	1	Möller E.	4
Binder	10	Gärtner	1	Juskowiak	4	Morlock	21
Binz	1	Gauchel	13	Kalb Hans	2	Müller D.	9
Boateng J.	1	Gaudino	1	Kaltz	8	Müller G.	68
Bobic	10	Geiger R.	2	Kehl	2	Müller H.	5
Bode	9	Gellesch	1	Kelbassa	2	Müller T.	32
Böhme	1	Gerritzen	1	Kelsch	3	Mustafi	1
Bonhof	9	Gerwien	1	Khedira	5	Nerlinger	1
Borowski	2	Geye	1	Kießling G.	1	Netzer	6
Brdaric	1	Götze	17	Kipp	10	Neuschäfer	1
Brehme	8	Gomez	29	Kirsten	20	Neuville	10
Breitner	10	Grabowski	5	Kitzinger	2	Noack	1
Breunig	1	Gündogan	4	Klingler	6	Nowotny	1
Briegel	4	Günther W.	2	Klinsmann	47	Oberle	1
Brülls	9	Hänel	1	Klodt B.	3	Odonkor	1
Brunnenmeier	3	Häßler	11	Klose	71	Özil	20
Buchwald	4	Haferkamp	2	Kobierski	9	Overath	17
Burdenski H.	2	Hahnemann	16	Köppel	2	Pander	1
Burger	1	Haller	13	Kohler	1	Panse	1
Cacau	6	Hamann	5	Konietzka	3	Paßlack	1
Cieslarczyk	3	Hanke M.	1	Koslowski	1	Paulsen	3
Claus-Oehler	1	Hanke W.	1	Krämer W.	3	Pesser	2
Conen	27	Harder	14	Kraus E.	3	Pfaff	2
Cullmann	6	Hartmann K.	2	Kremers E.	3	Plener	2
Damminger	5	Hector	1	Kreß R.	2	Podolski	48
Decker	7	Heidkamp	1	Kroos	11	Poertgen	5
Deisler	3	Heinrich	2	Krumm	1	Pöttinger	8
Doll	1	Heiß	2	Kruse	4	Popp L.	1
Dörfel B.	2	Held	5	Küppers	2	Posipal	1
Dörfel F.	1	Helmer	5	Kund	1	Preetz	3
Dörfel G.	7	Helmes	2	Kuntz	6	Queck	2
Dorfner	1	Herberger	2	Kupfer	1	Rahn H.	21

Rahn U.	5	Schaletzki	1	Stielike	3	Waas	1
Ramelow	3	Scherm	1	Stollenwerk	2	Waldner	2
Rasselnberg	8	Schlösser	1	Strack	1	Walter F.	33
Rau	1	Schmidt A.	8	Strehl	4	Walter O.	10
Rehmer	4	Schmitt J.	1	Striebinger	2	Weber W.	2
Reinders	1	Schneider, B.	4	Stroh	1	Wegele	2
Reitgaßl	1	Schnellinger	1	Strunz	1	Weißenbacher	1
Reus	9	Schön	17	Stubb	1	Werner J.	2
Reuter	2	Schönhöft	1	Stürmer Kl.	1	Westermann	4
Ricken	1	Scholl	8	Sutor	2	Wewers	1
Riedle	16	Schröder W.	3	Szepan	8	Wieder	2
Ritschel	1	Schürrle	20	Szymaniak	2	Wigold	3
Rodekamp	1	Schütz J.	2	Termath	4	Willimowski	13
Röhrig	2	Schuster B.	4	Thom	2	Wimmer	4
Rohr	5	Schweinsteiger	24	Thon	3	Worm	5
Rohwedder	2	Seeler U.	43	Toppmöller	1	Worpitzky	5
Rolfes	2	Seiderer	5	Träg	1	Wosz	1
Ruch	2	Siedl	3	Trochowski	2	Wuttke	1
Rüssmann	1	Sieloff	5	Ugi	1	Zaczyk	1
Rummenigge K.-H.	45	Siemensmeyer	2	Ulsaß	8	Zeitler	1
Rupp	1	Siffling	17	Urban	11	Zickler	2
Rutz	1	Simetsreiter	8	Völler	47	Ziege	9
Sackenheim	2	Sing	1	Vogts	1	Zimmermann H.	2
Sammer M.	8	Sobeck	2	Volkert	2		
Schade	1	Stein E.	1	Vollmar	3	Eigentore	
Schäfer Hans	15	Steinmann	1	Voß	2	des Gegners	33

Torschützen der A-Länderspiele

(nach Anzahl der erzielten Tore/mindestens 10)

71 Klose
68 Müller G.
48 Podolski
47 Klinsmann
47 Völler
45 Rummenigge K.-H.
43 Seeler U.
42 Ballack
37 Bierhoff
33 Walter F.
32 Fischer Kl.
31 Lehner
32 Müller T.
29 Gomez
29 Möller A.
27 Conen
24 Hofmann R.
24 Schweinsteiger
23 Matthäus

21 Morlock
21 Rahn H.
20 Hohmann
20 Kirsten
20 Özil
20 Schürrle
19 Kuranyi
18 Littbarski
17 Allofs Kl.
17 Götze
17 Overath
17 Schön
17 Siffling
16 Hahnemann
16 Riedle
15 Schäfer Hans
14 Beckenbauer
14 Harder
14 Heynckes

13 Fuchs
13 Gauchel
13 Haller
13 Willimowski
11 Häßler
11 Jäger A.
11 Kroos
11 Urban
10 Binder
10 Bobic
10 Breitner
10 Förderer
10 Frings
10 Jancker
10 Kipp
10 Neuville
10 Walter O.

Nationalelf-Trainer und ihre Bilanzen

Datum des jeweils ersten und letzten Spiels.

Professor Dr. Otto Nerz: 31.10.1926–7.8.1936
70 – 42 – 10 – 18, 192:113 Tore

Josef Herberger: 13.9.1936–7.6.1964
167 – 94 – 27 –46, 435:250 Tore

Helmut Schön: 4.11.1964–21.6.1978
139 – 87 – 31 – 21, 292:107 Tore

Josef Derwall: 11.10.1978–20.6.1984
67 – 44 – 12 – 11, 144:60 Tore

Franz Beckenbauer: 12.9.1984–8.7.1990
66 – 34 – 20 – 12, 107:61 Tore

Hans-Hubert Vogts: 29. 8. 1990 – 5. 9. 1998
102 – 66 – 24 – 12, 206:86 Tore

Erich Ribbeck: 10. 10. 1998– 20. 6. 2000
24 – 10 – 6 – 8, 42:31 Tore

Rudolf Völler: 16. 8. 2000 – 24. 6. 2004
53 – 29 – 11 – 13, 109:57 Tore

Jürgen Klinsmann: 18. 8. 2004 – 08.07. 2006
34 – 20 – 8 – 6, 81:43 Tore

Joachim Löw: 16. 8. 2006 – heute
137 – 90 – 24 – 23, 326:134 Tore

Unentschiedene Spiele, die durch Elfmeterschießen entschieden wurden, sind als Unentschieden gewertet.

51 Jahre und 7 Monate

Der älteste und somit auch längste WM-Länderspiel-Rekord ging am 16. Oktober 1985, genau um 22.04 Uhr zu Ende. Bis zu diesem Tage und dieser Stunde hatte Deutschland seit dem 11. März 1934 kein einziges WM-Qualifikationsspiel verloren. Portugal beendete diese einmalige Serie mit dem 1:0-Sieg im Stuttgarter Neckarstadion nach 18 848 Tagen (= 51 Jahre, 7 Monate), die bis dahin so aussah: 36 Spiele, 32 Siege, 4 Unentschieden, 130:24 Tore (!) für Deutschland.

Meiste Tore in einem Spiel:

10 Fuchs, 1912 Russland 16:0
6   Hahnemann, 1940 Finnland 13:0
5   Siffling, 1937 Dänemark 8:0
4   Gerd Müller, 1967 Albanien 6:0,
    1969 Zypern 12:0, 1972 Sowjetunion 4:1,
    1972 Schweiz 5:1
4   Förderer, 1912 Russland 16:0
4   Hirsch, 1912 Niederlande 5:5
4   Frank, 1929 Schweiz 7:1

4   Rasselnberg, 1934 Luxemburg 9:1
4   Conen, 1940 Bulgarien 7:3
4   Conen, 1940 Finnland 13:0
4   Willimowski, 1942 Schweiz 5:3
4   Ballack, 2004 Malta 7:0
4   Podolski, 2006 San Marino 13:0
4   Gomez, 2009 Vereinigte Arabische
    Emirate 7:2

Schnellste Hattricks:
(drei Tore in einer Halbzeit, ohne dass ein Treffer der eigenen Mannschaft oder des Gegners dazwischenliegt)

1. Bierhoff, 1997 Nordirland 3:1 (73., 78., 79. = 7 Minuten)
2. Siffling, 1937 Dänemark 8:0 (33., 40., 44. = 12 Minuten)
3. Gerd Müller, 1972 Sowjetunion 4:1 (50., 51., 62. = 13 Minuten)
4. Conen, 1940 Bulgarien 7:3 (60., 63., 74. = 15 Minuten)
5. Uwe Seeler, 1963 Türkei 3:0 (52., 53., 68. = 17 Minuten)
6. Gerd Müller, 1970 Peru 3:1 (20., 26., 38. = 19 Minuten)
7. Conen, 1934 Belgien 5:2 (66., 69., 85. = 20 Minuten)
8. Kirsten, 1997 Albanien 3:2 (63., 80., 84. = 22 Minuten)
9. Ziege, 1999 Nordirland 4:0 (16., 33., 45. = 30 Minuten)
10. Ulsaß, 1965 Österreich 4:1 (46., 66., 82. = 37 Minuten)

Die Bilanz der 80 B/A2/Team-2006-Länderspiele erschien letztmals im KICKER-Almanach 2014.

Die Bilanz der 334 Junioren-Länderspiele U 21

Gegner	Spiele	Siege	Unentsch.	Niederl.	Tore	11-m-Sch.
Albanien	8	6	2	–	22:3	
Algerien	1	–	1	–	0:0	
Argentinien	1	1	–	–	6:1	
Armenien	3	3	–	–	11:1	
Aserbaidschan	4	4	–	–	10:1	
Bahrain	1	1	–	–	5:0	
Belgien	7	6	1	–	17:2	
Bosnien-Herz.	3	1	1	1	8:9	
Brasilien	1	–	1	–	2:2	
Bulgarien	11	6	1	4	21:7	
China	2	1	1	–	7:2	4:2
Dänemark	9	5	3	1	17:5	
Elfenbeinküste	1	–	1	–	0:0	
England	14	4	4	6	21:20	
Färöer	4	4	–	–	16:3	
Finnland	11	10	–	1	27:8	
Frankreich	11	2	4	5	5:15	3:4
Georgien	3	2	1	–	7:2	
Griechenland	10	3	3	4	12:14	
Iran	1	1	–	–	1:0	
Irland	8	4	4	–	22:7	
Island	7	3	3	1	12:9	
Israel	5	1	4	–	5:4	
Italien	9	4	4	1	11:7	
Japan	2	–	1	1	4:5	
Kamerun	2	1	1	–	2:1	
Prov. Kanton	1	1	–	–	1:0	
Katar	1	1	–	–	4:0	
Kroatien	1	–	–	1	0:2	
Kuwait	1	1	–	–	3:1	
Lettland	1	–	–	1	1:2	
Libanon	1	1	–	–	7:0	
Litauen	3	3	–	–	7:1	
Luxemburg	7	7	–	–	29:2	
Marokko	1	1	–	–	2:0	
Mexiko	1	1	–	–	1:0	
Moldawien	6	4	1	1	11:3	
Montenegro	2	1	1	–	3:1	
Niederlande	15	6	4	5	24:22	
Nordirland	8	6	1	1	15:4	
Norwegen	2	–	1	1	2:5	
Österreich	9	8	1	–	25:6	
Oman	1	–	–	1	0:1	
Polen	4	1	2	1	4:3	
Portugal	10	3	2	5	15:20	
Rumänien	7	4	3	–	23:6	
Russland	6	3	–	3	9:10	
San Marino	4	4	–	–	32:0	
Schottland	9	3	2	4	12:12	
Schweden	6	4	–	2	9:7	
Schweiz	14	8	6	–	35:12	
Serbien	4	3	1	–	10:6	
Slowenien	1	1	–	–	3:0	
Sowjetunion	8	2	3	3	15:12	
Spanien	11	3	2	6	11:14	
Südafrika	1	–	1	–	1:1	
Südkorea A	1	–	1	–	0:0	

Die Spiele der Nationalmannschaften der Junioren U 21

Thailand	1	1	–	–	4:1
Tschechien	8	3	4	1	9:6
Tschechoslowakei	5	1	4	–	7:5
Türkei	10	4	3	3	17:9
Tunesien	2	–	1	1	1:2
Ukraine	6	5	1	–	14:2
Ungarn	3	1	2	–	3:0
USA	1	1	–	–	1:0
Usbekistan	1	1	–	–	2:0
Wales	4	4	–	–	14:1
Weißrussland	3	2	1	–	5:1
Zypern	4	4	–	–	13:4
Gesamt:	**334**	**179**	**91**	**64**	**675:312**

Die Nationalmannschaften der Junioren U 21

Nachdem der DFB seit 1974 keine Juniorenspiele „U 23" mehr durchführt, wurden, wesentlich später als in anderen Ländern, 1979 erstmals Länderspiele der neugegründeten Junioren-National-Elf „U 21" ausgetragen, die auch künftig an allen internationalen Wettbewerben teilnimmt.

1979: 2 Spiele: 2 Niederlagen

1 **Polen**, 10.10., Thorn, 0:1 verloren: Greiner – Kruse, Willkomm, Gorski, Otten – Th. Schneider, Dierssen (Klotz), Kempe – Th. Allofs (Löw), Littbarski, Völler (Dusend) – SR: Poczek (Tschechoslowakei).
2 **Sowjetunion**, 20.11., Tiflis, 1:2 verloren: Immel – Kruse, Willkomm (Schneider), Gruber, Otten – Matthäus, Löw, Th. Allofs – Littbarski, Klotz (1), Völler (Augustin) – SR: Laktso (Finnland).

1980: 10 Spiele: 5 Siege, 3 Unentschieden, 2 Niederlagen

3 **Schottland**, 26.2., Dortmund, 1:0 gewonnen: Immel – Kruse, Schuster, Gruber, Otten – Kroth (Gorski), Schneider, Löw (Kempe) – Littbarski, Klotz (1), Augustin (Völler) – SR: Jensen (Dänemark).
4 **Schweiz**, 2.4., St. Gallen, 3:3 unentschieden: Greiner – Kruse (Gebauer), Hieronymus, Gruber (1), Otten – Th. Schneider, Kempe (Geier), Löw (Remark), Kroth (1) – Littbarski (1), Klotz – SR: Fahnler (Österreich).
5 **Belgien**, 20.5., Lüttich, 4:0 gewonnen: Immel – Schreml, Hieronymus (1), Geier, Gorski (Rolff) – Kroth, Dittus, Lehmann (1) – Littbarski (1) (Th. Allofs), Schatzschneider (Klotz), Völler (1) – SR: Rion (Luxemburg).
6 **Provinz Kanton**, 10.6., Kanton, 1:0 gewonnen (Vom DFB-Spielausschuss als offizielles Länderspiel deklariert): Greiner – Schreml, Kroth, Freund (Th. Schneider), Saborowski – Littbarski (Dusend), Blau, Rolff – Klotz, Schatzschneider (1), Völler (Th. Allofs) – SR: Junichi (Japan).
7 **Mexiko**, 14.6., Kanton, 1:0 gewonnen: Fuhr – Saborowski, Kroth, Blau, Gebauer (Freund) – Rolff, Th. Schneider, Dusend – Augustin (Schatzschneider), Remark, Völler (1) (Littbarski) – SR: Pu Hung (China).
8 **Rumänien**, 17.6., Kanton, 6:2 gewonnen: Greiner – Schreml, Kroth, Th. Schneider, Saborowski – Rolff, Blau (1), Littbarski (2) – Th. Allofs (1) (Dusend (1)), Schatzschneider (Klotz), Völler (1) (Remark) – SR: Jin-Jian (China).
9 **China**, 21.6., Kanton, 2:2 unentschieden, Elfmeterschießen (4:2): Greiner – Schreml, Kroth, Th. Schneider, Saborowski – Rolff, Blau, Littbarski (2) – Klotz (Remark, Dusend), Th. Allofs, Völler (Schatzschneider) – Die Elfmetertore schossen: Allofs, Blau, Schatzschneider, Littbarski (zählen nicht in der Torübersicht) – SR: Garcia (Mexiko).
10 **Niederlande**, 8.10., Mönchengladbach, 0:0 unentschieden: Greiner – Schreml, Kroth (Geier), Gorski, Rolff – Matthäus, Dittus, Dierssen (Buchwald) – Littbarski, Dreher, Wuttke (Dusend) – SR: Peeters (Belgien).
11 **Frankreich**, 18.11., Sarrebourg, 0:1 verloren: Greiner (Fuhr) – Schreml, Brehme (Th. Allofs), Rolff, Matthäus (Löhr) – Th. Schneider, Blau, Dierssen – Littbarski, Mill (Hönnscheidt), Engels – SR: Baumann (Schweiz).
12 **Bulgarien**, 2.12., Plovdiv, 0:1 verloren (EM-Qualifikation): Greiner – Schreml (Dittus), Blau, Rolff, Th. Schneider – Matthäus, Th. Allofs (Völler), Engels, Dierssen – Littbarski, Mill – SR: Goksel (Türkei).

1981: 6 Spiele: 6 Siege

13 **Spanien**, 31.3., Koblenz, 3:1 gewonnen: Fuhr – Löhr, Hieronymus, Dickgießer, Otten – Matthäus (1), Dittus, Engels (Dierssen) – Littbarski (1), Schatzschneider (1), Völler (Wuttke) – SR: Delmer (Frankreich).
14 **Österreich**, 28.4., Kiel, 4:0 gewonnen (EM-Qualifikation): Greiner – Schäfer, Hieronymus, Dickgießer, Otten – Matthäus, Dittus, Th. Allofs – Littbarski (Kempe (1)), Engels (Steubing (1)), Völler (2) – SR: McGinlay (Schottland).
15 **Finnland**, 23.5., Lämpääle, 2:1 gewonnen (EM-Qualifikation): Fuhr – Rolff, Hieronymus, Dickgießer, Otten – Matthäus, Dittus; Th. Allofs – Littbarski (2), Schatzschneider (Steubing), Völler (Steininger) – SR: Johannssen (Schweden).
16 **Finnland**, 22.9., Arnsberg, 4:2 gewonnen (EM-Qualifikation): Greiner – Rolff, Hieronymus, Gruber, Otten – Brehme (Dierssen), Matthäus (1), Kempe – Littbarski (2), Patzke (1), Völler (Geiger) – SR: Maanson (Dänemark).

17 **Österreich**, 13.10., Krems, 1:0 gewonnen (EM-Qualifikation): Immel – Brehme, Strack, Gruber. Otten – Rolff, Hieronymus (von Heesen (1)), Matthäus – Th. Allofs, Kempe, Völler (Bittorf) – SR: Padar (Ungarn).
18 **Bulgarien**, 21.11., Koblenz, 4:1 gewonnen (EM-Qualifikation): Immel – Rolff, Strack (1), Bittorf, Otten – Matthäus (Geiger), Milewski, Engels (1) – Littbarski (1) (Kempe), Th. Allofs, Völler (1) – SR: Barbaresco (Italien).

1982: 8 Spiele: 4 Siege, 2 Unentschieden, 2 Niederlagen

19 **Spanien**, 24.2., Santa Cruz, 0:1 verloren (EM-Viertelfinale): Immel – Geiger, Strack, Dickgießer, Otten – Hieronymus, Matthäus, Dittus (Kempe) – Littbarski, Th Allofs, Engels – SR: Sostaric (Jugoslawien).
20 **Schweiz**, 23.3., Schwenningen, 1:1 unentschieden: Vollborn – Rolff, Loose, Reinhardt, Quaisser – Zorc (Opitz), Schön (Schäfer), Falkenmayer – Reichert, von Heesen, Mathy (1) (Wohlfarth) – SR: Delmer (Frankreich).
21 **Spanien**, 6.4., Augsburg, 2:0 gewonnen (EM-Viertelfinale): Immel – Geiger (Völler (1)), Strack, Gruber (Kempe), Otten – Rolff, Matthäus, Engels – Reinders, Th. Allofs, Littbarski (1) – SR: Van Langenhove (Belgien).
22 **Tschechoslowakei**, 14.4., Prag, 1:1 unentschieden: Vollborn (Zimmermann) – Borowka, Schäfer, Reinhardt, Falkenmayer – Opitz (Quaisser), Rahn, Brunner (Wohlfarth) – Wuttke, von Heesen (1), Brummer (Schön) – SR: Savo (Ungarn).
23 **Sowjetunion**, 21.4., Charkow, 4:3 gewonnen (EM-Halbfinale): Immel – Schäfer (Falkenmayer), Strack, Reinhardt, Otten – Rolff, Kroth, Dittus – Reinders, Th. Allofs (1), Völler (2), dazu ein Eigentor von Dumanski – SR: Eriksson (Schweden).
24 **Sowjetunion**, 30.4., Aachen, 5:0 gewonnen (EM-Halbfinale): Immel – Rolff, Strack (1), Gruber (1), Otten – Matthaus, Dittus, Kroth – Littbarski (2), Reinders (1), Völler (Kempe) – SR: Igna (Rumänien).
25 **England**, 21.9., Sheffield, 1:3 verloren (EM-Finale): Immel – Geils, Strack, Reinhardt, Otten – Rolff, Kempe (Kroth), Engels – Wuttke (Reichert), Th. Allofs, Völler (1) – SR: Schoetgers (Belgien).
26 **England**, 12.10., Bremen, 3:2 gewonnen (EM-Finale): Immel – Geils, Reinhardt, Otten – Geiger (Dittus), Möhlmann, Engels, Kroth (von Heesen) – Reichert, Th. Allofs, Littbarski (3) – SR: Casarin (Italien).

1983: 12 Spiele: 5 Siege, 7 Unentschieden

27 **Portugal**, 22.2., Setubal, 3:1 gewonnen: Zimmermann – Schäfer, Fach, Reinhardt, Winklhofer (1) – Quaisser, Dittus, Falkenmayer (Zorc) – Reichert (Neubarth), Mathy (1) (Schön), Waas (1) (Brummer) – SR: Perez (Spanien).
28 **Albanien**, 29.3., Shkodra, 1:1 unentschieden (EM-Qualifikation): Vollborn – Hönerbach, Reinhardt, Schäfer, Winklhofer – Quaisser, Wuttke, Trieb – Reichert (Herbst), Mathy (1), Waas (Schön) – SR: Szabo (Ungarn).
29 **Türkei**, 22.4., Izmir, 1:0 gewonnen (EM-Qualifikation): Vollborn – Schäfer, Reinhardt, Beierlorzer, Quaisser (Trieb) – Fach, Matthäus, Falkenmayer – Reichert, Herbst, Wuttke (1) – SR: Tzontchev (Bulgarien).
30 **Österreich**, 26.4., St. Pölten, 1:1 unentschieden (EM-Qualifikation): Zimmermann – Hönerbach (Quaisser), Beierlorzer, Reinhardt, Schäfer – Matthäus, Trieb, Falkenmayer – Wuttke, Herbst (1), Reichert – SR: Wurtz (Frankreich).
31 **Algerien**, 6.6., Toulon, 0:0 unentschieden (Turnier): Vollborn – Storck, Loose, Metschies, Plath – Brunner (Neubarth), Schön (Wohlfarth), Quaisser, Falkenmayer – Herbst, Brummer – SR: Wurtz (Frankreich).
32 **China**, 8.6., Toulon, 5:0 gewonnen (Turnier): Zimmermann – Storck, Loose, Schäfer, Falkenmayer – Quaisser, Schön (1) (Plath), Brunner (Brummer) – Reichert (3), Neubarth, Wohlfarth (1) – SR: Dante (Portugal).
33 **Brasilien**, 10.6., Toulon, 2:2 unentschieden (Turnier): Vollborn – Storck, Loose, Schäfer, Metschies (Wohlfarth) – Quaisser (1), Schön, Falkenmayer – Brunner, Reichert, Herbst (1) – SR: van Langenhove (Belgien).
34 **Frankreich**, 12.6., Toulon, 0:0 unentschieden, Elfmeterschießen 3:4 (Turnier, um Platz 3): Vollborn – Storck, Loose, Schäfer, Falkenmayer – Quaisser, Schön, Plath – Reichert, Neubarth (Herbst), Brunner (Wohlfarth) – SR: van Langenhove (Belgien) – Elfmetertore (zählen nicht in der Statistik): Schön, Quaisser, Reichert.

35 **Ungarn**, 6.9., Gyöngyös, 0:0 unentschieden: Grüner – Schäfer, Loose, Reinhardt, Falkenmayer – Quaisser, Schön, Brunner (Trieb) – Reichert, Mathy, Brummer (M. Rummenigge) – SR: Marko (CSSR).
36 **Österreich**, 4.10., Arnsberg, 2:1 gewonnen (EM-Qualifikation): Grüner – Storck, Herget (1), Schröder, Falkenmayer – Brunner, Schön, Rahn – Reichert, Mathy (Kuntz), M. Rummenigge (1) (Quaisser) – SR: Midgley (England).
37 **Türkei**, 25.10., Berlin, 7:0 gewonnen (EM-Qualifikation): Vollborn – Storck, Steiner (1), Herget (2), Schäfer – Brunner, Schön, Falkenmayer – Mathy (2), M. Rummenigge (Kuntz (1)), Waas (1) (Reichert) – SR: Hora (CSSR).
38 **Albanien**, 19.11., Trier, 1:1 unentschieden (EM-Qualifikation): Zimmermann – Schäfer, Herget, Steiner, Falkenmayer – Brunner, Schön (Storck), von Heesen – Reichert (Thiele), M. Rummenigge (1), Kuntz – SR: Quiniou (Frankreich).

1984: 5 Spiele: 2 Siege, 2 Unentschieden, 1 Niederlage

39 **Belgien**, 28.2., Koblenz, 1:0 gewonnen: Vollborn – Schäfer, Zietsch, Reinhardt, Grahammer (Kraaz) – Rahn, Falkenmayer, Frontzeck (Schön) – Mathy (1), Reichert, M. Rummenigge (Zechel) – SR: Bindels (Luxemburg).
40 **Sowjetunion**, 27.3., Osnabrück, 1:1 unentschieden: de Beer – Berthold, Schröder, Kraaz (Pomp), Frontzeck – Grahammer (Scheike), Schön, Zietsch – Müller, M. Rummenigge (1), Zechel (Wegmann) – SR: Constantin (Belgien).
41 **Griechenland**, 17.4., Aschaffenburg, 0:0 unentschieden: Reck – Scheike (Hoos), Schröder, Reinhardt (Klinsmann), Frontzeck – Berthold, Pomp, Zietsch – Lusch, Wegmann (Zechel), Müller – SR: Pernkopf (Österreich).
42 **Schottland**, 11.9., Edinburgh, 1:2 verloren: Immel – Moser, Schröder, Roth, Kraaz – Klinsmann (Thon), Pomp (Wegmann), Hochstätter, Kree (Bunte) – M. Rummenigge (1), Müller – SR: Richardson (England).
43 **Schweden**, 16.10., Münster, 1:0 gewonnen (EM-Qualifikation): Aumann – Roth, Schröder, Bunte, Kraaz – Thon (1), Berthold, Kroth, Kögl (Müller) – Waas, M. Rummenigge – SR: Petrovic (Jugoslawien).

1985: 8 Spiele: 3 Siege, 2 Unentschieden, 3 Niederlagen

44 **Portugal**, 23.2., Lissabon, 1:2 verloren (EM-Qualifikation): Aumann – Kohler, Schröder, Kraaz, Roth, Foda (1), von Heesen, Pomp (Kögl) Gielchen – Hochstätter (Wegmann), Waas – SR: Martinez (Spanien).
45 **Schweiz U 23**, 26.3., Schaffhausen, 0:0 Unentschieden: Gundelach (Reck) – Roth, W. Funkel, Schröder, Kree – Kohler, Dorfner, Hochstätter (Drehsen), Anderbrügge (Nitsche) – Krämer (Neun), Klinsmann (Ordenewitz) – SR: Frost (Israel).
46 **Bulgarien**, 16.4., Aichach, 2:0 gewonnen: Aumann – Roth, W. Funkel, Drehsen, Kree – Klinsmann (2), Hochstätter, Rolff, Haas (Moser) – Waas (Müller), Kögl – SR: Gregr (CSSR).
47 **Tschechoslowakei**, 30.4., Mladev Boleslav, 1:1 unentschieden (EM-Qualifikation): Aumann – Roth, W. Funkel (1), Kraaz, Kree – Drehsen, Hochstätter, Haas (Kohler), Anderbrügge – Klinsmann, Kögl (Müller) – SR: Mercier (Schweiz).
48 **Sowjetunion**, 27.8., Moskau, 1:2 verloren: Gundelach (Aumann) – W. Funkel – Kohler, Roth (Bunte) Kree – Dorfner (Anderbrügge), M. Rummenigge, Drehsen – Klinsmann (Hochstätter), Waas (Eckstein (1)), Kögl – SR: Natri (Finnland).
49 **Schweden**, 24.9., Eskilstuna, 1:2 verloren: Aumann – Zietsch – Roth, Kohler, Ruländer – Rolff, Dorfner, Reuter (Kögl) – Waas, M. Rummenigge (Hochstätter), Klinsmann (1) – SR: Smith (Schottland).
50 **Portugal**, 15.10., Karlsruhe, 2:0 gewonnen (EM-Qualifikation): Aumann – Theiss – Reuter, Kohler, Frontzeck – Hochstätter (Drehsen), Rolff, Thon (1) – Klinsmann (Eckstein (1)), Waas, Kögl – SR: Kohl (Österreich).
51 **Tschechoslowakei**, 16.11., Regensburg, 3:1 gewonnen (EM-Qualifikation): Illgner – W. Funkel – Schmidt, Kohler, Moser – Reuter, M. Heidenreich (Gaudino), Schwabl (Schupp), Neun – Eckstein (1), Kuntz (2) – SR: van Swieten (Niederlande).

1986: 6 Spiele: 2 Siege, 3 Unentschieden, 1 Niederlage

52 **Italien**, 4.2., Salerno, 1:1 unentschieden: Immel – W. Funkel – Berthold, Kohler, Frontzeck – Schupp (Drews), Schwabl (Trares), Reuter, Gaudino (1) – Waas, Eckstein (Geilenkirchen) – SR: Borg (Malta).

53 **Südkorea A**, 11.3., Koblenz, 0:0 unentschieden: Immel – W. Funkel – Berthold, Hannes, Frontzeck – Drews (Fuchs), Schwabl, Reuter, Falkenmayer – Geilenkirchen (Schupp), Waas – SR: Ponnet (Belgien).
54 **Schweiz**, 8.4., Kehl, 2:1 gewonnen: Illgner – Theiss, Reuter, Kuhlmey – Schwabl (Heidenreich), Gomminger, Schupp, Moser – Simmes (Leifeld (1)), Eckstein (1), Kögl – SR: Gilson (Luxemburg).
55 **Schottland**, 9.9., Glasgow, 0:1 verloren: Illgner – Drews – Kutowski, Kohler – Zanter (Simmes), Moser, Reuter, Neun (Kreuzer), Gaudino – Leifeld (Trares), Kögl – SR: Hill (England).
56 **Dänemark**, 23.9., Kopenhagen, 0:0 unentschieden: Illgner (Kubik) – Fach – Zanter, Reuter, Kutowski – Drews (Schupp), Neun, Schwabl (Heidenreich) – Kohn (Riedle), Merkle, Kögl – SR: Halle (Norwegen).
57 **Bulgarien**, 29.10., Koblenz, 2:0 gewonnen (EM-Qualifikation): Illgner – Reuter (1) – Kleppinger, Kohler, Kutowski – Moser, Schwabl (Häßler), Neun – Leifeld (1), Eckstein, Kögl (Schupp) – SR: Presberg (Norwegen).

1987: 8 Spiele: 4 Siege, 4 Niederlagen

58 **Luxemburg**, 24.3., Koblenz, 4:1 gewonnen (EM-Qualifikation): Illgner – Drews – Moser, Conrad, Kutowski – Schwabl, Gaudino (1) (Schupp), Neun (1) – Kastl, Dickel (2), Kögl – SR: Sörensen (Dänemark).
59 **Niederlande**, 28.4., Venlo, 1:3 verloren (EM-Qualifikation): Illgner – Sauer – Moser (Gaudino), Kohler, Kutowski – Reuter, Schwabl, Borowka, Neun – Simmes, Schmöller (Kohn (1)) – SR: King (Wales).
60 **Frankreich**, 11.8., Trier, 0:2 verloren: Berg – Sauer – Beiersdorfer, Kutowski (Foda) – Moser, Drews, Schwabl, Neun, Gaudino (Labbadia) – Kastl, Riedle (Janßen) – SR: Crucke (Belgien).
61 **England**, 8.9., Lüdenscheid, 2:0 gewonnen: Reck – Sauer – Kutowski (Binz), Kreuzer, Zanter – Neun, Foda, Schwabl, Kögl – Riedle (1) (Kirchhoff), Labbadia (1) (Glesius) – SR: Nervik (Norwegen).
62 **Dänemark**, 22.9., Lübeck, 2:0 gewonnen: Reck – Sauer – Kreuzer, Foda, Zanter – Binz, Schwabl, Neun (Kutowski), Kögl – Labbadia, Glesius (2) (Schütterle) – SR: Ruokonen (Finnland).
63 **Luxemburg**, 28.10., Luxemburg, 4:1 gewonnen (EM-Qualifikation): Reck – Binz – Kutowski, Kreuzer – Reuter (1), Foda, Schwabl (1), Neun (Pförtner) – Leifeld (Kirchhoff), Labbadia (1), Glesius (1) – SR: Girard (Frankreich).
64 **Niederlande**, 17.11., Münster, 0:2 verloren (EM-Qualifikation): Reck – Binz (Pförtner) – Kreuzer, Kutowski, Schaaf, Schütterle, Foda, Neun, Kögl – Riedle, Labbadia (Glesius) – SR: Martin (England).
65 **Bulgarien**, 2.12., Sofia, 1:2 verloren (EM-Qualifikation): Reck – Binz – Schaaf, Kreuzer, Kutowski – Foda, Schwabl, Neun (Pförtner) – Schütterle (Baranowski), Labbadia (1), Kögl – SR: Petrovic (Jugoslawien).

1988: 3 Spiele: 3 Siege

66 **Schweiz**, 26.4., Kreuzlingen, 8:0 gewonnen: Rekers (Brunn) – Spyrka – Strehmel, Metz (Kober) – H. J. Heidenreich, M. Schneider (1) (Legat), Möller (1) (Klinkert), Dammeier, K. Reinhardt – Witeczek (2) (Epp (1)), Bierhoff (3) – SR Kaupe (Österreich).
67 **Finnland**, 30.8., Kouvola, 3:0 gewonnen (EM-Qualifikation): Reck – Binz – Luginger, Strehmel, Metz – Steffen, Dammeier (1) (Preetz), Möller (1), K. Reinhardt (1) – Witeczek, Bierhoff (Effenberg) – SR: Timoschenko (Sowjetunion).
68 **Niederlande**, 18.10., Augsburg, 2:0 gewonnen (EM-Qualifikation): Reck – Binz – Luginger, Strehmel, Metz – Steffen (Effenberg (1)), Möller (1), Dammeier, K. Reinhardt – Witeczek (Kober), Bierhoff (1) – SR: Negreira (Spanien).

1989: 8 Spiele: 3 Siege, 5 Unentschieden

69 **Bulgarien**, 21.3., Sofia, 0:0 unentschieden: Reck – A. Reinhardt – Metz, Luginger, Klinkert – Effenberg (M. Schneider), Wagner, Dammeier (Poschner), K. Reinhardt – Witeczek (Eichenauer), Feinbier – SR: Varga (Ungarn).
70 **Niederlande**, 25.4., Venlo, 1:0 gewonnen (EM-Qualifikation): Reck – Spyrka – A. Reinhardt, Klinkert – Metz, Steffen, Luginger, Poschner (Sturm), N. Schmäler – Witeczek (1), Banach (Kober) – SR: Spillang (Irland).
71 **Island**, 30.5., Reykjavik, 1:1 unentschieden (EM-Qualifikation): Reck – Spyrka – Kreuzer, Klinkert – Steffen, Effenberg, N. Schmäler (Bierhoff (1)), Luginger – Banach, Witeczek, Poschner (M. Schneider) – SR: Nielsen (Dänemark).

72 **Tschechoslowakei**, 5.9., Pribram, 1:1 unentschieden: Golz – Spyrka – Strehmel, Klinkert, Metz – Luginger (Steffen), Schneider, Dammeier (Wagner), K. Reinhardt – Bierhoff (1) (Sternkopf), Witeczek (Preetz) – SR: Orlovski (Polen).
73 **Finnland**, 3.10., Arnsberg, 2:0 gewonnen (EM-Qualifikation): Golz – Spyrka – Luginger, Klinkert, Metz – Sturm (Kober), Steffen, Dammeier, K. Reinhardt (1) – Witeczek (1) (M. Bode), Banach – SR: van den Wijngaert (Belgien).
74 **Island**, 25.10., Saarbrücken, 1:1 unentschieden (EM-Qualifikation): Brunn – Spyrka – Strehmel, Klinkert, N. Schmäler – Sturm (Sternkopf), Schneider, Weber (Luginger), K. Reinhardt – M. Bode (1), Bierhoff – SR: Girard (Frankreich).
75 **Kamerun „A"**, 20.12., Jaunde, 1:0 gewonnen: Golz – Klinkert – Heidenreich, Kober, Metz – Luginger, Poschner, Steffen, Schneider (Bierhoff), K. Reinhardt – M. Bode (1) (Dammeier) – SR: Pettcha (Kamerun).
76 **Kamerun „A"**, 23.12., Jaunde, 1:1 unentschieden: Brunn – Luginger – H. J. Heidenreich (Klinkert), Kober, Metz – Lasser (Steffen), Fink, Poschner, Dammeier (Schneider) – Bierhoff (1), M. Bode (K. K. Reinhardt) – SR: Aboh (Kamerun).

1990: 6 Spiele: 4 Siege, 1 Unentschieden, 1 Niederlage

77 **Frankreich**, 28.2., Ales, 1:0 gewonnen: Golz – Klinkert – Metz – Luginger (Kober), Steffen (Schneider), Strunz, (Th. Chmielewski), Poschner, K. Reinhardt – Bierhoff (Sturm), Sternkopf (1) – SR: Velasques (Spanien).
78 **Sowjetunion**, 14.3., Simferopol, 1:1 unentschieden (EM-Viertelfinale): Golz – Binz – Klinkert, Strehmel, Metz – Strunz, Luginger, Hochstätter, K. Reinhardt – Witeczek (Steffen), Sternkopf – Eigentor Bal – SR: Natri (Finnland).
79 **Sowjetunion**, 28.3., Augsburg, 1:2 n. V. verloren (EM-Viertelfinale): Golz – Binz – Metz (Bierhoff), Klinkert, Strehmel – Luginger, Hochstätter (1), Möller, Effenberg, K. Reinhardt – Sternkopf – SR: Halle (Norwegen).
80 **Schweden**, 9.10., Uppsala, 2:1 gewonnen: Lehmann – N. Schmäler – Wörns, Spanring, Paßlack – Lasser, Poschner (1), Franck (Pflipsen), Kranz – Sternkopf (1) (Haber), Klauß (Hubner) – SR Palsi (Finnland).
81 **Luxemburg**, 30.10., Diekirch, 3:0 gewonnen (EM-Qualifikation): Scheuer – N. Schmäler – Wörns, Spanring (Quallo) – Lasser, Haber, Poschner, Pflipsen, Kranz – Klauß (2), Sternkopf (Hubner (1)) – SR: Östergaard (Dänemark).
82 **Schweiz**, 18.12., Kirchheim/Teck, 4:1 gewonnen: Schulze – N. Schmäler (Franck) – Spanring (Stadler), Quallo (Heldt) – Kern, Haber, Paßlack (Gerlach), Pflipsen (Hubner), Poschner – Klauß (1), Herrlich (3) – SR: Pairetto (Italien).

1991: 7 Spiele: 5 Siege, 1 Unentschieden, 1 Niederlage

83 **Sowjetunion**, 26.3., Mannheim, 1:1 unentschieden: Lehmann – N. Schmäler – Stadler, Wörns – Paßlack, Pflipsen, Haber, Poschner (1), Kranz (Heldt) – Herrlich, Fuchs – SR: Werner (Polen).
84 **Belgien**, 30.4., Osnabrück, 3:1 gewonnen (EM-Qualifikation): Lehmann – N. Schmäler – Stadler, Wörns – Paßlack, Pflipsen (Kern), Haber, Poschner, Kranz – Herrlich (2), Ziege (1) – SR: Girard (Frankreich).
85 **Bulgarien**, 4.6., Koblenz, 2:0 gewonnen: Lehmann – N. Schmäler – Wörns, Stadler – Paßlack (Spanring), Pflipsen (Franck), Kern (Rath), Haber, Poschner (Scholl) – Herrlich (2), Ziege – SR: Piraux (Belgien).
86 **England**, 10.9., Scunthorpe, 1:2 verloren: Klos – N. Schmäler (H. Fuchs) – Wörns, Stadler (1) – Paßlack, Kranz, Pflipsen (U. Schneider), Poschner, Haber, Ziege – Herrlich – SR: Hope (England).
87 **Marokko**, 15.10., Donauwörth, 2:0 gewonnen: Klos (Lehmann) – Ziege – Wörns, Stadler – Paßlack (J. Bode), Kranz, Pflipsen (N. Schmäler), Poschner (1) (Heldt), Haber (U. Schneider) – Herrlich, Rath (1) (Kern) – SR: Wieser (Österreich).
88 **Belgien**, 19.11., Genk, 3:0 gewonnen (EM-Qualifikation): Klos – Ziege – Wörns, Stadler – Paßlack, Franck (1), Haber, Poschner (Fuchs), Kranz – Herrlich, Scholl (2) (N. Schmäler) – SR: Bouillet (Frankreich).
89 **Luxemburg**, 17.12., Aachen, 3:0 gewonnen (EM-Qualifikation): Lehmann – Ziege – Wörns, Paßlack (Stadler) – Franck, Haber, Poschner (1), Scholl, Kranz (Karl) – Herrlich (1), H. Fuchs (1) – SR: Olafsson (Island).

1992: 8 Spiele: 3 Siege, 2 Unentschieden, 3 Niederlagen

90 **Schottland**, 10.3., Bochum, 1:1 unentschieden (EM-Viertelfinale): Klos – N. Schmäler (1) – Stadler, Wörns – Paßlack, Haber, Franck, Poschner (Pflipsen), Kranz (Scholl) – Herrlich, Jähnig – SR: Pezzella (Italien).

91 **Schottland**, 24.3., Aberdeen, 3:4 verloren (EM-Viertelfinale): Klos – N. Schmäler – Wörns, Stadler – Paßlack, Haber, Franck (Baumann), Scholl (1), Poschner, Kranz (1) – Herrlich (1) – SR: Velasquez (Spanien).

92 **Tschechoslowakei**, 21.4., Pilsen, 1:1 unentschieden: Klos – Babbel – U. Schneider, Happe – Kienle (Hutwelker), Unger, Nerlinger (Otto), Haber, Münch – Wück, Herrlich (1) – SR: Galler (Schweiz).

93 **Niederlande**, 8.9., Bocholt, 0:1 verloren: Klos – Babbel – Baschetti, Münch – Unger (Kramny), Haber, Fellhauer (Happe), Ziege, Wolf – Herrlich (Kienle), Wück – SR: Philippi (Luxemburg).

94 **Türkei**, 13.10., Unterhaching, 4:0 gewonnen: Klos (Hoffmann) – Münch – Babbel – U. Schneider – Baschetti, Unger, Haber (Fellhauer), Lottner (Keuler), Wolf (Happe (1)) – Rydlewicz (2), Herrlich (1) (Wück, Wagner) – SR: Kapl (Österreich).

95 **Albanien**, 17.11., Tirana, 1:0 gewonnen (EM-Qualifikation): Klos – Münch – Baschetti, U. Schneider – Haber, Unger (1), Babbel, Ziege, Happe – Herrlich (Bäron), Rydlewicz (Kramny) – SR: Varga (Ungarn).

96 **Spanien**, 15.12., Osnabrück, 1:2 verloren (EM-Qualifikation): Klos – Münch – Baschetti, U. Schneider – Haber, Unger, Babbel, Ziege, Happe – Rydlewicz (Kramny), Herrlich (1) (Bäron) – SR: Beschin (Italien).

97 **Albanien**, 22.12., Bielefeld, 4:1 gewonnen (EM-Qualifikation): Klos – Münch (1) – Baschetti, U. Schneider (Kramny) – Haber (1), Unger, Babbel, Ziege, Lottner – Bäron (Rydlewicz), Herrlich (2) – SR: Micallef (Malta)

1993: 7 Spiele: 4 Siege, 1 Unentschieden, 2 Niederlagen

98 **Irland**, 9.3., Dublin, 1:0 gewonnen (EM-Qualifikation): Klos – Münch – Babbel, Wörns – Haber, Unger, Kramny, Ziege, Lottner – Herrlich (Bäron), Wück (1) – SR: Orrason (Island).

99 **Irland**, 23.3., Baunatal, 8:0 gewonnen (EM-Qualifikation): Klos – Münch (1), Babbel, Wörns (1) – Kramny (Nerlinger (1)), Frey, Unger, Haber (1), Lottner (1) – Herrlich (2), Wück (1) (Bäron) – SR: Hollung (Norwegen).

100 **Dänemark**, 13.4., Rönne, 4:1 gewonnen (EM-Qualifikation): Klos – Münch – Wörns, Babbel – Frey, Unger, Haber, Ziege (2), Lottner – Herrlich (1), Wück (1) – SR: Frisk (Schweden).

101 **Griechenland**, 21.9., Ulm, 3:3 unentschieden: Klos – Münch – Happe, Babbel – Frey (Kramny), Unger, Haber, Nerlinger (1) (Wück), Lottner – Bäron (2), Herrlich (Däbritz) – SR: Philippi (Luxemburg).

102 **Dänemark**, 12.10., Celle, 0:1 verloren (EM-Qualifikation): Klos – Münch – Babbel (Happe), Wörns – Lottner – Haber, Unger (Kramny), Nerlinger, Frey – Wück, Bäron – SR: Jol (Niederlande).

103 **Luxemburg**, 16.11., Koblenz, 2:0 gewonnen: Gospodarek – Schwiderowski – Rasiejewski, Eberl – Rydlewicz (Wück), Ramelow, Nerlinger (Sobotzik), Hamann (1), Reis (Stark) – Bäron (Brdaric), Zickler (1) – SR: Berg (Konz).

104 **Spanien**, 14.12., Cordoba, 1:3 verloren (EM-Qualifikation): Klos – Münch – Wörns, Babbel – Keuler (Jancker), Happe, Frey, Nerlinger (1), Lottner – Zickler, Rydlewicz – SR: Ashby (England).

1994: 7 Spiele: 2 Siege, 2 Unentschieden, 3 Niederlagen

105 **Ungarn**, 8.3., Baunatal, 0:0 unentschieden: Gospodarek – Schwiderowski – Nowotny, Stark – Lieberknecht, Rasiejewski (Rydlewicz), Nerlinger, Ramelow, Eberl – Bäron (Feldhoff), Wück – SR: Ihring (Slowakei).

106 **Türkei**, 19.4., Istanbul, 0:1 verloren: Gospodarek – Schwiderowski (Hamann) – Stark, Burghartswieser – Hagner, Zickler (Wück), Lieberknecht, Nowotny (Ziegler), Nerlinger, Reis – Bäron – SR: Momirov (Bulgarien).

107 **Griechenland**, 10.5., Lamia, 0:1 verloren: Wache (Alter) – Nowotny – Stark, Beuchel – Lieberknecht, Reis (Hagner), Nerlinger, Ramelow, Hamann – Bäron (Jancker, Neuendorf), Wück – SR: Gefalidis (Griechenland).

108 **Russland**, 6.9., Moskau, 0:2 verloren: Gospodarek – Hengen – Eberl, Müller – Lieberknecht, Ramelow, Hamann, Burghartswieser (O. Schmidt), Hager – Bäron (Neuendorf), Wück (Zickler) – SR: Wojcik (Polen).

109 **Ungarn**, 12.10., Budapest, 3:0 gewonnen: Gospodarek – Hengen – Eberl, Müller (Hager) – Lieberknecht, Ramelow (O. Schmidt), Nerlinger (2), Hamann (Neuendorf), Beuchel – Zickler (1), Bäron (Feldhoff) – SR: Sedlacek (Österreich).

110 **Finnland**, 15.11., Mannheim, 2:1 gewonnen: Gospodarek – Hengen – Nowotny (O. Schmidt), Müller – Eberl (Rietpietsch), Ramelow, Hamann, Nerlinger, Hager – Zickler (Meissner), Feldhoff (1) (Neuendorf) – SR: Wiltgen (Luxemburg) – Dazu ein Eigentor des Finnen Nuorela.
111 **Moldawien**, 14.12., Kischinew, 1:1 unentschieden (EM-Qualifikation): Gospodarek – Hengen – Eberl, Nowotny – Lieberknecht, Ramelow, Hamann, Nerlinger, Beuchel – Zickler, Feldhoff (1) (Neuendorf) – SR: Michel (Slowakei).

1995: 9 Spiele: 7 Siege, 1 Unentschieden, 1 Niederlage
112 **Spanien**, 21.2., San Fernando, 0:0 unentschieden: Gospodarek – Hengen – R. Schneider, Eberl – Zickler (O. Schmidt), Ramelow, Müller, Nerlinger, Beuchel – Meißner (Wück), Feldhoff – SR: Batta (Frankreich).
113 **Georgien**, 28.3., Rustawi, 2:0 gewonnen (EM-Qualifikation): Fiedler – Nowotny (Beuchel) – Ehlers, R. Schneider – Eberl, Ramelow, Neuendorf (Rydlewicz), Nerlinger, O. Schmidt – Zickler (2), Feldhoff – SR: Ziober (Polen).
114 **Wales**, 25.4., Wuppertal, 1:0 gewonnen (EM-Qualifikation): Gospodarek – Nowotny – Beuchel, R. Schneider – Lieberknecht, Ramelow, Nerlinger, Ehlers, Neuendorf (Ricken (1)) – Breitenreiter, Zickler – SR: Pratas (Portugal).
115 **Bulgarien**, 6.6., Sofia, 0:2 verloren (EM-Qualifikation): Gospodarek – Nowotny – Beuchel, O. Schmidt – Lieberknecht, Ramelow, Breitenreiter, Nerlinger, Ehlers – Zickler (Ricken), Feldhoff (Dehoust) – SR: Bodenham (England).
116 **Belgien**, 22.8., Lüttich, 4:0 gewonnen: Gospodarek (Fiedler) – Hengen – Eberl (Rydlewicz), O. Schmidt – Lieberknecht (Reis), Ramelow, Nerlinger (1), Beuchel (Wedau) – Ricken (2) (A. Schmidt) – Feldhoff (1), Zickler (Hamann) – SR: Hamer (Luxemburg).
117 **Georgien**, 5.9., Regensburg, 3:0 gewonnen (EM-Qualifikation): Gospodarek – Hengen – O. Schmidt (Rydlewicz) – Eberl, Ramelow, R. Schneider, Ricken, Hamann, Reis – Feldhoff (Breitenreiter (1)), Zickler (1). Dazu ein Eigentor von Jeladse (Moldawien) – SR: Saar (Estland).
118 **Moldawien**, 7.10., Solingen, 3:1 gewonnen (EM-Qualifikation): Gospodarek – Hengen – Jeremies, O. Schmidt – Rydlewicz, Ramelow (Eberl), Ricken, (Beuchel), Nerlinger (3), Reis – Zickler, Feldhoff (Breitenreiter) – SR: Dubinskas (Litauen).
119 **Wales**, 10.10., Cardiff, 5:1 gewonnen (EM-Qualifikation): Gospodarek – Hengen – Jeremies (1), Beuchel (Cichon), O. Schmidt, R. Schneider (Eberl), Ramelow, Nerlinger – Rydlewicz (1), Zickler (1), Feldhoff (Ricken (2)) – SR: Beschi (Italien).
120 **Bulgarien**, 14.11., Frankfurt/Oder, 7:0 gewonnen (EM-Qualifikation): Gospodarek – Nowotny – O. Schmidt, R. Schneider (Reis), Jeremies – Ramelow (2), Hamann (1), Hengen – Rydlewicz (Neuendorf), Feldhoff (2), Zickler (1) (Hagner (1)) – SR: Nielsen (Dänemark).

1996: 9 Spiele: 4 Siege, 4 Unentschieden, 1 Niederlage
121 **Portugal**, 20.2., Felqueiras, 3:3 unentschieden: Gospodarek – Nowotny – O. Schmidt, R. Schneider (1), – Ehlers, Ricken (Neuendorf), Nerlinger, Hengen – Rydlewicz (Bäron (1)), Zickler (Hagner), Breitenreiter (1) – SR: Torres (Spanien).
122 **Frankreich**, 13. 3., Osnabrück, 0:0 unentschieden: (EM-Viertelfinale): Gospodarek – Nowotny – R. Schneider, Hengen, – St. Müller, Nerlinger, Ramelow, Rydlewicz, Ricken – Bäron, Breitenreiter (Neuendorf) – SR: Pedersen (Norwegen).
123 **Dänemark**, 26.3., Regensburg, 0:0 unentschieden: Fiedler – Ballack – Dogan (Flick), Reiter – Ernst, Cichon, Wedau (Büttner), Baumann, Gerster – Schroth (Eroglu), Brdaric (M. Rath) – SR: Garibian (Frankreich).
124 **Frankreich**, 26.3., Metz, 1:4 verloren: (EM-Viertelfinale): Gospodarek – Nowotny – Hengen, Beuchel, O. Schmidt (Ehlers) – Ramelow, Nerlinger (1), Ricken, Rydlewicz (Neuendorf), Bäron, Feldhoff (Hagner) – SR: Pairetto (Italien).
125 **Niederlande**, 23.4., Sittard, 2:0 gewonnen: Ziegler (Fiedler) – Ehlers – Reiter (Hahn), Dogan, Bochtler, Ernst, Wedau (1) (Riedl), Cichon (Gerster), Baumann – Schroth (Michalke), Brdaric (Müller (1)) – SR: Sandra (Belgien).
126 **Polen**, 4.9., Kattowitz, 0:0 unentschieden: Fiedler (Jentzsch) – Baumann – Reiter (Ballack), Dogan – Ernst (Riethmann), Cichon, Wedau (Gerster), Neuendorf, Bochtler – Schroth (Lars Müller), Michalke (Brdaric) – SR: Barber (England).
127 **Armenien**, 9.10., Abowian, 1:0 gewonnen (EM-Qualifikation): Fiedler – Cichon – Ernst, Dogan, Ballack, Reiter – Neuendorf (Gerster), Wedau – Ricken, Schroth (Lars Müller (1)), Michalke – SR: Reede (England).

128 **Bulgarien**, 8.11., Weiden, 3:0 gewonnen: Fiedler (Jentzsch) – Baumann – Reiter, Dogan – Ballack (Brdaric), Gerster (Wedau (1)), Ricken (1), Bochtler – Neuendorf (1) – Schroth (Lars Müller), Michalke – SR: Krula (Tschechien).

129 **Portugal**, 13.12., Leiria, 2:1 gewonnen (EM-Qualifikation): Jentzsch – Baumann – Reiter, Dogan – Cichon, Ernst, Ballack, Neuendorf (76. Ehlers, Hansa Rostock), Bochtler – Schroth, Michalke (2) (Rasiejewski) – SR: Toth (Ungarn).

1997: 11 Spiele: 5 Siege, 5 Unentschieden, 1 Niederlage

130 **Israel**, 25.2., Herzliya, 1:1 unentschieden: Jentzsch – Baumann – Ehlers, Dogan – Ballack (Ernst), Cichon (Gerster), Bochtler (Wiblishauser) – Ricken (1), Neuendorf – Schroth (Lars Müller), Villa – SR: Yucebiglic (Türkei).

131 **Albanien**, 1.4., Guadix/Spanien, 4:0 gewonnen (EM-Qualifikation): Jentzsch – Baumann – Reiter, Dogan (1), Ballack (1) – Ricken (1), Cichon (1), Bochtler (Ehlers) – Neuendorf (Gerster), Michalke, Schroth (Ernst) – SR: Redondo (Spanien).

132 **Ukraine**, 29.4., Meppen, 2:0 gewonnen (EM-Qualifikation): Fiedler Baumann Dogan, Reiter – Ernst, Cichon, Gerster (Ehlers) – Ballack (1), Wedau (Brdaric) – Schroth (1), Michalke (Lars Müller) – SR: van Dijk (Niederlande).

133 **Ukraine**, 6.6., Kiew, 1:1 unentschieden (EM-Qualifikation): Fiedler – Baumann – Dogan, Reiter – Ehlers – Ernst (Gerster), Cichon, Ballack, Neuendorf – Schroth (1), Michalke – SR: Garibian (Frankreich).

134 **Usbekistan**, 6.6., Taschkent, 2:0 gewonnen: Malessa – D. Schumann (Klitzpera), Hertzsch (Voigt), Vogt – Keidel, Weller (1) (R. Schumann), Kreuz (Enke), Wiblishauser – Reich (Villa), Siedschlag (Nehrbauer), Kanopka (Dabrowski (1)) – SR: Najafaliev (Usbekistan).

135 **Russland**, 19.8., Idar-Oberstein, 2:4 verloren: Fiedler (Jentzsch) – Baumann – Dogan, Ehlers (1) (Reich), Ernst (Wiblishauser), Ballack (Rasiejewski), Cichon (Wedau), Bochtler, Neuendorf – Schroth (1), Michalke (Reiter) – SR: Garibian (Frankreich).

136 **Portugal**, 5:9, Frankfurt/O., 1:1 unentschieden (EM-Qualifikation): Fiedler – Baumann – Dogan, Cichon – Ernst, Ballack (Ehlers), Bochtler – Ricken, Neuendorf – Schroth (1), Michalke (Reich) – SR: Fisker (Dänemark).

137 **Armenien**, 9.9., Solingen, 7:0 gewonnen (EM-Qualifikation): Fiedler – Baumann – Cichon, Dogan – Ernst (Ehlers), Wedau (1), Ballack (1), Neuendorf (Gerster (1)), Bochtler (1) (Rasiejewski) – Schroth, Michalke (2). Dazu ein Eigentor von R. Kachachtrijan – SR: Sarvan (Türkei).

138 **Albanien**, 10.10., Braunschweig, 2:0 gewonnen (EM-Qualifikation): Fiedler – Baumann (1) – Dogan, Reiter – Ernst, Ballack, Brdaric, Cichon (Gerster) – Schroth, Wedau (Frings), Michalke (1) (Rasiejewski) – SR: Loizon (Zypern).

139 **Schweiz**, 25.11., Freiburg, 2:2 unentschieden: Enke (Kampa) – Scherbe – Schumann (Klitzpera), Hertzsch (Sahin), Ketelaer (1) (Kreuz), Nehrbauer, Leitl (Schümann), Dabrowski, Keidel (Voigt) – Villa, Kanopa (1) (Rösler) – SR: Plautz (Österreich).

140 **Belgien**, 9.12., Köln, 0:0 unentschieden: Enke – Scherbe – Schumann, Voigt (Sahin) – Keidel (Klitzpera), Dabrowski, Leitl, Hertzsch, Ketelaer – Reich (Kreuz), Kanopa (Graf) – SR: Temmink (Niederlande).

1998: 11 Spiele: 6 Siege, 3 Unentschieden, 2 Niederlagen

141 **Zypern**, 18.2., Larnaca, 2:0 gewonnen: Jentzsch (Fiedler) – Cichon – Fensch, Dogan – Frings (Wiblishauser), Ballack, Wedau (Gerster (1)), Ehlers (Fährmann) – Brdaric (Schroth (Lars Müller), Michalke (1) – SR: Kapitanis (Zypern).

142 **Zypern**, 22.2., Larnaca, 4:3 gewonnen: Fiedler (Jentzsch) – Ballack (1) – Reiter, Fensch (Wiblishauser) – Gerster, Ehlers (Dogan), Cichon, Frings (Schroth), Wedau (Michalke) – Brdaric (2), Lars Müller (Fährmann (1)) – SR: Kypriannidis (Zypern).

143 **Libanon „A"**, 24.3., Beirut, 7:0 gewonnen: Jentzsch (Fiedler) – Baumann – Reiter (Fensch), Wiblishauser (Reich) – Ehlers (2), Ballack (3), Cichon (Fährmann (1)) – Frings (Gerster), Neuendorf, Brdaric, Schroth (1) – SR: Dirar Al-Tamini (Jordanien).

144 **Griechenland**, 23.5., Bukarest, 0:1 verloren (EM-Viertelfinale): Jentzsch – Baumann, Dogan, Reiter (Bochtler) – Ehlers, Ballack, Cichon – Ricken, Neuendorf (Frings) – Schroth, Michalke – SR: Michel (Slowakei).

145 **Rumänien**, 26.5., Bukarest, 1:0 n. V. gewonnen (EM-Platzierungsspiel): Jentzsch – Baumann – Ehlers (Brdaric), Dogan – Fährmann (Bochtler), Ballack, Cichon, Schwarz (1) – Ricken – Schroth, Michalke – SR: Hamer (Luxemburg) – „Golden Goal" 101. Minute: Spiel damit beendet.

146 **Schweden**, 29.5., Bukaresu, 2:1 gewonnen (EM-Platz 5): Jentzsch – Baumann – Fährmann, Dogan, Cichon – Frings (1), Ballack, Schwarz – Ricken – Schroth (Brdaric (1)), Michalke (L. Müller) – SR: Radoman (Jugoslawien).

147 **Rumänien**, 1.9., Bukarest, 0:0 unentschieden: Enke – Klitzpera, F. Ernst, Hertzsch – Fahrenhorst (Frommer), Wiblishauser (Voigt) – Scherbe, Bäumer (Dabrowski), Kreuz, Ketelaer, Villa – SR: Dobrinov (Bulgarien).
148 **Schweiz**, 4.9., Basel, 1:1 unentschieden: Enke – Klitzpera, Scherbe, Hertzsch – Rost, Ernst, Blank (Bäumer) – Kreuz (Voigt), Ketelaer – Villa (1), Frommer (Dabrowski) – SR: Sedlacek (Österreich).
149 **Türkei**, 9.9., Kocaeli, 0:2 verloren (EM-Qualifikation): Enke – Klitzpera, Scherbe, Fahrenhorst – Cartus (Knoche), Nehrbauer, Ernst, Ketelaer (Kreuz), Wiblishauser (Bäumer) – Villa, Reich – SR: Pratas (Portugal).
150 **Moldawien**, 13.10., Kischinew, 2:0 gewonnen (EM-Qualifikation): Enke – Klitzpera, Scherbe, Wiblishauser – Reich, Rost, Ernst (Blank), Nehrbauer, Ketelaer (1) (Bäumer) – Villa (Voss), Frommer (1) – SR: Stahl (Schweden).
151 **Niederlande**, 17.11., Aachen, 2:2 unentschieden: Enke – Scherbe – Maltritz, Klitzpera, Blank (Schumann) – Ernst (Dabrowski) – Rost (Voss), Nehrbauer – Bugera (1), Frommer (Rösler (1)), Ketelaer – SR: De Bleeckere (Belgien).

1999: 14 Spiele, 10 Siege, 1 Unentschieden, 3 Niederlagen

152 **USA U23**, 6.2., Jacksonville, 1:0 gewonnen: Kampa (Borel) – Klitzpera (Schumann), Maltritz, Hertzsch – Rost, Nehrbauer, Ernst, Blank (Bäumer) – Bugera (1), Frommer (Keidel), Rösler (Kreuz) – SR: Grady (USA).
153 **Nordirland**, 26.3., Belfast, 0:1 verloren (EM-Qualifikation): Enke – Scherbe (Villa) – Schumann, Hertzsch – Rost, Ernst, Nehrbauer (Blank), Maltritz – Bugera, Rösler, Ketelaer (Deisler) – SR: van Egmond (Niederlande).
154 **Finnland**, 30.3., Weismain, 2:0 gewonnen (EM-Qualifikation): Enke – Klitzpera, Ernst, Hertzsch – Scherbe, Blank (1), Nehrbauer (1) (Schumann), Deisler (Ketelaer, Schindzielorz), Maltritz – Rösler, Reich – SR: Eyal Zur (Israel).
155 **Schottland**, 27.4., Meppen, 2:1 gewonnen: Enke (Borel) – Klitzpera (Voigt), Ernst, Hertzsch – Keidel (Dabrowski), Schindzielorz (Scherbe), Nehrbauer (1) (Rost), Maltritz – Reich (1), Rösler (Villa), Bugera (Frommer) – SR: Lajuks (Lettland).
156 **Moldawien**, 3.6., Wuppertal, 2:0 gewonnen (EM-Qualifikation): Enke – Ernst – Klitzpera, Hertzsch – Maltritz, Deisler, Scherbe (Bugera), Nehrbauer, Blank – Rösler (1), Reich (1) (Rost) – SR: Sammut (Malta).
157 **Finnland**, 3.9., Lahti, 1:3 verloren: Enke – Ernst – Klitzpera, Hertzsch – Willi, Nehrbauer (Dabrowski), Maltritz (Bierofka), Blank (1) – Kreuz , Reich , Bugera (Timm) – SR: Busacca (Schweiz).
158 **Nordirland**, 7. 9., Lüdenscheid, 1:0 gewonnen: Enke – Ernst – Hertzsch, Maltritz – Schindzielorz, Dabrowski (Bierofka), Voigt (1), Blank – Kreuz (Nehrbauer) – Timm, Frommer – R: Orrason (Island).
159 **Kuwait**, 21.9., Maskat, 3:1 gewonnen: Hildebrand – Lechner, Rosen, Rapp – Beer, Voss (1), Rothholz (Yilmaz), Engelhardt (Hammerl), Schäper – Kern (1), Bierofka (1) (Forkel) – SR: Al Sheedi (Oman).
160 **Katar**, 23. 9. 1999, Maskat, 4:0 gewonnen: Hildebrand – Lechner (Bierofka), Rosen, Rapp – Schäper, Zinnow, Voss, Kaul (1), Forkel – Kern (2), Yilmaz (1) (Rothholz) – SR: Al Muflah (Oman).
161 **Bahrain**, 25. 9., Maskat, 5:0 gewonnen: Weidenfeller – Hammerl, Rosen, Rapp (Yilmaz (1)) – Beer, Zinnow (1), Engelhardt, Rothholz, Voss (2) – Bierofka (1) (Lechner), Kern (Forkel) – SR: Fadhil (Oman).
162 **Oman**, 27. 9., Maskat, 0:1 verloren: Hildebrand – Hammerl (Rothholz), Rapp, Rosen – Lechner, Zinnow, Kaul, Forkel, Korzynietz – Bierofka, Kern – K.: Kern – SR: Al Mansuri (Katar).
163 **Thailand**, 29. 9., Maskat, 4:1 gewonnen: Weidenfeller – Beer, Rosen, Rapp – Zinnow, Korzynietz, Forkel, (Yilmaz), Voss (1), Schäper – Kern (2), Bierofka (1) (Rothholz) – SR: Al Sheedi (Oman).
164 **Türkei**, 8. 10., Augsburg, 1:1 unentschieden: Enke – Ernst – Klitzpera (Schumann), Hertzsch – Willi, Maltritz, Nehrbauer, Voigt – Ketelaer (1) (Schindzielorz), Rösler (Timm), Kern – SR: Stahl (Schweden).
165 **Österreich**, 23. 11., Burghausen, 3:0 gewonnen: Hildebrand – Borowski (Rosen), Ernst, Rapp (1) – Willi (Korzynietz), Voss (Forkel), Kehl, Schindzielorz, Engelhardt (Köhn) – Falk (1), Kern (1) (Bruns) – SR: Buchhart (Schrobenhausen/Deutschland).

2000: 10 Spiele: 3 Siege, 5 Unentschieden, 2 Niederlagen

166 **Tunesien**, 12. 1., Tunis, 1:2 verloren: Pröll (Hildebrand) – Kehl – Borowski, Engelhardt (Schäper), Rapp, Willi – Korzynietz, Voss, Falk (Zinnow) – Schindzielorz (1), Kern – SR: Yacoubi (Tunesien).
167 **Tunesien**, 15. 1., Bizerte, 0:0 unentschieden: Hildebrand (Pröll) – Ernst – Krösche (Werder Bremen), Rapp, Willi, Schäper – Korzynietz (Borowski), Voss, Kehl – Kern, Bierofka – SR: Boukthiar (Tunesien).
168 **Rumänien**, 22. 2., Koblenz, 1:1 unentschieden: Pröll – Ernst – Lechner, Rapp – Korzynietz (Yilmaz), Schindzielorz (Borowski), Voss (1), Kümmerle, Kehl (Freier) – Kern (Bierofka), Bruns – SR: Van Hulten (Niederlande).

169 **Kroatien,** 28. 3., Varazdin, 0:2 verloren: Hildebrand – Lechner, Ernst, Rapp – Timm (Falk), Borowski, Schindzielorz (Bugri), Kehl (Freier), Schäper – Bierofka, Kern (Korzynietz) – SR: Ceferin (Slowenien).
170 **Schweiz,** 25. 4., Mainz, 3:0 gewonnen: Hildebrand – Ernst – Lechner, Rapp – Willi (Borowski), Korzynietz (Yilmaz), Schindzielorz (Benthin), Falk (Freier 1), Kümmerle (1) – Bruns (Bierofka), Timm (1) (Christ) – SR: Diederich (Luxemburg).
171 **Norwegen,** 31. 5., Aschaffenburg, 2:2 unentschieden: Pröll – Benthin, Ernst, Rapp – Willi (Borowski), Freier, Kümmerle (Alabi), Rahn – Korzynietz (Yilmaz), Bierofka (1), Bruns, (Köhler) – Dazu ein Eigentor von Kah – SR: Ertl (Günzburg).
172 **Spanien,** 15. 8., Celle, 3:1 gewonnen: Hildebrand – Benthin, Kehl (Müller), Rapp (Borowski) – Voss, Ernst (1), Schiendzielorz – Korzynietz (Yilmaz 1), Freier (Daun), Rahn (1) – Bierofka (Köhler) – SR: Van Hulten (Niederlande).
173 **Griechenland,** 1. 9., Lübeck, 2:1 gewonnen: Hildebrand – Benthin, Borowski, Metzelder – Willi, Schiendzielorz, Ernst, Rahn, Freier (1) (Voss) – Bierofka (1) (Korzynietz), Timm (Bruns) – SR: Gomes-Costa (Portugal).
174 **England,** 6. 10., Derby, 1:1 unentschieden: Wessels – Benthin, Kehl, Metzelder, Rahn – Willi (Korzynietz), Ernst (1), Voss (Freier), Schiendzielorz – Timm, Bierofka – SR: Coue (Frankreich).
175 **Dänemark,** 14. 11., Odense, 2:2 unentschieden: Pröll – Benthin, Müller, Friedrich – Voss (1), Ernst, Schiendzielorz, Rahn (Rosen) – Köhler (Yilmaz), Bruns, Bierofka (Daun (1)) – SR: Brugger (Österreich).

2001: 8 Spiele: 4 Siege, 4 Niederlagen

176 **Bulgarien,** 27. 2., Sofia, 0:1 verloren: Hildebrand (Pröll) – Metzelder, Kehl (Borowski), Benthin – Willi, Müller, Ernst, Rahn (Freier) – Timm, Bruns, Bierofka (Yilmaz) – SR: Piraux (Belgien).
177 **Albanien,** 23. 3., Köln, 8:0 gewonnen: Hildebrand – Metzelder, Kehl (Freier), Benthin – Müller (Korzynietz), Ernst (1), Schiendzielorz, Rahn (1) – Timm (3), Bruns (1), Bierofka (2) (Yilmaz) – SR: Benes (Tschechien).
178 **Griechenland,** 27. 5., Athen, 0:2 verloren: Hildebrand – Benthin (Friedrich/Yilmaz), Kehl, Metzelder, Rahn – Müller, Ernst, Schiendzielorz, Freier – Timm, Bierofka – SR: De Santis (Italien).
179 **Finnland,** 1. 6., Tampere, 3:1 gewonnen: Hildebrand – Benthin, Zepek, Metzelder – Willi, Ernst, Borowski, Rahn – Korzynietz (Daun), Bruns (2) (Zandi), Yilmaz (1) – SR: Trivkovic (Kroatien).
180 **Albanien,** 7. 6., Tirana, 1:0 gewonnen: Hildebrand – Benthin, Kehl, Metzelder – Willi, Borowski, Ernst (Friedrich), Rahn – Korzynietz (Dzaka), Bruns (1) (Daun), Yilmaz – SR: Ryszka (Polen).
181 **Norwegen,** 14. 8., Lillestrom 0:3 verloren: Hildebrand (Weidenfeller) – Benthin, Borowski, Zepek – Willi (Yilmaz), Ernst, Freier, Zandi, Rahn – Bruns, Bierofka – SR: Hyytia (Finnland).
182 **England,** 31. 8., Freiburg, 1:2 verloren (EM-Qualifikation): Hildebrand – Friedrich, Zepek, Metzelder (1) – Willi (Daun), Borowski (Yilmaz), Ernst, Rahn – Korzynietz (Freier), Bruns, Bierofka – SR: Mikulski (Polen).
183 **Finnland,** 5. 10., Ahlen, 2:0 gewonnen (EM-Qualifikation): Hildebrand – Friedrich, Borowski (Schindzielorz), Zepek (Daun (2)), Metzelder – Willi, Freier, Ernst, Rahn – Bruns (Fritz), Bierofka – SR: Baskakow (Russland).

2002: 11 Spiele: 6 Siege, 4 Unentschieden, 1 Niederlage

184 **Nordirland,** 12. 2., Belfast, 1:0 gewonnen: Starke – Hinkel, Zepek, Franz, Rau – Preuß, Balitsch (Stark), Mikolajczak, Hitzlsperger (Marx) – Tiffert, Auer (1) – SR: McDonald (Schottland).
185 **Tschechien U20,** 26. 3., Chemnitz, 1:1 unentschieden: Starke – Stark, Franz, Lapaczinski, Rau (Feulner) – Preuß, Balitsch, Mikolajczak, Hitzlsperger (Marx) – Tiffert (Männer), Auer (1) – SR: Mikulski (Polen).
186 **Russland,** 16. 4., Hoffenheim, 2:1 gewonnen: Heimeroth – Stark, Zepek, Franz – Gemiti, Balitsch (Teber), Marx (Mikolajczak), Preuß – Hitzlsperger – Auer (2), Tiffert (Kuranyi) – SR: Gadosi (Slowakei).
187 **Südafrika U23,** 7. 5., Nîmes, 1:1 unentschieden: Starke – Franz (1), Zepek, Stark, Jungnickel – Preuß, Balitsch (Teber), Hitzlsperger, Rau – Mikolajczak – Tiffert, Auer – SR: ???
188 **Japan,** 11. 5., Istres, 3:3 unentschieden: Starke – Franz, Zepek, Stark (Gemiti) Preuß, Balitsch (Marx), Hinkel, Rau (1) – Mikolajczak (Jungnickel (1)) Tiffert, Auer (1) – SR: ???
189 **Italien,** 13. 5., Frejus, 2:1 gewonnen: Starke – Hinkel, Zepek (1), Gemiti, Franz – Marx, Preuß (Balitsch), Rau (Mikolajczak), Teber – Auer (Jones (1)), Tiffert – SR: ???
190 **Irland,** 15. 5., La Seyne, 2:2 unentschieden: Heimeroth – Hinkel, Franz, Stark, Gemiti – Lauth (Auer (1)), Marx, Rau (Mikolajczak), Teber (Preuß) Tiffert (1), Jones – SR: ???
191 **Italien,** 20. 8., Grosseto, 2:0 gewonnen: Starke – Hinkel (Afriyie), Zepek, Franz, Rau (Schlicke) – Balitsch, Preuß (Marx), Gemiti (Mikolajczak) – Hitzlsperger (Feulner) – Kuranyi (Lauth), Auer (2) – SR: Ledentu (Frankreich).

192 **Litauen,** 6. 9., Wilna, 4:1 gewonnen (EM-Qualifikation): Starke – Hinkel, Franz (Schlicke), Zepek (1), Rau – Gemiti (Mikolajczak), Balitsch (Vorbeck), Marx – Hitzlsperger – Auer, Jones – SR: Skjerven (Norwegen) – Dazu kommen 3 Eigentore der Litauer.
193 **Bosnien-Herzegowina,** 10. 10., Zenica, 1:5 verloren: Heimeroth – Hinkel, Zepek (Franz), Schlicke, Gemiti (Kling) – Lauth, Preuß (Tiffert), Marx (Afriyie), Mikolajczak – Jones (1), Kuranyi (Jungnickel) – SR: Kandare (Slowenien).
194 **Niederlande,** 19. 11., Aachen, 4:1 gewonnen: Starke – Preuß (Rolfes), Franz, Schlicke, Rau – Feulner (Jungnickel), Tiffert (Afriyie), Hitzlsperger (1), Gemiti (1) (Broich) – Auer, Kuranyi (2) (Vorbeck) – SR: Ersoy (Türkei).

2003: 11 Spiele: 5 Siege, 3 Unentschieden, 3 Niederlagen

195 **Spanien,** am 11. 2., Sa Pobla, 1:3 verloren: Starke (Heimeroth) – Afriyie (Hinkel), Franz (Preuß), Schlicke, Achenbach – Feulner (Broich), Tiffert, Hitzlsperger, Gemiti (Mikolajczak) – Auer (1), Kuranyi (Vorbeck) – SR: Douros (Griechenland).
196 **Litauen,** 28. 3., Fürth, 1:0 gewonnen (EM-Qualifikation): Wiese – Preuß (Westermann), Schlicke, Zepek, Achenbach – Marx, Balitsch, Hitzlsperger (Hanke (1)), Feulner (Broich) – Auer, Teber – SR: Ryszka (Polen).
197 **Serbien & Montenegro,** 29. 4., Wilhelmshaven, 3:2 gewonnen: Wiese – Preuß, Madlung (1) (Abel), Schlicke, Gemiti (Burkhardt) – Feulner, Lapaczinski (Männer), Balitsch (Marx), Hitzlsperger (Hanke 1) – Jones (1), Tiffert – SR: Allaerts (Belgien).
198 **Irland,** 2. 6., Cork, 2:2 unentschieden: Starke – Preuß, Lapaczinski (Madlung), Schlicke – Kringe (Burkhardt), Balitsch, Hitzlsperger (1) – Feulner (Gemiti), Tiffert, Azaouagh (Franz) – Auer (1) – SR: Eriksson (Schweden).
199 **Schottland,** 6. 6., Kilmarnock, 2:2 unentschieden (EM-Qualifikation):Starke – Preuß, Madlung, Lapaczinski, Gemiti – Feulner (Schlicke), Balitsch (1), Tiffert, Hitzlsperger (Azaouagh) – Auer (Kringe), Lauth (1) – SR: Cantalejo (Spanien).
200 **Russland,** 19. 8., Moskau, 1:2 verloren: Wiese – Schlicke (Franz); Madlung, Kling – Tiffert (Kuranyi), Balitsch (Görlitz), Hitzlsperger (Lapaczinski), Gemiti (Rathgeb) – Marx (Burkhardt), Jones, Hanke (1) – SR: Schmolik (Weißrussland).
201 **Island,** 5. 9., Akranes, 3:1 gewonnen (EM-Qualifikation): Wiese – Kringe, Franz, Madlung, Kling – Feulner (Gemiti), Tiffert, Marx, Azaouagh (Hanke 1) – Lauth, Auer (2) (Jones) – SR: Paraty da Silva (Portugal).
202 **Schottland,** 9. 9., Ahlen, 0:1 verloren (EM-Qualifikation): Wiese – Franz, Madlung, Kling – Riether, Azaouagh, Tiffert, Feulner (Marx), Gemiti (Kringe) – Auer (Jones), Hanke – SR: Douros (Griechenland).
203 **Island,** 10. 10., Lübeck, 1:0 gewonnen (EM-Qualifikation): Wiese – Volz (Balitsch), Schlicke, Madlung, Lahm – Feulner (Krontiris), Tiffert, Görlitz – Hanke, Lauth (1), Auer (Achenbach) – SR: Johnsdorf (Luxemburg).
204 **Türkei,** 14. 11., Leverkusen, 1:0 gewonnen (EM-Qualifikation): Wiese – Görlitz (Riether), Schlicke, Madlung, Lahm – Tiffert (Preuß), Balitsch (1), Broich, Hitzlsperger – Hanke (Auer), Lauth – SR: Duhamel (Frankreich).
205 **Türkei,** 18. 11., Istanbul, 1:1 unentschieden (EM-Qualifikation): Wiese – Görlitz, Schlicke (Preuß), Franz, Lahm – Balitsch, Tiffert, Broich, Hitzlsperger (Riether) – Hanke (Auer 1), Lauth – SR: Benes (Tschechien).

2004: 11 Spiele: 6 Siege, 2 Unentschieden, 3 Niederlagen

206 **Schweiz,** 17. 2., Bielefeld, 1:0 gewonnen: Wiese – Görlitz (Preuß), Madlung, Schlicke, Kling – Tiffert, Schweinsteiger (1) (Burkhardt), Balitsch, Hitzlsperger (Gemiti) – Hanke, Podolski (Broich) – SR: Lehner (Österreich).
207 **Georgien A,** 30. 3., Mannheim, 2:2 unentschieden: Wiese – Görlitz (Volz), Preuß (Fathi), Madlung, Kling, Gemiti (Hitzlsperger) – Broich (Krontiris), Schweinsteiger (Podolski), Tiffert, Feulner (1) – Hanke (1) – SR: Szabo (Ungarn).
208 **Griechenland,** 27. 4., Saloniki, 1:2 verloren: Starke – Volz, Franz (Gemiti), Fathi (Madlung), Kling – Tiffert (1), Balitsch, Hitzlsperger (Preuß) – Podolski (Schweinsteiger), Auer (Riether), Hanke – SR: Paparesta (Italien).
209 **Schweiz,** 28. 5., Mainz, 2:1 gewonnen (EM): Wiese – Preuß, Madlung, Fathi – Görlitz, Balitsch, Hitzlsperger (1) (Gemiti) – Tiffert (Riether), Schweinsteiger, Azaouagh (Odonkor) – Auer (1). SR: Layec (Frankreich) (EM-Vorrunde).
210 **Schweden,** 30. 5., Mannheim, 1:2 verloren (EM): Wiese – Volz (Görlitz), Huth, Franz, Gemiti – Odonkor (Schweinsteiger), Riether, Preuß, Feulner (Auer 1) – Podolski, Hanke – SR: Medina Cantalejo (Spanien) (EM-Vorrunde).
211 **Portugal,** 2. 6., Mainz, 1:2 verloren (EM): Wiese – Preuß (Hitzlsperger), Huth, Madlung, Görlitz (Azaouagh) – Riether, Balitsch (Hanke), Schweinsteiger (1), Tiffert – Podolski, Auer – SR: Gilewski (Polen) (EM-Vorrunde).

212 **Litauen**, 17. 8., Celle, 2:0 gewonnen: Rensing – Volz (Lell), Mertesacker, Fathi, Pander (Callsen-Bracker) – Riether (Lehmann), Schulz, Schlaudraff (Schied) – Odonkor (Matip), Hanke 1 (Patschinsky 1), Milchraum – SR: Messner (Österreich).
213 **Serbien & Montenegro**, 7. 9., Dessau, 5:3 gewonnen: Walke – Volz (Lell), Mertesacker (Sinkiewicz), Callsen-Bracker, Pander – Riether (Lehmann 1), Schulz, Odonkor (2) (Milchraum), Schweinsteiger, Ludwig (1) (Schlaudraff) – Hanke (1) (Krontiris) – SR: Sandmoen (Norwegen).
214 **Aserbaidschan**, 8. 10., Baku, 2:0 gewonnen: Rensing – Volz, Callsen-Bracker, Matip (1), Pander (Fathi) – Odonkor, Riether, Ludwig (Senesie), Trochowski (Dejagah) – Hanke (1) – SR: Supraha (Kroatien).
215 **Österreich**, 12. 10., Düsseldorf, 2:0 gewonnen: Rensing – Volz, Matip, Mertesacker, Pander – Riether, Schulz (1), Ludwig (Trochowski) – Odonkor, Hanke (1), Dejagah (Schlaudraff) – SR: Duhamel (Frankreich).
216 **Polen**, 16. 11., Cottbus, 1:1 unentschieden: Walke – Westermann, Callsen-Bracker, Matip, Pander – C. Müller (Ludwig), Lehmann, Schulz (1), Jansen (Senesie), Dejagah – Hanke – SR: Eriksson (Schweden).

2005: 9 Spiele: 7 Siege, 2 Unentschieden

217 **Wales**, 8. 2., Wrexham, 4:0 gewonnen (EM-Qualifikation): Rensing – Volz, Brzenska, Matip, Fathi – Riether (Hampel), Lehmann, Ludwig (1) (Helmes), Senesie (1) (Kießling), Jansen (1) – Hanke (1) – SR: Skomina (Slowenien).
218 **England**, 25. 3., Hull, 2:2 unentschieden (EM-Qualifikation): Rensing – Volz, Sinkiewicz, Matip, Pander – Lehmann, Senesie (Ludwig), Fathi (Brzenska) – Kießling 1 (Hilbert 1), Hanke, Jansen – SR: Jara (Tschechien).
219 **Polen**, 16. 8., Gdingen, 3:1 gewonnen (EM-Qualifikation): Rensing – Volz, Sinkiewicz, Matip, Schulz – Odonkor (1) (Helmes), Riether, Kießling (Trochowski), Lehmann (1) (Fischer), Jansen – Hanke (1) – SR: Papila (Türkei).
220 **Aserbaidschan**, 2. 9., Trier, 2:0 gewonnen (EM-Qualifikation): Adler – Ochs, Huth, Matip (Brzenska), Fathi – Riether, Schulz (1), Trochowski – Odonkor (Helmes), Hanke (1) (Rafael), Hilbert – SR: Moen (Norwegen).
221 **England**, 6. 9., Mainz, 1:1 unentschieden (EM-Qualifikation): Adler – Volz, Huth, Matip, Fathi – Odonkor, Riether, Kießling (1) (Rafael), Lehmann, Hunt (Trochowski) – Hanke – SR: Bebek (Kroatien).
222 **Wales**, 7. 10., Braunschweig, 4:0 gewonnen (EM-Qualifikation): Adler – Hilbert, Brzenska, Matip, Fathi (1) – Lehmann (Baier), Schulz – Odonkor (Polanski), Trochowski, Hunt (Masmanidis 1) – Rafael (2) – SR: Schmolik (Weißrussland).
223 **Österreich**, 11. 10., Sankt Veit, 3:0 gewonnen (EM-Qualifikation): Adler – Volz, Matip, Schulz, Fathi (Hilbert) – Riether, Lehmann (Brzenska 1) – Odonkor, Trochowski, Rafael (Gomez) – Hanke (2) – SR: Salomir (Rumänien).
224 **Tschechien**, 11. 11., Uherské Hradiste, 2:0 gewonnen (EM-Qualifikation, Play-Off): Rensing – Volz, Matip, Schulz (1), Fathi – Lehmann, Riether – Odonkor (Hunt), Kießling, Rafael (1) (Niemeyer) – Hanke (Trochowski) – SR: Szabo (Ungarn).
225 **Tschechien**, 15. 11., Leverkusen, 1:0 gewonnen (EM-Qualifikation, Play-Off): Rensing – Volz (Ochs), Matip, Schulz, Fathi – Riether (Niemeyer), Lehmann – Kießling, Trochowski, Rafael (1) – Hanke (Odonkor) – SR: Halsey (England).

2006: 11 Spiele: 4 Siege, 2 Unentschieden, 5 Niederlagen

226 **Lettland A**, 28. 2., Wolfsburg, 1:2 verloren: Rensing – Ochs, Brzenska (Matip), Sinkiewicz, Fathi (Schulz) – Niemeyer – Hilbert (Castro), Fischer (Helmes) – Polanski (Trochowski) – Masmanidis (Odonkor), Rafael (1) – SR: da Silva (Portugal).
227 **Armenien A**, 21. 3., Ahlen, 3:1 gewonnen: Rensing – Ochs (Volz), Brzenska (Matip), Sinkiewicz, Schulz (1) – Lehmann (Niemeyer), Castro (Polanski) – Odonkor, Trochowski (Fathi 1), Helmes – Kießling (1) – SR: Levi (Israel).
228 **Niederlande**, 17. 5., Doetinchem, 2:2 unentschieden: Rensing (Fromlowitz) – Volz (Ochs), Brzenska (Sinkiewicz), Matip, Fathi (Castro) – Riether (Hilbert 1), Schulz (Lehmann) – Trochowski (Meyer) – Rafael (Masmanidis), Kießling (Polanski), Helmes – Dazu ein Eigentor von Zomer – SR: Verbist (Belgien).
229 **Serbien & Montenegro**, 23. 5., Barcelos, 1:0 gewonnen (EM-Vorrunde): Rensing – Volz, Sinkiewicz, Matip, Fathi – Schulz, Lehmann – Polanski (1) (Castro) – Hilbert (Brzenska), Kießling, Rafael (Eigler) – SR: Gumienny (Belgien).
230 **Frankreich**, 25. 5., Guimaraes, 0:3 verloren (EM-Vorrunde): Rensing – Volz, Sinkiewicz, Matip, Fathi – Ochs (Rafael), Niemeyer (Castro), Riether, Schulz – Meier – Kießling (Helmes) – SR: Undiano (Spanien).

231 **Portugal**, 28. 5., Guimaraes, 0:1 verloren (EM-Vorrunde): Rensing (Fromlowitz) – Volz, Sinkiewicz (Brzenska), Matip, Schulz – Niemeyer (Castro), Lehmann – Polanski – Hilbert, Kießling, Rafael – SR: Yefet (Israel).
232 **Niederlande**, 15. 8., Meppen, 2:2 unentschieden: Tschauner (Neuer) – D. Reinhardt (Ottl), Brzenska, Schönheim (Callsen-Bracker), Bieler – Hilbert, Castro (Kruska), Trochowski (1), Hunt (Dum) – Kießling (1), Rafael (Gomez) – SR: Laursen (Dänemark).
233 **Nordirland**, 1. 9., Lurgan, 3:2 gewonnen (EM-Qualifikation): Rensing – D. Reinhardt, Brzenska, Matip, Schönheim – Hilbert (1), Ottl (Kruska), Castro, Trochowski (1) – Kießling (Rafael), Helmes (1) (Gomez) – SR: Rasmussen (Dänemark).
234 **Rumänien**, 5. 9., Wilhelmshaven, 5:1 gewonnen (EM-Qualifikation): Rensing – D. Reinhardt, Brzenska, Matip, Schönheim (Ottl) – Hilbert (Ochs), Polanski, Castro (1), Trochowski (Hunt 1) – Gomez (1), Helmes (2) – SR: Gumienny (Belgien).
235 **England**, 6. 10., Coventry, 0:1 verloren (EM-Qualifikation): Rensing – D. Reinhardt, Brzenska, Matip, Ochs – Boateng (Dum), Polanski (Ottl), Castro, Hunt – Kießling, Gomez – SR: Trefoloni (Italien).
236 **England**, 10. 10., Leverkusen, 0:2 verloren (EM-Qualifikation): Rensing – D. Reinhardt, Brzenska, Polanski, Ochs (Freis) – Hilbert (Dum), Boateng, Castro, Hunt – Kießling, Gomez – SR: Jara (Tschechien).

2007: 15 Spiele: 9 Siege, 4 Unentschieden, 2 Niederlagen

237 **Schottland**, 6. 2., Cumbernauld, 2:0 gewonnen: Neuer (Kirschbaum) – Castro, Tasci, R. Müller (Fleßers 1), Bieler (Boenisch) – Ebert, Polanski, Kruska (Judt), Ede – Heller (Rosenthal), Hunt (1) (Adlung) – SR: Courtney (Nordirland)
238 **Italien**, 22. 2., Reutlingen, 0:0 unentschieden: Fromlowitz (Kirschbaum) – Beck, R. Müller, Joneleit (Mavraj), Chaftar (Boenisch) – Rosenthal (Brinkmann), Bülow (Fleßers), Fürstner, S. Halfar – Nehrig, Heller (Hennings) – SR: Kever (Schweiz)
239 **Österreich**, 23. 3., Wiener Neustadt, 5:2 gewonnen: Kirschbaum – Beck, Fleßers (1), Aogo, Bieler (Boenisch) – Rosenthal (Khedira), Polanski (Judt), Kruska (1), Dum (Özbek) – Kucukovic (1) (Hennings 1), Heller (Calik 1) – SR: Morganti (Italien)
240 **Tschechien**, 27. 3., Düsseldorf, 1:0 gewonnen: Neuer – Boenisch, Fleßers (Aogo), Hummels, Bieler (Beck) – Özbek, Polanski, Rosenthal, Khedira (Dum) – Heller (1), Hennings (Kucukovic) – SR: Verbist (Belgien)
241 **Schweiz**, 25. 4., Aalen, 4:0 gewonnen: Fromlowitz – Beck, Bertram (Johnson), Hummels, S. Halfar – Özbek (Book) – Ebert (Ziegenbein), Ede (Heller 1) – Aogo (2) – Hennings (1), Calik (Reinert) – SR: Saccani (Italien)
242 **Japan**, 31. 5., Toulon, 1:2 verloren: Fromlowitz – Beck, Fleßers, Aogo, S. Halfar – Ebert (1), Özbek (Calik), Polanski, Grote (K. Boateng) – Dejagah, Heller (Hennings) – SR: Van der Velde (Belgien)
243 **Elfenbeinküste**, 2. 6., Hyères, 0:0 unentschieden: Kirschbaum – Bülow (Hennings), Bertram, D. Schulz, Bieler – Steinhöfer, Polanski (Özbek), K. Boateng, Ebert (Grote) – Calik, Dejagah – SR: Tan (China)
244 **Frankreich**, 4. 6., Aubagne, 1:4 verloren: Fromlowitz – Beck, Fleßers (Bertram), D. Schulz, S. Halfar – Ebert (Bülow), Aogo, K. Boateng, Grote – Calik, Hennings (Dejagah 1) – SR: Strömbergson (Schweden)
245 **Irland**, 21. 8., Fürth, 2:2 unentschieden: Neuer (Fromlowitz) – Beck (1), Boenisch (Marin), Schönheim (Fleßers), Schwaab – Judt (Bieler), Aogo, Kruska – Ede (Grote) – Dejagah (Fürstner), Hennings (1) – SR: Svilokos (Kroatien)
246 **Nordirland**, 7. 9., Lurgan, 3:0 gewonnen (EM-Qualifikation): Neuer – Castro, Schwaab, Schönheim, Boenisch – Kruska, Polanski – Rosenthal, Aogo (Özil 1), Ebert (Özbek) – Dejagah (Hennings 2) – SR: Tagliavento (Italien)
247 **Schweden**, 11. 9., Malmö, 2:1 gewonnen: Fromlowitz – Beck, Schwaab, Schönheim (Aogo), Grote – Özbek (1) (Dejagah), Polanski (Kruska) – Marin, Özil (Rosenthal), Ede – Hennings (1) (Boenisch) – SR: Kralovec (Tschechien)
248 **Israel**, 12. 10., Tel Aviv, 2:2 unentschieden (EM-Qualifikation): Neuer – Beck, Polanski, Schönheim, Aogo – Rosenthal (Özil/J. Boateng), Kruska – Özbek, Khedira, Ebert (Grote) – Hennings (2) – SR: Burrull (Spanien)
249 **Moldawien**, 16. 10., Pirmasens, 3:0 gewonnen (EM-Qualifikation): Neuer – Boateng (Beck), Schwaab, Schönheim, Aogo – Kruska, Rosenthal – Özbek (Ebert), Grote – Özil (2) (Marin) – Hennings (1) – SR: Whitby (Wales)
250 **Island**, 16. 11., Trier, 3:0 gewonnen: Neuer (Kirschbaum) – Beck (Schwaab), Fleßers (1), Höwedes, Bieler (Pezzoni) – Judt, Polanski (Kruska) – Rosenthal (Özbek), Marin (1) – Dejagah (Grote), Schindler (1) (Hennings) – SR: Toussaint (Luxemburg)

251 **Luxemburg**, 20. 11., Luxemburg, 7:0 gewonnen (EM-Qualifikation): Neuer – Schwaab, Hummels, Höwedes (Bieler), Beck – Kruska (1), Rosenthal (2) (Marin) – Özbek (1), Grote – Dejagah (1), Hennings (2) (Schindler) – SR: Jilek (Tschechien)

2008: 10 Spiele: 7 Siege, 2 Unentschieden, 1 Niederlage

252 **Belgien**, 5. 2., Koblenz, 2:1 gewonnen: Kirschbaum – Beck (Schwaab), Hummels, Höwedes, Aogo (1) (Bieler) – Rosenthal, Kruska – Ebert (Özbek), Özil (Schindler), Marin – Dejagah – Dazu ein Eigentor von Ciman – SR: Toussaint (Luxemburg)
253 **Luxemburg**, 25. 3., Wiesbaden, 6:0 gewonnen (EM-Qualifikation): Kirschbaum – Beck, Hummels, Höwedes (Bungert), J. Boateng (Hunt) – Özbek (1), Khedira (3) (Schönheim), Kruska, Grote – Özil (1) – Hennings (1) – SR: Edvartsen (Norwegen)
254 **Ukraine**, 23. 5., Wilhelmshaven, 4:0 gewonnen: Neuer – Beck, Hummels, Höwedes, Aogo (Bieler) – Rosenthal (Bungert), Khedira (2) – Özbek, Hunt – Hennings (D. Halfar 1), Heller (1) – SR: Nijhuis (Niederlande)
255 **Dänemark**, 28. 5., Lübeck, 4:0 gewonnen: Neuer – Beck, Hummels, Bungert, Bieler (Aogo) – Rosenthal, Khedira – Özbek (Bartels), Hunt (1) – Heller (Kruse 1), Hennings (1) (Schindler) – Dazu ein Eigentor von Lange – SR: Moen (Norwegen)
256 **Moldawien**, 19. 8., Tiraspol, 0:1 verloren (EM-Qualifikation): Fromlowitz – Beck, Hummels, Höwedes, Aogo – Khedira, Castro (Grote) – Dejagah (Sukuta-Pasu), Rosenthal – Özil (Özbek) – Hennings – SR: Strahonja (Kroatien)
257 **Nordirland**, 5. 9., Wuppertal, 3:0 gewonnen (EM-Qualifikation): Sippel – Beck (Steinhöfer), Schwaab, Hummels, Aogo (1) (Boenisch) – Kroos (1), Kruska, Khedira, Grote – Özil (Schindler) – Halfar (1) – SR: Koukoulakis (Griechenland)
258 **Israel**, 9. 9., Duisburg, 0:0 unentschieden (EM-Qualifikation): Fromlowitz – Beck, Höwedes, Hummels, Aogo – Kruska, Khedira – Rosenthal, Kroos, Grote – Hennings (Wagner) – SR: Tannerq (England)
259 **Frankreich**, 10. 10., Magdeburg, 1:1 unentschieden (EM-Qualifikation, Play-Off): Neuer – Beck, Schwaab, Höwedes, Boenisch – Kruska, Khedira – Marin (Kroos), Hunt (Schindler), Özil – Dejagah (1) – SR: Moen (Norwegen)
260 **Frankreich**, 15. 10., Metz, 1:0 gewonnen (EM-Qualifikation, Play-Off): Neuer – Beck, Schwaab, Höwedes (1), Boenisch – Polanski, Boateng (Castro) – Schindler (Hennings), Hunt (Kroos) – Özil – Dejagah – SR: Tagliavento (Italien)
261 **Italien**, 18. 11., Osnabrück, 1:0 gewonnen: Fährmann – Beck, Schwaab, Höwedes, Aogo – Castro, Boateng (Adlung) – Özil (Ede), Steinhöfer (Johnson) – Kroos (1) – Dejagah (Wagner) – SR: Collum (Schottland)

2009: 16 Spiele: 7 Siege, 6 Unentschieden, 3 Niederlagen

262 **Irland**, 10. 2., Cork, 1:1 unentschieden: Neuer – Schwaab, Jaissle (Adlung), J. Boateng, Aogo – K. Boateng (Hennings), Khedira (Johnson) – Ebert, Ben-Hatira (Grote) – Halfar (Heller), Wagner (1) – SR: Teixeira Vitienes (Spanien)
263 **Niederlande B**, 27. 3., Ahlen, 0:4 verloren: Neuer (Fromlowitz) – Schwaab, Höwedes, J. Boateng, Aogo – Kruska (Adlung), Özbek (Rosenthal) – Johnson (Heller), Ben-Hatira – Baumjohann – Wagner – SR: Buttimer (Irland)
264 **Weißrussland**, 31. 3., Paderborn, 1:1 unentschieden: Fromlowitz – Schwaab, J. Boateng, Mavraj, Aogo – Adlung (Özbek), Rosenthal (Kruska) – Ben-Hatira, Baumjohann, Schmelzer – Wagner (1) (Heller) – SR: Ennijmi (Frankreich)
265 **Spanien**, 15. 6., Göteborg, 0:0 unentschieden (EM-Vorrunde): Neuer – Beck, J. Boateng, Höwedes, Boenisch (Schmelzer) – Khedira, Aogo – Castro (Ebert), Marin (Ben-Hatira) – Dejagah, Özil – SR: Chapron (Frankreich)
266 **Finnland**, 18. 6., Halmstad, 2:0 gewonnen (EM-Vorrunde): Neuer – Beck, J. Boateng, Höwedes (1), Schmelzer – Khedira, Aogo (Ebert) – Castro, Marin (Ben-Hatira) – Dejagah (1), Özil (Wagner) – SR: Rasmussen (Dänemark)
267 **England**, 22. 6., Halmstad, 1:1 unentschieden (EM-Vorrunde): Neuer – Beck, J. Boateng, Höwedes, Schmelzer – Khedira, Ebert (Aogo) – Castro (1), Ben-Hatira (Marin) – Dejagah, Özil – SR: Rasmussen (Dänemark)
268 **Italien**, 26. 6., Helsingborg, 1:0 gewonnen (EM-Halbfinale): Neuer – Beck (1), J. Boateng, Höwedes, Boenisch – Castro, Aogo – Johnson, Marin (Ben-Hatira) – Dejagah (Wagner), Özil (Hummels) – SR: Proenca (Portugal)
269 **England**, 29. 6., Malmö, 4:0 gewonnen (EM-Finale): Neuer – Beck, J. Boateng, Höwedes, Boenisch – Hummels (Aogo) – Johnson (Schwaab), Castro (1), Khedira, Özil (1) (Schmelzer) – Wagner (2) – SR: Kuipers (Niederlande)

270 **Türkei**, 11. 8., Kiew, 1:3 verloren: Sippel – Schwaab (Celozzi), S. Langkamp, Hummels (Badstuber), Schmelzer (Bastians) – Bargfrede (Falkenberg), Stindl (Schindler 1) – Marin (Reus), T. Müller (D. Schmidt), Ben-Hatira (Holtby) – Petersen (Hegeler) – SR: Zadeh Hassan (Iran)

271 **Iran**, 12. 8., Kiew, 1:0 gewonnen: Ulreich – Falkenberg (Schmelzer), Badstuber (Hummels), Bastians (Bargfrede), Celozzi (Schwaab) – Reus (Sippel), Neustädter, Hegeler, Holtby (Ben-Hatira 1) – D. Schmidt (Petersen), Schindler (T. Müller) – SR: Tolga (Türkei)

272 **San Marino**, 4. 9., Aachen, 6:0 gewonnen (EM-Qualifikation): Sippel – Schwaab, Hummels (1), Höwedes (1), Bastians – J. Boateng (1), Reinartz (Rudy) – Gebhart, T. Kroos, Naki (1) (Nöthe) – Schieber (2) – SR: Spirkoski (Mazedonien)

273 **Tschechien**, 8. 9., Wiesbaden, 1:2 verloren (EM-Qualifikation): Sippel – Schwaab (Sam), Hummels (1), Höwedes, Bastians – J. Boateng, Pezzoni (Schindler) – Celozzi, T. Kroos (Badstuber), Naki – Schieber – SR: Attwell (England)

274 **Slowenien**, 9. 10., Fürth, 3:0 gewonnen: Sippel – Schwaab, Höwedes (S. Langkamp), Badstuber (1), Schmelzer (Bastians) – Kroos (Schindler), Hummels, Hegeler, Sam (Rudy) – T. Müller (Choupo-Moting), Schieber (2) – SR: Drachta (Österreich)

275 **Israel**, 13. 10., Frankfurt, 0:0 unentschieden: Ulreich – Schwaab (Schmelzer), Höwedes, Badstuber (S. Langkamp), Bastians – Reinartz, Hummels (Kroos) – Schindler, Rudy (Hegeler) – T. Müller (Sam), Schieber (Choupo-Moting) – SR: Gautier (Frankreich)

276 **Nordirland**, 13. 11., Belfast, 1:1 unentschieden (EM-Qualifikation): Sippel – Schmelzer, S. Langkamp (Choupo-Moting 1), Badstuber, Bastians – Reinartz, Hummels – Kroos, Sam (Schürrle) – T. Müller (Bargfrede), Schieber – SR: Pereira Gomes (Portugal)

277 **San Marino**, 17. 11., Serravalle, 11:0 gewonnen (EM-Qualifikation): Sippel – Schwaab (1), Hummels (3), Badstuber (1) (S. Langkamp), Bastians – Reinartz (Rudy) – Bargfrede (1), Sam (1) – T. Müller (1) – Choupo-Moting (1), Schürrle (1) (Sukuta-Pasu 1) – SR: Ishchenko (Ukraine)

2010: 6 Spiele: 3 Siege, 2 Unentschieden, 1 Niederlage

278 **Island**, 2. 3., Magdeburg, 2:2 unentschieden (EM-Qualifikation): Ulreich – Schwaab, Höwedes, Badstuber, Bastians – Reinartz – Gebhart (1), Rudy (Holtby), Sam – Schieber (1) (Choupo-Moting), Schürrle (Sukuta-Pasu) – SR: Koukoulakis (Griechenland)

279 **Island**, 11. 8., Hafnarfjördur, 1:4 verloren (EM-Qualifikation): Sippel – Diekmeier (Schwaab), Höwedes, Hummels, Schmelzer – Reinartz, Bargfrede (Sukuta-Pasu) – Gebhart, L. Bender (Sam), Großkreutz (1) – Schieber – SR: Berntsen (Norwegen)

280 **Tschechien**, 3. 9., Mlada Boleslav, 1:1 unentschieden (EM-Qualifikation): Baumann – Jung, Kirchhoff (1), Sobiech, Rausch – Moritz – Herrmann (Ekici), Rudy (Götze), Holtby – Mlapa (Funk) – Sukuta-Pasu – SR: De Marco (Italien)

281 **Nordirland**, 7. 9., Ingolstadt, 3:0 gewonnen (EM-Qualifikation): Trapp – Jantschke, Kirchhoff, Bell, Rausch – Ekici (Rudy), Moritz – Holtby (2) (Yalcin), Götze, Vukcevic (Herrmann) – Sukuta-Pasu – SR: Kaasik (Estland)

282 **Ukraine**, 11. 10., Unterhaching, 2:1 gewonnen: Baumann (Trapp) – Koch (S. Jung), Kirchhoff, Sobiech (Bell), Rausch (S. Neumann) – Holtby, Moritz (Perdedaj), Gündogan (Funk) – Schürrle (2), Mlapa (Ekici), Vukcevic (Ginczek) – SR: Turpin (Frankreich)

283 **England**, 16. 11., Wiesbaden, 2:0 gewonnen: Baumann – S. Jung, Kirchhoff, Bell (Hornschuh), Rausch (1) (Sobiech) – Rudy (Funk), Moritz, Gündogan (Ginczek) – Mlapa (Beister), Tosun (1), Vukcevic (Salger) – SR: Virant (Belgien)

2011: 11 Spiele: 8 Siege, 2 Unentschieden, 1 Niederlage

284 **Griechenland**, 9. 2., Athen, 0:0 unentschieden: Trapp – S. Jung (Jantschke), Kirchhoff, Sobiech (Neumann), Rausch (Salger) – Rudy, Funk (Herrmann) – Mlapa (Didavi), Holtby – Sukuta-Pasu (F. Kroos), Tosun (Clemens) – SR: Tritsonis (Griechenland)

285 **Niederlande**, 25. 3., Sittard, 3:1 gewonnen: Baumann – Jantschke, Kirchhoff, Neumann, Radjabali-Fardi (Ostrzolek) – Rudy (1) (Hornschuh), Vogt – Vukcevic (C. Schindler), Holtby (1) (S. Jung), Mlapa (Didavi) – Lasogga (1) (Sukuta-Pasu) – SR: Christoffersen (Niederlande)

286 **Italien**, 29. 3., Kassel, 2:2 unentschieden: Trapp – S. Jung, Kirchhoff, Neumann, Rausch – Vogt (Hornschuh) – Rudy (Didavi), Gündogan (Ostrzolek) – Mlapa (Vukcevic), Lasogga (Sukuta-Pasu), Holtby (2) (C. Schindler) – SR: Borski (Polen)

287 **Portugal**, 31. 5., Portimao, 2:4 verloren: Baumann (Trapp) – Jantschke (Perdedaj), Kirchhoff (1) (Funk), Sobiech, Rausch (Ostrzolek) – Hornschuh (C. Schindler) – Rudy (1), Holtby – Mlapa (Herrmann), Lasogga (Didavi), Sukuta-Pasu (Esswein) – SR: Duarte Gomes (Portugal)

288 **Zypern**, 9. 8., Karlsruhe, 4:1 gewonnen (EM-Qualifikation): Trapp – Funk, Kirchhoff, Sobiech, Rausch – Didavi (1) (Hornschuh), Rudy, Draxler (1) (Leitner) – Holtby (2), Lasogga (Mlapa), Esswein – SR: Munukka (Finnland)

289 **San Marino**, 1. 9., Paderborn, 7:0 gewonnen (EM-Qualifikation): Trapp – S. Jung, Kirchhoff, Neumann, Ostrzolek (Hornschuh) – Funk, Vogt – Mlapa (1) (Ginczek 1), Holtby (1) (Beister 1), Esswein (1) – Lasogga (2) – SR: Arnason (Island)
290 **Weißrussland**, 6. 9., Baryssau, 1:0 gewonnen (EM-Qualifikation): Trapp – S. Jung, Kirchhoff, Neumann (Sobiech), Jantschke – Rudy, Vogt – Holtby, Gündogan, Esswein (1) (Mlapa) – Lasogga (Beister) – SR: Mateu Lahoz (Spanien)
291 **Bosnien-Herzegowina**, 6. 10., Ingolstadt, 3:0 gewonnen (EM-Qualifikation): Trapp – S. Jung, Kirchhoff, Neumann (1), Jantschke – Rudy (Funk), Vogt – Holtby (1), Gündogan, Esswein (Beister) – Mlapa (1) (Leitner) – SR: Salmanov (Aserbaidschan)
292 **San Marino**, 10. 10., Serravalle, 8:0 gewonnen (EM-Qualifikation): Baumann – Jantschke (S. Jung), Hornschuh, Bell, Neumann (Ostrzolek) – Funk – Leitner (1), Ginczek (1) – Beister (1) (Rode), Mlapa (3), Esswein (2) – SR: Banari (Moldawien)
293 **Griechenland**, 11. 11., Tripoli, 5:4 gewonnen (EM-Qualifikation): Trapp (Baumann) – S. Jung, Bell (1), Neumann, Jantschke – Gündogan, Leitner (Herrmann) – Beister (Funk), Holtby, Esswein (1), Mlapa (3) – SR: Buquet (Frankreich)
294 **Zypern**, 15. 11., Paralimni, 3:0 gewonnen (EM-Qualifikation): Baumann – S. Jung, Bell, Neumann, Jantschke – Hornschuh, Holtby, Gündogan (1) – Herrmann (Beister 1), Lasogga (1) (Ginczek), Esswein (C. Schindler) – SR: McKeon (Irland)

2012: 7 Spiele: 4 Siege, 3 Unentschieden

295 **Griechenland**, 29. 2., Halle, 1:0 gewonnen (EM-Qualifikation): ter Stegen – S. Jung, Kirchhoff, Neumann, Jantschke – Funk (1) – Rudy (Hornschuh), Gündogan – Mlapa, Lasogga (Beister), Esswein (Volland) – SR: Makkelie (Niederlande)
296 **Argentinien**, 14. 8., Offenbach, 6:1 gewonnen: Leno – S. Jung (Thesker), Kirchhoff (Hornschuh), Sobiech, Sorg – Leitner (Rudy), Rode, Holtby (2) (Funk) – Beister (2) (Volland 2), Esswein (Ginczek), Polter (Bellarabi) – SR: Buquet (Frankreich)
297 **Weißrussland**, 7. 9., Rostock, 3:0 gewonnen (EM-Qualifikation): Leno – Jantschke, Sobiech, Kirchhoff, Thesker – Rode – Leitner (1), Holtby – Beister (1) (Polter 1), Bellarabi (Herrmann) – Volland (Mlapa) – SR: Zelinka (Tschechien)
298 **Bosnien-Herzegowina**, 10. 9., Sarajevo, 4:4 unentschieden (EM-Qualifikation): Leno – S. Jung, Sobiech, Kirchhoff (1), Sorg – Funk (Volland), Rudy – Vukcevic (Polter 2), Leitner (1), Herrmann (Bellarabi) – Mlapa – SR: Eskov (Russland)
299 **Schweiz**, 12. 10., Leverkusen, 1:1 unentschieden (EM-Qualifikation, Play-Off): Leno – S. Jung, Kirchhoff, Sobiech, Jantschke – Leitner (Volland), Rudy (1) – Beister, Holtby, Esswein (Bellarabi) – Mlapa (Polter) – SR: Lahoz (Spanien)
300 **Schweiz**, 16. 10., Luzern, 3:1 gewonnen (EM-Qualifikation, Play-Off): Leno – S. Jung, Thesker, Sobiech (1), Jantschke – Moritz, Rudy – Beister (Mlapa), Holtby (1), Bellarabi (Esswein) – Polter (1) (Funk) – SR: Jug (Slowenien)
301 **Türkei**, 14. 11., Bochum, 1:1 unentschieden: Baumann – Rüdiger, Sobiech (1) (Vogt), Hornschuh, Plattenhardt (Ostrzolek) – Moritz, Arslan (Bittencourt), Leitner – Volland (Herrmann), Mlapa (Beister), Polter – SR: Bieri (Schweiz)

2013: 12 Spiele: 6 Siege, 3 Unentschieden, 3 Niederlagen

302 **Italien**, 6. 2., Andria, 0:1 verloren: Leno (Trapp) – S. Jung (Jantschke), Kirchhoff, Sobiech (Rüdiger), Ostrzolek (Sorg) – Vogt – Herrmann (Leitner), Rode (Beister), Arslan (Koch), Esswein – Polter – SR: Buquet (Frankreich)
303 **Israel**, 24. 3., Tel Aviv, 2:1 gewonnen: Leno – S. Jung, Sobiech (Mustafi), Thesker (Rüdiger), Jantschke (Ostrzolek) – Moritz (Polter), Arslan (Vogt) – Holtby (1), Mlapa (Herrmann), Esswein (Clemens) – Lasogga (Volland 1) – SR: Delferiere (Belgien)
304 **Niederlande**, 6. 6., Petach Tikva, 2:3 verloren (EM-Endrunde): Leno – Sorg, Ginter, Thesker, Jantschke – Rode (Polter), Rudy (1) – Herrmann, Holtby (1), Mlapa (Volland) – Lasogga (Clemens) – SR: Bebek (Kroatien)
305 **Spanien**, 9. 6., Netanya, 0:1 verloren (EM-Endrunde): Leno – Sorg, Ginter, Thesker, Jantschke – Rode (Can), Rudy (Rüdiger) – Clemens, Herrmann (Lasogga) – Holtby – Volland – SR: Gil (Polen)
306 **Russland**, 12. 6., Netanya, 2:1 gewonnen (EM-Endrunde): Baumann – Jantschke, Sobiech, Mustafi, Thesker – Ginter – Rode (Funk), Holtby (Rudy 1) – Herrmann (1), Clemens (Polter) – Volland – SR: Jug (Slowenen)

307 **Frankreich**, 13. 8., Freiburg, 0:0 unentschieden: Leno (Horn) – da Costa (Durm), Ginter, Mustafi (Rüdiger), Plattenhardt (Vitzthum) – Can (Geis), Goretzka (J. Hofmann) – Öz. Yildirim, Leitner (A. Hoffmann), Schulz (Bittencourt) – Parker (Younes) – SR: Lechner (Jugoslawien)

308 **Färöer**, 6. 9., Torshavn, 3:0 gewonnen (EM-Qualifikation): Leno – Durm, Ginter, Mustafi, Plattenhardt (Vitzthum) – Öz. Yildirim, Goretzka – Volland, Younes (Bittencourt 1) – Leitner (1), P. Hofmann (J. Hofmann 1) – SR: Hansen (Norwegen)

309 **Irland**, 9. 9., Sligo, 4:0 gewonnen (EM-Qualifikation): ter Stegen – Durm, Rüdiger, Mustafi, Vitzthum – Goretzka, Leitner (1) (Knoche) – J. Hofmann (Bittencourt), Younes (P. Hofmann 1), Schulz – Volland (2) – SR: Vuckov (Kroatien)

310 **Montenegro**, Wiesbaden, 11. 10., 2:0 gewonnen (EM-Qualifikation): ter Stegen – Rüdiger, Ginter, Mustafi, Plattenhardt – Can (A. Hoffmann), Geis – Volland (1), Younes (Malli), N. Schulz (Bittencourt) – P. Hofmann (1) – SR: Wilkow (Russland)

311 **Färöer**, Kassel, 15. 10., 3:2 gewonnen (EM-Qualifikation): ter Stegen – Durm, Knoche (1), Mustafi, Vitzthum – Malli (Can), A. Hoffmann (Geis) – Bittencourt, Younes (1), Schulz (Volland 1) – P. Hofmann – SR: Antamo (Finnland)

312 **Montenegro**, Podgorica, 15. 11., 1:1 unentschieden (EM-Qualifikation): ter Stegen – da Costa, Ginter, Rüdiger, Plattenhardt – Öz. Yildirim (Parker), Can – J. Hofmann (Bittencourt), Leitner, Younes (Malli) – P. Hofmann (1) – SR: Clancy (Schottland)

313 **Rumänien**, 19. 11., Giurgiu, 2:2 unentschieden (EM-Qualifikation): Leno – da Costa, A. Hoffmann, Knoche, Plattenhardt – Ginter (Arnold), Rüdiger (1) – Bittencourt (J. Hofmann), Öz. Yildirim (Malli), Younes – P. Hofmann (1) – SR: Lechner (Österreich)

2014: 7 Spiele: 5 Siege, 1 Unentschieden, 1 Niederlage

314 **Spanien**, 4. 3., Palencia, 0:2 verloren: Leno – Korb (Durm), Rüdiger, Knoche, Plattenhardt (N. Schulz), Can (Leitner) – Volland (J. Hofmann), Younes (Malli), Bittencourt – P. Hofmann – SR: Bastien (Frankreich)

315 **Irland**, 5. 9., Halle, 2:0 gewonnen (EM-Qualifikation): Horn – Korb, Can, Knoche, Günter – Leitner, Geis – Bittencourt, Younes (Kachunga), N. Schulz (J. Hofmann 1) – P. Hofmann (1) (Arnold) – SR: Ekberg (Schweden)

316 **Rumänien**, 9. 9., Magdeburg, 8:0 gewonnen (EM-Qualifikation): Horn – da Costa (1), Knoche, Heintz, Günter (N. Schulz 1) – Can, Leitner – J. Hofmann (2), Malli (1) (Klaus), Younes (1) (Stark 1) – P. Hofmann (1) – SR: Bastien (Frankreich)

317 **Ukraine**, 10. 10., Tscherkassy, 3:0 gewonnen (EM-Qualifikation): ter Stegen – Korb, Knoche, Heintz, Günter – Geis. Leitner – Volland (1), Malli (Meyer), J. Hofmann (1) (Bittencourt) – P. Hofmann (1) (Kimmich) – SR: Özkahya (Türkei)

318 **Ukraine**, 14. 10., Essen, 2:0 gewonnen (EM-Qualifikation): ter Stegen – da Costa, Knoche, Heintz, N. Schulz – Geis. Leitner (Kimmich) – Volland (1), Meyer, J. Hofmann (Bittencourt 1) – P. Hofmann (Stark) – SR: Makkelie (Niederlande)

319 **Niederlande**, 13. 11., Ingolstadt, 3:1 gewonnen: ter Stegen – Korb (Zimmer), Süle, Heintz (1), Günter (Orban) – Leitner, Stark (Geis) –Younes (1), Meyer (1) (Arnold), Bittencourt (Malli) – P. Hofmann – SR: Yefet (Israel)

320 **Tschechien**, 18. 11., Prag, 1:1 unentschieden: Horn (Karius) – Korb, Süle, Heintz, Günter – Geis – Bittencourt, Meyer, Arnold (Leitner 1), Younes – Kachunga (P. Hofmann) – SR: Schüttengruber (Österreich)

2015: 12 Spiele: 7 Siege, 3 Unentschieden, 2 Niederlagen

321 **Italien**, 27. 3., Paderborn, 2:2 unentschieden: Leno – Kimmich (Zimmer), Orban, Ginter, N. Schulz – Leitner (1), Geis – Bittencourt (1) (Klaus), Malli, Younes (Gnabry) – Volland (P. Hofmann) – SR: Raczkowski (Polen)

322 **England**, 30. 3., Middlesbrough, 2:3 verloren: ter Stegen – Korb, Ginter, Knoche, C. Günter – Can, Leitner (Kimmich) – Bittencourt (Gnabry), Meyer (N. Schulz), Younes (Malli) – P. Hofmann (2) – SR: Massa (Italien)

323 **Serbien**, 17. 6., Prag, 1:1 unentschieden (EM-Vorrunde): ter Stegen – Korb, Ginter, Knoche, C. Günter – Can (1), Leitner (Kimmich) – Volland, Meyer (Bittencourt), Younes – P. Hofmann (N. Schulz) – SR: Estrada Fernandez (Spanien)

324 **Dänemark**, 20. 6., Prag, 3:0 gewonnen (EM-Vorrunde): ter Stegen – Korb, Ginter (1), Heintz, N. Schulz – Can (Geis), Kimmich – Bittencourt (Gnabry), Meyer, Younes – Volland (2) (Klaus) – SR: Karasev (Russland)

325 **Tschechien**, 23. 6., Prag, 1:1 unentschieden (EM-Vorrunde): ter Stegen – Korb, Ginter, Heintz,

C. Günter – Can, Kimmich – Younes (Bittencourt), Meyer (Malli), N. Schulz (1) (P. Hofmann) – Volland – SR: Makkelie (Niederlande)
326 **Portugal**, 27. 6., Olomouc, 0:5 verloren (EM-Halbfinale): ter Stegen – Korb (Klaus), Ginter, Heintz, C. Günter – Geis (Meyer) – Younes, Kimmich, Can, N. Schulz (Bittencourt) – Volland – SR: Sidiropoulos (Griechenland)
327 **Dänemark**, 3. 9., Lübeck, 2:1 gewonnen: Schwäbe (Wellenreuther) – Toljan (Klostermann), Tah (Stark), Süle, Gerhardt – Goretzka (Weigl), Kimmich (Arnold) – Ti. Werner (1) (Öztunali 1), Gnabry (Meyer), Brandt (L. Sané) – Selke – SR: Harkam (Österreich)
328 **Aserbaidschan**, 8. 9., Baku, 3:0 gewonnen (EM-Qualifikation): Wellenreuther – Toljan, Tah, Süle, Gerhardt – Arnold (Weigl), Kimmich (1) – Ti. Werner (Öztunali), Goretzka, Brandt (Meyer) – Selke (2) – SR: Boucaut (Belgien)
329 **Finnland**, 9. 10., Essen, 4:0 gewonnen (EM-Qualifikation): Wellenreuther – Toljan, Klostermann, Süle, Gerhardt – Weigl (Meyer) – Brandt (Gnabry), Kimmich (1), Goretzka (Arnold), L. Sané (2) – Selke (1) – SR: Tohver (Estland)
330 **Färöer**, 13. 10., Torshavn, 6:0 gewonnen (EM-Qualifikation): Wellenreuther – Toljan, Klostermann, Süle (1) (Cacutalua), Gerhardt – Kimmich, Goretzka (Stendera) – Brandt (Gnabry 1), L. Sané (1) – Arnold (1) – Meyer (2) – SR: Amhof (Schweiz)
331 **Aserbaidschan**, 13. 11., Magdeburg, 3:1 gewonnen (EM-Qualifikation): Wellenreuther – Weiser, Akpoguma, Süle, Toljan – Kimmich (Haberer) – Arnold (1) (Stendera), Goretzka – Gnabry (Brandt), Meyer, Ti. Werner (2) – SR: Krastev (Bulgarien)
332 **Österreich**, 17. 11., Fürth, 4:2 gewonnen (EM-Qualifikation): Wellenreuther – Akpoguma, Tah, Süle, Toljan – Weigl (Arnold) – Kimmich, Goretzka (1) – L. Sané (1), Meyer (1) (Brandt) – Selke (1) (Ti. Werner) – SR: Hernandez (Spanien)

2016: 2 Spiele: 2 Siege

333 **Färöer,** 24. 3., Frankfurt, 4:1 gewonnen (EM-Qualifikation): Wellenreuther – Toljan, Klostermann, Süle, Gerhardt – Stark (Dahoud), Weigl (Christiansen) – L. Sané (1), Meyer (1), Brandt (1) (Öztunali) – Selke – Dazu ein Eigentor von Nattestad – SR: Kralovic (Slowakei)
334 **Russland**, 29. 3., Rostow, 2:0 gewonnen (EM-Qualifikation): Wellenreuther – Toljan, Klostermann (Stark), Süle, Gerhardt – Christiansen, Dahoud – L. Sané (Weiser), Meyer (1), Brandt (Amiri) – Selke (1) – SR: Kalogeropoulos (Griechenland)

Zu Juniorenspielen U 21 wurden berufen:

1 **Abel** Mathias, 22. 6. 1981 (1. FSV Mainz 05) 2003 SCG
3 **Achenbach** Timo, 3. 9. 1982 (Borussia Dortmund 2, VfB Lübeck 1) 2003 ESP, LTU, ISL
4 **Adler** René, 15. 1. 1985 (Bayer Leverkusen) 2005 AZE, ENG, WAL, AUT
5 **Adlung** Daniel, 1. 10. 1987 (SpVgg Greuther Fürth 1, VfL Wolfsburg 4) 2007 SCO – 2008 ITA – 2009 IRL, NED, BLR
4 **Afriyie** Kolia, 6. 4. 1981 (AC Horsens) 2002 ITA, BIH, NED – 2003 ESP
2 **Akpoguma** Kevin, 19. 4. 1995 (Fortuna Düsseldorf) 2015 AZE, AUT
1 **Alabi** Daniel, 12. 9. 1980 (Arminia Bielefeld) 2000 NOR
17 **Allofs** Thomas, 17. 11. 1959 (Fortuna Düsseldorf 15, 1. FC Kaiserslautern 2) 1979 POL, URS – 1980 BEL, Prov. Kanton, ROU, CHN, FRA, BUL – 1981 AUT, FIN, AUT, BUL – 1982 ESP, ESP, URS, ENG, ENG
1 **Alter** André, 20. 8. 1973 (SG Wattenscheid 09) 1994 GRE
1 **Amiri** Nadiem, 27. 10. 1996 (TSG Hoffenheim) 2016 RUS
3 **Anderbrügge** Ingo, 2. 1. 1964 (Borussia Dortmund) 1985 SUI, CSV, URS
25 **Aogo** Dennis, 14. 1. 1987 (SC Freiburg 13, Hamburger SV 12) 2007 AUT, CZE, SUI, JAP, FRA, IRL, NIR, SWE, ISR, MDA – 2008 BEL, UKR, DEN, MDA, NIR, ISR, ITA – 2009 IRL, NED, BLR, ESP, FIN, ENG, ITA, ENG
10 **Arnold** Maximilian, 27. 5. 1994 (VfL Wolfsburg) 2013 ROU – 2014 IRL, NED, CZE – 2015 DEN, AZE, FIN, FRO, AZE, AUT
3 **Arslan** Tolgay, 16. 8. 1990 (Hamburger SV) 2012 TUR – 2013 ITA, ISR
23 **Auer** Benjamin, 11. 1. 1981 (Borussia Mönchengladbach 8, 1. FSV Mainz 05 15) 2002 NIR, CZE, RUS, RSA, JPN, ITA, IRL, ITA, LTU, NED – 2003 ESP, LTU, IRL, SCO, ISL, SCO, ISL, TUR, TUR – 2004 GRE, SUI, SWE, POR
3 **Augustin** Ralf, 27. 9. 1960 (Borussia Dortmund) 1979 URS – 1980 SCO, MEX

7 **Aumann** Raimond, 12. 10. 1963 (Bayern München) 1984 SWE – 1985 POR, BUL, CSV, URS, SWE, POR
6 **Azaouagh** Mimoun, 17. 11. 1982 (1. FSV Mainz 05) 2003 IRL, SCO, ISL, SCO – 2004 SUI, POR
12 **Babbel** Markus, 8. 9. 1972 (Bayern München 1, Hamburger SV 11) 1992 CSV, NED, TUR, ALB, ESP, ALB – 1993 IRL, IRL, DEN, GRE, DEN, ESP
8 **Badstuber** Holger, 13. 3. 1989 (Bayern München) 2009 TUR, IRN, CZE, SVN, ISR, NIR, SMR – 2010 ISL
16 **Bäron** Karsten, 24. 4. 1973 (Hamburger SV) 1992 ALB, ESP, ALB – 1993 IRL, IRL, GRE, DEN, LUX – 1994 HUN, TUR, GRE, RUS, HUN – 1996 POR, FRA, FRA
5 **Bäumer** Jens, 9. 8. 1978 (Karlsruher SC) 1998 ROU, SUI, TUR, MDA – 1999 USA
1 **Baier** Daniel, 18. 5. 1984 (TSV München) 2005 WAL
20 **Balitsch** Hanno, 2. 1. 1981 (1. FC Köln 6, Bayer Leverkusen 14) 2002 NIR, CZE, RUS, RSA, JPN, ITA, ITA, LTU – 2003 LTU, SCG, IRL, SCO, RUS, ISL, TUR, TUR – 2004 SUI, GRE, SUI, POR
19 **Ballack** Michael, 26. 9. 1976 (Chemnitzer FC 9, 1. FC Kaiserslautern 10) 1996 DEN, POL, ARM, BUL, POR – 1997 ISR, ALB, UKR, UKR, RUS, POR, ARM, ALB – 1998 CYP, CYP, LIB, GRE, ROU, SWE
3 **Banach** Maurice, 9. 11. 1967, † 17. 11. 1991 (SG Wattenscheid 09) 1989 NED, ISL, FIN
1 **Baranowski** Matthias, 8. 2. 1967 (1. FC Köln) 1987 BUL
5 **Bargfrede** Philipp, 3. 3. 1989 (Werder Bremen) 2009 TUR, IRN, NIR, SMR – 2010 ISL
1 **Bartels** Fin, 7. 2. 1987 (Hansa Rostock) 2008 DEN
5 **Baschetti** Mirko, 2. 12. 1971 (VfL Osnabrück) 1992 NED, TUR, ALB, ESP, ALB
9 **Bastians** Felix, 9. 5. 1988 (SC Freiburg) 2009 TUR, IRN, SMR, CZE, SVN, ISR, NIR, SMR – 2010 ISL
17 **Baumann** Frank, 29. 10. 1975 (1. FC Nürnberg) 1996 DEN, NED, POL, BUL, POR – 1997 ISR, ALB, UKR, UKR, RUS, POR, ARM, ALB – 1998 LIB, GRE, ROU, SWE
1 **Baumann** Karsten, 14. 10. 1969 (1. FC Köln) 1992 SCO
10 **Baumann** Oliver, 2. 6. 1990 (SC Freiburg) 2010 CZE, UKR, ENG – 2011 NED, POR, SMR, GRE, CYP – 2012 TUR – 2013 RUS
2 **Baumjohann** Alexander, 23. 1. 1987 (Borussia Mönchengladbach) 2009 NED, BLR
27 **Beck** Andreas, 13. 3. 1987 (VfB Stuttgart 16, TSG Hoffenheim 11) 2007 ITA, AUT, CZE, SUI, JAP, FRA, IRL, SWE, ISR, MDA, ISL, LUX – 2008 BEL, LUX, UKR, DEN, MDA, NIR, ISR, FRA, FRA, ITA – 2009 ESP, FIN, ENG, ITA, ENG
3 **Beer** Oliver, 14. 9. 1979 (Bayern München) 1999 KUW, BHR, THA
1 **de Beer** Wolfgang, 2. 1. 1964 (MSV Duisburg) 1984 URS
2 **Beierlorzer** Bertram, 31. 5. 1957 (Bayern München) 1983 TUR, AUT
1 **Beiersdorfer** Dietmar, 16. 11. 1963 (Hamburger SV) 1987 FRA
14 **Beister** Maximilian, 6. 9. 1990 (Fortuna Düsseldorf 8, Hamburger SV 6) 2010 ENG – 2011 SMR, BLR, BIH, SMR, GRE, CYP – 2012 GRE, ARG, BLR, SUI, SUI, TUR – 2013 ITA
6 **Bell** Stefan, 24. 8. 1991 (TSV München 1860 3, Eintracht Frankfurt 3) 2010 NIR, UKR, ENG – 2011 SMR, GRE, CYP
5 **Bellarabi** Karim, 8. 4. 1990 (Bayer Leverkusen) 2012 ARG, BLR, BIH, SUI, SUI
9 **Ben-Hatira** Änis, 18. 7. 1988 (MSV Duisburg 7, Hamburger SV 2) 2009 IRL, NED, BLR, ESP, FIN, ENG, ITA, TUR, IRN
1 **Bender** Lars, 27. 4. 1989 (Bayer Leverkusen) 2010 ISL
12 **Benthin** Manuel, 3. 7. 1979 (Tennis Borussia Berlin 2, Union Berlin 10) 2000 SUI, NOR, ESP, GRE, ENG, DEN – 2001 BUL, ALB, GRE, FIN, ALB, NOR
1 **Berg** Rainer, 21. 8. 1965 (SV Darmstadt 98) 1987 FRA
5 **Berthold** Thomas, 12. 11. 1964 (Eintracht Frankfurt) 1984 URS, GRE, SWE – 1986 ITA, KOR
3 **Bertram** Tom, 30. 3. 1987 (Rot-Weiß Erfurt) 2007 SUI, CIV, FRA
11 **Beuchel** René, 31. 7. 1973 (Dynamo Dresden 7, Eintracht Frankfurt 4) 1994 GRE, HUN, MDA – 1995 ESP, GEO, WAL, BUL, BEL, MDA, WAL – 1996 FRA
11 **Bieler** Pascal, 26. 2. 1986 (Rot-Weiss Essen 5, Hertha BSC 6) 2006 NED – 2007 SCO, AUT, CZE, CIV, IRL, ISL, LUX – 2008 BEL, UKR, DEN
10 **Bierhoff** Oliver, 1. 5. 1968 (Bayer Uerdingen 1, Hamburger SV 5, Borussia Mönchengladbach 4) 1988 SUI, FIN, NED – 1989 ISL, CSV, ISL, CMR, CMR – 1990 FRA, URS
22 **Bierofka** Daniel, 7. 2. 1979 (Bayern München 12, TSV München 1860 10) – 1999 FIN, NORI, KUW, QAT, BHR, OMA, THA – 2000 TUN, ROU, CRO, SUI, NOR, ESP, GRE, ENG, DEN – 2001 BUL, ALB, GRE, FIN, ENG, FIN
9 **Binz** Manfred, 22. 9. 1965 (Eintracht Frankfurt) 1987 ENG, DEN, LUX, NED, BUL – 1988 FIN, NED – 1990 URS, URS

20 **Bittencourt** Leandro, 19. 12. 1993 (Borussia Dortmund 1, Hannover 96 19) 2012 TUR – 2013 FRA, FRO, IRL, MNT, FRO, MNT, ROU – 2014 ESP, IRL, UKR, UKR, NED, CZE – 2015 ITA, ENG, SER, DEN, CZE, POR
2 **Bittorf** Ulrich, 2. 9. 1959 (VfL Bochum) 1981 AUT, BUL
9 **Blank** Stefan, 10. 3. 1977 (Hannover 96) 1998 SUI, MDA, NED – 1999 USA, NIR, FIN, MDA, FIN, NIR
6 **Blau** Rolf, 21. 5. 1952 (VfL Bochum) 1980 Prov. Kanton, MEX, ROU, CHN, FRA, BUL
15 **Boateng** Jerome, 3. 9. 1988 (Hamburger SV) 2007 ISR, MDA – 2008 LUX, FRA, ITA – 2009 IRL, NED, BLR, ESP, FIN, ENG, ITA, ENG, SMR, CZE
6 **Boateng** Kevin-Prince, 6. 3. 1987 (Hertha BSC 5, Borussia Dortmund 1) 2006 ENG, ENG – 2007 JAP, CIV, FRA – 2009 IRL
11 **Bochtler** Michael, 15. 10. 1975 (VfB Stuttgart 5, FC St. Pauli 4, Sturm Graz 2) 1996 NED, POL, BUL, POR – 1997 ISR, ALB, RUS, POR, ARM – 1998 GRE, ROU
1 **Bode** Jörg, 22. 8. 1969 (Hamburger SV) 1991 MAR
4 **Bode** Marco, 23. 7. 1969 (Werder Bremen) 1989 FIN, ISL, CMR, CMR
13 **Boenisch** Sebastian, 1. 2. 1987 (FC Schalke 04 5, Werder Bremen 8) 2007 SCO, ITA, AUT, CZE, IRL, NIR, SWE – 2008 NIR, FRA, FRA – 2009 ESP, ITA, ENG
1 **Book** Nils-Ole, 17. 2. 1986 (MSV Duisburg) 2007 SUI
2 **Borel** Pascal, 26. 9. 1978 (Werder Bremen) 1999 USA, SCO
2 **Borowka** Ulrich, 19. 5. 1962 (Borussia Mönchengladbach) 1982 CSV – 1987 NED
15 **Borowski** Tim. 2. 5. 1980 (Werder Bremen) 1999 AUT – 2000 TUN, TUN, ROU, CRO, SUI, NOR, ESP, GRE – 2001 BUL, FIN, ALB, NOR, ENG, FIN
8 **Brandt** Julian, 2. 5. 1996 (Bayer Leverkusen) 2015 DEN, AZE, FIN, FRO, AZE, AUT – 2016 FRO, RUS
12 **Brdaric** Thomas, 23. 1. 1975 (VfB Stuttgart 1, Fortuna Düsseldorf 2, Fortuna Köln 9) 1993 LUX – 1996 DEN, NED, POL, BUL – 1997 UKR, ALB – 1998 CYP, CYP, LIB, ROU, SWE
3 **Brehme** Andreas, 9. 11. 1960 (1. FC Saarbrücken 1, 1. FC Kaiserslautern 2) 1980 FRA – 1981 FIN, AUT
6 **Breitenreiter** André, 2. 10. 1973 (Hamburger SV) 1995 WAL, BUL, GEO, MDA – 1996 POR, FRA
1 **Brinkmann** Daniel, 29. 1. 1986 (SC Paderborn 07) 2007 ITA
7 **Broich** Thomas, 29. 1. 1981 (Wacker Burghausen 5, Borussia Mönchengladbach 2) 2002 NED – 2003 ESP, LTU, TUR, TUR – 2004 SUI, GEO
5 **Brummer** Axel, 25. 11. 1961 (1. FC Kaiserslautern) 1982 CSV – 1983 POR, ALG, CHN, HUN
3 **Brunn** Uwe, 20. 11. 1967 (1. FC Köln 1, Borussia Mönchengladbach 2) 1988 SUI – 1989 ISL, CMR
9 **Brunner** Thomas, 10. 8. 1962 (1. FC Nürnberg) 1982 CSV – 1983 ALG, CHN, BRA, FRA, HUN, AUT, TUR, ALB
13 **Bruns** Florian, 21. 8. 1979 (SC Freiburg) 1999 AUT – 2000 ROU, SUI, NOR, GRE, DEN – 2001 BUL, ALB, FIN, ALB, NOR, ENG, FIN
15 **Brzenska** Markus, 25. 5. 1984 (Borussia Dortmund) 2005 WAL, ENG, AZE, WAL, AUT – 2006 LVA, ARM, NED, SBM, POR, NED, NIR, ROU, ENG, ENG
1 **Buchwald** Guido, 24. 6. 1961 (Stuttgarter Kickers) 1980 NED
3 **Bülow** Kai, 31. 5. 1986 (Hansa Rostock) 2007 ITA, CIV, FRA
1 **Büttner** Tobias, 23. 8. 1976 (VfB Stuttgart) 1996 DEN
6 **Bugera** Alexander, 8. 8. 1978 (Bayern München 1, MSV Duisburg 5) 1998 NED – 1999 USA, NIR, SCO, MDA, FIN
1 **Bugri** Francis, 9. 11. 1980 (Borussia Dortmund) 2000 CRO
3 **Bungert** Niko, 24. 10. 1986 (Kickers Offenbach) 2008 LUX, UKR, DEN
3 **Bunte** Michael, 6. 2. 1964 (Fortuna Düsseldorf) 1984 SCO, SWE – 1985 URS
2 **Burghartswieser** Manfred, 23. 8. 1973 (Bayern München 1, TSV München 1860 1) 1994 TUR, RUS
4 **Burkhardt** Thorsten, 21. 5. 1981 (SpVgg Greuther Fürth) 2003 SCG, IRL, RUS – 2004 SUI
1 **Cacutalua** Malcolm, 15. 11. 1994 (VfL Bochum) 2015 FRO
5 **Calik** Serkan, 15. 3. 1986 (Rot-Weiss Essen) 2007 AUT, SUI, JAP, CIV, FRA
5 **Callsen-Bracker** Jan-Ingwer, 23. 9. 1984 (Bayer Leverkusen) 2004 LTU, SCG, AZE, POL – 2006 NED
13 **Can** Emre, 12. 1. 1994 (Bayern München 1, Bayer Leverkusen 5, FC Liverpool 7) 2013 ESP, FRA, MNT, FRO, MNT – 2014 ESP, IRL, ROU – 2015 ENG, SER, DEN, CZE, POR
1 **Cartus** Daniel, 2. 9. 1978 (Fortuna Düsseldorf) 1998 TUR
21 **Castro** Gonzalo, 11. 6. 1987 (Bayer Leverkusen) 2006 LVA, ARM, NED, SBM, FRA, POR, NED, NIR, ROU, ENG, ENG – 2007 SCO, NIR – 2008 MDA, FRA, ITA – 2009 ESP, FIN, ENG, ITA, ENG

- 3 **Celozzi** Stefano, 2. 11. 1988 (VfB Stuttgart) 2009 TUR, IRN, CZE
- 1 **Chaftar** Mounir, 19. 1. 1986 (Eintracht Frankfurt) 2007 ITA
- 1 **Chmielewski** Thorsten, 21. 1. 1968 (Bayer Uerdingen) 1990 FRA
- 5 **Choupo-Moting** Eric-Maxim, 23. 3. 1989 (1. FC Nürnberg) 2009 SVN, ISR, NIR, SMR – 2010 ISL
- 1 **Christ** Marco, 6. 11. 1980 (1. FC Nürnberg) 2000 SUI
- 2 **Christiansen** Max, 25. 9. 1996 (FC Ingolstadt 04) 2016 FRO, RUS
- 20 **Cichon** Thomas, 9. 7. 1976 (1. FC Köln) 1995 WAL – 1996 DEN, NED, POL, ARM, POR – 1997 ISR, ALB, UKR, UKR, RUS, POR, ARM, ALB – 1998 CYP, CYP, LIB, GRE, ROU, SWE
- 5 **Clemens** Christian, 4. 8. 1991 (1. FC Köln) 2011 GRE – 2013 ISR, NED, ESP, RUS
- 1 **Conrad** Alexander, 15. 11. 1966 (Eintracht Frankfurt) 1987 LUX
- 9 **Dabrowski** Christoph, 1. 7. 1978 (Werder Bremen) 1997 UZB, SUI, BEL – 1998 ROU, SUI, NED – 1999 SCO, FIN, NIR
- 5 **Da Costa** Danny, 13. 7. 1993 (FC Ingolstadt 04) 2013 FRA, MNT, ROU – ROU, UKR
- 1 **Däbritz** Nico, 26. 8. 1971 (VfB Leipzig) 1993 GRE
- 2 **Dahoud** Mahmoud, 1. 1. 1996 (Borussia Mönchengladbach) 2016 FRO, RUS
- 8 **Dammeier** Detlev, 18. 10. 1968 (Hannover 96 4, Hamburger SV 4) 1988 SUI, FIN, NED – 1989 BUL, CSV, FIN, CMR, CMR
- 6 **Daun** Markus, 10. 9. 1980 (Bayer Leverkusen) 2000 ESP, DEN – 2001 FIN, ALB, ENG, FIN
- 1 **Dehoust** Matthias, 14. 12. 1973 (Waldhof Mannheim) 1995 BUL
- 3 **Deisler** Sebastian, 5. 1. 1980 (Borussia Mönchengladbach) 1999 NIR, FIN, MDA
- 20 **Dejagah** Ashkan, 5. 7. 1986 (Hertha BSC 6, VfL Wolfsburg 14) 2004 AZE, AUT, POL – 2007 JAP, CIV, FRA, IRL, NIR, SWE, ISL, LUX – 2008 BEL, MDA, FRA, FRA, ITA – 2009 ESP, FIN, ENG, ITA
- 1 **Dickel** Norbert, 27. 11. 1961 (Borussia Dortmund) 1987 LUX
- 4 **Dickgießer** Roland, 9. 11. 1960 (Waldhof Mannheim) 1981 ESP, AUT, FIN – 1982 ESP
- 5 **Didavi** Daniel, 21. 2. 1990 (VfB Stuttgart 4, 1. FC Nürnberg 1) 2011 GRE, NED, ITA, POR, CYP
- 1 **Diekmeier** Dennis, 20. 10. 1989 (Hamburger SV) 2010 ISL
- 6 **Dierßen** Bernd, 26. 8. 1959 (Arminia Hannover 1, Hannover 96) 1979 POL – 1980 NED, FRA, BUL – 1981 ESP, FIN
- 11 **Dittus** Uwe, 3. 8. 1959 (Karlsruher SC) 1980 BEL, NED, BUL – 1981 ESP, AUT, FIN – 1982 ESP, URS, URS, ENG – 1983 POR
- 19 **Dogan** Mustafa, 1. 1. 1976 (KFC Uerdingen 2, Fenerbahce Istanbul 17) 1996 DEN, NED, POL, ARM, BUL, POR – 1997 ISR, ALB, UKR, UKR, RUS, POR, ARM, ALB – 1998 CYP, CYP, GRE, ROU, SWE
- 3 **Dorfner** Hans, 3. 7. 1965 (1. FC Nürnberg) 1985 SUI, URS, SWE
- 1 **Draxler** Julian, 20. 9. 1993 (FC Schalke 04) 2011 CYP
- 1 **Dreher** Uwe, 13. 5. 1960 (Kickers Stuttgart) 1980 NED
- 5 **Dreßen** Hans-Georg, 30. 12. 1964 (Borussia Mönchengladbach) 1985 SUI, BUL, CSV, URS, POR
- 6 **Drews** Günter, 9. 7. 1967 (Bayer Leverkusen 5, Hannover 96 1) 1986 ITA, KOR, SCO, DEN – 1987 LUX, FRA
- 5 **Dum** Sascha, 3. 7. 1986 (Alemannia Aachen) 2006 NED, ENG, ENG – 2007 AUT, CZE
- 5 **Durm** Erik, 12. 5. 1992 (Borussia Dortmund) 2013 FRA, FRO, IRL, FRO – 2014 ESP
- 6 **Dusend** Ralf, 28. 9. 1959 (Fortuna Düsseldorf) 1979 POL – 1980 Prov. Kanton, MEX, ROU, CHN, NED
- 1 **Dzaka** Anel, 19. 9. 1980 (Bayer Leverkusen) 2001 ALB
- 12 **Eberl** Max, 21. 9. 1973 (Bayern München 1, VfL Bochum 11) 1993 LUX – 1994 HUN, RUS, HUN, FIN, MDA – 1995 ESP, GEO, BEL, GEO, MDA, WAL
- 13 **Ebert** Patrick, 17. 3. 1987 (Hertha BSC) 2007 SCO, SUI, JAP, CIV, FRA, NIR, ISR, MDA – 2008 BEL – 2009 IRL, ESP, FIN, ENG
- 6 **Eckstein** Dieter, 12. 3. 1964 (1. FC Nürnberg) 1985 URS, POR, CSV – 1986 ITA, SUI, BUL
- 5 **Ede** Chinedu, 5. 2. 1987, (Hertha BSC 4, MSV Duisburg 1) 2007 SCO, SUI, IRL, SWE – 2008 ITA
- 5 **Effenberg** Stefan, 2. 8. 1968 (Borussia Mönchengladbach) 1988 FIN, NED – 1989 BUL, ISL – 1990 URS
- 19 **Ehlers** Uwe, 8. 3. 1975 (Hansa Rostock) 1995 GEO, WAL, BUL – 1996 POR, FRA, NED, POR – 1997 ISR, ALB, UKR, UKR, RUS, POR, ARM – 1998 CYP, CYP, LIB, GRE, ROU
- 1 **Eichenauer** Henrik, 7. 7. 1968 (SV Darmstadt 98) 1989 BUL
- 1 **Eigler** Christian, 1. 1. 1984 (SpVgg Greuther Fürth) 2006 SBM
- 3 **Ekici** Mehmet, 25. 3. 1990 (1. FC Nürnberg) 2010 CZE, NIR, UKR

4 **Engelhardt** Marco, 1. 12. 1980 (Rot-Weiß Erfurt) 1999 KUW, BHR, AUT – 2000 TUN
9 **Engels** Stefan, 6. 9. 1960 (1. FC Köln) 1980 FRA, BUL – 1981 ESP, AUT, BUL – 1982 ESP, ESP, ENG, ENG
15 **Enke** Robert, 24. 8. 1977, † 10. 11. 2009 (Borussia Mönchengladbach) 1997 UZB, SUI, BEL – 1998 ROU, SUI, TUR, MDA, NED – 1999 NIR, FIN, SCO, MDA, FIN, NIR, TUR
1 **Epp** Thomas, 7. 4. 1968 (VfL Bochum) 1988 SUI
31 **Ernst** Fabian, 30. 5. 1979 (Hamburger SV 19, Werder Bremen 12) 1998 ROU, SUI, TUR, MDA, NED – 1999 USA, NIR, FIN, SCO, MDA, FIN, NIR TUR, AUT – 2000 TUN, ROU, CRO, SUI, NOR, ESP, GRE, ENG, DEN – 2001 BUL, ALB, GRE, FIN, ALB, NOR, ENG, FIN
13 **Ernst** Ronny, 7. 5. 1976 (Dynamo Dresden 2, TSV München 1860 10, SpVgg Greuther Fürth 1) 1996 DEN, NED, POL, ARM, POR – 1997 ISR, ALB, UKR, UKR, RUS, POR, ARM, ALB
1 **Eroglu** Timur, 22. 3. 1977 (Waldhof Mannheim) 1996 DEN
14 **Esswein** Alexander, 25. 3. 1990 (Dynamo Dresden 1, 1. FC Nürnberg 13) 2011 POR, CYP, SMR, BLR, BIH, SMR, GRE, CYP – 2012 GRE, ARG, SUI, SUI – 2013 ITA, ISR
3 **Fach** Holger, 8. 9. 1962 (Fortuna Düsseldorf) 1983 POR, TUR – 1986 DEN
5 **Fährmann** Christian, 5. 10. 1975 (Hertha BSC) 1998 CYP, CYP, LIB, ROU, SWE
1 **Fährmann** Ralf, 27. 9. 1988 (FC Schalke 04) 2008 ITA
2 **Fahrenhorst** Frank, 24. 9. 1977 (VfL Bochum) 1998 ROU, TUR
4 **Falk** Patrick, 8. 2. 1980 (Eintracht Frankfurt) 1999 AUT – 2000 TUN, CRO, SUI
2 **Falkenberg** Kim, 10. 4. 1988 (SpVgg Greuther Fürth) 2009 TUR, IRN
16 **Falkenmayer** Ralf, 11. 2. 1963 (Eintracht Frankfurt) 1982 SUI, CSV, URS – 1983 POR, TUR, AUT, ALG, CHN, BRA, FRA, HUN, AUT, TUR, ALB – 1984 BEL – 1986 KOR
18 **Fathi** Malik, 29. 10. 1983 (Hertha BSC) 2004 GEO, GRE, SUI, LTU, AZE – 2005 WAL, ENG, AZE, ENG, WAL, AUT, CZE, CZE – 2006 LVA, ARM, NED, SBM, FRA
1 **Feinbier** Markus, 30. 11. 1969 (Bayer Leverkusen) 1989 BUL
13 **Feldhoff** Markus, 29. 8. 1974 (Bayer Uerdingen 7, Bayer Leverkusen 6) 1994 HUN, HUN, FIN, MDA – 1995 ESP, GEO, BUL, BEL, GEO, MDA, WAL, BUL – 1996 FRA
2 **Fellhauer** Andreas, 16. 9. 1971 (Waldhof Mannheim) 1992 NED, TUR
3 **Fensch** Marcell, 23. 8. 1975 (1. FC Köln) 1998 CYP, CYP, LIB
13 **Feulner** Markus, 12. 2. 1982 (Bayern München 11, 1. FC Köln 2) 2002 CZE, ITA, NED – 2003 ESP, LTU, SCG, IRL, SCO, ISL, SCO, ISL – 2004 GEO, SWE
16 **Fiedler** Christian, 27. 3. 1975 (Hertha BSC) 1995 GEO, BEL – 1996 DEN, NED, POL, ARM, BUL – 1997 UKR, UKR, RUS, POR, ARM, ALB – 1998 CYP, CYP, LIB
1 **Fink** Thorsten, 29. 10. 1967 (SG Wattenscheid 09) 1989 CMR
2 **Fischer** Karsten, 27. 5. 1984 (VfL Wolfsburg) 2005 POL – 2006 LVA
8 **Fleßers** Robert, 11. 02. 1987 (Borussia Mönchengladbach) 2007 SCO, ITA, AUT, CZE, JAP, FRA, IRL, ISL
1 **Flick** Thorsten, 22. 8. 1976 (Eintracht Frankfurt) 1996 DEN
7 **Foda** Franco, 23. 4. 1966 (Arminia Bielefeld 1, 1. FC Kaiserslautern 6) 1985 POR – 1987 FRA, ENG, DEN, LUX, NED, BUL
6 **Forkel** Martin, 22. 7. 1979 (Borussia Fulda) 1999 KUW, QAT, BHR, OMA, ROU, AUT
7 **Franck** Thomas, 24. 2. 1971 (Borussia Dortmund) 1990 SWE, SUI – 1991 BUL, BEL, LUX – 1992 SCO, SCO
19 **Franz** Maik, 5. 8. 1981 (VfL Wolfsburg) 2002 NIR, CZE, RUS, RSA, JPN, ITA, IRL, ITA, LTU, BIH, NED – 2003 ESP, IRL, RUS, ISL, SCO, TUR – 2004 GRE, SWE
13 **Freier** Paul, 26. 7. 1979 (VfL Bochum) 2000 ROU, CRO, SUI, NOR, ESP, GRE, ENG – 2001 BUL, ALB, GRE, NOR, ENG, FIN
1 **Freis** Sebastian, 23. 4. 1985 (Karlsruher SC) 2006 ENG
2 **Freund** Horst, 28. 9. 1960 (Borussia Dortmund) 1980 Prov. Kanton, MEX
5 **Frey** Dieter, 31. 10. 1972 (Bayern München) 1993 IRL, DEN, GRE, DEN, ESP
5 **Friedrich** Arne, 29. 5. 1979 (Arminia Bielefeld) 2000 DEN – 2001 GRE, ALB, ENG, FIN
6 **Frings** Torsten, 22. 11. 1976 (Werder Bremen) 1997 ALB – 1998 CYP, CYP, LIB, GRE, SWE
1 **Fritz** Clemens, 7. 12. 1980 (Karlsruher SC) 2001 FIN
12 **Fromlowitz** Florian, 2. 7. 1986 (1. FC Kaiserslautern 8, Hannover 96 4) 2006 NED, POR – 2007 ITA, SUI, JAP, FRA, IRL, ISR, SWE – 2008 MDA, ISR – 2009 NED, BLR
7 **Frommer** Nico, 8. 4. 1978 (VfB Stuttgart 6, Borussia Mönchengladbach 1) 1998 ROU, SUI, MDA, NED – 1999 USA, SCO, NIR
6 **Frontzeck** Michael, 26. 3. 1964 (Borussia Mönchengladbach) 1984 BEL, URS, GRE – 1985 POR – 1986 ITA, KOR
4 **Fuchs** Henri, 23. 6. 1970 (Hansa Rostock 1, 1. FC Köln 3) 1991 URS, ENG, BEL, LUX
1 **Fuchs** Uwe, 23. 7. 1966 (FC Homburg) 1986 KOR

2 **Fürstner** Stephan, 11. 9. 1987 (Bayern München) 2007 ITA, IRL
4 **Fuhr** Bernd, 11. 4. 1960 (Kickers Offenbach) 1980 MEX, FRA – 1981 ESP, FIN
15 **Funk** Patrick, 11. 2. 1990 (VfB Stuttgart 5, FC St. Pauli 10) 2010 CZE, UKR, ENG – 2011 GRE, POR, CYP, SMR, BIH, SMR, GRE – 2012 GRE, ARG, BIH, SUI – 2013 RUS
7 **Funkel** Wolfgang, 10. 8. 1958 (Bayer Uerdingen) 1985 SUI, BUL, CSV, URS, CSV – 1986 ITA, KOR
6 **Gaudino** Maurizio, 12. 12. 1966 (Waldhof Mannheim 5, VfB Stuttgart 1) 1985 CSV – 1986 ITA, SCO – 1987 LUX, NED, FRA
2 **Gebauer** Claus, 15. 9. 1960 (MSV Duisburg) 1980 SUI, MEX
3 **Gebhart** Timo, 12. 4. 1989 (VfB Stuttgart) 2009 SMR – 2010 ISL, ISL
3 **Geier** Winfried, 23. 8. 1960 (FC Schalke 04) 1980 SUI, BEL, NED
5 **Geiger** Michael, 27. 9. 1960 (Eintracht Braunschweig) 1981 FIN, BUL – 1982 ESP, ESP, ENG
2 **Geilenkirchen** Ralf, 26. 4. 1966 (1. FC Köln) 1986 ITA, KOR
2 **Geils** Karl-Heinz, 20. 5. 1955 (Arminia Bielefeld) 1982 ENG, ENG
12 **Geis** Johannes, 17. 8. 1993 (1. FSV Mainz 05) 2013 FRA, MNT, FRO – 2014 ESP, IRL, UKR, UKR, NED, CZE – 2015 ITA, DEN, POR
20 **Gemiti** Giuseppe, 3. 5. 1981 (Eintracht Frankfurt 4, Udinese Calcio 11, Genoa 1893 5) 2002 RUS, JPN, IPN, ITA, IRL, ITA, LTU, BIH, NED – 2003 ESP, SCG, IRL, SCO, RUS, ISL, SCO – 2004 SUI, GEO, GRE, SUI, SWE
6 **Gerhardt** Yannick, 13. 3. 1994 (1. FC Köln) 2015 DEN, AZE, FIN, FRO – 2016 FRO, RUS
1 **Gerlach** Jens, 3. 7. 1970 (1. FC Magdeburg) 1990 SUI
14 **Gerster** Frank, 15. 4. 1976 (Bayern München) 1996 DEN, NED, POL, ARM, BUL – 1997 ISR, ALB, UKR, UKR, ARM, ALB – 1998 CYP, CYP, LIB
1 **Gielchen** Andreas, 27. 10. 1964 (1. FC Köln) 1985 POR
6 **Ginczek** Daniel, 13. 4. 1991 (Borussia Dortmund 2, VfL Bochum 3, FC St. Pauli 10) 2010 UKR, ENG – 2011 SMR, SMR, CYP – 2012 ARG
14 **Ginter** Matthias, 19. 1. 1994 (SC Freiburg 8, Borussia Dortmund 6) 2013 NED, ESP, RUS, FRA, FRO, MNT, MNT, ROU – 2015 ITA, ENG, SER, DEN, CZE, POR
4 **Glesius** Arno, 22. 9. 1965 (Karlsruher SC) 1987 ENG, DEN, LUX, NED
7 **Gnabry** Serge, 14. 7. 1995 (FC Arsenal 3, West Bromwich Albion 4) 2015 ITA, ENG, DEN, DEN, FIN, FRO, AZE
9 **Görlitz** Andreas, 31. 1. 1982 (TSV München 1860) 2003 RUS, ISL, TUR, TUR – 2004 SUI, GEO, SUI, SWE, POR
2 **Götze** Mario, 3. 6. 1992 (Borussia Dortmund) 2010 CZE, NIR
6 **Golz** Richard, 5. 6. 1968 (Hamburger SV) 1989 CSV, FIN, CMR – 1990 FRA, URS, URS
6 **Gomez** Mario, 10. 7. 1985 (VfB Stuttgart) 2005 AUT – 2006 NED, NIR, ROU, ENG, ENG
1 **Gomminginger** Thomas, 3. 3. 1966 (VfB Stuttgart) 1986 SUI
9 **Goretzka** Leon, 6. 2. 1995 (FC Schalke 04) 2013 FRA, FRO, IRL – 2015 DEN, AZE, FIN, FRO, AZE, AUT
4 **Gorski** Bernd, 4. 10. 1959 (Hamburger SV 1, Hannover 96 3) 1979 POL – 1980 SCO, BEL, NED
18 **Gospodarek** Uwe, 6. 8. 1973 (Bayern München 10, VfL Bochum 8) 1993 LUX – 1994 HUN, TUR, RUS, HUN, FIN, MDA – 1995 ESP, WAL, BUL, BEL, GEO, MDA, WAL, BUL – 1996 POR, FRA, FRA
1 **Graf** Daniel, 3. 8. 1977 (1. FC Kaiserslautern) 1997 BEL
2 **Grahammer** Roland, 3. 11. 1963 (1. FC Nürnberg) 1984 BEL, URS
10 **Greiner** Uwe, 8. 8. 1959 (VfB Stuttgart 9, Bayer Leverkusen 1) 1979 POL – 1980 SUI, Prov. Kanton, ROU, CHN, NED, FRA, BUL – 1981 AUT, FIN
1 **Großkreutz** Kevin, 19. 7. 1988 (Borussia Dortmund) 2010 ISL
14 **Grote** Dennis, 9. 8. 1986 (VfL Bochum) 2007 JAP, CIV, FRA, IRL, SWE, ISR, MDA, ISL, LUX – 2008 LUX, MDA, NIR, ISR – 2009 IRL
7 **Gruber** Rigobert, 14. 5. 1961 (Eintracht Frankfurt 3, Werder Bremen 4) 1979 URS – 1980 SCO, SUI – 1981 AUT, FIN – 1982 ESP, URS
2 **Grüner** Roland, 11. 1. 1963 (1. FC Kaiserslautern) 1983 HUN, AUT
8 **Gündogan** Ilkay, 24. 10. 1990 (1. FC Nürnberg 3, Borussia Dortmund 5) 2010 UKR, ENG – 2011 ITA, BLR, BIH, GRE, CYP – 2012 GRE
9 **Günter** Christian, 28. 2. 1993 (SC Freiburg) 2014 IRL, ROU, UKR, NED, CZE – 2015 ENG, SER, CZE, POR
2 **Gundelach** Hans-Jürgen, 29. 11. 1963 (Eintracht Frankfurt) 1985 SUI, URS
2 **Haas** Uwe, 26. 2. 1964 (1. FC Köln) 1985 BUL, CSV
23 **Haber** Marco, 21. 9. 1971 (1. FC Kaiserslautern) 1990 SWE, LUX, SUI – 1991 URS, BEL, BUL, ENG, MAR, BEL, LUX – 1992 SCO, SCO, CSV, NED, TUR, ALB, ESP, ALB – 1993 IRL, IRL, DEN, GRE, DEN

1 **Haberer** Janik, 2. 4. 1994 (VfL Bochum) 2015 AZE
1 **Häßler** Thomas, 30. 5. 1966 (1. FC Köln) 1986 BUL
3 **Hager** Tobias, 13. 8. 1973 (Bayern München) 1994 RUS, HUN, FIN
5 **Hagner** Matthias, 15. 8. 1974 (Eintracht Frankfurt) 1994 TUR, GRE – 1995 BUL – 1996 POR, FRA
1 **Hahn** Sebastian, 18. 12. 1975 (KFC Uerdingen) 1996 NED
3 **Halfar** Daniel, 7. 1. 1988 (Arminia Bielefeld) 2008 UKR, NIR – 2009 IRL
4 **Halfar** Sören, 2. 1. 1987 (Hannover 96) 2007 ITA, SUI, JAP, FRA
10 **Hamann** Dietmar, 27. 8. 1973 (Bayern München) 1993 LUX – 1994 TUR, GRE, RUS, HUN, FIN, MDA – 1995 BEL, GEO, BUL
3 **Hammerl** René, 1. 1. 1979 (Sportfreunde Dorfmerkingen) 1999 KUW, BHR, OMA
1 **Hampel** Oliver, 2. 3. 1985 (Hamburger SV) 2005 WAL
26 **Hanke** Mike, 5. 11. 1983 (FC Schalke 04) 2003 LTU, SCG, RUS, ISL, SCO, ISL, TUR, TUR – 2004 SUI, GEO, GRE, SWE, POR, LTU, SCG, AZE, AUT, POL – 2005 WAL, ENG, POL, AZE, ENG, AUT, CZE, CZE
1 **Hannes** Wilfried, 17. 5. 1957 (Borussia Mönchengladbach) 1986 KOR
8 **Happe** Markus, 11. 2. 1972 (Bayer Leverkusen) 1992 CSV, NED, TUR, ALB, ESP – 1993 GRE, DEN, ESP
6 **von Heesen** Thomas, 1. 10. 1961 (Hamburger SV) 1981 AUT – 1982 SUI, CSV, ENG – 1983 ALB – 1985 POR
4 **Hegeler** Jens, 22. 1. 1988 (FC Augsburg) 2009 TUR, IRN, SVN, ISR
3 **Heidenreich** Hans-Jürgen, 17. 8. 1967 (1. FC Nürnberg 1, Hessen Kassel 2) 1988 SUI – 1989 CMR, CMR
3 **Heidenreich** Maximilian, 9. 5. 1967 (Hannover 96) 1985 CSV – 1986 SUI, DEN
4 **Heimeroth** Christofer, 1. 8. 1981 (FC Schalke 04) 2002 RUS, IRL, BIH – 2003 ESP
8 **Heintz** Dominique, 15. 8. 1993 (1. FC Kaiserslautern) 2014 ROU, UKR, UKR, NED, CZE – 2015 DEN, CZE, POR
3 **Heldt** Horst, 9. 12. 1969 (1. FC Köln) 1990 SUI – 1991 URS, MAR
11 **Heller** Marcel, 12. 2. 1986 (Eintracht Frankfurt 8, MSV Duisburg 3) 2007 SCO, ITA, AUT, CZE, SUI, JAP – 2008 UKR, DEN – 2009 IRL, NED, BLR
9 **Helmes** Patrick, 1. 3. 1984 (Sportfreunde Siegen 1, 1. FC Köln 8) 2005 WAL, POL, AZE – 2006 LVA, ARM, NED, FRA, NIR, ROU
13 **Hengen** Thomas, 22. 9. 1974 (1. FC Kaiserslautern) 1994 RUS, HUN, FIN, MDA – 1995 ESP, BEL, GEO, MDA, WAL, BUL – 1996 POR, FRA, FRA
21 **Hennings** Rouwen, 28. 8. 1987 (Hamburger SV 7, VfL Osnabrück 10, FC St. Pauli 4) 2007 ITA, AUT, CZE, SUI, JAP, CIV, FRA, IRL, NIR, SWE, ISR, MDA, ISL, LUX – 2008 LUX, UKR, DEN, MDA, ISR, FRA – 2009 IRL
6 **Herbst** Thomas, 6. 10. 1962 (Eintracht Braunschweig) 1983 ALB, TUR, AUT, ALG, BRA, FRA
3 **Herget** Matthias, 14. 11. 1955 (Bayer Uerdingen) 1983 AUT, TUR, ALB
20 **Herrlich** Heiko, 3. 12. 1971 (Bayer Leverkusen 19, Borussia Mönchengladbach 1) 1990 SUI – 1991 URS, BEL, BUL, ENG, MAR, BEL, LUX – 1992 SCO, SCO, CSV, NED, TUR, ALB, ESP, ALB – 1993 IRL, IRL, DEN, GRE
14 **Herrmann** Patrick, 12. 2. 1991 (Borussia Mönchengladbach) 2010 CZE, NIR – 2011 GRE, POR, GRE, CYP – 2012 BLR, BIH, TUR – 2013 ITA, ISR, NED, ESP, RUS
13 **Hertzsch** Ingo, 22. 7. 1977 (Chemnitzer FC 3, Hamburger SV 10) 1997 UZB, SUI, BEL – 1998 ROU, SUI – 1999 USA, NIR, FIN, SCO, MDA, FIN, NIR, TUR
8 **Hieronymus** Holger, 22. 1. 1959 (Hamburger SV) 1980 SUI, BEL – 1981 ESP, AUT, FIN, FIN, AUT – 1982 ESP
12 **Hilbert** Roberto, 16. 10. 1984 (SpVgg Greuther Fürth 8, VfB Stuttgart 4) 2005 ENG, AZE, WAL, AUT – 2006 LVA, NED, SBM, POR, NED, NIR, ROU, ENG
18 **Hildebrand** Timo, 5. 4. 1979 (VfB Stuttgart) 1999 KUW, QAT, OMA, AUT – 2000 TUN, TUN, CRO, SUI, ESP, GRE – 2001 BUL, ALB, GRE, FIN, ALB, NOR, ENG, FIN
8 **Hinkel** Andreas, 26. 3. 1982 (VfB Stuttgart) 2002 NIR, JPN, ITA, IRL, ITA, LTU, BIH – 2003 ESP
20 **Hitzlsperger** Thomas, 5. 4. 1982 (Aston Villa) 2002 NIR, CZE, RUS, RSA, ITA, LTU, NED – 2003 ESP, LTU, SCG, IRL, SCO, RUS, TUR, TUR – 2004 SUI, GEO, GRE, SUI, POR
10 **Hochstätter** Christian, 19. 10. 1963 (Borussia Mönchengladbach) 1984 SCO – 1985 POR, SUI, BUL, CSV, URS, SWE, POR – 1990 URS, URS
2 **Hönerbach** Mathias, 13. 4. 1962 (1. FC Köln) 1983 ALB, AUT
1 **Hönnscheidt** Norbert, 3. 11. 1960 (Eintracht Frankfurt) 1980 FRA
22 **Höwedes** Benedikt, 29. 2. 1988 (FC Schalke 04) 2007 ISL, LUX – 2008 BEL, LUX, UKR. MDA, ISR, FRA, FRA, ITA – 2009 NED, ESP, FIN, ENG, ITA, ENG, SMR, CZE, SVN, ISR – 2010 ISL, ISL

4 **Hoffmann** Andre, 28. 2. 1993 (Hannover 96) 2013 FRA, MNT, FRO, ROU
1 **Hoffmann** Daniel, 27. 10. 1971 (Hansa Rostock) 1992 TUR
10 **Hofmann** Jonas, 14. 7. 1992 (Borussia Dortmund 6, 1. FSV Mainz 05 4) 2013 FRA, FRO, IRL, MNT, ROU – 2014 ESP, IRL, ROU, UKR, UKR
17 **Hofmann** Philipp, 30. 3. 1993 (FC Ingolstadt 04 7, 1. FC Kaiserslautern 10) 2013 FRO, IRL, MNT, FRO, MNT, ROU – 2014 ESP, IRL, ROU, UKR, UKR, NED, CZE – 2015 ITA, ENG, SER, CZE
24 **Holtby** Lewis, 18. 9. 1990 (FC Schalke 04 12, VfL Bochum 1, 1. FSV Mainz 05 7, Tottenham Hotspur 4) 2009 TUR, IRN – 2010 ISL, CZE, NIR, UKR – 2011 GRE, NED, ITA, POR, CYP, SMR, BLR, BIH, GRE, CYP – 2012 ARG, BLR, SUI, SUI – 2013 ISR, NED, ESP, RUS
1 **Hoos** Herbert, 18. 7. 1965 (1. FC Kaiserslautern) 1984 GRE
4 **Horn** Timo, 12. 5. 1993 (1. FC Köln) 2013 FRA – 2014 IRL, ROU, CZE
11 **Hornschuh** Marc, 2. 3. 1991 (Borussia Dortmund 10, FC Ingolstadt 04 1) 2010 ENG – 2011 NED, ITA, POR, CYP, SMR, SMR, CYP – 2012 GRE, ARG, TUR
3 **Hubner** Michael, 12. 8. 1969 (VfL Bochum) 1990 SWE, LUX, SUI
21 **Hummels** Mats, 16. 12. 1988 (Bayern München 3, Borussia Dortmund 18) 2007 CZE, SUI, LUX – 2008 BEL, LUX, UKR, DEN, MDA, NIR, ISR – 2009 ITA, ENG, TUR, IRN, SMR, CZE, SVN, ISR, NIR, SMR – 2010 ISL
13 **Hunt** Aaron, 4. 9. 1986 (Werder Bremen) 2005 ENG, WAL, CZE – 2006 NED, ROU, ENG, ENG – 2007 SCO – 2008 LUX, UKR, DEN, FRA, FRA
4 **Huth** Robert, 18. 8. 1984 (FC Chelsea) 2004 SWE, POR – 2005 AZE, ENG
1 **Hutwelker** Karsten, 27. 8. 1971 (Fortuna Düsseldorf) 1992 CSV
7 **Illgner** Bodo, 7. 4. 1967 (1. FC Köln) 1985 CSV – 1986 SUI, SCO, DEN, BUL – 1987 LUX, NED
14 **Immel** Eike, 27. 11. 1960 (Borussia Dortmund) 1979 URS – 1980 SCO, BEL – 1981 AUT, BUL – 1982 ESP, ESP, URS, URS, ENG, ENG – 1984 SCO – 1986 ITA, KOR
1 **Jähnig** Uwe, 26. 8. 1969 (Dynamo Dresden) 1992 SCO
1 **Jaissle** Matthias, 5. 4. 1988 (TSG Hoffenheim) 2009 Irl
2 **Jancker** Carsten, 28. 8. 1974 (1. FC Köln) 1993 ESP – 1994 GRE
4 **Jansen** Marcell, 4. 11. 1985 (Borussia Mönchengladbach) 2004 POL – 2005 WAL, ENG, POL
1 **Janßen** Olaf, 8. 10. 1966 (1. FC Köln) 1987 FRA
18 **Jantschke** Tony, 7. 4. 1990 (Borussia Mönchengladbach) 2010 NIR – 2011 GRE, NED, POR, BLR, BIH, SMR, GRE, CYP – 2012 GRE, BLR, SUI, SUI – 2013 ITA, ISR, NED, ESP, RUS
12 **Jentzsch** Simon, 4. 5. 1976 (Karlsruher SC) 1996 POL, BUL, POR – 1997 ISR, ALB, RUS – 1998 CYP, CYP, LIB, GRE, ROU, SWE
3 **Jeremies** Jens, 5. 3. 1974 (TSV München 1860) 1995 MDA, WAL, BUL
6 **Johnson** Fabian, 11. 12. 1987 (TSV München 1860) 2007 SUI – 2008 ITA – 2009 IRL, NED, ITA, ENG
1 **Joneleit** Torben, 17. 5. 1987 (AS Monaco) 2007 ITA
8 **Jones** Jermaine, 3. 11. 1981 (Eintracht Frankfurt) 2002 ITA, IRL, LTU, BIH – 2003 SCG, RUS, ISL, SCO
4 **Judt** Juri, 24. 7. 1986 (SpVgg Greuther Fürth) 2007 SCO, AUT, IRL, ISL
19 **Jung** Sebastian, 22. 6. 1990 (Eintracht Frankfurt) 2010 CZE, UKR, ENG – GRE, NED, ITA, SMR, BLR, BIH, SMR, GRE, CYP – 2012 GRE, ARG, BIH, SUI, SUI – 2013 ITA, ISR
4 **Jungnickel** Lars, 31. 8. 1981 (Energie Cottbus) 2002 RSA, JPN, BIH, NED
2 **Kachunga** Elias, 22. 4. 1992 (SC Paderborn 07) 2014 IRL, CZE
2 **Kampa** Darius, 16. 1. 1977 (FC Augsburg 1, 1. FC Nürnberg 1) 1997 SUI – 1999 USA
3 **Kanopa** Mario, 18. 4. 1977 (Carl Zeiss Jena) 1997 UZB, SUI, BEL
1 **Karius** Lorius, 22. 6. 1993 (1. FSV Mainz 05) 2014 CZE
1 **Karl** Steffen, 3. 2. 1970 (Borussia Dortmund) 1991 LUX
2 **Kastl** Manfred, 23. 9. 1965 (Hamburger SV) 1987 LUX, FRA
2 **Kaul** Sebastian, 17. 10. 1979 (KFC Uerdingen) 1999 QAT, OMA
11 **Kehl** Sebastian, 13. 2. 1980 (Hannover 96 5, SC Freiburg 6) 1999 AUT – 2000 TUN, TUN, ROU, CRO, ESP, ENG – 2001 BUL, ALB, GRE, ALB
5 **Keidel** Ralf, 6. 3. 1977 (1. FC Schweinfurt 05 1, Newcastle United 4) 1997 UZB, SUI, BEL – 1999 USA, SCO
11 **Kempe** Thomas, 17. 3. 1960 (MSV Duisburg 10, VfB Stuttgart 1) 1979 POL – 1980 SCO, SUI – 1981 AUT, FIN, AUT, BUL – 1982 ESP, ESP, URS, ENG
11 **Kern** Enrico, 12. 3. 1979 (Tennis Borussia Berlin) 1999 KUW, QAT, BHR, OMA, THA, TUR, AUT – 2000 TUN, TUN, ROU, CRO
4 **Kern** Mario, 16. 8. 1969 (Dynamo Dresden) 1990 SUI – 1991 BEL, BUL, MAR
10 **Ketelaer** Marcel, 3. 11. 1977 (Borussia Mönchengladbach) 1997 SUI, BEL – 1998 ROU, SUI, TUR, MDA, NED – 1999 NIR, FIN, TUR

- 2 **Keuler** Carsten, 30. 8. 1971 (1. FC Köln) 1992 TUR – 1993 ESP
- 15 **Khedira** Sami, 4. 4. 1987 (VfB Stuttgart) 2007 AUT, CZE, ISR – 2008 LUX, UKR, DEN, MDA, NIR, ISR, FRA – 2009 IRL, ESP, FIN, ENG
- 2 **Kienle** Marc, 22. 10. 1972 (VfB Stuttgart) 1992 CSV, NED
- 15 **Kießling** Stefan, 25. 1. 1984 (1. FC Nürnberg 11, Bayer Leverkusen 4) 2005 WAL, ENG, POL, ENG, CZE, CZE – 2006 ARM, NED, SBM, FRA, POR, NED, NIR, ENG, ENG
- 14 **Kimmich** Joshua, 8. 2. 1995 (RB Leipzig 8, Bayern München 6) 2014 UKR, UKR – 2015 ITA, ENG, SER, DEN, CZE, POR, DEN, AZE, FIN, FRO, AZE, AUT
- 2 **Kirchhoff** Frank, 13. 10. 1965 (Bayer Uerdingen) 1987 ENG, LUX
- 18 **Kirchhoff** Jan, 1. 10. 1990 (1. FSV Mainz 05) 2010 CZE, NIR, UKR, ENG – 2011 GRE, NED, ITA, POR, CYP, SMR, BLR, BIH – 2012 GRE, ARG, BLR, BIH, SUI – 2013 ITA
- 7 **Kirschbaum** Thorsten, 20. 4. 1987 (TSG Hoffenheim) 2007 SCO, ITA, AUT, CIV, ISL – 2008 BEL, LUX
- 4 **Klaus** Felix, 13. 9. 1992 (SC Freiburg) 2014 ROU – 2015 ITA, DEN, POR
- 3 **Klauß** Michael, 15. 9. 1970 (Bayer Uerdingen) 1990 SWE, LUX, SUI
- 1 **Kleppinger** Gerhard, 1. 3. 1958 (FC Schalke 04) 1986 BUL
- 7 **Kling** Stephan, 22. 3. 1981 (Hamburger SV) 2002 BIH – 2003 RUS, ISL, SCO – 2004 SUI, GEO, GRE
- 12 **Klinkert** Michael, 7. 7. 1968 (FC Schalke 04 4, Borussia Mönchengladbach 8) 1988 SUI – 1989 BUL, NED, ISL, CSV, FIN, ISL, CMR, CMR – 1990 FRA, URS, URS
- 8 **Klinsmann** Jürgen, 30. 7. 1964 (Stuttgarter Kickers 1, VfB Stuttgart 7) 1984 GRE, SCO – 1985 SUI, BUL, CSV, URS, SWE, POR
- 14 **Klitzpera** Alexander, 19. 10. 1977 (Bayern München 12, Arminia Bielefeld 2) 1997 UZB, SUI, BEL – 1998 ROU, SUI, TUR, MDA, NED – 1999 USA, FIN, SCO, MDA, FIN, TUR
- 17 **Klos** Stefan, 16. 8. 1971 (Borussia Dortmund) 1991 ENG, MAR, BEL – 1992 SCO, SCO, CSV, NED, TUR, ALB, ESP, ALB – 1993 IRL, IRL, DEN, GRE, DEN, ESP
- 5 **Klostermann** Lukas, 3. 6. 1996 (RB Leipzig) 2015 DEN, FIN, FRO – 2016 FRO, RUS
- 8 **Klotz** Bernd, 8. 9. 1958 (VfB Stuttgart) 1979 POL, URS – 1980 SCO, SUI, BEL, Prov. Kanton, ROU, CHN
- 1 **Knoche** Benjamin, 11. 10. 1978 (Borussia Dortmund) 1998 TUR
- 10 **Knoche** Robin, 22. 5. 1992 (VfL Wolfsburg) 2013 IRL, FRO, ROU – 2014 ESP, IRL, ROU, UKR, UKR – 2015 ENG, SER
- 7 **Kober** Carsten, 11. 10. 1967 (Hamburger SV) 1988 SUI, NED – 1989 NED, FIN, CMR, CMR – 1990 FRA
- 2 **Koch** Julian, 11. 11. 1990 (MSV Duisburg) 2010 UKR – 2013 ITA
- 16 **Kögl** Ludwig, 7. 3. 1966 (Bayern München) 1984 SWE – 1985 POR, BUL, CSV, URS, SWE, POR – 1986 SUI, SCO, DEN, BUL – 1987 LUX, ENG, DEN, NED, BUL
- 3 **Köhler** Benjamin, 4. 8. 1980 (Hertha BSC) 2000 NOR, ESP, DEN
- 1 **Köhn** Daniel, 28. 3. 1979 (Hansa Rostock) 1999 AUT
- 11 **Kohler** Jürgen, 6. 10. 1965 (Waldhof Mannheim) 1985 POR, SUI, CSV, URS, SWE, POR, CSV – 1986 ITA, SCO, BUL – 1987 NED
- 2 **Kohn** Stefan, 9. 10. 1965 (Bayer Leverkusen) 1986 DEN – 1987 NED
- 10 **Korb** Julian, 21. 3. 1992 (Borussia Mönchengladbach) 2014 ESP, IRL, UKR, NED, CZE – 2015 ENG, SER, DEN, CZE, POR
- 16 **Korzynietz** Bernd, 8. 9. 1979 (Borussia Mönchengladbach) 1999 OMA, THA, AUT – 2000 TUN, TUN, ROU, CRO, SUI, NOR, ESP. GRE, ENG – 2001 ALB, FIN, ALB, ENG
- 6 **Kraaz** Armin, 3. 2. 1965 (Eintracht Frankfurt) 1984 BEL, URS, SCO, SWE – 1985 POR, CSV
- 1 **Krämer** Harald, 13. 2. 1964 (Eintracht Frankfurt) 1985 SUI
- 8 **Kramny** Jürgen, 18. 10. 1971 (1. FC Nürnberg) 1992 NED, ALB, ESP, ALB – 1993 IRL, IRL, GRE, DEN
- 10 **Kranz** Markus, 4. 8. 1969 (1. FC Kaiserslautern) 1990 SWE, LUX – 1991 URS, BEL, ENG, MAR, BEL, LUX – 1992 SCO, SCO
- 5 **Kree** Martin, 27. 1. 1965 (VfL Bochum) 1984 SCO – 1985 SUI, BUL, CSV, URS
- 9 **Kreuz** Markus, 29. 4. 1977 (1. FSV Mainz 05 1, Hannover 96 6) 1997 UZB, SUI, BEL – 1998 ROU, SUI, TUR – 1999 USA, FIN, NIR
- 7 **Kreuzer** Oliver, 13. 11. 1965 (Karlsruher SC) 1986 SCO – 1987 ENG, DEN, LUX, NED, BUL – 1989 ISL
- 4 **Kringe** Florian, 18. 8. 1982 (1. FC Köln) 2003 IRL, SCO, ISL, SCO
- 1 **Krösche** Markus, 17. 9. 1980 (Werder Bremen) 2000 TUN
- 3 **Krontiris** Emmanuel, 11. 2. 1983 (Alemannia Aachen 2, TSV München 1860 1) 2003 ISL – 2004 GEO, SCG

1 **Kroos** Felix, 12. 3. 1991 (Werder Bremen) 2011 GRE
10 **Kroos** Toni, 4. 1. 1990 (Bayern München 5, Bayer Leverkusen 5) 2008 NIR, ISR, FRA, FRA, ITA – 2009 SMR, CZE, SVN, ISR, NIR
13 **Kroth** Thomas, 26. 8. 1959 (1. FC Köln 12, Eintracht Frankfurt 1) 1980 SCO, SUI, BEL, Prov. Kanton, MEX, ROU, CHN, NED – 1982 URS, URS, ENG, ENG – 1984 SWE
1 **Kruse** Max, 19. 3. 1988 (Werder Bremen) 2008 DEN
4 **Kruse** Thomas, 7. 9. 1959 (FC Schalke 04) 1979 POL, URS – 1980 SCO, SUI
18 **Kruska** Marc André, 29. 6. 1987 (Borussia Dortmund 16, FC Brügge 2) 2006 NED, NIR – 2007 SCO, AUT, IRL, NIR, SWE, ISR, MDA, ISL, LUX – 2008 BEL, LUX, NIR, ISR, FRA – 2009 NED, BLR
1 **Kubik** Manfred, 25. 2. 1967 (Bayer Uerdingen) 1986 DEN
2 **Kucukovic** Mustafa, 5. 11. 1986 (SpVgg Greuther Fürth) 2007 AUT, CZE
3 **Kümmerle** Michael, 21. 4. 1979 (Stuttgarter Kickers) 2000 ROU, SUI, NOR
1 **Kuhlmey** Matthias, 28. 2. 1966 (Hannover 96) 1986 SUI
4 **Kuntz** Stefan, 30. 10. 1962 (VfL Bochum) 1983 AUT, TUR, ALB – 1985 CSV
6 **Kuranyi** Kevin 2. 3. 1982 (VfB Stuttgart) 2002 RUS, ITA, BIH, NED – 2003 ESP, RUS
11 **Kutowski** Günter, 2. 8. 1965 (Borussia Dortmund) 1986 SCO, DEN, BUL – 1987 LUX, NED, FRA, ENG, DEN, LUX, NED, BUL
6 **Labbadia** Bruno, 8. 2. 1966 (Hamburger SV) 1987 FRA, ENG, DEN, LUX, NED, BUL
3 **Lahm** Philipp, 11. 11. 1983 (VfB Stuttgart) 2003 ISL, TUR, TUR
5 **Langkamp** Sebastian, 15. 1. 1988 (Karlsruher SC) 2009 TUR, SVN, ISR, NIR, SMR
5 **Lapaczinski** Denis, 26. 9. 1981 (Hertha BSC) 2002 CZE – 2003 SCG, IRL, SCO, RUS
11 **Lasogga** Pierre-Michel, 15. 12. 1991 (Hertha BSC) 2011 NED, ITA, POR, CYP, SMR, BLR, CYP – 2012 GRE – 2013 ISR, NED, ESP
3 **Lasser** Thomas, 25. 10. 1969 (Eintracht Frankfurt) 1989 CMR – 1990 SWE, LUX
8 **Lauth** Benjamin, 4. 8. 1981 (TSV München 1860) 2002 IRL, ITA, BIH – 2003 SCO, ISL, ISL, TUR, TUR
7 **Lechner** Thomas, 9. 1. 1979, † 24. 5. 2000 (1. FC Kaiserslautern) 1999 KUW, QAT, BHR, OMA – 2000 ROU, CRO, SUI
1 **Legat** Thorsten, 7. 11. 1968 (VfL Bochum) 1988 SUI
6 **Lehmann** Jens, 10. 11. 1969 (FC Schalke 04) 1990 SWE – 1991 URS, BEL, BUL, MAR, LUX
16 **Lehmann** Matthias, 28. 5. 1983 (TSV München 1860) 2004 LTU, SCG, AZE, POL – 2005 WAL, ENG, POL, ENG, WAL, AUT, CZE, CZE – 2006 ARM, NED, SBM, POR
1 **Lehmann** Ralf, 22. 5. 1960 (VfL Osnabrück) 1980 BEL
4 **Leifeld** Uwe, 24. 7. 1966 (VfL Bochum) 1986 SUI, SCO, BUL – 1987 LUX
2 **Leitl** Stefan, 29. 8. 1977 (Bayern München) 1997 SUI, BEL
24 **Leitner** Moritz, 8. 12. 1992 (Borussia Dortmund 10, VfB Stuttgart 14) 2011 CYP, BIH, SMR, GRE – 2012 ARG, BLR, BIH, SUI, TUR – 2013 ITA, FRA, FRO, IRL, MNT – 2014 ESP, IRL, ROU, UKR, UKR, NED, CZE – 2015 ITA, ENG, SER
2 **Lell** Christian, 29. 8. 1984 (1. FC Köln) 2004 LTU, SCG
14 **Leno** Bernd, 4. 3. 1992 (Bayer Leverkusen) 2012 ARG, BLR, BIH, SUI, SUI – 2013 ITA, ISR, NED, ESP, FRA, FRO, ROU – 2014 ESP – 2015 ITA
9 **Lieberknecht** Thorsten, 1. 8. 1973 (1. FC Kaiserslautern 3, Waldhof Mannheim 5, 1. FSV Mainz 05 1) 1994 HUN, TUR, GRE, RUS, HUN, MDA – 1995 WAL, BUL, BEL
21 **Littbarski** Pierre, 16. 4. 1960 (1. FC Köln) 1979 POL, URS – 1980 SCO, SUI, BEL, Prov. Kanton, MEX, ROU, CHN, NED, FRA, BUL – 1981 ESP, AUT, FIN, FIN, BUL – 1982 ESP, ESP, URS, ENG
2 **Löhr** Peter, 1. 9. 1959 (VfR Bürstadt 1, Fortuna Düsseldorf 1) 1980 FRA – 1981 ESP
4 **Löw** Joachim, 3. 2. 1960 (SC Freiburg) 1979 POL, URS – 1980 SCO, SUI
6 **Loose** Ralf, 5. 1. 1963 (Borussia Dortmund) 1982 SUI – 1983 ALG, CHN, BRA, FRA, HUN
8 **Lottner** Dirk, 4. 3. 1972 (Fortuna Köln) 1992 TUR, ALB – 1993 IRL, IRL, DEN, GRE, DEN, ESP
6 **Ludwig** Alexander, 31. 1. 1984 (Hertha BSC) 2004 SCG, AZE, AUT, POL – 2005 WAL, ENG
13 **Luginger** Jürgen, 8. 12. 1967 (FC Schalke 04) 1988 FIN, NED – 1989 BUL, NED, ISL, CSV, FIN, ISL, CMR, CMR – 1990 FRA, URS, URS
1 **Lusch** Michael, 16. 6. 1964 (Borussia Dortmund) 1984 GRE
13 **Madlung** Alexander, 11. 7. 1982 (Hertha BSC) 2003 SCG, IRL, SCO, RUS, ISL, SCO, ISL, T – 2004 SUI, GEO, GRE, SUI, POR
2 **Männer** Jan, 27. 8. 1982 (SC Freiburg) 2002 CZE – 2003 SCG
1 **Malessa** Thorsten, 3. 9. 1977, (Hertha BSC) 1997 UZB
11 **Malli** Yunus, 24. 2. 1992 (1. FSV Mainz 05) 2013 MNT, FRO, MNT, ROU – 2014 ESP, ROU, UKR, NED – 2015 ITA, ENG, CZE

9 **Maltritz** Marcel, 2. 10. 1978 (1. FC Magdeburg 1, VfL Wolfsburg 8) 1998 NED – 1999 USA, NIR, FIN, SCO, MDA, FIN, NIR, TUR
12 **Marin** Marko, 13. 3. 1989 (Borussia Mönchengladbach 11, Werder Bremen 1) 2007 IRL, SWE, MDA, ISL, LUX – 2008 BEL, FRA – 2009 ESP, FIN, ENG, ITA, TUR
14 **Marx** Thorben, 1. 6. 1981 (Hertha BSC) 2002 NIR, CZE, RUS, JPN, ITA, IRL, ITA, LTU, BIH – 2003 LTU, SCG, RUS, ISL, SCO
3 **Masmanidis** Ioannis, 9. 3. 1983 (Karlsruher SC 1, Arminia Bielefeld 2) 2005 WAL – 2006 LVA, NED
7 **Mathy** Reinhold, 12. 4. 1962 (Bayern München) 1982 SUI – 1983 POR, ALB, HUN, AUT, TUR – 1984 BEL
22 **Matip** Marvin, 25. 9. 1985 (VfL Bochum 6, 1. FC Köln 16) 2004 LTU, AZE, AUT, POL – 2005 WAL, ENG, POL, AZE, ENG, WAL, AUT, CZE, CZE – 2006 LVA, ARM, NED, SBM, FRA, POR, NIR, ROU, ENG
15 **Matthäus** Lothar, 21. 3. 1961 (Borussia Mönchengladbach) 1979 URS – 1980 NED, BUL, FRA – 1981 ESP, AUT, FIN, FIN, AUT, BUL – 1982 ESP, ESP, URS – 1983 TUR, AUT
2 **Mavraj** Mergim, 9. 6. 1986 (SV Darmstadt 98 1, VfL Bochum 1) 2007 ITA – 2009 BLR
2 **Meier** Alexander, 17. 1. 1983 (Eintracht Frankfurt) 2006 NED, FRA
2 **Meissner** Stefan, 8. 3. 1973 (VfL Wolfsburg) 1994 FIN – 1995 ESP
1 **Merkle** Andreas, 17. 4. 1962 (VfB Stuttgart) 1986 DEN
3 **Mertesacker** Per, 29. 9. 1984 (Hannover 96) 2004 LTU, SCG, AUT
2 **Metschies** Ulf, 22. 9. 1963 (VfL Osnabrück) 1983 ALG, BRA
12 **Metz** Gunther, 8. 8. 1967 (Karlsruher SC) 1988 SUI, FIN, NED – 1989 BUL, NED, CSV, FIN, CMR, CMR – 1990 FRA, URS, URS
9 **Metzelder** Christoph, 5. 11. 1980 (Borussia Dortmund) 2000 GRE, ENG – 2001 BUL, ALB, GRE, FIN, ALB, ENG, FIN
17 **Meyer** Max, 18. 9. 1995 (FC Schalke 04) 2014 UKR, UKR, NED, CZE – 2015 ENG, SER, DEN, CZE, POR, DEN, AZE, FIN, FRO, AZE, AUT – 2016 FRO, RUS
17 **Michalke** Kai, 5. 4. 1976 (VfL Bochum) 1996 NED, POL, ARM, BUL, POR – 1997 ALB, UKR, UKR, RUS, POR, ARM, ALB – 1998 CYP, CYP, GRE, ROU, SWE
11 **Mikolajczak** Christian, 15. 5. 1981 (Hannover 96 7, LR Ahlen 4) 2002 NIR, CZE, RUS, RSA, JPN, ITA, IRL, ITA, LTU, BIH – 2003 ESP
2 **Milchraum** Patrick, 26. 5. 1984 (TSV München 1860) 2004 LTU, SCG
1 **Milewski** Jürgen, 19. 10. 1957 (Hamburger SV) 1981 BUL
2 **Mill** Frank 23. 7. 1958 (Rot-Weiss Essen) 1980 FRA, BUL
21 **Mlapa** Peniel, 20. 2. 1991 (TSG Hoffenheim 14, Borussia Mönchengladbach 7) 2010 CZE, UKR, ENG – 2011 GRE, NED, ITA, POR, CYP, SMR, BLR, BIH, SMR, GRE – 2012 GRE, BLR, BIH, SUI, SUI, TUR – 2013 ISR, NED
1 **Möhlmann** Benno, 1. 8. 1954 (Werder Bremen) 1982 ENG
4 **Möller** Andreas, 2. 9. 1967 (Borussia Dortmund) 1988 SUI, FIN, NED – 1990 URS
7 **Moritz** Christoph, 27. 1. 1990 (FC Schalke 04) 2010 CZE, NIR, UKR, ENG – 2012 SUI, TUR – 2013 ISR
9 **Moser** Hans-Werner, 24. 9. 1965 (1. FC Kaiserslautern) 1984 SCO – 1985 BUL, CSV – 1986 SUI, SCO, BUL – 1987 LUX, NED, FRA
1 **Müller** Christian, 28. 2. 1984 (Hertha BSC) 2004 POL
9 **Müller** Lars, 22. 3. 1976 (Borussia Dortmund 3, KFC Uerdingen 6) 1996 NED, POL, ARM, BUL – 1997 ISR, UKR – 1998 CYP, CYP, SWE
2 **Müller** Robert, 12. 11. 1986, (Hertha BSC) 2007 SCO, ITA
5 **Müller** Stefan, 8. 3. 1974 (SC Freiburg) 1994 RUS, HUN, FIN – 1995 ESP – 1996 FRA
5 **Müller** Sven, 4. 4. 1980 (VfL Wolfsburg) 2000 ESP, DEN – 2001 BUL, ALB, GRE
6 **Müller** Thomas, 13. 1. 1989 (Bayern München) 2009 TUR, IRN, SVN, ISR, NIR, SMR
6 **Müller** Uwe, 16. 10. 1963 (Eintracht Frankfurt) 1984 URS, GRE, SCO, SWE – 1985 BUL, CSV
12 **Münch** Markus, 7. 9. 1972 (Bayern München) 1992 CSV, NED, TUR, ALB, ESP, ALB – 1993 IRL, IRL, DEN, GRE, DEN, ESP
7 **Mustafi** Shkodran, 17. 4. 1992 (Sampdoria Genua) 2013 ISR, RUS, FRA, FRO, IRL, MNT, FRO
2 **Naki** Deniz, 9. 7. 1989 (FC St. Pauli) 2009 SMR, CZE
1 **Nehrig** Bernd, 28. 9. 1986 (SpVgg Unterhaching) 2007 ITA
13 **Nehrbauer** Thorsten, 12. 1. 1978 (Bayer Leverkusen 2, Fortuna Düsseldorf 8, Arminia Bielefeld 3) 1997 UZB, SUI – 1998 TUR, MDA, NED – 1999 USA, NIR, FIN, SCO, MDA, FIN, NIR, TUR
22 **Nerlinger** Christian, 21. 3. 1973 (Bayern München) 1992 CSV – 1993 IRL, GRE, DEN, LUX, ESP – 1994 HUN, TUR, GRE, HUN, FIN, MDA – 1995 ESP, GEO, WAL, BUL, BEL, MDA, WAL – 1996 POR, FRA, FRA

4 **Neubarth** Frank, 29. 7. 1962 (Werder Bremen) 1983 POR, ALG, CHN, FRA
23 **Neuendorf** Andreas, 9. 2. 1975 (Reinickendorfer Füchse 1, Bayer Leverkusen 20, Hertha BSC 2) 1994 GRE, RUS, HUN, FIN, MDA – 1995 GEO, WAL, BUL – 1996 POR, FRA, FRA, POL, ARM, BUL, POR – 1997 ISR, ALB, UKR, RUS, POR, ARM – 1998 LIB, GRE
20 **Neuer** Manuel, 27. 3. 1986 (FC Schalke 04) 2006 NED – 2007 SCO, CZE, IRL, NIR, ISR, MDA, ISL, LUX – 2008 UKR, DEN, FRA, FRA – 2009 IRL, NED, ESP, FIN, ENG, ITA, ENG
11 **Neumann** Sebastian, 18. 2. 1991 (Hertha BSC) 2010 UKR – 2011 GRE, NED, ITA, SMR, BLR, BIH, SMR, GRE, CYP – 2012 GRE
13 **Neun** Jörg, 7. 5. 1966 (Kickers Offenbach 1, 1. FC Nürnberg 1, Waldhof Mannheim 10, Borussia Mönchengladbach 1) 1985 SUI, CSV – 1986 SCO, DEN, BUL – 1987 LUX, NED, FRA, ENG, DEN, LUX, NED, BUL
 1 **Neustädter** Roman, 18. 2. 1988 (Borussia Mönchengladbach) 2009 IRN
 6 **Niemeyer** Peter, 22. 11. 1983 (Twente Enschede) 2005 CZE, CZE – 2006 LVA, ARM, FRA, POR
 1 **Nitsche** Frank, 18. 3. 1964 (1. FC Nürnberg) 1985 SUI
 1 **Nöthe** Christopher, 3. 1. 1988 (SpVgg Greuther Fürth) 2009 SMR
12 **Nowotny** Jens (Karlsruher SC) 1994 HUN, TUR, GRE, FIN, MDA – 1995 GEO, WAL, BUL, BUL – 1996 POR, FRA, FRA
 9 **Ochs** Patrick, 14. 5. 1984 (Eintracht Frankfurt), 2005 AZE, CZE – 2006 LVA, ARM, NED, FRA, ROU, ENG, ENG
15 **Odonkor** David, 21. 2. 1984 (Borussia Dortmund) 2004 SUI, SWE, LTU, SCG, AZE, AUT – 2005 POL, AZE, ENG, WAL, AUT, CZE, CZE – 2006 LVA, ARM
18 **Özbek** Baris, 14. 9. 1986 (Rot-Weiss Essen 5, Galatasaray Istanbul 13) 2007 AUT, CZE, SUI, JAP, CIV, NIR, SWE, ISR, MDA, ISL, LUX – 2008 BEL, LUX, UKR, DEN, MDA – 2009 IRL, NED, BLR
16 **Özil** Mesut, 15. 10. 1988 (FC Schalke 04 4, Werder Bremen 12) 2007 NIR, SWE, ISR, MDA – 2008 BEL, LUX, MDA, NIR, FRA, FRA, ITA – 2009 ESP, FIN, ENG, ITA, ENG
 3 **Öztunali** Levin, 15. 3. 1996 (Werder Bremen) 2015 DEN, AZE – 2016 FRO
 2 **Opitz** Michael, 16. 7. 1962 (FC Schalke 04) 1982 SUI, CSV
 2 **Orban** Willi, 3. 11. 1992 (1. FC Kaiserslautern) 2014 NED – 2015 ITA
 1 **Ordenewitz** Frank, 25. 3. 1965 (Werder Bremen) 1985 SUI
 8 **Ostrzolek** Matthias, 5. 6. 1990 (VfL Bochum 5, FC Augsburg 3) 2011 NED, ITA, POR, SMR, SMR – 2012 TUR – 2013 ITA, ISR
16 **Otten** Jonny, 31. 1. 1961 (Werder Bremen) 1979 POL, URS – 1980 SCO, SUI – 1981 ESP, AUT, FIN, FIN, AUT, BUL – 1982 ESP, ESP, URS, URS, ENG, ENG
 4 **Ottl** Andreas, 1. 3. 1985 (Bayern München) 2006 NED, NIR, ROU, ENG
 1 **Otto** Oliver, 21. 11. 1972 (VfB Stuttgart) 1992 CSV
 6 **Pander** Christian, 28. 8. 1983 (FC Schalke 04) 2004 LTU, SCG, AZE, AUT, POL – 2005 ENG
 2 **Parker** Shawn, 7. 3. 1993 (1. FSV Mainz 05) 2013 FRA, MNT
11 **Paßlack** Stephan, 24. 8. 1970 (Bayer Uerdingen) 1990 SWE, SUI – 1991 URS, BEL, BUL, ENG, MAR, BEL, LUX – 1992 SCO, SCO
 1 **Patschinsky** Denni, 26. 8. 1983 (Eintracht Braunschweig) 2004 LTU
 1 **Patzke** Wolfgang, 24. 2. 1959 (VfL Bochum) 1981 FIN
 2 **Perdedaj** Fanol, 16. 7. 1991 (Hertha BSC) 2010 UKR – 2011 POR
 2 **Petersen** Nils, 6. 12. 1988 (Energie Cottbus) 2009 TUR, IRN
 2 **Pezzoni** Kevin, 22. 3. 1989 (Blackburn Rovers 1, 1. FC Köln 1) 2007 ISL – 2009 CZE
 9 **Pflipsen** Karlheinz, 31. 10. 1970 (Borussia Mönchengladbach) 1990 SWE, LUX, SUI – 1991 URS, BEL, BUL, ENG, MAR – 1992 SCO
 3 **Pförtner** Christiaan, 3. 3. 1966 (Fortuna Köln) 1987 LUX, NED, BUL
 3 **Plath** Manfred, 12. 12. 1961 (1. FC Kaiserslautern) 1983 ALG, FRA, CHN
 7 **Plattenhardt** Marvin, 26. 1. 1992 (1. FC Nürnberg) 2012 TUR – 2013 FRA, FRO, MNT, MNT, ROU – 2014 ESP
 5 **Podolski** Lukas, 4. 6. 1985 (1. FC Köln) 2004 SUI, GEO, GRE, SWE, POR
19 **Polanski** Eugen, 17. 3. 1986 (Borussia Mönchengladbach 18, FC Getafe 1) 2005 WAL – 2006 LVA, ARM, NED, SBM, POR, ROU, ENG, ENG – 2007 SCO, AUT, CZE, JAP, CIV, NIR, SWE, ISR, ISL – 2008 FRA
10 **Polter** Sebastian, 1. 4. 1991 (1. FC Nürnberg) 2012 ARG, BLR, BIH, SUI, SUI, TUR – 2013 ITA, ISR, NED, RUS
 4 **Pomp** Manfred, 26. 10. 1964 (Bayer Leverkusen) 1984 URS, GRE, SCO – 1985 POR
18 **Poschner** Gerhard, 23. 9. 1969 (VfB Stuttgart 6, Borussia Dortmund 12) 1989 BUL, NED, ISL, CMR, CMR – 1990 FRA, SWE, LUX, SUI – 1991 URS, BEL, BUL, ENG, MAR, BEL, LUX – 1992 SCO, SCO
 2 **Preetz** Michael, 17. 8. 1967 (Fortuna Düsseldorf) 1988 FIN – 1989 CSV

23 **Preuß** Christoph, 4. 7. 1981 (Eintracht Frankfurt 15, Bayer Leverkusen 8) 2002 NIR, CZE, RUS, RSA, JPN, ITA, IRL, ITA, BIH, NED – 2003 ESP, LTU, SCG, IRL, SCO, TUR, TUR – 2004 SUI, GEO, GRE, SUI, SWE, POR
6 **Pröll** Markus, 28. 8. 1979 (1. FC Köln) 2000 TUN, TUN, ROU, NOR, DEN – 2001 BUL
12 **Quaisser** Ulf, 12. 10. 1962 (Waldhof Mannheim) 1982 SUI, CSV – 1983 POR, ALB, TUR, AUT, ALG, CHN, BRA, FRA, HUN, AUT
2 **Quallo** Peter, 2. 10. 1971 (Borussia Dortmund) 1990 LUX, SUI
1 **Radjabali-Fardi** Shervin, 17. 5. 1991 (Alemannia Aachen) 2011 NED
13 **Rafael** Nando, 10. 1. 1984 (Hertha BSC 6, Borussia Mönchengladbach 7) 2005 AZE, ENG, WAL, AUT, CZE, CZE – 2006 LVA, NED, SBM, FRA, POR, NED, NIR
13 **Rahn** Christian, 15. 6. 1979 (FC St. Pauli) 2000 NOR, ESP, GRE, ENG, DEN – 2001 BUL, ALB, GRE, FIN, ALB, NOR, ENG, FIN
3 **Rahn** Uwe, 21. 5. 1962 (Borussia Mönchengladbach) 1982 CSV – 1983 AUT – 1984 BEL
18 **Ramelow** Carsten, 20. 3. 1974 (Hertha BSC 16, Bayer Leverkusen 2) 1993 LUX – 1994 HUN, GRE, RUS, HUN, FIN, MDA – 1995 ESP, GEO, WAL, BUL, BEL, GEO, MDA, WAL, BUL – 1996 FRA, FRA
13 **Rapp** Marcel, 16. 4. 1979 (Karlsruher SC 12, Rot-Weiß Oberhausen 1) 1999 KUW, QAT, BHR, OMA, THA, AUT – 2000 TUN, TUN, ROU, CRO, SUI, NOR, ESP
6 **Rasiejewski** Jens, 1. 1. 1975 (FSV Frankfurt 2, Hannover 96 4) 1993 LUX – 1994 HUN – 1996 POR – 1997 RUS, ARM, ALB
1 **Rath** Marcel, 3. 9. 1975 (Hertha BSC) 1996 DEN
2 **Rath** Thomas, 26. 7. 70 (Victoria Frankfurt/Oder 1, Hertha BSC 1) 1991 BUL, MAR
1 **Rathgeb** Tobias, 3. 5. 1982 (VfB Stuttgart) 2003 RUS
9 **Rau** Tobias, 31. 12. 1981 (VfL Wolfsburg) 2002 NIR, CZE, RSA, JPN, ITA, IRL, ITA, LTU, NED
8 **Rausch** Konstantin, 15. 3. 1990 (Hannover 96) 2010 CZE, NIR, UKR, ENG – 2011 GRE, ITA, POR, CYP
12 **Reck** Oliver, 27. 2. 1965 (Kickers Offenbach 2, Werder Bremen 10) 1984 GRE – 1985 SUI – 1987 ENG, DEN, LUX, NED, BUL – 1988 FIN, NED – 1989 BUL, NED, ISL
11 **Reich** Marco, 30. 12. 1977 (1. FC Kaiserslautern) 1997 UZB, RUS, POR, BEL – 1998 LIB, TUR, MDA – 1999 FIN, SCO, MDA, FIN
15 **Reichert** Peter, 4. 8. 1961 (VfB Stuttgart) 1982 SUI, ENG, ENG – 1983 POR, ALB, TUR, AUT, CHN, BRA, FRA, HUN, AUT, TUR, ALB – 1984 BEL
6 **Reinartz** Stefan, 1. 1. 1989 (Bayer Leverkusen) 2009 SMR, ISR, NIR, SMR – 2010 ISL, ISL
3 **Reinders** Uwe, 19. 1. 1955 (Werder Bremen) 1982 ESP, URS, URS
1 **Reinert** Sebastian, 20. 4. 1987 (1. FC Kaiserslautern) 2007 SUI
14 **Reinhardt** Alois, 18. 11. 1961 (1. FC Nürnberg 12, Bayer Leverkusen 2) 1982 SUI, CSV, URS, ENG, ENG – 1983 POR, ALB, TUR, AUT, HUN – 1984 BEL, GRE – 1989 BUL, NED
5 **Reinhardt** Dominik, 19. 12. 1984 (1. FC Nürnberg) 2006 NED, NIR, ROU, ENG, ENG
12 **Reinhardt** Knut, 27. 4. 1968 (Bayer Leverkusen) 1988 SUI, FIN, NED – 1989 BUL, CSV, FIN, ISL, CMR, CMR – 1990 FRA, URS, URS
7 **Reis** Thomas, 4. 10. 1973 (Eintracht Frankfurt 3, VfL Bochum 4) 1993 LUX – 1994 TUR, GRE – 1995 BEL, GEO, MDA, BUL
14 **Reiter** Markus, 10. 8. 1976 (MSV Duisburg) 1996 DEN, NED, POL, ARM, BUL, POR – 1997 ALB, UKR, UKR, RUS, ALB – 1998 CYP, LIB, GRE
1 **Rekers** Christof, 25. 8. 1967 (VfL Osnabrück) 1988 SUI
4 **Remark** Thomas, 5. 10. 1959 (Hertha BSC) 1980 SUI, MEX, ROU, CHN
18 **Rensing** Michael, 14. 5. 1984 (Bayern München) 2004 LTU, AZE, AUT – 2005 WAL, ENG, POL, CZE, CZE – 2006 LVA, ARM, NED, SBM, FRA, POR, NIR, ROU, ENG, ENG
2 **Reus** Marco, 31. 5. 1989 (Borussia Mönchengladbach) 2009 TUR, IRN
11 **Reuter** Stefan, 16. 10. 1966 (1. FC Nürnberg) 1985 SWE, POR, CSV – 1986 ITA, KOR, SUI, SCO, DEN, BUL – 1987 NED, LUX
17 **Ricken** Lars, 10. 7. 1976 (Borussia Dortmund) 1995 WAL, BUL, BEL, GEO, MDA, WAL – 1996 POR, FRA, FRA, ARM, BUL – 1997 ISR, ALB, POR – 1998 GRE, ROU, SWE
1 **Riedl** Thomas, 18. 6. 1976 (1. FC Kaiserslautern) 1996 NED
4 **Riedle** Karlheinz, 16. 9. 1965 (Blau-Weiß 90 Berlin 1, Werder Bremen 3) 1986 DEN – 1987 FRA, ENG, NED
20 **Riether** Sascha, 23. 3. 1983 (SC Freiburg) 2003 SCO, TUR, TUR – 2004 GRE, SUI, SWE, POR, LTU, SBM, AZE, AUT – 2005 WAL, POL, AZE, ENG, AUT, CZE, CZE – 2006 NED, FRA
1 **Riethmann** Frank, 9. 12. 1975 (Borussia Dortmund) 1996 POL
1 **Rietpietsch** Mike, 26. 3. 1974 (Bayer Leverkusen) 1994 FIN

7 **Rode** Sebastian, 11. 10. 1990 (Eintracht Frankfurt) 2011 SMR – 2012 ARG, BLR – 2013 ITA, NED, ESP, RUS
8 **Rösler** Sascha, 28. 10. 1977 (SSV Ulm 1846) 1997 SUI – 1998 NED – 1999 USA, NIR, FIN, SCO, MDA, TUR
1 **Rolfes** Simon, 21. 1. 1982 (Werder Bremen) 2002 NED
20 **Rolff** Wolfgang, 26. 12. 1959 (OSC Bremerhaven 5, Fortuna Köln 11, Hamburger SV 4) 1980 BEL, Prov. Kanton, MEX, ROU, CHN, NED, FRA, BUL – 1981 FIN, FIN, AUT, BUL – 1982 SUI, ESP, URS, URS, ENG – 1985 BUL, SWE, POR
7 **Rosen** Alexander, 10. 4. 1979 (Eintracht Frankfurt 6, FC Augsburg 1) 1999 KUW, QAT, BHR, OMA, THA, AUT – 2000 DEN
17 **Rosenthal** Jan, 7. 4. 1986 (Hannover 96) 2007 SCO, ITA, AUT, CZE, NIR, SWE, ISR, MDA, ISL, LUX – 2008 BEL, UKR, DEN, MDA, ISR – 2009 NED, BLR
7 **Rost** Timo, 29. 8. 1978 (VfB Stuttgart) 1998 SUI, MDA, NED – 1999 USA, NIR, SCO, MDA
8 **Roth** Dietmar, 16. 9. 1963 (Karlsruher SC 6, FC Schalke 04 2) 1984 SCO, SWE – 1985 POR, SUI, BUL, CSV, URS, SWE
5 **Rothholz** Michael, 25. 8. 1979 (Borussia Dortmund) 1999 KUW, QAT, BHR, OMA, THA
23 **Rudy** Sebastian, 28. 2. 1990 (VfB Stuttgart 5, TSG Hoffenheim 18) 2009 SMR, SVN, ISR, SMR – 2010 ISL, CZE, NIR, ENG – 2011 GRE, NED, ITA, POR, CYP, BLR, BIH – 2012 GRE, ARG, BIH, SUI, SUI – 2013 NED, ESP, RUS
10 **Rüdiger** Antonio, 3. 3. 1993 (VfB Stuttgart) 2012 TUR – 2013 ITA, ISR, ESP, FRA, IRL, MNT, MNT, ROU – 2014 ESP
1 **Ruländer** Matthias, 16. 8. 1964 (Werder Bremen) 1985 SWE
10 **Rummenigge** Michael, 3. 2. 1964 (Bayern München) 1983 HUN, AUT, TUR, ALB – 1984 BEL, URS, SCO, SWE – 1985 URS, SWE
16 **Rydlewicz** René, 18. 7. 1973 (Bayer Leverkusen 7, TSV München 1860 9) 1992 TUR, ALB, ESP, ALB – 1998 LUX, ESP – 1994 HUN – 1995 GEO, BEL, GEO, MDA, WAL, BUL – 1996 POR, FRA, FRA
4 **Saborowski** Frank, 14. 3. 1958 (MSV Duisburg) 1980 Prov. Kanton, MEX, ROU, CHN
2 **Sahin** Deniz, 8. 8. 1977 (Borussia Dortmund) 1997 SUI, BEL
2 **Salger** Stephan, 30. 1. 1990 (1. FC Köln) 2010 ENG – 2011 GRE
7 **Sam** Sidney, 31. 1. 1988 (1. FC Kaiserslautern 6, Bayer Leverkusen 1) 2009 CZE, SVN, ISR, NIR, SMR – 2010 ISL, ISL
6 **Sané** Leroy, 11. 1. 1996 (FC Schalke 04) 2015 DEN, FIN, FRO, AUT – 2016 FRO, RUS
4 **Sauer** Gunnar, 11. 6. 1964 (Werder Bremen) 1987 NED, FRA, ENG, DEN
2 **Schaaf** Thomas, 30. 4. 1961 (Werder Bremen) 1987 NED, BUL
15 **Schäfer** Günther, 9. 6. 1962 (VfB Stuttgart) 1981 AUT – 1982 SUI, CSV, URS – 1983 POR, ALB, TUR, AUT, CHN, BRA, FRA, HUN, TUR, ALB – 1984 BEL
6 **Schäper** Tobias, 24. 10. 1979 (Borussia Dortmund) 1999 KUW, QAT, THA – 2000 TUN, TUN, CRO
7 **Schatzschneider** Dieter, 26. 4. 1958 (Hannover 96) 1980 BEL, Prov. Kanton, MEX, ROU, CHN – 1981 ESP, FIN
2 **Scheike** Michael, 11. 9. 1963 (Eintracht Braunschweig) 1984 URS, GRE
11 **Scherbe** Jörg, 19. 10. 1977 (KFC Uerdingen) 1997 SUI, BEL – 1998 ROU, SUI, TUR, MDA, NED – 1999 NIR, FIN, SCO, MDA
1 **Scheuer** Sven, 19. 1. 1971 (Bayern München) 1990 LUX
7 **Schieber** Julian, 13. 2. 1989 (VfB Stuttgart 6, 1. FC Nürnberg 1) 2009 SMR, CZE, SVN, ISR, NIR – 2010 ISL, ISL
4 **Schindler** Christopher, 29. 4. 1990 (TSV München 1860) 2011 NED, ITA, POR, CYP
12 **Schindler** Kevin, 21. 5. 1988 (Werder Bremen 4, Hansa Rostock 3, FC Augsburg 5) 2007 ISL, LUX – 2008 BEL, DEN, NIR, FRA, FRA – 2009 TUR, IRN, CZE, SVN, ISR
16 **Schindzielorz** Sebastian, 21. 1. 1979 (VfL Bochum) 1999 FIN, SCO, NIR, TUR, AUT – 2000 TUN, ROU, CRO, SUI, ESP, GRE, ENG, DEN – 2001 ALB, GRE, FIN
3 **Schlaudraff** Jan, 18. 7. 1983 (Borussia Mönchengladbach) 2004 LTU, SCG, AUT
14 **Schlicke** Björn, 23. 6. 1981 (SpVgg Greuther Fürth 9, Hamburger SV 5) 2002 ITA, LTU, BIH, NED – 2003 ESP, LTU, SCG, IRL, SCO, RUS, ISL, TUR, TUR – 2004 SUI
14 **Schmäler** Nils, 10. 11. 1969 (VfB Stuttgart) 1989 NED, ISL, ISL – 1990 SWE, LUX, SUI – 1991 URS, BEL, BUL, ENG, MAR, BEL – 1992 SCO, SCO
11 **Schmelzer** Marcel, 22. 1. 1988 (Borussia Dortmund) 2009 BLR, ESP, FIN, ENG, ENG, TUR, IRN, SVN, ISR, NIR – 2010 ISL
1 **Schmidt** Andreas, 14. 9. 1973 (Hertha BSC) 1995 BEL
2 **Schmidt** Dennis, 18. 4. 1988 (VfL Osnabrück) 2009 TUR, IRN

1 **Schmidt** Lars, 13. 9. 1965 (Karlsruher SC) 1985 CSV
13 **Schmidt** Oliver, 14. 9. 1973 (Hertha BSC) 1994 RUS, HUN, FIN – 1995 ESP, GEO, BUL, BEL, GEO, MDA, WAL, BUL – 1996 POR, FRA
1 **Schmöller** Frank, 21. 8. 1966 (Hamburger SV) 1987 NED
8 **Schneider** Martin, 24. 11. 1968 (1. FC Nürnberg) 1988 SUI – 1989 BUL, ISL, CSV, ISL, CMR, CMR – 1990 FRA
8 **Schneider** René, 1. 2. 1973 (Hansa Rostock) 1995 ESP, GEO, WAL, GEO, WAL, BUL – 1996 POR, FRA
10 **Schneider** Theo, 23. 8. 1960 (Borussia Dortmund) 1979 POL, URS – 1980 SCO, SUI, Prov. Kanton, MEX, ROU, CHN, FRA, BUL
7 **Schneider** Uwe, 28. 8. 1971 (VfB Stuttgart) 1991 ENG, MAR – 1992 CSV, TUR, ALB, ESP, ALB
14 **Schön** Alfred, 13. 1. 1962 (Waldhof Mannheim) 1982 SUI, CSV – 1983 POR, ALB, ALG, CHN, BRA, FRA, HUN, AUT, TUR, ALB – 1984 BEL, URS
9 **Schönheim** Fabian, 14. 2. 1987 (1. FC Kaiserslautern) 2006 NED, NIR, ROU – 2007 IRL, NIR, SWE, ISR, MDA – 2008 LUX
5 **Scholl** Mehmet, 16. 10. 1970 (Karlsruher SC) 1991 BUL, BEL, LUX – 1992 SCO, SCO
7 **Schreml** Uwe, 7. 2. 1960 (SpVgg Bayreuth 4, TSV München 1860 3) 1980 BEL, Prov. Kanton, ROU, CHN, NED, FRA, BUL
7 **Schröder** Michael, 10. 11. 1959 (Hamburger SV) 1983 AUT – 1984 URS, GRE, SCO, SWE – 1985 POR, SUI
20 **Schroth** Markus, 25. 1. 1975 (Karlsruher SC) 1996 DEN, NED, POL, ARM, BUL, POR – 1997 ISR, ALB, UKR, UKR, RUS, POR, ARM, ALB – 1998 CYP, CYP, LIB, GRE, ROU, SWE
2 **Schümann** Rainer, 1. 10. 1977 (SG Wattenscheid 09) 1997 UZB, SUI
4 **Schürrle** André, 6. 11. 1990 (1. FSV Mainz 05) 2009 NIR, SMR – 2010 ISL, UKR
3 **Schütterle** Rainer, 21. 3. 1966 (VfB Stuttgart) 1987 DEN, NED, BUL
16 **Schulz** Christian, 1. 4. 1983 (Werder Bremen) 2004 LTU, SCG, AUT, POL – 2005 POL, AZE, WAL, AUT, CZE, CZE – 2006 LVA, ARM, NED, SBM, FRA, POR
2 **Schulz** Daniel, 21. 2. 1986 (1. FC Union Berlin) 2007 CIV, FRA
14 **Schulz** Nico, 1. 4. 1993 (Hertha BSC) 2013 FRA, IRL, MNT, FRO – 2014 ESP, IRL, ROU, UKR – 2015 ITA, ENG, SER, DEN, CZE, POR
1 **Schulze** Frank, 31. 3. 1970 (Victoria Frankfurt/Oder) 1990 SUI
8 **Schumann** Daniel, 13. 2. 1977 (Bayer Leverkusen 1, SC Freiburg 7) 1997 UZB, SUI, BEL – 1998 NED – 1999 USA, NIR, FIN, TUR
7 **Schupp** Markus, 7. 1. 1966 (1. FC Kaiserslautern) 1985 CSV – 1986 ITA, KOR, SUI, DEN, BUL – 1987 LUX
1 **Schuster** Bernd, 22. 12. 1959 (1. FC Köln) 1980 SCO
24 **Schwaab** Daniel, 23. 8. 1988 (SC Freiburg 15, Bayer Leverkusen 9) 2007 IRL, NIR, SWE, MDA, ISL, LUX – 2008 BEL, NIR, FRA, FRA, ITA – 2009 IRL, NED, BLR, ENG, TUR, IRN, SMR, CZE, SVN, ISR, SMR – 2010 ISL, ISL
13 **Schwabl** Manfred, 18. 4. 1966 (Bayern München 4, 1. FC Nürnberg 9) 1985 CSV – 1986 ITA, KOR, SUI, DEN, BUL – 1987 LUX, NED, FRA, ENG, DEN, LUX, BUL
1 **Schwäbe** Marvin, 25. 4. 1995 (VfL Osnabrück) 2015 DEN
2 **Schwarz** Danny, 11. 5. 1975 (VfB Stuttgart) 1998 ROU, SWE
7 **Schweinsteiger** Bastian, 1. 8. 1984 (Bayern München) 2004 SUI, GEO, GRE, SUI, SWE, POR, SCG
3 **Schwiderowski** Markus, 12. 12. 1973 (FC Schalke 04) 1993 LUX – 1994 HUN, TUR
6 **Selke** Davie, 20. 1. 1995 (RB Leipzig) 2015 DEN, AZE, FIN, AUT – 2016 FRO, RUS
4 **Senesie** Sahr, 20. 6. 1985 (Borussia Dortmund 3, Grasshopper-Club Zürich 1) 2004 AZE, POL – 2005 WAL, ENG
1 **Siedschlag** Stefan, 8. 6. 1977 (VfB Lübeck) 1997 UZB
3 **Simmes** Daniel, 12. 8. 1966 (Borussia Dortmund) 1986 SUI, SCO – 1987 NED
9 **Sinkiewicz** Lukas, 9. 10. 1985 (1. FC Köln) 2004 SCG – 2005 ENG, POL – 2006 LVA, ARM, NED, SBM, FRA, POR
9 **Sippel** Tobias, 22. 3. 1988 (1. FC Kaiserslautern) 2008 NIR – 2009 TUR, IRN, SMR, CZE, SVN, NIR, SMR – 2010 ISL
16 **Sobiech** Lasse, 18. 1. 1991 (Borussia Dortmund 5, FC St. Pauli 2, SpVgg Greuther Fürth 9) 2010 CZE, UKR, ENG – 2011 GRE, POR, CYP, BLR – 2012 ARG, BLR, BIH, SUI, SUI, TUR – 2013 ITA, ISR, RUS
1 **Sobotzik** Thomas, 16. 10. 1974 (Eintracht Frankfurt) 1993 LUX
5 **Sorg** Oliver, 29. 5. 1990 (SC Freiburg) 2012 ARG, BIH – 2013 ITA, NED, ESP
4 **Spanring** Martin, 14. 10. 1969 (Fortuna Düsseldorf) 1990 SWE, LUX, SUI – 1991 BUL

- 6 **Spyrka** Adrian, 1. 8. 1967 (Borussia Dortmund 1, 1. FC Saarbrücken 5) 1988 SUI – 1989 NED, ISL, CSV, ISL, FIN
- 10 **Stadler** Joachim, 15. 1. 1970 (1. FC Kaiserslautern 4, Borussia Mönchengladbach 6) 1990 SUI – 1991 URS, BEL, BUL, ENG, MAR, BEL, LUX – 1992 SCO, SCO
- 6 **Stark** Marko, 9. 7. 1981 (1. FC Saarbrücken) 2002 NIR, CZE, RUS, RSA, JPN, ITA
- 4 **Stark** Mirko, 28. 9. 1973 (1. FC Köln) 1993 LUX – 1994 HUN, TUR, GRE
- 6 **Stark** Niklas, 14. 4. 1995 (1. FC Nürnberg 3, Hertha BSC 3) 2014 ROU, UKR, NED – 2015 DEN – 2016 FRO, RUS
- 12 **Starke** Tom, 18. 3. 1981 (Bayer Leverkusen 11, Hamburger SV 1) 2002 NIR, CZE, RSA, JPN, ITA, ITA, LTU, NED – 2003 ESP, IRL, SCO – 2004 GRE
- 10 **Steffen** Horst, 3. 3. 1969 (Bayer Uerdingen) 1988 FIN, NED – 1989 NED, ISL, CSV, FIN, CMR, CMR – 1990 FRA, URS
- 2 **Steiner** Paul, 23. 1. 1957 (1. FC Köln) 1983 TUR, ALB
- 3 **Steinhöfer** Markus, 7. 3. 1986 (RB Salzburg 1, Eintracht Frankfurt 2) 2007 CIV – 2008 NIR, ITA
- 1 **Steininger** Franz-Josef, 9. 7. 1960 (MSV Duisburg) 1981 FIN
- 2 **Stendera** Marc, 10. 12. 1995 (Eintracht Frankfurt) 2015 FRO, AZE
- 7 **Sternkopf** Michael, 21. 4. 1970 (Karlsruher SC 5, Bayern München 2) 1989 CSV, ISL – 1990 FRA, URS, URS, SWE, LUX
- 2 **Steubing** Waldemar, 30. 11. 1959 (Bayer Uerdingen) 1981 AUT, FIN
- 1 **Stindl** Lars, 26. 8. 1988 (Karlsruher SC) 2009 TUR
- 7 **Storck** Bernd, 25. 1. 1963 (VfL Bochum 4, Borussia Dortmund 3) 1983 ALG, CHN, BRA, FRA, AUT, TUR, ALB
- 7 **Strack** Gerhard, 1. 9. 1955 (1. FC Köln) 1981 AUT, BUL – 1982 ESP, ESP, URS, URS, ENG
- 8 **Strehmel** Alexander, 20. 3. 1968 (VfB Stuttgart) 1988 SUI, FIN, NED – 1989 CSV, ISL – 1990 FRA, URS, URS
- 2 **Strunz** Thomas, 25. 4. 1968 (Bayern München) 1990 FRA, URS
- 4 **Sturm** Ralf, 18. 10. 1968 (1. FC Köln) 1989 NED, FIN, ISL – 1990 FRA
- 10 **Süle** Niklas, 3. 9. 1995 (TSG Hoffenheim) 2014 NED, CZE – 2015 DEN, AZE, FIN, FRO, AZE, AUT – 2016 FRO, RUS
- 10 **Sukuta-Pasu** Richard, 24. 6. 1990 (Bayer Leverkusen 2, FC St. Pauli 8) 2008 MDA – 2009 SMR – 2010 ISL, ISL, CZE, NIR – 2011 GRE, NED, ITA, POR
- 3 **Tah** Jonathan, 11. 2. 1996 (Bayer Leverkusen) 2015 DEN, AZE, AUT
- 1 **Tasci** Serdar, 24. 4. 1987 (VfB Stuttgart) 2007 SCO
- 5 **Teber** Selim, 7. 3. 1981 (Waldhof Mannheim 4, 1. FC Kaiserslautern 1) 2002 RUS, RSA, ITA, IRL – 2003 LTU
- 13 **ter Stegen** Marc-André, 30. 4. 1992 (Borussia Mönchengladbach 5, FC Barcelona 8) 2012 GRE – 2013 IRL, MNT, FRO, MNT – 2014 UKR, UKR, NED – 2015 ENG, SER, DEN, CZE, POR
- 2 **Theiss** Klaus, 9. 7. 1963 (Eintracht Frankfurt) 1985 POR – 1986 SUI
- 7 **Thesker** Stefan, 11. 4. 1991 (TSG Hoffenheim) 2012 ARG, BLR, SUI – 2013 ISR, NED, ESP, RUS
- 1 **Thiele** Günter, 7. 11. 1961 (Fortuna Düsseldorf) 1983 ALB
- 3 **Thon** Olaf, 1. 5. 1966 (FC Schalke 04) 1984 SCO, SWE – 1985 POR
- 24 **Tiffert** Christian, 18. 2. 1982 (VfB Stuttgart) 2002 NIR, CZE, RSA, JPN, ITA, IRL, BIH, NED – 2003 ESP, SCG, IRL, SCO, RUS, ISL, SCO, ISL, TUR, TUR – 2004 SUI, GEO, GRE, SUI, POR
- 10 **Timm** Christian, 27. 2. 1979 (1. FC Köln) 1999 FIN, NIR, TUR – 2000 CRO, SUI, GRE, ENG – 2001 BUL, ALB, GRE
- 8 **Toljan** Jeremy, 8. 8. 1994 (TSG Hoffenheim) 2015 DEN, AZE, FIN, FRO, AZE, AUT – 2016 FRO, RUS
- 2 **Tosun** Cenk, 7. 6. 1991 (Eintracht Frankfurt 1, Gaziantepspor 1) 2010 ENG – 2011 GRE
- 11 **Trapp** Kevin, 8. 7. 1990 (1. FC Kaiserslautern 10, Eintracht Frankfurt 1) 2010 NIR, UKR – 2011 GRE, ITA, POR, CYP, SMR, BLR, BIH, GRE – 2013 ITA
- 2 **Trares** Bernhard, 18. 8. 1965 (SV Darmstadt 98) 1986 ITA, SCO
- 4 **Trieb** Martin, 23. 9. 1961 (Eintracht Frankfurt) 1983 ALB, TUR, AUT, HUN
- 15 **Trochowski** Piotr, 22. 3. 1984 (Bayern München 2, Hamburger SV 13) 2004 AZE, AUT – 2005 POL, AZE, ENG, WAL, AUT, CZE, CZE – 2006 LVA, ARM, NED, NED, NIR, ROU
- 1 **Tschauner** Philipp, 3. 11. 1985 (TSV München 1860) 2006 NED
- 3 **Ulreich** Sven, 3. 8. 1988 (VfB Stuttgart) 2009 IRN, ISR – 2010 ISL
- 11 **Unger** Lars, 30. 9. 1972 (Werder Bremen) 1992 CSV, NED, TUR, ALB, ESP, ALB – 1993 IRL, IRL, DEN, GRE, DEN

9 **Villa** Marco, 18. 7. 1978 (Borussia Mönchengladbach) 1997 ISR, UZB, SUI – 1998 ROU, SUI, TUR, MDA – 1999 NIR, SCO
4 **Vitzthum** Michael, 20. 6. 1992 (Karlsruher SC) 2013 FRA, FRO, IRL, FRO
19 **Völler** Rudolf, 13. 4. 1960 (Kickers Offenbach 8, TSV München 1860 10, Werder Bremen 1) 1979 POL, URS – 1980 SCO, BEL, Prov. Kanton, MEX, ROU, CHN, BUL – 1981 ESP, AUT, FIN, FIN, AUT, BUL – 1982 ESP, URS, URS, ENG
1 **Vogt** Dennis, 20. 5. 1978 (Borussia Dortmund) 1997 UZB
8 **Vogt** Kevin, 23. 9. 1991 (VfL Bochum 5, FC Augsburg 3) 2011 NED, ITA, SMR, BLR, BIH – 2012 TUR – 2013 ITA, ISR
8 **Voigt** Alexander, 13. 4. 1978 (1. FC Köln) 1997 UZB, SUI, BEL – 1998 ROU, SUI – 1999 SCO, NIR, TUR
22 **Volland** Kevin, 30. 7. 1992 (TSV München 1860 1, TSG Hoffenheim 21) 2012 GRE, ARG, BLR, BIH, SUI, TUR – 2013 ISR, NED, ESP, RUS, FRO, IRL, MNT, FRO – 2014 ESP, UKR, UKR – 2015 ITA, SER, DEN, CZE, POR
9 **Vollborn** Rüdiger, 12. 2. 1963 (Bayer Leverkusen) 1982 SUI, CSV – 1983 ALB, TUR, ALG, BRA, FRA, TUR – 1984 BEL
20 **Volz** Moritz, 21. 1. 1983 (FC Fulham) 2003 ISL – 2004 GEO, GRE, SWE, LTU, SCG, AZE, AUT – 2005 WAL, ENG, POL, ENG, AUT, CZE, CZE – 2006 ARM, NED, SBM, FRA, POR
3 **Vorbeck** Marco, 24. 6. 1981 (Hansa Rostock) 2002 LTU, NED – 2003 ESP
14 **Voss** Andreas, 27. 2. 1979 (Bayer Leverkusen) 1998 MDA, NED – 1999 KUW, QAT, BHR, THA, AUT – 2000 TUN, TUN, ROU, ESP, GRE, ENG, DEN
6 **Vukcevic** Boris, 16. 3. 1990 (TSG Hoffenheim) 2010 NIR, UKR, ENG – 2011 NED, ITA – 2012 BIH
11 **Waas** Herbert, 8. 9. 1963 (Bayer Leverkusen) 1983 POR, ALB, TUR – 1984 SWE – 1985 POR, BUL, URS, SWE, POR – 1986 ITA, KOR
1 **Wache** Dimo, 1. 11. 1973 (Borussia Mönchengladbach) 1994 GRE
1 **Wagner** David, 19. 10. 1971 (1. FSV Mainz 05) 1992 TUR
2 **Wagner** Martin, 24. 2. 1968 (1. FC Nürnberg) 1989 BUL, CSV
8 **Wagner** Sandro, 29. 11. 1987 (MSV Duisburg) 2008 ISR, ITA – 2009 IRL, NED, BLR, FIN, ITA, ENG
2 **Walke** Alexander, 6. 6. 1983 (Werder Bremen) 2004 SCG, POL
1 **Weber** Ralf, 31. 5. 1969 (Eintracht Frankfurt) 1989 ISL
12 **Wedau** Markus, 31. 12. 1975 (KFC Uerdingen) 1995 BEL – 1996 DEN, NED, POL, ARM, BUL – 1997 UKR, RUS, ARM, ALB – 1998 CYP, CYP
4 **Wegmann** Jürgen, 31. 3. 1964 (Borussia Dortmund) 1984 URS, GRE, SCO – 1985 POR
3 **Weidenfeller** Roman, 6. 8. 1980 (1. FC Kaiserslautern) 1999 BHR, THA – 2001 NOR
5 **Weigl** Julian, 8. 9. 1995 (Borussia Dortmund) 2015 DEN, AZE, FIN, AUT – 2016 FRO
2 **Weiser** Mitchell, 21. 4. 1994 (Hertha BSC) 2015 AZE – 2016 RUS
8 **Wellenreuther** Timon, 3. 12. 1995 (RCD Mallorca) 2015 DEN, AZE, FIN, FRO, AZE, AUT – 2016 FRO, RUS
1 **Weller** Marco, 4. 8. 1977 (1. FC Köln) 1997 UZB
4 **Werner** Timo, 6. 3. 1996 (VfB Stuttgart) 2015 DEN, AZE, AZE, AUT
1 **Wessels** Stefan, 28. 2. 1979 (Bayern München) 2000 ENG
2 **Westermann** Heiko, 14. 8. 1983 (SpVgg Greuther Fürth) 2003 LTU – 2004 POL
9 **Wiblishauser** Frank, 18. 10. 1977 (Bayern München) 1997 ISR, UZB, RUS – 1998 CYP, CYP, LIB, ROU, TUR, MDA
13 **Wiese** Tim, 17. 12. 1981 (1. FC Kaiserslautern) 2003 LTU, SCG, RUS, ISL, SCO, ISL, TUR, TUR – 2004 SUI, GEO, SUI, SWE, POR
15 **Willi** Tobias, 14. 12. 1979 (SC Freiburg) 1999 FIN, TUR, AUT – 2000 TUN, TUN, SUI, NOR, GRE, ENG – 2001 BUL, FIN, ALB, NOR, ENG, FIN
2 **Willkomm** Jürgen, 7. 9. 1959 (1. FC Köln) 1979 POL, URS
2 **Winklhofer** Helmut, 27. 8. 1961 (Bayer Leverkusen) 1983 POR, ALB
9 **Witeczek** Marcel, 18. 10. 1968 (Bayer Uerdingen) 1988 SUI, FIN, NED – 1989 BUL, NED, ISL, CSV, FIN – 1990 URS
16 **Wörns** Christian, 10. 5. 1972 (Waldhof Mannheim 5, Bayer Leverkusen 11) 1990 SWE, LUX – 1991 URS, BEL, BUL, ENG, MAR, BEL, LUX – 1992 SCO, SCO – 1993 IRL, IRL, DEN, DEN, ESP
6 **Wohlfarth** Roland, 11. 1. 1963 (MSV Duisburg) 1982 SUI, CSV – 1983 ALG, CHN, BRA, FRA
2 **Wolf** Dirk, 4. 8. 1972 (Eintracht Frankfurt) 1992 NED, TUR
14 **Wück** Christian, 9. 6. 1973 (1. FC Nürnberg 12, Karlsruher SC 2) 1992 CSV, NED, TUR – 1993 IRL, IRL, DEN, GRE, DEN, LUX – 1994 HUN, TUR, GRE, RUS – 1995 ESP

7 **Wuttke** Wolfram, 17. 11. 1961 (FC Schalke 04 4, Borussia Mönchengladbach 3) 1980 NED – 1981 ESP – 1982 CSV, ENG – 1983 ALB, TUR, AUT
1 **Yalcin** Taner, 18. 2. 1990 (1. FC Köln) 2010 NIR
4 **Yildirim** Özkan, 10. 4. 1993 (Werder Bremen) 2013 FRA, FRO, MNT, ROU
16 **Yilmaz** Mahmut, 6. 10. 1979 (Hamburger SV) 1999 KUW, QAT, BHR, THA – 2000 ROU, SUI, NOR, ESP, DEN – 2001 BUL, ALB, GRE, FIN, ALB, NOR, ENG
18 **Younes** Amin, 6. 8. 1993 (Borussia Mönchengladbach 8, 1. FC Kaiserslautern 10) 2013 FRA, FRO, IRL, MNT, FRO, MNT, ROU – 2014 ESP, IRL, ROU, NED, CZE – 2015 ITA, ENG, SER, DEN, CZE, POR
2 **Zandi** Ferydoon, 26. 4. 1979 (SC Freiburg) 2001 FIN, NOR
4 **Zanter** Peter, 11. 11. 1965 (Bayer Leverkusen) 1986 SCO, DEN – 1987 ENG, DEN
3 **Zechel** Thomas, 25. 1. 1965 (Bayer Leverkusen) 1984 BEL, URS, GRE
13 **Zepek** Michael, 19. 1. 1981 (Karlsruher SC 1, Bayer Leverkusen 8, LR Ahlen 4) 2001 FIN, NOR, ENG, FIN – 2002 NIR, RUS, RSA, JPN, ITA, ITA, LTU, BIH – 2003 LTU
17 **Zickler** Alexander, 28. 2. 1974 (Bayern München) 1993 LUX, ESP – 1994 TUR, RUS, HUN, FIN, MDA – 1995 ESP, GEO, WAL, BUL, BEL, GEO, MDA, WAL, BUL – 1996 POR
12 **Ziege** Christian, 1. 2. 1972 (Bayern München) 1991 BEL, BUL, ENG, MAR, BEL, LUX – 1992 NED, ALB, ESP, ALB – 1993 IRL, DEN
1 **Ziegler** Marc, 13. 6. 1976 (VfB Stuttgart) 1996 NED
1 **Ziegenbein** Björn, 30. 4. 1986 (TSV München 1860) 2007 SUI
1 **Ziegler** Marcus, 10. 8. 1973 (VfB Stuttgart) 1994 TUR
4 **Zietsch** Rainer, 21. 11. 1964 (VfB Stuttgart) 1984 BEL, URS, GRE – 1985 SWE
2 **Zimmer** Jean, 6. 12. 1993 (1. FC Kaiserslautern) 2014 NED – 2015 ITA
5 **Zimmermann** Uwe, 11. 2. 1962 (Waldhof Mannheim) 1982 CSV – 1983 POR, AUT, CHN, ALB
5 **Zinnow** Stefan, 6. 10. 1979 (Eintracht Frankfurt) 1999 QAT, BHR, OMA, THA – 2000 TUN
2 **Zorc** Michael, 25. 8. 1962 (Borussia Dortmund) 1982 SUI – 1983 POR

Alle Torschützen in den Junioren-Länderspielen U 21

Name		Name		Name		Name	
Allofs Th.	2	Bugera	2	Feldhoff	5	Halfar, D.	2
Aogo	4	Calik	1	Feulner	1	Hamann D.	2
Arnold	2	Can	1	Fleßers	3	Hanke	14
Auer	15	Castro	3	Foda	1	Happe	1
Badstuber	2	Choupo-Moting	2	Franck	1	Heesen von	2
Bäron	3	Cichon	1	Franz	1	Heintz	1
Balitsch	2	Dabrowski	1	Freier	2	Heller	3
Ballack	7	Da Costa	1	Frings	1	Helmes	3
Bargfrede	1	Dammeier	1	Frommer	1	Hennings	13
Baumann, F.	1	Daun	3	Fuchs H.	1	Herbst	2
Beck	2	Dejagah	4	Funk	1	Herget	3
Beister	6	Dickel	2	Funkel W.	1	Herrlich	17
Bell	1	Didavi	1	Gaudino	2	Herrmann, P.	2
Ben-Hatira	1	Dogan	1	Gebhart	1	Hieronymus	1
Bierhoff	7	Draxler	1	Gemiti	1	Hilbert	3
Bierofka	7	Dusend	1	Gerster	2	Hitzlsperger	3
Bittencourt	3	Ebert	1	Ginczek	2	Hochstätter	1
Blank	2	Eckstein	4	Ginter	1	Höwedes	3
Blau	1	Effenberg	1	Glesius	3	Hofmann, J.	5
Boateng, J.	1	Ehlers	3	Gnabry	1	Hofmann, P.	9
Bochtler	1	Engels	1	Gomez	1	Holtby	14
Bode, M.	2	Epp	1	Goretzka	1	Hubner	1
Brandt	1	Ernst, F.	3	Großkreutz	1	Hummels	5
Brdaric	3	Esswein	5	Gruber	2	Hunt	3
Breitenreiter	2	Fährmann	2	Gündogan	1	Jansen	1
Bruns	4	Falk	1	Haber	2	Jeremies	1
Brzenska	1	Fathi	2	Hagner	1	Jones	3

Jungnickel	1	Masmanidis	1	Reinders	1	Steubing	1
Kanopa	1	Mathy	6	Reinhardt K.	2	Strack	2
Kaul	1	Matip	1	Reuter	2	Süle	1
Kempe	1	Matthäus	2	Ricken	8	Sukuta-Pasu	1
Kern, E.	6	Metzelder	1	Riedle	1	Thon	2
Ketelaer	3	Meyer, M.	6	Rösler	2	Tiffert	2
Khedira	5	Michalke	6	Rosenthal	2	Timm	4
Kießling	4	Mlapa	8	Rüdiger	1	Tosun	1
Kimmich	2	Möller A.	2	Rudy	5	Trochowski	2
Kirchhoff, J.	3	Müller L.	2	Rummenigge M.	4	Unger	1
Klauß	3	Müller T.	1	Rydlewicz	3	Villa	1
Klinsmann	3	Münch	2	Sam	1	Völler	10
Klotz	2	Naki	1	Sané L.	5	Voigt	1
Knoche, R.	1	Nehrbauer	2	Schatzschneider	2	Volland	11
Kohn S.	1	Nerlinger	10	Schieber	5	Voss	6
Kranz	1	Neuendorf	1	Schindler	2	Waas	2
Kroos	2	Neumann	1	Schindzielorz	1	Wagner	4
Kroth	1	Neun	1	Schmäler N.	1	Wedau	3
Kruse, M.	1	Odonkor	3	Schneider M.	1	Weller	1
Kruska	2	Özbek	3	Schneider R.	1	Werner	3
Kucukovic	1	Özil	5	Schön	1	Winklhofer	1
Kümmerle	1	Öztunali	1	Scholl	3	Witeczek	4
Kuntz	3	Patschinsky	1	Schroth	5	Wörns	1
Kuranyi	2	Patzke	1	Schürrle	3	Wohlfarth	1
Labbadia	3	Polanski	1	Schulz, C.	5	Wück	3
Lasogga	4	Polter	4	Schulz, N.	2	Wuttke	1
Lauth	2	Poschner	4	Schwaab	1	Yilmaz	4
Lehmann M.	2	Quaisser	1	Schwabl	1	Younes	3
Lehmann R.	1	Rafael	5	Schwarz	1	Zepek	2
Leifeld	2	Rahn, C.	2	Schweinsteiger	2	Zickler	7
Leitner	7	Ramelow	2	Selke	5	Ziege	3
Littbarski	18	Rapp	1	Senesie	1	Zinnow	1
Lottner	1	Rath, Th.	1	Sobiech	2		
Ludwig	2	Rau	1	Stadler	1		
Madlung	1	Rausch	1	Stark, N.	1	Eigentore	
Malli	1	Reich	2	Steiner	1	des Gegners	13
Marin	1	Reichert	3	Sternkopf	2		

Die besten Torschützen in den Junioren-Länderspielen U 21

18 Littbarski
17 Herrlich
15 Auer
14 Hanke
14 Holtby
13 Hennings
11 Volland
10 Nerlinger
10 Völler

9 Hofmann, P.
8 Mlapa
8 Ricken
7 Ballack
7 Bierhoff
7 Bierofka
7 Leitner
7 Zickler
6 Beister

6 Kern, E.
6 Mathy
6 Michalke
6 Voss
5 Esswein
5 Feldhoff
5 Hofmann, J.
5 Hummels
5 Khedira

5 Özil
5 Rafael
5 Rudy
5 Schieber
5 Schroth
5 Schulz, C.

Am häufigsten berufen wurden in die U 21

Ernst, F.	31	Balitsch	20	Kirchhoff	18	Rydlewicz	16
Beck, A.	27	Bittencourt	20	Kruska	18	Schindzielorz	16
Hanke	26	Cichon	20	Özbek	18	C. Schulz	16
Aogo	25	Dejagah	20	Poschner	18	Sobiech	16
Holtby	24	Gemiti	20	Ramelow	18	Wörns	16
Leitner	24	Herrlich	20	Rensing	18	Yilmaz	16
Schwaab	24	Hitzlsperger	20	Younes	18	Boateng, J.	15
Tiffert	24	Neuer	20	Allofs Th.	17	Borowski	15
Auer	23	Riether	20	Baumann, F.	17	Brzenska	15
Haber	23	Rolff	20	Hofmann, P.	17	Enke	15
Neuendorf	23	Schroth	20	Klos	17	Funk	15
Preuß	23	Volz	20	Michalke	17	Khedira	15
Rudy	23	Ballack	19	Ricken	17	Kießling	15
Bierofka	22	Dogan	19	Rosenthal	17	Matthäus	15
Höwedes	22	Ehlers	19	Zickler	17	Odonkor	15
Matip	22	Franz	19	Bäron	16	Özbek	15
Nerlinger	22	Jung, S.	19	Falkenmayer	16	Reichert	15
Volland	22	Polanski	19	Fiedler	16	Schäfer	15
Castro	21	Völler	19	Kögl	16	Trochowski	15
Hennings	21	Fathi	18	Korzynietz	16	Willi	15
Hummels	21	Gospodarek	18	Lehmann, M.	16		
Littbarski	21	Hildebrand	18	Özil	16		
Mlapa	21	Jantschke	18	Otten	16		

Die erfolgreichsten Vereine (Berufungen/Spieler)

Borussia Dortmund	302 Einsätze/50 Spieler	1. FC Nürnberg	166 Einsätze/28 Spieler
VfB Stuttgart	286 Einsätze/46 Spieler	SC Freiburg	147 Einsätze/17 Spieler
Bayer Leverkusen	276 Einsätze/44 Spieler	VfL Bochum	139 Einsätze/26 Spieler
Bayern München	272 Einsätze/40 Spieler	Karlsruher SC	128 Einsätze/21 Spieler
Bor. M'gladbach	263 Einsätze/41 Spieler	Hannover 96	116 Einsätze/19 Spieler
1. FC Kaiserslautern	212 Einsätze/33 Spieler	TSG Hoffenheim	104 Einsätze/11 Spieler
Hamburger SV	211 Einsätze/33 Spieler	TSV München 1860	98 Einsätze/19 Spieler
1. FC Köln	210 Einsätze/43 Spieler	VfL Wolfsburg	93 Einsätze/12 Spieler
Hertha BSC	205 Einsätze/30 Spieler	KFC/Bayer Uerdingen	91 Einsätze/18 Spieler
Werder Bremen	181 Einsätze/33 Spieler	1. FSV Mainz 05	84 Einsätze/14 Spieler
FC Schalke 04	179 Einsätze/25 Spieler	Waldhof Mannheim	79 Einsätze/13 Spieler
Eintracht Frankfurt	174 Einsätze/38 Spieler		

Bierdusche zum Abscheid. Als erster Verein wurde der FC Bayern München viermal in Folge Deutscher Meister. Die letzten drei Titel wurden unter Trainer Pep Guardiola eingefahren.

KAPITEL 3

DIE DEUTSCHE MEISTERSCHAFT

Ehrentafel

DER DEUTSCHEN MEISTER

Jahr	Meister
1903	VfB Leipzig
1905	Union 92 Berlin
1906	VfB Leipzig
1907	Freiburger FC
1908	Viktoria Berlin
1909	Phönix Karlsruhe
1910	Karlsruher FV
1911	Viktoria Berlin
1912	Holstein Kiel
1913	VfB Leipzig
1914	SpVgg Fürth
1920	1. FC Nürnberg
1921	1. FC Nürnberg
1922	kein Meister
1923	Hamburger SV
1924	1. FC Nürnberg
1925	1. FC Nürnberg
1926	SpVgg Fürth
1927	1. FC Nürnberg
1928	Hamburger SV
1929	SpVgg Fürth
1930	Hertha BSC
1931	Hertha BSC
1932	Bayern München
1933	Fortuna Düsseldorf
1934	FC Schalke 04
1935	FC Schalke 04
1936	1. FC Nürnberg
1937	FC Schalke 04
1938	Hannover 96
1939	FC Schalke 04
1940	FC Schalke 04
1941	Rapid Wien
1942	FC Schalke 04
1943	Dresdner SC
1944	Dresdner SC
1948	1. FC Nürnberg
1949	VfR Mannheim
1950	VfB Stuttgart
1951	1. FC Kaiserslautern
1952	VfB Stuttgart
1953	1. FC Kaiserslautern
1954	Hannover 96
1955	Rot-Weiss Essen
1956	Borussia Dortmund
1957	Borussia Dortmund
1958	FC Schalke 04
1959	Eintracht Frankfurt
1960	Hamburger SV
1961	1. FC Nürnberg
1962	1. FC Köln
1963	Borussia Dortmund
1964	1. FC Köln
1965	Werder Bremen
1966	TSV München 1860
1967	Eintracht Braunschweig
1968	1. FC Nürnberg
1969	Bayern München
1970	Borussia Mönchengladbach
1971	Borussia Mönchengladbach
1972	Bayern München
1973	Bayern München
1974	Bayern München
1975	Borussia Mönchengladbach
1976	Borussia Mönchengladbach
1977	Borussia Mönchengladbach
1978	1. FC Köln
1979	Hamburger SV
1980	Bayern München
1981	Bayern München
1982	Hamburger SV
1983	Hamburger SV
1984	VfB Stuttgart
1985	Bayern München
1986	Bayern München
1987	Bayern München
1988	Werder Bremen
1989	Bayern München
1990	Bayern München
1991	1. FC Kaiserslautern
1992	VfB Stuttgart
1993	Werder Bremen
1994	Bayern München
1995	Borussia Dortmund
1996	Borussia Dortmund
1997	Bayern München
1998	1. FC Kaiserslautern
1999	Bayern München
2000	Bayern München
2001	Bayern München
2002	Borussia Dortmund
2003	Bayern München
2004	Werder Bremen
2005	Bayern München
2006	Bayern München
2007	VfB Stuttgart
2008	Bayern München
2009	VfL Wolfsburg
2010	Bayern München
2011	Borussia Dortmund
2012	Borussia Dortmund
2013	Bayern München
2014	Bayern München
2015	Bayern München
2016	Bayern München

Die Meistermannschaften

1903: VfB Leipzig (gegen DFC Prag 7:2):
Raydt – Schmidt, Werner – Rößler, W. Friedrich, Braune – Steinbeck, Stanischewski, Riso, A. Friedrich, Aßmus – Tore: W. Friedrich, A. Friedrich, H. Riso 3, Stanischewski 2 (Meyer 2) – Altona (heute Hamburg), 31. 5. – Zuschauer: 2000 – SR: Behr (Altona, heute Hamburg).

1905: Union 92 Berlin (gegen Karlsruher FV 2:0):
Krüger – Kähne, A. Bock – Jurga, Heinrich, Reinke – R. Bock, Wagenseil, Fröhde, Herzog, Pisarra – Tore: Wagenseil, Herzog – Köln, 21. 5. – Zuschauer: 3500 – SR: Dr. Westendarp (Hamburg).

1906: VfB Leipzig (gegen 1. FC Pforzheim 2:1):
Schneider – Schmidt, Werner – Steinbeck, Oppermann, Ugi – Uhle, Riso, Blüher, Lässig, A. Friedrich – Tore: Blüher, Riso (Stöhr) – Nürnberg, 27. 5. – Zuschauer: 1100 – SR: Eickhof (Hamburg).

1907: Freiburger FC (gegen Viktoria 89 Berlin 3:1):
von Goldberger – de Villiers, Falschlunger – Bodenweber, Mayer, Hunn – Haase, Sydler, Glaser, Hofherr, Burkart – Tore: Glaser, Burkart 2 (Röpnack) – Mannheim, 19. 5. – Zuschauer: 2000 – SR: Bohne (Bremen).

1908: Viktoria 89 Berlin (gegen Stuttgarter Kickers 3:1):
Scranowitz – Hahn, Fischer – Moeck, Knesebeck, Hunder – Pauke, Dumke, Worpitzky, Röpnack, Bock – Tore: Worpitzky 2, Röpnack (Ahorn) – Berlin, 7. 6. – Zuschauer 4000 – SR: Götzel (Hamburg).

1909: Phönix Karlsruhe (gegen Viktoria 89 Berlin 4:2):
Michaelis – Karth, Neumaier – Heger, Beier, Schweinshaut – Wegele, Reiser, Leibold, Noe, Oberle – Tore: Beier, Noe 2, Leipold (Worpitzky, Röpnack) – Breslau, 30. 5. – Zuschauer: 1500 – SR: Hinze (Duisburg).

1910: Karlsruher FV (gegen Holstein Kiel 1:0 n. Verl.):
Dell – Hüber, Hollstein – Ruzek, Breunig, Schwarze – Tscherter, Förderer, Fuchs, Hirsch, Bosch – Tor: Breunig – Köln, 15. 5. – Zuschauer: 5000 – SR: Grafe (Leipzig).

1911: Viktoria 89 Berlin (gegen VfB Leipzig 3:1):
Welkisch – Fischer, Röpnack – Graßmann, Knesebeck, Hunder – Krüger, Dumke, Worpitzky, Kugler, Gasse – Tore: Worpitzky 2, Gasse (A. Friedrich) – Dresden, 4. 6. – Zuschauer: 12 000 – SR: Schröder (München-Gladbach, heute Mönchengladbach).

1912: Holstein Kiel (gegen Karlsruher FV 1:0):
Werner – Homeister, Reese – Dehning, Zincke, Krogmann – Möller, W. Fick, Binder, H. Fick, Bork – Tor: Möller – Hamburg, 26. 5. – Zuschauer: 10 000 – SR: Schröder (München-Gladbach, heute Mönchengladbach).

1913: VfB Leipzig (gegen Duisburger SV 3:1):
Schneider – Völker, Herrmann – Michel, Pendorf („Edy"), Hesse – Richter, Pömpner („Paulsen"), Völkers, Dolge, A. Friedrich – Tore: Pendorf, Pömpner, Eigentor Büschner (H. Fischer) – München, 11. 5. – Zuschauer. 5000 – SR: Knab (Stuttgart).

1914: SpVgg Fürth (gegen VfB Leipzig 3:2 n. Verl.):
Polenski – Burger, Wellhöfer – Seidel, Riebe, Schmidt – Wunderlich, Franz, Weicz, Hirsch, Jacob – Tore: Franz 2, Weicz (Pendorf, Hesse) – Magdeburg, 31. 5. – Zuschauer: 6000 – SR: von Paquet (Berlin).

1920: 1. FC Nürnberg (gegen SpVgg Fürth 2:0):
Stuhlfauth – Bark, Steinlein – Kugler, Kalb, Riegel – Strobel, Popp, Böß, Träg, Szabo – Tore: Popp, Szabo – Frankfurt, 13. 6 – . Zuschauer: 35 000 – SR: Bauwens (Köln).

1921: 1. FC Nürnberg (gegen Vorwärts Berlin 5:0):
Stuhlfauth – Bark, Kugler – Grünerwald, Dr. Kalb, Riegel – Strobel, Popp, Böß, Träg, Sutor – Tore: Popp 3, Träg 2 – Düsseldorf, 12. 6. – Zuschauer: 22 000 – SR: Bauwens (Köln).

1922: kein Meister
Hamburger SV – 1. FC Nürnberg n. V. 2:2 (nach 189 Minuten abgebrochen) – Hamburg: Martens – Beier, Schmerbach – Flohr, Halvorsen, Krohn – Kolzen, Breuel, Harder, Schneider, Rave – Nürnberg: Stuhlfauth – Bark, Grünerwald – Köpplinger, Kugler, Riegel – Strobel, Popp, Böß, Träg, Sutor – Tore: Rave, Flohr (Träg, Popp) – Berlin, 18.6. – Zuschauer: 30 000 – SR: Bauwens (Köln).
Hamburger SV – 1. FC Nürnberg n. V. 1:1 (nach 115 Minuten abgebrochen) – Hamburg: gleiche Mannschaft, nur Agte für Schmerbach – Nürnberg: gleiche Mannschaft, nur Reitzenstein für Grünerwald – Tore: Schneider (Träg) – Leipzig, 6.8. – Zuschauer: 50 000 – SR: Bauwens (Köln).
Der DFB erklärte den HSV nach den beiden Spielen zunächst satzungsgemäß zum Meister. Nach Protest des 1. FC Nürnberg wurde das „Hildesheimer Urteil" wegen falscher Satzungsauslegung wieder aufgehoben und in der Revision in Würzburg beschlossen, dass für 1922 kein Meister ermittelt worden sei. Auf dem Bundestag in Jena im November 1922, auf dem die Meisterfrage nochmals anstand, verzichtete der HSV auf den Titel.

1923: **Hamburger SV** (gegen Union Oberschöneweide 3:0):
Martens – Beier, Speyer – Carlsson, Halvorsen, Krohn – Kolzen, Breuel, Harder, Schneider, Rave – Tore: Harder, Breuel, Schneider– Berlin, 10. 6. – Zuschauer: 64 000 – SR: Brucker (Stuttgart).

1924: **1. FC Nürnberg** (gegen Hamburger SV 2:0):
Stuhlfauth – Bark, Kugler – Schmidt, Kalb, Riegel – Strobel, Hochgesang, Wieder, Träg, Sutor – Tore: Hochgesang, Strobel – Berlin, 9. 6. – Zuschauer: 35 000 – SR: Seiler (Chemnitz).

1925: **1. FC Nürnberg** (gegen FSV Frankfurt 1:0 n. Verl.):
Stuhlfauth – Popp, Kugler – Schmidt, Kalb, Riegel – Strobel, Wieder, Hochgesang, Träg, Sutor – Tor: Wieder – Frankfurt, 7. 6. – Zuschauer: 50 000 – Schiedsrichter: Guyenz (Essen).

1926: **SpVgg Fürth** (gegen Hertha BSC 4:1):
Hörgreen – Müller, Hagen – Kleinlein, Leinberger, H. Krauß, K. Auer, Franz, Seiderer, Ascherl, Kießling – Tore: Seiderer, K. Auer, Eigentor Domscheid, Ascherl (Sobeck) – Frankfurt, 13. 6. – Zuschauer: 40 000 – SR: Spranger (Glauchau).

1927: **1. FC Nürnberg** (gegen Hertha BSC 2:0):
Stuhlfauth – Popp, Winter – Köpplinger, Kalb, Schmidt – Reinmann, Hochgesang, Schmitt, Wieder, Träg – Tore: Kalb, Träg – Berlin, 12. 6. – Zuschauer: 50 000 – SR: Guyenz (Essen).

1928: **Hamburger SV** (gegen Hertha BSC 5:2):
Blunk – Beier, Risse – Lang, Halvorsen, Carlsson – Kolzen, Ziegenspeck, Harder, Horn, Rave – Tore: Harder, Rave, Kolzen 2, Horn (Kirsei, Grenzel) – Altona (heute Hamburg), 29. 7. – Zuschauer: 50 000 – SR: Maul (Nürnberg).

1929: **SpVgg Fürth** (gegen Hertha BSC 3:2):
Neger – Hagen, H. Krauß – Röschke, Leinberger, K. Krauß – H. Auer, Rupprecht, Franz, Frank, Kießling – Tore: H. Auer, Frank, Rupprecht (Sobeck 2) – Nürnberg, 28. 7. – Zuschauer: 50 000 – SR: Bauwens (Köln).

1930: **Hertha BSC** (gegen Holstein Kiel 5:4):
Gehlhaar – Völker, Wilhelm – Leuschner, Müller, Radecke – Ruch, Sobeck, Lehmann, Kirsei, Hahn – Tore: Sobeck, Ruch 2, Kirsei, Lehmann (Widmayer, Ritter 2, Ludwig) – Düsseldorf, 22. 6. – Zuschauer: 45 000 – SR: Guyenz (Essen).

1931: **Hertha BSC** (gegen SV München 1860 3:2):
Gehlhaar – Völker, Wilhelm – Appel, Müller, Stahr – Ruch, Sobeck, Lehmann, Kirsei, Hahn – Tore: Sobeck 2, Kirsei (Oeldenberger, Lachner) – Köln, 14. 6. – Zuschauer: 60 000 – SR: Fissenwerth (Köln).

1932: **Bayern München** (gegen Eintracht Frankfurt 2:0):
Lechler – Haringer, Heidkamp – Breindl, Goldbrunner, Nagelschmitz – Bergmaier, Krumm, Rohr, Schmid, Welker – Tore: Rohr, Krumm – Nürnberg, 12. 6. – Zuschauer: 55 000 – SR: Birlem (Berlin).

1933: Fortuna Düsseldorf (gegen FC Schalke 04 3:0):
Pesch – Trautwein, Bornefeld – Janes, Bender, Breuer – Mehl, Wigold, Hochgesang, Zwolanowski, Kobierski – Tore Zwolanowski, Mehl, Hochgesang – Köln, 11. 6. – Zuschauer: 60 000 – SR: Birlem (Berlin).

1934: FC Schalke 04 (gegen 1. FC Nürnberg 2:1):
Mellage – Bornemann, Zajons – Tibulski, Szepan, Przybylski („Valentin") – Kalwitzki, Urban, Nattkemper, Kuzorra, Rothardt – Tore: Szepan, Kuzorra (Friedel) – Berlin, 24. 6. – Zuschauer: 45 000 – SR: Birlem (Berlin).

1935: FC Schalke 04 (gegen VfB Stuttgart 6:4):
Mellage – Bornemann, Nattkemper – Tibulski, Szepan, Przybylski („Valentin") – Kalwitzki, Gellesch, Pörtgen, Kuzorra, Urban – Tore: Urban, Pörtgen 3, Gellesch, Kalwitzki (Bökle 2, Koch, Rutz) – Köln, 23. 6. – Zuschauer: 74 000 – SR: Best (Frankfurt).

1936: 1. FC Nürnberg (gegen Fortuna Düsseldorf 2:1 n. Verl.):
Köhl – Billmann, Munkert – H. Uebelein, Carolin, Oehm – Gußner, Eiberger, Friedel, Schmitt, Schwab – Tore: Eiberger, Gußner (Nachtigall) – Berlin, 21. 6. – Zuschauer: 45 000 – SR: Birlem (Berlin).

1937: FC Schalke 04 (gegen 1. FC Nürnberg 2:0):
Klodt – Bornemann, Schweißfurt – Gellesch, Tibulski, Berg – Kalwitzki, Szepan, Pörtgen, Kuzorra, Urban – Tore: Pörtgen, Kalwitzki – Berlin, 20. 6. – Zuschauer: 100 000 – SR: Birlem (Berlin).

1938: Hannover 96 (gegen FC Schalke 04 3:3 n. Verl. und 4:3 n. Verl.):
Pritzer – Sievert, Petzold – Jacobs, Deike, Männer – Malecki, Pöhler, E. Meng, Lay, R. Meng – Tore im 1. Spiel: R. Meng, Eigentor Gellesch, E. Meng (Pörtgen 2, Kalwitzki); im 2. Spiel:: Lay, R. Meng, Jacobs, E. Meng (Kuzorra 2, Szepan) – Berlin, 26. 6. und 3. 7. – Zuschauer: zweimal 100 000 – SR im 1. Spiel: Peters (Berlin); im 2. Spiel: Grabler (Regensburg).

1939: FC Schalke 04 (gegen Admira Wien 9:0):
Klodt – Bornemann, Schweißfurt – Gellesch, Tibulski, Berg – Eppenhoff, Szepan, Kalwitzki, Kuzorra, Urban – Tore: Kalwitzki 5, Urban, Tibulski, Kuzorra, Szepan – Berlin, 18. 6. – Zuschauer: 100 000 – SR: Schulz (Dresden).

1940: FC Schalke 04 (gegen Dresdner SC 1:0):
Klodt – Bornemann, Hinz – Füller, Tibulski, Burdenski – Eppenhoff, Szepan, Kalwitzki, Kuzorra, Schuh – Tor: Kalwitzki – Berlin, 21. 7. – Zuschauer: 95 000 – SR: Stark (München).

1941: Rapid Wien (gegen FC Schalke 04 4:3):
Raftl – S. Wagner, Sperner – F. Wagner, Gernhardt, Skoumal – Fitz, Schors, Binder, Dworacek, Pesser – Tore: Schors, Binder 3 (Hinz 2, Eppenhoff) – Berlin, 22. 6. – Zuschauer: 95 000 – SR: Reinhardt (Stuttgart).

1942: FC Schalke 04 (gegen First Vienna FC 2:0):
Flotho – Hinz, Schweißfurt – Bornemann, Tibulski, Burdenski – Kalwitzki, Szepan, Eppenhoff, Kuzorra, Urban – Tore: Kalwitzki, Szepan – Berlin, 5. 7. – Zuschauer: 90 000 – SR: Boullion (Königsberg).

1943: Dresdner SC (gegen FV Saarbrücken 3:0):
Kreß – Pechan, Hempel – Pohl, Dzur, Schubert – Kugler, Schaffer, Hofmann, Schön, Erdl – Tore: Erdl, Schubert, Kugler – Berlin, 27. 6. – Zuschauer: 80 000 – SR: Raspel (Düsseldorf).

1944: Dresdner SC (gegen LSV Hamburg 4:0):
Kreß – Belger, Hempel – Pohl, Dzur, Schubert – Voigtmann, Schön, Machate, Hofmann, Schaffer – Tore: Schaffer 2, Voigtmann, Schön – Berlin, 18. 6. – Zuschauer: 70 000 – SR: Trompeter (Köln).

1948: 1. FC Nürnberg (gegen 1. FC Kaiserslautern 2:1):
Schaffer – H. Uebelein, Knoll – Bergner, Kennemann, Gebhardt – Herbolsheimer, Morlock, Pöschl, Winterstein, Hagen – Trainer: Josef Schmitt – Tore: Winterstein, Pöschl (Eigentor H. Uebelein) – Köln, 8. 8. – Zuschauer: 75 000 – SR: Burmeister (Hamburg).

1949: VfR Mannheim (gegen Borussia Dortmund 3:2 n. Verl.):
Jöckel – Rößling, Henninger – Maier, Keuerleber, Müller – Bolleyer, Langlotz, Löttke, Stiefvater, de la Vigne – Trainer: Hans Schmidt – Tore: Löttke 2, Langlotz (Erdmann 2) – Stuttgart, 10. 7. – Zuschauer: 92 000 – SR: Zacher (Berlin).

1950: VfB Stuttgart (gegen Kickers Offenbach 2:1):
Schmid – Retter, Steimle – Otterbach, Ledl, Barufka – Läpple, Schlienz, Bühler, Baitinger, Blessing – Trainer: Georg Wurzer– Tore: Läpple, Bühler (Buhtz) – Berlin, 25. 6. – Zuschauer: 96 000 – SR: Kormannshaus (Gohfeld).

1951: 1. FC Kaiserslautern (gegen Preußen Münster 2:1):
Adam – Rasch, Kohlmeyer – E. Liebrich, W. Liebrich, Jergens – Eckel, F. Walter, O. Walter, Baßler, Fuchs – Trainer: Richard Schneider– Tore: O. Walter 2 (Gerritzen) – Berlin, 30. 6. – Zuschauer: 85 000 – SR: Reinhardt (Stuttgart)

1952: VfB Stuttgart (gegen 1. FC Saarbrücken 3:2):
Bögelein – Krauß, Steimle – Schlienz, Retter, Barufka – Baitinger, Kronenbitter, Wehrle, Krieger, Blessing – Trainer: Georg Wurzer – Tore: Schlienz, Baitinger 2 (Schreiner, Martin) – Ludwigshafen, 22. 6. – Zuschauer: 84 000 – SR: Nettekoven (Bonn).

1953: 1. FC Kaiserslautern (gegen VfB Stuttgart 4:1):
Hölz – E. Liebrich, Kohlmeyer – Eckel, W. Liebrich, Render – Scheffler, F. Walter, O. Walter, Wenzel, Wanger – Trainer: Richard Schneider – Tore: F. Walter, Wanger, Scheffler, Wenzel (Kronenbitter) – Berlin, 21. 6. – Zuschauer: 80 000 – SR: Ternieden (Oberhausen).

1954: Hannover 96 (gegen 1. FC Kaiserslautern 5:1):
Krämer – Geruschke, Kirk – Müller, Bothe, Gehrke – Wewetzer, Paetz, Tkotz, Zielinski, Kruhl – Trainer: Helmut Kronsbein – Tore: Tkotz, Eigentor Kohlmeyer, Wewetzer, Kruhl, Paetz (Eckel) – Hamburg, 23. 5. – Zuschauer: 76 000 – SR: Schmetzer (Mannheim).

1955: Rot-Weiss Essen (gegen 1. FC Kaiserslautern 4:3):
Herkenrath – Jänisch, Köchling – Jahnel, Wewers, Grewer – Rahn, Islacker, Gottschalk, Röhrig, Termath – Trainer: Fritz Szepan – Tore: Islacker 3, Röhrig (Wenzel 2, Baßler) – Hannover, 26. 6. – Zuschauer: 76 000 – SR: Meißner (Nürnberg).

1956: Borussia Dortmund (gegen Karlsruher SC 4:2):
Kwiatkowski – Burgsmüller, Sandmann – Schiebrowski, Michallek, Bracht – Peters, Preißler, Kelbassa, Niepieklo, Kapitulski – Trainer: Helmut Schneider – Tore: Niepieklo, Kelbassa, Preißler, Peters (Kunkel, Eigentor Burgsmüller) – Berlin, 24. 6. – Zuschauer: 75 000 – SR: Dusch (Kaiserslautern).

1957: Borussia Dortmund (gegen Hamburger SV 4:1)
Kwiatkowski – Burgsmüller, Sandmann – Schiebrowski, Michallek, Bracht – Peters, Preißler, Kelbassa, Niepieklo, Kapitulski – Trainer: Helmut Schneider – Tore: Kelbassa 2, Niepieklo 2 (Krug) – Hannover, 23. 6. – Zuschauer: 76 000 – SR: Dusch (Kaiserslautern).

1958: FC Schalke 04 (gegen Hamburger SV 3:0):
Orzessek – Sadlowski, Brocker – Borutta, Laszig, Karnhof – Koslowski, Kördell, Siebert, Kreuz, Klodt – Trainer Edmund Frühwirth – Tore: Klodt 2, Kreuz – Hannover, 18. 5. – Zuschauer: 78 000 – SR: Dusch (Kaiserslautern).

1959: Eintracht Frankfurt (gegen Kickers Offenbach 5:3 n. Verl.):
Loy – Eigenbrodt, Höfer – Stinka, Lutz, Weilbächer – Kreß, Sztani, Feigenspan, Lindner, Pfaff – Trainer: Paul Oßwald – Tore: Sztani 2, Feigenspan 3 (Kraus, Preisendörfer, Gast) – Berlin, 28. 6. – Zuschauer: 75 000 – SR: Asmussen (Flensburg).

1960: Hamburger SV (gegen 1. FC Köln 3:2):
Schnoor – Piechowiak, Krug – Werner, Meinke, D. Seeler – Neisner, Dehn, U. Seeler, Stürmer, Dörfel – Trainer: Günther Mahlmann – Tore: U. Seeler 2, Dörfel (Breuer, Müller) – Frankfurt, 25. 6. – Zuschauer: 71 000 – SR: Kandlbinder (Regensburg).

1961: 1. FC Nürnberg (gegen Borussia Dortmund 3:0):
Wabra – Derbfuß, Hilpert – Zenger, Wenauer, Reisch – Flachenecker, Morlock, Strehl, Müller, Haseneder – Trainer: Herbert Widmayer – Tore: Haseneder, Müller, Strehl – Hannover, 24. 6. – Zuschauer: 82 000 – SR: Schulenburg (Hamburg).

1962: 1. FC Köln (gegen 1. FC Nürnberg 4:0):
Ewert – Pott, Schnellinger – Hemmersbach, Wilden, Sturm – Thielen, Habig, Müller, Schäfer, Breuer – Trainer: Zlatko Cajkovski – Tore: Schäfer, Habig 2, Pott – Berlin, 12. 5. – Zuschauer. 88 000 – SR: Dusch (Kaiserslautern).

1963: Borussia Dortmund (gegen 1. FC Köln 3:1):
Wessel – Burgsmüller, Geisler – Bracht, Paul, Kurrat – Wosab, Schmidt, Schütz, Konietzka, Cyliax – Trainer: Hermann Eppenhoff – Tore: Kurrat, Wosab, Schmidt (Schnellinger) – Stuttgart, 29. 6. – Zuschauer. 75 000 – SR: Tschenscher (Mannheim).

1963 fand das letzte Endspiel um die Deutsche Meisterschaft statt. Seit 1963/64 wird der Meister in einer Bundesliga mit 16 Vereinen (ab 1965/66 mit 18 Vereinen) ermittelt. – Da es keine Endspielmannschaften mehr gibt, werden ab jetzt alle im Verlauf der Saison eingesetzten Spieler der Meisterklubs aufgeführt.

1964: 1. FC Köln
Ewert, Schumacher – Hemmersbach, Pott, Regh – Benthaus, Weber, Sturm, Wilden – Hornig, Müller, Overath, Ripkens, Schäfer, Thielen – Trainer: Georg Knöpfle.

1965: Werder Bremen
Bernard – Bordel, Höttges, Piontek – Jagielski, Lorenz, Schimeczek, Steinmann – Ferner, Hänel, Klöckner, Matischak, Schütz, Schulz, Soya, Thun, Zebrowski – Trainer: Willi Multhaup.

1966: TSV München 1860
Radenkovic – Patzke, Steiner, Wagner – Luttrop, Perusic, Reich, Zeiser – Brunnenmeier, Grosser, Heiß, Kohlars, Konietzka, Küppers, Rebele – Trainer: Max Merkel.

1967: Eintracht Braunschweig
Wolter, Jäcker – Brase, Meyer, Moll – Bäse, Kaack, Matz, Schmidt – Dulz, Gerwien, Grzyb, Krause, Maas, Saborowski, Ulsaß – Trainer: Helmut Johannsen.

1968: 1. FC Nürnberg
Wabra, Toth – Hilpert, Leupold, Popp – Ferschl, L. Müller, Wenauer – Brungs, Cebinac, H. Müller, Schöll, Starek, Strehl, Volkert – Trainer: Max Merkel.

1969: Bayern München
Maier – Kupferschmidt, Pumm – Beckenbauer, Olk, Schmidt, Schwarzenbeck – Brenninger, Jung, G. Müller, Ohlhauser, Roth, Starek – Trainer: Branko Zebec.

1970: Borussia Mönchengladbach
Kleff, Danner – Bleidick, Vogts, Zimmermann – Dietrich, Kracke, L. Müller, Sieloff, Spinnler – Kaiser, Köppel, Laumen, Le Fevre, Meyer, Netzer, Schäfer, Wimmer – Trainer: Hennes Weisweiler.

1971: Borussia Mönchengladbach
Kleff – Bleidick, Vogts, Wittmann – L. Müller, Sieloff, Wimmer – Bonhof, Dietrich, Heynckes, Köppel, Laumen, Le Fevre, Netzer, Wloka – Trainer: Hennes Weisweiler.

1972: Bayern München
Maier, Seifert – Breitner, Hansen, Koppenhöfer, Rybarczyk – Beckenbauer, Roth, Schwarzenbeck – Gerber, U. Hoeneß, Hoffmann, Krauthausen, G. Müller, Schneider, Sühnholz, Zobel – Trainer: Udo Lattek.

1973: Bayern München
Maier – Breitner, Hansen, Rybarczyk, Zimmermann – Beckenbauer, Schwarzenbeck, Rohr, Roth – Dürnberger, U. Hoeneß, Hoffmann, Jörg, Krauthausen, G. Müller, Schneider, Zobel – Trainer: Udo Lattek.

1974: Bayern München
Maier – Breitner, Hansen, Jensen, Kapellmann, Rohr – Beckenbauer, Schwarzenbeck, Roth – Dürnberger, Gersdorff, Hadewicz, U. Hoeneß, Hoffmann, G. Müller, Schneider, Torstensson, Zimmermann, Zobel – Trainer: Udo Lattek.

1975: Borussia Mönchengladbach
Kleff – Klinkhammer, Surau, Schäffer, Vogts – Bonhof, Danner, Posner, Wittkamp – Del'Haye, Heynckes, Hilkes, Jensen, Köppel, Köstner, Kulik, Simonsen, Stielike, Wimmer – Trainer: Hennes Weisweiler.

1976: Borussia Mönchengladbach
Kleff – Klinkhammer, Surau, Vogts – Bonhof, Danner, Ringels, Schäffer, Wittkamp, Wohlers – Del'Haye, Hannes, Heynckes, Jensen, Köppel, Kulik, Simonsen, Stielike, Wimmer – Trainer: Udo Lattek.

1977: Borussia Mönchengladbach
Kneib – Klinkhammer, Ringels, Vogts – Bonhof, Danner, Kulik, Schäffer, Wittkamp – Del'Haye, Hannes, Heidenreich, Heynckes, Köppel, Nielsen, Simonsen, Stielike, Wimmer, Wohlers – Trainer: Udo Lattek.

1978: 1. FC Köln
Schumacher – Hein, Konopka, Nicot, Zimmermann – Cullmann, Gerber, Glowacz, Simmet, Strack – Flohe, Löhr, D. Müller, Neumann, Okudera, Prestin, Van Gool, Willmer – Trainer: Hennes Weisweiler.

1979: Hamburger SV
Kargus – Hidien, Kaltz, Ripp – Beginski, Bertl, Buljan, Memering, Nogly – Hartwig, Hrubesch, Keegan, Magath, Plücken, Reimann, Wehmeyer – Trainer: Branko Zebec.

1980: Bayern München
Junghans, M. Müller – Dremmler, Gruber, Horsmann, Weiner – Aas, Augenthaler, Breitner, Kraus, Niedermayer, Schwarzenbeck – Dürnberger, D. Hoeneß, Janzon, Oblak, Reisinger, K.-H. Rummenigge – Trainer: Pal Csernai.

1981: Bayern München
Junghans, M. Müller – Dremmler, Horsmann – Aas, Augenthaler, Breitner, Dürnberger, Güttler, Kraus, Niedermayer, Röber, Weiner – Del'Haye, D. Hoeneß, Janzon, Mathy, Rautiainen, K.-H. Rummenigge – Trainer: Pal Csernai.

1982: Hamburger SV
Stein – Beckenbauer, Hidien, Hieronymus, Jakobs, Kaltz, Wehmeyer – Djordjevic, Groh, Hartwig, Kramer, Magath, Memering, Milewski, Schröder – Bastrup, Dreßel, von Heesen, Hrubesch – Trainer: Ernst Happel.

1983: Hamburger SV
Stein – Hieronymus, Jakobs, Kaltz, Schröder, Wehmeyer – Groh, Hartwig, von Heesen, Magath, Rolff, Schmidt – Bastrup, Djordjevic, Hansen, Hrubesch, Milewski – Trainer: Ernst Happel.

1984: VfB Stuttgart
Roleder, Jäger – Buchwald, B. Förster, Kh. Förster, Makan, Schäfer – Allgöwer, Kempe, Ohlicher, Niedermayer, Sigurvinsson, Zietsch – Corneliusson, Glückler, Kelsch, Lorch, A. Müller, Reichert – Trainer: Helmut Benthaus.

1985: Bayern München
Pfaff, Aumann – Augenthaler, Beierlorzer, Eder, Dremmler, Dürnberger, Grobe, Martin, Pflügler, Willmer – Lerby, Mathy, Matthäus, Nachtweih – D. Hoeneß, Kögl, M. Rummenigge, Wohlfarth – Trainer: Udo Lattek.

1986: Bayern München
Pfaff, Aumann – Augenthaler, Beierlorzer, Dremmler, Eder, Nachtweih, Pflügler, Winklhofer – Flick, Lerby, Matthäus, Schwabl, Willmer – Mathy, Hartmann, D. Hoeneß, Kögl, M. Rummenigge, Wohlfarth – Trainer: Udo Lattek.

1987: Bayern München
Pfaff – Augenthaler, Bayerschmidt, Eder, Flick, Nachtweih, Pflügler, Willmer, Winklhofer – Brehme, Dorfner, Mathy, Matthäus, M. Rummenigge – Hartmann, D. Hoeneß, Kögl, Lunde, Wohlfarth – Trainer: Udo Lattek.

1988: Werder Bremen
Reck, Burdenski – Bratseth, Kutzop, Otten, Ruländer, Sauer, Schaaf – Borowka, Eilts, Hermann, Meier, Möhlmann, Votava, Wolter – Burgsmüller, Neubarth, Ordenewitz, Riedle – Trainer: Otto Rehhagel.

1989: Bayern München
Aumann – Augenthaler, Flick, Grahammer, Johnsen, Nachtweih, Pflügler, Reuter, Winklhofer – Dorfner, Eck, Kögl, Thon – Ekström, Wegmann, Wohlfarth – Trainer: Josef Heynckes.

1990: Bayern München
Aumann, Scheuer – Augenthaler, Kastenmaier, Kohler, Pflügler, Reuter – Dorfner, Flick, Grahammer, Johnsen, Kögl, Schwabl, Strunz, Thon – Bender, McInally, Mihajlovic, Wohlfarth – Trainer: Josef Heynckes.

1991: 1. FC Kaiserslautern
Ehrmann, Serr – Friedmann, Haber, Kadlec, Lutz, Stumpf – Dooley, Ernst, Goldbaek, Krämer, Kranz, Lelle, Richter, Roos, Scherr, Schupp, Stadler, Zimmermann – Hoffmann, Hotic, Kuntz, Labbadia, Winkler – Trainer: Karlheinz Feldkamp.

1992: VfB Stuttgart
Immel – Buchwald, Dubajic, Frontzeck, Schäfer, N. Schmäler, U. Schneider, Strehmel – Buck, Gaudino, Kögl, Kramny, Mayer, Sammer, Th. Schneider – Kastl, Kienle, Sverrisson, F. Walter – Trainer: Christoph Daum.

1993: Werder Bremen
Reck, Gundelach – Beiersdorfer, Borowka, Bratseth – Bockenfeld, Eilts, Harttgen, Hermann, Legat, Neubarth, Schaaf, Votava, Wolter – K. Allofs, Bode, Herzog, Hobsch, Krohn, van Lent, Rufer – Trainer: Otto Rehhagel.

1994: Bayern München
Aumann, Gospodarek – Helmer, Jorginho, Kreuzer, Matthäus, Münch, Thon, Wouters – Frey, Hamann, Nerlinger, Scholl, Schupp, Zickler, Ziege – Cerny, Labbadia, Mazinho, Sternkopf, Valencia, Witeczek – Trainer: Erich Ribbeck/Franz Beckenbauer.

1995: Borussia Dortmund
Klos – Cesar, Kree, Kutowski, Reuter, Sammer, Schmidt, Zelic – Arnold, Franck, Freund, Kurz, Mallam, Möller, Povlsen, K. Reinhardt, Riethmann, Tanko, Zorc – Chapuisat, Ricken, Riedle, Tretschok – Trainer: Ottmar Hitzfeld.

1996: Borussia Dortmund
Klos, de Beer, Schumacher – Cesar, Kohler, Kree, Kutowski, Sammer, Schmidt – Berger, Heinrich, Franck, Freund, Mallam, Möller, K. Reinhardt, Reuter, Ricken, Sosa, Tretschok, Wolters, Zorc – Chapuisat, Herrlich, L. Müller, Riedle, Tanko – Trainer: Ottmar Hitzfeld.

1997: Bayern München
Kahn, Scheuer – Babbel, Helmer, Kreuzer, Kuffour, Matthäus, Münch, Strunz – Basler, Gerster, Hamann, Nerlinger, Scholl, Ziege – Jancker, Klinsmann, Lakies, Rizzitelli, Witeczek, Zickler – Trainer: Giovanni Trapattoni.

1998: 1. FC Kaiserslautern
Reinke, Szücs – Hrutka, Kadlec, Koch, Lutz, Roos, Schjönberg, Schäfer – Ballack, Brehme, Buck, Greiner, Hristov, Ojigwe, Ratinho, Riedl, Sforza, Wagner – Ertl, Kuka, Marschall, Reich, Rische – Trainer: Otto Rehhagel.

1999: Bayern München
Kahn, Dreher, Scheuer – Babbel, Helmer, Johansson, Kuffour, Linke, Lizarazu, Matthäus, Tarnat – Basler, Effenberg, Fink, Jarolim, Jeremies, Scholl, Strunz – Bugera, Daei, Elber, Göktan, Jancker, Salihamidzic, Zickler – Trainer: Ottmar Hitzfeld.

2000: Bayern München
Kahn, Dreher, Wessels – Andersson, Babbel, Kuffour, Linke, Lizarazu, Matthäus – Basler, Effenberg, Fink, Jeremies, Scholl, Sergio, Strunz, Tarnat, Wiesinger – Elber, Jancker, Salihamidzic, Santa Cruz, Zickler – Trainer: Ottmar Hitzfeld.

2001: Bayern München
Kahn, Dreher, Wessels – Andersson, Kuffour, Linke, Sagnol, Sforza – Effenberg, Fink, Hargreaves, Jeremies, Lizarazu, Salihamidzic, Scholl, Strunz, Tarnat, Wiesinger – Elber, Göktan, Jancker, di Salvo, Santa Cruz, Sergio, Zickler – Trainer: Ottmar Hitzfeld.

2002: Borussia Dortmund
Lehmann, Laux – Kohler, Madouni, Metzelder, Reuter, Wörns – Bugri, Dede, Evanilson, Heinrich, Kehl, Oliseh, Ricken, Rosicky, Stevic – Addo, Amoroso, Bobic, Ewerthon, Herrlich, Koller, Odonkor, Reina, Sörensen– Trainer: Matthias Sammer.

2003: Bayern München
Kahn, Wessels – R. Kovac, Kuffour, Linke, Sagnol – Ballack, Deisler, Feulner, Fink, Hargreaves, Jeremies, N. Kovac, Lizarazu, Salihamidzic, Scholl, Schweinsteiger, Tarnat, Thiam, Zé Roberto – Elber, Misimovic, Pizarro, Santa Cruz, Trochowski, Zickler – Trainer: Ottmar Hitzfeld.

2004: Werder Bremen
Reinke, Borel – Baumann, Friedrich, Ismaël, Krstajic – Banovic, Borowski, Ernst, Lagerblom, Lisztes, Magnin, Micoud, Reich, Schulz, Skripnik, Stalteri, Ümit Davala, Wehlage – Ailton, Charisteas, Daun, Klasnic, Valdez – Trainer: Thomas Schaaf.

2005: Bayern München
Kahn, Rensing – Demichelis, R. Kovac, Kuffour, Linke, Lizarazu, Lucio, Rau, Sagnol – Ballack, Deisler, Frings, Görlitz, Hargreaves, Jeremies, Salihamidzic, Scholl, Schweinsteiger, Zé Roberto – Guerrero, Hashemian, Makaay, Pizarro, Santa Cruz, Zickler – Trainer: Felix Magath.

2006: Bayern München
Kahn, Dreher, Rensing – Demichelis, Lahm, Lizarazu, Lucio, Ottl, Sagnol – Ballack, Deisler, dos Santos, Hargreaves, Ismael, Jeremies, Karimi, Salihamidzic, Scholl, Schweinsteiger, Zé Roberto – Guerrero, Makaay, Pizarro, Santa Cruz – Trainer: Felix Magath.

2007: VfB Stuttgart
Hildebrand, Langer – Babbel, Beck, Boka, Delpierre, Fernando Meira, Magnin, Osorio, Tasci – Bierofka, da Silva, Farnerud, Gentner, Hilbert, Hitzlsperger, Khedira, Meißner, Pardo – Cacau, Gomez, Lauth, Nehrig, Streller, Tomasson – Trainer: Armin Veh.

2008: Bayern München
Kahn, Rensing – Breno, Demichelis, Jansen, Lahm, Lell, Lucio, Sagnol, Van Buyten – Hamit Altintop, Kroos, Ottl, Ribery, Schweinsteiger, Sosa, Van Bommel, Zé Roberto – Klose, Podolski, Schlaudraff, Toni, Wagner – Trainer: Ottmar Hitzfeld.

2009: VfL Wolfsburg
Benaglio, Lenz – Barzagli, Karimow, Madlung, Pekarik, Reiche, Ricardo Costa, Rodrigo Alvim, Schäfer, Simunek, Zaccardo – Dejagah, Gentner, Hasebe, Josué, Krzynowek, Misimovic, Riether, Santana, Schindzielorz – Caiuby, Dzeko, Esswein, Grafite, Okubo, Saglik – Trainer: Felix Magath.

2010: Bayern München
Butt, Rensing – Badstuber, Braafheid, Breno, Contento, Demichelis, Lahm, Van Buyten – Alaba, Hamit Altintop, Baumjohann, Ottl, Pranjic, Ribery, Robben, Schweinsteiger, Sosa, Tymoshchuk, Van Bommel – Gomez, Klose, Th. Müller, Olic, Toni – Trainer: Louis van Gaal.

2011: Borussia Dortmund
Langerak, Weidenfeller – Dede, Felipe Santana, Hummels, Owomoyela, Piszczek, Schmelzer, Subotic – S. Bender, Blaszczykowski, da Silva, Feulner, Götze, Großkreutz, Kagawa, Kehl, Sahin – Barrios, Lewandowski, Rangelov, Stiepermann, Zidan – Trainer: Jürgen Klopp.

2012: Borussia Dortmund
Langerak, Weidenfeller – Felipe Santana, Hummels, Löwe, Owomoyela, Piszczek, Schmelzer, Subotic – S. Bender, Blaszczykowski, da Silva, Götze, Großkreutz, Gündogan, Kagawa, Kehl, Kringe, Leitner, Perisic – Barrios, Lewandowski, Zidan – Trainer: Jürgen Klopp.

2013: Bayern München
Neuer, Starke – Alaba, Badstuber, Boateng, Contento, Dante, Lahm, Rafinha, Van Buyten – Can, Höjbjerg, Javi Martinez, Kroos, Luiz Gustavo, Th. Müller, Ribery, Robben, Schweinsteiger, Shaqiri, Tymoshchuk – Gomez, Mandzukic, Pizarro – Trainer: Jupp Heynckes.

2014: Bayern München
Neuer, Raeder, Starke – Alaba, Boateng, Contento, Dante, Kirchhoff, Lahm, Rafinha, Sallahi, Van Buyten – Götze, Höjbjerg, Javi Martinez, Kroos, Th. Müller, Ribery, Robben, Schweinsteiger, Shaqiri, Thiago, Weiser – Mandzukic, Pizarro – Trainer: Josep Guardiola.

2015: Bayern München
Neuer, Reina – Alaba, Badstuber, Benatia, Boateng, Dante, Javi Martinez, Juan Bernat, Rafinha – Gaudino, Götze, Höjbjerg, Lahm, Th. Müller, Ribery, Robben, Rode, Schweinsteiger, Shaqiri, Strieder, Thiago, Weiser, Xabi Alonso – Görtler, Kurt, Lewandowski, Pizarro – Trainer: Josep Guardiola.

2016: Bayern München
Neuer, Ulreich – Alaba, Badstuber, Benatia, Boateng, Dante, Javi Martinez, Juan Bernat, Lahm, Rafinha, Tasci – Coman, Douglas Costa, Götze, Kimmich, Th. Müller, Ribery, Robben, Rode, Thiago, Vidal, Xabi Alonso – Lewandowski, Pantovic – Trainer: Josep Guardiola.

Die Endrundenspiele von 1903 bis 1963

1903
Vorrunde: Altona 93 – Viktoria Magdeburg 8:1; DFC Prag – Karlsruher FV ausgef. (und fürs Halbfinale erneut angesetzt); Britannia Berlin – VfB Leipzig 1:3.
Halbfinale: VfB Leipzig – Altona 93 6:3; DFC Prag – Karlsruher FV (KFV nicht angetreten).
Endspiel: VfB Leipzig – DFC Prag 7:2.

1904
Vorrunde: Germania Hamburg – ASC Hannover 11:0; Britannia Berlin – Karlsruher FV 6:1; Duisburger SV – Kasseler FV 5:3; VfB Leipzig – Viktoria Magdeburg 1:0.
Halbfinale: Germania Hamburg – Britannia Berlin 1:3; VfB Leipzig – Duisburger SV n. V. 3:2.
Endspiel: VfB Leipzig – Britannia Berlin ausgefallen. Kein Meister!

Der DFB hatte in seiner Ausschreibung die Austragung der Spiele auf neutralen Plätzen angeordnet, sich aber selbst nicht daran gehalten. Dagegen protestierte der Karlsruher FV, der in der 1. Runde in Berlin gegen Britannia antreten musste. Der DFB, der seinen Bundestag anläßlich des Endspiels in Kassel abhielt, entschied am Vormittag, das Finale ausfallen zu lassen, und erklärte gleichzeitig alle vorangegangenen Endrundenspiele für ungültig.

1905
1. Vorrunde: Schlesien Breslau – Alemannia Cottbus 5:1; Eintracht Braunschweig – Hannover 96 3:2; Schlesien Breslau verzichtete gegen Viktoria Magdeburg.
2. Vorrunde: Eintracht Braunschweig – Viktoria Magdeburg n. V. 2:1.
Viertelfinale: VfB Leipzig verzichtete gegen Eintracht Braunschweig, dafür:Union 92 Berlin – Eintracht Braunschweig 4:1; Karlsruher FV – Duisburger FV 1:0; Dresdner SC – Victoria Hamburg 5:3.
Halbfinale: Union 92 Berlin – Dresdner SC 5:2; Freilos: Karlsruher FV.
Endspiel: Union 92 Berlin – Karlsruher FV 2:0.

1906
Vorrunde: VfB Leipzig – Norden-Nordwest Berlin 9:1; Victoria Hamburg – Union 92 Berlin 1:3; Hertha 92 Berlin – Schlesien Breslau 7:1; 1. FC Pforzheim – Kölner FC 99 n. V. 4:2.
Halbfinale: Hertha 92 Berlin – VfB Leipzig 2:3; 1. FC Pforzheim – Union 92 Berlin 4:0.
Endspiel: VfB Leipzig – 1. FC Pforzheim 2:1.

1907
Vorrunde: Viktoria 89 Berlin – Schlesien Breslau 2:1; Victoria Hamburg – Düsseldorfer FC 99 8:1; Freilose: Freiburger FC, VfB Leipzig.
Halbfinale: Victoria Hamburg – Viktoria 89 Berlin 1:4; Freiburger FC – VfB Leipzig 3:2.
Endspiel: Freiburger FC – Viktoria 89 Berlin 3:1.

1908
Vorrunde: Freiburger FC – Stuttgarter Kickers 1:0 vom DFB annulliert, Wiederholung: 1:5); VfB Königsberg – Viktoria 89 Berlin 0:7; Duisburger SV – Eintracht Braunschweig 1:0; VfR Breslau – Wacker Leipzig 1:3.
Halbfinale: Stuttgarter Kickers – Duisburger SV 5:1; Viktoria 89 Berlin – Wacker Leipzig 4:0.
Endspiel: Viktoria 89 Berlin – Stuttgarter Kickers 3:1.

1909
Vorrunde: Altona 93 – Tasmania Berlin-Rixdorf 4:3; SC Erfurt – Alemannia Cottbus n. V. 4:3; Phönix Karlsruhe – FC M.-Gladbach 5:0; VfB Königsberg – Viktoria 89 Berlin 1:12.
Halbfinale: Viktoria 89 Berlin – Altona 93 7:0; Phönix Karlsruhe – SC Erfurt 9:1.
Endspiel: Phönix Karlsruhe – Viktoria 89 Berlin 4:2.

1910
Qualifikation: Prussia-Samland Königsberg – Tasmania Berlin-Rixdorf 1:5.
Vorrunde: Karlsruher FV – Duisburger SpV 1:0; VfB Leipzig – Phönix Karlsruhe 1.2; Holstein Kiel – Preußen Berlin 4:1; Tasmania Berlin-Rixdorf – VfR Breslau 2:1.
Halbfinale: Holstein Kiel – Tasmania Berlin-Rixdorf 6:0; Karlsruher FV – Phönix Karlsruhe 2:1.
Endspiel: Karlsruher FV – Holstein Kiel n. V. 1:0.

1911
Vorrunde: Lituania Tilsit verzichtete gegen Viktoria 89 Berlin; Karlsruher FV – Tasmania Berlin-Rixdorf 4:0, Holstein Kiel – Duisburger SpV 3:1; VfB Leipzig – Askania Forst 3:2.
Halbfinale: VfB Leipzig – Karlsruher FV 2:0; Viktoria 89 Berlin – Holstein Kiel 4:0.
Endspiel: Viktoria 89 Berlin – VfB Leipzig 3:1.

1912
Vorrunde: SpVgg Leipzig – ATV Liegnitz 3:2; BuEV Danzig – Viktoria 89 Berlin 0:7; Holstein Kiel – Preußen Berlin 2:1; Karlsruher FV – Kölner BC 8:1.
Halbfinale: Karlsruher FV – SpVgg Leipzig 3:1, Viktoria 89 Berlin – Holstein Kiel n. V. 1:2.
Endspiel: Holstein Kiel – Karlsruher FV 1:0.

1913
Vorrunde: Viktoria 89 Berlin – Prussia Samland Königsberg 6:1; Duisburger SV – Stuttgarter Kickers 2:1; VfB Leipzig – Askania Forst 5:1; Eintracht Braunschweig konnte nicht teilnehmen, da der Nordmeister nicht rechtzeitig ermittelt worden war.
Halbfinale: Duisburger SV – Holstein Kiel 2:1; VfB Leipzig – Viktoria 89 Berlin 3:1.
Endspiel: VfB Leipzig – Duisburger SV 3:1.

1914
Vorrunde: Prussia-Samland Königsberg – VfB Leipzig 1:4; Duisburger SV – Altona 93 n. V. 4:1; Berliner BC – Askania Forst 4:0; SpVgg Leipzig – SpVgg Fürth 1:2.
Halbfinale: SpVgg Fürth – Berliner BC n. V. 4:3; VfB Leipzig – Duisburger SV 1:0.
Endspiel: SpVgg Fürth – VfB Leipzig n. V. 3:2.

Von 1915 bis 1919
wurden keine Spiele um die Deutsche Meisterschaft ausgetragen

1920
Vorrunde: Titania Stettin – Arminia Hannover n. V. 2:1; Spf. Breslau – Union Oberschöneweide Berlin 3:1; 1. FC Nürnberg – VfB Leipzig 2:0; SpVgg Fürth – VfTuR (Borussia) M.-Gladbach 7:0.
Halbfinale: SpVgg Fürth – Spfr. Breslau 4:0; 1. FC Nürnberg – Titania Stettin 3:0.
Endspiel: 1. FC Nürnberg – SpVgg Fürth 2:0.

1921
Vorrunde: Spfr. Breslau – Wacker Halle 1:2; Duisburger SV – Hamburger SV n. V. 2:1; Stettiner SC – Vorwärts Berlin 1:2; Freilos: 1. FC Nürnberg.
Halbfinale: Vorwärts Berlin – Duisburger SV n. V. 2:1; 1. FC Nürnberg – Wacker Halle 5:1.
Endspiel: 1. FC Nürnberg – Vorwärts Berlin 5:0.

1922
Vorrunde: Hamburger SV – Titania Stettin 5:0; Norden-Nordwest Berlin – Viktoria Forst 1:0; 1. FC Nürnberg – SpVgg Leipzig 3:0; Wacker München – Arminia Bielefeld 5:0.
Halbfinale: Hamburger SV – Wacker München 4:0; 1. FC Nürnberg – Norden-Nordwest Berlin 1:0.

Endspiel: Hamburger SV – 1. FC Nürnberg n. V. 2:2 und n. V. 1:1 – Der DFB erklärte den Hamburger SV zunächst zum Meister. Nach einem Nürnberger Protest verzichtete der HSV jedoch auf den Titel.

1923
Vorrunde: Arminia Bielefeld – Union Oberschöneweide n. V. 0:0 und n. V. 1:2; Hamburger SV – Guts Muths Dresden 2:0; SpVgg Fürth – Spfr. Breslau 4:0; Freilos: VfB Königsberg.
Halbfinale: Union Oberschöneweide – SpVgg Fürth 2:1; Hamburger SV – VfB Königsberg 3:2.
Endspiel: Hamburger SV – Union Oberschöneweide 3:0.

1924
Vorrunde: Alemannia Berlin – 1. FC Nürnberg 1:6; Spfr. Breslau – Hamburger SV 0:3; SpVgg Leipzig – VfB Königsberg 6:1; Freilos: Duisburger SV.
Halbfinale: 1. FC Nürnberg – Duisburger SV 3:1; Hamburger SV – SpVgg Leipzig 1:0.
Endspiel: 1. FC Nürnberg – Hamburger SV 2:0.

1925
Vorrunde: Alemannia Berlin – Duisburger SV 1:2; SC Breslau 08 – VfB Leipzig 2:1; Viktoria Forst – Schwarz-Weiß Essen 1:2; Hamburger SV – FSV Frankfurt n. V. 1:2; TuRU Düsseldorf – VfR Mannheim 4:1; VfB Königsberg – Hertha BSC n. V. 2:3; 1. FC Nürnberg – 1. SV Jena 2:0; Titania Stettin – Altona 93 2:4.
Viertelfinale: Hertha BSC – TuRU Düsseldorf 4:1; Schwarz-Weiß Essen – FSV Frankfurt 1:3; SC Breslau 08 – 1. FC Nürnberg 1:4; Altona 93 – Duisburger SV 0:2.
Halbfinale: Duisburger SV – 1. FC Nürnberg 0:3; FSV Frankfurt – Hertha BSC n. V. 1:0.
Endspiel: 1. FC Nürnberg – FSV Frankfurt n. V. 1:0.

1926
Vorrunde: Hertha BSC – VfB Königsberg 4:0; SC Breslau 08 – Dresdner SC 1:0; Duisburger SV – Hamburger SV 1:3; FSV Frankfurt – BV Altenessen 2:1; SpVgg Fürth – Viktoria Forst 5:0; Holstein Kiel – Stettiner SC 8:2; Fortuna Leipzig – Bayern München 2:0; VfR Köln – Norden-Nordwest Berlin 1:2.
Viertelfinale: Norden-Nordwest Berlin – Holstein Kiel 0:4; Hamburger SV – Fortuna Leipzig 6:2; SpVgg Fürth – SC Breslau 08 4:0; Hertha BSC – FSV Frankfurt 8:2
Halbfinale: Hertha BSC – Hamburger SV 4:2; SpVgg Fürth – Holstein Kiel 3:1.
Endspiel: SpVgg Fürth – Hertha BSC 4:1.

1927
Vorrunde: Kickers 1900 Berlin – Duisburger SV n. V. 5:4; Spfr. Breslau – SpVgg Fürth 1:3; FC Schalke 04 – SV München 1860 1:3; Fortuna Düsseldorf – Hamburger SV 1:4; 1. FC Nürnberg – Chemnitzer BC 5:1; Holstein Kiel – Titania Stettin 9:1; VfB Königsberg – Hertha BSC n. V. 1:2; VfB Leipzig – FV Breslau 06 3:0.
Viertelfinale: Hertha BSC – Holstein Kiel 4:2; Hamburger SV – 1. FC Nürnberg 1:2; SV München 1860 – VfB Leipzig 3:0; SpVgg Fürth – Kickers 1900 Berlin 9:0.
Halbfinale: Hertha BSC – SpVgg Fürth 2:1; 1. FC Nürnberg – SV München 1860 4:1.
Endspiel: 1. FC Nürnberg – Hertha BSC 2:0.

1928
Vorrunde: Wacker München – Dresdner SC n. V. 1:0; Wacker Halle – Bayern München 0:3; SpVgg Köln-Sülz 07 – Eintracht Frankfurt 3:1; Hertha BSC – Spfr. Breslau 7:0; Preußen Krefeld – Tennis Borussia Berlin 1:3; Hamburger SV – FC Schalke 04 4:2; SC Breslau 08 – VfB Königsberg 2:3; Preußen Stettin – Holstein Kiel 1:4.
Viertelfinale: VfB Königsberg – Hamburger SV 0:4; Holstein Kiel – Hertha BSC 0:4; Bayern München – SpVgg Köln-Sülz 07 5:2; Tennis Borussia Berlin – Wacker München 1:4.
Halbfinale: Hamburger SV – Bayern München 8:2; Hertha BSC – Wacker München 2:1.
Endspiel: Hamburger SV – Hertha BSC 5:2.

1929
Vorrunde: SpVgg Fürth – Fortuna Düsseldorf 5:1; Preußen Hindenburg – Hertha BSC 1:8; Holstein Kiel – 1. FC Nürnberg 1:6; VfB Königsberg – SC Breslau 08 1:2; Bayern München – Dresdner SC 3:0; Wacker Leipzig – FC Schalke 04 1:5; Tennis Borussia Berlin – Titania Stettin n. V. 3:2; Meidericher SV – Hamburger SV 2:3.
Viertelfinale: Hamburger SV – SpVgg Fürth 0:2; FC Schalke 04 – Hertha BSC 1:4; 1. FC Nürnberg – Tennis Borussia Berlin 3:1; SC Breslau 08 – Bayern München n. V. 4:3.
Halbfinale: SpVgg Fürth – SC Breslau 08 6:1; Hertha BSC – 1. FC Nürnberg n. V. 0:0 und 3:2.
Endspiel: SpVgg Fürth – Hertha BSC 3:2.

1930
Vorrunde: Eintracht Frankfurt – VfL Benrath 1:0; SpVgg Fürth – Tennis Borussia Berlin 4:1; Spfr. Breslau – 1. FC Nürnberg 0:7; Hertha BSC – SuSV Beuthen 09 3:2; FC Schalke 04 – Arminia Hannover 6:2; Dresdner SC – VfB Königsberg 8:1; Holstein Kiel – VfB Leipzig 4:3, Titania Stettin – SpVgg Köln-Sülz 07 2:4.
Viertelfinale: Holstein Kiel – Eintracht Frankfurt 4:2; SpVgg Köln-Sülz 07 – Hertha BSC n. V. 1:1 und 1:8; Dresdner SC – SpVgg Fürth n. V. 5:4; 1. FC Nürnberg – FC Schalke 04 6:2.
Halbfinale: Hertha BSC – 1. FC Nürnberg 6:3; Holstein Kiel – Dresdner SC 2:0.
Endspiel: Hertha BSC – Holstein Kiel 5:4.

1931
Vorrunde: VfB Bielefeld – Hertha BSC 2:5; SV München 1860 – Meidericher SV 4:1; SuSV Beuthen 09 – Hamburger SV 0:2; Holstein Kiel – Prussia-Samland Königsberg 3:2; SpVgg Fürth – SpVgg Leipzig 3:0; Tennis Borussia Berlin – VfB Liegnitz 6:1; VfB Königsberg – Dresdner SC 1:8; Fortuna Düsseldorf – Eintracht Frankfurt n. V. 2:3.
Viertelfinale: Hertha BSC – SpVgg Fürth 3:1; SV München 1860 – Tennis Borussia Berlin 1:0; Dresdner SC – Holstein Kiel 3:4; Hamburger SV – Eintracht Frankfurt 2:0.
Halbfinale: Hertha BSC – Hamburger SV n. V. 3:2; SV München 1860 – Holstein Kiel 2:0.
Endspiel: Hertha BSC – SV München 1860 3:2.

1932
Vorrunde: Bayern München – Minerva 93 Berlin 4:2; 1. FC Nürnberg – Borussia Fulda 5:2; Hindenburg Allenstein – Eintracht Frankfurt 0:6; FC Schalke 04 – SuBC Plauen n. V. 5:4; Hamburger SV – VfL Benrath 3:1; Tennis Borussia Berlin – Viktoria Stolp 2:0; SC Breslau 08 – Holstein Kiel 1:4; Polizei Chemnitz – SuSV Beuthen 09 5:1.
Viertelfinale: Polizei Chemnitz – Bayern München 2:3; Holstein Kiel – 1. FC Nürnberg 0:4; Eintracht Frankfurt – Tennis Borussia Berlin 3:1; FC Schalke 04 – Hamburger SV 4:2.
Halbfinale: Bayern München – 1. FC Nürnberg 2:0; Eintracht Frankfurt – FC Schalke 04 2:1.
Endspiel: Bayern München – Eintracht Frankfurt 2:0.

1933
Vorrunde: VfL Benrath – SV München 1860 0:2; Hindenburg Allenstein – Hertha BSC 4:1; SuSV Beuthen 09 – Prussia Samland Königsberg 7:1; FSV Frankfurt – Polizei Chemnitz 6:1; Dresdner SC – Arminia Hannover n. V. 1:2; Hamburger SV – Eintracht Frankfurt 1:4; Fortuna Düsseldorf – Vorwärts-Rasensport Gleiwitz 9:0; FC Schalke 04 – Viktoria 89 Berlin 4:1.
Viertelfinale: Eintracht Frankfurt – Hindenburg Allenstein 12:2; FC Schalke 04 – FSV Frankfurt 1:0; Arminia Hannover – Fortuna Düsseldorf 0:3; SV München 1860 – SuSV Beuthen 09 3:0.
Halbfinale: Fortuna Düsseldorf – Eintracht Frankfurt 4:0; FC Schalke 04 – SV München 1860 4:0.
Endspiel: Fortuna Düsseldorf – FC Schalke 04 3:0.

1934
Gruppe I: Viktoria 89 Berlin – SuSV Beuthen 09 5:2 und 4:1; Viktoria 89 Berlin – Viktoria Stolp 4:2 und 3:2; Viktoria 89 Berlin – Preußen Danzig 5:2 und 3:0; SuSV Beuthen 09 – Viktoria Stolp 1:1 und 2:1; SuSV Beuthen 09 – Preußen Danzig 2:1 und 4:1; Viktoria Stolp – Preußen Danzig 3:1 und 1:1 – Gruppensieger: Viktoria 89 Berlin.
Gruppe II: FC Schalke 04 – VfL Benrath 0:1 und 2:0; FC Schalke 04 – Werder Bremen 3:0 und 5:2; FC Schalke 04 – Eimsbütteler TV 4:1 und 2:3; VfL Benrath – Werder Bremen 4:1 und 2:2; VfL Benrath – Eimsbütteler TV 4:1 und 1:5, Werder Bremen – Eimsbütteler TV 4:2 und 2:1 – Gruppensieger: FC Schalke 04.
Gruppe III: SV Waldhof – Mülheimer SV 6:1 und 1:1; SV Waldhof – Kickers Offenbach 0:0 und 2:2; SV Waldhof – Union Böckingen 6:0 und 4:2; Mülheimer SV – Kickers Offenbach 4:4 und 3:1; Mülheimer SV – Union Böckingen 2:0 und 2:6; Kickers Offenbach – Union Böckingen 4:1 und 3:6 – Gruppensieger: SV Waldhof.
Gruppe IV: 1. FC Nürnberg – Dresdner SC 1:2 und 1:0; 1. FC Nürnberg – Borussia Fulda 1:1 und 2:1; 1. FC Nürnberg – Wacker Halle 3:0 und 2:0; Dresdner SC – Borussia Fulda 3:1 und 0:0; Dresdner SC – Wacker Halle 7:2 und 4:2; Borussia Fulda – Wacker Halle 3:2 und 1:2 – Gruppensieger: 1. FC Nürnberg
Halbfinale: FC Schalke 04 – SV Waldhof 5:2; 1. FC Nürnberg – Viktoria 89 Berlin 2:1.
Endspiel: FC Schalke 04 – 1. FC Nürnberg 2:1.

1935

Gruppe I: Polizei Chemnitz – Hertha BSC 1:2 und 2:1; Polizei Chemnitz – Yorck Boyen Insterburg 6:1 und 8:1; Polizei Chemnitz – Vorwärts-Rasensport Gleiwitz 2:1 und 3:1; Hertha BSC – Yorck Boyen Insterburg 7:3 und 9:0; Hertha BSC – Vorwärts-Rasensport Gleiwitz 2:0 und 1:2; Yorck Boyen Insterburg – Vorwärts-Rasensport Gleiwitz 1:3 und 2:2 – Gruppensieger: Polizei Chemnitz.
Gruppe II: FC Schalke 04 – Eimsbütteler TV 4:0 und 1:2; FC Schalke 04 – Hannover 96 3:2 und 4:1; FC Schalke 04 – Stettiner SC 9:1 und 6:0; Eimsbütteler TV – Hannover 96 1:3 und 3:9; Eimsbütteler TV – Stettiner SC 3:1 und 2:2; Hannover 96 – Stettiner SC 5:0 und 4:1 – Gruppensieger: FC Schalke 04.
Gruppe III: VfL Benrath – VfR Mannheim 3:2 und 3:2; VfL Benrath – Phönix Ludwigshafen 0:0 und 2:1; VfL Benrath – VfR Köln 5:0 und 4:0; Phönix Ludwigshafen – VfR Mannheim 5:0 und 5:0; Phönix Ludwigshafen – VfR Köln 4:1 und 4:0; VfR Mannheim – VfR Köln 2:3 und 3:2 – Gruppensieger: VfL Benrath.
Gruppe IV: VfB Stuttgart – SpVgg Fürth 3:2 und 4:1; VfB Stuttgart – FC Hanau 93 2:1 und 0:3; VfB Stuttgart – 1. SV Jena 1:2 und 3:2; SpVgg Fürth – FC Hanau 93 0:1 und 5:1; SpVgg Fürth – 1. SV Jena 2:0 und 1:0; FC Hanau 93 – 1. SV Jena 0:1 und 2:0 – Gruppensieger: VfB Stuttgart.
Halbfinale: VfB Stuttgart – VfL Benrath 4:2; FC Schalke 04 – Polizei Chemnitz 3:2.
Endspiel: FC Schalke 04 – VfB Stuttgart 6:4.

1936

Gruppe I: FC Schalke 04 – Polizei Chemnitz 2:3 und 2:1; FC Schalke 04 – Berliner SV 92 4:0 und 3:2; FC Schalke 04 – Hindenburg Allenstein 7:0 und 4:1; Polizei Chemnitz – Berliner SV 92 4:1 und 4:1; Polizei Chemnitz – Hindenburg Allenstein 4:1 und 3:2; Berliner SV 92 – Hindenburg Allenstein 3:1 und 3:1 – Gruppensieger: FC Schalke 04.
Gruppe II: Vorwärts-Rasensport Gleiwitz – Werder Bremen 5:2 und 4:2; Vorwärts-Rasensport Gleiwitz – Eimsbütteler TV 4:1 und 0:3; Vorwärts-Rasensport Gleiwitz – Viktoria Stolp 5:0 und 3:1; Werder Bremen – Eimsbütteler TV 2:0 und 6:1; Werder Bremen – Viktoria Stolp 6:0 und 4:1; Eimsbütteler TV – Viktoria Stolp 2:1 und 0:1 – Gruppensieger: Vorwärts-Rasensport Gleiwitz.
Gruppe III: 1. FC Nürnberg – Wormatia Worms 2:1 und 2:2; 1. FC Nürnberg – 1. SV Jena 3:0 und 5:1; 1. FC Nürnberg – Stuttgarter Kickers 2:0 und 5:0; Wormatia Worms – 1. SV Jena 3:1 und 1:3; Wormatia Worms – Stuttgarter Kickers 6:2 und 2:3; 1. SV Jena – Stuttgarter Kickers 2:0 und 0:1 – Gruppensieger: 1. FC Nürnberg.
Gruppe IV: Fortuna Düsseldorf – FC Hanau 93 3:1 und 1:5; Fortuna Düsseldorf – SV Waldhof 3:1 und 4:0; Fortuna Düsseldorf – CfR Köln 3:0 und 2:0; FC Hanau 93 – SV Waldhof 0:0 und 0:1; FC Hanau 93 – CfR Köln 3:0 und 0:1; SV Waldhof – CfR Köln 2:0 und 2:3. – Gruppensieger: Fortuna Düsseldorf.
Halbfinale: 1. FC Nürnberg – FC Schalke 04 2:0; Fortuna Düsseldorf – Vorwärts Rasensport Gleiwitz 3:1.
Endspiel: 1. FC Nürnberg – Fortuna Düsseldorf n. V. 2:1.
Um den dritten Platz: FC Schalke 04 – Vorwärts-Rasensport Gleiwitz 8:1.

1937

Gruppe I: Hamburger SV – BC Hartha 3:0 und 3:0; Hamburger SV – Hindenburg Allenstein 6:1 und 5:2; Hamburger SV – SuSV Beuthen 09 6:0 und 4:1; BC Hartha – Hindenburg Allenstein 6:2 und 1:1; BC Hartha – SuSV Beuthen 09 2:6 und 4:2; Hindenburg Allenstein – SuSV Beuthen 09 2:1 und 2:2 – Gruppensieger: Hamburger SV.
Gruppe II: FC Schalke 04 – Werder Bremen 5:1 und 2:2; FC Schalke 04 – Hertha BSC 2:1 und 2:1; FC Schalke 04 – Viktoria Stolp 12:0 und 8:0; Werder Bremen – Hertha BSC 5:2 und 3:1; Werder Bremen – Viktoria Stolp 5:0 und 4:0; Hertha BSC – Viktoria Stolp 3:1 und 4:0 – Gruppensieger: FC Schalke 04.
Gruppe III: VfB Stuttgart – Wormatia Worms 0:0 und 1:0; VfB Stuttgart – SV Dessau 05 2:0 und 1:2; VfB Stuttgart – SV Kassel 3:0 und 5:1; Wormatia Worms – SV Dessau 05 1:0 und 4:0; Wormatia Worms – SV Kassel 3:1 und 3:1; SV Dessau 05 – SV Kassel 4:2 und 0:2 – Gruppensieger: VfB Stuttgart.
Gruppe IV: 1. FC Nürnberg – Fortuna Düsseldorf 0:0 und 3:1; 1. FC Nürnberg – SV Waldhof 7:1 und 4:1; 1. FC Nürnberg – VfR Köln 3:1 und 1:0; Fortuna Düsseldorf – SV Waldhof 2:1 und 1:1; Fortuna Düsseldorf – VfR Köln 0:2 und 5:1; SV Waldhof – VfR Köln 1:0 und 1:0 – Gruppensieger: 1. FC Nürnberg.
Halbfinale: FC Schalke 04 – VfB Stuttgart 4:2; 1. FC Nürnberg – Hamburger SV 3:2.
Endspiel: FC Schalke 04 – 1. FC Nürnberg 2:0.
Um den dritten Platz: VfB Stuttgart – Hamburger SV 1:0.

1938
Gruppe I: Hamburger SV – Eintracht Frankfurt 5:0 und 2:3; Hamburger SV – Stettiner SC 2:0 und 3:1; Hamurger SV – Yorck Boyen Insterburg 3:1 und 6:0; Eintracht Frankfurt – Stettiner SC 2:0 und 6:5; Eintracht Frankfurt – Yorck Boyen Insterburg 5:0 und 5:1; Stettiner SC – Yorck Boyen Insterburg 1:0 und 5:2 – Gruppensieger: Hamburger SV.
Gruppe II: FC Schalke 04 – VfR Mannheim 1:2 und 2:2; FC Schalke 04 – Berliner SV 92 3:0 und 1:1; FC Schalke 04 – SV Dessau 05 6:1 und 6:0; VfR Mannheim – Berliner SV 92 3:2 und 1:3; VfR Mannheim – SV Dessau 05 6:1 und 1:1; Berliner SV 92 – SV Dessau 05 2:3 und 0:0 – Gruppensieger: FC Schalke 04.
Gruppe III: Fortuna Düsseldorf – BC Hartha 2:2 und 1:1; Fortuna Düsseldorf – VfB Stuttgart 3:0 und 2:0; Fortuna Düsseldorf – Vorwärts-Rasensport Gleiwitz 3:1 und 3:0; BC Hartha – VfB Stuttgart 2:1 und 1:1; BC Hartha – Vorwärts-Rasensport Gleiwitz 2:2 und 0:5; VfB Stuttgart – Vorwärts-Rasensport Gleiwitz 7:1 und 5:0 – Gruppensieger: Fortuna Düsseldorf.
Gruppe IV: Hannover 96 – 1. FC Nürnberg 2:1 und 2:1; Hannover 96 – Alemannia Aachen 6:1 und 2:1; Hannover 96 – FC Hanau 93 1:0 und 3:1; 1. FC Nürnberg – Alemannia Aachen 4:2 und 3:1; 1. FC Nürnberg – FC Hanau 93 2:1 und 4:1; Alemannia Aachen – FC Hanau 93 2:0 und 4:2 – Gruppensieger: Hannover 96.
Halbfinale: Hannover 96 – Hamburger SV n. V. 3:2; FC Schalke 04 – Fortuna Düsseldorf 1:0.
Endspiel: Hannover 96 – FC Schalke 04 n. V. 3:3 und n. V. 4:3.
Um den dritten Platz: Fortuna Düsseldorf – Hamburger SV n. V. 0:0 und 4:2.

1939
Gruppe I: Hamburger SV – VfL Osnabrück 5:1 und 2:4; Hamburger SV – Hindenburg Allenstein 5:2 und 4:1; Hamburger SV – Blau-Weiß 90 Berlin 3:0 und 3:3; VfL Osnabrück – Hindenburg Allenstein 0:0 und 1:3; VfL Osnabrück – Blau Weiß 90 Berlin 1:1 und 3:1; Hindenburg Allenstein – Blau-Weiß 90 Berlin 1:2 und 3:0 – Gruppensieger: Hamburger SV.
Gruppe IIa: Fortuna Düsseldorf – SpVgg Köln-Sülz 07 3:2 und 3:1; Fortuna Düsseldorf – Viktoria Stolp 1:0 und 0:1; SpVgg Köln-Sülz – Viktoria Stolp 5:0 und 2:0
Gruppe IIb: Dresdner SC – FC Schweinfurt 05 1:0 und 0:1; Dresdner SC – Warnsdorfer FK 3:1 und 5;1; FC Schweinfurt 05 – Warnsdorfer FK 4:2 und 4:1.
Entscheidungsspiele: Dresdner SC – Fortuna Düsseldorf 4:1 und 3:3 – Gruppensieger: Dresdner SC.
Gruppe III: Admira Wien – Stuttgarter Kickers 6:2 und 1:1; Admira Wien – VfR Mannheim 8:3 und 0:3; Admira Wien – SV Dessau 05 5:1 und 0:1; Stuttgarter Kickers – VfR Mannheim 3:2 und 4:1; VfR Mannheim – SV Dessau 05 0:0 und 3:1 – Gruppensieger: Admira Wien.
Gruppe IV: FC Schalke 04 – Vorwärts-Rasensport Gleiwitz 4:0 und 2:1; FC Schalke 04 – Wormatia Worms 1:2 und 1:0; FC Schalke 04 – CSC 03 Kassel 6:1 und 3:1; Vorwärts-Rasensport Gleiwitz – Wormatia Worms 5:3 und 2:1; Vorwärts-Rasensport Gleiwitz – CSC 03 Kassel 2:0 und 2:1; Wormatia Worms – CSC 03 Kassel 3:1 und 3:0 – Gruppensieger: FC Schalke 04.
Halbfinale: FC Schalke 04 – Dresdner SC n. V. 3:3 und 2:0, Admira Wien – Hamburger SV 4:1.
Endspiel: FC Schalke 04 – Admira Wien 9:0.
Um den dritten Platz: Dresdner SC – Hamburger SV 3:2.

1940
Gruppe Ia: Union Oberschöneweide – VfB Königsberg 6:3 und 1:3; Union Oberschöneweide – VfL Stettin 3:1 und 3:1; VfB Königsberg – VfL Stettin 5:2 und 2:1.
Gruppe Ib: Rapid Wien – Vorwärts-Rasensport Gleiwitz 3:1 und 2:2; Rapid Wien – NSTG Graslitz 7:0 und 7:1; Vorwärts-Rasensport Gleiwitz – NSTG Graslitz 4:2 und 4:4.
Entscheidungsspiele: Rapid Wien – Union Oberschöneweide 3:2 und 3:1 – Gruppensieger: Rapid Wien.
Gruppe II: Dresdner SC – Eimsbütteler TV 0:0 und 3:0; Dresdner SC – VfL Osnabrück 3:0 und 0:0; Dresdner SC – 1. SV Jena 1:0 und 2:0; Eimsbütteler TV – VfL Osnabrück 3:1 und 4:3; Eimsbütteler TV – 1. SV Jena 0:1 und 3:2; VfL Osnabrück – 1. SV Jena 5:2 und 2.2 – Gruppensieger: Dresdner SC.
Gruppe III: FC Schalke 04 – Fortuna Düsseldorf 0:0 und 1:1; FC Schalke 04 – Mülheimer SV 5:0 und 8:2; FC Schalke 04 – CSC 03 Kassel 16:0 und 5:2; Fortuna Düsseldorf – Mülheimer SV 7:1 und 1:2; Fortuna Düsseldorf – CSC 03 Kassel 7:0 und 5:0; Mülheimer SV – CSC 03 Kassel 4:5 und 5:3 – Gruppensieger: FC Schalke 04.
Gruppe IV: SV Waldhof – 1. FC Nürnberg 1:1 und 0:0; SV Waldhof – Stuttgarter Kickers 7:2 und 0:1; SV Waldhof – Kickers Offenbachs 4:0 und 0:1; 1. FC Nürnberg – Stuttgarter Kickers 1:0 und 0:2; 1. FC Nürnberg – Kickers Offenbach 8:0 und 0:1; Stuttgarter Kickers – Kickers Offenbach 4:0 und 0:1 – Gruppensieger SV Waldhof.

Halbfinale: FC Schalke 04 – SV Waldhof 3:1; Rapid Wien – Dresdner SC n. V. 1:2.
Endspiel: FC Schalke 04 – Dresdner SC 1:0.
Um den dritten Platz: Rapid Wien – SV Waldhof n. V. 4:4 und 5:2.

1941

Gruppe Ia: Vorwärts-Rasensport Gleiwitz – LSV Stettin 3:1 und 2:3; Vorwärts-Rasensport Gleiwitz – Preußen Danzig 4:1 und 0:0; LSV Stettin – Preußen Danzig 1:1 und 3:3.
Gruppe Ib: Dresdner SC – Tennis Borussia Berlin 5:2 und 1:0; Dresdner SC – NSTG Prag 4:2 und 1:0; Tennis Borussia Berlin – NSTG Prag 3:1 und 0:0.
Entscheidungsspiele: Dresdner SC – Vorwärts-Rasensport Gleiwitz 3:0 und 3:0. – Gruppensieger: Dresdner SC.
Gruppe IIa: Hamburger SV – 1. SV Jena 2:1 und 2:2; Hamburger SV – VfB Königsberg 3:1 und 2:1; 1. SV Jena – VfB Königsberg 2:4 und 4:0.
Gruppe IIb: FC Schalke 04 – Hannover 96 4:0 und 6:1; FC Schalke 04 – Borussia Fulda 4:0 und 2:1; Hannover 96 – Borussia Fulda 6:1 und 3:4.
Entscheidungsspiele: FC Schalke 04 – Hamburger SV 3:0 und 0:1 – Gruppensieger: FC Schalke 04.
Gruppe III: VfL Köln 99 – Kickers Offenbach 3:1 und 2:2; VfL Köln 99 – TuS Helene Altenessen 3:1 und 1:6; VfL Köln 99 – FC 93 Mülhausen 6:1 und 4:1; Kickers Offenbach – TuS Helene Altenessen 1:1 und 4:0; Kickers Offenbach – FC 93 Mülhausen 5:1 und 6:2; TuS Helene Altenessen – FC 93 Mülhausen 5:2 und 2:2 – Gruppensieger: VfL Köln 99.
Gruppe IV: Rapid Wien – TSV München 1860 2:0 und 1:2; Rapid Wien – Stuttgarter Kickers 1:1 und 5:1; Rapid Wien – VfL Neckarau 8:1 und 7:0; TSV München 1860 – Stuttgarter Kickers 2.1 und 3:3; TSV München 1860 – VfL Neckarau 6:2 und 1:2; Stuttgarter Kickers – VfL Neckarau 2:0 und 3:5 – Gruppensieger: Rapid Wien.
Halbfinale: Rapid Wien – Dresdner SC 2:1; FC Schalke 04 – VfL Köln 99 4:1.
Endspiel: Rapid Wien – FC Schalke 04 4:3.
Um den dritten Platz: Dresdner SC – VfL Köln 99 4:1.

1942

Qualifikation: 1. FC Kaiserslautern – SV Waldhof 7:1; SS Straßburg – Stuttgarter Kickers 2:0; Stadt Düdelingen – FC Schalke 04 0:2; Borussia Fulda – SV Dessau 05 0:2; LSV Olmütz – First Vienna FC 0:1; HUS Marienwerder – VfB Königsberg 1:7; SV Hamborn 07 – Werder Bremen n. V. 1:1 und 1:5; SC Planitz – LSV Boelcke Krakau 5:2; Blau-Weiß 90 Berlin – LSV Pütnitz 3:1; Freilose: SG Orpo Litzmannstadt, Germania Königshütte, SpVgg Breslau 02, Eimsbütteler TV, VfL Köln 99, Kickers Offenbach, FC Schweinfurt 05.
Vorrunde: VfB Königsberg – SG Orpo Litzmannstadt 8:1; SC Planitz – SpVgg Breslau 02 n. V. 2:1; SV Dessau 05 – Blau-Weiß 90 Berlin 0:3; Werder Bremen – Eimsbütteler TV 4:2; FC Schalke 04 – 1. FC Kaiserslautern 9:3; Kickers Offenbach – VfL Köln 99 3:1; SS Straßburg – FC Schweinfurt 05 2:1; First Vienna FC – Germania Königshütte 1:0.
Viertelfinale: Blau-Weiß 90 Berlin – VfB Königsberg 2:1; First Vienna FC – SC Planitz 3:2; FC Schalke 04 – SS Straßburg 6:0; Kickers Offenbach – Werder Bremen 4:3.
Halbfinale: FC Schalke 04 – Kickers Offenbach 6:0; Blau-Weiß Berlin – First Vienna FC 2:3.
Endspiel: FC Schalke 04 – First Vienna FC 2:0.
Um den dritten Platz: Blau-Weiß Berlin – Kickers Offenbach 4:0.

1943

Qualifikation: Holstein Kiel – TSG Rostock 4:0 und 1:1.
Vorrunde: VfB Stuttgart – TSV München 1860 0:3; 1. FC Nürnberg – VfR Mannheim 1:3; FV Saarbrücken – FC 93 Mülhausen 5:1; SV Kassel – FC Schalke 04 1:8; First Vienna FC – MSV Brünn 5:2; TuS Neuendorf – Victoria Köln 0:2; Germania Königshütte – LSV Reinecke Brieg n. V. 3:4; Eintracht Braunschweig – Victoria Hamburg 5:1; DWM Posen – SG Orpo Warschau 1:3; Berliner SV 92 – LSV Pütnitz n. V. 2:2 und 2:0; SV Dessau 05 – Dresdner SC 1:2; VfB Königsberg – SV Neufahrwasser 3:1, Freilose: Holstein Kiel, SpVgg Wilhelmshaven 05, Kickers Offenbach, Westende Hamborn.
Achtelfinale: FC Schalke 04 – SpVgg Wilhelmshaven 05 4:1; TSV München 1860 – Kickers Offenbach 2:0; Dresdner SC – Eintracht Braunschweig 4:0; VfR Mannheim – Westende Hamborn 8:1; Victoria Köln – Saarbrücken 0:5; LSV Reinecke Brieg – First Vienna FC 0:8; SG Orpo Warschau – VfB Königsberg 1:5 (wegen Mitwirkens eines nicht spielberechtigten Spielers wurde der VfB Königsberg ausgeschlossen; an seine Stelle rückte SV Neufahrwasser); Berliner SV 92 – Holstein Kiel 0:2.

Viertelfinale: FV Saarbrücken – VfR Mannheim 3:2; Holstein Kiel – FC Schalke 04 4:1; First Vienna FC – TSV München 1860 2:0; SV Neufahrwasser – Dresdner SC 0:4.
Halbfinale: Dresdner SC – Holstein Kiel 3:1; FV Saarbrücken – First Vienna FC 2:1.
Endspiel: Dresdner SC – FV Saarbrücken 3:0.
Um den dritten Platz: Holstein Kiel – First Vienna FC 4:1.

1944

Vorrunde: NSTG Brüx – 1. FC Nürnberg 0:8; Dresdner SC – Germania Königshütte 9:2; LSV Danzig – Hertha BSC n. V. 0:0 und 1:7; STG Hirschberg – SDW Posen 7:0; HSV Groß-Born – LSV Rerik 6:4; VfR Mannheim – Bayern München n. V. 2:1; FC Schalke 04 – TuS Neuendorf 5:0; LSV Hamburg – WSV Celle 4:0; SV Göppingen – KSG FV/Altenkessel Saarbrücken 3:5; KSG VfL 99/Sülz 07 – KSG SV/48/99 Duisburg 0:2; FC 93 Mülhausen – Kickers Offenbach 4:2; MSV Brünn – First Vienna FC 3:6; Eintracht Braunschweig – SpVgg Wilhelmshaven 05 n. V. 1:2; Holstein Kiel – SV Dessau 05 n. V. 3:2; LSV Mölders Krakau – VfB Königsberg 1:4, Freilos: Borussia Fulda.
Achtelfinale: SpVgg Wilhelmshaven 05 – LSV Hamburg n. V. 1:1 und 2:4; KSG SV/48/99 Duisburg – FC Schalke 04 2:1; 1. FC Nürnberg – VfR Mannheim 3:2; KSG FV/Altenkessel Saarbrücken – FC 93 Mülhausen 5:3; First Vienna FC – STC Hirschberg 5:0; Borussia Fulda – Dresdner SC 2:9; Hertha BSC – Holstein Kiel 4:2; VfB Königsberg – HSV Groß-Born 3:10.
Viertelfinale: LSV Hamburg – KSG SV/48/99 Duisburg 3:0; KSG FV/Altenkessel Saarbrücken – 1. FC Nürnberg 1:5; HSV Groß-Born – Hertha BSC 3:2; Dresdner SC – First Vienna FC 3:2.
Halbfinale: LSV Hamburg – HSV Groß-Born 3:2; Dresdner SC – 1. FC Nürnberg 3:1.
Endspiel: Dresdner SC – LSV Hamburg 4:0.
Um den dritten Platz: HSV Groß-Born verzichtete gegen den 1. FC Nürnberg.

Von 1945 bis 1947
wurden keine Spiele um die Deutsche Meisterschaft ausgetragen

1948

Vorrunde: 1. FC Nürnberg – SG Planitz (Planitz erhielt keine Reisegenehmigung); 1. FC Kaiserslautern – TSV München 1860 5:1; TuS Neuendorf – Hamburger SV 2:1; Union Oberschöneweide – FC St. Pauli 0:7.
Halbfinale: 1. FC Nürnberg – FC St. Pauli n. V. 3:2; 1. FC Kaiserslautern – TuS Neuendorf 5:1.
Endspiel: 1. FC Nürnberg – 1. FC Kaiserslautern 2:1.

1949

Qualifikation: FC St. Pauli – Rot-Weiss Essen 4:1; FC St. Pauli – Bayern München n. V. 1:1 und 2:0.
Vorrunde: Berliner SV 92 – Borussia Dortmund 0:5; Wormatia Worms – Kickers Offenbach n. V. 2:2 und 0:2; VfR Mannheim – Hamburger SV 5:0; FC St. Pauli – 1. FC Kaiserslautern n. V. 1:1 und 1:4.
Halbfinale: VfR Mannheim – Kickers Offenbach 2:1; 1. FC Kaiserslautern – Borussia Dortmund n. V. 0:0 und 1:4.
Endspiel: VfR Mannheim – Borussia Dortmund n. V. 3:2.
Um den dritten Platz: 1. FC Kaiserslautern – Kickers Offenbach n. V. 2:1.

1950

Vorrunde: Kickers Offenbach – Tennis Borussia Berlin 3:1; Hamburger SV – Union 06 Berlin 7:0; FC St. Pauli – TuS Neuendorf 4:0; SpVgg Fürth – STV Horst Emscher 3:2; Borussia Dortmund – VfR Mannheim 1:2; VfL Osnabrück – VfB Stuttgart 1:2; Preußen Dellbrück – SSV Reutlingen n. V. 1:0; 1. FC Kaiserslautern – Rot-Weiss Essen n. V. 2:2 und n. v. V. 3:2.
Zwischenrunde: Hamburger SV – Kickers Offenbach 2:3; FC St. Pauli – SpVgg Fürth 1:2; VfB Stuttgart – 1. FC Kaiserslautern 5.2, VfR Mannheim – Preußen Dellbrück 1:2.
Halbfinale: VfB Stuttgart – SpVgg Fürth 4:1; Kickers Offenbach – Preußen Dellbrück n. V. 0:0 und 3:0.
Endspiel: VfB Stuttgart – Kickers Offenbach 2:1.

1951

Gruppe I: 1. FC Kaiserslautern – FC Schalke 04 1:0 und 2:3; 1. FC Kaiserslautern – SpVgg Fürth 2:2 und 3:1; 1. FC Kaiserslautern – FC St. Pauli 2:0 und 4:2; FC Schalke 04 – SpVgg Fürth 2:1 und 0:0; FC Schalke 04 – FC St. Pauli 1:2 und 1:0; SpVgg Fürth – FC St. Pauli 4:1 und 0:1 – Gruppensieger: 1. FC Kaiserslautern.
Gruppe II: Preußen Münster – 1. FC Nürnberg 6:4 und 2:1; Preußen Münster – Hamburger SV 3:1 und 1:5; Preußen Münster – Tennis Borussia Berlin 2:3 und 8:2; 1. FC Nürnberg – Hamburger SV 4:1 und

2:1; 1. FC Nürnberg – Tennis Borussia Berlin 3:1 und 3:2; Hamburger SV – Tennis Borussia Berlin 3:2 und 1:0 – Gruppensieger Preußen Münster.
Endspiel: 1. FC Kaiserslautern – Preußen Münster 2:1.

1952
Gruppe I: 1. FC Saarbrücken – 1. FC Nürnberg 3:1 und 2:5; 1. FC Saarbrücken – Hamburger SV 3:0 und 1:4; 1. FC Saarbrücken – FC Schalke 04 4:1 und 4:2; 1. FC Nürnberg – Hamburger SV 4:0 und 2:4; 1. FC Nürnberg – FC Schalke 04 2:2 und 4:2; Hamburger SV – FC Schalke 04 8:2 und 0:3 – Gruppensieger: 1. FC Saarbrücken.
Gruppe II: VfB Stuttgart – Rot-Weiss Essen 5:3 und 2:3; VfB Stuttgart – VfL Osnabrück 3.1 und 0:0; VfB Stuttgart – Tennis Borussia Berlin 3:0 und 1:1; Rot-Weiss Essen – VfL Osnabrück 2:0 und 2:3; Rot-Weiss Essen – Tennis Borussia Berlin 2:4 und 2:1; VfL Osnabrück – Tennis Borussia Berlin 4:0 und 1:2 – Gruppensieger: VfB Stuttgart.
Endspiel: VfB Stuttgart – 1. FC Saarbrücken 3:2.

1953
Gruppe I: 1. FC Kaiserslautern – Eintracht Frankfurt 5:1 und 1:0; 1. FC Kaiserslautern – 1. FC Köln 2:2 und 2:1; 1. FC Kaiserslautern – Holstein Kiel 2:1 und 4:2; Eintracht Frankfurt – 1. FC Köln 2:0 und 0:0; Eintracht Frankfurt – Holstein Kiel 4:1 und 1:0; 1. FC Köln – Holstein Kiel 3:2 und 2:2 – Gruppensieger: 1. FC Kaiserslautern.
Gruppe II: VfB Stuttgart – Borussia Dortmund 2:1 und 1:2; VfB Stuttgart – Hamburger SV 2:1 und 2:1; VfB Stuttgart – Union 06 Berlin 6:0 und 3:1; Borussia Dortmund – Hamburger SV 4:1 und 4:3; Borussia Dortmund – Union 06 Berlin 4:0 und 2:0; Hamburger SV – Union 06 Berlin 3:1 und 2:2 – Gruppensieger: VfB Stuttgart.
Endspiel: 1. FC Kaiserslautern – VfB Stuttgart 4:1.

1954
Gruppe I: 1. FC Kaiserslautern – 1. FC Köln 4:3; 1. FC Kaiserslautern – Eintracht Frankfurt 1:0; 1. FC Köln – Eintracht Frankfurt 3:2 – Gruppensieger: 1. FC Kaiserslautern.
Gruppe II: Hannover 96 – VfB Stuttgart 3:1; Hannover 96 – Berliner SV 92 2:1; VfB Stuttgart – Berliner SV 92 3:0 – Gruppensieger: Hannover 96.
Endspiel: Hannover 96 – 1. FC Kaiserslautern 5:1.

1955
Qualifikation: SV Sodingen – SSV Reutlingen 3:0; TuS Bremerhaven 93 – Wormatia Worms n. V. 3:3 und 3:2; Wormatia Worms – SSV Reutlingen 2:1.
Gruppe I: 1. FC Kaiserslautern – Hamburger SV 2:2 und 2:1; 1. FC Kaiserslautern – SV Sodingen 2:2 und 2:2; 1. FC Kaiserslautern – Viktoria 89 Berlin 10:0 und 2:1; Hamburger SV – SV Sodingen 1:0 und 1:1; Hamburger SV – Viktoria 89 Berlin 1:0 und 2:0; SV Sodingen – Viktoria 89 Berlin 5:1 und 3:2 – Gruppensieger: 1. FC Kaiserslautern.
Gruppe II: Rot-Weiss Essen – TuS Bremerhaven 93 4:0 und 1:1; Rot-Weiss Essen – Kickers Offenbach 4:1 und 3:1; Rot-Weiss Essen – Wormatia Worms 1:1 und 3:1; TuS Bremerhaven 93 – Kickers Offenbach 2:0 und 0:4; TuS Bremerhaven 93 – Wormatia Worms 1:0 und 1:1; Kickers Offenbach – Wormatia Worms 5:2 und 0:1 – Gruppensieger: Rot-Weiss Essen.
Endspiel: Rot-Weiss Essen – 1. FC Kaiserslautern 4:3.

1956
Qualifikation: FC Schalke 04 – Hannover 96 n. V. 2:1; VfB Stuttgart – TuS Neuendorf 8:0; Hannover 96 – TuS Neuendorf n. V. 3:3 und 3:2.
Gruppe I: Karlsruher SC – FC Schalke 04 3:2 und 3:0; Karlsruher SC – 1. FC Kaiserslautern 0:1 und 1:0; Karlsruher SC – Hannover 96 0:0 und 0:2; FC Schalke 04 – 1. FC Kaiserslautern 3:1 und 4:4; FC Schalke 04 – Hannover 96 3:1 und 4:0; 1. FC Kaiserslautern – Hannover 96 5:3 und 5:2 – Gruppensieger: Karlsruher SC.
Gruppe II: Borussia Dortmund – Hamburger SV 5:0 und 1:2; Borussia Dortmund – VfB Stuttgart 4:1 und 2:0; Borussia Dortmund – Viktoria 89 Berlin 1:1 und 6:0; Hamburger SV – VfB Stuttgart 0:0 und 4:2; Hamburger SV – Viktoria 89 Berlin 5:1 und 3:1; VfB Stuttgart – Viktoria 89 Berlin 3:1 und 3:3 – Gruppensieger: Borussia Dortmund.
Endspiel: Borussia Dortmund – Karlsruher SC 4:2.

1957
Qualifikation: Kickers Offenbach – Holstein Kiel n. V. 3:2.
Gruppe I: Hamburger SV – Duisburger SV 1:1; Hamburger SV – 1. FC Nürnberg 2:1; Hamburger SV – 1. FC Saarbrücken 2:1; Duisburger SV – 1. FC Nürnberg 2:2; Duisburger SV – 1. FC Saarbrücken 3:1; 1. FC Nürnberg – 1. FC Saarbrücken 2:2 – Gruppensieger: Hamburger SV.
Gruppe II: Borussia Dortmund – Kickers Offenbach 2:1; Borussia Dortmund – 1. FC Kaiserslautern 3:2; Borussia Dortmund – Hertha BSC 2:1; Kickers Offenbach – 1. FC Kaiserslautern 4:1; Kickers Offenbach – Hertha BSC 3:1; 1. FC Kaiserslautern – Hertha BSC 14:1 – Gruppensieger: Borussia Dortmund.
Endspiel: Borussia Dortmund – Hamburger SV 4:1.

1958
Qualifikation: 1. FC Köln – 1. FC Kaiserslautern n. V. 3:3 und 3:0.
Gruppe I: Hamburger SV – 1. FC Nürnberg 3:1; Hamburger SV – FK Pirmasens 2:1; Hamburger SV – 1. FC Köln 3:1; 1. FC Nürnberg – FK Pirmasens 2:2; 1. FC Nürnberg – 1. FC Köln 4:3; FK Pirmasens – 1. FC Köln 1:1 – Gruppensieger: Hamburger SV.
Gruppe II: FC Schalke 04 – Karlsruher SC 3:0; FC Schalke 04 – Eintracht Braunschweig 4:1; FC Schalke 04 – Tennis Borussia Berlin 9:0; Karlsruher SC – Eintracht Braunschweig 2:1; Karlsruher SC – Tennis Borussia Berlin 1:0; Eintracht Braunschweig – Tennis Borussia Berlin 8:3 – Gruppensieger: FC Schalke 04.
Endspiel: FC Schalke 04 – Hamburger SV 3:0.

1959
Qualifikation: Werder Bremen – Borussia Neunkirchen 6:3.
Gruppe I: Eintracht Frankfurt – 1. FC Köln 2:1 und 4:2; Eintracht Frankfurt – FK Pirmasens 3:2 und 6:2; Eintracht Frankfurt – Werder Bremen 4:2 und 7:2; 1. FC Köln – FK Pirmasens 3:2 und 0:4; 1. FC Köln – Werder Bremen 2:2 und 2:0; FK Pirmasens – Werder Bremen 4:1 und 2:5 – Gruppensieger: Eintracht Frankfurt.
Gruppe II: Kickers Offenbach – Hamburger SV 3:2 und 0:1; Kickers Offenbach – Westfalia Herne 2:1 und 4:1; Kickers Offenbach – Tasmania 1900 Berlin 3:2 und 2:2; Hamburger SV – Westfalia Herne 4:2 und 1:3; Hamburger SV – Tasmania 1900 Berlin 3:0 und 2:0; Westfalia Herne – Tasmania 1900 Berlin 1:0 und 0:2 – Gruppensieger: Kickers Offenbach.
Endspiel: Eintracht Frankfurt – Kickers Offenbach n. V. 5:3.

1960
Qualifikation: Westfalia Herne – Kickers Offenbach 1:0.
Gruppe I: Hamburger SV – Karlsruher SC 3:3 und 3:4; Hamburger SV – Borussia Neunkirchen 6:0 und 4:0; Hamburger SV – Westfalia Herne 2:1 und 4:3; Karlsruher SC – Borussia Neunkirchen 2:4 und 2:2; Karlsruher SC – Westfalia Herne 5:4 und 2:2; Borussia Neunkirchen – Westfalia Herne 2:1 und 1:2 – Gruppensieger: Hamburger SV.
Gruppe II: 1. FC Köln – Werder Bremen 2:5 und 2:1; 1. FC Köln – Tasmania 1900 Berlin 3:0 und 2:1; 1. FC Köln – FK Pirmasens 4:0 und 1:1; Werder Bremen – Tasmania 1900 Berlin 2:1 und 1:2; Werder Bremen – FK Pirmasens 3:1 und 6:4; Tasmania 1900 Berlin – FK Pirmasens 5:2 und 2:1 – Gruppensieger: 1. FC Köln.
Endspiel: Hamburger SV – 1. FC Köln 3:2.

1961
Qualifikation: Eintracht Frankfurt – Borussia Neunkirchen 5:0.
Gruppe I: Borussia Dortmund – Eintracht Frankfurt 0:1 und 2:1; Borussia Dortmund – Hamburger SV 7:2 und 5:2; Borussia Dortmund – 1. FC Saarbrücken 2:2 und 3:4; Eintracht Frankfurt – Hamburger SV 4:2 und 1:2; Eintracht Frankfurt – 1. FC Saarbrücken 1:1 und 5:2; Hamburger SV – 1. FC Saarbrücken 3:0 und 3:2 – Gruppensieger: Borussia Dortmund.
Gruppe II: 1. FC Nürnberg – Werder Bremen 4:0 und 4:2; 1. FC Nürnberg – 1. FC Köln 3:3 und 2:1; 1. FC Nürnberg – Hertha BSC 3:3 und 2:0; Werder Bremen – 1. FC Köln 1:1 und 1:1; Werder Bremen – Hertha BSC 1:0 und 3:1; 1. FC Köln – Hertha BSC 3:4 und 2:1 – Gruppensieger: 1. FC Nürnberg.
Endspiel: 1. FC Nürnberg – Borussia Dortmund 3:0.

1962
Qualifikation: FC Schalke 04 – Werder Bremen n. V. 4:1.
Gruppe I: 1. FC Nürnberg – Tasmania 1900 Berlin 2:1; 1. FC Nürnberg – FC Schalke 04 3:1; 1. FC Nürnberg – Borussia Neunkirchen 3:2; Tasmania 1900 Berlin – FC Schalke 04 1:1; Tasmania 1900 Berlin – Borussia Neunkirchen 1:0; FC Schalke 04 – Borussia Neunkirchen 3:2 – Gruppensieger: 1. FC Nürnberg.

Gruppe II: 1. FC Köln – Eintracht Frankfurt 3:1; 1. FC Köln – Hamburger SV 1:0; 1. FC Köln – FK Pirmasens 10:0; Eintracht Frankfurt – Hamburger SV 2:1; Eintracht Frankfurt – FK Pirmasens 8:1; Hamburger SV – FK Pirmasens 6:3 – Gruppensieger: 1. FC Köln.
Endspiel: 1. FC Köln – 1. FC Nürnberg 4:0.

1963

Qualifikation: 1. FC Nürnberg – Werder Bremen 2:1.
Gruppe I: 1. FC Köln – 1. FC Nürnberg 6:2 und 3:3; 1. FC Köln – Hertha BSC 5:1 und 6:3; 1. FC Köln – 1. FC Kaiserslautern 8:2 und 1:1; 1. FC Nürnberg – Hertha BSC 5:0 und 2:0; 1. FC Nürnberg – 1. FC Kaiserslautern 5:1 und 2:2; Hertha BSC – 1. FC Kaiserslautern 3:0 und 1:1 – Gruppensieger: 1. FC Köln.
Gruppe II: Borussia Dortmund – TSV München 1860 4:0 und 2:3; Borussia Dortmund – Borussia Neunkirchen 0:0 und 5:2; Borussia Dortmund – Hamburger SV 3:2 und 1:0; TSV München 1860 – Borussia Neunkirchen 4:0 und 1:2; TSV München 1860 – Hamburger SV 2:1 und 0:3; Borussia Neunkirchen – Hamburger SV 3:0 und 1:1 – Gruppensieger: Borussia Dortmund.
Endspiel: Borussia Dortmund – 1. FC Köln 3:1.

1963 wurde die Deutsche Meisterschaft zum letzten Male in Endrunde und Endspiel ausgetragen. Ab 1963/64 an wurde der Deutsche Meister in einer Bundesliga mit 16, 18 bzw. 20 Vereinen ermittelt.

Deutscher Meister waren: 26 Mal: Bayern München – 9 Mal: 1. FC Nürnberg – 8 Mal: Borussia Dortmund – 7 Mal: FC Schalke 04 – 6 Mal: Hamburger SV – je 5 Mal: Borussia Mönchengladbach, VfB Stuttgart – je 4 Mal: Werder Bremen, 1. FC Kaiserslautern – je 3 Mal: SpVgg Fürth, 1. FC Köln, VfB Leipzig – je 2 Mal: Hertha BSC, Viktoria 89 Berlin, Dresdner SC, Hannover 96 – je 1 Mal: Union 92 Berlin, Eintracht Braunschweig, Fortuna Düsseldorf, Rot-Weiss Essen, Eintracht Frankfurt, Freiburger FC, Karlsruher FV, Phönix Karlsruhe, Holstein Kiel, VfR Mannheim, TSV München 1860, Rapid Wien, VfL Wolfsburg.

Das Endspiel erreichten (bis 1963): 12 Mal: 1. FC Nürnberg – 10 Mal: FC Schalke 04 – 7 Mal: Hamburger SV – je 6 Mal: Hertha BSC, VfB Leipzig – je 5 Mal: Borussia Dortmund, 1. FC Kaiserslautern – je 4 Mal: Viktoria 89 Berlin, SpVgg Fürth, VfB Stuttgart – je 3 Mal: Dresdner SC, Karlsruher FV, Holstein Kiel, 1. FC Köln – je 2 Mal: Fortuna Düsseldorf, Eintracht Frankfurt, Hannover 96*, Kickers Offenbach, 1. FC (FV) Saarbrücken – je 1 Mal: Britannia Berlin, Union 92 Berlin*, Vorwärts Berlin, Duisburger SV, Rot-Weiss Essen*, FSV Frankfurt, Freiburger FC*, LSV Hamburg, Phönix Karlsruhe*, Karlsruher SC, VfR Mannheim*, Bayern München*, TSV München 1860, Preußen Münster, Union Oberschöneweide, 1. FC Pforzheim, DFC Prag, Stuttgarter Kickers, First Vienna FC, Admira Wien, Rapid Wien* – *) = ungeschlagen.

Das Halbfinale (bis 1950) erreichten: 14 Mal: 1. FC Nürnberg – 11 Mal: FC Schalke 04 – 9 Mal: Hamburger SV – je 8 Mal: Hertha BSC, Holstein Kiel – je 7 Mal: Viktoria 89 Berlin, Dresdner SC, Duisburger SV, SpVgg Fürth, VfB Leipzig – 5 Mal: Karlsruher FV – je 3 Mal: Fortuna Düsseldorf, TSV München 1860, Kickers Offenbach, VfB Stuttgart – je 2 Mal: Altonaer FC 93, Union 92 Berlin, Eintracht Frankfurt, 1. FC Kaiserslautern, Phönix Karlsruhe, SpVgg Leipzig, Waldhof Mannheim, Bayern München, Wacker München, First Vienna FC, Rapid Wien – je 1 Mal: VfL Benrath, Berliner BC, Blau-Weiß 90 Berlin, Britannia Berlin, Norden-Nordwest Berlin, Tasmania 1900 Berlin, Vorwärts Berlin, SC Breslau 08, Spfr. Breslau, Polizei Chemnitz, Preußen Dellbrück, Borussia Dortmund, SC Erfurt, FSV Frankfurt, Freiburger FC, Vorwärts-Rasensport Gleiwitz, HSV Groß-Born, Wacker Halle, Germania Hamburg, LSV Hamburg, Victoria Hamburg, Hannover 96, VfL 99 Köln, VfB Königsberg, Wacker Leipzig, VfR Mannheim, TuS Neuendorf, Union Oberschöneweide, 1. FC Pforzheim, DFC Prag, FV Saarbrücken, FC St. Pauli, Titania Stettin, Stuttgarter Kickers, Admira Wien.

Kein Pokal-Glück: Zum dritten Mal in Folge verlor Borussia Dortmund das Pokal-Endspiel. Diesmal im Elfmeterschießen gegen Meister Bayern München.

KAPITEL 4

DIE DEUTSCHEN POKALWETTBEWERBE

Ehrentafel

DER VEREINS-POKALSIEGER

Jahr	Sieger	Jahr	Sieger
1935	1. FC Nürnberg	1981	Eintracht Frankfurt
1936	VfB Leipzig	1982	Bayern München
1937	FC Schalke 04	1983	1. FC Köln
1938	Rapid Wien	1984	Bayern München
1939	1. FC Nürnberg	1985	Bayer Uerdingen
1940	Dresdner SC	1986	Bayern München
1941	Dresdner SC	1987	Hamburger SV
1942	TSV München 1860	1988	Eintracht Frankfurt
1943	First Vienna FC	1989	Borussia Dortmund
1953	Rot-Weiss Essen	1990	1. FC Kaiserslautern
1954	VfB Stuttgart	1991	Werder Bremen
1955	Karlsruher SC	1992	Hannover 96
1956	Karlsruher SC	1993	Bayer Leverkusen
1957	Bayern München	1994	Werder Bremen
1958	VfB Stuttgart	1995	Bor. Mönchengladbach
1959	Schwarz-Weiß Essen	1996	1. FC Kaiserslautern
1960	Bor. Mönchengladbach	1997	VfB Stuttgart
1961	Werder Bremen	1998	Bayern München
1962	1. FC Nürnberg	1999	Werder Bremen
1963	Hamburger SV	2000	Bayern München
1964	TSV München 1860	2001	FC Schalke 04
1965	Borussia Dortmund	2002	FC Schalke 04
1966	Bayern München	2003	Bayern München
1967	Bayern München	2004	Werder Bremen
1968	1. FC Köln	2005	Bayern München
1969	Bayern München	2006	Bayern München
1970	Kickers Offenbach	2007	1. FC Nürnberg
1971	Bayern München	2008	Bayern München
1972	FC Schalke 04	2009	Werder Bremen
1973	Bor. Mönchengladbach	2010	Bayern München
1974	Eintracht Frankfurt	2011	FC Schalke 04
1975	Eintracht Frankfurt	2012	Borussia Dortmund
1976	Hamburger SV	2013	Bayern München
1977	1. FC Köln	2014	Bayern München
1978	1. FC Köln	2015	VfL Wolfsburg
1979	Fortuna Düsseldorf	2016	Bayern München
1980	Fortuna Düsseldorf		

Die Pokalsieger

1935: 1. FC Nürnberg (gegen FC Schalke 04 2:0 gewonnen):
Köhl – Billmann, Munkert – Uebelein I, Carolin, Oehm – Gußner, Eiberger, Friedel, Schmitt, Spieß – Trainer: Schaffer – Tore: Friedel 2 – Düsseldorf, 8. 12. – Zuschauer: 55 000 – SR: Birlem (Berlin).

1936: VfB Leipzig (gegen FC Schalke 04 2:1 gewonnen):
Wöllner – Dobermann, Grosse – Richter, Thiele, Jähnig – Breidenbach, Schön, May, Reichmann, Gabriel – Trainer: Pfaff – Tore: May, Gabriel (Kalwitzki) – Berlin, 3. 1. 1937 – Zuschauer: 70 000 – SR: Zacher (Berlin).

1937: FC Schalke 04 (gegen Fortuna Düsseldorf 2:1 gewonnen):
Klodt – Sontow, Bornemann – Gellesch, Tibulski, Berg – Kalwitzki, Szepan, Pörtgen, Kuzorra, Urban – Trainer: Faist – Tore: Szepan, Kalwitzki (Janes) – Köln, 9. 1. 1938 – Zuschauer: 72 000 – SR: Grabler (Regensburg).

1938: Rapid Wien (gegen FSV Frankfurt 3:1 gewonnen):
Raftl – Sperner, Schlauf – Wagner I, Hofstätter, Skoumal – Hofer, Schors, Binder, Holec, Pesser. – Trainer: Nitsch – Tore: Schors, Hofstätter, Binder (Dosedzal) – Berlin, 8. 1. 1939 – Zuschauer: 40 000 – SR: Rühle (Merseburg).

1939: 1. FC Nürnberg (gegen SV Waldhof 2:0 gewonnen):
Köhl – Billmann, Uebelein I – Luber, Sold, Carolin – Gußner, Eiberger, Uebelein II, Pfänder, Kund – Trainer: Riemke – Tore: Eiberger 2 – Berlin, 28. 4. 1940 – Zuschauer: 60 000 – SR: Schütz (Düsseldorf).

1940: Dresdner SC (gegen 1. FC Nürnberg 2:1 n. Verl. gewonnen):
Kreß – Miller, Hempel – Pohl, Dzur, Schubert – Boczek, Schaffer, Machate, Schön, Carstens. – Trainer: Köhler – Tore: Schaffer, Machate (Gußner) – Berlin, 1. 12. – Zuschauer: 60 000 – SR: Pennig (Mannheim).

1941: Dresdner SC (gegen FC Schalke 04 2:1 gewonnen):
Kreß Miller, Hempel – Pohl, Dzur, Schubert – Kugler, Schaffer, Hofmann, Schön, Carstens – Trainer: Köhler – Tore: Kugler, Carstens (Kuzorra) – Berlin, 2. 11. – Zuschauer: 65 000 – SR: Fink (Frankfurt).

1942: TSV München 1860 (gegen FC Schalke 04 2:0 gewonnen):
Keis – Pledl, Schmeisser – Rockinger, Bayerer, Kanitz – Schiller, L. Janda, Krückeberg, Willimowski, Schmidhuber – Trainer: Schäfer – Tore: Willimowski, Schmidhuber – Berlin, 15. 11. – Zuschauer: 75 000 – SR: Multer (Landau).

1943: First Vienna FC (gegen LSV Hamburg 3:2 n. Verl. gewonnen):
Schwarzer – Kaller, Bortoli – Gröbel, Sabeditsch, R. Dörfel – Holoschefski, Decker, Fischer, R. Noack, Widhalm – Trainer: Gschweidl – Tore: Noack 2, Decker (Gornick, Heinrich) – Stuttgart, 31. 10. – Zuschauer: 45 000 – SR: Schmetzer (Mannheim).

1953: Rot-Weiss Essen (gegen Alemannia Aachen 2:1 gewonnen):
Herkenrath – Göbel, Köchling – Jahnel, Wewers, Wientjes – Rahn, Islacker, Gottschalk, Abromeit, Termath – Trainer: Hohmann – Tore: Rahn, Islacker (Derwall) – Düsseldorf, 1. 5. – Zuschauer: 40 000 – SR: Reinhardt (Stuttgart).

1954: VfB Stuttgart (gegen 1. FC Köln 1:0 n. Verl. gewonnen):
Bögelein – Retter, Steimle – Krieger, Schlienz, Barufka – Hinterstocker, Baitinger, Bühler, Blessing, Waldner – Trainer: Wurzer – Tor: Waldner – Ludwigshafen, 17 .4. – Zuschauer. 60 000 – SR: Dusch (Kaiserslautern).

1955: Karlsruher SC (gegen FC Schalke 04 3:2 gewonnen):
R. Fischer – M. Fischer, Baureis – Roth, Geesmann, Dannenmeier – Traub, Sommerlatt, Kohn, Kunkel, Strittmatter – Trainer: Patek – Tore: Traub, Kunkel, Sommerlatt (Sadlowski 2) – Braunschweig, 21. 5. – Zuschauer. 25 000 – SR: Treichel (Berlin).

1956: Karlsruher SC (gegen Hamburger SV 3:1 gewonnen):
R. Fischer – Hesse, Baureis – Ruppenstein, Geesmann, Siedl – Traub, Sommerlatt, Kohn, Beck, Termath – Trainer: Janda – Tore: Termath 2, Kohn (U. Seeler) – Karlsruhe, 5. 8. – Zuschauer: 25 000 – SR: Loser (Essen).

1957: Bayern München (gegen Fortuna Düsseldorf 1:0 gewonnen):
Fazekas – Knauer, Bauer – Mayer, Landerer, Manthey – Siedl, Sommerlatt, Velhorn, Jobst, Huber – Trainer: Hahn – Tor: Jobst – Augsburg, 29. 12. – Zuschauer. 42 000 – SR: Dusch (Kaiserslautern).

1958: VfB Stuttgart (gegen Fortuna Düsseldorf 4:3 n. Verl. gewonnen):
Sawitzki – Eisele, Seibold – Hartl, Hoffmann, Schlienz – Waldner, Geiger, Weise, Blessing, Praxl – Trainer: Wurzer – Tore: Praxl 2, Waldner, Weise (Hoffmann, Jansen, Wolffram) – Kassel, 16. 11. – Zuschauer: 25 000 – SR: Treichel (Berlin).

1959: Schwarz-Weiß Essen (gegen Borussia Neunkirchen 5:2 gewonnen):
Merchel – Mozin, Pips – Steinmann, Kasperski, Ingenbold – Trimhold, Schieth, Rummel, Küppers, Klöckner – Trainer: Wendtland – Tore: Rummel 2, Klöckner, Trimhold, Schieth (Emser, Dörrenbächer) – Kassel, 27. 12. – Zuschauer: 21 000 – SR: Schulenburg (Hamburg).

1960: Borussia Mönchengladbach (gegen Karlsruher SC 3:2 gewonnen):
G. Jansen – Pfeiffer, de Lange – A. Jansen, Göbbels, Frontzeck – Brungs, Brülls, Kohn, Mülhausen, Fendel – Trainer: Oles – Tore: Mülhausen, Kohn, Brülls (Herrmann, Schwarz) – Düsseldorf, 5. 10. – Zuschauer: 49 000 – SR: Dusch (Kaiserslautern).

1961: Werder Bremen (gegen 1. FC Kaiserslautern 2:0 gewonnen):
Kokartis – Piontek, Nachtwey – Schimeczek, Schütz, Jagielski – Wilmowius, Schröder, Barth, Soya, Hänel – Trainer: Knöpfle – Tore: Schröder, Jagielski – Gelsenkirchen, 13. 9. – Zuschauer. 18 000 – SR: Sparing (Kassel).

1962: 1. FC Nürnberg (gegen Fortuna Düsseldorf 2:1 n. Verl. gewonnen).
Wabra – Derbfuß, Hilpert – Flachenecker, Wenauer, Reisch – Dachlauer, Haseneder, Strehl, Wild, Albrecht – Trainer: Widmayer – Tore: Haseneder, Wild (Wolffram) – Hannover, 29. 8. – Zuschauer: 41 000 –SR: Seekamp (Bremen).

1963: Hamburger SV (gegen Borussia Dortmund 3:0 gewonnen):
Schnoor – Krug, Kurbjuhn – Giesemann, Stapelfeldt, D. Seeler – Boyens, Wulf, U. Seeler, Kreuz, Dörfel – Trainer: Wilke – Tore: U. Seeler 3 – Hannover, 14. 8. – Zuschauer: 70 000 – SR: Kreitlein (Stuttgart).

1964: TSV München 1860 (gegen Eintracht Frankfurt 2:0 gewonnen):
Radenkovic – Wagner, Steiner – Zeiser, Stemmer, Luttrop – Kraus, Kohlars, Brunnenmeier, Küppers, Heiß – Trainer: Merkel – Tore: Kohlars, Brunnenmeier – Stuttgart, 13. 6. – Zuschauer: 45 000 – SR: Malka (Herten).

1965: Borussia Dortmund (gegen Alemannia Aachen 2:0 gewonnen):
Tilkowski – Cyliax, Redder – Kurrat, Paul, Straschitz – Wosab, W. Sturm, Schmidt, Konietzka, Emmerich – Trainer: Eppenhoff – Tore: Schmidt, Emmerich – Hannover, 22. 5. – Zuschauer: 48 000 – SR: Jakobi (Sandhausen).

1966: Bayern München (gegen Meidericher SV 4:2 gewonnen):
Maier – Nowak, Olk – Rigotti, Beckenbauer, Kupferschmidt – Nafziger, G. Müller, Ohlhauser, Koulmann, Brenninger – Trainer: Cajkovski – Tore: Brenninger 2, Ohlhauser, Beckenbauer (Mielke, Heidemann) – Frankfurt, 4. 6. – Zuschauer: 60 000 – SR: Schulenburg (Hamburg).

1967: Bayern München (gegen Hamburger SV 4:0 gewonnen):
Maier – Kupferschmidt, Schwarzenbeck – Roth, Beckenbauer, Olk – Nafziger, Ohlhauser, G. Müller, Koulmann, Brenninger – Trainer: Cajkovski – Tore: G. Müller 2, Ohlhauser, Brenninger – Stuttgart, 10. 6. – Zuschauer: 68 000 – SR: Niemeyer (Bad Godesberg).

1968: 1. FC Köln (gegen VfL Bochum 4:1 gewonnen):
Soskic – Pott, Hemmersbach – Flohe, Weber, Thielen – Rühl, Simmet, Löhr, Overath, Hornig – Trainer: Multhaup – Tore: Rühl (2), Hornig, Löhr (Böttcher) – Ludwigshafen, 9. 6. – Zuschauer: 60 000 – SR: Riegg (Augsburg).

1969: Bayern München (gegen FC Schalke 04 2:1 gewonnen):
Maier – Olk, Pumm – Schwarzenbeck, Beckenbauer, Schmidt – Roth, Ohlhauser, G. Müller, Starek, Brenninger. – Trainer: Zebec – Tore: G. Müller 2 (Pohlschmidt) – Frankfurt, 14. 6. – Zuschauer: 64 000 – SR: H. Fritz (Oggersheim).

1970: Kickers Offenbach (gegen 1. FC Köln 2:1 gewonnen):
Volz – Weilbächer, H. Kremers – Weida, Reich, H. Schmidt – Gecks, Bechtold (Nerlinger), E. Schmitt, Schäfer, Winkler – Trainer: Schmitt – Tore: Winkler, Gecks (Löhr) – Hannover, 29. 8. – Zuschauer: 50 000 – SR: Schulenburg (Hamburg).

1971: Bayern München (gegen 1. FC Köln 2:1 n. Verl. gewonnen):
Maier – Koppenhöfer, Breitner – Roth (Schneider), Beckenbauer, Schwarzenbeck – Zobel, Mrosko, G. Müller, U. Hoeneß (Hansen), Brenninger – Trainer: Lattek – Tore: Beckenbauer, Schneider (Rupp) – Stuttgart, 19. 6. – Zuschauer: 71 000 – SR: Biwersi (Bliesransbach).

1972: FC Schalke 04 (gegen 1. FC Kaiserslautern 5:0 gewonnen):
Nigbur – Huhse, H. Kremers – Rüssmann, Fichtel, van Haaren – Libuda, Lütkebohmert, Fischer, Scheer, E. Kremers – Trainer: Horvat – Tore: H. Kremers 2, Scheer, Lütkebohmert, Fischer – Hannover, 1. 7. – Zuschauer: 61 000 – SR: Aldinger (Waiblingen).

1973: Borussia Mönchengladbach (gegen 1. FC Köln 2:1 n. Verl. gewonnen):
Kleff – Bonhof, Michallik – Vogts, Sieloff, Danner – Jensen, Wimmer, Rupp (Stielike), Kulik (Netzer), Heynckes – Trainer: Weisweiler – Tore: Wimmer, Netzer (H. Neumann) – Düsseldorf, 23. 6. – Zuschauer: 69 600 – SR: Tschenscher (Mannheim).

1974: Eintracht Frankfurt (gegen Hamburger SV 3:1 n. Verl. gewonnen):
Dr. Kunter – Reichel (Müller), Kalb – Trinklein, Körbel, Beverungen – Nickel, Weidle (Kraus), Hölzenbein, Grabowski, Rohrbach – Trainer: Weise – Tore: Trinklein, Hölzenbein, Kraus (Björnmose) – Düsseldorf, 17. 8. – Zuschauer: 52 800 – SR: Weyland (Oberhausen).

1975: Eintracht Frankfurt (gegen MSV Duisburg 1:0 gewonnen):
Wienhold – Reichel, Neuberger – Körbel, Trinklein, Weidle – Beverungen, Hölzenbein, Grabowski, Nickel, Lorenz. – Trainer: Weise – Tor: Körbel – Hannover, 21. 6. – Zuschauer: 43 000 – SR: Horstmann (Groß-Escherde).

1976: Hamburger SV (gegen 1. FC Kaiserslautern 2:0 gewonnen):
Kargus – Kaltz, Hidien – Blankenburg, Nogly, Memering – Reimann, Zaczyk (Sperlich), Björnmose, Eigl, Volkert – Trainer: Klötzer – Tore: Nogly, Björnmose – Frankfurt, 26. 6. – Zuschauer: 61 000 – SR: Eschweiler (Euskirchen).

1977: 1. FC Köln (gegen Hertha BSC 1:1 n. Verl. und 1:0 gewonnen):
Schumacher – Konopka, Zimmermann – Gerber, Strack, Simmet – van Gool, Flohe, D. Müller, Overath (Neumann, Cullmann), Löhr (Larsen) – Trainer: Weisweiler – Tore: Im 1. Spiel D. Müller (Horr), im 2. Spiel D. Müller – Hannover 28. und 30. 5. – Zuschauer: 57 000 und 35 000 – SR: Frickel (München) und Ohmsen (Hamburg).

1978: 1. FC Köln (gegen Fortuna Düsseldorf 2:0 gewonnen):
Schumacher – Konopka, Zimmermann – Strack, Gerber, Cullmann – van Gool, Neumann, D. Müller, Flohe, Okudera – Trainer: Weisweiler – Tore: Cullmann, van Gool – Gelsenkirchen, 15. 4. – Zuschauer: 70 000 – SR: Redelfs (Hannover).

1979: Fortuna Düsseldorf (gegen Hertha BSC 1:0 n. Verl. gewonnen):
Daniel – Weikl, Zewe, Fanz, Baltes – Köhnen, Schmitz, Bommer, T. Allofs (Dusend) – K. Allofs, Seel – Trainer: Tippenhauer – Tor: Seel – Hannover, 23. 6. – Zuschauer: 56 000 – SR: Linn (Altendiez).

1980: Fortuna Düsseldorf (gegen 1. FC Köln 2:1 gewonnen):
Daniel – Weikl, Zewe, Köhnen, Baltes – Wenzel (Bansemer), Wirtz, Bommer – T. Allofs, K. Allofs, Seel – Trainer: Rehhagel – Tore: Wenzel, T. Allofs (Cullmann) – Gelsenkirchen, 4. 6. – Zuschauer: 55 000 – SR: Aldinger (Waiblingen).

1981: Eintracht Frankfurt (gegen 1. FC Kaiserslautern 3:1 gewonnen):
Pahl – Sziedat, Pezzey, Körbel, Neuberger – Lorant, Nickel, Borchers, Nachtweih – Cha, Hölzenbein – Trainer: Buchmann – Tore: Neuberger, Borchers, Cha (Geye) – Stuttgart, 2. 5. – Zuschauer: 71 000 – SR: Joos (Stuttgart).

1982: Bayern München (gegen 1. FC Nürnberg 4:2 gewonnen):
Müller – Beierlorzer (Niedermayer), Weiner, Augenthaler, Horsmann – Dremmler, Kraus, Breitner, Dürnberger – D. Hoeneß, K.-H. Rummenigge – Trainer: Csernai – Tore: K.-H. Rummenigge, Kraus, Breitner, D. Hoeneß (Hintermaier, Dressel) – Frankfurt, 1. 5. – Zuschauer: 61 000 – SR: Hennig (Duisburg).

1983: 1. FC Köln (gegen Fortuna Köln 1:0 gewonnen):
Schumacher – Prestin, Strack, Steiner, Zimmermann – Konopka (Willmer), Neumann, Engels – Littbarski, Fischer, K. Allofs (Hartmann) – Trainer: Michels – Tor: Littbarski – Köln, 11. 6. – Zuschauer: 61 000 – SR: Engel (Reimsbach).

1984: Bayern München (gegen Borussia Mönchengladbach 1:1 n. Verl., Bayern 7:6-Sieger im Elfmeterschießen):
Pfaff – Martin, Augenthaler, Grobe – Dremmler, Kraus (Mathy), Lerby, Nachtweih, Dürnberger (D. Hoeneß) – M. Rummenigge, K.-H. Rummenigge – Trainer: Lattek – Tore: Dremmler (Mill) – Frankfurt, 31. 5. – Zuschauer: 61 000 – SR: Roth (Salzgitter).

1985: Bayer Uerdingen (gegen Bayern München 2:1 gewonnen):
Vollack – Wöhrlin, Herget, Brinkmann, L. van de Loo – W. Funkel, F. Funkel, Feilzer (Loontiens), Buttgereit – Schäfer, Gudmundsson (Thomas) – Trainer: Feldkamp – Tore: Feilzer, Schäfer (D. Hoeneß). – Berlin, 26. 5. – Zuschauer: 70 398 – SR: Föckler (Weisenheim).

1986: Bayern München (gegen VfB Stuttgart 5:2 gewonnen):
Pfaff – Augenthaler – Nachtweih, Eder, Pflügler – Matthäus, Lerby, M. Rummenigge (Willmer) – Wohlfarth (F. Hartmann), D. Hoeneß, Mathy – Trainer: Lattek – Tore: Wohlfarth 3, M. Rummenigge 2 (Buchwald, Klinsmann) – Berlin, 3. 5. – Zuschauer: 76 000 – SR: Pauly (Rheydt).

1987: Hamburger SV (gegen Stuttgarter Kickers 3:1 gewonnen):
Stein – Jakobs – Kaltz, Beiersdorfer, Homp – Jusufi (Schmöller), Lux, von Heesen, Kroth – Kastl, Okonski – Trainer: Happel – Tore: Beiersdorfer, Kaltz, Eigentor Schlottberbeck (Kurtenbach) – Berlin, 20. 6. – Zuschauer: 76 000 – SR: Gabor (Berlin).

1988: Eintracht Frankfurt (gegen VfL Bochum 1:0 gewonnen):
Stein – Binz – Schlindwein, Körbel – Kostner (Klepper), Sievers, Schulz, Detari, Roth – Friz (Turowski), Smolarek – Trainer: Feldkamp – Tor: Detari – Berlin, 28. 5. – Zuschauer: 76 000 – SR: Heitmann (Drentwede).

Die Pokalsieger 233

1989: Borussia Dortmund (gegen Werder Bremen 4:1 gewonnen):
De Beer – Kroth – Kutowski, McLeod, Helmer, Breitzke (Lusch) – Zorc, Möller, M. Rummenigge – Dickel (Storck), Mill – Trainer: Köppel – Tore: Dickel 2, Mill, Lusch (Riedle) – Berlin, 24. 6. – Zuschauer: 76 500 – SR: Tritschler (Freiburg).

1990: 1. FC Kaiserslautern (gegen Werder Bremen 3:2 gewonnen):
Ehrmann – Foda – Stumpf, Friedmann (Lutz) – Scherr, Schupp (Roos), Hotic, Dooley, Lelle – Labbadia, Kuntz. – Trainer: Feldkamp – Tore: Labbadia 2, Kuntz (Neubarth, Burgsmüller) – Berlin, 19. 5. – Zuschauer: 76 391 – SR: Neuner (Leimen).

1991: Werder Bremen (gegen 1. FC Köln 1:1 n. Verl., Bremen 4:3-Sieger im Elfmeterschießen:
Reck – Bratseth – Votava, Borowka – Wolter, Hermann (Sauer), Eilts, Neubarth (Harttgen), Bode – Rufer, Kl Allofs – Trainer: Rehhagel – Tore: Eilts (Banach) – Berlin, 22. 6. – Zuschauer: 73 000 – SR: Schmidhuber (Ottobrunn).

1992: Hannover 96 (gegen Borussia Mönchengladbach 0:0 n. Verl., Hannover 4:3-Sieger im Elfmeterschießen:
Sievers – Wojcicki – Klütz, Sundermann, Heemsoth (Kuhlmey) – Kretzschmar, Surmann, Freund, Schönberg – Koch (Jursch), Djelmas – Trainer: Lorkowski – Berlin, 23. 5. – Zuschauer: 76 200 – SR: Heynemann (Magdeburg).

1993: Bayer Leverkusen (gegen Hertha BSC Am. 1:0 gewonnen):
Vollborn – Foda – Wörns – Fischer, Lupescu, Kree, Happe – Scholz, Hapal – Thom, Kirsten – Trainer: Stepanovic – Tor: Kirsten – Berlin, 12. 6. – Zuschauer: 76 243 – SR: Merk (Kaiserslautern).

1994: Werder Bremen (gegen Rot-Weiss Essen 3:1 gewonnen):
Reck – Bratseth – Votava, Beiersdorfer – Wolter, Basler (Wiedener), Herzog (Borowka), Eilts, Bode – Hobsch, Rufer – Trainer: Rehhagel – Tore: Beiersdorfer, Herzog, Rufer (Bangoura). – Berlin, 14. 5. – Zuschauer: 76 391 – SR: Amerell (München).

1995: Borussia Mönchengladbach (gegen VfL Wolfsburg 3:0 gewonnen):
Kamps – Kastenmaier, Andersson, Klinkert, Neun – Wynhoff (Stadler), Pflipsen, Effenberg, Hochstätter (Fach) – Dahlin, Herrlich – Trainer: Krauss – Tore: Dahlin, Effenberg, Herrlich – Berlin, 24. 6. – Zuschauer: 75 717 – SR: Strigel (Horb).

1996: 1. FC Kaiserslautern (gegen Karlsruher SC 1:0 gewonnen):
Reinke – Kadlec – Schäfer, Koch – Greiner, Roos (Wegmann), Hengen, Brehme, Wagner – Marschall (Lutz), Kuka (Wollitz) – Trainer: Krautzun – Tor: Wagner – Berlin, 25. 5. – Zuschauer: 75 782 – SR: Krug (Gelsenkirchen).

1997: VfB Stuttgart (gegen Energie Cottbus 2:0 gewonnen):
Wohlfahrt – Verlaat – Haber, Berthold – Hagner (Schneider), Soldo, Poschner, Legat – Balakov – Bobic (Gilewicz), Elber (Schwarz) – Trainer: Löw – Tore: Elber 2 – Berlin, 14. 6. – Zuschauer: 76 436 – SR: Steinborn (Sinzig).

1998: Bayern München (gegen MSV Duisburg 2:1 gewonnen):
Kahn – Matthäus – Babbel, Helmer (Fink) – Basler, Hamann, Nerlinger, Tarnat, Lizarazu (Jancker) – Scholl (Strunz), Elber – Trainer: Trapattoni – Tore: Babbel, Basler (Salou) – Berlin, 16. 5. – Zuschauer: 76 000 – SR: Strampe (Handorf).

1999: Werder Bremen (gegen Bayern München 1:1 n. Verl., Bremen 5:4-Sieger im Elfmeterschießen):
Rost – Trares – Todt, Wicky – Eilts, Dabrowski (Bogdanovic), Maximow, Wiedener – Herzog (Wojtala) – Frings, Bode – Trainer: Schaaf – Tore: Maximow (Jancker) – Berlin, 12. 6. – Zuschauer: 75 841 – SR: Aust (Köln)

2000: Bayern München (gegen Werder Bremen 3:0 gewonnen):
Kahn – Babbel, Andersson, Kuffour, Tarnat – Jeremies, Effenberg (Fink), Salihamidzic, Sergio – Jancker (Santa Cruz), Elber (Scholl) – Trainer: Hitzfeld – Tore: Elber, Sergio, Scholl – Berlin, 6. 5.– Zuschauer: 75 841 – SR: Berg (Konz).

2001: FC Schalke 04 (gegen 1. FC Union Berlin 2:0 gewonnen):
Reck – Hajto, Nemec (Thon), Van Hoogdalem – Asamoah (Latal), Oude Kamphuis, Möller, Böhme, Van Kerckhoven (Büskens) – Sand, Mpenza – Trainer: Stevens – Tore: Böhme 2 – Berlin, 27. 5.– Zuschauer: 73 011 – SR: Albrecht (Kaufbeuren).

2002: FC Schalke 04 (gegen Bayer Leverkusen 4:2 gewonnen):
Reck – Hajto (Oude Kamphuis), Waldoch, Van Kerckhoven – Van Hoogdalem, Nemec – Möller (Wilmots – Asamoah (Vermant), Böhme – Sand, Agali – Trainer: Stevens – Tore: Böhme, Agali, Möller, Sand (Berbatow, Kirsten) – Berlin, 11. 5. – Zuschauer: 70 000 – SR: Dr. Wack (Biberbach)

2003: Bayern München (gegen 1. FC Kaiserslautern 3:1 gewonnen)
Kahn – Kuffour, Linke – Sagnol, Lizarazu (Tarnat) – Jeremies (Fink) – Hargreaves, Ballack, Zé Roberto (Scholl) – Pizarro, Elber – Trainer: Hitzfeld – Tore: Ballack 2, Pizarro (Klose) – Berlin, 31. 5. – Zuschauer: 70 490 – SR: Fröhlich (Berlin)

2004: Werder Bremen (gegen Alemannia Aachen 3:2 gewonnen)
Reinke – Stalteri, Ismaël, Krstajic, Schulz (Skripnik) – Baumann – Borowski (Charisteas), Ernst – Micoud – Ailton, Klasnic (Valdez) – Trainer: Schaaf – Tore: Borowski 2, Klasnic (Blank, Meijer) – Berlin, 29. 5. – Zuschauer: 71 682 – SR: Fandel (Kyllburg).

2005: Bayern München (gegen FC Schalke 04 2:1 gewonnen)
Kahn – Sagnol (Deisler), Lucio, R. Kovac, Lizarazu – Demichelis – Schweinsteiger (Salihamidzic), Zé Roberto (Frings) – Ballack – Pizarro, Makaay – Trainer: Magath – Tore: Makaay, Salihamidzic (Lincoln) – Berlin, 28. 5. – Zuschauer: 74 359 – SR: Meyer (Burgdorf).

2006: Bayern München (gegen Eintracht Frankfurt 1:0 gewonnen)
Kahn – Sagnol, Lucio, Ismael, Lahm – Demichelis – Salihamidzic (Zé Roberto), Hargreaves (Jeremies) – Ballack – Makaay (Scholl), Pizarro – Trainer: Magath – Tor: Pizarro – Berlin, 29. 4. – Zuschauer: 74 349 – SR: Fandel (Kyllburg).

2007: 1. FC Nürnberg (gegen VfB Stuttgart n. V. 3:2 gewonnen)
Schäfer – Reinhardt, Wolf, Nikl (Spiranovic), Pinola (Banovic) – Galasek – Engelhardt – Mintal (Polak) – Kristiansen, Saenko – Schroth – Trainer: Meyer – Tore: Mintal, Engelhardt, Kristiansen (Cacau, Pardo) – Berlin, 26. 5. – Zuschauer: 74 220 (ausverkauft) – SR: Weiner (Giesen).

2008: Bayern München (gegen Borussia Dortmund n. V. 2:1 gewonnen)
Kahn – Lell, Lucio, Demichelis, Lahm – Van Bommel, Zé Roberto (Ottl) – Schweinsteiger (Sagnol), Ribery – Klose (Podolski), Toni – Trainer: Hitzfeld – Tore: Toni 2 (Petric) – Berlin, 19. 4. – Zuschauer: 74 244 (ausverkauft) – SR: Kircher (Rottenburg).

2009: Werder Bremen (gegen Bayer Leverkusen 1:0 gewonnen)
Wiese – Fritz, Prödl, Naldo, Boenisch – Baumann (Niemeyer) – Frings, Özil (Tziolis) – Diego – Pizarro, Hugo Almeida (Rosenberg) – Trainer: Schaaf – Tor: Özil – Berlin, 30. 5. – Zuschauer: 74 244 (ausverkauft) – SR: Dr. Fleischer (Sigmertshausen).

2010: Bayern München (gegen Werder Bremen 4:0 gewonnen)
Butt – Lahm, Van Buyten, Demichelis, Badstuber – Van Bommel, Schweinsteiger – Robben (Hamit Altintop), Ribery – Th. Müller (Tymoshchuk) – Olic (Klose) – Trainer: Van Gaal – Tore: Robben, Olic, Ribery, Schweinsteiger – Berlin, 15. 5. – Zuschauer: 75 420 (ausverkauft) – SR: Kinhöfer (Herne).

2011: FC Schalke 04 (gegen MSV Duisburg 5:0 gewonnen)
Neuer – Höwedes, Papadopoulos, Metzelder, Sarpei (Escudero) - Kluge (Uchida), Jurado – Farfan, Draxler (Matip) – Raul – Huntelaar – Trainer: Rangnick – Tore: Draxler, Huntelaar 2, Höwedes, Jurado – Berlin, 21. 5. – Zuschauer: 75 708 (ausverkauft) – SR: Stark (Ergolding).

2012: Borussia Dortmund (gegen Bayern München 5:2 gewonnen)
Weidenfeller (Langerak) – Piszczek, Subotic, Hummels, Schmelzer – Gündogan, Kehl – Blaszczykowski (Perisic), Kagawa (S. Bender), Großkreutz – Lewandowski – Trainer: Klopp – Tore: Kagawa, Hummels, Lewandowski 3 (Robben, Ribery) – Berlin, 12. 5. – Zuschauer: 75 708 (ausverkauft) – SR: Gagelmann (Bremen).

2013: Bayern München (gegen VfB Stuttgart 3:2 gewonnen)
Neuer – Lahm, Van Buyten, Boateng, Alaba – Javi Martinez, Schweinsteiger – Robben (Tymoshchuk), Th. Müller, Ribery (Shaqiri) – Gomez (Mandzukic) – Trainer: Heynckes – Tore: Th. Müller, Gomez 2 (Harnik 2) – Berlin, 1. 6. – Zuschauer: 75 420 (ausverkauft) – SR: Gräfe (Berlin).

2014: Bayern München (gegen Borussia Dortmund n. V. 2:0 gewonnen)
Neuer – Boateng, Javi Martinez, Dante – Höjbjerg (Van Buyten), Lahm (Ribery, Pizarro), Kroos, Rafinha – Th. Müller, Götze – Robben – Trainer: Guardiola – Tore: Robben, Th. Müller – Berlin, 17. 5. – Zuschauer: 76 197 (ausverkauft) – SR: Meyer (Burgdorf).

2015: VfL Wolfsburg (gegen Borussia Dortmund 3.1 gewonnen)
Benaglio – Vieirinha, Naldo, Klose, Rodriguez – Arnold (Schürrle), Luiz Gustavo – Perisic (Guilavogui), De Bruyne, Caligiuri (Träsch) – Dost – Trainer: Hecking – Tore: Luiz Gustavo, De Bruyne, Dost (Aubameyang) – Berlin, 30. 5. – Zuschauer: 75 815 (ausverkauft) – SR: Dr. Brych (München).

2016: Bayern München (gegen Borussia Dortmund n. V. 0:0, Bayern 4:3-Sieger im Elfmeterschießen)
Neuer – Lahm, Kimmich, Boateng, Alaba – Vidal – Thiago – Th. Müller – Douglas Costa, Ribery (Coman) – Lewandowski – Trainer: Guardiola – Berlin, 21. 5. – Zuschauer: 74 322 (ausverkauft) – SR: Fritz (Korb).

Die Schlussrunden um den Vereinspokal

1935

1. Runde: Masovia Lyck – SC Tilsit 7:3; VfL Bitterfeld – Hertha BSC 1:2; Stettiner SC – Minerva 93 Berlin 0:1; Vorwärts-Rasensport Gleiwitz – FV Breslau 06 9:1; Vorwärts Breslau – BC Hartha 3:1; Dresdner Spfr. – SV Klettendorf 6:1; SV Merseburg 99 – Polizei Chemnitz 2:4; BC Elsterberg – 1. SV Jena n. V. 4:4 und 2:4; VfB Leipzig – 1. FC Nürnberg 1:2; Hannover 96 – CfR Köln 4:3; Eintracht Braunschweig – Reichsbahn Berlin 6:3; SV Göttingen – FC Schalke 04 1:5; Werder Bremen – Hamburger SV 4:5; Eimsbütteler TV – HEBC Hamburg 7:3; Victoria Hamburg – Berolina LSC Berlin 1:2; Holstein Kiel – Nordring Stettin 7:1; Union Recklinghausen – VfL Benrath 0:5; SV Hamborn 07 – SpVgg Herten 1:2; Sport-Ring Gevelsberg 08 – VfR Köln 2:5; Fortuna Düsseldorf – VfL 99 Köln 5:0; SV Kassel – Phönix Ludwigshafen 2:1; Germania Fulda – SpVgg Fürth 1:5; FC Hanau 93 – Eintracht Windecken 5:1; Eintracht Bad Kreuznach – SV Waldhof 1:6; VfR Mannheim – FV Homburg/Saar 7:3; Wormatia Worms – FC Egelsbach 3:0; FV Bretten – Freiburger FC 1:3; Karlsruher FV – SV Feuerbach 0:1; VfB Stuttgart – BC Augsburg n. V. 3:4; 1. 1. FC Schweinfurt 05 – SV Steinach 08 4:0; Ulmer FV 94 – Bayern München 5:4; VfB Königsberg (Freilos).
2. Runde: VfB Königsberg – Masovia Lyck 0:1; Berolina LSC Berlin – Vorwärts-Rasensport Gleiwitz 3:2; Dresdner Spfr. – Hertha BSC 1:0; Vorwärts Breslau – Minerva 93 Berlin 2:4; Polizei Chemnitz – 1. 1. FC Schweinfurt 05 4:2; Eintracht Braunschweig – 1. SV Jena 7:0; Hannover 96 – Holstein Kiel 4:3; Hamburger SV – Fortuna Düsseldorf 1:4; FC Schalke 04 – SV Kassel 8:0; SpVgg Herten – FC Hanau 93 1:4; VfL Benrath – Eimsbütteler TV 5:3; VfR Köln – SpVgg Fürth 0:2; SV Waldhof – Wormatia Worms 5:1; Freiburger FC – SV Feuerbach 3:0; 1. FC Nürnberg – Ulmer FV 94 8:0; BC Augsburg – VfR Mannheim 1:4.
Achtelfinale: Hannover 96 – FC Schalke 04 2:6; VfR Mannheim – VfL Benrath 2:3; SpVgg Fürth – Freiburger FC 2:3; FC Hanau 93 – Berolina LSC Berlin 5:1; Fortuna Düsseldorf – SV Waldhof 0:3; Spfr. Dresdner Spfr. – Masovia Lyck 2:1; Minerva 93 Berlin – Eintracht Braunschweig 4:2; Polizei Chemnitz – 1. FC Nürnberg 1:3.
Viertelfinale: FC Schalke 04 – VfL Benrath 4:1; Freiburger FC – FC Hanau 93 2:1; SV Waldhof – Dresdner Spfr.1:0; 1. FC Nürnberg – Minerva 93 Berlin 4:1.
Halbfinale: FC Schalke 04 – Freiburger FC 6:2; 1. FC Nürnberg – SV Waldhof 1:0.
Endspiel: 1. FC Nürnberg – FC Schalke 04 2:0 (0:0).

1936

1. Runde: SV Algermissen 1911 – Werder Bremen 1:4; VfB Peine – Hannover 96 2:0; Westmark Trier – FV Saarbrücken 3:1; CfR Köln – SSV Köln-Vingst 05 n. V. 0:0 und 3:8; Viktoria 89 Berlin – Wacker Leipzig 2:1; SV Feuerbach – Phönix Karlsruhe 5:2; Wacker Marktredwitz – VfB Stuttgart 0:1; MSV v. d. Goltz Tilsit – Hindenburg Allenstein 0:2; Viktoria Stolp – Preußen Danzig 6:0; Hertha BSC – Eimsbütteler TV 3:2; SuSV Beuthen 09 – Minerva 93 Berlin 3:2; Preußen Langenbielau – Vorwärts-Rasensport Gleiwitz 2:7; Cherusker Görlitz – Berliner SV 92 1:2; BC Hartha – Wacker Halle 8:0; VfB Leipzig – 1. SV Jena 5:0; CSC 03 Kassel – Polizei Chemnitz 1:6; Altonaer FC 93 – Wacker 04 Berlin 3:5; Victoria Hamburg – SV Dessau 05 6:1; Holstein Kiel – Polizei Lübeck n. V. 1:2; SpVgg Röhlinghausen – Arminia Bielefeld 2:1; VfvB Ruhrort – FC Schalke 04 2:5; Fortuna Düsseldorf – SV Klafeld 1:2; VfL Benrath – Rheydter SV 2:0; Rot-Weiß Oberhausen – ASA Atsch 7:0; SV Flörsheim – SV Waldhof 0:1; Wormatia Worms – VfB Friedberg 3:2; 1. FC Pforzheim – FK Pirmasens 7:0; Freiburger FC – Kickers Offenbach 2:0; Stuttgarter Kickers – TSV München 1860 0:1; Bayern München – SSV Ulm 3:4; 1. FC Schweinfurt 05 – FC Hanau 93 4:0; 1. FC Nürnberg – SC Planitz 7:0.
2. Runde: Hindenburg Allenstein – Viktoria Stolp 2:1; Berliner SV 92 – SuSV Beuthen 09 4:1; Wacker 04 Berlin – Victoria Hamburg 5:4; Vorwärts-Rasensport Gleiwitz – VfB Leipzig n. V. 2:2 und 0:3; Polizei Chemnitz – Viktoria 89 Berlin 5:2; Polizei Lübeck – Hertha BSC 1:3; Werder Bremen – Rot-Weiß Oberhausen n. V. 3:2; VfB Peine – BC Hartha 1:0; FC Schalke 04 – SpVgg Röhlinghausen 2:0; Wormatia

Worms – SSV Köln-Vingst 05 11:1; SSV Ulm – Freiburger FC 3:0; 1. FC Schweinfurt 05 – SV Feuerbach 5:2; TSV München 1860 – 1. FC Pforzheim n. V. 3:3 und 0:2; Westmark Trier – VfB Stuttgart 0:1; VfL Benrath – 1. FC Nürnberg 3:2; SV Waldhof – SV Klafeld 6:0.
Achtelfinale: VfB Stuttgart – FC Schalke 04 n. V. 0:0 und 0:6; Wacker 04 Berlin – Werder Bremen 1:3; SSV Ulm – 1. FC Schweinfurt 05 2:4; Polizei Chemnitz – SV Waldhof 0:1; 1. FC Pforzheim – Wormatia Worms 1:2; Hertha BSC – VfL Benrath n. V. 1:1 und 2:8; Hindenburg Allenstein – VfB Peine 1:3; VfB Leipzig – Berliner SV 92 2:0.
Viertelfinale: Werder Bremen – FC Schalke 04 2:5; SV Waldhof – 1. FC Schweinfurt 05 1:2; Wormatia Worms – VfL Benrath n. V. 3:3 und 3:2; VfB Peine – VfB Leipzig 2:4.
Halbfinale: FC Schalke 04 – 1. FC Schweinfurt 05 3:2; VfB Leipzig – Wormatia Worms 5:1.
Endspiel: VfB Leipzig – FC Schalke 04 2:1 (2:1).

1937

1. Runde: BuEV Danzig – Hertha BSC n. V. 2:3; Wacker 04 Berlin – Hindenburg Allenstein 6:0; Minerva 93 Berlin – Victoria Hamburg n. V. 0:0 und 0:2; Schlesien Haynau – BC Hartha 0:10; SV Ratibor 03 – Polizei Chemnitz 2:4; SC Planitz – SuSV Beuthen 09 3:1; VfB Sömmerda – Eintracht Braunschweig 0:4; Rasensport Harburg – Werder Bremen 2:5; FC St. Pauli – Rot-Weiß Oberhausen 0:1; Polizei Lübeck – Berliner SV 92 0:1; Sperber Hamburg – Tennis Borussia Berlin 1:3; Borussia Dortmund – Hamburger SV 3:1; TuRU Düsseldorf – Hannover 96 4:7; Homberger SV – Holstein Kiel 0:1; Schwarz-Weiß Wuppertal – SV Dessau 05 5:1; Germania Bochum – VfR Köln 7:4; SpVgg Köln-Sülz 07 – Eintracht Frankfurt 2:0; Alemannia Plaidt – FV Duisburg 08 1:3; Tura Bonn – SV Kassel 4:2; Kickers Frankenthal – FC Schalke 04 1:3; VfR Mannheim – Kickers Offenbach 4:1; VfB Mühlburg – FSV Frankfurt 2:1; Freiburger FC – Wormatia Worms 1:3; FV Zuffenhausen – SpVgg Fürth 0:3; SSV Ulm – 1. FC Nürnberg 4:1; VfB Friedberg – SV Waldhof 0:2; Dunlop Hanau – Eimsbütteler TV 0:2; ASV Nürnberg – VfB Stuttgart n. V. 0:1; Bajuwaren München – Karlsruher FV 1:4; Freilose: Dresdner SC, Fortuna Düsseldorf, FV Breslau 06.
2. Runde: Tennis Borussia Berlin – Dresdner SC n. V. 3:4; Berliner SV 92 – Germania Bochum 3:0; BC Hartha – Wacker 04 Berlin 2:1; Polizei Chemnitz – VfR Mannheim 5:2; Eimsbütteler TV – SpVgg Köln-Sülz 07 2:0; Holstein Kiel – Hertha BSC 5:3; Werder Bremen – Borussia Dortmund n. V. 3:4; Hannover 96 – Victoria Hamburg 3:2; Eintracht Braunschweig – Tura Bonn 2:0; FC Schalke 04 – Rot-Weiß Oberhausen 2:1; FV Duisburg 08 – VfB Mühlburg 1:0; SV Waldhof – Schwarz-Weiß Wuppertal 3:0; Wormatia Worms – SSV Ulm 4:1; Karlsruher FV – Fortuna Düsseldorf 0:2; VfB Stuttgart – SC Planitz 2:0; SpVgg Fürth – FV Breslau 06 7:1.
Achtelfinale: Eintracht Braunschweig – FC Schalke 04 n. V. 0:1; Berliner SV 92 – SpVgg Fürth 1:0; SV Waldhof – Polizei Chemnitz 2:0; Borussia Dortmund – FV Duisburg 08 n. V. 1:1 und 3:1; VfB Stuttgart – Hannover 96 2:1; Dresdner SC – Eimsbütteler TV 3:0; BC Hartha – Wormatia Worms 4:2; Fortuna Düsseldorf – Holstein Kiel 2:1.
Viertelfinale: FC Schalke 04 – Berliner SV 92 3:1; SV Waldhof – Borussia Dortmund 4:3; Dresdner SC – VfB Stuttgart 3:1; Fortuna Düsseldorf – BC Hartha 4:1.
Halbfinale: FC Schalke 04 – SV Waldhof 2:1; Dresdner SC – Fortuna Düsseldorf 2:5.
Endspiel: FC Schalke 04 – Fortuna Düsseldorf 2:1 (0:0).

1938

1. Runde: Hindenburg Allenstein –. Preußen Danzig 2:0; TSV Swinemünde – Blau-Weiß 90 Berlin 1:5; Spfr. Klausberg – BC Hartha 1:4 (in Hartha); Brandenburger SC 05 – MTV Pommerensdorf 3:0; Polizei Berlin – Vorwärts-Rasensport Gleiwitz 2:3; SuSV Beuthen 09 – Berliner SV 92 3:2; Stettiner SC – Yorck Boyen Insterburg n. V. 1:1 (Stettin verzichtetete auf die Wiederholung); Victoria Hamburg – FC Schalke 04 4:3; 1. SV Jena – Hertha BSC 1:2; Preußen Greppin – Dresdner SC 0:13; VfB Peine – Hamburger SV n. V. 2:1; Borussia Dortmund – Phönix Lübeck 1:2; SV Dessau 05 – Bewag Berlin 2:1; SpVgg Röhlinghausen – Werder Bremen 1:2; Westfalia Herne – Spfr. Katernberg 5:1; Arminia Bielefeld – Holstein Kiel 5:1; Polizei Lübeck – Fortuna Düsseldorf 2:4; Rot-Weiss Essen – FC St. Pauli 5:1; Opel Rüsselsheim – Alemannia Aachen 2:1; Blau-Weiß Köln – VfR Mannheim 1:7; SV Waldhof – Borussia Fulda 4:0; FC Hanau 93 – VfB Mühlburg 0:4; Freiburger FC – Hannover 96 3:1; VfB Stuttgart – Phönix Karlsruhe 7:1; Bayern München – Union Böckingen 7:0; SSV Ulm – SpVgg Fürth 3:2; Riesaer SV – Wacker 04 Berlin 2:1; CSC 03 Kassel – FSV Frankfurt 0:1; ASV Nürnberg – Stuttgarter Kickers 4:2; SV Kleinsteinheim – 1. FC Nürnberg n. V. 2:3; Grün-Weiß Eschweiler – SSVg Velbert 3:1; Eintracht Frankfurt – TSV München 1860 1:2.
2. Runde: TSV München 1860 – Freiburger FC 3:1; 1. FC Nürnberg – SSV Ulm 2:1; VfB Stuttgart – ASV Nürnberg 2:1; VfR Mannheim – Bayern München 2:1; FSV Frankfurt – BC Hartha 3:1; VfB Mühlberg – VfB Peine 6:1; Grün-Weiß Eschweiler – SV Waldhof 1:2; Fortuna Düsseldorf – Opel Rüsselsheim 7:1; Westfalia Herne – Victoria Hamburg 5:1; Werder Bremen – Rot-Weiss Essen 2:3; Phönix Lübeck – Arminia Bielefeld 3:2; Dresdner SC – SuSV Beuthen 09 10:1; Vorwärts-Rasensport Gleiwitz – SV Dessau 05 2:1; Blau-Weiß 90 Berlin – Riesaer SV 3:1; Hertha BSC – Hindenburg Allenstein (Allenstein verzichtete); Yorck Boyen Insterburg – Brandenburger SC 05 1:4.

Achtelfinale: FSV Frankfurt – Fortuna Düsseldorf 3:1; SV Waldhof – Westfalia Herne 6:0; VfB Mühlburg – VfB Stuttgart 2:1; TSV München 1860 – Dresdner SC. 3:0; Brandenburger SC 05 – Vorwärts-Rasensport Gleiwitz 0:1; 1. FC Nürnberg – VfR Mannheim 1:0; Rot-Weiss Essen – Hertha BSC 3:0; Blau-Weiß 90 Berlin – Phönix Lübeck 1:0.
Viertelfinale: SV Waldhof – Rot-Weiss Essen n. V. 3:2; Blau-Weiß 90 Berlin – TSV München 1860 1:2; FSV Frankfurt – VfB Mühlburg 3:1; Vorwärts-Rasensport Gleiwitz – 1. FC Nürnberg 2:4 – Ausscheidungsrunde der Ostmark: First Vienna FC – Admira Wien 6:0; Rapid Wien – Austro-Fiat Wien 5:1; Wiener SC – Wacker Wien 1:0; Grazer SK – Austria Wien 3:2.
2. Viertelfinale: 1. FC Nürnberg – First Vienna FC 3:1; SV Waldhof – Rapid Wien 2:3; TSV München 1860 – FSV Frankfurt n. V. 1:2; Wiener SC – Grazer SK 6:1.
Halbfinale: Rapid Wien – 1. FC Nürnberg 2:0; FSV Frankfurt – Wiener SC 3:2.
Endspiel: Rapid Wien – FSV Frankfurt 3:1 (0:1).

1939

1. Runde: Masovia Lyck – MSV v. d. Goltz Tilsit nicht ausgetragen; 1. SV Jena – SC Göttingen 05 3:4; NSTG Warnsdorf – Spfr. Leipzig 2:3; Polizei Danzig – Viktoria Stolp 2:3; Union Oberschöneweide – Blau-Weiß 90 Berlin 1:2; VfB Coburg – Rapid Wien 1:6; SpVgg Leipzig – Vorwärts-Rasensport Gleiwitz 1:2; Hertha BSC – SC Planitz 6:2; Phönix Karlsruhe – Stuttgarter Kickers 3:5; FC Singen 04 – 1. FC Nürnberg 1:3; First Vienna FC – BC Hartha n. V. 2:3; Borussia Neunkirchen – VfL Benrath 4:1; Vorwärts Hamburg – Fortuna Düsseldorf 1:3; FSV Frankfurt – Mülheimer SV 5:3; Concordia Plauen – Victoria Hamburg 5:3; SV Dessau 05 – Tennis Borussia Berlin 1:2; Kurhessen Kassel – SpVgg Köln-Sülz 07 0:5; VfR Mannheim – Westende Hamborn n. V. 2:3; ASV Blumenthal – Polizei Hamburg n. V. 3:4; SV Hamborn 07 – Hamburger SV 1:3; SV Beuel 06 – Eintracht Frankfurt 0:5; Admira Wien – SV Waldhof 0:1; VfB Alsum – FC Schalke 04 0:13; VfB Bielefeld – VfL Osnabrück 1:3; 1. FC Schweinfurt 05 – Wacker Wien n. V. 2:3; VfB Mühlburg – SpVgg Bad Canstatt 2:0; VfL 99 Köln – Wormatia Worms 9:0; Eimsbütteler TV – Borussia Dortmund 2:3; Neumeyer Nürnberg – CSC 03 Kassel 7:3; VfL Halle 96 – Dresdner SC 0:3; Thüringen Weida – Berliner SV 92 1:2; SV Klettendorf – Minerva 93 Berlin 3:0.
2. Runde: VfL Osnabrück – FC Schalke 04 3:2; Berliner SV 92 – SV Klettendorf 6:1; Tennis Borussia Berlin – Concordia Plauen 4:1; Eintracht Frankfurt – SV Waldhof n. V. 0:1; Borussia Dortmund – VfL 99 Köln 1:6; Viktoria Stolp – Blau-Weiß 90 Berlin 1:3; 1. FC Nürnberg – Stuttgarter Kickers 2:1; Wacker Wien – VfB Mühlburg 4:2; Borussia Neunkirchen – BC Hartha n. V. 1:2; Hamburger SV – Polizei Hamburg 11:2; Dresdner SC – Neumeyer Nürnberg 1:2; Vorwärts-Rasensport Gleiwitz – Hertha BSC 5:2; Spfr. Leipzig – SC Göttingen 05 3:1; Fortuna Düsseldorf – FSV Frankfurt 4:0; SpVgg Köln-Sülz 07 – Westende Hamborn n. V. 1:2; Freilos: Rapid Wien.
Achtelfinale: Blau-Weiß 90 Berlin – Spfr. Leipzig 9:2; BC Hartha – 1. FC Nürnberg 0:1; Neumeyer Nürnberg – Berliner SV 92 2:1; Rapid Wien – Vorwärts-Rasensport Gleiwitz 6:1; VfL 99 Köln – Wacker Wien 1:3; Fortuna Düsseldorf – Tennis Borussia Berlin 8:1; Hamburger SV – Westende Hamborn 2:0; SV Waldhof – VfL Osnabrück 4:0.
Viertelfinale: Blau-Weiß 90 Berlin – Rapid Wien 1:7; 1. FC Nürnberg – Fortuna Düsseldorf 3:1; SV Waldhof – Hamburger SV 6:2; Wacker Wien – Neumeyer Nürnberg 7:4.
Halbfinale: Rapid Wien – 1. FC Nürnberg 0:1; SV Waldhof – Wacker Wien n. V. 1:1, n. V. 2:2 und n. V. 0:0 (Losentscheid für SV Waldhof).
Endspiel: 1. FC Nürnberg – SV Waldhof 2:0 (1:0).

1940

1. Runde: SV Hannover-Linden 07 – Union Oberschöneweide 2:3; Eimsbütteler TV – Spandauer SV 0:3; Blau-Weiß 90 Berlin – Werder Bremen 1:2; VfB Königsberg – Preußen Danzig n. V. 3:2; BuEV Danzig – LSV Stettin 6:2; Hamburger SV – ASV Blumenthal 1:3; NSTG Wittkowitz – Hertha Breslau 6:0; SV Dessau 05 – Kickers Offenbach n. V. 2.2 und 0:4; SV Hildesheim 07 – SG Barmbek n. V. 2:3; SV Steinach 08 – CSC 03 Kassel 4:2; Eintracht Frankfurt – Westfalia Herne 3:2; Germania Mudersbach – Schwarz-Weiß Essen 1:8; VfL Osnabrück – Gelsenguß Gelsenkirchen 2:5; Spfr. Halle – FC Schalke 04 0:7; BC Sport Kassel – TuS Duisburg 48/99 n. V. 4:5; Edelstahl Krefeld – Rot-Weiss Essen 3:4; TuS Neheim – SG Eschweiler 2:3; SV Waldhof – Rot-Weiß Frankfurt n. V. 2:3; 1. FC Kaiserslautern – Fortuna Düsseldorf 2:3; TuS Neuendorf – VfR Mannheim 1:2; Phönix Karlsruhe – FSV Frankfurt 4:2; SpVgg Bad Canstatt – Wacker Wien 0:7; SpVgg Fürth – VfB Stuttgart 3:0; Sturm Graz – 1. FC Nürnberg 1:6; Neumeyer Nürnberg – Rapid Wien n. V. 1.2; Bayern München – Wiener SC 0:1; VfR Schweinfurt – Mülheimer SV n. V. 2:1; 1. SV Jena – Tura Leipzig 0:1; SC Planitz – Vorwärts-Rasensport Gleiwitz 3:1; VfL Stettin – Polizei Chemnitz 3:2; NSTG Graslitz – Dresdner SC 0:4; VfB Waldshut – Stuttgarter Kickers 0:8.
2. Runde: 1. FC Nürnberg – Kickers Offenbach 3:2; FC Schalke 04 – Werder Bremen 5:0; Rapid Wien – VfR Schweinfurt 7:1; Fortuna Düsseldorf – VfR Mannheim 2:0; Wacker Wien – SC Planitz 6:2; Wiener SC – NSTG Wittkowitz 9:1; Dresdner SC – ASV Blumenthal 5:0; SG Barmbek – Schwarz-Weiß Essen

3:10; Rot-Weiss Essen – Eintracht Frankfurt 0:2; Rot-Weiß Frankfurt – Phönix Karlsruhe 1:0; Stuttgarter Kickers – Gelsenguß Gelsenkirchen 9:2; Tura Leipzig – SpVgg Fürth 1:2; VfL Stettin – BuEV Danzig n. V. 0:0 und 1:2; Spandauer SV – VfB Königsberg 3:5; Union Oberschöneweide – SV Steinach 08 5:1; SG Eschweiler – TuS Duisburg 48/99 3:1.
Achtelfinale: Union Oberschöneweide – 1. FC Nürnberg 0:1; SpVgg Fürth – FC Schalke 04 2:1; Stuttgarter Kickers – Rapid Wien 1:5; Eintracht Frankfurt – Fortuna Düsseldorf 2:3; Schwarz-Weiß Essen – SG Eschweiler 5:2; Wacker Wien – Wiener SC 5:6; Dresdner SC – Rot-Weiß Frankfurt 6:0; VfB Königsberg – BuEV Danzig 5:1.
Viertelfinale: 1. FC Nürnberg – Schwarz-Weiß Essen 2:1; Rapid Wien – SpVgg Fürth 6:1; Fortuna Düsseldorf – Wiener SC 2:1; VfB Königsberg – Dresdner SC 0:8.
Halbfinale: Dresdner SC – Rapid Wien 3:1; Fortuna Düsseldorf – 1. FC Nürnberg 0:1.
Endspiel: Dresdner SC – 1. FC Nürnberg 2:1 (1:1, 1:1) n. Verl.

1941

1. Runde: Prussia-Samland Königsberg – Königsberger STV 3:8; VfB Königsberg – Polizei Tilsit kampflos für Königsberg; Preußen Danzig – Viktoria Stolp 2:4; Hubertus Kolberg – LSV Kamp 2:3; LSV Stettin – Tennis Borussia Berlin 0:6; Hertha BSC – Blau-Weiß 90 Berlin 1:2; Vorwärts-Rasensport Gleiwitz – DTSG Krakau 7:2; SpVgg Breslau 02 – Germania Königshütte 3:2; Spfr. Dresden – Polizei Chemnitz 0:2; LSV Wurzen – Dresdner SC 1:4; LSV Nordhausen – 1. SV Jena 2:4; Eimsbütteler TV – Werder Bremen 1:2; Holstein Kiel – Hamburger SV 2:1; Eintracht Braunschweig – Hannover 96 1:3; SV Hannover-Linden 07 – FV Wilhelmsburg 09 n. V. 6:5; Rot-Weiss Essen – FC Schalke 04 n. V. 1:2; Westende Hamborn – TuS Helene Essen n. V. 0:0 und 4:2; TuS Duisburg 48/99 – Schwarz-Weiß Essen 0:1; Victoria Köln – Fortuna Düsseldorf 1:0 abgebr. und 0:4; Rot-Weiß Frankfurt – VfL 99 Köln 1:1 abgebr. und 3:0; Kurhessen Kassel – BC Sport Kassel 0:4; Borussia Fulda – Kickers Offenbach 9:6; FC Rheinfelden – FC 93 Mülhausen 0:2; FV Metz – VfL Neckarau 4:0; SV Waldhof – SpVgg Sandhofen 2:1; Stuttgarter Kickers – VfB Knielingen 17:0; SpVgg Fürth – Stuttgarter SC 7:0; Schwaben Augsburg – 1. FC Nürnberg 0:7; Jahn Regensburg – TSV München 1860 2:6; Austria Wien – Wacker Wien 6:2; FC Wien – Rapid Wien 3:4; NSTG Prag – Admira Wien 1:2.
2. Runde: Königsberger STV – VfB Königsberg 0:8; Viktoria Stolp – LSV Kamp 0:3; Tennis Borussia Berlin – Blau-Weiß 90 Berlin 2:3; Vorwärts-Rasensport Gleiwitz – SpVgg Breslau 02 6:1; Polizei Chemnitz – Dresdner SC 0:3; 1. SV Jena – Borussia Fulda 5:3; Werder Bremen – Holstein Kiel 1:2; Hannover 96 – SV Hannover-Linden 07 5:1; FC Schalke 04 – Fortuna Düsseldorf 4:2; Westende Hamborn – Schwarz-Weiß Essen 1:2; BC Sport Kassel – SV Waldhof 0:3; FV Metz – Rot-Weiß Frankfurt n. V. 0:0 und 2:0; FC 93 Mülhausen – Stuttgarter Kickers 0:4; TSV München 1860 – Austria Wien 2:5; 1. FC Nürnberg – SpVgg Fürth 4:1; Rapid Wien – Admira Wien 3:5.
Achtelfinale: Holstein Kiel – Blau-Weiß 90 Berlin 4:0; LSV Kamp – VfB Königsberg 3:2; Dresdner SC – Hannover 96 9:2; Austria Wien – Vorwärts-Rasensport Gleiwitz 8:0; Stuttgarter Kickers – 1. FC Nürnberg 4:1; SV Waldhof – Admira Wien 0:1; Schwarz-Weiß Essen – FC Schalke 04 1:5; 1. SV Jena – FV Metz 3:0.
Viertelfinale: Holstein Kiel – 1. SV Jena 2:1; FC Schalke 04 – Austria Wien 4:1; Admira Wien – Stuttgarter Kickers 5:0; LSV Kamp – Dresdner SC 1:4.
Halbfinale: FC Schalke 04 – Holstein Kiel 6:0; Dresdner SC – Admira Wien 4:2.
Endspiel: Dresdner SC – FC Schalke 04 2:1 (1:0).

1942

1. Runde: VfB Königsberg – MTV Ponarth 6:0; SV Neufahrwasser – LSV Heiligenbeil n. V. 3:2; HUS Marienwerder – LSV Stettin 1:2; Stettiner SC – LSV Pütnitz 1:2; Blau-Weiß 90 Berlin – Lufthansa Berlin 3:0; Spfr. Halle – Minerva 93 Berlin 1:2; SpVgg Breslau 02 – LSV Görlitz 12:3; LSV Bölcke Krakau – TuS Lipine 2:5; LSV Reinecke Brieg – LSV Olmütz 3:1; Germania Königshütte – LSV Adler Deblin 3:5; NSTG Falkenau – SC Planitz 3:1; Döbelner SC – NSTG Prag 4:1; SV Dessau 05 – Eintracht Braunschweig 2:0; Werder Bremen – Victoria Hamburg 5:1; Hamburger SV – Eimsbütteler TV 6:0; Hannover 96 – Fortuna Leipzig n. V. 3:3 und 2:4; Borussia Fulda – Westende Hamborn 1:6; Schwarz-Weiß Esch – Stadt Düdelingen 2:5; Victoria Köln – SpVgg Köln-Sülz 07 2:3; SV Hamborn 07 – FC Schalke 04 0:2; Arminia Bielefeld – LSV Gütersloh 4:0; Rot-Weiss Essen – VfL 99 Köln 2:5; FC Hanau 93 – 1. FC Schweinfurt 05 2:1; SV Waldhof – VfR Mannheim 3:1; 1. FC Kaiserslautern – Kickers Offenbach 2:3; Borussia Neunkirchen – SS Straßburg 4:5; VfB Stuttgart – TSG 61 Ludwigshafen 6:1; FC 93 Mülhausen – Rasensport Straßburg 2:1; SG Böblingen – Stuttgarter Kickers 2:3; Eintracht Frankfurt – SpVgg Fürth 4:1; TSV München 1860 – Rapid Wien 5:3; Wiener AC – First Vienna FC 1:2.
2. Runde: LSV Stettin – VfB Königsberg 4:1; LSV Pütnitz – SV Neufahrwasser 3:2; TuS Lipine – SpVgg Breslau 02 4:0; LSV Adler Deblin – LSV Reinecke Brieg 7:1; Westende Hamborn – Arminia Bielefeld 1:0; Stadt Düdelingen – SpVgg Köln-Sülz 07 2:0; VfL 99 Köln – Werder Bremen 1:2; FC Schalke 04 – Eintracht Frankfurt 6:0; Kickers Offenbach – FC Hanau 93 3:1; Stuttgarter Kickers – TSV München 1860

1:3; SS Straßburg – SV Waldhof n. V. 5:4; FC 93 Mülhausen – VfB Stuttgart 0:2; NSTG Falkenau – First Vienna FC 4:0; SV Dessau 05 – Döbelner SC 5:3; Hamburger SV – Minerva 93 Berlin 2:0; Fortuna Leipzig – Blau-Weiß 90 Berlin 0:3.
Achtelfinale: LSV Stettin – LSV Pütnitz 4:1; TuS Lipine – LSV Adler Deblin 4:1; Werder Bremen – Kickers Offenbach 6:1; FC Schalke 04 – Westende Hamborn 4:1; TSV München 1860 – SS Straßburg 15:1; VfB Stuttgart – Stadt Düdelingen 0:2; Hamburger SV – SV Dessau 05 3:4; Blau-Weiß 90 Berlin – NSTG Falkenau 4:1.
Viertelfinale: SV Dessau 05 – FC Schalke 04 0:4; Stadt Düdelingen – TSV München 1860 0:7; TuS Lipine – Blau-Weiß 90 Berlin 4:1; Werder Bremen – LSV Stettin 4:1.
Halbfinale: TSV München 1860 – TuS Lipine 6:0; FC Schalke 04 – Werder Bremen 2:0.
Endspiel: TSV München 1860 – FC Schalke 04 2:0 (0:0).

1943

1. Runde: Holstein Kiel – Eintracht Braunschweig 5:4; TSG Rostock – Hertha BSC 1:7; Viktoria Elbing – LSV Pütnitz 0:7; FK Niederkorn – Spfr. Katernberg 0:3; FV Saarbrücken – KSG Mülheimer SV/VfR Köln 8:0; FC 93 Mülhausen – VfR Mannheim 1:4; Dresdner SC – Borussia Fulda 13:1; 1. FC Schweinfurt 05 – 1. FC Nürnberg 2:4; NSTG Brüx – First Vienna FC 0:14; Praga Warschau – MSV Brünn 1:3; SpVgg Breslau 02 – TuS Lipine 5:3; DWM Posen – VfB Königsberg 0:4; BC Augsburg – Bayern München 3:0; LSV Hamburg – SpVgg Wilhelmshaven 05 1:0; SpVgg Erfurt – FC Schalke 04 0:4; Stuttgarter Kickers – Kickers Offenbach 3:5.
Achtelfinale: FC Schalke 04 – Spfr. Katernberg 4:2; VfB Königsberg – Dresdner SC 0:5; First Vienna FC – SpVgg Breslau 02 6:5; Hertha BSC – Holstein Kiel 0:3; Kickers Offenbach – FV Saarbrücken 1:2; LSV Pütnitz – LSV Hamburg 2:3; MSV Brünn – 1. FC Nürnberg 1:5; VfR Mannheim – BC Augsburg 4:2.
Viertelfinale: Holstein Kiel – LSV Hamburg 2:4; FV Saarbrücken – FC Schalke 04 n. V. 1:2; 1. FC Nürnberg – First Vienna FC 2:3; Dresdner SC – VfR Mannheim 5:3.
Halbfinale: First Vienna FC – FC Schalke 04 6:2; LSV Hamburg – Dresdner SC 2:1.
Endspiel: First Vienna FC – LSV Hamburg 3:2 (2:2, 0:1) n. Verl.

1953

1. Runde: VfB Stuttgart – Kickers Offenbach 0:3; Rot-Weiss Essen – Jahn Regensburg 5:0; SV Waldhof – Eintracht Braunschweig 2:1; Eintracht Osnabrück – Preußen Dellbrück 1:2; 1. FC Saarbrücken – FC St. Pauli 1:2; Borussia Neunkirchen – FC Schalke 04 2:1; SpVgg Fürth – VfR Kaiserslautern 6:1; Wacker 04 Berlin – 1. FC Nürnberg 2:6; Concordia Hamburg – Borussia Dortmund 4:3; Hamburger SV – Victoria Hamburg 6:1; Blau-Weiß 90 Berlin – Eintracht Trier 0:1; VfB Mühlburg – Preußen Münster n. V. 5:3; Alemannia Aachen – SC Essen West 81 5:2; SSV Reutlingen – Wormatia Worms n. V. 4:5; SV Hamborn 07 – 1. SC Göttingen 05 n. V. 4:1; VfL Osnabrück – Phönix Ludwigshafen n. V. 2:2 und 2:0.
Achtelfinale: SV Waldhof – SpVgg Fürth 5:2; Concordia Hamburg – VfB Mühlburg 4:3; Preußen Dellbrück – Kickers Offenbach n. V. 2:3; Wormatia Worms – Eintracht Trier 4:1; 1. FC Nürnberg – Alemannia Aachen n. V. 3:3 und 0:2; Hamburger SV – Borussia Neunkirchen 2:0; SV Hamborn 07 – FC St. Pauli n. V. 1:1 und 4:3; Rot-Weiss Essen – VfL Osnabrück 2:0.
Viertelfinale: Rot-Weiss Essen – Hamburger SV 6:1; Kickers Offenbach – Wormatia Worms 1:2; SV Waldhof – Concordia Hamburg 2:1; Alemannia Aachen – SV Hamborn 07 3:1.
Halbfinale: Rot-Weiss Essen – SV Waldhof 3:2; Alemannia Aachen – Wormatia Worms 3:1.
Endspiel: Rot-Weiss Essen – Alemannia Aachen 2:1 (1:0).

1954

Viertelfinale (Die Regionalpokalsieger, die Endspielteilnehmer der Vertragsspieler und der Deutsche Amateurmeister nahmen teil): 1. FC Kaiserslautern – Hamburger SV 2:3; 1. FC Köln – Viktoria 89 Berlin 3:2; TuS Neuendorf – 1. FC Nürnberg 2:1; VfB Stuttgart – SV 09 Berg. Gladbach n. V. 1:1 und 6:0.
Halbfinale: Hamburger SV – 1. FC Köln n. V. 1:3; VfB Stuttgart – TuS Neuendorf n. V. 2:2 und 2:0.
Endspiel: VfB Stuttgart – 1. FC Köln 1:0 (0:0) n. Verl.

1955

1. Runde: FC Schalke 04 – Jahn Regensburg n. V. 1:1 und 6:3; Hamburger SV – Eintracht Trier n. V. 5:3; Kickers Offenbach – Hannover 96 6:3; 1. FC Nürnberg – TSV Marl-Hüls 2:0; Eintracht Frankfurt – FK Pirmasens 1:0; Karlsruher SC – FSV Frankfurt 5:1; TuS Bremerhaven 93 – SpVgg Erkenschwick 5:1; VfB Stuttgart – Arminia Hannover 4:2; SG Düren 99 – 1. FC Kaiserslautern 2:5; Altona 93 – 1. FC Saarbrücken 3:2; 1. FC Köln – STV Horst Emscher 2:1; Tennis Borussia Berlin – 1. FC Schweinfurt 05 2:4; Union Krefeld – Eintracht Braunschweig 4:0; Phönix Ludwigshafen – Alemannia Aachen n. V. 0:0 und 0:4; Tura Ludwigshafen – FC St. Pauli 0:1; Spandauer SV – VfB Lübeck 1:2.

Achtelfinale: FC Schalke 04 – 1. FC Schweinfurt 05 n. V. 1:1 und 1:0; VfB Stuttgart – VfB Lübeck 5:1; Altona 93 – Eintracht Frankfurt 2:1; Karlsruher SC – 1. FC Nürnberg 1:0; TuS Bremerhaven 93 – Hamburger SV 3:1; 1. FC Kaiserslautern – 1. FC Köln 7:0; Alemannia Aachen – Union Krefeld n. V. 4:2; Kickers Offenbach – FC St. Pauli 2:0.
Viertelfinale: Altona 93 – Alemannia Aachen 2:0; VfB Stuttgart – Karlsruher SC 2:5; Kickers Offenbach – 1. FC Kaiserslautern 4:1; FC Schalke 04 – TuS Bremerhaven 93 2:0.
Halbfinale: FC Schalke 04 – Kickers Offenbach 2:1; Altona 93 – Karlsruher SC n. V. 3:3 und 0:3.
Endspiel: Karlsruher SC – FC Schalke 04 3:2 (1:1).

1956
Qualifikation (Es nahmen nur die fünf regionalen Pokalsieger teil): Spandauer SV – FK Pirmasens 0:1.
Halbfinale: Fortuna Düsseldorf – Hamburger SV 1:2; FK Pirmasens – Karlsruher SC 1:5.
Endspiel: Karlsruher SC – Hamburger SV 3:1 (1:1).

1957
Qualifikation: Spandauer SV – Bayern München 1:4.
Halbfinale: Bayern München – 1. FC Saarbrücken n. V. 3:1; Fortuna Düsseldorf – Hamburger SV 1:0.
Endspiel: Bayern München – Fortuna Düsseldorf 1:0 (0:0).

1958
Qualifikation: Tasmania 1900 Berlin – VfL Osnabrück n. V. 1:1 und 3:1.
Halbfinale: Tasmania 1900 Berlin – Fortuna Düsseldorf 1:2; 1. FC Saarbrücken – VfB Stuttgart 1:4.
Endspiel: VfB Stuttgart – Fortuna Düsseldorf 4:3 (3:3, 1:0) n. Verl.

1959
Qualifikation: Hertha BSC – Schwarz-Weiß Essen 3:6.
Halbfinale: Borussia Neunkirchen – VfR Mannheim 2:1; Hamburger SV – Schwarz-Weiß Essen n. V. 1:2.
Endspiel: Schwarz-Weiß Essen – Borussia Neunkirchen 5:2 (1:0).

1960
Qualifikation: Hertha BSC – FK Pirmasens 0:1.
Halbfinale: Borussia Mönchengladbach – Hamburger SV 2:0; Karlsruher SC – FK Pirmasens 3:4, Wiederholung 2:0 (Pirmasens hatte einen nicht spielberechtigten Spieler eingesetzt).
Endspiel: Borussia Mönchengladbach – Karlsruher SC 3:2 (2:1).

1961
Achtelfinale: Eintracht Frankfurt – 1. FC Köln n. V. 2:3; VfV Hildesheim – VfB Stuttgart 1:2; Tasmania 1900 Berlin – Altona 93 4:1; 1. FC Saarbrücken – Werder Bremen 0:1; 1. FC Kaiserslautern – Heider SV 2:0; Spfr. Hamborn 07 – SV Waldhof 3:1; Karlsruher SC – Wuppertaler SV 7:2; FK Pirmasens – VfL Bochum 3:2.
Viertelfinale: VfB Stuttgart – Karlsruher SC 0:1; Werder Bremen – 1. FC Köln 3:2; 1. FC Kaiserslautern – Tasmania 1900 Berlin n. V. 2:1; Spfr. Hamborn 07 – FK Pirmasens n. V. 3:2.
Halbfinale: Spfr. Hamborn 07 – 1. FC Kaiserslautern 1:2; Werder Bremen – Karlsruher SC n. V. 3:2.
Endspiel: Werder Bremen – 1. FC Kaiserslautern 2:0.

1962
Achtelfinale: VfV Hildesheim – Westfalia Herne 3:2; Holstein Kiel – FC Schalke 04 3:4; 1. FSV Mainz 05 – 1. FC Köln 0:5; Fortuna Düsseldorf – Spfr. Lebenstedt 2:1; TSV München 1860 – Hessen Kassel 6:1; 1. FC Saarbrücken – Eintracht Braunschweig 4:1; Saar 05 Saarbrücken – 1. FC Nürnberg 0:3; Eintracht Frankfurt – Tasmania 1900 Berlin 1:0.
Viertelfinale: 1. FC Nürnberg – VfV Hildesheim 11:0; 1. FC Saarbrücken – Fortuna Düsseldorf n. V. 2:2 und 1:2; FC Schalke 04 – TSV München 1860 4:2; 1. FC Köln – Eintracht Frankfurt n. V. 1:2.
Halbfinale: 1. FC Nürnberg – Eintracht Frankfurt 4:2; Fortuna Düsseldorf – FC Schalke 04 3:2.
Endspiel: 1. FC Nürnberg – Fortuna Düsseldorf 2:1 (1:1, 0:0) n. Verl.

1963
Achtelfinale: Borussia Dortmund – Spfr. Saarbrücken 4:2; TSV München 1860 – FC Schalke 04 3:2; Bayern Hof – Hamburger SV 2:5; 1. FC Saarbrücken – VfL Wolfsburg 3:0; Hessen Kassel – Wuppertaler

SV n. V. 2:2 und 0:3; 1. FC Nürnberg – Borussia Neunkirchen 1:2; Werder Bremen – VfB Lohberg 4:3; Concordia Hamburg – Tasmania 1900 Berlin 1:3.
Viertelfinale: Borussia Dortmund – TSV München 1860 3:1; Hamburger SV – 1. FC Saarbrücken 1:0; Wuppertaler SV – Borussia Neunkirchen 1:0; Werder Bremen – Tasmania 1900 Berlin 1:0.
Halbfinale: Borussia Dortmund – Werder Bremen 2:0; Wuppertaler SV – Hamburger SV 0:1.
Endspiel: Hamburger SV – Boussia Dortmund 3:0.

1964

1. Runde: Hamburger SV – SpVgg Fürth n. V. 1:1 und n. V. 1:2; Meiderischer SV – Hertha BSC n. V. 1:2; VfL Wolfsburg – Eintracht Frankfurt 0:2; Wormatia Worms – Hessen Kassel 2:3; Stuttgarter Kickers – Phönix Ludwigshafen 0:3; Werder Bremen – FC Schalke 04 0:2; 1. FC Köln – 1. FC Nürnberg n. V. 3:2; Eintracht Trier – Hannover 96 n. V. 1:1 und 0:4; Altona 93 – Borussia Mönchengladbach 2:1; Eintracht Gelsenkirchen – Duisburger SV 0:2; Preußen Münster – Karlsruher SC 1:3; 1. FC Saarbrücken – Tennis Borussia Berlin 6:1; Eintracht Braunschweig – VfL Osnabrück 3:0; TSV München 1860 – Borussia Dortmund 2:0; 1. FC Kaiserslautern – Wuppertaler SV 2:0; VfB Stuttgart – SSV Reutlingen n. V. 2:2 und 4:0.
Achtelfinale: Eintracht Frankfurt – Hessen Kassel 6:1; Phönix Ludwigshafen – FC Schalke 04 1:2; Hertha BSC – SpVgg Fürth 4:3; 1. FC Köln – Hannover 96 n. V. 3:0; Altona 93 – Duisburger SV 2:1; 1. FC Saarbrücken – Eintracht Braunschweig n. V. 2:1; TSV München 1860 – 1. FC Kaiserslautern 4:2; Karlsruher SC – VfB Stuttgart 2:1.
Viertelfinale: Eintracht Frankfurt – FC Schalke 04 2:1; Hertha BSC – 1. FC Köln 4:2; Altona 93 – Karlsruher SC 2:1; 1. FC Saarbrücken – TSV München 1860 1:3.
Halbfinale: Eintracht Frankfurt – Hertha BSC 3:1; Altona 93 – TSV München 1860 n. V. 1:4.
Endspiel: TSV München 1860 – Eintracht Frankfurt 2:0 (1:0).

1965

1. Runde: 1. FC Nürnberg – 1. FC Köln 2:0; Rot-Weiß Oberhausen – Ulmer TSG 1846 5:0; 1. FC Kaiserslautern – Karlsruher SC 3:0; Westfalia Herne – Tennis Borussia Berlin n. V. 3:4.; VfR Frankenthal – VfB Stuttgart 0:5; Altona 93 – Hannover 96 0:5; Hertha BSC – Eintracht Braunschweig 1:5; VfL Wolfsburg – TSV München 1860 3:4; Preußen Münster – Borussia Dortmund 0:1; VfL Osnabrück – Alemannia Aachen 1:3; 1. FSV Mainz 05 – Werder Bremen 1:0; Hessen Kassel – Hamburger SV 0:2; SuS Northeim – Meiderischer SV n. V. 0:1; Schwaben Augsburg – FC Schalke 04 n. V. 5:7; Eintracht Frankfurt – Borussia Neunkirchen 2:1; Kickers Offenbach – Wormatia Worms 2:4.
Achtelfinale: Eintracht Frankfurt – FC Schalke 04 1:2; 1. FSV Mainz 05 – TSV München 1860 n. V. 2:2 und 2:1; Wormatia Worms – VfB Stuttgart 0:2; 1. FC Nürnberg – Hamburger SV 3:1; 1. FC Kaiserslautern – Hannover 96 1:3; Meiderischer SV – Eintracht Braunschweig 0:1; Tennis Borussia Berlin – Borussia Dortmund 1:2; Rot-Weiß Oberhausen – Alemannia Aachen 0:1.
Viertelfinale: Eintracht Braunschweig – Borussia Dortmund 0:2; FC Schalke 04 – VfB Stuttgart 4:2; Alemannia Aachen – Hannover 96 2:1; 1. FSV Mainz 05 – 1. FC Nürnberg 0:3.
Halbfinale: Borussia Dortmund – 1. FC Nürnberg 4:2; Alemannia Aachen – FC Schalke 04 n. V. 4:3.
Endspiel: Borussia Dortmund – Alemannia Aachen 2:0.

1966

Qualifikation: Bayern München – Borussia Dortmund 2:0; Borussia Mönchengladbach – Opel Rüsselsheim 5:1.
1. Runde: Werder Bremen – TSV München 1860 4:0; Bayern München – Eintracht Braunschweig 1:0; 1. FC Köln – Tasmania 1900 Berlin n. V. 1:1 und 2:0; Hannover 96 – Hamburger SV 2:4; Meiderischer SV – VfB Stuttgart 2:0; Borussia Mönchengladbach – Borussia Neunkirchen n. V. 0:1; Südwest Ludwigshafen – 1. FC Kaiserslautern 0:1; Eintracht Frankfurt – SV Alsenborn 2:1; FC Schalke 04 – Tennis Borussia Berlin n. V. 3:1; Karlsruher SC – Preußen Münster 2:0; Schwaben Augsburg – 1. FC Nürnberg 0:1; Fortuna Düsseldorf – Kickers Offenbach 1:2; FC St. Pauli – 1. FC Saarbrücken 4:2; Holstein Kiel – Arminia Bielefeld 3:1; Freiburger FC – Alemannia Aachen 4:3; TuS Haste – Concordia Hamburg 1:2.
Achtelfinale: Hamburger SV – Borussia Neunkirchen 4:0; Meiderischer SV – FC Schalke 04 6:0; 1. FC Nürnberg – Eintracht Frankfurt 2:1; Freiburger FC – Karlsruher SC 1:3; 1. FC Kaiserslautern – Holstein Kiel 3:0; Werder Bremen – Concordia Hamburg 2:0; FC St. Pauli – Kickers Offenbach 3:1; Bayern München – 1. FC Köln 2:0.
Viertelfinale: Meiderischer SV – Karlsruher SC 1:0; Hamburger SV – Bayern München 1:2; 1. FC Kaiserslautern – Werder Bremen 3:1; FC St. Pauli – 1. FC Nürnberg 0:1.
Halbfinale: 1. FC Nürnberg – Bayern München n. V. 1:2; Meiderischer SV – 1. FC Kaiserslautern 4:3.
Endspiel: Bayern München – Meiderischer SV 4:2.

1967

Qualifikation: Altona 93 – 1. FC Nürnberg 2:1; Hessen Kassel – Eintracht Frankfurt 6:2.
1. Runde: Borussia Dortmund – 1. FC Köln n. V. 2:2 und 0:1; Eintracht Braunschweig – MSV Duisburg n. V. 2:3; FC Schalke 04 – Borussia Mönchengladbach 4:2; Duisburger FV 08 – Schwarz-Weiß Essen 0:2; Alemannia Aachen – FK Pirmasens n. V. 1:1 und 1:0; Waldhof Mannheim – Fortuna Düsseldorf 1:3; Hessen Kassel – Werder Bremen n. V. 2:2 und n. V. 1:2; Hertha BSC – Bayern München n. V. 2:3; Altona 93 – Hamburger SV 0:6; Rot-Weiss Essen – Karlsruher SC 1:2; VfB Lübeck – Kickers Offenbach n. V. 0:1; Arminia Hannover – TSV München 1860 1:4; 1. FC Saarbrücken – VfB Stuttgart 2:4; SpVg Erkenschwick – Stuttgarter Kickers 1:0; Hannover 96 Am. – Borussia Neunkirchen n. V. 2:2 und 1:2; 1. FC Kaiserslautern – Hannover 96 2:1.
Achtelfinale: 1. FC Köln – Hamburger SV n. V. 0:0 und 0:2; Alemannia Aachen – Karlsruher SC 4:2; Bor. Neunkirchen – Werder Bremen n. V. 1:1 und 2:1; VfB Stuttgart – FC Schalke 04 0:1; 1. FC Kaiserslautern – Kickers Offenbach n. V. 0:0 und n. V. 0:1; Schwarz-Weiß Essen – Fortuna Düsseldorf n. V. 1:1 und 0:1; SpVgg Erkenschwick – Bayern München 1:3; TSV München 1860 – MSV Duisburg 1:0.
Viertelfinale: TSV München 1860 – Fortuna Düsseldorf 2:0; Kickers Offenbach – Hamburger SV n. V. 0:0 und 0:2; Alemannia Aachen – Borussia Neunkirchen 3:1; FC Schalke 04 – Bayern München 2:3.
Halbfinale: Hamburger SV – Alemannia Aachen 3:1; Bayern München – TSV München 1860 3:1.
Endspiel: Bayern München – Hamburger SV 4:0.

1968

1. Runde: Borussia Neunkirchen – Eintracht Braunschweig 2:3; Bayer Leverkusen – 1. FC Nürnberg 0:2; Röchling Völklingen – Werder Bremen 4:2; Hertha BSC – Hamburger SV n. V. 1:0; VfL Bochum – Karlsruher SC 3:2; Preußen Münster – Alemannia Aachen 2:1; FC Homburg/Saar – 1. FC Köln 1:4; Arminia Bielefeld – FC Schalke 04 0:1; Bayern Hof – Borussia Mönchengladbach 0:1; VfB Stuttgart – 1. FC Kaiserslautern 1:0; MSV Duisburg – Hannover 96 4:1; 1. FC Schweinfurt 05 – Eintracht Frankfurt n. V. 1:2; VfB Lübeck – TSV München 1860 0:1; Jahn Regensburg – Bayern München n. V. 1:4; VfB Oldenburg – Borussia Dortmund 2:3; SSV Reutlingen – Itzehoer SV 7:1.
Achtelfinale: Bayern München – MSV Duisburg 3:1; VfL Bochum – VfB Stuttgart 2:1; SSV Reutlingen – Borussia Dortmund 1:3; FC Schalke 04 – Eintracht Braunschweig 2:3; 1. FC Nürnberg – Preußen Münster 4:0; Hertha BSC – Röchling Völklingen 2:1; TSV München 1860 – Borussia Mönchen-gladbach 2:4; 1. FC Köln – Eintracht Frankfurt n. V. 1:1 und 1:0.
Viertelfinale: Bayern München – 1. FC Nürnberg 2:1; Borussia Dortmund – Hertha BSC 2:1; Eintracht Braunschweig – 1. FC Köln n. V. 1:1 und 1:2; VfL Bochum – Borussia Mönchengladbach 2:0.
Halbfinale: 1. FC Köln – Borussia Dortmund 3:0; VfL Bochum – Bayern München 2:1.
Endspiel: 1. FC Köln – VfL Bochum 4:1.

1969

1. Runde: Wormatia Worms – Preußen Münster 2:3; TSV Langenhorn Hamburg – Sperber Hamburg 1:2; Borussia Mönchengladbach – Hertha BSC 5:2; Rot-Weiss Essen – Werder Bremen 1:2; SV Alsenborn – MSV Duisburg 2:1; Eintracht Trier – 1. FC Nürnberg 1:3; Rot-Weiß Oberhausen – FC Schalke 04 n. V. 2:3; VfL Wolfsburg – Hamburger SV 1:2; Jahn Regensburg – Alemannia Aachen 0:1; Freiburger FC – 1. FC Kaiserslautern 0:1; Arminia Hannover – 1. FC Schweinfurt 05 4:0; VfB Stuttgart – 1. FC Köln 1:0; Eintracht Braunschweig – TSV München 1860 1:0; Bayern München – Kickers Offenbach n. V. 0:0 und 1:0; Eintracht Frankfurt – Borussia Dortmund 6:2; Wacker 04 Berlin – Hannover 96 1:4.
Achtelfinale: Hamburger SV – Borussia Mönchengladbach n. V. 2:0; Alemannia Aachen – Preußen Münster 2:0; Bayern München – Arminia Hannover 1:0; FC Schalke 04 – SV Alsenborn 3:1; 1. FC Kaiserslautern – Eintracht Frankfurt 1:0; Werder Bremen – Eintracht Braunschweig 5:0; Hannover 96 – VfB Stuttgart n. V. 2:2 und 1:0; Sperber Hamburg – 1. FC Nürnberg n. V. 0:0 und 0:7.
Viertelfinale: Hamburger SV – Bayern München 0:2; FC Schalke 04 – Alemannia Aachen 2:0; 1. FC Kaiserslautern – Werder Bremen 3:0; 1. FC Nürnberg – Hannover 96 1:0.
Halbfinale: Bayern München – 1. FC Nürnberg 2:0; 1. FC Kaiserslautern – FC Schalke 04 n. V. 1:1 und 1:3.
Endspiel: Bayern München – FC Schalke 04 2:1.

1970

1. Runde: Eintracht Gelsenkirchen – Borussia Mönchengladbach 1:3; 1. FC Nürnberg – VfB Stuttgart 1:0; Kickers Offenbach – TSV München 1860 4:1; Hannover 96 – Rot-Weiß Oberhausen 3:2; Jahn Regensburg – Eintracht Braunschweig 1:0; FC 08 Villingen – Hamburger SV 1:3; Rot-Weiss Essen – 1. FC Köln n. V. 3:3 und 1:5; SG Wattenscheid 09 – Bayern München 1:6; 1. SC Göttingen 05 – MSV Duisburg n. V. 0:1; Wuppertaler SV – 1. FC Kaiserslautern 1:0; VfL Osnabrück – Eintracht Frankfurt n. V. 1:2; SV Alsenborn – FC Schalke 04 1:5; FK Pirmasens – Hertha BSC 1:2; Schwarz-Weiß Essen – Borussia Dortmund 1:2; Tennis Borussia Berlin – Werder Bremen 0:2; Arminia Hannover – Alemannia Aachen 0:3.

Achtelfinale: Bayern München – Jahn Regensburg 4:0; Hannover 96 – Borussia Mönchengladbach 1:3; Eintracht Frankfurt – Hamburger SV 2:0; Wuppertaler SV – 1. FC Nürnberg 0:3; 1. FC Köln – MSV Duisburg 6:1; FC Schalke 04 – Hertha BSC n. V. 0:0 und 0:4; Alemannia Aachen – Werder Bremen n. V. 1:1 und n. V. 1:1, Los für Aachen; Kickers Offenbach – Borussia Dortmund n. V. 2:1.
Viertelfinale: Borussia Mönchengladbach – 1. FC Köln n. V. 2:3; 1. FC Nürnberg – Bayern München 2:1; Eintracht Frankfurt – Kickers Offenbach 0:3; Alemannia Aachen – Hertha BSC 1:0.
Halbfinale: Alemannia Aachen – 1. FC Köln 0:4; Kickers Offenbach – 1. FC Nürnberg n. V. 4:2.
Endspiel: Kickers Offenbach – 1. FC Köln 2:1.

1971

1. Runde: Hessen Kassel – Bayern München n. V. 2:2 und 0:3; TSV Westerland – Borussia Dortmund (in Leck) 0:4; SG Wattenscheid 09 – Hertha BSC 1:2; VfR Heilbronn – Kickers Offenbach 2:0; SV Alsenborn – Borussia Mönchengladbach n. V. 1:1 und 1:3; SSV Reutlingen – 1. FC Köln 2:5; Borussia Neunkirchen – 1. FC Kaiserslautern 0:1; Tasmania 1900 Berlin – Eintracht Braunschweig 1:0; Hannover 96 – Hamburger SV n. V. 2:3; Rot-Weiß Oberhausen – Rot-Weiss Essen 4:3; FC St. Pauli – Eintracht Frankfurt n. V. 2:3; VfL Wolfsburg – FC Schalke 04 n. V. 2:2 und n. V. 1:1, Elfmeterschießen 1:3; Fortuna Düsseldorf – Werder Bremen n. V. 3:1; FC Homburg/Saar – MSV Duisburg n. V. 1:1 und 0:4; Holstein Kiel – VfB Stuttgart 2:1; Wuppertaler SV – Arminia Bielefeld 5:0.
Achtelfinale: 1. FC Kaiserslautern – Bayern München n. V. 1:1 und 0:5; Eintracht Frankfurt – 1. FC Köln 1:4; Hamburger SV – Borussia Dortmund n. V. 3:1; Fortuna Düsseldorf – Wuppertaler SV 4:0; MSV Duisburg – Tasmania 1900 Berlin 2:0; Holstein Kiel – Rot-Weiß Oberhausen n. V. 2:5; Hertha BSC – Borussia Mönchengladbach 1:3; FC Schalke 04 – VfR Heilbronn 4:0.
Viertelfinale: Bayern München – MSV Duisburg 4:0; 1. FC Köln – Hamburger SV 2:0; Fortuna Düsseldorf – Borussia Mönchengladbach 3:1; FC Schalke 04 – Rot-Weiß Oberhausen 1:0.
Halbfinale: Fortuna Düsseldorf – Bayern München 0:1; FC Schalke 04 – 1. FC Köln 2:3.
Endspiel: Bayern München – 1. FC Köln n. V. 2:1.

1972

1972 und 1973 wurden bis auf das Endspiel alle Runden mit Hin- und Rückspielen ausgetragen.
1. Runde: FC St. Pauli – Rot-Weiß Oberhausen 1:1, 1:2; Bayer Leverkusen – Borussia Mönchengladbach 0:3, 2:4; SV Alsenborn – Fortuna Düsseldorf 0:0, 0:3; Tasmania 1900 Berlin – Werder Bremen 2:2, 0:2; VfR Heilbronn – VfB Stuttgart 1:1, 0:4; Kickers Offenbach – Borussia Dortmund 1:1, 3:0; FC Schalke 04 – Hertha BSC 3:1, 0:3 (wegen Einsatzes eines gesperrten Spielers für Hertha als verloren gewertet); Holstein Kiel – Hannover 96 5:4, 1:7; Freiburger FC – Hamburger SV 1:2, 2:2; Essener FV 1912 – 1. FC Köln 1:9, 0:5; Wuppertaler SV – 1. FC Kaiserslautern 2:1, n. V. 2:3, Elfmeterschießen 3:5; Fortuna Köln – Bayern München 2:1, 0:6; Arminia Bielefeld – MSV Duisburg 1:1, 1:3; SpVgg Bad Pyrmont – Werder Bremen 1:4, 0:6; Borussia Neunkirchen – Eintracht Braunschweig 2:4, 0:0; 1. FC Schweinfurt 05 – Eintracht Frankfurt 1:0, 1:6.
Achtelfinale: Borussia Mönchengladbach – Eintracht Frankfurt 4:2, 2:3; Hannover 96 – VfL Bochum 0:0, 4:2; Werder Bremen – Hamburger SV 4:2, 0:1; Fortuna Düsseldorf – FC Schalke 04 1:1, 1:2; VfB Stuttgart – 1. FC Kaiserslautern 4:3, 1:3; MSV Duisburg – Rot-Weiß Oberhausen 2:2, 0:1; Kickers Offenbach – 1. FC Köln 3:1, 0:4; Eintracht Braunschweig – Bayern München 0:0, n. V. 1:3.
Viertelfinale: Bayern München – 1. FC Köln 3:0, 1:5; Borussia Mönchengladbach – FC Schalke 04 2:2, 0:1; Rot-Weiß Oberhausen – 1. FC Kaiserslautern 3:1, n. V. 0:5; Hannover 96 – Werder Bremen 0:2, 1:2.
Halbfinale: 1. FC Kaiserslautern – Werder Bremen 2:1, 2:1; 1. FC Köln – FC Schalke 04 4:1, n. V. 2:5, Elfmeterschießen 5:6.
Endspiel: FC Schalke 04 – 1. FC Kaiserslautern 5:0.

1973

1. Runde: Hannover 96 – Eintracht Frankfurt 1:0, 2:4; VfL Wolfsburg – VfB Stuttgart 2:2, 2:3; OSV Hannover – Hertha BSC 0:6, 0:3; FK Pirmasens – Rot-Weiß Oberhausen 4:1, 0:4; Stuttgarter Kickers – Eintracht Braunschweig 1:1, 1:5; Wacker 04 Berlin – Werder Bremen 1:5, 0:4; Rot-Weiss Essen – Hamburger SV 5:3, n. V. 0:5; FC St. Pauli – Kickers Offenbach 3:1, 0:3; Wormatia Worms – VfL Bochum 4:4, 1:3; Südwest Ludwigshafen – FC Schalke 04 1:3, 1:3; Preußen Münster – MSV Duisburg 2:1, 0:3; HSV Barmbek-Uhlenhorst – Bayern München 1:4, 0:7; Freiburger FC – Borussia Mönchengladbach 3:1, 1:7; SpVgg Bayreuth – 1. FC Kaiserslautern 4:2, 0:4; Fortuna Köln – 1. FC Köln 2:1, n. V. 0:4; Wuppertaler SV – Fortuna Düsseldorf 3:0, 0:2.
Achtelfinale: Eintracht Braunschweig – Eintracht Frankfurt 1:0, 2:2; Wuppertaler SV – Kickers Offenbach 3:2, 0:3; MSV Duisburg – Hertha BSC 1:2, 2:4; FC Schalke 04 – Borussia Mönchengladbach 0:2, 1:1; Hamburger SV – 1. FC Köln 2:2, 1:4; Rot-Weiß Oberhausen – Bayern München 1:2, 1:3; VfL Bochum – Werder Bremen 4:4, 1:2; VfB Stuttgart – 1. FC Kaiserslautern 2:1, n. V. 0:2.

Viertelfinale: Eintracht Braunschweig – 1. FC Köln 0:5, 2:3; Kickers Offenbach – Bayern München 2:2, 4:2; Werder Bremen – Hertha BSC 2:0, 2:2; Borussia Mönchengladbach – 1. FC Kaiserslautern 2:1, 3:1.
Halbfinale: Werder Bremen – Bor. Mönchengladbach 1:3, 2:4; 1. FC Köln – Kickers Offenbach 5:0, 1:1.
Endspiel: Borussia Mönchengladbach – 1. FC Köln n. V. 2:1.

1974

1. Runde: TuS Neuendorf – Wuppertaler SV 0:2; FC Schalke 04 – SG Wattenscheid 09 1:2; Bayern München – MSV Duisburg 3:1; Arminia Bielefeld – Alemannia Aachen 2:1; 1. FC Köln – Eintracht Braunschweig 2:0; Tennis Borussia Berlin – Eintracht Frankfurt 1:8; 1. FC Nürnberg – 1. FSV Mainz 05 4:1; VfB Oldenburg – Borussia Mönchengladbach 0:6; Fortuna Köln – VfB Stuttgart n. V. 3:2; 1. FC Kaiserslautern – Rot-Weiss Essen n. V. 5:3; Hertha BSC – Fortuna Düsseldorf n. V. 2:2 und n. V. 1:1, Elfmeterschießen 4:1; Hamburger SV – SV Darmstadt 98 3:1; Borussia Dortmund – Hannover 96 1:4; Kickers Offenbach – VfR Heilbronn n. V. 2:2 und n. V. 3:2; Hessen Kassel – HSV Barmbek-Uhlenhorst 2:1; VfL Bochum – Werder Bremen n. V. 2:2 und 1:2.
Achtelfinale: 1. FC Köln – Wuppertaler SV 1:0; Werder Bremen – Bayern München 1:2; Arminia Bielefeld – 1. FC Kaiserslautern n. V. 1:1 und 0:3; Hessen Kassel – Eintracht Frankfurt 2:3; Kickers Offenbach – 1. FC Nürnberg 3:2; Fortuna Köln – Hannover 96 n. V. 0:0 und 0:2; Bor. Mönchengladbach – Hamburger SV n. V. 2:2 und n. V. 1:1, Elfmeterschießen 1:3; SG Wattenscheid 09 – Hertha BSC 1:0.
Viertelfinale: Bayern München – Hannover 96 3:2; SG Wattenscheid 09 – Hamburger SV n. V. 0:1.; Eintracht Frankfurt – 1. FC Köln n. V. 4:3; Kickers Offenbach – 1. FC Kaiserslautern n. V. 2:2 und n. V. 3:2.
Halbfinale: Hamburger SV – Kickers Offenbach 1:0; Eintracht Frankfurt – Bayern München 3:2.
Endspiel: Eintracht Frankfurt – Hamburger SV n. V. 3:1.

1975

1. Runde: Eintracht Braunschweig – Hertha BSC n. V. 4:1; Bayern München – VfB Stuttgart 3:2; 1. FC Schweinfurt 05 – 1. FC Kaiserslautern 3:4; SpVgg Bayreuth – FC Schalke 04 1:2; Arminia Bielefeld – Eintracht Frankfurt 1:3; Preußen Münster – Hamburger SV 0:4; SV Darmstadt 98 – Wuppertaler SV 2:1; Werder Bremen – BSC Grünhöfe 11:1; TV Gültstein – Borussia Mönchengladbach 0:5; Blumenthaler SV – MSV Duisburg 1:3; Fortuna Düsseldorf – ASV Neumarkt 6:0; OSV Hannover – Rot-Weiss Essen 2:5; SC Herford – VfL Bochum 0:3; VfB Oldenburg – 1. FC Köln 2:6; Union Solingen – Kickers Offenbach 2:1; Rheydter SV – Tennis Borussia Berlin 1:2; VfL Osnabrück – Borussia Neunkirchen 0:2; 1. SC Göttingen 05 – Hannover 96 3:2; Karlsruher SC – Bayern Hof 0:1; Schwarz-Weiß Essen – SG Wattenscheid 09 3:0; FC Augsburg – 1. FC Saarbrücken 2:1; Alemannia Aachen – SpVgg Erkenschwick 1:0; Wacker 04 Berlin – 1. FSV Mainz 05 n. V. 0:1; Borussia Dortmund – VfR Heilbronn 3:0; TSV München 1860 – Wormatia Worms n. V. 3:2; VfR Mannheim – Sperber Hamburg 8:0; TuS Bremerhaven 93 – VfL Wolfsburg 1:2; FK Pirmasens – VfR Neumünster 7:1; FV 09 Weinheim – Bayer Uerdingen n. V. 2:4.; FC Homburg/Saar – TuS Schwachhausen 3:0; FC St. Pauli – SC Bad Neuenahr 3:0; TSV Weißenburg – SpVgg Fürth 0:5; Viktoria Köln – Stuttgarter Kickers 4:0; 1. FC Nürnberg – Wacker München n. V. 2:2 und 5:2; SpVgg Ludwigsburg – 1. FC Mülheim-Styrum n. V. 2:2 und 1:3; Waldhof Mannheim – Heider SV 4:0; VfB Eppingen – Röchling Völklingen 2:1; HSV Barmbek-Uhlenhorst – Spfr. Siegen 1:2; Spfr. Hamborn 07 – Fortuna Köln 1:3; Olympia Wilhelmshaven – Eintracht Trier 4:1; Rot-Weiß Oberhausen – TuS Langerwehe n. V. 4:2; VfB Homberg – DJK Gütersloh 1:3; FV Lörrach – ASV Landau 1:2; SV Leiwen – 1. FC Pforzheim n. V. 2:2 und n. V. 0:0, Elfmeterschießen 3:5; Holstein Kiel – Rot-Weiß Frankfurt 6:1; FV Eppelborn – Spfr. Eisbachtal 4:2; FV Baden-Oos – Arminia Hannover 1:3; Rapide Wedding – TuS Mayen 3:0; TSV Klein-Linden – Rot-Weiß Lüdenscheid 1:2; SV Sandhausen – FC Wunstorf 3:1; Eintracht Kreuznach II – Bayer Leverkusen 1:3; SB Heidenheim – Hertha Zehlendorf n. V. 2:2 und 0:5; VfB Stuttgart Am. – FC 08 Villingen n. V. 8:4; TuS Ahlen – VfB Theley 1:2; TSV Ersen – VfB Dillingen n. V. 0:1; Eintracht Nordhorn – Westend 01 Berlin 5:1; SC Jülich 1910 – SV Göppingen 2:1; TSG Usingen – Teutonia Obernau 3:2; ASC Dudweiler – FC Emmendingen 2:1; Victoria Hamburg – Altona 93 n. V. 1:2; VfB Lübeck – Bayern München Am. 3:1; Spandauer SV – Hamburger SV Am. 2:0; Eintracht Kreuznach I – Westfalia Herne 2:0; FC Rodalben – TSV Bleidenstadt n. V. 0:1.
2. Runde: Borussia Mönchengladbach – 1. FC Köln 3:5; MSV Duisburg – 1. FC Nürnberg 3:0; Rot-Weiss Essen – DJK Gütersloh 6:2; Bayern München – Rot-Weiß Oberhausen 2:0; Bayern Hof – VfL Bochum n. V. 2:2 und 0:5; VfL Wolfsburg – Werder Bremen 1:4; Fortuna Düsseldorf – FV Eppelborn 4:1; 1. FC Kaiserslautern – Spandauer SV 7:1; FC Schalke 04 – Hertha Zehlendorf 6:0; Tennis Borussia Berlin – Rapide Wedding 4:0; Rot-Weiß Lüdenscheid – Eintracht Braunschweig 3:5; VfB Eppingen – Hamburger SV 2:1; Union Solingen – Eintracht Frankfurt n. V. 1:2; Alemannia Aachen – Borussia Neunkirchen 2:1; FC St. Pauli – 1. FSV Mainz 05 8:3; SpVgg Fürth – Borussia Dortmund n. V. 1:1 und 0:1; Fortuna Köln – Olympia Wilhelmshaven 7:2; 1. FC Mülheim-Styrum – VfR Mannheim 2:0; Schwarz-Weiß Essen – SV Darmstadt 98 2:0; FK Pirmasens – VfB Lübeck 6:0; Waldhof Mannheim – SV Sandhausen 0:1; Holstein Kiel – Bayer Uerdingen 0:1; ASV Landau – FC Augsburg 0:1; TSV Bleidenstadt – FC Homburg/

Saar n. V. 0:0 und n. V. 0:0, Elfmeterschießen 2:0; Eintracht Bad Kreuznach – TSV München 1860 2:4; Spfr. Siegen – 1. SC Göttingen 05 1:0; Viktoria Köln – TSG Usingen n. V. 6:1; VfB Theley – Altona 93 n. V. 2:4; Bayer Leverkusen – Eintracht Nordhorn 2:0; Arminia Hannover – ASC Dudweiler 5:0; VfB Dillingen – SC Jülich 1910 n. V. 2:2 und 0:4; VfB Stuttgart Am. – 1. FC Pforzheim 2:0.
3. Runde: Fortuna Düsseldorf – 1. FC Kaiserslautern n. V. 3:2; Bayern München – MSV Duisburg 2:3; Fortuna Köln – FC Schalke 04 2:0; Bayer Uerdingen – VfL Bochum 0:2; Werder Bremen – FC Augsburg n. V. 2:2 und 2:1; 1. FC Köln – FC St. Pauli 4:1; 1. FC Mülheim-Styrum – Eintracht Frankfurt 0:3; Tennis Borussia Berlin – Alemannia Aachen 1:0; Schwarz-Weiß Essen – Rot-Weiss Essen 1:2; Eintracht Braunschweig – Viktoria Köln 1:2; FK Pirmasens – TSV München 1860 4:2; Borussia Dortmund – Spfr. Siegen 2:1; SV Sandhausen – VfB Eppingen 1:2; VfB Stuttgart Am. – Bayer Leverkusen 2:0; SC Jülich 1910 – TSV Bleidenstadt 4:2; Altona 93 – Arminia Hannover 2:0.
Achtelfinale: Eintracht Frankfurt – VfL Bochum 1:0; Fortuna Düsseldorf – 1. FC Köln 5:2; Rot-Weiss Essen – FK Pirmasens 6:0; MSV Duisburg – Altona 93 7:0; VfB Stuttgart Am. – Tennis Borussia Berlin 2:1; VfB Eppingen – Werder Bremen 0:2; Fortuna. Köln – SC Jülich 1910 n. V. 0:0 und 1:0; Viktoria Köln – Borussia Dortmund n. V. 0:0 und 0:3.
Viertelfinale: Werder Bremen – MSV Duisburg 0:2; Rot-Weiss Essen – Fortuna Düsseldorf 1:0; Eintracht Frankfurt – Fortuna Köln 4:2; VfB Stuttgart Am. – Borussia Dortmund 0:4.
Halbfinale: MSV Duisburg – Bor. Dortmund n. V. 2:1; Eintracht Frankfurt – Rot-Weiss Essen n. V. 3:1.
Endspiel: Eintracht Frankfurt – MSV Duisburg 1:0.

1976

1. Runde: Werder Bremen – Borussia Mönchengladbach 0:3; Bayern München – 1. FC Saarbrücken 3:1; Karlsruher SC – SpVgg Bayreuth 4:2; 1. FC Nürnberg – Rot-Weiss Essen 2:1; FC Augsburg – Fortuna Düsseldorf 0:1; SpVgg Erkenschwick – VfL Bochum 2:3; Schwarz-Weiß Essen – Bayer Uerdingen n. V. 2:1; ASV Landau – Hannover 96 1:7; VfB Oldenburg – FC Schalke 04 0:6; Borussia Neunkirchen – Kickers Offenbach 2:0; Hamburger SV – 1. FC Köln Am. 4:0; 1. FC Köln – Olympia Wilhelmshaven 2:0; Eintracht Frankfurt – Viktoria Köln 6:0; FV 09 Weinheim – Hertha BSC 1:7; 1. FC Kaiserslautern – VfR Mannheim 2:0; MTV Fürth – MSV Duisburg 2:10; SpVgg Freudenstadt – Eintracht Braunschweig 0:7; TSV München 1860 – 1. SC Göttingen 05 2:1; FC St. Pauli – FK Pirmasens n. V. 1:1 und. 2:5; Tennis Borussia Berlin – 1. FC Schweinfurt 05 2:0; FSV Frankfurt – SpVgg Fürth n. V. 1:1 und 0:1; FC Homburg/Saar – Union Solingen 4:0; Wuppertaler SV – Schwarz-Weiß Essen Am. 3:0; Rapide Wedding – VfB Stuttgart 2:9; VfR Bürstadt – Bayern Hof 1:2; SV Darmstadt 98 – VfB Eppingen 4:1; SpVgg Andernach – DJK Gütersloh 0:2; Fortuna Köln – ASV Bergedorf 85 6:1; Waldhof Mannheim – SV Cuxhaven 2:1; SpVgg Ludwigsburg – Borussia Dortmund 0:6; SG Wattenscheid 09 – Condor Hamburg 4:0; SC Jülich 1910 – Wacker 04 Berlin 3:0; Stuttgarter Kickers – Holstein Kiel n. V. 1:1 und 2:1; Röchling Völklingen – Wacker München 5:1; Arminia Bielefeld – SV St. Georg Hamburg 4:0; Westfalia Herne – Freiburger FC 3:1; TSG Thannhausen – Bayer Leverkusen 0:6; Spandauer SV – Rot-Weiß Oberhausen 2:1; 1. FSV Mainz 05 – TSV Osterholz-Tenever 7:2; Preußen Münster – SC Siemensstadt Berlin 7:1; 1. FC Mülheim – SpVgg 06/07 Sterkrade 4:2; VfL Osnabrück – VfL Wolfsburg 3:2; Hessen Kassel – Alemannia Aachen 1:0; SV Hasborn – VfL Neuwied 3:1; VfL Trier – TSV Kücknitz n. V. 3:6; SV Auersmacher – VfB Gaggenau 6:0; FK Clausen – Wormatia Worms 0:2; SpVgg Lindau – Itzehoer SV 3:0; Hassia Bingen – Frisia Husum 7:0; ASV Idar-Oberstein – SG Frankfurt-Höchst 3:2; Spfr. Salzgitter – SV Weiskirchen 0:1; Offenburger FV – FSV Cappel 2:0; SC Freiburg – Victoria Hamburg 2:1; Spfr. Siegen – ATS Kulmbach 4:2; SGO Bremen – 1. FC Herzogenaurach 5:1; TuS Xanten – TS Woltmershausen 0:2; Spfr. Schwäb. Hall – TuS Mayen 5:1; Eintracht Höhr-Grenzhausen – SV Spielberg 4:3; Union Salzgitter – TSV Abbehausen 5:0; VfR Heilbronn – Rot-Weiß Lüdenscheid n. V. 3:2; VfB Stuttgart Am. – HSV Barmbek-Uhlenhorst 1:3; SC Herford – SC Friedrichsthal 3:1; Bünder SV 08/09 – VfR Pforzheim n. V. 2:2 und 2:1; Hertha Zehlendorf – Blumenthaler SV n. V. 0:1.
2. Runde: MSV Duisburg – Karlsruher SC 4:0; Bayer Leverkusen – VfL Bochum 0:2; FC Schalke 04 – Borussia Dortmund 2:1; Hannover 96 – FC Homburg/Saar 1:2; Hertha BSC – VfB Stuttgart 4:2; 1. FC Köln – SC Freiburg 8:2; Borussia Mönchengladbach – SV Hasborn 3:0; Hamburger SV – Union Salzgitter 4:0; Bünder SV 08/09 – Bayern München 0:3; Wormatia Worms – Eintracht Braunschweig 0:3; Offenburger FV – Eintracht Frankfurt 1:5; Hessen Kassel – Fortuna Düsseldorf 2:3; Blumenthaler SV – 1. FC Kaiserslautern 1:5; Preußen Münster – Wuppertaler SV 1:0; 1. FC Nürnberg – Fortuna Köln n. V. 1:0; Waldhof Mannheim – TSV München 1860 4:1; 1. FSV Mainz 05 – Röchling Völklingen 1:2; FK Pirmasens – Spandauer SV 7:1; 1. FC Mülheim – Bayern Hof n. V. 1:3; Arminia Bielefeld – Eintracht Höhr-Grenzhausen 5:1; Schwarz-Weiß Essen – SGO Bremen 3:0; SV Darmstadt 98 – VfR Heilbronn 4:0; Spfr. Schwäb. Hall – Stuttgarter Kickers 0:5; TSV Kücknitz – DJK Gütersloh 0:1; Spfr. Siegen – Tennis Borussia Berlin 1:2; VfL Osnabrück – Bor. Neunkirchen 3:2; SpVgg Fürth – TS Woltmershausen 7:1; SG Wattenscheid 09 – SC Herford 4:0; Westfalia Herne – ASV Idar-Oberstein 4:0; SV Weiskirchen – SV Auersmacher 4:1; SC Jülich 1910 – SpVgg Lindau 5:1; HSV Barmbek-Uhlenhorst – Hassia Bingen n. V. 2:3.

3. Runde: MSV Duisburg – Borussia Mönchengladbach 0:1; FC Schalke 04 – Eintracht Braunschweig 1:2; Fortuna Düsseldorf – VfL Bochum n. V. 4:4 und n. V. 3:1; 1. FC Köln – SpVgg Fürth 3:1; Bayern München – Tennis Borussia. Berlin 3:0; Stuttgarter Kickers – Hertha BSC 1:3; Eintracht Frankfurt – VfL Osnabrück 3:0; Westfalia Herne – 1. FC Kaiserslautern 1:3; Hamburger SV – SC Jülich 1910 4:0; Arminia Bielefeld – DJK Gütersloh 3:2; Preußen Münster – Schwarz-Weiß Essen n. V. 2:2 und 2:3; SV Darmstadt 98 – 1. FC Nürnberg n. V. 3:1; FC Homburg/Saar – Waldhof Mannheim 1:0; SG Wattenscheid 09 – Bayern Hof 2:3; SV Weiskirchen – FK Pirmasens 0:1; Röchling Völklingen – Hassia Bingen 4:1.
Achtelfinale: Bayern Hof – Hamburger SV 0:2; Schwarz-Weiß Essen – 1. FC Köln n. V. 1:1 und n. V. 0:1; FC Homburg/Saar – SV Darmstadt 98 3:0; 1. FC Kaiserslautern – Eintracht Braunschweig 2:0; Fortuna Düsseldorf – Borussia Mönchengladbach 3:2; Hertha BSC – Eintracht Frankfurt n. V. 1:0; FK Pirmasens – Bayern München 0:2; Röchling Völklingen – Arminia Bielefeld 1:0.
Viertelfinale: 1. FC Köln – Bayern München 2:5; FC Homburg/Saar – Hamburger SV 1:2; Hertha BSC – Röchling Völklingen n. V. 1:1 und 2:1; 1. FC Kaiserslautern – Fortuna Düsseldorf 3:0.
Halbfinale: Hamburger SV – Bayern München n. V. 2:2 und 1:0; 1. FC Kaiserslautern – Hertha BSC 4:2.
Endspiel: Hamburger SV – 1. FC Kaiserslautern 2:0.

1977

1. Runde: Borussia Mönchengladbach – Eintracht Braunschweig 0:2; Hannover 96 – MSV Duisburg 0:1; Hamburger SV – Schwarz-Weiß Essen 4:1; Fortuna Düsseldorf – Eintracht Trier 3:1; SV Wiesbaden – FC Schalke 04 1:3; 1. FC Kaiserslautern – VfR Mannheim 1:0; Werder Bremen – Südwest Ludwigshafen 4:0; Karlsruher SC – 1. FC Bocholt 2:0; Preußen Hameln – 1. FC Saarbrücken 0:5; Hertha BSC – TuS Langerwehe 7:3; Borussia Dortmund – Concordia Haaren 10:0; SpVgg Steinhagen – VfL Bochum 0:3; Saar 05 Saarbrücken – Eintracht Frankfurt 1:6; Tennis Borussia Berlin – Sparta Bremerhaven 5:0; SV Meppen – Rot-Weiss Essen n. V. 2:3; Itzehoer SV – 1. FC Köln 0:7; Hannover 96 Am. – Bayern München 0:10; Fortuna Köln – Westfalia Herne 4:1; Kickers Offenbach – SpVgg Bayreuth n. V. 4:4 und 1:4; TSV München 1860 – Wuppertaler SV n. V. 1:0; VfB Stuttgart – SpVgg Fürth 3:0; FK Pirmasens – Preußen Münster 5:1; Bayer Uerdingen – VfB Weidenau 6:0; Bayern Hof – VfB Oldenburg 3:2; VfL Pinneberg – FC Augsburg 0:4; Waldhof Mannheim – Bremer SV 6:0; 1. FC Köln Am. – Röchling Völklingen 1:2; FC Konstanz – Alemannia Aachen 0:2; SG Wattenscheid 09 – Tura Harksheide 5:1; FC Homburg/Saar – SpVgg Erkenschwick 2:1; Arminia Bielefeld – 1. FC Passau n. V. 6:2; Bayer Leverkusen – IF Tönning 4:0; Werder Bremen Am. – 1. FC Nürnberg 0:3; SC Freiburg – Stuttgarter Kickers 1:6; Jahn Regensburg – VfR Heilbronn 3:1; VfL Osnabrück – Union 06 Berlin 12:1; Wacker 04 Berlin – FC 08 Villingen 1:0; Urania Hamburg – FC St. Pauli 1:6; Union Solingen – VfR Frankenthal n. V. 1:1 und n. V. 1:0; SVA Gütersloh – SV Darmstadt 98 n. V. 2:3; Wormatia Worms – SC Göttingen 05 2:1; FV Faurndau – FC Hanau 93 1:4; SSV Dillenburg – Bayern München Am. 1:3; 1. FC Schweinfurt 05 – Hassia Bingen 2:3; Hertha BSC Am. – DJK Gütersloh 0:2; FC Niederembt – Spandauer SV 1:3; VfB Theley – BFC Preußen Berlin 2:0; VfR Pforzheim – Olympia Bocholt 2:3; SV Neckargerach – SSV Ulm 1846 3:1; SpVgg Andernach – 1. FSV Mainz 05 n. V. 1:1 und 0:3; Phönix Lübeck – Eintracht Bad Kreuznach 0:2; Spfr. Salzgitter – Hülser SC 1920 2:1; Lüner SV – SG Ellingen-Bonefeld n. V. 0:1; SVO Germaringen – VfR Laboe 9:0; Hertha Zehlendorf – TuS Mayen 1:0; Victoria Hamburg – FC Ensdorf 1:0; TuS Feuchtwangen – SV Weiskirchen n. V. 4:3; 1. FC Mülheim – SG Egelsbach 0:3; TV Unterboihingen – SG Dielheim 8:2; Spfr. Eisbachtal – TSG Leihgestern n. V. 1:1 und 2:0; VfR Achern – BV Bad Lippspringe 2:0; TSV Güntersleben – SSV Reutlingen n. V. 1:2; TuS Bremerhaven 93 – VfR Neuss 3:0; FSV Frankfurt – SpVgg Freudenstadt 5:0.
2. Runde: Bayern München – Hamburger SV 5:1; Fortuna Düsseldorf – 1. FC Köln n. V. 2:4; 1. FC Saarbrücken – Rot-Weiss Essen 0:3; Hertha BSC – Hannover 96 Spfr 3:1; Stuttgarter Kickers – 1. FC Kaiserslautern n. V. 1:1 und 1:3; Werder Bremen – SG Wattenscheid 09 4:1; Alemannia Aachen – Borussia Dortmund n. V. 0:0 und 0:2; Röchling Völklingen – Eintr. Braunschweig 2:1; FC Homburg/Saar – Karlsruher SC 0:2 (annulliert) und 1:0; Eintracht Frankfurt – Hertha Zehlendorf 10:2; FC Schalke 04 – SG Ellingen-Bonefeld 6:1; VfB Theley – MSV Duisburg 0:4; Tennis Borussia Berlin – Olympia Bocholt n. V. 4:4 und n. V. 1:1, Elfmeterschießen 3:1; Jahn Regensburg – Fortuna Köln n. V. 1:2; TuS Bremerhaven 93 – VfL Bochum 1:3; Bayer Leverkusen – FC St. Pauli n. V. 3:1; VfB Stuttgart – Union Solingen 2:0; Wacker 04 Berlin – 1. FC Nürnberg 0:5; FSV Frankfurt – Eintracht Bad Kreuznach n. V. 1:2; SG Egelsbach – VfL Osnabrück 0:2; Arminia Bielefeld – SVO Germaringen 6:0; FC Hanau 93 – TSV München 1860 1:6; Victoria Hamburg – Waldhof Mannheim 2:5; SV Neckargerach – FK Pirmasens 2:3; SpVgg Bayreuth – SSV Reutlingen 2:1; Spandauer SV – SV Darmstadt 98 2:3; Spfr. Salzgitter – Bayern München Am. 1:2; TuS Feuchtwangen – DJK Gütersloh n. V. 2:3; Spfr. Eisbachtal – Hassia Bingen 0:4; VfR Achern – TV Unterboihingen 1:2; Bayer Uerdingen – Mainz 05 3:0; Wormatia Worms – FC Augsburg 1:2.
3. Runde: Rot-Weiss Essen – VfL Bochum 5:1; 1. FC Köln – Tennis Borussia Berlin 5:1; Bayer Uerdingen – 1. FC Kaiserslautern 3:1; Werder Bremen – Bayer Leverkusen 3:0; SV Darmstadt 98 – Hertha BSC n. V. 0:1; Röchling Völklingen – Eintracht Frankfurt 2:3; FC Schalke 04 – FSV Frankfurt 1:0; VfL Osnabrück – Borussia Dortmund n. V. 3:1; Bayern München – TV Unterboihingen 10:1; FC Augsburg

– TSV München 1860 2:1; FK Pirmasens – Arminia Bielefeld 3:4; 1. FC Nürnberg – Waldhof Mannheim 3:2; DJK Gütersloh – FC Homburg/Saar 0:6; Bayern München Am. – VfB Stuttgart 2:1; SpVgg Bayreuth – Hassia Bingen 2:1; MSV Duisburg – Fortuna Köln 4:0.
Achtelfinale: MSV Duisburg – Hertha BSC 1:2; FC Schalke 04 – Eintracht Frankfurt n. V. 2:2 und 3:4; 1. FC Köln – FC Homburg/Saar 7:2; Rot-Weiss Essen – Arminia Bielefeld 2:0; Bayer Uerdingen – Werder Bremen 2:0; Bayern München – Bayern München Am. 5:3; 1. FC Nürnberg – VfL Osnabrück 1:0; SpVgg Bayreuth – FC Augsburg 2:0.
Viertelfinale: Hertha BSC – Bayern München n. V. 4:2; 1. FC Köln – 1. FC Nürnberg 4:2; Bayer Uerdingen – Eintracht Frankfurt n. V. 6:3; SpVgg Bayreuth – Rot-Weiss Essen 1:2.
Halbfinale: Bayer Uerdingen – Hertha BSC 0:1; 1. FC Köln – Rot-Weiss Essen 4:0.
Endspiele: 1. FC Köln – Hertha BSC n. V. 1:1 und 1:0.

1978
1. Runde: 1. FC Saarbrücken – Bayern München 1:2; TSV München 1860 – Arminia Bielefeld 4:2; Kickers Offenbach – 1. FC Köln 0:4; 1. SC Göttingen 05 – FC Schalke 04 0:2; TSV Ofterdingen – Hamburger SV 0:5; Eintracht Braunschweig – Eintracht Nordhorn 10:1; VfB Stuttgart – Eintracht Bremen 10:0; RSV Rehburg – Hertha BSC 1:6; FC Konstanz – Eintracht Frankfurt 1:6; FC St. Wendel – Fortuna Düsseldorf 1:6; Blumenthaler SV – Werder Bremen 1:5; SG Ellingen-Bonefeld – FC St. Pauli 1:6; 1. FC Viersen – Borussia Mönchengladbach 0:8; FSV Oggersheim – 1. FC Kaiserslautern 0:3; TuS Sulzbach-Rosenberg – MSV Duisburg 1:11; VfB Oldenburg – VfL Bochum 0:2; TSV Ottobrunn – Borussia Dortmund 0:9; Rot-Weiss Essen – VfR Bürstadt 3:2; Wuppertaler SV – SC Herford n. V. 2:2 und 0:3; OSC Bremerhaven – Preußen Münster 3:2; KSV Baunatal – Alemannia Aachen 2:3; Karlsruher SC – 1. FC Nürnberg 2:1; Union Solingen – Schwarz-Weiß Essen n. V. 2:2 und 0:2; FC Villingen 08 – SpVgg Bayreuth 0:1; SB Heidenheim – FK Pirmasens 1:2; Waldhof Mannheim – Lüssumer TV 12:0; SG Wattenscheid 09 – TSV Bleidenstadt n. V. 1:2; Bayer Leverkusen – FSV Salmrohr 5:0; FV Würzburg 04 – Jahn Regensburg 1:0; Rendsburger TSV – VfL Osnabrück 0:2; Normannia Gmünd – Fortuna Köln 2:0; Eintracht Trier – Blau-Weiß Wulfen 3:0; Arminia Hannover – FC Augsburg Am. 0:1; Südwest Nürnberg – SV Darmstadt 98 1:3; Hassia Bingen – Stuttgarter Kickers 0:1; BV 08 Lüttringhausen – Freiburger FC 1:2; Concordia Hamburg – Bayern Hof 2:0; OSV Hannover – FSV Frankfurt 2:5; Westfalia Herne – BC Efferen 1920 6:1; SpVgg Bad Homburg – FC Homburg/Saar 1:2; Olympia Kirrlach – Bayer Uerdingen 0:6; Hummelsbütteler SV – TuS Schloß Neuhaus 0:2; BV 04 Düsseldorf – VfL Bad Schwartau 3:0; SV Schleswig 06 – Röchling Völklingen 0:1; VfV Hildesheim – TV Unterboihingen n. V. 4:1; Itzehoer SV – Borussia Brand 2:1; Vfl. Wolfsburg – FSV Bad Orb 3:1; Saar 05 Saarbrücken – Wacker 04 Berlin n. V. 0:0 und n. V. 1:1, Elfmeterschießen 4:5; Tura Harksheide – SV Ottweiler n. V. 1:1 und 1:2; Horner TV – Alemannia Eggenstein 2:1 (nach Protest vom DFB-Bundesgericht annulliert), 0:8; 1. FSV Mainz 05 – Hertha Zehlendorf 7:1; Viktoria Köln – Eintracht Bad Kreuznach 0:2; SC Gladenbach – SuS Elpe 2:1; Eintracht Glas/Chemie Wirges – DSC Wanne-Eickel 2:3; Viktoria 89 Berlin – BSV Schwenningen n. V. 2:3; FC Tailfingen – SpVgg Neckargemünd 3:2; Bonner SC – Spfr. Eisbachtal 5:1; SV Sandhausen – Traber FC Berlin 3:1; FC Rastatt – TuS Struck 2:1; Lichterfelder SU – Alemannia Plaidt n. V. 2:2 und 1:3; Warendorfer SU – FSV Hemmersdorf 3:1; TuS Langerwehe – VfB Coburg 3:0, FC Augsburg – SpVgg Fürth 1:0; Hannover 96 – Tennis Borussia Berlin 0:2.
2. Runde: Fortuna Düsseldorf – Borussia Dortmund 3:1; MSV Duisburg – VfB Stuttgart 3:0; FC St. Pauli – VfL Bochum 0:2; Waldhof Mannheim – Hertha BSC 1:3; Eintracht Braunschweig – Stuttgarter Kickers 3:1; Bayern München – Eintracht Trier 3:1; 1. FC Kaiserslautern – Wacker 04 Berlin 4:1; BV 04 Düsseldorf – Borussia Mönchengladbach 1:4; TuS Schloß Neuhaus – Eintracht Frankfurt n. V. 2:2 und 0:4; 1. FC Köln – Eintracht Bad Kreuznach 3:1; 1. FSV Mainz 05 – Hamburger SV 1:4; Röchling Völklingen – Werder Bremen 0:4; Karlsruher SC – FK Pirmasens 4:3; Bayer Uerdingen – FSV Frankfurt 0:3; Tennis Borussia Berlin – Westfalia Herne 1:3; VfL Osnabrück – SV Darmstadt 98 2:1; FC Homburg/Saar – SC Herford 3:0; OSC Bremerhaven – FC Augsburg 0:1; FC Tailfingen – Rot-Weiss Essen 1:2; Bayer Leverkusen – FC Rastatt 3:1; Schwarz-Weiß Essen – Concordia Hamburg 2:0; Warendorfer SU – Freiburger FC 1:4; TuS Langerwehe – FV Würzburg 04 n. V. 1:0; VfV Hildesheim – Alemannia Aachen 3:0; Itzehoer SV – SpVgg Bayreuth 1:6; Normannia Gmünd – FC Augsburg Am. 1:2; SC Gladenbach – SV Sandhausen 1:5; DSC Wanne-Eickel – VfL Wolfsburg 3:1; Alemannia Plaidt – Bonner SC 1:2; BSV Schwenningen – SV Ottweiler 4:0; FC Schalke 04 – TSV Bleidenstadt 8:1; TSV München 1860 – Horner TV 15:0 (nach Urteil des DFB-Bundesgerichts annulliert, neues Spiel gegen Alemannia Eggenstein 7:1).
3. Runde: MSV Duisburg – 1. FC Kaiserslautern 2:1; FC Schalke 04 – Eintracht Frankfurt 1:0; FC Homburg/Saar – Bayern München 3:1; TSV München 1860 – Fortuna Düsseldorf 0:1; Rot-Weiss Essen 4:1; Freiburger FC – VfL Bochum 2:6; FSV Frankfurt – 1. FC Köln 0:3; FC Augsburg Am. – Hertha BSC 0:4; SV Sandhausen – Eintracht Braunschweig 0:4; DSC Wanne-Eickel – Werder Bremen 0:2; Hamburger SV – VfV Hildesheim 6:0; Borussia Mönchengladbach – Bonner SC 3:0;

Bayer Leverkusen – Westfalia Herne 1:5; Karlsruher SC – SpVgg Bayreuth 2:0; TuS Langerwehe – VfL Osnabrück 2:0; Schwarz-Weiß Essen – BSV Schwenningen n. V. 2:1.
Achtelfinale: FC Schalke 04 – Hamburger SV 4:2; Werder Bremen – TSV München 1860 2:1; 1. FC Köln – Karlsruher SC 4:0; TuS Langerwehe – MSV Duisburg 1:3; Borussia Mönchengladbach – VfL Bochum 3:0; Fortuna Düsseldorf – Eintracht Braunschweig 3:1; FC Homburg/Saar – Hertha BSC n. V. 1:1 und n. V. 1:4; Schwarz-Weiß Essen – Westfalia Herne n. V. 0:0 und 1:0.
Viertelfinale: 1. FC Köln – Schwarz-Weiß Essen 9:0; MSV Duisburg – Hertha BSC 1:0; Werder Bremen – Borussia Mönchengladbach 2:1; FC Schalke 04 – Fortuna Düsseldorf n. V. 1:1 und 0:1.
Halbfinale: 1. FC Köln – Werder Bremen 1:0; Fortuna Düsseldorf – MSV Duisburg 4:1.
Endspiel: 1. FC Köln – Fortuna Düsseldorf 2:0.

1979

1. Runde: Arminia Bielefeld – Hamburger SV n. V. 2:1; MSV Duisburg – SG Wattenscheid 09 4:3; Fortuna Düsseldorf – Stuttgarter Kickers 7:2; FV Würzburg 04 – Hertha BSC n. V. 0:2; Borussia Mönchen-gladbach – Wuppertaler SV 4:2; TSV München 1860 – FC Schalke 04 0:5; Rot-Weiß Lüdenscheid – 1. FC Köln 1:4; Bayern München – SSV Glött 5:0; Eintracht Braunschweig – Schwarz-Weiß Essen 2:0; VfB Stuttgart – Spandauer SV 12:0; SV Darmstadt 98 – DJK Abenberg 4:1; Werder Bremen – SV Holzwickede 5:0; 1. FC Kaiserslautern – BFC Preußen Berlin 7:0; VfL Bochum – Bünder SV 4:0; SpVgg Bad Pyrmont – Eintracht Frankfurt 1:2; Borussia Dortmund – BSV Schwenningen 14:1; 1. FC Nürnberg – ASV Neumarkt 4:0; 1. FC Saarbrücken – SpVgg Fürth n. V. 1:0; Tennis Borussia Berlin – Union Solingen n. V. 2:0; Fortuna Köln – FC Hanau 93 2:0; SC Freiburg – Rot-Weiss Essen 3:1; Freiburger FC – SpVgg Neckarelz 6:1; Eintracht Trier – SG Fuchsmühl 3:1; DSC Wanne-Eickel – VfR Mannheim 2:1; SC Pfullendorf – FC Homburg/Saar 0:3; Preußen Münster – SV Leiwen 6:0; SSV Dillenburg – FSV Frankfurt 2:4; Waldhof Mannheim – SV Börnsen 5:0; SC Jülich 1910 – Kickers Offenbach 1:10; VfB Schrecksbach – Arminia Hannover 3:5; Karlsruher SC – Eintracht Bad Kreuznach 3:1; FC Augsburg – Offenburger FV 4:2; TSV Nord-Harrislee – Borussia Neunkirchen 0:6; Holstein Kiel – Saar 05 Saarbrücken 5:0; Viktoria Sindlingen – Bayer Leverkusen 0:3; Wormatia Worms – VfB Remscheid 4:2; Union Böckingen – Bayer Uerdingen 2:8; Alemannia Aachen – FC Eislingen 4:1; FC St. Pauli – Bayern Hof n. V. 3:0; KSV Baunatal – Union Essen-Frintrop 5:0; SV Haidlfing – SpVgg Bayreuth 0:5; TuS Hess.-Oldendorf – Westfalia Herne 0:4; TuS Iserlohn – VfL Osnabrück 0:2; OSC Bremerhaven – Hannover 96 0:3; ASV Burglengenfeld – Viktoria Köln 1:4; ESV Ingolstadt – Viktoria Klein-Gladbach 4:0; FC Tailfingen – SV Sandhausen 4:3; Südwest Ludwigs-hafen – Concordia Hamburg 2:0; SV Memmelsdorf – 1. FC Bocholt 1:8; SVO Germaringen – VfR Bürstadt 1:7; Rot-Weiß Oberhausen – ETSV Landshut n. V. 5:1; SG Bad Soden-Salmünster – VfL Neustadt/W. 1:3; SG Ellingen-Bonefeld – VfB Lübeck 3:1; SC Göttingen 05 – FC Epe 2:0; SC Herford – Kickers Würzburg 2:1; OSV Hannover – TSV Helmstedt 5:1; FC Gütersloh – Eintracht Nordhorn 4:1; 1. FC Kirchheim – Eintracht Glas/Chemie Wirges 1:2; SV Bliesen – FV Melsungen 2:3; Werder Bremen Am. – TuS Neuendorf n. V. 1:1 und 2:5; MTV Gifhorn – FK Pirmasens 0:3; Victoria Hamburg – SSV Ulm 1846 0:6; VfR Heilbronn – TuS Langerwehe 1:0; Blumenthaler SV – Fortuna Düsseldorf Am. n. V. 1:2.
2. Runde: MSV Duisburg – Arminia Bielefeld 3:1; FC Schalke 04 – VfB Stuttgart 3:2; Werder Bremen – Eintracht Frankfurt 2:3; VfL Bochum – DSC Wanne-Eickel n. V. 4:2; Bayern München – VfL Osnabrück 4:5; Borussia Mönchengladbach – Arminia Hannover 6:1; Eintracht Trier – 1. FC Kaiserslautern 0:1; SV Darmstadt 98 – Preußen Münster 2:1; FC Augsburg – 1. FC Nürnberg 1:3; Borussia Neunkirchen – Borussia Dortmund n. V. 0:0 und 0:2; Wormatia Worms – Hertha BSC n. V. 1:1 und 0:2; Westfalia Herne – 1. FC Köln 2:3; Eintracht Braunschweig – SG Ellingen-Bonefeld 1:0; Fortuna Düsseldorf – VfR Heilbronn 3:0; 1. FC Saarbrücken – Bayer Uerdingen 2:3; Hannover 96 – Alemannia Aachen 1:3; Tennis Borussia Berlin – VfR Bürstadt n. V. 3:3 und n. V. 0:0, Elfmeterschießen 4:3; Südwest Ludwigshafen – Viktoria Köln 4:2; SSV Ulm 1846 – FSV Frankfurt 4:2; Kickers Offenbach – ESV Ingolstadt 3:0; SC Herford – Holstein Kiel 0:3; Waldhof Mannheim – VfL Neustadt/W. 7:0; KSV Baunatal – SC Göttingen 05 3:0; FC Homburg/Saar – FK Pirmasens 4:2; SC Freiburg – FC Tailfingen 2:0; OSV Hannover – Bayer Leverkusen 0:3; SpVgg Bayreuth – FV Melsungen 6:0; Eintracht Glas/Chemie Wirges – Fortuna Köln 1:7; FC Gütersloh – Karlsruher SC n. V. 1:1 und 0:3; Rot-Weiß Oberhausen – Fortuna Düsseldorf Am. 3:2; FC St. Pauli – TuS Neuendorf 1:2, Freiburger FC – 1. FC Bocholt n. V. 2:2 und n. V. 2:3.
3. Runde: 1. FC Köln – Eintracht Braunschweig n. V. 3:2; Hertha BSC – Borussia Mönchengladbach 2:0; Tennis Borussia Berlin – 1. FC Nürnberg 0:2; Fortuna Düsseldorf – Alemannia Aachen 2:1; FC Homburg/Saar – VfL Bochum n. V. 0:0 und 0:1; MSV Duisburg – Waldhof Mannheim 2:1; Borussia Dortmund – Kickers Offenbach 6:1; Eintracht Frankfurt – KSV Baunatal 4:1; Bayer Uerdingen – FC Schalke 04 2:1; SV Darmstadt 98 – SSV Ulm 1846 1:5; Südwest Ludwigshafen – 1. FC Kaiserslautern 2:1; Holstein Kiel – Karlsruher SC 5:2; VfL Osnabrück – Fortuna Köln 2:1; Bayer Leverkusen – SpVgg Bayreuth 1:0; Rot-Weiß Oberhausen – SC Freiburg n. V. 1:1 und n. V. 0:0, Elfmeterschießen 3:2; TuS Neuendorf – 1. FC Bocholt n. V. 3:1.

Achtelfinale: MSV Duisburg – Fortuna Düsseldorf 0:1; Hertha BSC – 1. FC Köln n. V. 2:0; Borussia Dortmund – Eintracht Frankfurt 1:3; Südwest Ludwigshafen – SSV Ulm 46 n. V. 1:1 und 1:0; 1. FC Nürnberg – Holstein Kiel 7:1; Bayer Uerdingen – VfL Bochum 4:2; Rot-Weiß Oberhausen – VfL Osnabrück 1:0; TuS Neuendorf – Bayer Leverkusen 1:4.
Viertelfinale: 1. FC Nürnberg – Südwest Ludwigshafen 2:0; Hertha BSC – Bayer Uerdingen 6:1; Fortuna Düsseldorf – Bayer Leverkusen 2:1; Eintracht Frankfurt – Rot-Weiß Oberhausen 2:1.
Halbfinale: Fortuna Düsseldorf – 1. FC Nürnberg n. V. 4:1; Hertha BSC – Eintracht Frankfurt 2:1.
Endspiel: Fortuna Düsseldorf – Hertha BSC n. V. 1:0.

1980

1. Runde: 1. FC Kaiserslautern – MSV Duisburg 2:0; Alemannia Aachen – Werder Bremen 0:1; Eintracht Braunschweig – Preußen Münster 1:0; SB Heidenheim – Hertha BSC 0:4; Hamburger SV – FC Villingen 08 6:0; Eintracht Frankfurt – BSK Neugablonz 6:1; Borussia Mönchengladbach – FV Biberach 2:1; Borussia Dortmund – Bremer SV 7:0; 1. FC Köln – 1. FSV Mainz 05 5:1; Borussia Neunkirchen – Fortuna Düsseldorf 0:4; TSV München 1860 – FC St. Pauli 5:0; TSV Buxtehude – Bayer Uerdingen 0:6; FV Weingarten – VfL Bochum 2:7; MTV Gifhorn – Bayer Leverkusen 1:4; VfL Wolfsburg – VfB Stuttgart 0:3; Spfr. Eisbachtal – FC Schalke 04 0:1; FC Östringen – Bayern München 1:10; Karlsruher SC – SC Freiburg 5:1; Freiburger FC – 1. FC Saarbrücken 2:1; Kickers Offenbach – Hannover 96 3:1; Wuppertaler SV – Wormatia Worms 1:4; Holstein Kiel – OSV Hannover 3:2; Viktoria Köln – Tennis Borussia Berlin 1:0; SG Wattenscheid 09 – MTV Ingolstadt 2:1; VfL Osnabrück – Rot-Weiß Lüdenscheid n. V. 3:2; SpVgg Fürth – BSV Weißenthurm 3:1; Eintracht Trier – Wuppertaler SV Am. 4:2; SpVgg Bayreuth – Preußen Hameln 5:0; Arminia Bielefeld – BFC Preußen Berlin 1:0; Rot-Weiss Essen – 1. FC Köln Am. 2:1; 1. FC Nürnberg – Eintacht. Braunschweig Am. 3:0; FC Vilshofen – FV Würzburg 04 n. V. 2:3; VfB Gießen – FC Homburg/Saar 2:4; Stuttgarter Kickers – TSV Ofterdingen 3:0; SV Geinsheim – DSC Wanne-Eickel 2:4; Union Solingen – VfR Aalen 3:1; SV Heng – Fortuna Köln 0:4; Westfalia Weitmar – SV Darmstadt 98 1:2; TuS Chlodwig Zülpich – ESV Ingolstadt 2:6; FSV Frankfurt – Viktoria Aschaffenburg 2:0; TuS Xanten – Arminia Hannover 2:1; Waldhof Mannheim – TBV Lemgo 5:1; FC Hanau 93 – Wacker 04 Berlin n. V. 2:2 und 1:4; FC Augsburg – FC Wipfeld 7:0; TSV Ampfing – Bramfelder SV n. V. 1:2; FT Geestemünde – SV Zeitlarn 4:1; TSV Battenberg – SV Auersmacher 5:4 n. V.; TuS Schloß Neuhaus – 1. FC Nürnberg Am. 3:2; BV 08 Lüttringhausen – SpVgg Erkenschwick 3:2; VfB Gaggenau – SpVgg Au n. V. 2:2 und 0:5; SV Göppingen – TuS Neuendorf 3:1; SG Ohetal – KSV Baunatal 0:2; Reinickendorfer Füchse – VfB Lübeck 4:2; SV 07 Elversberg – Heider SV 5:2 n. V.; TuS Langerwehe – SV Hasborn 4:2; 1. FC Kaiserslautern Am. – SV Meppen 3:2; Altona 93 – Viktoria Sindlingen 1:0; Westfalia Herne – SG Hagen-Vorhalle 4:0; Union Neumünster – Spfr./DJK Freiburg 0:2; Bonner SC – Salamander Türkheim 4:0; VfB Oldenburg – SC Verl 1:2; 1. FC Bocholt – SV Speicher 8:0; VfL Frohnlach – Alemannia Haibach n. V. 8:4; 1. FC Pforzheim – Phönix Düdelsheim 10:2.
2. Runde: Werder Bremen – Hertha BSC 0:2; Borussia Mönchengladbach – Rot-Weiss Essen 4:0; 1. FC Nürnberg – Bayer Leverkusen 5:2; VfB Stuttgart – SG Wattenscheid 09 10:2; FSV Frankfurt – Bor.ussia Dortmund n. V. 1:3; Eintracht Braunschweig – Holstein Kiel 3:1; Viktoria Köln – Bayern München 1:3; SV Darmstadt 98 – 1. FC Kaiserslautern 4:0; Freiburger FC – Eintracht Frankfurt 1:4; Wormatia Worms – Hamburger SV 0:3; VfL Bochum – SpVgg Fürth 2:1; TSV München 1860 – 1. FC Pforzheim 6:1; Bayer Uerdingen – Reinickendorfer Füchse 5:0; FC Schalke 04 – KSV Baunatal 3:0; Fortuna Düsseldorf – Wacker 04 Berlin 2:0; 1. FC Köln – Altona 93 10:0; DSC Wanne-Eickel – Kickers Offenbach 3:5; FC Homburg/Saar – FV Würzburg 04 5:0; Union Solingen – ESV Ingolstadt 3:0; FC Augsburg – Karlsruher SC n. V. 1:1 und 0:3; SpVgg Bayreuth – SpVgg Au 6:0; Waldhof Mannheim – Spfr./DJK Freiburg 7:2; TuS Xanten – Arminia Bielefeld 1:8; 1. FC Bocholt – VfL Osnabrück n. V. 1:1 und 2:3; Stuttgarter Kickers – VfL Frohnlach 9:0; Eintracht Trier – TuS Langerwehe 0:2; TuS Schloß Neuhaus – Fortuna Köln n. V. 1:2; TSV Battenberg – Bramfelder SV n. V. 2:0; SC Verl – SV 07 Elversberg 3:1; SV Göppingen – FT Geestemünde 3:1; 1. FC Kaiserslautern Am. – Bonner SC n. V. 2:3; Westfalia Herne – BV Lüttringhausen 1:4.
3. Runde: Eintracht Braunschweig – VfB Stuttgart n. V. 2:3; VfL Bochum – 1. FC Köln n. V. 3:3 und 1:2; Eintracht Frankfurt – Waldhof Mannheim 2:0; Borussia Dortmund – Arminia Bielefeld n. V. 3:1; SpVgg Bayreuth – Bayern München 1:0; Karlsruher SC – Borussia Mönchengladbach 1:0 n. V.; Bayer Uerdingen – Union Solingen 2:0; Kickers Offenbach – Hamburger SV 2:0; SV Göppingen – Fortuna Düsseldorf 1:4; Hertha BSC – TuS Langerwehe n. V. 0:0 und 1:2; TSV München 1860 – BV 08 Lüttringhausen 3:0; FC Schalke 04 – Bonner SC 3:1; 1. FC Nürnberg – FC Homburg/Saar 1:2; Darmstadt 98 – Fortuna Köln 7:2; SC Verl – Stuttgarter Kickers 1:7; VfL Osnabrück – TSV Battenberg 4:0.
Achtelfinale: Karlsruher SC – Fortuna Düsseldorf 3:5; VfB Stuttgart – Eintracht Frankfurt 3:2; Borussia Dortmund – Bayer Uerdingen 2:1; FC Homburg/Saar – TSV München 1860 1:0; Stuttgarter Kickers – Kickers Offenbach 2:5; SpVgg Bayreuth – TuS Langerwehe n. V. 5:2; FC Schalke 04 – VfL Osnabrück 2:0; 1. FC Köln – SV Darmstadt 98 3:1.

Viertelfinale: Borussia Dortmund – VfB Stuttgart 3:1; FC Homburg/Saar – 1. FC Köln 1:4; FC Schalke 04 – SpVgg Bayreuth 3:1; Kickers Offenbach – Fortuna Düsseldorf n. V. 2:5.
Halbfinale: FC Schalke 04 – 1. FC Köln 0:2; Fortuna Düsseldorf – Borussia Dortmund 3:1.
Endspiel: Fortuna Düsseldorf – 1. FC Köln 2:1.

1981

1. Runde: Bayern München – Arminia Bielefeld 2:0; VfB Stuttgart Am. – Borussia Dortmund n. V. 2:5; Hannover 96 – Borussia Hannover 8:1; MSV Duisburg – Wacker 04 Berlin 9:0; Concordia Hamburg – Hammer SpVgg n. V. 2:2. und 2:3; SV Darmstadt 98 – FSV Hemmersdorf 10:0; FV Lauda – VfB Oldenburg n. V. 1:2; RSV Würges – FC Ottering 2:0; FC Schalke 04 – Bayer Uerdingen 2:5; Hamburger SV – Wormatia Worms 11:1; VfB Stuttgart – Fortuna Köln 4:0; Borussia Mönchengladbach – OSV Hannover 7:3; VfB Gaggenau – Eintracht Frankfurt 0:3; SpVgg Emsdetten – 1. FC Köln 0:6; Bramfelder SV – Bayer Leverkusen 2:8; VfL Bochum – SV Wilhelmshaven 4:1; Eintracht Trier – Fortuna Düsseldorf 0:1; Hertha BSC – Holstein Kiel 3:1; Werder Bremen – Viktoria Köln n. V. 6:3; Alemannia Aachen – VfB Eppingen 3:0; Rot-Weiss Essen – VfR Neuß 7:2; Blau-Weiß Niederembt – Preußen Münster n. V. 1:4; FSV Frankfurt – Röchling Völklingen 3:1; SC Herford – Eintracht Nordhorn 3:0; Eintracht Braunschweig – SC Fürstenfeldbruck 4:1; SC Freiburg – Bremer SV 4:2; FC Homburg/Saar – SG Limburgerhof 3:0; TuS Neuendorf – SG Egelsbach n. V. 3:4; VfL Klafeld-Geisweid – Rot-Weiß Frankfurt 1:2; Rot-Weiß Niebüll – Eintracht Braunschweig Am. 3:2; Bünder SV – Südwest Ludwigshafen 2:0; TuS Langerwehe – SV Stuttgart-Rot 5:0; SpVgg Ansbach – FSV Pfaffenhofen 1:0; TSV Gersthofen – OSC Bremerhaven 0:1; SG Pirmasens – TSV München 1860 0:8; Borussia Neunkirchen – SpVgg Bayreuth n. V. 1:1 und 1:2; TSV Plön – 1. FC Saarbrücken 0:3; Arminia Hannover – SpVgg Erkenschwick 2:1; Moselfeuer Lehmen – Kickers Offenbach 1:15; Spfr. Eisbachtal – SG Wattenscheid 09 1:3; Buchonia Flieden – ESV Ingolstadt 1:4; VfB Bielefeld – VfB Friedrichshafen 1:3; VfR Heilbronn – 1. FC Kaiserslautern 0:3; TSV Pliezhausen – SSV Ulm 46 0:3; DSC Wanne-Eickel – SpVgg Frechen 1:3; Kickers Würzburg – TSV Hirschaid n. V. 2:1; Waldhof Mannheim – FSV Harburg 8:0; FC Augsburg – Wuppertaler SV 2:0; 1. FC Viersen – Karlsruher SC n. V. 2:2 und 1:2; SpVgg Fürth – 1. FC Nürnberg n. V. 1:1 und 0:3; Schwarz-Weiß Essen – FC Neureut 6:0; ASV Burglengenfeld – VfB Wissen 2:3; Rot-Weiß Oberhausen – Offenburger FV 1:0; TSV Röttenbach – Hessen Kassel 2:4; Freiburger FC – VfB Bottrop 3:1; ASC Dudweiler – FV Würzburg 04 0:1; Blumenthaler SV – SC Pfullendorf 0:2; Atlas Delmenhorst – Blau-Weiß Wesselburen 6:2; SV Siegburg 04 – BFC Preußen Berlin 2:1; VfL Osnabrück – Tennis Borussia Berlin n. V. 2:0; Stuttgarter Kickers – Rot-Weiß Lüdenscheid 2:0; 1. FSV Mainz 05 – MTV Ingolstadt 3:2; VfR Bürstadt – SSV Dillenburg n. V. 4:1; TuS Celle – Union Solingen n. V. 0:0 und 0:5.

2. Runde: Bayer Uerdingen – SG Wattenscheid 09 4:1; Hannover 96 – Werder Bremen n. V. 5:5 und 0:1; Eintracht Braunschweig – Preußen Münster 3:1; Hertha BSC – FV Würzburg 04 4:1; VfL Bochum – Rot-Weiss Essen 5:1; Kickers Offenbach – Bayer Leverkusen 5:2; Rot-Weiß Niebüll – Schwarz-Weiß Essen 0:4; SpVgg Bayreuth – VfB Stuttgart 1:3; Kickers Würzburg – Fortuna Düsseldorf 0:2; TuS Langerwehe – Borussia Mönchengladbach 1:7; FC Homburg/Saar – VfB Oldenburg 0:1; SV Darmstadt 98 – VfR Bürstadt n. V. 4:1; SSV Ulm 46 – SC Herford 1:0; OSC Bremerhaven – RSV Würges 0:2; Bünder SV – SpVgg Frechen 3:0; Borussia Dortmund – TSV München 1860 3:1; 1. FC Köln –SC Freiburg n. V. 1:1 und 1:3; Bayern München – Waldhof Mannheim 4:2; Karlsruher SC – Alemannia Aachen n. V. 1:1 und 0:1; Eintracht Frankfurt – VfB Friedrichshafen 6:0; Stuttgarter Kickers – SpVgg Ansbach 13:0; Union Solingen – Rot-Weiß Frankfurt 1:2; FC Augsburg – 1. FSV Mainz 05 2:0; VfB Wissen – VfL Osnabrück 1:7; SC Pfullendorf – SV Siegburg 04 0:1; Hessen Kassel – Hammer SpVgg 4:0; ESV Ingolstadt – 1. FC Nürnberg 1:3; 1. FC Saarbrücken – Freiburger FC n. V. 2:2 und 1:3; FSV Frankfurt –MSV Duisburg 2:0; Arminia Hannover –Hamburger SV 3:7; SG Egelsbach – 1. FC Kaiserslautern 0:7; Atlas Delmenhorst – Rot-Weiß Oberhausen 1:0.

3. Runde: 1. FC Kaiserslautern – Bayern München 2:1; VfB Stuttgart – 1. FC Nürnberg 2:0; Fortuna Düsseldorf – Borussia Dortmund 3:0; Eintracht Frankfurt – SSV Ulm 46 3:0; Schwarz-Weiß Essen – Bayer Uerdingen 1:2; Bünder SV – Borussia Mönchengladbach 1:7; Hamburger SV – Rot-Weiß Frankfurt 11:0; SC Freiburg – Hessen Kassel n. V. 2:1; Eintracht Braunschweig – Stuttgarter Kickers 3:2; Hertha BSC – SV Darmstadt 98 4:1; Alemannia Aachen – Freiburger FC 5:2; FC Augsburg – Werder Bremen 1:3; SV Siegburg 04 – VfB Oldenburg n. V. 1:2; RSV Würges – VfL Osnabrück 0:1; Kickers Offenbach – Atlas Delmenhorst n. V. 1:1 und 1:2; FSV Frankfurt – VfL Bochum 1:2.

Achtelfinale: Hamburger SV – VfL Bochum 4:1; Fortuna Düsseldorf – Werder Bremen 2:0; VfL Osnabrück – VfB Stuttgart 1:3; VfB Oldenburg – Eintracht Frankfurt 4:5; Borussia Mönchengladbach – Atlas Delmenhorst 6:1; 1. FC Kaiserslautern – Alemannia Aachen 3:0; Hertha BSC – Bayer Uerdingen 5:1; Eintracht Braunschweig – SC Freiburg 1:0.

Viertelfinale: Eintracht Braunschweig – Hamburger SV n. V. 4:3; Hertha BSC – Fortuna Düsseldorf 2:1; 1. FC Kaiserslautern – Borussia Mönchengladbach 3:1; Eintracht Frankfurt – VfB Stuttgart 2:1.
Halbfinale: Eintracht Frankfurt – Hertha BSC 1:0; 1. FC Kaiserslautern – Eintr. Braunschweig 3:2.
Endspiel: Eintracht Frankfurt – 1. FC Kaiserslautern 3:1.

1982

1. Runde: Hertha BSC – Bayer Leverkusen Am. 5:1; VfB Stuttgart – FC Rastatt 5:0; VfL Osnabrück – VfB Bottrop 5:0; Bayern München – SC Jülich 1910 8:0; SV Sandhausen – Arminia Bielefeld 3:6; SpVgg Landshut – Hassia Bingen 2:3; TSV Nördlingen – VfB Oldenburg 0:3; SV Leiwen – SC Herford n. V. 3:2; BFC Preußen Berlin – Schwarz-Weiß Essen 2:0; MSV Duisburg – 1. FC Köln 2:1; Werder Bremen – 1. FC Kaiserslautern 1:0; Stuttgarter Kickers – Hamburger SV 1:5; Karlsruher SC – Union Solingen 3:0; FC Grone 1910 – Borussia Dortmund 0:4; VfL Bochum – 1. FC Paderborn 3:2; Eintracht Frankfurt – BSC Brunsbüttel 6:1; SSV Dillenburg – Borussia Mönchengladbach 2:7; Fortuna Düsseldorf – SSV Überherrn 10:1; FC Eislingen – SV Darmstadt 98 0:3; 1. FC Haßfurt – 1. FC Nürnberg 0:2; Wuppertaler SV – Eintracht Braunschweig 1:0; Hannover 96 – Kickers Offenbach 5:1; SpVgg Bayreuth – Bayer Uerdingen 3:1; Bayern Hof – Waldhof Mannheim 0:2; TuS Lörrach-Stetten – Wormatia Worms 1:2; Freiburger FC – TS Woltmershausen 4:0; Rot-Weiss Essen – OSV Hannover 2:0; 1. FC Saarbrücken – Alemannia Aachen n. V. 0:0 und 1:2; Rasensport Osnabrück – Fortuna Köln 1:2; FC Tailfingen – SV Ruchheim 3:1; ASC Dudweiler – FSV Salmrohr n. V. 0:0 und 1:3; SV Neckargerach – Kickers Würzburg 4:2; FV 09 Weinheim – SpVgg Ludwigsburg n. V. 2:1; Urania Hamburg – VfL Hamm n. V. 6:4; FC Homburg/Saar – 1. FC Kaiserslautern Am. 1:4; Eintracht Trier – FSV Frankfurt II 2:1; FC St. Pauli – 1. FC Bocholt n. V. 1:2; Rendsburger TSV – Viktoria Köln n. V. 1:1 und 0:3; SSV Ulm 46 – 1. FC Nürnberg Am. n. V. 1:1 und 3:1; Union Salzgitter – FC Augsburg 2:0; Borussia Neunkirchen – Preußen Münster 1:0; TuS Oberwinter – FC Rhade 2:0; Holstein Kiel – Hermannia Kassel n. V. 3:2; Offenburger FV – Reinickendorfer Füchse 3:0; TSV Röttenbach – SV 07 Elversberg 1:3; SV Siegburg 04 – FK Pirmasens 0:1; TSV München 1860 – SpVgg Fürth 2:0; TSV Marktl – SC Freiburg 0:4; VfB Eppingen – Hannover 96 Am. 3:1; Tennis Borussia Berlin – Post SV Regensburg 4:3; SpVgg Erkenschwick – Bayer Leverkusen 0:3; SG Wattenscheid 09 – TuS Iserlohn n. V. 2:0; TuS Xanten – 1. SC Göttingen 05 0:1; Viktoria Griesheim – Hamburger SV Am. 8:2; FC Gohfeld – FVgg. Kastel 2:1; Rot-Weiß Oberhausen – Tuspo Ziegenhain 5:3; FSV Frankfurt – VfL Witten 07 2:0; TuS Celle – ESV Ingolstadt 4:2; Rot-Weiß Lüdenscheid – VfL Wolfsburg 1:2; 1. FC Köln Am. – OSC Bremerhaven n. V. 3:2; VfB Stuttgart Am. – VfL Klafeld-Geisweid 4:0; Hessen Kassel – FC Schalke 04 4:1; SC Geislingen – VfR Bürstadt n. V. 1:1 und 0:4; Arminia Hannover – TSV Kappeln 6:1.
2. Runde: Bayern München – SV Neckargerach 5:1; MSV Duisburg – FK Pirmasens 3:0; Alemannia Aachen – SC Freiburg 2:1; Rot-Weiss Essen – SV Leiwen 4:1; Fortuna Düsseldorf – Eintracht Frankfurt 3:1; Arminia Bielefeld – 1. FC Nürnberg 0:1; SV Darmstadt 98 – Hassia Bingen 4:1; FSV Salmrohr – Werder Bremen 0:3; Hamburger SV – Eintracht Trier 2:1; Borussia Mönchengladbach – Arminia Hannover 3:1; Karlsruher SC – Wuppertaler SV 3:0; VfB Stuttgart – TuS Oberwinter 10:1; VfL Bochum – FC Tailfingen 3:1; SV 07 Elversberg – Borussia Dortmund 1:4; SG Wattenscheid 09 – Hannover 96 n. V. 2:2 und 0:6; Hessen Kassel – Fortuna Köln n. V. 1:0; TSV München 1860 – Waldhof Mannheim n. V. 0:1; Freiburger FC – TuS Celle 5:1; FV 09 Weinheim – VfL Osnabrück 1:3; Hertha BSC – Viktoria Griesheim 6:2; Borussia Neunkirchen – Wormatia Worms 1:2; SC Göttingen 05 – Rot-Weiß Oberhausen n. V. 1:0; VfB Eppingen – BFC Preußen Berlin 2:0; FSV Frankfurt – FC Gohfeld 2:0; SSV Ulm 1846 – VfL Wolfsburg 2:1; 1. FC Kaiserslautern Am. – Urania Hamburg 1:3; Viktoria Köln – VfR Bürstadt n. V. 1:1 und n. V. 0:1; VfB Stuttgart Am. – SpVgg Bayreuth 1:2; Tennis Borussia Berlin – VfB Oldenburg 1:2; 1. FC Bocholt – Offenburger FV 2:1; Holstein Kiel – Union Salzgitter 3:2; 1. FC Köln Am. – Bayer Leverkusen n. V. 3:3 und 0:5.
3. Runde: Alemannia Aachen – Hamburger SV 0:3; Hannover 96 – VfL Osnabrück 2:0; Hertha BSC – SSV Ulm 1846 1:2; MSV Duisburg – Karlsruher SC n. V. 1:2; VfB Stuttgart – Borussia Mönchengladbach 0:2; Bayern München – Borussia Dortmund 4:0; SV Darmstadt 98 – Werder Bremen 1:3; Hessen Kassel – VfL Bochum 1:2; Waldhof Mannheim – VfB Eppingen 3:1; Freiburger FC – Holstein Kiel 2:0; Urania Hamburg – SC Göttingen 05 1:3; 1. FC Bocholt – VfR Bürstadt 3:1; Rot-Weiss Essen – Bayer Leverkusen 4:1; 1. FC Nürnberg – Fortuna Düsseldorf 2:0; Wormatia Worms – FSV Frankfurt 0:2; SpVgg Bayreuth – VfB Oldenburg n. V. 2:0.
Achtelfinale: Hannover 96 – 1. FC Nürnberg 1:3; Rot-Weiss Essen – Borussia Mönchengladbach 0:4; Werder Bremen – SpVgg Bayreuth 2:0; Waldhof Mannheim – VfL Bochum n. V. 1:1 und 1:3; 1. FC Bocholt – 1. SC Göttingen 05 n. V. 3:3 und 2:3; SSV Ulm 1846 – FSV Frankfurt 1:0; Freiburger FC – Bayern München 0:3; Hamburger SV – Karlsruher SC 6:1.
Viertelfinale: 1. SC Göttingen 05 – Hamburger SV 2:4; 1. FC Nürnberg – Borussia Mönchengladbach 3:1; Werder Bremen – Bayern München n. V. 1:2; VfL Bochum – SSV Ulm 1846 n. V. 3:1.
Halbfinale: 1. FC Nürnberg – Hamburger SV 2:0; VfL Bochum – Bayern München 1:2.
Endspiel: Bayern München – 1. FC Nürnberg 4:2.

1983
1. Runde: Kickers Offenbach – Fortuna Düsseldorf n. V. 1:3; SG Wattenscheid 09 – Eintracht Braunschweig 0:3; Hannover 96 Am. – Bayer Leverkusen n. V. 2:3; Fortuna Köln – SC Freiburg 2:0; VfL Bochum – Karlsruher SC 3:1; FSV Frankfurt – 1. FC Kaiserslautern 2:1; Waldhof Mannheim – Eintracht Frankfurt 2:0; 1. FC Köln – Bayer Uerdingen 3:1; FC Schalke 04 – Hessen Kassel 1:0; Rot-Weiss Essen – Borussia Dortmund 1:3; VfL Osnabrück – VfB Stuttgart 0:2; VfB Wissen – Borussia Mönchengladbach 0:4; Germania Walsrode – 1. FC Nürnberg 0:3; Hertha Zehlendorf – Hertha BSC n. V. 2:4; Offenburger FV – Werder Bremen 1:4; ASV Bergedorf 85 – Bayern München n. V. 1:5; Bayern Hof – Arminia Bielefeld 0:5; SpVgg Bayreuth – SpVgg Fürth 3:1; FC Ensdorf – Union Solingen 1:3; SSV Ulm 1846 – TuS Schloß Neuhaus 3:1; Wormatia Worms – Alemannia Aachen n. V. 3:1; VfB Stuttgart Am. – Stuttgarter Kickers 1:5; Arminia Hannover – Eintracht Trier n. V. 0:2; Bayern München Am. – Werder Bremen Amat. n. V. 5:3; Freiburger FC – Rot-Weiß Lüdenscheid n. V. 1:1 und 1:2; MSV Duisburg – Hamburger SV n. V. 1:1 und 0:5; Hannover 96 – SV Darmstadt 98 0:4; Bayer Uerdingen Am. – KSV Baunatal 0:3; SVO Germaringen – Hammer SpVgg 1:2; 1. FC Köln Am. – 1. FSV Mainz 05 1:3; SV Sandhausen – Rot-Weiß Oberhausen 1:3; Heider SV – TSV München 1860 n. V. 1:1 und 1:2.
2. Runde: Rot-Weiß Lüdenscheid – SV Darmstadt 98 1:3; 1. FC Köln – Bayer Leverkusen 3:1; Fortuna Düsseldorf – VfB Stuttgart 0:2; Hamburger SV – Werder Bremen 3:2; Arminia Bielefeld – 1. FC Nürnberg 2:0; Eintracht Braunschweig – Bayern München 2:0; Union Solingen – Borussia Mönchengladbach 0:2; 1. FSV Mainz 05 – FC Schalke 04 n. V. 3:6; SpVgg Bayreuth – Hertha BSC 0:1; Rot-Weiß Oberhausen – Borussia Dortmund 0:1; Waldhof Mannheim – FSV Frankfurt 2:0; Eintracht Trier – Stuttgarter Kickers 1:2; Wormatia Worms – KSV Baunatal 2:0; TSV München 1860 – Bayern München Am. 1:0; Hammer SpVgg – VfL Bochum n. V. 1:1 und 1:6; SSV Ulm 1846 – Fortuna Köln n. V. 0:0 und 0:3.
Achtelfinale: Eintracht Braunschweig – Fortuna Köln 1:2; Borussia Dortmund – SV Darmstadt 98 4:2; Borussia Mönchengladbach – Waldhof Mannheim 1:0; Hertha BSC – Hamburger SV 2:1; Wormatia Worms – VfB Stuttgart 0:4; TSV München 1860 – VfL Bochum 1:3; 1. FC Köln – Stuttgarter Kickers 5:1; FC Schalke 04 – Arminia Bielefeld n. V. 2:2 und 1:0.
Viertelfinale: Borussia Mönchengladbach – Fortuna Köln n. V. 2:2 und 1:2; VfB Stuttgart – Hertha BSC 2:0; 1. FC Köln – FC Schalke 04 5:0; Borussia Dortmund – VfL Bochum n. V. 3:1.
Halbfinale: 1. FC Köln – VfB Stuttgart n. V. 3:2; Fortuna Köln – Borussia Dortmund 5:0.
Endspiel: 1. FC Köln – Fortuna Köln 1:0

1984
1. Runde: 1. FSV Mainz 05 – VfB Stuttgart 0:1; VfL Osnabrück – 1. FC Nürnberg 3:1; Alemannia Aachen – VfL Bochum 1:0; FC Schalke 04 – Fortuna Düsseldorf 3:0; SV Heidingsfeld – SV Göppingen 5:1; Hamburger SV – Borussia Dortmund 4:1; Waldhof Mannheim – Bayer Leverkusen 3:1; Hessen Kassel – Bayern München 0:3; Fortuna Köln – Borussia Mönchengladbach 2:3; MSV Duisburg – 1. FC Kaisers-lautern n. V. 1:2; Werder Bremen – SV Darmstadt 98 5:0; SV Sandhausen – Bayer Uerdingen n. V. 0:0 und 0:2; VfR Forst – 1. FC Köln 1:6; SC Pfullendorf – Eintracht Braunschweig 0:7; Rot-Weiss Essen – Hannover 96 3:4; SC Charlottenburg – SG Wattenscheid 09 2:1; SC Freiburg – Union Solingen 3:2; Werder Bremen Am. – Stuttgarter Kickers 1:3; Rot-Weiß Lüdenscheid – SSV Ulm 1846 3:2; FC Homburg/Saar – Hertha BSC 0:6; SC Herford – Karlsruher SC 0:3; 1. FC Köln Am. – FC Gohfeld 2:1; SpVgg Fürth – TuS Lingen n. V. 2:1; ASV Burglengenfeld – KSV Baunatal n. V. 2:1; Arminia Hannover – SpVgg Neu-Isenburg 1:2; SG Ellingen-Bonefeld – Holstein Kiel 2:3; FC Augsburg – SpVgg Bayreuth n. V. 2:1; Hummelsbüttler SV – Kickers Offenbach 1:6; FSV Frankfurt – Arminia Bielefeld 1:3; 1. SC Göttingen 05 – Eintracht Frankfurt 4:2; TuS Schloß Neuhaus – BV 08 Lüttringhausen 2:0; Hassia Bingen – 1. FC Bocholt n. V. 4:4 und 2:3.
2. Runde: FC Augsburg – Bayern München 0:6; Eintracht Braunschweig – VfL Osnabrück 2:1; Alemannia Aachen – Waldhof Mannheim 1:0; SC Charlottenburg – FC Schalke 04 0:3; SV Heidings-feld – Hannover 96 1:3; Borussia Mönchengladbach – Arminia Bielefeld 3:0; 1. FC Köln – Kickers Offenbach 6:2; SC Freiburg – Hamburger SV 1:4; Karlsruher SC – 1. FC Kaiserslautern n. V. 5:4; ASV Burglengenfeld – Werder Bremen 0:3; Holstein Kiel – Bayer Uerdingen 1:2; 1. FC Bocholt – Stuttgarter Kickers 3:1; TuS Schloß Neuhaus – Hertha BSC 0:2; SpVgg Fürth – Rot-Weiß Lüdenscheid 1:0; SpVgg Neu-Isenburg – SC Göttingen 05 0:1; 1. FC Köln Am. – VfB Stuttgart 1:8.
Achtelfinale: SpVgg Fürth – Borussia Mönchengladbach 0:6; Hannover 96 – 1. FC Köln 3:2; FC Schalke 04 – Karlsruher SC 2:1; SC Göttingen 05 – Hertha BSC 0:1; 1. FC Bocholt – Eintracht Braunschweig n. V. 3:1; VfB Stuttgart – Hamburger SV n. V. 1:1 und n. V 4:3; Bayer Uerdingen – Bayern München n. V. 0:0 und 0:1; Alemannia Aachen – Werder Bremen n. V. 0:1.
Viertelfinale: Hannover 96 – Borussia Mönchengladbach 0:1; 1. FC Bocholt – Bayern München 1:2; Werder Bremen – VfB Stuttgart 1:0; Hertha BSC – FC Schalke 04 n. V. 3:3 und 0:2.

Halbfinale: Borussia Mönchengladbach – Werder Bremen n. V. 5:4; FC Schalke 04 – Bayern München n. V. 6:6 und 2:3.
Endspiel: Bayern München – Borussia Mönchengladbach n. V. 1:1; Bayern 7:6-Sieger im Elfmeterschießen.

1985

1. Runde: FV 08 Duisburg – Waldhof Mannheim 1:4; VfB Stuttgart – Rot-Weiß Oberhausen 5:4; VfL Osnabrück – Friesen Hänigsen n. V. 2:5; TSV Havelse – VfL Bochum n. V. 2:2 und 0:4; Altona 93 – Eintracht Trier 2:1; Bayer Leverkusen – 1. FC Kaiserslautern 5:0; 1. FC Paderborn – Hannover 96 1:4; 1. FC Köln – Stuttgarter Kickers 8:0; Borussia Mönchengladbach – Blau-Weiß 90 Berlin 4:1; TSV Ofterdingen – VfL Bochum Am. 0:1; Rot-Weiss Essen – 1. FC Saarbrücken 1:2; Olympia Bocholt – FC Schalke 04 1:3; Eintracht Braunschweig – Eintracht Frankfurt 1:3; SpVgg Bayreuth – SV Mettlach 7:0; 1. FC Nürnberg Am. – Südwest Ludwigshafen 1:0; Hertha BSC – Hessen Kassel 1:0; VfL Kellinghusen – Union Solingen 1:4; ASC Dudweiler – Borussia Dortmund 1:5; SV Darmstadt 98 – SC Freiburg 3:0; Arminia Bielefeld – 1. FC Nürnberg n. V. 1:3; SC Geislingen – Hamburger SV 2:0; SC Jülich 1910 – FC Rastatt 04 2:1; VfB Oldenburg – Bayer 05 Uerdingen 1:6; BV 08 Lüttringhausen – Bayern München 0:1; SC Herford – Kickers Offenbach 2:3; SV Schwetzingen – Alemannia Aachen 1:2; Fortuna Köln – MSV Duisburg n. V. 2:2 und n. V. 2:2, Elfmeterschießen 5:3; Eintracht Haiger – CSC 03 Kassel n. V. 2:1; SC Charlottenburg – Karlsruher SC n. V. 1:3; Bayern München Am. – SG Wattenscheid 09 3:5; OSC Bremerhaven – Werder Bremen 0:4; Fortuna Düsseldorf – SSV Ulm 46 2:0.
2. Runde: Borussia Dortmund – FC Schalke 04 n. V. 1:1 und 2:3; Bayer Uerdingen – Fortuna Düsseldorf 2:1; VfL Bochum Am. – VfB Stuttgart 1:2; SpVgg Bayreuth – Union Solingen 1:2; Friesen Hänigsen – Bayern München 0:8; 1. FC Nürnberg Am. – SC Jülich 1910 0:3; SC Geislingen – Kickers Offenbach 4:2; Altona 93 – Bayer Leverkusen 0:3; Eintracht Haiger – Karlsruher SC n. V. 1:0; Hertha BSC – Fortuna Köln n. V. 4:3; SG Wattenscheid 09 – Waldhof Mannheim 0:4; Werder Bremen – SV Darmstadt 98 5:0; 1. FC Saarbrücken – 1. FC Nürnberg 4:1; Borussia Mönchengladbach – Eintracht Frankfurt n. V. 4:2; Alemannia Aachen – VfL Bochum 3:0; Hannover 96 – 1. FC Köln 2:1.
Achtelfinale: Bayern München – Waldhof Mannheim 1:0; SC Jülich 1910 – Werder Bremen 2:4; SC Geislingen – Bayer Uerdingen 0:2; Eintracht Haiger – Union Solingen 0:8; Hannover 96 – FC Schalke 04 1:0; Alemannia Aachen – Borussia Mönchengladbach 0:2; VfB Stuttgart – 1. FC Saarbrücken n. V. 0:0 und n. V. 2:2, Elfmeterschießen 0:3; Hertha BSC – Bayer Leverkusen 0:4.
Viertelfinale: Union Solingen – Borussia Mönchengladbach 1:2; Bayer Leverkusen – Bayern München 1:3; Bayer Uerdingen – Werder Bremen 2:1; 1. FC Saarbrücken – Hannover 96 1:0.
Halbfinale: 1. FC Saarbrücken – Bayer Uerdingen 0:1; Bayern München – Borussia Mönchengladbach n. V. 1:0.
Endspiel: Bayer Uerdingen – Bayern München 2:1.

1986

1. Runde: 1. FC Kaiserslautern – Eintracht Frankfurt 3:1; VfL Bochum – Hamburger SV 3:2; VfB Stuttgart – Eintracht Braunschweig 6:3; Hannover 96 – SC Freiburg 3:1; Hertha BSC – Bayer Leverkusen 2:5; SG Wattenscheid 09 – Borussia Mönchengladbach 2:5; Kickers Offenbach – Bayern München 1:3; SV Weil – Werder Bremen 0:7; SpVgg Ansbach – Waldhof Mannheim 0:3; TSV München 1860 – 1. Köln 2:4; VfR Bürstadt – Bayer Uerdingen 1:3; Altona 93 – Fortuna Düsseldorf n. V. 2:3; Spfr. Eisbachtal – FC Schalke 04 1:2; SC Neukirchen – Borussia Dortmund 2:9; 1. SC Göttingen 05 – 1. FC Saarbrücken 1:6; FV Ebingen – 1. FC Nürnberg 2:7; Blau-Weiß 90 Berlin – Fortuna Köln 3:0; Alemannia Aachen – Tennis Borussia Berlin 1:0; Eintracht Trier – Karlsruher SC 3:0;1. FC Achterler – VfL Osnabrück 0:2; Wuppertaler SV – Hessen Kassel 2:3; Borussia Neunkirchen – Rot-Weiß Oberhausen 3:2; Bremer SV – MSV Duisburg 1:3; SV Sandhausen – Union Solingen 1:0; FC Wangen – SV Darmstadt 98 2:1; FC St. Pauli – Arminia Bielefeld n. V. 2:0; SpVgg Plattling – Itzehoer SV 2:0; VfR Langelsheim – DSC Wanne-Eickel 2:5; TuS Paderborn-Neuhaus – 1. FC Köln Am. 5:3; VfL Erp – SSV Ulm 1846 1:2; FC Erbach – SC Birkenfeld 2:1; Stuttgarter Kickers – FC Homburg/Saar n. V. 3:3 und 1:4.
2. Runde: 1. FC Nürnberg – VfB Stuttgart 0:1; FC Schalke 04 – Borussia Mönchengladbach 3:1; 1. FC Kaiserslautern – 1. FC Köln n. V. 4:1; 1. FC Saarbrücken – Bayern München 1:3; Waldhof Mannheim – VfL Osnabrück 4:1; Hannover 96 – Hessen Kassel 2:1; SpVgg Plattling – Bayer Leverkusen 0:2; TuS Paderborn-Neuhaus – Borussia Dortmund 2:4; DSC Wanne-Eickel – Werder Bremen 0:1; Alemannia Aachen – MSV Duisburg n. V. 4:3; FC Erbach – Blau-Weiß 90 Berlin 0:1; Borussia Neunkirchen – FC Homburg/Saar 1:3; SSV Ulm 1846 – FC St. Pauli 5:2; SV Sandhausen – FC Wangen 4:1; Eintracht Trier – Bayer Uerdingen n. V. 0:0 und 3:0; Fortuna Düsseldorf – VfL Bochum n. V. 1:1 und n. V. 2:2, Elfmeterschießen 1:3.
Achtelfinale: Waldhof Mannheim – Hannover 96 5:1; VfB Stuttgart – Werder Bremen 2:0; VfL Bochum – Bayern München n. V. 1:1 und 0:2; FC Homburg – Borussia Dortmund n. V. 1:3; Alemannia Aachen

– FC Schalke 04 n. V. 1:2; SSV Ulm 1846 – 1. FC Kaiserslautern n. V. 3:4; Eintracht Trier – Bayer Leverkusen n. V. 1:3; SV Sandhausen – Blau-Weiß 90 Berlin 3:2.
Viertelfinale: Bayer Leverkusen – Waldhof Mannheim 0:1; SV Sandhausen – Borussia Dortmund 1:3; VfB Stuttgart – FC Schalke 04 6:2; 1. FC Kaiserslautern – Bayern München 0:3.
Halbfinale: Waldhof Mannheim – Bayern München 0:2; VfB Stuttgart – Borussia Dortmund 4:1.
Endspiel: Bayern München – VfB Stuttgart 5:2.

1987

1. Runde: SC Charlottenburg – SV Darmstadt 98 0:3; TSG Giengen – Hannover 96 1:3; Werder Bremen – Alemannia Aachen n. V. 0:0 und n. V. 0:0., Elfmeterschießen 6:7; Eintracht Frankfurt – Eintracht Braunschweig 3:1; Hamburger SV – Union Solingen 3:0; Rot-Weiß Lüdenscheid – 1. FC Saarbrücken n. V. 2:4; Tennis Borussia Berlin – Stuttgarter Kickers 0:5; Blau-Weiß Friedrichstadt – Hassia Bingen 1:0; VfL Wolfsburg – Karlsruher SC n. V. 2:2 und 1:4; Hertha BSC – Bayern München 1:2; DSC Wanne-Eickel – Blau-Weiß 90 Berlin 2:4; SV Sandhausen – Fortuna Köln 0:1; Viktoria Köln – SC Freiburg 2:5; Viktoria Goch – FC Homburg/Saar 0:3; 1. FC Amberg – Borussia Mönchengladbach 0:7; VfR Aalen – Fortuna Düsseldorf 0:2; 1. FSV Mainz 05 – FC Schalke 04 1:0; TSV Stelingen – Arminia Bielefeld 1:5; Bayer Uerdingen – VfB Stuttgart n. V. 6:4; SKV Mörfelden – Borussia Neunkirchen 1:3; SV Meppen – MSV Duisburg 1:2; SpVgg Bayreuth – SG Wattenscheid 09 n. V. 0:3; Rot-Weiß Oberhausen – Borussia Dortmund 1:3; FC Emmendingen – 1. FC Köln 0:4; Bayer Leverkusen – VfL Osnabrück 6:0; VfL Hamm – FC Gütersloh n. V. 1:1 und n. V. 2:2, Elfmeterschießen 4:5; TSV München 1860 – FC Augsburg n. V. 1:5; Viktoria Aschaffenburg – Waldhof Mannheim 1:2; VfL Bochum – FC St. Pauli 1:2; Bremer SV – Hessen Kassel n. V. 2:2 und n. V. 1:1, Elfmeterschießen 5:4; BVL 08 Remscheid – 1. FC Kaiserslautern 3:0; FSV Frankfurt – 1. FC Nürnberg 2:8.
2. Runde: FC Augsburg – Hamburger SV 1:2; MSV Duisburg – SG Wattenscheid 09 n. V. 1:1 und 1:2; Fortuna Köln – SC Freiburg n. V. 1:1 und 2:1; Arminia Bielefeld – Karlsruher SC 0:2; Alemannia Aachen – 1. FC Saarbrücken 4:0; Bayer Uerdingen – 1. FC Nürnberg 3:2; FC Homburg/Saar – Bayern München 1:3; FC Gütersloh – Blau-Weiß 90 Berlin 0:5; Fortuna Düsseldorf – Bayer Leverkusen n. V. 2:1; 1. FC Köln – Waldhof Mannheim 3:1; Bremer SV – FC St. Pauli 0:3; Blau-Weiß Friedrichstadt – SV Darmstadt 98 1:2; Borussia Neunkirchen – Stuttgarter Kickers 2:3; 1. FSV Mainz 05 – Eintracht Frankfurt n. V. 0:1; Bor. Mönchengladbach – Hannover 96 1:0; BVL 08 Remscheid – Hannover 96 n. V. 3:3 und 1:2.
Achtelfinale: Fortuna Düsseldorf – Bayern München 3:0; SG Wattenscheid 09 – Eintracht Frankfurt 1:3; Stuttgarter Kickers – Hannover 96 2:0; Hamburger SV – FC St. Pauli 6:0; Blau-Weiß 90 Berlin – Karlsruher SC 1:2; Fortuna Köln – SV Darmstadt 98 n. V. 0:2; Alemannia Aachen – Borussia Mönchengladbach n. V. 0:2; Bayer Uerdingen – 1. FC Köln 3:1.
Viertelfinale: SV Darmstadt 98 – Hamburger SV 0:1; Fortuna Düsseldorf – Karlsruher SC 1:0; Borussia Mönchengladbach – Bayer Uerdingen 9:2; Stuttgarter Kickers – Eintracht Frankfurt 3:1.
Halbfinale: Hamburger SV – Bor. Mönchengladbach 1:0; Stuttgarter Kickers – Fortuna Düsseldorf 3:0.
Endspiel: Hamburger SV – Stuttgarter Kickers 3:1.

1988

1. Runde: Südwest Ludwigshafen – Fortuna Köln 1:6; FC St. Pauli – Blau-Weiß 90 Berlin n. V. 0:3; 1. FC Pforzheim – 1. FC Saarbrücken 3:2; TSV Verden – Werder Bremen 0:4; Eintracht Frankfurt – FC Schalke 04 3:2; VfB Oldenburg – VfL Bochum n. V. 0:0 und 1.4, VfL Wolfsburg – Hannover 96 3:0; 1. FC Kaiserslautern – Waldhof Mannheim n. V. 3:1; Hamburger SV – FC Homburg/Saar 3:0; Borussia Mönchengladbach – Bayer Leverkusen n. V. 2:1; 1. FC Köln – VfB Stuttgart 3:0; Rot-Weiss Essen – Bayern München 1:3; VfR Aachen-Forst – Karlsruher SC 0:5; SV Heidingsfeld – Bayer Uerdingen 1:2; Arminia Bielefeld – SC Freiburg n. V. 1:4; TuS Paderborn-Neuhaus – Stuttgarter Kickers 0:5; RSV Würges – Fortuna Düsseldorf 0:3; TSV Vestenbergsgreuth – SV Darmstadt 98 0:4; SV St. Ingbert – Union Solingen 0:2; Viktoria Aschaffenburg – SG Wattenscheid 09 4:0; VfR Aalen – Alemannia Aachen 1:2; FSV Salmrohr – VfL Osnabrück 2:0; VfL Hamm – Hessen Kassel 2:7; VfB Dillingen – TSG Giengen 0:1; Werder Bremen Am. – MTV Ingolstadt 5:1; Eintracht Braunschweig – 1. FC Nürnberg 2:3; KSV Baunatal – SSV Ulm 1846 n. V. 1:1 und 1:2; Offenburger FV – Borussia Dortmund n. V. 3:3 und 0:5; Viktoria Köln – Hertha BSC 1:3; VfB Lübeck – Schwarz-Weiß Essen 1:2; Concordia Hamburg – SpVgg Erkenschwick n. V. 3:0; Preußen Münster – Rot-Weiß Oberhausen n. V. 1:1 und 2:0.
2. Runde: 1. FC Kaiserslautern – Blau-Weiß 90 Berlin 4:3; Werder Bremen Am. – Hamburger SV 1:3; Preußen Münster – Alemannia Aachen n. V. 2:2 und 1:0; TSG Giengen – VfL Bochum n. V. 1:2; Hertha BSC – Bayer Uerdingen 1:2;1. FC Pforzheim – Concordia Hamburg 2:0; Viktoria Aschaffenburg – 1. FC Köln 1:0; Eintracht Frankfurt – SSV Ulm 1846 3:0; Hessen Kassel – Stuttgarter Kickers 3:1; Karlsruher SC – 1. FC Nürnberg n. V. 1:1 und 1:2; Fortuna Köln – SC Freiburg 1:0; Union Solingen – Fortuna Düssel-

dorf 1:2; FSV Salmrohr – Borussia Dortmund 0:1; Schwarz-Weiß Essen – SV Darmstadt 98 1:0; Borussia Mönchengladbach – Bayern München n. V. 2:2 und n. V. 2:3; VfL Wolfsburg – Werder Bremen n. V. 4:5.
Achtelfinale: Fortuna Düsseldorf – Eintracht Frankfurt 0:1; Preußen Münster – Fortuna Köln 2:3; Bayer Uerdingen – Borussia Dortmund n. V. 3:3 und 2:1; 1. FC Pforzheim – Werder Bremen n. V. 1:1 und 1:3; Hessen Kassel – Viktoria Aschaffenburg 0:1; 1. FC Kaiserslautern – Hamburger SV 1:2; Bayern München – 1. FC Nürnberg 3:1; Schwarz-Weiß Essen – VfL Bochum 0:1.
Viertelfinale: Hamburger SV – Bayern München 2:1; Viktoria Aschaffenburg – Werder Bremen 1:3; Eintracht Frankfurt – Bayer Uerdingen 4:2; VfL Bochum – Fortuna Köln 4:1.
Halbfinale: VfL Bochum – Hamburger SV 2:0; Werder Bremen – Eintracht Frankfurt 0:1.
Endspiel: Eintracht Frankfurt – VfL Bochum 1:0.

1989

1. Runde: 1. FC Kaiserslautern – FC St. Pauli 2:1; Werder Bremen – Hannover 96 4:1; Karlsruher SC – Stuttgarter Kickers 2:1; Borussia Dortmund – Eintracht Braunschweig 6:0; 1. FC Köln – SV Darmstadt 98 6:1; Bayern München – Blau-Weiß 90 Berlin 11:2; FC Schalke 04 – Borussia Mönchengladbach n. V. 1:1 und 2:1; SV Meppen – Bayer Uerdingen 1:2; SSV Ulm 1846 – 1. FC Nürnberg 1:4; VfL Wolfsburg – Eintracht Frankfurt n. V. 1:1 und 1:6; SKG Heidelberg – Waldhof Mannheim 1:3; Arminia Bielefeld – VfL Bochum n. V. 0:0 und n. V. 1:4; SV Ottfingen – VfB Stuttgart 0:5; BSC Erlangen – Bayer Leverkusen 0:5; MSV Duisburg – Hamburger SV n. V. 3:5; SG Wattenscheid 09 – VfL Osnabrück n. V. 1:1 und 1:2; Fortuna Köln – Fortuna Düsseldorf 1:0; TSV Verden – Rot-Weiss Essen 1:2; FC Augsburg – Alemannia Aachen 1:4; Germania Dörnigheim – SpVgg Bayreuth 0:5; SG Düren 99 – Kickers Offenbach 1:3; TBV Lemgo – FC Homburg/Saar 0:4; FSV Salmrohr – SC Freiburg 2:0; STV Horst Emscher – Union Solingen n. V. 0:0 und 1:5; Wormatia Worms – 1. FC Saarbrücken 1:3; VfL Kirchheim/Teck – SV Wehen 1:2; TuS Hoisdorf – Rot-Weiß Oberhausen 3:0; SSV Reutlingen – Spfr. Hamborn 07 2:1; Türkiyemspor Berlin – FC Emmendingen 0:2; Meiendorfer SV Hamburg – TSV Osterholz-Tenever 0:1; BVL 08 Remscheid – SpVgg Landshut 2:3; FC Bitburg – Saar 05 Saarbrücken 1:3.
2. Runde: 1. FC Köln – Waldhof Mannheim 1:2; 1. FC Nürnberg – Karlsruher SC n. V. 1:1 und 0:1; VfB Stuttgart – VfL Bochum n. V. 3:2; Bayer Uerdingen – Eintracht Frankfurt n. V. 5:4; VfL Osnabrück – Hamburger SV 0:1; Werder Bremen – SpVgg Bayreuth 6:1; 1. FC Kaiserslautern – Kickers Offenbach 5:0; Borussia Dortmund – FC Homburg/Saar 2:1; TuS Hoisdorf – Bayern München 0:4; TSV Osterholz-Tenever – Bayer Leverkusen 0:6; Union Solingen – Fortuna Köln n. V. 2:2 und 2:5; Saar 05 Saarbrücken – FC Schalke 04 n. V. 3:3 und 1:7; SSV Reutlingen – Rot-Weiss Essen n. V. 1:1 und 1:3; SpVgg Landshut – Alemannia Aachen 1:2; FSV Salmrohr – 1. FC Saarbrücken n. V. 0:1; FC Emmendingen – SV Wehen 1:3.
Achtelfinale: FC Schalke 04 – Borussia Dortmund 2:3; Bayer Leverkusen – Waldhof Mannheim 5:2; SV Wehen – 1. FC Kaiserslautern 2:3; Bayern München – Karlsruher SC 3:4; Alemannia Aachen – Bayer Uerdingen 1:4; Werder Bremen – Fortuna Köln n. V. 3:1; Hamburger SV – Rot-Weiss Essen 3:1; VfB Stuttgart – 1. FC Saarbrücken n. V. 2:0.
Viertelfinale: Borussia Dortmund – Karlsruher SC 1:0; Bayer Leverkusen – Bayer Uerdingen 2:0; VfB Stuttgart – 1. FC Kaiserslautern 4:0; Hamburger SV – Werder Bremen 0:1.
Halbfinale: Borussia Dortmund – VfB Stuttgart 2:0; Bayer Leverkusen – Werder Bremen 1:2.
Endspiel: Borussia Dortmund – Werder Bremen 4:1.

1990

1. Runde: VfL Bückeburg – Eintracht Braunschweig 0:2; Rot-Weiß Frankfurt – Waldhof Mannheim 0:1; Arminia Hannover – FC Homburg/Saar 2:1; FC St. Pauli – Werder Bremen 1:2; Kickers Offenbach – Bayer Uerdingen 2:1; VfR Sölde – 1. FC Köln (in Holzwickede) 0:3; Eintracht Frankfurt – Bayern München 0:1; Hamburger SV – MSV Duisburg 2:4; Hannover 96 – Borussia Mönchengladbach 2:3; VfL Wolfsburg – VfB Stuttgart 1:3; Bayer Leverkusen Am. – 1. FC Kaiserslautern 0:1; Hertha Zehlendorf – 1. FC Nürnberg 0:4; SpVgg Plattling – Fortuna Düsseldorf n. V. 1:2; 1. FC Saarbrücken – SV Meppen 3:1; Rot-Weiss Essen – SG Wattenscheid 09 1:2; VfL Osnabrück – FC Schalke 04 n. V. 3:1; SV Langenau – Stuttgarter Kickers 0:6; SC Jülich 1910 – Blau-Weiß 90 Berlin n. V. 2:2 und 0:1; FC Wangen – SV Darmstadt 98 0:3; 1. FC Pforzheim – SpVgg Bayreuth 4:1; 1. FC Schweinfurt 05 – Altona 93 1:0; TSG Pfeddersheim – VfB Gaggenau 2:0; SC Geislingen – TSV München 1860 0:3; SV Edenkoben – Saar 05 Saarbrücken 1:0; Borussia Dortmund – Fortuna Köln 3:0; SV Wiesbaden – VfL Bochum 0:2; Werder Bremen Am. – Bayer Leverkusen 1:4; Union Solingen – SC Freiburg n. V. 1:3; FC Gütersloh – Hertha BSC n. V. 1:1 und 1:0; FSV Salmrohr – TuS Hoisdorf 1:3; Viktoria Aschaffenburg – Karlsruher SC 2:6; 1. FSV Mainz 05 – Alemannia Aachen 2:0.
2. Runde: Borussia Mönchengladbach – 1. FC Nürnberg 4:1; Bayern München – Waldhof Mannheim 2:0; SC Freiburg – Karlsruher SC 1:2; SV Darmstadt 98 – Bayer Leverkusen 1:0; Stuttgarter Kickers – Werder Bremen 2:3; Borussia Dortmund – Eintracht Braunschweig 2:3; Fortuna Düsseldorf – 1. FC

Saarbrücken 4:0; 1. FC Pforzheim – VfL Bochum 1:0; Arminia Hannover – 1. FC Köln 2:4; 1. FSV Mainz 05 – 1. FC Kaiserslautern 1:3; FC Gütersloh – VfB Stuttgart n. V. 0:2; SG Wattenscheid 09 – VfL Osnabrück 0:2; SV Edenkoben – MSV Duisburg n. V. 1:2; 1. FC Schweinfurt 05 – Blau-Weiß 90 Berlin 4:2; TSG Pfeddersheim – Kickers Offenbach 1:3; TuS Hoisdorf – TSV München 1860 0:2.
Achtelfinale: TSV München 1860 – Werder Bremen 1:2; 1. FC Kaiserslautern – 1. FC Köln 2:1; VfB Stuttgart – Bayern München 3:0; Kickers Offenbach – Borussia Mönchengladbach n. V. 1:0; 1. FC Schweinfurt 05 – Eintracht Braunschweig 0:2; 1. FC Pforzheim – Fortuna Düsseldorf 1:3; MSV Duisburg – Darmstadt 98 4:1; VfL Osnabrück – Karlsruher SC 3:2.
Viertelfinale: Werder Bremen – VfB Stuttgart 3:0; 1. FC Kaiserslautern – Fortuna Düsseldorf 3:1; Eintracht Braunschweig – VfL Osnabrück 3:2; Kickers Offenbach – MSV Duisburg n. V. 1:1 und 1:0.
Halbfinale: Werder Bremen – Eintr. Braunschweig 2:0; Kickers Offenbach – 1. FC Kaiserslautern 0:1.
Endspiel: 1. FC Kaiserslautern – Werder Bremen 3:2.

1991

1. Runde: Waldhof Mannheim – VfL Bochum 3:2; Alemannia Aachen – Bayer Uerdingen n. V. 0:1; FV 09 Weinheim – Bayern München 1:0; Eintracht Haiger – Borussia Mönchengladbach 1:2; Kilia Kiel – FC St. Pauli 1:4; VfL Wolfsburg – 1. FC Köln 1:6; Eintracht Trier – VfB Stuttgart 0:1; ASC Schöppingen – Eintracht Frankfurt 1:2; DSC Wanne-Eickel – Hertha BSC 1:3; Werder Bremen Am. – SG Wattenscheid 09 1:3; SpVgg Fürth – Borussia Dortmund 3:1; SpVgg Weiden – Werder Bremen 1:2; Borussia Neunkirchen – Fortuna Düsseldorf n. V. 2:3; Victoria Hamburg – Bayer Leverkusen 0:5; 1. SC Göttingen 05 – Hamburger SV 0:4; SSV Reutlingen – Karlsruher SC n. V. 3:6; Südwest Ludwigshafen – 1. FC Kaiserslautern 1:7; FC Miltach – 1. FC Nürnberg 1:3; Stuttgarter Kickers – SV Darmstadt 98 4:0; SpVgg Unterhaching – FC Schalke 04 0:1; Hessen Kassel – FC Homburg/Saar 1:0; FC Wangen – Rot-Weiss Essen 1:2; FSV Frankfurt – Preußen Münster 3:4 n. V.; Teutonia Waltrop – Eintracht Braunschweig 0:1; Türkiyemspor Berlin – 1. FC Saarbrücken 2:6; SC Pfullendorf – MSV Duisburg 0:2; Viktoria Köln – VfL Osnabrück 2:4; SpVgg Bayreuth – Blau-Weiß 90 Berlin 0:3; SV Hilden-Nord – SC Freiburg n. V. 2:1; TuS Bersenbrück – Hannover 96 0:4; SV Ludweiler – SV Meppen 0:3; FC Remscheid – Fortuna Köln n. V. 3:2.
2. Runde: Werder Bremen – FC St. Pauli 2:0; SpVgg Fürth – 1. FC Saarbrücken 0:1; SV Hilden-Nord – Preußen Münster 0:4; FC Schalke 04 – Eintracht Braunschweig 4:0; Bayer Leverkusen – Bayer Uerdingen 0:1; Eintracht Frankfurt – 1. FC Nürnberg n. V. 0:0 und n. V. 2:0; Karlsruher SC – VfB Stuttgart 0:2; 1. FC Kaiserslautern – 1. FC Köln 1:2; Fortuna Düsseldorf – Blau-Weiß 90 Berlin n. V. 0:0 und 0:1; Hertha BSC – MSV Duisburg 1:2; Hannover 96 – Hamburger SV n. V. 0:0 und n. V. 1:2; FV 09 Weinheim – Rot-Weiss Essen 1:3; FC Remscheid – Borussia Mönchengladbach 1:0; Hessen Kassel – Stuttgarter Kickers 3:2; SV Meppen – Waldhof Mannheim 2:0; VfL Osnabrück – SG Wattenscheid 09 n. V. 1:2.
Achtelfinale: Preußen Münster – VfB Stuttgart 0:1; Werder Bremen – FC Schalke 04 3:1; Bayer Uerdingen – Rot-Weiss Essen n. V. 4:2; 1. FC Köln – SV Meppen 1:0; MSV Duisburg – Blau-Weiß 90 Berlin n. V. 3:2; 1. FC Saarbrücken – Eintracht Frankfurt n. V. 0:0 und n. V. 2:3; Hamburger SV – SG Wattenscheid 09 1:2; FC Remscheid – Hessen Kassel n. V. 2:3.
Viertelfinale: Bayer Uerdingen – MSV Duisburg 1:4; Eintracht Frankfurt – SG Wattenscheid 09 3:1; Hessen Kassel – Werder Bremen 0:2; 1. FC Köln – VfB Stuttgart n. V. 1:0.
Halbfinale: MSV Duisburg – 1. FC Köln n. V. 0:0 und 0:3; Eintracht Frankfurt – Werder Bremen n. V. 2:2 und 3:6.
Endspiel: Werder Bremen – 1. FC Köln n. V. 1:1, Elfmeterschießen 4:3.

1992

Qualifikation Nordost, 1. Runde: Motor Eberswalde – Stahl Hennigsdorf 5:1; Rot-Weiß Prenzlau – Bergmann-Borsig Berlin 2:8; Victoria Frankfurt/O. – Rotation Berlin 4:2; Aktivist Schwarze Pumpe – Lok/Altmark Stendal 2:1; Greifswalder SC – Post Neubrandenburg 3:1; Stahl Riesa – Anhalt Dessau 5:1; Wismut Aue – 1. FC Markkleeberg 3:0; Soemtron Sömmerda – Wismut Gera 1:2; Kali-Werra Tiefenort – Motor Weimar 1:6; BSV Borna – Stahl Thale 1:4; Energie Cottbus – Wacker Nordhausen 0:2; Fortschritt Bischofswerda (gegen Hafen Rostock), Chemnitzer SV 51 (bei Germania Ilmenau), 1. Suhler SV 06 (bei TSG Meißen) kampflos weiter, da die Gegner nicht antraten; Glückauf Brieske-Senftenberg Freilos, TSV 1860 Stralsund zog zurück.
2. Runde: Bergmann-Borsig Berlin – Wismut Gera 3:1; Motor Eberswalde – Aktivist Schwarze Pumpe n. V. 1:1, Elfmeterschießen 3:4; Stahl Thale – Greifswalder SC n. V. 2:2, Elfmeterschießen 4:5; Wismut Aue – Glückauf Brieske-Senftenberg 2:1; Chemie Guben – Fortschritt Bischofswerda 4:3; Chemnitzer SV 51 – 1. Suhler SV 06 0:1; Stahl Riesa – Motor Weimar 3:1; Wacker Nordhausen kampflos weiter, da Victoria Frankfurt/O. nicht antrat.

3. Runde: Wismut Aue – Aktivist Schwarze Pumpe 4:2; Wacker Nordhausen – Bergmann-Borsig Berlin 2:3; Chemie Guben – 1. Suhler SV 06 2:4; Greifswalder SC – Stahl Riesa n. V. 3:3, Elfmeterschießen 5:3 – Die vier Sieger sind für die 1. Runde qualifiziert.
1. Runde (Freilos: 20 Bundesligisten und 20 Amateurklubs): Viktoria Herxheim – FC St. Pauli n. V. 2:3; Wismut Aue – VfB Leipzig n. V. 2:4; ESV Lok Cottbus – VfB Oldenburg 0:3; 1. FC Schweinfurt 05 – Waldhof Mannheim 1:6; SC Jülich 1910 – Hertha BSC 2:1; Arminia Bielefeld – 1. FSV Mainz 05 1:0; Karlsruher SC Am. – SV Meppen 1:0; SpVgg Fürth – Carl Zeiss Jena 1:0; Greifswalder SC – Stahl Brandenburg n. V. 2:2, Elfmeterschießen 3:2; SV 1910 Kahla – Rot-Weiß Erfurt 1:4; SpVgg Weiden – SV Darmstadt 98 n. V. 1:2; SpVgg Unterhaching – Bayer Uerdingen n. V. 0:0, Elfmeterschießen 1:3; Marathon 02 Berlin – Hannover 96 0:7; SC Neukirchen – Hallescher FC 1:3; Freiburger FC – Chemnitzer FC 3:1; FC Berlin – SC Freiburg 0:2; Eintracht Glas/Chemie Wirges – FC Homburg/Saar 1:6; Blau-Weiß Parchim – Eisenhüttenstädter FC Stahl 1:0; Türkiyemspor Berlin – Blau-Weiß 90 Berlin 2:1; Bremer SV – Fortuna Köln 0:7; Preußen Münster – VfL Osnabrück 1:2; Borussia Dortmund Am. – 1. FC Saarbrücken 2:5; SpVgg Ludwigsburg – Eintr. Braunschweig n. V. 3:2; SpVgg Zschopau – Rot-Weiß Hasborn n. V. 2:3.
2. Runde: Borussia Mönchengladbach – SG Wattenscheid 09 2:0; Greifswalder SC – Dynamo Dresden 0:2; Werder Bremen Am. – VfB Stuttgart 1:5; MSV Duisburg – 1. FC Kaiserslautern n. V. 0:2; Werder Bremen – Hamburger SV 3:1; Bayern München – FC Homburg/Saar n. V. 2:4; Hansa Rostock – SV Darmstadt 98 3:1; Fortuna Düsseldorf – FC St. Pauli 2:1; VfL Bochum – Hannover 96 2:3; Rot-Weiß Erfurt – FC Schalke 04 2:1; Arminia Bielefeld – Borussia Dortmund 0:2; TSV Havelse – 1. FC Nürnberg n. V. 1:1, Elfmeterschießen 4:2; SpVgg Ludwigsburg – Eintracht Frankfurt 1:6; Blau-Gelb Berlin – VfB Leipzig 0:5; Holstein Kiel – Bayer Uerdingen 1:2; Bergmann-Borsig Berlin – SC Freiburg 2:1; SpVgg Brakel – Fortuna Köln 0:3; SpVgg Fürth – Waldhof Mannheim 0:3; Rot-Weiß Hasborn – VfL Osnabrück n. V. 1:1, Elfmeterschießen 5:4; TSG Backnang – 1. Suhler SV 06 1:3; VfL Wolfsburg – Viktoria Aschaffenburg n. V. 4:3; Viktoria Köln – Blau-Weiß Parchim 2:0; Rot-Weiß Wernigerode – 1. FC Köln 0:4; Freiburger FC – Karlsruher SC Am. 3:2; SSV Reutlingen – TSV Krähenwinkel 4:1; Rot-Weiss Essen – Karlsruher SC 0:2; Türkiyemspor Berlin – Stuttgarter Kickers 0:4; Eintracht Trier – Bayer Leverkusen 0:2; FC Remscheid – VfB Oldenburg 2:0; Hamburger SV Am. – Hallescher FC 1:0; SC 08 Bamberg – 1. FC Saarbrücken 4:1; Arminia Hannover – SC Jülich 1910 1:5.
3. Runde: Fortuna Düsseldorf – Werder Bremen 1:3; Bayer Leverkusen – 1. FC Köln 2:0; Eintracht Frankfurt – Karlsruher SC 0:1; Stuttgarter Kickers – VfB Leipzig n. V. 3:1; Borussia Dortmund – Hannover 96 2:3; FC Homburg/Saar – 1. FC Kaiserslautern n. V. 0:0, Elfmeterschießen 1:3; Fortuna Köln – Hansa Rostock n. V. 5:3; 1. Suhler SV 06 – Dynamo Dresden 0:5; VfL Wolfsburg – VfB Stuttgart 1:3; SC Jülich 1910 – Bor. Mönchengladbach 0:1; FC Remscheid – Bayer Uerdingen 1:3; SSV Reutlingen – Rot-Weiß Erfurt 3:1; Freiburger FC – Rot-Weiß Hasborn 1:0; Hamburger SV Am. – Bergmann-Borsig Berlin n. V. 2:2, Elfmeterschießen 6:5; SC 08 Bamberg – TSV Havelse 4:0; Viktoria Köln – Waldhof Mannheim 1:0.
Achtelfinale: SSV Reutlingen – Bayer Leverkusen n. V. 2:3; Werder Bremen – Dynamo Dresden 4:1; Borussia Mönchengladbach – Fortuna Köln 2:0; Hannover 96 – Bayer Uerdingen 1:0; Freiburger FC – VfB Stuttgart 1:6; SC 08 Bamberg – 1. FC Kaiserslautern 0:1; Viktoria Köln – Stuttgarter Kickers n. V. 1:2; Hamburger SV Am. – Karlsruher SC 0:1.
Viertelfinale: Borussia Mönchengladbach – Stuttgarter Kickers 2:0; Bayer Leverkusen – VfB Stuttgart n. V. 1:0; Hannover 96 – Karlsruher SC 1:0; Werder Bremen – 1. FC Kaiserslautern 2:0.
Halbfinale: Hannover 96 – Werder Bremen n. V. 1:1, Elfmeterschießen 6:5; Borussia Mönchengladbach – Bayer Leverkusen n. V. 2:2, Elfmeterschießen 2:0.
Endspiel: Hannover 96 – Borussia Mönchengladbach n. V. 0:0, Elfmeterschießen 4:3.

1993

1. Runde (Freilos: 23 Amateurvereine und 22 Zweitligisten)**:** Stahl Brandenburg – 1. FC Kaiserslautern 0:2; Wacker Nordhausen – 1. FC Köln 0:8; FC Gundelfingen – Bayer Uerdingen 0:1; TSV München 1860 – Dynamo Dresden 1:2; Bayer Leverkusen Am. – Hamburger SV n. V. 2:2, Elfmeterschießen 7:8; OT Bremen – 1. FC Nürnberg 1:7; SV Wehen – Eintracht Frankfurt 2:3 (in Wiesbaden); Kickers Emden – 1. FC Saarbrücken 1:5; Fortuna Düsseldorf Am. – Borussia Mönchengladbach 1:4; Jahn Regensburg – VfB Lübeck 2:1; Hallescher FC – Borussia Dortmund 1:4; SpVgg Fürth – VfL Bochum 0:2; Lüneburger SK – Karlsruher SC 0:3; SC Göttingen 05 – FC Schalke 04 1:3; FSV Salmrohr – SG Wattenscheid 09 2:0; SC Jülich 1910 – Werder Bremen n. V. 1:5; Spfr. Siegen – VfB Stuttgart 0:6; ASV Bergedorf 85 – Bayer Leverkusen 1:3; Borussia Neunkirchen – Bayern München 0:6
2. Runde: Viktoria Aschaffenburg – VfL Osnabrück 0:6; MSV Duisburg – 1. FC Köln n. V. 0:0, Elfmeterschießen 4:3; Karlsruher SC – Hamburger SV 4:2; VfL Bochum – Hannover 96 1:2; Fortuna Köln – SV Meppen 0:1; Bischofswerdaer FV 08 – VfB Oldenburg 3:0; Rot-Weiß Erfurt – Bayer Uerdingen n. V. 0:0, Elfmeterschießen 2:4; SC 08 Bamberg – Eintracht Frankfurt 1:3; Spfr. Ricklingen – SC Verl n. V. 5:4; Freiburger FC – 1. FSV Mainz 05 0:3; Stuttgarter Kickers – Chemnitzer FC 1:2; Wormatia Worms –

Fortuna Düsseldorf 2:4; FC St. Pauli – 1. FC Nürnberg n. V. 2:3; Bayer Leverkusen – 1. FC Kaiserslautern 1:0; Werder Bremen Am. – Borussia Mönchengladbach 1:2; Carl Zeiss Jena – 1. FC Saarbrücken 2:1; FC Remscheid – SV Darmstadt 98 2:1; SSV Ulm 1846 – Post Neubrandenburg 2:1; SpVgg Plattling – Jahn Regensburg 2:1; Eisenhüttenstädter FC Stahl – Wuppertaler SV n. V. 1:1, Elfmeterschießen 5:4; SpVgg Beckum – Werder Bremen 0:7; SpVgg Bad Homburg – Eintracht Braunschweig 1:5; Hansa Rostock – VfB Stuttgart n. V. 2:0; TuS Hoppstädten – VfR Heilbronn 0:3; VfR Aalen – FC Homburg/Saar 1:2; Dynamo Dresden – VfB Leipzig, 2:3; Hertha BSC Am. – SGK Heidelberg 3:0; Lok/Altmark Stendal – FSV Salmrohr 0:1; Bor. Dortmund – Bayern München n. V. 2:2, Elfmeterrschießen 5:4; Rot-Weiss Essen – FC Schalke 04 2:0; SC Freiburg – Hertha BSC 2:4; Rot-Weiß Frankfurt – Waldhof Mannheim 3:4.
3. Runde: 1. FC Nürnberg – FC Remscheid n. V. 5:2; VfL Osnabrück – Borussia Mönchengladbach 4:1; Bayer Uerdingen – Hannover 96 0:1; Eintracht Frankfurt – Waldhof Mannheim n. V. 4:1; Werder Bremen – FSV Mainz 05 3:1; SSV Ulm 1846 – Borussia Dortmund 1:3; Bischofswerdaer FV 08 – Karlsruher SC n. V. 0:1; VfR Heilbronn – Bayer Leverkusen 0:2; MSV Duisburg – Eintracht Braunschweig 3:1; Fortuna Düsseldorf – Hansa Rostock n. V. 2:2, Elfmeterschießen 3:0; SV Meppen – Hertha BSC n. V. 2:4; Spfr. Ricklingen – Chemnitzer FC 0:2; SpVgg Plattling – Carl Zeiss Jena 1:3; FSV Salmrohr – FC Homburg/Saar 0:1; Hertha BSC Am. – VfB Leipzig 4:2; Rot-Weiss Essen – Eisenhüttenstädter FC Stahl 3:2.
Achtelfinale: Carl Zeiss Jena – MSV Duisburg n. V. 3:2, FC Homburg/Saar – 1. FC Nürnberg n. V. 0:0, Elfmeterschießen 2:4; Hertha BSC Am. – Hannover 96 4:3; Bayer Leverkusen – Hertha BSC 1:0; Fortuna Düsseldorf – Karlsruher SC 0:1; Eintracht Frankfurt – VfL Osnabrück 3:1; Rot-Weiss Essen – Chemnitzer FC 0:1; Werder Bremen – Borussia Dortmund 2:0.
Viertelfinale: Hertha BSC Am. – 1. FC Nürnberg 2:1; Chemnitzer FC – Werder Bremen n. V. 2:1; Carl Zeiss Jena – Bayer Leverkusen 0:2; Karlsruher SC – Eintr. Frankfurt n. V. 1:1, Elfmeterschießen 3:5.
Halbfinale: Eintracht Frankfurt – Bayer Leverkusen 0:3; Hertha BSC Am. – Chemnitzer FC 2:1.
Endspiel: Bayer Leverkusen – Hertha BSC Am. 1:0.

1994

1. Runde (Freilos: 11 Bundesligisten, 14 Zweitligisten, 27 Amateurvereine): Werder Bremen Am. – Bayern München 1:5; SV Sandhausen – Karlsruher SC 1:4; SpVgg Plattling – 1. FSV Mainz 05 4:3; Kilia Kiel – SC Freiburg 0:8; SV Ludweiler – Borussia Dortmund 1:4; Bayern München Am. – FC Homburg/Saar n. V. 2:1; 1. FC Pforzheim – 1. FC Kaiserslautern 0:4; FC Remscheid – Hertha BSC 2:3; SV Böblingen – MSV Duisburg 0:5; FSV Salmrohr – 1. FC Saarbrücken 1:3; VfL Osnabrück – Hannover 96 0:4; SpVgg Erkenschwick – Borussia Mönchengladbach 0:2.
2. Runde: TSV Havelse – Karlsruher SC 0:3; FC Schalke 04 – VfL Bochum n. V. 1:0; TSF Ditzingen – Hansa Rostock 0:2; 1. FC Magdeburg – Wuppertaler SV n. V. 3:3, Elfmeterschießen 5:4; FC Oberneuland – Chemnitzer FC 1:8; ASV Neumarkt – Tennis Borussia Berlin 0:4; SpVgg Plattling – Borussia Mönchengladbach 0:3; Spfr. Ricklingen – MSV Duisburg 0:1; FC Augsburg – Rot-Weiß Lüdenscheid 2:0; SV Darmstadt 98 – Bayern München Am. n. V. 1:2; SC Freiburg – Fortuna Köln 4:1; 1. FC Köln – Waldhof Mannheim 4:1; Hertha BSC – Hamburger SV n. V. 3:5; Alemannia Aachen – 1. FC Saarbrücken 0:3; Borussia Dortmund – Carl Zeiss Jena 0:1; Bayer Uerdingen – VfB Leipzig 1:0; Eisenhüttenstädter FC Stahl – SpVgg Unterhaching 0:2; SV Mettlach – SG Wattenscheid 09 0:2; Sachsen Leipzig – FC St. Pauli n. V. 2:2, Elfmeterschießen 3:4; VfB Gaggenau – Hannover 96 n. V. 1:3; SpVgg Marl – Borussia Fulda 3:2; Greifswalder SC – TSG Pfeddersheim 0:2; Eintracht Haiger – FTSV Elmshorn 3:1; 1. FC Bocholt – Rot-Weiss Essen 2:3; Kickers Offenbach – SV Meppen n. V. 4:2; Werder Bremen – Stuttgarter Kickers n. V. 2:1; Dynamo Dresden – VfL Wolfsburg n. V. 0:0, Elfmeterschießen 4:2; Fortuna Düsseldorf – Eintracht Frankfurt 0:2; Eintracht Braunschweig – VfB Oldenburg 4:3; Bayer Leverkusen – 1. FC Nürnberg 3:0; Carl Zeiss Jena Am. – Bayern München 0:2; VfB Stuttgart – 1. FC Kaiserslautern n. V. 2:6.
3. Runde: Borussia Mönchengladbach – Karlsruher SC n. V. 5:3 (annulliert, da KSC-Torhüter Kahn durch einen Kastanienwurf am Kopf getroffen wurde, Wiederholung in Düsseldorf: 1:0); SC Freiburg – Eintracht Frankfurt n. V. 5:3; FC Schalke 04 – Bayern München n. V. 3:2; Hannover 96 – Dynamo Dresden 2:3; 1. FC Saarbrücken – Hamburger SV 2:4; Chemnitzer FC – SG Wattenscheid 09 n. V. 1:2; 1. FC Magdeburg – Bayer Leverkusen 1:5; Eintracht Haiger – 1. FC Kaiserslautern n. V. 1:3; Bayern München Am. – 1. FC Köln n. V. 0:0, Elfmeterschießen 5:4; TSG Pfeddersheim – MSV Duisburg n. V. 1:3; Kickers Offenbach – Werder Bremen n. V. 1:1, Elfmeterschießen 3:5; Rot-Weiss Essen – FC St. Pauli n. V. 3:2; Bayer Uerdingen – Carl Zeiss Jena 2:3; SpVgg Unterhaching – Hansa Rostock 1:2; Eintracht Braunschweig – Tennis Borussia Berlin 0:1; FC Augsburg – SpVgg Marl 3:0.
Achtelfinale: SC Freiburg – Hansa Rostock 3:0; FC Augsburg – Bayer Leverkusen n. V. 0:0, Elfmeterschießen 3:4; Carl Zeiss Jena – SG Wattenscheid 09 1:0; Werder Bremen – Hamburger SV 4:2; Rot-Weiss Essen – MSV Duisburg 4:2; Bayern München Am. – Tennis Borussia Berlin n. V. 3:3, Elfmeterschießen 4:5; Dynamo Dresden – Bayern München 2:1; Borussia Mönchengladbach – 1. FC Kaiserslautern 2:3.

Viertelfinale: Carl Zeiss Jena – Rot-Weiss Essen n. V. 0:0, Elfmeterschießen 5:6; SC Freiburg – Tennis Borussia Berlin 0:1; Dynamo Dresden – Bayer Leverkusen n. V. 1:1, Elfmeterschießen 5:4; Werder Bremen – 1. FC Kaiserslautern n. V. 2:2, Elfmeterschießen 4:3.
Halbfinale: Rot-Weiss Essen – Tennis Borussia Berlin 2:0; Dynamo Dresden – Werder Bremen 0:2.
Endspiel: Werder Bremen – Rot-Weiss Essen 3:1.

1995

1. Runde: FSV Salmrohr – VfB Leipzig 2:1; SSV Ulm 1846 – 1. FC Nürnberg n. V. 1:0; Spfr. Oesede Georgsmarienhütte – Karlsruher SC 1:6; Hallescher FC – Bayer Uerdingen 1:4; Kickers Offenbach – Hertha BSC 3:1; BSV Brandenburg – Bayer Leverkusen 0:11; Altona 93 – Borussia Dortmund 0:2; 1. FC Union Berlin – FC St. Pauli 2:3; SC Großrosseln – Hamburger SV 1:5; Stuttgarter Kickers – SC Freiburg 3:1; SV Linx – FC Schalke 04 1:2; Bayern München Am. – Werder Bremen 2:1; Sachsen Leipzig – TSV München 1860 n. V. 0:0, Elfmeterschießen 3:4; Rot-Weiß Erfurt – MSV Duisburg n. V. 0:2; Greifswalder SC – Borussia Mönchengladbach 1:4; SG Egelsbach – 1. FC Kaiserslautern 0:2; 1. SC Göttingen 05 – Eintracht Frankfurt 0:6; Alemannia Aachen – FC Homburg/Saar 0:2; Wuppertaler SV – Fortuna Köln 1:2; FC Schalke 04 Am. – VfL Wolfsburg 0:2; Holstein Kiel – 1. FC Saarbrücken 0:2; SV Edenkoben – Waldhof Mannheim 1:2; SV Meppen – Dynamo Dresden 0:1; FC Remscheid – 1. FC Köln 0:7; Carl Zeiss Jena – VfB Stuttgart 0:2; Tennis Borussia Berlin – Hansa Rostock 2:1; TuS Paderborn-Neuhaus – Chemnitzer FC n. V. 2:2, Elfmeterschießen 4:5; Preußen Münster – Hannover 96 0:5; Werder Bremen Am. – 1. FSV Mainz 05 0:1; Rot-Weiss Essen – VfL Bochum n. V. 0:2; Karlsruher SC Am. – SG Wattenscheid 09 1:3; TSV Vestenbergsgreuth – Bayern München (in Nürnberg) 1:0.
2. Runde: SG Wattenscheid 09 – 1. FC Köln 1:3; TSV München 1860 – Bayer Leverkusen n. V. 1:1, Elfmeterschießen 4:1; Eintracht Frankfurt – VfL Wolfsburg n. V. 0:0, Elfmeterschießen 3:4; SSV Ulm 1846 – VfB Stuttgart 0:1; FC Schalke 04 – Hamburger SV 3:2; Stuttgarter Kickers – FSV Salmrohr 2:0; TSV Vestenbergsgreuth – FC Homburg/Saar 5:1; Tennis Borussia Berlin – FC St. Pauli 3:4; Dynamo Dresden – Bayer Uerdingen 1:0; Fortuna Köln – VfL Bochum n. V. 2:1; Karlsruher SC – Waldhof Mannheim n. V. 1:1, Elfmeterschießen 3:2; Kickers Offenbach – Borussia Mönchengladbach 0:1; Hannover 96 – 1. FC Saarbrücken 0:2; Bayern München Am. – Chemnitzer FC n. V. 2:2, Elfmeterschießen 4:1; MSV Duisburg – FSV Mainz 0:2; 1. FC Kaiserslautern – Borussia Dortmund n. V. 6:3.
Achtelfinale: Borussia Mönchengladbach – FSV Mainz 05 6:4; 1. FC Saarbrücken – FC St. Pauli 1:4; 1. FC Köln – Dynamo Dresden 2:1; TSV München 1860 – FC Schalke 04 n. V. 1:2; TSV Vestenbergsgreuth – VfL Wolfsburg n. V. 1:1, Elfmeterschießen 3:4; Stuttgarter Kickers – Karlsruher SC 0:2; 1. FC Kaiserslautern – Fortuna Köln 7:3; Bayern München Am. – VfB Stuttgart n. V. 2:2, Elfmeterschießen 7:6.
Viertelfinale: 1. FC Kaiserslautern – FC St. Pauli 4:2; Bayern München Am. – VfL Wolfsburg 1:2; 1. FC Köln – Karlsruher SC 2:1; Borussia Mönchengladbach – FC Schalke 04 3:2.
Halbfinale: 1. FC Köln – VfL Wolfsburg 0:1; Bor. Mönchengladbach – 1. FC Kaiserslautern n. V. 1:0.
Endspiel: Borussia Mönchengladbach – VfL Wolfsburg 3:0.

1996

1. Runde: TSG Pfeddersheim – Borussia Dortmund n. V. 1:1, Elfmeterschießen 3:4; Fortuna Köln – 1. FC Kaiserslautern n. V. 3:4; SSV Ulm 1846 – Chemnitzer FC n. V. 2:3; FV Zeulenroda – FSV Zwickau 0:1; Werder Bremen Am. – SpVgg Unterhaching 0:2; SV Mettlach – Hertha BSC 0:4; FC Homburg/Saar – FC St. Pauli n. V. 2:1; 1. FC Nürnberg – Hansa Rostock 2:1; Dynamo Dresden – Fortuna Düsseldorf 1:3; VfL Osnabrück – Waldhof Mannheim n. V. 0:1; FSV Frankfurt – Carl Zeiss Jena 1:3; SpVgg Beckum – 1. FC Köln n. V. 0:0, Elfmeterschießen 3:4; Greifswalder SC – VfB Lübeck 4:1; Heider SV – SC Freiburg 1:6; SSV Vorsfelde – FC Schalke 04 0:5; Rot-Weiss Essen – Hannover 96 2:0; 1. FC Nürnberg Am. – Borussia Mönchengladbach 0:3; SC Neukirchen – 1. FSV Mainz 05 n. V. 2:2, Elfmeterschießen 5:6; 1. SC Norderstedt – SG Wattenscheid 09 0:1; VfB Gaggenau – TSV München 1860 1:6; FSV Salmrohr – VfB Leipzig 0:2; Sachsen Leipzig – VfL Bochum 2:0; Bayern München Am. – Werder Bremen 0:5; Energie Cottbus – SV Meppen 1:2; Tennis Borussia Berlin – Karlsruher SC 1:2; Arminia Bielefeld – Hamburger SV 2:1; MSV Duisburg – Bayer Leverkusen 0:2; 1. FC Saarbrücken – Eintracht Frankfurt n. V. 1:2; Lok/Altmark Stendal – VfL Wolfsburg 1:1 (wegen Dunkelheit abgebrochen), Wiederholung: n. V. 0:0, Elfmeterschießen 4:3; SV Sandhausen – VfB Stuttgart n. V. 2:2, Elfmeterschießen 13:12; 1. FC Köln Am. – KFC Uerdingen 05 0:2; Stuttgarter Kickers – Bayern München 0:1.
2. Runde: Fortuna Düsseldorf – Bayern München 3:1; VfB Leipzig – FC Schalke 04 0:1; SpVgg Beckum – SpVgg Unterhaching 2:3; Borussia Dortmund – KFC Uerdingen 05 2:0; 1. FC Kaiserslautern – SG Wattenscheid 09 3:0; SC Freiburg – Arminia Bielefeld 1:0; 1. FC Nürnberg – SV Meppen 2:1; TSV München 1860 – Eintracht Frankfurt 5:1; Lok/Altmark Stendal – Hertha BSC n. V. 3:2; Greifswalder SC – Rot-Weiss Essen 1:4; Sachsen Leipzig – Karlsruher SC 0:2; SV Sandhausen – FC Homburg/Saar 1:2; Carl Zeiss Jena – Chemnitzer FC 2:5; Bayer Leverkusen – Borussia Mönchengladbach 2:0; FSV Mainz 05 – Werder Bremen 2:3; Waldhof Mannheim – FSV Zwickau 2:0.

Achtelfinale: 1. FC Kaiserslautern – FC Schalke 04 1:0; SC Freiburg – Borussia Dortmund n. V. 0:1; 1. FC Nürnberg – Werder Bremen 3:2; SpVgg Unterhaching – Karlsruher SC 2:3; Fortuna Düsseldorf – Chemnitzer FC 3:1; FC Homburg/Saar – TSV München 1860 2:1; Rot-Weiss Essen – Bayer Leverkusen n. V. 4:4, Elfmeterschießen 1:4; Lok/Altmark Stendal – Waldhof Mannheim n. V. 2:2, Elfmeterschießen 5:4.
Viertelfinale: Lok/Altmark Stendal – Bayer Leverkusen n. V. 0:0, Elfmeterschießen 4:5; Fortuna Düsseldorf – 1. FC Nürnberg 1:0; FC Homburg/Saar – 1. FC Kaiserslautern n. V. 3:4; Borussia Dortmund – Karlsruher SC 1:3.
Halbfinale: 1. FC Kaiserslautern – Bayer Leverkusen 1:0; Karlsruher SC – Fortuna Düsseldorf 2:0.
Endspiel: 1. FC Kaiserslautern – Karlsruher SC 1:0.

1997

1. Runde: 1. FC Nürnberg – 1. FSV Mainz 05 1:0; Hamburger SV Am. – Arminia Bielefeld 1:3; FC Bremerhaven – Karlsruher SC 2:3; 1. FC Schweinfurt 05 – Hansa Rostock 2:5; SV Bonlanden – VfL Bochum n. V. 2:4; Rot-Weiß Oberhausen – FC St. Pauli 1:4; Tennis Borussia Berlin – Bayern München 0:3; FV Donaueschingen – 1. FC Köln 1:3; Bayer Leverkusen Am. – MSV Duisburg n. V. 1:3; SpVgg Greuther Fürth – 1. FC Kaiserslautern 1:0; Kickers Emden – Fortuna Düsseldorf 1:3; VfR Mannheim – Borussia Mönchengladbach 0:2; VfB Stuttgart – Fortuna Köln n. V. 0:0, Elfmeterschießen 4:1; KFC Uerdingen 05 – SC Freiburg 0:2; Greifswalder SC – SpVgg Unterhaching 0:3; Borussia Neunkirchen – VfB Leipzig n. V. 1:1, Elfmeterschießen 5:4; Wacker Nordhausen – TSV München 1860 1:5; Lok/Altmark Stendal – Hertha BSC 1:5; SSV Ulm 1846 – FC Schalke 04 0:2; SG Wattenscheid 09 – Borussia Dortmund n. V. 4:3; TuS Paderborn-Neuhaus – Hamburger SV 1:3; Chemnitzer FC – Waldhof Mannheim 0:1; FSV Salmrohr – VfB Oldenburg 1:3; Hannover 96 – FC Gütersloh 1:0; SV Wehen – VfB Lübeck 1:2; VfB Leipzig Am. – VfL Wolfsburg 0:4; Karlsruher SC Am. – Carl Zeiss Jena 2:0; Holstein Kiel – Eintracht Frankfurt 2:4; TSG Pfeddersheim – FSV Zwickau 1:2; Werder Bremen – Bayer Leverkusen n. V. 1:1, Elfmeterschießen 5:3; TSV Pansdorf – Energie Cottbus 1:4; Reinickendorfer Füchse – SV Meppen 0:2.
2. Runde: Karlsruher SC – Hansa Rostock 2:0; MSV Duisburg – VfB Lübeck n. V. 1:0; Borussia Neunkirchen – FC St. Pauli 1:3; SV Meppen – Eintracht Frankfurt 6:1; Energie Cottbus – VfL Wolfsburg 1:0; SpVgg Greuther Fürth – 1. FC Nürnberg 2:5; FSV Zwickau – 1. FC Köln n. V. 3:1; SG Wattenscheid 09 – Karlsruher SC Am. n. V. 0:0, Elfmeterschießen 2:4; VfB Oldenburg – Werder Bremen 1:2; Arminia Bielefeld – SpVgg Unterhaching 0:1; Fortuna Düsseldorf – Hamburger SV 1:4; FC Schalke 04 – VfL Bochum 2:3; Waldhof Mannheim – SC Freiburg 0:1; Hannover 96 – TSV München 1860 2:4; Hertha BSC – VfB Stuttgart n. V. 1:1, Elfmeterschießen 4:5; Bor. Mönchengladbach – Bayern München 1:2.
Achtelfinale: TSV München 1860 – Hamburger SV 1:2; FC St. Pauli – SpVgg Unterhaching 1:0; SC Freiburg – SV Meppen 2:1; Karlsruher SC Am. – VfL Bochum 0:1; Energie Cottbus – MSV Duisburg n. V. 2:2, Elfmeterschießen 5:4; SpVgg Greuther Fürth – Karlsruher SC (in Nürnberg) 1:3; VfB Stuttgart – FSV Zwickau 2:0; Bayern München – Werder Bremen 3:1.
Viertelfinale: Energie Cottbus – FC St. Pauli n. V. 0:0, Elfmeterschießen 5:4; Hamburger SV – VfL Bochum 2:1; SC Freiburg – VfB Stuttgart n. V. 1:1, Elfmeterschießen 2:4; Karlsruher SC – Bayern München 1:0.
Halbfinale: Energie Cottbus – Karlsruher SC 3:0; VfB Stuttgart – Hamburger SV 2:1.
Endspiel: VfB Stuttgart – Energie Cottbus 2:0.

1998

1. Runde: Hansa Rostock – Bayer Leverkusen 0:2; FSV Zwickau – FC Schalke 04 0:1; Chemnitzer FC – Karlsruher SC 1:3; SV Warnemünde – Borussia Dortmund 0:8; Rot-Weiß Oberhausen – Werder Bremen 0:2; SSV Ulm 1846 – 1. FC Köln 3:1; DJK Waldberg – Bayern München (in Nürnberg) 1:16; Rot-Weiss Essen – MSV Duisburg 1:2; Hamburger SV Am. – VfL Bochum 2:3; Borussia Mönchengladbach Am. – VfB Stuttgart 0:1; Hannover 96 – Borussia Mönchengladbach n. V. 1:1, Elfmeterschießen 5:3; Wacker Nordhausen – Hamburger SV 1:3; 1. FC Kaiserslautern Am. – 1. FC Kaiserslautern 0:5; Werder Bremen Am. – VfL Wolfsburg n. V. 2:3; TuS Celle – TSV München 1860 0:2; SSV Reutlingen – Arminia Bielefeld 0:3; Eisenhüttenstädter FC Stahl – Hertha BSC 0:4; VfB Leipzig – FC Gütersloh 2:1; Carl Zeiss Jena – FC St. Pauli n. V. 1:1, Elfmeterschießen 4:2; Waldhof Mannheim – SG Wattenscheid 09 2:2 n. V., Elfmeterschießen 4:3; TSV Pansdorf – Energie Cottbus 1:4; 1. FC Saarbrücken – SC Freiburg 1:0; Alemannia Aachen – 1. FC Nürnberg n. V. 0:0, Elfmeterschießen 4:3; VfR Mannheim – Fortuna Köln 6:2; Reinickendorfer Füchse – SV Meppen 0:2; VfB Lübeck – Fortuna Düsseldorf 2:1; FC Singen 04 – SpVgg Greuther Fürth 0:2; Preußen Münster – 1. FSV Mainz 05 n. V. 2:2, Elfmeterschießen 6:7; SC Neukirchen – KFC Uerdingen 05 0:2; VfL Halle 96 – Eintracht Frankfurt 0:4; Eintracht Trier – SpVgg Unterhaching 2:1; VfB Oldenburg – Stuttgarter Kickers 2:4.
2. Runde: Eintracht Trier – FC Schalke 04 1:0; Waldhof Mannheim – Energie Cottbus 4:3; Eintracht Frankfurt – Werder Bremen 3:0; Alemannia Aachen – VfB Leipzig n. V. 2:1; MSV Duisburg – VfL Bochum 1:0; VfL Wolfsburg – Bayern München n. V. 3:3, Elfmeterschießen 3:4; Karlsruher SC – Arminia Bielefeld

n. V. 2:2, Elfmeterschießen 2:4; Hannover 96 – TSV München 1860 1:0; SSV Ulm 1846 – 1. FSV Mainz 05 4:1; VfB Stuttgart – Hertha BSC 2:0; SV Meppen – Stuttgarter Kickers 4:1; SpVgg Greuther Fürth – Borussia Dortmund (in Nürnberg) 2:4; 1. FC Saarbrücken – 1. FC Kaiserslautern 0:4; VfR Mannheim – Carl Zeiss Jena n. V. 1:1, Elfmeterschießen 3:4; Bayer Leverkusen – Hamburger SV n. V. 2:1; VfB Lübeck – KFC Uerdingen 05 1:4.
Achtelfinale: Eintracht Trier – Borussia Dortmund 2:1; 1. FC Kaiserslautern – Bayern München 1:2; Bayer Leverkusen – Arminia Bielefeld n. V. 1:1, Elfmeterschießen 4:3; MSV Duisburg – Eintracht Frankfurt 1:0; SSV Ulm 1846 – VfB Stuttgart 1:3; SV Meppen – KFC Uerdingen 05 0:2; Hannover 96 – Carl Zeiss Jena n. V. 1:1, Elfmeterschießen 2:4; Alemannia Aachen – Waldhof Mannheim n. V. 1:1, Elfmeterschießen 4:5.
Viertelfinale: KFC Uerdingen 05 – VfB Stuttgart 0:4; Carl Zeiss Jena – MSV Duisburg 1:2; Eintracht Trier – Waldhof Mannheim 1:0; Bayern München – Bayer Leverkusen 2:0.
Halbfinale: Bayern München – VfB Stuttgart 3:0; Eintracht Trier – MSV Duisburg n. V. 1:1, Elfmeterschießen 9:10.
Endspiel: Bayern München – MSV Duisburg 2:1.

1999

1. Runde: Karlsruher SC – VfL Wolfsburg 3:4; 1. FC Köln – Hansa Rostock 0:1; Fortuna Köln – 1. FC Kaiserslautern 1:3; 1. FC Saarbrücken – Borussia Dortmund n. V. 1:1, Elfmeterschießen 1:3; FC St. Paul Am. – Bayer Leverkusen 0:5; Hansa Rostock Am. – MSV Duisburg 0:3; Chemnitzer FC – SC Freiburg 1:2; Bayer Leverkusen Am. – Werder Bremen n. V. 1:2; VfB Lübeck – VfB Stuttgart 1:2; VfB Leipzig – TSV München 1860 n. V. 2:4; FC Denzlingen – Hamburger SV 0:3; Waldhof Mannheim – Borussia Mönchengladbach 1:5; VfB Lichterfelde – FC Schalke 04 0:6; VfL Osnabrück – 1. FC Nürnberg 0:2; FSV Zwickau – VfL Bochum 2:5; Post/Süd Regensburg – Hertha BSC 0:2; Rot-Weiß Erfurt – Eintracht Frankfurt 1:6; LR Ahlen – Bayern München 0:5; Tennis Borussia Berlin – Hannover 96 1:0; SV Schalding-Heining – SpVgg Unterhaching 0:1; Spfr. Eisbachtal – FC Gütersloh n. V. 1:0; Kickers Offenbach – SG Wattenscheid 09 0:1; Energie Cottbus Am. – SpVgg Greuther Fürth 0:1; Werder Bremen Am. – Rot-Weiß Oberhausen 0:1; Spfr. Dorfmerkingen – Stuttgarter Kickers 0:3; SG Hoechst – Energie Cottbus 1:2; SV Straelen – Fortuna Düsseldorf 4:7; Spfr. Siegen – 1. FSV Mainz 05 n. V. 3:1; Carl Zeiss Jena – SSV Ulm 1846 1:0; SC Idar-Oberstein – Arminia Bielefeld 0:1; 1. FC Magdeburg – KFC Uerdingen 05 1:2; SV Meppen – FC St. Paul 0:1.
2. Runde: Hamburger SV – SpVgg Unterhaching 4:0; Energie Cottbus – Borussia Mönchengladbach 2:4; Werder Bremen – Hansa Rostock 3:2; 1. FC Kaiserslautern – VfL Bochum n. V. 1:1, Elfmeterschießen 4:5; Bayer Leverkusen – Hertha BSC n. V. 1:1, Elfmeterschießen 3:4; VfB Stuttgart – Eintracht Frankfurt 3:2; VfL Wolfsburg – 1. FC Nürnberg n. V. 3:0; Borussia Dortmund – FC Schalke 04 n. V. 1:0; Fortuna Düsseldorf – TSV München 1860 2:1; SpVgg Greuther Fürth – Bayern München n. V. 0:0, Elfmeterschießen 3:4; Spfr. Siegen – SC Freiburg 1:0; Carl Zeiss Jena – MSV Duisburg 1:2; Tennis Borussia Berlin – Stuttgarter Kickers 4:2; Arminia Bielefeld – SG Wattenscheid 09 2:1; KFC Uerdingen 05 – FC St. Pauli n. V. 1:1, Elfmeterschießen 5:4; Spfr. Eisbachtal – Rot-Weiß Oberhausen 1:4.
Achtelfinale: Rot-Weiß Oberhausen – Hamburger SV n. V. 3:3, Elfmeterschießen 4:3; VfL Bochum – Borussia Mönchengladbach 0:1; VfB Stuttgart – Borussia Dortmund 3:1; VfL Wolfsburg – Arminia Bielefeld 3:1; Werder Bremen – Fortuna Düsseldorf 3:2; Tennis Borussia Berlin – Hertha BSC 4:2; MSV Duisburg – Bayern München 2:4; Spfr. Siegen – KFC Uerdingen 05 1:0.
Viertelfinale: Bayern München – VfB Stuttgart 3:0; Spfr. Siegen – VfL Wolfsburg 1:3; Rot-Weiß Oberhausen – Borussia Mönchengladbach 2:0; Werder Bremen – Tennis Borussia Berlin n. V. 2:1.
Halbfinale: Rot-Weiß Oberhausen – Bayern München 1:3 (in Gelsenkirchen), VfL Wolfsburg – Werder Bremen 0:1.
Endspiel: Werder Bremen – Bayern München n. V. 1:1, Elfmeterschießen 5:4.

2000

1. Runde (Freilos: alle 18 Bundesligisten, 9 Zweitligisten, 19 Amateurvereine)**:** SC Verl – Borussia Mönchengladbach n. V. 0:0, Elfmeterschießen 6:5; SV Darmstadt 98 – Chemnitzer FC 2:4; Carl Zeiss Jena – SpVgg Greuther Fürth 1:2; VFC Plauen – Alemannia Aachen 1:0; VfL Osnabrück – Energie Cottbus 0:1; VfL Hamm – Stuttgarter Kickers 0:4; FC Singen 04 – Rot-Weiß Oberhausen 3:2; Fortuna Düsseldorf – 1. FC Nürnberg 2:0; Wuppertaler SV – Kickers Offenbach 1:2.
2. Runde (Freilos: die 9 Bundesligisten, die sich für einen internationalen Wettbewerb qualifiziert hatten)**:** SV Babelsberg 03 – SpVgg Unterhaching 1:0; FK Pirmasens – TSV München 1860 0:3; SpVgg Landshut – Hansa Rostock 0:2; Fortuna Düsseldorf – SSV Ulm 1846 0:2; 1. FC Saarbrücken – FC Schalke 04 0:1; 1. FC Pforzheim – SC Freiburg 0:2; SC Verl – Eintracht Frankfurt 0:4; Berliner FC Dynamo – Arminia Bielefeld 0:2; 1. SC Norderstedt – VfB Stuttgart 0:3; Werder Bremen Am. – Fortuna Köln 3:1; Eintracht Trier – Karlsruher SC n. V. 1:1, Elfmeterschießen 5:4; SG Wattenscheid 09 – 1. FC Köln 1:7; KFC Uerdingen 05 – Tennis Borussia Berlin 0:4; FC Gütersloh – Energie Cottbus 0:1; SSV

Reutlingen – VfL Bochum 2:3; SV Meppen – Kickers Offenbach 2:1; TSV 1860 Rosenheim – FC St. Pauli 1:2; VFC Plauen – Stuttgarter Kickers 1:2; TuS Langerwehe – Chemnitzer FC 0:6; FC Singen 04 – SpVgg Greuther Fürth 1:3; VfB Lübeck – Hannover 96 0:1; VfL Halle 96 – 1. FSV Mainz 05 1:2; FC Schönberg – Waldhof Mannheim 0:3.
3. Runde: Werder Bremen – 1. FC Kaiserslautern n. V. 2:2, Elfmeterschießen 4:3; Chemnitzer FC – VfL Wolfsburg 2:3; VfL Bochum – MSV Duisburg n. V. 1:1, Elfmeterschießen 6:5; 1. FSV Mainz 05 – Hamburger SV 2:0; Hannover 96 – Arminia Bielefeld 1:2; FC St. Pauli – SSV Ulm 1846 0:2; SpVgg Greuther Fürth – Hansa Rostock 1:3; 1. FC Köln – Eintracht Frankfurt 2:1; Waldhof Mannheim – Bayer Leverkusen n. V. 3:2; Energie Cottbus – FC Schalke 04 n. V. 2:2, Elfmeterschießen 5:4; Stuttgarter Kickers – Borussia Mönchengladbach n. V. 2:3; SV Babelsberg 03 – SC Freiburg n. V. 2:4, Werder Bremen Am. – VfB Stuttgart 0:1; SV Meppen – Bayern München 1:4; Eintracht Trier – TSV München 1860 2:1.
Achtelfinale: Werder Bremen – SSV Ulm 1846 2:1; Waldhof Mannheim – Bayern München 0:3; SC Freiburg – Energie Cottbus 2:0; 1. FSV Mainz 05 – Hertha BSC n. V. 2:1; VfB Stuttgart – 1. FC Köln 4:0; Stuttgarter Kickers – Arminia Bielefeld n. V. 3:2; VfL Bochum – VfL Wolfsburg 5:4; Eintracht Trier – Hansa Rostock 0:4.
Viertelfinale: Hansa Rostock – VfB Stuttgart 2:1; VfL Bochum – Werder Bremen 1:2; Stuttgarter Kickers – SC Freiburg 1:0; Bayern München – 1. FSV Mainz 05 3:0.
Halbfinale: Werder Bremen – Stuttgarter Kickers n. V. 2:1; Bayern München – Hansa Rostock 3:2.
Endspiel: Bayern München – Werder Bremen 3:0.

2001

1. Runde: SSV Reutlingen – Hertha BSC n. V. 2:3; TuS Dassendorf – SpVgg Unterhaching 0:5; VfB Stuttgart Am. – Eintracht Frankfurt 6:1; Tennis Borussia Berlin II – Werder Bremen 0:2; FC Ismaning – Borussia Dortmund 0:4; FC Schönberg – Bayern München 0:4; Wuppertaler SV – VfB Stuttgart 1:3; Werder Bremen Am. – VfL Wolfsburg 0:1; SV Babelsberg 03 – VfL Bochum 1:6; 1. FC Magdeburg – 1. FC Köln 5:2; TSV Rain/Lech – FC Schalke 04 0:7; VfL Hamm – Energie Cottbus 0:6; Fortuna Köln – Bayer Leverkusen 0:4; TSG Pfeddersheim – TSV München 1860 0:7; SC Pfullendorf – SC Freiburg 1:3; Erzgebirge Aue – Hamburger SV 0:3; SC Paderborn 07 – Hansa Rostock 1:2; Kickers Offenbach – 1. FC Kaiserslautern 0:4; VfL Osnabrück – Hannover 96 0:1; LR Ahlen – Borussia Mönchengladbach 1:2; 1. FC Saarbrücken – SpVgg Greuther Fürth 0:1; Rot–Weiß Erfurt – SSV Ulm 1846 0:2; Karlsruher SC – Chemnitzer FC 2:1; Bayer Leverkusen Am. – FC St. Pauli 1:2; SC Halberg Brebach – 1. FC Nürnberg 0:5; Tennis Borussia Berlin – Arminia Bielefeld 1:3; Kickers Emden – 1. FSV Mainz 05 0:1; Karlsruher SC II – Alemannia Aachen 0:2; SV Wehen – Stuttgarter Kickers 2:1; FC Teningen – MSV Duisburg 0:3; 1. FC Union Berlin – Rot-Weiß Oberhausen 2:0; VfB Lübeck – Waldhof Mannheim 2:2, Elfmeterschießen 3:2.
2. Runde: SC Freiburg – Werder Bremen 1:0; SpVgg Unterhaching – TSV München 1860 n. V. 1:2; VfL Wolfsburg – Hertha BSC 3:1; Arminia Bielefeld – VfL Bochum 0:4; Alemannia Aachen – Bayer Leverkusen 1:2; SSV Ulm 1846 – Energie Cottbus 2:0; Hannover 96 – Hansa Rostock 2:1; Borussia Mönchengladbach – 1. FC Kaiserslautern 5:1; FC St. Pauli – FC Schalke 04 n. V. 1:3; Karlsruher SC – Hamburger SV 1:0; SV Wehen – Boussia Dortmund n. V. 0:1 (in Mainz); VfB Stuttgart Am. – VfB Stuttgart 0:3; 1. FC Magdeburg – Bayern München 1:1, Elfmeterschießen 4:2; 1. FC Nürnberg – 1. FSV Mainz 05 4:0; 1. FC Union Berlin – SpVgg Greuther Fürth 1:0; VfB Lübeck – MSV Duisburg 1:1, Elfmeterschießen 3:5.
Achtelfinale: SC Freiburg – Bayer Leverkusen 3:2; TSV München 1860 – VfL Bochum 0:5; FC Schalke 04 – Borussia Dortmund 2:1; VfL Wolfsburg – MSV Duisburg n. V. 1:1, Elfmeterschießen 3:4; VfB Stuttgart – Hannover 96 2:1; Borussia Mönchengladbach – 1. FC Nürnberg 1:0; 1. FC Union Berlin – SSV Ulm 1846 4:2; 1. FC Magdeburg – Karlsruher SC n. V. 5:3.
Viertelfinale: VfB Stuttgart – SC Freiburg n. V. 2:1; 1. FC Union Berlin – VfL Bochum 1:0; 1. FC Magdeburg – FC Schalke 04 0:1; MSV Duisburg – Borussia Mönchengladbach 0:1.
Halbfinale: 1. FC Union Berlin – Borussia Mönchengladbach n. V. 2:2, Elfmeterschießen 4:2; VfB Stuttgart – FC Schalke 04 0:3.
Endspiel: FC Schalke 04 – 1. FC Union Berlin 2:0.

2002

1. Runde: Rot-Weiß Erfurt – LR Ahlen n. V. 2:2, Elfmeterschießen 9:8; VfB Stuttgart Am. – SpVgg Greuther Fürth 0:1; VfR Mannheim – Hannover 96 1:3; SV Yesilyurt Berlin – SC Freiburg 2:4; SV Babelsberg 03 – Hertha BSC 1:2; FC 08 Homburg – Hamburger SV 2:5; FC St. Pauli Am. – Eintracht Frankfurt n. V. 0:1; KFC Uerdingen 05 – Energie Cottbus 1:0; Würzburger FV – TSV München 1860 0:10; VfR Aalen – Rot-Weiß Oberhausen 0:2; Erzgebirge Aue – 1. FSV Mainz 05 n. V. 1:2; Blau-Weiß Brühl – 1. FC Kaiserslautern 1:4; VfL Osnabrück – Hansa Rostock 2:1; VfB Lübeck – Werder Bremen 2:3; Eintracht Trier – Alemannia Aachen n. V. 2:4; Stuttgarter Kickers – SpVgg Unterhaching 1:5; Karlsruher

SC – Waldhof Mannheim 2:5; VfL Wolfsburg Am. – Borussia Dortmund 1:0; SV Darmstadt 98 – FC St. Pauli 3:1; Werder Bremen Am. – 1. FC Saarbrücken 5:0; Energie Cottbus Am. – Arminia Bielefeld 0:4; FC Schüttorf 09 – SSV Reutlingen 1:4; FC Schalke 04 Am. – VfL Bochum 0:1; FC Schönberg – VfB Stuttgart 2:4; Jahn Regensburg – Bayer Leverkusen 0:3; Chemnitzer FC – 1. FC Köln 2:5; 1. FSV Mainz 05 Am. – Borussia Mönchengladbach n.V. 0:0, Elfmeterschießen 2:4; SC Freiburg Am. – FC Schalke 04 0:1; 1. FC Magdeburg – VfL Wolfsburg 1:5; 1. FC Union Berlin – MSV Duisburg 1:0; SSV Ulm 1846 – 1. FC Nürnberg 2:1; SC Paderborn 07 – Bayern München 1:5.
2. Runde: Rot-Weiß Erfurt – Hertha BSC n. V. 1:2; KFC Uerdingen 05 – Werder Bremen n. V. 1:1, Elfmeterschießen 4:3; Arminia Bielefeld – FC Schalke 04 1:2; Hamburger SV – VfB Stuttgart 0:2; 1. FSV Mainz 05 – SpVgg Greuther Fürth 3:2; VfL Wolfsburg – SpVgg Unterhaching 3:0; SV Darmstadt 98 – SC Freiburg n. V. 3:3, Elfmeterschießen 3:1; VfL Wolfsburg Am. – Hannover 96 0:4, SSV Ulm 1846 – 1. FC Union Berlin 0:3, Werder Bremen Am. – Eintracht Frankfurt n. V. 3:3, Elfmeterschießen 2:4; Waldhof Mannheim – 1. FC Kaiserslautern 2:3; Alemannia Aachen – 1. FC Köln 1:2; TSV München 1860 – Borussia Mönchengladbach 4:3; SSV Reutlingen – Rot-Weiß Oberhausen n. V. 2:2, Elfmeterschießen 3:4; VfL Bochum – Bayer Leverkusen 2:3; VfL Osnabrück – Bayern München 0:2.
Achtelfinale: VfB Stuttgart – TSV München 1860 n. V. 2:2, Elfmeterschießen 2:4; 1. FC Union Berlin – Rot-Weiß Oberhausen 1:2; 1. FSV Mainz 05 – 1. FC Kaiserslautern 2:3; Eintracht Frankfurt – Hertha BSC n. V. 1:2; KFC Uerdingen 05 – 1. FC Köln n. V. 1:1, Elfmeterschießen 3:5; SV Darmstadt 98 – FC Schalke 04 n. V. 0:1; Bayern München – VfL Wolfsburg 2:1; Hannover 96 – Bayer Leverkusen 1:2.
Viertelfinale: Hertha BSC – 1. FC Köln n. V. 1:2; FC Schalke 04 – Rot-Weiß Oberhausen 2:0; Bayer Leverkusen – TSV München 1860 3:0; 1. FC Kaiserslautern – Bayern München n. V. 0:0, Elfmeterschießen 3:5.
Halbfinale: Bayer Leverkusen – 1. FC Köln n. V. 3:1, Schalke 04 – Bayern München n. V. 2:0.
Endspiel: FC Schalke 04 – Bayer Leverkusen 4:2.

2003

1. Runde: Eintracht Trier – 1. FC Nürnberg 0:2; Wacker Burghausen – Energie Cottbus 0:2; SC Paderborn 07 – VfB Stuttgart 1:4; Erzgebirge Aue – VfL Bochum 1:3; Werder Bremen Am. – Bayern München 0:3; Eisenhüttenstädter FC Stahl – Werder Bremen 0:1; Concordia Ihrhove – Borussia Dortmund 0:3; FC Schönberg 95 – Hamburger SV 0:6; VfR Aalen – Hannover 96 n. V. 2:3; Bayern München Am. – FC Schalke 04 1:2; Holstein Kiel – Hertha BSC n. V. 0:0, Elfmeterschießen 3:0; Alemannia Aachen Am. – TSV München 1860 0:7; 1. FC Saarbrücken II – Arminia Bielefeld 0:5; USC Paloma Hamburg – 1. FC Kaiserslautern 0:5; 1. FSV Mainz 05 Am. – Hansa Rostock 0:2; SV Babelsberg 03 – Borussia Mönchengladbach 0:1; FSV Salmrohr – VfL Wolfsburg 0:2; Rot-Weiss Essen – Bayer Leverkusen 0:1; VfL Lübeck – MSV Duisburg n.V. 2:3; Eintracht Braunschweig – SSV Reutlingen 1:2; Tennis Borussia Berlin – FC St. Pauli 1:2; 1. FC Saarbrücken – Waldhof Mannheim n. V. 1:1, Elfmeterschießen 3:4; SpVgg Unterhaching – 1. FSV Mainz 05 n. V. 1:1, Elfmeterschießen 4:2; 1. FC Schweinfurt 05 – 1. FC Union Berlin n.V. 1:2; TSG Hoffenheim – SpVgg Greuther Fürth 4:1; Jahn Regensburg – LR Ahlen 1:2; VfL Wolfsburg Am. – 1. FC Köln 1:3; Bahlinger SC – Alemannia Aachen 1:0; Kickers Offenbach – Karlsruher SC n.V. 3:1; Hallescher FC – SC Freiburg 1:3; Sportfreunde Siegen – Rot-Weiß Oberhausen n.V. 0:1; Rot-Weiß Erfurt – Eintracht Frankfurt n.V. 2:3.
2. Runde: TSV München 1860 – VfL Wolfsburg n. V. 2:2, Elfmeterschießen 8:7; Bayern München – Hannover 96 2:1; Energie Cottbus – 1. FC Kaiserslautern 0:1; Bayer Leverkusen – VfB Stuttgart 3:0; FC Schalke 04 – Borussia Mönchengladbach 5:0; Hansa Rostock – Eintracht Frankfurt 1:0; Hamburger SV – MSV Duisburg 2:0; SC Freiburg – Borussia Dortmund 3:0; Rot-Weiß Oberhausen – Arminia Bielefeld 1:0; FC St. Pauli – Werder Bremen 0:3; Holstein Kiel – VfL Bochum 1:2; Kickers Offenbach – 1. FC Nürnberg n.V. 2:3; LR Ahlen – SSV Reutlingen 3:1; SpVgg Unterhaching – 1. FC Union Berlin 1:0; TSG Hoffenheim – 1. FC Köln 1:5; Bahlinger SC – Waldhof Mannheim 1:2.
Achtelfinale: Hamburger SV – VfL Bochum 0:1; Bayern München – FC Schalke 04 n. V. 0:0, Elfmeterschießen 5:4; TSV München 1860 – Rot-Weiß Oberhausen 2:1; Bayer Leverkusen – Waldhof Mannheim 2:1; 1. FC Kaiserslautern – SC Freiburg 2:0; 1. FC Nürnberg – 1. FC Köln 0:2; LR Ahlen – Werder Bremen 1:2; SpVgg Unterhaching – Hansa Rostock 3:2.
Viertelfinale: 1. FC Kaiserslautern – 1. FC Bayern München n. V. 2:2, Elfmeterschießen 3:4, TSV München 1860 – Werder Bremen n.V. 1:4; Bayern München – 1. FC Köln 8:0; SpVgg Unterhaching – Bayer Leverkusen n. V. 2:2, Elfmeterschießen 4:5.
Halbfinale: 1. FC Kaiserslautern – Werder Bremen 3:0; Bayern München – Bayer Leverkusen 3:1.
Endspiel: Bayern München – 1. FC Kaiserslautern 3:1.

2004
1. Runde: TSG Hoffenheim – Eintracht Trier n. V. 4:3; VfL Wolfsburg Am. – Energie Cottbus 2:0; Rot-Weiß Erfurt – Alemannia Aachen n. V. 1:1, Elfmeterschießen 3:4; Waldhof Mannheim – 1. FC Union Berlin 0:4; SSV Reutlingen – Hertha BSC 1:6; TSV Gerbrunn – Wacker Burghausen 0:14; 1. FSV Mainz 05 Am. – Karlsruher SC n. V. 1.1, Elfmeterschießen 3:4; Holstein Kiel – Bayer Leverkusen 1:3; Jahn Regensburg – VfL Bochum 2:1; Bayer Leverkusen Am. – VfB Stuttgart 0:4; SpVgg Unterhaching – Rot-Weiß Oberhausen 6:2; Ludwigsfelder FC – Werder Bremen 1:9; Erzgebirge Aue – SpVgg Greuther Fürth 0:3; ASV Bergedorf 85 – VfL Wolfsburg 1:6; FC Emmendingen – SC Freiburg 1:4; TSV Aindling – FC Schalke 04 0:3; Borussia Neunkirchen – Bayern München 0:5; Eintracht Braunschweig – 1. FC Kaiserslautern 4:1; FC Oberneuland – 1. FC Köln n. V. 2:5; VfL Kirchheim/Teck – Hannover 96 0:3; Sportfreunde Siegen – LR Ahlen n. V. 1:2 (Wertung 2:0, da Ahlen verbotenerweise vier Nicht-UEFA-Ausländer gleichzeitig eingesetzt hatte); VfL Osnabrück – Hansa Rostock n. V. 0:0, Elfmeterschießen 4:5; Reinickendorfer Füchse – 1. FC Nürnberg 0:2; BSV Rehden – TSV München 1860 1:5; SSVg Velbert – 1. FSV Mainz 05 n. V. 0:0, Elfmeterschießen 5:3; 1. FC Magdeburg – MSV Duisburg n. V. 0:0, Elfmeterschießen 3:4; Eintracht Glas/Chemie Wirges – Borussia Dortmund 0:3; Eintracht Rheine – VfB Lübeck n. V. 0:2; FC Schönberg – Borussia Mönchengladbach 0:3; Kickers Offenbach – Eintracht Frankfurt n. V. 1.1, Elfmeterschießen 3:4; FC St. Pauli – Arminia Bielefeld n. V. 0:0, Elfmeterschießen 4:3; Dynamo Dresden – Hamburger SV 0:1.
2. Runde: VfL Wolfsburg Am. – 1. FC Köln 2:3; Wacker Burghausen – VfB Stuttgart 0:1; Hansa Rostock – Hertha BSC n. V. 2:2, Elfmeterschießen 3:4; Bayern München – 1. FC Nürnberg n. V. 1:1, Elfmeterschießen 7:6; FC St. Pauli – VfB Lübeck n. V. 2:3; Werder Bremen – VfL Wolfsburg n. V. 3:1; SSVg Velbert – Jahn Regensburg n. V. 1:2, Eintracht Frankfurt – MSV Duisburg n. V. 1:2; SC Freiburg – FC Schalke 04 n. V. 7:3; 1. FC Union Berlin – Bayer Leverkusen 0:5; Alemannia Aachen – TSV München 1860 n. V. 1.1, Elfmeterschießen 5:4; SpVgg Unterhaching – Hamburger SV 2:4; TSG Hoffenheim – Karlsruher SC 4:0; Sportfreunde Siegen – SpVgg Greuther Fürth n. V. 1:2; Eintracht Braunschweig – Hannover 96 2:0; Borussia Mönchengladbach – Borussia Dortmund 2:1.
Achtelfinale: Eintracht Braunschweig – Alemannia Aachen 0:5; TSG Hoffenheim – Bayer Leverkusen 3:2; Jahn Regensburg – MSV Duisburg n. V. 3:3, Elfmeterschießen 2:4; Borussia Mönchengladbach – VfB Stuttgart 4:2; 1. FC Köln – SpVgg Greuther Fürth n. V. 1.1, Elfmeterschießen 1:3; VfB Lübeck – SC Freiburg 1:0; Werder Bremen – Hertha BSC 6:1; Bayern München – Hamburger SV 3:0.
Viertelfinale: SpVgg Greuther Fürth – Werder Bremen 2:3; TSG Hoffenheim – VfB Lübeck 0:1; Borussia Mönchengladbach – MSV Duisburg n. V. 2:2, Elfmeterschießen 4:3; Alemannia Aachen – Bayern München 2:1.
Halbfinale: Werder Bremen – VfB Lübeck n. V. 3:2, Alemannia Aachen – Borussia Mönchengladbach 1:0.
Endspiel: Werder Bremen – Alemannia Aachen 3:2.

2005
1. Runde: Werder Bremen Am. – MSV Duisburg 1:2; FC Teningen – 1. FC Nürnberg 1:2; FC St. Pauli – Energie Cottbus 1:3; Jahn Regensburg II – SpVgg Unterhaching 1:3; Kickers Offenbach – LR Ahlen 1:2; Eintracht Braunschweig – Wacker Burghausen 1:0; 1. FC Saarbrücken – 1. FC Köln 1:4; SC Paderborn 07 – Hamburger SV 4:2; VfL Osnabrück – Erzgebirge Aue 3:2; FC Schönberg – 1. FC Kaiserslautern 0:15; Jahn Regensburg – Werder Bremen 0:2; Hannover 96 Am. – Rot-Weiß Oberhausen 0:3; 1. FC Union Berlin – SC Freiburg 0:4; VfB Lübeck – Borussia Dortmund 0:1; Fortuna Düsseldorf – VfL Bochum 1:3; Rot-Weiß Erfurt – Eintracht Frankfurt 0:1; TSV Völpke – Bayern München 0:6; TuS Mayen – VfB Stuttgart 0:6; Hertha BSC Am. – FC Schalke 04 0:2; TSG Hoffenheim – Hansa Rostock 1:2; 1. FSV Mainz 05 Am. – Bayer Leverkusen 1:3; Carl Zeiss Jena – SpVgg Greuther Fürth n. V. 1:2; Dynamo Dresden – Karlsruher SC 1:2; 1. FC Köln Am. – VfL Wolfsburg 0:3 (Wertung 2:0, da Wolfsburg einen gesperrten Spieler eingesetzt hatte); Germania Schöneiche – TSV München 1860 1:2; Bayern München Am. – Borussia Mönchengladbach n. V. 1:1, Elfmeterschießen 7:6; TSV Aindling – Hertha BSC 0:1; VfR Neumünster – Hannover 96 0:3; SG Wattenscheid 09 – Eintracht Trier 1:3; Rot-Weiss Essen – Alemannia Aachen 0:2; VfR Aalen – 1. FSV Mainz 05 2:5; VFC Plauen – Arminia Bielefeld 1:2.
2. Runde: SC Paderborn 07 – MSV Duisburg 2:1; TSV München 1860 – Eintracht Trier n. V. 0:0, Elfmeterschießen 3:4; 1. FC Nürnberg – LR Ahlen n. V. 2:3; SC Freiburg – VfL Bochum n. V. 3:2; Karlsruher SC – 1. FSV Mainz 05 n. V. 0:0, Elfmeterschießen 3:0; 1. FC Köln Am. – Arminia Bielefeld 2:4; VfL Osnabrück – Bayern München 2:3; Bayern München Am. – Alemannia Aachen 2:1; Eintracht Braunschweig – Hertha BSC 3:2; 1. FC Kaiserslautern – FC Schalke 04 n. V. 4:4, Elfmeterschießen 3:4; Rot-Weiß Oberhausen – VfB Stuttgart 0:2; Energie Cottbus – Hannover 96 n. V. 2:2, Elfmeterschießen 4:5; Eintracht Frankfurt – SpVgg Greuther Fürth n. V. 4:2; 1. FC Köln – Hansa Rostock n. V. 3:3, Elfmeterschießen 2:4; Borussia Dortmund – SpVgg Unterhaching 3:1; Werder Bremen – Bayer Leverkusen 3:2.

Achtelfinale: Werder Bremen – Eintracht Trier n. V. 3:1; Bayern München Am. – Eintracht Braunschweig 3:2; Arminia Bielefeld – Karlsruher SC 4:0; Hannover 96 – Borussia Dortmund 1:0; SC Paderborn 07 – SC Freiburg n. V. 2:2, Elfmeterschießen 1:4; LR Ahlen – Hansa Rostock n. V. 2:3; Eintracht Frankfurt – FC Schalke 04 0:2; Bayern München – VfB Stuttgart 3:0.
Viertelfinale: Arminia Bielefeld – Hansa Rostock 1:0; Bayern München Am. – Werder Bremen 0:3; FC Schalke 04 – Hannover 96 3:1; SC Freiburg – Bayern München 0:7.
Halbfinale: FC Schalke 04 – Werder Bremen n. V. 2:2, Elfmeterschießen 5:4; Arminia Bielefeld – Bayern München 0:2.
Endspiel: Bayern München – FC Schalke 04 2:1

2006

1. Runde: Wuppertaler SV Borussia – TSV München 1860 1:2; Rot-Weiß Oberhausen – Eintracht Frankfurt 1:2; Holstein Kiel – SpVgg Unterhaching 0:2; Rot-Weiss Essen – Energie Cottbus n. V. 2:2, Elfmeterschießen 4:5; 1. FC Köln II – Hannover 96 0:4; VfL Bochum II – Erzgebirge Aue 2:3; 1. 1. FSV Mainz 05 II – Karlsruher SC 0:3; Rot-Weiß Erfurt – LR Ahlen n. V. 2:1; FC St. Pauli – Wacker Burghausen n. V. 3:2; Jahn Regensburg – Alemannia Aachen n. V. 1:3; FC Ingolstadt 04 – 1. FC Saarbrücken n. V. 1:1, Elfmeterschießen 4:5; Kickers Offenbach – 1. FC Köln 3:1; Tennis Borussia Berlin – VfL Bochum 0:6; Stuttgarter Kickers – Hamburger SV 1:5; Eintracht Trier – 1. FC Kaiserslautern 0:3; SC Paderborn 07 – VfL Wolfsburg 0:2; SG Wattenscheid 09 – Werder Bremen 1:3; FC 08 Villingen – Hansa Rostock n. V. 2:5; Rot-Weiß Erfurt II – Bayer Leverkusen 0:8; FC Bremerhaven – FC Schalke 04 0:3; TuS Koblenz – Hertha BSC n. V. 2:3; Sachsen Leipzig – Dynamo Dresden n. V. 1:1, Elfmeterschießen 3:5; TSG Hoffenheim – VfB Stuttgart n. V. 3:4; VfL Osnabrück – SpVgg Greuther Fürth n. V. 2:2, Elfmeterschießen 10:9; Spfr. Siegen – SC Freiburg 0:1; 1. FC Eschborn – 1. FC Nürnberg 0:4 (in Wiesbaden); FC Kutzhof – Borussia Mönchengladbach 0:3; VfL Wolfsburg II – MSV Duisburg 0:1; MSV Neuruppin – Bayern München II – 1. 1. FSV Mainz 05 0:3; Preußen Magdeburg – Arminia Bielefeld 0:3; Eintracht Braunschweig – Borussia Dortmund 2:1.
2. Runde: FC St. Pauli – VfL Bochum 4:0; Rot-Weiß Erfurt – 1. FC Kaiserslautern 2:4; SpVgg Unterhaching – 1. FC Saarbrücken n. V. 2:1; Werder Bremen – VfL Wolfsburg n. V. 2:2, Elfmeterschießen 5:4; Eintracht Frankfurt – FC Schalke 04 6:0; 1. FC Nürnberg – Dynamo Dresden 3:0; Alemannia Aachen – Hannover 96 1:2; SC Freiburg – Eintracht Braunschweig 4:1; VfL Osnabrück – 1. 1. FSV Mainz 05 n. V. 2:2, Elfmeterschießen 2:4; Hamburger SV – Bayer Leverkusen 3:2; TSV München 1860 – MSV Duisburg 3:2; Arminia Bielefeld – Energie Cottbus 2:1; Hansa Rostock – VfB Stuttgart 3:2; Kickers Offenbach – Karlsruher SC 2:1; Hertha BSC – Borussia Mönchengladbach 3:0; Erzgebirge Aue – Bayern München 0:1.
Achtelfinale: Arminia Bielefeld – SpVgg Unterhaching 2:0; SC Freiburg – TSV München 1860 n. V. 1:3; 1. FC Kaiserslautern – 1. 1. FSV Mainz 05 n. V. 1:1, Elfmeterschießen 3:4; Eintracht Frankfurt – 1. FC Nürnberg n. V. 1:1, Elfmeterschießen 4:1; Hannover 96 – Werder Bremen 1:4; FC St. Pauli – Hertha BSC n. V. 4:3; Hansa Rostock – Kickers Offenbach n. V. 1:1, Elfmeterschießen 3:4; Bayern München – Hamburger SV n. V. 1:0.
Viertelfinale: Bayern München – 1. FSV Mainz 05 n. V. 3:2; Arminia Bielefeld – Kickers Offenbach n. V. 1.1, Elfmeterschießen 4:2; TSV München 1860 – Eintracht Frankfurt 1:3; FC St. Pauli – Werder Bremen 3:1.
Halbfinale: Eintracht Frankfurt – Arminia Bielefeld 1:0; FC St. Pauli – Bayern München 0:3.
Endspiel: Bayern München – Eintracht Frankfurt 1:0.

2007

1. Runde: SV Sandhausen – SpVgg Greuther Fürth 0:2; VfL Osnabrück – Eintracht Braunschweig 3:1; Westfalia Herne – Erzgebirge Aue 1:2; 1. FC Magdeburg – SC Paderborn 07 n. V. 1:1, Elfmeterschießen 6:7; SpVgg Bayreuth – Kickers Offenbach 0:2; Tennis Borussia Berlin – Karlsruher SC 1:3; Dynamo Dresden – Hannover 96 2:3; Delbrücker SC – SC Freiburg 2:4; Hansa Rostock II – FC Schalke 04 1:9; TSG Thannhausen – Borussia Dortmund 0:3; FK Pirmasens – Werder Bremen n. V. 1:1, Elfmeterschießen 4:2; BV Cloppenburg – 1. FC Nürnberg 0:1; FC Gera – 1. FC Kaiserslautern 0:2; Rot-Weiss Essen – Energie Cottbus 1:0; Stuttgarter Kickers – Hamburger SV n. V. 4:3; TuS Koblenz – Bayer Leverkusen n. V. 2:2; Elfmeterschießen 1:3; FC Augsburg – Wacker Burghausen n. V. 3:4; Alemannia Aachen II – VfB Stuttgart 0:4; Spfr. Siegen – Eintracht Frankfurt 0:2; FC Homburg – VfL Bochum 1:2; FC St. Pauli – Bayern München n. V. 1:2; SSVg Velbert – SpVgg Unterhaching 0:3; SV Roßbach/Wied – Borussia Mönchengladbach 1:4; Rot-Weiss Ahlen – MSV Duisburg 1:2; SV Babelsberg 03 – Hansa Rostock 2:1; Carl Zeiss Jena – 1. FC Köln 1:2; VfB Lübeck – TSV München 1860 1:0; FC Bremerhaven – VfL Wolfsburg 1:3; 1. FC Saarbrücken – 1. FSV Mainz 05 1:0; Chemnitzer FC – Alemannia Aachen 0:2; SV Darmstadt 98 – Hertha BSC n. V. 0:1; SC Pfullendorf – Arminia Bielefeld 2:1.

2. Runde: SV Babelsberg 03 – VfB Stuttgart 2:4; 1. FC Saarbrücken – SpVgg Greuther Fürth 0:2; FK Pirmasens – SpVgg Unterhaching 0:3; VfB Lübeck – Wacker Burghausen n. V. 0:0, Elfmeterschießen 4:5; VfL Bochum – Karlsruher SC 3:2; VfL Wolfsburg – SC Freiburg 1:0; Borussia Dortmund – Hannover 96 0:1; 1. FC Köln – FC Schalke 04 n. V. 4:2; Alemannia Aachen – Erzgebirge Aue n. V. 4:2; SC Pfullendorf – Kickers Offenbach 0:2; VfL Osnabrück – Borussia Mönchengladbach 2:1; SC Paderborn 07 – 1. FC Nürnberg n. V. 1:2; Rot-Weiss Essen – Eintracht Frankfurt 1:2; MSV Duisburg – Bayer Leverkusen n. V. 3:2; Stuttgarter Kickers – Hertha BSC 0:2 (nach 81 Minuten abgebrochen, Wertung nach Spielstand); Bayern München – 1. FC Kaiserslautern 1:0.
Achtelfinale: VfL Osnabrück – Hertha BSC 0:3; VfL Bochum – VfB Stuttgart 1:4; Eintracht Frankfurt – 1. FC Köln n. V. 3:1; 1. FC Nürnberg – SpVgg Unterhaching n. V. 0:0, Elfmeterschießen 2:1; Kickers Offenbach – Wacker Burghausen 2:1; SpVgg Greuther Fürth – VfL Wolfsburg 1:3; Hannover 96 – MSV Duisburg 1:0; Alemannia Aachen – Bayern München 4:2.
Viertelfinale: 1. FC Nürnberg – Hannover 96 n. V. 0:0, Elfmeterschießen 4:2; VfL Wolfsburg – Alemannia Aachen 2:0; Kickers Offenbach – Eintracht Frankfurt 0:3; VfB Stuttgart – Hertha BSC 2:0.
Halbfinale: 1. FC Nürnberg – Eintracht Frankfurt 4:0; VfL Wolfsburg – VfB Stuttgart 0:1.
Endspiel: 1. FC Nürnberg – VfB Stuttgart n. V. 3:2.

2008

1. Runde: TSG 1899 Hoffenheim – FC Augsburg n. V. 4:2; SV Sandhausen – Kickers Offenbach 0:4; VfL Osnabrück – Borussia Mönchengladbach 0:1; SC Verl – TSV München 1860 0:3; FC St. Pauli – Bayer Leverkusen 1:0; 1. FC Magdeburg – Borussia Dortmund 1:4; SpVgg Unterhaching – Hertha BSC 0:3; Eintracht Braunschweig – Werder Bremen 0:1; Rot-Weiss Ahlen – Hannover 96 1:3; Rot-Weiss Essen – Energie Cottbus n. V. 2:2, Elfmeterschießen 6:5; SV Wilhelmshaven – 1. FC Kaiserslautern 0:4; Rot-Weiß Hasborn-Dautweiler – Hansa Rostock 0:8; SV Wehen Wiesbaden – VfB Stuttgart 1:2; 1. FC Gera 03 – Carl Zeiss Jena 0:3; Wuppertaler SV Borussia – Erzgebirge Aue n. V. 1:1, Elfmeterschießen 4:3; FC 08 Villingen – SC Freiburg 1:3; Victoria Hamburg – 1. FC Nürnberg 0:6; Holstein Kiel – Hamburger SV 0:5; Werder Bremen II – 1. FC Köln n. V. 4:2; 1. FC Union Berlin – Eintracht Frankfurt 1:4; SV Babelsberg 03 – MSV Duisburg 0:4; Bayer Leverkusen II – SC Paderborn 07 0:1; Normannia Gmünd – Alemannia Aachen 0:3; TSG Neustrelitz – Karlsruher SC n. V. 0:2; TSV Havelse – TuS Koblenz 0:3; Dynamo Dresden – VfL Bochum 0:1; SV Seligenporten – Arminia Bielefeld 0:2; Würzburger FV – VfL Wolfsburg 0:4; Eintracht Trier – FC Schalke 04 0:9; Wormatia Worms – 1. FSV Mainz 05 1:6; SV Darmstadt 98 – SpVgg Greuther Fürth 1:3; Wacker Burghausen – Bayern München n. V. 1:1, Elfmeterschießen 4:5.
2. Runde: Werder Bremen II – FC St. Pauli n. V. 2.2, Elfmeterschießen 4:2; Wuppertaler SV Borussia – Hertha BSC 2:0; Alemannia Aachen – VfL Bochum 3:2; Hansa Rostock – Kickers Offenbach 6:0; TSV München 1860 – 1. FSV Mainz 05 2:1; Karlsruher SC – VfL Wolfsburg 0:1; TSG 1899 Hoffenheim – SpVgg Greuther Fürth 2:1; FC Schalke 04 – Hannover 96 n. V. 2:0; Rot-Weiss Essen – 1. FC Kaiserslautern 2:1; VfB Stuttgart – SC Paderborn 07 n. V. 3:2; Hamburger SV – SC Freiburg 3:1; Werder Bremen – MSV Duisburg 4:0; Borussia Dortmund – Eintracht Frankfurt 2:1; TuS Koblenz – Arminia Bielefeld n. V. 1:2; Carl Zeiss Jena – 1. FC Nürnberg n. V. 2:2, Elfmeterschießen 5:4; Bayern München – Borussia Mönchengladbach 3:1.
Achtelfinale: TSG 1899 Hoffenheim – Hansa Rostock 2:1; Alemannia Aachen – TSV München 1860 2:3; Wuppertaler SV Borussia – Bayern München 2:5 (in Gelsenkirchen); Borussia Dortmund – Werder Bremen 2:1; Rot-Weiss Essen – Hamburger SV 0:3; Carl Zeiss Jena – Arminia Bielefeld n. V. 2:1; Werder Bremen II – VfB Stuttgart 2:3; VfL Wolfsburg – FC Schalke 04 n. V. 1:1, Elfmeterschießen 5:3.
Viertelfinale: Borussia Dortmund – TSG 1899 Hoffenheim 3:1; VfB Stuttgart – Carl Zeiss Jena n. V. 2:2, Elfmeterschießen 4:5; VfL Wolfsburg – Hamburger SV n. V. 2:1; Bayern München – TSV München 1860 n. V. 1:0.
Halbfinale: Borussia Dortmund – Carl Zeiss Jena 3:0; Bayern München – VfL Wolfsburg 2:0.
Endspiel: Bayern München – Borussia Dortmund n. V. 2:1.

2009

1. Runde: SV Niederauerbach – 1. FC Köln 1:5 (in Pirmasens); SpVgg Unterhaching – SC Freiburg 0:2; Preußen Münster – VfL Bochum n. V. 0:0, Elfmeterschießen 5:6; Erzgebirge Aue – FC St. Pauli n. V. 0:0, Elfmeterschießen 5:4; Kickers Offenbach – SpVgg Greuther Fürth 1:0; FSV Frankfurt – VfL Wolfsburg 2:0; Eintracht Trier – Hertha BSC 1:3; Eintracht Nordhorn – Werder Bremen 3:9; Holstein Kiel – Hansa Rostock 0:2; SV Babelsberg 03 – 1. FSV Mainz 05 n. V. 1:2; Rot-Weiss Essen – Borussia Dortmund 1:3; Hallescher FC – Hannover 96 0:5; VfB Fichte Bielefeld – Borussia Mönchengladbach 1:8; FC Wegberg-Beeck – Alemannia Aachen 1:4 (in Mönchengladbach); FC Ingolstadt 04 – Hamburger SV 1:3; FC 08 Homburg – FC Schalke 04 0:3; SC Pfullendorf – Eintracht Frankfurt 0:3; Tennis Borussia Berlin – Energie Cottbus 0:3; Carl Zeiss Jena – 1. FC Kaiserslautern 2:1; SC Paderborn 07 – FC Augsburg n. V. 1:1,

Elfmeterschießen 1:3; SpVgg Ansbach – Karlsruher SC 0:5; ASV Bergedorf 85 – MSV Duisburg 1:5; TSG Neustrelitz – TSV München 1860 0:2; 1. FC Heidenheim – VfL Wolfsburg 0:3; FC Oberneuland – TuS Koblenz n. V. 1:1, Elfmeterschießen 5:4; ASV Durlach – Arminia Bielefeld 1:2; SV Darmstadt 98 – SV Wehen Wiesbaden 0:2; Rot-Weiß Oberhausen – Bayer Leverkusen n. V. 2:3; Chemnitzer FC – TSG 1899 Hoffenheim 0:1; Hansa Lüneburg – VfB Stuttgart 0:5; Rot-Weiss Ahlen – 1. FC Nürnberg n. V. 0:0, Elfmeterschießen 3:4; Rot-Weiß Erfurt – Bayern München 3:4.
2. Runde: Erzgebirge Aue – Werder Bremen 1:2; Energie Cottbus – Borussia Mönchengladbach 3:0; 1. FSV Mainz 05 – 1. FC Köln 3:1; Eintracht Frankfurt – Hansa Rostock n. V. 1:2; FC Schalke 04 – Hannover 96 2:0; TSV München 1860 – MSV Duisburg n. V. 0:0, Elfmeterschießen 5:4; FC Augsburg – Bayer Leverkusen 0:2; Kickers Offenbach – Karlsruher SC 0:2; FC Oberneuland – VfL Wolfsburg 0:7; SV Wehen Wiesbaden – Alemannia Aachen 1:0; Hamburger SV – VfL Bochum 2:0; Carl Zeiss Jena – FSV Frankfurt 1:0; VfB Stuttgart – Arminia Bielefeld 2:0; Bayern München – 1. FC Nürnberg 2:0; SC Freiburg – TSG 1899 Hoffenheim 3:1; Borussia Dortmund – Hertha BSC n. V. 2:1.
Achtelfinale: Hamburger SV – TSV München 1860 3:1; Carl Zeiss Jena – FC Schalke 04 1:4; SC Freiburg – 1. FSV Mainz 05 1:3; VfB Stuttgart – Bayern München 1:5; Bayer Leverkusen – Energie Cottbus 3:1 (in Düsseldorf); Borussia Dortmund – Werder Bremen 1:2; Karlsruher SC – SV Wehen Wiesbaden 0:1; VfL Wolfsburg – Hansa Rostock 5:1.
Viertelfinale: 1. FSV Mainz 05 – FC Schalke 04 1:0; VfL Wolfsburg – Werder Bremen 2:5; Hamburger SV – SV Wehen Wiesbaden 2:1; Bayer Leverkusen – Bayern München 4:2 (in Düsseldorf).
Halbfinale: Bayer Leverkusen – 1. FSV Mainz 05 n. V. 4:1 (in Düsseldorf); Hamburger SV – Werder Bremen n. V. 1:1, Elfmeterschießen 1:3.
Endspiel: Werder Bremen – Bayer Leverkusen 1:0.

2010

1. Runde: VfL Osnabrück – Hansa Rostock 2:1; SV Babelsberg 03 – Bayer Leverkusen 0:1; VfB Lübeck – 1. FSV Mainz 05 n. V. 2:1; FC Ingolstadt 04 – FC Augsburg 1:2; Eintracht Braunschweig – 1. FC Kaiserslautern 0:1; SV Wehen Wiesbaden – VfL Wolfsburg 1:4; Dynamo Dresden – 1. FC Nürnberg 0:3; SG Sonnenhof Großaspach – VfB Stuttgart 1:4 (in Heilbronn); SC Paderborn 07 – TSV München 1860 0:1; SpVgg Weiden – Borussia Dortmund 1:3; SV Elversberg – SC Freiburg 0:2; FSV Frankfurt – Borussia Mönchengladbach 1:2; SpVgg Unterhaching – Arminia Bielefeld 0:3; Kickers Emden – 1. FC Köln 0:3; Germania Windeck – FC Schalke 04 0:4 (in Köln); 1. FC Magdeburg – Energie Cottbus 1:3; Tennis Borussia Berlin – Karlsruher SC 0:2; Wacker Burghausen – Rot Weiss Ahlen n. V. 1:1, Elfmeterschießen 4:5; Preußen Münster – Hertha BSC n. V. 1:3; 1. FC Union Berlin – Werder Bremen 0:5; FC Oberneuland – TSG 1899 Hoffenheim 0:2; FC 08 Villingen – FC St. Pauli n. V. 0:2; Concordia Hamburg – TuS Koblenz 0:4; VfB Speldorf – Rot-Weiß Oberhausen 0:3 (in Duisburg); Rot-Weiß Erfurt – MSV Duisburg 1:2; Wormatia Worms – SpVgg Greuther Fürth n. V. 0:1; Greif Torgelow – Alemannia Aachen 1:4; Eintracht Trier – Hannover 96 3:1; SpVgg Neckarelz – Bayern München 1:3; Kickers Offenbach – Eintracht Frankfurt 0:3; Sportfreunde Lotte – VfL Bochum 0:1; Fortuna Düsseldorf – Hamburger SV n. V. 3:3, Elfmeterschießen 1:4.
2. Runde: Eintracht Trier – Arminia Bielefeld n. V. 4:2; 1. FC Nürnberg – TSG 1899 Hoffenheim 0:1; Bayern München – Rot-Weiß Oberhausen 5:0; Borussia Mönchengladbach – MSV Duisburg 0:1; Rot Weiss Ahlen – SpVgg Greuther Fürth n. V. 2:3; Karlsruher SC – Borussia Dortmund 0:3; VfL Bochum – FC Schalke 04 0:3; TuS Koblenz – Energie Cottbus n. V. 4:2; TSV München 1860 – Hertha BSC n. V. 2:2, Elfmeterschießen 4:1; FC Augsburg – SC Freiburg 1:0; Werder Bremen – FC St. Pauli 2:1; Eintracht Frankfurt – Alemannia Aachen 6:4; VfL Osnabrück – Hamburger SV n. V. 3:3, Elfmeterschießen 2:5; VfB Lübeck – VfB Stuttgart n. V. 1:3; 1. FC Kaiserslautern – Bayer Leverkusen 2:1; 1. FC Köln – VfL Wolfsburg 3:2.
Achtelfinale: SpVgg Greuther Fürth – VfB Stuttgart 1:0; Eintracht Trier – 1. FC Köln 0:3; VfL Osnabrück – Borussia Dortmund 3:2; FC Augsburg – MSV Duisburg 5:0; TSV München 1860 – FC Schalke 04 0:3; Werder Bremen – 1. FC Kaiserslautern 3:0; TSG 1899 Hoffenheim – TuS Koblenz 4:0; Eintracht Frankfurt – Bayern München 0:4.
Viertelfinale: Werder Bremen – TSG 1899 Hoffenheim 2:1; Bayern München – SpVgg Greuther Fürth 6:2; FC Augsburg – 1. FC Köln 2:0; VfL Osnabrück – FC Schalke 04 0:1.
Halbfinale: Werder Bremen – FC Augsburg 2:0; FC Schalke 04 – Bayern München n. V. 0:1.
Endspiel: Bayern München – Werder Bremen 4:0.

2011

1. Runde: SV Wilhelmshaven – Eintracht Frankfurt 0:4; FC Ingolstadt 04 – Karlsruher SC 2:0; VfB Lübeck – MSV Duisburg 0:2; FSV Frankfurt – SC Paderborn 07 2:0; VfL Osnabrück – 1. FC Kaiserslautern n. V. 2:3; Jahn Regensburg – Arminia Bielefeld n. V. 1:1, Elfmeterschießen 5:6; FK Pirmasens – Bayer Leverkusen 1:11; Wacker Burghausen – Borussia Dortmund 0:3; SV Babelsberg 03 – VfB Stuttgart 1:2; FC Oberneuland – SC Freiburg 0:1; SC Pfullendorf – Hertha BSC 0:2; Rot Weiss Ahlen – Werder

Bremen 0:4; SC Verl – TSV München 1860 1:2; Hansa Rostock – TSG 1899 Hoffenheim 0:4; Chemnitzer FC – FC St. Pauli 1:0; SV Sandhausen – FC Augsburg n. V. 4:4, Elfmeterschießen 1:3 (in Mannheim); SV Elversberg – Hannover 96 n. V. 0:0, Elfmeterschießen 5:4; Eintracht Braunschweig – SpVgg Greuther Fürth n. V. 1:2; Erzgebirge Aue – Borussia Mönchengladbach 1:3; Schwarz-Weiß Essen – Alemannia Aachen 1:2; TuS Koblenz – Fortuna Düsseldorf 1:0; Victoria Hamburg – Rot-Weiß Oberhausen 1:0; ZFC Meuselwitz – 1. FC Köln 0:2; TuS Heeslingen – Energie Cottbus 1:2; Eintracht Trier – 1. FC Nürnberg 0:2; Berliner AK 07 – 1. FSV Mainz 05 1:2; Hallescher FC – 1. FC Union Berlin 1:0 (in Leipzig); Torgelower SV Greif – Hamburger SV 1:5; Preußen Münster – VfL Wolfsburg 1:2; Kickers Offenbach – VfL Bochum 3:0; Germania Windeck – Bayern München 0:4 (in Köln); VfR Aalen – FC Schalke 04 1:2.
2. Runde: TuS Koblenz – Hertha BSC 2:1; Victoria Hamburg – VfL Wolfsburg 1:3; 1. FC Köln – TSV München 1860 3:0; SpVgg Greuther Fürth – FC Augsburg n. V. 2:4; Energie Cottbus – SC Freiburg 2:1; FSV Frankfurt – FC Schalke 04 0:1; Bayern München – Werder Bremen 2:1; 1. FC Kaiserslautern – Arminia Bielefeld 3:0; Hallescher FC – MSV Duisburg 0:3 (in Leipzig); Eintracht Frankfurt – Hamburger SV 5:2; TSG 1899 Hoffenheim – FC Ingolstadt 04 1:0; Alemannia Aachen – 1. FSV Mainz 05 2:1; Kickers Offenbach – Borussia Dortmund n. V. 0:0, Elfmeterschießen 4:2; SV Elversberg – 1. FC Nürnberg 0:3; Chemnitzer FC – VfB Stuttgart n. V. 1:3; Borussia Mönchengladbach – Bayer Leverkusen n. V. 1:1, Elfmeterschießen 5:4.
Achtelfinale: FC Augsburg – FC Schalke 04 0:1; TSG 1899 Hoffenheim – Borussia Mönchengladbach 2:0; VfL Wolfsburg – Energie Cottbus 1:3; 1. FC Köln – MSV Duisburg 1:2; VfB Stuttgart – Bayern München 3:6; Alemannia Aachen – Eintracht Frankfurt n. V. 1:1, Elfmeterschießen 5:3; Kickers Offenbach – 1. FC Nürnberg 0:2; TuS Koblenz – 1. FC Kaiserslautern 1:4.
Viertelfinale: FC Schalke 04 – 1. FC Nürnberg n. V. 3:2; Energie Cottbus – TSG 1899 Hoffenheim 1:0; MSV Duisburg – 1. FC Kaiserslautern 2:0; Alemannia Aachen – Bayern München 0:4.
Halbfinale: MSV Duisburg – Energie Cottbus 2:1; Bayern München – FC Schalke 04 0:1.
Endspiel: FC Schalke 04 – MSV Duisburg 5:0.

2012

1. Runde: Rot-Weiss Essen – 1. FC Union Berlin n. V. 2:2, Elfmeterschießen 4:3; RB Leipzig – VfL Wolfsburg 3:2; 1. FC Saarbrücken – Erzgebirge Aue n. V. 1:3; Jahn Regensburg – Borussia Mönchengladbach 1:3; SV Wehen Wiesbaden – VfB Stuttgart 1:2; VfL Osnabrück – TSV München 1860 n. V. 2:3; Berliner FC Dynamo – 1. FC Kaiserslautern 0:3; Hallescher FC – Eintracht Frankfurt 0:2; 1. FC Heidenheim – Werder Bremen 2:1; Dynamo Dresden – Bayer Leverkusen n. V. 4:3; Eintracht Trier – FC St. Pauli 2:1; Arminia Bielefeld – 1. FC Nürnberg 1:5; Rot Weiss Ahlen – SC Paderborn 07 0:10; SV Babelsberg 03 – MSV Duisburg 0:2; VfB Oldenburg – Hamburger SV 1:2; Holstein Kiel – Energie Cottbus 3:0; SV Sandhausen – Borussia Dortmund 0:3; Kickers Emden – FSV Frankfurt n. V. 1:5; Hansa Rostock – VfL Bochum n. V. 2:2, Elfmeterschießen 3:5; Rot-Weiß Oberhausen – FC Augsburg n. V. 1:2; FC Oberneuland – FC Ingolstadt 04 1:4; SpVgg Unterhaching – SC Freiburg 3:2; Karlsruher SC – Alemannia Aachen 3:1; Eimsbütteler TV – SpVgg Greuther Fürth 0:10; Anker Wismar – Hannover 96 0:6 (in Lübeck); ZFC Meuselwitz – Hertha BSC 0:4; Germania Windeck – TSG 1899 Hoffenheim n. V. 1:3 (in Köln); FC Teningen – FC Schalke 04 1:11 (in Freiburg); Hessen Kassel – Fortuna Düsseldorf 0:3; SVN Zweibrücken – 1. FSV Mainz 05 n. V. 1:2 (in Homburg); SC Wiedenbrück 2000 – 1. FC Köln 0:3 (in Gütersloh); Eintracht Braunschweig – Bayern München 0:3.
2. Runde: RB Leipzig – FC Augsburg 0:1; SpVgg Unterhaching – VfL Bochum 1:4; 1. FC Heidenheim – Borussia Mönchengladbach n. V. 0:0, Elfmeterschießen 3:4; Fortuna Düsseldorf – TSV München 1860 3:0; Eintracht Trier – Hamburger SV n. V. 1:2; SpVgg Greuther Fürth – SC Paderborn 07 4:0; TSG 1899 Hoffenheim – 1. FC Köln 2:1; Borussia Dortmund – Dynamo Dresden 2:0; Holstein Kiel – MSV Duisburg 2:0; Rot-Weiss Essen – Hertha BSC 0:3; Hannover 96 – 1. FSV Mainz 05 n. V. 0:1; Karlsruher SC – FC Schalke 04 0:2; Erzgebirge Aue – 1. FC Nürnberg1:2; Bayern München – FC Ingolstadt 04 6:0; VfB Stuttgart – FSV Frankfurt 3:0; Eintracht Frankfurt – 1. FC Kaiserslautern n. V. 0:1.
Achtelfinale: VfL Bochum – Bayern München 1:2; 1. FC Nürnberg – SpVgg Greuther Fürth 0:1; TSG 1899 Hoffenheim – FC Augsburg 2:1; Fortuna Düsseldorf – Borussia Dortmund n. V. 0:0, Elfmeterschießen 4:5; Hertha BSC – 1. FC Kaiserslautern 3:1; Holstein Kiel – 1. FSV Mainz 05 2:0; VfB Stuttgart – Hamburger SV 2:1; Borussia Mönchengladbach – FC Schalke 04 3:1.
Viertelfinale: Holstein Kiel – Borussia Dortmund 0:4; TSG 1899 Hoffenheim – SpVgg Greuther Fürth 0:1; Hertha BSC – Borussia Mönchengladbach n. V. 0:2; VfB Stuttgart – Bayern München 0:2.
Halbfinale: SpVgg Greuther Fürth – Borussia Dortmund n. V. 0:1; Borussia Mönchengladbach – Bayern München n. V. 0:0, Elfmeterschießen 2:4.
Endspiel: Borussia Dortmund – Bayern München 5:2.

2013
1. Runde: SG Sonnenhof Großaspach – FSV Frankfurt 1:2; VfB Lübeck – Eintracht Braunschweig 0:3; SV Wilhelmshaven – FC Augsburg 0:2; Hallescher FC – MSV Duisburg 0:1; FC Oberneuland – Borussia Dortmund 0:3; Victoria Hamburg – SC Freiburg 1:2; SpVgg Unterhaching – 1. FC Köln 1:2; SV Falkensee-Finkenkrug – VfB Stuttgart 0:5 (in Babelsberg); Offenburger FV – FC St. Pauli 0:3; Carl Zeiss Jena – Bayer Leverkusen 0:4; Berliner AK 07 – TSG 1899 Hoffenheim 4:0; Alemannia Aachen – Borussia Mönchengladbach 0:2; 1. FC Heidenheim – VfL Bochum 0:2; FC Schönberg 95 – VfL Wolfsburg 0:5 (in Lübeck); Kickers Offenbach – SpVgg Greuther Fürth 2:0; FC Nöttingen – Hannover 96 1:6 (in Reutlingen); Wormatia Worms – Hertha BSC 2:1; Karlsruher SC – Hamburger SV 4:2; TSV Havelse – 1. FC Nürnberg n. V. 3:2; FC Hennef 05 – TSV München 1860 0:6 (in Bonn); VfR Aalen – FC Ingolstadt 04 3:0; Arminia Bielefeld – SC Paderborn 07 3:1; Preußen Münster – Werder Bremen n. V. 4:2; Erzgebirge Aue – Eintracht Frankfurt 3:0; 1. FC Saarbrücken – FC Schalke 04 0:5; Wacker Burghausen – Fortuna Düsseldorf 0:1; Hansa Rostock – 1. FC Kaiserslautern 1:3; SV Roßbach/Verscheid – 1. FSV Mainz 05 0:4 (in Koblenz); Chemnitzer FC – Dynamo Dresden 0:3; Rot-Weiss Essen – 1. FC Union Berlin n. V. 0:1; SV Sandhausen – Energie Cottbus 3:0; Jahn Regensburg – Bayern München 0:4.
2. Runde: Berliner AK 07 – TSV München 1860 0:3; Wormatia Worms – 1. FC Köln n. V. 0:0, Elfmeterschießen 3:4; Preußen Münster – FC Augsburg 0:1; Eintracht Braunschweig – SC Freiburg 0:2; TSV Havelse – VfL Bochum 1:3; FC Schalke 04 – SV Sandhausen 3:0; VfR Aalen – Borussia Dortmund 1:4; 1. FSV Mainz 05 – Erzgebirge Aue 2:0; Karlsruher SC – MSV Duisburg 1:0; Arminia Bielefeld – Bayer Leverkusen n. V. 2:3; Kickers Offenbach – 1. FC Union Berlin 2:0; VfB Stuttgart – FC St. Pauli 3:0; Hannover 96 – Dynamo Dresden n. V. 1:1, Elfmeterschießen 4:3; Bayern München – 1. FC Kaiserslautern 4:0; Fortuna Düsseldorf – Borussia Mönchengladbach n. V. 1:0; VfL Wolfsburg – FSV Frankfurt 2:0.
Achtelfinale: Karlsruher SC – SC Freiburg 0:1; FC Schalke 04 – 1. FSV Mainz 05 1:2; Kickers Offenbach – Fortuna Düsseldorf 2:0; FC Augsburg – Bayern München 0:2; VfL Wolfsburg – Bayer Leverkusen 2:1; VfL Bochum – TSV München 1860 3:0; Borussia Dortmund – Hannover 96 5:1; VfB Stuttgart – 1. FC Köln 2:1.
Viertelfinale: 1. FSV Mainz 05 – SC Freiburg n. V. 2:3; Kickers Offenbach – VfL Wolfsburg 1:2; VfB Stuttgart – VfL Bochum 2:0; Bayern München – Borussia Dortmund 1:0.
Halbfinale: Bayern München – VfL Wolfsburg 6:1; VfB Stuttgart – SC Freiburg 2:1.
Endspiel: Bayern München – VfB Stuttgart 3:2.

2014
1. Runde: VfL Osnabrück – Erzgebirge Aue 3:0; 1. FC Heidenheim – TSV München 1860 n. V. 1:1, Elfmeterschießen 3:4; RB Leipzig – FC Augsburg 0:2; Sportfreunde Baumberg – FC Ingolstadt 04 1:4 (in Leverkusen); SG Aumund-Vegesack – TSG 1899 Hoffenheim 0:9; Neckarsulmer SU – 1. FC Kaiserslautern 0:7 (in Heilbronn); SV Lippstadt 08 – Bayer Leverkusen 1:6; Fortuna Köln – 1. FSV Mainz 05 1:2; TSG Neustrelitz – SC Freiburg n. V. 0:2; 1. FC Magdeburg – Energie Cottbus 0:1; SV Wilhelmshaven – Borussia Dortmund 0:3; Bahlinger SC – VfL Bochum 1:3; TSV 1860 Rosenheim – VfR Aalen 0:2; Eintracht Trier – 1. FC Köln 0:2; Karlsruher SC – VfL Wolfsburg 1:3; TSG Pfeddersheim – SpVgg Greuther Fürth 0:2; 1. FC Saarbrücken – Werder Bremen n. V. 3:1; SV Darmstadt 98 – Borussia Mönchengladbach n. V. 0:0, Elfmeterschießen 5:4; Arminia Bielefeld – Eintracht Braunschweig 2:1; Victoria Hamburg – Hannover 96 0:2; SV Schott Jena – Hamburger SV 0:4; SC Wiedenbrück 2000 – Fortuna Düsseldorf 1:0 (in Gütersloh); Optik Rathenow – FSV Frankfurt n. V. 1:3; Berliner FC Dynamo – VfB Stuttgart 0:2; VfR Neumünster – Hertha BSC n. V. 2:3; FV Illertissen – Eintracht Frankfurt 0:2 (in Augsburg); Preußen Münster – FC St. Pauli 1:0; SV Sandhausen – 1. FC Nürnberg n. V. 1:1, Elfmeterschießen 4:3; MSV Duisburg – SC Paderborn 07 2:3; Jahn Regensburg – 1. FC Union Berlin 1:2; FC Nöttingen – FC Schalke 04 0:2 (in Karlsruhe); BSV Schwarz-Weiß Rehden – Bayern München 0:5 (in Osnabrück).
2. Runde: Preußen Münster – FC Augsburg 0:3; SC Wiedenbrück 2000 – SV Sandhausen 1:3 (in Gütersloh); TSV München 1860 – Borussia Dortmund n. V. 0:2; VfL Wolfsburg – VfR Aalen 2:0; Arminia Bielefeld – Bayer Leverkusen 0:2; Hamburger SV – SpVgg Greuther Fürth 1:0; TSG 1899 Hoffenheim – Energie Cottbus n. V. 3:0; 1. FSV Mainz 05 – 1. FC Köln 0:1; SC Paderborn 07 – Eintracht Frankfurt – VfL Bochum 2:0; FSV Frankfurt – FC Ingolstadt 04 0:2; 1. FC Kaiserslautern – Hertha BSC 3:1; VfL Osnabrück – 1. FC Union Berlin 0:1; SV Darmstadt 98 – FC Schalke 04 1:3; Bayern München – Hannover 96 4:1; SC Freiburg – VfB Stuttgart 2:1.
Achtelfinale: 1. FC Union Berlin – 1. FC Kaiserslautern 0:3; Hamburger SV – 1. FC Köln 2:1; FC Schalke 04 – TSG 1899 Hoffenheim 1:3; 1. FC Saarbrücken – Borussia Dortmund 0:2; SC Freiburg – Bayer Leverkusen 1:2; VfL Wolfsburg – FC Ingolstadt 04 2:1; Eintracht Frankfurt – SV Sandhausen 4:2; FC Augsburg – Bayern München 0:2.
Viertelfinale: Eintracht Frankfurt – Borussia Dortmund 0:1; TSG 1899 Hoffenheim – VfL Wolfsburg 2:3; Bayer Leverkusen – 1. FC Kaiserslautern n. V. 0:1; Hamburger SV – Bayern München 0:5.

Halbfinale: Borussia Dortmund – VfL Wolfsburg 2:0; Bayern München – 1. FC Kaiserslautern 5:1.
Endspiel: Bayern München – Borussia Dortmund n. V. 2:0.

2015

1. Runde: Chemnitzer FC – 1. FSV Mainz 05 n. V. 5:5, Elfmeterschießen 5:4; Alemannia Waldalgesheim – Bayer Leverkusen 0:6 (in Mainz); MSV Duisburg – 1. FC Nürnberg 1:0; FC Homburg – Borussia Mönchengladbach 1:3; Optik Rathenow – FC St. Pauli 1:3; Bremer SV – Eintracht Braunschweig 0:1; VfL Bochum – VfB Stuttgart 2:0; FC Viktoria Köln – Hertha BSC 2:4; Stuttgarter Kickers – Borussia Dortmund 1:4; FC Astoria Walldorf – Hannover 96 1:3; FT Braunschweig – 1. FC Köln 1:4; SV Waldkirch – SpVgg Greuther Fürth 0:3 (in Bahlingen); SV Wehen Wiesbaden – 1. FC Kaiserslautern n. V. 0:0, Elfmeterschießen 3:5; Viktoria 1889 Berlin – Eintracht Frankfurt 0:2; Sportfreunde Siegen – FSV Frankfurt n. V. 3:3, Elfmeterschießen 4:5; BSV Schwarz-Weiß Rehden – VfR Aalen n. V. 1:1, Elfmeterschießen 3:4 (in Cloppenburg); Holstein Kiel – TSV München 1860 1:2; FV Illertissen – Werder Bremen n. V. 2:3 (in Ulm); Carl Zeiss Jena – Erzgebirge Aue 0:1; USC Paloma Hamburg – TSG 1899 Hoffenheim 0:9; Eintracht Trier – SC Freiburg 0:2; Preußen Münster – Bayern München 1:4; Würzburger Kickers – Fortuna Düsseldorf n. V. 3:2; 1. FC Neubrandenburg – Karlsruher SC 1:3; Arminia Bielefeld – SV Sandhausen 4:1; 1. FC Magdeburg – FC Augsburg 1:0; RB Leipzig – SC Paderborn 07 n. V. 2:1; SV Darmstadt 98 – VfL Wolfsburg n. V. 0:0, Elfmeterschießen 4:5; 1. FC Heidenheim – 1. FC Union Berlin 2:1; Kickers Offenbach – FC Ingolstadt 04 n. V. 0:0, Elfmeterschießen 4:2; Energie Cottbus – Hamburger SV n. V. 2:2, Elfmeterschießen 1:4; Dynamo Dresden – FC Schalke 04 2:1.
2. Runde: Chemnitzer FC – Werder Bremen 0:2; Arminia Bielefeld – Hertha BSC n. V. 0:0, Elfmeterschießen 4:2; Kickers Offenbach – Karlsruher SC 1:0; VfR Aalen – Hannover 96 2:0; Dynamo Dresden – VfL Bochum n. V. 2:1; MSV Duisburg – 1. FC Köln n. V. 0:0, Elfmeterschießen 1:4; 1. FC Kaiserslautern – SpVgg Greuther Fürth 2:0; FC St. Pauli – Borussia Dortmund 0:3; 1. FC Magdeburg – Bayer Leverkusen n. V. 2:2, Elfmeterschießen 4:5; Würzburger Kickers – Eintracht Braunschweig 0:1; TSV München 1860 – SC Freiburg 2:5; RB Leipzig – Erzgebirge Aue n. V. 3:1; Hamburger SV – Bayern München 1:3; TSG 1899 Hoffenheim – FSV Frankfurt 5:1; VfL Wolfsburg – 1. FC Heidenheim 4:1; Eintracht Frankfurt – Borussia Mönchengladbach 1:2.
Achtelfinale: Bayer Leverkusen – 1. FC Kaiserslautern n. V. 2:0; VfR Aalen – TSG 1899 Hoffenheim 0:2; SC Freiburg – 1. FC Köln 2:1; Dynamo Dresden – Borussia Dortmund 0:2; RB Leipzig – VfL Wolfsburg 0:2; Arminia Bielefeld – Werder Bremen 3:1; Kickers Offenbach – Borussia Mönchengladbach 0:2; Bayern München – Eintracht Braunschweig 2:0.
Viertelfinale: VfL Wolfsburg – SC Freiburg 1:0; Borussia Dortmund – TSG 1899 Hoffenheim n. V. 3:2; Arminia Bielefeld – Borussia Mönchengladbach n. V. 1:1, Elfmeterschießen 5:4; Bayer Leverkusen – Bayern München n. V. 0:0, Elfmeterschießen 3:5.
Halbfinale: Bayern München – Borussia Dortmund n. V. 1:1, Elfmeterschießen 0:2; Arminia Bielefeld – VfL Wolfsburg 0:4.
Endspiel: VfL Wolfsburg – Borussia Dortmund 3:1 (3:1).

2016

1. Runde: TuS Erndtebrück – SV Darmstadt 98 0:5; Berliner FC Dynamo – FSV Frankfurt 0:2; SV Elversberg – FC Augsburg n. V. 1:3; FC Viktoria Köln – 1. FC Union Berlin 2:1; SV Meppen – 1. FC Köln 0:4; Hallescher FC – Eintracht Braunschweig 0:1; Stuttgarter Kickers – VfL Wolfsburg 1:4; Sportfreunde Lotte – Bayer Leverkusen 0:3; MSV Duisburg – FC Schalke 04 0:5; Würzburger Kickers – Werder Bremen n. V. 0:2; Erzgebirge Aue – SpVgg Greuther Fürth 1:0; Bremer SV – Eintracht Frankfurt 0:3; TSV München 1860 – TSG 1899 Hoffenheim 2:0; SSV Reutlingen – Karlsruher SC 3:1; Holstein Kiel – VfB Stuttgart 1:2; Carl Zeiss Jena – Hamburger SV n. V. 3:2; Bahlinger SC – SV Sandhausen n. V. 0:0, Elfmeterschießen 3:5; HSV Barmbek-Uhlenhorst – SC Freiburg 0:5; FSV Salmrohr – VfL Bochum 0:5; Chemnitzer FC – Borussia Dortmund 0:2; VfB Lübeck – SC Paderborn 07 1:2; Rot-Weiss Essen – Fortuna Düsseldorf n. V. 0:0, Elfmeterschießen 1:3; FK Pirmasens – 1. FC Heidenheim 1:4 (0:2); SpVgg Unterhaching – FC Ingolstadt 04 2:1; FC Nöttingen – Bayern München 1:3; Hansa Rostock – 1. FC Kaiserslautern n. V. 0:0, Elfmeterschießen 4:5; Hessen Kassel – Hannover 96 0:2; Energie Cottbus – 1. FSV Mainz 05 0:3; Arminia Bielefeld – Hertha BSC 0:2; VfL Osnabrück – RB Leipzig 1:0 abgebrochen (Wertung 0:2); VfR Aalen – 1. FC Nürnberg n. V. 0:0, Elfmeterschießen 1:2; FC St. Pauli – Borussia Mönchengladbach 1:4.
2. Runde: Erzgebirge Aue – Eintracht Frankfurt 1:0; FSV Frankfurt – Hertha BSC n. V. 1:2; 1. FSV Mainz 05 – TSV München 1860 1:2; 1. FC Nürnberg – Fortuna Düsseldorf 5:1; SpVgg Unterhaching – RB Leipzig 3:0; SV Darmstadt 98 – Hannover 96 2:1; VfL Bochum – 1. FC Kaiserslautern 1:0; VfL Wolfsburg – Bayern München 1:3; FC Viktoria Köln – Bayer Leverkusen 0:6; SV Sandhausen – 1. FC Heidenheim n. V. 0:0, Elfmeterschießen 3:4; Borussia Dortmund – SC Paderborn 07 7:1; SC Freiburg – FC Augsburg

0:3; Carl Zeiss Jena – VfB Stuttgart 0:2; SSV Reutlingen – Eintracht Braunschweig 0:4; FC Schalke 04 – Borussia Mönchengladbach 0:2; Werder Bremen – 1. FC Köln 1:0.
Achtelfinale: SpVgg Unterhaching – Bayer Leverkusen 1:3; Borussia Mönchengladbach – Werder Bremen 3:4; Erzgebirge Aue – 1. FC Heidenheim 0:2; Bayern München – SV Darmstadt 98 1:0; 1. FC Nürnberg – Hertha BSC 0:2; VfB Stuttgart – Eintracht Braunschweig n. V. 3:2; FC Augsburg – Borussia Dortmund 0:2; TSV München 1860 – VfL Bochum 0:2.
Viertelfinale: Bayer Leverkusen – Werder Bremen 1:3; VfB Stuttgart – Borussia Dortmund 1:3; 1. FC Heidenheim – Hertha BSC 2:3; VfL Bochum – Bayern München 0:3.
Halbfinale: Bayern München – Werder Bremen 2:0; Hertha BSC – Borussia Dortmund 0:3.
Endspiel: Bayern München – Borussia Dortmund n. V. 0:0, Elfmeterschießen 4:3.

* * * * *

Den DFB-Pokal gewannen: 18 Mal: Bayern München – 6 Mal: Werder Bremen – 5 Mal: FC Schalke 04 – je 4 Mal: Eintracht Frankfurt, 1. FC Köln, 1. FC Nürnberg – je 3 Mal: Borussia Dortmund, Hamburger SV, Borussia Mönchengladbach, VfB Stuttgart – je 2 Mal: Dresdner SC, Fortuna Düsseldorf, 1. FC Kaiserslautern, Karlsruher SC, TSV München 1860 – je 1 Mal: Rot-Weiss Essen, Schwarz-Weiß Essen, Hannover 96, VfB Leipzig, Bayer Leverkusen, Kickers Offenbach, Bayer Uerdingen, First Vienna FC, Rapid Wien, VfL Wolfsburg.

Das Endspiel erreichten: 21 Mal: Bayern München – 12 Mal: FC Schalke 04 – je 10 Mal: Werder Bremen, 1. FC Köln – 8 Mal: Borussia Dortmund – je 7 Mal: Fortuna Düsseldorf, 1. FC Kaiserslautern – 6 Mal: Eintracht Frankfurt, Hamburger SV, 1. FC Nürnberg, VfB Stuttgart – je 5 Mal: Borussia Mönchengladbach – je 4 Mal: MSV Duisburg, Karlsruher SC – je 3 Mal: Alemannia Aachen, Bayer Leverkusen – je 2 Mal: Hertha BSC, VfL Bochum, Dresdner SC*, Rot-Weiss Essen, TSV München 1860*, VfL Wolfsburg – je 1 Mal: Hertha BSC Amateure, 1. FC Union Berlin, Energie Cottbus, Schwarz-Weiß Essen*, FSV Frankfurt, LSV Hamburg, Hannover 96*, Fortuna Köln, VfB Leipzig*, Waldhof Mannheim, Borussia Neunkirchen, Kickers Offenbach*, Stuttgarter Kickers, Bayer Uerdingen*, First Vienna FC*, Rapid Wien* – *) = ungeschlagen.

Das Halbfinale erreichten: 27 Mal: Bayern München – 21 Mal: Werder Bremen – 19 Mal: FC Schalke 04 – 14 Mal: Hamburger SV – je 13 Mal: Borussia Dortmund, 1. FC Köln – je 12 Mal: Fortuna Düsseldorf, 1. FC Nürnberg – je 11 Mal: Eintracht Frankfurt, 1. FC Kaiserslautern – je 10 Mal: Borussia Mönchengladbach, VfB Stuttgart – je 7 Mal: Bayer Leverkusen, VfL Wolfsburg – je 6 Mal: Hertha BSC, MSV Duisburg, Karlsruher SC – je 5 Mal: Alemannia Aachen, Waldhof Mannheim, Kickers Offenbach – je 4 Mal: Dresdner SC, Rot-Weiss Essen – je 3 Mal: Arminia Bielefeld, VfL Bochum, TSV München 1860, 1. FC Saarbrücken, Rapid Wien – je 2 Mal: Altona 93, Eintracht Braunschweig, Energie Cottbus, FK Pirmasens, Stuttgarter Kickers, Bayer Uerdingen, Wormatia Worms – je 1 Mal: FC Augsburg, Hertha BSC Amateure, Tasmania 1900 Berlin, Tennis Borussia Berlin, 1. FC Union Berlin, Chemnitzer FC, Dynamo Dresden, Schwarz-Weiß Essen, FSV Frankfurt, Freiburger FC, SC Freiburg, SpVgg Greuther Fürth, SV Hamborn 07, Hannover 96, LSV Hamburg, Carl Zeiss Jena, Holstein Kiel, Fortuna Köln, VfB Leipzig, TuS Lipine, VfB Lübeck, 1. FSV Mainz 05, VfR Mannheim, TuS Neuendorf, Borussia Neunkirchen, Rot-Weiß Oberhausen, Hansa Rostock, FC St. Pauli, 1. FC Schweinfurt 05, Eintracht Trier, First Vienna FC, Admira Wien, Wiener SC, Wacker Wien, Wuppertaler SV.

Die Pokal-Endspiele der DDR

(bis 1990 „FDGB-Pokal", 1990/91 NOFV-Pokal)

1949 **BSG Waggonbau Dessau** (– BSG Gera-Süd 1:0) – 1950 **BSG EHW Thale** (– BSG KWU Erfurt 4:0) – 1951 nicht ausgetragen – 1952 **SG Volkspolizei Dresden** (– BSG Einheit Pankow 3:0) – 1953 nicht ausgetragen – 1954 **ZSK Vorwärts Berlin** (– BSG Motor Zwickau 2:1) – 1955 **SC Wismut Karl-Marx-Stadt** (– SC Empor Rostock 3:2 n. V.) – 1956 **SC Chemie Halle-Leuna** (– ASK Vorwärts Berlin 2:1) – 1957 **SC Lok Leipzig** (– SC Empor Rostock 2:1) – 1958 **SC Einheit Dresden** (– SC Lok Leipzig 2:1 n. V.) – 1959 **SC Dynamo Berlin** (– SC Wismut Karl-Marx-Stadt 0:0 n. V. und 3:2) – 1960 **SC Motor Jena** (– SC Empor Rostock 3:2 n. V.) – 1961 nicht ausgetragen – 1962 **SC Chemie Halle** (– SC Dynamo Berlin 3:1) – 1963 **BSG Motor Zwickau** (– BSG Chemie Zeitz 3:0) – 1964 **SC Aufbau Magdeburg** (– SC Leipzig 3:2) – 1965 **SC Aufbau Magdeburg** (– SC Motor Jena 2:1) – 1966 **BSG Chemie Leipzig** (– BSG Lok Stendal 1:0) – 1967 **BSG Motor Zwickau** (– FC Hansa Rostock 3:0) – 1968

1. FC Union Berlin (– FC Carl Zeiss Jena 2:1) – 1969 **1. FC Magdeburg** (– FC Karl-Marx-Stadt 4:0) – 1970 **FC Vorwärts Berlin** (– 1. FC Lok Leipzig 4:2) – 1971 **Dynamo Dresden** (– Berliner FC Dynamo 2:1 n. V.) – 1972 **FC Carl Zeiss Jena** (– Dynamo Dresden 2:1) – 1973 **1. FC Magdeburg** (– 1. FC Lok Leipzig 3.2) – 1974 **FC Carl Zeiss Jena** (– Dynamo Dresden 3:1 n. V.) – 1975 **BSG Sachsenring Zwickau** (– Dynamo Dresden 2:2 n. V., Elfmeterschießen 4:3) – 1976 **1. FC Lok Leipzig** (– FC Vorwärts Frankfurt/Oder 3:0) – 1977 **Dynamo Dresden** (– 1. FC Lok Leipzig 3:2) – 1978 **1. FC Magdeburg** (– Dynamo Dresden 1:0) – 1979 **1. FC Magdeburg** (– Berliner FC Dynamo 1:0 n. V.) – 1980 **FC Carl Zeiss Jena** (– FC Rot-Weiß Erfurt 3:1 n. V.) – 1981 **1. FC Lok Leipzig** (– FC Vorwärts Frankfurt/Oder 4:1) – 1982 **Dynamo Dresden** (– Berliner FC Dynamo 1:1 n. V., Elfmeterschießen 5:4) – 1983 **1. FC Magdeburg** (– FC Karl-Marx-Stadt 4:0) – 1984 **Dynamo Dresden** (– Berliner FC Dynamo 2:1) – 1985 **Dynamo Dresden** (– Berliner FC Dynamo 3:2) – 1986 **1. FC Lok Leipzig** (– 1. FC Union Berlin 5:1) – 1987 **1. FC Lok Leipzig** (– FC Hansa Rostock 4:1) – 1988 **Berliner FC Dynamo** (– FC Carl Zeiss Jena 2:0) – 1989 **Berliner FC Dynamo** (– FC Karl-Marx-Stadt 1:0) – 1990 **1. FC Dynamo Dresden** (– PSV Schwerin 2:1) – 1991 **FC Hansa Rostock** (– Eisenhüttenstädter FC Stahl 1:0).

Deutscher Supercup

1977, 1983 sowie 2008 und 2009 private Absprachen zwischen den Klubs; 1987 bis 1996 und wieder seit 2010 offizieller DFB-Wettbewerb.

Die Sieger:
1977 Borussia Mönchengladbach – 1983, 1987 Bayern München – 1988 Werder Bremen – 1989 Borussia Dortmund – 1990 Bayern München – 1991 1. FC Kaiserslautern – 1992 VfB Stuttgart – 1993, 1994 Werder Bremen – 1995, 1996, 2008 Borussia Dortmund – 2009 Werder Bremen – 2010 Bayern München – 2011 FC Schalke 04 – 2012 Bayern München – 2013, 2014 Borussia Dortmund – 2015 VfL Wolfsburg – 2016 Bayern München.

1977: Borussia Mönchengladbach
Am 8. 1. 1977 in Hamburg: Borussia Mönchengladbach – Hamburger SV 3:2 (2:0)
Mönchengladbach: Kneib (Kleff) – Bonhof, Wohlers, Schäffer, Klinkhammer – Kulik, Wimmer (Heidenreich), Köppel, Stielike – Simonsen, Hannes – Trainer: Lattek.

1983: Bayern München
Am 2. 4. 1983 in München: Bayern München – Hamburger SV 1:1 (1:0), Elfmeterschießen 4:2
FC Bayern: Müller – Martin, Beierlorzer, Grobe, Horsmann – Kraus (Nachtweih), Pflügler, Dremmler – Del'Haye, D. Hoeneß, K.-H. Rummenigge (M. Rummenigge) – Trainer: Csernai.

1987: Bayern München
Am 28. 7. 1987 in Frankfurt: Bayern München – Hamburger SV 2:1 (0:1)
FC Bayern: Aumann – Nachtweih – Winklhofer, Eder, Pflügler – Brehme (Flick), Matthäus, Dorfner, M. Rummenigge – Wohlfarth, Wegmann – Trainer: Heynckes.

1988: Werder Bremen
Am 20. 7. 1988 in Frankfurt: Werder Bremen – Eintracht Frankfurt 2:0 (1:0)
Bremen: Reck – Sauer – Borowka, Kutzop, Otten (Meier) – Schaaf, Votava, Hermann, Neubarth – Riedle, Ordenewitz (Burgsmüller) – Trainer: Rehhagel.

1989: Borussia Dortmund
Am 25. 7. 1989 in Kaiserslautern: Borussia Dortmund – Bayern München 4:3 (1:2)
Dortmund: de Beer (Meyer) – Kroth – Helmer, Schulz – Breitzke, Zorc, Möller, McLeod (Kutowski), M. Rummenigge – Wegmann, Driller – Trainer: Köppel.

1990: Bayern München
Am 31. 7. 1990 in Karlsruhe: Bayern München – 1. FC Kaiserslautern 4:1 (4:0)
FC Bayern: Aumann – Augenthaler – Grahammer, Kohler, Pflügler – Reuter, Strunz, Bender (Sternkopf), Effenberg – Laudrup (Wohlfarth), Mihajlovic – Trainer: Heynckes.

1991: 1. FC Kaiserslautern
Halbfinale: Hansa Rostock – 1. FC Kaiserslautern 1:2, Eisenüttenstädter FC Stahl – Werder Bremen 0:1 (in Osnabrück)
Endspiel am 6. 8. 1991 in Hannover: 1. FC Kaiserslautern – Werder Bremen 3:1 (1:0)
Kaiserslautern: Serr – Kuntz – Roos, Schäfer – Lelle, Dooley (W. Funkel), Haber, Hoffmann, Goldbaek (Lutz) – Degen, Winkler – Trainer: Feldkamp.

1992: VfB Stuttgart
Am 11. 8. 1992 in Hannover: VfB Stuttgart – Hannover 96 3:1 (2:1)
Stuttgart: Immel – Dubajic – Schäfer (Schneider), Frontzeck – Strunz, Buchwald, Buck, Gaudino, Kögl – Golke, Walter (Knup) – Trainer: Daum.

1993: Werder Bremen
Am 1. 8. 1993 in Leverkusen: Werder Bremen – Bayer Leverkusen n. V. 2:2 (1:1, 0:0), Elfm. 7:6
Bremen: Reck – Neubarth – Beiersdorfer (Basler), Borowka – Wolter, Bode (Wiedener), Votava, Herzog, Eilts – Hobsch, Rufer – Trainer: Rehhagel.

1994: Werder Bremen
Am 7. 8. 1994 in München: Werder Bremen – Bayern München n. V. 3:1 (1:1, 0:1)
Bremen : Reck – Ramzy – Beiersdorfer, Schulz – Votava, Borowka (Wolter), Eilts – Basler, Herzog, Bode – Bestschastnich (Rufer) – Trainer: Rehhagel.

1995: Borussia Dortmund
Am 5. 8. 1995 in Düsseldorf: Borussia Dortmund – Borussia Mönchengladbach 1:0 (0:0)
Dortmund: Klos – Reuter, Kohler (Schmidt), Cesar, Kree – Freund, Sammer, Berger, Reinhardt (Kurz) – Ricken (Tretschok), Möller – Trainer: Hitzfeld.

1996: Borussia Dortmund
Am 3. 8. 1996 in Mannheim: Borussia Dortmund – 1. FC Kaiserslautern n. V. 1:1 (1:1, 0:0), Elfm. 4:3
Dortmund: Klos – Sammer (Vogt) – Kohler (Kutowski), Heinrich – Wolters, Reuter, Zorc, Möller, Weiland – Chapuisat, Ricken (But) – Trainer: Hitzfeld.

Von 1997 bis 2007 wurde der Ligapokal ausgespielt.

2008: Borussia Dortmund
Am 23.7. 2008 in Dortmund: Borussia Dortmund – Bayern München 2:1 (2:0)
Dortmund: Weidenfeller – Rukavina, Subotic, Hummels, Dede – Hajnal (Federico), Kehl – Blasczykowski (Kruska), Buckley (Kringe) – Valdez (Klimowicz), Petric (Sadrijaj) – Trainer: Klopp.

2009: Werder Bremen
Am 20. 7. 2009 in Wolfsburg: Werder Bremen – VfL Wolfsburg 2:1 (2:0)
Bremen: Wiese – Fritz, Mertesacker, Naldo (Pasanen), Tosic (Boenisch) – Frings, Niemeyer (Harnik) – Bargfrede (Vranjes), Hunt (Özil) – Sanogo, Marcelo Moreno (Futacs) – Trainer: Schaaf.

2010: Bayern München
Am 7. 8. 2010 in Augsburg: Bayern München – FC Schalke 04 2:0 (0:0)
FC Bayern: Kraft – Lahm, Demichelis (Sosa), Badstuber, Contento – Schweinsteiger (Ottl), Pranjic – Olic, Hamit Altintop (Tymoshchuk), T. Müller – Klose – Trainer: Van Gaal.

2011: FC Schalke 04
Am 23. 7. 2011 in Gelsenkirchen: FC Schalke 04 – Borussia Dortmund 0:0, Elfm. 4:3
Schalke: Fährmann – Höger, Höwedes, Papadopoulos, Fuchs – Matip, Holtby – Baumjohann (Edu), Draxler (Jurado) – Raul – Huntelaar (Moravek) – Trainer: Rangnick.

2012: Bayern München
Am 12. 8. 2012 in München: Bayern München – Borussia Dortmund 2:1 (2:0)
FC Bayern: Neuer – Lahm, Dante, Boateng, Can (Badstuber) – Luiz Gustavo, Kroos – Robben (Shaqiri), Müller, Ribery (Tymoshchuk) – Mandzukic – Trainer: Heynckes.

2013: Borussia Dortmund
Am 27. 7. 2013 in Dortmund: Borussia Dortmund – Bayern München 4:2 (1:0)
Dortmund: Weidenfeller – Großkreutz, Subotic, Hummels, Schmelzer – Sahin, S. Bender (Kehl) – Blaszczykowski (Aubameyang), Gündogan (Sokratis), Reus – Lewandowski – Trainer: Klopp.

2014: Borussia Dortmund
Am 13. 8. 2014 in Dortmund: Borussia Dortmund – Bayern München 2:0 (1:0)
Dortmund: Langerak – Piszczek, Sokratis, Ginter, Schmelzer (Durm) – Kehl – Kirch (S. Bender), Mkhitaryan – Hofmann – Aubameyang (Ramos), Immobile – Trainer: Klopp.

2015: VfL Wolfsburg
Am 1. 8. 2015 in Wolfsburg: VfL Wolfsburg – Bayern München 1:1 (0:0), Elfmeterschießen 5:4
Wolfsburg: Casteels – Vieirinha, Naldo, Klose, Rodriguez – Guilavogui, Arnold – Caligiuri (Schürrle), De Bruyne, Perisic (Kruse) – Dost (Bendtner) – Trainer: Hecking.

2016: Bayern München
Am 14. 8. 2016 in Dortmund: Bayern München – Borussia Dortmund 2:0 (0:0)
München: Neuer – Lahm, Hummels, Javi Martinez, Alaba – Xabi Alonso – Thiago, Vidal (71. Kimmich) – Müller (87. Rafinha), Ribery (65. Coman) – Lewandowski – Trainer: Ancelotti.
Dortmund: Bürki – Passlack, Sokratis, Bartra, Schmelzer – Rode – Castro – Ramos (68. Weigl), Kagawa, Dembelé (68. Schürrle) – Aubameyang (78. Mor) – Trainer: Tuchel.
Tore: 1:0 Vidal (58.), 2:0 Müller (79.) – SR: Welz (Wiesbaden) – Zuschauer: 81 360 (ausverkauft).

Deutscher Ligapokal

Die bisherigen Sieger:
1973 Hamburger SV – 1997, 1998, 1999, 2000 Bayern München – 2001, 2002 Hertha BSC – 2003 Hamburger SV – 2004 Bayern München – 2005 FC Schalke 04 – 2006 Werder Bremen – 2007 Bayern München – seitdem nicht mehr ausgetragen.

1973: Hamburger SV
Vorrunde 1972 zur Überbrückung der Olympischen Spiele in München ausgespielt.
Vorrundensieger (8 Gruppen je 4 Vereine): Eintracht Braunschweig, Hamburger SV, Arminia Bielefeld, FC Schalke 04, Borussia Mönchengladbach, Fortuna Köln, Eintracht Frankfurt, Bayern Hof.
Viertelfinale: Arminia Bielefeld – Borussia Mönchengladbach 0:3 und 3:9; Fortuna Köln – Eintracht Frankfurt 2:3 und 3:3; Eintracht Braunschweig – Hamburger SV 2:1 und 0:2; Bayern Hof – FC Schalke 04 1:1 und 2:7.
Halbfinale: Borussia Mönchengladbach – Eintracht Frankfurt 3:1 und 0:1; FC Schalke 04 – Hamburger SV 1:0 und n. V. 1:4.
Endspiel am 6. 6. 1973 in Hamburg: Hamburger SV – Borussia Mönchengladbach 4:0 (3:0)
Hamburg: Kargus – Kaltz, Nogly, W. Schulz, Hidien (Krobbach) – Zaczyk, Björnmose, Hönig – Memering (Winkler), Heese, Volkert – Trainer: Ochs.

1997: Bayern München
Meister und Pokalsieger automatisch qualifiziert; dazu die vier bestplazierten Klubs der Bundesliga.
Vorrunde: Bayer Leverkusen – Karlsruher SC 2:2, Elfmeterschießen 5:6 (in Aue); Borussia Dortmund – VfL Bochum 1:0 (in Koblenz).
Halbfinale: VfB Stuttgart – Karlsruher SC 3:0 (in Osnabrück), Bayern München – Borussia Dortmund 2:0 (in Augsburg).
Endspiel am 26. 7. 1997 in Leverkusen: Bayern München – VfB Stuttgart 2:0 (0:0)
FC Bayern: Kahn – Matthäus, Babbel, Helmer – D. Hamann (Fink), Strunz, Basler (Scholl), Nerlinger, Lizarazu – Elber, Rizzitelli (Jancker) – Trainer: Trapattoni.

1998: Bayern München
Vorrunde: VfB Stuttgart – FC Schalke 04 2:1 (in Koblenz), Bayer Leverkusen – MSV Duisburg 3:0 (in Lüdenscheid).
Halbfinale: Bayer Leverkusen – Bayern München 0:1 (in Aue), 1. FC Kaiserslautern – VfB Stuttgart 2:3 (in Ludwigshafen).
Endspiel am 8. 8. 1998 in Leverkusen: Bayern München – VfB Stuttgart 4:0 (3:0)
FC Bayern: Kahn – Babbel, Matthäus (Jeremies), Helmer – Strunz, Fink, Effenberg, Tarnat – Basler (Zickler), Salihamidzic – Elber (Jancker) – Trainer: Hitzfeld.

1999: Bayern München
Vorrunde: Bayer Leverkusen – 1. FC Kaiserslautern 3:1 (in Jena), Hertha BSC – Borussia Dortmund 1:2 (in Osnabrück).
Halbfinale: Werder Bremen – Bayer Leverkusen 2:1 (in Aue), Bayern München – Borussia Dortmund 1:0 (in Augsburg).
Endspiel am 17. 7. 1999 in Leverkusen: Bayern München – Werder Bremen 2:1 (2:0)
FC Bayern: Dreher – Andersson, Linke – Babbel, Matthäus (Jarolim), Tarnat – Scholl, Fink – Zickler (Salihamidzic), Jancker, Sergio – Trainer: Hitzfeld.

2000: Bayern München
Vorrunde: Hamburger SV – Hertha BSC 1:3 (in Lübeck), TSV München 1860 – 1. FC Kaiserslautern 0:2 (in Ludwigshafen).
Halbfinale: Bayer Leverkusen – Hertha BSC 1:1, Elfmeterschießen 4:5 (in Dessau), Bayern München – 1. FC Kaiserslautern 4:1 (in Augsburg).
Endspiel am 1. 8. 2000 in Leverkusen: Bayern München – Hertha BSC 5:1 (0:0)
FC Bayern: Kahn – Tarnat (Hargreaves), Linke, Andersson, Salihamidzic – Fink, Wojciechowski, Wiesinger (Scholl), Sforza – Santa Cruz (Jancker), Zickler – Trainer: Hitzfeld.

2001: Hertha BSC

Vorrunde: Borussia Dortmund – SC Freiburg 1:1, Elfmeterschießen 3:1 (in Hoffenheim), Bayer Leverkusen – Hertha BSC 1:2 (in Dessau).
Halbfinale: FC Schalke 04 – Borussia Dortmund 2:1 (in Lüdenscheid), Bayern München – Hertha BSC 0:1 (in Augsburg).
Endspiel am 21. Juli 2001 in Mannheim: Hertha BSC – FC Schalke 04 4:1 (2:1)
Hertha: Kiraly – Rehmer, Konstantinidis, Simunic – Hartmann (Marx), Deisler (Dardai), Beinlich, Marcelinho, Neuendorf – Alex Alves (Goor), Preetz – Trainer: Röber.

2002: Hertha BSC

Vorrunde: Bayer Leverkusen – Werder Bremen 1:0 (in Lübeck), Bayern München – Hertha BSC 2:2, Elfmeterschießen 3:4 (in Aue).
Halbfinale: FC Schalke 04 – Bayer Leverkusen 2:0 (in Meppen); Borussia Dortmund – Hertha BSC 1:2 (in Jena).
Endspiel am 1. August 2002 in Bochum: Hertha BSC – FC Schalke 04 4:1 (2:0)
Hertha: Kiraly – Schmidt (Marx), Friedrich, Simunic, Hartmann – Maas, Neuendorf (Tretschok) – Karwan (Pinto), Marcelinho, Goor – Alex Alves – Trainer: Stevens.

2003: Hamburger SV

Vorrunde: Borussia Dortmund – VfL Bochum 2:1 (in Wattenscheid), Hamburger SV – Hertha BSC 2:1 (in Dessau).
Halbfinale: VfB Stuttgart – Borussia Dortmund 0:1 (in Aalen); Bayern München – Hamburger SV 3:3, Elfmeterschießen 1:4 (in Jena).
Endspiel am 28. Juli 2003 in Mainz: Hamburger SV – Borussia Dortmund 4:2 (3:1)
Hamburg: Pieckenhagen – Jacobsen, Hoogma, Ujfalusi, Rahn – Maltritz, Beinlich (Schlicke) – Cardoso (Wicky) – Mahdavikia, Takahara, Barbarez (Kling) – Trainer: Jara.

2004: Bayern München

Vorrunde: Bayer Leverkusen – Hansa Rostock 1:1, Elfmeterschießen 4:3 (in Jena), VfB Stuttgart – VfL Bochum 3:0 (in Aalen).
Halbfinale: Bayern München – Bayer Leverkusen 3:0 (in Wattenscheid), Werder Bremen – VfB Stuttgart 2:0 (in Meppen).
Endspiel am 2. August 2004 in Mainz: Bayern München – Werder Bremen 3:2 (2:0)
FC Bayern: Kahn – Görlitz, Linke, Demichelis – Salihamidzic, Frings, Ballack, Deisler (Jeremies), Zé Roberto (Lucio) – Makaay (Hashemian), Santa Cruz – Trainer: Magath.

2005: FC Schalke 04

Vorrunde: Werder Bremen – Bayer Leverkusen 1:0 (in Düsseldorf), Hertha BSC – VfB Stuttgart 0:0, Elfmeterschießen 3:4 (in Düsseldorf).
Halbfinale: Bayern München – VfB Stuttgart 1:2 (in München), FC Schalke 04 – Werder Bremen 2:1 (in Gelsenkirchen).
Endspiel am 2. August 2005 in Leipzig: FC Schalke 04 – VfB Stuttgart 1:0 (1:0)
Schalke: Rost – Altintop, Bordon, Krstajic, Kobiashvili – Poulsen – Ernst, Bajramovic – Lincoln – Sand (Asamoah), Kuranyi – Trainer: Rangnick.

2006: Werder Bremen

Vorrunde: Hamburger SV – Hertha BSC 1:0 (in Düsseldorf), FC Schalke 04 – Bayer Leverkusen 1:1, Elfmeterschießen 9:8 (in Düsseldorf).
Halbfinale: Werder Bremen – Hamburger SV 2:1 (in Bremen), Bayern München – FC Schalke 04 0:0, Elfmeterschießen 4:1 (in München).
Endspiel am 5. August 2006 in Leipzig: Werder Bremen – Bayern München 2:0 (1:0)
Bremen: Wiese – Owomoyela, Fahrenhorst, Naldo, Womé – Frings – D. Jensen (Andreasen), Schulz (Vranjes) – Diego – Klasnic, Klose (Hunt) - Trainer: Schaaf.

2007: Bayern München

Vorrunde: FC Schalke 04 – Karlsruher SC 1:0 (in Düsseldorf), Werder Bremen – Bayern München 1:4 (in Düsseldorf).
Halbfinale: 1. FC Nürnberg – FC Schalke 04 2:4 (in Nürnberg), VfB Stuttgart – Bayern München 0:2 (in Stuttgart).
Endspiel am 28. Juli 2007 in Leipzig: Bayern München – FC Schalke 04 1:0 (1:0)
FC Bayern: Kahn – Lahm, Lucio, Demichelis, Jansen – Zé Roberto, Ottl – Lell (Dos Santos), Hamit Altintop, Sosa – Klose (Wagner) – Trainer: Hitzfeld.

Der Länderpokal der Amateure

Die Sieger:

1909–18 Kronprinzenpokal: 1909 Mitteldeutschland – 1910 Süddeutschland – 1911 Norddeutschland – 1912 Süd – 1913 Westdeutschland – 1914, 1917 Nord – 1918 Brandenburg.

1919–35 Bundespokal: 1919 Nord – 1920 West – 1921 Mittel – 1922, 1923, 1924 Süd – 1925 Nord – 1926 Süd – 1927 Mittel – 1928 Südostdeutschland – 1929 Brandenburg – 1930 Nord – 1931 Süd – 1932 Nord – 1933 Süd – 1934 nicht ausgetragen – 1935 Gau Mitte – Außerdem wurde alle vier Jahre der sog. „Kampfspielpokal" ausgetragen. Die Sieger: 1922, 1926 Süd – 1930 Brandenburg – 1934 Gau Südwest.

1936–42 Reichsbundpokal (Gaue): 1936 Sachsen – 1937 Niederrhein – 1938 Nordmark – 1939 Schlesien – 1940 Bayern – 1941 Sachsen – 1942 Niederrhein – Außerdem wurden nach der nationalsozialistischen Machtergreifung zwei weitere Wettbewerbe für Gau-Auswahlmannschaften ausgetragen: 1933 „Adolf-Hitler-Pokal" (Sieger: Bayern) – 1938 „Deutsches Turn- und Sportfest" in Breslau (Sieger: Ostmark).

1950 Länderpokal: Bayern – **1951–96 Amateur-Länderpokal:** 1951 Niederrhein – 1952, 1953, 1954, 1955 Bayern – 1956 Hessen – 1957 Niedersachsen – 1958 Niederrhein – 1959 Hamburg – 1960 Mittelrhein – 1961 Hamburg – 1962 Westfalen – 1963 Bayern – 1964 Mittelrhein – 1965 Bayern – 1966 Westfalen – 1967 Nordbaden – 1968 Bayern – 1969 Baden – 1970, 1971 Bayern – 1972, 1973 Baden – 1974 Mittelrhein – 1975 Südwest – 1976 Niedersachsen – 1977 Bayern – 1978 Westfalen – 1979 Württemberg – 1980 Bayern – 1981, 1982 Südwest – 1983 Hessen – 1984 Bremen – 1985 Rheinland – 1986 Westfalen – 1987 Niedersachsen – 1988 Württemberg – 1989, 1990 Bayern – 1991 Niederrhein – 1992 Hessen – 1993, 1994 Westfalen – 1995 Niederrhein – 1996 Baden – **1997 bis 2001 für U-19-Mannschaften:** 1997, 1998 Westfalen – 1999 Schleswig-Holstein – 2000 Bayern – 2001 Württemberg – 2002 bis 2004 für U-20-Mannschaften: 2002 Mittelrhein – 2003 Südwest – 2004 Mittelrhein – **seit 2005 für U-21-Mannschaften:** 2005 Sachsen – 2006, 2007 Niederrhein – 2008 Südwest – 2009 Württemberg – 2010 Mittelrhein – seitdem nicht mehr ausgetragen.

KAPITEL 5

DER DEUTSCHE LIGAFUSSBALL

Die Bundesliga

1963/64
1. 1. FC Köln 30 78:40 45–15
2. Meidericher SV 30 60:36 39–21
3. Eintracht Frankfurt 30 65:41 39–21
4. Borussia Dortmund (M) 30 73:57 33–27
5. VfB Stuttgart 30 48:40 33–27
6. Hamburger SV (P) 30 69:60 32–28
7. TSV München 1860 30 66:50 31–29
8. FC Schalke 04 30 51:53 29–31
9. 1. FC Nürnberg 30 45:56 29–31
10. Werder Bremen 30 53:62 28–32
11. Eintr. Braunschweig 30 36:49 28–32
12. 1. FC Kaiserslautern 30 48:69 26–34
13. Karlsruher SC 30 42:55 24–36
14. Hertha BSC 30 45:65 24–36
15. Preußen Münster 30 34:52 23–37
16. 1. FC Saarbrücken 30 44:72 17–43

1964/65
1. Werder Bremen 30 54:29 41–19
2. 1. FC Köln (M) 30 66:45 38–22
3. Borussia Dortmund 30 67:48 36–24
4. TSV München 1860 (P) 30 70:50 35–25
5. Hannover 96 (N) 30 48:42 33–27
6. 1. FC Nürnberg 30 44:38 32–28
7. Meidericher SV 30 46:48 32–28
8. Eintracht Frankfurt 30 50:58 29–31
9. Eintr. Braunschweig 30 42:47 28–32
10. Borussia Neunkirchen (N) 30 44:48 27–33
11. Hamburger SV 30 46:56 27–33
12. VfB Stuttgart 30 46:50 26–34
13. 1. FC Kaiserslautern 30 41:53 25–35
14. Hertha BSC 30 40:62 25–35
15. Karlsruher SC 30 47:62 24–36
16. FC Schalke 04 30 45:60 22–38

Hertha BSC wurde die Lizenz entzogen. Tasmania 1900 nahm aus „Berlin-politischen" Gründen Herthas Platz ein.

1965/66
1. TSV München 1860 34 80:40 50–18
2. Borussia Dortmund (P) 34 70:36 47–21
3. Bayern München (N) 34 71:38 47–21
4. Werder Bremen (M) 34 76:40 45–23
5. 1. FC Köln 34 74:41 44–24
6. 1. FC Nürnberg 34 54:43 39–29
7. Eintracht Frankfurt 34 64:46 38–30
8. Meidericher SV 34 70:48 36–32
9. Hamburger SV 34 64:52 34–34
10. Eintr. Braunschweig 34 49:49 34–34
11. VfB Stuttgart 34 42:48 32–36
12. Hannover 96 34 59:57 30–38
13. Bor. M'gladbach (N) 34 57:68 29–39
14. FC Schalke 04 34 33:55 27–41
15. 1. FC Kaiserslautern 34 42:65 26–42
16. Karlsruher SC 34 35:71 24–44
17. Borussia Neunkirchen 34 32:82 22–46
18. Tasmania 1900 Berlin (N) 34 15:108 8–60

1966/67
1. Eintr. Braunschweig 34 49:27 43–25
2. TSV München 1860 (M) 34 60:47 41–27
3. Borussia Dortmund 34 70:41 39–29
4. Eintracht Frankfurt 34 66:49 39–29
5. 1. FC Kaiserslautern 34 43:42 38–30
6. Bayern München (P) .34 62:47 37–31
7. 1. FC Köln 34 48:48 37–31
8. Bor. Mönchengladbach 34 70:49 34–34
9. Hannover 96 34 40:46 34–34
10. 1. FC Nürnberg 34 43:50 34–34
11. MSV Duisburg 34 40:42 33–35
12. VfB Stuttgart 34 48:54 33–35
13. Karlsruher SC 34 54:62 31–37
14. Hamburger SV 34 37:53 30–38
15. FC Schalke 04 34 37:63 30–38
16. Werder Bremen 34 49:56 29–39
17. Fortuna Düsseldorf (N) 34 44:66 25–43
18. Rot-Weiss Essen (N) 34 35:53 25–43

1967/68
1. 1. FC Nürnberg 34 71:37 47–21
2. Werder Bremen 34 68:51 44–24
3. Bor. Mönchengladbach 34 77:45 42–26
4. 1. FC Köln 34 68:52 38–30
5. Bayern München (P) 34 68:58 38–30
6. Eintracht Frankfurt 34 58:51 38–30
7. MSV Duisburg 34 69:58 36–32
8. VfB Stuttgart 34 65:54 35–33
9. Eintr. Braunschweig (M) 34 37:39 35–33
10. Hannover 96 34 48:52 34–34
11. Alemannia Aachen (N) 34 52:66 34–34
12. TSV München 1860 34 55:39 33–35
13. Hamburger SV 34 51:54 33–35
14. Borussia Dortmund 34 60:59 31–37
15. FC Schalke 04 34 42:48 30–38
16. 1. FC Kaiserslautern 34 39:67 28–40
17. Borussia Neunkirchen (N) 34 33:93 19–49
18. Karlsruher SC 34 32:70 17–51

1968/69
1. Bayern München 34 61:31 46–22
2. Alemannia Aachen 34 57:51 38–30
3. Bor. Mönchengladbach 34 61:46 37–31
4. Eintr. Braunschweig 34 46:43 37–31
5. VfB Stuttgart 34 60:54 36–32
6. Hamburger SV 34 55:55 36–32
7. FC Schalke 04 34 45:40 35–33
8. Eintracht Frankfurt 34 46:43 34–34
9. Werder Bremen 34 59:59 34–34
10. TSV München 1860 34 44:59 34–34
11. Hannover 96 34 47:45 32–36
12. MSV Duisburg 34 33:37 32–36
13. 1. FC Köln (P) 34 47:56 32–36
14. Hertha BSC (N) 34 31:39 32–36
15. 1. FC Kaiserslautern 34 45:47 30–38
16. Borussia Dortmund 34 49:54 30–38
17. 1. FC Nürnberg (M) 34 45:55 29–39
18. Kickers Offenbach (N) 34 42:59 28–40

1969/70
1. Bor. Mönchengladbach 34 71:29 51–17
2. Bayern München (M, P) 34 88:37 47–21
3. Hertha BSC 34 67:41 45–23
4. 1. FC Köln 34 83:38 43–25
5. Borussia Dortmund 34 60:67 36–32
6. Hamburger SV 34 57:54 35–33
7. VfB Stuttgart 34 59:62 35–33
8. Eintracht Frankfurt 34 54:54 34–34
9. FC Schalke 04 34 43:54 34–34
10. 1. FC Kaiserslautern 34 44:55 32–36
11. Werder Bremen 34 38:47 31–37
12. Rot-Weiss Essen (N) 34 41:54 31–37
13. Hannover 96 34 49:61 30–38
14. Rot-Weiß Oberhausen (N) 34 50:62 29–39
15. MSV Duisburg 34 35:48 29–39
16. Eintr. Braunschweig 34 40:49 28–40
17. TSV München 1860 34 41:56 25–43
18. Alemannia Aachen 34 31:83 17–51

1970/71
1. Bor. M'gladbach (M) 34 77:35 50–18
2. Bayern München 34 74:36 48–20
3. Hertha BSC 34 61:43 41–27
4. Eintr. Braunschweig 34 52:40 39–29
5. Hamburger SV 34 54:63 37–31
6. FC Schalke 04 34 44:40 36–32
7. MSV Duisburg 34 43:47 35–33
8. 1. FC Kaiserslautern 34 54:57 34–34
9. Hannover 96 34 53:49 33–35
10. Werder Bremen 34 41:40 33–35
11. 1. FC Köln 34 46:56 33–35
12. VfB Stuttgart 34 49:49 30–38
13. Borussia Dortmund 34 54:60 29–39
14. Arminia Bielefeld (N) 34 34:53 29–39
15. Eintracht Frankfurt 34 39:56 28–40
16. Rot-Weiß Oberhausen 34 54:69 27–41
17. Kickers Offenbach (N, P) 34 49:65 27–41
18. Rot-Weiss Essen 34 48:68 23–45

1971/72
1. Bayern München (P) 34 101:38 55–13
2. FC Schalke 04 34 76:35 52–16
3. Bor. M'gladbach (M) 34 82:40 43–25
4. 1. FC Köln 34 64:44 43–25
5. Eintracht Frankfurt 34 71:61 39–29
6. Hertha BSC 34 46:55 37–31
7. 1. FC Kaiserslautern 34 59:53 35–33
8. VfB Stuttgart 34 52:56 35–33
9. VfL Bochum (N) 34 59:69 34–34
10. Hamburger SV 34 52:52 33–35
11. Werder Bremen 34 63:58 31–37
12. Eintr. Braunschweig 34 43:48 31–37
13. Fortuna Düsseldorf (N) 34 40:53 30–38
14. MSV Duisburg 34 36:51 27–41
15. Rot-Weiß Oberhausen 34 33:66 25–43
16. Hannover 96 34 54:69 23–45
17. Borussia Dortmund 34 34:83 20–48
18. Arminia Bielefeld 34 0:0 0–0
(34 41:75 19–49)
Arminia Bielefeld wurde die Lizenz entzogen. Alle Spiele für den Verein nicht gewertet.

1972/73
1. Bayern München (M) 34 93:29 54–14
2. 1. FC Köln 34 66:51 43–25
3. Fortuna Düsseldorf 34 62:45 42–26
4. Wuppertaler SV (N) 34 62:49 40–28
5. Bor. Mönchengladbach 34 82:61 39–29
6. VfB Stuttgart 34 71:65 37–31
7. Kickers Offenbach (N) 34 61:60 35–33
8. Eintracht Frankfurt 34 58:54 34–34
9. 1. FC Kaiserslautern 34 58:68 34–34
10. MSV Duisburg 34 53:54 33–35
11. Werder Bremen 34 50:52 31–37
12. VfL Bochum 34 50:68 31–37
13. Hertha BSC 34 53:64 30–38
14. Hamburger SV 34 53:59 28–40
15. FC Schalke 04 (P) 34 46:61 28–40
16. Hannover 96 34 49:65 26–42
17. Eintr. Braunschweig 34 33:56 25–43
18. Rot-Weiß Oberhausen 34 45:84 22–46

1973/74
1. Bayern München (M) 34 95:53 49–19
2. Bor. M'gladbach (P) 34 93:52 48–20
3. Fortuna Düsseldorf 34 61:47 41–27
4. Eintracht Frankfurt 34 63:50 41–27
5. 1. FC Köln 34 69:56 39–29
6. 1. FC Kaiserslautern 34 80:69 38–30
7. FC Schalke 04 34 72:68 37–31
8. Hertha BSC 34 56:60 33–35
9. VfB Stuttgart 34 58:57 31–37
10. Kickers Offenbach 34 56:62 31–37
11. Werder Bremen 34 48:56 31–37
12. Hamburger SV 34 53:62 31–37
13. Rot-Weiss Essen (N) 34 56:70 31–37
14. VfL Bochum 34 45:57 30–38
15. MSV Duisburg 34 42:56 29–39
16. Wuppertaler SV 34 42:65 25–43
17. Fortuna Köln (N) 34 46:79 25–43
18. Hannover 96 34 50:66 22–46

1974/75
1. Bor. Mönchengladbach 34 86:40 50–18
2. Hertha BSC 34 61:43 44–24
3. Eintracht Frankfurt (P) 34 89:49 43–25
4. Hamburger SV 34 55:38 43–25
5. 1. FC Köln 34 77:51 41–27
6. Fortuna Düsseldorf 34 66:55 41–27
7. FC Schalke 04 34 52:37 39–29
8. Kickers Offenbach 34 72:62 38–30
9. Eintr. Braunschweig (N) 34 52:42 36–32
10. Bayern München (M) 34 57:63 34–34
11. VfL Bochum 34 53:53 33–35
12. Rot-Weiss Essen 34 56:68 32–36
13. 1. FC Kaiserslautern 34 56:55 31–37
14. MSV Duisburg 34 59:77 30–38
15. Werder Bremen 34 45:69 25–43
16. VfB Stuttgart 34 50:79 24–44
17. Tennis Bor. Berlin (N) 34 38:89 16–52
18. Wuppertaler SV 34 32:86 12–56

1975/76

1. Bor. M'gladbach (M) 34 66:37 45–23
2. Hamburger SV 34 59:32 41–27
3. Bayern München 34 72:50 40–28
4. 1. FC Köln 34 62:45 39–29
5. Eintr. Braunschweig 34 52:48 39–29
6. FC Schalke 04 34 76:55 37–31
7. 1. FC Kaiserslautern 34 66:60 37–31
8. Rot-Weiss Essen 34 61:67 37–31
9. Eintracht Frankfurt (P) 34 79:58 36–32
10. MSV Duisburg 34 55:62 33–35
11. Hertha BSC 34 59:61 32–36
12. Fortuna Düsseldorf 34 47:57 30–38
13. Werder Bremen 34 44:55 30–38
14. VfL Bochum 34 49:62 30–38
15. Karlsruher SC (N) 34 46:59 30–38
16. Hannover 96 (N) 34 48:60 27–41
17. Kickers Offenbach 34 40:72 27–41
18. Bayer Uerdingen (N) 34 28:69 22–46

1976/77

1. Bor. M'gladbach (M) 34 58:34 44–24
2. FC Schalke 04 34 77:52 43–25
3. Eintr. Braunschweig 34 56:38 43–25
4. Eintracht Frankfurt 34 86:57 42–26
5. 1. FC Köln 34 83:61 40–28
6. Hamburger SV (P) 34 67:56 38–30
7. Bayern München 34 74:65 37–31
8. Borussia Dortmund (N) 34 73:64 34–34
9. MSV Duisburg 34 60:51 34–34
10. Hertha BSC 34 55:54 34–34
11. Werder Bremen 34 51:59 33–35
12. Fortuna Düsseldorf 34 52:54 31–37
13. 1. FC Kaiserslautern 34 53:59 29–39
14. 1. FC Saarbrücken (N) 34 43:55 29–39
15. VfL Bochum 34 47:62 29–39
16. Karlsruher SC 34 53:75 28–40
17. Tennis Bor. Berlin (N) 34 47:85 22–46
18. Rot-Weiss Essen 34 49:103 22–46

1977/78

1. 1. FC Köln (P) 34 86:41 48–20
2. Bor. M'gladbach (M) 34 86:44 48–20
3. Hertha BSC 34 59:48 40–28
4. VfB Stuttgart (N) 34 58:40 39–29
5. Fortuna Düsseldorf 34 49:36 39–29
6. MSV Duisburg 34 62:59 37–31
7. Eintracht Frankfurt 34 59:52 36–32
8. 1. FC Kaiserslautern 34 64:63 36–32
9. FC Schalke 04 34 47:52 34–34
10. Hamburger SV 34 61:67 34–34
11. Borussia Dortmund 34 57:71 33–35
12. Bayern München 34 62:64 32–36
13. Eintr. Braunschweig 34 43:53 32–36
14. VfL Bochum 34 49:51 31–37
15. Werder Bremen 34 48:57 31–37
16. TSV München 1860 (N) 34 41:60 22–46
17. 1. FC Saarbrücken 34 39:70 22–46
18. FC St. Pauli (N) 34 44:86 18–50

1978/79

1. Hamburger SV 34 78:32 49–19
2. VfB Stuttgart 34 73:34 48–20
3. 1. FC Kaiserslautern 34 62:47 43–25
4. Bayern München 34 69:46 40–28
5. Eintracht Frankfurt 34 50:49 39–29
6. 1. FC Köln (M, P) 34 55:47 38–30
7. Fortuna Düsseldorf 34 70:59 37–31
8. VfL Bochum 34 47:46 33–35
9. Eintr. Braunschweig 34 50:55 33–35
10. Bor. Mönchengladbach 34 50:53 32–36
11. Werder Bremen 34 48:60 31–37
12. Borussia Dortmund 34 54:70 31–37
13. MSV Duisburg 34 43:56 30–38
14. Hertha BSC 34 40:50 29–39
15. FC Schalke 04 34 55:61 28–40
16. Arminia Bielefeld (N) 34 43:56 26–42
17. 1. FC Nürnberg (N) 34 36:67 24–44
18. SV Darmstadt 98 (N) 34 40:75 21–47

1979/80

1. Bayern München 34 84:33 50–18
2. Hamburger SV (M) 34 86:35 48–20
3. VfB Stuttgart 34 75:53 41–27
3. 1. FC Kaiserslautern 34 75:53 41–27
5. 1. FC Köln 34 72:55 37–31
6. Borussia Dortmund 34 64:56 36–32
7. Bor. Mönchengladbach 34 61:60 36–32
8. FC Schalke 04 34 40:51 33–35
9. Eintracht Frankfurt 34 65:61 32–36
10. VfL Bochum 34 41:44 32–36
11. Fortuna Düsseldorf (P) 34 62:72 32–36
12. Bayer Leverkusen (N) 34 45:61 32–36
13. TSV München 1860 (N) 34 42:53 30–38
14. MSV Duisburg 34 43:57 29–39
15. Bayer Uerdingen (N) 34 43:61 29–39
16. Hertha BSC 34 41:61 29–39
17. Werder Bremen 34 52:93 25–43
18. Eintr. Braunschweig 34 32:64 20–48

1980/81

1. Bayern München (M) 34 89:41 53–15
2. Hamburger SV 34 73:43 49–19
3. VfB Stuttgart 34 70:44 46–22
4. 1. FC Kaiserslautern 34 60:37 44–24
5. Eintracht Frankfurt 34 61:57 38–30
6. Bor. Mönchengladbach 34 68:64 37–31
7. Borussia Dortmund 34 69:59 35–33
8. 1. FC Köln 34 54:55 34–44
9. VfL Bochum 34 53:45 33–35
10. Karlsruher SC (N) 34 56:63 32–36
11. Bayer Leverkusen 34 52:53 30–38
12. MSV Duisburg 34 45:58 29–39
13. Fortuna Düsseldorf (P) 34 57:64 28–40
14. 1. FC Nürnberg (N) 34 47:57 28–40
15. Arminia Bielefeld (N) 34 46:65 26–42
16. TSV München 1860 34 49:67 25–43
17. FC Schalke 04 34 43:88 23–45
18. Bayer Uerdingen 34 47:79 22–46

1981/82

1. Hamburger SV 34 95:45 48–20
2. 1. FC Köln 34 72:38 45–23
3. Bayern München (M) 34 77:56 43–25
4. 1. FC Kaiserslautern 34 70:61 42–26
5. Werder Bremen (N) 34 61:52 42–26
6. Borussia Dortmund 34 59:40 41–27
7. Bor. Mönchengladbach 34 61:51 40–28
8. Eintracht Frankfurt (P) 34 83:72 37–31
9. VfB Stuttgart 34 62:55 35–33
10. VfL Bochum 34 52:51 32–36
11. Eintr. Braunschweig (N) 34 61:66 32–36
12. Arminia Bielefeld 34 46:50 30–38
13. 1. FC Nürnberg 34 53:72 28–40
14. Karlsruher SC 34 50:68 27–41
15. Fortuna Düsseldorf 34 48:73 25–43
16. Bayer Leverkusen 34 45:72 25–43
17. SV Darmstadt 98 (N) 34 46:82 21–47
18. MSV Duisburg 34 40:77 19–49

1982/83

1. Hamburger SV (M) 34 79:33 52–16
2. Werder Bremen 34 76:38 52–16
3. VfB Stuttgart 34 80:47 48–20
4. Bayern München (P) 34 74:33 44–24
5. 1. FC Köln 34 69:42 43–25
6. 1. FC Kaiserslautern 34 57:44 41–27
7. Borussia Dortmund 34 78:62 39–29
8. Arminia Bielefeld 34 46:71 31–37
9. Fortuna Düsseldorf 34 63:75 30–38
10. Eintracht Frankfurt 34 48:57 29–39
11. Bayer Leverkusen 34 43:66 29–39
12. Bor. Mönchengladbach 34 64:63 28–40
13. VfL Bochum 34 43:49 28–40
14. 1. FC Nürnberg 34 44:70 28–40
15. Eintr. Braunschweig 34 42:65 27–41
16. FC Schalke 04 (N) 34 48:68 22–46
17. Karlsruher SC 34 39:86 21–47
18. Hertha BSC (N) 34 43:67 20–48

1983/84

1. VfB Stuttgart 34 79:33 48–20
2. Hamburger SV (M) 34 75:36 48–20
3. Bor. Mönchengladbach 34 81:48 48–20
4. Bayern München 34 84:41 47–21
5. Werder Bremen 34 79:46 45–23
6. 1. FC Köln (P) 34 70:57 38–30
7. Bayer Leverkusen 34 50:50 34–34
8. Arminia Bielefeld 34 40:49 33–35
9. Eintr. Braunschweig 34 54:69 32–36
10. Bayer Uerdingen (N) 34 66:79 31–37
11. Waldhof Mannheim (N) 34 45:58 31–37
12. 1. FC Kaiserslautern 34 68:69 30–38
13. Borussia Dortmund 34 54:65 30–38
14. Fortuna Düsseldorf 34 63:75 29–39
15. VfL Bochum 34 58:70 28–40
16. Eintracht Frankfurt 34 45:61 27–41
17. Kickers Offenbach (N) 34 48:106 19–49
18. 1. FC Nürnberg 34 38:85 14–54

1984/85

1. Bayern München (P) 34 79:38 50–18
2. Werder Bremen 34 87:51 46–22
3. 1. FC Köln 34 69:66 40–28
4. Bor. Mönchengladbach 34 77:53 39–29
5. Hamburger SV 34 58:49 37–31
6. Waldhof Mannheim 34 47:50 37–31
7. Bayer Uerdingen 34 57:52 36–62
8. FC Schalke 04 (N) 34 63:62 34–34
9. VfL Bochum 34 52:54 34–34
10. VfB Stuttgart (M) 34 79:59 33–35
11. 1. FC Kaiserslautern 34 56:60 33–35
12. Eintracht Frankfurt 34 62:67 32–36
13. Bayer Leverkusen 34 52:54 31–37
14. Borussia Dortmund 34 51:65 30–38
15. Fortuna Düsseldorf 34 53:66 29–39
16. Arminia Bielefeld 34 46:61 29–39
17. Karlsruher SC (N) 34 47:88 22–46
18. Eintr. Braunschweig 34 39:79 20–48

1985/86

1. Bayern München (M) 34 82:31 49–19
2. Werder Bremen 34 83:41 49–19
3. Bayer Uerdingen (P) 34 63:60 45–23
4. Bor. Mönchengladbach 34 65:51 42–26
5. VfB Stuttgart 34 69:45 41–21
6. Bayer Leverkusen 34 63:51 40–28
7. Hamburger SV 34 52:35 39–29
8. Waldhof Mannheim 34 41:44 33–35
9. VfL Bochum 34 55:57 32–36
10. FC Schalke 04 34 53:58 30–38
11. 1. FC Kaiserslautern 34 49:54 30–38
12. 1. FC Nürnberg (N) 34 51:54 29–39
13. 1. FC Köln 34 46:59 29–39
14. Fortuna Düsseldorf 34 54:78 29–39
15. Eintracht Frankfurt 34 35:49 28–40
16. Borussia Dortmund 34 49:65 28–40
17. 1. FC Saarbrücken (N) 34 39:68 21–47
18. Hannover 96 (N) 34 43:92 18–50

1986/87

1. Bayern München (M, P) 34 67:31 53–15
2. Hamburger SV 34 69:37 47–21
3. Bor. Mönchengladbach 34 74:44 43–25
4. Borussia Dortmund 34 70:50 40–28
5. Werder Bremen 34 65:54 40–28
6. Bayer Leverkusen 34 56:38 39–29
7. 1. FC Kaiserslautern 34 64:51 37–31
8. Bayer Uerdingen 34 51:49 35–33
9. 1. FC Nürnberg 34 62:62 35–33
10. 1. FC Köln 34 50:53 35–33
11. VfL Bochum 34 52:44 32–36
12. VfB Stuttgart 34 55:49 32–36
13. FC Schalke 04 34 50:58 32–36
14. Waldhof Mannheim 34 52:71 28–40
15. Eintracht Frankfurt 34 42:53 25–43
16. FC Homburg/Saar (N) 34 33:79 21–47
17. Fortuna Düsseldorf 34 42:91 20–48
18. Blau-Weiß 90 Berlin (N) 34 36:76 18–50

1987/88

1. Werder Bremen 34 61:22 52–16
2. Bayern München (M) 34 83:45 48–20
3. 1. FC Köln 34 57:28 48–20
4. VfB Stuttgart 34 69:49 40–28
5. 1. FC Nürnberg 34 44:40 37–31
6. Hamburger SV (P) 34 63:68 37–31
7. Bor. Mönchengladbach 34 55:53 33–35
8. Bayer Leverkusen 34 53:60 32–36
9. Eintracht Frankfurt 34 51:50 31–37
10. Hannover 96 (N) 34 59:60 31–37
11. Bayer Uerdingen 34 59:61 31–37
12. VfL Bochum 34 47:51 30–38
13. Borussia Dortmund 34 51:54 29–39
14. 1. FC Kaiserslautern 34 53:62 29–39
15. Karlsruher SC (N) 34 37:55 29–39
16. Waldhof Mannheim 34 35:50 28–40
17. FC Homburg/Saar 34 37:70 24–44
18. FC Schalke 04 34 48:84 23–45

1988/89

1. Bayern München 34 67:26 50–18
2. 1. FC Köln 34 58:30 45–23
3. Werder Bremen (M) 34 55:32 44–24
4. Hamburger SV 34 60:36 43–25
5. VfB Stuttgart 34 58:49 39–29
6. Bor. Mönchengladbach 34 44:43 38–30
7. Borussia Dortmund 34 56:40 37–31
8. Bayer Leverkusen 34 45:44 34–34
9. 1. FC Kaiserslautern 34 47:44 33–35
10. FC St. Pauli (N) 34 41:42 32–36
11. Karlsruher SC 34 48:51 32–36
12. Waldhof Mannheim 34 43:52 31–37
13. Bayer Uerdingen 34 50:60 31–37
14. 1. FC Nürnberg 34 36:54 26–42
15. VfL Bochum 34 37:57 26–42
16. Eintracht Frankfurt (P) 34 30:53 26–42
17. Stuttgarter Kickers (N) 34 41:68 26–42
18. Hannover 96 34 36:71 19–49

1989/90

1. Bayern München (M) 34 64:28 49–19
2. 1. FC Köln 34 54:44 43–25
3. Eintracht Frankfurt 34 61:40 41–27
4. Borussia Dortmund (P) 34 51:35 41–27
5. Bayer Leverkusen 34 40:32 39–29
6. VfB Stuttgart 34 53:47 36–32
7. Werder Bremen 34 49:41 34–34
8. 1. FC Nürnberg 34 42:46 33–35
9. Fortuna Düsseldorf (N) 34 41:32 32–36
10. Karlsruher SC 34 32:39 32–36
11. Hamburger SV 34 39:46 31–37
12. 1. FC Kaiserslautern 34 42:55 31–37
13. FC St. Pauli 34 31:46 31–37
14. Bayer Uerdingen 34 41:48 30–38
15. Bor. Mönchengladbach 34 37:45 30–38
16. VfL Bochum 34 44:53 29–39
17. Waldhof Mannheim 34 36:53 26–42
18. FC Homburg/Saar (N) 34 33:51 24–44

1990/91

1. 1. FC Kaiserslautern (P) 34 72:45 48–20
2. Bayern München (M) 34 74:41 45–23
3. Werder Bremen 34 46:29 42–26
4. Eintracht Frankfurt 34 63:40 40–28
5. Hamburger SV 34 60:38 40–28
6. VfB Stuttgart 34 57:44 38–30
7. 1. FC Köln 34 50:43 37–31
8. Bayer Leverkusen 34 47:46 35–33
9. Bor. Mönchengladbach 34 49:54 35–33
10. Borussia Dortmund 34 46:57 34–34
11. SG Wattenscheid 09 (N) 34 42:51 33–35
12. Fortuna Düsseldorf 34 40:49 32–36
13. Karlsruher SC 34 46:52 31–37
14. VfL Bochum 34 50:52 29–39
15. 1. FC Nürnberg 34 40:54 29–39
16. FC St. Pauli 34 33:53 27–41
17. Bayer Uerdingen 34 34:54 23–45
18. Hertha BSC (N) 34 37:84 14–54

1991/92

1. VfB Stuttgart 38 62:32 52–24
2. Borussia Dortmund 38 66:47 52–24
3. Eintracht Frankfurt 38 76:41 50–26
4. 1. FC Köln 38 58:41 44–32
5. 1. FC Kaiserslautern (M) 38 58:42 44–32
6. Bayer Leverkusen 38 53:39 43–33
7. 1. FC Nürnberg 38 54:51 43–33
8. Karlsruher SC 38 48:50 41–35
9. Werder Bremen (P) 38 44:45 38–38
10. Bayern München 38 59:61 36–40
11. FC Schalke 04 (N) 38 45:45 34–42
12. Hamburger SV 38 32:43 34–42
13. Bor. Mönchengladbach 38 37:49 34–42
14. Dynamo Dresden (N) 38 34:50 34–42
15. VfL Bochum 38 38:55 33–43
16. SG Wattenscheid 09 38 50:60 32–44
17. Stuttgarter Kickers (N) 38 53:64 31–45
18. Hansa Rostock (N) 38 43:55 31–45
19. MSV Duisburg (N) 38 43:55 30–46
20. Fortuna Düsseldorf 38 41:69 24–52

1992/93

1. Werder Bremen 34 63:30 48–20
2. Bayern München 34 74:45 47–21
3. Eintracht Frankfurt 34 56:39 42–26
4. Borussia Dortmund 34 61:43 41–27
5. Bayer Leverkusen 34 64:45 40–28
6. Karlsruher SC 34 60:54 39–29
7. VfB Stuttgart (M) 34 56:50 36–32
8. 1. FC Kaiserslautern 34 50:40 35–33
9. Bor. Mönchengladbach 34 59:59 35–33
10. FC Schalke 04 34 42:43 34–34
11. Hamburger SV 34 42:44 31–37
12. 1. FC Köln 34 41:51 28–40
13. 1. FC Nürnberg 34 30:47 28–40
14. SG Wattenscheid 09 34 46:67 28–40
15. Dynamo Dresden 34 32:49 27–41
16. VfL Bochum 34 45:52 26–43
17. Bayer Uerdingen (N) 34 35:64 24–44
18. 1. FC Saarbrücken (N) 34 37:71 23–45

1993/94

1. Bayern München 34 68:37 44–24
2. 1. FC Kaiserslautern 34 64:36 43–25
3. Bayer Leverkusen (P) 34 60:47 39–29
4. Borussia Dortmund 34 49:45 39–29
5. Eintracht Frankfurt 34 57:41 38–30
6. Karlsruher SC 34 46:43 38–30
7. VfB Stuttgart 34 51:43 37–31
8. Werder Bremen (M) 34 51:44 36–32
9. MSV Duisburg (N) 34 41:52 36–32
10. Bor. Mönchengladbach 34 65:59 35–33
11. 1. FC Köln 34 49:51 34–34
12. Hamburger SV 34 48:52 34–34
13. Dynamo Dresden* 34 33:44 30–34
14. FC Schalke 04 34 38:50 29–39
15. SC Freiburg (N) 34 54:57 28–40
16. 1. FC Nürnberg 34 41:55 28–40
17. SG Wattenscheid 09 34 48:70 23–45
18. VfB Leipzig (N) 34 32:69 17–51

*) Dynamo Dresden wurden vier Punkte abgezogen.

1994/95

1. Borussia Dortmund 34 67:33 49–19
2. Werder Bremen (P) 34 70:39 48–20
3. SC Freiburg 34 66:44 46–22
4. 1. FC Kaiserslautern 34 58:41 46–22
5. Bor. Mönchengladbach 34 66:41 43–25
6. Bayern München (M) 34 55:41 43–25
7. Bayer Leverkusen 34 62:51 36–32
8. Karlsruher SC 34 51:47 36–32
9. Eintracht Frankfurt 34 41:49 33–35
10. 1. FC Köln 34 54:54 32–36
11. FC Schalke 04 34 48:54 31–37
12. VfB Stuttgart 34 52:66 30–38
13. Hamburger SV 34 43:50 29–39
14. TSV München 1860 (N) 34 41:57 27–41
15. Bayer Uerdingen (N) 34 37:52 25–43
16. VfL Bochum (N) 34 43:67 22–46
17. MSV Duisburg 34 31:64 20–48
18. Dynamo Dresden 34 33:68 16–52

1995/96

1. Borussia Dortmund (M) 34 76:38 68
2. Bayern München 34 66:46 62
3. FC Schalke 04 34 45:36 56
4. Bor. M'gladbach (P) 34 52:51 53
5. Hamburger SV 34 52:47 50
6. Hansa Rostock (N) 34 47:43 49
7. Karlsruher SC 34 53:47 48
8. TSV München 1860 34 52:46 45
9. Werder Bremen 34 39:42 44
10. VfB Stuttgart 34 59:62 43
11. SC Freiburg 34 30:41 42
12. 1. FC Köln 34 33:35 40
13. Fortuna Düsseldorf (N) 34 40:47 40
14. Bayer Leverkusen 34 37:38 38
15. FC St. Pauli (N) 34 43:51 38
16. 1. FC Kaiserslautern 34 31:37 36
17. Eintracht Frankfurt 34 43:68 32
18. KFC Uerdingen 05 34 33:56 26

1996/97

1. Bayern München 34 68:34 71
2. Bayer Leverkusen 34 69:41 69
3. Borussia Dortmund (M) 34 63:41 63
4. VfB Stuttgart 34 78:40 61
5. VfL Bochum (N) 34 54:51 53
6. Karlsruher SC 34 55:44 49
7. TSV München 1860 34 56:56 49
8. Werder Bremen 34 53:52 48
9. MSV Duisburg (N) 34 44:49 45
10. 1. FC Köln 34 62:62 44
11. Bor. Mönchengladbach 34 46:48 43
12. FC Schalke 04 34 35:40 43
13. Hamburger SV 34 46:60 41
14. Arminia Bielefeld (N) 34 46:54 40
15. Hansa Rostock 34 35:46 40
16. Fortuna Düsseldorf 34 26:57 33
17. SC Freiburg 34 43:67 29
18. FC St. Pauli 34 32:69 27

1997/98

1. 1. FC Kaiserslautern (N) 34 63:39 68
2. Bayern München (M) 34 69:37 66
3. Bayer Leverkusen 34 66:39 55
4. VfB Stuttgart (P) 34 55:49 52
5. FC Schalke 04 34 38:32 52
6. Hansa Rostock 34 54:46 51
7. Werder Bremen 34 43:47 50
8. MSV Duisburg 34 43:44 44
9. Hamburger SV 34 38:46 44
10. Borussia Dortmund 34 57:55 43
11. Hertha BSC (N) 34 41:53 43
12. VfL Bochum 34 41:49 41
13. TSV München 1860 34 43:54 41
14. VfL Wolfsburg (N) 34 38:54 39
15. Bor. Mönchengladbach 34 54:59 38
16. Karlsruher SC 34 48:60 38
17. 1. FC Köln 34 49:64 36
18. Arminia Bielefeld 34 43:56 32

1998/99

1. Bayern München (P) 34 76:28 78
2. Bayer Leverkusen 34 61:30 63
3. Hertha BSC 34 59:32 62
4. Borussia Dortmund 34 48:34 57
5. 1. FC Kaiserslautern (M) 34 51:47 57
6. VfL Wolfsburg 34 54:49 55
7. Hamburger SV 34 47:46 50
8. MSV Duisburg 34 48:45 49
9. TSV 1860 München 34 49:56 41
10. Schalke 04 34 41:54 41
11. VfB Stuttgart 34 41:48 39
12. SC Freiburg (N) 34 36:44 39
13. Werder Bremen 34 41:47 38
14. Hansa Rostock 34 49:58 38
15. Eintracht Frankfurt (N) 34 44:54 37
16. 1. FC Nürnberg (N) 34 40:50 37
17. VfL Bochum 34 40:65 29
18. Bor. Mönchengladbach 34 41:79 21

1999/2000

1. Bayern München (M) 34 73:28 73
2. Bayer Leverkusen 34 74:36 73
3. Hamburger SV 34 63:39 59
4. TSV München 1860 34 55:48 53
5. 1. FC Kaiserslautern 34 54:59 50
6. Hertha BSC 34 39:46 50
7. VfL Wolfsburg 34 51:58 49
8. VfB Stuttgart 34 44:47 48
9. Werder Bremen (P) 34 65:52 47
10. SpVgg Unterhaching (N) 34 40:42 44
11. Borussia Dortmund 34 41:38 40
12. SC Freiburg 34 45:50 40
13. FC Schalke 04 34 42:44 39
14. Eintracht Frankfurt* 34 42:44 39
15. Hansa Rostock 34 44:60 38
16. SSV Ulm 1846 (N) 34 36:62 35
17. Arminia Bielefeld (N) 34 40:61 30
18. MSV Duisburg 34 37:71 22

*) Eintracht Frankfurt wurden zwei Punkte abgezogen.

2000/01

1. Bayern München (M, P) 34 62:37 63
2. FC Schalke 04 34 65:35 62
3. Borussia Dortmund 34 62:42 58
4. Bayer Leverkusen 34 54:40 57
5. Hertha BSC 34 58:52 56
6. SC Freiburg 34 54:37 55
7. Werder Bremen 34 53:48 53
8. 1. FC Kaiserslautern 34 49:54 50
9. VfL Wolfsburg 34 60:45 47
10. 1. FC Köln (N) 34 59:52 46
11. TSV München 1860 34 43:55 44
12. Hansa Rostock 34 34:47 43
13. Hamburger SV 34 58:58 41
14. Energie Cottbus (N) 34 38:52 39
15. VfB Stuttgart 34 42:49 39
16. SpVgg Unterhaching 34 35:59 35
17. Eintracht Frankfurt 34 41:68 35
18. VfL Bochum (N) 34 30:67 27

2001/02

1. Borussia Dortmund 34 62:33 70
2. Bayer Leverkusen 34 77:38 69
3. Bayern München (M) 34 65:25 68
4. Hertha BSC 34 61:38 61
5. FC Schalke 04 (P) 34 52:36 61
6. Werder Bremen 34 54:43 56
7. 1.FC Kaiserslautern 34 62:53 56
8. VfB Stuttgart 34 47:43 50
9. TSV München 1860 34 59:59 50
10. VfL Wolfsburg 34 57:49 46
11. Hamburger SV 34 51:57 40
12. Bor. M'gladbach (N) 34 41:53 39
13. Energie Cottbus 34 36:60 35
14. Hansa Rostock 34 35:54 34
15. 1.FC Nürnberg (N) 34 34:57 34
16. SC Freiburg 34 37:64 30
17. 1.FC Köln 34 26:61 29
18. FC St. Pauli (N) 34 37:70 22

2002/03

1. Bayern München 34 70:25 75
2. VfB Stuttgart 34 53:39 59
3. Borussia Dortmund (M) 34 51:27 58
4. Hamburger SV 34 46:36 56
5. Hertha BSC 34 52:43 54
6. Werder Bremen 34 51:50 52
7. FC Schalke 04 (P) 34 46:40 49
8. VfL Wolfsburg 34 39:42 46
9. VfL Bochum (N) 34 55:56 45
10. TSV München 1860 34 44:52 45
11. Hannover 96 (N) 34 47:57 43
12. Bor. Mönchengladbach 34 43:45 42
13. Hansa Rostock 34 35:41 41
14. 1. FC Kaiserslautern 34 40:42 40
15. Bayer Leverkusen 34 47:56 40
16. Arminia Bielefeld (N) 34 35:46 36
17. 1. FC Nürnberg 34 33:60 30
18. Energie Cottbus 34 34:64 30

2003/04

1. Werder Bremen 34 79:38 74
2. Bayern München (M, P) 34 70:39 68
3. Bayer Leverkusen 34 73:39 65
4. VfB Stuttgart 34 52:24 64
5. VfL Bochum 34 57:39 56
6. Borussia Dortmund 34 59:48 55
7. FC Schalke 04 34 49:42 50
8. Hamburger SV 34 47:60 49
9. Hansa Rostock 34 55:54 44
10. VfL Wolfsburg 34 56:61 42
11. Bor. Mönchengladbach 34 40:49 39
12. Hertha BSC 34 42:59 39
13. SC Freiburg (N) 34 42:67 38
14. Hannover 96 34 49:63 37
15. 1. FC Kaiserslautern * 34 39:62 36
16. Eintracht Frankfurt (N) 34 36:53 32
17. TSV München 1860 34 32:55 32
18. 1. FC Köln (N) 34 32:57 23

*) Dem 1. FC Kaiserslautern wurden drei Punkte abgezogen.

2004/05

1. Bayern München 34 75:33 77
2. FC Schalke 04 34 56:46 63
3. Werder Bremen (M, P) 34 68:37 59
4. Hertha BSC 34 59:31 58
5. VfB Stuttgart 34 54:40 58
6. Bayer Leverkusen 34 65:44 57
7. Borussia Dortmund 34 47:44 55
8. Hamburger SV 34 55:50 51
9. VfL Wolfsburg 34 49:51 48
10. Hannover 96 34 34:36 45
11. 1. FSV Mainz 05 (N) 34 50:55 43
12. 1. FC Kaiserslautern 34 43:52 42
13. Arminia Bielefeld (N) 34 37:49 40
14. 1. FC Nürnberg (N) 34 55:63 38
15. Bor. Mönchengladbach 34 35:51 36
16. VfL Bochum 34 47:68 35
17. Hansa Rostock 34 31:65 30
18. SC Freiburg 34 30:75 18

2005/06

1. Bayern München (M, P) 34 67:32 75
2. Werder Bremen 34 79:37 70
3. Hamburger SV 34 53:30 68
4. FC Schalke 04 34 47:31 61
5. Bayer Leverkusen 34 64:49 52
6. Hertha BSC 34 52:48 48
7. Borussia Dortmund 34 45:42 46
8. 1. FC Nürnberg 34 49:51 44
9. VfB Stuttgart 34 37:39 43
10. Bor. Mönchengladbach 34 42:50 42
11. 1. FSV Mainz 05 34 46:47 38
12. Hannover 96 34 43:47 38
13. Arminia Bielefeld 34 32:47 37
14. Eintracht Frankfurt (N) 34 42:51 36
15. VfL Wolfsburg 34 33:55 34
16. 1. FC Kaiserslautern 34 47:71 33
17. 1. FC Köln (N) 34 49:71 30
18. MSV Duisburg (N) 34 34:63 27

2006/07

1. VfB Stuttgart 34 61:37 70
2. FC Schalke 04 34 53:32 68
3. Werder Bremen 34 76:40 66
4. Bayern München (M, P) 34 55:40 60
5. Bayer Leverkusen 34 54:49 51
6. 1. FC Nürnberg 34 43:32 48
7. Hamburger SV 34 43:37 45
8. VfL Bochum (N) 34 49:50 45
9. Borussia Dortmund 34 41:43 44
10. Hertha BSC 34 50:55 44
11. Hannover 96 34 41:50 44
12. Arminia Bielefeld 34 47:49 42
13. Energie Cottbus (N) 34 38:49 41
14. Eintracht Frankfurt 34 46:58 40
15. VfL Wolfsburg 34 37:45 37
16. 1. FSV Mainz 05 34 34:57 34
17. Alemannia Aachen (N) 34 46:70 34
18. Bor. Möchengladbach 34 23:44 26

2007/08

1. Bayern München 34 68:21 76
2. Werder Bremen 34 75:45 66
3. FC Schalke 04 34 55:32 64
4. Hamburger SV 34 47:26 54
5. VfL Wolfsburg 34 58:46 54
6. VfB Stuttgart (M) 34 57:57 52
7. Bayer Leverkusen 34 57:40 51
8. Hannover 96 34 54:56 49
9. Eintracht Frankfurt 34 43:50 46
10. Hertha BSC 34 39:44 44
11. Karlsruher SC (N) 34 38:53 43
12. VfL Bochum 34 48:54 41
13. Borussia Dortmund 34 50:62 40
14. Energie Cottbus 34 35:56 36
15. Arminia Bielefeld 34 35:60 34
16. 1. FC Nürnberg (P) 34 35:51 31
17. Hansa Rostock (N) 34 30:52 30
18. MSV Duisburg (N) 34 36:55 29

2008/09

1. VfL Wolfsburg 34 80:41 69
2. Bayern München (M, P) 34 71:42 67
3. VfB Stuttgart 34 63:43 64
4. Hertha BSC 34 48:41 63
5. Hamburger SV 34 49:47 61
6. Borussia Dortmund 34 60:37 59
7. TSG 1899 Hoffenheim (N) 34 63:49 55
8. FC Schalke 04 34 47:35 50
9. Bayer Leverkusen 34 59:46 49
10. Werder Bremen 34 64:50 45
11. Hannover 96 34 49:69 40
12. 1. FC Köln (N) 34 35:50 39
13. Eintracht Frankfurt 34 39:60 33
14. VfL Bochum 34 39:55 32
15. Bor. M'gladbach (N) 34 39:62 31
16. Energie Cottbus 34 30:57 30
17. Karlsruher SC 34 30:54 29
18. Arminia Bielefeld 34 29:56 28

2009/10

1. Bayern München 34 72:31 70
2. FC Schalke 04 34 53:31 65
3. Werder Bremen (P) 34 71:40 61
4. Bayer Leverkusen 34 65:38 59
5. Borussia Dortmund 34 54:42 57
6. VfB Stuttgart 34 51:41 55
7. Hamburger SV 34 56:41 52
8. VfL Wolfsburg (M) 34 64:58 50
9. 1. FSV Mainz 05 (N) 34 36:42 47
10. Eintracht Frankfurt 34 47:54 46
11. TSG 1899 Hoffenheim 34 44:42 42
12. Bor. Mönchengladbach 34 43:60 39
13. 1. FC Köln 34 33:42 38
14. SC Freiburg (N) 34 35:59 35
15. Hannover 96 34 43:67 33
16. 1. FC Nürnberg (N) 34 32:58 31
17. VfL Bochum 34 33:64 28
18. Hertha BSC 34 34:56 24

2010/11

1. Borussia Dortmund 34 67:22 75
2. Bayer Leverkusen 34 64:44 68
3. Bayern München (M, P) 34 81:40 65
4. Hannover 96 34 49:45 60
5. 1. FSV Mainz 05 34 52:39 58
6. 1. FC Nürnberg 34 47:45 47
7. 1. FC Kaiserslautern (N) 34 48:51 46
8. Hamburger SV 34 46:52 45
9. SC Freiburg 34 41:50 44
10. 1. FC Köln 34 47:62 44
11. TSG 1899 Hoffenheim 34 50:50 43
12. VfB Stuttgart 34 60:59 42
13. Werder Bremen 34 47:61 41
14. FC Schalke 04 34 38:44 40
15. VfL Wolfsburg 34 43:48 38
16. Bor. Mönchengladbach 34 48:65 36
17. Eintracht Frankfurt 34 31:49 34
18. FC St. Pauli (N) 34 35:68 29

2011/12

1. Borussia Dortmund (M)	34	80:25	81
2. Bayern München	34	77:22	73
3. FC Schalke 04 (P)	34	74:44	64
4. Bor. Mönchengladbach	34	49:24	60
5. Bayer Leverkusen	34	52:44	54
6. VfB Stuttgart	34	63:46	53
7. Hannover 96	34	41:45	48
8. VfL Wolfsburg	34	47:60	44
9. Werder Bremen	34	49:58	42
10. 1. FC Nürnberg	34	38:49	42
11. TSG 1899 Hoffenheim	34	41:47	41
12. SC Freiburg	34	45:61	40
13. 1. FSV Mainz 05	34	47:51	39
14. FC Augsburg (N)	34	36:49	38
15. Hamburger SV	34	35:57	36
16. Hertha BSC (N)	34	38:64	31
17. 1. FC Köln	34	39:75	30
18. 1. FC Kaiserslautern	34	24:54	23

2012/13

1. Bayern München	34	98:18	91
2. Borussia Dortmund (M, P)	34	81:42	66
3. Bayer Leverkusen	34	65:39	65
4. FC Schalke 04	34	58:50	55
5. SC Freiburg	34	45:40	51
6. Eintracht Frankfurt (N)	34	49:46	51
7. Hamburger SV	34	42:53	48
8. Bor. Mönchengladbach	34	45:49	47
9. Hannover 96	34	60:62	45
10. 1. FC Nürnberg	34	39:47	44
11. VfL Wolfsburg	34	47:52	43
12. VfB Stuttgart	34	37:55	43
13. 1. FSV Mainz 05	34	42:44	42
14. Werder Bremen	34	50:66	34
15. FC Augsburg	34	33:51	33
16. TSG 1899 Hoffenheim	34	42:67	31
17. Fortuna Düsseldorf (N)	34	39:57	30
18. SpVgg Greuther Fürth (N)	34	26:60	21

2013/14

1. Bayern München (M, P)	34	94:23	90
2. Borussia Dortmund	34	80:38	71
3. FC Schalke 04	34	63:43	64
4. Bayer Leverkusen	34	60:41	61
5. VfL Wolfsburg	34	63:50	60
6. Bor. Mönchengladbach	34	59:43	55
7. 1. FSV Mainz 05	34	52:54	53
8. FC Augsburg	34	47:47	52
9. TSG 1899 Hoffenheim	34	72:70	44
10. Hannover 96	34	46:59	42
11. Hertha BSC (N)	34	40:48	41
12. Werder Bremen	34	42:66	39
13. Eintracht Frankfurt	34	40:57	36
14. SC Freiburg	34	43:61	36
15. VfB Stuttgart	34	49:62	32
16. Hamburger SV	34	51:75	27
17. 1. FC Nürnberg	34	37:70	26
18. Eintr. Braunschweig (N)	34	29:60	25

2014/15

1. Bayern München (M, P)	34	80:18	79
2. VfL Wolfsburg	34	72:38	69
3. Bor. Mönchengladbach	34	53:26	66
4. Bayer Leverkusen	34	62:37	61
5. FC Augsburg	34	43:43	49
6. FC Schalke 04	34	42:40	48
7. Borussia Dortmund	34	47:42	46
8. TSG 1899 Hoffenheim	34	49:55	44
9. Eintracht Frankfurt	34	56:62	43
10. Werder Bremen	34	50:65	43
11. 1. FSV Mainz 05	34	45:47	40
12. 1. FC Köln (N)	34	34:40	40
13. Hannover 96	34	40:56	37
14. VfB Stuttgart	34	42:60	36
15. Hertha BSC	34	36:52	35
16. Hamburger SV	34	25:50	35
17. SC Freiburg	34	36:47	34
18. SC Paderborn 07 (N)	34	31:65	31

2015/16

1. Bayern München (M)	34	80:17	88
2. Borussia Dortmund	34	82:34	78
3. Bayer Leverkusen	34	56:40	60
4. Bor. Mönchengladbach	34	67:50	55
5. FC Schalke 04	34	51:49	52
6. 1. FSV Mainz 05	34	46:42	50
7. Hertha BSC	34	42:42	50
8. VfL Wolfsburg (P)	34	47:49	45
9. 1. FC Köln	34	38:42	43
10. Hamburger SV	34	40:46	41
11. FC Ingolstadt 04 (N)	34	33:42	40
12. FC Augsburg	34	42:52	38
13. Werder Bremen	34	50:65	38
14. SV Darmstadt 98 (N)	34	38:53	38
15. TSG 1899 Hoffenheim	34	39:54	37
16. Eintracht Frankfurt	34	34:52	36
17. VfB Stuttgart	34	50:75	33
18. Hannover 96	34	31:62	25

Zwei aus einer Stadt

München: TSV 1860 und der FC Bayern 1965/66, 66/67, 67/68, 68/69, 69/70, 77/78, 79/80, 80/81, 94/95, 95/96, 96/97, 97/98, 98/99, 1999/2000, 2000/01, 01/02, 02/03, 03/04.
Köln: 1. FC und Fortuna 1973/74.
Berlin: Hertha BSC und Tennis Borussia 1974/75, 76/77 – Mit Tasmania 1900 1965/66 und Blau-Weiß 90 1986/87 kamen aus Berlin aber vier Bundesligaklubs.
Hamburg: HSV und FC St. Pauli 1977/78, 88/89, 89/90, 90/91, 95/96, 96/97, 2001/02, 10/11.
Stuttgart: VfB und Kickers 1988/89, 91/92.
Bochum: VfL und Wattenscheid 09 1990/91, 91/92, 92/93.

Bundesligisten ohne Heimniederlage

Bayern München: 1970/71, 71/72, 72/73, 73/74, 80/81, 83/84, 88/89, 96/97, 98/99, 2001/02, 2007/08.
Werder Bremen: 1964/65, 82/83, 84/85, 85/86, 92/93.
Hamburger SV: 1963/64, 81/82, 82/83, 95/96.
1. FC Kaiserslautern: 1981/82, 91/92, 94/95.
Borussia Dortmund: 1991/92; 08/09, 15/16.
Eintracht Frankfurt: 1971/72, 73/74.
Hertha BSC: 1974/75, 77/78.
1. FC Köln: 1972/73, 87/88.
VfL Wolfsburg: 2008/09, 14/15.
TSV München 1860: 1965/66.
Rot-Weiss Essen: 1969/70.
MSV Duisburg: 1970/71.
FC Schalke 04: 1971/72.
Eintracht Braunschweig: 1975/76.
Borussia Mönchengladbach: 1983/84.
Karlsruher SC: 1992/93.
Bayer Leverkusen: 1999/2000.
Hannover 96: 2011/12.

Zweimal blieb ein Verein auswärts ohne Niederlage:
Bayern München 1986/87, 2012/13.

Bundesliga-Torschützenkönige

1964 Uwe Seeler (Hamburger SV) 30 – 1965 Rudi Brunnenmeier (TSV München 1860) 24 – 1966 Lothar Emmerich (Borussia Dortmund) 31 – 1967 Lothar Emmerich (Borussia Dortmund) und Gerd Müller (Bayern München) je 28 – 1968 Johannes Löhr (1. FC Köln) 27 – 1969 Gerd Müller (Bayern München) 30 – 1970 Gerd Müller (Bayern München) 38 – 1971 Lothar Kobluhn (Rot-Weiß Oberhausen) 24 – 1972 Gerd Müller (Bayern München) 40 – 1973 Gerd Müller (Bayern München) 36 – 1974 Gerd Müller (Bayern München) und Jupp Heynckes (Borussia Mönchengladbach) je 30 – 1975 Jupp Heynckes (Borussia Mönchengladbach) 27 – 1976 Klaus Fischer (FC Schalke 04) 29 – 1977 Dieter Müller (1. FC Köln) 34 – 1978 Dieter Müller (1. FC Köln) und Gerd Müller (Bayern München) je 24 – 1979 Klaus Allofs (Fortuna Düsseldorf) 22 – 1980 Karl-Heinz Rummenigge (Bayern München) 26 – 1981 Karl-Heinz Rummenigge (Bayern München) 29 – 1982 Horst Hrubesch (Hamburger SV) 27 – 1983 Rudi Völler (Werder Bremen) 23 – 1984 Karl-Heinz Rummenigge (Bayern München) 26 – 1985 Klaus Allofs (1. FC Köln) 26 – 1986 Stefan Kuntz (VfL Bochum) 22 – 1987 Uwe Rahn (Borussia Mönchengladbach) 24 – 1988 Jürgen Klinsmann (VfB Stuttgart) 19 – 1989 Thomas Allofs (1. FC Köln) und Roland Wohlfarth (Bayern München) je 17 – 1990 Jörn Andersen (Eintracht Frankfurt) 18 – 1991 Roland Wohlfarth (Bayern München) 21 – 1992 Fritz Walter (VfB Stuttgart) 22 – 1993 Anthony Yeboah (Eintracht Frankfurt) und Ulf Kirsten (Bayer Leverkusen) je 20 – 1994 Anthony Yeboah (Eintracht Frankfurt) und Stefan Kuntz (1. FC Kaiserslautern) je 18 – 1995 Heiko Herrlich (Borussia Mönchengladbach) und Mario Basler (Werder Bremen) je 20 – 1996 Fredi Bobic (VfB Stuttgart) 17 – 1997 Ulf Kirsten (Bayer Leverkusen) 22 – 1998 Ulf Kirsten (Bayer Leverkusen) 22 – 1999 Michael Preetz (Hertha BSC) 23 – 2000 Martin Max (TSV München 1860) 19 – 2001 Sergej Barbarez (Hamburger SV) und Ebbe Sand (FC Schalke 04) je 22 – 2002 Marcio Amoroso (Borussia Dortmund) und Martin Max (TSV München 1860) je 18 – 2003 Thomas Christiansen (VfL Bochum) und Giovane Elber (Bayern München) je 21 – 2004 Ailton (Werder Bremen) 28 – 2005 Marek Mintal (1. FC Nürnberg) 24 – 2006 Miroslav Klose (Werder Bremen) 25 – 2007 Theofanis Gekas (VfL Bochum) 20 – 2008 Luca Toni (Bayern München) 24 – 2009 Grafite (VfL Wolfsburg) 28 – 2010 Edin Dzeko (VfL Wolfsburg) 22 – 2011 Mario Gomez (Bayern München) 28 – 2012 Klaas Jan Huntelaar (FC Schalke 04) 29 – 2013 Stefan Kießling (Bayer Leverkusen) 25 – 2014 Robert Lewandowski (Borussia Dortmund) 20 – 2015 Alexander Meier (Eintracht Frankfurt) 19 – 2016 Robert Lewandowski (Bayern München) 30.

Der Aufstieg zur Bundesliga

1964
Qualifikation: Wuppertaler SV – FK Pirmasens 0:2 und 1:2.
Gruppe I: Borussia Neunkirchen – Bayern München 0:1 und 2:0; Borussia Neunkirchen – Tasmania 1900 Berlin 1:5 und 1:0; Borussia Neunkirchen – FC St. Pauli 4:1 und 1:0; Bayern München – Tasmania 1900 Berlin 1:1 und 0:3; Bayern München – FC St. Pauli 6:1 und 4:0; Tasmania 1900 Berlin – FC St. Pauli 3:3 und 0:3. – Gruppensieger und Aufsteiger: Borussia Neunkirchen.
Gruppe II: Hannover 96– Hessen Kassel 3:1 und 2:1; Hannover 96– Alemannia Aachen 2:1 und 2:3; Hannover 96– FK Pirmasens 2:0 und 4:0; Hessen Kassel – Alemannia Aachen 2:0 und 2:1; Hessen Kassel – FK Pirmasens 1:4 und 4:2; Alemannia Aachen – FK Pirmasens 5:1 und 0:3. – Gruppensieger und Aufsteiger: Hannover 96.

1965
Qualifikation: FC St. Pauli – SSV Reutlingen 1:0 und 1:4 n. Verl.
Gruppe I: Borussia Mönchengladbach – SSV Reutlingen 7:0 und 1:1; Borussia Mönchengladbach – Holstein Kiel 1:0 und 2:4; Borussia Mönchengladbach – Wormatia Worms 1:1 und 5:1; SSV Reutlingen – Holstein Kiel 1:1 und 1:1; SSV Reutlingen – Wormatia Worms 3:0 und 2:1; Holstein Kiel – Wormatia Worms 3:4 und 3:0. – Gruppensieger und Aufsteiger: Borussia Mönchengladbach.
Gruppe II: Bayern München -1. FC Saarbrücken 5:0 und 0:1; Bayern München – Alemannia Aachen 2:1 und 1:1; Bayern München – Tennis Borussia Berlin 2:0 und 8:0; 1. FC Saarbrücken – Alemannia Aachen 3:1 und 1:2; 1. FC Saarbrücken – Tennis Borussia 5:0 und 2:5; Alemannia Aachen – Tennis Borussia 5:4 und 1:1. – Gruppensieger und Aufsteiger: Bayern München.

1966
Qualifikation: 1. FC Saarbrücken – 1. SC Göttingen 05 4:0 und 3:0.
Gruppe I: Fortuna Düsseldorf – FK Pirmasens 2:0 und 2:3; Fortuna Düsseldorf – Hertha BSC 4:1 und 2:3; Fortuna Düsseldorf – Kickers Offenbach 2:0 und 5:1; FK Pirmasens – Hertha BSC 2:1 und 1:1; FK Pirmasens – Kickers Offenbach 2:0 und 2:2; Hertha BSC – Kickers Offenbach 2:1 und 0:1. – Gruppensieger und Aufsteiger: Fortuna Düsseldorf.
Gruppe II: Rot-Weiss Essen – FC St. Pauli 0:1 und 0:1; Rot-Weiss Essen – 1. FC Saarbrücken 3:2 und 2:1; Rot-Weiss Essen – 1. FC Schweinfurt 05 3:0 und 2:1; FC St. Pauli – 1. FC Saarbrücken 3:2 und 1:3; FC St. Pauli – 1. FC Schweinfurt 05 3:1 und 1:2; 1. FC Saarbrücken – 1. FC Schweinfurt 05 4:2 und 0:0. – Gruppensieger und Aufsteiger: Rot-Weiss Essen.

1967
Gruppe I: Borussia Neunkirchen – Schwarz-Weiß Essen 2:0 und 1:1; Borussia Neunkirchen – Arminia Hannover 2:1 und 4:3; Borussia Neunkirchen – Bayern Hof 4:0 und 2:5; Borussia Neunkirchen – Hertha BSC 0:1 und 2:1; Schwarz-Weiß Essen – Arminia Hannover 2:1 und 4:0; Schwarz-Weiß Essen – Bayern Hof 2:3 und 0:0; Schwarz-Weiß Essen – Hertha BSC 3:2 und 1:0; Arminia Hannover – Bayern Hof 3:0 und 2:1; Arminia Hannover – Hertha BSC 1:1 und 3:0; Bayern Hof – Hertha BSC 2:1 und 0:2. – Gruppensieger und Aufsteiger: Borussia Neunkirchen.
Gruppe II: Alemannia Aachen – Kickers Offenbach 2:1 und 2:3; Alemannia Aachen – 1. FC Saarbrücken 3:0 und 0:1; Alemannia Aachen – 1. SC Göttingen 05 3:1 und 2:1; Alemannia Aachen – Tennis Borussia Berlin 7:2 und 4:3; Kickers Offenbach – 1. FC Saarbrücken 3:4 und 0:0; Kickers Offenbach – 1. SC Göttingen 05 2:0 und 2:2; Kickers Offenbach – Tennis Borussia Berlin 2:0 und 2:0; 1. FC Saarbrücken – 1. SC Göttingen 05 2:2 und 1:1; 1. FC Saarbrücken – Tennis Borussia Berlin 2:4 und 2:2; 1. SC Göttingen 05 – Tennis Borussia Berlin 1:0 und 1:1. – Gruppensieger und Aufsteiger: Alemannia Aachen.

1968
Gruppe I: Kickers Offenbach – Bayer Leverkusen 2:1 und 1:1; Kickers Offenbach – TuS Neuendorf 0:0 und 2:0; Kickers Offenbach – Tennis Borussia Berlin 4:1 und 4:1; Kickers Offenbach – Arminia Hannover 1:0 und 1:0; Bayer Leverkusen – TuS Neuendorf 1:1 und 1:1; Bayer Leverkusen – Tennis Borussia Berlin 4:2 und 4:1; Bayer Leverkusen – Arminia Hannover 1:1 und 4:1; TuS Neuendorf – Tennis Borussia Berlin 1:2 und 1:1; TuS Neuendorf – Arminia Hannover 1:0 und 1:1; Tennis Borussia Berlin – Arminia Hannover 1:0 und 2:1. – Gruppensieger und Aufsteiger: Kickers Offenbach.
Gruppe II: Hertha BSC – Rot-Weiss Essen 2:2 und 2:0; Hertha BSC – SV Alsenborn 1:2 und 1:1; Hertha BSC – 1. SC Göttingen 05 1:0 und 0:0; Hertha BSC – Bayern Hof 2:0 und 3:2; Rot-Weiss Essen – SV Alsenborn 1:1 und 3:2; Rot-Weiss Essen – 1. SC Göttingen 05 1:0 und 0:1; Rot-Weiss Essen – Bayern Hof 1:0 und 1:1; SV Alsenborn – 1. SC Göttingen 05 0:3 und 3:2; SV Alsenborn – Bayern Hof 1:2 und 2:1; 1. SC Göttingen 05 – Bayern Hof 3:1 und 1:5. – Gruppensieger und Aufsteiger: Hertha BSC.

1969

Gruppe I: Rot-Weiß Oberhausen – Freiburger FC 0:0 und 1:3; Rot-Weiß Oberhausen – SV Alsenborn 4:1 und 4:1; Rot-Weiß Oberhausen – Hertha Zehlendorf 1:0 und 2:3; Rot-Weiß Oberhausen – VfB Lübeck 1:0 und 4:1; Freiburger FC – SV Alsenborn 2:3 und 0:2; Freiburger FC – Hertha Zehlendorf 1:0 und 3:2; Freiburger FC – VfB Lübeck 5:1 und 2:1; SV Alsenborn – Hertha Zehlendorf 4:0 und 0:3; SV Alsenborn – VfL Lübeck 6:2 und 3:0; Hertha Zehlendorf – VfB Lübeck 3:1 und 4:4. – Gruppensieger und Aufsteiger: Rot-Weiß Oberhausen.

Gruppe II: Rot-Weiss Essen – VfL Osnabrück 3:1 und 3:3; Rot-Weiss Essen – Karlsruher SC 5:0 und 2:2; Rot-Weiss Essen – Tasmania 1900 Berlin 3:1 und 3:0; Rot-Weiss Essen – TuS Neuendorf 4:2 und 5:0; VfL Osnabrück – Karlsruher SC 2:1 und 1:1; VfL Osnabrück – Tasmania 1900 Berlin 2:0 und 2:0; VfL Osnabrück – TuS Neuendorf 2:0 und 0:0; Karlsruher SC – Tasmania 1900 Berlin 5:0 und 1:0; Karlsruher SC – TuS Neuendorf 2:4 und 2:1; Tasmania 1900 Berlin – TuS Neuendorf 2:0 und 2:1. – Gruppensieger und Aufsteiger: Rot-Weiss Essen.

1970

Gruppe I: Arminia Bielefeld – Karlsruher SC 3:1 und 0:1; Arminia Bielefeld – SV Alsenborn 3:0 und 1:0; Arminia Bielefeld – Tennis Borussia Berlin 1:1 und 2:0; Arminia Bielefeld – VfL Osnabrück 3:0 und 0:0; Karlsruher SC – SV Alsenborn 2:0 und 3:2; Karlsruher SC – Tennis Borussia Berlin 0:0 und 2:1; Karlsruher SC – VfL Osnabrück 6:0 und 1:2; SV Alsenborn – Tennis Borussia Berlin 5:1 und 1:0; SV Alsenborn – VfL Osnabrück 3:2 und 1:0; Tennis Borussia Berlin – VfL Osnabrück 1:1 und 3:1. – Gruppensieger und Aufsteiger: Arminia Bielefeld.

Gruppe II: Kickers Offenbach – VfL Bochum 2:1 und 1:1; Kickers Offenbach – Hertha Zehlendorf 3:0 und 1:2; Kickers Offenbach – VfL Wolfsburg 2:1 und 3:1; Kickers Offenbach – FK Pirmasens 4:1 und 1:1; VfL Bochum – Hertha Zehlendorf 3:0 und 0:2; VfL Bochum – VfL Wolfsburg 4:0 und 0:1; VfL Bochum – FK Pirmasens 3:1 und 2:0; Hertha Zehlendorf – VfL Wolfsburg 5:1 und 1:3; Hertha Zehlendorf – FK Pirmasens 7:2 und 0:1; VfL Wolfsburg – FK Pirmasens 2:2 und 4:4. – Gruppensieger und Aufsteiger: Kickers Offenbach.

1971

Gruppe I: VfL Bochum – VfL Osnabrück 3:1 und 4:2; VfL Bochum – FK Pirmasens 5:2 und 0:1; VfL Bochum – Karlsruher SC 1:0 und 2:1; VfL Bochum – Tasmania 1900 Berlin 4:2 und 4:2; VfL Osnabrück – FK Pirmasens 1:3 und 1:0; VfL Osnabrück – Karlsruher SC 1:1 und 3:0; VfL Osnabrück – Tasmania 1900 Berlin 1:0 und 1:2; FK Pirmasens – Karlsruher SC 3:1 und 0:1; FK Pirmasens – Tasmania 1900 Berlin 2:2 und 0:3; Karlsruher SC – Tasmania 1900 Berlin 2:1 und 3:1. – Gruppensieger und Aufsteiger: VfL Bochum.

Gruppe II: Fortuna Düsseldorf – Borussia Neunkirchen 2:0 und 2:2; Fortuna Düsseldorf – FC St. Pauli 3:1 und 1:1; Fortuna Düsseldorf – 1. FC Nürnberg 2:1 und 2:0; Fortuna Düsseldorf – Wacker 04 Berlin 3:0 und 4:2; Borussia Neunkirchen – FC St. Pauli 3:0 und 1:2; Borussia Neunkirchen – 1. FC Nürnberg 1:0 und 0:2; Borussia Neunkirchen – Wacker 04 Berlin 2:1 und 2:0; FC St. Pauli – 1. FC Nürnberg 1:1 und 1:5; FC St. Pauli – Wacker 04 Berlin 3:0 und 1:0; 1. FC Nürnberg – Wacker 04 Berlin 3:0 und 2:3. – Gruppensieger und Aufsteiger: Fortuna Düsseldorf.

1972

Gruppe I: Wuppertaler SV – VfL Osnabrück 5:0 und 4:0; Wuppertaler SV – Borussia Neunkirchen 3:2 und 2:0; Wuppertaler SV – Bayern Hof 2:0 und 2:1; Wuppertaler SV – Tasmania 1900 Berlin 5:2 und 3:0; VfL Osnabrück – Borussia Neunkirchen 2:0 und 0:2; VfL Osnabrück – Bayern Hof 4:3 und 1:1; VfL Osnabrück – Tasmania 1900 Berlin 1:0 und 0:0; Borussia Neunkirchen – Bayern Hof 4:3 und 1:3; Borussia Neunkirchen – Tasmania 1900 Berlin 10:0 und 1:3; Bayern Hof – Tasmania 1900 Berlin 6:0 und 1:3. – Gruppensieger und Aufsteiger: Wuppertaler SV (ohne Verlustpunkt!).

Gruppe II: Kickers Offenbach – Rot-Weiss Essen 2:2 und 1:1; Kickers Offenbach – FC St. Pauli 6:0 und 0:0; Kickers Offenbach – Wacker 04 Berlin 4:1 und 6:0; Kickers Offenbach – Röchling Völklingen 7:2 und 3:1; Rot-Weiss Essen – FC St. Pauli 6:1 und 0:0; Rot-Weiss Essen – Wacker 04 Berlin 5:0 und 4:0; Rot-Weiss Essen – Röchling Völklingen 2:1 und 2:1; FC St. Pauli – Wacker 04 Berlin 1:2 und 1:1; FC St. Pauli – Röchling Völklingen 1:0 und 3:1; Wacker 04 Berlin – Röchling Völklingen 1:6 und 3:2. – Gruppensieger und Aufsteiger: Kickers Offenbach.

1973

Gruppe I: Fortuna Köln – FC St. Pauli 2:3 und 2:1; Fortuna Köln – 1. FSV Mainz 05 3:0 und 0:0; Fortuna Köln – Karlsruher SC 6:0 und 2:1; Fortuna Köln – Blau-Weiß 90 Berlin 7:0 und 3:0; FC St. Pauli – 1. FSV Mainz 05 2:2 und 0:3; FC St. Pauli – Karlsruher SC 2:2 und 5:4; FC St. Pauli – Blau-Weiß 90 Berlin 4:1 und 6:2; 1. FSV Mainz 05 – Karlsruher SC 4:1 und 1:1; 1. FSV Mainz 05 – Blau-Weiß 90 Berlin 5:1 und 2:3; Karlsruher SC – Blau-Weiß 90 Berlin 5:1 und 3:2. – Gruppensieger und Aufsteiger: Fortuna Köln

Gruppe II: Rot-Weiss Essen – SV Darmstadt 98 3:1 und 2:2; Rot-Weiss Essen – Röchling Völklingen 3:1 und 4:0; Rot-Weiss Essen – VfL Osnabrück 4:1 und 2:1; Rot-Weiss Essen – Wacker 04 Berlin 3:0 und 2:2; SV Darmstadt 98 – Röchling Völklingen 5:0 und 1:1; SV Darmstadt 98 – VfL Osnabrück 5:3 und 1:2; SV Darmstadt 98– Wacker 04 Berlin 2:2 und 1:1; Röchling Völklingen – VfL Osnabrück 2:0 und 2:1; Röchling Völklingen – Wacker 04 Berlin 3:1 und 1:2; VfL Osnabrück – Wacker 04 Berlin 2:1 und 2:0. – Gruppensieger und Aufsteiger: Rot-Weiss Essen.

1974

Gruppe I: Eintracht Braunschweig – 1. FC Nürnberg 2:0 und 0:1; Eintracht Braunschweig – SG Wattenscheid 09 2:3 und 0:0; Eintracht Braunschweig – Wacker 04 Berlin 2:1 und 3:1; Eintracht Braunschweig – 1. FC Saarbrücken 3:0 und 1:0; 1. FC Nürnberg – SG Wattenscheid 09 1:0 und 2:1; 1. FC Nürnberg – Wacker 04 Berlin 9:1 und 0:5; 1. FC Nürnberg – 1. FC Saarbrücken 3:1 und 2:2; SG Wattenscheid 09 –Wacker 04 Berlin 1:1 und 2:3; SG Wattenscheid 09 –1. FC Saarbrücken 2:1 und 2:1; Wacker 04 Berlin – 1. FC Saarbrücken 0:1 und 1:0. – Gruppensieger und Aufsteiger: Eintracht Braunschweig.

Gruppe II: Tennis Borussia Berlin – FC Augsburg 2:2 und 2:2; Tennis Borussia – Rot-Weiß Oberhausen 3:1 und 0:4; Tennis Borussia – Borussia Neunkirchen 0:0 und 1:1; Tennis Borussia – FC St. Pauli 3:1 und 2:0; FC Augsburg – Rot-Weiß Oberhausen 2:2 und 2:3; FC Augsburg – Borussia Neunkirchen 2:1 und 1:1; FC Augsburg – FC St. Pauli 4:4 und 3:2; Rot-Weiß Oberhausen – Borussia Neunkirchen 1:2 und 1:0; Rot-Weiß Oberhausen – FC St. Pauli 2:1 und 0:3; Borussia Neunkirchen – FC St. Pauli 2:5 und 1:0. – Gruppensieger und Aufsteiger: Tennis Borussia Berlin.

1975

Nach Einführung der 2. Liga stiegen die Sieger der beiden Gruppen Nord und Süd direkt in die Bundesliga auf. Den dritten Aufsteiger ermittelten die beiden Zweiten der Gruppen Nord und Süd.
Meister 2. Liga Nord: Hannover 96, Meister 2. Liga Süd: Karlsruher SC.
Entscheidungsspiele der Gruppenzweiten: FK Pirmasens – Bayer Uerdingen 4:4 und 0:6.

1976

Meister 2. Liga Nord: Tennis Borussia Berlin, Meister 2. Liga Süd: 1. FC Saarbrücken.
1. FC Nürnberg – Borussia Dortmund 0:1 und 2:3.

1977

Meister 2. Liga Nord: FC St. Pauli, Meister 2. Liga Süd: VfB Stuttgart.
Arminia Bielefeld – TSV München 1860 4:0, 0:4, 0:2 (in Frankfurt).

1978

Meister 2. Liga Nord: Arminia Bielefeld, Meister 2. Liga Süd: SV Darmstadt 98.
1. FC Nürnberg – Rot-Weiss Essen 1:0 und 2:2.

1979

Meister 2. Liga Nord: Bayer Leverkusen, Meister 2. Liga Süd: TSV München 1860.
SpVgg Bayreuth – Bayer Uerdingen 1:1 und 1:2.

1980

Meister 2. Liga Nord: Arminia Bielefeld, Meister 2. Liga Süd: 1. FC Nürnberg.
Karlsruher SC – Rot-Weiss Essen 5:1 und 1:3.

1981

Meister 2. Liga Nord: Werder Bremen, Meister 2. Liga Süd: SV Darmstadt 98.
Kickers Offenbach – Eintracht Braunschweig 1:0 und 0:2.

1982

Neuer Modus nach Einführung der eingleisigen 2. Bundesliga. Automatisch stiegen auf: der Meister (FC Schalke 04) und Zweite (Hertha BSC). Der Dritte spielte gegen den 16. der Bundesliga um Aufstieg bzw. Verbleib in der obersten Spielklasse (Relegation):
Kickers Offenbach – Bayer Leverkusen 0:1 und 1:2.

1983

Direktaufsteiger: SV Waldhof Mannheim (Meister) und Kickers Offenbach (Zweiter).
Relegation: Bayer Uerdingen – FC Schalke 04 3:1 und 1:1.

1984
Direktaufsteiger: Karlsruher SC (Meister) und Schalke 04 (Zweiter).
Relegation: MSV Duisburg – Eintracht Frankfurt 0:5 und 1:1.

1985
Direktaufsteiger: 1. FC Nürnberg (Meister) und Hannover 96 (Zweiter).
Relegation: 1. FC Saarbrücken – Arminia Bielefeld 2:0 und 1:1.

1986
Direktaufsteiger: FC Homburg 08 (Meister) und Blau-Weiß 90 Berlin (Zweiter).
Relegation: Fortuna Köln – Borussia Dortmund 2:0, 1:3 und 0:8 (in Düsseldorf).

1987
Direktaufsteiger: Hannover 96 (Meister) und Karlsruher SC (Zweiter).
Relegation: FC Homburg – FC St. Pauli 3:1 und 1:2.

1988
Direktaufsteiger: Stuttgarter Kickers (Meister) und FC St. Pauli Hamburg (Zweiter).
Relegation: SV Darmstadt 98 – SV Waldhof Mannheim 3:2, 1:2 und n. V. 0:0/4:5 im Elfmeterschießen (in Saarbrücken).

1989
Direktaufsteiger: Fortuna Düsseldorf (Meister) und FC 08 Homburg (Zweiter).
Relegation: Eintracht Frankfurt – 1. FC Saarbrücken 2:0 und 1:2.

1990
Direktaufsteiger: Hertha BSC (Meister) und SG Wattenscheid 09 (Zweiter).
Relegation: 1. FC Saarbrücken – VfL Bochum 0:1 und 1:1.

1991
Direktaufsteiger: FC Schalke 04 (Meister) und MSV Duisburg (Zweiter).
Relegation: FC St. Pauli – Stuttgarter Kickers 1:1, 1:1 und 1:3 (in Gelsenkirchen).
Dazu kommen aus der ehem. DDR Hansa Rostock und Dynamo Dresden (1991/92 Bundesliga mit 20 Vereinen).

1992
Direktaufsteiger: Bayer Uerdingen (Meister 2. Bundesliga Nord) und 1. FC Saarbrücken (Meister 2. Bundesliga Süd).
Durch Reduzierung der Bundesliga auf 18 Vereine steigen vier Klubs direkt ab.

1993 bis 2008
Drei feste Absteiger aus und drei feste Aufsteiger in die Bundesliga.

2009
Wie schon zwischen 1982 und 1991 steigen der Meister und Zweite der 2. Bundesliga (SC Freiburg und 1. FSV Mainz 05) direkt auf. Der Dritte der 2. Bundesliga bestreitet Relegationsspiele gegen den Drittletzten der Bundesliga:
Energie Cottbus – 1. FC Nürnberg 0:3 und 0:2.

2010
Direktaufsteiger: 1. FC Kaiserslautern (Meister) und FC St. Pauli (Zweiter).
Relegation: 1. FC Nürnberg – FC Augsburg 1:0 und 2:0.

2011
Direktaufsteiger: Hertha BSC (Meister) und FC Augsburg (Zweiter).
Relegation: Borussia Mönchengladbach – VfL Bochum 1:0 und 1:1.

2012
Direktaufsteiger: SpVgg Greuther Fürth (Meister) und Eintracht Frankfurt (Zweiter).
Relegation: Hertha BSC – Fortuna Düsseldorf 1:2 und 2:2.

2013
Direktaufsteiger: Hertha BSC (Meister) und Eintracht Braunschweig (Zweiter).
Relegation: TSG 1899 Hoffenheim – 1. FC Kaiserslautern 3:1 und 2:1.

2014
Direktaufsteiger: 1. FC Köln (Meister) und SC Paderborn 07 (Zweiter).
Relegation: Hamburger SV – SpVgg Greuther Fürth 0:0 und 1:1.

2015
Direktaufsteiger: FC Ingolstadt 04 (Meister) und SV Darmstadt 98 (Zweiter).
Relegation: Hamburger SV – Karlsruher SC 1:1 und n. V. 2:1.

2016
Direktaufsteiger: SC Freiburg (Meister) und RB Leipzig (Zweiter).
Relegation: Eintracht Frankfurt – 1. FC Nürnberg 1:1 und 1:0.

Bundesliga-Aufstiege:

Je 7: Arminia Bielefeld, 1. FC Nürnberg – **je 6:** Hertha BSC, VfL Bochum – **je 5:** Fortuna Düsseldorf, MSV Duisburg, SC Freiburg, Hannover 96, Karlsruher SC, 1. FC Köln, FC St. Pauli, Bayer Uerdingen – **je 4:** Eintracht Frankfurt, Kickers Offenbach – **je 3:** Eintracht Braunschweig, SV Darmstadt 98, Rot-Weiss Essen, Borussia Mönchengladbach, TSV München 1860, Hansa Rostock, 1. FC Saarbrücken, FC Schalke 04 – **je 2:** Alemannia Aachen, Tennis Borussia Berlin, Energie Cottbus, FC 08 Homburg, 1. FC Kaiserslautern, 1. FSV Mainz 05, Borussia Neunkirchen, Stuttgarter Kickers – **je 1:** FC Augsburg *, Blau-Weiß 90 Berlin, Tasmania 1900 Berlin (am grünen Tisch), Werder Bremen, Borussia Dortmund, Dynamo Dresden, SpVgg Greuther Fürth, TSG 1899 Hoffenheim *, FC Ingolstadt 04 *, Fortuna Köln, RB Leipzig, VfB Leipzig, Bayer Leverkusen *, SV Waldhof Mannheim, Bayern München *, Rot-Weiß Oberhausen, SC Paderborn 07, VfB Stuttgart, SSV Ulm 1846, SpVgg Unterhaching, SG Wattenscheid 09, VfL Wolfsburg *, Wuppertaler SV – *) = noch nie abgestiegen.

Bundesliga-Abstiege:

8: 1. FC Nürnberg – **7:** Arminia Bielefeld – **je 6:** Hertha BSC (davon einmal am grünen Tisch), VfL Bochum, MSV Duisburg, Karlsruher SC – **je 5:** Fortuna Düsseldorf, Hannover 96, 1. FC Köln, FC St. Pauli, Bayer/KFC Uerdingen – **je 4:** Eintracht Braunschweig, Eintracht Frankfurt, SC Freiburg, TSV München 1860, Kickers Offenbach, 1. FC Saarbrücken – **je 3:** Rot-Weiss Essen, 1. FC Kaiserslautern, Hansa Rostock, FC Schalke 04 – **je 2:** Alemannia Aachen, Tennis Borussia Berlin, Energie Cottbus, SV Darmstadt 98, FC 08 Homburg, Borussia Mönchengladbach, Borussia Neunkirchen, Stuttgarter Kickers, VfB Stuttgart – **je 1:** Blau-Weiß 90 Berlin, Tasmania 1900 Berlin, Werder Bremen, Borussia Dortmund, Dynamo Dresden, SpVgg Greuther Fürth, Fortuna Köln, VfB Leipzig, 1. FSV Mainz 05, SV Waldhof Mannheim, Preußen Münster, Rot-Weiß Oberhausen, SC Paderborn 07, SSV Ulm 1846, SpVgg Unterhaching, SG Wattenscheid 09, Wuppertaler SV – 1965 waren der Karlsruher SC und der FC Schalke 04 sportliche Absteiger, bleiben aber nach dem Ausschluss von Hertha BSC und der Aufstockung auf 18 Vereine in der Bundesliga.

Die 2. Bundesliga

Die Meister der zweigleisigen 2. Liga 1974–1981 und 1992*):

Gruppe Nord:
1975 Hannover 96 – 1976 Tennis Borussia Berlin – 1977 FC St. Pauli – 1978 Arminia Bielefeld – 1979 Bayer Leverkusen – 1980 Arminia Bielefeld – 1981 Werder Bremen – 1992 Bayer Uerdingen.

Gruppe Süd:
1975 Karlsruher SC – 1976 1. FC Saarbrücken – 1977 VfB Stuttgart – 1978 SV Darmstadt 98 – 1979 TSV München 1860 – 1980 1. FC Nürnberg – 1981 SV Darmstadt 98 – 1992 1. FC Saarbrücken.
*) Zweigeteilte 2. Bundesliga als Übergangsrunde nach Eingliederung der Vereine der ehemaligen DDR.

Alle Tabellen der zweigeteilten 2. Ligen erschienen letztmals im Almanach 2008.

Die Meister der eingleisigen 2. Bundesliga seit 1982:

1982 FC Schalke 04 – 1983 SV Waldhof Mannheim – 1984 Karlsruher SC – 1985 1. FC Nürnberg – 1986 FC Homburg/Saar – 1987 Hannover 96 – 1988 Stuttgarter Kickers – 1989 Fortuna Düsseldorf – 1990 Hertha BSC – 1991 FC Schalke 04 – 1992 zweigleisig – 1993 SC Freiburg – 1994 VfL Bochum – 1995 Hansa Rostock – 1996 VfL Bochum – 1997 1. FC Kaiserslautern – 1998 Eintracht Frankfurt – 1999 Arminia Bielefeld – 2000 1. FC Köln – 2001 1. FC Nürnberg – 2002 Hannover 96 – 2003 SC Freiburg – 2004 1. FC Nürnberg – 2005 1. FC Köln – 2006 VfL Bochum – 2007 Karlsruher SC – 2008 Borussia Mönchengladbach – 2009 SC Freiburg – 2010 1. FC Kaiserslautern – 2011 Hertha BSC – 2012 SpVgg Greuther Fürth – 2013 Hertha BSC – 2014 1. FC Köln – 2015 FC Ingolstadt 04 – 2016 SC Freiburg.

1981/82

1. FC Schalke 04 (A)	38	70:35	51–25
2. Hertha BSC	38	84:47	48–28
3. Kickers Offenbach	38	70:61	46–30
4. TSV München 1860 (A)*	38	87:56	45–31
5. Hannover 96	38	72:52	45–31
6. SV Waldhof Mannheim	38	51:44	44–32
7. Stuttgarter Kickers	38	76:55	43–33
8. Hessen Kassel	38	56:46	43–33
9. Alemannia Aachen	38	47:39	41–35
10. Fortuna Köln	38	70:72	39–37
11. Rot-Weiss Essen	38	60:62	38–38
12. Bayer Uerdingen (A)	38	47:57	38–38
13. VfL Osnabrück	38	49:59	37–39
14. SpVgg Fürth	38	61:60	35–41
15. SC Freiburg	38	49:54	34–42
16. Union Solingen	38	51:62	33–43
17. SG Wattenscheid 09	38	41:62	31–45
18. Wormatia Worms	38	34:74	24–52
19. Freiburger FC	38	52:88	23–53
20. SpVgg Bayreuth	38	40:76	22–54

*) TSV München 1860 erhielt für 1982/83 keine Lizenz.

1982/83

1. SV Waldhof Mannheim	38	83:38	52–24
2. Kickers Offenbach	38	77:45	50–26
3. Bayer Uerdingen	38	65:44	48–28
4. Hessen Kassel	38	69:54	45–31
5. Stuttgarter Kickers	38	78:51	44–32
6. Fortuna Köln	38	76:50	43–33
7. SV Darmstadt 98 (A)	38	77:61	42–34
8. SC Freiburg	38	50:45	42–34
9. Alemannia Aachen	38	49:53	40–36
10. VfL Osnabrück	38	66:65	38–38
11. MSV Duisburg (A)	38	55:57	37–39
12. Hannover 96	38	70:72	36–40
13. BV 08 Lüttringhausen (N)	38	53:76	34–42
14. Rot-Weiss Essen	38	56:60	33–43
15. SG Wattenscheid 09	38	59:65	33–43
16. Union Solingen	38	56:76	32–44
17. FC Augsburg (N)	38	32:54	32–44
18. SpVgg Fürth	38	55:75	31–45
19. FSV Frankfurt (N)	38	50:86	26–50
20. TuS Schloß Neuhaus (N)	38	43:92	22–54

1983/84

1. Karlsruher SC (A)	38	94:45	57–19
2. FC Schalke 04 (A)	38	95:45	55–21
3. MSV Duisburg	38	69:41	50–26
4. Hessen Kassel	38	68:39	48–28
5. Union Solingen	38	70:54	44–32
6. Alemannia Aachen	38	49:43	44–32
7. SC Freiburg	38	50:49	43–33
8. Stuttgarter Kickers	38	54:52	39–37
9. Fortuna Köln	38	66:65	38–38
10. 1. FC Saarbrücken (N)	38	61:69	38–38
11. Hertha BSC (A)	38	64:57	37–39
12. SV Darmstadt 98	38	48:72	35–41
13. SSV Ulm 1846 (N)	38	58:68	32–44
14. Hannover 96	38	54:69	32–44
15. SG Wattenscheid 09	38	58:74	32–44
16. Rot-Weiß Oberhausen (N)	38	51:62	31–45
17. Rot-Weiss Essen	38	48:63	29–47
18. SC Charlottenburg (N)	38	49:68	29–47
19. VfL Osnabrück	38	46:66	29–47
20. BV 08 Lüttringhausen	38	36:87	18–58

1984/85

1. 1. FC Nürnberg (A)	38	71:45	50–26
2. Hannover 96	38	79:58	50–26

3. 1. FC Saarbrücken	38	70:41	49–27
4. Hessen Kassel	38	72:48	49–27
5. Alemannia Aachen	38	60:46	43–33
6. Union Solingen	38	64:70	41–35
7. Blau-Weiß 90 Berlin (N)	38	66:56	39–37
8. SC Freiburg	38	45:49	38–38
9. Stuttgarter Kickers	38	51:49	37–39
10. SG Wattenscheid 09	38	61:68	36–40
11. Fortuna Köln	38	58:67	36–40
12. Rot-Weiß Oberhausen	38	64:70	35–41
13. MSV Duisburg	38	56:63	35–41
14. Hertha BSC	38	50:59	35–41
15. SV Darmstadt 98	38	52:64	35–41
16. FC Homburg (N)	38	57:58	34–42
17. FC St. Pauli (N)	38	48:59	33–43
18. VfR Bürstadt (N)	38	48:56	31–45
19. Kickers Offenbach (A)*	38	43:56	30–44
20. SSV Ulm 1846	38	48:81	22–54

*) Kickers Offenbach wurden zwei Punkte abgezogen.

1985/86

1. FC Homburg	38	75:42	49–27
2. Blau-Weiß 90 Berlin	38	76:48	47–29
3. Fortuna Köln	38	64:52	46–30
4. Arminia Bielefeld (A)	38	60:47	45–31
5. Hessen Kassel	38	58:47	44–32
6. Stuttgarter Kickers	38	73:55	43–33
7. Karlsruher SC (A)	38	64:50	43–33
8. Alemannia Aachen	38	56:45	43–33
9. SG Wattenscheid 09	38	63:56	43–33
10. SV Darmstadt 98	38	63:57	41–35
11. Rot-Weiß Oberhausen	38	57:69	37–39
12. Eintr. Braunschweig (A)	38	65:62	36–40
13. Vikt. Aschaffenburg (N)	38	57:59	35–41
14. VfL Osnabrück (N)	38	48:57	35–41
15. Union Solingen	38	48:64	34–42
16. SC Freiburg	38	54:62	33–44
17. Hertha BSC	38	50:62	31–45
18. SpVgg Bayreuth (N)	38	40:73	31–45
19. Tennis Bor. Berlin (N)	38	48:73	29–47
20. MSV Duisburg	38	34:86	15–61

1986/87

1. Hannover 96 (A)	38	86:48	56–20
2. Karlsruher SC	38	79:49	52–24
3. FC St. Pauli (N)	38	63:45	49–27
4. SV Darmstadt 98	38	72:48	47–29
5. Alemannia Aachen	38	55:36	46–30
6. VfL Osnabrück	38	69:66	44–32
7. Stuttgarter Kickers	38	72:55	42–34
8. SC Freiburg	38	59:56	39–37
9. Arminia Bielefeld	38	58:55	38–38
10. Rot-Weiss Essen (N)	38	70:69	38–38
11. SG Wattenscheid 09	38	59:66	38–38
12. Union Solingen	38	61:65	35–41
13. SSV Ulm 1846 (N)	38	55:63	35–41
14. Fortuna Köln	38	51:66	35–41
15. 1. FC Saarbrücken (A)	38	53:71	34–42
16. Rot-Weiß Oberhausen	38	52:55	33–43
17. Eintr. Braunschweig	38	52:47	32–44
18. Viktoria Aschaffenburg	38	47:72	24–52
19. Hessen Kassel	38	40:75	22–54
20. FSV Salmrohr (N)	38	48:94	21–55

1987/88

1. Stuttgarter Kickers	38	89:49	51–25
2. FC St. Pauli	38	65:38	49–27
3. SV Darmstadt 98	38	48:32	47–29
4. SG Wattenscheid 09	38	62:48	47–29
5. Fortuna Düsseldorf (A)	38	63:38	46–30
6. Alemannia Aachen	38	60:45	46–30
7. Blau-Weiß 90 Berlin (A)	38	65:48	43–33
8. Kickers Offenbach (N)	38	56:49	39–37
9. VfL Osnabrück	38	47:47	38–38
10. SC Freiburg	38	61:63	38–38
11. Rot-Weiss Essen	38	53:60	34–42
12. Fortuna Köln	38	58:67	34–42
13. 1. FC Saarbrücken	38	57:67	34–42
14. SV Meppen (N)	38	55:72	34–42
15. Union Solingen	38	48:65	34–42
16. Rot-Weiß Oberhausen *	38	48:54	33–43
17. SpVgg Bayreuth (N)	38	55:66	33–43
18. BVL 08 Remscheid (N)	38	54:74	29–47
19. SSV Ulm 46	38	51:75	29–47
20. Arminia Bielefeld	38	29:67	22–54

*) Rot-Weiß Oberhausen erhielt für 1988/89 keine Lizenz.

1988/89

1. Fortuna Düsseldorf	38	85:52	49–27
2. FC Homburg (A)	38	55:36	47–29
3. 1. FC Saarbrücken	38	53:43	46–30
4. Fortuna Köln	38	80:57	45–31
5. SC Freiburg	38	66:52	42–34
6. SG Wattenscheid 09	38	68:58	42–34
7. Alemannia Aachen	38	58:55	41–35
8. Blau-Weiß 90 Berlin	38	56:54	41–35
9. Eintr. Braunschweig (N)	38	43:43	38–38
10. SV Meppen	38	55:54	37–39
11. SV Darmstadt 98	38	56:57	37–39
12. FC Schalke 04 (A)	38	58:51	36–40
13. Hertha BSC (N)	38	45:44	36–40
14. VfL Osnabrück	38	58:66	36–40
15. Kickers Offenbach *	38	51:53	35–41
16. Rot-Weiss Essen	38	54:60	35–41
17. SpVgg Bayreuth	38	52:60	34–42
18. Vikt. Aschaffenburg (N)	38	47:60	34–42
19. 1. FSV Mainz 05 (N)	38	44:76	29–47
20. Union Solingen	38	24:77	20–56

*) Kickers Offenbach erhielt für 1989/90 keine Lizenz.

1989/90

1. Hertha BSC	38	65:39	53–23
2. SG Wattenscheid 09	38	70:35	51–25
3. 1. FC Saarbrücken	38	58:33	46–30
4. Stuttgarter Kickers (A)	38	68:48	45–31
5. FC Schalke 04	38	69:51	43–33
6. Rot-Weiss Essen	38	49:46	42–34
7. Eintr. Braunschweig	38	55:51	39–37
8. Hannover 96 (A)	38	53:43	38–38
9. Blau-Weiß 90 Berlin	38	46:52	37–39
10. MSV Duisburg	38	50:58	37–39
11. SV Meppen	38	47:57	36–40
12. Preußen Münster (N)	38	45:65	36–40

13. SC Freiburg		38	53:52	34–42
14. Fortuna Köln		38	48:60	34–42
15. VfL Osnabrück		38	58:69	33–43
16. SV Darmstadt 98		38	43:55	33–43
17. Hessen Kassel (N)		38	35:64	33–43
18. SpVgg Bayreuth		38	54:59	31–45
19. Alemannia Aachen		38	52:63	30–46
20. SpVgg Unterhaching (N)		38	43:61	29–47

1990/91

1. FC Schalke 04		38	64:29	57–19
2. MSV Duisburg		38	70:34	53–23
3. Stuttgarter Kickers		38	63:32	51–25
4. FC Homburg (A)		38	42:37	45–31
5. 1. FC Saarbrücken		38	47:30	44–32
6. Blau-Weiß 90 Berlin		38	55:42	44–32
7. Waldhof Mannheim (A)		38	60:47	42–34
8. 1. FSV Mainz 05 (N)		38	45:52	41–35
9. SC Freiburg		38	54:48	40–36
10. Hannover 96		38	49:49	38–38
11. Fortuna Köln		38	51:53	37–39
12. VfB Oldenburg (N)		38	58:53	36–40
13. Eintr. Braunschweig		38	53:52	35–41
14. VfL Osnabrück		38	51:55	35–41
15. Rot-Weiss Essen *		38	49:52	34–42
16. SV Meppen		38	35:42	34–42
17. SV Darmstadt 98		38	46:54	33–43
18. Preußen Münster		38	35:59	29–47
19. TSV Havelse (N)		38	44:82	19–57
20. 1. FC Schweinfurt 05 (N)		38	26:95	13–63

*) Rot-Weiss Essen erhielt für 1991/92 keine Lizenz.

1991/92

Übergangsweise zweigeteilte 2. Bundesliga zur Eingliederung der Vereine aus der ehem. DDR.

2. Bundesliga Nord

Meisterrunde

1. Bayer Uerdingen (A)		32	47:29	39–25
2. VfB Oldenburg		32	56:39	38–26
3. Hertha BSC (A)		32	46:41	35–29
4. FC St. Pauli (A)		32	40:38	35–29
5. Hannover 96		32	34:37	34–30
6. SV Meppen		32	36:37	30–34

Abstiegsrunde

1. Eintr. Braunschweig		32	54:48	33–31
2. FC Remscheid (N)		32	39:38	31–33
3. VfL Osnabrück		32	45:54	31–33
4. Blau-Weiß 90 Berlin *		32	41:50	30–34
5. Fortuna Köln		32	39:50	25–39
6. Stahl Brandenburg (N)		32	37:53	23–41

*) Blau-Weiß 90 Berlin erhielt für 1992/93 keine Lizenz.

2. Bundesliga Süd

Meisterrunde

1. 1. FC Saarbrücken		32	52:30	42–22
2. Waldhof Mannheim		32	44:31	38–26
3. SC Freiburg		32	52:41	37–27
4. Chemnitzer FC (N)		32	35:30	36–28
5. Carl Zeiss Jena (N)		32	39:36	33–31
6. FC Homburg		32	41:36	32–32

Abstiegsrunde

1. VfB Leipzig (N)		32	42:42	31–33
2. SV Darmstadt 98		32	41:49	31–33
3. 1. FSV Mainz 05		32	39:38	30–34
4. TSV München 1860 (N)		32	31:32	30–34
5. Hallescher FC (N)		32	35:47	27–37
6. Rot-Weiß Erfurt (N)		32	36:75	17–47

1992/93

1. SC Freiburg		46	102:57	65–27
2. MSV Duisburg (A)		46	65:40	60–32
3. VfB Leipzig		46	66:45	58–34
4. Waldhof Mannheim		46	66:53	55–37
5. Hertha BSC		46	82:55	53–39
6. Fortuna Köln		46	56:44	50–42
7. Chemnitzer FC		46	64:56	50–42
8. Carl Zeiss Jena		46	66:59	50–42
9. Hannover 96 (P)		46	60:60	48–44
10. SV Meppen		46	41:43	47–45
11. Hansa Rostock (A)		46	54:52	46–46
12. 1. FSV Mainz 05		46	54:58	46–46
13. Wuppertaler SV (N)		46	55:50	45–47
14. VfL Wolfsburg (N)		46	65:69	45–47
15. Stuttgarter Kickers (A)		46	60:59	43–49
16. FC Homburg		46	50:53	43–49
17. FC St. Pauli		46	47:52	43–49
18. SpVgg Unterhaching (N)		46	58:67	42–50
19. Eintr. Braunschweig		46	65:73	41–51
20. VfL Osnabrück		46	63:72	41–51
21. Fortuna Düsseldorf (A)		46	45:65	34–58
22. VfB Oldenburg		46	57:90	34–58
23. FC Remscheid		46	50:83	33–59
24. SV Darmstadt 98		46	43:79	32–60

1993/94

1. VfL Bochum (A)		38	56:34	48–28
2. Bayer Uerdingen (A)		38	49:30	47–29
3. TSV München 1860 (N)		38	55:38	47–29
4. FC St. Pauli		38	47:39	45–31
5. VfL Wolfsburg		38	47:45	40–36
6. Waldhof Mannheim		38	45:45	40–36
7. SV Meppen		38	48:52	39–37
8. Hansa Rostock		38	51:56	39–37
9. Chemnitzer FC		38	34:44	39–37
10. FC Homburg		38	53:46	37–39
11. Hertha BSC		38	48:42	37–39
12. Hannover 96		38	49:46	37–39
13. 1. FSV Mainz 05		38	46:51	37–39
14. 1. FC Saarbrücken (A)		38	58:69	37–39
15. Fortuna Köln		38	53:49	36–40
16. Stuttgarter Kickers		38	42:50	35–41
17. Carl Zeiss Jena		38	38:41	34–42
18. Wuppertaler SV		38	44:52	31–45
19. Tennis Borussia Berlin (N)		38	42:60	26–50
20. Rot-Weiss Essen (N) *			0:0	0:0
		(38	44:60	29:47)

*) Rot-Weiss Essen wurde die Lizenz entzogen; alle Spiele werden nur für den Gegner gewertet.

1994/95
1. Hansa Rostock 34 66:30 46–22
2. FC St. Pauli 34 58:33 44–24
3. Fortuna Düsseldorf (N) 34 51:35 43–25
4. VfL Wolfsburg 34 51:40 43–25
5. Waldhof Mannheim 34 48:35 42–26
6. SV Meppen 34 54:38 41–27
7. 1. FC Saarbrücken* 34 45:43 35–33
8. Fortuna Köln 34 55:49 34–34
9. Chemnitzer FC 34 47:50 34–34
10. SG Wattenscheid 09 (A) 34 50:52 33–35
11. Hertha BSC 34 41:45 32–36
12. Hannover 96 34 52:50 31–37
13. VfB Leipzig (A) 34 44:44 30–38
14. 1. FSV Mainz 05 34 50:55 30–38
15. 1. FC Nürnberg (A) 34 38:47 30–38
16. FSV Zwickau (A) 34 32:50 29–39
17. FC Homburg 34 41:63 23–45
18. FSV Frankfurt (N) 34 39:103 12–56

*) Bundesliga-Absteiger Dynamo Dresden und der 1. FC Saarbrücken erhielten für 1995/96 keine Lizenz.

1995/96
1. VfL Bochum (A) 34 68:30 69
2. Arminia Bielefeld (N) 34 55:45 57
3. MSV Duisburg (A) 34 55:37 56
4. SpVgg Unterhaching (N) 34 52:38 52
5. FSV Zwickau 34 39:48 49
6. Carl Zeiss Jena (N) 34 49:54 48
7. Waldhof Mannheim 34 49:47 46
8. Fortuna Köln 34 37:37 46
9. VfB Leipzig 34 35:49 45
10. SV Meppen 34 45:43 44
11. 1. FSV Mainz 05 34 37:41 44
12. VfL Wolfsburg 34 41:46 44
13. VfB Lübeck (N) 34 40:45 44
14. Hertha BSC *) 34 37:35 42
15. Chemnitzer FC 34 43:51 42
16. Hannover 96 34 38:48 37
17. 1. FC Nürnberg *) 34 33:40 33
18. SG Wattenscheid 09 34 38:57 31

*) Dem 1. FC Nürnberg wurden sechs, Hertha BSC drei Punkte abgezogen.

1996/97
1. 1. FC Kaiserslautern (A, P) 34 74:28 68
2. VfL Wolfsburg 34 52:29 58
3. Hertha BSC 34 57:38 58
4. 1. FSV Mainz 05 34 50:34 54
5. Stuttgarter Kickers (N) 34 38:27 53
6. SpVgg Unterhaching 34 35:29 49
7. Eintracht Frankfurt (A) 34 43:46 48
8. VfB Leipzig 34 53:54 46
9. KFC Uerdingen 05 (A) 34 46:44 44
10. SV Meppen 34 44:48 44
11. Fortuna Köln 34 52:47 42
12. Carl Zeiss Jena 34 44:49 42
13. FC Gütersloh (N)* 34 43:51 42
14. FSV Zwickau 34 34:48 42
15. Waldhof Mannheim 34 45:56 40
16. VfB Lübeck 34 32:53 36

17. Rot-Weiss Essen (N) 34 47:74 29
18. VfB Oldenburg (N) 34 33:67 27

*) Dem FC Gütersloh wurden drei Punkte abgezogen.

1997/98
1. Eintracht Frankfurt 34 50:32 64
2. SC Freiburg (A) 34 57:36 61
3. 1. FC Nürnberg (N) 34 52:35 59
4. FC St. Pauli (A) 34 43:31 56
5. FC Gütersloh 34 43:26 55
6. Fortuna Köln 34 53:53 46
7. Fortuna Düsseldorf (A) 34 52:54 46
8. Energie Cottbus (N) 34 38:36 45
9. SpVgg Greuther Fürth (N) 34 32:32 45
10. 1. FSV Mainz 05 34 55:48 44
11. SpVgg Unterhaching 34 41:35 44
12. Stuttgarter Kickers 34 44:47 44
13. KFC Uerdingen 05 34 36:40 43
14. SG Wattenscheid 09 (N) 34 41:41 40
15. VfB Leipzig 34 31:51 39
16. Carl Zeiss Jena 34 39:61 33
17. FSV Zwickau 34 32:55 28
18. SV Meppen 34 35:61 27

1998/99
1. Arminia Bielefeld (A) 34 62:32 67
2. SpVgg Unterhaching 34 47:30 63
3. SSV Ulm 1846 (N) 34 63:51 58
4. Hannover 96 (N) 34 52:36 57
5. Karlsruher SC (A) 34 54:43 56
6. Tennis Bor. Berlin (N) 34 47:39 54
7. 1. FSV Mainz 05 34 48:44 50
8. SpVgg Greuther Fürth 34 40:31 49
9. FC St. Pauli 34 49:46 45
10. 1. FC Köln (A) 34 46:53 45
11. Energie Cottbus 34 48:42 41
12. Rot-Weiß Oberhausen (N) 34 40:47 41
13. Stuttgarter Kickers 34 38:53 41
14. Fortuna Köln 34 49:55 40
15. FC Gütersloh 34 39:58 37
16. KFC Uerdingen 05 34 34:57 31
17. SG Wattenscheid 09 34 31:46 30
18. Fortuna Düsseldorf 34 35:59 28

1999/2000
1. 1. FC Köln 34 68:39 65
2. VfL Bochum (A) 34 67:48 61
3. Energie Cottbus 34 62:42 58
4. 1. FC Nürnberg (A) 34 54:46 55
5. Bor. M'gladbach (A) 34 60:43 54
6. Rot-Weiß Oberhausen 34 43:34 49
7. SpVgg Greuther Fürth 34 40:39 46
8. Alemannia Aachen (N) 34 46:54 46
9. 1. FSV Mainz 05 34 41:42 45
10. Hannover 96 34 56:56 44
11. Chemnitzer FC (N) 34 42:49 43
12. Waldhof Mannheim (N) 34 50:56 42
13. Tennis Borussia Berlin * 34 42:50 40
14. FC St. Pauli 34 37:45 39
15. Stuttgarter Kickers 34 49:58 39
16. Fortuna Köln 34 38:50 35

17. Kickers Offenbach (N)	34	35:58	35
18. Karlsruher SC	34	35:56	27

*) Tennis Borussia Berlin erhielt für 2000/01 keine Lizenz.

2000/01

1. 1. FC Nürnberg	34	58:35	65
2. Borussia M'gladbach	34	62:31	62
3. FC St. Pauli	34	70:52	60
4. Waldhof Mannheim	34	57:42	59
5. SpVgg Greuther Fürth	34	55:38	54
6. LR Ahlen (N)	34	61:53	54
7. SSV Reutlingen (N)	34	64:52	53
8. 1. FC Saarbrücken (N)	34	48:59	50
9. Hannover 96	34	52:45	46
10. Alemannia Aachen	34	42:60	46
11. MSV Duisburg (A)	34	46:40	45
12. Rot-Weiß Oberhausen	34	45:50	45
13. Arminia Bielefeld (A)	34	53:46	41
14. 1. FSV Mainz 05	34	37:45	40
15. VfL Osnabrück (N)	34	40:52	37
16. SSV Ulm 1846 (A)	34	42:58	34
17. Stuttgarter Kickers	34	31:51	34
18. Chemnitzer FC	34	24:78	16

2001/02

1. Hannover 96	34	93:37	75
2. Arminia Bielefeld	34	68:38	65
3. VfL Bochum (A)	34	69:49	65
4. 1. FSV Mainz 05	34	66:38	64
5. SpVgg Greuther Fürth	34	62:41	59
6. 1. FC Union Berlin (N)	34	61:41	56
7. Eintracht Frankfurt (A)	34	52:44	54
8. LR Ahlen	34	60:70	48
9. Waldhof Mannheim	34	42:48	45
10. SSV Reutlingen	34	53:57	44
11. MSV Duisburg	34	56:57	43
12. Rot-Weiß Oberhausen	34	55:49	42
13. Karlsruher SC (N)	34	45:51	41
14. Alemannia Aachen	34	41:67	40
15. SpVgg Unterhaching (A)	34	40:49	38
16. 1. FC Saarbrücken	34	30:74	25
17. 1. FC Schweinfurt 05 (N)	34	30:70	24
18. SV Babelsberg 03 (N)	34	39:82	18

2002/03

1. SC Freiburg (A)	34	58:32	67
2. 1. FC Köln (A)	34	63:45	65
3. Eintracht Frankfurt	34	59:33	62
4. 1. FSV Mainz 05	34	64:39	62
5. SpVgg Greuther Fürth	34	55:35	57
6. Alemannia Aachen	34	57:48	51
7. Eintracht Trier (N)	34	53:46	48
8. MSV Duisburg	34	42:47	46
9. 1. FC Union Berlin	34	36:48	45
10. Wacker Burghausen (N)	34	48:41	44
11. VfB Lübeck (N)	34	51:50	44
12. LR Ahlen	34	48:60	40
13. Karlsruher SC	34	35:47	39
14. Rot-Weiß Oberhausen	34	38:48	37
15. Eintr. Braunschweig (N)	34	33:53	34
16. SSV Reutlingen *	34	43:53	33

17. FC St. Pauli (A)	34	48:67	31
18. Waldhof Mannheim	34	32:71	25

*) Dem SSV Reutlingen wurden sechs Punkte abgezogen.

2003/04

1. 1. FC Nürnberg (A)	34	68:45	61
2. Arminia Bielefeld (A)	34	50:37	56
3. 1. FSV Mainz 05	34	49:34	54
4. Energie Cottbus (A)	34	52:44	54
5. Rot-Weiß Oberhausen	34	52:48	53
6. Alemannia Aachen	34	51:51	53
7. MSV Duisburg	34	52:46	48
8. Erzgebirge Aue (N)	34	47:45	48
9. SpVgg Greuther Fürth	34	58:51	45
10. Wacker Burghausen	34	40:39	45
11. Eintracht Trier	34	46:51	45
12. LR Ahlen	34	36:45	44
13. SpVgg Unterhaching (N)	34	41:46	43
14. Karlsruher SC	34	38:44	43
15. VfB Lübeck	34	47:57	39
16. Jahn Regensburg (N)	34	37:51	39
17. 1. FC Union Berlin	34	43:53	33
18. VfL Osnabrück (N)	34	35:55	28

2004/05

1. 1. FC Köln (A)	34	62:33	67
2. MSV Duisburg	34	50:37	62
3. Eintracht Frankfurt (A)	34	65:39	61
4. TSV München 1860 (A)	34	52:39	57
5. SpVgg Greuther Fürth	34	51:42	56
6. Alemannia Aachen	34	60:40	54
7. Erzgebirge Aue	34	49:40	51
8. Dynamo Dresden (N)	34	48:53	49
9. Wacker Burghausen	34	48:55	48
10. SpVgg Unterhaching	34	40:43	45
11. Karlsruher SC	34	46:47	43
12. 1. FC Saarbrücken (N)	34	44:50	40
13. LR Ahlen	34	43:49	39
14. Energie Cottbus	34	35:48	39
15. Eintracht Trier	34	39:53	39
16. Rot-Weiß Oberhausen	34	40:62	34
17. Rot-Weiss Essen (N)	34	35:51	33
18. Rot-Weiß Erfurt (N)	34	34:60	30

2005/06

1. VfL Bochum (A)	34	55:26	66
2. Alemannia Aachen	34	61:36	65
3. Energie Cottbus	34	49:33	58
4. SC Freiburg (A)	34	41:33	56
5. SpVgg Greuther Fürth	34	51:42	54
6. Karlsruher SC	34	55:45	53
7. Erzgebirge Aue	34	38:36	48
8. Wacker Burghausen	34	45:49	47
9. SC Paderborn 07 (N)	34	46:40	46
10. Hansa Rostock (A)	34	44:49	43
11. Kickers Offenbach (N)	34	42:53	43
12. Eintr. Braunschweig (N)	34	37:48	43
13. TSV München 1860	34	41:44	42
14. SpVgg Unterhaching	34	42:48	42
15. Dynamo Dresden	34	39:45	41
16. 1. FC Saarbrücken	34	37:63	38
17. LR Ahlen	34	36:50	35
18. Sportfreunde Siegen (N)	34	35:54	31

2006/07

1. Karlsruher SC	34	69:41	70
2. Hansa Rostock	34	49:30	62
3. MSV Duisburg (A)	34	66:40	60
4. SC Freiburg	34	55:39	60
5. SpVgg Greuther Fürth	34	53:40	54
6. 1. FC Kaiserslautern (A)	34	48:34	53
7. FC Augsburg (N)	34	43:32	52
8. TSV München 1860	34	47:49	48
9. 1. FC Köln (A)	34	49:50	46
10. Erzgebirge Aue	34	46:48	45
11. SC Paderborn 07	34	32:41	42
12. TuS Koblenz (N)	34	36:45	41
13. Carl Zeiss Jena (N)	34	40:56	38
14. Kickers Offenbach	34	42:59	36
15. Rot-Weiss Essen (N)	34	34:40	35
16. SpVgg Unterhaching	34	33:49	35
17. Wacker Burghausen	34	42:63	32
18. Eintracht Braunschweig	34	20:48	23

2007/08

1. Bor. M'gladbach (A)	34	71:38	66
2. TSG 1899 Hoffenheim (N)	34	60:40	60
3. 1. FC Köln	34	62:44	60
4. 1. FSV Mainz 05 (A)	34	62:36	58
5. SC Freiburg	34	49:44	55
6. SpVgg Greuther Fürth	34	53:47	52
7. Alemannia Aachen (A)	34	49:44	51
8. SV Wehen Wiesbaden (N)	34	47:53	44
9. FC St. Pauli (N)	34	47:53	42
10. TuS Koblenz *	34	46:47	41
11. TSV München 1860	34	42:45	41
12. VfL Osnabrück (N)	34	43:54	40
13. 1. FC Kaiserslautern	34	37:37	39
14. FC Augsburg	34	39:51	38
15. Kickers Offenbach	34	38:60	38
16. Erzgebirge Aue	34	49:57	32
17. SC Paderborn 07	34	33:54	31
18. Carl Zeiss Jena	34	45:68	29

*) TuS Koblenz wurden sechs Punkte abgezogen.

2008/09

1. SC Freiburg	34	60:36	68
2. 1. FSV Mainz 05	34	62:37	63
3. 1. FC Nürnberg (A)	34	51:29	60
4. Alemannia Aachen	34	58:38	56
5. SpVgg Greuther Fürth	34	60:46	56
6. MSV Duisburg (A)	34	36:56	55
7. 1. FC Kaiserslautern	34	53:48	52
8. FC St. Pauli	34	52:59	48
9. Rot-Weiß Oberhausen (N)	34	35:54	42
10. Rot Weiss Ahlen (N)	34	38:57	41
11. FC Augsburg	34	43:46	40
12. TSV München 1860	34	44:46	39
13. Hansa Rostock (A)	34	52:53	38
14. TuS Koblenz *	34	47:57	38
15. FSV Frankfurt (N)	34	34:47	38
16. VfL Osnabrück	34	41:60	36
17. FC Ingolstadt 04 (N)	34	38:54	31
18. SV Wehen Wiesbaden	34	28:49	27

*) TuS Koblenz wurden drei Punkte abgezogen.

2009/10

1. 1. FC Kaiserslautern	34	56:28	67
2. FC St. Pauli	34	72:37	64
3. FC Augsburg	34	60:40	62
4. Fortuna Düsseldorf (N)	34	48:31	59
5. SC Paderborn 07 (N)	34	49:49	51
6. MSV Duisburg	34	51:46	50
7. Arminia Bielefeld (A) *	34	48:41	49
8. TSV München 1860	34	43:45	48
9. Energie Cottbus (A)	34	55:49	47
10. Karlsruher SC (A)	34	43:45	46
11. SpVgg Greuther Fürth	34	51:50	44
12. 1. FC Union Berlin (N)	34	42:45	44
13. Alemannia Aachen	34	37:41	43
14. Rot-Weiß Oberhausen	34	38:52	41
15. FSV Frankfurt	34	29:50	38
16. Hansa Rostock	34	33:45	36
17. TuS Koblenz	34	35:60	31
18. Rot Weiss Ahlen	34	19:55	22

*) Arminia Bielefeld wurden vier Punkte abgezogen.

2010/11

1. Hertha BSC (A)	34	69:28	74
2. FC Augsburg	34	58:27	65
3. VfL Bochum (A)	34	49:35	65
4. SpVgg Greuther Fürth	34	47:27	61
5. Erzgebirge Aue (N)	34	40:37	56
6. Energie Cottbus	34	65:52	55
7. Fortuna Düsseldorf	34	49:39	53
8. MSV Duisburg	34	53:38	52
9. TSV München 1860 *	34	50:36	50
10. Alemannia Aachen	34	58:60	48
11. 1. FC Union Berlin	34	39:45	42
12. SC Paderborn 07	34	32:47	39
13. FSV Frankfurt	34	42:54	38
14. FC Ingolstadt 04 (N)	34	40:46	37
15. Karlsruher SC	34	46:72	33
16. VfL Osnabrück (N)	34	40:62	31
17. Rot-Weiß Oberhausen	34	30:65	28
18. Arminia Bielefeld *	34	28:65	17

*) TSV München 1860 wurden zwei, Arminia Bielefeld drei Punkte abgezogen.

2011/12

1. SpVgg Greuther Fürth	34	73:27	70
2. Eintracht Frankfurt (A)	34	76:33	68
3. Fortuna Düsseldorf	34	64:35	62
4. FC St. Pauli (A)	34	59:34	62
5. SC Paderborn 07	34	51:42	61
6. TSV München 1860	34	62:46	57
7. 1. FC Union Berlin	34	55:58	48
8. Eintr. Braunschweig (N)	34	37:35	45
9. Dynamo Dresden (N)	34	50:52	45
10. MSV Duisburg	34	42:47	39
11. VfL Bochum	34	41:55	37
12. FC Ingolstadt 04	34	43:58	37
13. FSV Frankfurt	34	43:59	35
14. Energie Cottbus	34	30:49	35
15. Erzgebirge Aue	34	31:55	35
16. Karlsruher SC	34	34:60	33
17. Alemannia Aachen	34	30:47	31
18. Hansa Rostock (N)	34	34:63	27

2012/13

1. Hertha BSC (A) 34 65:28 76
2. Eintracht Braunschweig 34 52:34 67
3. 1. FC Kaiserslautern (A) 34 55:33 58
4. FSV Frankfurt 34 55:45 54
5. 1. FC Köln (A) 34 43:33 54
6. TSV München 1860 34 39:31 49
7. 1. FC Union Berlin 34 50:49 49
8. Energie Cottbus 34 41:36 48
9. VfR Aalen (N) 34 40:39 46
10. FC St. Pauli 34 44:47 43
11. MSV Duisburg * 34 37:49 43
12. SC Paderborn 07 34 45:45 42
13. FC Ingolstadt 04 34 36:43 42
14. VfL Bochum 34 40:52 38
15. Erzgebirge Aue 34 39:46 37
16. Dynamo Dresden 34 35:49 37
17. SV Sandhausen (N) 34 38:66 26
18. Jahn Regensburg (N) 34 36:65 19

*) Der MSV Duisburg erhielt für 2013/14 keine Lizenz.

2013/14

1. 1. FC Köln 34 53:20 68
2. SC Paderborn 07 34 63:48 62
3. SpVgg Greuther Fürth (A) 34 64:38 60
4. 1. FC Kaiserslautern 34 55:39 54
5. Karlsruher SC (N) 34 47:34 50
6. Fortuna Düsseldorf (A) 34 45:44 50
7. TSV München 1860 34 38:41 48
8. FC St. Pauli 34 44:49 48
9. 1. FC Union Berlin 34 48:47 44
10. FC Ingolstadt 04 34 34:33 44
11. VfR Aalen 34 36:39 44
12. SV Sandhausen 34 29:35 44
13. FSV Frankfurt 34 46:51 41
14. Erzgebirge Aue 34 42:54 41
15. VfL Bochum 34 30:43 40
16. Arminia Bielefeld (N) 34 40:58 35
17. Dynamo Dresden 34 36:53 32
18. Energie Cottbus 34 35:59 25

2014/15

1. FC Ingolstadt 04 34 53:32 64
2. SV Darmstadt 98 (N) 34 44:26 59
3. Karlsruher SC 34 46:26 58
4. 1. FC Kaiserslautern 34 45:31 56
5. RB Leipzig (N) 34 39:31 50
6. Eintr. Braunschweig (A) 34 44:41 50
7. 1. FC Union Berlin 34 46:51 47
8. 1. FC Heidenheim (N) 34 49:44 46
9. 1. FC Nürnberg (A) 34 42:47 45
10. Fortuna Düsseldorf 34 48:52 44
11. VfL Bochum 34 53:55 42
12. SV Sandhausen * 34 32:37 39
13. FSV Frankfurt 34 41:53 39
14. SpVgg Greuther Fürth 34 34:42 37
15. FC St. Pauli 34 40:51 37
16. TSV München 1860 34 41:51 36
17. Erzgebirge Aue 34 32:47 36
18. VfR Aalen * 34 34:46 31

*) VfR Aalen wurden zwei, SV Sandhausen drei Punkte (und weitere drei 2015/16) abgezogen.

2015/16

1. SC Freiburg (A) 34 75:39 72
2. RB Leipzig 34 54:32 67
3. 1. FC Nürnberg 34 68:41 65
4. FC St. Pauli 34 45:39 53
5. VfL Bochum 34 56:40 51
6. 1. FC Union Berlin 34 56:50 49
7. Karlsruher SC 34 35:37 47
8. Eintracht Braunschweig 34 44:38 46
9. SpVgg Greuther Fürth 34 49:55 46
10. 1. FC Kaiserslautern 34 49:47 45
11. 1. FC Heidenheim 34 42:40 45
12. Arminia Bielefeld (N) 34 38:39 42
13. SV Sandhausen * 34 40:50 40
14. Fortuna Düsseldorf 34 32:47 35
15. TSV München 1860 34 32:46 34
16. MSV Duisburg (N) 34 32:54 32
17. FSV Frankfurt 34 33:59 32
18. SC Paderborn 07 (A) 34 28:55 28

*) SV Sandhausen wurden drei Punkte abgezogen.

Torschützenkönige der 2. Bundesliga

2. Liga Nord:
1975 Volker Graul (Arminia Bielefeld) 30 – 1976 Norbert Stolzenburg (Tennis Borussia Berlin) 27 – 1977 Franz Gerber (FC St. Pauli) 27 – 1978 Horst Hrubesch (Rot-Weiss Essen) 41 – 1979 Karl-Heinz Mödrath (Fortuna Köln) 28 – 1980 Christian Sackewitz (Arminia Bielefeld) 35 – 1981 Frank Mill (Rot-Weiss Essen) 40 – 1992 Radek Drulak (VfB Oldenburg) 21.

2. Liga Süd:
1975 Bernd Hoffmann (Karlsruher SC) 25 – 1976 Karl-Heinz Granitza (Röchling Völklingen) 29 – 1977 Lothar Emmerich (1. Würzburger FV 04) 24 – 1978 Emanuel Günther (Karlsruher SC) 27 – 1979 Eduard Kirschner (SpVgg Fürth) 33 – 1980 Emanuel Günther (Karlsruher SC) 29 – 1981 Horst Neumann (SV Darmstadt 98) 27 – 1992 Michael Preetz (1. FC Saarbrücken) 17.

2. Bundesliga:
1982 Rudi Völler (TSV München 1860) 37 – 1983 Dieter Schatzschneider (Fortuna Köln) 31 – 1984 Roland Wohlfarth (MSV Duisburg) und Emanuel Günther (Karlsruher SC) je 30 – 1985 Manfred Burgsmüller (Rot-Weiß Oberhausen) 29 – 1986 Leo Bunk (Blau-Weiß 90 Berlin) 26 – 1987 Siegfried Reich (Hannover 96) 26 – 1988 Souleyman Sane (SC Freiburg) 21 – 1989 Sven Demandt (Fortuna Düsseldorf) 35 – 1990 Maurice Banach (SG Wattenscheid 09) 22 – 1991 Michael Tönnies (MSV Duisburg) 29 – 1992 zweigleisig – 1993 Siegfried Reich (VfL Wolfsburg) 27 – 1994 Uwe Wegmann (VfL Bochum) 22 – 1995 Jürgen Rische (VfB Leipzig) 17 – 1996 Fritz Walter (Arminia Bielefeld) 21 – 1997 Angelo Vier (Rot-Weiss Essen) 18 – 1998 Angelo Vier (FC Gütersloh) 18 – 1999 Bruno Labbadia (Arminia Bielefeld) 28 – 2000 Tomislav Maric (Stuttgarter Kickers) 21 – 2001 Olivier Djappa (SSV Reutlingen) und Artur Wichniarek (Arminia Bielefeld) je 18 – 2002 Artur Wichniarek (Arminia Bielefeld) 20 – 2003 Andrey Voronin (FSV Mainz 05) 20 – 2004 Marek Mintal (1. FC Nürnberg) und Francisco Copado (SpVgg Unterhaching) je 18 – 2005 Lukas Podolski (1. FC Köln) 24 – 2006 Christian Eigler (SpVgg Greuther Fürth) 25 – 2007 Giovanni Federico (Karlsruher SC) 19 – 2008 Milivoje Novakovic (1. FC Köln) 20 – 2009 Benjamin Auer (Alemannia Aachen), Cederick Makiadi (MSV Duisburg) und Marek Mintal (1. FC Nürnberg) je 16 – 2010 Michael Thurk (FC Augsburg) 23 – 2011 Nils Petersen (Energie Cottbus) 25 – 2012 Alexander Meier (Eintracht Frankfurt), Olivier Occean (SpVgg Greuther Fürth) und Nick Proschwitz (SC Paderborn 07) je 17 – 2013 Domi Kumbela (Eintracht Braunschweig) 19 – 2014 Mahir Saglik (SC Paderborn 07) und Jakub Sylvestr (Erzgebirge Aue) je 15 – 2015 Rouwen Hennings (Karlsruher SC) 17 – 2016 Simon Terodde (VfL Bochum) 25.

Der Aufstieg in die 2. Bundesliga

Nach Einführung der 2. Liga 1974 stiegen in der Regel je vier Klubs in die Gruppen Nord und Süd auf. Bis zur flächendeckenden Einführung der Amateur-Oberligen 1978/79 stiegen nur der Bayern- und Hessenmeister direkt auf. Die übrigen sechs Aufsteiger wurden in Aufstiegsrunden ermittelt.

1975
Nord, Gruppe A: Bayer Leverkusen und Union Solingen vor Arminia Hannover – **Nord, Gruppe B:** Westfalia Herne und Spandauer SV vor VfB Oldenburg.
Baden-Württemberg: SSV Reutlingen vor VfR Aalen, Offenburger FV und VfB Eppingen – **Südwest:** Eintracht Bad Kreuznach vor Eintracht Trier und ASC Dudweiler – Jahn Regensburg (Bayern) und FSV Frankfurt (Hessen) Direktaufsteiger.

1976
Nord, Gruppe A: VfL Wolfsburg und Bonner SC vor 1. FC Bocholt – **Nord, Gruppe B:** Arminia Hannover und SC Herford vor Union 06 Berlin.
Baden-Württemberg: BSV Schwenningen vor SpVgg Ludwigsburg, VfR Mannheim und FC 08 Villingen – **Südwest:** Eintracht Trier vor Wormatia Worms und Borussia Neunkirchen – 1. Würzburger FV 04 (nach Verzicht von Bayernmeister Wacker München) und KSV Baunatal (Hessen) Direktaufsteiger.

1977
Nord, Gruppe A: Rot-Weiß Lüdenscheid vor SV Siegburg 04, Union Salzgitter und Holstein Kiel – **Nord, Gruppe B:** TuS Bremerhaven 93 vor dem 1. FC Bocholt, Spandauer SV und SVA Gütersloh – Entscheidungsspiele der Gruppenzweiten: 1. FC Bocholt – SV Siegburg 04 1:0, 1:0.
Baden-Württemberg: Freiburger FC vor dem SSV Reutlingen, SSV Ulm 1846 und SV Neckargerach – **Südwest:** Wormatia Worms vor Borussia Neunkirchen und TuS Neuendorf – Würzburger Kickers (Bayern) und VfR Oli Bürstadt (Hessen) Direktaufsteiger.

1978
Nord, Qualifikation: Holstein Kiel – 1. FC Paderborn 2:2, 2:2, n. V. 1:1, Elfmeterschießen 4:2 – **Nord, Gruppe A:** Viktoria Köln und DSC Wanne-Eickel vor VfL Wolfsburg und 1. SC Göttingen 05 – **Nord, Gruppe B:** Wacker 04 Berlin und Holstein Kiel vor OSV Hannover und Olympia Bocholt.
Baden-Württemberg: SC Freiburg vor SSV Ulm 1846, SSV Reutlingen und FV 09 Weinheim – **Südwest:** Borussia Neunkirchen vor TuS Neuendorf und 1. FSV Mainz 05 – MTV Ingolstadt (Bayern) und FC Hanau 93 (Hessen) Direktaufsteiger.

1979
Direktaufsteiger: OSV Hannover (Nord), Rot-Weiß Oberhausen (Nordrhein), SC Herford (Westfalen), ESV Ingolstadt (Bayern), SSV Ulm 1846 (Baden-Württemberg), VfR Oli Bürstadt (Hessen), Röchling Völklingen (Südwest). **Qualifikation des Nord-Zweiten mit dem Berliner Meister:** Hertha Zehlendorf – OSC Bremerhaven 5:4, 0:1 (Bremerhaven Aufsteiger).

1980
Direktaufsteiger: VfB Oldenburg (Nord), 1. FC Bocholt (Nordrhein), SpVgg Erkenschwick (Westfalen), FC Augsburg (Bayern), VfB Eppingen (Baden-Württemberg), Hessen Kassel (Hessen), Borussia Neunkirchen (Südwest). **Qualifikation des Nord-Zweiten mit dem Berliner Meister:** 1. SC Göttingen 05 – Berliner FC Preußen 1:0, 1:1.

1981
Wegen Einführung der eingleisigen 2. Bundesliga gab es keinen Aufstieg aus dem Amateurbereich in den bezahlten Fußball.

1982
Die acht Oberliga-Meister (ab 1984 auch der Nord-Zweite) ermittelten in zwei Gruppen je zwei Aufsteiger in die 2. Bundesliga.
Gruppe Nord: BV Lüttringhausen und TuS Schloß Neuhaus vor Arminia Hannover und Tennis Borussia Berlin – **Gruppe Süd:** FSV Frankfurt und FC Augsburg vor SSV Ulm 1846 und FC 08 Homburg.

1983
Gruppe Nord: Rot-Weiß Oberhausen und SC Charlottenburg vor SC Eintracht Hamm und FC St. Pauli – **Gruppe Süd:** SSV Ulm 1846 und 1. FC Saarbrücken vor VfR Bürstadt und SpVgg Unterhaching.

1984
Gruppe Nord: Blau-Weiß 90 Berlin und FC St. Pauli vor 1. FC Bocholt, FC Gütersloh und SV Lurup – **Gruppe Süd:** FC 08 Homburg und VfR Bürstadt vor Freiburger FC und TSV München 1860.

1985
Gruppe Nord: VfL Osnabrück und Tennis Borussia Berlin vor Rot-Weiss Essen, SC Eintracht Hamm und Hummelsbütteler SV – **Gruppe Süd:** SpVgg Bayreuth und Viktoria Aschaffenburg vor FSV Salmrohr und SV Sandhausen.

1986
Gruppe Nord: FC St. Pauli und Rot-Weiß Essen vor SC Charlottenburg, VfB Oldenburg und ASC Schöppingen – **Gruppe Süd:** SSV Ulm 1846 und FSV Salmrohr vor Kickers Offenbach und TSV München 1860.

1987
Gruppe Nord: BVL Remscheid und SV Meppen vor Hertha BSC, SpVgg Erkenschwick und Arminia Hannover – **Gruppe Süd:** Kickers Offenbach und SpVgg Bayreuth vor Eintracht Trier und SV Sandhausen.

1988
Gruppe Nord: Hertha BSC und Eintracht Braunschweig vor MSV Duisburg, Preußen Münster und VfL Wolfsburg – **Gruppe Süd:** 1. FSV Mainz 05 und Viktoria Aschaffenburg vor SpVgg Unterhaching und FV 09 Weinheim.

1989
Gruppe Nord: MSV Duisburg und Preußen Münster vor 1. SC Göttingen 05, Reinickendorfer Füchse und TSV Havelse – **Gruppe Süd:** Hessen Kassel und SpVgg Unterhaching vor SSV Reutlingen und SV Edenkoben.

1990
Gruppe Nord: VfB Oldenburg und TSV Havelse vor Arminia Bielefeld, Wuppertaler SV und Reinickendorfer Füchse – **Gruppe Süd:** 1. FSV Mainz 05 und 1. FC Schweinfurt 05 vor SSV Reutlingen und Rot-Weiss Frankfurt.

1991
Gruppe Nord: FC Remscheid vor VfL Wolfsburg, 1. SC Göttingen 05, SC Verl und Tennis Borussia Berlin – **Gruppe Süd:** TSV München 1860 vor Hessen Kassel, 1. FC Pforzheim und Borussia Neunkirchen – Außerdem qualifizierten sich aus der Oberliga Nordost (ehem. DDR) die Klubs auf den Plätzen 3 bis 6 direkt für die 2. Bundesliga (Rot-Weiß Erfurt, Hallescher FC Chemie, Chemnitzer FC und Carl Zeiss Jena). Die Klubs auf den Plätzen 7 bis 12 sowie die Meister der beiden Liga-Stafeln ermittelten in zwei Gruppen zwei weitere Aufsteiger. **Gruppe 1:** Stahl Brandenburg vor FC Berlin, 1. FC Union Berlin und 1. FC Magdeburg; **Gruppe 2:** 1. FC Lokomotive Leipzig vor Stahl Eisenhüttenstadt, FSV Zwickau und Sachsen Leipzig.

1992
Die zehn Oberliga-Meister spielten in drei Gruppen je einen Aufsteiger aus. **Gruppe 1:** VfL Wolfsburg vor FSV Zwickau, FC Berlin und 1. FC Union Berlin; **Gruppe 2:** Wuppertaler SV vor FSV Salmrohr und Preußen Münster, **Gruppe 3:** SpVgg Unterhaching vor SSV Reutlingen und Viktoria Aschaffenburg. Außerdem gab es eine Relegationsrunde zwischen den beiden Drittletzten der 2. Bundesliga Nord und Süd und dem Zweiten der Oberliga Nord: Fortuna Köln vor TSV München 1860 und TSV Havelse.

1993
Gruppe 1: 1. FC Union Berlin vor Tennis Borussia Berlin und Bischofswerdaer FV 08 (Da Union die Lizenz verweigert wurde, stieg TeBe auf) – **Gruppe 2:** Rot-Weiss Essen vor Preußen Münster, Eintracht Trier und VfL Herzlake – **Gruppe 3:** TSV München 1860 vor SSV Ulm 1846, Kickers Offenbach und 1. SC Norderstedt.

1994
Gruppe 1: FSV Zwickau vor BSV Brandenburg und Energie Cottbus – **Gruppe 2:** FSV Frankfurt vor SSV Ulm 1846, Eintracht Trier und Kickers Emden – **Gruppe 3:** Fortuna Düsseldorf vor Eintracht Braunschweig, TuS Paderborn-Neuhaus und FC Augsburg.

1995
Nach Wiedereinführung der Regionalliga 1994 stiegen zunächst alle vier Meister direkt auf. Da es sich aber nach offizieller DFB-Lesart um eine dreigleisige Regionalliga in vier Gruppen (West/Südwest, Süd sowie Nord und Nordost) handelte, wurden ab 1996 Qualifikationsspiele notwendig. **Direktauf-**

steiger: VfB Lübeck (Nord), Carl Zeiss Jena (Nordost), Arminia Bielefeld (West/Südwest) und SpVgg Unterhaching (Süd).

1996
Direktaufsteiger: FC Gütersloh, Rot-Weiss Essen (West/Südwest), Stuttgarter Kickers (Süd). Qualifikation zwischen dem Nord- und Nordost-Meister: Tennis Borussia Berlin – VfB Oldenburg 1:1 und n. V. 1:2.

1997
Direktaufsteiger: SG Wattenscheid 09 (West/Südwest), 1. FC Nürnberg und SpVgg Greuther Fürth (Süd). Qualifikation zwischen dem Nord- und Nordost-Meister: Hannover 96 – Energie Cottbus 0:0 und 1:3.

1998
Direktaufsteiger: Rot-Weiß Oberhausen (West/Südwest), SSV Ulm 1846 (Süd). Qualifikation zwischen dem Nord- und Nordost-Meister: Tennis Borussia Berlin – Hannover 96 2:0 und n. V. 0:2, Elfmeterschießen 1:3 – Tennis Borussia Berlin setzte sich anschließend in der Deutschen Amateur-Meisterschaft gegen Sportfreunde Siegen und Kickers Offenbach durch und stieg als vierter Klub auf.

1999
Direktaufsteiger: Alemannia Aachen (West/Südwest), SV Waldhof Mannheim (Süd). Qualifikation zwischen dem Nord- und Nordost-Meister: VfL Osnabrück – Chemnitzer FC 1:0 und 0:2. Anschließend setzte sich Kickers Offenbach gegen VfL Osnabrück und Eintracht Trier durch und stieg als vierter Klub auf.

2000
Direktaufsteiger: 1. FC Saarbrücken (West/Südwest), SSV Reutlingen (Süd). Qualifikation zwischen dem Nord- und Nordost-Meister: 1. FC Union Berlin – VfL Osnabrück 1:1 und n. V. 1:1, Elfmeterschießen 7:8. Anschließend setzte sich LR Ahlen gegen 1. FC Union Berlin und SC Pfullendorf durch und stieg als vierter Klub auf.

2001 bis 2008
Nach Reduzierung der Regionalliga auf zwei Gruppen Nord und Süd stiegen die beiden Meister und Zweitplatzierten direkt auf. Amateur-/2. Mannschaften von Bundes- und Zweitligisten hatten kein Aufstiegsrecht.

2009
Nach Einführung der 3. Liga steigen der Meister und Zweitplatzierte (1. FC Union Berlin und Fortuna Düsseldorf) direkt auf. Der Dritte der 3. Liga bestreitet Relegationsspiele gegen den Drittletzten der 2. Bundesliga: SC Paderborn 07 – VfL Osnabrück 1:0 und 1:0.

2010
Direktaufsteiger: VfL Osnabrück (Meister) und Erzgebirge Aue (Zweiter).
Relegation: FC Ingolstadt 04 – Hansa Rostock 1:0 und 2:0.

2011
Direktaufsteiger: Eintracht Braunschweig (Meister) und Hansa Rostock (Zweiter).
Relegation: Dynamo Dresden – VfL Osnabrück 1:1 und n. V. 3:1.

2012
Direktaufsteiger: SV Sandhausen (Meister) und VfR Aalen (Zweiter).
Relegation: Jahn Regensburg – Karlsruher SC 1:1 und 2:2.

2013
Direktaufsteiger: Karlsruher SC (Meister) und Arminia Bielefeld (Zweiter).
Relegation: VfL Osnabrück – Dynamo Dresden 1:0 und 0:2.

2014
Direktaufsteiger: 1. FC Heidenheim (Meister) und RB Leipzig (Zweiter).
Relegation: SV Darmstadt 98 – Arminia Bielefeld 1:3 und n. V. 4:2.

2015
Direktaufsteiger: Arminia Bielefeld (Meister) und MSV Duisburg (Zweiter).
Relegation: Holstein Kiel – TSV München 1860 0:0 und 1:2.

2016
Direktaufsteiger: Dynamo Dresden (Meister) und Erzgebirge Aue (Zweiter).
Relegation: Würzburger Kickers – MSV Duisburg 2:0 und 2:1.

Die 3. Liga

2008/09

1. 1. FC Union Berlin	38	59:23	78
2. Fortuna Düsseldorf	38	54:33	69
3. SC Paderborn 07 (A)	38	68:38	68
4. SpVgg Unterhaching	38	57:46	67
5. Bayern München II	38	54:38	59
6. Kickers Emden	38	45:44	59
7. Kickers Offenbach (A)	38	40:35	52
8. SV Sandhausen	38	58:52	50
9. Dynamo Dresden	38	46:46	50
10. Rot-Weiß Erfurt	38	46:48	50
11. VfB Stuttgart II	38	61:50	49
12. Erzgebirge Aue (A)	38	43:43	48
13. Eintracht Braunschweig	38	46:51	45
14. Wuppertaler SV Borussia	38	36:45	45
15. Jahn Regensburg	38	37:51	45
16. Carl Zeiss Jena (A)	38	41:59	41
17. Werder Bremen II	38	49:58	40
18. Wacker Burghausen	38	40:65	40
19. VfR Aalen	38	38:60	39
20. Stuttgarter Kickers *	38	38:71	29

*) Den Stuttgarter Kickers wurden drei Punkte abgezogen. Kickers Emden zog sich aus finaziellen Gründen in die Oberliga Niedersachsen West zurück.

2009/10

1. VfL Osnabrück (A)	38	55:37	69
2. Erzgebirge Aue	38	57:41	68
3. FC Ingolstadt 04 (A)	38	72:46	64
4. Eintracht Braunschweig	38	55:37	62
5. Carl Zeiss Jena	38	54:44	60
6. 1. FC Heidenheim (N)	38	66:56	59
7. Kickers Offenbach	38	55:35	57
8. Bayern München II	38	55:65	54
9. Rot-Weiß Erfurt	38	41:41	53
10. VfB Stuttgart II	38	53:50	52
11. SpVgg Unterhaching	38	52:52	50
12. Dynamo Dresden	38	39:46	50
13. Werder Bremen II	38	49:54	47
14. SV Sandhausen	38	54:63	47
15. SV Wehen Wiesbaden (A)	38	52:64	47
16. Jahn Regensburg	38	43:48	46
17. Wacker Burghausen	38	45:64	46
18. Borussia Dortmund II (N)	38	43:58	39
19. Holstein Kiel (N)	38	43:61	38
20. Wuppertaler SV Borussia	38	40:61	38

2010/11

1. Eintracht Braunschweig	38	81:22	85
2. Hansa Rostock (A)	38	70:36	78
3. Dynamo Dresden	38	55:37	65
4. SV Wehen Wiesbaden	38	55:39	64
5. Rot-Weiß Erfurt	38	63:45	61
6. 1. FC Saarbrücken (N)	38	61:51	59
7. Kickers Offenbach	38	52:45	52
8. Jahn Regensburg	38	35:41	52
9. 1. FC Heidenheim	38	59:58	51
10. VfB Stuttgart II	38	48:48	51
11. TuS Koblenz (A)	38	38:46	49
12. SV Sandhausen	38	43:46	46
13. SV Babelsberg 03 (N)	38	39:47	46
14. SpVgg Unterhaching	38	39:55	45
15. Carl Zeiss Jena	38	43:62	44
16. VfR Aalen (N)	38	40:52	41
17. Wacker Burghausen	38	46:66	37
18. Werder Bremen II	38	33:56	36
19. Bayern München II	38	30:54	30
20. Rot Weiss Ahlen (A)*	38	45:69	39

TuS Koblenz stellte für 2011/12 keinen Lizenzantrag für die 3. Liga. Rot Weiss Ahlen wurden drei Punkte abgezogen. Außerdem wurde der Klub nach Saisonende wegen Eröffnung des Insolvenzverfahren auf den letzten Platz zurückgestuft.

2011/12

1. SV Sandhausen	38	57:42	66
2. VfR Aalen	38	50:42	64
3. Jahn Regensburg	38	55:41	61
4. 1. FC Heidenheim	38	48:36	60
5. Rot-Weiß Erfurt	38	54:41	59
6. Wacker Burghausen	38	55:47	57
7. VfL Osnabrück (A)	38	46:35	55
8. Kickers Offenbach	38	49:41	55
9. Chemnitzer FC (N)	38	47:43	55
10. 1. FC Saarbrücken	38	61:51	54
11. VfB Stuttgart II	38	44:47	50
12. Preußen Münster (N)	38	40:44	50
13. Arminia Bielefeld (A)	38	51:57	50
14. SV Darmstadt 98 (N)	38	51:47	49
15. SpVgg Unterhaching	38	63:59	44
16. SV Wehen Wiesbaden	38	40:48	44
17. SV Babelsberg 03	38	44:59	44
18. Carl Zeiss Jena	38	39:59	39
19. RW Oberhausen (A)	38	33:47	38
20. Werder Bremen II	38	29:70	22

2012/13

1. Karlsruher SC (A)	38	69:27	79
2. Arminia Bielefeld	38	59:32	76
3. VfL Osnabrück	38	64:35	73
4. Preußen Münster	38	63:33	72
5. 1. FC Heidenheim	38	69:47	72
6. Chemnitzer FC	38	56:47	55
7. SV Wehen Wiesbaden	38	51:51	51
8. Wacker Burghausen	38	45:45	51
9. SpVgg Unterhaching	38	48:55	51
10. Hallescher FC (N)	38	37:50	46
11. 1. FC Saarbrücken	38	52:62	45
12. Hansa Rostock (A)	38	39:52	44
13. Rot-Weiß Erfurt	38	44:58	44
14. VfB Stuttgart II	38	35:42	43
15. Kickers Offenbach *	38	41:44	42
16. Borussia Dortmund II (N)	38	39:58	41
17. Stuttgarter Kickers (N)	38	39:48	40
18. SV Darmstadt 98	38	32:46	38
19. SV Babelsberg 03	38	32:54	37
20. Alemannia Aachen (A) *	38	40:68	26

*) Kickers Offenbach wurden zwei Punkte abgezogen und die Lizenz für 2013/14 verweigert. Alemannia Aachen wurden insgesamt fünf Punkte abgezogen.

2013/14

1. 1. FC Heidenheim	38	59:25	79
2. RB Leipzig (N)	38	65:34	79
3. SV Darmstadt 98	38	58:29	72
4. SV Wehen Wiesbaden	38	43:44	56
5. VfL Osnabrück	38	50:39	55
6. Preußen Münster	38	55:50	53
7. MSV Duisburg (A)	38	43:43	52
8. Stuttgarter Kickers	38	45:46	51
9. Hallescher FC	38	50:55	51
10. Rot-Weiß Erfurt	38	53:49	50
11. Jahn Regensburg (A)	38	51:51	49
12. Chemnitzer FC	38	43:46	49
13. Hansa Rostock	38	45:55	49
14. Borussia Dortmund II	38	47:55	46
15. VfB Stuttgart II	38	45:54	46
16. Holstein Kiel (N)	38	42:38	45
17. SpVgg Unterhaching	38	50:65	43
18. SV Elversberg (N)	38	32:54	40
19. Wacker Burghausen	38	39:58	37
20. 1. FC Saarbrücken	38	38:63	32

2014/15

1. Arminia Bielefeld (A)	38	75:41	74
2. MSV Duisburg	38	63:40	71
3. Holstein Kiel	38	53:30	67
4. Stuttgarter Kickers	38	61:47	65
5. Chemnitzer FC	38	44:36	59
6. Dynamo Dresden (A)	38	52:48	56
7. Energie Cottbus (A)	38	50:50	56
8. Preußen Münster	38	53:49	54
9. SV Wehen Wiesbaden	38	54:44	53
10. Hallescher FC	38	51:53	53
11. VfL Osnabrück	38	49:51	52
12. Rot-Weiß Erfurt	38	47:54	51
13. VfB Stuttgart II	38	48:57	47
14. Fortuna Köln (N)	38	38:47	46
15. SGS Großaspach (N)	38	39:60	46
16. 1. FSV Mainz 05 II (N)	38	43:52	42
17. Hansa Rostock	38	54:68	41
18. Borussia Dortmund II	38	41:51	39
19. SpVgg Unterhaching *	38	51:67	39
20. Jahn Regensburg	38	44:65	31

*) SpVgg Unterhaching wurden zwei Punkte abgezogen.

2015/16

1. Dynamo Dresden	38	75:35	78
2. Erzgebirge Aue (A)	38	42:21	70
3. Würzburger Kickers (N)	38	43:25	64
4. 1. FC Magdeburg (N)	38	49:37	56
5. VfL Osnabrück	38	46:41	56
6. Chemnitzer FC	38	52:46	55
7. SGS Großaspach	38	58:47	54
8. Rot-Weiß Erfurt	38	47:50	50
9. Preußen Münster	38	43:41	49
10. Hansa Rostock	38	42:48	49
11. Fortuna Köln	38	56:69	49
12. 1. FSV Mainz 05 II	38	48:47	48
13. Hallescher FC	38	48:48	48
14. Holstein Kiel	38	44:47	48
15. VfR Aalen (A)	38	35:40	44
16. SV Wehen Wiesbaden	38	35:48	43
17. Werder Bremen II (N)	38	42:56	43
18. Stuttgarter Kickers	38	38:52	43
19. Energie Cottbus	38	32:52	41
20. VfB Stuttgart II	38	38:63	31

Torschützenkönige der 3. Liga

2009 Anton Fink (SpVgg Unterhaching) 21 – 2010 Regis Dorn (SV Sandhausen) 22 – 2011 Domi Kumbela (Eintracht Braunschweig) und Patrick Mayer (1. FC Heidenheim) je 19 – 2012 Marcel Reichwein (Rot-Weiß Erfurt) 17 – 2013 Fabian Klos (Arminia Bielefeld) und Anton Fink (Chemnitzer FC) je 20 – 2014 Dominik Stroh-Engel (SV Darmstadt 98) 27 – 2015 Fabian Klos (Arminia Bielefeld) 23 – 2016 Justin Eilers (Dynamo Dresden) 23.

Der Aufstieg in die 3. Liga

Bis 2012 stiegen die Meister der Regionalligen Nord, West und Süd direkt auf. 2013 gab es erstmals Aufstiegsspiele der Meister der fünf Regionalligen und dem Zweiten der Regionalliga Südwest.

2013
RB Leipzig – Sportfreunde Lotte 2:0, n. V. 2:2; Holstein Kiel – Hessen Kassel 2:0, 2:1; SV Elversberg – TSV München 1860 II 3:2, 1:1.

2014
TSG Neustrelitz – 1. FSV Mainz 05 II 0:2, 1:3; SG Sonnenhof Großaspach – VfL Wolfsburg II 0:0, 1:0; Fortuna Köln – Bayern München II 1:0, 1:2.

2015
1. FC Saarbrücken – Würzburger Kickers 0:1, n. V. 1:0, Elfmeterschießen 5:6; 1. FC Magdeburg – Kickers Offenbach 1:0, 3:1; Werder Bremen II – Borussia Mönchengladbach II 0:0, n. V. 2:0.

2016
VfL Wolfsburg II – Jahn Regensburg 1:0, 0:2; SV Elversberg – FSV Zwickau 1:1, 0:1; Sportfreunde Lotte – SV Waldhof Mannheim 0:0, 2:0.

Die Regionalliga

(Nach Einführung der Bundesliga 1963 bis 1973/74 die zweithöchste deutsche Spielklasse; 1994 Wiedereinführung als dritthöchste Spielklasse, ab 2000/01 nur noch in zwei Gruppen Nord und Süd; nach Einführung der 3. Liga 2008 vierthöchste Spielklasse in drei Gruppen Nord, West und Süd, seit 2012 in fünf Gruppen Nord, Nordost, West, Südwest und Bayern.)

Die Meister der Regionalligen

Nord:
1964 FC St. Pauli – 1965 Holstein Kiel – 1966 FC St. Pauli – 1967, 1968 Arminia Hannover – 1969, 1970, 1971 VfL Osnabrück – 1972, 1973 FC St. Pauli – 1974 Eintracht Braunschweig – 1995 VfB Lübeck – 1996 VfB Oldenburg – 1997, 1998 Hannover 96 – 1999, 2000 VfL Osnabrück – 2001 1. FC Union Berlin – 2002 VfB Lübeck – 2003 Erzgebirge Aue – 2004 Rot-Weiss Essen – 2005 Eintracht Braunschweig – 2006 Rot-Weiss Essen – 2007 FC St. Pauli – 2008 Rot Weiss Ahlen – 2009 Holstein Kiel – 2010 SV Babelsberg 03 – 2011 Chemnitzer FC – 2012 Hallescher FC – 2013 Holstein Kiel – 2014 VfL Wolfsburg II – 2015 Werder Bremen II – 2016 VfL Wolfsburg II.

West:
1964 Alemannia Aachen – 1965 Borussia Mönchengladbach – 1966 Fortuna Düsseldorf – 1967 Alemannia Aachen – 1968 Bayer Leverkusen – 1969 Rot-Weiß Oberhausen – 1970, 1971 VfL Bochum – 1972 Wuppertaler SV – 1973 Rot-Weiss Essen – 1974 SG Wattenscheid 09 – 2009 Borussia Dortmund II – 2010 1. FC Saarbrücken – 2011 Rot-Weiss Essen – 2012 Borussia Dortmund II – 2013 Sportfreunde Lotte – 2014 Fortuna Köln – 2015 Borussia Mönchengladbach II – 2016 Sportfreunde Lotte.

Süd:
1964 Hessen Kassel – 1965 Bayern München – 1966 1. FC Schweinfurt 05 – 1967 Kickers Offenbach – 1968 Bayern Hof – 1969 Karlsruher SC – 1970 Kickers Offenbach – 1971 1. FC Nürnberg – 1972 Kickers Offenbach – 1973 SV Darmstadt 98 – 1974 FC Augsburg – 1995 SpVgg Unterhaching – 1996 Stuttgarter Kickers – 1997 1. FC Nürnberg – 1998 SSV Ulm 1846 – 1999 SV Waldhof Mannheim – 2000 SSV Reutlingen – 2001 Karlsruher SC – 2002 Wacker Burghausen – 2003 SpVgg Unterhaching – 2004 Bayern München Am. – 2005 Kickers Offenbach – 2006 FC Augsburg – 2007 SV Wehen – 2008 FSV Frankfurt – 2009 1. FC Heidenheim – 2010 VfR Aalen – 2011 SV Darmstadt 98 – 2012 Stuttgarter Kickers – ab 2012/13 siehe Regionalliga Südwest und Bayern.

Südwest:
1964 Borussia Neunkirchen – 1965 1. FC Saarbrücken – 1966 FK Pirmasens – 1967 Borussia Neunkirchen – 1968, 1969, 1970 SV Alsenborn – 1971, 1972 Borussia Neunkirchen – 1973 1. FSV Mainz 05 – 1974 Borussia Neunkirchen – 2013 Hessen Kassel – 2014 SG Sonnenhof Großaspach – 2015 Kickers Offenbach – 2016 SV Waldhof Mannheim.

West/Südwest:
1995 Arminia Bielefeld – 1996 FC Gütersloh – 1997 SG Wattenscheid 09 – 1998 Rot-Weiß Oberhausen – 1999 Alemannia Aachen – 2000 1. FC Saarbrücken.

Bayern:
2013 TSV München 1860 II – 2014 Bayern München II – 2015 Würzburger Kickers – 2016 Jahn Regensburg.

Berlin:
1964 SC Tasmania 1900 – 1965 Tennis Borussia – 1966, 1967, 1968 Hertha BSC – 1969, 1970 Hertha Zehlendorf – 1971 SC Tasmania 1900 – 1972 SC Wacker 04 – 1973 SV Blau-Weiß 90 – 1974 Tennis Borussia.

Nordost:
1995 Carl Zeiss Jena – 1996 Tennis Borussia Berlin – 1997 Energie Cottbus – 1998 Tennis Borussia Berlin – 1999 Chemnitzer FC – 2000 1. FC Union Berlin – 2013 RB Leipzig – 2014 TSG Neustrelitz – 2015 1. FC Magdeburg – 2016 FSV Zwickau.

Torschützenkönige der Regionalligen
Nord:
1964 Haecks (FC St. Pauli) 36 – 1965 Saborowski (Holstein Kiel) 34 – 1966 Haecks (FC St. Pauli) 26 – 1967 Pröpper (VfL Osnabrück) 25 – 1968 Kemmer (VfL Wolfsburg) 19 – 1969 Kaniber (VfL Osnabrück) 30 – 1970 Kemmer (VfL Wolfsburg) 25 – 1971 Schulz (Holstein Kiel) 21 – 1972 Hußner (FC St. Pauli)

23 – 1973 Segler (VfL Osnabrück) 24 – 1974 Gersdorff (Eintracht Braunschweig) 35 – 1995 C. Claaßen (SV Wilhelmshaven) 26 – 1996 Cengiz (Atlas Delmenhorst) 21 – 1997 Cengiz (VfL Herzlake) 28 – 1998 Erdmann (Arminia Hannover) 34 – 1999 Bärwolf (VfB Lübeck) 26 – 2000 Bärwolf (VfB Lübeck) und Bester (Lüneburger SK) je 25 – 2001 Teixeira (KFC Uerdingen 05/1. FC Union Berlin) 32 – 2002 Teixeira (Eintracht Braunschweig) und Gerov (SC Paderborn 07) je 19 – 2003 Guscinas (Holstein Kiel) 23 – 2004 Feldhoff (KFC Uerdingen 05) 22 – 2005 Kuru (Eintracht Braunschweig) 24 – 2006 Reichenberger (VfL Osnabrück) 17 – 2007 Cannizzaro (Hamburger SV II) und Reichenberger (VfL Osnabrück) je 17 – 2008 Saglik (Wuppertaler SV Borussia) 27 – 2009 Pollok (SV Wilhelmshaven) 22 – 2010 Frahn (SV Babelsberg 03) 29 – 2011 Förster (Chemnitzer FC) 25 – 2012 Frahn (RB Leipzig) 26 – 2013 Krohne (BV Cloppenburg) 24 – 2014 Menga (VfB Oldenburg) 23 – 2015 Arslan (Hamburger SV II) 19 – 2016 Medjedovic (VfL Wolfsburg II) und Wriedt (Lüneburger SK Hansa) je 23.

West:
1964 Martinelli (Alemannia Aachen) 33 – 1965 Meyer (Fortuna Düsseldorf) und Rupp (Borussia Mönchengladbach) je 25 – 1966 Glenski (Alemannia Aachen) 26 – 1967 Kuster (Arminia Bielefeld) 23 – 1968 Kuster (Arminia Bielefeld) 28 – 1969 Kuster (Arminia Bielefeld) und Lippens (Rot-Weiss Essen) je 23 – 1970 Walitza (VfL Bochum) 31 – 1971 Walitza (VfL Bochum) 28 – 1972 Pröpper (Wuppertaler SV) 52 – 1973 Burgsmüller (Bayer Uerdingen) 29 – 1974 Burgsmüller (Bayer Uerdingen) 29 – 2009 Mölders (Rot-Weiss Essen) 28 – 2010 Aydogmus (Bonner SC) und Knappmann (SC Verl) je 16 – 2011 Mainka (SC Wiedenbrück 2000) 18 – 2012 Knappmann (Wuppertaler SV Borussia) 30 – 2013 Michel (Sportfreunde Siegen/Borussia Mönchengladbach II) 20 – 2014 Bouhaddouz (Bayer Leverkusen II) 24 – 2015 Weißenfels (Sportfreunde Lotte) 20 – 2016 Ritter (Borussia Mönchengladbach II) 23.

Süd:
1964 Jendrosch (Hessen Kassel) 34 – 1965 Ohlhauser (Bayern München) 42 – 1966 Mikulasch (ESV Ingolstadt) 29 – 1967 Windhausen (SpVgg Fürth) 32 – 1968 Breuer (Bayern Hof) und Schäffner (VfR Mannheim) je 27 – 1969 Klier (FC 08 Villingen) 23 – 1970 Klier (FC 08 Villingen) 22 – 1971 Bründl (Stuttgarter Kickers) 21 – 1972 Kostedde (Kickers Offenbach) 27 – 1973 Keller (TSV München 1860) 26 – 1974 Obermeier (FC Augsburg) 25 – 1995 Akpoborie (Stuttgarter Kickers) 37 – 1996 Trkulja (SSV Ulm 1846) 25 – 1997 Türr (SpVgg Greuther Fürth) 25 – 1998 Eckstein (FC Augsburg) 21 – 1999 M. Maric (SSV Reutlingen) 23 – 2000 Djappa (SSV Reutlingen) 36 – 2001 Barlecaj (SC Pfullendorf) 18 – 2002 Ben Neticha (SV Wehen) 18 – 2003 Copado (SpVgg Unterhaching) 24 – 2004 Guerrero und Misimovic (beide Bayern München Am.) je 21 – 2005 Helmes (Spfr. Siegen) 21 – 2006 Okpala (FC Augsburg) und Nicu (SV Wehen) je 16 – 2007 Jäger (1. FC Saarbrücken) und Mesic (Stuttgarter Kickers/TSG Hoffenheim) je 17 – 2008 Bauer (Hessen Kassel) 19 – 2009 Bauer (Hessen Kassel) 32 – 2010 Krasniqi (SG Sonnenhof Großaspach) und Tunjic (Stuttgarter Kickers) je 19 – 2011 Herdling (TSG 1899 Hoffenheim II) 19 – 2012 Lappe (FC Ingolstadt 04 II) 18.

Südwest:
1964 Löhr (Spfr. Saarbrücken) 33 – 1965 Poklitar (1. FC Saarbrücken) 27 – 1966 Poklitar (1. FC Saarbrücken) 30 – 1967 Brecht (SpVgg Weisenau) 26 – 1968 Schieck (SV Alsenborn) 30 – 1969 Weinkauf (FK Pirmasens) 26 – 1970 Weinkauf (FK Pirmasens) 22 – 1971 Lenz (SV Alsenborn) 25 – 1972 Lenz 28 (SV Alsenborn) – 1973 Dier (Wormatia Worms), Ludwig (SV Alsenborn) und Klier (1. FSV Mainz 05) je 19 – 1974 Klier (1. FSV Mainz 05) 28 – 2013 Assauer (TuS Koblenz) 20 – 2014 Sliskovic (1. FSV Mainz 05 II) 23 – 2015 Gabriele (SC Freiburg II) 21 – 2016 Tunjic (SV Elversberg) 21.

West/Südwest:
1995 Beyel (SCB Preussen Köln) 21 – 1996 van der Ven (FC Gütersloh) 21 – 1997 Deffke (LR Ahlen) und Feinbier (Alemannia Aachen) je 24 – 1998 Zibert (1. FC Saarbrücken) 20 – 1999 Graf (1. FC Kaiserslautern Am.) 19 – 2000 Ebbers (SG Wattenscheid 09) 23.

Bayern:
2013 Neumeyer (SV Heimstetten) 24 – 2014 Görtler (FC Eintracht Bamberg 2010) 21 – 2015 Stolz (SpVgg Bayreuth) 23 – 2016 Ziereis (Jahn Regensburg) 19.

Berlin:
1964 Fischer (Tasmania 1900) 24 – 1965 Fischer (Tasmania 1900) 25 – 1966 Tylinski (Tennis Borussia) 36 – 1967 Krampitz (Hertha BSC) 25 – 1968 Lunenburg (Tennis Borussia) 30 – 1969 Rendant (1. FC Neukölln) 25 – 1970 Faeder (Hertha Zehlendorf) 26 – 1971 Kipp (SC Wacker 04) 38 – 1972 John (Blau-Weiß 90) 39 – 1973 Stolzenburg (Hertha Zehlendorf) 33 – 1974 Stolzenburg (Tennis Borussia) 33.

Nordost:
1995 Adler (Tennis Borussia Berlin) und Markov (1. FC Union Berlin) je 20 – 1996 Irrgang (Energie Cottbus) 24 – 1997 Weißhaupt (Rot-Weiß Erfurt) 22 – 1998 Wiedemann (Altmark Stendal) 25 – 1999 Wiedemann (Altmark Stendal) 19 – 2000 Lau (SV Babelsberg 03) 16 – 2013 Frahn (RB Leipzig) 20 – 2014 Beck (1. FC Magdeburg) 22 — 2015 Beck (1. FC Magdeburg) 18 – 2016 Shala (SV Babelsberg 03), Haufe (FC Schönberg 95), Nietfeld, Zimmermann (beide FSV Zwickau) je 15.

Die (Amateur-)Oberliga

Die Meister der deutschen Amateur-Oberligen

(Ab 1978/79 – im Norden ab 1974/75 – dritthöchste, ab 1994/95 vierthöchste, ab 2008/09 fünfthöchste deutsche Spielklasse)

Nord:
1975 VfB Oldenburg – 1976 Arminia Hannover – 1977 OSC Bremerhaven – 1978, 1979 OSV Hannover – 1980 VfB Oldenburg – 1981 FC St. Pauli – 1982 Werder Bremen Am. – 1983 FC St. Pauli – 1984 Werder Bremen Am. – 1985 VfL Osnabrück – 1986 FC St. Pauli – 1987 SV Meppen – 1988 Eintracht Braunschweig – 1989 TSV Havelse – 1990 VfB Oldenburg – 1991, 1992 VfL Wolfsburg – 1993 VfL Herzlake – 1994 Kickers Emden – 1995 bis 2004 siehe Hamburg/Schleswig-Holstein und Niedersachsen/Bremen – 2005 Kickers Emden – 2006 SV Wilhelmshaven – 2007 VfL Wolfsburg II – 2008 Holstein Kiel – 2008 Auflösung der Oberliga Nord. Die bisherigen Verbandsligen Niedersachsen West und Ost, Hamburg, Schleswig-Holstein und Bremen bilden fortan die fünfthöchste Spielklasse.

Hamburg/Schleswig-Holstein:
1995 FC St. Pauli Am. – 1996 Altona 93 – 1997 VfL 93 Hamburg – 1998 Holstein Kiel – 1999 FC St. Pauli Am. – 2000 TuS Felde – 2001 Holstein Kiel – 2002 Hamburger SV Am. – 2003 FC St. Pauli Am. – 2004 Holstein Kiel II.

Niedersachsen/Bremen:
1995 BV Cloppenburg – 1996 Spfr. Ricklingen – 1997 Eintracht Nordhorn – 1998 Lüneburger SK – 1999 SC Göttingen 05 – 2000 Kickers Emden – 2001 1. SC Göttingen 05 – 2002 VfB Oldenburg – 2003 Kickers Emden – 2004 VfL Wolfsburg Am.

Niedersachsen:
2009 West: VfB Oldenburg, Ost: Goslarer SC 08 (Meister) – 2010 West: TSV Havelse, Ost: Eintracht Braunschweig II (Meister) – 2011 SV Meppen – 2012 Goslarer SC 08 – 2013 Eintracht Braunschweig II – 2014 Lüneburger SK Hansa – 2015 SV Drochtersen/Assel – 2016 Lupo Martini Wolfsburg.

Schleswig-Holstein:
2009, 2010 Holstein Kiel II – 2011, 2012 VfR Neumünster – 2013 SV Eichede – 2014 VfB Lübeck – 2015 TSV Schilksee – 2016 SV Eichede.

Hamburg:
2009, 2010 SC Victoria – 2011 FC St. Pauli II – 2012 SC Victoria – 2013 FC Elmshorn – 2014, 2015, 2016 TuS Dassendorf.

Bremen:
2009 Brinkumer SV – 2010, 2011 Werder Bremen III – 2012 FC Obetneuland – 2013 Werder Bremen III – 2014, 2015, 2016 Bremer SV.

Berlin:
1979 Hertha Zehlendorf – 1980, 1981 BFC Preußen – 1982 Tennis Borussia – 1983 SC Charlottenburg – 1984 SV Blau-Weiß 90 – 1985 Tennis Borussia – 1986 SC Charlottenburg – 1987, 1988 Hertha BSC – 1989, 1990 Reinickendorfer Füchse – 1991 Tennis Borussia – ab 1991/92 zu Oberliga Nordost.

Nordost:
1992 Nord: FC Berlin, Mitte: 1. FC Union Berlin, Süd: FSV Zwickau – 1993 Nord: Tennis Borussia Berlin, Mitte: 1. FC Union Berlin, Süd: Sachsen Leipzig – 1994 Nord: BSV Brandenburg, Mitte: 1. FC Union Berlin, Süd: FSV Zwickau – 1995 Nord: FSV Velten, Süd: Wacker Nordhausen – 1996 Nord: SC Charlottenburg, Süd: VFC Plauen – 1997 Nord: SV Babelsberg 03, Süd: 1. FC Magdeburg – 1998 Nord: SD Croatia Berlin, Süd: Dresdner SC – 1999 Nord: Hertha BSC Am., Süd: VfL Halle 96 – 2000 Nord: Hansa Rostock Am., Süd: FSV Hoyerswerda – 2001 Nord: Berliner FC Dynamo, Süd: 1.FC Magdeburg – 2002 Nord: Hertha BSC Am., Süd: Dynamo Dresden – 2003 Nord: FC Schönberg 95, Süd: Sachsen Leipzig – 2004 Nord: Hertha BSC Am., Süd: VFC Plauen – 2005 Hansa Rostock Am., Süd: Carl Zeiss Jena – 2006 Nord: 1. FC Union Berlin, Süd: 1. FC Magdeburg – 2007 Nord: SV Babelsberg 03, Süd: Energie Cottbus II – 2008 Nord: Hertha BSC II, Süd: Hallescher FC – 2009 Nord: Tennis Borussia Berlin, Süd: ZFC Meuselwitz – 2010 Nord: Energie Cottbus II, Süd: RB Leipzig – 2011 Nord: Torgelower SV Greif, Süd: Germania Halberstadt – 2012 Nord: Hansa Rostock II, Süd: FSV Zwickau – 2013 Nord: Viktoria 89 Berlin, Süd: Wacker Nordhausen – 2014 Nord: Berliner FC Dynamo, Süd: Budissa Bautzen – 2015 Nord: Optik Rathenow, Süd: RB Leipzig II – 2016 Nord: Union Fürstenwalde, Süd: 1. FC Lokomotive Leipzig.

Nordrhein:
1979 Rot-Weiß Oberhausen – 1980 1. FC Bocholt – 1981 1. FC Köln Am. – 1982 BV 08 Lüttringhausen – 1983 Rot-Weiß Oberhausen – 1984 1. FC Bocholt – 1985, 1986 Rot-Weiss Essen – 1987 BVL 08 Remscheid – 1988, 1989 MSV Duisburg – 1990 Wuppertaler SV – 1991 FC Remscheid – 1992 Wuppertaler SV – 1993 Rot-Weiss Essen – 1994 Fortuna Düsseldorf – 1995 Rot-Weiß Oberhausen – 1996 Germania Teveren – 1997 Bonner SC – 1998 Bayer Leverkusen Am. – 1999 Rot-Weiss Essen – 2000 Wuppertaler SV – 2001 Bayer Leverkusen Am. – 2002 1. FC Köln Am. – 2003 Wuppertaler SV – 2004 SSVg Velbert – 2005 Bayer Leverkusen Am. – 2006 Borussia Mönchengladbach II – 2007 Rot-Weiß Oberhausen – 2008 Borussia Mönchengladbach II – 2008 Zusammenlegung der Oberligen Nordrhein und Westfalen zur NRW-Liga.

Westfalen:
1979 SC Herford – 1980 SpVgg Erkenschwick – 1981 1. FC Paderborn – 1982 TuS Schloß Neuhaus – 1983 SC Eintracht Hamm – 1984 FC Gütersloh – 1985 SC Eintracht Hamm – 1986 ASC Schöppingen – 1987 SpVgg Erkenschwick – 1988, 1989 Preußen Münster – 1990 Arminia Bielefeld – 1991 SC Verl – 1992, 1993 Preußen Münster – 1994 TuS Paderborn-Neuhaus – 1995 FC Gütersloh – 1996 TuS Ahlen – 1997 Spfr. Siegen – 1998 Borussia Dortmund Am. – 1999 VfL Bochum Am. – 2000 VfB Hüls – 2001 SC Paderborn 07 – 2002 Borussia Dortmund Am. – 2003 FC Schalke 04 Am. – 2004 Arminia Bielefeld Am. – 2005 SG Wattenscheid 09 – 2006 Borussia Dortmund II – 2007 SC Verl – 2008 Preußen Münster – 2008 Zusammenlegung der Oberligen Westfalen und Nordrhein zur NRW-Liga – ab 2012/13 wieder Oberliga Westfalen: 2013 SV Lippstadt 08 – 2014 Arminia Bielefeld II – 2015 TuS Erndtebrück – 2016 Sportfreunde Siegen.

NRW-Liga:
2009 Bonner SC – 2010 SC Wiedenbrück 2000 – 2011 Rot-Weiss Essen – 2012 FC Viktoria Köln – 2012 Auflösung der NRW-Liga. Die bisherigen Verbandsligen Westfalen, Niederrhein und Mittelrhein bilden fortan die fünfthöchste Spielklasse.

Niederrhein:
2013 KFC Uerdingen 05 – 2014 SV Hönnepel-Niedermörmter – 2015 SSVg Velbert – 2016 Wuppertaler SV.

Mittelrhein:
2013, 2014 FC Hennef 05 – 2015 FC Wegberg-Beeck – 2016 Bonner SC.

Rheinland-Pfalz/Saar (bis 2012 Südwest):
1979 Röchling Völklingen – 1980 Borussia Neunkirchen – 1981 1. FSV Mainz 05 – 1982 FC Homburg – 1983 1. FC Saarbrücken – 1984 FC Homburg – 1985 FSV Salmrohr – 1986 Wormatia Worms – 1987 Eintracht Trier – 1988 1. FSV Mainz 05 – 1989 SV Edenkoben – 1990 1. FSV Mainz 05 – 1991 Borussia Neunkirchen – 1992 FSV Salmrohr – 1993, 1994 Eintracht Trier – 1995 1. FC Kaiserslautern Am. – 1996 SV Elversberg – 1997 1. FC Kaiserslautern Am. – 1998 SV Elversberg – 1999 FK Pirmasens – 2000 Borussia Neunkirchen – 2001 1. FC Kaiserslautern Am. – 2002 Borussia Neunkirchen – 2003 1. FSV Mainz 05 Am. – 2004 TuS Koblenz – 2005 Borussia Neunkirchen – 2006 FK Pirmasens – 2007 FSV Oggersheim – 2008 1. FSV Mainz 05 II – 2009 1. FC Saarbrücken – 2010 FC Homburg – 2011 SC Idar-Oberstein – 2012 FC Homburg – 2013 SVN Zweibrücken – 2014 FK Pirmasens – 2015 Saar 05 Saarbrücken – 2016 TuS Koblenz.

Hessen:
1979 VfB Bürstadt – 1980 Hessen Kassel – 1981 Viktoria Griesheim – 1982 FSV Frankfurt – 1983, 1984 VfR Bürstadt – 1985 Viktoria Aschaffenburg – 1986, 1987 Kickers Offenbach – 1988 Viktoria Aschaffenburg – 1989 Hessen Kassel – 1990 Rot-Weiss Frankfurt – 1991 Hessen Kassel – 1992 Viktoria Aschaffenburg – 1993 Kickers Offenbach – 1994 FSV Frankfurt – 1995 SC Neukirchen – 1996 Borussia Fulda – 1997 SV Wehen – 1998 FSV Frankfurt – 1999 SV Darmstadt 98 – 2000 KSV Klein-Karben – 2001 Borussia Fulda – 2002 Eintracht Frankfurt Am. – 2003 1. FC Eschborn – 2004 SV Darmstadt 98 – 2005 1. FC Eschborn – 2006 Hessen Kassel – 2007 FSV Frankfurt – 2008 SV Darmstadt 98 – 2009 SC Waldgirmes – 2010 FSV Frankfurt II – 2011 Bayern Alzenau – 2012 1. FC Eschborn – 2013 KSV Baunatal – 2014 TGM SV Jügesheim – 2015 TSV Steinbach – 2016 Teutonia Watzenborn-Steinberg.

Baden-Württemberg:
1979 SSV Ulm 1846 – 1980 VfB Stuttgart Am. – 1981 SV Sandhausen – 1982, 1983 SSV Ulm 1846 – 1984 Freiburger FC – 1985 SV Sandhausen – 1986 SSV Ulm 1846 – 1987 SV Sandhausen – 1988 FV 09 Weinheim – 1989 SSV Reutlingen – 1990 Karlsruher SC Am. – 1991 1. FC Pforzheim – 1992 SSV Reutlingen – 1993, 1994 SSV Ulm 1846 – 1995 SV Sandhausen – 1996 Karlsruher SC Am. – 1997 VfL Kirchheim/Teck – 1998 VfB Stuttgart Am. – 1999 VfR Aalen – 2000 SV Sandhausen – 2001 TSG Hoffenheim – 2002 SC Pfullendorf – 2003 VfB Stuttgart Am. – 2004 FC Nöttingen – 2005 Karlsruher SC Am.

– 2006 SSV Reutlingen – 2007 SV Sandhausen – 2008 SC Freiburg II – 2009 SG Sonnenhof Großaspach – 2010 TSG 1899 Hoffenheim II – 2011 SV Waldhof Mannheim – 2012 SSV Ulm 1846 – 2013 SpVgg Neckarelz – 2014 FC Astoria Walldorf – 2015 SV Spielberg – 2016 SSV Ulm 1846.

Bayern:
1979 ESV Ingolstadt – 1980 FC Augsburg – 1981 MTV Ingolstadt – 1982 FC Augsburg – 1983 SpVgg Unterhaching – 1984 TSV München 1860 – 1985 SpVgg Bayreuth – 1986 SpVgg Landshut – 1987 SpVgg Bayreuth – 1988, 1989 SpVgg Unterhaching – 1990 1. FC Schweinfurt 05 – 1991 TSV München 1860 – 1992 SpVgg Unterhaching – 1993 TSV München 1860 – 1994 FC Augsburg – 1995 Wacker Burghausen – 1996 SC Weismain – 1997 TSV München 1860 Am. – 1998 1. FC Schweinfurt 05 – 1999 SV Lohhof – 2000 Jahn Regensburg – 2001 SpVgg Ansbach – 2002 FC Augsburg – 2003 1. SC Feucht – 2004 TSV München 1860 Am. – 2005 SpVgg Bayreuth – 2006 FC Ingolstadt 04 – 2007 Jahn Regensburg – 2008 SpVgg Bayreuth – 2009 SpVgg Weiden – 2010 FC Memmingen – 2011 FC Ismaning – 2012 TSV 1860 Rosenheim – 2013 Nord: 1. FC Schweinfurt 05, Süd: SV Schalding-Heining – 2014 Nord: SpVgg Oberfranken Bayreuth, Süd: BC Aichach – 2015 Nord: Viktoria Aschaffenburg, Süd: TSV Rain/Lech – 2016 Nord: SV Seligenporten, Süd: VfR Garching.

Die Landes- und Verbandsligameister nach 1945

Die komplette Liste erschien zuletzt im Almanach 2009. Die aktuellen Meister der sechsthöchsten Ligen finden Sie im Kapitel 1 bei den Abschlusstabellen der fünfthöchsten deutschen Spielklassen 2013/14.

Die deutschen Regionalmeister vor 1963

Die Meister der Landes- bzw. Regional-Verbände

(Bis zur Einführung der Bundesliga 1963)

Süddeutschland:
1899 Freiburger FC – 1900 Straßburger FV – 1901, 1902, 1903, 1904, 1905 Karlsruher FV – 1906 1. FC Pforzheim – 1907 Freiburger FC – 1908 Stuttgarter Kickers – 1909 Phönix Karlsruhe – 1910, 1911, 1912 Karlsruher FV – 1913 Stuttgarter Kickers – 1914 SpVgg Fürth – 1916 1. FC Nürnberg – 1917 Stuttgarter Kickers – 1918 1. FC Nürnberg – 1920, 1921 1. FC Nürnberg – 1922 Wacker München – 1923 SpVgg Fürth – 1924 1. FC Nürnberg – 1925 VfR Mannheim – 1926 Bayern München – 1927 1. FC Nürnberg – 1928 Bayern München – 1929 1. FC Nürnberg – 1930 Eintracht Frankfurt – 1931 SpVgg Fürth – 1932 Eintracht Frankfurt – 1933 FSV Frankfurt – (ab 1945/46 Oberliga Süd) – 1946 VfB Stuttgart – 1947, 1948 1. FC Nürnberg – 1949 Kickers Offenbach – 1950 SpVgg Fürth – 1951 1. FC Nürnberg – 1952 VfB Stuttgart – 1953 Eintracht Frankfurt – 1954 VfB Stuttgart – 1955 Kickers Offenbach – 1956 Karlsruher SC – 1957 1. FC Nürnberg – 1958 Karlsruher SC – 1959 Eintracht Frankfurt – 1960 Karlsruher SC – 1961, 1962 1. FC Nürnberg – 1963 TSV München 1860.

Westdeutschland:
1903 SC Köln 99 – 1904, 1905 Duisburger SV – 1906 SC Köln 99 – 1907 Düsseldorfer SC 99 – 1908 Duisburger SV – 1909 FC M.-Gladbach – 1910, 1911 Duisburger SV – 1912 Kölner BC – 1913, 1914 Duisburger SV – 1920 Borussia M.-Gladbach – 1921 Duisburger SV – 1922 Arminia Bielefeld (Vertreter) – 1923 Arminia Bielefeld – 1924 Duisburger SV – 1925 Duisburger SV (ernannt) – 1926 VfR Köln – 1927 Duisburger SV – 1928 SpVgg Köln-Sülz 07 – 1929, 1930 FC Schalke 04 – 1931 Fortuna Düsseldorf – 1932, 1933 FC Schalke 04 – (ab 1947/48 Oberliga West) – 1948, 1949, 1950 Borussia Dortmund – 1951 FC Schalke 04 – 1952 Rot-Weiss Essen – 1953 Borussia Dortmund – 1954 1. FC Köln – 1955 Rot-Weiss Essen – 1956, 1957 Borussia Dortmund – 1958 FC Schalke 04 – 1959 Westfalia Herne – 1960, 1961, 1962, 1963 1. FC Köln.

Norddeutschland:
1906, 1907 Victoria Hamburg – 1908 Eintracht Braunschweig – 1909 Altona 93 – 1910, 1911, 1912 Holstein Kiel – 1913 Eintracht Braunschweig – 1914 Altona 93 – 1917 Borussia Harburg – 1919 Kriegsgem. Victoria/Hamburger FC 88 – 1920 Arminia Hannover – 1921, 1922, 1923, 1924, 1925 Hamburger SV – 1926, 1927 Holstein Kiel – 1928, 1929 Hamburger SV – 1930 Holstein Kiel – 1931, 1932, 1933 Hamburger SV – (ab 1947/48 Oberliga Nord) – 1948, 1949, 1950, 1951, 1952, 1953 Hamburger SV – 1954 Hannover 96 – 1955, 1956, 1957, 1958, 1959, 1960, 1961, 1962, 1963 Hamburger SV.

Mitteldeutschland:
1902 Wacker Leipzig – 1903, 1904 VfB Leipzig – 1905 Dresdner SC – 1906, 1907 VfB Leipzig – 1908 Wacker Leipzig – 1909 SC Erfurt – 1910, 1911 VfB Leipzig – 1912 SpVgg Leipzig – 1913 VfB Leipzig – 1914 SpVgg Leipzig – 1916 Eintracht Leipzig – 1917 VfL Halle 96 – 1918 VfB Leipzig – 1919 VfL Halle 96 – 1920 VfB Leipzig – 1921 Wacker Halle – 1922 SpVgg Leipzig – 1923 Guts Muths Dresden – 1924 SpVgg Leipzig – 1925 VfB Leipzig – 1926 Dresdner SC – 1927 VfB Leipzig – 1928 Wacker Halle – 1929, 1930, 1931 Dresdner SC – 1932 Polizei Chemnitz – 1933 Dresdner SC.

Brandenburg:
1898 TuFC Britannia – 1899, 1900, 1901 BFC Preußen – 1902 TuFC Viktoria 89 – 1903, 1904 TuFC Britannia – 1905 TuFC Union 92 – 1906 BFC Hertha 92 – 1907, 1908, 1909 TuFC Viktoria 89 – 1910 BFC Preußen – 1911 TuFC Viktoria 89 – 1912 BFC Preußen – 1913 TuFC Viktoria 89 – 1914 Berliner BC – 1915 BFC Hertha 92 – 1916 TuFC Viktoria 89 – 1917, 1918 BFC Hertha 92 – 1919 TuFC Viktoria 89 – 1920 Union Oberschöneweide – 1921 BFC Vorwärts 90 – 1922 FC Norden-Nordwest – 1923 Union Oberschöneweide – 1924 TuFC Alemannia 90 – 1925, 1926, 1927, 1928, 1929, 1930, 1931 Hertha BSC – 1932 Tennis Borussia – 1933 Hertha BSC.

Märkischer Fußball-Verband:
1903 BFC Vorwärts 90 – 1904 FC Weißensee 1900 – 1905 TuFC Alemannia 90 – 1906 SV Norden-Nordwest – 1907 TuFC Alemannia 90 – 1908 FC Norden-Nordwest – 1909, 1910, 1911 SC Tasmania 1900.

Berlin:
(Bis 1950 mit den Vereinen des Ostsektors, ab 1951 nur Westberliner Klubs) – 1946 Wilmersdorf (Berliner SV 92) – 1947 Charlottenburg (Tennis Borussia) – 1948 Union Oberschöneweide – 1949 Berliner SV 92 – 1950, 1951, 1952 Tennis Borussia – 1953 SC Union 06 – 1954 Berliner SV 92 – 1955, 1956 BFC Viktoria 89 – 1957 Hertha BSC – 1958 Tennis Borussia – 1959, 1960 SC Tasmania 1900 – 1961 Hertha BSC – 1962 SC Tasmania 1990 – 1963 Hertha BSC.

Erläuterungen zu den Vereinen:
Britannia jetzt Berliner SV 92; Union 92 und Vorwärts 90 fusionierten zu Blau-Weiß 90; Hertha BSC war eine Fusion von Hertha 92 und Berliner SC (1923–30). Nach der Trennung wurde der Name „Hertha BSC" beibehalten.

Südwestdeutschland:
1946 1. FC Saarbrücken – 1947, 1948, 1949, 1950, 1951 1. FC Kaiserslautern – 1952 1. FC Saarbrücken – 1953, 1954, 1955, 1956, 1957 1. FC Kaiserslautern – 1958, 1959, 1960 FK Pirmasens – 1961 1. FC Saarbrücken – 1962 Borussia Neunkirchen – 1963 1. FC Kaiserslautern.

Baltenverband:[*)]
1908, 1909 VfB Königsberg – 1910 Prussia Samland Königsberg – 1911 Lituania Tilsit – 1912 VfL Danzig – 1913, 1914 Prussia Samland Königsberg – 1920 Titania Stettin – 1921, 1922, 1923, 1924, 1925, 1926 VfB Königsberg – 1927 Titania Stettin – 1928, 1929, 1930 VfB Königsberg – 1931 Prussia Samland Königsberg – 1932 Hindenburg Allenstein – 1933 Prussia Samland Königsberg.

Pommern:
1931 Polizei Stettin – 1932 Viktoria Stolp – 1933 Stettiner SC.

*) Von 1914 bis 1930 mit Einschluss Pommerns, ab 1931 Pommernmeister getrennt.

Südostdeutschland:
1906, 1907 Schlesien Breslau – 1908 VfR Breslau – 1909 Alemannia Cottbus – 1910 VfR Breslau – 1911 Askania Forst – 1912 ATV Liegnitz – 1913, 1914 Askania Forst – 1920, 1921, 1922, 1923, 1924 Spfr. Breslau – 1925 Viktoria Forst – 1926 SC Breslau 08 – 1927 Spfr. Breslau – 1928 SC Breslau 08 – 1929 Preußen Hindenburg – 1930, 1931, 1932, 1933 SuSV Beuthen 09.

Die Gaumeister von 1934–1945

Ostpreußen
1934 Preußen Danzig – 1935 Yorck Boyen Insterburg – 1936, 1937 Hindenburg Allenstein – 1938 Yorck Boyen Insterburg – 1939 Hindenburg Allenstein – 1940, 1941, 1942, 1943, 1944 VfB Königsberg – 1945 nicht beendet.

Danzig-Westpreußen (ab 1940/41)
1941 Preußen Danzig – 1942 HUS Marienwerder – 1943 SV Neufahrwasser – 1944 LSV Danzig – 1945 nicht beendet.

Wartheland (ab 1941/42)
1942 Polizei Litzmannstadt – 1943 DMW Posen – 1944 SDW Posen – 1945 nicht beendet.

Generalgouvernement (ab 1941/42)
1942 LSV Boelcke Krakau – 1943 Adler Deblin (Vertreter bei der DM: SG Warschau) – 1944 LSV Mölders Krakau – 1945 nicht beendet.

Pommern
1934 Viktoria Stolp – 1935 Stettiner SC – 1936, 1937 Viktoria Stolp – 1938 Stettiner SC – 1939 Viktoria Stolp – 1940 VfL Stettin – 1941 LSV Stettin – 1942, 1943 LSV Pütnitz – 1944 HSV Groß-Born – 1945 nicht beendet.

Brandenburg
1934 BFC Viktoria 89 – 1935 Hertha BSC – 1936 Berliner SV 92 – 1937 Hertha BSC – 1938 Berliner SV 92 – 1939 SV Blau-Weiß 90 – 1940 Union Oberschöneweide – 1941 Tennis Borussia – 1942 SV Blau-Weiß 90 – 1943 Berliner SV 92 – 1944 Hertha BSC – 1945 nicht beendet.

Schlesien
1934 SuSV Beuthen 09 – 1935, 1936 Vorwärts-Rasensport Gleiwitz – 1937 SuSV Beuthen 09 – 1938, 1939, 1940, 1941 Vorwärts-Rasensport Gleiwitz – danach in die Gaue Ober- und Niederschlesien unterteilt.

Oberschlesien (ab 1941/42)
1942, 1943, 1944 Germania Königshütte – 1945 nicht beendet.

Niederschlesien (ab 1941/42)
1942 SpVgg Breslau 02 – 1943 Reinecke Brieg – 1944 STC Hirschberg – 1945 nicht beendet.

Mitte
1934 Wacker Halle – 1935, 1936 1. SV Jena – 1937, 1938, 1939 SV Dessau 05 – 1940, 1941 1. SV Jena – 1942, 1943, 1944 SV Dessau 05 – 1945 nicht beendet.

Sachsen
1934 Dresdner SC – 1935, 1936 PSV Chemnitz – 1937, 1938 BC Hartha – 1939, 1940, 1941 Dresdner SC – 1942 SC Planitz – 1943, 1944 Dresdner SC – 1945 nicht beendet.

Nordmark
1934, 1935, 1936 Elmsbütteler TV – 1937, 1938, 1939 Hamburger SV – 1940 Elmsbütteler TV – 1941 Hamburger SV – 1942 Elmsbütteler TV – danach in die Gaue Hamburg, Mecklenburg und Schleswig-Holstein unterteilt.

Hamburg (ab 1942/43)
1943 SC Victoria – 1944 LSV Hamburg – 1945 Hamburger SV.

Mecklenburg (ab 1942/43)
1943 TSG Rostock – 1944 LSV Rerick – 1945 nicht beendet.

Schleswig-Holstein (ab 1942/43)
1943, 1944 Holstein Kiel – 1945 nicht beendet.

Niedersachsen
1934 Werder Bremen – 1935 Hannover 96 – 1936, 1937 Werder Bremen – 1938 Hannover 96 – 1939, 1940 VfL Osnabrück – 1941 Hannover 96 – 1942 Werder Bremen – danach in die Gaue Weser-Ems, Südhannover-Braunschweig und Osthannover (ab 1943/44) unterteilt.

Weser-Ems (ab 1942/43)
1943, 1944 SpVgg Wilhelmshaven 05 – 1945 nicht beendet.

Südhannover-Braunschweig (ab 1942/43)
1943, 1944 Eintracht Braunschweig – 1945 nicht beendet.

Osthannover (ab 1943/44)
1944 WSV Celle – 1945 nicht beendet.

Westfalen
1934, 1935, 1936, 1937, 1938, 1939, 1940, 1941, 1942, 1943, 1944 FC Schalke 04 – 1945 nicht beendet.

Niederrhein
1934, 1935 VfL Benrath – 1936, 1937, 1938, 1939, 1940 Fortuna Düsseldorf – 1941 TuS Helene Essen – 1942 SV Hamborn 07 – 1943 Westende Hamborn – 1944 KSG Duisburg – 1945 nicht beendet.

Mittelrhein
1934 Mülheimer SV – 1935 VfR Köln – 1936 CfR Köln – 1937 VfR Köln – 1938 SV Beuel 06[*] – 1939 SpVgg Köln-Sülz 07 – 1940 Mülheimer SV – 1941, 1942 VfL 99 Köln – danach in Köln-Aachen umbenannt, ein Teil des Spielgebietes wurde dem Gau Moselland zugeteilt.
*) Nachdem ein Protest von Alemannia Aachen verworfen worden war. Da inzwischen aber die Endrunde um die Deutsche Meisterschaft begonnen hatte, nahm Aachen als Mittelrhein-Teilnehmer daran teil.

Köln-Aachen (ab 1942/43)
1943 Victoria Köln – 1944 VfL 99/Sülz 07 Köln – 1945 nicht beendet.

Moselland (ab 1941/42)
1942 Stade Düdelingen – 1943, 1944 TuS Neuendorf – 1945 nicht beendet.

Hessen
1934 Borussia Fulda – 1935, 1936 FC Hanau 93 – 1937 SV Kassel – 1938 FC Hanau 93 – 1939, 1940 CSC 03 Kassel – 1941 Borussia Fulda – danach in Kurhessen umbenannt, ein Teil des Spielgebietes wurde dem Gau Hessen-Nassau zugeteilt.

Kurhessen (ab 1941/42)
1942 Borussia Fulda – 1943 SV Kassel – 1944 Borussia Fulda – 1945 nicht beendet.

Südwest
1934 Kickers Offenbach – 1935 Phönix Ludwigshafen – 1936, 1937 Wormatia Worms – 1938 Eintracht Frankfurt – 1939 Wormatia Worms – 1940, 1941 Kickers Offenbach – danach aufgeteilt in die Gaue Hessen-Nassau und Westmark.

Hessen-Nassau (ab 1941/42)
1942, 1943, 1944 Kickers Offenbach – 1945 nicht beendet.

Westmark (ab 1941/42)
1942 1. FC Kaiserslautern – 1943 FV Saarbrücken – 1944 KSG Saarbrücken – 1945 nicht beendet.

Baden
1934 SV Waldhof – 1935 VfR Mannheim – 1936, 1937 SV Waldhof – 1938, 1939 VfR Mannheim – 1940 SV Waldhof – 1941 VfL Neckarau 1942 SV Waldhof – 1943, 1944 VfR Mannheim – 1945 SV Waldhof.

Elsaß (ab 1940/41)
1941 FC 93 Mülhausen – 1942 SS Straßburg – 1943, 1944 FC 93 Mülhausen – 1945 nicht beendet.

Württemberg
1934 Union Böckingen – 1935 VfB Stuttgart – 1936 Stuttgarter Kickers – 1937, 1938 VfB Stuttgart – 1939, 1940, 1941, 1942 Stuttgarter Kickers – 1943 VfB Stuttgart und Kickers punkt- und torgleich, beide als Meister anerkannt; VfB Vertreter bei der Deutschen Meisterschaft – 1944 SV Göppingen – 1945 nicht beendet.

Bayern
1934 1. FC Nürnberg – 1935 SpVgg Fürth – 1936, 1937, 1938 1. FC Nürnberg – 1939 1. FC Schweinfurt 05 – 1940 1. FC Nürnberg – 1941 TSV München 1860 – 1942 1. FC Schweinfurt 05 – danach in die Gaue Nord- und Südbayern unterteilt.

Nordbayern (ab 1942/43)
1943, 1944 1. FC Nürnberg – 1945 nicht beendet.

Südbayern (ab 1942/43)
1943 TSV München 1860 – 1944, 1945 Bayern München.

Ostmark (ab 1938/39)
1939 Admira Wien – 1940, 1941 Rapid Wien – 1942, 1943, 1944 First Vienna FC – 1945 nicht beendet.

Sudetenland (ab 1938/39)
1939 FK Warnsdorf – 1940 NSTG Graslitz – 1941 NSTG Prag – 1942 LSV Olmütz – 1943 MSV Brünn – 1944 NSTG Brüx – 1945 nicht beendet.

Böhmen-Mähren (ab 1943/44)
1944 MSV Brünn – 1945 nicht beendet.

Die Meister der „alten" 2. Ligen

(Bis zur Einführung der Bundesliga 1963 die zweite deutsche Vertragsspielerklasse. Im Norden und Berlin gab es keine 2. Ligen, dort folgte unterhalb der Oberliga gleich die 1. Amateurliga.)

West:

1950 Gr. 1: Rheydter SV, Gr. 2: Spfr. Katernberg – 1951 Gr. 1: Meidericher SV, Gr. 2: Bayer Leverkusen – 1952 Gr. 1. SV Sodingen, Gr. 2: Borussia Mönchengladbach – 1953 VfL Bochum – 1954 Duisburger SV – 1955 Wuppertaler SV – 1956 VfL Bochum – 1957 Spfr. Hamborn 07 – 1958 STV Horst-Emscher – 1959 Spfr. Hamborn 07 – 1960 SV Sodingen – 1961 Schwarz-Weiß Essen – 1962 Bayer Leverkusen – 1963 VfB Bottrop.

Süd:

1951 Stuttgarter Kickers – 1952 TSG Ulm 1846 – 1953 Jahn Regensburg – 1954 Schwaben Augsburg – 1955 TSV München 1860 – 1956 Freiburger FC – 1957 TSV München 1860 – 1958 SV Waldhof – 1959 Stuttgarter Kickers – 1960 SV Waldhof – 1961 BC Augsburg – 1962 Hessen Kassel – 1963 FSV Frankfurt.

Südwest:

1952 VfR Kirn – 1953 ASV Landau – 1954 Spfr. Saarbrücken – 1955 SpVgg Andernach – 1956 Spfr. Saarbrücken – 1957 SV St. Ingbert – 1958 SpVgg Weisenau – 1959 VfR Kaiserslautern – 1960 SV Niederlahnstein – 1961 VfR Kaiserslautern – 1962 SV Niederlahnstein – 1963 Phönix Ludwigshafen.

DDR-Fußball

Die Meister der DDR

(1948 und 1949 Ostzonenmeisterschaft, ab 1949/50 Oberliga, 1990/91 NOFV-Meisterschaft)

1948 SG Planitz – 1949 ZSG Union Halle – 1950 Horch Zwickau – 1951 Chemie Leipzig – 1952 Turbine Halle – 1953 Dynamo Dresden – 1954 Turbine Erfurt – 1955 SC Turbine Erfurt (Übergangsrunde wegen Umstellung auf Kalenderjahr: SC Wismut Karl-Marx-Stadt) – 1956, 1957 SC Wismut Karl-Marx-Stadt – 1958 ASK Vorwärts Berlin – 1959 SC Wismut Karl-Marx-Stadt – 1960, 1962 (Dreifachrunde wegen Rückkehr zum Herbst-Frühjahr-Modus) ASK Vorwärts Berlin – 1963 SC Motor Jena – 1964 Chemie Leipzig – 1965 ASK Vorwärts Berlin – 1966 FC Vorwärts Berlin – 1967 FC Karl-Marx-Stadt – 1968 FC Carl Zeiss Jena – 1969 FC Vorwärts Berlin – 1970 FC Carl Zeiss Jena – 1971 Dynamo Dresden – 1972 1. FC Magdeburg – 1973 Dynamo Dresden – 1974, 1975 1. FC Magdeburg – 1976, 1977, 1978 Dynamo Dresden – 1979, 1980, 1981, 1982, 1983, 1984, 1985, 1986, 1987, 1988 Berliner FC Dynamo – 1989 Dynamo Dresden – 1990 1. FC Dynamo Dresden – 1991 FC Hansa Rostock

Die Meister der DDR-„Liga"

(Von 1950/51 bis 1990/91 zweithöchste Spielklasse der DDR)

1951 Staffel Nord: Volkspolizei Potsdam, Staffel Süd: Zentrag Wismut Aue – 1952 Staffel 1: Empor Lauter, Staffel 2: Motor Jena – 1953 St. 1: Fortschritt Meerane, St. 2: Einheit-Ost Leipzig – 1954 St. 1: Chemie Karl-Marx-Stadt, St. 2: ZSK Vorwärts Berlin – 1955 St. 1: Lokomotive Stendal, St. 2: Fortschritt Weißenfels, St. 3: Motor Dessau (Übergangsrunde wegen Umstellung auf Kalenderjahr: Fortschritt Meerane) – 1956 SC Motor Jena – 1957 SC Dynamo Berlin – 1958 Chemie Zeitz – 1959 SC Chemie Halle – 1960 SC Turbine Erfurt – 1962 (Dreifachrunde wegen Rückkehr zum Herbst-Frühjahr-Modus) Dynamo Dresden – 1963 St. Nord: Lokomotive Stendal, St. Süd: Motor Steinach – 1964 Nord: SC Neubrandenburg, Süd: Dynamo Dresden – 1965 Nord: SC Chemie Halle, Süd: SC Turbine Erfurt – 1966 Nord: 1. FC Union Berlin, Süd: Wismut Gera – 1967: Nord: 1. FC Magdeburg, Süd: FC Rot-Weiß Erfurt – 1968 Nord: Berliner FC Dynamo, Süd: Stahl Riesa – 1969 Nord: Stahl Eisenhüttenstadt, Süd: Dynamo Dresden – 1970 Nord: 1. FC Union Berlin, Süd: 1. FC Lok Leipzig – 1971 Nord: Vorwärts Stralsund, Süd: FC Karl-Marx-Stadt – 1972 St. A: TSG Wismar, St. B: Berliner FC Dynamo II, St. C: Chemie Leipzig, St. D: Motor Werdau, St. E: FC Rot-Weiß Erfurt – 1973 St. A: Vorwärts Stralsund, St. B: Berliner FC Dynamo II, St. C: Vorwärts Leipzig, St. D: Dynamo Dresden II, St. E: Chemie Zeitz – 1974 St. A: Vorwärts Stralsund, St. B: 1. FC Union Berlin, St. C: Hallescher FC Chemie, St. D: Chemie Böhlen, St. E: Wismut Gera – 1975 St. A: Dynamo Schwerin, St. B: 1. FC Union Berlin, St. C: Chemie Leipzig, St. D: Energie Cottbus, St. E: Wismut Gera – 1976 St. A: FC Hansa Rostock, St. B: 1. FC Union Berlin, St. C: Hallescher FC Chemie

II, St. D: Motor Werdau, St. E: FC Carl Zeiss Jena II – 1977 St. A: Vorwärts Stralsund, St. B: Stahl Hennigsdorf, St. C: Chemie Leipzig, St. D: Chemie Böhlen, St. E: Wismut Gera – 1978 St. A: FC Hansa Rostock, St. B: Vorwärts Neubrandenburg, St. C: Chemie Leipzig, St. D: FSV Lok Dresden, St. E: Stahl Riesa – 1979 St. A: TSG Bau Rostock, St. B: FC Vorwärts Frankfurt/Oder, St. C: Chemie Leipzig, St. D: Energie Cottbus, St. E: Motor Suhl – 1980 St. A: FC Hansa Rostock, St. B: Dynamo Fürstenwalde, St. C: Chemie Böhlen, St. D: Energie Cottbus, St. E: Wismut Gera – 1981 St. A: Schiffahrt/Hafen Rostock, St. B: 1. FC Union Berlin, St. C: Chemie Buna Schkopau, St. D: Energie Cottbus, St. E: Motor Suhl – 1982 St. A: Vorwärts Stralsund, St. B: 1. FC Union Berlin, St. C: Chemie Böhlen, St. D: Stahl Riesa, St. E: Motor Nordhausen – 1983 St. A: Schiffahrt/Hafen Rostock, St. B: Stahl Brandenburg, St. C: Chemie Leipzig, St. D: Stahl Riesa, St. E: Wismut Gera – 1984 St. A: Vorwärts Neubrandenburg, St. B: Stahl Brandenburg, St. C: Vorwärts Dessau, St. D: Sachsenring Zwickau, St. E: Motor Suhl – 1985 St. A:1. FC Union Berlin, St. B: Sachsenring Zwickau – 1986 St. A: Berliner FC Dynamo II, St. B: Fortschritt Bischofswerda – 1987 St. A: FC Hansa Rostock, St. B: Hallescher FC Chemie – 1988 St. A: Energie Cottbus, St. B: Sachsenring Zwickau – 1989 St. A: Stahl Eisenhüttenstadt, St. B: Fortschritt Bischofswerda – 1990 St. A: FC Vorwärts Frankfurt/Oder, St. B: Chemie Böhlen – 1991 St. A: 1. FC Union Berlin, St. B: FSV Zwickau.

Bunt gemischt

Fußballer des Jahres

1960 Uwe Seeler (Hamburger SV) – 1961 Max Morlock (1. FC Nürnberg) – 1962 Karl-Heinz Schnellinger (1. FC Köln) – 1963 Hans Schäfer (1. FC Köln) – 1964 Uwe Seeler (Hamburger SV) – 1965 Hans Tilkowski (Borussia Dortmund) – 1966 Franz Beckenbauer (Bayern München) – 1967 Gerd Müller (Bayern München) – 1968 Franz Beckenbauer (Bayern München) – 1969 Gerd Müller (Bayern München) – 1970 Uwe Seeler (Hamburger SV) – 1971 Hans-Hubert Vogts (Borussia Mönchengladbach) – 1972 Günter Netzer (Borussia Mönchengladbach) – 1973 Günter Netzer (Borussia Mönchengladbach) – 1974 Franz Beckenbauer (Bayern München) – 1975 Josef Maier (Bayern München) – 1976 Franz Beckenbauer (Bayern München) – 1977, 1978 Josef Maier (Bayern München) – 1979 Hans-Hubert Vogts (Borussia Mönchengladbach) – 1980 Karl-Heinz Rummenigge (Bayern München) – 1981 Paul Breitner (Bayern München) – 1982 Karlheinz Förster (VfB Stuttgart) – 1983 Rudolf Völler (Werder Bremen) – 1984 Harald Schumacher (1. FC Köln) – 1985 Hans-Peter Briegel (Hellas Verona) – 1986 Harald Schumacher (1. FC Köln) – 1987 Uwe Rahn (Borussia Mönchengladbach) – 1988 Jürgen Klinsmann (VfB Stuttgart) – 1989 Thomas Häßler (1. FC Köln) – 1990 Lothar Matthäus (Inter Mailand) – 1991 Stefan Kuntz (1. FC Kaiserslautern) – 1992 Thomas Häßler (AS Rom) – 1993 Andreas Köpke (1. FC Nürnberg) – 1994 Jürgen Klinsmann (AS Monaco) – 1995, 1996 Matthias Sammer (Borussia Dortmund) – 1997 Jürgen Kohler (Borussia Dortmund) – 1998 Oliver Bierhoff (Udinese Calcio) – 1999 Lothar Matthäus (Bayern München) – 2000, 2001 Oliver Kahn (Bayern München) – 2002 Michael Ballack (Bayer Leverkusen) – 2003 Michael Ballack (Bayern München) – 2004 Ailton (Werder Bremen) – 2005 Michael Ballack (Bayern München) – 2006 Miroslav Klose (Werder Bremen) – 2007 Mario Gomez (VfB Stuttgart) – 2008 Franck Ribery (Bayern München) – 2009 Grafite (VfL Wolfsburg) – 2010 Arjen Robben (Bayern München) – 2011 Manuel Neuer (FC Schalke 04). – 2012 Marco Reus (Borussia Mönchengladbach) – 2013 Bastian Schweinsteiger (Bayern München) – 2014 Manuel Neuer (Bayern München) – 2015 Kevin De Bruyne (VfL Wolfsburg) – 2016 Jerome Boateng (Bayern München).

Die Fußballer des Jahres der DDR

1963 Manfred Kaiser (SC Wismut Karl-Marx-Stadt) – 1964 Klaus Urbanczyk (SC Chemie Halle) – 1965 Horst Weigang (SC Leipzig) – 1966 Jürgen Nöldner (FC Vorwärts Berlin) – 1967 Dieter Erler (FC Karl-Marx-Stadt) – 1968 Bernd Bransch (Hallescher FC Chemie) – 1969 Eberhard Vogel (FC Karl-Marx-Stadt) – 1970 Roland Ducke (FC Carl Zeiss Jena) – 1971 Peter Ducke (FC Carl Zeiss Jena) – 1972 Jürgen Croy (Sachsenring Zwickau) – 1973 Hans-Jürgen Kreische (Dynamo Dresden) – 1974 Bernd Bransch (FC Carl Zeiss Jena) – 1975 Jürgen Pommerenke (1. FC Magdeburg) – 1976 Jürgen Croy (Sachsenring Zwickau) – 1977 Hans-Jürgen Dörner (Dynamo Dresden) – 1978 Jürgen Croy (Sachsenring Zwickau) – 1979 Joachim Streich (1. FC Magdeburg) – 1980, 1981 Hans-Ulrich Grapenthin (FC Carl Zeiss Jena) – 1981 Hans-Ulrich Grapenthin (Carl Zeiss Jena) – 1982 Rüdiger Schnuphase (FC Carl Zeiss Jena) – 1983 Joachim Streich (1. FC Magdeburg) – 1984, 1985 Hans-Jürgen Dörner (Dynamo Dresden) – 1986, 1987 René Müller (1. FC Lokomotive Leipzig) – 1988 Andreas Thom (Berliner FC Dynamo) – 1989 Andreas Trautmann (Dynamo Dresden) – 1990 Ulf Kirsten (Dynamo Dresden) – 1991 Torsten Gütschow (Dynamo Dresden).

Schiedsrichter des Jahres

1975 Heinz Aldinger (Waiblingen) – 1976 Ferdinand Biwersi (Bliesransbach) – 1977 Walter Eschweiler (Euskirchen) – 1978 Rudolf Frickel (München) – 1979 Jan Redelfs (Hannover) – 1980 Volker Roth (Salzgitter) – 1981 Klaus Ohmsen (Hamburg) – 1982 Walter Horstmann (Hildesheim) – 1983 Franz-Josef Hontheim (Trier) – 1984 Wolf-Dieter Ahlenfelder (Oberhausen) – 1985 Dieter Pauly (Rheydt) – 1986 Volker Roth (Salzgitter) – 1987 Aron Schmidhuber (Ottobrunn) – 1988 Dieter Pauly (Rheydt) – 1989 Karl-Heinz Tritschler (Gundelfingen) – 1990 Dieter Pauly (Rheydt) – 1991, 1992 Aron Schmidhuber (Ottobrunn) – 1993 Karl-Josef Assenmacher (Hürth) – 1994 Hellmut Krug (Gelsenkirchen) – 1995, 1996 Dr. Markus Merk (Kaiserslautern) – 1997 Alfons Berg (Konz) – 1998 Bernd Heynemann (Magdeburg) – 1999 Hellmut Krug (Gelsenkirchen) – 2000 Dr. Markus Merk (Kaiserslautern) – 2001 Herbert Fandel (Kyllburg) – 2002 Hellmut Krug (Gelsenkirchen) – 2003 Hellmut Krug (Gelsenkirchen) und Dr. Markus Merk (Otterbach) – 2004 Dr. Markus Merk (Otterbach) und Christine Frai (Bremen) – 2005 Herbert Fandel (Kyllburg) und Elke Günthner (Bamberg) – 2006 Dr. Markus Merk (Otterbach) und Christine Beck (Magstadt) – 2007 Herbert Fandel (Kyllburg) und Bibiana Steinhaus (Hannover) – 2008 Dr. Markus Merk (Otterbach), Herbert Fandel (Kyllburg), Christine Beck (Magstadt) und Bibiana Steinhaus (Hannover) – 2009 Florian Meyer (Burgdorf) und Bibiana Steinhaus (Hannover) – 2010 Wolfgang Stark (Landshut) und Bibiana Steinhaus (Hannover) – 2010 Wolfgang Stark (Landshut) und Bibiana Steinhaus (Hannover) – 2011 Manuel Gräfe (Berlin) und Bibiana Steinhaus (Hannover) – 2012 Knut Kircher (Rottenburg) und Christine Baitinger (Magstadt) – 2013 Dr. Felix Brych (München) und Dr. Riem Hussein (Bad Harzburg) – 2014 Felix Zwayer (Berlin) und Marija Kurtes (Düsseldorf) – 2015 Dr. Felix Brych (München) und Katrin Rafalski (Baunatal) – 2016 Dr. Felix Brych (München) und Dr. Riem Hussein (Bad Harzburg).

Trainer des Jahres

2002 Klaus Toppmöller (Bayer Leverkusen) – 2003 Felix Magath (VfB Stuttgart) – 2004 Thomas Schaaf (Werder Bremen) – 2005 Felix Magath (Bayern München) – 2006 Jürgen Klinsmann (Bundestrainer) – 2007 Armin Veh (VfB Stuttgart) – 2008 Ottmar Hitzfeld (Bayern München) – 2009 Felix Magath (VfL Wolfsburg) – 2010 Louis van Gaal (Bayern München) – 2011, 2012 Jürgen Klopp (Borussia Dortmund) – 2013 Jupp Heynckes (Bayern München) – 2014 Joachim Löw (Bundestrainer) – 2015 Dieter Hecking (VfL Wolfsburg) – 2016 Dirk Schuster (SV Darmstadt 98).

Bundesliga-Nachwuchsrunde (Adi-Dassler-Pokal) und Reserverunde

1979 **1. FC Kaiserslautern** (– VfB Stuttgart 2:0) – 1980 **1. FC Kaiserslautern** (– MSV Duisburg 2:1) – 1981 **Bayer Leverkusen** (– Karlsruher SC 3:2) – 1982 **SV Waldhof Mannheim** (– Borussia Mönchengladbach 2:0) – 1983 **Borussia Mönchengladbach** (– Eintracht Frankfurt 5:2) – 1984 nicht ausgespielt – ab 1984/85 Adi-Daßler-Pokal – 1985 **Borussia Mönchengladbach** (– Borussia Dortmund 1:0) – 1986 **Borussia Dortmund** (– VfB Stuttgart 4:3 n. V.) – seitdem nicht mehr ausgespielt. – ab 1994/95 Bundesliga-Reserverunde – 1995 **Bayer Leverkusen** (– Dynamo Dresden 6:1) – 1996 Gruppensieger Nord: FC St. Pauli, Süd: SC Freiburg, Südwest: Fortuna Düsseldorf, West: Borussia Dortmund; Gewinner nicht ausgespielt.

Hallen-Masters/DFB-Hallenpokal

1987 (inoffiziell) in Stuttgart: **Hamburger SV** (– VfB Stuttgart 3:1) – 1988 (ab jetzt offiziell unter DFB-Regie) in Frankfurt: **Bayer Uerdingen** (– Eintracht Frankfurt 5:3) – 1989 in Dortmund: **Werder Bremen** (– VfB Stuttgart 6:3) – 1990 in Dortmund: **Borussia Dortmund** (– Bayer Uerdingen 5:3) – 1991 in Dortmund: **Borussia Dortmund** (– Werder Bremen 4:4/4:3 im Neunmeterschießen) – 1992 in München: **Borussia Dortmund** (– VfL Bochum 2:1) – 1993 in München: **1. FC Köln** (– VfB Stuttgart 2:1) – 1994 in Dortmund: **Bayer Leverkusen** (– 1. FC Köln 5:1) – 1995 in München: **Karlsruher SC** (– Bayer Leverkusen 6:3) – 1996 in Dortmund: **TSV München 1860** (– Hamburger SV 6:3) – 1997 in München: **1. FC Kaiserslautern** (– Bayern München 3:1) – 1998 in München: **Hansa Rostock** (– FC Schalke 04 4:3) – 1999 in Dortmund: **Borussia Dortmund** (– VfL Wolfsburg 2:1) – 2000 in München: **SpVgg Greuther Fürth** (– Borussia Mönchengladbach 2:3; 2:0 für Fürth gewertet, weil der Spieler Lanzaat (Mönchengladbach) des Dopings überführt wurde) – 2001 in Dortmund: **SpVgg Unterhaching** (– Werder Bremen 1:1/5:4 im Neunmeterschießen) – seitdem nicht mehr ausgespielt.

DFB-Futsal-Cup

2006 UFC Münster – 2007 FV Eppelborn – 2008 UFC Münster – 2009 Futsal Panthers Köln – 2010, 2011 SD Croatia Berlin – 2012, 2013 Hamburg Panthers – 2014 Nafi Stuttgart – 2015, 2016 Hamburg Panthers.

Auch sie waren einmal Deutsche Meister

Deutsche Akademiker-Meisterschaft
1911 VfB Marburg – 1912 Holstein Kiel – 1913 VfB Leipzig.

Arbeiter-Turn- und Sport-Bund
1920 TuSpo Fürth – 1921, 1922, 1923 VfL Südost Leipzig Stötteritz – 1924, 1925, 1926, 1927 Dresdner SV 1910 – 1928 Pankower SC Adler 08 Berlin – 1929 SC Lorbeer 06 Hamburg – 1930 TuS Nürnberg-Ost – 1931 SC Lorbeer 06 Hamburg – 1932 TuS Nürnberg-Ost.

Deutsche Jugendkraft
1921, 1924 DJK Essen-Katernberg – 1927, 1932 DJK Sparta Nürnberg.

Deutsche Turnerschaft
1925, 1926 MTV Fürth – 1927 TV 61 Forst – 1928 Harburger TB – 1929 TV 1846 Mannheim – 1930 Kruppsche TG Essen.

KG für Rote Sporteinheit
1931 Dresdner SV 1910 – 1932 FT Jeßnitz.

Fußballmeister des Deutschen Makkabi-Kreises
1929 unbekannt (Laut „Jüdische Rundschau" sollte Bar Kochba Hamburg im Endspiel auf den Sieger Bar Kochba Frankfurt – Bar Kochba Breslau treffen.) – 1934 Bar Kochba-Hakoah Berlin (Vermutlich handelt es sich um die Auswahlmannschaft von Berlin-Brandenburg, die den 1934 ausgespielten Makkabi-Pokal gewann.) – 1936, 1937 Bar Kochba Frankfurt – 1938 Bar Kochba-Hakoah Berlin.
Reichsmeister des Sportbundes Schild
1934 BSG 33 Berlin – 1935, 1936 Schild Frankfurt – 1937 Schild Stuttgart – 1938 Schild Bochum.
Nachdem im Deutschen Makkabi-Kreis offensichtlich bereits 1928/29 eine Reichsmeisterschaft ausgespielt wurde, trug der jüdische Sportbund »Schild« nach der nationalsozialistischen Machtergreifung und dem zwangsweisen Ausschluss jüdischer Sportler aus den Vereinen ab 1934 eine Reichsmeisterschaft aus. Der Deutsche Makkabi-Kreis folgte 1936 mit einer offiziellen Meisterschaft.

Reichsmeister des Sportbundes Schild
1934 JSG 33 Berlin – 1935, 1936 TSV Schild Frankfurt – 1937 TSV Schild Stuttgart – 1938 TSV Schild Bochum – Nach der nationalsozialistischen Machtergreifung und dem zwangsweisen Ausschluss jüdischer Sportler aus den Vereinen trugen die beiden jüdischen Sportverbände »Makkabi« und »Schild« bis 1938 eigene Deutsche Meisterschaften aus.

Deutsche Amateur-Meisterschaft
1951 ATSV Bremen 1860 – 1952 VfR Schwenningen – 1953 SV Berg. Gladbach 09 – 1954 TSV Marl-Hüls – 1955 Sportfreunde Siegen – 1956 SpVgg Neu-Isenburg – 1957 VfL Benrath – 1958 FV Hombruch 09 – 1959 FC Singen 04 – 1960 Hannover 96 Am. – 1961 Holstein Kiel Am. – 1962 SC Tegel – 1963 VfB Stuttgart Am. – 1964, 1965 Hannover 96 Am. – 1966 Werder Bremen Am. – 1967 STV Horst-Emscher – 1968 Marathon Remscheid – 1969, 1970, 1971 SC Jülich 1910 – 1972 FSV Frankfurt – 1973 SpVgg Bad Homburg – 1974 SSV Reutlingen – 1975 VfR Oli Bürstadt – 1976 SV Holzwickede – 1977 Fortuna Düsseldorf Am. – 1978 SV Sandhausen – 1979 ESV Ingolstadt – 1980 VfB Stuttgart Am. – 1981 1. FC Köln Am. – 1982 1. FSV Mainz 05 – 1983 FC 08 Homburg/Saar – 1984 Offenburger FV – 1985 Werder Bremen Am. – 1986 BVL 08 Remscheid – 1987 MSV Duisburg – 1988, 1989 Eintracht Trier – 1990 FSV Salmrohr – 1991 Werder Bremen Am. – 1992 Rot-Weiss Essen – 1993 SV Sandhausen – 1994 Preußen Münster – 1995 VfL Osnabrück – 1996 SSV Ulm 1846 – 1997 SSV Reutlingen – 1998 Tennis Borussia Berlin – (Die kompletten Ergebnisse der Deutschen Amateur-Meisterschaft erschienen letztmalig im kicker-Almanach 2001.)

KAPITEL 6

DIE 1. BUNDESLIGA

BAYERN MÜNCHEN

Gegründet: 27. Februar 1900 – Vereinsfarben: Rot-Weiß – Vereinsmitglieder: 277 000 – Rechtsform: AG (seit 2002)
Anschrift: Säbener Straße 51-57, 81547 München – Telefon: (0 89) 69 93 10 – E-Mail: service@fcb.de – Internet: www.fcbayern.de
Deutscher Meister (26): 1932, 1969, 1972, 1973, 1974, 1980, 1981, 1985, 1986, 1987, 1989, 1990, 1994, 1997, 1999, 2000, 2001, 2003, 2005, 2006, 2008, 2010, 2013, 2014, 2015, 2016 – Deutscher Pokalsieger (18): 1957, 1966, 1967, 1969, 1971, 1982, 1984, 1986, 1998, 2000, 2003, 2005, 2006, 2008, 2010, 2013, 2014, 2016 – Europapokalsieger der Landesmeister (3): 1974, 1975, 1976 – Champions-League-Sieger (2): 2001, 2013 – Europapokalsieger der Pokalsieger (1): 1967 – UEFA-Pokal-Sieger (1): 1996 – Weltpokalsieger (2): 1976, 2001 – Klub-Weltmeister (1): 2013 – UEFA-Superpokalsieger (1): 2013 – Deutscher Superpokalsieger (6): 1983, 1987, 1990, 2010, 2012, 2016 – Ligapokalsieger (6): 1997, 1998, 1999, 2000, 2004, 2007
Präsident und Aufsichtsratsvorsitzender: Karl Hopfner; Vorstand: Karl-Heinz Rummenigge (Vorsitzender), Jan-Christian Dreesen (Finanzen, stellvertretender Vorsitzender), Andreas Jung (Marketing, Sponsoring, Events), Jörg Wacker (Internationalisierung und Strategie); Technischer Direktor: Michael Reschke; Direktor Medien, Digital und Kommunikation: Stefan Mennerich; Klubsprecher: Dieter Nickles; Medienarbeit: Hans-Peter Renner; Leiter Scouting: Marco Neppe; Teammanagerin: Kathleen Krüger; Ärzte-Team: Dr. Volker Braun (Orthopäde), Dr. Roland Schmidt (Internist und Kardiologe); Leiter Gesundheit und Fitness: Dr. Holger Broich (Fitness und Rehabilitation); Physiotherapeuten: Christian Huhn (Leitung), Helmut Erhard, Stephan Weickert, Giovanni Bianchi, Bernd Schosser; Spielanalysten: Michael Niemeyer (Leitung), Vitus Angerer, David Rosenkranz; Rehabilitation & Prävention: Dr. Andreas Schlumberger (Leitung), Thomas Wilhelmi, Gerhard Hoffmann (Physiotherapeut); Ernährungsberater: Mino Fulco; Fitnesstrainer: Giovanni Mauri, Francesco Mauri; Co-Trainer: Paul Clement, Davide Ancelotti, Hermann Gerland; Torwarttrainer: Toni Tapalovic
Stadion: Allianz-Arena, 75 024 überdachte Plätze, davon 54 511 Sitzplätze und 15 794 Stehplätze, 1374 Logenplätze, 2048 Business-Seats, 104 Plätze für Ehrengäste, 966 für Sponsoren und 227 Behindertenplätze
Trainer: Carlo Ancelotti, geb. am 10. 6. 1959, Italiener, seit 1. 7. 2016 Cheftrainer bei Bayern München

TORWART
1 Manuel Neuer, 22 Tom Starke, 26 Sven Ulreich

ABWEHR
27 David Alaba, 28 Holger Badstuber, 17 Jerome Boateng, 5 Mats Hummels, 8 Javi Martinez, 18 Juan Bernat, 21 Philipp Lahm, 13 Rafinha

MITTELFELD
40 Fabian Benko, 29 Kingsley Coman, 30 Niklas Dorsch, 11 Douglas Costa, 37 Julian Green, 32 Joshua Kimmich, 25 Thomas Müller, 35 Renato Sanches, 7 Franck Ribery, 10 Arjen Robben, 6 Thiago, 23 Arturo Vidal, 14 Xabi Alonso

ANGRIFF
9 Robert Lewandowski

BORUSSIA DORTMUND

Gegründet: 19. Dezember 1909 – Vereinsfarben: Schwarz-Gelb – Vereinsmitglieder: 139 088 – Rechtsform: GmbH & Co. KGaA (seit 1999)
Anschrift: Rheinlanddamm 207-209, 44137 Dortmund – Telefon: (02 31) 90 20 0 – E-Mail: info@bvb.de – Internet: www.bvb.de
Deutscher Meister (8): 1956, 1957, 1963, 1995, 1996, 2002, 2011, 2012 – Deutscher Pokalsieger (3): 1965, 1989, 2012 – Champions-League-Sieger (1): 1997 – Europapokalsieger der Pokalsieger (1): 1966 – Weltpokalsieger (1): 1997 – Deutscher Superpokalsieger (6): 1989, 1995, 1996, 2008, 2013, 2014
Vorsitzender der Geschäftsführung der KGaA: Hans-Joachim Watzke; Geschäftsführer: Thomas Treß (Finanzen); Präsident des e. V.: Dr. Reinhard Rauball; 2. Vorsitzender: Gerd Pieper; Schatzmeister: Dr. Reinhold Lunow; Direktoren: Michael Zorc (Sport), Dr. Christian Hockenjos (Organisation und Verwaltung), Carsten Cramer (Marketing und Vertrieb), Marcus Knipping (Finanzen), Sascha Fligge (Kommunikation), Reinhard Beck (Personal); Mannschaftsarzt: Dr. Markus Braun; Physiotherapeuten: Peter Kuhnt, Swantje Thomßen, Thomas Zetzmann, Thorben Voeste; Osteopath: Heiko Neugebauer; Zeugwart: Frank Gräfen; Teammanager: Fritz Lünschermann; Staffmanager: Arne Niehörster; Fitness- und Athletik-Team: Rainer Schrey (Leitung), Andreas Beck, Florian Wangler; Co-Trainer: Arno Michels, Benjamin Weber (Video-Analyse); Torwarttrainer: Wolfgang de Beer
Stadion: Signal-Iduna-Park, 81 360 überdachte Plätze, davon 52 951 Sitz- (4200 Business-Seats und 18 Logen) und 28 337 Stehplätze
Trainer: Thomas Tuchel, geb. am 29. 8.1973, Deutscher, seit 1. 7. 2015 Cheftrainer bei Borussia Dortmund

TORWART
39 Hendrik Bonmann, 38 Roman Bürki, 1 Roman Weidenfeller

ABWEHR
5 Marc Bartra, 6 Sven Bender, 37 Erik Durm, 28 Matthias Ginter, 13 Raphael Guerreiro, 3 Joo-Ho Park, 26 Lukasz Piszczek, 29 Marcel Schmelzer, 25 Sokratis, 4 Neven Subotic

MITTELFELD
27 Gonzalo Castro, 7 Ousmane Dembelé, 10 Mario Götze, 23 Shinji Kagawa, 24 Mikel Merino, 9 Emre Mor, 30 Felix Passlack, 22 Christian Pulisic, 11 Marco Reus, 18 Sebastian Rode, 8 Nuri Sahin, 21 André Schürrle, 33 Julian Weigl

ANGRIFF
17 Pierre-Emerick Aubameyang, 20 Adrian Ramos

BAYER 04 LEVERKUSEN

Gegründet: 1. Juli 1904 – Vereinsfarben: Rot-Weiß-Schwarz – Vereinsmitglieder: 28 000 – Rechtsform: GmbH (seit 1999)
Anschrift: Bismarckstraße 122-124, 51373 Leverkusen – Telefon: (02 14) 8 66 00 – E-Mail: info@bayer04.de – Internet: www.bayer04.de
Deutscher Pokalsieger (1): 1993 – UEFA-Pokal-Sieger (1): 1988
Geschäftsführer: Michael Schade; Vorsitzender des Gesellschafter-ausschusses: Werner Wenning; Sportchef: Rudi Völler; Manager: Jonas Boldt; Teamorganisation: Hans-Peter Lehnhoff, Lennart Coerdt, Slawomir Czarniecki; Pressesprecher: Dirk Mesch; Kommunikation Medien: Christian Schönhals; Akkreditierungen/Medienservice: Petra Braun-Hahn; Leiter Scouting: Laurent Busser; Mannschaftsärzte: Dr. Karl-Heinrich Dittmar (Leitung), Dr. Philipp Ehrenstein, Dr. Burak Yildirim; Physiotherapeuten: Sven Elsinger (Leitung), Tobias Schäuble, Steffen Lutz, Hansjörg Schneider, Stuart Rickards; Sportpsychologe: Christian Luthardt; Athletiktrainer: Schahriar Bigdeli, Daniel Jouvin; Reha-

Trainer: Carsten Rademacher, Gregor Stumpf; Co-Trainer: Markus Krösche, Oliver Bartlett (Athletik), Lars Kornetka (Analyse); Torwarttrainer: David Thiel
Stadion: Bay-Arena, 30 210 überdachte Plätze, davon 25 710 Sitz- und 4500 Stehplätze
Trainer: Roger Schmidt, geb. am 13. 3. 1967, Deutscher, seit 1. 7. 2014 Cheftrainer bei Bayer Leverkusen

TORWART
1 Bernd Leno, 36 Niklas Lomb, 28 Ramazan Özcan

ABWEHR
22 Joel Abu Hanna, 33 Lukas Boeder, 23 Danny da Costa, 39 Benjamin Henrichs, 13 Roberto Hilbert, 16 Tin Jedvaj, 5 Kyriakos Papadopoulos, 2 André Ramalho, 4 Jonathan Tah, 21 Ömer Toprak, 18 Wendell

MITTELFELD
20 Charles Aranguiz, 15 Julian Baumgartlinger, 38 Karim Bellarabi, 8 Lars Bender, 19 Julian Brandt, 10 Hakan Calhanoglu, 44 Kevin Kampl, 6 Levin Öztunali, Seung-Woo Ryu, 30 Sam Schreck, 35 Vladlen Yurchenko

ANGRIFF
7 Chicharito, 11 Stefan Kießling, 27 Robbie Kruse, 14 Admir Mehmedi, 17 Joel Pohjanpalo, 31 Kevin Volland

BORUSSIA MÖNCHENGLADBACH

Gegründet: 1. August 1900 – Vereinsfarben: Schwarz-Weiß-Grün – Vereinsmitglieder: 77 300 – Rechtsform: GmbH (seit 2003)
Anschrift: Hennes-Weisweiler-Allee 1, 41179 Mönchengladbach – Telefon: (0 18 06) 18 19 00 – E-Mail: info@borussia.de – Internet: www.borussia.de
Deutscher Meister (5): 1970, 1971, 1975, 1976, 1977 – Deutscher Pokalsieger (3): 1960, 1973, 1995 – UEFA-Pokal-Sieger (2): 1975, 1979 – Deutscher Superpokalsieger (1): 1977
Präsident: Rolf Königs; Vizepräsidenten: Rainer Bonhof, Siegfried Söllner; Präsidiumsmitglied: Hans Meyer; Geschäftsführer: Stephan Schippers; Sportdirektor: Max Eberl; Teammanager: Steffen Korell; Leiter Medien/Kommunikation/Marketing: Markus Aretz; Sponsoringleiter: Guido Uhle; Mannschaftsärzte: Dr. Stefan Hertl, Dr. Heribert Ditzel, Dr. Stefan Porten; Physiotherapeuten: Dirk Müller, Benedikt Bohnen, Adam Szordykowski (Masseur); Betreuer: Marcus Breuer, Rolf Hülswitt, Christian Rieger; Reha-Trainer: Andreas Bluhm; Athletiktrainer: Alexander Mouhcine, Markus Müller; Co-Trainer: Frank Geideck, Manfred Stefes; Torwarttrainer: Uwe Kamps
Stadion: Stadion im Borussia-Park, 54 010 überdachte Plätze, davon 37 865 Sitz- (inklusive 1758 Business-Seats und 684 Logenplätze) und und 16 145 Stehplätze
Trainer: Andre Schubert, geb. am 24. 7. 1971, Deutscher, seit 21. 9. 2015 Cheftrainer bei Borussia Mönchengladbach

TORWART
Janis Blaswich, 33 Christofer Heimeroth, 35 Moritz Nicolas, 21 Tobias Sippel, 1 Yann Sommer

ABWEHR
18 Alvaro Dominguez, 3 Andreas Christensen, 29 Mamadou Doucouré, 30 Nico Elvedi, 24 Tony Jantschke, 27 Julian Korb, 14 Nico Schulz, 4 Jannik Vestergaard, 17 Oscar Wendt

MITTELFELD
22 Laszlo Benes, 8 Mahmoud Dahoud, 7 Patrick Herrmann, 23 Jonas Hofmann, 19 Fabian Johnson, 6 Christoph Kramer, 26 Tsiy William Ndenge, 15 Marvin Schulz, 20 Djibril Sow, 5 Tobias Strobl, 16 Ibrahima Traoré

ANGRIFF
9 Josip Drmic, 28 André Hahn, 10 Thorgan Hazard, 11 Raffael, 44 Ba-Muaka Simakala, 13 Lars Stindl

FC SCHALKE 04

Gegründet: 4. Mai 1904 – Vereinsfarben: Blau-Weiß – Vereinsmitglieder: 145 000 – Rechtsform: e. V.
Anschrift: Ernst-Kuzorra-Weg 1, 45891 Gelsenkirchen – Telefon: (02 09) 36 18 0 – E-Mail: post@schalke04.de – Internet: www.schalke04.de
Deutscher Meister (7): 1934, 1935, 1937, 1939, 1940, 1942, 1958 – Deutscher Pokalsieger (5): 1937, 1972, 2001, 2002, 2011 – UEFA-Pokal-Sieger (1): 1997 – Deutscher Superpokalsieger (1): 2011 – Ligapokalsieger (1): 2005
Vorstand: Christian Heidel (Sport und Kommunikation), Peter Peters (Finanzen und Verwaltung), Alexander Jobst (Marketing); Aufsichtsratsvorsitzender: Clemens Tönnies; Direktor Sport: Axel Schuster; Direktor Kommunikation: Thomas Spiegel; Vereinsarzt: Dr. Andreas Falarzik; Physiotherapeuten: Thomas Kühn (Leiter), Holger Remmers, Tim Hielscher; Spiel- und Videoanalyst: Tobias Hellwig; Teambetreuer: Jan-Pieter Martens; Zeugwarte: Enrico Heil, Holger Blumenstein; Athletiktrainer: Thomas Barth, Ruwen Faller; Co-Trainer: Wolfgang Beller, Tobias Zellner; Torwarttrainer: Simon Henzler
Stadion: Veltins-Arena, 61 271 überdachte Plätze, davon 45 962 Sitz- und 16 309 Stehplätze
Trainer: Markus Weinzierl, geb. am 28. 12. 1974, Deutscher, seit 1. 7. 2016 Cheftrainer beim FC Schalke 04

TORWART
1 Ralf Fährmann, 34 Fabian Giefer, 35 Alexander Nübel, 30 Timon Wellenreuther

ABWEHR
24 Kaan Ayhan, 14 Abdul Rahman Baba, 28 Joshua Bitter, 23 Coke, 4 Benedikt Höwedes, 3 Junior Caicara, 20 Thilo Kehrer, 6 Sead Kolasinac, 29 Naldo, 31 Matija Nastasic, 27 Sascha Riether, 22 Atsuto Uchida

MITTELFELD
15 Dennis Aogo, 13 Eric Maxim Choupo-Moting, 5 Johannes Geis, 8 Leon Goretzka, 7 Max Meyer, 18 Sidney Sam, 21 Alessandro Schöpf, 17 Christian Rubio Sivodedov, 32 Bernard Tekpetey

ANGRIFF
33 Donis Avdijaj, 9 Franco di Santo, 36 Breel Embolo, 25 Klaas Jan Huntelaar, 16 Fabian Reese

1. FSV MAINZ 05

Gegründet: 16. März 1905 – Vereinsfarben: Rot-Weiß – Vereinsmitglieder: 13 034 – Rechtsform: e. V.
Anschrift: Isaac-Fulda-Allee 5, 55124 Mainz – Telefon: (0 61 31) 37 55 00 – E-Mail: info@mainz05.de – Internet: www.mainz05.de
Deutscher Amateurmeister (1): 1982
Präsident: Harald Strutz; Vorstand: Peter Arens (Vizepräsident),
Karl-Heinz Elsäßer (Vizepräsident), Jürgen Doetz (Vizepräsident), Friedhelm Andres, Hubert Friedrich, Rouven Schröder (Sportdirektor), Manfred Thöne, Andreas Krafft; Geschäftsführer: Michael Kammerer (Organisation und Verwaltung), Christopher Blümlein (Finanzen/Controlling), Dag Heydecker (Marketing, Vertrieb und CSR), Tobias Sparwasser (Medien/PR); Teammanager: Darius Salbert; Vereinsärzte: Dr. Patrick Ingelfinger, Dr. Stefan Mattyasovszky, Dr. Kathrin Stelzer; Physiotherapeuten: Christopher Rohrbeck, Stefan Stüwe, Steffen Tröster; Zeugwart: Walter Notter; Videoanalyst: Stephan Degen; Konditionstrainer: Axel Busenkell; Athletiktrainer: Jonas Grünewald; Co-Trainer: Peter Perchtold, Sören Hartung; Torwarttrainer: Stephan Kuhnert
Stadion: Opel-Arena, 34 000 überdachte Plätze, davon 20 000 Sitz- und 14 000 Stehplätze
Trainer: Martin Schmidt, geb. am 12. 4. 1967, Schweizer, seit 17. 2. 2015 Cheftrainer beim 1. FSV Mainz 05

TORWART
23 Gianluca Curci, 33 Jannik Huth, 1 Jonas Lössl, 46 Florian Müller

ABWEHR
3 Leon Balogun, 16 Stefan Bell, 7 Pierre Bengtsson, 18 Daniel Brosinski, 26 Niko Bungert, 24 Gaetan Bussmann, 2 Giulio Donati, 42 Alexander Hack

MITTELFELD
Maximilian Beister, 27 Christian Clemens, 20 Fabian Frei, 25 Jean-Philippe Gbamin, 30 Besar Halimi, 38 Gerrit Holtmann, 17 Jairo, 5 José Rodriguez, 47 Philipp Klement, 6 Danny Latza, 10 Yunus Malli, 29 Devante Parker, 45 Suat Serdar, Niki Zimling

ANGRIFF
11 Emil Berggreen, 15 Jhon Cordoba, 32 Pablo De Blasis, 9 Yoshinori Muto, 21 Karim Onisiwo

 # HERTHA BSC

Gegründet: 25. Juli 1892 – Vereinsfarben: Blau-Weiß – Vereinsmitglieder: 34 000 – Rechtsform: KGaA (seit 2002)
Anschrift: Hanns-Braun-Straße, Friesenhaus 2, 14053 Berlin – Telefon: (0 30) 30 09 28 0 – E-Mail: info@herthabsc.de – Internet: www.herthabsc.de
Deutscher Meister (2): 1930, 1931 – Ligapokalsieger (2): 2001, 2002
Präsident: Werner Gegenbauer; Vizepräsident: Thorsten Manske; Geschäftsführer Sport der KGaA: Michael Preetz; Geschäftsführer Finanzen der KGaA: Ingo Schiller; Mitglieder der Geschäftsleitung: Thomas E. Herrich, Paul Keuter; Aufsichtsratsvorsitzender: Bernd Schiphorst; Leiter der Fußballakademie: Benjamin Weber; Teamleiter: Nello di Martino; Vereinsärzte: Dr. Ulrich Schleicher, Dr. Klaus Neye; Physiotherapeuten: David de Mel, Frederick Syna, Michael Becker; Zeugwarte: Hendrik Herzog, Robert Abramczyk; Fitness- und Athletiktrainer: Henrik Kuchno, Hendrik Vieth; Co-Trainer: Rainer Widmayer, Admir Hamzagic; Torwarttrainer: Zsolt Petry
Stadion: Olympiastadion, 74 475 überdachte Sitzplätze
Trainer: Pal Dardai, geb. am 18. 3. 1976, Ungar, seit 5. 2. 2015 Cheftrainer bei Hertha BSC

TORWART
22 Rune Jarstein, 29 Nils-Jonathan Körber, 1 Thomas Kraft

ABWEHR
25 John Anthony Brooks, 15 Sebastian Langkamp, 34 Maximilian Mittelstädt, 2 Peter Pekarik, 21 Marvin Plattenhardt, 5 Niklas Stark, 23 Mitchell Weiser

MITTELFELD
20 Allan, 9 Alexander Baumjohann, 6 Vladimir Darida, 10 Ondrej Duda, 24 Genki Haraguchi, 13 Jens Hegeler, 31 Florian Kohls, 28 Fabian Lustenberger, 12 Ronny, 3 Per Ciljan Skjelbred, 14 Valentin Stocker

ANGRIFF
11 Sami Allagui, 19 Vedad Ibisevic, 8 Salomon Kalou, 18 Sinan Kurt, 16 Julian Schieber

VfL WOLFSBURG

Gegründet: 12. September 1945 – Vereinsfarben: Grün-Weiß – Vereinsmitglieder: 21 500 – Rechtsform: GmbH (seit 2001)
Anschrift: In den Allerwiesen 1, 38446 Wolfsburg – Telefon: (0 53 61) 89 03 0 – E-Mail: fussball@vfl-wolfsburg.de – Internet: www.vfl-wolfsburg.de
Deutscher Meister (1): 2009 – Deutscher Pokalsieger (1): 2015 – Deutscher Superpokalsieger (1): 2015
Aufsichtsratsvorsitzender: Dr. Francisco Javier Garcia Sanz; Geschäftsführer: Klaus Allofs (Sport und Kommunikation), Wolfgang Hotze (Beschaffung, Controlling, Finanzen, Personal), Thomas Röttgermann (Unternehmensentwicklung, Sponsoring und Events, Infrastruktur und Organisation, Service, Frauenfußball), Dr. Tim Schumacher (Recht, Compliance); Leiter Sport: Olaf Rebbe; Teammanager: Elk Jörn; Leiter Medien und Kommunikation: Florian Mattner; Unternehmenssprecherin: Barbara Ertel-Leicht; Vereinsärzte: Dr. Günter Pfeiler, Dr. Gunter Wilhelm; Chiropraktor: Alexander Steinbrenner; Physiotherapeuten: Michele Putaro, Sascha Weiß; Masseure: Jörg Drill, Manfred Kroß; Zeugwarte: Heribert Rüttger, Nils Scholz; Reha- und Athletik-Trainer: Oliver Mutschler, Felix Sunkel; Co-Trainer: Dirk Bremser, Ton Lokhoff; Torwarttrainer:
Andreas Hilfiker
Stadion: Volkswagen-Arena, 30 000 überdachte Plätze, davon 22 000 Sitz- (1434 Business-Seats) und 8000 Stehplätze
Trainer: Dieter Hecking, geb. am 12. 9. 1964, Deutscher, seit 22. 12. 2012 Cheftrainer beim VfL Wolfsburg

TORWART
1 Diego Benaglio, 28 Koen Casteels, 20 Max Grün

ABWEHR
6 Carlos Ascues, 5 Jeffrey Bruma, 18 Dante, 21 Jannes Horn, 24 Sebastian Jung, 31 Robin Knoche, 34 Ricardo Rodriguez, 4 Marcel Schäfer, 15 Christian Träsch, 8 Vieirinha, 40 Robin Ziegele

MITTELFELD
27 Maximilian Arnold, 38 Ismail Azzaoui, 14 Jakub Blaszczykowski, 25 Josip Brekalo, 16 Bruno Henrique, 7 Daniel Caligiuri, 29 Amara Condé, 26 Daniel Didavi, 35 Anton-Leander Donkor, 10 Julian Draxler, 13 Yannick Gerhardt, 23 Josuha Guilavogui, 22 Luiz Gustavo, 30 Paul Seguin

ANGRIFF
12 Bas Dost, 17 Borja Mayoral, 33 Sebastian Stolze, 39 Oskar Zawada

1. FC KÖLN

Gegründet: 13. Februar 1948 (Fusion Kölner BC 01 und SpVgg Sülz 07) – Vereinsfarben: Rot-Weiß – Vereinsmitglieder: 79 500 – Rechtsform: GmbH und Co. KGaA (seit 2002)
Anschrift: Geißbockheim, Rhein-Energie-Sportpark, Franz-Kremer-Allee 1-3, 50937 Köln – Telefon: (02 21) 71 61 63 00 – E-Mail: service@fc-koeln.de – Internet: www.fc-koeln.de
Deutscher Meister (3): 1962, 1964, 1978 – Deutscher Pokalsieger (4): 1968, 1977, 1978, 1983 – Deutscher Amateurmeister: 1981
Präsident: Werner Spinner; Vizepräsidenten: Markus Ritterbach, Harald Schumacher; Geschäftsführung: Jörg Schmadtke, Alexander Wehrle; Sportdirektor: Dr. Jörg Jakobs; Aufsichtsratsvorsitzender: Lionel Souque; Leiter Medien und Kommunikation: Tobias Kaufmann; Pressesprecher: Alex Jacob; Leiter Nachwuchsleistungszentrum: Daniel Meyer, Carsten Schiel; Vereinsärzte: Dr. Peter Schäferhoff, Dr. Paul Klein, Dr. Rainer Heinzler; Physiotherapeuten: Klaus Maierstein (Leiter), Thorsten Klopp, Paul Schiedges; Teambetreuer: Maximilian Vollmar; Zeugwarte: Kresimir Ban, Frank Almstedt;

Reha-Trainer: Marcel Abanoz; Athletiktrainer: Yann-Benjamin Kugel; Co-Trainer: Manfred Schmid; Torwarttrainer: Alexander Bade
Stadion: Rhein-Energie-Stadion, 50 000 überdachte Plätze, davon 41 825 Sitz- und 8175 Stehplätze
Trainer: Peter Stöger, geb. am 11. 4. 1966, Österreicher, seit 1. 7. 2013 Cheftrainer beim 1. FC Köln

TORWART
1 Timo Horn, 18 Thomas Kessler, 35 Sven Müller

ABWEHR
14 Jonas Hector, 3 Dominique Heintz, 24 Lukas Klünter, 5 Dominic Maroh, 15 Mergim Mavraj, 25 Filip Mladenovic, 16 Pawel Olkowski, 4 Frederik Sörensen

MITTELFELD
21 Leonardo Bittencourt, 30 Marcel Hartel, 6 Marco Höger, 8 Milos Jojic, 33 Matthias Lehmann, 20 Salih Özcan, 34 Konstantin Rausch, 7 Marcel Risse

ABWEHR
19 Sehrou Guirassy, 27 Anthony Modeste, 13 Yuya Osako, 9 Artjoms Rudnevs, 11 Simon Zoller

HAMBURGER SV

Gegründet: 29. September 1887 – Vereinsfarben: Blau-Weiß-Schwarz – Vereinsmitglieder: 75 722 – Rechtsform: AG (seit 2014)
Anschrift: Sylvesterallee 7, 22525 Hamburg – Telefon: (0 40) 41 55 18 87 – E-Mail: info@hsv.de – Internet: www.hsv.de
Deutscher Meister (6): 1923, 1928, 1960, 1979, 1982, 1983 – Deutscher Pokalsieger (3): 1963, 1976, 1987 – Europapokalsieger der Landesmeister (1): 1983 – Europapokalsieger der Pokalsieger (1): 1977 – Ligapokalsieger (2): 1973, 2003
Vorstand der AG: Dietmar Beiersdorfer (Vorsitzender), Joachim Hilke, Frank Wettstein; Präsident des e. V.: Jens Meier; Aufsichtsratsvorsitzender: Karl Gernandt; Direktor Sport: Bernhard Peters; Mediendirektor: Jörn Wolf; Klubmanager: Bernd Wehmeyer; Teammanager: Jürgen Ahlert; Vereinsarzt: Dr. Götz Welsch; Physiotherapeuten: Uwe Schellhammer, Benjamin Eisele, Kristof Meyer, Andreas Thum; Zeugwarte: Miroslav Zadach, Mario Mosa (auch Koch); Athletiktrainer: Daniel Müssig, Sebastian Capel, Carsten Schünemann; Co-Trainer: Eddy Sözer, Bernhard Trares; Torwarttrainer: Stefan Wächter
Stadion: Volksparksatdion, 57 000 überdachte Plätze, davon 47 000 Sitz- (davon 3400 Business-Seats) und 10 000 Stehplätze
Trainer: Bruno Labbadia, geb. am 8. 2. 1966, Deutscher, seit 15. 4. 2015 Cheftrainer beim Hamburger SV

TORWART
1 René Adler, 30 Andreas Hirzel, 31 Christian Mathenia, 36 Tom Mickel

ABWEHR
3 Cleber, 2 Dennis Diekmeier, 5 Johan Djourou, 39 Ashton Götz, 22 Matthias Ostrzolek, 24 Gotoku Sakai, 37 Young-Jae Seo, 4 Emir Spahic

MITTELFELD
21 Nabil Bahoui, 20 Albin Ekdal, 19 Dren Feka, 11 Michael Gregoritsch, 23 Alen Halilovic, 8 Lewis Holtby, 14 Aaron Hunt, 18 Bakery Jatta, 28 Gideon Jung, 25 Mats Köhlert, 33 Filip Kostic, 27 Nicolai Müller, 34 Finn Porath, 32 Frank Ronstadt

ANGRIFF
10 Pierre-Michel Lasogga, 9 Sven Schipplock, 15 Luca Waldschmidt, 7 Bobby Wood

FC INGOLSTADT 04

Gegründet: 5. Februar 2004 (Fusion der Fußballabteilungen des MTV und ESV Ingolstadt) – Vereinsfarben: Schwarz-Rot – Vereinsmitglieder: 3000 -Rechtsform: GmbH (seit 2007)
Anschrift: Am Sportpark 1 b, 85053 Ingolstadt – Telefon: (08 41) 88 55 70 – E-Mail: info@fcingolstadt.de – Internet: www.fcingolstadt.de
Vorstandsvorsitzender: Peter Jackwerth; Stellvertretender Vorstandsvorsitzender: Dr. h. c. Andreas Schleef; Geschäftsführer: Harald Gärtner (Sport/Kommunikation), Franz Spitzauer (Finanzen/Marketing); Sportdirektor: Thomas Linke; Teamkoordinator: Stefan Schröder; Presse- und Öffentlichkeitsarbeit: Oliver Samwald;
Stadionmanager: Bernd Kohlmeier; Mannschaftsärzte: Prof. Dr. Florian Pfab (Leitung), PD Dr. Johannes Scherr; Physiotherapeuten: Christian Haser, Benjamin Sommer, Hermann Eikam; Zeugwarte: Michael Klattenbacher, Christian Gaul; Athletiktrainer: Jörg Mikoleit;
Co-Trainer: Argirios Giannikis, Patrick Westermann; Torwarttrainer: Martin Scharrer
Stadion: Audi-Sportpark, 15 200 überdachte Plätze, davon 9200 Sitz- und 6000 Stehplätze
Trainer: Markus Kauczinski, geb. am 20. 2. 1970, Deutscher, seit 1. 7. 2016 Cheftrainer beim FC Ingolstadt 04

TORWART
24 Fabijan Buntic, 35 Martin Hansen, 1 Örjan Nyland, 39 Christian Ortag

ABWEHR
18 Romain Bregerie, 33 Florent Hadergjonaj, 3 Anthony Jung, 28 Tobias Levels, 34 Marvin Matip, 29 Markus Suttner, 17 Hauke Wahl

MITTELFELD
23 Robert Bauer, 19 Max Christiansen, 36 Almog Cohen, 10 Pascal Groß, 21 Sonny Kittel, 6 Alfredo Morales, 31 Maurice Multhaup, 22 Nico Rinderknecht, 8 Roger

ANGRIFF
9 Moritz Hartmann, 16 Lukas Hinterseer, 7 Mathew Leckie, 13 Robert Leipertz, 14 Stefan Lex, 37 Dario Lezcano

FC AUGSBURG

Gegründet: 8. August 1907 (als FC Alemannia Augsburg, später BC Augsburg; 15. Juli 1969 Fusion mit der Lizenzspielerabteilung des TSV 1847 Schwaben und Umbenennung in FC Augsburg) – Vereinsfarben: Rot-Grün-Weiß – Vereinsmitglieder: 14 500 – Rechtsform: GmbH und Co. KGaA (seit 2005)
Anschrift: Donauwörther Straße 170, 86154 Augsburg – Telefon: (08 21) 45 54 77 0 – E-Mail: info@fcaugsburg.de – Internet: www.fcaugsburg.de
Vorstandsvorsitzender: Klaus Hofmann; Aufsichtsratsvorsitzender
und Geschäftsführer Finanzen: Peter Bircks; Geschäftsführer Sport: Stefan Reuter; Pressesprecher: Dominik Schmitz; Vereinsärzte: Dr. Peter Stiller jun., Dr. Andreas Weigel, Dr. Florian Elser; Physiotherapeuten: Henrik Lange, Michael Deiss, Richard Wagner; Zeugwart: Salvatore Belardo; Co-Trainer: Sascha Franz, Frank Steinmetz; Torwarttrainer: Zdenko Miletic
Stadion: WWK-Arena, 30 660 überdachte Plätze, davon 19 060 Sitz- und 11 034 Stehplätze, 520 Logenplätze sowie 46 Plätze für Rollstuhlfahrer
Trainer: Dirk Schuster, geb. am 29. 12. 1967, Deutscher, seit 1. 7. 2016 Cheftrainer beim FC Augsburg

TORWART
24 Ioannis Gelios, 35 Marwin Hitz, 1 Andreas Luthe

ABWEHR
18 Jan-Ingwer Callsen-Bracker, 32 Raphael Framberger, 15 Marvin Friedrich, 6 Jeffrey Gouweleeuw, 16 Christoph Janker, 31 Philipp Max, 4 Daniel Opare, 40 Tim Rieder, 3 Konstantinos Stafylidis, 28 Georg Teigl, 2 Paul Verhaegh

MITTELFELD
7 Halil Altintop, 10 Daniel Baier, 30 Caiuby, 11 Alexander Esswein, 8 Markus Feulner, 22 Dong-Won Ji, 20 Gojko Kacar, 21 Dominik Kohr, 19 Ja-Cheol Koo, 14 Jan Moravek, 9 Shawn Parker, 29 Marco Schuster, 39 Takashi Usami

ANGRIFF
17 Albian Ajeti, 25 Raul Bobadilla, 27 Alfred Finnbogason, 23 Tim Matavz

WERDER BREMEN

Gegründet: 4. Februar 1899 – Vereinsfarben: Grün-Weiß – Vereinsmitglieder: 36 500 – Rechtsform: GmbH und Co. KG aA (seit 2003)
Anschrift: Franz-Böhmert-Straße 1c, 28205 Bremen – Telefon: (04 21) 43 45 90 – E-Mail: info@werder.de – Internet: www.werder.de
Deutscher Meister (4): 1965, 1988, 1993, 2004 – Deutscher Pokalsieger (6): 1961, 1991, 1994, 1999, 2004, 2009 – Europapokalsieger der Pokalsieger (1): 1992 – Deutscher Superpokalsieger (4): 1988, 1993, 1994, 2009 – Ligapokalsieger (1): 2006 – Deutscher Amateurmeister (3): 1966, 1985, 1991
Geschäftsführung: Klaus Filbry (Vorsitzender, Marketing, Management und Finanzen), Frank Baumann (Sport), Dr. Hubertus Hess-Grunewald (Leistungszentrum, Frauenfußball, andere Sportarten, CSR-Management); Aufsichtsratsvorsitzender: Marco Bode; Leiter Scouting und Kaderplanung Profifußball: Tim Steidten; Leiter Sport U23: Björn Schierenbeck; Teammanager: Tim Barten; Medien: Michael Rudolph (Direktor Kommunikation), Marita Hanke (Medienorganisation), Norman Ibenthal (Medienbeauftragter); Vereinsärzte: Dr. Philip Heitmann, Dr. Alberto Schek; Physiotherapeuten: Holger Berger, Florian Lauerer, Sven Plagge, Adis Lovic; Sportpsychologe: Prof. Dr. Andreas Marlovits; Zeugwarte: Fritz Munder, Peter Detjen; Chef-Analyst: Mario Baric; Leiter Athletik und Performance: Axel Dörrfuß; Athletiktrainer: Günther Stoxreiter; Co-Trainer: Torsten Frings, Florian Kohfeldt; Torwarttrainer: Christian Vander
Stadion: Weser-Stadion, 42 100 überdachte Plätze, davon 31 500 Sitz- und 10 600 Stehplätze
Trainer: Viktor Skripnik, geb. am 19. 11. 1969, Ukrainer, seit 25. 10. 2014 Cheftrainer bei Werder Bremen

TORWART
33 Jaroslav Drobny, 42 Felix Wiedwald, 1 Raphael Wolf, 30 Michael Zetterer

ABWEHR
3 Luca Caldirola, 21 Fallou Diagne, 2 Santiago Garcia, 23 Theodor Gebre Selassie, 29 Leon Guwara, 18 Niklas Moisander, 26 Lamine Sané, 37 Janek Sternberg, 13 Milos Veljkovic

MITTELFELD
44 Philipp Bargfrede, 22 Fin Bartels, 35 Maximilian Eggestein, 8 Clemens Fritz, 39 Lukas Fröde, 20 Ulisses Garcia, 27 Florian Grillitsch, 15 Izet Hajrovic, 16 Zlatko Junuzovic, 7 Florian Kainz, 6 Laszlo Kleinheisler, 25 Thanos Petsos, 5 Sambou Yatabaré

ANGRIFF
24 Johannes Eggestein, 17 Justin Eilers, 9 Aron Johannsson, 10 Max Kruse, 28 Melvyn Lorenzen, 14 Claudio Pizarro, 11 Lennart Thy

SV DARMSTADT 98

Gegründet: 22. Mai 1898 – Vereinsfarben: Blau-Weiß – Vereinsmitglieder: 7600 – Rechtsform: e. V.
Anschrift: Nieder-Ramstädter Straße 170, 64285 Darmstadt, Telefon: (0 61 51) 66 66 98 – E-Mail: info@sv98.de – Internet: www.sv98.de
Präsident: Rüdiger Fritsch; Präsidiumsmitglied Lizenzspielerbereich: Tom Eilers; Präsidium: Anne Baumann (Präsidiumsmitglied Bereich Finanzen), Wolfgang Arnold (Vertreter der Amateurabteilungen), Uwe Kuhl (Bestellter Vertreter für NLZ und sportliche Entwicklung); Vizepräsidenten: Volker Harr, Markus Pfitzner; Sportlicher Leiter: Holger Fach; PR/Öffentlichkeitsarbeit: Tom Lucka; Stadion- und Spielbetrieb: Michael Weilguny; Vereinsärzte: Dr. Klaus Pöttgen, Dr. Thomas Saltzer; Physiotherapeuten: Sebastian Gilles, Dirk Schmitt, Thomas Stubner; Zeugwarte: Utz Pfeiffer, Helmut Koch; Athletiktrainer: Kai Peter Schmitz; Co-Trainer: Frank Heinemann, Efthimios Kompodietas; Torwarttrainer: Dimo Wache
Stadion: Merck-Stadion am Böllenfalltor, 17 000 Plätze, davon 3900 Sitz (3500 überdacht) und 13 100 nicht überdachte Stehplätze
Trainer: Norbert Meier, geb. am 20. 9. 1958, Deutscher, seit 1. 7. 2016 Cheftrainer beim SV Darmstadt 98

TORWART
31 Michael Esser, 24 Daniel Heuer Fernandes

ABWEHR
36 Can Luca Aydogan, 7 Artem Fedetskyy, 13 György Garics, 5 Benjamin Gorka, 21 Immanuel Höhn, 32 Fabian Holland, 15 Junior Diaz, 17 Sandro Sirigu, 4 Aytac Sulu, 38 Daniel Thur, 39 Johannes Wolff

MITTELFELD
37 Liam Fisch, 8 Jerome Gondorf, 20 Marcel Heller, 23 Florian Jungwirth, 18 Peter Niemeyer, 22 Denys Oleinik, 10 Jan Rosenthal, 6 Mario Vrancic

ANGRIFF
16 Antonio-Mirko Colak, 11 Victor Obinna, 19 Felix Platte, 9 Dominik Stroh-Engel

TSG 1899 HOFFENHEIM

Gegründet: 1. Juli 1899 – Vereinsfarben: Blau-Weiß – Vereinsmitglieder: 6859 – Rechtsform: GmbH (seit 2005)
Anschrift: Dietmar-Hopp-Sportpark, Horrenberger Straße 58, 74939 Zuzenhausen – Telefon: (0 72 61) 94 93 0 – E-Mail: info@achtzehn99.de – Internet: www.achtzehn99.de
Präsident: Peter Hofmann; Geschäftsführer: Dr. Peter Görlich (Kommunikation, Sport und Innovation, Marketing und Vertrieb – zudem Geschäftsführer Akademie), Frank Briel (Finanzen, Organisation); Direktor Profifußball: Alexander Rosen; Leiter Nachwuchsleistungszentrum: Dirk Mack; Direktor Medien/Kommunikation & PR: Christian Frommert; Leiter Medien- und Öffentlichkeitsarbeit: Holger Kliem; Leiter Scouting: Michael Mutzel; Leiter Spielanalyse: Benjamin Glück; Leiter Spielbetrieb und Lizenzbereich: Thomas Richter; Teammanager: Timmo Hardung; Vereinsärzte: Dr. Thomas Frölich, Dr. Ralph Kam; Physiotherapeuten: Peter Geigle, Sören Johannsen, Michael Schuhmacher; Spielerservice: Cesar Thier; Betreuer: Heinz Seyfert, Christian Seyfert; Athletiktrainer: Christian Weigl, Otmar Rösch; Präventivtrainer: Christian Neitzert;
Co-Trainer: Alfred Schreuder, Matthias Kaltenbach; Torwarttrainer: Michael Rechner
Stadion: Wirsol Rhein-Neckar-Arena, 30 150 überdachte Plätze, davon 21 000 Sitz- und 9150 Stehplätze
Trainer: Julian Nagelsmann, geb. am 23. 7. 1987, Deutscher, seit 11. 2. 2016 Cheftrainer bei der TSG 1899 Hoffenheim

TORWART
1 Oliver Baumann, 36 Gregor Kobel, 33 Alexander Stolz

ABWEHR
4 Ermin Bicakcic, 21 Benjamin Hübner, 3 Pavel Kaderabek, 20 Jin-Su Kim, 5 Fabian Schär, 25 Niklas Süle, 15 Jeremy Toljan

MITTELFELD
18 Nadiem Amiri, 13 Kerem Demirbay, 14 Tarik Elyounoussi, 32 Dennis Geiger, 11 Jiloan Hamad, 30 Philipp Ochs, 8 Eugen Polanski, 6 Sebastian Rudy, 7 Lukas Rupp, 10 Jonathan Schmid, 16 Pirmin Schwegler, 23 Marco Terrazzino, 22 Kevin Vogt, 17 Steven Zuber

ANGRIFF
34 Baris Atik, 27 Andrej Kramaric, 28 Adam Szalai, 19 Mark Uth, 9 Eduardo Vargas, 39 Sandro Wagner

EINTRACHT FRANKFURT

Gegründet: 8. März 1899 – Vereinsfarben: Rot-Schwarz-Weiß – Vereinsmitglieder: 35 000 – Rechtsform: AG (seit 2000)
Anschrift: Mörfelder Landstraße 362, 60528 Frankfurt – Telefon: (08 00) 7 43 18 99 – E-Mail: info@eintrachtfrankfurt.de – Internet: www.eintracht.de
Deutscher Meister (1): 1959 – Deutscher Pokalsieger (4): 1974, 1975, 1981, 1988 – UEFA-Pokal-Sieger (1): 1980
Vorstand: Fredi Bobic (Sport), Oliver Frankenbach (Finanzen), Axel Hellmann (Marketing und Medien); Aufsichtsratsvorsitzender: Wolfgang Steubing; Sportdirektor: Bruno Hübner; Chefscout und Kaderplaner: Ben Manga; Leiter der Lizenzspielerabteilung: Rainer Falkenhain; Teammanager: Christoph Preuß; Pressesprecher: Carsten Knoop, Jan Strasheim; Vereinsärzte: Dr. Christoph Seeger, Dr. Wulf Schwietzer; Physiotherapeuten: Maik Liesbrock, Daniel Rung; Zeugwarte: Franco Lionti, Igor Simonov; Athletiktrainer: Klaus Luisser; Co-Trainer: Robert Kovac, Armin Reutershahn; Torwarttrainer: Manfred Petz
Stadion: Commerzbank-Arena, 51 500 überdachte Plätze, davon 43 200 Sitz- und 8300 Stehplätze
Trainer: Niko Kovac, geb. am 8. 3.1971, Kroate, seit 8. 3. 2016 Cheftrainer bei Eintracht Frankfurt

TORWART
34 Leon Bätge, 1 Lukas Hradecky, 13 Heinz Lindner

ABWEHR
19 David Abraham, 23 Anderson, 22 Timothy Chandler, 6 Bastian Oczipka, 2 Yanni Regäsel, 4 Marco Russ, 33 Taleb Tawatha, 5 Jesus Vallejo, 3 Guillermo Varela

MITTELFELD
7 Danny Blum, 10 Marco Fabian, 18 Johannes Flum, 11 Mijat Gacinovic, 32 Joel Gerezgiher, 20 Makoto Hasebe, 8 Szabolcs Huszti, 39 Omar Mascarell, 25 Slobodan Medojevic, 21 Marc Stendera

ANGRIFF
38 Enis Bunjaki, 30 Luc Castaignos, 31 Branimir Hrgota, 14 Alexander Meier, 17 Ante Rebic, 9 Haris Seferovic

SC FREIBURG

Gegründet: 30. Mai 1904 – Vereinsfarben: Rot-Weiß – Vereinsmitglieder: 10 000 – Rechtsform: e. V.
Anschrift: Schwarzwaldstraße 193, 79117 Freiburg – Telefon: (07 61) 38 55 10 – E-Mail: scf@scfreiburg.com – Internet: www.scfreiburg.com
Präsident: Fritz Keller; Vorstand: Oliver Leki (Finanzen, Organisation und Marketing), Jochen Saier (Sport); Aufsichtsratsvorsitzender: Dr. Heinrich Breit; Sportdirektor:

Klemens Hartenbach; Team-koordinator: Torsten Bauer; Pressesprecher: Sascha Glunk; Leiter Nachwuchsleistungszentrum: Andreas Steiert; Vereinsärzte: Dr. Gerrit Bode, Dr. Thorsten Hammer; Physiotherapeuten: Markus Behrens, Florian Mack, Torge Schwarz, Uwe Vetter; Zeugwart: Max Beckmann; Athletiktrainer: Simon Ickert; Co-Trainer: Patrick Baier, Lars Voßler; Torwarttrainer: Andreas Kronenberg
Stadion: Schwarzwald-Stadion, 24 000 überdachte Plätze, davon 14 000 Sitz- und 10 000 Stehplätze
Trainer: Christian Streich, geb. am 11. 6. 1965, Deutscher, seit 29. 12. 2011 Cheftrainer beim SC Freiburg

TORWART
44 Rafal Gikiewicz, 21 Patric Klandt, 1 Alexander Schwolow

ABWEHR
25 Jonas Föhrenbach, 5 Manuel Gulde, 30 Christian Günter, 2 Aleksandar Ignjovski, 20 Marc-Oliver Kempf, 17 Lukas Kübler, 24 Mensur Mujdza, 4 Caglar Söyüncü, 15 Pascal Stenzel, 3 Marc Torrejon

MITTELFELD
6 Amir Abrashi, 11 Onur Bulut, 8 Mike Frantz, 32 Vincenzo Grifo, 19 Janik Haberer, 27 Nicolas Höfler, 35 Lucas Hufnagel, 9 Sebastian Kerk, 44 Charles-Elie Laprevotte, 22 Jonas Meffert, 16 Mats Möller Daehli, 23 Julian Schuster

ANGRIFF
34 Amir Falahen, 31 Karim Guedé, 7 Florian Niederlechner, 14 Havard Nielsen, 18 Nils Petersen, 26 Maximilian Philipp, 45 Philipp Zulechner

RB LEIPZIG

Gegründet: 19. Mai 2009 – Vereinsfarben: Rot-Weiß – Vereinsmitglieder: 750 (inklusive Fördermitglieder) – Rechtsform: GmbH (seit 2014)
Anschrift: Neumarkt 29-33, 04109 Leipzig – Telefon: (03 41) 12 47 97 777 – E-Mail: service.rbleipzig@redbulls.com – Internet: www.DieRotenBullen.com
Vorstandsvorsitzender: Oliver Mintzlaff; Sportdirektor: Ralf Rangnick; Sportkoordinator: Frank Aehlig; Spielbetrieb und Organisation: Ulrich Wolter; Teammanager: Thomas Westphal; Leiter Medien und Kommunikation: Florian Scholz; Mannschaftsärzte: Dr. Frank Striegler, Dr. Ralf Zimmermann; Physiotherapeuten: Alexander Sekora, Sven Wobser, Nikolaus Schmid, Christopher Weichert; Sportpsychologe: Sascha Lense; Zeugwart: Peter Hergert; Videoanalyse: Daniel Ackermann, Danny Röhl; Athletiktrainer: Nicklas Dietrich, Kai Kraft; Assistenztrainer: Zsolt Löw; Torwarttrainer: Frederik Gößling
Stadion: Red-Bull-Arena, 42 959 überdachte Sitzplätze
Trainer: Ralph Hasenhüttl, geb. am 9. 8. 1967, Österreicher, seit 1. 7. 2016 Cheftrainer bei RB Leipzig

TORWART
1 Fabio Coltorti, 32 Peter Gulacsi, 21 Marius Müller

ABWEHR
33 Marvin Compper, 23 Marcel Halstenberg, 16 Lukas Klostermann, 5 Atinc Nukan, 4 Willi Orban, 20 Benno Schmitz

MITTELFELD
17 Massimo Bruno, 31 Diego Demme, 10 Emil Forsberg, 13 Stefan Ilsanker, 26 Vitaly Janelt, 24 Dominik Kaiser, 35 Zsolt Kalmar, 8 Naby Keita, 6 Rani Khedira, 7 Marcel Sabitzer, 40 Idrissa Touré

ANGRIFF
18 Terrence Boyd, 9 Yussuf Poulsen, 27 Davie Selke, 11 Timo Werner

Die Bundesligaspieler von Abraham bis Zulechner im Porträt

Zum neunten Mal präsentiert der Almanach die Porträts aller aktuellen Bundesligaspieler. So können Sie die Karriere jeden Spielers mit Einsätzen und Toren Jahr für Jahr mit zurückverfolgen. Der Aufbau ist recht einfach. In der ersten Spalte ist die Saison angegeben, in der zweiten der oder die Vereine, für den oder die der betreffende Akteur in dieser Saison aktiv war. In der dritten Spalte ist die Spielklasse angegeben, in der vierten die Anzahl der bestrittenen Spiele, in der fünften die Anzahl der erzielten Tore. Bei den deutschen Spielklassen haben wir folgende Abkürzungen verwendet: BL = Bundesliga, 2. BL = 2. Bundesliga, 3. L = 3. Liga, RL = Regionalliga, OL = Oberliga, VL = Verbandsliga, LL = Landesliga, BezOL = Bezirksoberliga, BezL = Bezirksliga, A-KL = A-Klasse. Internationale Spielklassen sind durch das Länderkürzel zu erkennen. Eine „1" dahinter bedeutet oberste Spielklasse, eine „2" zweithöchste Spielklasse usw. Da in Brasilien vor der nationalen Meisterschaft noch Regionalmeisterschaften ausgetragen werden, wurde auch diesen Rechnung getragen. „BRA 1" ist demnach die landesweite oberste Spielklasse, „BRA-R1" die oberste Spielklasse der Meisterschaft eines Bundesstaates. Bei der Schweiz kann es außerdem noch zum Kürzel „SUI-AR" kommen. Damit ist die Auf- und Abstiegsrunde gemeint, die es bis zur Einführung der „Swiss Super League" 2003 gab. Einsätze in Play-off- oder Play-out-Runden (in Europa) sowie in Entscheidungsspielen sind nicht berücksichtigt. Einsätze und Tore wurden sehr sorgfältig recherchiert. Trotzdem kann es vorkommen, dass manchmal Einsatz- und/oder Torzahlen fehlen, besonders in unteren Spielklassen oder im Ausland. Wenn Sie darüber gesicherte Informationen haben, schicken Sie uns eine Mail mit Ihrer Quelle an almanach@kicker.de, damit wir die Spielerprofile vervollständigen können. Stichtag für alle Vereinszugehörigkeiten sowie für Einsätze und Tore in Länderspielen war der 12. August.

ABRAHAM, David
15. 7. 1986, Chabas/ARG
Abwehr, 1,88 m, 83 kg, ITA/ARG

Bis 2003 Huracan Chabas

03/04	CA Independiente	ARG 1	4	1
04/05	CA Independiente	ARG 1	26	0
05/06	CA Independiente	ARG 1	22	0
06/07	CA Independiente	ARG 1	17	1
07/08	Gimnastic Tarragona	ESP 2	36	3
08/09	FC Basel	SUI 1	33	0
09/10	FC Basel	SUI 1	21	0
10/11	FC Basel	SUI 1	28	5
11/12	FC Basel	SUI 1	23	3
12/13	FC Getafe	ESP 1	9	0
Jan 13	TSG Hoffenheim	BL	12	0
13/14	TSG Hoffenheim	BL	20	2
14/15	TSG Hoffenheim	BL	14	0
15/16	Eintracht Frankfurt	BL	31	0
16/17	Eintracht Frankfurt	BL		

ABRASHI, Amir
27. 3. 1990, Bischofszell/SUI
Mittelfeld, 1,72 m, 71 kg, SUI/ALB

Bis 2003 FC Bischofszell, 2003-2005 FC Weinfelden-Bürglen, ab 2005 FC Winterthur

06/07	FC Winterthur II	SUI 3	2	0
07/08	FC Winterthur	SUI 2	3	0
	FC Winterthur II	SUI 3	12	2
08/09	FC Winterthur	SUI 2	24	1
	FC Winterthur II	SUI 3	2	0
09/10	FC Winterthur	SUI 2	28	3
10/11	Grassh.-Club Zürich	SUI 1	27	1
11/12	Grassh.-Club Zürich	SUI 1	15	0
12/13	Grassh.-Club Zürich	SUI 1	27	3
13/14	Grassh.-Club Zürich	SUI 1	32	0
14/15	Grassh.-Club Zürich	SUI 1	26	2
15/16	SC Freiburg	2. BL	33	3
16/17	SC Freiburg	BL		

21 A (kein Tor) für Albanien

ABU HANNA, Joel
22. 1. 1998, Troisdorf/D
Abwehr, 1,84 m, 78 kg

Bis 2008 TuRa Hennef, seit 2008 Bayer Leverkusen

16/17	Bayer Leverkusen	BL		

ADLER, René
15. 1. 1985, Leipzig/D
Torhüter, 1,91 m, 87 kg

1991-2000 VfB Leipzig, ab 2000 Bayer Leverkusen

02/03	Bayer Leverkusen Am.	RL	8	0
03/04	Bayer Leverkusen Am.	OL	12	0
04/05	Bayer Leverkusen Am.	OL	9	0
05/06	Bayer Leverkusen II	RL	19	0
06/07	Bayer Leverkusen	BL	11	0
	Bayer Leverkusen II	RL	1	0
07/08	Bayer Leverkusen	BL	33	0
08/09	Bayer Leverkusen	BL	31	0
09/10	Bayer Leverkusen	BL	31	0
10/11	Bayer Leverkusen	BL	32	0
11/12	Bayer Leverkusen II	RL	2	0
12/13	Hamburger SV	BL	32	0
13/14	Hamburger SV	BL	30	0
14/15	Hamburger SV	BL	12	0

15/16	Hamburger SV	BL	24	0
16/17	Hamburger SV	BL		

12 A (kein Tor) für Deutschland

AJETI, Albian
26. 2. 1997, Basel/SUI
Angriff, 1,83 m, 78 kg
Ab 2005 FC Basel

13/14	FC Basel	SUI 1	2	1
	FC Basel II	SUI 3	17	3
14/15	FC Basel	SUI 1	4	1
	FC Basel II	SUI 3	23	15
15/16	FC Basel	SUI 1	5	1
	FC Basel II	SUI 3	5	1
Jan 16	FC Augsburg	BL	1	0
	FC Augsburg II	RL	5	2
16/17	FC Augsburg	BL		

ALABA, David
24. 6. 1992, Wien/AUT
Abwehr, 1,80 m, 76 kg
1998-2002 SV Aspern, ab 2002 Austria Wien

07/08	Austria Wien Am.	AUT 2	5	0
08/09	Bayern München Jug.			
09/10	Bayern München	BL	3	0
	Bayern München II	3. L	23	1
10/11	Bayern München	BL	2	0
	Bayern München II	3. L	10	0
Jan 11	TSG Hoffenheim	BL	17	2
11/12	Bayern München	BL	30	2
12/13	Bayern München	BL	23	3
13/14	Bayern München	BL	28	2
14/15	Bayern München	BL	19	2
15/16	Bayern München	BL	30	1
16/17	Bayern München	BL		

49 A (11 Tore) für Österreich

ALLAGUI, Sami
28. 5. 1986, Düsseldorf/D
Angriff, 1,84 m, 77 kg, TUN/D
1993-1999 BV Büderich, 1999-2002 Fortuna Düsseldorf, 2002-2005 Alemannia Aachen

05/06	RSC Anderlecht	BEL 1	1	0
06/07	RSC Anderlecht	BEL 1	0	0
Jan 07	SV Roeselare	BEL 1	15	3
07/08	Carl Zeiss Jena	2. BL	15	3
	Carl Zeiss Jena II	OL	1	0
08/09	SpVgg Greuther Fürth	2. BL	34	15
09/10	SpVgg Greuther Fürth	2. BL	32	12
10/11	1. FSV Mainz 05	BL	28	10
11/12	1. FSV Mainz 05	BL	19	4
12/13	Hertha BSC	2. BL	25	6
13/14	Hertha BSC	BL	29	9
14/15	Hertha BSC	BL	1	0
Aug 14	1. FSV Mainz 05	BL	19	2
15/16	Hertha BSC	BL	0	0
16/17	Hertha BSC	BL		

28 A (5 Tore) für Tunesien

ALLAN
Allan Rodrigues de Souza
3. 3. 1997, Porto Alegre/BRA
Mittelfeld, 1,72 m, 67 kg
Bis 2015 Internacional Porto Alegre

Aug 15	FC Liverpool			
Sep 15	Seinäjoen JK	FIN 1	8	1
Jan 16	Sint-Truidense VV	BEL 1	9	0
Aug 16	Hertha BSC	BL		

ALTINTOP, Halil
8. 12. 1982, Gelsenkirchen/D
Mittelfeld, 1,86 m, 75 kg, TUR
1991/92 Schwarz-Weiß Gelsenkirchen-Süd, 1992-1997 TuS Rotthausen, ab 1997 SG Wattenscheid 09

00/01	SG Wattenscheid 09	RL	14	5
01/02	SG Wattenscheid 09	RL	34	14
02/03	SG Wattenscheid 09	RL	33	19
03/04	1. FC Kaiserslautern	BL	27	2
	1. FC Kaiserslautern Am.	RL	3	4
04/05	1. FC Kaiserslautern	BL	30	6
05/06	1. FC Kaiserslautern	BL	34	20
06/07	FC Schalke 04	BL	34	6
07/08	FC Schalke 04	BL	25	6
08/09	FC Schalke 04	BL	31	4
09/10	FC Schalke 04	BL	6	0
Jan 10	Eintracht Frankfurt	BL	15	3
10/11	Eintracht Frankfurt	BL	34	0
11/12	Trabzonspor	TUR 1	34	6
12/13	Trabzonspor	TUR 1	27	7
13/14	FC Augsburg	BL	34	10
14/15	FC Augsburg	BL	31	3
15/16	FC Augsburg	BL	19	1
16/17	FC Augsburg	BL		

38 A (8 Tore) für die Türkei

ALVARO DOMINGUEZ
Alvaro Dominguez Soto
16. 5. 1989, Madrid/ESP
Abwehr, 1,89 m, 83 kg
Bis 2001 Real Madrid, ab 2001 Atletico Madrid

07/08	Atletico Madrid B	ESP 3	21	0
08/09	Atletico Madrid	ESP 1	3	0
	Atletico Madrid B	ESP 3	23	0
09/10	Atletico Madrid	ESP 1	26	0
10/11	Atletico Madrid	ESP 1	19	2
11/12	Atletico Madrid	ESP 1	28	3
12/13	Bor. Mönchengladbach	BL	30	2
13/14	Bor. Mönchengladbach	BL	21	1
14/15	Bor. Mönchengladbach	BL	24	0
15/16	Bor. Mönchengladbach	BL	6	0
16/17	Bor. Mönchengladbach	BL		

2 A (kein Tor) für Spanien

AMIRI, Nadiem
27. 10. 1996, Ludwigshafen/D
Mittelfeld, 1,80 m, 72 kg
Bis 2012 Ludwigshafener SC, 1. FC Kaiserslautern und Waldhof Mannheim, seit 2012 TSG Hoffenheim

14/15	TSG Hoffenheim	BL	7	0
	TSG Hoffenheim II	RL	13	2
15/16	TSG Hoffenheim	BL	25	4
	TSG Hoffenheim II	RL	7	2
16/17	TSG Hoffenheim	BL		

ANDERSON
Anderson Soares de Oliveira
10. 1. 1988, Sao Goncalo/BRA
Abwehr, 1,89 m, 86 kg

2007	Flamengo Rio Jun.			
2008	Flamengo Rio Jun.			
08/09	VfL Osnabrück	2. BL	12	0
09/10	Fortuna Düsseldorf	2. BL	32	3
10/11	Bor. Mönchengladbach	BL	13	0
11/12	Eintracht Frankfurt	2. BL	30	0
12/13	Eintracht Frankfurt	BL	28	1
13/14	Eintracht Frankfurt	BL	15	0
14/15	Eintracht Frankfurt	BL	22	0
15/16	Eintracht Frankfurt	BL	0	0
16/17	Eintracht Frankfurt	BL		

AOGO, Dennis
14. 1. 1987, Karlsruhe/D
Abwehr, 1,84 m, 85 kg
1991-1993 FV Grünwinkel, 1993/94 Bulacher SC, 1994-2000 Karlsruher SC, 2000-2002 Waldhof Mannheim, ab 2002 SC Freiburg

04/05	SC Freiburg	BL	15	1
	SC Freiburg Am.	OL	13	3
05/06	SC Freiburg	2. BL	27	6
	SC Freiburg II	OL	1	0
06/07	SC Freiburg	2. BL	19	0
	SC Freiburg II	OL	1	0
07/08	SC Freiburg	2. BL	33	4
08/09	Hamburger SV	BL	23	0
09/10	Hamburger SV	BL	31	0
10/11	Hamburger SV	BL	20	0
11/12	Hamburger SV	BL	30	0
12/13	Hamburger SV	BL	27	2
13/14	Hamburger SV	BL	2	0
Aug 13	FC Schalke 04	BL	10	0
14/15	FC Schalke 04	BL	25	0
15/16	FC Schalke 04	BL	23	0
16/17	FC Schalke 04	BL		

12 A (kein Tor) für Deutschland

ARANGUIZ, Charles
Charles Mariano Aranguiz Sandoval
17. 4. 1989, Puente Alto/CHI
Mittelfeld, 1,71 m, 67 kg
Ab 2003 Cobreloa Calama

2006	Cobreloa Calama	CHI 1	33	2
2007	Cobreloa Calama	CHI 1	18	1
Jul 07	Cobresal El Salvador	CHI 1	14	1
2008	Cobreloa Calama	CHI 1	32	4
2009	Cobreloa Calama	CHI 1	12	4
Jul 09	Colo Colo Santiago	CHI 1	23	3
2010	Colo Colo Santiago	CHI 1	9	2
10/11	Quilmes AC	ARG 1	14	0
Jan 11	Universidad de Chile	CHI 1	38	4
2012	Universidad de Chile	CHI 1	31	4
2013	Universidad de Chile	CHI 1	12	5
13/14	Universidad de Chile	CHI 1	13	7
Jan 14	Inter Porto Alegre	BRA-R1	9	3
	Inter Porto Alegre	BRA 1	24	6
2015	Inter Porto Alegre	BRA-R1	5	0
	Inter Porto Alegre	BRA 1	0	0
Aug 15	Bayer Leverkusen	BL	7	2
16/17	Bayer Leverkusen	BL		

48 A (7 Tore) für Chile

ARNOLD, Maximilian
27. 5. 1994, Riesa/D
Mittelfeld, 1,84 m, 74 kg
2000-2003 BSV Strehla, 2003-2006 SC Riesa, 2006-2008 Dynamo Dresden, seit 2008 VfL Wolfsburg

11/12	VfL Wolfsburg	BL	2	0
12/13	VfL Wolfsburg	BL	6	3
13/14	VfL Wolfsburg	BL	28	7
	VfL Wolfsburg II	RL	2	0
14/15	VfL Wolfsburg	BL	27	4
15/16	VfL Wolfsburg	BL	31	3
16/17	VfL Wolfsburg	BL		

1 A (kein Tor) für Deutschland

ASCUES, Carlos
Carlos Antonio Ascues Avila
19. 6. 1992, Caracas/VEN
Abwehr, 1,87 m, 82 kg, PER

2011	Alianza Lima	PER 1	5	0
2012	Alianza Lima	PER 1	17	1
12/13	Benfica Lissabon B	POE 2	22	0
13/14	Panetolikos Agrinio	GRE 1	0	0
Feb 14	Univ. San Martin Porres	PER 1	19	1
2015	FBC Melgar	PER 1	6	0
15/16	VfL Wolfsburg	BL	1	0
16/17	VfL Wolfsburg	BL		

21 A (5 Tore) für Peru

ATIK, Baris
9. 1. 1995, Frankenthal /D
Angriff, 1,69 m, 72 kg
Bis 2012 VT Frankenthal und Waldhof Mannheim

12/13	TSG Hoffenheim II	RL	2	1
13/14	TSG Hoffenheim II	RL	3	0
14/15	TSG Hoffenheim II	RL	29	4
15/16	TSG Hoffenheim II	RL	24	3
16/17	TSG Hoffenheim	BL		

AUBAMEYANG, Pierre-Emerick
18. 6. 1989, Laval/FRA
Angriff, 1,87 m, 80 kg, FRA/GAB
Stade Laval, Toulouse FC, Junior Barranquilla, OGC Nizza, FC Rouen, AC Le Havre, bis Dezember 2006 SC Bastia, Januar 2007 bis 2008 AC Mailand

08/09	Dijon Football	FRA 2	33	8
09/10	Lille OSC	FRA 1	14	2
10/11	AS Monaco	FRA 1	19	2
Jan 11	AS Saint-Etienne	FRA 1	14	2
	AS Saint-Etienne II	FRA 4	2	1
11/12	AS Saint-Etienne	FRA 1	36	16
12/13	AS Saint-Etienne	FRA 1	37	19
13/14	Borussia Dortmund	BL	32	13
14/15	Borussia Dortmund	BL	33	16
15/16	Borussia Dortmund	BL	31	25
16/17	Borussia Dortmund	BL		

48 A (20 Tore) für Gabun

AVDIJAJ, Donis
25. 8. 1996, Osnabrück/D
Angriff, 1,72 m, 70 kg
2001-2006 SV Atter, 2006-2011 VfL Osnabrück, ab 2011 FC Schalke 04

14/15	FC Schalke 04 II	RL	11	4
Jan 15	Sturm Graz	AUT 1	17	6
15/16	Sturm Graz	AUT 1	25	3
16/17	FC Schalke 04	BL		

AYDOGAN, Can Luca
31. 12. 1998, Darmstadt/D
Abwehr, 1,78 m, 64 kg
Seit 2006 SV Darmstadt 98

16/17	SV Darmstadt 98	BL		

AYHAN, Kaan
10. 11. 1994, Gelsenkirchen/D
Abwehr, 1,85 m, 84 kg
Ab 1999 FC Schalke 04

13/14	FC Schalke 04	BL	14	1
	FC Schalke 04 II	RL	3	0
14/15	FC Schalke 04	BL	15	0
Jan 16	Eintracht Frankfurt	BL	2	0
16/17	FC Schalke 04	BL		

AZZAOUI, Ismail
6. 1. 1998, Brüssel/BEL
Mittelfeld, 1,77 m, 72 kg
Bis 2014 RSC Anderlecht, ab 2014 Tottenham Hotspur

15/16	VfL Wolfsburg	BL	2	0
	VfL Wolfsburg II	RL	1	0
16/17	VfL Wolfsburg	BL		

BABA, Abdul Rahman
2. 7. 1994, Tamale/GHA
Abwehr, 1,79 m, 70 kg
2004-2010 Young Meteors Tamale, 2010/11 Dreamz FC

11/12	Asante Kotoko Kumasi	GHA 1	25	0
12/13	SpVgg Greuther Fürth	BL	20	0
13/14	SpVgg Greuther Fürth	2. BL	22	0
14/15	SpVgg Greuther Fürth	2. BL	2	2
Aug 14	FC Augsburg	BL	31	0
15/16	FC Chelsea	ENG 1	15	0
16/17	FC Schalke 04	BL		

20 A (kein Tor) für Ghana

BADSTUBER, Holger
13. 3. 1989, Memmingen/D
Abwehr, 1,90 m, 84 kg
1994-2000 TSV Rot, 2000-2002 VfB Stuttgart, seit 2002 Bayern München

07/08	Bayern München II	RL	23	4
08/09	Bayern München II	3. L	32	3
09/10	Bayern München	BL	33	1
10/11	Bayern München	BL	23	0
11/12	Bayern München	BL	33	0
12/13	Bayern München	BL	12	0
13/14	Bayern München	BL	0	0
14/15	Bayern München	BL	10	0
15/16	Bayern München	BL	7	0
16/17	Bayern München	BL		

31 A (1 Tor) für Deutschland

BÄTGE, Leon
9. 7. 1997, Wolfsburg/D
Torhüter, 1,88 m, 88 kg
Bis 2006 Adler Jahrstedt, 2006-2009 FC Brome, 2009-2015 VfL Wolfsburg, seit 2015 Eintracht Frankfurt

16/17	Eintracht Frankfurt	BL		

BAHOUI, Nabil
5. 2. 1991, Stockholm/SWE
Mittelfeld, 1,88 m, 84 kg
Bis 2002 Mälarhöjdens IK, IK Tellus und Hammarby IF, ab 2003 IF Brommapojkarna

2008	IF Brommapojkarna	SWE 2	1	0
2009	IF Brommapojkarna	SWE 1	8	0
2010	IF Brommapojkarna	SWE 1	4	0
Jul 10	Väsby United	SWE 2	8	1
Nov 10	IF Brommapojkarna	SWE 1	2	0
2011	IF Brommapojkarna	SWE 2	13	0
Sep 11	Akropolis IF Sundbyberg	SWE 3	3	0
2012	IF Brommapojkarna	SWE 2	28	15
2013	AIK Solna	SWE 1	29	7
2014	AIK Solna	SWE 1	26	14
2015	AIK Solna	SWE 1	9	5
15/16	Al-Ahly Dschidda	KSA 1	10	0
Feb 16	Hamburger SV	BL	6	0
16/17	Hamburger SV	BL		

8 A (kein Tor) für Schweden

BAIER, Daniel
18. 5. 1984, Köln/D
Mittelfeld, 1,76 m, 77 kg
1988-1992 Teutonia Obernau, 1992-1998 TSV Mainaschaff, 1998/99 Viktoria Aschaffenburg, ab 1999 TSV München 1860

02/03	TSV München 1860 Am.	OL	4	0
03/04	TSV München 1860	BL	12	0
	TSV München 1860 Am.	OL	8	3
04/05	TSV München 1860	2. BL	30	1
05/06	TSV München 1860	2. BL	31	0
06/07	TSV München 1860	2. BL	34	2
07/08	VfL Wolfsburg	BL	15	0
08/09	VfL Wolfsburg II	RL	1	1
Aug 08	FC Augsburg	2. BL	23	1
09/10	VfL Wolfsburg	BL	1	0
Jan 10	FC Augsburg	2. BL	12	0
10/11	FC Augsburg	2. BL	17	1
11/12	FC Augsburg	BL	33	0
12/13	FC Augsburg	BL	33	2
13/14	FC Augsburg	BL	34	0
14/15	FC Augsburg	BL	34	1
15/16	FC Augsburg	BL	28	1
16/17	FC Augsburg	BL		

BALOGUN, Leon
28. 6. 1988, Berlin/D
Abwehr, 1,90 m, 88 kg, D/NGA
Hertha BSC

06/07	Hertha Zehlendorf	VL	7	0
07/08	Türkiyemspor Berlin	OL	29	4
08/09	Hannover 96	BL	1	0
	Hannover 96 II	RL	20	1
09/10	Hannover 96	BL	2	0
	Hannover 96 II	RL	16	0
10/11	Werder Bremen	BL	3	0
	Werder Bremen II	3. L	29	1
11/12	Werder Bremen	3. L	20	3
12/13	Fortuna Düsseldorf	BL	17	0
	Fortuna Düsseldorf II	RL	2	1
13/14	Fortuna Düsseldorf	2. BL	11	0
	Fortuna Düsseldorf II	RL	2	0
Okt 14	SV Darmstadt 98	2. BL	21	4
15/16	1. FSV Mainz 05	BL	21	1
16/17	1. FSV Mainz 05	BL		

7 A (kein Tor) für Nigeria

BARGFREDE, Philipp
3. 3. 1989, Zeven/D
Mittelfeld, 1,74 m, 71 kg
1995-2004 TuS Heeslingen, seit 2004 Werder Bremen

07/08	Werder Bremen II	RL	4	0
08/09	Werder Bremen II	3. L	15	1
09/10	Werder Bremen	BL	23	0
10/11	Werder Bremen	BL	28	0
11/12	Werder Bremen	BL	23	0
12/13	Werder Bremen	BL	13	0
13/14	Werder Bremen	BL	20	3
14/15	Werder Bremen	BL	16	1
15/16	Werder Bremen	BL	14	0
16/17	Werder Bremen	BL		

BARTELS, Fin
7. 2. 1987, Kiel/D
Mittelfeld, 1,76 m, 69 kg
Bis 2002 TSV Russee und SpVgg Eidertal Molfsee, ab 2002 Holstein Kiel

05/06	Holstein Kiel	RL	17	0
	Holstein Kiel II	OL	10	1
06/07	Holstein Kiel	RL	33	5
07/08	Hansa Rostock	BL	19	4
	Hansa Rostock II	OL	9	5
08/09	Hansa Rostock	2. BL	28	6
09/10	Hansa Rostock	2. BL	30	4
10/11	FC St. Pauli	BL	31	2
11/12	FC St. Pauli	2. BL	32	6
12/13	FC St. Pauli	2. BL	27	2
13/14	FC St. Pauli	2. BL	27	7
14/15	Werder Bremen	BL	29	4
15/16	Werder Bremen	BL	30	8
16/17	Werder Bremen	BL		

BARTRA, Marc
Marc Bartra Aregall
15. 1. 1991, San Jaime dels Domenys/ESP
Abwehr, 1,84 m, 73 kg
Bis 2002 Espanyol Barcelona, ab 2002 FC Barcelona

09/10	FC Barcelona B	ESP 3	24	1
	FC Barcelona	ESP 1	1	0
10/11	FC Barcelona B	ESP 2	30	3
	FC Barcelona	ESP 1	2	0
11/12	FC Barcelona B	ESP 2	23	0
	FC Barcelona	ESP 1	1	0
12/13	FC Barcelona	ESP 1	8	0
13/14	FC Barcelona	ESP 1	20	1
14/15	FC Barcelona	ESP 1	14	1
15/16	FC Barcelona	ESP 1	13	2
16/17	Borussia Dortmund	BL		

10 A (kein Tor) für Spanien

BAUER, Robert
9. 4. 1995, Pforzheim/D
Mittelfeld, 1,83 m, 76 kg
2002 bis 2014 FSV Buckenberg und Karlsruher SC

14/15	FC Ingolstadt 04	2. BL	18	0
	FC Ingolstadt 04 II	RL	3	1
15/16	FC Ingolstadt 04	BL	24	1
	FC Ingolstadt 04 II	RL	3	0
16/17	FC Ingolstadt 04	BL		

BAUMANN, Oliver
2. 6. 1990, Breisach/D
Torhüter, 1,87 m, 83 kg
Bis 2000 FC Bad Krozingen, ab 2000 SC Freiburg

09/10	SC Freiburg	BL	1	0
	SC Freiburg II	RL	20	0
10/11	SC Freiburg	BL	30	0
	SC Freiburg II	RL	2	0
11/12	SC Freiburg	BL	33	0
12/13	SC Freiburg	BL	34	0
13/14	SC Freiburg	BL	33	0

14/15	TSG Hoffenheim	BL	34 0
15/16	TSG Hoffenheim	BL	33 0
16/17	TSG Hoffenheim	BL	

BAUMGARTLINGER, Julian
2. 1. 1988, Salzburg/AUT
Mittelfeld, 1,83 m, 82 kg

1995-2001 USC Mattsee, ab 2001 TSV München 1860

06/07	TSV München 1860 II	RL	10 1
07/08	TSV München 1860	2. BL	5 0
	TSV München 1860 II	RL	17 0
08/09	TSV München 1860	2. BL	8 0
	TSV München 1860 II	RL	10 0
09/10	Austria Wien	AUT 1	30 0
10/11	Austria Wien	AUT 1	31 1
11/12	1. FSV Mainz 05	BL	26 0
12/13	1. FSV Mainz 05	BL	32 0
13/14	1. FSV Mainz 05	BL	9 0
	1. FSV Mainz 05 II	RL	2 1
14/15	1. FSV Mainz 05	BL	26 0
15/16	1. FSV Mainz 05	BL	31 2
16/17	Bayer Leverkusen	BL	

48 A (1 Tor) für Österreich

BAUMJOHANN, Alexander
23. 1. 1987, Datteln/D
Mittelfeld, 1,78 m, 75 kg

1991-2000 Teutonia Waltrop, ab 2000 FC Schalke 04

05/06	FC Schalke 04	BL	1 0
	FC Schalke 04 II	OL	16 1
06/07	FC Schalke 04	BL	1 0
	FC Schalke 04 II	OL	13 4
Jan 07	Bor. Mönchengladbach	BL	3 0
	Bor. Mönchengladbach II	RL	2 0
07/08	Bor. Mönchengladbach	2. BL	1 0
	Bor. Mönchengladbach II	OL	4 1
08/09	Bor. Mönchengladbach	BL	28 3
	Bor. Mönchengladbach II	RL	2 1
09/10	Bayern München	BL	3 0
Jan 10	FC Schalke 04	BL	11 0
10/11	FC Schalke 04	BL	9 0
	FC Schalke 04 II	RL	4 0
11/12	FC Schalke 04	BL	8 0
12/13	FC Schalke 04	BL	0 0
Aug 12	1. FC Kaiserslautern	2. BL	25 5
13/14	Hertha BSC	BL	9 0
	Hertha BSC II	RL	1 0
14/15	Hertha BSC	BL	0 0
15/16	Hertha BSC	BL	24 1
16/17	Hertha BSC	BL	

BEISTER, Maximilian
6. 9. 1990, Göttingen/D
Mittelfeld, 1,80 m, 81 kg

1995-2004 VfL Lüneburg, ab 2004 Hamburger SV

08/09	Hamburger SV II	RL	17 2
09/10	Hamburger SV	BL	2 0
	Hamburger SV II	RL	24 9
10/11	Fortuna Düsseldorf	2. BL	26 7
11/12	Fortuna Düsseldorf	2. BL	33 11
12/13	Hamburger SV	BL	23 3
13/14	Hamburger SV	BL	16 5
14/15	Hamburger SV	BL	5 0
	Hamburger SV II	RL	5 2
15/16	1. FSV Mainz 05	BL	1 0
	1. FSV Mainz 05 II	3. L	1 0
Feb 16	TSV München 1860	2. BL	8 0
16/17	1. FSV Mainz 05	BL	

BELL, Stefan
24. 8. 1991, Andernach/D
Abwehr, 1,92 m, 88 kg

Bis 2006 JSG Rieden/Wehr/Volkesfeld, 2006/07 TuS Mayen, ab 2007 1. FSV Mainz 05

09/10	1. FSV Mainz 05 II	RL	3 0
10/11	1. FSV Mainz 05 II	RL	1 0
Aug 10	TSV München 1860	2. BL	24 2
11/12	Eintracht Frankfurt	2. BL	2 0
	Eintracht Frankfurt II	RL	3 0
Jan 12	1. FSV Mainz 05	RL	2 0
12/13	1. FSV Mainz 05	BL	8 0
	1. FSV Mainz 05 II	RL	20 3
13/14	1. FSV Mainz 05	BL	27 0
	1. FSV Mainz 05 II	RL	2 0
14/15	1. FSV Mainz 05	BL	31 3
15/16	1. FSV Mainz 05	BL	30 1
16/17	1. FSV Mainz 05	BL	

BELLARABI, Karim
8. 4. 1990, Berlin/D
Angriff, 1,83 m, 78 kg, D/MAR

Bis 2001 FC Huchting, 2001-2007 Werder Bremen

07/08	FC Oberneuland	OL	9 3
08/09	Eintracht Braunschweig	3. L	1 0
	Eintracht Braunschweig II	OL	3 1
09/10	Eintracht Braunschweig	3. L	2 0
	Eintracht Braunschweig II	OL	19 10
10/11	Eintracht Braunschweig	3. L	35 8
11/12	Bayer Leverkusen	BL	10 1
	Bayer Leverkusen II	RL	2 0
12/13	Bayer Leverkusen	BL	8 0
13/14	Bayer Leverkusen II	RL	3 0
Aug 13	Eintracht Braunschweig	BL	26 3
14/15	Bayer Leverkusen	BL	33 12
15/16	Bayer Leverkusen	BL	33 6
16/17	Bayer Leverkusen	BL	

10 A (1 Tor) für Deutschland

BENAGLIO, Diego
8. 9. 1983, Zürich/SUI
Torhüter, 1,94 m, 89 kg, SUI/ITA

1993-1997 FC Spreitenbach, 1997-1999 FC Baden, 1999-2002 Grasshopper-Club Zürich

02/03	VfB Stuttgart Am.	OL	17 0
03/04	VfB Stuttgart Am.	RL	12 0
04/05	VfB Stuttgart Am.	RL	25 0
05/06	Nacional Funchal	POR 1	23 0
06/07	Nacional Funchal	POR 1	30 0
07/08	Nacional Funchal	POR 1	16 0
Jan 08	VfL Wolfsburg	BL	17 0

08/09	VfL Wolfsburg	BL	31	0
09/10	VfL Wolfsburg	BL	22	0
10/11	VfL Wolfsburg	BL	28	0
11/12	VfL Wolfsburg	BL	32	0
12/13	VfL Wolfsburg	BL	34	0
13/14	VfL Wolfsburg	BL	29	0
14/15	VfL Wolfsburg	BL	31	0
15/16	VfL Wolfsburg	BL	21	0
	VfL Wolfsburg II	RL	1	0
16/17	VfL Wolfsburg	BL		

61 A (kein Tor) für die Schweiz

BENDER, Lars
27. 4. 1989, Rosenheim/D
Mittelfeld, 1,84 m, 77 kg
1993-1999 TSV Brannenburg, 1999-2002 SpVgg Unterhaching, ab 2002 TSV München 1860

06/07	TSV München 1860	2. BL	13	0
	TSV München 1860 II	RL	9	2
07/08	TSV München 1860	2. BL	28	1
08/09	TSV München 1860	2. BL	15	3
09/10	TSV München 1860	2. BL	2	0
Aug 09	Bayer Leverkusen	BL	20	1
	Bayer Leverkusen II	RL	2	0
10/11	Bayer Leverkusen	BL	27	3
	Bayer Leverkusen II	RL	1	0
11/12	Bayer Leverkusen	BL	28	4
12/13	Bayer Leverkusen	BL	33	3
13/14	Bayer Leverkusen	BL	29	3
14/15	Bayer Leverkusen	BL	26	1
15/16	Bayer Leverkusen	BL	11	1
16/17	Bayer Leverkusen	BL		

19 A (4 Tore) für Deutschland

BENDER, Sven
27. 4. 1989, Rosenheim/D
Mittelfeld, 1,86 m, 80 kg
1993-1999 TSV Brannenburg, 1999-2002 SpVgg Unterhaching, ab 2002 TSV München 1860

06/07	TSV München 1860	2. BL	13	0
	TSV München 1860 II	RL	15	1
07/08	TSV München 1860	2. BL	27	1
	TSV München 1860 II	RL	1	0
08/09	TSV München 1860	2. BL	25	0
09/10	Borussia Dortmund	BL	19	0
	Borussia Dortmund II	3. L	3	0
10/11	Borussia Dortmund	BL	31	1
11/12	Borussia Dortmund	BL	24	1
12/13	Borussia Dortmund	BL	20	1
	Borussia Dortmund II	3. L	1	0
13/14	Borussia Dortmund	BL	19	1
14/15	Borussia Dortmund	BL	20	0
15/16	Borussia Dortmund	BL	19	0
16/17	Borussia Dortmund	BL		

7 A (kein Tor) für Deutschland

BENES, Laszlo
9. 9. 1997, Dunajska Streda/SVK
Mittelfeld, 1,81 m, 72 kg
Bis 2007 STK Samorin, 2007-2011 DAC Dunajska Streda, ab 2011 Györi ETO

14/15	Györi ETO	HUN 1	1	0
	Györi ETO II	HUN 3	1	0
Jan 15	MSK Zilina	SVK 1	8	0
	MSK Zilina B	SVK 2	6	0
15/16	MSK Zilina	SVK 1	23	2
16/17	Bor. Mönchengladbach	BL		

BENGTSSON, Pierre
12. 4. 1988, Kumla/SWE
Abwehr, 1,78 m, 77 kg
Bis 2003 IFK Kumla, ab 2003 AIK Solna

2006	AIK Solna	SWE 1	5	0
2007	AIK Solna	SWE 1	6	0
2008	AIK Solna	SWE 1	18	0
2009	AIK Solna	SWE 1	14	0
Sep 09	FC Nordsjaelland	DEN 1	20	0
10/11	FC Nordsjaelland	DEN 1	14	0
Jan 11	FC Kopenhagen	DEN 1	6	0
11/12	FC Kopenhagen	DEN 1	27	0
12/13	FC Kopenhagen	DEN 1	29	1
13/14	FC Kopenhagen	DEN 1	31	1
14/15	FC Kopenhagen	DEN 1	26	0
Jan 15	1. FSV Mainz 05	BL	13	0
15/16	1. FSV Mainz 05	BL	16	0
16/17	1. FSV Mainz 05	BL		

22 A (kein Tor) für Schweden

BENKO, Fabian
5. 6. 1998, München/D
Mittelfeld, 1,79 m, 74 kg, D/CRO
Seit 2005 Bayern München

| 15/16 | Bayern München II | RL | 18 | 0 |
| 16/17 | Bayern München | BL | | |

BERGGREEN, Emil
10. 5. 1993, Helsingör/DEN
Angriff, 1,94 m, 89 kg
Bis 2011 Frem Hellebaek und BK Sölleröd-Vedbaek, 2011/12 FC Nordsjaelland

12/13	Brönshöj Kopenhagen	DEN 2	21	2
13/14	Brönshöj Kopenhagen	DEN 2	30	11
14/15	Hobro IK	DEN 1	17	3
Feb 15	Eintracht Braunschweig	2. BL	13	5
15/16	Eintracht Braunschweig	2. BL	13	5
Jan 16	1. FSV Mainz 05	BL	0	0
16/17	1. FSV Mainz 05	BL		

BICAKCIC, Ermin
24. 1. 1990, Zvornik/YUG
Abwehr, 1,85 m, 85 kg, BIH/D
1995 bis Dezember 2004 SpVgg Mockmühl, Januar 2005 bis 2006 FC Heilbronn, ab 2006 VfB Stuttgart

09/10	VfB Stuttgart II	3. L	12	0
10/11	VfB Stuttgart II	3. L	10	0
	VfB Stuttgart	BL	1	0

11/12	VfB Stuttgart II	3. L	1	0
Jan 12	Eintracht Braunschweig	2. BL	12	0
12/13	Eintracht Braunschweig	2. BL	33	3
13/14	Eintracht Braunschweig	BL	31	1
14/15	TSG Hoffenheim	BL	24	1
15/16	TSG Hoffenheim	BL	21	0
16/17	TSG Hoffenheim	BL		

14 A (2 Tore) für Bosnien-Herzegowina

BITTENCOURT, Leonardo
19. 12. 1993, Leipzig/D
Mittelfeld, 1,71 m, 62 kg, D/BRA

Ab 1998 Energie Cottbus

10/11	Energie Cottbus	2. BL	3	0
	Energie Cottbus II	RL	4	2
11/12	Energie Cottbus	2. BL	26	2
12/13	Borussia Dortmund	BL	5	1
	Borussia Dortmund II	3. L	12	1
13/14	Hannover 96	BL	31	4
14/15	Hannover 96	BL	26	1
15/16	1. FC Köln	BL	29	3
16/17	1. FC Köln	BL		

BITTER, Joshua
1. 1. 1997, Dorsten/D
Abwehr, 1,86 m, 80 kg

2004-2007 Rot-Weiß Dorsten, seit 2007 FC Schalke 04

16/17	FC Schalke 04	BL		

BLASWICH, Janis
2. 5. 1991, Mehrhoog/D
Torwart, 1,93 m, 86 kg

Bis 2005 VfR Mehrhoog, ab 2005 Borussia Mönchengladbach

08/09	Bor. Mönchengladbach II	RL	1	0
09/10	Bor. Mönchengladbach II	RL	9	0
10/11	Bor. Mönchengladbach II	RL	19	0
11/12	Bor. Mönchengladbach II	RL	35	0
12/13	Bor. Mönchengladbach II	RL	21	0
13/14	Bor. Mönchengladbach II	RL	32	0
14/15	Bor. Mönchengladbach II	RL	8	0
15/16	Dynamo Dresden	3. L	30	0
16/17	Bor. Mönchengladbach	BL		

BLASZCZYKOWSKI, Jakub
14. 12. 1985, Truskolasy/POL
Mittelfeld, 1,76 m, 77 kg

1993-2002 Rakow Czestochowa, Juli bis Dezember 1992 Gornik Zabrze, ab Januar 2003 KS Czestochowa

04/05	KS Czestochowa	POL 4		
Jan 05	Wisla Krakow	POL 1	11	1
05/06	Wisla Krakow	POL 1	17	0
06/07	Wisla Krakow	POL 1	23	2
07/08	Borussia Dortmund	BL	24	1
08/09	Borussia Dortmund	BL	27	3
09/10	Borussia Dortmund	BL	32	1
10/11	Borussia Dortmund	BL	29	3
11/12	Borussia Dortmund	BL	29	6
12/13	Borussia Dortmund	BL	27	11
13/14	Borussia Dortmund	BL	16	2
14/15	Borussia Dortmund	BL	13	0
15/16	Borussia Dortmund	BL	0	0
Aug 15	AC Florenz	ITA 1	15	2
16/17	VfL Wolfsburg	BL		

84 A (18 Tore) für Polen

BLUM, Danny
7. 1. 1991, Frankenthal/D
Mittelfeld, 1,84 m, 81 kg

Bis 2004 Rot-Weiß Frankenthal und Waldhof Mannheim, 2004-2007 1. FC Kaiserslautern, 2007-2009 FC Schalke 04, Juli bis Januar 2010 Waldhof Mannheim

Feb 10	SV Sandhausen	3. L	7	0
	SV Sandhausen II	LL		4
10/11	SV Sandhausen	3. L	30	0
	SV Sandhausen II	VL	1	0
11/12	SV Sandhausen	3. L	26	3
	SV Sandhausen II	LL	11	6
12/13	Karlsruher SC	3. L	18	1
	Karlsruher SC II	OL	1	0
13/14	SV Sandhausen	2. BL	19	4
14/15	1. FC Nürnberg	2. BL	12	3
15/16	1. FC Nürnberg	2. BL	29	4
16/17	Eintracht Frankfurt	BL		

BOATENG, Jerome
3. 9. 1988, Berlin/D
Abwehr, 1,92 m, 90 kg

Bis 2002 Tennis Borussia Berlin, ab 2002 Hertha BSC

05/06	Hertha BSC II	RL	9	1
06/07	Hertha BSC	BL	10	0
	Hertha BSC II	RL	15	0
07/08	Hertha BSC	BL	0	0
Aug 07	Hamburger SV	BL	27	0
08/09	Hamburger SV	BL	21	0
09/10	Hamburger SV	BL	27	0
10/11	Manchester City	ENG 1	16	0
11/12	Bayern München	BL	27	0
12/13	Bayern München	BL	26	2
13/14	Bayern München	BL	25	1
14/15	Bayern München	BL	27	0
15/16	Bayern München	BL	19	0
16/17	Bayern München	BL		

65 A (1 Tor) für Deutschland

BOBADILLA, Raul Marcelo
18. 6. 1987, Formosa/ARG
Angriff, 1,81 m, 88 kg, ARG/PAR

Bis 2006 Chacarita Juniors, CA Tigre Belgrano, Boca Juniors Buenos Aires, Defensores de Belgrano und River Plate Buenos Aires

06/07	Concordia Basel	SUI 2	28	18
07/08	Grassh.-Club Zürich	SUI 1	33	18
08/09	Grassh.-Club Zürich	SUI 1	14	8
09/10	Bor. Mönchengladbach	BL	30	4
10/11	Bor. Mönchengladbach	BL	14	3
Jan 11	Aris Saloniki	GRE 1	7	2
11/12	Bor. Mönchengladbach	BL	15	1

Jan 12	Young Boys Bern	SUI 1	13	7
12/13	Young Boys Bern	SUI 1	11	5
Jan 13	FC Basel	SUI 1	10	1
13/14	FC Basel	SUI 1	3	1
Aug 13	FC Augsburg	BL	17	3
14/15	FC Augsburg	BL	32	10
15/16	FC Augsburg	BL	27	4
16/17	FC Augsburg	BL		

10 A (kein Tor) für Paraguay

BOEDER, Lukas
18. 4. 1997, Essen/D
Abwehr, 1,83 m, 74 kg

Bis 2003 SV Kupferdreh, 2003-2006 SV Burgaltendorf, 2006-2012 FC Schalke 04, seit 2012 Bayer Leverkusen

15/16	Bayer Leverkusen	BL	0	0
16/17	Bayer Leverkusen	BL		

BONMANN, Hendrik
22. 1. 1994, Essen/D
Torhüter, 1,94 m, 80 kg

2000-2004 Fortuna Bredeney, 2004-2009 FC Schalke 04, ab 2009 Rot-Weiss Essen

12/13	Rot-Weiss Essen	RL	6	0
	Rot-Weiss Essen II	LL	1	0
13/14	Borussia Dortmund II	3. L	4	0
14/15	Borussia Dortmund II	3. L	7	0
15/16	Borussia Dortmund II	RL	35	0
16/17	Borussia Dortmund	BL		

BOYD, Terrence
16. 2. 1991, Bremen/D
Angriff, 1,88 m, 89 kg, D/USA

Bis Dezember 2008 1. FC Burg, TSV Lesum-Burgdamm, SC Weyhe, Leher TS und FC Bremerhaven

Jan 09	Hertha BSC II	RL	8	2
09/10	Hertha BSC II	RL	4	0
10/11	Hertha BSC II	RL	32	13
11/12	Borussia Dortmund II	RL	32	20
12/13	Rapid Wien	AUT 1	30	13
13/14	Rapid Wien	AUT 1	29	15
14/15	RB Leipzig	2. BL	7	2
15/16	RB Leipzig	2. BL	0	0
16/17	RB Leipzig	BL		

13 A (kein Tor) für die USA

BRANDT, Julian
2. 5. 1996, Bremen/D
Angriff, 1,85 m, 82 kg

2001-2009 SC Borgfeld, 2009-2011 FC Oberneuland, 2001 bis Dezember 2013 VfL Wolfsburg

Jan14	Bayer Leverkusen	BL	12	2
	Bayer Leverkusen II	RL	1	1
14/15	Bayer Leverkusen	BL	25	4
15/16	Bayer Leverkusen	BL	29	9
16/17	Bayer Leverkusen	BL		

1 A (kein Tor) für Deutschland

BREGERIE, Romain
9. 8. 1986, Talence/FRA
Abwehr, 1,90 m, 88 kg

Bis 2002 Langon-Castets FC, ab 2002 Girondins Bordeaux

05/06	Girondins Bordeaux II	FRA 4	27	1
06/07	FC Sete	FRA 3	24	2
07/08	Girondins Bordeaux II	FRA 4	21	1
08/09	FC Metz	FRA 2	27	0
	FC Metz II	FRA 4	4	0
09/10	FC Metz	FRA 2	10	0
Jan 10	LB Chateauroux	FRA 2	17	1
10/11	FC Metz	FRA 2	32	2
11/12	Dynamo Dresden	2. BL	31	1
12/13	Dynamo Dresden	2. BL	29	2
13/14	Dynamo Dresden	2. BL	34	1
14/15	SV Darmstadt 98	2. BL	33	6
15/16	FC Ingolstadt 04	BL	22	0
16/17	FC Ingolstadt 04	BL		

BREKALO, Josip
23. 6. 1998, Zagreb/CRO
Mittelfeld, 1,80 m, 72 kg

Ab 2006 Dinamo Zagreb

15/16	Dinamo Zagreb II	CRO 2	9	0
	Dinamo Zagreb	CRO 1	8	0
16/17	VfL Wolfsburg	BL		

BROOKS, John Anthony
28. 1. 1993, Berlin/D
Abwehr, 1,93 m, 78 kg, D/USA

1998-2000 Blau Weiss Berlin, 2000-2003 Lichtenrader BC, 2003-2007 Hertha 03 Zehlendorf, seit 2007 Hertha BSC

10/11	Hertha BSC II	RL	16	0
11/12	Hertha BSC II	RL	15	0
12/13	Hertha BSC	2. BL	29	1
13/14	Hertha BSC	BL	16	2
	Hertha BSC II	RL	3	0
14/15	Hertha BSC	BL	27	1
	Hertha BSC II	RL	2	0
15/16	Hertha BSC	BL	23	0
	Hertha BSC II	RL	1	0
16/17	Hertha BSC	BL		

26 A (3 Tore) für die USA

BROSINSKI, Daniel
17. 7. 1988, Karlsruhe/D
Abwehr, 1,78 m, 70 kg

1993 bis Dezember 2001 SG Siemens Karlsruhe, ab Januar 2002 Karlsruher SC

06/07	Karlsruher SC II	RL	3	0
07/08	Karlsruher SC II	RL	28	3
08/09	1. FC Köln	BL	10	1
	1. FC Köln II	RL	3	0
09/10	1. FC Köln	BL	8	0
10/11	1. FC Köln	BL	0	0
Jan 11	SV Wehen Wiesbaden	3. L	19	5
11/12	MSV Duisburg	2. BL	33	5
12/13	MSV Duisburg	2. BL	32	3
13/14	SpVgg Greuther Fürth	2. BL	34	3

14/15	1. FSV Mainz 05	BL	32	0
15/16	1. FSV Mainz 05	BL	30	1
16/17	1. FSV Mainz 05	BL		

BRUMA, Jeffrey
Jeffrey van Homoet Bruma
13. 11. 1991, Rotterdam/NED
Abwehr, 1,90 m, 88 kg

Bids 2006 Excelsior Rotterdam, 2006/07 Feyenoord Rotterdam, ab 2007 FC Chelsea

09/10	FC Chelsea	ENG 1	2	0
10/11	FC Chelsea	ENG 1	2	0
Feb 11	Leicester City	ENG 2	11	2
11/12	Hamburger SV	BL	22	2
12/13	Hamburger SV	BL	18	1
	Hamburger SV II	RL	3	1
13/14	PSV Eindhoven	NED 1	31	4
14/15	PSV Eindhoven	NED 1	31	3
15/16	PSV Eindhoven	NED 1	32	0
16/17	VfL Wolfsburg	BL		

19 A (1 Tor) für die Niederlande

BRUNO, Massimo
17. 9. 1993, Boussu/BEL
Mittelfeld, 1,78 m, 74 kg

1999/00 RSB Frameries, 2000-2002 RAEC Mons, 2002-2006 RSC Anderlecht, 2006-2009 RAEC Mons, ab 2009 SC Charleroi

10/11	SC Charleroi	BEL 1	1	0
11/12	RSC Anderlecht Jug.			
12/13	RSC Anderlecht	BEL 1	33	7
13/14	RSC Anderlecht	BEL 1	36	10
14/15	RB Salzburg	AUT 1	24	6
15/16	RB Leipzig	2. BL	24	2
	RB Leipzig II	RL	1	0
16/17	RB Leipzig	BL		

BRUNO HENRIQUE
Bruno Henrique Pinto
30. 12. 1990, Belo Horizonte/BRA
Angriff, 1,84 m, 71 kg

2009	Cruz. Belo Horizonte	BRA-Jun.		
2010	Cruz. Belo Horizonte	BRA-Jun.		
2011	Cruz. Belo Horizonte	BRA-Jun.		
2012	Cruz. Belo Horizonte	BRA-Jun.		
Jul 12	Uberlandia EC	BRA-Jun.		
2013	Uberlandia EC	BRA-R2		0
2014	Uberlandia EC	BRA-R2		5
Jul 14	Itumbiara EC	BRA-R2	11	6
2015	Goaias EC Goiania	BRA-R1	16	5
	Goaias EC Goiania	BRA 1	33	7
Jan 16	VfL Wolfsburg	BL	7	0
16/17	VfL Wolfsburg	BL		

BÜRKI, Roman
14. 11. 1990, Münsingen/SUI
Torhüter, 1,87 m, 85 kg

1999-2005 FC Münsingen, ab 2005 Young Boys Bern

07/08	Young Boys Bern II	SUI 3	21	0
08/09	Young Boys Bern II	SUI 3	24	0
09/10	FC Thun	SUI 2	4	0
Jan 10	FC Schaffhausen	SUI 2	9	0
10/11	Young Boys Bern	SUI 1	2	0
Jan 11	Grassh.-Club Zürich	SUI 1	11	0
11/12	Grassh.-Club Zürich	SUI 1	31	0
12/13	Grassh.-Club Zürich	SUI 1	34	0
13/14	Grassh.-Club Zürich	SUI 1	34	0
14/15	SC Freiburg	BL	34	0
15/16	Borussia Dortmund	BL	33	0
16/17	Borussia Dortmund	BL		

5 A (kein Tor) für die Schweiz

BULUT, Onur
16. 4. 1994, Werdohl/D
Mittelfeld, 1,79 m, 74 kg, D/TUR

1999-2004 FSV Werdohl, 2004-2008 Sportfreunde Oestrich-Iserlohn, abt 2008 VfL Bochum

11/12	VfL Bochum II	RL	15	1
12/13	VfL Bochum II	RL	30	3
13/14	VfL Bochum	2. BL	10	0
	VfL Bochum II	RL	9	0
14/15	VfL Bochum	2. BL	13	1
	VfL Bochum II	RL	5	0
15/16	VfL Bochum	2. BL	31	4
16/17	SC Freiburg	BL		

BUNGERT, Niko
24. 10. 1986, Bochum/D
Abwehr, 1,88 m, 75 kg

1989-1996 VfB Günnigfeld, 1996-2004 SG Wattenscheid 09

04/05	FC Schalke 04 Am.	OL	1	0
05/06	FC Schalke 04 II	OL	24	4
06/07	Kickers Offenbach	2. BL	20	1
	Kickers Offenbach II	LL	6	2
07/08	Kickers Offenbach	2. BL	32	0
08/09	1. FSV Mainz 05	2. BL	32	1
09/10	1. FSV Mainz 05	BL	27	1
	1. FSV Mainz 05 II	RL	1	1
10/11	1. FSV Mainz 05	BL	28	1
11/12	1. FSV Mainz 05	BL	29	3
12/13	1. FSV Mainz 05	BL	8	0
	1. FSV Mainz 05 II	RL	2	0
13/14	1. FSV Mainz 05	BL	10	1
14/15	1. FSV Mainz 05	BL	26	1
15/16	1. FSV Mainz 05	BL	21	0
	1. FSV Mainz 05 II	3. L	1	1
16/17	1. FSV Mainz 05	BL		

BUNJAKI, Enis
17. 10. 1997, Offenbach/D
Angriff, 1,78 m, 74 kg

Bis 2011 Kickers Offenbach, seit 2011 Eintracht Frankfurt

15/16	Eintracht Frankfurt	BL	0	0
16/17	Eintracht Frankfurt	BL		

BUNTIC, Fabijan
24. 2. 1997, Stuttgart/D
Torhüter, 1,94 m, 85 kg
Bis 2012 SV Vaihingen und Stuttgarter Kickers, 2012-2016 VfB Stuttgart

16/17	FC Ingolstadt 04	BL		

BUSSMANN, Gaetan
2. 2. 1991, Epinal/FRA
Abwehr, 1,84 m, 79 kg
1997-2004 SAS Epinal, ab 2004 FC Metz

08/09	FC Metz II	FRA 4	2	0
09/10	FC Metz II	FRA 5	18	0
10/11	FC Metz	FRA 2	12	0
	FC Metz II	FRA 4	11	3
11/12	FC Metz	FRA 2	2	0
	FC Metz II	FRA 4	10	0
Jan 12	SAS Epinal	FRA 3	18	1
12/13	FC Metz	FRA 3	35	4
13/14	FC Metz	FRA 2	36	4
14/15	FC Metz	FRA 1	31	2
	FC Metz II	FRA 4	1	0
15/16	FC Metz	FRA 2	4	1
Aug 15	1. FSV Mainz 05	BL	13	1
16/17	1. FSV Mainz 05	BL		

CAIUBY
Caiuby Francisco da Silva
14. 7. 1988, Sao Paulo/BRA
Mittelfeld, 1,84 m, 85 kg
Bis 2006 AE Ferroviaria Araraquara

2007	Sao Paulo FC	BRA-Jun.		
2008	Guaratinguetá Fut.	BRA-R1	16	1
Apr 08	AD Sao Caetano	BRA 2	11	6
Aug 08	VfL Wolfsburg	BL	9	1
09/10	MSV Duisburg	2. BL	30	5
10/11	VfL Wolfsburg	BL	0	0
Jan 11	FC Ingolstadt 04	2. BL	15	5
11/12	FC Ingolstadt 04	2. BL	26	4
12/13	FC Ingolstadt 04	2. BL	32	10
13/14	FC Ingolstadt 04	2. BL	31	5
14/15	FC Augsburg	BL	22	1
15/16	FC Augsburg	BL	26	4
16/17	FC Augsburg	BL		

CALDIROLA, Luca
1. 2. 1991, Desio/ITA
Abwehr, 1,89 m, 79 kg
1996-1999 Base 96 Seveso, 1999-2010 Inter Mailand

10/11	Vitesse Arnhem	NED 1	11	0
11/12	Inter Mailand	ITA 1	0	0
Jan 12	Brescia Calcio	ITA 2	19	0
12/13	AC Cesena	ITA 2	18	0
Jan 13	Brescia Calcio	ITA 2	18	0
13/14	Werder Bremen	BL	33	0
14/15	Werder Bremen	BL	7	1
15/16	SV Darmstadt 98	BL	34	0
16/17	Werder Bremen	BL		

CALHANOGLU, Hakan
8. 2. 1994, Mannheim/D
Mittelfeld, 1,76 m, 73 kg, D/TUR
Bis 2009 Turanspor Mannheim und Waldhof Mannheim, ab 2009 Karlsruher SC

11/12	Karlsruher SC	2. BL	14	0
12/13	Karlsruher SC	3. L	36	17
13/14	Hamburger SV	BL	32	11
14/15	Bayer Leverkusen	BL	33	8
15/16	Bayer Leverkusen	BL	31	3
16/17	Bayer Leverkusen	BL		

21 A (6 Tore) für die Türkei

CALIGIURI, Daniel
15. 1. 1988, Villingen-Schwenningen/D
Mittelfeld, 1,82 m, 79 kg, D/ITA
Bis 2001 BSV Schwenningen, 2001-2005 SV Zimmern, ab 2005 SC Freiburg

06/07	SC Freiburg II	OL	4	0
07/08	SC Freiburg II	OL	13	2
08/09	SC Freiburg II	RL	32	7
09/10	SC Freiburg	BL	16	0
	SC Freiburg II	RL	19	13
10/11	SC Freiburg	BL	23	0
	SC Freiburg II	RL	1	0
11/12	SC Freiburg	BL	25	6
	SC Freiburg II	RL	2	1
12/13	SC Freiburg	BL	29	5
13/14	VfL Wolfsburg	BL	24	1
14/15	VfL Wolfsburg	BL	28	7
15/16	VfL Wolfsburg	BL	29	2
16/17	VfL Wolfsburg	BL		

CALLSEN-BRACKER, Jan-Ingwer
23. 9. 1984, Schleswig/D
Abwehr, 1,88 m, 88 kg
Bis 1998 TSV Bollingstedt, SV Beuel 06, ab 1998 Bayer Leverkusen

02/03	Bayer Leverkusen Am.	RL	9	0
03/04	Bayer Leverkusen	BL	1	0
	Bayer Leverkusen Am.	OL	16	1
04/05	Bayer Leverkusen	BL	9	1
	Bayer Leverkusen Am.	OL	12	0
05/06	Bayer Leverkusen	BL	1	0
	Bayer Leverkusen II	RL	14	1
06/07	Bayer Leverkusen	BL	15	1
	Bayer Leverkusen II	RL	16	0
07/08	Bayer Leverkusen	BL	10	0
	Bayer Leverkusen II	OL	2	0
08/09	Bor. Mönchengladbach	BL	7	0
	Bor. Mönchengladbach II	RL	4	0
09/10	Bor. Mönchengladbach II	RL	8	0
10/11	Bor. Mönchengladbach	BL	4	0
	Bor. Mönchengladbach II	RL	9	0
Jan 11	FC Augsburg	2. BL	15	2
11/12	FC Augsburg	BL	30	4
12/13	FC Augsburg	BL	24	2
	FC Augsburg II	RL	1	0
13/14	FC Augsburg	BL	33	1
14/15	FC Augsburg	BL	23	1

15/16	FC Augsburg	BL	10	1
16/17	FC Augsburg	BL		

CASTAIGNOS, Luc
27. 9. 1992, Schiedam/NED
Angriff, 1,88 m, 78 kg

1997-2006 Excelsior '20 Schiedam, 2006/07 Spartaan '20 Rotterdam, ab 2007 Feyenoord Rotterdam

09/10	Feyenoord Rotterdam	NED 1	3	0
10/11	Feyenoord Rotterdam	NED 1	34	15
11/12	Inter Mailand	ITA 1	6	1
12/13	FC Twente Enschede	NED 1	34	13
13/14	FC Twente Enschede	NED 1	31	14
14/15	FC Twente Enschede	NED 1	29	10
15/16	Eintracht Frankfurt	BL	19	4
16/17	Eintracht Frankfurt	BL		

CASTEELS, KOEN
25. 6. 1992, Bonheiden/BEL
Torhüter, 1,97 m, 86 kg

1996-2008 KAC Betekom, 2008-2011 KRC Genk

11/12	TSG Hoffenheim II	RL	23	0
12/13	TSG Hoffenheim	BL	16	0
	TSG Hoffenheim II	RL	7	0
13/14	TSG Hoffenheim	BL	23	0
14/15	TSG Hoffenheim II	RL	2	0
Jan 15	Werder Bremen	BL	6	0
15/16	VfL Wolfsburg	BL	13	0
16/17	VfL Wolfsburg	BL		

CASTRO, Gonzalo
11. 6. 1987, Wuppertal/D
Mittelfeld, 1,72 m, 74 kg

Bis 1999 Post SV Wuppertal, Viktoria Rott, Bayer Wuppertal, ab 1999 Bayer Leverkusen

04/05	Bayer Leverkusen	BL	13	0
	Bayer Leverkusen Am.	OL	1	1
05/06	Bayer Leverkusen	BL	21	0
	Bayer Leverkusen II	RL	10	3
06/07	Bayer Leverkusen	BL	26	3
07/08	Bayer Leverkusen	BL	33	1
08/09	Bayer Leverkusen	BL	27	2
09/10	Bayer Leverkusen	BL	29	1
10/11	Bayer Leverkusen	BL	23	3
11/12	Bayer Leverkusen	BL	31	2
12/13	Bayer Leverkusen	BL	31	6
13/14	Bayer Leverkusen	BL	30	5
14/15	Bayer Leverkusen	BL	22	2
15/16	Borussia Dortmund	BL	25	3
16/17	Borussia Dortmund	BL		

5 A (kein Tor) für Deutschland

CHANDLER, Timothy
29. 3. 1990, Frankfurt/D
Abwehr, 1,86 m, 84 kg, D/USA

Bis 2001 Sportfreunde Oberau, ab 2001 Eintracht Frankfurt

07/08	Eintracht Frankfurt II	OL	3	0
08/09	Eintracht Frankfurt II	RL	19	2
09/10	Eintracht Frankfurt II	RL	28	6
10/11	1. FC Nürnberg	BL	14	1
	1. FC Nürnberg II	RL	17	4
11/12	1. FC Nürnberg	BL	30	1
12/13	1. FC Nürnberg	BL	30	1
13/14	1. FC Nürnberg	BL	21	1
14/15	Eintracht Frankfurt	BL	29	1
15/16	Eintracht Frankfurt	BL	12	0
16/17	Eintracht Frankfurt	BL		

26 A (1 Tor) für die USA

CHICHARITO
Javier Hernandez Balcazar
1. 6. 1988, Guadalajara/MEX
Angriff, 1,73 m, 62 kg

Ab 1997 CD Guadalajara

05/06	Chivas Coras Tepic	MEX 2	11	0
06/07	CD Guadalajara	MEX 1	8	1
	CD Tapatio	MEX 2	12	3
07/08	CD Guadalajara	MEX 1	6	0
	CD Tapatio	MEX 2	15	6
08/09	CD Guadalajara	MEX 1	22	4
	CD Tapatio	MEX 2	7	2
09/10	CD Guadalajara	MEX 1	28	21
10/11	Manchester United	ENG 1	27	13
11/12	Manchester United	ENG 1	28	10
12/13	Manchester United	ENG 1	22	10
13/14	Manchester United	ENG 1	24	4
14/15	Manchester United	ENG 1	1	0
Sep 14	Real Madrid	ESP 1	23	7
15/16	Manchester United	ENG 1	1	0
Aug 15	Bayer Leverlusen	BL	28	17
16/17	Bayer Leverlusen	BL		

86 A (45 Tore) für Mexiko

CHOUPO-MOTING, Eric Maxim
23. 3. 1989, Hamburg/D
Angriff, 1,91 m, 91 kg, D/CMR

Bis 2000 Teutonia Ottensen, 2000-2003 Altona 93, 2003/04 FC St. Pauli, ab 2004 Hamburger SV

06/07	Hamburger SV II	RL	12	1
07/08	Hamburger SV	BL	13	0
	Hamburger SV II	RL	8	0
08/09	Hamburger SV II	RL	2	0
09/10	Hamburger SV II	RL	2	0
Aug 09	1. FC Nürnberg	BL	25	5
10/11	Hamburger SV	BL	10	2
	Hamburger SV II	RL	7	0
11/12	1. FSV Mainz 05	BL	34	10
12/13	1. FSV Mainz 05	BL	8	0
	1. FSV Mainz 05 II	RL	2	0
13/14	1. FSV Mainz 05	BL	32	10
14/15	FC Schalke 04	BL	31	9
15/16	FC Schalke 04	BL	28	6
16/17	FC Schalke 04	BL		

43 A (13 Tore) für Kamerun

CHRISTENSEN, Andreas
10. 4. 1996, Lilleröd/DEN
Angriff, 1,88 m, 80 kg
Bis Februar 2012 Bröndby IF, ab Februar 2012 FC Chelsea

14/15	FC Chelsea	ENG 1	1	0
15/16	Bor. Mönchengladbach	BL	31	3
16/17	Bor. Mönchengladbach	BL		

6 A (kein Tor) für Dänemark

CHRISTIANSEN, Max
25. 9. 1996, Flensburg/D
Mittelfeld, 1,88 m, 84 kg
Bis 2010 SV Adelby und Flensburg 08, 2010/11 Holstein Kiel, ab 2011 Hansa Rostock

13/14	Hansa Rostock	3. L	7	1
14/15	Hansa Rostock	3. L	17	0
Jan 15	FC Ingolstadt 04	2. BL	4	1
	FC Ingolstadt 04 II	RL	2	0
15/16	FC Ingolstadt 04	BL	19	0
	FC Ingolstadt 04 II	RL	3	0
16/17	FC Ingolstadt 04	BL		

CLEBER
Cleber Janderson Pereira Reis
5. 12. 1990, São Francisco do Conde/BRA
Abwehr, 1,83 m, 87 kg
Bis 2008 Legiao FC

2009	Paulista FC Jundiai	BRA-Jun.		
2010	Paulista FC Jundiai	BRA-R1	6	0
2011	Paulista FC Jundiai	BRA-R1	4	0
	Itumbiara EC	BRA 4	4	2
2012	Gremio Catanduvense	BRA-R1	15	3
	AA Ponte Preta	BRA 1	8	1
2013	AA Ponte Preta	BRA-R1	21	3
	AA Ponte Preta	BRA 1	5	0
Jul 13	Corinthians Sao Paulo	BRA 1	5	1
2014	Corinthians Sao Paulo	BRA-R1	6	1
	Corinthians Sao Paulo	BRA 1	15	0
Aug 14	Hamburger SV	BL	12	1
15/16	Hamburger SV	BL	23	1
16/17	Hamburger SV	BL		

CLEMENS, Christan
4. 8. 1991, Köln/D
Mittelfeld, 1,79 m, 80 kg
1997-2001 SC Weiler-Volkhoven, ab 2001 1. FC Köln

09/10	1. FC Köln II	RL	10	0
10/11	1. FC Köln	BL	27	2
	1. FC Köln II	RL	1	0
11/12	1. FC Köln	BL	31	5
12/13	1. FC Köln	2. BL	31	6
13/14	FC Schalke 04	BL	11	0
14/15	FC Schalke 04	BL	8	0
Jan 15	1. FSV Mainz 05	BL	9	1
15/16	1. FSV Mainz 05	BL	28	5
16/17	1. FSV Mainz 05	BL		

COHEN, Almog
1. 9. 1988, Beer Sheva/ISR
Mittelfeld, 1,70 m, 71 kg
1999-2006 Beitar Nes Tubruk Netanya

06/07	Maccabi Netanya	ISR 1	8	0
07/08	Maccabi Netanya	ISR 1	28	0
08/09	Maccabi Netanya	ISR 1	23	1
09/10	Maccabi Netanya	ISR 1	31	7
10/11	1. FC Nürnberg	BL	25	2
11/12	1. FC Nürnberg	BL	24	0
12/13	1. FC Nürnberg	BL	9	0
Feb 13	Hapoel Tel Aviv	ISR 1	12	1
13/14	FC Ingolstadt 04	2. BL	22	1
14/15	FC Ingolstadt 04	2. BL	5	0
15/16	FC Ingolstadt 04	BL	20	0
16/17	FC Ingolstadt 04	BL		

14 A (kein Tor) für Israel

COKE
Jorge Andujar Moreno
26. 4. 1987, Madrid/ESP
Abwehr, 1,82 m, 78 kg

04/05	Rayo Vallecano B	ESP 4		
05/06	Rayo Vallecano	ESP 3	26	2
06/07	Rayo Vallecano	ESP 3	34	2
07/08	Rayo Vallecano	ESP 3	14	1
08/09	Rayo Vallecano	ESP 2	33	3
09/10	Rayo Vallecano	ESP 2	35	7
10/11	Rayo Vallecano	ESP 2	38	5
11/12	FC Sevilla	ESP 1	28	0
12/13	FC Sevilla	ESP 1	21	3
13/14	FC Sevilla	ESP 1	25	3
14/15	FC Sevilla	ESP 1	22	2
15/16	FC Sevilla	ESP 1	21	1
16/17	FC Schalke 04	BL		

COLAK, Antonio-Mirko
17. 9. 1993, Ludwigsburg/D
Angriff, 1,88 m, 83 kg, D/CRO
1997-2000 SGV Freiberg, 2000-2008 Stuttgarter Kickers, 2008-2010 SGV Freiberg, 2010 bis Dezember 2011 TSG Hoffenheim

11/12	Karlsruher SC II	RL	1	1
12/13	1. FC Nürnberg II	RL	32	12
13/14	1. FC Nürnberg	BL	6	0
	1. FC Nürnberg II	RL	26	17
14/15	1. FC Nürnberg	2. BL	1	0
	1. FC Nürnberg II	RL	1	0
Aug 14	Lechia Gdansk	POL 1	30	10
	Lechia Gdansk II	POL 4	1	0
15/16	1. FC Kaiserslautern	2. BL	22	5
	1. FC Kaiserslautern II	RL	1	2
16/17	SV Darmstadt 98	BL		

COLTORTI, Fabio
3. 12. 1980, Kriens/SUI
Torhüter, 1,97 m, 95 kg
Ab 1987 SC Kriens

99/00	SC Kriens	SUI 2	9	0
00/01	SC Kriens	SUI 2	5	0
01/02	FC Schaffhausen	SUI 3	29	0

02/03	FC Schaffhausen	SUI 2	32	0
03/04	FC Thun	SUI 1	25	0
04/05	FC Thun	SUI 1	33	0
05/06	Grassh.-Club Zürich	SUI 1	35	0
06/07	Grassh.-Club Zürich	SUI 1	35	0
07/08	Grassh.-Club Zürich	SUI 1	7	0
Aug 07	Racing Santander	ESP 1	7	0
08/09	Racing Santander	ESP 1	6	0
09/10	Racing Santander	ESP 1	23	0
10/11	Racing Santander	ESP 1	0	0
11/12	FC Lausanne-Sport	SUI 1	24	0
12/13	RB Leipzig	RL	26	0
13/14	RB Leipzig	3. L	21	0
14/15	RB Leipzig	2. BL	21	1
15/16	RB Leipzig	2. BL	21	0
16/17	RB Leipzig	BL		

8 A (kein Tor) für die Schweiz

COMAN, Kingsley
13. 6. 1996, Paris/FRA
Mittelfeld, 1,78 m, 71 kg

2002-2005 US Senart-Moissy, ab 2005 Paris Saint-Germain

12/13	Paris Saint-Germain	FRA 1	1	0
13/14	Paris Saint-Germain	FRA 1	2	0
	Paris Saint-Germain II	FRA 4	16	0
14/15	Juventus Turin	ITA 1	14	0
15/16	Juventus Turin	ITA 1	1	0
Aug 15	Bayern München	BL	23	4
16/17	Bayern München	BL		

11 A (1 Tor) für Frankreich

COMPPER, Marvin
14. 6. 1985, Tübingen/D
Abwehr, 1,85 m, 80 kg, D/FRA

Bis Dezember 2002 SV Bühl, SV Tübingen 03 und VfB Stuttgart, ab Januar 2003 Borussia Mönchengladbach

03/04	Bor. Mönchengladbach Am.	OL	2	0
04/05	Bor. Mönchengladbach Am.	OL	18	1
05/06	Bor. Mönchengladbach	BL	5	0
	Bor. Mönchengladbach II	OL	25	4
06/07	Bor. Mönchengladbach	BL	23	0
	Bor. Mönchengladbach II	RL	4	0
07/08	Bor. Mönchengladbach	2. BL	3	0
	Bor. Mönchengladbach II	OL	2	0
Jan 08	TSG Hoffenheim	2. BL	17	0
08/09	TSG Hoffenheim	BL	30	1
09/10	TSG Hoffenheim	BL	32	1
10/11	TSG Hoffenheim	BL	32	2
11/12	TSG Hoffenheim	BL	30	2
12/13	TSG Hoffenheim	BL	16	0
Jan 13	AC Florenz	ITA 1	7	0
13/14	AC Florenz	ITA 1	9	0
14/15	RB Leipzig	2. BL	27	0
15/16	RB Leipzig	2. BL	23	3
	RB Leipzig II	RL	3	0
16/17	RB Leipzig	BL		

1 A (kein Tor) für Deutschland

CONDE, Amara
6. 1. 1997, Freiberg (Sachsen)/D
Mittelfeld, 1,73 m, 67 kg

Bis 2006 SC 27 Bergisch Gladbach, 2006-2012 Bayer Leverkusen, seit 2012 VfL Wolfsburg

16/17	VfL Wolfsburg	BL		

CORDOBA, Jhon
Jhon Andres Cordoba Copete
11. 5. 1993, Istimina/COL
Angriff, 1,88 m, 85 kg

2010	Envigado FC	COL 1	1	0
2011	Envigado FC	COL 1	20	5
2012	Envigado FC	COL 1	16	6
12/13	Jaguares de Chiapas	MEX 1	17	1
13/14	Dorados de Sinaloa	MEX 2	1	0
Sep 13	Espanyol Barcelona	ESP 1	26	4
14/15	FC Granada	ESP 1	26	4
15/16	FC Granada	ESP 1	0	0
Aug 15	1. FSV Mainz 05	BL	22	5
16/17	1. FSV Mainz 05	BL		

CURCI, Gianluca
12. 7. 1985, Rom/ITA
Torhüter, 1,91 m, 90 kg

Ab 1994 AS Rom

04/05	AS Rom	ITA 1	11	0
05/06	AS Rom	ITA 1	10	0
06/07	AS Rom	ITA 1	6	0
07/08	AS Rom	ITA 1	2	0
08/09	AC Siena	ITA 1	32	0
09/10	AC Siena	ITA 1	36	0
10/11	Sampdoria Genua	ITA 1	35	0
11/12	AS Rom	ITA 1	3	0
12/13	FC Bologna	ITA 1	14	0
13/14	FC Bologna	ITA 1	37	0
14/15	AS Rom	ITA 1	0	0
15/16	1. FSV Mainz 05	BL	0	0
16/17	1. FSV Mainz 05	BL		

DA COSTA, Danny
13. 7. 1993, Neuss/D
Abwehr, 1,86 m, 84 kg

Bis 2001 Winfriedia Mülheim, ab 2001 Bayer Leverkusen

11/12	Bayer Leverkusen	BL	6	0
	Bayer Leverkusen II	RL	2	0
12/13	FC Ingolstadt 04	2. BL	27	0
13/14	FC Ingolstadt 04	2. BL	27	0
14/15	FC Ingolstadt 04	2. BL	12	0
15/16	FC Ingolstadt 04	BL	20	0
	FC Ingolstadt 04 II	RL	2	0
16/17	Bayer Leverkusen	BL		

DAHOUD, Mahmoud
1. 1. 1996, Amouda/SYR
Mittelfeld, 1,77 m, 69 kg, D/SYR

2004-2009 Germania Reusrath, 2009/10 Fortuna Düsseldorf, seit 2010 Borussia Mönchengladbach

14/15	Bor. Mönchengladbach	BL	1	0
	Bor. Mönchengladbach II	RL	14	2

15/16	Bor. Mönchengladbach	BL	32	5
16/17	Bor. Mönchengladbach	BL		

DANTE
Dante Bonfim Costa Santos
18. 10. 1983, Salvador/BRA
Abwehr, 1,88 m, 87 kg

Bis 1997 AE Catuense, 1998-1999 Galicia EC Salvador, 2000-2001 Capivariano FC, ab 2002 Juventude Caxias do Sul

2003	Juventude EC	BRA-R1	2	1
	Juventude EC	BRA 1	22	1
Jan 04	OSC Lille	FRA 1	9	0
	OSC Lille II	FRA 4	3	0
04/05	OSC Lille	FRA 1	2	0
	OSC Lille II	FRA 4	12	1
05/06	OSC Lille	FRA 1	1	0
	OSC Lille II	FRA 4	11	1
Jan 06	Charleroi SC	BEL 1	12	1
06/07	Charleroi SC	BEL 1	12	1
Jan 07	Standard Lüttich	BEL 1	15	0
07/08	Standard Lüttich	BEL 1	33	1
08/09	Standard Lüttich	BEL 1	15	1
Jan 09	Bor. Mönchengladbach	BL	10	3
09/10	Bor. Mönchengladbach	BL	32	3
10/11	Bor. Mönchengladbach	BL	18	2
11/12	Bor. Mönchengladbach	BL	33	0
12/13	Bayern München	BL	29	1
13/14	Bayern München	BL	29	2
14/15	Bayern München	BL	27	0
15/16	Bayern München	BL	1	0
Aug 15	VfL Wolfsburg	BL	23	1
16/17	VfL Wolfsburg	BL		

13 A (2 Tore) für Brasilien

DARIDA, Vladimir
8. 8. 1990, Plzen/CZE
Mittelfeld, 1,71 m, 64 kg

Ab 1995 Viktoria Plzen

09/10	Viktoria Plzen	CZE 1	3	0
10/11	Viktoria Plzen	CZE 1	1	0
Jan 11	Banik Sokolov	CZE 2	13	5
11/12	Viktoria Plzen	CZE 1	22	3
12/13	Viktoria Plzen	CZE 1	29	6
13/14	Viktoria Plzen	CZE 1	6	0
Aug 13	SC Freiburg	BL	23	3
14/15	SC Freiburg	BL	31	6
15/16	Hertha BSC	BL	31	5
16/17	Hertha BSC	BL		

39 A (1 Tor) für Tschechien

DE BLASIS, Pablo
4. 2. 1988, La Plata/ARG
Mittelfeld, 1,66 m, 65 kg

06/07	Gimn. y Esgr. La Plata	ARG 1	0	0
07/08	Gimn. y Esgr. La Plata	ARG 1	2	0
08/09	Gimn. y Esgr. La Plata	ARG 1	0	0
09/10	Gimn. y Esgr. La Plata	ARG 1	0	0
Jan 10	Ferro Carril Oeste	ARG 2	13	0
10/11	Ferro Carril Oeste	ARG 2	20	0
11/12	Gimn. y Esgr. La Plata	ARG 1	27	4
12/13	Asteras Tripolis	GRE 1	27	4
13/14	Asteras Tripolis	GRE 1	33	9
14/15	Asteras Tripolis	GRE 1	0	0
Aug 14	1. FSV Mainz 05	BL	20	1
15/16	1. FSV Mainz 05	BL	26	4
16/17	1. FSV Mainz 05	BL		

DEMBELÉ, Ousmane
15. 5. 1997, Vernon/FRA
Angriff, 1,78 m, 67 kg

2004-2009 ALM Evreux, 2009/10 Evreux FC, ab 2010 Stade Rennes

14/15	Stade Rennes II	FRA 5	18	13
15/16	Stade Rennes II	FRA 5	4	0
	Stade Rennes	FRA 1	26	12
16/17	Borussia Dortmund	BL		

DEMIRBAY, Kerem
3. 7. 1993, Herten/D
Mittelfeld, 1,85 m, 80 kg, D/TUR

September 1999 bis 2007 FC Schalke 04, 2007/08 Borussia Dortmund, 2008-2011 SG Wattenscheid 09, ab 2011 Borussia Dortmund

12/13	Borussia Dortmund II	3. L	28	2
13/14	Hamburger SV	BL	3	0
	Hamburger SV II	RL	5	3
14/15	Hamburger SV II	RL	1	1
Sep 14	1. FC Kaiserslautern	2. BL	22	1
15/16	Hamburger SV	BL	0	0
Aug 15	Fortuna Düsseldorf	2. BL	25	10
16/17	TSG Hoffenheim	BL		

DEMME, Diego
21. 11. 1991, Herford/D
Mittelfeld, 1,70 m, 68 kg, D/ITA

Bis 2004 SpVg Hiddenhausen, SV Sundern 08, SV Enger-Westerenger und Rot-Weiß Kirchlengern, ab 2004 Arminia Bielefeld

10/11	Arminia Bielefeld	2. BL	10	0
	Arminia Bielefeld II	RL	18	0
11/12	Arminia Bielefeld	3. L	10	0
	Arminia Bielefeld II	OL	1	0
Jan 12	SC Paderborn 07	2. BL	12	0
12/13	SC Paderborn 07	2. BL	29	0
13/14	SC Paderborn 07	2. BL	17	0
Jan 14	RB Leipzig	3. L	16	0
14/15	RB Leipzig	2. BL	30	0
15/16	RB Leipzig	2. BL	28	0
16/17	RB Leipzig	BL		

DI SANTO, Franco
7. 4. 1989, Mendoza/ARG
Angriff, 1,93 m, 88 kg

Bis Juni 2006 Godoy Cruz Mendoza

Jul 06	Audax Italiano	CHI 1	24	7
2007	Audax Italiano	CHI 1	41	7
Jan 08	FC Chelsea	ENG 1	0	0
08/09	FC Chelsea	ENG 1	8	0
09/10	Blackburn Rovers	ENG 1	22	1
10/11	FC Chelsea	ENG 1	0	0
Aug 10	Wigan Athletic	ENG 1	25	1

11/12	Wigan Athletic	ENG 1	32	7
12/13	Wigan Athletic	ENG 1	35	5
13/14	Werder Bremen	BL	23	4
14/15	Werder Bremen	BL	26	13
15/16	FC Schalke 04	BL	25	2
16/17	FC Schalke 04	BL		

3 A (kein Tor) für Argentinien

DIAGNE, Fallou
14. 8. 1989, Pikine/SEN
Abwehr, 1,84 m, 81 kg, SEN/FRA
Bis 2007 Generation Foot Dakar

07/08	FC Metz II	FRA 4	7	0
08/09	FC Metz	FRA 2	6	0
	FC Metz II	FRA 4	20	0
09/10	FC Metz	FRA 2	8	0
	FC Metz II	FRA 5	6	0
10/11	FC Metz	FRA 2	31	1
	FC Metz II	FRA 4	2	0
11/12	FC Metz	FRA 2	13	2
Jan 12	SC Freiburg	BL	15	1
12/13	SC Freiburg	BL	30	1
13/14	SC Freiburg	BL	12	0
	SC Freiburg II	RL	1	1
14/15	Stade Rennes	FRA 1	15	0
15/16	Stade Rennes	FRA 1	22	5
16/17	Werder Bremen	BL		

1 A (kein Tor) für den Senegal

DIDAVI, Daniel
21. 2. 1990, Nürtingen/D
Mittelfeld, 1,80 m, 78 kg
Bis 1998 SPV 05 Nürtingen, 1998-2002 VfB Stuttgart, 2002/03 SPV 05 Nürtingen, ab 2003 VfB Stuttgart

08/09	VfB Stuttgart II	3. L	30	5
09/10	VfB Stuttgart II	3. L	28	5
10/11	VfB Stuttgart	BL	8	0
	VfB Stuttgart II	3. L	2	0
11/12	1. FC Nürnberg	BL	23	9
	1. FC Nürnberg II	RL	2	0
12/13	VfB Stuttgart	BL	3	0
	VfB Stuttgart II	3. L	1	0
13/14	VfB Stuttgart	BL	7	1
	VfB Stuttgart II	3. L	2	0
14/15	VfB Stuttgart	BL	11	4
	VfB Stuttgart II	3. L	2	1
15/16	VfB Stuttgart	BL	31	13
16/17	VfL Wolfsburg	BL		

DIEKMEIER, Dennis
20. 10. 1989, Thedinghausen/D
Abwehr, 1,88 m, 79 kg
1995-2001 TSV Bierden, 2001-2003 TSV Verden, ab 2003 Werder Bremen

07/08	Werder Bremen II	RL	4	0
08/09	Werder Bremen II	3. L	15	0
Jan 09	1. FC Nürnberg	2. BL	17	0
09/10	1. FC Nürnberg	BL	30	0
10/11	Hamburger SV	BL	8	0
	Hamburger SV II	RL	4	1
11/12	Hamburger SV	BL	24	0
12/13	Hamburger SV	BL	32	0
13/14	Hamburger SV	BL	20	0
14/15	Hamburger SV	BL	21	0
15/16	Hamburger SV	BL	22	0
16/17	Hamburger SV	BL		

DJOUROU, Johan
Johan Danon Djourou Gbadjere
18. 1. 1987, Abidjan/CIV
Abwehr, 1,91 m, 87 kg, SUI
1993-1996 FC Champel, ab 1996 Etoile Carouge FC

02/03	Etoile Carouge FC	SUI 3	10	1
03/04	FC Arsenal Jug.			
04/05	FC Arsenal Jug.			
05/06	FC Arsenal	ENG 1	7	0
06/07	FC Arsenal	ENG 1	21	0
07/08	Birmingham City	ENG 1	13	0
Jan 08	FC Arsenal	ENG 1	2	0
08/09	FC Arsenal	ENG 1	15	0
09/10	FC Arsenal	ENG 1	1	0
10/11	FC Arsenal	ENG 1	22	1
11/12	FC Arsenal	ENG 1	18	0
12/13	FC Arsenal	ENG 1	0	0
Jan 13	Hannover 96	BL	14	0
13/14	Hamburger SV	BL	22	0
14/15	Hamburger SV	BL	32	0
15/16	Hamburger SV	BL	26	2
16/17	Hamburger SV	BL		

64 A (2 Tore) für die Schweiz

DONATI, Giulio
5. 2. 1990, Pietrasanta/ITA
Abwehr, 1,78 m, 76 kg
2003-2008 AS Lucchese, ab 2008 Inter Mailand

09/10	Inter Mailand	ITA 1	0	0
10/11	US Lecce	ITA 1	14	0
11/12	Padua Calcio	ITA 2	28	0
12/13	US Grosseto	ITA 2	28	0
13/14	Bayer Leverkusen	BL	23	0
14/15	Bayer Leverkusen	BL	8	0
15/16	Bayer Leverkusen	BL	12	0
Jan 16	1. FSV Mainz 05	BL	11	0
16/17	1. FSV Mainz 05	BL		

DONKOR, Anton-Leander
11. 11. 1997, Göttingen/D
Mittelfeld, 1,83 m, 81 kg
2002-2009 RSV Göttingen 05, 2009-2012 SG Lenglern, seit 2012 VfL Wolfsburg

16/17	VfL Wolfsburg	BL		

DORSCH, Niklas
15. 1. 1998, Lichtenfels/D
Mittelfeld, 1,75 m, 72 kg
2002-2006 1. FC Baiersdorf, 2006-2009 Deutsch-Tschechische Fußballschule, 2009-2012 1. FC Nürnberg, seit 2012 Bayern München

15/16	Bayern München II	RL	6	0
16/17	Bayern München	BL		

DOST, Bas
31. 5. 1989, Deventer/NED
Angriff, 1,96 m, 78 kg
1995-2001 Germanicus Coevorden, ab 2001 FC Emmen

07/08	FC Emmen	NED 2	23	6
08/09	Heracles Almelo	NED 1	27	3
09/10	Heracles Almelo	NED 1	34	14
10/11	SC Heerenveen	NED 1	32	13
11/12	SC Heerenveen	NED 1	34	32
12/13	VfL Wolfsburg	BL	28	8
13/14	VfL Wolfsburg	BL	13	4
14/15	VfL Wolfsburg	BL	21	16
15/16	VfL Wolfsburg	BL	22	8
16/17	VfL Wolfsburg	BL		

6 A (1 Tor) für die Niederlande

DOUCOURÉ, Mamadou
21. 5. 1998, Dakar/SEN
Abwehr, 1,84 m, 75 kg, FRA/SEN
Januar 2006 bis 2011 Paris FC, ab 2011 Paris Saint-Germain

| 15/16 | Paris Saint-Germain II | FRA 4 | 3 | 0 |
| 16/17 | Bor. Mönchengladbach | BL | | |

DOUGLAS COSTA
Douglas Costa de Souza
14. 9. 1990, Sapucaia do Sul/BRA
Mittelfeld, 1,72 m, 65 kg
2001 EC Novo Hamburgo, ab 2002 Gremio Porto Alegre

2008	Gremio Porto Alegre Jug.			
	Gremio Porto Alegre	BRA 1	6	1
2009	Gremio Porto Alegre	BRA-R1	7	0
	Gremio Porto Alegre	BRA 1	22	1
Jan 10	Schachtar Donezk	UKR 1	13	5
10/11	Schachtar Donezk	UKR 1	27	5
11/12	Schachtar Donezk	UKR 1	27	6
12/13	Schachtar Donezk	UKR 1	27	5
13/14	Schachtar Donezk	UKR 1	27	4
14/15	Schachtar Donezk	UKR 1	20	4
15/16	Bayern München	BL	27	4
16/17	Bayern München	BL		

17 A (3 Tore) für Brasilien

DRAXLER, Julian
20. 9. 1993, Gladbeck/D
Mittelfeld, 1,87 m, 75 kg
1998-2000 BV Rentfort, 2000/01 SSV Buer 07/28, ab 2001 FC Schalke 04

10/11	FC Schalke 04	BL	15	1
11/12	FC Schalke 04	BL	30	2
12/13	FC Schalke 04	BL	30	10
13/14	FC Schalke 04	BL	26	2
14/15	FC Schalke 04	BL	15	2
15/16	FC Schalke 04	BL	3	1
Aug 15	VfL Wolfsburg	BL	21	5
16/17	VfL Wolfsburg	BL		

24 A (2 Tore) für Deutschland

DRMIC, Josip
8. 8. 1992, Lachen/SUI
Angriff, 1,83 m, 81 kg
Bis August 2003 FC Freienbach, September 2003 bis September 2004 FC Rapperswil-Jona, September 2004 bis Februar 2005 FC Freienbach, ab März 2005 FC Zürich

09/10	FC Zürich II	SUI 3	23	13
	FC Zürich	SUI 1	4	0
10/11	FC Zürich	SUI 1	7	0
	FC Zürich II	SUI 3	3	2
11/12	FC Zürich	SUI 1	20	5
	FC Zürich II	SUI 4	6	5
12/13	FC Zürich	SUI 1	31	13
13/14	1. FC Nürnberg	BL	33	17
14/15	Bayer Leverkusen	BL	25	6
15/16	Bor. Mönchengladbach	BL	13	1
Feb 16	Hamburger SV	BL	6	1
16/17	Bor. Mönchengladbach	BL		

25 A (9 Tore) für die Schweiz

DROBNY, Jaroslav
18. 10. 1979, Pocatky/CSV
Torhüter, 1,92 m, 90 kg, CZE
1985-1993 Slavoj Zirovnice, 1993-Dezember 1997 SK Ceske Budejovice

Jan 98	SK Chrudim	CZE 2	9	0
98/99	FC Vitkovice	CZE 2	7	0
Jan 99	SK Ceske Budejovice	CZE 2	3	0
99/00	SK Ceske Budejovice	CZE 1	28	0
00/01	SK Ceske Budejovice	CZE 1	18	0
01/02	Panionios Athen	GRE 1	21	0
02/03	Panionios Athen	GRE 1	30	0
03/04	Panionios Athen	GRE 1	28	0
04/05	Panionios Athen	GRE 1	22	0
05/06	FC Fulham	ENG 1	0	0
Jan 06	ADO Den Haag	NED 1	12	0
06/07	FC Fulham	ENG 1	0	0
Aug 06	Ipswich Town	ENG 2	0	0
Jan 07	VfL Bochum	BL	17	0
07/08	Hertha BSC	BL	34	0
08/09	Hertha BSC	BL	33	0
09/10	Hertha BSC	BL	30	0
10/11	Hamburger SV	BL	5	0
11/12	Hamburger SV	BL	32	0
12/13	Hamburger SV	BL	2	0
13/14	Hamburger SV	BL	4	0
14/15	Hamburger SV	BL	23	0
15/16	Hamburger SV	BL	10	0
16/17	Werder Bremen	BL		

7 A (kein Tor) für Tschechien

DUDA, Ondrej
5. 12. 1994, Snina/SVK
Mittelfeld, 1,81 m, 74 kg
MFK Snina

12/13	MFK Kosice	SVK 1	14	0
13/14	MFK Kosice	SVK 1	19	5
Feb 14	Legia Warschau	POL 1	12	3
14/15	Legia Warschau	POL 1	27	5
15/16	Legia Warschau	POL 1	27	2

16/17	Legia Warschau	POL 1	1	0
Jul 16	Hertha BSC	BL		

14 A (2 Tore) für die Slowakei

DURM, Erik
12. 5. 1992, Pirmasens/D
Abwehr, 1,83 m, 72 kg

1997-2008 SG Rieschweiler, 2008-2010 1. FC Saarbrücken

10/11	1. FSV Mainz 05 II	RL	1	0
11/12	1. FSV Mainz 05 II	RL	32	13
12/13	Borussia Dortmund II	3. L	28	2
13/14	Borussia Dortmund	BL	19	0
	Borussia Dortmund II	3. L	2	0
14/15	Borussia Dortmund	BL	18	1
	Borussia Dortmund II	3. L	2	0
15/16	Borussia Dortmund	BL	14	1
16/17	Borussia Dortmund	BL		

7 A (kein Tor) für Deutschland

EGGESTEIN, Johannes
8. 5. 1998, Hannover/D
Angriff, 1,83 m, 75 kg

Bis 2013 TSV Schloß Ricklingen und TSV Havelse, seit 2013 Werder Bremen

16/17	Werder Bremen	BL		

EGGESTEIN, Maximilian
8. 12. 1996, Hannover/D
Mittelfeld, 1,81 m, 75 kg

Bis 2011 TSV Schloß Ricklingen und TSV Havelse, seit 2011 Werder Bremen

14/15	Werder Bremen II	RL	32	4
	Werder Bremen	BL	2	0
15/16	Werder Bremen	BL	7	0
	Werder Bremen II	3. L	9	1
16/17	Werder Bremen	BL		

EILERS, Justin
13. 6. 1988, Braunschweig/D
Mittelfeld, 1,87 m, 77 kg

Bis 2003 Eintracht Braunschweig und Braunschweiger SC, 2003-2005 Eintracht Braunschweig, 2005/06 Braunschweiger SC

06/07	FT Braunschweig	VL	29	17
07/08	Eintracht Braunschweig II	OL	32	7
08/09	Eintracht Braunschweig	3. L	9	0
	Eintracht Braunschweig II	OL	22	21
09/10	VfL Bochum II	RL	17	5
10/11	VfL Bochum II	RL	28	8
11/12	Goslarer SC 08	OL	20	15
12/13	Goslarer SC 08	RL	25	14
13/14	VfL Wolfsburg II	RL	32	17
14/15	Dynamo Dresden	3. L	36	19
15/16	Dynamo Dresden	3. L	38	23
16/17	Werder Bremen	BL		

EKDAL, Albin
28. 7. 1989, Stockholm/SWE
Mittelfeld, 1,86 m, 75 kg

Ab 2005 IF Brommapojkarna

2007	IF Brommapojkarna	SWE 1	15	0
2008	IF Brommapojkarna	SWE 2	9	0
08/09	Juventus Turin	ITA 1	3	0
09/10	AC Siena	ITA 1	26	1
10/11	FC Bologna	ITA 1	22	1
11/12	Juventus Turin	ITA 1	0	0
Aug 11	Cagliari Calcio	ITA 1	30	1
12/13	Cagliari Calcio	ITA 1	31	1
13/14	Cagliari Calcio	ITA 1	22	1
14/15	Cagliari Calcio	ITA 1	33	5
15/16	Hamburger SV	BL	14	0
16/17	Hamburger SV	BL		

25 A (kein Tor) für Schweden

ELVEDI, Nico
30. 9. 1996, Zürich/SUI
Abwehr, 1,88 m, 83 kg

2005/06 FC Greifensee, ab 2006 FC Zürich

13/14	FC Zürich II	SUI 3	19	0
	FC Zürich	SUI 1	2	0
14/15	FC Zürich	SUI 1	16	1
	FC Zürich II	SUI 3	5	0
15/16	Bor. Mönchengladbach	BL	21	0
	Bor. Mönchengladbach II	RL	7	0
16/17	Bor. Mönchengladbach	BL		

1 A (kein Tor) für die Schweiz

ELYOUNOUSSI, Tarik
23. 2. 1988, Al Hoceima/MAR
Mittelfeld, 1,72 m, 66 kg, NOR

2000-2002 Nylende IF, 2003-2004 Trosvik IF

2005	Fredrikstad FK	NOR 1	3	0
2006	Fredrikstad FK	NOR 1	25	5
2007	Fredrikstad FK	NOR 1	25	9
2008	Fredrikstad FK	NOR 1	16	5
Aug 08	SC Heerenveen	NED 1	20	2
09/10	SC Heerenveen	NED 1	9	0
Jan 10	Lilleström SK	NOR 1	14	4
10/11	SC Heerenveen	NED 1	2	0
Jan 11	Fredrikstad FK	NOR 1	28	13
2012	Fredrikstad FK	NOR 1	16	7
Aug 12	Rosenborg Trondheim	NOR 1	11	0
2013	Rosenborg Trondheim	NOR 1	13	6
13/14	TSG Hoffenheim	BL	21	0
14/15	TSG Hoffenheim	BL	25	4
15/16	TSG Hoffenheim	BL	6	0
16/17	TSG Hoffenheim	BL		

37 A (8 Tore) für Norwegen

EMBOLO, Breel
14. 2. 1997, Yaoundé/CMR
Angriff, 1,85 m, 84 kg, SUI

2006-2008 Nordstern Basel, 2008 bis März 2010 Old Boys Basel, 2010/11 FC Basel, Juli bis August 2011 Old Boys Basel, ab August 2011 FC Basel

13/14	FC Basel	SUI 1	7	1
	FC Basel II	SUI 3	6	0

14/15	FC Basel	SUI 1	27	10
	FC Basel II	SUI 3	3	0
15/16	FC Basel	SUI 1	27	10
16/17	FC Schalke 04	BL		

14 A (1 Tor) für die Schweiz

ESSER, Michael
22. 11. 1987, Castrop-Rauxel/D
Torhüter, 1,98 m, 97 kg

1993-1997 VfR Rauxel, 1997-1999 VfB Habinghorst, 1999-2001 VfL Bochum, 2001-2004 SpVgg Erkenschwick, ab 2004 VfB Habinghorst

05/06	VfB Habinghorst	BezL		
06/07	Wacker Obercastrop	BezL		
07/08	SV Sodingen	LL		
08/09	VfL Bochum II	RL	1	0
09/10	VfL Bochum II	RL	16	0
10/11	VfL Bochum II	RL	17	0
11/12	VfL Bochum	2. BL	1	0
	VfL Bochum II	RL	6	0
12/13	VfL Bochum	2. BL	3	0
	VfL Bochum II	RL	2	0
13/14	VfL Bochum	2. BL	4	0
	VfL Bochum II	RL	12	0
14/15	VfL Bochum	2. BL	16	0
	VfL Bochum II	RL	1	0
15/16	Sturm Graz	AUT 1	36	0
16/17	SV Darmstadt 98	BL		

ESSWEIN, Alexander
25. 3. 1990, Worms/D
Mittelfeld, 1,83 m, 85 kg

1993-1998 TSV Neuleiningen, 1998-2002 Waldhof Mannheim, ab 2002 1. FC Kaiserslautern

07/08	1. FC Kaiserslautern	2. BL	1	0
08/09	VfL Wolfsburg	BL	4	0
	VfL Wolfsburg II	RL	21	0
09/10	VfL Wolfsburg	BL	4	0
	VfL Wolfsburg II	RL	20	4
10/11	VfL Wolfsburg	BL	0	0
Aug 10	Dynamo Dresden	3. L	31	17
11/12	1. FC Nürnberg	BL	26	4
12/13	1. FC Nürnberg	BL	27	2
13/14	1. FC Nürnberg	BL	5	0
Jan 14	FC Augsburg	BL	13	0
14/15	FC Augsburg	BL	19	1
15/16	FC Augsburg	BL	29	3
16/17	FC Augsburg	BL		

FABIAN, Marco
Marco Jhonfai Fabian de la Mora
21. 7. 1989, Guadalajara/MEX
Mittelfeld, 1,70 m, 65 kg

06/07	CD Tapatio	MEX 2	1	0
07/08	CD Guadalajara	MEX 1	11	1
	Chivas San Rafael	MEX 3	6	1
	CD Tapatio	MEX 2	11	2
08/09	CD Guadalajara	MEX 1	26	1
	CD Tapatio	MEX 1	3	0
09/10	CD Guadalajara	MEX 1	23	1
10/11	CD Guadalajara	MEX 1	36	15
11/12	CD Guadalajara	MEX 1	29	9
12/13	CD Guadalajara	MEX 1	22	8
13/14	CD Guadalajara	MEX 1	15	3
Jan 14	Cruz Azul Mexiko City	MEX 1	15	7
14/15	Cruz Azul Mexiko City	MEX 1	16	1
Jan 15	CD Guadalajara	MEX 1	18	7
15/16	CD Guadalajara	MEX 1	13	3
Jan 16	Eintracht Frankfurt	BL	11	0
16/17	Eintracht Frankfurt	BL		

29 A (6 Tore) für Mexico

FÄHRMANN, Ralf
27. 9. 1988, Karl-Marx-Stadt/D
Torhüter, 1,96 m, 95 kg

1995-1998 VfB Chemnitz, 1998-2003 Chemnitzer FC, ab 2003 FC Schalke 04

07/08	FC Schalke 04 II	OL	28	0
08/09	FC Schalke 04	BL	3	0
	FC Schalke 04 II	RL	11	0
09/10	Eintracht Frankfurt	BL	3	0
	Eintracht Frankfurt II	RL	6	0
10/11	Eintracht Frankfurt	BL	15	0
11/12	FC Schalke 04	BL	9	0
12/13	FC Schalke 04 II	RL	2	0
13/14	FC Schalke 04	BL	22	0
	FC Schalke 04 II	RL	2	0
14/15	FC Schalke 04	BL	25	0
15/16	FC Schalke 04	BL	34	0
16/17	FC Schalke 04	BL		

FALAHEN, Amir
15. 3. 1993, Freiburg/D
Angriff, 1,90 m, 81 kg

Bis 2008 SV Hochdorf, 2008/09 Jahn Freiburg, seit 2009 SC Freiburg

11/12	SC Freiburg II	RL	1	0
12/13	SC Freiburg II	RL	15	1
13/14	SC Freiburg II	RL	29	18
14/15	SC Freiburg II	RL	11	6
15/16	SC Freiburg	2. BL	3	0
	SC Freiburg II	RL	16	5
16/17	SC Freiburg	BL		

FEDETSKYY, Artem
26. 4. 1985, Nowowolynsk/URS
Abwehr, 1,83 m, 76 kg, UKR

1998-2001 Wolyn Luzk, abt 2001 Schachtar Donezk

02/03	Schachtar Donezk III	UKR 3	18	1
03/04	Schachtar Donezk III	UKR 3	12	2
	Schachtar Donezk II	UKR 2	13	0
04/05	Schachtar Donezk II	UKR 2	16	2
05/06	Schachtar Donezk II	UKR 2	27	4
06/07	Schachtar Donezk III	UKR 3	1	0
Jan 07	Arsenal Kiew	UKR 1	12	0
07/08	FK Charkiw	UKR 1	24	5
08/09	Schachtar Donezk	UKR 1	5	1
09/10	Karpaty Lwiw	UKR 1	28	8
10/11	Karpaty Lwiw	UKR 1	23	2

11/12	Karpaty Lwiw	UKR 1	24	3
12/13	Schachtar Donezk	UKR 1	0	0
Aug 12	Dnipro Dnipropetrowsk	UKR 1	17	1
13/14	Dnipro Dnipropetrowsk	UKR 1	23	1
14/15	Dnipro Dnipropetrowsk	UKR 1	16	1
15/16	Dnipro Dnipropetrowsk	UKR 1	13	0
16/17	SV Darmstadt 98	BL		

52 A (2 Tore) für die Ukraine

FEKA, Dren
9. 6. 1997, Bad Oldesloe/D
Mittelfeld, 1,82 m, 71 kg, D/ALB
Bis 2009 TSV Bargteheide, seit 2009 Hamburger SV

15/16	Hamburger SV II	RL	16	0
16/17	Hamburger SV	BL		

FEULNER, Markus
12. 2. 1982, Scheßlitz/D
Mittelfeld, 1,83 m, 82 kg
1988-1992 SV Pettstadt, 1992-1997 1. FC Bamberg, ab 1997 Bayern München

00/01	Bayern München Am.	RL	8	0
01/02	Bayern München	BL	1	0
	Bayern München Am.	RL	21	4
02/03	Bayern München	BL	10	0
	Bayern München Am.	RL	18	4
03/04	Bayern München	BL	2	0
	Bayern München Am.	RL	6	1
Jan 04	1. FC Köln	BL	12	1
04/05	1. FC Köln	2. BL	13	1
	1. FC Köln Am.	RL	9	1
05/06	1. FC Köln	BL	13	3
	1. FC Köln II	RL	3	0
06/07	1. FSV Mainz 05	BL	30	2
07/08	1. FSV Mainz 05	2. BL	27	6
08/09	1. FSV Mainz 05	2. BL	30	7
09/10	Borussia Dortmund	BL	9	0
	Borussia Dortmund II	3. L	2	0
10/11	Borussia Dortmund	BL	6	0
11/12	1. FC Nürnberg	BL	28	1
12/13	1. FC Nürnberg	BL	23	4
13/14	1. FC Nürnberg	BL	25	2
14/15	FC Augsburg	BL	25	1
15/16	FC Augsburg	BL	19	1
16/17	FC Augsburg	BL		

FINNBOGASON, Alfred
1. 2. 1989, Grindavik/ISL
Angrif, 1,84 m, 80 kg
1995 bis Juni 1999 Fjölnir Reykjavik, Juli 1999 bis Dezember 2000 Hutchison Vale FC Edinburgh, 2001-2004 Fjölnir Reykjavik, 2005 bis Juni 2007 Breidablik Kopavogur

Jul 07	Augnablik Kopavogur	ISL 3	2	0
2008	Breidablik Kopavogur	ISL 1	4	1
2009	Breidablik Kopavogur	ISL 1	18	13
2010	Breidablik Kopavogur	ISL 1	21	14
Jan 11	Sporting Lokeren OV	BEL 1	15	3
11/12	Sporting Lokeren OV	BEL 1	7	1
Mär 12	Helsingborgs IF	SWE 1	17	12
12/13	SC Heerenveen	NED 1	31	24
13/14	SC Heerenveen	NED 1	31	29
14/15	Real Soc. San Sebastian	ESP 1	25	2
15/16	Olympiakos Piräus	GRE 1	7	1
Jan 16	FC Augsburg	BL	14	7
16/17	FC Augsburg	BL		

37 A (8 Tore) für Island

FISCH, Liam
23. 11. 1998, Darmstadt/D
Mittelfeld, 1,77 m, 64 kg
2003-2009 TV Haßloch, 2009/10 Rot-Weiß Walldorf, seit 2010 SV Darmstadt 98

16/17	SV Darmstadt 98	BL		

FLUM, Johannes
14. 12. 1987, Waldshut/D
Mittelfeld, 1,90 m, 82 kg
1992-2000 TuS Weilheim, 2000/01 SV Laufenburg, 2001-2006 SC Freiburg

06/07	SC Pfullendorf	RL	16	0
	SC Pfullendorf II	VL		
07/08	SC Pfullendorf	RL	33	2
08/09	SC Freiburg	2. BL	30	0
09/10	SC Freiburg	BL	25	1
	SC Freiburg II	RL	1	0
10/11	SC Freiburg	BL	12	2
	SC Freiburg II	RL	2	1
11/12	SC Freiburg	BL	30	3
12/13	SC Freiburg	BL	26	1
	SC Freiburg II	RL	1	0
13/14	Eintracht Frankfurt	BL	26	3
14/15	Eintracht Frankfurt	BL	7	0
15/16	Eintracht Frankfurt	BL	5	0
16/17	Eintracht Frankfurt	BL		

FÖHRENBACH, Jonas
26. 1. 1996, Freiburg/D
Abwehr, 1,85 m, 78 kg
2001-2009 PSV Freiburg, seit 2009 SC Freiburg

14/15	SC Freiburg II	RL	12	1
15/16	SC Freiburg	2. BL	8	1
	SC Freiburg II	RL	15	0
16/17	SC Freiburg	BL		

FORSBERG, Emil
23. 10. 1991, Sundsvall /SWE
Angriff, 1,79 m, 78 kg
1996-2008 GIF Sundsvall

2009	Medskogsbrons BK	SWE 5	2	2
Mai 09	GIF Sundsvall	SWE 2	19	1
2010	GIF Sundsvall	SWE 2	30	6
2011	GIF Sundsvall	SWE 2	27	11
2012	GIF Sundsvall	SWE 1	21	6
2013	Malmö FF	SWE 1	28	5
2014	Malmö FF	SWE 1	29	14
Jan 15	RB Leipzig	2. BL	14	0
15/16	RB Leipzig	2. BL	32	8
16/17	RB Leipzig	BL		

20 A (2 Tore) für Schweden

FRAMBERGER, Raphael
6. 9. 1995, Augsburg/D
Abwehr, 1,79 m, 73 kg
Bis 2004 Cosmos Aystetten, seit 2004 FC Augsburg

14/15	FC Augsburg II	RL	19	1
15/16	FC Augsburg II	RL	15	0
16/17	FC Augsburg	BL		

FRANTZ, Mike
14. 10. 1986, Saarbrücken/D
Mittelfeld, 1,82 m, 80 kg
1994-1998 DJK Folsterhöhe, 1998-2000 AFC Saarbrücken, 2000-2004 1. FC Saarbrücken

04/05	Borussia Neunkirchen	OL	10	2
	Borussia Neunkirchen II	LL	1	2
05/06	Borussia Neunkirchen	OL	29	6
	Borussia Neunkirchen II	LL	1	3
06/07	1. FC Saarbrücken	RL	14	2
	1. FC Saarbrücken II	OL	12	4
07/08	1. FC Saarbrücken	OL	27	12
08/09	1. FC Nürnberg	2. BL	16	2
	1. FC Nürnberg II	RL	3	0
09/10	1. FC Nürnberg	BL	24	3
10/11	1. FC Nürnberg	BL	14	2
11/12	1. FC Nürnberg	BL	13	1
	1. FC Nürnberg II	RL	6	2
12/13	1. FC Nürnberg	BL	27	1
13/14	1. FC Nürnberg	BL	31	1
14/15	SC Freiburg	BL	25	4
15/16	SC Freiburg	2. BL	31	6
16/17	SC Freiburg	BL		

FREI, Fabian
8. 1. 1989, Frauenfeld/SUI
Mittelfeld, 1,83 m, 77 kg
1998-2000 FC Frauenfeld, 2000-2004 FC Winterthur, ab 2004 FC Basel

05/06	FC Basel II	SUI 3	2	1
06/07	FC Basel II	SUI 3	29	10
07/08	FC Basel	SUI 1	24	0
08/09	FC Basel	SUI 1	25	2
09/10	FC St. Gallen	SUI 1	30	6
10/11	FC St. Gallen	SUI 1	34	7
11/12	FC Basel	SUI 1	31	4
12/13	FC Basel	SUI 1	27	4
13/14	FC Basel	SUI 1	34	5
14/15	FC Basel	SUI 1	31	1
15/16	1. FSV Mainz 05	BL	18	0
16/17	1. FSV Mainz 05	BL		

9 A (1 Tor) für die Schweiz

FRIEDRICH, Marvin
13. 12. 1995, Kassel/D
Abwehr, 1,90 m, 80 kg
2002-2008 FSC Guxhagen, 2008-2010 OSC Vellmar, 2010/11 SC Paderborn 07, ab 2011 FC Schalke 04

14/15	FC Schalke 04	BL	5	0
	FC Schalke 04 II	RL	20	3
15/16	FC Schalke 04	BL	2	0
	FC Schalke 04 II	RL	15	1
16/17	FC Augsburg	BL		

FRITZ, Clemens
7. 12. 1980, Erfurt/D
Abwehr, 1,83 m, 81 kg
1988-1997 Rot-Weiß Erfurt, ab 1997 VfB Leipzig

98/99	VfB Leipzig	RL	6	0
99/00	Rot-Weiß Erfurt	RL	25	4
00/01	Rot-Weiß Erfurt	RL	32	10
01/02	Karlsruher SC	2. BL	31	5
02/03	Karlsruher SC	2. BL	30	2
03/04	Bayer Leverkusen	BL	14	1
	Bayer Leverkusen Am.	OL	10	2
04/05	Bayer Leverkusen Am.	OL	5	1
05/06	Bayer Leverkusen	BL	29	1
	Bayer Leverkusen II	RL	4	0
06/07	Werder Bremen	BL	32	1
07/08	Werder Bremen	BL	23	1
08/09	Werder Bremen	BL	24	0
09/10	Werder Bremen	BL	30	1
10/11	Werder Bremen	BL	29	0
11/12	Werder Bremen	BL	32	1
12/13	Werder Bremen	BL	22	0
13/14	Werder Bremen	BL	22	0
14/15	Werder Bremen	BL	27	0
15/16	Werder Bremen	BL	29	1
16/17	Werder Bremen	BL		

22 A (2 Tore) für Deutschland

FRÖDE, Lukas
23. 1. 1995, Fulda/D
Mittelfeld, 1,92 m, 85 kg
1999/00 TSV Neuenburg, 2000-2003 Borussia Fulda, 2003-2007 Hambacher SV, 2007-2009 Carl Zeiss Jena, seit 2009 Werder Bremen

13/14	Werder Bremen II	RL	18	1
14/15	Werder Bremen II	RL	31	3
	Werder Bremen	BL	1	0
15/16	Werder Bremen	BL	8	0
	Werder Bremen II	3. L	13	0
16/17	Werder Bremen	BL		

GACINOVIC, Mijat
8. 2. 1995, Trebinje/BIH
Mittelfeld, 1,75 m, 66 kg, SRB
Bis 2010 Leotar Trebinje, ab 2010 Vojvodina Novi Sad

12/13	Vojvodina Novi Sad	SRB 1	5	1
13/14	Vojvodina Novi Sad	SRB 1	20	0
14/15	Vojvodina Novi Sad	SRB 1	25	11
15/16	Apollon Limassol	CYP 1	0	0
Aug 15	Eintracht Frankfurt	BL	7	0
16/17	Eintracht Frankfurt	BL		

GARCIA, Santiago
8. 7. 1988, Rosario/ARG
Abwehr, 1,91 m, 80 kg, ARG/ITA

07/08	Rosario Central Jun.			
08/09	Rosario Central	ARG 1	1	0
09/10	Rosario Central	ARG 1	15	0

10/11	US Palermo	ITA 1	3	0
11/12	Novara Calcio	ITA 1	21	1
12/13	US Palermo	ITA 1	32	1
13/14	Werder Bremen	BL	22	3
14/15	Werder Bremen	BL	24	0
15/16	Werder Bremen	BL	29	0
	Werder Bremen II	3. L	1	0
16/17	Werder Bremen	BL		

GARCIA, Ulisses
Ulisses Alexandre Garcia Lopes
11. 1. 1996, Genf/SUI
Abwehr, 1,85 m, 78 kg

Bis September 2011 FC Ouex und Servette Genf, ab Oktober 2011 Grasshopper-Club Zürich

13/14	Grassh.-Club Zürich II	SUI 4	16	0
	Grassh.-Club Zürich	SUI 1	1	0
14/15	Grassh.-Club Zürich II	SUI 4	16	3
15/16	Werder Bremen	BL	11	0
	Werder Bremen II	3. L	4	0
16/17	Werder Bremen	BL		

GARICS, György
8. 3. 1984, Szombathely/HUN
Abwehr, 1,83 m, 76 kg, AUT

1990-1998 Haladas Szombathely, ab 1998 Rapid Wien

01/02	Rapid Wien Am.	AUT 4	18	2
02/03	Rapid Wien	AUT 1	2	0
03/04	Rapid Wien	AUT 1	27	0
04/05	Rapid Wien	AUT 1	18	1
05/06	Rapid Wien	AUT 1	28	0
06/07	Rapid Wien	AUT 1	6	0
Aug 06	SSC Neapel	ITA 1	11	0
07/08	SSC Neapel	ITA 1	26	1
08/09	Atalanta Bergamo	ITA 1	35	1
09/10	Atalanta Bergamo	ITA 1	30	0
10/11	FC Bologna	ITA 1	15	0
11/12	FC Bologna	ITA 1	18	1
12/13	FC Bologna	ITA 1	27	0
13/14	FC Bologna	ITA 1	34	1
14/15	FC Bologna	ITA 2	8	0
15/16	SV Darmstadt 98	BL	21	0
16/17	SV Darmstadt 98	BL		

41 A (2 Tore) für Österreich

GBAMIN, Jean-Philippe
25. 9. 1995, San Pedro/CIV
Abwehr, 1,86 m, 83 kg, CIV/FRA

2005/06 US Saint-Quentin, 2006/07 OS Aire-sur-la-Lys, ab 2007 RC Lens

12/13	RC Lens II	FRA 4	20	2
	RC Lens	FRA 2	2	0
13/14	RC Lens	FRA 2	30	2
14/15	RC Lens	FRA 1	33	0
15/16	RC Lens	FRA 2	20	1
	RC Lens II	FRA 4	2	0
16/17	1. FSV Mainz 05	BL		

GEBRE SELASSIE, Theodor
24. 12. 1986, Trebic/CSV
Mittelfeld, 1,81 m, 71 kg, CZE

1993-1998 FC Velké Mezirici, ab 1998 Vysocina Jihlava

04/05	Vysocina Jihlava B	CZE 3	15	0
05/06	FC Velké Mezirici	CZE 4	24	3
06/07	Vysocina Jihlava	CZE 2	11	1
07/08	Vysocina Jihlava	CZE 2	7	1
Okt 07	Slavia Prag	CZE 1	9	0
08/09	Slavia Prag	CZE 1	2	0
Sep 08	Slovan Liberec	CZE 1	21	1
09/10	Slovan Liberec	CZE 1	17	2
10/11	Slovan Liberec	CZE 1	29	0
11/12	Slovan Liberec	CZE 1	30	5
12/13	Werder Bremen	BL	27	1
13/14	Werder Bremen	BL	29	2
14/15	Werder Bremen	BL	26	3
15/16	Werder Bremen	BL	33	1
16/17	Werder Bremen	BL		

37 A (1 Tor) für Tschechien

GEIGER, Dennis
10. 6. 1998, Mosbach/D
Mittelfeld, 1,72 m, 65 kg

Bis 2009 Alemannia Sattelbach, seit 2009 TSG Hoffenheim

| 16/17 | TSG Hoffenheim | BL | | |

GEIS, Johannes
17. 8. 1993, Schweinfurt/D
Abwehr, 1,81 m, 81 kg

1997-2004 TSV Oberstreu und TSV Mittelstreu, 2004-2008 TSV Großbardorf, ab 2008 SpVgg Greuther Fürth

10/11	SpVgg Greuther Fürth	2. BL	6	0
11/12	SpVgg Greuther Fürth	2. BL	3	0
	SpVgg Greuther Fürth II	RL	17	2
12/13	SpVgg Greuther Fürth	BL	8	1
	SpVgg Greuther Fürth II	RL	11	2
13/14	1. FSV Mainz 05	BL	33	1
14/15	1. FSV Mainz 05	BL	34	4
15/16	FC Schalke 04	BL	28	2
16/17	FC Schalke 04	BL		

GELIOS, Ioannis
24. 4. 1992, Augsburg/D
Torwart, 1,90 m, 80 kg, D/GRE

Bis Dezember 2000 MBB-SG Augsburg, seit Januar 2001 FC Augsburg

11/12	FC Augsburg II	LL	32	0
12/13	FC Augsburg II	RL	20	0
13/14	FC Augsburg II	RL	31	0
14/15	FC Augsburg II	RL	27	0
15/16	FC Augsburg II	RL	16	0
16/17	FC Augsburg	BL		

GEREZGIHER, Joel
9. 10. 1995, Frankfurt/D
Abwehr, 1,76 m, 71 kg
2001-2008 SV Niederursel, 2008-2012 FSV Frankfurt, ab 2012 Eintracht Frankfurt

14/15	Eintracht Frankfurt	BL	0	0
15/16	Eintracht Frankfurt	BL	3	0
Jan 16	FSV Frankfurt	2. BL	2	0
16/17	Eintracht Frankfurt	BL		

GERHARDT, Yannick
13. 3. 1994, Würselen/D
Mittelfeld, 1,84 m, 81 kg
1999-2003 SC Kreuzau, ab 2003 1. FC Köln

12/13	1. FC Köln II	RL	11	0
13/14	1. FC Köln	2. BL	29	3
14/15	1. FC Köln	BL	16	1
	1. FC Köln II	RL	2	0
15/16	1. FC Köln	BL	29	2
16/17	VfL Wolfsburg	BL		

GIEFER, Fabian
17. 5. 1990, Adenau/D
Torhüter, 1,96 m, 93 kg
1996-1999 1. FC Oberahr, 1999-2003 TuRa Lommersdorf, ab 2003 Bayer Leverkusen

07/08	Bayer Leverkusen II	OL	1	0
08/09	Bayer Leverkusen II	RL	10	0
09/10	Bayer Leverkusen	BL	3	0
	Bayer Leverkusen II	RL	13	0
10/11	Bayer Leverkusen	BL	2	0
	Bayer Leverkusen II	RL	10	0
11/12	Bayer Leverkusen	BL	1	0
	Bayer Leverkusen II	RL	10	0
12/13	Fortuna Düsseldorf	BL	34	0
13/14	Fortuna Düsseldorf	2. BL	30	0
14/15	FC Schalke 04	BL	2	0
15/16	FC Schalke 04	BL	0	0
16/17	FC Schalke 04	BL		

GIKIEWICZ, Rafal
26. 10. 1987, Olsztyn/POL
Torhüter, 1,90 m, 82 kg
Bis 2003 Warmia Olsztyn und Stomil Olsztyn, 2003/04 Tempo Olsztyn, 2004 bis Dezember 2005 DKS Dobre Miasto, Januar bis Juli 2006 Sokol Ostroda

06/07	Drweca NM Lubawskie	POL 4		
07/08	Wigry Suwalki	POL 3	28	0
08/09	Jagiellonia Bialystok	POL 1	8	0
09/10	Jagiellonia Bialystok	POL 1	8	0
10/11	OKS Olsztyn	POL 3	11	0
Jan 11	Slask Wroclaw	POL 1	0	0
11/12	Slask Wroclaw	POL 1	6	0
12/13	Slask Wroclaw	POL 1	10	0
13/14	Slask Wroclaw	POL 1	11	0
14/15	Eintracht Braunschweig	2. BL	33	0
15/16	Eintracht Braunschweig	2. BL	33	0
16/17	SC Freiburg	BL		

GINTER, Matthias
19. 1. 1994, Freiburg/D
Abwehr, 1,90 m, 88 kg
1998-2005 SV March, ab 2005 SC Freiburg

11/12	SC Freiburg	BL	13	1
12/13	SC Freiburg	BL	23	1
13/14	SC Freiburg	BL	34	0
14/15	Borussia Dortmund	BL	14	0
	Borussia Dortmund II	3. L	2	0
15/16	Borussia Dortmund	BL	24	3
16/17	Borussia Dortmund	BL		

9 A (kein Tor) für Deutschland

GÖTZ, Ashton-Philipp
16. 7. 1993, Pirmasens/D
Mittelfeld, 1,77 m, 74 kg
Bis 2008 SC Hamm 02, seit 2008 Hamburger SV

10/11	Hamburger SV II	RL	6	0
11/12	Hamburger SV II	RL	6	0
12/13	Hamburger SV II	RL	1	0
13/14	Hamburger SV II	RL	24	0
14/15	Hamburger SV	BL	10	0
	Hamburger SV II	RL	21	0
15/16	Hamburger SV II	RL	10	0
16/17	Hamburger SV	BL		

GÖTZE, Mario
3. 6. 1992, Memmingen/D
Mittelfeld, 1,76 m, 64 kg
1997-1998 SC Ronsberg, 1998-2001 Eintracht Hombruch, ab 2001 Borussia Dortmund

09/10	Borussia Dortmund	BL	5	0
10/11	Borussia Dortmund	BL	33	6
11/12	Borussia Dortmund	BL	17	6
12/13	Borussia Dortmund	BL	28	10
13/14	Bayern München	BL	27	10
14/15	Bayern München	BL	32	9
15/16	Bayern München	BL	14	3
16/17	Borussia Dortmund	BL		

56 A (17 Tore) für Deutschland

GONDORF, Jerome
26. 6. 1988, Karlsruhe/D
Mittelfeld, 1,75 m, 76 kg
1995-2005 TSV Palmberg, 2005-2007 Karlsruher SC

07/08	SV Spielberg	VL		
08/09	ASV Durlach	OL	25	1
09/10	ASV Durlach	OL	18	3
Feb 10	Stuttgarter Kickers	RL	11	2
	Stuttgarter Kickers II	OL	4	1
10/11	Stuttgarter Kickers	RL	28	4
11/12	Stuttgarter Kickers	RL	33	4
12/13	Stuttgarter Kickers	3. L	32	1
13/14	SV Darmstadt 98	3. L	35	2
14/15	SV Darmstadt 98	2. BL	30	3
15/16	SV Darmstadt 98	BL	33	3
16/17	SV Darmstadt 98	BL		

GORETZKA, Leon
6. 2. 1995, Bochum/D
Mittelfeld, 1,89 m, 79 kg
1999-2001 Werner SV Bochum, ab 2001 VfL Bochum

12/13	VfL Bochum	2. BL	32	4
13/14	FC Schalke 04	BL	25	4
14/15	FC Schalke 04	BL	10	0
	FC Schalke 04 II	RL	1	0
15/16	FC Schalke 04	BL	25	1
16/17	FC Schalke 04	BL		

1 A (kein Tor) für Deutschland

GORKA, Benjamin
15. 4. 1984, Mannheim/D
Abwehr, 1,96 m, 95 kg
Ludwigshafener SC, Waldhof Mannheim

02/03	TSG Hoffenheim II	VL		
03/04	VfB Leimen	VL		
04/05	VfB Leimen	VL		
05/06	SV Sandhausen	OL	21	1
06/07	Eintracht Trier	OL	6	0
07/08	SG Sonnenhof Großaspach	OL	18	1
Jan 08	Hamburger SV II	RL	8	1
08/09	Hamburger SV II	RL	22	1
09/10	Wacker Burghausen	3. L	31	4
10/11	VfL Osnabrück	2. BL	5	0
	VfL Osnabrück II	OL	2	2
11/12	VfR Aalen	3. L	2	0
Okt 11	vereinslos			
Aug 12	SV Darmstadt 98	3. L	27	1
13/14	SV Darmstadt 98	3. L	36	1
14/15	SV Darmstadt 98	2. BL	19	0
15/16	SV Darmstadt 98	BL	4	0
16/17	SV Darmstadt 98	BL		

GOUWELEEUW, Jeffrey
10. 7. 1991, Heemskerk/NED
Abwehr, 1,87 m, 78 kg
Bis 2006 ADO '20 Heemskerk, ab 2006 SC Heerenveen

10/11	SC Heerenveen	NED 1	6	0
11/12	SC Heerenveen	NED 1	30	3
12/13	SC Heerenveen	NED 1	30	1
13/14	AZ Alkmaar	NED 1	33	1
14/15	AZ Alkmaar	NED 1	34	1
15/16	AZ Alkmaar	NED 1	16	2
Jan 16	FC Augsburg	BL	11	0
16/17	FC Augsburg	BL		

GREEN, Julian
6. 6. 1995, Tampa/USA
Mittelfeld, 1,72 m, 70 kg, D/USA
Bis 2006 1. FC Miesbach, 2006-2010 SG Hausham, ab 2010 Bayern München

13/14	Bayern München II	RL	23	15
14/15	Bayern München	BL	0	0
Sep 14	Hamburger SV	BL	5	0
	Hamburger SV II	RL	1	0
15/16	Bayern München II	RL	28	10
16/17	Bayern München	BL		

6 A (1 Tor) für die USA

GREGORITSCH, Michael
18. 4. 1994, Graz/AUT
Angriff, 1,93 m, 87 kg
2001-2008 Grazer AK, ab 2008 Kapfenberger SV

09/10	Kapfenberger SV	AUT 1	4	1
	Kapfenberger SV Am.	AUT 4	17	5
10/11	Kapfenberger SV	AUT 1	24	2
	Kapfenberger SV Am.	AUT 4	13	5
11/12	Kapfenberger SV	AUT 1	16	1
	Kapfenberger SV Am.	AUT 3	7	1
12/13	TSG Hoffenheim II	RL	28	11
13/14	FC St. Pauli	2. BL	15	1
	FC St. Pauli II	RL	5	2
14/15	VfL Bochum	2. BL	25	7
15/16	Hamburger SV	BL	25	5
16/17	Hamburger SV	BL		

GRIFO, Vincenzo
7. 4. 1993, Pforzheim/D
Mittelfeld, 1,80 m, 76 kg, ITA
1996-2006 VfR Pforzheim, 2006-2010 Germania Brötzingen, 2010/11 1. CfR Pforzheim, 2011/12 Karlsruher SC

12/13	TSG Hoffenheim	BL	12	0
	TSG Hoffenheim II	RL	13	5
13/14	TSG Hoffenheim II	RL	8	4
Jan 14	Dynamo Dresden	2. BL	13	1
14/15	FSV Frankfurt	2. BL	33	7
15/16	SC Freiburg	2. BL	31	14
16/17	SC Freiburg	BL		

GRILLITSCH, Florian
7. 8. 1995, Neunkirchen/AUT
Mittelfeld, 1,87 m, 74 kg
2001-2008 SVSF Pottschach, 2008-2013 SKN St. Pölten

13/14	Werder Bremen II	RL	5	0
14/15	Werder Bremen II	RL	26	9
15/16	Werder Bremen	BL	25	1
	Werder Bremen II	3. L	5	1
16/17	Werder Bremen	BL		

GROß, Pascal
15. 6. 1991, Mannheim/D
Mittelfeld, 1,81 m, 76 kg
Bis 2007 VfL Neckarau, ab 2007 TSG Hoffenheim

08/09	TSG Hoffenheim	BL	4	0
09/10	TSG Hoffenheim	BL	1	0
	TSG Hoffenheim II	OL	6	2
10/11	TSG Hoffenheim II	RL	17	4
Jan 11	Karlsruher SC	2. BL	3	1
	Karlsruher SC II	RL	3	0
11/12	Karlsruher SC	2. BL	22	2
	Karlsruher SC II	RL	8	1
12/13	FC Ingolstadt 04	2. BL	30	2
13/14	FC Ingolstadt 04	2. BL	29	2
	FC Ingolstadt 04 II	RL	1	0
14/15	FC Ingolstadt 04	2. BL	34	7
15/16	FC Ingolstadt 04	BL	32	1
16/17	FC Ingolstadt 04	BL		

GRÜN, Max
5. 4. 1987, Karlstadt/D
Torhüter, 1,90 m, 86 kg
1993-2002 FV Karlstadt, ab 2002 Bayern München

06/07	Bayern München II	RL	1	0
07/08	Bayern München II	RL	1	0
08/09	Bayern München II	3. L	3	0
09/10	Bayern München II	3. L	0	0
Aug 09	SpVgg Greuther Fürth	2. BL	13	0
	SpVgg Greuther Fürth II	RL	15	0
10/11	SpVgg Greuther Fürth	2. BL	17	0
11/12	SpVgg Greuther Fürth	2. BL	34	0
12/13	SpVgg Greuther Fürth	BL	17	0
13/14	VfL Wolfsburg	BL	6	0
14/15	VfL Wolfsburg	BL	3	0
15/16	VfL Wolfsburg II	RL	2	0
16/17	VfL Wolfsburg	BL		

GUÉDÉ, Karim
7. 1. 1985, Hamburg/D
Angriff, 1,84 m, 87 kg, SVK/D/TGO
Bis 2002 SC Hamm 02 und FC St. Pauli, ab 2002 Concordia Hamburg

03/04	Concordia Hamburg	OL	9	0
04/05	Concordia Hamburg	OL	15	0
Jan 05	Hamburger SV Am.	RL	10	0
05/06	Hamburger SV II	RL	14	0
06/07	Artmedia Petrzalka	SVK 1	21	2
07/08	Artmedia Petrzalka	SVK 1	31	5
08/09	Artmedia Petrzalka	SVK 1	22	2
09/10	MFK Petrzalka	SVK 1	14	0
Jan 10	Slovan Bratislava	SVK 1	13	0
10/11	Slovan Bratislava	SVK 1	30	5
11/12	Slovan Bratislava	SVK 1	17	3
Jan 12	SC Freiburg	BL	10	2
12/13	SC Freiburg	BL	21	1
13/14	SC Freiburg	BL	20	3
14/15	SC Freiburg	BL	18	0
	SC Freiburg II	RL	1	1
15/16	SC Freiburg	2. BL	26	1
16/17	SC Freiburg	BL		

14 A (kein Tor) für die Slowakei

GÜNTER, Christian
28. 3. 1993, Villingen-Schwenningen/D
Abwehr, 1,85 m, 80 kg
1997-2007 FV Tennenbronn, seit 2007 SC Freiburg

12/13	SC Freiburg	BL	7	0
	SC Freiburg II	RL	10	0
13/14	SC Freiburg	BL	29	0
	SC Freiburg II	RL	3	0
14/15	SC Freiburg	BL	34	1
15/16	SC Freiburg	2. BL	31	0
16/17	SC Freiburg	BL		

1 A (kein Tor) für Deutschland

GUERREIRO, Raphael
Raphael Adelino José Guerreiro
22. 12. 1993, Le Blanc-Mesnil/FRA
Mittelfeld, 1,70 m, 67 kg, FRA/POR
1999-2005 Le Blanc-Mesnil SF, 2005-2008 INF Clairefontain, ab 2008 SM Caen

10/11	SM Caen II	FRA 4	22	1
11/12	SM Caen II	FRA 4	34	3
12/13	SM Caen	FRA 2	38	1
13/14	FC Lorient	FRA 1	34	0
14/15	FC Lorient	FRA 1	34	7
15/16	FC Lorient	FRA 1	34	3
16/17	Borussia Dortmund	BL		

12 A (2 Tore) für Portugal

GUILAVOGUI, Josuha
19. 9. 1990, Ollioules/FRA
Mittelfeld, 1,88 m, 77 kg
1997-2000 USAM Toulon, 2000-2005 Sporting Toulon Var, ab 2005 AS Saint-Etienne

07/08	AS Saint-Etienne II	FRA 4	1	0
08/09	AS Saint-Etienne II	FRA 4	22	0
09/10	AS Saint-Etienne II	FRA 5	16	3
	AS Saint-Etienne	FRA 1	2	0
10/11	AS Saint-Etienne	FRA 1	22	1
	AS Saint-Etienne II	FRA 4	3	0
11/12	AS Saint-Etienne	FRA 1	32	2
	AS Saint-Etienne II	FRA 4	1	0
12/13	AS Saint-Etienne	FRA 1	38	3
13/14	AS Saint-Etienne	FRA 1	2	0
Sep 13	Atletico Madrid	ESP 1	1	0
Jan 14	AS Saint-Etienne	FRA 1	7	0
14/15	VfL Wolfsburg	BL	27	1
15/16	VfL Wolfsburg	BL	30	2
16/17	VfL Wolfsburg	BL		

7 A (kein Tor) für Frankreich

GUIRASSY, Sehrou
12. 3. 1996, Arles/FRA
Angriff, 1,87 m, 82 kg
Bis 2009 USM Montargis und J3 Amilly, 2009/10 USM Montargis, 2010/11 J3 Amilly, ab 2011 Stade Laval

12/13	Stade Laval II	FRA 5	10	6
13/14	Stade Laval	FRA 2	4	0
	Stade Laval II	FRA 5	6	8
14/15	Stade Laval	FRA 2	29	6
15/16	Lille OSC	FRA 1	8	0
	Lille OSC II	FRA 5	4	4
Jan 16	AJ Auxerre	FRA 2	16	8
16/17	1. FC Köln	BL		

GULACSI, Peter
6. 5. 1990, Budapest/HUN
Torhüter, 1,90 m, 83 kg
1995-2003 Budapesti VSC, 2003-2007 MTK Budapest, ab 2007 FC Liverpool

08/09	FC Liverpool	ENG 1	0	0
Feb 09	Hereford United	ENG 3	18	0
09/10	FC Liverpool	ENG 1	0	0

Apr 10	Tranmere Rovers	ENG 3	5	0
10/11	FC Liverpool	ENG 1	0	0
Sep 10	Tranmere Rovers	ENG 3	12	0
Jan 11	FC Liverpool	ENG 1	0	0
11/12	Hull City	ENG 2	15	0
Mär 12	FC Liverpool	ENG 1	0	0
12/13	FC Liverpool	ENG 1	0	0
13/14	RB Salzburg	AUT 1	31	0
14/15	RB Salzburg	AUT 1	34	0
15/16	RB Leipzig	2. BL	14	0
	RB Leipzig II	RL	2	0
16/17	RB Leipzig	BL		

3 A (kein Tor) für Ungarn

GULDE, Manuel
12. 2. 1991, Mannheim/D
Abwehr, 1,84 m, 78 kg

Bis 2007 SC Pfingstberg-Hochstätt und VfL Neckarau, ab 2007 TSG Hoffenheim

09/10	TSG Hoffenheim	BL	6	0
	TSG Hoffenheim II	OL	1	0
10/11	TSG Hoffenheim	BL	1	0
	TSG Hoffenheim II	RL	7	0
11/12	TSG Hoffenheim II	RL	15	1
12/13	SC Paderborn 07	2. BL	13	1
13/14	Karlsruher SC	2. BL	7	0
	Karlsruher SC II	OL	3	0
14/15	Karlsruher SC	2. BL	32	2
15/16	Karlsruher SC	2. BL	27	2
16/17	SC Freiburg	BL		

GUWARA, Leon
28. 8. 1996, Köln/D
Abwehr, 1,85 m, 83 kg

2003-2014 1. FC Köln

14/15	Werder Bremen II	RL	25	1
15/16	Werder Bremen II	3. L	18	2
16/17	Werder Bremen	BL		

HABERER, Janik
2. 4. 1994, Wangen/D
Angriff, 1,86 m, 78 kg

1999-2005 FC Wangen, 2005-2009 FV Ravensburg, 2009 bis Dezember 2010 FC Memmingen, ab Januar 2011 SpVgg Unterhaching

11/12	SpVgg Unterhaching	3. L	3	1
12/13	SpVgg Unterhaching	3. L	15	1
	SpVgg Unterhaching II	OL	7	1
13/14	SpVgg Unterhaching	3. L	35	8
14/15	TSG Hoffenheim II	RL	17	1
15/16	VfL Bochum	2. BL	33	3
16/17	SC Freiburg	BL		

HACK, Alexander
8. 9. 1993, Memmingen/D
Abwehr, 1,93 m, 88 kg

Bis 2012 TSV Babenhausen, FC Memmingen und TSV München 1860

12/13	FC Memmingen	RL	33	2
13/14	SpVgg Unterhaching	3. L	29	1
14/15	1. FSV Mainz 05 II	3. L	20	0
15/16	1. FSV Mainz 05 II	3. L	17	0
	1. FSV Mainz 05	BL	7	0
16/17	1. FSV Mainz 05	BL		

HADERGJONAJ, Florent
31. 7. 1994, Langnau/SUI
Abwehr, 1,82 m, 72 kg

Januar 2003 bis 2006 FC Langnau, 2006-2010 FC Thun, 2010/11 FC Luzern

11/12	Young Boys Bern II	SUI 3	1	0
12/13	Young Boys Bern II	SUI 4	23	2
13/14	Young Boys Bern	SUI 1	11	1
	Young Boys Bern II	SUI 4	8	0
14/15	Young Boys Bern	SUI 1	26	0
15/16	Young Boys Bern	SUI 1	32	0
16/17	Young Boys Bern	SUI 1	2	0
Aug 16	FC Ingolstadt 04	BL		

HAHN, André
13. 8. 1990, Otterndorf/D
Mittelfeld, 1,85 m, 80 kg

Bis 2008 TSV Otterndorf, LTS Bremerhaven, Rot-Weiß Cuxhaven und FC Bremerhaven

08/09	Hamburger SV II	RL	15	1
09/10	Hamburger SV II	RL	24	1
10/11	FC Oberneuland	RL	15	8
Jan 11	TuS Koblenz	3. L	16	2
11/12	Kickers Offenbach	3. L	31	3
12/13	Kickers Offenbach	3. L	11	2
Jan 13	FC Augsburg	BL	16	0
13/14	FC Augsburg	BL	32	12
14/15	Bor. Mönchengladbach	BL	23	3
15/16	Bor. Mönchengladbach	BL	15	8
16/17	Bor. Mönchengladbach	BL		

1 A (kein Tor) für Deutschland

HAJROVIC, Izet
4. 8. 1991, Brugg/SUI
Mittelfeld, 1,77 m, 71 kg, BIH/SUI

1998/99 FC Birr, 1999/00 FC Windisch, ab 2000 Grasshopper-Club Zürich

07/08	Grassh.-Club Zürich II	SUI 3	2	0
08/09	Grassh.-Club Zürich II	SUI 3	3	0
09/10	Grassh.-Club Zürich II	SUI 3	23	9
	Grassh.-Club Zürich	SUI 1	1	0
10/11	Grassh.-Club Zürich	SUI 1	21	5
	Grassh.-Club Zürich II	SUI 3	2	1
11/12	Grassh.-Club Zürich	SUI 1	21	5
12/13	Grassh.-Club Zürich	SUI 1	33	8
13/14	Grassh.-Club Zürich	SUI 1	15	6
Jan 14	Galatasaray Istanbul	TUR 1	8	0
14/15	Werder Bremen	BL	19	1
15/16	Werder Bremen	BL	0	0
Aug 15	SD Eibar	ESP 1	7	0
16/17	Werder Bremen	BL		

20 A (3 Tore) für Bosnien und 1 A (kein Tor) für die Schweiz

HALILOVIC, Alen
18. 6. 1996, Dubrovnik/CRO
Mittelfeld, 1,70 m, 63 kg
Ab 2005 Dinamo Zagreb

12/13	Dinamo Zagreb	CRO 1	18	2
13/14	Dinamo Zagreb	CRO 1	26	5
14/15	FC Barcelona B	ESP 2	30	4
15/16	Sporting Gijon	ESP 1	36	3
16/17	Hamburger SV	BL		

9 A (kein Tor) für Kroatien

HALIMI, Besar
12. 12. 1994, Frankfurt/D
Mittelfeld, 1,69 m, 68 kg, D/KOS
2000-2007 Eintracht Frankfurt, 2007-2009 SV Darmstadt 98, ab 2009 1. FC Nürnberg

11/12	1. FC Nürnberg II	RL	2	0
12/13	1. FC Nürnberg II	RL	17	1
13/14	VfB Stuttgart II	3. L	14	1
14/15	Stuttgarter Kickers	3. L	37	2
15/16	FSV Frankfurt	2. BL	26	4
16/17	1. FSV Mainz 05	BL		

1 A (kein Tor) für den Kosovo

HALSTENBERG, Marcel
27. 9. 1991, Laatzen/D
Abwehr, 1,87 m, 82 kg
Bis 1999 Germania Grasdorf, ab 1999 Hannover 96

10/11	Hannover 96 II	RL	19	0
11/12	Borussia Dortmund II	RL	32	3
12/13	Borussia Dortmund II	3. L	36	3
13/14	FC St. Pauli	2. BL	31	1
14/15	FC St. Pauli	2. BL	20	3
	FC St. Pauli II	RL	2	0
15/16	FC St. Pauli	2. BL	3	2
Aug 15	RB Leipzig	2. BL	24	2
16/17	RB Leipzig	BL		

HAMAD, Jiloan
6. 11. 1990, Baku/AZE
Mittelfeld, 1,73 m, 72 kg, SWE

2007	BK Forward Örebro	SWE 3	23	8
2008	Malmö FF	SWE 1	1	0
2009	Malmö FF	SWE 1	20	3
2010	Malmö FF	SWE 1	27	3
2011	Malmö FF	SWE 1	20	3
2012	Malmö FF	SWE 1	30	6
2013	Malmö FF	SWE 1	28	8
Jan 14	TSG Hoffenheim	BL	7	0
	TSG Hoffenheim II	RL	1	0
14/15	TSG Hoffenheim	BL	1	0
	TSG Hoffenheim II	RL	2	0
Jan 15	Standard Lüttich	BEL 1	6	0
15/16	TSG Hoffenheim	BL	7	1
	TSG Hoffenheim II	RL	2	0
16/17	TSG Hoffenheim	BL		

3 A (kein Tor) für Schweden

HANSEN, Martin
15. 6. 1990, Glostrup/DEN
Torhüter, 1,88 m, 79 kg
Bis 2006 Bröndby IF, ab 2006 FC Liverpool

09/10	FC Liverpool Res.			
10/11	FC Liverpool	ENG 1	0	0
11/12	Bradford City	ENG 4	4	0
Aug 11	FC Liverpool	ENG 1	0	0
Jan 12	Viborg FF	DEN 2	11	0
12/13	Viborg FF	DEN 2	32	0
13/14	FC Nordsjaelland	DEN 1	15	0
14/15	ADO Den Haag	NED 1	32	0
15/16	ADO Den Haag	NED 1	33	1
16/17	FC Ingolstadt 04	BL		

HARAGUCHI, Genki
9. 5. 1991, Kumagaya/JPN
Angriff, 1,77 m, 68 kg
Ab 2004 Urawa Red Diamonds

2009	Urawa Red Diamonds	JPN 1	32	1
2010	Urawa Red Diamonds	JPN 1	26	2
2011	Urawa Red Diamonds	JPN 1	30	9
2012	Urawa Red Diamonds	JPN 1	32	6
2013	Urawa Red Diamonds	JPN 1	33	11
2014	Urawa Red Diamonds	JPN 1	14	4
14/15	Hertha BSC	BL	21	1
15/16	Hertha BSC	BL	32	2
16/17	Hertha BSC	BL		

14 A (2 Tore) für Japan

HARTEL, Marcel
19. 1. 1996, Köln/D
Mittelfeld, 1,76 m, 69 kg
Bis 2002 SC West Köln, seit 2002 1. FC Köln

14/15	1. FC Köln II	RL	7	0
15/16	1. FC Köln II	RL	20	4
	1. FC Köln	BL	6	0
16/17	1. FC Köln	BL		

HARTMANN, Moritz
20. 6. 1986, Oberviechtach/D
Angriff, 1,83 m, 77 kg
SC Roitzheim, TSC Euskirchen

04/05	VfL Rheinbach	VL	8	2
05/06	VfL Rheinbach	VL	30	17
06/07	1. FC Köln II	OL	19	7
07/08	1. FC Köln II	OL	34	12
08/09	1. FC Köln II	RL	27	11
09/10	FC Ingolstadt 04	3. L	36	21
10/11	FC Ingolstadt 04	2. BL	33	3
11/12	FC Ingolstadt 04	2. BL	15	5
12/13	FC Ingolstadt 04	2. BL	16	1
	FC Ingolstadt 04 II	RL	3	2
13/14	FC Ingolstadt 04	2. BL	24	7
14/15	FC Ingolstadt 04	2. BL	29	5
15/16	FC Ingolstadt 04	BL	30	12
16/17	FC Ingolstadt 04	BL		

HASEBE, Makoto
18. 1. 1984, Fujieda/JPN
Mittelfeld, 1,80 m, 72 kg
Bis 2002 Fujieda Higashi High School

2003	Urawa Red Diamonds	JPN 1	28	2
2004	Urawa Red Diamonds	JPN 1	27	5
2005	Urawa Red Diamonds	JPN 1	31	2
2006	Urawa Red Diamonds	JPN 1	32	2
2007	Urawa Red Diamonds	JPN 1	31	1
Jan 08	VfL Wolfsburg	BL	16	1
08/09	VfL Wolfsburg	BL	25	0
09/10	VfL Wolfsburg	BL	24	1
10/11	VfL Wolfsburg	BL	23	0
11/12	VfL Wolfsburg	BL	23	1
12/13	VfL Wolfsburg	BL	23	2
13/14	VfL Wolfsburg	BL	1	0
Aug 13	1. FC Nürnberg	BL	14	0
14/15	Eintracht Frankfurt	BL	33	0
15/16	Eintracht Frankfurt	BL	32	1
16/17	Eintracht Frankfurt	BL		

99 A (2 Tore) für Japan

HAZARD, Thorgan
29. 3. 1993, La Louviere/BEL
Mittelfeld, 1,74 m, 69 kg
2001-2003 Stade Brainois, 2003-2007 AFC Tubize, ab 2007 Hamburger SV

10/11	RC Lens II	FRA 4	21	2
11/12	RC Lens	FRA 2	14	0
	RC Lens II	FRA 4	13	4
12/13	FC Chelsea	ENG 1	0	0
Aug 12	SV Zulte Waregem	BEL 1	34	4
13/14	SV Zulte Waregem	BEL 1	39	14
14/15	Bor. Mönchengladbach	BL	28	1
15/16	Bor. Mönchengladbach	BL	29	4
16/17	Bor. Mönchengladbach	BL		

1 A (kein Tor) für Belgien

HECTOR, Jonas
27. 5. 1990, Saarbrücken/D
Abwehr, 1,85 m, 75 kg
Ab 1998 SV Auersmacher

07/08	SV Auersmacher	VL	11	2
	SV Auersmacher II	A-KL	2	0
08/09	SV Auersmacher	VL	33	15
09/10	SV Auersmacher	OL	34	9
10/11	1. FC Köln II	RL	31	5
11/12	1. FC Köln II	RL	30	0
12/13	1. FC Köln	2. BL	24	0
	1. FC Köln II	RL	2	0
13/14	1. FC Köln	2. BL	33	2
14/15	1. FC Köln	BL	33	2
15/16	1. FC Köln	BL	32	0
16/17	1. FC Köln	BL		

20 A (1 Tor) für Deutschland

HEGELER, Jens
22. 1. 1988, Köln/D
Mittelfeld, 1,93 m, 86 kg
1993-1995 SV Westhoven, 1995-1998 SpVgg Porz, 1998-2004 1. FC Köln, 2004/05 Yurdumspor Köln, 2005/06 VfL Leverkusen

06/07	Bayer Leverkusen II	RL	1	0
07/08	Bayer Leverkusen	BL	1	0
	Bayer Leverkusen II	OL	31	3
08/09	Bayer Leverkusen	BL	2	0
	Bayer Leverkusen II	RL	6	2
Jan 09	FC Augsburg	2. BL	11	0
09/10	FC Augsburg	2. BL	24	1
10/11	1. FC Nürnberg	BL	34	3
11/12	1. FC Nürnberg	BL	31	1
	1. FC Nürnberg II	RL	1	0
12/13	Bayer Leverkusen	BL	27	3
	Bayer Leverkusen II	RL	2	0
13/14	Bayer Leverkusen	BL	18	0
14/15	Hertha BSC	BL	24	1
	Hertha BSC II	RL	1	0
15/16	Hertha BSC	BL	16	0
16/17	Hertha BSC	BL		

HEIMEROTH, Christofer
1. 8. 1981, Unna/D
Torhüter, 1,94 m, 91 kg
1989-1995 SG Massen, 1995/96 BSV Menden, 1996/97 Borussia Dortmund, 1997-1999 Sportfreunde Oestrich, ab 1999 FC Schalke 04

00/01	FC Schalke 04 Am.	OL	14	0
01/02	FC Schalke 04 Am.	OL	32	0
02/03	FC Schalke 04 Am.	OL	24	0
03/04	FC Schalke 04	BL	3	0
	FC Schalke 04 Am.	RL	11	0
04/05	FC Schalke 04	BL	3	0
	FC Schalke 04 Am.	OL	5	0
05/06	FC Schalke 04	BL	2	0
06/07	Bor. Mönchengladbach	BL	7	0
	Bor. Mönchengladbach II	RL	4	0
07/08	Bor. Mönchengladbach	2. BL	33	0
08/09	Bor. Mönchengladbach	BL	9	0
09/10	Bor. Mönchengladbach	BL	5	0
10/11	Bor. Mönchengladbach	BL	13	0
11/12	Bor. Mönchengladbach	BL	0	0
12/13	Bor. Mönchengladbach	BL	1	0
	Bor. Mönchengladbach II	RL	1	0
13/14	Bor. Mönchengladbach	BL	0	0
14/15	Bor. Mönchengladbach	BL	0	0
15/16	Bor. Mönchengladbach	BL	0	0
16/17	Bor. Mönchengladbach	BL		

HEINTZ, Dominique
15. 8. 1993, Neustadt an der Weinstraße/D
Abwehr, 1,89 m, 87 kg
Bis 2001 Herta Kirrweiler, ab 2001 1. FC Kaiserslautern

11/12	1. FC Kaiserslautern	BL	1	0
	1. FC Kaiserslautern II	RL	11	0
12/13	1. FC Kaiserslautern	2. BL	28	0
13/14	1. FC Kaiserslautern	2. BL	10	0
	1. FC Kaiserslautern II	RL	1	0
14/15	1. FC Kaiserslautern	2. BL	25	0
	1. FC Kaiserslautern II	RL	1	0
15/16	1. FC Köln	BL	33	2
16/17	1. FC Köln	BL		

HELLER, Marcel
12. 2. 1986, Frechen/D
Angriff, 1,75 m, 70 kg
1992-2004 1. FC Quadrath-Ichendorf

04/05	Bonner SC	OL	2	1
05/06	Alemannia Aachen II	OL	33	17
06/07	Sportfreunde Siegen	RL	20	7
Jan 07	Eintracht Frankfurt	BL	11	1
07/08	Eintracht Frankfurt	BL	4	1
	Eintracht Frankfurt II	OL	11	4
08/09	Eintracht Frankfurt	BL	0	0
Aug 08	MSV Duisburg	2. BL	18	1
	MSV Duisburg II	OL	5	2
09/10	Eintracht Frankfurt	BL	9	0
	Eintracht Frankfurt II	RL	16	4
10/11	Eintracht Frankfurt	BL	10	0
	Eintracht Frankfurt II	RL	4	0
11/12	Dynamo Dresden	2. BL	15	0
	Dynamo Dresden II	OL	1	2
12/13	Alemannia Aachen	3. L	37	3
13/14	SV Darmstadt 98	3. L	37	8
14/15	SV Darmstadt 98	2. BL	33	3
15/16	SV Darmstadt 98	BL	33	6
16/17	SV Darmstadt 98	BL		

HENRICHS, Benjamin
23. 2. 1997, Köln/D
Mittelfeld, 1,82 m, 78 kg, D/GHA
Bis 2004 SpVgg Porz-Gremberghoven, seit 2004 Bayer Leverkusen

15/16	Bayer Leverkusen	BL	9	0
16/17	Bayer Leverkusen	BL		

HERRMANN, Patrick
12. 2. 1991, Saarbrücken/D
Mittelfeld, 1,79 m, 70 kg
Bis 2004 FC Uchtelfangen, 2004-2008 1. FC Saarbrücken, seit 2008 Borussia Mönchengladbach

09/10	Bor. Mönchengladbach	BL	13	1
	Bor. Mönchengladbach II	RL	11	0
10/11	Bor. Mönchengladbach	BL	24	3
	Bor. Mönchengladbach II	RL	2	0
11/12	Bor. Mönchengladbach	BL	27	6
	Bor. Mönchengladbach II	RL	1	1
12/13	Bor. Mönchengladbach	BL	32	6
13/14	Bor. Mönchengladbach	BL	34	6
14/15	Bor. Mönchengladbach	BL	32	11
15/16	Bor. Mönchengladbach	BL	18	3
16/17	Bor. Mönchengladbach	BL		

2 A (kein Tor) für Deutschland

HEUER FERNANDES, Daniel
13. 11. 1992, Bochum/D
Torhüter, 1,88 m, 81 kg, D/POR
Bis 2008 VfB Langendreerholz und SV Langendreer 04, 2008-2010 VfL Bochum, 2010/11 Borussia Dortmund

11/12	VfL Bochum II	RL	14	0
12/13	VfL Bochum II	RL	34	0
13/14	VfL Osnabrück	3. L	34	0
14/15	VfL Osnabrück	3. L	26	0
15/16	SC Paderborn 07	2. BL	13	0
16/17	SV Darmstadt 98	BL		

HILBERT, Roberto
16. 10. 1984, Forchheim/D
Abwehr, 1,83 m, 81 kg
1990-1993 Jahn Forchheim, 1993-1996 1. FC Nürnberg, 1996-1998 Jahn Forchheim, 1998-2000 1. FC Nürnberg, 2000-2002 SpVgg Greuther Fürth

02/03	1. SC Feucht	OL	22	10
03/04	1. SC Feucht	RL	26	10
04/05	SpVgg Greuther Fürth	2. BL	26	5
05/06	SpVgg Greuther Fürth	2. BL	34	3
06/07	VfB Stuttgart	BL	34	7
07/08	VfB Stuttgart	BL	32	4
08/09	VfB Stuttgart	BL	31	3
09/10	VfB Stuttgart	BL	23	2
10/11	Besiktas Istanbul	TUR 1	25	1
11/12	Besiktas Istanbul	TUR 1	24	1
12/13	Besiktas Istanbul	TUR 1	32	3
13/14	Bayer Leverkusen	BL	16	1
14/15	Bayer Leverkusen	BL	23	0
15/16	Bayer Leverkusen	BL	12	0
16/17	Bayer Leverkusen	BL		

8 A (kein Tor) für Deutschland

HINTERSEER, Lukas
28. 3. 1991, Kitzbühel/AUT
Angriff, 1,92 m, 86 kg
2001-2008 FC Kitzbühel

08/09	Wacker Innsbruck Am.	AUT 4	11	4
09/10	Wacker Innsbruck	AUT 2	8	2
	Wacker Innsbruck Am.	AUT 3	19	7
10/11	Wacker Innsbruck	AUT 1	3	0
	Wacker Innsbruck Am.	AUT 3	20	8
11/12	Wacker Innsbruck	AUT 1	2	0
	Wacker Innsbruck Am.	AUT 3	12	8
Jan 12	FC Lustenau	AUT 2	15	3
12/13	First Vienna FC	AUT 2	18	2
Jan 13	Wacker Innsbruck	AUT 1	13	3
13/14	Wacker Innsbruck	AUT 1	34	13
14/15	FC Ingolstadt 04	2. BL	32	9
15/16	FC Ingolstadt 04	BL	28	6
16/17	FC Ingolstadt 04	BL		

11 A (kein Tor) für Österreich

HIRZEL, Andreas
25. 3. 1993, Schlieren/SUI
Torhüter, 1,90 m, 89 kg
Bis 2004 FC Urdorf, ab 2004 FC Aarau

10/11	FC Aarau II	SUI 4	8	0
11/12	SC Zofingen	SUI 4	29	0
12/13	Grassh.-Club Zürich II	SUI 4	15	0
13/14	FC Baden	SUI 4	8	0
Okt 13	FC Olten	SUI 4	2	0
Feb 14	FC Baden	SUI 4	6	0
14/15	FC Vaduz	SUI 1	0	0
Sep 14	FC Tuggen	SUI 3	1	0
Okt 14	FC Vaduz	SUI 1	1	0

15/16	FC Vaduz	SUI 1	0	0
Jul 15	Hamburger SV	BL	1	0
	Hamburger SV II	RL	10	0
16/17	Hamburger SV	BL		

HITZ, Marwin
18. 9. 1987, St. Gallen/SUI
Torwart, 1,93 m, 86 kg

05/06	FC St. Gallen II	SUI 3	26	0
06/07	FC St. Gallen II	SUI 3	17	0
07/08	Yverdon-Sport FC	SUI 2	0	0
Jan 08	FC Winterthur	SUI 2	10	0
	FC Winterthur II	SUI 3	2	0
08/09	FC Winterthur	SUI 2	5	0
Sep 08	VfL Wolfsburg II	RL	6	0
09/10	VfL Wolfsburg	BL	5	0
	VfL Wolfsburg II	RL	29	0
10/11	VfL Wolfsburg	BL	6	0
	VfL Wolfsburg II	RL	10	0
11/12	VfL Wolfsburg	BL	2	0
12/13	VfL Wolfsburg	BL	0	0
13/14	FC Augsburg	BL	19	0
	FC Augsburg II	RL	1	0
14/15	FC Augsburg	BL	25	1
15/16	FC Augsburg	BL	33	0
16/17	FC Augsburg	BL		

2 A (kein Tor) für die Schweiz

HÖFLER, Nicolas
9. 3. 1990, Überlingen/D
Mittelfeld, 1,81 m, 78 kg

Bis 2001 Herdwanger SV, 2001-2005 SC Pfullendorf, ab 2005 SC Freiburg

08/09	SC Freiburg II	RL	13	2
09/10	SC Freiburg II	RL	32	5
10/11	SC Freiburg II	RL	29	0
11/12	Erzgebirge Aue	2. BL	13	1
12/13	Erzgebirge Aue	2. BL	27	0
13/14	SC Freiburg	BL	14	2
	SC Freiburg II	RL	4	1
14/15	SC Freiburg	BL	20	0
15/16	SC Freiburg	2. BL	33	2
16/17	SC Freiburg	BL		

HÖGER, Marco
16. 9. 1989, Köln/D
Mittelfeld, 1,82 m, 83 kg

1994-2001 Tus Höhenhaus, 2001-2005 Bayer Leverkusen, ab 2005 Alemannia Aachen

08/09	Alemannia Aachen II	OL	21	3
09/10	Alemannia Aachen	2. BL	10	0
	Alemannia Aachen II	OL	18	4
10/11	Alemannia Aachen	2. BL	33	7
11/12	FC Schalke 04	BL	27	1
12/13	FC Schalke 04	BL	22	3
13/14	FC Schalke 04	BL	8	2
14/15	FC Schalke 04	BL	26	1
15/16	FC Schalke 04	BL	5	0
16/17	1. FC Köln	BL		

HÖHN, Immanuel
23. 12. 1991, Mainz/D
Abwehr, 1,83 m, 72 kg

1994-2002 Hassia Bingen, 2002-2005 1. FC Kaiserslautern, 2005-2007 Hassia Bingen, 2007/08 FK Pirmasens, ab 2008 SC Freiburg

09/10	SC Freiburg II	RL	6	0
10/11	SC Freiburg II	RL	20	0
11/12	SC Freiburg	BL	8	0
	SC Freiburg II	RL	20	1
12/13	SC Freiburg	BL	8	0
	SC Freiburg II	RL	12	1
13/14	SC Freiburg	BL	19	0
	SC Freiburg II	RL	2	0
14/15	SC Freiburg	BL	7	1
	SC Freiburg II	RL	9	0
15/16	SC Freiburg	2. BL	26	3
16/17	SV Darmstadt 98	BL		

HÖWEDES, Benedikt
29. 2. 1988, Haltern/D
Abwehr, 1,87 m, 82 kg

1994-2000 TuS Haltern, 2000/01 SG Herten-Langenbochum, seit 2001 FC Schalke 04

06/07	FC Schalke 04 II	OL	1	0
07/08	FC Schalke 04	BL	6	0
	FC Schalke 04 II	OL	13	0
08/09	FC Schalke 04	BL	24	2
	FC Schalke 04 II	RL	1	0
09/10	FC Schalke 04	BL	33	3
10/11	FC Schalke 04	BL	30	1
11/12	FC Schalke 04	BL	22	1
12/13	FC Schalke 04	BL	32	0
13/14	FC Schalke 04	BL	19	1
14/15	FC Schalke 04	BL	28	2
15/16	FC Schalke 04	BL	15	1
16/17	FC Schalke 04	BL		

40 A (2 Tore) für Deutschland

HOFMANN, Jonas
14. 7. 1992, Heidelberg/D
Mittelfeld, 1,76 m, 70 kg

Bis 2004 FC Rot, ab 2004 TSG Hoffenheim

10/11	TSG Hoffenheim II	RL	4	1
11/12	Borussia Dortmund II	RL	35	10
12/13	Borussia Dortmund	BL	3	0
	Borussia Dortmund II	3. L	35	5
13/14	Borussia Dortmund	BL	26	2
	Borussia Dortmund II	3. L	1	0
14/15	Borussia Dortmund	BL	2	0
Sep 14	1. FSV Mainz 05	BL	10	3
15/16	Borussia Dortmund	BL	7	1
Jan 16	Bor. Mönchengladbach	BL	8	0
16/17	Bor. Mönchengladbach	BL		

HOLLAND, Fabian
11. 7. 1990, Berlin/D
Abwehr, 1,72 m, 74 kg

Bis 2003 FSV Borgsdorf, ab 2003 Hertha BSC

08/09	Hertha BSC II	RL	6	1
09/10	Hertha BSC II	RL	28	3

10/11	Hertha BSC II	RL	23	2
11/12	Hertha BSC II	RL	11	3
	Hertha BSC	BL	2	0
12/13	Hertha BSC	2. BL	18	0
	Hertha BSC II	RL	2	0
13/14	Hertha BSC	BL	3	0
	Hertha BSC II	RL	15	2
14/15	SV Darmstadt 98	2. BL	26	1
15/16	SV Darmstadt 98	BL	18	0
16/17	SV Darmstadt 98	BL		

HOLTBY, Lewis
18. 9. 1990, Erkelenz/D
Mittelfeld, 1,76 m, 72 kg, D/ENG
1994-2001 Grün-Weiss Sparta Gerderath, 2001-2004 Borussia Mönchengladbach, ab 2004 Alemannia Aachen

07/08	Alemannia Aachen	2. BL	2	0
	Alemannia Aachen II	OL	10	5
08/09	Alemannia Aachen	2. BL	31	8
09/10	FC Schalke 04	BL	9	0
Jan 10	VfL Bochum	BL	14	2
10/11	1. FSV Mainz 05	BL	30	4
11/12	FC Schalke 04	BL	27	6
12/13	FC Schalke 04	BL	19	4
Jan 13	Tottenham Hotspur	ENG 1	11	0
13/14	Tottenham Hotspur	ENG 1	13	1
Jan 14	FC Fulham	ENG 1	13	1
14/15	Tottenham Hotspur	ENG 1	1	0
Sep 14	Hamburger SV	BL	22	0
15/16	Hamburger SV	BL	34	3
16/17	Hamburger SV	BL		

3 A (kein Tor) für Deutschland

HOLTMANN, Gerrit
25. 3. 1995, Bremen/D
Mittelfeld, 1,83 m, 77 kg
Bis 2010 Sparta Bremerhaven, Leher TS und OSC Bremerhaven, 2010-2013 Werder Bremen

13/14	OSC Bremerhaven	OL	1	0
14/15	Eintracht Braunschweig II	RL	27	10
	Eintracht Braunschweig	2. BL	1	0
15/16	Eintracht Braunschweig	2. BL	30	4
	Eintracht Braunschweig II	RL	2	1
16/17	1. FSV Mainz 05	BL		

HORN, Jannes
6. 2. 1997, Braunschweig/D
Abwehr, 1,86 m, 79 kg
Bis 2008 Rot-Weiß Braunschweig, seit 2008 VfL Wolfsburg

16/17	VfL Wolfsburg	BL		

HORN, Timo
12. 5. 1993, Köln/D
Torhüter, 1,92 m, 90 kg
1999-2002 SC Rondorf, seit 2002 1. FC Köln

10/11	1. FC Köln II	RL	15	0
11/12	1. FC Köln II	RL	14	0
12/13	1. FC Köln	2. BL	33	0
13/14	1. FC Köln	2. BL	32	0
14/15	1. FC Köln	BL	33	0
15/16	1. FC Köln	BL	33	0
16/17	1. FC Köln	BL		

HRADECKY, Lukas
24. 11. 1989, Bratislava/SVK
Torhüter, 1,90 m, 80 kg, FIN
Bis 2000 Turku PK, 2001-2007 Turku PS

2008	Abo IFK	FIN 3	11	0
Jan 09	Esbjerg fB	DEN 1	0	0
09/10	Esbjerg fB	DEN 1	5	0
10/11	Esbjerg fB	DEN 1	13	0
11/12	Esbjerg fB	DEN 2	23	0
12/13	Esbjerg fB	DEN 1	33	0
13/14	Bröndby IF	DEN 1	33	0
14/15	Bröndby IF	DEN 1	33	0
15/16	Bröndby IF	DEN 1	3	0
Aug 15	Eintracht Frankfurt	BL	34	0
16/17	Eintracht Frankfurt	BL		

29 A (kein Tor) für Finnland

HRGOTA, Branimir
12. 1. 1993, Jajce/BIH
Angriff, 1,85 m, 76 kg, SWE
Bis 2007 IK Tord, ab 2008 Jönköpings Södra IF

2011	Jönköpings Södra IF	SWE 2	25	18
2012	Jönköpings Södra IF	SWE 2	14	10
12/13	Bor. Mönchengladbach	BL	13	3
	Bor. Mönchengladbach II	RL	8	2
13/14	Bor. Mönchengladbach	BL	30	2
14/15	Bor. Mönchengladbach	BL	17	2
15/16	Bor. Mönchengladbach	BL	9	0
16/17	Eintracht Frankfurt	BL		

3 A (kein Tor) für Schweden

HÜBNER, Benjamin
4. 7. 1989, Wiesbaden/D
Abwehr, 1,93 m, 82 kg
Ab 1993 SV Wehen

07/08	SV Wehen Wiesbaden	2. BL	1	0
	SV Wehen Wiesbaden II	OL	8	0
08/09	SV Wehen Wiesbaden	2. BL	17	0
	SV Wehen Wiesbaden II	RL	13	1
09/10	SV Wehen Wiesbaden	3. L	34	1
	SV Wehen Wiesbaden II	RL	2	0
10/11	SV Wehen Wiesbaden	3. L	24	0
	SV Wehen Wiesbaden II	RL	4	0
11/12	SV Wehen Wiesbaden	3. L	31	2
	SV Wehen Wiesbaden II	OL	1	0
12/13	VfR Aalen	2. BL	24	0
13/14	VfR Aalen	2. BL	32	2
14/15	FC Ingolstadt 04	2. BL	31	2
15/16	FC Ingolstadt 04	BL	30	1
16/17	TSG Hoffenheim	BL		

HUFNAGEL, Lucas
29. 1. 1994, München/D
Mittelfeld, 1,83 m, 74 kg, D/GEO
Bis 2011 TSV Milbertshofen, FC Ingolstadt 04, SpVgg Unterhaching und Bayern München, Juli bis Dezember 2011 FC Ingolstadt 04, ab Januar 2012 SpVgg Unterhaching

12/13	SpVgg Unterhaching	3. L	1	0
	SpVgg Unterhaching II	OL	6	0
13/14	SpVgg Unterhaching	3. L	18	1
	SpVgg Unterhaching II	OL	6	1
14/15	SpVgg Unterhaching	3. L	29	3
	SpVgg Unterhaching II	OL	3	1
15/16	SC Freiburg	2. BL	19	1
	SC Freiburg II	RL	6	1
16/17	SC Freiburg	BL		

1 A (kein Tor) für Georgien

HUMMELS, Mats
16. 12. 1988, Bergisch Gladbach/D
Abwehr, 1,91 m, 92 kg
Ab Oktober 1995 Bayern München

05/06	Bayern München II	RL	1	0
06/07	Bayern München	BL	1	0
	Bayern München II	RL	31	2
07/08	Bayern München II	RL	10	3
Jan 08	Borussia Dortmund	BL	13	0
08/09	Borussia Dortmund	BL	12	1
09/10	Borussia Dortmund	BL	30	5
10/11	Borussia Dortmund	BL	32	5
11/12	Borussia Dortmund	BL	33	1
12/13	Borussia Dortmund	BL	28	1
13/14	Borussia Dortmund	BL	23	2
14/15	Borussia Dortmund	BL	24	2
15/16	Borussia Dortmund	BL	30	2
16/17	Bayern München	BL		

50 A (4 Tore) für Deutschland

HUNT, Aaron
4. 9. 1986, Goslar/D
Mittelfeld, 1,83 m, 73 kg
1993-1997 VfL Oker, 1997-2001 Goslarer SC 08, ab 2001 Werder Bremen

03/04	Werder Bremen Am.	RL	7	2
04/05	Werder Bremen	BL	10	1
	Werder Bremen Am.	RL	22	6
05/06	Werder Bremen	BL	7	0
	Werder Bremen II	RL	6	1
06/07	Werder Bremen	BL	28	9
	Werder Bremen II	RL	2	0
07/08	Werder Bremen	BL	14	1
08/09	Werder Bremen	BL	18	2
09/10	Werder Bremen	BL	32	9
10/11	Werder Bremen	BL	29	3
11/12	Werder Bremen	BL	18	3
12/13	Werder Bremen	BL	28	11
13/14	Werder Bremen	BL	31	7
14/15	VfL Wolfsburg	BL	15	2
15/16	VfL Wolfsburg	BL	2	0
Aug 15	Hamburger SV	BL	21	2
16/17	Hamburger SV	BL		

3 A (kein Tor) für Deutschland

HUNTELAAR, Klaas Jan
12. 8. 1983, Voor-Drempt/NED
Angriff, 1,86 m, 83 kg
1988-1994 VV Hummelo en Keppel, 1994-2000 De Graafschap Doetinchem, ab 2000 PSV Eindhoven

02/03	PSV Eindhoven	NED 1	1	0
Jan 03	De Graafschap	NED 1	9	0
03/04	AGOVV Apeldoorn	NED 2	35	26
04/05	SC Heerenveen	NED 1	31	16
05/06	SC Heerenveen	NED 1	15	17
Jan 06	Ajax Amsterdam	NED 1	16	16
06/07	Ajax Amsterdam	NED 1	32	21
07/08	Ajax Amsterdam	NED 1	34	33
08/09	Ajax Amsterdam	NED 1	10	6
Jan 09	Real Madrid	ESP 1	20	8
09/10	AC Mailand	ITA 1	25	7
10/11	AC Mailand	ITA 1	0	0
Aug 10	FC Schalke 04	BL	24	8
11/12	FC Schalke 04	BL	32	29
12/13	FC Schalke 04	BL	26	10
13/14	FC Schalke 04	BL	18	12
14/15	FC Schalke 04	BL	28	9
15/16	FC Schalke 04	BL	31	12
16/17	FC Schalke 04	BL		

76 A (42 Tore) für die Niederlande

HUSZTI, Szabolcs
18. 4. 1983, Miskolc/HUN
Mittelfeld, 1,73 m, 72 kg
Bis 1997 Tapolca Bauxit, ab 1997 Ferencvaros Budapest

01/02	Ferencvaros Budapest II	HUN 4		
02/03	Ferencvaros Budapest II	HUN 4		
03/04	Ferencvaros Budapest	HUN 1	1	0
Jan 04	Matav Sopron	HUN 1	14	6
04/05	Ferencvaros Budapest	HUN 1	23	3
05/06	FC Metz	FRA 1	18	1
	FC Metz II	FRA 4	2	0
06/07	Hannover 96	BL	31	4
07/08	Hannover 96	BL	33	10
08/09	Hannover 96	BL	17	3
Feb 09	Zenit St. Petersburg	BL	19	2
2010	Zenit St. Petersburg	BL	13	1
11/12	Zenit St. Petersburg	BL	26	4
12/13	Hannover 96	BL	21	9
13/14	Hannover 96	BL	30	10
Jul 14	Changchun Yatai	CHN 1	14	3
2015	Changchun Yatai	CHN 1	25	6
Jan 16	Eintracht Frankfurt	BL	15	1
16/17	Eintracht Frankfurt	BL		

51 A (7 Tore) für Ungarn

HUTH, Jannik
15. 4. 1994, Bingen/D
Torhüter, 1,85 m, 80 kg
Bis 2007 Hassia Bingen, seit 2007 1. FSV Mainz 05

13/14	1. FSV Mainz 05 II	RL	1	0
14/15	1. FSV Mainz 05 II	3. L	15	0
15/16	1. FSV Mainz 05 II	3. L	31	0
16/17	1. FSV Mainz 05	BL		

IBISEVIC, Vedad
6. 8. 1984, Vlasenica/YUG
Angriff, 1,88 m, 82 kg, BIH
Ab 1992 Proleter Slavinovici, bis 2000 Zmaj od Bosne Tuzla

2003	Saint Louis Strikers	USA	4	1
Jul 03	University of St. Louis	NCAA	22	18
2004	Saint Louis Strikers	USA	6	8
Jun 04	Chicago Fire Reserves	USA	3	3
04/05	Paris Saint-Germain	FRA 1	4	0
	Paris Saint-Germain II	FRA 4	7	3
Jan 05	Dijon Football	FRA 2	12	4
05/06	Dijon Football	FRA 2	21	6
06/07	Alemannia Aachen	BL	24	6
07/08	TSG Hoffenheim	2. BL	31	5
08/09	TSG Hoffenheim	BL	17	18
09/10	TSG Hoffenheim	BL	34	12
10/11	TSG Hoffenheim	BL	31	8
11/12	TSG Hoffenheim	BL	10	5
Jan 12	VfB Stuttgart	BL	15	8
12/13	VfB Stuttgart	BL	30	15
13/14	VfB Stuttgart	BL	27	10
14/15	VfB Stuttgart	BL	14	0
15/16	VfB Stuttgart	BL	0	0
Aug 15	Hertha BSC	BL	26	10
16/17	Hertha BSC	BL		

73 A (25 Tore) für Bosnien-Herzegowina

IGNJOVSKI, Aleksandar
27. 1. 1991, Pancevo/YUG
Abwehr, 1,75 m, 71 kg, SRB
Ab 1998 OFK Belgrad

08/09	OFK Belgrad	SRB 1	23	3
09/10	TSV München 1860	2. BL	30	0
10/11	TSV München 1860	2. BL	23	0
11/12	OFK Belgrad	SRB 1	0	0
Aug 11	Werder Bremen	BL	26	0
12/13	Werder Bremen	BL	20	1
13/14	Werder Bremen	BL	14	0
14/15	Eintracht Frankfurt	BL	20	0
15/16	Eintracht Frankfurt	BL	18	0
16/17	SC Freiburg	BL		

11 A (kein Tor) für Serbien

ILSANKER, Stefan
18. 5. 1989, Hallein/AUT
Mittelfeld, 1,89 m, 86 kg
1996-1998 1. Halleiner SK, 1998-2001 1. FSV Mainz 05, 2001-2004 1. Halleiner SK, 2004/05 FC Hallein 04, ab 2005 RB Salzburg

07/08	RB Salzburg Am.	AUT 2	26	2
08/09	RB Salzburg Am.	AUT 2	23	0
09/10	RB Salzburg Am.	AUT 2	27	2
10/11	SV Mattersburg	AUT 1	26	0
	SV Mattersburg Am.	AUT 3	1	0
11/12	SV Mattersburg	AUT 1	24	0
	SV Mattersburg Am.	AUT 3	1	0
12/13	RB Salzburg	AUT 1	26	0
13/14	RB Salzburg	AUT 1	32	4
14/15	RB Salzburg	AUT 1	31	0
15/16	RB Leipzig	2. BL	26	1
16/17	RB Leipzig	BL		

18 A (kein Tor) für Österreich

JAIRO
Jairo Samperio Bustara
11. 7. 1993, Cabezon de la Sal/ESP
Mittelfeld, 1,72 m, 69 kg
Bis 2006 SD Textil Escudo Cabezon de la Sal, ab 2006 Racing Santander

11/12	Racing Santander	ESP 1	25	2
	Racing Santander B	ESP 4	4	3
12/13	Racing Santander	ESP 2	38	10
13/14	FC Sevilla	ESP 1	25	4
14/15	FC Sevilla	ESP 1	0	0
Aug 14	1. FSV Mainz 05	BL	22	2
15/16	1. FSV Mainz 05	BL	31	7
16/17	1. FSV Mainz 05	BL		

JANELT, Vitaly
10. 5. 1998, Hamburg/D
Mittelfeld, 1,84 m, 79 kg
Bis 2007 Bargfelder SV, 2007-2010 SSC Hagen Ahrensburg, 2010-2014 Hamburger SV, seit 2014 RB Leipzig

16/17	RB Leipzig	BL		

JANKER, Christoph
14. 2. 1985, Cham/D
Abwehr, 1,85 m, 77 kg
1990-1997 DJK Vilzing, 1997-2001 ASV Cham, ab 2001 TSV München 1860

03/04	TSV München 1860 Am.	OL	17	0
04/05	TSV München 1860 Am.	RL	33	0
05/06	TSV München 1860	2. BL	4	0
	TSV München 1860 II	RL	28	0
06/07	TSV München 1860 II	RL	3	0
Aug 06	TSG Hoffenheim	RL	31	2
07/08	TSG Hoffenheim	2. BL	20	0
08/09	TSG Hoffenheim	BL	17	0
09/10	Hertha BSC	BL	15	0
	Hertha BSC II	RL	2	0
10/11	Hertha BSC	2. BL	4	0
	Hertha BSC II	RL	7	0
11/12	Hertha BSC	BL	18	0
	Hertha BSC II	RL	1	0
12/13	Hertha BSC	2. BL	5	0
	Hertha BSC II	RL	1	0
13/14	Hertha BSC	BL	5	0
	Hertha BSC II	RL	5	1
14/15	Hertha BSC II	RL	5	1
Jan 15	FC Augsburg	BL	2	0
15/16	FC Augsburg	BL	12	0
16/17	FC Augsburg	BL		

JANTSCHKE, Tony
7. 4. 1990, Hoyerswerda/D
Abwehr, 1,77 m, 76 kg
1996-2001 Hoyerswerdaer SV Einheit, 2001-2006 FV Dresden-Nord, seit 2006 Borussia Mönchengladbach

08/09	Bor. Mönchengladbach	BL	4	1
	Bor. Mönchengladbach II	RL	6	1

09/10	Bor. Mönchengladbach	BL	6	0
	Bor. Mönchengladbach II	RL	12	1
10/11	Bor. Mönchengladbach	BL	11	0
	Bor. Mönchengladbach II	RL	4	0
11/12	Bor. Mönchengladbach	BL	32	1
12/13	Bor. Mönchengladbach	BL	31	1
13/14	Bor. Mönchengladbach	BL	31	1
14/15	Bor. Mönchengladbach	BL	31	1
15/16	Bor. Mönchengladbach	BL	12	0
16/17	Bor. Mönchengladbach	BL		

JARSTEIN, Rune
29. 9. 1984, Porsgrunn/NOR
Torhüter, 1,90 m, 82 kg
Bis 2001 Herkules Skien

2002	Odd Grenland Skien	NOR 1	2	0
2003	Odd Grenland Skien	NOR 1	4	0
2004	Odd Grenland Skien	NOR 1	0	0
2005	Odd Grenland Skien	NOR 1	16	0
2006	Odd Grenland Skien	NOR 1	25	0
2007	Odd Grenland Skien	NOR 1	25	0
2008	Rosenborg Trondheim	NOR 1	23	0
2009	Rosenborg Trondheim	NOR 1	28	0
2010	Viking Stavanger	NOR 1	26	0
2011	Viking Stavanger	NOR 1	30	0
2012	Viking Stavanger	NOR 1	30	0
2013	Viking Stavanger	NOR 1	30	0
Jan 14	Hertha BSC	BL	1	0
14/15	Hertha BSC	BL	1	0
15/16	Hertha BSC	BL	29	0
	Hertha BSC II	RL	1	0
16/17	Hertha BSC	BL		

39 A (kein Tor) für Norwegen

JATTA, Bakery
6. 6. 1998, nicht bekannt/GAM
Mittelfeld, 1,84 m, 79 kg

16/17	Hamburger SV	BL		

JAVI MARTINEZ
Javier Martinez Aginaga
2. 9. 1988, Estella-Lizarra/ESP
Abwehr, 1,90 m, 81 kg
1993-1995 CD Berceo, 1995-1997 CD Logrones, 1997-2000 CD Arenas, 2000-2005 CD Izarra

05/06	CA Osasuna B	ESP 3	32	3
06/07	Athletic Bilbao	ESP 1	35	3
07/08	Athletic Bilbao	ESP 1	34	1
08/09	Athletic Bilbao	ESP 1	32	5
09/10	Athletic Bilbao	ESP 1	34	6
10/11	Athletic Bilbao	ESP 1	35	4
11/12	Athletic Bilbao	ESP 1	31	4
12/13	Athletic Bilbao	ESP 1	0	0
Aug 12	Bayern München	BL	27	3
13/14	Bayern München	BL	18	0
14/15	Bayern München	BL	1	0
15/16	Bayern München	BL	16	1
16/17	Bayern München	BL		

18 A (keinTor) für Spanien

JEDVAJ, Tin
28. 11. 1995, Zagreb/CRO
Abwehr, 1,84 m, 80 kg
2002-2005 NK Zadar, ab 2005 Dinamo Zagreb

12/13	Dinamo Zagreb	CRO 1	13	1
13/14	AS Rom	ITA 1	2	0
14/15	Bayer Leverkusen	BL	22	2
15/16	Bayer Leverkusen	BL	15	0
16/17	Bayer Leverkusen	BL		

4 A (keinTor) für Kroatien

JI, Dong-Won
28. 5. 1991, Jeju/KOR
Angriff, 1,87 m, 77 kg
2007/08 FC Reading

2010	Chunnam Dragons	KOR 1	22	7
2011	Chunnam Dragons	KOR 1	11	3
11/12	AFC Sunderland	ENG 1	19	2
12/13	AFC Sunderland	ENG 1	0	0
Jan 13	FC Augsburg	BL	17	5
13/14	AFC Sunderland	ENG 1	5	0
Jan 14	FC Augsburg	BL	12	1
14/15	Borussia Dortmund II	3. L	5	0
Jan 15	FC Augsburg	BL	12	0
15/16	FC Augsburg	BL	21	0
16/17	FC Augsburg	BL		

37 A (9 Tore) für Südkorea

JOHANSSON, Aron
10. 11. 1990, Mobile/USA
Angriff, 1,84 m, 70 kg, ISL/USA
2000-2004 Fjölnir Reykjavik, 2005 UMF Breidablik Kopavogur, ab 2006 Fjölnir Reykjavik

2008	Fjölnir Reykjavik	ISL 1	3	0
2009	Fjölnir Reykjavik	ISL 1	16	1
2010	Fjölnir Reykjavik	ISL 2	18	12
Sep 10	Aarhus GF	DEN 1	17	2
11/12	Aarhus GF	DEN 1	30	7
12/13	Aarhus GF	DEN 1	18	14
Jan 13	AZ Alkmaar	NED 1	5	3
13/14	AZ Alkmaar	NED 1	32	17
14/15	AZ Alkmaar	NED 1	21	9
15/16	AZ Alkmaar	NED 1	0	0
Aug 15	Werder Bremen	BL	6	2
16/17	Werder Bremen	BL		

19 A (4 Tore) für die USA

JOHNSON, Fabian
11. 12. 1987, München/D
Abwehr, 1,83 m, 74 kg, USA/D
1991-1996 Sportfreunde München, ab 1996 TSV München 1860

04/05	TSV München 1860 Am.	RL	11	0
05/06	TSV München 1860 II	RL	24	0
	TSV München 1860	2. BL	4	0
06/07	TSV München 1860	2. BL	25	0
	TSV München 1860 II	RL	7	0
07/08	TSV München 1860	2. BL	28	2
	TSV München 1860 II	RL	1	0
08/09	TSV München 1860	2. BL	33	2
09/10	VfL Wolfsburg	BL	10	1

10/11	VfL Wolfsburg	BL	6	0
11/12	TSG Hoffenheim	BL	29	2
12/13	TSG Hoffenheim	BL	31	3
13/14	TSG Hoffenheim	BL	27	0
14/15	Bor. Mönchengladbach	BL	24	1
15/16	Bor. Mönchengladbach	BL	26	6
16/17	Bor. Mönchengladbach	BL		

49 A (2 Tore) für die USA

JOJIC, Milos
19. 3. 1992, Stara Pazova/YUG
Mittelfeld, 1,77 m, 79 kg, SRB

Bis 2003 Jedinstvo Stara Pazova, 2003-2010 Partizan Belgrad

10/11	Teleoptik Zemun	SRB 2	30	4
11/12	Teleoptik Zemun	SRB 2	30	10
12/13	Partizan Belgrad	SRB 1	20	4
13/14	Partizan Belgrad	SRB 1	15	6
Jan 14	Borussia Dortmund	BL	10	4
14/15	Borussia Dortmund	BL	10	0
15/16	1. FC Köln	BL	15	2
16/17	1. FC Köln	BL		

5 A (1 Tor) für Serbien

JOSÉ RODRIGUEZ
José Rodriguez Martinez
16. 12. 1994, Villajoyosa/ESP
Mittelfeld, 1,80 m, 75 kg

2002-2007 Villajoyosa CF, 2007-2009 Hercules Alicante, ab 2009 Real Madrid

12/13	Real Madrid B	ESP 2	24	0
	Real Madrid	ESP 1	1	0
13/14	Real Madrid B	ESP 2	37	4
14/15	Deportivo La Coruna	ESP 1	25	2
15/16	Galatasaray Istanbul	TUR 1	14	0
16/17	1. FSV Mainz 05	BL		

JUAN BERNAT
Juan Bernat Velasco
1. 3. 1993, Cullera/ESP
Abwehr, 1,70 m, 67 kg

Ab 2000 FC Valencia

11/12	FC Valencia B	ESP 3	24	6
	FC Valencia	ESP 1	7	0
12/13	FC Valencia	ESP 1	12	0
13/14	FC Valencia	ESP 1	32	1
14/15	Bayern München	BL	31	1
15/16	Bayern München	BL	16	0
16/17	Bayern München	BL		

7 A (1 Tor) für Spanien

JUNG, Anthony
3. 11. 1991, Villajoyosa/ESP
Abwehr, 1,86 m, 83 kg, D

Bis 2005 1. FC Nord Wiesbaden, Germania Wiesbaden, FV Biebrich 02 und SV Wehen, ab 2005 Eintracht Frankfurt

10/11	Eintracht Frankfurt II	RL	28	0
11/12	Eintracht Frankfurt II	RL	27	1
12/13	FSV Frankfurt	2. BL	10	0
	FSV Frankfurt II	RL	11	1
13/14	RB Leipzig	3. L	24	3
	RB Leipzig II	VL	1	0
14/15	RB Leipzig	2. BL	32	0
15/16	RB Leipzig	2. BL	22	0
	RB Leipzig II	RL	2	1
16/17	FC Ingolstadt 04	BL		

JUNG, Gideon
12. 9. 1994, Düsseldorf/D
Mittelfeld, 1,89 m, 76 kg

Bis 2012 Sportfreunde Baumberg

12/13	Rot-Weiß Oberhausen II	OL	2	0
13/14	Rot-Weiß Oberhausen	RL	22	1
	Rot-Weiß Oberhausen II	OL	6	0
14/15	Hamburger SV II	RL	23	2
15/16	Hamburger SV	BL	19	0
	Hamburger SV II	RL	5	0
16/17	Hamburger SV	BL		

JUNG, Sebastian
22. 6. 1990, Königstein/D
Abwehr, 1,79 m, 72 kg

1994-1998 1. FC Königstein, ab 1998 Eintracht Frankfurt

07/08	Eintracht Frankfurt II	OL	7	0
08/09	Eintracht Frankfurt	BL	6	0
	Eintracht Frankfurt II	RL	16	0
09/10	Eintracht Frankfurt	BL	14	0
	Eintracht Frankfurt II	RL	7	1
10/11	Eintracht Frankfurt	BL	33	0
11/12	Eintracht Frankfurt	2. BL	33	2
12/13	Eintracht Frankfurt	BL	32	1
13/14	Eintracht Frankfurt	BL	30	0
14/15	VfL Wolfsburg	BL	22	0
15/16	VfL Wolfsburg	BL	11	0
16/17	VfL Wolfsburg	BL		

1 A (kein Tor) für Deutschland

JUNGWIRTH, Florian
27. 1. 1989, Gräfelfing/D
Mittelfeld, 1,81 m, 79 kg

Bis 2000 Eintracht Karlsfeld, ab 2000 TSV München 1860

07/08	TSV München 1860 II	RL	20	0
08/09	TSV München 1860 II	RL	21	0
09/10	TSV München 1860 II	RL	7	0
Jan 10	Dynamo Dresden	3. L	11	0
10/11	Dynamo Dresden	3. L	25	0
	Dynamo Dresden II	OL	1	0
11/12	Dynamo Dresden	2. BL	26	0
12/13	Dynamo Dresden	2. BL	27	0
13/14	VfL Bochum	2. BL	29	1
	VfL Bochum II	RL	1	1
14/15	VfL Bochum II	RL	3	1
Sep 14	SV Darmstadt 98	2. BL	27	0
15/16	SV Darmstadt 98	BL	19	0
16/17	SV Darmstadt 98	BL		

JUNIOR CAICARA
Uilson de Souza Paula Junior
27. 4. 1989, Santos/BRA
Abwehr, 1,73 m, 70 kg

EC Santo André
2009	CSA Maceio	BRA-R1		
	CSA Maceio	BRA 4	0	0
2010	America FC Sao José	BRA-R2	4	0
Aug 10	Gil Vicente FC	POR 2	28	1
11/12	Gil Vicente FC	POR 1	28	0
12/13	Ludogorez Rasgrad	BUL 1	28	0
13/14	Ludogorez Rasgrad	BUL 1	29	0
14/15	Ludogorez Rasgrad	BUL 1	26	0
15/16	FC Schalke 04	BL	23	0
16/17	FC Schalke 04	BL		

JUNIOR DIAZ
Junior Enrique Diaz Campbell
12. 9. 1983, San José/CRC
Abwehr, 1,85 m, 76 kg
Ab 1999 CS Herediano

03/04	CS Herediano	CRC 1	36	1
04/05	CS Herediano	CRC 1	16	1
05/06	CS Herediano	CRC 1	26	3
06/07	CS Herediano	CRC 1	33	2
07/08	CS Herediano	CRC 1	18	3
Feb 08	Wisla Krakow	POL 1	7	1
08/09	Wisla Krakow	POL 1	28	2
09/10	Wisla Krakow	POL 1	27	2
10/11	Wisla Krakow	POL 1	4	0
Aug 10	FC Brügge	BEL 1	13	0
11/12	Wisla Krakow	POL 1	20	1
12/13	1. FSV Mainz 05	BL	18	1
13/14	1. FSV Mainz 05	BL	20	0
14/15	1. FSV Mainz 05	BL	19	1
15/16	SV Darmstadt 98	BL	12	0
16/17	SV Darmstadt 98	BL		

81 A (1 Tor) für Costa Rica

JUNUZOVIC, Zlatko
26. 9. 1987, Loznica/YUG
Mittelfeld, 1,72 m, 69 kg, AUT
1994 bis Dezember 1998 SK Kühnsdorf, Januar bis Juni 1999 VST Völkermarkt, Juli bis September 1999 SK Kühnsdorf, ab Oktober 1999 Grazer AK

04/05	Grazer AK	AUT 1	4	0
05/06	Grazer AK	AUT 1	33	4
06/07	Grazer AK	AUT 1	34	5
07/08	Austria Kärnten	AUT 1	28	2
08/09	Austria Kärnten	AUT 1	29	1
09/10	Austria Wien	AUT 1	30	6
10/11	Austria Wien	AUT 1	33	8
11/12	Austria Wien	AUT 1	19	6
Jan 12	Werder Bremen	BL	15	0
12/13	Werder Bremen	BL	30	3
13/14	Werder Bremen	BL	26	2
14/15	Werder Bremen	BL	33	6
15/16	Werder Bremen	BL	30	4
16/17	Werder Bremen	BL		

49 A (7 Tore) für Österreich

KACAR, Gojko
26. 1. 1987, Novi Sad/YUG
Mittelfeld, 1,85 m, 84 kg, SRB

03/04	Vojvodina Novi Sad	SCG 1	1	0
04/05	Vojvodina Novi Sad	SCG 1	12	2
05/06	Vojvodina Novi Sad	SCG 1	26	2
06/07	Vojvodina Novi Sad	SRB 1	22	1
07/08	Vojvodina Novi Sad	SRB 1	17	10
Jan 08	Hertha BSC	BL	17	1
08/09	Hertha BSC	BL	25	6
09/10	Hertha BSC	BL	22	3
10/11	Hamburger SV	BL	23	2
11/12	Hamburger SV	BL	21	1
12/13	Hamburger SV	BL	3	0
	Hamburger SV II	RL	4	0
13/14	Hamburger SV II	RL	10	2
Feb 14	Cerezo Osaka	JPN 1	9	1
14/15	Hamburger SV	BL	13	3
15/16	Hamburger SV	BL	19	1
16/17	FC Augsburg	BL		

25 A (kein Tor) für Serbien

KADERABEK, Pavel
25. 4. 1992, Prag/CSV
Abwehr, 1,82 m, 81 kg, CZE

09/10	Sparta Prag B	CZE 2	2	0
10/11	Sparta Prag B	CZE 2	20	1
11/12	Sparta Prag B	CZE 2	1	0
Aug 11	Viktoria Zizkov	CZE 1	11	0
Jan 12	Sparta Prag	CZE 1	2	0
	Sparta Prag B	CZE 2	11	1
12/13	Sparta Prag	CZE 1	19	2
13/14	Sparta Prag	CZE 1	30	5
14/15	Sparta Prag	CZE 1	25	3
15/16	TSG Hoffenheim	BL	28	0
16/17	TSG Hoffenheim	BL		

21 A (2 Tore) für Tschechien

KAGAWA, Shinji
17. 3. 1989, Kobe/JPN
Mittelfeld, 1,75 m, 68 kg
Bis 2000 Marino FC Kobe und Kobe NK, 2001-2005 FC Miyagi Barcelona, ab 2006 Cerezo Osaka

2007	Cerezo Osaka	JPN 2	35	5
2008	Cerezo Osaka	JPN 2	35	16
2009	Cerezo Osaka	JPN 2	44	27
2010	Cerezo Osaka	JPN 1	11	7
10/11	Borussia Dortmund	BL	18	8
11/12	Borussia Dortmund	BL	31	13
12/13	Manchester United	ENG 1	20	6
13/14	Manchester United	ENG 1	18	0
14/15	Manchester United	ENG 1	0	0
Aug 14	Borussia Dortmund	BL	28	5
15/16	Borussia Dortmund	BL	29	9
16/17	Borussia Dortmund	BL		

80 A (27 Tore) für Japan

KAINZ, Florian
24. 10. 1992, Graz/AUT
Mittelfeld, 1,76 m, 71 kg
April 1999 bis 2000 FC Stategg, ab 2000 Sturm Graz

09/10	Sturm Graz Am.	AUT 3	26	3
10/11	Sturm Graz	AUT 1	13	0
	Sturm Graz Am.	AUT 3	9	4
11/12	Sturm Graz	AUT 1	25	3
12/13	Sturm Graz	AUT 1	26	3
13/14	Sturm Graz	AUT 1	33	7
14/15	Sturm Graz	AUT 1	1	0
Jul 14	Rapid Wien	AUT 1	32	4
15/16	Rapid Wien	AUT 1	33	7
16/17	Werder Bremen	BL		

1 A (kein Tor) für Österreich

KAISER, Dominik
16. 9. 1988, Mutlangen/D
Mittelfeld, 1,71 m, 69 kg
Bis 2004 TSGV Waldstetten und Normannia Gmünd, ab 2004 VfL Kirchheim/Teck

06/07	VfL Kirchheim/Teck	VL	4	0
07/08	Normannia Gmünd	OL	28	3
08/09	Normannia Gmünd	OL	34	4
09/10	TSG Hoffenheim II	OL	32	5
10/11	TSG Hoffenheim	BL	1	0
	TSG Hoffenheim II	RL	22	1
11/12	TSG Hoffenheim	BL	9	0
	TSG Hoffenheim II	RL	12	1
12/13	RB Leipzig	RL	24	3
13/14	RB Leipzig	3. L	37	13
14/15	RB Leipzig	2. BL	30	8
15/16	RB Leipzig	2. BL	30	7
16/17	RB Leipzig	BL		

KALMAR, Zsolt
9. 6. 1995, Györ/HUN
Mittelfeld, 1,85 m, 80 kg

12/13	Györi ETO	HUN 1	2	1
	Györi ETO II	HUN 2	7	1
13/14	Györi ETO	HUN 1	21	2
	Györi ETO II	HUN 3	2	0
14/15	RB Leipzig	2. BL	17	0
15/16	RB Leipzig	2. BL	4	0
	RB Leipzig II	RL	7	2
Jan 16	FSV Frankfurt	2. BL	12	1
16/17	RB Leipzig			

7 A (kein Tor) für Ungarn

KALOU, Salomon
5. 8. 1985, Oumé/CIV
Angriff, 1,84 m, 77 kg

2003	ASEC Mimosas Abidjan	CIV 1	14	12
03/04	Feyenoord Rotterdam	NED 1	2	0
Feb 04	Excelsior Rotterdam	NED 2	11	4
04/05	Feyenoord Rotterdam	NED 1	31	20
05/06	Feyenoord Rotterdam	NED 1	34	15
06/07	FC Chelsea	ENG 1	33	7
07/08	FC Chelsea	ENG 1	30	7
08/09	FC Chelsea	ENG 1	27	6
09/10	FC Chelsea	ENG 1	23	5
10/11	FC Chelsea	ENG 1	31	10
11/12	FC Chelsea	ENG 1	12	1
12/13	Lille OSC	FRA 1	28	14
13/14	Lille OSC	FRA 1	38	16
14/15	Lille OSC	FRA 1	1	0
Aug 14	Hertha BSC	BL	27	6
15/16	Hertha BSC	BL	32	14
16/17	Hertha BSC	BL		

85 A (28 Tore) für die Elfenbeinküste

KAMPL, Kevin
9. 10. 1990, Solingen/D
Mittelfeld, 1,78 m, 65 kg, SVN
1994-1997 VfB Solingen, ab 1997 Bayer Leverkusen

08/09	Bayer Leverkusen II	RL	1	0
09/10	Bayer Leverkusen II	RL	21	1
10/11	SpVgg Greuther Fürth	2. BL	1	0
	SpVgg Greuther Fürth II	RL	7	0
Jan 11	Bayer Leverkusen II	RL	14	4
11/12	VfL Osnabrück	3. L	35	2
12/13	VfR Aalen	2. BL	3	2
Aug 12	RB Salzburg	AUT 1	23	4
13/14	RB Salzburg	AUT 1	33	9
14/15	RB Salzburg	AUT 1	18	5
Jan15	Borussia Dortmund	BL	13	0
15/16	Borussia Dortmund	BL	1	0
Aug 15	Bayer Leverkusen	BL	22	3
16/17	Bayer Leverkusen	BL		

23 A (2 Tore) für Slowenien

KEHRER, Thilo
21. 9. 1996, Tübingen/D
Abwehr, 1,86 m, 72 kg
2000-2006 TSG Tübingen, 2006-2010 SSV Reutlingen, 2010-2012 VfB Stuttgart, seit 2012 FC Schalke 04

15/16	FC Schalke 04	BL	1	0
	FC Schalke 04 II	RL	19	0
16/17	FC Schalke 04	BL		

KEITA, Naby
10. 2. 1995, Conakry/GUI
Mittelfeld, 1,72 m, 68 kg

2013	Horoya AC Conakry	GUI 1		
Okt 13	FC Istres	FRA 2	23	4
14/15	RB Salzburg	AUT 1	30	5
15/16	RB Salzburg	AUT 1	29	12
16/17	RB Leipzig	BL		

19 A (2 Tore) für Guinea

KEMPF, Marc-Oliver
28. 1. 1995, Lich/D
Abwehr, 1,86 m, 87 kg
Bis 2007 JSG Bad Nauheim, TSV Dorn-Assenheim und SV Bruchenbrücken, ab 2007 Eintracht Frankfurt

12/13	Eintracht Frankfurt	BL	2	0
13/14	Eintracht Frankfurt	BL	3	0
	Eintracht Frankfurt II	RL	18	3

14/15	SC Freiburg	BL	13	2
	SC Freiburg II	RL	9	0
15/16	SC Freiburg	2. BL	30	5
16/17	SC Freiburg	BL		

KERK, Sebastian
17. 4. 1994, Bad Wurzach/D
Mittelfeld, 1,84 m, 76 kg

1999-2005 TSV Bad Wurzach, 2005-2008 FV Ravensburg, ab 2008 SC Freiburg

12/13	SC Freiburg	BL	1	0
	SC Freiburg II	RL	19	8
13/14	SC Freiburg	BL	19	0
	SC Freiburg II	RL	5	4
14/15	SC Freiburg	BL	9	1
	SC Freiburg II	RL	1	0
Jan 15	1. FC Nürnberg	2. BL	14	2
15/16	1. FC Nürnberg	2. BL	16	4
	1. FC Nürnberg II	RL	2	0
16/17	SC Freiburg	BL		

KESSLER, Thomas
20. 1. 1986, Köln/D
Torhüter, 1,97 m, 92 kg

Bis 2000 Grün-Weiß Brauweiler, ab 2000 1. FC Köln

04/05	1. FC Köln Am.	RL	2	0
05/06	1. FC Köln II	RL	7	0
06/07	1. FC Köln	2. BL	2	0
	1. FC Köln II	OL	13	0
07/08	1. FC Köln	2. BL	4	0
	1. FC Köln II	OL	17	0
08/09	1. FC Köln	BL	3	0
	1. FC Köln II	RL	6	0
09/10	1. FC Köln	BL	2	0
10/11	FC St. Pauli	BL	26	0
11/12	Eintracht Frankfurt	2. BL	4	0
12/13	1. FC Köln	2. BL	1	0
	1. FC Köln II	RL	4	0
13/14	1. FC Köln	2. BL	2	0
14/15	1. FC Köln	BL	1	0
	1. FC Köln II	RL	1	0
15/16	1. FC Köln	BL	1	0
16/17	1. FC Köln	BL		

KHEDIRA, Rani
27. 1. 1994, Stuttgart/D
Mittelfeld, 1,88 m, 84 kg

Bis 2005 TV Oeffingen, seit 2005 VfB Stuttgart

11/12	VfB Stuttgart II	3. L	12	0
12/13	VfB Stuttgart II	3. L	32	0
13/14	VfB Stuttgart	BL	9	0
	VfB Stuttgart II	3. L	12	1
14/15	RB Leipzig	2. BL	22	0
	RB Leipzig II	OL	1	0
15/16	RB Leipzig	2. BL	19	0
	RB Leipzig II	RL	2	2
16/17	RB Leipzig	BL		

KIEßLING, STEFAN
25. 1. 1984, Lichtenfels/D
Angriff, 1,91 m, 80 kg

1988-2001 Eintracht Bamberg, ab 2001 1. FC Nürnberg

02/03	1. FC Nürnberg	BL	1	0
	1. FC Nürnberg Am.	OL	1	1
03/04	1. FC Nürnberg	2. BL	14	2
	1. FC Nürnberg Am.	OL	13	9
04/05	1. FC Nürnberg	BL	27	3
	1. FC Nürnberg Am.	OL	6	3
05/06	1. FC Nürnberg	BL	31	10
	1. FC Nürnberg II	OL	1	0
06/07	Bayer Leverkusen	BL	32	8
07/08	Bayer Leverkusen	BL	31	9
08/09	Bayer Leverkusen	BL	34	12
09/10	Bayer Leverkusen	BL	33	21
10/11	Bayer Leverkusen	BL	22	7
11/12	Bayer Leverkusen	BL	34	16
12/13	Bayer Leverkusen	BL	34	25
13/14	Bayer Leverkusen	BL	32	15
14/15	Bayer Leverkusen	BL	34	9
15/16	Bayer Leverkusen	BL	30	5
16/17	Bayer Leverkusen	BL		

6 A (kein Tor) für Deutschland

KIM, Jin-Su
13. 6. 1992, Jeonju/KOR
Abwehr, 1,77 m, 70 kg

2011 Kyung Hee University Seoul

2012	Albirex Niigata	JPN 1	23	1
2013	Albirex Niigata	JPN 1	31	0
2014	Albirex Niigata	JPN 1	12	0
14/15	TSG Hoffenheim	BL	19	0
15/16	TSG Hoffenheim	BL	15	0
16/17	TSG Hoffenheim	BL		

24 A (kein Tor) für Südkorea

KIMMICH, Joshua
8. 2. 1995, Rottweil/D
Mittelfeld, 1,76 m, 70 kg

Bis 2007 VfB Bösingen, 2007-2013 VfB Stuttgart

13/14	RB Leipzig	3. L	26	1
	RB Leipzig II	VL	1	0
14/15	RB Leipzig	2. BL	27	2
15/16	Bayern München	BL	23	0
16/17	Bayern München	BL		

5 A (kein Tor) für Deutschland

KITTEL, Sonny
6. 1. 1993, Gießen/D
Mittelfeld, 1,78 m, 65 kg

Bis 1999 VfB Gießen, ab 1999 Eintracht Frankfurt

10/11	Eintracht Frankfurt	BL	8	0
11/12	Eintracht Frankfurt	2. BL	11	3
12/13	Eintracht Frankfurt	BL	6	0
	Eintracht Frankfurt II	RL	4	0
13/14	Eintracht Frankfurt II	RL	4	1
14/15	Eintracht Frankfurt	BL	18	0
15/16	Eintracht Frankfurt	BL	8	0
16/17	FC Ingolstadt 04	BL		

KLANDT, Patric
29. 9. 1983, Frankfurt/D
Torhüter, 1,84 m, 81 kg
Bis 2000 Sportfreunde 04 Frankfurt und VfR Kesselstadt, ab 2000 Eintracht Frankfurt

02/03	Eintracht Frankfurt Am.	RL	2	0
03/04	Eintracht Frankfurt Am.	OL	34	0
04/05	SV Wehen	RL	28	0
	SV Wehen II	LL	1	0
05/06	SV Wehen	RL	22	0
06/07	Hansa Rostock II	OL	24	0
07/08	Hansa Rostock II	OL	13	0
Jan 08	FSV Frankfurt	RL	15	0
08/09	FSV Frankfurt	2. BL	33	0
09/10	FSV Frankfurt	2. BL	33	0
10/11	FSV Frankfurt	2. BL	29	0
11/12	FSV Frankfurt	2. BL	34	0
12/13	FSV Frankfurt	2. BL	33	0
13/14	FSV Frankfurt	2. BL	33	0
14/15	FSV Frankfurt	2. BL	34	0
15/16	SC Freiburg	2. BL	1	0
	SC Freiburg II	RL	1	0
16/17	SC Freiburg	BL		

KLEINHEISLER, Laszlo
8. 4. 1994, Kazincbarcika/HUN
Mittelfeld, 1,73 m, 70 kg
2005-2008 III. Kerületi Budapest, 2008-2010 FC Felcsut, 2010-2012 Videoton Szekesfehervar

12/13	Puskas Akademia	HUN 2	27	8
13/14	Vid. Szekesfehervar	HUN 1	19	4
	Vid. Szekesfehervar II	HUN 3	1	0
14/15	Vid. Szekesfehervar	HUN 1	11	0
Jan 15	Puskas Akademia	HUN 1	12	0
15/16	Vid. Szekesfehervar	HUN 1	0	0
Jan 16	Werder Bremen	BL	6	0
16/17	Werder Bremen	BL		

7 A (1 Tor) für Ungarn

KLEMENT, Philipp
9. 9. 1992, Ludwigshafen/D
Mittelfeld, 1,74 m, 71 kg
1995-2004 TuS Wachenheim, 2004-2011 1. FC Kaiserslautern

11/12	1. FC Nürnberg II	RL	18	3
12/13	1. FC Nürnberg II	RL	15	1
Jan 13	Hansa Rostock	3. L	10	1
13/14	1. FC Nürnberg II	RL	28	6
14/15	1. FSV Mainz 05 II	3. L	32	5
15/16	1. FSV Mainz 05 II	3. L	16	6
	1. FSV Mainz 05	BL	2	0
16/17	1. FSV Mainz 05	BL		

KLOSTERMANN, Lukas
3. 6. 1996, Herdecke/D
Abwehr, 1,89 m, 83 kg
Bis 2001 FSV Gevelsberg, 2001-2010 SSV Hagen, ab 2010 VfL Bochum

13/14	VfL Bochum	2. BL	9	0
	VfL Bochum II	RL	2	0
14/15	VfL Bochum	2. BL	0	0
Aug 14	RB Leipzig	2. BL	13	1
	RB Leipzig II	OL	2	1
15/16	RB Leipzig	2. BL	30	1
16/17	RB Leipzig	BL		

KLÜNTER, Lukas
26. 5. 1996, Euskirchen/D
Abwehr, 1,84 m, 73 kg
Bis 2013 Schwarz-Weiß Friesheim, SSV Weilerswist und TSC Euskirchen, 2013/14 Bonner SC

14/15	1. FC Köln II	RL	7	0
15/16	1. FC Köln II	RL	24	2
	1. FC Köln	BL	1	0
16/17	1. FC Köln	BL		

KNOCHE, Robin
22. 5. 1992, Braunschweig/D
Abwehr, 1,90 m, 77 kg
1996-2002 Germania Lamme, 2002-2005 Olympia Braunschweig, seit 2005 VfL Wolfsburg

10/11	VfL Wolfsburg II	RL	24	0
11/12	VfL Wolfsburg	BL	3	0
	VfL Wolfsburg II	RL	31	1
12/13	VfL Wolfsburg	BL	11	0
	VfL Wolfsburg II	RL	13	1
13/14	VfL Wolfsburg	BL	32	3
14/15	VfL Wolfsburg	BL	27	2
15/16	VfL Wolfsburg	BL	11	1
	VfL Wolfsburg II	RL	1	0
16/17	VfL Wolfsburg	BL		

KOBEL, Gregor
6. 12. 1997, Zürich/SUI
Torhüter, 1,93 m, 90 kg
Bis August 2014 FC Zürich und Grasshopper-Club Zürich, seit September 2014 TSG Hoffenheim

16/17	TSG Hoffenheim	BL		

KÖHLERT, Mats
2. 5. 1998, Hamburg/D
Mittelfeld, 1,68 m, 62 kg
Bis 2013 SC Sperber Hamburg, Eintracht Norderstedt und FC St. Pauli, seit 2013 Hamburger SV

16/17	Hamburger SV	BL		

KÖRBER, Nils-Jonathan
13. 11. 1996, Berlin/D
Torhüter, 1,86 m, 84 kg
Bis 2011 Tennis Borussia Berlin, seit 2011 Hertha BSC

14/15	Hertha BSC II	RL	5	0
15/16	Hertha BSC II	RL	19	0
16/17	Hertha BSC	BL		

KOHLS, Florian
3. 4. 1995, Berlin/D
Mittelfeld, 1,73 m, 69 kg
Bis 2009 Mariendorfer SV und BFC Preußen, seit 2009 Hertha BSC

14/15	Hertha BSC II	RL	12	1
15/16	Hertha BSC II	RL	23	1
	Hertha BSC	BL	1	0
16/17	Hertha BSC	BL		

KOHR, Dominik
31. 1. 1994, Trier/D
Mittelfeld, 1,83 m, 75 kg
2000-2008 TuS Issel, ab 2008 Bayer Leverkusen

11/12	Bayer Leverkusen	BL	2	0
12/13	Bayer Leverkusen	BL	4	0
	Bayer Leverkusen II	RL	27	2
13/14	Bayer Leverkusen	BL	2	0
	Bayer Leverkusen II	RL	6	0
Jan 14	FC Augsburg	BL	8	0
14/15	FC Augsburg	BL	26	1
15/16	FC Augsburg	BL	31	0
16/17	FC Augsburg	BL		

KOLASINAC, Sead
20. 6. 1993, Karlsruhe/D
Abwehr, 1,83 m, 85 kg, BIH/D
2001-2009 Karlsruher SC, 2009/10 TSG Hoffenheim, Juli bis Dezember 2010 VfB Stuttgart, seit Januar 2011 FC Schalke 04

11/12	FC Schalke 04 II	RL	2	0
12/13	FC Schalke 04	BL	16	0
	FC Schalke 04 II	RL	5	2
13/14	FC Schalke 04	BL	24	0
14/15	FC Schalke 04	BL	6	0
	FC Schalke 04 II	RL	1	0
15/16	FC Schalke 04	BL	23	1
16/17	FC Schalke 04	BL		

13 A (kein Tor) für Bosnien-Herzegowina

KOO, Ja-Cheol
27. 2. 1989, Chongju/KOR
Mittelfeld, 1,83 m, 75 kg

2007	Jeju United	KOR 1	10	1
2008	Jeju United	KOR 1	9	0
2009	Jeju United	KOR 1	22	1
2010	Jeju United	KOR 1	26	5
Jan 11	VfL Wolfsburg	BL	10	0
11/12	VfL Wolfsburg	BL	12	0
Jan 12	FC Augsburg	BL	15	5
12/13	FC Augsburg	BL	21	3
13/14	VfL Wolfsburg	BL	10	0
Jan 14	1. FSV Mainz 05	BL	14	1
14/15	1. FSV Mainz 05	BL	23	5
15/16	1. FSV Mainz 05	BL	2	0
Aug 15	FC Augsburg	BL	27	8
16/17	FC Augsburg	BL		

53 A (16 Tore) für Südkorea

KORB, Julian
21. 3. 1992, Essen/D
Abwehr, 1,77 m, 70 kg
Bis 2004 Tus Preußen Vluyn, Hülser SV, VfL Tönisberg, 2004-2006 MSV Duisburg, seit 2006 Borussia Mönchengladbach

09/10	Bor. Mönchengladbach II	RL	6	0
10/11	Bor. Mönchengladbach II	RL	27	2
11/12	Bor. Mönchengladbach	BL	1	0
	Bor. Mönchengladbach II	RL	27	1
12/13	Bor. Mönchengladbach II	RL	32	2
13/14	Bor. Mönchengladbach	BL	22	0
	Bor. Mönchengladbach II	RL	2	0
14/15	Bor. Mönchengladbach	BL	24	0
15/16	Bor. Mönchengladbach	BL	17	1
16/17	Bor. Mönchengladbach	BL		

KOSTIC, Filip
1. 11. 1992, Kragujevac/YUG
Mittelfeld, 1,84 m, 82 kg, SRB

09/10	Radnicki Kragujevac	SRB 3	4	0
10/11	Radnicki Kragujevac	SRB 2	30	2
11/12	Radnicki Kragujevac	SRB 1	27	3
12/13	FC Groningen	NED 1	5	0
13/14	FC Groningen	NED 1	34	9
14/15	FC Groningen	NED 1	0	0
Aug 14	VfB Stuttgart	BL	29	3
15/16	VfB Stuttgart	BL	30	5
16/17	Hamburger SV	BL		

9 A (kein Tor) für Serbien

KRAFT, Thomas
22. 7. 1988, Kirchen/D
Torhüter, 1,87 m, 78 kg
1998-2000 Sportfreunde Daaden, 2000-2002 VfB Wissen, 2002-2004 SG Betzdorf, ab 2004 Bayern München

06/07	Bayern München II	RL	13	0
07/08	Bayern München II	RL	33	0
08/09	Bayern München II	3. L	24	0
09/10	Bayern München II	3. L	27	0
10/11	Bayern München	BL	12	0
	Bayern München II	3. L	6	0
11/12	Hertha BSC	BL	34	0
12/13	Hertha BSC	2. BL	28	0
13/14	Hertha BSC	BL	32	0
14/15	Hertha BSC	BL	32	0
15/16	Hertha BSC	BL	6	0
16/17	Hertha BSC	BL		

KRAMARIC, Andrej
19. 6. 1991, Zagreb/CRO
Angriff, 1,77 m, 73 kg
Ab 1997 Dinamo Zagreb

08/09	Dinamo Zagreb	CRO 1	1	0
09/10	Dinamo Zagreb	CRO 1	24	7
10/11	Dinamo Zagreb	CRO 1	12	1
11/12	Dinamo Zagreb	CRO 1	1	0
Feb 12	Lokomotiva Zagreb	CRO 1	13	5
12/13	Lokomotiva Zagreb	CRO 1	32	15
13/14	Dinamo Zagreb	CRO 1	4	2

Aug 13	NK Rijeka	CRO 1	24	16
14/15	NK Rijeka	CRO 1	18	21
Jan 15	Leicester City	ENG 1	13	2
15/16	Leicester City	ENG 1	2	0
Jan 16	TSG Hoffenheim	BL	15	5
16/17	TSG Hoffenheim	BL		

14 A (4 Tore) für Kroatien

KRAMER, Christoph
19. 2. 1991, Solingen/D
Mittelfeld, 1,91 m, 76 kg

1995-1999 BV Gräfrath, 1999-2006 Bayer Leverkusen, 2006-2008 Fortuna Düsseldorf, ab 2008 Bayer Leverkusen

09/10	Bayer Leverkusen II	RL	1	0
10/11	Bayer Leverkusen II	RL	26	0
11/12	VfL Bochum	2. BL	32	1
12/13	VfL Bochum	2. BL	29	3
	VfL Bochum II	RL	1	0
13/14	Bor. Mönchengladbach	BL	33	3
14/15	Bor. Mönchengladbach	BL	30	2
15/16	Bayer Leverkusen	BL	28	0
16/17	Bor. Mönchengladbach	BL		

12 A (kein Tor) für Deutschland

KRUSE, Max
19. 3. 1988, Reinbek/D
Angriff, 1,80 m, 76 kg

1992-1998 TSV Reinbek, 1998-2006 SC Vier- und Marschlande

06/07	Werder Bremen II	RL	12	0
07/08	Werder Bremen	BL	1	0
	Werder Bremen II	RL	33	2
08/09	Werder Bremen II	3. L	24	5
09/10	FC St. Pauli	2. BL	29	7
	FC St. Pauli II	RL	1	0
10/11	FC St. Pauli	BL	33	2
	FC St. Pauli II	OL	1	0
11/12	FC St. Pauli	2. BL	34	13
12/13	SC Freiburg	BL	34	11
13/14	Bor. Mönchengladbach	BL	34	12
14/15	Bor. Mönchengladbach	BL	32	11
15/16	VfL Wolfsburg	BL	32	6
16/17	Werder Bremen	BL		

14 A (4 Tore) für Deutschland

KRUSE, Robbie
5. 10. 1988, Brisbane/AUS
Angriff, 1,79 m, 70 kg

Bis 2007 AIS Canberra

07/08	Queensland Roar	AUS 1	17	4
08/09	Queensland Roar	AUS 1	4	0
09/10	Brisbane Roar	AUS 1	5	0
Sep 09	Melbourne Victory	AUS 1	20	5
10/11	Melbourne Victory	AUS 1	19	11
11/12	Fortuna Düsseldorf	2. BL	11	0
12/13	Fortuna Düsseldorf	BL	30	4
13/14	Bayer Leverkusen	BL	15	2
14/15	Bayer Leverkusen	BL	4	0
15/16	Bayer Leverkusen	BL	2	0
Aug 15	VfB Stuttgart	BL	3	0
Feb 16	Bayer Leverkusen	BL	7	0
16/17	Bayer Leverkusen	BL		

43 A (4 Tore) für Australien

KÜBLER, Lukas
30. 8. 1992, Bonn/D
Abwehr, 1,83 m, 73 kg

Bis 2008 1. FC Köln, 2008/09 Sportfreunde Troisdorf

09/10	Bonner SC	RL	1	0
10/11	Bonner SC II	KL-B	3	0
11/12	1. FC Köln II	RL	27	0
12/13	1. FC Köln II	RL	27	0
	1. FC Köln	2. BL	1	0
13/14	SV Sandhausen	2. BL	2	0
	SV Sandhausen II	VL	3	0
14/15	SV Sandhausen	2. BL	32	0
15/16	SC Freiburg	2. BL	0	0
16/17	SC Freiburg	BL		

KURT, Sinan
23. 7. 1996, Mönchengladbach/D
Angriff, 1,73 m, 71 kg

Bis 2007 Rheydter SV, ab 2007 Borussia Mönchengladbach

14/15	Bor. Mönchengladbach II	RL	1	0
Aug 14	Bayern München	BL	1	0
	Bayern München II	RL	1	0
15/16	Bayern München II	RL	15	1
Jan 16	Hertha BSC II	RL	6	1
16/17	Hertha BSC	BL		

LAHM, Philipp
11. 11. 1983, München/D
Abwehr, 1,70 m, 66 kg

Bis 1995 FT Gern München, ab 1995 Bayern München

01/02	Bayern München Am.	RL	27	2
02/03	Bayern München Am.	RL	34	1
03/04	VfB Stuttgart	BL	31	1
04/05	VfB Stuttgart	BL	22	1
05/06	Bayern München	BL	20	0
	Bayern München II	RL	2	0
06/07	Bayern München	BL	34	0
07/08	Bayern München	BL	22	0
08/09	Bayern München	BL	28	3
09/10	Bayern München	BL	34	0
10/11	Bayern München	BL	34	3
11/12	Bayern München	BL	31	0
12/13	Bayern München	BL	29	0
13/14	Bayern München	BL	28	1
14/15	Bayern München	BL	20	2
15/16	Bayern München	BL	26	1
16/17	Bayern München	BL		

113 A (5 Tore) für Deutschland

LANGKAMP, Sebastian
15. 1. 1988, Speyer/D
Abwehr 1,91 m, 85 kg
Bis 2005 DJK-VfL Billerbeck, Sportfreunde Merfeld und Preußen Münster, ab 2005 Bayern München

06/07	Bayern München II	RL	6	0
07/08	Hamburger SV II	RL	8	1
Jan 08	Karlsruher SC II	RL	13	2
08/09	Karlsruher SC	BL	10	1
	Karlsruher SC II	RL	16	1
09/10	Karlsruher SC	2. BL	29	2
10/11	Karlsruher SC	2. BL	22	1
11/12	FC Augsburg	BL	26	4
12/13	FC Augsburg	BL	11	0
13/14	Hertha BSC	BL	29	0
14/15	Hertha BSC	BL	16	1
15/16	Hertha BSC	BL	22	0
16/17	Hertha BSC	BL		

LAPREVOTTE, Charles-Elie
4. 10. 1992, Nancy/FRA
Mittelfeld, 1,79 m, 73 kg
SAS Epinal

10/11	Racing Straßburg II	FRA 5	19	1
11/12	SC Freiburg II	RL	20	1
12/13	SC Freiburg II	RL	18	0
13/14	SC Freiburg II	RL	18	1
	SC Freiburg	BL	1	0
14/15	SC Freiburg II	RL	20	1
15/16	Preußen Münster	3. L	29	3
16/17	SC Freiburg	BL		

LASOGGA, Pierre-Michel
15. 12. 1991, Gladbeck/D
Angriff, 1,89 m, 88 kg
1996-1999 FC Gladbeck, 1999-2006 FC Schalke 04, 2006/07 Rot-Weiss Essen, Juli bis Dezember 2007 SG Wattenscheid 09, Januar 2008 bis 2009 VfL Wolfsburg

09/10	Bayer Leverkusen II	RL	5	0
10/11	Hertha BSC	2. BL	25	13
	Hertha BSC II	RL	5	3
11/12	Hertha BSC	BL	32	8
12/13	Hertha BSC	2. BL	7	1
	Hertha BSC II	RL	1	0
13/14	Hertha BSC	BL	0	0
Sep 13	Hamburger SV	BL	20	13
14/15	Hamburger SV	BL	26	4
15/16	Hamburger SV	BL	30	8
16/17	Hamburger SV	BL		

LATZA, Danny
7. 12. 1989, Gelsenkirchen/D
Mittelfeld, 1,79 m, 76 kg
1995-1998 DJK Arminia Ückendorf, ab 1998 FC Schalke 04

06/07	FC Schalke 04 II	OL	2	0
07/08	FC Schalke 04 II	OL	1	0
08/09	FC Schalke 04 II	RL	23	5
	FC Schalke 04	BL	3	0
09/10	FC Schalke 04 II	RL	19	2
10/11	FC Schalke 04 II	RL	20	2
11/12	SV Darmstadt 98	3. L	36	6
	SV Darmstadt 98 II	VL	1	1
12/13	SV Darmstadt 98	3. L	37	4
13/14	VfL Bochum	2. BL	34	2
14/15	VfL Bochum	2. BL	30	1
15/16	1. FSV Mainz 05	BL	27	0
16/17	1. FSV Mainz 05	BL		

LECKIE, Mathew
4. 2. 1991, Melbourne/AUS
Angriff, 1,81 m, 82 kg

2008	Bul. Royals Melbourne	AUS-R2		1
2009	Bul. Lions Melbourne	AUS-R2		14
Sep 09	Adelaide United	AUS 1	20	3
10/11	Adelaide United	AUS 1	15	5
11/12	Bor. Mönchengladbach	BL	9	0
	Bor. Mönchengladbach II	RL	10	3
12/13	FSV Frankfurt	2. BL	28	4
	FSV Frankfurt II	RL	5	4
13/14	FSV Frankfurt	2. BL	31	10
14/15	FC Ingolstadt 04	2. BL	32	7
15/16	FC Ingolstadt 04	BL	32	3
16/17	FC Ingolstadt 04	BL		

32 A (3 Tore) für Australien

LEHMANN, Matthias
28. 5. 1983, Ulm/D
Mittelfeld, 1,79 m, 75 kg
1987-1991 VfL Ulm, ab 1991 SSV Ulm 1846

00/01	SSV Ulm 1846	2. BL	4	0
01/02	VfB Stuttgart Am.	RL	24	1
02/03	VfB Stuttgart Am.	OL	34	7
03/04	TSV München 1860	BL	17	1
	TSV München 1860 II	OL	13	3
04/05	TSV München 1860	2. BL	32	6
05/06	TSV München 1860	2. BL	32	5
06/07	Alemannia Aachen	BL	30	3
	Alemannia Aachen II	OL	1	0
07/08	Alemannia Aachen	2. BL	33	5
08/09	Alemannia Aachen	2. BL	32	4
09/10	FC St. Pauli	2. BL	33	8
10/11	FC St. Pauli	BL	33	5
11/12	Eintracht Frankfurt	2. BL	26	0
12/13	1. FC Köln	2. BL	27	0
13/14	1. FC Köln	2. BL	33	0
14/15	1. FC Köln	BL	32	5
15/16	1. FC Köln	BL	32	0
16/17	1. FC Köln	BL		

LEIPERTZ, Robert
1. 2. 1993, Jülich/D
Mittelfeld, 1,83 m, 82 kg
1997-2006 Rasensport Tetz, 2006/07 Bedburger BV, 2007/08 Viktoria Arnoldsweiler, ab 2008 Alemannia Aachen

12/13	Alemannia Aachen	3. L	19	5
	Alemannia Aachen II	OL	8	7
13/14	FC Schalke 04 II	RL	35	20
14/15	1. FC Heidenheim	2. BL	31	8

| 15/16 | 1. FC Heidenheim | 2. BL | 34 | 10 |
| 16/17 | FC Ingolstadt 04 | BL | | |

LENO, Bernd
4. 3. 1992, Bietigheim-Bissingen/D
Torwart, 1,90 m, 82 kg
1998-2003 Germania Bietigheim, ab 2003 VfB Stuttgart

09/10	VfB Stuttgart II	3. L	17	0
10/11	VfB Stuttgart II	3. L	37	0
11/12	VfB Stuttgart II	3. L	3	0
Aug 11	Bayer Leverkusen	BL	33	0
12/13	Bayer Leverkusen	BL	32	0
13/14	Bayer Leverkusen	BL	34	0
14/15	Bayer Leverkusen	BL	34	0
15/16	Bayer Leverkusen	BL	33	0
16/17	Bayer Leverkusen	BL		

1 A (kein Tor) für Deutschland

LEVELS, Tobias
22. 11. 1986, Sankt Tönis/D
Abwehr, 1,85 m, 80 kg
Bis 1999 SV St. Tönis und KFC Uerdingen 05, ab 1999 Borussia Mönchengladbach

05/06	Bor. Mönchengladbach II	OL	30	1
06/07	Bor. Mönchengladbach	BL	12	0
	Bor. Mönchengladbach II	RL	15	1
07/08	Bor. Mönchengladbach	2. BL	27	0
	Bor. Mönchengladbach II	OL	1	0
08/09	Bor. Mönchengladbach	BL	17	1
	Bor. Mönchengladbach II	RL	1	0
09/10	Bor. Mönchengladbach	BL	32	0
10/11	Bor. Mönchengladbach	BL	22	0
11/12	Bor. Mönchengladbach	BL	0	0
Aug 11	Fortuna Düsseldorf	2. BL	26	0
12/13	Fortuna Düsseldorf	BL	19	0
13/14	Fortuna Düsseldorf	2. BL	30	0
Nov 14	FC Ingolstadt 04	2. BL	19	1
15/16	FC Ingolstadt 04	BL	16	0
	FC Ingolstadt 04 II	RL	1	0
16/17	FC Ingolstadt 04	BL		

LEWANDOWSKI, Robert
21. 8. 1988, Warschau/POL
Angriff, 1,85 m, 79 kg
1996/97 Partyzant Leszno, 1997 bis Dezember 2004 und Varsovia Warschau

Jan 05	Delta Warschau	POL 4	10	4
05/06	Legia Warschau II	POL 3	6	2
06/07	Znicz Pruszkow	POL 3	27	15
07/08	Znicz Pruszkow	POL 2	32	21
08/09	Lech Poznan	POL 1	30	14
09/10	Lech Poznan	POL 1	28	18
10/11	Borussia Dortmund	BL	33	8
11/12	Borussia Dortmund	BL	34	22
12/13	Borussia Dortmund	BL	31	24
13/14	Borussia Dortmund	BL	33	20
14/15	Bayern München	BL	31	17
15/16	Bayern München	BL	32	30
16/17	Bayern München	BL		

81 A (35 Tore) für Polen

LEX, Stefan
27. 11. 1989, Erding/D
Angriff, 1,78 m, 74 kg
Bis 2002 Sportfreunde Eitting, ab 2002 SE Freising

08/09	SE Freising	BezOL		
09/10	TSV Buchbach	OL	32	6
10/11	TSV Buchbach	OL	27	5
11/12	TSV Buchbach	OL	18	6
12/13	TSV Buchbach	RL	20	16
	SpVgg Greuther Fürth II	RL	8	1
13/14	SpVgg Greuther Fürth II	RL	23	12
Jan 14	FC Ingolstadt 04	2. BL	7	0
14/15	FC Ingolstadt 04	2. BL	28	9
15/16	FC Ingolstadt 04	BL	21	2
16/17	FC Ingolstadt 04	BL		

LEZCANO, Dario
Dario Lezcano Mendoza
30. 6. 1990, Asuncion/PAR
Angriff, 1,78 m, 79 kg
2004 4 de Octubre Atyra, 2005-2006 Nanawa FC

2007	Sp. Trininidense	PAR 1	11	1
2008	Sp. Trininidense	PAR 2		
08/09	FC Wil	SUI 2	26	5
09/10	FC Wil	SUI 2	25	3
10/11	FC Wil	SUI 2	15	6
Jan 11	FC Thun	SUI 1	17	3
11/12	FC Thun	SUI 1	17	1
Jan 12	FC Luzern	SUI 1	14	3
12/13	FC Luzern	SUI 1	14	2
13/14	FC Luzern	SUI 1	27	5
14/15	FC Luzern	SUI 1	33	12
15/16	FC Luzern	SUI 1	12	9
Jan 16	FC Ingolstadt 04	BL	17	2
16/17	FC Ingolstadt 04	BL		

9 A (4 Tore) für Paraguay

LINDNER, Heinz
17. 7. 1990, Linz/AUT
Torhüter, 1,87 m, 80 kg
Bis 2004 LASK Linz, ab 2004 Austria Wien

07/08	Austria Wien Am.	AUT 2	1	0
08/09	Austria Wien Am.	AUT 2	10	0
09/10	Austria Wien	AUT 1	16	0
	Austria Wien Am.	AUT 2	13	0
10/11	Austria Wien	AUT 1	24	0
	Austria Wien Am.	AUT 3	2	0
11/12	Austria Wien	AUT 1	23	0
12/13	Austria Wien	AUT 1	36	0
13/14	Austria Wien	AUT 1	36	0
14/15	Austria Wien	AUT 1	31	0
15/16	Eintracht Frankfurt	BL	0	0
16/17	Eintracht Frankfurt	BL		

8 A (kein Tor) für Österreich

LÖSSL, Jonas
1. 2. 1989, Kolding/DEN
Torhüter, 1,95 m, 88 kg
1996-2002 Kolding IF, 2002-2004 Kolding FC, ab 2004 FC Midtjylland

08/09	FC Midtjylland	DEN 1	0	0
09/10	FC Midtjylland	DEN 1	12	0
10/11	FC Midtjylland	DEN 1	30	0
11/12	FC Midtjylland	DEN 1	25	0
12/13	FC Midtjylland	DEN 1	27	0
13/14	FC Midtjylland	DEN 1	33	0
14/15	EA Guingamp	FRA 1	30	0
15/16	EA Guingamp	FRA 1	37	0
16/17	1. FSV Mainz 05	BL		

1 A (kein Tor) für Dänemark

LOMB, Niklas
28. 7. 1993, Köln/D
Torhüter, 1,86 m, 82 kg
Bis 2008 SC West Köln, ab 2008 Bayer Leverkusen

12/13	Bayer Leverkusen II	RL	34	0
13/14	Bayer Leverkusen II	RL	28	0
14/15	Bayer Leverkusen	BL	0	0
Jan 15	Hallescher FC	3. L	13	0
15/16	Preußen Münster	3. L	37	0
15/16	Bayer Leverkusen			

LORENZEN, Melvyn
26. 11. 1994, London/ENG
Angriff, 1,88 m, 86 kg, D/UGA
2001-2005 SpVgg Putlos, 2005-2007 Oldenburger SV, 2007-2013 Holstein Kiel

13/14	Werder Bremen	BL	2	0
	Werder Bremen II	RL	13	4
14/15	Werder Bremen	BL	3	1
	Werder Bremen II	RL	2	0
15/16	Werder Bremen	BL	9	0
	Werder Bremen II	3. L	9	1
16/17	Werder Bremen	BL		

1 A (kein Tor) für Uganda

LUIZ GUSTAVO
Luiz Gustavo Dias
23. 7. 1987, Pindamonhangaba/BRA
Mittelfeld, 1,87 m, 80 kg

2006	Universal Rio Largo	BRA-R2		0
2007	Corinthians Alagoano	BRA-R1		3
Mai 07	CRB Maceio	BRA 2	14	1
Aug 07	TSG Hoffenheim	2. BL	27	0
08/09	TSG Hoffenheim	BL	28	0
09/10	TSG Hoffenheim	BL	27	0
10/11	TSG Hoffenheim	BL	17	2
Jan 11	Bayern München	BL	14	1
11/12	Bayern München	BL	28	1
12/13	Bayern München	BL	22	4
13/14	Bayern München	BL	0	0
Aug 13	VfL Wolfsburg	BL	29	4
14/15	VfL Wolfsburg	BL	31	2
15/16	VfL Wolfsburg	BL	22	1
16/17	VfL Wolfsburg	BL		

41 A (2 Tore) für Brasilien

LUSTENBERGER, Fabian
2. 5. 1988, Wolhusen/SUI
Abwehr, 1,80 m, 70 kg
1995-2000 SC Nebikon, ab 2000 FC Luzern

05/06	FC Luzern	SUI 2	1	0
	FC Luzern II	SUI 3	14	1
06/07	FC Luzern	SUI 1	30	0
07/08	FC Luzern	SUI 1	3	0
Aug 07	Hertha BSC	BL	24	1
	Hertha BSC II	OL	2	0
08/09	Hertha BSC	BL	14	1
	Hertha BSC II	RL	6	0
09/10	Hertha BSC	BL	23	0
	Hertha BSC II	RL	3	1
10/11	Hertha BSC	2. BL	18	1
	Hertha BSC II	RL	4	0
11/12	Hertha BSC	BL	12	0
	Hertha BSC II	RL	4	1
12/13	Hertha BSC	2. BL	33	0
13/14	Hertha BSC	BL	19	0
14/15	Hertha BSC	BL	27	0
	Hertha BSC II	RL	2	1
15/16	Hertha BSC	BL	30	1
16/17	Hertha BSC	BL		

3 A (kein Tor) für die Schweiz

LUTHE, Andreas
10. 3. 1987, Velbert/D
Torhüter, 1,95 m, 85 kg
1994-1997 SuS Niederbonsfeld, 1997-2001 Borussia Velbert, ab 2001 VfL Bochum

05/06	VfL Bochum II	OL	2	0
06/07	VfL Bochum II	OL	34	0
07/08	VfL Bochum II	OL	8	0
08/09	VfL Bochum II	RL	21	0
09/10	VfL Bochum	BL	3	0
	VfL Bochum II	RL	9	0
10/11	VfL Bochum	2. BL	30	0
	VfL Bochum II	RL	1	0
11/12	VfL Bochum	2. BL	33	0
12/13	VfL Bochum	2. BL	25	0
13/14	VfL Bochum	2. BL	32	0
14/15	VfL Bochum	2. BL	18	0
	VfL Bochum II	RL	1	0
15/16	VfL Bochum	2. BL	16	0
16/17	FC Augsburg	BL		

MALLI, Yunus
24. 2. 1992, Kassel/D
Mittelfeld, 1,79 m, 72 kg, D/TUR
Bis 2003 Sportfreunde Fasanenhof, 2003-2007 VfL Kassel, ab 2007 Borussia Mönchengladbach

10/11	Bor. Mönchengladbach II	RL	11	2
11/12	1. FSV Mainz 05	BL	13	0
	1. FSV Mainz 05 II	RL	8	5
12/13	1. FSV Mainz 05	BL	14	1
	1. FSV Mainz 05 II	RL	8	1
13/14	1. FSV Mainz 05	BL	21	5
	1. FSV Mainz 05 II	RL	6	0
14/15	1. FSV Mainz 05	BL	31	6

15/16	1. FSV Mainz 05	BL	34	11
16/17	1. FSV Mainz 05	BL		

7 A (kein Tor) für die Türkei

MAROH, Dominic
4. 3. 1987, Nürtingen/D
Abwehr, 1,86 m, 85 kg, SVN/D
1991-2000 TSV Neckartailfingen, ab 2000 SSV Reutlingen

05/06	SSV Reutlingen II	KL		
06/07	SSV Reutlingen	RL	2	0
	SSV Reutlingen II	KL		12
07/08	SSV Reutlingen	RL	11	1
	SSV Reutlingen II	KL		
08/09	1. FC Nürnberg	2. BL	20	1
	1. FC Nürnberg II	RL	8	0
09/10	1. FC Nürnberg	BL	27	1
10/11	1. FC Nürnberg	BL	8	0
11/12	1. FC Nürnberg	BL	21	1
	1. FC Nürnberg II	RL	2	1
12/13	1. FC Köln	2. BL	32	2
13/14	1. FC Köln	2. BL	33	0
14/15	1. FC Köln	BL	29	1
15/16	1. FC Köln	BL	25	2
	1. FC Köln II	RL	1	0
16/17	1. FC Köln	BL		

7 A (kein Tor) für Slowenien

MASCARELL, Omar
Omar Mascarell Gonzalez
2. 2. 1993, Santa Cruz de Tenerife/ESP
Mittelfeld, 1,81 m, 74 kg, ESP/EQG
1998-2000 UD Santa Cruz de Tenerife, 2000-2007 UD Tegueste, 2007-2010 CD Laguna Santa Cruz de Tenerife, ab 2010 Real Madrid

11/12	Real Madrid B	ESP 3	24	2
12/13	Real Madrid B	ESP 2	14	0
	Real Madrid C	ESP 3	21	2
	Real Madrid	ESP 1	1	0
13/14	Real Madrid B	ESP 2	38	6
14/15	Derby County	ENG 2	23	0
15/16	Sporting Gijon	ESP 1	26	0
16/17	Eintracht Frankfurt	BL		

MATAVZ, Tim
13. 1. 1989, Sempeter pri Gorici/YUG
Angriff, 1,88 m, 81 kg, SVN
1995-2004 NK Bilje, ab 2004 ND Gorica

06/07	ND Gorica	SVN 1	27	11
07/08	ND Gorica	SVN 1	3	0
Aug 07	FC Groningen	NED 1	15	0
08/09	FC Emmen	NED 2	15	5
Jan 09	FC Groningen	NED 1	4	2
09/10	FC Groningen	NED 1	32	13
10/11	FC Groningen	NED 1	29	16
11/12	FC Groningen	NED 1	4	3
Sep 11	PSV Eindhoven	NED 1	28	11
12/13	PSV Eindhoven	NED 1	27	11
13/14	PSV Eindhoven	NED 1	15	2
	PSV Eindhoven II	NED 2	2	0
14/15	FC Augsburg	BL	16	3
15/16	FC Augsburg	BL	11	0
Feb 16	CFC Genua 1893	ITA 1	7	0
16/17	FC Augsburg	BL		

31 A (10 Tore) für Slowenien

MATHENIA, Christian
31. 3. 1992, Mainz/D
Torhüter, 1,89 m, 90 kg
Bis 2006 VfL Frei-Weinheim und Hassia Bingen, ab 2006 1. FSV Mainz 05

11/12	1. FSV Mainz 05 II	RL	10	0
12/13	1. FSV Mainz 05 II	RL	23	0
13/14	1. FSV Mainz 05 II	RL	18	0
14/15	SV Darmstadt 98	2. BL	34	0
15/16	SV Darmstadt 98	BL	33	0
16/17	Hamburger SV	BL		

MATIP, Marvin
25. 9. 1985, Bochum/D
Abwehr, 1,84 m, 83 kg, D/CMR
1992-1994 SC Weitmar 45, ab 1994 VfL Bochum

03/04	VfL Bochum Am.	OL	1	0
04/05	VfL Bochum	BL	1	0
	VfL Bochum Am.	OL	32	3
05/06	1. FC Köln	BL	23	1
	1. FC Köln II	RL	2	0
06/07	1. FC Köln	2. BL	18	0
	1. FC Köln II	OL	1	1
07/08	1. FC Köln	2. BL	24	0
08/09	1. FC Köln	BL	18	0
09/10	1. FC Köln	BL	4	0
Feb 10	Karlsruher SC	2. BL	13	1
10/11	1. FC Köln	BL	0	0
Aug 10	FC Ingolstadt 04	2. BL	30	2
11/12	FC Ingolstadt 04	2. BL	32	0
12/13	FC Ingolstadt 04	2. BL	34	0
13/14	FC Ingolstadt 04	2. BL	23	2
14/15	FC Ingolstadt 04	2. BL	30	3
15/16	FC Ingolstadt 04	BL	33	2
16/17	FC Ingolstadt 04	BL		

3 A (kein Tor) für Kamerun

MAVRAJ, Mergim
9. 6. 1986, Hanau/D
Abwehr, 1,89 m, 84 kg, D/ALB
1996/97 Sportfreunde Seligenstadt, 1997-2003 Kickers Offenbach, 2003/04 SG Rosenhöhe Offenbach

04/05	SV Darmstadt 98 II	LL		
05/06	SV Darmstadt 98	RL	13	2
	SV Darmstadt 98 II	LL		
06/07	SV Darmstadt 98	RL	25	0
07/08	VfL Bochum	BL	2	1
	VfL Bochum II	OL	7	1
08/09	VfL Bochum	BL	23	0
	VfL Bochum II	RL	1	0
09/10	VfL Bochum	BL	27	0
10/11	VfL Bochum	2. BL	13	0
Jan 11	SpVgg Greuther Fürth	2. BL	13	0
11/12	SpVgg Greuther Fürth	2. BL	31	2
12/13	SpVgg Greuther Fürth	BL	32	0

13/14	SpVgg Greuther Fürth	2. BL	29	1
14/15	1. FC Köln	BL	15	0
15/16	1. FC Köln	BL	12	0
	1. FC Köln II	RL	4	0
16/17	1. FC Köln	BL		

29 A (3 Tore) für Albanien

MAX, Philipp
30. 9. 1993, Viersen/D
Abwehr, 1,77 m, 77 kg

2001-2003 SC Baldham, 2003-2007 TSV München 1860, 2007-2010 Bayern München, ab 2010 FC Schalke 04

12/13	FC Schalke 04 II	RL	32	2
13/14	FC Schalke 04	BL	2	0
	FC Schalke 04 II	RL	22	1
14/15	Karlsruher SC	2. BL	22	0
	Karlsruher SC II	OL	1	0
15/16	Karlsruher SC	2. BL	1	0
Aug 15	FC Augsburg	BL	26	0
16/17	FC Augsburg	BL		

MAYORAL, Borja
Borja Mayoral Mora
5. 4. 1997, Parla/ESP
Angriff, 1,81 m, 68 kg

2004-2007 AD Parla, ab 2007 Real Madrid

14/15	Real Madrid B	ESP 2	5	2
15/16	Real Madrid B	ESP 2	29	15
	Real Madrid	ESP 1	6	0
16/17	VfL Wolfsburg	BL		

MEDOJEVIC, Slobodan
20. 11. 1990, Novi Sad/YUG
Mittelfeld, 1,82 m, 77 kg, SRB

06/07	Vojvodina Novi Sad	SRB 1	1	0
07/08	Vojvodina Novi Sad Jug.			
08/09	Vojvodina Novi Sad	SRB 1	2	0
09/10	Vojvodina Novi Sad	SRB 1	25	2
10/11	Vojvodina Novi Sad	SRB 1	28	1
11/12	Vojvodina Novi Sad	SRB 1	15	2
Jan 12	VfL Wolfsburg	BL	0	0
12/13	VfL Wolfsburg	BL	8	0
13/14	VfL Wolfsburg	BL	20	0
14/15	VfL Wolfsburg	BL	0	0
Aug 14	Eintracht Frankfurt	BL	14	0
15/16	Eintracht Frankfurt	BL	14	1
16/17	Eintracht Frankfurt	BL		

MEFFERT, Jonas
04. 9. 1994, Köln/D
Mittelfeld, 1,86 m, 77 kg

Bis 2005 TV Hoffnungsthal, ab 2005 Bayer Leverkusen

12/13	Bayer Leverkusen II	RL	1	0
13/14	Bayer Leverkusen II	RL	36	1
14/15	Karlsruher SC	2. BL	25	0
	Karlsruher SC II	OL	1	0
15/16	Karlsruher SC	2. BL	24	1
16/17	SC Freiburg	BL		

MEHMEDI, Admir
16. 3. 1991, Gostivar/MKD
Angriff, 1,83 m, 80 kg, SUI

Bis 2000 AC Bellinzona, 2000-2006 FC Winterthur, ab 2006 FC Zürich

07/08	FC Zürich II	SUI 3	20	2
08/09	FC Zürich	SUI 1	11	2
	FC Zürich II	SUI 3	7	1
09/10	FC Zürich	SUI 1	22	3
	FC Zürich II	SUI 3	4	4
10/11	FC Zürich	SUI 1	33	10
	FC Zürich II	SUI 3	2	3
11/12	FC Zürich	SUI 1	18	4
Jan 12	Dynamo Kiew	UKR 1	9	1
12/13	Dynamo Kiew	UKR 1	16	0
13/14	SC Freiburg	BL	32	12
14/15	SC Freiburg	BL	28	4
15/16	Bayer Leverkusen	BL	28	2
16/17	Bayer Leverkusen	BL		

46 A (5 Tore) für die Schweiz

MEIER, Alexander
17. 1. 1983, Buchholz/D
Mittelfeld, 1,96 m, 96 kg

1988/89 JSG Rosengarten, 1989/90 TuS Nenndorf, 1990-1995 TSV Buchholz 08, 1995-1998 Hamburger SV, 1998/99 MSV Hamburg, 1999-2001 Hamburger SV

01/02	FC St. Pauli	BL	2	0
	FC St. Pauli Am.	OL	10	0
02/03	FC St. Pauli	2. BL	23	7
	FC St. Pauli Am.	OL	1	0
03/04	Hamburger SV	BL	4	0
	Hamburger SV Am.	RL	9	1
04/05	Eintracht Frankfurt	2. BL	34	9
05/06	Eintracht Frankfurt	BL	33	7
06/07	Eintracht Frankfurt	BL	29	6
07/08	Eintracht Frankfurt	BL	11	4
08/09	Eintracht Frankfurt	BL	19	3
09/10	Eintracht Frankfurt	BL	34	10
10/11	Eintracht Frankfurt	BL	24	2
11/12	Eintracht Frankfurt	2. BL	32	17
12/13	Eintracht Frankfurt	BL	31	16
13/14	Eintracht Frankfurt	BL	22	8
14/15	Eintracht Frankfurt	BL	26	19
15/16	Eintracht Frankfurt	BL	19	12
16/17	Eintracht Frankfurt	BL		

MERINO, Mikel
Mikel Merino Zazon
22. 6. 1996, Pamplona/ESP
Mittelfeld, 1,87 m, 79 kg

Bis Dezember 2012 CD Amigo, ab Dezember 2012 CA Osasuna

13/14	CA Osasuna B	ESP 4	5	0
14/15	CA Osasuna	ESP 2	29	1
15/16	CA Osasuna	ESP 2	34	4
16/17	Borussia Dortmund	BL		

MEYER, Max
18. 9. 1995, Oberhausen/D
Mittelfeld, 1,73 m, 68 kg

2000-2002 Sardegna Oberhausen, 2002-2004 Rot-Weiß Oberhausen, 2004-2009 MSV Duisburg, seit 2009 FC Schalke 04

12/13	FC Schalke 04	BL	5	0
13/14	FC Schalke 04	BL	30	6
	FC Schalke 04 II	RL	1	2
14/15	FC Schalke 04	BL	28	5
15/16	FC Schalke 04	BL	32	5
16/17	FC Schalke 04	BL		

1 A (kein Tor) für Deutschland

MICKEL, Tom
19. 4. 1989, Hoyerswerda/D
Torwart, 1,85 m, 84 kg

Bis 2003 FC Lausitz Hoyerswerda, ab 2003 Energie Cottbus

06/07	Energie Cottbus II	OL	2	0
07/08	Energie Cottbus II	RL	2	0
08/09	Energie Cottbus II	RL	4	0
09/10	Hamburger SV II	RL	31	0
10/11	Hamburger SV II	RL	21	0
11/12	Hamburger SV II	RL	3	0
12/13	Hamburger SV II	RL	10	0
Jan 13	SpVgg Greuther Fürth II	RL	9	0
13/14	SpVgg Greuther Fürth II	RL	12	0
14/15	SpVgg Greuther Fürth	2. BL	6	0
	SpVgg Greuther Fürth II	RL	2	0
15/16	Hamburger SV II	RL	21	0
	Hamburger SV	BL	1	0
16/17	Hamburger SV	BL		

MITTELSTÄDT, Maximilian
18. 3. 1997, Berlin/D
Abwehr, 1,78 m, 69 kg

Bis 2012 SC Staaken und Hertha Zehlendorf, seit 2012 Hertha BSC

15/16	Hertha BSC II	RL	10	2
	Hertha BSC	BL	3	0
16/17	Hertha BSC	BL		

MLADENOVIC, Filip
15. 8. 1991, Cacak/YUG
Abwehr, 1,80 m, 65 kg, SRB

10/11	Borac Cacak	SRB 1	18	0
11/12	Borac Cacak	SRB 1	13	0
Jan 12	Roter Stern Belgrad	SRB 1	12	2
12/13	Roter Stern Belgrad	SRB 1	26	0
13/14	Roter Stern Belgrad	SRB 1	4	0
Mär 14	BATE Baryssau	BLR 1	26	2
2015	BATE Baryssau	BLR 1	21	2
Jan 16	1. FC Köln	BL	14	0
16/17	1. FC Köln	BL		

4 A (kein Tor) für Serbien

MODESTE, Anthony
14. 4. 1988, Cannes/FRA
Angriff, 1,87 m, 84 kg

1994-2003 ES Frejus, ab 2003 OGC Nizza

05/06	OGC Nizza II	FRA 4	3	2
06/07	OGC Nizza II	FRA 4	24	8
07/08	OGC Nizza	FRA 1	20	1
	OGC Nizza II	FRA 4	10	10
08/09	OGC Nizza	FRA 1	22	2
09/10	SCO Angers	FRA 2	37	20
10/11	Girondins Bordeaux	FRA 1	37	10
11/12	Girondins Bordeaux	FRA 1	15	3
	Girondins Bordeaux II	FRA 4	1	0
Jan 12	Blackburn Rovers	ENG 1	9	0
12/13	SC Bastia	FRA 1	36	15
13/14	TSG Hoffenheim	BL	29	12
14/15	TSG Hoffenheim	BL	26	7
15/16	1. FC Köln	BL	34	15
16/17	1. FC Köln	BL		

MÖLLER DAEHLI, Mats
2. 3. 1995, Oslo/NOR
Mittelfeld, 1,72 m, 71 kg

Bis 2009 Lyn Oslo, 2010 Stabaek IF, Januar bis November 2011 Lyn Oslo, November 2011 bis Juni 2013 Manchester United

Jul 13	Molde FK	NOR 1	12	0
Jan 14	Cardiff City	ENG 1	13	1
14/15	Cardiff City	ENG 2	9	0
Jan 15	SC Freiburg	BL	2	0
	SC Freiburg II	RL	2	0
15/16	SC Freiburg	2. BL	2	0
	SC Freiburg II	RL	5	0
16/17	SC Freiburg	BL		

12 A (1 Tor) für Norwegen

MOISANDER, Niklas
29. 9. 1985, Turku/FIN
Abwehr, 1,83 m, 76 kg

Ab 1996 Turku PS

2002	Turku PS	FIN 1	8	0
2003	Turku PS	FIN 1	9	0
03/04	Ajax Amsterdam Jug.			
04/05	Jong Ajax Amsterdam			
05/06	Jong Ajax Amsterdam			
06/07	FC Zwolle	NED 2	34	1
07/08	FC Zwolle	NED 2	37	4
08/09	AZ Alkmaar	NED 1	22	0
09/10	AZ Alkmaar	NED 1	28	1
10/11	AZ Alkmaar	NED 1	29	0
11/12	AZ Alkmaar	NED 1	30	1
12/13	AZ Alkmaar	NED 1	2	0
Aug 12	Ajax Amsterdam	NED 1	29	4
13/14	Ajax Amsterdam	NED 1	23	1
	Jong Ajax Amsterdam	NED 2	1	0
14/15	Ajax Amsterdam	NED 1	25	0
15/16	Sampdoria Genua	ITA 1	22	0
16/17	Werder Bremen	BL		

51 A (2 Tore) für Finnland

MOR, Emre
24. 7. 1997, Kopenhagen/DEN
Angriff, 1,69 m, 64 kg, DEN/TUR
2001-2006 Brönshöj BK, 2006 bis Januar 2015 Lyngby BK, ab Januar 2015 FC Nordsjaelland

15/16	FC Nordsjaelland	DEN 1	13	2
16/17	Borussia Dortmund	BL		

4 A (kein Tor) für die Türkei

MORALES, Alfredo
12. 5. 1990, Berlin/D
Mittelfeld, 1,83 m, 77 kg, D/USA
1994-1997 BSC Reinickendorf, 1997-1999 Borussia Pankow, 1999/00 Concordia Wilhelmsruh, ab 2000 Hertha BSC

08/09	Hertha BSC II	RL	3	0
09/10	Hertha BSC II	RL	26	4
10/11	Hertha BSC	2. BL	3	0
	Hertha BSC II	RL	26	3
11/12	Hertha BSC	BL	8	0
	Hertha BSC II	RL	16	1
12/13	Hertha BSC	2. BL	9	1
	Hertha BSC II	RL	10	3
13/14	FC Ingolstadt 04	2. BL	32	1
14/15	FC Ingolstadt 04	2. BL	32	2
15/16	FC Ingolstadt 04	BL	24	1
16/17	FC Ingolstadt 04	BL		

13 A (kein Tor) für die USA

MORAVEK, Jan
1. 11. 1989, Prag/CSV
Mittelfeld, 1,80 m, 75 kg, CZE
1995-2005 Bohemians Prag, ab 2005 Bohemians 1905 Prag

06/07	Bohemians 1905 Prag	CZE 2	1	1
07/08	Bohemians 1905 Prag	CZE 1	16	3
08/09	Bohemians 1905 Prag	CZE 2	25	8
09/10	FC Schalke 04	BL	7	2
10/11	1. FC Kaiserslautern	BL	29	5
11/12	FC Schalke 04	BL	6	0
	FC Schalke 04 II	RL	1	0
Jan 12	FC Augsburg	BL	3	0
12/13	FC Augsburg	BL	21	1
13/14	FC Augsburg	BL	16	0
14/15	FC Augsburg	BL	0	0
15/16	FC Augsburg	BL	11	1
	FC Augsburg II	RL	2	2
16/17	FC Augsburg	BL		

3 A (kein Tor) für Tschechien

MÜLLER, Florian
13. 11. 1997, Saarlouis/D
Torhüter, 1,90 m, 85 kg
2001-2010 FV Lebach, 2010-2013 1. FC Saarbrücken, seit 2013 1. FSV Mainz 05

15/16	1. FSV Mainz 05 II	3. L	2	0
16/17	1. FSV Mainz 05	BL		

MÜLLER, Marius
12. 7. 1993, Heppenheim/D
Torhüter, 1,92 m, 90 kg
Bis 2003 TV Lampertheim, ab 2003 1. FC Kaiserslautern

11/12	1. FC Kaiserslautern II	RL	1	0
12/13	1. FC Kaiserslautern II	RL	33	0
13/14	1. FC Kaiserslautern II	RL	22	0
	1. FC Kaiserslautern	2. BL	1	0
14/15	1. FC Kaiserslautern	2. BL	6	0
	1. FC Kaiserslautern II	RL	4	0
15/16	1. FC Kaiserslautern	2. BL	33	0
16/17	RB Leipzig	BL		

MÜLLER, Nicolai
25. 9. 1987, Lohr am Main/D
Mittelfeld, 1,73 m, 66 kg
Bis 1998 TSV Wernfeld, 1998-2003 Eintracht Frankfurt, ab 2003 SpVgg Greuther Fürth

05/06	SpVgg Greuther Fürth II	OL	1	0
06/07	SpVgg Greuther Fürth	2. BL	2	0
	SpVgg Greuther Fürth II	OL	35	10
07/08	SpVgg Greuther Fürth	2. BL	5	0
	SpVgg Greuther Fürth II	OL	11	4
08/09	SpVgg Greuther Fürth II	RL	17	0
Jan 09	SV Sandhausen	3. L	18	5
09/10	SpVgg Greuther Fürth	2. BL	29	6
	SpVgg Greuther Fürth II	RL	2	2
10/11	SpVgg Greuther Fürth	2. BL	33	7
11/12	1. FSV Mainz 05	BL	23	4
	1. FSV Mainz 05 II	RL	1	1
12/13	1. FSV Mainz 05	BL	32	8
13/14	1. FSV Mainz 05	BL	26	9
14/15	Hamburger SV	BL	27	1
15/16	Hamburger SV	BL	29	9
16/17	Hamburger SV	BL		

2 A (kein Tor) für Deutschland

MÜLLER, Sven
16. 2. 1996, Köln/D
Torhüter, 1,90 m, 82 kg
Bis 2004 SC West Köln, seit 2004 1. FC Köln

14/15	1. FC Köln II	RL	1	0
15/16	1. FC Köln II	RL	11	0
16/17	1. FC Köln	BL		

MÜLLER, Thomas
13. 9. 1989, Weilheim/D
Mittelfeld, 1,86 m, 75 kg
Bis 2000 TSV Pähl, seit 2000 Bayern München

07/08	Bayern München II	RL	3	1
08/09	Bayern München	BL	4	0
	Bayern München II	3. L	32	15
09/10	Bayern München	BL	34	13
10/11	Bayern München	BL	34	12
11/12	Bayern München	BL	34	7
12/13	Bayern München	BL	28	13
13/14	Bayern München	BL	31	13
14/15	Bayern München	BL	32	13
15/16	Bayern München	BL	31	20
16/17	Bayern München	BL		

77 A (32 Tore) für Deutschland

MUJDZA, Mensur
28. 3. 1984, Zagreb/YUG
Abwehr, 1,85 m, 81 kg, CRO/BIH
Ab 1993 NK Zagreb

03/04	NK Zagreb	CRO 1	21	0
04/05	NK Zagreb	CRO 1	16	1
05/06	NK Zagreb	CRO 1	17	0
06/07	NK Zagreb	CRO 1	30	0
07/08	NK Zagreb	CRO 1	30	3
08/09	NK Zagreb	CRO 1	21	1
09/10	SC Freiburg	BL	14	0
10/11	SC Freiburg	BL	32	0
11/12	SC Freiburg	BL	14	1
12/13	SC Freiburg	BL	23	0
13/14	SC Freiburg	BL	7	0
14/15	SC Freiburg	BL	10	0
15/16	SC Freiburg	2. BL	18	0
16/17	SC Freiburg	BL		

37 A (kein Tor) für Bosnien-Herzegowina

MULTHAUP, Maurice
15. 12. 1996, Bottrop/D
Mittelfeld, 1,73 m, 74 kg
2002-2008 VfB Kirchhellen, 2008/09 SG Wattenscheid 09, ab 2009 FC Schalke 04

15/16	FC Schalke 04	BL	0	0
Aug 15	FC Ingolstadt 04	BL	4	0
	FC Ingolstadt 04 II	RL	4	0
16/17	FC Ingolstadt 04	BL		

MUTO, Yoshinori
15. 7. 1992, Tokio/JPN
Mittelfeld, 1,79 m, 72 kg
2008-2010 FC Tokio, 2011 und 2012 Keio University

2013	FC Tokio	JPN 1	1	0
2014	FC Tokio	JPN 1	33	13
2015	FC Tokio	JPN 1	17	10
15/16	1. FSV Mainz 05	BL	20	7
16/17	1. FSV Mainz 05	BL		

18 A (2 Tore) für Japan

NALDO
Ronaldo Aparecido Rodrigues
10. 9. 1982, Londrina/BRA
Abwehr, 1,98 m, 89 kg

2001	RSFC Alvorada	BRA-AM		
2002	RSFC Alvorada	BRA-R3	13	1
2003	RSFC Alvorada	BRA-R2	17	2
2004	RSFC Alvorada	BRA-R2	0	0
Mai 04	Juventude Caxias	BRA 1	25	4
2005	Juventude Caxias	BRA-R1	15	2
	Juventude Caxias	BRA 1	11	4
05/06	Werder Bremen	BL	32	2
06/07	Werder Bremen	BL	32	6
07/08	Werder Bremen	BL	32	3
08/09	Werder Bremen	BL	28	3
09/10	Werder Bremen	BL	31	5
10/11	Werder Bremen	BL	0	0
11/12	Werder Bremen	BL	18	3
12/13	VfL Wolfsburg	BL	31	6
13/14	VfL Wolfsburg	BL	33	3
14/15	VfL Wolfsburg	BL	32	7
15/16	VfL Wolfsburg	BL	29	0
16/17	FC Schalke 04	BL		

4 A (kein Tor) für Brasilien

NASTASIC, Matija
28. 3. 1993, Valjevo/YUG
Abwehr, 1,88 m, 83 kg, SRB
2000-2008 ZSK Valjevo, 2008 bis Dezember 2009 Partizan Belgrad

Jan 10	Teleoptik Zemun	SRB 2	9	0
10/11	Partizan Belgrad Jug.			
Jan 11	Teleoptik Zemun	SRB 2	12	0
11/12	AC Florenz	ITA 1	25	2
12/13	AC Florenz	ITA 1	1	0
Aug 12	Manchester City	ENG 1	21	0
13/14	Manchester City	ENG 1	13	1
14/15	Manchester City	ENG 1	0	0
Jan 15	FC Schalke 04	BL	16	0
15/16	FC Schalke 04	BL	1	0
16/17	FC Schalke 04	BL		

19 A (kein Tor) für Serbien

NDENGE, Tsiy William
13. 6. 1997, Köln/D
Mittelfeld, 1,88 m, 81 kg
Bis 2013 TSC Euskirchen, seit 2013 Borussia Mönchengladbach

15/16	Bor. Mönchengladbach II	RL	20	2
16/17	Bor. Mönchengladbach	BL		

NEUER, Manuel
27. 3. 1986, Gelsenkirchen/D
Torhüter, 1,93 m, 92 kg
Ab März 1991 FC Schalke 04

03/04	FC Schalke 04 Am.	RL	1	0
04/05	FC Schalke 04 Am.	OL	1	0
05/06	FC Schalke 04 II	OL	20	0
06/07	FC Schalke 04	BL	27	0
	FC Schalke 04 II	OL	3	0
07/08	FC Schalke 04	BL	34	0
08/09	FC Schalke 04	BL	27	0
	FC Schalke 04 II	RL	1	0
09/10	FC Schalke 04	BL	34	0
10/11	FC Schalke 04	BL	34	0
11/12	Bayern München	BL	33	0
12/13	Bayern München	BL	31	0
13/14	Bayern München	BL	31	0
14/15	Bayern München	BL	32	0
15/16	Bayern München	BL	34	0
16/17	Bayern München	BL		

71 A (kein Tor) für Deutschland

NICOLAS, Moritz
21. 10. 1997, Gladbeck/D
Torhüter, 1,93 m, 87 kg
Bis 2012 VfB Hüls, 2012-2015 Rot-Weiss Essen

15/16	Bor. Mönchengladbach II	RL	10	0
16/17	Bor. Mönchengladbach	BL		

NIEDERLECHNER, Florian
24. 10. 1990, Ebersberg/D
Angriff, 1,86 m, 86 kg
Bis 2008 SV Hohenlinden, TSV München 1860 und TSV Ebersberg

08/09	Falke Markt Schwaben	LL	12
09/10	Falke Markt Schwaben	LL	11
10/11	FC Ismaning	OL	34 19
11/12	SpVgg Unterhaching	3. L	35 8
	SpVgg Unterhaching	OL	1 0
12/13	SpVgg Unterhaching	3. L	21 8
	SpVgg Unterhaching II	OL	1 0
Jan 13	1. FC Heidenheim	3. L	15 5
13/14	1. FC Heidenheim	3. L	31 7
	1. FC Heidenheim II	OL	1 2
14/15	1. FC Heidenheim	2. BL	33 15
15/16	1. FSV Mainz 05	BL	12 0
Jan 16	SC Freiburg	2. BL	14 8
16/17	SC Freiburg	BL	

NIELSEN, Havard
15. 7. 1993, Oslo/NOR
Angriff, 1,87 m, 80 kg
2000-2006 Oppsal IL, ab 2007 Valerenga IF Oslo

2009	Valerenga IF Oslo	NOR 1	1 0
2010	Valerenga IF Oslo	NOR 1	1 0
2011	Valerenga IF Oslo	NOR 1	28 3
2012	Valerenga IF Oslo	NOR 1	16 6
Jul 12	RB Salzburg	AUT 1	24 3
13/14	RB Salzburg	AUT 1	7 0
Jan 14	Eintracht Braunschweig	BL	16 2
14/15	Eintracht Braunschweig	2. BL	30 8
15/16	RB Salzburg	AUT 1	8 0
Jan 16	SC Freiburg	2. BL	7 0
16/17	SC Freiburg	BL	

14 A (2 Tore) für Norwegen

NIEMEYER, Peter
22. 11. 1983, Hörstel-Riesenbeck/D
Mittelfeld, 1,91 m, 83 kg
Bis 1996 Teuto Riesenbeck, 1996 bis Dezember 1999 Borussia Emsdetten, ab Januar 2000 FC Twente Enschede

02/03	FC Twente Enschede	NED 1	3 0
03/04	FC Twente Enschede	NED 1	31 1
04/05	FC Twente Enschede	NED 1	27 1
05/06	FC Twente Enschede	NED 1	30 2
06/07	FC Twente Enschede	NED 1	15 0
Jan 07	Werder Bremen	BL	3 0
	Werder Bremen II	RL	3 0
07/08	Werder Bremen	BL	3 1
	Werder Bremen II	RL	6 0
08/09	Werder Bremen	BL	15 0
	Werder Bremen II	3. L	3 1
09/10	Werder Bremen	BL	11 1
10/11	Hertha BSC	2. BL	28 3
11/12	Hertha BSC	BL	31 3
12/13	Hertha BSC	2. BL	25 2
13/14	Hertha BSC	BL	20 0
14/15	Hertha BSC	BL	17 1

15/16	SV Darmstadt 98	BL	31 2
16/17	SV Darmstadt 98	BL	

NÜBEL, Alexander
30. 9. 1996, Paderborn/D
Torhüter, 1,93 m, 85 kg
Bis 2005 TSV Tudorf, ab 2005 SC Paderborn 07

14/15	SC Paderborn 07 II	VL	26 0
15/16	SC Paderborn 07	2. BL	0 0
Aug 15	FC Schalke 04 II	RL	13 0
	FC Schalke 04	BL	1 0
16/17	FC Schalke 04	BL	

NUKAN, Atinc
20. 7. 1993, Istanbul/TUR
Abwehr, 1,96 m, 86 kg
März 2004 bis Februar 2006 Kücükcekmecespor, ab Februar 2006 Besiktas Istanbul

09/10	Besiktas Istanbul	TUR 1	1 0
10/11	Besiktas Istanbul	TUR 1	2 0
11/12	Besiktas Istanbul	TUR 1	0 0
12/13	Besiktas Istanbul	TUR 1	0 0
13/14	Dardanelspor	TUR 3	19 1
14/15	Besiktas Istanbul	TUR 1	9 0
15/16	RB Leipzig	2. BL	12 1
16/17	RB Leipzig	BL	

1 A (kein Tor) für die Türkei

NYLAND, Örjan Haskjold
10. 9. 1990, Volda/NOR
Torhüter, 1,92 m, 90 kg
Bis 2006 Mork IL und Volda TI, ab 2007 IL Hödd

2008	IL Hödd	NOR 2	3 0
2009	IL Hödd	NOR 3	
2010	IL Hödd	NOR 3	
2011	IL Hödd	NOR 2	28 0
2012	IL Hödd	NOR 2	28 0
2013	Molde FK	NOR 1	20 0
2014	Molde FK	NOR 1	28 0
2015	Molde FK	NOR 1	13 0
15/16	FC Ingolstadt 04	BL	6 0
	FC Ingolstadt 04 II	RL	1 0
16/17	FC Ingolstadt 04	BL	

22 A (kein Tor) für Norwegen

OBINNA, Victor
25. 3. 1987, Jos/NGA
Angriff, 1,80 m, 81 kg
Bis 2003 Plateau United Jos, 2004 Kwara United Ilorin

2005	Enyimba Aba	NGA 1	
05/06	AC Chievo Verona	ITA 1	26 6
06/07	AC Chievo Verona	ITA 1	24 5
07/08	AC Chievo Verona	ITA 2	32 8
08/09	Inter Mailand	ITA 1	9 1
09/10	FC Malaga	ESP 1	26 4
10/11	West Ham United	ENG 1	25 3
11/12	Lokomotive Moskau	RUS 1	16 1
12/13	Lokomotive Moskau	RUS 1	26 2
13/14	Lokomotive Moskau	RUS 1	3 0
Jan 14	AC Chievo Verona	ITA 1	10 2

14/15	Lokomotive Moskau	RUS 1	0	0
Sep 15	MSV Duisburg	2. BL	15	3
16/17	SV Darmstadt 98	BL		

48 A (12 Tore) für Nigeria

OCHS, Philipp
17. 4. 1997, Wertheim/D
Angriff, 1,74 m, 73 kg
Bis 2009 Viktoria Wertheim, seit 2009 TSG Hoffenheim

15/16	TSG Hoffenheim	BL	13	0
	TSG Hoffenheim II	RL	9	1
16/17	TSG Hoffenheim	BL		

OCZIPKA, Bastian
12. 1. 1989, Bergisch Gladbach/D
Abwehr, 1,85 m, 87 kg
1994-1997 Blau-Weiß Hand, 1997-1999 SSG Bergisch Gladbach, ab 1999 Bayer Leverkusen

08/09	Bayer Leverkusen II	RL	2	0
Aug 08	Hansa Rostock	2. BL	29	0
	Hansa Rostock II	RL	1	0
09/10	Hansa Rostock	2. BL	13	0
Jan 10	FC St. Pauli	2. BL	16	1
10/11	FC St. Pauli	BL	20	0
11/12	Bayer Leverkusen	BL	9	0
	Bayer Leverkusen II	RL	2	0
12/13	Eintracht Frankfurt	BL	33	0
13/14	Eintracht Frankfurt	BL	20	0
14/15	Eintracht Frankfurt	BL	30	1
15/16	Eintracht Frankfurt	BL	30	0
16/17	Eintracht Frankfurt	BL		

ÖZCAN, Ramazan
28. 6. 1984, Hohenems/AUT
Torhüter, 1,87 m, 84 kg
1992-1998 2003 FC Götzis, 1998-2003 BNZ Vorarlberg

03/04	Austria Lustenau	AUT 2	26	0
04/05	Austria Lustenau	AUT 2	24	0
05/06	Austria Lustenau	AUT 2	36	0
06/07	RB Salzburg	AUT 1	2	0
	RB Salzburg Am.	AUT 3	13	0
07/08	RB Salzburg Am..	AUT 2	8	0
Jan 08	TSG 1899 Hoffenheim	2. BL	17	0
08/09	TSG 1899 Hoffenheim	BL	8	0
09/10	TSG 1899 Hoffenheim	BL	0	0
Jan 10	Besiktas Istanbul	TUR 1	0	0
10/11	TSG 1899 Hoffenheim	BL	0	0
11/12	FC Ingolstadt 04	2. BL	22	0
12/13	FC Ingolstadt 04	2. BL	32	0
13/14	FC Ingolstadt 04	2. BL	32	0
14/15	FC Ingolstadt 04	2. BL	33	0
15/16	FC Ingolstadt 04	BL	28	0
16/17	Bayer Leverkusen	BL		

7 A (kein Tor) für Österreich

ÖZCAN, Salih
11. 1. 1998, Köln/D
Mittelfeld, 1,82 m, 74 kg
Bis 2007 SC West Köln, seit 2007 1. FC Köln

15/16	1. FC Köln II	RL	16	3
16/17	1. FC Köln	BL		

ÖZTUNALI, Levin
15. 3. 1996, Hamburg/D
Mittelfeld, 1,84 m, 80 kg
Bis 2006 Eintracht Norderstedt, 2006-2013 Hamburger SV

13/14	Bayer Leverkusen	BL	9	0
	Bayer Leverkusen II	RL	13	1
14/15	Bayer Leverkusen	BL	6	0
Jan 15	Werder Bremen	BL	16	1
15/16	Werder Bremen	BL	25	1
16/17	Bayer Leverkusen	BL		

OLIYNYK, Denys
16. 8. 1987, Saporoschje/URS
Mittelfeld, 1,72 m, 69 kg, UKR
Bis 2004 Bukowina Tscherniwzi

04/05	Dynamo Kiew III	UKR 3	17	1
05/06	Dynamo Kiew II	UKR 2	21	3
06/07	Dynamo Kiew II	UKR 2	24	8
	Dynamo Kiew	UKR 1	2	0
07/08	Naft.-Ukrnafta Ochtyrka	UKR 1	14	1
Jan 08	Dynamo Kiew	UKR 1	1	1
	Dynamo Kiew II	UKR 2	6	2
08/09	Arsenal Kiew	UKR 1	16	5
Jan 09	Metalist Charkiw	UKR 1	12	0
09/10	Metalist Charkiw	UKR 1	29	9
10/11	Metalist Charkiw	UKR 1	27	12
11/12	Dnipro Dnipropetrowsk	UKR 1	24	7
12/13	Dnipro Dnipropetrowsk	UKR 1	13	2
13/14	Dnipro Dnipropetrowsk	UKR 1	0	0
14/15	Vitesse Arnhem	NED 1	30	3
15/16	Vitesse Arnhem	NED 1	25	5
16/17	SV Darmstadt 98	BL		

12 A (kein Tor) für die Ukraine

OLKOWSKI, Pawel
13. 2. 1990, Ozimek/POL
Abwehr, 1,84 m, 76 kg
Bis 2006 Malapanew Ozimek, 2006-2009 Gwarek Zabrze

09/10	Zaglebie Lubin II	POL-ME	25	0
10/11	GKS Katowice	POL 2	31	5
11/12	Gornik Zabrze	POL 1	29	1
12/13	Gornik Zabrze	POL 1	29	0
13/14	Gornik Zabrze	POL 1	30	2
14/15	1. FC Köln	BL	27	2
15/16	1. FC Köln	BL	19	0
	1. FC Köln II	RL	1	0
16/17	1. FC Köln	BL		

13 A (kein Tor) für Polen

ONISIWO, Karim
17. 3. 1992, Wien/AUT
Angriff, 1,88 m, 85 kg
1998 bis Oktober 2001 Favoritner AC, Oktober 2001 bis März 2002 Rapid Wien, März 2002 bis September 2004 Austria Wien, September 2004 bis März 2005 1. Simmeringer SC, März bis September 2005 Austria Wien, September 2005 bis August 2007 Team Wiener Linien, ab August 2007 First Vienna FC

09/10	First Vienna FC Am.	AUT 5	20	1
10/11	First Vienna FC Am.	AUT 5	1	0
Sep 10	SC Ostbahn XI	AUT 3	23	7
11/12	TSV Neumarkt/W.	AUT 3	16	8
Jan 12	SV Straßwalchen	AUT 4	11	7
12/13	Austria Salzburg	AUT 3	25	6
13/14	Austria Salzburg	AUT 3	30	12
14/15	SV Mattersburg	AUT 2	33	18
15/16	SV Mattersburg	AUT 1	18	2
	1. FSV Mainz 05	BL	9	1
16/17	1. FSV Mainz 05	BL		

1 A (kein Tor) für Österreich

OPARE, Daniel
18. 10. 1990, Accra/GHA
Abwehr, 1,75 m, 74 kg
Ab 2004 Ashanti Gold Obuasi

06/07	Ashanti Gold Obuasi	GHA 1	13	4
07/08	CS Sfaxien	TUN 1	21	6
08/09	Real Madrid B	ESP 3	5	0
09/10	Real Madrid B	ESP 3	1	0
10/11	Standard Lüttich	BEL 1	33	0
11/12	Standard Lüttich	BEL 1	15	0
12/13	Standard Lüttich	BEL 1	12	0
13/14	Standard Lüttich	BEL 1	30	0
14/15	FC Porto B	POR 2	2	0
	Besiktas Istanbul	TUR 1	6	0
15/16	FC Augsburg	BL	4	0
16/17	FC Augsburg	BL		

17 A (kein Tor) für Ghana

ORBAN, Willi
3. 11. 1992, Kaiserslautern/D
Abwehr, 1,86 m, 82 kg
Ab 1997 1. FC Kaiserslautern

11/12	1. FC Kaiserslautern II	RL	23	3
	1. FC Kaiserslautern	BL	2	0
12/13	1. FC Kaiserslautern	2. BL	7	1
	1. FC Kaiserslautern II	RL	12	4
13/14	1. FC Kaiserslautern	2. BL	28	2
14/15	1. FC Kaiserslautern	2. BL	31	4
15/16	RB Leipzig	2. BL	32	1
16/17	RB Leipzig	BL		

ORTAG, Christian
14. 1. 1995, Karlsruhe/D
Torhüter, 1,91 m, 82 kg
Bis 2013 SC Wettersbach, TSV Palmbach und Karlsruher SC

13/14	FC Ingolstadt 04 II	RL	8	0
14/15	FC Ingolstadt 04 II	RL	20	0
15/16	FC Ingolstadt 04 II	RL	14	0
16/17	FC Ingolstadt 04	BL		

OSAKO, Yuya
18. 5. 1990, Kaseda/JPN
Angriff, 1,82 m, 71 kg
Bis 2002 Bansei SSS, 2003-2005 Kagoshima Ikueikan Junior High, 2006-2008 Kagoshima Josei High School

2009	Kashima Antlers	JPN 1	22	3
2010	Kashima Antlers	JPN 1	27	4
2011	Kashima Antlers	JPN 1	25	5
2012	Kashima Antlers	JPN 1	32	9
2013	Kashima Antlers	JPN 1	33	19
Jan 14	TSV München 1860	2. BL	15	6
14/15	1. FC Köln	BL	28	3
15/16	1. FC Köln	BL	25	1
16/17	1. FC Köln	BL		

15 A (3 Tore) für Japan

OSTRZOLEK, Matthias
5. 6. 1990, Bochum/D
Abwehr, 1,78 m, 72 kg
Bis 1997 Werner SV Bochum, ab 2007 VfL Bochum

09/10	VfL Bochum II	RL	8	0
10/11	VfL Bochum	2. BL	17	0
	VfL Bochum II	RL	9	1
11/12	VfL Bochum	2. BL	16	0
Jan 12	FC Augsburg	BL	12	0
12/13	FC Augsburg	BL	25	0
13/14	FC Augsburg	BL	33	0
14/15	Hamburger SV	BL	25	0
15/16	Hamburger SV	BL	32	0
16/17	Hamburger SV	BL		

PAPADOPOULOS, Kyriakos
23. 2. 1992, Katerini/GRE
Abwehr, 1,83 m, 85 kg
Bis 2007 Svoronou Katerini

07/08	Olympiakos Piräus	GRE 1	3	0
08/09	Olympiakos Piräus	GRE 1	3	0
09/10	Olympiakos Piräus	GRE 1	3	0
10/11	FC Schalke 04	BL	18	0
	FC Schalke 04 II	RL	1	0
11/12	FC Schalke 04	BL	29	2
12/13	FC Schalke 04	BL	10	1
13/14	FC Schalke 04	BL	4	0
	FC Schalke 04 II	RL	1	0
14/15	Bayer Leverkusen	BL	14	2
15/16	Bayer Leverkusen	BL	16	0
16/17	Bayer Leverkusen	BL		

20 A (4 Tore) für Griechenland

PARK, Joo-Ho
16. 1. 1987, Seoul/KOR
Abwehr, 1,76 m, 73 kg
Bis 2007 Soongsil University Seoul

2008	Mito Hollyhock	JPN 2	24	0
2009	Kashima Antlers	JPN 1	19	0
2010	Jubilo Iwata	JPN 1	23	2

2011	Jubilo Iwata	JPN 1	11	0
11/12	FC Basel	SUI 1	26	0
12/13	FC Basel	SUI 1	21	1
13/14	1. FSV Mainz 05	BL	27	1
14/15	1. FSV Mainz 05	BL	16	0
15/16	1. FSV Mainz 05	BL	1	0
Aug 15	Borussia Dortmund	BL	5	0
16/17	Borussia Dortmund	BL		

30 A (kein Tor) für Südkorea

PARKER, Devante
16. 3. 1996, Wiesbaden/D
Angriff, 1,77 m, 66 kg

Bis 2006 VfR Wiesbaden, FC Bierstadt und FV Biebrich 02, seit 2006 1. FSV Mainz 05

13/14	1. FSV Mainz 05 II	RL	2	1
14/15	1. FSV Mainz 05	BL	1	0
	1. FSV Mainz 05 II	3. L	29	2
15/16	1. FSV Mainz 05	BL	1	0
	1. FSV Mainz 05 II	3. L	35	6
16/17	1. FSV Mainz 05	BL		

PARKER, Shawn
7. 3. 1993, Wiesbaden/D
Angriff, 1,79 m, 78 kg

Bis 2005 SV Wiesbaden, FC Bierstadt und SV Wehen, ab 2005 1. FSV Mainz 05

11/12	1. FSV Mainz 05 II	RL	27	4
12/13	1. FSV Mainz 05	BL	16	3
	1. FSV Mainz 05 II	RL	10	4
13/14	1. FSV Mainz 05	BL	11	1
	1. FSV Mainz 05 II	RL	5	0
14/15	FC Augsburg	BL	8	0
	FC Augsburg II	RL	2	0
15/16	FC Augsburg II	RL	4	2
16/17	FC Augsburg	BL		

PASSLACK, Felix
29. 5. 1998, Bottrop/D
Mittelfeld, 1,70 m, 74 kg

2002-2010 Fortuna Bottrop, 2010-2012 Rot-Weiß Oberhausen, seit 2012 Borussia Dortmund

15/16	Borussia Dortmund	BL	3	0
16/17	Borussia Dortmund	BL		

PEKARIK, Peter
30. 10. 1986, Zilina/CSV
Abwehr, 1,76 m, 70 kg, SVK

Bis 2004 MSK Zilina

04/05	ZTS Dubnica	SVK 1	27	0
05/06	MSK Zilina	SVK 1	27	2
06/07	MSK Zilina	SVK 1	35	0
07/08	MSK Zilina	SVK 1	31	0
08/09	MSK Zilina	SVK 1	18	3
Jan 09	VfL Wolfsburg	BL	16	0
09/10	VfL Wolfsburg	BL	16	0
10/11	VfL Wolfsburg	BL	23	0
11/12	VfL Wolfsburg	BL	0	0
Aug 11	Kayserispor	TUR 1	27	0
12/13	VfL Wolfsburg	BL	0	0
Aug 12	Hertha BSC	2. BL	19	0
13/14	Hertha BSC	BL	31	0
14/15	Hertha BSC	BL	30	0
15/16	Hertha BSC	BL	12	0
16/17	Hertha BSC	BL		

71 A (2 Tore) für die Slowakei

PETERSEN, Nils
6. 12. 1988, Wernigerode/D
Angriff, 1,88 m, 85 kg

1993/94 Einheit 90 Wernigerode, 1994-2000 1. FC Wernigerode, 2000/01 Einheit Wernigerode, 2001 bis Dezember 2004 Germania Halberstadt, ab Januar 2005 Carl Zeiss Jena

06/07	Carl Zeiss Jena	2. BL	3	0
	Carl Zeiss Jena II	OL	5	1
07/08	Carl Zeiss Jena	2. BL	20	4
	Carl Zeiss Jena II	OL	12	5
08/09	Carl Zeiss Jena	3. L	18	0
	Carl Zeiss Jena II	OL	8	6
Jan 09	Energie Cottbus	BL	1	0
	Energie Cottbus II	RL	13	5
09/10	Energie Cottbus	2. BL	22	10
	Energie Cottbus II	OL	3	3
10/11	Energie Cottbus	2. BL	33	25
11/12	Bayern München	BL	9	2
	Bayern München II	RL	3	2
12/13	Werder Bremen	BL	34	11
13/14	Werder Bremen	BL	28	7
14/15	Werder Bremen	BL	7	0
Jan 15	SC Freiburg	BL	12	9
15/16	SC Freiburg	2. BL	32	21
16/17	SC Freiburg	BL		

PETSOS, Thanos
5. 6. 1991, Düsseldorf/D
Mittelfeld, 1,84 m, 80 kg, GRE/D

1999-2001 Düsseldorfer SC 99, ab 2001 Bayer Leverkusen

09/10	Bayer Leverkusen	BL	1	0
	Bayer Leverkusen II	RL	8	0
10/11	Bayer Leverkusen	BL	0	0
Aug 10	1. FC Kaiserslautern	BL	20	0
	1. FC Kaiserslautern II	RL	7	1
11/12	1. FC Kaiserslautern	BL	19	0
12/13	SpVgg Greuther Fürth	BL	14	1
	SpVgg Greuther Fürth II	RL	1	0
13/14	Rapid Wien	AUT 1	27	3
14/15	Rapid Wien	AUT 1	27	1
15/16	Rapid Wien	AUT 1	20	1
16/17	Werder Bremen	BL		

4 A (kein Tor) für Griechenland

PHILIPP, Maximilian
1. 3. 1994, Berlin/D
Mittelfeld, 1,83 m, 76 kg

Bis 2008 Hertha BSC, 2008-2011 Tennis Borussia Berlin

11/12	Energie Cottbus II	RL	1	0
12/13	Energie Cottbus II	RL	2	0

Jan 13	SC Freiburg II	RL	1	0
13/14	SC Freiburg II	RL	29	12
	SC Freiburg	BL	1	0
14/15	SC Freiburg	BL	24	1
	SC Freiburg II	RL	1	0
15/16	SC Freiburg	2. BL	31	8
16/17	SC Freiburg	BL		

PISZCZEK, Lukasz
3. 6. 1985, Czechowice-Dziedzice/POL
Abwehr, 1,84 m, 79 kg
Bis 2001 LKS Goczalkowice, ab 2001 Gwarek Zabrze

03/04	Gwarek Zabrze	POL 7		
04/05	Zaglebie Lubin	POL 1	11	2
05/06	Zaglebie Lubin	POL 1	28	1
06/07	Zaglebie Lubin	POL 1	30	11
07/08	Hertha BSC	BL	24	1
08/09	Hertha BSC	BL	13	0
	Hertha BSC II	RL	3	5
09/10	Hertha BSC	BL	31	2
10/11	Borussia Dortmund	BL	33	0
11/12	Borussia Dortmund	BL	32	4
12/13	Borussia Dortmund	BL	29	2
13/14	Borussia Dortmund	BL	19	3
14/15	Borussia Dortmund	BL	22	0
15/16	Borussia Dortmund	BL	20	0
16/17	Borussia Dortmund	BL		

50 A (2 Tore) für Polen

PIZARRO, Claudio
Claudio Miguel Pizarro Bossio
3. 10. 1978, Callao/PER
Angriff, 1,84 m, 84 kg, PER/ITA

1996	D. Pesquero Chimbote	PER 1	17	3
1997	D. Pesquero Chimbote	PER 1	25	8
1998	Alianza Lima	PER 1	22	7
1999	Alianza Lima	PER 1	22	18
99/00	Werder Bremen	BL	25	10
00/01	Werder Bremen	BL	31	19
01/02	Bayern München	BL	30	15
02/03	Bayern München	BL	31	15
03/04	Bayern München	BL	31	11
04/05	Bayern München	BL	23	11
05/06	Bayern München	BL	26	11
06/07	Bayern München	BL	33	8
07/08	FC Chelsea	ENG 1	21	2
08/09	FC Chelsea	ENG 1	0	0
Aug 08	Werder Bremen	BL	26	17
09/10	FC Chelsea	ENG 1	0	0
Aug 09	Werder Bremen	BL	26	16
10/11	Werder Bremen	BL	22	9
11/12	Werder Bremen	BL	29	18
12/13	Bayern München	BL	20	6
13/14	Bayern München	BL	17	10
14/15	Bayern München	BL	13	0
Sep 15	Werder Bremen	BL	28	14
16/17	Werder Bremen	BL		

85 A (20 Tore) für Peru

PLATTE, Felix
11. 2. 1996, Höxter/D
Angriff, 1,90 m, 88 kg
2000-2008 TSV Sabbenhausen, 2008/09 TuS Lügde, 2009-2012 SC Paderborn 07, ab 2012 FC Schalke 04

14/15	FC Schalke 04	BL	2	0
15/16	FC Schalke 04	BL	1	0
	FC Schalke 04 II	RL	3	1
Feb 16	SV Darmstadt 98	BL	11	0
16/17	SV Darmstadt 98	BL		

PLATTENHARDT, Marvin
26. 1. 1992, Filderstadt/D
Abwehr, 1,81 m, 76 kg
1999-2005 1. FC Frickenhausen, 2005/06 FV Nürtingen, 2006-2008 SSV Reutlingen, ab 2008 1. FC Nürnberg

09/10	1. FC Nürnberg II	RL	9	0
10/11	1. FC Nürnberg	BL	9	0
	1. FC Nürnberg II	RL	21	0
11/12	1. FC Nürnberg	BL	9	0
	1. FC Nürnberg II	RL	8	0
12/13	1. FC Nürnberg	BL	14	1
	1. FC Nürnberg II	RL	8	0
13/14	1. FC Nürnberg	BL	31	1
14/15	Hertha BSC	BL	15	0
	Hertha BSC II	RL	2	0
15/16	Hertha BSC	BL	33	2
16/17	Hertha BSC	BL		

POHJANPALO, Joel
13. 9. 1994, Helsinki/FIN
Angriff, 1,84 m, 79 kg

2010	Klubi 04 Helsinki	FIN 2	1	0
2011	Klubi 04 Helsinki	FIN 3	25	33
	HJK Helsinki	FIN 1	1	0
2012	HJK Helsinki	FIN 1	28	11
2013	HJK Helsinki	FIN 1	21	5
Sep 13	VfR Aalen	2. BL	22	5
14/15	Fortuna Düsseldorf	2. BL	29	11
15/16	Fortuna Düsseldorf	2. BL	26	2
	Fortuna Düsseldorf II	RL	1	0
16/17	Bayer Leverkusen	BL		

20 A (4 Tore) für Finnland

POLANSKI, Eugen
17. 3. 1986, Sosnowiec/POL
Mittelfeld, 1,83 m, 78 kg, POL/D
1992-1994 Concordia Viersen, ab 1994 Borussia Mönchengladbach

04/05	Bor. Mönchengladbach	BL	1	0
	Bor. Mönchengladbach Am.	OL	17	1
05/06	Bor. Mönchengladbach	BL	21	1
	Bor. Mönchengladbach II	OL	7	6
06/07	Bor. Mönchengladbach	BL	22	0
07/08	Bor. Mönchengladbach	2. BL	9	0
08/09	FC Getafe	ESP 1	26	0
09/10	1. FSV Mainz 05	BL	21	1
10/11	1. FSV Mainz 05	BL	28	0

11/12	1. FSV Mainz 05	BL	26	3
	1. FSV Mainz 05	RL	1	0
12/13	1. FSV Mainz 05	BL	12	0
Jan 13	TSG Hoffenheim	BL	11	0
13/14	TSG Hoffenheim	BL	32	3
14/15	TSG Hoffenheim	BL	30	5
15/16	TSG Hoffenheim	BL	27	1
16/17	TSG Hoffenheim	BL		

19 A (kein Tor) für Polen

PORATH, Finn
23. 2. 1997, Lübeck/D
Mittelfeld, 1,79 m, 68 kg

Bis 2009 Sportfreunde Herrnburg, 2009/10 VfB Lübeck, seit 2010 Hamburger SV

15/16	Hamburger SV II	RL	1	0
16/17	Hamburger SV	BL		

POULSEN, Yussuf
15. 6. 1994, Kopenhagen/DEN
Angriff, 1,92 m, 83 kg

BK Skjold

11/12	Lyngby BK	DEN 1	5	0
12/13	Lyngby BK	DEN 1	30	11
13/14	RB Leipzig	3. L	36	10
14/15	RB Leipzig	2. BL	29	11
15/16	RB Leipzig	2. BL	32	7
16/17	RB Leipzig	BL		

13 A (2 Tore) für Dänemark

PULISIC, Christian
18. 9. 1998, Hershey/USA
Mittelfeld, 1,72 m, 69 kg

Seit Februar 2015 Borussia Dortmund

15/16	Borussia Dortmund	BL	9	2
16/17	Borussia Dortmund	BL		

6 A (1 Tor) für die USA

PUTARO, Leandro
7. 1. 1997, Göttingen/D
Angriff, 1,87 m, 77 kg

Bis 2006 SVG Göttingen 07 und RSV Göttingen 05, 2006-2010 Hannover 96, seit 2010 VfL Wolfsburg

15/16	VfL Wolfsburg	BL	4	0
16/17	VfL Wolfsburg	BL		

RAFFAEL
Rafael Caetano de Araujo
28. 3. 1985, Fortaleza/BRA
Angriff, 1,74 m, 69 kg

1997-2000 Vitoria Bahia, 2001-2003 Juventus Sao Paulo

03/04	FC Chiasso	SUI 2	29	15
04/05	FC Chiasso	SUI 2	32	15
05/06	FC Zürich	SUI 1	31	14
06/07	FC Zürich	SUI 1	31	13
07/08	FC Zürich	SUI 1	15	12
Jan 08	Hertha BSC	BL	15	4
08/09	Hertha BSC	BL	33	6
09/10	Hertha BSC	BL	31	7
10/11	Hertha BSC	2. BL	30	10
11/12	Hertha BSC	BL	31	6
12/13	Dynamo Kiew	UKR 1	9	1
Jan 13	FC Schalke 04	BL	16	2
13/14	Bor. Mönchengladbach	BL	34	14
14/15	Bor. Mönchengladbach	BL	31	12
15/16	Bor. Mönchengladbach	BL	31	13
16/17	Bor. Mönchengladbach	BL		

RAFINHA
Marcio Rafael Ferreira de Souza
7. 9. 1985, Londrina/BRA
Abwehr, 1,72 m, 68 kg

1992-1996 Gremio Londrinense, 1997-2000 Parana Soccer Technical Center, 2001 Londrina EC, ab 2002 Coritiba FC

2004	Coritiba FC	BRA 1	24	0
2005	Coritiba FC	BRA-R1	11	2
	Coritiba FC	BRA 1	13	3
Aug 05	FC Schalke 04	BL	29	0
06/07	FC Schalke 04	BL	31	2
07/08	FC Schalke 04	BL	32	2
08/09	FC Schalke 04	BL	30	2
09/10	FC Schalke 04	BL	31	1
10/11	CFC Genoa 1893	ITA 1	34	2
11/12	Bayern München	BL	24	0
12/13	Bayern München	BL	13	2
13/14	Bayern München	BL	28	0
14/15	Bayern München	BL	26	0
15/16	Bayern München	BL	25	0
16/17	Bayern München	BL		

2 A (kein Tor) für Brasilien

RAMALHO, André
André Ramalho da Silva
16. 2. 1992, Ibiuna/BRA
Abwehr, 1,82 m, 75 kg

2004 und 2005 FC Sao Paulo, 2006 EC Sao Bento Sorocaba, 2007 Palmeiras Sao Paulo, ab 2008 RB Brasil Campinas

2010	RB Brasil Campinas	BRA-R3	3	0
10/11	RB Salzburg Am.	AUT 3	12	2
11/12	RB Salzburg Am.	AUT 3	13	0
Jan 12	USK Anif	AUT 3	10	2
12/13	FC Liefering	AUT 3	19	2
13/14	RB Salzburg	AUT 1	33	5
14/15	RB Salzburg	AUT 1	31	1
15/16	Bayer Leverkusen	BL	19	0
16/17	Bayer Leverkusen	BL		

RAMOS, Adrian
Gustavo Adrian Ramos Vazquez
22. 1. 1986, Santander di Quilichao/COL
Angriff, 1,85 m, 75 kg

2004	America Cali	COL 1	7	1
2005	Trujillanos FC Valera	VEN 1		8
Jun 05	America Cali	COL 1	9	4
2006	America Cali	COL 1	16	3
Jul 06	Independiente Santa Fé	COL 1	15	4
2007	Independiente Santa Fé	COL 1	17	2
Jul 07	America Cali	COL 1	10	3

2008	America Cali	COL 1	44	21
2009	America Cali	COL 1	19	12
Aug 09	Hertha BSC	BL	29	10
10/11	Hertha BSC	2. BL	33	15
11/12	Hertha BSC	BL	31	6
12/13	Hertha BSC	2. BL	32	11
13/14	Hertha BSC	BL	32	16
14/15	Borussia Dortmund	BL	18	2
15/16	Borussia Dortmund	BL	27	9
16/17	Borussia Dortmund	BL		

36 A (4 Tore) für Kolumbien

RAUSCH, Konstantin
15. 3. 1990, Koschewnikowo/URS
Abwehr, 1,82 m, 80 kg, D

1996-2002 TuS Lachendorf, 2002-2004 SV Nienhagen, ab 2004 Hannover 96

07/08	Hannover 96	BL	2	0
	Hannover 96 II	OL	11	0
08/09	Hannover 96	BL	25	0
	Hannover 96 II	RL	4	0
09/10	Hannover 96	BL	26	0
10/11	Hannover 96	BL	34	5
11/12	Hannover 96	BL	33	1
12/13	Hannover 96	BL	30	3
13/14	VfB Stuttgart	BL	21	2
14/15	VfB Stuttgart	BL	4	0
	VfB Stuttgart II	3. L	9	2
15/16	SV Darmstadt 98	BL	31	2
16/17	1. FC Köln	BL		

REBIC, Ante
21. 9. 1993, Split/CRO
Angriff, 1,85 m, 78 kg

2002-2008 NK Vinjani, 2008-2010 NK Imotski

10/11	RNK Split	CRO 1	1	0
11/12	RNK Split	CRO 1	20	5
12/13	RNK Split	CRO 1	29	10
13/14	RNK Split	CRO 1	4	0
Aug 13	AC Florenz	ITA 1	4	1
14/15	RB Leipzig	2. BL	10	0
15/16	AC Florenz	ITA 1	4	1
Jan 16	Hellas Verona	ITA 1	10	0
16/17	Eintracht Frankfurt	BL		

10 A (1 Tor) für Kroatien

REESE, Fabian
29. 11. 1997, Kiel/D
Angriff, 1,87 m, 76 kg

2005-2013 Holstein Kiel, seit 2013 FC Schalke 04

15/16	FC Schalke 04	BL	1	0
16/17	FC Schalke 04	BL		

REGÄSEL, Yanni
13. 1. 1996, Berlin/D
Abwehr, 1,76 m, 72 kg

Bis 2005 Reinickendorfer Füchse, ab 2005 Hertha BSC

13/14	Hertha BSC II	RL	17	0
14/15	Hertha BSC II	RL	24	0
15/16	Hertha BSC II	RL	10	0
	Hertha BSC	BL	6	0
Feb 16	Eintracht Frankfurt	BL	10	0
16/17	Eintracht Frankfurt	BL		

RENATO SANCHES
Renato Junior Luz Sanches
18. 8. 1997, Lissabon/POR
Mittelfeld, 1,76 m, 75 kg

Bis 2008 Recreativo Aguias Musgueira, ab 2008 Benfica Lissabon

14/15	Benfica Lissabon B	POR 2	24	0
15/16	Benfica Lissabon B	POR 2	10	3
	Benfica Lissabon	POR 1	24	2
16/17	Bayern München	BL		

11 A (1 Tor) für Portugal

REUS, Marco
31. 5. 1989, Dortmund/D
Mittelfeld, 1,80 m, 71 kg

Bis 2006 Post SV Dortmund und Borussia Dortmund

06/07	Rot-Weiss Ahlen II	OL	5	2
07/08	Rot-Weiss Ahlen	RL	16	1
	Rot-Weiss Ahlen II	OL	1	1
08/09	Rot-Weiss Ahlen	2. BL	27	4
09/10	Bor. Mönchengladbach	BL	33	8
10/11	Bor. Mönchengladbach	BL	32	10
11/12	Bor. Mönchengladbach	BL	32	18
12/13	Borussia Dortmund	BL	32	14
13/14	Borussia Dortmund	BL	30	16
14/15	Borussia Dortmund	BL	20	7
15/16	Borussia Dortmund	BL	26	12
16/17	Borussia Dortmund	BL		

29 A (9 Tore) für Deutschland

RIBÉRY, Franck
7. 4. 1983, Boulogne-sur-Mer/FRA
Mittelfeld, 1,70 m, 72 kg

Bis 1996 Conti Boulogne, 1996-1999 Lille OSC, ab 1999 US Boulogne-sur-Mer

00/01	US Boulogne-sur-Mer	FRA 4	4	1
01/02	US Boulogne-sur-Mer	FRA 3	20	5
02/03	Olympique Ales	FRA 3	19	2
03/04	Stade Brest	FRA 3	35	3
04/05	FC Metz	FRA 1	20	1
Feb 05	Galatasaray Istanbul	TUR 1	14	0
05/06	Olympique Marseille	FRA 1	35	6
06/07	Olympique Marseille	FRA 1	25	5
07/08	Bayern München	BL	28	11
08/09	Bayern München	BL	25	9
09/10	Bayern München	BL	19	4
10/11	Bayern München	BL	25	7
11/12	Bayern München	BL	32	12
12/13	Bayern München	BL	27	10
13/14	Bayern München	BL	22	10
14/15	Bayern München	BL	15	5
15/16	Bayern München	BL	13	2
16/17	Bayern München	BL		

81 A (16 Tore) für Frankreich

RIEDER, Tim
3. 9. 1993, Dachau/D
Abwehr, 1,86 m, 77 kg
Bis 2010 ASV Dachau und Bayern München, seit 2010 FC Augsburg

12/13	FC Augsburg II	RL	28	0
13/14	FC Augsburg II	RL	30	0
14/15	FC Augsburg II	RL	28	2
15/16	FC Augsburg II	RL	27	1
16/17	FC Augsburg	BL		

RIETHER, Sascha
23. 3. 1983, Lahr/D
Mittelfeld, 1,74 m, 70 kg
1987-1995 FV Kuhbach, 1995-1998 Offenburger FV, ab 1998 SC Freiburg

01/02	SC Freiburg Am.	OL	13	1
02/03	SC Freiburg	2. BL	23	0
03/04	SC Freiburg	BL	33	3
04/05	SC Freiburg	BL	25	1
05/06	SC Freiburg	2. BL	29	0
06/07	SC Freiburg	2. BL	29	0
07/08	VfL Wolfsburg	BL	27	1
08/09	VfL Wolfsburg	BL	28	2
09/10	VfL Wolfsburg	BL	33	1
10/11	VfL Wolfsburg	BL	28	2
11/12	1. FC Köln	BL	33	0
12/13	FC Fulham	ENG 1	35	1
13/14	FC Fulham	ENG 1	31	0
14/15	SC Freiburg	BL	19	0
15/16	FC Schalke 04	BL	17	0
16/17	FC Schalke 04	BL		

2 A (kein Tor) für Deutschland

RINDERKNECHT, Nico
11. 10. 1997, Gießen/D
Mittelfeld, 1,85 m, 72 kg
2002/03 Blau Weiss Gießen, 2003/04 ASV Gießen, 2004-2010 VfB Gießen, 2010/11 TSG Wieseck, ab 2011 Eintracht Frankfurt

15/16	Eintracht Frankfurt	BL	1	0
16/17	FC Ingolstadt 04	BL		

RISSE, Marcel
17. 12. 1989, Köln/D
Angriff, 1,83 m, 75 kg
1995-1997 TuS Höhenhaus, ab 1997 Bayer Leverkusen

06/07	Bayer Leverkusen II	RL	1	0
07/08	Bayer Leverkusen	BL	3	0
08/09	Bayer Leverkusen II	RL	5	1
Jan 09	1. FC Nürnberg	2. BL	12	0
09/10	1. FC Nürnberg	BL	20	0
10/11	Bayer Leverkusen	BL	0	0
Aug 10	1. FSV Mainz 05	BL	25	2
	1. FSV Mainz 05 II	RL	1	0
11/12	1. FSV Mainz 05	BL	10	1
12/13	1. FSV Mainz 05	BL	21	1
	1. FSV Mainz 05 II	BL	2	0
13/14	1. FC Köln	2. BL	31	9
14/15	1. FC Köln	BL	29	5
15/16	1. FC Köln	BL	33	3
16/17	1. FC Köln	BL		

ROBBEN, Arjen
23. 1. 1984, Bedum/NED
Mittelfeld, 1,80 m, 80 kg
1989-1996 VV Vedum, ab 1996 FC Groningen

00/01	FC Groningen	NED 1	18	2
01/02	FC Groningen	NED 1	28	6
02/03	PSV Eindhoven	NED 1	33	12
03/04	PSV Eindhoven	NED 1	23	5
04/05	FC Chelsea	ENG 1	18	7
05/06	FC Chelsea	ENG 1	28	6
06/07	FC Chelsea	ENG 1	21	2
07/08	FC Chelsea	ENG 1	0	0
Aug 07	Real Madrid	ESP 1	21	4
08/09	Real Madrid	ESP 1	29	7
09/10	Real Madrid	ESP 1	0	0
Aug 09	Bayern München	BL	24	16
10/11	Bayern München	BL	14	12
11/12	Bayern München	BL	24	12
12/13	Bayern München	BL	16	5
13/14	Bayern München	BL	28	11
14/15	Bayern München	BL	21	17
15/16	Bayern München	BL	15	4
16/17	Bayern München	BL		

88 A (30 Tore) für die Niederlande

RODE, Sebastian
11. 10. 1990, Seeheim-Jugenheim/D
Mittelfeld, 1,79 m, 75 kg
1994-1998 SKV Hähnlein, 1998-2002 FC Alsbach, 2002-2004 Viktoria Griesheim, 2004/05 SV Darmstadt 98, ab 2005 Kickers Offenbach

08/09	Kickers Offenbach	3. L	2	0
09/10	Kickers Offenbach	3. L	13	1
10/11	Eintracht Frankfurt	BL	11	2
11/12	Eintracht Frankfurt	2. BL	33	2
12/13	Eintracht Frankfurt	BL	33	0
13/14	Eintracht Frankfurt	BL	17	0
14/15	Bayern München	BL	23	2
15/16	Bayern München	BL	15	1
16/17	Borussia Dortmund	BL		

RODRIGUEZ, Ricardo
25. 8. 1992, Zürich/SUI
Abwehr, 1,80 m, 77 kg, SUI/ESP/CHI
1997-2002 FC Schwamendingen, ab 2002 FC Zürich

08/09	FC Zürich II	SUI 3	1	0
09/10	FC Zürich	SUI 1	6	0
	FC Zürich II	SUI 3	13	3
10/11	FC Zürich	SUI 1	13	1
	FC Zürich II	SUI 3	3	1
11/12	FC Zürich	SUI 1	16	1
Jan 12	VfL Wolfsburg	BL	17	0
12/13	VfL Wolfsburg	BL	24	0
13/14	VfL Wolfsburg	BL	34	5
14/15	VfL Wolfsburg	BL	26	6
15/16	VfL Wolfsburg	BL	24	2

16/17	VfL Wolfsburg	BL		

41 A (kein Tor) für die Schweiz

ROGER
Roger de Oliveira Bernardo
10. 8. 1985, Rio Claro/BRA
Mittelfeld, 1,84 m, 86 kg
2000 bis Mai 2004 Uniao Sao Joao de Araras

Jul 04	EC Santo André	BRA 2	1	0
2005	Palmeiras Sao Paulo	BRA-R1	0	0
	Palmeiras Sao Paulo	BRA 1	17	0
2006	Palmeiras Sao Paulo	BRA-R1	0	0
	Palmeiras Sao Paulo	BRA 1	11	0
2007	AA Ponte Preta	BRA-R1	7	4
Mai 07	Juvent. Caxias do Sul	BRA 1	1	0
2008	Guarani FC Campinas	BRA-R1	14	0
Aug 08	Figueirense FC	BRA 1	1	0
2009	Figueirense FC	BRA-R1	14	1
	Figueirense FC	BRA 1	7	0
09/10	Energie Cottbus	2. BL	8	0
10/11	Energie Cottbus	2. BL	28	1
11/12	Energie Cottbus	2. BL	26	0
12/13	Energie Cottbus	2. BL	1	0
Aug 14	FC Ingolstadt 04	2. BL	24	0
13/14	FC Ingolstadt 04	2. BL	31	0
14/15	FC Ingolstadt 04	2. BL	33	0
15/16	FC Ingolstadt 04	BL	29	1
16/17	FC Ingolstadt 04	BL		

RONNY
Ronny Heberson Furtado de Araujo
11. 5. 1986, Fortaleza/BRA
Mittelfeld, 1,75 m, 74 kg

2005	Corinthians Sao Paulo Jun.			
	Corinthians Sao Paulo	BRA 1	6	1
Aug 05	Sporting Lissabon	POR 1	0	0
06/07	Sporting Lissabon	POR 1	12	1
07/08	Sporting Lissabon	POR 1	20	0
08/09	Sporting Lissabon	POR 1	6	0
09/10	Uniao Leiria	POR 1	17	3
10/11	Hertha BSC	2. BL	22	2
11/12	Hertha BSC	BL	10	0
12/13	Hertha BSC	2. BL	33	18
13/14	Hertha BSC	BL	27	4
14/15	Hertha BSC	BL	19	3
15/16	Hertha BSC	BL	1	0
	Hertha BSC II	RL	2	0
16/17	Hertha BSC	BL		

RONSTADT, Frank
21. 7. 1997, Hamburg/D
Mittelfeld, 1,79 m, 76 kg
Bis 2011 FC St. Pauli, seit 2011 Hamburger SV

15/16	Hamburger SV II	RL	8	0
16/17	Hamburger SV	BL		

ROSENTHAL, Jan
7. 4. 1986, Sulingen/D
Mittelfeld, 1,86 m, 76 kg
1992-2000 SV Staffhorst, ab 2000 Hannover 96

03/04	Hannover 96 Am.	OL	13	1
04/05	Hannover 96 Am.	OL	4	0
05/06	Hannover 96 II	OL	17	1
06/07	Hannover 96	BL	29	6
	Hannover 96 II	OL	3	0
07/08	Hannover 96	BL	23	4
	Hannover 96 II	OL	5	1
08/09	Hannover 96	BL	12	0
09/10	Hannover 96	BL	16	1
	Hannover 96 II	RL	1	0
10/11	SC Freiburg	BL	22	5
11/12	SC Freiburg	BL	18	2
	SC Freiburg II	RL	3	0
12/13	SC Freiburg	BL	20	4
13/14	Eintracht Frankfurt	BL	18	2
14/15	Eintracht Frankfurt	BL	0	0
Feb 15	SV Darmstadt 98	2. BL	9	1
15/16	SV Darmstadt 98	BL	23	0
16/17	SV Darmstadt 98	BL		

RUDNEVS, Artjoms
13. 1. 1988, Daugavpils/URS
Angriff, 1,83 m, 81 kg, LVA

2005	Ditton Daugavpils	LVA 2	13	3
2006	Ditton Daugavpils	LVA 1	20	4
2007	Daugava Daugavpils	LVA 1	19	7
2008	Daugava Daugavpils	LVA 1	23	7
Jan 09	Zalaegerszegi TE	HUN 1	4	2
09/10	Zalaegerszegi TE	HUN 1	25	16
10/11	Zalaegerszegi TE	HUN 1	4	2
Aug 10	Lech Poznan	POL 1	27	11
11/12	Lech Poznan	POL 1	29	22
12/13	Hamburger SV	BL	34	12
13/14	Hamburger SV	BL	7	0
Jan 14	Hannover 96	BL	16	4
14/15	Hamburger SV	BL	22	1
15/16	Hamburger SV	BL	11	2
	Hamburger SV II	RL	5	3
16/17	1. FC Köln	BL		

36 A (2 Tore) für Lettland

RUDY, Sebastian
28. 2. 1990, Villingen-Schwenningen/D
Mittelfeld, 1,79 m, 74 kg
Bis 2001 FC Dietingen, 2001-2003 SV Zimmern,
ab 2003 VfB Stuttgart

07/08	VfB Stuttgart II	RL	15	4
08/09	VfB Stuttgart	BL	2	0
	VfB Stuttgart II	3. L	16	7
09/10	VfB Stuttgart	BL	13	0
	VfB Stuttgart II	3. L	6	1
10/11	VfB Stuttgart	BL	0	0
Aug 10	TSG Hoffenheim	BL	32	1
11/12	TSG Hoffenheim	BL	28	0
12/13	TSG Hoffenheim	BL	23	0
13/14	TSG Hoffenheim	BL	27	2
14/15	TSG Hoffenheim	BL	29	4
15/16	TSG Hoffenheim	BL	24	2
16/17	TSG Hoffenheim	BL		

11 A (kein Tor) für Deutschland

RUPP, Lukas
8. 1. 1991, Heidelberg/D
Mittelfeld, 1,78 m, 73 kg
Bis 2005 TSG Weinheim, ab 2005 Karlsruher SC

08/09	Karlsruher SC II	RL	4	1
09/10	Karlsruher SC	2. BL	2	0
	Karlsruher SC II	RL	17	4
10/11	Karlsruher SC	2. BL	24	3
11/12	Bor. Mönchengladbach	BL	3	0
	Bor. Mönchengladbach II	RL	7	2
Jan 12	SC Paderborn 07	2. BL	15	2
12/13	Bor. Mönchengladbach	BL	21	0
	Bor. Mönchengladbach II	RL	3	0
13/14	Bor. Mönchengladbach	BL	10	0
	Bor. Mönchengladbach II	RL	4	1
14/15	SC Paderborn 07	BL	31	4
15/16	VfB Stuttgart	BL	29	5
16/17	TSG Hoffenheim	BL		

RUSS, Marco
4. 8. 1985, Hanau/D
Mittelfeld, 1,90 m, 88 kg
1989-1996 VfB Großauheim, ab 1996 Eintracht Frankfurt

03/04	Eintracht Frankfurt Am.	OL	5	0
04/05	Eintracht Frankfurt	2. BL	3	0
	Eintracht Frankfurt Am.	OL	25	2
05/06	Eintracht Frankfurt	BL	9	0
	Eintracht Frankfurt II	OL	14	0
06/07	Eintracht Frankfurt	BL	27	1
07/08	Eintracht Frankfurt	BL	29	3
08/09	Eintracht Frankfurt	BL	33	4
09/10	Eintracht Frankfurt	BL	30	4
10/11	Eintracht Frankfurt	BL	31	1
11/12	Eintracht Frankfurt	2. BL	1	0
Jul 11	VfL Wolfsburg	BL	24	1
12/13	VfL Wolfsburg	BL	0	0
Jan 13	Eintracht Frankfurt	BL	10	1
13/14	Eintracht Frankfurt	BL	29	3
14/15	Eintracht Frankfurt	BL	26	2
15/16	Eintracht Frankfurt	BL	28	3
16/17	Eintracht Frankfurt	BL		

RYU, Seung-Woo
17. 12. 1993, Busan/KOR
Angriff, 1,72 m, 67 kg
Bis Dezember 2013 Chung-Ang University

Jan 14	Bayer Leverkusen	BL	2	0
14/15	Eintracht Braunschweig	2. BL	16	4
15/16	Bayer Leverkusen	BL	0	0
Feb 16	Arminia Bielefeld	2. BL	10	0
16/17	Bayer Leverkusen	BL		

SABITZER, Marcel
17. 3. 1994, Graz/AUT
Mittelfeld, 1,77 m, 74 kg
Bis 2001 Villacher SV, 2001-2008 Grazer AK, Juli bis Dezember 2008 SC Wiener Neustadt, Januar bis Juni 2009 Austria Wien

09/10	FC Admira Wacker Am.	AUT 3	6	0
10/11	FC Admira Wacker	AUT 2	8	2
	FC Admira Wacker Am.	AUT 3	22	9
11/12	FC Admira Wacker	AUT 1	20	5
	FC Admira Wacker Am.	AUT 3	12	6
12/13	FC Admira Wacker	AUT 1	17	3
Jan 13	Rapid Wien	AUT 1	16	3
13/14	Rapid Wien	AUT 1	29	7
14/15	RB Salzburg	AUT 1	33	19
15/16	RB Leipzig	2. BL	32	8
16/17	RB Leipzig	BL		

21 A (3 Tore) für Österreich

SAHIN, Nuri
5. 9. 1988, Lüdenscheid/D
Mittelfeld, 1,80 m, 73 kg, TUR/D
1994-2001 RSV Meinerzhagen, ab 2001 Borussia Dortmund

05/06	Borussia Dortmund	BL	23	1
	Borussia Dortmund II	OL	2	0
06/07	Borussia Dortmund	BL	24	0
	Borussia Dortmund II	RL	4	0
07/08	Feyenoord Rotterdam	NED 1	29	6
08/09	Borussia Dortmund	BL	25	2
	Borussia Dortmund II	RL	1	1
09/10	Borussia Dortmund	BL	33	4
10/11	Borussia Dortmund	BL	30	6
11/12	Real Madrid	ESP 1	4	0
12/13	Real Madrid	ESP 1	0	0
Aug 12	FC Liverpool	ENG 1	7	1
Jan 13	Borussia Dortmund	BL	15	3
13/14	Borussia Dortmund	BL	34	2
14/15	Borussia Dortmund	BL	7	1
15/16	Borussia Dortmund	BL	9	0
16/17	Borussia Dortmund	BL		

50 A (2 Tore) für die Türkei

SAKAI, Gotoku
14. 3. 1991, New York/USA
Abwehr, 1,76 m, 74 kg, JPN
Ab 2005 Albirex Niigata

2009	Albirex Niigata	JPN 1	18	0
2010	Albirex Niigata	JPN 1	31	0
2011	Albirex Niigata	JPN 1	25	1
Jan 12	VfB Stuttgart	BL	14	0
12/13	VfB Stuttgart	BL	27	0
13/14	VfB Stuttgart	BL	28	0
14/15	VfB Stuttgart	BL	18	1
15/16	Hamburger SV	BL	22	0
16/17	Hamburger SV	BL		

27 A (kein Tor) für Japan

SAM, Sidney
31. 1. 1988, Kiel/D
Mittelfeld, 1,74 m, 71 kg
1992-2002 TuS Mettenhof und Kilia Kiel, 2002-2004 Holstein Kiel, ab 2004 Hamburger SV

05/06	Hamburger SV II	RL	2	1
06/07	Hamburger SV II	RL	23	4
07/08	Hamburger SV	BL	4	0
	Hamburger SV II	RL	21	3
08/09	Hamburger SV II	RL	1	0

Aug 08	1. FC Kaiserslautern	2. BL	26	4
09/10	1. FC Kaiserslautern	2. BL	33	10
10/11	Bayer Leverkusen	BL	30	7
11/12	Bayer Leverkusen	BL	18	4
12/13	Bayer Leverkusen	BL	22	5
13/14	Bayer Leverkusen	BL	22	8
14/15	FC Schalke 04	BL	11	0
	FC Schalke 04 II	RL	1	0
15/16	FC Schalke 04	BL	2	0
	FC Schalke 04 II	RL	2	1
16/17	FC Schalke 04	BL		

5 A (kein Tor) für Deutschland

SANÉ, Lamine
22. 3. 1987, Villeneuve-sur-Lot/FRA
Abwehr, 1,92 m, 77 kg, SEN

1997-2003 US Lormont, ab 2003 Stade Bordelais

05/06	Stade Bordelais	FRA 5		
06/07	RCO Agde	FRA 4	25	1
07/08	US Lormont	FRA 6		
08/09	Girondins Bordeaux II	FRA 4	15	1
09/10	Girondins Bordeaux	FRA 1	17	1
	Girondins Bordeaux II	FRA 4	9	0
10/11	Girondins Bordeaux	FRA 1	33	2
	Girondins Bordeaux II	FRA 5	3	0
11/12	Girondins Bordeaux	FRA 1	32	2
12/13	Girondins Bordeaux	FRA 1	33	1
13/14	Girondins Bordeaux	FRA 1	36	0
14/15	Girondins Bordeaux	FRA 1	23	1
15/16	Girondins Bordeaux	FRA 1	13	0
	Girondins Bordeaux II	FRA 4	1	0
16/17	Werder Bremen	BL		

35 A (kein Tor) für den Senegal

SCHÄFER, Marcel
7. 6. 1984, Aschaffenburg/D
Abwehr, 1,84 m, 75 kg

1990-1996 Eintracht Straßbessenbach, 1996-2000 Viktoria Aschaffenburg, ab 2000 TSV München 1860

03/04	TSV München 1860	BL	1	0
	TSV München 1860 Am.	OL	27	1
04/05	TSV München 1860	2. BL	27	2
	TSV München 1860 Am.	RL	7	3
05/06	TSV München 1860	2. BL	32	1
06/07	TSV München 1860	2. BL	31	0
07/08	VfL Wolfsburg	BL	29	6
08/09	VfL Wolfsburg	BL	34	4
09/10	VfL Wolfsburg	BL	32	0
10/11	VfL Wolfsburg	BL	34	0
11/12	VfL Wolfsburg	BL	34	5
12/13	VfL Wolfsburg	BL	31	0
13/14	VfL Wolfsburg	BL	21	1
	VfL Wolfsburg II	RL	2	1
14/15	VfL Wolfsburg	BL	16	0
15/16	VfL Wolfsburg	BL	21	1
16/17	VfL Wolfsburg	BL		

8 A (kein Tor) für Deutschland

SCHÄR, Fabian
20. 12. 1991, Wil/SUI
Abwehr, 1,86 m, 84 kg

Ab 1999 FC Wil

09/10	FC Wil	SUI 2	2	0
10/11	FC Wil	SUI 2	24	4
11/12	FC Wil	SUI 2	26	5
12/13	FC Basel	SUI 1	21	4
13/14	FC Basel	SUI 1	22	4
	FC Basel II	SUI 3	1	0
14/15	FC Basel	SUI 1	30	1
15/16	TSG Hoffenheim	BL	24	1
16/17	TSG Hoffenheim	BL		

24 A (6 Tore) für die Schweiz

SCHIEBER, Julian
13. 2. 1989, Backnang/D
Angriff, 1,86 m, 83 kg

1994-2005 SV Unterweissach, 2005/06 TSG Backnang, ab 2006 VfB Stuttgart

08/09	VfB Stuttgart	BL	12	0
	VfB Stuttgart II	3. L	18	9
09/10	VfB Stuttgart	BL	19	3
	VfB Stuttgart II	3. L	5	4
10/11	1. FC Nürnberg	BL	29	7
11/12	VfB Stuttgart	BL	18	3
12/13	Borussia Dortmund	BL	23	3
13/14	Borussia Dortmund	BL	12	0
	Borussia Dortmund II	3. L	1	0
14/15	Hertha BSC	BL	16	7
15/16	Hertha BSC	BL	6	0
16/17	Hertha BSC	BL		

SCHIPPLOCK, Sven
8. 11. 1988, Reutlingen/D
Angriff, 1,86 m, 84 kg

1992-2001 FC Engstingen, 2001/02 SSV Reutlingen 05, 2002-2005 TSV Sondelfingen, 2005/06 VfL Pfullingen, ab 2006 SSV Reutlingen 05

07/08	SSV Reutlingen 05	RL	19	8
Jan 08	VfB Stuttgart II	RL	12	3
08/09	VfB Stuttgart II	3. L	31	4
09/10	VfB Stuttgart II	3. L	32	14
10/11	VfB Stuttgart	BL	12	1
	VfB Stuttgart II	3. L	14	10
11/12	TSG Hoffenheim	BL	20	2
	TSG Hoffenheim II	RL	3	6
12/13	TSG Hoffenheim	BL	16	5
	TSG Hoffenheim II	RL	3	1
13/14	TSG Hoffenheim	BL	23	6
	TSG Hoffenheim II	RL	1	2
14/15	TSG Hoffenheim	BL	25	3
	TSG Hoffenheim II	RL	1	1
15/16	Hamburger SV	BL	20	0
16/17	Hamburger SV	BL		

SCHMELZER, Marcel
22. 1. 1988, Magdeburg/D
Abwehr, 1,80 m, 74 kg
1997-2001 Fortuna Magdeburg, 2001-2005 1. FC Magdeburg

05/06	Borussia Dortmund II	OL	1	0
06/07	Borussia Dortmund Jug.			
07/08	Borussia Dortmund II	RL	26	0
08/09	Borussia Dortmund	BL	12	0
	Borussia Dortmund II	RL	10	0
09/10	Borussia Dortmund	BL	28	0
	Borussia Dortmund II	3. L	1	0
10/11	Borussia Dortmund	BL	34	0
11/12	Borussia Dortmund	BL	28	1
12/13	Borussia Dortmund	BL	29	0
13/14	Borussia Dortmund	BL	19	1
14/15	Borussia Dortmund	BL	22	0
15/16	Borussia Dortmund	BL	26	0
16/17	Borussia Dortmund	BL		

16 A (kein Tor) für Deutschland

SCHMID, Jonathan
22. 6. 1990, Straßburg/FRA
Mittelfeld, 1,79 m, 79 kg
1994-2006 Racing Straßburg, 2006/07 Sporting Schiltigheim, Juli bis Dezember 2007 Mars Bischheim, Januar bis Juni 2008 Offenburger FV, ab 2008 SC Freiburg

09/10	SC Freiburg II	RL	18	0
10/11	SC Freiburg	BL	1	0
	SC Freiburg II	RL	31	8
11/12	SC Freiburg	BL	22	1
	SC Freiburg II	RL	12	4
12/13	SC Freiburg	BL	33	11
13/14	SC Freiburg	BL	29	4
14/15	SC Freiburg	BL	33	4
15/16	TSG Hoffenheim	BL	23	4
16/17	TSG Hoffenheim	BL		

SCHMITZ, Benno
17. 11. 1994, München/D
Abwehr, 1,82 m, 75 kg
Bis 2001 SV Waldperlach, ab 2001 Bayern München

12/13	Bayern München II	RL	9	0
13/14	Bayern München II	RL	35	3
14/15	FC Liefering	AUT 2	7	0
	RB Salzburg	AUT 1	23	0
15/16	RB Salzburg	AUT 1	24	0
16/17	RB Leipzig	BL		

SCHÖPF, Alessandro
7. 2. 1994 Umhausen/AUT
Mittelfeld, 1,78 m, 75 kg
1998-2007 SV Längenfeld, 2007-2009 BNZ Tirol, ab 2009 Bayern München

12/13	Bayern München II	RL	29	11
13/14	Bayern München II	RL	34	11
14/15	1. FC Nürnberg	2. BL	32	5
15/16	1. FC Nürnberg	2. BL	19	6
Jan 16	FC Schalke 04	BL	13	3
16/17	FC Schalke 04	BL		

7 A (2 Tore) für Österreich

SCHRECK, Sam
29. 1. 1999, Pinneberg/D
Mittelfeld, 1,80 m, 67 kg
Bis 2006 TuS Appen, 2006-2010 Hamburger SV, 2010/11 TuS Appen, 2011-2013 Kummerfelder SV, 2013-2016 FC St. Pauli

16/17	Bayer Leverkusen	BL		

SCHÜRRLE, Andre
6. 11. 1990, Ludwigshafen/D
Angriff, 1,84 m, 74 kg
1996-2006 Ludwigshafener SC, ab 2006 1. FSV Mainz 05

09/10	1. FSV Mainz 05	BL	33	5
10/11	1. FSV Mainz 05	BL	33	15
11/12	Bayer Leverkusen	BL	31	7
12/13	Bayer Leverkusen	BL	34	11
13/14	FC Chelsea	ENG 1	30	8
14/15	FC Chelsea	ENG 1	14	3
Feb 15	VfL Wolfsburg	BL	14	1
15/16	VfL Wolfsburg	BL	29	9
16/17	Borussia Dortmund	BL		

55 A (20 Tore) für Deutschland

SCHULZ, Marvin
15. 1. 1995, Mülheim/D
Mittelfeld, 1,86 m, 77 kg
Bis 2003 Union Mülheim, seit 2003 Borussia Mönchengladbach

14/15	Bor. Mönchengladbach II	RL	16	2
15/16	Bor. Mönchengladbach	BL	8	0
	Bor. Mönchengladbach II	RL	8	0
16/17	Bor. Mönchengladbach	BL		

SCHULZ, Nico
1. 4. 1993, Berlin/D
Abwehr, 1,80 m, 78 kg
1997-2000 BSC Rehberge, ab 2000 Hertha BSC

10/11	Hertha BSC	2. BL	20	0
	Hertha BSC II	RL	8	0
11/12	Hertha BSC II	RL	14	0
12/13	Hertha BSC	2. BL	20	1
	Hertha BSC II	RL	1	0
13/14	Hertha BSC	BL	23	0
	Hertha BSC II	RL	1	0
14/15	Hertha BSC	BL	28	1
15/16	Hertha BSC	BL	1	0
Aug 15	Bor. Mönchengladbach	BL	1	0
16/17	Bor. Mönchengladbach	BL		

SCHUSTER, Julian
15. 4. 1985, Bietigheim-Bissingen/D
Mittelfeld, 1,89 m, 80 kg
Ab 1990 FV Löchgau

03/04	FV Löchgau	A-KL		
04/05	FV Löchgau	BezL		
Jan 05	VfB Stuttgart Am.	RL	7	0
05/06	VfB Stuttgart II	RL	13	0
06/07	VfB Stuttgart II	RL	17	3

07/08	VfB Stuttgart	BL	2	0
	VfB Stuttgart II	RL	17	0
08/09	SC Freiburg	2. BL	26	6
	SC Freiburg II	RL	2	0
09/10	SC Freiburg	BL	28	2
10/11	SC Freiburg	BL	26	3
11/12	SC Freiburg	BL	21	1
	SC Freiburg II	RL	1	0
12/13	SC Freiburg	BL	31	1
13/14	SC Freiburg	BL	27	3
14/15	SC Freiburg	BL	21	0
15/16	SC Freiburg	2. BL	8	1
	SC Freiburg II	RL	5	2
16/17	SC Freiburg	BL		

SCHUSTER, Marco
10. 10. 1995, Rögling/D
Mittelfeld, 1,79 m, 73 kg
Bis 2008 BC Blossenau und TSV Nördlingen, seit 2008 FC Augsburg

13/14	FC Augsburg II	RL	2	0
14/15	FC Augsburg II	RL	26	2
15/16	FC Augsburg II	RL	14	1
16/17	FC Augsburg	BL		

SCHWEGLER, Pirmin
9. 3. 1987, Ettiswil/SUI
Mittelfeld, 1,78 m, 74 kg
1993 bis Dezember 1999 FC Grosswangen, ab Januar 2000 FC Luzern

03/04	FC Luzern	SUI 2	18	1
04/05	FC Luzern	SUI 2	22	2
05/06	Young Boys Bern	SUI 1	32	1
06/07	Bayer Leverkusen	BL	21	0
	Bayer Leverkusen II	RL	2	0
07/08	Bayer Leverkusen	BL	11	0
	Bayer Leverkusen II	OL	1	0
08/09	Bayer Leverkusen	BL	14	0
09/10	Eintracht Frankfurt	BL	25	3
10/11	Eintracht Frankfurt	BL	32	1
11/12	Eintracht Frankfurt	2. BL	27	0
12/13	Eintracht Frankfurt	BL	27	2
13/14	Eintracht Frankfurt	BL	17	0
14/15	TSG Hoffenheim	BL	28	1
15/16	TSG Hoffenheim	BL	21	0
16/17	TSG Hoffenheim	BL		

14 A (kein Tor) für die Schweiz

SCHWOLOW, Alexander
2. 6. 1992, Wiesbaden/D
Torhüter, 1,89 m, 83 kg
Bis 2008 SV Allendorf/Berghausen und SV Wehen Wiesbaden, ab 2008 SC Freiburg

10/11	SC Freiburg II	RL	9	0
11/12	SC Freiburg II	RL	18	0
12/13	SC Freiburg II	RL	14	0
13/14	SC Freiburg	BL	1	0
	SC Freiburg II	RL	10	0
14/15	Arminia Bielefeld	3. L	37	0
15/16	SC Freiburg	2. BL	33	0
16/17	SC Freiburg	BL		

SEFEROVIC, Haris
22. 2. 1992, Sursee/SUI
Angriff, 1,85 m, 85 kg
1999-2004 FC Sursee, 2004-2007 FC Luzern, ab 2007 Grasshopper-Club Zürich

08/09	Grassh.-Club Zürich	SUI 1	1	0
	Grassh.-Club Zürich II	SUI 3	1	1
09/10	Grassh.-Club Zürich	SUI 1	2	0
	Grassh.-Club Zürich II	SUI 3	9	4
Feb 10	AC Florenz Jug.			
10/11	AC Florenz	ITA 1	1	0
11/12	Neuchatel Xamax	SUI 1	14	2
Jan 12	US Lecce	ITA 1	5	0
12/13	AC Florenz	ITA 1	7	0
Jan 13	Novara Calcio	ITA 2	16	9
13/14	Real Soc. San Sebastian	ESP 1	24	2
14/15	Eintracht Frankfurt	BL	32	10
15/16	Eintracht Frankfurt	BL	29	3
16/17	Eintracht Frankfurt	BL		

34 A (7 Tore) für die Schweiz

SEGUIN, Paul
29. 3. 1995, Magdeburg/D
Mittelfeld, 1,86 m, 79 kg
1999-2007 1. FC Lokomotive Stendal, seit 2007 VfL Wolfsburg

14/15	VfL Wolfsburg II	RL	20	3
15/16	VfL Wolfsburg	BL	4	0
	VfL Wolfsburg II	RL	20	4
16/17	VfL Wolfsburg	BL		

SELKE, Davie
20. 1. 1995, Schorndorf/D
Angriff, 1,92 m, 84 kg
Bis 2009 FV Weinstadt, SV Fellbach, TSV Schmiden, Stuttgarter Kickers, VfB Stuttgart und Normannia Gmünd, 2009 bis Dezember 2012 TSG Hoffenheim, ab Januar 2013 Werder Bremen

13/14	Werder Bremen II	RL	26	9
	Werder Bremen	BL	3	0
14/15	Werder Bremen	BL	30	9
15/16	RB Leipzig	2. BL	30	10
16/17	RB Leipzig	BL		

SEO, Young-Jae
23. 5. 1995, Seoul/KOR
Abwehr, 1,82 m, 75 kg
Bis August 2015 Hanyang University

| Aug 15 | Hamburger SV II | RL | 21 | 0 |
| 16/17 | Hamburger SV | BL | | |

SERDAR, Suat
11. 4. 1997, Bingen/D
Mittelfeld, 1,83 m, 75 kg
Bis 2008 Hassia Bingen, seit 2008 1. FSV Mainz 05

15/16	1. FSV Mainz 05	BL	12	0
	1. FSV Mainz 05 II	3. L	7	0
16/17	1. FSV Mainz 05	BL		

SIMAKALA, Ba-Muaka
28. 1. 1997, Eschweiler/D
Angriff, 1,80 m, 76 kg, D/CGO
Bis 2011 Alemannia Aachen, seit 2011 Borussia Mönchengladbach

15/16	Bor. Mönchengladbach II	RL	1	0
16/17	Bor. Mönchengladbach	BL		

SIPPEL, Tobias
22. 3. 1988, Bad Dürkheim/D
Torhüter, 1,83 m, 78 kg
1993-1998 SV Bad Dürkheim, ab 1998 1. FC Kaiserslautern

05/06	1. FC Kaiserslautern II	RL	5	0
06/07	1. FC Kaiserslautern II	RL	3	0
07/08	1. FC Kaiserslautern	2. BL	25	0
	1. FC Kaiserslautern II	OL	9	0
08/09	1. FC Kaiserslautern	2. BL	15	0
09/10	1. FC Kaiserslautern	2. BL	33	0
10/11	1. FC Kaiserslautern	BL	25	0
	1. FC Kaiserslautern II	RL	1	0
11/12	1. FC Kaiserslautern	BL	11	0
12/13	1. FC Kaiserslautern	2. BL	34	0
13/14	1. FC Kaiserslautern	2. BL	33	0
14/15	1. FC Kaiserslautern	2. BL	29	0
15/16	Bor. Mönchengladbach	BL	2	0
16/17	Bor. Mönchengladbach	BL		

SIRIGU, Sandro
7. 10. 1988, Ulm/D
Abwehr, 1,83 m, 79 kg, D/ITA
Bis 1996 DJK SB Ulm und FV Senden, ab 1996 SSV Ulm 1846

06/07	SSV Ulm 1846	OL	11	0
07/08	SSV Ulm 1846	OL	30	2
08/09	SSV Ulm 1846	RL	14	0
Jan 09	SC Freiburg II	RL	15	1
09/10	SC Freiburg II	RL	26	6
10/11	1. FC Heidenheim	3. L	32	1
	1. FC Heidenheim II	VL	1	0
11/12	1. FC Heidenheim	3. L	25	0
12/13	1. FC Heidenheim	3. L	19	1
	1. FC Heidenheim II	VL	2	1
13/14	SV Darmstadt 98	3. L	30	2
14/15	SV Darmstadt 98	2. BL	21	0
15/16	SV Darmstadt 98	BL	6	0
16/17	SV Darmstadt 98	BL		

SIVODEDOV, Christian Rubio
7. 11. 1997, Sundsvall/SWE
Mittelfeld, 1,78 m, 72 kg
Bis Dezember 2014 Djurgardens IF, ab Januar 2015 FC Schalke 04

16/17	FC Schalke 04	BL		

SKJELBRED, Per Ciljan
16. 6. 1987, Trondheim/NOR
Mittelfeld, 1,75 m, 74 kg
Bis 2002 Trygg/Lade SK, ab 2003 Rosenborg Trondheim

2004	Rosenborg Trondheim	NOR 1	1	0
2005	Rosenborg Trondheim	NOR 1	12	3
2006	Rosenborg Trondheim	NOR 1	20	0
2007	Rosenborg Trondheim	NOR 1	25	2
2008	Rosenborg Trondheim	NOR 1	25	1
2009	Rosenborg Trondheim	NOR 1	27	1
2010	Rosenborg Trondheim	NOR 1	29	1
2011	Rosenborg Trondheim	NOR 1	15	1
Aug 11	Hamburger SV	BL	8	0
12/13	Hamburger SV	BL	18	0
13/14	Hamburger SV	BL	0	0
Sep 13	Hertha BSC	BL	28	2
14/15	Hamburger SV	BL	0	0
Sep 14	Hertha BSC	BL	26	0
15/16	Hertha BSC	BL	31	0
16/17	Hertha BSC	BL		

40 A (1 Tor) für Norwegen

SÖRENSEN, Frederik
14. 4. 1992, Kopenhagen/DEN
Abwehr, 1,94 m, 80 kg
2001-2003 Roskilde KFUM, 2003/04 Himmelev-Veddelev BK, 2004-2007 FC Roskilde, 2007 bis August 2010 Lyngby BK

Aug 10	Juventus Turin	ITA 1	17	0
11/12	Juventus Turin	ITA 1	0	0
Jan 12	FC Bologna	ITA 1	2	1
12/13	FC Bologna	ITA 1	25	0
13/14	FC Bologna	ITA 1	15	0
14/15	Hellas Verona	ITA 1	10	0
15/16	1. FC Köln	BL	22	0
16/17	1. FC Köln	BL		

SÖYÜNCÜ, Caglar
23. 5. 1996, Menemen/TUR
Abwehr, 1,87 m, 84 kg
März 2006 bis Oktober 2011 Menemen Belediyespor, Oktober 2011 bis Dezember 2012 Bucaspor

Jan 13	Bozyaka Yesiltepespor	TUR 5	10	0
13/14	Gümüsordu Izmir	TUR 5	20	0
14/15	Altinordu Izmir	TUR 2	4	0
15/16	Altinordu Izmir	TUR 2	30	2
16/17	SC Freiburg	BL		

1 A (kein Tor) für die Türkei

SOKRATIS
Papastathopoulos, Sokratis
9. 6. 1988, Kalamata/GRE
Abwehr, 1,86 m, 85 kg

04/05	Apollon Petalidiou	GRE 4		
05/06	AEK Athen	GRE 1	0	0
Jan 06	Niki Volou	GRE 2	11	0
06/07	AEK Athen	GRE 1	14	0
07/08	AEK Athen	GRE 1	24	1
08/09	CFC Genoa 1893	ITA 1	21	2
09/10	CFC Genoa 1893	ITA 1	30	0
10/11	AC Mailand	ITA 1	5	0
11/12	Werder Bremen	BL	30	1
12/13	Werder Bremen	BL	29	1
13/14	Borussia Dortmund	BL	28	1
14/15	Borussia Dortmund	BL	21	1

| 15/16 | Borussia Dortmund | BL | 25 | 1 |
| 16/17 | Borussia Dortmund | BL | | |

64 A (2 Tore) für Griechenland

SOMMER, Yann
17. 12. 1988, Morges/SUI
Torhüter, 1,83 m, 79 kg

1996/97 FC Herrliberg, 1997-2003 Concordia Basel, ab 2003 FC Basel

05/06	FC Basel II	SUI 3	12	0
06/07	FC Basel II	SUI 3	24	0
07/08	FC Vaduz	SUI 2	33	0
08/09	FC Vaduz	SUI 1	17	0
Jan 09	FC Basel	SUI 1	6	0
09/10	Grassh.-Club Zürich	SUI 1	33	0
10/11	FC Basel	SUI 1	5	0
	FC Basel II	SUI 3	6	0
11/12	FC Basel	SUI 1	31	0
12/13	FC Basel	SUI 1	36	0
13/14	FC Basel	SUI 1	35	0
14/15	Bor. Mönchengladbach	BL	34	0
15/16	Bor. Mönchengladbach	BL	32	0
16/17	Bor. Mönchengladbach	BL		

22 A (kein Tor) für die Schweiz

SOW, Djibril
6. 2. 1997, Zürich/SUI
Mittelfeld, 1,84 m, 70 kg

Bis August 2008 BC Albisrieden, September 2008 bis 2015 FC Zürich

| 15/16 | Bor. Mönchengladbach II | RL | 15 | 2 |
| 16/17 | Bor. Mönchengladbach | BL | | |

SPAHIC, Emir
18. 8. 1980, Dubrovnik/YUG
Abwehr, 1,86 m, 81 kg, BIH

Bis 1999 Krajina Cazin und Celik Zenica

99/00	GOSK Dubrovnik	CRO 3		
00/01	GOSK Dubrovnik	CRO 3		
01/02	NK Zagreb	CRO 1	3	0
02/03	NK Zagreb	CRO 1	23	1
03/04	NK Zagreb	CRO 1	12	1
Jan 04	Schinnik Jaroslawl	RUS 1	18	4
2005	Schinnik Jaroslawl	RUS 1	8	2
Jul 05	Torpedo Moskau	RUS 1	15	0
2006	Lokomotive Moskau	RUS 1	21	0
2007	Lokomotive Moskau	RUS 1	23	3
2008	Lokomotive Moskau	RUS 1	19	0
2009	vereinslos			
09/10	Montpellier HSC	FRA 1	34	2
10/11	Montpellier HSC	FRA 1	23	1
11/12	FC Sevilla	ESP 1	22	0
12/13	FC Sevilla	ESP 1	22	1
Feb 13	Anschi Machatschkala	RUS 1	7	1
13/14	Bayer Leverkusen	BL	27	2
14/15	Bayer Leverkusen	BL	22	1
15/16	Hamburger SV	BL	26	0
16/17	Hamburger SV	BL		

89 A (4 Tore) für Bosnien-Herzegowina

STAFYLIDIS, Konstantinos
2. 12. 1993, Saloniki/GRE
Abwehr, 1,78 m, 77 kg

2000-2006 Aetos Akropotamou, ab 2006 PAOK Saloniki

11/12	PAOK Saloniki	GRE 1	11	0
12/13	PAOK Saloniki	GRE 1	18	1
13/14	Bayer Leverkusen	BL	1	0
	Bayer Leverkusen II	RL	8	1
14/15	FC Fulham	ENG 2	38	0
15/16	Bayer Leverkusen	BL	0	0
Aug 15	FC Augsburg	BL	11	1
16/17	FC Augsburg	BL		

10 A (1 Tor) für Griechenland

STARK, Niklas
14. 4. 1995, Neustadt/Aisch /D
Angriff, 1,90 m, 81 kg

1998-2002 FSV Ipsheim, 2002-2004 TSV Neustadt/Aisch, ab 2004 1. FC Nürnberg

12/13	1. FC Nürnberg	BL	3	0
13/14	1. FC Nürnberg	BL	21	0
	1. FC Nürnberg II	RL	2	0
14/15	1. FC Nürnberg	2. BL	26	2
	1. FC Nürnberg II	RL	1	0
15/16	1. FC Nürnberg	2. BL	4	1
Aug 15	Hertha BSC	BL	21	2
16/17	Hertha BSC	BL		

STARKE, Tom
18. 3. 1981, Freital/D
Torhüter, 1,94 m, 98 kg

1988-1989 Stahl Freital, 1989-1999 Dynamo Dresden

99/00	Bayer Leverkusen Am.	RL	1	0
00/01	Bayer Leverkusen Am.	OL	22	0
01/02	Bayer Leverkusen Am.	RL	20	0
02/03	Bayer Leverkusen Am.	RL	22	0
03/04	Bayer Leverkusen Am.	OL	7	0
Jan 04	Hamburger SV	BL	2	0
	Hamburger SV Am.	RL	2	0
04/05	Bayer Leverkusen II	OL	19	0
05/06	Bayer Leverkusen II	RL	5	0
Jan 06	SC Paderborn 07	2. BL	17	0
06/07	SC Paderborn 07	2. BL	30	0
07/08	MSV Duisburg	BL	31	0
08/09	MSV Duisburg	2. BL	24	0
09/10	MSV Duisburg	2. BL	31	0
10/11	TSG Hoffenheim	BL	25	0
11/12	TSG Hoffenheim	BL	33	0
12/13	Bayern München	BL	3	0
13/14	Bayern München	BL	2	0
14/15	Bayern München	BL	0	0
15/16	Bayern München	BL	0	0
16/17	Bayern München	BL		

STENDERA, Marc
10. 12. 1995, Kassel/D
Mittelfeld, 1,73 m, 73 kg
Bis 2010 OSC Vellmar, seit 2010 Eintracht Frankfurt

12/13	Eintracht Frankfurt	BL	5	0
13/14	Eintracht Frankfurt	BL	5	0
	Eintracht Frankfurt II	RL	1	0
14/15	Eintracht Frankfurt	BL	26	3
15/16	Eintracht Frankfurt	BL	26	2
16/17	Eintracht Frankfurt	BL		

STENZEL, Pascal
20. 3. 1996, Bünde/D
Mittelfeld, 1,83 m, 72 kg
Bis 2011 Arminia Bielefeld, 2011-2013 VfL Osnabrück, ab 2013 Borussia Dortmund

14/15	Borussia Dortmund II	3. L	1	0
15/16	Borussia Dortmund II	RL	9	0
	SC Freiburg	2. BL	11	0
16/17	SC Freiburg	BL		

STERNBERG, Janek
19. 10. 1992, Bad Segeberg/D
Abwehr, 1,82 m, 77 kg
Bis 2007 Leezener SC und SV Eichede, ab 2007 Hamburger SV

10/11	Hamburger SV II	RL	14	0
11/12	Hamburger SV II	RL	24	0
12/13	Hamburger SV II	RL	28	3
13/14	Werder Bremen II	RL	25	1
14/15	Werder Bremen II	RL	17	3
	Werder Bremen	BL	14	0
15/16	Werder Bremen	BL	9	0
	Werder Bremen II	3. L	4	0
16/17	Werder Bremen	BL		

STINDL, Lars
26. 8. 1988, Speyer/D
Mittelfeld, 1,81 m, 80 kg
Bis 2000 TSV Wiesental, ab 2000 Karlsruher SC

06/07	Karlsruher SC II	RL	12	2
07/08	Karlsruher SC	BL	2	0
	Karlsruher SC II	RL	26	4
08/09	Karlsruher SC	BL	21	4
	Karlsruher SC II	RL	10	5
09/10	Karlsruher SC	2. BL	33	9
	Karlsruher SC II	RL	1	0
10/11	Hannover 96	BL	33	2
11/12	Hannover 96	BL	28	2
12/13	Hannover 96	BL	18	2
13/14	Hannover 96	BL	31	3
14/15	Hannover 96	BL	21	10
15/16	Bor. Mönchengladbach	BL	30	7
16/17	Bor. Mönchengladbach	BL		

STOCKER, Valentin
12. 4. 1989, Basel/SUI
Mittelfeld, 1,79 m, 72 kg
1996 bis Dezember 2005 SC Kriens

Jan 06	FC Basel II	SUI 3	9	0
06/07	FC Basel II	SUI 3	28	13
07/08	FC Basel II	SUI 3	10	3
	FC Basel	SUI 1	11	3
08/09	FC Basel	SUI 1	32	5
09/10	FC Basel	SUI 1	31	12
10/11	FC Basel	SUI 1	26	7
11/12	FC Basel	SUI 1	15	4
12/13	FC Basel	SUI 1	31	6
13/14	FC Basel	SUI 1	30	13
14/15	Hertha BSC	BL	26	3
	Hertha BSC II	RL	2	1
15/16	Hertha BSC	BL	22	1
16/17	Hertha BSC	BL		

33 A (5 Tore) für die Schweiz

STOLZ, Alexander
13. 10. 1983, Pforzheim/D
Torhüter, 1,89 m, 89 kg
SV Hohenwart, Stuttgarter Kickers

02/03	VfR Pforzheim	LL		
03/04	SV Sandhausen	OL	0	0
04/05	FC Nöttingen	RL	18	0
05/06	VfB Stuttgart II	RL	11	0
06/07	VfB Stuttgart II	RL	0	0
Aug 06	TSG Hoffenheim	RL	2	0
07/08	VfB Stuttgart	BL	0	0
08/09	VfB Stuttgart	BL	0	0
09/10	VfB Stuttgart II	3. L	8	0
10/11	VfB Stuttgart	BL	0	0
11/12	VfB Stuttgart II	3. L	0	0
Jan 12	Karlsruher SC	2. BL	0	0
12/13	ohne Verein			
13/14	TSG Hoffenheim	BL	1	0
	TSG Hoffenheim II	RL	6	0
14/15	TSG Hoffenheim II	RL	1	0
15/16	TSG Hoffenheim II	RL	6	0
16/17	TSG Hoffenheim	BL		

STOLZE, Sebastian
29. 1. 1995, Leinefelde/D
Angriff, 1,82 m, 70 kg
Bis 2006 SC Leinefelde, ab 2006 Rot-Weiß Erfurt

13/14	Rot-Weiß Erfurt	3. L	13	1
Jan 14	VfL Wolfsburg Jug.			
14/15	VfL Wolfsburg II	RL	22	5
15/16	VfL Wolfsburg II	RL	28	7
16/17	VfL Wolfsburg	BL		

STROBL, Tobias
12. 5. 1990, München/D
Mittelfeld, 1,88 m, 77 kg
1996-2000 SV Aubing, ab 2000 TSV München 1860

08/09	TSV München 1860 II	RL	2	0
09/10	TSV München 1860 II	RL	28	1
10/11	TSV München 1860 II	RL	29	0
11/12	TSG Hoffenheim II	RL	26	5
	TSG Hoffenheim	BL	1	0
12/13	1. FC Köln	2. BL	21	1
	1. FC Köln II	RL	1	0

13/14	TSG Hoffenheim	BL	29	1
14/15	TSG Hoffenheim	BL	30	0
15/16	TSG Hoffenheim	BL	26	0
16/17	Bor. Mönchengladbach	BL		

STROH-ENGEL, Dominik
27. 11. 1985, Ehringshausen/D
Angriff, 1,95 m, 91 kg

1992-2001 RSV Büblingshausen, 2001-2003 FC Burgsolms

03/04	SC Waldgirmes	LL		11
04/05	SC Waldgirmes	OL	34	14
05/06	Eintracht Frankfurt II	OL	24	14
	Eintracht Frankfurt	BL	3	0
06/07	Eintracht Frankfurt II	OL	12	7
Jan 07	SV Wehen	RL	4	1
	SV Wehen II	LL	6	4
07/08	SV Wehen Wiesbaden II	RL	16	16
08/09	SV Wehen Wiesbaden II	2. BL	16	2
	SV Wehen Wiesbaden II	RL	19	6
09/10	SV Wehen Wiesbaden	3. L	14	5
	SV Wehen Wiesbaden II	RL	12	8
10/11	SV Babelsberg 03	3. L	35	6
11/12	SV Babelsberg 03	3. L	36	13
12/13	SV Wehen Wiesbaden	3. L	34	3
13/14	SV Darmstadt 98	3. L	34	27
14/15	SV Darmstadt 98	2. BL	33	9
15/16	SV Darmstadt 98	BL	15	0
16/17	SV Darmstadt 98	BL		

SUBOTIC, Neven
10. 12. 1988, Banja Luka/YUG
Abwehr, 1,91 m, 83 kg, SRB/USA

1998/99 TSV Schwarzenberg, ab 2004 University of South Florida

2006	Univ. of South Florida	NCAA		
06/07	1. FSV Mainz 05	BL	1	0
	1. FSV Mainz 05 II	OL	23	3
07/08	1. FSV Mainz 05	2. BL	33	4
08/09	Borussia Dortmund	BL	33	6
09/10	Borussia Dortmund	BL	34	3
10/11	Borussia Dortmund	BL	31	1
11/12	Borussia Dortmund	BL	25	0
12/13	Borussia Dortmund	BL	25	3
13/14	Borussia Dortmund	BL	10	0
14/15	Borussia Dortmund	BL	28	2
15/16	Borussia Dortmund	BL	6	0
16/17	Borussia Dortmund	BL		

36 A (2 Tore) für Serbien

SÜLE, Niklas
3. 9. 1995, Frankfurt/D
Abwehr, 1,95 m, 95 kg

Bis 2009 Rot-Weiß Walldorf und Eintracht Frankfurt, 2009 bis Dezember 2009 SV Darmstadt 98, seit Januar 2010 TSG Hoffenheim

12/13	TSG Hoffenheim	BL	2	0
	TSG Hoffenheim II	RL	4	0
13/14	TSG Hoffenheim	BL	25	4
	TSG Hoffenheim II	RL	2	0
14/15	TSG Hoffenheim	BL	15	1
15/16	TSG Hoffenheim	BL	33	0
16/17	TSG Hoffenheim	BL		

SULU, Aytac
11. 12. 1985, Heidelberg/D
Abwehr, 1,83 m, 80 kg, D/TUR

FV Nußloch, SG Kirchheim

04/05	SV Sandhausen	OL	4	0
05/06	Bahlinger SC	VL		
06/07	Bahlinger SC	OL	34	3
07/08	TSG Hoffenheim II	OL	33	0
08/09	TSG Hoffenheim II	OL	32	0
09/10	VfR Aalen	RL	33	2
10/11	VfR Aalen	3. L	37	3
11/12	Genclerbirligi Ankara	TUR 1	2	0
12/13	SCR Altach	AUT 2	15	1
Jan 13	SV Darmstadt 98	3. L	17	1
13/14	SV Darmstadt 98	3. L	35	2
14/15	SV Darmstadt 98	2. BL	31	4
15/16	SV Darmstadt 98	BL	33	7
16/17	SV Darmstadt 98	BL		

SUTTNER, Markus
16. 4. 1987, Hollabrunn/AUT
Abwehr, 1,79 m, 73 kg

1993-2001 SK Wullersdorf, ab 2001 Austria Wien

05/06	Austria Wien Am.	AUT 2	15	1
06/07	Austria Wien Am.	AUT 2	25	0
07/08	Austria Wien Am.	AUT 2	25	1
08/09	Austria Wien	AUT 1	22	0
	Austria Wien Am.	AUT 2	8	0
09/10	Austria Wien	AUT 1	27	0
10/11	Austria Wien	AUT 1	27	2
11/12	Austria Wien	AUT 1	30	1
12/13	Austria Wien	AUT 1	35	3
13/14	Austria Wien	AUT 1	35	2
14/15	Austria Wien	AUT 1	31	1
15/16	FC Ingolstadt 04	BL	18	0
16/17	FC Ingolstadt 04	BL		

16 A (kein Tor) für Österreich

SZALAI, Adam
9. 12. 1987, Budapest/HUN
Angriff, 1,93 m, 87 kg

1994-2003 Honved Budapest, 2003/04 Ujpest Budapest, ab 2004 VfB Stuttgart

06/07	VfB Stuttgart II	RL	33	5
07/08	VfB Stuttgart II	RL	0	0
Aug 07	Real Madrid B	ESP 3	29	4
08/09	Real Madrid B	ESP 3	37	16
09/10	Real Madrid B	ESP 3	13	3
Jan 10	1. FSV Mainz 05	BL	15	1
10/11	1. FSV Mainz 05	BL	20	4
11/12	1. FSV Mainz 05	BL	15	3
12/13	1. FSV Mainz 05	BL	29	13
13/14	FC Schalke 04	BL	28	7
14/15	TSG Hoffenheim	BL	26	4
15/16	TSG Hoffenheim	BL	4	0

Jan 16	Hannover 96	BL	12 0
16/17	TSG Hoffenheim	BL	

36 A (9 Tore) für Ungarn

TAH, Jonathan
11. 2. 1996, Hamburg/D
Abwehr, 1,92 m, 90 kg
Bis 2006 Concordia Hamburg, 2006-2009 FC Altona 93, ab 2009 Hamburger SV

13/14	Hamburger SV	BL	16 0
	Hamburger SV II	RL	6 0
14/15	Hamburger SV II	RL	2 0
Sep 14	Fortuna Düsseldorf	2. BL	23 0
15/16	Bayer Leverkusen	BL	29 0
16/17	Bayer Leverkusen	BL	

1 A (kein Tor) für Deutschland

TAWATHA, Taleb
21. 6. 1992, Dschisr az-Zarqa/ISR
Abwehr, 1,76 m, 81 kg

09/10	Maccabi Haifa	ISR 1	1 0
10/11	Maccabi Haifa	ISR 1	18 1
11/12	Maccabi Haifa	ISR 1	28 1
12/13	Maccabi Haifa	ISR 1	21 2
13/14	Maccabi Haifa	ISR 1	26 0
14/15	Maccabi Haifa	ISR 1	30 1
15/16	Maccabi Haifa	ISR 1	27 0
16/17	Eintracht Frankfurt	BL	

5 A (kein Tor) für Israel

TEIGL, Georg
9. 2. 1991, Wien/AUT
Abwehr, 1,83 m, 77 kg
2000/01 SV Gablitz, 2001-2005 FC Purkersdorf, 2005-2009 AKA St. Pölten

09/10	RB Salzburg Am.	AUT 2	12 0
10/11	RB Salzburg	AUT 1	8 0
	RB Salzburg Am.	AUT 3	20 4
11/12	RB Salzburg	AUT 1	23 2
12/13	RB Salzburg	AUT 1	33 5
13/14	RB Salzburg	AUT 1	6 0
Jan 14	RB Leipzig	3. L	13 0
14/15	RB Leipzig	2. BL	30 3
15/16	RB Leipzig	2. BL	11 0
	RB Leipzig II	RL	3 2
16/17	FC Augsburg	BL	

TEKPETEY, Bernard
3. 9. 1997, Accra/GHA
Mittelfeld, 1,72 m, 69 kg
Bis Januar 2016 UniStar Soccer Academy

Feb 16	FC Schalke 04 II	RL	16 4
16/17	FC Schalke 04	BL	

TERRAZZINO, Marco
15. 4. 1991, Mannheim/D
Mittelfeld, 1,76 m, 74 kg, D/ITA
Bis 2007 TSV Neckarau und VfL Neckarau, ab 2007 TSG Hoffenheim

08/09	TSG Hoffenheim	BL	11 0
09/10	TSG Hoffenheim	BL	8 0
	TSG Hoffenheim II	OL	9 4
10/11	TSG Hoffenheim II	RL	20 3
Jan 11	Karlsruher SC	2. BL	11 1
11/12	Karlsruher SC	2. BL	25 2
12/13	SC Freiburg	BL	6 1
	SC Freiburg II	RL	10 4
13/14	SC Freiburg	BL	2 1
	SC Freiburg II	RL	3 0
14/15	VfL Bochum	2. BL	29 5
15/16	VfL Bochum	2. BL	31 5
16/17	TSG Hoffenheim	BL	

THIAGO
Thiago Alcantara do Nascimento
11. 4. 1991, San Pietro Vernotico/ITA
Mittelfeld, 1,74 m, 70 kg, ESP
Bis 1996 Flamengo Rio de Janeiro, 1996-2000 URECA Nigran, 2000/01 Kelme CF, 2001-2005 Flamengo Rio de Janeiro, ab 2005 FC Barcelona

07/08	FC Barcelona B	ESP 4	5 0
08/09	FC Barcelona B	ESP 4	25 0
	FC Barcelona	ESP 1	1 0
09/10	FC Barcelona B	ESP 3	13 2
	FC Barcelona	ESP 1	1 0
10/11	FC Barcelona	ESP 1	12 2
	FC Barcelona B	ESP 2	11 0
11/12	FC Barcelona	ESP 1	27 2
12/13	FC Barcelona	ESP 1	27 2
13/14	Bayern München	BL	16 2
14/15	Bayern München	BL	7 0
15/16	Bayern München	BL	27 2
16/17	Bayern München	BL	

12 A (kein Tor) für Spanien

THUR, Daniel
28. 4. 1998, Rüsselsheim/D
Abwehr, 1,80 m, 64 kg
2003-2009 Eintracht Rüsselsheim, 2009-2012 1. FSV Mainz 05, seit 2012 SV Darmstadt 98

16/17	SV Darmstadt 98	BL	

THY, Lennart
25. 2. 1992, Frechen/D
Angriff, 1,84 m, 78 kg
1998/99 DJK Viktoria Frechen, 1999-2003 FC Norden, 2003-2005 PSV Norden, 2005-2007 JFV Norden, ab 2007 Werder Bremen

09/10	Werder Bremen II	3. L	13 2
10/11	Werder Bremen	BL	2 0
	Werder Bremen II	3. L	35 5
11/12	Werder Bremen	BL	3 0
	Werder Bremen II	3. L	22 2
12/13	FC St. Pauli	2. BL	18 1
	FC St. Pauli II	RL	5 2
13/14	FC St. Pauli	2. BL	27 4
14/15	FC St. Pauli	2. BL	32 5
15/16	FC St. Pauli	2. BL	30 8
16/17	Werder Bremen	BL	

TOLJAN, Jeremy
8. 8. 1994, Stuttgart/D
Abwehr, 1,82 m, 76 kg
Bis 2005 Grün-Weiss Sommerrain, 2005-2008 TSV Steinhaldenfeld, 2008/09 Stuttgarter Kickers, 2009-2011 VfB Stuttgart, seit 2011 TSG Hoffenheim

12/13	TSG Hoffenheim II	RL	18	1
13/14	TSG Hoffenheim	BL	10	0
	TSG Hoffenheim II	RL	4	0
14/15	TSG Hoffenheim	BL	6	0
	TSG Hoffenheim II	RL	3	0
15/16	TSG Hoffenheim	BL	18	1
16/17	TSG Hoffenheim	BL		

TOPRAK, Ömer
21. 7. 1989, Ravensburg/D
Abwehr, 1,86 m, 83 kg, TUR/D
Bis 2005 TSB Ravensburg und FV Ravensburg, ab 2005 SC Freiburg

06/07	SC Freiburg II	OL	2	0
07/08	SC Freiburg II	OL	22	0
08/09	SC Freiburg	2. BL	30	4
	SC Freiburg II	RL	1	0
09/10	SC Freiburg	BL	14	0
10/11	SC Freiburg	BL	24	0
11/12	Bayer Leverkusen	BL	27	0
12/13	Bayer Leverkusen	BL	26	1
13/14	Bayer Leverkusen	BL	28	1
14/15	Bayer Leverkusen	BL	29	1
15/16	Bayer Leverkusen	BL	19	1
16/17	Bayer Leverkusen	BL		

23 A (2 Tore) für die Türkei

TORREJON, Marc
Marc Torrejon Moya
18. 2. 1986, Barcelona/ESP
Abwehr, 1,87 m, 88 kg

03/04	Espanyol Barcelona B	ESP 3	1	0
04/05	Espanyol Barcelona B	ESP 3	1	0
05/06	FC Malaga B	ESP 2	35	0
06/07	Espanyol Barcelona	ESP 1	29	0
07/08	Espanyol Barcelona	ESP 1	36	1
08/09	Espanyol Barcelona	ESP 1	6	0
09/10	Racing Santander	ESP 1	27	0
10/11	Racing Santander	ESP 1	36	1
11/12	Racing Santander	ESP 1	29	1
12/13	1. FC Kaiserslautern	2. BL	27	1
13/14	1. FC Kaiserslautern	2. BL	24	0
14/15	1. FC Kaiserslautern	2. BL	3	0
Aug 14	SC Freiburg	BL	19	0
15/16	SC Freiburg	2. BL	20	1
	SC Freiburg II	RL	1	0
16/17	SC Freiburg	BL		

TOURÉ, Idrissa
29. 4. 1998, Berlin/D
Mittelfeld, 1,81 m, 69 kg
Bis Dezember 2014 Tennis Borussia Berlin, seit Januar 2015 RB Leipzig

15/16	RB Leipzig	2. BL	1	0
	RB Leipzig II	RL	1	0
16/17	RB Leipzig	BL		

TRÄSCH, Christian
1. 9. 1987, Ingolstadt/D
Abwehr, 1,80 m, 75 kg
1992-2000 TV 1861 Ingolstadt, 2000-2003 MTV Ingolstadt, ab 2003 TSV München 1860

05/06	TSV München 1860 II	RL	15	2
06/07	TSV München 1860 II	RL	24	0
07/08	VfB Stuttgart	BL	1	0
	VfB Stuttgart II	RL	32	0
08/09	VfB Stuttgart	BL	19	1
	VfB Stuttgart II	3. L	7	1
09/10	VfB Stuttgart	BL	29	3
10/11	VfB Stuttgart	BL	34	1
11/12	VfL Wolfsburg	BL	33	0
12/13	VfL Wolfsburg	BL	17	0
13/14	VfL Wolfsburg	BL	22	0
14/15	VfL Wolfsburg	BL	12	0
	VfL Wolfsburg II	RL	1	1
15/16	VfL Wolfsburg	BL	29	0
16/17	VfL Wolfsburg	BL		

10 A (kein Tor) für Deutschland

TRAORÉ, Ibrahima
21. 4. 1988, Villepinte/FRA
Mittelfeld, 1,71 m, 61 kg, FRA/GUI
CAP Charenton

06/07	Levallois SC	FRA 4	3	0
Jan 07	Hertha BSC II	RL	15	2
07/08	Hertha BSC	BL	1	0
	Hertha BSC II	OL	19	3
08/09	Hertha BSC II	RL	28	7
09/10	FC Augsburg	2. BL	30	7
10/11	FC Augsburg	2. BL	15	1
11/12	VfB Stuttgart	BL	12	1
12/13	VfB Stuttgart	BL	32	3
13/14	VfB Stuttgart	BL	31	2
14/15	Bor. Mönchengladbach	BL	24	2
15/16	Bor. Mönchengladbach	BL	24	3
16/17	Bor. Mönchengladbach	BL		

37 A (8 Tore) für Guinea

UCHIDA, Atsuto
27. 3. 1988, Kannami/JPN
Abwehr, 1,76 m, 70 kg
Bis 2005 Shimizu Higashi High School

2006	Kashima Antlers	JPN 1	27	2
2007	Kashima Antlers	JPN 1	31	0
2008	Kashima Antlers	JPN 1	25	1
2009	Kashima Antlers	JPN 1	31	0
2010	Kashima Antlers	JPN 1	9	0
10/11	FC Schalke 04	BL	26	0
11/12	FC Schalke 04	BL	18	0
12/13	FC Schalke 04	BL	24	1
13/14	FC Schalke 04	BL	17	0
14/15	FC Schalke 04	BL	19	0
	FC Schalke 04 II	RL	1	0
15/16	FC Schalke 04	BL	0	0
16/17	FC Schalke 04	BL		

74 A (2 Tore) für Japan

ULREICH, Sven
3. 8. 1988, Schorndorf/D
Torhüter, 1,92 m, 84 kg
1993/94 TSV Lichtenwald, 1994-1998 TSV Schorndorf, ab 1998 VfB Stuttgart

06/07	VfB Stuttgart II	RL	10	0
07/08	VfB Stuttgart	BL	11	0
	VfB Stuttgart II	RL	19	0
08/09	VfB Stuttgart II	3. L	36	0
09/10	VfB Stuttgart	BL	4	0
	VfB Stuttgart II	3. L	8	0
10/11	VfB Stuttgart	BL	34	0
11/12	VfB Stuttgart	BL	34	0
12/13	VfB Stuttgart	BL	34	0
13/14	VfB Stuttgart	BL	31	0
14/15	VfB Stuttgart	BL	28	0
15/16	Bayern München	BL	1	0
16/17	Bayern München	BL		

USAMI, Takashi
6. 5. 1992, Nagaokakyo/JPN
Mittelfeld, 1,78 m, 70 kg
1997-2004 Nagaokakyo SC, ab 2005 Gamba Osaka

2009	Gamba Osaka	JPN 1	3	0
2010	Gamba Osaka	JPN 1	26	7
2011	Gamba Osaka	JPN 1	14	4
11/12	Bayern München	BL	3	0
	Bayern München II	RL	18	6
12/13	TSG 1899 Hoffenheim	BL	20	2
2013	Gamba Osaka	JPN 2	18	19
2014	Gamba Osaka	JPN 1	26	10
2015	Gamba Osaka	JPN 1	34	19
2016	Gamba Osaka	JPN 1	17	5
16/17	FC Augsburg	BL		

16 A (3 Tore) für Japan

UTH, Mark
24. 8. 1991, Köln/D
Angriff, 1,85 m, 70 kg
Bis 2004 TuS Langel, 2004-2007 1. FC Köln, 2007-2009 SCB Viktoria Köln

09/10	1. FC Köln II	RL	3	0
10/11	1. FC Köln II	RL	23	7
11/12	1. FC Köln II	RL	15	9
12/13	SC Heerenveen	NED 1	3	0
13/14	SC Heerenveen	NED 1	0	0
Sep 13	Heracles Almelo	NED 1	28	8
14/15	SC Heerenveen	NED 1	32	15
15/16	TSG Hoffenheim	BL	25	8
16/17	TSG Hoffenheim	BL		

VALLEJO, Jesus
Jesus Vallejo Lazaro
5. 1. 1997, Saragossa/ESP
Abwehr, 1,83 m, 74 kg
Bis 2008 CD Oliver Saragossa, ab 2008 Real Saragossa

14/15	Real Saragossa	ESP 2	29	1
15/16	Real Saragossa	ESP 2	20	0
16/17	Eintracht Frankfurt	BL		

VARELA, Guillermo
Guillermo Varela Olivera
24. 3. 1993, Montevideo/URU
Abwehr, 1,74 m, 70 kg

10/11	Penarol Montevideo	URU 1	1	0
11/12	Penarol Montevideo	URU 1	0	0
12/13	Penarol Montevideo	URU 1	0	0
13/14	Manchester United	ENG 1	0	0
14/15	Manchester United	ENG 1	0	0
Sep 14	Real Madrid B	ESP 3	33	1
15/16	Manchester United	ENG 1	1	0
16/17	Eintracht Frankfurt	BL		

VARGAS, Eduardo
Eduardo Jesus Vargas Rojas
20. 11. 1989, Santiago de Chile/CHI
Mittelfeld, 1,76 m, 76 kg
Ab 2003 Cobreloa Calama

2008	Cobreloa Calama	CHI 1	21	4
2009	Cobreloa Calama	CHI 1	24	4
2010	Universidad de Chile	CHI 1	18	1
2011	Universidad de Chile	CHI 1	36	17
Jan 12	SSC Neapel	ITA 1	10	0
12/13	SSC Neapel	ITA 1	9	0
2013	Gremio Porto Alegre	BRA-R1	6	1
	Gremio Porto Alegre	BRA 1	18	6
Jan 14	FC Valencia	ESP 1	17	3
14/15	Queens Park Rangers	ENG 1	21	3
15/16	TSG Hoffenheim	BL	24	2
16/17	TSG Hoffenheim	BL		

60 A (30 Tore) für Chile

VELJKOVIC, Milos
26. 9. 1995, Basel/SUI
Abwehr, 1,73 m, 69 kg, SUI/SRB
Bis 2014 RSC Anderlecht, ab 2014 Tottenham Hotspur

13/14	Tottenham Hotspur	ENG 1	2	0
14/15	Tottenham Hotspur	ENG 1	0	0
Okt 14	FC Middlesbrough	ENG 2	3	0
Jan 15	Charlton Athletic	ENG 2	3	0
Feb 15	Tottenham Hotspur	ENG 1	1	0
15/16	Tottenham Hotspur	ENG 1	0	0
Feb 16	Werder Bremen	BL	3	0
	Werder Bremen II	3. L	5	0
16/17	Werder Bremen	BL		

VERHAEGH, Paul
1. 9. 1983, Kronenberg/NED
Abwehr, 1,78 m, 74 kg
SV Kronenberg, Venlose VV

02/03	PSV Eindhoven	NED 1	0	0
03/04	AGOVV Apeldoorn	NED 2	33	1
04/05	FC Den Bosch	NED 1	32	0
05/06	FC Den Bosch	NED 2	24	4
Jan 06	Vitesse Arnhem	NED 1	12	0
06/07	Vitesse Arnhem	NED 1	32	2
07/08	Vitesse Arnhem	NED 1	33	0
08/09	Vitesse Arnhem	NED 1	31	2
09/10	Vitesse Arnhem	NED 1	30	2
10/11	FC Augsburg	2. BL	30	1

11/12	FC Augsburg	BL	26	1
12/13	FC Augsburg	BL	17	0
13/14	FC Augsburg	BL	30	3
14/15	FC Augsburg	BL	27	6
15/16	FC Augsburg	BL	25	6
16/17	FC Augsburg	BL		

3 A (kein Tor) für die Niederlande

VESTERGAARD, Jannik
3. 8. 1992, Kopenhagen/DEN
Abwehr, 1,99 m, 98 kg
Bis 2008 Vestia BK, BK Frem Kopenhagen und KB Kopenhagen, 2008-2010 Bröndby IF

10/11	TSG Hoffenheim	BL	1	0
	TSG Hoffenheim II	RL	19	3
11/12	TSG Hoffenheim	BL	23	2
	TSG Hoffenheim II	RL	3	1
12/13	TSG Hoffenheim	BL	16	0
13/14	TSG Hoffenheim	BL	25	1
14/15	TSG Hoffenheim	BL	6	1
Jan 15	Werder Bremen	BL	15	1
15/16	Werder Bremen	BL	33	2
16/17	Bor. Mönchengladbach	BL		

8 A (1 Tor) für Dänemark

VIDAL, Arturo
22. 5. 1987, San Miguel/CHI
Mittelfeld, 1,80 m, 75 kg
Deportes Melipilla

2005	Colo Colo Santiago	CHI 1	2	0
2006	Colo Colo Santiago	CHI 1	19	0
2007	Colo Colo Santiago	CHI 1	15	2
07/08	Bayer Leverkusen	BL	24	1
08/09	Bayer Leverkusen	BL	29	3
09/10	Bayer Leverkusen	BL	31	1
10/11	Bayer Leverkusen	BL	33	10
11/12	Juventus Turin	ITA 1	33	7
12/13	Juventus Turin	ITA 1	31	10
13/14	Juventus Turin	ITA 1	32	11
14/15	Juventus Turin	ITA 1	28	7
15/16	Bayern München	BL	30	4
16/17	Bayern München	BL		

80 A (17 Tore) für Chile

VIEIRINHA
Adelino André Vieira de Freitas
24. 1. 1986, Guimaraes/POR
Abwehr, 1,72 m, 73 kg
Bis 2003 Vitoria Guimaraes

03/04	FC Porto B	POR 3	3	1
04/05	FC Porto B	POR 3	24	7
05/06	FC Marco	POR 2	13	4
Jan 06	FC Porto B	POR 3	11	3
06/07	FC Porto	POR 1	8	0
07/08	Leixoes Porto	POR 1	22	1
08/09	PAOK Saloniki	GRE 1	16	1
09/10	PAOK Saloniki	GRE 1	28	7
10/11	PAOK Saloniki	GRE 1	26	4
11/12	PAOK Saloniki	GRE 1	13	5
Jan 12	VfL Wolfsburg	BL	9	0
12/13	VfL Wolfsburg	BL	27	1
13/14	VfL Wolfsburg	BL	11	1
14/15	VfL Wolfsburg	BL	31	1
15/16	VfL Wolfsburg	BL	26	1
16/17	VfL Wolfsburg	BL		

25 A (1 Tor) für Portugal

VOGT, Kevin
23. 9. 1991, Witten/D
Mittelfeld, 1,94 m, 85 kg
1995-2002 VfB Langendreerholz, 2002-2004 Werner SV Bochum, ab 2004 VfL Bochum

08/09	VfL Bochum	BL	1	0
	VfB Bochum II	RL	2	0
09/10	VfL Bochum II	RL	6	1
10/11	VfL Bochum	2. BL	21	0
	VfL Bochum II	RL	11	0
11/12	VfL Bochum	2. BL	16	2
12/13	FC Augsburg	BL	28	1
13/14	FC Augsburg	BL	28	1
14/15	1. FC Köln	BL	32	1
15/16	1. FC Köln	BL	23	0
	1. FC Köln II	RL	1	0
16/17	TSG Hoffenheim	BL		

VOLLAND, Kevin
30. 7. 1992, Marktoberdorf/D
Angriff, 1,79 m, 82 kg
1995-2005 FC Thalhofen, 2005/06 FC Memmingen, 2006/07 TSG Thannhausen, ab 2007 TSV München 1860

10/11	TSV München 1860	2. BL	24	6
	TSV München 1860 II	RL	5	4
11/12	TSV München 1860	2. BL	33	13
12/13	TSG Hoffenheim	BL	34	6
13/14	TSG Hoffenheim	BL	33	11
14/15	TSG Hoffenheim	BL	32	8
15/16	TSG Hoffenheim	BL	33	8
16/17	Bayer Leverkusen	BL		

6 A (kein Tor) für Deutschland

VRANCIC, Mario
23. 5. 1989, Slavonski Brod/YUG
Mittelfeld, 1,87 m, 78 kg, D
Bis 2004 VfR Kesselstadt, ab 2004 1. FSV Mainz 05

06/07	1. FSV Mainz 05	BL	1	0
07/08	1. FSV Mainz 05	2. BL	5	0
	1. FSV Mainz 05 II	OL	13	9
08/09	1. FSV Mainz 05	2. BL	3	0
	1. FSV Mainz 05 II	RL	19	7
09/10	Rot Weiss Ahlen	2. BL	12	0
	Rot Weiss Ahlen II	VL	2	0
10/11	1. FSV Mainz 05 II	RL	12	0
Jan 11	Borussia Dortmund II	RL	15	2
11/12	Borussia Dortmund II	RL	32	14
12/13	SC Paderborn 07	2. BL	33	5
13/14	SC Paderborn 07	2. BL	30	5
14/15	SC Paderborn 07	BL	30	2
15/16	SV Darmstadt 98	BL	22	2
16/17	SV Darmstadt 98	BL		

4 A (kein Tor) für Bosnien-Herzegowina

WAGNER, Sandro
29. 11. 1987, München/D
Angriff, 1,94 m, 87 kg
Bis 1997 Hertha München, ab 1997 Bayern München

05/06	Bayern München II	RL	1 0
06/07	Bayern München II	RL	30 2
07/08	Bayern München	BL	4 0
	Bayern München II	RL	13 0
08/09	MSV Duisburg	2. BL	30 7
	MSV Duisburg II	OL	1 0
09/10	MSV Duisburg	2. BL	6 5
Jan 10	Werder Bremen II	3. L	7 3
10/11	Werder Bremen	BL	23 5
	Werder Bremen II	3. L	2 1
11/12	Werder Bremen	BL	7 0
	Werder Bremen II	3. L	9 3
Jan 12	1. FC Kaiserslautern	BL	11 0
12/13	Hertha BSC	2. BL	31 5
	Hertha BSC II	RL	1 1
13/14	Hertha BSC	BL	25 2
	Hertha BSC II	RL	1 0
14/15	Hertha BSC	BL	15 0
	Hertha BSC II	RL	1 0
15/16	SV Darmstadt 98	BL	32 14
16/17	TSG Hoffenheim	BL	

WAHL, Hauke
15. 4. 1994, Hamburg/D
Abwehr, 1,89 m, 81 kg
Bis 2010 Witzhaver SV, TSV Trittau und Eintracht Schwerin, 2010 bis Dezember 2011 Dynamo Dresden, ab Januar 2012 Holstein Kiel

13/14	Holstein Kiel	3. L	26 0
14/15	Holstein Kiel	3. L	33 2
15/16	Holstein Kiel	3. L	3 0
Aug 15	SC Paderborn 07	2. BL	29 2
16/17	FC Ingolstadt 04	BL	

WALDSCHMIDT, Luca
19. 5. 1996, Siegen/D
Angriff, 1,81 m, 75 kg
Bis 2009 Oranien Frohnhausen und Juno Burg, 2009/10 TSG Wieseck, ab 2010 Eintracht Frankfurt

13/14	Eintracht Frankfurt II	RL	2 1
14/15	Eintracht Frankfurt	BL	3 0
15/16	Eintracht Frankfurt	BL	12 0
16/17	Hamburger SV	BL	

WEIDENFELLER, Roman
6. 8. 1980, Diez/D
Torhüter, 1,90 m, 90 kg
1985-1996 Eisbachtaler Sportfreunde, ab 1996 1. FC Kaiserslautern

98/99	1. FC Kaiserslautern Am.	RL	4 0
99/00	1. FC Kaiserslautern Am.	RL	36 0
00/01	1. FC Kaiserslautern	BL	3 0
	1. FC Kaiserslautern Am.	OL	24 0
01/02	1. FC Kaiserslautern	BL	3 0
	1. FC Kaiserslautern Am.	RL	12 0
02/03	Borussia Dortmund	BL	11 0
	Borussia Dortmund Am.	RL	7 0
03/04	Borussia Dortmund	BL	17 0
	Borussia Dortmund Am.	RL	4 0
04/05	Borussia Dortmund	BL	26 0
	Borussia Dortmund Am.	RL	2 0
05/06	Borussia Dortmund	BL	24 0
06/07	Borussia Dortmund	BL	34 0
07/08	Borussia Dortmund	BL	14 0
08/09	Borussia Dortmund	BL	32 0
09/10	Borussia Dortmund	BL	30 0
10/11	Borussia Dortmund	BL	33 0
11/12	Borussia Dortmund	BL	32 0
12/13	Borussia Dortmund	BL	31 0
13/14	Borussia Dortmund	BL	30 0
14/15	Borussia Dortmund	BL	25 0
15/16	Borussia Dortmund	BL	1 0
16/17	Borussia Dortmund	BL	

5 A (kein Tor) für Deutschland

WEIGL, Julian
8. 9. 1995, Bad Aibling/D
Mittelfeld, 1,86 m, 71 kg
Bis 2005 SV Ostermünchen, 2005-2010 TSV 1860 Rosenheim, ab 2010 TSV München 1860

13/14	TSV München 1860	2. BL	14 0
	TSV München 1860 II	RL	23 0
14/15	TSV München 1860	2. BL	24 0
15/16	Borussia Dortmund	BL	30 0
16/17	Borussia Dortmund	BL	

1 A (kein Tor) für Deutschland

WEISER, Mitchell
21. 4. 1994, Troisdorf/D
Angriff, 1,76 m, 67 kg
2000-2005 TVE Veltenhof, ab 2005 1. FC Köln

11/12	1. FC Köln	BL	1 0
	1. FC Köln II	RL	2 0
12/13	Bayern München II	RL	9 0
Jan 13	1. FC Kaiserslautern	2. BL	13 2
13/14	Bayern München	BL	3 0
	Bayern München II	RL	19 3
14/15	Bayern München	BL	13 1
	Bayern München II	RL	7 0
15/16	Hertha BSC	BL	29 2
16/17	Hertha BSC	BL	

WELLENREUTHER, Timon
3. 12. 1995, Karlsruhe/D
Torhüter, 1,86 m, 80 kg
2002-2005 Bulacher SC, 2005-2007 SVK Beiertheim, 2007-2009 SpVgg Durlach-Aue, 2009/10 FC Astoria Walldorf, 2010-2013 Karlsruher SC, ab 2013 FC Schalke 04

14/15	FC Schalke 04	BL	8 0
	FC Schalke 04 II	RL	16 0
15/16	RCD Mallorca	ESP 2	33 0
16/17	FC Schalke 04	BL	

WENDELL
Wendell Nascimento Borges
20. 7. 1993, Fortaleza/BRA
Abwehr, 1,76 m, 64 kg

2011	Iraty SC	BRA-R1	11	0
2012	Londrina EC	BRA-R1	17	2
Jul 12	Parana Clube Curitiba	BRA 2	15	0
2013	Londrina EC	BRA-R1	23	1
Jun 13	Gremio Porto Alegre	BRA 1	9	0
2014	Gremio Porto Alegre	BRA-R1	13	1
	Gremio Porto Alegre	BRA 1	2	0
14/15	Bayer Leverkusen	BL	26	1
15/16	Bayer Leverkusen	BL	28	0
16/17	Bayer Leverkusen	BL		

WENDT, Oscar
24. 10. 1985, Skövde/SWE
Abwehr, 1,81 m, 82 kg
Bis 2002 IFK Skövde

2003	IFK Göteborg	SWE 1	3	0
2004	IFK Göteborg	SWE 1	3	0
2005	IFK Göteborg	SWE 1	21	1
2006	IFK Göteborg	SWE 1	9	0
06/07	FC Kopenhagen	DEN 1	21	0
07/08	FC Kopenhagen	DEN 1	24	0
08/09	FC Kopenhagen	DEN 1	31	2
09/10	FC Kopenhagen	DEN 1	33	2
10/11	FC Kopenhagen	DEN 1	29	1
11/12	Bor. Mönchengladbach	BL	14	0
12/13	Bor. Mönchengladbach	BL	21	1
13/14	Bor. Mönchengladbach	BL	18	3
14/15	Bor. Mönchengladbach	BL	26	2
15/16	Bor. Mönchengladbach	BL	30	3
16/17	Bor. Mönchengladbach	BL		

25 A (kein Tor) für Schweden

WERNER, Timo
6. 3. 1996, Stuttgart/D
Angriff, 1,80 m, 75 kg
Bis 2002 TSV Steinhaldenfeld, ab 2002 VfB Stuttgart

13/14	VfB Stuttgart	BL	30	4
	VfB Stuttgart II	3. L	1	1
14/15	VfB Stuttgart	BL	32	3
15/16	VfB Stuttgart	BL	33	6
16/17	RB Leipzig	BL		

WIEDWALD, Felix
15. 3. 1990, Thedinghausen/D
Torhüter, 1,90 m, 82 kg
1997-1999 TSV Achim, ab 1999 Werder Bremen

09/10	Werder Bremen II	3. L	15	0
10/11	Werder Bremen II	3. L	24	0
11/12	MSV Duisburg	2. BL	20	0
12/13	MSV Duisburg	2. BL	27	0
13/14	Eintracht Frankfurt	BL	1	0
	Eintracht Frankfurt II	RL	1	0
14/15	Eintracht Frankfurt	BL	10	0
15/16	Werder Bremen	BL	34	0
16/17	Werder Bremen	BL		

WOLF, Raphael
6. 6. 1988, München/D
Torhüter, 1,90 m, 86 kg
Bis 2004 FC Tegernbach, MTV Pfaffenhofen, FSV Pfaffenhofen, SpVgg Unterhaching, ab 2004 Hamburger SV

07/08	Hamburger SV II	RL	2	0
08/09	Hamburger SV II	RL	23	0
09/10	Kapfenberger SV	AUT 1	35	0
10/11	Kapfenberger SV	AUT 1	34	0
11/12	Kapfenberger SV	AUT 1	35	0
12/13	Werder Bremen II	RL	2	0
13/14	Werder Bremen	BL	21	0
	Werder Bremen II	RL	7	0
14/15	Werder Bremen	BL	27	0
15/16	Werder Bremen II	3. L	2	0
16/17	Werder Bremen	BL		

WOLFF, Johannes
10. 7. 1998, Seeheim-Jugenheim/D
Abwehr, 1,75 m, 61 kg
2004-2010 SKG Bickenbach, 2010-2012 Rot-Weiß Darmstadt, seit 2012 SV Darmstadt 98

16/17	SV Darmstadt 98	BL		

WOOD, Bobby
15. 11. 1992, Honolulu/USA
Angriff, 1,80 m, 79 kg
Bis Juni 2007 Irvine Strikers, ab 2007 TSV München 1860

09/10	TSV München 1860 II	RL	1	0
10/11	TSV München 1860	2. BL	5	0
	TSV München 1860 II	RL	8	2
11/12	TSV München 1860	2. BL	3	0
	TSV München 1860 II	RL	10	2
12/13	TSV München 1860	2. BL	15	3
	TSV München 1860 II	RL	25	8
13/14	TSV München 1860	2. BL	21	0
	TSV München 1860 II	RL	1	0
14/15	TSV München 1860	2. BL	6	0
Jan 15	Erzgebirge Aue	2. BL	9	3
15/16	1. FC Union Berlin	2. BL	31	17
16/17	Hamburger SV	BL		

24 A (6 Tore) für die USA

XABI ALONSO
Xabier Alonso Olano
25. 11. 1981, Tolosa/ESP
Mittelfeld, 1,83 m, 80 kg
Bis 1998 Antiguoko KE, ab 1998 Real Sociedad San Sebastian

99/00	Real Soc. San Sebastian B	ESP 4	39	2
00/01	SD Eibar	ESP 2	14	0
Jan 01	Real Soc. San Sebastian	ESP 1	18	0
01/02	Real Soc. San Sebastian	ESP 1	29	3
02/03	Real Soc. San Sebastian	ESP 1	33	3
03/04	Real Soc. San Sebastian	ESP 1	34	3
04/05	FC Liverpool	ENG 1	24	2
05/06	FC Liverpool	ENG 1	35	3
06/07	FC Liverpool	ENG 1	32	4
07/08	FC Liverpool	ENG 1	19	2

08/09	FC Liverpool	ENG 1	33	4
09/10	Real Madrid	ESP 1	34	3
10/11	Real Madrid	ESP 1	34	0
11/12	Real Madrid	ESP 1	36	1
12/13	Real Madrid	ESP 1	28	0
13/14	Real Madrid	ESP 1	26	0
14/15	Real Madrid	ESP 1	0	0
Aug 14	Bayern München	BL	26	2
15/16	Bayern München	BL	26	0
16/17	Bayern München	BL		

114 A (16 Tore) für Spanien

YATABARÉ, Sambou
2. 3. 1989, Beauvais/FRA
Mittelfeld, 1,90 m, 82 kg, MLI/FRA
2002-2007 AS Beauvais

07/08	SM Caen II	FRA 4	22	5
08/09	SM Caen	FRA 1	11	1
	SM Caen II	FRA 4	14	1
09/10	SM Caen	FRA 2	21	0
10/11	SM Caen	FRA 1	25	2
	SM Caen II	FRA 4	5	1
11/12	SM Caen II	FRA 4	2	0
Aug 11	AS Monaco	FRA 1	9	1
	AS Monaco II	FRA 4	6	0
12/13	SC Bastia	FRA 1	28	1
13/14	Olympiakos Piräus	GRE 1	5	1
Jan 14	SC Bastia	FRA 1	16	1
14/15	EA Guingamp	FRA 1	19	1
15/16	Standard Lüttich	BEL 1	13	0
Jan 16	Werder Bremen	BL	8	1
16/17	Werder Bremen	BL		

26 A (2 Tore) für Mali

YURCHENKO, Vladlen
22. 1. 1994, Mykolajiw/UKR
Angriff, 1,81 m, 72 kg
2007 bis Dezember 2010 Schachtar Donezk

Jan 11	Illitschiwez Mariupol	UKR 1	3	0
11/12	Illitschiwez Mariupol II	UKR 3		7
Jan 12	Schachtar Donezk Jug.			
12/13	Schachtar Donezk Jug.			
13/14	Schachtar Donezk III	UKR 3	1	0
14/15	Bayer Leverkusen	BL	3	0
15/16	Bayer Leverkusen	BL	7	1
16/17	Bayer Leverkusen	BL		

ZAWADA, Oskar
1. 2. 1996, Olsztyn/D
Angriff, 1,92 m, 87 kg
Bis 2012 OKS Olsztyn, ab 2012 VfL Wolfsburg

13/14	VfL Wolfsburg II	RL	1	0
14/15	VfL Wolfsburg II	RL	8	1
15/16	VfL Wolfsburg II	RL	4	2
Feb 16	Twente Enschede	NED 1	11	0
16/17	VfL Wolfsburg	BL		

ZETTERER, Michael
12. 7. 1995, München/D
Torhüter, 1,87 m, 79 kg
Bis 2006 DJK Darching, ab 2006 SpVgg Unterhaching

12/13	SpVgg Unterhaching II	OL	4	0
13/14	SpVgg Unterhaching	3. L	11	0
	SpVgg Unterhaching II	OL	3	0
14/15	SpVgg Unterhaching	3. L	19	0
	SpVgg Unterhaching II	OL	1	0
Jan 15	Werder Bremen II	RL	7	0
15/16	Werder Bremen II	3. L	1	0
16/17	Werder Bremen	BL		

ZIEGELE, Robin
13. 3. 1997, Wolfsburg/D
Abwehr, 1,86 m, 81 kg
2002-2004 JSG Mörse/Ehmen, seit 2004 VfL Wolfsburg

16/17	VfL Wolfsburg	BL		

ZIMLING, Niki
19. 4. 1985, Tarnby/DEN
Mittelfeld, 1,78 m, 77 kg
Amager BK 70, Tarnby BK, FC Amager und KB Kopenhagen

02/03	Bröndby IF	DEN 1	1	0
03/04	Bröndby IF	DEN 1	13	1
04/05	Bröndby IF	DEN 1	3	0
05/06	Bröndby IF	DEN 1	0	0
Aug 05	Esbjerg fB	DEN 1	26	3
06/07	Esbjerg fB	DEN 1	30	10
07/08	Esbjerg fB	DEN 1	16	3
08/09	Esbjerg fB	DEN 1	9	0
Jan 09	Udinese Calcio	ITA 1	4	0
09/10	Udinese Calcio	ITA 1	1	0
10/11	NEC Nijmegen	NED 1	26	4
11/12	FC Brügge	BEL 1	34	1
12/13	FC Brügge	BEL 1	7	1
Jan 13	1. FSV Mainz 05	BL	13	1
13/14	1. FSV Mainz 05	BL	15	1
14/15	1. FSV Mainz 05	BL	0	0
Sep 14	Ajax Amsterdam	NED 1	9	0
	Ajax Amsterdam II	NED 2	3	1
15/16	1. FSV Mainz 05	BL	0	0
Feb 16	FSV Frankfurt	2. BL	3	0
16/17	1. FSV Mainz 05	BL		

24 A (1 Tor) für Dänemark

ZOLLER, Simon
26. 6. 1991, Friedrichshafen/D
Angriff, 1,79 m, 70 kg
Bis 2005 Germania Singen, 1. FC Pforzheim und VfB Friedrichshafen, 2005-2007 VfB Stuttgart, 2007/08 SSV Ulm 1846

08/09	Karlsruher SC II	RL	5	0
09/10	Karlsruher SC II	RL	17	6
10/11	Karlsruher SC	2. BL	7	0
	Karlsruher SC II	RL	19	5
11/12	Karlsruher SC	2. BL	6	1
	Karlsruher SC II	RL	15	7

12/13	VfL Osnabrück	3. L	36	15
13/14	1. FC Kaiserslautern	2. BL	28	13
14/15	1. FC Köln	BL	9	1
Jan 15	1. FC Kaiserslautern	2. BL	13	3
15/16	1. FC Köln	BL	24	6
	1. FC Köln II	RL	1	0
16/17	1. FC Köln	BL		

ZUBER, Steven
17. 8. 1991, Winterthur/SUI
Mittelfeld, 1,81 m, 79 kg

Bis 2001 FC Kollbrunn-Rikon, 2001/02 FC Turbenthal, 2002-2006 FC Winterthur, ab 2006 Grasshopper Club Zürich

07/08	Grassh. Club Zürich II	SUI 3	6	0
08/09	Grassh. Club Zürich	SUI 1	10	0
	Grassh. Club Zürich II	SUI 3	12	5
09/10	Grassh. Club Zürich	SUI 1	20	5
	Grassh. Club Zürich II	SUI 3	12	3
10/11	Grassh. Club Zürich	SUI 1	34	4
11/12	Grassh. Club Zürich	SUI 1	31	8
12/13	Grassh. Club Zürich	SUI 1	32	6
13/14	ZSKA Moskau	RUS 1	27	1
14/15	ZSKA Moskau	RUS 1	2	0
Aug 14	TSG Hoffenheim	BL	17	0
15/16	TSG Hoffenheim	BL	12	2
	TSG Hoffenheim II	RL	2	3
16/17	TSG Hoffenheim	BL		

ZULECHNER, Philipp
12. 4. 1990, Wien/AUT
Angriff, 1,82 m, 80 kg

April 1997 bis 1998 Floridsdorfer AC, 1998-2005 Austria Wien, 2005-2007 FC Admira Wacker, ab 2007 RB Salzburg

08/09	RB Salzburg Am.	AUT 2	15	0
09/10	RB Salzburg Am.	AUT 2	13	2
10/11	SV Grödig	AUT 2	11	0
Jan 11	SV Horn	AUT 3	15	4
11/12	SV Horn	AUT 3	27	15
12/13	SV Horn	AUT 2	31	11
13/14	SV Grödig	AUT 1	20	15
Jan 14	SC Freiburg	BL	7	1
14/15	SC Freiburg	BL	2	0
	SC Freiburg II	RL	10	4
Jan 15	Austria Wien	AUT 1	10	1
	Austria Wien Am.	AUT 3	1	1
15/16	Austria Wien	AUT 1	13	0
Jan 16	Young Boys Bern	SUI 1	8	0
16/17	SC Freiburg	BL		

1 A (kein Tor) für Österreich

Den Super-GAU verhindert: Eintracht Frankfurt sicherte sich in der Relegation gegen den 1. FC Nürnberg den Klassenerhalt in der Bundesliga. Torhüter Lukas Hradecky (links), Torschütze Haris Seferovic und Trainer Niko Kovac lassen sich von den Fans feiern.

KAPITEL 7

DIE 2. BUNDESLIGA

VfB Stuttgart

Gegründet: 9. September 1893 – Vereinsfarben: Weiß-Rot – Vereinsmitglieder: 47 000 – Rechtsform: e. V.
Anschrift: Mercedesstraße 109, 70372 Stuttgart – Telefon: (0 18 06) 99 18 93 – E-Mail: service@vfb-stuttgart.de – Internet: www.vfb.de
Deutscher Meister (5): 1950, 1952, 1984, 1992, 2007 – Deutscher Pokalsieger (3): 1954, 1958, 1997 – Deutscher Supercupsieger (1): 1992 – Deutscher Amateurmeister (2): 1963, 1980
Geschäftsleitung: Jan Schindelmeiser (Vorstand Sport), Stefan Heim (Vorstand Finanzen, Verwaltung und Operations), Jochen Röttgermann (Vorstand Marketing und Vertrieb), Oliver Schraft (Kommunikation, Mitglied der Geschäftsleitung); Aufsichtsratsvorsitzender: Martin Schäfer; Teammanager: Günther Schäfer; Pressesprecher: Tobias Herwerth; Mannschaftsärzte: Dr. Raymond Best, Prof. Dr. Dr. Heiko Striegel; Physiotherapeuten: Gerhard Wörn, Matthias Hahn, Manuel Roth; Zeugwart: Michael Meusch; Athletiktrainer: Matthias Schiffers; Co-Trainer: Remy Reijnierse, Olaf Janßen; Torwarttrainer: Marco Langner
Stadion: Mercedes-Benz-Arena, 60 441 überdachte Plätze, davon 49 320 Sitz- und 11 121 Stehplätze
Trainer: Jos Luhukay, geb. am 13. 6. 1963, Niederländer, seit 1. 7. 2016 Cheftrainer beim VfB Stuttgart

TORWART
13 Grahl, Jens, 22.09.1988, D, 12/– BL
1 Langerak, Mitchell, 22.08.1988, AUS, 21/– BL, 6 A für Australien
32 Uphoff, Benjamin, 08.08.1993, D

ABWEHR
5 Baumgartl, Timo, 04.03.1996, D, 39/– BL
19 Großkreutz, Kevin, 19.07.1988, D, 186/23 BL, 33/6 2. BL, 6 A für Deutschland
14 Heise, Philip, 20.06.1991, D, 5/– BL, 30/2 2. BL
2 Insua, Emiliano, 07.01.1989, ARG/ESP, 33/– BL, 4 A für Argentinien
35 Kaminski, Marcin, 15.01.1992, POL, 4 A für Polen
16 Klein, Florian, 17.11.1986, AUT, 56/3 BL, 40 A für Österreich
41 Sama, Stephen, 05.03.1993, D
4 Sunjic, Toni, 15.12.1988, BIH, 19/1 BL, 23 A für Bosnien-Herzegowina
6 Zimmer, Jean, 06.12.1993, D, 61/5 2. BL
25 Zimmermann, Matthias, 16.06.1992, D, 18/1 BL, 69/1 2. BL

MITTELFELD
23 Besuschkow, Max, 31.05.1997, D
20 Gentner, Christian, 14.08.1985, D, 321/41 BL, 5 A für Deutschland
8 Grgic, Anto, 28.11.1996, SUI
7 Hosogai, Hajime, 10.06.1986, JPN, 102/3 BL, 7/– 2. BL, 30 A für Japan
10 Maxim, Alexandru, 08.07.1990, ROU, 91/11 BL, 28 A für Rumänien
27 Ristl, Mart, 07.07.1996, D, 3/– BL
– Rojas, Marco, 05.11.1991, NZL, 3/– 2. BL, 25 A für Neuseeland
28 Wanitzek, Marvin, 07.05.1993, D, 1/– BL
17 Werner, Tobias, 19.07.1985, D, 127/24 BL, 118/23 2. BL

ANGRIFF
33 Ginczek, Daniel, 13.04.1991, D, 42/13 BL, 60/23 2. BL
39 Kliment, Jan, 01.09.1993, CZE, 8/1 BL
34 Tashchy, Borys, 26.07.1993, UKR/BUL, 9/– BL
9 Terodde, Simon, 02.03.1988, D, 5/– BL, 155/64 2. BL

Hannover 96

Gegründet: 12. April 1896 – Vereinsfarben: Schwarz-Weiß-Grün – Vereinsmitglieder: 20 500 – Rechtsform: GmbH und Co. KGaA (seit 1999)
Anschrift: Robert-Enke-Straße 1, 30169 Hannover – Telefon: (05 11) 96 900 96 – E-Mail: info@hannover96.de – Internet: www.hannover96.de
Deutscher Meister (2): 1938, 1954 – Deutscher Pokalsieger (1): 1992 – Deutscher Amateurmeister (3): 1960, 1964, 1965

Vorstandsvorsitzender e. V. und Geschäftsführer GmbH: Martin Kind; Aufsichtsratsvorsitzende: Valentin Schmidt (Gesamtverein), Rainer Feuerhake (GmbH); Geschäftsführer: Martin Bader (Lizenzbereich, Nachwuchsleistungszentrum, Marketing, Sponsoring, Fanbetreuung), Björn Bremer (kaufmännische Leitung, Finanzen, Organisation); Sportlicher Leiter: Christian Möckel; Marketing-Chef: Josip Grbavac; Mediendirektor: Christian Bönig; Medienbeauftragter: Dirk Köster; Vereinsärzte: Dr. Felix Hessel, Dr. Axel Partenheimer; Physiotherapeuten: Ralf Blume, Steffen Gniesmer, Jens Vergers; Teammanager: Fabio Morena; Zeugwarte: Servet Kaya, Raymond Saka; Videoanalyst: Lars Barlemann; Teampsychologin: Frauke Wilhelm; Athletiktrainer: Timo Rosenberg; Reha- und Athletik-Trainer: Edward Kowalczuk; Co-Trainer: Markus Gellhaus; Torwarttrainer: Jörg Sievers

Stadion: HDI Arena, 49 000 überdachte Plätze, davon 41 000 Sitz- (310 Logenplätze, 1241 Business-Seats) und 8000 Stehplätze

Trainer: Daniel Stendel, geb. am 4. 4. 1974, Deutscher, seit 3. 4. 2016 Cheftrainer bei Hannover 96

TORWART
40 Königsmann, Timo, 05.04.1997, D
30 Sahin-Radlinger, Samuel, 07.11.1992, AUT
1 Tschauner, Philipp, 03.11.1985, D, 1/– BL, 153/1 2. BL

ABWEHR
3 Albornoz, Miiko, 30.11.1990, CHI/SWE, 51/– BL, 8 A für Chile
31 Anton, Waldemar, 20.07.1996, D, 8/1 BL
33 Arkenberg, Fynn, 04.03.1996, D, 2/– BL
20 Felipe, 15.05.1987, BRA, 23/1 BL
15 Hoffmann, Andre, 28.02.1993, D, 47/2 BL, 37/1 2. BL
22 Hübers, Timo, 20.07.1996, D
19 Hübner, Florian, 01.03.1991, D, 65/6 2. BL
5 Sané, Salif, 25.08.1990, SEN/FRA, 68/6 BL, 10 A für Senegal
25 Sorg, Oliver, 29.05.1990, D, 125/3 BL, 1 A für Deutschland

MITTELFELD
28 Bähre, Mike-Steven, 10.08.1995, D, 1/– BL
6 Bakalorz, Marvin, 13.09.1989, D, 32/1 BL, 46/3 2. BL
17 Bech, Uffe, 13.01.1993, DEN, 11/1 BL, 3 A für Dänemark
34 Dierßen, Tim, 15.01.1996, D, 3/– BL
18 Fossum, Iver, 15.07.1996, NOR, 9/– BL, 3 A für Norwegen

26 Karaman, Kenan, 05.03.1994, TUR/D, 39/3 BL
11 Klaus, Felix, 13.09.1992, D, 94/10 BL, 38/4 2. BL
10 Maier, Sebastian, 18.09.1993, D, 94/9 2. BL
7 Prib, Edgar, 15.12.1989, D, 98/6 BL, 74/6 2. BL
37 Sarenren Bazee, Noah Joel, 21.08.1996, D, 5/– BL
8 Schmiedebach, Manuel, 05.12.1988, D, 170/2 BL
21 Wolf, Marius, 27.05.1995, D, 2/– BL, 39/5 2. BL

ANGRIFF
35 Benschop, Charlison, 21.08.1989, NED, 9/1 BL, 58/25 2. BL
24 Füllkrug, Niclas, 09.02.1993, D, 23/2 BL, 75/23 2. BL
29 Gueye, Babacar, 31.12.1994, SEN
14 Harnik, Martin, 10.06.1987, AUT/D, 190/54 BL, 30/13 2. BL, 60 A für Österreich
9 Sobiech, Artur, 12.06.1990, POL, 98/18 BL, 13 A für Polen
38 Sulejmani, Valmir, 01.02.1996, KOS/D, 10/– BL, 6/– 2. BL
38 Sulejmani, Valmir, 01.02.1996, KOS/D, 10/– BL, 6/– 2. BL, 1 A für Kosovo

1. FC NÜRNBERG

Gegründet: 4. Mai 1900 – Vereinsfarben: Rot-Weiß – Vereinsmitglieder: 16 190 – Rechtsform: e. V.
Anschrift: Valznerweiherstraße 200, 90480 Nürnberg – Telefon: (09 11) 94 07 91 00 – E-Mail: info@fcn.de – Internet: www.fcn.de
Deutscher Meister (9): 1920, 1921, 1924, 1925, 1927, 1936, 1948, 1961, 1968 – Deutscher Pokalsieger (4): 1935, 1940, 1962, 2007
Vorstand: Andreas Bornemann (Sport), Michael Meeske (Marketing, Finanzen, Öffentlichkeitsarbeit und Verwaltung); Aufsichtsratsvorsitzender: Dr. Thomas Grethlein; Teammanager: Boban Pribanovic; PR/Öffentlichkeitsarbeit: Katharina Wildermuth, Luana Valentini; Mannschaftsarzt: Prof. Dr. Matthias Brem; Physiotherapeuten: Milan Gubov, Sascha Rurainski, Markus Zeyer; Zeugwart: Marko Riegel;

Athletik- und Reha-Trainer: Tobias Dippert; Co-Trainer: Manuel Klökler; Torwarttrainer: Adam Matysek (bis 31. August), Michael Fuchs (ab 1. September)
Stadion: Stadion Nürnberg, 50 000 überdachte Plätze, davon 36 771 Sitz- und 13 229 Stehplätze
Trainer: Alois Schwartz, geb. am 28. 3. 1967, Deutscher, seit 1. 71. 2016 Cheftrainer beim 1. FC Nürnberg

TORWART

26 Kirschbaum, Thorsten, 20.04.1987, D, 9/– BL, 104/– 2. BL
22 Rakovsky, Patrick, 02.06.1993, D, 8/– BL, 31/– 2. BL
1 Schäfer, Raphael, 30.01.1979, D, 273/– BL, 95/– 2. BL

ABWEHR

2 Brecko, Miso, 01.05.1984, SVN, 161/2 BL, 136/5 2. BL, 77 A für Slowenien
4 Bulthuis, Dave, 28.06.1990, NED, 44/2 2. BL
3 Hovland, Even, 14.02.1989, NOR, 51/3 2. BL, 15 A für Norwegen
23 Leibold, Tim, 30.11.1993, D, 28/4 2. BL
33 Margreitter, Georg, 07.11.1988, AUT, 25/– 2. BL
28 Mühl, Lukas, 27.01.1997, D, 1/– 2. BL
6 Sepsi, Laszlo, 07.06.1987, ROU, 26/– 2. BL, 4 A für Rumänien

MITTELFELD

5 Alushi, Enis, 22.12.1985, KOS/D, 167/8 2. BL, 1 A für Kosovo

18 Behrens, Hanno, 26.03.1990, D, 64/10 2. BL
29 Erras, Patrick, 21.01.1995, D, 16/5 2. BL
21 Evseev, Willi, 14.02.1992, D, 3/– BL, 1/– 2. BL
19 Gislason, Rurik, 25.02.1988, ISL, 11/– 2. BL, 37 A für Island
10 Kempe, Tobias, 27.06.1989, D, 31/– BL, 131/15 2. BL
14 Möhwald, Kevin, 03.07.1993, D, 27/1 2. BL
31 Petrak, Ondrej, 11.03.1992, CZE, 11/– BL, 44/1 2. BL

ANGRIFF

9 Burgstaller, Guido, 29.04.1989, AUT, 47/19 2. BL, 9 A für Österreich
27 Hercher, Philipp, 21.03.1996, D, 2/– 2. BL
7 Salli, Edgar, 17.08.1992, CMR, 28 A für Kamerun
11 Sylvestr, Jakub, 02.02.1989, SVK, 106/32 2. BL, 6 A für Slowakei
36 Teuchert, Cedric, 14.01.1997, D, 5/1 2. BL

FC ST. PAULI

Gegründet: 15. Mai 1910 – Vereinsfarben: Braun-Weiß – Vereinsmitglieder: 23 500 – Rechtsform: e. V.
Anschrift: Harald-Stender-Platz 1, 20359 Hamburg – Telefon: (0 40) 31 78 74 21 – E-Mail: kontaktformular@fcstpauli.com – Internet: www.fcstpauli.com
Präsident: Oke Göttlich; Vizepräsidenten: Thomas Happe, Reinher Karl, Joachim Pawlik, Jochen Winand; Aufsichtsratsvorsitzende: Sandra Schwedler; Kaufmännischer Geschäftsführer: Andreas Rettig; Geschäftsleiter Sport: Thomas Meggle; Pressechef: Christoph Pieper; Vereinsarzt: Prof. Dr. Hauke Mommsen; Physiotherapeuten: Ronald Wollmann, Petros Katsares, Lisa Gehrke, Johannes Reich; Zeugwarte: Siegmar Krahl, Andreas Kreft; Athletiktrainer: Janosch Emonts; Co-Trainer: Abder Ramdane; Torwarttrainer: Mathias Hain
Stadion: Millerntor-Stadion, 29 546 überdachte Plätze, davon 12 606 Sitz- und 16 940 Stehplätze
Trainer: Ewald Lienen, geb. am 28. 11. 1953, Deutscher, seit 16. 12. 2014 Cheftrainer beim FC St. Pauli

TORWART

33 Brodersen, Svend, 22.03.1997, D
1 Heerwagen, Philipp, 13.04.1983, D, 33/– BL, 136/– 2. BL
30 Himmelmann, Robin, 05.02.1989, D, 55/– 2. BL

ABWEHR

15 Buballa, Daniel, 11.05.1990, D, 120/3 2. BL
26 Gonther, Sören, 15.12.1986, D, 158/7 2. BL
2 Hedenstad, Vegar Eggen, 26.06.1991, NOR, 16/– BL, 35/1 2. BL, 2 A für Norwegen

16 Hornschuh, Marc, 02.03.1991, D, 29/2 2. BL
27 Kalla, Jan-Philipp, 06.08.1986, D, 5/– BL, 117/4 2. BL
5 Keller, Joel, 06.03.1995, SUI, 5/– 2. BL
19 Rasmussen, Jacob, 28.05.1997, DEN
3 Sobiech, Lasse, 18.01.1991, D, 34/3 BL, 76/9 2. BL
4 Ziereis, Philipp, 14.03.1993, D, 67/1 2. BL

MITTELFELD
6 Avevor, Christopher, 11.02.1992, D, 7/– BL, 49/1 2. BL
10 Buchtmann, Christopher, 25.04.1992, D, 2/– BL, 83/2 2. BL
22 Cenk Sahin, 22.09.1994, TUR
37 Choi, Kyoung-Rok, 15.03.1995, KOR, 24/3 2. BL
8 Dudziak, Jeremy, 28.08.1995, D, 3/– BL, 21/1 2. BL

31 Litka, Maurice Jerome, 02.01.1996, D, 3/– 2. BL
13 Miyaichi, Ryo, 14.12.1992, JPN, 5/2 2. BL, 2 A für Japan
7 Nehrig, Bernd, 28.09.1986, D, 27/1 BL, 198/30 2. BL
20 Neudecker, Richard, 29.10.1996, D, 6/– 2. BL
25 Rosin, Dennis, 27.06.1996, D
28 Sobota, Waldemar, 19.05.1987, POL, 41/5 2. BL, 16 A für Polen

ANGRIFF
11 Bouhaddouz, Aziz, 30.03.1987, MAR/D, 92/19 2. BL
34 Ducksch, Marvin, 07.03.1994, D, 15/1 BL
24 Empen, Nico, 11.01.1996, D
9 Picault, Fabrice-Jean, 23.02.1991, USA, 16/4 2. BL, 1 A für USA

VfL BOCHUM 1848

Gegründet: 14. April 1938 (Fusion aus TV 1848, TuS 08 und Germania Bochum) – Vereinsfarben: Blau-Weiß – Vereinsmitglieder: 8500 – Rechtsform: e. V.
Anschrift: Castroper Straße 145, 44791 Bochum – Telefon: (02 34) 95 18 48 – E-Mail: info@vfl-bochum.de – Internet: www.vfl-bochum.de
Vorstand: Christian Hochstätter (Sport und Medien), Wilken Engelbracht (Kaufmännischer Vorstand); Aufsichtsratsvorsitzender: Hans-Peter Villis; Stellvertreter des Aufsichtsratsvorsitzenden: Frank Goosen; Pressesprecher: Jens Fricke; Mannschaftsarzt: Prof. Dr. Karl-Heinz Bauer; Physiotherapeuten: Jürgen Dolls, Sascha Zivanovic, Frank Zöllner; Zeugwarte: Andreas Pahl, Benedikt Dreßelhaus; Athletiktrainer: Jörn Menger; Fitness- und Reha-Trainer: Stefan Bienioßek; Individualtrainer: Romeo Wendler; Co-Trainer: Jan de Jonge, Jens Rasiejewski, Jan Siewert (auch U-19-Trainer), Dimitrios Grammozis (auch U-17-Trainer); Torwarttrainer: Peter Greiber
Stadion: Vonovia Ruhrstadion, 29 299 überdachte Plätze, davon 16 174 Sitz- und 13 125 Stehplätze
Trainer: Gertjan Verbeek, geb. am 1. 8. 1962, Niederländer, seit 22. 12. 2014 Cheftrainer beim VfL Bochum

TORWART
32 Dornebusch, Felix, 12.07.1994, D
30 Kompalla, Martin, 26.08.1992, D
38 Kraft, Florian, 04.08.1998, D
1 Riemann, Manuel, 09.09.1988, D, 80/– 2. BL

ABWEHR
31 Baack, Tom, 13.03.1999, D
5 Bastians, Felix, 09.05.1988, D, 92/1 BL, 70/2 2. BL
21 Celozzi, Stefano, 02.11.1988, D, 95/– BL, 66/– 2. BL
19 Fabian, Patrick, 11.10.1987, D, 6/– BL, 96/3 2. BL
16 Gül, Gökhan, 17.07.1998, D
18 Gyamerah, Jan, 18.06.1995, D, 2/– 2. BL
29 Leitsch, Maxim, 18.05.1998, D

24 Perthel, Timo, 11.02.1989, D, 12/– BL, 93/6 2. BL
27 Rieble, Nico, 22.08.1995, D
6 Wydra, Dominik, 21.03.1994, AUT, 24/– 2. BL

MITTELFELD
4 Canouse, Russell, 11.06.1995, USA, 1/– BL
10 Eisfeld, Thomas, 18.01.1993, D, 38/4 2. BL
2 Hoogland, Tim, 11.06.1985, D, 59/6 BL, 96/12 2. BL
28 Krafft, Tim, 03.01.1998, D
8 Losilla, Anthony, 10.03.1986, FRA, 130/5 2. BL
26 Saglam, Görkem, 11.04.1998, D, 1/– 2. BL
39 Stiepermann, Marco, 09.02.1991, D, 7/1 BL, 138/18 2. BL

Die 2. Bundesliga 413

22 Stöger, Kevin, 27.08.1993, AUT, 61/4 2. BL
17 Weis, Tobias, 30.07.1985, D, 98/2 BL, 30/3
    2. BL, 1 A für Deutschland

ANGRIFF
35 Galstyan, Hayk, 23.03.1998, ARM/GRE
7 Gündüz, Selim, 16.05.1994, D, 15/1 2. BL
14 Mlapa, Peniel, 20.02.1991, D, 79/8 BL, 75/14 2. BL
11 Novikovas, Arvydas, 18.12.1990, LTU, 56/5 2. BL, 30 A für Litauen
34 Pavlidis, Evangelos, 21.11.1998, GRE, 1/– 2. BL
36 Quaschner, Nils, 22.04.1994, D, 19/1 2. BL
23 Weilandt, Tom, 27.04.1992, D, 86/11 2. BL
9 Wurtz, Johannes, 19.06.1992, D, 2/– BL, 64/8 2. BL

1. FC UNION BERLIN

Gegründet: 20. Januar 1966 – Vereinsfarben: Rot-Weiß – Vereinsmitglieder: 12 600 – Rechtsform: e. V. Anschrift: An der Wuhlheide 263, 12555 Berlin – Telefon: (0 30) 65 66 88 0 – E-Mail: verein@fc-union-berlin.de – Internet: www.fc-union-berlin.de
DDR-Pokalsieger (1): 1968
Präsident: Dirk Zingler; Präsidium: Jörg Hinze, Dirk Thieme; Geschäftsführer Lizenzierung: Oskar Kosche; Geschäftsführer Sport: Lutz Munack; Geschäftsführer Kommunikation: Christian Arbeit; Geschäftsführer Marketing: Jörg Taubitz; Leiter der Lizenzspielerabteilung: Helmut Schulte; Mannschaftsleiterin: Susanne Kopplin; Mannschaftsarzt: Dr. Tankred Haase; Physiotherapeuten: Thomas Riedel, Frank Placzek, Hendrik Schreiber; Athletiktrainer: Martin Krüger; Co-Trainer: Sebastian Bönig, Henrik Pedersen; Torwarttrainer: Dennis Rudel
Stadion: Stadion An der Alten Försterei, 22 012 überdachte Plätze, davon 3617 Sitz- und 18 395 Stehplätze
Trainer: Jens Keller, geb. am 24. 11. 1970, Deutscher, seit 1. 7. 2016 Cheftrainer beim 1. FC Union Berlin

TORWART
12 Busk, Jakob, 12.09.1993, DEN, 14/– 2. BL
30 Gspurning, Michael, 02.05.1981, AUT, 3 A für Österreich
1 Mesenhöler, Daniel, 24.07.1995, D

ABWEHR
5 Kessel, Benjamin, 01.10.1987, D, 20/2 BL, 86/11 2. BL
37 Leistner, Toni, 19.08.1990, D, 76/2 2. BL
25 Lenz, Christopher, 22.09.1994, D
29 Parensen, Michael, 24.06.1986, D, 173/6 2. BL
6 Pedersen, Kristian, 04.08.1994, DEN
3 Pogatetz, Emanuel, 16.01.1983, AUT, 88/2 BL, 11/– 2. BL, 61 A für Österreich
4 Puncec, Roberto, 27.10.1991, CRO, 95/1 2. BL
34 Schönheim, Fabian, 14.02.1987, D, 19/1 BL, 134/7 2. BL
28 Trimmel, Christopher, 24.02.1987, AUT, 55/1 2. BL, 3 A für Österreich

MITTELFELD
10 Daube, Dennis, 11.07.1989, D, 13/– BL, 120/5 2. BL
8 Fürstner, Stephan, 11.09.1987, D, 31/1 BL, 155/8 2. BL
7 Köhler, Benjamin, 04.08.1980, D, 169/16 BL, 140/23 2. BL
13 Korte, Raffael, 29.08.1990, D, 46/2 2. BL
19 Kreilach, Damir, 16.04.1989, CRO, 97/22 2. BL
23 Kroos, Felix, 12.03.1991, D, 65/1 BL, 39/2 2. BL
39 Lämmel, Lukas, 08.09.1997, D
14 Nikci, Adrian, 10.11.1989, SUI, 4/1 BL, 14/2 2. BL
2 Quiring, Christopher, 23.11.1990, D, 127/19 2. BL
18 Redondo, Kenny Prince, 29.08.1994, D, 19/– 2. BL
11 Thiel, Maximilian, 03.02.1993, D, 36/6 2. BL
27 Zejnullahu, Eroll, 19.10.1994, KOS/D, 54/1 2. BL

ANGRIFF
9 Brandy, Sören, 06.05.1985, D, 201/41 2. BL
16 Hosiner, Philipp, 15.05.1989, AUT, 15/1 BL, 5 A für Österreich
21 Quaner, Collin, 18.06.1991, D, 87/10 2. BL
24 Skrzybski, Steven, 18.11.1992, D, 77/7 2. BL

KARLSRUHER SC

Gegründet: 6. Juni 1894 (als Karlsruher FC Phönix, 16. Oktober 1952 Fusion mit VfB Mühlburg zum Karlsruher SC) – Vereinsfarben: Blau-Weiß – Vereinsmitglieder: 7100 – Rechtsform: e. V.
Anschrift: Adenauerring 17, 76131 Karlsruhe – Telefon: (07 21) 9 64 34 50 – E-Mail: info@ksc.de – Internet: www.ksc.de
Deutscher Meister (1): 1909 – Deutscher Pokalsieger (2): 1955, 1956
Präsident: Ingo Wellenreuther; Vizepräsidenten: Günter Pilarsky, Georg Schattling; Verwaltungsratsvorsitzender: Michael Steidl; Sportdirektor: Jens Todt; Teammanager: Burkhard Reich; Pressesprecher: Jörg Bock; Vereinsarzt: Dr. Marcus Schweizer; Physiotherapeuten: Steffen Wiemann, Sven Kienzle, Julia Bohn; Zeugwart: Hüseyin Cayoglu; Athletiktrainer: Florian Böckler; Co-Trainer: Bernd Winter, Mark Fotheringham; Torwarttrainer: Kai Rabe
Stadion: Wildparkstadion, 28 754 Plätze, davon 14 802 Sitz- (8773 überdacht) und 13 872 Stehplätze (3872 überdacht) sowie 80 Plätze für Rollstuhlfahrer.
Trainer: Tomas Oral, geb. am 24. 4. 1973, Deutscher, seit 1. 7. 2016 Cheftrainer beim Karlsruher SC

TORWART
 1 Orlishausen, Dirk, 15.08.1982, D, 108/– 2. BL
25 Stritzel, Florian, 31.01.1994, D
24 Vollath, René, 20.03.1990, D, 23/– 2. BL

ABWEHR
35 Bader, Matthias, 17.06.1997, D
31 Fassnacht, Pierre, 26.01.1996, D
33 Hoffmann, Niklas, 09.04.1997, D
14 Jordi Figueras, 16.05.1987, ESP
 5 Kempe, Dennis, 24.06.1986, D, 70/1 2. BL
17 Kinsombi, David, 12.12.1995, D, 4/– BL
 4 Stoll, Martin, 09.02.1983, D, 18/– BL, 122/4 2. BL
26 Thoelke, Bjarne, 11.04.1992, D, 6/– BL, 17/– 2. BL
22 Valentini, Enrico, 20.02.1989, ITA/D, 108/11 2. BL

MITTELFELD
11 Barry, Boubacar, 15.04.1996, D, 27/1 2. BL
34 Fahrenholz, Tim, 22.03.1994, D, 2/– 2. BL
32 Grupp, Tim, 05.01.1995, D
36 Vujinovic, Valentino, 20.02.1999, D
 6 Kom, Franck, 18.09.1991, CMR, 12 A für Kamerun
21 Krebs, Gaetan, 18.11.1985, FRA, 20/– BL, 129/10 2. BL
16 Mehlem, Marvin, 11.09.1997, D, 3/– 2. BL
19 Prömel, Grischa, 09.01.1995, D, 21/2 2. BL
20 Sallahi, Ylli, 06.04.1994, AUT, 1/– BL, 25/2 2. BL
 7 Stoppelkamp, Moritz, 11.12.1986, D, 71/4 BL, 142/27 2. BL
18 Torres, Manuel, 05.01.1991, ESP, 88/14 2. BL
10 Yamada, Hiroki, 27.12.1988, JPN, 64/9 2. BL, 2 A für Japan
23 Yann, 15.03.1995, BRA, 15/2 2. BL

ANGRIFF
 9 Diamantakos, Dimitris, 05.03.1993, GRE, 24/8 2. BL, 3 A für Griechenland
 8 Hoffer, Erwin, 14.04.1987, AUT, 30/6 BL, 116/29 2. BL, 28 A für Österreich
29 Manzon, Vadim, 05.12.1994, RUS, 10/1 2. BL

EINTRACHT BRAUNSCHWEIG

Gegründet: 15. Dezember 1895 – Vereinsfarben: Blau-Gelb – Vereinsmitglieder: 4450 – Rechtsform: GmbH und Co. KG (seit 2008)
Anschrift: Hamburger Straße 210, 38112 Braunschweig – Telefon: (05 31) 23 23 00 – E-Mail: eintracht@eintracht.com – Internet: www.eintracht.com
Deutscher Meister (1): 1967

Präsident: Sebastian Ebel; Vizepräsidenten: Rainer Ottinger, Rainer Cech (Finanzen), Wolfgang Krake (Abteilungen), Andreas Becker (Amateurfußball); Geschäftsführer: Soeren Oliver Voigt (Eintracht GmbH und Co. KGaA); Sportlicher Leiter: Marc Arnold; Mannschaftsleiter: Holm Stelzer; Vereinsmanagement: Mareike Flack-Schmerbeck; Presse- und Öffentlichkeitsarbeit: Miriam Herzberg (Leitung); Mannschaftsarzt: Dr. Stephan Bornhardt; Physiotherapeuten: Günter Jonczyk (Leitung), Goce Janevski, Philipp Glawe; Zeugwart: Christian Skolik; Reha- und Athletik-Trainer: Jürgen Rische; Co-Trainer: Darius Scholtysik; Torwarttrainer: Alexander Kunze
Stadion: Eintracht-Stadion, 23 325 überdachte Plätze, davon 12 650 Sitz- und 10 675 Stehplätze
Trainer: Torsten Lieberknecht, geb. am 1. 8. 1973, Deutscher, seit 12. 5. 2008 Cheftrainer bei Eintracht Braunschweig

TORWART
1 Engelhardt, Marcel, 05.04.1993, D
16 Fejzic, Jasmin, 15.05.1986, BIH, 66/–
 2. BL, 1 A für Bosnien- Herzegowina

ABWEHR
4 Baffo, Joseph, 07.11.1992, SWE, 27/–
 2. BL
25 Correia, Marcel, 16.05.1989, POR, 19/–
 BL, 79/1 2. BL
3 Decarli, Saulo, 04.02.1992, SUI, 46/1 2. BL
17 Ofosu-Ayeh, Phil, 15.09.1991, GHA/D, 52/1
 2. BL, 1 A für Ghana
19 Reichel, Ken, 19.12.1986, D, 27/1 BL,
 121/11 2. BL
24 Sauer, Maximilian, 15.05.1994, D, 21/1
 2. BL
5 Valsvik, Gustav, 26.05.1993, NOR

MITTELFELD
9 Biada, Julius, 03.11.1992, D, 1/– 2. BL
10 Boland, Mirko, 23.04.1987, D, 33/1 BL,
 124/14 2. BL
11 Hochscheidt, Jan, 04.10.1987, D, 20/4 BL,
 143/26 2. BL

22 Khelifi, Salim, 26.01.1994, SUI, 1/– BL,
 41/8 2. BL
27 Kijewski, Niko, 28.03.1996, D, 7/– 2. BL
8 Matuschyk, Adam, 14.02.1989, POL/D,
 52/4 BL, 87/3 2. BL, 21 A für Polen
6 Moll, Quirin, 21.01.1991, D
12 Omladic, Nik, 21.08.1989, SVN, 40/2 2. BL,
 1 A für Slowenien
21 Schönfeld, Patrick, 21.06.1989, D, 120/5
 2. BL
30 Zuck, Hendrick, 21.07.1990, D, 2/– BL,
 72/7 2. BL

ANGRIFF
20 Abdullahi, Suleiman, 10.12.1996, NGA
18 Ademi, Orhan, 28.10.1991, SUI, 25/1 BL,
 64/6 2. BL
23 Hernandez, Onel, 01.02.1993, D, 10/–
 2. BL
7 Kumbela, Domi, 20.04.1984, COD/D, 30/9
 BL, 85/30 2. BL
34 Tietz, Phillip, 09.07.1997, D, 8/1 2. BL

SpVgg GREUTHER FÜRTH

Gegründet: 23. September 1903 (SpVgg Fürth, nach Beitritt der Fußballabteilung des TSV Vestenbergsgreuth ab 1996 SpVgg Greuther Fürth) – Vereinsfarben: Weiß-Grün – Vereinsmitglieder: 2550 – Rechtsform: GmbH und Co. KGaA (seit 2003)
Anschrift: Kronacher Straße 154, 90768 Fürth – Telefon: (09 11) 9 76 76 80 – E-Mail: info@greutherfuerth.de – Internet: www.greuther-fuerth.de
Deutscher Meister (3): 1914, 1926, 1929
Präsident und Geschäftsführer: Helmut Hack; Vizepräsident und Geschäftsführer: Holger Schwiewagner; Vizepräsidenten: Günter Gerling, Dirk Weißert; Direktor Sport: Martin Meichelbeck; Direktor Profifußball: Ramazan Yildirim; Medienbeauftragter: Immanuel Kästlen; Mannschafts-ärzte: Dr. Harald Hauer, Dr. Pascal Oppel; Physiotherapeuten: Carsten Klee, Marius Koc, Agnieszka Tobiasz-Kolodziej; Teamkoordinator: Daniel Wiegand; Athletiktrainer: Dr. Manfred Düring; Co-Trainer: Michael Schiele, Thomas Kleine; Torwarttrainer: Christian Fiedler
Stadion: Sportpark Ronhof Thomas Sommer, 18 000 überdachte Plätze, davon 9500 Sitz- und 8500 Stehplätze
Trainer: Stefan Ruthenbeck, geb. am 19. 4.1972, Deutscher, seit 1. 3. 2015 Cheftrainer bei der SpVgg Greuther Fürth

TORWART
30 Burchert, Sascha, 30.10.1989, D, 7/– BL, 8/– 2. BL
34 Funk, Marius, 01.01.1996, D
24 Megyeri, Balazs, 31.03.1990, HUN
1 Mielitz, Sebastian, 18.07.1989, D, 62/– BL, 33/– 2. BL

ABWEHR
13 Caligiuri, Marco, 14.04.1984, D, 100/6 BL, 114/2 2. BL
28 Franke, Marcel, 05.04.1993, D, 24/– 2. BL
7 Gießelmann, Niko, 26.09.1991, D, 94/7 2. BL
4 Gugganig, Lukas, 14.02.1995, AUT, 25/2 2. BL
29 Heidinger, Sebastian, 11.01.1986, D, 69/9 2. BL
21 Narey, Khaled, 23.07.1994, D, 13/1 2. BL
3 Obanor, Erhun, 05.09.1995, NGA, 2 A für Nigeria
5 Rapp, Nicolai, 13.12.1996, D, 6/– 2. BL
35 Schad, Dominik, 04.03.1997, D, 1/– 2. BL

MITTELFELD
14 Bolly, Mathis, 14.11.1990, CIV/NOR, 7/2 BL, 43/4 2. BL, 5 A für Elfenbeinküste

25 Davies, George, 16.11.1996, SLE, 7/– 2. BL, 7 A für Sierra Leone
8 Gjasula, Jurgen, 05.12.1985, ALB/D, 7/– BL, 153/23 2. BL, 2 A für Albanien
6 Hofmann, Andreas, 13.04.1986, D, 112/3 2. BL
18 Kirsch, Benedikt, 15.04.1996, D
23 Sararer, Sercan, 27.11.1989, TUR/ESP, 35/1 BL, 110/22 2. BL, 12 A für Türkei
31 Steininger, Daniel, 13.04.1995, D
17 Tripic, Zlatko, 02.12.1992, NOR, 23/– 2. BL
20 Zulj, Robert, 05.02.1992, AUT, 62/13 2. BL

ANGRIFF
33 Azemi, Ilir, 21.02.1992, SRB, 21/1 BL, 29/14 2. BL
19 Berisha, Veton, 13.04.1994, NOR, 33/8 2. BL, 2 A für Norwegen
15 Dursun, Serdar, 19.10.1991, D
9 Freis, Sebastian, 23.04.1985, D, 164/27 BL, 122/35 2. BL
11 Vukusic, Ante, 04.06.1991, CRO, 14/2 2. BL, 1 A für Kroatien

1. FC KAISERSLAUTERN

Gegründet: 2. Juni 1900 – Vereinsfarben: Rot-Weiß – Vereinsmitglieder: 18 500 – Rechtsform: e. V.
Anschrift: Fritz-Walter-Straße 1, 67663 Kaiserslautern – Telefon: (06 31) 31 88 0 – E-Mail: info@fck.de – Internet: www.fck.de
Deutscher Meister (4): 1951, 1953, 1991, 1998 – Deutscher Pokalsieger (2): 1990, 1996 – Deutscher Supercupsieger (1): 1991
Vorstand: Thomas Gries (Vorsitzender, Marketing und Vertrieb), Michael Klatt (Finanzen und Operatives); Aufsichtsratsvorsitzender: Dr. Nikolai Riesenkampff; Sportdirektor: Uwe Stöver; Teammanager: Roger Lutz; Pressesprecher: Stefan Roßkopf; Leiter Nachwuchsleistungszentrum: Manfred Paula; Vereinsarzt: Dr. Harald Dinges; Mannschaftsarzt: Dr. Hamzeh Jaradat; Physiotherapeuten: Christian Bieser, Frank Sänger; Zeugwart: Wolfgang Wittich; Athletik- und Reha-Trainer: Bastian Becker; Co-Trainer: Xaver Zembrod; Torwarttrainer: Gerald Ehrmann
Stadion: Fritz-Walter-Stadion, 49 780 überdachte Plätze, davon 34 354 Sitz- und 15 426 Stehplätze
Trainer: Tayfun Korkut, geb. am 2. 4. 1974, Türke, seit 1. 7. 2016 Cheftrainer beim 1. FC Kaiserslautern

TORWART
33 Alomerovic, Zlatan, 15.06.1991, D, 1/– 2. BL
22 Pollersbeck, Julian, 16.08.1994, D
1 Weis, André, 30.09.1989, D, 37/– 2. BL

ABWEHR
34 Aliji, Naser, 27.12.1993, ALB/SUI, 4 A für Albanien
3 Heubach, Tim, 12.04.1988, D, 65/2 2. BL
5 Mockenhaupt, Sascha, 10.09.1991, D, 44/1 2. BL

21 Mwene, Philipp, 29.01.1994, AUT
7 Schulze, Michael, 13.01.1989, D, 2/– BL, 71/2 2. BL
29 Vucur, Stipe, 22.05.1992, CRO, 63/7 2. BL
4 Ziegler, Patrick, 09.02.1990, D, 27/– BL, 66/– 2. BL

MITTELFELD
17 Dittgen, Maximilian, 03.03.1995, D, 6/– 2. BL
24 Frey, Marlon, 24.03.1996, D, 9/– BL
19 Gaus, Marcel, 02.08.1989, D, 131/17 2. BL

28 Halfar, Daniel, 07.01.1988, D, 84/4 BL, 172/12 2. BL
23 Klich, Mateusz, 13.06.1990, POL, 21/4 2. BL, 10 A für Polen
18 Moritz, Christoph, 27.01.1990, D, 96/3 BL
13 Pich, Robert, 12.11.1988, SVK, 4/– 2. BL
8 Piossek, Marcus, 21.07.1989, POL/D, 9/2 2. BL
6 Ring, Alexander, 09.04.1991, FIN, 14/– BL, 66/8 2. BL, 37 A für Finnland
38 Seufert, Nils, 03.02.1997, D
10 Stieber, Zoltan, 16.10.1988, HUN, 50/6 BL, 110/25 2. BL, 15 A für Ungarn

ANGRIFF
9 Görtler, Lukas, 15.06.1994, D, 1/– BL, 18/2 2. BL
14 Jacob, Sebastian, 26.06.1993, D, 21/2 2. BL
35 Osawe, Osayamen, 03.09.1993, ENG
20 Przybylko, Kacper, 25.03.1993, POL/D, 99/18 2. BL
37 Shipnoski, Nicklas, 01.01.1998, D
30 Wekesser, Erik, 03.07.1997, D
11 Zoua, Jacques, 06.09.1991, CMR, 10 A für Kamerun

1. FC HEIDENHEIM

Gegründet: 1. Januar 2007 (Abspaltung der Fußballabteilung vom Heidenheimer Sportbund 1846) – Vereinsfarben: Rot-Blau-Weiß – Vereinsmitglieder: 2500 – Rechtsform: e. V.
Anschrift: Schlosshaustraße 162, 89522 Heidenheim – Telefon: (0 73 21) 9 47 18 00 – E-Mail: info@fc-heidenheim.de – Internet: www.fc-heidenheim.de
Präsident: Klaus Mayer; Vizepräsident: Michael Schuck; Geschäftsführendes Präsidiumsmitglied: Holger Sanwald; Presse- und Öffentlichkeitsarbeit: Jan-Markus Gamm; Mannschaftsärzte: Dr. Mathias Frey, Dr. Rudi Erben; Physiotherapeuten: Marc Weiss, Johannes Geßler; Zeugwart: Manuel Henck; Teammanager: Alexander Raaf; Teamkoordinator: Thomas Rohmer; Athletiktrainer: Said Lakhal; Co-Trainer: Christian Gmünder; Torwarttrainer: Bernd Weng
Stadion: Voith-Arena, 15 000 überdachte Plätze, davon 4500 Sitz- und 10 500 Stehplätze
Trainer: Frank Schmidt, geb. am 3. 1. 1974, Deutscher, seit 18. 9. 2007 Cheftrainer beim 1. FC Heidenheim

TORWART
19 Jankowski, Leon, 30.08.1998, POL
1 Müller, Kevin, 15.03.1991, D, 31/– 2. BL
24 Schnitzler, Oliver, 13.10.1995, D, 1/– 2. BL

ABWEHR
16 Becker, Robin, 18.01.1997, D
33 Beermann, Timo, 10.12.1990, D, 23/– 2. BL
28 Feick, Arne, 01.04.1988, D, 2/– BL, 166/6 2. BL
23 Kraus, Kevin, 12.08.1992, D, 1/– BL, 68/4 2. BL
20 Philp, Ronny, 28.01.1989, D, 14/– BL, 20/– 2. BL
29 Strauß, Robert, 07.10.1986, D, 134/2 2. BL
5 Wittek, Mathias, 30.03.1989, D, 54/2 2. BL

MITTELFELD
17 Atanga, David, 25.12.1996, GHA
36 Gnaase, Dave, 14.12.1996, D
18 Griesbeck, Sebastian, 03.10.1990, D, 62/3 2. BL
12 Halloran, Ben, 14.06.1992, AUS, 59/10 2. BL, 6 A für Australien
8 Rasner, Martin, 18.05.1995, AUT
7 Schnatterer, Marc, 18.11.1985, D, 68/17 2. BL
38 Skarke, Tim, 07.09.1996, D, 11/1 2. BL
30 Theuerkauf, Norman, 24.01.1987, D, 29/– BL, 110/4 2. BL
26 Titsch-Rivero, Marcel, 02.11.1989, D, 2/– BL, 53/1 2. BL

ANGRIFF
10 Finne, Bard, 13.02.1995, NOR, 10/1 BL, 25/3 2. BL
21 Kleindienst, Tim, 31.08.1995, D, 9/– 2. BL
9 Morabit, Smail, 05.07.1988, FRA, 54/7 2. BL
11 Thomalla, Denis, 16.08.1992, D, 4/– BL, 16/5 2. BL
15 Verhoek, John, 25.03.1989, NED, 102/21 2. BL
31 Widemann, Dominik, 30.07.1996, D, 5/– 2. BL

ARMINIA BIELEFELD

Gegründet: 3. Mai 1905 – Vereinsfarben: Schwarz-Weiß-Blau – Vereinsmitglieder: 12 238 – Rechtsform: GmbH und Co. KGaA (seit 2001)
Anschrift: Melanchthonstraße 31a, 33615 Bielefeld – Telefon: (05 21) 96 61 10 – E-Mail: info@arminia-bielefeld.de – Internet: www.arminia-bielefeld.de
Präsident: Hans-Jürgen Laufer; Schatzmeister: Prof. Dr. Hermann J. Richter; Abteilungen: Bernard Kiezewski; Geschäftsführer: Gerrit Meinke; Aufsichtsratsvorsitzender: Hartmut Ostrowski; Sportlicher Leiter: Samir Arabi; Teammanager: Sebastian Hille; Medien- und Kommunikation: Tim Santen; Mannschaftsärzte: Dr. Andreas Elsner, Dr. Günter Neundorf, Dr. Tim Niedergassel, Dr. Stefan Budde; Physiotherapeuten: Michael Schweika, Mario Bertling, Samuel da Costa (Masseur); Teambetreuer: Dirk Westerhold; Zeugwart: Rainer Schonz; Co-Trainer: Uwe Speidel, Mike Krannich; Torwarttrainer: Manfred Gloger
Stadion: Schüco-Arena, 26 137 überdachte Plätze, davon 18 510 Sitz- und 7627 Stehplätze
Trainer: Rüdiger Rehm, geb. am 22. 11. 1978, Deutscher, seit 1. 7. 2016 Cheftrainer bei Arminia Bielefeld

TORWART
34 Davari, Daniel, 06.01.1988, IRN/D, 29/– BL, 60/– 2. BL, 4 A für Iran
40 Gaye, Baboucarr, 24.02.1998, D
 1 Hesl, Wolfgang, 13.01.1986, D, 19/– BL, 107/– 2. BL
33 Rehnen, Nikolai, 04.02.1997, D

ABWEHR
 3 Behrendt, Brian, 24.10.1991, D, 28/2 2. BL
13 Börner, Julian, 21.01.1991, D, 67/3 2. BL
 4 Cacutalua, Malcolm, 15.11.1994, D, 32/– 2. BL
23 Dick, Florian, 09.11.1984, D, 62/3 BL, 242/10 2. BL
28 Hartherz, Florian, 29.05.1993, D, 20/– BL, 36/1 2. BL
14 Hornig, Manuel, 18.12.1982, D, 61/3 2. BL
 2 Lang, Steffen, 14.08.1993, D, 1/– 2. BL
11 Salger, Stephan, 30.01.1990, D, 5/– BL, 48/1 2. BL
27 Schuppan, Sebastian, 18.07.1986, D, 139/5 2. BL

MITTELFELD
 8 Brinkmann, Daniel, 29.01.1986, D, 15/1 BL, 143/10 2. BL

35 Dantas, Allan Firmino, 28.01.1997, D
 7 Görlitz, Michael, 08.03.1987, D, 117/16 2. BL
10 Holota, Tomasz, 27.01.1991, POL
20 Junglas, Manuel, 31.01.1989, D, 1/– BL, 167/8 2. BL
19 Prietl, Manuel, 03.08.1991, AUT
22 Rodriguez, Francisco, 14.09.1995, SUI, 1/– BL, 9/– 2. BL
 6 Schütz, Tom, 20.01.1988, D, 51/2 2. BL
32 Staude, Keanu, 26.01.1997, D, 1/– 2. BL
 5 Ulm, David, 30.06.1984, FRA, 85/10 2. BL

ANGRIFF
17 Hemlein, Christoph, 16.12.1990, D, 3/– BL, 30/1 2. BL
 9 Klos, Fabian, 02.12.1987, D, 61/21 2. BL
18 Nöthe, Christopher, 03.01.1988, D, 16/– BL, 167/52 2. BL
29 Putaro, Leandro, 07.01.1997, D, 4/– BL
21 Voglsammer, Andreas, 09.01.1992, D, 34/– 2. BL

SV SANDHAUSEN

Gegründet: 1. August 1916 – Vereinsfarben: Schwarz-Weiß – Vereinsmitglieder: 810 – Rechtsform: e. V.
Anschrift: Jahnstraße 1, 69207 Sandhausen – Telefon: (0 62 24) 82 79 00 40 – E-Mail: info@svs1916.de – Internet: www.svs1916.de
Deutscher Amateurmeister (2): 1978, 1993
Präsident: Jürgen Machmeier; Vizepräsident: Jürgen Rohm; Geschäftsführer und Sportlicher Leiter: Otmar Schork; Teammanager: Dennis Jantos; PR/Öffentlich-keitsarbeit: Marco Brückl; Mannschaftsärzte: Dr. Nikolaus Streich, Dr. Lars Hübenthal, Dr. Brigitte Michelbach; Physiotherapeuten/Masseure: Martin Miller, Aykut Demiryol, Franziska Wickenhäuser; Zeugwarte: Miklos Fenyö, Monika Fenyö; Athletiktrainer: Dirk Stelly; Reha-Trainer: Joachim Krainz; Co-Trainer: Gerhard Kleppinger; Torwarttrainer: Daniel Ischdonat
Stadion: Hardtwaldstadion, 15 414 Plätze, davon 5719 überdachte Sitz- und 9695 Stehplätze (ca. 6000 überdacht)
Trainer: Kenan Kocak, geboren am 5. 1. 1981, Türke mit deutschem Pass, seit 3. 7.2016 Cheftrainer beim SV Sandhausen

TORWART
26 Hiegl, Michael, 08.04.1993, D
 1 Knaller, Marco, 26.03.1987, AUT, 40/– 2. BL
33 Wulle, Rick, 04.06.1994, D, 1/– 2. BL

ABWEHR
17 Gimber, Benedikt, 19.02.1997, D
 5 Gordon, Daniel, 16.01.1985, JAM/D, 8/– BL, 117/11 2. BL, 5 A für Jamaika
14 Kister, Tim, 30.12.1986, D, 93/3 2. BL
24 Klingmann, Philipp, 22.04.1988, D, 67/1 2. BL
34 Knipping, Tim, 24.11.1992, D
19 Paqarada, Leart, 08.10.1994, KOS/D, 43/– 2. BL, 1 A für Kosovo
 4 Roßbach, Damian, 27.02.1993, D, 21/– 2. BL

MITTELFELD
27 Jansen, Max, 26.05.1993, D
23 Karl, Markus, 14.02.1986, D, 5/– BL, 209/15 2. BL
13 Kosecki, Jakub, 29.08.1990, POL, 17/2 2. BL, 5 A für Polen
11 Kuhn, Moritz, 01.08.1991, D, 19/– 2. BL
31 Kulovits, Stefan, 19.04.1983, AUT, 78/– 2. BL, 5 A für Österreich
 6 Linsmayer, Denis, 19.09.1991, D, 104/5 2. BL
30 Pledl, Thomas, 23.05.1994, D, 7/– BL, 52/– 2. BL
21 Stiefler, Manuel, 25.07.1988, D, 53/3 2. BL
 7 Thiede, Marco, 20.05.1992, D, 69/1 2. BL
22 Vollmann, Korbinian, 27.10.1993, D, 44/5 2. BL
18 Zellner, Steven, 14.03.1991, D, 1/– BL, 20/– 2. BL
16 Zenga, Erik, 18.01.1993, D

ANGRIFF
37 Derstroff, Julian, 05.01.1992, D, 12/1 BL, 7/– 2. BL
 9 Höler, Lucas, 10.07.1994, D
10 Sukuta-Pasu, Richard, 24.06.1990, D, 37/1 BL, 45/7 2. BL
20 Vunguidica, José Pierre, 03.01.1990, ANG, 1/– BL, 3/– 2. BL, 17 A für Angola
 8 Wooten, Andrew, 30.09.1989, USA/D, 7/1 BL, 109/25 2. BL, 1 A für USA

FORTUNA DÜSSELDORF

Gegründet: 5. Mai 1895 – Vereinsfarben: Rot-Weiß – Vereinsmitglieder: 22 500 – Rechtsform: e. V.
Anschrift: Flinger Broich 87, 40235 Düsseldorf – Telefon: (02 11) 23 80 10 – E-Mail: service@f95.de – Internet: www.f95.de
Deutscher Meister (1): 1933 – Deutscher Pokalsieger (2): 1979, 1980 – Deutscher Amateurmeister (1): 1977

Vorstandsvorsitzender: Robert Schäfer; Vorstand: Paul Jäger (Finanzen), Sven Mühlenbeck (Organisation und Spielbetrieb), Erich Rutemöller (Sport); Aufsichtsratsvorsitzender: Dr. Reinhold Ernst; Medien- und Öffentlichkeitsarbeit: Kai Niemann; Mannschaftsärzte: Dr. Ulf Blecker, Dr. Ulrich Keil, Dr. Thomas Wieczorek; Physiotherapeuten: Carsten Fiedler, Thomas Gucek, Marcel Verstappen; Betreuer: Aleksandar Spengler, Oliver Paashaus; Mentaltrainer: Axel Zehle; Athletiktrainer: Florian Klausner; Co-Trainer: Peter Hermann; Torwarttrainer: Claus Reitmaier
Stadion: Esprit-Arena, 54 600 überdachte Plätze, davon 44 683 Sitzplätze und 9917 Stehplätze
Trainer: Friedhelm Funkel, geb. am 10. 12. 1953, Deutscher, seit 14. 3. 2016 Cheftrainer bei Fortuna Düsseldorf

TORWART
 1 Rensing, Michael, 14.05.1984, D, 104/– BL, 63/– 2. BL
19 Unnerstall, Lars, 20.07.1990, D, 34/– BL, 10/– 2. BL
38 Wiesner, Tim, 21.11.1996, D

ABWEHR
 6 Akpoguma, Kevin, 19.04.1995, D, 17/– 2. BL
32 Bormuth, Robin, 19.09.1995, D
 3 Haggui, Karim, 20.01.1984, TUN/D, 172/11 BL, 29/1 2. BL, 82 A für Tunesien
 2 Koch, Julian, 11.11.1990, D, 6/– BL, 83/2 2. BL
36 Lucoqui, Anderson, 06.07.1997, D
39 Madlung, Alexander, 11.07.1982, D, 285/29 BL, 19/– 2. BL, 2 A für Deutschland
 4 Schauerte, Julian, 02.04.1988, D, 124/2 2. BL
15 Schmitz, Lukas, 13.10.1988, D, 104/2 BL, 49/2 2. BL

MITTELFELD
11 Bellinghausen, Axel, 17.05.1983, D, 76/5 BL, 193/12 2. BL

13 Bodzek, Adam, 07.09.1985, D, 45/3 BL, 191/5 2. BL
27 Duman, Taylan, 30.07.1997, D
30 Ferati, Arianit, 07.09.1997, D, 3/– BL
 7 Fink, Oliver, 06.06.1982, D, 26/3 BL, 238/18 2. BL
21 Gartner, Christian, 03.04.1994, AUT, 33/– 2. BL
 8 Kiesewetter, Jerome, 09.02.1993, USA/D, 2/– BL, 2 A für USA
24 Kinjo, Justin Toshiki, 22.02.1997, JPN
10 Ritter, Marlon, 15.10.1994, D
31 Sobottka, Marcel, 25.04.1994, D, 15/– 2. BL

ANGRIFF
37 Bebou, Ihlas, 23.04.1994, TOG, 34/4 2. BL
20 Iyoha, Emmanuel, 11.10.1997, D, 5/– 2. BL
22 Ngombo, Maecky, 31.03.1995, BEL
23 Rüzgar, Kemal, 20.06.1995, TUR/D, 1/– 2. BL
29 van Duinen, Mike, 06.11.1991, NED, 12/1 2. BL
33 Ya Konan, Didier, 22.05.1984, CIV, 132/40 BL, 20/4 2. BL, 26 A für Elfenbeinküste
 9 Yildirim, Özkan, 10.04.1993, D, 20/– BL

TSV MÜNCHEN 1860

Gegründet: 17. Mai 1860 (Fußballabteilung: 25. April 1899) – Vereinsfarben: Grün-Gold (Abteilungsfarben: Weiß-Blau) – Vereinsmitglieder: 18 489 – Rechtsform: GmbH und Co. KGaA (seit 2002)
Anschrift: Grünwalder Straße 114, 81547 München – Telefon: (0 18 05) 60 18 60 – E-Mail: info@tsv1860.de – Internet: www.tsv1860.de
Deutscher Meister (1): 1966 – Deutscher Pokalsieger (2): 1942, 1964
Präsident: Peter Cassalette; Vizepräsidenten: Heinz Schmidt, Hans Sitzberger; Geschäftsführer: Raed Gerges; Geschäftsführer und Sportchef: Thomas Eichin; Teammanager: Florian Waitz; Pressesprecherin: Lil Zercher; Stadion- und Spielbetrieb: Sascha Färber; Leiter Scouting: Peer Jaekel; Leiter Nachwuchsleistungszentrum: Wolfgang Schellenberg; Jugendleiter: Roy Matthes; Mannschaftsarzt: Dr. Christian Mathonia, Dr. Samuel Bonorden; Physiotherapeuten: Christine Forster, Tobias Adams, Nick Wurian; Zeugwart: Michael Indinger; Videoanalyst: Franz Hübl; Fitnesstrainer: Zvonko Komes; Fitness- und Reha-Trainer: Michael Sulzmann; Co-Trainer: Tuncay Nadaroglu; Torwarttrainer: Andreas Menger

Stadion: Allianz-Arena, 75 024 überdachte Plätze, davon 54 511 Sitz- und 15 794 Stehplätze, 1374 Logenplätze, 2048 Business-Seats, 104 Plätze für Ehrengäste, 966 für Sponsoren und 227 Behindertenplätze
Trainer: Kosta Runjaic, geb. am 4. 6. 1971, Deutscher, seit 1. 7. 2016 Cheftrainer beim TSV München 1860

TORWART
1 Eicher, Vitus, 05.11.1990, D, 33/– 2. BL
24 Ortega, Stefan, 06.11.1992, D, 50/– 2. BL
21 Zimmermann, Jan, 19.04.1985, D, 5/– BL, 56/– 2. BL

ABWEHR
4 Bülow, Kai, 31.05.1986, D, 29/2 BL, 251/17 2. BL
16 Busch, Marnon, 08.12.1994, D, 9/1 BL
30 Degenek, Milos, 28.04.1994, AUS/SRB, 25/1 2. BL, 3 A für Australien
2 Mauersberger, Jan, 17.06.1985, D, 163/5 2. BL
20 Rodnei, 11.09.1985, BRA, 57/3 BL, 45/6 2. BL
6 Sanchez, Ilie, 21.11.1990, ESP, 24/1 2. BL
22 Stojkovic, Filip, 22.01.1993, MNE/SRB, 1 A für Montenegro
17 Uduokhai, Felix, 09.09.1997, D
3 Wittek, Maximilian, 21.08.1995, D, 47/1 2. BL
37 Yegenoglu, Sertan, 04.01.1995, D, 13/– 2. BL

MITTELFELD
11 Adlung, Daniel, 01.10.1987, D, 272/28 2. BL
29 Aigner, Stefan, 20.08.1987, D, 126/25 BL, 124/28 2. BL
33 Aycicek, Levent, 12.02.1994, D, 13/2 BL, 14/1 2. BL
7 Claasen, Daylon, 28.01.1990, RSA, 35/1 2. BL, 11 A für Südafrika
23 Helmbrecht, Nicholas, 30.01.1995, D
18 Karger, Nico, 01.02.1993, D, 7/– 2. BL
38 Lacazette, Romuald, 03.01.1994, FRA, 9/– 2. BL
10 Liendl, Michael, 25.10.1985, AUT, 81/15 2. BL, 1 A für Österreich
8 Matmour, Karim, 25.06.1985, ALG/FRA, 101/5 BL, 163/21 2. BL, 30 A für Algerien
19 Neuhaus, Florian, 16.03.1997, D
5 Perdedaj, Fanol, 16.07.1991, KOS/D, 8/– BL, 59/3 2. BL, 1 A für Kosovo
15 Sukalo, Goran, 24.08.1981, SVN, 301/50 2. BL, 34 A für Slowenien

ANGRIFF
27 Heinrich, Moritz, 03.07.1997, D
13 Mölders, Sascha, 20.03.1985, D, 103/18 BL, 62/22 2. BL
9 Mugosa, Stefan, 26.02.1992, MNE, 37/4 2. BL, 10 A für Montenegro
40 Olic, Ivica, 14.09.1979, CRO, 238/72 BL, 104 A für Kroatien
12 Ribamar, 21.05.1997, BRA
14 Simon, Krisztian, 10.06.1991, HUN, 11/1 2. BL, 4 A für Ungarn
31 Victor Andrade, 30.09.1995, BRA

DYNAMO DRESDEN

Gegründet: 12. April 1953 – Vereinsfarben: Schwarz-Gelb – Vereinsmitglieder: 18 000 – Rechtsform: e. V.
Anschrift: Lennéstraße 12, 01069 Dresden – Telefon: (03 51) 43 94 30 – E-Mail: verein@dynamo-dresden.de – Internet: www.dynamo-dresden.de
DDR-Meister (8): 1953, 1971, 1973, 1976, 1977, 1978, 1989, 1990 – DDR-Pokalsieger (7): 1952, 1971, 1977, 1982, 1984, 1985, 1990
Präsident: Andreas Ritter; Präsidium: Diana Schantin, Michael Winkler; Geschäftsführer: Michael Born (kaufmännischer Bereich), Ralf Minge (sportlicher Bereich); Aufsichtsratsvorsitzender: Jens Heinig; Teammanager: Martin Börner; Medienbeauftragter: Henry Buschmann; Mannschaftsärzte: Dr. Tino Lorenz, Dr. Attila Höhne; Physiotherapeuten: Tobias Lange, Martin Bär, Arndt Pröhl; Zeugwart: Maik Hebenstreit; Co-Trainer: Peter Nemeth, Matthias Lust; Torwarttrainer: Brano Arsenovic
Stadion: DDV-Stadion, 32 066 überdachte Plätze, davon 19 502 Sitz- und 11 055 Stehplätze, 1170 VIP-Plätze, 164 Logenplätze, 119 Presseplätze sowie 56 Plätze für Rollstuhlfahrer
Trainer: Uwe Neuhaus, geb. am 26. 11. 1959, Deutscher, seit 1. 7. 2015 Cheftrainer bei Dynamo Dresden

TORWART
14 Kornetzky, Jean-Francois, 28.07.1982, FRA, 9/– BL, 8/– 2. BL
1 Schubert, Markus, 12.06.1998, D
25 Schwäbe, Marvin, 25.04.1995, D
24 Wiegers, Patrick, 19.04.1990, D, 9/– 2. BL

ABWEHR
23 Ballas, Florian, 08.01.1993, D, 34/1 2. BL
7 Kreuzer, Niklas, 20.02.1993, D
28 Landgraf, Niklas, 01.03.1996, D
4 Modica, Giuliano, 12.03.1991, ITA/ARG
20 Müller, Fabian, 06.11.1986, D, 173/9 2. BL
18 Müller, Jannik, 18.01.1994, D
21 Starostzik, Hendrik, 28.03.1991, D
8 Teixeira, Nils, 10.07.1990, D, 84/2 2. BL
3 Wachs, Marc, 10.07.1995, D

MITTELFELD
11 Aosman, Aias, 01.01.1993, D
40 Berko, Erich, 06.09.1994, D
29 Fluß, Robin, 07.05.1996, D
2 Gogia, Akaki, 18.01.1992, D, 12/– BL, 23/1 2. BL
6 Hartmann, Marco, 25.02.1988, D, 12/2 2. BL
36 Hauptmann, Niklas, 27.06.1996, D
33 Hilßner, Marcel, 30.01.1995, D, 1/– BL
5 Konrad, Manuel, 14.04.1988, D, 159/3 2. BL
17 Lambertz, Andreas, 15.10.1984, D, 28/1 BL, 119/11 2. BL
10 Stefaniak, Marvin, 03.02.1995, D, 8/– 2. BL

ANGRIFF
30 Kutschke, Stefan, 03.11.1988, D, 27/2 BL, 5/– 2. BL
37 Testroet, Pascal, 26.09.1990, D
9 Väyrynen, Tim, 30.03.1993, FIN, 6 A für Finnland

ERZGEBIRGE AUE

Gegründet: 24. September 1949 (als BSG Pneumatik Aue, später Zentra Wismut Aue, BSG Wismut Aue, SC Wismut Karl-Marx-Stadt, BSG Wismut Aue, FC Wismut Aue, seit 1. Januar 1993 FC Erzgebirge Aue) – Vereinsfarben: Lila-Weiß – Vereinsmitglieder: 6673 – Rechtsform: e. V.
Anschrift: Lößnitzer Straße 95, 08280 Aue – Telefon: (0 37 71) 5 98 20 – E-Mail: info@fc-erzgebirge.de – Internet: www.fc-erzgebirge.de
DDR-Meister (3): 1956, 1957, 1959 – DDR-Pokalsieger (1): 1955
Präsident: Helge Leonhardt; Vorstand: Joachim Engelmann (Vizepräsident), Michael Voigt (Geschäftsführender Vorstand), Lothar Schmiedel; Aufsichtsratsvorsitzender: Bernd Keller; Pressesprecher: Peter Höhne; Mannschaftsarzt: Dr. Torsten Seltmann; Masseur: Jens Borchert; Betreuer: Bernd Zimmermann; Fitnesstrainer: Werner Schoupa; Co-Trainer: Robin Lenk; Torwarttrainer: Max Urwantschky
Stadion: Sparkasse-Erzgebirgestadion, ca. 11 000 Plätze (begrenzt durch den Umbau bis Ende 2017)
Trainer: Pavel Dotchev, geb. am 28. 9. 1965, Bulgare, seit 1. 7. 2015 Cheftrainer bei Erzgebirge Aue

TORWART
13 Ebersbach, Maik, 07.03.1990, D
26 Jendrusch, Robert, 28.05.1996, D
1 Männel, Martin, 16.03.1988, D, 154/1 2. BL
31 Seidel, Mario, 19.01.1995, D

ABWEHR
24 Breitkreuz, Steve, 18.01.1992, D
3 Hertner, Sebastian, 02.05.1991, D, 32/– 2. BL
4 Kalig, Fabian, 28.03.1993, D
2 Riedel, Julian, 10.08.1991, D
20 Rizzuto, Calogero, 05.01.1992, D
12 Sieber, Marcin, 31.01.1996, D, 3/– 2. BL
21 Susac, Adam, 20.05.1989, CRO, 17/1 2. BL

MITTELFELD
8 Adler, Nicky, 23.05.1985, D, 13/– BL, 162/30 2. BL
23 Bertram, Sören, 05.06.1991, D, 2/– BL, 20/1 2. BL
5 Fandrich, Clemens, 10.01.1991, D, 47/3 2. BL
7 Handle, Simon, 25.01.1993, D
29 Käßemodel, Tommy, 09.08.1988, D
22 Kaufmann, Fabio, 08.09.1992, D, 27/1 2. BL
11 Kluft, Björn, 11.01.1990, D, 4/– 2. BL
6 Pepic, Mirnes, 19.12.1995, MNE/D, 2/– BL, 9/– 2. BL
17 Riese, Philipp, 12.11.1989, D, 37/3 2. BL
27 Samson, Louis, 03.07.1995, D
10 Skarlatidis, Simon, 06.06.1991, D
19 Soukou, Cebio, 02.10.1992, D
33 Tiffert, Christian, 18.02.1982, D, 225/13 BL, 82/7 2. BL

ANGRIFF
14 Köpke, Pascal, 03.09.1995, D, 4/– 2. BL
16 Kvesic, Mario, 12.01.1992, BIH/CRO
30 Nazarov, Dimitrij, 04.04.1990, AZE/D,
   77/10 2. BL, 18 A für Aserbaidschan

30 Nazarov, Dimitrij, 04.04.1990, AZE/D,
   77/10 2. BL
18 Toshev, Martin, 17.04.1990, BUL
9 Wegner, Max, 24.03.1989, D

WÜRZBURGER KICKERS

Gegründet: 17. November 1907 – Vereinsfarben: Rot-Weiß – Vereinsmitglieder: 1080 – Rechtsform: AG (seit 2014)
Anschrift: Mittlerer Dallenbergweg 49, 97082 Würzburg – Telefon: (09 31) 6 60 81 00 – E-Mail: mail@wuerzburger-kickers.de – Internet: www.fwk.de
Vorstandsvorsitzende: Michael Schlagbauer (Verein), Daniel Sauer (AG); Stellvertretender Vorstandsvorsitzender AG: Manuel Innig; Spieltag/Organisation: Johannes Popp; Medien und Kommunikation: Fabian Frühwirth; Teammanager: Norbert Mahler; Mannschaftsärzte: Dr. Josef Zimmermann, Dr. Dirk Böhm, Dr. Martin Jansen; Physiotherapeuten: Martin Walther, David Braunreuther, Max Schlagbauer; Athletiktrainer: Werner Leuthard, Christian Demirtas; Co-Trainer: Peter Endres, Lamine Cissé; Torwarttrainer: Frank Gollwitzer
Stadion: Flyeralarm-Arena, 13 100 Plätze, davon 2910 Sitz- (davon 2670 überdacht) und 10 190 Stehplätze
Trainer: Bernd Hollerbach, geb. am 8. 12. 1969, Deutscher, seit 1. 7. 2014 Cheftrainer bei den Würzburger Kickers

TORWART
1 Brunnhübner, Dominik, 29.08.1990, D
19 Mujezinovic, Kenan, 03.06.1995, D
31 Siebenhandl, Jörg, 18.01.1990, AUT
28 Wulnikowski, Robert, 11.07.1977, D, 56/– 2. BL

ABWEHR
26 Fennell, Royal-Dominique, 05.06.1989, D
16 Kurzweg, Peter, 10.02.1994, D
7 Müller, Felix, 27.01.1993, D
29 Neumann, Sebastian, 18.02.1991, D, 2/– BL, 11/– 2. BL
3 Nothnagel, Dominik, 28.12.1994, D
22 Russ, Dennis, 05.06.1992, D
5 Schoppenhauer, Clemens, 23.02.1992, D
17 Traut, Sascha, 21.05.1985, D, 92/1 2. BL
15 Uzelac, Franko, 05.11.1994, CRO
11 Weil, Richard, 06.02.1988, D

MITTELFELD
4 Benatelli, Rico, 17.03.1992, D, 52/6 2. BL
14 Karsanidis, Ioannis, 25.06.1993, D
6 Lagos, Anastasios, 12.04.1992, GRE
20 Nagy, Daniel, 15.03.1991, HUN
2 Schmitt, Dennis, 27.05.1993, D
21 Schröck, Tobias, 31.12.1992, D
9 Shapourzadeh, Amir, 19.09.1982, IRN/D, 16/– BL, 61/6 2. BL, 4 A für Iran
30 Taffertshofer, Emanuel, 24.02.1995, D, 2/– 2. BL
23 Weihrauch, Patrick, 03.03.1994, D

ANGRIFF
10 Daghfous, Nejmeddin, 01.10.1986, D, 1/– BL, 78/3 2. BL
27 Königs, Marco, 25.01.1990, D
33 Soriano, Elia, 26.06.1989, ITA

KAPITEL 8

DIE 3. LIGA

MSV DUISBURG

Gegründet: 17. September 1902 (seit 14. August 2001 MSV Duisburg GmbH und Co. KGaA) – Anschrift: Margaretenstraße 5-7, 47055 Duisburg – Telefon: (02 03) 93 10 0 – Internet: www.msv-duisburg.de
Deutscher Amateurmeister (1): 1987
Stadion: Schauinsland-Reisen-Arena (31 500 Plätze)
Trainer: Ilia Gruev, geb. am 30. 10. 1969, Deutscher, seit 3. 11. 2015 Cheftrainer beim MSV Duisburg

TORWART
 1 Flekken, Mark, 13.06.1993, NED, 3/– 2. BL, 15/– 3. L
30 Lenz, Marcel, 03.05.1991, D, 1/– 2. BL, 8/– 3. L
22 Zeaiter, Daniel, 30.03.1995, D, 5/– 3. L

ABWEHR
 5 Bajic, Branimir, 19.10.1979, BIH, 176/14 2. BL, 54/4 3. L, 21 A für Bosnien-Herzegowina
18 Blomeyer, Thomas, 24.04.1996, D
 4 Bomheuer, Dustin, 17.04.1991, D, 62/2 2. BL
 3 Hajri, Enis, 06.03.1983, D, 12/1 2. BL, 27/1 3. L
16 Leutenecker, Fabio, 15.03.1990, D, 138/5 3. L
27 Poggenberg, Dan-Patrick, 28.03.1992, D, 10/– 2. BL, 35/– 3. L
17 Wolze, Kevin, 09.03.1990, D, 86/9 2. BL, 60/6 3. L

MITTELFELD
14 Albutat, Tim, 23.09.1992, D, 2/– BL, 23/1 2. BL, 33/1 3. L
 8 Bröker, Thomas, 22.01.1985, D, 4/– BL, 195/26 2. BL, 37/10 3. L
24 Cisse, Mohammed, 27.08.1997, D
 6 Dausch, Martin, 04.03.1986, D, 68/8 2. BL, 91/23 3. L
26 Engin, Ahmet, 09.08.1996, D, 1/– 2. BL
29 Erat, Tugrul, 17.06.1992, AZE/TUR, 34/2 2. BL, 4 A für Aserbaidschan
13 Janjic, Zlatko, 07.05.1986, D, 13/1 BL, 70/4 2. BL, 135/56 3. L
19 Klotz, Nico, 20.09.1986, D, 54/4 2. BL, 82/12 3. L
25 Özbek, Baris, 14.09.1986, D, 74/3 2. BL
23 Schnellhardt, Fabian, 12.01.1994, D, 1/– 2. BL, 49/5 3. L
 7 Wiegel, Andreas, 21.07.1991, D, 16/1 2. BL, 52/7 3. L

ANGRIFF
 9 Brandstetter, Simon, 02.05.1990, D, 5/– 2. BL, 49/10 3. L
11 Iljutcenko, Stanislav, 13.08.1990, D, 21/3 2. BL, 57/14 3. L
10 Onuegbu, Kingsley, 05.03.1986, NGA, 64/11 2. BL, 129/45 3. L

FSV FRANKFURT

Gegründet: 20. August 1899 (seit 1. Januar 2009 Fußball GmbH) – Anschrift: Richard-Herrmann-Platz 1, 60386 Frankfurt – Telefon: (0 69) 42 08 98 0 – Internet: www.fsv-frankfurt.de
Deutscher Amateurmeister (1): 1972
Stadion: Frankfurter Volksbank Stadion (12 542 Plätze)
Trainer: Roland Vrabec, geb. am 6. 3. 1974, Deutscher, seit 1. 7. 2016 Cheftrainer beim FSV Frankfurt

TORWART
29 Birol, Matay, 16.08.1997, D
21 Pellowski, Jannis, 15.06.1992, D
 1 Pirson, Sören, 27.08.1985, D, 82/– 2. BL

ABWEHR
25 Andacic, Mateo, 16.11.1997, CRO
14 Barry, Shawn Maurice, 23.04.1990, USA, 25/1 2. BL

22 Corbin-Ong, La'Vere, 22.04.1991, ENG
19 Fischer, Antonio, 09.08.1996, D
4 Heitmeier, Marc, 18.03.1985, D, 87/– 2. BL, 102/2 3. L
2 Ochs, Patrick, 14.05.1984, D, 216/4 BL, 28/1 2. BL
5 Schachten, Sebastian, 06.11.1984, D, 14/– BL, 125/11 2. BL
27 Schäfer, Steffen, 01.05.1994, D
3 Schorch, Christopher, 30.01.1989, D, 23/1 BL, 10/– 2. BL, 47/2 3. L

MITTELFELD
8 Bahn, Bentley Baxter, 28.08.1992, D, 3/– 2. BL, 29/2 3. L
20 Burdenski, Fabian, 23.09.1991, D, 1/– 3. L
10 Chihi, Adil, 21.02.1988, MAR/D, 55/7 BL, 76/13 2. BL, 1 A für Marokko

23 Gebru, Nahom, 26.09.1996, D
30 Graudenz, Fabian, 16.01.1992, D
28 Hammel, Leon, 24.04.1996, D
7 Ornatelli, Massimo, 17.01.1986, D, 6/– 2. BL, 111/12 3. L
31 Stark, Yannick, 28.10.1990, D, 107/8 2. BL
6 Streker, Denis, 06.04.1991, D, 4/– BL, 10/– 2. BL

ANGRIFF
11 Deville, Maurice, 31.07.1992, LUX, 17/4 2. BL, 12/2 3. L, 29 A für Luxemburg
26 Jovanovic, Ranisav, 05.11.1980, SRB, 44/2 BL, 171/31 2. BL, 29/8 3. L
9 Kader, Cagatay, 25.02.1997, D
17 Maderer, Stefan, 01.09.1996, D, 2/– 2. BL
24 Schleusener, Fabian, 24.10.1991, D, 1/– 2. BL

SC PADERBORN 07

Gegründet: 1. Juni 1985 (Fusion TuS Schloß Neuhaus und 1. FC Paderborn zu TuS Paderborn-Neuhaus, seit 30. Juni 1997 SC Paderborn 07) – Anschrift: Paderborner Straße 89, 33104 Paderborn – Telefon: (0 52 51) 8 77 19 07 – Internet: www.scp07.de
Stadion: Benteler-Arena (15 000 Plätze)
Trainer: René Müller, geb. am 19. 5. 1974, Deutscher, seit 3. 3. 2016 Cheftrainer beim SC Paderborn 07

TORWART
35 Brammen, Jonas, 19.07.1997, D
30 Brinkmann, Till, 01.11.1995, D
1 Kruse, Lukas, 09.07.1983, D, 34/– BL, 159/– 2. BL

ABWEHR
14 Bertels, Thomas, 05.11.1986, D, 1/– BL, 97/6 2. BL
32 Erisa, Jan Steven, 04.09.1997, D
12 Herzenbruch, Felix, 08.08.1992, D
20 Itter, Pascal, 03.04.1995, D
3 Ruck, Florian, 06.02.1992, D, 2/– 2. BL
4 Sebastian, Tim, 17.01.1984, D, 58/2 BL, 137/6 2. BL, 30/– 3. L
5 Strohdiek, Christian, 22.01.1988, D, 22/– BL, 136/3 2. BL
31 Zolinski, Ben, 03.05.1992, D, 11/– 3. L

MITTELFELD
11 Bickel, Christian, 27.01.1991, D, 41/1 2. BL, 42/9 3. L

7 Dobros, Niko, 24.05.1993, D
23 Krauße, Robin, 02.04.1994, D, 9/– 2. BL, 30/– 3. L
8 Kruska, Marc Andre, 29.06.1987, D, 98/2 BL, 206/11 2. BL
10 Medjedovic, Dino, 13.06.1989, AUT
22 Michel, Sven, 15.07.1990, D, 14/2 2. BL, 52/10 3. L
21 Saric, Semir, 08.09.1997, BIH
13 Schonlau, Sebastian, 05.08.1994, D, 8/– 2. BL
25 Soyak, Aykut, 30.04.1995, D
19 Vucinovic, Marc, 19.09.1988, D, 8/1 BL, 17/2 2. BL, 4/– 3. L

ANGRIFF
18 Mannek, Tim, 21.05.1997, D
9 van der Biezen, Koen, 10.07.1985, NED, 48/8 2. BL, 46/16 3. L

1. FC MAGDEBURG

Gegründet: 22. Dezember 1965 (vorher SC Aufbau) – Anschrift: Friedrich-Ebert-Straße 62, 39114 Magdeburg – Telefon: (03 91) 99 02 90 – Internet: www.fc-magdeburg.de
DDR-Meister (3): 1972, 1974, 1975 – DDR-Pokalsieger (7): 1964, 1965, 1969, 1973, 1978, 1979, 1983 – Europapokalsieger der Pokalsieger (1): 1974
Stadion: MDCC-Arena (25 700 Plätze)
Trainer: Jens Härtel, geb. am 7. 6. 1969, Deutscher, seit 1. 7. 2014 Cheftrainer beim 1. FC Magdeburg

TORWART
30 Cichos, Lukas, 18.12.1995, D
12 Glinker, Jan, 18.01.1984, D, 87/– 2. BL, 73/– 3. L
1 Zingerle, Leopold, 10.04.1994, D

ABWEHR
16 Butzen, Nils, 02.04.1993, D, 32/– 3. L
22 Hainault, André, 17.06.1986, CAN, 40/1 2. BL, 18/– 3. L, 45 A für Kanada
10 Hammann, Nico, 16.03.1988, D, 3/– 2. BL, 17/– 3. L
3 Handke, Christopher, 14.02.1989, D, 37/– 3. L
19 Niemeyer, Michel, 19.11.1995, D, 18/2 3. L
2 Novy, Lukas, 17.12.1990, CZE
5 Schiller, Felix, 06.12.1989, D, 84/1 3. L
4 Sprenger, Moritz, 22.02.1995, D

MITTELFELD
14 Brandt, Niklas, 22.11.1991, D, 48/2 3. L
24 Chahed, Tarek, 23.06.1996, D, 32/2 3. L
25 Ernst, Sebastian, 04.03.1995, D, 15/3 3. L
9 Farrona Pulido, Manuel, 01.05.1993, D, 30/4 3. L
18 Kath, Florian, 21.10.1994, D, 1/– BL, 4/– 2. BL
6 Löhmannsröben, Jan, 21.04.1991, D, 32/1 3. L
26 Müller, Gerrit, 26.04.1984, D, 171/16 3. L
8 Puttkammer, Steffen, 30.09.1988, D, 26/– 3. L
20 Razeek, Ahmed Waseem, 13.09.1994, D, 1/– 2. BL, 23/2 3. L
15 Schwede, Tobias, 17.03.1994, D
17 Sowislo, Marius, 14.11.1982, D, 35/7 3. L

ANGRIFF
11 Beck, Christian, 10.03.1988, D, 39/19 3. L
21 Düker, Julius, 04.01.1996, D, 17/– 2. BL
7 Exslager, Maurice, 12.02.1991, D, 95/11 2. BL

VfL OSNABRÜCK

Gegründet: 17. April 1899 – Anschrift: Scharnhorststraße 50, 49084 Osnabrück – Telefon: (05 41) 77 08 70 – Internet: http://www.vfl.de/startseite
Deutscher Amateurmeister (1): 1995
Stadion: Osnatel-Arena (16 000 Plätze)
Trainer: Joe Enochs, geb. am 1. 9. 1971, US-Amerikaner, seit 24. 8. 2015 Cheftrainer beim VfL Osnabrück

TORWART
21 Gersbeck, Marius, 20.06.1995, D, 1/– BL, 5/– 3. L
1 Lehmann, Frank, 29.04.1989, D, 1/– 2. BL, 71/– 3. L
22 Tigges, Leon, 31.07.1998, D

ABWEHR
2 Bleker, Lars, 28.06.1994, D, 10/– 3. L
6 Dercho, Alexander, 21.01.1987, D, 1/– BL, 19/– 2. BL, 195/6 3. L
16 El-Bouazzati, Mohamed, 09.01.1997, MAR, 3/– 3. L

27 Falkenberg, Kim, 10.04.1988, D, 106/1 2. BL, 58/– 3. L
23 Hohnstedt, Michael, 03.05.1988, D, 100/7 3. L
5 Pisot, David, 06.07.1987, D, 1/– BL, 40/1 2. BL, 207/12 3. L
3 Syhre, Anthony, 18.03.1995, D, 35/3 3. L
24 Willers, Tobias, 21.04.1987, D, 142/7 3. L

MITTELFELD
14 Arslan, Ahmet, 30.03.1994, TUR, 1/– BL
25 Groß, Christian, 08.02.1989, D, 121/6 3. L
26 Klaas, Sebastian, 30.06.1998, D
29 Krasniqi, Kamer, 11.01.1996, ALB, 5/– 3. L
15 Reimerink, Jules, 30.09.1989, NED, 49/2 2. BL
7 Renneke, Bashkim, 10.12.1992, D, 2/– 2. BL, 38/3 3. L

17 Richter, Pascal, 10.10.1996, D, 2/– 3. L
30 Sangaré, Nazim, 30.05.1994, D
8 Schulz, Bastian, 10.07.1985, D, 26/1 BL, 16/1 2. BL, 15/3 3. L
10 Tüting, Simon, 07.09.1986, D, 1/– BL, 51/3 2. BL, 56/8 3. L

ANGRIFF
20 Heider, Marc, 18.05.1986, D, 143/28 3. L
18 Kristo, Robert, 14.05.1993, USA
13 Menga, Addy-Waku, 28.09.1983, COD/D, 12/1 BL, 16/2 2. BL, 170/30 3. L, 1 A für DR Kongo
9 Savran, Halil, 20.06.1985, D, 57/4 2. BL, 160/49 3. L
19 Tigges, Steffen, 31.07.1998, D, 12/1 3. L
11 Wriedt, Kwasi Okyere, 10.07.1994, D

CHEMNITZER FC

Gegründet: 15. Januar 1966 (zuvor SC Karl-Marx-Stadt, bis 1990 FC Karl-Marx-Stadt) – Anschrift: Reichenhainer Straße 154, 09125 Chemnitz – Telefon: (03 71) 56 15 80 – Internet: www.chemnitzerfc.de
DDR-Meister (1): 1967
Stadion: Stadion an der Gellertstraße (15 479 Plätze)
Trainer: Sven Köhler, geb. am 24. 2. 1966, Deutscher, seit 2. 3. 2016 Cheftrainer beim Chemnitzer FC

TORWART
30 Kleinheider, Pierre, 07.11.1989, D, 55/– 3. L
22 Kunz, Kevin, 22.01.1992, D, 52/– 3. L
32 Tittel, Kevin, 04.02.1994, D, 1/– 3. L

ABWEHR
8 Bittroff, Alexander, 19.09.1988, D, 167/4 2. BL, 17/– 3. L
23 Cincotta, Stefano, 28.02.1991, GUA/D, 93/6 3. L, 13 A für Guatemala
4 Conrad, Kevin, 10.08.1990, D, 86/2 3. L
2 Dem, Jamil, 09.03.1993, D, 35/3 3. L
5 Endres, Marc, 22.02.1991, D, 84/5 3. L
14 Koch, Jan, 04.11.1995, D, 5/– 3. L
3 Mbende, Emmanuel, 03.03.1996, CMR
31 Scheffel, Tom, 20.09.1994, D, 47/2 3. L

MITTELFELD
13 Danneberg, Tim, 23.04.1986, D, 7/– BL, 15/– 2. BL, 232/25 3. L

7 Grote, Dennis, 09.08.1986, D, 69/6 BL, 49/1 2. BL, 117/18 3. L
25 Jopek, Björn, 24.08.1993, D, 59/5 2. BL
16 Mast, Dennis, 15.02.1992, D, 22/– 2. BL, 72/12 3. L
6 Reinhardt, Julius, 29.03.1988, D, 39/– 2. BL, 85/7 3. L
20 Stenzel, Fabian, 07.10.1986, D, 250/6 3. L
19 Türpitz, Philip, 23.08.1991, D, 67/11 3. L

ANGRIFF
29 Baumgart, Tom, 12.11.1997, D, 13/1 3. L
28 Breitfelder, Danny, 19.02.1997, D
9 Fink, Anton, 31.07.1987, D, 55/11 2. BL, 215/101 3. L
11 Frahn, Daniel, 03.06.1987, D, 34/5 2. BL, 49/27 3. L
24 Hansch, Florian, 22.08.1995, D, 5/– 3. L
21 Rodriguez, Mario, 12.05.1994, USA

SG SONNENHOF GROßASPACH

Gegründet: 25. August 1994 (Fusion der Fußballabteilungen der SpVgg Großaspach und des FC Sonnenhof Kleinaspach) – Anschrift: Fautenhau 1, 71546 Aspach – Telefon: (0 71 91) 22 09 93 30 2 – Internet: www.sg94.de
Stadion: Mechatronik-Arena (10 001 Plätze)
Trainer: Oliver Zapel, geb. am 15. 1. 1968, Deutscher, seit 1. 7. 2016 Cheftrainer bei der SG Sonnenhof Großaspach

TORWART
32 Broll, Kevin, 23.08.1995, D, 14/– 3. L
26 Traub, Dominik, 06.02.1998, D
 1 Yelldell, David, 01.10.1981, USA/D, 1/– BL, 85/– 2. BL, 1 A für USA

ABWEHR
21 Damaschek, Marcel, 24.03.1997, D
25 Gehring, Kai, 12.02.1988, D, 121/9 3. L
 4 Hoffmann, Lukas, 13.04.1997, D
19 Landeka, Josip, 28.04.1987, CRO, 187/9 3. L
 5 Leist, Julian, 11.03.1988, D, 145/3 3. L
17 Schiek, Sebastian, 20.03.1990, D, 16/– 2. BL, 70/5 3. L
31 Stüber, Matthias, 31.05.1997, D
15 Vecchione, Felice, 22.01.1991, ITA, 107/1 3. L

MITTELFELD
16 Ballas, Panagiotis, 06.09.1993, GRE
 7 Binakaj, Shqiprim, 26.04.1989, D, 67/5 3. L
28 Binder, Robin, 06.10.1994, D, 2/– 3. L
22 Hägele, Daniel, 23.02.1989, D, 56/1 3. L
34 Jüllich, Nicolas, 27.03.1990, D, 89/3 3. L
 6 Krause, Marlon, 01.09.1990, D, 47/2 3. L
24 Lorch, Jeremias, 02.12.1995, D, 16/– 3. L
11 Osei Kwadwo, Manfred, 30.05.1995, GHA, 6/– 2. BL
18 Röttger, Timo, 12.07.1985, D, 41/8 2. BL, 127/21 3. L

ANGRIFF
14 Aschauer, Alexander, 14.03.1992, AUT, 55/6 3. L
 9 Breier, Pascal, 02.02.1992, D, 139/25 3. L
23 Ngankam, Roussel, 15.09.1993, D, 21/– 3. L
20 Röser, Lucas, 28.12.1993, D
 8 Sohm, Pascal, 02.11.1991, D, 39/3 3. L

ROT-WEISS ERFURT

Gegründet: 26. Januar 1966 (vorher SC und BSG Turbine, KWU und Fortuna Erfurt) – Anschrift: Arnstädter Straße 28, 99096 Erfurt – Telefon: (03 61) 34 76 60 – Internet: www.rot-weiss-erfurt.de
DDR-Meister (2): 1954 (als BSG Turbine), 1955 (als SC Turbine)
Stadion: Steigerwaldstadion (18 611 Plätze)
Trainer: Stefan Krämer, geb. am 23. 3. 1967, Deutscher, seit 1. 1. 2016 Cheftrainer bei Rot-Weiß Erfurt

TORWART
16 Domaschke, Erik, 11.11.1985, D, 56/– 3. L
 1 Klewin, Philipp, 30.09.1993, D, 103/– 3. L

ABWEHR
25 Erb, Mario, 16.06.1990, D, 6/– 2. BL, 166/12 3. L
 2 Hergesell, Fabian, 25.12.1985, D, 33/– 2. BL, 155/1 3. L
 6 Laurito, André, 24.11.1983, D, 23/1 2. BL, 130/9 3. L
21 Möckel, Jens, 21.02.1988, D, 156/9 3. L
17 Odak, Luka Marino, 22.11.1989, CRO, 108/– 3. L
 3 Struß, Jonas, 26.09.1997, D
20 Sumusalo, Mikko, 12.03.1990, FIN, 16/– 3. L, 4 A für Finnland

MITTELFELD
18 Aydin, Okan, 08.05.1994, D, 1/– BL, 64/7 3. L
29 Benamar, Samir, 23.08.1992, D, 14/1 3. L
7 Bergmann, Theodor, 08.11.1996, D, 14/1 3. L
10 Brückner, Daniel, 14.02.1981, D, 23/– BL, 164/14 2. BL, 32/1 3. L
22 Menz, Christoph, 22.12.1988, D, 106/1 2. BL, 85/5 3. L
4 Nikolaou, Ioannis, 31.07.1993, D, 29/2 3. L
23 Pigl, Pablo, 08.02.1992, D, 26/– 3. L

19 Pommer, Max, 18.08.1997, D
13 Tyrala, Sebastian, 22.02.1988, POL/D, 8/– BL, 37/4 2. BL, 109/13 3. L, 1 A für Polen
8 Vocaj, Liridon, 01.10.1993, D, 14/– 3. L

ANGRIFF
37 Bieber, Christopher, 03.07.1989, D, 2/– 2. BL, 16/1 3. L
11 Ihenacho, Aloy, 21.07.1995, D
27 Kammlott, Carsten, 28.02.1990, D, 132/45 3. L
9 Uzan, Tugay, 27.02.1994, D, 23/3 3. L

PREUSSEN MÜNSTER

Gegründet: 30. April 1906 – Anschrift: Fiffi-Gerritzen-Weg 1, 48153 Münster – Telefon: (02 51) 98 72 70 – Internet: www.scpreussen-muenster.de
Deutscher Amateurmeister (1): 1994
Stadion: Preußenstadion (14 300 Plätze)
Trainer: Horst Steffen, geb. am 3. 3. 1969, Deutscher, seit 25. 12. 2015 Cheftrainer bei Preußen Münster

TORWART
1 Drewes, Patrick, 04.02.1993, D
35 Schulze Niehues, Maximilian, 11.11.1988, D, 29/– 3. L

ABWEHR
29 Al-Hazaimeh, Jeron, 13.02.1992, D, 12/– 3. L
32 Eickhoff, Bennet, 15.07.1995, D
26 Mai, Sebastian, 10.12.1993, D, 1/– 3. L
30 Mangafic, Denis, 12.12.1989, D, 1/– 2. BL, 2/– 3. L
15 Scherder, Simon, 02.04.1993, D, 52/6 3. L
23 Schwarz, Benjamin, 10.07.1986, D, 28/– 2. BL, 91/4 3. L
25 Schweers, Lion, 01.04.1996, D, 15/1 3. L
2 Tritz, Stephane, 25.02.1987, FRA, 17/– 3. L

MITTELFELD
10 Bischoff, Amaury, 31.03.1987, POR, 130/27 3. L
6 Braun, Sandrino, 04.07.1988, D, 131/12 3. L

20 Hoffmann, Philipp, 19.06.1992, D, 92/11 3. L
7 Jordanov, Edisson, 08.06.1993, D, 12/– 2. BL, 107/10 3. L
27 Kara, Mehmet, 21.11.1983, TUR, 31/3 2. BL, 115/18 3. L
8 Rizzi, Michele, 13.04.1988, D, 71/19 3. L
18 Stoll, Lennart, 03.05.1996, D, 2/– 3. L
22 Tekerci, Sinan, 22.09.1993, TUR/D, 1/– BL, 50/6 3. L
21 Wiebe, Danilo, 22.03.1994, D, 21/1 3. L

ANGRIFF
39 Grimaldi, Adriano, 05.04.1991, D, 6/– BL, 33/3 2. BL, 77/16 3. L
17 Özkara, Cihan, 14.07.1991, AZE/D, 16/– 2. BL, 39/2 3. L, 10 A für Aserbaidschan
11 Rühle, Tobias, 07.02.1991, D, 151/15 3. L
16 Warschewski, Tobias, 06.02.1998, D
14 Weißenfels, Jesse, 26.05.1992, D

HANSA ROSTOCK

Gegründet: 28. Dezember 1965 – Anschrift: Kopernikusstraße 17c, 18057 Rostock – Telefon: (03 81) 49 99 91 0 – Internet: www.fc-hansa.de
Meister Oberliga Nordost (1): 1991 – NOFV-Pokalsieger (1): 1991
Stadion: Ostseestadion (29 000 Plätze)
Trainer: Christian Brand, geb. am 23. 5. 1972, Deutscher, seit 7. 12. 2015 Cheftrainer bei Hansa Rostock

TORWART
31 Aubele, Samuel, 17.05.1994, D
36 Behrens, Eric, 12.01.1997, D
1 Schuhen, Marcel, 13.01.1993, D, 53/– 3. L

ABWEHR
33 Ahlschwede, Maximilian, 10.02.1990, D, 117/3 3. L
7 Dorda, Christian, 06.12.1988, D, 7/– BL, 24/1 3. L
13 Erdmann, Dennis, 22.11.1990, D, 56/2 3. L
18 Esdorf, Florian, 21.02.1995, D, 5/– 3. L
5 Henn, Matthias, 28.04.1985, D, 3/– BL, 20/– 2. BL, 101/5 3. L
3 Hoffmann, Marcus, 12.10.1987, D, 50/2 3. L
27 Holthaus, Fabian, 17.01.1995, D, 11/– 2. BL, 11/– 3. L

MITTELFELD
37 Andrist, Stephan, 12.12.1987, SUI, 30/7 3. L
39 Baumgarten, Maik, 26.04.1993, D, 69/2 3. L
25 Bülbül, Kerem, 12.01.1995, D

11 Fehr, Jeff-Denis, 08.09.1994, D
8 Garbuschewski, Ronny, 23.02.1986, D, 7/– BL, 106/17 3. L
6 Gardawski, Michael, 25.09.1990, D, 155/13 3. L
4 Grupe, Tommy, 29.03.1992, D, 1/– 2. BL, 56/3 3. L
29 Jänicke, Tobias, 16.03.1989, D, 80/9 2. BL, 144/34 3. L
15 Kofler, Marco, 08.05.1989, AUT, 36/1 3. L
10 Stevanovic, Aleksandar, 16.02.1992, SRB, 5/– BL, 35/– 3. L
19 Ülker, Hasan, 23.06.1995, TUR/D, 7/1 3. L
24 Wannenwetsch, Stefan, 19.01.1992, D, 1/– BL, 18/– 2. BL, 12/– 3. L

ANGRIFF
23 Benyamina, Soufian, 02.03.1990, D, 2/– BL, 4/– 2. BL, 183/47 3. L
14 Platje, Melvin, 16.11.1988, NED, 13/1 3. L
38 Ziemer, Marcel, 03.08.1985, D, 2/2 BL, 64/10 2. BL, 202/69 3. L

FORTUNA KÖLN

Gegründet: 21. Februar 1948 (Fusion von Bayenthaler SV, SV 1927 Köln und SV Victoria 1911 Köln) – Anschrift: Am Vorgebirgstor 2, 50969 Köln – Telefon: (02 21) 17 06 70 36 – Internet: www.fortuna-koeln.de
Stadion: Südstadion (11 747 Plätze)
Trainer: Uwe Koschinat, geb. am 1. 9. 1971, Deutscher, seit 1. 7. 2011 Cheftrainer bei Fortuna Köln

TORWART
12 Boss, Tim, 28.06.1993, D, 10/– 3. L
1 Poggenborg, André, 17.09.1983, D, 65/– 3. L
37 Resvanis, Zicos, 04.06.1997, D

ABWEHR
6 Engelman, Dennis, 08.02.1995, D, 39/1 3. L
3 Flottmann, Daniel, 06.08.1984, D, 74/1 3. L

22 Hörnig, Florian, 06.08.1986, D, 7/– 2. BL, 181/6 3. L
16 Kwame, Kusi, 09.08.1989, D, 61/– 3. L
27 Mimbala, Cedric, 22.08.1986, COD, 66/2 3. L
14 Röcker, Cimo, 21.01.1994, D, 7/– 3. L
17 Schneider, Jannik, 12.02.1996, D, 5/– 3. L
4 Uaferro, Boné, 04.01.1992, D, 2/– 2. BL, 59/– 3. L

MITTELFELD
34 Andersen, Kristoffer, 09.12.1985, BEL, 49/3 2. BL, 90/2 3. L
28 Bender, Lars, 08.01.1988, D, 13/– 2. BL, 132/5 3. L
11 Bösing, Kai-David, 07.03.1994, D, 6/– 3. L
30 Dahmani, Hamdi, 16.11.1987, D, 67/11 3. L
39 Kegel, Maik, 08.12.1989, D, 12/– 2. BL, 201/17 3. L
7 Kessel, Michael, 28.08.1984, D, 49/5 3. L
10 Oliveira Souza, Cauly, 15.09.1995, BRA, 50/8 3. L
5 Pazurek, Markus, 18.12.1988, D, 85/5 3. L

13 Rahn, Johannes, 16.01.1986, D, 56/3 2. BL, 176/39 3. L
20 Schröder, Oliver, 11.06.1980, D, 115/3 BL, 155/4 2. BL, 23/– 3. L
31 Stoffels, Jannik, 22.02.1997, D
15 Theisen, Christopher, 13.06.1993, D, 4/– 3. L

ANGRIFF
18 Brasnic, Marc, 21.10.1996, D, 7/– 2. BL
19 Koruk, Serhat, 04.05.1996, TUR, 5/– 3. L

1. FSV MAINZ 05 II

Gegründet: 16. März 1905 – Anschrift: Bruchwegstadion, Dr. Martin-Luther-King-Weg 17, 55122 Mainz – Telefon: (0 61 31) 37 55 00 – Internet: http://www.mainz05.de/mainz05/nachwuchs/u23
Stadion: Bruchwegstadion (13 508 Plätze)
Trainer: Sandro Schwarz, geb. am 17. 10. 1978, Deutscher, seit 17. 2. 2015 Cheftrainer beim 1. FSV Mainz 05 II

TORWART
31 Aulbach, Marco, 25.07.1993, D, 2/– 3. L
28 Manthe, Patrick, 03.08.1993, D
25 Watkowiak, Lukas, 06.03.1996, D

ABWEHR
21 Costly, Marcel, 20.11.1995, D, 29/2 3. L
20 Häusl, Charmaine, 27.01.1996, D, 12/– 3. L
4 Ihrig, Tevin, 10.03.1995, D, 35/1 3. L
5 Korczowski, Noah, 08.01.1994, D, 3/– BL
23 Moos, Malte, 02.02.1996, D, 17/– 3. L
33 Neubauer, Maurice, 29.04.1996, D
2 Rossmann, Maximilian, 06.05.1995, D
27 Schorr, Patrick, 13.10.1994, D, 1/– BL, 1/– 2. BL, 13/– 3. L

MITTELFELD
14 Andreas, Mike, 31.01.1997, D
8 Bohl, Daniel, 09.06.1994, D, 68/1 3. L

11 Franzin, Dennis, 12.07.1993, D, 20/2 3. L
24 Huth, Patrick, 25.07.1995, D
30 Mörschel, Heinz, 24.08.1997, D
15 Müller, Tim, 04.08.1996, D, 15/– 3. L
7 Pflücke, Patrick, 30.11.1996, D, 1/– BL, 64/1 3. L
6 Steinmann, Ville Matti, 08.01.1995, D, 1/– BL, 16/1 3. L

ANGRIFF
9 Bouziane, Mounir, 05.02.1991, FRA, 59/6 3. L
22 Kamarieh, Bilal, 14.08.1996, D, 4/– 3. L
26 Kern, Leon, 22.04.1997, D
18 Lohkemper, Felix, 26.01.1995, D, 30/3 3. L
19 Seydel, Aaron, 07.02.1996, D, 23/2 3. L
17 Trümner, Benjamin, 17.05.1995, D

HALLESCHER FC

Gegründet: 26. Januar 1966 (davor u. a. SC Chemie, BSG Turbine, ZSG Union und SG Freiimfelde Halle) – Anschrift: Postfach 20 01 38, 06002 Halle (Saale) – Telefon: (03 45) 4 44 12 93 – Internet: www.hallescherfc.de
Ostzonenmeister (1): 1949 (als ZSG Union) – DDR-Meister (1): 1952 (als BSG Turbine) – DDR-Pokalsieger (2): 1956, 1962 (als SC Chemie)
Stadion: Erdgas-Sportpark (15 057 Plätze)
Trainer: Rico Schmitt, geb. am 27. 9. 1968, Deutscher, seit 13. 4. 2016 Cheftrainer beim Halleschen FC

TORWART
1 Bredlow, Fabian, 02.03.1995, D, 35/– 3. L
32 Müller, Tom, 27.11.1997, D
33 Netolitzky, Michael, 12.01.1994, D

ABWEHR
22 Ajani, Marvin, 04.10.1993, D, 1/– 2. BL,
  6/– 3. L
34 Barnofsky, Max, 05.03.1995, D, 15/– 3. L
27 Baumgärtel, Fabian, 07.07.1989, D, 1/–
  2. BL, 142/9 3. L
7 Brügmann, Florian, 23.01.1991, D, 6/1
  2. BL, 82/1 3. L
13 Kleineheismann, Stefan, 08.02.1988, D,
  156/5 3. L
2 Schilk, Tobias, 24.03.1992, D, 63/1 3. L
19 Schlichting, Gregor, 03.07.1998, D
21 Wallenborn, André, 25.03.1995, D, 3/– 3. L

MITTELFELD
26 Diring, Dorian, 11.04.1992, FRA, 27/–
  2. BL, 31/3 3. L

5 Gjasula, Klaus, 14.12.1989, D, 16/– 3. L
6 Lindenhahn, Toni, 15.11.1990, D, 83/7 3. L
16 Ludwig, Martin, 16.10.1998, D
8 Müller, Tobias, 31.05.1993, D, 25/5 2. BL,
  33/2 3. L
23 Pfeffer, Sascha, 19.10.1986, D, 10/1 2. BL,
  190/9 3. L
9 Pintol, Benjamin, 19.05.1990, D, 6/– 2. BL
17 Röser, Martin, 13.08.1990, D, 22/2 3. L

ANGRIFF
11 El-Helwe, Hilal, 24.11.1994, PAL
14 Furuholm, Timo, 11.10.1987, FIN, 9/–
  2. BL, 101/35 3. L, 10 A für Finnland
25 Sliskovic, Petar, 21.02.1991, CRO, 15/2
  BL, 18/– 2. BL, 17/3 3. L
15 Stagge, Lukas, 11.05.1997, D, 3/– 3. L
19 Stenzel, Vincent-Louis, 13.10.1996, D,
  5/– 3. L

HOLSTEIN KIEL

Gegründet: 7. Oktober 1900 – Anschrift: Steenbeker Weg 150, 24106 Kiel – Telefon: (04 31) 38 90 24 20 0 – Internet: holstein-kiel.de
Deutscher Meister (1): 1912 – Deutscher Amateurmeister (1): 1961
Stadion: Holstein-Stadion (11 386 Plätze)
Trainer: Karsten Neitzel, geb. am 17. 12. 1967, Deutscher, seit 1. 7. 2013 Cheftrainer bei Holstein Kiel

TORWART
18 Kronholm, Kenneth, 14.10.1985, D, 76/–
  3. L
12 Schipmann, Bernd, 05.07.1994, D
1 Zentner, Robin, 28.10.1994, D, 46/– 3. L

ABWEHR
5 Czichos, Rafael, 14.05.1990, D, 134/16 3. L
19 Herrmann, Patrick, 16.03.1988, D, 3/– BL,
  120/– 3. L
4 Hoheneder, Niklas, 17.08.1986, AUT, 47/2
  2. BL, 33/1 3. L
7 Kohlmann, Patrick, 25.02.1983, IRL/D, 1/–
  BL, 142/13 2. BL, 92/– 3. L
27 Schindler, Kingsley, 12.07.1993, D
3 Schmidt, Dominik, 01.07.1987, D, 12/– BL,
  1/– 2. BL, 167/13 3. L
2 Sicker, Arne, 17.04.1997, D, 3/– 3. L
32 Sigurbjörnsson, Eidur Aron, 26.02.1990,
  ISL, 12/– 3. L
MITTELFELD
8 Bieler, Alexander, 05.09.1992, D, 39/4
  2. BL

23 Dürholtz, Luca, 18.08.1993, D, 36/2 3. L
11 Janzer, Manuel, 07.03.1992, D, 10/– 2. BL,
  108/18 3. L
17 Lewerenz, Steven, 18.05.1991, D, 35/11
  3. L
6 Nyarko, Evans, 06.07.1992, D, 81/3 3. L
13 Peitz, Dominic, 11.09.1984, D, 176/14
  2. BL, 27/3 3. L
20 Salem, Milad, 03.03.1988, AFG/D, 83/10
  3. L, 3 A für Afghanistan
21 Siedschlag, Tim, 26.09.1987, D, 124/8 3. L

ANGRIFF
24 Drexler, Dominick, 26.05.1990, D, 33/2
  2. BL, 112/25 3. L
22 Fernandes, Miguel, 13.01.1997, POR
9 Fetsch, Mathias, 30.09.1988, D, 1/– BL,
  29/1 2. BL, 102/24 3. L
15 Harder, Tammo, 04.01.1994, D, 68/21 3. L
10 Sané, Saliou, 19.07.1992, D, 9/1 2. BL,
  43/1 3. L

VfR AALEN

Gegründet: 8. März 1921 – Anschrift: Stadionweg 5/1, 73430 Aalen – Telefon: (0 73 61) 52 48 80 – Internet: www.vfr-aalen.de
Stadion: Scholz-Arena (14 500 Plätze)
Trainer: Peter Vollmann, geb. am 22. 12. 1957, Deutscher, seit 1. 7. 2015 Cheftrainer beim VfR Aalen

TORWART
1 Bernhardt, Daniel, 21.08.1985, D, 38/–
  2. BL, 110/– 3. L
22 Husic, Raif, 05.02.1996, D
24 Layer, Matthias, 12.02.1999, D

ABWEHR
16 Geyer, Thomas, 06.03.1991, D, 195/1 3. L
5 Menig, Fabian, 26.02.1994, D, 34/1 3. L
4 Paetow, Torge, 19.08.1995, D
14 Schelhorn, Daniel, 15.02.1998, D
21 Schulz, Thorsten, 05.12.1984, D, 38/1
  2. BL, 142/3 3. L
27 Schwabl, Markus, 26.08.1990, D, 4/– 2. BL,
  155/2 3. L
30 Sucsuz, Firat, 27.06.1996, D

MITTELFELD
9 Deichmann, Yannick, 13.08.1994, D, 4/–
  2. BL
17 Kartalis, Alexandros, 29.01.1995, GRE,
  25/1 3. L
7 Kefkir, Oguzhan, 27.08.1991, D, 1/– BL, 8/–
  2. BL, 90/11 3. L
18 Müller, Robert, 12.11.1986, D, 1/– BL, 55/3
  2. BL, 234/11 3. L
8 Ojala, Mika, 21.06.1988, FIN, 21/5 3. L, 8 A
  für Finnland
6 Preißinger, Rico, 21.07.1996, D
15 Vasiliadis, Sebastian, 04.10.1997, GRE,
  8/– 3. L
19 Welzmüller, Maximilian, 10.01.1990, D, 2/–
  2. BL, 102/7 3. L

ANGRIFF
20 Kienle, Steffen, 18.01.1995, D, 27/2 3. L
10 Morys, Matthias, 19.03.1987, D, 13/1 2. BL,
  105/13 3. L
29 Rodewald, Nico, 16.03.1998, D
13 Wegkamp, Gerrit, 13.04.1993, D, 3/– BL,
  3/– 2. BL, 61/7 3. L

SV WEHEN WIESBADEN

Gegründet: 1. Januar 1926 (als SV Wehen) – Anschrift: Berliner Straße 9, 65189 Wiesbaden – Telefon: (06 11) 50 40 10 – Internet: www.svwehen-wiesbaden.de
Stadion: Brita-Arena (12 250 Plätze)
Trainer: Torsten Fröhling, geb. am 24. 8. 966, Deutscher, seit 14. 3. 2016 Cheftrainer beim SV Wehen Wiesbaden

TORWART
19 Albrecht, Jan, 12.04.1998, D
1 Kolke, Markus, 18.08.1990, D, 102/– 3. L
25 Reule, Maximilian, 01.02.1994, D, 5/– 3. L

ABWEHR
22 Akoto, Michael, 03.10.1997, D
16 Dams, Niklas, 28.05.1990, D, 28/1 3. L
5 Franke, Fabian, 07.03.1989, D, 31/1 3. L
6 Funk, Patrick, 11.02.1990, D, 9/1 BL, 56/–
  2. BL, 132/8 3. L
13 Kovac, Vladimir, 29.04.1991, SVK, 2/–
  2. BL
23 Mintzel, Alf, 21.12.1981, D, 35/– 2. BL,
  240/21 3. L
18 Ruprecht, Steven, 24.06.1987, D, 4/–
  2. BL, 152/16 3. L
3 Vitzthum, Michael, 20.06.1992, D, 14/1
  2. BL, 102/4 3. L
17 Wein, Daniel, 05.02.1994, D, 35/– 3. L

MITTELFELD
10 Andrich, Robert, 22.09.1994, D, 21/1 3. L
21 Bangert, Jann, 20.04.1997, D
8 Blacha, David, 22.10.1990, POL/D, 19/–
  2. BL, 164/17 3. L

28 Book, Nils-Ole, 17.02.1986, D, 97/5 2. BL, 163/10 3. L
29 Lindner, Jaroslaw, 28.06.1988, D, 1/– BL, 44/3 3. L
20 Lorenz, Marc, 18.07.1988, D, 25/3 2. BL, 66/3 3. L
4 Mende, Sven, 18.01.1994, D, 13/– 3. L
33 Mrowca, Sebastian, 16.01.1994, POL/D, 1/– 2. BL, 53/2 3. L
7 Müller, Philipp, 03.03.1995, D
27 Pezzoni, Kevin, 22.03.1989, D, 80/2 BL, 31/2 2. BL, 47/– 3. L
32 Schindler, Kevin, 21.05.1988, D, 5/– BL, 88/8 2. BL, 61/9 3. L
14 Schwadorf, Jules, 19.10.1992, D

ANGRIFF
31 Cappek, Christian, 25.07.1990, D, 5/– 2. BL, 89/16 3. L
11 Mayer, Patrick, 28.03.1988, D, 1/– BL, 13/3 2. BL, 104/39 3. L
36 Mvibudulu, Stephane, 18.05.1993, COD, 9/– 2. BL, 16/1 3. L
9 Schäffler, Manuel, 06.02.1989, D, 119/15 2. BL, 84/13 3. L
24 Schnellbacher, Luca, 06.05.1994, D, 93/16 3. L

WERDER BREMEN II

Gegründet: 4. Februar 1899 – Anschrift: Franz-Böhmert-Straße 1c, 28205 Bremen – Telefon: (04 21) 43 45 92 35 0 – Internet: www.werder.de/teams/u23/start-center
Deutscher Amateurmeister (3): 1966, 1985, 1991
Stadion: Weser-Stadion Platz 11 (5500 Plätze)
Trainer: Alexander Nouri, geb. am 20. 8. 1979, Deutscher, seit 25. 10. 014 Cheftrainer bei Werder Bremen II

TORWART
22 Duffner, Tobias, 05.12.1983, D, 23/– 3. L
43 Oelschlägel, Eric, 20.09.1995, D, 19/– 3. L
41 Pachulski, Tom, 15.02.1997, D

ABWEHR
23 Cakolli, Muhamet, 08.04.1997, D
21 Eggersglüß, Philipp, 28.04.1995, D, 11/2 3. L
16 Hehne, Maurice, 24.04.1997, D, 1/– 3. L
2 Rehfeldt, Torben, 07.08.1993, D, 17/– 3. L
4 Verlaat, Jesper, 04.06.1996, NED, 21/1 3. L
5 Volkmer, Dominic, 27.04.1996, D
19 Zander, Luca-Milan, 09.08.1995, D, 2/– BL, 14/– 3. L

MITTELFELD
8 Aidara, Mohamed, 24.12.1989, FRA, 22/– 3. L
36 Jacobsen, Thore-Andreas, 19.04.1997, D, 12/1 3. L
33 Jensen, Leon, 19.05.1997, D
14 Käuper, Ole, 09.01.1997, D, 16/– 3. L
31 Pfitzner, Marc, 28.08.1984, D, 15/– BL, 78/6 2. BL, 86/6 3. L
6 Rother, Björn, 29.07.1996, D, 21/1 3. L
38 Schmidt, Niklas, 01.03.1998, D
18 Wasmus, Leander, 01.05.1997, D

ANGRIFF
46 Bytyqi, Enis, 18.02.1997, D, 18/1 3. L
7 Capin, Onur, 10.07.1996, D, 6/– 3. L
15 Dogan, Abdullah, 10.02.1997, D, 1/– 3. L
32 Kazior, Rafael, 07.02.1983, D, 55/3 2. BL, 106/19 3. L
9 Lukowicz, Maik, 01.02.1995, D, 16/– 3. L
47 Manneh, Ousman, 10.03.1997, GAM, 28/3 3. L

FSV ZWICKAU

Gegründet: 1. Januar 1990 (früher u. a. Horch, Motor und BSG Sachsenring Zwickau) – Anschrift: Stadionallee 1, 08066 Zwickau – Telefon: (03 75) 37 00 90 – Internet: www.fsv-zwickau.de
DDR-Meister (1): 1950 (als ZSG Horch) – DDR-Pokalsieger (3): 1963, 1967 (als BSG Motor), 1975 (als BSG Sachsenring)
Stadion: Stadion Zwickau (10 134 Plätze)
Trainer: Torsten Ziegner, geb. am 9. 11. 1977, Deutscher, seit 1. 7. 2012 Cheftrainer beim FSV Zwickau

TORWART
1 Brinkies, Johannes, 20.06.1993, D, 38/– 3. L
12 Rosenkranz, Maximilian, 23.01.1997, D
21 Unger, Marian, 17.11.1983, D, 55/– 3. L

ABWEHR
22 Berger, Robert, 07.11.1996, KAZ/D, 1/– 2. BL, 26/1 3. L
30 Gebers, Marcel, 05.06.1986, D, 47/5 3. L
6 Göbel, Christoph, 23.03.1989, D
28 Miatke, Nils, 30.01.1990, D, 49/– 2. BL, 34/2 3. L
4 Paul, Robert, 17.10.1984, D, 22/– 2. BL, 28/1 3. L
33 Sorge, Alexander, 21.04.1993, D
16 Wilton, Lukas, 13.05.1995, D
2 Wolf, Patrick, 12.02.1989, D, 73/2 3. L

MITTELFELD
9 Bär, Marcel, 08.06.1992, D
19 Frick, Davy, 05.04.1990, D, 1/– 3. L

18 Geisler, Felix, 20.03.1997, D, 6/– 3. L
31 Göbel, Patrick, 08.07.1993, D, 40/4 3. L
13 Könnecke, Mike, 23.08.1988, D, 73/2 2. BL, 25/1 3. L
20 Lange, René, 22.11.1988, D, 3/– 2. BL, 3/– 3. L
10 Schlicht, Michael, 13.11.1993, D
17 Schröter, Morris, 20.08.1995, D
14 Wachsmuth, Toni, 15.11.1986, D, 34/3 2. BL, 84/5 3. L

ANGRIFF
27 Bönisch, Kevin, 08.08.1994, D
7 Genausch, Oliver, 01.06.1991, D
15 König, Ronny, 02.06.1983, D, 220/43 2. BL, 25/1 3. L
8 Nietfeld, Jonas, 15.01.1994, D, 33/5 3. L
5 Öztürk, Aykut, 07.11.1987, TUR, 11/1 2. BL, 123/20 3. L
11 Zimmermann, Marc-Philipp, 22.03.1990, D, 1/– 2. BL

SPORTFREUNDE LOTTE

Gegründet: 4. Mai 1929 – Anschrift: Jahnstraße 8, 49504 Lotte – Telefon: (0 54 04) 95 67 10 – Internet: www.sf-lotte.de
Stadion: FRIMO Stadion (10 200 Plätze)
Trainer: Ismail Atalan, geb. am 1. 4. 1980, Deutscher, seit 3. 1. 2015 Cheftrainer bei den Sportfreunden Lotte

TORWART
1 Buchholz, David, 05.08.1984, D
30 Fernandez, Benedikt, 08.01.1985, D, 6/– BL, 18/– 3. L
33 Zummack, Yannick, 26.03.1996, D

ABWEHR
22 Engel, Dennis, 20.10.1995, D
23 Langlitz, Alexander, 15.02.1991, D
4 Nauber, Gerrit, 13.04.1992, D
5 Rahn, Matthias, 17.05.1990, D, 11/– 3. L

21 Steinhart, Phillipp, 07.07.1992, D, 1/– 2. BL
3 Wendel, Tim, 12.01.1989, D

MITTELFELD
27 Brock, Dennis, 27.02.1995, D
8 Dej, André, 06.02.1992, D
6 Gorschlüter, Tim, 24.08.1983, D, 40/2 2. BL
17 Granatowski, Nico, 03.06.1991, D, 6/– 3. L
7 Hettich, Alexander, 11.03.1988, D
15 Heyer, Moritz, 04.04.1995, D

31 Kaffenberger, Marcel, 12.03.1994, D, 3/–
   2. BL, 13/1 3. L
16 Neidhart, Nico, 27.09.1994, D, 2/– 3. L
20 Pires-Rodrigues, Kevin, 12.09.1991, D
14 Schikowski, Patrick, 20.06.1992, D,
   1/– 3. L

ANGRIFF
9 Daglar, Semih, 08.01.1993, D
19 Freiberger, Kevin, 16.11.1988, D, 1/– 2. BL,
   13/– 3. L
10 Rosinger, Bernd, 30.08.1989, D, 8/– 3. L
11 Tankulic, Luka, 21.06.1991, D, 16/– 2. BL,
   7/1 3. L

JAHN REGENSBURG

Gegründet: 4. Oktober 1907 – Anschrift: Franz-Josef-Strauß-Allee 22, 93053 Regensburg – Telefon: (09 41) 69 83 0 – Internet: www.ssv-jahn.de
Stadion: Continental Arena (15 224 Plätze)
Trainer: Heiko Herrlich, geb. am 3. 12. 1971, Deutscher, seit 20. 12. 2015 Cheftrainer bei Jahn Regensburg

TORWART
26 Lerch, Bastian, 26.03.1996, D
 1 Pentke, Philipp, 01.05.1985, D, 136/– 3. L

ABWEHR
17 Hein, Oliver, 22.03.1990, D, 28/1 2. BL,
   123/5 3. L
 7 Hofrath, Marcel, 21.03.1993, D, 37/5 3. L
13 Kopp, Sven, 17.02.1995, D, 4/– 3. L
28 Nachreiner, Sebastian, 23.11.1988, D, 30/–
   2. BL, 96/– 3. L
 3 Nandzik, Alexander, 12.09.1992, D, 45/2
   3. L
 5 Odabas, Ali, 20.10.1993, TUR
16 Palionis, Markus, 12.05.1987, LTU/D, 59/1
   2. BL, 79/1 3. L, 2 A für Litauen
 4 Paulus, Thomas, 14.03.1982, D, 32/1 BL,
   141/10 2. BL, 61/3 3. L
33 Urban, Robin, 13.04.1994, D, 1/– 2. BL,
   1/– 3. L

MITTELFELD
32 Faber, Michael, 12.05.1995, D
 8 Geipl, Andreas, 21.04.1992, D, 21/– 3. L
 9 George, Jann, 31.07.1992, D, 1/– 2. BL
31 Hesse, Uwe, 16.12.1987, D, 98/9 3. L
27 Hoffmann, Kevin, 06.06.1995, D
10 Knoll, Marvin, 05.12.1990, D, 29/2 2. BL,
   15/1 3. L
18 Lais, Marc, 04.02.1991, D, 1/– BL, 33/– 3. L
24 Luge, André, 08.02.1991, D, 16/1 3. L
20 Pusch, Kolja, 12.02.1993, D, 37/5 3. L
 6 Saller, Benedikt, 22.09.1992, D, 16/2 BL,
   60/5 3. L
21 Schöpf, Daniel, 09.09.1990, AUT
25 Thommy, Erik, 20.08.1994, D, 4/– BL, 6/1
   2. BL

ANGRIFF
19 Dzalto, Patrik, 19.02.1997, D
15 Grüttner, Marco, 17.10.1985, D, 155/39 3. L
34 Hyseni, Haris, 14.09.1992, D, 1/– 2. BL
11 Ziereis, Markus, 26.08.1992, D, 9/1 2. BL,
   27/– 3. L

KAPITEL 9

DIE FUSSBALL-WELTMEISTERSCHAFT

DIE FUSSBALL-WELTMEISTER

1930	URUGUAY	1978	ARGENTINIEN
1934	ITALIEN	1982	ITALIEN
1938	ITALIEN	1986	ARGENTINIEN
1950	URUGUAY	1990	DEUTSCHLAND
1954	DEUTSCHLAND	1994	BRASILIEN
1958	BRASILIEN	1998	FRANKREICH
1962	BRASILIEN	2002	BRASILIEN
1966	ENGLAND	2006	ITALIEN
1970	BRASILIEN	2010	SPANIEN
1974	DEUTSCHLAND	2014	DEUTSCHLAND

1930: Uruguay (Trainer: Suppici)

Endrunde vom 13. bis 30. Juli 1930 in Montevideo/Uruguay

Gruppe I: Argentinien. Frankreich – Mexiko 4:1, Argentinien – Chile 3:1, Frankreich – Chile 0:1, Mexiko – Argentinien 3:6, Frankreich – Argentinien 0:1, Mexiko – Chile 0:3.
Gruppe II: Jugoslawien. Jugoslawien – Brasilien 2:1, Jugoslawien – Bolivien 4:0, Brasilien – Bolivien 4:0.
Gruppe III: Uruguay. Rumänien – Peru 3:1, Uruguay – Peru 1:0, Uruguay – Rumänien 4:0.
Gruppe IV: USA. USA – Belgien 3:0, USA – Paraguay 3:0, Paraguay – Belgien 1:0.
Halbfinale: Argentinien – USA 6:1, Uruguay – Jugoslawien 6:1.

Endspiel am 30. Juli 1930 in Montevideo: Uruguay – Argentinien 4:2 (1:2)
Uruguay: Ballesteros; Mascheroni, Nasazzi; Andrade, Fernandez, Gestido, Dorado, Scarone, Castro, Cea, Iriarte.
Argentinien: Botasso; Della Torre, Paternoster; Je Evaristo, Monti, Suarez, Peucelle, Varallo, Stabile, Ferreira, M. Evaristo.
Tore: Dorado, Cea, Iriarte, Castro (Peucelle, Stabile) – Zuschauer: 80 000 – SR.: Langenus (Belgien).

1934: Italien (Trainer: Pozzo)

Qualifikation (Titelverteidiger Uruguay nahm nicht teil. Veranstalter Italien musste in die Qualifikation):
Gruppe I: Schweden. Schweden – Estland 6:2, Litauen – Schweden 0:2.
Gruppe II: Spanien. Spanien – Portugal 9:0, 2:1.
Gruppe III: Italien. Italien – Griechenland 4:0, Griechenland verzichtete auf das zweite Spiel.
Gruppe IV: Ungarn und Österreich. Bulgarien – Ungarn 1:4, 1:4; Österreich – Bulgarien 6:1.
Gruppe V: Tschechoslowakei. Polen – Tschechoslowakei 1:2, 0:2 (Wertung, Polen trat nicht an).
Gruppe VI: Rumänien und Schweiz. Jugoslawien – Schweiz 2:2, Schweiz – Rumänien 2:2 (für Schweiz mit 2:0 als gewonnen gewertet), Rumänien – Jugoslawien 2:1.
Gruppe VII: Niederlande und Belgien. Irland – Belgien 4:4, Niederlande – Irland 5:2, Belgien – Niederlande 2:4.
Gruppe VIII: Deutschland und Frankreich. Luxemburg – Deutschland 1:9, Luxemburg – Frankreich 1:6.
Gruppe IX: Brasilien. Peru trat nicht an.
Gruppe X: Argentinien. Chile trat nicht an.
Gruppe XI: Mexiko. Haiti – Kuba 1:3, 1:1, 0:6; Mexiko – Kuba 3:2, 5:0, 4:1.
Gruppe XII: Ägypten. Ägypten – Palästina 7:1, 4:1; die Türkei verzichtete.

Endrunde vom 27. Mai bis 10. Juni 1934 in Italien
Qualifikationsspiel in Rom (24.5.1934): USA – Mexiko 4:2.

Achtelfinale: Österreich – Frankreich n. V. 3:2 (Turin), Ungarn – Ägypten 4:2 (Neapel), Brasilien – Spanien 1:3 (Genua), Italien – USA 7:1 (Rom), Deutschland – Belgien 5:2 (Florenz), Argentinien – Schweden 2:3 (Bologna), Niederlande – Schweiz 2:3 (Mailand), Tschechoslowakei – Rumänien 2:1 (Triest).
Viertelfinale: Österreich – Ungarn 2:1 (Bologna), Spanien – Italien 1:1 n. V. und 0:1 (Florenz), Deutschland – Schweden 2:1 (Mailand), Schweiz – Tschechoslowakei 2:3 (Turin).
Halbfinale: Österreich – Italien 0:1 (Mailand), Deutschland – Tschechoslowakei 1:3 (Rom).
Um den dritten Platz: Deutschland – Österreich 3:2 (Neapel).

Endspiel am 10. Juni 1934 in Rom: Italien – Tschechoslowakei 2:1 (1:1, 0:0) n. V.
Italien: Combi, Monzeglio, Allemandi; Ferraris IV, Monti, Bertolini; Guaita, Meazza, Schiavio, Ferrari, Orsi.
Tschechoslowakei: Planicka; Zenicek, Ctyroky; Kostalek, Cambal, Krcil; Junek, Svoboda, Sobotka, Nejedly, Puc.
Tore: Orsi, Schiavio (Puc) – Zuschauer: 40 000 – SR.: Eklind (Schweden).

1938: Italien (Trainer: Pozzo)

Qualifikation:
Gruppe I: Deutschland und Schweden. Deutschland – Schweden 5:0, Deutschland – Estland 4:1, Finnland – Deutschland 0:2, Schweden – Estland 7:2, Schweden – Finnland 4:0, Finnland – Estland 0:1.
Gruppe II: Norwegen. Norwegen – Irland 3:2, 3:3.
Gruppe III: Polen. Polen – Jugoslawien 4:0, 0:1.
Gruppe IV: Rumänien. Ägypten trat nicht an.
Gruppe V: Schweiz. Schweiz – Portugal 2:1 in Mailand.
Gruppe VI: Ungarn. Palästina – Griechenland 1:3, 0:1; Ungarn – Griechenland 11:1.
Gruppe VII: Tschechoslowakei. Bulgarien – Tschechoslowakei 1:1, 0:6.
Gruppe VIII: Österreich. Lettland – Litauen 4:2, 5:1; Österreich – Lettland 2:1 (nach dem Anschluss Österreichs ans Deutsche Reich blieb der Startplatz unbesetzt).
Gruppe IX: Niederlande und Belgien. Belgien – Niederlande 1:1, Niederlande – Luxemburg 4:0, Luxemburg – Belgien 2:3.
Gruppe X: Brasilien. Argentinien trat nicht an (Bolivien und Uruguay verzichteten noch vor der Gruppeneinteilung ebenso wie in Europa Spanien wegen des Bürgerkriegs).
Gruppe XI: Kuba. USA, Kolumbien, Costa Rica, Mexiko, El Salvador und Niederländisch Guayana traten nicht an.
Gruppe XII: Niederländisch-Indien. Japan trat nicht an.
Frankreich als Veranstalter und Italien als Weltmeister direkt qualifiziert.

Endrunde vom 4. bis 19. Juni 1938 in Frankreich

Achtelfinale: Italien – Norwegen n. V. 2:1 (Marseille), Frankreich – Belgien 3:1 (Paris), Brasilien – Polen n. V. 6:5 (Straßburg), Tschechoslowakei – Niederlande n. V. 3:0 (Le Havre), Deutschland – Schweiz n. V. 1:1 und 2:4 (Paris), Ungarn – Niederländisch-Indien 6:0 (Reims), Kuba – Rumänien n. V. 3:3 und 2:1 (Toulouse), Österreich – Schweden fand wegen des „Anschlusses" nicht statt.
Viertelfinale: Frankreich – Italien 1:3 (Paris), Brasilien – Tschechoslowakei n. V. 1:1 und 2:1 (Bordeaux), Schweiz – Ungarn 0:2 (Lille), Schweden – Kuba 8:0 (Antibes).
Halbfinale: Italien – Brasilien 2:1 (Marseille), Ungarn – Schweden 5:1 (Paris).
Um den dritten Platz: Brasilien – Schweden 4:2 (Bordeaux).

Endspiel am 19. Juni 1938 in Paris: Italien – Ungarn 4:2 (3:1).
Italien: Olivieri; Foni, Rava; Serantoni, Andreolo, Locatelli; Biavati, Meazza, Piola, Ferrari, Colaussi.
Ungarn: Szabo, Polgar, Biro, Szalay, Szücs, Lazar; Sas, Vincze. Dr. Sarosi, Zsengeller, Titkos.
Tore: Colaussi 2, Piola 2 (Titkos, Dr. Sarosi) – Zuschauer: 60 000 – SR: Capdeville (Frankreich).

1950: Uruguay (Trainer: Lopez)

Qualifikation:
Gruppe I: England. Schottland – England 0:1, England – Nordirland 9:2, Wales – England 1:4, Nordirland – Schottland 2:8, Schottland – Wales 2:0, Wales – Nordirland 0:0. Schottland und das daraufhin genannte Frankreich verzichteten.
Gruppe II: Kein Teilnehmer: Türkei – Syrien 7:0; Österreich trat nicht gegen die Türkei an. Als auch die Türkei verzichtete, erhielt Portugal die Chance, in Brasilien zu spielen. Es lehnte ebenfalls ab.
Gruppe III: Jugoslawien. Jugoslawien – Israel 6:0, 5:2; Frankreich – Jugoslawien 1:1, 1:1, 2:3 n. V (in Florenz).

Gruppe IV: Schweiz. Schweiz – Luxemburg 5:2, 3:2. Belgien verzichtete gegen die Schweiz.
Gruppe V: Schweden. Irland – Finnland 3:0, 1:1; Schweden – Irland 3:1, 3:1; Schweden – Finnland 8:1.
Finnland verzichtete auf das Rückspiel und wurde von der FIFA aus der Wertung genommen.
Gruppe VI: Spanien. Spanien – Portugal 5:1, 2:2.
Gruppe VII: Chile und Bolivien. Argentinien trat nicht an.
Gruppe VIII: Uruguay und Paraguay. Ecuador und Peru traten nicht an.
Gruppe IX: USA und Mexiko. Mexiko – USA 6:0, 6:2, Mexiko – Kuba 3:0, 2:0, USA – Kuba 1:1, 5:2. (Turnier in Mexico City).
Gruppe X: Burma und Philippinen verzichteten gegen Indien; Indien verzichtete später ebenfalls.
Brasilien als Veranstalter und Italien als Weltmeister direkt qualifiziert.

Endrunde vom 24. Juni bis 16. Juli 1950 in Brasilien

Gruppe 1: Brasilien. Brasilien – Mexiko 4:0 (Rio de Janeiro), Jugoslawien – Schweiz 3:0 (Belo Horizonte), Brasilien – Schweiz 2:2 (Sao Paulo), Mexiko – Jugoslawien 1:4 (Porto Alegre), Brasilien – Jugoslawien 2:0 (Rio de Janeiro), Mexiko – Schweiz 1:2 (Porto Alegre).
Gruppe 2: Spanien. Chile – England 0:2 (Rio de Janeiro), USA – Spanien 1:3 (Curitiba), USA – England 1:0 (Belo Horizonte), Chile – Spanien 0:2 (Rio de Janeiro), England – Spanien 0:1 (Rio de Janeiro), Chile – USA 5:2 (Recife).
Gruppe 3: Schweden. Schweden – Italien 3:2 (Sao Paulo), Paraguay – Schweden 2:2 (Curitiba), Paraguay – Italien 0:2 (Sao Paulo).
Gruppe 4: Uruguay. Uruguay – Bolivien 8:0 (Belo Horizonte).
Endrunde der Gruppensieger: Brasilien – Schweden 7:1 (Rio de Janeiro), Uruguay – Spanien 2:2 (Sao Paulo), Brasilien – Spanien 6:1 (Rio de Janeiro), Uruguay – Schweden 3:2 (Sao Paulo), Schweden – Spanien 3:1 (Sao Paulo), Brasilien – Uruguay 1:2 (Rio de Janeiro).
Uruguay: Maspoli; M. Gonzales, Tejera; Gambetta, Varela, Andrade; Ghiggia, Perez, Miguez, Schiaffino, Moran.
Brasilien: Barbosa; Augusto, Juvenal; Bauer, Danilo, Bigode; Friaca, Zizinho, Ademir, Jair, Chico.
Schweden: K. Svensson; Samuelsson, Nilsson; Andersson, Johansson, Gaerd; Jonsson, Mellberg, Jepsson, Palmer, Sundqvist.
Spanien: Ramallets; Alonso, J. Gonzalvo; M. Gonzalvo, Parra, Puchades; Basora, Igos, Zarra, Panizo, Gainza.

1954: Deutschland (Trainer: Herberger)

Qualifikation:

Gruppe I: Deutschland: Deutschland – Saarland 3:0, 3:1; Deutschland – Norwegen 5:1, 1:1; Saarland – Norwegen 0:0, 3:2.
Gruppe II: Belgien. Belgien – Schweden 2:0, 3:2; Belgien – Finnland 2:2, 4:2; Schweden – Finnland 4:0, 3:3.
Gruppe III: England und Schottland. Nordirland – Schottland 1:3, Wales – England 1:4, Schottland – Wales 3:3, England – Nordirland 3:1, Wales – Nordirland 1:2, Schottland – England 2:4.
Gruppe IV: Frankreich. Frankreich – Irland 1:0, 5:3; Frankreich – Luxemburg 8:0, 6:1, Irland – Luxemburg 4:0, 1:0.
Gruppe V: Österreich. Österreich – Portugal 9:1; 0:0.
Gruppe VI: Türkei. Türkei – Spanien 1:0, 1:4, 2:2 n. V. (in Rom), Losentscheid zugunsten der Türkei.
Gruppe VII: Ungarn. Polen trat nicht an.
Gruppe VIII: Tschechoslowakei. Tschechoslowakei – Rumänien 2:0, 1:0, Tschechoslowakei – Bulgarien 0:0, 2:1; Rumänien – Bulgarien 3:1, 2:1.
Gruppe IX: Italien. Italien – Ägypten 5:1, 2:1.
Gruppe X: Jugoslawien. Jugoslawien – Griechenland 1:0, 1:0; Jugoslawien – Israel 1:0, 1:0; Griechenland – Israel 1:0, 2:0.
Gruppe XI: Brasilien. Brasilien – Paraguay 4:1, 1:0; Brasilien – Chile 1:0, 2:0; Paraguay – Chile 4:0, 3:1.
Gruppe XII: Mexiko. Mexiko – USA 3:1, 4:0 (beide Spiele in Mexico City); Mexiko – Haiti 8:0, 4:0; USA – Haiti 3:2, 3:0 (beide Spiele in Port-au-Prince).
Gruppe XIII: Südkorea. Japan – Südkorea 1:5, 2:2 (beide Spiele in Tokio). Taiwan verzichtete.
Schweiz als Veranstalter und Uruguay als Weltmeister direkt qualifiziert.

Endrunde vom 16. Juni bis 4. Juli 1954 in der Schweiz

Gruppe 1: Brasilien und Jugoslawien. Jugoslawien – Frankreich 1:0 (Lausanne), Brasilien – Mexiko 5:0 (Genf), Frankreich – Mexiko 3:2 (Genf), Brasilien – Jugoslawien n. V. 1:1 (Lausanne).

Gruppe 2: Ungarn und Deutschland. Ungarn – Südkorea 9:0 (Zürich), Deutschland – Türkei 4:1 (Bern), Ungarn – Deutschland 8:3 (Basel), Türkei – Südkorea 7:0 (Genf) – Entscheidungsspiel: Deutschland – Türkei 7:2 (Zürich).
Gruppe 3: Uruguay und Österreich. Uruguay – Tschechoslowakei 2:0 (Bern), Österreich – Schottland 1:0 (Zürich), Uruguay – Schottland 7:0 (Basel), Österreich – Tschechoslowakei 5:0 (Zürich).
Gruppe 4: England und Schweiz. England – Belgien n. V. 4:4 (Basel), Schweiz – Italien 2:1 (Lausanne), Schweiz – England 0:2 (Bern), Italien – Belgien 4:1 (Lugano) – Entscheidungsspiel: Schweiz – Italien 4:1 (Basel).
Viertelfinale: Uruguay – England 4:2 (Basel), Schweiz – Österreich 5:7 (Lausanne), Deutschland – Jugoslawien 2:0 (Genf), Ungarn – Brasilien 4:2 (Bern).
Halbfinale: Deutschland – Österreich 6:1 (Basel), Ungarn – Uruguay n. V. 4:2 (Lausanne).
Um den dritten Platz: Österreich – Uruguay 3:1 (Zürich).

Endspiel am 4. Juli 1954 in Bern: Deutschland – Ungarn 3:2 (2:2)
Deutschland: Turek – Posipal, Kohlmeyer – Eckel, Liebrich, Mai – Rahn, Morlock, O. Walter, F. Walter, Schäfer.
Ungarn: Grosics – Buzansky, Lantos – Bozsik, Lorant, Zakarias – Czibor, Kocsis, Hidegkuti, Puskas, M. Toth.
Tore: Morlock, Rahn 2 (Puskas, Czibor) – Zuschauer: 65 000 – SR: Ling (England).

1958: Brasilien (Trainer: Feola)
Qualifikationsspiele:
Europa I: England. England – Irland 5:1, 1:1; England – Dänemark 5:2, 4:1; Irland – Dänemark 2:1, 2:0.
Europa II: Frankreich. Frankreich – Belgien 6:3, 0:0; Frankreich – Island 8:0, 5:1; Belgien – Island 8:3, 5:2.
Europa III: Ungarn. Ungarn – Bulgarien 4:1, 2:1; Ungarn – Norwegen 5:0, 1:2; Bulgarien – Norwegen 7:0, 2:1.
Europa IV: Tschechoslowakei. Tschechoslowakei – Wales 2:0, 0:1; Tschechoslowakei – DDR 3:1, 4:1; Wales – DDR 4:1, 1:2.
Europa V: Österreich. Österreich – Niederlande 3:2, 1:1; Österreich – Luxemburg 7:0, 3:0; Niederlande – Luxemburg 4:1, 5:2 (beide Spiele in Rotterdam).
Europa VI: Sowjetunion. Sowjetunion – Polen 3:0, 1:2; Sowjetunion – Finnland 2:1, 10:0; Polen – Finnland 4:0, 3:1; Entscheidungsspiel: Sowjetunion – Polen 2:0 (in Leipzig).
Europa VII: Jugoslawien. Jugoslawien – Rumänien 2:0, 1:1; Jugoslawien – Griechenland 4:1, 0:0; Griechenland – Rumänien 1:2, 0:3.
Europa VIII: Nordirland. Nordirland – Italien 2:1, 0:1; Nordirland – Portugal 3:0, 1:1; Italien – Portugal 3:0, 0:3.
Europa IX: Schottland. Schottland – Spanien 4:2, 1:4; Schottland – Schweiz 3:2, 2:1; Schweiz – Spanien 1:4, 2:2.
Südamerika I: Brasilien. Brasilien – Peru 1:0, 1:1. Venezuela verzichtete.
Südamerika II: Argentinien. Argentinien – Bolivien 4:0, 0:2; Argentinien – Chile 4:0, 2:0; Bolivien – Chile 1:2, 3:0.
Südamerika III: Paraguay. Paraguay – Uruguay 5:0, 0:2; Paraguay – Kolumbien 3:0, 3:2; Uruguay – Kolumbien 1:0, 1:1.
Mittel- und Nordamerika I: Costa Rica – Niederländische Antillen 4:0, 2:1; Costa Rica – Guatemala 3:1 abgebrochen (Wertung nach Spielstand), 6:2; Guatemala – Niederländische Antillen 1:3, Guatemala trat zum Rückspiel nicht an.
Mittel- und Nordamerika II: Mexiko – Kanada 3:0, 2:0 (beide Spiele in Mexiko); Mexiko – USA 6:0, 7:2; Kanada – USA 5:1, 3:2.
Entscheidungsspiele der Gruppensieger: Mexiko. Mexiko – Costa Rica 2:0, 1:1.

Asien/Afrika: Wales (nach Entscheidungsspielen gegen Israel)
Vorrunde, Gruppe 1: Taiwan verzichtete gegen Indonesien. Indonesien – China 2:0, 3:4, 0:0 n. V. (in Rangoon); Indonesien durch besseres Torverhältnis Gruppensieger.
Vorrunde, Gruppe 2: Türkei trat gegen Israel nicht an.
Vorrunde, Gruppe 3: Zypern erhielt von den britischen Behörden keine Reiseerlaubnis für die Spiele gegen Ägypten.
Vorrunde, Gruppe 4: Sudan – Syrien 1:0, 1:1.
2. Runde: Indonesien trat gegen Israel, Ägypten gegen den Sudan nicht an.
Endrunde: Sudan trat gegen Israel nicht an.

Entscheidungsspiele: Israel – Wales (durch Los aus den europäischen Gruppenzweiten ermittelt) 0:2, 0:2.
Schweden als Veranstalter und Deutschland als Weltmeister direkt qualifiziert.

Endrunden vom 8. bis 29. Juni 1958 in Schweden
Gruppe 1: Deutschland und Nordirland. Deutschland – Argentinien 3:1 (Malmö), Deutschland – Tschechoslowakei 2:2 (Helsingborg), Deutschland – Nordirland 2:2 (Malmö), Nordirland – Tschechoslowakei 1:0 (Halmstad), Nordirland – Argentinien 1:3 (Halmstad), Tschechoslowakei – Argentinien 6:1 (Helsingborg) – Entscheidungsspiel: Nordirland – Tschechoslowakei n. V. 2:1 (Malmö).
Gruppe 2: Frankreich und Jugoslawien. Frankreich – Jugoslawien 2:3 (Västeras), Frankreich – Paraguay 7:3 (Norrköping), Frankreich – Schottland 2:1 (Örebro), Jugoslawien – Paraguay 3:3 (Eskilstuna), Jugoslawien – Schottland 1:1 (Västeras), Paraguay – Schottland 3:2 (Norrköping).
Gruppe 3: Schweden und Wales. Schweden – Wales 0:0 (Stockholm), Schweden – Ungarn 2:1 (Stockholm), Schweden – Mexiko 3:0 (Stockholm), Wales – Ungarn 1:1 (Sandviken), Wales – Mexiko 1:1 (Stockholm), Ungarn – Mexiko 4:0 (Sandviken) – Entscheidungsspiel: Wales – Ungarn 2:1 (Stockholm).
Gruppe 4: Brasilien und Sowjetunion. Brasilien – Sowjetunion 2:0 (Göteborg), Brasilien – England 0:0 (Göteborg), Brasilien – Österreich 3:0 (Uddevalla), Sowjetunion – England 2:2 (Göteborg), Sowjetunion – Österreich 2:0 (Boras), England – Österreich 2:2 (Boras) – Entscheidungsspiel: Sowjetunion – England 1:0 (Göteborg).
Viertelfinale: Deutschland – Jugoslawien 1:0 (Malmö), Schweden – Sowjetunion 2:0 (Stockholm), Frankreich – Nordirland 4:0 (Norrköping), Brasilien – Wales 1:0 (Göteborg).
Halbfinale: Schweden – Deutschland 3:1 (Göteborg), Brasilien – Frankreich 5:2 (Stockholm).
Um den dritten Platz: Frankreich – Deutschland 6:3 (Göteborg).

Endspiel am 29. Juni 1958 in Stockholm: Brasilien – Schweden 5:2 (2:1)
Brasilien: Gilmar – D. Santos, N. Santos – Zito, Bellini, Orlando – Garrincha, Didi, Vava, Pele, Zagalo.
Schweden: K. Svensson – Bergmark, Axbom – Börjesson, Gustavsson, Parling – Hamrin, Gren, Simonsson, Liedholm, Skoglund.
Tore: Vava 2, Pelé 2, Zagalo (Liedholm, Simonsson) – Zuschauer: 50 000 – SR: Guigue (Frankreich).

1962: Brasilien (Trainer: Moreira)
Qualifikation:
Europa I: Schweiz. Schweden – Schweiz 4:0, 2:3; Schweden – Belgien 2:0, 2:0; Schweiz – Belgien 2:1, 4:2, Entscheidungsspiel: Schweiz – Schweden (in Berlin) 2:1.
Europa II: Bulgarien. Bulgarien – Frankreich 1:0, 0:3; Bulgarien – Finnland 3:1, 2:0; Frankreich – Finnland 5:1, 2:1, Entscheidungsspiel: Bulgarien – Frankreich (in Mailand) 1:0.
Europa III: Deutschland. Deutschland – Nordirland 2:1, 4:3; Deutschland – Griechenland 2:1, 3:0; Nordirland – Griechenland 2:0, 1:2.
Europa IV: Ungarn. Ungarn – Niederlande 3:3, 3:0; Ungarn – DDR 2:0, 3:2; DDR – Niederlande 1:1, das Rückspiel fiel wegen Visumschwierigkeiten aus.
Europa V: Sowjetunion. Sowjetunion – Türkei 1:0, 2:1; Sowjetunion – Norwegen 5:2, 3:0; Türkei – Norwegen 2:1, 1:0.
Europa VI: England. England – Portugal 2:0; 1:1; England – Luxemburg 4:1, 9:0; Portugal – Luxemburg 6:0, 2:4.
Europa VII/Naher Osten: Italien. Rumänien trat gegen Italien nicht an. Zypern – Israel 1:1, 1:6, Israel – Äthiopien 1:0, 3:2 (beide Spiele in Israel). Israel – Italien 2:4, 0:6.
Europa VIII: Tschechoslowakei. Tschechoslowakei – Schottland 4:0, 2:3; Tschechoslowakei – Irland 7:1, 3:1; Schottland – Irland 4:1, 3:0. Entscheidungsspiel: Tschechoslowakei – Schottland (in Brüssel) 4:2 n. V.
Europa IX/Afrika: Spanien. Wales – Spanien 1:2, 1:1; Marokko – Spanien 0:1, 2:3.
Europa X/Asien: Jugoslawien. Jugoslawien – Polen 2:1, 1:1; Jugoslawien – Südkorea 5:1, 3:1.
Südamerika I: Argentinien. Argentinien – Ecuador 5:0, 6:3.
Südamerika II: Uruguay. Uruguay – Bolivien 2:1, 1:1.
Südamerika III: Kolumbien. Kolumbien – Peru 1:0, 1:1.
Südamerika IV: Mexiko. Mexiko – Paraguay 1:0, 0:0.
Nord- und Mittelamerika, Gruppe 1: USA – Mexiko 3:3, 0:3. Kanada verzichtete.
Nord- und Mittelamerika, Gruppe 2: Costa Rica – Honduras 5:0, 1:2; Costa Rica – Guatemala 3:2, 4:4, Honduras – Guatemala 1:1, 2:0 (abgebrochen); Entscheidungsspiel in Guatemala: Costa Rica – Honduras 1:0.
Nord- und Mittelamerika, Gruppe 3: Surinam – Niederländische Antillen 1:2, 0:0.

Nord- und Mittelamerika, Endrunde: Mexiko – Costa Rica 4:1, 0:1; Mexiko – Niederländische Antillen 7:0, 0:0; Costa Rica – Niederländische Antillen 6:0, 0:2. Mexiko musste als Sieger noch gegen Paraguay antreten (1:0, 0:0).
Afrika, Gruppe 1: Sudan und Ägypten zogen ihre Meldungen zurück.
Afrika, Gruppe 2: Marokko – Tunesien 2:1, 1:2, 1:1 n. V. (in Palermo). Los für Marokko.
Afrika, Gruppe 3: Ghana – Nigeria 4:1, 2:2.
Afrika, Endrunde: Ghana – Marokko 0:0, 0:1. Marokko musste als Sieger noch gegen Spanien antreten (0:1, 2:3).
Asien: Südkorea – Japan 2:1, 2:0. Indonesien verzichtete. Südkorea musste als Sieger noch gegen Jugoslawien antreten (1:3, 1:5).
Chile als Veranstalter und Brasilien als Weltmeister direkt qualifiziert.

Endrunde vom 30. Mai bis 17. Juni 1962 in Chile

Gruppe A (in Arica): Sowjetunion und Jugoslawien. Uruguay – Kolumbien 2:1, Sowjetunion – Jugoslawien 2:0, Uruguay – Jugoslawien 1:3, Kolumbien – Sowjetunion 4:4, Uruguay – Sowjetunion 1:2, Kolumbien – Jugoslawien 0:5.
Gruppe B (in Santiago): Deutschland und Chile. Chile – Schweiz 3:1, Deutschland – Italien 0:0, Chile – Italien 2:0, Deutschland – Schweiz 2:1, Deutschland – Chile 2:0, Schweiz – Italien 0:3.
Gruppe C (in Vina del Mar): Brasilien und Tschechoslowakei. Brasilien – Mexiko 2:0, Spanien – Tschechoslowakei 0:1, Brasilien – Tschechoslowakei 0:0, Mexiko – Spanien 0:1, Brasilien – Spanien 2:1, Mexiko – Tschechoslowakei 3:1.
Gruppe D (in Rancagua): Ungarn und England. Argentinien – Bulgarien 1:0, Ungarn – England 2:1, Argentinien – England 1:3, Bulgarien – Ungarn 1:6, Argentinien – Ungarn 0:0, Bulgarien – England 0:0.
Viertelfinale: Chile – Sowjetunion 2:1 (Arica), Deutschland – Jugoslawien 0:1 (Santiago), Brasilien – England 3:1 (Vina del Mar), Ungarn – Tschechoslowakei 0:1 (Rancagua).
Halbfinale: Chile – Brasilien 2:4 (Santiago), Tschechoslowakei – Jugoslawien 3:1 (Vina del Mar).
Um den dritten Platz: Chile – Jugoslawien 1:0 (Santiago).

Endspiel am 17. Juni 1962 in Santiago de Chile: Brasilien – Tschechoslowakei 3:1 (1:1)
Brasilien: Gilmar – Djalma Santos, Nilton Santos – Zito, Mauro, Zozimo – Garrincha, Didi, Vava, Amarildo, Zagalo.
Tschechoslowakei: Schrojf – Tichy, Novak – Masopust, Popluhar, Pluskal – Pospichal, Scherer, Kadraba, Kvasnak, Jelinek.
Tore: Amarildo, Zito, Vava (Masopust) – Zuschauer: 68 679 – SR: Latyschew (Sowjetunion).

1966: England (Trainer: Ramsey)
Qualifikation:
Europa I: Bulgarien. Belgien – Bulgarien 5:0, 0:3; Belgien – Israel 1:0, 5:0; Bulgarien – Israel 4:0, 2:1; Entscheidungsspiel in Florenz: Bulgarien – Belgien 2:1.
Europa II: Deutschland. Deutschland – Schweden 1:1, 2:1; Deutschland – Zypern 5:0, 6:0; Schweden – Zypern 3:0, 5:0.
Europa III: Frankreich. Frankreich – Norwegen 1:0, 1:0; Frankreich – Jugoslawien 1:0, 0:1; Frankreich – Luxemburg 4:1, 2:0; Norwegen – Jugoslawien 3:0, 1:1; Norwegen – Luxemburg 4:2, 2:0; Jugoslawien – Luxemburg 3:1, 5:2.
Europa IV: Portugal. Portugal – Tschechoslowakei 0:0, 1:0; Portugal – Rumänien 2:1, 0:2; Portugal – Türkei 5:1, 1:0, Tschechoslowakei – Rumänien 3:1, 0:1; Tschechoslowakei – Türkei 3:1, 6:0; Rumänien – Türkei 3:0, 1:2.
Europa V: Schweiz. Schweiz – Nordirland 2:1, 0:1; Schweiz – Niederlande 2:1, 0:0; Schweiz – Albanien 1:0, 2:0; Nordirland – Niederlande 2:1, 0:0; Nordirland – Albanien 4:1, 1:1; Niederlande – Albanien 2:0, 2:0.
Europa VI: Ungarn. Ungarn – DDR 3:2, 1:1; Ungarn – Österreich 3:0, 1:0; DDR – Österreich 1:0, 1:1.
Europa VII: Sowjetunion. Sowjetunion – Wales 2:1, 1:2; Sowjetunion – Griechenland 3:1, 4:1; Sowjetunion – Dänemark 6:0, 3:1; Wales – Griechenland 4:1, 0:2; Wales – Dänemark 4:2, 0:1; Griechenland – Dänemark 4:2, 1:1.
Europa VIII: Italien. Italien – Schottland 3:0, 0:1; Italien – Polen 6:1, 0:0; Italien – Finnland 6:1, 2:0; Schottland – Polen 1:2, 1:1; Schottland – Finnland 3:1, 2:1; Polen – Finnland 7:0, 0:2.
Europa IX: Spanien. Irland – Spanien 1:0, Spanien – Irland 4:1; Entscheidungsspiel in Paris: Spanien – Irland 1:0. (Syrien trat nicht an).
Südamerika I: Uruguay. Uruguay – Peru 2:1, 1:0; Uruguay – Venezuela 5:0, 3:1; Peru – Venezuela 1:0, 6:3.

Südamerika II: Chile. Chile – Ecuador 3:1, 2:2; Chile – Kolumbien 7:2, 0:2; Ecuador – Kolumbien 2:0, 1:0; Entscheidungsspiel in Lima: Chile – Ecuador 2:1.
Südamerika III: Argentinien. Argentinien – Paraguay 3:0, 0:0; Argentinien – Bolivien 4:1, 2:1; Paraguay – Bolivien 2:0, 1:2.
Nord- und Mittelamerika:
Gruppe 1: Jamaica – Niederländische Antillen 2:0, 0:0 (in Havanna); Jamaica – Kuba 2:0, 1:2; Niederländische Antillen – Kuba 1:1 (in Kingston), 1:0.
Gruppe 2: Costa Rica – Surinam 1:0, 3:1; Costa Rica – Trinidad 4:0, 1:0; Surinam – Trinidad 6:1, 1:4.
Gruppe 3: Mexiko – USA 2:0, 2:2; Mexiko – Honduras 3:0, 1:0; USA – Honduras 1:1 (in Tegucigalpa), 1:0.
Nord- und Mittelamerika, Endrunde: Mexiko. Mexiko – Costa Rica 1:0, 0:0; Mexiko – Jamaica 8:0, 3:2, Costa Rica – Jamaica 7:0, 1:1.
Asien/Afrika: Nordkorea
Siebzehn Verbände zogen ihre Meldungen zurück, Südafrika wurde von der FIFA suspendiert.
Die beiden verbliebenen Länder, Nordkorea und Australien, ermittelten in zwei Spielen auf neutralem Boden in Pnom Penh (Kambodscha) den Vertreter der Gruppe Asien/Afrika. Nordkorea gewann beide Spiele mit 6:1 und 3:1.
England als Veranstalter und Brasilien als Weltmeister direkt qualifiziert.

Endrunde vom 11 bis 30. Juli 1966 in England

Gruppe A: England und Uruguay. England – Uruguay 0:0 (London Wembley), Frankreich – Mexiko 1:1 (Wembley), Uruguay – Frankreich 2:1 (London White City), England – Mexiko 2:0 (Wembley), Mexiko – Uruguay 0:0 (Wembley), England – Frankreich 2:0 (Wembley).
Gruppe B: Deutschland und Argentinien. Deutschland – Schweiz 5:0 (Sheffield), Argentinien – Spanien 2:1 (Birmingham), Spanien – Schweiz 2:1 (Sheffield), Argentinien – Deutschland 0:0 (Birmingham), Argentinien – Schweiz 2:0 (Sheffield), Deutschland – Spanien 2:1 (Birmingham).
Gruppe C: Portugal und Ungarn. Brasilien – Bulgarien 2:0 (Liverpool), Portugal – Ungarn 3:1 (Manchester), Ungarn – Brasilien 3:1 (Liverpool), Portugal – Bulgarien 3:0 (Manchester), Portugal – Brasilien 3:1 (Liverpool), Ungarn – Bulgarien 3:1 (Manchester).
Gruppe D: Sowjetunion und Nordkorea. Sowjetunion – Nordkorea 3:0 (Middlesbrough), Italien – Chile 2:0 (Sunderland), Nordkorea – Chile 1:1 (Middlesbrough), Sowjetunion – Italien 1:0 (Sunderland), Nordkorea – Italien 1:0 (Middlesbrough), Sowjetunion – Chile 2:1 (Sunderland).
Viertelfinale: England – Argentinien 1:0 (Wembley), Deutschland – Uruguay 4:0 (Sheffield), Portugal – Nordkorea 5:3 (Liverpool), Sowjetunion – Ungarn 2:1 (Sunderland).
Halbfinale: Deutschland – Sowjetunion 2:1 (Liverpool), England – Portugal 2:1 (Wembley).
Um den dritten Platz: Portugal – Sowjetunion 2:1 (Wembley).

Endspiel am 30. Juli 1966 in London: England – Deutschland 4:2 (2:2, 1:1) n. V.
England: Banks – Cohen, J. Charlton, Moore, Wilson – Stiles, R. Charlton, Peters – Ball, Hunt, Hurst.
Deutschland: Tilkowski – Höttges, Schulz, Weber, Schnellinger – Beckenbauer, Overath – Haller, Seeler, Held, Emmerich.
Tore: Hurst 3, Peters (Haller, Weber) – Zuschauer: 97 000 – SR: Dienst (Schweiz).

1970: Brasilien (Trainer: Zagalo)

Qualifikation:
Europa I: Rumänien. Rumänien – Griechenland 1:1, 2:2; Rumänien – Schweiz 2:0, 1:0; Rumänien – Portugal 1:0, 0:3; Griechenland – Schweiz 4:1, 0:1; Griechenland – Portugal 4:2, 2:2; Schweiz – Portugal 1:1, 2:0.
Europa II: Tschechoslowakei. Tschechoslowakei – Ungarn 3:3, 0:2; Tschechoslowakei – Dänemark 1:0, 3:0; Tschechoslowakei – Irland 3:0, 2:1; Ungarn – Dänemark 3:0, 2:3; Ungarn – Irland 4:0, 2:1; Dänemark – Irland 2:0, 1:1 – Entscheidungsspiel in Marseille: Tschechoslowakei – Ungarn 4:1.
Europa III: Italien. Italien – DDR 4:1, 3:0; Italien – Wales 4:1, 1:0; DDR – Wales 2:1, 3:1.
Europa IV: Sowjetunion. Sowjetunion – Nordirland 2:0, 0:0; Sowjetunion – Türkei 3:0, 3:1; Nordirland – Türkei 4:1, 3:0.
Europa V: Schweden. Schweden – Frankreich 2:0, 0:3; Schweden – Norwegen 5:0, 5:2; Frankreich – Norwegen 0:1, 3:1.
Europa VI: Belgien. Belgien – Jugoslawien 3:0, 0:4; Belgien – Spanien 2:1, 1:1; Belgien – Finnland 6:1, 2:1; Jugoslawien – Spanien 0:0, 1:2; Jugoslawien – Finnland 9:1, 5:1; Spanien – Finnland 6:0, 0:2.
Europa VII: Deutschland. Deutschland – Schottland 3:2, 1:1; Deutschland – Österreich 1:0, 1:0; Deutschland – Zypern 12:0, 1:0; Schottland – Österreich 2:1, 0:2; Schottland – Zypern 8:0, 5:0; Österreich – Zypern 7:1, 2:1.

Europa VIII: Bulgarien. Bulgarien – Polen 4:1, 0:3; Bulgarien – Niederlande 2:0, 1:1; Bulgarien – Luxemburg 2:1, 3:1; Polen – Niederlande 2:1, 0:1; Polen – Luxemburg 8:1, 5:1; Niederlande – Luxemburg 4:0, 2:0 (in Rotterdam).
Südamerika I: Peru. Peru – Bolivien 3:0, 1:2; Peru – Argentinien 1:0, 2:2; Bolivien – Argentinien 3:1, 0:1.
Südamerika II: Brasilien. Brasilien – Paraguay 1:0, 3:0; Brasilien – Kolumbien 6:2, 2:0; Brasilien – Venezuela 6:0, 5:0; Paraguay – Kolumbien 2:1, 1:0; Paraguay – Venezuela 1:0, 2:0; Kolumbien – Venezuela 3:0, 1:1.
Südamerika III: Uruguay. Uruguay – Chile 2:0, 0:0; Uruguay – Ecuador 1:0, 2:0; Chile – Ecuador 4:1, 1:1.

Zentral – und Nordamerika: El Salvador
Untergruppe A: Honduras. Honduras – Costa Rica 1:0, 1:1; Honduras – Jamaika 3:1, 2:0 (in Tegucigalpa); Costa Rica – Jamaika 3:0, 3:1 (in San José).
Untergruppe B: Haiti. Haiti – Guatemala 2:0, 1:1; Haiti – Trinidad & Tobago 2:4, 4:0 (in Port-au-Prince); Guatemala – Trinidad & Tobago 4:0, 0:0 (in Guatemala City).
Untergruppe C: El Salvador. El Salvador – Surinam 6:0, 1:4; El Salvador – Niederl. Antillen 1:0, 2:1 (beide Spiele in El Salvador); Surinam – Niederl. Antillen 6:0, 0:2.
Untergruppe D: USA. USA – Kanada 1:0, 2:4; USA – Bermuda 6:2, 2:0; Kanada – Bermuda 4:0, 0:0.
Halbfinale: Haiti – USA 2:0, 1:0; Honduras – El Salvador 1:0, 0:3, Entscheidungsspiel in Mexiko City: El Salvador – Honduras n. V. 3:2.
Endspiele: Haiti – El Salvador 1:2, 3:0; Entscheidungsspiel in Kingston/Jamaika: El Salvador – Haiti n. V. 1:0.

Asien und Ozeanien: Israel
Turnier in Seoul: Australien.Australien – Südkorea 2:1, 1:1; Australien – Japan 3:1, 1:1; Südkorea – Japan 2:2, 2:0.
Qualifikation in Laurenco Marques: Australien – Rhodesien 1:1, 0:0 , 3:1.
Turnier in Tel Aviv: Israel. Israel – Neuseeland 4:0, 2:0; Nordkorea gegen Israel nicht angetreten.
Endspiele: Israel – Australien 1:0, 1:1.

Afrika: Marokko
1. Runde: Algerien – Tunesien 1:2, 0:0; Marokko – Senegal 1:0, 1:2, Entscheidungsspiel in Las Palmas (weil der Schiedsrichter entgegen dem Reglement das zweite Spiel nicht verlängern ließ): Marokko – Senegal 2:0; Libyen – Äthiopien 2:0, 1:5; Sambia – Sudan 4:2 und n. V. 2:4 (Sudan qualifiziert, weil es im zweiten Spiel mehr Tore erzielte); Nigeria – Kamerun 1:1, 3:2; Ghana (Freilos).
Halbfinale: Tunesien – Marokko 0:0, 0:0, Entscheidungsspiel in Marseille: n. V. 2:2, Los für Marokko; Äthiopien – Sudan 1:1, 1:3; Nigeria – Ghana 2:1, 1:1.
Endrunde: Marokko. Marokko – Nigeria 2:1, 0:2; Marokko – Sudan 3:0, 0:0; Nigeria – Sudan 2:2, 3:3.
Mexiko als Veranstalter und England als Weltmeister direkt qualifiziert.

Endrunde vom 31. Mai bis 21. Juni 1970 in Mexiko

Gruppe I: UdSSR und Mexiko. UdSSR – Mexiko 0:0, Belgien – El Salvador 3:0, UdSSR – Belgien 4:1, Mexiko – El Salvador 4:0, UdSSR – El Salvador 2:0, Mexiko – Belgien 1:0 (alle Spiele in Mexiko City).
Gruppe II: Italien und Uruguay. Uruguay – Israel 2:0 (Puebla), Italien – Schweden 1:0 (Toluca), Uruguay – Italien 0:0 (Puebla), Schweden – Israel 1:1 (Toluca), Uruguay – Schweden 0:1 (Puebla), Italien – Israel 0:0 (Toluca).
Gruppe III: Brasilien und England. Rumänien – England 0:1, CSSR – Brasilien 1:4, Rumänien – CSSR 2:1, England – Brasilien 0:1, Rumänien – Brasilien 2:3, England – CSSR 1:0 (alle Spiele in Guadalajara).
Gruppe IV: Deutschland und Peru. Peru – Bulgarien 3:2, Marokko – Deutschland 1:2, Peru – Marokko 3:0, Bulgarien – Deutschland 2:5, Peru – Deutschland 1:3, Bulgarien – Marokko 1:1 (alle Spiele in Leon).
Viertelfinale: Sowjetunion – Uruguay n. V. 0:1 (Mexiko City), Italien – Mexiko 4:1 (Toluca), Brasilien – Peru 4:2 (Guadalajara), Deutschland – England n. V. 3:2 (Leon).
Halbfinale: Deutschland – Italien n. V. 3:4 (Mexiko City), Brasilien – Uruguay 3:1 (Guadalajara).
Um den dritten Platz: Deutschland – Uruguay 1:0 (Mexiko City).

Endspiel am 21. Juni 1970 in Mexiko City: Brasilien – Italien 4:1 (1:1)
Brasilien: Felix – Carlos Alberto, Brito, Piazza, Everaldo – Clodoaldo, Gerson – Jairzinho, Tostao, Pele, Rivelino.
Italien: Albertosi – Burgnich, Cera, Bertini (Juliano), Rosato, Facchetti – Domenghini, De Sisti, Mazzola – Boninsegna (Rivera), Riva.
Tore: Pele, Gerson, Jairzinho, Carlos Alberto (Boninsegna) – Zuschauer: 107 000 – SR: Glöckner (DDR).

1974: Deutschland (Trainer: Schön)

Qualifikation:

Europa I: Schweden. Schweden – Österreich 3:2, 0:2; Schweden – Ungarn 0:0, 3:3; Schweden – Malta 7:0, 2:1; Österreich – Ungarn 2:2, 2:2; Schweden – Österreich – Malta 4:0, 2:0; Ungarn – Malta 3:0, 2:0 – Entscheidungsspiel in Gelsenkirchen: Schweden – Österreich 2:1.
Europa II: Italien. Italien – Türkei 0:0, 1:0; Italien – Schweiz 2:0, 0:0; Italien – Luxemburg 5:0, 4:0; Türkei – Schweiz 2:0, 0:0; Türkei – Luxemburg 3:0, 0:2; Schweiz – Luxemburg 1:0, 1:0.
Europa III: Niederlande. Niederlande – Belgien 0:0, 0:0; Niederlande – Norwegen 9:0, 2:1; Niederlande – Island 8:1, 5:0 (in Amsterdam); Belgien – Norwegen 2:0, 2:0; Belgien – Island 4:0, 4:0 (in Brügge); Norwegen – Island 4:1, 4:0.
Europa IV: DDR. DDR – Rumänien 2:0, 0:1; DDR – Finnland 5:0, 5:1; DDR – Albanien 2:0, 4:1; Rumänien – Finnland 9:0, 1:1; Rumänien – Albanien 2:0, 4:1; Finnland – Albanien 1:0, 0:1.
Europa V: Polen. Polen – England 2:0, 1:1; Polen – Wales 3:0, 0:2; England – Wales 1:1, 1:0.
Europa VI: Bulgarien. Bulgarien – Portugal 2:1, 2:2; Bulgarien – Nordirland 3:0, 0:0 (in Sheffield); Bulgarien – Zypern 2:0, 4:0; Portugal – Nordirland 1:1, 1:1 (in Coventry); Nordirland – Zypern 3:0 (in London), 0:1.
Europa VII: Jugoslawien. Jugoslawien – Spanien 0:0, 2:2; Jugoslawien – Griechenland 1:0, 4:2; Spanien – Griechenland 3:1, 3:2 – Entscheidungsspiel in Frankfurt: Jugoslawien – Spanien 1:0.
Europa VIII: Schottland. Schottland – Tschechoslowakei 2:1, 0:1; Schottland – Dänemark 2:0, 4:1; Tschechoslowakei – Dänemark 6:0, 1:1.
Europa IX: Sowjetunion. Sowjetunion – Irland 1:0, 2:1; Sowjetunion – Frankreich 2:0, 0:1; Irland – Frankreich 2:1, 1:1.
Entscheidungsspiele Europa IX – Südamerika III. Sowjetunion – Chile 0:0, zum Rückspiel in Santiago trat die Sowjetunion nicht an, daher Chile für die Endrunde qualifiziert).

Südamerika I: Uruguay. Uruguay – Kolumbien 0:1, 0:0; Uruguay – Ecuador 4:0, 2:1; Kolumbien – Ecuador 1:1, 1:1.
Südamerika II: Argentinien. Argentinien – Paraguay 3:1, 1:1; Argentinien – Bolivien 4:0, 1:0; Paraguay – Bolivien 4:0, 2:1.
Südamerika III: Chile. Chile – Peru 2:0, 0:2 – Entscheidungsspiel in Montevideo: Chile – Peru 2:1. Venezuela verzichtete.

Zentral- und Nordamerika: Haiti
Untergruppe 1: Mexiko. Mexiko – Kanada 2:1, 1:0; Mexiko – USA 3:1, 2:1; Kanada – USA 3:2, 2:2.
Untergruppe 2: Guatemala. Guatemala – El Salvador 1:0, 1:0.
Untergruppe 3: Honduras. Honduras – Costa Rica 2:1, 3:3.
Untergruppe 4: Niederländische Antillen. (Jamaika verzichtete.)
Untergruppe 5: Haiti. Haiti – Puerto Rico 7:0, 5:0.
Untergruppe 6: Trinidad & Tobago. Trinidad & Tobago – Surinam 1:1, 2:1 (in Paramaibo), Trinidad & Tobago – Antigua 11:1, 2:1 (in Port of Spain); Surinam – Antigua 3:1 (in St. John's), 6:0.
Endrunde in Port-au-Prince/Haiti: Haiti. Honduras – Trinidad & Tobago 2:1, Mexiko – Guatemala 0:0, Haiti – Niederländisch Antillen 3:0, Honduras – Mexiko 1:1, Haiti – Trinidad & Tobago 2:1, Niederländisch Antillen – Guatemala 2:2, Haiti – Honduras 1:0, Mexiko – Niederländisch Antillen 8:0, Trinidad & Tobago – Guatemala 1:0, Honduras – Niederländisch Antillen 2:2, Haiti – Guatemala 2:1, Trinidad & Tobago – Mexiko 4:0, Honduras – Guatemala 1:1, Trinidad & Tobago – Niederländisch Antillen 4:0, Haiti – Mexiko 0:1.

Asien und Ozeanien: Australien
Vorrundenturnier in Seoul: Südvietnam – Thailand 1:0, Israel – Japan 2:1, Hongkong – Malaysia 1:0. Südkorea Freilos, die Philippinen verzichteten.
Untergruppe A/1: Hongkong und Japan. Turnier in Seoul: Japan – Südvietnam 4:0, Hongkong – Japan 1:0, Hongkong – Südvietnam 1:0.
Untergruppe A/2: Israel und Südkorea. Turnier in Seoul: Südkorea – Thailand 4:0, Israel – Malaysia 3:0, Südkorea – Malaysia 0:0, Israel – Thailand 6:0, Südkorea – Israel 0:0, Malaysia – Thailand 2:0.
Halbfinale: Südkorea – Hongkong 3:1, Israel – Japan n. V. 1:0 (in Seoul).
Endspiel Untergruppe A: Südkorea – Israel n. V. 1:0.
Untergruppe B/1: Australien. Australien – Irak 3:1, 0:0 (in Melbourne); Australien – Indonesien 2:1, 6:0 (in Sydney); Australien – Neuseeland 3:3, 1:1; Irak – Indonesien 1:1, 3:2 (beide Spiele in Sydney); Irak – Neuseeland 2:0, 4:0 (beide Spiele in Sydney); Indonesien – Neuseeland 1:1, 1:0 (beide Spiele in Sydney). Sri Lanka verzichtete.

Untergruppe B/2: Iran. Turnier in Teheran: Iran – Syrien 1:0, 0:1; Iran – Nordkorea 0:0, 2:1; Iran – Kuwait 2:1, 2:0; Syrien – Nordkorea 1:1, 0:3; Syrien – Kuwait 2:1, 2:0; Nordkorea – Kuwait 0:0, 0:2. Indien verzichtete.
Endspiele Untergruppe B: Australien – Iran 3:0, 0:2.
Endspiele: Australien – Südkorea 0:0, 2:2, Entscheidungsspiel in Hongkong: Australien – Südkorea 1:0.

Afrika: Zaire
Vorrunde: Marokko – Senegal 0:0, 2:1; Algerien – Guinea 1:0, 1:5; Ägypten – Tunesien 2:1, 0:2; Sierra Leone – Elfenbeinküste 0:1, 0:2; Kenia – Sudan 2:0, 0:1; Madagaskar verzichtete gegen Mauritius; Äthiopien – Tansania 0:0, 1:1, 3:0 (in Addis Abeba); Lesotho – Sambia 0:0, 1:6; Nigeria – Kongo 2:1, 1:1; Dahomey – Ghana 0:5, 1:5; Togo – Zaire 0:0, 0:4; Gabun verzichtete gegen Kamerun.
Zwischenrunde: Guinea – Marokko 1:1, 0:2; Tunesien – Elfenbeinküste 1:1, 1:2; Mauritius – Kenia 1:3, 2:2; Äthiopien – Sambia 0:0, 2:4; Nigeria – Ghana 2:3 abgebrochen (Wertung 2:0 für Ghana), 0:0; Kamerun – Zaire 0:1, 1:0, 0:2 (in Kinshasa).
Halbfinale: Elfenbeinküste – Marokko 1:1, 1:4; Sambia – Kenia 2:0, 2:2; Ghana – Zaire 1:0, 1:4.
Endrunde: Zaire. Zaire – Sambia 2:1, 2:0; Zaire – Marokko 3:0, Rückspiel nicht ausgetragen (Wertung 2:0 für Zaire); Sambia – Marokko 4:0, 0:2.

Deutschland als Veranstalter und Brasilien als Weltmeister direkt qualifiziert.

Endrunde vom 13. Juni bis 7. Juli 1974 in Deutschland
1. Finalrunde:
Gruppe I: DDR und Deutschland. Deutschland – Chile 1:0 (Berlin), DDR – Australien 2:0 (Hamburg), Chile – DDR 1:1 (Berlin), Australien – Deutschland 0:3 (Hamburg), Australien – Chile 0:0 (Berlin), DDR – Deutschland 1:0 (Hamburg).
Gruppe II: Jugoslawien und Brasilien. Brasilien – Jugoslawien 0:0 (Frankfurt), Zaire – Schottland 0:2 (Dortmund), Jugoslawien – Zaire 9:0 (Gelsenkirchen), Schottland – Brasilien 0:0 (Frankfurt), Zaire – Brasilien 0:3 (Gelsenkirchen), Schottland – Jugoslawien 1:1 (Frankfurt).
Gruppe III: Niederlande und Schweden. Schweden – Bulgarien 0:0 (Düsseldorf), Uruguay – Niederlande 0:2 (Hannover), Niederlande – Schweden 0:0 (Dortmund), Bulgarien – Uruguay 1:1 (Hannover), Bulgarien – Niederlande 1:4 (Dortmund), Schweden – Uruguay 3:0 (Düsseldorf).
Gruppe IV: Polen und Argentinien. Italien – Haiti 3:1 (München), Polen – Argentinien 3:2 (Stuttgart), Haiti – Polen 0:7 (München), Argentinien – Italien 1:1 (Stuttgart), Argentinien – Haiti 4:1 (München), Polen – Italien 2:1 (Stuttgart).

2. Finalrunde:
Gruppe A: Niederlande. Niederlande – Argentinien 4:0 (Gelsenkirchen), Brasilien – DDR 1:0 (Hannover), DDR – Niederlande 0:2 (Gelsenkirchen), Argentinien – Brasilien 1:2 (Hannover), Niederlande – Brasilien 2:0 (Dortmund), Argentinien – DDR 1:1 (Gelsenkirchen).
Gruppe B: Deutschland. Jugoslawien – Deutschland 0:2 (Düsseldorf), Schweden – Polen 0:1 (Stuttgart), Polen – Jugoslawien 2:1 (Frankfurt), Deutschland – Schweden 4:2 (Düsseldorf), Polen – Deutschland 0:1 (Frankfurt), Schweden – Jugoslawien 2:1 (Düsseldorf).

Um den dritten Platz: Polen – Brasilien 1:0 (München).

Endspiel am 7. Juli 1974 in München: Deutschland – Niederlande 2:1 (2:1)
Deutschland: Maier – Vogts, Beckenbauer, Schwarzenbeck, Breitner – Hoeneß, Bonhof, Overath – Grabowski, Müller, Hölzenbein.
Niederlande: Jongbloed – Suurbier, Rijsbergen (de Jong), Haan, Krol – Jansen, Neeskens, van Hanegem – Rep, Cruyff, Rensenbrink (René van de Kerkhof).
Tore: Breitner, Müller (Neeskens) – Zuschauer 80 000 – SR: Taylor (England).

1978: Argentinien (Trainer: Menotti)

Qualifikation:
Europa I: Polen. Polen – Portugal 1:1, 2:0; Polen – Dänemark 4:1, 2:1; Polen – Zypern 5:0, 3:1; Portugal – Dänemark 1:0, 4:2; Portugal – Zypern 4:0, 2:1; Dänemark – Zypern 5:0, 5:1.
Europa II: Italien. Italien – England 2:0, 0:2; Italien – Finnland 6:1, 3:0; Italien – Luxemburg 3:0, 4:1; England – Finnland 2:1, 4:1; England – Luxemburg 5:0, 2:0; Finnland – Luxemburg 7:1, 1:0.
Europa III: Österreich. Österreich – DDR 1:1, 1:1; Österreich – Türkei 1:0, 1:0; Österreich – Malta 9:0, 1:0; DDR – Türkei 1:1, 2:1; DDR – Malta 9:0, 1:0; Türkei – Malta 4:0, 3:0.

Europa IV: Niederlande. Niederlande – Belgien 1:0, 2:0; Niederlande – Nordirland 2:2, 1:0; Niederlande – Island 4:1, 1:0; Belgien – Nordirland 2:0, 0:3; Belgien – Island 4:0, 1:0; Nordirland – Island 2:0, 0:1.
Europa V: Frankreich. Frankreich – Bulgarien 3:1, 2:2; Frankreich – Irland 2:0, 0:1, Bulgarien – Irland 2:1, 0:0.
Europa VI: Schweden. Schweden – Norwegen 2:0, 1:2; Schweden – Schweiz 2:1, 2:1; Norwegen – Schweiz 1:0, 0:1.
Europa VII: Schottland. Schottland – Tschechoslowakei 3:1, 0:2; Schottland – Wales 1:0, 2:0 (in Liverpool); Tschechoslowakei – Wales 1:0, 0:3.
Europa VIII: Spanien. Spanien – Jugoslawien 1:0, 1:0; Spanien – Rumänien 2:0, 0:1, Jugoslawien – Rumänien 0:2, 6:4.
Europa IX: Ungarn. Ungarn – Sowjetunion 2:1, 0:2; Ungarn – Griechenland 3:0, 1:1; Sowjetunion – Griechenland 2:0, 0:1.
Entscheidungsspiele Europa IX – Dritter Südamerika: Ungarn – Bolivien 6:0, 3:2.

Südamerika I: Brasilien. Brasilien – Paraguay 1:1, 1:0; Brasilien – Kolumbien 6:0, 0:0; Paraguay – Kolumbien 1:1, 1:0.
Südamerika II: Bolivien. Bolivien – Uruguay 1:0; 2:2; Bolivien – Venezuela 2:0, 3:1; Uruguay – Venezuela 2:0, 1:1.
Südamerika III: Peru. Peru – Chile 2:0, 1:1; Peru – Ecuador 4:0, 1:1; Chile – Ecuador 3:0,1:0.
Südamerika, Endrunde in Cali/Kolumbien: Brasilien und Peru. Brasilien – Peru 1:0, Brasilien – Bolivien 8:0, Peru – Bolivien 5:0.

Nord-/Zentralamerika/Karibik: Mexiko
Gruppe 1 (Nordamerika): Mexiko und Kanada. Mexiko – USA 3:0, 0:0; Mexiko – Kanada 0:0, 0:1; USA – Kanada 2:0, 1:1 – Entscheidungsspiel um Platz 2 in Haiti: Kanada – USA 3:0.
Gruppe 2 (Zentralamerika): Guatemala und El Salvador. Guatemala – El Salvador 3:1, 0:2; Guatemala – Costa Rica 1:1, 0:0; Guatemala – Panama 7:0, 4:2; El Salvador – Costa Rica 1:1, 1:1; El Salvador – Panama 4:1, 1:1; Costa Rica – Panama 3:0, 2:3. Honduras verzichtete.
Gruppe 3 (Karibik): Haiti und Surinam
Vorrunde: Dominikanische Republik – Haiti 0:3, 0:3.
1. Runde: Guyana – Surinam 2:0, 0:3; Barbados – Trinidad & Tobago 2:1, 0:1, 1:3 (in Port of Spain); Niederl. Antillen – Haiti 1:2, 0:7; Jamaika – Kuba 1:3, 0:2.
2. Runde: Surinam – Trinidad 1:1, 2:2, n. V. 3:2 (in Cayenne); Kuba – Haiti 1:1, 1:1, 0:2 (in Panama.)
Endrunde in Mexiko: Mexiko. Guatemala – Surinam 3:2, El Salvador – Kanada 2:1, Mexiko – Haiti 4:1, Mexiko – El Salvador 3:1, Kanada – Surinam 2:1, Haiti – Guatemala 2:1, Mexiko – Surinam 8:1, Haiti – El Salvador 1:0, Kanada – Guatemala 2:1, Mexiko – Guatemala 2:1, El Salvador – Surinam 3:2, Kanada – Haiti 1:1, Mexiko – Kanada 3:1, Haiti – Surinam 1:0, Guatemala – El Salvador 2:2.

Asien und Ozeanien: Iran
Asien, Gruppe 1: Hongkong. Turnier in Singapur: Singapur – Thailand 2:0, Hongkong – Indonesien 4:1, Malaysia – Thailand 6:4, Singapur – Hongkong 2:2, Indonesien – Malaysia 0:0, Hongkong – Thailand 2:1, Singapur – Malaysia 1:0, Thailand – Indonesien 3:2, Hongkong – Malaysia 1:1, Singapur – Indonesien 0:4 – Entscheidungsspiel Erster – Zweiter: Hongkong – Singapur 1:0. Sri Lanka verzichtete.
Asien, Gruppe 2: Südkorea. Südkorea – Israel 3:1, 0:0; Südkorea – Japan 1:0, 0:0; Israel – Japan 2:0, 2:0 (in Tel Aviv). Nordkorea verzichtete.
Asien, Gruppe 3: Iran. Iran – Saudi-Arabien 2:0, 3:0; Iran – Syrien (Wertung 2:0,; Syrien nicht angetreten), 1:0; Saudi-Arabien – Syrien 2:0, 1:2. Irak verzichtete.
Asien, Gruppe 4 Kuwait. Turnier in Katar: Kuwait – Katar 2:0, 4:1; Kuwait – Bahrain 2:0, 2:1; Katar – Bahrain 2:0, 0:3. Die Vereinigten Arabischen Emirate verzichteten.
Ozeanien: Australien. Australien – Neuseeland 3:1, 1:1; Australien – Taiwan 3:0, 2:1 (beide Spiele in Suva/Fidschi); Neuseeland – Taiwan 6:0, 6:0 (beide Spiele in Wellington).
Endrunde: Iran. Iran – Südkora 2:2, 0:0; Iran – Kuwait 1:0, 2:1; Iran – Australien 1:0, 1:0; Iran – Hongkong 3:0, 2:0; Südkorea – Kuwait 1:0, 2:2; Südkorea – Australien 0:0, 1:2; Südkorea – Hongkong 5:2, 1:0; Kuwait – Australien 1:0, 2:1; Kuwait – Hongkong 4:0, 3:1; Australien – Hongkong 3:0, 5:2.

Afrika: Tunesien
Vorrunde: Sierra Leone – Niger 5:1, 1:2; Obervolta – Mauretanien 1:1, 2:0.
1. Runde: Algerien – Libyen 1:0, 0:0; Marokko – Tunesien 1:1, n. V. 1:1/Elfmeterschießen 2:4; Togo – Senegal 1:0, 1:1; Ghana – Guinea 2:1, 1:2, 0:2 (in Lome); Zentralafrikanische Republik verzichtete gegen Zaire; Sierra Leone – Nigeria 0:0, 2:6; Kongo – Kamerun 2:2, 2:1 abgebrochen (Wertung 2:0 für Kongo); Obervolta – Elfenbeinküste 1:1, 0:2; Ägypten – Äthiopien 3:0, 2:1; Sudan verzichtete gegen Kenia; Tansania verzichtete gegen Uganda; Sambia – Malawi 4:0, 1:0.

2. Runde: Tunesien – Algerien 2:0, 1:1; Togo – Guinea 0:2, 1:2; Zaire verzichtete gegen Nigeria; Elfenbeinküste – Kongo 3:2, 3:1; Kenia – Ägypten 0:0, 0:1; Uganda – Sambia 1:0, n. V. 2:4.
3. Runde: Guinea – Tunesien 1:0, 1:3; Nigeria – Elfenbeinküste 4:0, 2:2; Ägypten – Sambia 2:0, 0:0.
Endrunde: Tunesien. Tunesien – Ägypten 4:1, 2:3; Tunesien – Nigeria 0:0, 1:0; Ägypten – Nigeria 3:1, 0:4.
Argentinien als Veranstalter und Deutschland als Weltmeister direkt qualifiziert.

Endrunde vom 1. bis 25. Juni 1978 in Argentinien

1. Finalrunde:
Gruppe I: Italien und Argentinien. Italien – Frankreich 2:1 (Mar del Plata), Argentinien – Ungarn 2:1 (Buenos Aires), Italien – Ungarn 3:1 (Mar del Plata), Argentinien – Frankreich 2:1 (Buenos Aires), Frankreich – Ungarn 3:1 (Mar del Plata), Argentinien – Italien 0:1 (Buenos Aires).
Gruppe II: Polen und Deutschland. Deutschland – Polen 0:0 (Buenos Aires), Tunesien – Mexiko 3:1 (Rosario), Polen – Tunesien 1:0 (Rosario), Deutschland – Mexiko 6:0 (Cordoba), Polen – Mexiko 3:1 (Rosario), Deutschland – Tunesien 0:0 (Cordoba).
Gruppe III: Österreich und Brasilien. Österreich – Spanien 2:1 (Buenos Aires), Brasilien – Schweden 1:1 (Mar del Plata), Österreich – Schweden 1:0 (Buenos Aires), Brasilien – Spanien 0:0 (Mar del Plata), Spanien – Schweden 1:0 (Buenos Aires), Brasilien – Österreich 1:0 (Mar del Plata).
Gruppe IV: Peru und Niederlande. Peru – Schottland 3:1 (Cordoba), Niederlande – Iran 3:0 (Mendoza), Schottland – Iran 1:1 (Cordoba), Peru – Niederlande 0:0 (Mendoza), Peru – Iran 4:1 (Cordoba), Schottland – Niederlande 3:2 (Mendoza).

2. Finalrunde:
Gruppe A: Niederlande. Deutschland – Italien 0:0 (Buenos Aires), Niederlande – Österreich 5:1 (Cordoba), Deutschland – Niederlande 2:2 (Cordoba), Italien – Österreich 1:0 (Buenos Aires), Niederlande – Italien 2:1 (Buenos Aires), Österreich – Deutschland 3:2 (Cordoba).
Gruppe B: Argentinien. Brasilien – Peru 3:0 (Mendoza), Argentinien – Polen 2:0 (Rosario), Polen – Peru 1:0 (Mendoza), Argentinien – Brasilien 0:0 (Rosario), Brasilien – Polen 3:1 (Mendoza), Argentinien – Peru 6:0 (Rosario).

Um den dritten Platz: Brasilien – Italien 2:1 (Buenos Aires).

Endspiel am 25. Juni 1978 in Buenos Aires: Argentinien – Niederlande 3:1 (1:1, 1:0) n. Verl.
Argentinien: Fillol – Olguin, Luis Galvan, Passarella, Tarantini – Ardiles (Larossa), Gallego, Kempes – Bertoni, Luque, Ortis (Houseman).
Niederlande: Jongbloed – Poortvliet, Krol, Brandts, Jansen (Suurbier) – Neeskens, Haan, Willy van de Kerkhof – Rene van de Kerkhof, Rep (Nanninga), Rensenbrink.
Tore: Kempes (2), Bertoni (Nanninga) – Zuschauer 78 000 – SR: Gonella (Italien)

1982: Italien (Trainer: Bearzot)

Qualifikation:
Europa I: Deutschland und Österreich. Deutschland – Österreich 2:0, 3:1; Deutschland – Bulgarien 4:0, 3:1; Deutschland – Albanien 8:0, 2:0; Deutschland – Finnland 7:1, 4:0; Österreich – Bulgarien 2:0, 0:0; Österreich – Albanien 5:0, 1:0; Österreich – Finnland 5:1, 2:0; Bulgarien – Albanien 2:1, 2:0; Bulgarien – Finnland 4:0, 2:0; Albanien – Finnland 2:0, 1:2.
Europa II: Belgien und Frankreich. Belgien – Frankreich 2:0, 2:3; Belgien – Irland 1:0, 1:1; Belgien – Niederlande 1:0, 0:3; Belgien – Zypern 3:2, 2:0; Frankreich – Irland 2:0, 2:3; Frankreich – Niederlande 2:0, 0:1; Frankreich – Zypern 4:0, 7:0; Irland – Niederlande 2:1, 2:2; Irland – Zypern 6:0, 3:2; Niederlande – Zypern 3:0, 1:0.
Europa III: Sowjetunion und Tschechoslowakei. Sowjetunion – Tschechoslowakei 2:0, 1:1; Sowjetunion – Wales 3:0, 0:0; Sowjetunion – Island 5:0, 2:1; Sowjetunion – Türkei 4:0, 3:0; Tschechoslowakei – Wales 2:0, 0:1; Tschechoslowakei – Island 6:1, 1:1; Tschechoslowakei – Türkei 2:0, 3:0; Wales – Island 2:2, 4:0; Wales – Türkei 4:0, 1:0; Island – Türkei 2:0, 3:1.
Europa IV: Ungarn und England. Ungarn – England 1:3, 0:1, Ungarn – Rumänien 1:0, 0:0; Ungarn – Schweiz 3:0, 2:2; Ungarn – Norwegen 4:1, 2:1; England – Rumänien 0:0, 1:2; England – Schweiz 2:1, 1:2; England – Norwegen 4:0, 1:2; Rumänien – Schweiz 1:2, 0:0; Rumänien – Norwegen 1:0, 1:1; Schweiz – Norwegen 1:2, 1:1.
Europa V: Jugoslawien und Italien. Jugoslawien – Italien 1:1, 0:2; Jugoslawien – Dänemark 2:1, 2:1; Jugoslawien – Griechenland 5:1, 2:1; Jugoslawien – Luxemburg 5:0, 5:0; Italien – Dänemark 2:0, 1:3; Italien – Griechenland 1:1, 2:0; Italien – Luxemburg 1:0, 2:0; Dänemark – Griechenland 0:1, 3:2; Dänemark – Luxemburg 4:0, 2:1; Griechenland – Luxemburg 2:0, 2:0.

Europa VI: Schottland und Nordirland. Schottland – Nordirland 1:1, 0:0; Schottland – Schweden 2:0, 1:0; Schottland – Portugal 0:0, 1:2; Schottland – Israel 3:1, 1:0; Nordirland Schweden 3:0, 0:1; Nordirland – Portugal 1:0, 0:1; Nordirland – Israel 1:0, 0:0; Schweden – Portugal 3:0, 2:1; Schweden – Israel 1:1, 0:0; Portugal – Israel 3:0, 1:4.
Europa VII: Polen. Polen – DDR 1:0, 3:2; Polen – Malta 6:0, 2:0 abgebrochen (Wertung 2:0); DDR – Malta 5:1, 2:1.
Spanien als Veranstalterland automatisch qualifiziert.

Südamerika I: Brasilien. Brasilien – Bolivien 3:1, 2:1; Brasilien – Venezuela 5:0, 1:0; Bolivien – Venezuela 3:0, 0:1.
Südamerika II: Peru. Kolumbien – Peru 1:1, Uruguay – Kolumbien 3:2, Peru – Kolumbien 2:0, Uruguay – Peru 1:2, Peru – Uruguay 0:0, Kolumbien – Uruguay 1:1.
Südamerika III: Chile. Chile – Ecuador 2:0, 0:0, Chile – Paraguay 3:0, 1:0; Ecuador – Paraguay 1:0, 1:3.
Argentinien als Weltmeister automatisch qualifiziert.

Nord-/Mittelamerika: Honduras und El Salvador:
Zone Nord: Kanada und Mexiko. Kanada – Mexiko 1:1, 1:1; Kanada – USA 2:1, 0:0; Mexiko – USA 5:1, 1:2.
Karibikzone: Kuba und Haiti
Vorrunde: Guyana – Grenada 5:2 , 3:2.
Gruppe A: Kuba. Kuba – Surinam 3:0, 0:0; Kuba – Guyana 1:0, 3:0; Surinam – Guyana 4:0, 1:0.
Gruppe B: Haiti. Haiti – Trinidad & Tobago 2:0, 0:1; Haiti – Niederl. Antillen 1:0, 1:1; Trinidad & Tobago – Niederl. Antillen 0:0, 0:0.
Zentralzone: Honduras und El Salvador. Honduras – El Salvador 2:0, 1:2; Honduras – Guatemala 0:0, 1:0; Honduras – Costa Rica 1:1, 3:2; Honduras – Panama 5:0, 2:0; El Salvador – Guatemala 1:0, 0:0; El Salvador – Costa Rica 2:0 (Wertung, Costa Rica nicht angetreten), 0:0; El Salvador – Panama 4:1, 3:1; Guatemala – Costa Rica 0:0, 3:0; Guatemala – Panama 5:0, 2:0; Costa Rica – Panama 2:0, 1:1.
Endrunde: Honduras und El Salvador. Turnier in Tegucigalpa/Honduras: Honduras – El Salvador 0:0, Honduras – Mexiko 0:0, Honduras – Kanada 2:1, Honduras – Kuba 2:0, Honduras – Haiti 4:0, El Salvador – Mexiko 1:0, El Salvador – Kanada 0:1, El Salvador – Kuba 0:0, El Salvador – Haiti 1:0, Mexiko – Kanada 1:1, Mexiko – Kuba 4:0, Mexiko – Haiti 1:1, Kanada – Kuba 2:2, Kanada – Haiti 1:1, Kuba – Haiti 2:0.

Afrika: Algerien und Kamerun
1. Runde: Libyen – Gambia 2:1, 0:0; Äthiopien – Sambia 0:0, 0:4; Sierra Leone – Algerien 2:2, 1:3; Senegal – Marokko 0:1, 0:0; Guinea – Lesotho 3:1, 1:1; Kamerun – Malawi 3:0, 1:1; Tunesien – Nigeria 2:0, n. V. 0:2/Elfmeterschießen 3:4; Kenia – Tansania 3:1, 0:5; Zaire – Mosambik 5:2, 2:1; Niger – Somalia 0:0, 1:1; Ghana verzichtete gegen Ägypten; Uganda verzichtete gegen Madagaskar; Freilose: Sudan, Liberia, Togo und Zimbabwe, Zentralafrikanische Republik verzichtete.
2. Runde: Kamerun – Zimbabwe 2:0, 0:1; Marokko – Sambia 2:0, 0:2/Elfmeterschießen 5:4; Madagaskar – Zaire 1:1, 2:3; Nigeria – Tansania 1:1, 2:0; Liberia – Guinea 0:0, 0:1; Algerien – Sudan 2:0, 1:1; Niger – Togo 0:1, 2:1; Libyen verzichtete gegen Ägypten.
3. Runde: Algerien – Niger 4:0, 0:1; Guinea – Nigeria 1:1, 0:1; Marokko – Ägypten 1:0, 0:0; Zaire – Kamerun 1:0, 1:6.
Endspiele: Nigeria – Algerien 0:2, 1:2; Marokko – Kamerun 0:2, 1:2.
Asien/Ozeanien: Kuwait, Neuseeland
Gruppe 1: Neuseeland. Neuseeland – Australien 3:3, 2:0; Neuseeland – Indonesien 5:0, 2:0; Neuseeland – Taiwan 2:0, 0:0; Neuseeland – Fidschi 13:0, 4:0; Australien – Fidschi 10:0, 4:1; Australien – Taiwan 3:2, 0:0; Australien – Indonesien 2:0, 0:1; Indonesien – Taiwan 1:0, 0:2; Indonesien – Fidschi 3:3, 0:0; Taiwan – Fidschi 0:0, 1:2.
Gruppe 2: Saudi-Arabien. Turnier in Saudi-Arabien: Katar – Irak 0:1; Syrien – Bahrain 0:1, Irak – Saudi-Arabien 0:1, Katar – Bahrain 3:0; Syrien – Saudi-Arabien 0:2, Irak – Bahrain 2:0, Katar – Syrien 2:1; Bahrain – Saudi-Arabien 0:1, Irak – Syrien 2:1, Katar – Saudi-Arabien 0:1.
Gruppe 3: Kuwait. Turnier in Kuwait: Malaysia – Südkorea 1:2, Kuwait – Thailand 6:0, Südkorea – Thailand 5:1, Kuwait – Malaysia 4:0, Malaysia – Thailand 2:2, Kuwait – Südkorea 2:0. Iran verzichtete.
Gruppe 4: China. Turnier in Hongkong: **Qualifikation:** Hongkong – China 0:1, Nordkorea – Macao 3:0, Singapur – Japan 0:1 – **Gruppe A:** China – Macao 3:0, China – Japan 1:0, Japan – Macao 3:0 – **Gruppe B:** Hongkong – Singapur 1:1, Hongkong – Nordkorea 2:2, Nordkorea – Singapur 1:0 – **Halbfinale:** China – Hongkong n. V. 0:0/Elfmeterschießen 5:4, Nordkorea – Japan n. V. 1:0 – **Endspiel:** China – Nordkorea n. V. 4:2.

Endrunde: Kuwait und Neuseeland. Kuwait – Neuseeland 2:2, 2:1; Kuwait – China 1:0, 0:3; Kuwait – Saudi-Arabien 2:0, 1:0; Neuseeland – China 1:0, 0:0; Neuseeland – Saudi-Arabien 2:2, 5:0; China – Saudi-Arabien 2:0, 4:2 (beide Spiele in Kuala Lumpur) – Entscheidungsspiel in Singapur: Neuseeland – China 2:1.

Endrunde vom 13. Juni bis 11. Juli 1982 in Spanien
1. Finalrunde:
Gruppe 1: Polen und Italien. Italien – Polen 0:0 (Vigo), Peru – Kamerun 0:0 (La Coruna), Polen – Kamerun 0:0 (La Coruna), Italien – Peru 1:1 (Vigo), Polen – Peru 5:1 (La Coruna), Italien – Kamerun 1:1 (Vigo).

Gruppe 2: Deutschland und Österreich. Deutschland – Algerien 1:2 (Gijon), Chile – Österreich 0:1 (Oviedo), Deutschland – Chile 4:1 (Gijon), Algerien – Österreich 0:2 (Oviedo), Algerien – Chile 3:2 (Oviedo), Deutschland – Österreich 1:0 (Gijon).

Gruppe 3: Belgien und Argentinien. Argentinien – Belgien 0:1 (Barcelona), Ungarn – El Salvador 10:1 (Elche), Argentinien – Ungarn 4:1 (Alicante), Belgien – El Salvador 1:0 (Elche), Belgien – Ungarn 1:1 (Elche), Argentinien – El Salvador 2:0 (Alicante).

Gruppe 4: England und Frankreich. England – Frankreich 3:1 (Bilbao), Tschechoslowakei – Kuwait 1:1 (Valladolid), England – Tschechoslowakei 2:0 (Bilbao), Frankreich – Kuwait 4:1 (Valladolid), Frankreich – Tschechoslowakei 1:1 (Valladolid), England – Kuwait 1:0 (Bilbao).

Gruppe 5: Nordirland und Spanien. Spanien – Honduras 1:1 (Valencia), Jugoslawien – Nordirland 0:0 (Saragossa), Spanien – Jugoslawien 2:1 (Valencia), Honduras – Nordirland 1:1 (Saragossa), Honduras – Jugoslawien 0:1 (Saragossa), Spanien – Nordirland 0:1 (Valencia).

Gruppe 6: Brasilien und Sowjetunion. Brasilien – Sowjetunion 2:1 (Sevilla), Schottland – Neuseeland 5:2 (Malaga), Brasilien – Schottland 4:1 (Sevilla), Sowjetunion – Neuseeland 3:0 (Malaga), Sowjetunion – Schottland 2:2 (Malaga), Brasilien – Neuseeland 4:0 (Sevilla).

2. Finalrunde:
Gruppe A: Polen. Polen – Belgien 3:0, Belgien – Sowjetunion 0:1, Polen – Sowjetunion 0:0 (alle Spiele im Estadio Nou Camp, Barcelona).

Gruppe B: Deutschland. Deutschland – England 0:0, Deutschland – Spanien 2:1, England – Spanien 0:0 (alle Spiele im Estadio Bernabeu, Madrid).

Gruppe C: Italien. Italien – Argentinien 2:1, Brasilien – Argentinien 3:1, Italien – Brasilien 3:2 (alle Spiele im Estadio Sarria, Barcelona).

Gruppe D: Frankreich. Österreich – Frankreich 0:1, Nordirland – Österreich 2:2, Nordirland – Frankreich 1:4 (alle Spiele im Estadio Vicente Calderon, Madrid).

Halbfinale: Polen – Italien 0:2 (Barcelona), Deutschland – Frankreich n. V. 3:3/Elfmeterschießen 5:4 (Sevilla).

Um den dritten Platz: Polen – Frankreich 3:2 (Alicante).

Endspiel am 11. Juli 1982 in Madrid: Italien – Deutschland 3:1 (0:0)
Italien: Zoff – Gentile, Scirea, Collovati, Bergomi – Cabrini, Oriali, Tardelli, Conti – Graziani (Altobelli, Causio), Rossi.
Deutschland: Schumacher – Kaltz, Stielike, Kh. Förster, B. Förster – Dremmler (Hrubesch), Breitner, Rummenigge (H. Müller), Briegel – Littbarski, Fischer.
Tore: Rossi, Tardelli, Altobelli (Breitner) – Zuschauer 90 000 – SR: Coelho (Brasilien).

1986: Argentinien (Trainer: Dr. Bilardo)
Qualifikation:
Europa I: Polen und Belgien. Polen – Belgien 0:0, 0:2; Polen – Albanien 2:2, 1:0; Polen – Griechenland 3:1, 4:1; Belgien – Albanien 3:1, 0:2; Belgien – Griechenland 2:0, 0:0; Albanien – Griechenland 1:1, 0:2.

Europa II: Deutschland und Portugal. Deutschland – Portugal 0:1, 2:1; Deutschland – Schweden 2:0, 2:2; Deutschland – Tschechoslowakei 2:2, 5:1; Deutschland – Malta 6:0, 3:2; Portugal – Schweden 1:3, 1:0; Portugal – Tschechoslowakei 2:1, 0:1; Portugal – Malta 3:2, 3:1; Schweden – Tschechoslowakei 2:0, 1:2; Schweden – Malta 4:0, 2:1; Tschechoslowakei – Malta 4:0, 0:0.

Europa III: England und Nordirland. England – Nordirland 0:0, 1:0; England – Rumänien 1:1, 0:0; England – Finnland 5:0, 1:1; England – Türkei 5:0, 8:0; Nordirland – Rumänien 3:2, 1:0; Nordirland – Finnland 2:1, 0:1; Nordirland – Türkei 2:0, 0:0; Rumänien – Finnland 2:0, 1:1; Rumänien – Türkei 3:0, 3:1; Finnland – Türkei 1:0, 2:1.

Europa IV: Frankreich und Bulgarien. Frankreich – Bulgarien 1:0, 0:2; Frankreich – DDR 2:0, 0:2; Frankreich – Jugoslawien 2:0, 0:0; Frankreich – Luxemburg 6:0, 4:0; Bulgarien – DDR 1:0, 1:2; Bulgarien – Jugoslawien 2:1, 0:0; Bulgarien – Luxemburg 4:0, 3:1 DDR Jugoslawien 2:3, 2:1; DDR – Luxemburg 3:1, 5:0; Jugoslawien – Luxemburg 1:0, 1:0.
Europa V: Ungarn. Ungarn – Niederlande 0:1, 2:1; Ungarn – Österreich 3:1, 3:0; Ungarn – Zypern 2:0, 2:1; Niederlande – Österreich 1:1, 0:1; Niederlande – Zypern 7:1, 1:0; Österreich – Zypern 4:0, 2:1.
Europa VI: Dänemark und Sowjetunion. Dänemark – Sowjetunion 4:2, 0:1; Dänemark – Schweiz 0:0, 0:1; Dänemark – Irland 3:0, 4:1; Dänemark – Norwegen 1:0, 5:1; Sowjetunion – Schweiz 4:0, 2:2; Sowjetunion – Irland 2:0, 0:1; Sowjetunion – Norwegen 1:0, 1:1; Schweiz – Irland 0:0, 0:3; Schweiz – Norwegen 1:1, 1:0; Irland Norwegen 0:0, 0:1.
Europa VII: Spanien und Schottland. Spanien – Schottland 1:0, 1:3; Spanien – Wales 3:0, 0:3; Spanien – Island 2:1, 2:1; Schottland – Wales 0:1, 1:1; Schottland – Island 3:0, 1:0; Wales – Island 2:1, 0:1.
Zusatz-Qualifikation: Belgien (Zweiter Europa I) – Niederlande (Zweiter Europa V) 1:0, 1:2; Schottland (Zweiter Europa VII) – Australien (Sieger Ozeanien) 2:0, 0:0.

Italien als Weltmeister ist automatisch qualifiziert.

Ozeanien: Australien. Australien – Israel 1:1, 2:1; Australien – Neuseeland 2:0, 0:0; Australien – Taiwan 7:0, 8:0; Israel – Neuseeland 3:0, 1:3; Israel – Taiwan 6:0, 5:0; Neuseeland – Taiwan 5:1, 5:0 – Taiwan verzichtete auf sein Heimrecht und spielte beim jeweiligen Gegner.

Südamerika I: Argentinien. Argentinien – Peru 2:2, 0:1; Argentinien – Kolumbien 1:0, 3:1; Argentinien – Venezuela 3:0, 3:2; Peru – Kolumbien 0:0, 0:1; Peru – Venezuela 4:1, 1:0; Kolumbien – Venezuela 2:0, 2:2.
Südamerika II: Uruguay. Uruguay – Chile 2:1, 0:2; Uruguay – Ecuador 2:1, 2:0; Chile – Ecuador 6:2, 1:1.
Südamerika III: Brasilien. Brasilien – Paraguay 1:1, 2:0; Brasilien – Bolivien 1:1, 2:0 Paraguay – Bolivien 3:0, 1:1.
Zusatz-Qualifikation: Paraguay. Paraguay – Kolumbien 3:0, 1:2; Chile – Peru 4:2, 1:0; Endspiele: Paraguay – Chile 3:0, 2:2.

Nord-/Mittelamerika: Kanada und Mexiko (als Veranstalter direkt qualifiziert)
1. Runde: El Salvador – Puerto Rico 5:0, 3:0; USA – Niederl. Antillen 4:0, 0:0; Honduras – Panama 1:0, 3:0; Haiti – Antigua 1:2, 4:0 (beide Spiele in Port-au-Prince); Surinam – Guyana 1:0, 1:1; Jamaika verzichtete gegen Kanada; Grenada verzichtete gegen Trinidad & Tobago; Barbados verzichtete gegen Costa Rica; Guatemala (Freilos).
2. Runde:
Gruppe 1: Honduras. Honduras – El Salvador 0:0, 2:1; Honduras – Surinam 2:1, 1:1 (beide Spiele in Tegucigalpa); El Salvador – Surinam 3:0, 3:0 (beide Spiele in San Salvador).
Gruppe 2: Kanada. Kanada – Guatemala 2:1, 1:1; Kanada – Haiti 2:0, 2:0; Guatemala – Haiti 4:0, 1:0.
Gruppe 3: Costa Rica. Costa Rica – USA 1:1, 1:0; Costa Rica – Trinidad & Tobago 1:1, 3:0 (beide Spiele in San José); USA – Trinidad & Tobago 1:0, 2:1 (in St. Louis).
Endrunde: Kanada. Kanada – Honduras 2:1.1:0; Kanada – Costa Rica 1:1, 0:0; Honduras – Costa Rica 3:1, 2:2.

Afrika: Marokko und Algerien
1. Runde: Ägypten – Simbabwe 1:0, 1:1; Kenia – Äthiopien 2:1, 3:3; Mauritius – Malawi 0:1, 0:4; Sambia – Uganda 3:0, 0:1; Tansania – Sudan 1:1, 0:0; Sierra Leone – Marokko 0:1, 0:4; Benin – Tunesien 0:2, 0:4; Elfenbeinküste – Gambia 4:0, 2:3; Nigeria – Liberia 3:0, 1:0; Angola – Senegal 1:0, n. V. 0:1/ Elfmeterschießen 4:3; Lesotho verzichtete gegen Madagaskar; Niger verzichtete gegen Libyen; Togo verzichtete gegen Guinea; Freilose: Algerien, Kamerun, Ghana.
2. Runde: Sambia – Kamerun 4:1, 1:1; Marokko – Malawi 2:0, 0:0; Angola – Algerien 0:0, 2:3; Kenia – Nigeria 0:3, 1:3; Ägypten – Madagaskar 1:0, n. V. 0:1/Elfmeterschießen 4:2; Guinea – Tunesien 1:0, 0:2; Sudan – Libyen 0:0, 0:4; Elfenbeinküste – Ghana 0:0, 0:2.
3. Runde: Algerien – Sambia 2:0, 1:0; Nigeria – Tunesien 1:0, 0:2; Ghana – Libyen 0:0, 0:2; Ägypten – Marokko 0:0, 0:2.
Endspiele: Tunesien – Algerien 1:4, 0:3; Marokko – Libyen 3:0, 0:1.

Asien: Südkorea und Irak
1. Runde:
Untergruppe 1A: Vereinigte Arabische Emirate. Saudi-Arabien – Vereinigte Arabische Emirate 0:0, 0:1; Oman verzichtete.
Untergruppe 1B: Irak. Irak – Katar 2:1 (in Kalkutta), 0:3; Irak – Jordanien 2:0 (in Kuwait), 3:2; Katar – Jordanien 2:0, 0:1; Libanon zog nach 0:6, 0:6 gegen Irak und 0:8, 0:7 gegen Katar zurück.

Untergruppe 2A: Syrien. Syrien – Kuwait 1:0, 0:0; Syrien – Nordjemen 3:0, 1:0; Kuwait – Nordjemen 5:0, 3:1.
Untergruppe 2B: Bahrain. Südjemen – Bahrain 1:4, 3:3. Iran wurde wegen der Weigerung, seine Heimspiele auf neutralen Plätzen auszutragen, disqualifiziert.
Untergruppe 3A: Südkorea. Südkorea – Malaysia 2:0, 0:1; Südkorea – Nepal 4:0, 2:0; Malaysia – Nepal 5:0, 0:0.
Untergruppe 3B: Indonesien. Indonesien – Indien 2:1, 1:1; Indonesien – Thailand 1:0, 1:0; Indonesien – Bangladesch 2:0, 1:2; Indien – Thailand 1:1, 0:0; Indien – Bangladesch 2:1, 2:1; Thailand – Bangladesch 3:0, 0:1.
Untergruppe 4A: Hongkong. Hongkong – China 0:0, 2:1; Hongkong – Macao 2:0, 2:0; Hongkong – Brunei 8:0, 5:1; China – Macao 6:0, 4:0; China – Brunei 8:0 (in Macao), 4:0 (in Hongkong); Macao – Brunei 2:0, 2:1.
Untergruppe 4B: Japan. Japan – Nordkorea 1:0, 0:0; Japan – Singapur 5:0, 3:1; Nordkorea – Singapur 2:0, 1:1.
2. Runde: Vereinigte Arabische Emirate – Irak 2:3, 2:1 (in Taif); Bahrain – Syrien 1:1, 0:1; Südkorea – Indonesien 2:0, 4:1; Japan – Hongkong 3:0, 2:1.
Endspiele: Syrien – Irak 0:0, 1:3 (in Taif); Japan – Südkorea 1:2, 0:1.

Endrunde vom 31. Mai bis 29. Juni 1986 in Mexiko
1. Finalrunde:
Es qualifizierten sich die beiden Gruppenersten sowie die vier besten Gruppen-Dritten.
Gruppe A: Argentinien, Italien, Bulgarien. Bulgarien – Italien 1:1 (in Mexiko City), Argentinien – Südkorea 3:1 (in Mexiko City), Italien – Argentinien 1:1 (Puebla), Südkorea – Bulgarien 1:1 (Mexiko City), Südkorea – Italien 2:3 (Puebla), Argentinien Bulgarien 2:0 (Mexiko City).
Gruppe B: Mexiko, Paraguay, Belgien. Belgien – Mexiko 1:2 (Mexiko City), Paraguay – Irak 1:0 (Toluca), Mexiko – Paraguay 1:1 (Mexiko City), Irak – Belgien 1:2 (Toluca), Irak – Mexiko 0:1 (Mexiko City), Paraguay – Belgien 2:2 (Toluca).
Gruppe C: Sowjetunion, Frankreich. Kanada – Frankreich 0:1 (Leon), Sowjetunion – Ungarn 6:0 (Irapuato), Frankreich – Sowjetunion 1:1 (Leon), Ungarn – Kanada 2:0 (Irapuato), Ungarn – Frankreich 0:3 (Leon), Sowjetunion – Kanada 2:0 (Irapuato).
Gruppe D: Brasilien, Spanien. Spanien – Brasilien 0:1 (Guadalajara), Algerien – Nordirland 1:1 (Guadalajara), Brasilien – Algerien 1:0 (Guadalajara), Nordirland – Spanien 1:2 (Guadalajara), Nordirland – Brasilien 0:3 (Guadalajara), Algerien – Spanien 0:3 (Monterrey).
Gruppe E: Dänemark, Deutschland, Uruguay. Uruguay – Deutschland 1:1 (Queretaro), Schottland – Dänemark 0:1 (Nezahualcoyotl), Deutschland – Schottland 2:1 (Queretaro), Dänemark – Uruguay 6:1 (Nezahualcoyotl), Dänemark – Deutschland 2:0 (Queretaro), Schottland – Uruguay 0:0 (Nezahualcoyotl).
Gruppe F: Marokko, England, Polen. Marokko – Polen 0:0 (Monterrey), Portugal – England 1:0 (Monterrey), England – Marokko 0:0 (Monterrey), Polen – Portugal 1:0 (Monterrey), Portugal – Marokko 1:3 (Guadalajara), England – Polen 3:0 (Monterrey).

Achtelfinale: Mexiko – Bulgarien 2:0 (Mexiko City), Sowjetunion – Belgien n. V. 3:4 (Leon), Brasilien – Polen 4:0 (Guadalajara), Argentinien – Uruguay 1:0 (Puebla), Italien – Frankreich 0:2 (Mexiko City), Marokko – Deutschland 0:1 (Monterrey), England – Paraguay 3:0 (Mexiko City), Dänemark – Spanien 1:5 (Queretaro).

Viertelfinale: Brasilien – Frankreich n. V. 1:1/Elfmeterschießen 3:4 (Guadalajara), Deutschland – Mexiko n. V. 0:0/Elfmeterschießen 4:1 (Monterrey), Argentinien – England 2:1 (Mexiko City), Spanien – Belgien n. V. 1:1/Elfmeterschießen 4:5 (Puebla).

Halbfinale: Frankreich – Deutschland 0:2 (Guadalajara), Argentinien – Belgien 2:0 (Mexiko City).

Um den dritten Platz: Frankreich – Belgien n. V. 4:2 (Puebla).

Endspiel am 29. Juni 1986 in Mexiko City: Argentinien – Deutschland 3:2 (1:0)
Argentinien: Pumpido – Brown – Cuciuffo, Ruggeri, Olarticoechea – Giusti, Batista, Maradona, Enrique – Burruchaga (Trobbiani), Valdano.
Deutschland: Schumacher – Jakobs – Berthold, Kh. Förster, Briegel – Matthäus, Brehme, Magath (D. Hoeneß), Eder – K. H. Rummenigge, Kl. Allofs (Völler).
Tore: Brown, Valdano, Burruchaga (K. H. Rummenigge, Völler) – Zuschauer: 114 800 – SR: Arppi Filho (Brasilien).

1990: Deutschland (Trainer: Beckenbauer)

Qualifikation:

Europa I: Rumänien. Rumänien – Dänemark 3:1, 0:3; Rumänien – Griechenland 3:0, 0:0; Rumänien – Bulgarien 1:0, 3:1; Dänemark – Griechenland 7:1, 1:1; Dänemark – Bulgarien 1:1, 2:0; Griechenland – Bulgarien 1:0, 0:4.
Europa II: Schweden und England. Schweden – England 0:0, 0:0; Schweden – Polen 2:1, 2:0; Schweden – Albanien 3:1, 2:1; England – Polen 3:0, 0:0; England – Albanien 5:0, 2:0; Polen – Albanien 1:0, 2:1.
Europa III: Sowjetunion und Österreich. Sowjetunion – Österreich 2:0, 0:0; Sowjetunion – Türkei 2:0, 1:0; Sowjetunion – DDR 3:0, 1:2; Sowjetunion – Island 1:1, 1:1; Österreich – Türkei 3:2, 0:3; Österreich – DDR 3:0, 1:1; Österreich – Island 2:1, 0:0; Türkei – DDR 3:1, 2:0; Türkei – Island 1:1, 1:2; DDR – Island 2:0, 3:0.
Europa IV: Niederlande und Deutschland. Niederlande – Deutschland 1:1, 0:0; Niederlande – Finnland 3:0, 1:0; Niederlande – Wales 1:0, 2:1; Deutschland – Finnland 6:1, 4:0; Deutschland – Wales 2:1, 0:0; Finnland – Wales 1:0, 2:2.
Europa V: Jugoslawien und Schottland. Jugoslawien – Schottland 3:1, 1:1; Jugoslawien – Frankreich 3:2, 0:0; Jugoslawien – Norwegen 1:0, 2:1; Jugoslawien – Zypern 4:0, 2:1 (in Athen); Schottland – Frankreich 2:0, 0:3~ Schottland – Norwegen 1:1, 2:1; Schottland – Zypern 2:1, 3:2; Frankreich – Norwegen 1:0, 1:1; Frankreich – Zypern 2:0, 1:1; Norwegen – Zypern 3:1, 3:0.
Europa VI. Spanien und Irland. Spanien – Irland 2:0, 0:1; Spanien – Ungarn 4:0, 2:2; Spanien – Nordirland 4:0, 2:0; Spanien – Malta 4:0, 2:0; Irland – Ungarn 2:0, 0:0; Irland – Nordirland 3:0, 0:0; Irland – Malta 2:0, 1:0; Ungarn – Nordirland 1:0, 2:1; Ungarn – Malta 1:1, 2:2; Nordirland – Malta 3:0, 2:0.
Europa VII: Belgien, Tschechoslowakei. Belgien – Tschechoslowakei 2:1, 0:0; Belgien – Portugal 3:0, 1:1; Belgien – Schweiz 1:0, 2:2; Belgien – Luxemburg 1:1, 5:0 (in Lille); Tschechoslowakei – Portugal 2:1, 0:0; Tschechoslowakei – Schweiz 3:0, 1:0; Tschechoslowakei – Luxemburg 4:0, 2:0; Portugal – Schweiz 3:1, 2:1; Portugal – Luxemburg 1:0, 3:0 (in Saarbrücken); Schweiz – Luxemburg 2:1, 4:1.
Italien als Veranstalter automatisch qualifiziert.

Südamerika I: Uruguay. Uruguay – Bolivien 2:0, 1:2; Uruguay – Peru 2:0, 2:0; Bolivien – Peru 2:1, 2:1.
Südamerika II: Kolumbien. Kolumbien – Paraguay 2:1, 1:2; Kolumbien – Ecuador 2:0, 0:0; Paraguay – Ecuador 2:1, 1:3.
Südamerika III: Brasilien. Brasilien – Chile 1:0 abgebrochen, Wertung 2:0, 1:1 Brasilien – Venezuela 6:0, 4:0, Chile – Venezuela 5:0 (in Mendoza), 3:1.
Argentinien als Weltmeister direkt qualifiziert.

Zusatz-Qualifikation: Kolumbien – Israel (Sieger Ozeaniens) 1:0, 0:0.

Ozeanien: 1. Runde: Neuseeland – Taiwan 4:1, 4:0 (beide Spiele in Neuseeland). Australien – Fidschi 5:1, 0:1; Israel Freilos.
Endrunde: Israel – Australien 1:1, 1:1; Israel – Neuseeland 1:0, 2:2; Australien – Neuseeland 4:1, 0:2.

Nord-/Mittelamerika: Costa Rica und USA
1. Runde: Guyana – Trinidad & Tobago 0:4, 0:1; Kuba – Guatemala 0:1, 1:1; Jamaika – Puerto Rico 1:0, 2:1; Antigua – Niederl. Antillen 0:1, n. V. 1:0; Elfmeterschießen 1:3; Costa Rica – Panama 1:1, 2:0 – Freilose: Kanada, Honduras, El Salvador, USA. Mexiko von der FIFA ausgeschlossen.
2. Runde: Jamaika – USA 0:0, 1:5; Guatemala – Kanada 1:0, 2:3; Niederl. Antillen – El Salvador 0:1, 0:5; Trinidad & Tobago – Honduras 0:0, 1:1; Freilos: Costa Rica.
Endrunde: Costa Rica – USA 1:0, 0:1; Costa Rica – Trinidad & Tobago 1:0, 1:1; Costa Rica – Guatemala 2:1, 0:1; Costa Rica – El Salvador 1:0, 4:2 abgebrochen (Wertung nach Spielstand); USA – Trinidad & Tobago 1:1, 1:0; USA – Guatemala 2:1, 0:0; USA – El Salvador 0:0, 1:0 (in Tegucigalpa); Trinidad & Tobago – Guatemala 2:1, 1:0; Trinidad & Tobago – El Salvador 2:0, 0:0 (in Tegucigalpa); Guatemala – El Salvador nicht mehr gespielt worden.

Afrika: Ägypten und Kamerun
1. Runde: Angola – Sudan 0:0, 2:1; Lesotho verzichtete gegen Zimbabwe; Ruanda verzichtete gegen Sambia; Malawi – Uganda 3:1, 0:1; Libyen – Burkina Faso 3:0, 0:2; Liberia – Ghana 2:0, 0:0; Tunesien – Guinea 5:0, 0:3; Togo verzichtete gegen Gabun. Freilose: Algerien, Kamerun, Ägypten, Kenia, Marokko, Elfenbeinküste, Nigeria, Zaire.
2. Runde (Gruppe A): Algerien. Algerien – Elfenbeinküste 1:0, 0:0; Algerien – Zimbabwe 3:0, 2:1; Elfenbeinküste – Zimbabwe 5:0, 0:0; Libyen zog nach einem 0:1 bei der Elfenbeinküste zurück.

2. Runde (Gruppe B): Ägypten. Ägypten – Liberia 2:0, 0:1; Ägypten – Malawi 1:0, 1:1; Ägypten – Kenia 2:0, 0:0; Liberia – Malawi 1:0, 0:0; Liberia – Kenia 0:0, 0:1; Malawi – Kenia 1:0, 1:1.
2. Runde (Gruppe C): Kamerun. Kamerun – Nigeria 1:0, 0:2; Kamerun – Angola 1:1, 2:1; Kamerun – Gabun 2:1, 3:1; Nigeria – Angola 1:0, 2:2; Nigeria – Gabun 1:0, 1:2; Angola – Gabun 2:0, 0:1.
2. Runde (Gruppe D): Tunesien. Tunesien – Sambia 1:0, 0:1; Tunesien – Zaire 1:0, 1:3; Tunesien – Marokko 2:1, 0:0; Sambia – Zaire 4:2, 0:1; Sambia – Marokko 2:1, 0:1; Zaire – Marokko 0:0, 1:1.
Endrunde: Ägypten – Algerien 1:0, 0:0; Kamerun – Tunesien 2:0, 1:0.

Asien: Südkorea und Vereinigte Arabische Emirate

Gruppe 1: Katar. Katar – Irak 1:0, 2:2; Katar – Jordanien 1:0, 1:1; Katar – Oman 3:0, 0:0; Irak – Jordanien 4:0, 1:0; Irak – Oman 3:1, 1:1; Jordanien – Oman 2:0, 2:0.
Gruppe 2: Saudi-Arabien. Saudi-Arabien – Syrien 5:4, 0:0; Saudi-Arabien – Nordjemen 1:0, 1:0; Syrien – Nordjemen 2:0, 1:0. Bahrain verzichtete.
Gruppe 3: Vereinigte Arabische Emirate. Vereinigte Arabische Emirate – Kuwait 1:0, 2:3; Vereinigte Arabische Emirate – Pakistan 5:0, 4:1; Kuwait – Pakistan 2:0, 1:0; VR Jemen verzichtete.
Gruppe 4: Südkorea. Südkorea – Malaysia 3:0, 3:0; Südkorea – Singapur 3:0, 3:0; Südkorea – Nepal 9:0, 4:0; Malaysia – Singapur 1:0, 2:2; Malaysia – Nepal 2:0, 3:0; Singapur – Nepal 3:0, 7:0. Das jeweils zuerst genannte Resultat wurde bei einem Turnier in Südkorea gespielt, das zweite bei einem Turnier in Singapur. Indien verzichtete.
Gruppe 5: China. China – Iran 2:0, 2:3; China – Bangladesch 2:0, 2:0; China – Thailand 2:0, 3:0; Iran – Bangladesch 1:0, 2:1; Iran – Thailand 3:0, 3:0; Bangladesch – Thailand 3:1, 0:1.
Gruppe 6: Nordkorea. Nordkorea – Japan 2:0, 1:2; Nordkorea – Indonesien 2:1, 0:0; Nordkorea – Hongkong 4:1, 2:1; Japan – Indonesien 5:0, 0:0; Japan – Hongkong 0:0, 0:0; Indonesien – Hongkong 3:2, 1:1.
Endrunde: Südkorea und Vereinigte Arabische Emirate. Turnier in Singapur: Südkorea – Vereinigte Arabische Emirate 1:1 (in Kuala Lumpur); Südkorea – Katar 0:0; Südkorea – China 1:0; Südkorea – Saudi-Arabien 2:0; Südkorea – Nordkorea 1:0; Vereinigte Arabische Emirate – Katar 1:1; Vereinigte Arabische Emirate – China 2:1; Vereinigte Arabische Emirate – Saudi-Arabien 0:0; Vereinigte Arabische Emirate – Nordkorea 0:0; Katar – China 2:1; Katar – Saudi-Arabien 1:1; Katar – Nordkorea 0:2; China – Saudi-Arabien 2:1; China – Nordkorea 1:0; Saudi-Arabien – Nordkorea 2:0 (in Kuantan).

Endrunde vom 8. Juni bis 8. Juli 1990 in Italien

1. Finalrunde:

Es qualifizierten sich die beiden Gruppenersten sowie die vier besten Gruppen-Dritten.
Gruppe A: Italien, Tschechoslowakei. USA – Tschechoslowakei 1:5 (Florenz), Italien – Österreich 1:0 (Rom), Italien – USA 1:0 (Rom), Österreich – Tschechoslowakei 0:1 (Florenz), Italien – Tschechoslowakei 2:0 (Rom), Österreich – USA 2:1 (Florenz).
Gruppe B: Kamerun, Rumänien, Argentinien. Argentinien – Kamerun 0:1 (Mailand), Sowjetunion – Rumänien 0:2 (Bari), Argentinien – Sowjetunion 2:0 (Neapel), Kamerun – Rumänien 2:1 (Bari), Argentinien – Rumänien 1:1 (Neapel), Kamerun – Sowjetunion 0:4 (Bari).
Gruppe C: Brasilien, Costa Rica. Brasilien – Schweden 2:1 (Turin), Costa Rica – Schottland 1:0 (Genua), Brasilien – Costa Rica 1:0 (Turin), Schweden – Schottland 1:2 (Genua), Brasilien – Schottland 1:0 (Turin), Schweden – Costa Rica 1:2 (Genua).
Gruppe D: Deutschland, Jugoslawien, Kolumbien. Vereinigte Arabische Emirate – Kolumbien 0:2 (Bologna), Deutschland – Jugoslawien 4:1 (Mailand), Jugoslawien – Kolumbien 1:0 (Bologna), Deutschland – Vereinigte Arabische Emirate 5:1 (Mailand), Deutschland – Kolumbien 1:1 (Mailand), Jugoslawien – Vereinigte Arabische Emirate 4:1 (Bologna).
Gruppe E: Spanien, Belgien, Uruguay. Belgien – Südkorea 2:0 (Verona), Uruguay – Spanien 0:0 (Udine), Belgien – Uruguay 3:1 (Verona), Südkorea – Spanien 1:3 (Udine), Belgien – Spanien 1:2 (Verona), Südkorea – Uruguay 0:1 (Udine).
Gruppe F: England, Irland, Niederlande. England – Irland 1:1 (Cagliari), Niederlande – Ägypten 1:1 (Palermo), England – Niederlande 0:0 (Cagliari), Irland – Ägypten 0:0 (Palermo), Irland – Niederlande 1:1 (Palermo), England – Ägypten 1:0 (Cagliari). Irland durch Losentscheid Gruppenzweiter.

Achtelfinale: Kamerun – Kolumbien n. V. 2:1 (Neapel), Tschechoslowakei – Costa Rica 4:1 (Bari), Brasilien – Argentinien 0:1 (Turin), Deutschland – Niederlande 2:1 (Mailand), Irland – Rumänien n. V. 0:0/Elfmeterschießen 5:4 (Genua), Italien – Uruguay 2:0 (Rom), Spanien – Jugoslawien n. V. 1:2 (Verona), England – Belgien n. V. 1:0 (Bologna).
Viertelfinale: Tschechoslowakei – Deutschland 0:1 (Mailand), Kamerun – England n. V. 2:3 (Neapel), Irland – Italien 0:1 (Rom), Argentinien – Jugoslawien n. V. 0:0/Elfmeterschießen 3:2 (Florenz).

Halbfinale: Deutschland – England n. V. 1:1/Elfmeterschießen 4:3 (Turin), Argentinien – Italien n. V. 1:1/Elfmeterschießen 4:3 (Neapel).
Um den dritten Platz: Italien – England 2:1 (Bari).
Endspiel am 8. Juli 1990 in Rom: Deutschland – Argentinien 1:0 (0:0)
Deutschland: Illgner – Augenthaler – Berthold (Reuter), Kohler, Buchwald, Brehme – Häßler, Matthäus, Littbarski – Klinsmann, Völler.
Argentinien: Goycoechea – Simon – Serrizuela, Ruggeri (Monzon) – Troglio, Sensini, Burruchaga (Calderon), Basualdo, Lorenzo – Dezotti, Maradona,
Tor: Brehme – Zuschauer: 73 607 – SR: Codesal Mendez (Mexiko).

1994: Brasilien (Trainer: Parreira)

Qualifikation:
Europa I: Italien und Schweiz. Italien – Schweiz 2:2, 0:1; Italien – Portugal 1:0, 3:1; Italien – Schottland 3:1, 0:0; Italien – Malta 6:1, 2:1; Italien – Estland 2:0, 3:0; Schweiz – Portugal 1:1, 0:1; Schweiz – Schottland 3:1, 1:1; Schweiz – Malta 3:0, 2:0; Schweiz – Estland 4:0, 6:0; Portugal – Schottland 5:0, 0:0; Portugal – Malta 4 0, 1:0; Portugal – Estland 3:0, 2:0; Schottland – Malta 3:0, 2:0; Schottland – Estland 3:1, 3:0, Malta – Estland 0:0, 1:0.
Europa II: Norwegen und Niederlande. Norwegen – Niederlande 2:1, 0:0 Norwegen – England 2:0, 1:1; Norwegen – Polen 1:0, 3:0; Norwegen – Türkei 3:1, 1:2; Norwegen – San Marino 10:0, 2:0; Niederlande – England 2:0, 2:2; Niederlande – Polen 2:2, 3:1; Niederlande – Türkei 3:1, 3:1; Niederlande – San Marino 6:0, 7:0; England – Polen 3:0, 1:1; England – Türkei 4:0, 2:0; England – San Marino 6:0, 7:1; Polen – Türkei 1:0, 1:2; Polen – San Marino 1:0, 3:0; Türkei – San Marino 4:1, 0:0.
Europa III: Spanien und Irland. Spanien – Irland 0:0, 3:1; Spanien – Dänemark 1:0, 0:1; Spanien – Nordirland 3:1, 0:0; Spanien – Litauen 5:0, 2:0; Spanien – Lettland 5:0, 0:0; Spanien – Albanien 3:0, 5:1; Irland – Dänemark 1:1, 0:0; Irland – Nordirland 3:0, 1:1; Irland – Litauen 2:0, 1:0; Irland – Lettland 4:0, 2:0; Irland – Albanien 2:0, 2:1; Dänemark – Nordirland 1:0, 1:0; Dänemark – Litauen 4:0, 0:0; Dänemark – Lettland 2:0, 0:0; Dänemark – Albanien 4:0, 1:0; Nordirland – Litauen 2:2, 1:0; Nordirland – Lettland 2:0, 2:1; Nordirland – Albanien 3:0, 2:1; Litauen – Lettland 1:1, 2:1; Litauen – Albanien 3:1, 0:1; Lettland – Albanien 0:0, 1:1.
Europa IV: Rumänien und Belgien. Rumänien – Belgien 2:1, 0:1; Rumänien – RCS (Representation of Czechs and Slovaks) 1:1, 2:5; Rumänien – Wales 5:1, 2:1; Rumänien – Zypern 2:1, 4:1; Rumänien – Färöer 7:0, 4:0; Belgien – RCS 0:0, 2:1; Belgien – Wales 2:0, 0:2, Belgien – Zypern 1:0, 3:0; Belgien – Färöer 3:0, 3:0; RCS – Wales 1:1, 2:2; RCS – Zypern 3:0, 1:1; RCS – Färöer 4:0, 3:0; Wales – Zypern 2:0, 1:0; Wales – Färöer 6:0, 3:0; Zypern – Färöer 3:1, 2:0.
Europa V: Griechenland und Russland. Griechenland – Russland 1:0, 0:1; Griechenland – Island 1:0, 1:0; Griechenland – Ungarn 0:0, 1:0; Griechenland – Luxemburg 2:0, 3:1; Russland – Island 1:0, 1:1; Russland – Ungarn 3:0, 3:1; Russland – Luxemburg 2:0, 4:0; Island – Ungarn 2:0, 2:1; Island – Luxemburg 1:0, 1:1 Ungarn – Luxemburg 1:0, 3:0; Jugoslawien wurde ausgeschlossen.
Europa VI: Schweden und Bulgarien. Schweden – Bulgarien 2:0, 1:1; Schweden – Frankreich 1:1, 1:2; Schweden – Österreich 1:0, 1:1; Schweden – Finnland 3:2, 1:0; Schweden – Israel 5:0, 3:1; Bulgarien – Frankreich 2:0, 2:1; Bulgarien – Österreich 4:1, 1:3; Bulgarien – Finnland 2:0, 3:0; Bulgarien – Israel 2:2, 2:0; Frankreich – Österreich 2:0, 1:0; Frankreich – Finnland 2:1, 2:0; Frankreich – Israel 2:3, 4:0; Österreich – Finnland 3:0, 3:1; Österreich – Israel 5:2, 1:1; Finnland – Israel 0:0, 3:1.

Deutschland als Weltmeister automatisch qualifiziert.

Südamerika I: Kolumbien und Argentinien. Kolumbien – Argentinien 2:1, 5:0; Kolumbien – Paraguay 0:0, 1:1; Kolumbien – Peru 4:0, 1:0; Argentinien – Paraguay 0:0, 3:1; Argentinien – Peru 2:1, 1:0; Paraguay – Peru 2:1, 2:2. Chile von der FIFA gesperrt.
Südamerika II: Brasilien und Bolivien. Brasilien – Bolivien 6:0, 0:2; Brasilien – Uruguay 2:0, 1:1; Brasilien – Ecuador 2:0, 0:0; Brasilien – Venezuela 4:0, 5:1; Bolivien – Uruguay 3:1, 1:2; Bolivien – Ecuador 1:0, 1:1; Bolivien – Venezuela 7:0, 7:1; Uruguay – Ecuador 0:0, 1:0; Uruguay – Venezuela 4:0, 1:0; Ecuador – Venezuela 5:0, 1:2.
Entscheidungsspiel: Argentinien (Zweiter Südamerika I) – Australien (Sieger Ausscheidung Ozeanien/ Zweiter Nord-/Zentralamerika) 1:0, 1:1.

Ozeanien: Gruppe 1: Australien – Tahiti 2:0, 3:0; Australien – Solomonen 6:1, 2:1; Tahiti – Solomonen 4:2, 1:1; Westsamoa verzichtete.
Gruppe 2: Neuseeland – Fidschi 3:0, 0:0; Neuseeland – Vanuatu 8:0, 4:1; Fidschi – Vanuatu 3:0, 3:0.
Endspiele: Neuseeland – Australien 0:1, 0:3.

Zusatzqualifikation: Kanada (Zweiter Nord-/Mittelamerika) – Australien 2:1, n. V. 1:2/Elfmeterschießen 1:4.

Nord-/Mittelamerika: Mexiko
Vorqualifikation: Santa Lucia – St. Vincent 1:0, 1:3; Dominikanische Republik – Puerto Rico 1:2, 1:1.
Vorrunde: Bermuda – Haiti 1:0, 1:2; Jamaika – Puerto Rico 2:1, 1:0; Niederl. Antillen – Antigua 1:1, 0:3; Guyana – Surinam 1:2, 1:1; Barbados – Trinidad & Tobago 1:2, 0:3; Kuba verzichtete gegen St. Vincent.
1. Runde, Zentral-Zone: Guatemala – Honduras 0:0, 0:2; Panama – Costa Rica 1:0, 1:5; Nicaragua – El Salvador 0:5, 1:5 – **Karibik-Zone:** Surinam – St. Vincent 0:0, 1:2; Antigua – Bermuda 0:3, 1:2; Trinidad & Tobago – Jamaika 1:2, 1:1. Freilose: Mexiko, Kanada.
2. Runde, Gruppe A: Mexiko. Mexiko – Honduras 2:0, 1:1; Mexiko – Costa Rica 4:0, 0:2; Mexiko – St. Vincent 11:0, 4:0; Honduras – Costa Rica 2:1, 3:2; Honduras – St. Vincent 4:0, 4:0; Costa Rica – St. Vincent 5:0, 1:0.
2. Runde, Gruppe B: El Salvador: El Salvador – Kanada 1:1, 3:2; El Salvador – Jamaika 2:1, 2:0; El Salvador – Bermuda 4:1, 0:1; Kanada – Jamaika 1:0, 1:1; Kanada – Bermuda 4:2, 0:0; Jamaika – Bermuda 3:2, 1:1.
Endrunde: Mexiko. Mexiko – Kanada 4:0, 2:1; Mexiko – El Salvador 3:1, 1:2; Mexiko – Honduras 3:0, 4:1; Kanada – El Salvador 2:0, 2:1; Kanada – Honduras 3:1, 2:2; El Salvador – Honduras 2:1, 0:2.
Zusatzqualifikation: Kanada – Australien (Sieger Ozeanien) 2:1, n. V. 1:2/Elfmeterschießen 1:4.
USA als Veranstalter automatisch qualifiziert.

Afrika: Nigeria, Marokko und Kamerun
Gruppe A: Algerien. Algerien – Ghana 2:1, 0:2; Algerien – Burundi 3:1, 0:0; Ghana – Burundi 1:0, 0:1. Uganda verzichtete.
Gruppe B: Kamerun. Kamerun – Swasiland 5:0, 0:0; Kamerun – Zaire 0:0, 2:1; Swasiland – Zaire 1:0 (2. Spiel nicht ausgetragen); Liberia nach 2:4 in Zaire zurückgezogen.
Gruppe C: Zimbabwe. Zimbabwe – Ägypten 2:1, 1:2 (wegen Zuschauerausschreitungen annulliert; Wiederholung in Lyon 0:0); Zimbabwe – Angola 2:1, 1:1; Zimbabwe – Togo 1:0, 2:1; Ägypten – Angola 1:0, 0:0; Ägypten – Togo 3:0, 4:1; Angola – Togo (nicht ausgetragen), 1:0. Sierra Leone verzichtete.
Gruppe D: Nigeria. Nigeria – Südafrika 4:0, 0:0; Nigeria – Kongo 2:0, 1:0; Südafrika – Kongo 1:0, 1:0. Libyen und Sao Tome e Prinzipe verzichteten, dafür Südafrika nachgemeldet.
Gruppe E: Elfenbeinküste. Elfenbeinküste – Niger 1:0, 0:0; Elfenbeinküste – Botswana 6:0, 0:0; Niger – Botswana 2:1, 1:0; Sudan verzichtete.
Gruppe F: Marokko. Marokko – Tunesien 0:0, 1:1; Marokko – Äthiopien 5:0 abgebrochen (Wertung nach Spielstand), 1:0; Marokko – Benin 5:0, 1:0; Tunesien – Äthiopien 3:0, 0:0; Tunesien – Benin 5:1, 5:0; Äthiopien – Benin 3:1, 0:1. Malawi verzichtete. Benin nachgemeldet.
Gruppe G: Senegal. Senegal – Gabun 1:0, 2:3; Senegal – Mosambik 6:1, 1:0; Gabun – Mosambik 3:1, 1:1; Mauretanien verzichtete.
Gruppe H: Sambia. Sambia – Madagaskar 3:1, 0:2; Sambia – Namibia 4:0, 4:0; Madagaskar – Namibia 3:0, 1:0; Tansania zog sich nach vier Spielen zurück. Burkina Faso verzichtete. Namibia nachgemeldet.
Gruppe I: Guinea. Guinea – Kenia 4:0, 0:2; Gambia und Mali verzichteten.
Endrunde, Gruppe A: Nigeria. Nigeria – Elfenbeinküste 4:1, 1:2; Nigeria – Algerien 4:1, 1:1; Elfenbeinküste – Algerien 1:0, 1:1.
Endrunde, Gruppe B: Marokko. Marokko – Sambia 1:0, 1:2; Marokko – Senegal 1:0, 3:1; Sambia – Senegal 4:0, 0:0 (in Abidjan/Elfenbeinküste).
Endrunde, Gruppe C: Kamerun. Kamerun – Zimbabwe 3:1, 0:1; Kamerun – Guinea 3:1, 1:0; Zimbabwe – Guinea 1:0, 0:3.

Asien: Saudi-Arabien und Südkorea
Gruppe A: Irak. Turniere in Jordanien und China: Irak – China 1:0, 1:2; Irak – Jemen 6:1, 3:0; Irak – Jordanien 1:1, 4:0; Irak – Pakistan 8:0, 4:0; Jemen – China 1:0, 0:1; Jemen – Jordanien 1:1, 1:1; Jemen – Pakistan 5:1, 3:0; China – Jordanien 3:0, 4:1; China – Pakistan 5:0, 3:0; Jordanien – Pakistan 3:1, 5:0.
Gruppe B: Iran. Turniere im Iran und Syrien: Iran – Syrien 1:1, 1:1; Iran – Oman 0:0, 1:0; Iran – Taiwan 6:0, 6:0; Syrien – Oman 0:0, 2:1; Syrien – Taiwan 2:0, 8:1; Oman – Taiwan 2:1, 7:1. Burma verzichtete.
Gruppe C: Nordkorea. Turniere in Katar und Singapur: Nordkorea – Katar 2:1, 2:2; Nordkorea – Singapur 2:1, 3:1; Nordkorea – Indonesien 4:0, 2:1; Nordkorea – Vietnam 3:0, 1:0; Katar – Singapur 4:1, 0:1; Katar – Indonesien 3:1, 4:1; Katar – Vietnam 4:0, 4:0; Singapur – Indonesien 2:0, 2:1; Singapur – Vietnam 3:2, 1:0; Indonesien – Vietnam 0:1, 2:1.
Gruppe D: Südkorea. Turniere im Libanon und Südkorea: Südkorea – Bahrain 0:0, 0:0; Südkorea – Libanon 1:0, 2:0; Südkorea – Hongkong 3:0, 4:1; Südkorea – Indien 3:0, 7:0; Bahrain – Libanon 0:0, 0:0; Bahrain – Hongkong 1:2, 3:0; Bahrain – Indien 2:1, 3:0; Libanon – Hongkong 2:2, 2:1; Libanon – Indien 2:2, 2:1; Hongkong – Indien 2:1, 1:3.
Gruppe E: Saudi-Arabien. Turniere in Malaysia und Saudi-Arabien: Saudi-Arabien – Kuwait 0:0, 2:0; Saudi-Arabien – Malaysia 1:1, 3:0; Saudi-Arabien – Macao 6:0, 8:0; Kuwait – Malaysia 1:1, 2:0; Kuwait – Macao 10:1, 8:0; Malaysia – Macao 9:0, 5:0.

Gruppe F: Japan. Turniere in Japan und den Vereinigten Arabischen Emirate: Japan – Vereinigte Arabische Emirate 2:0, 1:1; Japan – Thailand 1:0, 1:0; Japan – Bangladesch 8:0, 4:1; Japan – Sri Lanka 5:0, 6:0; Vereinigte Arabische Emirate – Thailand 1:0, 2:1; Vereinigte Arabische Emirate – Bangladesch 1:0, 7:0; Vereinigte Arabische Emirate – Sri Lanka 4:0, 3:0; Thailand – Bangladesch 4:1, 4:1 Thailand – Sri Lanka 1:0, 3:0; Bangladesch – Sri Lanka 1:0, 3:0.
Endrunde: Saudi-Arabien und Südkorea. Turnier in Katar: Saudi-Arabien – Südkorea 1:1; Saudi-Arabien – Japan 0:0; Saudi-Arabien – Irak 1:1; Saudi-Arabien – Iran 4:3; Saudi-Arabien – Nordkorea 2:1; Südkorea – Japan 0:1; Südkorea – Irak 2:2; Südkorea – Iran 3:0; Südkorea – Nordkorea 3:0; Japan – Irak 2:2; Japan – Iran 1:2; Japan – Nordkorea 3:0; Irak – Iran 2:1; Irak – Nordkorea 2:3; Iran – Nordkorea 2:1.

Endrunde vom 17. Juni bis 17. Juli 1994 in den USA
1. Finalrunde:
Es qualifizierten sich die beiden Gruppenersten sowie die vier besten Gruppendritten.
Gruppe A: Rumänien, Schweiz, USA. USA – Schweiz 1:1 (Detroit), Kolumbien – Rumänien 1:3 (Los Angeles), Rumänien – Schweiz 1:4 (Detroit), USA – Kolumbien 2:1 (Los Angeles), USA – Rumänien 0:1 (Los Angeles), Schweiz – Kolumbien 0:2 (San Francisco).
Gruppe B: Brasilien, Schweden. Kamerun – Schweden 2:2 (Los Angeles), Brasilien – Russland 2:0 (San Francisco), Brasilien – Kamerun 3:0 (San Francisco), Schweden – Russland 3:1 (Detroit), Russland – Kamerun 6:1 (San Francisco), Brasilien – Schweden 1:1 (Detroit).
Gruppe C: Deutschland, Spanien: Deutschland – Bolivien 1:0 (Chicago), Spanien – Südkorea 2:2 (Dallas), Deutschland – Spanien 1:1 (Chicago), Südkorea – Bolivien 0:0 (Boston), Bolivien – Spanien 1:3 (Chicago), Deutschland – Südkorea 3:2 (Dallas).
Gruppe D: Nigeria, Bulgarien, Argentinien. Argentinien – Griechenland 4:0 (Boston), Nigeria – Bulgarien 3:0 (Dallas), Argentinien – Nigeria 2:1 (Boston), Bulgarien – Griechenland 4:0 (Chicago), Griechenland – Nigeria 0:2 (Boston), Argentinien – Bulgarien 0:2 (Dallas).
Gruppe E: Mexiko, Irland, Italien. Italien – Irland 0:1 (New York), Norwegen – Mexiko 1:0 (Washington), Italien – Norwegen 1:0 (New York), Mexiko – Irland 2:1 (Orlando), Irland – Norwegen 0:0 (New York), Italien – Mexiko 1:1 (Washington).
Gruppe F: Niederlande, Saudi-Arabien, Belgien. Belgien – Marokko 1:0 (Orlando), Niederlande – Saudi-Arabien 2:1 (Washington), Belgien – Niederlande 1:0 (Orlando), Saudi-Arabien – Marokko 2:1 (New York), Marokko – Niederlande 1:2 (Orlando), Belgien – Saudi-Arabien 0:1 (Washington).

Achtelfinale: Deutschland – Belgien 3:2 (Chicago). Schweiz – Spanien 0:3 (Washington), Saudi-Arabien – Schweden 1:3 (Dallas), Rumänien – Argentinien 3:2 (Los Angeles), Niederlande – Irland 2:0 (Orlando), Brasilien – USA 1:0 (San Francisco), Nigeria – Italien n. V. 1:2 (Boston), Mexiko – Bulgarien n. V. 1:1/Elfmeterschießen 1:3 (New York).
Viertelfinale: Italien – Spanien 2:1 (Boston), Niederlande – Brasilien 2:3 (Dallas), Bulgarien – Deutschland 2:1 (New York), Rumänien – Schweden n. V. 2:2/Elfmeterschießen 4:5 (San Francisco).
Halbfinale: Bulgarien – Italien 1:2 (New York), Schweden – Brasilien 0:1 (Los Angeles).
Um den dritten Platz: Schweden – Bulgarien 4:0 (Los Angeles).

Endspiel am 17. Juli 1994 in Los Angeles: Brasilien – Italien n. V. 0:0/Elfmeterschießen 3.2
Brasilien: Taffarel – Aldair, Marcio Santos, Mauro Silva – Jorginho (Cafu), Dunga, Branco, Mazinho, Zinho (Viola) – Bebeto, Romario.
Italien: Pagliuca – Mussi (Apolloni), Maldini, Baresi, Benarrivo – Donadoni, Albertini, Dino Baggio (Evani), Berti – Roberto Baggio, Massaro.
Elfmeterschießen: Baresi (verschossen), Marcio Santos (gehalten), Albertini 0:1, Romario 1.1, Evani 1:2, Branco 2:2, Massaro (gehalten), Dunga 3:2, R. Baggio (verschossen) – Zuschauer: 94 949 – SR: Puhl (Ungarn).

1998: Frankreich (Trainer: Jacquet)
Qualifikation:
Europa I: Dänemark und Kroatien. Dänemark – Kroatien 3:1, 1:1; Dänemark – Griechenland 2:1, 0:0; Dänemark – Bosnien-Herzegowina 2:0, 0:3; Dänemark – Slowenien 4:0, 2:0; Kroatien – Griechenland 1:1, 1:0; Kroatien – Bosnien-Herzegowina 3:2, 4:1 (in Bologna); Kroatien – Slowenien 3:3, 3:1; Griechenland – Bosnien-Herzegowina 3:0, 1:0; Griechenland – Slowenien 2:0, 3:0; Bosnien-Herzegowina – Slowenien 1:0, 2:1.
Europa II: England und Italien. England – Italien 0:1, 0:0; England – Polen 2:1, 2:0; England – Georgien 2:0, 2:0; England – Moldawien 4:0, 3:0; Italien – Polen 3:0, 0:0; Italien – Georgien 1:0, 0:0; Italien – Moldawien 3:0, 3:1; Polen – Georgien 4:1, 0:3; Polen – Moldawien 2:1, 3:0; Georgien – Moldawien 2:0, 1:0.

Europa III: Norwegen. Norwegen – Ungarn 3:0, 1:1; Norwegen – Finnland 1:1, 4:0; Norwegen – Schweiz 5:0, 1:0; Norwegen – Aserbaidschan 5:0, 1:0; Ungarn – Finnland 1:0, 1:1, Ungarn – Schweiz 1:1, 0:1; Ungarn – Aserbaidschan 3:1, 3:0; Finnland – Schweiz 2:3, 2:1; Finnland – Aserbaidschan 3:0, 2:1; Schweiz – Aserbaidschan 5:0, 0:1.
Europa IV: Österreich und Schottland. Österreich – Schottland 0:0, 0:2; Österreich – Schweden 1:0, 1:0; Österreich – Lettland 2:1, 3:1; Österreich – Estland 2:0, 3:0; Österreich – Weißrussland 4:0, 1:0; Schottland – Schweden 1:0, 1:2; Schottland – Lettland 2:0, 2:0; Schottland – Estland 2:0, 0:0 (in Monaco); Schottland – Weißrussland 4:1, 1:0; Schweden – Lettland 1:0, 2:1; Schweden – Estland 1:0, 3:2; Schweden – Weißrussland 5:1, 2:1; Lettland – Estland 1:0, 3:1; Lettland – Weißrussland 2:0, 1:1; Estland – Weißrussland 1:0, 0:1.
Europa V: Bulgarien. Bulgarien – Russland 1:0, 2:4; Bulgarien – Israel 1:0, 1:2; Bulgarien – Zypern 4:1, 3:1; Bulgarien – Luxemburg 4:0; 2:1; Russland – Israel 2:0, 1:1; Russland – Zypern 4:0, 1:1; Russland – Luxemburg 3:0, 4:0; Israel – Zypern 2:0, 0:2; Israel – Luxemburg 1:0, 3:0; Zypern – Luxemburg 2:0, 3:1.
Europa VI: Spanien und Jugoslawien. Spanien – Jugoslawien 2:0, 1:1; Spanien – Tschechien 1:0, 0:0; Spanien – Slowakei 4:1, 2:1; Spanien – Färöer 3:1, 6:2; Spanien – Malta 4:0, 3:0; Jugoslawien – Tschechien 1:0, 2:1; Jugoslawien – Slowakei 2:0, 1:1; Jugoslawien – Färöer 3:1, 8:1; Jugoslawien – Malta 6:0, 5:0; Slowakei – Tschechien 1:0, 0:3; Slowakei – Färöer 3:0, 2:1; Slowakei – Malta 6:0, 2:0; Tschechien – Färöer 2:0, 2:0; Tschechien – Malta 6:0, 1:0; Färöer – Malta 2:1, 2:1.
Europa VII: Niederlande und Belgien. Niederlande – Belgien 3:1, 3:0; Niederlande – Türkei 0:0, 0:1; Niederlande – Wales 7:1, 3:1; Niederlande – San Marino 4:0, 6:0, Belgien – Türkei 2:1, 3:1; Belgien – Wales 3:2, 2:1; Belgien – San Marino 6:0, 3:0; Türkei – Wales 6:4, 0:0; Türkei – San Marino 7:0, 5:0; Wales – San Marino 6:0, 5:0.
Europa VIII: Rumänien. Rumänien – Irland 1:0, 1:1; Rumänien – Litauen 3:0, 1:0; Rumänien – Mazedonien 4:2, 3:0; Rumänien – Island 4:0, 4:0; Rumänien – Liechtenstein 8:0, 8:1; Irland – Litauen 0:0, 2:1; Irland – Mazedonien 3:0, 2:3; Irland – Island 0:0, 4:2; Irland – Liechtenstein 5:0, 5:0; Litauen – Mazedonien 2:0, 2:1; Litauen – Island 2:0, 0:0; Litauen – Liechtenstein 2:1, 2:0; Mazedonien – Island 1:0, 1:1, Mazedonien – Liechtenstein 3:0, 11:1; Island – Liechtenstein 4:0, 4:0.
Europa IX: Deutschland. Deutschland – Ukraine 2:0, 0:0; Deutschland – Portugal 1:1, 0:0; Deutschland – Armenien 4:0, 5:1; Deutschland – Nordirland 1:1, 3:1; Deutschland – Albanien 4:3, 3:2 (in Granada); Ukraine – Portugal 2:1, 0:1; Ukraine – Armenien 1:1, 2:0; Ukraine – Nordirland 2:1, 1:0; Ukraine – Albanien 1:0, 1:0 (in Granada); Portugal – Armenien 3:1, 0:0; Portugal – Nordirland 1:0, 0:0; Portugal – Albanien 2:0, 3:0, Armenien – Nordirland 0:0, 1:1; Armenien – Albanien 3:0, 1:1; Nordirland – Albanien 2:0, 0:1 (in Zürich).
Europa: Qualifikation der Gruppenzweiten. Schottland als bester Gruppenzweiter direkt qualifiziert. Kroatien – Ukraine 2:0, 1:1; Russland – Italien 1:1, 0:1; Ungarn – Jugoslawien 1:7, 0:5; Irland – Belgien 1:1, 1:2.

Frankreich als Veranstalter automatisch qualifiziert.

Südamerika: Argentinien, Paraguay, Kolumbien und Chile. Argentinien – Paraguay 1:1, 2:1; Argentinien – Kolumbien 1:1, 1:0; Argentinien – Chile 1:1, 2:1; Argentinien – Peru 2:0, 0:0; Argentinien – Ecuador 2:1, 0:2; Argentinien – Uruguay 0:0, 0:0; Argentinien – Bolivien 3:1, 1:2; Argentinien – Venezuela 2:0, 5:2; Paraguay – Kolumbien 2:1, 0:1; Paraguay – Chile 2:1, 1:2; Paraguay – Peru 2:1, 0:1; Paraguay – Ecuador 1:0, 1:2; Paraguay – Uruguay 3:1, 2:0; Paraguay – Bolivien 2:1, 0:0; Paraguay – Venezuela 1:0, 2:0; Kolumbien – Chile 4:1, 1:4; Kolumbien – Peru 0:1, 1:1; Kolumbien – Ecuador 1:0, 1:0; Kolumbien – Uruguay 3:1, 1:1; Kolumbien – Bolivien 3:0, 2:2; Kolumbien – Venezuela 1:0, 2:0; Chile – Peru 4:0, 1:2; Chile – Ecuador 4:1, 1:1; Chile – Uruguay 1:0, 0:1; Chile – Bolivien 3:0, 1:1; Chile – Venezuela 6:0, 1:1; Peru – Ecuador 1:1, 1:4; Peru – Uruguay 2:1, 0:2; Peru – Bolivien 2:1, 0:0; Peru – Venezuela 4:1, 3:0; Ecuador – Uruguay 4:0, 3:5; Ecuador – Bolivien 1:0, 0:2; Ecuador – Venezuela 1:0, 1:1; Uruguay – Bolivien 1:0, 0:1; Uruguay – Venezuela 3:1, 2:0; Bolivien – Venezuela 6:1, 1:1.

Brasilien als Weltmeister automatisch qualifiziert.

Nord – und Mittelamerika: Mexiko, USA und Jamaika
Karibik, 1. Runde: Dominica – Antigua 3:3, 3:1; Dominikanische Republik – Aruba 3:2, 3:1; Guyana – Grenada 1:2, 0:6; Bahamas verzichteten gegen St. Kitts-Nevis.
Karibik, 2. Runde: Surinam – Jamaika 0:1, 0:1; Puerto Rico – St. Vincent and the Grenadines 1:2, 0:7; Dominikanische Republik – Niederl. Antillen 2:1, 0:0; St. Kitts-Nevis – St. Lucia 5:1, 1:0; Cayman Islands – Kuba 0:1, 0:5 (beide Spiele auf den Cayman Islands); Haiti – Grenada 6:1, 1:0; Dominica – Barbados 0:1, 0:1; Bermuda verzichtete gegen Trinidad & Tobago.
Karibik, 3. Runde: Kuba – Haiti 6:1 (in Trinidad), 1:1; Dominikanische Republik – Trinidad & Tobago 1:4, 0:8; St. Kitts-Nevis – St. Vincent and the Grenadines 2:2. 0:0; Barbados – Jamaika 0:1, 0:2.
Zentral-Zone: Nicaragua – Guatemala 0:1, 1:2; Belize – Panama 1:2, 1:4.

Halbfinale, Gruppe 1: USA und Costa Rica. USA – Costa Rica 2:1, 1:2; USA – Guatemala 2:0, 2:2 (in El Salvador); USA – Trinidad & Tobago 2:0, 1:0; Costa Rica – Guatemala 3:0, 0:1 (in den USA); Costa Rica – Trinidad & Tobago 2:1, 1:0; Guatemala – Trinidad & Tobago 2:1 (in den USA), 1:1.
Halbfinale, Gruppe 2: Kanada und El Salvador. Kanada – El Salvador 1:0, 2:0; Kanada – Panama 3:1, 0:0; Kanada – Kuba 2:0, 2:0; El Salvador – Panama 3:2, 1:1; El Salvador – Kuba 3:0, 5:0; Panama – Kuba 3:1, 1:3. Kuba trug alle Heimspiele im Land des Gegners aus.
Halbfinale, Gruppe 3: Jamaika, Mexiko. Jamaika – Mexiko 1:0, 1:2; Jamaika – Honduras 3:0, 0:0; Jamaika – St. Vincent and the Grenadines 5:0, 2:1; Mexiko – Honduras 3:1, 1:2; Mexiko – St. Vincent and the Grenadines 5:1, 3:0; Honduras – St. Vincent and the Grenadines 11:3, 4:1.
Endrunde: Mexiko, USA, Jamaika: Mexiko – USA 0:0, 2:2; Mexiko – Jamaika 6:0, 0:0; Mexiko – El Salvador 5:0, 1:0; Mexiko – Costa Rica 3:3, 0:0; Mexiko – Kanada 4:0, 2:2; USA – Jamaika 1:1, 0:0; USA – El Salvador 4:2, 1:1; USA – Costa Rica 1:0, 2:3; USA – Kanada 3:0, 3:0; Jamaika – El Salvador 1:0, 2:2; Jamaika – Costa Rica 1:0, 1:3; Jamaika – Kanada 1:0, 0:0; El Salvador – Costa Rica 2:1, 0:0; El Salvador – Kanada 4:1, 0:0; Costa Rica – Kanada 3:1, 0:1.

Afrika: Nigeria, Tunesien, Südafrika, Kamerun, Marokko
1. Runde: Mauretanien – Burkina Faso 0:0, 0:2; Gambia – Liberia 2:1, 0:4 (in Ghana); Malawi – Südafrika 0:1, 0:3; Uganda – Angola 0:2, 1:3; Guinea-Bissau – Guinea 3:2, 1:3; Namibia – Mosambik 2:0, 1:1; Burundi – Sierra Leone 1:0, 1:0 (Burundi verzichtete anschließend wegen des Bürgerkriegs im Land zugunsten von Sierra Leone); Kongo – Elfenbeinküste 2:0, 1:1; Kenia – Algerien 3:1, 0:1; Madagaskar – Zimbabwe 1:2, 2:2; Mauritius – Zaire 1:5, 0:2; Ruanda – Tunesien 1:3, 0:2; Sudan – Sambia 2:0, 0:3; Swasiland – Gabun 0:1, 0:2; Togo – Senegal 2:1, 1:1; Tansania – Ghana 0:0, 1:2. Freilose: Nigeria, Kamerun, Marokko, Ägypten.
Endrunde, Gruppe 1: Nigeria. Nigeria – Guinea 2:1, 0:1; Nigeria – Kenia 3:0, 1:1; Nigeria – Burkina Faso 2:0, 2:1; Guinea – Kenia 3:1, 0:1; Guinea – Burkina Faso 3:1, 2:0; Kenia – Burkina Faso 4:3, 4:2.
Endrunde, Gruppe 2: Tunesien. Tunesien – Ägypten 1:0, 0:0; Tunesien – Liberia 2:0, 1:0 (in Ghana); Tunesien – Namibia 4:0, 2:1; Ägypten – Liberia 5:0, 0:1 (in Ghana); Ägypten – Namibia 7:1, 3:2; Liberia – Namibia 1:2 (in Ghana), 0:0.
Endrunde, Gruppe 3: Südafrika. Südafrika – Kongo 1:0, 0:2; Südafrika – Sambia 3:0, 0:0; Südafrika – DR Kongo 1:0, 2:1 (in Togo); Kongo – Sambia 1:0, 0:3; Kongo – DR Kongo 1:0, 1:1; Sambia – DR Kongo 2:0, 2:2 (in Zimbabwe). (DR Kongo hieß bis Mai 1997 Zaire.)
Endrunde, Gruppe 4: Kamerun. Kamerun – Angola 0:0, 1:1; Kamerun – Zimbabwe 1:0, 2:1; Kamerun – Togo 2:0, 4:2; Angola – Zimbabwe 2:1, 0:0; Angola – Togo 3:1, 1:1; Zimbabwe – Togo 3:0, 1:2.
Endrunde, Gruppe 5: Marokko. Marokko – Ghana 1:0, 2:2; Marokko – Sierra Leone 4:0, 1:0; Marokko – Gabun 2:0, 4:0; Ghana – Sierra Leone 0:2, 1:1; Ghana – Gabun 3:0, 1:1; Sierra Leone – Gabun 1:0, Rückspiel nicht mehr ausgetragen.

Asien: Saudi-Arabien, Südkorea, Japan und Iran
Gruppe 1: Saudi-Arabien. Turniere in Malaysia und Saudi-Arabien: Saudi-Arabien – Malaysia 0:0, 3:0; Saudi-Arabien – Taiwan 2:0, 6:0; Saudi-Arabien – Bangladesch 4:1, 3:0; Malaysia – Taiwan 2:0, 0:0; Malaysia – Bangladesch 2:0, 1:0; Taiwan – Bangladesch 3:1, 1:2.
Gruppe 2: Iran. Turniere in Syrien und Iran: Iran – Kirgistan 7:0, 3:1; Iran – Syrien 1:0, 2:2; Iran – Malediven 17:0, 9:0; Kirgistan – Syrien erstes Spiel nicht ausgetragen; 2:1; Kirgistan – Malediven 3:0, 6:0; Syrien – Malediven 12:0, 12:0.
Gruppe 3: Vereinigte Arabische Emirate. Turnier in Bahrain und den Vereinigten Arabischen Emiraten: Vereinigte Arabische Emirate – Jordanien 0:0, 2:0; Vereinigte Arabische Emirate – Bahrain 2:1, 3:0; Jordanien – Bahrain 0:1, 4:1.
Gruppe 4: Japan. Turniere in Oman und Japan: Japan – Oman 1:0, 1:1; Japan – Macao 10:0, 10:0; Japan – Nepal 6:0, 3:0; Oman – Macao 4:0, 2:0; Oman – Nepal 1:0, 6:0; Macao – Nepal 1:1, 2:1.
Gruppe 5: Usbekistan. Usbekistan – Jemen 5:1, 1:0; Usbekistan – Indonesien 3:0, 1:1; Usbekistan – Kambodscha 6:0, 4:1; Jemen – Indonesien 1:0, 0:0; Jemen – Kambodscha 7:0, 1:0; Indonesien – Kambodscha 8:0, 1:1.
Gruppe 6: Hongkong. Südkorea – Thailand 0:0, 3:1; Südkorea – Hongkong 4:0, 0:0; Thailand – Hongkong 2:0, 2:3.
Gruppe 7: Kuwait. Kuwait – Libanon 2:0, 3:1; Kuwait – Singapur 4:0, 1:0; Libanon – Singapur 1:1, 2:1.
Gruppe 8. China. China – Tadschikistan 0:0, 1:0; China – Turkmenistan 1:0, 4:1; China – Vietnam 4:0, 3:1; Tadschikistan – Turkmenistan 5:0, 2:1; Tadschikistan – Vietnam 4:0, 4:0; Turkmenistan – Vietnam 2:1, 4:0.
Gruppe 9: Ksachstan. Kasachstan – Irak 3:1, 2:1; Kasachstan – Pakistan 3:0, 7:0; Irak – Pakistan 6:1, 6:2.
Gruppe 10: Katar. Turnier in Katar: Katar – Sri Lanka 3:0; Katar – Indien 6:0; Katar – Philippinen 5:0; Sri Lanka – Indien 1:1; Sri Lanka – Philippinen 3:0; Indien – Philippinen 2:0.
Endrunde, Gruppe A: Saudi-Arabien. Saudi-Arabien – Iran 1:0, 1:1; Saudi-Arabien – China 1:1, 0:1; Saudi-Arabien – Katar 1:0, 1:0; Saudi-Arabien – Kuwait 2:1, 1:2; Iran – China 4:1, 4:2; Iran – Katar 3:0, 0:2; Iran – Kuwait 0:0, 1:1; China – Katar 2:3, 1:1; China – Kuwait 1:0, 2:1; Katar – Kuwait 0:2, 1:0.

Endrunde, Gruppe B: Südkorea. Südkorea – Japan 0:2, 2:1; Südkorea – Vereinigte Arabische Emirate 3:0, 3:1; Südkorea – Usbekistan 2:1, 5:1; Südkorea – Kasachstan 3:0, 1:1; Japan – Vereinigte Arabische Emirate 1:1, 0:0; Japan – Usbekistan 6:3, 1:1; Japan – Kasachstan 5:1, 1:1; Vereinigte Arabische Emirate – Usbekistan 0:0, 3:2; Vereinigte Arabische Emirate – Kasachstan 4:0, 0:3; Usbekistan – Kasachstan 4:0, 1:1.
Entscheidungsspiel der Gruppenzweiten: Japan – Iran i. V. 3:2 („Golden Goal") (in Malaysia).

Ozeanien:
1. Runde, Gruppe Melanesien: Papua-Neuguinea. Turnier in Papua-Neuguinea: Papua-Neuguinea – Solomonen 1:1; Solomonen – Vanuatu 1:1; Papua-Neuguinea – Vanuatu 2:1.
1. Runde, Gruppe Polynesien: Tonga. Turnier in Tonga: Tonga – Cook Islands 2:0; Westsamoa – Cook Islands 2:1; Tonga – Westsamoa 1:0.
Entscheidungsspiele: Tonga – Solomonen 0:4, 0:9.
2. Runde, Gruppe 1: Australien. Turnier in Australien: Australien – Solomonen 13:0, 6:2; Australien – Tahiti 5:0, 2:0; Solomonen – Tahiti 4:1, 1:1.
2. Runde, Gruppe 2: Neuseeland. Neuseeland – Fidschi 5:0, 1:0; Neuseeland – Papua-Neuguinea 7:0, 0:1; Fidschi – Papua-Neuguinea 3:1, 1:0.
Endspiele: Neuseeland – Australien 0:3, 0:2.
Entscheidungsspiele gegen den Asien-Vierten: Iran – Australien 1:1, 2:2.

Endrunde vom 10. Juni bis 12. Juli 1998 in Frankreich

1. Finalrunde: (Es qualifizierten sich die Gruppenersten und -zweiten).
Gruppe A: Brasilien und Norwegen. Brasilien – Schottland 2:1 (Paris St. Denis), Marokko – Norwegen 2:2 (Montpellier), Schottland – Norwegen 1:1 (Bordeaux), Brasilien – Marokko 3:0 (Nantes), Schottland – Marokko 0:3 (St. Etienne), Brasilien – Norwegen 1:2 (Marseille).
Gruppe B: Italien und Chile. Italien – Chile 2:2 (Bordeaux), Kamerun – Österreich 1:1 (Toulouse), Chile – Österreich 1:1 (St. Etienne), Italien – Kamerun 3:0 (Montpellier), Italien – Österreich 2:1 (St. Denis), Chile – Kamerun 1:1 (Nantes).
Gruppe C: Frankreich und Dänemark. Saudi-Arabien – Dänemark 0:1 (Lens), Frankreich – Südafrika 3:0 (Marseille), Südafrika – Dänemark 1:1 (Toulouse), Frankreich – Saudi-Arabien 4:0 (St. Denis), Frankreich – Dänemark 2:1 (Lyon), Südafrika – Saudi-Arabien 2:2 (Bordeaux).
Gruppe D: Nigeria und Paraguay. Paraguay – Bulgarien 0:0 (Montpellier), Spanien – Nigeria 2:3 (Nantes), Nigeria – Bulgarien 1:0 (Paris Prinzenpark), Spanien – Paraguay 0:0 (St. Etienne), Spanien – Bulgarien 6:1 (Lens), Nigeria – Paraguay 1:3 (Toulouse).
Gruppe E: Niederlande und Mexiko. Südkorea – Mexiko 1:3 (Lyon), Niederlande – Belgien 0:0 (St. Denis), Belgien – Mexiko 2:2 (Bordeaux), Niederlande – Südkorea 5:0 (Marseille), Belgien – Südkorea 1:1 (Prinzenpark), Niederlande – Mexiko 2:2 (St. Etienne).
Gruppe F: Deutschland und Jugoslawien. Jugoslawien – Iran 1:0 (St. Etienne), Deutschland – USA 2:0 (Prinzenpark), Deutschland – Jugoslawien 2:2 (Lens), USA – Iran 1:2 (Lyon), Deutschland – Iran 2:0 (Montpellier), USA – Jugoslawien 0:1 (Nantes).
Gruppe G: Rumänien und England. England – Tunesien 2:0 (Marseille), Rumänien – Kolumbien 1:0 (Lyon), Kolumbien – Tunesien 1:0 (Montpellier), Rumänien – England 2:1 (Toulouse), Rumänien – Tunesien 1:1 (St. Denis), Kolumbien – England 0:2 (Lens).
Gruppe H: Argentinien und Kroatien. Argentinien – Japan 1:0 (Toulouse), Jamaika – Kroatien 1:3 (Lens), Japan – Kroatien 0:1 (Nantes), Argentinien – Jamaika 5:0 (Prinzenpark), Japan – Jamaika 1:2 (Lyon), Argentinien – Kroatien 1:0 (Bordeaux).

Achtelfinale: Deutschland – Mexiko 2:1 (Montpellier), Niederlande – Jugoslawien 2:1 (Toulouse), Rumänien – Kroatien 0:1 (Bordeaux), Italien – Norwegen 1:0 (Marseille), Brasilien – Chile 4:1 (Prinzenpark), Frankreich – Paraguay i. V. 1:0 („Golden Goal") (Lens), Nigeria – Dänemark 1:4 (St. Denis), Argentinien – England n. V. 2:2/Elfmeterschießen 4:3 (St. Etienne).
Viertelfinale: Deutschland – Kroatien 0:3 (Lyon), Niederlande – Argentinien 2:1 (Marseille), Brasilien – Dänemark 3:2 (Nantes), Italien – Frankreich n. V. 0:0/Elfmeterschießen 3:4 (St. Denis).
Halbfinale: Brasilien – Niederlande n. V. 1:1/Elfmeterschießen 4:2 (Marseille), Frankreich – Kroatien 2:1 (St. Denis).
Um den dritten Platz: Kroatien – Niederlande 2:1 (Paris Prinzenpark).

Endspiel am 12. Juli 1998 in Paris St. Denis: Frankreich – Brasilien 3:0 (2:0)
Frankreich: Barthez – Thuram, Desailly, Leboeuf, Lizarazu – Karembeu (Boghossian), Deschamps, Petit – Zidane, Djorkaeff (Vieira) – Guivarc'h (Dugarry).
Brasilien: Taffarei – Cafu, Aldair, Balano, Roberto Carlos – Sampaio (Edmundo), Dunga, Leonardo (Denilson), Rivaldo – Bebeto, Ronaldo.
Tore: Zidane 2, Petit – Zuschauer: 80 000 – SR: Belqola (Marokko)

2002: Brasilien (Trainer: Scolari)
Qualifikationsspiele:
Europa, Gruppe 1: Russland und Slowenien
Russland – Slowenien 1:1, 1:2; Russland – Jugoslawien 1:1, 1:0; Russland – Schweiz 4:0, 1:0; Russland – Färöer 1:0, 3:0; Russland – Luxemburg 3:0, 2:1; Slowenien – Jugoslawien 1:1, 1:1; Slowenien – Schweiz 2:2, 1:0; Slowenien – Färöer 3:0, 2:2; Slowenien – Luxemburg 2:0, 2:1; Jugoslawien – Schweiz 1:1, 2:1; Jugoslawien – Färöer 2:0, 6:0, Jugoslawien – Luxemburg 6:2, 2:0; Schweiz – Färöer 5:1, 1:0; Schweiz – Luxemburg 5:0, 3:0; Färöer – Luxemburg 1:0, 2:0.

Gruppe 2: Portugal und Irland
Portugal – Irland 1:1, 1:1; Portugal – Niederlande 2:2, 2:0; Portugal – Estland 5:0, 3:1; Portugal – Zypern 6:0, 3:1; Portugal – Andorra 3:0, 7:1 (in Lleida); Irland – Niederlande 1:0, 2:2; Irland – Estland 2:0, 2:0; Irland – Zypern 4:0, 4:0; Irland – Andorra 3:1, 3:0 (in Barcelona); Niederlande – Estland 5:0, 4:2; Niederlande – Zypern 4:0, 4:0; Niederlande – Andorra 4:0, 5:0 (in Barcelona); Estland – Zypern 2:2, 2:2; Estland – Andorra 1:0, 2:1; Zypern – Andorra 5:0, 3:2.

Gruppe 3: Dänemark und Tschechien
Dänemark – Tschechien 2:1, 0:0; Dänemark – Bulgarien 1:1, 2:0; Dänemark – Island 6:0, 2:1; Dänemark – Nordirland 1:1, 1:1; Dänemark – Malta 2:1, 5:0; Tschechien – Bulgarien 6:0, 1:0; Tschechien – Island 4:0, 1:3; Tschechien – Nordirland 3:1, 1:0; Tschechien – Malta 3:2, 0:0; Bulgarien – Island 1:1, 1:1; Bulgarien – Nordirland 4:3, 1:0; Bulgarien – Malta 3:0, 2:0; Island – Nordirland 1:0, 0:3; Island – Malta 3:0, 4:1; Nordirland – Malta 1:0, 1:0.

Gruppe 4: Schweden und Türkei
Schweden – Türkei 1:1, 2:1; Schweden – Slowakei 2:0, 0:0; Schweden – Mazedonien 1:0, 2:1; Schweden – Moldawien 6:0, 2:0; Schweden – Aserbaidschan 3:0, 1:0; Türkei – Slowakei 1:1, 1:0; Türkei – Mazedonien 3:3, 2:1; Türkei – Moldawien 2:0, 3:0; Türkei – Aserbaidschan 3:0, 1:0; Slowakei – Mazedonien 2:0, 5:0; Slowakei – Moldawien 4:2, 1:0; Slowakei – Aserbaidschan 3:1, 0:2; Mazedonien – Moldawien 2:2, 0:0; Mazedonien – Aserbaidschan 3:0, 1:1; Moldawien – Aserbaidschan 2:0, 0:0.

Gruppe 5: Polen und Ukraine
Polen – Ukraine 1:1, 3:1; Polen – Weißrussland 3:1, 1:4; Polen – Norwegen 3:0, 3:2; Polen – Wales 0:0, 2:1; Polen – Armenien 4:0, 1:1; Ukraine – Weißrussland 0:0, 2:0; Ukraine – Norwegen 0:0, 1:0; Ukraine – Wales 1:1, 1:1; Ukraine – Armenien 3:0, 3:2; ; Weißrussland – Norwegen 2:1, 1:1; Weißrussland – Wales 2:1, 0:1; Weißrussland – Armenien 2:1, 0:0; Norwegen – Wales 3:2, 1:1; Norwegen – Armenien 0:0; 4:1; Wales – Armenien 0:0, 2:2.

Gruppe 6: Kroatien und Belgien
Kroatien – Belgien 1:0, 0:0; Kroatien – Schottland 1:1, 0:0; Kroatien – Lettland 4:1, 1:0; Kroatien – San Marino 4:0, 4:0; Belgien – Schottland 2:0, 2:2; Belgien – Lettland 3:1, 4:0; Belgien – San Marino 10:1, 4:1; Schottland – Lettland 2:1, 1:0; Schottland – San Marino 4:0, 2:0; Lettland – San Marino 1:1, 1:0.

Gruppe 7: Spanien und Österreich
Spanien – Österreich 4:0, 1:1; Spanien – Israel 2:0, 1:1; Spanien – Bosnien-Herzegowina 4:1, 2:1; Spanien – Liechtenstein 5:0, 2:0; Österreich – Israel 2:1, 1:1; Österreich – Bosnien-Herzegowina 2:0, 1:1; Österreich – Liechtenstein 2:0, 1:0; Israel – Bosnien-Herzegowina 3:1, 0:0; Israel – Liechtenstein 2:0, 3:0; Bosnien-Herzegowina – Liechtenstein 5:0, 3:0.

Gruppe 8: Italien und Rumänien
Italien – Rumänien 3:0, 2:0; Italien – Georgien 2:0, 2:1; Italien – Ungarn 1:0, 2:2; Italien – Litauen 4:0, 0:0; Rumänien – Georgien 1:1, 2:0; Rumänien – Ungarn 2:0, 2:0; Rumänien – Litauen 1:0, 2:1; Georgien – Ungarn 3:1, 1:4; Georgien – Litauen 2:0, 4:0; Ungarn – Litauen 1:1, 6:1.

Gruppe 9: England und Deutschland
England – Deutschland 0:1, 5:1; England – Finnland 2:1, 0:0; England – Griechenland 2:2, 2:0; England – Albanien 2:0, 3:1; Deutschland – Finnland 0:0, 2:2; Deutschland – Griechenland 2:0, 4:2; Deutschland – Albanien 2:1, 2:0; Finnland – Griechenland 5:1, 0:1; Finnland – Albanien 2:1, 2:0; Griechenland – Albanien 1:0, 0:2.

Europa: Qualifikation der Gruppenzweiten
Ukraine – Deutschland 1:1, 1:4; Slowenien – Rumänien 2:1; 1:1; Belgien – Tschechien 1:0, 1:0; Österreich – Türkei 0:1, 0:5; Irland – Iran 2:0, 0:1.

Frankreich als Weltmeister automatisch qualifiziert.

Asien: Japan und Südkorea als Veranstalter direkt qualifiziert;
1. Runde, Gruppe 1: Oman. Oman – Syrien 2:0, 3:3; Oman – Laos 12:0, 7:0 (beide Spiele in Oman); Oman – Philippinen 7:0, 2:0 (beide Spiele in Oman); Syrien – Laos 11:0, 9:0 (beide Spiele in Syrien); Syrien – Philippinen 12:0, 5:1 (beide Spiele in Syrien); Laos – Philippinen 2:0, 1:1.
Gruppe 2: Iran. Turnier im Iran. Iran – Tadschikistan 2:0; Iran – Guam 19:0; Tadschikistan – Guam 16:0; Myanmar hat zurückgezogen.

Gruppe 3: Katar. Turniere in Hongkong und Katar: Katar – Palästina 2:1, 2:1; Katar – Malaysia 5:1, 0:0; Katar – Hongkong 2:0, 3:0; Palästina – Malaysia 1:0, 3:4; Palästina – Hongkong 1:1, 1:0; Malaysia – Hongkong 2:0, 1:2.

Gruppe 4: Bahrain. Turniere in Singapur und Kuwait: Bahrain – Kuwait 1:2, 1:0; Bahrain – Kirgistan 1:0, 2:1; Bahrain – Singapur 2:1, 2:0; Kuwait – Kirgistan 3:0, 2:0; Kuwait – Singapur 1:1, 1:0; Kirgistan – Singapur 1:0, 1:1.

Gruppe 5: Thailand. Turniere in Libanon und Thailand: Thailand – Libanon 2:1, 2:2; Thailand – Sri Lanka 4:2, 3:0; Thailand – Pakistan 3:0, 6:0; Libanon – Sri Lanka 4:0, 5:0; Libanon – Pakistan 6:0, 8:1; Sri Lanka – Pakistan 3:3, 3:1.

Gruppe 6: Irak. Turniere in Irak und Kasachstan: Irak – Kasachstan 1:1, 1:1; Irak – Nepal 9:1, 4:2; Irak – Macao 8:0, 5:0; Kasachstan – Nepal 6:0, 4:0; Kasachstan – Macao 3:0, 5:0; Nepal – Macao 4:1, 6:1.

Gruppe 7: Usbekistan. Turniere in Usbekistan und Jordanien: Usbekistan – Turkmenistan 1:0, 5:2; Usbekistan – Jordanien 2:2, 1:1; Usbekistan – Taiwan 7:0, 4:0; Turkmenistan – Jordanien 2:0, 2:1; Turkmenistan – Taiwan 5:0, 1:0; Jordanien – Taiwan 2:0, 6:0.

Gruppe 8: Vereinigte Arabische Emirate. Vereinigte Arabische Emirate – Jemen 3:2, 1:2; Vereinigte Arabische Emirate – Indien 1:0, 0:1; Vereinigte Arabische Emirate – Brunei 4:0, 12:0; Jemen – Indien 3:3, 1:1; Jemen – Brunei 1:0, 5:0; Indien – Brunei 5:0, 1:0.

Gruppe 9: China. China – Indonesien 5:1, 2:0; China – Malediven 10:1, 1:0; China – Kambodscha 3:1, 4:0; Indonesien – Malediven 5:0, 2:0; Indonesien – Kambodscha 6:0, 2:0; Malediven – Kambodscha 6:0, 1:1.

Gruppe 10: Saudi-Arabien. Turnier in Saudi-Arabien: Saudi-Arabien – Vietnam 5:0, 4:0; Saudi-Arabien – Bangladesch 6:0, 3:0; Saudi-Arabien – Mongolei 6:0, 6:0; Vietnam – Bangladesch 0:0, 4:0; Vietnam – Mongolei 4:0, 1:0; Bangladesch – Mongolei 2:2, 3:0.

2. Runde, Gruppe A: Saudi-Arabien.
Saudi-Arabien – Iran 2:2, 0:2; Saudi-Arabien – Bahrain 1:1, 4:0; Saudi-Arabien – Irak 1:0 (in Bahrain), 2:1 (in Jordanien); Saudi-Arabien – Thailand 4:1, 3:1; Iran – Bahrain 0:0, 1:3; Iran – Irak 2:1, 2:1; Iran – Thailand 1:0, 0:0; Bahrain – Irak 2:0, 0:1; Bahrain – Thailand 1:1, 1:1; Irak – Thailand 4:0, 1:1.

2. Runde, Gruppe B: China.
China – Vereinigte Arabische Emirate 3:0, 1:0; China – Usbekistan 2:0, 0:1; China – Katar 3:0, 1:1; China – Oman 1:0, 2:0; Vereinigte Arabische Emirate – Usbekistan 4:1, 1:0; Vereinigte Arabische Emirate – Katar 0:2, 2:1; Vereinigte Arabische Emirate – Oman 2:2, 1:1; Usbekistan – Katar 2:1, 2:2; Usbekistan – Oman 5:0, 2:4; Katar – Oman 0:0, 3:0.

Asien: Qualifikation der Gruppenzweiten
Iran – Vereinigte Arabische Emirate 1:0, 3:0. Play-off Irland – Iran siehe Europa.

Südamerika: Argentinien, Ecuador, Brasilien, Paraguay, Uruguay.
Argentinien – Ecuador 2:0, 2:0; Argentinien – Brasilien 2:1, 1:3; Argentinien – Paraguay 1:1, 2:2; Argentinien – Uruguay 2:1, 1:1; Argentinien – Kolumbien 3:0, 3:1; Argentinien – Bolivien 1:0, 3:3; Argentinien – Peru 2:0, 2:1; Argentinien – Venezuela 5:0, 4:0; Argentinien – Chile 4:1, 2:0; Ecuador – Brasilien 1:0, 2:3; Ecuador – Paraguay 2:1, 1:3; Ecuador – Uruguay 1:1, 0:4; Ecuador – Kolumbien 0:0, 0:0; Ecuador – Bolivien 2:0, 5:1; Ecuador – Peru 2:1, 2:1; Ecuador – Venezuela 2:0, 2:1; Ecuador – Chile 1:0, 0:0; Brasilien – Paraguay 2:0, 1:2; Brasilien – Uruguay 1:1, 0:1; Brasilien – Kolumbien 1:0, 0:0; Brasilien – Bolivien 5:0, 1:3; Brasilien – Peru 1:1, 1:0; Brasilien – Venezuela 3:0, 6:0; Brasilien – Chile 2:0, 0:3; Paraguay – Uruguay 1:0, 1:0; Paraguay – Kolumbien 0:4, 2:0; Paraguay – Bolivien 5:1, 0:0; Paraguay – Peru 5:1, 0:2; Paraguay – Venezuela 3:0, 1:3; Paraguay – Chile 1:0, 1:3; Uruguay – Kolumbien 1:1, 0:1; Uruguay – Bolivien 1:0, 0:0; Uruguay – Peru 0:0, 2:0; Uruguay – Venezuela 3:1, 0:2; Uruguay – Chile 2:1, 1:0; Kolumbien – Bolivien 2:0, 0:1; Kolumbien – Peru 0:1, 1:0; Kolumbien – Venezuela 3:0, 2:2; Kolumbien – Chile 3:1, 1:0; Bolivien – Peru 1:0, 1:1; Bolivien – Venezuela 5:0, 2:4; Bolivien – Chile 1:0, 2:2; Peru – Venezuela 1:0, 0:3; Peru – Chile 3:1, 1:1; Venezuela – Chile 0:2, 2:0.

Ozeanien: Australien
Gruppe 1: Turnier in Australien: Australien – Fidschi 2:0, Australien – Tonga 22:0, Australien – Westsamoa 11:0, Australien – Amerikanisch Samoa 31:0; Fidschi – Tonga 8:1, Fidschi – Westsamoa 6:1, Fidschi – Amerikanisch Samoa 13:0, Tonga – Westsamoa 1:0, Tonga – Amerikanisch Samoa 5:0, Westsamoa – Amerikanisch Samoa 8:0.
Gruppe 2: Turnier in Neuseeland: Neuseeland – Tahiti 5:0, Neuseeland – Salomonen 5:1, Neuseeland – Vanuatu 7:0, Neuseeland – Cook Inseln 2:0, Tahiti – Salomonen 2:0, Tahiti – Vanuatu 6:1, Tahiti – Cook Inseln 6:0, Salomonen – Vanuatu 7:2, Salomonen – Cook Inseln 9:1, Vanuatu – Cook Inseln 8:1.
Endspiele: Australien – Neuseeland 4:1, 2:0.
Qualifikation Ozeanien/Südamerika 5: Australien – Uruguay 1:0, 0:3.

Nord- und Mittelamerika:
Zentral-Zone:
Gruppe A: El Salvador. El Salvador – Guatemala 1:1, 1:0; El Salvador – Belize 5:0, 3:1; Guatemala – Belize 0:0, 2:1 (beide Spiele in Honduras).

Gruppe B: Panama. Panama – Honduras 1:0, 1:3; Panama – Nicaragua 4:0, 2:0; Honduras – Nicaragua 3:0, 1:0.
Karibik-Zone:
Gruppe 1: Barbados. Kuba – Cayman Islands 4:0, 0:0; St. Lucia – Surinam 1:0, n. V. 0:1 (Surinam 3:1-Sieger im Elfmeterschießen); Barbados – Grenada 2:2, n. V. 3:2; Aruba – Puerto Rico 4:2, 2:2; Aruba – Barbados 1:3, 0:4; Kuba – Surinam 1:0, 0:0; Kuba – Barbados 1:1, n. V. 1:1 (Barbados 5:4-Sieger im Elfmeterschießen).
Gruppe 2: St. Vincent. St. Vincent – US Jungfern-Inseln 9:0, 5:1; Britische Jungfern-Inseln – Bermuda 1:5, 0:9; St. Kitts/Nevis – Turks & Caicos Inseln 8:0, 6:0; Guyana – Antigua/Barbuda (Guyana von der FIFA suspendiert); St. Vincent – St. Kitts/Nevis 1:0, 2:1; Antigua/Barburda – Bermuda 0:0, 1:1; Antigua/Barbuda – St. Vincent 2:1, 0:4.
Gruppe 3: Trinidad/Tobago. Trinidad/Tobago – Niederländische Antillen 5:0, 1:1; Dominikanische Republik – Montserrat 3:0, 3:1; Anguilla – Bahamas 1:3, 1:2; Haiti – Dominica 4:0, 3:1; Trinidad/Tobago – Dominikanische Republik 3:0, 1:0; Haiti – Bahamas 9:0, 4:0; Trinidad/Tobago – Haiti 3:1, 1:1.
Interzonen-Qualifikation: Honduras – Haiti 4:0, 3:1; Kuba – Kanada 0:1, 0:0; Antigua/Barbuda – Guatemala 0:1, 1:8.
Halbfinale:
Gruppe C: Trinidad/Tobago und Mexiko. Trinidad/Tobago – Mexiko 1:0, 0:7; Trinidad/Tobago – Kanada 4:0, 2:0; Trinidad/Tobago – Panama 6:0, 1:0; Mexiko – Kanada 2:0, 0:0; Mexiko – Panama 7:1, 1:0; Kanada – Panama 1:0, 0:0.
Gruppe D: Honduras und Jamaika. Honduras – Jamaika 1:0, 1:3; Honduras – El Salvador 5:0, 5:2; Honduras – St. Vincent 6:0, 7:0; Jamaika – El Salvador 1:0, 0:2; Jamaika – St. Vincent 2:0, 1:0; El Salvador – St. Vincent 7:1, 2:1.
Gruppe E: USA und Costa Rica. USA – Costa Rica 0:0, 1:2; USA – Guatemala 1:0, 1:1; USA – Barbados 7:0, 4:0; Costa Rica – Guatemala 2:1, 1:2; Costa Rica – Barbados 3:0, 1:2; Guatemala – Barbados 2:0, 3:1 – Entscheidungsspiel in Miami/USA: Costa Rica – Guatemala 5:2.
Endrunde: Costa Rica, Mexiko und USA. Costa Rica – Mexiko 0:0, 2:1; Costa Rica – USA 2:0, 0:1; Costa Rica – Honduras 2:2, 3:2; Costa Rica – Jamaika 2:1, 1:0; Costa Rica – Trinidad/Tobago 3:0, 2:0; Mexiko – USA 1:0, 0:2; Mexiko – Honduras 3:0, 1:3; Mexiko – Jamaika 4:0, 2:1; Mexiko – Trinidad/Tobago 3:0, 1:1; USA – Honduras 2:3, 2:1; USA – Jamaika 2:1, 0:0; USA – Trinidad/Tobago 2:0, 0:0; Honduras – Jamaika 1:0, 1:1; Honduras – Trinidad/Tobago 0:1, 4:2; Jamaika – Trinidad/Tobago 1:0, 2:1.

Afrika: Kamerun, Nigeria, Senegal, Tunesien, Südafrika.
1. Runde: Mauretanien – Tunesien 1:2, 0:3; Guinea-Bissau – Togo 0:0, 0:3; Benin – Senegal 1:1, 0:1; Gambia – Marokko 0:1, 0:2; Kap Verde – Algerien 0:0, 0:2; Botswana – Sambia 0:1, 0:1; Madagaskar – Gabun 2:0, 0:1; Sudan – Mosambik 1:0, 1:2; Lesotho – Südafrika 0:2, 0:1; Swasiland – Angola 0:1, 1:7; Sao Tomé – Sierra Leone 2:0, 0:4; Ruanda – Elfenbeinküste 2:2, 0:3; Libyen – Mali 3:0, 1:3; Zentralafrikanische Republik – Simbabwe 0:1, 1:3; Äquatorial-Guinea – Kongo 1:3, 1:2; Dschibuti – Demokratische Republik Kongo 1:1, 1:9; Seychellen – Namibia 1:1, 0:3; Eritrea – Nigeria 0:0, 0:4; Somalia – Kamerun 0:3, 0:3 (beide Spele in Kamerun); Mauritius – Ägypten 0:2, 2:4 (beide Spiele in Ägypten); Malawi – Kenia 2:0, 0:0; Tansania – Ghana 0:1, 2:3; Uganda – Guinea 4:4, 0:3; Tschad – Liberia 0:1, 0:0; Äthiopien – Burkina Faso 2:1, 0:3.
2. Runde Gruppe A: Kamerun. Kamerun – Angola 3:0, 0:2; Kamerun – Sambia 1:0, 2:2; Kamerun – Togo 2:0, 2:0; Kamerun – Libyen 1:0, 3:0; Angola – Sambia 2:1, 1:1; Angola – Togo 1:1, 1:1; Angola – Libyen 3:1, 1:1; Sambia – Togo 2:0, 2:3; Sambia – Libyen 2:0, 4:2; Togo – Libyen 2:0, 3:3.
Gruppe B: Nigeria. Nigeria – Liberia 2:0, 1:2; Nigeria – Sudan 3:0, 4:0; Nigeria – Ghana 3:0, 0:0; Nigeria – Sierra Leone 2:0, 0:1; Liberia – Sudan 2:0, 0:2; Liberia – Ghana 1:2, 3:1; Liberia – Sierra Leone 1:0, 1:0; Sudan – Ghana 1:0, 0:1; Sudan – Sierra Leone 3:0, 2:0; Ghana – Sierra Leone 5:0, 1:1.
Gruppe C: Senegal. Senegal – Marokko 1:0, 0:0; Senegal – Ägypten 0:0, 0:1; Senegal – Algerien 3:0, 1:1; Senegal – Namibia 4:0, 5:0; Marokko – Ägypten 1:0, 0:0; Marokko – Algerien 2:1, 2:1; Marokko – Namibia 3:0, 0:0; Ägypten – Algerien 5:2, 1:1; Ägypten – Namibia 8:2, 1:1; Algerien – Namibia 1:0, 4:0.
Gruppe D: Tunesien. Tunesien – Elfenbeinküste 1:1, 2:2; Tunesien – Demokratische Republik Kongo 6:0, 3:0; Tunesien – Republik Kongo 6:0, 2:1; Tunesien – Madagaskar 1:0, 2:0; Elfenbeinküste – Demokratische Republik Kongo 1:0, 2:1; Elfenbeinküste – Republik Kongo 2:0, 1:0; Elfenbeinküste – Madagaskar 6:0, 3:1; Demokratische Republik Kongo – Republik Kongo 2:0, 1:1; Demokratische Republik Kongo – Madagaskar 1:0, 0:3; Republik Kongo – Madagaskar 2:0, 0:1.
Gruppe E: Südafrika. Südafrika – Simbabwe 2:1, 2:0 abgebrochen (Wertung nach Spielstand); Südafrika – Burkina Faso 1:0, 1:1; Südafrika – Malawi 2:0, 2:1; Simbabwe – Burkina Faso 1:0, 2:1; Simbabwe – Malawi 2:0, 1:0; Burkina Faso – Malawi 4:2, 1:1. Guinea wurde nach drei Spielen von der FIFA ausgeschlossen.

Endrunde vom 31. Mai bis 30. Juni 2002 in Südkorea (Gruppen A bis D) und Japan (Gruppen E bis H)

1. Finalrunde: Es qualifizierten sich die Gruppenersten und -zweiten.

Gruppe A: Dänemark, Senegal
Frankreich – Senegal 0:1 (Seoul), Uruguay – Dänemark 1:2 (Ulsan), Frankreich – Uruguay 0:0 (Busan), Dänemark – Senegal 1:1 (Daegu), Dänemark – Frankreich 2:0 (Incheon), Senegal – Uruguay 3:3 (Suwon).

Gruppe B: Spanien, Paraguay
Paraguay – Südafrika 2:2 (Busan), Spanien – Slowenien 3:1 (Gwangju), Spanien – Paraguay 3:1 (Jeonju), Südafrika – Slowenien 1:0 (Daegu), Südafrika – Spanien 2:3 (Daejeon), Slowenien – Paraguay 1:3 (Seogwipo).

Gruppe C: Brasilien, Türkei
Brasilien – Türkei 2:1 (Ulsan), China – Costa Rica 0:2 (Gwangju), Brasilien – China 4:0 (Seogwipo), Costa Rica – Türkei 1:1 (Incheon), Costa Rica – Brasilien 2:5 (Suwon), Türkei – China 3:0 (Seoul).

Gruppe D: Südkorea, USA
Südkorea – Polen 2:0 (Busan), USA – Portugal 3:2 (Suwon), Südkorea – USA 1:1 (Daegu), Portugal – Polen 4:0 (Jeonju), Portugal – Südkorea 0:1 (Incheon), Polen – USA 3:1 (Daejeon).

Gruppe E: Deutschland, Irland
Irland – Kamerun 1:1 (Niigata), Deutschland – Saudi-Arabien 8:0 (Sapporo), Deutschland – Irland 1:1 (Ibaraki), Kamerun – Saudi Arabien 1:0 (Saitama), Kamerun – Deutschland 0:2 (Shizuoka), Saudi Arabien – Irland 0:3 (Yokohama).

Gruppe F: Schweden, England
England – Schweden 1:1 (Saitama), Argentinien – Nigeria 1:0 (Ibaraki), Schweden – Nigeria 2:1 (Kobe), Argentinien – England 0:1 (Sapporo), Schweden – Argentinien 1:1 (Miyagi), Nigeria – England 0:0 (Osaka).

Gruppe G: Mexiko, Italien
Kroatien – Mexiko 0:1 (Niigata), Italien – Ekuador 2:0 (Sapporo), Italien – Kroatien 1:2 (Ibaraki), Mexiko – Ekuador 2:1 (Miyagi), Mexiko – Italien 1:1 (Oita), Ekuador – Kroatien 1:0 (Yokohama).

Gruppe H: Japan, Belgien
Japan – Belgien 2:2 (Saitama), Russland – Tunesien 2:0 (Kobe), Japan – Russland 1:0 (Yokohama), Tunesien – Belgien 1:1 (Oita), Tunesien – Japan 0:2 (Osaka), Belgien – Russland 3:2 (Shizuoka).

Achtelfinale: Deutschland – Paraguay 1:0 (Seogwipo), Dänemark – England 0:3 (Niigata), Schweden – Senegal i.V. 1:2 (Oita), Spanien – Irland n. V. 1:1/Elfmeterschießen 3:2 (Suwon), Mexiko – USA 0:2 (Jeonju), Brasilien – Belgien 2:0 (Kobe), Japan – Türkei 0:1 (Miyagi), Südkorea – Italien i. V. 2:1 (Daejeon).

Viertelfinale: Deutschland – USA 1:0 (Ulsan), England – Brasilien 1:2 (Shizuoka), Spanien – Südkorea n. V. 0:0/Elfmeterschießen 3:5 (Gwangju), Senegal – Türkei i. V. 0:1 (Osaka).

Halbfinale: Deutschland – Südkorea 1:0 (Seoul), Brasilien – Türkei 1:0 (Saitama)

Um den dritten Platz: Türkei – Südkorea 3:2 (Daegu)

Endspiel am 30. Juni 2002 in Yokohama: Brasilien – Deutschland 2:0 (0:0)
Brasilien: Marcos – Lucio, Edmilson, Roque Junior – Cafu, Gilberto Silva, Kleberson, Roberto Carlos – Ronaldinho (Juninho Paulista), Ronaldo (Denilson), Rivaldo.
Deutschland: Kahn – Frings, Linke, Ramelow, Metzelder – Schneider, Jeremies (Asamoah), Hamann, Bode (Ziege) – Neuville, Klose (Bierhoff)
Tore: Ronaldo 2 – **Zuschauer:** 70 564 – **SR:** Collina (Italien)

2006: Italien (Trainer: Lippi)

Qualifikation:

Europa, Gruppe 1: Niederlande und Tschechien
Niederlande – Tschechien 2:0, 2:0; Niederlande – Rumänien 2:0, 2:0; Niederlande – Finnland 3:1, 4:0; Niederlande – Mazedonien 0:0, 2:2; Niederlande – Armenien 2:0, 1:0; Niederlande – Andorra 4:0, 3:0 (in Spanien); Tschechien – Rumänien 1:0, 0:2; Tschechien – Finnland 4:3, 3:0; Tschechien – Mazedonien 6:1, 2:0; Tschechien – Armenien 4:1, 3:0; Tschechien – Andorra 8:1, 4:0; Rumänien – Finnland 2:1, 1:0; Rumänien – Mazedonien 2:1, 2.1; Rumänien – Armenien 3:0, 1:1; Rumänien – Andorra 2:0, 5:1; Finnland – Mazedonien 5:1, 3:0; Finnland – Armenien 3:1, 2:0; Finnland – Andorra 3:0, 0:0; Mazedonien – Armenien 3:0, 2:1; Mazedonien – Andorra 0:0, 0:1; Armenien – Andorra 2:1, 3:0.

Europa, Gruppe 2: Ukraine und Türkei
Ukraine – Türkei 0:1, 3:0; Ukraine – Dänemark 1:0, 1:1; Ukraine – Griechenland 1:1, 1:0; Ukraine – Albanien 2:2, 2:0; Ukraine – Georgien 2:0, 1:1; Ukraine – Kasachstan 2:0, 2:1; Türkei – Dänemark 2:2, 1:1; Türkei – Griechenland 0:0, 0:0; Türkei – Albanien 2:0, 1:0; Türkei – Georgien 1:1, 5:2; Türkei – Kasachstan 4:0, 6:0; Dänemark – Griechenland 1:0, 1:2; Dänemark – Albanien 3:1, 2:0; Dänemark –

Georgien 6:1, 2:2; Dänemark – Kasachstan 3:0, 2:1; Griechenland – Albanien 2:0, 1:2; Griechenland – Georgien 1:0, 3:1; Griechenland – Kasachstan 3:1, 2:1; Albanien – Georgien 3:2, 0:2; Albanien – Kasachstan 2:1, 1:0; Georgien – Kasachstan 0:0, 2:1.

Europa, Gruppe 3: Portugal und Slowakei
Portugal – Slowakei 2:0, 1:1; Portugal – Russland 7:1, 0:0; Portugal – Estland 4:0, 1:0; Portugal – Lettland 3:0, 2:0; Portugal – Liechtenstein 2:1, 2:2; Portugal – Luxemburg 6:0, 5:0; Slowakei – Russland 0:0, 1:1; Slowakei – Estland 1:0, 2:1; Slowakei – Lettland 4:1, 1:1; Slowakei – Liechtenstein 7:0, 0:0; Slowakei – Luxemburg 3:1, 4:0; Russland – Estland 4:0, 1:1; Russland – Lettland 2:0, 1:1; Russland – Liechtenstein 2:0, 2:1; Russland – Luxemburg 5:1, 4:0; Estland – Lettland 2:1, 2:2; Estland – Liechtenstein 2:0, 2:1; Estland – Luxemburg 4:0, 2:0; Lettland – Liechtenstein 1:0, 3:1; Lettland – Luxemburg 4:0, 4:3; Liechtenstein – Luxemburg 3:0, 4:0.

Europa, Gruppe 4: Frankreich und Schweiz
Frankreich – Schweiz 0:0, 1:1; Frankreich – Israel 0:0, 1:1; Frankreich – Irland 0:0, 1:0; Frankreich – Zypern 4:0, 2:0; Frankreich – Färöer 3:0, 2:0; Schweiz – Israel 1:1, 2:2; Schweiz – Irland 1:1, 0:0; Schweiz – Zypern 1:0, 3:1; Schweiz – Färöer 6:0, 3:1; Israel – Irland 1:1, 2:2; Israel – Zypern 2:1, 2:1; Israel – Färöer 2:1, 2:0; Irland – Zypern 3:0, 1:0; Irland – Färöer 2:0, 2:0; Zypern – Färöer 2:2, 3:0.

Europa, Gruppe 5: Italien und Norwegen
Italien – Norwegen 2:1, 0:0; Italien – Schottland 2:0, 1:1; Italien – Slowenien 1:0, 0:1; Italien – Weißrussland 4:3, 4:1; Italien – Moldawien 2:1, 1:0; Norwegen – Schottland 1:2; 1:0; Norwegen – Slowenien 3:0, 3:2; Norwegen – Weißrussland 1:1, 1:0; Norwegen – Moldawien 1:0, 0:0; Schottland – Slowenien 0:0, 3:0; Schottland – Weißrussland 0:1, 0:0; Schottland – Moldawien 2:0, 1:1; Slowenien – Weißrussland 1:1, 1:1; Slowenien – Moldawien 3:0, 2:1; Weißrussland – Moldawien 4:0, 0:2.

Europa, Gruppe 6: England und Polen
England – Polen 2:1, 2:1; England – Österreich 1:0, 2:2; England – Nordirland 4:0, 0:1; England – Wales 2:0, 1:0; England – Aserbaidschan 2:0, 1:0; Polen – Österreich 3:2, 3:1; Polen – Nordirland 1:0, 3:0; Polen – Wales 1:0, 3:2; Polen – Aserbaidschan 8:0, 3:0; Österreich – Nordirland 2:0, 3:3; Österreich – Wales 1:0, 2:0; Österreich – Aserbaidschan 2:0, 0:0; Nordirland – Wales 2:3, 2:2; Nordirland – Aserbaidschan 2:0, 0:0; Wales – Aserbaidschan 2:0, 1:1.

Europa, Gruppe 7: Serbien & Montenegro und Spanien
Serbien & Montenegro – Spanien 0:0, 1:1; Serbien & Montenegro – Bosnien-Herzegowina 1:0, 0:0; Serbien & Montenegro – Belgien 0:0, 2:0; Serbien & Montenegro – Litauen 2:0, 2:0; Serbien & Montenegro – San Marino 5:0, 3:0; Spanien – Bosnien-Herzegowina 1:1, 1:1; Spanien – Belgien 2:0, 2:0; Spanien – Litauen 1:0, 0:0; Spanien – San Marino 5:0, 6:0; Bosnien-Herzegowina – Belgien 1:0, 1:4; Bosnien-Herzegowina – Litauen 1:1, 1:0; Bosnien-Herzegowina – San Marino 3:0, 3:1; Belgien – Litauen 1:1, 1:1; Belgien – San Marino 8:0, 2:1; Litauen – San Marino 4:0, 1:0.

Europa, Gruppe 8: Kroatien und Schweden
Kroatien – Schweden 1:0, 1:0; Kroatien – Bulgarien 2:2, 3:1; Kroatien – Ungarn 3:0, 0:0; Kroatien – Island 4:0, 3:1; Kroatien – Malta 3:0, 1:0; Schweden – Bulgarien 3:0, 3:0; Schweden – Ungarn 3:0, 1:0; Schweden – Island 3:1, 4:1; Schweden – Malta 6:0, 7:0; Bulgarien – Ungarn 2:0, 1:1; Bulgarien – Island 3:2, 3:1; Bulgarien – Malta 4:1, 1:1; Ungarn – Island 3:2, 3:2; Ungarn – Malta 4:0, 2:0; Island – Malta 4:1, 0:0.

Europa, Qualifikation der Gruppenzweiten: Schweden und Polen als beste Gruppenzweite direkt qualifiziert. Tschechien 0:1, 0:1; Schweiz – Türkei 2:0, 2:4; Spanien – Slowakei 5:1, 1:1.

Deutschland als Veranstalter automatisch qualifiziert.

Afrika: Togo, Ghana, Elfenbeinküste, Angola und Tunesien

Vorrunde: Guinea-Bissau – Mali 1:2, 0:2; Niger – Algerien 0:1, 0:6; Tansania – Kenia 0:0, 0:3; Seychellen – Sambia 0:4, 1:1; Uganda – Mauritius 3:0, i. V. 1:3; Madagaskar – Benin 1:1, 2:3; Äquatorial-Guinea – Togo 1:0, 0:2; Sao Tome e Principe – Libyen 0:1, 0:8; Botswana – Lesotho 4:1, 0:0; Simbabwe – Mauretanien 3:0, 1:2; Äthiopien – Malawi 1:0, 0:3; Burundi – Gabun 0:0, 1:4; Ruanda – Namibia 3:0, 1:1; Kongo – Sierra Leone 1:0, 1:1; Gambia – Liberia 2:0, 0:3; Sudan – Eritrea 3:0, 0:0; Tschad – Angola 3:1, 0:2; Guinea – Mosambik 1:0, 4:3; Swasiland – Kap Verde 1:1, 0:3; Somalia – Ghana 0:5, 0:2 (beide Spiele in Ghana); Die Zentralafrikanische Republik verzichtete gegen Burkina Faso; Freilose: Ägypten, Elfenbeinküste, Kamerun, DR Kongo, Marokko, Nigeria, Senegal, Südafrika, Tunesien.

Gruppe 1: Togo
Togo – Senegal 3:1, 2:2; Togo – Sambia 4:1, 1:0; Togo – Kongo 3:0, 3:2; Togo – Mali 1:0, 2:1; Togo – Liberia 3:0, 0:0; Senegal – Sambia 1:0, 1:0; Senegal – Kongo 2:0, 0:0; Senegal – Mali 3:0, 2:2; Senegal – Liberia 6:1, 3:0; Sambia – Kongo 2:0, 3:2; Sambia – Mali 2:1, 1:1; Sambia – Liberia 1:0, 5.0; Kongo – Mali 1:0, 0:2; Kongo – Liberia 3:0, 2:0; Mali – Liberia 4:1, 0:1.

Gruppe 2: Ghana
Ghana – DR Kongo 0:0, 1:1; Ghana – Südafrika 3:0, 2:0; Ghana – Burkina Faso 2:1, 0:1; Ghana – Kap Verde 2:0, 4:0; Ghana – Uganda 2:0, 1:1; DR Kongo – Südafrika 1:0, 2:2; DR Kongo – Burkina Faso

3:2, 0:2; DR Kongo – Kap Verde 2:1, 1:1; DR Kongo – Uganda 4:0, 0:1; Südafrika – Burkina Faso 2:0, 1:3; Südafrika – Kap Verde 2:1, 2:1; Südafrika – Uganda 2:1, 1:0; Burkina Faso – Kap Verde 1:2, 0:1; Burkina Faso – Uganda 2:0, 2:2; Kap Verde – Uganda 1:0, 0:1.

Gruppe 3: Elfenbeinküste
Elfenbeinküste – Kamerun 2:3, 0:2; Elfenbeinküste – Ägypten 2:0, 2:1; Elfenbeinküste – Libyen 2:0, 0:0; Elfenbeinküste – Sudan 5:0, 3:1; Elfenbeinküste – Benin 3:0, 1:0; Kamerun – Ägypten 1:1, 2:3; Kamerun – Libyen 1:0, 0:0; Kamerun – Sudan 2:1, 1:1; Kamerun – Benin 2:1, 4:1; Ägypten – Libyen 4:1, 1:2; Ägypten – Sudan 6:1, 3:0; Ägypten – Benin 4:1, 3:3, Libyen – Sudan 0:0, 1:0; Libyen – Benin 4:1, 0:1; Sudan – Benin 1:0, 1:1.

Gruppe 4: Angola
Angola – Nigeria 1:0, 1:1; Angola – Simbabwe 1:0, 0:2; Angola – Gabun 3:0, 2:2; Angola – Algerien 2:1, 0:0; Angola – Ruanda 1:0, 1:0; Nigeria – Simbabwe 5:1, 3:0; Nigeria – Gabun 2:0, 1:1; Nigeria – Algerien 1:0, 5:2; Nigeria – Ruanda 2:0, 1:1; Simbabwe – Gabun 1:0, 1:1, Simbabwe – Algerien 1:1, 2:2; Simbabwe – Ruanda 3:1, 2:0; Gabun – Algerien 0:0, 3:0; Gabun – Ruanda 3:0, 1:3; Algerien – Ruanda 1:0, 1:1.

Gruppe 5: Tunesien
Tunesien – Marokko 2:2, 1:1; Tunesien – Guinea 2:0, 1:2; Tunesien – Kenia 1:0, 2:0; Tunesien – Botswana 4:1, 3:1; Tunesien – Malawi 7:0, 2:2; Marokko – Guinea 1:0, 1:1; Marokko – Kenia 5:1, 0:0; Marokko – Botswana 1:0, 1:0; Marokko – Malawi 4:1, 1:1; Guinea – Kenia 1:0, 1:2; Guinea – Botswana 4:0, 2:1; Guinea – Malawi 3:1, 1:1; Kenia – Botswana 1:0, 1:2; Kenia – Malawi 3:2, 0:3; Botswana – Malawi 2:0, 3:1.

Südamerika: Brasilien (der Titelverteidiger ist nicht mehr länger automatisch qualifiziert), Argentinien, Ecuador, Paraguay und Uruguay
Brasilien – Argentinien 3:1, 1:3; Brasilien – Ecuador 1:0, 0:1; Brasilien – Paraguay 4:1, 0:0; Brasilien – Uruguay 3:3, 1:1; Brasilien – Kolumbien 0:0, 2:1; Brasilien – Chile 5:0, 1:1; Brasilien – Venezuela 3:0, 5:2; Brasilien – Peru 1:0, 1:1; Brasilien – Bolivien 3:1, 1:1; Argentinien – Ecuador 1:0, 0:2; Argentinien – Paraguay 0:0, 0:1; Argentinien – Uruguay 4:2, 0:1; Argentinien – Kolumbien 1:0, 1:1; Argentinien – Chile 2:2, 0:0; Argentinien – Venezuela 3:2, 3:0; Argentinien – Peru 2:0, 3:1; Argentinien – Bolivien 3:0, 2:1; Ecuador – Uruguay 0:0, 0:1; Ecuador – Paraguay 5:2, 1:2; Ecuador – Kolumbien 2:1, 0:3; Ecuador – Chile 2:0, 0:0; Ecuador – Venezuela 2:0, 1:3; Ecuador – Peru 0:0, 2:2; Ecuador – Bolivien 3:2, 2:1; Paraguay – Uruguay 4:1, 0:1; Paraguay – Kolumbien 0:1, 1:1; Paraguay – Chile 2:1, 1:0; Paraguay – Venezuela 1:0, 1:0; Paraguay – Peru 1:1, 1:4; Paraguay – Bolivien 4:1, 1:2; Uruguay – Kolumbien 3:2, 0:5; Uruguay – Chile 2:1, 1:1; Uruguay – Venezuela 0:3, 1:1; Uruguay – Peru 1:3, 0:0; Uruguay – Bolivien 5:0, 0:0; Kolumbien – Chile 1:1, 0:0; Kolumbien – Venezuela 0:1, 0:0; Kolumbien – Peru 5:0, 2:0; Kolumbien – Bolivien 1:0, 0:4; Chile – Peru 2:1, 1:2; Chile – Venezuela 2:1, 1:0; Chile – Bolivien 3:1, 2:0; Venezuela – Peru 4:1, 0:0; Venezuela – Bolivien 2:1, 1:3; Peru – Bolivien 4:1, 0:1.

Entscheidungsspiele gegen den Ozeanien-Sieger: Uruguay – Australien 1:0, n. V. 0:1 (Elfmeterschießen 2:4).

Ozeanien: Australien
1. Runde, Gruppe 1 (Turnier auf den Salomonen): Salomonen und Tahiti. Salomonen – Tahiti 1:1; Salomonen – Neukaledonien 2:0; Salomonen – Tonga 6:0; Salomonen – Cook-Inseln 5:0; Tahiti – Neukaledonien 0:0; Tahiti – Tonga 2:0; Tahiti – Cook-Inseln 2:0; Neukaledonien – Tonga 8:0; Neukaledonien – Cook-Inseln 8:0; Tonga – Cook-Inseln 2:1.
1. Runde, Gruppe 2 (Turnier auf Samoa): Vanuatu und Fidschi. Vanuatu – Fidschi 3:0; Vanuatu – Papua-Neuguinea 1:1; Vanuatu – Samoa 3:0; Vanuatu – Amerikanisch-Samoa 9:1; Fidschi – Papua-Neuguinea 4:2; Fidschi – Samoa 4:0; Fidschi – Amerikanisch-Samoa 11:0; Papua-Neuguinea – Samoa 4:1; Papua-Neuguinea – Amerikanisch-Samoa 10:0; Samoa – Amerikanisch-Samoa 4:0.

Australien und Neuseeland hatten in der 1. Runde ein Freilos.

2. Runde (Turnier in Australien): Australien und Salomonen. Australien – Salomonen 2:2; Australien – Neuseeland 1:0; Australien – Fidschi 6:1; Australien – Tahiti 9:0; Australien – Vanuatu 3:0; Salomonen – Neuseeland 0:3; Salomonen – Fidschi 2:1; Salomonen – Tahiti 4:0; Salomonen – Vanuatu 1:0; Neuseeland – Fidschi 2:0; Neuseeland – Tahiti 10:0; Neuseeland – Vanuatu 2:4; Fidschi – Tahiti 0:0; Fidschi – Vanuatu 1:0; Tahiti – Vanuatu 2:1.
Endspiele: Australien – Salomonen 7:0, 2:1.
Entscheidungsspiele gegen den Südamerika-Fünften: Uruguay – Australien 1:0, n. V. 0:1 (Elfmeterschießen 2:4).

Nord- und Mittelamerika: USA, Mexiko, Costa Rica und Trinidad & Tobago
1. Runde, Gruppe 1: USA. Grenada – Guyana 5:0, 3:1; USA – Grenada 3:0, 3:2.
1. Runde, Gruppe 2: El Salvador. Bermuda – Montserrat 13:0, 7:0; El Salvador – Bermuda 2:1, 2:2.

1. Runde, Gruppe 3: Jamaika. Haiti – Turks & Caicos-Inseln 5:0, 2:0 (beide Spiele in den USA); Haiti – Jamaika 1:1 (in den USA), 0:3.
1. Runde, Gruppe 4: Panama. Brit. Jungfern-Inseln – St. Lucia 0:1, 0:9; Panama – St. Lucia 4:0,3:0.
1. Runde, Gruppe 5: Costa Rica. Cayman-Inseln – Kuba 1:2, 0:3; Kuba – Costa Rica 2:2, 1:1.
1. Runde, Gruppe 6: Guatemala. Aruba – Surinam 1:2, 1:8; Surinam – Guatemala 1:1, 1:3.
1. Runde, Gruppe 7: Honduras. Antigua & Barbuda – Niederl. Antillen 2:0, 0:3; Niederl. Antillen – Honduras 1:2, 0:4.
1. Runde, Gruppe 8: Kanada. Kanada – Belize 4:0, 4:0 (beide Spiele in Kanada).
1. Runde, Gruppe 9: Mexiko. Dominica – Bahamas 1:1, 3:1 (beide Spiele auf den Bahamas); Dominica – Mexiko 0:10 (in den USA), 0:8.
1. Runde, Gruppe 10: St. Kitts & Nevis. US-Jungfern-Inseln – St. Kitts & Nevis 0:4, 0:7; Barbados – St. Kitts & Nevis 0:2, 2:3..
1. Runde, Gruppe 11: Trinidad & Tobago. Dominikanische Rep. – Anguilla 0:0, 6:0 (beide Spiele in der Dominikanischen Rep.); Dominikanische Rep. – Trinidad & Tobago 0:2, 0:4.
1. Runde, Gruppe 12: St.Vincent and the Grenadines. Nicaragua – St. Vincent and the Grenadines 2:2, 1:4.
2. Runde, Gruppe A: USA und Panama. USA – Panama 6:0, 1:1; USA – Jamaika 1:1, 1:1; USA – El Salvador 2:0, 2:0; Panama – Jamaika 1:1, 2:1; Panama – El Salvador 3:0, 1:2; Jamaika – El Salvador 0:0, 3:0.
2. Runde, Gruppe B: Costa Rica und Guatemala. Costa Rica – Honduras 2:5, 0:0; Costa Rica – Guatemala 5:0, 1:2; Costa Rica – Kanada 1:0, 3:1; Guatemala – Honduras 1:0, 2:2; Guatemala – Kanada 0:1, 2:0; Honduras – Kanada 1:1, 1:1.
2. Runde, Gruppe C: Mexiko und Trinidad & Tobago. Mexiko – Trinidad & Tobago 3:0, 3:1; Mexiko – St. Vincent and the Grenadines 7:0, 1:0; Mexiko – St. Kitts & Nevis 8:0, 5:0 (in den USA); Trinidad & Tobago – St. Vincent and the Grenadines 2:1, 2:0; Trinidad & Tobago – St. Kitts & Nevis 5:1, 2:1; St. Vincent and the Grenadines – St. Kitts & Nevis 1:0, 3:0.
Endrunde: USA, Mexiko, Costa Rica und Trinidad & Tobago
USA – Mexiko 2:0, 1:2; USA – Costa Rica 3:0, 0:3; USA – Trinidad & Tobago 1:0, 2:1; USA – Guatemala 2:0, 0:0; USA – Panama 2:0, 3:0; Mexiko – Costa Rica 2:0, 2:1; Mexiko – Trinidad & Tobago 2:0, 1:2; Mexiko – Guatemala 5:2, 2:0; Mexiko – Panama 5:0, 1:1; Costa Rica – Trinidad & Tobago 2:0, 0:0; Costa Rica – Guatemala 3:2, 1:3; Costa Rica – Panama 2:1, 3:1; Trinidad & Tobago – Guatemala 3:2, 1:5; Trinidad & Tobago – Panama 2:0, 1:0; Guatemala – Panama 2:1, 0:0.
Entscheidungsspiele gegen den Asien-Fünften: Trinidad & Tobago – Bahrain 1:1, 1:0.

Asien: Saudi-Arabien, Südkorea, Japan und Iran
Vorrunde: Turkmenistan – Afghanistan 11:0, 2:0; Taiwan – Macao 3:0, 3:1; Bangladesch – Tadschikistan 0:2, 0:2; Laos – Sri Lanka 0:0, 0:3; Mongolei – Malediven 0:1, 0:12; Pakistan – Kirgistan 0:2, 0:4; da Nepal und Guam zurückzogen, kam Laos als „Lucky Loser" in die 1. Runde.
1. Runde, Gruppe 1: Iran. Iran – Jordanien 0:1, 2:0; Iran – Katar 3:1, 3:2; Iran – Laos 7:0, 7:0; Jordanien – Katar 1:0, 0:2; Jordanien – Laos 5:0, 3:2; Katar – Laos 5:0, 6:1.
1. Runde, Gruppe 2: Usbekistan. Usbekistan – Irak 1:1, 2:1 (in Jordanien); Usbekistan – Palästina 3:0, 3:0 (in Katar); Usbekistan – Taiwan 6:1, 1:0; Irak – Palästina 4:1, 1:1 (beide Spiele in Katar); Irak – Taiwan 6:1 (in Jordanien), 4:1; Palästina – Taiwan 8:0 (in Katar), 1:0.
1. Runde, Gruppe 3: Japan. Japan – Oman 1:0, 1:0; Japan – Indien 7:0, 4:0; Japan – Singapur 1:0, 2:1; Oman – Indien 0:0, 5:1; Oman – Singapur 7:0, 2:0; Indien – Singapur 1:0, 0:2.
1. Runde, Gruppe 4: Kuwait. Kuwait – China 1:0, 0:1; Kuwait – Hongkong 4:0, 2:0; Kuwait – Malaysia 6:1, 2:0; China – Hongkong 7:0, 1:0; China – Malaysia 4:0, 1:0; Hongkong – Malaysia 2:0, 3:1.
1. Runde, Gruppe 5: Nordkorea. Nordkorea – Vereinigte Arabische Emirate 0:0, 0:1; Nordkorea – Thailand 4:1, 4:1; Nordkorea – Jemen 2:1, 1:1; Vereinigte Arabische Emirate – Thailand 1:0, 0:3; Vereinigte Arabische Emirate – Jemen 0:1, 1:3; Thailand – Jemen 1:1, 3:0.
1. Runde, Gruppe 6: Bahrain. Bahrain – Syrien 2:1, 2:2; Bahrain – Tadschikistan 4:0, 0:0; Bahrain – Kirgistan 5:0, 2:1; Syrien – Tadschikistan 2:1, 1:0; Syrien – Kirgistan 0:1, 1:1; Tadschikistan – Kirgistan 2:1, 2:1.
1. Runde, Gruppe 7: Südkorea. Südkorea – Libanon 2:0, 1:1; Südkorea – Vietnam 2:0, 2:1; Südkorea – Malediven 2:0, 0:0; Libanon – Vietnam 0:0, 2:0; Libanon – Malediven 3:0, 5:2; Vietnam – Malediven 4:0, 0:3.
1. Runde, Gruppe 8: Saudi-Arabien. Saudi-Arabien – Turkmenistan 3:0, 1:0; Saudi-Arabien – Indonesien 3:0, 3:1; Saudi-Arabien – Sri Lanka 3:0, 1:0; Turkmenistan – Indonesien 3:1, 1:3; Turkmenistan – Sri Lanka 2:0, 2:2; Indonesien – Sri Lanka 1:0, 2:2.
2. Runde, Gruppe A: Saudi-Arabien, Südkorea und Usbekistan
Saudi-Arabien – Südkorea 2:0, 1:0; Saudi-Arabien – Usbekistan 3:0, 1:1; Saudi-Arabien – Kuwait 3:0, 0:0; Südkorea – Usbekistan 2:1, 1:1; Südkorea – Kuwait 2:0, 4:0; Usbekistan – Kuwait 3:2, 1:2.

2. Runde, Gruppe B: Japan, Iran und Bahrain
Japan – Iran 2:1, 1:2; Japan – Bahrain 1:0, 1:0; Japan – Nordkorea 2:1, 2:0 (in Thailand); Iran – Bahrain 1:0, 0:0; Iran – Nordkorea 1:0, 2:0; Bahrain – Nordkorea 2:3, 2:1.
Entscheidungsspiele der Gruppendritten: Usbekistan – Bahrain 1:0 (nach einem Regelverstoß des Schiedsrichters annulliert, Wiederholung 1:1), 0:0.
Entscheidungsspiele gegen den Nord- und Mittelamerika-Vierten: Trinidad & Tobago – Bahrain 1:1, 1:0.

Endrunde vom 9. Juni bis 9. Juli 2006 in Deutschland

1. Finalrunde: Es qualifizierten sich die Gruppenersten und –zweiten.
Gruppe A: Deutschland, Ecuador
Deutschland – Costa Rica 4:2 (München), Polen – Ecuador 0:2 (Gelsenkirchen), Deutschland – Polen 1:0 (Dortmund), Ecuador – Costa Rica 3:0 (Hamburg), Ecuador – Deutschland 0:3 (Berlin), Costa Rica – Polen 1:2 (Hannover).
Gruppe B: England, Schweden
England – Paraguay 1:0 (Frankfurt), Trinidad & Tobago – Schweden 0:0 (Dortmund), England – Trinidad & Tobago 2:0 (Nürnberg), Schweden – Paraguay 1:0 (Berlin), Schweden – England 2:2 (Köln), Paraguay – Trinidad & Tobago 2:0 (Kaiserslautern).
Gruppe C: Argentinien, Niederlande
Argentinien – Elfenbeinküste 2:1 (Hamburg), Serbien & Montenegro – Niederlande 0:1 (Leipzig), Argentinien – Serbien & Montenegro 6:0 (Gelsenkirchen), Niederlande – Elfenbeinküste 2:1 (Stuttgart), Niederlande – Argentinien 0:0 (Frankfurt), Elfenbeinküste – Serbien & Montenegro 3:2 (München).
Gruppe D: Portugal, Mexiko
Mexiko – Iran 3:1 (Nürnberg), Angola – Portugal 0:1 (Köln), Mexiko – Angola 0:0 (Hannover), Portugal – Iran 2:0 (Frankfurt), Portugal – Mexiko 2:1 (Gelsenkirchen), Iran – Angola 1:1 (Leipzig).
Gruppe E: Italien, Ghana
USA – Tschechien 0:3 (Gelsenkirchen), Italien – Ghana 2:0 (Hannover), Tschechien – Ghana 0:2 (Köln), Italien – USA 1:1 (Kaiserslautern), Tschechien – Italien 0:2 (Hamburg), Ghana – USA 2:1 (Nürnberg).
Gruppe F: Brasilien, Australien
Australien – Japan 3:1 (Kaiserslautern), Brasilien – Kroatien 1:0 (Berlin), Japan – Kroatien 0:0 (Nürnberg), Brasilien – Australien 2:0 (München), Japan – Brasilien 1:4 (Dortmund), Kroatien – Australien 2:2 (Stuttgart).
Gruppe G: Schweiz, Frankreich
Südkorea – Togo 2:1 (Frankfurt), Frankreich – Schweiz 0:0 (Stuttgart), Frankreich – Südkorea 1:1 (Leipzig), Togo – Schweiz 0:2 (Dortmund), Togo – Frankreich 0:2 (Köln), Schweiz – Südkorea 2:0 (Hannover).
Gruppe H: Spanien, Ukraine
Spanien – Ukraine 4:0 (Leipzig), Tunesien – Saudi-Arabien 2:2 (München), Saudi-Arabien – Ukraine 0:4 (Hamburg), Spanien – Tunesien 3:1 (Stuttgart), Saudi-Arabien – Spanien 0:1 (Kaiserslautern), Ukraine – Tunesien 1:0 (Berlin).
Achtelfinale: Deutschland – Schweden 2:0 (München), Argentinien – Mexiko n. V. 2:1 (Leipzig), Italien – Australien 1:0 (Kaiserslautern), Schweiz – Ukraine n. V. 0:0/Elfmeterschießen 0:3 (Köln), England – Ecuador 1:0 (Stuttgart), Portugal – Niederlande 1:0 (Nürnberg), Brasilien – Ghana 3:0 (Dortmund), Spanien – Frankreich 1:3 (Hannover).
Viertelfinale: Deutschland – Argentinien n. V. 1:1/Elfmeterschießen 4:2 (Berlin), Italien – Ukraine 3:0 (Hamburg), England – Portugal n. V. 0:0/Elfmeterschießen 1:3 (Gelsenkirchen), Brasilien – Frankreich 0:1 (Frankfurt).
Halbfinale: Deutschland – Italien n. V. 0:2 (Dortmund), Portugal – Frankreich 0:1 (München).
Um den dritten Platz: Deutschland – Portugal 3:1 (Stuttgart).

Endspiel am 9. Juli 2006 in Berlin: Italien – Frankreich n. V. 1:1 (1:1, 1:1)/ Elfmeterschießen 5:3

Italien: Buffon – Zambrotta, Cannavaro, Materazzi, Grosso – Camoranesi (Del Piero), Gattuso, Pirlo, Perrotta (Iaquinta) – Totti (De Rossi) – Toni.
Frankreich: Barthez – Sagnol, Thuram, Gallas, Abidal – Makelele, Vieira (Diarra) – Ribéry (Trezeguet), Zidane, Malouda – Henry (Wiltord).
Tore: Materazzi (Zidane) – Elfmeterschießen: Pirlo 1:0, Wiltord 1:1, Materazzi 2:1, Trezeguet (Latte), De Rossi 3:1, Abidal 3:2, Del Piero 4:2, Sagnol 4:3, Grosso 5:3 – Zuschauer: 69 000 – SR: Elizondo (Argentinien).

2010: Spanien (Trainer: Del Bosque)

Qualifikation:
Europa, Gruppe 1: Dänemark und Portugal
Dänemark – Portugal 1:1, 3:2; Dänemark – Schweden 1:0, 1:0; Dänemark – Ungarn 0:1, 0:0; Dänemark – Albanien 3:0, 1:1; Dänemark – Malta 3:0, 3:0; Portugal – Schweden 0:0, 0:0; Portugal – Ungarn 3:0, 1:0; Portugal – Albanien 0:0, 2:1; Portugal – Malta 4:0, 4:0; Schweden – Ungarn 2:1, 2:1; Schweden – Albanien 4:1, 0:0; Schweden – Malta 4:0, 1:0; Ungarn – Albanien 2:0, 1:0; Ungarn – Malta 3:0, 1:0; Albanien – Malta 3:0, 0:0.

Europa, Gruppe 2: Schweiz und Griechenland
Schweiz – Griechenland 2:0, 2:1; Schweiz – Lettland 2:1, 2:2; Schweiz – Israel 0:0, 2:2; Schweiz – Luxemburg 1:2, 3:0; Schweiz – Moldawien 2:0, 2:0; Griechenland – Lettland 5:2, 2:0; Griechenland – Israel 2:1, 1:1; Griechenland – Luxemburg 2:1, 3:0; Griechenland – Moldawien 3:0, 1:1; Lettland – Israel 1:1, 1:0; Lettland – Luxemburg 2:0, 4:0; Lettland – Moldawien 3:2, 2:1; Israel – Luxemburg 7:0, 3:1; Israel – Moldawien 3:1, 2:1; Luxemburg – Moldawien 0:0, 0:0.

Europa, Gruppe 3: Slowakei und Slowenien
Slowakei – Slowenien 0:2, 1:2; Slowakei – Tschechien 2:2, 2:1; Slowakei – Nordirland 2:1, 2:0; Slowakei – Polen 2:1, 1:0; Slowakei – San Marino 7:0, 3:1; Slowenien – Tschechien 0:0, 0:1; Slowenien – Nordirland 2:0, 0:1; Slowenien – Polen 3:0, 0:1; Slowenien – San Marino 5:0, 3:0; Tschechien – Nordirland 0:0, 0:0; Tschechien – Polen 2:0, 1:2; Tschechien – San Marino 7:0, 3:0; Nordirland – Polen 3:2, 1:1; Nordirland – San Marino 4:0, 3:0; Polen – San Marino 10:0, 2:0.

Europa, Gruppe 4: Deutschland und Russland
Deutschland – Russland 2:1, 1:0; Deutschland – Finnland 1:1, 3:3; Deutschland – Wales 1:0, 2:0; Deutschland – Aserbaidschan 4:0, 2:0; Deutschland – Liechtenstein 4:0, 6:0; Russland – Finnland 3:0, 3:0; Russland – Wales 2:1, 3:1; Russland – Aserbaidschan 2:0, 1:1; Russland – Liechtenstein 3:0, 1:0; Finnland – Wales 2:1, 2:0; Finnland – Aserbaidschan 1:0, 2:1; Finnland – Liechtenstein 2:1, 1:1; Wales – Aserbaidschan 1:0, 1:0; Wales – Liechtenstein 2:0, 2:0; Aserbaidschan – Liechtenstein 0:0, 2:0.

Europa, Gruppe 5: Spanien und Bosnien-Herzegowina
Spanien – Bosnien-Herzegowina 1:0, 5:2; Spanien – Türkei 1:0, 2:1; Spanien – Belgien 5:0, 2:1; Spanien – Estland 3:0, 3:0; Spanien – Armenien 4:0, 2:1; Bosnien-Herzegowina – Türkei 1:1, 1:2; Bosnien-Herzegowina – Belgien 2:1, 4:2; Bosnien-Herzegowina – Estland 7:0, 2:0; Bosnien-Herzegowina – Armenien 4:1, 2:0; Türkei – Belgien 1:1, 0:2; Türkei – Estland 4:2, 0:0; Türkei – Armenien 2:0, 2:0; Belgien – Estland 3:2, 0:2; Belgien – Armenien 2:0, 1:2; Estland – Armenien 1:0, 2:2.

Europa, Gruppe 6: England und Ukraine
England – Ukraine 2:1, 0:1; England – Kroatien 5:1, 4:1; England – Weißrussland 3:0, 3:1; England – Kasachstan 5:1, 4:0; England – Andorra 6:0, 2:0 (in Barcelona); Ukraine – Kroatien 0:0, 2:2; Ukraine – Weißrussland 1:0, 0:0; Ukraine – Kasachstan 2:1, 3:1; Ukraine – Andorra 5:0, 6:0; Kroatien – Weißrussland 1:0, 3:1; Kroatien – Kasachstan 3:0, 2:1; Kroatien – Andorra 4:0, 2:0; Weißrussland – Kasachstan 4:0, 5:1; Weißrussland – Andorra 5:1, 3:1; Kasachstan – Andorra 3:0, 3:1.

Europa, Gruppe 7: Serbien und Frankreich
Serbien – Frankreich 1:1, 1:2; Serbien – Österreich 1:0, 3:1; Serbien – Litauen 3:0, 1:2; Serbien – Rumänien 5:0, 3:2; Serbien – Färöer 2:0, 2:0; Frankreich – Österreich 3:1, 1:3; Frankreich – Litauen 1:0, 1:0; Frankreich – Rumänien 1:1, 2:2; Frankreich – Färöer 5:0, 1:0; Österreich – Litauen 2:1, 0:2; Österreich – Rumänien 2:1, 1:1; Österreich – Färöer 3:1, 1:1; Litauen – Rumänien 0:1, 3:0; Litauen – Färöer 1:0, 1:2; Rumänien – Färöer 3:1, 1:0.

Europa, Gruppe 8: Italien und Irland
Italien – Irland 1:1, 2:2; Italien – Bulgarien 2:0, 0:0; Italien – Zypern 3:2, 2:1; Italien – Montenegro 2:1, 2:0; Italien – Georgien 2:0, 2:0; Irland – Bulgarien 1:1, 1:1; Irland – Zypern 1:0, 2:1; Irland – Montenegro 0:0, 0:0; Irland – Georgien 2:1, 2:1; Bulgarien – Zypern 2:0, 1:4; Bulgarien – Montenegro 4:1, 2:2; Bulgarien – Georgien 6:2, 0:0; Zypern – Montenegro 2:2, 1:1; Zypern – Georgien 2:1, 1:1; Montenegro – Georgien 2:1, 0:0.

Europa, Gruppe 9: Niederlande und Norwegen
Niederlande – Norwegen 2:0, 1:0; Niederlande – Schottland 3:0, 1:0; Niederlande – Mazedonien 4:0, 2:1; Niederlande – Island 2:0, 2:1; Norwegen – Schottland 4:0, 0:0; Norwegen – Mazedonien 2:1, 0:0; Norwegen – Island 2:2, 1:1; Schottland – Mazedonien 2:0, 0:1; Schottland – Island 2:1, 2:1; Mazedonien – Island 2:0, 0:1.

Europa, Qualifikation der Gruppenzweiten: Norwegen als schlechtester Gruppenzweiter ausgeschieden. Russland – Slowenien 2:1, 0:1; Griechenland – Ukraine 0:0, 1:0; Irland – Frankreich 0:1, n. V. 1:1; Portugal – Bosnien-Herzegowina 1:0, 1:0.

Afrika: Kamerun, Nigeria, Algerien, Ghana und Elfenbeinküste
Vorrunde: Madagaskar – Komoren 6:2, 4:0; Sierra Leone – Guinea-Bissau 1:0, 0:0; Dschibuti – Somalia 1:0 (nur ein Spiel).
2. Runde, Gruppe 1: Kamerun. Kamerun – Kap Verde 2:0, 2:1; Kamerun – Tansania 2:1, 0:0; Kamerun – Mauritius 5:0, 3:0; Kap Verde – Tansania 1:0, 1:3; Kap Verde – Mauritius 3:1, 1:0; Tansania – Mauritius 1:1, 4:1.
2. Runde, Gruppe 2: Guinea und Kenia. Guinea – Kenia 3:2, 0:2; Guinea – Simbabwe 0:0, 0:0; Guinea – Namibia 4:0, 2:1; Kenia – Simbabwe 2:0, 0:0; Kenia – Namibia 1:0, 1:2; Simbabwe – Namibia 2:0, 2:4.
2. Runde, Gruppe 3: Benin. Benin – Angola 3:2, 0:3; Benin – Uganda 4:1, 1:2; Benin – Niger 2:0, 2:0; Angola – Uganda 0:0, 1:3; Angola – Niger 3:1, 2:1; Uganda – Niger 1:0, 1:3.
2, Runde, Gruppe 4: Nigeria. Nigeria – Südafrika 2:0, 1:0; Nigeria – Sierra Leone 4:1, 1:0; Nigeria – Äquatorial-Guinea 2:0, 1:0; Südafrika – Sierra Leone 0:0, 0:1; Südafrika – Äquatorial-Guinea 4:1, 1:0; Sierra Leone – Äquatorial-Guinea 2:1, 0:2 (Da die WM-Qualifikation gleichzeitig auch als Qualifikation für die Afrika-Meisterschaft 2010 in Angola zählte, nahm auch WM-Gastgeber Südafrika daran teil.).
2. Runde, Gruppe 5: Ghana und Gabun. Ghana – Gabun 2:0, 0:2; Ghana – Libyen 3:0, 0:1; Ghana – Lesotho 3:0, 3:2; Gabun – Libyen 1:0, 0:1; Gabun – Lesotho 2:0, 3:0; Libyen – Lesotho 4:0, 1:0.
2. Runde, Gruppe 6: Algerien. Algerien – Gambia 1:0, 0:1; Algerien – Senegal 3:2, 0:1; Algerien – Liberia 3:0, 0:0; Gambia – Senegal 0:0, 1:1; Gambia – Liberia 3:0, 1:1; Senegal – Liberia 3:1, 2:2.
2. Runde, Gruppe 7: Elfenbeinküste und Mosambik. Elfenbeinküste – Mosambik 1:0, 1:1; Elfenbeinküste – Madagaskar 3:0, 0:0; Elfenbeinküste – Botsuana 4:0, 1:1; Mosambik – Madagaskar 3:0, 1:1; Mosambik – Botsuana 1:2, 1:0; Madagaskar – Botsuana 1:0, 0:0.
2. Runde, Gruppe 8: Marokko und Ruanda. Marokko – Ruanda 2:0, 1:3; Marokko – Mauretanien 4:1, 4:1; Ruanda – Mauretanien 3:0, 1:0. Äthiopien wurde im September 2008 von der FIFA aus der Qualifikation ausgeschlossen. Die bereits ausgetragenen Spiele in Marokko (0:3), gegen Ruanda (1:2) und Mauretanien (6:1, 1:0) wurden aus der Wertung genommen.
2. Runde, Gruppe 9: Burkina Faso und Tunesien. Burkina Faso – Tunesien 0:0, 2:1; Burkina Faso – Burundi 2:0, 3:1; Burkina Faso – Seychellen 4:1, 3:2; Tunesien – Burundi 2:1, 1:0; Tunesien – Seychellen 5:0, 2:0; Burundi – Seychellen 1:0, 2:1.
2. Runde, Gruppe 10: Mali und Sudan. Mali – Sudan 3:0, 2:3; Mali – Kongo 4:2, 0:1; Mali – Tschad 2:1, 2:1; Sudan – Kongo 2:0, 0:1; Sudan – Tschad 1:2, 3:1 (beide Spiele in Ägypten); Kongo – Tschad 2:0, 1:2.
2. Runde, Gruppe 11: Sambia und Togo. Sambia – Togo 1:0, 0:1; Sambia – Swasiland 1:0, 0:0; Togo – Swasiland 6:0, 1:2. Eritrea zog vor Beginn der Gruppenspiele zurück.
2. Runde, Gruppe 12: Ägypten und Malawi. Ägypten – Malawi 2:0, 0:1; Ägypten – DR Kongo 2:1, 1:0; Ägypten – Dschibuti 4:0, 4:0; Malawi – DR Kongo 2:1, 0:1; Malawi – Dschibuti 8:1, 3:0; DR Kongo – Dschibuti 5:1, 6:0.
3. Runde, Gruppe A: Kamerun
Kamerun – Gabun 2:1, 2:0; Kamerun – Togo 3:0, 0:1 (in Ghana); Kamerun – Marokko 0:0, 2:0; Gabun – Togo 3:0, 0:1; Gabun – Marokko 3:1, 2:1; Togo – Marokko 1:1, 0:0.
3. Runde, Gruppe B: Nigeria
Nigeria – Tunesien 2:2, 0:0; Nigeria – Mosambik 1:0, 0:0; Nigeria – Kenia 3:0, 3:2; Tunesien – Mosambik 2:0, 0:1; Tunesien – Kenia 1:0, 2:1; Mosambik – Kenia 1:0, 1:2.
3. Runde, Gruppe C: Algerien
Algerien – Ägypten 3:1, 0:2; Algerien Sambia 1:0, 2:0; Algerien – Ruanda 3:1, 0:0; Ägypten – Sambia 1:1, 1:0; Ägypten – Ruanda 3:0, 1:0; Sambia – Ruanda 1:0, 0:0 – Entscheidungsspiel im Sudan: Algerien – Ägypten 1:0.
3. Runde, Gruppe D: Ghana
Ghana – Benin 1:0, 0:1; Ghana – Mali 2:2, 2:0; Ghana – Sudan 2:0, 2:0; Benin – Mali 1:1, 1:3; Benin – Sudan 1:0, 2:1; Mali – Sudan 1:0, 1:1.
3. Runde, Gruppe E: Elfenbeinküste
Elfenbeinküste – Burkina Faso 5:0, 3:2; Elfenbeinküste – Malawi 5:0, 1:1; Elfenbeinküste – Guinea 3:0, 2:1; Burkina Faso – Malawi 1:0, 1:0; Burkina Faso – Guinea 4:2, 2:1 (in Ghana); Malawi – Guinea 2:1, 1:2.

Südamerika: Brasilien, Chile, Paraguay, Argentinien Uruguay
Brasilien – Chile 4:2, 3:0; Brasilien – Paraguay 2:1, 0:2; Brasilien – Argentinien 0:0, 3:1, Brasilien – Uruguay 2:1, 0:4; Brasilien – Ecuador 5:0, 1:1; Brasilien – Kolumbien 0:0, 0:0; Brasilien – Venezuela 0:0, 4:0; Brasilien – Bolivien 0:0, 2:1; Brasilien – Peru 3:0, 1:1; Chile – Paraguay 0:3, 0:0; Chile – Argentinien 1:0, 0:2; Chile – Uruguay 0:0, 2:2; Chile – Ecuador 1:0, 0:1; Chile – Kolumbien 4:0, 4:2; Chile – Venezuela 2:2, 3:2; Chile – Bolivien 4:0, 2:0; Chile – Peru 2:0, 3:1; Paraguay – Argentinien

1:0, 1:1; Paraguay – Uruguay 1:0, 0;2; Paraguay – Ecuador 5:1, 1:1; Paraguay – Kolumbien 0:2, 1:0; Paraguay – Venezuela 2:0, 2:1; Paraguay – Bolivien 1:0, 2:4; Paraguay – Peru 1:0, 0:0; Argentinien – Uruguay 2:1, 1:0; Argentinien – Ecuador 1:1, 0:2; Argentinien – Kolumbien 1:0, 1:2; Argentinien – Venezuela 4:0, 2:0; Argentinien – Bolivien 3:0, 1:6; Argentinien – Peru 2:1, 1:1; Uruguay – Ecuador 0:0, 2:1; Uruguay – Kolumbien 3:1, 1:0; Uruguay – Venezuela 1:1, 2:2; Uruguay – Bolivien 5:0, 2:2; Uruguay – Peru 6:0, 0:1; Ecuador – Kolumbien 0:0, 0:2, Ecuador – Venezuela 0:1, 1:3; Ecuador – Bolivien 3:1, 3:1; Ecuador – Peru 5:1, 2:1; Kolumbien – Venezuela 1:0, 0:2; Kolumbien – Bolivien 2:0, 0:0; Kolumbien – Peru 1:0, 1:1; Venezuela – Bolivien 5:3, 1:0; Venezuela – Peru 3:1, 0:1; Bolivien – Peru 3:0, 0:1.
Entscheidungsspiele gegen den Nord-/Mittelamerika-Vierten: Costa Rica – Uruguay 0:1, 1:1.

Nord- und Mittelamerika: USA, Mexiko, und Honduras
1. Runde, Gruppe 1A: USA. Dominica – Barbados 1:1, 0:1; USA – Barbados 8:0, 1:0.
1. Runde, Gruppe 1B: Guatemala. Turks- & Caicos-Inseln – St. Lucia 2:1, 0:2; Guatemala – St. Lucia 6:0, 3:1 (in den USA).
1. Runde, Gruppe 1C: Trinidad & Tobago. Bermuda – Cayman-Inseln 1:1, 3:1; Trinidad & Tobago – Bermuda 1:2, 2:0.
1. Runde, Gruppe 1D: Kuba. Aruba – Antigua und Barbuda 0:3, 0:1; Antigua und Barbuda – Kuba 3:4, 0:4.
1. Runde, Gruppe 2A: Mexiko. Belize – St. Kitts und Nevis 3:1, 1:1; Belize – Mexiko 0:2, 0:7.
1. Runde, Gruppe 2B: Jamaika. Bahamas – Brit. Jungferninseln 1:1, 2:2 (beide Spiele auf den Bahamas); Jamaika – Bahamas 7:0, 6:0.
1. Runde, Gruppe 2C: Honduras. Puerto Rico – Dominikanische Republik n. V. 1:0; Honduras – Puerto Rico 4:0, 2:2.
1. Runde, Gruppe 2D: Kanada. St. Vincent & the Grenadines – Kanada 0:3, 1:4.
1. Runde, Gruppe 3A: Costa Rica. Grenada – US-Jungferninseln 10:0; Grenada – Costa Rica 2:2, 0:3.
1. Runde, Gruppe 3B: Surinam. Montserrat – Surina, 1:7; Surinam – Guyana 1:0, 2:1.
1. Runde, Gruppe 3C: El Salvador. El Salvador – Anguilla 12:0, 4:0 (in den USA); Panama – El Salvador 1:0, 1:3.
1. Runde, Gruppe 3D: Haiti. Nicaragua – Niederländische Antillen 0:1, 0:2; Haiti – Niederländische Antillen 0:0, 1:0.
2. Runde, Gruppe A: USA und Tinidad & Tobago. USA – Trinidad & Tobago 3:0, 1:2; USA – Guatemala 2:0, 1:0; USA – Kuba 6:1, 1:0; Trinidad & Tobago – Guatemala 1:1, 0:0; Trinidad & Tobago – Kuba 3:0, 3:1; Guatemala – Kuba 4:1, 1:2.
2. Runde, Gruppe B: Honduras und Mexiko. Honduras – Mexiko 1:0, 1:2; Honduras – Jamaika 2:0, 0:1; Honduras – Kanada 3:1, 2:1; Mexiko – Jamaika 3:0, 0:1; Mexiko – Kanada 2:1, 2:2; Jamaika – Kanada 3:0, 1:1.
2. Runde, Gruppe C: Costa Rica und El Salvador. Costa Rica – El Salvador 1:0, 3:1; Costa Rica – Haiti 2:0, 3:1; Costa Rica – Surinam 7:0, 4:1; El Salvador – Haiti 5:0, 0:0; El Salvador – Surinam 3:0, 2:0; Haiti – Surinam 2:2, 1:1.
Endrunde: USA, Mexiko und Honduras
USA – Mexiko 2:0, 1:2; USA – Honduras 2:1, 3:2; USA – Costa Rica 2:2, 1:3; USA – El Salvador 2:1, 2:2; USA – Trinidad & Tobago 3:0, 1:0; Mexiko – Honduras 1:0, 1:3; Mexiko – Costa Rica 2:0, 3:0; Mexiko – El Salvador 4:1, 1:2; Mexiko – Trinidad & Tobago 2:1, 2:2; Honduras – Costa Rica 4:0, 0:2; Honduras – El Salvador 1:0, 1:0; Honduras – Trinidad & Tobago 4:1, 1:1; Costa Rica – El Salvador 1:0, 0:1; Costa Rica – Trinidad & Tobago 4:0, 3:2; El Salvador – Trinidad & Tobago 2:2, 0:1.
Entscheidungsspiele gegen den Südamerika-Fünften: Costa Rica – Uruguay 0:1, 1:1.

Asien: Australien, Japan, Südkorea und Nordkorea
1. Runde: Bangladesch – Tadschikistan 1:1, 0:5; Thailand – Macau 6:1, 7:1; Libanon – Indien 4:1, 2:2; Vietnam – Vereinigte Arabische Emirate 0:1, 0:5; Syrien – Afghanistan 3:0, 2:1 (in Tadschikistan); Palästina – Singapur 0:4 (in Katar), 0:3 Wertung (Palästina nicht angetreten); Oman – Nepal 2:0, 2:0; Jemen – Malediven 3:0, 0:2; Kambodscha – Turkmenistan 0:1, 1:4; Usbekistan – Taiwan 9:0, 2:0; Kirgistan – Jordanien 2:0, n. V. 0:2, Elfmeterschießen 6:5; Mongolei – Nordkorea 1:4, 1:5; Ost-Timor – Hongkong 2:3 (in Indonesien), 1:8; Sri Lanka – Katar 0:1, 0:5; Bahrain – Malaysia 4:1, 0:0; China – Myanmar 7:0, 4:0 (in Malaysia); Pakistan – Irak 0:7, 0:0 (in Syrien); Bhutan verzichtete gegen Kuwait, Guam gegen Indonesien.
2. Runde: Jemen – Thailand 1:1, 0:1; Singapur – Tadschikistan 2:0, 1:1; Indonesien – Syrien 1:4, 0:7; Hongkong – Turkmenistan 0:0, 0:3 – Freilose: Bahrain, China, Irak, Jordanien, Katar, Libanon, Nordkorea, Oman, Usbekistan, Vereinigte Arabische Emirate. Die WM-Teilnehmer 2006 Australien, Iran, Japan, Saudi-Arabien und Südkorea hatten bis zur 3. Runde ein Freilos.

3. Runde, Gruppe 1: Australien und Katar. Australien – Katar 3:0, 3:1; Australien – Irak 1:0, 0:1; Australien – China 0:1, 0;0; Katar – Irak 2:0, 1:0; Katar – China 0:0, 1:0; Irak – China 1:1, 2:1 (Der Irak trug seine Heimspiele in den Vereinigten Arabischen Emiraten aus.).
3. Runde, Gruppe 2: Japan und Bahrain. Japan – Bahrain 1:0, 0:1; Japan – Oman 3:0, 1:1; Japan – Thailand 4:1, 3:0; Bahrain – Oman 1:1, 1:0; Bahrain – Thailand 1:1, 3:2; Oman – Thailand 2:1, 1:0.
3. Runde, Gruppe 3: Südkorea und Nordkorea. Südkorea – Nordkorea 0:0, 0:0 (in China); Südkorea – Jordanien 2:2, 1:0; Südkorea – Turkmenistan 4:0, 3:1; Nordkorea – Jordanien 2:0, 1:0; Nordkorea – Turkmenistan 1:0, 0:0; Jordanien – Turkmenistan 2:0, 2:0.
3. Runde, Gruppe 4: Saudi-Arabien und Usbekistan. Saudi-Arabien – Usbekistan 4:0, 0:3; Saudi-Arabien – Singapur 2:0, 2:0; Saudi-Arabien – Libanon 4:1, 2:1; Usbekistan – Singapur 1:0, 7:3; Usbekistan – Libanon 3:0, 1:0.
3. Runde, Gruppe 5: Iran und Vereinigte Arabische Emirate: Iran – Vereinigte Arabische Emirate 0:0, 1:0; Iran – Syrien 0:0, 2:0; Iran – Kuwait 2:0, 2:2; Vereinigte Arabische Emirate – Syrien 1:3, 1:1; Vereinigte Arabische Emirate – Kuwait 2:0, 3:2; Syrien – Kuwait 1:0, 2:4.
Endrunde, Gruppe A: Australien, Japan und Bahrain. Australien – Japan 2:1, 0:0; Australien – Bahrain 2:0, 1:0; Australien – Katar 4:0, 0:0; Australien – Usbekistan 2:0, 1:0; Japan – Bahrain 1:0, 3:2; Japan – Katar 1:1, 3:0; Japan – Usbekistan 1:1, 1:0; Bahrain – Katar 1:0, 1:1; Bahrain – Usbekistan 1:0, 1:0; Katar – Usbekistan 3:0, 0:4.
Endrunde, Gruppe B: Südkorea, Nordkorea und Saudi-Arabien. Südkorea – Nordkorea 1:0, 1:1 (in China); Südkorea – Saudi-Arabien 0:0, 2:0; Südkorea – Iran 1:1, 1:1; Südkorea – Vereinigte Arabische Emirate 4:1, 2:0; Nordkorea – Saudi-Arabien 1:0, 0:0; Nordkorea – Iran 0:0, 1:2; Nordkorea – Vereinigte Arabische Emirate 2:0, 2:1; Saudi-Arabien – Iran 1:1, 2:1; Saudi-Arabien – Vereinigte Arabische Emirate 3:2, 2:1; Iran – Vereinigte Arabische Emirate 1:0, 1:1.
Entscheidungsspiele der Gruppendritten: Bahrain – Saudi-Arabien 0:0, 2:2.
Entscheidungsspiele gegen den Ozeanien-Sieger: Bahrain – Neuseeland 0:0, 0:1.

Ozeanien: Neuseeland
1. Runde im Rahmen der Südpazifik-Meisterschaft auf Samoa
Gruppe A: Fidschi und Neukaledonien. Fidschi – Neukaledonien 1:1; Fidschi – Tahiti 4:0; Fidschi – Cook-Inseln 4:0; Fidschi – Tuvalu 16:0; Neukaledonien – Tahiti 1:0, Neukaledonien – Cook-Inseln 3:0; Neukaledonien – Tuvalu 1:0; Tahiti – Cook-Inseln 1:0; Tahiti – Tuvalu 1:1; Cook-Inseln – Tuvalu 4:1.
Gruppe B: Salomonen und Vanuatu. Salomonen – Vanuatu 2:0; Salomonen – Samoa 3:0; Salomonen – Tonga 4:0; Salomonen – Amerikanisch-Samoa 12:1; Vanuatu – Samoa 4:0; Vanuatu – Tonga 4:1; Vanuatu – Amerikanisch-Samoa 15:0; Samoa – Tonga 2:1; Samoa – Amerikanisch-Samoa 7:0; Tonga – Amerikanisch-Samoa 4:0.
Halbfinale: Fidschi – Vanuatu 3:0, Salomonen – Neukaledonien 2:3.
Spiel um den 3. Platz: Vanuatu – Salomonen 2:0.
Endspiel: Neukaledonien – Fidschi 1:0.
Endrunde im Rahmen der Ozeanien-Meisterschaft (Neuseeland gesetzt): Neuseeland. Neuseeland – Neukaledonien 3:0, 3:1; Neuseeland – Fidschi 0:2, 2:0 (beide Spiele auf Fidschi); Neukaledonien – Vanuatu 4:1, 2:1; Neukaledonien – Fidschi 4:0, 3:3; Neukaledonien – Vanuatu 3:0, 1:1.
Entscheidungsspiele gegen den Asien-Fünften: Bahrain – Neuseeland 0:0, 0:1.

Endrunde vom 11. Juni bis 11. Juli 2010 in Südafrika
1. Finalrunde: Es qualifizierten sich die Gruppenersten und –zweiten.
Gruppe A: Uruguay, Mexiko
Südafrika – Mexiko 1:1 (Johannesburg Soccer City), Uruguay – Frankreich 0:0 (Kapstadt), Südafrika – Uruguay 0:3 (Tshwane/Pretoria), Frankreich – Mexiko 0:2 (Polokwane), Mexiko – Uruguay 0:1 (Rustenburg), Frankreich – Südafrika 1:2 (Mangaung/Bloemfontein).
Gruppe B: Argentinien, Südkorea
Südkorea – Griechenland 2:0 (Port Elizabeth), Argentinien – Nigeria 1:0 (Johannesburg Ellis Park), Argentinien – Südkorea 4:1 (Johannesburg Soccer City), Griechenland – Nigeria 2:1 (Mangaung/Bloemfontein), Griechenland – Argentinien 0:2 (Polokwane), Nigeria – Südkorea 2:2 (Durban).
Gruppe C: USA, England
England – USA 1:1 (Rustenburg), Algerien – Slowenien 0:1 (Polokwane), Slowenien – USA 2:2 (Johannesburg Ellis Park), England – Algerien 0:0 (Kapstadt), Slowenien – England 0:1 (Port Elizabeth), USA – Algerien 1:0 (Tshwane/Pretoria).
Gruppe D: Deutschland, Ghana
Serbien – Ghana 0:1 (Tshwane/Pretoria), Deutschland – Australien 4:0 (Durban), Deutschland – Serbien 0:1 (Port Elizabeth), Ghana – Australien 1:1 (Rustenburg), Ghana – Deutschland 0:1 (Johannesburg Soccer City), Australien – Serbien 2:1 (Nelspruit).

Gruppe E: Niederlande, Japan
Niederlande – Dänemark 2:0 (Johannesburg Soccer City), Japan – Kamerun 1:0 (Mangaung/Bloemfontein), Niederlande – Japan 1:0 (Durban), Kamerun – Dänemark 1:2 (Tshwane/Pretoria), Dänemark – Japan 1:3 (Rustenburg), Kamerun – Niederlande 1:2 (Kapstadt).

Gruppe F: Paraguay, Slowakei
Italien – Paraguay 1:1 (Kapstadt), Neuseeland – Slowakei 1:1 (Rustenburg), Slowakei – Paraguay 0:2 (Mangaung/Bloemfontein), Italien – Neuseeland 1:1 (Nelspruit), Slowakei – Italien 3:2 (Johannesburg Ellis Park), Paraguay – Neuseeland 0:0 (Polokwane).

Gruppe G: Brasilien, Portugal
Elfenbeinküste – Portugal 0:0 (Port Elizabeth), Brasilien – Nordkorea 2:1 (Johannesburg Ellis Park), Brasilien – Elfenbeinküste 3:1 (Johannesburg Soccer City), Portugal – Nordkorea 7:0 (Kapstadt), Portugal – Brasilien 0:0 (Durban), Nordkorea – Elfenbeinküste 0:3 (Nelspruit).

Gruppe H: Spanien, Chile
Honduras – Chile 0:1 (Nelspruit), Spanien – Schweiz 0:1 (Durban), Chile – Schweiz 1:0 (Port Elizabeth), Spanien – Honduras 2:0 (Johannesburg Ellis Park), Chile – Spanien 1:2 (Tshwane/Pretoria), Schweiz – Honduras 0:0 (Mangaung/Bloemfontein).

Achtelfinale: Uruguay – Südkorea 2:1 (Port Elizabeth), USA – Ghana n. V. 1:2 (Rustenburg), Deutschland – England 4:1 (Mangaung/Bloemfontein), Argentinien – Mexiko 3:1 (Johannesburg Soccer City), Niederlande – Slowakei 2:1 (Durban), Brasilien – Chile 3:0 (Johannesburg Ellis Park), Paraguay – Japan n. V. 0:0/Elfmeterschießen 5:3 (Tshwane/Pretoria), Spanien – Portugal 1:0 (Kapstadt).

Viertelfinale: Niederlande – Brasilien 2:1 (Port Elizabeth), Uruguay – Ghana n. V. 1:1/Elfmeterschießen 4:2 (Johannesburg Soccer City), Argentinien – Deutschland 0:4 (Kapstadt), Paraguay – Spanien 0:1 (Johannesburg Ellis park).

Halbfinale: Uruguay – Niederlande 2:3 (Kapstadt), Deutschland – Spanien 0:1 (Durban).

Um den dritten Platz: Deutschland – Uruguay 3:2 (Port Elizabeth).

Endspiel am 11. Juli 2010 in Johannesburg: Spanien – Niederlande n. V. 1:0 (0:0, 0:0)
Spanien: Casillas – Sergio Ramos, Piqué, Puyol, Capdevila – Busquets, Xabi Alonso (Fabregas) – Xavi, Iniesta – Pedro (Jesus Navas) – Villa (Fernando Torres).
Niederlande: Stekelenburg – Van der Wiel, Heitinga, Mathijsen, Van Bronckhorst (Braafheid) – Van Bommel, De Jong (Van der Vaart) – Robben, Sneijder, Kuijt (Elia) – Van Persie.
Tor: Iniesta – Zuschauer: 84 490 – SR: Webb (England).

2014: Deutschland (Trainer: Löw)

Qualifikation:

Europa, Gruppe A: Belgien und Kroatien
Belgien – Kroatien 1:1, 2:1; Belgien – Serbien 2:1, 3:0; Belgien – Schottland 2:0, 2:0; Belgien – Wales 1:1, 2:0; Belgien – Mazedonien 1:0, 2:0; Kroatien – Serbien 2:0, 1:1; Kroatien – Schottland 0:1, 0:2; Kroatien – Wales 2:0, 2:1; Kroatien – Mazedonien 1:0, 2:1; Serbien – Schottland 2:0, 0:0; Serbien – Wales 6:1, 3:0; Serbien – Mazedonien 5:1, 0:1; Schottland – Wales 1:2, 1:2; Schottland – Mazedonien 1:1, 2:1; Wales – Mazedonien 1:0, 1:2.

Europa, Gruppe B: Italien
Italien – Dänemark 3:1, 2:2; Italien – Tschechien 2:1, 0:0; Italien – Bulgarien 1:0, 2:2; Italien – Armenien 2:2, 3:1; Italien – Malta 2:0, 2:0; Dänemark – Tschechien 0:0, 3:0; Dänemark – Bulgarien 1:1, 1:1; Dänemark – Armenien 0:4, 1:0; Dänemark – Malta 6:0, 2:1; Tschechien – Bulgarien 0:0, 1:0; Tschechien – Armenien 1:2, 3:0; Tschechien – Malta 3:1, 4:1; Bulgarien – Armenien 1:0, 1:2; Bulgarien – Malta 6:0, 2:1; Armenien – Malta 0:1, 1:0.

Europa, Gruppe C: Deutschland und Schweden
Deutschland – Schweden 4:4, 5:3; Deutschland – Österreich 3:0, 2:1; Deutschland – Irland 3:0, 6:1; Deutschland – Kasachstan 4:1, 3:0; Deutschland – Färöer 3:0, 3:0; Schweden – Österreich 2:1, 1:2; Schweden – Irland 0:0, 2:1; Schweden – Kasachstan 2:0, 1:0; Schweden – Färöer 2:0, 2:1; Österreich – Irland 1:0, 0:2; Österreich – Kasachstan 4:0, 0:0; Österreich – Färöer 6:0, 3:0; Irland – Kasachstan 3:1, 2:1; Irland – Färöer 3:0, 4:1; Kasachstan – Färöer 2:1, 1:1.

Europa, Gruppe D: Niederlande und Rumänien
Niederlande – Rumänien 4:0, 4:1; Niederlande – Ungarn 8:1, 4:1; Niederlande – Türkei 2:0, 2:0; Niederlande – Estland 3:0, 2:2; Niederlande – Andorra 3:0, 2:0; Rumänien – Ungarn 3:0, 2:2; Rumänien – Türkei 0:2, 1:0; Rumänien – Estland 2:0, 2:0; Rumänien – Andorra 4:0, 4:0; Ungarn – Türkei 3:1, 1:1; Ungarn – Estland 5:1, 1:0; Ungarn – Andorra 2:0, 5:0; Türkei – Estland 3:0, 2:0; Türkei – Andorra 5:0, 2:0; Estland – Andorra 2:0, 1:0.

Europa, Gruppe E: Schweiz und Island
Schweiz – Island 4:4, 2:0; Schweiz – Slowenien 1:0, 2:0; Schweiz – Norwegen 1:1, 2:0; Schweiz – Albanien 2:0, 2:1; Schweiz – Zypern 1:0, 0:0; Island – Slowenien 2:4, 2:1; Island – Norwegen 2:0, 1:1;Island – Albanien 2:1, 2:1; Island – Zypern 2:0, 0:1; Slowenien – Norwegen 3:0, 1:2; Slowenien – Albanien 1:0, 0:1; Slowenien – Zypern 2:1, 2:0; Norwegen – Albanien 0:1, 1:1; Norwegen – Zypern 2:0, 3:1; Albanien – Zypern 3:1, 0:0.

Europa, Gruppe F: Russland und Portugal
Russland – Portugal 1:0, 0:1; Russland – Israel 3:1, 4:0; Russland – Aserbaidschan 1:0, 1:1; Russland – Nordirland 2:0, 0:1; Russland – Luxemburg 4:1, 4:0; Portugal – Israel 1:1, 3:3; Portugal – Aserbaidschan 3:0, 2:0; Portugal – Nordirland 1:1, 4:2; Portugal – Luxemburg 3:0, 2:1; Israel – Aserbaidschan 1:1, 1:1; Israel – Nordirland 1:1, 2:0; Israel – Luxemburg 3:0, 6:0; Aserbaidschan – Nordirland 2:0, 1:1; Aserbaidschan – Luxemburg 1:1, 0:0; Nordirland – Luxemburg 1:1, 2:3.

Europa, Gruppe G: Bosnien-Herzegowina und Griechenland
Bosnien-Herzegowina – Griechenland 3:1, 0:0; Bosnien-Herzegowina – Slowakei 0:1, 2:1; Bosnien-Herzegowina – Litauen 3:0, 1:0; Bosnien-Herzegowina – Lettland 4:1, 5:0; Bosnien-Herzegowina – Liechtenstein 4:1, 8:1; Griechenland – Slowakei 1:0, 1:0; Griechenland – Litauen 2:0, 1:0; Griechenland – Lettland 1:0, 2:1; Griechenland – Liechtenstein 2:0, 1:0; Slowakei – Litauen 1:1, 1:1; Slowakei – Lettland 2:1, 2:2; Slowakei – Liechtenstein 2:0, 0:1; Litauen – Lettland 2:0, 1:2; Litauen – Liechtenstein 2:0, 2:0; Lettland – Liechtenstein 2:0, 1:1.

Europa, Gruppe H: England und Ukraine
England – Ukraine 1:1, 0:0; England – Montenegro 4:1, 1:1; England – Polen 2:0, 1:1; England – Moldawien 4:0, 5:0; England – San Marino 5:0, 8:0; Ukraine – Montenegro 0:1, 4:0; Ukraine – Polen 1:0, 3:1; Ukraine – Moldawien 2:1, 0:0; Ukraine – San Marino 9:0, 8:0; Montenegro – Polen 2:2, 1:1; Montenegro – Moldawien 2:5, 1:0; Montenegro – San Marino 3:0, 6:0; Polen – Moldawien 2:0, 1:1; Polen – San Marino 5:0, 5:1; Moldawien – San Marino 3:0, 2:0.

Europa, Gruppe I: Spanien und Frankreich
Spanien – Frankreich 1:1, 1:0; Spanien – Finnland 1:1, 2:0; Spanien – Georgien 2:0, 1:0; Spanien – Weißrussland 2:1, 4:0; Frankreich – Finnland 3:0, 1:0; Frankreich – Georgien 3:1, 0:0; Frankreich – Weißrussland 3:1, 4:2; Finnland – Georgien 1:1, 1:0; Finnland – Weißrussland 1:0, 1:1; Georgien – Weißrussland 0:0, 0:2.

Europa, Play-offs der Gruppenzweiten: Dänemark als schlechtester Gruppenzweiter ausgeschieden. Island – Kroatien 0:0, 0:2; Portugal – Schweden 1:0, 3:2; Ukraine – Frankreich 2:0, 0:3; Griechenland – Rumänien 3:1, 1:1.

Afrika: Algerien, Elfenbeinküste, Nigeria, Kamerun und Ghana

1. Runde: Dschibuti – Namibia 0:4, 0:4; Komoren – Mosambik 0:1, 1:4; Eritrea – Ruanda 1:1, 1:3; Seychellen – Kenia 0:3, 0:4; Swasiland – DR Kongo 1:3, 1:5; Tschad – Tansania 1:2, 1:0; Äquatorial-Guinea – Madagaskar 2:0, 1:2; Sao Tomé und Príncipe – Kongo 0:5, 1:1; Guinea-Bissau – Togo 1:1, 0:1; Lesotho – Burundi 1:0, 2:2; Somalia – Äthiopien 0:0 (in Dschibuti), 0:5; Mauritius verzichtete gegen Liberia.

2. Runde, Gruppe A: Äthiopien. Äthiopien – Südafrika 2:1, 1:1; Äthiopien – Zentralafrikanische Republik 2:0, 2:1 (in Kongo); Äthiopien – Botsuana 1:0, 2:1 (Wertung 0:3); Südafrika – Botsuana 4:1, 1:1; Südafrika – Zentralafrikanische Republik 2:0, 3:0 (in Kamerun); Botsuana – Zentralafrikanische Republik 3:2, 0:2.

2. Runde, Gruppe B: Tunesien. Tunesien – Kap Verde 0:2 (Wertung 3:0), 2:1; Tunesien – Sierra Leone 2:1, 2:2; Tunesien – Äquatorial-Guinea 3:1, 1:1; Kap Verde – Sierra Leone 1:0, 1:2; Kap Verde – Äquatorial-Guinea 2:1 (Wertung 3:0), 3:4 (Wertung 3:0); Sierra Leone – Äquatorial-Guinea 3:2, 2:2.

2. Runde, Gruppe C: Elfenbeinküste. Elfenbeinküste – Marokko 1:1, 2:2; Elfenbeinküste – Tansania 2:0, 4:2; Elfenbeinküste – Gambia 3:0, 3:0; Marokko – Tansania 2:1, 1:3; Marokko – Gambia 2:0, 1:1; Tansania – Gambia 2:1, 0:2.

2. Runde, Gruppe D: Ghana. Ghana – Sambia 2:1, 0:1; Ghana – Lesotho 7:0, 2:0; Ghana – Sudan 4:0, 3:1; Sambia – Lesotho 4:0, 1:1; Sambia – Sudan 1:1, 0:2 (Wertung 3:0), Lesotho – Sudan 0:0, 3:2.

2. Runde, Gruppe E: Burkina Faso. Burkina Faso – Kongo 0:0 (Wertung 0:3), 1:0; Burkina Faso – Gabun 1:0, 0:1; Burkina Faso – Niger 4:0, 1:0; Kongo – Gabun 1:0, 0:0; Kongo – Niger 1:0, 2:2; Gabun – Niger 4:1, 0:0 (Wertung 0:3).

2. Runde, Gruppe F: Nigeria. Nigeria – Malawi 2:0, 1:1; Nigeria – Kenia 1:1, 1:0; Nigeria – Namibia 1:0, 1:1; Malawi – Kenia 2:2, 0:0; Malawi – Namibia 0:0, 1:0; Kenia – Namibia 1:0, 0:1.

2. Runde, Gruppe G: Ägypten. Ägypten – Guinea 4:2, 3:2; Ägypten – Mosambik 2:0, 1:0; Ägypten

– Simbabwe 2:1, 4:2; Guinea – Mosambik 6:1, 0:0; Guinea – Simbabwe 1:0, 1:0; Mosambik – Simbabwe 0:0, 1:1.
2. Runde, Gruppe H: Algerien. Algerien – Mali 1:0, 1:2 (in Burkina Faso); Algerien – Benin 3:1, 3:1; Algerien – Ruanda 4:0, 1:0; Mali – Benin 2:2, 0:1; Mali – Ruanda 1:1, 2:1; Benin – Ruanda 2:0, 1:1.
2. Runde, Gruppe I: Kamerun. Kamerun – Libyen 1:0, 1:2 (in Tunesien); Kamerun – DR Kongo 1:0, 0:0; Kamerun – Togo 2:1, 0:2 (Wertung 3:0); Libyen – DR Kongo 0:0, 0:0; Libyen – Togo 2:0, 1:1; DR Kongo – Togo 2:0, 1:2.
2. Runde, Gruppe J: Senegal. Senegal – Uganda 1:0 (in Marokko), 1:1; Senegal – Angola 1:1 (in Guinea), 1:1; Senegal – Liberia 3:1, 2:0; Uganda – Angola 2:1, 1:1; Uganda – Liberia 1:0, 0:2; Angola – Liberia 4:1, 0:0.
Endrunde: Algerien, Elfenbeinküste, Nigeria, Kamerun und Ghana
Burkina Faso – Algerien 3:2, 0:1; Elfenbeinküste – Senegal 3:1, 1:1 (in Marokko); Äthiopien – Nigeria 1:2, 0:2; Tunesien – Kamerun 0:0, 1:4; Ghana – Ägypten 6:1, 1:2.

Südamerika: Argentinien, Kolumbien, Chile, Ecuador und Uruguay
Argentinien – Kolumbien 0:0, 2:1; Argentinien – Chile 4:1, 2:1; Argentinien – Ecuador 4:0, 1:1; Argentinien – Uruguay 3:0, 2:3; Argentinien – Venezuela 3:0, 0:1; Argentinien – Peru 3:1, 1:1; Argentinien – Bolivien 1:1, 1:1; Argentinien – Paraguay 3:1, 5:2; Kolumbien – Chile 3:3, 3:1; Kolumbien – Ecuador 1:0, 0:1; Kolumbien – Uruguay 4:0, 0:2; Kolumbien – Venezuela 1:1, 0:1; Kolumbien – Peru 2:0, 1:0; Kolumbien – Bolivien 5:0, 2:1; Kolumbien – Paraguay 2:0, 2:1; Chile – Ecuador 2:1, 1:3; Chile – Uruguay 2:0, 0:4; Chile – Venezuela 3:0, 2:0; Chile – Peru 4:2, 0:1; Chile – Bolivien 3:1, 2:0; Chile – Paraguay 2:0, 2:1; Ecuador – Uruguay 1:0, 1:1; Ecuador – Venezuela 2:0, 1:1; Ecuador – Peru 2:0, 0:1; Ecuador – Bolivien 1:0, 1:1; Ecuador – Paraguay 4:1, 1:2; Uruguay – Venezuela 1:1, 1:0; Uruguay – Peru 4:2, 2:1; Uruguay – Bolivien 4:2, 1:4; Uruguay – Paraguay 1:1, 1:1; Venezuela – Peru 3:2, 1:2; Venezuela – Bolivien 1:0, 1:1; Venezuela – Paraguay 1:1, 2:0; Peru – Bolivien 1:1, 1:1; Peru – Paraguay 2:0, 0:1; Bolivien – Paraguay 3:1, 0:4.
Play-offs gegen den Asien-Fünften: Jordanien – Uruguay 0:5, 0:0.

Nord- und Mittelamerika: USA, Costa Rica, Honduras und Mexiko
1. Runde. Montserrat – Belize 2:5 (in Trinidad & Tobago), 1:3 (in Honduras); Turks- & Caicos-Inseln – Bahamas 0:4, 0:6; US-Jungferninseln – Brit. Jungferninseln 2:0, 2:1; Anguilla – Dominikanische Republik 0:2, 0:4 (beide Spiele in der Dominikanischen Republik); Aruba – St. Lucia 4:2, n. V. 2:4, Elfmeterschießen 4:5.
2. Runde, Gruppe A: El Salvador und Dominikanische Republik. El Salvador – Dominikanische Republik 3:2, 2:1; El Salvador – Surinam 4:0, 3:1; El Salvador – Cayman-Inseln 4:0, 4:1; Dominikanische Republik – Surinam 1:1, 3:1; Dominikanische Republik – Cayman-Inseln 4:0, 1:1; Surinam – Cayman-Inseln 1:0, 1:0.
2. Runde, Gruppe B: Guyana und Trinidad & Tobago. Guyana – Trinidad & Tobago 2:1, 0:2 (Wertung 0:3); Guyana – Bermuda 2:1, 1:1; Guyana – Barbados 2:0, 2:0; Trinidad & Tobago – Bermuda 1:0, 1:2; Trinidad & Tobago – Barbados 4:0, 2:0; Bermuda – Barbados 2:1, 2:1 (beide Spiele in Bermuda).
2. Runde, Gruppe C: Panama und Nicaragua. Panama – Nicaragua 5:1, 2:1; Panama – Dominica 3:0, 5:0; Nicaragua – Dominica 1:0, 2:0. Die Bahamas zogen nach der Auslosung zurück.
2. Runde, Gruppe D: Kanada und Puerto Rico. Kanada – Puerto Rico 0:0, 3:0; Kanada – St. Kitts & Nevis 4:0, 0:0; Kanada – St. Lucia 4:1, 7:0; Puerto Rico – St. Kitts & Nevis 1:1, 0:0; Puerto Rico – St. Lucia 3:0, 4:0 (beide Spiele in Puerto Rico); St. Kitts & Nevis – St. Lucia 1:1, 4:2.
2. Runde, Gruppe E: Guatemala und Belize. Guatemala – Belize 3:1, 2:1; Guatemala – St. Vincent & the Grenadines 4:0, 3:0; Guatemala – Grenada 3:0, 4:1; Belize – St. Vincent & the Grenadines 1:1, 2:0; Belize – Grenada 1:4, 3:0; St. Vincent & the Grenadines – Grenada 2:1, 1:1.
2. Runde, Gruppe F: Antigua & Barbuda und Haiti. Antigua & Barbuda – Haiti 1:0, 1:2; Antigua & Barbuda – Curacao 5:2, 1:0 (Wertung 3:0); Antigua & Barbuda – US-Jungferninseln 10:0, 8:1; Haiti – Curacao 2:2, 4:2; Haiti – US-Jungferninseln 6:0, 7:0; Curacao – US-Jungferninseln 6:1, 3:0.
3. Runde, Gruppe 1: USA und Jamaika. USA – Jamaika 1:0, 1:2; USA – Guatemala 3:1, 1:1; USA – Antigua & Barbuda 3:1, 2:1; Jamaika – Guatemala 2:1, 1:2; Jamaika – Antigua & Barbuda 4:1, 0:0; Guatemala – Antigua & Barbuda 3:1, 1:0.
3. Runde, Gruppe 2: Mexiko und Costa Rica. Mexiko – Costa Rica 1:0, 2:0; Mexiko – El Salvador 2:0, 2:1; Mexiko – Guyana 3:1, 5:0 (in den USA); Costa Rica – El Salvador 2:2, 1:0; Costa Rica – Guyana 7:0, 4:0; El Salvador – Guyana 2:0, 3:2.
3. Runde, Gruppe 3: Honduras und Panama. Honduras – Panama 0:2, 0:0; Honduras – Kanada 8:1, 0:0; Honduras – Kuba 1:0, 3:0; Panama – Kanada 2:0, 0:1; Panama – Kuba 1:0, 1:1; Kanada – Kuba 3:0, 1:0.

Endrunde: USA, Costa Rica, Honduras und Mexiko
USA – Costa Rica 1:0, 1:3; USA – Honduras 1:0, 1:2; USA – Mexiko 2:0, 0:0; USA – Panama 2:0, 3:2; USA – Jamaika 2:0, 2:1; Costa Rica – Honduras 1:0, 0:1; Costa Rica – Mexiko 2:1, 0:0; Costa Rica – Panama 2:0, 2:2; Costa Rica – Jamaika 2:0, 1:1; Honduras – Mexiko 2:2, 2:1; Honduras – Panama 2:2, 0:2; Honduras – Jamaika 2:0, 2:2; Mexiko – Panama 2:1, 0:0; Mexiko – Jamaika 0:0, 1:0; Panama – Jamaika 0:0, 1:1.
Play-offs gegen den Ozeanien-Sieger: Mexiko – Neuseeland 5:1, 4:2.

Asien: Iran, Südkorea, Japan und Australien
1. Runde: Kambodscha – Laos 4:2, n. V. 2:6; Nepal – Osttimor 2:1, 5:0 (beide Spiele in Nepal); Sri Lanka – Philippinen 1:1, 0:4; Mongolei – Myanmar 1:0, 0:2; Afghanistan – Palästina 0:2 (in Tadschikistan), 1:1; Bangladesch – Pakistan 3:0, 0:0; Vietnam – Macau 6:0, 7:1; Malaysia – Taiwan 2:1, 2:3.
2. Runde: China – Laos 7:2, 6:1; Thailand – Palästina 1:0, 2:2; Singapur – Malaysia 5:3, 1:1; Turkmenistan – Indonesien 1:1, 3:4; Usbekistan – Kirgisien 4:0, 3:0; Libanon – Bangladesch 4:0, 0:2; Iran – Malediven 4:0, 1:0; Oman – Myanmar 2:0, 2:0; Jordanien – Nepal 9:0, 1:1; Vereinigte Arabische Emirate – Indien 3:0, 2:2; Irak – Jemen 2:0, 0:0 (in den Vereinigten Arabischen Emiraten); Syrien – Tadschikistan 2:1 (in Jordanien, Wertung 0:3), 4:0 (Wertung 0:3); Katar – Vietnam 3:0, 1:2; Kuwait – Philippinen 3:0, 2:1; Saudi-Arabien – Hongkong 3:0, 5:0. Die WM-Teilnehmer 2010 Australien, Japan, Nordkorea und Südkorea sowie Bahrain hatten bis zur 3. Runde ein Freilos.
3. Runde, Gruppe A: Irak und Jordanien. Irak – Jordanien 0:2, 3:1; Irak – China 1:0 (in Katar), 1:0; Irak – Singapur 7:1 (in Katar), 2:0; Jordanien – China 2:1, 1:3; Jordanien – Singapur 2:0, 3:0; China – Singapur 2:1, 4:0.
3. Runde, Gruppe B: Südkorea und Libanon. Südkorea – Libanon 6:0, 1:2; Südkorea – Kuwait 2:0, 1:1; Südkorea – Vereinigte Arabische Emirate 2:1, 2:0; Libanon – Kuwait 2:2, 1:0; Libanon – Vereinigte Arabische Emirate 3:1, 2:4; Kuwait – Vereinigte Arabische Emirate 2:1; 3:2.
3. Runde, Gruppe C: Usbekistan und Japan. Usbekistan – Japan 1:1, 1:0; Usbekistan – Nordkorea 1:0, 1:0; Usbekistan – Tadschikistan 3:0, 1:0; Japan – Nordkorea 1:0, 0:1; Japan – Tadschikistan 8:0, 4:0; Nordkorea – Tadschikistan 1:0, 1:1.
3. Runde, Gruppe D: Australien und Oman. Australien – Oman 3:0, 0:1; Australien – Saudi-Arabien 4:2, 3:1; Australien – Thailand 2:1, 1:0; Oman – Saudi-Arabien 0:0, 0:0; Oman – Thailand 2:0, 0:3; Saudi-Arabien – Thailand 3:0, 0:0.
3. Runde, Gruppe E: Iran und Katar. Iran – Katar 2:2, 1:1; Iran – Bahrain 6:0, 1:1; Iran – Indonesien 3:0, 4:1; Katar – Bahrain 0:0, 0:0; Katar – Indonesien 4:0, 3:2; Bahrain – Indonesien 10:0, 2:0.
Endrunde, Gruppe 1: Iran, Südkorea und Usbekistan
Iran – Südkorea 1:0, 1:0; Iran – Usbekistan 0:1, 1:0; Iran – Katar 0:0, 1:0; Iran – Libanon 4:0, 0:1; Südkorea – Usbekistan 1:0, 2:2; Südkorea – Katar 2:1, 4:1; Südkorea – Libanon 3:0, 1:1; Usbekistan – Katar 5:1, 1:0; Usbekistan – Libanon 1:0, 1:1; Katar – Libanon 1:0, 1:0.
Endrunde, Gruppe 2: Japan, Australien und Jordanien
Japan – Australien 1:1, 1:1; Japan – Jordanien 6:0, 1:2; Japan – Oman 3:0, 2:1; Japan – Irak 1:0, 1:0; Australien – Jordanien 4:0, 1:2; Australien – Oman 2:2, 0:0; Australien – Irak 1:0, 2:1; Jordanien – Oman 1:0, 1:2; Jordanien – Irak 1:1, 0:1; Oman – Irak 1:0, 1:1. Der Irak trug alle Heimspiele in Katar aus.
Play-offs zur Ermittlung des Asien-Fünften: Jordanien – Usbekistan 1:1, n. V. 1:1, Elfmeterschießen 9:8.
Play-offs gegen den Südamerika-Fünften: Jordanien – Uruguay 0:5, 0:0.

Ozeanien: Neuseeland
1. Runde: Samoa (Turnier auf Samoa). Samoa – Tonga 1:1; Samoa – Amerikanisch-Samoa 1:0; Samoa – Cook-Inseln 3:2; Tonga – Amerikanisch-Samoa 1:2; Tonga – Cook-Inseln 2:1; Amerikanisch-Samoa – Cook-Inseln 1:1.
2. Runde im Rahmen der Ozeanienmeisterschaft 2012 auf den Salomonen
Gruppe A: Tahiti und Neukaledonien. Tahiti – Neukaledonien 4:3; Tahiti – Vanuatu 4:1; Tahiti – Samoa 10:1; Neukaledonien – Vanuatu 5:2; Neukaledonien – Samoa 9:0; Vanuatu – Samoa 5:0.
Gruppe B: Neuseeland und Salomonen. Neuseeland – Salomonen 1:1; Neuseeland – Fidschi 1:0; Neuseeland – Papua-Neuguinea 2:1; Salomonen – Fidschi 0:0; Salomonen – Papua-Neuguinea 1:0; Fidschi – Papua-Neuguinea 1:1.
Halbfinale: Tahiti – Salomonen 1:0; Neuseeland – Neukaledonien 0:2.
Spiel um den 3. Platz: Neuseeland – Salomonen 4:3.
Endspiel: Tahiti – Neukaledonien 1:0.

Endrunde: Neuseeland
Neuseeland – Neukaledonien 2:1, 2:0; Neuseeland – Tahiti 3:0, 2:0; Neuseeland – Salomonen 6:1, 2:0; Neukaledonien – Tahiti 1:0, 4:0; Neukaledonien – Salomonen 5:0, 6:2; Tahiti – Salomonen 2:0; 0:2.
Play-offs gegen den Vierten aus Nord-/Mittelamerika: Mexiko – Neuseeland 5:1, 4:2.

Endrunde vom 12. Juni bis 13. Juli 2014 in Brasilien

1. Finalrunde: Es qualifizierten sich die Gruppenersten und –zweiten.
Gruppe A: Brasilien, Mexiko
Brasilien – Kroatien 3:1 (Sao Paulo); Mexiko – Kamerun 1:0 (Natal); Brasilien – Mexiko 0:0 (Fortaleza); Kamerun – Kroatien 0:4 (Manaus); Kamerun – Brasilien 1:4 (Brasilia); Kroatien – Mexiko 1:3 (Recife).
Gruppe B: Niederlande, Chile
Spanien – Niederlande 1:5 (Salvador); Chile – Australien 3:1 (Cuiaba); Australien – Niederlande 2:3 (Porto Alegre); Spanien – Chile 0:2 (Rio de Janeiro); Australien – Spanien 0:3 (Curitiba); Niederlande – Chile 2:0 (Sao Paulo).
Gruppe C: Kolumbien, Griechenland
Kolumbien – Griechenland 3:0 (Belo Horizonte); Elfenbeinküste – Japan 2:1 (Recife); Kolumbien – Elfenbeinküste 2:1 (Brasilia); Japan – Griechenland 0:0 (Natal); Japan – Kolumbien 1:4 (Cuiaba); Griechenland – Elfenbeinküste 2:1 (Fortaleza).
Gruppe D: Costa Rica, Uruguay
Uruguay – Costa Rica 1:3 (Fortaleza); England – Italien 1:2 (Manaus); Uruguay – England 2:1 (Sao Paulo); Italien – Costa Rica 0:1 (Recife); Italien – Uruguay 0:1 (Natal); Costa Rica – England 0:0 (Belo Horizonte).
Gruppe E: Frankreich, Schweiz
Schweiz – Ecuador 2:1 (Brasilia); Frankreich – Honduras 3:0 (Porto Alegre); Schweiz – Frankreich 2:5 (Salvador); Honduras – Ecuador 1:2 (Curitiba); Honduras – Schweiz 0:3 (Manaus); Ecuador – Frankreich 0:0 (Rio de Janeiro).
Gruppe F: Argentinien, Nigeria
Argentinien – Bosnien-Herzegowina 2:1 (Rio de Janeiro); Iran – Nigeria 0:0 (Curitiba); Argentinien – Iran 1:0 (Belo Horizonte); Nigeria – Bosnien-Herzegowina 1:0 (Cuiaba); Nigeria – Argentinien 2:3 (Porto Alegre); Bosnien-Herzegowina – Iran 3:1 (Salvador).
Gruppe G: Deutschland, USA
Deutschland – Portugal 4:0 (Salvador); Ghana – USA 1:2 (Natal); Deutschland – Ghana 2:2 (Fortaleza); USA – Portugal 2:2 (Manaus); Portugal – Ghana 2:1 (Brasilia); USA – Deutschland 0:1 (Recife).
Gruppe H: Belgien, Algerien
Belgien – Algerien 2:1 (Belo Horizonte); Russland – Südkorea 1:1 (Cuiaba); Belgien – Russland 1:0 (Rio de Janeiro); Südkorea – Algerien 2:4 (Porto Alegre); Südkorea – Belgien 0:1 (Sao Paulo); Algerien – Russland 1:1 (Curitiba).
Achtelfinale: Brasilien – Chile n. v. 1:1, Elfmeterschießen 3:2 (Belo Horizonte); Kolumbien – Uruguay 2:0 (Rio de Janeiro); Niederlande – Mexiko 2:1 (Fortaleza); Costa Rica – Griechenland n. V. 1:1, Elfmeterschießen 5:3 (Recife); Frankreich – Nigeria 2:0 (Brasilia); Deutschland – Algerien n. V. 2:1 (Porto Alegre); Argentinien – Schweiz n. V. 1:0 (Sao Paulo); Belgien – USA n. V. 2:1 (Salvador).
Viertelfinale: Frankreich – Deutschland 0:1 (Rio de Janeiro); Brasilien – Kolumbien 2:1 (Fortaleza); Argentinien – Belgien 1:0 (Brasilia); Niederlande – Costa Rica n. V. 0:0, Elfmeterschießen 4:3 (Salvador).
Halbfinale: Brasilien – Deutschland 1:7 (Belo Horizonte); Niederlande – Argentinien n. V. 0:0, Elfmeterschießen 2:4 (Sao Paulo).
Um den dritten Platz: Niederlande – Brasilien 3:0 (Brasilia).

Endspiel am 13. Juli 2014 in Rio de Janeiro: Deutschland – Argentinien n. V. 1:0 (0:0, 0:0)
Deutschland: Neuer – Lahm, Boateng, Hummels, Höwedes – Schweinsteiger – Kramer (Schürrle), Kroos – Müller, Özil (Mertesacker) – Klose (Götze).
Argentinien: Romero – Zabaleta, Demichelis, Garay, Rojo – Biglia, Mascherano – Lavezzi (Aguero), Perez (Gago) – Messi, Higuain (Palacio).
Tor: Götze – Zuschauer: 74 738 – SR: Rizzoli (Italien).

WM-Torschützenkönige

1930	Stabile (Argentinien)	8
1934	Nejedly (Tschechoslowakei)	5
1938	Leonidas (Brasilien)	7
1950	Ademir (Brasilien)	8
1954	Kocsis (Ungarn)	11
1958	Fontaine (Frankreich)	13
1962	Garrincha, Vava (Brasilien), Sanchez (Chile), Iwanow (UdSSR), Albert (Ungarn), Jerkovic (Jugoslawien)	je 4
1966	Eusebio (Portugal)	9
1970	Gerd Müller (Deutschland)	10
1974	Lato (Polen)	7
1978	Kempes (Argentinien)	6
1982	Rossi (Italien)	6
1986	Lineker (England)	6
1990	Schillaci (Italien)	6
1994	Salenko (Rußland), Stoitchkov (Bulgarien)	je 6
1998	Suker (Kroatien)	6
2002	Ronaldo (Brasilien)	8
2006	Klose (Deutschland)	5
2010	Thomas Müller (Deutschland) (auf Grund weniger gespielten Minuten und mehr Vorlagen gegenüber Forlan (Uruguay), Sneijder (Niederlande) und Villa (Spanien).	5
2014	James (Kolumbien)	6

Die deutschen Weltmeisterschafts-Aufgebote (alphabetisch)

1934: Eingesetzt: Bender, Busch, Conen, Gramlich, Haringer, Heidemann, Hohmann, Jakob, Janes, Kobierski, Kreß, Lehner, Münzenberg, Noack, Schwartz, Siffling, Szepan, Zielinski – Nicht eingesetzt: Albrecht – Auf Abruf: Buchloh, Dienert, Streb.
1938: Eingesetzt: Gauchel, Gellesch, Goldbrunner, Hahnemann, Janes, Kitzinger, Kupfer, Lehner, Mock, Neumer, Pesser, Raftl, Schmaus, Skoumal, Streitle, Stroh, Szepan – Nicht eingesetzt: Buchloh, Jakob, Münzenberg, Siffling, Wagner.
1954: Eingesetzt: Bauer, Eckel, R. Herrmann, B. Klodt, Kohlmeyer, Kwiatkowski, Laband, Liebrich, Mai, Mebus, Morlock, Pfaff, Posipal, Rahn, Schäfer, Turek, F. Walter, O. Walter – Nicht eingesetzt: Biesinger, Erhardt, Kubsch, Metzner.
1958: Eingesetzt: Cieslarczyk, Eckel, Erhardt, Herkenrath, Juskowiak, Kelbassa, B. Klodt, Kwiatkowski, Rahn, Schäfer, A. Schmidt, Schnellinger, Uwe Seeler, Stollenwerk, Sturm, Szymaniak, F. Walter, Wewers – Auf Abruf: R. Hoffmann, Nuber, Peters, Sawitzki.
1962: Eingesetzt: Brülls, Erhardt, Fahrian, Giesemann, Haller, Kraus, Koslowski, Nowak, Schäfer, Schnellinger, W. Schulz, Uwe Seeler, Sturm, Szymaniak – Nicht eingesetzt: G. Herrmann, Kurbjuhn, Sawitzki, Strehl, Tilkowski, Vollmar, Werner, Wilden.
1966: Eingesetzt: Beckenbauer, Brülls, Emmerich, Haller, Held, Höttges, Krämer, Lutz, Overath, Schnellinger, W. Schulz, Uwe Seeler, Tilkowski, Weber – Nicht eingesetzt: Bernard, Grabowski, Hornig, Lorenz, Maier, Patzke, Paul, Sieloff.
1970: Eingesetzt: Beckenbauer, Fichtel, Grabowski, Haller, Held, Höttges, Libuda, Löhr, Lorenz, Maier, G. Müller, Overath, Patzke, Schnellinger, W. Schulz, Uwe Seeler, Vogts, Weber, Wolter – Nicht eingesetzt: Dietrich, Manglitz, Sieloff.
1974: Eingesetzt: Beckenbauer, Bonhof, Breitner, Cullmann, Flohe, Grabowski, Herzog, Heynckes, U. Hoeneß, Hölzenbein, Höttges, Maier, G. Müller, Netzer, Overath, Schwarzenbeck, Vogts, Wimmer – Nicht eingesetzt: Kapellmann, Kleff, H. Kremers, Nigbur.
1978: Eingesetzt: Abramczik, Beer, Bonhof, Dietz, Fischer, Flohe, Hölzenbein, Kaltz, Konopka, Maier, Dieter Müller, Hans Müller, K. H. Rummenigge, Rüßmann, Vogts, Herbert Zimmermann – Nicht eingesetzt: Burdenski, Cullmann, Kargus, Schwarzenbeck, Worm, Zewe.
1982: Eingesetzt: Breitner, Briegel, Dremmler, Fischer, B. Förster, Kh. Förster, Hrubesch, Kaltz, Littbarski, Magath, Matthäus, Hans Müller, Reinders, K. H. Rummenigge, Schumacher, Stielike – Nicht eingesetzt: Franke, Hannes, Immel – Auf Abruf: T. Allofs, Engels, Hieronymus.
1986: Eingesetzt: Kl. Allofs, Augenthaler, Berthold, Brehme, Briegel, Eder, Kh. Förster, Herget, D. Hoeneß, Jakobs, Littbarski, Magath, Matthäus, Rolff, K. H. Rummenigge, Schumacher, Völler – Nicht eingesetzt: Allgöwer, Immel, Rahn, Stein, Thon.
1990: Eingesetzt: Augenthaler, Bein, Berthold, Brehme, Buchwald, Häßler, Illgner, Klinsmann, Kohler, Littbarski, Matthäus, Möller, Pflügler, Reuter, Riedle, Thon, Völler – Nicht eingesetzt: Aumann, Hermann, Köpke, Mill, Steiner.
1994: Eingesetzt: Basler, Berthold, Brehme, Buchwald, Effenberg, Häßler, Helmer, Illgner, Klinsmann, Kohler, Kuntz, Matthäus, Möller, Riedle, Sammer, Strunz, Völler, Wagner – Nicht eingesetzt: Gaudino, Kahn, Kirsten, Köpke.
1998: Eingesetzt: Babbel, Bierhoff, Hamann, Häßler, Helmer, Heinrich, Jeremies, Kirsten, Klinsmann, Kohler, Köpke, Marschall, Matthäus, Möller, Reuter, Tarnat, Thon, Wörns, Ziege – Nicht eingesetzt: Freund, Kahn, Lehmann.

2002: Eingesetzt: Asamoah, Ballack, Baumann, Bierhoff, Bode, Frings, Hamann, Jancker, Jeremies, Kahn, Kehl, Klose, Linke, Metzelder, Neuville, Ramelow, Rehmer, Schneider, Ziege, – Nicht eingesetzt: Lehmann, Butt, Böhme, Ricken.
2006: Eingesetzt: Asamoah, Ballack, Borowski, Friedrich, Frings, Hanke, Hitzlsperger, Huth, Jansen, Kahn, Kehl, Klose, Lahm, Lehmann, Metzelder, Neuville, Nowotny, Odonkor, Podolski, Schneider, Schweinsteiger – Nicht eingesetzt: Hildebrand.
2010: Eingesetzt: Aogo, Badstuber, Boateng, Butt, Cacau, Friedrich, Gomez, Jansen, Khedira, Kießling, Klose, Kroos, Lahm, Marin, Mertesacker, Thomas Müller, Neuer, Özil, Podolski, Schweinsteiger, Tasci, Trochowski – Nicht eingesetzt: Wiese.
2014: Eingesetzt: Boateng, Draxler, Götze, Höwedes, Hummels, Khedira, Klose, Kramer, Kroos, Lahm, Mertesacker, Thomas Müller, Mustafi, Neuer, Özil, Podolski, Schürrle, Schweinsteiger – Nicht eingesetzt: Durm, Ginter, Großkreutz, Weidenfeller, Zieler.

FIFA Confederations Cup

Die bisherigen Sieger (1992 und 1995 „King Fahd Trophy", seit 1997 unter FIFA-Regie):

1992 Argentinien – 1995 Dänemark – 1997 Brasilien – 1999 Mexiko – 2001, 2003 Frankreich – 2005, 2009, 2013 Brasilien

1992: Argentinien (Trainer: Basile)

Turnier vom 15. bis 20. Oktober 1992 in Riad/Saudi-Arabien

Teilnehmer: Saudi-Arabien (Veranstalter und Asienmeister 1988), Argentinien (Südamerikameister 1991), Elfenbeinküste (Afrikameister 1992), USA (Sieger CONCACAF Gold Cup 1991).

Halbfinale: Argentinien – Elfenbeinküste 4:0; Saudi-Arabien – USA 3:0.

Um den 3. Platz: USA – Elfenbeinküste 5:2.

Endspiel am 20. Oktober 1992 in Riad: Argentinien – Saudi-Arabien 3:1 (2:0)
Argentinien: Goycochea – Vazquez, Altamirano, Basualdo, Ruggeri, Redondo, Villareal (Cagna), Simeone, Rodriguez (Acosta), Caniggia, Batistuta.
Tore: Rodriguez, Caniggia, Simeone (Owairan) – Zuschauer: 75 000 – SR: Chong (Mauritius).

1995: Dänemark (Trainer: Möller-Nielsen)

Turnier vom 6. bis 13. Januar 1995 in Riad/Saudi-Arabien

Teilnehmer: Saudi-Arabien (Veranstalter), Argentinien (Titelverteidiger und Südamerikameister 1993), Dänemark (Europameister 1992), Japan (Asienmeister 1992), Mexiko (Sieger CONCACAF Gold Cup 1993), Nigeria (Afrikameister 1994).

Gruppe A: Dänemark. Saudi-Arabien – Mexiko 0:2; Saudi-Arabien – Dänemark 0:2; Mexiko – Dänemark 1:1, Elfmeterschießen 2:4.
Gruppe B: Argentinien. Japan – Nigeria 0:3; Japan – Argentinien 1:5; Argentinien – Nigeria 0:0.

Um den 3. Platz: Mexiko – Nigeria 1:1, Elfmeterschießen 5:4.

Endspiel am 13. Januar 1995 in Riad: Dänemark – Argentinien 2:0 (1:0)
Dänemark: Krogh – Hansen, Rieper, Jes Hogh, Schjonberg – Steen Nielsen, M. Laudrup (Wieghorst), B. Laudrup – Laursen (Risager), Kristensen, Rasmussen.
Tore: M. Laudrup, Rasmussen – Zuschauer: 35 000 – SR: Bujsaim (Vereinigte Arabische Emirate).

1997: Brasilien (Trainer: Zagalo)

Turnier vom 12. bis 21. Dezember 1997 in Riad/Saudi-Arabien

Teilnehmer: Saudi-Arabien (Veranstalter und Asienmeister 1996), Australien (Ozeanienmeister 1996), Brasilien (Weltmeister 1994), Mexiko (Sieger CONCACAF Gold Cup 1996), Südafrika (Afrikameister 1996), Tschechien (Zweiter der EM 1996, Europameister Deutschland verzichtete), Uruguay (Südamerikameister 1995), Vereinigte Arabische Emirate (Zweiter der Asienmeisterschaft 1996).

Gruppe A: Brasilien und Australien. Saudi-Arabien – Brasilien 0:3; Australien – Mexiko 3:1; Saudi-Arabien – Mexiko 0:5; Brasilien – Australien 0:0; Saudi-Arabien – Australien 1:0; Mexiko – Brasilien 2:3.
Gruppe B: Uruguay und Tschechien. Vereinigte Arabische Emirate – Uruguay 0:2; Tschechien – Südafrika 2:2; Vereinigte Arabische Emirate – Südafrika 1:0; Uruguay – Tschechien 2:1; Vereinigte Arabische Emirate – Tschechien 1:6; Südafrika – Uruguay 3:4.

Halbfinale: Brasilien – Tschechien 2:0; Uruguay – Australien i. V. 0:1 („Golden Goal").
Um den 3. Platz: Tschechien – Uruguay 1:0.

Endspiel am 21. Dezember 1997 in Riad: Brasilien – Australien 6:0 (3:0)
Brasilien: Dida – Cafu, Junior Baiano, Aldair, Roberto Carlos – Dunga, Cesar Sampaio, Juninho Paulista, Denilson – Ronaldo, Romario.
Tore: Ronaldo 3, Romario 3 – Zuschauer: 45 000 – SR: Praset (Thailand).

1999: Mexiko (Trainer: Lapuente)

Turnier vom 24. Juli bis 4. August 1999 in Mexiko

Teilnehmer: Mexiko (Veranstalter und Sieger CONCACAF Gold Cup 1998), Ägypten (Afrikameister 1998), Bolivien (Zweiter der Südamerikameisterschaft 1997), Brasilien (Titelverteidiger und Südamerikameister 1997), Deutschland (Europameister 1996, Weltmeister Frankreich verzichtete), Neuseeland (Ozeanienmeister 1998), Saudi-Arabien (Asienmeister 1996), USA (Zweiter CONCACAF Gold Cup 1998).

Gruppe A (in Mexiko City): Mexiko und Saudi-Arabien. Mexiko – Saudi-Arabien 5:1; Bolivien – Ägypten 2:2; Saudi-Arabien – Bolivien 0:0; Mexiko – Ägypten 2:2; Ägypten – Saudi-Arabien 1:5; Bolivien – Mexiko 0:1.
Gruppe B (in Guadalajara): Brasilien und USA. Brasilien – Deutschland 4:0; Neuseeland – USA 1:2; Deutschland – Neuseeland 2:0; Brasilien – USA 1:0; USA – Deutschland 2:0; Neuseeland – Brasilien 0:2.

Halbfinale: Brasilien – Saudi-Arabien 8:2 (Guadalajara); Mexiko – USA i. V. 1:0 („Golden Goal"/Mexiko City).

Um den 3. Platz: USA – Saudi-Arabien 2:0 (Guadalajara)

Endspiel am 4. August 1999 in Mexiko City: Mexiko – Brasilien 4:3 (2:1)
Mexiko: Jorge Campos – Carmona, Suarez, Marquez, Villa – Pardo, Palencia (Terrazas), Zepeda (Arellano), Ramirez – Abundis, Blanco.
Tore: Zepeda 2, Abundis, Blanco (Serginho, Roni, Ze Roberto) – Zuschauer: 110 000 – SR: Frisk (Schweden).
Das deutsche Aufgebot: Ballack, Dogan, Gerber, Heinrich, Heldt, Lehmann, Linke, Marschall, Matthäus, Maul, Neuville, Preetz, Ricken, Rink, Schneider, Scholl, Wörns, Wosz – Nicht eingesetzt: Baumann, Enke.

2001: Frankreich (Trainer: Lemerre)

Turnier vom 30. Mai bis 10. Juni 2001 in Südkorea (Gruppe A) und Japan (Gruppe B)

Teilnehmer: Japan (Veranstalter und Asienmeister 2001), Südkorea (Veranstalter), Australien (Ozeanienmeister 2000), Brasilien (Südamerikameister 1999), Frankreich (Weltmeister 1998 und Europameister 2000), Kamerun (Afrikameister 2000), Kanada (Sieger CONCACAF Gold Cup 2000), Mexiko (Titelverteidiger).

Gruppe A: Frankreich und Australien. Frankreich – Südkorea 5:0 (Taegu); Mexiko – Australien 0:2 (Suwon); Australien – Frankreich 1:0 (Taegu); Südkorea – Mexiko 2:1 (Ulsan); Frankreich – Mexiko 4:0 (Ulsan); Südkorea – Australien 1:0 (Suwon).
Gruppe B: Japan und Brasilien. Brasilien – Kamerun 2:0 (Ibaraki); Japan – Kanada 3:0 (Niigata); Kanada – Brasilien 0:0 (Ibaraki); Kamerun – Japan 0:2 (Niigata); Brasilien – Japan 0:0 (Ibraki); Kamerun – Kanada 2:0 (Niigata).

Halbfinale: Japan – Australien 1:0 (Yokohama); Frankreich – Brasilien 2:1 (Suwon).
Um den 3. Platz: Australien – Brasilien 1:0 (Ulsan).

Endspiel am 10. Juni 2001 in Yokohama: Frankreich – Japan 1:0 (1:0)
Frankreich: Rame – Karembeu, Desailly, Leboeuf, Lizarazu – Vieira, Pires, Wiltord, Djorkaeff (Carriere) – Marlet (Robert), Anelka.
Tor: Vieira – Zuschauer: 65 335 – SR: Bujsaim (Vereinigte Arabische Emirate).

2003: Frankreich (Trainer: Santini)

Turnier vom 18. bis 29. Juni 2003 in Frankreich

Teilnehmer: Frankreich (Veranstalter, Europameister 2000, Titelverteidiger), Brasilien (Weltmeister 2002), Japan (Asienmeister 2000), Kamerun (Afrikameister 2002), Kolumbien (Südamerikameister 2001), Neuseeland (Ozeanienmeister 2002), Türkei (Dritter der WM 2002, Deutschland/WM-Zweiter 2002, Italien/EM-Zweiter 2000 und Spanien/Zweitplatzierter der FIFA-Weltrangliste verzichteten), USA (Sieger CONCACAF Gold Cup 2002).

Gruppe A: Frankreich und Kolumbien. Neuseeland – Japan 0:3 (St. Etienne); Frankreich – Kolumbien 1:0 (Lyon); Kolumbien – Neuseeland 3:1 (Lyon); Frankreich – Japan 2:1 (St. Etienne); Frankreich – Neuseeland 5:0 (Paris St. Denis); Japan – Kolumbien 0:1 (St. Etienne).
Gruppe B: Kamerun und Türkei. Türkei – USA 2:1 (St. Etienne); Brasilien – Kamerun 0:1 (Paris St. Denis); Kamerun – Türkei 1:0 (Paris St. Denis); Brasilien – USA 1:0 (Lyon); Brasilien – Türkei 2:2 (St. Etienne); USA – Kamerun 0:0 (Lyon).

Halbfinale: Kamerun – Kolumbien 1:0 (Lyon); Frankreich – Türkei 3:2 (Paris St. Denis).
Um den 3. Platz: Türkei – Kolumbien 2:1 (St. Etienne).

Endspiel am 29. Juni 2003 in Paris St. Denis: Frankreich – Kamerun i. V. 1:0 (0:0, 0:0) („Golden Goal")
Frankreich: Barthez – Sagnol (Thuram), Desailly, Gallas, Lizarazu – Giuly, Pedretti, Dacourt (Kapo), Wiltord (Pires) – Cisse, Henry.
Tor: Henry – Zuschauer: 51 985 – SR: Ivanov (Russland).

2005: Brasilien (Trainer: Parreira)

Turnier vom 15. bis 29. Juni 2005 in Deutschland

Teilnehmer: Deutschland (Veranstalter), Argentinien (Zweiter der Südamerikameisterschaft 2004), Australien (Ozeanienmeister 2004), Brasilien (Weltmeister 2002 und Südamerikameister 2004), Griechenland (Europameister 2004), Japan (Asienmeister 2004), Mexiko (Sieger CONCACAF Gold Cup 2003), Tunesien (Afrikameister 2004).

Gruppe A: Deutschland und Argentinien. Argentinien – Tunesien 2:1 (Köln); Deutschland – Australien 4:3 (Frankfurt); Tunesien – Deutschland 0:3 (Köln); Australien – Argentinien 2:4 (Nürnberg); Australien – Tunesien 0:2 (Leipzig); Argentinien – Deutschland 2:2 (Nürnberg).
Gruppe B: Mexiko und Brasilien. Japan – Mexiko 1:2 (Hannover); Brasilien – Griechenland 3:0 (Leipzig); Griechenland – Japan 0:1 (Frankfurt); Mexiko – Brasilien 1:0 (Hannover); Griechenland – Mexiko 0:0 (Frankfurt); Japan – Brasilien 2:2 (Köln).

Halbfinale: Deutschland – Brasilien 2:3 (Nürnberg); Mexiko – Argentinien n. V. 1:1, Elfmeterschießen 5:6 (Hannover).
Um den 3. Platz: Deutschland – Mexiko n. V. 4:3 (Leipzig).

Endspiel am 29. Juni 2005 in Frankfurt: Brasilien – Argentinien 4:1 (2:0)
Brasilien: Dida – Cicinho (Maicon), Lucio, Roque Junior, Gilberto – Emerson, Zé Roberto – Kaka (Renato), Ronaldinho – Robinho (Juninho), Adriano.
Tore: Adriano 2, Kaka, Ronaldinho (Aimar) – Zuschauer: 45 591 – SR: Michel (Slowakei).

Das deutsche Aufgebot: Asamoah, Ballack, Borowski, Deisler, Engelhardt, Ernst, A. Friedrich, Frings, Hanke, Hildebrand, Hinkel, Hitzlsperger, Huth, Kahn, Kuranyi, Lehmann, Mertesacker, Podolski, Schneider, Schweinsteiger – Nicht eingesetzt: Brdaric, Owomoyela.

2009: Brasilien (Trainer: Dunga)

Turnier vom 14. bis 28. Juni 2009 in Südafrika

Teilnehmer: Südafrika (Veranstalter), Ägypten (Afrikameister 2008), Brasilien (Südamerikameister 2007 und Titelverteidiger), Irak (Asienmeister 2007), Italien (Weltmeister 2006), Neuseeland (Ozeanienmeister 2008), Spanien (Europameister 2008), USA (Sieger CONCACAF Gold Cup 2007).

Gruppe A: Spanien und Südafrika. Südafrika – Irak 0:0 (Johannesburg); Neuseeland – Spanien 0:5 (Rustenburg); Spanien – Irak 1:0 (Mangaung/Bloemfontein); Südafrika – Neuseeland 2:0 (Rustenburg); Irak – Neuseeland 0:0 (Johannesburg); Spanien – Südafrika 2:0 (Mangaung/Bloemfontein).
Gruppe B: Brasilien und USA. Brasilien – Ägypten 4:3 (Mangaung/Bloemfontein); USA – Italien 1:3 (Tshwane/Pretoria); USA – Brasilien 0:3 (Tshwane/Pretoria); Ägypten – Italien 1:0 (Johannesburg); Italien – Brasilien 0:3 (Tshwane/Pretoria); Ägypten – USA 0:3 (Rustenburg).

Halbfinale: Spanien – USA 0:2 (Mangaung/Bloemfontein); Brasilien – Südafrika 1:0 (Johannesburg).
Um den 3. Platz: Spanien – Südafrika n. V. 3:2 (Rustenburg).

Endspiel am 28. Juni 2009 in Johannesburg: Brasilien – USA 3:2 (0:2)
Brasilien: Julio Cesar – Maicon – Lucio, Luisao, Andre Santos (Daniel Alves) – Gilberto Silva, Felipe Melo – Ramires (Elano), Kaka – Robinho, Luis Fabiano.
Tore: Luis Fabiano 2, Lucio (Dempsey, Donovan) – Zuschauer: 52 291 – SR: Hansson (Schweden).

2013: Brasilien (Trainer: Scolari)

Turnier vom 15. Juni bis 1. Juli 2013 in Brasilien

Teilnehmer: Brasilien (Veranstalter und Titelverteidiger), Italien (EM-Finalist 2012), Japan (Asienmeister 2011), Mexiko (Sieger CONCACAF Gold Cup 2011), Spanien (Weltmeister 2010 und Europameister 2012), Tahiti (Ozeanienmeister 2012), Uruguay (Südamerikameister 2011), Nigeria (Afrikameister 2013).

Gruppe A: Brasilien und Italien. Brasilien – Japan 3:0 (Brasilia); Mexiko – Italien 1:2 (Rio de Janeiro); Brasilien – Mexiko 2:0 (Fortaleza); Italien – Japan 4:3 (Recife); Japan – Mexiko 1:2 (Belo Horizonte); Italien – Brasilien 2:4 (Salvador).
Gruppe B: Spanien und Uruguay. Spanien – Uruguay 2:1 (Recife); Tahiti – Nigeria 1:6 (Belo Horizonte); Spanien – Tahiti 10:0 (Rio de Janeiro); Nigeria – Uruguay 1:2 (Salvador); Nigeria – Spanien 0:3 (Fortaleza); Uruguay – Tahiti 8:0 (Recife).

Halbfinale: Brasilien – Uruguay 2:1 (Belo Horizonte); Spanien – Italien n. V. 0:0, Elfmeterschießen 7:6 (Fortaleza).
Um den 3. Platz: Italien – Uruguay n. V. 2:2, Elfmeterschießen 3:2 (Salvador).

Endspiel am 1. Juli 2013 in Rio de Janeiro: Brasilien – Spanien 3:0 (2:0)
Brasilien: Julio Cesar – Dani Alves, Thiago Silva, David Luiz, Marcelo – Luiz Gustavo – Paulinho (Hernanes), Oscar – Hulk (Jadson), Neymar – Fred (Jo).
Tore: Fred 2, Neymar – Zuschauer: 73 531 – SR: Kuipers (Niederlande).

Die Torschützenkönige des Confederation Cups

1992	Batistuta (Argentinien), Murray (USA)		je 2
1995	Garcia (Mexiko)		3
1997	Romario (Brasilien)		7
1999	Al-Otaibi (Saudi-Arabien), Blanco (Mexiko), Ronaldinho (Brasilien)		je 6
2001	Carriere, Pires, Vieira, Wiltord (Frankreich), Hwang (Südkorea), Murphy (Australien), Suzuki (Japan)		je 2
2003	Henry (Frankreich)		4
2005	Adriano (Brasilien)		5
2009	Luis Fabiano (Brasilien)		5
2013	Fernando Torres (Spanien) (auf Grund mehr Vorlagen gegenüber Fred (Brasilien)).		5

Junioren-Weltmeisterschaft U 20

Die bisherigen Sieger (bis 1979 unter der Bezeichnung „Jugend-Weltturnier"):

1977 Sowjetunion – 1979 Argentinien – 1981 Deutschland – 1983, 1985 Brasilien – 1987 Jugoslawien – 1989, 1991 Portugal – 1993 Brasilien – 1995, 1997 Argentinien – 1999 Spanien – 2001 Argentinien – 2003 Brasilien – 2005, 2007 Argentinien – 2009 Ghana – 2011 Brasilien – 2013 Frankreich – 2015 Serbien.

1977: Sowjetunion

Vom 27. Juni bis 10. Juli 1977 in Tunesien

Gruppe A: Mexiko. Frankreich – Spanien 1:2, Mexiko – Tunesien 6:0, Spanien – Mexiko 1:1, Tunesien – Frankreich 0:1, Frankreich – Mexiko 1:1, Spanien – Tunesien 0:1.
Gruppe B: Uruguay. Marokko – Honduras 0:1, Uruguay – Ungarn 2:1, Honduras – Uruguay 0:1, Ungarn – Marokko 2:0, Ungarn – Honduras 0:2, Uruguay – Marokko 3:0.
Gruppe C: Brasilien. Italien – Elfenbeinküste 1:1, Brasilien – Iran 5:1, Iran – Italien 0:0, Elfenbeinküste – Brasilien 1:1, Iran – Elfenbeinküste, 3:0, Brasilien – Italien 2:0.
Gruppe D: Sowjetunion. Sowjetunion – Irak 3:1, Paraguay – Österreich 1:0, Irak – Österreich 5:1, Paraguay – Sowjetunion 1:2, Paraguay – Irak 4:0, Österreich – Sowjetunion 0:0.

Halbfinale: Mexiko – Brasilien 1:1/Elfmeterschießen 5:3, Uruguay – Sowjetunion 0:0/Elfmeterschießen 3:4.
Um den dritten Platz: Brasilien – Uruguay 4:0.

Endspiel am 10. Juli 1977 in Tunis: Sowjetunion – Mexiko n. V. 2:2 (2.2, 0:0)/Elfmeterschießen 7:6
Sowjetunion: Nowikow – Kriachka, Baltacha, Kaplun, Iljim – Bal, Bessonow, Khidiatullin – Bychkow, Bodrow, Sopko – Tore: Iljim, Bessonow (Garduno, Manzo) – Zuschauer: 22 000 – SR.: Vautrot (Frankreich).

1979: Argentinien

Vom 25. August bis 7. September 1979 in Japan

Gruppe A: Spanien und Algerien. Japan – Spanien 0:1, Mexiko – Algerien 1:1, Spanien – Mexiko 2:1, Algerien – Japan 0:0, Japan – Mexiko 1:1, Spanien – Algerien 0:1.
Gruppe B: Argentinien und Polen. Polen – Jugoslawien 2:0, Argentinien – Indonesien 5:0, Jugoslawien – Argentinien 0:1, Indonesien – Polen 0:6, Polen – Argentinien 1:4, Jugoslawien – Indonesien 5:0.
Gruppe C: Paraguay und Portugal. Kanada – Portugal 2:1, Paraguay – Südkorea 3:0, Portugal – Paraguay 1:0, Südkorea – Kanada 1:0, Kanada – Paraguay 0:3, Portugal – Südkorea 0:0.
Gruppe D: Uruguay und Sowjetunion. Ungarn – Uruguay 0:2, Guinea – Sowjetunion 0:3, Sowjetunion – Ungarn 5:1, Uruguay – Guinea 5:0, Sowjetunion – Uruguay 0:1, Ungarn – Guinea 2:0.

Viertelfinale: Argentinien – Algerien 5:0, Uruguay – Portugal n. V. 1:0, Polen – Spanien n. V. 0:0/Elfmeterschießen 4:3, Sowjetunion – Paraguay n. V. 2:2/Elfmeterschießen 4:3.
Halbfinale: Argentinien – Uruguay 2:0, Sowjetunion – Polen 1:0.
Um den dritten Platz: Uruguay – Polen n. V. 1:1/Elfmeterschießen 5:3.

Endspiel am 7. September 1979 in Tokio: Argentinien – Sowjetunion 3:1 (0:0)
Argentinien: Garcia – Simon, Carabelli, Rossi, Alves – Barbas, Rinaldi (Mezza), Maradona – Escudero, Diaz, Calderon – Tore: Alves, Diaz, Maradona (Ponomarew) – Zuschauer: 52 000 – SR.: Wright (Brasilien).

1981: Deutschland

Vom 3. bis 18. Oktober 1981 in Australien

Gruppe A: Uruguay und Katar. Polen – Katar 0:1, USA – Uruguay 0:3, USA – Katar 1:1, Uruguay – Polen 1:0, Katar – Uruguay 0:1, USA – Polen 0:4.
Gruppe B: Brasilien und Rumänien. Italien – Südkorea 1:4, Rumänien – Brasilien 1:1, Italien – Brasilien 0:1, Südkorea – Rumänien 0:1, Südkorea – Brasilien 0:3, Italien – Rumänien 0:1.
Gruppe C: Deutschland und Ägypten. Deutschland – Mexiko 1:0, Spanien – Ägypten 2:2, Deutschland – Ägypten 1:2, Spanien – Mexiko 1:1, Deutschland – Spanien 4:2, Mexiko – Ägypten 3:3.
Gruppe D: England und Australien. England – Kamerun 2:0, Australien – Argentinien 2:1, Australien – Kamerun 3:3, England – Argentinien 1:1, Kamerun – Argentinien 0:1, England – Australien 1:1.

Viertelfinale: Deutschland – Australien 1:0, Uruguay – Rumänien 1:2, Brasilien – Katar 2:3, England – Ägypten 4:2.
Halbfinale: Deutschland – Rumänien n. V. 1:0, Katar – England 2:1.
Um den dritten Platz: Rumänien – England 1:0.
Endspiel am 18. Oktober 1981 in Sydney: Deutschland – Katar 4:0 (2:0)
Deutschland: Vollborn – Winklhofer, Zorc, Schmidkunz, Trieb – Sievers (Brunner). Schön, Loose – Anthes, Wohlfarth, Brummer (Herbst) – Im Verlauf des Turniers noch eingesetzt: Hermann, Nushöhr – Tore: Loose 2, Wohlfarth, Anthes – Zuschauer: 18 500 – SR: Coelho (Brasilien).

1983: Brasilien

Vom 5. bis 19. Juni 1983 in Mexiko

Gruppe A: Schottland und Südkorea. Mexiko – Australien 1:1, Schottland – Südkorea 2:0, Mexiko – Südkorea 1:2, Australien – Schottland 2:1, Mexiko – Schottland 0:1, Australien – Südkorea 1:2.
Gruppe B: Uruguay und Polen. Uruguay – USA 3:2, Polen – Elfenbeinküste 7:2, USA – Elfenbeinküste 1:0, Uruguay – Polen 3:1, USA – Polen 0:2, Uruguay – Elfenbeinküste 0:0.
Gruppe C: Argentinien und Tschechoslowakei. Tschechoslowakei – Österreich 4:0, Argentinien – China 5:0, Argentinien – Österreich 3:0, Tschechoslowakei – China 3:2, Argentinien – Tschechoslowakei 2:0, China – Österreich 3:0.
Gruppe D: Brasilien und Niederlande. Brasilien – Niederlande 1:1, Nigeria – Sowjetunion 1:0, Brasilien – Nigeria 3:0, Niederlande – Sowjetunion 3:2, Brasilien – Sowjetunion 2:1, Niederlande – Nigeria 0:0.

Viertelfinale: Schottland – Polen 0:1, Uruguay – Südkorea n. V. 1:2, Argentinien – Niederlande 2:1, Brasilien – Tschechoslowakei 4:1.
Halbfinale: Brasilien – Südkorea 2:1, Argentinien – Polen 1:0.
Um den dritten Platz: Polen – Südkorea n. V. 2:1.

Endspiel am 19. Juni 1983 in Mexiko City: Brasilien – Argentinien 1:0 (1:0)
Brasilien: Hugo – Heitor, Guto, Boni, Jorginho – Dunga, Gillmar (Demetrio), Geovani – Maurizinho, Marinho (Bebeto), Paulinho – Tor: Geovani – Zuschauer: 100 000 – SR.: Biguet (Frankreich).

1985: Brasilien

Vom 24. August bis 7. September 1985 in der Sowjetunion

Gruppe A: Bulgarien und Kolumbien (durch Los). Ungarn – Kolumbien 2:2, Tunesien – Bulgarien 0:2, Ungarn Tunesien 2:1, Kolumbien – Bulgarien 1:1, Ungarn – Bulgarien 1:1, Kolumbien – Tunesien 2:1.
Gruppe B: Brasilien und Spanien. Irland – Brasilien 1:2, Saudi-Arabien – Spanien 0:0, Irland – Saudi-Arabien 0:1, Brasilien – Spanien 2:0, Irland – Spanien 2:4, Brasilien – Saudi-Arabien 1:0.
Gruppe C: Sowjetunion und Nigeria. Sowjetunion – Australien 0:0, Nigeria – Kanada 2:0, Sowjetunion – Nigeria 2:1, Australien – Kanada 0:0, Sowjetunion – Kanada 5:0, Australien – Nigeria 2:3.
Gruppe D: Mexiko und China. England – Paraguay 2:2, China – Mexiko 1:3, England – China 0:2, Paraguay – Mexiko 0:2, England – Mexiko 0:1, Paraguay – China 1:2.

Viertelfinale: Bulgarien – Spanien 1:2, Brasilien – Kolumbien 6:0, Sowjetunion – China 1:0, Mexiko – Nigeria 1:2.
Halbfinale: Sowjetunion – Spanien n. V. 2:2/Elfmeterschießen 3:4, Brasilien – Nigeria 2:0.
Um den dritten Platz: Nigeria – Sowjetunion n. V. 0:0/Elfmeterschießen 3:1.

Endspiel am 7. September 1985 in Moskau: Brasilien – Spanien n. V. 1:0 (0:0, 0:0)
Brasilien: Taffarel – Luciano, Luis Carlos, Joao, Henrique – Dida, Silas (Marcal), Tosin, Gerson (Antonio Carlos) – Müller, Balalo – Tor: Henrique – Zuschauer: 41 000 – SR: Syme (Schottland).

1987: Jugoslawien

Vom 10. bis 25. Oktober 1987 in Chile

Gruppe A: Jugoslawien und Chile. Chile – Jugoslawien 2:4, Togo – Australien 0:2, Chile – Togo 3:0, Jugoslawien – Australien 4:0, Chile – Australien 2:0, Jugoslawien – Togo 4:1.
Gruppe B: Italien und Brasilien. Brasilien – Nigeria 4:0, Italien – Kanada 2:2, Brasilien – Italien 0:1, Nigeria – Kanada 2:0, Brasilien – Kanada 1:0, Nigeria – Italien 0:2.
Gruppe C: DDR und Schottland. DDR – Schottland 1:2, Kolumbien – Bahrein 1:0, DDR – Kolumbien 3:1, Schottland – Bahrein 1:1, DDR – Bahrein 2:0, Schottland – Kolumbien 2:2.

Gruppe D: Deutschland und Bulgarien. USA – Bulgarien 0:1, Deutschland – Saudi-Arabien 3:0, USA – Saudi-Arabien 1:0, Deutschland – Bulgarien 3:0, Deutschland – USA 2:1, Bulgarien – Saudi-Arabien 2:0.
Viertelfinale: Jugoslawien – Brasilien 2:1, Italien – Chile 0:1, DDR – Bulgarien 2:0, Deutschland – Schottland n. V. 1:1/Elfmeterschießen 4:3.
Halbfinale: Jugoslawien – DDR 2:1, Chile – Deutschland 0:4.
Um den dritten Platz: DDR – Chile n. V. 1:1/Elfmeterschießen 3:1.
Endspiel am 25. Oktober 1987 in Santiago: Jugoslawien – Deutschland n. V. 1:1 (1:1, 0:0)/Elfm. 5:4
Jugoslawien: Levkovic – Jankovic – Brnovic, Jarni – Boban, Pavlicic, Pavlovic (Zirojevic), Petric, Skoric – Mijucic, Suker.
Deutschland: Brunn – Luginger – Strehmel, Metz – Dammeier (H. J. Heidenreich), Spyrka, Möller, Schneider, K. Reinhardt – Eichenauer (Epp), Witeczek (im weiteren Turnierverlauf eingesetzt: Clauss, Würzburger, Praetz, Klinkert, Claasen).
Tore: Boban (Witeczek) – Elfmeterschießen: Pavlicic, Suker, Brnovic, Zirojevic, Boban (Witeczek verschossen, Metz, Luginger, Spyrka, K. Reinhardt) – Zuschauer: 65 000 – SR: Loustau (Argentinien).

1989: Portugal

Vom 17. Februar bis 3. März 1989 in Saudi-Arabien

Gruppe A: Portugal und Nigeria. Nigeria – Saudi-Arabien 2:1, Portugal – Tschechoslowakei 1:0, Tschechoslowakei – Saudi-Arabien 1:0, Portugal – Nigeria 1:0, Saudi-Arabien – Portugal 3:0, Nigeria – Tschechoslowakei 1:1.
Gruppe B: Sowjetunion und Kolumbien. Costa Rica – Kolumbien 1:0, Sowjetunion – Syrien 3:1, Sowjetunion – Costa Rica 1:0, Kolumbien – Syrien 2:0, Costa Rica – Syrien 1:3, Kolumbien – Sowjetunion 1:3.
Gruppe C: Brasilien und USA. Brasilien – DDR 2:0, USA – Mali 1:1, Brasilien – Mali 5:0, DDR – USA 0:2, Brasilien – USA 3:1, DDR – Mali 3:0.
Gruppe D: Irak und Argentinien. Irak – Norwegen 1:0, Spanien – Argentinien 2:1, Argentinien – Norwegen 2:0, Spanien – Irak 0:2, Norwegen – Spanien 4:2, Irak – Argentinien 1:0.

Viertelfinale: Portugal – Kolumbien 1:0, Nigeria – Sowjetunion n. V. 4/4/Elfmeterschießen 5:4, USA – Irak 2:1, Brasilien – Argentinien 1:0.
Halbfinale: Brasilien – Portugal 0:1, Nigeria – USA 2:1.
Um den dritten Platz: Brasilien – USA 2:0.
Endspiel am 3. März 1989 in Riad: Portugal – Nigeria 2:0 (1:0)
Portugal: Bizarro – Valido – Silva-Abel, Paulo Madeira, Morgado – Helio, Tozé, Filipe, Jorge Couto – Amarai (Paulo Alves), Joao Pinto (Folha) – Tore: Silva, Couto – Zuschauer: 70 000 – SR: Schmidhuber (Deutschland).

1991: Portugal

Vom 14. bis 30. August 1991 in Portugal

Gruppe A: Portugal und Korea: Portugal – Irland 2:0, Korea – Argentinien 1:0, Irland – Korea 1:1, Portugal – Argentinien 3:0, Irland – Argentinien 2:2, Portugal – Korea 1:0. (Korea trat mit einer gemeinsamen Mannschaft aus Nord- und Südkorea an.)
Gruppe B: Brasilien und Mexiko. Mexiko – Schweden 3:0, Brasilien – Elfenbeinküste 2:1, Brasilien – Mexiko 2:2, Schweden – Elfenbeinküste 4:1, Elfenbeinküste – Mexiko 1:1, Brasilien – Schweden 2:0.
Gruppe C: Australien und Sowjetunion. Australien – Trinidad & Tobago 2:0, Sowjetunion – Ägypten 1:0, Ägypten – Trinidad & Tobago 6:0, Australien – Sowjetunion 1:0, Australien – Ägypten 1:0, Sowjetunion – Trinidad & Tobago 4:0.
Gruppe D: Spanien und Syrien. Spanien – England 1:0, Syrien – Uruguay 1:0, Spanien – Uruguay 6:0, England – Syrien 3:3, Spanien – Syrien 0:0, England – Uruguay 0:0.

Viertelfinale: Portugal – Mexiko n. V. 2:1, Brasilien – Korea 5:1, Australien – Syrien n. V. 1:1/Elfmeterschießen 5:4, Spanien – Sowjetunion 1:3.
Halbfinale: Brasilien – Sowjetunion 3:0, Portugal – Australien 1:0.
Um den 3. Platz: Sowjetunion – Australien n. V. 1:1/Elfmeterschießen 5:4

Endspiel am 30. August 1991 in Lissabon: Portugal – Brasilien n. V. 0:0/Elfmeterschießen 4:2
Portugal: Brassard – Nelson (Tulipa, Capucho), Jorge Costa, Rui Bento, Paulo Torres – Peixe, Rui Costa, Figo, Joao Pinto I – Gil, Toni – Zuschauer: 120 000 – SR: Lamolina (Argentinien).

1993: Brasilien

Vom 5. bis 20. März 1993 in Australien

Gruppe A: Russland und Australien. Australien – Kolumbien 2:1, Russland – Kamerun 2:0, Kolumbien – Kamerun 3:2, Australien – Russland 3:1, Kolumbien – Russland 1:3, Australien – Kamerun 0:2.
Gruppe B: Uruguay und Ghana. Portugal – Deutschland 0:1, Uruguay – Ghana 1:1, Deutschland – Ghana 2:2, Portugal – Uruguay 1:2, Deutschland – Uruguay 1:2, Portugal – Ghana 0:2.
Gruppe C: England und USA. Südkorea – England 1:1, Türkei – USA 0:6, England – USA 1:0, Südkorea – Türkei 1:1 England – Türkei 1:0, Südkorea – USA 2:2.
Gruppe D: Brasilien und Mexiko. Mexiko – Norwegen 3:0, Brasilien – Saudi-Arabien 0:0, Norwegen – Saudi-Arabien 0:0, Mexiko – Brasilien 1:2, Norwegen – Brasilien 0:2, Mexiko – Saudi-Arabien 2:1.

Viertelfinale: Australien – Uruguay n. V. 2:1, Ghana – Russland 3:0, England – Mexiko n. V. 0:0/Elfmeterschießen 4:3, Brasilien – USA 3:0.
Halbfinale: Australien – Brasilien 0:2, England – Ghana 1:2
Um den dritten Platz: England – Australien 2:1.

Endspiel am 20. März 1993 in Sydney: Brasilien – Ghana 2:1 (0:1)
Brasilien: Dida – Bruno, Gelson, Juarez, Marcelinho – Cate, Pereira (Caico), Gian, Adriano (Argel) – Yan, Hermes – Tore: Yan, Gian (Duah) – Zuschauer: 40 000 – SR.: Cakar (Türkei).

1995: Argentinien

Vom 13. bis 28. April 1995 in Katar

Gruppe A: Brasilien und Russland: Katar – Rußland 1:1, Syrien – Brasilien 0:6, Katar – Syrien 0:1, Rußland – Brasilien 0:0, Katar – Brasilien 0:2, Rußland – Syrien 2:0.
Gruppe B: Spanien und Japan. Burundi – Spanien 1:5, Chile – Japan 2:2, Burundi – Chile 1:1, Spanien – Japan 2:1, Japan – Burundi 2:0, Spanien – Chile 6:3.
Gruppe C: Portugal und Argentinien. Niederlande – Argentinien 0:1, Honduras – Portugal 2:3, Niederlande – Honduras 7:1, Argentinien – Portugal 0:1, Portugal – Niederlande 3:0, Argentinien – Honduras 4:2.
Gruppe D: Kamerun und Australien. Australien – Costa Rica 2:0, Kamerun – Deutschland 1:1, Australien – Kamerun 2:3, Costa Rica – Deutschland 2:1, Deutschland – Australien 1:1, Costa Rica – Kamerun 1:3.

Viertelfinale: Brasilien – Japan 2:1, Spanien – Russland 4:1, Portugal – Australien n. V. 2:1, Kamerun – Argentinien 0:2.
Halbfinale: Brasilien – Portugal 1:0, Argentinien – Spanien 3:0.
Um den dritten Platz: Portugal – Spanien 3:2.
Endspiel am 28. April 1995 in Doha: Argentinien – Brasilien 2:0 (1:0)
Argentinien: Irigoytia (Pezutti) – Pena, Dominquez, Lombardi, Juan, Sorin, Larossa, Ibagaza, Biagini (Guerrero), Coyette, Chaparro (Arangio) – Tore: Blagini, Guerrero – Zuschauer: 49 000 – SR.: Gallagher (England).

1997: Argentinien

Vom 16. Juni bis 5. Juli 1997 in Malaysia

Gruppe A: Uruguay, Marokko und Belgien. Malaysia – Marokko 1 3, Uruguay – Belgien 3:0, Malaysia – Uruguay 1:3, Marokko – Belgien 1:1, Malaysia – Belgien 0:3, Marokko – Uruguay 0:0.
Gruppe B: Brasilien und Frankreich. Südkorea – Südafrika 0:0, Brasilien – Frankreich 3:0, Frankreich – Südkorea 4:2, Brasilien – Südafrika 2:0, Brasilien – Südkorea 10:3, Frankreich – Südafrika 4:2.
Gruppe C: Ghana, Irland und USA. Ghana – Irland 2:1, USA – China 1:0, Ghana – China 1:1, Irland – USA 2:1, Ghana – USA 1:0, Irland – China 1:1.
Gruppe D: Spanien und Japan. Spanien – Japan 2:1, Costa Rica – Paraguay 1:1, Japan – Costa Rica 6:2, Spanien – Paraguay 2:1, Spanien – Costa Rica 4:0, Paraguay – Japan 3:3.
Gruppe E: Australien, Argentinien und Kanada. Argentinien – Ungarn 3:0, Australien – Kanada 0:0, Australien – Ungarn 1:0, Argentinien – Kanada 2:1, Argentinien – Australien 3:4, Ungarn – Kanada 1:2.
Gruppe F: England, Mexiko und Vereinigte Arabische Emirate. Mexiko – Vereinigte Arabische Emirate 5:0, England – Elfenbeinküste 2:1, Mexiko – Elfenbeinküste 1:1, England – Vereinigte Arabische Emirate 5:0, England – Mexiko 1:0, Vereinigte Arabische Emirate – Elfenbeinküste 2:0.

Achtelfinale: Uruguay – USA 3:0, Irland – Marokko n. V. 2:1, Brasilien – Belgien 10:0, Mexiko – Frankreich 0:1, Ghana – Vereinigte Arabische Emirate 3:0, Spanien – Kanada 2:0, Japan – Australien 1:0, Argentinien – England 2:1.
Viertelfinale: Uruguay – Frankreich n. V. 1:1/Elfmeterschießen 7:6, Spanien – Irland 0:1, Argentinien – Brasilien 2:0, Ghana – Japan n. V. 2:1.

Halbfinale: Uruguay – Ghana n. V. 3:2, Irland – Argentinien 0:1.
Um den dritten Platz: Irland – Ghana 2:1.

Endspiel am 5. Juli 1997 in Sah Alam: Argentinien – Uruguay 2:1 (2:1)
Argentinien: Franco – Cufre, Samuel, Serrizuela, Cambiasso – Romeo, Scaloni (Rodriguez), Quintana (Almar), Riquelme (Perezlindo) – Cubero, Placente – Tore: Cambiasso, Quintana (Garcia Perez) – Zuschauer: 62 000 – SR: Manei (Kuwait).

1999: Spanien

Vom 4. bis 24. April 1999 in Nigeria

Gruppe A: Paraguay, Nigeria und Costa Rica. Nigeria – Costa Rica 1:1, Deutschland – Paraguay 4:0, Nigeria – Deutschland 2:0, Costa Rica – Paraguay 1:3, Nigeria – Paraguay 1:2, Costa Rica – Deutschland 2:1.
Gruppe B: Ghana, Kroatien und Argentinien. Ghana – Kroatien 1:1, Argentinien – Kasachstan 1:0, Ghana – Argentinien 1:0, Kroatien – Kasachstan 5:1, Ghana – Kasachstan 3:0, Kroatien – Argentinien 0:0.
Gruppe C: Mexiko und Irland. Australien – Saudi-Arabien 3:1, Mexiko – Irland 1:0, Australien – Mexiko 1:3, Saudi-Arabien – Irland 0:2, Australien – Irland 0:4, Saudi-Arabien – Mexiko 1:1.
Gruppe D: Mali, Portugal und Uruguay. Uruguay – Mali 1:2, Südkorea – Portugal 1:3, Uruguay – Südkorea 1:0, Mali – Portugal 2:1, Mali – Südkorea 2:4, Uruguay – Portugal 0:0.
Gruppe E: Japan, USA und Kamerun. Kamerun – Japan 2:1, England – USA 0:1, Kamerun – England 1:0, Japan – USA 3:1, Kamerun – USA 1:3, Japan – England 2:0.
Gruppe F: Spanien und Brasilien. Sambia – Honduras 4:3, Spanien – Brasilien 2:0, Sambia – Spanien 0:0, Honduras – Brasilien 0:3, Sambia – Brasilien 1:5, Honduras – Spanien 1:3.
Achtelfinale: Irland – Nigeria n. V. 1:1/Elfmeterschießen 3:5, Ghana – Costa Rica 2:0, Paraguay – Uruguay n. V. 2:2/Elfmeterschießen 9:10, Brasilien – Kroatien 4:0, Japan – Portugal n. V. 1:1/Elfmeterschießen 5:4, Spanien – USA 3:2, Mexiko – Argentinien 4:1, Mali – Kamerun n. V. 5:4
Viertelfinale: Uruguay – Brasilien 2:1, Mali – Nigeria 3:1, Japan – Mexiko 2:0, Spanien – Ghana n. V. 1:1/Elfmeterschießen 8:7.
Halbfinale: Mali – Spanien 1:3, Uruguay – Japan 1:2.
Um den dritten Platz: Mali – Uruguay 1:0.

Endspiel am 24. April 1999 in Lagos: Spanien – Japan 4:0 (1:0)
Spanien: Aranzubia – Coira, Bermudo, Jusue, Orbaiz, Marchena, Gabri (Colsa), Xavi, Pablo, Varela (Ruben), Barkero (Aganzo) – Tore: Pablo 2, Barkero, Gabri – Zuschauer: 38 000 – SR: Sanchez (Argentinien).

2001: Argentinien

Vom 17. Juni bis 8. Juli 2001 in Argentinien

Gruppe A: Argentinien und Ägypten. Argentinien – Finnland 2:0, Ägypten – Jamaika 0:0, Jamaika – Finnland 0:1, Ägypten – Argentinien 1:7, Argentinien – Jamaika 5:1, Finnland – Ägypten 1:2.
Gruppe B: Brasilien und Deutschland. Brasilien – Deutschland 2:0, Irak – Kanada 3:0, Kanada – Deutschland 0:4, Irak – Brasilien 1:6, Brasilien – kanada 2:0, Deutschland – Irak 3:1.
Gruppe C: Ukraine, USA und China. USA – China 0:1, Chile – Ukraine 2:4, Ukraine – China 0:0, Chile – USA 1:4, USA – Ukraine 1:1, China – Chile 0:1.
Gruppe D: Angola, Tschechien und Australien. Angola – Tschechien 0:0, Japan – Australien 0:2, Australien – Tschechien 0:3, Japan – Angola 1:2, Angola – Australien 1:1, Tschechien – Japan 0:3.
Gruppe E: Costa Rica, Ecuador und Niederlande. Ecuador – Äthiopien 2:1, Niederlande – Costa Rica 1:3, Costa Rica – Äthiopien 3:1, Niederlande – Ecuador 1:1, Ecuador – Costa Rica 0:3, Äthiopien – Niederlande 2:3.
Gruppe F: Ghana, Frankreich und Paraguay. Ghana – Paraguay 2:1, Iran – Frankreich 0:5, Frankreich – Paraguay 2:2, Iran – Ghana 0:1, Ghana – Frankreich 0:0, Paraguay – Iran 2:0.

Achtelfinale: USA – Ägypten 0:2, Argentinien – China 2:1, Frankreich – Deutschland 3:2, Brasilien – Australien 4:0, Ukraine – Paraguay 1:2, Angola – Niederlande 0:2, Costa Rica – Tschechien 1:2, Ghana – Ecuador 1:0.
Viertelfinale: Argentinien – Frankreich 3:1, Ghana – Brasilien n. V. 2:1, Tschechien – Paraguay 0:1, Niederlande – Ägypten 1:2.
Halbfinale: Ägypten – Ghana 0:2, Argentinien – Paraguay 5:0.
Um den dritten Platz: Ägypten – Paraguay 1:0.

Endspiel am 8. Juli 2001 in Buenos Aires: Argentinien – Ghana 3:0 (2:0)
Argentinien: Caballero – Burdisso, Arca, Cetto, Medina (Seltzer), Saviola, Romagnoli (Rosales), Rodriguez, Colotto, Ponzio, D'Alessandro (Herrera) – Tore: Colotto, Saviola, Rodriguez – Zuschauer: 32 000 – SR: Mejuto Gonzalez (Spanien)

2003: Brasilien
Vom 27. November bis 19. Dezember 2003 in den Vereinigten Arabischen Emiraten

Gruppe A: Burkina Faso, Slowakei und Vereinigte Arabische Emirate. Vereinigte Arabische Emirate – Slowakei 1:4, Panama – Burkina Faso 0:1, Burkina Faso – Slowakei 1:0, Panama – Vereinigte Arabische Emirate 1:2, Vereinigte Arabische Emirate – Burkina Faso 0:0, Slowakei – Panama 1:0.
Gruppe B: Argentinien und Spanien. Argentinien – Spanien 2:1, Usbekistan – Mali 2:3, Mali – Spanien 0:2, Usbekistan – Argentinien 1:2, Argentinien – Mali 3:1, Spanien – Usbekistan 1:0.
Gruppe C: Australien, Brasilien und Kanada. Brasilien – Kanada 2:0, Tschechien – Australien 1:1, Australien – Kanada 2:1, Tschechien – Brasilien 1:1, Brasilien – Australien 2:3, Kanada – Tschechien 1:0.
Gruppe D: Japan, Kolumbien und Ägypten. Kolumbien – Ägypten 0:0, Japan – England 1:0, England – Ägypten 0:1, Japan – Kolumbien 1:4, Kolumbien – England 0:0, Ägypten – Japan 0:1.
Gruppe E: Irland und Elfenbeinküste. Saudi-Arabien – Irland 1:2, Mexiko – Elfenbeinküste 1:2, Elfenbeinküste – Irland 2:2, Mexiko – Saudi-Arabien 1:1, Saudi-Arabien – Elfenbeinküste 0:0, Irland – Mexiko 2:0.
Gruppe F: USA, Paraguay und Südkorea. Paraguay – USA 1:3, Südkorea – Deutschland 2:0, Deutschland – USA 3:1, Südkorea – Paraguay 0:1, Paraguay – Deutschland 2:0, USA – Südkorea 2:0.

Achtelfinale: Japan – Südkorea i. V. 2:1, Burkina Faso – Kanada 0:1, Argentinien – Ägypten i. V. 2:1, USA – Elfenbeinküste 2:0, Brasilien – Slowakei i. V. 2:1, Australien – Vereinigte Arabische Emirate 0:1, Paraguay – Spanien 0:1, Irland – Kolumbien i. V. 2:3.
Viertelfinale: Kanada – Spanien i. V. 1:2, USA – Argentinien i. V. 1:2, Kolumbien – Vereinigte Arabische Emirate 1:0, Japan – Brasilien 1:5.
Halbfinale: Brasilien – Argentinien 1:0, Spanien – Kolumbien 1:0.
Um den dritten Platz: Kolumbien – Argentinien 2:1.

Endspiel am 19. Dezember 2003 in Abu Dhabi: Brasilien – Spanien 1:0 (0:0)
Brasilien: Jefferson – Daniel, Alcides, Adailton, Adriano; Jardel, Dudu Cearense, Juninho (Fernandinho); Daniel Carvalho (Andrezinho), Nilmar (Dagoberto), Kleber.
Tor: Fernandinho – Zuschauer: 60 000 – SR: Rosetti (Italien).

2005: Argentinien
Vom 10. Juni bis 2. Juli 2005 in den Niederlanden

Gruppe A: Niederlande und Japan. Benin – Australien 1:1; Niederlande – Japan 2:1; Japan – Benin 1:1; Australien – Niederlande 0:3; Japan – Australien 1:1; Niederlande – Benin 1:0.
Gruppe B: China, Ukraine und Türkei. Türkei – China 1:2; Ukraine – Panama 3:1; China – Ukraine 3:2; Panama – Türkei 0:1; Türkei – Ukraine 2:2; China – Panama 4:1.
Gruppe C: Spanien, Marokko und Chile. Spanien – Marokko 3:1; Honduras – Chile 0:7; Marokko – Honduras 5:0; Chile – Spanien 0:7; Spanien – Honduras 3:0; Marokko – Chile 1:0.
Gruppe D: USA, Argentinien und Deutschland. Argentinien – USA 0:1; Deutschland – Ägypten 2:0; Ägypten – Argentinien 0:2; USA – Deutschland 0:0; Argentinien – Deutschland 1:0; USA – Ägypten 1:0.
Gruppe E: Kolumbien, Syrien und Italien. Kolumbien – Italien 2:0; Syrien – Kanada 1:1; Kanada – Kolumbien 0:2; Italien – Syrien 1:2; Italien – Kanada 4:1; Kolumbien – Syrien 2:0.
Gruppe F: Brasilien und Nigeria. Brasilien – Nigeria 0:0; Südkorea – Schweiz 1:2; Schweiz – Brasilien 0:1; Nigeria – Südkorea 1:2; Brasilien – Südkorea 2:0; Nigeria – Schweiz 3:0.

Achtelfinale: USA – Italien 1:3; Marokko – Japan 1:0; Brasilien – Syrien 1:0; China – Deutschland 2:3; Nigeria – Ukraine 1:0; Niederlande – Chile 3:0; Kolumbien – Argentinien 1:2; Spanien – Türkei 3:0.
Viertelfinale: Marokko – Italien n. V. 2:2, Elfmeterschießen 4:2; Deutschland – Brasilien n. V. 1:2; Nigeria – Niederlande n. V. 1:1, Elfmeterschießen 10:9; Argentinien – Spanien 3:1.
Halbfinale: Brasilien – Argentinien 1:2; Marokko – Nigeria 0:3.
Um den dritten Platz: Brasilien – Marokko 2:1.

Endspiel am 2. Juli 2005 in Utrecht: Argentinien – Nigeria 2:1 (1:0)
Argentinien: Ustari – Barroso, Garay, Paletta, Formica – Torres – Zabaleta, Gago (Biglia), Archubi (Armenteros) – Oberman (Aguero), Messi.
Tore: Messi 2 (Ogbuke) – Zuschauer: 24 500 – SR: Hauge (Norwegen).

2007: Argentinien
Vom 30. Juni bis 22. Juli 2007 in Kanada

Gruppe A: Chile, Österreich und Kongo. Kanada – Chile 0:3; Kongo – Österreich 1:1; Österreich – Kanada 1:0; Chile – Kongo 3:0; Kanada – Kongo 0:2; Chile – Österreich 0:0.
Gruppe B: Spanien, Sambia und Uruguay. Jordanien – Sambia 1:1; Spanien – Uruguay 2:2; Uruguay – Jordanien 1:0; Sambia – Spanien 1:2; Spanien – Jordanien 4:2; Uruguay – Sambia 0:2.
Gruppe C: Mexiko, Gambia und Portugal. Portugal – Neuseeland 2:0 ; Gambia – Mexiko 0:3; Neuseeland – Gambia 0:1; Mexiko – Portugal 2:1; Portugal – Gambia 1:2; Neuseeland – Mexiko 1:2.
Gruppe D: USA, Polen und Brasilien. Polen – Brasilien 1:0; Südkorea – USA 1:1; USA – Polen 6:1; Brasilien – Südkorea 3:2; Polen – Südkorea 1:1; Brasilien – USA 1:2.
Gruppe E: Argentinien und Tschechien. Nordkorea – Panama 0:0; Argentinien – Tschechien 0:0; Tschechien – Nordkorea 2:2; Panama – Argentinien 0:6; Argentinien – Nordkorea 1:0; Tschechien – Panama 2:1.
Gruppe F: Japan und Nigeria. Japan – Schottland 3:1; Nigeria – Costa Rica 1:0; Costa Rica – Japan 0:1; Schottland – Nigeria 0:2; Japan – Nigeria 0:0; Schottland – Costa Rica 1:2.

Achtelfinale: Österreich – Gambia 2:1; USA – Uruguay n. V. 2:1; Japan – Tschechien n. V. 2:2, Elfmeterschießen 3:4; Spanien – Brasilien n. V. 4:2; Argentinien – Polen 3:1; Sambia – Nigeria 1:2; Chile – Portugal 1:0; Mexiko – Kongo 3:0.
Viertelfinale: Österreich – USA n. V. 2:1; Spanien – Tschechien n. V. 1:1, Elfmeterschießen 3:4; Chile – Nigeria n. V. 4:0; Argentinien – Mexiko 1:0.
Halbfinale: Österreich – Tschechien 0:2; Chile – Argentinien 0:3.
Um den dritten Platz: Chile – Österreich 1:0.

Endspiel am 22. Juli 2007 in Toronto: Argentinien – Tschechien 2:1 (0:0)
Argentinien: Romero – Sigali, Fazio, Mercado, Insua – Sanchez, Banega, Piatti (Acosta), Moralez (Cabral) – Aguero, Zarate.
Tore: Aguero, Zarate (Fenin) – Zuschauer: 19 526 – SR: Undiano Mallenco (Spanien).

2009: Ghana
Vom 24. September bis 16. Oktober 2009 in Ägypten

Gruppe A: Ägypten, Paraguay, Italien. Ägypten – Trinidad & Tobago 4:1; Paraguay – Italien 0:0; Italien – Trinidad & Tobago 2:1; Ägypten – Paraguay 1:2; Trinidad & Tobago – Paraguay 0:0; Italien – Ägypten 2:4.
Gruppe B: Spanien, Venezuela, Nigeria. Nigeria – Venezuela 0:1; Spanien – Tahiti 8:0; Nigeria – Spanien 0:2; Tahiti – Venezuela 0:8; Venezuela – Spanien 0:3; Tahiti – Nigeria 0:5.
Gruppe C: Deutschland, Südkorea. USA – Deutschland 0:3; Kamerun – Südkorea 2:0; Südkorea – Deutschland 1:1; USA – Kamerun 4:1; Deutschland – Kamerun 3:0; Südkorea – USA 3:0.
Gruppe D: Ghana, Uruguay. Ghana – Usbekistan 2:1; England – Uruguay 0:1; Uruguay – Usbekistan 3:0; Ghana – England 0:2; Uruguay – Ghana 2:2; Usbekistan – England 1:1.
Gruppe E: Brasilien, Tschechien, Costa Rica. Brasilien – Costa Rica 5:0; Tschechien – Australien 2:1; Australien – Costa Rica 0:3; Brasilien – Tschechien 0:0; Costa Rica – Tschechien 2:3; Australien – Brasilien 1:3.
Gruppe F: Ungarn, Vereinigte Arabische Emirate, Südafrika. Vereinigte Arabische Emirate – Südafrika 2:2; Honduras – Ungarn 3:0; Ungarn – Südafrika 4:0; Vereinigte Arabische Emirate – Honduras 1:0; Südafrika – Honduras 2:0; Ungarn – Vereinigte Arabische Emirate 2:0.

Achtelfinale: Spanien – Italien 1:3; Paraguay – Südkorea 0:3; Ghana – Südafrika n. V. 2:1; Ägypten – Costa Rica 0:2; Ungarn – Tschechien n. V. 2:2, Elfmeterschießen 4:3; Brasilien – Uruguay 3:1; Venezuela – Vereinigte Arabische Emirate 1:2; Deutschland – Nigeria 3:2.
Viertelfinale: Südkorea – Ghana 2:3; Italien – Ungarn n. V. 2:3; Brasilien – Deutschland n. V. 2:1; Vereinigte Arabische Emirate – Costa Rica n. V. 1:2.
Halbfinale: Ghana – Ungarn 3:2; Brasilien – Costa Rica 1:0.
Um den dritten Platz: Ungarn – Costa Rica n. V. 1:1, Elfmeterschießen 2:0.

Endspiel am 16. Oktober 2009 in Kairo: Ghana – Brasilien n. V. 0:0, Elfmeterschießen 4:3
Ghana: Agyei – Inkoom, Addy, Mensah, D. Addo – Agyemang-Badu, Quansah (Opoku Agyemang), Rabiu (Addae) – Adiyiah, R. Osei (Ghandi), Ayew.
Tore im Elfmeterschießen: Ayew, Inkoom, Adiyiah, Agyemang-Badu (Kardec, Giuliano, Douglas Costa) – Zuschauer: 67 814 – SR: De Bleeckere (Belgien).

2011: Brasilien
Vom 29. Juli bis 20. August 2011 in Kolumbien

Gruppe A: Kolumbien, Frankreich und Südkorea. Mali – Südkorea 0:2; Kolumbien – Frankreich 4:1; Frankreich – Südkorea 3:1; Kolumbien – Mali 2:0; Frankreich – Mali 2:0; Kolumbien – Südkorea 1:0.
Gruppe B: Portugal und Kamerun. Kamerun – Neuseeland 1:1; Portugal – Uruguay 0:0; Uruguay – Neuseeland 1:1; Portugal – Kamerun 1:0; Portugal – Neuseeland 1:0; Uruguay – Kamerun 0:1.
Gruppe C: Spanien, Ecuador und Costa Rica. Costa Rica – Spanien 1:4; Australien – Ecuador 1:1; Ecuador – Spanien 0:2; Australien – Costa Rica 2:3; Ecuador – Costa Rica 3:0; Australien – Spanien 1:5.
Gruppe D: Nigeria, Saudi-Arabien und Guatemala. Nigeria – Guatemala 5:0; Kroatien – Saudi-Arabien 0:2; Saudi-Arabien – Guatemala 6:0; Kroatien – Nigeria 2:5; Saudi-Arabien – Nigeria 0:2; Kroatien – Guatemala 0:1.
Gruppe E: Brasilien und Ägypten. Österreich – Panama 0:0; Brasilien – Ägypten 1:1; Ägypten – Panama 1:0; Brasilien – Österreich 3:0; Brasilien – Panama 4:0; Ägypten – Österreich 4:0.
Gruppe F: Argentinien, Mexiko und England. England – Nordkorea 0:0; Argentinien – Mexiko 1:0; Mexiko – Nordkorea 3:0; Argentinien – England 0:0; Mexiko – England 0:0; Argentinien – Nordkorea 3:0.

Achtelfinale: Portugal – Guatemala 1:0; Argentinien – Ägypten 2:1; Kamerun – Mexiko n. V. 1:1, Elfmeterschießen 0:3; Kolumbien – Costa Rica 3:2; Nigeria – England 1:0; Spanien – Südkorea n. V. 0:0, Elfmeterschießen 7:6; Brasilien – Saudi-Arabien 3:0; Frankreich – Ecuador 1:0.
Viertelfinale: Portugal – Argentinien n. V. 0:0, Elfmeterschießen 5:4; Mexiko – Kolumbien 3:1; Frankreich – Nigeria n. V. 3:2; Brasilien – Spanien n. V. 2:2, Elfmeterschießen 4:2.
Halbfinale: Frankreich – Portugal 0:2; Brasilien – Mexiko 2:0.
Um den dritten Platz: Mexiko – Frankreich 3:1.

Endspiel am 20. August 2011 in Bogota: Brasilien – Portugal n. V. 3:2 (2:2, 1:1)
Brasilien: Gabriel – Danilo, Bruno Uvini, Juan Jesus, Gabriel Silva (Negueba) – Fernando, Casemiro, Philippe Coutinho (Dudu), Oscar – Willian (Allan), Henrique.
Tore: Oscar 3 (Alex, Nelson Oliveira) – Zuschauer: 36 058 – SR: Geiger (USA).

2013: Frankreich
Vom 21. Juni bis 13. Juli 2013 in der Türkei

Gruppe A: Spanien, Frankreich und Ghana. Frankreich – Ghana 3:1; USA – Spanien 1:4; Frankreich – USA 1:1; Spanien – Ghana 1:0; Spanien – Frankreich 2:1; Ghana – USA 4:1.
Gruppe B: Portugal, Nigeria und Südkorea. Kuba – Südkorea 1:2; Nigeria – Portugal 2:3; Kuba – Nigeria 0:3; Portugal – Südkorea 2:2; Südkorea – Nigeria 0:1; Portugal – Kuba 5:0.
Gruppe C: Kolumbien und Türkei. Kolumbien – Australien 1:1; Türkei – El Salvador 3:0; Australien – El Salvador 1:2; Türkei – Kolumbien 0:1; Australien – Türkei 1:2; El Salvador – Kolumbien 0:3.
Gruppe D: Griechenland, Paraguay und Mexiko. Mexiko – Griechenland 1:2; Paraguay – Mali 1:1; Mexiko – Paraguay 0:1; Mali – Griechenland 0:0; Griechenland – Paraguay 1:1; Mali – Mexiko 1:4.
Gruppe E: Irak und Chile. Chile – Ägypten 2:1; England – Irak 2:2; Chile – England 1:1; Irak – Ägypten 2:1; Irak – Chile 2:1; Ägypten – England 2:0.
Gruppe F: Kroatien, Uruguay und Usbekistan. Neuseeland – Usbekistan 0:3; Uruguay – Kroatien 0:1; Neuseeland – Uruguay 0:2; Kroatien – Usbekistan 1:1; Usbekistan – Uruguay 0:4; Kroatien – Neuseeland 2:1.

Achtelfinale: Spanien – Mexiko 2:1; Griechenland – Usbekistan 1:3; Nigeria – Uruguay 1:2; Frankreich – Türkei 4:1; Portugal – Ghana 2:3; Kroatien – Chile 0:2; Kolumbien – Südkorea n. V. 1:1, Elfmeterschießen 7:8; Irak – Paraguay n. V. 1:0.
Viertelfinale: Frankreich – Usbekistan 4:0; Uruguay – Spanien n. V. 1:0; Irak – Südkorea n. V. 3:3, Elfmeterschießen 5:4; Ghana – Chile n. V. 4:3.
Halbfinale: Frankreich – Ghana 2:1; Irak – Uruguay n. V. 1:1, Elfmeterschießen 6:7.
Um den dritten Platz: Ghana – Irak 3:0.

Endspiel am 13. Juli 2013 in Istanbul: Frankreich – Uruguay n. V. 0:0, Elfmeterschießen 4:1
Frankreich: Areola – Foulquier, Zouma, Sarr, Digne (Polomat) – Pogba, Veretout, Kondogbia – Thauvin, Sanogo, Bahebeck (Bosetti, Ngando Elessa).
Tore im Elfmeterschießen: Pogba, Veretout, Ngando, Foulquier (Olaza) – Zuschauer: 20 601 – SR: Garcia (Mexiko).

2015: Serbien
Vom 30. Mai bis 20. Juni 2015 in Neuseeland

Gruppe A: Ukraine, USA und Neuseeland. Neuseeland – Ukraine 0:0; USA – Myanmar 2:1; Myanmar – Ukraine 0:6; Neuseeland – USA 0:4; Myanmar – Neuseeland 1:5; Ukraine – USA 3:0.
Gruppe B: Ghana und Österreich. Argentinien – Panama 2:2; Ghana – Österreich 1:1; Österreich – Panama 2:1; Argentinien – Ghana 2:3; Österreich – Argentinien 0:0; Panama – Ghana 0:1.
Gruppe C: Portugal, Kolumbien und Senegal. Katar – Kolumbien 0:1; Portugal – Senegal 3:0; Katar – Portugal 0:4; Senegal – Kolumbien 1:1; Kolumbien – Portugal 1:3; Senegal – Katar 2:1.
Gruppe D: Serbien, Uruguay und Mali. Mexiko – Mali 0:2; Uruguay – Serbien 1:0; Mexiko – Uruguay 2:1; Serbien – Mali 2:0; Serbien – Mexiko 2:0; Mali – Uruguay 1:1.
Gruppe E: Brasilien, Nigeria und Ungarn. Nigeria – Brasilien 2:4; Nordkorea – Ungarn 1:5; Nigeria – Nordkorea 4:0; Ungarn – Brasilien 1:2; Ungarn – Nigeria 0:2; Brasilien – Nordkorea 3:0.
Gruppe F: Deutschland und Usbekistan. Deutschland – Fidschi 8:1; Usbekistan – Honduras 3:4; Honduras – Fidschi 0:3; Deutschland – Usbekistan 3:0; Honduras – Deutschland 1:5; Fidschi – Usbekistan 0:3.

Achtelfinale: Ghana – Mali 0:3; Serbien – Ungarn n. V. 2:1; USA – Kolumbien 1:0; Ukraine – Senegal n. V. 1:1, Elfmeterschießen 1:3; Österreich – Usbekistan 0:2; Deutschland – Nigeria 1:0; Portugal – Neuseeland 2:1; Brasilien – Uruguay n. V. 0:0, Elfmeterschießen 5:4.
Viertelfinale: Mali – Deutschland n. V. 1:1, Elfmeterschießen 4:3; Brasilien – Portugal n. V. 0:0, Elfmeterschießen 3:1; Usbekistan – Senegal 0:1; USA – Serbien n. V. 0:0, Elfmeterschießen 5:6.
Halbfinale: Brasilien – Senegal 5:0; Serbien – Mali n. V. 2:1.
Um den dritten Platz: Mali – Senegal 3:1.

Endspiel am 20. Juni 2015 in Auckland: Serbien – Brasilien n. V. 2:1 (1:1, 0:0)
Serbien: Rajkovic – Gajic, Veljkovic, Babic, Antonov – Zdjelar, Maksimovic – Zivkovic, Milinkovic-Savic (Jovanovic), Saponjic (S. Ilic) – Mandic (Gacinovic).
Tore: Mandic, Maksimovic (Pereira) – Zuschauer: 25 317 – SR: Al Mirdasi (Saudi-Arabien).

Junioren-Weltmeisterschaft U 17

Die bisherigen Sieger (Bis 1989 „Weltturnier U16-Junioren"):
1985 Nigeria – 1987 Sowjetunion – 1989 Saudi-Arabien – 1991 Ghana – 1993 Nigeria – 1995 Ghana – 1997, 1999 Brasilien – 2001 Frankreich – 2003 Brasilien – 2005 Mexiko – 2007 Nigeria – 2009 Schweiz – 2011 Mexiko – 2013, 2015 Nigeria.

1985: Nigeria
Vom 31. Juli bis 11. August 1985 in China

Gruppe A: China und Guinea. China – Bolivien 1:1, Guinea – USA 1:0, China – Guinea 2:1, USA – Bolivien 2:1, China – USA 3:1, Guinea – Bolivien 3:0.
Gruppe B: Australien und Deutschland. Deutschland – Kongo 4:1, Australien – Argentinien 1:0, Deutschland – Argentinien 1:1, Australien – Kongo 2:1, Deutschland – Australien 0:1, Argentinien – Kongo 4:2.
Gruppe C: Saudi-Arabien und Nigeria. Saudi-Arabien – Costa Rica 4:1, Nigeria – Italien 1:0, Saudi-Arabien – Nigeria 0:0, Italien – Costa Rica 1:0, Saudi-Arabien – Italien 3:1, Nigeria – Costa Rica 3:0.
Gruppe D: Ungarn und Brasilien. Brasilien – Katar 2:1, Ungarn – Mexiko 0:0, Brasilien – Ungarn 0:0, Mexiko – Katar 3:1, Ungarn – Katar 3:0, Brasilien – Mexiko, 2:0.

Viertelfinale: China – Deutschland 2:4, Brasilien – Saudi-Arabien 2:1, Nigeria – Ungarn 3:1, Guinea – Australien n. V. 0:0/Elfmeterschießen 4:2.
Halbfinale: Deutschland – Brasilien 4:3, Nigeria – Guinea 5:3.
Um den dritten Platz: Brasilien – Guinea 4:1.

Endspiel am 11. August 1985 in Peking: Nigeria – Deutschland 2:0 (1:0)
Nigeria: Agbonsevafe – Duere, Ugbade, Atere, Numa – Aikhionbore, Babatunde, Adamu – Akpoborie (Nakade), Igbinoba, Momoh.
Deutschland: Ogrinc – Lewe, Schneider, Konerding, Gabriel – Gartmann, Jester, Dammeier – Schlichting (Mirwald), Witeczek, Radojewski (Simon).
Tore: Akpoborie, Igbinoba – Zuschauer: 65 000 – SR: Bambridge (Australien).

1987: Sowjetunion

Vom 12. bis 25. Juli 1987 in Kanada

Gruppe A: Italien und Katar. Italien – Kanada 3:0, Katar – Ägypten 1:0, Italien – Katar 1:1. Ägypten – Kanada 3:0, Italien – Ägypten 1:0, Katar – Kanada 2:1.
Gruppe B: Elfenbeinküste und Südkorea. Elfenbeinküste – Südkorea 1:1, USA – Ecuador 1:0, Elfenbeinküste – USA 1:0, Ecuador – Südkorea 1:0, Elfenbeinküste – Ecuador 1:0, Südkorea – USA 4:2.
Gruppe C: Australien und Frankreich. Frankreich – Brasilien 0:0, Australien – Saudi-Arabien 1:0, Frankreich – Australien 4:1, Saudi-Arabien – Brasilien 0:0, Australien – Brasilien 1:0, Saudi-Arabien – Frankreich 2:0.
Gruppe D: Sowjetunion und Nigeria. Sowjetunion – Nigeria 1:1, Mexiko – Bolivien 2:2, Sowjetunion – Mexiko 7:0, Nigeria – Bolivien 3:2, Sowjetunion – Bolivien 4:2, Mexiko – Nigeria 1:0

Viertelfinale: Sowjetunion – Frankreich 3:2, Elfenbeinküste – Katar 3:0, Nigeria – Australien 1:0, Italien – Südkorea 2:0.
Halbfinale: Sowjetunion – Elfenbeinküste 5:1, Nigeria – Italien 1:0.
Um den dritten Platz: Elfenbeinküste – Italien 2:1.

Endspiel am 25. Juli 1987 in Toronto: Sowjetunion – Nigeria n. V. 1:1 (1:1, 1:1)/Elfm. 3:1
Sowjetunion: Okroschidse – Assadow, Mokrizki, Bejenar, Moros – Wisokos (Kadirow), Matwejew, Muschinka, Kasimow – Nikiforow, Arutunjan (Russin).
Tore: Nikiforow (Osundo) – Zuschauer: 15 000 – SR: Ramiz Wright (Brasilien).

1989: Saudi-Arabien

Vom 10. bis 24. Juni 1989 in Schottland

Gruppe A: Bahrain und Schottland. Schottland – Ghana 0:0, Kuba – Bahrain 0:3, Schottland – Kuba 3:0, Ghana – Bahrain 0:1, Schottland – Bahrain 1:1, Ghana – Kuba 2:2.
Gruppe B: DDR und Brasilien. DDR – Australien 1:0, USA – Brasilien 1:0, DDR – USA 5:2, Australien – Brasilien 1:3, Brasilien – DDR 2:1, Australien – USA 2:2.
Gruppe C: Nigeria und Argentinien. Argentinien – China 0:0, Nigeria – Kanada 4:0, Argentinien – Nigeria 0:0, China – Kanada 1:0, Argentinien – Kanada 4:1, Nigeria – China 3:0.
Gruppe D: Portugal und Saudi-Arabien. Guinea – Kolumbien 1:1, Saudi-Arabien – Portugal 2:2, Guinea – Saudi-Arabien 2:2, Kolumbien – Portugal 2:3, Guinea – Portugal 1:1, Saudi-Arabien – Kolumbien 1:0.

Viertelfinale: Bahrain – Brasilien n. V. 0:0/Elfmeterschießen 4:1), DDR – Schottland 0:1, Nigeria – Saudi-Arabien n. V. 0:0/Elfmeterschießen 0:2, Portugal – Argentinien 2:1.
Halbfinale: Bahrain – Saudi-Arabien 0:1, Schottland – Portugal 1:0.
Um den dritten Platz: Portugal – Bahrain 3:0.

Endspiel am 24. Juni 1989 in Glasgow: Saudi-Arabien – Schottland n. V. 2:2 (2:2, 0:2)/Elfm. 5:4
Saudi-Arabien: Al-Deayea – Al-Reshoudi, Abdulshkor, Al-Rushd, Al-Hambi, Al-Roaihi (Al-Mosa), Al-Hammali, Al-Shamrani, Al-Tereir, Al-Alwi, Al-Theneyan.
Tore: Al-Reshoudi, Al-Tereir (Downie, Dickov) – Zuschauer: 51 674 – SR: Escobar (Guatemala).

1991: Ghana

Vom 16. bis 31. August 1991 in Italien

Gruppe A: USA und Argentinien. Italien – USA 0:1, China – Argentinien 1:2, Italien – China 2:2, USA – Argentinien 1:0, USA – China 3:1, Italien – Argentinien 0:0.
Gruppe B: Australien und Katar. Kongo – Katar 0:0, Australien – Mexiko 4:3, Kongo – Australien 0:2, Katar – Mexiko 0:1, Kongo – Mexiko 2:1, Katar – Australien 1:0.
Gruppe C: Brasilien und Deutschland. Sudan – Vereinigte Arabische Emirate 4:1, Deutschland – Brasilien 0:2, Deutschland – Sudan 3:1, Vereinigte Arabische Emirate – Brasilien 0:4, Sudan – Brasilien 0:1, Deutschland – Vereinigte Arabische Emirate 2:2.
Gruppe D: Spanien und Ghana. Ghana – Kuba 2:1, Uruguay – Spanien 0:1, Ghana – Uruguay 2:0, Kuba – Spanien 2:7, Ghana – Spanien 1:1, Kuba – Uruguay 0:1.

Viertelfinale: Spanien – Deutschland 3:1, Katar – USA n. V. 1:1/Elfmeterschießen 4:3, Argentinien – Australien 2:1, Brasilien – Ghana 1:2.
Halbfinale: Katar – Ghana n. V. 0:0/Elfmeterschießen 2:4, Argentinien – Spanien 0:1.
Um den dritten Platz: Argentinien – Katar n. V. 1:1/Elfmeterschießen 4:1.

Endspiel am 31. August 1991 in Florenz: Ghana – Spanien 1:0 (0.0)
Ghana: Owu – Nimo – Barnes, Asara, Kuffour – Addo, Gargo, Opoku, Duah – Lamptey, Preko (Brown).
Tor: Duah – Zuschauer: 8000 – SR: Sundell (Schweden).

1993: Nigeria

Vom 21. August bis 4. September 1993 in Japan

Gruppe A: Ghana und Japan. Japan – Ghana 0:1, Italien – Mexiko 1:2, Ghana – Mexiko 4:1, Japan – Italien 0:0, Ghana – Italien 4:0, Japan – Mexiko 2:1.
Gruppe B: Nigeria und Australien. Australien – Kanada 5:0, Argentinien – Nigeria 0:4, Australien – Argentinien 2:2, Kanada – Nigeria 0:8, Australien – Nigeria 0:2, Argentinien – Kanada 5:0.
Gruppe C: RCS und USA. Kolumbien – Katar 0:2, USA – RCS (Tschechien und Slowakei) 2:2, Katar – RCS 0:2, Kolumbien – USA 2:1, Kolumbien – RCS 1:3, Katar – USA 1:5.
Gruppe D: Polen und Chile. Chile – China 2:2, Tunesien – Polen 1:3, Chile – Tunesien 2:0, China – Polen 0:2, Chile – Polen 3:3, China – Tunesien 0:1.

Viertelfinale: Ghana – Australien 1:0, Nigeria – Japan 2:1, RCS – Chile 1:4, Polen – USA 3:0.
Halbfinale: Ghana – Chile 3:0, Nigeria – Polen 2:1.
Um den dritten Platz: Chile – Polen 1:1/Elfmeterschießen 4:2.

Endspiel am 4. September 1993 in Tokio: Nigeria – Ghana 2:1 (1:0)
Nigeria: Okhenoboh – Oparaku, Babayaro, Okonedo, Anyanwu – Ojlgwe, Oruma – Kanu, Odini (Ogbebor), Chojl (Okougha), Anosike.
Tore: Oruma, Anosike (Fameyeh) – Zuschauer: 25 000 – SR: Castrilli (Argentinien).

1995: Ghana

Vom 3. August bis 20. August 1995 in Ecuador

Gruppe A: Ghana und Ecuador. Ghana – Japan 1:0, Ecuador – USA 2:0, USA – Japan 1:2, Ecuador – Ghana 1:2, USA – Ghana 0:2, Ecuador – Japan 0:0.
Gruppe B: Argentinien und Portugal. Argentinien – Portugal 3:0, Costa Rica – Guinea 2:0, Guinea – Portugal 3:2, Argentinien – Costa Rica 2:0, Portugal – Costa Rica 3:0, Argentinien – Guinea 2:0.
Gruppe C: Nigeria und Australien. Nigeria – Australien 2:0, Spanien – Katar 1:0, Nigeria – Katar 1:1, Australien – Spanien 2:2, Nigeria – Spanien 2:1, Katar – Australien 0:3.
Gruppe D: Brasilien und Oman. Brasilien – Deutschland 3:0, Oman – Kanada 2:1, Deutschland – Kanada 3:0, Brasilien – Oman 0:0, Brasilien – Kanada 2:0, Deutschland – Oman 0:3.

Viertelfinale: Ghana – Portugal 2:0, Oman – Nigeria 2:1, Argentinien – Ecuador 3:1, Brasilien – Australien 3:1.
Halbfinale: Ghana – Oman 3:1, Argentinien – Brasilien 0:3.
Um den dritten Platz: Argentinien – Oman 2:0.

Endspiel am 20. August 1995 in Guayaquil: Ghana – Brasilien 3:2 (2:0)
Ghana: Abu – Allotey, Amanianpong, Camara, Ansah, Idrisu, Bentil, Amoako, Issaka, Gyan, Sule
Tore: Bentile 2, Idrisu (Marco Antonio, Juan Santos) – Zuschauer: 27 000 – SR: Irvine (Nordirland).

1997: Brasilien

Vom 4. bis 21. September 1997 in Ägypten

Gruppe A: Deutschland und Ägypten. Ägypten – Thailand 3:2, Chile – Deutschland 0:1, Ägypten – Chile 1:1, Thailand – Deutschland 0:3, Ägypten – Deutschland 1:1, Thailand – Chile 2:6.
Gruppe B: Spanien und Mali. Neuseeland – Mali 0:4, Mexiko – Spanien 0:3, Mali – Spanien 0:1, Neuseeland – Mexiko 0:5, Neuseeland – Spanien 0:13, Mali – Mexiko 3:1.
Gruppe C: Brasilien und Oman. Oman – USA 4:0, Österreich – Brasilien 0:7, USA – Brasilien 0:3, Oman Österreich 3:1, Oman – Brasilien 1:3, USA – Österreich 4:0.
Gruppe D: Ghana und Argentinien. Argentinien – Ghana 0:0, Costa Rica – Bahrein 1:3, Ghana – Bahrein 5:1, Argentinien – Costa Rica 1:0, Argentinien – Bahrein 2:0, Ghana – Costa Rica 2:0.

Viertelfinale: Brasilien – Argentinien 2:0, Deutschland – Mali n. V. 0:0/Elfmeterschießen 4:3, Ghana – Oman 4:1, Spanien – Ägypten 2:1.
Halbfinale: Brasilien – Deutschland 4:0, Ghana – Spanien 2:1.
Um den dritten Platz: Spanien – Deutschland 2:1.

Endspiel am 21. September 1997 in Kairo: Brasilien – Ghana 2:1 (0:1)
Brasilien: Fabio – Andrey (Henrique), Fernando, Gaviao, Abel, Jorginho, Diogo (Geovanni), Ferrugem, Fabio Pinto, Ronaldo, Matuzalem (Rogerio).
Tore: Matuzalem, Andrey (Afriyie) – Zuschauer: 35 000 – SR: Hauge (Norwegen).

1999: Brasilien

Vom 10. bis 27. September 1999 in Neuseeland

Gruppe A: USA und Uruguay. Neuseeland – USA 1:2, Uruguay – Polen 1:1, Neuseeland – Uruguay 0:5, USA – Polen 1:1, Polen – Neuseeland 1:2, USA – Uruguay 1:0.
Gruppe B: Ghana und Mexiko. Ghana – Spanien 1:1, Mexiko – Thailand 4:0, Spanien – Thailand 6:0, Ghana – Mexiko 4:0, Thailand – Ghana 1:7, Spanien – Mexiko 0:1.
Gruppe C: Australien und Brasilien. Brasilien – Australien 2:1, Mali – Deutschland 0:0, Australien – Deutschland 2:1, Brasilien – Mali 0:0, Deutschland – Brasilien 0:0, Australien – Mali 1:0.
Gruppe D: Paraguay und Katar. Jamaika – Burkina Faso 0:1, Paraguay – Katar 2:0, Burkina Faso – Katar 1:2, Jamaika – Paraguay 0:5, Katar – Jamaika 4:0, Burkina Faso – Paraguay 2:2.
Viertelfinale: USA – Mexiko 3:2, Ghana – Uruguay n. V. 3:2, Australien – Katar 1:0, Paraguay – Brasilien 1:4.
Halbfinale: USA – Australien n. V. 2:2/Elfmeterschießen 6:7, Ghana – Brasilien n. V. 2:2/Elfmeterschießen 2:4.
Um den dritten Platz: Ghana – USA 2:0.

Endspiel am 27. September 1999 in Auckland: Brasilien – Australien n. V. 0:0/Elfm. 8:7
Brasilien: Rubinho – Bruno Leite, Marquinhos, Ricardo, Eduardo – Anderson, Leo, Walker – Caca (Wellington), Leonardo, Adriano (Souza).
Zuschauer: 22 859 – SR: Vassaras (Griechenland).

2001: Frankreich

Vom 13. bis 30. September 2001 in Trinidad & Tobago

Gruppe A: Brasilien und Australien. Trinidad & Tobago – Kroatien 1:2, Australien – Brasilien 0:1, Trinidad & Tobago – Australien 0:1, Kroatien – Brasilien 1:3, Brasilien – Trinidad & Tobago 6:1, Kroatien – Australien 0:4.
Gruppe B: Nigeria und Frankreich. USA – Japan 0:1, Frankreich – Nigeria 1:2, Japan – Nigeria 0:4, USA – Frankreich 3:5, Nigeria – USA 2:0, Japan – Frankreich 1:5.
Gruppe C: Argentinien und Burkina Faso. Oman – Spanien 1:2, Argentinien – Burkina Faso 2:2, Spanien – Burkina Faso 0:1, Oman – Argentinien 0:3, Burkina Faso – Oman 1:1, Spanien – Argentinien 2:4.
Gruppe D: Costa Rica und Mali. Mali – Paraguay 1:2, Iran – Costa Rica 0:2, Paraguay – Costa Rica 0:3, Mali – Iran 1:0, Costa Rica – Mali 0:2, Paraguay – Iran 3:2.

Viertelfinale: Brasilien – Frankreich 1:2, Nigeria – Australien 5:1, Argentinien – Mali n. V. 2:1, Costa Rica – Burkina Faso 0:2.
Halbfinale: Frankreich – Argentinien 2:1, Nigeria – Burkina Faso 1:0.
Spiel um den dritten Platz: Burkina Faso – Argentinien 2:0.

Endspiel am 30. September in Port of Spain: Frankreich – Nigeria 3:0 (1:0)
Frankreich: Chaigneau – Colombo, Faty, Berthod – Drouin (Debris), Yebda, Fae, Jacmot – Meghni (Pietre) – Sinama-Pongolle, Le Tallec (Mohellebi).
Tore: Sinama-Pongolle, Le Tallec, Pietre – Zuschauer: 20 790 – SR: Cardoso Cortez Batista (Portugal).

2003: Brasilien

Vom 13. bis 30. August 2003 in Finnland

Gruppe A: Kolumbien und Mexiko. Finnland – China 2:1, Mexiko – Kolumbien 0:0, China – Kolumbien 1:2, Finnland – Mexiko 0:2, China – Mexiko 3:3, Kolumbien – Finnland 9:1.
Gruppe B: Argentinien und Costa Rica. Argentinien – Australien 2:0, Costa Rica – Nigeria 1:1, Australien – Nigeria 1:2, Argentinien – Costa Rica 2:0, Nigeria – Argentinien 0:1, Australien – Costa Rica 0:2.
Gruppe C: Brasilien und Portugal. Jemen – Portugal 3:4, Kamerun – Brasilien 1:1, Portugal – Brasilien 0:5, Jemen – Kamerun 1:1, Brasilien – Jemen 3:0, Portugal – Kamerun 5:5.
Gruppe D: Spanien und USA. Südkorea – USA 1:6, Spanien – Sierra Leone 3:3, USA – Sierra Leone 2:1, Südkorea – Spanien 2:3, Sierra Leone – Südkorea 2:3, USA – Spanien 0:2.

Viertelfinale: Kolumbien – Costa Rica 2:0, Argentinien – Mexiko 2:0, Brasilien – USA 3:0, Spanien – Portugal 5:2.
Halbfinale: Kolumbien – Brasilien 0:2, Argentinien – Spanien i. V. 2:3.
Um den dritten Platz: Argentinien – Kolumbien 1:1, Elfmeterschießen 5:4.

Endspiel am 30. August 2003 in Helsinki: Brasilien – Spanien 1:0 (1:0)
Brasilien: Bruno – Leo, Joao, Leonardo, Sandro – Junior, Jonathan, Arouca, Ederson (Juliano) – Evandro (Felipe), Abuda (Hugo).
Tor: Leonardo – Zuschauer: 10 452 – SR: Braamhaar (Niederlande).

2005: Mexiko
Vom 16. September bis 2. Oktober 2005 in Peru

Gruppe A: Costa Rica und China. China – Costa Rica 1:1; Peru – Ghana 1:1; Ghana – Costa Rica 1:1; Peru – China 0:1; Costa Rica – Peru 2:0; Ghana – China 1:1.
Gruppe B: Türkei und Mexiko. Uruguay – Mexiko 0:2; Türkei – Australien 1:0; Mexiko – Australien 3:0; Uruguay – Türkei 2:3; Australien – Uruguay 2:1; Mexiko – Türkei 1:2.
Gruppe C: USA und Nordkorea. Elfenbeinküste – Italien 3:4; Nordkorea – USA 2:3; Italien – USA 1:3; Elfenbeinküste – Nordkorea 0:3; USA – Elfenbeinküste 1:1; Italien – Nordkorea 1:1.
Gruppe D: Brasilien und Niederlande. Niederlande – Katar 5:3; Brasilien – Gambia 1:3; Katar – Gambia 1:3; Niederlande – Brasilien 1:2; Gambia – Niederlande 0:2; Katar – Brasilien 0:6.
Viertelfinale: Costa Rica – Mexiko n. V. 1:3; Türkei – China 5:1; USA – Niederlande 0:2; Brasilien – Nordkorea n. V. 3:1.
Halbfinale: Mexiko – Niederlande 4:0; Türkei – Brasilien 3:4.
Um den dritten Platz: Niederlande – Türkei 2:1.

Endspiel am 2. Oktober 2005 in Lima: Mexiko – Brasilien 3:0 (2:0)
Mexiko: Arias – Araujo, Valdez, Sanchez, Moreno (Valverde) – Esparza, Hernandez, Aldrete, Villaluz – Dos Santos (Guzman), Vela (Silva).
Tore: Vela, Esparza, Guzman – Zuschauer: 40 000 – SR: De Bleeckere (Belgien).

2007: Nigeria
Vom 18. August bis 9. September 2007 in Südkorea

Gruppe A: Peru und Costa Rica. Costa Rica – Togo 1:1; Südkorea – Peru 0:1; Togo – Peru 0:0; Costa Rica – Südkorea 2:0; Südkorea – Togo 2:1; Peru – Costa Rica 1:0.
Gruppe B: England, Brasilien und Nordkorea. Nordkorea – England 1:1; Brasilien – Neuseeland 7:0; Neuseeland – England 0:5; Brasilien – Nordkorea 6:1; Nordkorea – Neuseeland 1:0; England – Brasilien 2:1.
Gruppe C: Spanien, Argentinien und Syrien. Honduras – Spanien 2:4; Argentinien – Syrien 0:0; Syrien – Spanien 1:2; Argentinien – Honduras 4:1; Honduras – Syrien 0:2; Spanien – Argentinien 1:1.
Gruppe D: Nigeria und Frankreich. Nigeria – Frankreich 2:1; Japan – Haiti 3:1; Haiti – Frankreich 1:1; Japan – Nigeria 0:3; Nigeria – Haiti 4:1; Frankreich – Japan 2:1.
Gruppe E: Tunesien, USA und Tadschikistan. Belgien – Tunesien 2:4; Tadschikistan – USA 4:3; USA – Tunesien 1:3; Tadschikistan – Belgien 0:1; Belgien – USA 0:2; Tunesien – Tadschikistan 1:0.
Gruppe F: Deutschland, Ghana und Kolumbien. Kolumbien – Deutschland 3:3; Trinidad & Tobago – Ghana 1:4; Ghana – Deutschland 2:3; Trinidad & Tobago – Kolumbien 0:5; Kolumbien – Ghana 1:2; Deutschland – Trinidad & Tobago 5:0.
Achtelfinale: Spanien – Nordkorea 3:0; Tunesien – Frankreich n. V. 1:3; Peru – Tadschikistan n. V. 1:1, Elfmeterschießen 5:4; Ghana – Brasilien 1:0; Argentinien – Costa Rica 2:0; Nigeria – Kolumbien 2:1; England – Syrien 3:1; Deutschland – USA 2:1.
Viertelfinale: Frankreich – Spanien n. V. 1:1, Elfmeterschießen 4:5; Ghana – Peru 2:0; Argentinien – Nigeria 0:2; England – Deutschland 1:4.
Halbfinale: Spanien – Ghana n. V. 2:1; Nigeria – Deutschland 3:1.
Um den dritten Platz: Deutschland – Ghana 2:1.

Endspiel am 9. September 2007 in Seoul: Nigeria – Spanien n. V. 0:0, Elfmeterschießen 3:0
Nigeria: Ajiboye – M. Ibrahim, Udoh, Alfa (Abdulkarim), Edile – Rafeal (Isa), Joshua, R. Ibrahim, Osanga (Akinsola), Chrisantus, Oseni.
Tore im Elfmeterschießen: Edile, Joshua, Oseni – Zuschauer: 36 125 – SR: Nishimura (Japan).

2009: Schweiz
Vom 24. Oktober bis 15. November 2009 in Nigeria

Gruppe A: Nigeria, Argentinien, Deutschland. Honduras – Argentinien 0:1; Nigeria – Deutschland 3:3; Argentinien – Deutschland 2:1; Nigeria – Honduras 1:0; Deutschland – Honduras 3:1; Argentinien – Nigeria 1:2.
Gruppe B: Schweiz, Mexiko. Mexiko – Schweiz 0:2; Brasilien – Japan 3:2; Schweiz – Japan 4:3; Brasilien – Mexiko 0:1; Schweiz – Brasilien 1:0; Japan – Mexiko 0:2.
Gruppe C: Iran, Kolumbien. Iran – Gambia 2:0; Kolumbien – Niederlande 2:1; Niederlande – Gambia 2:1; Iran – Kolumbien 0:0; Gambia – Kolumbien 2:2; Niederlande – Iran 0:1.
Gruppe D: Türkei, Burkina Faso, Neuseeland. Türkei – Burkina Faso 1:0; Costa Rica – Neuseeland 1:1; Neuseeland – Burkina Faso 1:1; Türkei – Costa Rica 4:1; Burkina Faso – Costa Rica 4:1; Neuseeland – Türkei 1:1.
Gruppe E: Spanien, USA, Vereinigte Arabische Emirate. Vereinigte Arabische Emirate – Malawi 2:0; Spanien – USA 2:1; USA – Malawi 1:0; Vereinigte Arabische Emirate – Spanien 1:3; Malawi – Spanien 1:4; USA – Vereinigte Arabische Emirate 1:0.
Gruppe F: Italien, Südkorea, Uruguay. Uruguay – Südkorea 1:3; Algerien – Italien 0:1; Italien – Südkorea 2:1; Uruguay – Algerien 2:0; Italien – Uruguay 0:0; Südkorea – Algerien 2:0.

Achtelfinale: Argentinien – Kolumbien 2:3; Italien – USA 2:1; Türkei – Vereinigte Arabische Emirate 2:0; Schweiz – Deutschland n. V. 4:3; Spanien – Burkina Faso 4:1; Mexiko – Südkorea n. V. 1:1, Elfmeterschießen 3:5; Iran – Uruguay n. V. 1:2; Nigeria – Neuseeland 5:0.
Viertelfinale: Kolumbien – Türkei n. V. 1:1, Elfmeterschießen 5:3; Schweiz – Italien 2:1; Spanien – Uruguay n. V. 3:3, Elfmeterschießen 4:2; Südkorea – Nigeria 1:3.
Halbfinale: Kolumbien – Schweiz 0:4; Spanien – Nigeria 1:3.
Um den dritten Platz: Spanien – Kolumbien 1:0.

Endspiel am 15. November 2009 in Abuja: Schweiz – Nigeria 1:0 (0:0)
Schweiz: Siegrist – Martignoni (Goncalves), Chappuis, Veseli (Hajrovic), Rodriguez – Xhaka (Nimeley), Buff, Kasami, Kamber – Ben Khalifa, Seferovic.
Tor: Seferovic – Zuschauer: 60 000 – SR: Vazquez Martin (Uruguay).

2011: Mexiko
Vom 18. Juni bis 10. Juli 2011 in Mexiko

Gruppe A: Mexiko, Kongo. Kongo – Niederlande 1:0; Mexiko – Nordkorea 3:1; Nordkorea – Niederlande 1:1; Mexiko – Kongo 2:1; Nordkorea – Kongo 1:1; Mexiko – Niederlande 3:2.
Gruppe B: Japan, Frankreich, Argentinien. Frankreich – Argentinien 3:0; Ja-pan – Jamaika 1:0; Japan – Frankreich 1:1; Jamaika – Argentinien 1:2; Japan – Argentinien 3:1; Jamaika – Frankreich 1:1.
Gruppe C: England, Uruguay. Ruanda – England 0:2; Uruguay – Kanada 3:0; Uruguay – Ruanda 1:0; Kanada – England 2:2; Uruguay – England 0:2; Kanada – Ruanda 0:0.
Gruppe D: Usbekistan, USA, Neuseeland. Usbekistan – Neuseeland 1:4; USA – Tschechien 3:0; USA – Usbekistan 1:2; Tschechien – Neuseeland 1:0; USA – Neuseeland 0:0; Tschechien – Usbekistan 1:2.
Gruppe E: Deutschland, Ecuador, Panama. Deutschland – Ecuador 6:1; Burkina Faso – Panama 0:1; Burkina Faso – Deutschland 0:3; Panama – Ecuador 1:2; Burkina Faso – Ecuador 0:2; Panama – Deutschland 0:2.
Gruppe F: Brasilien, Elfenbeinküste, Australien. Brasilien – Dänemark 3:0; Australien – Elfenbeinküste 2:1; Australien – Brasilien 0:1; Elfenbeinküste – Dänemark 4:2; Australien – Dänemark 1:1; Elfenbeinküste – Brasilien 3:3.

Achtelfinale: Usbekistan – Australien 4:0; Brasilien – Ecuador 2:0; Kongo – Uruguay 1:2; Japan – Neuseeland 6:0; Deutschland – USA 4:0; England – Ar-gentinien n. V. 1:1, Elfmeterschießen 4:2; Frankreich – Elfenbeinküste 3:2; Mexiko – Panama 2:0.
Viertelfinale: Uruguay – Usbekistan 2:0; Japan – Brasilien 2:3; Deutschland – England 3:2; Frankreich – Mexiko 1:2.
Halbfinale: Uruguay – Brasilien 3:0; Deutschland – Mexiko 2:3.
Um den dritten Platz: Deutschland – Brasilien 4:3.

Endspiel am 10. Juli 2011 in Mexiko City: Mexiko – Uruguay 2:0 (1:0)
Mexiko: Sanchez – Flores, Guzman, Briseno, Caballero – Escamilla, Esperi-cueta, Tostado (Gomez), Gonzales – Bueno (Gracia), Fierro (Casillas).
Tore: Briseno, Casillas – Zuschauer: 98 943 – SR: Moen (Norwegen).

2013: Nigeria
Vom 17. Oktober bis 8. November 2013 in den Vereinigten Arabischen Emiraten

Gruppe A: Brasilien, Honduras und Slowakei. Brasilien – Slowakei 6:1; Vereinigte Arabische Emirate – Honduras 1:2; Slowakei – Honduras 2:2; Vereinigte Arabische Emirate – Brasilien 1:6; Slowakei – Vereinigte Arabische Emirate 2:0; Honduras – Brasilien 0:3.
Gruppe B: Uruguay, Italien und Elfenbeinküste. Uruguay – Neuseeland 7:0; Elfenbeinküste – Italien 0:1; Uruguay – Elfenbeinküste 1:1; Italien – Neuseeland 1:0; Neuseeland – Elfenbeinküste 0:3; Italien – Uruguay 1:2.
Gruppe C: Marokko und Usbekistan. Kroatien – Marokko 1:3; Panama – Usbekistan 0:2; Kroatien – Panama 1:0; Usbekistan – Marokko 0:0; Usbekistan – Kroatien 2:1; Marokko – Panama 4:2.
Gruppe D: Japan, Tunesien und Russland. Tunesien – Venezuela 2:1; Russland – Japan 0:1; Tunesien – Russland 1:0; Japan – Venezuela 3:1; Venezuela – Russland 0:4; Japan – Tunesien 2:1.
Gruppe E: Argentinien und Iran. Kanada – Österreich 2:2; Iran – Argentinien 1:1; Kanada – Iran 1:1; Argentinien – Österreich 3:2; Argentinien – Kanada 3:0; Österreich- Iran 0:1.
Gruppe F: Nigeria, Mexiko und Schweden. Mexiko – Nigeria 1:6; Irak – Schweden 1:4; Mexiko – Irak 3:1; Schweden – Nigeria 3:3; Nigeria – Irak 5:0; Schweden – Mexiko 0:1.

Achtelfinale: Italien – Mexiko 0:2; Japan – Schweden 1:2; Brasilien – Russland 3:1; Honduras – Usbekistan 1:0; Uruguay – Slowakei 4:2; Marokko – Elfenbeinküste 1:2; Argentinien – Tunesien 3:1; Nigeria – Iran 4:1.
Viertelfinale: Brasilien – Mexiko 1:1, Elfmeterschießen 10:11; Honduras – Schweden 1:2; Uruguay – Nigeria 0:2; Argentinien – Elfenbeinküste 2:1.
Halbfinale: Schweden – Nigeria 0:3; Argentinien – Mexiko 0:3.
Um den dritten Platz: Schweden – Argentinien 4:1.

Endspiel am 8. November 2013 in Abu Dhabi: Nigeria – Mexiko 3:0 (1:0)
Nigeria: Alampasu – Muhammed, Idowu, Abubakar, Okon – Nwakali, Bello – Iheanacho, Alfa (Ezeh), Yahaya – Awoniyi.
Tore: Eigentor Aguirre, Iheanacho, Muhammed – Zuschauer: 20 018 – SR: Thomson (Schottland).

2015: Nigeria
Vom 17. Oktober bis 8. November 2015 in Chile

Gruppe A: Nigeria, Kroatien und Chile. Nigeria – USA 2:0; Chile – Kroatien 1:1; USA – Kroatien 2:2; Chile – Nigeria 1:5; USA – Chile 1:4; Kroatien – Nigeria 2:1.
Gruppe B: Südkorea und Brasilien. England – Guinea 1:1; Brasilien – Südkorea 0:1; England – Brasilien 0:1; Südkorea – Guinea 1:0; Südkorea – England 0:0; Guinea – Brasilien 1:3.
Gruppe C: Mexiko, Deutschland und Australien. Australien – Deutschland 1:4; Mexiko – Argentinien 2:0; Australien – Mexiko 0:0; Argentinien – Deutschland 0:4; Argentinien – Australien 1:2; Deutschland – Mexiko 1:2.
Gruppe D: Mali, Ecuador und Belgien. Belgien – Mali 0:0; Honduras – Ecuador 1:3; Belgien – Honduras 2:1; Ecuador – Mali 1:2; Ecuador – Belgien 2:0; Mali – Honduras 3:0.
Gruppe E: Russland, Costa Rica und Nordkorea. Südafrika – Costa Rica 1:2; Nordkorea – Russland 0:2; Südafrika – Nordkorea 1:1; Russland – Costa Rica 1:1; Russland – Südafrika 2:0; Costa Rica – Nordkorea 1:2.
Gruppe F: Frankreich und Neuseeland. Neuseeland – Frankreich 1:6; Syrien – Paraguay 1:4; Neuseeland – Syrien 0:0; Paraguay – Frankreich 3:4; Paraguay – Neuseeland 1:2; Frankreich – Syrien 4:0.

Achtelfinale: Brasilien – Neuseeland 1:0; Mexiko – Chile 4:1; Nigeria – Australien 6:0; Südkorea – Belgien 0:2; Kroatien – Deutschland 2:0; Mali – Nordkorea 3:0; Russland – Ecuador 1:4; Frankreich – Costa Rica 0:0, Elfmeterschießen 3:5.
Viertelfinale: Brasilien – Nigeria 0:3; Kroatien – Mali 0:1; Ecuador – Mexiko 0:2; Belgien – Costa Rica 1:0.
Halbfinale: Mali – Belgien 3:1; Mexiko – Nigeria 2:4.
Um den dritten Platz: Belgien – Mexiko 3:2.

Endspiel am 8. November 2015 in Vina del Mar: Nigeria – Mali 2:0 (0:0)
Sieger: Udoh – Lazarus, Zakari, Ikwu, Anumudu – Nwakali, Ebere (Madueke), Enoglea – Chukwueze (Okwonkwo), Osimhen, Bamgboye (Alimi).
Tore: Osimhen, Bamgboye – Zuschauer: 15 235 – SR: Oliver (England).

„Futsal"-Weltmeisterschaft

Die bisherigen Sieger:
1989 **Brasilien** (2:1 gegen die Niederlande) – 1992 **Brasilien** (4:1 gegen die USA) – 1996 **Brasilien** (6:4 gegen Spanien) – 2000 **Spanien** (4:3 gegen Brasilien) – 2004 **Spanien** (2:1 gegen Italien) – 2008 **Brasilien** (n. V. 2:2, Penaltyschießen 4:3 gegen Spanien) – 2012 **Brasilien** (n. V. 3:2 gegen Spanien).

Beach-Soccer-Weltmeisterschaft

Die bisherigen Sieger:
2005 **Frankreich** (3:3, Penaltyschießen 1:0 gegen Portugal) – 2006 **Brasilien** (4:1 gegen Uruguay) – 2007 **Brasilien** (8:2 gegen Mexiko) – 2008 **Brasilien** (5:3 gegen Italien) – 2009 **Brasilien** (10:5 gegen die Schweiz) – 2011 **Russland** (12:8 gegen Brasilien) – 2013 **Russland** (5:1 gegen Spanien) – 2015 **Portugal** (5:3 gegen Tahiti).

Knapp an Gold voebei: Die deutsche Olympia-Auswahl unterlag Gastgeber Brasilien im Finale erst im Elfmeterschießen. Stehend von links: Matthias Ginter, Davie Selke, Lukas Klostermann, Julian Brandt, Timo Horn und Niklas Süle. Vordere Teihe von links: Sven Bender, Lars Bender, Max Meyer, Serge Gnabry und Jeremy Toljan.

KAPITEL 10

DIE OLYMPISCHEN FUSSBALLTURNIERE

DIE FUSSBALL-OLYMPIASIEGER

1908	GROSSBRITANNIEN	1972	POLEN
1912	GROSSBRITANNIEN	1976	DDR
1920	BELGIEN	1980	TSCHECHOSLOWAKEI
1924	URUGUAY	1984	FRANKREICH
1928	URUGUAY	1988	SOWJETUNION
1936	ITALIEN	1992	SPANIEN
1948	SCHWEDEN	1996	NIGERIA
1952	UNGARN	2000	KAMERUN
1956	SOWJETUNION	2004	ARGENTINIEN
1960	JUGOSLAWIEN	2008	ARGENTINIEN
1964	UNGARN	2012	MEXIKO
1968	UNGARN	2016	BRASILIEN

Nach Demonstrationswettbewerben bei den Olympischen Spielen 1900 in Paris, 1904 in St. Louis und den Zwischenspielen 1906 in Athen mit Vereins- und Auswahlteams wurde Fußball 1908 in London erstmals Bestandteil des olympischen Programms, bei dem sich Nationalmannschaften gegenüberstanden. Lediglich 1932 in Los Angeles gab es kein Olympisches Fußballturnier. Offiziell verzichtete das IOC wegen Streitigkeiten um den Amateurstatus auf das Turnier. Es gibt aber auch Stimmen, dass die amerikanischen Veranstalter kein Interesse am „europäischen" Fußball hatten. Bis einschließlich 1952 gab es keine Beschränkungen für das Olympische Fußball-Turnier. Ausscheidungsspiele fanden vor Ort statt. Für Melbourne 1956 wurden erstmals Qualifikationsrunden ausgetragen, um eine Teilnehmerzahl von 16 zu erreichen. Nachdem das Turnier bis 1980 viel von seiner einstigen Bedeutung verloren hatte, durften 1984 in Los Angeles erstmals Profis teilnehmen, allerdings mit der Beschränkung, dass europäische und südamerikanische Mannschaften keine Spieler aufstellen durften, die schon einmal bei einer Fußball-WM mitgewirkt hatten. Ausnahmen gab es für Spieler aus Afrika und Asien. Seit Barcelona 1992 ist die Teilnahme am Olympischen Fußball-Turnier auf Spieler unter 23 Jahren beschränkt. Allerdings ist der Einsatz von drei älteren Akteuren pro Team gestattet. Seitdem findet die Qualifikation in Europa im Rahmen der U-21-Europameisterschaft statt.

1900 in Paris: (Demonstrationswettbewerb)
Upton Park FC (London) – Auswahl USFSA (Frankreich) 4:0; Auswahl USFSA (Frankreich) – Club Universitaire (Brüssel) 6:2.

1904 in St. Louis: (Demonstrationswettbewerb)
Galt FC (Kanada) – Christian Brothers College (St. Louis) 7:0; Galt FC (Kanada) – St. Rose Parish (St. Louis) 4:0; St. Rose Parish (St. Louis) – Christian Brothers College (St. Louis) 0:0; St. Rose Parish (St. Louis) – Christian Brothers College (St. Louis) 0:0; St. Rose Parish (St. Louis) – Christian Brothers College (St. Louis) 0:2.
Die teilnehmenden Klubs erhielten vom IOC nachträglich Gold- (Galt FC), Silber- (Christian Brothers College) und Bronzemedaillen (St. Rose Parish) zuerkannt.

1906 in Athen (Demonstrationswettbewerb): Auswahl Dänemark
Halbfinale: Auswahl Dänemark – Auswahl Smyrna 5:1; Auswahl Athen – Auswahl Thessaloniki 6:0.

Endspiel am 24. April in Athen:
Auswahl Dänemark – Auswahl Athen 9:0 (bei Halbzeit abgebrochen)
Auswahl Dänemark: V. Andersen – P. Petersen, Buchwald – Ferslev, Rasmussen, A. Andersen – O. Nielsen, C. Pedersen, Frederiksen, Lindgren, Rambusch.

Die Auswahl von Athen kehrte wegen des uneinholbaren Rückstandes nach der Pause nicht mehr auf das Spielfeld zurück. Nach Ablehnung eines Angebots von Seiten des IOC, an einem Spiel um den zweiten Platz teilzunehmen, wurde die Athener Auswahl auf den letzten Platz gesetzt. Daraufhin bestritten die beiden Mannschaften aus dem Osmanischen Reich das Spiel um Platz 2: Auswahl Smyrna – Auswahl Thessaloniki 3:0.

1908 in London: Großbritannien
Vorrunde: Niederlande – Ungarn (Ungarn zog seine Mannschaft vor Beginn des Turniers aus finanziellen Gründen zurück); Dänemark – Frankreich B 9:0; Frankreich A – Böhmen (Böhmen musste nach Verlust seiner FIFA-Mitgliedschaft ausscheiden); Großbritannien – Schweden 12:1 (beide Spiele in London).
Halbfinale: Großbritannien – Niederlande 4:0; Dänemark – Frankreich A 17:1 (beide Spiele in London).
Spiel um den 3. Platz: Niederlande – Schweden 2:0 (London). Nachdem die Franzosen ihre erste Mannschaft nach dem Debakel gegen Dänemark aus dem Turnier genommen hatten, durfte Schweden um Bronze spielen.

Endspiel am 24. Oktober in London:
Großbritannien – Dänemark 2:0 (1:0)
Großbritannien: Bailey – Corbett, H. Smith – Hunt, Chapman, Hawkes – Berry, Woodward, Stapley. Purnell, Hardman.
Tore: Chapman, Woodward – Zuschauer: 8000 – SR: Lewis (Großbritannien).

1912 in Stockholm: Großbritannien
Deutschland nahm erstmals teil.
Vorrunde: Deutschland – Österreich 1:5; Finnland – Italien n. V. 3:2; Schweden – Niederlande n. V. 3:4 (alle Spiele in Stockholm).
Viertelfinale: Finnland – Russland 2:1; Großbritannien – Ungarn 7:0; Niederlande – Österreich 3:1; Dänemark – Norwegen 7:0 (alle Spiele in Stockholm).
Trostrunde: Deutschland – Russland 16:0; Italien – Schweden 1:0; Österreich – Norwegen 1:0; Ungarn mit Freilos; Ungarn – Deutschland 3:1; Österreich – Italien 5:1; Ungarn – Österreich 3:0 (alle Spiele in Stockholm).
Halbfinale: Finnland – Großbritannien 0:4; Dänemark – Niederlande 4:1 (beide Spiele in Stockholm).
Spiel um den 3. Platz: Niederlande – Finnland 9:0 (Stockholm).

Endspiel am 4. Juli in Stockholm:
Großbritannien – Dänemark 4:2 (4:1)
Großbritannien: Brebner – Burn, Knight – Littleworth, McWhirter, Dines – Berry, Woodward, Waiden, Hoare, Sharpe.
Tore: Waiden, Hoare 2, Berry (Olsen 2) – Zuschauer: 25 000 – SR: Groothoof (Niederlande).

1920 in Antwerpen: Belgien
Deutschland war zu den Olympischen Spielen nicht zugelassen.
Vorrunde: Spanien – Dänemark 1:0 (Brüssel); Niederlande – Luxemburg 3:0 (Brüssel); Schweden – Griechenland 9:0 (Antwerpen); Italien – Ägypten 2:1 (Gent); Norwegen – Großbritannien 3:1 (Antwerpen); Tschechoslowakei – Jugoslawien 7:0 (Antwerpen).
Viertelfinale: Belgien – Spanien 3:1; Niederlande – Schweden n. V. 5:4; Frankreich – Italien 3:1 (alle Spiele in Antwerpen); Tschechoslowakei – Norwegen 4:0 (Brüssel).
Halbfinale: Belgien – Niederlande 3:0; Tschechoslowakei – Frankreich 4:1 (beide Spiele in Antwerpen).
Trostrunde: Italien – Norwegen n. V. 2:1; Spanien – Schweden 2:1; Ägypten – Jugoslawien 4:2 (alle Spiele in Antwerpen).

Endspiel am 5. September in Antwerpen:
Belgien – Tschechoslowakei 2:0 abgebrochen
(Die Tschechoslowakei verließ nach 40 Minuten aus Protest gegen den Schiedsrichter den Platz und wurde disqualifiziert.)
Belgien: De Bie – Swartenbroeks, Verbeeck – Musch, Hanse, Fierens – Van Hage, Larnoe, Bragard, Coppee, Bastin.
Tore: Coppee, Larnoe – Zuschauer: 35 000 – SR: Lewis (Großbritannien).

Entscheidungsspiele um den 2. und Platz: Nach dem Ausschluss der Tschechoslowakei erhielten die Verlierer der Viertel- und Halbfinals die Chance, um die Medaillen zu spielen. Dabei setzte sich Spanien mit 2:0 gegen Italien durch. Da die Franzosen bereits abgereist waren, spielten die Niederlande und Spanien um Silber und Bronze: Spanien – Niederlande 3:1 (beide Spiele in Antwerpen).

1924 in Paris: Uruguay

Deutschland nahm nicht teil.
Qualifikation: Italien – Spanien 1:0; Tschechoslowakei – Türkei 5:0; Schweiz – Litauen 9:0; USA – Estland 1:0; Uruguay – Jugoslawien 7:0; Ungarn – Polen 5:0; (alle Spiele in Paris).
Achtelfinale: Frankreich – Lettland 7:0 (St. Quentin, alle anderen Spiele in Paris); Niederlande – Rumänien 6:0; Schweiz – Tschechoslowakei n. V. 1:1 und 1:0; Irland – Bulgarien 1:0; Italien – Luxemburg 2:0; Schweden – Belgien 8:1; Ägypten – Ungarn 3:0; Uruguay – USA 3:0.
Viertelfinale: Uruguay – Frankreich 5:1; Schweden – Ägypten 5:0; Niederlande – Irland n. V. 2:1; Schweiz – Italien 2:1 (alle Spiele in Paris).
Halbfinale: Uruguay – Niederlande 2:1; Schweiz – Schweden 2:1 (beide Spiele in Paris).
Spiel um den 3. Platz: Schweden – Niederlande n. V. 1:1 und 3:1 (beide Spiele in Paris).

Endspiel am 9. Juni in Paris:
Uruguay – Schweiz 3:0 (1:0)
Uruguay: Mazali – Nasazzi, Arispe – Andrade, Vidal, Ghierra – Urdinaran, Scarone, Petrone, Cea, Romano.
Tore: Petrone, Cea, Romano – Zuschauer: 40 522 – SR: Slawik (Frankreich).

1928 in Amsterdam: Uruguay
Qualifikation: Portugal – Chile 4:2 (Amsterdam).
Achtelfinale: Belgien – Luxemburg 5:3; Deutschland – Schweiz 4:0; Ägypten – Türkei 7:1; Italien – Frankreich 4:3; Portugal – Jugoslawien 2:1; Spanien – Mexiko 7:1; Uruguay – Niederlande 2:0; Argentinien – USA 11:2 (alle Spiele in Amsterdam).
Viertelfinale: Italien – Spanien n. V. 1:1 und 7:1; Argentinien – Belgien 6:3; Ägypten – Portugal 2:1; Uruguay – Deutschland 4:1 (alle Spiele in Amsterdam).
Trostrunde: Niederlande – Belgien 3:1 (Rotterdam); Chile – Mexiko 3:1 (Arnheim); Niederlande – Chile n. V. 2:2, Los für die Niederlande (Rotterdam).
Halbfinale: Argentinien – Ägypten 6:0; Uruguay – Italien 3:2 (beide Spiele in Amsterdam).
Spiel um den 3. Platz: Italien – Ägypten 11:3 (Amsterdam).

Endspiele am 10. und 13. Juni in Amsterdam:
Uruguay – Argentinien n. V. 1:1 (1:1, 1:0) und 2:1 (1:1)
Uruguay: Mazali – Nasazzi, Arispe – Andrade, Fernandez (2. Spiel Piriz), Gestido – Urdinaran (2. Spiel Arremun), Castro (2. Spiel Scarone), Petrone (2. Spiel Borjas), Cea, Campolo (2. Spiel Figueroa).
Tore erstes Spiel: Petrone (Ferreira); zweites Spiel: Figueroa, Scarone (Monti) – Zuschauer: 28 253/28 113 – Schiedsrichter: Mutters(Niederlande/beide Spiele).

1932 in Los Angeles: kein olympisches Fußballturnier

1936 in Berlin: Italien
Achtelfinale: Italien – USA 1:0; Norwegen – Türkei 4:0; Japan – Schweden 3:2; Polen – Ungarn 3:0; Deutschland – Luxemburg 9:0; Österreich – Ägypten 3:1; Peru – Finnland 7:3; Großbritannien – China 2:0 (alle Spiele in Berlin).
Viertelfinale: Italien – Japan 8:0; Norwegen – Deutschland 2:0; Polen – Großbritannien 5:4; Österreich – Peru n. V. 2:4 (Nach einem Einspruch Österreichs wurde das Spiel neu angesetzt. Da Peru nicht antrat, kam Österreich kampflos weiter) (alle Spiele in Berlin).
Halbfinale: Italien – Norwegen n. V. 2:1; Österreich – Polen 3:1 (beide Spiele in Berlin).
Spiel um den 3. Platz: Norwegen – Polen 3:2 (Berlin).

Endspiel am 16. August in Berlin:
Italien – Österreich n. V. 2:1 (1:1, 0:0)
Italien: Venturini – Foni, Rava – Baldo, Piccini, Locatelli – Frossi, Mancini, Bertoni, Biagi, Gabriotti.
Tore: Frossi 2 (Kainberger) – Zuschauer: 90 000 – SR: Bauwens (Deutschland).

1948 in London: Schweden

Deutschland erhielt keine Einladung zu den Olympischen Spielen.

Qualifikation: Luxemburg – Afghanistan 6:0 (Brighton); Niederlande – Irland 3:1 (Portsmouth).

Achtelfinale: Jugoslawien – Luxemburg 6:1; Dänemark – Ägypten 3:1; Großbritannien – Niederlande n. V. 4:3; Frankreich – Indien 2:1; Türkei – China 4:0; Schweden – Österreich 3:0; Korea – Mexiko 5:3; Italien – USA 9:0 (alle Spiele in London).

Viertelfinale: Jugoslawien – Türkei 3:1; Schweden – Korea 12:0; Großbritannien – Frankreich 1:0; Dänemark – Italien 5:3 (alle Spiele in London).

Halbfinale: Schweden – Dänemark 4:2; Jugoslawien – Großbritannien 3:1 (beide Spiele in London).

Spiel um den 3. Platz: Dänemark – Großbritannien 5:3 (London).

Endspiel am 13. August in London:
Schweden – Jugoslawien 3:1 (1:1)
Schweden: Lindberg – K. Nordahl, Nilsson – Rosengren, B. Nordahl, Andersson – Rosen, Gren, G. Nordahl, Carlsson, Liedholm.
Tore: Gren 2, G. Nordahl (Bobek) – Zuschauer: 60 000 – SR: Ling (England).

1952 in Helsinki: Ungarn

Das IOC bestand auf der Bildung einer gesamtdeutschen Mannschaft. Da eine Einigung beider deutschen NOKs nicht zustande kam, nahm die Amateur-Nationalmannschaft des DFB am Olympia-Turnier teil.

Qualifikation: Polen – Frankreich 2:1 (Lahti); Ungarn – Rumänien 2:1 (Turku); Jugoslawien – Indien 10:1 (Helsinki); Dänemark – Griechenland 2:1 (Tampere); Sowjetunion – Bulgarien n. V. 2:1 (Kotka); Italien – USA 8:0 (Tampere); Brasilien – Niederlande 5:1 (Turku); Luxemburg – Großbritannien n. V. 5:3; Ägypten – Chile 5:4.

Achtelfinale: Österreich – Finnland 4:3 (Helsinki); Brasilien – Luxemburg 2:1 (Kotka); Jugoslawien – Sowjetunion n. V. 5:5 (Tampere) und 3:1 (Tampere); Deutschland – Ägypten 3:1 (Turku); Dänemark – Polen 2:0 (Turku); Schweden – Norwegen 4:1 (Tampere); Ungarn – Italien 3:0 (Helsinki); Türkei – Niederländische Antillen 2:1 (Lahti).

Viertelfinale: Schweden – Österreich 3:1 (Helsinki); Deutschland – Brasilien n. V. 4:2 (Helsinki); Ungarn – Türkei 7:1 (Kotka); Jugoslawien – Dänemark 5:3 (Helsinki).

Halbfinale: Ungarn – Schweden 6:0; Jugoslawien – Deutschland 3:1 (beide Spiele in Helsinki).

Spiel um den 3. Platz: Schweden – Deutschland 2:0 (Helsinki).

Endspiel am 2. August in Helsinki:
Ungarn – Jugoslawien 2:0 (0:0)
Ungarn: Grosics – Buzanszky, Lantos – Bozsik, Lorant, Zakarias – Hidegkuti, Kocsis, Palotas, Puskas, Czibor
Tore: Puskas, Czibor - Zuschauer: 60 000 – SR: Ellis (England).

1956 in Melbourne: Sowjetunion

Zur Bildung einer gesamtdeutschen Fußballmannschaft waren zwei Ausscheidungsspiele für den 3. und 10. Oktober 1956 angesetzt. Nachdem die DDR diese aus Termingründen abgesagt hatte, nahm die Amateur-Nationalmannschaft des DFB an den Spielen in Melbourne teil.

Achtelfinale: Ägypten, China, die Türkei und Vietnam sagten ihre Teilnahme ab. Polen wurde durch Großbritannien ersetzt, das in der Qualifikation an Bulgarien gescheitert war. Für Ungarn, das nach der Niederschlagung des Volksaufstands ebenfalls zurückzog, wurde Südkorea eingeladen, verzichtete aber ebenfalls, so dass nur elf Teams am Olympia-Turnier 1956 teilnahmen.

Sowjetunion – Deutschland 2:1; Großbritannien – Thailand 9:0; Australien – Japan 2:0 (alle Spiele in Melbourne).

Viertelfinale: Jugoslawien – USA 9:1; Sowjetunion – Indonesien n. V. 0:0 und 4:0; Bulgarien – Großbritannien 6:1; Indien – Australien 4:2 (alle Spiele in Melbourne).

Halbfinale: Jugoslawien – Indien 4:1; Sowjetunion – Bulgarien 2:1 (beide Spiele in Melbourne).

Spiel um den 3. Platz: Bulgarien – Indien 3:0 (Melbourne).

Endspiel am 8. Dezember in Melbourne:
Sowjetunion – Jugoslawien 1:0 (0:0)
Sowjetunion: Yashin – Kuznetsov, Bashashkin, Ogonikov – Netto – Maslenkin – Tatushin, Isaev, Simonian, Salnikov, Ilyin.
Tor: Ilyjin – Zuschauer: 102 000 – SR: Wright (Australien).

1960 in Rom: Jugoslawien

Zur Bildung einer gesamtdeutschen Fußballmannschaft fanden am 16. und 23. September 1959 zwei Ausscheidungsspiele unter Ausschluss der Öffentlichkeit statt. Die Olympia-Auswahl des DFB gewann beide Spiele, das erste in Berlin mit 2:0, das zweite in Düsseldorf mit 2:1. In der anschließenden Qualifikation belegte die DFB-Auswahl nur den zweiten Platz hinter Polen (0:3, 1:3) und vor Finnland (2:1, 2:3).

Gruppe A: Jugoslawien. Bulgarien – Türkei 3:0 (Grosseto); Jugoslawien – Ägypten 6:1 (Pescara); Bulgarien – Ägypten 2:0 (L'Aquila); Türkei – Jugoslawien 0:4 (Florenz); Türkei – Ägypten 3:3 (Livorno); Jugoslawien – Bulgarien 3:3 (Rom).

Gruppe B: Italien. Großbritannien – Brasilien 3:4 (Livorno); Italien – Taiwan 4:1 (Neapel); Brasilien – Taiwan 5:0 (Rom); Italien – Großbritannien 2:2 (Rom); Großbritannien – Taiwan 3:2 (Grosseto); Italien – Brasilien 3:1 (Florenz).

Gruppe C: Dänemark. Dänemark – Argentinien 3:2 (Rom); Polen – Tunesien 6:1 (Rom); Dänemark – Polen 2:1 (Livorno); Tunesien – Argentinien 1:2 (Pescara); Polen – Argentinien 0:2 (Neapel); Dänemark – Tunesien 3:1 (L'Aquila).

Gruppe D: Ungarn. Ungarn – Indien 2:1 (L'Aquila); Frankreich – Peru 2:1 (Florenz); Ungarn – Peru 6:2 (Neapel); Frankreich – Indien 1:1 (Grosseto); Indien – Peru 1:3 (Pescara); Ungarn – Frankreich 7:0 (Rom).

Halbfinale: Italien – Jugoslawien n. V. 1:1, Los für Jugoslawien (Neapel); Dänemark – Ungarn 2:0 (Rom).

Spiel um den 3. Platz: Ungarn – Italien 2:1 (Rom).

Endspiel am 10. September in Rom:
Jugoslawien – Dänemark 3:1 (2:0)

Jugoslawien: Vidinic – Roganovic, Jusufi – Perusic, Durkovic, Zanetic – Ankovic, Matous, Galic, Knez, Kostic.
Tore: Galic, Matous, Kostic (F. Nielsen) – Zuschauer: 40 000 – SR: Lo Bello (Italien).

1964 in Tokio: Ungarn

Zur Bildung einer gesamtdeutschen Fußballmannschaft fanden am 15. und 22. September 1963 zwei Ausscheidungsspiele statt. Die DDR gewann das erste Spiel vor 55 000 Zuschauern in Karl-Marx-Stadt mit 3:0, die DFB-Auswahl das zweite vor 20 000 Zuschauern in Hannover mit 2:1. In der anschließenden Qualifikation setzte sich die DDR mit 3:1 und 1:0 gegen die Niederlande und anschließend in drei Spielen gegen die Sowjetunion (1:1, 1:1, 4:1 in Warschau) durch und vertrat somit Deutschland beim Olympia-Turnier in Tokio.

Gruppe A: Deutschland und Rumänien. Deutschland – Iran 4:0 (Yokohama); Rumänien – Mexiko 3:1 (Tokio); Deutschland – Rumänien 1:1 (Tokio); Iran – Mexiko 1:1 (Tokio); Deutschland – Mexiko 2:0 (Yokohama); Rumänien – Iran 1:0 (Tokio).

Gruppe B: Ungarn und Jugoslawien. Ungarn – Marokko 6:0 (Tokio); Jugoslawien – Marokko 3:1 (Yokohama); Ungarn – Jugoslawien 6:5 (Tokio). Nordkorea zog seine Mannschaft zurück.

Gruppe C: Tschechoslowakei und Ägypten. Tschechoslowakei – Südkorea 6:1 (Tokio); Brasilien – Ägypten 1:1 (Tokio); Tschechoslowakei – Ägypten 5:1 (Tokio); Brasilien – Südkorea 4:0 (Yokohama); Tschechoslowakei – Brasilien 1:0 (Tokio); Ägypten – Südkorea 10:0 (Tokio).

Gruppe D: Ghana und Japan. Argentinien – Ghana 1:1 (Yokohama); Japan – Argentinien 3:2 (Tokio); Ghana – Japan 3:2 (Tokio). Italien zog seine Mannschaft zurück, weil nicht alle Spieler Amateure waren.

Viertelfinale: Deutschland – Jugoslawien 1:0 (Tokio); Ungarn – Rumänien 2:0 (Yokohama); Ägypten – Ghana 5:1 (Tokio); Tschechoslowakei – Japan 4:0 (Tokio).

Trostrunde um den 5. Platz: Japan – Jugoslawien 1:6 (Osaka); Rumänien – Ghana 4:2 (Kyoto); Rumänien – Jugoslawien 3:0 (Osaka).

Halbfinale: Tschechoslowakei – Deutschland 2:1; Ungarn – Ägypten 6:0 (beide Spiele in Tokio).

Spiel um den 3. Platz: Deutschland – Ägypten 3:1 (in Tokio).

Endspiel am 23. Oktober in Tokio:
Ungarn – Tschechoslowakei 2:1 (0:0)

Ungarn: Szentimihalyi (Gelei) – Novak, Ihasz – Szepesi (Palotai), Orban, Nogradi – Farkas, Csernai, Bene, Komora, Katona.
Tore: Eigentor Weiss, Bene (Brumowsky) – Zuschauer: 75 000 – SR: Ashkenazi (Israel).

1968 in Mexiko: Ungarn

Zum ersten Male durfte die DDR mit einer eigenen Mannschaft an den Olympischen Spielen teilnehmen. In der Qualifikation schaltete die DDR Griechenland (5:0, 5:0) und Rumänien (1:0, 1:0) aus, scheiterte dann aber an Bulgarien (3:2, 1:4). Die Amateur-Nationalmannschaft des DFB schied gegen Großbritannien aus (0:2, 1:0).

Gruppe A: Frankreich und Mexiko. Mexiko – Kolumbien 1:0 (Mexiko City); Frankreich – Guinea 3:1 (Puebla); Mexiko – Frankreich 1:4 (Mexiko City); Guinea – Kolumbien 3:2 (Puebla); Mexiko – Guinea 4:0 (Mexiko City); Kolumbien – Frankreich 2:1 (Puebla).
Gruppe B: Spanien und Japan. Japan – Nigeria 3:1 (Puebla); Spanien – Brasilien 1:0 (Mexiko City); Japan – Brasilien 1:1 (Puebla); Spanien – Nigeria 3:0 (Mexiko City); Brasilien – Nigeria 3:3 (Puebla); Japan – Spanien 0:0 (Mexiko City).
Gruppe C: Ungarn und Israel. Ungarn – El Salvador 4:0 (Guadalajara); Israel – Ghana 5:3 (Leon); Israel – El Salvador 3:1 (Leon); Ungarn – Ghana 2:2 (Guadalajara); Ungarn – Israel 2:0 (Guadalajara); El Salvador – Ghana 1:1 (Leon). Ghana ersetzte Marokko, das sich weigerte, gegen Israel anzutreten.
Gruppe D: Bulgarien und Guatemala. Guatemala – Tschechoslowakei 1:0 (Guadalajara); Bulgarien – Thailand 7:0 (Leon); Tschechoslowakei – Bulgarien 2:2 (Guadalajara); Guatemala – Thailand 4:1 (Leon); Tschechoslowakei – Thailand 8:0 (Guadalajara); Bulgarien – Guatemala 2:1 (Leon).
Viertelfinale: Japan – Frankreich 3:1 (Mexiko City); Mexiko – Spanien 2:0 (Puebla); Ungarn – Guatemala 4:0 (Guadalajara); Bulgarien Israel n. V. 1:1, Los für Bulgarien (Leon).
Halbfinale: Ungarn – Japan 5:0 (Mexiko City); Bulgarien – Mexiko 3:2 (Guadalajara).
Spiel um den 3. Platz: Japan – Mexiko 2:0 (Mexiko City).

Endspiel am 26. Oktober in Mexiko City:
Ungarn – Bulgarien 4:1 (2:1)
Ungarn: Fater – Novak, L. Dunai, Pancsics, Menczel – Szücs, Fazekas – A. Dunai, Nagy, Nosko, Juhasi.
Tore: Menczel, A. Dunai 2, Juhasz (Dimitrov) – Zuschauer: 75 000 – SR: De Leo (Mexiko).

1972 in München: Polen
Die Amateur-Nationalmannschaft des DFB war als Veranstalter automatisch beim Olympischen Fußball-Turnier dabei. Die DDR qualifizierte sich gegen Italien (4:0, 1:0) und Jugoslawien (2:0, 0:0).
Vorrunde:
Gruppe A: Deutschland und Marokko. Deutschland – Malaysia 3:0 (München); Marokko – USA 0:0 (Augsburg); Deutschland – Marokko 3:0 (Passau); Malaysia – USA 3:0 (Ingolstadt); Deutschland – USA 7:0 (München); Marokko – Malaysia 6:0 (Ingolstadt).
Gruppe B: Sowjetunion und Mexiko. Sowjetunion – Burma 1:0 (Regensburg); Mexiko – Sudan 1:0 (Nürnberg), Sowjetunion – Sudan 2:1 (München); Mexiko – Burma 1:0 (Nürnberg); Sowjetunion – Mexiko 4:1 (Regensburg); Burma – Sudan 2:0 (Passau).
Gruppe C: Ungarn und Dänemark. Ungarn – Iran 5:0 (Nürnberg); Dänemark – Brasilien 3:2 (Passau); Dänemark – Iran 4:0 (Augsburg); Ungarn – Brasilien 2:2 (München); Iran – Brasilien 1:0 (Regensburg); Ungarn – Dänemark 2:0 (Augsburg).
Gruppe D: Polen und DDR. DDR – Ghana 4:0 (München); Polen – Kolumbien 5:1 (Ingolstadt); DDR – Kolumbien 6:1 (Passau); Polen – Ghana 4:0 (Regensburg); Polen – DDR 2:1 (Nürnberg); Kolumbien – Ghana 3:1 (München).
Zwischenrunde:
Gruppe A: Ungarn und DDR. Deutschland – Mexiko 1:1 (Nürnberg); Ungarn – DDR 2:0 (Passau); DDR – Mexiko 7:0 (Ingolstadt); Ungarn – Deutschland 4:1 (München); Ungarn – Mexiko 2:0 (Regensburg); DDR – Deutschland 3:2 (München).
Gruppe B: Polen und Sowjetunion. Sowjetunion – Marokko 3:0 (München); Polen – Dänemark 1:1 (Regensburg); Dänemark – Marokko 3:1 (Passau); Polen – Sowjetunion 2:1 (Augsburg); Polen – Marokko 5:0 (Nürnberg); Sowjetunion – Dänemark 4:0 (Augsburg).
Spiel um den 3. Platz: Sowjetunion – DDR n. V. 2:2 (München). Beide Mannschaften bekamen die Bronzemedaille.

Endspiel am 10. September in München:
Polen – Ungarn 2:1 (0:1)
Polen: Kostka – Gut, Cmikiewicz, Gorgon, Anczok – Szoltysik, Deyna (Szymczak), Kraska – Maszczyk, Lubanski, Gadocha.
Tore: Deyna 2 (Varadi) – Zuschauer: 80 000 – SR: Tschenscher (Deutschland).

1976 in Montreal: DDR
Die Amateur-Nationalmannschaft des DFB schied in der Qualifikation gegen Spanien aus (0:0, 2:3). Die DDR setzte sich zunächst gegen Griechenland durch (4:0, 1:0) und qualifizierte sich anschließend als Gruppensieger vor der Tschechoslowakei (0:0, 1:1) und Österreich (1:0, 2:0).
Vorrunde:
Gruppe A: Brasilien und DDR. Brasilien – DDR 0:0 (Toronto); Brasilien – Spanien 2:1 (Montreal); DDR – Spanien 1:0 (Montreal). Nigeria schloss sich dem Boykott afrikanischer Staaten wegen der Olympia-Teilnahme Südafrikas an.

Gruppe B: Frankreich und Israel. Frankreich – Mexiko 4:1 (Ottawa); Israel – Guatemala 0:0 (Toronto); Mexiko – Israel 2:2 (Montreal); Frankreich – Guatemala 4:1 (Sherbrooke); Mexiko – Guatemala 1:1 (Sherbrooke); Frankreich – Israel 1:1 (Montreal).
Gruppe C: Polen und Iran. Polen – Kuba 0:0 (Ottawa); Iran – Kuba 1:0 (Ottawa); Polen – Iran 3:2 (Montreal). Ghana schloss sich dem Boykott afrikanischer Staaten wegen der Olympia-Teilnahme Südafrikas an.
Gruppe D: Sowjetunion und Nordkorea. Sowjetunion – Kanada 2:1 (Montreal); Nordkorea – Kanada 3:1 (Toronto); Sowjetunion – Nordkorea 3:0 (Ottawa). Sambia schloss sich dem Boykott afrikanischer Staaten wegen der Olympia-Teilnahme Südafrikas an.
Viertelfinale: Brasilien – Israel 4:1 (Toronto); Sowjetunion – Iran 2:1 (Sherbrooke); DDR – Frankreich 4:0 (Ottawa); Polen – Nordkorea 5:0 (Montreal).
Halbfinale: DDR – Sowjetunion 2:1 (Montreal); Polen – Brasilien 2:0 (Toronto).
Spiel um den 3. Platz: Sowjetunion – Brasilien 2:0 (Montreal).

Endspiel am 31. Juli in Montreal:
DDR – Polen 3:1 (2:0)
DDR: Croy – Lauck, Weise, Dörner, Kurbjuweit – Kische, Schade, Riediger (Bransch) – Häfner, Löwe (Grobner), Hoffmann.
Tore: Schade, Hoffmann, Häfner (Lato) – Zuschauer: 71 617 – SR: Barreto (Uruguay).

1980 in Moskau: Tschechoslowakei

Die DDR war als Olympiasieger 1976 automatisch qualifiziert. Die Amateur-Nationalmannschaft des DFB belegte in der Qualifikation den zweiten Platz hinter Norwegen (0:1, 0:2) und vor Finnland (2:0, 0:0). Wegen des sowjetischen Einmarsches in Afghanistan wurden die Olympischen Spiele von ein Reihe westlicher Länder boykottiert. Zu ihnen gehörten sowohl Norwegen als auch Deutschland, so dass Finnland zum Olympia-Turnier nach Moskau fuhr.
Vorrunde:
Gruppe A: Sowjetunion und Kuba. Sowjetunion – Venezuela 4:0 (Moskau); Kuba – Sambia 1:0 (Leningrad); Sowjetunion – Sambia 3:1 (Moskau); Kuba – Venezuela 2:1 (Leningrad); Sowjetunion – Kuba 8:0 (Moskau); Venezuela – Sambia 2:1 (Leningrad). Kuba ersetzte die USA, Venezuela Argentinien und Sambia Ägypten.
Gruppe B: Tschechoslowakei und Kuwait. Kuwait – Nigeria 3:1 (Moskau); Tschechoslowakei – Kolumbien 3:0 (Leningrad); Tschechoslowakei – Nigeria 1:1 (Leningrad); Kuwait – Kolumbien 1:1 (Moskau); Tschechoslowakei – Kuwait 0:0 (Leningrad); Kolumbien – Nigeria 1:0 (Moskau). Nigeria ersetzte Ghana.
Gruppe C: DDR und Algerien. DDR – Spanien 1:1 (Kiew); Algerien – Syrien 3:0 (Minsk); DDR – Algerien 1:0 (Kiew); Spanien – Syrien 0:0 (Minsk); DDR – Syrien 5:0 (Kiew); Algerien – Spanien 1:1 (Minsk). Syrien ersetzte den Iran.
Gruppe D: Jugoslawien und Irak. Jugoslawien – Finnland 2:0 (Minsk); Irak – Costa Rica 3:0 (Kiew); Jugoslawien – Costa Rica 3:2 (Minsk); Irak – Finnland 0:0 (Kiew); Jugoslawien – Irak 1:1 (Minsk); Finnland – Costa Rica 3:0 (Kiew). Der Irak ersetzte Malaysia.
Viertelfinale: Sowjetunion – Kuwait 2:1 (Moskau); Tschechoslowakei – Kuba 3:0 (Leningrad); DDR – Irak 4:0 (Kiew); Jugoslawien – Algerien 3:0 (Minsk).
Halbfinale: DDR – Sowjetunion 1:0, Tschechoslowakei – Jugoslawien 2:0 (beide Spiele in Moskau).
Spiel um den 3. Platz: Sowjetunion – Jugoslawien 2:0 (Moskau).

Endspiel am 2. August in Moskau:
Tschechoslowakei – DDR 1:0 (0:0)
Tschechoslowakei: Seman – Mazura, Macela, Radimec, Rygel – Rott, Berger, Stambachr – Vizek (Svoboda), Licka, Pokluda (Nemec).
DDR: Rudwaleit – Trieloff, Müller, Hause (Liebers), Ullrich – Schnuphase, Terletzki, Baum – Netz, Kuhn (Peter), Steinbach.
Tor: Svoboda – Zuschauer: 70 000 – SR: Zade (Sowjetunion).

1984 in Los Angeles: Frankreich

Die Olympia-Auswahl des DFB setzte sich in der Qualifikation zunächst gegen Portugal (3:0, 1:3) und Israel (2:0, 1:0) durch, zog dann aber gegen Frankreich den Kürzeren (0:1, 1:1). Nachdem die Sowjetunion aber die Teilnahme an den Olympischen Spielen in Los Angeles abgesagt hatte, wurde Deutschland nachnominiert. Die DDR qualifizierte sich als Gruppensieger vor Polen (3:1, 0:2), Norwegen (1:0, 1:1), Dänemark (4:0, 2:1) und Finnland (1:0, 1:0) direkt für Olympia 1984, schloss sich dann aber dem Boykott der Ostblockstaaten an und verzichtete aus „Sorge um die Sicherheit ihrer Athleten" auf die Olympia-Teilnahme. Da Polen ebenfalls verzichtete, fuhr Norwegen als Drittplatzierter nach Los Angeles.

Vorrunde:
Gruppe A: Frankreich und Chile. Chile – Norwegen 0:0 (Allston); Frankreich – Katar 2:2 (Annapolis); Frankreich – Norwegen 2:1 (Allston); Chile – Katar 1:0 (Annapolis); Norwegen – Katar 2:0 (Allston); Frankreich – Chile 1:1 (Annapolis).
Gruppe B: Jugoslawien und Kanada. Kanada – Irak 1:1 (Allston); Jugoslawien – Kamerun 2:1 (Annapolis); Kamerun – Irak l:0 (Allston); Jugoslawien – Kanada 1:0 (Annapolis); Kanada – Kamerun 3:1 (Allston); Jugoslawien – Irak 4:2 (Annapolis).
Gruppe C: Brasilien und Deutschland. Deutschland – Marokko 2:0 (Palo Alto); Brasilien – Saudi-Arabien 3:1 (Los Angeles); Brasilien – Deutschland 1:0 (Palo Alto); Marokko – Saudi-Arabien 1:0 (Los Angeles); Deutschland – Saudi-Arabien 6:0 (Palo Alto); Brasilien – Marokko 2:0 (Los Angeles).
Gruppe D: Italien und Ägypten. USA – Costa Rica 3:0 (Palo Alto); Italien – Ägypten 1:0 (Los Angeles); Ägypten – Costa Rica 4:1 (Palo Alto); Italien – USA 1:0 (Los Angeles); Ägypten – USA 1:1 (Palo Alto); Costa Rica – Italien 1:0 (Los Angeles). Italien rückte für Titelverteidiger Tschechoslowakei nach, der sich dem Boykott der Ostblockstaaten anschloss.
Viertelfinale: Italien – Chile n. V. 1:0 (Palo Alto); Frankreich – Ägypten 2:0 (Los Angeles); Brasilien – Kanada n. V. 1:1, Elfmeterschießen 4:2 (Palo Alto); Jugoslawien – Deutschland 5:2 (Los Angeles).
Halbfinale: Frankreich – Jugoslawien n. V. 1:0 (Los Angeles); Brasilien – Italien n. V. 2:1 (Palo Alto).
Spiel um den 3. Platz: Jugoslawien – Italien 2:1 (Los Angeles).

Endspiel am 11. August in Los Angeles:
Frankreich – Brasilien 2:0 (0:0)
Frankreich: Rust – Ayache, Bibard, Jeannol, Zanon – Lemoult, Rohr, Lacombe – Bijotat, Xuereb (Cubaynes), Brisson (Garande).
Tore: Brisson, Xuereb – Zuschauer: 101 799 – SR: Keizer (Niederlande).

1988 in Seoul: Sowjetunion
Die Olympia-Auswahl des DFB qualifizierte sich als Gruppensieger vor Dänemark (1:1, 1:0), Polen (5:1, 1:1), Rumänien (3:0, 0:1) und Griechenland (3:0, 2:0) für das Olympische Fußball-Turnier. Die DDR belegte den zweiten Platz hinter Italien (0:0, 1:1) und vor Portugal (3:0, 0:0), den Niederlanden (4:2, 1:0) und Island (3:0, 0:2).
Vorrunde:
Gruppe A: Schweden und Deutschland. Deutschland – China 3:0 (Busan); Schweden – Tunesien 2:2 (Daegu); Deutschland – Tunesien 4:1 (Busan); Schweden – China 2:0 (Daegu); Tunesien – China 0:0 (Busan); Schweden – Deutschland 2:1 (Daegu).
Gruppe B: Sambia und Italien. Sambia – Irak 2:2 (Daejeon); Italien – Guatemala 5:2 (Gwangju); Sambia – Italien 4:0 (Gwangju); Irak – Guatemala 3:0 (Daejeon); Sambia – Guatemala 4:0 (Gwangju); Italien – Irak 2:0 (Seoul).
Gruppe C: Sowjetunion und Argentinien. Südkorea – Sowjetunion 0:0 (Busan); USA – Argentinien 1:1 (Daegu); Südkorea – USA 0:0 (Busan); Sowjetunion – Argentinien 2:1 (Daegu); Argentinien – Südkorea 2:1 (Busan); Sowjetunion – USA 4:2 (Daegu).
Gruppe D: Brasilien und Australien. Australien – Jugoslawien 1:0 (Gwangju); Brasilien – Nigeria 4:0 (Daegu); Jugoslawien – Nigeria 3:1 (Daegu); Brasilien – Australien 3:0 (Daegu); Brasilien – Jugoslawien 2:1 (Daegu); Australien – Nigeria 1:0 (Seoul).
Viertelfinale: Schweden – Italien n. V. 1:2 (Daegu); Sambia – Deutschland 0:4 (Gwangju); Sowjetunion – Australien 3:0 (Busan); Brasilien – Argentinien 1:0 (Seoul).
Halbfinale: Brasilien – Deutschland n. V. 1:1, Elfmeterschießen 3:2 (Seoul); Sowjetunion – Italien n. V. 3:2 (Busan).
Spiel um den 3. Platz: Deutschland – Italien 3:0 (Seoul).

Endspiel am 1. Oktober in Seoul:
Sowjetunion – Brasilien n. V. 2:1 (1:1, 0:1)
Sowjetunion: Kharin – Ketashvili, Yarovenko, Gorlukowich, Losev – Kusnetsov, Dobrovolski, Mikhailichenko, Tatarchuk – Liuti (Skliyarov), Narbekovas (Savitchev).
Tore: Dobrovolski, Savichev, Romario) – Zuschauer: 75 000 – SR: Bignet (Frankreich).

1992 in Barcelona: Spanien
Deutschland scheiterte im Viertelfinale der U-21-Europameisterschaft 1990/92 an Schottland (1:1, 3:4). Siehe Kapitel 11.
Vorrunde:
Gruppe A: Polen und Italien. Italien – USA 2:1 (Barcelona); Polen – Kuwait 2:0 (Saragossa); USA – Kuwait 3:1 (Saragossa); Italien – Polen 0:3 (Barcelona); USA – Polen 2:2 (Saragossa); Italien – Kuwait 1:0 (Barcelona).

Gruppe B: Spanien und Katar. Spanien – Kolumbien 4:0 (Valencia); Ägypten – Katar 0:1 (Sabadell); Spanien – Ägypten 2:0 (Valencia); Kolumbien – Katar 1:1 (Sabadell); Spanien – Katar 2:0 (Valencia); Kolumbien – Ägypten 3:4 (Sabadell).
Gruppe C: Schweden und Paraguay. Schweden – Paraguay 0:0 (Barcelona); Marokko – Südkorea 1:1 (Valencia); Schweden – Marokko 4:0 (Sabadell); Paraguay – Südkorea 0:0 (Valencia); Schweden – Südkorea 1:1 (Barcelona); Paraguay – Marokko 3:1 (Valencia).
Gruppe D: Ghana und Australien. Dänemark – Mexiko 1:1 (Saragossa); Ghana – Australien 3:1 (Sabadell); Dänemark – Ghana 0:0 (Saragossa); Mexiko – Australien 1:1 (Barcelona); Dänemark – Australien 0:3 (Saragossa); Mexiko – Ghana 1:1 (Sabadell).
Viertelfinale: Spanien – Italien 1:0 (Valencia); Polen – Katar 2:0 (Barcelona); Ghana – Paraguay n. V. 4:2 (Saragossa); Schweden – Australien 1:2 (Barcelona).
Halbfinale: Spanien – Ghana 2:0 (Valencia); Polen – Australien 6:1 (Barcelona).
Spiel um den 3. Platz: Ghana – Australien 1:0 (Barcelona).

Endspiel am 8. August in Barcelona:
Spanien – Polen 3:2 (0:1)
Spanien: Toni – Abelardo, Lopez, Solozabal, Ferrer – Guardiola, Berges, Lasa (Amavisca) – Luis Enrique, Alfonso, Quico.
Tore: Abelardo, Quico 2 (Kowalczyk, Staniek) – Zuschauer: 95 000 – SR: Torres Cadena (Kolumbien).

1996 in Atlanta: Nigeria
Deutschland scheiterte im Viertelfinale der U-21-Europameisterschaft 1994/96 an Frankreich (0:0, 1:4). Siehe Kapitel 11.
Vorrunde:
Gruppe A: Argentinien und Portugal. Portugal – Tunesien 2:0 (Washington); USA – Argentinien 1:3 (Birmingham); Argentinien – Portugal 1:1 (Washington); USA – Tunesien 2:0 (Birmingham); Argentinien – Tunesien 1:1 (Birmingham); USA – Portugal 1:1 (Washington).
Gruppe B: Frankreich und Spanien. Spanien – Saudi-Arabien 1:0 (Orlando); Frankreich – Australien 2:0 (Miami); Spanien – Frankreich 1:1 (Orlando); Saudi-Arabien – Australien 1:2 (Miami); Spanien – Australien 3:2 (Orlando); Saudi-Arabien – Frankreich 1:2 (Miami).
Gruppe C: Mexiko und Ghana. Ghana – Südkorea 0:1 (Washington); Italien – Mexiko 0:1 (Birmingham); Südkorea – Mexiko 0:0 (Birmingham); Ghana – Italien 3:2 (Washington); Ghana – Mexiko 1:1 (Washington); Südkorea – Italien 1:2 (Birmingham).
Gruppe D: Brasilien und Nigeria. Brasilien – Japan 0:1 (Miami); Ungarn – Nigeria 0:1 (Orlando); Brasilien – Ungarn 3:1 (Miami); Japan – Nigeria 0:2 (Orlando); Brasilien – Nigeria 1:0 (Miami); Japan – Ungarn 3:2 (Orlando).
Viertelfinale: Portugal – Frankreich n. V. 2:1 (Miami); Argentinien – Spanien 4:0 (Birmingham); Nigeria – Mexiko 2:0 (Birmingham); Brasilien – Ghana 4:2 (Miami).
Halbfinale: Argentinien – Portugal 2:0 (Athens); Nigeria – Brasilien n. V. 4:3 (Athens).
Spiel um den 3. Platz: Brasilien – Portugal 5:0 (Athens).

Endspiel am 3. August in Atlanta:
Nigeria – Argentinien 3:2 (1:1)
Nigeria: Dosu – Obaraku (Oruma), West, Okechukwu, Babayaro – Oliseh, Ikpeba (Amunike), Okocha (Lawal) – Babangida, Kanu, Amokachi.
Tore: Babayaro, Amokachi, Amunike (Lopez, Crespo) – Zuschauer: 86 117 – SR: Collina (Italien).

2000 in Sydney: Kamerun
Deutschland wurde in den Gruppenspielen der U-21-Europameisterschaft 1998/2000 nur Zweiter hinter der Türkei. Siehe Kapitel 11.
Vorrunde:
Gruppe A: Italien und Nigeria. Australien – Italien 0:1 (Melbourne); Nigeria – Honduras 3:3 (Adelaide); Australien – Nigeria 2:3 (Sydney); Italien – Honduras 3:1 (Adelaide); Australien – Honduras 1:2 (Sydney); Italien – Nigeria 1:1 (Adelaide).
Gruppe B: Chile und Spanien. Südkorea – Spanien 0:3 (Adelaide); Marokko – Chile 1:4 (Melbourne); Südkorea – Marokko 1:0 (Adelaide); Spanien – Chile 1:3 (Melbourne); Südkorea – Chile 1:0 (Adelaide); Spanien – Marokko 2:0 (Melbourne).

Gruppe C: USA und Kamerun. USA – Tschechien 2:2 (Canberra); Kamerun – Kuwait 3:2 (Brisbane); USA – Kamerun 1:1 (Canberra); Tschechien – Kuwait 2:3 (Brisbane); USA – Kuwait 3:1 (Melbourne); Tschechien – Kamerun 1:1 (Brisbane).
Gruppe D: Brasilien und Japan. Brasilien – Slowakei 3:1 (Brisbane); Südafrika – Japan 1:2 (Canberra); Brasilien – Südafrika 1:3 (Brisbane); Slowakei – Japan 1:2 (Canberra); Brasilien – Japan 1:0 (Brisbane); Slowakei – Südafrika 2:1 (Canberra).
Viertelfinale: USA – Japan n. V. 2:2, Elfmeterschießen 5:4 (Adelaide); Brasilien – Kamerun i. V. 1:2 (Brisbane); Italien – Spanien 0:1 (Sydney); Chile – Nigeria 4:1 (Melbourne).
Halbfinale: Spanien – USA 3:1 (Sydney); Chile – Kamerun 1:2 (Melbourne).
Spiel um den 3. Platz: Chile – USA 2:0 (Sydney).

Endspiel am 30. September in Sydney:
Kamerun – Spanien n. V. 2:2 (2:2, 0:2), Elmeterschießen 5:3
Kamerun: Kameni – Wome, Abanda, Nguimbat (Ngom Kome) – Branco (Epalle), Lauren, Geremi, Alnoudji (Meyong Ze)- Mimpo, M'Boma, Eto'o.
Tore: Eigentor Amaya, Eto'o (Xavi, Gabri) – Tore im Elfmeterschießen: M'Boma, Eto'o, Geremi, Lauren, Wome (Xavi, Capdevila, Albelda) – Zuschauer: 104 000 – SR: Rizo (Mexiko).

2004 in Athen: Argentinien
Deutschland wurde bei der Endrunde der U-21-Europameisterschaft nur Gruppendritter hinter Schweden und Portugal. Siehe Kapitel 11.
Vorrunde:
Gruppe A: Mali und Südkorea. Griechenland – Südkorea 2:2 (Thessaloniki); Mali – Mexiko 0:0 (Volos); Südkorea – Mexiko 1:0 (Piräus); Griechenland – Mali 0:2 (Thessaloniki); Südkorea – Mali 3:3 (Thessaloniki); Griechenland – Mexiko 2:3 (Volos).
Gruppe B: Paraguay und Italien. Paraguay – Japan 4:3 (Thessaloniki); Ghana – Italien 2:2 (Volos); Paraguay – Ghana 1:2 (Thessaloniki); Japan – Italien 2:3 (Volos); Paraguay – Italien 1:0 (Piräus); Japan – Ghana 1:0 (Volos).
Gruppe C: Argentinien und Australien. Tunesien – Australien 1:1 (Heraklion); Argentinien – Serbien und Montenegro 6:0 (Patras); Serbien und Montenegro – Australien 1:5 (Heraklion); Argentinien – Tunesien 2:0 (Patras); Argentinien – Australien 1:0 (Piräus); Serbien und Montenegro – Tunesien 2:3 (Patras).
Gruppe D: Irak und Costa Rica. Costa Rica – Marokko 0:0 (Heraklion); Irak – Portugal 4:2 (Patras); Costa Rica – Irak 0:2 (Piräus); Marokko – Portugal 1:2 (Heraklion); Costa Rica – Portugal 4:2 (Heraklion); Marokko – Irak 2:1 (Patras).
Viertelfinale: Mali – Italien n. V. 0:1 (Piräus); Irak – Australien 1:0 (Heraklion); Argentinien – Costa Rica 4:0 (Patras); Paraguay – Südkorea 3:2 (Thessaloniki).
Halbfinale: Italien – Argentinien 0:3 (Piräus); Irak – Paraguay 1:3 (Thessaloniki).
Spiel um den 3. Platz: Italien – Irak 1:0 (Thessaloniki).

Endspiel am 28. August in Athen:
Argentinien – Paraguay 1:0 (1:0)
Argentinien: Lux – Coloccini, Ayala, Mascherano, Heinze – Rosales, Luis Gonzales – Delgado (Rodriguez) – D'Alessandro, Tevez, Kily Gonzalez.
Tor: Tevez – Zuschauer: 41 116 – SR: Vassaras (Griechenland).

2008 in Peking: Argentinien
Deutschland scheiterte im Achtelfinale der U-21-Europameisterschaft 2006/07 an England (0:2, 0:1). Siehe Kapitel 11.
Vorrunde:
Gruppe A: Argentinien und Elfenbeinküste. Australien – Serbien 1:1 (Shanghai); Elfenbeinküste – Argentinien 1:2 (Shanghai); Argentinien – Australien 1:0 (Shanghai); Serbien – Elfenbeinküste 2:4 (Shanghai); Elfenbeinküste – Australien 1:0 (Tianjin); Argentinien – Serbien 2:0 (Peking).
Gruppe B: Nigeria und Niederlande. Japan – USA 0:1 (Tianjin); Niederlande – Nigeria 0:0 (Tianjin); Nigeria – Japan 2:1 (Tianjin); USA – Niederlande 2:2 (Tianjin); Niederlande – Japan 1:0 (Shenyang); Nigeria – USA 2:1 (Peking).
Gruppe C: Brasilien und Belgien. Brasilien – Belgien 1:0 (Shenyang); China – Neuseeland 1:1 (Shenyang); Neuseeland – Brasilien 0:5 (Shenyang); Belgien – China 2:0 (Shenyang); China – Brasilien 0:3 (Qinhuangdao); Neuseeland – Belgien 0:1 (Shanghai).

Gruppe D: Italien und Kamerun. Honduras – Italien 0:3 (Qinhuangdao); Südkorea – Kamerun 1:1 (Qinhuangdao); Kamerun – Honduras 1:0 (Qinhuangdao); Italien – Südkorea 3:0 (Qinhuangdao); Südkorea – Honduras 1:0 (Shanghai); Kamerun – Italien 0:0 (Tianjin).
Viertelfinale: Brasilien – Kamerun n. V. 2:0 (Shenyang); Italien – Belgien 2:3 (Peking); Argentinien – Niederlande n. V. 2:1 (Shanghai); Nigeria – Elfenbeinküste 2:0 (Qinhuangdao).
Halbfinale: Nigeria – Belgien 4:1 (Shanghai); Argentinien – Brasilien 3:0 (Peking).
Spiel um den 3. Platz: Brasilien – Belgien 3:0 (Shanghai).

Endspiel am 23. August in Peking:
Argentinien – Nigeria 1:0 (0:0)
Argentinien: Romero – Zabaleta, Pareja, Garay, Monzon – Gago, Mascherano – Riquelme – Messi (Lavezzo), Di Maria (Banego) – Aguero (Sosa).
Tor: Di Maria – Zuschauer: 89 102 – SR: Kassai (Ungarn).

2012 in London: Mexiko
Deutschland scheiterte im Rahmen der U-21-Europameisterschaft 2009/11 in der Qualifikation an Tschechien (1:2, 1:1), Island (2:2, 1:4), Nordirland (3:0, 1:1) und San Marino (6:0, 11:0). Siehe Kapitel 11.
Vorrunde:
Gruppe A: Großbritannien und Senegal. Vereinigte Arabische Emirate – Uruguay 1:2 (Manchester); Großbritannien – Senegal 1:1 (Manchester); Senegal – Uruguay 2:0 (London); Großbritannien – Vereinigte Arabische Emirate 3:1 (London); Senegal – Vereinigte Arabische Emirate 1:1 (Coventry); Großbritannien – Uruguay 1:0 (Cardiff).
Gruppe B: Mexiko und Südkorea. Mexiko – Südkorea 0:0 (Newcastle); Gabun – Schweiz 1:1 (Newcastle); Mexiko – Gabun 2:0 (Coventry); Südkorea – Schweiz 2:1 (Coventry); Mexiko – Schweiz 1:0 (Cardiff); Südkorea – Gabun 0:0 (London).
Gruppe C: Brasilien und Ägypten. Brasilien – Ägypten 3:2 (Cardiff); Weißrussland – Neuseeland 1:0 (Coventry); Brasilien – Weißrussland 3:1 (Manchester); Ägypten – Neuseeland 1:1 (Manchester); Brasilien – Neuseeland 3:0 (Newcastle); Ägypten – Weißrussland 3:1 (Glasgow).
Gruppe D: Japan und Honduras. Spanien – Japan 0:1 (Glasgow); Honduras – Marokko 2:2 (Glasgow); Spanien – Honduras 0:1 (Newcastle); Japan – Marokko 1:0 (Newcastle); Japan – Honduras 0:0 (Coventry); Spanien – Marokko 0:0 (Manchester).
Viertelfinale: Japan – Ägypten 3:0 (Manchester); Mexiko – Senegal n. V. 4:2 (London); Brasilien – Honduras 3:2 (Newcastle); Großbritannien – Südkorea n. V. 1:1, Elfmeterschießen 4:5 (Cardiff).
Halbfinale: Mexiko – Japan 3:1 (London); Südkorea – Brasilien 0:3 (Manchester).
Spiel um den 3. Platz: Südkorea – Japan 2:0 (Cardiff).

Endspiel am 7. August in London: Mexiko – Brasilien 2:1 (1:0)
Mexiko: Corona – Israel Jimenez (Vidrio), Mier, Reyes, Chavez – Enriquez, Salcido – Aquino (Ponce), Herrera, Fabian – Peralta (Raul Jimenez).
Tore: Peralta 2 (Hulk) – Zuschauer: 86 162 – SR: Clattenburg (Großbritannien).

2016 in Rio de Janeiro: Brasilien
Deutschland qualifizierte sich durch das Erreichen des Halbfinales bei der U-21-Europameisterschaft 2013/15. Siehe Kapitel 11.
Vorrunde:
Gruppe A: Brasilien und Dänemark. Irak – Dänemark 0:0 (Brasilia); Brasilien – Südafrika 0:0 (Brasília); Dänemark – Südafrika 1:0 (Brasília); Brasilien – Irak 0:0 (Brasília); Dänemark – Brasilien 0:4 (Salvador); Südafrika – Irak 1:1 (Sao Paulo).
Gruppe B: Nigeria und Kolumbien. Schweden – Kolumbien 2:2 (Manaus); Nigeria – Japan 5:4 (Manaus); Schweden – Nigeria 0:1 (Manaus); Japan – Kolumbien 2:2 (Manaus); Japan – Schweden 1:0 (Salvador); Kolumbien – Nigeria 2:0 (Sao Paulo).
Gruppe C: Südkorea und Deutschland. Mexiko – Deutschland 2:2 (Salvador); Fidschi – Südkorea 0:8 (Salvador); Fidschi – Mexiko 1:5 (Salvador); Deutschland – Südkorea 3:3 (Salvador); Deutschland – Fidschi 10:0 (Belo Horizonte); Südkorea – Mexiko 1:0 (Brasilia).
Gruppe D: Portugal und Honduras. Honduras – Algerien 3:2 (Rio de Janeiro); Portugal – Argentinien 2:0 (Rio de Janeiro); Honduras – Portugal 1:2 (Rio de Janeiro); Argentinien – Algerien 2:1 (Rio de Janeiro); Algerien – Portugal 1:1 (Belo Horizonte); Argentinien – Honduras 1:1 (Brasilia).
Viertelfinale: Portugal – Deutschland 0:4 (Brasilia); Nigeria – Dänemark 2:0 (Salvador); Südkorea – Honduras 0:1 (Belo Horizonte); Brasilien – Kolumbien 2:0 (Sao Paulo).
Halbfinale: Brasilien Honduras 6:0 (Rio de Janeiro); Nigeria – Deutschland 0:2 (Sao Paulo).
Spiel um den 3. Platz: Nigeria – Honduras 3:2 (Belo Horizonte).

Endspiel am 20. August in Rio de Janeiro: Brasilien – Deutschland n. V. 1:1 (1:1, 1:0), Elfmeterschießen 5:4
Brasilien: Weverton – Zeca, Marquinhos, Rodrigo Caio, Douglas Santos – Walace, Renato Augusto, Neymar – Gabriel Jesus (Rafinha), Gabriel Barbosa (Felipe Anderson), Luan.
Tore: Neymar (Meyer) – Elfmeterschießen: Renato Augusto, Marquinhos, Rafinha, Luan, Neymar (Ginter, Gnabry, Brandt, Süle) – Zuschauer: 63 707 – SR: Faghani (Iran).

Der Medaillenspiegel beim Olympischen Fußball-Turnier

	Gold	Silber	Bronze	Total
1. Ungarn	3	1	1	5
2. Argentinien	2	2		4
3. Sowjetunion	2		3	5
4. Großbritannien	2			2
Uruguay	2			2
6. Brasilien	1	3	2	6
7. Jugoslawien	1	3	1	5
Polen	1	2		3
Spanien	1	2		3
10. DDR	1	1	2*	4
11. Nigeria	1	1	1	3
Tschechoslowakei	1	1		2
13. Italien	1		2	3
Schweden	1		2	3
15. Belgien	1			1
Frankreich	1			1
Kamerun	1			1
Mexiko	1			1
19. Dänemark		3	1	4
20. Bulgarien		1	1	2
Deutschland		1	1	2
22. Österreich		1		1
Paraguay		1		1
Schweiz		1		1
25. Niederlande			3	3
26. Chile			1	1
Ghana			1	1
Japan			1	1
Norwegen			1	1
Südkorea			1	1

*) Die gesamtdeutsche Mannschaft 1964 bestand nur aus Spielern der DDR.

Die Torschützenkönige der Olympischen Fußball-Turniere

Jahr	Spieler	Tore		Jahr	Spieler	Tore
1908	S. Nielsen (Dänemark)	11		1972	Deyna (Polen)	9
1912	Fuchs (Deutschland)	10		1976	Szarmach (Polen)	6
1916	Walden (Großbritannien)	11		1980	Andreev (Sowjetunion)	5
1920	H. Carlsson (Schweden)	7		1984	Cvetkovic, Devenic	
1924	Petrone (Uruguay)	8			(beide Jugoslawien),	
1928	Tarasconi (Argentinien)	9			Xuereb (Frankreich)	je 5
1936	Frossi (Italien)	7		1988	Romario (Brasilien)	7
1948	Nordahl (Schweden),			1992	Juskowiak (Polen)	7
	J. Hansen (Dänemark)	je 7		1996	Bebeto (Brasilien) und	
1952	Zebec (Jugoslawien)	7			Crespo (Argentinien)	je 6
1956	Veselinovic (Jugoslawien),			2000	Zamorano (Chile)	6
	Milanov (Bulgarien) und			2004	Tevez (Argentinien)	8
	D'Souza (Indien)	je 4		2008	G. Rossi (Italien)	4
1960	Galic (Jugoslawien)	7		2012	Leandro Damiao (Brasilien)	6
1964	Bene (Ungarn)	12		2016	Gnabry und Petersen	je 6
1968	Yamamoto (Japan)	7			(beide Deutschland	

Die deutschen Olympia-Aufgebote (alphabetisch)

1912: Bosch, Breunig, Burger, Förderer, Fuchs, Dr. Glaser, Hempel, Hirsch, Hollstein, A. Jäger, Kipp, Krogmann, Oberle, Reese, Röpnack, Thiel, Ugi, Uhle, A. Weber, Wegele, A. Werner, Worpitzky – kein Trainer.

1928: E. Albrecht, Beier, L. Hofmann, R. Hofmann, Hornauer, H. Kalb, Knöpfle, Leinberger, Pöttinger, Stuhlfauth, H. Weber – nicht eingesetzt: Gehlhaar, Gruber, Heidkamp, Horn, Kutterer, Kuzorra, J. Müller, Nagelschmitz, Reinmann, J. Schmitt, Wentorf – Trainer: Otto Nerz.

1936: R. Bernard, Buchloh, Ditgens, Elbern, Gauchel, Goldbrunner, Gramlich, Hohmann, Jakob, Lehner, Lenz, Mehl, Münzenberg, Siffling, Simetsreiter, Urban – Trainer: Otto Nerz.

1952 (DFB): Eberle, Ehrmann, Fleixner, Hinterstocker, H. Jäger, Klug, Mauritz, Post, Herbert Schäfer, Schönbeck, W. Schröder, Sommerlatt, Stollenwerk, Zeitler – nicht eingesetzt: Bensch, Wittig – Trainer: Sepp Herberger.

1956 (DFB): Geiger, Gerdau, Albert Görtz, Habig, Höfer, K. Hoffmann, R. Hoffmann, Mauritz, Herbert Schäfer, Semmelmann, Zeitler – nicht eingesetzt: Brülls, Eglin, G. Jäger, Schwall – Trainer: Sepp Herberger.

1964 (DDR): Barthels, Bauchspieß, Engelhardt, Fräßdorf, Frenzel, Geisler, Heinsch, Körner, Lisiewicz, Nöldner, Pankau, Rock, Seehaus, Stöcker, Unger, Urbanczyk, Vogel, M. Walter, Weigang – nicht eingesetzt: Backhaus – Trainer: Karoly Soos/Hans Studener.

1972 (DFB): Baltes, Bitz, Bleidick, Bradler, Haebermann, Hammes, Hitzfeld, U. Hoeneß, Hollmann, J. Kalb, Kaltz, Mietz, B. Nickel, E. Schmitt, Seliger, Wienhold, Worm, Wunder – nicht eingesetzt: Seelmann – Trainer: Jupp Derwall.

1972 (DDR): Bransch, Croy, P. Ducke, Ganzera, Häfner, Irmscher, Kreische, Kurbjuweit, Pommerenke, Schulenberg, Seguin, Sparwasser, Streich, Vogel, Wätzlich, Weise, M. Zapf – nicht eingesetzt: D. Schneider, Tyll – Trainer: Georg Buschner.

1976 (DDR): Bransch, Croy, Dörner, Grapenthin, Gröbner, Häfner, Heidler, M. Hoffmann, Kische, Kurbjuweit, Lauck, Löwe, Riedel, Riediger, Schade, G. Weber, Weise – Trainer: Georg Buschner.

1980 (DDR): Bähringer, Baum, Hause, Jakubowski, Kühn, Liebers, M. Müller, Netz, Peter, Rudwaleit, Schnuphase, Steinbach, Terletzki, Trautmann, Trieloff, Uhlig, Ullrich – Trainer: Rudolf Krause.

1984 (DFB): Bast, Bockenfeld, Bommer, Brehme, Buchwald, Dickgießer, Franke, Groh, Lux, Mill, U. Rahn, Schatzschneider, A. Schön, Schreier, Wehmeyer – nicht eingesetzt: Junghans, Schlindwein – Trainer: Erich Ribbeck.

1988 (DFB): Bommer, Fach, W. Funkel, Armin Görtz, Grahammer, Häßler, Hörster, Janssen, Kamps, Kleppinger, Klinsmann, Mill, Riedle, Schreier, M. Schulz, Sievers, F. Walter, Wuttke – nicht eingesetzt: Reck, Sauer – Trainer: Hannes Löhr.

2016: Bauer, L. Bender, S. Bender, Brandt, Christiansen, Ginter, Gnabry, Goretzka, Horn, Klostermann, Max, Meyer, Petersen, Prömel, Selke, Süle, Toljan – nicht eingesetzt: Huth – Trainer: Horst Hrubesch.

Die Bilanz der 49 Spiele der Olympia-Mannschaft

Gegner	Spiele	Siege	Unentsch.	Niederl.	Tore	11-m-Sch.
Brasilien	4	–	2	2	3:6	2:3, 4:5
China	3	2	1	–	10:3	
Dänemark	2	1	1	–	2:1	
Fidschi	1	1	-	–	10:0	
Frankreich	2	–	1	1	1:2	
Griechenland	2	2	–	–	5:0	
Israel	4	3	1	–	6:2	
Italien	1	1	–	–	3:0	
Jugoslawien	2	–	–	2	4:8	
Marokko	2	2	–	–	3:0	
Mexiko	1	–	1	–	2:2	
Niederlande	2	–	2	–	1:1	
Nigeria	2	2	–	–	4:1	
Polen	4	2	2	–	9:4	
Portugal	5	2	1	2	9:5	
Rumänien	2	1	–	1	3:1	
Sambia	1	1	–	–	4:0	
Saudi-Arabien	1	1	–	–	6:0	
Schweden	1	–	–	1	1:2	
Schweiz	1	1	–	–	2:1	
Spanien	1	–	–	1	0:2	
Südkorea	1	–	1	–	3:3	
Tschechoslowakei	3	–	–	3	0:5	
Tunesien	1	1	–	–	4:1	
Gesamt	49	23	13	13	95:50	

Die Spiele der Olympia-Mannschaft von 1982 bis 2016

16. 11. 1982 gegen die **Niederlande** in Emmen	0:0
29. 3. 1983 gegen **Polen** in Wuppertal	1:1 (0:1)
24. 4. 1983 gegen **Portugal** in Lissabon (Olympia-Qualifikation)	1:3 (0:1)
8. 6. 1983 gegen **Israel** in Wuppertal (Olympia-Qualifikation)	2:0 (1:0)
20. 9. 1983 gegen die **Tschechoslowakei** in Hof	0:1 (0:0)
4. 10. 1983 gegen **Portugal** in Osnabrück (Olympia-Qualifikation)	3:0 (1:0)
25. 10. 1983 gegen **Jugoslawien** in Maribor	2:3 (1:0)
20. 11. 1983 gegen **Israel** in Tel Aviv (Olympia-Qualifikation)	1:0 (1:0)
27. 3. 1984 gegen **Frankreich** in Paris (Olympia-Qualifikation)	1:1 (0:1)
17. 4. 1984 gegen **Frankreich** in Bochum (Olympia-Qualifikation)	0:1 (0:0)
17. 7. 1984 gegen **China** in Koblenz	6:2 (4:1)
30. 7. 1984 gegen **Marokko** in Palo Alto (Olympia-Gruppenspiel)	2:0 (1:0)
1. 8. 1984 gegen **Brasilien** in Palo Alto (Olympia-Gruppenspiel)	0:1 (0:0)
3. 8. 1984 gegen **Saudi-Arabien** in Palo Alto (Olympia-Gruppenspiel)	6:0 (4:0)
5. 8. 1984 gegen **Jugoslawien** in Pasadena (Olympia-Viertelfinale)	2:5 (2:2)
25. 3. 1987 gegen **Israel B** in Tel Aviv	2:1 (1:1)
18. 4. 1987 gegen **Rumänien** in Cluj-Napoca (Olympia-Qualifikation)	0:1 (0:1)
10. 8. 1987 gegen die **Tschechoslowakei** in Aschaffenburg	0:1 (0:0)
8. 9. 1987 gegen die **Niederlande** in Maastricht	1:1 (0:1)
22. 9. 1987 gegen **Griechenland** in Offenbach (Olympia-Qualifikation)	3:0 (1:0)
13. 10. 1987 gegen **Polen** in Osnabrück (Olympia-Qualifikation)	5:1 (4:1)
18. 11. 1987 gegen **Dänemark** in Aarhus (Olympia-Qualifikation)	1:0 (0:0)
12. 12. 1987 gegen **Griechenland** in Larissa (Olympia-Qualifikation)	2:0 (2:0)
30. 3. 1988 gegen **Dänemark** in Osnabrück (Olympia-Qualifikation)	1:1 (0:1)

27. 4. 1988 gegen **Polen** in Chorzow (Olympia-Qualifikation)		1:1 (0:0)
31. 5. 1988 gegen **Rumänien** in Dortmund (Olympia-Qualifikation)		3:0 (1:0)
30. 8. 1988 gegen **Nigeria** in Siegen		2:1 (2:1)
17. 9. 1988 gegen **China** in Busan (Olympia-Gruppenspiel)		3:0 (1:0)
19. 9. 1988 gegen **Tunesien** in Busan (Olympia-Gruppenspiel)		4:1 (1:1)
21. 9. 1988 gegen **Schweden** in Daegu (Olympia-Gruppenspiel)		1:2 (0:0)
25. 9. 1988 gegen **Sambia** in Gwangju (Olympia-Viertelfinale)		4:0 (3:0)
27. 9. 1988 gegen **Brasilien** in Seoul (Olympia-Halbfinale)		n. V. 1:1 (1:1, 0:0), Elfmeterschießen 2:3
30. 9. 1988 gegen **Italien** in Seoul (Olympia, Spiel um Platz 3)		3:0 (2:0)
15. 5. 1990 gegen die **Schweiz** in Muri		2:1 (0:0)
18. 5. 1990 gegen die **Tschechoslowakei** in Würzburg		0:3 (0:2)
28. 8. 1990 gegen **Portugal** in Amadora		1:1 (0:1)
18. 2. 1992 gegen **Spanien** in Sabadell		0:2 (0:1)
25. 2. 1992 gegen **Polen** in Troisdorf		2:1 (1:1)
4. 3. 1998 gegen **Marokko** in Casablanca		1:0 (0:0)
14. 4. 1998 gegen **Israel** in Darmstadt		1:1 (0:0)
15. 5. 1998 gegen **China** in Toulon (Turnier von Toulon)		1:1 (1:1)
17. 5. 1998 gegen **Brasilien** in Arles (Turnier von Toulon)		1:3 (0:1)
19. 5. 1998 gegen **Portugal** in Mallemort (Turnier von Toulon)		0:1 (0:1)

Alle Aufstellungen der Olympia-Mannschaft von 1982 bis 1998 wurden letztmals im kicker-Almanach 2006 veröffentlicht.

2016: 6 Spiele: 3 Siege, 3 Unentschieden

44 **Mexiko**, 4. 8., Salvador, 2:2 unentschieden (Olympia-Gruppenspiel): Horn – Toljan, Ginter (1), Süle, Klostermann – L. Bender, S. Bender – Brandt, Goretzka (Gnabry (1)), Meyer (Christiansen) – Selke (Petersen) – K.: Goretzka/Meyer/L. Bender – SR: Faghani (Iran).

45 **Südkorea**, 7. 8., Salvador, 3:3 unentschieden (Olympia-Gruppenspiel): Horn – Toljan, Ginter, Süle, Klostermann – S. Bender, L. Bender – Brandt, Meyer, Gnabry (2) – Selke (1) (Petersen) – K.: Meyer – SR: Pitana (Argentinien).

46 **Fidschi**, 10. 8., Belo Horizonter, 10:0 gewonnen (Olympia-Gruppenspiel): Horn – Toljan (Max), S. Bender, Süle, Klostermann (Bauer) – L. Bender, Christiansen (Prömel) – Brandt, Meyer (3), Gnabry (2) – Petersen (5) – K.: Meyer – SR: Al Mirdasi (Saudi-Arabien).

47 **Portugal**, 13. 8., Brasilia, 4:0 gewonnen (Olympia-Viertelfinale): Horn – Toljan, Ginter (1), Süle, Klostermann – S. Bender – Brandt, L. Bender (Prömel), Meyer, Gnabry (1) (Max (1)) – Selke (1) (Petersen) – K.: Meyer – SR: Lopez Castellanos (Guatemala).

48 **Nigeria**, 17. 8., Sao Paulo, 2:0 gewonnen (Olympia-Halbfinale): Horn – Toljan, Ginter, Süle, Klostermann (1) – S. Bender (Prömel) – Brandt, L. Bender, Meyer (Petersen (1)), Gnabry (Max) – Selke – K.: Meyer/Süle – SR: Pitana (Argentinien).

49 **Brasilien**, 20. 8., Rio de Janeiro, n. V. 1:1 unentschieden, Elfmeterschießen 4:5 (Olympia-Endspiel): Horn – Toljan, Ginter, Süle, Klostermann – S. Bender – Brandt, L. Bender (Prömel), Meyer (1), Gnabry – Selke (Petersen) – Tore im Elfmeterschießen: Ginter, Gnabry, Brandt, Süle – K.: Meyer – SR: Faghani (Iran).

Zur Geschichte der deutschen Olympia-Mannschaften

An den Olympischen Fußball-Turnieren 1912, 1928 und 1936 nahm die deutsche A-Nationalmannschaft teil, da seinerzeit in Deutschland noch kein Profifußball gespielt wurde. Mit Einführung des Vertragsspielerstatuts in der Bundesrepublik ab 1948 änderte sich das. Daher nahm von 1952 bis 1980 die Amateur-Nationalmannschaft des DFB an den Qualifikations- und Endrundenspielen der Olympischen Spiele teil. Da die DDR das Vertragsspielerstatut 1950 abgelehnt hatte, galten ihre Spieler offiziell weiter als Amateure. Die Ausscheidungsspiele der DDR gegen die Bundesrepublik vor den Olympischen Spiele 1960 in Rom tauchen allerdings in keiner offiziellen DDR-Statistik auf. Ab 1963 gab es auch eine DDR-Olympia-Auswahl. Spiele gegen A-Nationalmannschaften anderer Länder wurden dabei gleichzeitig auch als A-Länderspiele gewertet, so 1972 in München beim Spiel um Bronze gegen die UdSSR, 1976in Montreal beim Olympiasieg gegen Polen oder 1980 in Moskau bei der Endspielniederlage gegen die

Tschechoslowakei. Der DFB führte für die Olympischen Spiele 1972 in München den sog. „Olympia-Amateur" ein, um eine möglichst starke Mannschaft ins Rennen zu schicken. In dieser standen gestandene Bundesliga-Profis wie Uli Hoeneß, der 1972 bereits mit der A-Nationalmannschaft Europameister geworden war.

Obwohl die Qualifikation fürs Olympische Fußballturnier in Europa seit 1992 im Rahmen der U-21-EM ausgetragen wurde, gab es weiterhin eine DFB-Olympia-Auswahl, die ihren letzten internationalen Auftritt 1998 beim Junioren-Turnier in Toulon hatte. Für das Olympische Fußballturnier 2016 in Rio de Janeiro wurde die Olympia-Auswahl nun wiederbelebt. Man sah dies auch äußerlich, denn die Spieler trugen nicht das DFB-Wappen auf dem Trikot sondern den Bundesadler.

Dem Favoriten ein Bein gestellt: Obwohl Cristiano Ronaldo (vorne liegend) schon früh verletzt ausscheiden musste, siegte Portugal im EM-Finale 2016 gegen Gastgeber Frankreich mit 1:0 nach Verlängerung.

KAPITEL 11

DIE EUROPAMEISTERSCHAFT

DIE FUSSBALL-EUROPAMEISTER

1960	SOWJETUNION	1992	DÄNEMARK
1964	SPANIEN	1996	DEUTSCHLAND
1968	ITALIEN	2000	FRANKREICH
1972	DEUTSCHLAND	2004	GRIECHENLAND
1976	TSCHECHOSLOWAKEI	2008	SPANIEN
1980	DEUTSCHLAND	2012	SPANIEN
1984	FRANKREICH	2016	PORTUGAL
1988	NIEDERLANDE		

Dieser Wettbewerb wurde zunächst 1958/60 und 1962/64 unter der Bezeichnung „Europapokal der Länder" durchgeführt. Ab 1967/68 trägt er auch offiziell den Namen „Europameisterschaft".

1959/60: Sowjetunion (Trainer: Katschin)
Qualifikation: Irland – Tschechoslowakei 2:0, 0:4.
Achtelfinale: Sowjetunion – Ungarn 3:1, 1:0; Spanien – Polen 4:2, 3:0; Rumänien – Türkei 3:0, 0:2; Tschechoslowakei – Dänemark 2:2, 5:1; Portugal – DDR 2:0, 3:2; Jugoslawien – Bulgarien 2:0, 1:1; Frankreich – Griechenland 7:1, 1:1; Österreich – Norwegen 1:0, 5:2.
Viertelfinale: Tschechoslowakei – Rumänien 2:0, 3:0; Jugoslawien – Portugal 1:2, 5:1; Frankreich – Österreich 5:2, 4:2; Spanien verzichtete gegen die Sowjetunion.

Endrunde vom 6. bis 10. Juli 1960 in Frankreich
Halbfinale: Sowjetunion – Tschechoslowakei 3:0 (Marseille); Jugoslawien – Frankreich 5:4 (Paris).
Um den dritten Platz: Tschechoslowakei – Frankreich 2:0 (Marseille).

Endspiel am 10. Juli 1960 in Paris: Sowjetunion – Jugoslawien n. V. 2:1 (1:1, 0:1)
Sowjetunion: Jaschin – Tschocheli, Krutikow – Woinow, Masljonkin, Netto – Metreweli, Iwanow, Ponedjelnik, Bubukin, Mes'chi.
Tore: Metreweli, Ponedjelnik (Galic) – Zuschauer: 18 000 – SR: Ellis (England).

1963/64: Spanien (Trainer: Villalonga/Munoz)
Vorrunde: Norwegen – Schweden 0:2, 1:1; Dänemark – Malta 6:1, 3:1; Irland – Island 4:2, 1:1; England – Frankreich 1:1, 2:5; Polen – Nordirland 0:2, 0:2; Spanien – Rumänien 6:0, 1:3; Jugoslawien – Belgien 3:2, 1:0; Ungarn – Wales 3:1, 1:1; Bulgarien – Portugal 3:1, 1:3, 1:0 (in Rom); Niederlande – Schweiz 3:1, 1:1; DDR – Tschechoslowakei 2:1, 1:1; Italien – Türkei 6:0, 1:0; Griechenland gegen Albanien nicht angetreten.
Achtelfinale: Spanien – Nordirland 1:1, 1:0; Jugoslawien – Schweden 0:0, 2:3; Dänemark – Albanien 4:0, 0:1; Österreich – Irland 0:0 2:3; Luxemburg – Niederlande 1:1, 2:1 (beide Spiele in den Niederlanden); Bulgarien – Frankreich 1:0, 1:3; Sowjetunion – Italien 2:0, 1:1; DDR – Ungarn 1:2, 3:3.
Viertelfinale: Luxemburg – Dänemark 3:3, 2:2, 0:1 (in Amsterdam); Spanien – Irland 5:1, 2:0; Frankreich – Ungarn 1:3, 1:2; Schweden – Sowjetunion 1:1, 1:3.

Endrunde vom 17. bis 21. Juni in Spanien
Halbfinale: Spanien – Ungarn n. V. 2:1 (Madrid); Sowjetunion – Dänemark 3:0 (Barcelona).
Um den dritten Platz: Ungarn – Dänemark n. V. 3:1 (Barcelona).

Endspiel am 21. Juni 1964 in Madrid: Spanien – Sowjetunion 2:1 (1:1)
Spanien: Iribar – Rivilla, Calleja – Zocco, Olivella, Fuste – Amancio, Pereda, Marcelino, Suarez, Lapetra.
Tore: Pereda, Marcelino (Chusainow) – Zuschauer: 105 000 – SR: Holland (England).

1966/68: Italien (Trainer: Valcareggi)
Gruppe I: Spanien. Spanien – Tschechoslowakei 2:1, 0:1; Spanien – Irland 2:0, 0:0; Spanien – Türkei 2:0, 0:0; Tschechoslowakei – Irland 2:0, 1:2; Tschechoslowakei – Türkei – 3:0, 0:0; Irland – Türkei 2:1, 1:2.
Gruppe II: Bulgarien. Bulgarien – Portugal 1:0, 0:0; Bulgarien – Schweden 3:0, 2:0; Bulgarien – Norwegen 4:2, 0:0; Portugal – Schweden 1:2, 1:1; Portugal – Norwegen 2:1, 2:1; Schweden – Norwegen 5:2, 1:3.

Gruppe III: Sowjetunion. Sowjetunion – Griechenland 4:0, 1:0; Sowjetunion – Österreich 4:3, 0:1; Sowjetunion – Finnland 2:0, 5:2; Griechenland – Österreich 4:1, 1:1 abgebrochen (nicht gewertet); Griechenland – Finnland 2:1, 1:1 Österreich – Finnland 2:1, 0:0.
Gruppe IV: Jugoslawien. Jugoslawien – Deutschland 1:0, 1:3; Jugoslawien – Albanien 4:0, 2:0; Deutschland – Albanien 6:0, 0:0.
Gruppe V: Ungarn. Ungarn – DDR 3:1, 0:1; Ungarn – Niederlande 2:1, 2:2; Ungarn – Dänemark 6:0, 2:0; DDR – Niederlande 4:3, 0:1; DDR – Dänemark 3:2, 1:1; Niederlande – Dänemark 2:0, 2:3.
Gruppe VI: Italien. Italien – Rumänien 3:1, 1:0; Italien – Schweiz 4:0, 2:2; Italien – Zypern 5:0, 2:0; Rumänien – Schweiz 4:2, 1:7; Rumänien – Zypern 7:0, 5:1; Schweiz – Zypern 5:0, 1:2.
Gruppe VII: Frankreich. Frankreich – Belgien 1:1, 1:2; Frankreich – Polen 2:1, 4:1; Frankreich – Luxemburg 3:1, 3:0; Belgien – Polen 2:4, 1:3; Belgien – Luxemburg 3:0, 5:0; Polen – Luxemburg 4:0, 0:0.
Gruppe VIII: England. England – Schottland 2:3, 1:1; England – Wales 5:1, 3:0; England – Nordirland 2:0, 2:0; Schottland – Wales 3:2, 1:1; Schottland – Nordirland 2:1, 0:1; Wales – Nordirland 2:0, 0:0.
Viertelfinale: Frankreich – Jugoslawien 1:1, 1:5; Bulgarien – Italien 3:2, 0:2; Ungarn – Sowjetunion 2:0, 0:3; England – Spanien 1:0, 2:1.

Endrunde vom 5. bis 10. Juni 1968 in Italien
Halbfinale: Italien – Sowjetunion n. V. 0:0, Los für Italien (Neapel); Jugoslawien – England 1:0 (Florenz).
Spiel um den dritten Platz: England – Sowjetunion 2:0 (Rom).

Endspiel am 8. Juni 1968 in Rom: Italien – Jugoslawien n. V. 1:1 (1:1, 0:1)
Italien: Zoff – Burgnich, Guarneri, Castano, Facchetti – Ferrini, Juliano, Lodetti – Domenghini, Anastasi, Riva – **Jugoslawien:** Pantelic – Fazlagic, Paunovic, Holcer, Damjanovic – Pavlovic, Acimovic, Trivic – Petkovic, Musemic, Dzajic.
Tore: Domenghini (Dzajic) – Zuschauer: 80 000 – SR: Dienst (Schweiz).

Endspiel-Wiederholung am 10. Juni 1968 in Rom: Italien – Jugoslawien 2:0 (2:0)
Italien: Zoff – Burgnich, Guarneri, Rosato, Facchetti – De Sisti, Mazzola, Salvadore – Domenghini, Anastasi, Riva.
Tore: Riva, Anastasi – Zuschauer: 55 000 – SR: De Mendibil (Spanien).

1970/72: Deutschland (Trainer: Schön)

Gruppe 1: Rumänien. Rumänien – Tschechoslowakei 2:1, 0:1; Rumänien – Wales 2:0, 0:0; Rumänien – Finnland 3:0, 4:0; Tschechoslowakei – Wales 1:0, 3:1; Tschechoslowakei – Finnland 1:1, 4:0; Wales – Finnland 3:0, 1:0.
Gruppe 2: Ungarn. Ungarn – Bulgarien 2:0, 0:3; Ungarn – Frankreich 1:1, 2:0; Ungarn – Norwegen 4:0, 3:1; Bulgarien – Frankreich 2:1, 1:2; Bulgarien – Norwegen 1:1, 4:1; Frankreich – Norwegen 3:1, 3:1.
Gruppe 3: England. England – Schweiz 1:1, 3:2; England – Griechenland 3:0, 2:0; England – Malta 5:0, 1:0; Schweiz – Griechenland 1:0, 1:0; Schweiz – Malta 5:0, 2:1; Griechenland – Malta 2:0, 1:1.
Gruppe 4: Sowjetunion. Sowjetunion – Spanien 2:1, 0:0; Sowjetunion – Nordirland 1:0, 1:1; Sowjetunion – Zypern 6:1, 3:1; Spanien – Nordirland 3:0, 1:1; Spanien – Zypern 7:0, 2:0; Nordirland – Zypern 5:0, 3:0.
Gruppe 5: Belgien. Belgien – Portugal 3:0, 1:1; Belgien – Schottland 3:0, 0:1; Belgien – Dänemark 2:0, 2:1; Portugal – Schottland 2:0, 1:2; Portugal – Dänemark 5:0, 1:0; Schottland – Dänemark 1:0, 0:1.
Gruppe 6: Italien. Italien – Österreich 2:2, 2:1; Italien – Schweden 3:0, 0:0; Italien – Irland 3:0, 2:1; Österreich – Schweden 1:0, 0:1; Österreich – Irland 6:0, 4:1; Schweden – Irland 1:0, 1:1.
Gruppe 7: Jugoslawien. Jugoslawien – Niederlande 2:0, 1:1; Jugoslawien – DDR 0:0, 2:1; Jugoslawien – Luxemburg 0:0, 2:0; Niederlande – DDR 3:2, 0:1; Niederlande – Luxemburg 6:0, 8:0; DDR – Luxemburg 2:1, 5:0.
Gruppe 8: Deutschland. Deutschland – Polen 0:0, 3:1; Deutschland – Türkei 1:1, 3:0; Deutschland – Albanien 2:0, 1:0; Polen – Türkei 5:1, 0:1; Polen – Albanien 3:0, 1:1; Türkei – Albanien 2:1, 0:3.
Viertelfinale: England – Deutschland 1:3, 0:0; Italien – Belgien 0:0, 1:2; Jugoslawien – Sowjetunion 0:0, 0:3; Ungarn – Rumänien 1:1, 2:2, 2:1 (in Belgrad).

Endrunde vom 14. bis 18. Juni 1972 in Belgien
Halbfinale: Sowjetunion – Ungarn 1:0 (Brüssel); Belgien – Deutschland 1:2 (Antwerpen).
Spiel um den dritten Platz: Belgien – Ungarn 2:1 (Lüttich).

Endspiel am 18. Juni 1972 in Brüssel: Deutschland – Sowjetunion 3:0 (1:0)
Deutschland: Maier – Höttges, Schwarzenbeck, Beckenbauer, Breitner – Hoeneß, Netzer, Wimmer – Heynckes, G. Müller, E. Kremers.
Tore: G. Müller 2, Wimmer – Zuschauer: 40 000 – SR: Marschall (Österreich).

1974/76: Tschechoslowakei (Trainer: Jezek)

Gruppe 1: Tschechoslowakei. Tschechoslowakei – England 2:1, 0:3; Tschechoslowakei – Portugal 5:0, 1:1; Tschechoslowakei – Zypern 4:0, 3:0; England – Portugal 0:0, 1:1; England – Zypern 5:0, 1:0; Portugal – Zypern 1:0, 2:0.
Gruppe 2: Wales. Wales – Ungarn 2:0, 2:1; Wales – Österreich 1:0, 1:2; Wales – Luxemburg 5:0, 3:1; Ungarn – Österreich 2:1, 0:0; Ungarn – Luxemburg 8:1, 4:2; Österreich – Luxemburg 6:2, 2:1.
Gruppe 3: Jugoslawien. Jugoslawien – Nordirland 1:0, 0:1; Jugoslawien – Schweden 3:0, 2:1; Jugoslawien – Norwegen 3:1, 3:1; Nordirland – Schweden 1:2, 2:0; Nordirland – Norwegen 3:0, 1:2; Schweden – Norwegen 3:1, 2:0.
Gruppe 4: Spanien. Spanien – Rumänien 1:1, 2:2; Spanien – Schottland 1:1, 2:1; Spanien – Dänemark 2:0, 2:1; Rumänien – Schottland 1:1, 1:1; Rumänien – Dänemark 6:1, 0:0; Schottland – Dänemark 3:1, 1:0.
Gruppe 5: Niederlande. Niederlande – Polen 3:0, 1:4; Niederlande – Italien 3:1, 0:1; Niederlande – Finnland 4:1, 3:1; Polen – Italien 0:0, 0:0; Polen – Finnland 3:0, 2:1; Italien – Finnland 0:0, 1:0.
Gruppe 6: Sowjetunion. Sowjetunion – Irland 2:1, 0:3; Sowjetunion – Türkei 3:0, 0:1; Sowjetunion – Schweiz 4:1, 1:0; Irland – Türkei 4:0, 1:1; Irland – Schweiz 2:1, 0:1; Türkei – Schweiz 2:1, 1:1.
Gruppe 7: Belgien. Belgien – DDR 1:2, 0:0; Belgien – Frankreich 2:1, 0:0; Belgien – Island 1:0, 2:0; DDR – Frankreich 2:1, 2:2; DDR – Island 1:1, 1:2; Frankreich – Island 3:0, 0:0.
Gruppe 8: Deutschland. Deutschland – Griechenland 1:1, 2:2; Deutschland – Bulgarien 1:0, 1:1; Deutschland – Malta 8:0, 1:0; Griechenland – Bulgarien 2:1, 3:3; Griechenland – Malta 4:0, 0:2; Bulgarien – Malta 5:0, 2:0.
Viertelfinale: Spanien – Deutschland 1:1, 0:2; Niederlande – Belgien 5:0, 2:1; Jugoslawien – Wales 2:0, 1:1; Tschechoslowakei – Sowjetunion 2:0, 2:2.

Endrunde vom 16. bis 20. Juni 1976 in Jugoslawien
Halbfinale: Tschechoslowakei – Niederlande n. V. 3:1 (Zagreb); Jugoslawien – Deutschland n. V. 2:4 (Belgrad)
Spiel um den dritten Platz: Niederlande – Jugoslawien n. V. 3:2 (Zagreb).

Endspiel am 20. Juni 1976 in Belgrad: Tschechoslowakei – Deutschland n. V. 2:2 (2:2, 2:1), Elfm. 5:3
Tschechoslowakei: Viktor – Pivarnik, Ondrus, Capkovic, Gögh – Dobias (Vesely), Panenka, Modr – Masny, Svehlik (Jurkemik), Nehoda.
Deutschland: Maier – Vogts, Beckenbauer, Schwarzenbeck, Dietz – Wimmer (Flohe), Bonhof, Beer (Bongartz) – Hoeneß, D. Müller, Hölzenbein.
Tore: Svehlik, Dobias (D. Müller, Hölzenbein) – Elfmeterschießen: 1:0 Masny, 1:1 Bonhof, 2:1 Nehoda, 2:2 Flohe, 3:2 Ondrus, 3:3 Bongartz, 4:3 Jurkemik, Hoeneß verschossen, 5:3 Panenka – Zuschauer: 35 000 – SR: Gonella (Italien).

1978/80: Deutschland (Trainer: Derwall)

Gruppe 1: England. England – Nordirland 4:0, 5:1; England – Irland 2:0, 1:1; England – Bulgarien 2:0, 3:0; England – Dänemark 1:0, 4:3; Nordirland – Irland 1:0, 0:0; Nordirland – Bulgarien 2:0, 2:0; Nordirland – Dänemark 2:1, 0:4; Irland – Bulgarien 3:0, 0:1; Irland – Dänemark 2:0, 3:3; Bulgarien – Dänemark 3:0, 2:2.
Gruppe 2: Belgien. Belgien – Österreich 1:1, 0:0; Belgien – Portugal 2:0, 1:1; Belgien – Schottland 2:0, 3:1; Belgien – Norwegen 1:1, 2:1; Österreich – Portugal 1:2, 2:1; Österreich – Schottland 3:2, 1:1; Österreich – Norwegen 4:0, 2:0; Portugal – Schottland 1:0, 1:4; Portugal – Norwegen 3:1, 1:0; Schottland – Norwegen 3:2, 4:0.
Gruppe 3: Spanien. Spanien – Jugoslawien 0:1, 2:1; Spanien – Rumänien 1:0, 2:2; Spanien – Zypern 5:0, 3:1; Jugoslawien – Rumänien 2:1, 2:3; Jugoslawien – Zypern 5:0, 3:0; Rumänien – Zypern 2:0, 1:1.
Gruppe 4: Niederlande. Niederlande – Polen 1:1, 0:2; Niederlande – DDR 3:0, 3:2; Niederlande – Schweiz 3:0, 3:1; Niederlande – Island 3:0, 4:0; Polen – DDR 1:1, 1:2; Polen –Schweiz 2:0, 2:0; Polen – Island 2:0, 2:0; DDR – Schweiz 5:2, 5:0; DDR – Island 3:1, 3:0; Schweiz – Island 2:0, 2:1.
Gruppe 5: Tschechoslowakei. Tschechoslowakei – Frankreich 2:0, 1:2; Tschechoslowakei – Schweden 4:1, 3:1; Tschechoslowakei – Luxemburg 4:0, 3:0; Frankreich – Schweden 2:2, 3:1; Schweden – Luxemburg 3:0, 1:1; Frankreich – Luxemburg 3:0, 3:1.
Gruppe 6: Griechenland. Griechenland – Ungarn 4:1, 0:0; Griechenland – Finnland 8:1, 0:3; Griechenland – Sowjetunion 1:0, 0:2; Ungarn – Finnland 3:1, 1:2; Ungarn – Sowjetunion 2:0, 2:2; Finnland – UdSSR 1:1, 2:2.
Gruppe 7: Deutschland. Deutschland – Türkei 2:0, 0:0; Deutschland – Wales 5:1, 2:0; Deutschland – Malta 8:0, 0:0; Türkei – Wales 1:0, 0:1; Türkei – Malta 2:1, 2:1; Wales – Malta 7:0, 2:0.
Italien als Veranstalter automatisch qualifiziert.

Endrunde vom 11. bis 22. Juni 1980 in Italien
Gruppe 1: Deutschland. Deutschland – Tschechoslowakei 1:0 (Rom), Griechenland – Niederlande 0:1 (Neapel), Deutschland – Niederlande 3:2 (Neapel), Tschechoslowakei – Griechenland 3:1 (Rom), Deutschland – Griechenland 0:0 (Turin), Tschechoslowakei – Niederlande 1:1 (Mailand).
Gruppe 2: Belgien. Belgien – England 1:1 (Turin), Spanien – Italien 0:0 (Mailand), Spanien – Belgien 1:2 (Mailand), Italien – England 1:0 (Turin), Spanien – England 1:2 (Neapel), Italien – Belgien 0:0 (Rom).
Spiel um den dritten Platz: Tschechoslowakei – Italien n. V. 1:1, Elfmeterschießen 9:8.

Endspiel am 22. Juni 1980 in Rom: Deutschland – Belgien 2:1 (1:0)
Deutschland: Schumacher – Kaltz, Stielike, Kh. Förster, Dietz – Schuster, Briegel (Cullmann), H. Müller – Rummenigge, Hrubesch, Kl. Allofs.
Tore: Hrubesch 2 (Vandereycken) – Zuschauer: 47 800 – SR: Rainea (Rumänien).

1982/84: Frankreich (Trainer: Hidalgo)

Gruppe 1: Belgien. Belgien – Schweiz 3:0, 1:3; Belgien – DDR 2:1, 2:1; Belgien – Schottland 3:2, 1:1; Schweiz – DDR 0:0, 0:3; Schweiz – Schottland 2:0, 2:2; DDR – Schottland 2:1, 0:2.
Gruppe 2: Portugal. Portugal – Sowjetunion 1:0, 0:5; Portugal – Polen 2:1, 1:0; Portugal – Finnland 5:0, 2:0; Sowjetunion – Finnland 2:0, 1:0; Sowjetunion – Polen 2:0, 1:1; Polen – Finnland 1:1, 3:2.
Gruppe 3: Dänemark. Dänemark – England 2:2, 1:0; Dänemark – Griechenland 1:0, 2:0; Dänemark – Ungarn 3:1, 0:1; Dänemark – Luxemburg 6:0, 2:1; England – Griechenland 0:0, 3:0; England – Ungarn 2:0, 3:0; England – Luxemburg 9:0, 4:0; Griechenland – Ungarn 2:2, 3:2; Griechenland – Luxemburg 1:0, 2:0 ; Ungarn – Luxemburg 6:2, 6:2.
Gruppe 4: Jugoslawien. Jugoslawien – Wales 4:4, 1:1; Jugoslawien – Bulgarien 3:2, 1:0; Jugoslawien – Norwegen 2:1, 1:3; Wales – Bulgarien 1:0, 0:1; Wales – Norwegen 1:0, 0:0; Bulgarien – Norwegen 2:2, 2:1.
Gruppe 5: Rumänien. Rumänien – Schweden 2:0, 1:0; Rumänien – Tschechoslowakei 0:1, 1:1; Rumänien – Italien 1:0, 0:0; Rumänien – Zypern 3:1, 1:0; Schweden – Tschechoslowakei 1:0, 2:2; Schweden – Italien 2:0, 3:0; Schweden – Zypern 5:0, 1:0; Tschechoslowakei – Italien 2:0, 2:2; Tschechoslowakei – Zypern 6:0, 1:1; Italien – Zypern 3:1, 1:1.
Gruppe 6: Deutschland. Deutschland – Nordirland 0:1, 0:1; Deutschland – Österreich 3:0, 0:0; Deutschland – Türkei 5:1, 3:0; Deutschland – Albanien 2:1, 2:1; Nordirland – Österreich 3:1, 0:2; Nordirland – Türkei 2:1, 0:1; Nordirland – Albanien 1:0, 0:0; Österreich – Türkei 4:0, 1:3; Österreich – Albanien 5:0, 2:1; Türkei – Albanien 1:0, 1:1.
Gruppe 7: Spanien. Spanien – Niederlande 1:0, 1:2; Spanien – Irland 2:0, 3:3; Spanien – Island 1:0, 1:0; Spanien – Malta 12:1, 3:2; Niederlande – Irland 2:1, 3:2; Niederlande – Island 3:0, 1:1; Niederlande – Malta 5:0, 6:0; Irland – Island 2:0, 3:0; Irland – Malta 8:0, 1:0; Island – Malta 1:0, 1:2.
Frankreich als Veranstalter automatisch qualifiziert.

Endrunde vom 12. bis 27. Juni 1984 in Frankreich
Gruppe 1: Frankreich und Dänemark. Frankreich – Dänemark 1:0 (Paris); Belgien – Jugoslawien 2:0 (Lens); Frankreich – Belgien 5:0 (Nantes), Dänemark – Jugoslawien 5:0 (Lyon), Frankreich – Jugoslawien 3:2 (St. Etienne), Dänemark – Belgien 3:2 (Straßburg).
Gruppe 2: Spanien und Portugal. Deutschland – Portugal 0:0 (Straßburg), Rumänien – Spanien 1:1 (St. Etienne), Deutschland – Rumänien 2:1 (Lens), Portugal – Spanien 1:1 (Marseille), Deutschland – Spanien 0:1 (Paris), Portugal – Rumänien 1:0 (Nantes).
Halbfinale: Frankreich – Portugal n. V. 3:2 (Marseille), Spanien – Dänemark n. V. 1:1, Elfmeterschießen 5:4 (Lyon).

Endspiel am 27. Juni 1984 in Paris: Frankreich – Spanien 2:0 (0:0)
Frankreich: Bats – Battiston (Amoros), Bossis, Le Roux, Domergue – Tigana, Giresse, Platini, Fernandez – Lacombe (Ghengini), Bellone.
Tore: Platini, Bellone – Zuschauer: 47 368 – SR: Christov (Tschechoslowakei).

1986/88: Niederlande (Trainer: Michels)

Gruppe 1: Spanien. Spanien – Rumänien 1:0, 1:3; Spanien – Österreich 2:0, 3:2; Spanien – Albanien 5:0, 2:1; Rumänien – Österreich 4:0, 0:0; Rumänien – Albanien 5:1, 1:0; Österreich – Albanien 3:0, 1:0.
Gruppe 2: Italien. Italien – Schweden 2:1, 0:1; Italien – Portugal 3:0, 1:0; Italien – Schweiz 3:2, 0:0; Italien – Malta 5:0, 2:0; Schweden – Portugal 0:1, 1:1; Schweden – Schweiz 2:0, 1:1; Schweden – Malta 1:0, 5:0; Portugal – Schweiz 0:0, 1:1; Portugal – Malta 2:2, 1:0; Schweiz – Malta 4:1, 1:1; .
Gruppe 3: Sowjetunion. Sowjetunion – DDR 2:0, 1:1; Sowjetunion – Frankreich 1:1, 2:0; Sowjetunion – Island 2:0, 1:1; Sowjetunion – Norwegen 4:0, 1:0; DDR – Frankreich 0:0, 1:0; DDR – Island 2:0, 6:0;

DDR – Norwegen 3:1, 0:0; Frankreich – Island 2:0, 0:0; Frankreich – Norwegen 1:1, 0:2; Island – Norwegen 2:1, 1:0.
Gruppe 4: England. England – Jugoslawien – 2:0, 4:1; England – Nordirland 2:0, 3:0; England – Türkei 8:0, 0:0; Jugoslawien – Nordirland 3:0, 2:1; Jugoslawien – Türkei 4:0, 3:2; Nordirland – Türkei 1:0, 0:0.
Gruppe 5: Niederlande. Niederlande – Griechenland 1:1, 3:0; Niederlande – Ungarn 2:0, 1:0; Niederlande – Polen 0:0, 2:0; Niederlande – Zypern 4:0 (8:0 wegen Zuschauerausschreitungen annulliert), 2:0; Griechenland – Ungarn 2:1, 0:3; Griechenland – Polen 1:0, 1:2; Griechenland – Zypern 3:1, 4:2; Ungarn – Polen 5:3, 2:3; Ungarn – Zypern 1:0, 1:0; Polen – Zypern 0:0, 1:0.
Gruppe 6: Dänemark. Dänemark – Tschechoslowakei 1:1, 0:0; Dänemark – Wales 1:0, 0:1; Dänemark – Finnland 1:0, 1:0; Tschechoslowakei – Wales 2:0, 1:1; Tschechoslowakei – Finnland 3:0, 0:3; Wales – Finnland 4:0, 1:1.
Gruppe 7: Irland. Irland – Bulgarien 2:0, 1:2; Irland – Belgien 0:0, 2:2; Irland – Schottland 0:0, 1:0; Irland – Luxemburg 2:1, 2:0; Bulgarien – Belgien 2:0, 1:1; Bulgarien – Schottland 0:1, 0:0; Bulgarien – Luxemburg 3:0, 4:1; Belgien – Schottland 4:1, 0:2; Belgien – Luxemburg 3:0, 6:0; Schottland – Luxemburg 3:0, 0:0.
Deutschland als Veranstalter automatisch qualifiziert.

Endrunde vom 10. bis 25. Juni 1988 in Deutschland
Gruppe 1: Deutschland und Italien. Deutschland – Italien 1:1 (Düsseldorf), Dänemark – Spanien 2:3 (Hannover), Deutschland – Dänemark 2:0 (Gelsenkirchen), Italien – Spanien 1:0 (Frankfurt), Deutschland – Spanien 2:0 (München), Italien – Dänemark 2:0 (Köln).
Gruppe 2: Sowjetunion und Niederlande. England – Irland 0:1 (Stuttgart), Niederlande – Sowjetunion 0:1 (Köln), England – Niederlande 1:3 (Düsseldorf), Irland – Sowjetunion 1:1 (Hannover), England – Sowjetunion 1:3 (Frankfurt), Irland – Niederlande 0:1 (Gelsenkirchen).
Halbfinale: Deutschland – Niederlande 1:2, Sowjetunion – Italien 2:0 (Stuttgart).

Endspiel am 25. Juni 1988 in München: Niederlande – Sowjetunion 2:0 (1:0)
Niederlande: Van Breukelen – Van Aerle, R. Koeman, Rijkaard, Van Tiggelen – Wouters, Gullit, A. Mühren, E. Koeman – Vanenburg, Van Basten.
Tore: Gullit, Van Basten – Zuschauer: 77 000 – SR: Vautrot (Frankreich).

1990/92: Dänemark (Trainer: Möller-Nielsen)
Gruppe 1: Frankreich. Frankreich – Tschechoslowakei 2:1, 2:1; Frankreich – Spanien 3:1, 2:1; Frankreich – Island 3:1, 2:1; Frankreich – Albanien 5:0, 1:0; Tschechoslowakei – Spanien 3:2, 1:2; Tschechoslowakei – Island 1:0, 1:0; Tschechoslowakei – Albanien 2:1, 2:0; Spanien – Island 2:1, 0:2; Spanien – Albanien 9:0, Rückspiel nicht ausgetragen; Island – Albanien 2:0, 0:1.
Gruppe 2: Schottland. Schottland – Schweiz 2:1, 2:2; Schottland – Rumänien 2:1, 0:1; Schottland – Bulgarien 1:1, 1:1; Schottland – San Marino 4:0, 2:0; Schweiz – Rumänien 0:0, 0:1; Schweiz – Bulgarien 2:0, 3:2; Schweiz – San Marino 7:0, 4:0; Rumänien – Bulgarien 0:3, 1:1; Rumänien – San Marino 6:0, 3:1; Bulgarien – San Marino – 4:0, 3:0.
Gruppe 3: Sowjetunion *). Sowjetunion – Italien 0:0, 0:0; Sowjetunion – Norwegen 2:0, 1:0; Sowjetunion – Ungarn 2:2, 1:0; Sowjetunion – Zypern 4:0, 3:0; Italien – Norwegen 1:1, 1:2; Italien – Ungarn 3:1, 1:1; Italien – Zypern 2:0, 4:0; Norwegen – Ungarn 0:0, 0:0; Norwegen – Zypern 3:0, 3:0; Ungarn – Zypern 4:2, 2:0 – *) = Nach der Auflösung der Sowjetunion Ende 1991 trat die Mannschaft bei der Endrunde unter der Bezeichnung „GUS" (Gemeinschaft Unabhängiger Staaten) an.
Gruppe 4: Jugoslawien *). Jugoslawien – Dänemark 1:2, 2:0; Jugoslawien – Nordirland 4:1, 2:0; Jugoslawien – Österreich 4:1, 2:0; Jugoslawien – Färöer 7:0, 2:0; Dänemark – Nordirland 2:1, 1:1; Dänemark – Österreich 2:1, 3:0; Dänemark – Färöer 4:1, 4:0; Nordirland – Österreich 2:1, 0:0; Nordirland – Färöer 1:1, 5:0; Österreich – Färöer 3:0, 0:1 (Färöer bestritt sämtliche Heimspiele im schwedischen Landskrona) – *) = Wegen des Bosnien-Krieges und der daraufhin verhängten UN-Sanktionen wurde Jugoslawien von der EM ausgeschlossen. Dafür rückte der Gruppenzweite Dänemark nach.
Gruppe 5: Deutschland. Deutschland – Wales 4:1, 0:1; Deutschland – Belgien 1:0, 1:0; Deutschland – Luxemburg 4:0, 3:2; Wales – Belgien 3:1, 1:1; Wales – Luxemburg 1:0, 1:0; Belgien – Luxemburg 3:0, 2:0.
Gruppe 6: Niederlande. Niederlande – Portugal 1:0, 0:1; Niederlande – Griechenland 2:0, 2:0; Niederlande – Finnland 2:0, 1:1; Niederlande – Malta 1:0, 8:0; Portugal – Griechenland 1:0, 2:3; Portugal – Finnland 1:0, 0:0; Portugal – Malta 5:0, 1:0; Griechenland – Finnland 2:0, 1:1; Griechenland – Malta 4:0, 1:1; Finnland – Malta 2:0, 1:1.
Gruppe 7: England. England – Irland 1:1, 1:1; England – Polen 2:0, 1:1; England – Türkei 1:0, 1:0; Irland – Polen 0:0, 3:3; Irland – Türkei 5:0, 3:1; Polen – Türkei 3:0, 1:0.
Schweden als Veranstalter automatisch qualifiziert.

Endrunde vom 10. bis 26. Juni 1992 in Schweden
Gruppe 1: Schweden und Dänemark. Schweden – Frankreich 1:1 (Stockholm), Dänemark – England 0:0 (Malmö), Frankreich – England 0:0 (Malmö), Schweden – Dänemark 1:0 (Stockholm), Schweden – England 2:1 (Stockholm), Frankreich – Dänemark 1:2 (Malmö).
Gruppe 2: Niederlande und Deutschland. GUS – Deutschland 1:1 (Norrköping), Niederlande – Schottland 1:0 (Göteborg), Schottland – Deutschland 0:2 (Norrköping), Niederlande – GUS 0:0 (Göteborg), Niederlande – Deutschland 3:1 (Göteborg), Schottland – GUS 3:0 (Norrköping).
Halbfinale: Schweden – Deutschland 2:3 (Stockholm); Dänemark – Niederlande n. V. 2:2, Elfmeterschießen 5:4.

Endspiel am 26. Juni 1992 in Göteborg: Dänemark – Deutschland 2:0 (1:0)
Dänemark: Schmeichel – Lars Olsen – Piechnik, K. Nielsen – Sivebaek (Christiansen), Vilfort, Jensen, Christoffe, H. Larsen – Povlsen, B. Laudrup.
Deutschland: Illgner – Helmer – Kohler, Buchwald – Reuter, Häßler, Effenberg (Thom), Sammer (Doll), Brehme – Klinsmann, Riedle.
Tore: Jensen, Vilfort – Zuschauer: 37 725 – SR: Galler (Schweiz).

1994/96: Deutschland (Trainer: Vogts)
Gruppe 1: Rumänien und Frankreich. Rumänien – Frankreich 1:3, 0:0; Rumänien – Slowakei 3:2, 2:0; Rumänien – Polen 2:1, 0:0; Rumänien – Israel 2:1, 1:1; Rumänien – Aserbaidschan 3:0, 4:1; Frankreich – Slowakei 4:0, 0:0; Frankreich – Polen 1:1, 0:0; Frankreich – Israel 2:0, 0:0; Frankreich – Aserbaidschan 10:0, 2:0; Slowakei – Polen 4:1, 0:5; Slowakei – Israel 1:0, 2:2; Slowakei – Aserbaidschan 4:1, 1:0; Polen – Israel 4:3, 1:2; Polen – Aserbaidschan 1:0, 0:0; Israel – Aserbaidschan 2:0, 2:0 (Aserbaidschan bestritt sämtliche Heimspiele im türkischen Trabzon).
Gruppe 2: Spanien und Dänemark. Spanien – Dänemark 3:0, 1:1; Spanien – Belgien 1:1, 4:1; Spanien – Mazedonien 3:0, 2:0; Spanien – Zypern 6:0, 2:1; Spanien – Armenien 1:0, 2:0; Dänemark – Belgien 3:1, 3:1; Dänemark – Mazedonien 1:0, 1:1; Dänemark – Zypern 4:0, 1:1; Dänemark – Armenien 3:1, 2:0; Belgien – Mazedonien 1:1, 5:0; Belgien – Zypern 2:0, 1:1; Belgien – Armenien 2:0, 2:0; Mazedonien – Zypern 3:0, 1:1; Mazedonien – Armenien 1:2, 2:2; Zypern – Armenien 2:0, 0:0.
Gruppe 3: Schweiz und Türkei. Schweiz – Türkei 1:2, 2:1; Schweiz – Schweden 4:2, 0:0; Schweiz – Ungarn 3:0, 2:2; Schweiz – Island 1:0, 2:0; Türkei – Schweden 2:1, 2:2; Türkei – Ungarn 2:0, 2:2; Türkei – Island 5:0, 0:0; Schweden – Ungarn 2:0, 0:1; Schweden – Island 1:1, 1:0; Ungarn – Island 1:0, 1:2.
Gruppe 4: Kroatien und Italien. Kroatien – Italien 1:1, 2:1; Kroatien – Litauen 2:0, 0:0; Kroatien – Ukraine 4:0, 0:1; Kroatien – Slowenien 2:0, 2:1; Kroatien – Estland 7:1, 2:0; Italien – Litauen 4:0, 1:0; Italien – Ukraine 3:1, 2:0; Italien – Slowenien 1:0, 1:1; Italien – Estland 4:1, 2:0; Litauen – Ukraine 1:3, 2:0; Litauen – Slowenien 2:1, 2:1; Litauen – Estland 5:0, 1:0; Ukraine – Slowenien 0:0, 2:3; Ukraine – Estland 3:0, 1:0; Slowenien – Estland 3:0, 3:1.
Gruppe 5: Tschechien und Niederlande. Tschechien – Niederlande 3:1, 0:0; Tschechien – Norwegen 2:0, 1:1; Tschechien – Weißrussland 4:2, 2:0; Tschechien – Luxemburg 3:0, 0:1; Tschechien – Malta 6:1, 0:0; Niederlande – Norwegen 3:0, 1:1; Niederlande – Weißrussland 1:0, 0:1; Niederlande – Luxemburg 5:0, 4:0; Niederlande – Malta 4:0, 4:0; Norwegen – Weißrussland 1:0, 4:0; Norwegen – Luxemburg 5:0, 2:0; Norwegen – Malta 2:0, 1:0; Weißrussland – Luxemburg 2:0, 0:0; Weißrussland – Malta 1:1, 2:0; Luxemburg – Malta 1:0, 1:0.
Gruppe 6: Portugal. Portugal – Irland 3:0, 0:1; Portugal – Nordirland 1:1, 2:1; Portugal – Österreich 1:0, 1:1; Portugal – Lettland 3:2, 3:1; Portugal – Liechtenstein 8:0, 7:0; Irland – Nordirland 1:1, 4:0; Irland – Österreich 1:3, 1:3; Irland – Lettland 2:1, 3:0; Irland – Liechtenstein 4:0, 0:0; Nordirland – Österreich 5:3, 2:1; Nordirland – Lettland 1:2, 1:0; Nordirland – Liechtenstein 4:1, 4:0; Österreich – Lettland 5:0, 2:3; Österreich – Liechtenstein 7:0, 4:0; Lettland – Liechtenstein 1:0, 1:0.
Gruppe 7: Deutschland und Bulgarien. Deutschland – Bulgarien 3:1, 2:3; Deutschland – Georgien 4:1, 2:0; Deutschland – Moldawien 6:1, 3:0; Deutschland – Wales 1:1, 2:1; Deutschland – Albanien 2:1, 2:1; Bulgarien – Georgien 2:0, 1:2; Bulgarien – Moldawien 4:1, 3:0; Bulgarien – Wales 3:1, 3:0; Bulgarien – Albanien 3:0, 1:1; Georgien – Moldawien 0:1, 2:3; Georgien – Wales 5:0, 1:0; Georgien – Albanien 2:0, 1:0; Moldawien – Wales 3:2, 0:1; Moldawien – Albanien 2:3, 0:3; Wales – Albanien 2:0, 1:1.
Gruppe 8: Russland und Schottland. Russland – Schottland 0:0, 1:1; Russland – Griechenland 2:1, 3:0; Russland – Finnland 3:1, 6:0; Russland – Färöer 3:0, 5:2; Russland – San Marino 4:0, 7:0; Schottland – Griechenland 1:0, 0:1; Schottland – Finnland 1:0, 2:0; Schottland – Färöer 5:1, 2:0; Schottland – San Marino 5:0, 2:0; Griechenland – Finnland 4:0, 1:2; Griechenland – Färöer 5:0, 5:1; Griechenland – San Marino 2:0, 4:0; Finnland – Färöer 5:0, 4:0; Finnland – San Marino 4:1, 2:0; Färöer – San Marino 3:0, 3:1.
Entscheidungsspiel der schlechtesten Gruppenzweiten: Niederlande – Irland 2:0 (in Liverpool).
England als Veranstalter automatisch qualifiziert.

Endrunde vom 8. bis 30. Juni 1996 in England
Gruppe A: England und Niederlande. England – Schweiz 1:1 (London), Niederlande – Schottland 0:0 (Birmingham), Schweiz – Niederlande 0:2 (Birmingham), Schottland – England 0:2 (London), Schottland – Schweiz 1:0 (Birmingham), Niederlande – England 1:4 (London).
Gruppe B: Frankreich und Spanien. Spanien – Bulgarien 1:1 (Leeds), Rumänien – Frankreich 0:1 (Newcastle), Bulgarien – Rumänien 1:0 (Newcastle), Frankreich – Spanien 1:1 (Leeds), Frankreich – Bulgarien 3:1 (Newcastle), Rumänien – Spanien 1:2 (Leeds).
Gruppe C: Deutschland und Tschechien. Italien – Russland 2:1 (Liverpool), Deutschland – Tschechien 2:0 (Manchester), Tschechien – Italien 2:1 (Liverpool), Russland – Deutschland 0:3 (Manchester), Russland – Tschechien 3:3 (Liverpool), Italien – Deutschland 0:0 (Manchester).
Gruppe D: Portugal und Kroatien. Dänemark – Portugal 1:1 (Sheffield), Türkei – Kroatien 0:1 (Nottingham), Portugal – Türkei 1:0 (Nottingham), Kroatien – Dänemark 3:0 (Sheffield), Kroatien – Portugal 0:3 (Nottingham), Türkei – Dänemark 0:3 (Sheffield).
Viertelfinale: Frankreich – Niederlande n. V. 0:0, Elfmeterschießen 5:4 (Liverpool), Spanien – England n. V. 0:0, Elfmeterschießen 2:4 (London), Deutschland – Kroatien 2:1 (Manchester), Tschechien – Portugal 1:0 (Birmingham).
Halbfinale: Deutschland – England n. V. 1:1, Elfmeterschießen 6:5 (London), Tschechien – Frankreich n. V. 0:0, Elfmeterschießen 6:5 (Manchester).

Endspiel am 30. Juni 1996 in London: Deutschland – Tschechien i. V. („Golden Goal") 2:1 (1:1, 0:0)
Deutschland: Köpke – Sammer – Strunz, Babbel, Helmer, Ziege – Eilts (Bode), Scholl (Bierhoff), Häßler – Klinsmann, Kuntz.
Tore: Bierhoff 2 (Berger) – Zuschauer: 76 000 – SR: Pairetto (Italien).

1998/2000: Frankreich (Trainer: Lemerre)

Gruppe 1: Italien und Dänemark. Italien – Dänemark 2:3, 2:1; Italien – Schweiz 2:0, 0:0; Italien – Wales 4:0, 2:0; Italien – Weißrussland 1:1, 0:0; Dänemark – Schweiz 2:1, 1:1; Dänemark – Wales 1:2, 2:0 (in Liverpool); Dänemark – Weißrussland 1:0, 0:0; Schweiz – Wales 2:0, 2:0; Schweiz – Weißrussland 2:0, 1:0; Wales – Weißrussland 3:2, 2:1.
Gruppe 2: Norwegen und Slowenien. Norwegen – Slowenien 4:0, 2:1; Norwegen – Griechenland 1:0, 1:0; Norwegen – Lettland 1:3, 2:1; Norwegen – Albanien 2:2, 2:1; Norwegen – Georgien 1:0, 4:1; Slowenien – Griechenland 0:3, 2:2; Slowenien – Lettland 1:0, 2:1; Slowenien – Albanien 2:0, 0:0; Slowenien – Georgien 2:1, 1:1; Griechenland – Lettland 1:2, 0:0; Griechenland – Albanien 2:0, 0:0; Griechenland – Georgien 3:0, 2:1; Lettland – Albanien 0:0, 3:3; Lettland – Georgien 1:0, 2:2; Albanien – Georgien 2:1, 0:1.
Gruppe 3: Deutschland und Türkei. Deutschland – Türkei 0:0, 0:1; Deutschland – Finnland 2:0, 2:1; Deutschland – Nordirland 4:0, 3:0; Deutschland – Moldawien 6:1, 3:1; Türkei – Finnland 1:3, 4:2; Türkei – Nordirland 3:0, 3:0; Türkei – Moldawien 2:0, 1:1; Finnland – Nordirland 4:1, 0:1; Finnland – Moldawien 3:2, 0:0; Nordirland – Moldawien 2:2, 0:0.
Gruppe 4: Frankreich. Frankreich – Ukraine 0:0, 0:0; Frankreich – Russland 2:3, 3:2; Frankreich – Island 3:2, 1:1; Frankreich – Armenien 2:0, 3:2; Frankreich – Andorra 2:0, 1:0 (in Barcelona); Ukraine – Russland 3:2, 1:1; Ukraine – Island 1:1, 1:0; Ukraine – Armenien 2:0, 0:0; Ukraine – Andorra 4:0, 2:0; Russland – Island 1:0, 0:1; Russland – Armenien 2:0, 3:0; Russland – Andorra 6:1, 2:1; Island – Armenien 2:0, 0:0; Island – Andorra 3:0, 2:0; Armenien – Andorra 3:1, 3:0.
Gruppe 5: Schweden und England. Schweden – England 2:1, 0:0; Schweden – Polen 2:0, 1:0; Schweden – Bulgarien 1:0, 1:0; Schweden – Luxemburg 2:0, 1:0; England – Polen 3:1, 0:0; England – Bulgarien 0:0, 1:1; England – Luxemburg 6:0, 3:0; Polen – Bulgarien 2:0, 3:0; Polen – Luxemburg 3:0, 3:2; Bulgarien – Luxemburg 3:0, 2:0.
Gruppe 6: Spanien. Spanien – Israel 3:0, 2:1; Spanien – Österreich 9:0, 3:1; Spanien – Zypern 8:0, 2:3; Spanien – San Marino 9:0, 6:0; Israel – Österreich 5:0, 1:1; Israel – Zypern 3:0, 2:3; Israel – San Marino 8:0, 5:0; Österreich – Zypern 3:1, 3:0; Österreich – San Marino 7:0, 4:1; Zypern – San Marino 4:0, 1:0.
Gruppe 7: Rumänien und Portugal. Rumänien – Portugal 1:1, 1:0; Rumänien – Slowakei 0:0, 5:1; Rumänien – Ungarn 2:0, 1:1; Rumänien – Aserbaidschan 4:0, 1:0; Rumänien – Liechtenstein 7:0, 3:0; Portugal – Slowakei 1:0, 3:0; Portugal – Ungarn 3:0, 3:1; Portugal – Aserbaidschan 7:0, 1:1; Portugal – Liechtenstein 8:0, 5:0; Slowakei – Ungarn 0:0, 1:0; Slowakei – Aserbaidschan 3:0, 1:0; Slowakei – Liechtenstein 2:0, 0:0; Ungarn – Aserbaidschan 3:0, 4:0; Ungarn – Liechtenstein 5:0, 0:0; Aserbaidschan – Liechtenstein 4:0, 1:2.
Gruppe 8: Jugoslawien. Jugoslawien – Irland 1:0, 1:2; Jugoslawien – Kroatien 0:0, 2:2; Jugoslawien – Mazedonien 3:1, 4:2; Jugoslawien – Malta 4:1 (in Saloniki), 3:0; Irland – Kroatien 2:0, 0:1; Irland – Mazedonien 1:0, 1:1; Irland – Malta 5:0, 3:2; Kroatien – Mazedonien 3:2, 1:1; Kroatien – Malta 2:1, 4:1; Mazedonien – Malta 4:0, 2:1.

Gruppe 9: Tschechien. Tschechien – Schottland 3:2, 2:1; Tschechien – Bosnien-Herzegowina 3:0, 3:1; Tschechien – Litauen 2:0, 4:0; Tschechien – Estland 4:1, 2:0; Tschechien – Färöer 2:0, 1:0; Schottland – Bosnien-Herzegowina 1:0, 2:1; Schottland – Litauen 3:0, 0:0; Schottland – Estland 3:2, 0:0; Schottland – Färöer 2:1, 1:1; Bosnien-Herzegowina – Litauen 2:0, 2:4; Bosnien-Herzegowina – Estland 1:1, 4:1; Bosnien-Herzegowina – Färöer 1:0, 2:2; Litauen – Estland 1:2, 2:1; Litauen – Färöer 0:0, 1:0; Estland – Färöer 5:0, 2:0.
Entscheidungsspiele der Gruppenzweiten: Irland – Türkei 1:1, 0:0; Israel – Dänemark 0:5, 0:3; Schottland – England 0:2, 1:0; Slowenien – Ukraine 2:1, 1:1, Portugal als bester Gruppenzweiter direkt qualifiziert.
Niederlande und **Belgien** als Veranstalter automatisch qualifiziert.

Endrunde vom 10. Juni bis 2. Juli 2000 in den Niederlanden und Belgien
Gruppe A: Portugal und Rumänien. Deutschland – Rumänien 1:1 (Lüttich), Portugal – England 3:2 (Eindhoven), Rumänien – Portugal 0:1 (Arnheim), England – Deutschland 1:0 (Charleroi), Portugal – Deutschland 3:0 (Rotterdam), England – Rumänien 2:3 (Charleroi).
Gruppe B: Italien und Türkei. Belgien – Schweden 2:1 (Brüssel), Türkei – Italien 1:2 (Arnheim), Italien – Belgien 2:0 (Brüssel), Schweden – Türkei 0:0 (Eindhoven), Türkei – Belgien 2:0 (Brüssel), Italien – Schweden 2:1 (Eindhoven).
Gruppe C: Spanien und Jugoslawien. Spanien – Norwegen 0:1 (Rotterdam), Jugoslawien – Slowenien 3:3 (Charleroi), Slowenien – Spanien 1:2 (Amsterdam), Norwegen – Jugoslawien 0:1 (Lüttich), Slowenien – Norwegen 0:0 (Arnheim), Jugoslawien – Spanien 3:4 (Brügge).
Gruppe D: Niederlande und Frankreich. Frankreich – Dänemark 3:0 (Brügge), Niederlande – Tschechien 1:0 (Amsterdam), Tschechien – Frankreich 1:2 (Brügge), Dänemark – Niederlande 0:3 (Rotterdam), Dänemark – Tschechien 0:2 (Lüttich), Frankreich – Niederlande 2:3 (Amsterdam).
Viertelfinale: Türkei – Portugal 0:2 (Amsterdam), Italien – Rumänien 2:0 (Brüssel); Niederlande – Jugoslawien 6:1 (Rotterdam), Spanien – Frankreich 1:2 (Brügge).
Halbfinale: Frankreich – Portugal i. V. 2:1 (Brüssel); Italien – Niederlande n. V. 0:0, Elfmeterschießen 3:1 (Amsterdam).

Endspiel am 2. Juli 2000 in Rotterdam: Frankreich – Italien i. V. („Golden Goal") 2:1 (1:1, 0:0)
Frankreich: Barthez – Thuram, Blanc, Desailly, Lizarazu (Pires) – Vieira, Deschamps – Djorkaeff (Trezeguet), Zidane, Dugarry (Wiltord) – Henry.
Tore: Wiltord, Trezeguet (Delvecchio) – Zuschauer: 48 200 – SR: Frisk (Schweden).

2002/04: Griechenland (Trainer: Rehhagel)
Gruppe 1: Frankreich. Frankreich – Slowenien 5:0, 2:0; Frankreich – Israel 3:0, 2:1 (in Palermo); Frankreich – Zypern 5:0, 2:1; Frankreich – Malta 6:0, 4:0; Slowenien – Israel 3:1, 0:0 (in Antalya); Slowenien – Zypern 4:1, 2:2; Slowenien – Malta 3:0, 3:1; Israel – Zypern 2:0 (in Palermo), 1:1; Israel – Malta 2:2 (in Antalya), 2:0; Zypern – Malta 2:1, 2:1.
Gruppe 2: Dänemark. Dänemark – Norwegen 1:0, 2:2; Dänemark – Rumänien 2:2, 5:2; Dänemark – Bosnien-Herzegowina 0:2, 1:1; Dänemark – Luxemburg 2:0, 2:0; Norwegen – Rumänien 1:1, 1:0; Norwegen – Bosnien-Herzegowina 2:0, 0:1; Norwegen – Luxemburg 1:0, 2:0; Rumänien – Bosnien-Herzegowina 2:0, 3:0; Rumänien – Luxemburg 4:0, 7:0; Bosnien-Herzegowina – Luxemburg 2:0, 1:0.
Gruppe 3: Tschechien und Niederlande. Tschechien – Niederlande 3:1, 1:1; Tschechien – Österreich 4:0, 3:2; Tschechien – Moldawien 5:0, 2:0; Tschechien – Weißrussland 2:0, 3:1; Niederlande – Österreich 3:1, 3:0; Niederlande – Moldawien 5:0, 2:1; Niederlande – Weißrussland 3:0, 2:0; Österreich – Moldawien 2:0, 0:1; Österreich – Weißrussland 5:0, 2:0, Moldawien – Weißrussland 2:1, 1:2.
Gruppe 4: Schweden und Lettland. Schweden – Lettland 0:1, 0:0; Schweden – Polen 3:0, 2:0; Schweden – Ungarn 1:1, 2:1; Schweden – San Marino 5:0, 6:0; Lettland – Polen 0:2, 1:0; Lettland – Ungarn 3:1, 1:3; Lettland – San Marino 3:0, 1:0; Polen – Ungarn 0:0, 2:1; Polen – San Marino 2:0, 5:0; Ungarn – San Marino 3:0, 5:0.
Gruppe 5: Deutschland. Deutschland – Schottland 2:1, 1:1; Deutschland – Island 3:0, 0:0; Deutschland – Litauen 1:1, 2:0; Deutschland – Färöer 2:1, 2:0; Schottland – Island 2:1, 2:0; Schottland – Litauen 1:0, 0:1; Schottland – Färöer 3:1, 2:2; Island – Litauen 3:0, 3:0; Island – Färöer 2:1, 2:1; Litauen – Färöer 2:0, 3:1.
Gruppe 6: Griechenland und Spanien. Griechenland – Spanien 0:2, 1:0; Griechenland – Ukraine 1:0, 0:2; Griechenland – Armenien 2:0, 1:0; Griechenland – Nordirland 1:0, 0:0; Spanien – Ukraine 2:1, 2:2; Spanien – Armenien 3:0, 4:0; Spanien – Nordirland 3:0, 0:0; Ukraine – Armenien 4:3, 2:2; Ukraine – Nordirland 0:0, 0:0; Armenien – Nordirland 1:0, 1:0.

Gruppe 7: England. England – Türkei 2:0, 0:0; England – Slowakei 2:1, 2.1; England – Mazedonien 2:2, 2.1; England – Liechtenstein 2:0, 2:0; Türkei – Slowakei 3:0, 1:0; Türkei – Mazedonien 3:2, 2.1; Türkei – Liechtenstein 5:0, 3:0; Slowakei – Mazedonien 1:1, 2:0; Slowakei – Liechtenstein 4:0, 2:0; Mazedonien – Liechtenstein 3:1, 1:1.
Gruppe 8: Bulgarien und Kroatien. Bulgarien – Kroatien 2:0, 0:1; Bulgarien – Belgien 2.2, 2:0; Bulgarien – Estland 2:0, 0:0, Bulgarien – Andorra 2.1, 3:0; Kroatien – Belgien 4:0, 1:2; Kroatien – Estland 0:0, 1:0; Kroatien – Andorra 2:0, 3:0; Belgien – Estland 2:0, 1:0; Belgien – Andorra 3:0, 1:0; Estland – Andorra 2:0, 2:0.
Gruppe 9: Italien. Italien – Wales 4:0, 1:2; Italien – Serbien und Montenegro (bis Februar 2003 Jugoslawien) 1:1, 1:1; Italien – Finnland 2:0, 2:0; Italien – Aserbaidschan 4:0, 2:0; Wales – Serbien und Montenegro 2:3, 0:1; Wales – Finnland 1.1, 2:0; Wales – Aserbaidschan 4:0, 2:0; Serbien und Montenegro – Finnland 2:0, 0:3; Serbien und Montenegro – Aserbaidschan 2.2, 1.2; Finnland – Aserbaidschan 3:0, 2:1.
Gruppe 10: Schweiz und Russland. Schweiz – Russland 2:2, 1:4; Schweiz – Irland 2:0, 2:1; Schweiz – Albanien 3:2, 1:1; Schweiz – Georgien 4:1, 0:0; Russland – Irland 4:2, 1:1; Russland – Albanien 4:1, 1:3; Russland – Georgien 3:1, 0:1; Irland – Albanien 2;1, 0:0; Irland – Georgien 2:0, 2:1; Albanien – Georgien 3:1, 0:3.
Entscheidungsspiele der Gruppenzweiten: Lettland – Türkei 1:0, 2:2; Schottland – Niederlande 1:0, 0:6; Kroatien – Slowenien 1:1, 1:0; Russland – Wales 0:0, 1:0; Spanien – Norwegen 2.1, 3:0.

Portugal als Veranstalter automatisch qualifiziert.

Endrunde vom 12. Juni bis 4. Juli 2004 in Portugal
Gruppe A: Portugal und Griechenland. Portugal – Griechenland 1:2 (Porto); Spanien – Russland 1:0 (Faro/Loulé); Griechenland – Spanien 1:1 (Porto); Russland – Portugal 0:2 (Lissabon); Spanien – Portugal 0:1 (Lissabon); Russland – Griechenland 2:1 (Faro/Loulé).
Gruppe B: Frankreich und England. Schweiz – Kroatien 0:0 (Leiria); Frankreich – England 2:1 (Lissabon); England – Schweiz 3:0 (Coimbra); Kroatien – Frankreich 2:2 (Leiria); Schweiz – Frankreich 1:3 (Coimbra); Kroatien – England 2:4 (Lissabon).
Gruppe C: Schweden und Dänemark. Dänemark – Italien 0:0 (Guimarães); Schweden – Bulgarien 5:0 (Lissabon); Bulgarien – Dänemark 0:2 (Braga); Italien – Schweden 1:1 (Porto); Italien – Bulgarien 2:1 (Guimarães); Dänemark – Schweden 2:2 (Porto).
Gruppe D: Tschechien und Niederlande. Tschechien – Lettland 2:1 (Aveiro); Deutschland – Niederlande 1:1 (Porto); Lettland – Deutschland 0:0 (Porto); Niederlande – Tschechien 2:3 (Aveiro); Niederlande – Lettland 3:0 (Braga); Deutschland – Tschechien 1:2 (Lissabon).
Viertelfinale: Portugal – England n. V. 2:2, Elfmeterschießen 6:5 (Lissabon); Frankreich – Griechenland 0:1 (Lissabon); Schweden – Niederlande n. V. 0:0, Elfmeterschießen 4:5 (Faro/Loulé); Tschechien – Dänemark 3:0 (Porto).
Halbfinale : Portugal – Niederlande 2:1 (Lissabon); Griechenland – Tschechien i. V. 1:0 (Porto).

Endspiel am 4. Juli 2004 in Lissabon: Griechenland – Portugal 1:0 (0:0)
Griechenland: Nikopolidis – Dellas – Seitaridis, Kapsis, Fyssas – Katsouranis – Zagorakis, Basinas – Charisteas, Giannakopulos (Venetidis) – Vryzas (Papadopoulos).
Tor: Charisteas – Zuschauer: 62 865 – SR: Dr. Merk (Deutschland).

2006/08: Spanien (Trainer: Aragones)
Gruppe A: Polen und Portugal. Polen – Portugal 2:1, 2 :2; Polen – Serbien 1:1, 2.2; Polen – Finnland 1:3, 0:0; Polen – Belgien 2:0, 1:0; Polen – Kasachstan 3:1, 1:0; Polen – Armenien 1:0, 0:1; Polen – Aserbaidschan 5:0, 3:1; Portugal – Serbien 1:1, 1:1; Portugal – Finnland 0:0, 1:1; Portugal – Belgien 4:0, 2:1; Portugal – Kasachstan 3:0, 2:1; Portugal – Armenien 1:0, 1:1; Portugal – Aserbaidschan 3:0, 2:0; Serbien – Finnland 0:0, 2:0; Serbien – Belgien 0: 2:3; Serbien – Kasachstan 1:0, 1:2; Serbien – Armenien 3:0, 0:0; Serbien – Aserbaidschan 1:0, 6:1; Finnland – Belgien 2:0, 0:0; Finnland – Kasachstan 2:1, 2:0; Finnland – Armenien 1:0, 0:0; Finnland – Aserbaidschan 2:1, 0:1; Belgien – Kasachstan 0:0, 2:2; Belgien – Armenien 3:0, 1:0; Belgien – Aserbaidschan 3:0, 1:0; Kasachstan – Armenien 1:2, 0:1; Kasachstan – Aserbaidschan 1:1, 1:1; die Spiele zwischen Armenien und Aserbaidschan wurden aus politischen Gründen nicht ausgetragen.
Gruppe B: Italien und Frankreich. Italien – Frankreich 0:0, 1:3; Italien – Schottland 2:0, 2:1; Italien – Ukraine 2:0, 2:1; Italien – Litauen 1:1, 2:0; Italien – Georgien 2:0, 3:1; Italien – Färöer 3:1, 2:1; Frankreich – Schottland 0:1, 0:1; Frankreich – Ukraine 2:0, 2:2; Frankreich – Litauen 2:0, 1:0; Frankreich – Georgien 1:0, 3:0; Frankreich – Färöer 5:0, 6:0; Schottland – Ukraine 3:1, 0:2; Schottland – Litauen

3:1, 2:1; Schottland – Georgien 2:1, 0:2; Schottland – Färöer 6:0, 2:0; Ukraine – Georgien 3:2, 1:1; Ukraine – Litauen 1:0, 0:2; Ukraine – Färöer 5:0, 2:0; Litauen – Georgien 1:0, 2:0; Litauen – Färöer 2:1, 1:0; Georgien – Färöer 3:1, 6:0.
Gruppe C: Griechenland und Türkei. Griechenland – Türkei 1:4, 1:0; Griechenland – Norwegen 1:0, 2:2; Griechenland – Bosnien-Herzegowina 3:2, 4:0; Griechenland – Moldawien 2:1, 1:0; Griechenland – Ungarn 2:0, 2:1; Griechenland – Malta 5:0, 1:0; Türkei – Norwegen 2:2 (in Frankfurt), 2:1; Türkei – Bosnien-Herzegowina 1:0, 2:3; Türkei – Moldawien 5:0 (in Frankfurt), 1:1; Türkei – Ungarn 3:0, 1:0; Türkei – Malta 2:0, 2:2; Norwegen – Bosnien-Herzegowina 1:2, 2:0; Norwegen – Moldawien 2:0, 1:0; Norwegen – Ungarn 4:0, 4:1; Norwegen – Malta 4:0, 4:1; Bosnien-Herzegowina – Moldawien 0:1, 2:2; Bosnien-Herzegowina – Ungarn 1:3, 0:1; Bosnien-Herzegowina – Malta 1:0, 5:2; Moldawien – Ungarn 3:0, 0:2; Moldawien – Malta 1:1, 3:2; Ungarn – Malta 2:0, 1:2.
Gruppe D: Tschechien und Deutschland. Tschechien – Deutschland 1:2, 3:0; Tschechien – Irland 1:0, 1:1; Tschechien – Slowakei 3:1, 3:0; Tschechien – Wales 2:1, 0:0; Tschechien – Zypern 1:0, 2:0; Tschechien – San Marino 7:0, 3:0; Deutschland – Irland 1:0, 0:0; Deutschland – Slowakei 2:1, 4:1; Deutschland – Wales 0:0, 2:0; Deutschland – Zypern 4:0, 1:1; Deutschland – San Marino 6:0, 13:0; Irland – Slowakei 1:0, 2:2; Irland – Wales 1:0, 2:2; Irland – Zypern 1:1, 2:5; Irland – San Marino 5:0, 2:1; Slowakei – Wales 2:5, 5:1; Slowakei – Zypern 6:1, 3:1; Slowakei – San Marino 7:0, 5:0; Wales – Zypern 3:1, 1:3; Wales – San Marino 3:0, 2:1; Zypern – San Marino 3:0, 1:0.
Gruppe E: Kroatien und Russland. Kroatien – Russland 0:0, 0:0; Kroatien – England 2:0, 3:2; Kroatien – Israel 1:0, 4:3; Kroatien – Mazedonien 2:1, 0:2; Kroatien – Estland 2:0, 1:0; Kroatien – Andorra 7:0, 6:0; Russland – England 2:1, 0:3; Russland – Israel 1:1, 1:2; Russland – Mazedonien 3:0, 2:0; Russland – Estland 2:0, 2:0; Russland – Andorra 4:0, 1:0; England – Israel 3:0, 0:0; England – Mazedonien 0:0, 1:0; England – Estland 3:0, 3:0; England – Andorra 5:0, 3:0 (in Barcelona); Israel – Mazedonien 1:0, 2:1; Israel – Estland 4:0, 1:0; Israel – Andorra 4:1 (in Nimwegen), 2:0; Mazedonien – Estland 1:1, 1:0; Mazedonien – Andorra 3:0, 3:0; Estland – Andorra 2:1, 2:0.
Gruppe F: Spanien und Schweden. Spanien – Schweden 3:0, 0:2; Spanien – Nordirland 1:0, 2:3; Spanien – Dänemark 2:1, 3:1; Spanien – Lettland 2:0, 2:0; Spanien – Island 1:0, 1:1; Spanien – Liechtenstein 4:0, 2:0; Schweden – Nordirland 1:1, 1:2; Schweden – Dänemark 0:0, 3:0 (Wertung, nachdem das Spiel beim Stand von 3:3 wegen eines tätlichen Angriffs eines Zuschauer auf der Schiedsrichter in der 89. Minute abgebrochen wurde); Schweden – Lettland 2:1, 1:0; Schweden – Island 5:0, 2:1; Schweden – Liechtenstein 3:1, 3:0; Nordirland – Dänemark 2:1, 0:0; Nordirland – Lettland 1:0, 0:1; Nordirland – Island 0:3, 1:2; Nordirland – Liechtenstein 3:1, 4:1; Dänemark – Lettland 3:1, 2:0; Dänemark – Island 3:0, 2:0; Dänemark – Liechtenstein 4:0, 4:0; Lettland – Island 4:0, 4:2; Lettland – Liechtenstein 4:1, 0:1; Island – Liechtenstein 1:1, 0:3.
Gruppe G: Rumänien und Niederlande. Rumänien – Niederlande 1:0, 0:0; Rumänien – Bulgarien 2:2, 0:1; Rumänien – Weißrussland 3:1, 3:1; Rumänien – Albanien 6:1, 2:0; Rumänien – Slowenien 2:0, 2:1; Rumänien – Luxemburg 3:0, 2:0; Niederlande – Bulgarien 2:0, 1:1; Niederlande – Weißrussland 3:0, 1:2; Niederlande – Albanien 2:1, 1:0; Niederlande – Slowenien 2:0, 1:0; Niederlande – Luxemburg 1:0, 1:0; Bulgarien – Weißrussland 2:1, 2:0; Bulgarien – Albanien 0:0, 1:1; Bulgarien – Slowenien 3:0, 2:0; Bulgarien – Luxemburg 3:0, 1:0; Weißrussland – Albanien 2:2, 4:2; Weißrussland – Slowenien 4:2, 0:1; Weißrussland – Luxemburg 0:1, 2:1; Albanien – Slowenien 0:0, 0:0; Albanien – Luxemburg 2:0, 3:0; Slowenien – Luxemburg 2:0, 3:0.
Österreich und die **Schweiz** als Veranstalter automatisch qualifiziert.

Endrunde vom 7. bis 29. Juni 2008 in Österreich und der Schweiz
Gruppe A: Portugal und Türkei. Schweiz – Tschechien 0:1 (Basel); Portugal – Türkei 2:0 (Genf); Tschechien – Portugal 1:3 (Genf); Schweiz – Türkei 1:2 (Basel); Schweiz – Portugal 2:0 (Basel); Türkei – Tschechien 3:2 (Genf).
Gruppe B: Kroatien und Deutschland. Österreich – Kroatien 0:1 (Wien); Deutschland – Polen 2:0 (Klagenfurt); Kroatien – Deutschland 2:1 (Klagenfurt); Österreich – Polen 1:1 (Wien); Österreich – Deutschland 0:1 (Wien); Polen – Kroatien 0:1 (Klagenfurt).
Gruppe C: Niederlande und Italien. Rumänien – Frankreich 0:0 (Zürich); Niederlande – Italien 3:0 (Bern); Italien – Rumänien 1:1 (Zürich); Niederlande – Frankreich 4:1 (Bern); Frankreich – Italien 0:2 (Zürich); Niederlande – Rumänien 2:0 (Bern).
Gruppe D: Spanien und Russland. Spanien – Russland 4:1 (Innsbruck); Griechenland – Schweden 0:2 (Salzburg); Schweden – Spanien 1:2 (Innsbruck); Griechenland – Russland 0:1 (Salzburg); Griechenland – Spanien 1:2 (Salzburg); Russland – Schweden 2:0 (Innsbruck).

Viertelfinale: Portugal – Deutschland 2:3 (Basel); Kroatien – Türkei n. V. 1:1, Elfmeterschießen 1:3 (Wien); Niederlande – Russland n. V. 1:3 (Basel); Spanien – Italien n. V. 0:0, Elfmeterschießen 4:2 (Wien).

Halbfinale: Deutschland – Türkei 3:2 (Basel); Russland – Spanien 0:3 (Wien).
Endspiel am 29. Juni 2008 in Wien: Spanien – Deutschland 1:0 (1:0)
Spanien: Casillas – Sergio Ramos, Puyol, Marchena, Capdevila – Marcos Senna – Silva (Santi Cazorla), Xavi, Iniesta – Fabregas (Xabi Alonso) – Fernando Torres (Guiza).
Deutschland: Lehmann – A. Friedrich, Mertesacker, Metzelder, Lahm (Jansen) – Frings, Hitzlsperger (Kuranyi) – Schweinsteiger, Ballack, Podolski – Klose (Gomez).
Tor: Fernando Torres – Zuschauer: 51 428 – SR: Rosetti (Italien).

2010/12: Spanien (Trainer: del Bosque)
Gruppe A: Deutschland. Deutschland – Türkei 3:0, 3:1; Deutschland – Belgien 3:1, 1:0; Deutschland – Österreich 6:2, 2:1; Deutschland – Aserbaidschan 6:1, 3:1; Deutschland – Kasachstan 4:0, 3:0; Türkei – Belgien 3:2, 1:1; Türkei – Österreich 2:0, 0:0; Türkei – Aserbaidschan 1:0, 0:1; Türkei – Kasachstan 2:1, 3:0; Belgien – Österreich 4:4, 2:0; Belgien – Aserbaidschan 4:1, 1:1; Belgien – Kasachstan 4:1, 2:0; Österreich – Aserbaidschan 3:0, 4:1; Österreich – Kasachstan 2:0, 0:0; Aserbaidschan – Kasachstan 3:2, 1:2.
Gruppe B: Russland und Irland. Russland – Irland 0:0, 3:2; Russland – Armenien 3:1, 0:0; Russland – Slowakei 0:1, 1:0; Russland – Mazedonien 1:0, 1:0; Russland – Andorra 6:0, 2:0; Irland – Armenien 2:1, 1:0; Irland – Slowakei 0:0, 1:1; Irland – Mazedonien 2:1, 2:0; Irland – Andorra 3:1, 2:0; Armenien – Slowakei 3:1, 4:0; Armenien – Mazedonien 4:1, 2:2; Armenien – Andorra 4:0, 3:0; Slowakei – Mazedonien 1:0, 1:1; Slowakei – Andorra 1:0, 1:0; Mazedonien – Andorra 1:0, 2:0.
Gruppe C: Italien. Italien – Estland 3:0, 2:1; Italien – Serbien 3:0 (Wertung. Das Spiel war nach Ausschreitungen serbischer Fans beim Stand von 0:0 nach 7 Minuten abgebrochen worden), 1:1; Italien – Slowenien 1:0, 1:0; Italien – Nordirland 3:0, 0:0; Italien – Färöer 5:0, 1:0; Estland – Serbien 1:1, 3:1; Estland – Slowenien 0:1, 2:1; Estland – Nordirland 4:1, 2:1; Estland – Färöer 2:1, 0:2; Serbien – Slowenien 1:1, 0:1; Serbien – Nordirland 2:1, 1:0; Serbien – Färöer 3:1, 3:0; Slowenien – Nordirland 0:1, 0:0; Slowenien – Färöer 5:1, 2:0; Nordirland – Färöer 4:0, 1:1.
Gruppe D: Frankreich. Frankreich – Bosnien-Herzegowina 1:1, 2:0; Frankreich – Rumänien 2:0, 0:0; Frankreich – Weißrussland 0:1, 1:1; Frankreich – Albanien 3:0, 2:1; Frankreich – Luxemburg 2:0, 2:0; Bosnien-Herzegowina – Rumänien 2:1, 0:3; Bosnien-Herzegowina – Weißrussland 1:0, 2:0; Bosnien-Herzegowina – Albanien 2:0, 1:1; Bosnien-Herzegowina – Luxemburg 5:0, 3:0; Rumänien – Weißrussland 2:2, 0:0; Rumänien – Albanien 1:1, 1:1; Rumänien – Luxemburg 3:1, 2:0; Weißrussland – Albanien 2:0, 0:1; Weißrussland – Luxemburg 2:0, 0:0; Albanien – Luxemburg 1:0, 1:2.
Gruppe E: Niederlande und Schweden. Niederlande – Schweden 4:1, 2:3; Niederlande – Ungarn 5:3, 4:0; Niederlande – Finnland 2:1, 2:0; Niederlande – Moldawien 1:0, 1:0; Niederlande – San Marino 11:0, 5:0; Schweden – Ungarn 2:0, 1:2; Schweden – Finnland 5:0, 2:1; Schweden – Moldawien 2:1, 4:1; Schweden – San Marino 6:0, 5:0; Ungarn – Finnland 0:0, 2:1; Ungarn – Moldawien 2:1, 2:0; Ungarn – San Marino 8:0, 3:0; Finnland – Moldawien 4:1, 0:2; Finnland – San Marino 8:0, 1:0; Moldawien – San Marino 4:0, 2:0.
Gruppe F: Griechenland und Kroatien. Griechenland – Kroatien 2:0, 0:0; Griechenland – Israel 2:1, 1:0; Griechenland – Lettland 1:0, 1:1; Griechenland – Georgien 1:1, 2:1; Griechenland – Malta 3:1, 1:0; Kroatien – Israel 3:1, 2:1; Kroatien – Lettland 2:0, 3:0; Kroatien – Georgien 2:1, 0:1; Kroatien – Malta 3:0, 3:1; Israel – Lettland 2:1, 2:1; Israel – Georgien 1:0, 0:0; Israel – Malta 3:1, 2:0; Lettland – Georgien 1:1, 1:0; Lettland – Malta 2:0, 2:0; Georgien – Malta 1:0, 1:1.
Gruppe G: England. England – Montenegro 0:0, 2:2; England – Schweiz 2:2, 3:1; England – Wales 1:0, 2:0; England – Bulgarien 4:0, 3:0; Montenegro – Schweiz 1:0, 0:2; Montenegro – Wales 1:0, 1:2; Montenegro – Bulgarien 1:1, 1:0; Schweiz – Wales 4:1, 0:2; Schweiz – Bulgarien 3:1, 0:0; Wales – Bulgarien 0:1, 1:0.
Gruppe H: Dänemark und Portugal. Dänemark – Portugal 2:1, 1:3; Dänemark – Norwegen 2:0, 1:1; Dänemark – Island 1:0, 2:0; Dänemark – Zypern 2:0, 4:1; Portugal – Norwegen 1:0, 0:1; Portugal – Island 5:3, 3:1; Portugal – Zypern 4:4, 4:0; Norwegen – Island 1:0, 2:1; Norwegen – Zypern 3:1, 2:1; Island – Zypern 1:0, 0:0.
Gruppe I: Spanien und Tschechien. Spanien – Tschechien 2:1, 2:0; Spanien – Schottland 3:1, 3:2; Spanien – Litauen 3:1, 3:1; Spanien – Liechtenstein 6:0, 4:0; Tschechien – Schottland 1:0, 0:2; Tschechien – Litauen 0:1, 4:1; Tschechien – Liechtenstein 2:0, 2:0; Schottland – Litauen 1:0, 0:0; Schottland – Liechtenstein 2:1, 1:0; Litauen – Liechtenstein 0:0, 0:2.
Play-offs der Gruppenzweiten: Schweden als bester Gruppenzweiter direkt für die Endrunde qualifiziert. Bosnien-Herzegowina – Portugal 0:0, 2:6; Türkei – Kroatien 0:3, 0:0; Tschechien – Montenegro 2:0, 1:0; Estland – Irland 0:4, 1:1.

Endrunde vom 8. Juni bis 1. Juli 2012 in Polen und der Ukraine
Gruppe A: Tschechien und Griechenland. Polen – Griechenland 1:1 (Warschau); Russland – Tschechien 4:1 (Wroclaw); Griechenland – Tschechien 1:2 (Wroclaw); Polen – Russland 1:1 (Warschau); Tschechien – Polen 1:0 (Wroclaw); Griechenland – Russland 1:0 (Warschau).
Gruppe B: Deutschland und Portugal. Niederlande – Dänemark 0:1 (Charkiw); Deutschland – Portugal 1:0 (Lwiw); Dänemark – Portugal 2:3 (Lwiw); Niederlande – Deutschland 1:2 (Charkiw); Portugal – Niederlande 2:1 (Charkiw); Dänemark – Deutschland 1:2 (Lwiw).
Gruppe C: Spanien und Italien. Spanien – Italien 1:1 (Gdansk); Irland – Kroatien 1:3 (Poznan); Italien – Kroatien 1:1 (Poznan); Spanien – Irland 4:0 (Gdansk); Kroatien – Spanien 0:1 (Gdansk); Italien – Irland 2:0 (Poznan).
Gruppe D: England und Frankreich. Frankreich – England 1:1 (Donezk); Ukraine – Schweden 2:1 (Kiew); Ukraine – Frankreich 0:2 (Donezk); Schweden – England 2:3 (Kiew); England – Ukraine 1:0 (Donezk); Schweden – Frankreich 2:0 (Kiew).

Viertelfinale: Tschechien – Portugal 0:1 (Warschau); Deutschland – Griechenland 4:2 (Gdansk); Spanien – Frankreich 2:0 (Donezk); England – Italien n. V. 0:0, Elfmeterschießen 2:4 (Kiew).
Halbfinale: Portugal – Spanien n. V. 0:0, Elfmeterschießen 2:4 (Donezk); Deutschland – Italien 1:2 (Warschau).

Endspiel am 1. Juli 2012 in Kiew: Spanien – Italien 4:0 (2:0)
Spanien: Casillas – Arbeloa, Piqué, Sergio Ramos, Jordi Alba – Xavi, Busquets, Xabi Alonso – Silva (Pedro), Fabregas (Fernando Torres), Iniesta (Mata).
Tore: Silva, Jordi Alba, Fernando Torres, Mata – Zuschauer: 63 170 – SR: Proenca (Portugal).

2014/16: Portugal (Trainer: Fernando Santos)
Gruppe A: Tschechien, Island und Türkei. Tschechien – Island 2:1, 1:2; Tschechien – Türkei 0:2, 2:1; Tschechien – Niederlande 2:1, 3:2; Tschechien – Kasachstan 2:1, 4:2; Tschechien – Lettland 1:1, 2:1; Island – Türkei 3:0, 0:1; Island – Niederlande 2:0, 1:0; Island – Kasachstan 0:0, 3:0; Island – Lettland 2:2, 3:0; Türkei – Niederlande 3:0, 1:1; Türkei – Kasachstan 3:1, 1:0; Türkei – Lettland 1:1, 1:1; Niederlande – Kasachstan 3:1, 2:1; Niederlande – Lettland 6:0, 2:0; Kasachstan – Lettland 0:0, 1:0.
Gruppe B: Belgien und Wales. Belgien – Wales 0:0, 0:1; Belgien – Bosnien-Herzegowina 3:1, 1:1; Belgien – Israel 3:1, 1:0; Belgien – Zypern 5:0, 1:0; Belgien – Andorra 6:0, 4:1; Wales – Bosnien-Herzegowina 0:0, 0:2; Wales – Israel 0:0, 3:0; Wales – Zypern 2:1, 1:0; Wales – Andorra 2:0, 2:1; Bosnien-Herzegowina – Israel 3:1, 0:3; Bosnien-Herzegowina – Zypern 1:2, 3:2; Bosnien-Herzegowina – Andorra 3:0, 3:0; Israel – Zypern 1:2, 2:1; Israel – Andorra 4:0, 4:1; Zypern – Andorra 5:0, 3:1.
Gruppe C: Spanien, Slowakei und Ukraine. Spanien – Slowakei 2:0, 1:2; Spanien – Ukraine 1:0, 1:0; Spanien – Weißrussland 3:0, 1:0; Spanien – Luxemburg 4:0, 4:0; Spanien – Mazedonien 5:1, 1:0; Slowakei – Ukraine 0:0, 1:0; Slowakei – Weißrussland 0:1, 3:1; Slowakei – Luxemburg 3:0, 4:2; Slowakei – Mazedonien 2:1, 2:0; Ukraine – Weißrussland 3:1, 2:0; Ukraine – Luxemburg 3:0, 3:0; Ukraine – Mazedonien 1:0, 2:0; Weißrussland – Luxemburg 2:0, 1:1; Weißrussland – Mazedonien 0:0, 2:1; Luxemburg – Mazedonien 1:0, 2:3.
Gruppe D: Deutschland, Polen und Irland. Deutschland – Polen 3:1, 0:2; Deutschland – Irland 1:1, 0:1; Deutschland – Schottland 2:1, 3:2; Deutschland – Georgien 2:1, 2:0; Deutschland – Gibraltar 4:0, 7:0; Polen – Irland 2:1, 1:1; Polen – Schottland 2:2, 2:2; Polen – Georgien 4:0, 4:0; Polen – Gibraltar 8:1, 7:0; Irland – Schottland 1:1, 0:1; Irland – Georgien 2:1, 1:1; Irland – Gibraltar 7:0, 4:0; Schottland – Georgien 1:0, 0:1; Schottland – Gibraltar 6:1, 6:0; Georgien – Gibraltar 4:0, 3:0. Gibraltar trug alle Heimspiele im portugiesischen Faro aus.
Gruppe E: England und Schweiz. England – Schweiz 2:0, 2:0; England – Slowenien 3:1, 3:2; England – Estland 2:0, 1:0; England – Litauen 4:0, 3:0; England – San Marino 5:0, 6:0; Schweiz – Slowenien 3:2, 0:1; Schweiz – Estland 3:0, 1:0; Schweiz – Litauen 4:0, 2:1; Schweiz – San Marino 7:0, 4:0; Slowenien – Estland 1:0, 0:1; Slowenien – Litauen 1:1, 2:0; Slowenien – San Marino 6:0, 2:0; Estland – Litauen 1:0, 0:1; Estland – San Marino 2:0, 0:0; Litauen – San Marino 2:1, 2:0.
Gruppe F: Nordirland, Rumänien und Ungarn. Nordirland – Rumänien 0:0, 0:2; Nordirland – Ungarn 1:1, 2:1; Nordirland – Finnland 2:1, 1:1; Nordirland – Färöer 2:0, 3:1; Nordirland – Griechenland 3:1, 2:0; Rumänien – Ungarn 1:1, 0:0; Rumänien – Finnland 1:1, 2:0; Rumänien – Färöer 1:0, 3:0; Rumänien – Griechenland 0:0, 1:0; Ungarn – Finnland 1:0, 1:0; Ungarn – Färöer 2:1, 1:0; Ungarn – Griechenland 0:0, 3:4; Finnland – Färöer 1:0, 3:1; Finnland – Griechenland 1:1, 1:0; Färöer – Griechenland 2:1, 1:0.

Gruppe G: Österreich, Russland und Schweden. Österreich – Russland 1:0, 1:0; Österreich – Schweden 1:1, 4:1; Österreich – Montenegro 1:0, 3:2; Österreich – Liechtenstein 3:0, 5:0; Österreich – Moldawien 1:0, 2:1; Russland – Schweden 1:0, 1:1; Russland – Montenegro 2:0, 0:0 abgebrochen (Wertung 3:0); Russland – Liechtenstein 4:0, 7:0; Russland – Moldawien 1:1, 2:1; Schweden – Montenegro 3:1, 1:1; Schweden – Liechtenstein 2:0, 2:0; Schweden – Moldawien 2:0, 2:0; Montenegro – Liechtenstein 2:0, 0:0; Montenegro – Moldawien 2:0, 2:0; Liechtenstein – Moldawien 1:1, 1:0.
Gruppe H: Italien und Kroatien. Italien – Kroatien 1:1, 1:1 (Kroatien wurde der Punkt abgezogen.); Italien – Norwegen 2:1, 2:0; Italien – Bulgarien 1:0, 2:2; Italien – Aserbaidschan 2:1, 3:1; Italien – Malta 1:0, 1:0; Kroatien – Norwegen 5:1, 0:2; Kroatien – Bulgarien 3:0, 1:0; Kroatien – Aserbaidschan 6:0, 0:0; Kroatien – Malta 2:0, 1:0; Norwegen – Bulgarien 2:1, 1:0; Norwegen – Aserbaidschan 0:0, 1:0; Norwegen – Malta 2:0, 3:0; Bulgarien – Aserbaidschan 2:0, 2:1; Bulgarien – Malta 1:1, 1:0; Aserbaidschan – Malta 2:0, 2:2.
Gruppe I: Portugal und Albanien. Portugal – Albanien 0:1, 1:0; Portugal – Dänemark 1:0, 1:0; Portugal – Serbien 2:1, 2:1; Portugal – Armenien 1:0, 3:2; Albanien – Dänemark 1:1, 0:0; Albanien – Serbien 0:2, 0:0 abgebrochen (Wertung 3:0, Serbien wurden außerdem drei Punkte abgezogen.); Albanien – Armenien 2:1, 3:0; Dänemark – Serbien 2:0, 3:1; Dänemark – Armenien 2:1, 0:0; Serbien – Armenien 2:0, 1:1.

Play-offs der Gruppendritten: Türkei als bester Gruppendritter direkt für die Endrunde qualifiziert. Norwegen – Ungarn 0:1, 1:2; Bosnien-Herzegowina – Irland 1:1, 0:2; Ukraine – Slowenien 2:0, 1:1; Schweden – Dänemark 2:1, 2:2.

Endrunde vom 10. Juni bis 10. Juli 2016 in Frankreich
Gruppe A: Frankreich und Schweiz. Frankreich – Rumänien 2:1 (Paris Saint-Denis); Albanien – Schweiz 0:1 (Lens); Rumänien – Schweiz 1:1 (Paris Prinzenpark); Frankreich – Albanien 2:0 (Marseille); Schweiz – Frankreich 0:0 (Lille); Rumänien – Albanien 0:1 (Lyon).
Gruppe B: Wales, England und Slowakei. Wales – Slowakei 2:1 (Bordeaux); England – Russland 1:1 (Marseille); Russland – Slowakei 1:2 (Lille); England – Wales 2:1 (Lens); Slowakei – England 0:0 (Saint-Etienne); Russland – Wales 0:3 (Toulouse).
Gruppe C: Deutschland, Polen und Nordirland. Polen – Nordirland 1:0 (Nizza); Deutschland – Ukraine 2:0 (Lille); Ukraine – Nordirland 0:2 (Lyon); Deutschland – Polen 0:0 (Paris Saint-Denis); Ukraine – Polen 0:1 (Marseille); Nordirland – Deutschland 0:1 (Paris Prinzenpark).
Gruppe D: Kroatien und Spanien. Türkei – Kroatien 0:1 (Paris Prinzenpark); Spanien – Tschechien 1:0 (Toulouse); Tschechien – Kroatien 2:2 (Saint-Etienne); Spanien – Türkei 3:0 (Nizza); Kroatien – Spanien 2:1 (Bordeaux); Tschechien – Türkei 0:2 (Lens).
Gruppe E: Italien, Schweden und Irland. Irland – Schweden 1:1 (Paris Saint-Denis); Belgien – Italien 0:2 (Lyon); Italien – Schweden 1:0 (Toulouse); Belgien – Irland 3:0 (Bordeaux); Italien – Irland 0:1 (Lille); Schweden – Belgien 0:1 (Nizza).
Gruppe F: Ungarn, Island und Portugal. Österreich – Ungarn 0:2 (Bordeaux); Portugal – Island 1:1 (Saint-Etienne); Island – Ungarn 1:1 (Marseille); Portugal – Österreich 0:0 (Paris Prinzenpark); Ungarn – Portugal 3:3 (Lyon); Island – Österreich 2:1 (Paris Saint-Denis).

Achtelfinale: Schweiz – Polen n. V. 1:1, Elfmeterschießen 4:5 (Saint-Etienne); Wales – Nordirland 1:0 (Paris Prinzenpark); Kroatien – Portugal n. V. 0:1 (Lens); Frankreich – Irland 2:1 (Lyon); Deutschland – Slowakei 3:0 (Lille); Ungarn – Belgien 0:4 (Toulouse); Italien – Spanien 2:0 (Paris Saint-Denis); England – Island 1:2 (Nizza).
Viertelfinale: Polen – Portugal n. V. 1:1, Elfmeterschießen 3:5 (Marseille); Wales – Belgien 3:1 (Lille); Deutschland – Italien n. V. 1:1, Elfmeterschießen 6:5 (Bordeaux); Frankreich – Island 5:2 (Paris Saint-Denis).
Halbfinale: Portugal – Wales 2:0 (Lyon); Deutschland – Frankreich 0:2 (Marseille).

Endspiel am 10. Juli 2016 in Paris Saint-Denis: Portugal – Frankreich n. V. 1:0 (0:0, 0:0)
Portugal: Rui Patricio – Cedric, Pepe, José Fonte, Guerreiro – William Carvalho – Renato Sanches (Eder), Adrien Silva (Joao Moutinho), Joao Mario – Nani, Cristiano Ronaldo (Ricardo Quaresma).
Tor: Eder – Zuschauer: 75 868 – SR: Clattenburg (England).

EM-Torschützenkönige (nur Endturniere)

1960	Iwanow, Ponedjelnik (beide UdSSR), Heutte (Frankreich), Jerkovic, Galic (beide Jugoslawien)		je 2
1964	Pereda (Spanien), Novak (Ungarn)		je 2
1968	Dzajic (Jugoslawien)		2
1972	G. Müller (Deutschland)		4
1976	D. Müller (Deutschland)		4
1980	K. Allofs (Deutschland)		3
1984	Platini (Frankreich)		9
1988	Van Basten (Niederlande)		5
1992	Riedle (Deutschland), Brolin (Schweden), Larsen (Dänemark), Bergkamp (Niederlande)		je 3
1996	Shearer (England)		5
2000	Kluivert (Niederlande), Milosevic (Jugoslawien)		je 5
2004	Baros (Tschechien)		5
2008	Villa (Spanien)		4
2012	Fernando Torres (Spanien) (auf Grund weniger gespielter Minuten bei gleicher Anzahl von Vorlagen gegenüber Gomez (Deutschland)		3
2016	Antoine Griezmann (Frankreich)		6

Die deutschen EM-Aufgebote

1972: Maier, Höttges, Beckenbauer, Schwarzenbeck, Breitner, U. Hoeneß, Netzer, Wimmer, Heynckes, G. Müller, E. Kremers, Grabowski. – Nicht eingesetzt: Kleff, Bella, Köppel, Löhr, Bonhof, Vogts.
1976: Maier, Beckenbauer, Schwarzenbeck, U. Hoeneß, Wimmer, Vogts, Bonhof, Dietz, Beer, Danner, Hölzenbein, Flohe, D. Müller, Bongartz. – Nicht eingesetzt: Kargus, Kaltz, Nogly, Worm.
1980: Schumacher, Kaltz, Dietz, Cullmann, Kh. Förster, B. Förster, Briegel, Schuster, H. Müller, Stielike, Magath, Matthäus, Memering, Votava, Rummenigge, Kl. Allofs, Hrubesch, Del'Haye. – Nicht eingesetzt: Junghans, Immel, H. Zimmermann, Bonhof fuhr wegen Verletzung nicht mit.
1984: Schumacher, Briegel, B. Förster, Kh. Förster, Stielike, Brehme, Buchwald, Matthäus, Meier, Rolff, Allofs, Bommer, Littbarski, Rummenigge, Völler. – Nicht eingesetzt: Burdenski, Roleder, Bruns, Strack, Falkenmayer.
1988: Immel, Herget, Kohler, Buchwald, Berthold, Matthäus, Littbarski, Brehme, Borowka, Thon, Klinsmann, Völler, Eckstein, Rolff, Mill, Wuttke, Pflügler. – Nicht eingesetzt: Illgner, Dorfner, Sauer.
1992: Illgner, Binz, Helmer, Reuter, Kohler, Buchwald, Brehme, Frontzeck, Schulz, Häßler, Effenberg, Sammer, Möller, Doll, Klinsmann, Völler, Riedle, Thom. – Nicht eingesetzt: Köpke, Wörns.
1996: Köpke, Babbel, Helmer, Kohler, Reuter, Sammer, Bode, Eilts, Freund, Häßler, Möller, Scholl, Strunz, Ziege, Klinsmann, Kuntz, Bierhoff, Bobic. – Nicht eingesetzt: Basler, Kahn, Reck, Schneider. – Nachnominiert: Todt. – Auf Abruf: Albertz, Bäron, Beinlich, Eigenrauch, Heinrich, Lehmann, Riedle, Wörns, Zickler.
2000: Kahn, Babbel, Linke, Matthäus, Nowotny, Rehmer, Ballack, Deisler, Hamann, Häßler, Jeremies, Scholl, Ziege, Bierhoff, Bode, Jancker, Kirsten, Rink. – Nicht eingesetzt: Butt, Lehmann, Ramelow, Wosz.
2004: Kahn, Baumann, Friedrich, Lahm, Nowotny, Wörns, Ballack, Ernst, Frings, Hamann, Jeremies, Schneider, Schweinsteiger, Bobic, Brdaric, Klose, Kuranyi, Podolski – Nicht eingesetzt: Hildebrand, Lehmann, Hinkel, Ziege, Kehl.
2008: Lehmann, A. Friedrich, Fritz, Jansen, Lahm, Mertesacker, Metzelder, Ballack, Borowski, Frings, Hitzlsperger, Odonkor, Rolfes, Schweinsteiger, Gomez, Klose, Kuranyi, Neuville, Podolski – Nicht eingesetzt: Adler, Enke, Westermann, Trochowski.
2012: Neuer, Badstuber, Boateng, Hummels, Lahm, L. Bender, Götze, Khedira, Kroos, Müller, Özil, Podolski, Reus, Schürrle, Schweinsteiger, Gomez, Klose – Nicht eingesetzt: Wiese, Zieler, Höwedes, Mertesacker, Schmelzer, Gündogan.
2016: Neuer, Boateng, Can, Draxler, Hector, Gomez, Götze, Höwedes, Hummels, Khedira, Kimmich, Kroos, Müller, Mustafi, Özil, Podolski, Sané, Schürrle, Schweinsteiger – Nicht eingesetzt: Leno, ter Stegen, Tah, Weigl.

Junioren-Europameisterschaft U 21/U 23

Die bisherigen Sieger (bis 1976 als „U23"-Wettbewerb):
1972 Tschechoslowakei – 1974 Ungarn – 1976 Sowjetunion – 1978 Jugoslawien – 1980 Sowjetunion – 1982, 1984 England – 1986 Spanien – 1988 Frankreich – 1990 Sowjetunion – 1992, 1994, 1996 Italien – 1998 Spanien – 2000 Italien – 2002 Tschechien – 2004 Italien – 2006, 2007 Niederlande – 2009 Deutschland – 2011, 2013 Spanien – 2015 Schweden.

1970/72: Tschechoslowakei

Qualifikation: Deutschland qualifizierte sich gegen Polen (1:0, 1:1), Albanien (2:0, 2:0) und die Türkei (3:0, 2:0); die DDR scheiterte gegen die Niederlande (3:1, 1:2) und Jugoslawien (0:1, 1:3).
Viertelfinale: Dänemark – Griechenland 2:0, 0:5; Bulgarien – Niederlande 2:2, 0:0, 2:0; Schweden – Tschechoslowakei 0:1, 1:3; Sowjetunion – Deutschland 3:1, 0:0.
Halbfinale: Tschechoslowakei – Griechenland 2:0, 2:1; Sowjetunion – Bulgarien 4:0, 3:3.

1. Endspiel am 22. 6. 1972 in Moskau: Sowjetunion – Tschechoslowakei 2:2 (0:0)
2. Endspiel am 30. 6. 1972 in Ostrau: Tschechoslowakei – Sowjetunion 3:1 (2:0)
Tschechoslowakei: Keketi (Stovcik) – Suchanek, Samek, Dvorak, Koubek, Melichar, Bicovsky, Gajdusek, Masima, Nehoda (Pekarik), Albrecht (Herda).

1972/74: Ungarn

Qualifikation: Deutschland scheiterte gegen Polen (2:3, 0:0) und Dänemark (3:0, 2:0); die DDR qualifizierte sich gegen Rumänien (2:1, 2:1) und Albanien (6:0, 0:1).
Viertelfinale: Ungarn – Holland 3:1, 1:2; DDR – Italien 2:1, 1:0; Polen – Bulgarien 0:0, 2:1; Sowjetunion – Tschechoslowakei 6:0, 1:2.
Halbfinale: Sowjetunion – Ungarn 2:0, n. V. 0:2, Elfmeterschießen 3:4; DDR – Polen 0:0, 2:2.

1. Endspiel am 15. 5. 1974 in Dresden: DDR – Ungarn 3:2 (1:2)
2. Endspiel am 28. 5. 1974 in Budapest: Ungarn – DDR 4:0 (1:0)
Ungarn: Meszaros – Harsany, Török, Horvath, Kantor, Toth (Kunszt), Ede Dunai, Laszlo Nagy, Fekete, Kiss, Becsei (Varadi).
DDR: Boden – Dörner, Kische (Enge, Krebs), Helm (J. Müller), Sekora, Häfner, Terletzki, Moldt (Decker), Riedel, Richter (Kotte), Heidler.

1974/76: Sowjetunion

Qualifikation: Deutschland nahm nicht teil. Die DDR scheiterte gegen Frankreich (1:1, 2:1), und Belgien (1:2, 0:0).
Viertelfinale: Ungarn – England 3:0, 1:3; Niederlande – Schottland 2:0, n. V. 0:2, Elfmeterschießen 4:3; Bulgarien – Jugoslawien 2:3, 1:2; Frankreich – Sowjetunion 2:1, n. V. 1:2, Elfmeterschießen 2:4.
Halbfinale: Ungarn – Jugoslawien 3:2, 1:1; Sowjetunion – Niederlande 3:0, 0:1.

1. Endspiel am 19. 6. 1976 in Budapest: Ungarn – Sowjetunion 1:1 (1:0)
2. Endspiel am 22. 6. 1976 in Moskau: Sowjetunion – Ungarn 2:1 (2:0)
Sowjetunion: Radajew – Kruglow, Swistsow, Gorbunow, Wisokin – An, Adzhem, Minajew – (Schwezow) – Gusajew, Kiplani, Slobodian (Fedorow, Pentrenko).

1976/78: Jugoslawien

Qualifikation: Deutschland nahm nicht teil. Die DDR qualifizierte sich gegen die Türkei (4:0, 1:1) und Österreich (2:1, 6:1).
Viertelfinale: Tschechoslowakei – DDR 3:1, 2:5; Jugoslawien – Ungarn 0:1, 2:0; Dänemark – Bulgarien 4:1, 0:3; England – Italien 2:1, 0:0.
Halbfinale: Bulgarien – DDR 2:1, 1:3; Jugoslawien – England 2:1, 1:1.

1. Endspiel am 17. 5. 1978 in Halle: DDR – Jugoslawien 0:1 (0:0)
2. Endspiel am 31. 5. 1978 in Mostar: Jugoslawien – DDR 4:4 (3:4)
Jugoslawien: Stojanovic – Vujkov, Hrstic, Krmpotic (Obradovic), Zajec, Stojkovic, Bogdan, Bosnjak (Savic), Halilhodzic, Klincarski, Senica (Sliskovic, Starcevic, Verlasevic).
DDR: Heyne – Hause (Pingel), Brauer, Uhlig, Roth, Weber, Terletzki (Schnuphase), Eigendorf (Mischinger, Töpfer), Riediger, Kotte, Kühn.

1978/80 Sowjetunion
Qualifikation: Deutschland nahm nicht teil. Die DDR qualifizierte sich gegen die Niederlande (2:0, 1:1) und Polen (4:1, 1:1).
Viertelfinale: Tschechoslowakei – Jugoslawien 1:1, 1:2; Sowjetunion – Italien 3:1, 0:0; England – Schottland 2:1, 0:0; Ungarn – DDR 2:0, 0:3.
Halbfinale: Sowjetunion – Jugoslawien 3:0, 1:0; England – DDR 1:2, 0:1.

1. Endspiel am 7. 5. 1980 in Rostock: DDR – Sowjetunion 0:0
2. Endspiel am 20. 5. 1980 in Moskau: Sowjetunion – DDR 1:0 (0:0)
Sowjetunion: Tschanow (Nowikow) – Kaplun, Baltatscha, Shurawijow, Demjanenko – Darasseljia (Dumanski), Chatschatrjan, Susloparow, Bal – Chapsalis (Petrakow), Schengelija (Prudikow, Gassajew).
DDR: R. Müller – Uteß, Dennstedt, A. Ullrich, Troppa, Sträßer, Kurbjuweit, Kreer (Stahmann), B. Schulz (Pastor, Riediger), Töpfer.

1980/82: England
Qualifikation: Deutschland qualifizierte sich gegen Bulgarien (4:1, 0:1), Österreich (4:0, 1:0) und Finnland (4:2, 2:1); die DDR scheiterte gegen Polen (2:3, 1:3) und Norwegen (0:4, 1:1).
Viertelfinale: Frankreich – Sowjetunion 0:0, 2:4; Spanien – Deutschland 1:0, 0:2; Polen – England 1:2, 2:2; Italien – Schottland 0:1, 0:0.
Halbfinale: Sowjetunion – Deutschland 3:4, 0:5; Schottland – England 0:1, 1:1.

1. Endspiel am 21. 9. 1982 in Sheffield: England – Deutschland 3:1 (1:0)
2. Endspiel am 12. 10. 1982 in Bremen: Deutschland – England 3:2 (0:0)
England: Hesford – Thomas, Caton, Duxbury, Fenwick – Lee, Owen, McCall (Heath) – Goddard, Hodgson (Fashanu), Shaw (Ranson).
Deutschland: Immel – Geils, Strack (Möhlmann), Reinhardt, Otten – Rolff (Geiger, Dittus), Kempe (Kroth, von Heesen), Engels – Wuttke, Th. Allofs (Reichert), Völler (Littbarski).

1982/84: England
Qualifikation: Deutschland scheiterte gegen Albanien (1:1, 1:1), die Türkei (7:0, 1:0) und Österreich (2:1, 1:1); die DDR scheiterte gegen Schottland (1:1, 0:2), Belgien (2:1, 2:4) und die Schweiz (2:1, 6:5).
Viertelfinale: England – Frankreich 6:1, 1:0; Schottland – Jugoslawien 2:1, n. V. 1:3; Albanien – Italien 0:1, 0:1; Polen – Spanien 2:2, 1:4.
Halbfinale: England – Italien 3:1, 0:1; Jugoslawien – Spanien 0:1, 0:2.

1. Endspiel am 18. 5. 1984 in Sevilla: Spanien – England 0:1 (0:0)
2. Endspiel am 24. 5. 1984 in Sheffield: England – Spanien 2:0 (0:0)
England: Hucker (Bailey) – Sterland Bracewell, Watson, Thomas, Stevens, Gayle, Hodge, Chamberlain – Hateley (D'Avray), Brock (Mountfield, Pickering, Callaghan).

1984/86: Spanien
Qualifikation: Deutschland scheiterte gegen Schweden (1:0, 1:2), die Tschechoslowakei (3:1, 1:1) und Portugal (2:0, 1:2); die DDR scheiterte gegen Frankreich (1:1, 1:1), Bulgarien (1:1, 2:3) und Jugoslawien (1:1, 3:2).
Viertelfinale: Schweden – Italien 1:1, 1:2; Dänemark – England 0:1, 1:1; Polen – Ungarn 1:0, 0:5; Spanien – Frankreich 3:1, 3:1.
Halbfinale: Italien – England 2:0, 1:1; Ungarn – Spanien 3:1, 1:4.

1. Endspiel am 15. 10. 1986 in Rom. Italien – Spanien 2:1 (0:1)
2. Endspiel am 29. 10. 1986 in Valladolid: Spanien – Italien n. V. 2:1 (2:1, 1:1), Elfmeterschießen 3:0
Spanien: Ablanedo – Solana, Quique – Sanchis, Andriuna, Calderé – Llorente, Eusebio, Pineda (Pardeza), Roberto, Bustingorri (im 2. Spiel noch Eloy, Gallego, Gabino, Ramon Vaquez, J. Carlos).

1986/88: Frankreich
Qualifikation: Deutschland scheiterte gegen die Niederlande (0:2, 1:3), Bulgarien (2:0, 1:2) und Luxemburg (4:1, 4:1); die DDR scheiterte an Frankreich (1:0, 2:2), der UdSSR (5:1, 1:2) und Norwegen (1:1, 0:0).
Viertelfinale: Frankreich – Italien 2:1, 2:2; Griechenland – Tschechoslowakei 1:1, 2:2; Spanien – Niederlande 0:1, n. V. 1:2; Schottland – England 0:1, 0:1.
Halbfinale: Frankreich – England 4:2, 2:2; Griechenland – Niederlande 5:0, 0:2.

1. Endspiel am 25. 5. 1988 in Athen: Griechenland – Frankreich 0:0
2. Endspiel am 12. 10. 1988 in Besancon: Frankreich – Griechenland 3:0 (0:0)

Frankreich: Martini – Reuzeau, Silvestre, Roche (F. Passi), Galtier – Blanc, Dogon, Sauzée, Guérin – Paille, Lada (Zitelli). Im ersten Spiel noch eingesetzt: Barrabe, Buisine, Despayroux, Cantona.

1988/90: Sowjetunion
Qualifikation: Deutschland qualifizierte sich gegen Island (1:1; 1:1), die Niederlande (2:0, 1:0) und Finnland (2:0, 3:0); die DDR scheiterte gegen die UdSSR (3:2, 0:1), Österreich (2:0, 1:0) und die Türkei (0:0, 2:3).
Viertelfinale: Jugoslawien – Bulgarien 2:0, 1:0; Sowjetunion – Deutschland 1:1, n. V. 2:1; Tschechoslowakei – Schweden 1:2, 0:4; Italien – Spanien 3:1, 0:1.
Halbfinale: Italien – Jugoslawien 0:0, 2:2; Sowjetunion – Schweden 1:1, 2:0.

1. Endspiel am 5. 9. 1990 in Sarajevo: Jugoslawien – Sowjetunion 2:4 (1:2)
2. Endspiel am 17. 10. 1990 in Simferopol: Sowjetunion – Jugoslawien 3:1 (1:0)
Sowjetunion: Eriomin – Mostowoi, Sidelnikow – Smatowalenko, Pozdneikow (Juran), Cernischew – Koncelenis, Schalimow, Kobelew, Dobrowolski, Koliwanow.

1990/92: Italien
Qualifikation: Deutschland qualifizierte sich gegen Belgien (3:1, 3:0) und Luxemburg (3:0, 3:0).
Viertelfinale: Dänemark – Polen 5:0, 1:1; Niederlande – Schweden 2:1, 0:1; Deutschland – Schottland 1:1, 3:4; Tschechoslowakei – Italien 1:2, 0:2.
Halbfinale: Schweden – Schottland 1:0, 0:0; Dänemark – Italien 0:1, 0:2.

1. Endspiel am 28. 5. 1992 in Ferrara: Italien – Schweden 2:0 (0:0)
2. Endspiel am 3. 6. 1992 ib Växjö: Schweden – Italien 1:0 (0:0)
Italien: Antonioli – Bonomi, Favalli (Rossini) – D. Baggio (Taccola), Matrecano, Verga (Albertini) – Melli (Muzzi), Marcolin, Buso, Corini, Sordo.

1992/94: Italien
Qualifikation: Deutschland scheiterte gegen Spanien (1:2, 1:3), Irland (8:0, 1:0) und Dänemark (0:1, 4:1).
Viertelfinale: Spanien – Griechenland 0:0, 4:2; Polen – Portugal 1:3, 0:2; Frankreich – Russland 2:0, 1:0; Italien – RCS 3:0, 0:1.

Endrunde vom 15. bis 20. 4. 1994 in Frankreich
Halbfinale: Frankreich – Italien n. V. 0:0, Elfmeterschießen 3:5, Portugal – Spanien 2:0.
Um den dritten Platz: Spanien – Frankreich 2:1.

Endspiel am 20. April 1994 in Montpellier: Italien – Portugal n. V. 1:0 (0.0, 0:0)
Italien: Toldo – Cannavaro, Colonnete, Panucci, Berretta, Cherubini, Inzaghi (83. Orlandini), Marcolin, Starchilli, Carbone, Muzzi.
Tor: Orlandini – Zuschauer: 8000 – SR: Muhmenthaler (Schweiz) .

1994/96: Italien
Qualifikation: Deutschland qualifizierte sich gegen Bulgarien (7:0, 0:2), Wales (1:0, 5:1), Georgien (3:0, 2:0) und Moldawien (3:1, 1:1).
Viertelfinale: Deutschland – Frankreich 0:0, 1:4; Portugal – Italien 1:0, 0:2; Ungarn – Schottland 0:1, 1:3; Spanien – Tschechien 2:1 2:1.

Endrunde vom 28. bis 31. Mai 1996 in Barcelona
Halbfinale: Spanien – Schottland 2:1, Italien – Frankreich 1:0.
Um den 3. Platz: Frankreich – Schottland 1:0.

Endspiel am 31. Mai in Barcelona: Italien – Spanien n. V. 1:1 (1:1, 1:1), Elfmeterschießen 4:2
Italien: Pagotto – Panucci, Cannavaro, Fresi, Galante (Pistone), Nesta – Ametrano, Tommasi (Tacchinardi), Brambilla – Amoruso, Totti (Morfeo).
Tore: Eigentor Idiakez (Raul) – Zuschauer: 25 000 – SR: Benko (Österreich).

1996/98: Spanien
Qualifikation: Deutschland qualifizierte sich gegen Armenien (1:0, 7:0), Portugal (2:1, 1:1), Albanien (4:0, 2:0) und die Ukraine (2:0, 1:1).

Endrunde vom 23. bis 31. Mai 1998 in Rumänien:
Viertelfinale: Deutschland – Griechenland 0:1, Niederlande – Rumänien 2:1, Spanien – Russland 1:0, Norwegen – Schweden 1:0.
Platzierungsspiele: Rumänien – Deutschland i. V. 0:1 („Golden Goal"), Russland – Schweden 0:2.
Um den 5. Platz: Deutschland – Schweden 2:1

Um den 7. Platz: Russland – Rumänien 2:1.
Halbfinale: Niederlande – Griechenland 0:3, Norwegen – Spanien n. V. 0:1.
Um den 3. Platz: Norwegen – Niederlande 2:0.

Endspiel am 31. Mai 1998 in Bukarest: Spanien – Griechenland 1:0 (0:0)
Spanien: Arnau – Lopez Rekarte, Guerrero, Garcia Calvo, Roger (Guti) – Vales, Felipe, Ito, Benjamin (Angub) – Valeron (Victor), Ivan Perez.
Tor: Ivan Perez – Zuschauer: 10 000 – SR: Michel (Slowakei).

1998/2000: Italien
Qualifikation: Deutschland scheiterte gegen die Türkei (1:1, 0:2), Finnland (2:0, 1:3), Nordirland (1:0, 0:1) und Moldawien (2:0, 2:0).
Achtelfinale: Polen – Türkei 2:1, 0:1; Norwegen – Spanien 1:3, 0:4; Russland – Slowakei 0:1, 1:3; Tschechien – Griechenland 3:0, 0:1; Niederlande – Belgien 2:2, 2:0; Portugal – Kroatien 2:0, n. V. 0:3; Frankreich – Italien 1:1, n. V. 1:2; England – Jugoslawien 3:0 (nur ein Spiel in Barcelona).

Endrunde vom 27. 5. bis 4. 6. 2000 in der Slowakei
Gruppe A: Tschechien. Spanien – Tschechien 1:1; Kroatien – Niederlande 1:2; Spanien – Kroatien 0:0; Tschechien – Niederlande 3:1; Niederlande – Spanien 0:1; Tschechien – Kroatien 4:3.
Gruppe B: Italien. Italien – England 2:0; Slowakei – Türkei 2:1; Italien – Slowakei 1:1; England – Türkei 6:0; Türkei – Italien 1:3; England – Slowakei 0:2.
Um den 3. Platz: Spanien – Slowakei 1:0

Endspiel am 4. Juni 2000 in Bratislava: Italien – Tschechien 2:1 (1:0)
Italien: Abbiati – Grandoni, Zanchi, Gattuso – Comandini (Ventola), Baronio, Pirlo, Coco – Cirillo, Zanetti (Firmani), Spinesi (Vanucchi)
Tore: Pirlo 2 (Dosek) – Zuschauer: 9170 – SR: Nilsson (Schweden).

2000/02: Tschechien
Qualifikation: Deutschland scheiterte gegen England (1:2, 1:1), Griechenland (2:1, 0:2), Albanien (8:0, 1:0) und Finnland (2:0, 3:1).
Achtelfinale: Polen – Italien 2:5, 0:0; Kroatien – Tschechien 1:1, 0:0; Schweden – Belgien 3:2, 0:2; Griechenland – Türkei 3:0, 1:2; Rumänien – Frankreich 0:1, 0:4; Niederlande – England 2:2, 0:1; Spanien – Portugal 2:1, 0:1; Ukraine – Schweiz 1:2, 1:2.

Endrunde vom 16. bis 28. 5. 2002 in der Schweiz
Gruppe A: Italien und Schweiz. England – Schweiz 2:1, Italien – Portugal 1:1, Portugal – Schweiz 0:2, Italien – England 2:1, Schweiz – Italien 0:0, Portugal – England 3:1.
Gruppe B: Frankreich und Tschechien. Frankreich – Tschechien 2:0, Griechenland – Belgien 1:2, Belgien – Tschechien 0:1, Griechenland – Frankreich 1:3, Tschechien – Griechenland 1:1, Belgien – Frankreich 0:2.
Halbfinale: Frankreich – Schweiz 2:0, Tschechien – Italien 3:2.

Endspiel am 28. Mai 2002 in Basel: Tschechien – Frankreich n. V. 0:0, Elfmeterschießen 3:1
Tschechien: Cech – Hübschmann, Jiranek (Kovac), Rozehnal, Grygera – Zelenka (Polak), Vorisek – Pitak, Skacel – Baros (Pospisil), Vachousek
Zuschauer: 20 400 – SR: Ovrebo (Norwegen).

2002/04: Italien
Qualifikation: Deutschland qualifizierte sich gegen Schottland (0:1, 2:2), Litauen (1:0, 4:1) und Island (1:0, 3:1).
Achtelfinale: Deutschland – Türkei 1:0, 1:1; Serbien-Montenegro – Norwegen 5:1, 0:3; Portugal – Frankreich 1:2, n. V. 2:1, Elfmeterschießen 4:1; Dänemark – Italien 1:1, 0:0; Schweden – Spanien 2:0, 1:1, Schweiz – Tschechien 1:2, n. V. 2:1, Elfmeterschießen 4:3; Kroatien – Schottland 2:0, 0:1.
Endrunde vom 27. Mai bis 8. Juni 2004 in Deutschland
Gruppe A: Italien und Serbien-Montenegro. Italien – Weißrussland 1:2; Serbien und Montenegro – Kroatien 3:2; Weißrussland – Kroatien 1:1; Italien – Serbien und Montenegro 2:1; Italien – Kroatien 1:0; Weißrussland – Serbien und Montenegro 1:2.
Gruppe B: Schweden und Portugal. Schweden – Portugal 3:1; Deutschland – Schweiz 2:1; Schweiz – Portugal 2:2; Deutschland – Schweden 1:2; Schweiz – Schweden 1:3; Deutschland – Portugal 1:2.
Halbfinale: Schweden – Serbien und Montenegro n. V. 1:1, Elfmeterschießen 5:6; Italien – Portugal 3:1.
Spiel um den 3. Platz: Portugal – Schweden n. V. 3:2.

Endspiel am 8. Juni 2004 in Bochum: Italien – Serbien und Montenegro 3:0 (1:0)
Italien: Amelia – Bonera (Zaccardo), Barzagli, Bovo, Moretti – Mesto, De Rossi, Donadel (Brighi), Palombo – Gilardino, Sculli (Del Nero).
Tore: De Rossi, Bovo, Gilardino – Zuschauer: 15 000 – SR: Medina Cantalejo (Spanien).

2004/06: Niederlande
Qualifikation: Deutschland qualifizierte sich gegen England (1:1, 2:2), Polen (1:1, 3:1), Österreich (2:0, 3:0), Wales (4:0, 4:0) und Aserbaidschan (2:0, 2:0).
Achtelfinale: Tschechien – Deutschland 0:2, 0:1; Ungarn – Italien 1:1, 0:1; England – Frankreich 1:1, 1:2; Serbien & Montenegro – Kroatien 3:1, 2:1; Ukraine – Belgien 2:3, 2:1; Russland – Dänemark 0:1, 1:3; Schweiz – Portugal 1:1, 1:2; Slowenien – Niederlande 0:0, 0:2.

Endrunde vom 23. Mai bis 4. Juni 2006 in Portugal
Gruppe A: Frankreich und Serbien & Montenegro. Serbien & Montenegro – Deutschland 0:1, Portugal – Frankreich 0:1, Frankreich – Deutschland 3:0, Portugal – Serbien & Montenegro 0:2, Deutschland – Portugal 0:1, Frankreich – Serbien & Montenegro 2:0.
Gruppe B: Ukraine und Niederlande. Ukraine – Niederlande 2:1, Italien – Dänemark 3:3, Dänemark – Niederlande 1:1, Italien – Ukraine 1:0, Niederlande – Italien 1:0, Dänemark – Ukraine 1:2.
Halbfinale: Frankreich – Niederlande n. V. 2:3; Ukraine – Serbien & Montenegro n. V. 0:0, Elfmeterschießen 5:4.

Endspiel am 4. Juni 2006 in Porto: Niederlande – Ukraine 3:0 (2:0)
Niederlande: Vermeer – Tiendalli, Vlaar, Luirink, Emanuelson – Aissati (Zomer), De Zeeuw, Schaars – Hofs, Huntelaar, Castelen (De Ridder).
Tore: Huntelaar 2, Hofs – Zuschauer: 22 146 – SR: Hansson (Schweden).

2006/07: Niederlande
Qualifikation: Deutschland qualifizierte sich gegen Nordirland (3:2) und Rumänien (5:1).
Achtelfinale: Serbien – Schweden 0:3, 5:0; Tschechien – Bosnien-Herzegowina 2:1, 1:1; Russland – Portugal 4:1, 0:3; England – Deutschland 1:0, 2:0; Italien – Spanien 0:0, 2:1; Belgien – Bulgarien 1:1, 4:1; Frankreich – Israel 1:1, 0:1.

Endrunde vom 10. bis 23. Juni 2007 in den Niederlanden
Gruppe A: Niederlande und Belgien. Niederlande – Israel 1:0; Portugal – Belgien 0:0; Niederlande – Portugal 2:1; Israel – Belgien 0:1; Belgien – Niederlande 2:2; Israel – Portugal 0:4.
Gruppe B: Serbien und England. Tschechien – England 0:0; Serbien – Italien 1:0; Tschechien – Serbien 0:1; England – Italien 2:2; Italien – Tschechien 3:1; England – Serbien 2:0.
Halbfinale: Niederlande – England n. V. 1:1, Elfmeterschießen 13:12; Serbien – Belgien 2:0.
Um den 5. Platz: Italien – Portugal n. V. 0:0, Elfmeterschießen 4:3 (Italien für Olympia 2008 qualifiziert).

Endspiel am 23. Juni 2007 in Groningen: Niederlande – Serbien 4:1 (1:0)
Niederlande: Waterman – Zuiverloon, Donk, Kruiswijk, Pieters (Jong-A-Pin) – De Ridder, Maduro, Bakkal, Drenthe (Beerens) – Babel, Rigters (Bruins).
Tore: Bakkal, Babel, Rigters, Bruins, (Mrdja) – Zuschauer: 19 814 – SR: Skomina (Slowenien).

2007/09: Deutschland
Qualifikation: Deutschland qualifizierte sich gegen Israel (0:0, 2:2), Nordirland (3:0, 3:0), Moldawien (3:0, 0:1) und Luxemburg (6:0, 7:0).
Achtelfinale: Österreich – Finnland 2:1, n. V. 1:2, Elfmeterschießen 2:4; Türkei – Weißrussland 1:0, 0:2; Deutschland – Frankreich 1:1, 1:0; Wales – England 2:3, 2:2; Italien – Israel 0:0, 3:1; Dänemark – Serbien 0:1, 0:1; Schweiz – Spanien 2:1, n. V. 1:3.

Endrunde vom 15. bis 29. Juni 2009 in Schweden
Gruppe A: Italien und Schweden. Schweden – Weißrussland 5:1; Italien – Serbien 0:0; Schweden – Italien 1:2; Weißrussland – Serbien 0:0; Serbien – Schweden 1:3; Weißrussland – Italien 1:2.
Gruppe B: England und Deutschland. England – Finnland 2:1; Spanien – Deutschland 0:0; Deutschland – Finnland 2:0; Spanien – England 0:2; Finnland – Spanien 0:2; Deutschland – England 1:1.
Halbfinale: England – Schweden n. V. 3:3, Elfmeterschießen 5:4; Italien – Deutschland 0:1.

Endspiel am 29. Juni 2009 in Malmö: Deutschland – England 4:0 (1:0)
Deutschland: Neuer – Beck, J. Boateng, Höwedes, Boenisch – Hummels (Aogo) – Johnson (Schwaab), Castro, Khedira, Özil (Schmelzer) – Wagner.
Tore: Castro, Özil, Wagner 2 – Zuschauer: 20 000 – SR: Kuipers (Niederlande).

2009/11: Spanien
Qualifikation: Deutschland scheiterte an Tschechien (1:2, 1:1), Island (2:2, 1:4), Nordirland (3:0, 1:1) und San Marino (6:0, 11:0).
Achtelfinale: Island – Schottland 2:1, 2:1; Schweiz – Schweden 4:1, 1:1; Tschechien – Griechenland 3:0, 2:0; England – Rumänien 2:1, 0:0; Italien – Weißrussland 2:0, n. V. 0:3; Niederlande – Ukraine 1:3, 2:0; Spanien – Kroatien 2:1, 3:0.
Endrunde vom 11. bis 25. Juni 2011 in Dänemark
Gruppe A: Schweiz und Weißrussland. Weißrussland – Island 2:0; Dänemark – Schweiz 0:1; Schweiz – Island 2:0; Dänemark – Weißrussland 2:1; Island – Dänemark 3:1; Schweiz – Weißrussland 3:0.
Gruppe B: Spanien und Tschechien. Tschechien – Ukraine 2:1; Spanien – England 1:1; Tschechien – Spanien 0:2; Ukraine – England 0:0; England – Tschechien 1:2; Ukraine – Spanien 0:3.
Halbfinale: Spain – Weißrussland 3:1; Schweiz – Tschechien 1:0.
Spiel um den 3. Platz (Olympia-Qualifikation): Weißrussland – Tschechien 1:0.

Endspiel am 25. Juni 2011 in Aarhus: Spanien – Schweiz 2:0 (1:0)
Spanien: De Gea – Montoya, Botia, Alvaro Dominguez, Didac – Javi Martinez, Thiago Alcantara – Ander (Capel), Mata, Iker Muniain (Parejo) – Adrian (Jeffren).
Tore: Ander, Thiago Alcantara – Zuschauer: 16 100 – SR: Tagliavento (Italien).

2011/13: Spanien
Qualifikation: Deutschland qualifizierte sich gegen Bosnien-Herzegowina (3:0, 4:4), Griechenland (1:0, 5:4), Weißrussland (3:0, 1:0), Zypern (4:1, 3:0) und San Marino (7:0, 8:0).
Achtelfinale: Slowakei – Niederlande 0:2, 0:2; Spanien – Dänemark 5:0, 3:1; Tschechien – Russland 0:2, 2:2; Deutschland – Schweiz 1:1, 3:1; Frankreich – Norwegen 1:0, 3:5; England – Serbien 1:0, 1:0; Italien – Schweden 1:0, 3:2.

Endrunde vom 5. bis 18. Juni 2013 in Israel
Gruppe A: Italien und Norwegen. Israel – Norwegen 2:2; England – Italien 0:1; England – Norwegen 1:3; Italien – Israel 4:0; Israel – England 1:0; Norwegen – Italien 1:1.
Gruppe B: Spanien und Niederlande. Spanien – Russland 1:0; Niederlande – Deutschland 3:2; Niederlande – Russland 5:1; Deutschland – Spanien 0:1; Spanien – Niederlande 3:0; Russland – Deutschland 1:2.
Halbfinale: Spanien – Norwegen 3:0; Italien – Niederlande 1:0.

Endspiel am 18. Juni 2013 in Jerusalem: Spanien – Italien 4:2 (3:1)
Spanien: De Gea – Montoya, Bartra, Inigo Martinez, Alberto – Illarramendi – Koke (Camacho), Thiago Alcantara – Tello (Iker Muniain), Isco – Morata (Rodrigo).
Tore: Thiago Alcantara 3, Isco (Immobile, Borini) – Zuschauer: 29 300 – SR: Jug (Slowenien).

2013/15: Schweden
Qualifikation: Deutschland qualifizierte sich gegen Rumänien (8:0, 2:2), Montenegro (2:0, 1:1), Irland (3:0, 4:0) und Färöer (3:2, 3:0).
Achtelfinale: Niederlande – Portugal 0:2, 4:5; Slowakei – Italien 1:1, 1:3; Serbien – Spanien 0:0, 2:1; Ukraine – Deutschland 0:3, 0:2; Dänemark – Island 0:0, 1:1; Frankreich – Schweden 2:0, 1:4; England – Kroatien 2:1, 2:1.

Endrunde vom 17. bis 30. Juni 2015 in Tschechien
Gruppe A: Dänemark und Deutschland. Tschechien – Dänemark 1:2; Deutschland – Serbien 1:1; Serbien – Tschechien 0:4; Deutschland – Dänemark 3:0; Dänemark – Serbien 2:0; Tschechien – Deutschland 1:1.
Gruppe B: Portugal und Schweden. Italien – Schweden 1:2; England – Portugal 0:1; Schweden – England 0:1; Italien – Portugal 0:0; England – Italien 1:3; Portugal – Schweden 1:1.
Halbfinale: Portugal – Deutschland 5:0; Dänemark – Schweden 1:4.

Endspiel am 30. Juni 2015 in Prag: Schweden – Portugal n. V. 0:0, Elfmeterschießen 4:3
Schweden: Carlgren – Lindelöf, Milosevic, Helander (Baffo), Augustinsson – Hiljemark, Lewicki – Khalili, Tibbling (Quaison) – Guidetti, Kiese Thelin.
Tore im Elfmeterschießen: Guidetti, Kiese Thelin, Augustinsson, Lindelöf (Paciencia, Tozé, Joao Mario) – Zuschauer: 18 867 – SR: Marciniak (Polen).

Junioren-Europameisterschaft U 18/U 19

Seit 1948 führte die FIFA bzw. ab 1955 die UEFA ein internationales Turnier für Junioren durch. Teilnahmeberechtigt sind Spieler bis zum vollendeten 18. Lebensjahr. 1981 erhielt das bisherige UEFA-Juniorenturnier die Bezeichnung „Junioren-Europameisterschaft"; ab 2001/02 als „U19 EM".

Die Sieger der FIFA/UEFA-Juniorenturniere:
1948 England – 1949 Frankreich – 1950 Österreich – 1951 Jugoslawien – 1952 Spanien – 1953 Ungarn – 1954 Spanien – 1955, 1956 nur Gruppensieger ermittelt – 1957 Österreich – 1958 Italien – 1959 Bulgarien – 1960 Ungarn – 1961 Portugal – 1962 Rumänien – 1963, 1964 England – 1965 DDR – 1966 Sowjetunion/Italien gemeinsam – 1967 Sowjetunion – 1968 Tschechoslowakei – 1969 Bulgarien – 1970 DDR – 1971, 1972, 1973 England – 1974 Bulgarien – 1975 England – 1976 Sowjetunion – 1977 Belgien – 1978 Sowjetunion – 1979 Jugoslawien – 1980 England.

Die bisherigen Europameister:
1981 Deutschland – 1982 Schottland – 1983 Frankreich – 1984 Ungarn – 1986 DDR – 1988, 1990 Sowjetunion – 1992 Türkei – 1993 England – 1994 Portugal – 1995 Spanien – 1996, 1997 Frankreich – 1998 Irland – 1999 Portugal – 2000 Frankreich – 2001 Polen – 2002 Spanien – 2003 Italien – 2004 Spanien – 2005 Frankreich – 2006, 2007 Spanien – 2008 Deutschland – 2009 Ukraine – 2010 Frankreich – 2011, 2012 Spanien – 2013 Serbien – 2014 Deutschland – 2015 Spanien – 2016 Frankreich.

1981: Deutschland
Qualifikation: Deutschland als Ausrichter automatisch qualifiziert; die DDR scheiterte gegen Polen (1:2, 0:2).

Endrunde vom 25. 5. bis 3. 6. 1981 in Deutschland:
Gruppe A: Deutschland. Deutschland – Wales 5:0, Belgien – Griechenland 2:0, Deutschland – Belgien 3:2, Griechenland – Wales 0:1, Deutschland – Griechenland 1:0, Belgien – Wales 0:3.
Gruppe B: Polen. Polen – Schweden 1:1, Rumänien – Tschechoslowakei 3:2, Polen – Rumänien 3:1, Schweden – Tschechoslowakei 1:1, Polen – Tschechoslowakei 3:1, Schweden – Rumänien 1:1.
Gruppe C: Frankreich. Italien – Frankreich 0:0, Bulgarien – Dänemark 2:2, Italien – Bulgarien 1:0, Frankreich – Dänemark 2:1, Italien – Dänemark 1:2, Frankreich – Bulgarien 3:0.
Gruppe D: Spanien. Österreich – Schottland 0:1, Spanien – England 2:1, Österreich – Spanien 0:3, Schottland – England 1:0, Österreich – England 0:7, Schottland – Spanien 1:1.
Halbfinale: Deutschland – Frankreich 1:1, Elfmeterschießen 4:3, Polen – Spanien 0:0, Elfmeterschießen 6:5.
Um den 3. Platz: Frankreich – Spanien 1:1, Elfmeterschießen 2:0.

Endspiel am 3. Juni 1981 in Düsseldorf: Deutschland – Polen 1:0 (0:0)
Deutschland: Vollborn – Quaisser (Goldstein), Theiss, Schmidkunz, Falkenmayer – Aulbach, Brunner, Loose – Anthes, Herbst, Wohlfarth.
Tor: Anthes – Zuschauer: 56 000 – SR: Mathias (Österreich).

1982: Schottland
Qualifikation: Deutschland qualifizierte sich gegen Luxemburg (3:0, 5:0) und Frankreich (2:0, 1:0); die DDR nahm nicht teil.

Endrunde vom 21. bis 30. 5. 1982 in Finnland:
Gruppe A: Sowjetunion. Österreich – Sowjetunion 1:4, Deutschland – Irland 1:0, Österreich – Deutschland 4:1, Sowjetunion – Irland 2:0, Irland – Österreich 2:4, Sowjetunion – Deutschland 1:0.
Gruppe B: Polen. Spanien – Bulgarien 1:2, Polen – Belgien 1:0, Spanien – Polen 0:1, Bulgarien – Belgien 0:1, Spanien – Belgien 1:3, Bulgarien – Polen 0:0.
Gruppe C: Tschechoslowakei. Portugal – Ungarn 2:1, Tschechoslowakei – Finnland 2:1, Ungarn – Finnland 2:3, Portugal – Tschechoslowakei 1:1, Portugal – Finnland 1:1, Ungarn – Tschechoslowakei 0:2.
Gruppe D: Schottland. Schottland – Albanien 3:0, Türkei – Niederlande 1:3, Schottland – Türkei 2:0, Albanien – Niederlande 1:3, Schottland – Niederlande 1:1, Albanien – Türkei 1:1.
Halbfinale: Sowjetunion – Tschechoslowakei 0:1, Polen – Schottland 0:2.
Um den 3. Platz: Sowjetunion – Polen 3:1.

Endspiel am 30. 5. 1982 in Helsinki: Schottland – Tschechoslowakei 3:1 (1:0)
Schottland: Rase – Beaumont, Bowman, Dick, McGinnis, McStay, Mackay, Nevinx, Philliben, Rennie, Rica.
Tore: Philliben, Nevinx, Mackay (Kula) – Zuschauer: 2500 – SR: Tritschler (Deutschland).

1983: Frankreich
Qualifikation: Deutschland qualifizierte sich gegen die Schweiz (2:0, 1:1); die DDR scheiterte gegen die Tschechoslowakei (0:1, 1:2).

Endrunde vom 13. bis 22. Mai 1983 in England:
Gruppe A: Tschechoslowakei. Tschechoslowakei – Deutschland 3:1, Bulgarien – Schweden 1:0, Tschechoslowakei – Bulgarien 0:0, Deutschland – Schweden 1:0, Tschechoslowakei – Schweden 1:1, Deutschland – Bulgarien 3:1.
Gruppe B: Italien. Jugoslawien – Rumänien 2:0, Italien – Türkei 1:1, Jugoslawien – Italien 0:2, Rumänien – Türkei 6:0, Jugoslawien – Türkei 3:1, Rumänien – Italien 0:2.
Gruppe C: England. England – Spanien 1:0, Schottland – Sowjetunion 3:0, England – Schottland 4:2, Spanien – Sowjetunion 0:2, England – Sowjetunion 0:2, Spanien – Schottland 1:1.
Gruppe D: Frankreich. Finnland – Frankreich 1:3, Irland – Belgien 1:0, Finnland – Irland 0:0, Frankreich – Belgien 3:1, Finnland – Belgien 4:0, Frankreich – Irland 1:1.
Halbfinale: Tschechoslowakei – England 1:1, Elfmeterschießen 4:2; Italien – Frankreich 0:1.
Um den 3. Platz: England – Italien 1:1, Elfmeterschießen 4:2.

Endspiel am 22. Mai 1983 in London: Frankreich – Tschechoslowakei 1:0 (1:0)
Frankreich: Sabonniere – Reuzeau, Prisette, Degrave, Hely – Ribar, Fournier, Frechet (Fernier), Thomas – Paille, Guion (Fourrier).
Tor: Reuzeau – Zuschauer: 4593 – SR: Petrovic (Jugoslawien).

1984: Ungarn
Qualifikation: Deutschland scheiterte gegen Italien (0:3, 0:0) und Österreich (1:1, 1:0); die DDR qualifizierte sich gegen Schweden (3:1, 2:1).

Endrunde vom 25.5. bis 3.6.1984 in der Sowjetunion:
Gruppe A: Irland. Irland – Schottland 3:0, Portugal – Griechenland 3:1, Irland – Griechenland 1:1, Schottland – Portugal 3:1, Griechenland – Schottland 1:1, Irland – Portugal 3:2.
Gruppe B: Polen. Bulgarien – Dänemark 2:2, Polen – Italien 1:0, Italien – Dänemark 3:0, Polen – Bulgarien 1:0, Bulgarien – Italien 1:0, Polen – Dänemark 1:0.
Gruppe C: Sowjetunion. Sowjetunion – Luxemburg 5:0, DDR – England 1:1, Sowjetunion – England 1:1, DDR – Luxemburg 4:0, Sowjetunion – DDR 1:0, England – Luxemburg 2:0.
Gruppe D: Ungarn. Ungarn – Tschechoslowakei 3:0, Spanien – Schweiz 2:1, Tschechoslowakei – Schweiz 2:1, Ungarn – Spanien 2:1, Spanien – Tschechoslowakei 1:1, Ungarn – Schweiz 1:0.
Halbfinale: Sowjetunion – Irland 2:1; Ungarn – Polen 2:0.
Um den 3. Platz: Polen – Irland 2:1.

Endspiel am 3. Juni 1984 in Moskau: Ungarn – Sowjetunion n. V. 0:0, Elfmeterschießen 3:2
Ungarn: Petry – Pinter, Haaz, Szelpal, Keller – Deak, E. Kovacs, Oravecz (Zsivoczky) – Vincze, K. Kovacs, Zsinka.
Tore aus dem Elfmeterschießen: Pinter, Zsivoczky, E. Kovacs (Chudoshilow, Iwanauskas) – Zuschauer: 75 000 – SR: Dos Santos (Portugal).

• Ab 1984 wird die U18-EM über zwei Jahre ausgetragen.

1984/86: DDR
Qualifikation: Deutschland qualifizierte sich gegen die Schweiz (2:0, 2:0), Dänemark (3:1, 3:1) und Polen (3:0, 2:0); die DDR qualifizierte sich gegen Norwegen (1:0, 1:1), Schweden (2:1, 0:0) und Finnland (2:0, 1:0).

Endrunde vom 9. bis 16. Oktober 1986 in Jugoslawien:
Viertelfinale: Deutschland – Rumänien 3:0; DDR – Jugoslawien 2:0; Italien – Belgien 2:1; Schottland – Bulgarien 1:0.
Halbfinale: Deutschland – DDR 0:1; Italien – Schottland 1:0.
Qualifikation für die U20-WM: Jugoslawien – Rumänien 5:0; Bulgarien – Belgien 1:0
Um den 3. Platz: Deutschland – Schottland 1:0.

Endspiel am 15. Oktober 1986 in Subotica: DDR – Italien 3:1 (2:1):
DDR: Hiemann – Neitzel – Barylla, Ritter – Schuster, Prasse (Herzog), Steinmann, Köller, Minkwitz – Sammer, Kruse (Jähnig).
Tore: Kruse, Sammer, Köller (Impalloneni) – Zuschauer: 1000 – SR: Nemeth (Ungarn).

Für die U20-WM 1987 in Chile qualifiziert: DDR, Italien, Deutschland, Schottland, Jugoslawien, Bulgarien.

1986/88: Sowjetunion
Qualifikation: Deutschland scheiterte gegen Portugal (3:3, 0:0), Frankreich (1:0, 1:2) und der Schweiz (3:0, 3:1); die DDR qualifizierte sich gegen Schweden (4:1, 2:2), Finnland (0:0, 3:0) und Irland (4:0, 0:0).

Endrunde vom 22. bis 27. Juli 1988 in der Tschechoslowakei:
Viertelfinale: Tschechoslowakei – Spanien 0:1; Sowjetunion – Norwegen 4:2; DDR – Dänemark 2:0; Niederlande – Portugal 0:3.
Halbfinale: Spanien – Portugal 0:2; DDR – Sowjetunion 0:3.
Qualifikation für die U20-WM: Norwegen – Dänemark 1:1, Elfmeterschießen 5:4; Tschechoslowakei – Niederlande 1:0.
Um den 3. Platz: DDR – Spanien 2:0.

Endspiel am 27. Juli 1988 in Frydek-Mistek: Sowjetunion – Portugal n. V. 3:1 (1:1, 0:0)
Sowjetunion: Stautsche – Bejenar, Benko, Tabunow, Asadow, Muschtschinka (Teiradse), Popowitsch, Kassimow, Timoschenko, Salenko, Kirijakow (Nikiforow).
Tore: Timoschenko, Nikiforow, Salenko (Joao Pinto) – Zuschauer: 5000 – SR: Libich (Polen).

Für die U20-WM 1989 in Saudi-Arabien qualifiziert: Sowjetunion, Portugal, DDR, Spanien, Norwegen, Tschechoslowakei.

1988/90: Sowjetunion
Qualifikation: Deutschland scheiterte gegen Schweden (2:1, 0:4), Polen (0:0, 0:1) und Schottland (1:0, 2:1); die DDR scheiterte gegen Belgien (0:2, 1:1), Jugoslawien (0:1, 2:1) und Wales (0:0, 1:1).

Endrunde vom 24. bis 29. Juli 1990 in Ungarn:
Viertelfinale: Schweden – Sowjetunion 0:3; Irland – Spanien 0:3; Belgien – England n. V. 1:1, Elfmeterschießen 4:5; Portugal – Ungarn n. V. 1:1, Elfmeterschießen 3:1.
Halbfinale: Sowjetunion – England 3:1; Spanien – Portugal 1:2.
Qualifikation für die U20-WM: Irland – Ungarn 1:0; Schweden – Belgien 6:0.
Um den 3. Platz: Spanien – England 1:0.

Endspiel am 29. Juli 1990 in Bekescsaba: Sowjetunion – Portugal n. V. 0:0, Elfmeterschießen 4:2
Sowjetunion: Pomazun – Krbasjan, Busmanow, Minko, Mamcsur – Guscsin (Pohlabejew), Grisin, Csaran – Mandreko (Kandurow), Lukin, Scherbakow
Zuschauer: 1500 – SR: Kapl (Österreich).

Für die U20-WM in Portugal qualifiziert: Sowjetunion, Portugal, Spanien, England, Irland, Schweden.

1990/92: Türkei
Qualifikation: Deutschland qualifizierte sich gegen Malta (4:0, 1:0), Spanien (3:0, 3:1) und Italien (0:0, 2:2).

Endrunde vom 19. bis 28. Juli 1992 in Deutschland:
Viertelfinale: Deutschland – Portugal 0:4; England – Polen 3:1; Türkei – Ungarn 3:0; GUS – Norwegen n. V. 4:4, Elfmeterschießen 1:3.
Halbfinale: Portugal – England 1:1, Elfmeterschießen 12:11; Türkei – Norwegen 2:1.
Qualifikation für die U20-WM: Deutschland – Polen 3:2, GUS – Ungarn 3:1.
Um den 3. Platz: Norwegen – England 1:1, Elfmeterschießen 8:7.

Endspiel am 25. Juli 1992 in Bayreuth: Türkei – Portugal i. V. („Golden Goal") 2:1 (1:1, 1:1)
Türkei: Yetkin – Kapacu Bülent – Emre, Sinan – Yakup, Ilhami, Turan (Tarkan), Seyfettin – Yilmaz Bülent (Aygün), Oktay, Mustafa.
Tore: Y. Bülent, Tarkan (Cardoso) – Zuschauer: 6000 – SR: Craciunescu (Rumänien).

Für die U20-WM 1993 in Australien qualifiziert: Türkei, Portugal, Norwegen, England, Deutschland, GUS.

• Die U18-EM wird künftig wieder jährlich ausgetragen.

1993: England
Qualifikation: Deutschland qualifizierte sich gegen Norwegen (1:1, 3:2).

Zwischenrunde: Niederlande – Dänemark 2:1, 3:1; Portugal – Russland 2:1, 0:0; Italien – Ungarn 0:2, 1:0; Türkei – Schweiz 2:1, 1:0; Finnland – Frankreich 3:4, 2:2; Rumänien – Island 0:0, 1:0; Deutschland – Spanien 0:0, 2:5 – England als Veranstalter automatisch qualifiziert.

Endrunde vom 18. bis 26. Juli 1993 in England:
Gruppe A: Türkei vor Portugal. Portugal – Rumänien 0:0, Ungarn – Türkei 1:1, Portugal – Ungarn 2:0, Türkei – Rumänien 3:0, Türkei – Portugal 2:0, Ungarn – Rumänien 1:0.
Gruppe B: England vor Spanien. England – Frankreich 2:0, Spanien – Niederlande 3:2, England – Niederlande 4:1, Spanien – Frankreich 4:1, England – Spanien 5:1, Frankreich – Niederlande 1:1.
Um den 3. Platz: Spanien – Portugal 2:1.

Endspiel am 25. Juli 1993 in Nottingham: England – Türkei 1:0 (0:0)
England: Day – G. Neville, Caskey, Casper, Sharp, Campbell, Tinkler, Gallen (Whelan), Scholes, Fowler, Joachim.
Tor: Caskey – Zuschauer: 23 381 – SR: Olsen (Norwegen).

1994: Portugal
Qualifikation: Deutschland qualifizierte sich gegen Griechenland (4:2, 2:2).
Zwischenrunde: Island – Portugal 0:7, 1:3; Russland – Italien 2:0, 1:0; Ungarn – Weißrussland 1:2, 0:0; Schweden – Schweiz 0:0, 2:1; Deutschland – Belgien 0:0, 0:0, Elfmeterschießen 4:2.); Ukraine – Niederlande 2:2, 0:0; Kroatien – Frankreich 0:0, 0:3 – Spanien als Veranstalter automatisch qualifiziert.

Endrunde vom 24. bis 31. Juli 1994 in Spanien:
Gruppe A: Portugal vor Niederlande und Frankreich: Frankreich – Portugal 1:3, Niederlande – Schweden 1:1, Portugal – Schweden 2:0, Frankreich – Niederlande 2:3, Schweden – Frankreich 1:3, Portugal – Niederlande 1:0.
Gruppe B: Deutschland vor Spanien und Russland. Spanien – Russland 4:2, Deutschland – Weißrussland 3:0, Deutschland – Russland 1:2, Spanien – Weißrussland 4:1, Deutschland – Spanien 3:1, Rußland – Weißrussland 3:2.

Um den 5. Platz: Russland – Frankreich 2:0.
Um den 3. Platz: Spanien – Niederlande 5:2.

Endspiel am 31. Juli 1994 in Merida: Portugal – Deutschland n. V. 1:1 (1:1, 1:0), Elfmeterschießen 4:1
Portugal: Silva Sampao – Madureira, Viana, Cruz (Magalhaes), Mendonca, D'Aqua (Lopes), Boia Lopes, Teixeira, Ferreira, Soares, Deus.
Deutschland: Jentzsch – Hahn – Dogan, Fensch – Wedau, Hinz, Gerster, Bochtler – Ricken – Küntzel (Schuster), Michalke (Regenbogen).
Tore: Viana (Gerster) – Zuschauer: 6000 – SR: Vad (Ungarn).

Für die U20-WM 1995 in Katar qualifiziert: Portugal, Deutschland, Spanien, Niederlande, Russland.

1995: Spanien
Qualifikation: Deutschland scheiterte gegen Nordirland (0:1) und Färöer (8:0).
Zwischenrunde: Spanien (vor Ukraine und Rumänien), Nordirland – Norwegen 0:5, 0:1; Türkei – Russland 3:1, 1:0; Dänemark – Slowakei 1:3, 3:4; Ungarn – England 0:1, 2:0; Frankreich – Niederlande 0:1, 2:2; Bulgarien – Italien 1:1, 0–1 – Griechenland als Veranstalter automatisch qualifiziert.

Endrunde vom 15. bis 22. Juli 1995 in Griechenland:
Gruppe A: Italien vor Griechenland. Griechenland – Italien 1:4, Slowakei – Norwegen 1:3, Griechenland – Slowakei 5:1, Italien – Norwegen 2:1, Norwegen – Griechenland 1:1, Italien – Slowakei 0:1.
Gruppe B: Spanien vor Niederlande. Spanien – Ungarn 2:1, Türkei – Niederlande 1:4, Spanien – Türkei 3:0, Ungarn – Niederlande 3:5, Spanien – Niederlande 2:1, Ungarn – Türkei 2:1.
Um den 3. Platz: Griechenland – Niederlande 5:0.

Endspiel am 22. Juli 1995 in Katerini: Spanien – Italien 4:1 (2:0)
Spanien: Criado (Eneko) – Rodriquez, Domingo, Redondo, Moreno, Curro, Ismael, Carlos (Roa), Ribera, Gutierrez, Rufete.
Tore: Carlos 3, Gutierrez (Totti) – Zuschauer: 1100 – SR: Ouzounov (Bulgarien).

1996: Frankreich
Qualifikation: Deutschland qualifizierte sich gegen Rumänien (1:0) und Kroatien (1:1, Elfmeterschießen 3:1).
Zwischenrunde: Italien (vor Griechenland und Österreich); Russland – Ungarn 2:4, 0:1; Deutschland – Belgien 0:0, 1:2; Portugal – Niederlande 4:1, 0:2; Spanien – Norwegen 3:1, 4:0; Schottland – England 0:3, 0:3; Irland – Island 2:1, 1:1 – Frankreich als Veranstalter automatisch qualifiziert.

Endrunde vom 23. bis 30. Juli 1996 in Frankreich:
Gruppe A: Frankreich vor Belgien und Ungarn. Frankreich – Ungarn 2:1, Belgien – Portugal 2:2, Portugal – Frankreich 0:1, Belgien – Ungarn 2:1, Frankreich – Belgien 1:1, Ungarn – Portugal 3:0.
Gruppe B: Spanien vor England und Irland. England – Spanien 0:0, Italien – Irland 1:1, Italien – England 1:1, Irland – Spanien 0:0, Spanien – Italien 3:0, England – Irland 1:0.
Um den 3. Platz: England – Belgien n. V. 3:2.

Endspiel am 30. Juli 1996 in Besancon: Frankreich – Spanien 1:0 (1:0)
Frankreich: Maqua – Bigné, Gallas, Silvestre, Jaurès – Javary, Leroy – Moret (Gonzales), Agboh, Henry (Enoyers) – Trézeguét.
Tor: Henry – Zuschauer: 7200 – SR: Temmink (Niederlande).

Für die U20-WM 1997 in Malaysia qualifiziert: Frankreich, Spanien, England, Belgien, Ungarn, Irland.

1997: Frankreich
Qualifikation: Deutschland scheiterte gegen Portugal (2:1, 1:5), Belgien (2:1, 4:1) und die Türkei (2:4, 2:0).
Zwischenrunde: Niederlande – Frankreich 0:3, 0:3; Norwegen – Irland 1:2, 0:3; England – Portugal 2:1, 0:3; Kroatien – Schweiz 0:1, 0:0; Tschechien – Spanien 1:2, 0:0; Jugoslawien – Israel 3:2, 0:2; Ungarn – Bulgarien 1:0, 3:1 – Island als Veranstalter automatisch qualifiziert.

Endrunde vom 21. Juli bis 1. August 1997 in Island:
Gruppe A: Portugal vor Spanien. Portugal – Island 1:0, Spanien – Ungarn 1:1, Island – Spanien 1:1, Portugal – Ungarn 2:0, Ungarn – Island 2:2, Portugal – Spanien 2:0.
Gruppe B: Frankreich vor Irland. Irland – Schweiz 1:0, Frankreich – Israel 2:0, Schweiz – Israel 3:0, Frankreich – Irland 3:2, Irland – Israel 1:1, Frankreich – Schweiz 1:0.
Um den 3. Platz: Spanien – Irland 2:1.

Endspiel am 31. Juli 1997 in Reykjavik: Frankreich – Portugal i. V. („Golden Goal") 1:0 (0:0, 0:0)
Frankreich: Hiaumet – Kelban, Christanval, Rodriguez, Bertrand – Mauel, Piocelle, Proment – Touré, Saha, Hellebuyck – Tor: Saha – SR: Treossi (Italien) – Zuschauer 500.

1998: Irland
Qualifikation: Deutschland qualifizierte sich gegen Estland (4:1) und Färöer (7:0).
Zwischenrunde: Polen – Deutschland 2:1, 0:1; Portugal – Armenien 2:1, 2:0; Griechenland – Irland 0:1, 0:2; England – Frankreich 3:0, 0:1; Schweiz – Kroatien 0:0, 0:2; Israel – Spanien 0:2, 2:1; Litauen – Türkei 3:0, 0:2 – Zypern als Veranstalter automatisch qualifiziert.

Endrunde vom 19. bis 26. Juli 1998 in Zypern:
Gruppe A: Deutschland vor Portugal und Spanien. Portugal – Spanien 1:2, Litauen – Deutschland 1:7, Portugal – Litauen 2:0, Spanien – Deutschland 1:4, Deutschland – Portugal 0:2, Spanien – Litauen 2:1.
Gruppe B: Irland vor Kroatien und England. Kroatien – Irland 2:5, Zypern – England 1:2, Kroatien – Zypern 3:0, Irland – England 0:1, England – Kroatien 0:3, Irland – Zypern 3:0.
Um den 3. Platz: Kroatien – Portugal n. V. 0:0, Elfmeterschießen 5:4.

Endspiel am 26. Juli 1998 in Larnaca: Irland – Deutschland n. V. 1:1 (1:1, 0:0), Elfmeterschießen 4:3
Irland: O'Reilly – Heary, Doyle, Dunne, Gavin – McPhail (Donnolly), Barry Quinn, Crosslay (Alan Quinn) – George, Keane, Partridge (Casey).
Deutschland: Hildebrand – Ernst – Rapp, Lechner – Timm, Voss, Deisler (Schäper), Schramm, Kehl – Gensler, Kern (Majunke).
Tore: Alan Quinn (Gensler) – Tore im Elfmeterschießen: Casey, Donnolly, Barry Quinn, George (Timm, Majunke, Schramm) – Zuschauer: 4000 – SR: Romain (Belgien).

Für die U20-WM 1999 in Nigeria qualifiziert: Irland, Deutschland, Kroatien, Portugal, Spanien, England.

1999: Portugal
Qualifikation: Deutschland scheiterte gegen Norwegen (2:3) und Estland (3:0).
Zwischenrunde: Spanien – Norwegen 0:0, 1:1; Nordirland – Irland 1:2, 1:2; Niederlande – Italien 0:1, n. V. 1:0, Elfmeterschießen 4:5; Kroatien – Frankreich 0:4, 2:1; Portugal – Bosnien-Herzegowina 2:1, 4:1; Tschechien – Georgien 2:2, 1:2; Schottland – Griechenland 0:0, 0:1 – Schweden als Veranstalter automatisch qualifiziert.

Endrunde vom 18. bis 26. Juli 1999 in Schweden:
Gruppe A: Portugal vor Griechenland. Portugal – Griechenland 0:0, Schweden – Frankreich 0:0, Frankreich – Griechenland 1:1, Schweden – Portugal 1:3, Frankreich – Portugal 0:1, Schweden – Griechenland 1:1.
Gruppe B: Italien vor Irland. Italien – Georgien 2:0, Spanien – Irland 0:1, Irland – Georgien 3:3, Spanien – Italien 3:3, Georgien – Spanien 1:4, Irland – Italien 0:2.
Um den 3. Platz: Irland – Griechenland 1:0.

Endspiel am 26. Juli 1999 in Norrköping: Portugal – Italien 1:0 (1:0)
Portugal: Albergaria – Costa Pedro, Costa Ricardo (Cruz), Teixeira Vasco – Ribeiro (Brunhoso), Valente, Teixeira Filipe, Semedo, Mota – Filipe, Moreira.
Tor: Ribeiro – Zuschauer: 4000 – SR: Kapitanis Costa (Zypern).

2000: Frankreich
Qualifikation: Deutschland als Ausrichter automatisch qualifiziert.
Zwischenrunde: Ukraine – Nordirland 1:0, 2:2; Spanien – Russland 0:0, 1:2; Slowakei – Finnland 2:1; 1:2, Elfmeterschießen 4:5; Tschechien – Italien 2:1, 1:0; Österreich – Kroatien 1:2, 0:2; Norwegen – Holland 0:1, 2:2; Frankreich – Irland 0:0, 2:0 – Deutschland als Veranstalter automatisch qualifiziert.

Endrunde vom 17. bis 24. Juli 2000 in Deutschland
Gruppe A: Ukraine vor Deutschland und Niederlande. Deutschland – Ukraine 0:1, Niederlande – Kroatien 3:0, Deutschland – Niederlande 3:0, Ukraine – Kroatien 2:1, Kroatien – Deutschland 2:3, Niederlande – Ukraine 0:0.
Gruppe B: Frankreich vor Tschechien und Finnland. Tschechien – Russland 1:1, Frankreich – Finnland 1:2, Tschechien – Frankreich 0:1, Russland – Finnland 1:1, Finnland – Tschechien 2:3, Russland – Frankreich 0:2.
Um den 3. Platz: Deutschland – Tschechien 3:1.

Endspiel am 24. Juli 2000 in Nürnberg: Frankreich – Ukraine 1:0 (1:0)
Frankreich: Penneteau – Vignal, Givet, Cheyrou – Ahamada, Mathis, Mendy, Pele – Danic (Roudet), Dorothee, Cisse (Bugnet).
Tor: Buguet – Zuschauer: 32 000 – SR: Erdemir (Türkei).

Für die U20-WM 2001 in Argentinien qualifiziert: Frankreich, Ukraine, Deutschland, Tschechien, Niederlande, Finnland.

2001: Polen
Qualifikation: Deutschland scheiterte gegen die Niederlande (2:4, 1:0), und Frankreich (3:1, 2:4).
Achtelfinale: Griechenland – Ukraine 1:1, 0:1; Belgien – Israel 4:1, 0:2; England – Polen 0:1, 0:0; Österreich – Tschechien 0:2, 0:2; Niederlande – Dänemark 1:1, 2:3; Slowakei – Jugoslawien 1:1, 1:4; Spanien – Portugal 0:0, 3:1– Finnland als Veranstalter automatisch qualifiziert.

Endrunde vom 21. bis 29. Juli 2001 in Finnland
Gruppe A: Tschechien vor Jugoslawien: Finnland – Ukraine 1:1, Tschechien – Jugoslawien 1:0, Finnland – Tschechien 1:4, Ukraine – Jugoslawien 1:2, Jugoslawien – Finnland 8:4, Ukraine – Tschechien 2:3.
Gruppe B: Polen vor Spanien: Polen – Spanien 4:1, Belgien – Dänemark 2:0, Polen – Belgien 1:1, Spanien – Dänemark 1:0, Dänemark – Polen 2:3, Spanien – Belgien 3:1.
Um den 3. Platz: Spanien – Jugoslawien 6:2.

Endspiel am 29. Juli 2001 in Helsinki: Polen – Tschechien 3:1 (1:1)
Polen: Kapsa – Napierala, Golanski, Mila, Sierant, Zawadzki, Madej, Mierzejewski (Lobodzinski), Grzelak (Kazmierczak), Brozek, Nawotczynski.
Tore: Nawotczynski, Madej, Lobodzinski (Trojan) – Zuschauer: 1870 – SR: Poulat (Frankreich).

2002: Spanien
Qualifikation: Deutschland qualifizierte sich gegen die Türkei (2:1, 2:2) und Schweden (3:1, 4:0).
Achtelfinale: Deutschland – Polen 0:0, 2:2; Litauen – England 1:1, 1:2; Mazedonien – Spanien 1:3, 0:4; Tschechien – Bulgarien 1:1, 3:1; Slowakei – Portugal 1:1, 1:0; Belgien – Griechenland 4:1, 2:1; Niederlande – Irland 1:2, 0:0 – Norwegen als Veranstalter automatisch qualifiziert.

Endrunde vom 21. bis 28. Juli 2002 in Norwegen
Gruppe A: Spanien vor der Slowakei und Tschechien: Norwegen – Slowakei 1:5, Spanien – Tschechien 1:1, Norwegen – Spanien 0:3, Slowakei – Tschechien 5:2, Tschechien – Norwegen 1:0, Slowakei – Spanien 1:3.
Gruppe B: Deutschland vor Irland und England: England – Deutschland 3:3, Belgien – Irland 1:2, England – Belgien 1:1, Deutschland – Irland 3:0, Irland – England 3:2, Deutschland – Belgien 2:1.
Um den 3. Platz: Slowakei – Irland 2:1.

Endspiel am 28. Juli 2002 in Oslo: Spanien – Deutschland 1:0 (0:0)
Spanien: Moya – Pena, Murillo, Jarque, Zubiaurre – Solabarrieta, Iniesta (Melli), Sergio (Jonan), Reyes (Carmelo) – Pina, Fernado Torres.
Deutschland: Haas – Volz (Odonkor), Crone (Lahm), Fathi, Meyer – Riether, Lehmann, Wingerter – Trochowski, Masmanidis (Schied) – Hanke.
Tor: Fernando Torres – Zuschauer: 20 000 – SR: Ceferin (Slowenien).

Für die U20-WM 2003 in den Vereinigten Arabischen Emiraten qualifiziert: Spanien, Deutschland, Slowakei, Irland, Tschechien, England.

2003: Italien
Qualifikation: Deutschland setzte sich in der 1. Runde gegen Israel (4:1), San Marino (10:0) und Aserbaidschan (7:0) durch, scheiterte in der 2. Runde gegen Tschechien (1:2), Belgien (2:2) und die Slowakei (8:4).

Endrunde vom 16. bis 26. Juli 2003 in Liechtenstein
Gruppe A: Italien und Portugal. Liechtenstein – Portugal 0:5, Norwegen – Italien 0:1, Liechtenstein – Norwegen 1:2, Portugal – Italien 1:1, Italien – Liechtenstein 5:1, Portugal – Norwegen 2:2.
Gruppe B: Österreich und Tschechien. Frankreich – Tschechien 3:3, England – Österreich 1:2, Frankreich – England 0:2, Tschechien – Österreich 1:4, Österreich – Frankreich 1:1, Tschechien – England 3:0.
Halbfinale: Italien – Tschechien 1:0, Österreich – Portugal n. V. 3:6.

Endspiel am 26. Juli 2003 in Vaduz: Italien – Portugal 2:0 (2:0)
Italien: Paoloni – Ferrnetti, Mantovani, Belotti, Chiellini – D'Astolfo (Stefani), Aquilani, Padoin, Pazzini – Potenza, Della Rocca.
Tore: Della Rocca, Pazzini – Zuschauer: 4500 – SR: Dereli (Türkei).

2004: Spanien
Qualifikation: Deutschland setzte sich in der 1. Runde gegen Dänemark (2:2), Malta (9:1) und Luxemburg (6:1) durch, in der 2. Runde gegen die Slowakei (2:1), Portugal (1:0) und Armenien (5:0).

Endrunde vom 13. bis 24. Juli 2004 in der Schweiz:
Gruppe A: Schweiz vor der Ukraine und Italien. Belgien – Ukraine 0:0; Schweiz – Italien 1:1; Italien – Ukraine 0:1; Schweiz – Belgien 2:0; Ukraine – Schweiz 0:0; Italien – Belgien 4:0.
Gruppe B: Spanien vor der Türkei und Deutschland. Deutschland – Spanien 0:3; Polen – Türkei 3:4; Deutschland – Polen 3:1; Spanien – Türkei 3:2; Türkei – Deutschland 1:1; Spanien – Polen 4:1.
Halbfinale: Schweiz – Türkei n. V. 2:3; Spanien – Ukraine n. V. 2:2, Elfmeterschießen 4:1

Endspiel am 24. Juli 2004 in Nyon: Spanien – Türkei 1:0 (0:0)
Spanien: Ribas – Sergio Ramos, Alexis, Robusté, Garrido – Markel, Albiol – Juanfran (Joan Tomás), Víctor (Borja), Silva (Gavilán) – Soldado
Tor: Borja – Zuschauer: 4000 – SR: Proenca (Portugal).

Für die U20-WM 2005 in den Niederlanden qualifiziert: Niederlande (Veranstalter), Spanien, Türkei, Schweiz, Ukraine, Deutschland, Italien.

2005: Frankreich
Qualifikation: Deutschland setzte sich in der 1. Runde gegen Serbien-Montenegro (1:1), Slowenien (3:0) und Lettland (1:1) durch, in der 2. Runde gegen Tschechien (2:1), die Niederlande (2:0) und Kroatien (3:0).

Endrunde vom 18. bis 29. Juli 2005 in Nordirland:
Gruppe A: Serbien-Montenegro und Deutschland. Serbien-Montenegro – Deutschland 4:2; Nordirland – Griechenland 0:1; Griechenland – Deutschland 0:3; Nordirland – Serbien-Montenegro 0:1; Griechenland – Serbien-Montenegro 0:3; Deutschland – Nordirland 2:1.

Gruppe B: Frankreich und England. Frankreich – England 1:1; Norwegen – Armenien 2:0; Armenien – England 1:1; Norwegen – Frankreich 1:3; Armenien – Frankreich 0:1; England – Norwegen 3:2.
Halbfinale: Serbien-Montenegro – England 1:3; Frankreich – Deutschland 3:2.

Endspiel am 29. Juli 2005 in Belfast: Frankreich – England 3:1 (0:1)
Frankreich: Lloris – Moutaouakil, Kaboul, Marange – Gourcuff, Digard (Abdoun), Cabaye, Diaby – Dja Djedje (Gouffran), Baldé.

Tore: Chakouri, Baldé, Gouffran (Holmes) – Zuschauer: 5000 – SR: Vink (Niederlande).

2006: Spanien
Qualifikation: Deutschland setzte sich in der 1. Runde gegen Weißrussland (6:2), Griechenland (3:2) und die Niederlande (2:2) durch, scheiterte in der 2. Runde gegen Spanien (1:3), Schweden (2:1) und Zypern (6:0).

Endrunde vom 16. bis 29. Juli 2006 in Polen
Gruppe A: Tschechien, Österreich und Polen. Belgien – Tschechien 4:2, Polen – Österreich 0:1, Österreich – Tschechien 1:3, Polen – Belgien 4:1, Tschechien – Polen 2:0, Österreich – Belgien 4:1.
Gruppe B: Spanien, Schottland und Portugal. Spanien – Türkei 5:3, Schottland – Portugal 2:2, Schottland – Spanien 0:4, Portugal – Türkei 4:4, Portugal – Spanien 1:1, Türkei – Schottland 2:3.
Halbfinale: Tschechien – Schottland 0:1, Spanien – Österreich 5:0.

Endspiel am 29. Juli 2006 in Posen: Spanien – Schottland 2:1 (0:0)
Spanien: Adan – Barragan, Marc Valente, Pique, Canella – Javi Garcia, Mario Suarez, Toni (Jeffren), Capel (Granero) – Mata, Bueno.
Tore: Bueno 2 (Dorrans – Zuschauer: 5000 – SR: Jakobsson (Island).

Für die U20-WM 2007 in Kanada qualifiziert: Spanien, Schottland, Tschechien, Österreich, Polen und Portugal.

2007: Spanien
Qualifikation: Deutschland setzte sich in der 1. Runde gegen Schottland (0:1), Estland (7:2) und Bosnien-Herzegowina (5:0) durch, in der 2. Runde gegen Irland (1:0), Ungarn (0:0) und Bulgarien (2:0).

Endrunde vom 16. bis 27. Juli 2007 in Österreich
Gruppe A: Spanien und Griechenland. Griechenland – Portugal 1:0; Österreich – Spanien 0:2; Spanien – Portugal 1:1; Österreich – Griechenland 1:1; Spanien – Griechenland 0:0; Portugal – Österreich 2:0.
Gruppe B: Deutschland und Frankreich. Frankreich – Serbien 5:2; Deutschland – Russland 3:2; Russland – Serbien 2:6; Deutschland – Frankreich 1:1; Deutschland – Serbien 3:2; Russland – Frankreich 0:0.
Halbfinale: Spanien – Frankreich n. V. 0:0, Elfmeterschießen 4:2; Deutschland – Griechenland 2:3.

Endspiel am 27. Juli 2007 in Linz: Spanien – Griechenland 1:0 (1:0)
Spanien: Sergio Asenjo – Diaz, Echaide, Pablo Gil, Cantero – Coto (Zamora), Azpilicueta, Sanjoseé, Parejo (Berrocal) – Aaron, Emilio Nsue (Carletes).
Tor: Parejo – Zuschauer: 7200 – SR: Circhetta (Schweiz).

2008: Deutschland
Qualifikation: Deutschland setzte sich in der 1. Runde gegen Russland (2:3), Bosnien-Herzegowina (8:1) und Estland (5:1) durch, in der 2. Runde gegen Kroatien (2:2), die Slowakei (5:2) und Albanien (2:0).

Endrunde vom 14. bis 26. Juli 2008 in Tschechien
Gruppe A: Deutschland und Ungarn. Bulgarien – Ungarn 0:1; Deutschland – Spanien 2:1; Spanien – Ungarn 0:1; Deutschland – Bulgarien 3:0; Ungarn – Deutschland 1:2; Spanien – Bulgarien 4:0.
Gruppe B: Italien und Tschechien. Tschechien – England 2:0; Griechenland – Italien 1:1; Tschechien – Griechenland 0:0; England – Italien 0:0; Italien – Tschechien 4:3; England – Griechenland 3:0.
Halbfinale: Italien – Ungarn 1:0; Deutschland – Tschechien n. V. 2:1.

Endspiel am 26. Juli 2008 in Jablonec: Deutschland – Italien 3:1 (1:0)
Deutschland: Zieler – Diekmeier, Jungwirth, Reinartz, Kopplin – Risse (Latza), S. Bender, L. Bender (Toprak), Naki (Oczipka) – Gebhart, Sukuta-Pasu – Gelb-Rote Karte: Jungwirth.
Tore: L. Bender, Sukuta-Pasu, Gebhart (Raggio Garibaldi) – Zuschauer: 2000 – SR: Collum (Schottland).

Für die U20-WM 2009 in Ägypten qualifiziert: Deutschland, Italien, Ungarn, Tschechien, Spanien und England.

2009: Ukraine
Qualifikation: Deutschland setzte sich in der 1. Runde gegen die Niederlande (2:1), Litauen (5:0) und Luxemburg (3:0) durch, scheiterte in der 2. Runde gegen Spanien (0:1), Tschechien (1:0) und Estland (5:0).

Endrunde vom 21. Juli bis 2. August 2009 in der Ukraine
Gruppe A: England und Ukraine. Ukraine – Slowenien 0:0; England – Schweiz 1:1; Ukraine – England 2:2; Slowenien – Schweiz 1:2; Schweiz – Ukraine 0:1; Slowenien – England 1:7.
Gruppe B: Serbien und Frankreich. Frankreich – Serbien 1:1; Türkei – Spanien 1:2; Frankreich – Türkei 1:1; Serbien – Spanien 2:1; Spanien – Frankreich 0:1; Serbien – Türkei 1:0.
Halbfinale: England – Frankreich n. V. 3:1, Serbien – Ukraine 1:3.

Endspiel am 2. August 2009 in Donezk: Ukraine – England 2:0 (1:0)
Ukraine: Levchenko – Chaykovskiy, Partsvaniya, Kryvtsov, Kushnirov – Petrov (Yeremenko), Rybalka, Shakhov, Korkishko – Kaverin (Shevchuk), Garmash.
Tore: Garmash, Korkishko – Zuschauer: 25 100 – SR: Jech (Tschechien).

2010: Frankreich
Qualifikation: Deutschland setzte sich in der 1. Runde gegen die Türkei (1:2), Moldawien (5:0) und Luxemburg (3:0) durch, scheiterte in der 2. Runde gegen die Niederlande (0:3), die Slowakei (1:2) und Polen (4:1).

Endrunde vom 18. bis 30. Juli 2010 in Frankreich
Gruppe A: Frankreich und England. Österreich – England 2:3; Frankreich – Niederlande 4:1; Niederlande – England 1:0; Frankreich – Österreich 5:0; England – Frankreich 1:1; Niederlande – Österreich 0:1.
Gruppe B: Spanien und Kroatien. Kroatien – Spanien 1:2; Italien – Portugal 0:2; Spanien – Portugal 2:1; Kroatien – Italien 0:0; Spanien – Italien 3:0; Portugal – Kroatien 0:5.
Halbfinale: Spanien – England 3:1; Frankreich – Kroatien 2:1.
Endspiel am 30. Juli in Caen: Frankreich – Spanien 2:1 (0:1)
Frankreich: Diallo – Nego, Faure, Mavinga, Kolodzeiejczak – Fofana, Coquelin – Sunu (Lacazette), Kakuta, Griezmann (Tafer) – Bakambu.
Tore: Sunu, Lacazette (Rodrigo) – Zuschauer: 20 000 – SR: Studer (Schweiz).

Für die U20-WM 2011 in Kolumbien qualifiziert: Frankreich, Spanien, England, Kroatien, Österreich und Portugal.

2011: Spanien
Qualifikation: Deutschland setzte sich in der 1. Runde gegen die Schweiz (2:2), Nordirland (2:1) und Andorra (10:0) durch, scheiterte in der 2. Runde an der Türkei (0:1), Ungarn (3:0) und Mazedonien (5:0).

Endrunde vom 20. Juli bis 1. August 2011 in Rumänien
Gruppe A: Tschechien und Irland. Rumänien – Tschechien 1:3; Griechenland Irland 1:2; Tschechien – Irland 2:1; Rumänien – Griechenland 0:1; Irland – Rumänien 0:0; Tschechien – Griechenland 1:0.
Gruppe B: Spanien und Serbien. Serbien – Türkei 2:0; Spanien – Belgien 4:1; Türkei – Belgien 1:1; Serbien – Spanien 0:4; Belgien – Serbien 1:1; Türkei – Spanien 3:0.
Halbfinale: Tschechien – Serbien 4:2; Spanien – Irland 5:0.

Endspiel am 1. August in Chiajna: Spanien – Tschechien n. V. 3:2 (1:1, 0:0)
Spanien: Badaa – Blazquez, Miquel, Sergi Gomez, Aurtenetxe – Álex Fernandez (Campana), Ruben Pardo, Deulofeu, Sarabia (Muniz), Juanmi (Alcácer) – Morata.
Tore: Aurtenetxe, Alcácer 2 (Krejci, Lacha) – Zuschauer: 5000 – SR: Attwell (England).

2012: Spanien
Deutschland setzte sich in der 1. Runde gegen Nordirland (5:1), Montenegro (2:0) und Weißrussland (3:3) durch, scheiterte in der 2. Runde an Serbien (2:2), Rumänien (1:1) und Ungarn (3:0).

Endrunde vom 3. bis 15. Juli 2012 in Estland
Gruppe A: Spanien und Griechenland. Griechenland – Spanien 1:2; Estland – Portugal 0:3; Estland – Griechenland 1:4; Portugal – Spanien 3:3; Spanien – Estland 2:0; Portugal – Griechenland 2:3.

Gruppe B: England und Frankreich. England – Kroatien 1:1; Serbien – Frankreich 0:3; Frankreich – Kroatien 1:0; Serbien – England 1:2; Kroatien – Serbien 3:0; Frankreich – England 1:2.
Halbfinale: England – Griechenland n. V. 1:2; Spanien – Frankreich n. V. 3:3, Elfmeterschießen 4:2.

Endspiel am 15. Juli in Tallinn: Spanien – Griechenland 1:0 (0:0)
Spanien: Kepa – Joni, Ramalho, Osede, Grimaldo – Campana, Suso (Denis Suarez) – Jesé (Bernat), Oliver Torres, Deulofeu (Juanmi) – Alcacer.
Tor: Jesé – Zuschauer: 7864 – SR: Makkelie (Niederlande).

Für die U20-Weltmeisterschaft 2013 in der Türkei qualifiziert: Türkei (Veranstalter), Spanien, Griechenland, Frankreich, England, Portugal, Kroatien.

2013: Serbien
Qualifikation: Deutschland setzte sich in der 1. Runde gegen Irland (2:2), Mazedonien (5:0) und Luxemburg (5:0) durch, scheiterte in der 2. Runde gegen die Niederlande (0:1), Norwegen (1:3) und Zypern (3:1).

Endrunde vom 20. Juli bis 1. August 2013 in Litauen
Gruppe A: Spanien und Portugal. Litauen – Niederlande 2:3; Spanien – Portugal 1:0; Niederlande – Portugal 1:4; Litauen – Spanien 0:2; Portugal – Litauen 4:2; Niederlande – Spanien 2:3.
Gruppe B: Serbien und Frankreich. Serbien – Türkei 2:1; Georgien – Frankreich 0:0; Serbien – Georgien 1:0; Türkei – Frankreich 1:2; Frankreich – Serbien 1:1; Türkei – Georgien 4:2.
Halbfinale: Serbien – Portugal n. V. 2:2, Elfmeterschießen 3:2, Spanien – Frankreich 1:2..

Endspiel am 1. August in Marijampole: Serbien – Frankreich 1:0 (0:0)
Serbien: Rajkovic – Golubovic, Veljkovic, Filipovic, Antic – Milinkovic-Savic, Maksimovic – Djurdjevic (Ozegovic), Pavlovski (Urosevic), Lukovic (Meleg) – Mitrovic.
Tor: Lukovic – Zuschauer: 3000 – SR: Kulbakov (Weißrussland).

2014: Deutschland
Qualifikation: Deutschland setzte sich in der 1. Runde gegen Schottland (1:1), Lettland (5:0) und Weißrussland (2:1) durch, in der 2. Runde gegen Spanien (3:1), Dänemark (4:0) und Litauen (2:0).

Endrunde vom 19. bis 31. Juli 2014 in Ungarn
Gruppe A: Portugal und Österreich. Portugal – Israel 3:0; Ungarn – Österreich 1:3; Österreich – Israel 3:0; Ungarn – Portugal 1:6; Österreich – Portugal 1:2; Israel – Ungarn 1:2.
Gruppe B: Deutschland und Serbien. Ukraine – Serbien 1:1; Bulgarien – Deutschland 0:3; Deutschland – Serbien 2:2; Bulgarien – Ukraine 0:1; Deutschland – Ukraine 2:0; Serbien – Bulgarien 1:0.
Halbfinale: Deutschland – Österreich 4:0; Portugal – Serbien n. v. 0:0, Elfmeterschießen 4:3.
Endspiel am 31. Juli in Budapest: Deutschland – Portugal 1:0 (1:0)
Deutschland: Schnitzler – Akpoguma, Stark, Kempf, Holthaus – Öztunali, Kimmich – Brandt, Stendera (Lohkemper), Mukhtar (Syhre) – Selke.
Tor: Mukhtar – Zuschauer: 8343 – SR: Estrada (Spanien).

Für die U20-Weltmeisterschaft 2015 in der Neuseeland qualifiziert: Deutschland, Portugal, Österreich, Serbien, Ungarn, Ukraine.

2015: Spanien
Qualifikation: Deutschland setzte sich in der 1. Runde gegen Kasachstan (6:0), Lettland (3:0) und Österreich (1:5) durch, in der 2. Runde gegen die Slowakei (1:1), Irland (3:2) und Tschechien (6:0).

Endrunde vom 6. bis 19. Juli 2015 in Griechenland
Gruppe A: Frankreich und Griechenland. Griechenland – Ukraine 2:0; Österreich – Frankreich 0:1; Ukraine – Frankreich 1:3; Griechenland – Österreich 0:0; Ukraine – Österreich 2:2; Frankreich – Griechenland 2:0.
Gruppe B: Russland und Spanien. Niederlande – Russland 1:0; Deutschland – Spanien 0:3; Spanien – Russland 1:3; Deutschland – Niederlande 1:0; Russland – Deutschland 2:2; Spanien – Niederlande 1:1.
Halbfinale: Russland – Griechenland 4:0; Frankreich – Spanien 0:2.

Endspiel am 19. Juli 2015 in Katerini: Spanien – Russland 2:0 (1:0)
Spanien: Sivera – Borja (Marin), Vallejo, Meré, Caricol – Hernandez, Merino – Asensio, Dani Ceballos, Pedraza (Matias Nahuel) – Mayoral (Carlos Fernandez).
Tore: Mayoral, Nahuel – Zuschauer: 4149 – SR: Taylor (England).

2016: Frankreich
Qualifikation: Deutschland als Gastgeber automatisch qualifiziert.

Endrunde vom 11. bis 24. Juli 2016 in Deutschland
Gruppe A: Portugal und Italien. Deutschland – Italien 0:1; Portugal – Österreich 1:1; Italien – Österreich 1:1; Deutschland – Portugal 3:4; Österreich – Deutschland 0:3; Italien – Portugal 1:1.
Gruppe B: England und Frankreich. Kroatien – Niederlande 1:3; Frankreich – England 1:2; Niederlande – England 1:2; Kroatien – Frankreich 0:2; England – Kroatien 2:1; Niederlande – Frankreich 1:5.
Spiel um den 5. Platz: Deutschland – Niederlande n. V. 3:3, Elfmeterschießen 5:4.
Halbfinale: England – Italien 1:2; Portugal – Frankreich 1:3.
Endspiel am 24. Juli 2016 in Sinsheim: Frankreich – Italien 4:0 (2:0)
Frankreich: Bernardoni – Michelin, Onguene, Diop, Maouassa – Tousart – Poha (Thuram), Harit (Fuchs) – Blas (Gelin), Mbappe Lottin – Augustin.
Tore: Augustin, Blas, Tousart, Diop – Zuschauer: 25 100 – SR: Aghayev (Aserbaidschan).

Für die U-20-Weltmeisterschaft 2017 in Südkorea qualifiziert: Frankreich, Italien, England, Portugal und Deutschland.

Junioren-Europameisterschaft U 16/U 17

Die bisherigen Gewinner (bis 1998 UEFA-Wettbewerb U 16, ab 1999 offiziell als Europameisterschaft, ab 2002 als U17-EM): 1982 Italien – 1984 Deutschland – 1985 Sowjetunion – 1986 Spanien – 1987 Titel vakant – 1988 Spanien – 1989 Portugal – 1990 Tschechoslowakei – 1991 Spanien – 1992 Deutschland – 1993 Polen – 1994 Türkei – 1995, 1996 Portugal – 1997 Spanien – 1998 Irland – 1999 Spanien – 2000 Portugal – 2001 Spanien – 2002 Schweiz – 2003 Portugal – 2004 Frankreich – 2005 Türkei – 2006 Russland – 2007, 2008 Spanien – 2009 Deutschland – 2010 England – 2011, 2012 Niederlande – 2013 Russland – 2014 England – 2015 Frankreich – 2016 Portugal.

1980/82: Italien
Qualifikation: Deutschland qualifizierte sich gegen Luxemburg (7:0, 5:0), Belgien (3:0, 0:0) und die Niederlande (3:0, 4:1); die DDR qualifizierte sich gegen Österreich (0:0, 1:0), die Tschechoslowakei (2:1, 1:1) und Polen (1:0, 1:1).
Viertelfinale: DDR – Deutschland 1:1, 2:3; Frankreich – Italien 2:2, 0:3; Sowjetunion – Jugoslawien 2:0, 0:2, Elfmeterschießen 2:4; Finnland – Schottland 1:2, 2:0.

Endrunde vom 5. bis 7. Mai 1982 in Italien
Halbfinale: Finnland – Italien 1:1, Elfmeterschießen 2:4; Deutschland – Jugoslawien 2:1.
Spiel um den 3. Platz: Jugoslawien – Finnland 0:0, Elfmeterschießen 4:2.

Endspiel am 7.5.1982 in Falconara: Italien – Deutschland 1:0 (1:0)
Italien: Rosin – Galbagini, Carannante, Lucci, Olmi, Righetti, Monti, Giannini, Macina (Freggia), Simonetta (Pampaloni), Zagaria.
Deutschland: Nagel – Karp, Drehsen, Zietsch, Schröder – Wöber, Pomp, Klepper (Kurtenbach) – Koy, Glaß, Zechel (Wolff).
Tor: Macina – Zuschauer: 7500 – SR: Nyffenegger (Schweiz).

1982/84: Deutschland
Qualifikation: Deutschland qualifizierte sich gegen die DDR (5:0, 1:0), Schweden (2:0, 1:0) und Norwegen (4:3, 2:0); die DDR spielte gegen Schweden 0:0, 0:1 und gegen Norwegen 5:1, 2:2.
Viertelfinale: Niederlande – Deutschland 0:4, 2:2; England – Frankreich 4:0, 1:1; Italien – Jugoslawien 1:1, 0:1; Bulgarien – Sowjetunion 1:0, 0:3.

Endrunde vom 1. bis 6. Mai 1984 in Deutschland
Halbfinale: Deutschland – Jugoslawien 5:1; Sowjetunion – England 2:0.
Spiel um den 3. Platz: England – Jugoslawien 1:0.

Endspiel am 6. Mai 1984 in Ulm: Deutschland – Sowjetunion 2:0 (1:0)
Deutschland: Illgner – Eichin, Strich, Hahn, Hafner – Fritz (Reuter), Knäbel, Drews – Simmes, Janßen, Ostermann (Krümpelmann).
Tore: Simmes, Janßen – Zuschauer: 10 000 – SR: Nemeth (Ungarn).

• Die U16-EM wird künftig jährlich ausgetragen.

1985: Sowjetunion
Qualifikation: Deutschland qualifizierte sich gegen Schweden (5:1, 0:0) und Polen (5:0, 6:0); die DDR qualifizierte sich gegen Österreich (2:1, 2:1).

Endrunde vom 15. bis 27. Mai 1985 in Ungarn:
Gruppe A: Sowjetunion. Ungarn – Sowjetunion 0:2, Deutschland – Portugal 1:1, Deutschland – Sowjetunion 1:2, Ungarn – Portugal 2:0, Sowjetunion – Portugal 2:0, Ungarn – Deutschland 0:1.
Gruppe B: Spanien. Italien – Jugoslawien 0:1, Spanien – Schweden 4:0, Italien – Spanien 0:0, Jugoslawien – Schweden 1:3, Italien – Schweden 2:5, Jugoslawien – Spanien 0:0.
Gruppe C: DDR. Bulgarien – Norwegen 0:1, DDR – Niederlande 1:1, Bulgarien – DDR 0:1, Norwegen – Niederlande 0:0, Bulgarien – Niederlande 4:2, Norwegen – DDR 0:0.
Gruppe D: Griechenland. Island – Schottland 0:2, Frankreich – Griechenland 0:2, Island – Frankreich 0:4, Schottland – Griechenland 1:2, Island – Griechenland 0:4, Schottland – Frankreich 0:3.
Halbfinale: Spanien – Griechenland 0:0, Elfmeterschießen 3:4; Sowjetunion – DDR 5:3.
Um den 3. Platz: Spanien – DDR 1:0.

Endspiel am 26. Mai 1985 in Budapest: Sowjetunion – Griechenland 4:0 (2:0)
Sowjetunion: Harin – Kaszumow, Baltuskinas, Bednij (Piszkunow), Kulumbekow – Litvinyenko, Kobeljow, Mjaszyikow, Revisvili (Markoszjan) – Mikashavidze, Pancsulija.
Tore: Pancsulija 2, Kobeljow, Kaszumow – Zuschauer: 500 – SR: Illjevski (Jugoslawien).

1986: Spanien
Qualifikation: Deutschland scheiterte gegen Italien (1:4, 3:1); die DDR qualifizierte sich gegen Ungarn (1:0, 1:0) und die Tschechoslowakei (2:0, 2:1).

Endrunde vom 28. April bis 12. Mai 1986 in Griechenland:
Gruppe A: Italien. Schottland – Portugal 5:1, Italien – Griechenland 3:0, Italien – Schottland 1:0, Portugal – Griechenland 3:0, Italien – Portugal 0:0, Schottland – Griechenland 1:0.
Gruppe B: Spanien. Bulgarien – Schweden 1:0, Spanien – Norwegen 2:0, Bulgarien – Spanien 0:0, Schweden – Norwegen 0:0, Spanien – Schweden 3:0, Norwegen – Bulgarien 1:1.
Gruppe C: DDR. DDR – Österreich 1:1, Dänemark – Tschechoslowakei 1:1, Dänemark – DDR 1:2, Österreich – Tschechoslowakei 0:4, DDR – Tschechoslowakei 2:0, Dänemark – Österreich 2:0.
Gruppe D: Sowjetunion. Sowjetunion – Niederlande 3:1, Frankreich – Rumänien 2:1, Niederlande – Frankreich 1:0, Sowjetunion – Rumänien 3:1, Frankreich – Sowjetunion 1:4, Rumänien – Niederlande 1:0.
Halbfinale: Italien – DDR 2:2, Elfmeterschießen 4:2; Spanien – Sowjetunion 2:1.
Um den 3. Platz: Sowjetunion – DDR 1:1, Elfmeterschießen 8:7.

Endspiel am 10. Mai 1986 in Athen: Spanien – Italien 2:1 (1:0)
Die Spanien: Ruiz – Lopez Mateo, Zaballos – Biazquez, Machero, Baeza – Criado (Vidal Nova), Prieto, Herrera, Ballester Menguez, Salvador (Caseres Benito).
Tore: Menguez, Eigentor Flamigni (Cappellini) – Zuschauer: 600 – SR: Karlsson (Schweden).

1987: Titel vakant*)
Qualifikation: Deutschland qualifizierte sich gegen Spanien (2:0, 2:2); die DDR qualifizierte sich gegen Island (1:1, 2:1).

Endrunde vom 25. Mai bis 3. Juni 1987 in Frankreich:
Gruppe A: Türkei. Israel – Dänemark 1:1, Türkei – Griechenland 0:0, Türkei – Israel 1:0, Griechenland – Dänemark 1:1, Türkei – Dänemark 1:0, Griechenland – Israel 0:0.
Gruppe B: Frankreich. Frankreich – Portugal 2:1, Schottland – DDR 2:2, Frankreich – Schottland 1:1, Portugal – DDR 1:0, Schottland – Portugal 1:3, DDR – Frankreich 0:3.

Gruppe C: Italien (durch Losentschied vor Deutschland). Deutschland – Nordirland 2:1, Italien – Tschechoslowakei 2:1, Tschechoslowakei – Deutschland 1:1, Italien – Nordirland 1:1, Nordirland – Tschechoslowakei 0:0, Deutschland – Italien 2:2.
Gruppe D: Sowjetunion. Sowjetunion – Jugoslawien 4:0, Norwegen – Österreich 0:0, Sowjetunion – Österreich 1:0, Norwegen – Jugoslawien 2:0, Jugoslawien – Österreich 1:1, Sowjetunion – Norwegen 4:1.
Halbfinale: Italien – Türkei 1:0; Sowjetunion – Frankreich n. V. 0:0, Elfmeterschießen 3:0.
Um den 3. Platz: Frankreich – Türkei 3:0.

Endspiel am 3. Juni 1987 in Paris: Italien – Sowjetunion 1:0 (1:0) *
Die Siegermannschaft: Lafuenti – Di Rocco, Gasparini – Secci, Stafico, Melli – Brunetti, Pessotto, Gallo, Bianchi, Cappellini.
Tor: Gallo – Zuschauer: 10 000 – SR: Ziller (DDR).

*) Wegen nichtberechtigten Mitwirkens des Spielers Secci wurde Italien der Titel aberkannt. Zur WM in Kanada durfte Italien lt. FIFA-Beschluss trotzdem fahren.

1988: Spanien
Qualifikation: Deutschland qualifizierte sich gegen Schottland (1:1, 1:0); die DDR qualifizierte sich gegen Zypern (3:0, 0:1).

Endrunde vom 9. bis 22. Mai 1988 in Spanien:
Gruppe A: Deutschland. Finnland – Österreich 1:0, Deutschland – Norwegen 1:1, Norwegen – Finnland 2:0, Deutschland – Österreich 3:0, Deutschland – Finnland 2:1, Österreich – Norwegen 1:0.
Gruppe B: DDR. DDR – Rumänien 1:1, Schweden – Jugoslawien 1:0, Rumänien – Schweden 1:1, DDR – Jugoslawien 1:0, DDR – Schweden 1:1, Elfmeterschießen 5:4, Rumänien – Jugoslawien 1:1.
Gruppe C: Spanien. Spanien – Ungarn 0:0, Frankreich – Türkei 1:0, Ungarn – Türkei 1:0, Spanien – Frankreich 1:0, Spanien – Türkei 4:2, Ungarn – Frankreich 1:1.
Gruppe D: Portugal. Irland – Portugal 0:0, Belgien – Schweiz 2:1, Irland – Schweiz 2:2, Portugal – Belgien 1:0, Irland – Belgien 1:0, Portugal – Schweiz 1:0.
Halbfinale: Spanien – Deutschland 3:0; Portugal – DDR 4:0.
Um den 3. Platz: DDR – Deutschland n. V. 0:0, Elfmeterschießen 5:4.

Endspiel am 21. Juni 1988 in Madrid: Spanien – Portugal n. V. 0:0, Elfmeterschießen 4:2
Spanien: Iglesias – Martinez, Elizondo, Dadie, Gallardo, Calvo, Cuellar (Porro), Torre (Lopez), Urzaiz, Lasa, Delgado.
Zuschauer: 15 000 – SR: Girard (Frankreich).

1989: Portugal
Qualifikation: Deutschland scheiterte gegen die UdSSR (0:1, 0:2); die DDR qualifizierte sich gegen Nordirland (3:0, 0:0).

Endrunde vom 4. bis 14. Mai 1989 in Dänemark:
Gruppe A: Portugal. Portugal – Schweiz 2:0, Norwegen – Rumänien 0:1, Portugal – Norwegen 3:0, Schweiz – Rumänien 0:0, Portugal – Rumänien 4:0, Schweiz – Norwegen 4:1.
Gruppe B: Frankreich. Frankreich – Jugoslawien 0:0, Österreich – Dänemark 3:9, Frankreich – Österreich 3:2, Jugoslawien – Dänemark 2:0, Frankreich – Dänemark 3:1, Jugoslawien – Österreich 1:0.
Gruppe C: Spanien. Bulgarien – Griechenland 1:1, Spanien – Niederlande 2:0, Bulgarien – Spanien 0:2, Griechenland – Niederlande 3:3, Bulgarien – Niederlande 0:1, Griechenland – Spanien 0:1.
Gruppe D: DDR. Schottland – Sowjetunion 1:2, DDR – Italien 1:0, Schottland – DDR 2:2, Sowjetunion – Italien 1:1, Schottland – Italien 1:1, Sowjetunion – DDR 1:1, Elfmeterschießen 5:6.
Halbfinale: Portugal – Spanien 2:1; Frankreich – DDR 0:3.
Um den 3. Platz: Frankreich – Spanien 3:2.

Endspiel am 14. Mai in Velle: Portugal – DDR 4:1 (1:0)
Portugal: Santos (Fonseca) – Cruz, Figo, Peixe, Xavier, Simao, Sousa, Lemos (Lourenco), Macaes, Gregorio, Gomes.
Tore: Figo, Simao, Lemos, Gomes (Kampf) – Zuschauer: 1000 – SR: Uilenberg (Niederlande).

1990: Tschechoslowakei

Qualifikation: Deutschland qualifizierte sich gegen Luxemburg (3:0, 5:1); die DDR war als Ausrichter automatisch qualifiziert.

Endrunde vom 15. bis 27. Mai 1990 in der DDR:
Gruppe A: Portugal. Nordirland – Portugal 1:2, Dänemark – Türkei 3:0, Nordirland – Dänemark 0:6, Portugal – Türkei 2:2, Nordirland – Türkei 2:0, Portugal – Dänemark 3:1..
Gruppe B: Polen. Polen – Zypern 3:0, Schweden – Ungarn 2:2, Polen – Schweden 1:1, Zypern – Ungarn 2:0, Polen – Ungarn 2:0, Zypern – Schweden 0:3.
Gruppe C: Tschechoslowakei. Tschechoslowakei – Deutschland 0:0, Frankreich – Schottland 1:1, Tschechoslowakei – Frankreich 2:0, Deutschland – Schottland 5:1, Tschechoslowakei – Schottland 3:0, Deutschland – Frankreich 1:1.
Gruppe D: Jugoslawien. Spanien – DDR 3:1, Belgien – Jugoslawien 0:2, Spanien – Belgien 1:0, DDR – Jugoslawien 0:1, Spanien – Jugoslawien 0:1, DDR – Belgien 1:1.
Halbfinale: Jugoslawien – Polen 4:1, Tschechoslowakei – Portugal n. V. 0:0, Elfmeterschießen 5:3.
Um den 3. Platz: Polen – Portugal 3:2.

Endspiel am 27. Mai in Erfurt: Tschechoslowakei – Jugoslawien n. V. 3:2 (2:2, 0:1)
Tschechoslowakei: Hyll – Kowar, Sulek, Repka, Cieslar, Vomacka (Roub), Votava, Berger, Cizek, Penska, Matejka (Ungvölgyi).
Tore: Penksa, Berger, Ckzek (Pantelic, Stanojevic) – Zuschauer: 500 – SR: Varga (Ungarn).

1991: Spanien

Qualifikation: Deutschland qualifizierte sich gegen Nordirland (3:0, 1:0).

Endrunde vom 6. bis 19. Mai 1991 in der Schweiz:
Gruppe A: Deutschland. Deutschland – Österreich 1:3, Bulgarien – Schweden 0:1, Deutschland – Schweden 1:0, Bulgarien – Österreich 0:1, Deutschland – Bulgarien 5:0, Schweden – Österreich 1:0.
Gruppe B: Griechenland. Portugal – Schweiz 2:0, Griechenland – Polen 1:0, Portugal – Griechenland 1:1, Schweiz – Polen 1:1, Schweiz – Griechenland 0:4, Portugal – Polen 1:0.
Gruppe C: Frankreich. Rumänien – Dänemark 1:1, Frankreich – Finnland 0:0, Frankreich – Rumänien 3:0, Finnland – Dänemark 1:1, Finnland – Rumänien 1:2, Frankreich – Dänemark 4:1.
Gruppe D: Spanien: Jugoslawien – Island 1:2, Sowjetunion – Spanien 1:4, Jugoslawien – Sowjetunion 1:2, Island – Spanien 1:2, Jugoslawien – Spanien 3:2, Island – Sowjetunion 0:2.
Halbfinale: Deutschland – Frankreich 1:1, Elfmeterschießen 5:4; Spanien – Griechenland 1:0.
Um den 3. Platz: Griechenland – Frankreich 1:1, Elfmeterschießen 5:4.

Endspiel am 18. Mai 1991 in Bern: Spanien – Deutschland 2:0 (2:0)
Spanien: Javier (Redomdo) – Palacios – Castao, Exposito, Medina – Gerardo, Fontenas, Sandro, Emilio – Murqui (Daniel), Robaina.
Deutschland: Fiedler – Schenk – Schiersand, Rasijewski – Bähr, Günther, Lutz (Licht), Schwab (Carl) – Sarna, Jancker, Babatz.
Tore: Robaina (2) – Zuschauer: 2000 – SR: Frisk (Schweden).

1992: Deutschland

Qualifikation: Deutschland qualifizierte sich gegen Albanien (8:1, Rückspiel wegen politischer Unruhen nicht ausgetragen).

Endrunde vom 7. bis 17. Mai 1992 in Zypern:
Gruppe A: Italien. Dänemark – Finnland 1:0, Italien – Jugoslawien 4:0, Italien – Dänemark 2:0, Jugoslawien – Finnland 2:0, Italien – Finnland 1:2, Dänemark – Jugoslawien 1:2.
Gruppe B: Spanien. Spanien – Rumänien 3:1, Niederlande – Irland 2:0, Spanien – Niederlande 2:0, Rumänien – Irland 0:0, Spanien – Irland 1:1, Rumänien – Niederlande 0:4.
Gruppe C: Deutschland. Deutschland – Nordirland 3:1, Schottland – Zypern 3:0, Deutschland – Schottland 1:0, Nordirland – Zypern 0:0, Deutschland – Zypern 2:1, Schottland – Nordirland 3:1.
Gruppe D: Portugal. Israel – Ungarn 3:2, Portugal – Frankreich 2:1, Portugal – Ungarn 1:1, Frankreich – Israel 0:0, Portugal – Israel 1:0, Frankreich – Ungarn 0:1.
Halbfinale: Deutschland – Italien 0:0, Elfmeterschießen 6:5; Spanien – Portugal 3:1.
Um den 3. Platz: Italien – Portugal 1:0.

Endspiel am 17. Mai 1992 in Nicosia: Deutschland – Spanien 2:1 (1:1)
Deutschland: Wieland – Hahn – Fensch, Dawitschek – Bochtler, Lehmann, Hinz, Ratkowski, Ricken – Michalke (Gehring), Bettenstaedt (Wedau).
Tore: Bettenstaedt, Hinz (Munoz) – Zuschauer: 1500 – SR: Mottram (Schottland).

1993: Polen
Qualifikation: Deutschland scheiterte gegen Spanien (1:0, 1:3).

Endrunde vom 1. bis 8. Mai 1993 in der Türkei:
Gruppe A: Polen und Schweiz. Polen – Schweiz 1:1, Island – Nordirland 6:2, Polen – Island 2:0, Schweiz – Nordirland 1:1, Polen – Nordirland 1:0, Schweiz – Island 1:0.
Gruppe B: Ungarn und Spanien. Ungarn – Griechenland 2:0, Türkei – Spanien 0:1, Ungarn – Türkei 0:1, Griechenland – Spanien 0:1, Ungarn – Spanien 2:1, Griechenland – Türkei 2:2.
Gruppe C: RCS und Belgien. Belgien – England 1:1, RCS – Irland 2:1, Belgien – RCS 0:0, England – Irland 1:0, Belgien – Irland 2:1, England – RCS 0:2.
Gruppe D: Italien und Frankreich. Frankreich – Rußland 1:1, Portugal – Italien 1:2, Frankreich – Portugal 3:1, Rußland – Italien 1:2, Frankreich – Italien 1:1, Rußland – Portugal 1:1.
Viertelfinale: Polen – Belgien n. V. 0:0, Elfmeterschießen 2:0; Ungarn – Frankreich 0:3; RCS – Schweiz 3:0; Italien – Spanien n. V. 0:0, Elfmeterschießen 6:5.
Halbfinale: Italien – RCS n. V. 0:0, Elfmeterschießen 5:4; Frankreich – Polen n. V. 1:2.
Um den 3. Platz: RCS – Frankreich 2:1.

Endspiel am 8. Mai 1993 in Istanbul: Polen – Italien 1:0 (1:0)
Polen: Bladzewski – Kukielka, Drajer, Magiera, Kowalczyck (Janouski), Szulik – Rajtar, Terlecki, Andrujczack, Wyczalkouski, Koistounuski (Bielak).
Tor: Szulik – Zuschauer: 750 – SR: Kelly (Irland).

1994: Türkei
Qualifikation: Deutschland qualifizierte sich gegen Zypern (6:2, 0:1).

Endrunde vom 26. April bis 8. Mai 1994 in Irland:
Gruppe A: Österreich und Weißrussland. Österreich – Albanien 1:0, Spanien – Weißrussland 0:1, Spanien – Österreich 1:1, Weißrussland – Albanien 1:1, Albanien – Spanien 0:4, Weißrussland – Österreich 1:1, Elfmeterschießen 4:3.
Gruppe B: England und Portugal. RCS – Irland 1:0, Portugal – England 0:1, England – Irland 1:1, Portugal – RCS 2:0, England – RCS 2:1, Irland – Portugal 0:3.
Gruppe C: Russland und Dänemark. Deutschland – Russland 0:2, Schweiz – Dänemark 3:4, Dänemark – Russland 3:2, Schweiz – Deutschland 1:5, Dänemark – Deutschland 3:4, Russland – Schweiz 5:1.
Gruppe D: Türkei und Ukraine. Türkei – Island 2:1, Ukraine – Belgien 2:1, Island – Belgien 1:2, Türkei – Ukraine 1:1, Belgien – Türkei 0:4, Island – Ukraine 1:2.
Viertelfinale: Weißrussland – Dänemark 1:3; Russland – Österreich 0:2; England – Ukraine 2:2, Elfmeterschießen 6:7; Türkei – Portugal 0:0, Elfmeterschießen 5:3.
Halbfinale: Dänemark – Ukraine 2:2, Elfmeterschießen 5:3; Österreich – Türkei 0:1.
Um den 3. Platz: Ukraine – Österreich 2:0.

Endspiel am 8. Mai 1994 in Dublin: Türkei – Dänemark 1:0 (0:0)
Türkei: Tuncay – Caliskan, Seletli, Özke, Habiboglu, Terke, Bayhan, Meric, Önür, Saglam, Aydin.
Tor: Meric – Zuschauer: 2500 – SR: Albrecht (Deutschland).

1995: Portugal
Qualifikation: Deutschland qualifizierte sich gegen die Ukraine (4:2) und Israel (3:1).

Endrunde vom 12. April bis 7. Mai 1995 in Belgien:
Gruppe A: Tschechien und Schweden. Italien – Schweden 1:1, Tschechien – Polen 2:1, Polen – Schweden 0:1, Tschechien – Italien 1:0, Italien – Polen 0:0, Tschechien – Schweden 4:1.
Gruppe B: Belgien und Frankreich. Belgien – Frankreich 4:1, Österreich – Norwegen 1:0, Belgien – Norwegen 3:0, Frankreich – Österreich 1:0, Österreich – Belgien 0:0, Frankreich – Norwegen 4:0.
Gruppe C: Spanien und Deutschland. Spanien – Deutschland 3:0, Türkei – Slowenien 2:0, Deutschland – Slowenien 3:0, Türkei – Spanien 0:2, Spanien – Slowenien 3:1, Türkei – Deutschland 1:4.
Gruppe D: England und Portugal. Portugal – Slowakei 4:0, England – Schottland 1:1, England – Slowakei 2:1, Schottland – Portugal 1:3, Slowakei – Schottland 2:1, England – Portugal 3:1.
Viertelfinale: Deutschland – Tschechien 2:0; Belgien – Portugal 0:1; England – Frankreich n. V. 0:1, Spanien – Schweden 1:0.
Halbfinale: Deutschland – Portugal 1:3; Spanien – Frankreich 2:0.
Um den 3. Platz: Deutschland – Frankreich n. V. 2:1.

Endspiel am 6. Mai 1995 in Brüssel: Portugal – Spanien 2:0 (0:0)
Portugal: Santos – Aires, da Costa, Caneira, M. Costa, Leal, Cordeiro, Hipolito, Vieira (Rodrigues) – Soares, Vargas (Silva).
Tore: Soares, Pereira – Zuschauer: 2500 – SR: Meese (Belgien).

1996: Portugal

Qualifikation: Deutschland qualifizierte sich gegen die Niederlande (3:0, 3:3) und Zypern (3:2, 2:2).

Endrunde vom 29. April bis 11. Mai 1996 in Österreich:
Gruppe A: Portugal und Irland. Irland – Österreich 1:0, Portugal – Polen 3:0, Österreich – Polen 0:0, Irland – Portugal 0:2, Polen – Irland 0:1, Österreich – Portugal 2:2.
Gruppe B: Griechenland und Deutschland. Rumänien – Ukraine 0:1, Griechenland – Deutschland 2:1, Rumänien – Griechenland 0:1, Ukraine – Deutschland 1:6, Deutschland – Rumänien 4:1, Ukraine – Griechenland 1:1.
Gruppe C: Frankreich und Kroatien. Frankreich – Kroatien 2:0, Spanien – Schweiz 4:1, Frankreich – Spanien 3:0, Kroatien – Schweiz 2:1, Schweiz – Frankreich 0:1, Kroatien – Spanien 1:0.
Gruppe D: Israel und England. England – Slowakei 2:0, Türkei – Israel 3:0, England – Türkei 2:1, Slowakei – Israel 0:2, Israel – England 2:1, Slowakei – Türkei 2:0.
Viertelfinale: Portugal – Kroatien 5:1; Griechenland – England 1:0; Israel – Deutschland n. V. 3:2; Frankreich – Irland n. V. 0:0, Elfmeterschießen 5:4.
Halbfinale: Portugal – Griechenland 3:0; Frankreich – Israel 1:0.
Um den 3. Platz: Israel – Griechenland 3:2.

Endspiel am 11. Mai 1996 in Wien: Portugal – Frankreich 1:0 (0:0)
Portugal: Sergio – Valenta, Nuno Gomes, Flores, Fredy – Leal (Esteves), Ednilson, Celso Lopes – Paulo Costa (Cruz), Simao, Petit (Edgar).
Tor: Petit – Zuschauer: 5000 – SR: Plautz (Österreich).

1997: Spanien

Qualifikation: Deutschland als Ausrichter automatisch qualifiziert.

Endrunde vom 28. April bis 10. Mai 1997 in Deutschland:
Gruppe A: Deutschland und Schweiz. Deutschland – Israel 3:0, Schweiz 2:0, Nordirland 1:0, Schweiz – Nordirland 2:1, Israel 3:2, Israel – Nordirland 1:2.
Gruppe B: Spanien und Österreich. Polen – Österreich 0:4, Spanien 1:2, Ukraine 3:2, Spanien – Ukraine 6:1, Österreich 2:0, Österreich – Ukraine 0:2.
Gruppe C: Belgien und Ungarn. Ungarn – Georgien 6:3, Belgien 0:1, Italien 2:1, Belgien – Italien 1:0, Georgien 5:1, Georgien – Italien 3:5.
Gruppe D: Türkei und Slowakei. Türkei – Slowenien 2:0, Island 4:0, Slowakei 1:0, Slowakei – Island 1:0, Slowenien 2:2, Slowenien – Island 0:2.
Viertelfinale: Deutschland – Ungarn 3:1; Belgien – Schweiz n. V. 0:0, Elfmeterschießen 4:5; Spanien – Slowakei 3:1; Türkei – Österreich 0:3.
Halbfinale: Deutschland – Spanien 1:2; Österreich – Schweiz n. V. 0:0, Elfmeterschießen 6:5.
Um den 3. Platz: Deutschland – Schweiz 3:1.

Endspiel am 10. Mai in Celle: Spanien – Österreich n. V. 0:0, Elfmeterschießen 5:4
Spanien: Casillas – Aranceta, Gurruchaga, Sanchez – Blas (Lopez), Garcia, Guillen, Mateos (Garro), Camacho – Rodriguez-Fraile, Cuartero (Sanchez).
Zuschauer: 4000 – SR: Corpodean (Rumänien).

1998: Irland

Qualifikation: Deutschland scheiterte gegen Israel (0:1), die Schweiz (1:0) und Moldawien (7:0).

Endrunde vom 26. April bis 8. Mai 1998 in Schottland:
Gruppe A: Griechenland und Dänemark. Dänemark – Schweden 1:1, Griechenland – Island 2:0, Dänemark – Griechenland 0:0, Schweden – Island 1:1, Island – Dänemark 0:1, Schweden – Griechenland 0:2.
Gruppe B: Italien und Portugal. Liechtenstein – Norwegen 0:5, Portugal – Italien 1:1, Liechtenstein – Portugal 0:1, Norwegen – Italien 1:4, Italien – Liechtenstein 2:0, Norwegen – Portugal 1:2.
Gruppe C: Irland und Spanien. Schottland – Irland 0:0, Spanien – Finnland 1:0, Schottland – Spanien 1:1, Irland – Finnland 2:0, Finnland – Schottland 2:0, Irland – Spanien 1:0.

Gruppe D: Israel und Kroatien. Russland – Israel 1:1, Kroatien – Ukraine 2:0, Russland – Kroatien 0:0, Israel – Ukraine 1:1, Ukraine – Russland 2:1, Israel – Kroatien 2:0.
Viertelfinale: Italien – Kroatien 1:0; Spanien – Griechenland 2:1; Portugal – Israel 4:1; Irland – Dänemark 2:0.
Halbfinale: Italien – Spanien 2:1; Irland – Portugal 2:0
Um den 3. Platz: Spanien – Portugal 2:1.

Endspiel am 8. Mai 1998 in Perth: Irland – Italien 2:1 (1:0)
Irland: Murphy – Thompson, O'Shea, Goodwin, Foy – McGill, Miller, Barrett, Byrne, Reid – McMahon.
Tore: Foy, McMahon (Pelanti) – Zuschauer: 2000 – SR: McCurry (Schottland).

1999: Spanien
Qualifikation: Deutschland qualifizierte sich gegen die Ukraine (1:1, 2:0) und Jugoslawien (2:0, 1:1).

Endrunde vom 23. April bis 7. Mai 1999 in Tschechien
Gruppe A: Portugal und Israel. Israel – Finnland 3:2, Portugal – Schweiz 2:2, Finnland – Schweiz 1:4, Israel – Portugal 1:2, Finnland – Portugal 2:3, Schweiz – Israel 1:3.
Gruppe B: England und Slowakei. Ungarn – England 1:1, Slowakei – Schweden 2:0, Ungarn – Slowakei 1:2, England – Schweden 2:1, England – Slowakei 3:1, Schweden – Ungarn 2:1.
Gruppe C: Spanien und Polen. Russland – Polen 1:2, Spanien – Kroatien 2:0, Kroatien – Polen 1:1, Spanien – Russland 1:0, Kroatien – Russland 0:1, Polen – Spanien 0:3.
Gruppe D: Deutschland und Tschechien. Dänemark – Griechenland 0:1, Tschechien – Deutschland 0:1, Deutschland – Griechenland 2:0, Tschechien – Dänemark 1:0, Griechenland – Tschechien 0:2, Deutschland – Dänemark 0:2.
Viertelfinale: Spanien – Israel 5:1; Portugal – Polen 1:2; England – Tschechien 0:1; Deutschland – Slowakei 6:0.
Halbfinale: Polen – Tschechien 3:2; Spanien – Deutschland 4:0.
Um den 3. Platz: Deutschland – Tschechien 2:1 (0:0).

Endspiel am 7. Mai 1999 in Olmütz: Spanien – Polen 4:1 (1:1)
Spanien: Reina – Duque, Corrales, Arteta, Alvarez, Gonzales, Macedo (Molina), Aspas (Crusat), Parri, Perona (Sancet), Gomez Aitor.
Tore: Perona, Alvarez, Molina, Gomez, Sanchez (Grzelak) – Zuschauer: 4100 – SR: Poulat (Frankreich).

2000: Portugal
Qualifikation: Deutschland qualifizierte sich gegen Bosnien-Herzegowina (3:0), Moldawien (2:0) und Italien (0:0).

Endrunde vom 1. bis 14. Mai 2000 in Israel
Gruppe A: Russland und Portugal. England – Russland 2:3, Portugal – Irland 1:0, England – Portugal 1:2, Russland – Irland 3:0, Irland – England 2:1, Russland – Portugal 2:1.
Gruppe B: Tschechien und Slowakei. Tschechien – Dänemark 3:1, Slowakei – Finnland 2:2, Tschechien – Slowakei 2:2, Dänemark – Finnland 5:2, Dänemark – Slowakei 1:2, Finnland – Tschechien 3:7.
Gruppe C: Deutschland und Niederlande. Ungarn – Deutschland 1:4, Israel – Niederlande 0:2, Israel – Ungarn 1:3, Niederlande – Deutschland 0:1, Deutschland – Israel 2:2, Niederlande – Ungarn 2:0.
Gruppe D: Griechenland und Spanien. Rumänien – Griechenland 0:1, Spanien – Polen 7:2, Polen – Griechenland 3:3, Spanien – Rumänien 1:0, Griechenland – Spanien 2:1, Polen – Rumänien 3:0.
Viertelfinale: Russland – Niederlande 0:3; Deutschland – Portugal n. V. 1:1, Elfmeterschießen 5:6; Tschechien – Spanien 2:0; Griechenland – Slowakei 2:2, Elfmeterschießen 4:2.
Halbfinale: Niederlande – Tschechien 1:2; Portugal – Griechenland 2:1.
Um den 3. Platz: Niederlande – Griechenland 5:0.
Endspiel am 14. Mai 2000 in Tel Aviv: Portugal – Tschechien n. V. 2:1 (1:1, 0:1)
Portugal: Vale – Batista, Ribeiro, Cardoso, Meireles – Castro (Afonso), Paiva (Silva), Viana – Marques, Nunes, Bernardo.
Tore: Bernardo 2 (Jun) – Zuschauer: 500 – SR: Ishchenko (Ukraine).

2001: Spanien
Qualifikation: Deutschland qualifizierte sich gegen gegen Armenien (2:1), Moldawien (3:1) und Israel (1:3).

Endrunde vom 22. April bis 6. Mai 2001 in England
Gruppe A: Spanien und Deutschland. Rumänien – Spanien 0:3; Deutschland – Belgien 1:2, Rumänien – Deutschland 2:8, Spanien – Belgien 5:0, Belgien – Rumänien 2:0, Spanien – Deutschland 0:2.
Gruppe B: Türkei und Russland. Niederlande – Türkei 0:1, Polen – Russland 0:0, Niederlande – Polen 2:0, Türkei – Russland 0:1, Russland – Niederlande 0:0, Türkei – Polen 2:1.
Gruppe C: England und Italien. Schweiz – Ungarn 2:1, England – Italien 1:3, England – Schweiz 2:0, Italien – Ungarn 3:4, Ungarn – England 0:1, Italien – Schweiz 1:1.
Gruppe D: Frankreich und Kroatien. Frankreich – Schottland 3:0, Kroatien – Finnland 2:0, Frankreich – Kroatien 3:0, Schottland – Finnland 3:1, Finnland – Frankreich 0:5, Schottland – Kroatien 0:1.
Viertelfinale: Spanien – Italien 1:1, Elfmeterschießen 4:3; England – Deutschland 1:1, Elfmeterschießen 5:3; Türkei – Kroatien 0:2; Frankreich – Russland 2:0.
Halbfinale: Spanien – Kroatien 3:0; England – Frankreich 0:4.
Um Platz 3: Kroatien – England 4:1.

Endspiel am 6. Mai 2001 in Sunderland: Spanien – Frankreich 1:0 (0:0)
Spanien: Moya – Jesus, Carlos, Flano, Tarantino – Diego Leon (Berto), Melli, Busy (Pepe) Gavilan – F. Torres, S. Torres.
Tor: F. Torres – Zuschauer: 29 100 – SR: D'Urso (England).

2002: Schweiz
Qualifikation: Deutschland qualifizierte sich gegen Russland (2:1, 5:1) und Nordirland (2:1, 2:0).

Endrunde vom 27. April bis 10. Mai 2002 in Dänemark
Gruppe A: England und Dänemark. Dänemark – Niederlande 4:4, Finnland – England 2:3, Niederlande – England 0:2, Dänemark – Finnland 6:0, England – Dänemark 0:0, Niederlande – Finnland 6:1.
Gruppe B: Schweiz und Frankreich. Portugal – Frankreich 0:2, Schweiz – Ukraine 3:1, Schweiz – Portugal 1:0, Ukraine – Frankreich 0:0, Frankreich – Schweiz 1:2, Ukraine – Portugal 1:2.
Gruppe C: Spanien und Jugoslawien. Spanien – Tschechien 4:1, Moldawien – Jugoslawien 3:6, Spanien – Moldawien 4:2, Tschechien – Jugoslawien 1:3, Tschechien – Moldawien 3:2, Jugoslawien – Spanien 1:5.
Gruppe D: Deutschland und Georgien. Deutschland – Georgien 1:1, Ungarn – Polen 1:3, Georgien – Polen 1:1, Deutschland – Ungarn 6:2, Georgien – Ungarn 2:1, Polen – Deutschland 0:1.
Viertelfinale: England – Jugoslawien 1:0; Spanien – Dänemark 2:2, Elfmeterschießen 4:3; Schweiz – Georgien 3:0; Deutschland – Frankreich 1:1, Elfmeterschießen 2:4.
Halbfinale: England – Schweiz 0:3; Spanien – Frankreich 1:1, Elfmeterschießen 3:4.
Um Platz 3: England – Spanien 4:1.

Endspiel am 10. Mai 2002 in Farum: Schweiz – Frankreich 0:0, Elfmeterschießen 4:2
Schweiz: König – Barnetta, Siqueira, Senderos, Bühler – Milosavac (Ziegler), Bürki, Iten, Schlauri, Maksimovic (Preisig) – Schneuwly (Antic).
Zuschauer: 1214 – SR: Rosetti (Italien).

2003: Portugal
Qualifikation: Deutschland setzte sich in der 1. Runde gegen Frankreich (0:0), Slowenien (3:1) und Irland (3:0) durch, scheiterte in der 2. Runde gegen Italien (1:1), Belgien (1:2) und Aserbaidschan (3:0).

Endrunde vom 7. bis 17. Mai 2003 in Portugal
Gruppe A: Portugal und Österreich. Portugal – Dänemark 3:2, Österreich – Ungarn 1:0, Portugal – Österreich 1:0, Dänemark – Ungarn 2:0, Dänemark – Österreich 0:2, Ungarn – Portugal 0:2.
Gruppe B: Spanien und England. Israel – England 1:2, Spanien – Italien 2:0, Israel – Spanien 0:3, England – Italien 0:0, England – Spanien 2:2, Italien – Israel 4:0.
Halbfinale: Portugal – England n. V. 2:2, Elfmeterschießen 3:2; Spanien – Österreich 5:2.
Um Platz 3: Österreich – England 1:0.

Endspiel am 17. Mai 2003 in Viseu: Portugal – Spanien 2:1 (1:0)
Portugal: Felgueiras – Dias, Gomes, Paulo Ricardo, Veloso – Coimbra (Curto), Vinha, Marcio Sousa (Moutinho), Machado – Joao Pedro (Gama), Saleiro.
Tore: Marcio Sousa 2 (David) – Zuschauer: 14 300 – SR: Panic (Bosnien-Herzegowina).

2004: Frankreich

Qualifikation: Deutschland setzte sich in der 1. Runde gegen Portugal (0:2), Slowenien (3:0) und Schweden (1:0) durch, scheiterte in der 2. Runde gegen die Ukraine (0:2), Dänemark (3:0) und die Slowakei (2:1).

Endrunde vom 1. bis 31. Mai 2004 in Frankreich:
Gruppe A: Frankreich und Spanien. Spanien – Türkei 1:0; Frankreich – Nordirland 3:0; Nordirland – Türkei 2:5; Frankreich – Spanien 1:0; Türkei – Frankreich 1:2; Nordirland – Spanien 1:4.
Gruppe B: England und Portugal. Ukraine – England 0:2; Österreich – Portugal 0:0; Ukraine – Österreich 1:2; England – Portugal 3:1; Portugal – Ukraine 4:0; England – Österreich 1:0.
Halbfinale: Frankreich – Portugal 3:1; England – Spanien 1:2.
Um Platz 3: Portugal – England n. V. 4 :4, Elfmeterschießen 3 :2.

Endspiel am 15. Mai 2004 in Chateauroux: Frankreich – Spanien 2:1 (1:0)
Frankreich: Costil – Mangani, El-Mourabet, Thicot, Akakpo – Yahiaoui, Ducasse, Constant (Songo'o) – Nasri, Ben Arfa, Menez.
Tore: Constant, Nasri (Piqué Bernabeu) – Zuschauer: 12 000 – SR: Zografos (Griechenland).

2005: Türkei

Qualifikation: Deutschland setzte sich in der 1. Runde gegen Irland (1:1), Island (1:0) und Litauen (4:0) durch, scheiterte in der 2. Runde gegen die Niederlande (2:3), Tschechien (2:1) und Lettland (4:0).

Endrunde vom 3. bis 14. Mai 2005 in Italien:
Gruppe A: Türkei und Italien. Weißrussland – England 0:4; Italien – Türkei 1:0; Italien – Weißrussland 0:1; Türkei – England 3:2; England – Italien 0:1; Türkei – Weißrussland 5:1.
Gruppe B: Kroatien und Niederlande. Israel – Schweiz 0:3; Kroatien – Niederlande 2:2; Schweiz – Niederlande 0:0; Israel – Kroatien 2:4; Niederlande – Israel 2:1; Schweiz – Kroatien 2:5.
Halbfinale: Italien – Niederlande n. V. 0:1; Kroatien – Türkei 1:3.
Um Platz 3: Italien – Kroatien n. V. 2:1.

Endspiel am 14. Mai 2005 in Pontedera: Türkei – Niederlande 2:0 (0:0)
Türkei: Babacan – Kesci, Ferin, Mehmet Yilmaz, Karadas – Bikmaz, Erkin (Tasdemir), Sahin – Özcan, Köse (Duruer), Deniz Yilmaz (Ali Atam).
Tore: Deniz Yilmaz, Köse – Zuschauer: 2000 – SR: Gonzales Vazquez (Spanien).

2006: Russland

Qualifikation: Deutschland setzte sich in der 1. Runde gegen Portugal (2:0), Färöer (4:0) und San Marino (10:0) durch, in der 2. Runde gegen die Niederlande (1:1), Nordirland (4:0) und Finnland (4:0).

Endrunde vom 3. bis 14. Mai 2006 in Luxemburg
Gruppe A: Spanien und Russland. Ungarn – Russland 0:1, Luxemburg – Spanien 1:7, Spanien – Russland 3:0, Luxemburg – Ungarn 0:4, Russland – Luxemburg 2:0, Spanien – Ungarn 2:0.
Gruppe B: Deutschland und Tschechien. Belgien – Deutschland 0:4, Serbien & Montenegro – Tschechien 1:2, Belgien – Serbien & Montenegro 1:1, Deutschland – Tschechien 0:0, Deutschland – Serbien & Montenegro 4:0, Tschechien – Belgien 3:1.
Halbfinale: Deutschland – Russland 0:1, Spanien – Tschechien 0:2.
Um Platz 3: Spanien – Deutschland n. V. 1:1, Elfmeterschießen 3:2.

Endspiel am 14. Mai 2006 in Luxemburg: Russland – Tschechien n. V. 2:2 (1:1, 0:0)/Elfmeterschießen 5:3
Russland: Pomazan – Samsonov, Bobrovskij, Morozov, Amirhanov – Gagloev, Mochalin, Kasev (Korotajev), Gorbatenko (Scerbak) – Ryzov (Marenich), Prudnikov.
Tore: Prudnikov, Marenich (Pekhart, Necid) – Tore im Elfmeterschießen: Scerbak 1:0, Vacha 1:1, Gaglojev 2:1, Wojnar gehalten, Prudnikov 3:1, Holek 3:2, Amirhanov 4:2, Necid 4:3, Korotajev 5:3 – Zuschauer: 2750 – SR: Kuipers (Niederlande).

2007: Spanien
Qualifikation: Deutschland setzte sich in der 1. Runde gegen Russland (3:1), Georgien (1:0) und Mazedonien (7:1) durch, in der 2. Runde gegen Irland (3:0), Schottland (4:1) und Griechenland (4:1).

Endrunde vom 2. bis 13. Mai 2007 in Belgien
Gruppe A: Spanien, Frankreich und Deutschland. Frankreich – Spanien 0:2; Deutschland – Ukraine 2:0; Spanien – Ukraine 3:1; Frankreich – Deutschland 2:1; Ukraine – Frankreich 2:2; Spanien – Deutschland 0:0.
Gruppe B: England, Belgien und die Niederlande. Island – England 0:2; Niederlande – Belgien 2:2; Belgien – England 1:1; Niederlande – Island 3:0; England – Niederlande 4:2; Belgien – Island 5:1.
Halbfinale: Spanien – Belgien n. V. 1:1, Elfmeterschießen 7:6; England – Frankreich 1:0.
Um Platz 5 (Qualifikation für die U-17-WM): Deutschland – Niederlande 3:2.

Endspiel am 13. Mai 2007 in Tournai: Spanien – England 1:0 (0:0)
Spanien: De Gea – Moises, Sergio Rodriguez, Rochela, Morgado – Camacho, Ximo (David Gonzalez) – Lucas Porcar, Fran Merida, Iago Falque (Isma) – Krkic.
Tor: Krkic – Zuschauer: 1100 – SR: Filipovic (Serbien).

2008: Spanien
Qualifikation: Deutschland setzte sich in der 1. Runde gegen Rumänien (1:1), Schweden (1:1) und Färöer (8:0) durch, scheiterte in der 2. Runde gegen Irland (1:1), Portugal (0:2) und Griechenland (2:0).

Endrunde vom 4. bis 16. Mai 2008 in der Türkei
Gruppe A: Türkei und Niederlande. Schottland – Serbien 0:2; Türkei – Niederlande 3:0; Türkei – Schottland 1: 0; Niederlande – Serbien 1:0; Serbien – Türkei 0:0; Niederlande – Schottland 2:0.
Gruppe B: Spanien und Frankreich. Frankreich – Irland 2:1; Spanien – Schweiz 2:0; Irland – Schweiz 0:1; Frankreich – Spanien 3:3; Schweiz – Frankreich 0:2; Irland – Spanien 1:3.
Halbfinale: Spanien – Niederlande n. V. 2:1; Türkei – Frankreich n. V. 1:1, Elfmeterschießen 3:4.
Endspiel am 16. Mai 2008 in Antalya: Spanien – Frankreich 4:0 (1:0)
Spanien: Alex – Montoya, Pulido, Gaztanaga, Planas – Sielva, Alvaro – Keko, Thiago (Canales), Carmona (Gavilan) – Sergi (Rochina).
Tore: Gontan, Garcia, Alcantara, Gavilan – Zuschauer: 500 – SR: Kovarik (Tschechien).

2009: Deutschland
Qualifikation: Deutschland als Ausrichter automatisch qualifiziert1.

Endrunde vom 6. bis 18. Mai 2009 in Deutschland
Gruppe A: Schweiz und Italien. Spanien – Italien 0:0; Frankreich – Schweiz 1:1; Spanien – Frankreich 0:0; Italien – Schweiz 1:3; Schweiz – Spanien 0:0; Italien – Frankreich 2:1.
Gruppe B: Deutschland und Niederlande. England – Niederlande 1:1; Deutschland – Türkei 3:1; Deutschland – England 4:0; Türkei – Niederlande 1:2; Niederlande – Deutschland 0:2; Türkei – England 1:0.
Halbfinale: Schweiz – Niederlande 1:2; Deutschland – Italien 2:0.

Endspiel am 18. Mai 2009 in Magdeburg: Deutschland – Niederlande n. V. 2:1 (1:1, 0:1)
Deutschland: ter Stegen – Basala-Mazana, Mustafi, Labus, Plattenhardt – Zimmermann, Yabo, Buchtmann (Janzer) – Götze, Thy (Nauber), Scheidhauer (Trinks).
Tore: Thy, Trinks (Castaignos) – Zuschauer: 24 000 – SR: Besborodow (Russland).

2010: England
Qualifikation: Deutschland setzte sich in der 1. Runde gegen die Türkei (2:1), Finnland (0:1) und Mazedonien (2:0) durch, scheiterte in der 2. Runde gegen die Schweiz (0:1), Serbien (4:1) und Ungarn (1:0).

Endrunde vom 18. bis 30. Mai 2010 in Liechtenstein
Gruppe A: Spanien und Frankreich. Frankreich – Spanien 1:2; Portugal – Schweiz 3:0; Spanien – Schweiz 4:0; Frankreich – Portugal 1:0; Schweiz – Frankreich 1:3, Spanien – Portugal 2:0.
Gruppe B: England und Türkei. Griechenland – Türkei 1:3; England – Tsche-chien 3:1; Türkei – Tschechien 1:1; Griechenland – England 0:1; Tschechien – Griechenland 0:0; Türkei – England 1:2.
Halbfinale: England – Frankreich 2:1; Spanien – Türkei 3:1.

Endspiel am 30. Mai 2010 in Vaduz: England – Spanien 2:1 (1:1)
England: Butland – Chalobah, Garbutt, Pilatos, Wisdom – Coady, Keane (Thorne), McEachran (Thorpe), Barkley – Afobe (Hall), Wickham.
Tore: Wisdom, Wickham (Gerard) – Zuschauer: 3990 – SR: Munukka (Finnland).

2011: Niederlande
Qualifikation: Deutschland setzte sich in der 1. Runde gegen Österreich (2:1), Bosnien-Herzegowina (6:1) und Estland (5:0) durch, in der 2. Runde gegen die Türkei (2:0), die Schweiz (2:0) und die Ukraine (2:0).

Endrunde vom 3. bis 15. Mai 2011 in Serbien
Gruppe A: Dänemark und England. Serbien – Dänemark 2:3; Frankreich – England 2:2; Serbien – Frankreich 1:1; Dänemark – England 2:0; England – Serbien 3:0; Dänemark – Frankreich 1:0.
Gruppe B: Niederlande und Deutschland. Deutschland – Niederlande 0:2; Tschechien – Rumänien 1:1; Deutschland – Tschechien 1:1; Niederlande – Rumänien 1:0; Rumänien – Deutschland 0:1; Niederlande – Tschechien 0:0.
Halbfinale: Niederlande – England 1:0; Dänemark – Deutschland 0:2.

Endspiel am 15. Mai 2011 in Novi Sad: Niederlande – Deutschland 5:2 (2:2)
Niederlande: De Jong – Disveld, Kongolo, Rekik, Willems – Ebecilio, Ayoub – Trindade de Vilhena – Depay (Gravenberch), Achahbar, De Bondt (Aké).
Tore: Trindade de Vilhena 2, Depay, Kongolo, Ebecilio (Yesil, Aydin) – Zuschauer: 6000 – SR: Tohver (Estland).

2012: Niederlande
Qualifikation: Deutschland setzte sich in der 1. Runde gegen Estland (5:0), Albanien (1:0) und die Slowakei (2:0) durch, in der 2. Runde gegen die Türkei (4:0), Bulgarien (2:1) und Portugal (0:0).

Endrunde vom 4. bis 16. Mai 2012 in Slowenien
Gruppe A: Deutschland und Georgien. Georgien – Deutschland 0:1; Frankreich – Island 2:2; Frankreich – Georgien 1:1; Island – Deutschland 0:1; Deutschland – Frankreich 3:0; Island – Georgien 0:1.
Gruppe B: Niederlande und Polen. Polen – Belgien 1:0; Slowenien – Niederlande 1:3; Niederlande – Belgien 0:0; Slowenien – Polen 1:1; Belgien – Slowenien 3:1; Niederlande – Polen 0:0.
Halbfinale: Deutschland – Polen 1:0; Niederlande – Georgien 2:0.

Endspiel am 16. Mai 2011 in Ljubljana: Niederlande – Deutschland 1:1 (0:0), Elfmeterschießen 5:4
Niederlande: Olij – Anderson (Van den Boomen), Bazoer, Hendrix, Voest – Haye, Ake, De Vilhena, Menig – Vloet (Huser), Lumu (Acolatse).
Tore: Acolatse (Goretzka) – Elfmeterschießen: Huser, Ake, Acolatse, Hendrix, de Vilhena (Sarr, Werner, Itter, Stendera vergeben, Kempf) – Zuschauer: 11 674 – SR: Kruzliak (Slowakei).

2013: Russland
Qualifikation: Deutschland setzte sich in der 1. Runde gegen Finnland (8:1), San Marino (5:0) und Andorra (10:1) durch, scheiterte in der 2. Runde gegen die Ukraine (0:1), Bulgarien (5:2) und Estland (6:0).

Endrunde vom 5. bis 17. Mai 2013 in der Slowakei
Gruppe A: Slowakei und Schweden. Slowakei – Österreich 1:0; Schweiz – Schweden 0:1; Österreich – Schweden 1:1; Slowakei – Schweiz 2:2; Schweden – Slowakei 0:0; Österreich – Schweiz 2:1.
Gruppe B: Russland und Italien. Russland – Ukraine 3:0; Kroatien – Italien 0:0; Russland – Kroatien 0:0; Ukraine – Italien 1:2; Italien – Russland 1:1; Ukraine – Kroatien 1:2.
Halbfinale: Slowakei – Italien 0:2; Russland – Schweden 0:0, Elfmeterschießen 10:9.

Endspiel am 17. Mai 2013 in Zilina: Russland – Italien 0:0, Elfmeterschießen 5:4
Russland: Mitryushkin – Parshikov, Likhachev, Khodzhaniyazov, Yakuba – Golovin (Buranov), S. Makarov, Barinov, Zhemaletdinov (A. Makarov), Sheydaev, Zuev (Gasilin).
Tore im Elfmeterschießen: Sheydaev, Khodzhaniyazov, Buranov, A. Makarov, S. Makarov (Cerri, Capradossi, Dimarco, Parigini) – Zuschauer: 4312 – SR: Sidiropoulos (Griechenland).

2014: England
Qualifikation: Deutschland setzte gegen Serbien (1:1), Irland (3:0) und Georgien (4:0) durch.

Endrunde vom 9. bis 21. Mai 2014 in Malta
Gruppe A: Niederlande und England. Niederlande – Türkei 3:2; Malta – England 0:3; England – Türkei 4:1; Malta – Niederlande 2:5: Türkei – Malta 4:0; England – Niederlande 0:2.
Gruppe B: Portugal und Schottland. Deutschland – Schweiz 1:1; Schottland – Portugal 0:2; Schweiz – Portugal 0:1; Deutschland – Schottland 0:1; Portugal – Deutschland 1:0; Schweiz – Schottland 1:3.
Halbfinale: Portugal – England 0:2; Niederlande – Schottland 5:0.

Endspiel am 21. Mai 2014 in Ta'Qali: England – Niederlande 1:1 (1:1), Elfmeterschießen 4:1
England: Woodman – Kenny, Gomez, Taylor Moore, Tafari Moore – Brown, Ledson, Cook (Cooke), Roberts – Onomah – Solanke.
Tore: Solanke (Schuurman), Elfmeterschießen: Ledson, Taylor Moore, Cooke, Kenny (Schuurman) – Zuschauer: 9600 – SR: Ekberg (Schweden).

2015: Frankreich
Qualifikation: Deutschland setzte gegen die Slowakei (3:0), Ukraine (3:0) und Italien (2:2) durch.

Endrunde vom 6. bis 22. Mai 2015 in Bulgarien
Gruppe A: Kroatien und Spanien. Spanien – Österreich 1:1; Bulgarien – Kroatien 0:2; Kroatien – Österreich 1:0; Bulgarien – Spanien 1:2; Österreich – Bulgarien 1:1; Kroatien – Spanien 0:0.
Gruppe B: Deutschland und Belgien. Tschechien – Slowenien 1:0; Belgien – Deutschland 0:2; Tschechien – Belgien 0:3; Slowenien – Deutschland 0:1; Deutschland – Tschechien 4:0; Slowenien – Belgien 0:1.
Gruppe C: Frankreich und Russland. Griechenland – Russland 2:2; Schottland – Frankreich 0:5; Russland – Frankreich 0:1; Griechenland – Schottland 1:0; Russland – Schottland 2:0; Frankreich – Griechenland 1:0.
Gruppe D: England und Italien. Irland – Niederlande 0:0; Italien – England 0:1; Irland – Italien 0:2; Niederlande – England 1:1; England – Irland 1:0;
Niederlande – Italien 1:1.
Viertelfinale: Kroatien – Belgien 1:1, Elfmeterschießen 3:5; Deutschland – Spanien 0:0, Elfmeterschießen 4:2; England – Russland 0:1; Frankreich – Italien 3:0.
WM-Qualifikation: Kroatien – Italien 1:0; Spanien – England 0:0, Elfmeterschießen 3:5.
Halbfinale: Belgien – Frankreich 1:1, Elfmeterschießen 1:2; Deutschland – Russland 1:0.

Endspiel am 22. Mai 2015 in Burgas: Frankreich – Deutschland 4:1 (1:0)
Frankreich: Zidane – Georgen, Upamecano, Doucoure, Maouassa – Cognat (Callegari), Makengo – Adelaide (Pelican), Boutobba, Ikone – Edouard (Samba).
Tore: Edouard 3, Eigentor Gül (J. Eggestein) – Zuschauer: 14 680 – SR: Raczkowski (Polen).

2016: Portugal
Qualifikation: Deutschland setzte gegen die Niederlande (1:0), Slowakei (5:1) und Bulgarien (1:1) durch.

Endrunde vom 5. bis 21. Mai 2016 in Aserbaidschan
Gruppe A: Portugal und Belgien. Belgien – Schottland 2:0; Aserbaidschan – Portugal 0:5; Portugal – Schottland 2:0; Aserbaidschan – Belgien 1:1; Schottland – Aserbaidschan 0:1; Portugal – Belgien 0:0.
Gruppe B: Deutschland und Österreich. Österreich – Bosnien-Herzegowina 2:0; Ukraine – Deutschland 2:2; Ukraine – Österreich 0:2; Deutschland – Bosnien-Herzegowina 3:1; Bosnien-Herzegowina – Ukraine 2:1; Deutschland – Österreich 4:0.
Gruppe C: Schweden und England. England – Schweden 1:2; Frankreich – Dänemark 0:0; Dänemark – Schweden 1:0; Frankreich – England 0:2; Schweden – Frankreich 1:0; Dänemark – England 1:3.
Gruppe D: Spanien und Niederlande. Italien – Serbien 2:1; Niederlande – Spanien 0:2: Serbien – Spanien 1:1; Italien – Niederlande 0:1; Spanien – Italien 4:2; Serbien – Niederlande 0:2.
Viertelfinale: Portugal – Österreich 5:0; Deutschland – Belgien 1:0; Schweden – Niederlande 0:1; Spanien – England 1:0.
Halbfinale: Portugal – Niederlande 2:0; Deutschland – Spanien 1:2.

Endspiel am 21. Mai 2016 in Baku: Portugal – Spanien 1:1 (1:1), Elfmeterschießen 5:4
Portugal: Diogo Costa – Diogo Dalot, Diogo Leite, Diogo Queiros, Ruben Vinagre – Gedson Fernandes, Domingos Quina (Rafael Leao), Florentino – Joao Filipe, Mesaque Dju (Miguel Luis), José Gomes.
Tore: Diogo Dalot (Diaz) – Elfmeterschießen: José Gomes, Joao Felipe, Diogo Leite, Diogo Dalot, Gedson Fernandes (Ruiz, Busquets, Bransariz, Diaz) – Zuschauer: 7253 – SR: Ardeleanu (Tschechien).

Amateur-Wettbewerbe der UEFA

Die Sieger der Amateur-Europameisterschaft:
1967 **Österreich** (2:1 gegen Schottland) – 1970 **Spanien** (n. V. 1:1, Elfmeterschießen 2:1 gegen Niederlande) – 1974 **Deutschland** und **Jugoslawien** gemeinsam (das Endspiel wurde wegen Unbespielbarkeit des Platzes nicht ausgetragen) – 1978 **Jugoslawien** (2:1 gegen Griechenland).

Die Sieger des „UEFA Regions Cup":
1999 **Venetien/ITA** (3:2 gegen Madrid/ESP) – 2001 **Zentral-Mähren/CZE** (n. V. 2:2, Elfmeterschießen 4:2 gegen Braga/POR) – 2003 **Piemont-Valle d'Aosta/ITA** (2:1 gegen Maine/FRA) – 2005 **Baskenland/ESP** (1:0 gegen Südwest-Sofia/BUL) – 2007 **Dolnoslaski/POL** (n. V. 2:1 gegen Südost-Region/BUL) – 2009 **Kastilien-Leon/ESP** (2:1 gegen Oltenien/ROU) – 2011 **Braga/POR** (2:1 gegen Leinster & Munster/IRL) – 2013 **Venetien/ITA** (n. V. 0:0, Elfmeterschießen 5:4 gegen Katalonien/ESP) – 2015 **Eastern Region/IRL** (1:0 gegen Zagreb/CRO).

„Futsal"-Europameisterschaft

Die bisherigen Sieger:
1996 **Spanien** (5:3 gegen Russland/inoffiziell) – 1999 **Russland** (n. V. 3:3, Penaltyschießen 4:2 gegen Spanien) – 2001 **Spanien** (2:1 gegen die Ukraine) – 2003 **Italien** (1:0 gegen die Ukraine) – 2005 **Spanien** (2:1 gegen Russland) – 2007 **Spanien** (3:1 gegen Italien) – 2010 **Spanien** (4:2 gegen Portugal) – 2012 **Spanien** (n. V. 3:1 gegen Russland) – 2014 **Italien** (n. V. 3:1 gegen Russland).

2016: Spanien
Endturnier vom 2. bis 13. Februar 2016 in Serbien
Gruppe A: Serbien und Portugal. Serbien – Slowenien 5:1; Slowenien – Portugal 2:6; Portugal – Serbien 1:3
Gruppe B: Spanien und Ukraine. Spanien – Ungarn 5:2; Ungarn – Ukraine 3:6; Ukraine – Spanien 1:4.
Gruppe C: Russland und Kasachstan. Russland – Kasachstan 2:1; Kasachstan – Kroatien 4:2; Kroatien – Russland 2:2.
Gruppe D: Italien und Aserbaidschan. Italien – Aserbaidschan 3:0; Aserbaidschan – Tschechien 6:5; Tschechien – Italien 0:7.
Viertelfinale: Serbien – Ukraine 2:1; Portugal – Spanien 2:6; Russland – Aserbaidschan 6:2; Kasachstan – Italien 5:2.
Halbfinale: Serbien – Russland n. V. 2:3; Spanien – Kasachstan 5:3.
Um den 3. Platz: Kasachstan – Serbien 5:2.
Endspiel am 13. Februar 2016 in Belgrad: Spanien – Russland 7:3.

UEFA „Futsal" Cup

Die bisherigen Sieger:
2002 **Playas Castellon/ESP** (5:1 gegen Action 21 Charleroi/BEL) – 2003 **Playas Castellon/ESP** (6:4, 1:1 gegen Action 21 Charleroi/BEL) – 2004 **Boomerang Interviu Madrid/ESP** (4:1, 3:4 gegen Benfica Lissabon/POR) – 2005 **Action 21 Charleroi/BEL** (4:3, n. V. 6:6 gegen Dynamo Moskau) – 2006 **Boomerang Interviu Madrid/ESP** (6:3, 3:4 gegen Dynamo Moskau/RUS) – 2007 **Dynamo Moskau/RUS** (2:1 gegen Boomerang Interviu Madrid/ESP) – 2008 **MFK Viz-Sinara Ekaterinburg/RUS** (n. V. 4:4, Penaltyschießen 3:2 gegen El Pozo Murcia/ESP) – 2009 **Inter Movistar (Interviu FS) Madrid/**

ESP (5:1 gegen MFK Viz-Sinara Ekaterinburg/RUS) – 2010 **Benfica Lissabon/POR** (n. V. 3:2 gegen Inter Movistar (Interviu FS) Madrid/ESP) – 2011 **ASD Citta di Montesilvano/ITA** (5:2 gegen Sporting Lissabon/POR) – 2012 **FC Barcelona/ESP** (3:1 gegen Dynamo Moskau/RUS) – 2013 **Kairat Almaty/KAZ** (4:3 gegen Dynamo Moskau/RUS) – 2014 **FC Barcelona/ESP** (n. V. 5:2 gegen Dynamo Moskau/RUS) – 2015 **Qairat Almaty/KAZ** (3:2 gegen FC Barcelona/ESP).

2016: TTG-Ugra Jugorsk
Der deutsche Titelträger Hamburg Panthers setzte sich in der Vorrunde zunächst gegen Flamurtari Vlore/ALB (3:0), Vikingur Olafsvik/ISL (5:3) und FC Differdange 03/LUX (6:2) durch, schied in der Hauptrunde aber gegen ASD Pescara(ITA (0:11), Lokomotiv Charkiw/UKR (1:7) und City'US Targu Mures/ROU (1:9) aus.

Endturnier vom 22. bis 24. April 2016 in Guadalajara
Halbfinale: TTG-Ugra Jugorsk/RUS – Benfica Lissabon/POR n. V. 4:4, Penaltyschießen 3:2; ASD Pescara/ITA – Inter FS Torrejon de Ardoz /ESP 2:4.
Um den 3. Platz: Benfica Lissabon – ASD Pescara 2:2, Penaltyschießen 2:0.
Endspiel: TTG-Ugra Jugorsk – Inter FS Torrejon de Ardoz 4:3.

Wie schon 2014 setze sich Real Madrid im Stadtduell gegen Atletico durch und holte sich zum elften Mal den begehrten Henkelpott.

KAPITEL 12

DIE EUROPAPOKALE

EUROPAPOKAL DER MEISTER/CHAMPIONS LEAGUE

1956	REAL MADRID	1987	FC PORTO
1957	REAL MADRID	1988	PSV EINDHOVEN
1958	REAL MADRID	1989	AC MAILAND
1959	REAL MADRID	1990	AC MAILAND
1960	REAL MADRID	1991	ROTER STERN BELGRAD
1961	BENFICA LISSABON	1992	FC BARCELONA
1962	BENFICA LISSABON	1993	OLYMPIQUE MARSEILLE
1963	AC MAILAND	1994	AC MAILAND
1964	INTER MAILAND	1995	AJAX AMSTERDAM
1965	INTER MAILAND	1996	JUVENTUS TURIN
1966	REAL MADRID	1997	BORUSSIA DORTMUND
1967	CELTIC GLASGOW	1998	REAL MADRID
1968	MANCHESTER UNITED	1999	MANCHESTER UNITED
1969	AC MAILAND	2000	REAL MADRID
1970	FEYENOORD ROTTERDAM	2001	BAYERN MÜNCHEN
1971	AJAX AMSTERDAM	2002	REAL MADRID
1972	AJAX AMSTERDAM	2003	AC MAILAND
1973	AJAX AMSTERDAM	2004	FC PORTO
1974	BAYERN MÜNCHEN	2005	FC LIVERPOOL
1975	BAYERN MÜNCHEN	2006	FC BARCELONA
1976	BAYERN MÜNCHEN	2007	AC MAILAND
1977	FC LIVERPOOL	2008	MANCHESTER UNITED
1978	FC LIVERPOOL	2009	FC BARCELONA
1979	NOTTINGHAM FOREST	2010	INTER MAILAND
1980	NOTTINGHAM FOREST	2011	FC BARCELONA
1981	FC LIVERPOOL	2012	FC CHELSEA
1982	ASTON VILLA	2013	BAYERN MÜNCHEN
1983	HAMBURGER SV	2014	REAL MADRID
1984	FC LIVERPOOL	2015	FC BARCELONA
1985	JUVENTUS TURIN	2016	REAL MADRID
1986	STEAUA BUKAREST		

Nachdem der Europapokal der Landesmeister bis 1991 ein reiner K.-o.-Wettbewerb war, wurden 1991/92 nach dem Achtelfinale erstmals zwei Vierergruppen gebildet, in denen die beiden Finalisten ausgespielt wurden. Seit der Saison 1992/93 heißt der Wettbewerb offiziell „Champions League". Seit 1997/98 nehmen an dem Wettbewerb auch nicht mehr ausschließlich Landesmeister, sondern bis zu drei weitere Teams je Land teil.

1955/56: Real Madrid
Achtelfinale: Rot-Weiss Essen – Hibernian Edinburgh 0:4,1:1; Sporting Lissabon – Partizan Belgrad 3:3, 2:5; MTK (Vörös Lobogo) Budapest – Anderlecht Brüssel 6:3, 4:1; Servette Genf – Real Madrid 0:2, 0:5; Aarhus GF – Stade de Reims 0:2, 2:2; Rapid Wien – PSV Eindhoven 6:1, 0:1; Djurgarden Stockholm – Gwardia Warschau 0:0,4:1; AC Mailand – 1. FC Saarbrücken 3:4, 4:1.
Viertelfinale: Djurgarden Stockholm – Hibernian Edinburgh 1:3, 0:1; Stade de Reims – MTK (Vörös Lobogo) Budapest 4:2, 4:4; Real Madrid – Partizan Belgrad 4:0, 0:3; Rapid Wien – AC Mailand 1:1, 2:7.
Halbfinale: Stade de Reims – Hibernian Edinburgh 2:0, 1:0; Real Madrid – AC Mailand 4:2, 1:2.

Endspiel am 13.6.1956 in Paris:
Real Madrid – Stade Reims 4:3 (2:2)
Real Madrid: Alonso – Atienza, Marquitos, Lesmes – Munoz, Zarraga – Joseito, Marchal, Di Stefano, Rial, Gento.
Tore: Rial (2), Di Stefano, Marquitos (Leblond, Templin, Hidalgo für Reims); SR: Ellis (England). – Zuschauer: 38 000.

1956/57: Real Madrid
1. Runde: Borussia Dortmund – Spora Luxemburg 4:3, 1:2, 7:0; Dinamo Bukarest – Galatasaray Istanbul 3:1, 1:2; Slovan Bratislava – CWKS (Legia) Warschau 4:0, 0:2; RSC Anderlecht – Manchester United 0:2, 0:10; Aarhus GF – OGC Nizza 1:1, 1:5; FC Porto – Atletico Bilbao 1:2, 2:3.
Achtelfinale: Manchester United – Borussia Dortmund 3:2, 0:0; CDNA Sofia – Dinamo Bukarest 8:1, 2:3; Slovan Bratislava – Grasshoppers Zürich 1:0, 0:2; Glasgow Rangers – OGC Nizza 2:1, 1:2, 1:3; Real Madrid – Rapid Wien 4:2, 1:3, 2:0; Rapid JC Heerlen – Roter Stern Belgrad 3:4, 0:2; AC Florenz – IFK Norrköping 1:1, 1:0; Atletico Bilbao – Honved Budapest 3:2, 3:3.
Viertelfinale: Atletico Bilbao – Manchester United 5:3, 0:3; AC Florenz – Grasshoppers Zürich 3:1, 2:2; Roter Stern Belgrad – CDNA Sofia 3:1, 1:2; Real Madrid – OGC Nizza 3:0, 3:2.
Halbfinale: Roter Stern Belgrad – AC Florenz 0:1, 0:0; Real Madrid – Manchester United 3:1, 2:2.

Endspiel am 30. Mai 1957 in Madrid:
Real Madrid – AC Florenz 2:0 (0:0)
Real Madrid: Alonso – Torres, Marquitos, Lesmes – Munoz, Zarraga – Kopa, Mateos, Di Stefano, Rial, Gento.
Tore: Di Stefano, Gento – SR: Horn (Holland). – Zuschauer: 125 000.

1957/58: Real Madrid
1. Runde: Gwardia Warschau – Wismut Karl-Marx-Stadt 3:1, 1:3 (in Aue), 1:1 n. V. (in Berlin,Los für Karl-Marx-Stadt); CDNA Sofia – Vasas Budapest 2:1, 1:6; Glasgow Rangers – AS Saint-Etienne 3:1, 1:2; Stade Düdelingen – Roter Stern Belgrad 0:5, 1:9; Aarhus GF – FC Glenavon Belfast 0:0; 3:0; FC Sevilla – Benfica Lissabon 3:1, 0:0; Shamrock Rovers – Manchester United 0:6, 2:3; AC Mailand – Rapid Wien 4:1, 2:5, 4:2 (in Zürich). – Freilose für: Borussia Dortmund, Real Madrid, FC Antwerpen, Ajax Amsterdam, Young Boys Bern, Dukla Prag, IFK Norrköping und CCA Bukarest.
Achtelfinale: Borussia Dortmund – Armeeklub Bukarest 4:2, 1:3, 3:1 (in Bologna); Wismut Karl-Marx-Stadt – Ajax Amsterdam 1:3 (in Aue), 0:1; FC Antwerpen – Real Madrid 1:2, 0:6; IFK Norrköping – Roter Stern Belgrad 2:2, 1:2; Manchester United – Dukla Prag 3:0, 0:1; Young Boys Bern – Vasas Budapest 1:1 (in Genf), 1:2; Glasgow Rangers – AC Mailand 1:4, 0:2; FC Sevilla – Aarhus GF 4:0, 0:2.
Viertelfinale: Borussia Dortmund – AC Mailand 1:1, 1:4; Manchester United – Roter Stern Belgrad 2:1, 3:3; Real Madrid – FC Sevilla 8:0, 2:2; Ajax Amsterdam – Vasas Budapest 2:2, 0:4.
Halbfinale: Real Madrid – Vasas Budapest 4:0, 0:2; Manchester United – AC Mailand 2:1, 0:4.

Endspiel am 29. Mai 1958 in Brüssel:
Real Madrid – AC Mailand 3:2 nach Verl. (2:2, 0:0)
Real Madrid: Alonso – Atienza, Santamaria, Lesmes – Santisteban, Zarraga – Kopa, Joseito, Di Stefano, Rial, Gento.
Tore: DiStefano,Rial,Gento(Schiaffino,GrillofürMailand).–SR: Alsteen(Belgien).–Zuschauer: 67 000.

1958/59: Real Madrid
1. Runde: KB Kopenhagen – FC Schalke 04 3:0, 2:5, 1:3 (in Enschede); Wismut Karl-Marx-Stadt – Petrolul Ploesti 4:2 (in Aue), 0:2, 4:0 (in Kiew); Standard Lüttich – Heart of Midlothian Edinburgh 5:1 1:2; Jeunesse Esch – IFK Göteborg 1:2, 1:0, 1:5 (in Göteborg); Atletico Madrid – Drumcondra Dublin 8:0, 5:1; FC Ards Newtonards – Stade Reims 1:4, 2:6; Polonia Beuthen – MTK Budapest 0:3, 0:3; Juventus Turin – Wiener Sport-Club 3:1, 0:7; Dinamo Zagreb – Dukla Prag 2:2, 1:2; DOS Utrecht – Sporting Lissabon 3:4, 1:2; Olympiakos Piräus verzichtete gegen Besiktas Istanbul, Manchester United verzichtete gegen Young Boys Bern. – Freilose für: Real Madrid, Wolverhampton Wanderers, CDNA Sofia und HPS Helsinki.
Achtelfinale: Wolverhampton Wanderers – FC Schalke 04 2:2, 1:2; IFK Göteborg – Wismut Karl-Marx-Stadt 2:2, 0:4 (in Aue); Sporting Lissabon – Standard Lüttich 2:3, 0:3; Atletico Madrid – CDNA Sofia 2:1, 0:1, 3:1 n. V. (in Genf); MTK Budapest – Young Boys Bern 1:2, 1:4; Wiener Sport-Club – Dukla Prag 3:1, 0:1; Stade Reims – HPS Helsinki 4:0, 3:0 (in Rouen); Real Madrid – Besiktas Istanbul 2:0, 1:1.

Viertelfinale: Atletico Madrid – Schalke 04 3:0, 1:1; Young Boys Bern – Wismut Karl-Marx-Stadt 2:2, 0:0 (in Aue), 2:1 (in Amsterdam), Standard Lüttich – Stade Reims 2:0, 0:3; Wiener Sport-Club – Real Madrid 0:0, 1:7.
Halbfinale: Young Boys Bern – Stade de Reims 1:0, 0:3 (in Paris); Real Madrid – Atletico Madrid 2:1, 0:1, 2:1 (in Saragossa).

Endspiel am 3. Juni 1959 in Stuttgart:
Real Madrid – Stade Reims 2:0 (1:0)
Real Madrid: Dominguez – Marquitos, Santamaria, Zarraga – Santisteban, Ruiz – Kopa, Mateos, Di Stefano, Rial, Gento.
Tore: Mateos, Di Stefano. – SR: Dusch (Deutschland). – Zuschauer: 80 000.

1959/60: Real Madrid
1. Runde: ASK Vorwärts Berlin – Wolverhampton Wanderers 2:1, 0:2; OGC Nizza – Shamrock Rovers 3:2, 1:1; CDNA Sofia – FC Barcelona 2:2, 2:6; Wiener Sport-Club – Petrolul Ploesti 0:0, 2:1; Jeunesse Esch – LKS Lodz 5:0, 1:2; FC Linfield Belfast – IFK Göteborg 2:1, 1:6; Roter Stern Bratislava – FC Porto 2:1, 2:0; Olympiakos Piräus – AC Mailand 2:2, 1:3; Fenerbahce Istanbul – SC Csepel 1:1, 3:2; Glasgow Rangers – RSC Anderlecht 5:2, 2:0; Kuopio PS verzichtete gegen Eintracht Frankfurt. – Freilose für: Real Madrid, Roter Stern Belgrad, Sparta Rotterdam, B 1909 Odense und Young Boys Bern.
Achtelfinale: Young Boys Bern – Eintracht Frankfurt 1:4, 1:1; B 1909 Odense – Wiener Sport-Club 0:3, 2:2; Real Madrid – Jeunesse Esch 7:0, 5:2; Sparta Rotterdam – Göteborg IFK 3:1, 1:3, 3:1 (in Bremen); AC Mailand – FC Barcelona 0:2, 1:5; Roter Stern Belgrad – Wolverhampton Wanderers 1:1, 0:3; Glasgow Rangers – Roter Stern Bratislava 4:3, 1:1; Fenerbahce Istanbul – OGC Nizza 2:1, 1:2, 1:5 (in Genf).
Viertelfinale: Eintracht Frankfurt – Wiener Sport-Club 2:1, 1:1; OGC Nizza – Real Madrid 3:2, 0:4; FC Barcelona – Wolverhampton Wanderers 4:0, 5:2; Sparta Rotterdam – Glasgow Rangers 2:3, 1:0, 2:3 (in London).
Halbfinale: Eintracht Frankfurt – Glasgow Rangers 6:1, 6:3; Real Madrid – FC Barcelona 3:1, 3:1.

Endspiel am 18. Mai 1960 in Glasgow:
Real Madrid – Eintracht Frankfurt 7:3 (3:1)
Real Madrid: Dominguez – Marquitos, Santamaria, Pachin – Vidal, Zarraga – Canario, Del Sol, Di Stefano, Puskas, Gento.
Eintracht Frankfurt: Loy – Lutz, Eigenbrodt, Höfer – Weilbächer, Stinka – Kreß, Lindner, Stein, Pfaff, Meier.
Tore: Puskas (4), Di Stefano (3) – Stein (2), Kreß. – SR: Mowatt (Schottland) – Zuschauer: 135 000.

1960/61: Benfica Lissabon
1. Runde: FC Limerick – Young Boys Bern 0:5, 2:4; Fredrikstad FK – Ajax Amsterdam 4:3, 0:0; HIFK Helsinki – IFK Malmö 1:3, 1:2; Stade Reims – Jeneusse Esch 6:1, 5:0; Rapid Wien – Besiktas Istanbul 4:0, 0:1; Aarhus GF – Legia Warschau 3:0, 0:1; FC Barcelona – Lierse SK 2:0, 3:0; Roter Stern Belgrad – Ujpest Budapest 1:2, 0:3; Heart of Midlothian Edinburgh – Benfica Lissabon 1:2, 0:3; Juventus Turin – CDNA Sofia 2:0, 1:4; CCA Bukarest verzichtete gegen Spartak Hradec Kralove und Glenavon Belfast verzichtete gegen Wismut Karl-Marx-Stadt. Freilose für: Hamburger SV, FC Burnley, Panathinaikos Athen und Real Madrid.
Achtelfinale: Young Boys Bern – Hamburger SV 0:5, 3:3 Rapid Wien – Wismut Karl-Marx-Stadt 3:1, 0:2, 1:0 (in Basel); Aarhus GF – Fredrikstad FK 3:0, 1:0 (in Oslo); IFK Malmö – CDNA Sofia 1:0, 1:1; Spartak Hradec Kralove – Panathinaikos Athen 1:0, 0:0; Benfica Lissabon – Ujpest Budapest 6:2, 1:2; Real Madrid – FC Barcelona 2:2, 1:2; FC Burnley – Stade Reims 2:0, 2:3 (in Paris).
Viertelfinale: FC Burnley – Hamburger SV 3:1, 1:4; FC Barcelona – Spartak Hradec Kralove 4:0, 1:1; Benfica Lissabon – Aarhus GF 3:1, 4:1; Rapid Wien – IFK Malmö 2:0, 2:0.
Halbfinale: FC Barcelona – Hamburger SV 1:0, 1:2, 1:0 (in Brüssel); Benfica Lissabon – Rapid Wien 3:0, 1:1 (abgebrochen).

Endspiel am 31. Mai 1961 in Bern:
Benfica Lissabon – FC Barcelona 3:2 (2:1)
Benfica Lissabon: Costa Pereira – Joao, Germano, Angelo – Neto, Cruz – Augusto, Santana, Aguas, Coluna, Cavem.
Tore: Aguas, Coluna (Kocsis, Czibor für Barcelona, dazu ein Eigentor von Ramallets). – SR: Dienst (Schweiz). – Zuschauer: 28 000.

1961/62: Benfica Lissabon

1. Runde: 1. FC Nürnberg – Drumcondra Dublin 5:0, 4:1; ASK Vorwärts Berlin – FC Linfield Belfast 3:0, Linfield verzichtete auf Rückspiel; AS Monaco – Glasgow Rangers 2:3, 2:3; IFK Göteborg – Feyenoord Rotterdam 0:3, 2:8; CDNA Sofia – Dukla Prag 4:4, 1:2; Vasas Budapest – Real Madrid 0:2, 1:3; Servette Genf – Hibernians Paola 5:0, 2:1; Standard Lüttich – Fredrikstad FK 2:1, 2:0 (in Oslo); Spora Luxemburg – B 1913 Odense 0:6, 2:9; Gornik Zabrze – Tottenham Hotspur 4:2 (in Chorzow), 1:8; Sporting Lissabon – Partizan Belgrad 1:1, 0:2; Panathinaikos Athen – Juventus Turin 1:1, 1:2; CCA Bukarest – Austria Wien 0:0, 0:2. Freilose für: Benfica Lissabon, Fenerbahce Istanbul und Haka Valkeakoski.

Achtelfinale: Fenerbahce Istanbul – 1. FC Nürnberg 1:2, 0:1; ASK Vorwärts Berlin – Glasgow Rangers 1:2, 1:4 (in Malmö); B 1913 Odense – Real Madrid 0:3, 0:9; Standard Lüttich – Haka Valkeakoski 5:1, 2:0; Austria Wien – Benfica Lissabon 1:1, 1:5; Feyenoord Rotterdam – Tottenham Hotspur 1:3, 1:1; Servette Genf – Dukla Prag 4:3, 0:2; Partizan Belgrad – Juventus Turin 1:2, 0:5.

Viertelfinale: 1. FC Nürnberg – Benfica Lissabon 3:1, 0:6; Standard Lüttich – Glasgow Rangers 4:1, 0:2; Dukla Prag – Tottenham Hotspur 1:0, 1:4; Juventus Turin – Real Madrid 0:1, 1:0, 1:3 (in Paris).

Halbfinale: Benfica Lissabon – Tottenham Hotspur 3:1, 1:2; Real Madrid – Standard Lüttich 4:0, 2:0.

Endspiel am 2. Mai 1962 in Amsterdam:
Benfica Lissabon – Real Madrid 5:3 (2:3)
Benfica Lissabon: Costa Pereira – Joao, Germano, Angelo – Cavem, Cruz – Jose Augusto, Eusebio, Aguas, Coluna, Simoes.
Tore: Eusebio (2), Aguas, Cavem, Coluna (Puskas (3) für Madrid). – SR: Horn (Holland). – Zuschauer: 65 000.

1962/63: AC Mailand

1. Runde: FC Dundee – 1. FC Köln 8:1, 0:4; ASK Vorwärts Berlin – Dukla Prag 0:3, 0:1; IFK Norrköping – Partizani Tirana 2:0, 1:1; Fredrikstad FK – Vasas Budapest 1:4, 0:7; FC Linfield Belfast – Esbjerg FB 1:2, 0:0; Austria Wien – HIFK Helsinki 5:3, 2:0; Real Madrid – RSC Anderlecht 3:3, 0:1; Dinamo Bukarest – Galatasaray Istanbul 1:1, 0:3; AC Mailand – Union Luxemburg 8:0, 6:0; Polonia Beuthen – Panathinaikos Athen 2:1 (in Chorzow), 4:1; Servette Genf – Feyenoord Rotterdam 1:3, 3:1, 1:3 n. V. (in Düsseldorf); FC Floriana – Ipswich Town 1# :4, 0:10; CDNA Sofia – Partizan Belgrad 2:1, 4:1; FC Shelbourne – Sporting Lissabon 0:2, 1:5. – Freilose für: Stade Reims und Benfica Lissabon.

Achtelfinale: Austria Wien – Stade Reims 3:2, 0:5 (in Paris); CDNA Sofia – RSC Anderlecht 2:2, 0:2; Sporting Lissabon – FC Dundee 1:0, 1:4; IFK Norrköping – Benfica Lissabon 1:1, 1:5; Galatasaray Istanbul – Polonia Beuthen 4:1, 0:1 (in Chorzow); Esbjerg FB – Dukla Prag 0:0 (in Vejle), 0:5; Feyenoord Rotterdam – Vasas Budapest 1:1, 2:2, 1:0 (in Antwerpen); AC Mailand – Ipswich Town 3:0, 1:2.

Viertelfinale: Galatasaray Istanbul – AC Mailand 1:3, 0:5; RSC Anderlecht – FC Dundee 1:4, 1:2; Benfica Lissabon – Dukla Prag 2:1, 0:0; Stade Reims – Feyenoord Rotterdam 0:1, 1:1.

Halbfinale: Feyenoord Rotterdam – Benfica Lissabon 0:0, 1:3; AC Mailand – FC Dundee 5:1, 0:1.

Endspiel am 22. Mai 1963 in London:
AC Mailand – Benfica Lissabon 2:1 (0:1)
AC Mailand: Ghezzi – David, Maldini, Trebbi – Benitez, Trapattoni – Pivatelli, Sani, Altafini, Rivera, Mora.
Tore: Altafini (2), (Eusebio für Benfica). – SR: Holland (England). – Zuschauer: 45 000.

1963/64: Inter Mailand

1. Runde: Lyn Oslo – Borussia Dortmund 2:4, 1:3; Dinamo Bukarest – SC Motor Jena 2:0, 1:0; FC Dundalk – FC Zürich 0:3, 2:1; Partizan Belgrad – Anorthosis Famagusta 3:0, 3:1; Partizani Tirana – Spartak Plovdiv 1:0, 1:3; Galatasaray Istanbul – Ferencvaros Budapest 4:0, 0:2; Dukla Prag – FC Valetta 6:0, 2:0; FC Everton – Inter Mailand 0:0, 0:1; Gornik Zabrze – Austria Wien 1:0 (in Chorzow), 0:1, 2:1 (in Wien); AS Monaco – AEK Athen 7:2 (in Nizza), 1:1; Distillery Belfast – Benfica Lissabon 3:3, 0:5:, Standard Lüttich – IFK Norrköping 1:0, 0:2; Haka Valkeakoski – Jeunesse Esch 4:1, 0:4; Esbjerg FB – PSV Eindhoven 3:4, 1:7; Glasgow Rangers – Real Madrid 0:1, 0:6. _ Freilos für: AC Mailand.

Achtelfinale: Benfica Lissabon – Borussia Dortmund 2:1, 0:5; Dinamo Bukarest – Real Madrid 1:3, 3:5; Gornik Zabrze – Dukla Prag 2:0 (in Chorzow), 1:4; Spartak Plovdiv – PSV Eindhoven 0:1, 0:0; FC Zürich – Galatasaray Istanbul 2:0, 0:2, 2:2 n. Verl. (in Rom, Los für Zürich); Jeunesse Esch – Partizan Belgrad 2:1, 2:6; Inter Mailand – AS Monaco 1:0, 3:1 (in Marseille); IFK Norrköping – AC Mailand 1:1, 2:5.

Viertelfinale: Real Madrid – AC Mailand 4:1, 0:2; Partizan Belgrad – Inter Mailand 0:2, 1:2; PSV – FC Zürich 1:0, 1:3; Dukla Prag – Borussia Dortmund 0:4, 3:1.
Halbfinale: Borussia Dortmund – Inter Mailand 2:2, 0:2; FC Zürich – Real Madrid 1:2, 0:6.

Endspiel am 27. Mai 1964 in Wien:
Inter Mailand – Real Madrid 3:1 (1:0)
Mailand: Sarti – Burgnich, Guarneri, Facchetti – Tagnin, Picchi – Jair, Mazzola, Milani, Suarez, Corso.
Tore: Mazzola (2), Milani (Felo für Real). – SR: Stoll (Österreich). – Zuschauer: 72 000.

1964/65: Inter Mailand
1. Runde: Partizani Tirana – 1. FC Köln 0:0, 0:2; Chemie Leipzig – ETO Györ 0:2, 2:4; Glentoran Belfast – Panathinaikos Athen 2:2, 2:3; KR Reykjavik – FC Liverpool 0:5, 1:6; RSC Anderlecht – FC Bologna 1:0, 1:2, 0:0 n. Verl. (in Barcelona, Los für Anderlecht); Sliema Wanderers – Dinamo Bukarest 0:2, 0:5; Rapid Wien – Shamrock Rovers 3:0, 2:0; Glasgow Rangers – Roter Stern Belgrad 3:1, 2:4, 3:1 (in London); AS Saint-Etienne – FC La Chaux-de-Fonds 2:2, 1:2; Aris Bonneweg – Benfica Lissabon 1:5, 1:5; B 1909 Odense – Real Madrid 2:5, 0:4; Dukla Prag – Gornik Zabrze 4:1, 0:3, 0:0 n. V. (in Duisburg, Los für Prag); Lokomotive Sofia – Malmö FF 8:3, 0:2; DWS Amsterdam – Fenerbahce Istanbul 3:1, 1:0; Reipas Lahti – Lyn Oslo 2:1, 0:3. – Freilos für: Inter Mailand
Achtelfinale: Panathinaikos Athen – 1. FC Köln 1:1, 1:2; FC Liverpool – RSC Anderlecht 3:0, 1:0; Inter Mailand – Dinamo Bukarest 6:0, 1:0; Glasgow Rangers – Rapid Wien 1:0, 2:0; FC La Chaux-de-Fonds – Benfica Lissabon 1:1, 0:5; Real Madrid – Dukla Prag 4:0, 2:2; ETO Györ – Lokomotive Sofia 5:3, 3:4; DWS Amsterdam – Lyn Oslo 5:0, 3:1.
Viertelfinale: 1. FC Köln – FC Liverpool 0:0, 0:0, 2:2 n. Verl. (in Rotterdam, Los für Liverpool); Inter Mailand – Glasgow Rangers 3:1, 0:1; Benfica Lissabon – Real Madrid 5:1, 1:2; DWS Amsterdam – ETO Györ 1:1, 0:1.
Halbfinale: FC Liverpool – Inter Mailand 3:1, 0:3; ETO Györ – Benfica Lissabon 0:1 (in Budapest), 0:4.

Endspiel am 27. Mai 1965 in Mailand:
Inter Mailand – Benfica Lissabon 1:0 (1:0)
Inter Mailand: Sarti – Burgnich, Guarneri, Facchetti – Bedin, Picchi – Jair, Mazzola, Peiro, Suarez, Corso.
Tor: Jair – SR: Dienst (Schweiz) – Zuschauer: 85 000.

1965/66: Real Madrid
1. Runde: APOEL Nikosia – Werder Bremen 0:5 (in Hamburg), 0:5; Drumcondra Dublin – ASK Vorwärts Berlin 1:0, 0:3; Feyenoord Rotterdam – Real Madrid 2:1, 0:5; 17 Nentori Tirana – FC Kilmarnock 0:0, 0:1; Fenerbahce Istanbul – RSC Anderlecht 0:0, 1:5; Lyn Oslo – Derry City 5:3, 1:5; Dinamo Bukarest – B 1909 Odense 4:0, 3:2; IB Keflavik – Ferencvaros Budapest 1:4, 1:9; Panathinaikos Athen – Sliema Wanderers 4:1, 0:1; Partizan Belgrad – FC Nantes 2:0, 2:2; Lausanne-Sports – Sparta Prag 0:0, 0:4; Linzer ASK – Gornik Zabrze 1:3, 1:2; HJK Helsinki – Manchester United 2:3, 0:6; Stade Düdelingen – Benfica Lissabon 0:8, 0:10; Djurgarden Stockholm – Levski Sofia 2:1, 0:6; Freilos für: Inter Mailand.
Achtelfinale: Partizan Belgrad – Werder Bremen 3:0, 0:1; ASK Vorwärts Berlin – Manchester United 0:2, 1:3; FC Kilmarnock – Real Madrid 2:2, 1:5; RSC Anderlecht – Derry City 9:0 (Derry City verzichtete auf 2. Spiel); Dinamo Bukarest – Inter Mailand 2:1, 0:2; Ferencvaros Budapest – Panathinaikos Athen 0:0, 3:1; Sparta Prag – Gornik Zabrze 3:0, 2:1 (in Chorzow); Levski Sofia – Benfica Lissabon 2:2, 2:3.
Viertelfinale: RSC Anderlecht – Real Madrid 1:0, 2:4; Inter Mailand – Ferencvaros Budapest 4:0, 1:1; Sparta Prag – Partizan Belgrad 4:1, 0:5; Manchester United – Benfica Lissabon 3:2, 5:1.
Halbfinale: Real Madrid – Inter Mailand 1:0, 1:1; Partizan Belgrad – Manchester United 2:0, 0:1.

Endspiel am 11. Mai 1966 in Brüssel:
Real Madrid – Partizan Belgrad 2:1 (0:0)
Real Madrid: Araquistain – Pachin, De Felipe, Zoco – Sanchis – Pirri, Velazquez – Serena, Amancio, Grosso, Gento.
Tore: Amancio, Serena (Vasovic für Belgrad). – SR: Kreitlein (Deutschland). – Zuschauer: 55 000.

1966/67: Celtic Glasgow
Qualifikation: FC Waterford – ASK Vorwärts Berlin 1:6, 0:6; Sliema Wanderers – ZSKA Sofia 1:2, 0:4.
1. Runde: TSV München 1860 – Omonia Nikosia 8:0, 2:1 (in Pocking); Haka Valkeakoski – RSC Anderlecht 1:10, 0:2; Admira Wien – Vojvodina Novi Sad 0:1, 0:0; Aris Bonneweg – FC Linfield Belfast 3:3, 1:6; KR Reykjavik – FC Nantes 2:3, 2:5; Celtic Glasgow – FC Zürich 2:0, 3:0; Ajax Amsterdam – Besiktas Istanbul 2:0, 2:1; ZSKA Sofia – Olympiakos Piräus 3:1, 0:1; Esbjerg FB – Dukla Prag 0:2, 0:4; Vasas Budapest –

Sporting Lissabon 5:0, 2:0; Inter Mailand – Torpedo Moskau 1:0, 0:0; Malmö FF – Atletico Madrid 0:2, 1:3; FC Liverpool – Petrolul Ploesti 2:0, 1:3, 2:0 (in Brüssel); Gornik Zabrze – ASK Vorwärts Berlin 2:1, 1:2, 3:1 (in Budapest);17 Nentori Tirana verzichtete gegen Valerengen Oslo. Freilos für: Real Madrid.
Achtelfinale: TSV München 1860 – Real Madrid 1:0, 1:3; FC Nantes – Celtic Glasgow 1:3, 1:3; Dukla Prag – RSC Anderlecht 4:1, 2:1; Inter Mailand – Vasas Budapest 2:1, 2:0; Valerengen Oslo – FC Linfield Belfast 1:4, 1:1; ZSKA Sofia – Gornik Zabrze 4:0, 0:3; Ajax Amsterdam – FC Liverpool 5:1, 2:2; Vojvodina Novi Sad – Atletico Madrid 3:1, 0:2, n. V. 3:2 (in Madrid).
Viertelfinale: Inter Mailand – Real Madrid 1:0, 2:0; FC Linfield – ZSKA Sofia 2:2, 0:1; Vojvodina Novi Sad – Celtic Glasgow 1:0, 0:2; Ajax Amsterdam – Dukla Prag 1:1, 1:2.
Halbfinale: Celtic Glasgow – Dukla Prag 3:1, 0:0; Inter Mailand – ZSKA Sofia 1:1, 1:1, 1:0 (in Bologna).

Endspiel am 25. Mai 1967 in Lissabon:
Celtic Glasgow – Inter Mailand 2:1 (0:1)
Celtic Glasgow: Simpson – Craig, McNeill, Gemmell – Murdoch,Clark, – Auld, Johnstone, Wallace, Chalmers, Lennox.
Tore: Gemmell, Chalmers (Mazzola für Mailand). – SR: Tschenscher (Deutschland). – Zuschauer: 54 000.

1967/68: Manchester United
1. Runde: Manchester United – Hibernians Paola 4:0, 0:0; Olympiakos Nikosia – FK Sarajewo 2:2, 1:3; Gornik Zabrze – Djurgarden Stockholm 3:0, 1:0; Celtic Glasgow – Dynamo Kiew 1:2, 1:1; Skeid Oslo – Sparta Prag 0:1, 1:1; FC Karl-Marx-Stadt – RSC Anderlecht 1:3, 1:2; Ajax Amsterdam – Real Madrid 1:1, 1:2 n. V.; FC Basel – Hvidovre Kopenhagen 1:2, 3:3; Glentoran Belfast – Benfica Lissabon 1:1, 0:0; Valur Reykjavik – Jeunesse Esch 1:1, 3:3 n. V. (Los für Reykjavik); FC Dundalk – Vasas Budapest 0:1, 1:8; AS Saint-Etienne – Kuopio PS 2:0, 3:0; Besiktas Istanbul – Rapid Wien 0:1, 0:3; Olympiakos Piräus – Juventus Turin 0:0, 0:2; Trakia Plovdiv – Rapid Bukarest 2:0, 0:3 n. V. – Dinamo Tirana verzichtete gegen Eintracht Braunschweig.
Achtelfinale: Rapid Wien – Eintracht Braunschweig 1:0, 0:2; FK Sarajewo – Manchester United 0:0, 1:2; Dynamo Kiew – Gornik Zabrze 1:2, 1:1 (in Chorzow); Sparta Prag – RSC Anderlecht 3:2, 3:3; Hvidovre Kopenhagen – Real Madrid 2:2, 1:4; Vasas Budapest – Valur Reykjavik 6:0, 5:1 (in Varpalota); Benfica Lissabon – AS Saint-Etienne 2:0, 0:1; Juventus Turin – Rapid Bukarest 1:0, 0:0.
Viertelfinale: Manchester United – Gornik Zabrze 2:0, 0:1; Real Madrid – Sparta Prag 3:0, 1:2; Vasas Budapest – Benfica Lissabon 0:0, 0:3; Eintracht Braunschweig – Juventus Turin 3:2, 0:1, 0:1 (in Bern).
Halbfinale: Manchester United – Real Madrid 1:0, 3:3; Benfica Lissabon – Juventus Turin 2:0, 1:0.

Endspiel am 29. Mai 1968 in London:
Manchester United – Benfica Lissabon 4:1 n. Verl. (1:1, 0:0)
Manchester United: Stepney – Brennan, Foulkes, Stiles, Dunne – Crerand, B. Charlton, Sadler – Best, Kidd, Aston.
Tore: Charlton (2), Best, Kidd (Graca für Lissabon). – SR: Lo Bello (Italien). – Zuschauer: 100 000.

1968/69: AC Mailand
1. Runde: 1. FC Nürnberg – Ajax Amsterdam 1:1, 0:4; Malmö FF – AC Mailand 2:1, 1:4; FC Zürich – Akademisk BK Kopenhagen 1:3, 2:1; RSC Anderlecht – Glentoran Belfast 3:0, 2:2; AS Saint-Etienne – Celtic Glasgow 2:0, 0:4; AEK Athen – Jeunesse Esch 3:0, 2:3; AFC Waterford – Manchester United 1:3 (in Dublin), 1:7; Rosenborg Trondheim – Rapid Wien 1:3, 3:3; FC Floriana – Reipas Lahti 1:1 (in Gzira), 0:2 (in Helsinki); Valur Reykjavik – Benfica Lissabon 0:0, 1:8; Real Madrid – AEL Limassol 6:0, 6:0 (beide Spiele in Madrid), Manchester City – Fenerbahce Istanbul 0:0, 1:2; Steaua Bukarest – Spartak Trnava 3:1, 0:4; FC Carl Zeiss Jena verzichtete gegen Roter Stern Belgrad; Levski Sofia, Ferencvaros Budapest, Dynamo Kiew und Ruch Chorzow verzichteten.
Achtelfinale: Ajax Amsterdam – Fenerbahce Istanbul 2:0, 2:0; Manchester United – RSC Anderlecht 3:0, 1:3; Celtic Glasgow – Roter Stern Belgrad 5:1, 1:1; AEK Athen – Akademisk BK Kopenhagen 0:0, 2:0; Rapid Wien – Real Madrid 1:0, 1:2; Reipas Lahti – Spartak Trnava 1:9 (in Wien), 1:7; Freilose für: AC Mailand und Benfica Lissabon.
Viertelfinale: AC Mailand – Celtic Glasgow 0:0, 1:0; Ajax Amsterdam – Benfica Lissabon 1:3, 3:1, 3:0 n. V. (in Paris); Manchester United – Rapid Wien 3:0, 0:0; Spartak Trnava – AEK Athen 2:1, 1:1.
Halbfinale: AC Mailand – Manchester United 2:0, 0:1; Ajax Amsterdam – Spartak Trnava 3:0, 0:2.

Endspiel am 28. Mai 1969 in Madrid:
AC Mailand – Ajax Amsterdam 4:1 (2:0)

AC Mailand: Cudicini – Anquiletti, Schnellinger – Rosato, Malatrasi, Trapattoni – Lodetti, Rivera – Hamrin, Sormani, Prati.
Tore: Prati (3), Sormani (Vasovic für Amsterdam). – SR: de Mendibil (Spanien). – Zuschauer: 32 000.

1969/70: Feyenoord Rotterdam
Qualifikation: Turku PS – KB Kopenhagen 0:1, 0:4.
1. Runde: FC Bayern München – AS Saint-Etienne 2:0, 0:3; ASK Vorwärts Berlin – Panathinaikos Athen 2:0, 1:1; Austria Wien – Dynamo Kiew 1:2, 1:3; FC Basel – Celtic Glasgow 0:0, 0:2; Feyenoord Rotterdam – KR Reykjavik 12:2, 4:0 (beide Spiele in Rotterdam); Hibernians Paola – Spartak Trnava 2:2 (in Gzira), 0:4; Benfica Lissabon – KB Kopenhagen 2:0, 3:2; ZSKA Sofia – Ferencvaros Budapest 2:1, 1:4; AC Florenz – Östers IF Växjö 1:0, 2:1; Standard Lüttich – 17 Nentori Tirana 3:0, 1:1; Real Madrid – Olympiakos Nikosia 8:0, 6:1 (beide Spiele in Madrid); AC Mailand – Avenir Beggen 5:0, 3:0 (in Luxemburg); Leeds United – Lyn Oslo 10:0, 6:0; Roter Stern Belgrad – FC Linfield Belfast 8:0, 4:2; UT Arad – Legia Warschau 1:2, 0:8; Galatasaray Istanbul – AFC Waterford 2:0, 3:2.
Achtelfinale: ASK Vorwärts Berlin – Roter Stern Belgrad 2:1, 2:3; Dynamo Kiew – AC Florenz 1:2, 0:0; Leeds United – Ferencvaros Budapest 3:0, 3:0; AC Mailand – Feyenoord Rotterdam 1:0, 0:2; Spartak Trnava – Galatasaray Istanbul 1:0, 0:1 n. Verl., Los für Istanbul; Celtic Glasgow – Benfica Lissabon 3:0, 0:3 n. Verl., Los für Glasgow; Legia Warschau – AS Saint-Etienne 2:1, 1:0; Standard Lüttich – Real Madrid 1:0, 3:2.
Viertelfinale: ASK Vorwärts Berlin – Feyenoord Rotterdam 1:0, 0:2; Standard Lüttich – Leeds United 0:1, 0:1; Celtic Glasgow – AC Florenz 3:0, 0:1; Galatasaray Istanbul – Legia Warschau 1:1, 0:2.
Halbfinale: Leeds United – Celtic Glasgow 0:1, 1:2; Legia Warschau – Feyenoord Rotterdam 0:0, 0:2.

Endspiel am 6. Mai 1970 in Mailand:
Feyenoord Rotterdam – Celtic Glasgow 2:1 (1:1, 1:1) n. Verl.
Feyenoord: Pieters Graafland – Romeijn (Haak), Laseroms, Israel, Van Duivenbode – Jansen, Hasil – Van Hanegem, Wery, Kindvall, Moulijn.
Tore: Israel, Kindvall (Gemmel für Glasgow). – SR: Lo Bello (Italien). – Zuschauer: 54 000.

1970/71: Ajax Amsterdam
Qualifikation: Levski/Spartak Sofia – Austria Wien 3:1, 0:3.
1. Runde: EPA Larnaka – Borussia Mönchengladbach 0:6 (in Augsburg), 0:10; Fenerbahce Istanbul – FC Carl Zeiss Jena 0:4, 0:1; 17 Nentori Tirana – Ajax Amsterdam 2:2, 0:2; Jeunesse Esch – Panathinaikos Athen 1:2, 0:5; Spartak Moskau – FC Basel 3:2, 1:2; Atletico Madrid – Austria Wien 2:0, 2:1; Rosenborg Trondheim – Standard Lüttich 0:2, 0:5; Sporting Lissabon – FC Floriana 5:0, 4:0; Slovan Bratislava – BK 1903 Kopenhagen 2:1, 2:2; Feyenoord Rotterdam – UT Arad 1:1, 0:0; FC Everton – IB Keflavik 6:2, 3:0 (in Reykjavik); IFK Göteborg – Legia Warschau 0:4, 1:2; Ujpest Budapest – Roter Stern Belgrad 2:0, 0:4; Cagliari Calcio – AS Saint-Etienne 3:0, 0:1; Celtic Glasgow – Kokkola PV 9:0, 5:0; Glentoran Belfast – AFC Waterford 1:3, 0:1.
Achtelfinale: FC Carl Zeiss Jena – Sporting Lissabon 2:1, 2:1; Borussia Mönchengladbach – FC Everton 1:1, 1:1 n. Verl. (Everton 4:3-Sieger nach Elfmeterschießen); Ajax Amsterdam – FC Basel 3:0, 2:1; Panathinaikos Athen – Slovan Bratislava 3:0, 1:2; Roter Stern Belgrad – UT Arad 3:0, 3:1; AFC Waterford – Celtic Glasgow 0:7, 2:3; Standard Lüttich – Legia Warschau 1:0, 0:2; Cagliari Calcio – Atletico Madrid 2:1, 0:3.
Viertelfinale: Ajax Amsterdam – Celtic Glasgow 3:0, 0:1; FC Everton – Panathinaikos Athen 1:1, 0:0; FC Carl Zeiss Jena – Roter Stern Belgrad 3:2, 0:4; Atletico Madrid – Legia Warschau 1:0, 1:2.
Halbfinale: Atletico Madrid – Ajax Amsterdam 1:0, 0:3; Roter Stern Belgrad – Panathinaikos Athen 4:1, 0:3.

Endspiel am 2. Juni 1971 in London:
Ajax Amsterdam – Panathinaikos Athen 2:0 (1:0)
Ajax: Stuy – Neeskens, Hulshoff, Vasovic, Suurbier – Rijnders (Blankenburg), Mühren – Swart (Haan), Cruyff, Van Dijk, Keizer.
Tore: van Dijk, Haan. – SR: Taylor (England). – Zuschauer: 84 000.

1971/72: Ajax Amsterdam
Qualifikation: FC Valencia – Union Luxemburg 3:1; 1:0.
1. Runde: Cork Hibernians – Borussia Mönchengladbach 0:5, 1:2; Ajax Amsterdam – Dynamo Dresden 2:0, 0:0; Wacker Innsbruck – Benfica Lissabon 0:4, 1:3; Reipas Lahti – Grasshoppers Zürich 1:1, 0:8; Galatasaray Istanbul – ZSKA Moskau 1:1, 0:3; Standard Lüttich – FC Linfield Belfast 2:0, 3:2; B 1903 Kopenhagen – Celtic Glasgow 2:1, 0:3; Feyenoord Rotterdam – Olympiakos Nikosia 8:0, 9:0 (beide Spiele in Rotterdam); Dinamo Bukarest – Spartak Trnava 0:0, 2:2; Inter Mailand – AEK Athen 4:1, 2:3; Ujpest Budapest – Malmö FF 4:0, 0:1; Olympique Marseille – Gornik Zabrze 2:1, 1:1 (in Kattowitz); ZSKA

Sofia – Partisani Tirana 3:0, 1:0; FC Valencia – Hajduk Split 0:0, 1:1; IA Akranes – Sliema Wanderers 0:4, 0:0 (beide Spiele in Malta); Strömsgodset Drammen – FC Arsenal 1:3 (in Oslo), 0:4.
Achtelfinale: Borussia Mönchengladbach – Inter Mailand 7:1 (annulliert wegen eines Büchsenwurfs gegen einen Interspieler), 2:4, 0:0 (in Berlin); Grasshoppers Zürich – Arsenal London 0:2, 0:3; Olympique Marseille – Ajax Amsterdam 1:2, 1:4; Dinamo Bukarest – Feyenoord Rotterdam 0:3, 0:2; Celtic Glasgow – Sliema Wanderers 5:0, 2:1; ZSKA Moskau – Standard Lüttich 1:0, 0:2; FC Valencia – Ujpest Budapest 0:1, 1:2; Benfica Lissabon – ZSKA Sophia 2:1, 0:0.
Viertelfinale: Ujpest Budapest – Celtic Glasgow 1:2, 1:1; Feyenoord Rotterdam – Benfica Lissabon 1:0, 1:5; Ajax Amsterdam – FC Arsenal 2:1, 1:0; Inter Mailand – Standard Lüttich 1:0, 1:2.
Halbfinale: Inter Mailand – Celtic Glasgow 0:0, 0:0 n. Verl. (Inter 5:4-Sieger nach Elfmeterschießen); Ajax Amsterdam – Benfica Lissabon 1:0, 0:0.

Endspiel am 31. Mai 1972 in Rotterdam:
Ajax Amsterdam – Inter Mailand 2:0 (0:0)
Ajax: Stuy – Suurbier, Hulshoff, Blankenburg, Krol – Neeskens, G. Mühren, Haan – Swart, Cruijff, Keizer.
Tore: Cruyff (2). – SR: Helies (Frankreich). – Zuschauer: 62 000.

1972/73: Ajax Amsterdam
1. Runde: Galatasaray Istanbul – Bayern München 1:1, 0:6; 1. FC Magdeburg – Turku PS 6:0, 3:1; Real Madrid – IB Keflavik 3:0, 1:0 (in Reykjavik); RSC Anderlecht – Vejle BK 4:2, 3:0; Ujpest Budapest – FC Basel 2:0, 2:3; Celtic Glasgow – Rosenborg Trondheim 2:1, 3:1; Olympique Marseille – Juventus Turin 1:0 (in Lyon), 0:3; Malmö FF – Benfica Lissabon 1:0, 1:4; Wacker Innsbruck – Dynamo Kiew 0:1, 0:2; Sliema Wanderers – Gornik Zabrze 0:5, 0:5; Aris Bonneweg – FC Arges Pitesti 0:2 (in Luxemburg) 0:4; Derby County – Zeljeznicar Sarajewo 2:0, 2:1; AFC Waterford – Omonia Nikosia 2:1, 0:2; ZSKA Sofia – Panathinaikos Athen 2:1, 2:0. – Freilose für: Ajax Amsterdam und Spartak Trnava.
Achtelfinale: Bayern München – Omonia Nikosia 9:0, 4:0 (in Augsburg); Juventus Turin – 1. FC Magdeburg 1:0, 1:0; Spartak Trnava – RSC Anderlecht 1:0, 1:0; Derby County – Benfica Lissabon 3:0, 0:0; Celtic Glasgow – Ujpest Budapest 2:1, 0:3; Dynamo Kiew – Gornik Zabrze 2:0, 1:2; FC Arges Pitesti – Real Madrid 2:1, 1:3; ZSKA Sofia – Ajax Amsterdam 1:3, 0:3.
Viertelfinale: Ajax Amsterdam – Bayern München 4:0, 1:2; Juventus Turin – Ujpest Budapest 0:0, 2:2; Dynamo Kiew – Real Madrid 0:0 (in Odessa), 0:3; Spartak Trnava – Derby County 1:0, 0:2.
Halbfinale: Ajax Amsterdam – Real Madrid 2:1, 1:0; Juventus Turin – Derby County 3:1, 0:0.

Endspiel am 30. Mai 1973 in Belgrad:
Ajax Amsterdam – Juventus Turin 1:0 (1:0)
Ajax: Stuy – Suurbier, Hulshoff, Blankenburg, Krol – Neeskens, Mühren, Haan – Rep, Cruyff, Keizer.
Tor: Rep. – SR: Gugulovic (Jugoslawien). – Zuschauer: 90 000.

1973/74: Bayern München
1. Runde: Bayern München – Atvidabergs FF 3:1, 1:3 n. V. (Bayern 4:3-Sieger nach Elfmeterschießen), Dynamo Dresden – Juventus Turin 2:0, 2:3; ZSKA Sofia – Wacker Innsbruck 3:0, 1:0 (in Olten); FC Basel – Fram Reykjavik 5:0, 6:2 (in Olten), Jeunesse Esch – FC Liverpool 1:1, 0:2; Viking Stavanger – Spartak Trnava 1:2, 0:1; AFC Waterford – Ujpest Budapest 2:3, 0:3; Benfica Lissabon – Olympiakos Piräus 1:0, 1:0; Turku PS – Celtic Glasgow 1:6, 0:3; Zarja Woroschilowgrad – APOEL Nikosia 2:0, 1:0; Roter Stern Belgrad – Stal Mielec 2:1, 1:0 (in Krakau); FC Brügge – FC Floriana 8:0, 2:0; Atletico Madrid – Galatasaray Istanbul 0:0, 1:0 n. V.; Vejle BK – FC Nantes 2:2, 1:0; Crusaders Belfast – Dinamo Bukarest 0:1, 0:11. – Freilos für: Ajax Amsterdam.
Achtelfinale: Bayern München – Dynamo Dresden 4:3, 3:3; FC Brügge – FC Basel 2:1, 4:6; Ajax Amsterdam – ZSKA Sofia 1:0, 0:2 n. V.; Roter Stern Belgrad – FC Liverpool 2:1, 2:1; Spartak Trnava – Zarja Woroschilowgrad 0:0, 1:0; Dinamo Bukarest – Atletico Madrid 0:2, 2:2; Celtic Glasgow – Vejle BK 0:0, 1:0; Benfica Lissabon – Ujpest Budapest 1:1, 0:0.
Viertelfinale: Bayern München – ZSKA Sofia 4:1, 1:2; FC Basel – Celtic Glasgow 3:2, 2:4 n. V.; Roter Stern Belgrad – Atletico Madrid 0:2, 0:0; Spartak Trnava – Ujpest Budapest 1:1, 1:1 n. V. (Budapest 4:3-Sieger nach Elfmeterschießen).
Halbfinale: Ujpest Budapest – Bayern München 1:1, 0:3; Celtic Glasgow – Atletico Madrid 0:0, 0:2.

Endspiele am 15. Mai in Brüssel und 17. Mai in Brüssel:

Bayern München – Atletico Madrid n. V. 1:1 (0:0) und 4:0 (1:0)
Bayern München: Maier – Hansen, Schwarzenbeck, Beckenbauer, Breitner – Roth, Hoeneß, Zobel – Kapellmann, Müller, Torstensson (Dürnberger).
Tore im ersten Spiel: Luis Aragones/Schwarzenbeck. – SR: Loraux (Belgien). – Zuschauer: 49 000.
Tore im zweiten Spiel: Hoeneß (2), Müller (2). – SR: Delcourt (Belgien). – Zuschauer: 24 000.

1974/75: Bayern München

1. Runde: Levski/Spartak Sofia – Ujpest Budapest 0:3, 1:4; Hajduk Split – IB Keflavik 7:1, 2:0 (beide Spiele in Split); Feyenoord Rotterdam – FC Coleraine 7:0, 4:1; Viking Stavanger – Ararat Erewan 0:2, 2:4; Hvidovre Kopenhagen – Ruch Chorzow 0:0, 1:2; Celtic Glasgow – Olympiakos Piräus 1:1, 0:2; AS Saint-Etienne – Sporting Lissabon 2:0, 1:1; Leeds United – FC Zürich 4:1, 1:2; Slovan Bratislava – RSC Anderlecht 4:2, 1:3; FC Valetta – HJK Helsinki 1:0, 1:4; Universitatea Craiova – Atvidabergs FF 2:1, 1:3; Jeunesse Esch – Fenerbahce Istanbul 2:3, 0:2; VÖEST Linz – FC Barcelona 0:0, 0:5; Omonia Nikosia verzichtete gegen Cork Celtic. – Freilose für: Bayern München und 1. FC Magdeburg. Aufgrund der Ausschreitungen im Spiel Lazios gegen Ipswich im UEFA-Pokal der 2. Runde im Herbst 1973 wurde Lazio als Italienmeister '74 für ein Jahr gesperrt.
Achtelfinale: Bayern München – 1. FC Magdeburg 3:2, 2:1; Feyenoord Rotterdam – FC Barcelona 0:0 0:3; RSC Anderlecht – Olympiakos Piräus 5:1, 0:3 (in Patras); Ruch Chorzow – Fenerbahce Istanbul 2:1, 2:0; Ujpest Budapest – Leeds United 1:2, 0:3; HJK Helsinki – Atvidabergs FF 0:3, 0:1; Hajduk Split – AS Saint-Etienne 4:1, 1:5 n. V.; Cork Celtic – Ararat Erewan 1:2, 0:5.
Viertelfinale: Bayern München – Ararat Erewan 2:0, 0:1; Ruch Chorzow – AS Saint-Etienne 3:2, 0:2; Leeds United – RSC Anderlecht 3:0, 1:0; FC Barcelona – Atvidabergs FF 2:0, 3:0 (beide Spiele in Barcelona).
Halbfinale: AS Saint-Etienne – Bayern München 0:0, 0:2; Leeds United – FC Barcelona 2:1, 1:1.

Endspiel am 28. Mai 1975 in Paris:
Bayern München – Leeds United 2:0 (0:0)
Bayern München: Maier – Beckenbauer, Schwarzenbeck, Dürnberger, Andersson (Josef Weiß) – Zobel, Roth, Kapellmann – Hoeneß (Wunder), Müller, Torstensson.
Tore: Roth, Müller. – SR: Kitabdjan (Frankreich). – Zuschauer: 50 000.

1975/76: Bayern München

1. Runde: Jeunesse Esch – Bayern München 0:5 (in Luxemburg), 1:3; Borussia Mönchengladbach – Wacker Innsbruck 1:1, 6:1; Malmö FF – 1. FC Magdeburg 2:1, 1:2 n. V. (Malmö 2:1-Sieger nach Elfmeterschießen); Real Madrid – Dinamo Bukarest 4:1, 0:1; RWD Molenbeek – Viking Stavanger 3:2, 1:0; FC Floriana – Hajduk Split 0:5 (in Gzira), 0:3; Ujpest Budapest – FC Zürich 4:0, 1:5; FC Linfield Belfast – PSV Eindhoven 1:2, 0:8; ZSKA Sofia – Juventus Turin 2:1, 0:2; Ruch Chorzow – Kuopio PS 5:0, 2:2 (in Mikkeli); KB Kopenhagen – AS Saint-Etienne 0:2, 1:3; Olympiakos Piräus – Dynamo Kiew 2:2 (in Saloniki), 0:1; Glasgow Rangers – Bohemians Dublin 4:1, 1:1; Slovan Bratislava – Derby County 1:0, 0:3; Benfica Lissabon – Fenerbahce Istanbul 7:0, 0:1 (in Izmir); Omonia Nikosia – IA Akranes 2:1, 0:4 (in Reykjavik).
Achtelfinale: Malmö FF – Bayern München 1:0, 0:2; Borussia Mönchengladbach – Juventus Turin 2:0, 2:2; Dynamo Kiew – IA Akranes 3:0, 2:0; Ruch Chorzow – PSV Eindhoven 1:3, 0:4; Hajduk Split – RWD Molenbeek 4:0, 3:2; Derby County – Real Madrid 4:1, 1:5 n. V.; AS Saint-Etienne – Glasgow Rangers 2:0, 2:1; Benfica Lissabon – Ujpest Budapest 5:2, 1:3.
Viertelfinale: Benfica Lissabon – Bayern München 0:0, 1:5; Borussia Mönchengladbach – Real Madrid 2:2 (in Düsseldorf), 1:1; Dynamo Kiew – AS Saint-Etienne 2:0 (in Simferopol), 0:3 n. V., Hajduk Split – PSV Eindhoven 2:0, 0:3 n. V.
Halbfinale: Real Madrid – Bayern München 1:1, 0:2; AS Saint-Etienne – PSV Eindhoven 1:0, 0:0.

Endspiel am 12. Mai in Glasgow:
Bayern München – AS Saint-Etienne 1:0 (0:0)
Bayern München: Maier – Hansen, Beckenbauer, Schwarzenbeck, Horsmann – Roth, Dürnberger, Kapellmann – Hoeneß, Müller, Rummenigge.
Tor: Roth. – SR: Palotai (Ungarn). – Zuschauer: 54 864.

1976/77: FC Liverpool

1. Runde: Köge BK – Bayern München 0:5 (in Kopenhagen), 1:2; Austria/WAC Wien – Borussia Mönchengladbach 1:0, 0:3; Dynamo Dresden – Benfica Lissabon 2:0, 0:0; FC Liverpool – Crusaders Belfast 2:0, 5:0; Sliema Wanderers – Turku PS 2:1 (in Gzira), 0:1; Ferencvaros Budapest – Jeunesse

Esch 5:1, 6:2; ZSKA Sofia – AS Saint-Etienne 0:0, 0:1; FC Dundalk – PSV Eindhoven 1:1, 0:6; Stal Mielec – Real Madrid 1:2, 0:1 (in Valencia); Dynamo Kiew – Partizan Belgrad 3:0, 2:0; Glasgow Rangers – FC Zürich 1:1, 0:1; FC Brügge – Steaua Bukarest 2:1, 1:1; Omonia Nikosia – PAOK Saloniki 0:2, 1:1; AC Turin – Malmö FF 2:1, 1:1; IA Akranes – Trabzonspor 1:3 (in Reykjavik), 2:3; Viking Stavanger – Banik Ostrava 2:1, 0:2.
Achtelfinale: Banik Ostrava – Bayern München 2:1, 0:5; AC Turin – Borussia Mönchengladbach 1:2, 0:0 (in Düsseldorf); Ferencvaros Budapest – Dynamo Dresden 1:0, 0:4; Real Madrid – FC Brügge 0:0 (in Malaga), 0:2; Trabzonspor – FC Liverpool 1:0, 0:3; AS Saint-Etienne – PSV Eindhoven 1:0, 0:0; Dynamo Kiew – PAOK Saloniki 4:0, 2:0; FC Zürich – Turku PS 2:0, 1:0.
Viertelfinale: Bayern München – Dynamo Kiew 1:0, 0:2; Borussia Mönchengladbach – FC Brügge 2:2 (in Düsseldorf), 1:0; AS Saint Etienne – FC Liverpool 1:0, 1:3; FC Zürich – Dynamo Dresden 2:1, 2:3.
Halbfinale: Dynamo Kiew – Borussia Mönchengladbach 1:0, 0:2 (in Düsseldorf); FC Zürich – FC Liverpool 1:3, 0:3.

Endspiel am 25. Mai in Rom:
FC Liverpool – Borussia Mönchengladbach 3:1 (1:0)
FC Liverpool: Clemence – Neal, Smith, Hughes, Jones – Case, McDermott, Kennedy – Keegan, Callaghan, Heighway.
Gladbach: Kneib – Vogts, Wittkamp, Schäffer, Klinkhammer – Bonhof, Wohlers (Hannes), Stielike, Wimmer (Kulik) – Simonsen, Heynckes.
Tore: McDermott, Smith, Neal (Simonsen für Mönchengladbach). – SR: Wurtz (Frankreich). – Zuschauer: 57 000.

1977/78: FC Liverpool
1. Runde: Vasas Budapest – Borussia Mönchengladbach 0:3, 1:1; Dynamo Dresden – Halmstads BK 2:0, 1:2; FC Basel – Wacker Innsbruck 1:3, 1:0 (in Salzburg); Omonia Nikosia – Juventus Turin 0:3, 0:2; Kuopio PS – FC Brügge 0:4, 2:5; Celtic Glasgow – Jeunesse Esch 5:0, 6:1; Roter Stern Belgrad – Sligo Rovers 3:0, 3:0; Dinamo Bukarest – Atletico Madrid 2:1, 0:2; Lilleström SK – Ajax Amsterdam 2:0 (in Oslo), 0:4; Trabzonspor – B 1903 Kopenhagen 1:0, 0:2; Dukla Prag – FC Nantes 1:1, 0:0; Levski/Spartak Sofia – Slask Wroclaw 3:0, 2:2; FC Floriana – Panathinaikos Athen 1:1 (in Gzira), 0:4; Benfica Lissabon – Torpedo Moskau 0:0, 0:0 n. V. (Benfica 4:1-Sieger nach Elfmeterschießen); Valur Reykjavik – Glentoran Belfast 1:0, 0:2. – Freilos für: FC Liverpool.
Achtelfinale: Roter Stern Belgrad – Borussia Mönchengladbach 0:3, 1:5; Celtic Glasgow – Wacker Innsbruck 2:1, 0:3 (in Salzburg); FC Liverpool – Dynamo Dresden 5:1, 1:2; Levski/Spartak Sofia – Ajax Amsterdam 1:2, 1:2; FC Brügge – Panathinaikos Athen 2:0, 0:1; Benfica Lissabon – B 1903 Kopenhagen 1:0, 1:0; Glentoran Belfast – Juventus Turin 0:1, 0:5; FC Nantes – Atletico Madrid 1:1, 1:2.
Viertelfinale: Wacker Innsbruck – Borussia Mönchengladbach 3:1, 0:2; Ajax Amsterdam – Juventus Turin 1:1, 1:1 n. V. (Juventus 3:0-Sieger nach Elfmeterschießen); FC Brügge – Atletico Madrid 2:0, 2:3; Benfica Lissabon – FC Liverpool 1:2, 1:4.
Halbfinale: Borussia Mönchengladbach – FC Liverpool 2:1 (in Düsseldorf), 0:3; Juventus Turin – FC Brügge 1:0, 0:2 n. V.

Endspiel am 10. Mai 1978 in London:
FC Liverpool – FC Brügge 1:0 (0:0)
FC Liverpool: Clemence – Neal, Thompson, Hansen, Hughes – Case (Heighway), McDermott, Souness, Kennedy – Dalglish, Fairclough.
Tor: Dalglish. – SR: Corver (Holland). – Zuschauer: 92 500.

1978/79: Nottingham Forest
Qualifikation: AS Monaco – Steaua Bukarest 3:0, 0:2.
1. Runde: 1. FC Köln – IA Akranes 4:1, 1:1 (in Reykjavik); Partizan Belgrad – Dynamo Dresden 2:0, 0:2 n. V. (Dresden 5:4-Sieger nach Elfmeterschießen); Vllaznia Shkoder – Austria Wien 2:0, 1:4; Grasshoppers Zürich – FC Valetta 8:0, 5:3; FC Brügge – Wisla Krakau 2:1, 1:3; Fenerbahce Istanbul – PSV Eindhoven 2:1, 1:6; Real Madrid – Progres Niederkorn 5:0, 7:0 (in Differdingen); Juventus Turin – Glasgow Rangers 1:0, 0:2; Zbrojovka Brünn – Ujpest Budapest 2:2, 2:0; Nottingham Forest – FC Liverpool 2:0, 0:0; Haka Valkeakoski – Dynamo Kiew 0:1 (in Tampere), 1:3 (in Charkow); FC Linfield Belfast – Lilleström SK 0:0, 0:1 (in Oslo); Odense BK – Lokomotive Sofia 2:2, 1:2; Omonia Nikosia – Bohemians Dublin 2:1, 0:1 (in Cork); Malmö FF – AS Monaco 0:0, 1:0; AEK Athen – FC Porto 6:1, 1:4.
Achtelfinale: Lokomotive Sofia – 1. FC Köln 0:1, 0:4; AEK Athen – Nottingham Forest 1:2, 1:5; Glasgow Rangers – PSV Eindhoven 0:0, 3:2; Dynamo Kiew – Malmö FF 0:0 (in Charkow), 0:2; Real Madrid – Grasshoppers Zürich 3:1, 0:2; Bohemians Dublin – Dynamo Dresden 0:0 (in Dundalk), 0:6; Zbrojovka Brünn – Wisla Krakau 2:2, 1:1; Austria Wien – Lilleström SK 4:1, 0:0 (in Oslo).

Viertelfinale: 1. FC Köln – Glasgow Rangers 1:0, 1:1; Austria Wien – Dynamo Dresden 3:1, 0:1, Wisla Krakau – Malmö FF 2:1, 1:4; Nottingham Forest – Grasshoppers Zürich 4:1, 1:1.
Halbfinale: Nottingham Forest – 1. FC Köln 3:3, 1:0; Austria Wien – Malmö FF 0:0, 0:1.

Endspiel am 30. Mai in München:
Nottingham Forest – Malmö FF 1:0 (1:0)
Nottingham: Shilton – Anderson, Burns, Lloyd, Clark – McGovern, Bowyer, Francis – Birtles, Woodcock, Robertson.
Tor: Francis. – **SR:** Linemayr (Österreich). – Zuschauer: 57 000.

1979/80: Nottingham Forest
Qualifikation: FC Dundalk – FC Linfield 1:1, 2:0 (in Haarlem).
1. Runde: Valur Reykjavik – Hamburger SV 0:3, 1:2; Dynamo Berlin – Ruch Chorzow 4:1, 0:0; FC Liverpool – Dynamo Tiflis 2:1, 0:3; Arges Pitesti – AEK Athen 3:0, 0:2; Servette Genf – SK Beveren 3:1, 1:1; Levski/Spartak Sofia – Real Madrid 0:1, 0:2; Vejle BK – Austria Wien 3:2, 1:1; Nottingham Forest – Östers Växjö 2:0, 1:1; FC Porto – AC Mailand 0:0, 1:0; Red Boys Differdingen – Omonia Nikosia 2:1, 1:6; Hajduk Split – Trabzonspor 1:0, 1:0; FC Dundalk – Hibernians Paola 2:0, 0:1; Start Kristiansand – Racing Straßburg 1:2, 0:4; Partizani Tirana – Celtic Glasgow 1:0, 1:4; HJK Helsinki – Ajax Amsterdam 1:8, 1:8; Ujpest Budapest – Dukla Prag 3:2, 0:2.
Achtelfinale: Hamburger SV – Dynamo Tiflis 3:1, 3:2; Dynamo Berlin – Servette Genf 2:1, 2:2; Celtic Glasgow – FC Dundalk 3:2, 0:0; FC Porto – Real Madrid 2:1, 0:1; Vejle BK – Hajduk Split 0:3, 2:1; Ajax Amsterdam – Omonia Nikosia 10:0, 0:4; Dukla Prag – Racing Straßburg 1:0, 0:2 n. V.; Nottingham Forest – Arges Pitesti 2:0, 2:1.
Viertelfinale: Hamburger SV – Hajduk Split 1:0, 2:3; Nottingham Forest – Dynamo Berlin 0:1, 3:1; Racing Straßburg – Ajax Amsterdam 0:0, 0:4; Celtic Glasgow – Real Madrid 2:0, 0:3.
Halbfinale: Real Madrid – Hamburger SV 2:0, 1:5; Nottingham Forest – Ajax Amsterdam 2:0, 0:1.

Endspiel am 28. Mai in Madrid:
Nottingham Forest – Hamburger SV 1:0 (1:0)
Nottingham: Shilton – Anderson, Burns, Lloyd, Gray (Gunn) – McGovern, O'Neill, Bowyer, Mills (O'Hare) – Robertson, Birtles.
HSV: Kargus – Kaltz, Nogly, Buljan, Jakobs – Hieronymus (Hrubesch), Magath, Memering – Keegan, Reimann, Milewski.
Tor: Robertson. – **SR:** Garrido (Portugal). – Zuschauer: 50 000.

1980/81: FC Liverpool
Qualifikation: Honved Budapest – FC Valetta 8:0, 3:0.
1. Runde: Olympiakos Piräus – Bayern München 2:4, 0:3; Dynamo Berlin – APOEL Nikosia 3:0, 1:2; FC Linfield Belfast – FC Nantes 0:1 (in Haarlem), 0:2; FC Aberdeen – Austria Wien 1:0, 0:0; IB Vestmannaeyar – Banik Ostrau 1:1, 0:1; Dinamo Tirana – Ajax Amsterdam 0:2, 0:1; FC Brügge – FC Basel 0:1, 1:4; ZSKA Sofia – Nottingham Forest 1:0, 1:0; Oulu PS – FC Liverpool 1:1, 1:10; Viking Stavanger – Roter Stern Belgrad 2:3, 1:4; Limerick United – Real Madrid 1:2, 1:5; Halmstads BK – Esbjerg FB 0:0, 2:3; Trabzonspor – Szombierki Beuthen 2:1, 0:3; Jeunesse Esch – Spartak Moskau 0:5, 0:4; Inter Mailand – Universitatea Craiova 2:0, 1:1; Sporting Lissabon – Honved Budapest 0:2, 0:1.
Achtelfinale: Bayern München – Ajax Amsterdam 5:1, 1:2; Banik Ostrau – Dynamo Berlin 0:0, 1:1; FC Basel – Roter Stern Belgrad 1:0, 0:2; FC Aberdeen – FC Liverpool 0:1, 0:4; ZSKA Sofia – Szombierki Beuthen 4:0, 1:0; FC Nantes – Inter Mailand 1:2, 1:1; Spartak Moskau – Esbjerg FB 3:0, 0:2; Real Madrid – Honved Budapest 1:0, 2:0.
Viertelfinale: Bayern München – Banik Ostrau 2:0, 4:2; Spartak Moskau – Real Madrid 0:0 (in Tiflis), 0:2; FC Liverpool – ZSKA Sofia 5:1, 1:0; Inter Mailand – Roter Stern Belgrad 1:1, 1:0.
Halbfinale: FC Liverpool – Bayern München 0:0, 1:1; Real Madrid – Inter Mailand 2:0, 0:1.

Endspiel am 27. Mai in Paris:
FC Liverpool – Real Madrid 1:0 (0:0)
Liverpool: Clemence – Neal, Hansen, Thompson, A. Kennedy – McDermott, Souness, Lee, R. Kennedy – Johnson, Dalglish (Case).
Tor: A. Kennedy. – **SR:** Palotai (Ungarn). – Zuschauer: 48 360.

1981/82: Aston Villa
Qualifikation: AS Saint-Etienne – Dynamo Berlin 1:1, 0:2.

1. Runde: Östers Växjö – Bayern München 0:1, 0:5; Dynamo Berlin – FC Zürich 2:0, 1:3; Austria Wien – Partizani Tirana 3:1, 0:1; Start Kristiansand – AZ 67 Alkmaar 1:3, 0:1; Widzew Lodz – RSC Anderlecht 1:4, 1:2; Progres Niederkorn – Glentoran Belfast 1:1, 0:4; Hibernians Paola – Roter Stern Belgrad 1:2, 1:8; Dynamo Kiew – Trabzonspor 1:0, 1:1; Ferencvaros Budapest – Banik Ostrau 3:2, 0:3; KB Kopenhagen – Athlone Town 1:2, 2:2; ZSKA Sofia – Real San Sebastian 1:0, 0:0; Universitatea Craiova – Olympiakos Piräus 3:0, 0:2; Oulu PS – FC Liverpool 0:1, 0:7; Celtic Glasgow – Juventus Turin 1:0, 0:2; Aston Villa – Valur Reykjavik 5:0, 2:0; Benfica Lissabon – Omonia Nikosia 3:0, 1:0.
Achtelfinale: Benfica Lissabon – Bayern München 0:0, 1:4; Dynamo Berlin – Aston Villa 1:2, 1:0; Austria Wien – Dynamo Kiew 0:1, 1:1; RSC Anderlecht – Juventus Turin 3:1, 1:1; Banik Ostrau – Roter Stern Belgrad 3:1, 0:3; AZ 67 Alkmaar – FC Liverpool 2:2, 2:3; ZSKA Sofia – Glentoran Belfast 2:0, 1:2 n. V.; KB Kopenhagen – Universitatea Craiova 1:0, 1:4.
Viertelfinale: Universitatea. Craiova – Bayern München 0:2, 1:1; Dynamo Kiew – Aston Villa 0:0 (in Simferopol), 0:2; FC Liverpool – ZSKA Sofia 1:0, 0:2 n. V.; RSC Anderlecht – Roter Stern Belgrad 2:1, 2:1.
Halbfinale: ZSKA Sofia – Bayern München 4:3, 0:4; Aston Villa – RSC Anderlecht 1:0, 0:0.

Endspiel am 26. Mai in Rotterdam:
Aston Villa – Bayern München 1:0 (0:0)
Aston Villa: Rimmer (Spink) – Swain, Evans, McNaught, Williams – Bremner, Mortimer, Cowans – Shaw, Withe, Morley.
Bayern: Müller – Dremmler, Weiner, Augenthaler, Horsmann – Mathy (Güttler), Kraus (Niedermayer), Breitner, Dürnberger – D. Hoeneß, Rummenigge.
Tor: Withe. – SR: Konrath (Frankreich). – Zuschauer: 45 000.

1982/83: Hamburger SV
Qualifikation: Dinamo Bukarest – Valerengen Oslo 3:1, 1:2.
1. Runde: Dynamo Berlin – Hamburger SV 1:1, 0:2; Standard Lüttich – Raba ETO Györ 5:0, 0:3; Grasshoppers Zürich – Dynamo Kiew 0:1, 0:3; FC Dundalk – FC Liverpool 1:4, 0:1; AS Monaco – ZSKA Sofia 0:0 (in Nizza), 0:2 n. V.; Aston Villa – Besiktas Istanbul 3:1, 0:0; Omonia Nikosia – HJK Helsinki 2:0, 0:3; Hvidovre Kopenhagen – Juventus Turin 1:4, 3:3; Vikingur Reykjavik – Real Sociedad San Sebastian 0:1, 2:3; Avenir Beggen – Rapid Wien 0:5, 0:8; Hibernians Paola – Widzew Lodz 1:4, 1:3; 17 Nentori Tirana – FC Linfield Belfast 1:0, 1:2; Olympiakos Piräus – Östers Växjö 2:0, 0:1; Dinamo Zagreb – Sporting Lissabon 1:0, 0:3; Celtic Glasgow – Ajax Amsterdam 2:2, 2:1; Dinamo Bukarest – Dukla Prag 2:0, 1:2 n. V.
Achtelfinale: Standard Lüttich – Juventus Turin 1:1, 0:2; HJK Helsinki – FC Liverpool 1:0, 0:5; Dinamo Bukarest – Aston Villa 0:2, 2:4; Real Sociedad San Sebastian – Celtic Glasgow 2:0, 1:2; Hamburger SV – Olympiakos Piräus 1:0, 4:0; Rapid Wien – Widzew Lodz 2:1, 3:5; ZSKA Sofia – Sporting Lissabon 2:2, 0:0; 17 Nentori Tirana verzichtete gegen Dynamo Kiew.
Viertelfinale: Dynamo Kiew – Hamburger SV 0:3 (in Tiflis), 2:1; Widzew Lodz – FC Liverpool 2:0, 2:3; Aston Villa – Juventus Turin 1:2, 1:3; Sporting Lissabon – Real Sociedad San Sebastian 1:0, 0:2.
Halbfinale: Real Sociedad San Sebastian – Hamburger SV 1:1, 1:2; Juventus Turin – Widzew Lodz 2:0, 2:2.

Endspiel am 25. Mai in Athen:
Hamburger SV – Juventus Turin 1:0 (1:0)
Hamburger SV: Stein – Kaltz, Hieronymus, Jakobs, Wehmeyer – Rolff, Groh, Magath, Milewski – Hrubesch, Bastrup (von Heesen).
Tor: Magath. – SR: Rainea (Rumänien). – Zuschauer. 75 000.

1983/84: FC Liverpool
1. Runde: Dynamo Berlin – Jeunesse Esch 4:1, 2:0; Partizan Belgrad – Viking Stavanger 5:1, 0:0; Kuusysi Lahti – Dinamo Bukarest 0:1, 0:3; Dynamo Minsk – Grasshoppers Zürich 1:0, 2:2; Raba ETO Györ – Vikingur Reykjavik 2:1, 2:0; Lech Posen – Athletic Bilbao 2:0, 0:4; Fenerbahce Istanbul – Bohemians Prag 0:1, 0:4; Rapid Wien – FC Nantes 3:0, 1:3; ZSKA Sofia – Omonia Nikosia 1:0, 1:4; Odense BK – FC Liverpool 0:1, 0:5; Benfica Lissabon – FC Linfield Belfast 3:0, 3:2; Hamrun Spartans – Dundee United 0:3, 0:3; AS Rom – IFK Göteborg 3:0, 1:2; Athlone Town – Standard Lüttich 2:3, 2:8; Ajax Amsterdam – Olympiakos Piräus 0:0, 0:2 n. V.; Vllaznia Shkoder verzichtete gegen Hamburger SV.
Achtelfinale: Dinamo Bukarest – Hamburger SV 3:0, 2:3; Dynamo Berlin – Partizan Belgrad 2:0, 0:1; Bohemians Prag – Rapid Wien 2:1, 0:1; ZSKA Sofia – AS Rom 0:1, 0:1; FC Liverpool – Athletic Bilbao 0:0, 1:0; Raba ETO Györ – Dynamo Minsk 3:6, 1:3; Standard Lüttich – Dundee United 0:0, 0:4; Olympiakos Piräus – Benfica Lissabon 1:0, 0:3.
Viertelfinale: Rapid Wien – Dundee United 2:1, 0:1; Dynamo Minsk – Dinamo Bukarest 1:1 (in Tiflis), 0:1; AS Rom – Dynamo Berlin 3:0, 1:2; FC Liverpool – Benfica Lissabon 1:0, 4:1.

Halbfinale: Dundee United – AS Rom 2:0, 0:3; FC Liverpool – Dinamo Bukarest 1:0, 2:1.

Endspiel am 30. Mai in Rom:
AS Rom – FC Liverpool 1:1 (1:1, 1:1) n. V./2:4 Elfmeterschießen.
Liverpool: Grobbelaar – Neal, Hansen, Lawrenson, A. Kennedy – Lee, Johnston (Nicol), Souness, Whelan – Rush, Dalglish (Robinson).
Tore: Neal (Pruzzo für Rom). – SR: Fredriksson (Schweden). – Zuschauer: 69 693.
Tore aus dem Elfmeterschießen: Neal, Souness, Rush, Kennedy für Liverpool (Nicol vergab); Di Bartolomei, Righetti für Rom (Conti, Graziani vergaben).

1984/85: Juventus Turin
1. Runde: Levski/Spartak Sofia – VfB Stuttgart 1:1, 2:2; FC Aberdeen – Dynamo Berlin 2:1, 1:2 n. V., 4:5 nach Elfmeterschießen; Austria Wien – FC Valetta 4:0, 4:0; Avenir Beggen – IFK Göteborg 0:8 (in Luxemburg), 0:9; Lech Posen – FC Liverpool 0:1, 0:4; Dinamo Bukarest – Omonia Nikosia 4:1, 1:2; Ilves Tampere – Juventus Turin 0:4, 1:2; Roter Stern Belgrad – Benfica Lissabon 3:2, 0:2; Valerengen Oslo – Sparta Prag 3:3, 0:2; Trabzonspor – Dnjepr Dnjepropetrowsk 1:0, 0:3 (in Krivoj Rog); IA Akranes – SK Beveren 2:2 (in Reykjavik), 0:5; Labinoti Elbasan – Lyngby BK 0:3, 0:3; Grasshopper Zürich – Honved Budapest 3:1, 1:2; Feyenoord Rotterdam – Panathinaikos Athen 0:0, 1:2; Girondins Bordeaux – Athletic Bilbao 3:2, 0:0; FC Linfield Belfast – Shamrock Rovers 0:0, 1:1.
Achtelfinale: Dynamo Berlin – Austria Wien 3:3, 1:2; Levski/Spartak Sofia – Dnjepr Dnjepropetrowsk 3:1, 0:2 (in Krivoj Rog); Panathinaikos Athen – FC Linfield Belfast 2:1, 3:3; Sparta Prag – Lyngby BK 0:0, 2:1; FC Liverpool – Benfica Lissabon 3:1, 0:1; Girondins Bordeaux – Dinamo Bukarest 1:0, 1:1 n. V.; IFK Göteborg – SK Beveren 1:0, 1:2 n. V.; Juventus Turin – Grasshopper Zürich 2:0, 4:2.
Viertelfinale: Austria Wien – FC Liverpool 1:1, 1:4; Juventus Turin – Sparta Prag 3:0, 0:1; Girondins Bordeaux – Dnjepr Dnjepropetrowsk 1:1, 1:1 n. V./5:3 nach Elfmeterschießen (in Krivoj Rog); IFK Göteborg – Panathinaikos Athen 0:1, 2:2.
Halbfinale: FC Liverpool – Panathinaikos Athen 4:0, 1:0; Juventus Turin – Girondins Bordeaux 3:0, 0:2.

Endspiel am 29. Mai in Brüssel:
FC Liverpool – Juventus Turin 0:1 (0:0)
Juventus: Tacconi – Favero, Scirea, Brio, Cabrini – Bonini, Platini, Tardelli, Boniek – Rossi (Vignola), Briaschi (Prandelli).
Tor: Platini. – SR: Daina (Schweiz). – Zuschauer: 60 000.

1985/86: Steaua Bukarest
1. Runde: Gornik Zabrze – Bayern München 1:2 (in Chorzow), 1:4;Dynamo Berlin – Austria Wien 0:2, 1:2; IFK Göteborg – Trakia Plovdiv 3:2, 2:1; Girondins Bordeaux – Fenerbahce Istanbul 2:3, 0:0; FC Porto – Ajax Amsterdam 2:0, 0:0; Sparta Prag – FC Barcelona 1:2, 1:0; Jeunesse Esch – Juventus Turin 0:5 (in Luxemburg), 1:4; IA Akranes – FC Aberdeen 1:3 (in Reykjavik), 1:4; FC Linfield Belfast – Servette Genf 2:2, 1:2; Zenit Leningrad – Valerengen Oslo 2:0, 2:0; Vejle BK – Steaua Bukarest 1:1, 1:4; Rabat Ajax – Omonia Nikosia 0:5 (in Valetta), 0:5; Kuusysi Lahti – FK Sarajevo 2:1, 2:1; Honved Budapest – Shamrock Rovers 2:0, 3:1; Hellas Verona – PAOK Saloniki 3:1, 2:1; Freilos für: RSC Anderlecht.
Achtelfinale: Bayern München – Austria Wien 4:2, 3:3; RSC Anderlecht – Omonia Nikosia 1:0, 3:1; FC Barcelona – FC Porto 2:0, 1:3; Honved Budapest – Steaua Bukarest 1:0, 1:4; IFK Göteborg – Fenerbahce Istanbul 4:0, 1:2; Hellas Verona – Juventus Turin 0:0, 0:2; Zenit Leningrad – Kuusysi Lahti 2:1, 1:3 n. V.; Servette Genf – FC Aberdeen 0:0, 0:1.
Viertelfinale: Bayern München – RSC Anderlecht 2:1, 0:2; Steaua Bukarest – Kuusysi Lahti 0:0, 1:0 (in Helsinki); FC Aberdeen – IFK Göteborg 2:2, 0:0; FC Barcelona – Juventus Turin 1:0, 1:1.
Halbfinale: IFK Göteborg – FC Barcelona 3:0, 0:3 n. V./4:5 nach Elfmeterschießen; RSC Anderlecht – Steaua Bukarest 1:0, 0:3.

Endspiel am 7. Mai in Sevilla:
Steaua Bukarest – FC Barcelona 0:0 n. V./ 2:0 nach Elfmeterschießen
Steaua: Duckadam – Belodedici – Iovan, Bumbescu, Barbulescu – Balint, Balan (Iordanescu), Majearu, Bölöni – Lacatus, Piturca (Radu).
SR: Vautrot (Frankreich). – Zuschauer: 70 000.
Tore aus dem Elfmeterschießen: Alexanco, Majaru, Pedraza, Bölöni, Alonso (alle gehalten), Lacatus 1:0, Marcos (gehalten), Balint 2:0.

1986/87: FC Porto
1. Runde: PSV Eindhoven – Bayern München 0:2, 0:0; Örgryte Göteborg – Dynamo Berlin 2:3, 1:4; Avenir Beggen – Austria Wien 0:3 (in Luxemburg), 0:3 (in Salzburg); FC Porto – Rabat Ajax 9:0, 1:0; Juventus Turin – Valur Reykjavik 7:0, 4:0; Roter Stern Belgrad – Panathinaikos Athen 3:0, 1:2; Beroe

Stara Zagora – Dynamo Kiew 1:1, 0:2; Young Boys Bern – Real Madrid 1:0, 0:5; RSC Anderlecht – Gornik Zabrze 2:0, 1:1; Bröndby Kopenhagen – Honved Budapest 4:1, 2:2; Besiktas Istanbul – Dinamo Tirana 2:0, 1:0; APOEL Nikosia – HJK Helsinki 1:0, 2:3; Rosenborg Trondheim – FC Linfield Belfast 1:0, 1:1; Shamrock Rovers – Celtic Glasgow 0:1, 0:2; Paris Saint-Germain – TJ Vitkovice 2:2, 0:1; Freilos für: Steaua Bukarest.

Achtelfinale: Bayern München – Austria Wien 2:0, 1:1; Bröndby Kopenhagen – Dynamo Berlin 2:1, 1:1; Real Madrid – Juventus Turin 1:0, 0:1 n. V., 3:1 nach Elfmeterschießen; TJ Vitkovice – FC Porto 1:0, 0:3; Rosenborg Trondheim – Roter Stern Belgrad 0:3, 1:4; RSC Anderlecht – Steaua Bukarest 3:0, 0:1; Celtic Glasgow – Dynamo Kiew 1:1, 1:3; APOEL Nikosia verzichtete gegen Besiktas Istanbul.

Viertelfinale: Bayern München – RSC Anderlecht 5:0, 2:2; Roter Stern Belgrad – Real Madrid 4:2, 0:2; FC Porto – Bröndby Kopenhagen 1:0, 1:1; Besiktas Istanbul – Dynamo Kiew 0:5 (in Izmir), 0:2.

Halbfinale: Bayern München – Real Madrid 4:1, 0:1; FC Porto – Dynamo Kiew 2:1, 2:1.

Endspiel am 27. Mai in Wien
FC Porto – Bayern München 2:1 (0:1)

FC Porto: Mlynarczyk – Joao Pinto, Eduardo Luis, Celso, Inacio (Frasco) – Andre, Magalhaes, Quim (Juary), Sousa – Futre, Madjer.

Bayern München: Pfaff – Nachtweih – Winklhofer, Eder, Pflügler – Flick (Lunde), Matthäus, Brehme, M. Rummenigge – D. Hoeneß, Kögl.

Tore: Madjer, Juary (Kögl für München). – SR: Ponnet (Belgien). – Zuschauer: 58 000.

1987/88: PSV Eindhoven

1. Runde: Bayern München – ZFKA Sredez Sofia 4:0, 1:0; Girondins Bordeaux – Dynamo Berlin 2:0, 2:0; Real Madrid – SSC Neapel 2:0, 1:1; Dynamo Kiew – Glasgow Rangers 1:0, 0:2; FC Porto – Vardar Skopje 3:0, 3:0; Rapid Wien – Hamrun Spartans 6:0, 1:0; Benfica Lissabon – Partizan Tirana 4:0, Partizan wegen tätlicher Angriffe auf den SR. disqualifiziert; Steaua Bukarest – MTK/VM Budapest 4:0, 0:2; Malmö FF – RSC Anderlecht 0:1, 1:1; Neuchatel Xamax – Kuusysi Lahti 5:0, 1:2; PSV Eindhoven – Galatasaray Istanbul 3:0, 0:2; Fram Reykjavik – Sparta Prag 0:2, 0:8; Olympiakos Piräus – Gornik Zabrze 1:1, 1:2; Shamrock Rovers – Omonia Nikosia 0:1, 0:0; Aarhus GF – Jeunesse Esch 4:1, 0:1; Lilleström SK – FC Linfield Belfast 1:1, 4:2.

Achtelfinale: Neuchatel Xamax – Bayern München 2:1, 0:2; Real Madrid – FC Porto 2:1 (in Valencia), 2:1; Lilleström SK – Girondins Bordeaux 0:0, 0:1; Aarhus GF – Benfica Lissabon 0:0, 0:1; Glasgow Rangers – Gornik Zabzre 3:1, 1:1; Sparta Prag – RSC Anderlecht 1:2, 0:1; Rapid Wien – PSV Eindhoven 1:2, 0:2; Steaua Bukarest – Omonia Nikosia 3:1, 2:0.

Viertelfinale: Bayern München – Real Madrid 3:2, 0:2; Girondins Bordeaux – PSV Eindhoven 1:1, 0:0; Steaua Bukarest – Glasgow Rangers 2:0, 1:2; Benfica Lissabon – RSC Anderlecht 2:0, 0:1.

Halbfinale: Real Madrid – PSV Eindhoven 1:1, 0:0; Steaua Bukarest – Benfica Lissabon 0:0, 0:2.

Endspiel am 25. Mai in Stuttgart
PSV Eindhoven – Benfica Lissabon 0:0 n. V./ 6:5 nach Elfmeterschießen

PSV Eindhoven: van Breukelen – R. Koeman – Gerets, Nielsen, Heintze – Vanenburg, Linskens, Lerby, van Aerle – Gillhaus (Janssen), Kieft.

SR: Agnolin (Italien). – Zuschauer: 70 000.

Elfmeterschießen: 1:0 Koeman, 1:1 Elzo, 2:1 Kieft, 2:2 Dito, 3:2 Nielsen, 3:3 Hajiri, 4:3 Vanenburg, 4:4 Pacheco, 5:4 Lerby, 5:5 Moser, 6:5 Janssen, Veloso gehalten.

1988/89: AC Mailand

1. Runde: Dynamo Berlin – Werder Bremen 3:0, 0:5; Valur Reykjavik – AS Monaco 1:0, 0:2; Pezoporikos Larnaka – IFK Göteborg 1:2, 1:5; FC Larissa – Neuchatel Xamax 2:1, 1:2 n. V./0:3im Elfmeterschießen; Hamrun Spartans – 17 Nentori Tirana 2:1, 0:2; Sparta Prag – Steaua Bukarest 1:5, 2:2; Spartak Moskau – FC Glentoran 2:0, 1:1; Gornik Zabrze – Jeunesse Esch 3:0, 4:1; Honved Budapest – Celtic Glasgow 1:0, 0:4; Rapid Wien – Galatasaray Istanbul 2:1, 0:2; Vitoscha Sofia – AC Mailand 0:2, 2:5; FC Brügge – Bröndby IF 1:0, 1:2; FC Dundalk – Roter Stern Belgrad 0:5, 0:3; Real Madrid – Moss FK 3:0, 1:0; FC Porto – HJK Helsinki 3:0, 0:2; Freilos für: PSV Eindhoven.

Achtelfinale: Celtic Glasgow – Werder Bremen 0:1, 0:0; AC Mailand – Roter Stern Belgrad 1:1, 1:1 n. V./4:2 nach Elfmeterschießen; Neuchatel Xamax – Galatasaray Istanbul 3:0, 0:5; PSV Eindhoven – FC Porto 5:0, 0:2; Steaua Bukarest – Spartak Moskau 3:0, 2:1; 17 Nentori Tirana – IFK Göteborg 0:3, 0:1; FC Brügge – AS Monaco 1:0, 1:6; Gornik Zabrze – Real Madrid 0:1, 2:3.
Viertelfinale: Werder Bremen – AC Mailand 0:0, 0:1; IFK Göteborg – Steaua Bukarest 1:0, 1:5; PSV Eindhoven – Real Madrid 1:1, 1:2 n. V.; AS Monaco – Galatasaray Istanbul 0:1, 1:1.
Halbfinale: Steaua Bukarest – Galatasaray Istanbul 4:0, 1:1 (in Izmir); Real Madrid – AC Mailand 1:1, 0:5.

Endspiel am 24. Mai in Barcelona:
AC Mailand – Steaua Bukarest 4:0 (3:0)
Mailand: G. Galli – Baresi – Tassotti, Costacurta (F. Galli), Maldini – Colombo, Rijkaard, Ancelotti, Donadoni – van Basten, Gullit (Virdis).
Tore: Gullit (2), van Basten (2). – SR: Tritschler (Deutschland). – Zuschauer: 97 000.

1989/90: AC Mailand
1. Runde: Glasgow Rangers – Bayern München 1:3, 0:0; Dynamo Dresden – AEK Athen 1:0, 3:5; Spora Luxemburg – Real Madrid 0:3 (in Saarbrücken), 0:6; Steaua Bukarest – Fram Reykjavik 4:0, 1:0; Ruch Chorzow – ZSKA Sofia 1:1, 1:5; PSV Eindhoven – FC Luzern 3:0, 2:0; Derry City – Benfica Lissabon 1:2, 0:4; Malmö FF – Inter Mailand 1:0, 1:1; Rosenborg Trondheim – KV Mechelen 0:0, 0:5; AC Mailand – HJK Helsinki 4:0, 1:0; FC Tirol – Omonia Nikosia 6:0, 3:2; Olympique Marseille – Bröndby Kopenhagen 3:0, 1:1; Sparta Prag – Fenerbahce Istanbul 3:1, 2:1; FC Linfield Belfast – Dnjepr Dnjepropetrowsk 1:2 (in Wrexham), 0:1; Sliema Wanderers – 17 Nentori Tirana 1:0, 0:5; Honved Budapest – Vojvodina Novi Sad 1:0, 1:2.
Achtelfinale: Bayern München – 17 Nentori Tirana 3:1, 3:0; Dnjepr Dnjepropetrowsk – FC Tirol 2:0, 2:2; Malmö FF – KV Mechelen 0:0, 1:4; Olympique Marseille – AEK Athen 2:0, 1:1; Sparta Prag – ZSKA Sofia 2:2 (in Trnava), 0:3; AC Mailand – Real Madrid 2:0, 0:1; Steaua Bukarest – PSV Eindhoven 1:0, 1:5; Honved Budapest – Benfica Lissabon 0:2, 0:7.
Viertelfinale: Bayern München – PSV Eindhoven 2:1, 1:0; KV Mechelen – AC Mailand 0:0 (in Brüssel), 0:2 n. V.; Benfica Lissabon – Dnjepr Dnjepropetrowsk 1:0, 3:0; ZSKA Sofia – Olympique Marseille 0:1, 1:3.
Halbfinale: AC Mailand – Bayern München 1:0, 1:2 n. V., Olympique Marseille – Benfica Lissabon 2:1, 0:1.

Endspiel am 23. Mai in Wien:
AC Mailand – Benfica Lissabon 1:0 (0:0)
Mailand: G. Galli – Baresi – Tassotti, Costacurta, Maldini – Ancelotti (Massaro), Colombo (F. Galli), Rijkaard, Evani – van Basten, Gullit.
Tor: Rijkaard. – SR: Kohl (Österreich). – Zuschauer: 57 500.

1990/91: Roter Stern Belgrad
1. Runde: APOEL Nikosia – Bayern München 2:3, 0:4; Union Luxemburg – Dynamo Dresden 1:3, 0:3; Roter Stern Belgrad – Grasshoppers Zürich 1:1, 4:1; Olympique Marseille – Dinamo Tirana 5:1, 0:0; FC Tirol Innsbruck – Kuusysi Lahti 5:0, 2:1; Lilleström SK – FC Brügge 1:1, 0:2; Sparta Prag – Spartak Moskau 0:2, 0:2; SSC Neapel – Ujpest Budapest 3:0, 2:0; Malmö FF – Besiktas Istanbul 3:2, 2:2; Dinamo Bukarest – St. Patrick's Athletic 4:0, 1:1; FC Porto – FC Portadown 5:0 (in Setubal), 8:1; Odense BK – Real Madrid 1:4, 0:6; Lech Posen – Panathinaikos Athen 3:0, 2:1; FC Valetta – Glasgow Rangers 0:4, 0:6; KA Akureyri – ZSKA Sofia 1:0, 0:3; Freilos für: AC Mailand.
Achtelfinale: Bayern München – ZSKA Sofia 4:0, 3:0; Dynamo Dresden – Malmö FF 1:1, 1:1 n. V./5:4 nach Elfmeterschießen; Roter Stern Belgrad – Glasgow Rangers 3:0, 1:1; Dinamo Bukarest – FC Porto 0:0, 0:4; Real Madrid – FC Tirol Innsbruck 9:1, 2:2; Lech Posen – Olympique Marseille 3:2, 1:6; SSC Neapel – Spartak Moskau 0:0, 0:0 n. V./3:5 nach Elfmeterschießen; AC Mailand – FC Brügge 0:0, 1:0.
Viertelfinale: Bayern München – FC Porto 1:1, 2:0; Roter Stern Belgrad – Dynamo Dresden 3:0, 2:1 abgebrochen (mit 3:0 gewertet); AC Mailand – Olympique Marseille 1:1, 0:1 abgebrochen (mit 0:3 gewertet); Spartak Moskau – Real Madrid 0:0, 3:1.
Halbfinale: Bayern München – Roter Stern Belgrad 1:2, 2:2; Spartak Moskau – Olympique Marseille 1:3, 1:2.

Endspiel am 29. Mai in Bari:
Roter Stern Belgrad – Olympique Marseille 0:0 n. V./5:3 nach Elfmeterschießen
Roter Stern: Stojanovic – Belodedici – Marovic, Najdoski – Sabanadzovic, Savicevic (Stosic), Jugovic, Prosinecki, Mihajlovic – Binic, Pancev.
SR: Lanese (Italien). – Zuschauer: 51 000.
Tore aus dem Elfmeterschießen: Prosinecki, Binic, Belodedic, Mihajlovic, Pancev – Casoni, Papin, Mozer (Amoros verschoss).

1991/92: FC Barcelona

1. Runde: 1. FC Kaiserslautern – Etar Veliko Tarnovo 2:0, 1:1; FC Barcelona – Hansa Rostock 3:0, 0:1; Roter Stern Belgrad – FC Portadown 4:0 (in Szeged), 4:0; Hamrun Spartans – Benfica Lissabon 0:6, 0:4; Universitatea Craiova – Apollon Limassol 2:0, 0:3; Fram Reykjavik – Panathinaikos Athen 2:2, 0:0; Besiktas Istanbul – PSV Eindhoven 1:1, 1:2; Bröndby Kopenhagen – Zaglebie Lubin 3:0, 1:2; Kispest-Honved Budapest – FC Dundalk 1:1, 2:0; IFK Göteborg – Flamurtari Vlora 0:0, 1:1; Sparta Prag – Glasgow Rangers 1:0, 1:2 n. V.; HJK Helsinki – Dynamo Kiew 0:1, 0:3; RSC Anderlecht – Grasshoppers Zürich 1:1, 3:0 (in Bern); FC Arsenal – Austria Wien 6:1, 0:1; Union Luxemburg – Olympique Marseille 0:5, 0:5; Sampdoria Genua – Rosenborg Trondheim 5:0, 2:1.
Achtelfinale: FC Barcelona – 1. FC Kaiserslautern 2:0, 1:3; Roter Stern Belgrad – Apollon Limassol 3:1 (in Szeged), 2:0; Panathinaikos Athen – IFK Göteborg 2:0, 2:2; PSV Eindhoven – RSC Anderlecht 0:0, 0:2; Kispest–Honved Budapest – Sampdoria Genua 2:1, 1:3; Dynamo Kiew – Bröndby Kopenhagen 1:1, 1:0; Olympique Marseille – Sparta Prag 3:2, 1:2; Benfica Lissabon – Arsenal London 1:1, 3:1 n. V.
Finalrunde
Gruppe 1: Sampdoria Genua – Roter Stern Belgrad 2:0, 3:1 (in Sofia), Sampdoria Genua – RSC Anderlecht 2:0, 2:3; Sampdoria Genua – Panathinaikos Athen 1:1, 0:0; Roter Stern Belgrad – RSC Anderlecht 3:2 (in Budapest), 2:3; Roter Stern Belgrad – Panathinaikos Athen 2:0, 1:0 (in Sofia); RSC Anderlecht – Panathinaikos Athen 0:0, 0:0. – 1. Sampdoria Genua 10:5, 8–4; 2. Roter Stern Belgrad 9:10, 6–6; 3. RSC Anderlecht 8:9, 6–6; 4. Panathinaikos Athen 1:4, 4–8.
Gruppe 2: FC Barcelona – Sparta Prag 3:2, 0:1; FC Barcelona – Benfica Lissabon 2:1, 0:0; FC Barcelona – Dynamo Kiew 3:0, 2:0; Sparta Prag – Benfica Lissabon 1:1, 1:1; Sparta Prag – Dynamo Kiew 2:1, 0:1; Benfica Lissabon – Dynamo Kiew 5:0, 0:1. – 1. FC Barcelona 10:4, 9–3; 2. Sparta Prag 7:7, 6–6; 3. Benfica Lissabon 8:5, 5–7; 4. Dynamo Kiew 3:12, 4–8.

Endspiel am 20. Mai in London:
FC Barcelona – Sampdoria Genua 1:0 n. V.
Barcelona: Zubizarreta – R. Koeman – Ferrer, Nando – Eusebio, Guardiola (Alexanco), Juan Carlos – M. Laudrup, Baquero – Salinas (Goicoechea), Stoitschkow.
Tor: Koeman. – SR: Schmidhuber (Deutschland). – Zuschauer: 70 827.

1992/93: Olympique Marseille

Qualifikation: FC Shelbourne – Tavria Simferopol 0:0, 1:2; FC Valetta – Maccabi Tel Aviv 1:2, 0:1; KI Klaksvik – Skonto Riga 1:3, 0:3; Olimpija Ljubljana – Norma Tallinn 3:0, 2:0.
1. Runde: VfB Stuttgart – Leeds United 3:0, 1:4 (gewertet 0:3), 1:2 (in Barcelona); Slovan Bratislava – Ferencvaros Budapest 4:1, 0:0; Maccabi Tel Aviv – FC Brügge 0:1, 0:3; IFK Göteborg – Besiktas Istanbul 2:0, 1:2; Lech Posen – Skonto Riga 2:0, 0:0; Kuusysi Lahti – Dinamo Bukarest 1:0, 0:2 n. V.; Austria Wien – ZSKA Sofia 3:1, 2:3; FC Sion – Tavria Simferopol 4:1, 3:1; PSV Eindhoven – Zalgiris Wilna 6:0, 2:0; AEK Athen – APOEL Nikosia 1:1, 2:2; Vikingur Reykjavik – ZSKA Moskau 0:1, 2:4; Union Luxemburg – FC Porto 1:4, 0:5; FC Glentoran – Olympique Marseille 0:5, 0:3; Glasgow Rangers – Lyngby BK 2:0, 1:0; AC Mailand – Olimpija Ljubljana 4:0, 3:0; FC Barcelona – Viking Stavanger 1:0, 0:0.
Achtelfinale: Glasgow Rangers – Leeds United 2:1, 2:1; IFK Göteborg – Lech Posen 1:0, 3:0; Slovan Bratislava – AC Mailand 0:1, 0:4; Dinamo Bukarest – Olympique Marseille 0:0, 0:2; AEK Athen – PSV Eindhoven 1:0, 0:3; ZSKA Moskau – FC Barcelona 1:1, 3:2; FC Brügge – Austria Wien 2:0, 1:3; FC Sion – FC Porto 2:2, 0:4.
Champions League
Gruppe 1: Olympique Marseille – Glasgow Rangers 1:1, 2:2; Olympique Marseille – FC Brügge 3:0, 1:0; Olympique Marseille – ZSKA Moskau 6:0 (in Berlin), 1:1; Glasgow Rangers – FC Brügge 2:1, 1:1; Glasgow Rangers – ZSKA Moskau 0:0, 1:0 (in Bochum); FC Brügge – ZSKA Moskau 1:0, 2:1 (in Berlin) – 1. Olympique Marseille 14:4, 9–3; 2. Glasgow Rangers 7:5, 8–4; 3. FC Brügge 5:8, 5–7; 4. ZSKA Moskau 2:11, 2–10.
Gruppe 2: AC Mailand – IFK Göteborg 4:0, 1:0, AC Mailand – FC Porto 1:0, 1:0; AC Mailand – PSV Eindhoven 2:0, 2:1; IFK Göteborg – FC Porto 1:0, 0:2; IFK Göteborg – PSV Eindhoven 3:0, 3:1; FC

Porto – PSV Eindhoven 2:2, 1:0. – 1. AC Mailand 11:1, 12–0; 2. IFK Göteborg 7:8, 6–6; 3. FC Porto 5:5, 5–7; 4. PSV Eindhoven 4:13, 1–11.

Endspiel am 26. Mai in München:
Olympique Marseille – AC Mailand 1:0 (1:0)
Marseille: Barthez – Angloma (Durand), Boli, Desailly – Eydelie, Di Meco – Pelè, Sauzee, Deschamps – Boksic, Völler (Thomas).
Tor: Boli. – SR: Röthlisberger (Schweiz). – Zuschauer: 64 400.

1993/94: AC Mailand
Qualifikation: HJK Helsinki – Norma Tallinn 1:1, 1:0; Ekranas Panevezys – FC Floriana 0:1, 0:1; B68 Toftir – Croatia Zagreb 0:5, 0:6; Skonto Riga – Olimpija Ljubljana 0:1, 1:0 n. V./11:10 nach Elfmeterschießen; Cwmbran Town – Cork City 3:2, 1:2; Dynamo Tiflis – FC Linfield Belfast 2:1, 1:1, Dynamo Tiflis wurde disqualifiziert; Avenir Beggen – Rosenborg Trondheim 0:2, 0:1; Partizani Tirana – IA Akranes 0:0, 0:3; Omonia Nikosia – FC Aarau 2:1, 0:2; Zimbru Chisinau – Beitar Jerusalem 1:1, 0:2.

1. Runde: Werder Bremen – Dynamo Minsk 5:2, 1:1; Galatasaray Istanbul – Cork City 2:1, 1:0; Dynamo Kiew – FC Barcelona 3:1, 1:4; AS Monaco – AEK Athen 1:0, 1:1; Kispest-Honved Budapest – Manchester United 2:3, 1:2; Glasgow Rangers – Levski Sofia 3:2, 1:2; AIK Stockholm – Sparta Prag 1:0, 0:2; FC Linfield Belfast – FC Kopenhagen 3:0, n. V. 0:4; HJK Helsinki – RSC Anderlecht 0:3, 0:3; IA Akranes – Feyenoord Rotterdam 1:0, 0:3; Steaua Bukarest – Croatia Zagreb 1:2, 3:2 (in Ljubljana); Rosenborg Trondheim – Austria Wien 3:1, 1:4; FC Porto – FC Floriana 2:0, 0:0; Skonto Riga – Spartak Moskau 0:5, 0:4; FC Aarau – AC Mailand 0:1, 0:0; Lech Posen – Beitar Jerusalem 3:0, 4:2.

Achtelfinale: Levski Sofia – Werder Bremen 2:2, 0:1; Sparta Prag – RSC Anderlecht 0:1, 2:4; Lech Posen – Spartak Moskau 1:5, 1:2; Manchester United – Galatasaray Istanbul 3:3, 0:0; FC Kopenhagen – AC Mailand 0:6, 0:1; AS Monaco – Steaua Bukarest 4:1, 0:1; FC Barcelona – Austria Wien 3:0, 2:1; FC Porto – Feyenoord Rotterdam 1:0, 0:0.

Champions League
Gruppe A: FC Barcelona – AS Monaco 2:0, 1:0; FC Barcelona – Spartak Moskau 5:1, 2:2; FC Barcelona – Galatasaray Istanbul 3:0, 0:0; AS Monaco – Spartak Moskau 4:1, 0:0; AS Monaco – Galatasaray Istanbul 3:0, 2:0; Spartak Moskau – Galatasaray Istanbul 0:0, 2:1. – 1. FC Barcelona 13:3, 10–2; 2. AS Monaco 9:4, 7–5; 3. Spartak Moskau 6:12, 5–7; 4. Galatasaray Istanbul 1:10, 2–10.

Gruppe B: AC Mailand – FC Porto 0:0, 0:0; AC Mailand – Werder Bremen 2:1, 1:1; AC Mailand – RSC Anderlecht 0:0, 0:0; FC Porto – Werder Bremen 3:2, 5:0; FC Porto – RSC Anderlecht 2:0, 0:1; Werder Bremen – RSC Anderlecht 5:3, 2:1. – 1. AC Mailand 6:2, 8–4; 2. FC Porto 10:6, 7–5; 3. Werder Bremen 11:15, 5–7; 4. RSC Anderlecht 5:9, 4–8.

Halbfinale: FC Barcelona – FC Porto 3:0; AC Mailand – AS Monaco 3:0.

Endspiel am 18. Mai in Athen:
AC Mailand – FC Barcelona 4:0 (2:0)
AC Mailand: Rossi – Tassotti, Maldini (Nava), Galli, Panucci – Boban, Desailly, Albertini, Donadoni – Massaro, Savicevic.
Tore: Massaro (2), Savicevic, Desailly. – SR: Don (England). – Zuschauer: 65 000.

1994/95: Ajax Amsterdam
Qualifikation: Maccabi Haifa – Austria Salzburg 1:2, 1:3; Sparta Prag – IFK Göteborg 1:0 (in Jablonec), 0:2; Steaua Bukarest – Servette Genf 4:1, 1:1; AEK Athen – Glasgow Rangers 2:0, 1:0; Silkeborg IF – Dynamo Kiew 0:0, 1:3; Legia Warschau – Hajduk Split 0:1, 0:4; Paris Saint-Germain – FC Vac 3:0, 2:1 (in Budapest); Avenir Beggen – Galatasaray Istanbul 1:5, 0:4 (in Izmir).

Champions League
Gruppe A: IFK Göteborg – FC Barcelona 2:1, 1:1; IFK Göteborg – Manchester United 3:1, 2:4; IFK Göteborg – Galatasaray Istanbul 1:0, 1:0; FC Barcelona – Manchester United 4:0, 2:2; FC Barcelona – Galatasaray Istanbul 2:1, 1:2; Manchester United – Galatasaray Istanbul 4:0, 0:0. – 1. IFK Göteborg 10:7, 9–3; 2. FC Barcelona 11:8, 6–6; 3. Manchester United 11:11, 6–6; 4. Galatasaray Istanbul 3:9, 3–9.

Gruppe B: Paris Saint-Germain – Bayern München 2:0, 1:0; Paris Saint-Germain – Spartak Moskau 4:1, 2:1; Paris Saint-Germain – Dynamo Kiew 1:0, 2:1; Bayern München – Spartak Moskau 2:2, 1:1; Bayern München – Dynamo Kiew 1:0, 4:1; Spartak Moskau – Dynamo Kiew 1:0, 2:3. – 1. Paris Saint-Germain 12:3, 12–0; 2. Bayern München 8:7, 6–6; 3. Spartak Moskau 8:12, 4–8, 4. Dynamo Kiew 5:11, 2–10.

Gruppe C: Benfica Lissabon – Hajduk Split 2:1, 0:0; Benfica Lissabon – Steaua Bukarest 2:1, 1:1; Benfica Lissabon – RSC Anderlecht 3:1, 1:1; Hajduk Split – Steaua Bukarest 1:4, 1:0; Hajduk Split –

RSC Anderlecht 2:1, 0:0; Steaua Bukarest – RSC Anderlecht 1:1, 0:0. – 1. Benfica Lissabon 9:5, 9:3; 2. Hajduk Split 5:7, 6–6; 3. Steaua Bukarest 7:6, 5–7; 4. RSC Anderlecht 4:7, 4–8.

Gruppe D: Ajax Amsterdam – AC Mailand 2:0, 2:0 (in Triest); Ajax Amsterdam – Austria Salzburg; 1:1, 0:0 (in Wien); Ajax Amsterdam – AEK Athen 2:0, 2:1; AC Mailand – Austria Salzburg 3:0, 1:0 (in Wien); AC Mailand – AEK Athen 2:1 (in Triest), 0:0; Austria Salzburg – AEK Athen 0:0 (in Wien), 3:1. – 1. Ajax Amsterdam 9:2, 10–2; 2. AC Mailand 6:6, 5–5*; 3. Austria Salzburg 4:6, 5–7; 4. AEK Athen 3:9, 2–10.
*AC Mailand wurden zwei Punkte abgezogen.

Viertelfinale: Bayern München – IFK Göteborg 0:0, 2:2; Hajduk Split – Ajax Amsterdam 0:0, 0:3; AC Mailand – Benfica Lissabon 2:0, 0:0; FC Barcelona – Paris Saint-Germain 1:1, 1:2.

Halbfinale: Bayern München – Ajax Amsterdam 0:0, 2:5; Paris Saint-Germain – AC Mailand 0:1, 0:2.

Endspiel am 24. Mai in Wien:

Ajax Amsterdam – AC Mailand 1:0 (0:0)

Ajax: Van der Sar – Reiziger, Blind, F. de Boer, Rijkaard – Seedorf (Kanu), Davids – Litmanen (Kluivert) – Finidi, R. de Boer, Overmars.

Tor: Kluivert. – Schiedsrichter Craciunescu (Rumänien). – Zuschauer. 49 730.

1995/96: Juventus Turin

Vorrunde: Grasshoppers Zürich – Maccabi Tel Aviv 1:1, 1:0; Glasgow Rangers – Anorthosis Famagusta 1:0, 0:0; Legia Warschau – IFK Göteborg 1:0, 2:1; Austria Salzburg – Steaua Bukarest 0:0, 0:1; Dynamo Kiew – Aalborg BK 1:0, 3:1*; Rosenborg Trondheim – Besiktas Istanbul 3:0, 1:3; RSC Anderlecht – Ferencvaros Budapest 0:1, 1:1 (in Szeged); Panathinaikos Athen – Hajduk Split 0:0, 1:1 (in Rijeka).

*) Dynamo Kiew wurde nach dem 1. Spiel der Champions League gegen Panathinaikos Athen (1:0) wegen versuchter Schiedsrichterbestechung disqualifiziert. Aalborg BK nimmt als Verlierer des Vorrundenspiels den Platz von Kiew in der Champions League ein.

Champions League

Gruppe A: Panathinaikos Athen– FC Nantes 3:1, 0:0; Panathinaikos Athen – FC Porto 0:0, 1:0; Panathinaikos Athen – Aalborg BK 2:0, 1:2; FC Nantes – FC Porto 0:0, 2:2; FC Nantes – Aalborg BK 3:1, 2:0; FC Porto – Aalborg BK 2:0, 2:2. – 1. Panathinaikos Athen 7:3, 11; 2. FC Nantes 8:6, 9; 3. FC Porto 6:5, 7; 4. Aalborg BK 5:12, 4.

Gruppe B: Spartak Moskau – Legia Warschau 2:1, 1:0; Spartak Moskau – Rosenborg Trondheim 4:1, 4:2; Spartak Moskau – Blackburn Rovers 3:0, 1:0; Legia Warschau – Rosenborg Trondheim 3:1, 0:4; Legia Warschau – Blackburn Rovers 1:0, 0:0; Rosenborg Trondheim – Blackburn Rovers 2:1, 1:4. – 1. Spartak Moskau 15:4, 18; 2. Legia Warschau 5:8, 7; 3. Rosenborg Trondheim 11:16, 6; 4. Blackburn Rovers 5:8, 4.

Gruppe C: Juventus Turin – Borussia Dortmund 1:2, 3:1; Juventus Turin – Steaua Bukarest 3:0, 0:0; Juventus Turin – Glasgow Rangers 4:1, 4:0; Borussia Dortmund – Steaua Bukarest 1:0, 0:0; Borussia Dortmund – Glasgow Rangers 2:2, 2:2; Steaua Bukarest – Glasgow Rangers 1:0, 1:1. – 1. Juventus Turin 15:4, 13; 2. Borussia Dortmund 8:8, 9; 3. Steaua Bukarest 2:5, 6; 4. Glasgow Rangers 6:14, 3.

Gruppe D: Ajax Amsterdam – Real Madrid 1:0, 2:0; Ajax Amsterdam – Ferencvaros Budapest 4:0, 5:1; Ajax Amsterdam – Grasshoppers Zürich 3:0, 0:0; Real Madrid – Ferencvaros Budapest 6:1, 1:1; Real Madrid – Grasshoppers Zürich 2:0, 2:0; Ferencvaros Budapest – Grasshoppers Zürich 3:3, 3:0. – 1. Ajax Amsterdam 15:1, 16; 2. Real Madrid 11:5, 10; 3. Ferencvaros Budapest 9:19, 5; 4. Grasshoppers Zürich 3:13, 2.

Viertelfinale: Borussia Dortmund – Ajax Amsterdam 0:2, 0:1; Legia Warschau – Panathinaikos Athen 0:0, 0:3; FC Nantes – Spartak Moskau 2:0, 2:2; Real Madrid – Juventus Turin 1:0, 0:2.

Halbfinale: Juventus Turin – FC Nantes 2:0, 2:3 Ajax Amsterdam – Panathinaikos Athen 0:1, 3:0.

Endspiel am 22. Mai in Rom:

Juventus Turin – Ajax Amsterdam 1:1 n. V. (1:1, 1:1)/4:2 nach Elfmeterschießen

Juventus: Peruzzi – Torricelli, Ferrara, Vierchowod, Pessotto – Conte (Jugovic), Paulo Sousa (Di Livio), Deschamps – Ravanelli (Padovano), Vialli, Del Piero.

Tore: Ravanelli (Litmanen für Amsterdam). – SR: Diaz Vega (Spanien). – Zuschauer: 80 000.

Tore aus dem Elfmeterschießen: Ferrara, Pessotto, Padovano, Jugovic. – Litmanen, Scholten (Davids und Silooy gehalten).

1996/97: Borussia Dortmund

Vorrunde: Grasshoppers Zürich – Slavia Prag 5:0, 1:0; Maccabi Tel Aviv – Fenerbahce Istanbul 0:1, 1:1; IFK Göteborg – Ferencvaros Budapest 3:0, 1:1; Widzew Lodz – Bröndby Kopenhagen 2:1, 2:3; Panathinaikos Athen – Rosenborg Trondheim 1:0, 0:3 n. V.; Rapid Wien – Dynamo Kiew 2:0, 4:2; Glasgow Rangers – Alania Wladikawkas 3:1, 7:2; FC Brügge – Steaua Bukarest 2:2, 0:3.

Champions League
Gruppe A: AJ Auxerre – Ajax Amsterdam 0:1, 2:1; AJ Auxerre – Grasshoppers Zürich 1:0, 1:3; AJ Auxerre – Glasgow Rangers 2:1, 2:1; Ajax Amsterdam – Grasshoppers Zürich 0:1, 1:0; Ajax Amsterdam – Glasgow Rangers 4:1, 1:0; Grasshoppers Zürich – Glasgow Rangers 3:0, 1:2. – 1. AJ Auxerre 8:7, 12; 2. Ajax Amsterdam 8:4, 12; 3. Grasshoppers Zürich 8:5, 9; 4. Glasgow Rangers 5:13, 3.
Gruppe B: Atletico Madrid – Borussia Dortmund 0:1, 2:1; Atletico Madrid – Widzew Lodz 1:0, 4:1; Atletico Madrid – Steaua Bukarest 4:0, 1:1; Borussia Dortmund – Widzew Lodz 2:1, 2:2; Borussia Dortmund – Steaua Bukarest 5:3, 3:0; Widzew Lodz – Steaua Bukarest 2:0, 0:1. – 1. Atletico Madrid 12:4, 13; 2. Borussia Dortmund 14:8, 13; 3. Widzew Lodz 6:10, 4; 4. Steaua Bukarest 5:15, 4.
Gruppe C: Juventus Turin – Manchester United 1:0, 1:0; Juventus Turin – Fenerbahce Istanbul 2:0, 1:0; Juventus Turin – Rapid Wien 5:0, 1:1; Manchester United – Fenerbahce Istanbul 0:1, 2:0; Manchester United – Rapid Wien 2:0, 2:0; Fenerbahce Istanbul – Rapid Wien 1:0, 1:1. – 1. Juventus Turin 11:1, 16; 2. Manchester United 6:3, 9; 3. Fenerbahce Istanbul 3:6, 7; 4. Rapid Wien 2:12, 2.
Gruppe D: FC Porto – Rosenborg Trondheim 3:0, 1:0; FC Porto – AC Mailand 1:1, 3:2; FC Porto – IFK Göteborg 2:1, 2:0; Rosenborg Trondheim – AC Mailand 1:4, 2:1; Rosenborg Trondheim – IFK Göteborg 1:0 3:2; AC Mailand – IFK Göteborg 4:2, 1:2. – 1. FC Porto 12:4, 16; 2. Rosenborg Trondheim 7:11, 9; 3. AC Mailand 13:11, 7; 4. IFK Göteborg 7:13, 3.
Viertelfinale: Borussia Dortmund – AJ Auxerre 3:1, 1:0; Manchester United – FC Porto 4:0, 0:0; Ajax Amsterdam – Atletico Madrid 1:1, 3:2 n. V.; Rosenborg Trondheim – Juventus Turin 1:1, 0:2.
Halbfinale: Borussia Dortmund – Manchester United 1:0, 1:0; Ajax Amsterdam – Juventus Turin 1:2, 1:4.

Endspiel am 28. Mai in München:
Borussia Dortmund – Juventus Turin 3:1 (2:0)
Dortmund: Klos – Kohler, Sammer, Kree – Reuter, Lambert, Paulo Sousa, Heinrich – Riedle (Herrlich), Möller (Zorc), Chapuisat (Ricken).
Tore: Riedle (2), Ricken (Del Piero für Turin). – SR: Sandor Puhl (Ungarn). – Zuschauer: 58 000.

1997/98: Real Madrid
Qualifikation, 1. Runde: Derry City – Maribor Teatanic 0:2, 0:1; 1. FC Kosice – IA Akranes 3:0, 1:0; Partizan Belgrad – Croatia Zagreb 1:0, 0:5; FC Valetta – Skonto Riga 1:0, 0:2; Piounik Erewan – MTK Budapest 0:2, 3:4; Crusaders Belfast – Dynamo Tiflis 1:3, 1:5; Sileks Kratovo – Beitar Jerusalem 1:0, 0:3; Steaua Bukarest – ZSKA Sofia 3:3, 2:0; Constructorul Chisinau – MPKZ Mozyr 1:1, 2:3; Lantana Tallinn – FC Jazz Pori 0:2, 0:1; GI Götu – Glasgow Rangers 0:5, 0:6; Neftschi Baku – Widzew Lodz 0:2, 0:8; Dynamo Kiew – AFC Barry Town 2:0, 4:0; FC Sion – Jeunesse Esch 4:0, 1:0; Anorthosis Famagusta – Kareda Siauliai 3:0, 1:1.
Qualifikation, 2. Runde: Bayer Leverkusen – Dynamo Tiflis 6:1, 0:1; 1. FC Kosice – Spartak Moskau 2:1, 0:0; MTK Budapest – Rosenborg Trondheim 0:1, 1:3; Besiktas Istanbul – Maribor Teatanic 0:0, 3:1; FC Sion – Galatasaray Istanbul 1:4, 1:4; Olympiakos Piräus – MPKZ Mozyr 5:0, 2:2; Austria Salzburg – Sparta Prag 0:0, 0:3; IFK Göteborg – Glasgow Rangers 3:0, 1:1; FC Barcelona – Skonto Riga 3:2, 1:0; Bröndby Kopenhagen – Dynamo Kiew 2:4, 1:0; Newcastle United – Croatia Zagreb 2:1, 2:2 n. V.; Feyenoord Rotterdam – FC Jazz Pori 6:2, 2:1; Steaua Bukarest – Paris Saint-Germain 3:2 (3:0 gewertet wegen Einsatz eines gesperrten Spielers von Paris), 0:5; Widzew Lodz – AC Parma 1:3, 0:4; Beitar Jerusalem – Sporting Lissabon 0:0, 0:3; Anorthosis Famagusta – Lierse SK 2:0, 0:3.
Gruppe A: Borussia Dortmund – AC Parma 2:0, 1:0; Borussia Dortmund – Sparta Prag 4:1, 3:0; Borussia Dortmund – Galatasaray Istanbul 4:1, 1:0; AC Parma – Sparta Prag 2:2, 0:0; AC Parma – Galatasaray Istanbul 2:0, 1:1; Sparta Prag – Galatasaray Istanbul 3:0, 0:2. – 1. Borussia Dortmund 14:3, 15; 2. AC Parma 6:5, 9; 3. Sparta Prag 6:11, 5; 4. Galatasaray Istanbul 4:11, 4.
Gruppe B: Manchester United – Juventus Turin 3:2, 0:1; Manchester United – Feyenoord Rotterdam 2:1, 3:1; Manchester United – 1. FC Kosice 3:0, 3:0; Juventus Turin – Feyenoord Rotterdam 5:1, 0:2; Juventus Turin – 1. FC Kosice 3:2, 1:0; Feyenoord Rotterdam – 1. FC Kosice 2:0, 1:0. – 1. Manchester United 14:5, 15; 2. Juventus Turin 12:8, 12; 3. Feyenoord Rotterdam 8:10, 9; 4. 1. FC Kosice 2:13, 0.
Gruppe C: Dynamo Kiew – PSV Eindhoven 1:1, 3:1; Dynamo Kiew – Newcastle United 2:2, 0:2; Dynamo Kiew – FC Barcelona 3:0, 4:0; PSV Eindhoven – Newcastle United 1:0, 2:0; PSV Eindhoven – Barcelona 2:2, 2:2; Newcastle United – Barcelona 3:2, 0:1. – 1. Dynamo Kiew 13:6, 11; 2. PSV Eindhoven 9:8, 9; 3. Newcastle United 7:8, 7; 4. FC Barcelona 7:14, 5.
Gruppe D: Real Madrid – Rosenborg Trondheim 4:1, 0:2; Real Madrid – Olympiakos Piräus 5:1, 0:0; Real Madrid – FC Porto 4:0, 2:0; Rosenborg Trondheim – Olympiakos Piräus 5:1, 2:2; Rosenborg Trondheim – FC Porto 0:0, 1:1; Olympiakos Piräus – FC Porto 1:0, 1:2. – 1. Real Madrid 15:4, 13; 2. Rosenborg Trondheim 13:8, 11; 3. Olympiakos Piräus 6:14, 5, 4. FC Porto 3:11, 4.
Gruppe E: Bayern München – Paris Saint-Germain 5:1, 1:3; Bayern München – Besiktas Istanbul 2:0, 2:0; Bayern München – IFK Göteborg 0:1, 3:1; Paris Saint-Germain – Besiktas Istanbul 2:1, 1:3; Paris

Saint-Germain – IFK Göteborg 3:0, 1:0; Besiktas Istanbul – IFK Göteborg 1:0, 1:2. – 1. Bayern München 13:6, 12; 2. Paris Saint-Germain 11:10, 12; 3. Besiktas Istanbul 6:9, 6; 4. IFK Göteborg 4:9, 6.
Gruppe F: AS Monaco – Bayer Leverkusen 4:0, 2:2; AS Monaco – Sporting Lissabon 3:2, 0:3; AS Monaco – Lierse SK 5:1, 1:0; Bayer Leverkusen – Sporting Lissabon 4:1, 2:0; Bayer Leverkusen – Lierse SK 1:0, 2:0; Sporting Lissabon – Lierse SK 2:1, 1:1. – 1. AS Monaco 15:8, 13; 2. Bayer Leverkusen 11:7, 13; 3. Sporting Lissabon 9:11, 7; 4. Lierse SK 3:12, 1.
Viertelfinale: Bayern München – Borussia Dortmund 0:0, 0:1 n. V.; Bayer Leverkusen – Real Madrid 1:1, 0:3; Juventus Turin – Dynamo Kiew 1:1, 4:1; AS Monaco – Manchester United 0:0, 1:1.
Halbfinale: Real Madrid – Borussia Dortmund 2:0, 0:0; Juventus Turin – AS Monaco 4:1, 2:3.

Endspiel am 20. Mai in Amsterdam:
Real Madrid – Juventus Turin 1:0 (0:0)
Real: Illgner – Panucci, Hierro, Sanchis, Roberto Carlos – Seedorf, Karambeu, Redondo – Raúl (Amavisca) – Mijatovic (Suker), Morientes (Jaime).
Tor: 1:0 Mijatovic. – **SR:** Krug (Deutschland). – Zuschauer: 50 000.

1998/99: Manchester United
Qualifikation, 1. Runde: Celtic Glasgow – St. Patrick's Athletic 0:0, 2:0; Obilic Belgrad – IB Vestmannaeyjar 2:0, 2:1; HJK Helsinki – FK Erewan 2:0, 3:0; Liteks Lovetsch – Halmstads BK 2:0, 1:2; Steaua Bukarest – Flora Tallinn 4:1, 1:3; LKS Lodz – Kapaz Ganja 4:1, 3:1; Kareda Siauliai – Maribor Teatanic 0:3, 0:1; Dynamo Tiflis – Vllaznia Shkoder 3:0, 1:3; FC Valetta – Anorthosis Famagusta 0:2, 0:6; Zimbru Chisinau – Ujpest Budapest 1:0, 1:3; Grasshoppers Zürich – Jeunesse Esch 6:0, 2:0; Dynamo Kiew – AFC Barry Town 8:0, 2:1; Sileks Kratovo – FC Brügge 0:0, 1:2; Beitar Jerusalem – B36 Torshavn 4:1, 1:0; FC Cliftonville – 1. FC Kosice 1:5, 0:8; Skonto Riga – Dynamo Minsk 0:0, 2:1.
Qualifikation, 2. Runde: Bayern München – Obilic 4:0, 1:1; Rosenborg Trondheim – FC Brügge 2:0, 2:4; Manchester United – LKS Lodz 2:0, 0:0; Liteks Lovetsch – Spartak Moskau 0:5, 2:6; Galatasaray Istanbul – Grasshopper Zürich 2:1, 3:2; Celtic Glasgow – Croatia Zagreb 1:0, 0:3; Maribor Teatanic – PSV Eindhoven 2:1, n. V. 1:4; Dynamo Kiew – Sparta Prag 0:1, n. V. 1:0/ 3:1 nach Elfmeterschießen); 1. FC Kosice – Bröndby IF 0:2, 1:0; Inter Mailand – Skonto Riga 4:0, 3:1; Olympiakos Piräus – Anorthosis Famagusta 2:1, 4:2; Benfica Lissabon – Beitar Jerusalem 6:0, 2:4; Dynamo Tiflis – Athletic Bilbao 2:1, 0:1; HJK Helsinki – FC Metz 1:0, 1:1; Sturm Graz – Ujpest Budapest 4:0, 3:2; Steaua Bukarest – Panathinaikos Athen 2:2, 3:6.
Gruppe A: Olympiakos Piräus – Croatia Zagreb 2:0, 1:1; Olympiakos Piräus – FC Porto 2:1, 2:2; Olympiakos Piräus – Ajax Amsterdam 1:0, 0:2; Croatia Zagreb – FC Porto 3:1, 0:3; Croatia Zagreb – Ajax Amsterdam 0:0, 1:0; FC Porto – Ajax Amsterdam 3:0, 1:2 – 1. Olympiakos Piräus 8:6, 11; 2. Croatia Zagreb 5:7, 8; 3. FC Porto 11:9, 7; 4. Ajax Amsterdam 4:6, 7.
Gruppe B: Juventus Turin – Galatasaray Istanbul 2:2, 1:1; Juventus Turin – Rosenborg Trondheim 2:0, 1:1; Juventus Turin – Athletic Bilbao 1:1, 0:0; Galatasaray Istanbul – Rosenborg; Trondheim 3:0, 0:3; Galatasaray Istanbul – Athletic Bilbao 2:1, 0:1; Rosenborg Trondheim – Athletic Bilbao 2:1, 1:1. – 1. Juventus Turin 7:5, 8; 2. Galatasaray Istanbul 8:8, 8; 3. Rosenborg Trondheim 7:8, 8; 4. Athletic Bilbao 5:6, 6.
Gruppe C: Inter Mailand – Real Madrid 3:1, 0:2 (in Sevilla); Inter Mailand – Spartak Moskau 2:1, 1:1; Inter Mailand – Sturm Graz 1:0, 2:0; Real Madrid – Spartak Moskau 2:1, 1:2; Real Madrid – Sturm Graz 6:1, 5:1; Spartak Moskau – Sturm Graz 0:0, 2:0. – 1. Inter Mailand 9:5, 13; 2. Real Madrid 17:8, 12; 3. Spartak Moskau 7:6, 8; 4. Sturm Graz 2:16, 1.
Gruppe D: Bayern München – Manchester United 2:2, 1:1; Bayern München – FC Barcelona 1:0, 2:1; Bayern München – Bröndby IF 2:0, 1:2; Manchester United – FC Barcelona 3:3, 3:3; Manchester United – Bröndby IF 5:0, 6:2; FC Barcelona – Bröndby IF 2:0, 2:0. – 1. Bayern München 9:6, 11; 2. Manchester United 20:11, 10; 3. FC Barcelona 11:9, 8; 4. Bröndby IF 4:18, 3.
Gruppe E: Dynamo Kiew – RC Lens 1:1, 3:1; DynamoKiew – FC Arsenal 3:1, 1:1; Dynamo Kiew – Panathinaikos Athen 2:1, 1:2; RC Lens – FC Arsenal 1:1, 1:0; RC Lens – Panathinaikos Athen 1:0, 0:1; FC Arsenal – Panathinaikos Athen 2:1, 3:1. – 1. Dynamo Kiew 11:7, 11; 2. RC Lens 5:6, 8; 3. FC Arsenal 8:8, 8; 4. Panathinaikos Athen 6:9, 6.
Gruppe F: 1. FC Kaiserslautern – Benfica Lissabon 1:0, 1:2; 1. FC Kaiserslautern – PSV Eindhoven 3:1, 2:1; 1. FC Kaiserslautern – HJK Helsinki 5:2, 0:0; Benfica Lissabon – PSV Eindhoven 2:1, 2:2; Benfica Lissabon – HJK Helsinki 2:2, 0:2; PSV Eindhoven – HJK Helsinki 2:1, 3:1. – 1. 1. FC Kaiserslautern 12:6, 13; 2. Benfica Lissabon 8:9, 8; 3. PSV Eindhoven 10:11, 7; 4. HJK Helsinki 8:12, 5.
Viertelfinale: Bayern München – 1. FC Kaiserslautern 2:0, 4:0; Real Madrid – Dynamo Kiew 1:1, 0:2; Manchester United – Inter Mailand 2:0, 1:1; Juventus Turin – Olympiakos Piräus 2:1, 1:1.
Halbfinale: Dynamo Kiew – Bayern München 3:3, 0:1; Manchester United – Juventus Turin 1:1, 3:2.

Endspiel am 26. Mai 1999 in Barcelona:
Bayern München – Manchester United 1:2 (1:0)
Manchester: Schmeichel – G. Neville, Stam, Johnsen, Irwin – Giggs, Beckham, Butt, Blomqvist (Sheringham) – Cole (Solskjaer), Yorke.
Bayern: Kahn – Matthäus (Fink) – Kuffour, Linke – Babbel, Jeremies, Effenberg, Tarnat – Basler (Salihamidzic), Jancker, Zickler (Scholl).
Tore: Sheringham, Solskjaer (Basler für München). – SR: Collina (Italien). – Zuschauer: 90 000.

1999/2000: Real Madrid
Qualifikation, 1. Runde: Sloga Skopje – Kapaz Ganja 1:0, 1:2; St. Patrick's Athletic – Zimbru Chisinau 0:5, 0:5; Jeunesse Esch – Skonto Riga 0:2, 0:8; AFC Barry Town – FC Valletta 0:0, 2:3; Partizan Belgrad – Flora Tallinn 6:0, 4:1; HB Torshavn – Haka Valkeakoski 1:1, 0:6; FK Lovetsch – Glentoran Belfast 3:0, 2:0; Zalgiris Wilna – Zement Ararat 2:0, 3:0; IB Vestmannaeyjar – SK Tirana 1:0, 2:1.
Qualifikation, 2. Runde: Besiktas Istanbul – Hapoel Haifa 1:1, 0:0; Rapid Wien – FC Valetta 3:0, 2:0; ZSKA Moskau – Molde FK 2:0, 0:4; NK Maribor – RC Genk 5:1, 0:3 (in Lüttich); Dynamo Kiew – Zalgiris Wilna 2:0, 1:0; Dynamo Tiflis – Zimbru Chisinau 2:1, 0:2; Haka Valkeakoski – Glasgow Rangers 1:4, 0:3; Anorthosis Famagusta – Slovan Bratislava 2:1, 1:1; Dnjepr Mogilew – AIK Stockholm 0:1, 0:2; Rapid Bukarest – Skonto Riga 3:3, 1:2; FK Lovetsch – Widzew Lodz 4:1, n. V. 1:4/2:3 nach Elfmeterschießen); Partizan Belgrad – NK Rijeka 3:1, 3:0; Sloga Skopje – Bröndby Kopenhagen 0:1, 0:1; IB Vestmannaeyjar – MTK Budapest 0:2, 1:3.
Qualifikation, 3. Runde: Hertha BSC – Anorthosis Famagusta 2:0, 0:0; FK Teplitz – Borussia Dortmund 0:1, 0:1; FC Chelsea – Skonto Riga 3:0, 0:0; Rapid Wien – Galatasaray Istanbul 0:3, 0:1; AC Florenz – Widzew Lodz 3:1, 2:0; Aalborg BK – Dynamo Kiew 1:2, 2:2; Molde FK – RCD Mallorca 0:0, 1:1; Olympique Lyon – NK Maribor 0:1, 0:2; Croatia Zagreb – MTK Budapest 0:0, 2:0; Glasgow Rangers – AC Parma 2:0, 0:1; Bröndby Kopenhagen – Boavista Porto 1:2, n. V., 2:4; AEK Athen – AIK Stockholm 0:0, 0:1; Hapoel Haifa – FC Valencia 0:2, 0:2; Zimbru Chisinau – PSV Eindhoven 0:0, 0:2; Spartak Moskau – Partizan Belgrad 2:0, 3:1; Sturm Graz – Servette Genf 2:1, 2:2.
Vorrunde Gruppe A: Lazio Rom – Dynamo Kiew 2:1, 1:0; Lazio Rom – Bayer Leverkusen 1:1, 1:1; Lazio Rom – NK Maribor 4:0, 4:0; Dynamo Kiew – Bayer Leverkusen 4:2, 1:1; Dynamo Kiew – NK Maribor 0:1, 2:1; Bayer Leverkusen – NK Maribor 2:0, 0:0. – 1. Lazio Rom 13:3, 14; 2. Dynamo Kiew 8:8, 7; 3. Bayer Leverkusen 7:7, 7; 4. NK Maribor 2:12, 4.
Gruppe B: FC Barcelona – AC Florenz 4:2, 3:3; FC Barcelona – Arsenal London 1:1, 4:2; FC Barcelona – AIK Stockholm 5:0, 2:1; AC Florenz – Arsenal London 0:0, 1:0; AC Florenz – AIK Stockholm 3:0, 0:0; Arsenal London – AIK Stockholm 3:1, 3:2. – 1. FC Barcelona 19:9, 14; 2. AC Florenz 9:7, 9; 3. Arsenal London 9:9, 8; 4. AIK Stockholm 4:16, 1.
Gruppe C: Rosenborg Trondheim – Feyenoord Rotterdam 2:2, 0:1; Rosenborg Trondheim – Borussia Dortmund 2:2, 3:0; Rosenborg Trondheim – Boavista Porto 2:0, 3:0; Feyenoord Rotterdam – Borussia Dortmund 1:1, 1:1; Feyenoord Rotterdam – Boavista Porto 1:1, 1:1; Borussia Dortmund – Boavista Porto 3:1, 0:1. – 1. Rosenborg Trondheim 12:5, 11; 2. Feyenoord Rotterdam 7:6, 8; 3. Borussia Dortmund 7:9, 6; 4. Boavista Porto 4:10, 5.
Gruppe D: Manchester United – Olympique Marseille 2:1, 0:1; Manchester United – Sturm Graz 2:1, 3:0; Manchester United – Croatia Zagreb 0:0, 2:1; Olympique Marseille – Sturm Graz 2:0, 2:3; Olympique Marseille – Croatia Zagreb 2:2, 2:1; Sturm Graz – Croatia Zagreb 1:0, 0:3. – 1. Manchester United 9:4, 13; 2. Olympique Marseille 10:8, 10; 3. Sturm Graz 5:12, 6; 4. Croatia Zagreb 7:7, 5.
Gruppe E: Real Madrid – FC Porto 3:1, 1:2; Real Madrid – Olympiakos Piräus 3:0, 3:3; Real Madrid – Molde FK 4:1, 1:0; FC Porto – Olympiakos Piräus 2:0, 0:1; FC Porto – Molde FK 3:1, 1:0; Olympiakos Piräus – Molde FK 3:1, 2:3 – 1. Real Madrid 15:7, 13; 2. FC Porto 9:6, 12; 3. Olympiakos Piräus 9:12, 7; 4. Molde FK 6:14, 3.
Gruppe F: FC Valencia – Bayern München 1:1, 1:1; FC Valencia – Glasgow Rangers 2:0, 2:1; FC Valencia – PSV Eindhoven 1:0, 1:1; Bayern München – Glasgow Rangers 1:0, 1:1; Bayern München – PSV Eindhoven 2:1, 1:2; Glasgow Rangers – PSV Eindhoven 4:1, 1:0. – 1. FC Valencia 8:4, 12; 2. Bayern München 7:6, 9; 3. Glasgow Rangers 7:7, 7; 4. PSV Eindhoven 5:10, 4.
Gruppe G: Sparta Prag – Girondins Bordeaux 0:0, 0:0; Sparta Prag – Spartak Moskau 5:2, 1:1; Sparta Prag – Willem II Tilburg 4:0, 4:3; Girondins Bordeaux – Spartak Moskau 2:1, 2:1; Girondins Bordeaux – Willem II Tilburg 3:2, 0:0; Spartak Moskau – Willem II Tilburg 1:1, 3:1. – 1. Sparta Prag 14:6, 12; 2. Girondins Bordeaux 7:4, 12; 3. Spartak Moskau 9:12, 5; 4. Willem II Tilburg 7:15, 2.
Gruppe H: FC Chelsea – Hertha BSC 2:0, 1:2; FC Chelsea – Galatasaray Istanbul 1:0, 5:0; FC Chelsea – AC Mailand 0:0, 1:1; Hertha BSC – Galatasaray Istanbul 1:4, 2:2; Hertha BSC – AC Mailand 1:0, 1:1; Galatasaray Istanbul – AC Mailand 3:2, 1:2. – 1. FC Chelsea 10:3, 11; 2. Hertha BSC 7:10, 8; 3. Galatasaray Istanbul 10:13, 7; 4. AC Mailand 6:7, 6.

Zwischenrunde – Gruppe A: FC Barcelona – FC Porto 4:2, 2:0; FC Barcelona – Sparta Prag 5:0, 2:1; FC Barcelona – Hertha BSC 3:1, 1:1; FC Porto – Sparta Prag 2:2, 2:0; FC Porto – Hertha BSC 1:0, 1:0; Sparta Prag – Hertha BSC 1:0, 1:1 – 1. FC Barcelona 17:5, 16; 2. FC Porto 8:8, 10; 3. Sparta Prag 5:12, 5; 4. Hertha BSC 3:8, 2.

Gruppe B: Manchester United – FC Valencia 3:0, 0:0; Manchester United – AC Florenz 3:1, 0:2; Manchester United – Girondins Bordeaux 2:0, 2:1; FC Valencia – AC Florenz 2:0, 0:1; FC Valencia – Girondins Bordeaux 3:0, 4:1; AC Florenz – Girondins Bordeaux 3:3, 0:0; – 1. Manchester United 10:4, 13; 2. FC Valencia 9:5, 10; 3. AC Florenz 7:8, 8; 4. Girondins Bordeaux 5:14, 2.

Gruppe C: Bayern München – Real Madrid 4:1, 4:2; Bayern München – Dynamo Kiew 2:1, 0:2; Bayern München – Rosenborg Trondheim 2:1, 1:1; Real Madrid – Dynamo Kiew 2:2, 2:1; Real Madrid – Rosenborg Trondheim 3:1, 1:0; Dynamo Kiew – Rosenborg Trondheim 2:1, 2:1 – 1. Bayern München 13:8, 13; 2. Real Madrid 11:12, 10; 3. Dynamo Kiew 10:8, 10; 4. Rosenborg Trondheim 5:11, 1.

Gruppe D: Lazio Rom – FC Chelsea 0:0, 2:1; Lazio Rom – Feyenoord Rotterdam 1:2, 0:0; Lazio Rom – Olympique Marseille 5:1, 2:0; FC Chelsea – Feyenoord Rotterdam 3:1, 3:1; FC Chelsea – Olympique Marseille 1:0, 0:1; Feyenoord Rotterdam – Olympique Marseille 3:0, 0:0; – 1. Lazio Rom 10:4, 11; 2. FC Chelsea 8:5, 10; 3. Feyenoord Rotterdam 7:7, 8; 4. Olympique Marseille 2:11, 4.

Viertelfinale: FC Porto – Bayern München 1:1, 1:2; Real Madrid – Manchester United 0:0, 3:2; FC Valencia – Lazio Rom 5:2, 0:1; FC Chelsea – FC Barcelona 3:1, n. V. 1:5.

Halbfinale: Real Madrid – Bayern München 2:0, 1:2; FC Valencia – FC Barcelona 4:1, 1:2.

Endspiel am 24. Mai in Paris:
Real Madrid – FC Valencia 3:0 (1:0)
Real Madrid: Casillas – Salgado (Hierro), Karanka, Campo, Roberto Carlos – Helguera, Redondo, – McManaman, Raul – Morientes (Savio), Anelka (Sanchis).
Tore: Morientes, McManaman, Raúl. – SR: Braschi (Italien). – Zuschauer: 73 000.

2000/01: Bayern München
Qualifikation, 1. Runde: FC Birkirkara – KR Reykjavik 1:2 (in Ta' Qali), 1:4; F 91 Düdelingen – Levski Sofia 0:4 (in Luxemburg), 0:2; Haka Valkeakoski – FC Linfield 1:0, 1:2; KI Klaksvik – Roter Stern Belgrad 0:3 (in Toftir), 0:2; FC Llansantffraid – FC Levadia Maardu 2:2 (in Wrexham), 0:4 (in Tallinn); Shirak Gyumri – BATE Borisov 1:1, 1:2; Skonto Riga – FK Shamkir 2:1, 1:4 n. V. (in Baku); Sloga Skopje – FC Shelbourne 0:1, 1:1; SK Tirana – Zimbru Chisinau 2:3, 2:3 in (Speia); Zalgiris Kaunas – Brotnjo Citluk 4:0, 0:3.

Qualifikation, 2. Runde: RSC Anderlecht – Anorthosis Famagusta 4:2, 0:0 (in Nikosia); Besiktas Istanbul – Levski Sofia 1:0, 1:1; Bröndby Kopenhagen – KR Reykjavik 3:1, 0:0; Dinamo Bukarest – Polonia Warschau 3:4, 1:3 (in Plock); Glasgow Rangers – Zalgiris Kaunas 4:1, 0:0; Haka Valkeakoski – Inter Bratislava 0:0, 0:1 n. V.; Helsingborg IF – BATE Borisov 0:0, 3:0 (in Minsk); Roter Stern Belgrad – Torpedo Kutaissi 4:0, 0:2; Schachtar Donezk – FC Levadia Maardu 4:1, 5:1 (in Tallinn); Slavia Prag – FK Shamkir 1:0, 4:1 (in Baku); FC Shelbourne – Rosenborg Trondheim 1:3, 1:1; Sturm Graz – Hapoel Tel Aviv 3:0, 2:1; Zimbru Chisinau – NK Maribor 2:0 (in Speia), 0:1; Hajduk Split – Dunaferr Dunaujvaros 0:2, 2:2 (in Györ).

Qualifikation, 3. Runde: Leeds United – TSV München 1860 2:1, 1:0; Bröndby Kopenhagen – Hamburger SV 0:2, 0:0; FC Tirol Innsbruck – FC Valencia 0:0, 1:4; Zimbru Chisinau – Sparta Prag 0:1 (in Speia), 0:1; Helsingborg IF – Inter Mailand 1:0, 0:0; Besiktas Istanbul – Lokomotive Moskau 3:0, 3:1; Inter Bratislava – Olympique Lyon 1:2, 1:2; RSC Anderlecht – FC Porto 1:0, 0:0; Herfölge BK – Glasgow Rangers 0:3, 0:3; Dynamo Kiew – Roter Stern Belgrad 0:0, 1:1; Polonia Warschau – Panathinaikos Athen 2:2 (in Plock), 1:2; Sturm Graz – Feyenoord Rotterdam 2:1, 1:1; Dunaferr Dunaujvaros – Rosenborg Trondheim 2:2 (in Györ), 1:2; FC St. Gallen – Galatasaray Istanbul 1:2 (in Zürich), 2:2; AC Mailand – Dinamo Zagreb 3:1, 3:0; Schachtar Donezk – Slavia Praha 0:1, 2:0 n. V.

Vorrunde – Gruppe A: Real Madrid – Spartak Moskau 1:0, 0:1; Real Madrid – Bayer Leverkusen 5:3, 3:2; Real Madrid – Sporting Lissabon 4:0, 2:2; Spartak Moskau – Bayer Leverkusen 2:0, 0:1; Spartak Moskau – Sporting Lissabon 3:1, 3:0; Bayer Leverkusen – Sporting Lissabon 3:2, 0:0. – 1. Real Madrid 15:8, 13; 2. Spartak Moskau 9:3, 12; 3. Bayer Leverkusen 9:12, 7; 4. Sporting Lissabon 5:15, 2.

Gruppe B: FC Arsenal – Lazio Rom 2:0, 1:1; FC Arsenal – Schachtar Donezk 3:2, 0:3; FC Arsenal – Sparta Prag 4:2, 1:0; Lazio Rom – Schachtar Donezk 5:1, 3:0; Lazio Rom – Sparta Prag 3:0, 1:0; Schachtar Donezk – Sparta Prag 2:1, 2:3. – 1. FC Arsenal 11:8, 13; 2. Lazio Rom 13:4, 13; 3. Schachtar Donezk 10:15, 6; 4. Sparta Prag 6:13, 3.

Gruppe C: FC Valencia – Olympique Lyon 1:0, 2:1; FC Valencia – Olympiakos Piräus 2:1, 0:1; FC Valencia – SC Heerenveen 1:1, 1:0; Olympique Lyon – Olympiakos Piräus 1:0, 1:2; Olympique Lyon – SC Heerenveen 3:1, 2:0; Olympiakos Piräus – SC Heerenveen 2:0, 0:1. – 1. FC Valencia 7:4, 13; Olympique Lyon 8:6, 9; 3. Olympiakos Piräus 6:5, 9; 4. SC Heerenveen 3:9, 4.

Gruppe D: Sturm Graz – Galatasaray Istanbul 3:0, 2:2; Sturm Graz – Glasgow Rangers 2:0, 0:5; Sturm Graz – AS Monaco 2:0, 0:5; Galatasaray Istanbul – Glasgow Rangers 3:2, 0:0; Galatasaray Istanbul – AS Monaco 3:2, 2:4; Glasgow Rangers – AS Monaco 2:2, 1:0. – 1. Sturm Graz 9:12, 10; 2. Galatasaray Istanbul 10:13, 8; 3. Glasgow Rangers 10:7, 8; 4. AS Monaco 13:10, 7.

Gruppe E: Deportivo La Coruna – Panathinaikos Athen 1:0, 1:1; Deportivo La Coruna – Hamburger SV 2:1, 1:1; Deportivo La Coruna – Juventus Turin 1:1, 0:0; Panathinaikos Athen – Hamburger SV 0:0, 1:0; Panathinaikos Athen – Juventus Turin 3:1, 1:2; Hamburger SV – Juventus Turin 4:4; 3:1. – 1. Deportivo La Coruna 6:4, 10; 2. Panathinaikos Athen 6:5, 8; 3. Hamburger SV 9:9, 6; 4. Juventus Turin 9:12, 6.

Gruppe F: Bayern München – Paris Saint-Germain 2:0, 0:1; Bayern München – Rosenborg Trondheim 3:1, 1:1; Bayern München – Helsingborg IF 0:0, 3:1; Paris Saint-Germain – Rosenborg Trondheim 7:2, 1:3; Paris Saint-Germain – Helsingborg IF 4:1, 1:1; Rosenborg Trondheim – Helsingborg IF 6:1, 0:2. – 1. Bayern München 9:4, 11; Paris Saint-Germain 14:9,10; 3. Rosenborg Trondheim 13:15, 7; 4. Helsingborg IF 6:14, 5.

Gruppe G: RSC Anderlecht – Manchester United 2:1, 1:5; RSC Anderlecht – PSV Eindhoven 1:0, 3:2; RSC Anderlecht – Dynamo Kiew 4:2, 0:4; Manchester United – PSV Eindhoven 3:1, 1:3; Manchester United – Dynamo Kiew 1:0, 0:0; PSV Eindhoven – Dynamo Kiew 2:1, 1:0. – 1. RSC Anderlecht 11:14, 12; 2. Manchester United 11:7, 10; 3. PSV Eindhoven 9:9, 9; 4. Dynamo Kiew 7:8, 4.

Gruppe H: AC Mailand – Leeds United 1:1, 0:1; AC Mailand – FC Barcelona 3:3, 2:0; AC Mailand – Besiktas Istanbul 4:1, 2:0; Leeds United – FC Barcelona 1:1, 0:4; Leeds United – Besiktas Istanbul 6:0, 0:0; FC Barcelona – Besiktas Istanbul 5:0, 0:3. – 1. AC Mailand 12:6, 11; 2. Leeds United 9:6, 9; 3. FC Barcelona 13:9, 8; 4. Besiktas Istanbul 4:17, 4.

Zwischenrunde – Gruppe A: FC Valencia – Manchester United 0:0, 1:1; FC Valencia – Sturm Graz 2:0, 5:0; FC Valencia – Panathinaikos Athen 2:1, 0:0; Manchester United – Sturm Graz 3:0, 2:0; Manchester United – Panathinaikos Athen 3:1, 1:1; Sturm Graz – Panathinaikos Athen 2:0, 2:1. – 1. FC Valencia 10:2, 12; 2. Manchester United 10:3, 12; 3. Sturm Graz 4:13, 6; 4. Panathinaikos Athen 4:10, 2.

Gruppe B: Deportivo La Coruna – Galatasaray Istanbul 2:0, 0:1; Deportivo La Coruna – AC Mailand 0:1, 1:1; Deportivo La Coruna – Paris Saint-Germain 4:3, 3:1; Galatasaray Istanbul – AC Mailand 2:0, 2:2; Galatasaray Istanbul – Paris Saint-Germain 1:0, 0:2; AC Mailand – Paris Saint-Germain 1:1, 1:1. – 1. Deportivo La Coruna 10:7, 10; 2. Galatasaray Istanbul 6:6, 10; 3. AC Mailand 6:7, 7; 4. Paris Saint-Germain 8:10, 5.

Gruppe C: Bayern München – FC Arsenal 1:0, 2:2; Bayern München – Olympique Lyon 1:0, 0:3; Bayern München – Spartak Moskau 1:0, 3:0; FC Arsenal – Olympique Lyon 1:1, 1:0; FC Arsenal – Spartak Moskau 1:0, 1:4; Olympique Lyon – Spartak Moskau 3:0, 1:1. – 1. Bayern München 8:5, 13; 2. FC Arsenal 6:8, 8; 3. Olympique Lyon 8:4, 8; 4. Spartak Moskau 5:10, 4.

Gruppe D: Real Madrid – Leeds United 3:2, 2:0; Real Madrid – RSC Anderlecht 4:1, 0:2; Real Madrid – Lazio Rom 3:2, 2:2; Leeds United – RSC Anderlecht 2:1, 4:1; Leeds United – Lazio Rom 3:3, 1:0; RSC Anderlecht – Lazio Rom 1:0, 1:2. – 1. Real Madrid 14:9, 13; 2. Leeds United 12:10, 10; 3. RSC Anderlecht 7:12, 6; 4. Lazio Rom 9:11, 5.

Viertelfinale: Manchester United – Bayern München 0:1, 1:2; Galatasaray Istanbul – Real Madrid 3:2, 0:3; FC Arsenal – FC Valencia 2:1, 0:1; Leeds United – Deportivo La Coruna 3:0, 0:2.

Halbfinale: Real Madrid – Bayern München 0:1, 1:2; Leeds United – FC Valencia 0:0; 0:3.

Endspiel am 23. 5. in Mailand:
Bayern München – FC Valencia n. V. 1:1 (1:1, 0:1), 5:4 nach Elfmeterschießen
Bayern München: Kahn – Kuffour, Andersson, Linke – Sagnol (Jancker), Lizarazu, Hargreaves, Effenberg – Scholl (Sergio), Salihamidzic, Elber (Zickler).
Tore: Effenberg (Mendieta für Valencia). – SR: Jol (Niederlande). – Zuschauer: 74 500.
Tore aus dem Elfmeterschießen: Salihamidzic, Zickler, Effenberg, Lizarazu, Linke (Sergio verschießt, Andersson gehalten). – Mendieta, Carew, Baraja, Kily Gonzalez (Zahovic, Carboni und Pellegrino gehalten).

2001/02: Real Madrid
Qualifikation, 1. Runde: Levski Sofia – Zeljeznicar Sarajevo 4:0, 0:0; FC Linfield – Torpedo Kutaissi 0:0, 0:1; KR Reykjavik – Vllaznia Shkoder 2:1, 0:1; Sloga Skopje – FBK Kaunas 0:0, 1:1; VB Vagur – Slavia Mozyr 0:0, 0:5; Bohemians Dublin – Levadia Maardu 3:0, 0:0; AFC Barry Town – FK Shamkir 2:0, 1:0; FC Valletta – Haka Valkeakoski 0:0, 0:5; F ‚91 Düdelingen – Skonto Riga 1:6, 1:0; Araks Ararat – Serif Tiraspol 0:1, 0:2.

Qualifikation, 2. Runde: RSC Anderlecht – Serif Tiraspol 4:0, 2:1; Schachtar Donezk – FC Lugano 3:0, 1:2; Ferencvaros Budapest – Hajduk Split 0:0, 0:0 (Split 5:4-Sieger im Elfmeterschießen); Bohemians Dublin – Halmstads BK 1:2, 0:2; Torpedo Kutaissi – FC Kopenhagen 1:1, 1:3; Omonia Nikosia – Roter Stern Belgrad 1:1, 1:2; Haka Valkeakoski – Maccabi Haifa 0:0, 0:4 (3:0 gewertet wegen des Einsatzes eines gesperrten Spielers); Levski Sofia – Brann Bergen 0:0, 1:1; Galatasaray Istanbul – Vllaznia Shkoder 2:0, 4:1; FC Porto – AFC Barry Town 8:0, 1:3; Steaua Bukarest – Sloga Skopje 3:0, 2:1;

Skonto Riga – Wisla Krakow 1:2, 0:1; Slavia Mozyr – Inter Bratislava 0:1, 0:1; NK Maribor – Glasgow Rangers 0:3, 1:3.
Qualifikation, 3. Runde: Shachtjor Donezk – Borussia Dortmund 0:2, 1:3; Roter Stern Belgrad – Bayer Leverkusen 0:0, 0:3; Galatasaray Istanbul – Levski Sofia 2:1, 1:1; Ajax Amsterdam – Celtic Glasgow 1:3, 1:0; Wisla Krakow – FC Barcelona 3:4, 0:1; Halmstads BK – RSC Anderlecht 2:3, 1:1; FC Porto – Grasshoppers Zürich 2:2, 3:2; Lokomotive Moskau – FC Tirol Innsbruck 3:1, 1:0 (Wiederholungsspiel 0:1); Glasgow Rangers – Fenerbahce Istanbul 0:0, 1:2; Inter Bratislava – Rosenborg Trondheim 3:3, 0:4; Slavia Prag – Panathinaikos Athen 1:2, 0:1; AC Parma – OSC Lille 0:2, 1:0; Steaua Bukarest – Dynamo Kiew 2:4, 1:1; FC Kopenhagen – Lazio Rom 2:1, 1:4; Haka Valkeakoski – FC Liverpool 0:5, 1:4; Hajduk Split – RCD Mallorca 1:0, n. V. 0:2.
Vorrunde – Gruppe A: Real Madrid – AS Rom 1:1, 2:1; Real Madrid – Lokomotive Moskau 4:0, 0:2; Real Madrid – RSC Anderlecht 4:1, 2:0; AS Rom – Lokomotive Moskau 2:1, 1:0; AS Rom – RSC Anderlecht 1:1, 0:0; Lokomotive Moskau – RSC Anderlecht 1:1; 5:1. – 1. Real Madrid 13:5, 13; 2. AS Rom 6:5, 9; 3. Lokomotive Moskau 9:9, 7; 4. RSC Anderlecht 4:13, 3.
Gruppe B: FC Liverpool – Boavista Porto 1:1, 1:1; FC Liverpool – Borussia Dortmund 2:0, 0:0; FC Liverpool – Dynamo Kiew 1:0, 2:1; Boavista Porto – Borussia Dortmund 2:1, 1:2; Boavista Porto – Dynamo Kiew 3:1, 0:1; Borussia Dortmund – Dynamo Kiew 1:0, 2:2. – 1. FC Liverpool 7:3, 12; 2. Boavista Porto 8:7, 8; 3. Borussia Dortmund 6:7, 8; 4. Dynamo Kiew 5:9, 4.
Gruppe C: Panathinaikos Athen – FC Arsenal 1:0, 1:2; Panathinaikos Athen – RCD Mallorca 2:0, 0:1; Panathinaikos Athen – FC Schalke 04 2:0, 2:0; FC Arsenal – RCD Mallorca 3:1, 0:1; FC Arsenal – FC Schalke 04 3:2, 1:3; RCD Mallorca – FC Schalke 04 0:4, 1:0. – 1. Panathinaikos Athen 8:3, 12; 2. FC Arsenal 9:9, 9; 3. RCD Mallorca 4:9, 9; 4. FC Schalke 04 9:9, 6.
Gruppe D: FC Nantes – Galatasaray Istanbul 0:1, 0:0; FC Nantes – PSV Eindhoven 4:1, 0:0; FC Nantes – Lazio Rom 1:0, 3:1; Galatasaray Istanbul – PSV Eindhoven 2:0, 1:3; Galatasaray Istanbul – Lazio Rom 1:0, 0:1; PSV Eindhoven – Lazio Rom 1:0, 1:2. – 1. FC Nantes 8:3, 11; 2. Galatasaray Istanbul 5:4, 10; 3. PSV Eindhoven 6:9, 7; 4. Lazio Rom 4:7, 6.
Gruppe E: Juventus Turin – FC Porto 3:1, 0:0; Juventus Turin – Celtic Glasgow 3:2, 3:4; Juventus Turin – Rosenborg Trondheim 1:0, 1:1; FC Porto – Celtic Glasgow 3:0, 0:1; FC Porto – Rosenborg Trondheim 1:0, 2:1; Celtic Glasgow – Rosenborg Trondheim 1:0, 0:2. – 1. Juventus Turin 11:8, 11; 2. FC Porto 7:5, 10; 3. Celtic Glasgow 8:11, 9; 4. Rosenborg Trondheim 4:6, 4.
Gruppe F: FC Barcelona – Bayer Leverkusen 2:1, 1:2; FC Barcelona – Olympique Lyon 2:0, 3:2; FC Barcelona – Fenerbahce Istanbul 1:0, 3:0; Bayer Leverkusen – Olympique Lyon 2:4, 1:0; Bayer Leverkusen – Fenerbahce Istanbul 2:1, 2:1; Olympique Lyon – Fenerbahce Istanbul 3:1, 1:0. – 1. FC Barcelona 12:5, 15; 2. Bayer Leverkusen 10:9, 12; 3. Olympique Lyon 10:9, 9; 4. Fenerbahce Istanbul 3:12, 0.
Gruppe G: Deportivo La Coruna – Manchester United 2:1, 3:2; Deportivo La Coruna – OSC Lille 1:1, 1:1; Deportivo La Coruna – Olympiakos Piräus 2:2, 1:1; Manchester United – OSC Lille 1:0, 1:1; Manchester United – Olympiakos Piräus 3:0, 2:0; OSC Lille – Olympiakos Piräus 3:1; 1:2. – 1. Deportivo La Coruna 10:8, 10; 2. Manchester United 10:6, 10; 3. OSC Lille 7:7, 6; 4. Olympiakos Piräus 6:12, 5.
Gruppe H: Bayern München – Sparta Prag 0:0, 1:0; Bayern München – Feyenoord Rotterdam 3:1, 2:2; Bayern München – Spartak Moskau 5:1, 3:1; Sparta Prag – Feyenoord Rotterdam 4:0, 2:0; Sparta Prag – Spartak Moskau 2:0; 2:2; Feyenoord Rotterdam – Spartak Moskau 2:1, 2:2. – 1. Bayern München 14:5, 14; 2. Sparta Prag 10:3, 11; 3. Feyenoord Rotterdam 7:14, 5; 4. Spartak Moskau 7:16, 2.
Zwischenrunde – Gruppe A: Manchester United – Bayern München 0:0, 1:1; Manchester United – Boavista Porto 3:0, 3:0; Manchester United – FC Nantes 5:1, 1:1; Bayern München – Boavista Porto 1:0, 0:0; Bayern München – FC Nantes 2:1, 1:0; Boavista Porto – FC Nantes 1:0, 1:1. – 1. Manchester United 13:3, 12; 2. Bayern München 5:2, 12; 3. Boavista Porto 2:8, 5; 4. FC Nantes 4:11, 2.
Gruppe B: FC Barcelona – FC Liverpool 0:0, 3:1; FC Barcelona – AS Rom 1:1, 0:3; FC Barcelona – Galatasaray Istanbul 2:2, 1:0; FC Liverpool – AS Rom 2:0, 0:0; FC Liverpool – Galatasaray Istanbul 0:0, 1:1; AS Rom – Galatasaray Istanbul 1:1, 1:1. – 1. FC Barcelona 7:7, 9; 2. FC Liverpool 4:4, 7; 3. AS Rom 6:5, 7; 4. Galatasaray Istanbul 5:6, 5.
Gruppe C: Real Madrid – Panathinaikos Athen 3:0, 2:2; Real Madrid – Sparta Prag 3:0, 3:2; Real Madrid – FC Porto 1:0, 2:1; Panathinaikos Athen – Sparta Prag 2:1, 2:0; Panathinaikos Athen – FC Porto 0:0, 1:2; Sparta Prag – FC Porto 2:0, 1:0. – 1. Real Madrid 14:5, 16; 2. Panathinaikos Athen 7:8, 8; 3. Sparta Prag 6:10, 6; 4. FC Porto 3:7, 4.
Gruppe D: Bayer Leverkusen – Deportivo La Coruna 3:0, 3:1; Bayer Leverkusen – FC Arsenal 1:1, 1:4; Bayer Leverkusen – Juventus Turin 3:1, 0:4; Deportivo La Coruna – FC Arsenal 2:0, 2:0; Deportivo La Coruna – Juventus Turin 2:0, 0:0; FC Arsenal – Juventus Turin 3:1, 0:1. – 1. Bayer Leverkusen 11:11, 10; 2. Deportivo La Coruna 7:6, 10; 3. FC Arsenal 8:8, 7; 4. Juventus Turin 7:8, 7.
Viertelfinale: FC Liverpool – Bayer Leverkusen 1:0, 2:4; Bayern München – Real Madrid 2:1, 0:2; Deportivo La Coruna – Manchester United 0:2, 2:3; Panathinaikos Athen – FC Barcelona 1:0, 1:3.
Halbfinale: Manchester United – Bayer Leverkusen 2:2, 1:1; FC Barcelona – Real Madrid 0:2, 1:1.

Endspiel am 15. 5. in Glasgow:
Bayer Leverkusen – Real Madrid 1:2 (1:2)
Leverkusen: Butt – Zivkovic, Lucio (Babic) – Sebescen (Kirsten), Placente – Ramelow – Schneider, Ballack – Bastürk – Brdaric (Berbatov), Neuville.
Madrid: Cesar (Casillas) – Salgado, Hierro, Helguera, Roberto Carlos – Makelele (Flavio Conceicao), Solari – Luis Figo (McManaman), Zidane – Raul, Morientes.
Tore: Raul, Zidane (Lucio für Leverkusen) – SR: Meier (Schweiz) – Zuschauer: 51 567.

2002/03: AC Mailand

Qualifikation, 1. Runde: Tampere United – Piunik Erewan 0:4, 0:2; Skonto Riga – AFC Barry Town 5:0, 1:0; FC Portadown – Belshina Bobruisk 0:0, 2:3 (in Borissow); F'91 Düdelingen – Vardar Skopje 1:1 (in Luxemburg), 0:3; FBK Kaunas – Dinamo Tirana 2:3, 0:0; Flora Tallinn – APOEL Nikosia 0:0, 0:1; Zeljeznicar Sarajevo – IA Akranes 3:0, 1:0; Hibernians Paola – FC Shelbourne 2:2, 1:0; Torpedo Kutaissi – B 36 Tórshavn 5:2, 1:0; Serif Tiraspol – Zhenis Astana 2:1, 2:3.
Qualifikation, 2. Runde: TE Zalaegerszeg – NK Zagreb 1:0 (in Budapest), 1:2; FC Brügge – Dinamo Bukarest 3:1, 1:0; MSK Zilina – FC Basel 1:1, 0:3; Skonto Riga – Levski Sofia 0:0, 0:2; Dynamo Kiew – Piunik Erewan 4:0, 2:2; Bröndby IF – Dinamo Tirana 1:0, 4:0; NK Maribor – APOEL Nikosia 2:1, 2:4; Vardar Skopje – Legia Warschau 1:3, 1:1; Boavista Porto – Hibernians Paola 4:0, 3:3; Maccabi Haifa – Belshina Bobruisk 4:0 (in Nikosia), 1:0 (in Borissow); Lilleström SK – Zeljeznicar Sarajevo 0:1, 0:1; Hammarby IF – Partizan Belgrad 1:1 (in Solna), 0:4; Sparta Prag – Torpedo Kutaissi 3:0, 2:1; Serif Tiraspol Grazer AK 1:4, 0:2.
Qualifikation, 3. Runde: Partizan Belgrad – Bayern München 0:3, 1:3; Sporting Lissabon – Inter Mailand 0:0, 0:2; AC Mailand – Slovan Liberec 1:0, 1:2; Rosenborg Trondheim – Bröndby IF 1:0, 3:2; Schachtar Donezk – FC Brügge 1:1, n. V. 1:1 (Brügge 4:1-Sieger im Elfmeterschießen); APOEL Nikosia – AEK Athen 2:3, 0:1; FC Barcelona – Legia Warschau 3:0, 1:0; Levski Sofia – Dynamo Kiew 0:1, 0:1; Zeljeznicar Sarajevo – Newcastle United 0:1, 0:4; RC Genk – Sparta Prag 2:0, 2:4; Newcastle United – Sturm Graz 2:0, 3:3; Celtic Glasgow – FC Basel 3:1, 0:2; Feyenoord Rotterdam – Fenerbahce Istanbul 1:0, 2:0; TE Zalaegerszeg – Manchester United 1:0 (in Budapest), 0:5; Boavista Porto – AJ Auxerre 0:1, 0:0; Grazer AK – Lokomotive Moskau 0:2, 3:3.
Vorrunde – Gruppe A: FC Arsenal – Borussia Dortmund 2:0, 1:2; FC Arsenal – AJ Auxerre 1:2, 1:0; FC Arsenal – PSV Eindhoven 4:0, 0:0; Borussia Dortmund – AJ Auxerre 2:1, 0:1; Borussia Dortmund – PSV Eindhoven 1:1, 3:1; PSV Eindhoven – AJ Auxerre 3:0, 0:0. – 1. FC Arsenal 9:4, 10; 2. Borussia Dortmund 8:7, 10; 3. AJ Auxerre 4:7, 7; 4. PSV Eindhoven 5:8, 6.
Gruppe B: FC Valencia – FC Basel 6:2, 2:2; FC Valencia – FC Liverpool 2:0, 1:0; FC Valencia – Spartak Moskau 3:0, 3:0; FC Basel – FC Liverpool 3:3, 1:1; FC Basel – Spartak Moskau 2:0, 2:0; FC Liverpool – Spartak Moskau 5:0, 3:1. – 1. FC Valencia 17:4, 16; 2. FC Basel 12:12, 9; 3. FC Liverpool 12:8, 8; 4. Spartak Moskau 1:18; 0.
Gruppe C: Real Madrid – AS Rom 0:1, 3:0; Real Madrid – AEK Athen 2:2, 3:3; Real Madrid – KRC Genk 6:0, 1:1; AS Rom – AEK Athen 1:1, 0:0; AS Rom – KRC Genk 0:0, 1:0; AEK Athen – KRC Genk 1:1, 0:0. – 1. Real Madrid 15:7, 9; 2. AS Rom 3:4, 9; 3. AEK Athen 7:7, 6; 4. KRC Genk 2:9, 4.
Gruppe D: Inter Mailand – Ajax Amsterdam 1:0, 2:1; Inter Mailand – Olympique Lyon 1:2, 3:3; Inter Mailand – Rosenborg Trondheim 3:0, 2:2; Ajax Amsterdam – Olympique Lyon 2:1, 2:0; Ajax Amsterdam – Rosenborg Trondheim 1:1, 0:0; Olympique Lyon – Rosenborg Trondheim 5:0, 1:1. – 1. Inter Mailand 12:8, 11; 2. Ajax Amsterdam 6:5, 8; 3. Olympique Lyon 12:9, 8; 4. Rosenborg Trondheim 12:9, 4.
Gruppe E: Juventus Turin – Newcastle United 2:0, 0:1; Juventus Turin – Dynamo Kiew 5:0, 2:1; Juventus Turin – Feyenoord Rotterdam 2:0, 1:1; Newcastle United – Dynamo Kiew 2:1, 0:2; Newcastle United – Feyenoord Rotterdam 0:1, 3:2; Dynamo Kiew – Feyenoord Rotterdam 2:0, 0:0. – 1. Juventus Turin 12:3, 13; 2. Newcastle United 6:8, 9; 3. Dynamo Kiew 6:9, 7; 4. Feyenoord Rotterdam 4:8, 5.
Gruppe F: Manchester United – Bayer Leverkusen 2:0, 2:1; Manchester United – Maccabi Haifa 5:2, 0:3; Manchester United – Olympiakos Piräus 4:0, 3:2; Bayer Leverkusen – Maccabi Haifa 2:1, 2:0; Bayer Leverkusen – Olympiakos Piräus 2:0, 2:6; Maccabi Haifa – Olympiakos Piräus 3:0, 3:3. – 1. Manchester United 16:8, 15; 2. Bayer Leverkusen 9:11, 9; 3. Maccabi Haifa 12:12, 7; 4. Olympiakos Piräus 11:17, 4.
Gruppe G: AC Mailand – Deportivo La Coruña 1:2, 4:0; AC Mailand – RC Lens 2:1, 1:2; AC Mailand – Bayern München 2:1, 2:1; Deportivo La Coruña – RC Lens 3:1, 1:3; Deportivo La Coruña – Bayern München 2:1, 3:2; RC Lens – Bayern München 1:1, 3:3. – 1. AC Mailand 12:7, 12; 2. Deportivo La Coruña 11:12, 12; 3. RC Lens 11:11, 8; 4. Bayern München 9:13, 2.

Gruppe H: FC Barcelona – Lokomotive Moskau 1:0, 3:1; FC Barcelona – FC Brügge 3:2, 1:0; FC Barcelona – Galatasaray Istanbul 3:1, 2:0; Lokomotive Moskau – FC Brügge 2:0, 0:0; Lokomotive Moskau – Galatasaray Istanbul 0:2, 2:1; FC Brügge – Galatasaray Istanbul 3:1, 0:0. – 1. FC Barcelona 13:4, 18; 2. Lokomotive Moskau 5:7, 7; 3. FC Brügge 5:7, 5; 4. Galatasaray Istanbul 5:10, 4.

Zwischenrunde – Gruppe A: FC Barcelona – Inter Mailand 3:0, 0:0; FC Barcelona – Newcastle United 3:1, 2:0; FC Barcelona – Bayer Leverkusen 2:0, 2:1; Inter Mailand – Newcastle United 2:2, 4:1; Inter Mailand – Bayer Leverkusen 3:2, 2:0; Newcastle United – Bayer Leverkusen 3:1, 3:1. – 1. FC Barcelona 12:2, 16; 2. Inter Mailand 11:8, 11; 3. Newcastle United 10:13, 7; 4. Bayer Leverkusen 5:15, 0.

Gruppe B: Valencia – Ajax Amsterdam 1:1, 1:1; FC Valencia – FC Arsenal 2:1, 0:0; FC Valencia – AS Rom 0:3, 1:0; Ajax Amsterdam – FC Arsenal 0:0, 1:1; Ajax Amsterdam – AS Rom 2:1, 1:1, Arsenal – AS Rom 1:1, 3:1. – 1. FC Valencia 5:6, 9; 2. Ajax Amsterdam 6:5, 8; 3. FC Arsenal 6:5, 7; 4. AS Rom 7:8, 5.

Gruppe C: AC Mailand – Real Madrid 1:0, 1:3; AC Mailand – Borussia Dortmund 0:1, 1:0; AC Mailand – Lokomotive Moskau 1:0, 1:0; Real Madrid – Borussia Dortmund 2:1, 1:1, Real Madrid – Lokomotive Moskau 2:2, 1:0; Borussia Dortmund – Lokomotive Moskau 3:0, 2:1. – 1. AC Mailand 5:4, 12; 2. Real Madrid 9:6, 11; 3. Borussia Dortmund 8:5, 10; 4. Lokomotive Moskau 3:10, 1.

Gruppe D: Manchester United – Juventus Turin 2:1, 3:0; Manchester United – FC Basel 1:1, 3:1; Manchester United – Deportivo La Coruña 2:0, 0:2; Juventus Turin – FC Basel 4:0, 1:2; Juventus Turin – Deportivo La Coruña 3:2, 2:2, FC Basel – Deportivo La Coruña 1:0, 0:1. – 1. Manchester United 11:5, 13; 2. Juventus Turin 11:11, 7; 3. FC Basel 5:10, 7; 4. Deportivo La Coruña 7:8, 7.

Viertelfinale: Ajax Amsterdam – AC Mailand 0:0, 2:3; Real Madrid – Manchester United 3:1, 3:4; Inter Mailand – FC Valencia 1:0, 1:2; Juventus Turin – FC Barcelona 1:1, n. V. 2:1.

Halbfinale: AC Mailand – Inter Mailand 0:0, 1:1; Real Madrid – Juventus Turin 2:1, 1:3.

Endspiel am 28. 5. in Manchester:
Juventus Turin – AC Mailand n. V. 0:0, 2:3 im Elfmeterschießen

Mailand: Dida – Costacurta (Roque Junior), Nesta, Maldini, Kaladze – Gattuso, Pirlo (Serginho), Seedorf – Rui Costa (Ambrosini) – Schewtschenko, Inzaghi.

Tore im Elfmeterschießen: Serginho, Nesta, Schewtschenko (Seedorf, Kaladze gehalten) – Birindelli, Del Piero (Trezeguet, Zalayeta, Montero gehalten). – SR: Merk (Deutschland) – Zuschauer: 63215.

2003/04: FC Porto

Qualifikation, 1. Runde: Pyunik Erevan – KR Reykjavík 1:0, 1:1; Sheriff Tiraspol – Flora Tallinn 1:0, 1:1; HB Tórshavn – FBK Kaunas 0:1, 1:4; BATE Borissow -Bohemians Dublin 1:0, 0:3; Vardar Skopje -AFC Barry Town 3:0, 1:2; CS Grevenmacher -Leotar Trebinje 0:0, 0:2; FC Glentoran – HJK Helsinki 0:0, 0:1; Sliema Wanderers – Skonto Riga 2:0, 1:3; Omonia Nikosia -Irtysh Pavlodar 0:0, 2:1; Dynamo Tbilisi – SK Tirana 3:0, 0:3 (Tirana 4:2-Sieger im Elfmeterschießen).

Qualifikation, 2. Runde: MTK Budapest – HJK Helsinki 3:1, 0:1; Pyunik Erevan – ZSKA Sofia 0:2, 0:1; FBK Kaunas – Celtic Glasgow 0:4, 0:1; Leotar Trebinje – Slavia Prag 1:2, 0:2; Sheriff Tiraspol – Schachtar Donezk 0:0, 0:2; MSK Zilina – Maccabi Tel Aviv 1:0, 1:1; Bohemians Dublin – Rosenborg Trondheim 0:1, 0:4; NK Maribor – Dinamo Zagreb 1:0, 1:2; ZSKA Moskau – Vardar Skopje 1:2, 1:1; Rapid Bukarest – RSC Anderlecht 0:0, 2:3; Partizan Belgrad – Djurgårdens IF 1:1, 2:2; Wisla Kraków – Omonia Nikosia 5:2, 2:2; FC Kopenhagen – Sliema Wanderers 4:1, 6:0; SK Tirana – Grazer AK 1:5, 1:2.

Qualifikation, 3. Runde: FC Brügge – Borussia Dortmund 2:1, 1:2 (Brügge 4:2-Sieger im Elfmeterschießen); Dynamo Kiew – Dinamo Zagreb 3:1, 2:0; Celta Vigo – Slavia Prag 3:0, 0:2; Grazer AK – Ajax Amsterdam 1:1, i. V. 1:2; MSK Zilina – FC Chelsea 0:2, 0:3; RSC Anderlecht – Wisla Kraków 3:1, 1:0; Rosenborg Trondheim – Deportivo La Coruña 0:0, 0:1; Vardar Skopje – Sparta Prag 2:3, 2:2; MTK Budapest – Celtic Glasgow 0:4, 0:1; Glasgow Rangers – FC Kopenhagen 1:1, 2:1; Austria Wien – Olympique Marseille 0:1, 0:0; Schachtar Donezk – Lokomotive Moskau 1:0, 1:3; Lazio Rom – Benfica Lissabon 3:1, 1:0; Grasshoppers Zürich – AEK Athen 1:0, 1:3; Partizan Belgrad – Newcastle United 0:1, 1:0 (Belgrad 4:3-Sieger im Elfmeterschießen); Galatasaray Istanbul – ZSKA Sofia 3:0, 3:0.

Gruppenphase, Gruppe A: Olympique Lyon – Bayern München 1:1, 2:1; Olympique Lyon – Celtic Glasgow 3:2, 0:2; Olympique Lyon – RSC Anderlecht 1:0, 0:1; Bayern München – Celtic Glasgow 2:1, 0:0; Bayern München – RSC Anderlecht 1:0, 1:1; Celtic Glasgow – RSC Anderlecht 3:1, 0:1. – 1. Olympique Lyon 7:7, 10; 2. Bayern München 6:5, 9; 3. Celtic Glasgow 8:7, 7; 4. RSC Anderlecht 4:6, 7.

Gruppe B: FC Arsenal – Lokomotive Moskau 2:0, 0:0; FC Arsenal – Inter Mailand 0:3, 5:1; FC Arsenal – Dynamo Kiew 1:0, 1:2; Lokomotive Moskau – Inter Mailand 3:0, 1:1; Lokomotive Moskau – Dynamo Kiew 3:2, 0:2; Inter Mailand – Dynamo Kiew 2:1, 1:1. – 1. FC Arsenal 9:6, 10; 2. Lokomotive Moskau 7:7, 8; 3. Inter Mailand 8:11, 8; 4. Dynamo Kiew 8:8, 7.

Gruppe C: AS Monaco – Deportivo La Coruña 8:3, 0:1; AS Monaco – PSV Eindhoven 1:1, 2:1; AS Monaco – AEK Athen 4:0, 0:0; Deportivo La Coruña – PSV Eindhoven 2:0, 2:3; Deportivo La Coruña – AEK Athen 3:0, 1:1; PSV Eindhoven – AEK Athen 2:0, 1:0. – 1. AS Monaco 15:6, 11; 2. Deportivo La Coruña 12:12, 10; 3. PSV Eindhoven 8:7, 10; 4. AEK Athen 1:11, 2.

Gruppe D: Juventus Turin – Real Sociedad San Sebastian 4:2, 0:0; Juventus Turin – Galatasaray Istanbul 2:1, 0:2 (in Dortmund); Juventus Turin – Olympiakos Piräus 7:0; 2:1; Real Sociedad San Sebastian – Galatasaray Istanbul 1:1, 2:1; Real Sociedad San Sebastian – Olympiakos Piräus 1:0, 2:2; Galatasaray Istanbul – Olympiakos Piräus 1:0, 0:3. – 1. Juventus Turin 15:6, 13; 2. Real Sociedad San Sebastian 8:8, 9; 3. Galatasaray Istanbul 6:8, 7; 4. Olympiakos Piräus 6:13, 4.

Gruppe E: Manchester United – VfB Stuttgart 2:0, 1:2; Manchester United – Panathinaikos Athen 5:0, 1:0; Manchester United – Glasgow Rangers 3:0, 1:0; VfB Stuttgart – Panathinaikos Athen 2:0, 3:1; VfB Stuttgart – Glasgow Rangers 1:0, 1:2; Panathinaikos Athen – Glasgow Rangers 1:1, 3:1. – 1. Manchester United 13:2, 15; 2. VfB Stuttgart 9:6, 12; 3. Panathinaikos Athen 5:13, 4; 4. Glasgow Rangers 4:10, 4.

Gruppe F: Real Madrid – FC Porto 1:1, 3:1; Real Madrid – Olympique Marseille 4:2, 2:1; Real Madrid – Partizan Belgrad 1:0, 0:0; FC Porto – Olympique Marseille 1:0, 3:2; FC Porto – Partizan Belgrad 2:1, 1:1; Olympique Marseille – Partizan Belgrad 3:0, 1:1. – 1. Real Madrid 11:5, 14; 2. FC Porto 9:8, 11; 3. Olympique Marseille 9:11, 4; 4. Partizan Belgrad 3:8; 3.

Gruppe G: FC Chelsea – Sparta Prag 0:0, 1:0; FC Chelsea – Besiktas Istanbul 0:2, 2:0 (in Gelsenkirchen); FC Chelsea – Lazio Rom 2:1, 4:0; Sparta Prag – Besiktas Istanbul 2:1, 0:1; Sparta Prag – Lazio Rom 1:0, 2:2; Besiktas Istanbul – Lazio Rom 0:2, 1:1. – 1. FC Chelsea 9:3, 13; 2. Sparta Prag 5:5, 8; 3. Besiktas Istanbul 5:7, 7; 4. Lazio Rom 6:10, 5.

Gruppe H: AC Mailand – Celta Vigo 1:2; 0:0; AC Mailand – FC Brügge 0:1, 1:0; AC Mailand – Ajax Amsterdam 1:0, 1:0; Celta Vigo – FC Brügge 1:1, 1:1; Celta Vigo – Ajax Amsterdam 3:2, 0:1; FC Brügge – Ajax Amsterdam 2:1, 0:2. – 1. AC Mailand 4:3, 10; 2. Celta Vigo 7:6, 9; 3. FC Brügge 5:6, 8; 4. Ajax Amsterdam 6:7, 6.

Achtelfinale: VfB Stuttgart – FC Chelsea 0:1, 0:0; Bayern München – Real Madrid 1:1, 0:1; FC Porto – Manchester United 2:1, 1:1; Real Sociedad San Sebastian – Olympique Lyon 0:1, 0:1; Celta Vigo – FC Arsenal 2:3, 0:2; Sparta Prag – AC Mailand 0:0, 1:4; Deportivo La Coruña – Juventus Turin 1:0, 1:0; Lokomotive Moskau – AS Monaco 2:1, 0:1.

Viertelfinale: AC Mailand – Deportivo La Coruña 4:1, 0:4; FC Porto – Olympique Lyon 2:0, 2:2; FC Chelsea – FC Arsenal 1:1, 2:1; Real Madrid – AS Monaco 4:2, 1:3.

Halbfinale: AS Monaco – FC Chelsea 3:1, 2:2; FC Porto – Deportivo La Coruña 0:0, 1:0.

Endspiel am 26. 5. in Gelsenkirchen:
AS Monaco – FC Porto 0:3 (0:1)
Porto: Vitor Baia – Paulo Ferreira, Jorge Costa, Ricardo Carvalho, Nuno Valente – Costinha – Pedro Mendes, Maniche – Deco (Pedro Emanuel) – Derlei (McCarthy), Carlos Alberto (Alenichev).
Tore: Carlos Alberto, Deco, Alenichev. – SR: Nielsen (Dänemark) – Zuschauer: 53 000

2004/05: FC Liverpool

Qualifikation, 1. Runde: KR Reykjavík – FC Shelbourne 2:2, 0:0; Skonto Riga – Rhyl FC 4:0, 3:1; Flora Tallinn – ND Gorica 2:4, 1:3; FC Linfield – HJK Helsinki 0:1, 0:1; Pobeda Prilep – Piunik Erewan 1:3, 1:1; Serif Tiraspol – Jeunesse Esch 2:0, 0:1; WIT Georgia Tiflis – HB Torshavn 5:0, 0:3; Sliema Wanderers – FBK Kaunas 0:2, 1:4; Siroki Brijeg – Neftschi Baku 2:1, 0:1; FK Gomel – SK Tirana 0:2, 1:0.
Qualifikation, 2. Runde: Piunik Erewan – Schachtar Donezk 1:3, 0:1; APOEL Nicosia – Sparta Prag 2:2, 1:2; Rosenborg Trondheim – Serif Tiraspol 2:1, 2:0; Young Boys Bern – Roter Stern Belgrad 2:2, 0:3; ND Gorica – FC Kopenhagen 1:2, 5:0; Neftschi Baku – ZSKA Moskau 0:0, 0:2; MSK Zilina – Dinamo Bukarest 0:1, 0:1; HJK Helsinki – Maccabi Tel Aviv 0:0, 0:1; Skonto Riga – Trabzonspor 1:1, 0:3; FC Brügge – Lokomotive Plovdiv 2:0, 4:0; SK Tirana – Ferencvaros Budapest 2:3, 1:0; Hajduk Split – FC Shelbourne 3:2, 0:2; Djurgardens IF – FBK Kaunas 0:0, 2:0; WIT Georgia Tiflis – Wisla Krakau 2:8, 0:3.
Qualifikation, 3. Runde: Bayer Leverkusen – Banik Ostrau 5:0, 1:2; Grazer AK – FC Liverpool 0:2, 1:0; Juventus Turin – Djurgardens IF 2:2, 4:1; Ferencvaros Budapest – Sparta Prag 1:0, n. V. 0:2; Rosenborg Trondheim – Maccabi Haifa 2:1, n. V.3:2; ZSKA Moskau – Glasgow Rangers 2:1, 1:1; Schachtar Donezk – FC Brügge 4:1, 2:2; Dynamo Kiew – Trabzonspor 1:2, 2:0; Roter Stern Belgrad – PSV Eindhoven 3:2, 0:5; Dinamo Bukarest – Manchester United 1:2, 0:3; FC Basel – Inter Mailand 1:1, 1:4; Benfica Lissabon

– RSC Anderlecht 1:0, 0:3; FC Shelbourne – Deportivo La Coruna 0:0, 0:3; PAOK Saloniki – Maccabi Tel Aviv 1:2 (Wertung 0:3), 0:1; ND Gorica – AS Monaco 0:3, 0:6; Wisla Krakau – Real Madrid 0:2, 1:3.
Gruppenphase, Gruppe A: AS Monaco – FC Liverpool 0:0, 0:2; AS Monaco – Olympiakos Piräus 2:1, 0:1; AS Monaco – Deportivo La Coruna 2:0, 5:0; FC Liverpool – Olympiakos Piräus 3:1, 0:1; FC Liverpool – Deportivo La Coruna 0:0, 1:0; Olympiakos Piräus – Deportivo La Coruna 1:0, 0:0 – 1. AS Monaco 10:4, 12; 2. FC Liverpool 6:3, 10; 3. Olympiakos Piräus 5:5, 10; 4. Deportivo La Coruna 0:9, 2.
Gruppe B: Bayer Leverkusen – Real Madrid 3:0, 1:1; Bayer Leverkusen – Dynamo Kiew 3:0, 2:4; Bayer Leverkusen – AS Rom 3:1, 1:1; Real Madrid – Dynamo Kiew 1:0, 2:2; Real Madrid – AS Rom 4:2, 3:0; Dynamo Kiew – AS Rom 2:0, 0:0 abgebr. (Wertung 3:0) – 1. Bayer Leverkusen 13:7, 11; 2. Real Madrid 11:8, 11; 3. Dynamo Kiew 11:8, 10; 4. AS Rom 4:16, 1.
Gruppe C: Juventus Turin – Bayern München 1:0, 1:0; Juventus Turin – Ajax Amsterdam 1:0, 1:0; Juventus Turin – Maccabi Tel Aviv 1:0, 1:1; Bayern München – Ajax Amsterdam 4:0, 2:2; Bayern München – Maccabi Tel Aviv 5:1, 1:0; Ajax Amsterdam – Maccabi Tel Aviv 3:0, 1:2 – 1. Juventus Turin 6:1, 16; 2. Bayern München 12:5, 10; 3. Ajax Amsterdam 6:10, 4; 4. Maccabi Tel Aviv 4:12, 4.
Gruppe D: Olympique Lyon – Manchester United 2:2, 1:2; Olympique Lyon – Fenerbahce Istanbul 4:2, 3:1; Olympique Lyon – Sparta Prag 5:0, 2:1; Manchester United – Fenerbahce Istanbul 6:2, 0:3; Manchester United – Sparta Prag 4:1, 0:0; Fenerbahce Istanbul – Sparta Prag 1:0, 1:0 – 1. Olympique Lyon 17:8, 13; 2. Manchester United 14:9, 11; 3. Fenerbahce Istanbul 10:13, 9; 4. Sparta Prag 2:13, 1.
Gruppe E: FC Arsenal – PSV Eindhoven 1:0, 1:1; FC Arsenal – Panathinaikos Athen 1:1, 2:2; FC Arsenal – Rosenborg Trondheim 5:1, 1:1; PSV Eindhoven – Panathinaikos Athen 1:0, 1:4; PSV Eindhoven – Rosenborg Trondheim 1:0, 2:1; Panathinaikos Athen – Rosenborg Trondheim 2:1, 2:2 – 1. FC Arsenal 11:6, 10; 2. PSV Eindhoven 6:7, 10; 3. Panathinaikos Athen 11:8, 9; 4. Rosenborg Trondheim 6:13, 2.
Gruppe F: AC Mailand – FC Barcelona 1:0, 1:2; AC Mailand – Schachtar Donezk 4:0, 1:0; AC Mailand – Celtic Glasgow 3:1, 0:0; FC Barcelona – Schachtar Donezk 3:0, 0:2; FC Barcelona – Celtic Glasgow 1:1, 3:1; Schachtar Donezk – Celtic Glasgow 3:0, 0:1 – 1. AC Mailand 10:3, 13; 2. FC Barcelona 9:6, 10; 3. Schachtar Donezk 5:9, 6; 4. Celtic Glasgow 4:10; 5.
Gruppe G: Inter Mailand – Werder Bremen 2:0, 1:1; Inter Mailand – FC Valencia 0:0, 5:1; Inter Mailand – RSC Anderlecht 3:0, 3:1; Werder Bremen – FC Valencia 2:1, 2:0; Werder Bremen – RSC Anderlecht 5:1, 2:1; FC Valencia – RSC Anderlecht 2:0, 2:1 – 1. Inter Mailand 14:3, 14; 2. Werder Bremen 12:6, 13; 3. FC Valencia 6:10, 7; 4. RSC Anderlecht 4:17, 0.
Gruppe H: FC Chelsea – FC Porto 3:1, 1:2; FC Chelsea – ZSKA Moskau 2:0, 1:0; FC Chelsea – Paris St. Germain 0:0, 3:0; FC Porto – ZSKA Moskau 0:0, 1:0; FC Porto – Paris St. Germain 0:0, 0:2; ZSKA Moskau – Paris St. Germain 2:0, 3:1 – 1. FC Chelsea 10:3, 13; 2. FC Porto 4:6, 8; 3. ZSKA Moskau 5:5, 7; 4. Paris St. Germain 3:8, 5.
Achtelfinale: Real Madrid – Juventus Turin 1:0, n. V. 0:2; FC Liverpool – Bayer Leverkusen 3:1, 3:1; PSV Eindhoven – AS Monaco 1:0, 2:0; Bayern München – FC Arsenal 3:1, 0:1; FC Barcelona – FC Chelsea 2:1, 2:4; Werder Bremen – Olympique Lyon 0:3, 2:7; Manchester United – AC Mailand 0:1, 0:1; FC Porto – Inter Mailand 1:1, 1:3.
Viertelfinale: FC Liverpool – Juventus Turin 2:1, 0:0; Olympique Lyon – PSV Eindhoven 1:1, n. V. 1:1, Elfmeterschießen 2:4; AC Mailand – Inter Mailand 2:0, Wertung 3:0; FC Chelsea – Bayern München 4:2, 2:3.
Halbfinale: FC Chelsea – FC Liverpool 0:0, 0:1; AC Mailand – PSV Eindhoven 2:0, 1:3.

Endspiel am 25. 5. in Istanbul:
AC Mailand – FC Liverpool n. V. 3:3 (3:0), 2:3 im Elfmeterschießen
Liverpool: Dudek – Finnan (Hamann), Carragher, Hyypiä, Traore – Gerrard – Luis Garcia, Xabi Alonso, Riise – Baros (Cissé), Kewell (Smicer).
Tore: Gerrard, Smicer, Xabi Alonso (Maldini, Crespo 2) – Tore im Elfmeterschießen: Hamann, Cissé, Smicer (Riise gehalten) – Tomasson, Kaka (Serginho verschieß, Pirlo und Shevchenko gehalten). – SR: Mejuto Gonzalez (Spanien) – Zuschauer: 69 000.

2005/06: FC Barcelona
Qualifikation, 1. Runde: Dynamo Minsk – Anorthosis Famagusta 1:1, 0:1; Kairat Almaty – Artmedia Bratislava 2:0, n. V. 1:4; Levadia Tallinn – Dinamo Tiflis 1:0, 0:2; Neftchi Baku – FH Hafnarfjördur 2:0, 2:1; Rabotnicki Skopje – Skonto Riga 6:0, 0:1; Sliema Wanderers – Sheriff Tiraspol 1:4, 0:2; F91 Düdelingen – Zrinjski Mostar 0:1, n. V. 4:0; FC Glentoran – FC Shelbourne 1:2, 1:4; FC Liverpool – TNS Llansantffraid 3:0, 3:0; Haka Valkeakoski – Pyunik Eriwan 1:0, 2:2; HB Torshavn – FBK Kaunas 2:4, 0:4; ND Gorica – SK Tirana 2:0, 0:3.

Qualifikation, 2. Runde: Anorthosis Famagusta – Trabzonspor 3:1, 0:1; Dinamo Tiflis – Bröndby IF 0:2, 1:3; Dynamo Kiew – FC Thun 2:2, 0:1; FBK Kaunas – FC Liverpool 1:3, 0:2; RSC Anderlecht – Neftchi Baku 5:0, 0:1; Valerenga IF – Haka Valkeakoski 1:0, 4:1; Artmedia Bratislava – Celtic Glasgow 5:0, 0:4; F91 Düdelingen – Rapid Wien 1:6, 2:3; FC Shelbourne – Steaua Bukarest 0:0, 1:4; SK Tirana – ZSKA Sofia 0:2, 0:2; Malmö FF – Maccabi Haifa 3:2, 2:2; Partizan Belgrad – Sheriff Tiraspol 1:0, 1:0; Rabotnicki Skopje – Lokomotive Moskau 1:1, 0:2; Debreceni VSC – Hajduk Split 3:0, 5:0.

Qualifikation, 3. Runde: Anorthosis Famagusta – Glasgow Rangers 1:2, 0:2; FC Everton – FC Villarreal 1:2, 1:2; Manchester United – Debreceni VSC 3:0, 3:0; Real Betis Sevilla – AS Monaco 1:0, 2:2; Valerenga IF – FC Brügge 1:0, n. V. 0:1, Elfmeterschießen 3:4; Wisla Krakow – Panathinaikos Athen 3:1, n. V. 1:4; Artmedia Bratislava – Partizan Belgrad 0:0, n. V. 0:0, Elfmeterschießen 4:3; Bröndby IF – Ajax Amsterdam 2:2, 1:3; FC Basel – Werder Bremen 2:1, 0:3; Malmö FF – FC Thun 0:1, 0:3; Rapid Wien – Lokomotive Moskau 1:1, 1:0; RSC Anderlecht – Slavia Prag 2:1, 2:0; Schachtar Donezk – Inter Mailand 0:2, 1:1, Sporting Lissabon – Udinese Calcio 0:1, 2:3; Steaua Bukarest – Rosenborg Trondheim 1:1, 2:3; ZSKA Sofia – FC Liverpool 1:3, 1:0.

Gruppenphase, Gruppe A: Juventus Turin – Bayern München 2:1, 1:2; Juventus Turin – FC Brügge 1:0, 2:1; Juventus Turin – Rapid Wien 3:0, 3:1; Bayern München – FC Brügge 1:0, 1:1; Bayern München – Rapid Wien 4:0, 1:0; FC Brügge – Rapid Wien 3:2, 1:0 – 1. Juventus Turin 12:5, 15; 2. Bayern München 10:4, 13; 3. FC Brügge 6:7, 7; 4. Rapid Wien 3:15, 0.

Gruppe B: FC Arsenal – Ajax Amsterdam 0:0, 2:1; FC Arsenal – FC Thun 2:1, 1:0; FC Arsenal – Sparta Prag 3:0, 2:0; Ajax Amsterdam – FC Thun 2:0, 4:2; Ajax Amsterdam – Sparta Prag 2:1, 1:1; FC Thun – Sparta Prag 1:0, 0:0 – 1. FC Arsenal 10:2, 16; 2. Ajax Amsterdam 10:6, 11; 3. FC Thun 4:9, 4; 4. Sparta Prag 2:9, 2.

Gruppe C: FC Barcelona – Werder Bremen 3:1, 0:2; FC Barcelona – Udinese Calcio 4:1, 2:0; FC Barcelona – Panathinaikos Athen 5:0, 0:0; Werder Bremen – Udinese Calcio 4:3, 1:1; Werder Bremen – Panathinaikos Athen 5:1, 1:2; Udinese Calcio – Panathinaikos Athen 3:0, 2:1 – 1. FC Barcelona 16:2, 16; 2. Werder Bremen 12:12, 7; 3. Udinese Calcio 10:12, 7; 4. Panathinaikos Athen 4:16, 4.

Gruppe D: FC Villarreal – Benfica Lissabon 1:1, 1:0; FC Villarreal – OSC Lille 1:0, 0:0; FC Villarreal – Manchester United 0:0, 0:0; Benfica Lissabon – OSC Lille 0:0, 0:0; Benfica Lissabon – Manchester Utd. 2:1, 1:2; OSC Lille – Manchester United 1:0, 0:0 – 1. FC Villarreal 3:1, 10; 2. Benfica Lissabon 5:5, 8; 3. OSC Lille 1:2, 6; 4. Manchester United 3:4, 6.

Gruppe E: AC Mailand – PSV Eindhoven 0:0, 0:1; AC Mailand – FC Schalke 04 3:2, 2:2; AC Mailand – Fenerbahce Istanbul 3:1, 4:0; PSV Eindhoven – FC Schalke 04 1:0, 0:3; PSV Eindhoven – Fenerbahce Istanbul 2:0, 0:3; FC Schalke 04 – Fenerbahce Istanbul 2:0, 3:3 – 1. AC Mailand 12:6, 11; 2. PSV Eindhoven 4:6, 10; 3. FC Schalke 04 12:9, 8; 4. Fenerbahce Istanbul 7:14, 4.

Gruppe F: Olympique Lyon – Real Madrid 3:0, 1:1; Olympique Lyon – Rosenborg Trondheim 2:1, 1:0; Olympique Lyon – Olympiakos Piräus 2:1, 4:1; Real Madrid – Rosenborg Trondheim 4:1, 2:0; Real Madrid – Olympiakos Piräus 2:1, 1:2; Rosenborg Trondheim – Olympiakos Piräus 1:1, 3:1 – 1. Olympique Lyon 13:4, 16; 2. Real Madrid 10:8, 10; 3. Rosenborg Trondheim 6:11, 4; 4. Olympiakos Piräus 7:13; 4.

Gruppe G: FC Liverpool – FC Chelsea 0:0, 0:0; FC Liverpool – Real Betis Sevilla 0:0, 2:1; FC Liverpool – RSC Anderlecht 3:0, 1:0; FC Chelsea – Real Betis Sevilla 4:0, 0:1; FC Chelsea – RSC Anderlecht 1:0, 2:0; Real Betis Sevilla – RSC Anderlecht 0:1, 1:0 – 1. FC Liverpool 6:1, 12; 2. FC Chelsea 7:1, 11; 3. Real Betis Sevilla 3:7, 7; 4. RSC Anderlecht 1:8, 3.

Gruppe H: Inter Mailand – Glasgow Rangers 1:0, 1:1; Inter Mailand – Artmedia Bratislava 4:0, 1:0; Inter Mailand – FC Porto 2:1, 0:2; Glasgow Rangers – Artmedia Bratislava 0:0, 2:2; Glasgow Rangers – FC Porto 3:2, 1:1; Artmedia Bratislava – FC Porto 0:0, 3:2 – 1. Inter Mailand 9:4, 13; 2. Glasgow Rangers 7:7, 7; 3. Artmedia Bratislava 5:9, 6; 4. FC Porto 8:9, 5.

Achtelfinale: Bayern München – AC Mailand 1:1, 1:4; Werder Bremen – Juventus Turin 3:2, 1:2; Benfica Lissabon – FC Liverpool 1:0, 2:0; Real Madrid – FC Arsenal 0:1, 0:0; PSV Eindhoven – Olympique Lyon 0:1, 0:4; FC Chelsea – FC Barcelona 1:2, 1:1; Glasgow Rangers – FC Villarreal 2:2, 1:1; Ajax Amsterdam – Inter Mailand 2:2, 0:1.

Viertelfinale: FC Arsenal – Juventus Turin 2:0, 0:0; Benfica Lissabon – FC Barcelona 0:0, 0:2; Olympique Lyon – AC Mailand 0:0, 1:3; Inter Mailand – FC Villarreal 2:1, 0:1.

Halbfinale: AC Mailand – FC Barcelona 0:1, 0:0; FC Arsenal – FC Villarreal 1:0, 0:0.

Endspiel am 17.5. in Paris:
FC Barcelona – FC Arsenal 2:1 (0:1)
Barcelona: Victor Valdes – Oleguer (Belletti), Marquez, Puyol, Van Bronckhorst – Edmilson (Iniesta) – Deco, Van Bommel (Larsson) – Giuly, Eto'o – Ronaldinho.

Tore: Eto'o, Belletti (Campbell) – Rote Karte: Lehmann (19.) – SR: Hauge (Norwegen) – Zuschauer: 77 000.

2006/07: AC Mailand

Qualifikation, 1. Runde: Pyunik Erewan – Sheriff Tiraspol 0:0, 0:2; Sioni Bolnissi – FK Baku 2:0, 0:1; Tallinna VMK – FH Hafnarfjördur 2:3, 1:1; KS Elbasani – Ekranas Panevezys 1:0, 0:3; FC Birkirkara – B36 Torshavn 0:3, 2:2; F91 Düdelingen – Rabotnicki Skopje 0:1, 0:0; FC Linfield – ND Gorica 1:3, 2:2; MyPa Anjalankoski – TNS Llansantffraid 1:0, 1:0; Metalurgs Liepaja – FK Aktobe-Lento 1:0, 1:1; Schachtjor Saligorsk – Siroki Brijeg 0:1, 0:1; Cork City – Apollon Limassol 1:0, 1:1.
Qualifikation, 2. Runde: Ekranas Panevezys – Dinamo Zagreb 1:4, 2:5; Metalurgs Liepaja – Dynamo Kiew 1:4, 0:4; Sheriff Tiraspol – Spartak Moskau 1:1, 0:0; Levski Sofia – Sioni Bolnissi 2:0, 2:0; Djurgardens IF – MFK Ruzomberok 1:0, 1:3; Fenerbahce Istanbul – B36 Torshavn 4:0, 5:0; FC Zürich – RB Salzburg 2:1, 0:2; FH Hafnarfjördur – Legia Warschau 0:1, 0:2; Cork City – Roter Stern Belgrad 0:1, 0:3; FC Kopenhagen – MyPa Anjalankoski 2:0, 2:2; FK Mlada Boleslav – Valerenga IF 3:1, 2:2; Heart of Midlothian – Siroki Brijeg 3:0, 0:0; Debreceni VSC – Rabotnicki Skopje 1:1, 1:4; ND Gorica – Steaua Bukarest 0:2, 0:3.
Qualifikation, 3. Runde: Austria Wien – Benfica Lissabon 1:1, 0:3; Dinamo Zagreb – FC Arsenal 0:3, 1:2; Dynamo Kiew – Fenerbahce Istanbul 3:1, 2:2; OSC Lille – Rabotnicki Skopje 3:0, 1:0; ZSKA Moskau – MFK Ruzomberok 3:0, 2:0; Schachtar Donezk – Legia Warschau 1:0, 3:2; Galatasaray Istanbul – FK Mlada Boleslav 5:2, 1:1; Levski Sofia – AC Chievo Verona 2:0, 2:2; Slovan Liberec – Spartak Moskau 0:0, 1:2; FC Kopenhagen – Ajax Amsterdam 1:2, 2:0; Hamburger SV – CA Osasuna 0:0, 1:1; Standard Lüttich – Steaua Bukarest 2:2, 1:2; AC Mailand – Roter Stern Belgrad 1:0, 2:1; Heart of Midlothian – AEK Athen 1:2, 0:3; RB Salzburg – FC Valencia 1:0, 0:3; FC Liverpool – Maccabi Haifa 2:1, 1:1.
Gruppenphase, Gruppe A: FC Chelsea – FC Barcelona 1:0, 2:2; FC Chelsea – Werder Bremen 2:0, 0:1; FC Chelsea – Levski Sofia 2:0, 3:1; FC Barcelona – Werder Bremen 2:0, 1:1; FC Barcelona – Levski Sofia 5:0, 2:0; Werder Bremen – Levski Sofia 2:0, 3:0 – 1. FC Chelsea 10:4, 13; 2. FC Barcelona 12:4, 11; 3. Werder Bremen 7:5, 10; 4. Levski Sofia 1:17, 0.
Gruppe B: Bayern München – Inter Mailand 1:1, 2:0; Bayern München – Spartak Moskau 4:0, 2:2; Bayern München – Sporting Lissabon 0:0, 1:0; Inter Mailand – Spartak Moskau 2:1, 1:0; Inter Mailand – Sporting Lissabon 1:0, 0:1; Spartak Moskau – Sporting Lissabon 1:1, 3:1 – 1. Bayern München 10:3, 12; 2. Inter Mailand 5:5, 10; 3. Spartak Moskau 7:11, 5; 4. Sporting Lissabon 3:6, 5.
Gruppe C: FC Liverpool – PSV Eindhoven 2:0, 0:0; FC Liverpool – Girondins Bordeaux 3:0, 1:0; FC Liverpool – Galatasaray Istanbul 3:2, 2:3; PSV Eindhoven – Girondins Bordeaux 1:3, 1:0; PSV Eindhoven – Galatasaray Istanbul 2:0, 2:1; Girondins Bordeaux – Galatasaray Istanbul 3:1, 0:0 – 1. FC Liverpool 11:5, 13; 2. PSV Eindhoven 6:6, 10; 3. Girondins Bordeaux 6:7, 7; 4. Galatasaray Istanbul 7:12, 4.
Gruppe D: FC Valencia – AS Rom 2:1, 0:1; FC Valencia – Schachtar Donezk 2:0, 2:2; FC Valencia – Olympiakos Piräus 2:0, 4:2; AS Rom – Schachtar Donezk 4:0, 0:1; AS Rom – Olympiakos Piräus 1:1, 1:0; Schachtar Donezk – Olympiakos Piräus 2:2, 1:1 – 1. FC Valencia 12:6, 13; 2. AS Rom 8:4, 10; 3. Schachtar Donezk 6:11, 6; 4. Olympiakos Piräus 6:11, 3.
Gruppe E: Olympique Lyon – Real Madrid 2:0, 2:2; Olympique Lyon – Steaua Bukarest 1:1, 3:0; Olympique Lyon – Dynamo Kiew 1:0, 3:0; Real Madrid – Steaua Bukarest 1:0, 4:1; Real Madrid – Dynamo Kiew 5:1, 2:2; Steaua Bukarest – Dynamo Kiew 1:1, 4:1 – 1. Olympique Lyon 12:3 14; 2. Real Madrid 14:8, 11; 3. Steaua Bukarest 7:11, 5; 4. Dynamo Kiew 5:16, 2.
Gruppe F: Manchester United – Celtic Glasgow 3:2, 0:1; Manchester United – Benfica Lissabon 3:1, 1:0; Manchester United – FC Kopenhagen 3:0, 0:1; Celtic Glasgow – Benfica Lissabon 3:0, 0:3; Celtic Glasgow – FC Kopenhagen 1:0, 1:3; Benfica Lissabon – FC Kopenhagen 3:1, 0:0 – 1. Manchester United 10:5, 12; 2. Celtic Glasgow 8:9, 9; 3. Benfica Lissabon 7:8, 7; 4. FC Kopenhagen 5:8; 7.
Gruppe G: FC Arsenal – FC Porto 2:0, 0:0; FC Arsenal – ZSKA Moskau 0:0, 0:1; FC Arsenal – Hamburger SV 3:1, 2:1; FC Porto – ZSKA Moskau 0:0, 2:0; FC Porto – Hamburger SV 4:1, 3:1; ZSKA Moskau – Hamburger SV 1:0, 2:3 – 1. FC Arsenal 7:3, 11; 2. FC Porto 9:4, 11; 3. ZSKA Moskau 4:5, 8; 4. Hamburger SV 7:15, 3.
Gruppe H: AC Mailand – Lille OSC 0:2, 0:0; AC Mailand – AEK Athen 3:0, 0:1; AC Mailand – RSC Anderlecht 4:1, 1:0; Lille OSC – AEK Athen 3:1, 0:1; Lille OSC – RSC Anderlecht 2:2, 1:1; AEK Athen – RSC Anderlecht 1:1, 2:2 – 1. AC Mailand 8:4, 10; 2. Lille OSC 8:5, 9; 3. AEK Athen 6:9, 8; 4. RSC Anderlecht 7:11, 4.
Achtelfinale: Real Madrid – Bayern München 3:2, 1:2; Celtic Glasgow – AC Mailand 0:0, n. V. 0:1; PSV Eindhoven – FC Arsenal 1:0, 1:1; Lille OSC – Manchester United 0:1, 0:1; AS Rom – Olympique Lyon 0:0, 2:0; FC Barcelona – FC Liverpool 1:2, 1:0; Inter Mailand – FC Valencia 2:2, 0:0; FC Porto – FC Chelsea 1:1, 1:2.
Viertelfinale: AC Mailand – Bayern München 2:2, 2:0; PSV Eindhoven – FC Liverpool 0:3, 0:1; AS Rom – Manchester United 2:1, 1:7; FC Chelsea – FC Valencia 1:1, 2:1.
Halbfinale: Manchester United – AC Mailand 3:2, 0:3; FC Chelsea – FC Liverpool 1:0, n. V. 0:1 (Elfmeterschießen 1:4).

Endspiel am 23. Mai in Athen:
AC Mailand – FC Liverpool 2:1 (1:0)
Mailand: Dida – Oddo, Nesta, Maldini, Jankulovski (Kaladze) – Gattuso, Pirlo, Ambrosini, Seedorf (Favalli) – Kaka – Inzaghi (Gilardino).
Tore: Inzaghi 2 (Kuyt) – SR: Fandel (Deutschland) – Zuschauer: 63 000.

2007/08: Manchester United

Qualifikation, 1. Runde: Olimpi Rustavi – Zhenis Astana 0:0, 0:3; Khazar Lankaran – Dinamo Zagreb 1:1, n. V. 1:3; APOEL Nikosia – BATE Borissow 2:0, n. V. 0:3; TNS Llansantffraid – FK Ventspils 3:2, 1:2; Zeta Golubovci – FBK Kaunas 3:1, 2:3; FC Linfield – IF Elfsborg Boras 0:0, 0:1; SS Murata – Tampere United 1:2, 0:2; Pobeda Prilep – Levadia Tallinn 0:1, 0:0; Sheriff Tiraspol – Ranger's Venecia 2:0, 3:0; F91 Düdelingen – MSK Zilina 1:2, 4:5; FC Marsaxlokk – FK Sarajevo 0:6, 1:3; NK Domzale – KF Tirana 1:0, 2:1; Derry City – Piunik Erewan 0:0, 0:2; FH Hafnarfjördur – HB Torshavn 4:1, 0:0.
Qualifikation, 2. Runde: Piunik Erewan – Schachtar Donezk 0:2, 1:2; Tampere United – Levski Sofia 1:0, 1:0; FC Kopenhagen – Beitar Jerusalem 1:0, n. V. 1:1; KRC Genk – FK Sarajevo 1:2, 1:0; Debreceni VSC – IF Elfsborg Boras 0:1, 0:0; Zaglebie Lubin – Steaua Bukarest 0:1, 1:2; Glasgow Rangers – Zeta Golubovci 2:0, 1:0; Zhenis Astana – Rosenborg Trondheim 1:3, 1:7; FK Ventspils – RB Salzburg 0:3, 0:4; MSK Zilina – Slavia Prag 0:0, n. V. 0:0, Elfmeterschießen 3:4; Besiktas Istanbul – Sheriff Tiraspol 1:0, 3:0; Roter Stern Belgrad – Levadia Tallinn 1:0, 1:2; NK Domzale – Dinamo Zagreb 1:2, 1:3; FH Hafnarfjördur – BATE Borissow 1:3, 1:1.
Qualifikation, 3. Runde: Werder Bremen – Dinamo Zagreb 2:1, 3:2; Lazio Rom – Dinamo Bukarest 1:1, 3:1; Glasgow Rangers – Roter Stern Belgrad 1:0, 0:0; Benfica Lissabon – FC Kopenhagen 2:1, 1:0; FC Valencia – IF Elfsborg Boras 3:0, 2:1; FC Toulouse – FC Liverpool 0:1, 0:4; Tampere United – Rosenborg Trondheim 0:3, 0:2; Spartak Moskau – Celtic Glasgow 1:1, n. V. 1:1, Elfmeterschießen 3:4; BATE Borissow – Steaua Bukarest 2:2, 0:2; FK Sarajevo – Dynamo Kiew 0:1, 0:3; Fenerbahce Istanbul – RSC Anderlecht 1:0, 2:0; FC Zürich – Besiktas Istanbul 1:1, 0:2; RB Salzburg – Schachtar Donezk 1:0, 1:3; Ajax Amsterdam – Slavia Prag 0:1, 1:2; Sparta Prag – FC Arsenal 0:2, 0:3; FC Sevilla – AEK Athen 2:0, 4:1.
Gruppenphase, Gruppe A: FC Porto – FC Liverpool 1:1, 1:4; FC Porto – Olympique Marseille 2:1, 1:1; FC Porto – Besiktas Istanbul 2:0, 1:0; FC Liverpool – Olympique Marseille 0:1, 4:0; FC Liverpool – Besiktas Istanbul 8:0, 1:2; Olympique Marseille – Besiktas Istanbul 2:0, 1:2 – 1. FC Porto 8:7, 11; 2. FC Liverpool 18:5, 10; 3. Olympique Marseille 6:9, 7; 4. Besiktas Istanbul 4:15, 6.
Gruppe B: FC Chelsea – FC Schalke 04 2:0, 0:0; FC Chelsea – Rosenborg Trondheim 1:1, 4:0; FC Chelsea – FC Valencia 0:0, 2:1; FC Schalke 04 – Rosenborg Trondheim 3:1, 2:0; FC Schalke 04 – FC Valencia 0:1, 0:0; Rosenborg Trondheim – FC Valencia 2:0, 2:0 – 1. FC Chelsea 9:2, 12; 2. FC Schalke 04 5:4, 8; 3. Rosenborg Trondheim 6:10, 7; 4. FC Valencia 2:6, 5.
Gruppe C: Real Madrid – Olympiakos Piräus 4:2, 0:0; Real Madrid – Werder Bremen 2:1, 2:3; Real Madrid – Lazio Rom 3:1, 2:2; Olympiakos Piräus – Werder Bremen 3:0, 3:1; Olympiakos Piräus – Lazio Rom 1:1, 2:1; Werder Bremen – Lazio Rom 2:1, 1:2 – 1. Real Madrid 13:9, 11; 2. Olympiakos Piräus 11:7, 11; 3. Werder Bremen 8:13, 6; 4. Lazio Rom 8:11, 5.
Gruppe D: AC Mailand – Celtic Glasgow 1:0, 1:2; AC Mailand – Benfica Lissabon 2:1, 1:1; AC Mailand – Schachtar Donezk 4:1, 3:0; Celtic Glasgow – Benfica Lissabon 1:0, 0:1; Celtic Glasgow – Schachtar Donezk 2:1, 0:2; Benfica Lissabon – Schachtar Donezk 0:1, 2:1 – 1. AC Mailand 12:5, 13; 2. Celtic Glasgow 5:6, 9; 3. Benfica Lissabon 5:6, 7; 4. Schachtar Donezk 6:11, 6.
Gruppe E: FC Barcelona – Olympique Lyon 3:0, 2:2; FC Barcelona – Glasgow Rangers 2:0, 0:0; FC Barcelona – VfB Stuttgart 3:1, 2:0; Olympique Lyon – Glasgow Rangers 0:3, 3:0; Olympique Lyon – VfB Stuttgart 4:2, 2:0; Glasgow Rangers – VfB Stuttgart 2:1, 2:3 – 1. FC Barcelona 12:3 14; 2. Olympique Lyon 11:10, 10; 3. Glasgow Rangers 7:9, 7; 4. VfB Stuttgart 7:15, 3.
Gruppe F: Manchester United – AS Rom 1:0, 1:1; Manchester United – Sporting Lissabon 2:1, 1:0; Manchester United – Dynamo Kiew 4:0, 4:2; AS Rom – Sporting Lissabon 2:1, 2:2; AS Rom – Dynamo Kiew 2:0, 4:1; Sporting Lissabon – Dynamo Kiew 3:0, 2:1 – 1. Manchester United 13:4, 16; 2. AS Rom 11:6, 11; 3. Sporting Lissabon 7:8, 7; 4. Dynamo Kiew 4:19; 0.
Gruppe G: Inter Mailand – Fenerbahce Istanbul 3:0, 0:1; Inter Mailand – PSV Eindhoven 2:0, 1:0; Inter Mailand – ZSKA Moskau 4:2, 2:1; Fenerbahce Istanbul – PSV Eindhoven 2:0, 0:0; Fenerbahce Istanbul – ZSKA Moskau 3:1, 2:2; PSV Eindhoven – ZSKA Moskau 2:1, 1:0 – 1. Inter Mailand 12:4, 15; 2. Fenerbahce Istanbul 8:6, 11; 3. PSV Eindhoven 3:6, 7; 4. ZSKA Moskau 7:14, 1.
Gruppe H: FC Sevilla – FC Arsenal 3:1, 0:3; FC Sevilla – Slavia Prag 4:2, 3:0; FC Sevilla – Steaua Bukarest 2:1, 2:0; FC Arsenal – Slavia Prag 7:0, 0:0; FC Arsenal – Steaua Bukarest 2:1, 1:0; Slavia

Prag – Steaua Bukarest 2:1, 1:1 – 1. FC Sevilla 14:7, 15; 2. FC Arsenal 14:4, 13; 3. Slavia Prag 5:16, 5; 4. Steaua Bukarest 4:10, 1.
Achtelfinale: FC Schalke 04 – FC Porto 1:0, n. V. 0:1, Elfmeterschießen 4:1; FC Liverpool – Inter Mailand 2:0, 1:0; AS Rom – Real Madrid 2:1, 2:1; Olympiakos Piräus – FC Chelsea 0:0, 0:3; Celtic Glasgow – FC Barcelona 2:3, 0:1; Olympique Lyon – Manchester United 1:1, 0:1; FC Arsenal – AC Mailand 0:0, 2:0; Fenerbahce Istanbul – FC Sevilla 3:2, n. V. 2:3, Elfmeter-schießen 3:2.
Viertelfinale: FC Schalke 04 – FC Barcelona 0:1, 0:1; AS Rom – Manchester United 0:2, 0:1; FC Arsenal – FC Liverpool 1:1, 2:4; Fenerbahce Istanbul – FC Chelsea 2:1, 0:2.
Halbfinale: FC Liverpool – FC Chelsea 1:1, n. V. 2:3; FC Barcelona – Manchester United 0:0, 0:1.

Endspiel am 21. Mai in Moskau:
Manchester United – FC Chelsea n. V. 1:1 (1:1, 1:1), 6:5 im Elfmeterschießen
Manchester: Van der Sar – Brown (Anderson), Ferdinand, Vidic, Evra – Carrick, Scholes (Giggs) – Hargreaves, Cristiano Ronaldo – Rooney (Nani), Tevez.
Tore: Cristiano Ronaldo (Lampard) – Tore im Elfmeterschießen: Tevez, Carrick, Hargreaves, Nani, Anderson, Giggs (Cristiano Ronaldo gehalten) – Ballack, Belletti, Lampard, A. Cole, Kalou (Terry Pfosten, Anelka gehalten) – SR: Michel (Slowakei) – Rote Karte: Drogba – Zuschauer: 69 500.

2008/09: FC Barcelona

Qualifikation, 1. Runde: Inter Baku – Rabotnicki Skopje 0:0, 1:1; Tampere United – Buducnost Podgorica 2:1, 1:1; BATE Borissow – Valur Reykjavik 2:0, 1:0; Anorthosis Famagusta – Piunik Erewan 1:0, 2:0; F91 Düdelingen – NK Domzale 0:1, 0:2; Llanelli AFC – FK Ventspils 1:0, 0:4; FC Valletta – Artmedia Petrzalka 0:2, 0:1; Dinamo Tirana – Modrica Maksima 0:2, 1:2; Santa Coloma – FBK Kaunas 1:4, 1:3; SS Murata – IFK Göteborg 0:5, 0:4; Dinamo Tiflis – NSI Runavik 3:0, 0:1; FK Aktobe – Sheriff Tiraspol 1:0, 0:4; FC Linfield – Dinamo Zagreb 0:2, 1:1; Drogheda United – Levadia Tallinn 2:1, 1:0.
Qualifikation, 2. Runde: Inter Baku – Partizan Belgrad 1:1, 0:2; Brann Bergen – FK Ventspils 1:0, 1:2; Drogheda United – Dynamo Kiew 1:2, 2:2; Tampere United – Artmedia Petrzalka 1:3, 2:4; Sheriff Tiraspol – Sparta Prag 0:1, 0:2; Aalborg BK – Modrica Maksima 5:0, 2:1; Beitar Jerusalem – Wisla Krakau 2:1, 0:5; Fenerbahce Istanbul – MTK Budapest 2:0, 5:0; IFK Göteborg – FC Basel 1:1, 2:4; Anorthosis Famagusta – Rapid Wien 3:0, 1:3; RSC Anderlecht – BATE Borissow 1:2, 2:2; Glasgow Rangers – FBK Kaunas 0:0, 1:2; NK Domzale – Dinamo Zagreb 0:3, 2:3; Panathinaikos Athen – Dinamo Tiflis 3:0, 0:0.
Qualifikation, 3. Runde: FC Schalke 04 – Atletico Madrid 1:0, 0:4; AC Florenz – Slavia Prag 2:0, 0:0; Spartak Moskau – Dynamo Kiew 1:4, 1:4; Schachtar Donezk – Dinamo Zagreb 2:0, 3:1; Levski Sofia – BATE Borissow 0:1, 1:1; Anorthosis Famagusta – Olympiakos Piräus 3:0, 0:1; Aalborg BK – FBK Kaunas 2:0, 2:0; Galatasaray Istanbul – Steaua Bukarest 2:2, 0:1; FC Twente Enschede – FC Arsenal 0:2, 0:4; Juventus Turin – Artmedia Petrzalka 4:0, 1:1; Brann Bergen – Olympique Marseille 0:1, 1:2; Sparta Prag – Panathinaikos Athen 1:2, 0:1; Partizan Belgrad – Fenerbahce Istanbul 2:2, 1:2; Standard Lüttich – FC Liverpool 0:0, n. V. 0:1; Vitoria Guimaraes – FC Basel 0:0, 1:2; FC Barcelona – Wisla Krakau 4:0, 0:1.
Gruppenphase, Gruppe A: FC Chelsea – AS Rom 1:0, 1:3; Girondins Bordeaux – AS Rom 1:3, 0:2; AS Rom – CFR Cluj 1:2, 3:1; FC Chelsea – Girondins Bordeaux 4:0, 1:1; CFR Cluj – FC Chelsea 0:0, 2:1; Girondins Bordeaux – CFR Cluj 1:0, 2:1 – 1. AS Rom 12:6, 12; 2. FC Chelsea 9:5, 11; 3. Girondins Bordeaux 5:11, 7; 4. CFR Cluj 5:9, 4.
Gruppe B: Panathinaikos Athen – Inter Mailand 0:2, 1:0; Panathinaikos Athen – Werder Bremen 2:2, 3:0; Anorthosis Famagusta – Panathinaikos Athen 3:1, 0:1; Inter Mailand – Werder Bremen 1:1, 1:2; Inter Mailand – Anorthosis Famagusta 1:0, 3:3; Werder Bremen – Anorthosis Famagusta 0:0, 2:2 – 1. Panathinaikos Athen 8:7, 10; 2. Inter Mailand 8:7, 8; 3. Werder Bremen 7:9, 7; 4. Anorthosis Famagusta 8:8, 6.
Gruppe C: FC Barcelona – Sporting Lissabon 3:1, 5:2; Schachtar Donezk – FC Barcelona 1:2, 3:2; FC Basel – FC Barcelona 0:5, 1:1; Schachtar Donezk – Sporting Lissabon 0:1, 0:1; Sporting Lissabon – FC Basel 2:0, 1:0; FC Basel – Schachtar Donezk 1:2, 0:5 – 1. FC Barcelona 18:8, 13; 2. Sporting Lissabon 8:8, 12; 3. Schachtar Donezk 11:7, 9; 4. FC Basel 2:16, 1.
Gruppe D: Atletico Madrid – FC Liverpool 1:1, 1:1; Olympique Marseille – FC Liverpool 1:2, 0:1; FC Liverpool – PSV Eindhoven 3:1, 3:1; Atletico Madrid – Olympique Marseille 2:1, 0:0; PSV Eindhoven – Atletico Madrid 0:3, 1:2; PSV Eindhoven – Olympique Marseille 2:0, 0:3 – 1. FC Liverpool 11:5, 14; 2. Atletico Madrid 9:4, 12; 3. Olympique Marseille 5:7, 4; 4. PSV Eindhoven 5:14, 3.
Gruppe E: Manchester United – FC Villarreal 0:0, 0:0; Aalborg BK – Manchester United 0:3, 2:2; Manchester United – Celtic Glasgow 3:0, 1:1; FC Villarreal – Aalborg BK 6:3, 2:2; FC Villarreal – Celtic Glasgow 1:0, 0:2; Celtic Glasgow – Aalborg BK 0:0, 1:2 – 1. Manchester United 9:3 10; 2. FC Villarreal 9:7, 9; 3. Aalborg BK 9:14, 6; 4. Celtic Glasgow 4:7, 5.

Gruppe F: Bayern München – Olympique Lyon 1:1, 3:2; Bayern München – AC Florenz 3:0, 1:1; Steaua Bukarest – Bayern München 0:1, 0:3; Olympique Lyon – AC Florenz 2:2, 2:1; Steaua Bukarest – Olympique Lyon 3:5, 0:2; AC Florenz – Steaua Bukarest 0:0, 1:0 – 1. Bayern München 12:4, 14; 2. Olympique Lyon 14:10, 11; 3. AC Florenz 5:8, 6; 4. Steaua Bukarest 3:12, 1.
Gruppe G: FC Arsenal – FC Porto 4:0, 0:2; FC Porto – Dynamo Kiew 0:1, 2:1; FC Porto – Fenerbahce Istanbul 3:1, 2:1; Dynamo Kiew – FC Arsenal 1:1, 0:1; Fenerbahce Istanbul – FC Arsenal 2:5, 0:0; Fenerbahce Istanbul – Dynamo Kiew 0:0, 0:1 – 1. FC Porto 9:8, 12; 2. FC Arsenal 11:5, 11; 3. Dynamo Kiew 4:4, 8; 4. Fenerbahçe Istanbul 4:11, 2.
Gruppe H: Juventus Turin – Real Madrid 2:1, 2:0; Juventus Turin – Zenit St. Petersburg 1:0, 0:0; BATE Borissow – Juventus Turin 2:2, 0:0; Zenit St. Petersburg – Real Madrid 1:2, 0:3; Real Madrid – BATE Borissow 2:0, 1:0; Zenit St. Petersburg – BATE Borissow 1:1, 2:0 – 1. Juventus Turin 7:3, 12; 2. Real Madrid 9:5, 12; 3. Zenit St. Petersburg 4:7, 5; 4. BATE Borissow 3:8, 3.
Achtelfinale: Sporting Lissabon – Bayern München 0:5, 1:7; Atletico Madrid – FC Porto 2:2, 0:0; Olympique Lyon – FC Barcelona 1:1 2:5; FC Arsenal – AS Rom 1:0, n. V. 0:1, Elfmeterschießen 7:6; Inter Mailand – Manchester United 0:0, 0:2; FC Villarreal – Panathinaikos Athen 1:1, 2:1; Real Madrid – FC Liverpool 0:1, 0:4; FC Chelsea – Juventus Turin 1:0, 2:2.
Viertelfinale: FC Barcelona – Bayern München 4:0, 1:1; FC Liverpool – FC Chelsea 1:3, 4:4; Manchester United – FC Porto 2:2, 1:0; FC Villarreal – FC Arsenal 1:1, 0:3.
Halbfinale: FC Barcelona – FC Chelsea 0:0, 1:1; Manchester United – FC Arsenal 1:0, 3:1.

Endspiel am 27. Mai in Rom:
FC Barcelona – Manchester United 2:0 (1:0)
Barcelona: Victor Valdes – Puyol, Pique, Y. Touré, Sylvinho – Sergi Busquets – Xavi, Iniesta (Pedro) – Eto'o, Messi, Henry (S. Keita).
Tore: Eto'o, Messi – SR: Busacca (Schweiz) – Zuschauer: 62 467.

2009/10: Inter Mailand

Qualifikation, 1. Runde: Hibernians Paola – Mogren Budva 0:2, 0:4; Tre Fiori Fiorentino – UE Sant Julia 1:1, n. V. 1:1, Elfmeterschießen 4:5.
Qualifikation, 2. Runde: Makedonija Skopje – BATE Borissow 0:2, 0:2; Piunik Erewan – Dinamo Zagreb 0:0, 0:3; EB/Streymur Eidi – APOEL Nikosia 0:2, 0:3; Ekranas Panevezys – FK Baku 2:2, 2:4; Rhyl FC – Partizan Belgrad 0:4, 0:8; FK Ventspils – F91 Düdelingen 3:0, 3:1; Inter Turku – Sheriff Tiraspol 0:1, 0:1; WIT Georgia Tiflis – NK Maribor 0:0, 1:3; Levski Sofia – UE Sant Julia 4:0, 5:0; Maccabi Haifa – FC Glentoran 6:0, 4:0; KF Tirana – Stabaek IF 1:1, 0:4; Debreceni VSC – Kalmar FF 2:0, 1:3; FC Kopenhagen – Mogren Budva 6:0, 6:0; RB Salzburg – Bohemian FC 1:1, 1:0; Zrinjski Mostar – Slovan Bratislava 1:0, 0:4; Wisla Krakau – Levadia Tallinn 1:1, 0:1; FH Hafnarfjördur – FK Aktobe 0:4, 0:2.
Qualifikation, 3. Runde (Meister): FK Baku – Levski Sofia 0:0, 0:2; FK Aktobe – Maccabi Haifa 0:0, 3:4; FK Ventspils – BATE Borissow 1:0, 1:2; Levadia Tallinn – Debreceni VSC 0:1, 0:1; APOEL Nikosia – Partizan Belgrad 2:0, 0:1; Sheriff Tiraspol – Slavia Prag 0:0, 1:1; Slovan Bratislava – Olympiakos Piräus 0:2, 0:2; FC Zürich – NK Maribor 2:3, 3:0; FC Kopenhagen – Stabaek IF 3:1, 0:0; RB Salzburg – Dinamo Zagreb 1:1, 2:1 – (Bestplatzierte): Sparta Prag – Panathinaikos Athen 3:1, 0:3; Schachtar Donezk – FC Timisoara 2:2, 0:0; Sporting Lissabon – FC Twente Enschede 0:0, 1:1; Celtic Glasgow – Dynamo Moskau 0:1, 2:0; RSC Anderlecht – Sivasspor 5:0, 1:3.
Play-offs (Meister): RB Salzburg – Maccabi Haifa 1:2, 0:3; FK Ventspils – FC Zürich 0:3, 1:2; Levski Sofia – Debreceni VSC 1:2, 0:2; Sheriff Tiraspol – Olympiakos Piräus 0:2, 0:1; FC Kopenhagen – APOEL Nikosia 1:0, 1:3 – (Bestplatzierte): Olympique Lyon – RSC Anderlecht 5:1, 3:1; Panathinaikos Athen – Atletico Madrid 2:3, 0:2; FC Timisoara – VfB Stuttgart 0:2, 0:0; Celtic Glasgow – FC Arsenal 0:2, 1:3; Sporting Lissabon – AC Florenz 2:2, 1:1.
Gruppenphase, Gruppe A: Girondins Bordeaux – Bayern München 2:1, 2:0; Juventus Turin – Girondins Bordeaux 1:1, 0:2; Girondins Bordeaux – Maccabi Haifa 1:0, 1:0; Bayern München – Juventus Turin 0:0, 4:1; Maccabi Haifa – Bayern München 0:3, 0:1; Juventus Turin – Maccabi Haifa 1:0, 1:0 – 1. Girondins Bordeaux 9:2, 16; 2. Bayern München 9:5, 10; 3. Juventus Turin 4:7, 8; 4. Maccabi Haifa 0:8, 0.
Gruppe B: ZSKA Moskau – Manchester United 0:1, 3:3; Manchester United – VfL Wolfsburg 2:1, 3:1; Besiktas Istanbul – Manchester United 0:1, 1:0; VfL Wolfsburg – ZSKA Moskau 3:1, 1:2; ZSKA Moskau – Besiktas Istanbul 2:1, 2:1; VfL Wolfsburg – Besiktas Istanbul 0:0, 3:0 – 1. Manchester United 10:6, 13; 2. ZSKA Moskau 10:10, 10; 3. VfL Wolfsburg 9:8, 7; 4. Besiktas Istanbul 3:8, 4.
Gruppe C: Real Madrid – AC Mailand 2:3, 1:1; Real Madrid – Olympique Marseille 3:0, 3:1; FC Zürich – Real Madrid 2:5, 0:1; Olympique Marseille – AC Mailand 1:2, 1:1; AC Mailand – FC Zürich 0:1, 1:1; FC Zürich – Olympique Marseille 0:1, 1:6 – 1. Real Madrid 15:7, 13; 2. AC Mailand 8:7, 9; 3. Olympique Marseille 10:10, 7; 4. FC Zürich 5:14, 4.

Gruppe D: FC Chelsea – FC Porto 1:0, 1:0; FC Chelsea – Atletico Madrid 4:0, 2:2; APOEL Nikosia – FC Chelsea 0:1, 2:2; FC Porto – Atletico Madrid 2:0, 3:0; FC Porto – APOEL Nikosia 2:1, 1:0; Atletico Madrid – APOEL Nikosia 0:0, 1:1 – 1. FC Chelsea 11:4, 14; 2. FC Porto 8:3, 12; 3. Atletico Madrid 3:12, 3; 4. APOEL Nikosia 4:7, 3.

Gruppe E: Olympique Lyon – AC Florenz 1:0, 0:1; AC Florenz – FC Liverpool 2:0, 2:1; Debreceni VSC – AC Florenz 3:4, 2:5; FC Liverpool – Olympique Lyon 1:2, 1:1; Debreceni VSC – Olympique Lyon 0:4, 0:4; FC Liverpool – Debreceni VSC 1:0, 1:0 – 1. AC Florenz 14:7, 15; 2. Olympique Lyon 12:3, 13; 3. FC Liverpool 5:7, 7; 4. Debreceni VSC 5:19, 0.

Gruppe F: Inter Mailand – FC Barcelona 0:0, 0:2; FC Barcelona – Rubin Kasan 1:2, 0:0; Inter Mailand – Dynamo Kiew 2:0, 2:1; Rubin Kasan – Inter Mailand 1:1, 0:2; Inter Mailand – Dynamo Kiew 2:2, 2:1; Dynamo Kiew – Rubin Kasan 3:1, 0:0 – 1. FC Barcelona 7:3, 11; 2. Inter Mailand 7:6, 9; 3. Rubin Kasan 4:7, 6; 4. Dynamo Kiew 7:9, 5.

Gruppe G: VfB Stuttgart – FC Sevilla 1:3, 1:1; FC Sevilla – Unirea Urziceni 2:0, 0:1; Glasgow Rangers – FC Sevilla 1:4, 0:1; Unirea Urziceni – VfB Stuttgart 1:1, 1:3; VfB Stuttgart – Glasgow Rangers 1:1, 2:0; Glasgow Rangers – Unirea Urziceni 1:4, 1:1 – 1. FC Sevilla 11:4, 13; 2. VfB Stuttgart 9:7, 9; 3. Unirea Urziceni 8:8, 8; 4. Glasgow Rangers 4:13, 2.

Gruppe H: FC Arsenal – Olympiakos Piräus 2:0, 0:1; Standard Lüttich – FC Arsenal 2:3, 0:2; AZ Alkmaar – FC Arsenal 1:1, 1:4; Olympiakos Piräus – Standard Lüttich 2:1, 0:2; Olympiakos Piräus – AZ Alkmaar 1:0, 0:0; AZ Alkmaar – Standard Lüttich 1:1, 1:1 – 1. FC Arsenal 12:5, 13; 2. Olympiakos Piräus 4:5, 10; 3. Standard Lüttich 7:9, 5; 4. AZ Alkmaar 4:8, 4.

Achtelfinale: VfB Stuttgart – FC Barcelona 1:1, 0:4; Bayern München – AC Florenz 2:1, 2:3; Olympique Lyon – Real Madrid 1:0, 1:1; FC Porto – FC Arsenal 2:1, 0:5; AC Mailand – Manchester United 2:3, 0:4; Olympiakos Piräus – Girondins Bordeaux 0:1, 1:2; Inter Mailand – FC Chelsea 2:1, 1:0; ZSKA Moskau – FC Sevilla 1:1, 2:1.

Viertelfinale: Bayern München – Manchester United 2:1, 2:3; Olympique Lyon – Girondins Bordeaux 3:1, 0:1; FC Arsenal – FC Barcelona 2:2, 1:4; Inter Mailand – ZSKA Moskau 2:1, 1:0.

Halbfinale: Bayern München – Olympique Lyon 1:0, 3:0; Inter Mailand – FC Barcelona 3:1, 0:1.

Endspiel am 22. Mai in Madrid:
Inter Mailand – Bayern München 2:0 (1:0)
Inter: Julio Cesar – Maicon, Lucio, Samuel, Chivu (Stankovic) – Zanetti, Cambiasso – Snejder – Eto'o, Pandev (Muntari) – Milito (Materazzi).
Bayern: Butt – Lahm, Van Buyten, Demichelis, Badstuber – Van Bommel, Schweinsteiger – Robben, Hamit Altintop (Klose) – Müller – Olic (Gomez).
Tore: Milito (2) – SR: Webb (England) – Zuschauer: 74 954.

2010/11: FC Barcelona

Qualifikation, 1. Runde: Santa Coloma – Birkirkara FC 0:3, 3:4; Tre Fiori Fiorentino – Rudar Pljevlja 0:3, 1:4.

Qualifikation, 2. Runde: Inter Baku – Lech Posen 0:1, n. V. 1:0; Elfmeterschießen 8:9; Metalurgs Liepaja – Sparta Prag 0:3, 0:2; Levadia Tallinn – Debreceni VSC 1:0, 1:2:3; Birkirkara FC – MSK Zilina 1:0, 0:3; RB Salzburg – HB Torshavn 5:0, 0:1; Litex Lovetsch – Rudar Pljevlja 1:0, 4:0; Omonia Nikosia – Renova Dzepciste 3:0, 2:0; AIK Solna – Jeunesse Esch 1:0, 0:0; Hapoel Tel Aviv – Zeljeznicar Sarajevo 5:0, 1:0; Dinamo Zagreb – FC Koper 5:1, 0:3; Bohemian FC – The New Saints 1:0, 0:4; FK Aqtöbe – Olimpi Rustawi 2:0, 1:1; BATE Baryssau – FH Hafnarfjördur 5:1, 1:0; Ekranas Panevezys – HJK Helsinki 1:0, n. V. 0:2; Sheriff Tiraspol – Dinamo Tirana 3:1, 0:1; Partizan Belgrad – Piunik Erewan 3:1, 1:0; FC Linfield – Rosenborg Trondheim 0:0, 0:2.

Qualifikation, 3. Runde (Meister): Omonia Nikosia – RB Salzburg 1:1, 1:4; Litex Lovetsch – MSK Zilina 1:1, 1:3; Sparta Prag – Lech Posen 1:0, 1:0; The New Saints – RSC Anderlecht 1:3, 0:3; FK Aqtöbe – Hapoel Tel Aviv 1:0, 1:3; BATE Baryssau – FC Kopenhagen 0:0, 2:3; Sheriff Tiraspol – Dinamo Zagreb 1:1, n. V. 1:1; Elfmeterschießen 6:5; Debreceni VSC – FC Basel 0:2, 1:3; AIK Solna – Rosenborg Trondheim 0:1, 0:3; Partizan Belgrad – HJK Helsinki 3:0, 2:1.

(Bestplatzierte): Dynamo Kiew – KAA Gent 3:0, 3:1; Unirea Urziceni – Zenit St. Petersburg 0:0, 0:1; Young Boys Bern – Fenerbahce Istanbul 2:2, 1:0; Ajax Amsterdam – PAOK Saloniki 1:1, 3:3; Sporting Braga – Celtic Glasgow 3:0, 1:2.

Play-offs (Meister): Rosenborg Trondheim – FC Kopenhagen 2:1, 0:1; Sparta Prag – MSK Zilina 0:2, 0:1; RB Salzburg – Hapoel Tel Aviv 2:3, 1:1; FC Basel – Sheriff Tiraspol 1:0, 3:0; Partizan Belgrad – RSC Anderlecht 2:2, n. V. 2:2; Elfmeterschießen 3:2.

(Bestplatzierte): Werder Bremen – Sampdoria Genua 3:1, n. V. 2:3; Young Boys Bern – Tottenham Hotspur 3:2, 0:4; Zenit St. Petersburg – AJ Auxerre 1:0, 0:2; Dynamo Kiew – Ajax Amsterdam 1:1, 1:2; Sporting Braga – FC Sevilla 1:0, 4:3.

Gruppenphase, Gruppe A: Inter Mailand – Tottenham Hotspur 4:3, 1:3; Tottenham Hotspur – Twente Enschede 4:1, 3:3; Werder Bremen – Tottenham Hotspur 2:2, 0:3; Twente Enschede – Inter Mailand 2:2, 0:1; Inter Mailand – Werder Bremen 4:0, 0:3; Twente Enschede – Werder Bremen 1:1, 2:0 – 1. Tottenham Hotspur 18:11, 11; 2. Inter Mailand 12:11, 10; 3. Twente Enschede 9:11, 6; 4. Werder Bremen 6:12, 5.
Gruppe B: Olympique Lyon – FC Schalke 04 1:0, 0:3; FC Schalke 04 – Benfica Lissabon 2:0, 2:1; FC Schalke 04 – Hapoel Tel Aviv 3:1, 0:0; Olympique Lyon – Benfica Lissabon 2:0, 3:4; Hapoel Tel Aviv – Olympique Lyon 1:3, 2:2; Benfica Lissabon – Hapoel Tel Aviv 2:0, 0:3 – 1. FC Schalke 04 10:3, 13; 2. Olympique Lyon 11:10, 10; 3. Benfica Lissabon 7:12, 6; 4. Hapoel Tel Aviv 7:10, 5.
Gruppe C: FC Valencia – Manchester United 0:1, 1:1; Manchester United – Glasgow Rangers 0:0, 1:0; Manchester United – Bursaspor 1:0, 3:0; Glasgow Rangers – FC Valencia 1:1, 0:3; Bursaspor – FC Valencia 0:4, 1:6; Glasgow Rangers – Bursaspor 1:0, 1:1 – 1. Manchester United 7:1, 14; 2. FC Valencia 15:4, 11; 3. Glasgow Rangers 3:6, 6; 4. Bursaspor 2:16, 1.
Gruppe D: FC Barcelona – FC Kopenhagen 2:0, 1:1; Rubin Kasan – FC Barcelona 1:1, 0:2; FC Barcelona – Panathinaikos Athen 5:1, 3:0; FC Kopenhagen – Rubin Kasan 1:0, 0:1; Panathinaikos Athen – FC Kopenhagen 0:2, 1:3; Panathinaikos Athen – Rubin Kasan 0:0, 0:0 – 1. FC Barcelona 14:3, 14; 2. FC Kopenhagen 7:5, 10; 3. Rubin Kasan 2:4, 6; 4. Panathinaikos Athen 2:13, 2.
Gruppe E: Bayern München – AS Rom 2:0, 2:3; FC Basel – Bayern München 1:2, 0:3; Bayern München – CFR Cluj 3:2, 4:0; AS Rom – FC Basel 1:3, 3:2; AS Rom – CFR Cluj 2:1, 1:1; CFR Cluj – FC Basel 2:1, 0:1 – 1. Bayern München 16:6, 15; 2. AS Rom 10:11, 10; 3. FC Basel 8:11, 6; 4. CFR Cluj 6:12, 4.
Gruppe F: FC Chelsea – Olympique Marseille 2:0, 0:1; Spartak Moskau – FC Chelsea 0:2, 1:4; MSK Zilina – FC Chelsea 1:4, 1:2; Olympique Marseille – Spartak Moskau 0:1, 3:0; Olympique Marseille – MSK Zilina 1:0, 7:0; Spartak Moskau – MSK Zilina 3:0, 2:1 – 1. FC Chelsea 14:4, 15; 2. Olympique Marseille 12:3, 12; 3. Spartak Moskau 7:10, 9; 4. MSK Zilina 3:19, 0.
Gruppe G: Real Madrid – AC Mailand 2:0, 2:2; Real Madrid – Ajax Amsterdam 2:0, 4:0; AJ Auxerre – Real Madrid 0:1, 0:4; Ajax Amsterdam – AC Mailand 1:1, 2:0; AC Mailand – AJ Auxerre 2:0, 2:0; Ajax Amsterdam – AJ Auxerre 2:1, 1:2 – 1. Real Madrid 15:2, 16; 2. AC Mailand 7:7, 8; 3. Ajax Amsterdam 6:10, 7; 4. AJ Auxerre 3:12, 3.
Gruppe H: FC Arsenal – Schachtar Donezk 5:1, 1:2; Sporting Braga – Schachtar Donezk 0:3, 0:2; Schachtar Donezk – Partizan Belgrad 1:0, 3:0; FC Arsenal – Sporting Braga 6:0, 0:2; Partizan Belgrad – FC Arsenal 1:3, 1:3; Sporting Braga – Partizan Belgrad 2:0, 1:0 – 1. Schachtar Donezk 12:6, 15; 2. FC Arsenal 18:7, 12; 3. Sporting Braga 5:11, 9; 4. Partizan Belgrad 2:13, 0.
Achtelfinale: FC Valencia – FC Schalke 04 1:1, 1:3; Inter Mailand – Bayern München 0:1, 3:2; AS Rom – Schachtar Donezk 2:3, 0:3; AC Mailand – Tottenham Hotspur 0:1, 0:0; Olympique Lyon – Real Madrid 1:1, 0:3; FC Arsenal – FC Barcelona 2:1, 1:3; Olympique Marseille – Manchester United 0:0, 1:2; FC Kopenhagen – FC Chelsea 0:2, 0:0.
Viertelfinale: Inter Mailand – FC Schalke 04 2:5, 1:2; Real Madrid – Tottenham Hotspur 4:0, 1:0; FC Chelsea – Manchester United 0:1, 1:2; FC Barcelona – Schachtar Donezk 5:1, 1:0.
Halbfinale: FC Schalke 04 – Manchester United 0:2, 1:4; Real Madrid – FC Barcelona 0:2, 1:1.

Endspiel am 28. Mai in London:
FC Barcelona – Manchester United 3:1 (1:1)
Barcelona: Victor Valdes – Dani Alves (Puyol), Mascherano, Pique, Abidal – Busquets – Xavi, Iniesta – Villa (Keita), Messi, Pedro (Afellay).
Tore: Pedro, Messi, Villa (Rooney) – SR: Kassai (Ungarn) – Zuschauer: 87 695.

2011/12: FC Chelsea

Qualifikation, 1. Runde: FC Santa Coloma – F91 Düdelingen 0:2, 0:2; Tre Fiori Fiorentino – FC Valletta 0:3, 1:2.
Qualifikation, 2. Runde: Pjunik Erewan – Viktoria Plzen 0:4, 1:5; FC Valletta – Ekranas Panevezys 2:3, 0:1; Mogren Budva – Litex Lovetsch 1:2, 0:3; NK Maribor – F91 Düdelingen 2:0, 3:1; Slovan Bratislava – Tobol Qostanai 2:0, 1:1; Shamrock Rovers – Flora Tallinn 1:0, 0:0; FK Sestaponi – Dacia Chisinau 3:0, 0:2; Maccabi Haifa – Borac Banja Luka 5:1, 2:3; Malmö FF – HB Torshavn 2:0, 1:1; Bangor City – HJK Helsinki 0:3, 0:10; Skenderbeu Korce – APOEL Nikosia 0:2, 0:4; Dinamo Zagreb – Neftci Baku 3:0, 0:0; Sturm Graz – Videoton FC Szekesfehervar 2:0, 2:3; Skonto Riga – Wisla Krakau 0:1, 0:2; Partizan Belgrad – Shkendija Tetovo 4:0, 1:0; Rosenborg Trondheim – UMF Breidablik 5:0, 0:2; FC Linfield – BATE Baryssau 1:1, 0:2.
Qualifikation, 3. Runde (Meister): FK Sestaponi – Sturm Graz 1:1, 0:1; Ekranas Panevezys – BATE Baryssau 0:0, 1:3; APOEL Nikosia – Slovan Bratislava 0:0, 2:0; Litex Lovetsch – Wisla Krakau 1:2, 1:3; KRC Genk – Partizan Belgrad 2:1, 1:1; Glasgow Rangers – Malmö FF 0:1, 1:1; HJK Helsinki – Dinamo Zagreb 1:2, 0:1; FC Kopenhagen – Shamrock Rovers 1:0, 2:0; Maccabi Haifa – NK Maribor 2:1, 1:1; Rosenborg Trondheim – Viktoria Plzen 0:1, 2:3.

(Bestplatzierte): Odense BK – Panathinaikos Athen 1:1, 4:3; Dynamo Kiew – Rubin Kasan 0:2, 1:2; FC Twente Enschede – FC Vaslui 2:0, 0:0; Standard Lüttich – FC Zürich 1:1, 0:1; Benfica Lissabon – Trabzonspor 2:0, 1:1 (Wegen Manipulationsvorwürfen zog der türkische Verband Meister Fenerbahce Istanbul aus der Champions League zurück. Die UEFA bestimmte stattdessen den türkischen Vizemeister Trabzonspor als Nachrücker).
Play-offs (Meister): FC Kopenhagen – Viktoria Plzen 1:3, 1:2; BATE Baryssau – Sturm Graz 1:1, 2:0; Wisla Krakau – APOEL Nikosia 1:0, 1:3; Maccabi Haifa – KRC Genk 2:1, n. V. 1:2, Elfmeterschießen 1:4; Dinamo Zagreb – Malmö FF 4:1, 0:2
(Bestplatzierte): Bayern München – FC Zürich 2:0, 1:0; FC Twente Enschede – Benfica Lissabon 2:2, 1:3; FC Arsenal – Udinese Calcio 1:0, 2:1; Olympique Lyon – Rubin Kasan 3:1, 1:1; Odense BK – FC Villarreal 1:0, 0:3.
Gruppenphase, Gruppe A: SSC Neapel – Bayern München 1:1, 2:3; Bayern München – Manchester City 2:0, 0:2; FC Villarreal – Bayern München 0:2, 1:3; Manchester City – SSC Neapel 1:1, 1:2; SSC Neapel – FC Villarreal 2:0, 2:0; Manchester City – FC Villarreal 2:1, 3:0 – 1. Bayern München 11:6, 13; 2. SSC Neapel 10:6, 11; 3. Manchester City 9:6, 10; 4. FC Villarreal 2:14, 0.
Gruppe B: ZSKA Moskau – Inter Mailand 2:3, 2:1; Inter Mailand – Trabzonspor 0:1, 1:1; Lille OSC – Inter Mailand 0:1, 1:2; ZSKA Moskau – Trabzonspor 3:0, 0:0; Lille OSC – ZSKA Moskau 2:2, 2:0; Trabzonspor – Lille OSC 1:1, 0:0 – 1. Inter Mailand 8:7, 10; 2. ZSKA Moskau 9:8, 8; 3. Trabzonspor 3:5, 7; 4. Lille OSC 6:6, 6.
Gruppe C: FC Basel – Benfica Lissabon 0:2, 1:1; Benfica Lissabon – Manchester United 1:1, 2:2; Otelul Galati – Benfica Lissabon 0:1, 0:1; Manchester United – FC Basel 3:3, 1:2; FC Basel – Otelul Galati 2:1, 3:2; Otelul Galati – Manchester United 0:2, 0:2 – 1. Benfica Lissabon 8:4, 12; 2. FC Basel 11:10, 11; 3. Manchester United 11:8, 9; 4. Otelul Galati 3:11, 0.
Gruppe D: Real Madrid – Olympique Lyon 4:0, 2:0; Real Madrid – Ajax Amsterdam 3:0, 3:0; Dinamo Zagreb – Real Madrid 0:1, 2:6; Ajax Amsterdam – Olympique Lyon 0:0, 0:0; Olympique Lyon – Dinamo Zagreb 2:0, 7:1; Dinamo Zagreb – Ajax Amsterdam 0:2, 0:4 – 1. Real Madrid 19:2, 18; 2. Olympique Lyon 9:7, 8; 3. Ajax Amsterdam 6:6, 8; 4. Dinamo Zagreb 3:22, 0.
Gruppe E: FC Chelsea – Bayer Leverkusen 2:0, 1:2; FC Valencia – FC Chelsea 1:1, 0:3; FC Chelsea – KRC Genk 5:0, 1:1; Bayer Leverkusen – FC Valencia 2:1, 1:3; Bayer Leverkusen – KRC Genk 2:0, 1:1; KRC Genk – FC Valencia 0:0, 0:7 – 1. FC Chelsea 13:4, 11; 2. Bayer Leverkusen 8:8, 10; 3. FC Valencia 12:7, 8; 4. KRC Genk 2:16, 3.
Gruppe F: Olympique Marseille – FC Arsenal 0:1, 0:0; FC Arsenal – Olympiakos Piräus 2:1, 1:3; Borussia Dortmund – FC Arsenal 1:1, 1:2; Olympiakos Piräus – Olympique Marseille 0:1, 1:0; Olympique Marseille – Borussia Dortmund 3:0, 3:2; Olympiakos Piräus – Borussia Dortmund 3:1, 0:1 – 1. FC Arsenal 7:6, 11; 2. Olympique Marseille 7:4, 10; 3. Olympiakos Piräus 8:6, 9; 4. Borussia Dortmund 6:12, 4.
Gruppe G: APOEL Nikosia – Zenit St. Petersburg 2:1, 0:0; FC Porto – APOEL Nikosia 1:1, 1:2; Schachtar Donezk – APOEL Nikosia 1:1, 2:0; Zenit St. Petersburg – FC Porto 3:1, 0:0; Schachtar Donezk – Zenit St. Petersburg 2:2, 0:1; FC Porto – Schachtar Donezk 2:1, 2:0 – 1. APOEL Nikosia 6:6, 9; 2. Zenit St. Petersburg 7:5, 9; 3. FC Porto 7:7, 8; 4. Schachtar Donezk 6:8, 5.
Gruppe H: FC Barcelona – AC Mailand 2:2, 3:2; FC Barcelona – Viktoria Plzen 2:0, 4:0; BATE Baryssau – FC Barcelona 0:5, 0:4; AC Mailand – Viktoria Plzen 2:0, 2:2; AC Mailand – BATE Baryssau 2:0, 1:1; Viktoria Plzen – BATE Baryssau 1:1, 1:0 – 1. FC Barcelona 20:4, 16; 2. AC Mailand 11:8, 9; 3. Viktoria Plzen 4:11, 5; 4. BATE Baryssau 2:14, 2.
Achtelfinale: Bayer Leverkusen – FC Barcelona 1:3, 1:7; FC Basel – Bayern München 1:0, 0:7; Olympique Lyon – APOEL Nikosia 1:0, n. V. 0:1, Elfmeterschießen 3:4; Zenit St. Petersburg – Benfica Lissabon 3:2, 0:2; AC Mailand – FC Arsenal 4:0, 0:3; ZSKA Moskau – Real Madrid 1:1, 1:4; SSC Neapel – FC Chelsea 3:1, n. V. 1:4; Olympique Marseille – Inter Mailand 1:0, 1:2.
Viertelfinale: Olympique Marseille – Bayern München 0:2, 0:2; APOEL Nikosia – Real Madrid 0:3, 2:5; Benfica Lissabon – FC Chelsea 0:1, 1:2; AC Mailand – FC Barcelona 0:0, 1:3.
Halbfinale: Bayern München – Real Madrid 2:1, n. V. 1:2, Elfmeterschießen 3:1; FC Chelsea – FC Barcelona 1:0, 2:2.

Endspiel am 19. Mai in München:
Bayern München – FC Chelsea n. V. 1:1 (1:1, 0:0); 3:4 im Elfmeterschießen
Chelsea: Cech – Bosingwa, David Luiz, Cahill, A. Cole – Mikel, Lampard – Kalou (Fernando Torres), Mata, Bertrand (Malouda) – Drogba.
Bayern: Neuer – Lahm, Tymoshchuk, Boateng, Contento – Schweinsteiger, Kroos – Robben, Müller (Van Buyten), Ribery (Olic) – Gomez.
Tore: Drogba (T. Müller) – Tore im Elfmeterschießen: David Luiz, Lampard, A. Cole, Drogba (Lahm, Gomez, Neuer) – SR: Proenca (Portugal) – Zuschauer: 62 500.

2012/13: Bayern München

Qualifikation, 1. Runde: F91 Dudelange – Tre Penne Galazzano 7:0, 4:0; FC Valletta – FC Lusitans 8:0, 1:0; FC Linfield – B36 Torshavn 0:0, n. V. 0:0, Elfmeterschießen 4:3.
Qualifikation, 2. Runde: Ulisses Erewan – Sheriff Tiraspol 0:1, 0:1; Flora Tallinn – FC Basel 0:2, 0:3; HJK Helsinki – KR Reykjavik 7:0, 2:1; Neftci Baku – FK Sestaponi 3:0, 2:2; F91 Dudelange – RB Salzburg 1:0, 3:4; Slovan Liberec – Schachtjor Karaganda 1:0, n. V. 1:1; MSK Zilina – Ironi Kiryat Shmona 1:0, 0:2; The New Saints – Helsingborgs IF 0:0, 0:3; Skenderbeu Korce – Debreceni VSC 1:0, 0:3; FC Valletta – Partizan Belgrad 1:4, 1:3; Shamrock Rovers – Ekranas Panevezys 0:0, 1:2; BATE Baryssau – Vardar Skopje 3:2, 0:0; AEL Limassol – FC Linfield 3:0, 0:0; NK Maribor – Zeljeznicar Sarajevo 4:1, 2:1; Ludogorez Rasgrad – Dinamo Zagreb 1:1, 2:3; Buducnost Podgorica – Slask Wroclaw 0:2, 1:0; Molde FK – FK Ventspils 3:0, 1:1.
Qualifikation, 3. Runde (Meister): BATE Baryssau – Debreceni VSC 1:1, 2:0; Ironi Kiryat Shmona – Neftci Baku 4:0, 2:2; Sheriff Tiraspol – Dinamo Zagreb 0:1, 0:4; Molde FK – FC Basel 0:1, 1:1; AEL Limassol – Partizan Belgrad 1:0, 1:0; NK Maribor – F91 Dudelange 4:1, 1:0; RSC Anderlecht – Ekranas Panevezys 5:0, 6:0; CFR Cluj – Slovan Liberec 1:0, 2:1; Slask Wroclaw – Helsingborgs IF 0:3, 1:3; Celtic Glasgow – HJK Helsinki 2:1, 2:0.
(Bestplatzierte): FC Motherwell – Panathinaikos Athen 0:2, 0:3; Fenerbahce Istanbul – FC Vaslui 1:1, 4:1; FC Kopenhagen – FC Brügge 0:0, 3:2; Dynamo Kiew – Feyenoord Rotterdam 2:1, 1:0.
Play-offs (Meister): FC Basel – CFR Cluj 1:2, 0:1; Helsingborgs IF – Celtic Glasgow 0:2, 0:2; BATE Baryssau – Ironi Kiryat Shmona 2:0, 1:1; AEL Limassol – RSC Anderlecht 2:1, 0:2; Dinamo Zagreb – NK Maribor 2:1, 1:0.
(Bestplatzierte): Borussia Mönchengladbach – Dynamo Kiew 1:3, 2:1; Spartak Moskau – Fenerbahce Istanbul 2:1, 1:1; FC Kopenhagen – Lille OSC 1:0, n. V. 0:2; Sporting Braga – Udinese Calcio 1:1, n. V. 1:1 Elfmeterschießen 5:4; FC Malaga – Panathinaikos Athen 2:0, 0:0.
Gruppenphase, Gruppe A: FC Porto – Paris Saint-Germain 1:0, 1:2; Paris Saint-Germain – Dynamo Kiew 4:1, 2:0; Dinamo Zagreb – Paris Saint-Germain 0:2, 0:4; FC Porto – Dynamo Kiew 3:2, 0:0; Dinamo Zagreb – FC Porto 0:2, 0:3; Dynamo Kiew – Dinamo Zagreb 2:0, 1:1 – 1. Paris Saint Germain 14:3, 15; 2. FC Porto 10:4, 13; 3. Dynamo Kiew 6:10, 5; 4. Dinamo Zagreb 1:14, 1.
Gruppe B: FC Arsenal – FC Schalke 04 0:2, 2:2; Olympiakos Piräus – FC Schalke 04 1:2, 0:1; FC Schalke 04 – Montpellier HSC 2:2, 1:1; FC Arsenal – Olympiakos Piräus 3:1, 1:2; Montpellier HSC – FC Arsenal 1:2, 0:2; Montpellier HSC – Olympiakos Piräus 1:2, 1:3 – 1. FC Schalke 04 10:6, 12; 2. FC Arsenal 10:8, 10; 3. Olympiakos Piräus 9:9, 9; 4. Montpellier HSC 6:12, 2.
Gruppe C: FC Malaga – AC Mailand 1:0, 1:1; FC Malaga – Zenit St. Petersburg 3:0, 2:2; RSC Anderlecht – FC Malaga 0:3, 2:2; Zenit St. Petersburg – AC Mailand 2:3, 1:0; AC Mailand – RSC Anderlecht 0:0, 3:1; Zenit St. Petersburg – RSC Anderlecht 1:0, 0:1 – 1. FC Malaga 12:5, 12; 2. AC Mailand 7:6, 8; 3. Zenit St. Petersburg 6:9, 7; 4. RSC Anderlecht 4:9, 5.
Gruppe D: Borussia Dortmund – Real Madrid 2:1, 2:2; Borussia Dortmund – Ajax Amsterdam 1:0, 4:1; Manchester City – Borussia Dortmund 1:1, 0:1; Ajax Amsterdam – Real Madrid 1:4, 1:4; Real Madrid – Manchester City 3:2, 1:1; Ajax Amsterdam – Manchester City 3:1, 2:2 – 1. Borussia Dortmund 11:5, 14; 2. Real Madrid 15:9, 11; 3. Ajax Amsterdam 8:16, 4; 4. Manchester City 7:11, 3.
Gruppe E: Juventus Turin – Schachtar Donezk 1:1, 1:0; FC Chelsea – Juventus Turin 2:2, 0:3; FC Nordsjaelland – Juventus Turin 0:1, 0:4; Schachtar Donezk – FC Chelsea 2:1, 2:3; Schachtar Donezk – FC Nordsjaelland 2:0, 5:2; FC Nordsjaelland – FC Chelsea 0:4, 1:6 – 1. Juventus Turin 12:4, 12; 2. Schachtar Donezk 12:8, 10; 3. FC Chelsea 16:10, 10; 4. FC Nordsjaelland 4:22, 1.
Gruppe F: Bayern München – FC Valencia 2:1, 1:1; BATE Baryssau – Bayern München 3:1, 1:4; Lille OSC – Bayern München 0:1, 1:6; BATE Baryssau – FC Valencia 0:3, 2:4; FC Valencia – Lille OSC 2:0, 1:0; Lille OSC – BATE Baryssau 1:3, 2:0 – 1. Bayern München 15:7, 13; 2. FC Valencia 12:5, 13; 3. BATE Baryssau 9:15, 6; 4. Lille OSC 4:13, 3.
Gruppe G: FC Barcelona – Celtic Glasgow 2:1, 1:2; Benfica Lissabon – FC Barcelona 0:2, 0:0; FC Barcelona – Spartak Moskau 3:2, 3:0; Celtic Glasgow – Benfica Lissabon 0:0, 1:2; Spartak Moskau – Celtic Glasgow 2:3, 1:2; Spartak Moskau – Benfica Lissabon 2:1, 0:2 – 1. FC Barcelona 11:5, 13; 2. Celtic Glasgow 9:8, 10; 3. Benfica Lissabon 5:5, 8; 4. Spartak Moskau 7:14, 3.
Gruppe H: Manchester United – Galatasaray Istanbul 1:0, 0:1; CFR Cluj – Manchester United 1:2, 1:0; Manchester United – Sporting Braga 3:2, 3:1; Galatasaray Istanbul – CFR Cluj 1:1, 3:1; Galatasaray Istanbul – Sporting Braga 0:2, 2:1; Sporting Braga – CFR Cluj 0:2, 1:3 – 1. Manchester United 9:6, 12; 2. Galatasaray Istanbul 7:6, 10; 3. CFR Cluj 9:7, 10; 4. Sporting Braga 7:13, 3.
Achtelfinale: Schachtar Donezk – Borussia Dortmund 2:2, 0:3; FC Arsenal – Bayern München 1:3, 2:0; Galatasaray Istanbul – FC Schalke 04 1:1, 3:2; Celtic Glasgow – Juventus Turin 0:3, 0:2; FC Valencia – Paris Saint-Germain 1:2, 1:1; Real Madrid – Manchester United 1:1, 2:1; FC Porto – FC Malaga 1:0, 0:2; AC Mailand – FC Barcelona 2:0, 0:4.

Viertelfinale: Bayern München – Juventus Turin 2:0, 2:0; FC Malaga – Borussia Dortmund 0:0, 2:3; Paris Saint-Germain – FC Barcelona 2:2, 1:1; Real Madrid – Galatasaray Istanbul 3:0, 2:3.
Halbfinale: Bayern München – FC Barcelona 4:0, 3:0; Borussia Dortmund – Real Madrid 4:1, 0:2.

Endspiel am 25. Mai in London:
Borussia Dortmund – Bayern München 1:2 (0:0)
Dortmund: Weidenfeller – Piszczek, Subotic, Hummels, Schmelzer – Bender (Sahin), Gündogan – Blaszczykowski (Schieber), Reus, Großkreutz – Lewandowski.
München: Neuer – Lahm, Boateng, Dante, Alaba – Javi Martinez, Schweinsteiger – Robben, T. Müller, Ribery (Luiz Gustavo) – Mandzukic (Gomez).
Tore: Mandzukic, Robben (Gündogan) – SR: Rizzoli (Italien) – Zuschauer: 86 298.

2013/14: Real Madrid
Qualifikation, 1. Runde: Schirak Gjumri – Tre Penne Galazzano 3:0, 0:1; FC Lusitans – EB/Streymur 2:2, 1:5.
Qualifikation, 2. Runde: Viktoria Pilsen – Zeljeznicar Sarajevo 4:3, 2:1; BATE Baryssau – Schachter Qaraghandy 0:1, 0:1; Dinamo Tiflis – EB/Streymur 6:1, 3:1; Sheriff Tiraspol – Sutjeska Niksic 1:1, 5:0; Ekranas Panevezys – FH Hafnarfjördur 0:1, 1:2; FC Birkirkara – NK Maribor 0:0, 0:2; Fola Esch – Dinamo Zagreb 0:5, 0:1; Steaua Bukarest – Vardar Skopje 3:0, 2:1; Schirak Gjumri – Partizan Belgrad 1:1, 0:0; HJK Helsinki – JK Nomme Kalju 0:0, 1:2; Neftci Baku – Skenderbeu Korce 0:0, n. V. 0:1; Sligo Rovers – Molde FK 0:1, 0:2; IF Elfsborg Boras – Daugava Daugavpils 7:1, 4:0; The New Saints – Legia Warschau 1:3, 0:1; Slovan Bratislava – Ludogorez Rasgrad 2:1, 0:3; Györi ETO FC – Maccabi Tel Aviv 0:2, 1:2; FC Cliftonville – Celtic Glasgow 0:3, 0:2.
Qualifikation, 3. Runde (Meister): Schachter Qaraghandy – Skenderbeu Korce 3:0, 2:3; Dinamo Tiflis – Steaua Bukarest 0:2, 1:1; Austria Wien – FH Hafnarfjördur 1:0, 0:0; JK Nomme Kalju – Viktoria Pilsen 0:4, 2:6; FC Basel – Maccabi Tel Aviv 1:0, 3:3; Dinamo Zagreb – Sheriff Tiraspol 1:0, 3:0; Molde FK – Legia Warschau 1:1, 0:0; APOEL Nikosia – NK Maribor 1:1, 0:0; Ludogorez Rasgrad – Partizan Belgrad 2:1, 1:0; Celtic Glasgow – IF Elfsborg Boras 1:0, 0:0.
(Bestplatzierte): FC Nordsjaelland – Zenit St. Petersburg 0:1, 0:5; PAOK Saloniki – Metalist Charkiw * 0:2, 1:1; PSV Eindhoven – SV Zulte Waregem 2:0, 3:0; Olympique Lyon – Grasshopper-Club Zürich 1:0, 1:0; RB Salzburg – Fenerbahce Istanbul 1:1, 1:3.
Play-offs (Meister): Schachter Qaraghandy – Celtic Glasgow 2:0, 0:3; Viktoria Pilsen – NK Maribor 3:1, 1:0; Dinamo Zagreb – Austria Wien 0:2, 3:2; Ludogorez Rasgrad – FC Basel 2:4, 0:2; Steaua Bukarest – Legia Warschau 1:1, 2:2.
(Bestplatzierte): FC Schalke 04 – PAOK Saloniki 1:1, 3:2; Olympique Lyon – Real Sociedad San Sebastian 0:2, 0:2; FC Pacos de Ferreira – Zenit St. Petersburg 1:4, 2:4; PSV Eindhoven – AC Mailand 1:1, 0:3; Fenerbahce Istanbul * – FC Arsenal 0:3, 0:2. *) Metalist Charkiw und Fenerbahce Istanbul wurden wegen Verwicklung in einen Manipulationsskandal von der UEFA disqualifiziert.
Gruppenphase, Gruppe A: Manchester United – Bayer 04 Leverkusen 4:2, 5:0; Schachtar Donezk – Manchester United 1:1, 0:1; Manchester United – Real Sociedad San Sebastian 1:0, 0:0; Bayer 04 Leverkusen – Schachtar Donezk 4:0, 0:0; Bayer 04 Leverkusen – Real Sociedad San Sebastian 2:1, 1:0; Real Sociedad San Sebastian – Schachtar Donezk 0:2, 0:4 – 1. Manchester United 12:3, 14; 2. Bayer Leverkusen 9:10, 10; 3. Schachter Donezk 7:6, 8; 4. Real Sociedad San Sebastian 1:10, 1.
Gruppe B: Galatasaray Istanbul – Real Madrid 1:6, 1:4; Real Madrid – Juventus Turin 2:1, 2:2; Real Madrid – FC Kopenhagen 4:0, 2:0; Juventus Turin – Galatasaray Istanbul 2:2, 0:1; Galatasaray Istanbul – FC Kopenhagen 3:1, 0:1; FC Kopenhagen – Juventus Turin 1:1, 1:3 – 1. Real Madrid 20:5, 16; 2. Galatasaray Istanbul 8:14, 7; 3. Juventus Turin 9:9, 6; 4. FC Kopenhagen 4:13, 4.
Gruppe C: Olympiakos Piräus – Paris Saint-Germain 1:4, 1:2; Paris Saint-Germain – Benfica Lissabon 3:0, 1:2; RSC Anderlecht – Paris Saint-Germain 0:5, 1:1; Benfica Lissabon – Olympiakos Piräus 1:1, 0:1; RSC Anderlecht – Olympiakos Piräus 0:3, 1:3; Benfica Lissabon – RSC Anderlecht 2:0, 3:2 – 1. Paris Saint-Germain 16:5, 13; 2. Olympiakos Piräus 10:8, 10; 3. Benfica Lissabon 8:8, 10; 4. RSC Anderlecht 4:17, 1.
Gruppe D: Manchester City – Bayern München 1:3, 3:2; Bayern München – Viktoria Pilsen 5:0, 1:0; Bayern München – ZSKA Moskau 3:0, 3:1; Viktoria Pilsen – Manchester City 0:3, 2:4; ZSKA Moskau – Manchester City 1:2, 2:5; ZSKA Moskau – Viktoria Pilsen 3:2, 1:2 – 1. Bayern München 17:5, 15; 2. Manchester City 18:10, 15; 3. Viktoria Pilsen 6:17, 3; 4. ZSKA Moskau 8:17, 3.
Gruppe E: FC Schalke 04 – FC Chelsea 0:3, 0:3; FC Chelsea – FC Basel 1:2, 0:1; Steaua Bukarest – FC Chelsea 0:4, 0:1; FC Basel – FC Schalke 04 0:1, 0:2; FC Schalke 04 – Steaua Bukarest 3:0, 0:0; Steaua Bukarest – FC Basel 1:1, 1:1 – 1. FC Chelsea 12:3, 12; 2. FC Schalke 04 6:6, 10; 3. FC Basel 5:6, 8; 4. Steaua Bukarest 2:10, 3.

Gruppe F: FC Arsenal – Borussia Dortmund 1:2, 1:0; SSC Neapel – Borussia Dortmund 2:1, 1:3; Borussia Dortmund – Olympique Marseille 3:0, 2:1; FC Arsenal – SSC Neapel 2:0, 0:2; Olympique Marseille – FC Arsenal 1:2, 0:2; Olympique Marseille – SSC Neapel 1:2, 2:3 – 1. Borussia Dortmund 11:6, 12; 2. FC Arsenal 8:5, 12; 3. SSC Neapel 10:9, 12; 4. Olympique Marseille 5:14, 0.
Gruppe G: Atletico Madrid – Zenit St. Petersburg 3:1, 1:1; FC Porto – Atletico Madrid 1:2, 0:2; Austria Wien – Atletico Madrid 0:3, 0:4; FC Porto – Zenit St. Petersburg 0:1, 1:1; Zenit St. Petersburg – Austria Wien 0:0, 1:4; Austria Wien – FC Porto 0:1, 1:1 – 1. Atletico Madrid 15:3, 16; 2. Zenit St. Petersburg 5:9, 6; 3. FC Porto 4:7, 5; 4. Austria Wien 5:10, 5.
Gruppe H: AC Mailand – FC Barcelona 1:1, 1:3; FC Barcelona – Ajax Amsterdam 4:0, 1:2; Celtic Glasgow – FC Barcelona 0:1, 1:6; Ajax Amsterdam – AC Mailand 1:1, 0:0; AC Mailand – Celtic Glasgow 2:0, 3:0; Celtic Glasgow – Ajax Amsterdam 2:1, 0:1 – 1. FC Barcelona 16:5, 13; 2. AC Mailand 8:5, 9; 3. Ajax Amsterdam 5:8, 8; 4. Celtic Glasgow 3:14, 3.
Achtelfinale: Bayer 04 Leverkusen – Paris Saint-Germain 0:4, 1:2; FC Arsenal – Bayern München 0:2, 1:1; Zenit St. Petersburg – Borussia Dortmund 2:4, 2:1; FC Schalke 04 – Real Madrid 1:6, 1:3; Manchester City – FC Barcelona 0:2, 1:2; AC Mailand – Atletico Madrid 0:1, 1:4; Olympiakos Piräus – Manchester United 2:0, 0:3; Galatasaray Istanbul – FC Chelsea 1:1, 0:2.
Viertelfinale: Manchester United – Bayern München 1:1, 1:3; Real Madrid – Borussia Dortmund 3:0, 0:2; FC Barcelona – Atletico Madrid 1:1, 0:1; Paris Saint-Germain – FC Chelsea 3:1, 0:2.
Halbfinale: Atletico Madrid – FC Chelsea 0:0, 3:1; Real Madrid – Bayern München 1:0, 4:0.

Endspiel am 24. Mai in Lissabon:
Real Madrid – Atletico Madrid n. V. 4:1 (1:1, 0:1)
Real: Casillas – Carvajal, Varane, Sergio Ramos, Fabio Coentrao (Marcelo) – Khedira (Isco) – Modric, di Maria – Bale, Cristiano Ronaldo – Benzema (Morata).
Tore: Sergio Ramos, Bale, Marcelo, Cristiano Ronaldo (Godin) – SR: Kuipers (Niederlande) – Zuschauer: 60 976.

2014/15: FC Barcelona

Qualifikation, 1. Runde: FC Santa Coloma – Banants Erewan 1:0, 2:3; SP La Fiorita – Levadia Tallinn 0:1, 0:7; Lincoln Red Imps FC – HB Torshavn 1:1, 2:5.
Qualifikation, 2. Runde: FC Valletta – Qarabag Agdam 0:1, 0:4; Slovan Bratislava – The New Saints 1:0, 2:0; BATE Baryssau – Skenderbeu Korce 0:0, 1:1; Sheriff Tiraspol – Sutjeska Niksic 2:0, 3:0; Zrinjski Mostar – NK Maribor 0:0, 0:2; Rabotnicki Skopje – HJK Helsinki 0:0, 1:2; FC Santa Coloma – Maccabi Tel Aviv 0:1, 0:2; FC Cliftonville – Debreceni VSC 0:0, 0:2; Dinamo Zagreb – Zalgiris Vilnius 2:0, 2:0; Sparta Prag – Levadia Tallinn 7:0, 1:1; Partizan Belgrad – HB Torshavn 3:0, 3:1; KR Reykjavik – Celtic Glasgow 0:1, 0:4; Ludogorez Rasgrad – F91 Dudelange 4:0, 1:1; Dinamo Tiflis – FK Aqtöbe 0:1, 0:3; Malmö FF – FK Ventspils 0:0, 1:0; Strömsgodset IF Drammen – Steaua Bukarest 0:1, 0:2; Legia Warschau – St. Patrick's Athletic 1:1, 5:0.
Qualifikation, 3. Runde (Meister): Sparta Prag – Malmö FF 4:2, 0:2; Slovan Bratislava – Sheriff Tiraspol 2:1, 0:0; Debreceni VSC – BATE Baryssau 1:0, 1:3; FK Aqtöbe – Steaua Bukarest 2:2, 1:2; Qarabag Agdam – RB Salzburg 2:1, 0:2; HJK Helsinki – APOEL Nikosia 2:2, 0:2; Ludogorez Rasgrad – Partizan Belgrad 0:0, 2:2; Aalborg BK – Dinamo Zagreb 0:1, 2:0; NK Maribor – Maccabi Tel Aviv 1:0, 2:2; Legia Warschau – Celtic Glasgow 4:1, 0:3.
(Bestplatzierte): AEL Limassol – Zenit St. Petersburg 1:0, 0:3; Dnipro Dnipropetrowsk – FC Kopenhagen 0:0, 0:2; Grasshopper-Club Zürich – Lille OSC 0:2, 1:1; Feyenoord Rotterdam – Besiktas Istanbul 1:2, 1:3; Standard Lüttich – Panathinaikos Athen 0:0, 2:1.
Play-offs (Meister): RB Salzburg – Malmö FF 2:1, 0:3; Steaua Bukarest – Ludogorez Rasgrad 1:0, n. V. 0:1; Elfmeterschießen 5:6; NK Maribor – Celtic Glasgow 1:1, 1:0; Aalborg BK – APOEL Nikosia 1:1, 0:4; Slovan Bratislava – BATE Baryssau 1:1, 0:3.
(Bestplatzierte): FC Kopenhagen – Bayer 04 Leverkusen 2:3, 0:4; Besiktas Istanbul – FC Arsenal 0:0, 0:1; SSC Neapel – Athletic Bilbao 1:1, 1:3; Standard Lüttich – Zenit St. Petersburg 0:1, 0:3; Lille OSC – FC Porto 0:1, 0:2.
Gruppenphase, Gruppe A: Atletico Madrid – Juventus Turin 1:0, 0:0; Olympiakos Piräus – Atletico Madrid 3:2, 0:4; Atletico Madrid – Malmö FF 5:0, 2:0; Olympiakos Piräus – Juventus Turin 1:0, 2:3; Juventus Turin – Malmö FF 2:0, 2:0; Malmö FF – Olympiakos Piräus 2:0, 2:4 – 1. Atletico Madrid 14:3, 13; 2. Juventus Turin 7:4, 10; 3. Olympiakos Piräus 10:13, 9; 4. Malmö FF 4:15, 3.
Gruppe B: Real Madrid – FC Basel 5:1, 1:0; FC Liverpool – Real Madrid 0:3, 0:1; Ludogorez Rasgrad – Real Madrid 1:2, 0:4; FC Basel – FC Liverpool 1:0, 1:1; Ludogorez Rasgrad – FC Basel 1:0, 0:4; FC Liverpool – Ludogorez Rasgrad 2:1, 2:2 – 1. Real Madrid 16:2, 18; 2. FC Basel 7:8, 7; 3. FC Liverpool 5:9, 5; 4. Ludogorez Rasgrad 5:14, 4.

Gruppe C: AS Monaco – Bayer 04 Leverkusen 1:0, 1:0; Zenit St. Petersburg – AS Monaco 0:0, 0:2; AS Monaco – Benfica Lissabon 0:0, 0:1; Bayer 04 Leverkusen – Zenit St. Petersburg 2:0, 2:1; Bayer 04 Leverkusen – Benfica Lissabon 3:1, 0:0; Benfica Lissabon – Zenit St. Petersburg 0:2, 0:1 – 1. AS Monaco 4:1, 11; 2. Bayer 04 Leverkusen 7:4, 10; 3. Zenit St. Petersburg 4:6, 7; 4. Benfica Lissabon 2:6, 5.
Gruppe D: Borussia Dortmund – FC Arsenal 2:0, 0:2; RSC Anderlecht – Borussia Dortmund 0:3, 1:1; Galatasaray Istanbul – Borussia Dortmund 0:4, 1:4; RSC Anderlecht – FC Arsenal 1:2, 3:3; FC Arsenal – Galatasaray Istanbul 4:1, 4:1; Galatasaray Istanbul – RSC Anderlecht 1:1, 0:2 – 1. Borussia Dortmund 14:4, 13; 2. FC Arsenal 15:8, 13; 3. RSC Anderlecht 8:10, 6; 4. Galatasaray Istanbul 4:19, 1.
Gruppe E: Bayern München – Manchester City 1:0, 2:3; AS Rom – Bayern München 1:7, 0:2; ZSKA Moskau – Bayern München 0:1, 0:3; Manchester City – AS Rom 1:1, 2:0; ZSKA Moskau – Manchester City 2:2, 2:1; AS Rom – ZSKA Moskau 5:1, 1:1 – 1. Bayern München 16:4, 15; 2. Manchester City 9:8, 8; 3. AS Rom 8:14, 5; 4. ZSKA Moskau 6:13, 5.
Gruppe F: Paris Saint-Germain – FC Barcelona 3:2, 1:3; FC Barcelona – Ajax Amsterdam 3:1, 2:0; FC Barcelona – APOEL Nikosia 1:0, 4:0; Ajax Amsterdam – Paris Saint-Germain 1:1, 1:3; APOEL Nikosia – Paris Saint-Germain 0:1, 0:1; APOEL Nikosia – Ajax Amsterdam 1:1, 0:4 – 1. FC Barcelona 15:5, 15; 2. Paris Saint-Germain 10:7, 13; 3. Ajax Amsterdam 8:10, 5; 4. APOEL Nikosia 1:12, 1.
Gruppe G: FC Chelsea – FC Schalke 04 1:1, 5:0; Sporting Lissabon – FC Chelsea 0:1, 1:3; FC Chelsea – NK Maribor 6:0, 1:1; FC Schalke 04 – Sporting Lissabon 4:3, 2:4; FC Schalke 04 – NK Maribor 1:1, 1:0; NK Maribor – Sporting Lissabon 1:1, 1:3 – 1. FC Chelsea 17:3, 14; 2. FC Schalke 04 9:14, 8; 3. Sporting Lissabon 12:12, 7; 4. NK Maribor 4:13, 3.
Gruppe H: Schachtar Donezk – FC Porto 2:2, 1:1; FC Porto – Athletic Bilbao 2:1, 2:0; FC Porto – BATE Baryssau 6:0, 3:0; Athletic Bilbao – Schachtar Donezk 0:0, 1:0; BATE Baryssau – Schachtar Donezk 0:7, 0:5; BATE Baryssau – Athletic Bilbao 2:1, 0:2 – 1. FC Porto 16:4, 14; 2. Schachtar Donezk 15:4, 9; 3. Athletic Bilbao 5:6, 7; 4. BATE Baryssau 2:24, 3.
Achtelfinale: Schachtar Donezk – Bayern München 0:0, 0:7; FC Schalke 04 – Real Madrid 0:2, 4:3; Juventus Turin – Borussia Dortmund 2:1, 3:0; Bayer 04 Leverkusen – Atletico Madrid 1:0, n. V. 0:1, Elfmeterschießen 2:3; Paris Saint-Germain – FC Chelsea 1:1, n. V. 2:2; FC Basel – FC Porto 1:1, 0:4; Manchester City – FC Barcelona 1:2, 0:1; FC Arsenal – AS Monaco 1:3, 2:0.
Viertelfinale: FC Porto – Bayern München 3:1, 1:6; Atletico Madrid – Real Madrid 0:0, 0:1; Juventus Turin – AS Monaco 1:0, 0:0; Paris Saint-Germain – FC Barcelona 1:3, 0:2.
Halbfinale FC Barcelona – Bayern München 3:0, 2:3; Juventus Turin – Real Madrid 2:1, 1:1.

Endspiel am 6. Juni in Berlin:
Juventus Turin – FC Barcelona 1:3 (0:1)
Barcelona: ter Stegen – Dani Alves, Pique, Mascherano, Jordi Alba – Busquets – Rakitic (Mathieu), Iniesta (Xavi) – Messi, Neymar – Suarez (Pedro).
Tore: Rakitic, Suarez, Neymar (Morata für Juventus) – SR: Cakir (Türkei) – Zuschauer: 70 442.

2015/16: Real Madrid
Qualifikation, 1. Runde: Pjunik Erewan – SS Folgore/Falciano 2:1, 2:1; Lincoln Red Imps FC – FC Santa Coloma 0:0, 2:1; FC Crusaders – Levadia Tallinn 0:0, 1:1; B36 Torshavn – The New Saints 1:2, 1:4.
Qualifikation, 2. Runde: FK Ventspils – HJK Helsinki 1:3, 0:1; APOEL Nikosia – Vardar Skopje 0:0, 1:1; FC Midtjylland – Lincoln Red Imps FC 1:0, 2:0; Ludogorez Rasgrad – Milsami Orhei 0:1, 1:2; Molde FK – Pjunik Erewan 5:0, 0:1; Skenderbeu Korce – FC Crusaders 4:1, 2:3; The New Saints – Videoton FC 0:1, n. V. 1:1; Hibernians Paola – Maccabi Tel Aviv 2:1, 1:5; AS Trencin – Steaua Bukarest 0:2, 3:2; NK Maribor – FC Astana 1:0, 1:3; Partizan Belgrad – Dila Gori 1:0, 2:0; FK Sarajevo – Lech Posen 0:2, 0:1; Qarabag Agdam – Rudar Pljevlja 0:0, 1:0; Malmö FF – Zalgiris Vilnius 0:0, 1:0; BATE Baryssau – FC Dundalk 2:1, 0:0; Celtic Glasgow – Stjarnan Gardabaer 2:0, 4:1; Dinamo Zagreb – CS Fola Esch 1:1, 3:0.
Qualifikation, 3. Runde (Meister): Milsami Orhei – Skenderbeu Korce 0:2, 0:2; FC Midtjylland – APOEL Nikosia 1:2, 1:0; Maccabi Tel Aviv – Viktoria Pilsen 1:2, 2:0; Videoton FC – BATE Baryssau 1:1, 0:1; Dinamo Zagreb – Molde FK 1:1, 3:3; HJK Helsinki – FC Astana 0:0, 3:4; RB Salzburg – Malmö FF 2:0, 0:3; Steaua Bukarest – Partizan Belgrad 1:1, 2:4; Lech Posen – FC Basel 1:3, 0:1; Celtic Glasgow – Qarabag Agdam 1:0, 0:0.
(Bestplatzierte): Rapid Wien – Ajax Amsterdam 2:2, 3:2; Young Boys Bern – AS Monaco 1:3, 0:4; ZSKA Moskau – Sparta Prag 2:2, 3:2; Panathinaikos Athen – FC Brügge 2:1, 0:3; Standard Lüttich – Panathinaikos Athen 0:0, 2:1; Fenerbahce Istanbul – Schachtar Donezk 0:0, 0:3.

Play-offs (Meister): FC Astana – APOEL Nikosia 1:0, 1:1; BATE Baryssau – Partizan Belgrad 1:0, 1:2; Skenderbeu Korce – Dinamo Zagreb 1:2, 1:4; Celtic Glasgow – Malmö FF 3:2, 0:2; FC Basel – Maccabi Tel Aviv 2:2, 1:1.
(Bestplatzierte): Lazio Rom – Bayer 04 Leverkusen 1:0, 0:3; Rapid Wien – Schachtar Donezk 0:1, 2:2; FC Valencia – AS Monaco 3:1, 1:2; Manchester United – FC Brügge 3:1, 4:0; Sporting Lissabon – ZSKA Moskau 2:1, 1:3.
Gruppenphase, Gruppe A: Paris Saint-Germain – Real Madrid 0:0, 0:1; Real Madrid – Schachtar Donezk 4:0, 4:3; Malmö FF – Real Madrid 0:2, 0:8; Schachtar Donezk – Paris Saint-Germain 0:3, 0:2; Paris Saint-Germain – Malmö FF 2:0, 5:0; Malmö FF – Schachtar Donezk 1:0, 0:4 – 1. Real Madrid 19:3, 16; 2. Paris Saint-Germain 12:1, 13; 3. Schachtar Donezk 7:14, 3; 4. Malmö FF 1:21, 3.
Gruppe B: VfL Wolfsburg – PSV Eindhoven 2:0, 0:2; Manchester United – VfL Wolfsburg 2:1, 2:3; VfL Wolfsburg – ZSKA Moskau 1:0, 2:0; PSV Eindhoven – Manchester United 2:1, 0:0; ZSKA Moskau – PSV Eindhoven 3:2, 1:2; ZSKA Moskau – Manchester United 1:1, 0:1 – 1. VfL Wolfsburg 9:6, 12; 2. PSV Eindhoven 8:7, 10; 3. Manchester United 7:7, 8; 4. ZSKA Moskau 5:9, 4.
Gruppe C: Atletico Madrid – Benfica Lissabon 1:2, 2:1; Galatasaray Istanbul – Atletico Madrid 0:2, 0:2; Atletico Madrid – FC Astana 4:0, 0:0; Galatasaray Istanbul – Benfica Lissabon 2:1, 1:2; Benfica Lissabon – FC Astana 2:0, 2:2; FC Astana – Galatasaray Istanbul 2:2, 1:1 – 1. Atletico Madrid 11:3, 13; 2. Benfica Lissabon 10:8, 10; 3. Galatasaray Istanbul 6:10, 5; 4. FC Astana 5:11, 4.
Gruppe D: Manchester City – Juventus Turin 1:2, 0:1; Manchester City – FC Sevilla 2:1, 3:1; Borussia Mönchengladbach – Manchester City 1:2, 2:4; Juventus Turin – FC Sevilla 2:0, 0:1; Juventus Turin – Borussia Mönchengladbach 0:0, 1:1; FC Sevilla – Borussia Mönchengladbach 3:0, 2:4 – 1. Manchester City 12:8, 12; 2. Juventus Turin 6:3, 11; 3. FC Sevilla 8:11, 6; 4. Borussia Mönchengladbach 8:12, 5.
Gruppe E: AS Rom – FC Barcelona 1:1, 1:6; FC Barcelona – Bayer 04 Leverkusen 2:1, 1:1; BATE Baryssau – FC Barcelona 0:2, 0:3; Bayer 04 Leverkusen – AS Rom 4:4, 2:3; BATE Baryssau – AS Rom 3:2, 0:0; Bayer 04 Leverkusen – BATE Baryssau 4:1, 1:1 – 1. FC Barcelona 15:4, 14; 2. AS Rom 11:16, 6; 3. Bayer 04 Leverkusen 13:12, 6; 4. BATE Baryssau 5:12, 5.
Gruppe F: FC Arsenal – Bayern München 2:0, 1:5; Olympiakos Piräus – Bayern München 0:3, 0:4; Bayern München – Dinamo Zagreb 5:0, 2:0; FC Arsenal – Olympiakos Piräus 2:3, 3:0; Dinamo Zagreb – FC Arsenal 2:1, 0:3 Dinamo Zagreb – Olympiakos Piräus 0:1, 1:2 – 1. Bayern München 19:3, 15; 2. FC Arsenal 12:10, 9; 3. Olympiakos Piräus 6:13, 9; 4. Dinamo Zagreb 3:14, 3.
Gruppe G: Dynamo Kiew – FC Chelsea 0:0, 1:2; FC Porto – FC Chelsea 2:1, 0:2; FC Chelsea – Maccabi Tel Aviv 4:0, 4:0; Dynamo Kiew – FC Porto 2:2, 2:0; Maccabi Tel Aviv – Dynamo Kiew 0:2, 0:1; FC Porto – Maccabi Tel Aviv 2:0, 3:1 – 1. FC Chelsea 13:3, 13; 2. Dynamo Kiew 8:4, 11; 3. FC Porto 9:8, 10; 4. Maccabi Tel Aviv 1:16, 0.
Gruppe H: Zenit St. Petersburg – KAA Gent 2:1, 1:2; FC Valencia – Zenit St. Petersburg 2:3, 0:2; Zenit St. Petersburg – Olympique Lyon 3:1, 2:0; FC Valencia – KAA Gent 2:1, 0:1; KAA Gent – Olympique Lyon 1:1, 2:1; Olympique Lyon – FC Valencia 0:1, 2:0 – 1. Zenit St. Petersburg 13:6, 15; 2. KAA Gent 8:7, 10; 3. FC Valencia 5:9, 6; 4. Olympique Lyon 5:9, 4.
Achtelfinale: KAA Gent – VfL Wolfsburg 2:3, 0:1; Juventus Turin – Bayern München 2:2, n. V. 2:4; Paris Saint-Germain – FC Chelsea 2:1, 2:1; Benfica Lissabon – Zenit St. Petersburg 1:0, 2:1; AS Rom – Real Madrid 0:2, 0:2; FC Arsenal – FC Barcelona 0:2, 1:3; PSV Eindhoven – Atletico Madrid 0:0, n. V. 0:0, Elfmeterschießen 7:8; Dynamo Kiew – Manchester City 1:3, 0:0.
Viertelfinale: Bayern München – Benfica Lissabon 1:0, 2:2; VfL Wolfsburg – Real Madrid 2:0, 0:3; FC Barcelona – Atletico Madrid 2:1, 0:2; Paris Saint-Germain – Manchester City 2:2, 0:1.
Halbfinale: Atletico Madrid – Bayern München 1:0, 1:2; Manchester City – Real Madrid 0:0, 0:1.

Endspiel am 28. Mai in Mailand:
Real Madrid – Atletico Madrid n. V. 1:1 (1:1, 1:0), 5:3 im Elfmeterschießen
Real: Navas – Carvajal (Danilo), Pepe, Sergio Ramos, Marcelo – Casemiro – Modric, Kroos (Isco) – Bale, Benzema (Vazquez), Cristiano Ronaldo.
Tore: Sergio Ramos (Ferreira Carrasco für Atletico) – Tore im Elfmeterschießen: Vazquez, Marcelo, Bale, Sergio Ramos, Cristiano Ronaldo (Griezmann, Gabi, Saul Niguez) – SR: Clattenburg (England) – Zuschauer: 71 942.

EUROPAPOKAL DER POKALSIEGER

1961	AC FLORENZ	1981	DYNAMO TIFLIS
1962	ATLETICO MADRID	1982	FC BARCELONA
1963	TOTTENHAM HOTSPUR	1983	FC ABERDEEN
1964	SPORTING LISSABON	1984	JUVENTUS TURIN
1965	WEST HAM UNITED	1985	FC EVERTON
1966	BORUSSIA DORTMUND	1986	DYNAMO KIEW
1967	BAYERN MÜNCHEN	1987	AJAX AMSTERDAM
1968	AC MAILAND	1988	KV MECHELEN
1969	SLOVAN BRATISLAVA	1989	FC BARCELONA
1970	MANCHESTER CITY	1990	SAMPDORIA GENUA
1971	FC CHELSEA	1991	MANCHESTER UNITED
1972	GLASGOW RANGERS	1992	WERDER BREMEN
1973	AC MAILAND	1993	AC PARMA
1974	1. FC MAGDEBURG	1994	FC ARSENAL
1975	DYNAMO KIEW	1995	REAL SARAGOSSA
1976	RSC ANDERLECHT	1996	PARIS ST. GERMAIN FC
1977	HAMBURGER SV	1997	FC BARCELONA
1978	RSC ANDERLECHT	1998	FC CHELSEA
1979	FC BARCELONA	1999	LAZIO ROM
1980	FC VALENCIA		

1960/61: AC Florenz
Endspiele am 11. Mai in Glasgow und 27. Mai 1961 in Florenz:
AC Florenz – Glasgow Rangers 2:0 und 2:1
AC Florenz: Albertosi – Robotti, Castelletti – Gonfiantini, Orzan, Rimbaldo – Hamrin, Micheli, Da Costa, Milani, Petris.
Tore: im ersten Spiel Milan (2). – SR: Steiner (Österreich), Tore im zweiten Spiel: Milan, Hamrin (Scott für Glasgow). – SR: Hernadi (Ungarn). – Zuschauer: 1. Spiel 80 000; 2. Spiel 50 000.

1961/62: Atletico Madrid
Endspiele am 10. Mai in Glasgow und 5. September 1962 in Stuttgart
Atletico Madrid – AC Florenz 1:1 n. V. und 3:0.
Atletico Madrid: Madinabeytia – Rivilla, Calleja – Ramirez, Griffa, Glaria – Jones, Adelardo, Mendonca, Peiro, Collar.
Tore im ersten Spiel: Peiro (Hamrin für Florenz). – SR: Wharton (Schottland).
Tore im zweiten Spiel: Jones, Mendonca, Peiro. – SR: Tschenscher (Deutschland). – Zuschauer: 1. Spiel 27 000; 2. Spiel 39 000.

1962/63: Tottenham Hotspur
Endspiel am 15. Mai 1963 in Rotterdam:
Tottenham Hotspur – Atletico Madrid 5:1 (2:0)
Tottenham: Brown – Baker, Norman, Hendry – Blanchflower, Marchi – Jones, White, Smith, Greaves, Dyson.
Tore: Greaves (2), Dyson (2), White (Collar für Madrid). – SR: van Leuwen (Holland). – Zuschauer: 50 000.

1963/64: Sporting Lissabon
Endspiele am 13. Mai in Brüssel und 15. Mai 1964 in Antwerpen:
Sporting Lissabon – MTK Budapest 3:3 n. V. (3:3, 1:1) und 1:0 (1:0)
Sporting Lissabon: Carvalho – Gomes, Carlos – Peridis, Baptista, Mendes – Osvaldo – Mascarenhas, Figueiredo, Geo, Morais (Geraldo, Bocaleri).
Tore im ersten Spiel: Figueiredo (2), Mascaranhas (Kuti 2, Sandor für Budapest)
Tore im zweiten Spiel: Morais – 1. Spiel: SR: van Nuffel (Belgien), Zuschauer: 4000 – 2. Spiel: SR: Versyp (Belgien), Zuschauer: 19 000.

1964/65: West Ham United
Endspiel am 19. Mai 1965 in London:
West Ham United – TSV München 1860 2:0 (0:0)
West Ham United: Standen – Kirkup, Burkett, Moore – Peters, Brown – Sealey, Boyce, Hurst, Dear, Sissons.
München 1860: Radenkovic – Wagner, Reich, Kohlars – Bena, Luttrop – Grosser, Heiß, Küppers, Brunnenmeier, Rebele.
Tore: Sealey (2). – SR: Zsolt (Ungarn). – Zuschauer: 98 000.

1965/66: Borussia Dortmund
Endspiel am 5. Mai 1966 in Glasgow:
Borussia Dortmund – FC Liverpool 2:1 n. V. (1:1, 0:0)
Borussia Dortmund: Tilkowski – Cyliax, Paul, Redder – Kurrat, Assauer – Libuda, Schmidt, Held, Sturm, Emmerich.
Tore: Held, Libuda (Hunt für Liverpool). – SR: Schwinte (Frankreich). – Zuschauer: 42 000.

1966/67: Bayern München
Endspiel am 31. Mai 1967 in Nürnberg:
Bayern München – Glasgow Rangers 1:0 n. V.
Bayern München: Maier – Nowak, Beckenbauer, Olk, Kupferschmidt – Roth, Koulmann – Nafziger, Ohlhauser, Müller, Brenninger.
Tor: Roth. – SR: Lo Bello (Italien). – Zuschauer: 70 000.

1967/68: AC Mailand
Endspiel am 23. Mai 1968 in Rotterdam:
AC Mailand – Hamburger SV 2:0 (2:0)
AC Mailand: Cudicini – Anquiletti, Schnellinger, Rosato, Scala – Trapattoni, Lodetti – Rivera, Hamrin, Sormani, Prati.
Hamburger SV: Özcan – Sandmann, W. Schulz, Horst, Kurbjuhn – Dieckmann, Krämer – B. Dörfel, Seeler, Hönig, G. Dörfel.
Tore: Hamrin (2). – SR: De Mendibil (Spanien). – Zuschauer: 53 000.

1968/69: Slovan Bratislava
Endspiel am 21. Mai 1969 in Basel:
Slovan Bratislava – FC Barcelona 3:2 (3:1)
Slovan Bratislava: Vencel – Filo, Hrivnak, Horvath – Zlocha, Hrdlicka, Joszef Capkovic – Cvetler, Moder (Hatar), Jokl, Jan Capkovic.
Tore: Cvetler, Hrivnak, Jan Capkovic (Zaldua, Rexach für Barcelona). – SR: Van Ravens (Holland). – Zuschauer: 19 478.

1969/70: Manchester City
Endspiel am 29. April 1970 in Wien:
Manchester City – Gornik Zabrze 2:1 (2:0)
Manchester City: Corrigan – Book, Booth, Heslop, Pardoe – Doyle (Bowyer), Towers, Oakes – Bell, Lee, Young.
Tore: Young, Lee (Oslizlo für Zabrze). – SR: Schiller (Österreich). – Zuschauer: 10 000.

1970/71: FC Chelsea
Endspiele am 19. Mai und 21. Mai 1971 in Athen:
FC Chelsea – Real Madrid 1:1 n. V. (1:1, 0:1) und 2:1 (2:0)
Chelsea: Bonetti – Boyle, Dempsey, Webb, Harris – Hollins (Mulligan), Weller – Hudson, Osgood (Baldwin/2. Spiel Smethurst), Cooke, Houseman.
Tore: 1. Spiel Osgood (Zoco für Madrid), 2. Spiel Dempsey, Osgood (Fleitas für Madrid). – SR: Scheurer (Schweiz) im ersten, Bucheli (Schweiz) im zweiten Spiel. – Zuschauer: 42 000 (1. Spiel), 35 000 (2. Spiel).

1971/72: Glasgow Rangers
Endspiel am 24. Mai 1972 in Barcelona:
Glasgow Rangers – Dynamo Moskau 3:2 (2:0)
Glasgow Rangers: McCloy – Jardine, D. Smith, Johnstone, Mathieson – Greig, McDonald, Conn – McLean, Stein, Johnston.
Tore: Stein, Johnston (2), (Estrekow, Machowikow für Moskau). – SR: de Mendibil (Spanien). – Zuschauer: 35 000.

1972/73: AC Mailand
Endspiel am 16. Mai 1973 in Saloniki:
AC Mailand – Leeds United 1:0 (1:0)
AC Mailand: Vecchi – Sabadini, Anquiletti, Turone, Zignoli – Rosato (Dolci), Benetti, Rivera – Sogliano, Bigon, Chiarugi.
Tor: Chiarugi. – SR: Michas (Griechenland). – Zuschauer: 45 000.

1973/74: 1. FC Magdeburg
Endspiel am 8. Mai in Rotterdam:
1. FC Magdeburg – AC Mailand 2:0 (1:0)
1. FC Magdeburg: Schulze, – Enge, Zapf, Abraham, Tyll – Gaube, Pommerenke, Seguin, – Raugust, Sparwasser, Hoffmann.
Tore: Lanzi (Eigentor), Seguin. – SR: van Gemert (Holland). – Zuschauer: 4000.

1974/75: Dynamo Kiew
Endspiel am 14. Mai in Basel:
Dynamo Kiew – Ferencvaros Budapest 3:0 (2:0)
Dynamo Kiew: Rudakow – Troschkin, Fomenko, Reschko, Matwienko – Konkow, Muntian, Burjak – Onischtschenko, Kolotow, Blochin.
Tore: Onischtschenko (2), Blochin. – SR: Davidson (Schottland) – Zuschauer: 12 000.

1975/76: RSC Anderlecht
Endspiel am 5. Mai in Brüssel:
RSC Anderlecht – West Ham United 4:2 (1:1)
Anderlecht: Ruiter – Lomme, Van Binst, Broos, Thissen – Dockx, Van der Elst, Haan – Ressel, Coeck (Vercauteren), Rensenbrink.
Tore: Rensenbrink (2), Van der Elst (2), (Holland, Robson für West Ham). – SR: Wurtz (Frankreich). – Zuschauer: 58 000.

1976/77: Hamburger SV
Endspiel am 11. Mai in Amsterdam:
Hamburger SV – RSC Anderlecht 2:0 (0:0)
HSV: Kargus – Kaltz, Ripp, Nogly, Hidien – Memering, Magath – Steffenhagen, Reimann, Keller, Volkert.
Tore: Volkert, Magath. – SR: Partridge (England). – Zuschauer: 66 000.

1977/78: RSC Anderlecht
Endspiel am 3. Mai in Paris:
RSC Anderlecht – Austria Wien 4:0 (3:0)
RSC Anderlecht: de Bree – van Binst, Bross, Dusbaba, Thissen – Haan, Coeck, Vercauteren (Dockx) – Nielsen, van der Elst, Rensenbrink.
Tore: Rensenbrink (2), van Binst (2). – SR: Aldinger (Deutschland). – Zuschauer: 48 679.

1978/79: FC Barcelona
Endspiel am 16. Mai in Basel:
FC Barcelona – Fortuna Düsseldorf 4:3 (2:2, 2:2) n. V.
Barcelona: Artola – Zuviria, Costas (Martinez), Migueli, Albaladejo (de la Cruz) – Neeskens, Asensi, Sanchez – Rexach, Krankl, Carrasco.
Fortuna Düsseldorf: Daniel – Baltes, Zewe, Zimmermann (Lund), Köhnen – Brei (Weikl), Schmitz, Bommer, Th. Allofs – Kl. Allofs, Seel.
Tore: Sanchez, Rexach, Krankl, Asensi, (Seel (2), Th. Allofs für Düsseldorf). – SR: Palotai (Ungarn). – Zuschauer: 58 000.

1979/80: FC Valencia
Endspiel am 14. Mai in Brüssel:
FC Valencia – FC Arsenal 0:0 n. V.; 5:4 nach Elfmeterschießen
Valencia: Pereira – Carrette, Arias, Tendillo, Botubot – Solsona, Bonhof, Subirates (Castellanos) – Saura, Kempes, Pablo.
Tore aus dem Elfmeterschießen: Solsona, Stapleton, Pablo, Sunderland, Castellanos, Talbot, Bonhof, Hollins, Arias (Pereira hielt Elfmeter von Brady und Rix, Jennings von Kempes). – SR: Christov (CSSR). – Zuschauer: 36 000.

1980/81: Dynamo Tiflis
Endspiel am 13. Mai in Düsseldorf:
Dynamo Tiflis – Carl Zeiss Jena 2:1 (0:0)
Tiflis: Gabelija – Kostawa, Tschiwadse, Chisanischwili, Tawadse – Darasselija, Swanadse (Kakilaschwili), Sulakwelidse – Guzajew, Kipiani, Schengelija.
Jena: Grapenthin – Brauer, Schnuphase, Krause, Schilling – Kurbjuweit, Hoppe (Oevermann), Lindemann – Bielau (Töpfer), Raab, Vogel.
Tore: Guzajew, Darasselija (Hoppe für Jena). – SR: Lattanzi (Italien) – Zuschauer: 9000.

1981/82: FC Barcelona
Endspiel am 12. Mai in Barcelona:
FC Barcelona – Standard Lüttich 2:1 (1:1)
FC Barcelona: Urruti – Gerardo, Alesanco, Migueli, Manolo – Sanchez, Esteban, Moratalla – Simonsen, Quini, Carrasco.
Tore: Simonsen, Quini (Vandersmissen). – SR: Eschweiler (Deutschland). – Zuschauer: 100 000.

1982/83: FC Aberdeen
Endspiel am 11. Mai in Göteborg:
Real Madrid – FC Aberdeen 1:2 (1:1, 1:1) n. V.
FC Aberdeen: Leighton – Rougvie, Miller, McLeish, McMaster – Cooper, Simpson, Strachan – McGhee, Black (Hewitt), Weir.
Tore: Black, Hewitt (Juanito für Madrid). – SR: Menegalli (Italien). – Zuschauer: 17 804.

1983/84: Juventus Turin
Endspiel am 16. Mai in Basel:
Juventus Turin – FC Porto 2:1 (2:1)
Juventus: Tacconi – Gentile, Scirea, Brio, Cabrini – Bonini, Tardelli, Platini, Vignola (Caricola) – Rossi, Boniek.
Tore: Vignola, Boniek (Sousa für Porto). – SR: Prokop (DDR). – Zuschauer: 60 000.

1984/85: FC Everton
Endspiel am 15. Mai in Rotterdam:
FC Everton – Rapid Wien 3:1 (0:0)
Everton: Southall – Stevens, Mountfield, Ratcliffe – van den Hauwe, Reid, Steven, Bracewell, Sheedy – Gray, Sharp.
Tore: Gray, Steven, Sheedy (Krankl für Wien). – SR: Casarin (Italien). – Zuschauer: 5 0 000.

1985/86: Dynamo Kiew
Endspiel am 2. Mai in Lyon:
Dynamo Kiew – Atletico Madrid 3:0 (1:0)
Dynamo: Tschanow – Bessonow – Baltatscha (Bal), Kusnezow – Demjanenko, Jaremtschuk, Raz, Jakowenko, Sawarow (Jewtuschenko) – Belanow, Blochin.
Tore: Sawarow, Blochin, Jewtuschenko. – SR: Wöhrer (Österreich). – Zuschauer: 39 000.

1986/87: Ajax Amsterdam
Endspiel am 13. Mai in Athen:
Ajax Amsterdam – Lokomotive Leipzig 1:0 (1:0)
Ajax: Menzo – Silooy, Verlaat, Boeve – Wouters, Winter, Rijkaard, A. Mühren (Scholten) – van't Schip, van Basten, Witschge (Bergkamp).
Lokomotive: Müller – Kreer, Baum, Lindner, Zötsche – Scholz, Liebers (Kühn), Bredow, Marschall – Richter, Edmond (Leitzke).
Tor: Van Basten. – SR: Agnolin (Italien). – Zuschauer: 35 000.

1987/88: KV Mechelen
Endspiel am 11. Mai in Straßburg:
KV Mechelen – Ajax Amsterdam 1:0 (0:0)
KV Mechelen: Preud'homme – Clijsters – Sanders, Rutjes, Deferm – Emmers, E. Koeman, De Wilde (Demesmaeker), Hofkens (Theunis) – Ohana, den Boer.
Tor: den Boer. – SR: Pauly (Deutschland). – Zuschauer: 39 440.

1988/89: FC Barcelona
Endspiel am 10. Mai in Bern:
FC Barcelona – Sampdoria Genua 2:0 (1:0)
FC Barcelona: Zubizarreta – Aloisio, Alesanco, Urbano – Milla (Soler), Amor, Eusebio, Roberto – Lineker, Salinas, Beguiristain (Lopez-Rekarte).
Tore: Salinas, Lopez-Rekarte. – SR: Courtney (England). – Zuschauer: 45 000.

1989/90: Sampdoria Genua
Endspiel am 9. Mai in Göteborg:
Sampdoria Genua – RSC Anderlecht 2:0 (0:0, 0:0) n. V.
Sampdoria: Pagliuca – Pellegrini – Mannini, Vierchowod, Carboni – Invernizzi (Lombardo), Pari, Katanec (Salsano), Dossena – Vialli, Mancini.
Tore: Vialli (2). – Schiedsrichter Galler (Schweiz). – Zuschauer: 20 103.

1990/91: Manchester United
Endspiel am 15. Mai in Rotterdam:
Manchester United – FC Barcelona 2:1 (0:0)
Manchester: Sealey – Irwin, Bruce, Pallister, Blackmore – Phelan, Robson, Ince, McClair – Hughes, Sharpe.
Tore: Hughes (2) (Koeman für Barcelona). – SR: Karlsson (Schweden). – Zuschauer: 45 000.

1991/92: Werder Bremen
Endspiel am 6. Mai in Lissabon:
Werder Bremen – AS Monaco 2:0 (1:0)
Werder Bremen: Rollmann – Bratseth – Wolter (Schaaf), Borowka – Bockenfeld, Votava, Eilts, Neubarth (Kohn), Bode – Rufer, Allofs.
Tore: Allofs, Rufer. – SR: Pietro D'Elia (Italien). – Zuschauer: 15 000.

1992/93: AC Parma
Endspiel am 12. Mai in London:
AC Parma – FC Antwerpen 3:1 (2:1)
AC Parma: Ballotta – Minotti – Benarrivo, Apolloni, Di Chiara – Zoratto (Pin), Grün, Cuoghi, Brolin – Melli, Osio (Pizzi).
Tore: Minotti, Melli, Cuoghi (Severeyns für Antwerpen). – SR: Assenmacher (Deutschland). – Zuschauer: 37 393.

1993/94: FC Arsenal
Endspiel am 4. Mai in Kopenhagen:
FC Arsenal – AC Parma 1:0 (1:0)
Arsenal: Seaman – Dixon, Bould, Adams, Davis – Morrow, Campbell, Merson (McGoldrick), Winterburn – Smith, Selley.
Tor: Smith. – SR: Krondl (Tschechien). – Zuschauer: 34 000.

1994/95: Real Saragossa
Endspiel am 10. Mai in Paris:
Real Saragossa – FC Arsenal 2:1 (0:0, 1:1) n. V.
Saragossa: Cedrun – Belsue, Caceres, Aguado, Solana – Nayim, Pardeza, Aragon, Higuera (Sanjuan, Geli), Poyet – Esnaider.
Tore: Esnaider, Nayim (Hartson für Arsenal). – SR: Ceccarini (Italien). – Zuschauer: 42 424.

1995/96: Paris Saint-Germain
Endspiel am 8. Mai in Brüssel:
Paris Saint-Germain – Rapid Wien 1:0 (1:0)
Paris: Lama – Le Guen – N'Gotty, Roche – Fournier (Llacer), Bravo, Guerin, Djorkaeff, Colleter – Rai (Dely Valdez), Loko.
Tor: N'Gotty. – SR: Pairetto (Italien). – Zuschauer: 37 500.

1996/97: FC Barcelona
Endspiel am 14. Mai in Rotterdam:
FC Barcelona – Paris Saint-Germain 1:0 (1:0)
Barcelona: Vitor Baia – Ferrer, Fernando Couto, Abelardo, Sergi – Popescu (Amor), Guardiola – Figo, De la Pena (Stoitchkov), Luis Enrique (Pizzi) – Ronaldo.
Tor: Ronaldo. – SR: Dr. Merk (Deutschland). – Zuschauer: 51 000.

1997/98: FC Chelsea
Endspiel am 13. Mai in Stockholm:
FC Chelsea – VfB Stuttgart 1:0 (0:0)
Chelsea: De Goey – Clarke, Dubbery, Lebœuf, Granville – Petrescu, Wise, Di Matteo, Poyet (Newton) – Flo (Zola) – Vialli.
VfB Stuttgart: Wohlfahrt – Schneider (Endreß), Yakin, Berthold – Haber (Djordjevic), Soldo, Poschner, Hagner (Ristic) – Balakov – Bobic, Akpoborie.
Tor: Zola. – SR: Braschi (Italien). – Zuschauer: 30 216.

1998/99: Lazio Rom
Endspiel am 19. Mai in Birmingham:
RCD Mallorca – Lazio Rom 1:2 (1:1)
Lazio: Marchegiani – Pancaro, Mihajlovic, Nesta, Favalli – Stankovic (Sergio Conceicao), Almeyda, Mancini (Couto), Nedved (Lombardo) – Vieri, Salas.
Tore: Vieri, Nedved (Dani für Mallorca). – SR: Benkö (Österreich). – Zuschauer: 33 021.

Die Ergebnisse des Europapokals der Pokalsieger erschienen zum letzten mal im Almanach 2004

MESSEPOKAL/UEFA-POKAL/EUROPA LEAGUE

1958	FC BARCELONA	1988	BAYER LEVERKUSEN
1960	FC BARCELONA	1989	SSC NEAPEL
1961	AS ROM	1990	JUVENTUS TURIN
1962	FC VALENCIA	1991	INTER MAILAND
1963	FC VALENCIA	1992	AJAX AMSTERDAM
1964	REAL SARAGOSSA	1993	JUVENTUS TURIN
1965	FERENCVAROS BUDAPEST	1994	INTER MAILAND
1966	FC BARCELONA	1995	AC PARMA
1967	DINAMO ZAGREB	1996	BAYERN MÜNCHEN
1968	LEEDS UNITED	1997	FC SCHALKE 04
1969	NEWCASTLE UNITED	1998	INTER MAILAND
1970	FC ARSENAL	1999	AC PARMA
1971	LEEDS UNITED	2000	GALATASARAY ISTANBUL
1972	TOTTENHAM HOTSPUR	2001	FC LIVERPOOL
1973	FC LIVERPOOL	2002	FEYENOORD ROTTERDAM
1974	FEYENOORD ROTTERDAM	2003	FC PORTO
1975	BORUSSIA M'GLADBACH	2004	FC VALENCIA
1976	FC LIVERPOOL	2005	ZSKA MOSKAU
1977	JUVENTUS TURIN	2006	FC SEVILLA
1978	PSV EINDHOVEN	2007	FC SEVILLA
1979	BORUSSIA M'GLADBACH	2008	ZENIT ST. PETERSBURG
1980	EINTRACHT FRANKFURT	2009	SCHACHTAR DONEZK
1981	IPSWICH TOWN	2010	ATLETICO MADRID
1982	IFK GÖTEBORG	2011	FC PORTO
1983	RSC ANDERLECHT	2012	ATLETICO MADRID
1984	TOTTENHAM HOTSPUR	2013	FC CHELSEA
1985	REAL MADRID	2014	FC SEVILLA
1986	REAL MADRID	2015	FC SEVILLA
1987	IFK GÖTEBORG	2016	FC SEVILLA

Ein 1955 begründeter Wettbewerb, der ursprünglich den europäischen Stadtmannschaften der „klassischen" europäischen Messestädte vorbehalten war. Aber noch im ersten Wettbewerb 1955/56 übernahmen verschiedene Klubmannschaften die Vertretung ihrer Städte. Ab 1963 nahmen nur noch Klubmannschaften teil. Ursprünglich erstreckte sich jeder Wettbewerb über drei Jahre, ab 1960 wurde der Messepokal alljährlich ausgespielt und der Teilnehmerkreis vergrößert. Ab 1971/72 steht der Wettbewerb unter Leitung der UEFA und hieß bis 2008/09 UEFA-Pokal, ab 2009/10 Europa League.

1955/58: FC Barcelona
Gruppe 1: FC Barcelona – Kopenhagen 6:2, 1:1; Wien verzichtete; **Gruppe 2:** Inter Mailand – Birmingham City 0:0, 1:2; Zagreb – Birmingham City 0:1, 0:3; Zagreb – Inter Mailand 0:1, 0:4; **Gruppe 3:** Leipzig – Lausanne-Sports 6:3, 3:7; **Gruppe 4:** Basel – London 0:5, 0:1; London – Frankfurt 3:2, 0:1; Frankfurt – Basel 5:1, 2:6; .
Halbfinale: Lausanne-Sports – London 2:1, 0:2; Birmingham City – FC Barcelona 4:3, 0:1, 1:2 (in Basel).

Endspiele: London – FC Barcelona 2:2 und 0:6.
Barcelona: Estrems (Ramallets); Olivella, Segarra; Gensana, Gracia, (Verges), Ribelles (Brugue); Basora, Evaristo, Martinez, Villaverde (Suarez), Tejada.
Tore: Greaves, Langley/Tejada, Martinez (1. Spiel), Suarez 2, Evaristo 2, Martinez, Verges (2. Spiel). – SR: Dusch (Deutschland, beide Spiele) – Zuschauer: 45 000/60 000 – 5.3. und 1.5.

1958/60: FC Barcelona
Gruppe 1: Basel – FC Barcelona – Basel 1:2, 2:5; Inter Mailand – Olympique Lyon 7:0, 1:1; Belgrad – Lausanne Sports 6:1, 5:3; Frem Kopenhagen – FC Chelsea 1:3, 1:4.
Gruppe 2: Union St. Gilloise Brüssel – Leipzig 6:1, 0:1; Hannover 96 – AS Rom 1:3, 1:1; Zagreb – Ujpest Budapest 4:2, 0:1; Köln – Birmingham City 2:2, 0:2.
Viertelfinale: FC Barcelona – Inter Mailand 4:0, 4:2; Chelsea London – Belgrad 1:0, 1:4; Union St. Gilloise Brüssel – AS Rom 2:0, 1:1; Birmingham City – Zagreb 1:0, 3:3.
Halbfinale: Belgrad – FC Barcelona 1:1, 1:3; Union St. Gilloise Brüssel – Birmingham City 2:4, 2:4.
Endspiele: Birmingham City – FC Barcelona 0:0 und 1:4.
Barcelona: Ramallets; Olivella; Garcia; Gensana (Verges), Rodri, Segarra; Coll, Ribelles, Martinez (Kubala, Czibor), Kocsis.
Tore: Czibor 2, Martinez, Coll (Hooper für Birmingham) – SR: Van Nuffel (Belgien, beide) – Zuschauer: 41 000/70 000 – 29.3. und 4.5.

1960/61: AS Rom
Gruppe 1: Dinamo Zagreb – FC Barcelona 1:1, 3:4; Olympique Lyon – Köln 1:3, 2:1; Union St. Gilloise Brüssel – AS Rom 0:0, 1:4; Lausanne-Sports – Hibernian Edinburgh 0:2 (gewertet), Lausanne verzichtete auf Rückspiel.
Gruppe 2: KB Kopenhagen – Basel 8:1, 3:3; Birmingham City – Ujpest Budapest 3:2, 2:1; Inter Mailand – Hannover 96 8:2, 6:1; Leipzig – Belgrad 5:2, 1:4; 0:2 (in Budapest).
Viertelfinale: Köln – AS Rom 0:2, 2:0, 1:4 (in Rom); FC Barcelona – Hibernian Edinburgh 4:4, 2:3; Inter Mailand – Belgrad 5:0, 0:1; KB Kopenhagen – Birmingham City 4:4, 0:5.
Halbfinale: Hibernian Edinburgh – AS Rom 2:2, 3:3,0:6 (in Rom), Inter Mailand – Birmingham City 1:2, 1:2.
Endspiele: Birmingham City – AS Rom 2:2, 0:2.
AS Rom: Cudicini; Fontana, Corsini; Guiliano (Pestrin), Losi, Carpanesi; Orlando, Da Costa (Lojacono), Manfredini, Angelillo, Menichelli.
Tore: (Hellawell, Oritt für Birmingham im 1. Spiel), Manfredini 2; Pestrin, Farmer (Eigentor) im 2. Spiel – SR: Davidson (Schottland)/Schwinte (Frankreich) – Zuschauer: 21 000/60 000 – 27.9. und 11.10.

1961/62: FC Valencia
Gruppe 1: Spartak KPS Brünn – Leipzig 2:2, 1:4; Racing Straßburg – MTK Budapest 1:3, 2:10; AC Mailand – Novi Sad 0:0, 0:2. Freilos für: Iraklis Saloniki.
Gruppe 2: Kopenhagen – Dinamo Zagreb 2:7, 2:2; Berlin (West) – FC Barcelona 1:0, 0:3; Olympique Lyon – Sheffield Wednesday 4:2, 2:5. Freilos für: AS Rom.
Gruppe 3: Hannover 96 – Espanol Barcelona 0:1, 0:2; Basel – Roter Stern Belgrad 1:1, 1:4; Hibernian Edinburgh – Belenenses Lissabon 3:3, 3:1. Freilos für: Birmingham City.
Gruppe 4: Union St. Gilloise Brüssel – Heart of Midlothian 1:3, 0:2; 1. FC Köln – Inter Mailand 4:2, 0:2, 3:5 (in Mailand); FC Valencia – Nottingham Forest 2:0, 5:1. Freilos für: Lausanne-Sports.
Achtelfinale: MTK Budapest – Leipzig 3:0, 0:3, 2:0 (in Bratislava); Iraklis Saloniki – Novi Sad 2:1, 1:9; FC Barcelona – Dinamo Zagreb 5:1, 2:2; Sheffield Wednesday – AS Rom 4:0, 0:1; Roter Stern Belgrad – Hibernian Edinburgh 4:0, 1:0; Espanol Barcelona – Birmingham City 5:2, 0:1; Heart of Midlothian Edinburgh – Inter Mailand 0:1, 0:4; FC Valencia – Lausanne-Sports 4:3 (nur ein Spiel).
Viertelfinale: Novi Sad – MTK Budapest 1:4, 1:2; Sheffield Wednesday – FC Barcelona 3:2, 0:2, Roter Espanol Barcelona – Stern Belgrad 2:1, 0:5; FC Valencia – Inter Mailand 2:0, 3:3.
Halbfinale: FC Valencia – MTK Budapest 3:0, 7:3; Roter Stern Belgrad – FC Barcelona 0:2, 1:4.
Endspiele: FC Valencia – FC Barcelona 6:2, 1:1.
FC Valencia: Zamora; Piquer, Mestre; Sastre, Quincoces, Chicao; Nunez, Ribelles (Urtiaga), Waldo, Guillot, Yosu.
Tore: Yosu 2, Gullot 3, Nunez (Kocsis 2 für Barcelona) im 1. Spiel; Guillot, (Kocsis für Barcelona) im 2. Spiel - SR: Barberan (Frankreich)/Campanati (Italien) – Zuschauer: 65 000/60 000 – 8.9. und 12.9.

1962/63: FC Valencia
Gruppe 1: Utrecht – Tasmania 1900 Berlin 3:2, 2:1; Hibernian Edinburgh – Kopenhagen 4:0, 3:2.
Gruppe 2: Belenenses Lissabon – FC Barcelona 1:1, 1:1, 2:3; Rapid Wien – Roter Stern Belgrad 1:1, 0:1.
Gruppe 3: FC Basel – Bayern München 0:3 (nur ein Spiel); Drumcondra Dublin – Odense 4:1, 2:4.
Gruppe 4: Altay Izmir – AS Rom 2:3 (in Izmir), 1:10; Glentoran Belfast – Real Saragossa 0:2, 2:6.
Gruppe 5: Viktoria Köln – Ferencvaros Budapest 4:3, 1:4; Sampdoria Genua – Aris Bonneweg 1:0, 2:0.
Gruppe 6: FC Porto – Dinamo Zagreb 1:2, 0:0; Olympique Marseille – Union St. Gilloise Brüssel 1:0, 2:4.
Gruppe 7: FC Everton – Dunfermline 1:0, 0:2; FC Valencia – Celtic Glasgow 4:2, 2:2.
Gruppe 8: Vojvodina Novi Sad – Leipzig 1:0, 0:2; Petrolul Ploesti – Spartak Brünn 4:0, 1:0.
Achtelfinale: Utrecht – Hibernian Edinburgh 0:1, 1:2; Roter Stern Belgrad – FC Barcelona 3:2, 0:1, 1:0 (in Nizza); Bayern München – Drumcondra Dublin 6:0, 0:1; Real Saragossa – AS Rom 2:4, 2:1; Sampdoria Genua – Ferencvaros Budapest 1:0, 0:6; Dinamo Zagreb – Union St. Gilloise Brüssel 2:1, 0:1, 3:2 (in Linz); FC Valencia – Dunfermline 4:0, 2:6, 1:0 (in Lissabon); Petrolul Ploesti – Leipzig 1:0, 0:1 1:0 (in Budapest).
Viertelfinale: Bayern München – Dinamo Zagreb 1:4, 0:0; Ferencvaros Budapest – Petrolul Ploesti 2:0, 0:1; AS Rom – Roter Stern Belgrad 3:0, 0:2; FC Valencia – Hibernian Edinburgh 5:0, 1:2.
Halbfinale: FC Valencia – AS Rom 3:0, 0:1; Ferencvaros Budapest – Dinamo Zagreb 1:2, 0:1.

Endspiele: Dinamo Zagreb – FC Valencia 1:2, 0:2.
FC Valencia: Zamora; Piquer, Chiaco; Paquito, Quincoces, Sastre; Mano, Sanchez-Lage, Waldo, Ribelles, Urtiaga (Nunez).
Tore: Waldo, Urtiaga (Zambata für Zagreb im 1. Spiel; Mano, Nunez im 2. Spiel – SR: Adami (Italien)/ Howley (England) – Zuschauer: 40 000/55 000 – 12. und 26.6.

1963/64: Real Saragossa
Gruppe 1: 1. FC Köln – AA Gent 3:1, 1:1; DOS Utrecht – Sheffield Wednesday 1:4, 1:4.
Gruppe 2: Spartak Brünn – Servette Genf 5:0, 2:1; Glentoran Belfast – Partick Thistle 1:4, 0:3.
Gruppe 3: Kopenhagen – FC Arsenal 1:7, 3:2; Aris Bonneweg – FC Lüttich 0:2, 0:0.
Gruppe 4: Lausanne-Sports – Heart of Midlothian Edinburgh 2:2, 2:2, 3:2 n. V. (in Lausanne); Iraklis Saloniki – Real Saragossa 0:3, 1:6.
Gruppe 5: Atletico Madrid – FC Porto 2:1, 0:0; Juventus Turin – OFK Belgrad 2:1, 1:2, 1:0 (in Triest).
Gruppe 6: Shamrock Rovers – FC Valencia 0:1, 2:2; Rapid Wien – Racing Paris 1:0, 3:2.
Gruppe 7: Hertha BSC – AS Rom 1:3, 0:2; Tresnjevka Zagreb – Belenenses Lissabon 0:2, 1:2.
Gruppe 8: SC Leipzig – Ujpest Budapest 0:0, 2:3; Steagul Rosu Brasov – Lokomotive Plovdiv 1:3, 1:2.
Achtelfinale: 1. FC Köln – Sheffield Wednesday 3:2, 2:1; Partick Thistle – Spartak Brünn 3:2, 0:4; FC Arsenal London – FC Lüttich 1:1, 1:3; Lausanne Sports – Real Saragossa 1:2, 0:3; Juventus Turin – Atletico Madrid 1:0, 2:1; Rapid Wien – FC Valencia 0:0, 2:3; AS Rom – Belenenses Lissabon 2:1, 1:0; Ujpest Budapest – Lokomotive Plovdiv 0:0, 3:1.
Viertelfinale: AS Rom – 1. FC Köln 3:1, 0:4; FC Valencia – Ujpest Budapest 5:2, 1:3; Real Saragossa – Juventus Turin 3:2, 0:0; FC Lüttich – Spartak Brünn 2:0, 0:2, 1:0 (in Lüttich).
Halbfinale: FC Valencia – 1. FC Köln 4:1, 0:2; FC Lüttich – Real Saragossa 1:0, 1:2, 0:2 (in Saragossa).

Endspiel: Real Saragossa – FC Valencia 2:1 in Barcelona.
Real Saragossa: Yarza; Cortizo, Reija, Isasi; Santamaria, Pais; Canario, Duca, Marcelino, Villa, Lapetra.
Tore: Villa, Marcelino (Urtiaga für Valencia) – SR: Campos (Portugal) – Zuschauer: 50 000 – 25.6.

1964/65: Ferencvaros Budapest
Gruppe 1: Eintracht Frankfurt – FC Kilmarnock 3:0, 1:5; Valerengen Oslo – FC Everton 2:5, 2:4; FC Kilmarnock – FC Everton 0:2, 1:4.
Gruppe 2: Borussia Dortmund – Girondins Bordeaux 4:1, 0:2; Djurgarden Stockholm – Manchester United 1:1, 1:6; Borussia Dortmund – Manchester United 1:6, 0:4.
Gruppe 3: Leixoes Porto – Celtic Glasgow 1:1, 0:3; FC Barcelona – AC Florenz 0:1, 2:0; FC Barcelona – Celtic Glasgow 3:1, 0:0.
Gruppe 4: Racing Straßburg – AC Mailand 2:0, 0:1; FC Basel – Spora Luxemburg 2:0, 0:1; FC Basel – Racing Straßburg 0:1, 2:5.
Gruppe 5: Ferencvaros Budapest – Spartak Brünn 2:0, 0:1; Wiener Sport Klub – SC Leipzig 2:1, 1:0; Wiener Sport Klub – Ferencvaros Budapest 1:0, 1:2, 0:2 (in Budapest).
Gruppe 6: Belenenses Lissabon – Shelbourne Dublin 1:1, 0:0, 1:2 (in Dublin); Servette Genf – Atletico Madrid 2:2, 1:6; Shelbourne Dublin – Atletico Madrid 0:1, 0:1.

Gruppe 7: Vojvodina Novi Sad – Lokomotive Plovdiv 1:1, 1:1, 0:2 (in Sofia); Göztepe Izmir – Petrolul Ploesti 0:1, 1:2; Petrolul Ploesti – Lokomotive Plovdiv 1:0, 0:2.
Gruppe 8: KB Kopenhagen – DOS Utrecht 3:4, 1:2; FC Valencia – FC Lüttich 1:1, 1:3; DOS Utrecht – FC Lüttich 0:2, 0:2.
Gruppe 9: B 1913 Odense – VfB Stuttgart 1:3, 0:1; Dunfermline Athletic – Örgryte Göteborg 4:2, 0:0; Dunfermline Athletic – VfB Stuttgart 1:0, 0:0.
Gruppe 10: Atletico Bilbao – OFK Belgrad 2:2, 2:0; Hertha BSC – FC Antwerpen 2:1, 0:2; Atletico Bilbao – FC Antwerpen 2:0, 1:0.
Gruppe 11: Betis Sevilla – Stade Français Paris 1:1, 0:2; Union St. Gilloise Brüssel – Juventus Turin 0:1, 0:1; Stade Français Paris – Juventus Turin 0:0, 0:1.
Gruppe 12: Aris Saloniki – AS Rom 0:0, 0:3; NK Zagreb – Grazer AK 3:2, 6:0; NK Zagreb – AS Rom 1:1, 0:1.
Achtelfinale: AS Rom – Ferencvaros Budapest 1:2, 0:1; Atletico Bilbao – Dunfermline 1:0, 0:1, 2:1 (in Bilbao); Manchester United – FC Everton 1:1, 2:1; Racing Straßburg – FC Barcelona 0:0, 2:2, 0:0 n. V. , Los für Straßburg (in Barcelona); Juventus Turin – Lokomotive Plovdiv 1:1, 1:1, 2:1 (in Turin); FC Lüttich – Atletico Madrid 1:0, 0:2.
Viertelfinale: Racing Straßburg – Manchester United 0:5, 0:0; Ferencvaros Budapest – Atletico Bilbao 1:0, 1:2, 3:0 (in Budapest); Freilose für: Atletico Madrid und Juventus Turin.
Halbfinale: Atletico Madrid – Juventus Turin 3:1, 1:3, 1:3 (in Turin); Manchester United – Ferencvaros Budapest 3:2, 0:1, 1:2 (in Budapest).

Endspiel: Ferencvaros Budapest – Juventus Turin 1:0 (in Turin).
Ferencvaros Budapest: Geczi; Novak, Matrai; Horvath, Juhasz, Orosz; Karaba, Varga, Albert, Rakosi, Fenyvesi.
Tor: Fenyvesi – SR: Dienst (Schweiz) – Zuschauer: 25 000 – 23.6.

1965/66: FC Barcelona
1. Runde: 1. FC Nürnberg – FC Everton 1:1, 0:1; US Luxemburg – 1. FC Köln 0:4, 0:13; DOS Utrecht – FC Barcelona 0:0, 1:7; FC Lüttich – NK Zagreb 1:0, 0:2; AC Mailand – Racing Straßburg 1:0, 1:2, n. V. 1:1 Los für Mailand, (in Mailand); FC Chelsea – AS Rom 4:1, 0:0; Hibernian Edinburgh – FC Valencia 2:0, 0:2, 0:3 (in Valencia); Stade Francais Paris – FC Porto 0:0, 0:1; Daring Club Brüssel – AIK Stockholm 1:3, 0:0; Malmö FF – TSV München 1860 0:3, 0:4; Leeds United – AC Turin 2:1, 0:0; PAOK Saloniki – Wiener SC 2:1, 0:6; Spartak Brünn – Lokomotive Plovdiv 2:0, 0:1; Girondins Bordeaux – Sporting Lissabon 0:4, 1:6; Roter Stern Belgrad – AC Florenz 0:4, 1:3; FC Antwerpen – FC Glentoran 1:0, 3:3. Freilose für: Hannover 96, Espanol Barcelona, Steagul Rosu Brasov, Göztepe Izmir, Servette Genf, CUF Barreiro, SC Leipzig, FC Basel, Aris Saloniki, Ujpest Budapest, Dunfermline Athletic, B 1903 Kopenhagen, Heart of Midlothian, Valerengen Oslo, Shamrock Rovers und Real Saragossa.
2. Runde: SC Leipzig – Leeds United 1:2, 0:0; Aris Saloniki – 1. FC Köln 2:1, 0:2; Göztepe Izmir – TSV München 1860 2:1, 1:9; Hannover 96 – FC Porto 5:0, 1:2; CUF Barreiro – AC Mailand 2:0, 0:2, 0:1 (in Mailand); Wiener SC – FC Chelsea 1:0, 0:2; Sporting Lissabon – Espanol Barcelona 2:1, 3:4, 1:2 (in Barcelona); Ujpest Budapest – FC Everton 3:0, 1:2; Heart of Midlothian – Valerengen Oslo 1:0, 3:1; FC Antwerpen – FC Barcelona 2:1, 0:2; Dunfermline Athletic – B 1903 Kopenhagen 5:0, 4:2; FC Basel – FC Valencia 1:3, 1:5; NK Zagreb – Steagul Rosu Brasov 2:2, 0:1; AIK Stockholm – Servette Genf 2:1, 1:4; AC Florenz – Spartak Brünn 2:0, 0:4; Shamrock Rovers – Real Saragossa 1:1, 1:2.
Achtelfinale: 1. FC Köln – Ujpest Budapest 3:2, 0:4; Servette Genf – TSV München 1860 1:1, 1:4; Hannover 96 – FC Barcelona 2:1, 0:1, n. V. 1:1, Los für Barcelona (in Hannover); AC Mailand – FC Chelsea 2:1, 1:2, n. V. 1:1, Los für Chelsea (in Mailand); Dunfermline Athletic – Spartak Brünn 2:0, 0:0; Espanol Barcelona – Steagul Rosu Brasov 3:1, 2:4, 1:0 (in Brasov); Leeds United – FC Valencia 1:1, 1:0; Heart of Midlothian – Real Saragossa 3:3, 2:2, 0:1 (in Saragossa).
Viertelfinale: TSV München 1860 – FC Chelsea 2:2, 0:1; Leeds United – Ujpest Budapest 4:1, 1:1; FC Barcelona – Espanol Barcelona 1:0, 1:0; Dunfermline Athletic – Real Saragossa 1:0, n. V. 2:4.
Halbfinale: FC Barcelona – FC Chelsea 2:0, 0:2, 5:0 (in Barcelona); Real Saragossa – Leeds United 1:0, 1:2, 3:1 (in Saragossa).

Endspiele: FC Barcelona – Real Saragossa 0:1, n. V. 4:2
FC Barcelona: Sadurni – Benitez (Foncho), Eladio – Montesinos, Gallego, Torres –Zaballa, Muller (Mas), Zaldua, Fuste, Vidal (Pujol).
Tore: (Canario für Saragossa im 1. Spiel); Pujol 2, Zaballa, Torres (Villa, Marcelino für Saragossa) im 2. Spiel) – SR: Zsolt (Ungarn)/Lo Bello (Italien) – Zuschauer: 70 000/35 000 – 14. 9. und 21. 9.

1966/67: Dinamo Zagreb

1. Runde: Drumcondra Dublin – Eintracht Frankfurt 0:2, 1:6; 1. FC Nürnberg – FC Valencia 1:2, 0:2; VfB Stuttgart – FC Burnley 1:1, 0:2; Djurgarden Stockholm – 1. FC Lok Leipzig 1:3, 1:2; Frigg Oslo – Dunfermline Athletic 1:3, 1:3; DOS Utrecht – FC Basel 2:1, 2:2; Roter Stern Belgrad – Atletico Bilbao 5:0, 0:2; US Luxemburg – FC Antwerpen 0:1, 0:1; OGC Nizza – Örgryte Göteborg 2:2, 1:2; Olimpija Ljubljana – Ferencvaros Budapest 3:3, 0:3; Spartak Brünn – Dinamo Zagreb 2:0, 0:2 (Los für Zagreb); Wiener SC – SSC Neapel 1:2, 1:3; Dinamo Pitesti – FC Sevilla 2:0, 2:2; Aris Saloniki – Juventus Turin 0:2, 0:5; Göztepe Izmir – FC Bologna 1:2, 1:3; FC Porto – Girondins Bordeaux 2:1, 1:2 (Los für Bordeaux). Freilose für: FC Toulouse, Dundee United, FC Barcelona, Vitoria Setubal, B 1909 Odense, Lausanne-Sports, Hvidovre Kopenhagen, AA Gent, FC Kilmarnock, Spartak Plovdiv, Benfica Lissabon, FC Lüttich, Sparta Prag, West Bromwich Albion, DWS Amsterdam und Leeds United.
2. Runde: Eintracht Frankfurt – Hvidovre Kopenhagen 5:1, 2:2; 1. FC Lok Leipzig – FC Lüttich 0:0, 2:1; DWS Amsterdam – Leeds United 1:3, 1:5; FC Antwerpen – FC Kilmarnock 0:1, 2:7; AA Gent – Girondins Bordeaux 1:0, 0:0; DOS Utrecht – West Bromwich Albion 1:1, 2:5; FC Barcelona – Dundee United 1:2, 0:2; FC Toulouse – Dinamo Pitesti 3:0, 1:5; FC Valencia – Roter Stern Belgrad 1:0, 2:1; B 1909 Odense – SSC Neapel 1:4, 1:2; Lausanne-Sports – FC Burnley 1:3, 0:5; Sparta Prag – FC Bologna 2:2, 1:2; Dunfermline Athletic – Dinamo Zagreb 4:2, 0:2; Juventus Turin – Vitoria Setubal 3:1, 2:0; Örgryte Göteborg – Ferencvaros Budapest 0:0, 1:7; Spartak Plovdiv – Benfica Lissabon 1:1, 0:3.
Achtelfinale: Eintracht Frankfurt – Ferencvaros Budapest 4:1, 1:2; 1. FC Lok Leipzig – Benfica Lissabon 3:1, 1:2; Juventus Turin – Dundee United 3:0, 0:1; Leeds United – FC Valencia 1:1, 2:0; FC Burnley – SSC Neapel 3:0, 0:0; FC Bologna – West Bromwich Albion 3:0, 3:1; FC Kilmarnock – AA Gent 1:0, n. V. 2:1; Dinamo Pitesti – Dinamo Zagreb 0:1, 0:0.
Viertelfinale: Eintracht Frankfurt – FC Burnley 1:1, 2:1; 1. FC Lok Leipzig – FC Kilmarnock 1:0, 0:2; Juventus Turin – Dinamo Zagreb 2:2, 0:3; FC Bologna – Leeds United 1:0, n. V. 0:1 (Los für Leeds).
Halbfinale: Eintracht Frankfurt – Dinamo Zagreb 3:0, n. V. 0:4; Leeds United – FC Kilmarnock 4:2, 0:0.

Endspiele: Dinamo Zagreb – Leeds United 2:0, 0:0.
Dinamo Zagreb: Skoric – Gracanin, Brncic, Belin, Ramljak – Blaskovic, Cercek – Piric, Zambata, Gucmirtl, Rora.
Tore: Cercek, Rora – SR: Perales (Spanien)/Sbardella(Italien) – Zuschauer: 40 000/35 000 – 30. 8. und 7. 9.

1967/68: Leeds United

1. Runde: Eintracht Frankfurt – Nottingham Forest 0:1, 0:4; Servette Genf – TSV München 1860 2:2, 0:4; SSC Neapel – Hannover 96 4:0, 1:1; 1. FC Köln – Slavia Prag 2:0, 2:2; Dynamo Dresden – Glasgow Rangers 1:1, 1:2; 1. FC Lok Leipzig – FC Linfield 5:1, 0:1; Malmö FF – FC Liverpool 0:2, 1:2; FC Bologna – Lyn Oslo 2:0, 0:0; OGC Nizza – AC Florenz 0:1, 0:4 ; Hibernian Edinburgh – FC Porto 3:0, 1:3; FC Brügge – Sporting Lissabon 0:0, 1:2; St. Patrick's Athletic – Girondins Bordeaux 1:3, 3:6; Spora Luxemburg – Leeds United 0:9, 0:7; Wiener SC – Atletico Madrid 2:5, 1:2; Vojvodina Novi Sad – CUF Barreiro 1:0, 3:1; Frem Kopenhagen – Atletico Bilbao 0:1, 2:3; DWS Amsterdam – FC Dundee 2:1, 0:3; FC Zürich – FC Barcelona 3:1, 0:1; PAOK Saloniki – FC Lüttich 0:2, 2:3; Dinamo Zagreb – Petrolul Ploesti 5:0, 0:2; FC Antwerpen – Göztepe Izmir 1:2, 0:0; DOS Utrecht – Real Saragossa 3:2, 1:3; Dinamo Pitesti – Ferencvaros Budapest 3:1, 0:4; Partizan Belgrad – Lokomotive Plovdiv 5:1, 1:1.
2. Runde: FC Liverpool – TSV München 1860 8:0, 1:2; Glasgow Rangers – 1. FC Köln 3:0, n. V. 1:3; Vojvodina Novi Sad – 1. FC Lok Leipzig 0:0, 2:0; Nottingham Forest – FC Zürich 2:1, 0:1; SSC Neapel – Hibernian Edinburgh 4:1, 0:5; FC Dundee – FC Lüttich 3:1, 4:1; FC Bologna – Dinamo Zagreb 0:0, 2:1; Real Saragossa – Ferencvaros Budapest 2:1, 0:3; Sporting Lissabon – AC Florenz 2:1, 1:1; Girondins Bordeaux – Atletico Bilbao 1:3, 0:1; Partizan Belgrad – Leeds United 1:2, 1:1; Atletico Madrid – Göztepe Izmir 2:0, 0:3.
Achtelfinale: Ferencvaros Budapest – FC Liverpool 1:0, 1:0; FC Zürich – Sporting Lissabon 3:0, 0:1; Leeds United – Hibernian Edinburgh 1:0, 1:1; Vojvodina Novi Sad – Göztepe Izmir 1:0, 1:0; Freilose für: FC Dundee, Atletico Bilbao, Glasgow Rangers und FC Bologna.
Viertelfinale: Glasgow Rangers – Leeds United 0:0, 0:2; Ferencvaros Budapest – Atletico Bilbao 2:1, 2:1; FC Bologna – Vojvodina Novi Sad 0:0, 2:0; FC Dundee – FC Zürich 1:0, 1:0.
Halbfinale: Ferencvaros Budapest – FC Bologna 3:2, 2:2; FC Dundee – Leeds United 1:1, 0:1.

Endspiele: Leeds United – Ferencvaros Budapest 1:0, 0:0
Leeds United: Sprake – Reaney. Cooper, J. Charlton, Lorimer – Bremner, Hunter – Madeley, Jones (Belfitt), Giles (Greenhoff), Gray (Hibbit, Bates).
Tor: Jones – SR: Scheurer (Schweiz)/Schulenburg (Deutschland) – Zuschauer: 26 000/76 000 – 7. 8. und 11. 9.

1968/69: Newcastle United
1. Runde: Hannover 96 – B 1909 Odense 3:2, 1:0; FC Metz – Hamburger SV 1:4, 2:3; Wacker Innsbruck – Eintracht Frankfurt 2:2, 0:3; Legia Warschau – TSV München 1860 6:0, 3:2; Hansa Rostock – OGC Nizza 3:0, 1:2; Atletico Bilbao – FC Liverpool 2:1, n. V. 1:2 (Los für Bilbao); Daring Brüssel – Panathinaikos Athen 2:1, 0:2; Slavia Sofia – FC Aberdeen 0:0, 0:2; Sporting Lissabon – FC Valencia 4:0, 1:4; Standard Lüttich – Leeds United 0:0, 2:3; Trakia Plovdiv – Real Saragossa 3:1, 0:2; Aris Saloniki – Hibernians Paola 1:0, 6:0; FC Bologna – FC Basel 4:1, 2:1; Dinamo Zagreb – AC Florenz 1:1, 1:2; SSC Neapel – Grasshoppers Zürich 3:1, 0:1; Lausanne-Sports – Juventus Turin 0:2, 0:2; FC Chelsea – Greenock Morton 5:0, 4:3; DOS Utrecht – FC Dundalk 1:1, n. V. 1:2; Skeid Oslo – AIK Stockholm 1:1, 1:2; Atletico Madrid – SV Waregem 2:1, 0:1; Leixoes Porto – Arges Pitesti 1:1, 0:0; Beerschot VAV – DWS Amsterdam 1:1, 1:2; Olimpija Ljubljana – Hibernian Edinburgh 0:3, 1:2; Vitoria Setubal – FC Linfield 3:0, 3:1; Newcastle United – Feyenoord Rotterdam 4:0, 0:2; Rapid Bukarest – OFK Belgrad 3:1, n. V. 1:6; Göztepe Izmir – Olympique Marseille 2:0, n.V 0:2 (Los für Göztepe); Wiener SC – Slavia Prag 1:0, 0:5; Glasgow Rangers – Vojvodina Novi Sad 2:0, 0:1; Olympique Lyon – Academica Coimbra 1:0, n. V. 0:1 (Los für Lyon); KB Kopenhagen und US Luxemburg verzichteten gegen 1. FC Lok Leipzig und Ujpest Budapest.
2. Runde: AIK Stockholm – Hannover 96 4:2, 2:5; Hamburger SV – Slavia Prag 4:1, 1:3; Juventus Turin – Eintracht Frankfurt 0:0, n. V. 0:1; Hibernian Edinburgh – 1. FC Lok Leipzig 3:1, 1:0; Hansa Rostock – AC Florenz 3:2, 1:2; OFK Belgrad – FC Bologna 1:0, 1:1; Leeds United – SSC Neapel 2:0, n. V. 0:2 (Los für Leeds); FC Aberdeen – Real Saragossa 2:1, 0:3; FC Chelsea – DWS Amsterdam 0:0, n. V. 0:0 (Los für Amsterdam); Göztepe Izmir – Arges Pitesti 3:0, 2:3; Vitoria Setubal – Olympique Lyon 5:0, 2:1; Glasgow Rangers – FC Dundalk 6:1, 3:0; Sporting Lissabon – Newcastle United 1:1, 0:1; Aris Saloniki – Ujpest Budapest 1:2, 1:9; SV Waregem – Legia Warschau 1:0, 0:2; Panathinaikos Athen – Atletico Bilbao 0:0, 0:1.
Achtelfinale: Hamburger SV – Hibernian Edinburgh 1:0, 1:2; Leeds United – Hannover 96 5:1, 2:1; Atletico Bilbao – Eintracht Frankfurt 1:0, 1:1; Vitoria Setubal – AC Florenz 3:0, 1:2; Real Saragossa – Newcastle United 3:2, 1:2; DWS Amsterdam – Glasgow Rangers 0:2, 1:2; OFK Belgrad – Göztepe Izmir 3:1, 0:2; Legia Warschau – Ujpest Budapest 0:1, 2:2.
Viertelfinale: Leeds United – Ujpest Budapest 0:1, 0:2; Newcastle United – Vitoria Setubal 5:1, 1:3 (in Lissabon); Glasgow Rangers – Atletico Bilbao 4:1, 0:2; Hamburger SV verzichtete gegen Göztepe Izmir.
Halbfinale: Göztepe Izmir – Ujpest Budapest 1:4, 0:4; Glasgow Rangers – Newcastle United 0:0, 0:2.

Endspiele: Newcastle United – Ujpest Budapest 3:0, 3:2
Newcastle United: McFaul – Craig, Clark, Gibb, Burton, Moncur – Scott (Foggon) – Robson, Davies, Arentoft, Sinclair.
Tore: Moncur 2, Scott im 1. Spiel; Moncur, Arentoft, Scott (Bene, Göröcs für Budapest) im 2. Spiel –
SR: Hannot (Frankreich)/Heymann (Schweiz) – Zuschauer: 60 000/37 000 – 29. 5. und 11. 6.

1969/70: FC Arsenal
1. Runde: VfB Stuttgart – Malmö FF 3:0, 1:1; UD Las Palmas – Hertha BSC 0:0, 0:1; TSV München 1860 – Skeid Oslo 2:2, 1:2; Hannover 96 – Ajax Amsterdam 2:1, 0:3; Carl Zeiss Jena – Altay Izmir 1:0, 0:0; Hansa Rostock – Panionios Athen 3:0, 0:2; Wiener SC – Ruch Chorzow 4:2, 1:4; Sporting Lissabon – Linzer ASK 4:0, 2:2; Lausanne-Sports – Raba ETO Györ 1:2, 1:2; FC Zürich – FC Kilmarnock 3:2, 1:3; FC Rouen – Twente Enschede 2:0, 0:1; FC Metz – SSC Neapel 1:1, 1:2; Jeunesse Esch – FC Coleraine 3:2, 0:4; SC Charleroi – NK Zagreb 2:1, 3:1; FC Liverpool – FC Dundalk 10:0, 4:0; Hvidovre Kopenhagen – FC Porto 1:2, 0:2; FC Arsenal – FC Glentoran 3:0, 0:1; RSC Anderlecht – Valur Reykjavik 6:0, 2:0 (in Gent); Dunfermline Athletic – Girondins Bordeaux 4:0, 0:2; FC Barcelona – B 1913 Odense 4:0, 2:0; Rosenborg Trondheim – FC Southampton 1:0, 0:2; CE Sabadell – FC Brügge 2:0, 0:5; Dinamo Bacau – FC Floriana 6:0, 1:0; Partizan Belgrad – Ujpest Budapest 2:1, 0:2; Vitoria Setubal – Rapid Bukarest 3:1, 4:1; Dundee United – Newcastle United 1:2, 0:1; Inter Mailand – Sparta Prag 3:0, 1:0; Juventus Turin – Lokomotive Plovdiv 3:1, 2:1; Vojvodina Novi Sad – Gwardia Warschau 1:1, 0:1; Aris Saloniki – US Cagliari 1:1, 0:3 (abgebrochen); Vitoria Guimaraes – Banik Ostrau 1:0, 1:1; Slavia Sofia – FC Valencia 2:0, 1:1.
2.Runde: Hertha BSC – Juventus Turin 3:1, 0:0; VfB Stuttgart – SSC Neapel 0:0, 0:1; Carl Zeiss Jena – US Carliari 2:0, 1:0; Hansa Rostock – Inter Mailand 2:1, 0:3; Ajax Amsterdam – Ruch Chorzow 7:0, 2:1; RSC Anderlecht – FC Coleraine 6:1, 7:3; Sporting Lissabon – FC Arsenal 0:0, 3:0; Skeid Oslo – Dinamo Bacau 0:0, 0:2; Vitoria Setubal – FC Liverpool 0:1, 2:3; SC Charleroi – FC Rouen 3:1, 0:2; FC Porto – Newcastle United 0:0, 0:1; FC Brügge – Ujpest Budapest 5:2, 0:3; Dunfermline Athletic – Gwardia Warschau 2:1, 1:0; Vitoria Guimaraes – FC Southampton 3:3, 1:5; FC Kilmarnock – Slavia Sofia 4:1, 0:2; Raba ETO Györ – FC Barcelona 2:3, 0:2.
Achtelfinale: Vitoria Setubal – Hertha BSC 1:1, 0:1; Carl Zeiss Jena – Ujpest Budapest 1:0, 3:0; FC Kilmarnock – Dinamo Bacau 1:1, 0:2; FC Rouen – FC Arsanal 0:0, 0:1; SSC Neapel – Ajax Amsterdam

1:0, n. V. 0:4; RSC Anderlecht – Dunfermline Athletic 1:0, 2:3; Newcastle United – FC Southampton 0:0, 1:1; FC Barcelona – Inter Mailand 1:2, 1:1.
Viertelfinale: Hertha BSC – Inter Mailand 1:0, 0:2; Carl Zeiss Jena – Ajax Amsterdam 3:1, 1:5; RSC Anderlecht – Newcastle United 2:0, 1:3; Dinamo Bacau – FC Arsenal 0:2, 1:7.
Halbfinale: FC Arsenal – Ajax Amsterdam 3:0, 0:1; RSC Anderlecht – Inter Mailand 0:1, 2:0.

Endspiele: RSC Anderlecht – FC Arsenal 3:1, 0:3

FC Arsenal: Wilson – Storey, McLintock, McNab, Simpson – Kelly, Sammels, Graham – Armstrong, Radford, George (Kennedy).
Tore: (Mulder 2, Devrindt für Anderlecht), Kennedy im 1. Spiel; Kelly, Radford, Sammels im 2. Spiel –
SR: Scheurer (Schweiz)/Kunze (DDR) – Zuschauer: 37 000/51 612 – 22. 4. und 28. 4.

1970/71: Leeds United

1. Runde: AA Gent – Hamburger SV 0:1, 1:7; 1. FC Köln – CS Sedan 5:1, 0:1; Bayern München – Glasgow Rangers 1:0, 1:1; B 1901 Nyköbing – Hertha BSC 2:4, 1:4; Partizan Belgrad – Dynamo Dresden 0:0, 0:6; Sarpsborg FK – Leeds United 0:1, 0:5; GKS Kattowitz – FC Barcelona 0:1, 2:3; FC Sevilla – Eskisehirspor 1:0, 1:3; AEK Athen – Twente Enschede 0:1, 0:3; Zeljeznicar Sarajevo – RSC Anderlecht 3:4, 4:5; Lausanne-Sports – Vitoria Setubal 0:2, 1:2; FC Liverpool – Ferencvaros Budapest 1:0, 1:1; FC Coleraine – FC Kilmarnock 1:1, 3:2; Akademisk Kopenhagen – Sliema Wanderers 7:0, 3:2; Wiener SC – SK Beveren 0:2, 0:3; FC Barreirense – Dinamo Zagreb 2:0, 1:6; Spartak Trnava – Olympique Marseille 2:0, n. V. 0:2 (Trnava 4:3-Sieger nach Elfmeterschießen); Hibernian Edinburgh – Malmö FF 6:0, 3:2; Ilves-Kissat Tampere – Sturm Graz 4:2, 0:3; Trakia Plovdiv – Coventry City 1:4, 0:2; Universitatea Craiova – Pecsi Dosza 2:1, 0:3; Lazio Rom – FC Arsenal 2:2, 0:2; Juventus Turin – US Rümelingen 7:0, 4:0; Dinamo Bukarest – PAOK Saloniki 5:0, 0:1; Hajduk Split – Slavia Sofia 3:0, 0:1; Cork Hibernians – FC Valencia 0:3, 1:3; Dundee United – Grasshoppers Zürich 3:2, 0:0; Sparta Rotterdam – IA Akranes 6:0, 9:0 (in Den Haag); Inter Mailand – Newcastle United 1:1, 0:2; Sparta Prag – Atletico Bilbao 2:0, 1:1; Vitoria Guimaraes – AS Angoulême 3:0, 1:3; Ruch Chorzow – AC Florenz 1:1, 0:2.
2. Runde: Dinamo Zagreb – Hamburger SV 4:0, 0:1; AC Florenz – 1. FC Köln 1:2, 0:1; Bayern München – Coventry City 6:1, 1:2; Hertha BSC – Spartak Trnava 1:0, 1:3; Leeds United – Dynamo Dresden 1:0, 1:2; FC Barcelona – Juventus Turin 1:2, 1:2; Sparta Prag – Dundee United 3:1, 0:1; Hibernian Edinburgh – Vitoria Guimaraes 2:0, 1:2; Sparta Rotterdam – FC Coleraine 2:0, 2:1; Vitoria Setubal – Hajduk Split 2:0, 1:2; Sturm Graz – FC Arsenal 1:0, 0:2; FC Liverpool – Dinamo Bukarest 3:0, 1:1; Akademisk Kopenhagen – RSC Anderlecht 1:3, 0:4; Newcastle United – Pecsi Dozsa 2:0, n. V. 0:2 (Pecs 5:3-Sieger nach Elfmeterschießen); FC Valencia – SK Beveren 0:1, 1:1; Eskisehirspor – Twente Enschede 3:2, 1:6.
Achtelfinale: Bayern München – Sparta Rotterdam 2:1, 3:1; Spartak Trnava – 1. FC Köln 0:1, 0:3; Leeds United – Sparta Prag 6:0, 3:2; Pecsi Dozsa – Juventus Turin 0:1, 0:2; FC Arsenal – SK Beveren 4:0, 0:0; Dinamo Zagreb – Twente Enschede 2:2, 0:1; RSC Anderlecht – Vitoria Setubal 2:1, n. V. 1:3; Hibernian Edinburgh – FC Liverpool 0:1, 0:2.
Viertelfinale: FC Arsenal – 1. FC Köln 2:1, 0:1; FC Liverpool – Bayern München 3:0, 1:1, Leeds United – Vitoria Setubal 2:1, 1:1; Juventus Turin – Twente Enschede 2:0, n. V. 2:2.
Halbfinale: FC Liverpool – Leeds United 0:1, 0:0; 1. FC Köln – Juventus Turin 1:1, 0:2.

Endspiele: Juventus Turin – Leeds United 2:2, 1:1.

Leeds United: Sprake – Reaney, Cooper, Bremner, J. Charlton, Hunter, Lorimer, Clarke, Jones (Bates), Giles, Madeley.
Tore: (Bettega, Capello für Turin), Madeley, Bates im 1. Spiel; (Anastasi für Turin), Clarke im 2. Spiel –
SR: van Ravens (Holland)/Glöckner (DDR) – Zuschauer: 65 000/42 483 – 28. 5. und 3. 6.

1971/72: Tottenham Hotspur

1. Runde: Hertha BSC – Elfsborg Boras 3:1, 4:1; Hamburger SV – FC St. Johnstone 2:1, 0:3; AS Saint-Etienne – 1. FC Köln 1:1, 1:2; FC Glentoran – Eintracht Braunschweig 0:1, 1:6; Carl Zeiss Jena – Lokomotive Plovdiv 3:0, 1:3; Chemie Halle – PSV Eindhoven 0:0, (Halle verzichtet auf Rückspiel wegen Brandkatastrophe); Lierse SK – Leeds United 0:2, 4:0; Rosenborg Trondheim – HIFK Helsinki 3:0, 1:0; Vasas Budapest – FC Shelbourne 1:0, 1:1; IB Keflavik – Tottenham Hotspur 1:6 (in Reykjavik), 0:9; Celta Vigo – FC Aberdeen 0:2, 0:1; FC Den Haag – Aris Bonneweg 5:0, 2:2; Wolverhampton Wanderers – Academica Coimbra 3:0, 4:1; FC Lugano – Legia Warschau 1:3, 0:0; FC Porto – FC Nantes 0:2, 1:1; FC Southampton – Athletic Bilbao 2:1, 0:2; SSC Neapel – Rapid Bukarest 1:0, 0:2; FC Bologna – RSC Anderlecht 1:1, 2:0; Vitoria Setubal – Olympique Nimes 1:0, 1:2; Atletico Madrid – Panionios Athen 2:1, 0:1; FC Basel – Real Madrid 1:2, 1:2; FC Marsa – Juventus Turin 0:6, 0:5; Dinamo Zagreb – Botev Vratza 6:1, 2:1; UT Arad – Austria Salzburg 4:1, 1:3; Fenerbahce Istanbul – Ferencvaros Budapest 1:1, 1:3;

AC Mailand – Digenis Akritas Morphou 4:0 3:0; Spartak Moskau – VSS Kosice 2:0, 1:2; OFK Belgrad – Djurgarden Stockholm 4:1, 2:2; Zeljeznicar Sarajevo – FC Brügge 3:0, 1:3; Zaglebie Walbrzych – Union Teplice 1:0, 3:2; FC Dundee – Akademisk BK Kopenhagen 4:2, 1:0; Vllaznija Shkoder verzichtete gegen Rapid Wien.
2. Runde: 1. FC Köln – FC Dundee 2:1, 2:4; Eintracht Braunschweig – Athletic Bilbao 2:1, 2:2; AC Mailand – Hertha BSC 4:2, 1:2; OFK Belgrad – Carl Zeiss Jena 1:1, 0:4; FC Den Haag – Wolverhampton Wanderers 1:3, 0:4; Real Madrid – PSV Eindhoven 3:1, 0:2 (in Den Bosch); Spartak Moskau – Vitoria Setubal 0:0, 0:4; Zaglebie Walbrzych – UT Arad 1:1, 1:2; Rosenborg Trondheim – Lierse SK 4:1, 0:3; FC St. Johnstone – Vasas Budapest 2:0, 0:1; Juventus Turin – FC Aberdeen 2:0, 1:1; Rapid Bukarest – Legia Warschau 4:0, 0:2; Zeljeznicar Sarajevo – FC Bologna 1:1, 2:2; FC Nantes – Tottenham Hotspur 0:0, 0:1; Ferencvaros Budapest – Panionios Athen 6:0, (Athen wegen unsportlichen Auftretens ausgeschlossen); Dinamo Zagreb – Rapid Wien 2:2, 0:0.
Achtelfinale: Eintracht Braunschweig – Ferencvaros Budapest 1:1, 2:5; Carl Zeiss Jena – Wolverhampton Wanderers 0:1, 0:3; AC Mailand – FC Dundee 3:0, 0:2; FC St. Johnstone – Zeljeznicar Sarajevo 1:0, 1:5; UT Arad – Vitoria Setubal 3:0, 0:1; Rapid Wien – Juventus Turin 0:1, 1:4; PSV Eindhoven – Lierse SK 1:0, 0:4; Tottenham Hotspur – Rapid Bukarest 3:0, 2:0.
Viertelfinale: AC Mailand – Lierse SK 2:0, 1:1; Juventus Turin – Wolverhampton Wanderers 1:1, 1:2; UT Arad – Tottenham Hotspur 0:2, 1:1; Ferencvaros Budapest – Zeljeznicar Sarajevo 1:2, n. V. 2:1 (Ferencvaros 5:4-Sieger nach Elfmeterschießen).
Halbfinale: Tottenham Hotspur – AC Mailand 2:1, 1:1; Ferencvaros Budapest – Wolverhampton Wanderers 2:2, 1:2.
Endspiele: Wolverhampton Wanderers – Tottenham Hotspur 1:2, 1:1.
Tottenham Hotspur: Jennings – Kinnear, England, Beal, Knowles – Mullery, Perryman, Coates (Pratt), Peters, Gilzean, Chivers.
Tore: (McCalliog für Wolverhampton), Chivers 2 im 1. Spiel; (Wagstaffe für Wolverhampton), Mullery im 2. Spiel: SR: Bachramow (UdSSR)/van Ravens (Holland) – Zuschauer: 45 000/54 303 – 3. 5. und 17. 5.

1972/73: FC Liverpool

1. Runde: FC Aberdeen – Borussia Mönchengladbach 2:3, 3:6 (in Nürnberg); 1. FC Köln – Bohemians Dublin 2:1, 3:0; Stoke City – 1. FC Kaiserslautern 3:1, 0:4; FC Liverpool – Eintracht Frankfurt 2:0, 0:0; Dynamo Dresden – VÖEST Linz 2:0, 2:2; SCO Angers – Dynamo Berlin 1:1, 1:2; Atvidabergs FF – FC Brügge 3:5, 2:1; Lyn Oslo – Tottenham Hotspur 3:6, 0:6; Manchester City – FC Valencia 2:2, 1:2; Honved Budapest – Patrick Thistle 1:0, 3:0; Viking Stavanger – IB Vestmannaejar 1:0, 0:0 (in Reykjavik); Feyenoord Rotterdam – US Rümelingen 9:0, 12:0; Olympique Nimes – Grasshoppers Zürich 1:2, 1:2; Vitoria Setubal – Zaglebie Sosnowitz 6:1, 0:1; Racing White Brüssel – CUF Barreiro 0:1, 0:2; Turin Calcio – UD Las Palmas 2:0, 0:4; FC Sochaux – Frem Kopenhagen 1:3, 1:2; Olympiakos Piräus – US Cagliari 2:1, 1:0; FC Porto – FC Barcelona 3:1, 1:0; Universitatea Cluj – Levski/Spartak Sofia 4:1, 1:5; Roter Stern Belgrad – Lausanne-Sports 5:1, 2:3; Inter Mailand – FC Valletta 6:1, 1:0; Beroe Stara Zagora – Austria Wien 7:0, 3:1; UT Arad – IFK Norrköping 1:2, 0:2; EPA Larnaca – Ararat Erewan 0:1, 0:1; AEK Athen – BTC Salgotarjan 3:1, 1:1; Eskisehirspor – AC Florenz 1:2 , 0:3; Dukla Prag – OFK Belgrad 2:2, 1:3; Slovan Bratislava – Vojvodina Novi Sad 6:0, 2:1; Dynamo Tiflis – Twente Enschede 3:2, 0:2; Ruch Chorzow – Fenerbahce Istanbul 3:0, 0:1; HIFK Helsinki verzichtete gegen Hvidovre Kopenhagen.
2. Runde: Borussia Mönchengladbach – Hvidovre Kopenhagen 3:0 (in Nürnberg), 3:1; Viking Stavanger – 1. FC Köln 1:0, 1:9; CUF Barreiro – 1. FC Kaiserslautern 1:3, 1:0; Dynamo Berlin – Levski/Spartak Sofia 3:0, 0:2; Ruch Chorzow – Dynamo Dresden 0:1, 0:3; FC Porto – FC Brügge 3:0, 2:3; Roter Stern Belgrad – FC Valencia 3:1, 1:0; Inter Mailand – IFK Norrköping 2:2, 2:0; Beroe Stara Zagora – Honved Budapest 3:0, 0:1; Feyenoord Rotterdam – OFK Belgrad 4:3, 1:2; FC Liverpool – AEK Athen 3:0, 3:1; Vitoria Setubal – AC Florenz 1:0, 1:2; Grasshoppers Zürich – Ararat Erewan 1:3, 2:4; UD Las Palmas – Slovan Bratislava 2:2, 1:0; Frem Kopenhagen – Twente Enschede 0:5, 0:4; Tottenham Hotspur – Olympiakos Piräus 4:0, 0:1.
Achtelfinale: 1. FC Köln – Borussia Mönchengladbach 0:0, 0:5; Ararat Erewan – 1. FC Kaiserslautern 2:0, n. V. 0:2 (Kaiserslautern 5:4-Sieger nach Elfmeterschießen); FC Porto – Dynamo Dresden 1:2, 0:1; Dynamo Berlin – FC Liverpool 0:0, 1:3; Tottenham Hotspur – Roter Stern Belgrad 2:0, 0:1; Twente Enschede – Union Las Palmas 1:0, 1:2; OFK Belgrad – Beroe Stara Zagora 0:0, 3:1; Vitoria Setubal – Inter Mailand 2:0, 0:1.
Viertelfinale: 1. FC Kaiserslautern – Borussia Mönchengladbach 1:2, 1:7; FC Liverpool – Dynamo Dresden 2:0, 1:0; OKF Belgrad – Twente Enschede 3:2, 0:2; Tottenham Hotspur – Vitoria Setubal 1:0, 1:2.
Halbfinale: Borussia Mönchengladbach – Twente Enschede 3:0, 2:1; FC Liverpool – Tottenham Hotspur 1:0,1:2.

Endspiele: FC Liverpool – Borussia Mönchengladbach 3:0, 0:2.
FC Liverpool: Clemence – Lawler, Smith, Lloyd, Lindsay – Hughes, Cormack, Callaghan – Keegan, Toshack, Heighway (Hall, Boersma).
Borussia Mönchengladbach: Kleff – Michallik (Surau), Netzer, Bonhof, Vogts – Wimmer, Danner, Kulik – Jensen, Rupp (Simonsen), Heynckes.
Tore: Keegan 2, Lloyd im 1. Spiel; (Heynckes 2 für Mönchengladbach) im 2. Spiel – SR: Linemayr (Österreich)/Kasakow (UdSSR) – Zuschauer: 41 169/35 000 – 10. 5. und 23. 5.

1973/74: Feyenoord Rotterdam
1. Runde: VfB Stuttgart – Olympiakos Nikosia 9:0, 4:0 (in Biberach); Fortuna Düsseldorf – Naestved IF 1:0, 2:2; Eskisehirspor – 1. FC Köln 0:0, 0:2; Ruch Chorzow – Wuppertaler SV 4:1 (in Kattowitz), 4:5; Turin Calcio – 1. FC Lok Leipzig 1:2, 1:2; Carl Zeiss Jena – Mikkeli MP 3:0, 3:0; FC Admira/Wacker – Inter Mailand 1:0, n. V. 1:2; Panachaiki Patras – Grazer AK 2:1, 1:0; Grasshoppers Zürich – Tottenham Hotspur 1:5, 1:4; Lazio Rom – FC Sion 3:0, 1:3; Union Luxemburg – Olympique Marseille 0:5, 1:7; Östers Växjö – Feyenoord Rotterdam 1:3, 1:2; FC Dundee – Twente Enschede 1:3, 2:4; FC Ards Newtownards – Standard Lüttich 3:2, 1:6; Espanol Barcelona – RWD Molenbeek 0:3, 2:1; Tatran Presov – Velez Mostar 4:2, 1:1; VSS Kosice – Honved Budapest 1:0, 2:5; OGC Nizza – FC Barcelona 3:0, 0:2; Vitoria Setubal – VAV Beerschot 2:0, 2:0; FC Aberdeen – Finn Harps 4:1, 3:1; Hibernian Edinburgh – IB Keflavik 2:0, 1:1 (in Reykjavik); Belenenses Lissabon – Wolverhampton Wanderers 0:2, 1:2; Ipswich Town – Real Madrid 1:0, 0:0; Strömsgodset Drammen – Leeds United 1:1, 1:6; B 1903 Kopenhagen – AIK Stockholm 2:1, 1:1; Sliema Wanderers – Lokomotive Plovdiv 0:2, 0:1; AC Florenz – Universitatea Craiova 0:0, 0:1; Ferencvaros Budapest – Gwardia Warschau 0:1, 1:2; Dynamo Tiflis – Slavia Sofia 4:1, 0:2; Panathinaikos Athen – OFK Belgrad 1:2, 1:0; Fenerbahce Istanbul – Arges Pitesti 5:1, 1:1; FK Fredikstad – Dynamo Kiew 0:1, 0:4.
2. Runde: Olympique Marseille – 1. FC Köln 2:0, 0:6; VfB Stuttgart – Tatran Presov 3:1, n. V. 5:3; FC Admira/Wacker – Fortuna Düsseldorf 2:1, 0:3; 1. FC Lok Leipzig – Wolverhampton Wanderers 3:0, 1:4; Ruch Chorzow – Carl Zeiss Jena 3:0, 0:1; Vitoria Setubal – RWD Molenbeek 1:0, 1:2; Panachaiki Patras – Twente Enschede 1:1, 0:7; Ipswich Town – Lazio Rom 4:0, 2:4; Dynamo Kiew – B 1903 Kopenhagen 1:0, 2:1; Lokomotive Plovdiv – Honved Budapest 3:4, 2:3; Leeds United – Hibernian Edinburgh 0:0, n. V. 0:0 (Leeds 5:4-Sieger nach Elfmeterschießen); Feyenoord Rotterdam – Gwardia Warschau 3:1, 0:1; Standard Lüttich – Universitatea Craiova 2:0, 1:1; FC Aberdeen – Tottenham Hotspur 1:1, 1:4; Dynamo Tiflis – OFK Belgrad 3:0, 5:1; OGC Nizza – Fenerbahce Istanbul 4:0, 0:2.
Achtelfinale: Fortuna Düsseldorf – 1. FC Lok Leipzig 2:1, 0:3; OGC Nizza – 1. FC Köln 1:0, 0:4; Dynamo Kiew – VfB Stuttgart 2:0, 0:3; Standard Lüttich – Feyenoord Rotterdam 3:1, 0:2; Honved Budapest – Ruch Chorzow 2:0, 0:5; Dynamo Tiflis – Tottenham Hotspur 1:1, 1:5; Ipswich Town – Twente Enschede 1:0, 2:1; Leeds United – Vitoria Setubal 1:0, 1:3.
Viertelfinale: VfB Stuttgart – Vitoria Setubal 1:0, 2:2; 1. FC Köln – Tottenham Hotspur 1:2, 0:3; Ipswich Town – 1. FC Lok Leipzig 1:0, n. V. 0:1 (Leipzig 4:3-Sieger nach Elfmeterschießen); Ruch Chorzow – Feyenoord Rotterdam 1:1, n. V. 1:3.
Halbfinale: Feyenoord Rotterdam – VfB Stuttgart 2:1, 2:2; 1. FC Lok Leipzig – Tottenham Hotspur 1:2, 0:2.
Endspiele: Tottenham Hotspur – Feyenoord Rotterdam 2:2, 0:2.
Feyenoord Rotterdam: Treytel – Rijsbergen, Israel, van Daele, Vos – Jansen, de Jong, van Hanegem (Ramljak), Ressel – Schoemaker, Kristensen (Wery, Boskamp).
Tore: (England, van Daele (Eigentor) für Tottenham), van Hanegem, de Jong im 1. Spiel; Rijsbergen, Ressel im 2. Spiel – SR: Scheurer (Schweiz)/Lo Bello (Italien) – Zuschauer: 46 281/59 000 – 21.5. und 29. 5.

1974/75: Borussia Mönchengladbach
1. Runde: 1. FC Köln – Kokkola PV 5:1, 4:1; Hamburger SV – Bohemians Dublin 3:0, 1:0; Wacker Innsbruck – Borussia Mönchengladbach 2:1, 0:3; Turin Calcio – Fortuna Düsseldorf 1:1, 1:3; Randers Freja – Dynamo Dresden 1:1, 0:0; Vorwärts Frankfurt/Oder – Juventus Turin 2:1, 0:3; Rapid Wien – Aris Saloniki 3:1, 0:1; Sturm Graz – FC Antwerpen 2:1, 0:1; Derby County – Servette Genf 4:1, 2:1; Ipswich Town – Twente Enschede 2:2, 1:1; Stoke City – Ajax Amsterdam 1:1, 0:0; FC Nantes – Legia Warschau 2:2, 1:0; Östers Växjö – Dynamo Moskau 3:2, 1:2; RWD Molenbeek – FC Dundee 1:0, 4:2; Valur Reykjavik – FC Portadown 0:0, 1:2; Start Kristiansand – Djurgarden Stockholm 1:2, 0:5; KB Kopenhagen – Atletico Madrid 3:2, 0:4; Rosenborg Trondheim – Hibernian Edinburgh 2:3, 1:9; Olympique Lyon – Red Boys Differdingen 7:0, 4:1; Vitoria Setubal – Real Saragossa 1:1, 0:4; FC Porto – Wolverhampton Wanderers 4:1, 1:3; Etar Veliko Tarnovo – Inter Mailand 0:0, 0:3; FC Amsterdam – Hibernians Paola 5:0, 7:0 (in Amsterdam); Real Sociedad San Sebastian – Banik Ostrau 0:1, 0:4; Lokomotive Plovdiv – Raba ETO Györ 3:1, n. V. 1:3 (Györ 5:4-Sieger nach Elfmeterschießen); Gornik Zabrze – Partizan Belgrad

2:2, 0:3; Besiktas Istanbul – Steagul Rosu Brasov 2:0, 0:3; Spartak Moskau – Velez Mostar 3:1, 0:2; SSC Neapell – Videoton Szekesfehervar 2:0, 1:1; Grasshoppers Zürich – Panathinaikos Athen 2:0, 1:2; Boluspor – Dinamo Bukarest 0:1, 0:3; Pezoporikos Larnaca verzichtete gegen Dukla Prag.
2. Runde : Borussia Mönchengladbach – Olympique Lyon 1:0, 5:2; Hamburger SV – Steagul Rosu Brasov 8:0, 2:1; Dinamo Bukarest – 1. FC Köln 1:1, 2:3; Raba ETO Györ – Fortuna Düsseldorf 2:0, 0:3; Dynamo Dresden – Dynamo Moskau 1:0, n. V. 0:1 (Dresden 4:3-Sieger nach Elfmeterschießen); Inter Mailand – FC Amsterdam 1:2, 0:0; FC Nantes – Banik Ostrau 1:0, n. V. 0:2; Djurgarden Stockholm – Dukla Prag 0:2, 1:3; Partizan Belgrad – FC Portadown 5:0, 1:1; Twente Enschede – RWD Molenbeek 2:1, 1:0; Rapid Wien – Velez Mostar 1:1, 0:1; Derby County – Atletico Madrid 2:2, n. V. 2:2 (Derby 7:6-Sieger nach Elfmeterschießen); Hibernian Edinburgh – Juventus Turin 2:4, 0:4; SSC Neapel – FC Porto 1:0, 1:0; Grasshoppers Zürich – Real Saragossa 2:1, 0:5; Ajax Amsterdam – FC Antwerpen 1:0, 1:2.
Achtelfinale: Hamburger SV – Dynamo Dresden 4:1, 2:2; Borussia Mönchengladbach – Real Saragossa 5:0, 4:2; Partizan Belgrad – 1. FC Köln 1:0, 1:5; FC Amsterdam – Fortuna Düsseldorf 3:0, 2:1; Dukla Prag – Twente Enschede 3:1, 0:5; SSC Neapel – Banik Ostrau 0:2, 1:1; Derby County – Velez Mostar 3:1, 1:4; Juventus Turin – Ajax Amsterdam 1:0, 1:2.
Viertelfinale: Banik Ostrau – Borussia Mönchengladbach 0:1, 1:3; 1. FC Köln – FC Amsterdam 5:1, 3:2; Juventus Turin – Hamburger SV 2:0, 0:0; Velez Mostar – Twente Enschede 1:0, 0:2.
Halbfinale: 1. FC Köln – Borussia Mönchengladbach 1:3, 0:1; Twente Enschede – Juventus Turin 3:1, 1:0.

Endspiele: Borussia Mönchengladbach – Twente Enschede 0:0 (in Düsseldorf), 5:1.
Borussia Mönchengladbach: Kleff – Vogts, Stielike (Klinkhammer), Wittkamp, Surau (Schäffer), – Bonhof, Wimmer (Köppel), Danner (Del'Haye), Kulik – Simonsen, Jensen (Heynckes).
Tore: Heynckes 3, Simonsen 2, (Drost für Enschede) – SR: Palotai (Ungarn)/Schiller(Österreich) – Zuschauer: 42 000/21 000 – 7. 5. und 21. 5.

1975/76: FC Liverpool
1. Runde: MSV Duisburg – EN Paralimni 7:1, 3:2 (in Oberhausen); Hertha BSC – HJK Helsinki 4:1, 2:1; 1. FC Köln – B 1903 Kopenhagen 2:0, n. V. 3:2; Young Boys Bern – Hamburger SV 0:0, 2:4; Carl Zeiss Jena – Olympique Marseille 3:0, 1:0; FC Glentoran – Ajax Amsterdam 1:6, 0:8; Grasshoppers Zürich – Real Sociedad San Sebatian 3:3, 1:1; PAOK Saloniki – FC Barcelona 1:0, 1:6; ASA Tirgu Mures – Dynamo Dresden 2:2, 1:4; Molde FK – Östers Växjö 1:0, 0:6; Universitatea Craiova – Roter Stern Belgrad 1:3, 1:1; Bohemians Prag – Honved Budapest 1:2, 1:1; Tschernomorez Odessa – Lazio Rom 1:0, 0:3; Torpedo Moskau – SSC Neapel 4:1, 1:1; Vojvodina Novi Sad – AEK Athen 0:0, 1:3; AIK Stockholm – Spartak Moskau 1:1, 0:1; GAIS Göteborg – Slask Breslau 2:1, 2:4; VÖEST Linz – Vasas Budapest 2:0, 0:4; Holbaek B&IF – Stal Mielec 0:1, 1:2; Rapid Wien – Galatasaray Istanbul 1:0, 1:3; AS Rom – Dunav Russe 2:0, 0:1; Hibernian Edinburgh – FC Liverpool 1:0, 1:3; FC Everton – AC Mailand 0:0, 0:1; FC Antwerpen – Aston Villa 4:1, 1:0; Olympique Lyon – FC Brügge 4:3, 0:3; FC Porto – Avenir Beggen 7:0, 3:0; Feyenoord Rotterdam – Ipswich Town 1:2, 0:2; Levski/Spartak Sofia – Eskisehirspor 3:0, 4:1; Athlone Town – Valerengen Oslo 3:1, 1:1; Inter Bratislava – Real Saragossa 5:0, 3:2; IB Keflavik – Dundee United 0:2 (in Reykjavik), 0:4; Sliema Wanderers – Sporting Lissabon 1:2, 1:3.
2. Runde: MSV Duisburg – Levski/Spartak Sofia 3:2, 1:2; Hertha BSC – Ajax Amsterdam 1:0, 1:4; Roter Stern Belgrad – Hamburger SV 1:1, 0:4; Spartak Moskau – 1. FC Köln 2:0, 1:0; Carl Zeiss Jena – Stal Mielec 1:0, n. V. 0:1 (Mielec 3:2-Sieger nach Elfmeterschießen); Honved Budapest – Dynamo Dresden 2:2, 0:1; Athlone Town – AC Mailand 0:0, 0:3; Lazio Rom – FC Barcelona 0:3 (gewertet), 0:4; Inter Bratislava – AEK Athen 2:0, 1:3; Slask Breslau – FC Antwerpen 1:1, 2:1; Östers Växjö – AS Rom 1:0, 0:2; Vasas Budapest – Sporting Lissabon 3:1, 1:2; Galatasaray Istanbul – Torpedo Moskau 2:4, 0:3; Ipswich Town – FC Brügge 3:0, 0:4; Dundee United – FC Porto 1:2, 1:1; Real Sociedad San Sebastian – FC Liverpool 1:3, 0:6.
Achtelfinale: Hamburger SV – FC Porto 2:0, 1:2; Dynamo Dresden – Torpedo Moskau 3:0, 1:3 (in Simferopol); Slask Breslau – FC Liverpool 1:2, 0:3; Inter Bratislava – Stal Mielec 1:0, 0:2; AC Mailand – Spartak Moskau 4:0, 0:2 (in Sotschi); FC Barcelona – Vasas Budapest 3:1, 1:0; FC Brügge – AS Rom 1:0, 1:0; Ajax Amsterdam – Levski/Spartak Sofia 2:1, n. V. 1:2 (Sofia 5:3-Sieger nach Elfmeterschießen).
Viertelfinale: Hamburger SV – Stal Mielec 1:1, 1:0; Dynamo Dresden – FC Liverpool 0:0, 1:2; FC Brügge – AC Mailand 2:0, 1:2; FC Barcelona – Levski/Spartak Sofia 4:0, 4:5.
Halbfinale: Hamburger SV – FC Brügge 1:1, 0:1; FC Barcelona – FC Liverpool 0:1, 1:1.

Endspiele: FC Liverpool – FC Brügge 3:2, 1:1
FC Liverpool: Clemence – Smith, Thompson, Hughes, Neal – Callaghan, Kennedy, Keegan – Fairclough (Case), Toshack, Heighway.
Tore: Keegan, Kennedy, Case, (Lambert, Cools für Brügge) im 1. Spiel; Keegan (Lambert für Brügge) im 2. Spiel – SR: Biwersi (Deutschland)/Glöckner (DDR) – Zuschauer: 56 000/32 000 – 28. 4. und 19. 5.

1976/77: Juventus Turin

1. Runde: FC Porto – FC Schalke 04 2:2 (in Lissabon), 2:3; 1. FC Köln – GKS Tychy 2:0, 1:1 (in Kattowitz); EN Paralimni – 1. FC Kaiserslautern 1:3, 0:8; Eintracht Braunschweig – Holbaek B&IF 7:0, 0:1; Schachtar Donezk – Dynamo Berlin 3:0, 1:1; 1. FC Magdeburg – AC Cesena 3:0, 1:3; FC Glentoran – FC Basel 3:2, 0:3; Fram Reykjavik – Slovan Bratislava 0:3, 0:5; Queen's Park Rangers – Brann Bergen 4:0, 7:0; Naestved IF – RWD Molenbeek 0:3, 0:4; Kuopio PS – Östers Växjö 3:2, 0:2; Feyenoord Rotterdam – Djurgarden Stockholm 3:0, 1:2; Celtic Glasgow – Wisla Krakau 2:2, 0:2; Derby County – Finn Harps 12:0, 4:1; Wacker Innsbruck – Start Kristiansand 2:1, 5:0; Ajax Amsterdam – Manchester United 1:0, 0:2; Belenenses Lissabon – FC Barcelona 2:2, 2:3; Hibernian Edinburgh – FC Sochaux 1:0, 0:0; Red Boys Differdingen – SC Lokeren 0:3, 1:3; Manchester City – Juventus Turin 1:0, 0:2; Espanol Barcelona – OGC Nizza 3:1, 1:2; Grasshoppers Zürich – Hibernians Paola 7:0, 2:0; Ujpest Budapest – Athletic Bilbao 1:0, 0:5; Dinamo Bukarest – AC Mailand 0:0, 1:2; Slavia Prag – Akademik Sofia 2:0, n. V. 0:3; AEK Athen – Dynamo Moskau 2:0, n. V. 1:2; Fenerbahce Istanbul – Videoton Szekesfehervar 2:1, 0:4; ASA Tirgu Mures – Dinamo Zagreb 0:1, 0:3; Inter Mailand – Honved Budapest 0:1, 1:1; Austria Salzburg – Adanaspor 5:0, 0:2; Sportul Studentesc Bukarest – Olympiakos Piräus 3:0, 1:2; Lokomotive Plovdiv – Roter Stern Belgrad 2:1, 1:4.

2. Runde: 1. FC Köln – Grasshoppers Zürich 2:0, 3:2; 1. FC Kaiserslautern – Feyenoord Rotterdam 2:2, 0:5; Eintracht Braunschweig – Espanol Barcelona 2:1, 0:2; Sportul Studentesc Bukarest – FC Schalke 04 0:1, 0:4; 1. FC Magdeburg – Dinamo Zagreb 2:0, 2:2; Schachtar Donezk – Honved Budapest 3:0, 3:2; Wisla Krakau – RWD Molenbeek 1:1, n. V. 1:1 (Molenbeek 5:4-Sieger nach Elfmeterschießen); Hibernian Edinburgh – Östers Växjö 2:0, 1:4; Akademik Sofia – AC Mailand 4:3, 0:2; Slovan Bratislava – Queen's Park Rangers 3:3, 2:5; FC Basel – Athletic Bilbao 1:1, 1:3; AEK Athen – Derby County 2:0, 3:2; Wacker Innsbruck – Videoton Szekesfehervar 1:1, 0:1; Austria Salzburg – Roter Stern Belgrad 2:1, 0:1; FC Barcelona – SC Lokeren 2:0, 1:2; Manchester United – Juventus Turin 1:0, 0:3.

Achtelfinale: RWD Molenbeek – FC Schalke 04 1:0, 1:1; Queen's Park Rangers – 1. FC Köln 3:0, 1:4; 1. FC Magdeburg – Videoton Szekesfehervar 5:0, 0:1; AEK Athen – Roter Stern Belgrad 2:0, 1:3; Östers Växjö – FC Barcelona 0:3, 1:5; Espanol Barcelona – Feyenoord Rotterdam 0:1, 0:2; Athletic Bilbao – AC Mailand 4:1, 1:3; Juventus Turin – Schachtar Donezk 3:0, 0:1.

Viertelfinale: 1. FC Magdeburg – Juventus Turin 1:3, 0:1; Feyenoord Rotterdam – RWD Molenbeek 0:0, 1:2; Athletic Bilbao – FC Barcelona 2:1, 2:2; Queen's Park Rangers – AEK Athen 3:0, n. V. 0:3 (AEK 7:6-Sieger nach Elfmeterschießen).

Halbfinale: RWD Molenbeek – Athletic Bilbao 1:1, 0:0; Juventus Turin – AEK Athen 4:1, 1:0.

Endspiele: Juventus Turin – Athletic Bilbao 1:0, 1:2

Juventus Turin: Zoff – Cuccureddu, Gentile, Scirea, Morini – Tardelli, Furino, Benetti – Causio, Boninsegna (Spinosi, Gori), Bettega.
Tore: Tardelli im 1. Spiel; Bettega, (Irureta, Carlos Ruiz für Bilbao) im 2. Spiel – SR: Corver (Holland)/ Linemayr (Österreich) – Zuschauer: 75 000/43 000 – 4. 5. und 18. 5.

1977/78: PSV Eindhoven

1. Runde: AC Florenz – FC Schalke 04 0:0 (mit 0:3 gewertet), 1:2; Eintracht Frankfurt – Sliema Wanderers 5:0, 0:0 (in Gzira); Dynamo Kiew – Eintracht Braunschweig 1:1, 0:0; Bayern München – Mjöndalen IF 8:0, 4:0 (in Oslo); Odra Oppeln – 1. FC Magdeburg 1:2, 1:1; Carl Zeiss Jena – Altay Izmir 5:1, 1:4; Rapid Wien – Inter Bratislava 1:0, 0:3; Servette Genf – Athletic Bilbao 1:0, 0:2; Frem Kopenhagen – Grasshoppers Zürich 0:2, 1:6; FC Zürich – ZSKA Sofia 1:0, n. V. 1:1; SEC Bastia – Sporting Lissabon 3:2, 2:1; Bohemians Dublin – Newcastle United 0:0, 0:4; AZ ,67 Alkmaar – Red Boys Differdingen 11:1, 5:0; FC Barcelona – Steaua Bukarest 5:1, 3:1; Marek Stanke Dimitrov – Ferenvcaros Budapest 3:0, 0:2; Boavista Porto – Lazio Rom 1:0, 0:5; UD Las Palmas – Sloboda Tuzla 5:0, 3:4; Aston Villa – Fenerbahce Istanbul 4:0, 2:0; Dundee United – KB Kopenhagen 1:0, 0:3; Gornik Zabrze – Haka Valkeakoski 5:3, 0:0; RC Lens – Malmö FF 4:1, 0:2; RWD Molenbeek – FC Aberdeen 0:0, 2:1; Manchester City – Widzew Lodz 2:2, 0:0; FC Glenavon – PSV Eindhoven 2:6, 0:5; Landskrona BoIS – IpswichTown 0:1, 0:5; Start Kristiansand – Fram Reykjavik 6:0, 2:0; ASA Tirgu Mures – AEK Athen 1:0, 0:3; Turin Calcio – APOEL Nikosia 3:0, 1:1; Standard Lüttich – Slavia Prag 1:0, 2:3; Inter Mailand – Dynamo Tiflis 0:1, 0:0; Olympiakos Piräus – Dinamo Zagreb 3:1, 1:5; Linzer ASK – Ujpest Budapest 3:2, 0:7.

2. Runde: FC Zürich – Eintracht Frankfurt 0:3, 3:4; 1. FC Magdeburg – FC Schalke 04 4:2, 3:1; Start Kristiansand – Eintracht Braunschweig 1:0, 0:4; Bayern München – Marek Stanke Dimitrov 3:0, 0:2; RWD Molenbeek – Carl Zeiss Jena 1:1, n. V. 1:1 (Jena 6:5-Sieger nach Elfmeterschießen); Widzew Lodz – PSV Eindhoven 3:5, 0:1; Inter Bratislava – Grasshoppers Zürich 1:0, 1:5; AEK Athen – Standard Lüttich 2:2, 1:4; Turin Calcio – Dinamo Zagreb 3:1, 0:1; SEC Bastia – Newcastle United 2:1, 3:1; KB Kopenhagen – Dynamo Tiflis 1:4, 1:2; Aston Villa – Gornik Zabrze 2:0, 1:1; Lazio Rom – RC Lens 2:0,

n. V. 0:6; Ipswich Town – UD Las Palmas 1:0, 3:3; Ujpest Budapest – Athletic Bilbao 2:0, n. V. 0:3; AZ ,67 Alkmaar – FC Barcelona 1:1, n. V. 1:1 (Barcelona 5:4-Sieger nach Elfmeterschießen).
Achtelfinale: Eintracht Frankfurt – Bayern München 4:0, 2:1; PSV Eindhoven – Eintracht Braunschweig 2:0, 2:1; 1. FC Magdeburg – RC Lens 4:0, 0:2; Carl Zeiss Jena – Standard Lüttich 2:0, 2:1; Dynamo Tiflis – Grasshoppers Zürich 1:0, 0:4; SEC Bastia – Turin Calcio 2:1, 3:2; Aston Villa – Athletic Bilbao 2:0, 1:1; Ipswich Town – FC Barcelona 3:0, n. V. 0:3 (Barcelona 3:1-Sieger nach Elfmeterschießen).
Viertelfinale: Eintracht Frankfurt – Grasshoppers Zürich 3:2, 0:1; 1. FC Magdeburg – PSV Eindhoven 1:0, 2:4; SEC Bastia – Carl Zeiss Jena 7:2, 2:4; Aston Villa – FC Barcelona 2:2, 1:2.
Halbfinale: Grasshoppers Zürich – SEC Bastia 3:2, 0:1; PSV Eindhoven – FC Barcelona 3:0, 1:3
Endspiele: SEC Bastia – PSV Eindhoven 0:0, 0:3
PSV Eindhoven: van Beveren – Krijgh, van Kraay (Deacy), Brandts, Stevens – W. van de Kerkhof, van der Kuylen, Poortvliet – R. van de Kerkhof, Deijkers, Lubse.
Tore: W. van de Kerkhof, Deijkers, van der Kuylen im 2. Spiel – SR: Maksimovic (Jugoslavien)/Rainea (Rumänien) – Zuschauer: 15 000/27 000 – 26. 4. und 9. 5.

1978/79: Borussia Mönchengladbach

1. Runde: Hertha BSC – Trakia Plovdiv 0:0, 2:1; MSV Duisburg – Lech Posen 5:0, 5:2; Borussia Mönchengladbach – Sturm Graz 5:1, 2:1; FC Basel – VfB Stuttgart 2:3, 1:4; Dynamo Berlin – Roter Stern Belgrad 5:2, 1:4; Carl Zeiss Jena – Lierse SK 1:0, 2:2; FC Arsenal – 1. FC Lok Leipzig 3:0, 4:1; Hajduk Split – Rapid Wien 2:0, 1:2; Jeunesse Esch – Lausanne-Sports 0:0, 0:2; Standard Lüttich – Dundee United 1:0 (in Gent), 0:0; Twente Enschede – Manchester City 1:1, 2:3; Dynamo Tiflis – SSC Neapel 2:0, 1:1; Honved Budapest – Adanaspor 6:0, 2:2; Dukla Prag – Lanerossi Vicenza 1:0, 1:1; Arges Pitesti – Panathinaikos Athen 3:0, 2:5; ZSKA Sofia – FC Valencia 2:1, 1:4; Athletic Bilbao – Ajax Amsterdam 2:0, 0:3; Finn Harps – FC Everton 0:5, 0:5; FC Nantes – Benfica Lissabon 0:2, 0:0; Sporting Gijon – Turin Calcio 3:0, 0:1; Sporting Braga – Hibernians Paola 5:0,2:3; Galatasaray Istanbul – West Bromwich Albion 1:3 (in Izmir), 1:3; Hibernian Edinburgh – IFK Norrköping 3:2, 0:0; Politehnica Timisoara – MTK/VM Budapest 2:0, 1:2; Pezoporikos Larnaca – Slask Breslau 2:2, 1:5; Olympiakos Piräus – Levski/Spartak Sofia 2:1, n. V. 1:3; AC Mailand – Lokomotive Kosice 1:0, n. V. 0:1 (Mailand 8:7-Sieger nach Elfmeterschießen); Kuopio PS – B 1903 Kopenhagen 2:1, 4:4; Torpedo Moskau – Molde FK 4:0, 3:3; Elfsborg Boras – Racing Straßburg 2:0, 1:4; Start Kristiansand – Esbjerg FB 0:0, 0:1; IB Vestmannaeyjar – FC Glentoran 0:0 (in Reykjavik), 1:1.
2. Runde: Carl Zeiss Jena – MSV Duisburg 0:0, n. V. 0:3; Torpedo Moskau – VfB Stuttgart 2:1, 0:2; Hertha BSC – Dynamo Tiflis 2:0, 0:1; Benfica Lissabon – Borussia Mönchengladbach 0:0, n. V. 0:2; Honved Budapest – Politehnica Timisoara 4:0, 0:2; FC Everton – Dukla Prag 2:1, 0:1; Arges Pitesti – FC Valencia 2:1, 2:5; Ajax Amsterdam – Lausanne-Sports 1:0, 4:0; Sporting Braga – West Bromwich Albion 0:2, 0:1; Racing Straßburg – Hibernian Edinburgh 2:0, 0:1; Sporting Gijon – Roter Stern Belgrad 0:1, 1:1; Kuopio PS – Esbjerg FB 0:2 (in Mikkeli), 1:4; IB Vestmannaeyjar – Slask Breslau 0:2 (in Reykjavik), 1:2; Manchester City – Standard Lüttich 4:0, 0:2; Hajduk Split – FC Arsenal 1:2, 0:1; Levski/Spartak Sofia – AC Mailand 1:1, 0:3.
Achtelfinale: Esbjerg FB – Hertha BSC 2:1, 0:4; Borussia Mönchengladbach – Slask Breslau 1:1, 4:2; VfB Stuttgart – Dukla Prag 4:1, 0:4; Racing Straßburg – MSV Duisburg 0:0, 0:4; Honved Budapest – Ajax Amsterdam 4:1, 0:2; AC Mailand – Manchester City 2:2, 0:3; FC Valencia – West Bromwich Albion 1:1, 0:2; Roter Stern Belgrad – FC Arsenal 1:0, 1:1.
Viertelfinale: Hertha BSC – Dukla Prag 1:1, 2:1; Honved Budapest – MSV Duisburg 2:3, 2:1; Manchester City – Borussia Mönchengladbach 1:1, 1:3; Roter Stern Belgrad – West Bromwich Albion 1:0, 1:1.
Halbfinale: MSV Duisburg – Borussia Mönchengladbach 2:2, 1:4; Roter Stern Belgrad – Hertha BSC 1:0, 1:2.

Endspiele: Roter Stern Belgrad – Borussia Mönchengladbach 1:1, 0:1 (in Düsseldorf)
Borussia Mönchengladbach: Kneib – Ringels, Vogts, Schäffer, Hannes – Wohlers (Gores), Kulik (Köppel), Schäfer, Nielsen (Danner) – Simonsen, Lienen.
Tore: (Sestic für Belgrad), Jurisic (Eigentor) im 1. Spiel; Simonsen im 2. Spiel – SR: Foote (Schottland)/Michelotti (Italien) – Zuschauer: 87 500/45 000 – 9. 5. und 23. 5.

1979/80: Eintracht Frankfurt
1. Runde: Borussia Mönchengladbach – Viking Stavanger 3:0, 1:1; FC Aberdeen – Eintracht Frankfurt 1:1, 0:1; VfB Stuttgart – Turin Calcio 1:0, n. V. 1:2; FC Zürich – 1. FC Kaiserslautern 1:3, 1:5; Bohemians Prag – Bayern München 0:2, 2:2; Atletico Madrid – Dynamo Dresden 1:2, 0:3; Carl Zeiss Jena – West Bromwich Albion 2:0, 2:1; Sporting Gijon – PSV Eindhoven 0:0, 0:1; Sporting Lissabon – Bohemians

Dublin 2:0, 0:0; Zbrojovka Brünn – Esbjerg FB 6:0, 1:1; Galatasaray Istanbul – Roter Stern Belgrad 0:0, 1:3; Rapid Wien – VTK Diosgyör 0:1, 2:3; Inter Mailand – Real Sociedad San Sebastian 3:0, 0:2; Aris Saloniki – Benfica Lissabon 3:1, 1:2; Widzew Lodz – AS Saint Etienne 2:1, 0:3; Skeid Oslo – Ipswich Town 1:3, 0:7; Kalmar FF – IB Keflavik 2:1, 0:1 (in Reykjavik); Dundee United – RSC Anderlecht 0:0, 1:1; Aarhus GF – Stal Mielec 1:1, 1:0; Kuopio PT – Malmö FF 1:2, 0:2; Feyenoord Rotterdam – FC Everton 1:0, 1:0; FC Glenavon Lurgan – Standard Lüttich 0:1, 0:1; Lokomotive Sofia – Ferencvaros Budapest 3:0, 0:2; SSC Neapel – Olympiakos Piräus 2:0, 0:1; Schachtar Donezk – AS Monaco 2:1, 0:2; Dinamo Bukarest – Alki Larnaca 3:0, 9:0; Dynamo Kiew – ZSKA Sofia 2:1, 1:1; AC Perugia – Dinamo Zagreb 1:0, 0:0; Orduspor – Banik Ostrau 2:0, 0:6; FC Valletta – Leeds United 0:4, 0:3; Wiener SC – Universitatea Craiova 0:0, 1:3; Progres Niederkorn – Grasshoppers Zürich 0:2, 0:4.
2. Runde: Borussia Mönchengladbach – Inter Mailand 1:1, n. V. 3:2; Aarhus GF – Bayern München 1:2, 1:3; Sporting Lissabon – 1. FC Kaiserslautern 1:1, 0:2; Dinamo Bukarest – Eintracht Frankfurt 2:0, n. V. 0:3; Dynamo Dresden – VfB Stuttgart 1:1, 0:0; Roter Stern Belgrad – Carl Zeiss Jena 3:2, 3:2; Grasshoppers Zürich – Dundee United – VTK Diosgyör 0:1, 1:3; Zbrojovka Brünn – IB Keflavik 3:1, 2:1 (in Reykjavik); PSV Eindhoven – AS Saint Etienne 2:0, 0:6; Aris Saloniki – AC Perugia 1:1, 3:0; Universitatea Craiova – Leeds United 2:0, 2:0; Banik Ostrau – Dynamo Kiew 1:0, 0:2; Lokomotive Sofia – AS Monaco 4:2, 1:2; Standard Lüttich – SSC Neapel 2:1, 1:1; Feyenoord Rotterdam – Malmö FF 4:0, 1:1.
Achtelfinale: VTK Diosgyör – 1. FC Kaiserslautern 0:2, 1:6; Grasshoppers Zürich – VfB Stuttgart 0:2, 0:3; Borussia Mönchengladbach – Universitatea Craiova 2:0, 0:1; Eintracht Frankfurt – Feyenoord Rotterdam 4:1, 0:1; Bayern München – Roter Stern Belgrad 2:0, 2:3; Lokomotive Sofia – Dynamo Kiew 1:0, 1:2; AS Saint-Etienne – Aris Saloniki 4:1, 3:3; Standard Lüttich – Zbrojovka Brünn 1:2, 2:3.
Viertelfinale: AS Saint-Etienne – Borussia Mönchengladbach 1:4, 0:2; 1. FC Kaiserslautern – Bayern München 1:0, 1:4; VfB Stuttgart – Lokomotive Sofia 3:1, 1:0; Eintracht Frankfurt – Zbrojovka Brünn 4:1, 2:3.
Halbfinale: VfB Stuttgart – Borussia Mönchengladbach 2:1, 0:2; Bayern München – Eintracht Frankfurt 2:0, n. V. 1:5.

Endspiele: Borussia Mönchengladbach – Eintracht Frankfurt 3:2, 0:1
Eintracht Frankfurt: Pahl – Neuberger, Pezzey, Körbel, Ehrmanntraut – Lorant, Borchers, B. Nickel, Hölzenbein (Nachtweih) – Karger (Trapp), Cha (Schaub).
Borussia Mönchengladbach: Kneib – Bödeker (Schäffer), Hannes, Schäfer, Ringels – Matthäus (Thychosen), Fleer, Kulik, Nielsen (Del'Haye) – H. Nickel, Lienen.
Tore: (Kulik 2, Matthäus für Mönchengladbach); Karger, Hölzenbein im 1. Spiel; Schaub im 2. Spiel – SR: Guruceta (Spanien)/Ponnet (Belgien) – Zuschauer: 25 000/59 000 – 7. 5. und 21. 5.

1980/81: Ipswich Town
1. Runde: Hamburger SV – FK Sarajevo 4:2, 3:3; IA Akranes – 1. FC Köln 0:4 (in Reykjavik), 0:6; 1. FC Kaiserslautern – RSC Anderlecht 1:0, 2:3; VfB Stuttgart – Pezoporikos Larnaca 6:0, 4:1; Schachtar Donezk – Eintracht Frankfurt 1:0, 0:3; Ballymena United – Vorwärts Frankfurt/Oder 2:1, 0:3; 1. FC Magdeburg – Moss FK 2:1, 3:2; Dynamo Dresden – Napredak Krusevac 1:0, 1:0; RWD Molenbeek – Turin Calcio 1:2, n. V. 2:2; Ujpest Budapest – Real Sociedad San Sebastian 1:1, 0:1; Zbrojovka Brünn -VÖEST Linz 3:1, 2:0; Grasshoppers Zürich – KB Kopenhagen 3:1, 5:2; AZ ,67 Alkmaar – Red Boys Differdingen 6:0, 4:0; Bohemians Prag – Sporting Gijon 3:1, 1:2; FC Porto – FC Dundalk 1:0, 0:0; Juventus Turin – Panathinaikos Athen 4:0, 2:4; Sliema Wanderers – FC Barcelona 0:2, 0:1; Vasas Budapest – Boavista Porto 0:2, 1:0; Twente Enschede – IFK Göteborg 5:1, 0:2; Manchester United – Widzew Lodz 1:1, 0:0; FC Sochaux – Servette Genf 2:0, 1:2; SC Lokeren – Dynamo Moskau 1:1, 1:0; PSV Eindhoven – Wolverhampton Wanderers 3:1, 0:1; Slask Breslau – Dundee United 0:0, 2:7; Fenerbahce Istanbul – Beroe Stara Zagora 0:1, 1:2; Arges Pitesti – FC Utrecht 0:0, 0:2; Linzer ASK – Radnicki Nisch 1:2, 1:4; Elfsborg Boras – FC St. Mirren 1:2, 0:0; Dynamo Kiew – Levski/Spartak Sofia 1:1, 0:0; Standard Lüttich – Steaua Bukarest 1:1, 2:1; Ipswich Town – Aris Saloniki 5:1, 1:3; Kuopio PS – AS Saint-Etienne 0:7, 0:7.
2. Runde: PSV Eindhoven – Hamburger SV 1:1, 1:2; 1. FC Köln – FC Barcelona 0:1, 4:0, 1. FC Kaiserslautern – Standard Lüttich 1:2, 1:2; FC Utrecht – Eintracht Frankfurt 2:1, 1:3; VfB Stuttgart – Vorwärts Frankfurt/Oder 5:1, 2:1; Turin Calcio – 1. FC Magdeburg 3:1, 0:1; Twente Enschede – Dynamo Dresden 1:1, 0:0; Dundee United – SC Lokeren 1:1, 0:0; Zbrojovka Brünn – Real Sociedad San Sebastian 1:1, 1:2; FC Sochaux – Boavista Porto 2:2, 1:0; Widzew Lodz – Juventus Turin 3:1, n. V. 1:3 (Lodz 4:1-Sieger nach Elfmeterschießen); FC Porto – Grasshoppers Zürich 2:0, n. V. 0:3; Ipswich Town – Bohemians Prag 3:0, 0:2; Levski/Spartak Sofia – AZ ,67 Alkmaar 1:1, 0:5; Beroe Stara Zagora – Radnicki Nisch 0:1, 1:2; FC St. Mirren – AS Saint-Etienne 0:0, 0:2.

Achtelfinale: Hamburger SV – AS Saint Etienne 0:5, 0:1; Eintracht Frankfurt – FC Sochaux 4:2, 0:2; VfB Stuttgart – 1. FC Köln 3:1, n. V. 1:4; Ipswich Town – Widzew Lodz 5:0, 0:1; Standard Lüttich – Dynamo Dresden 1:1, 4:1; SC Lokeren – Real Sociedad San Sebastian 1:0, 2:2; Radnicki Nisch – AZ ,67 Alkmaar 2:2, 0:5; Grasshoppers Zürich – Turin Calcio 2:1, n. V. 1:2 (Grasshoppers 4:3-Sieger nach Elfmeterschießen).
Viertelfinale: Standard Lüttich – 1. FC Köln 0:0, 2:3; Grasshoppers Zürich – FC Sochaux 0:0, 1:2; AS Saint-Etienne – Ipswich Town 1:4, 1:3; AZ ,67 Alkmaar – SC Lokeren 2:0, 0:1.
Halbfinale: Ipswich Town – 1. FC Köln 1:0, 1:0; FC Sochaux – AZ ,67 Alkmaar 1:1, 2:3.

Endspiele: Ipswich Town – AZ ,67 Alkmaar 3:0, 2:4 (in Amsterdam)
Ipswich Town: Cooper – Mills, Osman, Butcher, McCall – Thijssen, A. Mühren, Wark – Gates, Mariner, Brazil.
Tore: Wark, Mariner, Thijssen im 1. Spiel; (Welzl, Metgod, Tol, Jonker für Alkmaar), Thijssen, Wark im 2. Spiel – SR: Prokop (DDR)/Eschweiler (Deutschland) – Zuschauer: 27 532/28 500 – 6. 5. und 20. 5.

1981/82: IFK Göteborg
1. Runde: Hamburger SV – FC Utrecht 0:1, 6:3 (in Arnheim); Hajduk Split – VfB Stuttgart 3:1, 2:2; 1. FC Kaiserslautern – Akademik Sofia 1:0, 2:1; 1. FC Magdeburg – Borussia Mönchengladbach 3:1, 0:2; Dinamo Tirana – Carl Zeiss Jena 1:0, 0:4; Zenit Leningrad – Dynamo Dresden 1:2, 1:0; Rapid Wien – Videoton Szekesfehervar 2:2, 2:0; Sturm Graz – ZSKA Moskau 1:0, 1:2; Neuchâtel Xamax – Sparta Prag 4:0, 2:3; Grasshoppers Zürich – West Bromwich Albion 1:0, 3:1; Bohemians Prag – FC Valencia 0:1, 0:1; FC Nantes – SC Lokeren 1:1, 2:4; PSV Eindhoven – Naestved IF 7:0, 1:2; Boavista Porto – Atletico Madrid 4:1, 1:3; SSC Neapel – Radnicki Nisch 2:2, 0:0; Banyasz Tatabanya – Real Madrid 2:1, 0:1; Aris Saloniki – Sliema Wanderers 4:0, 4:2; Malmö FF – Wisla Krakau 2:0, 3:1; Feyenoord Rotterdam – Szombierki Beuthen 2:0, 1:1; Ipswich Town – FC Aberdeen 1:1, 1:3; SK Beveren – FC Linfield 3:0, 5:0; AS Monaco – Dundee United 2:5, 2:1; Panathinaikos Athen – FC Arsenal 0:2, 0:1; Spartak Moskau – FC Brügge 3:1, 3:1; APOEL Nikosia – Arges Pitesti 1:0, 0:4; Adanaspor – Inter Mailand 1:3, 1:4; Dinamo Bukarest – Levski/Spartak Sofia 3:0, 1:2; Limerick United – FC Southampton 0:3, 1:1; Sporting Lissabon – Red Boys Differdingen 4:0, 7:0; Bryne IL – FC Winterslag 0:2, 2:1; Haka Valkeakoski – IFK Göteborg 2:3, 0:4; Vikingur Reykjavik – Girondins Bordeaux 0:4, 0:4.
2. Runde: Girondins Bordeaux – Hamburger SV 2:1, 0:2; Spartak Moskau – 1. FC Kaiserslautern 2:1, 0:4; Borussia Mönchengladbach – Dundee United 2:0, 0:5; Real Madrid – Carl Zeiss Jena 3:2, 0:0; Feyenoord Rotterdam – Dynamo Dresden 2:1, 1:1; Rapid Wien – PSV Eindhoven 1:0, 1:2; Sturm Graz – IFK Göteborg 2:2, 2:3; Grasshoppers Zürich – Radnicki Nisch 2:0, n. V. 0:2 (Nisch 3:0-Sieger nach Elfmeterschießen); Malmö FF – Neuchâtel Xamax 0:1, 0:1; FC Winterslag – FC Arsenal 1:0, 1:2; SK Beveren – Hajduk Split 2:3, 2:1; Aris Saloniki – SC Lokeren 1:1, 0:4; FC Southampton – Sporting Lissabon 2:4, 0:0; FC Valencia – Boavista Porto 2:0, 0:1; FC Aberdeen – Arges Pitesti 3:0, 2:2; Inter Mailand – Dinamo Bukarest 1:1, n. V. 2:3.
Achtelfinale: FC Aberdeen – Hamburger SV 3:2, 1:3; SC Lokeren – 1. FC Kaiserslautern 1:0, 1:4; Radnicki Nisch – Feyenoord Rotterdam 2:0, 0:1; Rapid Wien – Real Madrid 0:1, 0:0; IFK Göteborg – Dinamo Bukarest 3:1, 1:0; Sporting Lissabon – Neuchâtel Xamax 0:0, 0:1; FC Valencia – Hajduk Split 5:1, 1:4; FC Winterslag – Dundee United 0:0, 0:5.
Viertelfinale: Real Madrid – 1. FC Kaiserslautern 3:1, 0:5; Hamburger SV – Neuchâtel Xamax 3:2, 0:0; FC Valencia – IFK Göteborg 2:2, 0:2; Dundee United – Radnicki Nisch 2:0, 0:3.
Halbfinale: 1. FC Kaiserslautern – IFK Göteborg 1:1, n. V. 1:2; Radnicki Nisch – Hamburger SV 2:1, 1:5.

Endspiele: IFK Göteborg – Hamburger SV 1:0, 3:0
IFK Göteborg: Wernersson – Svensson, Hysen, C. Karlsson, Frederiksson – Tord Holmgren, Strömberg, J. Karlsson – Corneliusson, Nilsson (Sandberg), Tommy Holmgren (Schiller).
Hamburger SV: Stein – Kaltz (Hidien), Hieronymus, Jakobs, Groh – Wehmeyer, Hartwig, Magath, von Heesen (Memering) – Hrubesch, Bastrup.
Tore: Tord Holmgren im 1. Spiel; Corneliusson, Nilsson, Frederiksson im 2. Spiel – SR: Carpenter (Irland)/Courtney (England) – Zuschauer: 42 548/60 000 – 5. 5. und 19. 5.

1982/83: RSC Anderlecht
1. Runde: AEK Athen – 1. FC Köln 0:1, 0:5; Borussia Dortmund – Glasgow Rangers 0:0, 0:2; 1. FC Kaiserslautern – Trabzonspor 3:0, 3:0; Vorwärts Frankfurt/Oder – Werder Bremen 1:3, 2:0; Viking Stavanger – 1. FC Lok Leipzig 1:0, 2:3; Carl Zeiss Jena – Girondins Bordeaux 3:1, 0:5; Manchester United – FC Valencia 0:0, 1:2; FC Glentoran – Banik Ostrau 1:3, 0:1; FC Utrecht – FC Porto 0:1 (in Groningen), 0:2 (in Lissabon); Progres Niederkorn – Servette Genf 0:1, 0:3; Benfica Lissabon – Real Betis Sevilla 2:1, 2:1; FC Haarlem – AA Gent 2:1, 3:3; AS Saint-Etienne – Banyasz Tababanya 4:1,

0:0; Bohemians Prag – Admira/Wacker Wien 5:0, 2:1; AS Rom – Ipswich Town 3:0, 1:3; Ferencvaros Budapest – Athletic Bilbao 2:1, 1:1; FC Zurrieq – Hajduk Split 1:4, 0:4; RSC Anderlecht – Kuopio PT 3:0, 3:1; Slask Breslau – Dynamo Moskau 2:2, 1:0; Lyngby BK – Brage IK Borlänge 1:2, 2:2; Dundee United – PSV Eindhoven 1:1, 2:0; Spartak Moskau – FC Arsenal 3:2, 5:2; Stal Mielec – SC Lokeren 1:1, 0:0; Fram Reykjavik – Shamrock Rovers 0:3, 0:4; FC Southampton – IFK Norrköping 2:2, 0:0; PAOK Saloniki – FC Sochaux 1:0, n. V. 1:2; Universitatea Craiova – AC Florenz 3:1, 0:1; FC Sevilla – Levski/Spartak Sofia 3:1, 3:0; Pezoporikos Larnaca – FC Zürich 2:2, 0:1; Dynamo Tiflis – SSC Neapel 2:1, 0:1; Slavia Sofia – FK Sarajevo 2:2, 2:4; Grazer AK – Corvinul Hunedoara 1:1, 0:3.
2. Runde: Werder Bremen – Brage IK Borlänge 2:0, 6:2; Glasgow Rangers – 1. FC Köln 2:1, 0:5; SSC Neapel – 1. FC Kaiserslautern 1:2, 0:2; Slask Breslau – Servette Genf 0:2, 1:5; RSC Anderlecht – FC Porto 4:0, 2:3; FC Valencia – Banik Ostrau 1:0, 0:0; Spartak Moskau – FC Haarlem 2:0, 3:1; Benfica Lissabon – SC Lokeren 2:0, 2:1; AS Saint-Etienne – Bohemians Prag 0:0, 0:4; AS Rom – IFK Norrköping 1:0, n. V. 0:1 (Rom 4:2-Sieger nach Elfmeterschießen); Hajduk Split – Girondins Bordeaux 4:1, 0:4; Shamrock Rovers – Universitatea Craiova 0:2, 0:3; Ferencvaros Budapest – FC Zürich 1:1, 0:1; PAOK Saloniki – FC Sevilla 2:0, 0:4; Corvinul Hunedoara – FK Sarajevo 4:4, 0:4; Viking Stavanger – Dundee United 1:3, 0:0.
Achtelfinale: FC Sevilla – 1. FC Kaiserslautern 1:0, 0:4; 1. FC Köln – AS Rom 1:0, 0:2; Dundee United – Werder Bremen 2:1, 1:1; Servette Genf – Bohemians Prag 2:2, 1:2; RSC Anderlecht – FK Sarajevo 6:1, 0:1; FC Zürich – Benfica Lissabon 1:1, 0:4; Girondins Bordeaux – Universitatea Craiova 1:0, n. V. 0:2; Spartak Moskau – FC Valencia 0:0, 0:2.
Viertelfinale: 1. FC Kaiserslautern – Universitatea Craiova 3:2, 0:1; Bohemians Prag – Dundee United 1:0, 0:0; AS Rom – Benfica Lissabon 1:2, 1:1; FC Valencia – RSC Anderlecht 1:2, 1:3.
Halbfinale: Bohemians Prag – RSC Anderlecht 0:1, 1:3; Benfica Lissabon – Universitatea Craiova 0:0, 1:1.

Endspiele: RSC Anderlecht – Benfica Lissabon 1:0, 1:1

RSC Anderlecht: Munaron – Hofkens, Olsen, Peruzovic, De Groote – Frimann, Coeck, Vercauteren, Lozano – Vandenbergh (Czerniatynski), Brylle (De Greef, Broos).
Tore: Brylle im 1. Spiel; Lozano (Sheu für Lissabon) im 2. Spiel – SR: Dotschev (Bulgarien)/Corver (Holland) – Zuschauer: 55 000/80 000 – 4. 5. und 18. 5.

1983/84: Tottenham Hotspur
1. Runde: 1. FC Kaiserslautern – FC Watford 3:1, 0:3; Anorthosis Famagusta – Bayern München 0:1 (in Limassol), 0:10; VfB Stuttgart – Levski/Spartak Sofia 1:1, 0:1; Werder Bremen – Malmö FF 1:1, 2:1; IB Vestmannaeyjar – Carl Zeiss Jena 0:0, 0:3; Nottingham Forest – Vorwärts Frankfurt/Oder 2:0, 1:0; Girondins Bordeaux – 1. FC Lok Leipzig 2:3, 0:4; Vitoria Guimaraes – Aston Villa 1:0, 0:5; Sparta Prag – Real Madrid 3:2, 1:1; FC Zürich – FC Antwerpen 1:4, 2:4; Sparta Rotterdam – FC Coleraine 4:0, 1:1; Banik Ostrau – B 1903 Kopenhagen 5:0, 1:1; Aris Bonneweg – Austria Wien 0:5, 0:10; FC Sevilla – Sporting Lissabon 1:1, 2:3; PSV Eindhoven – Ferencvaros Budapest 4:2, 2:0; Hellas Verona – Roter Stern Belgrad 1:0, 3:2; Atletico Madrid – FC Groningen 2:1, 0:3; FC Larissa – Honved Budapest 2:0, n. V. 0:3; Widzew Lodz – Elfsborg Boras 0:0 (in Bialystok), 2:2; Spartak Moskau – HJK Helsinki 2:0, 5:0; AA Gent – RC Lens 1:1, n. V. 1:2; Bryne IL – RSC Anderlecht 0:3, 1:1; Celtic Glasgow – Aarhus GF 1:0, 4:1; Dynamo Kiew – Stade Laval 0:0, 0:1; Drogheda United – Tottenham Hotspur 0:6, 0:8; FC St. Mirren – Feyenoord Rotterdam 0:1, 0:2; Radnicki Nisch – FC St. Gallen 3:0, 2:1; Sportul Studentesc Bukarest – Sturm Graz 1:2, 0:0; Lokomotive Plovdiv – PAOK Saloniki 1:2, 1:3; Universitatea Craiova – Hajduk Split 1:0 n. V. 0:1 (Split 3:1-Sieger nach Elfmeterschießen); Trabzonspor – Inter Mailand 1:0, 0:2 (in Cesena); Rabat Ajax – Inter Bratislava 0:10, 0:6.
2. Runde: 1. FC Lok Leipzig – Werder Bremen 1:0, 1:1; PAOK Saloniki – Bayern München 0:0, n. V. 0:0 (München 9:8-Sieger nach Elfmeterschießen); Sparta Rotterdam – Carl Zeiss Jena 3:2, 1:1; Austria Wien – Stade Laval 2:0, 3:3; Hellas Verona – Sturm Graz 2:2, 0:0; Widzew Lodz – Sparta Prag 1:0 (in Bialystok), 0:3; RSC Anderlecht – Banik Ostrau 2:0, 2:2; RC Lens – FC Antwerpen 2:2, 3:2; PSV Eindhoven – Nottingham Forest 1:2, 0:1; Sporting Lissabon – Celtic Glasgow 2:0, 0:5; Honved Budapest – Hajduk Split 3:2, 0:3; Tottenham Hotspur – Feyenoord Rotterdam 4:2, 2:0; FC Watford – Levski/Spartak Sofia 1:1, n. V. 3:1; FC Groningen – Inter Mailand 2:0, 1:5 (in Bari); Spartak Moskau – Aston Villa 2:2, 2:1; Radnicki Nisch – Inter Bratislava 4:0, 2:3.
Achtelfinale: Bayern München – Tottenham Hotspur 1:0, 0:2; Sturm Graz – 1. FC Lok Leipzig 2:0, 0:1; Radnicki Nisch – Hajduk Split 0:2, 0:2; Austria Wien – Inter Mailand 2:1, 1:1; Sparta Rotterdam – Spartak Moskau 1:1, 0:2; RC Lens – RSC Anderlecht 1:1, 0:1; FC Watford – Sparta Prag 2:3, 0:4; Nottingham Forest – Celtic Glasgow 0:0, 2:1.
Viertelfinale: Sparta Prag – Hajduk Split 1:0, n. V. 0:2; RSC Anderlecht – Spartak Moskau 4:2, 0:1; Tottenham Hotspur – Austria Wien 2:0, 2:2; Nottingham Forest – Sturm Graz 1:0, n. V. 1:1.
Halbfinale: Hajduk Split – Tottenham Hotspur 2:1, 0:1; Nottingham Forest – RSC Anderlecht 2:0, 0:3.

Endspiele: RSC Anderlecht – Tottenham Hotspur 1:1, n. V. 1:1 (Tottenham 4:3-Sieger nach Elfmeterschießen)
Tottenham Hotspur: Parks – Thomas, Miller (Ardiles), Hughton, Roberts – Perryman, Stevens (Marbutt, Dick), Hazard, Galvin – Archibald, Falco.
Tore: Miller (Olsen für Anderlecht) im 1. Spiel; Roberts (Czerniatynski für Anderlecht) im 2. Spiel – Tore aus dem Elfmeterschießen: Roberts, Falco, Stevens, Archibald (Thomas verschoss)/Brylle, Scifo, Vercauteren (Olsen, Gudjohnsen verschossen) – SR: Galler (Schweiz)/ Roth (Deutschland) – Zuschauer: 40 000/46 205 – 9. 5. und 23. 5.

1984/85: Real Madrid
1. Runde: Dukla Banska Bystrica – Borussia Mönchengladbach 2:3, 1:4; RSC Anderlecht – Werder Bremen 1:0, 1:2; 1. FC Köln- Pogon Stettin 2:1, 1:0; FC Southampton – Hamburger SV 0:0, 0:2; 1. FC Lok Leipzig – Lillestrøm SK 7:0, 0:3; Vorwärts Frankfurt/Oder – PSV Eindhoven 2:0, 0:3; Östers Växjö – Linzer ASK 0:1, 0:1; Real Madrid – Wacker Innsbruck 5:0, 0:2; FC Sion – Atletico Madrid 1:0, 3:2; Olympiakos Piräus – Neuchâtel Xamax 1:0 (in Athen), 2:2; Nottingham Forest – FC Brügge 0:0, 0:1; Odense BK – Spartak Moskau 1:5, 1:2; Bohemians Dublin – Glasgow Rangers 3:2, 0:2; FC Sliven – Zeljeznicar Sarajevo 1:0, 1:5; Real Betis Sevilla – Universitatea Craiova 1:0, n. V. 0:1 (Craiova 5:3-Sieger nach Elfmeterschießen); Bohemians Prag – Apollon Limassol 6:1, 2:2; AS Monaco – ZSKA Sofia 2:2, 1:2; Fenerbahce Istanbul – AC Florenz 0:1, 0:2; Rabat Ajax – Partizan Belgrad 0:2, 0:2; Sporting Braga – Tottenham Hotspur 0:3, 0:6; FC Glentoran – Standard Lüttich 1:1, 0:2; Red Boys Differdingen – Ajax Amsterdam 0:0, 0:14; Videoton Szekesfehervar – Dukla Prag 1:0, 0:0; Sporting Lissabon – AJ Auxerre 2:0, n. V. 2:2; Manchester United – Raba ETO Györ 3:0, 2:2; Real Valladolid – NK Rijeka 1:0, 1:4; Paris Saint-Germain – Heart of Midlothian 4:0, 2:2; AIK Stockholm – Dundee United 1:0, 0:3; KR Reykjavik – Queen's Park Rangers 0:3, 0:4; Dynamo Minsk – HJK Helsinki 4:0, 6:0; Widzew Lodz – Aarhus GF 2:0, 0:1; Sportul Studentesc Bukarest – Inter Mailand 1:0, 0:2.
2. Runde: Standard Lüttich – 1. FC Köln 0:2, 1:2; Borussia Mönchengladbach – Widzew Lodz 3:2, 0:1; Hamburger SV – ZSKA Sofia 4:0, 2:1; 1. FC Lok Leipzig – Spartak Moskau 1:1, 0:2; Queen's Park Rangers – Partizan Belgrad 6:2, 0:4; Inter Mailand – Glasgow Rangers 3:0, 1:3; Paris Saint-Germain – Videoton Szekesfehervar 2:4, 0:1; Linzer ASK – Dundee United 1:2, 1:5; PSV Eindhoven – Manchester United 0:0, n. V. 0:1; Zeljeznicar Sarajevo – FC Sion 2:1, 1:1; Universitatea Craiova – Olympiakos Piräus 1:0, 1:0; AC Florenz – RSC Anderlecht 1:1, 2:6; FC Brügge – Tottenham Hotspur 2:1, 0:3; Sporting Lissabon – Dinamo Minsk 2:0, n. V. 0:2 (Minsk 5:3-Sieger nach Elfmeterschießen); Ajax Amsterdam – Bohemians Prag 1:0, n. V. 0:1 (Prag 4:2-Sieger nach Elfmeterschießen); NK Rijeka – Real Madrid 3:1, 0:3.
Achtelfinale: Spartak Moskau – 1. FC Köln 1:0 (in Tiflis), 0:2; Hamburger SV – Inter Mailand 2:1, 0:1; RSC Anderlecht – Real Madrid 3:0, 1:6; Universitatea Craiova – Zeljeznicar Sarajevo 2:0, 0:4; Widzew Lodz – Dynamo Minsk 0:2, 1:0 (in Tiflis); Tottenham Hotspur – Bohemians Prag 2:0, 1:1; Manchester United – Dundee United 2:2, 3:2; Videoton Szekesfehervar – Partizan Belgrad 5:0, 0:2.
Viertelfinale: Inter Mailand – 1. FC Köln 1:0, 3:1; Tottenham Hotspur – Real Madrid 0:1, 0:0; Manchester United – Videoton Szekesfehervar 1:0, n. V. 0:1 (Videoton 5:4-Sieger nach Elfmeterschießen); Zeljeznicar Sarajevo – Dynamo Minsk 2:0, 1:1.
Halbfinale: Inter Mailand – Real Madrid 2:0, 0:3; Videoton Szekesfehervar – Zeljeznicar Sarajevo 3:1, 1:2.

Endspiele: Videoton Szekesfehervar – Real Madrid 0:3, 1:0
Real Madrid: Miguel Angel – Chendo, Stielike, Sanchis, Camacho – San José, Gallego, Michel – Butragueno (Juanito), Santillana (Salguero), Valdano.
Tore: Michel, Santillana, Valdano im 1. Spiel; (Majer für Szekesfehervar) im 2. Spiel – SR: Vautrot (Frankreich)/Ponnet (Belgien) – Zuschauer: 30 000/90 000 – 8. 5. und 22. 5.

1985/86: Real Madrid
1. Runde: 1. FC Köln- Sporting Gijon 0:0, 2:1; Tschernomoretz Odessa – Werder Bremen 2:1, 2:3; Borussia Mönchengladbach – Lech Posen 1:1, 2:0; Sparta Rotterdam – Hamburger SV 2:0, n. V. 0:2 (Rotterdam 4:3-Sieger nach Elfmeterschießen); Wismut Aue – Dnjepr Dnjepropetrowsk 1:3, 1:2 (in Krivoj Rog); FC Coleraine – 1. FC Lok Leipzig 1:1, 0:5; Sporting Lissabon – Feyenoord Rotterdam 3:1, 1:2; Glasgow Rangers – Atletico Osasuna 1:0, 0:2; Valur Reykjavik – FC Nantes 2:1, 0:3; Raba ETO Györ – Bohemians Prag 3:1, n. V. 1:4 (in Bratislava); Boavista Porto – FC Brügge 4:3, 1:3; Avenir Beggen – PSV Eindhoven 0:2, 0:4; Videoton Szekesfehervar – Malmö FF 1:0, 2:3; AJ Auxerre – AC Mailand 3:1, 0:3; Slavia Prag – FC St. Mirren 1:0, n. V. 0:3; Spartak Moskau – Turku PS 1:0, 3:1; Bohemians Dublin – Dundee United 2:5, 2:2; Pirin Blagoevgrad – Hammarby IF 1:3, 0:4; Legia Warschau – Viking Stavanger 3:0, 1:1; SV Waregem – Aarhus GF 5:2, 1:0; Inter Mailand – FC St. Gallen 5:1, 0:0; AEK Athen – Real Madrid 1:0, 0:5; Dinamo Tirana – Hamrun Spartans 1:0, 0:0; SC Portimonense – Partizan Belgrad 1:0, 0:4; Dinamo Bukarest – Vardar Skoplje 2:1, 0:1; Turin Calcio – Panathinaikos Athen 2:1, 1:1; APOEL

Nikosia – Lokomotive Sofia 2:2, n. V. 2:4; Linzer ASK – Banik Ostrau 2:0, 1:0; Hajduk Split – FC Metz 5:1, 2:2; Neuchâtel Xamax – Sportul Studentesc Bukarest 3:0, 4:4; Athletic Bilbao – Besiktas Istanbul 4:1, 1:0; FC Lüttich – Wacker Innsbruck 1:0, 3:1.
2. Runde: 1. FC Köln- Bohemians Prag 4:0, 4:2; Sparta Rotterdam – Borussia Mönchengladbach 1:1, 1:5; AC Mailand – 1. FC Lok Leipzig 2:0, 1:3; PSV Eindhoven – Dnjepr Dnjepropetrowsk 2:2, 0:1 (in Krivoj Rog); SV Waregem – Atletico Osasuna 2:0, 1:2; Partizan Belgrad – FC Nantes 1:1, 0:4; Dundee United – Vardar Skoplje 2:0, 1:1; Linzer ASK – Inter Mailand 1:0, 0:4; Spartak Moskau – FC Brügge 1:0, 3:1; Videoton Szekesfehervar – Legia Warschau 0:1, 1:1; Hammarby IF – FC St. Mirren 3:3, 2:1; Lokomotive Sofia – Neuchâtel Xamax 1:1, 0:0; FC Lüttich – Athletic Bilbao 0:1, 1:3; Turin Calcio – Hajduk Split 1:1, 1:3; Dinamo Tirana – Sporting Lissabon 0:0, 0:1; Real Madrid – Tschernomoretz Odessa 2:1, 0:0.
Achtelfinale: Hammarby IF – 1. FC Köln 2:1, 1:3; Borussia Mönchengladbach – Real Madrid 5:1 (in Düsseldorf), 0:4; Athletic Bilbao – Sporting Lissabon 2:1, 0:3; Dundee United – Neuchâtel Xamax 2:1, n. V. 1:3; Inter Mailand – Legia Warschau 0:0, n. V. 1:0; Spartak Moskau – FC Nantes 0:1 (in Tiflis), 1:1; Dnjepr Dnjepropetrowsk – Hajduk Split 0:1 (in Krivoj Rog), 0:2; SV Waregem – AC Mailand 1:2, 2:1.
Viertelfinale: Sporting Lissabon – 1. FC Köln 1:1, 0:2; Real Madrid – Neuchâtel Xamax 3:0, 0:2; Hajduk Split – SV Waregem 1:0, n. V. 0:1 (Waregem 5:4-Sieger nach Elfmeterschießen); Inter Mailand – FC Nantes 3:0, 3:3.
Halbfinale: 1. FC Köln- SV Waregem 4:0, 3:3; Inter Mailand – Real Madrid 3:1, n. V. 1:5.
Endspiele: Real Madrid – 1. FC Köln 5:1, 0:2 (in Berlin)
Real Madrid: Agustin – Salguero (Maceda) – Solana, Camacho – Vasquez (Chendo), Michel, Juanito (Gallego), Gordillo – Butragueno, Sanchez (Santillana), Valdano.
1. FC Köln: Schumacher – Gielchen – Steiner, Prestin, Geils (Schmitz) – Geilenkirchen, Hönerbach, Bein (Häßler), Janssen (Pisanti) – Littbarski (Dickel), Kl. Allofs.
Tore: Valdano 2, Sanchez, Gordillo, Santillana (Kl. Allofs für Köln) im 1. Spiel; (Bein, Geilenkirchen) im 2. Spiel – SR: Courtney (England)/Valentine (Schottland) – Zuschauer: 85 000/21 185 – 30. 4. und 6. 5.

1986/87: IFK Göteborg
1. Runde: Atletico Madrid – Werder Bremen 2:0, n. V. 1:2; Kalmar FF – Bayer Leverkusen 1:4, 0:3; Bayer Uerdingen – Carl Zeiss Jena 3:0, 4:0; Borussia Mönchengladbach – Partizan Belgrad 1:0, 3:1; Athletic Bilbao – 1. FC Magdeburg 2:0, 0:1; FC Coleraine – Stahl Brandenburg 1:1, 0:1; RC Lens – Dundee United 1:0, 0:2; FC Groningen – Galway United 5:1, 3:1; IA Akranes – Sporting Lissabon 0:9 (in Reykjavik), 0:6; Jeunesse Esch – AA Gent 1:2, 1:1; MSC Pecs – Feyenoord Rotterdam 1:0, 0:2; Sparta Prag – Vitoria Guimaraes 1:1, 1:2; Heart of Midlothian – Dukla Prag 3:2, 0:1; FC Nantes – Turin Calcio 0:4, 1:1; Dynamo Minsk – Raba ETO Györ 2:4, 1:0; Sigma Ölmütz – IFK Göteborg 1:1, 0:4; Glasgow Rangers – Ilves Tampere 4:0, 0:2; Legia Warschau – Dnjepr Dnjepropetrowsk 0:0, 1:0 (in Krivoj Rog); Linzer ASK – Widzew Lodz 1:1, 0:1; Neuchâtel Xamax – Lyngby BK 2:0, 3:1; SK Beveren – Valerengen Oslo 1:0, 0:0; OFI Kreta – Hajduk Split 1:0, 0:4; Flamurtari Vlora – FC Barcelona 1:1, 0:0; AC Florenz – Boavista Porto 1:0, n. V. 0:1 (Porto 3:1-Sieger nach Elfmeterschießen); Hibernians Paola – Trakia Plovdiv 0:2, 0:8; FC Tirol – Sredec Sofia 3:0, 0:2; Inter Mailand – AEK Athen 2:0, 1:0; Sportul Studentesc Bukarest – Omonia Nikosia 1:0, 1:1; NK Rijeka – Standard Lüttich 0:1, 1:1; Universitatea Craiova – Galatasaray Istanbul 2:0, 1:2; SSC Neapel – FC Toulouse 1:0, n. V. 0:1 (Toulouse 4:3-Sieger nach Elfmeterschießen); Spartak Moskau – FC Luzern 0:0, 1:0.
2. Runde: Widzew Lodz – Bayer Uerdingen 0:0, 0:2; Borussia Mönchengladbach – Feyenoord Rotterdam 5:1, 2:0; Dukla Prag – Bayer Leverkusen 0:0, 1:2; IFK Göteborg – Stahl Brandenburg 2:0, 1:1; FC Groningen – Neuchâtel Xamax 0:0, 1:1; SK Beveren – Athletic Bilbao 3:1, 1:2; Glasgow Rangers – Boavista Porto 2:1, 1:0; Legia Warschau – Inter Mailand 3:2, 0:1; Vitoria Guimaraes – Atletico Madrid 2:0, 0:1; Sportul Studentesc Bukarest – AA Gent 0:3, 1:1; Turin Calcio – Raba ETO Györ 4:0, 1:1; FC Barcelona – Sporting Lissabon 1:0, 1:2; Hajduk Split – Trakia Plovdiv 3:1, 2:2; FC Tirol Innsbruck – Standard Lüttich 2:1, 2:3; FC Toulouse – Spartak Moskau 3:1, 1:5; Dundee United – Universitatea Craiova 3:0, 0:1.
Achtelfinale: Bayer Uerdingen – FC Barcelona 0:2, 0:2; Glasgow Rangers – Borussia Mönchengladbach 1:1, 0:0; Spartak Moskau – FC Tirol Innsbruck 1:0 (in Simferopol), 0:2; Dundee United – Hajduk Split 2:0, 0:0; AA Gent – IFK Göteborg 0:1, 0:4; FC Groningen – Vitoria Guimaraes 1:0, 0:3; Dukla Prag – Inter Mailand 0:1, 0:0; Turin Calcio – SK Beveren 2:1, 1:0.
Viertelfinale: Borussia Mönchengladbach – Vitoria Guimaraes 3:0, 2:2; Turin Calcio – FC Tirol Innsbruck 0:0, 1:2; Dundee United – FC Barcelona 2:1, 1:0; IFK Göteborg – Inter Mailand 0:0, 1:1.
Halbfinale: Dundee United – Borussia Mönchengladbach 0:0, 2:0; IFK Göteborg – FC Tirol Innsbruck 4:1, 1:0.

Endspiele: IFK Göteborg – Dundee United 1:0, 1:1
IFK Göteborg: Wernersson – Larsson – Carlsson, Hysen, Frederiksson – Johansson (R. Nilsson), Tord Holmgren (Zetterlund), Andersson, Tommy Holmgren (Mordt), Petersson, L. Nilsson.
Tore: Petersson im 1. Spiel; L. Nilssson (Clark für Dundee im 2. Spiel – SR: Kirschen (DDR)/Igna (Rumänien) – Zuschauer: 50 023/20 911 – 6. 5. und 20. 5.

1987/88: Bayer Leverkusen
1. Runde: Borussia Mönchengladbach – Espanol Barcelona 0:1, 1:4; Celtic Glasgow – Borussia Dortmund 2:1, 0:2; Mjöndalen IF – Werder Bremen 0:5, 1:0; Austria Wien – Bayer Leverkusen 0:0, 1:5; Spartak Moskau – Dynamo Dresden 3:0, 0:1; Wismut Aue – Valur Reykjavik 0:0, 1:1; SK Beveren – Bohemians Prag 2:0, 0:1; Feyenoord Rotterdam – Spora Luxemburg 5:0, 5:2; Banyasz Tatabanya – Vitoria Guimaraes 1:1, 0:1; Grasshoppers Zürich – Dynamo Moskau 0:4, 0:1; Pogon Stettin – Hellas Verona 1:1, 1:3; Honved Budapest – SC Lokeren 1:0, 0:0; Bröndby IF Kopenhagen – IFK Göteborg 2:1, 0:0; Zenit Leningrad – FC Brügge 2:0, 0:5; Sportul Studentesc Bukarest – GKS Kattowitz 1:0, 2:1 (in Chorzow); Panathinaikos Athen – AJ Auxerre 2:0, 2:3; EPA Larnaca – Victoria Bukarest 0:1, 0:3; Flamurtari Vlora – Partizan Belgrad 2:0, 1:2; Sporting Gijon – AC Mailand 1:0, 0:3 (in Lecce); FC Coleraine – Dundee United 0:1, 1:3; TJ Vitkovice – AIK Stockholm 1:1 (in Ostrau), 2:0; Besiktas Istanbul – Inter Mailand 0:0, 1:3; Turku PS – FC Admira/Wacker 0:1, 2:0; Lokomotive Sofia – Dynamo Tiflis 3:1, 0:3; Velez Mostar – FC Sion 5:0, 0:3; Bohemians Dublin – FC Aberdeen 0:0, 0:1; FC Barcelona – Belenenses Lissabon 2:0, 0:1; Linzer ASK – FC Utrecht 0:0, 0:2; FC Valetta – Juventus Turin 0:4, 0:3; Universitatea Craiova – GD Chaves 3:2, 1:2; Roter Stern Belgrad – Trakia Plovdiv 3:0, 2:2; FC Toulouse – Panionios Athen 5:1, 1:0.
2. Runde: Borussia Dortmund – Velez Mostar 2:0, 1:2; Spartak Moskau – Werder Bremen 4:1, n. V. 2:6; FC Toulouse – Bayer Leverkusen 1:1, 0:1; Wismut Aue – Flamurtari Vlora 1:0, 0:2; Vitoria Guimaraes – SK Beveren 1:0, n. V. 0:1 (Guimaraes 5:4-Sieger nach Elfmeterschießen); AC Mailand – Espanol Barcelona 0:2 (in Lecce), 0:0; FC Aberdeen – Feyenoord Rotterdam 2:1, 0:1; GD Chaves – Honved Budapest 1:2, 1:3; FC Utrecht – Hellas Verona 1:1, 1:2; FC Barcelona – Dynamo Moskau 2:0, 0:0; Dundee United – TJ Vitkovice 1:2, 1:1 (in Ostrau); Bröndby IF Kopenhagen – Sportul Studentesc Bukarest 3:0, n. V. 0:3 (Bukarest 3:0-Sieger nach Elfmeterschießen); Inter Mailand – Turku PS 0:1, 2:0; Panathinaikos Athen – Juventus Turin 1:0, 2:3; Roter Stern Belgrad – FC Brügge 3:1, 0:4; Victoria Bukarest – Dynamo Tiflis 1:2, 0:0.
Achtelfinale: Feyenoord Rotterdam – Bayer Leverkusen 2:2, 0:1 (in Köln); Werder Bremen – Dynamo Tiflis 2:1, 1:1; Borussia Dortmund – FC Brügge 3:0, n. V. 0:5; Honved Budapest – Panathinaikos Athen 5:2, 1:5; FC Barcelona – Flamurtari Vlora 4:1, 0:1; Vitoria Guimaraes – TJ Vitkovice 2:0, n. V. 0:2 (Vitkovice 5:4-Sieger nach Elfmeterschießen); Inter Mailand – Espanol Barcelona 1:1, 0:1; Hellas Verona – Sportul Studentesc Bukarest 3:1, 1:0.
Viertelfinale: Bayer Leverkusen – FC Barcelona 0:0 (in Köln), 1:0; Hellas Verona – Werder Bremen 0:1, 1:1; Panathinaikos Athen – FC Brügge 2:2, 0:1; Espanol Barcelona – TJ Vitkovice 2:0, 0:0.
Halbfinale: Bayer Leverkusen – Werder Bremen 1:0, 0:0; FC Brügge – Espanol Barcelona 2:0, n. V. 0:3.

Endspiele: Espanol Barcelona – Bayer Leverkusen 3:0, n. V. 0:3 (Leverkusen 3:2-Sieger nach Elfmeterschießen)
Bayer Leverkusen: Vollborn – Rolff – de Kayser (Seckler), A. Reinhardt, Hinterberger, (Schreier) – Cha (Götz), Tita, Buncol, Falkenmayer, (K. Reinhardt) – Waas, Täuber.
Tore: (Losada 2, Soler) im 1. Spiel; Tita, Götz, Cha im 2. Spiel – Tore nach Elfmeterschießen: 0:1 Alonso, Falkenmayer (N'Kono hält), 0:2 Job, 1:2 Rolff, Urkiaga (Lattenschuß), 2:2 Waas, Zusillaga (Vollborn hält), 3:2 Täuber, Losado (über das Tor) – SR: Krchnak (Tschechoslowakei)/Keizer (Holland) – Zuschauer: 42 000/22 000 – 4. 5. und 18. 5.

1988/89: SSC Neapel
1. Runde: FC Antwerpen – 1. FC Köln 2:4, 1:2; AS Rom – 1. FC Nürnberg 1:2, n. V. 3:1; Bayer Leverkusen – Belenenses Lissabon 0:1, 0:1; VfB Stuttgart – Banyasz Tatabanya 2:0, 1:2; Bayern München – Legia Warschau 3:1, 7:3; FC Aarau – 1. FC Lok Leipzig 0:3, 0:4; FC Aberdeen – Dynamo Dresden 0:0, 0:2; Sliema Wanderers – Victoria Bukarest 0:2, 1:6; US Luxemburg – FC Lüttich 1:7, 0:4; Vienna Wien – Ikast FS 1:0, 1:2; Besiktas Istanbul – Dinamo Zagreb 1:0, 0:2; Otelul Galati – Juventus Turin 1:0, 0:5; Trakia Plovdiv – Dynamo Minsk 1:2, 0:0; Zalgiris Wilna – Austria Wien 2:0, 2:5; Dnjepr Dnjepropetrowsk – Girondins Bordeaux 1:1, 1:2; Turku PS – FC Linfield 0:0, 1:1 (in Wrexham); Molde FK – SV Waregem 0:0, 1:5; Partizan Belgrad – Slavia Sofia 5:0, 5:0; Östers Växjö – DAC Dunajska Streda 2:0, 0:6; Malmö FF – Torpedo Moskau 2:0, n. V. 1:2; FC Groningen – Atletico Madrid 1:0, 0:1; St. Patrick's Athletic – Heart of Midlothian 0:2, 0:2; Velez Mostar – APOEL Nikosia 1:0, 5:2; AEK Athen – Athletic Bilbao 1:0, 0:2; Servette Genf – Sturm Graz 1:0, 0:0; Real Sociedad San Sebastian – Dukla

Prag 2:1, 2:3; Inter Mailand – Brage IK Borlänge 2:1, 2:1; Glasgow Rangers – GKS Kattowitz 1:0, 4:2; SC Montpellier – Benfica Lissabon 0:3, 1:3; SSC Neapel – PAOK Saloniki 1:0, 1:1; Sporting Lissabon – Ajax Amsterdam 4:2, 2:1; IA Akranes – Ujpest Budapest 0:0 (in Reykjavik), 1:2.
2. Runde: Bayern München – DAC Dunajska Streda 3:1, 2:0; Dinamo Zagreb – VfB Stuttgart 1:3, 1:1; 1. FC Köln – Glasgow Rangers 2:0, 1:1; 1. FC Lok Leipzig – SSC Neapel 1:1, 0:2; Dynamo Dresden – SV Waregem 4:1, 1:2; Partizan Belgrad – AS Rom 4:2, 0:2; Velez Mostar – Belenenses Lissabon 0:0, n. V. 0:0 (Mostar 4:3-Sieger nach Elfmeterschießen); Sporting Lissabon – Real Sociedad San Sebastian 1:2, 0:0; Heart of Midlothian – Austria Wien 0:0, 1:0; Ujpest Budapest – Girondins Bordeaux 0:1, 0:1; Juventus Turin – Athletic Bilbao 5:1, 2:3; Vienna Wien – Turku PS 2:1, 0:1; Malmö FF – Inter Mailand 0:1, 1:1; FC Lüttich – Benfica Lissabon 2:1, 1:1; FC Groningen – Servette Genf 2:0, 1:1; Dynamo Minsk – Victoria Bukarest 2:1, 0:1.
Achtelfinale: Real Sociedad San Sebastian – 1. FC Köln 1:0, 2:2; Bayern München – Inter Mailand 0:2, 3:1; FC Groningen – VfB Stuttgart 1:3, 0:2; Dynamo Dresden – AS Rom 2:0, 2:0; Girondins Bordeaux – SSC Neapel 0:1, 0:0; Heart of Midlothian – Velez Mostar 3:0, 1:2; Victoria Bukarest – Turku PS 1:0, 2:3; FC Lüttich – Juventus Turin 0:1, 0:1.
Viertelfinale: VfB Stuttgart – Real Sociedad San Sebastian 1:0, n. V. 0:1 (Stuttgart 4:2-Sieger nach Elfmeterschießen); Heart of Midlothian – Bayern München 1:0, 0:2; Victoria Bukarest – Dynamo Dresden 1:1, 0:4; Juventus Turin – SSC Neapel 2:0, n. V. 0:3.
Halbfinale: SSC Neapel – Bayern München 2:0, 2:2; VfB Stuttgart – Dynamo Dresden 1:0, 1:1.

Endspiele: SSC Neapel – VfB Stuttgart 2:1, 3:3

SSC Neapel: Giuliani – Renica – Ferrara, Corradini (Crippa) – de Napoli, Alemao (Carranante), Fusi, Francini – Careca (Bigliardi), Maradona, Carnevale.
VfB Stuttgart: Immel – Allgöwer – N. Schmäler, Hartmann, Buchwald – Schäfer, Katanec, Sigurvinsson, Schröder – Gaudino, Walter (Zietsch, O. Schmäler, Klinsmann).
Tore: Maradona, Careca (Gaudino für Stuttgart) im 1. Spiel; Alemao, Ferrara, Careca (Klinsmann, Eigentor De Napoli, O. Schmäler für Stuttgart) im 2. Spiel – SR: Germanakos (Griechenland)/Sanchez (Spanien) – Zuschauer: 81 093/66 800 – 3. 5. und 17. 5.

1989/90: Juventus Turin

Qualifikation: AJ Auxerre – Dinamo Zagreb 0:1, 3:1.
1. Runde: VfB Stuttgart – Feyenoord Rotterdam 2:0, 1:2; 1. FC Köln – Plastika Nitra 4:1, 1:0; Örgryte Göteborg – Hamburger SV 1:2, 1:5; Lilleström SK – Werder Bremen 1:3, 0:2; FC Karl-Marx-Stadt – Boavista Porto 1:0, n. V. 2:2; Hansa Rostock – Banik Ostrau 2:3, 0:4; FC Aberdeen – Rapid Wien 2:1, 0:1; Dynamo Kiew – MTK/VM Budapest 4:0, 2:1; FC Wettingen – FC Dundalk 3:0, 2:0; Twente Enschede – FC Brügge 0:0, 1:4; FC Sochaux – Jeunesse Esch 7:0, 5:0; Gornik Zabrze – Juventus Turin 0:1, 2:4; Hibernian Edinburgh – Videoton Szekesfehervar 1:0, 3:0; IA Akranes – FC Lüttich 0:2, 1:4; Zalgiris Wilna – IFK Göteborg 2:0, 0:1; FC Glentoran – Dundee United 1:3, 0:2; Kuusysi Lahti – Paris Saint-Germain 0:0, 2:3; Austria Wien – Ajax Amsterdam 1:0, 1:1 in Verl. abgebrochen (Wertung 3:0); Rovaniemi PS – GKS Kattowitz 1:1, 1:0; Zenit Leningrad – Naestved IF 3:1, 0:0; Apollon Limassol – Real Saragossa 0:3, 1:1; Atalanta Bergamo – Spartak Moskau 0:0, 0:2; FK Rad Belgrad – Olympiakos Piräus 2:1, 0:2; Vitoscha Sofia – FC Antwerpen 0:0, 3:4; FC Porto – Flacara Moreni 2:0, 2:1; Atletico Madrid – AC Florenz 1:0, n. V. 0:1 (Florenz 3:1-Sieger nach Elfmeterschießen, in Perugia); FC Sion 1:0, 0:3; AJ Auxerre – Apolonia Fier 5:0, 3:0 (in Vlora); Sporting Lissabon – SSC Neapel 0:0, n. V. 0:0 (Neapel 4:3-Sieger nach Elfmeterschießen); Galatasaray Istanbul – Roter Stern Belgrad 1:1, 0:2; FC Valencia – Victoria Bukarest 3:1, 1:1; FC Valetta – Vienna Wien 1:4 (in Solo), 0:3.
2. Runde: 1. FC Köln – Spartak Moskau 3:1, 0:0; Zenit Leningrad – VfB Stuttgart 0:1, 0:5; Real Saragossa – Hamburger SV 1:0, n. V. 0:2; Werder Bremen – Austria Wien 5:0, 0:2; FC Sion – FC Karl-Marx-Stadt 2:1, 1:4; FC Brügge – Rapid Wien 1:2, 3:4; AC Florenz – FC Sochaux 0:0 (in Perugia), 1:1; Paris Saint-Germain – Juventus Turin 0:1, 1:2; Roter Stern Belgrad – Zalgiris Wilna 4:1, 1:0; Hibernian Edinburgh – FC Lüttich 0:0, n. V. 0:1; FC Antwerpen – Dundee United 4:0, 2:3; Dynamo Kiew – Banik Ostrau 3:0, 1:1; Rovaniemi PS – AJ Auxerre 0:5, 0:3; FC Wettingen – SSC Neapel 0:0 (in Zürich), 1:2; FC Porto – FC Valencia 3:1, 2:3; Vienna Wien – Olympiakos Piräus 2:2, 1:1.
Achtelfinale: Roter Stern Belgrad – 1. FC Köln 2:0, 0:3; FC Antwerpen – VfB Stuttgart 1:0, 1:1; SSC Neapel – Werder Bremen 2:3, 1:5; Hamburger SV – FC Porto 1:0, 1:2; Juventus Turin – FC Karl-Marx-Stadt 2:1, 1:0; Rapid Wien – FC Lüttich 1:0, 1:3; Olympiakos Piräus – AJ Auxerre 1:1, 0:0; AC Florenz – Dynamo Kiew 1:0 (in Perugia), 0:0.
Viertelfinale: 1. FC Köln – FC Antwerpen 2:0, 0:0; FC Lüttich – Werder Bremen 1:4, 2:0; Hamburger SV – Juventus Turin 0:2, 2:1; AC Florenz – AJ Auxerre 1:0 (in Perugia), 1:0.
Halbfinale: Juventus Turin – 1. FC Köln 3:2, 0:0; Werder Bremen – AC Florenz 1:1, 0:0 (in Perugia).

Endspiele: Juventus Turin – AC Florenz 3:1, 0:0 (in Avellino)
Juventus Turin: Tacconi – Bonetti – Napoli (Alessio), De Agostini – Galia, Aleijnikow, Rui Barros, Marocchi – Casiraghi, Schillaci (Rosa, Avallone), Bruno.
Tore: Galia, Casiraghi, De Agostini (Buso für Florenz) – SR: Aladren (Spanien)/Schmidhuber (Deutschland) – Zuschauer: 46 000/32 000 – 2. 5. und 16. 5.

1990/91: Inter Mailand
1. Runde: Bröndby IF Kopenhagen – Eintracht Frankfurt 5:0, 1:4; Borussia Dortmund – Chemnitzer FC 2:0, 2:0; IFK Norrköping – 1. FC Köln 0:0, 1:3; Bayer Leverkusen – Twente Enschede 1:0, n. V. 1:1; 1. FC Magdeburg – Rovaniemi PS 0:0, 1:0; Dnjepr Dnjepropetrowsk – Heart of Midlothian 1:1, 1:3; Derry City – Vitesse Arnheim 0:1, 0:0; MTK/VM Budapest – FC Luzern 1:1, 1:2; Sporting Lissabon – KV Mechelen 1:0, 2:2; Lausanne-Sports – Real Sociedad San Sebastian 3:2, 0:1; Avenir Beggen – Inter Bratislava 2:1, 0:5; FH Hafnarfjördur – Dundee United 1:3, 2:2; FC Antwerpen – Ferencvaros Budapest 0:0, n. V. 1:3 (in Zalaegerszeg); Zaglebie Lubin – FC Bologna 0:1, 0:1; FC Glenavon Lurgan– Girondins Bordeaux 0:0, 0:2; Torpedo Moskau – GAIS Göteborg 4:1, 1:1; Aston Villa – Banik Ostrau 3:1, 2:1; Vejle BK – Admira/Wacker Wien 0:1, 0:3; Tschernomoretz Odessa – Rosenborg Trondheim 3:1, 1:2; GKS Kattowitz – Turku PS 3:0, 1:0; Iraklis Saloniki – FC Valencia 0:0, n. V. 0:2; RSC Anderlecht – Petrolul Ploiesti 2:0, 2:0; Atalanta Bergamo – Dinamo Zagreb 0:0, 1:1; Slavia Sofia – Omonia Nikosia 2:1, n. V. 2:4; AS Rom – Benfica Lissabon 1:0, 1:0; Roda JC Kerkrade – AS Monaco 1:3, 1:3; Partizani Tirana – Universitatea Craiova 0:1, 0:1; FC Sevilla – PAOK Saloniki 0:0, n. V. 0:0 (Sevilla 4:3-Sieger nach Elfmeterschießen); Politehnica Timisoara – Atletico Madrid 0:2, 0:1; Rapid Wien – Inter Mailand 2:1, n. V. 1:3 (in Verona); Fenerbahce Istanbul – Vitoria Guimaraes 3:0, 3:2; Hibernians Paola – Partizan Belgrad 0:3, 0:2.
2. Runde: GKS Kattowitz – Bayer Leverkusen 1:2, 0:4; 1. FC Köln – Inter Bratislava 0:1, 2:0; Universitatea Craiova – Borussia Dortmund 0:3, 0:1; 1. FC Magdeburg – Girondins Bordeaux 0:1, 0:1; FC Luzern – Admira/Wacker Wien 0:1, 1:1; Bröndby IF Kopenhagen – Ferencvaros Budapest 3:0, 1:0; Heart of Midlothian – FC Bologna 3:1, 0:3; Fenerbahce Istanbul – Atalanta Bergamo 0:1, 1:4; Sporting Lissabon – Politehnica Timisoara 7:0, 0:2; Real Sociedad San Sebastian – Partizan Belgrad 1:0, n. V. 0:1 (Belgrad 5:4-Sieger nach Elfmeterschießen); FC Valencia – AS Rom 1:1, 1:2; Tschernomoretz Odessa – AS Monaco 0:0, 0:1; Omonia Nikosia – RSC Anderlecht 1:1, 0:3; Vitesse Arnheim – Dundee United 1:0, 4:0; Aston Villa – Inter Mailand 2:0, 0:3; Torpedo Moskau – FC Sevilla 3:1, 1:2.
Achtelfinale: Bröndby IF Kopenhagen – Bayer Leverkusen 3:0, 0:0; RSC Anderlecht – Borussia Dortmund 1:0, 1:2; 1. FC Köln – Atalanta Bergamo 1:1, 0:1; Inter Mailand – Partizan Belgrad 3:0, 1:1; AS Rom – Girondins Bordeaux 5:0, 2:0; Admira/Wacker Wien– FC Bologna 3:0, n. V. 0:3 (Bologna 6:5-Sieger nach Elfmeterschießen); Vitesse Arnheim – Sporting Lissabon 0:2, 1:2; Torpedo Moskau – AS Monaco 2:1, 2:1.
Viertelfinale: FC Bologna – Sporting Lissabon 1:1, 0:2; Bröndby IF Kopenhagen – Torpedo Moskau 1:0, n. V. 0:1 (Bröndby 4:2-Sieger nach Elfmeterschießen); Atalanta Bergamo – Inter Mailand 0:0, 0:2; AS Rom – RSC Anderlecht 3:0, 3:2.
Halbfinale: Bröndby IF Kopenhagen – AS Rom 0:0, 1:2; Sporting Lissabon – Inter Mailand 0:0, 0:2.
Endspiele: Inter Mailand – AS Rom 2:0, 0:1
Inter Mailand: Zenga – Bergomi – Paganin (Baresi), Ferri – Bianchi, Battistini, Matthäus, Berti, Brehme – Serena (Pizzi, Mandorlini), Klinsmann.
Tore: Matthäus, Berti im 1. Spiel; (Rizzitelli für Rom) im 2. Spiel – SR: Spirin (UdSSR)/Quiniou (Frankreich) – Zuschauer: 68 887/70 901 – 8. 5. und 22. 5.

1991/92: Ajax Amsterdam
1. Runde: Hamburger SV – Gornik Zabrze 1:1, 3:0; Cork City – Bayern München 1:1, 0:2; Eintracht Frankfurt – Spora Luxemburg 6:1, 5:0; VfB Stuttgart – MSC Pecs 4:1, 2:2; Hallescher FC – Torpedo Moskau 2:1, 0:3; FC Groningen – Rot-Weiß Erfurt 0:1, 0:1; Gradjanski Zagreb – Trabzonspor 2:3 (in Klagenfurt), 1:1; Ikast FS – AJ Auxerre 0:1, 1:5; AA Gent – Lausanne-Sports 0:1, n. V. 1:0 (Gent 4:1-Sieger nach Elfmeterschießen); Anorthosis Famagusta – Steaua Bukarest 1:2, n. V. 2:2; Neuchâtel Xamax – FC Floriana 2:0, 0:0; Slavia Sofia – Atletico Osasuna 1:0, 0:4; MTE Izzo Vac – Dynamo Moskau 1:0, 1:4; Vllaznia Shkoder – AEK Athen 0:1, 0:2; FC Bangor – Sigma Olmütz 0:3, 0:3; Slovan Bratislava – Real Madrid 1:2, 1:1; Mikkeli MP – Spartak Moskau 0:2, 1:3; FC Aberdeen – B 1903 Kopenhagen 0:1, 0:2; Sturm Graz – FC Utrecht 0:1, 1:3; Celtic Glasgow – Germinal Ekeren 2:0, 1:1; FC Tirol Innsbruck – Tromsö IL 2:1, 1:1; Olympique Lyon – Östers Växjö 1:0, 1:1; Ajax Amsterdam – Örebro SK 3:0 (in Düsseldorf), 1:0; FC Liverpool – Kuusysi Lahti 6:1, 0:1; PAOK Saloniki – KV Mechelen 1:1, 0:1; Sporting Gijon – Partizan Belgrad 2:0, n. V. 0:2 (Gijon 3:2-Sieger nach Elfmeterschießen, in Istanbul); Sporting Lissabon – Dinamo Bukarest 1:0, n. V. 0:2; Boavista Porto – Inter Mailand 2:1, 0:0; ZSKA Sofia – AC

Parma 0:0, 1:1; SC Salgueiros – AS Cannes 1:0, n. V. 0:1 (Cannes 4:2-Sieger nach Elfmeterschießen); KR Reykjavik – Turin Calcio 0:2, 1:6; Real Oviedo – FC Genua ,93 1:0, 1:3.
2. Runde: B 1903 Kopenhagen – Bayern München 6:2, 0:1; AA Gent – Eintracht Frankfurt 0:0, 1:0; Hamburger SV – ZSKA Sofia 2:0, 4:1; Atletico Osasuna – VfB Stuttgart 0:0, 3:2; Rot-Weiß Erfurt – Ajax Amsterdam 1:2, 0:3 (in Düsseldorf); Neuchâtel Xamax – Celtic Glasgow 5:1, 0:1; AS Cannes – Dynamo Moskau 0:1, 1:1; FC Utrecht – Real Madrid 1:3, 0:1; PAOK Saloniki – FC Tirol Innsbruck 0:2, 0:2; AJ Auxerre – FC Liverpool 2:0, 0:3; Sigma Olmütz – Torpedo Moskau 2:0, 0:0; Spartak Moskau – AEK Athen 0:0, 1:2; FC Genua ,93 – Dinamo Bukarest 3:1, 2:2; Olympique Lyon – Trabzonspor 3:4, 1:4; Sporting Gijon – Steaua Bukarest 2:2, 0:1; Turin Calcio – Boavista Porto 2:0, 0:0.
Achtelfinale: Hamburger SV – Sigma Olmütz 1:2, 1:4; B 1903 Kopenhagen – Trabzonspor 1:0, 1:1; FC Tirol Innsbruck – FC Liverpool 0:2, 0:4; AA Gent – Dynamo Moskau 2:0, 0:0 (in Simferopol); Steaua Bukarest – FC Genua ,93 0:1, 0:1; AEK Athen – Turin Calcio 2:2, 0:1; Neuchâtel Xamax – Real Madrid 1:0, 0:4; Atletico Osasuna – Ajax Amsterdam 0:1, 0:1 (in Düsseldorf).
Viertelfinale: B 1903 Kopenhagen – Turin Calcio 0:2, 0:1; Sigma Olmütz – Real Madrid 1:1, 0:1; AA Gent – Ajax Amsterdam 0:0, 0:3; FC Genua ,93 – FC Liverpool 2:0, 2:1.
Halbfinale: FC Genua ,93 – Ajax Amsterdam 2:3, 1:1; Real Madrid – Turin Calcio 2:1, 0:2.

Endspiele: Turin Calcio – Ajax Amsterdam 2:2, 0:0

Ajax Amsterdam: Menzo – Blind – Silooy, Jonk, De Boer – Van ,t Schip, Winter (Alflen), Kreek (Vink), Bergkamp – Petersson, Roy (Van Loen, Groenendijk).
Tore: Jonk, Petersson (Casagrande 2 für Turin) – SR: Worrall (England)/Petrovic (Jugoslawien) – Zuschauer: 65 377/42 000 – 29. 4. und 13. 5.

1992/93: Juventus Turin
1. Runde: Fram Reykjavik – 1. FC Kaiserslautern 0:3, 0:4; FC Floriana – Borussia Dortmund 0:1, 2:7; 1. FC Köln – Celtic Glasgow 2:0, 0:3; Widzew Lodz – Eintracht Frankfurt 2:2, 0:9; Hibernian Edinburgh – RSC Anderlecht 2:2, 1:1; Neuchâtel Xamax – Frem Kopenhagen 2:2, 1:4; SM Caen – Real Saragossa 3:2, 0:2; FC Vac – FC Groningen 1:0, 1:1; Fenerbahce Istanbul – Botev Plovdiv 3:1, 2:2; Electroputere Craiova – Panathinaikos Athen 0:6, 0:4; Lokomotive Plovdiv – AJ Auxerre 2:2, 1:7; Politehnica Timisoara – Real Madrid 1:1, 0:4; Slavia Prag – Heart of Midlothian 1:0, 2:4; IFK Norrköping – Turin Calcio 1:0, 0:3; Juventus Turin – Anorthosis Famagusta 6:1, 4:0; Dynamo Moskau – Rosenborg Trondheim 5:1, 0:2; Dynamo Kiew – Rapid Wien 1:0, 2:3; Austria Salzburg – Ajax Amsterdam 0:3, 1:3; KV Mechelen – Örebro SK 2:1, 0:0; FC Kopenhagen – Mikkeli MP 5:0, 5:1; Grasshoppers Zürich – Sporting Lissabon 1:2, n. V. 3:1; GKS Kattowitz – Galatasaray Istanbul 0:0, 1:2; Vitesse Arnheim – Derry City 3:0, 2:1; Standard Lüttich – FC Portadown 5:0, 0:0; Wacker Innsbruck – AS Rom 1:4, 0:1; Sheffield Wednesday – Spora Luxemburg 8:1, 2:1; Manchester United – Torpedo Moskau 0:0, n. V. 0:0 (Moskau 4:3-Sieger nach Elfmeterschießen); Benfica Lissabon – Belvedur Izola 3:0, 5:0; FC Valencia – SSC Neapel 1:5, 0:1; Paris Saint-Germain – PAOK Saloniki 2:0, 2:0 abgebrochen (Wertung 3:0); Vitoria Guimaraes – Real Sociedad San Sebastian 3:0, 0:2; Sigma Olmütz – Universitatea Craiova 1:0, 2:1.
2. Runde: Borussia Dortmund – Celtic Glasgow 1:0, 2:1; 1. FC Kaiserslautern – Sheffield Wednesday 3:1, 2:2; Eintracht Frankfurt – Galatasaray Istanbul 0:0, 0:1; Panathinaikos Athen – Juventus Turin 0:1, 0:0; AS Rom – Grasshoppers Zürich 3:0, 3:4; Fenerbahce Istanbul – Sigma Olmütz 1:0, 1:7; Vitesse Arnheim – KV Mechelen 1:0, 1:0; RSC Anderlecht – Dynamo Kiew 4:2, 3:0; Vitoria Guimaraes – Ajax Amsterdam 0:3, 1:2; SSC Neapel – Paris Saint-Germain 0:2, 0:0; Heart of Midlothian – Standard Lüttich 0:1, 0:1; AJ Auxerre – FC Kopenhagen 5:0, 2:0; Real Madrid – Torpedo Moskau 5:2, 2:3; Benfica Lissabon – FC Vac 5:1, 1:0; Frem Kopenhagen – Real Saragossa 0:1, 1:5; Turin Calcio – Dynamo Moskau 1:2, 0:0.
Achtelfinale: Ajax Amsterdam – 1. FC Kaiserslautern 2:0, 1:0; Borussia Dortmund – Real Saragossa 3:1, 1:2; Paris Saint-Germain – RSC Anderlecht 0:0, 1:1; Standard Lüttich – AJ Auxerre 2:2, 1:2; Sigma Olmütz – Juventus Turin 1:2, 0:5; Dynamo Moskau – Benfica Lissabon 2:2, 0:2; AS Rom – Galatasaray Istanbul 3:1, 2:3; Vitesse Arnheim – Real Madrid 0:1, 0:1.
Viertelfinale: AS Rom – Borussia Dortmund 1:0, 0:2; Real Madrid – Paris Saint-Germain 3:1, 1:4; AJ Auxerre – Ajax Amsterdam 4:2, 0:1; Benfica Lissabon – Juventus Turin 2:1, 0:3.
Halbfinale: Borussia Dortmund – AJ Auxerre 2:0, n. V. 0:2 (Dortmund 6:5-Sieger nach Elfmeterschießen); Juventus Turin – Paris Saint-Germain 2:1, 1:0.

Endspiele: Borussia Dortmund – Juventus Turin 1:3, 0:3

Juventus Turin: Peruzzi – Julio Cesar – Carrera, Kohler, De Marchi – Conte (Toricelli), D. Baggio, R. Baggio, (Di Canio), Marocchi – Möller, (Galia), Vialli, (Ravanelli).
Borussia Dortmund: Klos – Grauer – Schmidt, Reuter – Lusch, Zorc (Karl), Franck (Mill), Poschner, Reinhardt – Rummenigge, Chapuisat (Sippel).

Tore: (Rummenigge) D. Baggio, R. Baggio 2 im 1. Spiel; D. Baggio 2, Möller im 2. Spiel – SR: Puhl (Ungarn)/Blankenstein (Holland) – Zuschauer: 37 000/62 781 – 5. 5. und 19. 5.

1993/94: Inter Mailand
1. Runde: Twente Enschede – Bayern München 3:4, 0:3; Karlsruher SC – PSV Eindhoven 2:1, 0:0; Dynamo Moskau – Eintracht Frankfurt 0:6, 2:1; Borussia Dortmund – Spartak Wladikawkas 0:0, 1:0; Bohemians Dublin – Girondins Bordeaux 0:1, 0:5; Young Boys Bern – Celtic Glasgow 0:0, n. V. 0:1; Aalborg BK – Deportivo La Coruna 1:0, 0:5; Norwich City – Vitesse Arnheim 3:0, 0:0; Heart of Midlothian – Atletico Madrid 2:1, 0:3; Slavia Prag – OFI Kreta 1:1, 0:1; US Luxemburg – Boavista Porto 0:1, 0:4; IFK Norrköping – KV Mechelen 0:1, n. V. 1:1; FC Nantes – FC Valencia 1:1, n. V. 1:3; KR Reykjavik – MTK Budapest 1:2, 0:0; Kuusysi Lahti – SV Waregem 4:0, 2:1; Crusaders Belfast – Servette Genf 0:0, 0:4; Bröndby IF Kopenhagen – Dundee United 2:0, n. V. 1:3; Slovan Bratislava – Aston Villa 0:0, 1:2; Lazio Rom – Lokomotive Plovdiv 2:0, 2:0; Östers Växjö – Kongsvinger IL 1:3, 1:4; Dnjepr Dnjepropetrowsk – Admira/Wacker Wien 1:0, 3:2; Inter Mailand – Rapid Bukarest 3:1, 2:0; Botev Plovdiv – Olympiakos Piräus 2:3, 1:5; FC Vac – Apollon Limassol 2:0, n. V. 0:4; Kocaelispor – Sporting Lissabon 0:0, 0:2; Juventus Turin – Lokomotive Moskau 3:0, 1:0; Austria Salzburg – DAC Dunajska Streda 2:0, 2:0; Gloria Bistrita – Branik Maribor 0:0, 0:2; CD Teneriffa – AJ Auxerre 2:2, 1:0; FC Antwerpen – Maritimo Funchal 2:0, 2:2; Trabzonspor – FC Valletta 3:1, 3:1; Dinamo Bukarest – Cagliari Calcio 3:2, 0:2.
2. Runde: Eintracht Frankfurt – Dnjepr Dnjepropetrowsk 2:0, 0:1; Bayern München – Norwich City 1:2, 1:1; Branik Maribor – Borussia Dortmund 0:0, 1:2; FC Valencia – Karlsruher SC 3:1, 0:7; Austria Salzburg – FC Antwerpen 1:0, 1:0; Kuusysi Lahti – Bröndby IF Kopenhagen 1:4, 1:3; Atletico Madrid – OFI Kreta 1:0, 0:2; Girondins Bordeaux – Servette Genf 2:1, 1:0; CD Teneriffa – Olympiakos Piräus 2:1, 3:4; Deportivo La Coruna – Aston Villa 1:1, 1:0; Trabzonspor – Cagliari Calcio 1:1, 0:0; Celtic Glasgow – Sporting Lissabon 1:0, 0:2; Kongsvinger IL – Juventus Turin 1:1, 0:2; KV Mechelen – MTK Budapest 5:0, 1:1; Lazio Rom – Boavista Porto 1:0, 0:2; Inter Mailand – Apollon Limassol 1:0, 3:3.
Achtelfinale: Eintracht Frankfurt – Deportivo La Coruna 1:0, 1:0; Girondins Bordeaux – Karlsruher SC 1:0, 0:3; Bröndby IF Kopenhagen – Borussia Dortmund 1:1, 0:1; OFI Kreta – Boavista Porto 1:4, 0:2; Sporting Lissabon – Austria Salzburg 2:0, n. V. 0:3; Norwich City – Inter Mailand 0:1, 0:1; Juventus Turin – CD Teneriffa 3:0, 1:2; KV Mechelen – Cagliari Calcio 1:3, 0:2.
Viertelfinale: Borussia Dortmund – Inter Mailand 1:3, 2:1; Boavista Porto – Karlsruher SC 1:1, 0:1; Austria Salzburg – Eintracht Frankfurt 1:0 (in Wien), n. V. 0:1 (Salzburg 5:4-Sieger nach Elfmeterschießen); Cagliari Calcio – Juventus Turin 1:0, 2:1.
Halbfinale: Austria Salzburg – Karlsruher SC 0:0 (in Wien), 1:1; Cagliari Calcio – Inter Mailand 3:2, 0:3.

Endspiele: Austria Salzburg – Inter Mailand 0:1, 0:1
Inter Mailabd: Zenga – Battistini – Bergomi, A. Paganin – Bianchi, Manicone, Fontolan (Ferri), Jonk, Berti, Orlando – Bergkamp (Dell' Anno, M. Paganin), Sosa.
Tore: Berti in 1. Spiel; Jonk im 2. Spiel – SR: Milton-Nielsen (Dänemark)/McCluskey (Schottland) – Zuschauer: 48 000/80 350 – 26. 4. und 11. 5.

1994/95: AC Parma
Qualifikation: Teuta Durres – Apollon Limassol 1:4, 2:4; Slavia Prag – Cork City 2:0, 4:0; Dynamo Minsk – Hibernians Paola 3:1, n. V. 3:4; Skonto Riga – FC Aberdeen 0:0, 1:1; ROMAR Mazeikiai – AIK Stockholm 0:2, 0:2; Dynamo Tiflis – Universitatea Craiova 2:0, 2:1; Inter Bratislava – MyPa Anjalankoski 0:3, 1:0; Gornik Zabrze – Shamrock Rovers 7:0, 1:0; ZSKA Sofia – Ararat Erewan 3:0, 0:0; Odense BK – Flora Tallin 3:0, 3:0; Vardar Skopje – EFC Bekescsaba 1:1, 0:1; CS Grevenmacher – Rosenborg Trondheim 1:2, 0:6; Lillestrøm SK – Schachtar Donezk 4:1, 0:2; FC Kopenhagen – FC Jazz Pori 0:1, 4:0; Fenerbahce Istanbul – Turan Tauz 5:0, 2:0; Kispest-Honved Budapest – Zimbru Chisinau 4:1, 1:0; FC Valletta – Rapid Bukarest 2:6, 1:1; FC Motherwell – HB Torshavn 3:0, 4:1; Bangor City – IA Akranes 1:2, 0:2; FC Aarau – Mura Murska Sobota 1:0, 1:0; FH Hafnarfjördur – FC Linfield 1:0, 1:3; Aris Saloniki – Hapoel Beer Sheva 3:1, 2:1; GI Götu – Trelleborgs FF 0:1, 0:2; Olimpija Ljubljana – Levski Sofia 3:2, 2:1; FC Portadown – Slovan Bratislava 0:2, 0:3; Inter Cardiff – GKS Kattowitz 0:2, 0:6; Anorthosis Famagusta – FC Schumen 2:0, 2:1.
1. Runde: IA Akranes – 1. FC Kaiserslautern 0:4 (in Reykjavik) 1:4; Bayer Leverkusen – PSV Eindhoven 5:4, 0:0; Borussia Dortmund – FC Motherwell 1:0, 2:0; Olimpija Ljubljana – Eintracht Frankfurt 1:1, 0:2; Anorthosis Famagusta – Athletic Bilbao 2:0, 0:3; ZSKA Sofia – Juventus Turin 3:2 (0:3) gewertet, 1:5; GKS Kattowitz – Aris Saloniki 1:0, n. V. 0:1 (Kattowitz 4:3-Sieger nach Elfmeterschießen); FC Aarau – Maritimo Funchal 0:0, 0:1; Olympiakos Piräus – Olympique Marseille 1:2, 0:3; Rosenborg Trondheim – Deportivo La Coruna 1:0, n. V. 1:4; Apollon Limassol – FC Sion 1:2, n. V. 3:2; Twente Enschede – Kispest-Honved Budapest 1:4, 3:1; FC Antwerpen – Newcastle United 0:5,

2:5; FC Linfield – Odense BK 1:1, 0:5; Inter Mailand – Aston Villa 1:0, n. V. 0:1 (Aston Villa 4:3-Sieger nach Elfmeterschießen); FC Seraing – Dynamo Moskau 3:4, 1:0; AIK Stockholm – Slavia Prag 0:0, 2:2; Vitesse Arnheim – AC Parma 1:0, 0:2; Dynamo Minsk – Lazio Rom 0:0, 1:4, Boavista Porto – MyPa Anjalankoski 2:1, 1:1; Admira/Wacker Wien – Gornik Zabrze 5:2, 1:1; SSC Neapel – Skonto Riga 2:0, 1:0; Slovan Bratislava – FC Kopenhagen 1:0, 1:1; Trabzonspor – Dinamo Bukarest 2:1, 3:3; Real Madrid – Sporting Lissabon 1:0, 1:2; AS Cannes – Fenerbahce Istanbul 4:0, 5:1; Rapid Bukarest – SC Charleroi 2:0, 1:2; Dynamo Tiflis – FC Tirol Innsbruck 1:0, 1:5; Rotor Wolgograd – FC Nantes 3:2, 0:3; Girondins Bordeaux – Lilleström SK 3:1, 2:0; Blackburn Rovers – Trelleborgs FF 0:1, 2:2; Textilschik Kamyschin – EFC Bekescsaba 6:1 (in Moskau), 0:1.
2. Runde: Kispest-Honved Budapest – Bayer Leverkusen 0:2, 0:5; 1. FC Kaiserslautern – Odense BK 1:1, 0:0; Rapid Bukarest – Eintracht Frankfurt 2:1, 0:5; Slovan Bratislava – Borussia Dortmund 2:1, 0:3; FC Nantes – Textilschik Kamyschin 2:0, 2:1 (in Moskau); FC Tirol Innsbruck – Deportivo La Coruna 2:0, 0:4; Boavista Porto – SSC Neapel 1:1, 1:2; AIK Stockholm – AC Parma 0:1, 0:2; Admira/Wacker Wien – AS Cannes 1:1, 4:2; Dynamo Moskau – Real Madrid 2:2, 0:4; Trabzonspor – Aston Villa 1:0, 1:2; Trelleborgs FF – Lazio Rom 0:0, 0:1; FC Sion – Olympique Marseille 2:0, 1:3, Newcastle United – Athletic Bilbao 3:2, 0:1; GKS Kattowitz – Girondins Bordeaux 1:0, 1:1; Maritimo Funchal – Juventus Turin 0:1, 1:2.
Achtelfinale: GKS Kattowitz – Bayer Leverkusen 1:4, 0:4; Deportivo La Coruna – Borussia Dortmund 1:0, n. V. 1:3; Eintracht Frankfurt – SSC Neapel 1:0, 1:0, Trabzonspor – Lazio Rom 1:2, 1:2; Admira/Wacker Wien – Juventus Turin 1:3, 1:2; FC Nantes – FC Sion 4:0, 2:2; Odense BK – Real Madrid 2:3, 2:0; Athletic Bilbao – AC Parma 1:0, 2:4.
Viertelfinale: Eintracht Frankfurt – Juventus Turin 1:1, 0:3; Lazio Rom – Borussia Dortmund 1:0, 0:2; Bayer Leverkusen – FC Nantes 5:1, 0:0; AC Parma – Odense BK 1:0, 0:0.
Halbfinale: Bayer Leverkusen – AC Parma 1:2, 0:3; Juventus Turin – Borussia Dortmund 2:2 (in Mailand), 2:1.

Endspiele: AC Parma – Juventus Turin 1:0, 1:1

AC Parma: Bucci – Minotti – Benarrivo (Mussi), Apolloni (Susic), Fernando Couto, Di Chiara (Castellini) – Pin, D. Baggio, Sensini (Crippa) – Zola (Fiore), Asprilla.
Tore: D. Baggio im 1. Spiel; D. Baggio (Vialli für Turin) im 2. Spiel – SR: Lopez-Nieto (Spanien)/Van den Wijngaert (Belgien) – Zuschauer: 22 062/80 754 – 3. 5. und 17. 5.

1995/96: Bayern München

Vorrunde: Karlsruher SC – Girondins Bordeaux 0:2, 2:2; FC Tirol Innsbruck – Racing Straßburg 1:1, 1:6 (beide Begegnungen UI-Cup-Finalspiele) – Örebro SK – Avenir Beggen 0:0, 1:1 (0:3 gewertet); Tampere PV – Viking Stavanger 0:4, 1:3; Bangor City – Widzew Lodz 0:4, 0:1; FC Shelbourne – IA Akranes 0:3, 0:3; FC Glenavon Lurgan – FH Hafnarfjördur 0:0, 1:0; Bröndby IF Kopenhagen – Inkaras-Grifas Kaunas 3:0, 3:0; Lilleström SK – Flora Tallinn 4:0, 0:1; FC Motherwell – MyPa Anjalankoski 1:3, 2:0; Skonto Riga – Maribor Branik 1:0, 0:2; Sturm Graz – Slavia Prag 0:1, 1:1; Jeunesse Esch – FC Lugano 0:0, 0:4; Slovan Bratislava – NK Osijek 4:0, 2:0 (in Zagreb); FC Dundalk – Malmö FF 0:2 (in Drogheda), 0:2; Crusaders Belfast – Silkeborg IF 1:2, 0:4; Afan Lido – RAF Jelgava 1:2, 0:0; Raith Rovers – GI Götu 4:0, 2:2; Slavia Sofia – Olympiakos Piräus 0:2, 0:1; Zimbru Chisinau – Hapoel Tel Aviv 2:0, 0:0; Sparta Prag – Galatasaray Istanbul 3:1, 1:1; Omonia Nicosia – Sliema Wanderers 3:0, 2:1; 1. FC Kosice – Ujpest Budapest 0:1, 1:2; Universitatea Craiova – Dynamo Minsk 0:0, n. V. 0:0 (Minsk 3:1-Sieger nach Elfmeterschießen); Fenerbahce Istanbul – Partizani Tirana 2:0, 4:0; Vardar Skopje – FC Samtredia 1:0, 2:0; Botev Plovdiv – Dynamo Tiflis 1:0, 1:0; Apollon Athen – Olimpija Ljubljana 1:0, 1:3; Roter Stern Belgrad – Neuchâtel Xamax 0:1, 0:0; Hibernians Paola – Tschernomoretz Odessa 2:5, 0:2; Kapaz Ganya – Austria Wien 0:4, 1:5; FK Tirana – Hapoel Beer Sheva 0:1, 0:2; Dinamo Bukarest – Levski Sofia 0:1, n. V. 1:1; Zaglebie Lubin – Shirak Giumri 0:0, 1:0.
1. Runde: Bayern München – Lokomotive Moskau 0:1, 5:0; SC Freiburg – Slavia Prag 1:2, 0:0; Slovan Bratislava – 1. FC Kaiserslautern 2:1, 0:3; FC Glenavon Lurgan – Werder Bremen 0:2, 0:5; Olympiakos Piräus – Branik Maribor 2:0, 3:1; Hapoel Beer Sheva – FC Barcelona 0:7, 0:5; Lazio Rom – Omonia Nicosia 5:0, 2:1; Racing Straßburg – Ujpest Budapest 3:0, 2:0; AC Mailand – Zaglebie Lubin 4:0, 4:1; Vardar Skopje – Girondins Bordeaux 0:2, 1:1; Vitoria Guimaraes – Standard Lüttich 3:1, 0:0; Fenerbahce Istanbul – Real Betis Sevilla 1:2, 0:2; Rotor Wolgograd – Manchester United 0:0, 2:2; MyPa Anjalankoski – PSV Eindhoven 1:1 (in Lahti), 1:7; RC Lens – Avenir Beggen 6:0, 7:0; Sparta Prag – Silkeborg IF 0:1, 2:1; Lierse SK – Benfica Lissabon 1:3, 1:2; Neuchâtel Xamax – AS Rom 1:1, 0:4; FC Sevilla – Botev Plovdiv 2:0, 1:1; Roda JC Kerkrade – Olimpija Ljubljana 5:0, 0:2; Austria Wien – Dynamo Minsk 1:2, 0:1; Malmö FF – Nottingham Forest 2:1, 0:1; Tschernomoretz Odessa – Widzew Lodz 1:0, n. V. 0:1 (Odessa 6:5-Sieger nach Elfmeterschießen); AS Monaco – Leeds United 0:3, 1:0; Bröndby IF Kopenhagen – Lilleström SK 3:0, 0:0; Raith Rovers – IA Akranes 3:1, 0:1; FC Lugano – Inter Mailand 1:1, 1:0; SC Farense – Olympique Lyon 0:1, 0:1; Levski Sofia – Eendracht Aalst 1:2, 0:1;

Viking Stavanger – AJ Auxerre 1:1, 0:1; Spartak-Alania Wladikawkas – FC Liverpool 1:2, 0:0; Zimbru Chisinau – RAF Jelgava 1:0, 2:1.
2. Runde: Raith Rovers – Bayern München 0:2 (in Edinburgh), 1:2; 1. FC Kaiserslautern – Real Betis Sevilla 1:3, 0:1; Werder Bremen – Dynamo Minsk 5:0, 1:2; AJ Auxerre – Nottingham Forest 0:1, 0:0; FC Barcelona – Vitoria Guimaraes 3:0, 4:0; AS Rom – Eendracht Aalst 4:0, 0:0; FC Lugano – Slavia Prag 1:2, 0:1; Tschernomoretz Odessa – RC Lens 0:0, 0:4; Bröndby IF Kopenhagen – FC Liverpool 0:0, 1:0; Benfica Lissabon – Roda JC Kerkrade 1:0, 2:2; Sparta Prag – Zimbru Chisinau 4:3, 2:0; Girondins Bordeaux – Rotor Wolgograd 2:1, 1:0; Leeds United – PSV Eindhoven 3:5, 0:3; FC Sevilla – Olympiakos Piräus 1:0, n. V. 1:2; Olympique Lyon – Lazio Rom 2:1, 2:0; Racing Straßburg – AC Mailand 0:1, 1:2.
Achtelfinale: PSV Eindhoven – Werder Bremen 2:1, 0:0; Bayern München – Benfica Lissabon 4:1, 3:1; Slavia Prag – RC Lens 0:0, n. V. 1:0; Girondins Bordeaux – Real Betis Sevilla 2:0, 1:2; Bröndby IF Kopenhagen – AS Rom 2:1, 1:3; Nottingham Forest – Olympique Lyon 1:0, 0:0; FC Sevilla – FC Barcelona 1:1, 1:3; AC Mailand – Sparta Prag 2:0, 0:0.
Viertelfinale: Bayern München – Nottingham Forest 2:1, 5:1; AC Mailand – Girondins Bordeaux 2:0, 0:3; FC Barcelona – PSV Eindhoven 2:2, 3:2; Slavia Prag – AS Rom 2:0, n. V. 1:3.
Halbfinale: Bayern München – FC Barcelona 2:2, 2:1; Slavia Prag – Girondins Bordeaux 0:1, 0:1.

Endspiele: Bayern München – Girondins Bordeaux 2:0, 3:1

Bayern München: Kahn – Matthäus (Frey/Zickler) – Kreuzer (Strunz), Helmer – Babbel, Hamann, Sforza, Ziege – Scholl – Papin (Witeczek), Klinsmann (Kostadinov).
Tore: Helmer, Scholl im 1. Spiel; Scholl, Kostadinov, Klinsmann (Dutuel für Bordeaux) im 2. Spiel – SR: Muhmenthaler (Schweiz)/Zhuk (Weißrussland) – Zuschauer: 63 000/36 000 – 1. 5. und 15. 5.

1996/97: FC Schalke 04

Vorrunde: Lierse SK – Karlsruher SC 2:3, 0:3; Segesta Sisak – Örebro SK 4:0, 1:4; Linzer ASK – Rotor Wolgograd 2:2, 0:5; Kamas-Nabereschnije Tschelny – EA Guingamp 2:0, n. V. 0:4; Standard Lüttich – FC Nantes 2:1; 1:0; Uralmasch Ekaterinburg – Silkeborg IF 1:2, 1:0; (alle Begegnungen UI-Cup-Halbfinalspiele) – Jeunesse Esch – Legia Warschau 2:4, 0:3; Lantana Tallinn – IB Vestmannaeyjar 2:1, 0:0; FK Becej – Mura Murska Sobota 0:0, 0:2; Zalgiris Vilnius – Crusaders Belfast 2:0, 1:2; AFC Newtown – Skonto Riga 1:4, 0:3; Dynamo-93 Minsk – Tiligul Tiraspol 3:1, 1:1; Hutnik Krakau – Chazri Buzovna 9:0, 2:2; FC Portadown – Vojvodina Novi Sad 0:1, 1:4; FC Jazz Pori – GI Götu 3:1, 1:0; IA Akranes – Sileks Kratovo 2:0, 0:1; Bohemians Dublin – Dynamo Minsk 1:1, 0:0; Haka Valkeakoski – Flora Tallinn 2:2, 1:0; AFC Barry Town – Dinaburg Daugavpils 0:0, 2:1; Dynamo Tiflis – CS Grevenmacher 4:0, 2:2; Maccabi Haifa – Partizan Belgrad 0:1, 1:3; HIT Nova Gorica – Vardar Skopje 0:1, 1:2; Croatia Zagreb – FK Tirana 4:0, 6:2; Beitar Jerusalem – FC Floriana 3:1, 5:1; Piounik Erewan – HJK Helsinki 3:1, n. V. 2:5; B71 Sandur – APOEL Nicosia 1:5, 2:4; Neftschi Baku – Lokomotive Sofia 2:1, 0:6; Zimbru Chisinau – Hajduk Split 0:4, 1:2; Anorthosis Famagusta – Schirak Giumri 4:0, 2:2; Sliema Wanderers – Margweti Sestaponi 1:3, 3:0; Slavia Sofia – Inkaras-Grifas Kaunas 4:3, 1:1; St. Patrick's Athletic – Slovan Bratislava 3:4, 0:1; Teuta Durres – 1. FC Kosice 1:4, 1:2.
Qualifikation: Standard Lüttich – Karlsruher SC 1:0, 1:3; Rotor Wolgograd – EA Guingamp 2:1, 0:1; Segesta Sisak – Silkeborg IF 1:2, 1:0 (alle Begegnungen UI-Cup-Finalspiele) – 1. FC Kosice – Celtic Glasgow 0:0, 0:1; Legia Warschau – Haka Valkeakoski 3:0, 1:1; Rapid Bukarest – Lokomotive Sofia 1:0, 1:0; Sliema Wanderers – Odense BK 0:2, 1:7; Iraklis Saloniki – APOEL Nicosia 0:1, 1:2; Croatia Zagreb – Spartak Moskau 3:1, 0:2; Partizan Belgrad – National Bukarest 0:0, 0:1; Dynamo Tiflis – Molde FK 2:1, 0:0; Lyngby FC – Mura Murska Sobota 0:0, 2:0; Halmstad BK – Vardar Skopje 0:0, 1:0; Dynamo Moskau – FC Jazz Pori 1:1, 3:1; Zalgiris Vilnius – FC Aberdeen 1:4, 3:1; BVSC Budapest – AFC Barry Town 3:1, n. V. 1:3 (Barry 4:2-Sieger nach Elfmeterschießen); Helsingborg IF – Dynamo-93 Minsk 1:1, 3:0; Hajduk Split – Torpedo Moskau 1:0, 0:2; FC Aarau – Lantana Tallinn 4:0, 0:2; Dynamo Minsk – Bohemians Istanbul 2:1 (in Molodeschno), 0:2; HJK Helsinki – Tschernomoretz Odessa 2:2, 0:2; Grazer AK – Vojvodina Novi Sad 2:0 (in Kapfenberg), 5:1; Anorthosis Famagusta – Neuchâtel Xamax 1:2, 0:4; Sigma Olmütz – Hutnik Krakau 1:0, 1:3; IA Akranes – ZSKA Moskau 0:2, 1:4; Slavia Sofia – FC Tirol Innsbruck 1:1, 1:4; Slovan Bratislava – Trabzonspor 2:1, 1:4; Skonto Riga – Malmö FF 0:3, 1:1; Beitar Jerusalem – FK Bodö/Glimt 1:5, 1:2.
1. Runde: FC Valencia – Bayern München 3:0, 0:1; Rapid Bukarest – Karlsruher SC 1:0, 1:4; FC Arsenal – Borussia Mönchengladbach 2:3, 2:3 (in Köln); Celtic Glasgow – Hamburger SV 0:2, 0:2; FC Schalke 04 – Roda JC Kerkrade 3:0, 2:2; AC Parma – Vitoria Guimaraes 2:1, 0:2; Alania Wladikawskas – RSC Anderlecht 2:1, 0:4; FC Tirol Innsbruck – FC Metz 0:0, 0:1; SC Montpellier – Sporting Lissabon 1:1, 0:1; Dynamo Kiew – Neuchâtel Xamax 0:0, 1:2; RWD Molenbeek – Besiktas Istanbul 0:0, 0:3; RC Lens – Lazio Rom 0:1, 1:1; Spartak Moskau – Silkeborg IF 3:2, 2:1; Malmö FF – Slavia Prag 1:2, 1:3; Germinal Ekeren – Grazer AK 3:1, 0:2 (in Kapfenberg); FK Bodö/Glimt – Trabzonspor 1:2, 1:3; FC Brügge – Lyngby FC 1:1, 2:0; Aston Villa – Helsingborg IF 1:1, 0:0; Panathinaikos Athen – Legia Warschau 4:2, 0:2; Tschernomoretz Odessa – National Bukarest 0:0, 0 :2; Torpedo Moskau – Dynamo Tiflis 0:1, 1:1;

Hutnik Krakau – AS Monaco 0:1, 1:3; AS Rom – Dynamo Moskau 3:0, 3:1; CD Teneriffa – Maccabi Tel Aviv 3:2, 1:1; Odense BK – Boavista Porto 2:3, 2:1 (in Lissabon); Ferencvaros Budapest – Olympiakos Piräus 3:1, 2:2; Newcastle United – Halmstad BK 4:0, 1:2; FC Aberdeen – AFC Barry Town 3:1, 3:3; Bröndby IF Kopenhagen – FC Aarau 5:0, 2:0; ZSKA Moskau – Feyenoord Rotterdam 0:1, 1:1; APOEL Nicosia – Espanyol Barcelona 2:2, 0:1; EA Guingamp – Inter Mailand 0:3, 1:1.

2. Runde: Hamburger SV – Spartak Moskau 3:0, 2:2; Karlsruher SC – AS Rom 3:0, 1:2; Borussia Mönchengladbach – AS Monaco 2:4, 1:0; FC Schalke 04 – Trabzonspor 1:0, 3:3; Dynamo Tiflis – Boavista Porto 1:0, 0:5; Legia Warschau – Besiktas Istanbul 1:1, 1:2; Slavia Prag – FC Valencia 0:1, 0:0; Vitoria Guimaraes – RSC Anderlecht 1:1, 0:0; Helsingborg IF – Neuchâtel Xamax 2:0, 1:1; Espanyol Barcelona – Feyenoord Rotterdam 0:3, 1:0; FC Brügge – National Bukarest 2:0, 1:1; Inter Mailand – Grazer AK 1:0, n. V. 0:1 (Mailand 5:4-Sieger nach Elfmeterschießen, in Kapfenberg); FC Aberdeen – Bröndby IF Kopenhagen 0:2, 0:0; FC Metz – Sporting Lissabon 2:0, 1:2; Ferencvaros Budapest – Newcastle United 3:2, 0:4; Lazio Rom – CD Teneriffa 1:0, 3:5.

Achtelfinale: AS Monaco – Hamburger SV 3:0, 2:0; Bröndby IF Kopenhagen – Karlsruher SC 1:3, 5:0; FC Brügge – FC Schalke 04 2:1, 0:2; CD Teneriffa – Feyenoord Rotterdam 0:0, 4:2; Helsingborg IF – RSC Anderlecht 0:0, 0:1; FC Metz – Newcastle United 1:1, 0:2; Inter Mailand – Boavista Porto 5:1, 2:0; FC Valencia – Besiktas Istanbul 3:1, 2:2.

Viertelfinale: FC Schalke 04 – FC Valencia 2:0, 1:1; CD Teneriffa – Bröndby IF Kopenhagen 0:1, n. V. 2:0; RSC Anderlecht – Inter Mailand 1:1, 1:2; Newcastle United – AS Monaco 0:1, 0:3.

Halbfinale: CD Teneriffa – FC Schalke 04 1:0, n. V. 0:2; Inter Mailand – AS Monaco 3:1, 0:1.

Endspiele: FC Schalke 04 – Inter Mailand 1:0, n. V. 0:1 (Schalke 4:1-Sieger nach Elfmeterschießen)

FC Schalke 04: Lehmann – Thon – De Kock, Linke – Eigenrauch, Müller, Büskens – Nemec, Anderbrügge – Latal (Held), Wilmots (Max).

Tore: Wilmots im 1. Spiel; (Zamorano für Mailand im 2. Spiel) – Tore aus dem Elfmeterschießen: 1:0 Anderbrügge, Zamorano (Lehmann hält), 2:0 Thon, 2:1 Djorkaeff, 3:1 Max, Winter (verschossen), 4:1 Wilmots – SR: Batta (Frankreich)/Garcia Aranda (Spanien) – Zuschauer: 56 824/ 81 875 – 7. 5. und 21. 5.

1997/98: Inter Mailand

Vorrunde: 1. FC Köln – SC Montpellier 2:1, 0:1; Hamburger SV – SC Bastia 0:1, n. V. 1:1; Dynamo Moskau – MSV Duisburg 2:2, 1:3; AJ Auxerre – Torpedo Moskau 3:0, 1:4; Lokomptive Nischni-Novgorod – Halmstads BK 0:0, 0:1; Istanbulspor – Olympique Lyon 2:1, 0:2 (alle Spiele UI-Cup Halbfinal-Begegnungen) – Dynamo Minsk – Kolcheti Poti 1:0, 1:2; Hapoel Petach Tikva – Flora Tallinn 1:0, 2:1; Dnjepr Dnjepropetrowsk – FC Erevan 6:1, 2:0; Inkaras-Grifas Kaunas FC – Boby Brünn 3:1,1:6; MyPa Anjalankoski – Apollon Limassol 1:1, 0:3; Inter Cardiff – Celtic Glasgow 0:3,0:5; Neuchâtel Xamax – Tiligul Tiraspol 7:0, 3:1; CS Grevenmacher – Hajduk Split 1:4, 0:2; Grasshoppers Zürich – FC Coleraine 3:0, 7:1; Vojvodina Novi Sad – Viking Stavanger 0:2, n. V. 2:0 (Stavanger 5:4-Sieger nach Elfmeter-schießen); KR Reykjavik – Dinamo Bukarest 2:0, 2:1; Bohemians Dublin – Ferencvaros Budapest 0:1, 0:5; FK Jablonec – Karabach Agdam 5:0, 3:0; FC Birkirkara – Spartak Trnava 0:1, 1:3; Odra Wodzislaw – Pobeda Prilep 3:0,1:2; Daugava Riga – Vorskla Poltava 1:3,1:2; Brann Bergen – Neftochimik Burgas 2:1, 2:3; CE Principat – Dundee United 0:8, 0:9; HIT Nova Gorica – Otelul Galati 2:0, 2:4; Ujpest Budapest – KI Klaksvik 6:0, 3:2.

Qualifikation: MSV Duisburg – AJ Auxerre 0:0, 0:2; Halmstads BK – SC Bastia 0:1, n. V. 1:1; SC Montpellier – Olympique Lyon 0:1, 2:3 (alle Spiele UI-Cup Final-Begegnungen) – Hajduk Split – Malmö FF 3:2, 2:0; RSC Anderlecht – Vorskla Poltava 2:0, 2:0; Neuchâtel Xamax – Viking Stavanger 3:0, 1:2; Rotor Wolgograd – Odra Wodzislaw 2:0, 4:3; Trabzonspor – Dundee United 1:0, 1:1; Rapid Wien – Boby Brünn 6:1, 0:2; Tirol Innsbruck – Celtic Glasgow 2:1, 3:6; Helsingborg IF – Ferencvaros Budapest 0:1, n. V. 1:0 (Budapest 4:3-Sieger nach Elfmeterschießen); Vejle BK – Hapoel Petach Tikva 0:0, 0:1; Grasshoppers Zürich – Brann Bergen 3:0, 0:2; HIT Nova Gorica – FC Brügge 3:5, 0:3; PAOK Saloniki – Spartak Trnava 5:3, 1:0; KR Reykjavik – OFI Kreta 0:0, 1:3; FK Jablonec – Örebrö SK 1:1, 0:0; Apollon Limassol – Excelsior Mouscron 0:0, 0:3 (in Villeneuve d'Ascq, Frankreich); Dynamo Minsk – Lillestrøm SK – 0:2, 0:1; Ujpesti Budapest -Aarhus GF 0:0, 2:3; Alania Wladikawkas – Dnjepr Dnjepropetrowsk 2:1, 4:1.

1. Runde: Karlsruher SC – Anorthosis Famagusta 2:1,1:1; Jazz Pori – TSV München 1860 0:1,1:6; FC Schalke 04 – Hajduk Split 2:0, 3:2; Trabzonspor – VfL Bochum 2:1, 3:5; Deportivo La Coruna – AJ Auxerre 1:2, 0:0; Austria Salzburg – RSC Anderlecht 4:3, 2:4; PAOK Saloniki – FC Arsenal 1:0, 1:1; Widzew Lodz – Udinese Calcio 1:0, 0:3; Maribor Branik – Ajax Amsterdam 1:1, 1:9; Olympique Lyon – Bröndby IF Kopenhagen 4:1, 3:2; MPKZ Mozyr – Dynamo Tiflis 1:1, 0:1; Real Valladolid – Skonto Riga 2:0, 0:1; Vitoria Guimaraes – Lazio Rom 0:4, 1:2; Racing Straßburg – Glasgow Rangers 2:1, 2:1; MTK Budapest – Alania Wladikawkas 3:0, 1:1; SC Bastia – Benfica Lissabon 1:0, 0:0; FC Sion – Spartak

Moskau 0:1, (2:2, annuliert), 1:5; OFI Kreta – Ferencvaros Budapest 3:0, 1:2; Sampdoria Genua – Athletic Bilbao 1:2, 0:2; Girondins Bordeaux – Aston Villa 0:0, n. V. 0:1; Steaua Bukarest – Fenerbahce Istanbul 0:0, 2:1; Rotor Wolgograd – Örebro SK 2:0, 4:1; Croatia Zagreb – Grasshoppers Zürich 4:4, 5:0; Vitesse Arnheim – Sporting Braga 2:1, 0:2; Rapid Wien – Hapoel Petach Tikva 1:0, 1:1; Inter Mailand – Neuchâtel Xamax 2:0, 2:0; Celtic Glasgow – FC Liverpool 2:2, 0:0; Excelsior Mouscron – FC Metz – 0:2, 1:4; Twente Enschede – Lilleström SK 0:1, 2:1; Beitar Jerusalem – FC Brügge 2:1, 0:3; Atletico Madrid – Leicester City 2:1, 2:0; Aarhus GF – FC Nantes 2:2, 1:0.

2. Runde: FC Schalke 04 – RSC Anderlecht 1:0, 2:1; FC Brügge – – VfL Bochum 1:0,1:4; FC Metz – Karlsruher SC 0:2, 1:1; Rapid Wien -TSV München 1860 3:0, 1:2; Spartak Moskau – Real Valladolid 2:0, 2:1; Rotor Wolgograd – Lazio Rom 0:0, 0:3; Sporting Braga – Dynamo Tiflis 4:0, 1:0 (in Moskau); Ajax Amsterdam – Udinese Calcio 1:0, 1:2; Racing Straßburg – FC Liverpool 3:0, 0:2; Inter Mailand – Olympique Lyon 1:2, 3:1; MTK Budapest – Croatia Zagreb 1:0, 0:2; Aarhus GF – Twente Enschede 1:1, 0:0; Athletic Bilbao – Aston Villa 0:0, 1:2; AJ Auxerre – OFI Kreta 3:1, 2:3; Steaua Bukarest – SC Bastia 1:0, 2:3; Atletico Madrid – PAOK Saloniki 5:2, 4:4.

Achtelfinale: Karlsruher SC – Spartak Moskau 0:0, n. V. 0:1; Ajax Amsterdam – VfL Bochum 4:2, 2:2; Sporting Braga – FC Schalke 04 0:0, 0:2; Rapid Wien – Lazio Rom 0:2, 0:1; Twente Enschede – AJ Auxerre 0:1, 0:2; Croatia Zagreb – Atletico Madrid 1:1, 0:1; Racing Straßburg – Inter Mailand 2:0, 0:3; Steaua Bukarest – Aston Villa 2:1, 0:2.

Viertelfinale: Inter Mailand – FC Schalke 04 1:0, n. V. 1:1; Ajax Amsterdam – Spartak Moskau 1:3, 0:1; Lazio Rom – AJ Auxerre 1:0, 2:2; Atletico Madrid – Aston Villa 1:0, 1:2.

Halbfinale: Atletico Madrid – Lazio Rom 0:1, 0:0; Inter Mailand – Spartak Moskau 2:1, 2:1.

Endspiel am 6. Mai in Paris: Inter Mailand – Lazio Rom 3:0 (1:0)
Inter Mailand: Pagliuca – Fresi – Colonnese, West, Zanetti – Winter (Cauet), Zé Elias, Simone – Djorkaeff (Moriero) – Ronaldo, Zamorano (Sartor).
Tore: Zamorano, Zanetti, Ronaldo. – SR: Lopez-Nieto (Spanien). – Zuschauer: 45 000.

1998/99: AC Parma

Vorrunde: Werder Bremen – Samsunspor 3:0 (in Oldenburg), 3:0; SEC Bastia – Vojvodina Novi Sad 2:0, 0:4; FC Bologna – Sampdoria Genua 3:1, 0:1; Fortuna Sittard – Austria Salzburg 2:1, 1:3; Ruch Chorzow – VSC Debrecen 1:0, 3:0; Espanyol Barcelona- FC Valencia 0:1, 0:2; (alle Spiele UI-Cup Halbfinal-Begegnungen) – Arges Pitesti – Dinamo Baku 5:1, 2:0; Belshina Bobruisk – ZSKA Sofia 0:0,1:3; Omonia Nicosia – FC Linfield 5:1, 3:5; Schachtar Donezk – FC Birkirkara 2:1, 4:0; Kolcheti Poti – Roter Stern Belgrad 0:4, 0:7; Inter Bratislava – FK Tirana 2:0, 2:0; Sadam Tallinn – Polonia Warschau 0:2, 1:3; HB Torshavn – Vaasa PS 2:0, 0:4; Zeljeznicar Sarajevo – FC Kilmarnock 1:1, 0:1; Mura Murska Sobota – Daugava Riga 6:1, 2:1; IA Akranes – Zalgiris Vilnius 3:2, 0:1; Hapoel Tel Aviv – FinnPa Helsinki 3:1, 3:1; Schirak Giumri – Malmö FF 0:2, 0:5; Germinal Ekeren – FC Sarajevo 4:1, 0:0; FC Shelbourne – Glasgow Rangers 3:5 (in Birkenhead, England), 0:2; Otelul Galati – Sloga Skopje 3:0, 1:1; US Luxembourg – IFK Göteborg 0:3, 0:4; Ferencvaros Budapest – CE Principat 6:0, 8:1; Tiligul Tiraspol – RSC Anderlecht 0:1, 0:5; AFC Newtown – Wisla Krakau 0:0, 0:7.

Qualifikation: Werder Bremen – Vojvodina Novi Sad 1:0,1:1; Austria Salzburg – FC Valencia 0:2, 1:2; FC Bologna – Ruch Chorzow 1:0, 2:0 (Alle Spiele UI-Cup Final-Begegnungen) – Roter Stern Belgrad – Rotor Wolgograd 2:1,2:1; Ferencvaros Budapest – AEK Athen 4:2, 0:4; Germinal Ekeren – Servette Genf 1:4, 2:1; Arges Pitesti – Istanbulspor 2:0, 2:4; Molde FK – ZSKA Sofia 0:0, 0:2; IFK Göteborg – Fenerbahce Istanbul 2:1, 0:4; Mura Murska Sobota – Silkeborg IF 0:0, 0:2; Glasgow Rangers – PAOK Saloniki 2:0, 0:0; Slavia Prag – Inter Bratislava 4:0, 0:2; FC Zürich – Schachtar Donezk 4:0, 2:3; Brann Bergen – Zalgiris Vilnius 1:0, 0:0; Wisla Krakau – Trabzonspor 5:1, 2:1; Vejle BK – Otelul Galati 3:0, 3:0; Hapoel Tel Aviv – Strömsgodset Drammen 1:0, 0:1 (Drammen 4:2-Sieger nach Elfmeterschießen);NK Osijek – RSC Anderlecht 3:1, 0:2; Omonia Nicosia – Rapid Wien 3:1, 0:2; Vaasa PS – Grazer AK 0:0, 0:3; Polonia Warschau – Dynamo Moskau 0:1, 0:1; Hajduk Split – Malmö FF – 1:1, 2:1; Sigma Olmütz – FC Kilmarnock 2:0, 2:0.

1. Runde: VfB Stuttgart – Feyenoord Rotterdam 1:3, 3:0; Udinese Calcio – Bayer Leverkusen 1:1, 0:1; Brann Bergen – Werder Bremen 2:0, n. V. 0:4; FC Schalke 04 – Slavia Prag 1:0, n. V. 0:1 (Prag 5:4-Sieger nach Elfmeterschießen); Sparta Prag – Real Sociedad San Sebastian 2:4, 0:1; Fenerbahce Istanbul – AC Parma 1:0, 1:3; Blackburn Rovers – Olympique Lyon 0:1, 2:2; Dynamo Moskau – Skonto Riga 2:2, 3:2; Vitoria Guimaraes – Celtic Glasgow 1:2, 1:2; Arges Pitesti – Celta Vigo 0:1, 0:7; Silkeborg IF – AS Rom 0:2, 0:1; LKS Lodz – AS Monaco 1:3, 0:0; Liteks Lovetsch – Grazer AK 1:1 (in Burgas), 0:2; RSC Anderlecht – Grasshoppers Zürich 0:2, 0:0; AC Florenz – Hajduk Split 2:1 (in Bari), 0:0; Aston Villa – Strömsgodset Drammen 3:2, 3:0; Servette Genf – ZSKA Sofia 2:1, 0:1; Roter Stern Belgrad – FC Metz 2:1, n. V. 1:2 (Belgrad 4:3-Sieger nach Elfmeterschießen); 1. FC Kosice – FC Liverpool 0:3, 0:5; Sporting Lissabon – FC Bologna 0:2, 1:2; Maribor Teatanic – Wisla Krakau 0:2, 0:3; Vejle BK – Betis

Sevilla 1:0 (in Odense), 0:5; Girondins Bordeaux – Rapid Wien 1:1, 2:1; Atletico Madrid – FK Obilic Belgrad 2:0, 1:0; Beitar Jerusalem – Glasgow Rangers 1:1, 2:4; Leeds United – Maritimo Funchal 1:0, n. V. 0:1 (Leeds 4:1-Sieger nach Elfmeterschießen); Steaua Bukarest – FC Valencia 3:4, 0:3; Willem II Tilburg – Dynamo Tiflis 3:0, 3:0; FC Zürich – Anorthosis Famagusta 4:0, 3:2; Ujpest Budapest – FC Brügge 0:5, 2:2; Vitesse Arnheim – AEK Athen 3:0, 3:3; Sigma Olmütz – Olympique Marseille 2:2, 0:4.
2. Runde: Werder Bremen – Olympique Marseille 1:1, 2:3; Bayer Leverkusen – Glasgow Rangers 1:2, 1:1; VfB Stuttgart – FC Brügge 1:1, n. V. 2:3; Dynamo Moskau – Real Sociedad San Sebastian 2:3, 0:3; AS Rom – Leeds United 1:0, 0:0; FC Liverpool – FC Valencia 0:0, 2:2; Celta Vigo – Aston Villa 0:1, 3:1; Celtic Glasgow – FC Zürich 1:1, 2:4; Vitesse Arnheim – Girondins Bordeaux 0:1, 1:2; Grasshoppers Zürich – AC Florenz 0:2, 1:2 (zweites Spiel in Salerno beim Stande von 1:2 zur Halbzeit wegen Verletzung des Schiedsrichters durch Feuerwerkskörper abgebrochen; AC Florenz vom Turnier ausgeschlossen); Roter Stern Belgrad – Olympique Lyon 1:2 (in Bukarest), 2:3; FC Bologna – Slavia Prag 2:1, 2:0; Wisla Krakau – AC Parma 1:1, 1:2; Grazer AK – AS Monaco 3:3, 0:4; Willem II Tilburg – Real Betis Sevilla 1:1, 0:3; ZSKA Sofia – Atletico Madrid 2:4, 0:1.
Achtelfinale: AS Roma – FC Zürich 1:0, 2:2; AS Monaco – Olympique Marseille 2:2, 0:1; Grasshoppers Zürich – Girondins Bordeaux 3:3, 0:0; Real Sociedad San Sebastian – Atletico Madrid 2:1, n. V. 1:4; Olympique Lyon – FC Brügge 1:0, 4:3; Glasgow Rangers – AC Parma 1:1, 1:3; Celta Vigo – FC Liverpool 3:1, 1:0; FC Bologna – Real Betis Sevilla 4:1, 0:1.
Viertelfinale: Olympique Marseille – Celta Vigo 2:1, 0:0; FC Bologna – Olympique Lyon 3:0, 0:2; Girondins Bordeaux – AC Parma 2:1, 0:6; Atletico Madrid – AS Rom 2:1, 2:1.
Halbfinale: Olympique Marseille – FC Bologna 0:0, 1:1; Atletico Madrid – AC Parma 1:3,1:2.

Endspiel am 12. Mai in Moskau: AC Parma – Olympique Marseille 3:0 (2:0)
AC Parma: Buffon – Thuram, Sensini, Cannavaro – Vanoli, Boghossian, D. Baggio, Fuser – Veron (Fiore) – Chiesa (Balbo), Crespo (Asprilla).
Tore: Crespo, Vanoli, Chiesa. – **SR:** Dallas (Schottland). – Zuschauer: 61 000.

1999/2000: Galatasaray Istanbul
Qualifikation: Schachtar Donezk – Sileks Kratovo 3:1, 1:2; HJK Helsinki – Schirak Giumri 2:0, 0:1; Lokomotive Tiflis – FC Linfield 1:0, 1:1; Serif Tiraspol – Sigma Olmütz 1:1, 0:0; FK Erewan – Hapoel Tel Aviv 0:2, 1:2; Neftchi Baku – Roter Stern Belgrad 2:3, 0:1; Vllaznia Shkoder – Spartak Trnava 1:1, 0:2; BATE Borisow – Lokomotive Moskau 1:7, 0:5; Lantana Tallinn – Torpedo Kutaisi 0:5, 2:4; Metalurgs Liepaja – Lech Posen 3:2, 1:3; HIT Nova Gorica – Inter Cardiff 2:0, 0:1; Vojvodina Novi Sad – Ujpest Budapest 4:0, 1:1; Tulevik Viljandi – FC Brügge 0:3, 0:2; Belshina Bobruisk – Omonia Nicosia 1:5, 0:3; Krivbas Krivoj Rog – FC Shamkir 3:0, 2:0; KI Klaksvik – Grazer AK 0:5, 0:4; FK Riga – Helsingborgs IF 0:0, 0:5; Vaasa PS – FC St. Johnstone 1:1, 0:2; Inter Bratislava – Bylis Balish 3:1, 2:0; FK Bodö/Glimt – FC Vaduz 1:0, 2:1; Viking Stavanger – CE Principat 7:0; 11:0; Maccabi Tel Aviv – FBK Kaunus 3:1, 1:2; Steaua Bukarest – Levadia Maardu 3:0, 4:1; Lyngby FC – FC Birkirkara 7:0, 0:0; Ankaragücü – B 36 Torshavn 1:0, 1:0; Sliema Wanderers – FC Zürich 0:3, 0:1; Grasshoppers Zürich – Bray Wanderers 4:0, 4:0; IFK Göteborg – Cork City 3:0, 0:1; FC Monnerich – Dynamo Bukarest 2:6, 0:7; Vardar Skopje – Legia Warschau 0:5, 0:4; APOEL Nicosia – Levski Sofia 0:0, 0:2; RSC Anderlecht – Leiftur Olafsfjördur 6:1, 3:0; Olimpija Ljubljana – Kareda Siauliai 1:1, 2:2; Hajduk Split – F ,91 Düdelingen 5:0, 1:1; Cwmbran Town – Celtic Glasgow 0:6, 0:4; FC Portadown – ZSKA Sofia 0:3, 0:5; Ferencvaros Budapest – Constructorul Chisinau 3:1, 1:1; KR Reykjavik – FC Kilmarnock 1:0, n. V. 0:2.
1. Runde: 1. FC Kaiserslautern – FC Kilmarnock 3:0, 2:0; FK Bodö/Glimt – Werder Bremen 0:5 (in Trondheim), 1:1; VfL Wolfsburg – Debreceni VSC 2:0,1:2; Roter Stern Belgrad – SC Montpellier 0:1, 2:2; Partizan Belgrad – Leeds United 1:3, 0:1 (in Heerenveen); Udinese Calcio – Aalborg BK 1:0, 2:1; Stabaek IF – Deportivo La Coruna 1:0, 0:2; Steaua Bukarest – LASK Linz 2:0, 3:2; HJK Helsinki – Olympique Lyon 0:1, 1:5; Vojvodina Novi Sad – Slavia Prag 0:0, 2:3; Maccabi Tel Aviv – Racing Lens 2:2, 1:2; HIT Nova Gorica – Panathinaikos Athen 0:1, 0:2; Sigma Olmütz – RCD Mallorca 1:3, 0:0; Torpedo Kutaisi – AEK Athen 0:1, 1:6; Hajduk Split – Levski Sofia 0:0, 0:3; Skonto Riga – Widzew Lodz 1:0, 0:2; Inter Bratislava – Rapid Wien 1:0, 2:1; Lyngby FC – Lokomotive Moskau 1:2, 0:3; Roda JC Kerkrade – Schachtar Donezk 2:0, 3:1; Helsingborgs IF – Karpaty Lwow 1:1, n. V. 1:1 (Helsingborg 4:2-Sieger nach Elfmeterschießen); Lokomotivie Tiflis – PAOK Saloniki 0:7, 0:2; Lech Posen – IFK Göteborg 1:2, 0:0; AC Parma – Krivbas Krivoj Rog 3:2, 3:0; FK Teplitz – Ferencvaros Budapest 3:1, 1:1; Celtic Glasgow – Hapoel Tel Aviv 2:0, 1:0; Viking Stavanger – Sporting Lissabon 3:0, 0:1; West Ham United – NK Osijek 3:0, 3:1; FC Zürich – Lierse SK 1:0, 4:3; RSC Anderlecht – Olimpija Ljubljana 3:1, 3:0; Tottenham Hotspur – Zimbru Chisinau 3:0, 0:0; Zenit Sankt Petersburg – FC Bologna 0:3, 2:2; Anorthosis Famagusta – Legia Warschau 1:0, 0:2; Lausanne-Sports – Celta Vigo 3:2, 0:4; Hapoel Haifa – FC Brügge 3:1, 2:4; Ajax Amsterdam – Dukla Banska Bystrica 6:1, 3:1; MTK Budapest – Fenerbahce Istanbul 0:0, 2:0; Akademisk BK Kopenhagen – Grasshoppers Zürich 0:2, 1:1; Ionikos

Nikea – FC Nantes 1:3, 0:1; SC Beira Mar – Vitesse Arnheim 1:2, 0:0; Grazer AK – Spartak Trnava 3:0, 1:2; AS Monaco – FC Saint Johnstone 3:0, 3:3; ZSKA Sofia – Newcastle United 0:2, 2:2; Amica Wronki – Bröndby IF Kopenhagen 2:0, 3:4; Omonia Nicosia – Juventus Turin 2:5, 0:5 (in Palermo); Aris Saloniki – Servette Genf 1:1, 2:1; Benfica Lissabon – Dynamo Bukarest 0:1, 2:0; Atletico Madrid – Ankaragücü 3:0, 0:1; AS Rom – Vitoria Setubal 7:0, 0:1.
2. Runde: Tottenham Hotspur – 1. FC Kaiserslautern 1:0, 0:2; Werder Bremen – Viking Stavanger 0:0, 2:2; Roda JC Kerkrade – VfL Wolfsburg 0:0, 0:1; Deportivo La Coruna – SC Montpellier 3:1, 2:0; Aris Saloniki – Celta Vigo 2:2, 0:2; Udinese Calcio – Legia Warschau 1:0, 1:1; Steaua Bukarest – West Ham United 2:0, 0:0; MTK Budapest – AEK Athen 2:1, 0:1; Levski Sofia – Juventus Turin 1:3, 1:1; Leeds United – Lokomotive Moskau 4:1, 3:0; Hapoel Haifa – Ajax Amsterdam 0:3, 1:0; AC Parma – Helsingborgs IF 1:0, 3:1; Inter Bratislava – FC Nantes 0:3, 0:4; FC Zürich – Newcastle United 1:2, 1:3; Grazer AK – Panathinaikos Athen 2:1, 0:1; Atletico Madrid – Amica Wronki 1:0, 4:1; RSC Anderlecht – FC Bologna 2:1, 0:3; Slavia Prag – Grasshoppers Zürich 3:1, 0:1; PAOK Saloniki – Benfica Lissabon 1:2, n. V. 2:1 (Lissabon 4:1-Sieger nach Elfmeterschießen); Widzew Lodz – AS Monaco 1:1, 0:2; IFK Göteborg – AS Rom 0:2, 0:1; FK Teplitz – RCD Mallorca 1:2, 0:3; Olympique Lyon – Celtic Glasgow 1:0, 1:0; RC Lens – Vitesse Arnheim 4:1, 1:1.
3. Runde: VfL Wolfsburg – Atletico Madrid 2:3, 1:2; RC Lens – 1. FC Kaiserslautern 1:2, 4:1; Glasgow Rangers – Borussia Dortmund 2:0, n. V. 0:2 (Dortmund 3:1-Sieger nach Elfmeterschießen); Udinese Calcio – Bayer Leverkusen 0:1, 2:1; Olympique Lyon – Werder Bremen 3:0, 0:4; AC Parma – Sturm Graz 2:1, n. V. 3:3; Deportivo La Coruna – Panathinaikos Athen 4:2, 1:1; FC Bologna – Galatasaray Istanbul 1:1, 1:2; Spartak Moskau – Leeds United 2:1 (in Sofia) ,0:1; Ajax Amsterdam – RCD Mallorca 0:1, 0:2; AS Rom – Newcastle United 1:0, 0:0; AEK Athen – AS Monaco 2:2, 0:1; Celta Vigo – Benfica Lissabon 7:0,1:1; Olympiakos Piräus – Juventus Turin 1:3, 2:1 (in Palermo); FC Arsenal – FC Nantes 3:0, 3:3; Slavia Prag – Steaua Bukarest 4:1, 1:1.
Achtelfinale: Borussia Dortmund – Galatasaray Istanbul 0:2, 0:0; AC Parma – Werder Bremen 1:0, 1:3; Slavia Prag – Udinese Calcio 1:0,1:2; Juventus Turin – Celta Vigo 1:0, 0:4; AS Rom – Leeds United 0:0, 0:1; RCD Mallorca – AS Monaco 4:1, 0:1; Atletico Madrid – RC Lens 2:2, 2:4; FC Arsenal – Deportivo La Coruna 5:1, 1:2.
Viertelfinale: FC Arsenal – Werder Bremen 2:0, 4:2; RCD Mallorca – Galatasaray Istanbul 1:4, 1:2; Celta Vigo – RC Lens 0:0, 1:2; Leeds United – Slavia Prag 3:0,1:2.
Halbfinale: Galatasaray Istanbul – Leeds United 2:0, 2:2; FC Arsenal – RC Lens 1:0, 2:1.

Endspiel am 17. Mai in Kopenhagen: Galatasaray Istanbul – FC Arsenal n. V. 0:0, i. E. 4:1
Galatasaray Istanbul: Taffarel – Capone, Popescu, Bülent – Ergün, Ümit, Hagi, Suat (Ahmet Yildirim), Okan (Hakan Ünsal) – Hakan Sükür, Arif (Hasan Sas).
Tore im Elfmeterschießen: Ergün, Hakan Sükür, Ümit, Popescu (Parlour für Arsenal) – SR: Lopez Nieto (Spanien) – Zuschauer: 38 000.

2000/01: FC Liverpool

Qualifikation: Universitatea Craiova – Pobeda Prilep 1:1, 0:1; Folgore Falciano – FC Basel 1:5 (in Serravalle), 0:7 (in Zürich); Neftchi Baku – HIT Nova Gorica 1:0, 1:3; Rapid Wien – Teuta Durres 2:0, 4:0 (in Tirana); FC Brügge – Flora Tallinn 4:1, 2:0; IBV Vestmannaeyjar – Heart of Midlothian 0:2, 0:3; Akademisk BK Kopenhagen – B36 Torshavn 8:0, 1:0; FC Coleraine – Örgryte IS Göteborg 1:2, 0:1; Ararat Erewan – 1. FC Kosice 2:3 (in Giumri), 1:1 (in Bratislava); Napredak Krusevac – Tulevik Viljandi 5:1, 1:1 (in Valga); MTK Budapest – Jokerit Helsinki 1:0, 4:2; Vorskla Poltava – Rabotnicki Skopje 2:0, 2:0; IA Akranes – AA Gent 0:3 (in Reykjavik), 2:3; Bangor City – Halmstad BK 0:7 (in Wrexham), 0:4; FK Ventspils – Vasas Budapest 2:1, 1:3 n. V.; Jeunesse Esch – Celtic Glasgow 0:4 (in Luxemburg), 0:7; FK Drnovice – Buducnost Banovici 3:0, 1:0; Tomori Berat – APOEL Nikosia 2:3 (in Tirana), 0:2; Rapid Bukarest – MIKA Ashtarak 3:0, 0:1 (in Giumri); WIT Georgia Tiflis – Beitar Jerusalem 0:3, 1:1; Omonia Nikosia – Neftochimik Burgas 0:0, 1:2; Zeljeznicar Sarajevo – Wisla Krakau 0:0, 1:3; Serif Tiraspol – Olimpija Ljubljana 0:0, 0:3; Kapaz Ganja – Antalyaspor 0:2 (in Baku), 0:5; Zalgiris Vilnius – Ruch Chorzow 2:1, 0:6; FC Aberdeen – Bohemians Dublin 1:2, 1:0; GI Götu – IFK Norrköping 0:2 (in Torshavn), 1:2; Metalurgs Liepaja – Brann Bergen 1:1, 0:5; Slavia Mozyr – Maccabi Haifa 1:1, 0:2; Slovan Bratislava – Lokomotivi Tiflis 2:0, 2:0; Sliema Wanderers – Partizan Belgrad 2:1 (in Ta' Qali), 1:4; Constructorul Chisinau – ZSKA Sofia 2:3 (in Speia), 0:8; AIK Stockholm – FK Gomel 1:0, 2:0 (in Minsk); HJK Helsinki – CS Grevenmacher 4:1 (in Vantaa), 0:2 (in Luxemburg); Glentoran Belfast – Lilleström SK 0:3, 0:1; Ekranas Panevezys – Lierse SK 0:3, 0:4 (in Westerlo); Boavista Porto – AFC Barry Town 2:0, 3:0; Constellacio Esportiva – Rayo Vallecano 0:10, 0:6; Lausanne-Sports – Cork City 1:0, 1:0; NK Rijeka – FC Valletta 3:2, 5:4 n. V. (in Ta' Qali); Amica Wronki – FC Vaduz 3:0, 3:3.

1. Runde: Bohemians Dublin – 1. FC Kaiserslautern 1:3, 1:0; FK Drnovice – TSV München 1860 0:0, 0:1; Zimbru Chisinau – Hertha BSC 1:2, 0:2; Antalyaspor – Werder Bremen 2:0; 0:6; VfB Stuttgart – Heart of Midlothian 1:0, 2:3; 1. FC Kosice – Grazer AK 2:3, 0:0; IFK Norrköping – Slovan Liberec 2:2, 1:2; Rapid Wien – Örgryte IS Göteborg 3:0, 1:1; FC Basel – Brann Bergen 3:2 (in Zürich), 4:4; AA Gent – Ajax Amsterdam 0:6, 0:3; Lierse SK – Girondins Bordeaux 0:0, 1:5; Vasas Budapest – AEK Athen 2:2, 0:2; HIT Nova Gorica – AS Rom 1:4, 0:7; Alania Wladikawkas – Amica Wronki 0:3, 0:2; Napredak Krusevac – OFI Kreta 0:0, 0:6; Lokomotive Moskau – Neftochimik Burgas 4:2, 0:0; Lilleström SK – Dynamo Moskau 3:1, 1:2; Olimpija Ljubljana – Espanyol Barcelona 2:1, 0:2; Vorskla Poltava – Boavista Porto 1:2, 1:2; ZSKA Moskau – Viborg FF 0:0, n. V. 0:1 (in Silkeborg); FC Gueugnon – Iraklis Saloniki 0:0, 0:1; Slovan Bratislava – Dinamo Zagreb 0:3, 1:1; ZSKA Sofia – MTK Budapest 1:2, 1:0; Roda JC Kerkrade – Inter Bratislava 0:2, 1:2; Lausanne-Sports – Torpedo Moskau 3:2, 2:0; Polonia Warschau – Udinese Calcio 0:1 (in Plock), 0:2; AIK Stockholm – Herfölge BK 0:1, n. V. 1:1; Vitesse Arnheim – Maccabi Haifa 3:0, 1:2; FC Zürich – RC Genk 1:2, 0:2; Molde FK – Rayo Vallecano 0:1, 1:1; FC Brügge – APOEL Nikosia 2:0, 1:0; Krivbas Kriwoj Rog – FC Nantes 0:1, 0:5; PAOK Saloniki – Beitar Jerusalem 3:1, 3:3; Pobeda Prilep – AC Parma 0:2 (in Skopje), 0:4; Halmstad BK – Benfica Lissabon 2:1, 2:2; Rapid Bukarest – FC Liverpool 0:1, 0:0; Bröndby IF Kopenhagen – NK Osijek 1:2, 0:0; FC Tirol Innsbruck – AC Florenz 3:1, 2:2; CD Alaves – Gaziantepspor 0:0, 4:3; Partizan Belgrad – FC Porto 1:1, 0:1; Leicester City – Roter Stern Belgrad 1:1, 1:3 (in Wien); FC Chelsea – FC St. Gallen 1:0, 0:2 (in Zürich); Dunaferr Dunaujvaros – Feyenoord Rotterdam 0:1 (in Györ), 1:3; Slavia Prag – Akademisk BK Kopenhagen 3:0, 2:0; Celtic Glasgow – HJK Helsinki 2:1, 1:2 n. V.; Ruch Chorzow – Inter Mailand 0:3, 1:4; Celta Vigo – NK Rijeka 0:0, n. V. 1:0; Real Saragossa – Wisla Krakau 4:1, n. V. 1:4 (Krakau 4:3-Sieger nach Elfmeterschießen).
2. Runde: Iraklis Saloniki – 1. FC Kaiserslautern 1:3, 3:2; Werder Bremen – RC Genk 4:1, 5:2; FC Tirol Innsbruck – VfB Stuttgart 1:0, 1:3; Hertha BSC – Amica Wronki 3:1, 1:1; Halmstad BK – TSV München 1860 3:2, 1:3; Udinese Calcio – PAOK Saloniki 1:0, n. V. 0:3; NK Osijek – Rapid Wien 2:1, 2:0; Wisla Krakau – FC Porto 0:0, 0:3; Lokomotive Moskau – Inter Bratislava 1:0, 2:1; Lilleström SK – CD Alaves 1:3, 2:2; FC Nantes – MTK Budapest 2:1, 1:0; Lausanne-Sports – Ajax Amsterdam 1:0, 2:2; AC Parma – Dinamo Zagreb 2:0, 0:1; AEK Athen – Herfölge BK 5:0, 1:2; OFI Kreta – Slavia Prag 2:2, 1:4; FC Brügge – FC St. Gallen 2:1, 1:1; Roter Stern Belgrad – Celta Vigo 1:0, 5:3 (0:3 gewertet, weil Belgrad zwei gesperrte Spieler eingesetzt hatte); Girondins Bordeaux – Celtic Glasgow 1:1, n. V. 2:1; Inter Mailand – Vitesse Arnheim 0:0, 1:1; Rayo Vallecano – Viborg FF 1:0, 1:2; FC Liverpool – Slovan Liberec 1:0, 3:2; FC Basel – Feyenoord Rotterdam 1:2, 0:1; Espanyol Barcelona – Grazer AK 4:0, 0:1; Boavista Porto – AS Rom 0:1, 1:1.
3. Runde: Hertha BSC – Inter Mailand 0:0, 1:2; Glasgow Rangers – 1. FC Kaiserslautern 1:0, 0:3; AC Parma – TSV München 1860 2:2, 2:0; Bayer Leverkusen – AEK Athen 4:4, 0:2; Feyenoord Rotterdam – VfB Stuttgart 2:2, 1:2; AS Rom – Hamburger SV 1:0, 3:0; Girondins Bordeaux – Werder Bremen 4:1, 0:0; Lokomotive Moskau – Rayo Vallecano 0:0, 0:2; NK Osijek – Slavia Prag 2:0, 1:5; Schachtar Donezk – Celta Vigo 0:0, 0:1; FC Nantes – Lausanne-Sports 4:3, 3:1; PSV Eindhoven – PAOK Saloniki 3:0, 1:0; Olympiakos Piräus – FC Liverpool 2:2, 0:2; CD Alaves – Rosenborg Trondheim 1:1, 3:1; FC Brügge – FC Barcelona 0:2, 1:1; Espanyol Barcelona – FC Porto 0:2, 0:0.
Achtelfinale: Slavia Prag – 1. FC Kaiserslautern 0:0, 0:1; VfB Stuttgart – Celta Vigo 0:0, 1:2; CD Alaves – Inter Mailand 3:3, 2:0; PSV Eindhoven – AC Parma 2:1, 2:3; AEK Athen – FC Barcelona 0:1, 0:5; Rayo Vallecano – Girondins Bordeaux 4:1, 2:1; AS Rom – FC Liverpool 0:2, 1:0; FC Porto – FC Nantes 3:1, 1:2.
Viertelfinale: 1. FC Kaiserslautern – PSV Eindhoven 1:0, 1:0; FC Barcelona – Celta Vigo 2:1, 2:3; CD Alaves – Rayo Vallecano 3:0, 1:2; FC Porto – FC Liverpool 0:0, 0:2.
Halbfinale: CD Alaves – 1. FC Kaiserslautern 5:1, 4:1; FC Barcelona – FC Liverpool 0:0, 0:1.

Endspiel am 16. Mai in Dortmund: FC Liverpool – CD Alaves i. V. 5:4 (3:1, 4:4)
FC Liverpool: Westerveld – Babbel, Henchoz (Smicer), Hyypiä, Carragher – Gerrard, Hamann, McAllister, Murphy – Heskey (Fowler), Owen (Berger).
Tore: Babbel, Gerrard, McAllister, Fowler, dazu ein Eigentor von Geli (Ivan, Moreno (2), Cruyff für Alaves) – SR: Veissière (Frankreich). – Zuschauer: 50 000.

2001/02: Feyenoord Rotterdam
Qualifikation: Cosmos Falciano – Rapid Wien 0:1, 0:2; Pelister Bitola – FC St. Gallen 0:2, 3:2; Dinamo Bukarest – Dinamo Tirana 1:0, 3:1; Olimpija Ljubljana – Schafa Baku 4:0, 3:0; FC Midtjylland – Glentoran Belfast 1:1, 4:0; Trans Narva – Elfsborg Boras 1:3 (3:0 gewertet wegen des Einsatzes eines nicht spielberechtigten Spielers), 0:5; FC Brügge – IA Akranes 4:0, 6:1; Obilic Belgrad – GI Götu 4:0, 1:1; FC Brasov – MIKA Ashtarak 5:1, 2:0; Viking Stavanger – Brotnjo Citluk 1:0, 1:1; ZSKA Kiew – Jokerit Helsinki 2:0, 2:0; Vardar Skopje – Standard Lüttich 0:3, 1:3; HJK Helsinki – FK Ventspils 2:1, 1:0; Cwmbran Town – Slovan Bratislava 0:4, 0:1; Maritimo Funchal – FK Sarajevo 1:0, 1:0; Fylkir Reykjavík – Pogon Stettin 2:1, 1:1; Dinamo Zagreb – Flora Tallinn 1:0, 1:0; FC Glenavon – FC Kilmarnock 0:1, 0:1; SK Tirana – Apollon

Limassol 3:2, 1:3; Ararat Erewan – Hapoel Tel Aviv 0:2, 0:3; Etzella Ettelbrück – Legia Warschau 0:4, 1:2; Zimbru Chisinau – Gaziantepspor 0:0, 1:4; Dinaburg Daugavpils – NK Osijek 2:1, 0:1; Neftchi Baku – HIT Nova Gorica 0:0, 0:1; HB Torshavn – Grazer AK 2:2, 0:4; Atlantas Klaipeda – Rapid Bukarest 0:4, 0:8; Matador Puchov – Sliema Wanderers 3:0, 1:2; Longford Town – Litex Lovetsch 1:1, 0:2; Bröndby IF – FC Shelbourne 2:0, 3:0; FC Santa Coloma – Partizan Belgrad 0:1, 1:7; Maccabi Tel Aviv – Zalgiris Wilna 6:0, 1:0; Schachtyor Soligorsk – ZSKA Sofia 1:2, 1:3; MyPa Anjalankoski – Helsingborgs IF 1:3, 1:2; Dynamo Tiflis – BATE Borisow 2:1, 0:4; Debreceni VSC – Nistru Otaci 3:0, 0:1; Polonia Warschau – TNS Llansantffraid 4:0, 2:0; FC Birkirkara – Lokomotive Tiflis 0:0, 1:1; AEK Athen – CS Grevenmacher 6:0, 2:0; SCP Ruzomberok – Belshina Bobruisk 3:1, 0:0; Olympiakos Nikosia – Dunaferr SE 2:2, 4:2; FC Vaduz – Varteks Varazdin 3:3, 1:6.
1. Runde: VC Westerlo – Hertha BSC 0:2, 0:1; FC Haka Valkeakoski – 1. FC Union Berlin 1:1, 0:3; Matador Puchov – SC Freiburg 0:0, 1:2; Viktoria Zizkov – FC Tirol Innsbruck 0:0, 0:1; HIT Nova Gorica – NK Osijek 1:2, 0:1; ES Troyes – SCP Ruzomberok 6:1, 0:1; Roda JC Kerkrade – Fylkir Reykjavik 3:0, 3:1; Paris St. Germain – Rapid Bukarest 0:0, 3:0 (gewertet); Tschernomorez Novorossisk – FC Valencia 0:1, 0:5; Legia Warschau – Elfsborg Boras 4:1, 6:1; Marila Príbram – CS Sedan 4:0, 1:3; Dinamo Bukarest – Grasshoppers Zürich 1:3, 1:3; BATE Borisow – AC Mailand 0:2, 0:4; Slovan Liberec – Slovan Bratislava 2:0, 0:1; Dinamo Zagreb – Maccabi Tel Aviv 2:2, 1:1; Partizan Belgrad – Rapid Wien 1:0, 1:5; Polonia Warschau – Twente Enschede 1:2, 0:2; Inter Bratislava – Litex Lovetsch 1:0, 0:3; AC Parma – HJK Helsinki 1:0, 2:0; FC Midtjylland – Sporting Lissabon 0:3, 2:3; ZSKA Kiew – Roter Stern Belgrad 3:2, 0:0; ZSKA Sofia – Schachtar Donezk 3:0, 1:2; Genclerbirligi Ankara – Halmstads BK 1:1, 0:1; Aston Villa – Varteks Varazdin 2:3, 1:0; FC Kilmarnock – Viking Stavanger 1:1, 0:2; FC Chelsea – Levski Sofia 3:0, 2:0; Dynamo Moskau – FC Birkirkara 1:0, 0:0; Odd Grenland – Helsingborgs IF 2:2, 1:1; Olimpija Ljubljana – Bröndby IF 2:4, 0:0; Olympiakos Nikosia – FC Brügge 2:2, 1:7; FC St. Gallen – Steaua Bukarest 2:1, 1:1; Standard Lüttich – Racing Strasbourg 2:0, 2:2; Ipswich Town – Torpedo Moskau 1:1, 2:1; Servette Genf – Slavia Prag 1:0, 1:1; FC Utrecht – Grazer AK 3:0, 3:3; Dnjepr Dnjepropetrovsk – AC Florenz 0:0, 1:2; Hajduk Split – Wisla Krakau 2:2, 0:1; PAOK Saloniki – FC Kärnten 0:0, 4:0; Ajax Amsterdam – Apollon Limassol 2:0, 3:0; FC Kopenhagen – FK Obilic Belgrad 2:0, 2:2; Girondins Bordeaux – Debreceni VSC 5:1, 1:3; Hapoel Tel Aviv – Gaziantepspor 1:0, 1:1; Inter Mailand – FC Brasov 3:0, 3:0; Real Saragossa – Silkeborg IF 3:0, 2:1; AEK Athen – Hibernian Edinburgh 2:0, n. V. 2:3; Celta Vigo – Sigma Olomouc 4:0, 3:4; Maritimo Funchal – Leeds United 1:0, 0:3; Anji Machatschkala – Glasgow Rangers 0:1 (nur ein Spiel, in Warschau).
2. Runde: Viking Stavanger – Hertha BSC 0:1, 0:2; SC Freiburg – FC St. Gallen 0:1, 4:1; 1. FC Union Berlin – Litex Lovetsch 0:2, 0:0; Roda JC Kerkrade – Maccabi Tel Aviv 4:1, 1:2; NK Osijek – AEK Athen 1:2 2:3; FC Kopenhagen – Ajax Amsterdam 1:0, 0:2; ZSKA Kiew – FC Brügge 0:2, 0:5; Girondins Bordeaux – Standard Lüttich 2:0, 2:0; Legia Warschau – FC Valencia 1:1, 1:6; Grasshoppers Zürich – FC Twente Enschede 4:1, 2:4; Halmstads BK – Sporting Lissabon 0:1, 1:6; Leeds United – ES Troyes 4:2, 2:3; Glasgow Rangers – Dynamo Moskau 3:1, 4:1; Ipswich Town – Helsingborgs IF 0:0, 3:1; Hapoel Tel Aviv – FC Chelsea 2:0, 1:1; AC Florenz – FC Tirol Innsbruck 2:0, 2:2; AC Mailand – ZSKA Sofia 2:0, 1:0; FC Utrecht – AC Parma 1:3, 0:0; Varteks Varazdin – Bröndby IF 3:1, 0:5; Inter Mailand – Wisla Krakow 2:0, 0:1; PAOK Saloniki – Marila Príbram 6:1, 2:2; Paris St. Germain – Rapid Wien 4:0, 2:2; Real Saragossa – Servette Genf 0:0, 0:1; Celta Vigo – Slovan Liberec 3:1, 0:3.
3. Runde: FC Kopenhagen – Borussia Dortmund 0:1, 0:1; Feyenoord Rotterdam – SC Freiburg 1:0, 2:2; Servette Genf – Hertha BSC 0:0, 3:0; PAOK Saloniki – PSV Eindhoven 3:2, 1:4; AC Florenz – OSC Lille 0:1, 0:2; FC Valencia – Celtic Glasgow 1:0, n. V. 0:1 (Valencia 5:4-Sieger im Elfmeterschießen); Ipswich Town – Inter Mailand 1:0, 1:4; Glasgow Rangers – Paris St. Germain 0:0, n. V. 0:0 (Glasgow 4:3-Sieger im Elfmeterschießen); AEK Athen – Litex Lovetsch 3:2, 1:1; Grasshoppers Zürich – Leeds United 1:2, 2:2; AC Parma – Bröndby IF 1:1, 3:0; Girondins Bordeaux – Roda JC Kerkrade 1:0, 0:2; Slovan Liberec – RCD Mallorca 3:1, 2:1; Hapoel Tel Aviv – Lokomotive Moskau 2:1, 0:1; AC Mailand – Sporting Lissabon 2:0, 1:1; FC Brügge – Olympique Lyon 4:1, 0:3.
Achtelfinale: OSC Lille – Borussia Dortmund 1:1, 0:0; FC Valencia – Servette Genf 3:0, 2:2; Roda JC Kerkrade – AC Mailand 0:1, n. V. 1:0 (Mailand 3:2-Sieger im Elfmeterschießen); Hapoel Tel Aviv – AC Parma 0:0, 2:1; PSV Eindhoven – Leeds United 0:0, 1:0; Olympique Lyon – Slovan Liberec 1:1, 1:4; Inter Mailand – AEK Athen 3:1, 2:2; Glasgow Rangers – Feyenoord Rotterdam 1:1, 2:3.
Viertelfinale: Slovan Liberec – Borussia Dortmund 0:0, 0:4; Hapoel Tel Aviv – AC Mailand 1:0, 0:2; PSV Eindhoven – Feyenoord Rotterdam 1:1, n. V. 1:1 (Rotterdam 5:4-Sieger im Elfmeterschießen); Inter Mailand – FC Valencia 1:1, 1:0.
Halbfinale: Borussia Dortmund – AC Mailand 4:0, 1:3; Inter Mailand – Feyenoord Rotterdam 0:1, 2:2.

Endspiel am 8. Mai in Rotterdam: Feyenoord Rotterdam – Borussia Dortmund 3:2 (2:0)

Rotterdam: Zoetebier – Gyan, Van Wonderen, Paauwe, Rzasa – Bosvelt, Ono (De Haan) – Tomasson – Kalou (Elmander), van Persie (Leonardo) – van Hooijdonk.

Dortmund: Lehmann – Wörns, Kohler – Evanilson, Dede – Ricken (Heinrich), Reuter – Rosicky – Ewerthon (Addo), Amoroso – Koller.
Tore: van Hooijdonk 2, Tomasson (Amoroso, Koller für Dortmund). – **SR:** Melo Pereira (Portugal) – Zuschauer: 46 000.

2002/03: FC Porto

Qualifikation: Litex Lovetsch – Atlantas Klaipeda 5:0, 3:1; FC Encamp Dicoansa – Zenit St. Petersburg 0:5 (in Andorra La Vella), 0:8; FK Atyrau – Matador Puchov 0:0, 0:2; FC Glentoran – Wisla Krakow 0:2, 0:4; Pobeda Prilep – FC Midtjylland 2:0, n. V. 0:3; Primorje Ajdovscina – Zvartnots Erewan 6:1, 0:2; FK Ventspils – FC Lugano 3:0, 0:1; Hapoel Tel Aviv – Partizani Tirana 1:0 (in Sofia), 4:1; Ferencváros Budapest – AEL Limassol 4:0, 1:2; Hajduk Split – Gl Götu 3:0, 8:0 (in Tórshavn); Brann Bergen – Suduva Marijampole 2:3, 2:3; Amica Wronki – TNS Llansantffraid 5:0, 7:2 (in Newtown); FC Kopenhagen – Lokomotivi Tbilisi 3:1, 4:1; Metalurgs Liepaja – FC Kärnten 0:2, 2:4; FC Vaduz – FC Livingston 1:1, 0:0; Sliema Wanderers – Polonia Warschau 1:3, 0:2; Anorthosis Famagusta – CS Grevenmacher 3:0, 0:2; Levadia Tallinn – Maccabi Tel Aviv 0:2, 0:2 (in Sofia); Leixões Porto – Belasica Strumica 2:2, 2:1; Stabæk IF – FC Linfield 4:0, 1:1; Sigma Olomouc – FK Sarajevo 2:1, n. V. 1:2 (Sarajevo 5:3-Sieger im Elfmeterschießen); Zimbru Chisinau – IFK Göteborg 3:1, 2:2; KI Klaksvík – Újpest Budapest 2:2 (in Töftir), 0:1; MyPa Anjalankoski – Odense BK 1:0, 0:2; Dynamo Minsk – ZSKA Sofia 1:4, 0:1; Dinamo Tbilisi – Tallinna VMK 4:1, 1:0; Spartak Erewan – Servette Genf 0:2, 0:3; Shamrock Rovers – Djurgardens IF 1:3, 0:2 (in Solna); Varteks Varazdin – FC Dundalk 5:0, 4:0 (in Dublin); FK Gomel – HJK Helsinki 1:0 (in Mozyr), 4:0; FC Aberdeen – Nistru Otaci 1:0, 0:0 (in Chisinau); AIK Solna – IB Vestmannaeyjar 2:0, 3:1; Rapid Bukarest – HIT Nova Gorica 2:0, 3:1; SP Domagnano – Viktoria Zizkov 0:2, 0:3; Kairat Almaty – Roter Stern Belgrad 0:2, 0:3; Metalurg Saporoschje – FC Birkirkara 3:0 (in Dnjepropetrowsk), 0:0; Bangor City – Sartid Smederevo 1:0 (in Wrexham), 0:2; KOBA Senec – Siroki Brijeg 1:2, 0:3 (in Bratislava); SK Tirana – National Bukarest 0:1, 2:2; Avenir Beggen – Ipswich Town 0:1, 1:8; Fylkir Reykjavik – Excelsior Mouscron 1:1, 1:3.
1. Runde: FK Gomel – FC Schalke 04 1:4 (in Minsk), 0:4; Metalurg Donezk – Werder Bremen 2:2, 0:8; VfB Stuttgart – FK Ventspils 4:1, 4:1; FC Aberdeen – Hertha BSC 0:0, 0:1; Paris St. Germain – Ujpest Budapest 3:0, 1:0; Sporting Lissabon – Partizan Belgrad 1:3, n. V. 3:3; Legia Warschau – FC Utrecht 4:1, 3:1; Zimbru Chisinau – Betis Sevilla 0:2, 1:2; Besiktas Istanbul – FK Sarajevo 2:2, 5:0; ZSKA Moskau – AC Parma 1:1 (in Ramenskoje), 2:3; Levski Sofia – Bröndby IF 4:1, 1:1; RSC Anderlecht – Stabaek IF 0:1, 2:1; National Bukarest – SC Heerenveen 3:0, 0:2; Lazio Rom – Skoda Xanthi 4:0, 0:0; Ipswich Town – Sartid Smederevo 1:1, 1:0; Maccabi Tel Aviv – Boavista Porto 1:0 (in Sofia), 1:4; AIK Solna – Fenerbahce Istanbul 3:3, 1:3; Sparta Prag – Siroki Brijeg 3:0, 1:0; Austria Wien – Schachtar Donezk 5:1, 0:1; Denizlispor – FC Lorient 2:0, 1:3; FC Chelsea – Viking Stavanger 2:1, 2:4; FC Kärnten – Hapoel Tel Aviv 0:4, 1:0; Dinamo Zagreb – TE Zalaegerszeg 6:0, 3:1; FC Kopenhagen – Djurgardens IF 0:0, 1:3; Viktoria Zizkov – Glasgow Rangers 2:0, n. V. 1:3; Vitesse Arnheim – Rapid Bukarest 1:1, 1:0; Leeds United – Metalurg Saporoschje 1:0, 1:1; Servette Genf – Amica Wronki 2:3, 2:1; Sturm Graz – FC Livingston 5:2, 3:4; Ferencvaros Budapest – Kocaelispor 4:0, 1:0; Zeljeznicar Sarajevo – FC Málaga 0:0; 0:1; Girondins Bordeaux – Matador Puchov 6:0, 4:1; Slovan Liberec – Dinamo Tbilisi 3:2, 1:0; Leixões Porto – PAOK Saloniki 2:1, 1:4; Litex Lovetsch – Panathinaikos Athen 0:1, n. V. 1:2; Roter Stern Belgrad – AC Chievo 0:0, 2:0; Hajduk Split – FC Fulham 0:1, 2:2; Primorje Ajdovscina – Wisla Krakow 0:2, 1:6; APOEL Nikosia – Grazer AK 2:0, 1:1; Celta Vigo – Odense BK 2:0, 0:1; Celtic Glasgow – Suduva Marijampole 8:1, 2:0; FC Porto – Polonia Warschau 6:0, 0:2; Grasshoppers Zürich – Zenit St. Petersburg 3:1, 1:2; MKE Ankaragücü – CD Alavés 1:2, 0:3; Iraklis Saloniki – Anorthosis Famagusta 4:2, 1:3; FC Midtjylland – Varteks Varazdin 1:0 (in Silkeborg), 1:1; Blackburn Rovers – ZSKA Sofia 1:1, 3:3; Excelsior Mouscron – Slavia Prag 2:2, 1:5.
2. Runde: APOEL Nikosia – Hertha BSC 0:1, 0:4; Ferencvaros Budapest – VfB Stuttgart 0:0, 0:2; Legia Warschau – FC Schalke 04 2:3, 0:0; Vitesse Arnheim – Werder Bremen 2:1; 3:3; Fenerbahce Istanbul – Panathinaikos Athen 1:1, 1:4; FC Málaga – Amica Wronki 2:1, 2:1; Lazio Rom – Roter Stern Belgrad 1:0, 1:1; Ipswich Town – Slovan Liberec 1:0, n. V. 0:1 (Liberec 4:2-Sieger im Elfmeterschießen); Boavista Porto – Anorthosis Famagusta 2:1, 1:0; Dinamo Zagreb – FC Fulham 0:3, 1:2; AC Parma – Wisla Krakow 2:1, n. V. 1:4; RSC Anderlecht – FC Midtjylland 3:1, 3:0 (in Silkeborg); Partizan Belgrad – Slavia Prag 3:1, n. V. 1:5; CD Alaves – Besiktas Istanbul 1:1, 0:1; Sturm Graz – Levski Sofia 1:0, n. V. 0:1 (Graz 8:7-Sieger im Elfmeterschießen); PAOK Saloniki – Grasshoppers Zürich 2:1, 1:1; Djurgardens IF – Girondins Bordeaux 0:1 (in Solna), 1:2; Viktoria Zizkov – Betis Sevilla 0:1, 0:3; Leeds United – Hapoel Tel Aviv 1:0, 4:1 (in Florenz); Austria Wien – FC Porto 0:1, 0:2; Sparta Prag – Denizlispor 1:0, 0:2; National Bukarest – Paris St. Germain 0:2, 0:1; Celtic Glasgow – Blackburn Rovers 1:0, 2:0; Celta Vigo – Viking Stavanger 3:0, 1:1.
3. Runde: FC Brügge – VfB Stuttgart 1:2, 0:1; Hertha BSC – FC Fulham 2:1, 0:0; Wisla Krakow – FC Schalke 04 1:1, 4:1; Sturm Graz – Lazio Rom 1:3, 1:0; Betis Sevilla – AJ Auxerre 1:0, 0:2; Besiktas Istanbul – Dynamo Kiew 3:1, 0:0; Paris St. Germain – Boavista Porto 2:1, 0:1; Vitesse Arnheim – FC Liverpool 0:1, 0:1; Slovan Liberec – Panathinaikos Athen 2:2, 0:1; Denizlispor – Olympique Lyon 0:0,

1:0; Girondins Bordeaux – RSC Anderlecht 0:2, 2:2; FC Málaga – Leeds United 0:0, 2:1; PAOK Saloniki – Slavia Prag 1:0, 0:4; AEK Athen – Maccabi Haifa 4:0, 4:1 (in Nikosia); FC Porto – RC Lens 3:0, 0:1; Celtic Glasgow – Celta Vigo 1:0, 1:2.
Achtelfinale: Hertha BSC – Boavista Porto 3:2, 0:1; Celtic Glasgow – VfB Stuttgart 3:1, 2:3; Slavia Prag – Besiktas Istanbul 1:0, 2:4; FC Málaga – AEK Athen 0:0, 1:0; Lazio Rom – Wisla Krakow 3:3, 2:1; Panathinaikos Athen – RSC Anderlecht 3:0, 0:2; FC Porto – Denizlispor 6:1, 2:2; AJ Auxerre – FC Liverpool 0:1, 0:2.
Viertelfinale: Lazio Rom – Besiktas Istanbul 1:0, 2:1; Celtic Glasgow – FC Liverpool 1:1, 2:0; FC Malaga – Boavista Porto 1:0, n. V. 0:1 (Porto 4:1-Sieger im Elfmeterschießen); FC Porto – Panathinaikos Athen 0:1, n. V. 2:0
Halbfinale: Celtic Glasgow – Boavista Porto 1:1, 1:0; FC Porto – Lazio Rom 4:1, 0:0.
Endspiel am 21. Mai in Sevilla: Celtic Glasgow – FC Porto n. V. 2:3 (2:2, 0:1)
Porto: Vitor Baia – Paulo Ferreira, Jorge Costa, Ricardo Carvalho, Nuno Valente – Costinha, Maniche – Capucho, Alejnitschew, Deco – Derlei.
Tore: Derlei 2, Alejnitschew (Larsson 2 für Celtic) – SR: Michel (Slowakei) – Gelb-Rote Karten: Balde – Nuno Valente – Zuschauer: 52 972.

2003/04 FC Valencia
Qualifikation: FK Sarajevo – Sartid Smederevo 1:1, 0:3; Haka Valkeakoski – Hajduk Split 2:1, 0:1; FC Valletta – Neuchâtel Xamax 0:2, 0:2; FK Ventspils – Wisla Plock 1:1, 2:2; Viktoria Zizkov – Zhenis Astana 3:0, 3:1; Groclin Grodzisk – Atlantas Klaipeda 2:0, 4:1; Dinamo Tirana – SC Lokeren 0:4, 1:3; Cwmbran Town – Maccabi Haifa 0:3, 0:3; Publikum Celje – Belasica Strumica 7:2, 5:0; Cementarnica Skopje – GKS Katowice 0:0, 1:1; Matador Púchov – Sioni Bolnissi 3:0, 3:0; Roter Stern Belgrad – Nistru Otaci 5:0, 3:2; Ekranas Panevezys – Debreceni VSC 1:1, 1:2; FC Birkirkara – Ferencváros Budapest 0:5, 0:1; Torpedo Moskau – SP Domagnano 5:0, 4:0; FK Atyrau – Levski Sofia 1:4, 0:2; Olimpija Ljubljana – FC Shelbourne 1:0, 3:2; RC Lens – Torpedo Kutaissi 3:0, 2:0; FC Nordsjælland – Shirak Giumri 4:0, 2:0; Artmedia Petrzalka – F'91 Düdelingen 1:0, 1:0; NSÍ Runavík – Lyn Oslo 1:3, 0:6; APOEL Nikosia – Derry City 2:1, 3:0; Litex Lovech – Zimbru Chisinau 0:0, 0:2; Neman Grodno – Steaua Bukarest 1:1, 0:0; Etzella Ettelbrück – Kamen Ingrad Velika 1:2, 0:7; Manchester City – TNS Llansantfraid 5:0, 2:0; Molde FK – KÍ Klaksvík 2:0, 4:0; Odense BK – TVMK Tallinn 1:1, 3:0; AIK Solna – Fylkir Reykjavík 1:0, 0:0; Vllaznia Skhoder – FC Dundee 0:2, 0:4; Levadia Maardu – Varteks Varazdin 1:3, 2:3; Esbjerg fB – FC Santa Coloma 5:0, 4:1; Zeljeznicar Sarajevo – Anorthosis Famagusta 1:0, 3:1; Hapoel Tel Aviv – Banants Erevan 1:1, 2:1; Brøndby IF – Dynamo Minsk 3:0, 2:0; Malmö FF – FC Portadown 4:0, 2:0; Dinamo Bukarest – Metalurgs Liepaja 5:2, 1:1; FC Kärnten – UMF Grindavík 2:1, 1:1; MyPa Anjalankoski – Young Boys Bern 3:2, 2:2; FC Vaduz – Dnjepr Dnjepropetrovsk 0:1, 0:1; FC Coleraine – União Leiria 2:1, 0:5.
1. Runde: Kamen Ingrad Velika – FC Schalke 04 0:0, 0:1; Austria Wien – Borussia Dortmund 1:2 0:1; Hamburger SV – Dnjepr Dnjepropetrovsk 2:1, 0:3;Hertha BSC – Groclin Grodzisk 0:0, 0:1; 1. FC Kaiserslautern – FK Teplice 1:2, 0:3; AIK Solna – FC Valencia 0:1, 0:1; Dinamo Bukarest – Schachtar Donezk 2:0, 3:2; Maccabi Haifa – Publikum Celje 2:1 (in Izmir), 2:2; ZSKA Sofia – Torpedo Moskau 1:1, 1:1 (Moskau 3:2-Sieger im Elfmeterschießen); FC Dundee – AC Perugia 1:2, 0:1; Cementarnica 55 Skopje – RC Lens 0:1, 0:5; Newcastle United – NAC Breda 5:0, 1:0; AA La Louvière – Benfica Lissabon 1:1 (in Charleroi), 0:1;Panionios Athen – FC Nordsjælland 2:1, 1:0; Heart of Midlothian – Zeljeznicar Sarajevo 2:0, 0:0; Austria Salzburg – Udinese Calcio 0:1 (in Linz), 2:1; Gençlerbirligi Ankara – Blackburn Rovers 3:1, 1:1; Matador Púchov – FC Barcelona 1:1 (in Trnava), 0:8; Dinamo Zagreb – MTK Budapest 3:1, 0:0; Hapoel Ramat Gan – Levski Sofia 0:1 (in Dunajská Streda), 0:4; Sartid Smederevo – Slavia Prag 1:2, 1:2; FC Villarreal – Trabzonspor 0:0, 3:2; Grasshoppers Zürich – Hajduk Split 1:1, 0:0; Olimpija Ljubljana – FC Liverpool 1:1, 0:3; Vålerenga Oslo – Grazer AK 0:0, 1:1; Zimbru Chisinau – Aris Saloniki – 1:1, 1:2; Ferencváros Budapest – FC Kopenhagen 1:1, 1:1 (Kopenhagen 3:2-Sieger im Elfmeterschießen); Varteks Varazdin – Debreceni VSC 1:3, 2:3; Girondins Bordeaux – Artmedia Petrzalka 2:1, 1:1; AS Rom – Vardar Skopje 4:0, 1:1; Manchester City – SC Lokeren 3:2, 1:0; Spartak Moskau – Esbjerg fB 2:0, 1:1 (in Aarhus); Wisla Kraków – NEC Nijmegen 2:1, 2:1; União Leiria – Molde FK 1:0 (in Marinha Grande), 1:3; AJ Auxerre – Neuchâtel Xamax 1:0, 2:1; FK Ventspils – Rosenborg Trondheim 1:4 (in Liepaja), 0:6; Gaziantepspor – Hapoel Tel Aviv 1:0, 0:0 (in Rotterdam); Odense BK – Roter Stern Belgrad 2:2, 3:4; Sporting Lissabon – Malmö FF 2:0, 1:0; FC Utrecht – MSK Zilina 2:0, 4:0; Metalurg Donezk – AC Parma 1:1, 0:3; MyPa Anjalankoski – FC Sochaux 0:1, 0:2; APOEL Nikosia – RCD Mallorca 1:2, 2:4; FC Southampton – Steaua Bukarest 1:1, 0:1; Feyenoord Rotterdam – FC Kärnten 2:1, 1:0; PAOK Saloniki – Lyn Oslo 1:1, 3:0; Malatyaspor – FC Basel 0:0, i. V. 2:1; Brøndby IF – Viktoria Zizkov 1:0, 1:0.

2. Runde: Borussia Dortmund – FC Sochaux 2:2, 0:4; FC Schalke 04 – Brøndby IF 2:1, 1:2 (Brøndby 3:1-Sieger im Elfmeterschießen);Dinamo Zagreb – Dnjepr Dnjepropetrovsk 0:2, 1:1; Manchester City – Groclin Grodzisk 1:1, 0:0; Panionios Athen – FC Barcelona 0:3, 0:2; Benfica Lissabon – Molde FK 3:1, 2:0; Slavia Prag – Levski Sofia 2:2, 0:0; Rosenborg Trondheim – Roter Stern Belgrad 0:0, 1:0; FC Valencia – Maccabi Haifa 0:0, 4:0 (in Rotterdam); Spartak Moskau – Dinamo Bukarest 4:0, 1:3; Gaziantepspor – RC Lens 3:0, 3:1; AC Perugia – Aris Saloniki 2:0, 1:1; FC Utrecht – AJ Auxerre 0:0, 0:4; Steaua Bukarest – FC Liverpool 1:1, 0:1; Vålerenga Oslo – Wisla Kraków 0:0, 0:0 (Oslo 4:3-Sieger im Elfmeterschießen); PAOK Saloniki – Debreceni VSC 1:1, 0:0; FC Kopenhagen – RCD Mallorca 1:2, 1:1; Austria Salzburg – AC Parma 0:4 (in Linz), 0:5; FC Basel – Newcastle United 2:3, 0:1; AS Rom – Hajduk Split 1:0, 1:1; Gençlerbirligi Ankara – Sporting Lissabon 1:1, 3:0; FC Villarreal – Torpedo Moskau 2:0, 0:1; Feyenoord Rotterdam – FK Teplice 0:2, 1:1; Girondins Bordeaux – Heart of Midlothian 0:1, 2:0.
3. Runde: Brøndby IF – FC Barcelona 0:1, 1:2; AC Parma – Gençlerbirligi Ankara 0:1, 0:3; Benfica Lissabon – Rosenborg Trondheim 1:0, 1:2; Olympique Marseille – Dnjepr Dnjepropetrovsk 1:0, 0:0; Celtic Glasgow – FK Teplice 3:0, 0:1; AC Perugia – PSV Eindhoven 0:0, 1:3; Groclin Grodzisk – Girondins Bordeaux 0:1, 1:4; FC Valencia – Besiktas Istanbul 3:2, 2:0; Galatasaray Istanbul – FC Villarreal 2:2, 0:3; FC Brügge – Debreceni VSC 1:0, 0:0; FC Sochaux – Inter Mailand 2:2, 0:0; FC Liverpool – Levski Sofia 2:0, 4:2; Spartak Moskau – RCD Mallorca 0:3, 1:0; Gaziantepspor – AS Rom 1:0, 0:2; AJ Auxerre – Panathinaikos Athen 0:0, 1:0; Vålerenga Oslo – Newcastle United 1:1, 1:3.
Achtelfinale: Girondins Bordeaux – FC Brügge 3:1, 1:0; Genclerbirligi Ankara – FC Valencia 1:0, n.V. 0:2; AJ Auxerre – PSV Eindhoven 1:1, 0:3; Newcastle United – RCD Mallorca 4:1, 3:0; Benfica Lissabon – Inter Mailand 0:0, 3:4; Celtic Glasgow – FC Barcelona 1:0, 0:0; FC Liverpool – Olympique Marseille 1:1, 1:2; FC Villarreal – AS Rom 2:0, 1:2.
Viertelfinale: Girondins Bordeaux – FC Valencia 1:2, 1:2; PSV Eindhoven – Newcastle United 1:1, 1:2; Olympique Marseille – Inter.Mailand 1:0, 1:0; Celtic Glasgow – FC Villarreal 1:1, 0:2.
Halbfinale: Newcastle United – Olympique Marseille 0:0, 0:2; FC Villarreal – FC Valencia 0:0, 0:1.
Endspiel am 19. Mai in Göteborg: FC Valencia – Olympique Marseille 2:0 (1:0)
Valencia: Canizares – Curro Torres, Ayala, Marchena (Pellegrino), Carboni – Albelda, Baraja, Vicente, Angulo (Sissoko), Rufete (Aimar) – Mista.
Tore: 1:0 Vicente (40./+2., Foulelfmeter); 2:0 Mista (58.) – SR: Collina (Italien) – Rote Karte: Barthez – Zuschauer: 43 000

2004/05 ZSKA Moskau
Qualifikation, 1. Runde: MIKA Ashtarak – Honved Budapest 0:1, 1:1; Shirak Giumri – FC Tiraspol 1:2, 0:2; FC Tiflis – FK Shamkir 1:0. 4:1; Dukla Banska Bystrica – Karabach Agdam 3:0, 1:0; Ekranas Panevezys – F91 Düdelingen 1:0, 2:1; BATE Borisov – Dinamo Tiflis 2:3, 0:1; Partizani Tirana – FC Birkirkara 4:2, 1:2; Nistru-Unisport Otaci – Schachtjor Soligorsk 1:1, 2:1; Levadia Tallinn – Bohemians Dublin 0:0, 3:1; Haka Valkeakoski – Etzella Ettelbrück 2:1, 3:1; Ilyichivets Mariupol – Banants Erevan 2:0, 2:0; Otelul Galati – Dinamo Tirana 4:0, 4:1; Omonia Nicosia – Sloga Jugomagnat Skopje 4:0, 4:1; Östers IF Växjö – TNS Llansantffraid 2:0, 2:1; FC Santa Coloma – Modrica Maxima 0:1, 0:3; FC Vaduz – Longford Town 1:0, 3:2; Sileks Kratovo – NK Maribor 0:1, 1:1; FC Marsaxlokk – Primorje Ajdovscina 0:1, 0:2; FC Portadown – Zalgiris Vilnius 2:2, 0:2; B68 Tõftir – FK Ventspils 0:3, 0:8; B36 Torshavn – Metalurgs Liepaja 1:3, 1:8; Haverfordwest County – FH Hafnarfjördur 0:1, 1:3; SS Pennarossa – Zeljeznicar Sarajevo 1:5, 0:4; FC Glentoran – AC Allianssi 2:2, 2:1; IA Akranes – Tallinna VMK 4:2, 2:1.
Qualifikation, 2. Runde: SV Pasching – Zenit St. Petersburg 3:1, 0:2; Omonia Nicosia – ZSKA Sofia 1:1, n. V. 1:3; Buducnost Banatski Dvor – NK Maribor 1:2, 1:0; FH Hafnarfjördur – Dunfermline Athletic 2:2, 2:1; Hammarby IF – IA Akranes 2:0, 2:1; Rapid Wien – Rubin Kasan 0:2, 3:0; Zalgiris Vilnius – Aalborg BK 1:3, 0:0; SK Beveren – FC Vaduz 3:1, 2:1; FC Glentoran – Elfsborg Boras 0:1, 1:2; Amica Wronki – Honved Budapest 1:0, n. V. 0:1, Elfmeterschießen 5:4; Ujpest Budapest – Servette Genf 3:1, 2:0; FK Bodö/Glimt – Levadia Tallinn 2:1, n. V. 1:2, Elfmeterschießen 8:7; Hapoel Bnei Sachnin – Partizani Tirana 3:0, 3:1; Genclerbirligi Ankara – NK Rijeka 1:0, 1:2; Odd Grenland – Ekranas Panevezys 3:1, 1:2; AEK Larnaka – Maccabi Petah Tikva 3:0, 0:4; Otelul Galati – Partizan Belgrad 0:0, 0:1; Slavia Prag – Dinamo Tiflis 3:1, 0:2; Levski Sofia – Modrica Maxima 5:0, 3:0; Dinamo Zagreb – Primorje Ajdovscina 4:0, 0:2; Östers IF Växjö – Metalurgs Liepaja 2:2, 1:1; Stabaek IF – Haka Valkeakoski 3:1, 3:1; FK Ventspils – Bröndby IF 0:0, 1:1; Metalurg Donezk – FC Tiraspol 3:0, 2:1; Terek Grozny – Lech Posen 1:0, 1:0; Ilyichivets Mariupol – Austria Wien 0:0, 0:3; Artmedia Bratislava – Dnjepr Dnjepropetrovsk 0:3, 1:1; Zeljeznicar Sarajevo – Liteks Lovech 1:2, 0:7; Dukla Banska Bystrica – FC Wil 3:1, 1:1; Nistru-Unisport Otaci – Sigma Olmütz 1:2, 0:0; FC Tiflis – Legia Warschau 0:1, 0:6; Zeleznik Belgrad – Steaua Bukarest 2:4, 2:1.
1. Runde: FH Hafnarfjördur – Alemannia Aachen 1:5, 0:0 (in Köln); Standard Lüttich – VfL Bochum 0:0, 1:1; FC Schalke 04 – Metalurgs Liepaja 5:1, 4:0; Ujpest Budapest – VfB Stuttgart 1:3, 0:4; Aalborg BK – AJ Auxerre 1:1, 0:2; FC Parma – NK Maribor 3:2, 0:0; Austria Wien – Legia Warschau 1:0, 3:1;

FK Bodö/Glimt – Besiktas Istanbul 1:1, 0:1; Dinamo Zagreb – Elfsborg Boras 2:0, 0:0; Dukla Banska Bystrica – Benfica Lissabon 0:3, 0:2; Aigaleo Athen – Genclerbirligi Ankara 1:0, 1:1; FC Brügge – LB Chateauroux 4:0, 2:1; Metalurg Donezk – Lazio Rom 0:3, 0:3; FC Middlesbrough – Banik Ostrava 3:0, 1:1; FC Millwall – Ferencvaros Budapest 1:1, 1:3; FC Sevilla – Nacional Funchal 2:0, 2:1; FC Sochaux – Stabaek IF 4:0, 5:0; FC Utrecht – Djurgardens IF 4:0, 0:3; Zenit St. Petersburg – Roter Stern Belgrad 4:0, 2:1; FK Ventspils – Amica Wronki 1:1, 0:1; Grazer AK – Liteks Lovech 5:0, 0:1; Hammarby IF – FC Villarreal 1:2, 0:3; Heart of Midlothian – Sporting Braga 3:1, 2:2; ND Gorica – AEK Athen 1:1, 0:1; Levski Sofia – SK Beveren 1:1, 0:1; Maccabi Haifa – Dnjepr Dnjepropetrovsk 1:0, 0:2; Glasgow Rangers – Marítimo Funchal 1:0, n. V. 0:1; Elfmeterschießen 4:2; Newcastle United – Hapoel Bnei Sachnin 2:0, 5:1; Odd Grenland – Feyenoord Rotterdam 0:1, 1:4; Panionios Athen – Udinese Calcio 3:1, 0:1; PAOK Saloniki – AZ Alkmaar 2:3, 1:2; Partizan Belgrad – Dinamo Bukarest 3:1, 0:0; Real Saragossa – Sigma Olmütz 1:0, 3:2; FC Shelbourne – OSC Lille 2:2, 0:2; Sporting Lissabon – Rapid Wien 2:0, 0:0; Steaua Bukarest – ZSKA Sofia 2:1, 2:2; Terek Grozny – FC Basel 1:1, 0:2; Trabzonspor – Athletic Bilbao 3:2, 0:2; Wisla Krakow – Dinamo Tiflis 4:3, 1:2; SC Heerenveen – Maccabi Petah Tikva 5:0 (nur ein Spiel).
2. Runde (Gruppenphase): Gruppe A: Feyenoord Rotterdam – FC Schalke 04 2:1; FC Basel – Feyenoord Rotterdam 1:0; Ferencvaros Budapest – Feyenoord Rotterdam 1:1; Feyenoord Rotterdam – Heart of Midlothian 3:0; FC Schalke 04 – FC Basel 1:1; FC Schalke 04 – Ferencvaros Budapest 2:0; Heart of Midlothian – FC Schalke 04 0:1; Ferencvaros Budapest – FC Basel 1:2; FC Basel – Heart of Midlothian 1:2; Heart of Midlothian – Ferencvaros Budapest 0:1 – 1. Feyenoord Rotterdam 6:3, 7; 2. FC Schalke 04 5:3, 7; 3. FC Basel 5:4, 7; 4. Ferencvaros Budapest 3:5, 4; 5. Heart of Midlothian 2:6, 3.
Gruppe B: Athletic Bilbao – Steaua Bukarest 1:0; Athletic Bilbao – FC Parma 2:0; Besiktas Istanbul – Athletic Bilbao 3:1; Standard Lüttich – Athletic Bilbao 1:7; FC Parma – Steaua Bukarest 1:0; Steaua Bukarest – Besiktas Istanbul 2:1; Steaua Bukarest – Standard Lüttich 2:0; FC Parma – Besiktas Istanbul 3:2; Standard Lüttich – FC Parma 2:1; Besiktas Istanbul – Standard Lüttich 1:1 – 1. Athletic Bilbao 11:4, 9; 2. Steaua Bukarest 4:3, 6; 3. FC Parma 5:6, 6; 4. Besiktas Istanbul 7:7, 4; 5. Standard Lüttich 4:11, 4.
Gruppe C: Real Saragossa – Dnjepr Dnjepropetrovsk 2:1; Dnjepr Dnjepropetrovsk – Austria Wien 1:0; Dnjepr Dnjepropetrovsk – FC Brügge 3:2; FC Utrecht – Dnjepr Dnjepropetrovsk 1:2; Austria Wien – Real Saragossa 1:0; FC Brügge – Real Saragossa 1:1; Real Saragossa – FC Utrecht 2:0; Austria Wien – FC Brügge 1:1; FC Utrecht – Austria Wien 1:2; FC Brügge – FC Utrecht 1:0 – 1. Dnjepr Dnjepropetrovsk 7:5, 9; 2. Real Saragossa 5:3, 7; 3. Austria Wien 4:3, 7; 4. FC Brügge 5:5, 5; 5. FC Utrecht 2:7, 0.
Gruppe D: FC Sochaux – Newcastle United 0:4; Newcastle United – Sporting Lissabon 1:1; Panionios Athen – Newcastle United 0:1; Newcastle United – Dinamo Tiflis 2:0; Sporting Lissabon – FC Sochaux 0:1; FC Sochaux – Panionios Athen 1:0; Dinamo Tiflis – FC Sochaux 0:2; Sporting Lissabon – Panionios Athen 4:1; Dinamo Tiflis – Sporting Lissabon 0:4; Panionios Athen – Dinamo Tiflis 5:2 – 1. Newcastle United 8:1, 10; 2. FC Sochaux 4:4, 9; 3. Sporting Lissabon 9:3, 7; 4. Panionios Athen 6:8, 3; 5. Dinamo Tiflis 2:13, 0.
Gruppe E: FC Villarreal – FC Middlesbrough 2:0; FC Middlesbrough – Partizan Belgrad 3:0; FC Middlesbrough – Lazio Rom 2:0; Aigaleo Athen – FC Middlesbrough 0:1; Partizan Belgrad – FC Villarreal 1:1; Lazio Rom – FC Villarreal 1:1; FC Villarreal – Aigaleo Athen 4:0; Lazio Rom – Partizan Belgrad 2:2; Partizan Belgrad – Aigaleo Athen 4:0; Aigaleo Athen – Lazio Rom 2:2 – 1. FC Middlesbrough 6:2, 9; 2. FC Villarreal 8:2, 8; 3. Partizan Belgrad 7:6, 5; 4. Lazio Rom 5:7, 3; 5. Aigaleo Athen 2:11, 1.
Gruppe F: AZ Alkmaar – AJ Auxerre 2:0; Grazer AK – AZ Alkmaar 2:2; AZ Alkmaar – Glasgow Rangers 1:0; Amica Wronki – AZ Alkmaar 1:3; AJ Auxerre – Grazer AK 0:0; Glasgow Rangers – AJ Auxerre 0:2; AJ Auxerre – Amica Wronki 5:1; Glasgow Rangers – Grazer AK 3:0; Grazer AK – Amica Wronki 3:1; Amica Wronki – Glasgow Rangers 0:5 – 1. AZ Alkmaar 6:3, 9; 2. AJ Auxerre 7:3, 7; 3. Grazer AK 5:4, 7; 4. Glasgow Rangers 8:3, 6; 5. Amica Wronki 3:16, 0.
Gruppe G: VfB Stuttgart – Benfica Lissabon 3:0; SC Heerenveen – VfB Stuttgart 1:0; VfB Stuttgart – Dinamo Zagreb 2:1; SK Beveren – VfB Stuttgart 1:5; Benfica Lissabon – SC Heerenveen 4:2; Benfica Lissabon – Dinamo Zagreb 2:0; SK Beveren – Benfica Lissabon 0:3; Dinamo Zagreb – SC Heerenveen 2:2; SC Heerenveen – SK Beveren 1:0; Dinamo Zagreb – SK Beveren 6:1 – 1. VfB Stuttgart 10:3, 9; 2. Benfica Lissabon 9:5, 9; 3. SC Heerenveen 6:6, 7; 4. Dinamo Zagreb 9:7, 4; 5. SK Beveren 2:15, 0.
Gruppe H: OSC Lille – FC Sevilla 1:0; Alemannia Aachen – OSC Lille 1:0; OSC Lille – Zenit St. Petersburg 2:1; AEK Athen – OSC Lille 1:2; FC Sevilla – Alemannia Aachen 2:0; Zenit St. Petersburg – FC Sevilla 1:1; FC Sevilla – AEK Athen 3:2; Alemannia Aachen – Zenit St. Petersburg 2:2; AEK Athen – Alemannia Aachen 0:2; Zenit St. Petersburg – AEK Athen 5:1 – 1. OSC Lille 5:3, 9; 2. FC Sevilla 6:4, 7; 3. Alemannia Aachen 5:4, 7; 4. Zenit St. Petersburg 9:6, 5; 5. AEK Athen 4:12, 0.
Zwischenrunde: FC Parma – VfB Stuttgart 0:0, n. V. 2:0; Schachtar Donezk – FC Schalke 04 1:1, 1:0; Alemannia Aachen – AZ Alkmaar 0:0, 1:2; Grazer AK – FC Middlesbrough 2:2, 1:2; SC Heerenveen – Newcastle United 1:2, 1:2; FC Basel – OSC Lille 0:0, 0:2; Sporting Lissabon – Feyenoord Rotterdam 2:1, 2:1; Austria Wien – Athletic Bilbao 0:0, 2:1; Partizan Belgrad – Dnjepr Dnjepropetrovsk 2:2, 1:0; FC Valencia – Steaua Bukarest 2:0, n. V. 0:2; Elfmeterschießen 3:4; Ajax Amsterdam – AJ Auxerre 1:0, 1:3; ZSKA Moskau – Benfica Lissabon 2:0, 1:1; Fenerbahçe Istanbul – Real Saragossa 0:1, 1:2; Panathin-

aikos Athen – FC Sevilla 1:0, 0:2; Olympiakos Piräus – FC Sochaux 1:0, 1:0; Dynamo Kiew – FC Villarreal 0:0, 0:2.
Achtelfinale: FC Middlesbrough – Sporting Lissabon 2:3, 0:1; FC Sevilla – FC Parma 0:0, 0:1; Steaua Bukarest – FC Villarreal 0:0, 0:2; OSC Lille – AJ Auxerre 0:1, 0:0; Olympiakos Piräus – Newcastle United 1:3, 0:4; Schachtar Donezk – AZ Alkmaar 1:3, 1:2; Partizan Belgrad – ZSKA Moskau 1:1, 0:2; Austria Wien – Real Saragossa 1:1, 2:2.
Viertelfinale: FC Villarreal – AZ Alkmaar 1:2, 1:1; ZSKA Moskau – AJ Auxerre 4:0, 0:2; Newcastle United – Sporting Lissabon 1:0, 1:4; Austria Wien – FC Parma 1:1, 0:0.
Halbfinale: FC Parma – ZSKA Moskau 0:0, 0:3; Sporting Lissabon – AZ Alkmaar 2:1, n. V. 2:3.

Endspiel am 18. Mai in Lissabon: Sporting Lissabon – ZSKA Moskau 1:3 (0:1)
ZSKA: Akinfeev – V. Berezutskiy, Ignashevich, A. Berezutskiy – Odiah, Aldonin (Gusev), Rahimic, Zhirkov – Daniel Carvalho (Semberas) – Olic (Krasic), Vagner Love.
Tore: A. Berezutskiy, Zhirkov, Vagner Love (Rogerio) – SR: Poll (England) – Zuschauer: 48 000.

2005/06 FC Sevilla
Qualifikation, 1. Runde: 1. FSV Mainz 05 – Mika Aschtarak 4:0, 0:0; AC Allianssi Vantaa – CS Pétange 3:0, 1:1; Banants Eriwan – Lokomotiwi Tiflis 2:3, 2:0; Bashkimi Kumanovo – NK Zepce 3:0, 1:1; Birkirkara FC – APOEL Nikosia 0:2, 0:4; Ekranas Panevezys – Cork City 0:2, 1:0; Esbjerg fB – Flora Tallinn 1:2, 6:0; Etzella Ettelbrück – IB Keflavik 0:4, 0:2; FC Linfield – FK Ventspils 1:0, 1:2; FC Portadown – Viking Stavanger 1:2, 0:1; FC Vaduz – Dacia Chisinau 2:0, 0:1; Ferencvaros Budapest – MTZ-Ripo Minsk 0:2, 2:1; FK Baku – MSK Zilina 1:0, 1:3; IB Vestmannaeyjar – B36 Torshavn 1:1, 1:2; KS Elbasani – Vardar Skopje 1:1, 0:0; Longford Town – Carmarthen Town 2:0, 1:5; Nistru Otaci – Hazar Lankaran 3:1, 2:1; NSI Runavik – Metalurgs Liepaja 0:3, 0:3; Omonia Nikosia – Hibernians FC Paola 3:0, 3:0; Rhyl FC – Atlantas Klaipeda 2:1, 2:3; SP Domagnano – NK Domzale 0:5, 0:3; Teuta Durres – Siroki Brijeg 3:1, 0:3; Torpedo Kutaisi – BATE Borisov 0:1, 0:5; TVMK Tallinn – MyPa Anjalankoski 1:1, 0:1; UE Sant Julia – Rapid Bukarest 0:5, 0:5.
Qualifikation, 2. Runde: 1. FSV Mainz 05 – IB Keflavik 2:0, 2:0; APOEL Nikosia – Maccabi Tel Aviv 1:0, n. V. 2:2; Banants Eriwan – Dnjepr Dnjepropetrovsk 2:4, 0:4; Bashkimi Kumanovo – Maccabi Petah Tikva 0:5, 0:6; Brann Bergen – AC Allianssi Vantaa 0:0, 2:0; Dinamo Bukarest – Omonia Nikosia 3:1, 1:2; Djurgardens IF – Cork City 1:1, 0:0; Esbjerg fB – Tromsö IL 0:1, n. V. 1:O, Elfmeterschießen 2:3; FC Kopenhagen – Carmarthen Town FC 2:0, 2:0; FC Midtjylland – B36 Torshavn 2:1, 2:2; FC Sopron – Metalurg Donezk 0:3, 1:2; FC Vaduz – Besiktas Istanbul 0:1, 1:5; Grasshopper-Club Zürich – Wisla Plock 1:0, 2:3; Groclin Dyskobolia Grodzisk – Dukla Banska Bystrica 4:1, 0:0; Halmstads BK – FC Linfield 1:1, 4:2; Inter Zapresic – Roter Stern Belgrad 1:3, 0:4; Krylia Sowjetow Samara – BATE Borisov 2:0, 2:0; Legia Warschau – FC Zürich 0:1, 1:4; Litex Lovech – NK Rijeka 1:0, 1:2; Metalurgs Liepaja – KRC Genk 2:3, 0:3; MSK Zilina – Austria Wien 1:2, 2:2; MTZ-Ripo Minsk – FK Teplice 1:1, 1:2; MyPa Anjalankoski – Dundee United 0:0, 2:2; Nistru Otaci – Grazer AK 0:2, 0:1; OFK Belgrad – Lokomotive Plovdiv 2:1, 0:1; Pasching – Zenit St. Petersburg 2:2, 1:1; Publikum Celje – Levski Sofia 1:0, 0:3; Rapid Bukarest – Vardar Skopje 3:0, 1:1; Rhyl FC – Viking Stavanger 0:1, 1:2; SC Ashdod – NK Domzale 2:2, 1:1; Zeta Golubovci – Siroki Brijeg 0:1, 2:4.
1. Runde: Hamburger SV – FC Kopenhagen 1:1, 1:0; Bayer Leverkusen – ZSKA Sofia 0:1, 0:1; FC Sevilla – 1. FSV Mainz 05 0:0, 2:0; VfB Stuttgart – NK Domzale 2:0, 0:1; APOEL Nicosia – Hertha BSC 0:1, 1:3; AJ Auxerre – Levski Sofia 2:1, 0:1; Slavia Prag – Cork City 2:0, 2:1; PAOK Saloniki – Metalurg Donezk 1:1, 2:2; Dinamo Bukarest – FC Everton 5:1, 0:1; Grasshopper-Club Zürich – MyPa Anjalankoski 1:1, 3:0; Roter Stern Belgrad – Sporting Braga 0:0, 1:1; GB Antwerpen – Olympique Marseille 0:0, n.V. 0:0, Elfmeterschießen 1:4; ZSKA Moskau – FC Midtjylland 3:1, 3:1; Vitoria Setubal – Sampdoria Genua 1:1, 0:1; FC Basel – Siroki Brijeg 5:0, 1:0; Feyenoord Rotterdam – Rapid Bukarest 1:1, 0:1; Hibernian Edinburgh – Dnjepr Dnjepropetrowsk 0:0, 1:5; Stade Rennes – CA Osasuna 3:1, 0:0; Vitoria Guimaraes – Wisla Krakau 3:0, 1:0; Krylia Sowjetow Samara – AZ Alkmaar 5:3, 1:3; Valerenga IF – Steaua Bukarest 0:3, 1:3; Grazer AK – Racing Straßburg 0:2, 0:5; Brann Bergen – Lokomotive Moskau 1:2, 2:3; US Citta di Palermo – Anorthosis Famagusta 2:1, 4:0; Halmstads BK – Sporting Lissabon 1:2, n.V. 3:2; FC Middlesbrough – Skoda Xanthi 2:0, 0:0; Maccabi Petah Tikva – Partizan Belgrad 0:2, 5:2; AS Rom – Aris Saloniki 5:1, 0:0; Besiktas Istanbul – Malmö FF 0:1, 4:1; Litex Lovetsch – KRC Genk 2:2, 1:0; Bank Ostrau – SC Heerenveen 2:0, 0:5; FK Teplice – Espanyol Barcelona 1:1, 0:2; AS Monaco – Willem II Tilburg 2:0, 3:1; Viking Stavanger – Austria Wien 1:0, 1:2; Bröndby IF – FC Zürich 2:0, 1:2; RC Lens – Groclin Dyskobolia Grodzisk 1:1, 4:2; Tromsö IL – Galatasaray Istanbul 1:0, 1:1; Bolton Wanderers – Lokomotive Plovdiv 2:1, 2:1; Schachtar Donezk – Debreceni VSC 4:1, 2:0; Zenit St. Petersburg – AEK Athen 0:0, 1:0.
2. Runde (Gruppenphase): Gruppe A: AS Monaco – Hamburger SV 2:0; Slavia Prag – AS Monaco 0:2; Viking Stavanger – AS Monaco 1:0; AS Monaco – ZSKA Sofia 2:1; Hamburger SV – Slavia Prag

2:0; Hamburger SV – Viking Stavanger 2:0; ZSKA Sofia – Hamburger SV 0:1; Viking Stavanger – Slavia Prag 2:2; Slavia Prag – ZSKA Sofia 4:2; ZSKA Sofia – Viking Stavanger 2:0 – 1. AS Monaco 6:2, 9; 2. Hamburger SV 5:2, 9; 3. Slavia Prag 6:8, 4; 4. Viking Stavanger 3:6, 4; 5. ZSKA Sofia 5:7, 3.

Gruppe B: Espanyol Barcelona – US Citta di Palermo 1:1; US Citta di Palermo – Lokomotive Moskau 0:0; US Citta di Palermo – Bröndby IF 3:0; Maccabi Petah Tikva – US Citta di Palermo 1:2; Lokomotive Moskau – Espanyol Barcelona 0:1; Bröndby IF – Espanyol Barcelona 1:1; Espanyol Barcelona – Maccabi Petah Tikva 1:0; Lokomotive Moskau – Bröndby IF 4:2; Maccabi Petah Tikva – Lokomotive Moskau 0:4; Bröndby IF – Maccabi Petah Tikva 2:0 – 1. US Citta di Palermo 6:2, 8; 2. Espanyol Barcelona 4:2, 8; 3. Lokomotive Moskau 8:3, 7; 4. Bröndby IF 5:8, 4; 5. Maccabi Petah Tikva 1:9, 0.

Gruppe C: Steaua Bukarest – RC Lens 4:0; Hertha BSC – Steaua Bukarest 0:0; Sampdoria Genua – Steaua Bukarest 0:0; Steaua Bukarest – Halmstads BK 3:0; Hertha BSC – RC Lens 0:0; RC Lens – Sampdoria Genua 2:1; RC Lens – Halmstads BK 5:0; Sampdoria Genua – Hertha BSC 0:0; Halmstads BK – Hertha BSC 0:1; Halmstads BK – Sampdoria Genua 1:3 – 1. Steaua Bukarest 7:0, 8; 2. RC Lens 7:5, 7; 3. Hertha BSC 1:0, 6; 4. Sampdoria Genua 4:3, 5; 5. Halmstads BK 1:12, 0.

Gruppe D: AZ Alkmaar – FC Middlesbrough 0:0; FC Middlesbrough – Litex Lovetsch 2:0; FC Middlesbrough – Dnjepr Dnjepropetrowsk 3:0; Grasshopper-Club Zürich – FC Middlesbrough 0:1; Litex Lovetsch – AZ Alkmaar 0:2; Dnjepr Dnjepropetrowsk – AZ Alkmaar 1:2; AZ Alkmaar – Grasshopper-Club Zürich 1:0; Dnjepr Dnjepropetrowsk – Litex Lovetsch 0:2; Litex Lovetsch – Grasshopper-Club Zürich 2:1; Grasshopper-Club Zürich – Dnjepr Dnjepropetrowsk 2:3 – 1. FC Middlesbrough 6:0, 10; 2. AZ Alkmaar 5:1, 10; 3. Litex Lovetsch 4:5, 6; 4. Dnjepr Dnjepropetrowsk 4:9, 3; 5. Grasshopper-Club Zürich 3:7, 0.

Gruppe E: AS Rom – Racing Straßburg 1:1; FC Basel – Racing Straßburg 0:2; Racing Straßburg – Roter Stern Belgrad 2:2; Racing Straßburg – Tromsö IL 2:0; AS Rom – FC Basel 3:1; Roter Stern Belgrad – AS Rom 3:1; Tromsö IL – AS Rom 1:2; Roter Stern Belgrad – FC Basel 1:2; FC Basel – Tromsö IL 4:3; Tromsö IL – Roter Stern Belgrad 3:1 – 1. Racing Straßburg 7:3, 8; 2. AS Rom 7:6, 7; 3. FC Basel 7:9, 6; 4. Roter Stern Belgrad 7:8, 4; 5. Tromsö IL 7:9, 3.

Gruppe F: Levski Sofia – Olympique Marseille 1:0; Olympique Marseille – SC Heerenveen 1:0; ZSKA Moskau – Olympique Marseille 1:2; Olympique Marseille – Dinamo Bukarest 2:1; SC Heerenveen – Levski Sofia 2:1; ZSKA Moskau – Levski Sofia 2:1; Levski Sofia – Dinamo Bukarest 1:0; SC Heerenveen – ZSKA Moskau 0:0; Dinamo Bukarest – SC Heerenveen 0:0; Dinamo Bukarest – ZSKA Moskau 1:0 – 1. Olympique Marseille 5:3, 9; 2. Levski Sofia 4:4, 6; 3. SC Heerenveen 2:2, 5; 4. ZSKA Moskau 3:4, 4; 5. Dinamo Bukarest 2:3, 4.

Gruppe G: Schachtar Donezk – Rapid Bukarest 0:1; VfB Stuttgart – Rapid Bukarest 2:1; Rapid Bukarest – PAOK Saloniki 1:0; Rapid Bukarest – Stade Rennes 2:0; VfB Stuttgart – Schachtar Donezk 0:2; Schachtar Donezk – PAOK Saloniki 1:0; Stade Rennes – Schachtar Donezk 0:1; PAOK Saloniki – VfB Stuttgart 1:2; Stade Rennes – VfB Stuttgart 0:2; PAOK Saloniki – Stade Rennes 5:1 – 1. Rapid Bukarest 5:2, 9; 2. Schachtar Donezk 4:1, 9; 3. VfB Stuttgart 6:4, 9; 4. PAOK Saloniki 6:5, 3; 5. Stade Rennes 1:10, 0.

Gruppe H: Zenit St. Petersburg – FC Sevilla 2:1; Bolton Wanderers – FC Sevilla 1:1; FC Sevilla – Besiktas Istanbul 3:0; FC Sevilla – Vitoria Guimaraes 3:1; Bolton Wanderers – Zenit St. Petersburg 1:0; Besiktas Istanbul – Zenit St. Petersburg 1:1; Zenit St. Petersburg – Vitoria Guimaraes 2:1; Besiktas Istanbul – Bolton Wanderers 1:1; Vitoria Guimaraes – Bolton Wanderers 1:1; Vitoria Guimaraes – Besiktas Istanbul 1:3 – 1. FC Sevilla 8:4, 7; 2. Zenit St. Petersburg 5:4, 7; 3. Bolton Wanderers 4:3, 6; 4. Besiktas Istanbul 5:6, 5; 5. Vitoria Guimaraes 4:9, 1.

Zwischenrunde: Hertha BSC – Rapid Bukarest 0:1, 0:2; FC Schalke 04 – Espanyol Barcelona 2:1, 3:0; FC Thun – Hamburger SV 1:0, 0:2; VfB Stuttgart – FC Middlesbrough 1:2, 1:0; Litex Lovetsch – Racing Straßburg 0:2, 0:0; Lokomotive Moskau – FC Sevilla 0:1, 0:2; Artmedia Bratislava – Levski Sofia 0:1, 0:2; FC Basel – AS Monaco 1:0, 1:1; OSC Lille – Schachtar Donezk 3:2, 0:0; SC Heerenveen – Steaua Bukarest 1:3, 1:0; Rosenborg Trondheim – Zenit St. Petersburg 0:2, 1:2; Udinese Calcio – RC Lens 3:0, 0:1; Bolton Wanderers – Olympique Marseille 0:0, 1:2; FC Brügge – AS Rom 1:2, 1:2; Real Betis Sevilla – AZ Alkmaar 0:0, n. V. 1:2; Slavia Prag – US Citta di Palermo 2:1, 0:1.

Achtelfinale: Rapid Bukarest – Hamburger SV 2:0, 1:3; US Citta di Palermo – FC Schalke 04 1:0, 0:3; FC Basel – Racing Straßburg 2:0, 2:2; FC Middlesbrough – AS Rom 1:0, 1:2; Steaua Bukarest – Real Betis Sevilla 0:0, 3:0; Olympique Marseille – Zenit St. Petersburg 0:1, 1:1; Udinese Calcio – Levski Sofia 0:0, 1:2; OSC Lille – FC Sevilla 1:0, 0:2.

Viertelfinale: Levski Sofia – FC Schalke 04 1:3, 1:1; FC Basel – FC Middlesbrough 2:0, 1:4; Rapid Bukarest – Steaua Bukarest 1:1, 0:0; FC Sevilla – Zenit St. Petersburg 4:1, 1:1.

Halbfinale: FC Schalke 04 – FC Sevilla 0:0, n. V. 0:1; Steaua Bukarest – FC Middlesbrough 1:0, 2:4.

Endspiel am 10. Mai in Eindhoven: FC Middlesbrough – FC Sevilla 0:4 (0:1)
Sevilla: Palop – Daniel Alves, Javi Navarro, Escudé, David – Jesus Navas, Marti, Maresca, Adriano (Puerta) – Saviola (Kanouté), Luis Fabiano (Renato).
Tore: Luis Fabiano, Maresca 2, Kanouté – SR: Fandel (Deutschland) – Zuschauer: 31 000.

2006/07 FC Sevilla
Qualifikation, 1. Runde: Karvan Evlakh – Spartak Trnava 1:0, 1:0; NK Orasje – NK Domzale 0:2, 0:5; MIKA Aschtarak – Young Boys Bern 1:3, 0:1; Dinamo Tirana – ZSKA Sofia 0:1, 1:4; FK Ventspils – GI Götu 2:1, 2:0; Levadia Tallinn – Haka Valkeakoski 2:0, 0:1; Zaglebie Lubin – Dynamo Minsk 1:1, 0:0; Ameri Tiflis – Banants Erewan 0:1, 2:1; Artmedia Bratislava – WIT Georgia Tiflis 2:0, 1:2; BATE Borissow – Nistru Otaci 2:0, 1:0; FK Sarajevo – FC Ranger's 3:0, 2:0; HJK Helsinki – Drogheda United 1:1, n. V. 1:3; Jeunesse Esch – Skonto Riga 0:2, 0:3; Vardar Skopje – SV Roeselare 1:2, 1:5; Varteks Varazdin – KF Tirana 1:1, 0:2; APOEL Nikosia – SS Murata 3:1, 4:0; Gefle IF – AFC Llanelli 1:2, 0:0; IFK Göteborg – Derry City 0:1, 0:1; Lyn Oslo – Flora Tallinn 1:1, 0:0; Randers FC – IA Akranes 1:0, 1:2; Ujpest Budapest – FC Vaduz 0:4, 1:0; Zimbru Chisinau – Karabakh Agdam 1:1, n. V. 2:1; Lokomotive Sofia – Makedonija Skopje 2:0, 1:1; Rapid Bukarest – Sliema Wanderers 5:0, 1:0; Atvidabergs FF – Etzella Ettelbrück 4:0, 3:0; FC Basel – Tobol Kostanai 3:1, 0:0; FC Fehervar – Kairat Almaty 1:0, 1:2; NK Koper – Litex Lovetsch 0:1, 0:5; Skala IF – Start Kristiansand 0:1, 0:3; FC Glentoran – Brann Bergen 0:1, 0:1; FC Portadown – FBK Kaunas 1:3, 0:1; FC Rhyl – Suduva Marijampole 0:0, 1:2; Bröndby IF – Valur Reykjavik 3:1, 0:0; NK Rijeka – Omonia Nikosia 2:2, 1:2; Hibernians Paola – Dinamo Bukarest 0:4, 1:5.
Qualifikation, 2. Runde: OFK Belgrad – AJ Auxerre 1:0, 1:5; Omonia Nikosia – Litex Lovetsch 0:0, 1:2; Tschernomorez Odessa – Wisla Plock 0:0, 1:1; Karvan Evlakh – Slavia Prag 0:2, 0:0; Rubin Kasan – BATE Borissow 3:0, 2:0; Artmedia Bratislava – Dynamo Minsk 2:1, 3:2; KF Tirana – Kayserispor 0:2, 1:3; Bnei Yehuda Tel Aviv – Lokomotive Sofia 0:2, 0:4; SV Roeselare – Ethnikos Achnas 2:1, 0:5; SV Ried – FC Sion 0:0, 0:1; ZSKA Sofia – Hajduk Kula 0:0, 1:1; Brann Bergen – Atvidabergs FF 3:3, 1:1; Hapoel Tel Aviv – NK Domzale 1:2, 3:0; Hertha BSC – Ameri Tiflis 1:0, 2:2; Molde FK – Skonto Riga 0:0, 2:1; Odense BK – AFC Llanelli 1:0, 5:1; Randers FC – FBK Kaunas 3:1, 0:1; Start Kristiansand – Drogheda United 1:0, n. V. 0:1 (Elfmeterschießen 11:10); Zimbru Chisinau – Metalurg Saporoschje 0:0, 0:3; FC Twente Enschede – Levadia Tallinn 1:1, 0:1; Young Boys Bern – Olympique Marseille 3:3, 0:0; FK Ventspils – Newcastle United 0:1, 0:0; APOEL Nikosia – Trabzonspor 1:1, 0:1; Dinamo Bukarest – Beitar Jerusalem 1:0, 1:1; FC Basel – FC Vaduz 1:0, 1:2; FC Fehervar – Grasshopper-Club Zürich 1:1, 0:2; FK Sarajevo – Rapid Bukarest 1:0, 0:2; Flora Tallinn – Bröndby IF 0:0, 0:4; Partizan Belgrad – NK Maribor 2:1, 1:1; Suduva Marijampole – FC Brügge 0:2, 2:5; FC Gretna – Derry City 1:5, 2:2; SV Mattersburg – Wisla Krakau 1:1, 0:1.
1. Runde: Hertha BSC – Odense BK 2:2, 0:1; FC Schalke 04 – AS Nancy 1:0, 1:3; Eintracht Frankfurt – Bröndby IF 4:0, 2:2; FC Sion – Bayer Leverkusen 0:0, 1:3; Tschernomorez Odessa – Hapoel Tel Aviv 0:1, 1:3; Sporting Braga – AC Chievo Verona 2:0, n. V. 1:2; Levadia Tallinn – Newcastle United 0:1, 1:2; Molde FK – Glasgow Rangers 0:0, 0:2; Standard Lüttich – Celta Vigo 0:1, 0:3; Maccabi Haifa – Litex Lovetsch 1:1, 3:1; Derry City – Paris St. Germain 0:0, 0:2; Legia Warschau – Austria Wien 1:1, 0:1; Panathinaikos Athen – Metalurg Saporoschje 1:1, 1:0; Lokomotive Moskau – SV Zulte-Waregem 2:1, 0:2; Heart of Midlothian – Sparta Prag 0:2, 0:0; Fenerbahce Istanbul – Randers FC 2:1, 3:0; RB Salzburg – Blackburn Rovers 2:2, 0:2; Ethnikos Achnas – RC Lens 0:0, 1:3; Slovan Liberec – Roter Stern Belgrad 2:0, 2:1; AZ Alkmaar – Kayserispor 3:2, 1:1; Rubin Kasan – FC Parma 0:1, 0:1; Atromitos Chalkidona – FC Sevilla 1:2, 0:4; Besiktas Istanbul – ZSKA Sofia 2:0, n. V. 2:2; Vitoria Setubal – SC Heerenveen 0:3, 0:0; Olympique Marseille – FK Mlada Boleslav 1:0, 2:4; Atvidabergs FF – Grasshopper-Club Zürich 0:3, 0:5; Rapid Bukarest – Nacional Funchal 1:0, n. V. 2:1; Trabzonspor – CA Osasuna 2:2, 0:0; FC Basel – Rabotnicki Skopje 6:2, 1:0; West Ham United – US Palermo 0:1, 0:3; Lokomotive Sofia – Feyenoord Rotterdam 2:2, 0:0; MFK Ruzomberok – FC Brügge 0:1, 1:1; Partizan Belgrad – FC Groningen 4:2, 0:1; Skoda Xanthi – Dinamo Bukarest 3:4, 1:4; Slavia Prag – Tottenham Hotspur 0:1, 0:1; Start Kristiansand – Ajax Amsterdam 2:5, 0:4; Artmedia Bratislava – Espanyol Barcelona 2:2, 1:3; Wisla Krakau – Iraklis Saloniki 0:1, n. V. 2:0; AS Livorno – FCS Pasching 2:0, 1:0; Dinamo Zagreb – AJ Auxerre 1:2, 1:3.
2. Runde (Gruppenphase): Gruppe A: Glasgow Rangers – Maccabi Haifa 2:0; AS Livorno – Glasgow Rangers 2:3; AJ Auxerre – Glasgow Rangers 2:2; Glasgow Rangers – Partizan Belgrad 1:0; AS Livorno – Maccabi Haifa 1:1; Maccabi Haifa – AJ Auxerre 3:1; Maccabi Haifa – Partizan Belgrad 1:0; AJ Auxerre – AS Livorno 0:1; Partizan Belgrad – AS Livorno 1:1; Partizan Belgrad – AJ Auxerre 1:4 – 1. Glasgow Rangers 8:4, 10; 2. Maccabi Haifa 5:4, 7; 3. AS Livorno 5:5, 5; 4. AJ Auxerre 7:7, 4; 5. Partizan Belgrad 2:7, 1.
Gruppe B: Tottenham Hotspur – Dinamo Bukarest 3:1; Bayer Leverkusen – Tottenham Hotspur 0:1; Besiktas Istanbul – Tottenham Hotspur 0:2; Tottenham Hotspur – FC Brügge 3:1; Dinamo Bukarest – Bayer Leverkusen 2:1; Dinamo Bukarest – Besiktas Istanbul 2:1; FC Brügge – Dinamo Bukarest 1:1;

Bayer Leverkusen – Besiktas Istanbul 2:1; FC Brügge – Bayer Leverkusen 1:1; Besiktas Istanbul – FC Brügge 2:1 – 1. Tottenham Hotspur 9:2, 12; 2. Dinamo Bukarest 6:6, 7; 3. Bayer Leverkusen 4:5, 4; 4. Besiktas Istanbul 4:7, 3; 5. FC Brügge 4:7, 2.
Gruppe C: FC Sevilla – AZ Alkmaar 1:2; AZ Alkmaar – Sporting Braga 3:0; AZ Alkmaar – Slovan Liberec 2:2; Grasshoppper-Club Zürich – AZ Alkmaar 2:5; FC Sevilla – Sporting Braga 2:0; Slovan Liberec – FC Sevilla 0:0; Grasshoppper-Club Zürich – FC Sevilla 0:4; Sporting Braga – Slovan Liberec 4:0; Sporting Braga – Grasshoppper-Club Zürich 2:0; Slovan Liberec – Grasshoppper-Club Zürich 4:1 – 1. AZ Alkmaar 12:5, 10; 2. FC Sevilla 7:2, 7; 3. Sporting Braga 6:5, 6; 4. Slovan Liberec 6:7, 5; 5. Grasshoppper-Club Zürich 3:15, 0.
Gruppe D: FC Parma – CA Osasuna 0:3; RC Lens – FC Parma 1:2; Odense BK – FC Parma 1:2; FC Parma – SC Heerenveen 2:1; RC Lens – CA Osasuna 3:1; CA Osasuna – Odense BK 3:1; CA Osasuna – SC Heerenveen 0:0; Odense BK – RC Lens 1:1; SC Heerenveen – RC Lens 1:0; SC Heerenveen – Odense BK 0:2 – 1. FC Parma 6:6, 9; 2. CA Osasuna 7:4, 7; 3. RC Lens 5:5, 4; 4. Odense BK 5:6, 4; 5. SC Heerenveen 2:4, 4.
Gruppe E: Blackburn Rovers – AS Nancy 1:0; Feyenoord Rotterdam – Blackburn Rovers 0:0; Wisla Krakau – Blackburn Rovers 1:2; Blackburn Rovers – FC Basel 3:0; AS Nancy – Feyenoord Rotterdam 3:0; AS Nancy – Wisla Krakau 2:1; FC Basel – AS Nancy 2:2; Feyenoord Rotterdam – Wisla Krakau 3:1; FC Basel – Feyenoord Rotterdam 1:1; Wisla Krakau – FC Basel 3:1 – 1. Blackburn Rovers 6:1, 10; 2. AS Nancy 7:4, 7; 3. Feyenoord Rotterdam 4:5, 5; 4. Wisla Krakau 6:8, 3; 5. FC Basel 4:9, 2.
Gruppe F: Ajax Amsterdam – Espanyol Barcelona 0:2; Espanyol Barcelona – SV Zulte-Waregem 6:2; Sparta Prag – Espanyol Barcelona 0:2; Espanyol Barcelona – Austria Wien 1:0; SV Zulte-Waregem – Ajax Amsterdam 0:3; Sparta Prag – Ajax Amsterdam 0:0; Ajax Amsterdam – Austria Wien 3:0; SV Zulte-Waregem – Sparta Prag 3:1; Austria Wien – SV Zulte-Waregem 1:4; Austria Wien – Sparta Prag 0:1 – 1. Espanyol Barcelona 11:2, 12; 2. Ajax Amsterdam 6:2, 7; 3. SV Zulte-Waregem 9:11, 6; 4. Sparta Prag 2:5, 4; 5. Austria Wien 1:9, 0.
Gruppe G: Paris St. Germain – Panathinaikos Athen 4:0; Panathinaikos Athen – Hapoel Tel Aviv 2:0; Panathinaikos Athen – Rapid Bukarest 0:0; FK Mlada Boleslav – Panathinaikos Athen 0:1; Paris St. Germain – Hapoel Tel Aviv 2:4; Rapid Bukarest – Paris St. Germain 0:0; FK Mlada Boleslav – Paris St. Germain 0:0; Hapoel Tel Aviv – Rapid Bukarest 2:2; Hapoel Tel Aviv – FK Mlada Boleslav 1:1; Rapid Bukarest – FK Mlada Boleslav 1:1 – 1. Panathinaikos Athen 3:4, 7; 2. Paris St. Germain 6:4, 5; 3. Hapoel Tel Aviv 7:7, 5; 4. Rapid Bukarest 3:3, 4; 5. FK Mlada Boleslav 2:3, 3.
Gruppe H: Newcastle United – Celta Vigo 2:1; Newcastle United – Fenerbahce Istanbul 1:0; US Palermo – Newcastle United 0:1; Eintracht Frankfurt – Newcastle United 0:0; Celta Vigo – Fenerbahçe Istanbul 1:0; US Palermo – Celta Vigo 1:1; Celta Vigo – Eintracht Frankfurt 1:1; Fenerbahce Istanbul – US Palermo 3:0; Fenerbahce Istanbul – Eintracht Frankfurt 2:2; Eintracht Frankfurt – US Palermo 1:2 – 1. Newcastle United 4:1, 10; 2. Celta Vigo 4:4, 5; 3. Fenerbahce Istanbul 5:4, 4; 4. US Palermo 3:6, 4; 5. Eintracht Frankfurt 4:5, 3.
Zwischenrunde: Werder Bremen – Ajax Amsterdam 3:0, 1:3; Bayer Leverkusen – Blackburn Rovers 3:2, 0:0; SV Zulte-Waregem – Newcastle United 1:3, 0:1; Sporting Braga – FC Parma 1:0, 1:0; RC Lens – Panathinaikos Athen 3:1, 0:0; Hapoel Tel Aviv – Glasgow Rangers 2:1, 0:4; AS Livorno – Espanyol Barcelona 1:2, 0:2; Fenerbahce Istanbul – AZ Alkmaar 3:3, 2:2; Spartak Moskau – Celta Vigo 1:1, 1:2; ZSKA Moskau – Maccabi Haifa 0:0, 0:1; AEK Athen – Paris St. Germain 0:2, 0:2; Benfica Lissabon – Dinamo Bukarest 1:0, 2:1; Steaua Bukarest – FC Sevilla 0:2, 0:1; Schachtar Donezk – AS Nancy 1:1, 1:0; Girondins Bordeaux – CA Osasuna 0:0, n. V. 0:1; Tottenham Hotspur (Freilos, da Feyenoord Rotterdam wegen Zuschauerausschreitungen aus dem Wettbewerb ausgeschlossen wurde).
Achtelfinale: RC Lens – Bayer Leverkusen 2:1, 0:3; Celta Vigo – Werder Bremen 0:1, 0:2; Newcastle United – AZ Alkmaar 4:2, 0:2; Maccabi Haifa – Espanyol Barcelona 0:0, 0:4; Glasgow Rangers – CA Osasuna 1:1, 0:1; Sporting Braga – Tottenham Hotspur 2:3, 2:3; FC Sevilla – Schachtar Donezk 2:2, n. V. 3:2; Paris St. Germain – Benfica Lissabon 2:1, 1:3.
Viertelfinale: AZ Alkmaar – Werder Bremen 0:0, 1:4; Bayer Leverkusen – CA Osasuna 0:3, 0:1; FC Sevilla – Tottenham Hotspur 2:1, 2:2; Espanyol Barcelona – Benfica Lissabon 3:2, 0:0.
Halbfinale: Espanyol Barcelona – Werder Bremen 3:0, 2:1; CA Osasuna – FC Sevilla 1:0, 0:2.

Endspiel am 16. Mai in Glasgow: Espanyol Barcelona – FC Sevilla n. V. 2:2 (2:2, 1:1), i. E. 1:3

Sevilla: Palop – Daniel Alves, Javi Navarro, Dragutinovic, Puerta – Poulsen, Marti, Maresca (Jesus Navas), Adriano (Renato) – Kanouté, Luis Fabiano (Kerschakow).
Tore: Adriano, Kanouté (Riera, Jonatas) – **Tore im Elfmeterschießen**: Kanouté, Dragutinovic, Puerta (Pandiani für Espanyol) – SR: Busacca (Schweiz) – Zuschauer: 48 000.

2007/08 Zenit St. Petersburg

Qualifikation, 1. Runde: Banants Erewan – Young Boys Bern 1:1, 0:4; Dinamo Tiflis – FC Vaduz 2:0, 0:0; MKT Araz Imishli – Dyskobolia Groclin Grodzisk 0:0, 0:1; FC Santa Coloma – Maccabi Tel Aviv 1:0, 0:4; FC Zlate Moravce – FK Almaty 3:1, 1:1; Vojvodina Novi Sad – Hibernians Paola 5:1, 2:0; Slaven Belupo Koprivnica – Teuta Durres 6:2, 2:2; Flora Tallinn – Valerenga Oslo 0:1, 0:1; FK Bezanija – Besa Kavaje 2:2, 0:0; Nistru Otaci – Honved Budapest 1:1, n. V. 1:1, Elfmeterschießen 4:5; MyPa Anjalankoski – EB/Streymur Eidi 1:0, 1:1; HJK Helsinki – Etzella Ettelbrück 2:0, 1:0; FK Aktobe-Lento – SV Mattersburg 1:0, 2:4; Metalurgs Liepaja – Dinamo Brest 1:1, 2:1; Skonto Riga – Dinamo Minsk 1:1, 0:2; Omonia Nikosia – Rudar Pljevlja 2:0, 2:0; B36 Torshavn – Ekranas Panevezys 1:3, 2:3; Lilleström SK – UN Käerjeng 2:1, 0:1; Helsingborgs IF – JK Trans Narva 6:0, 3:0; Sliema Wanderers – Litex Lovetsch 0:3, 0:4; ND Gorica – Rabotnicki Skopje 1:2, 1:2; Artmedia Petrzalka – Zimbru Chisinau 1:1, 2:2; Carmarthen Town – Brann Bergen 0:8, 3:6; BK Häcken Göteborg – KR Reykjavik 1:1, 1:0; Vardar Skopje – Anorthosis Famagusta 0:1, 0:1; Zrinjski Mostar – Partizan Belgrad 1:6, 0:5 (Nach Fan-Ausschreitungen im Hinspiel wurde Partizan Belgrad ausgeschlossen.); Buducnost Podgorica – Hajduk Split 1:1, 0:1; MTK Budapest – MIKA Ashtarak 2:1, 0:1; SV Ried – Neftchi Baku 3:1, 1:2; Rhyl FC – Haka Valkeakoski 3:1, 0:2; GKS Belchatow – Ameri Tiflis 2:0, n. V. 0:2, Elfmeterschießen 4:2; Dungannon Swifts – Suduva Marijampole 1:0, 0:4; St. Patrick's Athletic – Odense BK 0:0, 0:5; FC Glentoran – AIK Solna 0:5, 0:4; Siroki Brijeg – FC Koper 3:1, 3:2; Libertas Borgo Maggiore – Drogheda United 1:1, 0:3; IB Keflavik – FC Midtjylland 3:2, 1:2.

Qualifikation, 2. Runde: Honved Budapest – Hamburger SV 0:0, 0:4; Tobol Kostanai – Dyskobolia Groclin Grodzisk 0:1, 0:2; MIKA Ashtarak – Artmedia Petrzalka 2:1, 0:2; Dinamo Tiflis – Rapid Wien 0:3, 0:5; MyPa Anjalankoski – Blackburn Rovers 0:1, 0:2; Besa Kavaje – Litex Lovetsch 0:3, 0:3; FC Zlate Moravce – Zenit St. Petersburg 0:2, 0:3; Ekranas Panevezys – Valerenga Oslo 1:1, 0:6; SV Ried – FC Sion 1:1, 0:3; HJK Helsinki – Aalborg BK 2:1, 0:3; Haka Valkeakoski – FC Midtjylland 1:2, 2:5; Dinamo Minsk – Odense BK 1:1, 0:4; Slaven Belupo Koprivnica – Galatasaray Istanbul 1:2, 1:2; Maccabi Tel Aviv – Kayseri Erciyesspor 1:1, 1:3; Metalurgs Liepaja – AIK Solna 3:2, 0:2; Omonia Nikosia – ZSKA Sofia 1:1, 1:2; Brann Bergen – Suduva Marijampole 2:1, 4:3; Dnjepr Dnjepropetrowsk – GKS Belchatow 1:1, 4:2; Lokomotive Sofia – Otelul Galati 3:1, 0:0; CFR Cluj – Anorthosis Famagusta 1:3, 0:0; Young Boys Bern – RC Lens 1:1, 1:5; Rabotnicki Skopje – Zrinjski Mostar 0:0, 2:1; Siroki Brijeg – Hapoel Tel Aviv 0:3, 0:3; UN Käerjeng – Standard Lüttich 0:3, 0:1; Hammarby IF – Fredrikstad FK 2:1, 1:1; FC Basel – SV Mattersburg 2:1, 4:0; Austria Wien – FK Jablonec 4:3, 1:1; Uniao Leiria – Maccabi Netanja 0:0, 1:0; Hajduk Split – Sampdoria Genua 0:1, 1:1; Drogheda United – Helsingborgs IF 1:1, 0:3; Dunfermline Athletic – BK Häcken Göteborg 1:1, 0:1; Atletico Madrid – Vojvodina Novi Sad 3:0, 2:1.

1. Runde: 1. FC Nürnberg – Rapid Bukarest 0:0, 2:2; Bayer Leverkusen – Uniao Leiria 3:1, 2:3; Bayern München – Belenenses Lissabon 1:0, 2:0; Litex Lovetsch – Hamburger SV 0:1, 1:3; FC Midtjylland – Lokomotive Moskau 1:3, 0:2; FC Groningen – AC Florenz 1:1, n. V. 1:1, Elfmeterschießen 3:4; Rabotnicki Skopje – Bolton Wanderers 1:1, 0:1; AEK Athen – RB Salzburg 3:0, 0:1; FC Everton – Metalist Charkow 1:1, 3:2; Zenit St. Petersburg – Standard Lüttich 3:0, 1:1; FC Villarreal – BATE Borissow 4:1, 2:0; FC Sion – Galatasaray Istanbul 3:2, 1:5; Atletico Madrid – Kayseri Erciyesspor 4:0, 5:0; Tampere United – Girondins Bordeaux 2:3, 1:1; Artmedia Petrzalka – Panathinaikos Athen 1:2, 0:3; Sparta Prag – Odense BK 0:0, n. V. 0:0, Elfmeterschießen 4:3; FC Empoli – FC Zürich 2:1, 0:3; FC Sochaux – Panionios Athen 0:2, 1:0; RSC Anderlecht – Rapid Wien 1:1, 1:0; FC Pacos de Ferreira – AZ Alkmaar 0:1, 0:0; Sampdoria Genua – Aalborg BK 2:2, 0:0; Spartak Moskau – BK Häcken Göteborg 5:0, 3:1; Hammarby IF – Sporting Braga 2:1, 0:4; AE Larisa – Blackburn Rovers 2:0, 1:2; FK Mlada Boleslav – US Palermo 0:1, n. V. 1:0, Elfmeterschießen 4:2; Dinamo Zagreb – Ajax Amsterdam 0:1, n. V. 3:2; Lokomotive Sofia – Stade Rennes 1:3, 2:1; Brann Bergen – FC Brügge 0:1, 1:2; FC Aberdeen – Dnjepr Dnjepropetrowsk 0:0, 1:1; SC Heerenveen – Helsingborgs IF 5:3, 1:5; FC Toulouse – ZSKA Sofia 0:0, 1:1; FK Sarajevo – FC Basel 1:2, 0:6; Austria Wien – Valerenga Oslo 2:0, 2:2; Hapoel Tel Aviv – AIK Solna 0:0, 1:0; Aris Saloniki – Real Saragossa 1:0, 1:2; Dinamo Bukarest – IF Elfsborg Boras 1:2, 1:0; Tottenham Hotspur – Anorthosis Famagusta 6:1, 1:1; RC Lens – FC Kopenhagen 1:1, n. V. 1:2; FC Getafe – FC Twente Enschede 1:0, n. V. 2:3; Dyskobolia Groclin Grodzisk – Roter Stern Belgrad 0:1, 0:1.

2. Runde (Gruppenphase): Gruppe A: 1. FC Nürnberg – FC Everton 0:2; FC Everton – Zenit St. Petersburg 1:0; AZ Alkmaar – FC Everton 2:3; FC Everton – AE Larisa 3:1; Zenit St. Petersburg – 1. FC Nürnberg 2:2; 1. FC Nürnberg – AZ Alkmaar 2:1; AE Larisa – 1. FC Nürnberg 1:3; Zenit St. Petersburg – AZ Alkmaar 1:1; AE Larisa – Zenit St. Petersburg 2:3; AZ Alkmaar – AE Larisa 1:0 – 1. FC Everton 9:3, 12; 2. 1. FC Nürnberg 7:6, 7; 3. Zenit St. Petersburg 6:6, 5; 4. AZ Alkmaar 5:6, 4; 5. AE Larisa 4:10, 0.

Gruppe B: Atletico Madrid – Panathinaikos Athen 2:1; Atletico Madrid – FC Aberdeen 2:0; FC Kopenhagen – Atletico Madrid 0:2; Lokomotive Moskau – Atletico Madrid 3:3; Panathinaikos Athen – FC Aberdeen 3:0; FC Kopenhagen – Panathinaikos Athen 0:1; Panathinaikos Athen – Lokomotive Moskau 2:0; FC Aberdeen – FC Kopenhagen 4:0; FC Aberdeen – Lokomotive Moskau 1:1; Lokomotive Moskau – FC Kopenhagen 0:1 – 1. Atletico Madrid 9:4, 10; 2. Panathinaikos Athen 7:2, 9; 3. FC Aberdeen 5:6, 4; 4. FC Kopenhagen 1:7, 3; 5. Lokomotive Moskau 4:7, 2.

Gruppe C: FC Villarreal – AC Florenz 1:1; AEK Athen – FC Villarreal 1:2; FK Mlada Boleslav – FC Villarreal 1:2; FC Villarreal – IF Elfsborg Boras 2:0; AEK Athen – AC Florenz 1:1; AC Florenz – FK Mlada Boleslav 2:1; AC Florenz – IF Elfsborg Boras 6:1; FK Mlada Boleslav – AEK Athen 0:1; IF Elfsborg Boras – AEK Athen 1:1; IF Elfsborg Boras – FK Mlada Boleslav 1:3 – 1. FC Villarreal 7:3, 10; 2. AC Florenz 10:4, 8; 3. AEK Athen 4:4, 5; 4. FK Mlada Boleslav 5:6, 3; 5. IF Elfsborg Boras 3:12, 1.
Gruppe D: Hamburger SV – FC Basel 1:1; Brann Bergen – Hamburger SV 0:1; Dinamo Zagreb – Hamburger SV 0:2; Hamburger SV – Stade Rennes 3:0; FC Basel – Brann Bergen 1:0; Dinamo Zagreb – FC Basel 0:0; FC Basel – Stade Rennes 1:0; Brann Bergen – Dinamo Zagreb 2:1; Stade Rennes – Brann Bergen 1:1; Stade Rennes – Dinamo Zagreb 1:1 – 1. Hamburger SV 7:1, 10; 2. FC Basel 3:1, 8; 3. Brann Bergen 3:4, 4; 4. Dinamo Zagreb 2:5, 2; 5. Stade Rennes 2:6, 2.
Gruppe E: Spartak Moskau – Bayer Leverkusen 2:1; FC Zürich – Bayer Leverkusen 0:5; Bayer Leverkusen – Sparta Prag 1:0; Bayer Leverkusen – FC Toulouse 1:0; Spartak Moskau – FC Zürich 1:0; Sparta Prag – Spartak Moskau 0:0; FC Toulouse – Spartak Moskau 2:1; Sparta Prag – FC Zürich 1:2; FC Zürich – FC Toulouse 2:0; FC Toulouse – Sparta Prag 2:3 – 1. Bayer Leverkusen 8:2, 9; 2. Spartak Moskau 4:3, 7; 3. FC Zürich 4:7, 6; 4. Sparta Prag 4:5, 4; 5. FC Toulouse 4:7, 3.
Gruppe F: Sporting Braga – Bayern München 1:1; Bayern München – Bolton Wanderers 2:2; Bayern München – Aris Saloniki 6:0; Roter Stern Belgrad – Bayern München 2:3; Bolton Wanderers – Sporting Braga 1:1; Aris Saloniki – Sporting Braga 1:1; Sporting Braga – Roter Stern Belgrad 2:0; Bolton Wanderers – Aris Saloniki 1:1; Roter Stern Belgrad – Bolton Wanderers 0:1; Aris Saloniki – Roter Stern Belgrad 3:0 – 1. Bayern München 12:5, 8; 2. Sporting Braga 5:3, 6; 3. Bolton Wanderers 5:4, 6; 4. Aris Saloniki 5:8, 5; 5. Roter Stern Belgrad 2:9, 0.
Gruppe G: Tottenham Hotspur – FC Getafe 1:2; FC Getafe – RSC Anderlecht 2:1; Aalborg BK – FC Getafe 1:2; FC Getafe – Hapoel Tel Aviv 1:2; RSC Anderlecht – Tottenham Hotspur 1:1; Tottenham Hotspur – Aalborg BK 3:2; Hapoel Tel Aviv – Tottenham Hotspur 0:2; Aalborg BK – RSC Anderlecht 1:1; RSC Anderlecht – Hapoel Tel Aviv 2:0; Hapoel Tel Aviv – Aalborg BK 1:3 – 1. FC Getafe 7:5, 9; 2. Tottenham Hotspur 7:5, 7; 3. RSC Anderlecht 5:4, 5; 4. Aalborg BK 7:7, 4; 5. Hapoel Tel Aviv 3:8, 3.
Gruppe H: Girondins Bordeaux – Helsingborgs IF 2:1; Girondins Bordeaux – Galatasaray Istanbul 2:1; Panionios Athen – Girondins Bordeaux 2:3; Austria Wien – Girondins Bordeaux 1:2; Galatasaray Istanbul – Helsingborgs IF 2:3; Helsingborgs IF – Panionios Athen 1:1; Helsingborgs IF – Austria Wien 3:0; Panionios Athen – Galatasaray Istanbul 0:3; Galatasaray Istanbul – Austria 0:0; Austria Wien – Panionios Athen 0:1 – 1. Girondins Bordeaux 9:5, 12; 2. Helsingborgs IF 8:5, 7; 3. Galatasaray Istanbul 6:5, 4; 4. Panionios Athen 4:7, 4; 5. Austria Wien 1:6, 1.
Zwischenrunde: FC Aberdeen – Bayern München 2:2, 1:5; Galatasaray Istanbul – Bayer Leverkusen 0:0, 1:5; FC Zürich – Hamburger SV 1:3, 0:0; Werder Bremen – Sporting Braga 3:0, 1:0; Benfica Lissabon – 1. FC Nürnberg 1:0, 2:2; AEK Athen – FC Getafe 1:1, 0:3; Bolton Wanderers – Atletico Madrid 1:0, 0:0; Zenit St. Petersburg – FC Villarreal 1:0, 1:2; RSC Anderlecht – Girondins Bordeaux 2:1, 1:1; Brann Bergen – FC Everton 0:2, 1:6; Glasgow Rangers – Panathinaikos Athen 0:0, 1:1; PSV Eindhoven – Helsingborgs IF 2:0, 2:1; Slavia Prag – Tottenham Hotspur 1:2, 1:1; Rosenborg Trondheim – AC Florenz 0:1, 1:2; Sporting Lissabon – FC Basel 2:0, 3:0; Olympique Marseille – Spartak Moskau 3:0, 0:2.
Achtelfinale: RSC Anderlecht – Bayern München 0:5, 2:1; Glasgow Rangers – Werder Bremen 2:0, 0:1; Bayer Leverkusen – Hamburger SV 1:3, 0:2; Bolton Wanderers – Sporting Lissabon 1:1, 0:1; Benfica Lissabon – FC Getafe 1:2, 0:1; AC Florenz – FC Everton 2:0, n. V. 0:2, Elfmeterschießen 4:2; Tottenham Hotspur – PSV Eindhoven 0:1, n. V. 1:0, Elfmeterschießen 5:6; Olympique Marseille – Zenit St. Petersburg 3:1, 0:2.
Viertelfinale: Bayer Leverkusen – Zenit St. Petersburg 1:4, 1:0; Bayern München – FC Getafe 1:1, n. V. 3:3; Glasgow Rangers – Sporting Lissabon 0:0, 2:0; AC Florenz – PSV Eindhoven 1:1, 2:0.
Halbfinale: Bayern München – Zenit St. Petersburg 1:1, 0:4; Glasgow Rangers – AC Florenz 0:0, n. V. 0:0, Elfmeterschießen 4:2.

Endspiel am 14. Mai in Manchester: Zenit St. Petersburg – Glasgow Rangers 2:0 (0:0)
St. Petersburg: Malafeev – Anyukov, Krizanac, Shirokov, Sirl – Denisov, Tymoshchuk, Zyryanov – Fayzulin (Kim), Arshavin – Tekke.
Tore: Denisov, Zyryanov – SR: Fröjdfeldt (Schweden) – Zuschauer: 47 726.

2008/09 Schachtar Donezk
Qualifikation, 1. Runde: Hertha BSC – Nistru Otaci 8:1, 0:0; Schachtjor Karaganda – Debreceni VSC 1:1, 0:1; Ararat Erewan – AC Bellinzona 0:1, 1:3; Tobol Kostanai – Austria Wien 1:0, 0:2; Olimps Riga – St. Patrick's Athletic 0:1, 0:2; MTZ-RIPO Minsk – MSK Zilina 2:2, 0:1; Honka Espoo – IA Akranes 3:0, 1:2; Tallinna VMK – FC Nordsjaelland 0:3, 0:5; Pelister Bitola – APOEL Nikosia 0:0, 0:1; Hapoel Ironi Kiryat Shmona – Mogren Budva 1:1, 3:0; Hapoel Tel Aviv – AC Juvenes/Dogana 3:0, 2:0; Vetra Vilnius – Viking

Stavanger 1:0, 0:2; Suduva Marijampole – TNS Llansantffraid 1:0, 1:0; Vojvodina Novi Sad – Olimpik Baku 1:0, 1:1; Hazar Lenkoran – Lech Posen 0:1, 1:4; Omonia Nikosia – Milano Kumanovo 2:0, 2:1; Djurgardens IF – Flora Tallinn 0:0, 2:2; Dacia Chisinau – Borac Cacak 1:1, 1:3; Tscherno More Varna – UE Sant Julia 4:0, 5:0; RFC Union Luxemburg – Kalmar FF 0:3, 1:7; FC Vaduz – Zrinjski Mostar 1:2, 0:3; FC Marsaxlokk – Slaven Belupo Koprivnica 0:4, 0:4; Bröndby IF – B36 Torshavn 1:0, 2:0; EB/Streymur Eidi – Manchester City 0:2, 0:2; FC ETO Györ – FK Zestafoni 1:1, 2:1; NK Siroki Brijeg – Partizani Tirana 0:0, 3:1; Spartak Trnava – WIT Georgia Tiflis 2:2, 0:1; FC Koper – Vllaznia Shkoder 1:2, 0:0; Zeta Golubovci – Interblock Ljubljana 1:1, 0:1; Bangor City – FC Midtjylland 1:6, 0:4; RB Salzburg – Banants Erewan 7:0, 3:0; FC Glentoran – Metalurgs Liepaja 1:1, 0:2; FC Cliftonville – FC Kopenhagen 0:4, 0:7; Cork City – Haka Valkeakoski 2:2, 0:4; Legia Warschau – FK Gomel 0:0, 4:1; Hajduk Split – FC Birkirkara 4:0, 3:0; FH Hafnarfjördur – CS Grevenmacher 3:2, 5:1.

Qualifikation, 2. Runde: VfB Stuttgart – FC ETO Györ 2:1, 4:1; Interblock Ljubljana – Hertha BSC 0:2, 0:1; Metalurgs Liepaja – FC Vaslui 0:2, 1:3; Borac Cacak – Lokomotive Sofia 1:0, 1:1; Vojvodina Novi Sad – Hapoel Tel Aviv 0:0, 0:3; Honka Espoo – Viking Stavanger 0:0, 2:1; Legia Warschau – FK Moskau 1:2, 0:2; Haka Valkeakoski – Bröndby IF 0:4, 0:2; Litex Lovetsch – Hapoel Ironi Kiryat Shmona 0:0, 2:1; APOEL Nikosia – Roter Stern Belgrad 2:2, n. V. 3:3; Suduva Marijampole – RB Salzburg 1:4, 1:0; Djurgardens IF – Rosenborg Trondheim 2:1, 0:5; Stabaek IF – Stade Rennes 2:1, 0:2; IF Elfsborg – St. Patrick's Athletic 2:2, 1:2; Young Boys Bern – Debreceni VSC 4:1, 3:2; Aris Saloniki – Slaven Belupo Koprivnica 1:0, 0:2; Slovan Liberec – MSK Zilina 1:2, 1:2; Dnjepr Dnjepropetrowsk – AC Bellinzona 3:2, 1:2; KAA Gent – Kalmar FF 2:1, 0:4; FC Kopenhagen – Lillestrøm SK 3:1, 4:2; FH Hafnarfjördur – Aston Villa 1:4, 1:1; Maccabi Netanja – Tscherno More Varna 1:1, 0:2; FC Zürich – Sturm Graz 1:1, n. V. 1:1 Elfmeterschießen 4:2; NK Siroki Brijeg – Besiktas Istanbul 1:2, 0:4; Vllaznia Shkoder – SSC Neapel 0:3, 0:5; AEK Athen – Omonia Nikosia 0:1, 2:2; Sporting Braga – Zrinjski Mostar 1:0, 2:0; Lech Posen – Grasshopper-Club Zürich 6:0, 0:0; Queen of the South – FC Nordsjaelland 1:2, 1:2; Manchester City – FC Midtjylland 0:1, n. V. 1:0, Elfmeterschießen 4:2; Deportivo La Coruna – Hajduk Split 0:0, 2:0; WIT Georgia Tiflis – Austria Wien 0:2 (wegen der politischen Situation in Georgien wurde nur das Rückspiel in Wien ausgetragen).

1. Runde: Hertha BSC – St. Patrick's Athletic 2:0, 0:0; APOEL Nikosia – FC Schalke 04 1:4, 1:1; Tscherno More Varna – VfB Stuttgart 1:2, 2:2; VfL Wolfsburg – Rapid Bukarest 1:0, 1:1; Hamburger SV – Unirea Urziceni 0:0, 2:0; Borussia Dortmund – Udinese Calcio 0:2, n. V. 2:0, Elfmeterschießen 3:4; FC Nordsjaelland – Olympiakos Piräus 0:2, 0:5; FK Moskau – FC Kopenhagen 1:2, 1:1; Litex Lovetsch – Aston Villa 1:3, 1:1; Slaven Belupo Koprivnica – ZSKA Moskau 1:2, 0:1; Hapoel Tel Aviv – AS St. Etienne 1:2, 1:2; Banik Ostrau – Spartak Moskau 0:1, 1:1; FC Portsmouth – Vitoria Guimaraes 2:0, n. V. 2:2; Omonia Nikosia – Manchester City 1:2, 1:2; AS Nancy – FC Motherwell 1:0, 2:0; Brann Bergen – Deportivo La Coruna 2:0, n. V. 0:2, Elfmeterschießen 2:3; Feyenoord Rotterdam – Kalmar FF 0:1, 2:1; Slavia Prag – FC Vaslui 0:0, 1:1; Besiktas Istanbul – Metalist Charkow 1:0, 1:4; Austria Wien – Lech Posen 2:1, n. V. 2:4; MSK Zilina – Levski Sofia 1:1, 1:0; FC Timisoara – Partizan Belgrad 1:2, 0:1; NEC Nijmegen – Dinamo Bukarest 1:0, 0:0; Kayserispor – Paris Saint-Germain 1:2, 0:0; Young Boys Bern – FC Brügge 2:2, 0:2; AC Bellinzona – Galatasaray Istanbul 3:4, 1:2; Racing Santander – Honka Espoo 1:0, 1:0; AC Mailand – FC Zürich 3:1, 1:0; FC Sevilla – RB Salzburg 2:0, 2:0; Sampdoria Genua – FBK Kaunas 5:0, 2:1; Dinamo Zagreb – Sparta Prag 0:0, 3:3; Bröndby IF – Rosenborg Trondheim 1:2, 2:3; Stade Rennes – FC Twente Enschede 2:1, 0:1; SSC Neapel – Benfica Lissabon 3:2, 0:2; Borac Cacak – Ajax Amsterdam 1:4, 0:2; FC Everton – Standard Lüttich 2:2, 1:2; Tottenham Hotspur – Wisla Krakau 2:1, 1:1; Sporting Braga – Artmedia Petrzalka 4:0, 2:0; Maritimo Funchal – FC Valencia 0:1, 1:2; Vitoria Setubal – SC Heerenveen 1:1, 2:5.

2. Runde (Gruppenphase): Gruppe A: Manchester City – FC Twente Enschede 3:2; Manchester City – Paris St. Germain 0:0; Racing Santander – Manchester City 3:1; FC Schalke 04 – Manchester City 0:2; Paris St. Germain – FC Twente Enschede 4:0; FC Twente Enschede – Racing Santander 1:0; FC Twente Enschede – FC Schalke 04 2:1; Paris St. Germain – Racing Santander 2:2; FC Schalke 04 – Paris St. Germain 3:1; Racing Santander – FC Schalke 04 1:1 – 1. Manchester City 6:5, 7; 2. FC Twente Enschede 5:8, 6; 3. Paris St. Germain 7:5, 5; 4. Racing Santander 6:5, 5; 5. FC Schalke 04 5:6, 4.

Gruppe B: Galatasaray Istanbul – Metalist Charkow 0:1; Metalist Charkow – Olympiakos Piräus 1:0; Metalist Charkow – Hertha BSC 0:0; Benfica Lissabon – Metalist Charkow 0:1; Galatasaray Istanbul – Olympiakos Piräus 1:0; Hertha BSC – Galatasaray Istanbul 0:1; Benfica Lissabon – Galatasaray Istanbul 0:2; Olympiakos Piräus – Hertha BSC 4:0; Olympiakos Piräus – Benfica Lissabon 5:1; Hertha BSC – Benfica Lissabon 1:1 – 1. Metalist Charkow 3:0, 10; 2. Galatasaray Istanbul 4:1, 9; 3. Olympiakos Piräus 9:3, 6; 4. Hertha BSC 1:6, 2; 5. Benfica Lissabon 2:9, 1.

Gruppe C: VfB Stuttgart – Standard Lüttich 3:0; Standard Lüttich – Sampdoria Genua 3:0; Standard Lüttich – FC Sevilla 1:0; Partizan Belgrad – Standard Lüttich 0:1; Sampdoria Genua – VfB Stuttgart 1:1; FC Sevilla – VfB Stuttgart 2:0; VfB Stuttgart – Partizan Belgrad 2:0; Sampdoria Genua – FC Sevilla 1:0; Partizan Belgrad – Sampdoria Genua 1:2; FC Sevilla – Partizan Belgrad 3:0 – 1. Standard Lüttich 5:3, 9; 2. VfB Stuttgart 6:3, 7; 3. Sampdoria Genua 4:5, 7; 4. FC Sevilla 5:2, 6; 5. Partizan Belgrad 1:8, 0.

Gruppe D: Udinese Calcio – Tottenham Hotspur 2:0; NEC Nijmegen – Udinese Calcio 2:0; Spartak Moskau – Udinese Calcio 1:2; Udinese Calcio – Dinamo Zagreb 2:1; NEC Nijmegen – Tottenham Hotspur 0:1; Tottenham Hotspur – Spartak Moskau 2:2; Tottenham Hotspur – Dinamo Zagreb 4:0; Spartak Moskau – NEC Nijmegen 1:2; Dinamo Zagreb – NEC Nijmegen 3:2; Dinamo Zagreb – Spartak Moskau 0:1 – 1. Udinese Calcio 6:4, 9; 2. Tottenham Hotspur 7:4, 7; 3. NEC Nijmegen 6:5, 6; 4. Spartak Moskau 5:6, 4; 5. Dinamo Zagreb 4:9, 3.
Gruppe E: AC Mailand – VfL Wolfsburg 2:2; Sporting Braga – VfL Wolfsburg 2:3; VfL Wolfsburg – FC Portsmouth 3:2; VfL Wolfsburg – SC Heerenveen 5:1; AC Mailand – Sporting Braga 1:0; FC Portsmouth – AC Mailand 2:2; SC Heerenveen – AC Mailand 1:3; Sporting Braga – FC Portsmouth 3:0; SC Heerenveen – Sporting Braga 1:2; FC Portsmouth – SC Heerenveen 3:0 – 1. VfL Wolfsburg 13:7, 10; 2. AC Mailand 8:5, 8; 3. Sporting Braga 7:5, 6; 4. FC Portsmouth 7:8, 4; 5. SC Heerenveen 3:13, 0.
Gruppe F: Hamburger SV – Ajax Amsterdam 0:1; Hamburger SV – Aston Villa 3:1; MSK Zilina – Hamburger SV 1:2; Slavia Prag – Hamburger SV 0:2; Aston Villa – Ajax Amsterdam 2:1; Ajax Amsterdam – MSK Zilina 1:0; Ajax Amsterdam – Slavia Prag 2:2; Aston Villa – MSK Zilina 1:2; Slavia Prag – Aston Villa 0:1; MSK Zilina – Slavia Prag 0:0 – 1. Hamburger SV 7:3, 9; 2. Ajax Amsterdam 5:4, 7; 3. Aston Villa 5:6, 6; 4. MSK Zilina 3:4, 4; 5. Slavia Prag 2:5, 2.
Gruppe G: AS St. Etienne – FC Valencia 2:2; FC Kopenhagen – AS St. Etienne 1:3; FC Brügge – AS St. Etienne 1:1; AS St. Etienne – Rosenborg Trondheim 3:0; FC Valencia – FC Kopenhagen 1:1; FC Valencia – FC Brügge 1:1; Rosenborg Trondheim – FC Valencia 0:4; FC Brügge – FC Kopenhagen 0:1; FC Kopenhagen – Rosenborg Trondheim 1:1; Rosenborg Trondheim – FC Brügge 0:0 – 1. AS St. Etienne 9:4, 8; 2. FC Valencia 8:4, 6; 3. FC Kopenhagen 4:5, 5; 4. FC Brügge 2:3, 3; 5. Rosenborg Trondheim 1:8, 2.
Gruppe H: ZSKA Moskau – Deportivo La Coruna 3:0; ZSKA Moskau – Lech Posen 2:1; AS Nancy – ZSKA Moskau 3:4; Feyenoord Rotterdam – ZSKA Moskau 1:3; Lech Posen – Deportivo La Coruna 1:1; Deportivo La Coruna – AS Nancy 1:0; Deportivo La Coruna – Feyenoord Rotterdam 3:0; Lech Posen – AS Nancy 2:2; Feyenoord Rotterdam – Lech Posen 0:1; AS Nancy – Feyenoord Rotterdam 3:0 – 1. ZSKA Moskau 12:5, 12; 2. Deportivo La Coruna 5:4, 7; 3. Lech Posen 5:5, 5; 4. AS Nancy 8:7, 4; 5. Feyenoord Rotterdam 1:10, 0.
Zwischenrunde: Paris St. Germain – VfL Wolfsburg 2:0, 3:1; NEC Nijmegen – Hamburger SV 0:3, 0:1; Werder Bremen – AC Mailand 1:1, 2:2; Zenit St. Petersburg – VfB Stuttgart 2:1, 2:1; FC Kopenhagen – Manchester City 2:2, 1:2; Sampdoria Genua – Metalist Charkow 0:1, 0:2; Sporting Braga – Standard Lüttich 3:0, 1:1; Aston Villa – ZSKA Moskau 1:1, 0:2; Lech Posen – Udinese Calcio 2:2, 1:2; Olympiakos Piräus – AS St. Etienne 1:3, 1:2; AC Florenz – Ajax Amsterdam 0:1, 1:1; Aalborg BK – Deportivo La Coruna 3:0, 3:1; Girondins Bordeaux – Galatasaray Istanbul 0:0, 3:4; Dynamo Kiew – FC Valencia 1:1, 2:2; Olympique Marseille – FC Twente Enschede 0:1, n. V. 1:0; Elfmeterschießen 7:6; Schachtar Donezk – Tottenham Hotspur 2:0, 1:1.
Achtelfinale: Werder Bremen – AS St. Etienne 1:0, 2:2; Hamburger SV – Galatasaray Istanbul 1:1, 3:2; ZSKA Moskau – Schachtar Donezk 1:0, 0:2; Udinese Calcio – Zenit St. Petersburg 2:0, 0:1; Paris St. Germain – Sporting Braga 0:0, 1:0; Dynamo Kiew – Metalist Charkow 1:0, 2:3; Manchester City – Aalborg BK 2:0, n. V. 0:2; Elfmeterschießen 4:3; Olympique Marseille – Ajax Amsterdam 2:1, n. V. 2:2.
Viertelfinale: Hamburger SV – Manchester City 3:1, 1:2; Werder Bremen – Udinese Calcio 3:1, 3:3; Paris St. Germain – Dynamo Kiew 0:0, 0:3; Schachtar Donezk – Olympique Marseille 2:0, 2:1.
Halbfinale: Werder Bremen – Hamburger SV 0:1, 3:2; Dynamo Kiew – Schachtar Donezk 1:1, 1:2.

Endspiel am 20. Mai in Istanbul: Schachtar Donezk – Werder Bremen n. V. 2:1 (1:1, 1:1)
Donezk: Pyatov – Srna, Kucher, Chygrynskyy, Rat – Fernandinho, Lewandowski – Ilsinho (Gai), Jadson (Duljaj), Willian – Luiz Adriano (Gladkyy).
Bremen: Wiese – Fritz (Pasanen), Prödl, Naldo, Boenisch – Niemeyer (Tziolis), Baumann – Frings, Özil – Rosenberg (Hunt), Pizarro.
Tore: Luiz Adriano, Jadson (Naldo) – SR: Cantalejo (Spanien) – Zuschauer: 37 357.

2009/10 Atletico Madrid
Qualifikation, 1. Runde: Olimpi Rustavi – B36 Torshavn 2:0, 2:0; Dinaburg Daugavpils – JK Nõmme Kalju 2:1, 0:0; Banants Erewan – NK Siroki Brijeg 0:2, 1:0; Simurk Zakatala – Bnei Yehuda Tel Aviv 0:1, 0:3; Sutjeska Niksic – MTZ-RIPO Minsk 1:1, n. V. 1:2; FC Lahti – Dinamo Tirana 4:1, 0:2; FC Valletta – IB Keflavik 3:0, 2:2; Zimbru Chisinau – Oqjetpes Kokschetau 1:2, 2:0; JK Trans Narva – Rudar Velenje 0:3, 1:3; Dinamo Minsk – Renova Cepciste 2:1, 1:1; CS Grevenmacher – Vetra Vilnius 0:3, 0:3; Haladas Szombathely – Irtysch Pawlodar 1:0, 1:2; Anorthosis Famagusta – UN Käerjeng 5:0, 2:1; Slaven Belupo Koprivnica – FC Birkirkara 1:0, 0:0; Spartak Trnava – Inter Baku 2:1, 3:1; Randers FC – FC Linfield 4:0,

3:0; NSI Runavik – Rosenborg Trondheim 0:3, 1:3; Sligo Rovers – Vllaznia Shkoder 1:2, 1:1; Buducnost Podgorica – Polonia Warschau 0:2, 1:0; Lisburn Distillery – FK Zestafoni 1:5, 0:6; Helsingborgs IF – MIKA Ashtarak 3:1, 1:1; Fram Reykjavik – TNS Llansantffraid 2:1, 2:1; FC Motherwell – Llanelli AFC 0:1, 3:0.
Qualifikation, 2. Runde: Sliema Wanderers – Maccabi Netanja 0:0, 0:3; FC Crusaders – Rabotnicki Skopje 1:1, 2:4; FK Zestafoni – Helsingborgs IF 1:2, n. V. 2:2; Naftan Novopolozk – KAA Gent 2:1, 0:1; Milano Kumanovo – Slaven Belupo Koprivnica 0:4, 2:8; MSK Zilina – Dacia Chisinau 2:0, 1:0; Flamurtari Vlore – FC Motherwell 1:0, 1:8; Honka Espoo – Bangor City 2:0, 1:0; Metalurgs Liepaja – Dinamo Tiflis 2:1, 1:3; Dinamo Minsk – Tromsö IL 0:0, 1:4; Metalurg Donezk – MTZ-RIPO Minsk 3:0, 2:1; FK Sevojno – FBK Kaunas 0:0, 1:1; Zimbru Chisinau – Pacos de Ferreira 0:0, 0:1; Tobol Kostanai – Galatasaray Istanbul 1:1, 0:2; Skonto Riga – Derry City 1:1, 0:1; Rosenborg Trondheim – Karabakh Agdam 0:0, 0:1; Anorthosis Famagusta – OFK Petrovac 2:1, n. V. 1:3; Sigma Olomouc – Fram Reykjavik 1:1, 2:0; Elfsborg Boras – Haladas Szombathely 3:0, 0:0; Suduva Marijampole – Randers FC 0:1, 1:1; Vetra Vilnius – HJK Helsinki 0:1, 3:1; Bnei Yehuda Tel Aviv – Dinaburg Daugavpils 4:0, 1:0; Tscherno More Varna – Iskra-Stali Ribnita 1:0, 3:0; Sturm Graz – NK Siroki Brijeg 2:1, 1:1; Rapid Wien – Vllaznia Shkoder 5:0, 3:0; FC Basel – Santa Coloma 3:0, 4:1; Omonia Nikosia – HB Torshavn 4:0, 4:1; Aalborg BK – Slavija Sarajevo 0:0, 1:3; Steaua Bukarest – Ujpest Budapest 2:0, 2:1 ND Gorica – FC Lahti 1:0, 0:2; Legia Warschau – Olimpi Rustavi 3:0, 1:0; FC Differdingen 03 – NK Rijeka 1:0, 0:3; Rudar Velenje – Roter Stern Belgrad 0:1, 0:4; Bröndby IF – Flora Tallinn 0:1, 4:1; FK Sarajevo – Spartak Trnava 1:0, 1:1; Juvenes/Dogana – Polonia Warschau 0:1, 0:4; FC Falkirk – FC Vaduz 1:0, n. V. 0:2; St. Patrick's Athletic – FC Valletta 1:1, 1:0; NAC Breda – Gandzasar Kapan 6:0, 2:0; KR Reykjavik – AE Larisa 2:0, 1:1.
Qualifikation, 3. Runde: Randers FC – Hamburger SV 0:4, 1:0; Bnei Yehuda Tel Aviv – Pacos de Ferreira 1:0, 1:0; Dinamo Tiflis – Roter Stern Belgrad 2:0, 2:5; Rabotnicki Skopje – Odense BK 3:4, 0:3; OFK Petrovac – Sturm Graz 1:2, 0:5; Honka Espoo – Karabakh Agdam 0:1, 1:2; Maccabi Netanja – Galatasaray Istanbul 1:4, 0:6; Fredrikstad FK – Lech Posen 1:6, 2:1; IFK Göteborg – Hapoel Tel Aviv 1:3, 1:1; Metalurg Donezk – Interblock Ljubljana 2:0, 3:0; Valerenga Oslo – PAOK Saloniki 1:2, 1:0; Tromsö IL – Slaven Belupo Koprivnica 2:1, 2:0; Bröndby IF – Legia Warschau 1:1, 2:2; ZSKA Sofia – Derry City 1:0, 1:1; Vetra Vilnius – FC Fulham 0:3, 0:3; Rapid Wien – APOP Kinyras 2:1, n. V. 2:2; Vojvodina Novi Sad – Austria Wien 1:1, 2:4; FC Vaduz – Slovan Liberec 0:1, 0:2; MSK Zilina – Hajduk Split 1:1, 1:0; Steaua Bukarest – FC Motherwell 3:0, 3:1; FC Vaslui – Omonia Nikosia 2:0, 1:1; Polonia Warschau – NAC Breda 0:1, 1:3; Slavija Sarajevo – MFK Kosice 0:2, 1:3; FC Brügge – FC Lahti 3:2, 1:1; Helsingborgs IF – FK Sarajevo 2:1, n. V. 1:2, Elfmeterschießen 4:5; AS Rom – AA Gent 3:1, 7:1; PSV Eindhoven – Tscherno More Varna 1:0, 1:0: St. Patrick's Athletic – Krylia Sowjetow Samara 1:0, 2:3; FC Aberdeen – Sigma Olomouc 1:5, 0:3; FK Sevojno – OSC Lille 0:2, 0:2; Fenerbahce Istanbul – Honved Budapest 5:1, 1:1; NK Rijeka – Metalist Charkow 1:2, 0:2; KR Reykjavik – FC Basel 2:2, 1:3; Athletic Bilbao – Young Boys Bern 0:1, 2:1; Sporting Braga – Elfsborg Boras 1:2, 0:2.
Play-offs: Bröndby IF – Hertha BSC 2:1, 1:3; Werder Bremen – FK Aktobe 6:3, 2:0; EA Guingamp – Hamburger SV 1:5, 1:3; MFK Kosice – AS Rom 3:3, 1:7; FK Baku – FC Basel 1:3, 1:5; BATE Borissow – Litex Lovetsch 0:1, n. V. 4:0; FK Teplice – Hapoel Tel Aviv 1:2, 1:1; Bnei Yehuda Tel Aviv – PSV Eindhoven 0:1, 0:1; Trabzonspor – FC Toulouse 1:3, 1:0; PAOK Saloniki – SC Heerenveen 1:1, 0:0; NAC Breda – FC Villarreal 1:3, 1:6; ZSKA Sofia – Dynamo Moskau 0:0, 2:1; Metalurg Donezk – Austria Wien 2:2, n. V. 2:3; Rapid Wien – Aston Villa 1:0, 1:2; Sturm Graz – Metalist Charkow 1:1, 1:0; Steaua Bukarest – St. Patrick's Athletic 3:0, 2:1; Dinamo Bukarest – Slovan Liberec 0:3, n. V. 3:0; Elfmeterschießen 9:8; FC Twente Enschede – Karabakh Agdam 3:1, 0:0; Sivasspor – Schachtar Donezk 0:3, 0:2; Slavia Prag – Roter Stern Belgrad 3:0, 1:2; FC Vaslui – AEK Athen 2:1, 0:3; Partizan Belgrad – MSK Zilina 1:1, 2:0; FK Sarajevo – CFR Cluj 1:1, 1:2; Lech Posen – FC Brügge 1:0, n. V. 0:1, Elfmeterschießen 3:4; FC Sion – Fenerbahce Istanbul 0:2, 2:2; Galatasaray Istanbul – Levadia Tallinn 5:0, 1:1; KRC Genk – OSC Lille 1:2, 2:4; Lazio Rom – Elfsborg Boras 3:0, 0:1; Ajax Amsterdam – Slovan Bratislava 5:0, 2:1; NK Maribor – Sparta Prag 0:2, 0:1; CFC Genua 1893 – Odense BK 3:1, 1:1; Benfica Lissabon – Worskla Poltawa 4:0, 1:2; Dinamo Zagreb – Heart of Midlothian 4:0, 0:2; FC Everton – Sigma Olomouc 4:0, 1:1; FC Fulham – Amkar Perm 3:1, 0:1; Stabaek IF – FC Valencia 0:3, 1:4; Nacional Funchal – Zenit St. Petersburg 4:3, 1:1; Athletic Bilbao – Tromsö IL 3:2, 1:1.
Gruppenphase, Gruppe A: RSC Anderlecht – Ajax Amsterdam 1:1, 3:1; Dinamo Zagreb – RSC Anderlecht 0:2, 1:0; FC Timisoara – RSC Anderlecht 0:0, 1:3; Ajax Amsterdam – Dinamo Zagreb 2:1, 2:0; Ajax Amsterdam – FC Timisoara 0:0, 2:1; FC Timisoara – Dinamo Zagreb 0:3, 2:1 – 1. RSC Anderlecht 9:4, 11; 2. Ajax Amsterdam 8:6, 11; 3. Dinamo Zagreb 6:8, 6; 4. FC Timisoara 4:9, 5.
Gruppe B: OSC Lille – FC Valencia 1:1, 1:3; FC Valencia – CFC Genua 1893 3:2, 2:1; FC Valencia – Slavia Prag 1:1, 2:2; OSC Lille – CFC Genua 1893 3:0, 2:3; Slavia Prag – OSC Lille 1:5, 1:3; CFC Genua 1893 – Slavia Prag 2:0, 0:0 – 1. FC Valencia 12:8,12; 2. OSC Lille 15:9, 10; 3. CFC Genua 1893 8:10, 7; 4. Slavia Prag 5:13, 3.
Gruppe C: Hamburger SV – Hapoel Tel Aviv 4:2, 0:1; Hapoel Tel Aviv – Celtic Glasgow 2:1, 0:2; Hapoel Tel Aviv – Rapid Wien 5:1, 3:0; Celtic Glasgow – Hamburger SV 0:1, 0:0; Rapid Wien – Hamburger SV

3:0, 0:2; Celtic Glasgow – Rapid Wien 1:1, 3:3 – 1. Hapoel Tel Aviv 13:8, 12; 2. Hamburger SV 7:6, 10; 3. Celtic Glasgow 7:7, 6; 4. Rapid Wien 8:14, 5.

Gruppe D: Sporting Lissabon – Hertha BSC 1:0, 0:1; SC Heerenveen – Sporting Lissabon 2:3, 1:1; FK Ventspils – Sporting Lissabon 1:2, 1:1; Hertha BSC – SC Heerenveen 0:1, 3:2; Hertha BSC – FK Ventspils 1:1, 1:0; FK Ventspils – SC Heerenveen 0:0, 0:5 – 1. Sporting Lissabon 8:6, 11; 2. Hertha BSC 6:5, 10; 3. SC Heerenveen 11:7, 8; 4. FK Ventspils 3:10, 3.

Gruppe E: FC Fulham – AS Rom 1:1, 1:2; FC Basel – AS Rom 2:0, 1:2; AS Rom – ZSKA Sofia 2:0, 3:0; FC Fulham – FC Basel 1:0, 3:2; ZSKA Sofia – FC Fulham 1:1, 0:1; ZSKA Sofia – FC Basel 0:2, 1:3 – 1. AS Rom 10:5, 13; 2. FC Fulham 8:6, 11; 3. FC Basel 10:7, 9; 4. ZSKA Sofia 2:12, 1.

Gruppe F: Panathinaikos Athen – Galatasaray Istanbul 1:3, 0:1; Galatasaray Istanbul – Dinamo Bukarest 4:1, 3:0; Galatasaray Istanbul – Sturm Graz 1:1, 0:1; Dinamo Bukarest – Panathinaikos Athen 0:1, 0:3; Panathinaikos Athen – Sturm Graz 1:0, 1:0; Sturm Graz – Dinamo Bukarest 0:1, 1:2 – 1. Galatasaray Istanbul 12:4, 13; 2. Panathinaikos Athen 7:4, 12; 3. Dinamo Bukarest 4:12, 6; 4. Sturm Graz 3:6, 4.

Gruppe G: RB Salzburg – FC Villarreal 2:0, 1:0; Lazio Rom – RB Salzburg 1:2, 1:2; RB Salzburg – Levski Sofia 1:0, 1:0; Lazio Rom – FC Villarreal 2:1, 1:4; FC Villarreal – Levski Sofia 1:0, 2:0; Levski Sofia – Lazio Rom 0:4, 1:0 – 1. RB Salzburg 9:2, 18; 2. Lazio Rom 8:6, 9; 3. FC Villarreal 9:10, 6; 4. Levski Sofia 1:9, 3.

Gruppe H: Fenerbahce Istanbul – FC Twente Enschede 1:2, 1:0; Sheriff Tiraspol – Fenerbahce Istanbul 0:1, 0:1; Steaua Bukarest – Fenerbahce Istanbul 0:1, 1:3; Sheriff Tiraspol – FC Twente Enschede 2:0, 1:2; FC Twente Enschede – Steaua Bukarest 0:0, 1:1; Steaua Bukarest – Sheriff Tiraspol 0:0, 1:1 – 1. Fenerbahce Istanbul 8:3, 15; 2. FC Twente Enschede 5:6, 8; 3. Sheriff Tiraspol 4:5, 5; 4. Steaua Bukarest 3:6, 4.

Gruppe I: Benfica Lissabon – FC Everton 5:0, 2:0; Benfica Lissabon – BATE Borissow 2:0, 2:1; AEK Athen – Benfica Lissabon 1:0, 1:2; BATE Borissow – FC Everton 1:2, 1:0; FC Everton – AEK Athen 4:0, 1:0; BATE Borissow – AEK Athen 2:1, 2:2 – 1. Benfica Lissabon 13:3, 15; 2. FC Everton 7:9, 9; 3. BATE Borissow 7:9, 7; 4. AEK Athen 5:11, 4.

Gruppe J: FC Brügge – Schachtar Donezk 1:4, 0:0; Schachtar Donezk – FC Toulouse 4:0, 2:0; Schachtar Donezk – Partizan Belgrad 4:1, 0:1; FC Toulouse – FC Brügge 2:2, 0:1; FC Brügge – Partizan Belgrad 2:0, 4:2; Partizan Belgrad – FC Toulouse 2:3, 0:1 – 1. Schachtar Donezk 14:3, 13; 2. FC Brügge 10:8, 11; 3. FC Toulouse 6:11, 7; 4. Partizan Belgrad 6:14, 3.

Gruppe K: PSV Eindhoven – FC Kopenhagen 1:0, 1:1; Sparta Prag – PSV Eindhoven 2:2, 0:1; PSV Eindhoven – CFR Cluj 1:0, 2:0; FC Kopenhagen – Sparta Prag 1:0, 3:0; CFR Cluj – FC Kopenhagen 2:0, 0:2; Sparta Prag – CFR Cluj 2:0, 3:2 – 1. PSV Eindhoven 8:3, 14; 2. FC Kopenhagen 7:4, 10; 3. Sparta Prag 7:9, 7; 4. CFR Cluj 4:10, 3.

Gruppe L: Werder Bremen – Athletic Bilbao 3:1, 3:0; Nacional Funchal – Werder Bremen 2:3, 1:4; Austria Wien – Werder Bremen 2:2, 0:2; Athletic Bilbao – Nacional Funchal 2:1, 1:1; Athletic Bilbao – Austria Wien 3:0, 3:0; Austria Wien – Nacional Funchal 1:1, 1:5 – 1. Werder Bremen 17:6, 16; 2. Athletic Bilbao 10:8, 10; 3. Nacional Funchal 11:12, 5; 4. Austria Wien 4:16, 2.

Zwischenrunde: Hamburger SV – PSV Eindhoven 1:0, 2:3; FC Villarreal – VfL Wolfsburg 2:2, 1:4; FC Twente Enschede – Werder Bremen 1:0, 1:4; Hertha BSC – Benfica Lissabon 1:1, 0:4; Rubin Kasan – Hapoel Tel Aviv 3:0, 0:0; Athletic Bilbao – RSC Anderlecht 1:1, 0:4; FC Kopenhagen – Olympique Marseille 1:3, 1:3; Panathinaikos Athen – AS Rom 3:2, 3:2; Atletico Madrid – Galatasaray Istanbul 1:1, 2:1; Ajax Amsterdam – Juventus Turin 1:2, 0:0; FC Brügge – FC Valencia 1:0, n. V. 0:3; FC Fulham – Schachtar Donezk 2:1, 1:1; FC Liverpool – Unirea Urziceni 1:0, 3:1; Standard Lüttich – RB Salzburg 3:2, 0:0; OSC Lille – Fenerbahce Istanbul 2:1, 1:1; FC Everton – Sporting Lissabon 2:1, 0:3.

Achtelfinale: Rubin Kasan – VfL Wolfsburg 1:1, n. V. 1:2; FC Valencia – Werder Bremen 1:1, 4:4; Hamburger SV – RSC Anderlecht 3:1, 3:4; Benfica Lissabon – Olympique Marseille 1:1, 2:1; Atletico Madrid – Sporting Lissabon 0:0, 2:2; Panathinaikos Athen – Standard Lüttich 1:3, 0:1; OSC Lille – FC Liverpool 1:0, 0:3; Juventus Turin – FC Fulham 3:1, 1:4.

Viertelfinale: FC Fulham – VfL Wolfsburg 2:1, 1:0; Hamburger SV – Standard Lüttich 2:1, 3:1; FC Valencia – Atletico Madrid 2:2, 0:0; Benfica Lissabon – FC Liverpool 2:1, 1:4.

Halbfinale: Hamburger SV – FC Fulham 0:0, 1:2; Atletico Madrid – FC Liverpool 1:0, n. V. 1:2.

Endspiel am 12. Mai in Hamburg: Atletico Madrid – FC Fulham n. V. 2:1 (1:1, 1:1))

Madrid: De Gea – Ujfalusi, Perea, Alvaro Dominguez, Antonio Lopez – Paulo Assuncao, Raul Garcia – Reyes (Salvio), Simao (Jurado) – Forlan, Aguero (Valera).

Tore: Forlan 2 (S. Davies) – SR: Rizzoli (Italien) – Zuschauer: 49 000.

2010/11 FC Porto

Qualifikation, 1. Runde: Tobol Qostanai – Zrinjski Mostar 1:2, 1:2; Ulisses Erewan – Bnei Yehuda Tel Aviv 0:0, 0:1; Dinamo Tiflis – Flora Tallinn 2:1, 0:0; KF Laci – Dnjapro Mahiljou 1:1, 1:7; Rabotnicki Skopje – FC Lusitans 5:0, 6:0; Schachtjor Karaganda – Ruch Chorzow 1:2, 0:1; JK Trans Narva – MyPa Anjalankoski 0:2, 0:5; KF Tirana – Zalaegerszegi TE 0:0, n. V. 1:0; Torpedo Schodsina – Fylkir Reykjavik 3:0, 3:1; Zeta Golubovci – Dacia Chisinau 1:1, 0:0; Olimpia Balti – Xäzär Länkäran 0:0, 1:1; FC Sestaponi – SC Faetano 5:0, 0:0; Turku PS – Port Talbot Town 3:1, 4:0; FC Nitra – Györi ETO FC 2:2, 1:3; Qarabag Agdam – Metalurg Skopje 4:1, 1:1; NK Sibenik – Sliema Wanderers FC 0:0, 3:0; Anorthosis Famagusta – Banants Erewan 3:0, 1:0; UE Escale Santa Coloma – Mogren Budva 0:3, 0:2; Randers FC – F91 Düdelingen 6:1, 1:2; FC Portadown – Skonto Riga 1:1, 1:0; CS Grevenmacher – FC Dundalk 3:3, 1:2; NSI Runavik – Gefle IF 0:2, 1:2; Llanelli AFC – Tauras Taurage 2:2, n. V. 2:3; Olimpija Ljubljana – NK Siroki Brijeg 0:2, 0:3; Kalmar FF – EB/Streymur Eidi 1:0, 3:0; KR Reykjavik – FC Glentoran 3:0, 2:2.

Qualifikation, 2. Runde: WIT Georgia Tiflis – Banik Ostrava 0:6, 0:0; FK Atyrau – Györi ETO FC 0:3, 0:2; Tauras Taurage – APOEL Nikosia 0:3, 1:3 Valletta FC – Ruch Chorzow 1:1, 0:0; Rabotnicki Skopje – Mika Ashtarak 1:0, 0:0; OFK Belgrad – Torpedo Schodsina 2:2, 1:0; FK Ventspils – Teteks Tetovo 0:0, 1:3; Honka Espoo – Bangor City 1:1, 1:2; FK Baku – Buducnost Podgorica 0:3, 2:1; Austria Wien – NK Siroki Brijeg 2:2, 1:0; ND Gorica – Randers FC 0:3, 1:1; Olimpia Balti – Dinamo Bukarest 0:2, 1:5; MyPa Anjalankoski – UE Sant Julia 3:0, 5:0; Elfsborg Boras – Iskra-Stal Ribnita 2:1, 1:0; Dinamo Minsk – JK Kalev Sillamäe 5:1, 5:0; FC Sestaponi – Dukla Banska Bystrica 3:0, 0:1; Stabaek IF – Dnjapro Mahiljou 2:2, 1:1; Anorthosis Famagusta – NK Sibenik 0:2, n. V. 3:0; Gefle IF – Dinamo Tiflis 1:2, 1:2; Molde FK – FK Jelgava 1:0, 1:2; Kalmar FF – Dacia Chisinau 0:0, 2:0; FC Differdingen 03 – Spartak Zlatibor Voda Subotica 3:3, 0:2; Lausanne-Sport – Borac Banja Luka 1:0, 1:1; Cercle Brügge – Turku PS 0:1, 2:1; Levski Sofia – FC Dundalk 6:0, 2:0; Bröndby IF – FC Vaduz 3:0, 0:0; Maccabi Tel Aviv – Mogren Budva 2:0, 1:2; FC Utrecht – KF Tirana 4:0, 1:1; Zrinjski Mostar – Tre Penne Galazzano 4:1, 9:2; Besiktas Istanbul – Vikingur Göta 3:0, 4:0; KFK Siauliai – Wisla Krakau 0:2, 0:5; Suduva Marijampole – Rapid Wien 0:2, 2:4; Videoton FC Szekesfehervar – NK Maribor 1:1, 0:2; Besa Kavaje – Olympiakos Piräus 0:5, 1:6; FC Portadown – Qarabag Agdam 1:2, 1:1; FC Motherwell – UMF Breidablik Kopavogur 1:0, 1:0; Maritimo Funchal – Sporting Fingal 3:2, 3:2; FC Cliftonville – Cibalia Vinkovci 1:0, 0:0; Shamrock Rovers – Bnei Yehuda Tel Aviv 1:1, 1:0; KR Reykjavik – Karpaty Lwiw 0:3, 2:3.

Qualifikation, 3. Runde: Molde FK – VfB Stuttgart 2:3, 2:2; ZSKA Sofia – FC Cliftonville 3:0, 2:1; Sibir Nowosibirsk – Apollon Limassol 1:0, 2:1; Spartak Zlatibor Voda Subotica – Dnipro Dnipropetrowsk 2:1, 0:2; Dnjapro Mahiljou – Banik Ostrava 1:0, 2:1; Beroe Stara Zagora – Rapid Wien 1:1, 0:3; MyPa Anjalankoski – FC Timisoara 1:2, 3:3; Inter Turku – KRC Genk 1:5, 2:3; Ruch Chorzow – Austria Wien 1:3, 0:3; Karpaty Lwiw – FC Sestaponi 1:0, 1:0; Elfsborg Boras – Teteks Tetovo 5:0, 2:1; FC Utrecht – FC Luzern 1:0, 3:1; Randers FC – Lausanne-Sport 2:3, 1:1; Aalesunds FK – FC Motherwell 1:1, 0:3; APOEL Nikosia – FK Jablonec 1:0, 3:1; Odense BK – Zrinjski Mostar 5:3, 0:0; Kalmar FF – Levski Sofia 1:1, 2:5; Maccabi Haifa – Dinamo Minsk 1:0, 1:3; Wisla Krakau – Qarabag Agdam 0:1, 2:3; Cercle Brügge – Anorthosis Famagusta 1:0, 1:3; Dinamo Bukarest – Hajduk Split 3:1, 0:3; Galatasaray Istanbul – OFK Belgrad 2:2, 5:1; FC Nordsjaelland – Sporting Lissabon 0:1, 1:2; NK Maribor – Hibernian Edinburgh 3:0, 3:2; Roter Stern Belgrad – Slovan Bratislava 1:2, 1:1; Viktoria Plzen – Besiktas Istanbul 1:1, 0:3; Olympiakos Piräus – Maccabi Tel Aviv 2:1, 0:1; Sturm Graz – Dinamo Tiflis 2:0, 1:1; Györi ETO FC – SC Montpellier 0:1, n. V. 1:0; Elfmeterschießen 4:3; Rabotnicki Skopje – FC Liverpool 0:2, 0:2; Maritimo Funchal – Bangor City 8:2, 2:1; Shamrock Rovers – Juventus Turin 0:2, 0:1; AZ Alkmaar – IFK Göteborg 2:0, 0:1; Jagiellonia Bialystok – Aris Saloniki 1:2, 2:2; Buducnost Podgorica – Bröndby IF 1:2, 0:1.

Play-offs: Bayer Leverkusen – Tawrija Simferopol 3:0, 3:1; Borussia Dortmund – Qarabag Agdam 4:0, 1:0; Slovan Bratislava – VfB Stuttgart 0:1, 2:2; Paris Saint-Germain – Maccabi Tel Aviv 2:0, 3:4; ZSKA Moskau – Anorthosis Famagusta 4:0, 2:1; Hajduk Split – Unirea Urziceni 4:1, 1:1; Feyenoord Rotterdam – KAA Gent 1:0, 0:2; KRC Genk – FC Porto 0:3, 2:4; Debreceni VSC – Litex Lovetsch 2:0, 2:1; Aris Saloniki – Austria Wien 1:0, 1:1; Galatasaray Istanbul – Karpaty Lwiw 2:2, 1:1; US Palermo – NK Maribor 3:0, 2:3; FC Brügge – Dinamo Minsk 2:1, 3:2; Omonia Nikosia – Metalist Charkiw 0:1, 0:2; FC Vaslui – OSC Lille 0:0, 0:2; SSC Neapel – IF Elfsborg 1:0, 2:0; Sporting Lissabon – Bröndby IF 0:2, 3:0; Steaua Bukarest – Grasshopper-Club Zürich 1:0, n. V. 0:1; Elfmeterschießen 4:3; FC Liverpool – Trabzonspor 1:0, 2:1; Celtic Glasgow – FC Utrecht 2:0, 0:4; AIK Solna – Levski Sofia 0:0, 1:2; Sturm Graz – Juventus Turin 1:2, 0:1; FC Getafe – APOEL Nikosia 1:0, n. V. 1:1; Dundee United – AEK Athen 0:1, 1:1; AZ Alkmaar – FK Aqtöbe 2:0, 1:2; Dnipro Dnipropetrowsk – Lech Posen 0:1, 0:0; Rapid Wien – Aston Villa 1:1, 3:2; ZSKA Sofia – The New Saints 3:0, 2:2; Besiktas Istanbul – HJK Helsinki 2:0, 4:0; Sibir Nowosibirsk – PSV Eindhoven 1:0, 0:5; BATE Baryssau – Maritimo Funchal 3:0, 2:1; Lausanne-Sport – Lokomotive Moskau 1:1, n. V. 1:1; Elfmeterschießen 4:3; Györi ETO FC – Dinamo Zagreb 0:2, 1:2; Odense BK – FC Motherwell 2:1, 1:0; PAOK Saloniki – Fenerbahce Istanbul 1:0, n. V. 1:1; FC Villarreal – Dnjapro Mahiljou 5:0, 2:1; FC Timisoara – Manchester City 0:1, 0:2.

Gruppenphase, Gruppe A: Manchester City – Lech Posen 3:1, 1:3; Manchester City – Juventus Turin 1:1, 1:1; RB Salzburg – Manchester City 0:2, 0:3; Juventus Turin – Lech Posen 3:3, 1:1; Lech Posen – RB Salzburg 2:0, 1:0; RB Salzburg – Juventus Turin 1:1, 0:0 – 1. Manchester City 11:6, 11; 2. Lech Posen 11:8, 11; 3. Juventus Turin 7:7, 6; 4. RB Salzburg 1:9, 2.
Gruppe B: Aris Saloniki – Bayer Leverkusen 0:0, 0:1; Atletico Madrid – Bayer Leverkusen 1:1, 1:1; Bayer Leverkusen – Rosenborg Trondheim 4:0, 1:0; Aris Saloniki – Atletico Madrid 1:0, 3:2; Rosenborg Trondheim – Aris Saloniki 2:1, 0:2; Atletico Madrid – Rosenborg Trondheim 3:0, 2:1 – 1. Bayer Leverkusen 8:2, 12; 2. Aris Saloniki 7:5, 10; 3. Atletico Madrid 9:7, 8; 4. Rosenborg Trondheim 3:13, 3.
Gruppe C: Lille OSC – Sporting Lissabon 1:2, 0:1; Sporting Lissabon – KAA Gent 5:1, 1:3; Sporting Lissabon – Levski Sofia 5:0, 0:1; KAA Gent – Lille OSC 1:1, 0:3; Lille OSC – Levski Sofia 1:0, 2:2; Levski Sofia – KAA Gent 3:2, 0:1 – 1. Sporting Lissabon 14:6, 12; 2. Lille OSC 8:6, 8; 3. KAA Gent 8:13, 7; 4. Levski Sofia 6:11, 7.
Gruppe D: FC Villarreal – PAOK Saloniki 1:0, 0:1; Dinamo Zagreb – FC Villarreal 2:0, 0:3; FC Villarreal – FC Brügge 2:1, 2:1; PAOK Saloniki – Dinamo Zagreb 1:0, 1:0; FC Brügge – PAOK Saloniki 1:1, 1:1; Dinamo Zagreb – FC Brügge 0:0, 2:0 – 1. FC Villarreal 8:5, 12; 2. PAOK Saloniki 5:3, 11; 3. Dinamo Zagreb 4:5, 7; 4. FC Brügge 4:8, 3.
Gruppe E: Dynamo Kiew – BATE Baryssau 2:2, 4:1; AZ Alkmaar – Dynamo Kiew 1:2, 0:2; Sheriff Tiraspol – Dynamo Kiew 2:0, 0:0; BATE Baryssau – AZ Alkmaar 4:1, 0:3; Sheriff Tiraspol – BATE Baryssau 0:1, 1:3; AZ Alkmaar – Sheriff Tiraspol 2:1, 1:1 – 1. Dynamo Kiew 10:6, 11; 2. BATE Baryssau 11:11, 10; 3. AZ Alkmaar 8:10, 7; 4. Sheriff Tiraspol 5:7, 5.
Gruppe F: ZSKA Moskau – Sparta Prag 3:0, 1:1; US Palermo – ZSKA Moskau 0:3, 1:3; Lausanne-Sport – ZSKA Moskau 0:3, 1:5; Sparta Prag – US Palermo 3:2, 2:2; Sparta Prag – Lausanne-Sport 3:3, 3:1; US Palermo – Lausanne-Sport 1:0, 1:0 – 1. ZSKA Moskau 18:3, 16; 2. Sparta Prag 12:12, 9; 3. US Palermo 7:11, 7; 4. Lausanne-Sport 5:16, 1.
Gruppe G: RSC Anderlecht – Zenit St. Petersburg 1:3, 1:3; Zenit St. Petersburg – AEK Athen 4:2, 3:0; Zenit St. Petersburg – Hajduk Split 2:0, 3:2; RSC Anderlecht – AEK Athen 3:0, 1:1; Hajduk Split – RSC Anderlecht 1:0, 0:2; AEK Athen – Hajduk Split 3:1, 3:1 – 1. Zenit St. Petersburg 18:6, 18; 2. RSC Anderlecht 8:8, 7; 3. AEK Athen 9:13, 7; 4. Hajduk Split 5:13, 3.
Gruppe H: VfB Stuttgart – Young Boys Bern 3:0, 2:4; VfB Stuttgart – FC Getafe 1:0, 3:0; Odense BK – VfB Stuttgart 1:2, 1:5; Young Boys Bern – FC Getafe 2:0, 0:1; Young Boys Bern – Odense BK 4:2, 0:2; FC Getafe – Odense BK 2:1, 1:1 – 1. VfB Stuttgart 16:6, 15; 2. Young Boys Bern 10:10, 9; 3. FC Getafe 4:8, 7; 4. Odense BK 8:14, 4.
Gruppe I: Metalist Charkiw – PSV Eindhoven 0:2, 0:0; PSV Eindhoven – Sampdoria Genua 1:1, 2:1; Debreceni VSC – PSV Eindhoven 1:2, 0:3; Metalist Charkiw – Sampdoria Genua 2:1, 0:0; Debreceni VSC – Metalist Charkiw 0:5, 1:2; Sampdoria Genua – Debreceni VSC 1:0, 0:2 – 1. PSV Eindhoven 10:3, 14; 2. Metalist Charkiw 9:4, 11; 3. Sampdoria Genua 4:7, 5; 4. Debreceni VSC 4:13, 3.
Gruppe J: FC Sevilla – Paris Saint-Germain 0:1, 2:4; Borussia Dortmund – Paris Saint-Germain 1:1, 0:0; Paris Saint-Germain – Karpaty Lwiw 2:0, 1:1; Borussia Dortmund – FC Sevilla 0:1, 2:2; Karpaty Lwiw – FC Sevilla 0:1, 0:4; Karpaty Lwiw – Borussia Dortmund 3:4, 0:3 – 1. Paris Saint-Germain 9:4, 12; 2. FC Sevilla 10:7, 10; 3. Borussia Dortmund 10:7, 9; 4. Karpaty Lwiw 4:15, 1.
Gruppe K: SSC Neapel – FC Liverpool 0:0, 1:3; FC Liverpool – Steaua Bukarest 4:1, 1:1; FC Utrecht – FC Liverpool 0:0, 0:0; Steaua Bukarest – SSC Neapel 3:3, 0:1; SSC Neapel – FC Utrecht 0:0, 3:3; FC Utrecht – Steaua Bukarest 1:1, 1:3 – 1. FC Liverpool 8:3, 10; 2. SSC Neapel 8:9, 7; 3. Steaua Bukarest 9:11, 6; 4. FC Utrecht 5:7, 5.
Gruppe L: Besiktas Istanbul – FC Porto 1:3, 1:1; FC Porto – Rapid Wien 3:0, 3:1; ZSKA Sofia – FC Porto 0:1, 1:3; Rapid Wien – Besiktas Istanbul 1:2, 0:2; Besiktas Istanbul – ZSKA Sofia 1:0, 2:1; ZSKA Sofia – Rapid Wien 0:2, 2:1 – 1. FC Porto 14:4, 16; 2. Besiktas Istanbul 9:6, 13; 3. Rapid Wien 5:12, 3; 4. ZSKA Sofia 4:10, 3.
Zwischenrunde: Benfica Lissabon – VfB Stuttgart 2:1, 2:0; Metalist Charkiw – Bayer Leverkusen 0:4, 0:2; Aris Saloniki – Manchester City 0:0, 0:3; SSC Neapel – FC Villarreal 0:0, 1:2; Glasgow Rangers – Sporting Lissabon 1:1, 2:2; Sparta Prag – FC Liverpool 0:0, 0:1; RSC Anderlecht – Ajax Amsterdam 0:3, 0:2; Lech Posen – Sporting Braga 1:0, 0:2; Besiktas Istanbul – Dynamo Kiew 1:4, 0:4; FC Basel – Spartak Moskau 2:3, 1:1; Young Boys Bern – Zenit St. Petersburg 2:1, 1:3; PAOK Saloniki – ZSKA Moskau 0:1, 1:1; FC Sevilla – FC Porto 1:2, 1:0; Rubin Kasan – Twente Enschede 0:2, 2:2; Lille OSC – PSV Eindhoven 2:2, 1:3; BATE Baryssau – Paris Saint-Germain 2:2, 0:0.
Achtelfinale: Bayer Leverkusen – FC Villarreal 2:3, 1:2; Benfica Lissabon – Paris Saint-Germain 2:1, 1:1; Dynamo Kiew – Manchester City 2:0, 0:1; Twente Enschede – Zenit St. Petersburg 3:0, 0:2; ZSKA Moskau – FC Porto 0:1, 1:2; PSV Eindhoven – Glasgow Rangers 0:0, 1:0; Ajax Amsterdam – Spartak Moskau 0:1, 0:3; Sporting Braga – FC Liverpool 1:0, 0:0.

Viertelfinale: FC Porto – Spartak Moskau 5:1, 5:2; Benfica Lissabon – PSV Eindhoven 4:1, 2:2; FC Villarreal – Twente Enschede 5:1, 3:1; Dynamo Kiew – Sporting Braga 1:1, 0:0.
Halbfinale: Benfica Lissabon – Sporting Braga 2:1, 0:1; FC Porto – FC Villarreal 5:1, 2:3.

Endspiel am 18. Mai in Dublin: FC Porto – Sporting Braga 1:0 (1:0)
Porto: Helton – Sapunaru, Rolando, Otamendi, Alvaro Pereira – Fernando – Guarin (Belluschi), Joao Moutinho – Hulk, Varela (Rodriguez) – Falcao.
Tor: Falcao – **SR:** Velasco Carballo (Spanien) – **Zuschauer:** 45 391.

2011/12 Atletico Madrid
Qualifikation, 1. Runde: AZAL Baku – FK Minsk 1:1, 1:2; Banants Erewan – Olimpi Rustawi 0:1, 1:1; Banga Gargzdai – Qarabag Agdam 0:4, 0:3; JK Trans Narva – Rabotnicki Skopje 1:4, 0:3; FK Rad Belgrad – Tre Penne Galazzano 6:0, 3:1; Daugava Daugavpils – Tromsö IL 0:5, 1:2; Elfsborg Boras – CS Fola Esch 4:0, 1:1; Honka Espoo – JK Nomme Kalju 0:0, 2:0; Aalesunds FK – FC Neath 4:1, 2:0; UE Escale Santa Coloma – Paksi SE 0:1, 0:4; Ferencvaros Budapest – Ulisses Erewan 3:0, 2:0; Dinamo Tiflis – Milsami Orhei 2:0, 3:1 NK Varazdin – FC Lusitans 5:1, 1:0; Spartak Trnava – Zeta Golubovci 3:0, 1:2; IF Fuglafjördur – KR Reykjavik 1:3, 1:5; IB Vestmannaeyjar – St. Patrick's Athletic 1:0, 0:2; UN Käerjeng – BK Häcken Göteborg 1:1, 1:5; The New Saints – FC Cliftonville 1:1, 1:0; FC Fulham – NSI Runavik 3:0, 0:0 Renova Dzepciste – FC Glentoran 2:1, n. V. 1:2, Elfmeterschießen 2:3; Jagiellonia Bialystok – Irtysch Pawlodar 1:0, 0:2; FC Birkirkara – Vllaznia Shkoder 0:1, 1:1; FC Koper – Schachtjor Karaganda 1:1, 1:2; NK Siroki Brijeg – Olimpija Ljubljana 0:0, 0:3; Buducnost Podgorica – Flamurtari Vlore 1:3, 2:1.
Qualifikation, 2. Runde: Schachtjor Karaganda – St. Patrick's Athletic 2:1, 0:2; Olimpi Rustawi – Irtysch Pawlodar 1:1, 2:0; Slask Wroclaw – Dundee United 1:0, 2:3; FK Rad Belgrad – Olympiakos Volou 0:1, 1:1; Kuopio PS – Gaz Metan Medias 1:0, 0:2; Flamurtari Vlore – FK Jabloneo 0:2, 1:5; Iskra-Stal Ribnita – NK Varazdin 1:1, 1:3; Tauras Taurage – ADO Den Haag 2:3, 0:2; Rudar Pljevlja – Austria Wien 0:3, 0:2; Turku PS – KVC Westerlo 0:1, 0:0; UE Sant Julia – Bnei Yehuda Tel Aviv 0:2, 0:2; FK Minsk – Gaziantepspor 1:1, 1:4; Örebro SK – FK Sarajevo 0:0, 0:2; Schachzjor Salihorsk – FK Ventspils 0:1, 2:3; Valerenga Oslo – Mika Aschtarak 1:0, 1:0; Ferencvaros Budapest – Aalesunds FK 2:1, n. V. 1:3; BK Häcken Göteborg – Honka Espoo 1:0, 2:0; Anorthosis Famagusta – FK Gagra 3:0, 0:2; FC Floriana – AEK Larnaka 0:8, 0:1; Maccabi Tel Aviv – Xäzär Länkäran 3:1, 0:0; AFC Llanelli – Dinamo Tiflis 2:1, 0:5; Suduva Marijampole – Elfsborg Boras 1:1, 0:3; Olimpija Ljubljana – Bohemian FC 2:0, 1:1; FC Differdingen 03 – Levadia Tallinn 0:0, 1:0; KF Tirana – Spartak Trnava 0:0, 1:3; The New Saints – FC Midtjylland 1:3, 2:5; FC Vaduz – Vojvodina Novi Sad 0:2, 3:1; EB/Streymur Eidi – Qarabag Agdam 1:1, 0:0; Paksi SE – Tromsö IL 1:1, 3:0; Kecskemeti TE – FK Aqtöbe 1:1, 0:0; Zeljeznicar Sarajevo – Sheriff Tiraspol 1:0, 0:0; Juvenes/Dogana – Rabotnicki Skopje 0:1, 0:3; Metalurgs Liepaja – RB Salzburg 1:4, 0:0; Vllaznia Shkoder – FC Thun 0:0, 1:2; Metalurg Skopje – Lokomotive Sofia 0:0, 2:3; FC Glentoran – Worskla Poltawa 0:2, 0:3; FC Crusaders – FC Fulham 1:3, 0:4; NK Domzale – RNK Split 1:2, 1:3; KR Reykjavik – MSK Zilina 3:0, 0:2; FH Hafnarfjördur – Nacional Funchal 1:1, 0:2.
Qualifikation, 3. Runde: 1. FSV Mainz 05 – Gaz Metan Medias 1:1, n. V. 1:1, Elfmeterschießen 3:4; Bnei Yehuda Tel Aviv – Helsingborgs IF 1:0, 0:3; Slask Wroclaw – Lokomotive Sofia 0:0, n. V. 0:0, Elfmeterschießen 4:3; AEK Larnaka – FK Mlada Boleslav 3:0, 2:2; FK Ventspils – Roter Stern Belgrad 1:2, 0:7; Alania Wladikawkas – FK Aqtöbe 1:1, n. V. 1:1, Elfmeterschießen 4:2; Karpaty Lwiw – St. Patrick's Athletic 2:0, 3:1; Olimpija Ljubljana – Austria Wien 1:1, 2:3; Aalesunds FK – Elfsborg Boras 4:0, 1:1; Olimpi Rustawi – Stade Rennes 2:5, 0:2; RB Salzburg – FK Senica 1:0, 3:0; Anorthosis Famagusta – Rabotnicki Skopje 0:2, 2:1; Sparta Prag – FK Sarajevo 5:0, 2:0; Worskla Poltawa – Sligo Rovers 0:0, 2:0; Valerenga Oslo – PAOK Saloniki 0:2, 0:3; Young Boys Bern – KVC Westerlo 3:1, 2:0; Bursaspor – FK Homel 2:1, 3:1; Hapoel Tel Aviv – FC Vaduz 4:0, 1:2; Omonia Nikosia – ADO Den Haag 3:0, 0:1; RNK Split – FC Fulham 0:0, 0:2; Levski Sofia – Spartak Trnava 2:1, n. V. 1:2, Elfmeterschießen 4:5; AZ Alkmaar – FK Jablonec 2:0, 1:1; Gaziantepspor – Legia Warschau 0:1, 0:0; Dinamo Bukarest – NK Varazdin 2:2, 2:1; Paksi SE – Heart of Midlothian 1:1, 1:4; Zeljeznicar Sarajevo – Maccabi Tel Aviv 0:2, 0:6; FC Brügge – Qarabag Agdam 4:1, 0:1; US Palermo – FC Thun 2:2, 1:1; Stoke City – Hajduk Split 1:0, 1:0; Nacional Funchal – BK Häcken Göteborg 3:0, 1:2; Atletico Madrid – Strömsgodset Drammen 2:1, 2:0; FC Midtjylland – Vitoria Guimaraes 0:0, 1:2; SV Ried – Bröndby IF 2:0, 2:4; KR Reykjavik – Dinamo Tiflis 1:4, 0:2; FC Differdingen 03 – Olympiakos Volou 0:3, 0:3 (Volou wurde aus dem Wettbewerb ausgeschlossen).
Play-offs: HJK Helsinki – FC Schalke 04 2:0, 1:6; Hannover 96 – FC Sevilla 2:1, 1:1; Legia Warschau – Spartak Moskau 2:2, 3:2; Ekranas Panevezys – Hapoel Tel Aviv 1:0, 0:4; Lokomotive Moskau – Spartak Trnava 2:0, 1:1; FC Vaslui – Sparta Prag 2:0, 0:1; FK Sestaponi – FC Brügge 3:3, 0:2; Litex Lovetsch – Dynamo Kiew 1:2, 0:1; Worskla Poltawa – Dinamo Bukarest 2:1, 3:2; Aalesunds FK – AZ Alkmaar 2:1,

0:6; Omonia Nikosia – RB Salzburg 2:1, 0:1; Austria Wien – Gaz Metan Medias 3:1, 0:1; Maccabi Tel Aviv – Panathinaikos Athen 3:0, 1:2; Steaua Bukarest – ZSKA Sofia 2:0, 1:1; FC Thun – Stoke City 0:1, 1:4; Besiktas Istanbul – Alania Wladikawkas 3:0, 0:2; Bursaspor – RSC Anderlecht 1:2, 2:2; PAOK Saloniki – Karpaty Lwiw 2:0, 1:1; FC Nordsjaelland – Sporting Lissabon 0:0, 1:2; Slask Wroclaw – Rapid Bukarest 1:3, 1:1; Standard Lüttich – Helsingborgs IF 1:0, 3:1; Metalist Charkiw – FC Sochaux 0:0, 4:0; FC Fulham – Dnipro Dnipropetrowsk 3:0, 0:1; Roter Stern Belgrad – Stade Rennes 1:2, 0:4; Shamrock Rovers – Partizan Belgrad 1:1, n. V. 2:1; Rosenborg Trondheim – AEK Larnaka 0:0, 1:2; Slovan Bratislava – AS Rom 1:0, 1:1; FC Differdingen 03 – Paris Saint-Germain 0:4, 0:2; Heart of Midlothian – Tottenham Hotspur 0:5, 0:0; NK Maribor – Glasgow Rangers 2:1, 1:1; Nacional Funchal – Birmingham City 0:0, 0:3; AEK Athen – Dinamo Tiflis 1:0, n. V. 1:1; Lazio Rom – Rabotnicki Skopje 6:0, 3:1; Celtic Glasgow – FC Sion 3:0, 3:0; SV Ried – PSV Eindhoven 0:0, 0:5; Atletico Madrid – Vitoria Guimaraes 2:0, 4:0; Sporting Braga – Young Boys Bern 0:0, 2:2; Athletic Bilbao – Trabzonspor 0:0 (Rückspiel nicht ausgetragen, da Trabzonspor nachträglich in die Champions League aufrückte. Bilbao somit automatisch in der Gruppenphase).

Gruppenphase, Gruppe A: Rubin Kasan – PAOK Saloniki 2:2, 1:1; PAOK Saloniki – Tottenham Hotspur 0:0, 2:1; PAOK Saloniki – Shamrock Rovers 2:1, 3:1; Tottenham Hotspur – Rubin Kasan 1:0, 0:1; Shamrock Rovers – Rubin Kasan 0:3, 1:4; Tottenham Hotspur – Shamrock Rovers 3:1, 4:0 – 1. PAOK Saloniki 10:6, 12; 2. Rubin Kasan 11:5, 11; 3. Tottenham Hotspur 9:4, 10; 4. Shamrock Rovers 4:19, 0.

Gruppe B: Hannover 96 – Standard Lüttich 0:0, 0:2; Standard Lüttich – FC Kopenhagen 3:0, 1:0; Standard Lüttich – Worskla Poltawa 0:0, 3:1; Hannover 96 – FC Kopenhagen 2:2, 2:1; Worskla Poltawa – Hannover 96 1:2, 1:3; FC Kopenhagen – Worskla Poltawa 1:0, 1:1 – 1. Standard Lüttich 9:1, 14; 2. Hannover 96 9:7, 11; 3. FC Kopenhagen 5:9, 5; 4. Worskla Poltawa 4:10, 2.

Gruppe C: PSV Eindhoven – Legia Warschau 1:0, 3:0; Hapoel Tel Aviv – PSV Eindhoven 0:1, 3:3; Rapid Bukarest – PSV Eindhoven 1:3, 1:2; Legia Warschau – Hapoel Tel Aviv 3:2, 0:2; Rapid Bukarest – Legia Warschau 0:1, 1:3; Hapoel Tel Aviv – Rapid Bukarest 0:1, 3:1 – 1. PSV Eindhoven 13:5, 16; 2. Legia Warschau 7:9, 9; 3. Hapoel Tel Aviv 10:9, 7; 4. Rapid Bukarest 5:12, 3.

Gruppe D: Sporting Lissabon – Lazio Rom 2:1, 0:2; Sporting Lissabon – FC Vaslui 2:0, 0:1; FC Zürich – Sporting Lissabon 0:2, 0:2; Lazio Rom – FC Vaslui 2:2, 0:0; FC Zürich – Lazio Rom 1:1, 0:1; FC Vaslui – FC Zürich 2:2, 0:2 – 1. Sporting Lissabon 8:4, 12; 2. Lazio Rom 7:5, 9; 3. FC Vaslui 5:8, 6; 4. FC Zürich 5:8, 5.

Gruppe E: Stoke City – Besiktas Istanbul 2:1, 1:3; Dynamo Kiew – Besiktas Istanbul 1:0, 0:1; Besiktas Istanbul – Maccabi Tel Aviv 5:1, 3:2; Dynamo Kiew – Stoke City 1:1, 1:1; Stoke City – Maccabi Tel Aviv 3:0, 2:1; Maccabi Tel Aviv – Dynamo Kiew 1:1, 3:3 – 1. Besiktas Istanbul 13:7, 12; 2. Stoke City 10:7, 11; 3. Dynamo Kiew 7:7, 7; 4. Maccabi Tel Aviv 8:17, 2.

Gruppe F: Athletic Bilbao – RB Salzburg 2:2, 1:0; Athletic Bilbao – Paris Saint-Germain 2:0, 2:4; Slovan Bratislava – Athletic Bilbao 1:2, 1:2; Paris Saint-Germain – RB Salzburg 3:1, 0:2; RB Salzburg – Slovan Bratislava 3:0, 3:2; Slovan Bratislava – Paris Saint-Germain 0:0, 0:1 – 1. Athletic Bilbao 11:8, 13; 2. RB Salzburg 11:8, 10; 3. Paris Saint-Germain 8:7, 10; 4. Slovan Bratislava 4:11, 1.

Gruppe G: Metalist Charkiw – AZ Alkmaar 1:1, 1:1; Austria Wien – Metalist Charkiw 1:2, 1:4; Malmö FF – Metalist Charkiw 1:4, 1:3; AZ Alkmaar – Austria Wien 2:2, 2:2; AZ Alkmaar – Malmö FF 4:1, 0:0; Malmö FF – Austria Wien 1:2, 0:2 – 1. Metalist Charkiw 15:6, 14; 2. AZ Alkmaar 10:7, 8; 3. Austria Wien 10:11, 8; 4. Malmö FF 4:15, 1.

Gruppe H: Sporting Braga – FC Brügge 1:2, 1:1; FC Brügge – Birmingham City 1:2, 2:2; FC Brügge – NK Maribor 2:0, 4:3; Birmingham City – Sporting Braga 1:3, 0:1; NK Maribor – Sporting Braga 1:1, 1:5; NK Maribor – Birmingham City 1:2, 0:1 – 1. FC Brügge 12:9, 11; 2. Sporting Braga 12:6, 11; 3. Birmingham City 8:8, 10; 4. NK Maribor 6:15, 1.

Gruppe I: Udinese Calcio – Atletico Madrid 2:0, 0:4; Atletico Madrid – Celtic Glasgow 2:0, 1:0; Stade Rennes – Atletico Madrid 1:1, 1:3; Celtic Glasgow – Udinese Calcio 1:1, 1:1; Udinese Calcio – Stade Rennes 2:1, 0:0 Stade Rennes – Celtic Glasgow 1:1, 1:3 – 1. Atletico Madrid 11:4, 13; 2. Udinese Calcio 6:7, 9; 3. Celtic Glasgow 6:7, 6; 4. Stade Rennes 5:10, 3.

Gruppe J: Steaua Bukarest – FC Schalke 04 0:0, 1:2; FC Schalke 04 – Maccabi Haifa 3:1, 3:0; AEK Larnaka – FC Schalke 04 0:5, 0:0; Maccabi Haifa – Steaua Bukarest 5:0, 2:4; AEK Larnaka – Steaua Bukarest 1:1, 1:3; Maccabi Haifa – AEK Larnaka 1:0, 1:2 – 1. FC Schalke 04 13:2, 14; 2. Steaua Bukarest 9:11, 8; 3. Maccabi Haifa 10:12, 6; 4. AEK Larnaka 4:11, 5.

Gruppe K: FC Twente Enschede – Wisla Krakau 4:1, 1:2; FC Twente Enschede – FC Fulham 1:1, 0:1; Odense BK – FC Twente Enschede 1:4, 2:3; Wisla Krakau – FC Fulham 1:0, 1:4; Wisla Krakau – Odense BK 1:3, 2:1; Odense BK – FC Fulham 0:2, 2:2 – 1. FC Twente Enschede 14:7, 13; 2. Wisla Krakau 8:13, 9; 3. FC Fulham 9:6, 8; 4. Odense BK 9:14, 4.

Gruppe L: Lokomotive Moskau – RSC Anderlecht 0:2, 3:5; RSC Anderlecht – AEK Athen 4:1, 2:1; Sturm Graz – RSC Anderlecht 0:2, 0:3; Lokomotive Moskau – AEK Athen 3:1, 3:1; Sturm Graz – Lokomotive

Moskau 1:2, 1:3; AEK Athen – Sturm Graz 1:2, 3:1 – 1. RSC Anderlecht 18:5, 18; 2. Lokomotive Moskau 14:11, 12; 3. AEK Athen 8:15, 3; 4. Sturm Graz 5:14, 3.
Zwischenrunde: Viktoria Pilzen – FC Schalke 04 1:1, n. V. 1:3; Hannover 96 – FC Brügge 2:1, 1:0; Rubin Kasan – Olympiakos Piräus 0:1, 0:1; Sporting Braga – Besiktas Istanbul 0:2, 1:0; Lokomotive Moskau – Athletic Bilbao 2:1, 0:1; Ajax Amsterdam – Manchester United 0:2, 2:1; RB Salzburg – Metalist Charkiw 0:4, 1:4; AZ Alkmaar – RSC Anderlecht 1:0, 1:0; Lazio Rom – Atletico Madrid 1:3, 0:1; Legia Warschau – Sporting Lissabon 2:2, 0:1; FC Porto – Manchester City 1:2, 0:4; Stoke City – FC Valencia 0:1, 0:1; Steaua Bukarest – FC Twente Enschede 0:1, 0:1; Wisla Krakau – Standard Lüttich 1:1, 0:0; Udinese Calcio – PAOK Saloniki 0:0, 3:0; Trabzonspor – PSV Eindhoven 1:2, 1:4.
Achtelfinale: FC Twente Enschede – FC Schalke 04 1:0, 1:4; Standard Lüttich – Hannover 96 2:2, 0:4; Metalist Charkiw – Olympiakos Piräus 0:1, 2:1; Sporting Lissabon – Manchester City 1:0, 2:3; Atletico Madrid – Besiktas Istanbul 3:1, 3:0; FC Valencia – PSV Eindhoven 4:2, 1:1; AZ Alkmaar – Udinese Calcio 2:0, 1:2; Manchester United – Athletic Bilbao 2:3, 1:2.
Viertelfinale: FC Schalke 04 – Athletic Bilbao 2:4, 2:2; Atletico Madrid – Hannover 96 2:1, 2:1; AZ Alkmaar – FC Valencia 2:1, 0:4; Sporting Lissabon – Metalist Charkiw 2:1, 1:1.
Halbfinale: Atletico Madrid – FC Valencia 4:2, 1:0; Sporting Lissabon – Athletic Bilbao 2:1, 1:3.

Endspiel am 9. Mai in Bukarest: Atletico Madrid – Athletic Bilbao 3:0 (2:0)
Madrid: Courtois – Juanfran, Miranda, Godin, Filipe – Gabi, Mario Suarez – Adrian (Salvio), Diego (Koke), Arda Turan (Alvaro Dominguez) – Falcao.
Tore: Falcao (2), Diego – SR: Stark (Deutschland) – Zuschauer: 52 347.

2012/13 FC Chelsea
Qualifikation, 1. Runde: Shkendija Tetovo – FC Portadown 0:0, 1:2; Vikingur Göta – FK Homel 0:6, 0:4; Xäzär Länkäran – JK Nomme Kalju 2:2, 2:0; Kuopio PS – AFC Llanelli 2:1, 1:1; FK Jagodina – Ordabassy Schymkent 0:1, 0:0; JK Trans Narva – Inter Baku 0:5, 0:2; Renova Dzepciste – Libertas Borgo Maggiore 4:0, 4:0; Levadia Tallinn – FK Siauliai 1:0, 1:2; JJK Jyväskylä – Stabaek IF 2:0, 2:3; Pjunik Erewan – Zeta Golubovci 0:3, 2:1; Rudar Pljevlja – Schirak Gjumri 0:1, 1:1; IF Elfsborg Boras – FC Floriana 8:0, 4:0; FK Baku – ND Mura 05 0:0, 0:2; Suduva Marijampole – Daugava Daugavpils 0:1, 3:2; Dacia Chisinau – NK Celje 1:0, 1:0; FC Differdange 03 – NSI Runavik 3:0, 3:0; FC Birkirkara – Metalurg Skopje 2:2, 0:0; Torpedo Kutaisi – FK Aqtöbe 1:1, 0:1; KF Tirana – CS Grevenmacher 2:0, 0:0; FK Sarajevo – Hibernians Paola 5:2, 4:4; FC Santa Coloma – NK Osijek 0:1, 1:3; FC Twente Enschede – UE Santa Coloma 6:0, 3:0; EB/Streymur – Gandzasar Kapan 3:1, 0:2; Olimpija Ljubljana – Jeunesse Esch 3:0, 3:0; Lech Posen – Schetisu Taldykorghan 2:0, 1:1; MTK Budapest – FK Senica 1:1, 1:2; SP La Fiorita – Metalurgs Liepaja 0:2, 0:4; Teuta Durres – Metalurgi Rustawi 0:3, 1:6; Flamurtari Vlore – Honved Budapest 0:1, 0:2; Cefn Druids – MyPa Anjalankoski 0:0, 0:5; Bangor City – Zimbru Chisinau 0:0, 1:2; St. Patrick's Athletic – IB Vestmannaeyjar 1:0, n. V. 1:2; FC Cliftonville – Kalmar FF 1:0, 0:4; Bohemians Dublin – Thor Akureyri 0:0, 1:5; FC Crusaders – Rosenborg Trondheim 0:3, 0:1; Borac Banja Luka – Celik Niksic 2:2, 1:1 FH Hafnarfjördur – USV Eschen-Mauren 2:1, 1:0.
Qualifikation, 2. Runde: Metalurgs Liepaja – Legia Warschau 2:2, 1:5; Anschi Machatschkala – Honved Budapest 1:0, 4:0; Milsami Orhei – FK Aqtöbe 4:2, 0:3; Naftan Nawapolazk – Roter Stern Belgrad 3:4, 3:3; Xäzär Länkäran – Lech Posen 1:1, 0:1; Lokomotive Plovdiv – Vitesse Arnhem 4:4, 1:3; Renova Dzepciste – FK Homel 0:2, 1:0; Levadia Tallinn – Anorthosis Famagusta 1:3, 0:3; Olimpija Ljubljana – Tromsö IL 0:0, n. V. 0:1; Inter Baku – Asteras Tripolis 1:1, n. V. 1:1; Elfmeterschießen 2:4; Metalurgi Rustawi – Viktoria Pilzen 1:3, 0:2; JJK Jyväskylä – Zeta Golubovci 3:2, 0:1; Schachzjor Salihorsk – SV Ried 1:1, 0:0; FC Differdange 03 – KAA Gent 0:1, 2:3; Aarhus GF – Dila Gori 1:2, 1:3; Ruch Chorzow – Metalurg Skopje 3:1, 3:0; APOEL Nikosia – FK Senica 2:0, 1:0; Spartak Trnava – Sligo Rovers 3:1, 1:1; Rosenborg Trondheim – Ordabassy Schymkent 2:2, 2:1; Bnei Yehuda Tel Aviv – Schirak Gjumri 2:0, 1:0; Levski Sofia – FK Sarajevo 1:0, 1:3; Slaven Belupo Koprivnica – FC Portadown 6:0, 4:2; FK Mlada Boleslav – Thor Akureyri 3:0, 1:0; Metalurh Donezk – Celik Niksic 7:0, 4:2; KF Tirana – Aalesunds FK 1:1, 0:5; AIK Solna – FH Hafnarfjördur 1:1, 1:0; Eskisehirspor – FC St. Johnstone 2:0, 1:1; Dacia Chisinau – Elfsborg Boras 1:0, 0:2; Rapid Bukarest – MyPa Anjalankoski 3:1, 2:0; Zalgiris Vilnius – FC Admira 1:1, 1:5; Young Boys Bern – Zimbru Chisinau 1:0, n. V. 0:1; Elfmeterschießen 4:1; FC Twente Enschede – Inter Turku 1:1, 5:0; Servette Genf – Gandzasar Kapan 2:0, 3:1; ND Mura 05 – ZSKA Sofia 0:0, 1:1; NK Osijek – Kalmar FF 1:3, 0:3; Maccabi Netanja – Kuopio PS 1:2, 1:0; Slovan Bratislava – Videoton Szekesfehervar 1:1, 0:0; Vojvodina Novi Sad – Suduva Marijampole 1:1, 4:0; Hajduk Split – Skonto Riga 2:0, 0:1; NK Siroki Brijeg – St. Patrick's Athletic 1:1, n. V. 1:2.
Qualifikation, 3. Runde: St. Patrick's Athletic – Hannover 96 0:3, 0:2; Anschi Machatschkala – Vitesse Arnhem 2:0, 2:0; Kuopio PS – Bursaspor 1:0, 0:6; Arsenal Kiew – ND Mura 05 0:3, 2:0; Dila Gori – Anorthosis Famagusta 0:1, 3:0; Kalmar FF – Young Boys Bern 1:0, 0:3; SV Ried – Legia Warschau 2:1,

1:3; Tromsö IL – Metalurh Donezk 1:1, 1:0; Bnei Yehuda Tel Aviv – PAOK Saloniki 0:2, 1:4; AIK Solna – Lech Posen 3:0, 0:1; Ruch Chorzow – Viktoria Plzen 0:2, 0:5; APOEL Nikosia – Aalesunds FK 2:1, 1:0; SC Heerenveen – Rapid Bukarest 4:0, 0:1; Servette Genf – Rosenborg Trondheim 1:1, 0:0; FC Twente Enschede – FK Mlada Boleslav 2:0, 2:0; Steaua Bukarest – Spartak Trnava 0:1, 3:0; Asteras Tripolis – Maritimo Funchal 1:1, 0:0; KRC Genk – FK Aqtöbe 2:1, 2:1; FK Homel – FC Liverpool 0:1, 0:3; AC Horsens – Elfsborg Boras 1:1, 3:2; Videoton Szekesfehervar – AA Gent 1:0, 3:0; Roter Stern Belgrad – Omonia Nikosia 0:0, n. V. 0:0, Elfmeterschießen 6:5; Eskisehirspor – Olympique Marseille 1:1, 0:3; Hajduk Split – Inter Mailand 0:3, 2:0; Dundee United – Dynamo Moskau 2:2, 0:5; Athletic Bilbao – Slaven Belupo Koprivnica 3:1, 1:2; Vojvodina Novi Sad – Rapid Wien 2:1, 0:2; FK Sarajevo – Zeta Golubovci 2:1, 0:1; FC Admira – Sparta Prag 0:2, 2:2.
Play-offs: VfB Stuttgart – Dynamo Moskau 2:0, 1:1; Slask Wroclaw – Hannover 96 3:5, 1:5; Anschi Machatschkala – AZ Alkmaar 1:0, 5:0; Neftci Baku – APOEL Nikosia 1:1, 3:1; Tromsö IL – Partizan Belgrad 3:2, 0:1; Ekranas Panevezys – Steaua Bukarest 0:2, 0:3; Atromitos Athen – Newcastle United 1:1, 0:1; Slovan Liberec – Dnipro Dnipropetrowsk 2:2, 2:4; Sheriff Tiraspol – Olympique Marseille 1:2, 0:0; Molde FK – SC Heerenveen 2:0, 2:1; Legia Warschau – Rosenborg Trondheim 1:1, 1:2; AIK Solna – ZSKA Moskau 0:1, 2:0; FC Luzern – KRC Genk 2:1, 0:2; Bursaspor – FC Twente Enschede 3:1, n. V. 1:4; Dinamo Bukarest – Metalist Charkiw 0:2, 1:2; Trabzonspor – Videoton Szekesfehervar 0:0, n. V. 0:0, Elfmeterschießen 2:4; F91 Dudelange – Hapoel Tel Aviv 1:3, 0:4; Feyenoord Rotterdam – Sparta Prag 2:2, 0:2; FC Midtjylland – Young Boys Bern 0:3, 2:0; PAOK Saloniki – Rapid Wien 2:1, 0:3; SC Lokeren OV – Viktoria Plzen 2:1, 0:1; Debreceni VSC – FC Brügge 0:3, 1:4; FC Vaslui – Inter Mailand 0:2, 2:2; Heart of Midlothian – FC Liverpool 0:1, 1:1; FC Motherwell – UD Levante 0:2, 0:1; Zeta Golubovci – PSV Eindhoven 0:5, 0:9; AC Horsens – Sporting Lissabon 1:1, 0:5; Athletic Bilbao – HJK Helsinki 6:0, 3:3; ND Mura 05 – Lazio Rom 0:2, 1:3; Roter Stern Belgrad – Girondins Bordeaux 0:0, 2:3; Maritimo Funchal – Dila Gori 1:0, 2:0.
Gruppenphase, Gruppe A: FC Liverpool – Anschi Machatschkala 1:0, 0:1; Young Boys Bern – FC Liverpool 3:5, 2:2; FC Liverpool – Udinese Calcio 2:3, 1:0; Anschi Machatschkala – Young Boys Bern 2:0, 1:3; Udinese Calcio – Anschi Machatschkala 1:1, 0:2; Young Boys Bern – Udinese Calcio 3:1, 3:2 – 1. FC Liverpool 11:9, 10; 2. Anschi Machatschkala 7:5, 10; 3. Young Boys Bern 14:13, 10; 4. Udinese Calcio 7:12, 4.
Gruppe B: Atletico Madrid – Viktoria Plzen 1:0, 0:1; Viktoria Plzen – Academica Coimbra 3:1, 1:1; Hapoel Tel Aviv – Viktoria Plzen 1:2, 0:4; Atletico Madrid – Academica Coimbra 2:1, 0:2; Hapoel Tel Aviv – Atletico Madrid 0:3, 0:1; Academica Coimbra – Hapoel Tel Aviv 1:1, 0:2 – 1. Viktoria Plzen 11:4, 13; 2. Atletico Madrid 7:4, 12; 3. Academica Coimbra 6:9, 5; 4. Hapoel Tel Aviv 4:11, 4.
Gruppe C: Borussia Mönchengladbach – Fenerbahce Istanbul 2:4, 3:0; Fenerbahce Istanbul – Olympique Marseille 2:2, 1:0; AEL Limassol – Fenerbahce Istanbul 0:1, 0:2; Borussia Mönchengladbach – Olympique Marseille 2:0, 2:2; AEL Limassol – Borussia Mönchengladbach 0:0, 0:2; Olympique Marseille – AEL Limassol 5:1, 0:3 – 1. Fenerbahce Istanbul 10:7, 13; 2. Borussia Mönchengladbach 11:6, 11; 3. Olympique Marseille 9:11, 5; 4. AEL Limassol 4:10, 4.
Gruppe D: Newcastle United – Girondins Bordeaux 3:0, 0:2; Maritimo Funchal – Girondins Bordeaux 1:1, 0:1; Girondins Bordeaux – FC Brügge 4:0, 2:1; Maritimo Funchal – Newcastle United 0:0, 1:1; Newcastle United – FC Brügge 1:0, 2:2; FC Brügge – Maritimo Funchal 2:0, 1:2 – 1. Girondins Bordeaux 10:5, 13; 2. Newcastle United 7:5, 9; 3. Maritimo Funchal 4:6, 6; 4. FC Brügge 6:11, 4.
Gruppe E: VfB Stuttgart – Steaua Bukarest 2:2, 5:1; Steaua Bukarest – FC Kopenhagen 1:0, 1:1; Steaua Bukarest – Molde FK 2:0, 2:1; VfB Stuttgart – FC Kopenhagen 0:0, 2:0; Molde FK – VfB Stuttgart 2:0, 1:0; FC Kopenhagen – Molde FK 2:1, 2:1 – 1. Steaua Bukarest 9:9, 11; 2. VfB Stuttgart 9:6, 8; 3. FC Kopenhagen 5:6, 8; 4. Molde FK 6:8, 6.
Gruppe F: Dnipro Dnipropetrowsk – SSC Neapel 3:1, 2:4; Dnipro Dnipropetrowsk – PSV Eindhoven 2:0, 2:1; AIK Solna – Dnipro Dnipropetrowsk 2:3, 0:4; PSV Eindhoven – SSC Neapel 3:0, 3:1; SSC Neapel – AIK Solna 4:0, 2:1; PSV Eindhoven – AIK Solna 1:1, 0:1 – 1. Dnipro Dnipropetrowsk 16:8, 15; 2. SSC Neapel 12:12, 9; 3. PSV Eindhoven 8:7, 7; 4. AIK Solna 5:14, 4.
Gruppe G: FC Basel – KRC Genk 2:2, 0:0; KRC Genk – Videoton Szekesfehervar 3:0, 1:0; KRC Genk – Sporting Lissabon 2:1, 1:1; Videoton Szekesfehervar – FC Basel 2:1, 0:1; Sporting Lissabon – FC Basel 0:0, 0:3; Videoton Szekesfehervar – Sporting Lissabon 3:0, 1:2 – 1. KRC Genk 9:4, 12; 2. FC Basel 7:4, 9; 3. Videoton Szekesfehervar 6:8, 6; 4. Sporting Lissabon 4:10, 5.
Gruppe H: Inter Mailand – Rubin Kasan 2:2, 0:3; Rubin Kasan – Partizan Belgrad 2:0, 1:1; Rubin Kasan – Neftci Baku 1:0, 1:0; Inter Mailand – Partizan Belgrad 1:0, 3:1; Neftci Baku – Inter Mailand 1:3, 2:2; Partizan Belgrad – Neftci Baku 0:0, 1:1 – 1. Rubin Kasan 10:3, 14; 2. Inter Mailand 11:9, 11; 3. Partizan Belgrad 3:8, 3; 4. Neftci Baku 4:8, 3.
Gruppe I: Olympique Lyon – Sparta Prag 2:1, 1:1; Olympique Lyon – Athletic Bilbao 2:1, 3:2; Ironi Kiryat Shmona – Olympique Lyon 3:4, 0:2; Sparta Prag – Athletic Bilbao 3:1, 0:0; Sparta Prag – Ironi Kiryat

Shmona 3:1, 1:1; Athletic Bilbao – Ironi Kiryat Shmona 1:1, 2:0 – 1. Olympique Lyon 14:8, 16; 2. Sparta Prag 9:6, 9; 3. Athletic Bilbao 7:9, 5; 4. Ironi Kiryat Shmona 6:13, 2.
Gruppe J: Tottenham Hotspur – Lazio Rom 0:0, 0:0; Panathinaikos Athen – Lazio Rom 1:1, 0:3; Lazio Rom – NK Maribor 1:0, 4:1; Panathinaikos Athen – Tottenham Hotspur 1:1, 1:3; NK Maribor – Tottenham Hotspur 1:1, 1:3; NK Maribor – Panathinaikos Athen 3:0, 0:1 – 1. Lazio Rom 9:2, 12; 2. Tottenham Hotspur 8:4, 10; 3. Panathinaikos Athen 4:11, 5; 4. NK Maribor 6:10, 4.
Gruppe K: Bayer Leverkusen – Metalist Charkiw 0:0, 0:2; Rosenborg Trondheim – Metalist Charkiw 1:2, 1:3; Metalist Charkiw – Rapid Wien 2:0, 0:1; Rosenborg Trondheim – Bayer Leverkusen 0:1, 0:1; Rapid Wien – Bayer Leverkusen 0:4, 0:3; Rapid Wien – Rosenborg Trondheim 1:2, 2:3 – 1. Metalist Charkiw 9:3, 13; 2. Bayer Leverkusen 9:2, 13; 3. Rosenborg Trondheim 7:10, 6; 4. Rapid Wien 4:14, 3.
Gruppe L: Hannover 96 – UD Levante 2:1, 2:2; Helsingborgs IF – Hannover 96 1:2, 2:3; FC Twente Enschede – Hannover 96 2:2, 0:0; UD Levante – Helsingborgs IF 1:0, 3:1; UD Levante – FC Twente Enschede 3:0, 0:0; Helsingborgs IF – FC Twente Enschede 2:2, 3:1 – 1. Hannover 96 11:8, 12; 2. UD Levante 10:5, 11; 3. Helsingborgs IF 9:12, 4; 4. FC Twente Enschede 5:10, 4.
Zwischenrunde: Anschi Machatschkala – Hannover 96 3:1, 1:1; Bayer Leverkusen – Benfica Lissabon 0:1, 1:2; Bor. Mönchengladbach – Lazio Rom 3:3, 0:2; VfB Stuttgart – KRC Genk 1:1, 2:0; Zenit St. Petersburg – FC Liverpool 2:0, 1:3; SSC Neapel – Viktoria Plzen 0:3, 0:2; Sparta Prag – FC Chelsea 0:1, 1:1; Ajax Amsterdam – Steaua Bukarest 2:0, n. V. 0:2, Elfmeterschießen 2:4; Dynamo Kiew – Girondins Bordeaux 1:1, 0:1; UD Levante – Olympiakos Piräus 3:0, 1:0; BATE Baryssau – Fenerbahce Istanbul 0:0, 0:1; Tottenham Hotspur – Olympique Lyon 2:1, 1:1; FC Basel – Dnipro Dnipropetrowsk 2:0, 1:1; Atletico Madrid – Rubin Kasan 0:2, 1:0; Newcastle United – Metalist Charkiw 0:0, 1:0; Inter Mailand – CFR Cluj 2:0, 3:0.
Achtelfinale: VfB Stuttgart – Lazio Rom 0:2, 1:3; Anschi Machatschkala – Newcastle United 0:0, 0:1; Viktoria Plzen – Fenerbahce Istanbul 0:1, 1:1;
Steaua Bukarest – FC Chelsea 1:0, 1:3; Benfica Lissabon – Girondins Bordeaux 1:0, 3:2; Tottenham Hotspur – Inter Mailand 3:0, n. V. 1:4;
UD Levante – Rubin Kasan 0:0, n. V. 0:2; FC Basel – Zenit St. Petersburg 2:0, 0:1.
Viertelfinale: FC Chelsea – Rubin Kasan 3:1, 2:3; Tottenham Hotspur – FC Basel 2:2, n. V. 2:2, Elfmeterschießen 1:4; Fenerbahce Istanbul – Lazio Rom 2:0, 1:1; Benfica Lissabon – Newcastle United 3:1, 1:1.
Halbfinale: Fenerbahce Istanbul – Benfica Lissabon 1:0, 1:3; FC Basel – FC Chelsea 1:2, 1:3.

Endspiel am 15. Mai in Amsterdam: Benfica Lissabon – FC Chelsea 1:2 (0:0)
Chelsea: Cech – Azpilicueta, Cahill, Ivanovic, Cole – David Luiz, Lampard – Ramires, Mata, Oscar – Fernando Torres.
Tore: Fernando Torres, Ivanovic (Cardozo für Benfica) – SR: Kujpers (Niederlande) – Zuschauer: 46 163.

2013/14 FC Sevilla
Qualifikation, 1. Runde: Metalurg Skopje – Qarabag Agdam 0:1, 0:1; Sliema Wanderers – Xäzär Länkäran 1:1, 0:1; JK Trans Narva – Gefle IF 0:3, 1:5; Bala Town – Levadia Tallinn 1:0, 1:3; IF Fuglafjördur – FC Linfield 0:2, 0:3; FK Astana – Botev Plovdiv 0:1, 0:5; Tschichura Satschchere – FC Vaduz 0:0, 1:1; Milsami Orhei – F91 Dudelange 1:0, 0:0; Gandzasar Kapan – FK Aqtöbe 1:2, 1:2; Celik Niksic – Honvéd Budapest 1:4, 0:9; UE Santa Coloma – Zrinjski Mostar 1:3, 0:1; Teteks Tetovo – Pjunik Erewan 1:1, 0:1; Kruoja Pakruojis – Dinamo Minsk 0:3, 0:5; Inter Baku – IFK Mariehamn 1:1, 2:0; Jeunesse Esch – Turku PS 2:0, 1:2; Hibernians Paola – Vojvodina Novi Sad 1:4, 2:3; Flora Tallinn – KS Kukesi 1:1, 0:0; Suduva Marijampole – FK Turnovo 2:2, n. V. 2:2, Elfmeterschießen 4:5; KF Laci – FC Differdange 03 0:1, 1:2; FC Tiraspol – Skonto Riga 0:1, n. V. 1:0, Elfmeterschießen 2:4; Tromsö IL – NK Celje 1:2, 2:0; Torpedo Kutaisi – MSK Zilina 0:3, 3:3; Vikingur Göta – Inter Turku 1:1, 1:0; Airbus UK Broughton – FK Ventspils 1:1, 0:0; Levski Sofia – Irtysch Pawlodar 0:0, 0:2; Teuta Durres – Dacia Chisinau 3:1, 0:2; Prestatyn Town – Metalurgs Liepaja 1:2, n. V. 2:1, Elfmeterschießen 4:3; Zalgiris Vilnius – St. Patrick's Athletic 2:2, 2:1; Videoton Szekesfehervar – Mladost Podgorica 2:1, 0:1; FK Sarajevo – Libertas Borgo Maggiore 1:0, 2:1; Rudar Pljevlja – Mika Aschtarak 1:0, 1:1; NK Domzale – Astra Giurgiu 0:1, 0:2; FC Crusaders – Rosenborg Trondheim 1:2, 2:7; Drogheda United – Malmö FF 0:0, 0:2; SP La Fiorita – FC Valletta 0:3, 0:1; KR Reykjavik – FC Glentoran 0:0, 3:0; UMF Breidablik Kopavogur – FC Santa Coloma 4:0, 0:0; IB Vestmannaeyjar – HB Torshavn 1:1, 1:0.
Qualifikation, 2. Runde: Levadia Tallinn – Pandurii Targu Jiu 0:0, 0:4; Dila Gori – Aalborg BK 3:0, 0:0; Irtysch Pawlodar – NK Siroki Brijeg 3:2, 0:2; FK Ventspils – Jeunesse Esch 1:0, 4:1; Mladost Podgorica – FK Senica 2:2, 1:0; FC Honka Espoo – Lech Posen 1:3, 1:2; Schachzjor Salihorsk – Milsami Orhei 1:1, n. V. 1:1, Elfmeterschießen 2:4; Dinamo Minsk – Lokomotiva Zagreb 1:2, 3:2;

Qarabag Agdam – Piast Gliwice 2:1, n. V. 2:2; Skonto Riga – Slovan Liberec 2:1, 0:1; Beroe Stara Sagora – Hapoel Tel Aviv 1:4, 2:2; Zrinjski Mostar – Botev Plovdiv 1:1, 0:2; Maccabi Haifa – Xäzär Länkäran 2:0, 8:0; Malmö FF – Hibernian Edinburgh 2:0, 7:0; Strömsgodset Drammen – Debreceni VSC 2:2, 3:0; Petrolul Ploiesti – Vikingur Göta 3:0, 4:0; IL Hödd – FK Aqtöbe 1:0, 0:2; Tromsö IL – Inter Baku 2:0, 0:1; Tschornomorez Odessa – Dacia Chisinau 2:0, 1:2; IFK Göteborg – AS Trencin 0:0, 1:2; Rosenborg Trondheim – FC St. Johnstone 0:1, 1:1; Anorthosis Famagusta – Gefle IF 3:0, 0:4; FC Thun – Tschichura Satschchere 2:0, 3:1; KS Kukesi – FK Sarajevo 3:2, 0:0; FC Differdange 03 – FC Utrecht 2:1, 3:3; FC Valletta – FK Minsk 1:1, 0:2; FK Jagodina – Rubin Kasan 2:3, 0:1; Zalgiris Vilnius – Pjunik Erewan 2:0, 1:1; Sparta Prag – BK Häcken Göteborg 2:2, 0:1; Skoda Xanthi – FC Linfield 0:1, n. V. 2:1; Hajduk Split – FK Turnovo 2:1, 1:1; Astra Giurgiu – Omonia Nikosia 1:1, 2:1; Roter Stern Belgrad – IB Vestmannaeyjar 2:0, 0:0; Vojvodina Novi Sad – Honvéd Budapest 2:0, 3:1; Trabzonspor – Derry City 4:2, 3:0; Slask Wroclaw – Rudar Pljevlja 4:0, 2:2; Olimpija Ljubljana – MSK Zilina 3:1, 0:2; HNK Rijeka – Prestatyn Town 5:0, 3:0; KR Reykjavik – Standard Lüttich 1:3, 1:3; UMF Breidablik Kopavogur – Sturm Graz 0:0, 1:0.
Qualifikation, 3. Runde: Botev Plovdiv – VfB Stuttgart 1:1, 0:0; AS Trencin – Astra Giurgiu 1:3, 2:2; FK Minsk – FC St. Johnstone 0:1, n. V. 1:0, Elfmeterschießen 3:2; Petrolul Ploiesti – Vitesse Arnhem 1:1, 2:1; FK Jablonec – Strömsgodset Drammen 2:1, 3:1; Dinamo Minsk – Trabzonspor 0:1, 0:0; FK Aqtöbe – UMF Breidablik Kopavogur 1:0, n. V. 0:1, Elfmeterschießen 2:1; FK Ventspils – Maccabi Haifa 0:0, 0:3; Qarabag Agdam – Gefle IF 1:0, 2:0; Tschornomorez Odessa – Roter Stern Belgrad 3:1, 0:0; Randers FC – Rubin Kasan 1:2, 0:2; Zalgiris Vilnius – Lech Posen 1:0, 1:2; BK Häcken Göteborg – FC Thun 1:2, 0:1; HNK Rijeka – MSK Zilina 2:1, 1:1; Tromsö IL – FC Differdange 03 1:0, n. V. 0:1, Elfmeterschießen 4:3; KS Kukesi – Metalurh Donezk 2:0, 0:1; Vojvodina Novi Sad – Bursaspor 2:2, 3:0; Pandurii Targu Jiu – Hapoel Tel Aviv 1:1, 2:1; Slovan Liberec – FC Zürich 2:1, 2:1; Skoda Xanthi – Standard Lüttich 1:2, 1:2; AS St. Etienne – Milsami Orhei 3:0, 3:0; Asteras Tripolis – Rapid Wien 1:1, 1:3; NK Siroki Brijeg – Udinese Calcio 1:3, 0:4; Swansea City – Malmö FF 4:0, 0:0; Slask Wroclaw – FC Brügge 1:0, 3:3; FC Motherwell – Kuban Krasnodar 0:2, 0:1; GD Estoril Praia – Hapoel Ramat-Gan 0:0, 1:0; Hajduk Split – Dila Gori 0:1, 0:1; FC Sevilla – Mladost Podgorica 3:0, 6:1.
Play-offs: Qarabag Agdam – Eintracht Frankfurt 0:2, 1:2; HNK Rijeka – VfB Stuttgart 2:1, 2:2; Maccabi Tel Aviv (Freilos *); FK Aqtöbe – Dynamo Kiew 2:3, 1:5; Kuban Krasnodar – Feyenoord Rotterdam 1:0, 2:1; FK Jablonec – Real Betis Sevilla 1:2, 0:6; Dinamo Tiflis – Tottenham Hotspur 0:5, 0:3; Atromitos Athen – AZ Alkmaar 1:3, 2:0; FK Minsk – Standard Lüttich 0:2, 1:3; Maccabi Haifa – Astra Giurgiu 2:0, 1:1; Molde FK – Kuban Kasan 0:2, 0:3; RB Salzburg – Zalgiris Vilnius 5:0, 2:0; Esbjerg fB – AS St. Etienne 4:3, 1:0; FC St. Gallen – Spartak Moskau 1:1, 4:2; JK Nomme Kalju – Dnipro Dnipropetrowsk 1:3, 0:2; KS Kukesi – Trabzonspor 0:2, 1:3; Apollon Limassol – OGC Nizza 2:0, 0:1; IF Elfsborg Boras – FC Nordsjaelland 1:1, 1:0; Tromsö IL – Besiktas Istanbul * 2:1, 0:2; Pandurii Targu Jiu – Sporting Braga 0:1, n. V. 2:0; FH Hafnarfjördur – KRC Genk 0:2, 2:5; Swansea City – Petrolul Ploiesti 5:1, 1:2; Vojvodina Novi Sad – Sheriff Tiraspol 1:1, 1:2; Tschornomorez Odessa – Skenderbeu Korce 1:0, n. V. 0:1, Elfmeterschießen 7:6; Partizan Belgrad – FC Thun 1:0, 0:3; SV Zulte Waregem – APOEL Nikosia * 1:1, 2:1; Udinese Calcio – Slovan Liberec 1:3, 1:1; Grasshopper-Club Zürich – AC Florenz 1:2, 0:1; Rapid Wien – Dila Gori 1:0, 3:0; FC Sevilla – Slask Wroclaw 4:1, 5:0; GD Estoril Praia – FC Pasching 2:0, 2:1. *) Nach dem Ausschluss von Metalist Charkiw aus den Champions-League-Play-offs rückte PAOK Saloniki in diese nach. Maccabi Tel Aviv war somit kampflos für die Gruppenphase der Europa League qualifiziert. Durch den Ausschluss von Fenerbahce und Besiktas Istanbul rückten APOEL Nikosia (durch Losentscheid) und Tromsö IL in die Gruppenphase der Europa League nach.
Gruppenphase, Gruppe A: FC Valencia – Swansea City 0:3, 1:0; Kuban Krasnodar – FC Valencia 0:2, 1:1; FC Valencia – FC St. Gallen 5:1, 3:2; Swansea City – Kuban Krasnodar 1:1, 1:1; Swansea City – FC St. Gallen 1:0, 0:1; FC St. Gallen – Kuban Krasnodar 2:0, 0:4 – 1. FC Valencia 12:7, 13; 2. Swansea City 6:4, 8; 3. Kuban Krasnodar 7:7, 6; 4. FC St. Gallen 6:13, 6.
Gruppe B: Tschornomorez Odessa – Ludogorez Rasgrad 0:1, 1:1; PSV Eindhoven – Ludogorez Rasgrad 0:2, 0:2; Ludogorez Rasgrad – Dinamo Zagreb 3:0, 2:1; Tschornomorez Odessa – PSV Eindhoven 0:2, 1:0; Dinamo Zagreb – Tschornomorez Odessa 1:2, 1:2; Dinamo Zagreb – PSV Eindhoven 0:0, 0:2 – 1. Ludogorez Rasgrad 11:2, 16; 2. Tschornomorez Odessa 6:6, 10; 3. PSV Eindhoven 4:5, 7; 4. Dinamo Zagreb 3:11, 1.
Gruppe C: Esbjerg fB – RB Salzburg 1:2, 0:3; RB Salzburg – IF Elfsborg Boras 4:0, 1:0; RB Salzburg – Standard Lüttich 2:1, 3:1; IF Elfsborg Boras – Esbjerg fB 1:2, 0:1; Standard Lüttich – Esbjerg fB 1:2, 1:2; IF Elfsborg Boras – Standard Lüttich 1:1, 3:1 – 1. RB Salzburg 15:3, 18; 2. Esbjerg fB 8:8, 12; 3. IF Elfsborg Boras 5:10, 4; 4. Standard Lüttich 6:13, 1.
Gruppe D: NK Maribor – Rubin Kasan 2:5, 1:1; Rubin Kasan – SV Zulte Waregem 4:0, 2:0; Wigan Athletic – Rubin Kasan 1:1, 0:1; SV Zulte Waregem – NK Maribor 1:3, 1:0; Wigan Athletic – NK

Maribor 3:1, 1:2; SV Zulte Waregem – Wigan Athletic 0:0, 2:1 – 1. Rubin Kasan 14:4, 14; 2. NK Maribor 9:12, 7; 3. SV Zulte Waregem 4:10, 7; 4. Wigan Athletic 6:7, 5.
Gruppe E: Dnipro Dnipropetrowsk – AC Florenz 1:2, 1:2; AC Florenz – FC Pacos de Ferreira 3:0, 0:0; AC Florenz – Pandurii Targu Jiu 3:0, 2:1; FC Pacos de Ferreira – Dnipro Dnipropetrowsk 0:2, 0:2; Pandurii Targu Jiu – Dnipro Dnipropetrowsk 0:1, 1:4; FC Pacos de Ferreira – Pandurii Targu Jiu 1:1, 0:0 – 1. AC Florenz 12:3, 16; 2. Dnipro Dnipropetrowsk 11:5, 12; 3. FC Pacos de Ferreira 1:8, 3; 4. Pandurii Targu Jiu 3:11, 2.
Gruppe F: Eintracht Frankfurt – Maccabi Tel Aviv 2:0, 2:4; APOEL Nikosia – Eintracht Frankfurt 0:3, 0:2; Eintracht Frankfurt – Girondins Bordeaux 3:0, 1:0; Maccabi Tel Aviv – APOEL Nikosia 0:0, 0:0; Girondins Bordeaux – Maccabi Tel Aviv 1:2, 0:1; Girondins Bordeaux – APOEL Nikosia 2:1, 1:2 – 1. Eintracht Frankfurt 13:4, 15; 2. Maccabi Tel Aviv 7:5, 11; 3. APOEL Nikosia 3:8, 5; 4. Girondins Bordeaux 4:10, 3.
Gruppe G: Dynamo Kiew – KRC Genk 0:1, 1:3; KRC Genk – Rapid Wien 1:1, 2:2; KRC Genk – FC Thun 2:1, 1:0; Rapid Wien – Dynamo Kiew 2:2, 1:3; Dynamo Kiew – FC Thun 3:0, 2:0; FC Thun – Rapid Wien 1:0, 1:2 – 1. KRC Genk 10:5, 14; 2. Dynamo Kiew 11:7, 10; 3. Rapid Wien 8:10, 6; 4. FC Thun 3:10, 3.
Gruppe H: Slovan Liberec – FC Sevilla 1:1, 1:1; FC Sevilla – SC Freiburg 2:0, 2:0; GD Estoril Praia – FC Sevilla 1:2, 1:1; SC Freiburg – Slovan Liberec 2:2, 2:1; Slovan Liberec – GD Estoril Praia 2:1, 2:1; SC Freiburg – GD Estoril Praia 1:1, 0:0 – 1. FC Sevilla 9:4, 12; 2. Slovan Liberec 9:8, 9; 3. SC Freiburg 5:8, 6; 4. GD Estoril Praia 5:8, 3.
Gruppe I: Real Betis Sevilla – Olympique Lyon 0:0, 0:1; Olympique Lyon – Vitoria Guimaraes 1:1, 2:1; Olympique Lyon – HNK Rijeka 1:0, 1:1; Real Betis Sevilla – Vitoria Guimaraes 1:0, 1:0; HNK Rijeka – Real Betis Sevilla 1:1, 0:0; Vitoria Guimaraes – HNK Rijeka 4:0, 0:0 – 1. Olympique Lyon 6:3, 12; 2. Real Betis Sevilla 3:2, 9; 3. Vitoria Guimaraes 6:5, 5; 4. HNK Rijeka 2:7, 4.
Gruppe J: Trabzonspor – Lazio Rom 3:3, 0:0; Apollon Limassol – Trabzonspor 1:2, 2:4; Trabzonspor – Legia Warschau 2:0, 2:0; Apollon Limassol – Lazio Rom 0:0, 1:2; Lazio Rom – Legia Warschau 1:0, 2:0; Legia Warschau – Apollon Limassol 0:1, 2:0 – 1. Trabzonspor 13:6, 14; 2. Lazio Rom 8:4, 12; 3. Apollon Limassol 5:10, 4; 4. Legia Warschau 2:8, 3.
Gruppe K: Anschi Machatschkala – Tottenham Hotspur 0:2, 1:4; Sheriff Tiraspol – Tottenham Hotspur 0:2, 1:2; Tottenham Hotspur – Tromsö IL 3:0, 2:0; Sheriff Tiraspol – Anschi Machatschkala 0:0, 1:1; Anschi Machatschkala – Tromsö IL 1:0, 1:0; Tromsö IL – Sheriff Tiraspol 1:1, 0:2 – 1. Tottenham Hotspur 15:2, 18; 2. Anschi Machatschkala 4:7, 8; 3. Sheriff Tiraspol 5:6, 6; 4. Tromsö IL 1:10, 1.
Gruppe L: AZ Alkmaar – PAOK Saloniki 1:1, 2:2; Maccabi Haifa – AZ Alkmaar 0:1, 0:2; Schachter Qaraghandy – AZ Alkmaar 1:1, 0:1; PAOK Saloniki – Maccabi Haifa 3:2, 0:0; PAOK Saloniki – Schachter Qaraghandy 2:1, 2:0; Schachter Qaraghandy – Maccabi Haifa 2:2, 1:2 – 1. AZ Alkmaar 8:4, 12; 2. PAOK Saloniki 10:6, 12; 3. Maccabi Haifa 6:9, 5; 4. Schachter Qaraghandy 5:10, 2.
Zwischenrunde: FC Porto – Eintracht Frankfurt 2:2, 3:3; Anschi Machatschkala – KRC Genk 0:0, 2:0; Dnipro Dnipropetrowsk – Tottenham Hotspur 1:0, 1:3; Juventus Turin – Trabzonspor 2:0, 2:0; Tschornomorez Odessa – Olympique Lyon 0:0, 0:1; Esbjerg fB – AC Florenz 1:3, 1:1; Dynamo Kiew – FC Valencia 0:2, 0:0; PAOK Saloniki – Benfica Lissabon 0:1, 0:3; Slovan Liberec – AZ Alkmaar 0:1, 1:1; Real Betis Sevilla – Rubin Kasan 1:1, 2:0; Swansea City – SSC Neapel 0:0, 1:3; NK Maribor – FC Sevilla 2:2, 1:2; Viktoria Pilsen – Schachtar Donezk 1:1, 2:1; Lazio Rom – Ludogorez Rasgrad 0:1, 3:3; Ajax Amsterdam – RB Salzburg 0:3, 1:3; Maccabi Tel Aviv – FC Basel 0:0, 0:3.
Achtelfinale: Ludogorez Rasgrad – FC Valencia 0:3, 0:1; FC Porto – SSC Neapel 1:0, 2:2; FC Basel – RB Salzburg 0:0, 2:1; AZ Alkmaar – Anschi Machatschkala 1:0, 0:0; Olympique Lyon – Viktoria Pilsen 4:1, 1:2; FC Sevilla – Real Betis Sevilla 0:2, n. V. 2:0, Elfmeterschießen 4:3; Tottenham Hotspur – Benfica Lissabon 1:3, 2:2; Juventus Turin – AC Florenz 1:1, 1:0.
Viertelfinale: AZ Alkmaar – Benfica Lissabon 0:1, 0:2; Olympique Lyon – Juventus Turin 0:1, 1:2; FC Basel – FC Valencia 3:0, n. V. 0:5; FC Porto – FC Sevilla 1:0, 1:4.
Halbfinale: FC Sevilla – FC Valencia 2:0, 1:3; Benfica Lissabon – Juventus Turin 2:1, 0:0.

Endspiel am 14. Mai in Turin: FC Sevilla – Benfica Lissabon n. V. 0:0, i. E. 4:2

Sevilla: Beto – Coke, Pareja, Fazio, Alberto Moreno – Mbia, Daniel Carrico – Reyes (Marin/Gameiro), Rakitic, Vitolo (Diogo Figueiras) – Bacca.
Tore im Elfmeterschießen: Bacca, Mbia, Coke, Gameiro (Lima, Luisao) – SR: Brych (Deutschland) – Zuschauer: 33 120.

2014/15 FC Sevilla

Qualifikation, 1. Runde: Sliema Wanderers – Ferencvaros Budapest 1:1, 1:2; Jeunesse Esch – FC Dundalk 0:2, 1:3; Shkendija Tetovo – Zimbru Chisinau 2:1, 0:2; Schirak Gjumri – Schachter Qaraghandy 1:2, 0:4; Qairat Almaty – KS Kukesi 1:0, 0:0; Pjunik Erewan – FK Astana 1:4, 0:2; Veris Chisinau – Litex Lovetsch 0:0, 0:3; FK Qäbälä – NK Siroki Brijeg 0:2, 0:3; Santos Tartu – Tromsö IL 0:7, 1:6; Banga Gargzdai – Sligo Rovers 0:0, 0:4; Celik Niksic – FC Koper 0:5, 0:4; MyPa Anjalankoski – IF Fuglafjördur 1:0, 0:0; Kalev Sillamäe – Honka Espoo 2:1, n. V. 2:3; FK Turnovo – Tschichura Satschchere 0:1, 1:3; UE Santa Coloma – Metalurg Skopje 0:3, 0:2; Vaasa PS – IF Brommapojkarna 2:1, 0:2; Botev Plovdiv – Libertas Borgo Maggiore 4:0, 2:0; Sioni Bolnisi – Flamurtari Vlore 2:3, 2:1; FC Tiraspol – Inter Baku 2:3, 1:3; FC Vaduz – College Europa 3:0, 1:0; Rosenborg Trondheim – FK Jelgava 4:0, 2:0; IFK Göteborg – Fola Esch 0:0, 2:0; FC Differdange – Atlantas Klaipeda 1:0, 1:3; Airbus UK Broughton – FK Haugesund 1:1, 1:2; Hibernians Paola – Spartak Trnava 2:4, 0:5; Cukaricki Belgrad – UE Sant Julia 4:0, 0:0; RNK Split – Mika Aschtarak 2:0, 1:1; Rudar Velenje – KF Laci 1:1, n. V. 1:1; Elfmeterschießen 2:3; B36 Torshavn – FC Linfield 1:2, 1:1; Vikingur Göta – Daugava Daugavpils 2:1, 1:1; Diosgyöri VTK – FC Birkirkara 2:1, 4:1; SS Folgore/Falciano – Buducnost Podgorica 1:2, 0:3; Derry City – Aberystwyth Town 4:0, 5:0; FC Aberdeen – Daugava 90 Riga 5:0, 3:0; FC Crusaders – Ekranas Panevezys 3:1, 2:1; Zeljeznicar Sarajevo – Lovcen Cetinje 0:0, 1:0; Fram Reykjavik – JK Nomme Kalju 0:1, 2:2; Stjarnan Gardabaer – Bangor City 4:0, 4:0; FH Hafnarfjördur – FC Glenavon 3:0, 3:2.

Qualifikation, 2. Runde: FK Astana – Hapoel Tel Aviv 3:0, 0:1; Qairat Almaty – Esbjerg fB 1:1, 0:1; MFK Kosice – Slovan Liberec 0:1, 0:3; Neftci Baku – FC Koper 1:2, 2:0; KF Laci – Sorja Luhansk 0:3, 1:2; Dinamo Minsk – MyPa Anjalankoski 3:0, 0:0; Buducnost Podgorica – Omonia Nikosia 0:2, 0:0; AS Trencin – Vojvodina Novi Sad 4:0, 0:3; JK Nomme Kalju – Lech Posen 1:0, 0:3; FK Sestaponi – Spartak Trnava 0:0, 0:3; Atlantas Klaipeda – Schachter Qaraghandy 0:0, 0:3; Ruch Chorzow – FC Vaduz 3:2, 0:0; Rovaniemi PS – Asteras Tripolis 1:1, 2:4; Elfsborg Boras – Inter Baku 0:1, n. V. 1:0; Elfmeterschießen 4:3; Petrolul Ploiesti – Flamurtari Vlore 2:0, 3:1; Botev Plovdiv – SKN St. Pölten 2:1, 0:2; Njoman Hrodna – FH Hafnarfjördur 1:1, 0:2; IF Brommapojkarna – FC Crusaders 4:0, 1:1; FK Mlada Boleslav – NK Siroki Brijeg 2:1, 4:0; Rosenborg Trondheim – Sligo Rovers 1:2, 3:1; CFR Cluj – FK Jagodina 0:0, 1:0; FC Luzern – FC St. Johnstone 1:1, n. V. 1:1, Elfmeterschießen 4:5; ZSKA Sofia – Zimbru Chisinau 1:1, 0:0; Litex Lovetsch – Diosgyöri VTK 0:2, 2:1; Györi ETO FC – IFK Göteborg 0:3, 1:0; Vikingur Göta – Tromsö IL 0:0, 2:1; SV Zulte Waregem – Zawisza Bydgoszcz 2:1, 3:1; Molde FK – ND Gorica 4:1, 1:1; Metalurg Skopje – Zeljeznicar Sarajevo 0:0, 2:2; RNK Split – Hapoel Beer Sheva 2:1, 0:0; Bursaspor – Tschichura Satschchere 0:0, n. V. 0:0, Elfmeterschießen 1:4; HNK Rijeka – Ferencvaros Budapest 1:0, 2:1; Kalev Sillamäe – FK Krasnodar 0:4, 0:5; FC Motherwell – Stjarnan Gardabaer 2:2, n. V. 2:3; FC Aberdeen – FC Groningen 0:0, 2:1; FC Linfield – AIK Solna 1:0, 0:2; Derry City – Schachzjor Salihorsk 0:1, 1:5; FC Dundalk – Hajduk Split 0:2, 2:1; FK Sarajevo – FK Haugesund 0:1, 3:1; Cukaricki Belgrad – SV Grödig 0:4, 2:1.

Qualifikation, 3. Runde: 1. FSV Mainz 05 – Asteras Tripolis 1:0, 1:3; Schachter Qaraghandy – Hajduk Split 4:2, 0:3; FK Astana – AIK Solna 1:1, 3:0; Neftci Baku – Tschichura Satschchere 0:0, 3:2; Astra Giurgiu – Slovan Liberec 3:0, 3:2; Omonia Nikosia – Metalurg Skopje 3:0, 1:0; Dynamo Moskau – Hapoel Ironi Kiryat Shmona 1:1, 2:1; Elfsborg Boras – FH Hafnarfjördur 4:1, 1:2; Ruch Chorzow – Esbjerg fB 0:0, 2:2; Dinamo Minsk – CFR Cluj 1:0, 2:0; IFK Göteborg – FC Rio Ave 0:1, 0:0; FK Mlada Boleslav – Olympique Lyon 1:4, 1:2; IF Brommapojkarna – FC Turin 0:3, 0:3; PSV Eindhoven – SKN St. Pölten 1:0, 3:2; AS Trencin – Hull City 0:0, 1:2; Kardemir Karabükspor – Rosenborg Trondheim 0:0, 1:1; Sorja Luhansk – Molde FK 1:1, 2:1; Young Boys Bern – Ermis Aradippou 1:0, 2:0; Vikingur Göta – HNK Rijeka 1:5, 0:4; RNK Split – Tschornomorez Odessa 2:0, 0:0; SV Zulte Waregem – Schachzjor Salihorsk 2:5, 2:2; Petrolul Ploiesti – Viktoria Pilsen 1:1, 4:1; FC Brügge – Bröndby IF 3:0, 2:0; Real Sociedad San Sebastian – FC Aberdeen 2:0, 3:2; Diosgyöri VTK – FK Krasnodar 1:5, 0:3; Stjarnan Gardabaer – Lech Posen 1:0, 0:0; FK Sarajevo – Atromitos Athen 1:2, n. V. 3:1; FC St. Johnstone – Spartak Trnava 1:2, 1:1; SV Grödig – Zimbru Chisinau 1:2, 1:0.

Play-offs: FK Sarajevo – Borussia Mönchengladbach 2:3, 0:7; Dnipro Dnipropetrowsk – Hajduk Split 2:1, 0:0; Stjarnan Gardabaer – Inter Mailand 0:3, 0:6; FK Astana – FC Villarreal 0:3, 0:4; FK Aqtöbe – Legia Warschau 0:1, 0:2; Dynamo Moskau – Omonia Nikosia 2:2, 2:1; Qarabag Agdam – FC Twente Enschede 0:0, 1:1; Ruch Chorzow – Metalist Charkiw 0:0, n. V. 0:0, 1:1; AEL Limassol – Tottenham Hotspur 1:2, 0:3; HJK Helsinki – Rapid Wien 2:1, 3:3; PSV Eindhoven – Schachzjor Salihorsk 1:0, 2:0; Elfsborg Boras – FC Rio Ave 2:1, 0:1; Dinamo Minsk – Nacional Funchal 2:0, 3:2; Kardemir Karabükspor – AS St. Etienne 1:0, n. V. 0:1, Elfmeterschießen 3:0; FK Petrolul Ploiesti – Dynamo Zagreb 1:3, 1:2; Apollon Limassol – Lokomotive Moskau 1:1, 4:1; Young Boys Bern – Debreceni VSC 3:1, 0:0; Sorja Luhansk – Feyenoord Rotterdam 1:1, 3:4; Trabzonspor – FK Rostow 2:0, 0:0; PEC Zwolle – Sparta Prag 1:1, 1:3; Panathinaikos Athen – FC Midtjylland 4:1, 2:1; Zimbru Chisinau – PAOK Saloniki 1:0, 0:4; Spartak Trnava – FC Zürich 1:3, 1:1; Partizan Belgrad – Neftci Baku 3:2, 2:1;

Asteras Tripolis – Maccabi Tel Aviv 2:0, 1:3; Grasshopper-Club Zürich – FC Brügge 1:2, 0:1; RNK Split – FC Turin 0:0, 0:1; Olympique Lyon – Astra Giurgiu 1:2, 1:0; KSC Lokeren OV – Hull City 1:0, 1:2; Real Sociedad San Sebastian – FK Krasnodar 1:0, 0:3; HNK Rijeka – Sheriff Tiraspol 1:0, 3:0.
Gruppenphase, Gruppe A: Borussia Mönchengladbach – FC Villarreal 1:1, 2:2; FC Zürich – Borussia Mönchengladbach 1:1, 0:3; Borussia Mönchengladbach – Apollon Limassol 5:0, 2:0; FC Villarreal – FC Zürich 4:1, 2:3; FC Villarreal – Apollon Limassol 4:0, 2:0; Apollon Limassol – FC Zürich 3:2, 1:3 – 1. Borussia Mönchengladbach 14:4, 12; 2. FC Villarreal 15:7, 11; 3. FC Zürich 10:14, 7; 4. Apollon Limassol 4:18, 3.
Gruppe B: FC Brügge – FC Turin 0:0, 0:0; HJK Helsinki – FC Brügge 0:3, 1:2; FC Brügge – FC Kopenhagen 1:1, 4:0; FC Turin – HJK Helsinki 2:0, 1:2; FC Turin – FC Kopenhagen 1:0, 5:1; FC Kopenhagen – HJK Helsinki 2:0, 1:2 – 1. FC Brügge 10:2, 12; 2. FC Turin 9:3, 11; 3. HJK Helsinki 5:11, 6; 4. FC Kopenhagen 5:13, 4.
Gruppe C: Tottenham Hotspur – Besiktas Istanbul 1:1, 0:1; Besiktas Istanbul – Asteras Tripolis 1:1, 2:2; Partizan Belgrad – Besiktas Istanbul 0:4, 1:2; Tottenham Hotspur – Asteras Tripolis 5:1, 2:1; Partizan Belgrad – Tottenham Hotspur 0:0, 0:1; Asteras Tripolis – Partizan Belgrad 2:0, 0:0 – 1. Besiktas Istanbul 11:5, 12; 2. Tottenham Hotspur 9:4, 11; 3. Asteras Tripolis 7:10, 6; 4. Partizan Belgrad 1:9, 2.
Gruppe D: RB Salzburg – Celtic Glasgow 2:2, 3:1; RB Salzburg – Dinamo Zagreb 4:2, 5:1; Astra Giurgiu – RB Salzburg 1:2, 1:5; Celtic Glasgow – Dinamo Zagreb 1:0, 3:4; Celtic Glasgow – Astra Giurgiu 2:1, 1:1; Dinamo Zagreb – Astra Giurgiu 5:1, 0:1 – 1. RB Salzburg 21:8, 16; 2. Celtic Glasgow 10:11, 8; 3. Dinamo Zagreb 12:15, 6; 4. Astra Giurgiu 6:15, 4.
Gruppe E: Dynamo Moskau – PSV Eindhoven 1:0, 1:0; Estoril Praia – Dynamo Moskau 1:2, 0:1; Panathinaikos Athen – Dynamo Moskau 1:2, 1:2; PSV Eindhoven – Estoril Praia 1:0, 3:3; PSV Eindhoven – Panathinaikos Athen 1:1, 3:2; Estoril Praia – Panathinaikos Athen 2:0, 1:1 – 1. Dynamo Moskau 9:3, 18; 2. PSV Eindhoven 8:8, 8; 3. Estoril Praia 7:8, 5; 4. Panathinaikos Athen 6:11, 2.
Gruppe F: Dnipro Dnipropetrowsk – Inter Mailand 0:1, 1:2; Inter Mailand – Qarabag Agdam 2:0, 0:0; Inter Mailand – AS St. Etienne 0:0, 1:1; Dnipro Dnipropetrowsk – Qarabag Agdam 0:1, 2:1; AS St. Etienne – Dnipro Dnipropetrowsk 0:0, 0:1; Qarabag Agdam – AS St. Etienne 0:0, 1:1 – 1. Inter Mailand 6:2, 12; 2. Dnipro Dnipropetrowsk 4:5, 7; 3. Qarabag Agdam 3:5, 6; 4. AS St. Etienne 2:3, 5.
Gruppe G: FC Sevilla – Feyenoord Rotterdam 2:0, 0:2; HNK Rijeka – Feyenoord Rotterdam 3:1, 0:2; Feyenoord Rotterdam – Standard Lüttich 2:1, 3:0; HNK Rijeka – FC Sevilla 2:2, 0:1; Standard Lüttich – FC Sevilla 0:0, 1:3; Standard Lüttich – HNK Rijeka 2:0, 0:2 – 1. Feyenoord Rotterdam 10:6, 12; 2. FC Sevilla 8:5, 11; 3. HNK Rijeka 7:8, 7; 4. Standard Lüttich 4:10, 4.
Gruppe H: FC Everton – VfL Wolfsburg 4:1, 2:0; FK Krasnodar – FC Everton 1:1, 1:0; Lille OSC – FC Everton 0:0, 0:3; FK Krasnodar – VfL Wolfsburg 2:4, 1:5; VfL Wolfsburg – Lille OSC 1:1, 3:0; Lille OSC – FK Krasnodar 1:1, 1:1 – 1. FC Everton 10:3, 11; 2. VfL Wolfsburg 14:10, 10; 3. FK Krasnodar 7:12, 6; 4. Lille OSC 3:9, 4.
Gruppe I: Young Boys Bern – SSC Neapel 2:0, 0:3; SSC Neapel – Sparta Prag 3:1, 0:0; Slovan Bratislava – SSC Neapel 0:2, 0:3; Sparta Prag – Young Boys Bern 3:1, 0:2; Young Boys Bern – Slovan Bratislava 5:0, 3:1; Slovan Bratislava – Sparta Prag 0:3, 0:4 – 1. SSC Neapel 11:3, 13; 2. Young Boys Bern 13:7, 12; 3. Sparta Prag 11:6, 10; 4. Slovan Bratislava 1:20, 0.
Gruppe J: Aalborg BK – Dynamo Kiew 3:0, 0:2; Dynamo Kiew – Steaua Bukarest 3:1, 2:0; FC Rio Ave – Dynamo Kiew 0:3, 0:2; Steaua Bukarest – Aalborg BK 6:0, 0:1; Aalborg BK – FC Rio Ave 1:0, 0:2; Steaua Bukarest – FC Rio Ave 2:1, 2:2 – 1. Dynamo Kiew 12:4, 15; 2. Aalborg BK 5:10, 9; 3. Steaua Bukarest 11:9, 7; 4. FC Rio Ave 5:10, 4.
Gruppe K: AC Florenz – EA Guingamp 3:0, 2:1; PAOK Saloniki – AC Florenz 0:1, 1:1; Dinamo Minsk – AC Florenz 0:3, 2:1; EA Guingamp – PAOK Saloniki 2:0, 2:1; Dinamo Minsk – EA Guingamp 0:0, 0:2; PAOK Saloniki – Dinamo Minsk 6:1, 2:0 – 1. AC Florenz 11:4, 13; 2. EA Guingamp 7:6, 10; 3. PAOK Saloniki 10:7, 7; 4. Dinamo Minsk 3:14, 4.
Gruppe L: Trabzonspor – Legia Warschau 0:1, 0:2; Legia Warschau – KSC Lokeren OV 1:0, 0:1; Metalist Charkiw – Legia Warschau 0:1, 1:2; Trabzonspor – KSC Lokeren OV 2:0, 1:1; Metalist Charkiw – Trabzonspor 1:2, 1:3; KSC Lokeren OV – Metalist Charkiw 1:0, 1:0 – 1. Legia Warschau 7:2, 15; 2. Trabzonspor 8:6, 10; 3. KSC Lokeren OV 4:4, 10; 4. Metalist Charkiw 3:10, 0.
Zwischenrunde: VfL Wolfsburg – Sporting Lissabon 2:0, 0:0; FC Sevilla – Bor. Mönchengladbach 1:0, 3:2; Young Boys Bern – FC Everton 1:4, 1:3; FC Turin – Athletic Bilbao 2:2, 3:2; Aalborg BK – FC Brügge 1:3, 0:3; Dnipro Dnipropetrowsk – Olympiakos Piräus 2:0, 2:2; Trabzonspor – SSC Neapel 0:4, 0:1; AS Rom – Feyenoord Rotterdam 1:1, 2:1; PSV Eindhoven – Zenit St. Petersburg 0:1, 0:3; Ajax Amsterdam – Legia Warschau 1:0, 3:0; RSC Anderlecht – Dynamo Moskau 0:0, 1:3; EA Guingamp – Dynamo Kiew 2:1, 1:3; FC Villarreal – RB Salzburg 2:1, 3:1; FC Liverpool – Besiktas Istanbul 1:0, n. V. 0:1, Elfmeterschießen 4:5; Tottenham Hotspur – AC Florenz 1:1, 0:2; Celtic Glasgow – Inter Mailand 3:3, 0:1.

Achtelfinale: VfL Wolfsburg – Inter Mailand 3:1, 2:1; Zenit St. Petersburg – FC Turin 2:0, 0:1; Dnipro Dnipropetrowsk – Ajax Amsterdam 1:0, n. V. 1:2; FC Brügge – Besiktas Istanbul 2:1, 3:1; FC Everton – Dynamo Kiew 2:1, 2:5; FC Villarreal – FC Sevilla 1:3, 1:2; SSC Neapel – Dynamo Moskau 3:1, 0:0; AC Florenz – AS Rom 1:1, 3:0.
Viertelfinale: VfL Wolfsburg – SSC Neapel 1:4, 2:2; FC Sevilla – Zenit St. Petersburg 2:1, 2:2; FC Brügge – Dnipro Dnipropetrowsk 0:0, 0:1; Dynamo Kiew – AC Florenz 1:1, 0:2.
Halbfinale: SSC Neapel – Dnipro Dnipropetrowsk 1:1, 0:1; FC Sevilla – AC Florenz 3:0, 2:0.

Endspiel am 27. Mai in Warschau: Dnipro Dnipropetrowsk – FC Sevilla 2:3 (2:2)
Sevilla: Sergio Rico – Vidal, Daniel Carrico, Kolodziejczak, Tremoulinas – Mbia, Krychowiak – Reyes (Coke), Banega (Iborra), Vitolo – Bacca (Gameiro).
Tore: Bacca 2, Krychowiak (Kalinic, Rotan für Dnipro) – SR: Atkinson (England) – Zuschauer: 45 000.

2015/16 FC Sevilla
Qualifikation, 1. Runde: Balzan Youths – Zeljeznicar Sarajevo 0:2, 0:1; Progres Niedercorn – Shamrock Rovers 0:0, 0:3; Renova Dzepciste – Dacia Chisinau 0:1, 1:4; Ordabassy Shymkent – Beitar Jerusalem 0:0, 1:2; Schirak Gjumri – Zrinjski Mostar 2:0, 1:2; Alashkert Martuni – FC St. Johnstone 1:0, 1:2; Kruoja Pakruojis – Jagiellonia Bialystok 0:1, 0:8; KF Laci – Inter Baku 1:1, 0:0; Olimpik Sarajevo – Spartak Trnava 1:1, 0:0; Skonto Riga – St. Patrick's Athletic 2:1, 2:0; UE Sant Julia – Randers FC 0:1, 0:3; SJK Seinäjoki – FH Hafnarfjördur 0:1, 0:1; FC Lahti – Elfsborg Boras 2:2, 0:5; Atlantas Klaipeda – Beroe Stara Sagora 0:2, 1:3; Vaasan PS – AIK Solna 2:2, 0:4; Neftci Baku – Mladost Podgorica 2:2, 1:1; KS Kukesi – Torpedo Schodsina 2:0, 0:0; FK Jelgava – Litex Lovetsch 1:1, 2:2; Dinamo Tiflis – FK Qäbälä 2:1, 0:2; FK Aqtöbe – JK Nomme Kalju 0:1, 0:0; Flora Tallinn – Rabotnicki Skopje 1:0, 0:2; Dinamo Batumi – Omonia Nikosia 1:0, 0:2; Debreceni VSC – Sutjeska Niksic 3:0, 0:2; Kalev Sillamäe – Hajduk Split 1:1, 2:6; Strömsgodset Drammen – Partizani Tirana 3:1, 1:0; Bröndby IF – AC Juvenes/Dogana 9:0, 2:0; FC Botosani – FC Zchinwali 1:1, 3:1; Sheriff Tiraspol – Odds BK Skien 0:3, 0:0; FC Differdange 03 – Bala Town 3:1, 1:2; FK Trakai – HB Torshavn 3:0, 4:1; Saxan Ceadir Lunga – Apollon Limassol 0:2, 0:2; College Europa – Slovan Bratislava 0:6, 0:3; Airbus UK Broughton – Lokomotiva Zagreb 1:3, 2:2; Vikingur Göta – Rosenborg Trondheim 0:2, 0:0; NK Domzale – Cukaricki Belgrad 0:1, 0:0; NK Celje – Slask Breslau 0:1, 1:3; Go Ahead Eagles – Ferencvaros Budapest 1:1, 1:4; AFC Newtown – FC Valletta 2:1, 2:1; MTK Budapest – Vojvodina Novi Sad 0:0, 1:3; Buducnost Podgorica – Spartaks Jurmala 1:3, 0:0; SP La Fiorita – FC Vaduz 0:5, 1:5; FC Linfield – NSI Runavik 2:0, 3:4; UC Dublin – F91 Dudelange 1:0, 1:2; FC Birkirkara – Ulisses Erewan 0:0, 3:1; FC Glenavon – Schachzjor Salihorsk 1:2, 0:3; West Ham United – FC Lusitanos 3:0, 1:0; Roter Stern Belgrad – Qairat Almaty 0:2, 1:2; Cork City – KR Reykjavik 1:1, n. V. 1:2; FC Glentoran – MSK Zilina 1:4, 0:3; Shkendija Tetovo – FC Aberdeen 1:1, 0:0; Vikingur Reykjavik – FC Koper 0:1, 2:2.
Qualifikation, 2. Runde: Qairat Almaty – Alashkert Martuni 3:0, 1:2; FK Jelgava – Rabotnicki Skopje 1:0, 0:2; Dacia Chisinau – MSK Zilina 1:2, 2:4; Skonto Riga – Debreceni VSC 2:2, 2:9; Randers FC – Elfsborg Boras 0:0, n. V. 0:1; Schachzjor Salihorsk – Wolfsberger AC 0:1, 0:2; Beroe Stara Sagora – Bröndby IF 0:1, 0:0; Hapoel Beer Sheva – FC Thun 1:1, 1:2; AIK Solna – Schirak Gjumri 2:0, 2:0; FK Mlada Boleslav – Strömsgodset Drammen 1:2, 1:0; Tscherno More Varna – Dinamo Minsk 1:1, 0:4; Apollon Limassol – FK Trakai 4:0, 0:0; FC Koper – Hajduk Split 3:2, 1:4; KS Kukesi – Mladost Podgorica 0:1, 4:2; RSC Charleroi – Beitar Jerusalem 5:1, 4:1; FC Vaduz – JK Nomme Kalju 3:1, 2:0; FC Kopenhagen – AFC Newtown 2:0, 3:1; Lokomotiva Zagreb – PAOK Saloniki 2:1, 0:6; Trabzonspor – FC Differdange 03 1:0, 2:1; Spartak Trnava – FC Linfield 2:1, 3:1; Slovan Bratislava – UC Dublin 1:0, 5:1; Ferencvaros Budapest – Zeljeznicar Sarajevo 0:1, 0:2; Vojvodina Novi Sad – Spartaks Jurmala 3:0, 1:1; Jagiellonia Bialystok – Omonia Nikosia 0:0, 0:1; Cukaricki Belgrad – FK Qäbälä 1:0, 0:2; Slask Breslau – IFK Göteborg 0:0, 0:2; West Ham United – FC Birkirkara 1:0, n. V. 0:1; Elfmeterschießen 5:3; Inverness CT – Astra Giurgiu 0:1, 0:0; Shamrock Rovers – Odds BK Skien 0:2, 1:2; Legia Warschau – FC Botosani 1:0, 3:0; HNK Rijeka – FC Aberdeen 0:3, 2:2; KR Reykjavik – Rosenborg Trondheim 0:1, 0:3; FH Hafnarfjördur – Inter Baku 1:2, n. V. 2:2.
Qualifikation, 3. Runde: Wolfsberger AC – Borussia Dortmund 0:1, 0:5; FK Jablonec – FC Kopenhagen 0:3, 3:2; Qairat Almaty – FC Aberdeen 2:1, 1:1; Elfsborg Boras – Odds BK Skien 2:1, 0:2; PAOK Saloniki – Spartak Trnava 1:0, 1:1; Slovan Liberec – Hapoel Ironi Kiryat Shmona 2:1, 3:0; Apollon Limassol – FK Qäbälä 1:1, 0:1; Sturm Graz – Rubin Kasan 2:3, 1:1; SCR Altach – Vitoria Guimaraes 2:1, 4:1; FK Krasnodar – Slovan Bratislava 2:0, 3:3; AIK Solna – Atromitos Athen 1:3, 0:1; FC Zürich – Dinamo Minsk 0:1, n. V. 1:1; MSK Zilina – Worskla Poltawa 2:0, n. V. 1:3; AZ Alkmaar –

Istanbul Basaksehir 2:0, 2:1; FC Thun – FC Vaduz 0:0, 2:2; ASA Targu-Mures – AS St. Etienne 0:3, 2:1; KS Kukesi – Legia Warschau 0:3, 0:1; Rabotnicki Skopje – Trabzonspor 1:0, n. V. 1:1; Debreceni VSC – Rosenborg Trondheim 2:3, 1:3; Bröndby IF – Omonia Nikosia 0:0, 2:2; Girondins Bordeaux – AEK Larnaka 3:0, 1:0; RSC Charleroi – Sorja Luhansk 0:2, 0:3; Standard Lüttich – Zeljeznicar Sarajevo 2:1, 1:0; Athletic Bilbao – Inter Baku 2:0, 0:0; West Ham United – Astra Giurgiu 2:2, 1:2; Sampdoria Genua – Vojvodina Novi Sad 0:4, 2:0; Hajduk Split – Strömsgodset Drammen 2:0, 2:0; CF Belenenses – IFK Göteborg 2:1, 0:0; FC Southampton – Vitesse Arnhem 3:0, 2:0.

Play-offs: Odds BK Skien – Borussia Dortmund 3:4, 2:7; FK Qäbälä – Panathinaikos Athen 0:0, 2:2; Dinamo Minsk – RB Salzburg 2:0, n. V. 0:2, Elfmeterschießen 3:2; Astra Giurgiu – AZ Alkmaar 3:2, 0:2; Ajax Amsterdam – FK Jablonec 1:0, 0:0; Sorja Luhansk – Legia Warschau 0:1, 2:3; Molde FK – Standard Lüttich 2:0, 1:3; PAOK Saloniki – Bröndby IF 5:0, 1:1; Slovan Liberec – Hajduk Split 1:0, 1:0; FK Krasnodar – HJK Helsinki 5:1, 0:0; Sparta Prag – FC Thun 3:1, 3:3; Milsami Orhei – AS St. Etienne 1:1, 0:1; Steaua Bukarest – Rosenborg Trondheim 0:3, 1:0; Young Boys Bern – Qarabag Agdam 0:1, 0:3; Rabotnicki Skopje – Rubin Kasan 1:1, 0:1; Atromitos Athen – Fenerbahce Istanbul 0:1, 0:3; MSK Zilina – Athletic Bilbao 3:2, 0:1; SCR Altach – CF Belenenses 0:1, 0:0; Girondins Bordeaux – Qairat Almaty 1:0, 1:2; Viktoria Pilsen – Vojvodina Novi Sad 3:0, 2:0; Lech Posen – Videoton FC 3:0, 1:0; FC Southampton – FC Midtjylland 1:1, 0:1.

Gruppenphase, Gruppe A: Fenerbahce Istanbul – Molde FK 1:3, 2:0; Molde FK – Ajax Amsterdam 1:1, 1:1; Molde FK – Celtic Glasgow 3:1, 2:1; Fenerbahce Istanbul – Ajax Amsterdam 1:0, 0:0; Celtic Glasgow – Fenerbahce Istanbul 2:2, 1:1; Ajax Amsterdam – Celtic Glasgow 2:2, 2:1 – 1. Molde FK 10:7, 11; 2. Fenerbahce Istanbul 7:6, 9; 3. Ajax Amsterdam 6:6, 7; 4. Celtic Glasgow 8:12, 3.

Gruppe B: FC Liverpool – FC Sion 1:1, 0:0; FC Liverpool – Rubin Kasan 1:1, 1:0; Girondins Bordeaux – FC Liverpool 1:1, 1:2; FC Sion – Rubin Kasan 2:1, 0:2; Girondins Bordeaux – FC Sion 0:1, 1:1; Rubin Kasan – Girondins Bordeaux 0:0, 2:2 – 1. FC Liverpool 6:4, 10; 2. FC Sion 5:5, 9; 3. Rubin Kasan 6:6, 6; 4. Girondins Bordeaux 5:7, 4.

Gruppe C: Borussia Dortmund – FK Krasnodar 2:1, 0:1; PAOK Saloniki – FK Krasnodar 0:0, 1:2; FK Krasnodar – FK Qäbälä 2:1, 3:0; PAOK Saloniki – Borussia Dortmund 1:1, 1:0; FK Qäbälä – Borussia Dortmund 1:3, 0:4; FK Qäbälä – PAOK Saloniki 0:0, 0:0 – 1. FK Krasnodar 9:4, 13; 2. Borussia Dortmund 10:5, 10; 3. PAOK Saloniki 3:3, 7; 4. FK Qäbälä 2:12, 2.

Gruppe D: FC Midtjylland – SSC Neapel 1:4, 0:5; SSC Neapel – FC Brügge 5:0, 1:0; Legia Warschau – SSC Neapel 0:2, 2:5; FC Brügge – FC Midtjylland 1:3, 1:1; FC Midtjylland – Legia Warschau 1:0, 0:1; Legia Warschau – FC Brügge 1:1, 0:1 – 1. SSC Neapel 22:3, 18; 2. FC Midtjylland 6:12, 7; 3. FC Brügge 4:11, 5; 4. Legia Warschau 4:10, 4.

Gruppe E: Rapid Wien – FC Villarreal 2:1, 0:1; Rapid Wien – Viktoria Pilsen 3:2, 2:1; Dinamo Minsk – Rapid Wien 0:1, 1:2; FC Villarreal – Viktoria Pilsen 1:0, 3:3; FC Villarreal – Dinamo Minsk 4:0, 2:1; Viktoria Pilsen – Dinamo Minsk 2:0, 0:1 – 1. Rapid Wien 10:6, 15; 2. FC Villarreal 12:6, 13; 3. Viktoria Pilsen 8:10, 4; 4. Dinamo Minsk 3:11, 3.

Gruppe F: Sporting Braga – Olympique Marseille 3:2, 0:1; Slovan Liberec – Sporting Braga 0:1, 1:2; Sporting Braga – FC Groningen 1:0, 0:0; Olympique Marseille – Slovan Liberec 0:1, 4:2; FC Groningen – Olympique Marseille 0:3, 1:2; Slovan Liberec – FC Groningen 1:1, 1:0 – 1. Sporting Braga 7:4, 13; 2. Olympique Marseille 12:7, 12; 3. Slovan Liberec 6:8, 7; 4. FC Groningen 2:8, 2.

Gruppe G: Lazio Rom – AS St. Etienne 3:2, 1:1; Dnipro Dnipropetrowsk – Lazio Rom 1:1, 1:3; Lazio Rom – Rosenborg Trondheim 3:1, 2:0; Dnipro Dnipropetrowsk – AS St. Etienne 0:1, 0:3; AS St. Etienne – Rosenborg Trondheim 2:2, 1:1; Rosenborg Trondheim – Dnipro Dnipropetrowsk 0:1, 0:3 – 1. Lazio Rom 13:6, 14; 2. AS St. Etienne 10:7, 9; 3. Dnipro Dnipropetrowsk 6:8, 7; 4. Rosenborg Trondheim 4:12, 2.

Gruppe H: Sporting Lissabon – Lokomotive Moskau 1:3, 4:2; Lokomotive Moskau – Besiktas Istanbul 1:1, 1:1; Lokomotive Moskau – Skenderbeu Korce 2:0, 3:0; Besiktas Istanbul – Sporting Lissabon 1:1, 1:3; Sporting Lissabon – Skenderbeu Korce 5:1, 0:3; Skenderbeu Korce – Besiktas Istanbul 0:1, 0:2 – 1. Lokomotive Moskau 12:7, 11; 2. Sporting Lissabon 14:11, 10; 3. Besiktas Istanbul 7:6, 9; 4. Skenderbeu Korce 4:13, 3.

Gruppe I: AC Florenz – FC Basel 1:2, 2:2; FC Basel – Lech Posen 2:0, 1:0; FC Basel – CF Belenenses 1:2, 2:0; AC Florenz – Lech Posen 1:2, 2:0; CF Belenenses – AC Florenz 0:4, 0:1; Lech Posen – CF Belenenses 0:0, 0:0 – 1. FC Basel 10:5, 13; 2. AC Florenz 11:6, 10; 3. Lech Posen 2:6, 5; 4. CF Belenenses 2:8, 5.

Gruppe J: RSC Anderlecht – Tottenham Hotspur 2:1, 1:2; AS Monaco – Tottenham Hotspur 1:1, 1:4; Tottenham Hotspur – Qarabag Agdam 3:1, 1:0; RSC Anderlecht – AS Monaco 1:1, 2:0; Qarabag Agdam – RSC Anderlecht 1:0, 1:2; AS Monaco – Qarabag Agdam 1:0, 1:1 – 1. Tottenham Hotspur 12:6, 13; 2. RSC Anderlecht 8:6, 10; 3. AS Monaco 5:9, 6; 4. Qarabag Agdam 4:8, 4.

Gruppe K: FC Schalke 04 – Sparta Prag 2:2, 1:1; FC Schalke 04 – Asteras Tripolis 4:0, 4:0; APOEL

Nikosia – FC Schalke 04 0:3, 0:1; Asteras Tripolis – Sparta Prag 1:1, 0:1; Sparta Prag – APOEL Nikosia 2:0, 3:1; APOEL Nikosia – Asteras Tripolis 2:1, 0:2 – 1. FC Schalke 04 15:3, 14; 2. Sparta Prag 10:5, 12; 3. Asteras Tripolis 4:12, 4; 4. APOEL Nikosia 3:12, 3.
Gruppe L: Athletic Bilbao – FC Augsburg 3:1, 3:2; Partizan Belgrad – Athletic Bilbao 0:2, 1:5; AZ Alkmaar – Athletic Bilbao 2:1, 2:2; FC Augsburg – Partizan Belgrad 1:3, 3:1; AZ Alkmaar – FC Augsburg 0:1, 1:4; Partizan Belgrad – AZ Alkmaar 3:2, 2:1 – 1. Athletic Bilbao 16:8, 13; 2. FC Augsburg 12:11, 9; 3. Partizan Belgrad 10:14, 9; 4. AZ Alkmaar 8:13, 4.
Zwischenrunde: Borussia Dortmund – FC Porto 2:0, 1:0; FC Augsburg – FC Liverpool 0:0, 0:1; Schachtar Donezk – FC Schalke 04 0:0, 3:0; Sporting Lissabon – Bayer 04 Leverkusen 0:1, 1:3; Fenerbahce Istanbul – Lokomotive Moskau 2:0, 1:1; AC Florenz – Tottenham Hotspur 1:1, 0:3; RSC Anderlecht – Olympiakos Piräus 1:0, n. V. 2:1; FC Midtjylland – Manchester United 2:1, 1:5; FC Sevilla – Molde FK 3:0, 0:1; FC Villarreal – SSC Neapel 1:0, 1:1; AS St. Etienne – FC Basel 3:2, 1:2; FC Valencia – Rapid Wien 6:0, 4:0; Sparta Prag – FK Krasnodar 1:0, 3:0; Galatasaray Istanbul – Lazio Rom 1:1, 1:3; FC Sion – Sporting Braga 1:2, 2:2; Olympique Marseille – Athletic Bilbao 0:1, 1:1.
Achtelfinale: Borussia Dortmund – Tottenham Hotspur 3:0, 2:1; FC Villarreal – Bayer 04 Leverkusen 2:0, 0:0; Schachtar Donezk – RSC Anderlecht 3:1, 1:0; FC Basel – FC Sevilla 0:0, 0:3; Fenerbahce Istanbul – Sporting Braga 1:0, 1:4; Athletic Bilbao – FC Valencia 1:0, 1:2; FC Liverpool – Manchester United 2:0, 1:1; Sparta Prag – Lazio Rom 1:1, 3:0.
Viertelfinale: Borussia Dortmund – FC Liverpool 1:1, 3:4; Sporting Braga – Schachtar Donezk 1:2, 0:4; FC Villarreal – Sparta Prag 2:1, 4:2; Athletic Bilbao – FC Sevilla 1:2, n. V. 2:1, Elfmeterschießen 4:5.
Halbfinale: Schachtar Donezk – FC Sevilla 2:2, 1:3; FC Villarreal – FC Liverpool 1:0, 0:3.

Endspiel am 18. Mai in Basel: FC Liverpool – FC Sevilla 1:3 (1:0)
Sevilla: Soria – Mariano, Rami (Kolodziejczak), Daniel Carrico, – Krychowiak, Nzonzi – Coke, Banega (Cristoforo), Vitolo – Gameiro (Iborra)
Tore: Coke 2, Gameiro (Sturridge für Liverpool) – SR: Eriksson (Schweden) – Zuschauer: 35 000.

Rangliste der Sieger in den europäischen Pokalwettbewerben

Verein	EC 1	EC 2	EC 3	ges.	(im Finale)
Real Madrid	11	–	2	13	(18x)
FC Barcelona	5	4	3	12	(18x)
AC Mailand	7	2	–	9	(14x)
FC Liverpool	5	–	3	8	(12x)
Bayern München	5	1	1	7	(12x)
Ajax Amsterdam	4	1	1	6	(9x)
Inter Mailand	3	–	3	6	(9x)
Juventus Turin	2	1	3	6	(15x)
FC Sevilla	–	–	5	5	(5x)
Manchester United	3	1	–	4	(6x)
FC Porto	2	–	2	4	(5x)
FC Chelsea	1	2	1	4	(5x)
FC Valencia	–	1	3	4	(7x)
Feyenoord Rotterdam	1	–	2	3	(3x)
RSC Anderlecht	–	2	1	3	(7x)
Tottenham Hotspur	–	1	2	3	(4x)
AC Parma	–	1	2	3	(4x)
Atlético Madrid	–	1	2	3	(8x)
Benfica Lissabon	2	–	–	2	(10x)
Nottingham Forest	2	–	–	2	(2x)
Borussia Dortmund	1	1	–	2	(5x)
Hamburger SV	1	1	–	2	(5x)
PSV Eindhoven	1	–	1	2	(2x)
Dynamo Kiew	–	2	–	2	(2x)
FC Arsenal	–	1	1	2	(6x)
Real Saragossa	–	1	1	2	(3x)
IFK Göteborg	–	–	2	2	(2x)
Leeds United	–	–	2	2	(5x)

Verein	EC 1	EC 2	EC 3	ges. (im Finale)	
Borussia Mönchengladbach	–	–	2	2	(5x)
Aston Villa	1	–	–	1	(1x)
Roter Stern Belgrad	1	–	–	1	(2x)
Werder Bremen	–	1	–	1	(2x)
Steaua Bukarest	1	–	–	1	(2x)
Celtic Glasgow	1	–	–	1	(3x)
Olympique Marseille	1	–	–	1	(4x)
FC Aberdeen	–	1	–	1	(1x)
Slovan Bratislava	–	1	–	1	(1x)
FC Everton	–	1	–	1	(1x)
AC Florenz	–	1	–	1	(4x)
Glasgow Rangers	–	1	–	1	(4x)
Sampdoria Genua	–	1	–	1	(3x)
Sporting Lissabon	–	1	–	1	(2x)
1. FC Magdeburg	–	1	–	1	(1x)
Manchester City	–	1	–	1	(1x)
KV Mechelen	–	1	–	1	(1x)
Paris St. Germain	–	1	–	1	(2x)
Lazio Rom	–	1	–	1	(2x)
Dynamo Tiflis	–	1	–	1	(1x)
West Ham United	–	1	–	1	(2x)
Ferencváros Budapest	–	–	1	1	(3x)
AS Rom	–	–	1	1	(3x)
Eintracht Frankfurt	–	–	1	1	(2x)
Bayer Leverkusen	–	–	1	1	(2x)
Dinamo Zagreb	–	–	1	1	(2x)
Ipswich Town	–	–	1	1	(1x)
Galatasaray Istanbul	–	–	1	1	(1x)
ZSKA Moskau	–	–	1	1	(1x)
SSC Neapel	–	–	1	1	(1x)
Newcastle United	–	–	1	1	(1x)
FC Schalke 04	–	–	1	1	(1x)
Zenit St. Petersburg	–	–	1	1	(1x)
Schachtjor Donezk	–	–	1	1	(1x)
Espanyol Barcelona	–	–	–	–	(2x)
Athletic Bilbao	–	–	–	–	(2x)
Birmingham City	–	–	–	–	(2x)
FC Brügge	–	–	–	–	(2x)
AS Monaco	–	–	–	–	(2x)
Stade Reims	–	–	–	–	(2x)
VfB Stuttgart	–	–	–	–	(2x)
Rapid Wien	–	–	–	–	(2x)
CD Alavés	–	–	–	–	(1x)
AZ 67 Alkmaar	–	–	–	–	(1x)
FC Antwerpen	–	–	–	–	(1x)
Panathinaikos Athen	–	–	–	–	(1x)
SEC Bastia	–	–	–	–	(1x)
Partizan Belgrad	–	–	–	–	(1x)
Girondins Bordeaux	–	–	–	–	(1x)
Sporting Braga	–	–	–	–	(1x)
MTK Budapest	–	–	–	–	(1x)
Újpest Dózsa Budapest	–	–	–	–	(1x)
Dnipro Dnipropetrowsk	–	–	–	–	(1x)
Fortuna Düsseldorf	–	–	–	–	(1x)
Dundee United	–	–	–	–	(1x)
FC Twente Enschede	–	–	–	–	(1x)
FC Fulham	–	–	–	–	(1x)
FC Carl Zeiss Jena	–	–	–	–	(1x)
1. FC Köln	–	–	–	–	(1x)

Verein	EC 1	EC 2	EC 3	ges. (im Finale)
1. FC Lok Leipzig	–	–	–	– (1x)
Stadtmannschaft London	–	–	–	– (1x)
Standard Lüttich	–	–	–	– (1x)
RCD Mallorca	–	–	–	– (1x)
Malmö FF	–	–	–	– (1x)
FC Middlesbrough	–	–	–	– (1x)
Dynamo Moskau	–	–	–	– (1x)
TSV München 1860	–	–	–	– (1x)
AS St. Etienne	–	–	–	– (1x)
Austria Salzburg	–	–	–	– (1x)
Videoton Székesfehérvár	–	–	–	– (1x)
AC Turin	–	–	–	– (1x)
Austria Wien	–	–	–	– (1x)
Wolverhampton Wanderers	–	–	–	– (1x)
Górnik Zabrze	–	–	–	– (1x)

Europapokal-Bilanzen der deutschen Klubs und Städte

	Spiele	S	U	N	Tore	Punkte
Bayern München	431	241	97	93	855:441	820
Borussia Dortmund	220	114	40	66	368:251	382
Hamburger SV	211	113	36	62	385:241	375
VfB Stuttgart	184	86	42	56	310:215	300
Bayer Leverkusen	195	84	44	67	308:248	296
Werder Bremen	186	84	41	61	348:252	293
Borussia Mönchengladbach	151	85	34	32	334:176	289
FC Schalke 04	171	81	41	49	273:201	284
1. FC Köln	160	84	29	47	310:186	281
Eintracht Frankfurt	121	63	24	34	238:136	213
Hertha BSC	102	46	27	29	126: 99	165
1. FC Kaiserslautern	94	48	9	37	164:120	153
Dynamo Dresden	98	42	25	31	155:122	151
Carl Zeiss Jena	87	39	17	31	139:114	134
1. FC Magdeburg	72	32	15	25	115: 86	111
1. FC Lok Leipzig	77	31	16	30	107: 91	109
Berliner FC Dynamo	60	23	18	19	87: 80	87
VfL Wolfsburg	48	23	9	16	81: 65	78
Hannover 96	49	21	11	17	84: 86	74
TSV München 1860	42	20	8	14	88: 58	68
Vorwärts Frankfurt/Oder	42	16	3	23	54: 63	51
1. FC Nürnberg	28	12	7	9	44: 38	43
Fortuna Düsseldorf	29	11	8	10	45: 36	41
Karlsruher SC	24	9	8	7	35: 25	35
MSV Duisburg	16	8	4	4	39: 25	28
Eintracht Braunschweig	21	8	4	9	34: 25	28
Wismut Aue/Karl-Marx-Stadt	22	6	6	10	30: 31	24
Bayer Uerdingen	14	7	2	5	33: 14	23
1. FSV Mainz 05	10	4	4	2	12: 7	16
SC Freiburg	14	3	6	5	14: 16	15
Sachsenring Zwickau	12	4	3	5	6: 10	15
Hansa Rostock	12	5	0	7	16: 22	15
Alemannia Aachen	8	3	3	2	11: 7	12
FC Augsburg	8	3	1	4	12: 12	10
VfL Bochum	8	2	3	3	15: 14	9
Chemie Leipzig	6	2	1	3	9: 10	7
Chemnitzer FC	10	2	1	7	11: 17	7
Rot-Weiß Erfurt	4	2	0	2	3: 5	6

	Spiele	S	U	N	Tore	Punkte
1. FC Union Berlin	4	1	2	1	4: 3	5
Stahl Brandenburg	4	1	2	1	3: 4	5
Hallescher FC	5	1	2	2	5: 9	5
Kickers Offenbach	2	1	0	1	2: 3	3
Wuppertaler SV	2	1	0	1	6: 8	3
1. FC Saarbrücken	2	1	0	1	5: 7	3
Viktoria Köln	2	1	0	1	5: 7	3
PSV Schwerin	2	0	1	1	0: 2	1
Rot-Weiss Essen	2	0	1	1	1: 5	1
Tasmania 1900 Berlin	2	0	0	2	3: 5	0
Eisenhüttenstädter FC Stahl	2	0	0	2	1: 5	0
als Stadtmannschaften						
Auswahl Leipzig	17	7	1	9	29: 35	22
Auswahl Köln	7	2	1	4	9: 13	7
Auswahl Frankfurt/Main	4	2	0	2	10: 10	6
Auswahl Berlin	2	1	0	1	1: 3	3

Anmerkung: Alle Ergebnisse wurden nach der heute gültigen 3-Punkte-Regel umgerechnet.

Nationenwertung nach Anzahl der Titel und Finalteilnahmen

	EC 1	EC 2	EC 3	ges. (im Finale)
Spanien	16	7	16	39 (65x)
England	12	8	11	31 (53x)
Italien	12	7	10	29 (56x)
Deutschland	7	4	6	17 (39x)
Niederlande	6	1	4	11 (16x)
Portugal	4	1	2	7 (18x)
Russland (UdSSR)	–	3	2	5 (6x)
Belgien	–	3	1	4 (12x)
Schottland	1	2	–	3 (9x)
Frankreich	1	1	–	2 (13x)
Jugoslawien	1	–	1	2 (5X)
Schweden	–	–	2	2 (3x)
Rumänien	1	–	–	1 (2x)
DDR	–	1	–	1 (3x)
Tschechoslowakei	–	1	–	1 (1x)
Ungarn	–	–	1	1 (6x)
Türkei	–	–	1	1 (1x)
Ukraine	–	–	1	1 (2x)
Österreich	–	–	–	– (4x)
Griechenland	–	–	–	– (1x)
Polen	–	–	–	– (1x)

Juventus Turin, Ajax Amsterdam, FC Barcelona, FC Chelsea und Bayern München sind bisher die einzigen Vereine, die alle drei Pokalwettbewerbe gewonnen haben. Als erster deutscher Verein hatte zuvor der HSV in allen drei Endspielen gestanden, aber nur zweimal (E1, E2) gesiegt.

UEFA Youth League

Teilnahmeberechtigt sind die U19-Teams der 32 für die Gruppenphase der Champions League qualifizierten Klubs und seit 2015/16 auch die Jugendmeister der 32 besten UEFA-Verbände.

Die bisherigen Gewinner: 2014 FC Barcelona – 2015, 2016 FC Chelsea.

2016: FC Chelsea
Der Deutsche A-Junioren-Meister FC Schalke 04 schied bereits in der 1. Runde gegen Ajax Amsterdam aus (2:3, 0:2).
In der Gruppenphase wurde Bayer Leverkusen Dritter hinter dem FC Barcelona (0:1, 1:1), AS Rom (2:1, 1:5) und vor BATE Baryssau (1:0, 1:1). Gruppenletzter wurden der VfL Wolfsburg hinter PSV Eindhoven (4:1, 1:2), ZSKA Moskau (2:4, 2:1) und Manchester United (0:2, 1:1), Borussia Mönchengladbach hinter Manchester City (1:2, 1:1), FC Sevilla (2:2, 2:4) und Juventus Turin (3:2, 1:2) sowie Bayern München hinter Dinamo Zagreb (1:2, 1:0), FC Arsenal (1:1, 0:2) und Olympiakos Piräus (0:1, 0:1).

Achtelfinale: PSV Eindhoven – AS Rom 2:2, Elfmeterschießen 1:3; 1. FK Pribram – Benfica Lissabon 1:1, Elfmeterschießen 3:5; RSC Anderlecht – Dinamo Zagreb 0:2 (Wertung 3:0, da Zagreb einen gesperrten Spieler eingesetzt hatte.); Olympique Lyon – Ajax Amsterdam 0:3; FC Chelsea – FC Valencia 1:1, Elfmeterschießen 5:3); Real Madrid – Manchester City 3:1; Paris Saint-Germain – FC Middlesbrough 1:0; FC Barcelona – FC Midtjylland 3:1.
Viertelfinale: FC Chelsea – Ajax Amsterdam 1:0; Paris Saint-Germain – AS Rom 3:1; RSC Anderlecht – FC Barcelona 2:0; Real Madrid – Benfica Lissabon 2:0.

Endrunde in Nyon/Schweiz:
Halbfinale: Real Madrid – Paris Saint-Germain 1:3; FC Chelsea – RSC Anderlecht 3:0.
Endspiel am 18. April 2016: FC Chelsea – Paris Saint-Germain 2:1.

KAPITEL 13

DER JUGENDFUSSBALL

Die Bilanz der 190 Junioren-Länderspiele U 19/U 20

Gegner	Spiele	Siege	Unentsch.	Niederl.	Tore	11-m-Sch.
Ägypten	3	2	–	1	4:2	
Argentinien	2	–	–	2	0:2	
Australien	2	1	1	–	2:1	
Brasilien	5	1	–	4	6:10	
Bulgarien	1	1	–	–	3:0	
Chile	3	2	–	1	8:3	
China	2	1	1	–	5:4	
Costa Rica	2	–	–	2	2:4	
Dänemark	2	–	1	1	2:3	
DDR	1	–	–	1	0:1	
England	5	1	1	3	6:7	
Fidschi	1	1	–	–	8:1	
Finnland	1	1	–	–	2:1	
Frankreich	2	–	1	1	4:5	
Ghana	2	–	2	–	3:3	
Honduras	1	1	–	–	5:1	
Irak	1	1	–	–	3:1	
Italien	31	15	5	11	48:37	
Japan	1	–	–	1	0:4	
Jugoslawien	1	–	1	–	1:1	4:5
Kamerun	2	1	1	–	4:1	
Kanada	2	2	–	–	5:0	
Kasachstan	1	1	–	–	8:0	
Katar	2	2	–	–	6:1	
Litauen	1	1	–	–	3:0	
Mali	1	–	1	–	1:1	3:4
Mexiko	3	1	1	1	3:3	
Niederlande	5	3	1	1	10:5	
Nigeria	4	2	1	1	6:6	
Österreich	13	8	2	3	27:16	
Paraguay	2	1	–	1	4:2	
Polen	14	7	3	4	23:14	
Portugal	5	2	1	2	5:6	5:3
Rumänien	2	2	–	–	4:0	
Russland	1	–	1	–	1:1	
Saudi-Arabien	3	2	1	–	5:1	
Schottland	3	2	1	–	5:3	4:3
Schweiz	31	15	10	6	58:39	
Slowakei	1	–	1	–	2:2	
Spanien	7	1	1	5	9:14	
Südafrika	1	1	–	–	6:1	
Südkorea	2	–	1	1	1:3	
Thailand	1	1	–	–	6:0	
Tschechien	3	1	1	1	5:5	
Türkei	5	3	2	–	8:3	
Uruguay	1	–	–	1	1:2	
USA	4	3	1	–	8:2	
Usbekistan	1	1	–	–	3:0	
Gesamt:	**190**	**91**	**44**	**55**	**339:222**	

Die Nationalmannschaften der Junioren U 19/U 20

1981: 6 Spiele: 5 Siege, 1 Niederlage

1. **Mexiko**, 3. 10., Adelaide, 1:0 gewonnen (U20-WM-Gruppenspiel): Vollborn – Winklhofer, Zorc, Schmidkunz – Sievers, Brunner, Loose (1) – Schön – Anthes, Herbst, Wohlfarth (Hermann) – Kapitän: Loose – Schiedsrichter: Valentine (Schottland).
2. **Ägypten**, 6. 10., Adelaide, 1:2 verloren (U20-WM-Gruppenspiel): Vollborn – Winklhofer, Zorc, Schmidkunz, Nushöhr (Trieb) – Sievers, Brunner, Loose (1) – Anthes, Herbst, Wohlfahrth (Brummer) – K.: Loose – SR: Mendez (Guatemala).
3. **Spanien**, 8. 10., Canberra, 4:2 gewonnen (U20-WM-Gruppenspiel): Vollborn – Winklhofer, Zorc, Schmidkunz – Trieb (1), Sievers, Loose, Schön (Brunner) – Anthes (1) (Brummer), Herbst, Wohlfarth (2) – K.: Loose – SR: Coelho (Brasilien).
4. **Australien**, 11. 10., Canberra, 1:0 gewonnen (U20-WM-Viertelfinale): Vollborn – Winklhofer, Zorc, Schmidkunz – Trieb, Sievers, Loose (Brunner) Schön – Anthes, Herbst, Wohlfarth (1) – K.: Loose/Brunner – SR: Sörensen (Dänemark).
5. **Rumänien**, 14. 10., Melbourne, 1:0 n.V. gewonnen (U20-WM-Halbfinale): Vollborn – Winklhofer, Zorc, Schmidkunz, Trieb – Schön (1) Sievers, Loose – Anthes (Brunner), Herbst (Brummer), Wohlfarth – K.: Loose – SR: Valentine (Schottland).
6. **Katar**, 18. 10., Sydney, 4:0 gewonnen (U20-WM-Enspiel): Vollborn – Winklhofer, Zorc, Schmidkunz, Trieb – Sievers (Brunner), Schön, Loose (2) – Anthes (1), Wohlfarth (1), Brummer (Herbst) – K.: Loose – SR: Coelho (Brasilien).

1986: 4 Spiele: 3 Siege, 1 Niederlage

7. **Schottland**, 9. 9., Paisley, 3:2 gewonnen: Brunn – Luginger – Strehmel, Claasen (K. Reinhardt), Prus (1) – Metz (Witeczek), Spyrka, Wörsdorfer, Möller (1) – Banach (Patzschke), Bierhoff (1) – K.: Luginger – SR: Gunn (England).
8. **Rumänien**, 11. 10., Kula, 3:0 gewonnen (EM-Viertelfinale U18): Brunn – Luginger – Metz, Haun – Heidenreich (1), Wörsdorfer (Schneider), Spyrka, Dammeier – Bierhoff (1), Eichenauer (1) – K.: Luginger – SR: van den Wijngaert (Belgien).
9. **DDR**, 13. 10., Sombor, 0:1 verloren (EM-Halbfinale U18): Brunn – Luginger – Metz (Wörsdorfer, Banach), Strehmel, Haun – Heidenreich, Spyrka, Schneider, Laubinger – Bierhoff, Eichenauer – K.: Luginger – SR: Hope (Schottland).
10. **Schottland**, 15. 10., Subotica, 1:0 gewonnen (um den 3. Platz EM U18): Brunn – Luginger – Strehmel, Wichterich – Heidenreich, Haun, Schneider, Spyrka (Bierhoff) – Dammeier (1), Laubinger, Banach (Eichenauer) – K.: Luginger – SR: Kohl (Österreich).

Die Spiele zur U18-EM wurden bereits von der Juniorenauswahl U19 bestritten, weil die Endrunde in den Herbst gelegt wurde. In den Statistiken werden Spiele und Spieler daher der U19 hinzugerechnet.

1987: 9 Spiele: 6 Siege, 3 Unentschieden

11. **Chile**, 6. 5., Solingen, 2:0 gewonnen: Ernst – Spyrka – H. J. Heidenreich, Metz, Gabriel (Strehmel) – Haun (Kostner (1)), K. Reinhardt (Walz), Legat, Luginger – Banach, Eichenauer (1) (Preetz) – K.: Luginger – SR: Ahlenfelder (Deutschland).
12. **Dänemark**, 19. 8., Einbeck, 1:1 unentschieden: Brunn – Klinkert (1), Spyrka (Schneider) – Metz – H. J. Heidenreich, Luginger, Möller, K. Reinhardt (Eichenauer), Vorholt (Haun) – Banach (Witeczek), Epp (Preetz). – K.: Luginger. – SR.: Wiesel (Deutschland).
13. **Kanada**, 16. 9., Neuss, 1:0 gewonnen: Brunn (Rekers) – Klinkert, Spyrka, Strehmel (Prus) – Schneider, Hägele, Steffen (Würzburger), Vorholt – Dammeier, Epp (1), Eichenauer (Witeczek) – K.: Spyrka – SR: Assenmacher (Deutschland).
14. **Saudi-Arabien**, 12. 10., Antofagasta, 3:0 gewonnen (U20-WM-Gruppenspiel): Brunn – Luginger – H. J. Heidenreich, Strehmel (1), Metz – Spyrka, Möller, Schneider, Dammeier (1) – Witeczek (1) (Preetz), Epp (1) (Eichenauer) – K.: Luginger – SR: Longhi (Italien).
15. **Bulgarien**, 15. 10., Antofagasta, 3:0 gewonnen (U20-WM-Gruppenspiel): Clauss – Strehmel – Klinkert, Metz – Luginger, Spyrka, Schneider, Möller (H. J. Heidenreich), Dammeier (K. Reinhardt (1)) – Witeczek (2), Epp – K: Luginger – SR: Marin (Chile).
16. **USA**, 17. 10., Antofagasta, 2:1 gewonnen (U20-WM-Gruppenspiel): Brunn – Spyrka – Claasen, Strehmel, H. J. Heidenreich – Möller (1), Schneider, K. Reinhardt – Würzburger (Dammeier), Preetz (Eichenauer), Witeczek (1) – K.: Möller – SR: Sano (Japan).
17. **Schottland**, 21. 10., Antofagasta, 1:1 n. V., Elfmeterschießen 4:3 (U20-WM-Viertelfinale): Brunn – Luginger – Strehmel, Metz, H. J. Heidenreich – Spyrka, Schneider, Möller, K. Reinhardt (1) – Epp (Dammeier), Witeczek – K.: Luginger – SR: Loustau (Argentinien) – Tore im Elfmeterschießen: Witeczek, Metz, Luginger, Spyrka.

18 **Chile**, 23. 10., Concepcion, 4:0 gewonnen (U20-WM-Halbfinale): Brunn – Luginger – Strehmel, Metz – Dammeier (1), Spyrka, Möller (Preetz), Schneider, K. Reinhardt – Eichenauer (1), Witeczek (2) – K.: Luginger – SR: Bouillet (Frankreich).
19 **Jugoslawien**, 25. 10., Santiago, 1:1 n. V., Elfmeterschießen 4:5 (U20-WM-Finale): Brunn – Luginger – Strehmel, Metz – Dammeier (H. J. Heidenreich), Spyrka, Möller, Schneider, K. Reinhardt – Eichenauer (Epp), Witeczek (1) – K.: Luginger – SR: Loustau (Argentinien) – Tore im Elfmeterschießen: Metz, Luginger, Spyrka, K. Reinhardt.

1990: 3 Spiele: 1 Sieg, 2 Unentschieden

20 **Brasilien**, 11. 2., Maspalomas, 2:0 gewonnen: Heinen – Haber – Ewen, Wörns, Strube – Schneider, Becker (Kramny), Zetzmann, Franck (1) – Herrlich (1), Klauß – K.: Klauß – SR: Carmello (Spanien).
21 **Spanien**, 14. 2. Maspalomas, 1:1 unentschieden: Heinen – Wörns (1), Schneider, Haber, Strube – Oßwald (Kramny), Ewen, Franck (Spieler), Zetzmann – Herrlich, Klauß – K.: Klauß – SR: Gonzales (Spanien).
22 **Frankreich**, 16. 2. Maspalomas, 2:2 unentschieden: Heinen – Oßwald (Kramny), Wörns (1), Haber, Strube – Zetzmann, Schneider (Spieler), Franck, Ewen – Weiland (1), Klauß – K.: Klauß – SR: Saavedre (Spanien).

1991: 2 Spiele: 1 Sieg, 1 Niederlage

23 **Portugal**, 29. 1., Maspalomas, 3:0 gewonnen: Klos – Th. Schneider – Frey, Babbel, Witossek – Münch, Unger (1), Haber – Peschel, Herrlich (2), Hutwelker – K.: Haber – SR: Moreno (Spanien).
24 **Spanien**, 1. 2., Las Palmas, 1:2 verloren: Klos – Th. Schneider – Frey (Trenner (1)), Babbel, Witossek – Münch, Unger, Haber – Peschel, Herrlich, Hutwelker – K.: Haber – SR: Gonzalez (Spanien).

1992: 2 Spiele: 1 Unentschieden, 1 Niederlage

25 **Mexiko**, 20. 10., Rheydt, 1:1 unentschieden: Wache (Gospodarek) – Schwiderowski – Lieberknecht, Nowotny, Meißner (Thiele) – Ramelow, Protzel, Eberl, Lenhart (Hager) – Breitenreiter (Parrotta), Dengel (1) – K.: Nowotny – SR: Weber (Deutschland).
26 **Dänemark**, 8. 12., Krefeld, 1:2 verloren: Gospodarek (Wache) – Schwiderowski – Lieberknecht, Protzel – Eberl, Thiele (Elbracht), Nowotny (Burghartswieser), Jörres (Lenhart), Hager (Reis) – Dengel, Breitenreiter (1) – K.: Nowotny/Schwiderowsky – SR: Aust (Deutschland).

1993: 7 Spiele: 2 Siege, 4 Unentschieden, 1 Niederlage

27 **Türkei**, 13. 1., Isparta, 2:2 unentschieden: Gospodarek – Schwiderowski – Stark, Meißner, Eberl, Jörres, Lenhart (Burghartswieser), Reis, Hamann (1), – Jancker, Baich (Parrotta) – Eigentor Türkei – K.: Schwiderowski – SR: Buyukaelci (Türkei).
28 **Türkei**, 16. 1., Antalya, 1:1 unentschieden: Wache – Schwiderowski – Stark, Meißner – Eberl (Burghartswieser), Jörres, Protzel (1), Reis (Lenhart), Hamann – Jancker, Baich (Parotta) – K.: Schwiderowski – SR: Kaplan (Türkei).
29 **Saudi-Arabien**, 7. 2., Riad, 2:1 gewonnen: Wache – Schwiderowski – Stark, Meißner – Eberl, Protzel, Ramelow, Burghartswieser (Neumann), Reis – Jancker (2) (Baich), Lenhart – K.: Schwiderowski – SR: Al Novel (Saudi Arabien).
30 **Saudi-Arabien**, 9. 2., Riad, 0:0 unentschieden: Wache – Schwiderowski – Stark, Meißner (Baich) – Protzel, Eberl, Neumann, Ramelow, Reis – Jancker (Parrotta), Lenhart – K.: Schwiderowski – SR: Al Hamdan (Saudi Arabien).
31 **Portugal**, 6. 3., Brisbane, 1:0 gewonnen (U 20-WM-Gruppenspiel): Wache – Schwiderowski – Stark, Eberl – Burghartswieser, Meißner, Hamann, Jörres (Ramelow), Protzel – Breitenreiter, Jancker (1) (Schmidt) – K.: Schwiderowski – SR: Harrel (Frankreich).
32 **Ghana**, 9. 3., Brisbane, 2:2 unentschieden (U20-WM-Gruppenspiel): Wache – Schwiderowski – Stark, Eberl – Protzel, Ramelow, Meißner, Hamann, Burghartswieser – Breitenreiter (1), Jancker (1) (Schmidt) – K.: Schwiderowski – SR: Kathiriraveloo (Malaysia).
33 **Uruguay**, 11. 3., Brisbane, 1:2 verloren (U 20-WM-Gruppenspiel): Wache – Schwiderowski – Stark, Meißner – Lieberknecht, Ramelow, Hamann, Burghartswieser, Protzel (Lenhart) – Breitenreiter (1), Schmidt – K.: Schwiderowski – SR: Cakar (Türkei).

1994: 1 Spiel: 1 Unentschieden

34 **Nigeria**, 13. 12., Leipzig, 2:2 unentschieden: Jentzsch – Seb. Hahn – Dogen, Egler – Wedau, Hinz, Ricken (1), Gerster (Küntzel) Sumelka – Rath, Michalke (1) – K.: Hinz – SR: Müller (Dresden).

1995: 5 Spiele: 2 Unentschieden, 3 Niederlagen

35 **Portugal**, 23. 1., Maspalomas, 1:3 verloren: Wieland – Seb. Hahn – Fensch, Dogan – Ratkowski, Hinz, Gerster (Frey (1)), Sumelka – Wedau – Küntzel, Rath – K.: Hinz – SR: Carvalho (Portugal).

36 **Spanien**, 25. 1., Maspalomas, 1:3 verloren: Ischdonat – Seb. Hahn – Fensch, Dogan – Riethmann, Hinz, Gerster, Sumelka – Egler (Riedl) – Wedau, Rath (Frey (1)) – K.: Hinz – SR: Martel (Spanien).

37 **Kamerun**, 14. 4., Doha, 1:1 unentschieden (U20-WM-Gruppenspiel): Jentzsch – Hinz (1) – Dogan, Egler – Riethmann, Büttner, Gerster (Fischer), Fährmann (Küntzel), Chylla – Helbig (Sumelka), Rath – K.: Hinz – SR: Castrilli (Argentinien).

38 **Costa Rica**, 17. 4., Doha, 1:2 verloren (U20-WM-Gruppenspiel): Jentzsch – Hinz – Sumelka (Walle (1)), Dogan – Riethmann (Bettenstaedt), Büttner, Gerster, Chylla, Helbig – Küntzel, Fischer – K.: Hinz – SR: Sars (Frankreich).

39 **Australien**, 20. 4., Doha, 1:1 unentschieden (U20-WM-Gruppenspiel): Jentzsch – Hinz – Büttner, Dogan – Riethmann, Stern (Bettenstaedt), Gerster, Walle, Chylla (Sumelka) – Küntzel, Rath (1) – K.: Hinz – SR: Freitas (Brasilien).

1998: 1 Spiel: 1 Sieg

40 **Polen**, 25. 11., Leipzig, 2:0 gewonnen: Hildebrand – Schramm – Lechner, Rapp – Pätz (Fritsche), Voss, Schindzielorz (Korzynietz), Schäper (1) – Timm (1), Kern (Lüring), Majunke (Benthin) – K.: Schramm – SR: Weber (Eisenach).

1999: 8 Spiele: 3 Siege, 2 Unentschieden, 3 Niederlagen

41 **Portugal**, 26. 1., Maspalomas, n. V. 0:0 unentschieden, Elfmeterschießen 5:3: Wessels – Rosen – Lechner (Benthin), Schramm, Rapp – Korzynietz, Rothholz (Rodrigues), Schäper, Schröter (Forkel) – Gerber (Lühring), Kern – Tore im Elfmeterschießen: Rosen, Forkel, Kern, Lühring, Schramm – K.: Schramm – SR: Suarez (Spanien).

42 **Spanien**, 28. 1., Vencindario, 1:2 n. V. verloren: Hildebrand – Benthin, Schramm (Lechner), Rosen, Rapp – Korzynietz, Schäper (1), Rodrigues (Pätz), Gerber (Yilmaz), Lühring (Schröter), Kern – K.: Schramm/Rapp/Kern – SR: Perez (Spanien).

43 **England**, 24. 2., Stoke, 2:2 unentschieden: Hildebrand – Rosen – Schramm, Lechner – Stuckmann (1), Voss (Rothholz), Schäper (Kaul), Kehl – Timm (Kern), Yilmaz (1), Schröter – K.: Schramm – SR.: Matnigson (Schottland).

44 **Kasachstan**, 23. 3., Leverkusen, 8:0 gewonnen: Hildebrand – Rosen (Lechner) – Schramm, Rapp – Korzynietz (Stuckmann), Voss (Kaul (1)), Rothholz (Forkel), Schäper – Falk (1) – Kern (3), Timm (2) (Gensler (1)) – K.: Schramm – SR: Gettke (Deutschland).

45 **Mexiko**, 29. 3., Heusenstamm, 1:2 verloren: Wessels – Schramm – Lechner, Rapp – Korzynietz (Kaul), Voss (Stuckmann), Rothholz (Yilmaz), Schäper (Forkel), Falk – Timm (Gensler (1)), Kern – K.: Schramm – SR: Hufgard (Deutschland).

46 **Paraguay**, 4. 4., Lagos, 4:0 gewonnen: Hildebrand – Schramm – Rapp, Lechner – Rosen, Voss (Forkel), Rothholz (Stuckmann), Schäper – Falk (1) – Kern (3), Timm (Yilmaz) – K.: Schramm – SR: Guezzaz (Marokko).

47 **Nigeria**, 7. 4., Lagos, 0:2 verloren (U20-WM-Gruppenspiel): Hildebrand – Schramm – Rapp, Lechner (Stuckmann), Rosen – Voss, Falk (Mutzel), Rothholz, Schäper – Yilmaz (Gensler), Timm – K.: Schramm – SR: Sanchez (Argentinien).

48 **Costa Rica**, 10. 4., Lagos, 1:2 verloren (U20-WM-Gruppenspiel): Hildebrand – Schramm – Rapp, Stuckmann – Rosen (Kaul), Voss, Falk (Forkel), Rothholz, Schäper – Kern (Gensler), Timm (1) – K.: Schramm – SR: Sanchez (Argentinien).

2000: 3 Spiele: 2 Siege, 1 Niederlage

49 **Polen**, 8. 11., Königs Wusterhausen, 4:1 gewonnen: Ochs (Loboué) – Preuß (1), Zepek, Kling (Fickert) – Siegert, Balitsch (Laubinger), Mikolajczak, Gemiti – Teber (Lauth) – Auer (2) (Fischer (1)), Jungnickel (Burkhardt) – K.: Zepek – SR: Koop (Deutschland).

50 **Finnland**, 16. 12., La Plata, 2:1 gewonnen: Ochs – Preuß, Zepek (1) (Stark), Kling – Siegert, Teber (Laubinger), Balitsch, Burkhardt (Wolf), Fickert (Käfer-Ewertz) – Jones (Schüßler), Jungnickel (1) (Kügler) – K.: Zepek/Kling.

51 **Argentinien**, 20. 12., Buenos Aires, 0:1 verloren: Starke – Preuß, Zepek (Fischer), Kling – Siegert (Laubinger), Stark, Balitsch (Fickert), Gemiti – Teber (Jungnickel) – Jones, Burkhardt (Schüßler) – K.: Zepek/Kling – SR: Viera Bernardet (Uruguay).

2001: 14 Spiele: 6 Siege, 2 Unentschieden, 6 Niederlagen

52 **Spanien**, 9. 2., Las Palmas, n. V. 1:2 verloren: Starke – Wolf, Kling, Fickert – Siegert (Hinkel), Balitsch (1), Gemiti – Teber (Schächter), Dogan, Burkhardt (Käfer-Ewertz) – Fischer (Jones).

53 **Portugal,** 27. 2., Madeira, 0:3 verloren: Schlösser – Siegert, Zepek, Kling, Gemiti – Teber, Balitsch (Marx), Rau (Schüßler), Burkhardt (Mikolajczak) – Auer, Jungnickel (Fischer).
54 **Italien,** 1. 3., Madeira, 2:0 gewonnen: Starke – Wolf, Balitsch, Rau (Kling) – Siegert (Burkhardt), Schüßler (1), Marx, Dogan (Teber), Mikolajczak (Gemiti) – Fischer (1), Jungnickel (Auer).
55 **Tschechien,** 30. 5., Liberec, 4:1 gewonnen: Haas – Preuß (Hinkel), Stark (lapaczinski), Balitsch (Kling), Mikolajczak (Jungnickel 2) – Gemiti (Burkhardt), Teber, Dogan (Tiffert), Zepek – Jones, Auer (dazu ein Egentor Tschechiens).
56 **Ghana,** 10. 6., Groß-Gerau, 1:1 unentschieden: Schlösser (Stuckmann) – Preuß, Lapaczinski (Hinkel), Zepek (Fickert), Kling – Balitsch (Stark), Mikolajczak (Gemiti), Tiffert (Dogan), Burkhardt (Jones) – Auer (Teber), Jungnickel (1).
57 **Brasilien,** 17. 6., Cordoba, 0:2 verloren (U20-WM-Gruppenspiel): Starke – Zepek, Lapaczinski, Kling – Preuß, Balitsch (Dogan), Teber (Tiffert), Mikolajczak, Gemiti – Auer, Jungnickel (Jones), – SR: Statt (USA).
58 **Kanada,** 20. 6., Cordoba, 4:0 gewonnen (U20-WM-Gruppenspiel): Starke – Zepek (Hinkel), Lapaczinski, Kling – Preuß (1), Balitsch, Dogan (Tiffert), Mikolajczak, Gemiti – Auer (3), Jones (Teber), – SR: Tessema (Äthiopien).
59 **Irak,** 23. 6., Cordoba, 3:1 gewonnen (U20-WM-Gruppenspiel): Starke – Zepek (Hinkel), Lapaczinski, Kling – Preuß (1), Balitsch, Tiffert (Teber), Mikolajczak, Gemiti – Auer (1), Jones (Burkhardt) – (dazu ein Eigentor des Irak), - SP: Guirat (Tunesien).
60 **Frankreich,** 27. 6., Cordoba, 2:3 verloren (U20-WM-Viertelfinale): Starke – Zepek, Lapaczinski, Kling – Preuß, Balitsch, Teber (Jones), Mikolajczak, Gemiti (Burkhardt 1) – Auer (1) (Jungnickel), Tiffert – SR: Aros Alyarado (Chile).
61 **Schweiz,** 29. 8., Zofingen, 1:1unentschieden: Eilhoff – Hinkel, Göttlicher, Wolf, Rolfes – Görlitz (El Kasmi), Feulner, Fink (Backhaus), Hitzlsperger – Männer (Puscher (1)), Heller (Kuranyi).
62 **Niederlande,** 2. 9., Wegberg-Beeck, 2:1 gewonnen: Schlösser – Koch, Rolfes, Göttlicher, Wolf Feulner, Backhaus (Görlitz), Hinkel, Hitzlsberger (Beckert) – Kuranyi (2) (Wersching), Männer (Heller).
63 **Italien,** 7. 11., Herxheim, 1:0 gewonnen: Schlösser – Koch, Wolf, Zepek, Kling (Bonimeier) – Siegert (Görlitz), Mikolajczak, Rolfes, Hitzlsperger (1) – Männer (Kuranyi), Tiffert.
64 **Niederlande,** 12. 11., Helmond, 1:2 verloren: Ochs – Wolf, Zepek, Gemiti – Mikolajczak (Braun), Fink (1), Tiffert, Siegert (Görlitz) – Männer, Kuranyi.
65 **Italien,** 5. 12., Senigallia, 1:4 verloren: Eilhoff – Koch (Nuhs), Fink, Wolf, Weigelt – Görlitz (Reuter), Feulner (1), Rolfes (Wimmer), Hitzlsperger – Schwehr, Männer (Kuranyi).

2002: 5 Spiele: 1 Unentschieden, 4 Niederlagen
66 **Schweiz,** 16. 4., Pfullendorf, 1:2 verloren: Schlösser (Eilhoff) – Koch, Wolf, Thorwart, Weigelt (Kurbjuweit) – Görlitz, Beckert, Rolfes, Mutschler (Kringe) – Schwehr (1), Heller (Braun, Fink).
67 **Schweiz,** 21. 8., Fribourg, 1:3 verloren: Görrissen – Weber, Stoll (Gunesch), Leschinski, Pander – Mahr (Hacker), Kruse – Schlaudraff, Kiral (Meier), Radtke (1), Patschinsky (Mathes).
68 **Slowakei,** 18. 9., Dubnica, 2:2 unentschieden: Haas – Meyer (Gunesch), Fathi, Leschinski, Chahed – Trochowski, Schulz (Radtke (1)), Wingerter, Meier (Schlaudraff) – Hanke (1), Patschinsky (Lehmann).
69 **England,** 23. 10., Dessau, 1:2 verloren: Haas – Lehmann, Leschinski, Fathi, Meyer (Kruse) – Riether (Chahed), Wingerter, Schulz (Schied) – Meier (Schlaudraff) – Radtke (1), Hanke.
70 **Italien,** 11. 12., Torre Annunziata, 1:2 verloren: Haas – Rundio (1), Wingerter (Leschinski), Fathi – Volz (Kruse), Lehmann, Lahm (Husterer), Meyer – Trochowski – Kneißl (Odonkor), Patschinsky.

2003: 17 Spiele: 7 Siege, 1 Unentschieden, 9 Niederlagen
71 **Katar,** 13. 1., Doha, 2:1 gewonnen: Platins – Husterer, Leschinski, Fathi – Chahed, Ma. Lehmann, Schulz (Wingerter), Meyer (Radtke) – Trochowski (1), Kiral – Kneißl (1) (Kruse).
72 **Schweiz,** 15. 1., Doha, 3:2 gewonnen: Haas – Leschinski, Wingerter, Fathi – Chahed (Volz), Lahm, Schulz, Kruse (Husterer), Kiral (Hanke (1)) – Trochowski (1), Radtke (1) (Kneißl).
73 **Thailand,** 17. 1., Doha, 6:0 gewonnen: Walke – Volz (Leschinski), Rundio (1), Husterer, Meyer – Ma. Lehmann, Lahm (Wingerter (1)), Kruse, Kiral (Schulz) – Kneißl (1) (Radtke), Hanke (2) (Trochowski (1)).
74 **Japan,** 19. 1., Doha, 0:4 verloren: Haas – Volz , Rundio, Leschinski (Kruse), Meyer – Schulz (Lahm), Wingerter – Trochowski, Kiral (Radtke) – Hanke, Kneißl.
75 **Brasilien,** 24. 1., Doha, 2:4 verloren: Walke – Husterer, Wingerter (Leschinski), Rundio – Meyer, Ma. Lehmann, Lahm (Schulz), Volz (1) (Radtke) – Kiral (Kneißl), Trochowski – Hanke (1).
76 **England,** 6. 2., Reading, 1:2 verloren: Walke (Haas) – Fathi, Rundio, Husterer – Meyer, Schulz, Schlaudraff (Trochowski), Chahed (Kruse) – Schied (Radtke), Hanke (1), Odonkor.
77 **Italien,** 19. 3., Trier, 3:4 verloren: Haas – Husterer, Leschinski, Fathi – Weber (Chahed) – Ma. Lehmann, Kruse (Westermann) – Schlaudraff (Ludwig), Kiral – Meier (1) (Schied), Hanke (2).

682 *Kapitel 13: Der Jugendfußball*

78 **Spanien**, 23. 4., Oberhausen, 0:2 verloren: Haas – Ma. Lehmann, Westermann (Leschinski) Schulz, Meyer – Schlaudraff (Chahed), Wingerter (Cozza), Meier, Kiral (Radtke) – Hanke, Krontiris.
79 **Schweiz**, 28. 5., Freiburg, 1:1 unentschieden: Haas – Volz, Husterer, Rundio, Meyer (Wingerter) – Riether, Lahm (Kolm), Cozza (Ma. Lehmann), Schulz – Meier (1) (Radtke), Krontiris.
80 **Schweiz**, 27. 8., Schaffhausen, 5:1 gewonnen: Grünberger – Dick, Lell, Idrissi, Milchraum (Reinhardt) – Baier (1) (Baltes), Jarosch (1) (Hoffmann), Caligiuri (Michael Lehmann), Ludwig (1) (Eigler) – Stier (2), Kilicaslan.
81 **Ägypten**, 1. 10., Kleve, 1:0 gewonnen: Walke – Ma. Lehmann, Husterer, Fathi, Pander – Ludwig (1), Cozza (Wingerter), Schulz, Bührer (Masmanidis) – Kneißl (Leschinski), Patschinsky (Crone).
82 **Tschechien**, 5. 11., Regensburg, 0:3 verloren: Walke (Haas) – Lell (Radtke), Husterer (Chahed), Fathi, Pander (Meyer) – Wingerter, Masmanidis (Cozza), Schulz – Ludwig, Kneißl, Bührer (Kiral).
83 **Österreich**, 12. 11., Ried, 1:0 gewonnen: Grünberger – Dick, Reinhardt, Idrissi, Paul (Heun) – Ochs, Fischer (Wittke), Haller (Jarosch), Milchraum (1) (Mertesacker) – Stier, Kilicaslan.
84 **Südkorea**, 29. 11., Abu Dhabi (U20-WM-Gruppenspiel), 0:2 verloren: Walke – Ma. Lehmann, Huth, Fathi, Meyer – Wingerter (Lell), Trochowski, Schulz – Ludwig (Patschinsky, Kilicaslan), Kneißl, Masmanidis.
85 **USA**, 2. 12., Abu Dhabi (U20-WM-Gruppenspiel), 3:1 gewonnen: Walke – Ma. Lehmann, Huth (1), Fathi (Rundio), Meyer (Milchraum) – Wingerter, Trochowski (1), Schulz – Lell (Ludwig), Kneißl (1), Masmanidis.
86 **Paraguay**, 5. 12., Abu Dhabi (U20-WM-Gruppenspiel), 0:2 verloren: Walke – Ma. Lehmann, Huth, Rundio, Meyer (Pander) – Ludwig (Lell), Wingerter, Schulz, Milchraum (Kilicaslan) – Kneißl, Trochowski.
87 **Italien**, 10. 12., Latina, 0:3 verloren: Hörrlein – Mertesacker, Jarosch, Callsen-Bracker – Ochs (Ebeling), Baltes, Caligiuri, Wittke, Haller – Stier (Fischer), Lewejohann (Müller).

2004: 6 Spiele: 4 Siege, 2 Unentschieden

88 **Italien**, 18. 2., Düsseldorf, 2:1 gewonnen: Haas (Rensing) – Dick, Lell (Idrissi), Huth, Milchraum – Ma. Lehmann (Baier), Trochowski (1)(Stoll), Schulz – Odonkor (1), Schied, Ludwig (Meier).
89 **Österreich**, 31. 3., Burghausen, 1:0 gewonnen: Rensing – Demirtas (Jarosch), Huth, Mi. Lehmann, Meyer – Odonkor (Filinger), Ma. Lehmann (Geißler), Schulz (1), Ludwig (Baier) – Trochowski – Schied (Patschinski).
90 **Schweiz**, 21. 4., Singen, 1:1 unentschieden: Grünberger – Dick (Idrissi), Westermann, Stoll, Meyer – Odonkor (Milchraum), Reinhardt, Schulz, Ludwig – Kilicaslan (1), Kießling (Fillinger).
91 **Schweiz**, 1. 9., Frauenfeld, 3:0 gewonnen: Tschauner – Bauer (Stegmayer), Job-Matip, Banecki (Kokocinski), Thomik (Janker) – Jansen (Tekkan), Gentner (Hampel), Ottl (1), Delura (2) – Senesie, Gomez (Bork).
92 **Österreich**, 6. 10., Fürth, 2:0 gewonnen: R. Adler – Thomik, Hoogland, Schaschko, Reinhard – Hampel, Gentner, Ottl (Banecki (1)) – Delura (Freis (1)), Bröker (Gomez), Jansen (Bauer).
93 **Italien**, 8. 12., Prato, 0:0 unentschieden: Tschauner – Janker (Cozza), Hoogland, Schaschko (Bauer), Stegmayer (Mauersberger) – Delura, Ottl, Gentner (Röttger), Hampel – Gomez (Thomik), Senesie (N. Adler).

2005: 14 Spiele: 5 Siege, 4 Unentschieden, 5 Niederlagen

94 **Italien**, 16. 2., Wattenscheid, 1:0 gewonnen: Tschauner – Heitmeier; Job-Matip, Compper, Janker (Huber) – Banecki (N. Adler), Cimen – Ottl (1) – Röttger (Bauer), Bröker (Bork), Hampel (Cozza).
95 **Österreich**, 23. 3., Weiz, 1:0 gewonnen: Tschauner – Schuon, Mauersberger (Huber), Janker, Stegmayer – Schnitzler (Röttger), Ottl (Reinhard), Gentner (Thomik) – Delura, N. Adler (Cimen), Gomez (1).
96 **Schweiz**, 13. 4., Pfullendorf, 2:2 unentschieden: Domaschke (Pirson) – Janker (Thomik), Hoogland, Compper (Mauersberger), Stegmayer – Cimen, Delura, Heitmeier (Ottl) – Senesie (1) – N. Adler (1) (Bröker), Freis (Schnitzler).
97 **China**, 11. 5., Schweinfurt, 2:2 unentschieden: Tschauner – Schuon (Janker), Sinkiewicz, Matip, Compper (Röttger) – Delura (Gentner (1)), Hampel (Banecki), Ottl, Thomik – Gomez (Schnitzler), N. Adler (1).
98 **Chile**, 1. 6., Kleve, 2:3 verloren: R. Adler – Compper (Matip), Janker, Schuon, Huber (Thomik) – Cimen (Senesie), Hampel (Ottl), Gentner (1) – Delura, Freis (1), Gomez (N. Adler).
99 **Russland** U21, 7. 6., Münster, 1:1 unentschieden: R. Adler – Jansen (Compper), Schuon, Matip, Janker – Cimen (Huber), Gentner, Thomik – Senesie (Delura) – N. Adler (Hampel), Freis (1) (Bröker).
100 **Ägypten**, 11. 6., Kerkrade, 2:0 gewonnen (U20-WM-Gruppenspiel): R. Adler – Janker, Schuon, Matip (1), Jansen – Cimen, Gentner – Senesie (Hampel)- Delura, Freis (N. Adler (1)), Thomik (Reinhard).

101 **USA**, 14. 6., Enschede, 0:0 unentschieden (U20-WM-Gruppenspiel): R. Adler – Janker, Schuon, Matip, Jansen – Ottl (Banecki), Cimen, Reinhard – Gentner – Delura, N. Adler (Senesie).
102 **Argentinien**, 18. 6., Emmen, 0:1 verloren (U20-WM-Gruppenspiel): R. Adler – Huber, Janker, Matip, Jansen (Compper) – Thomik, Ottl, Cimen, Reinhard – Senesie (Banecki), Freis (Delura).
103 **China**, 21. 6., Tilburg, 3:2 gewonnen (U20-WM-Achtelfinale): R. Adler – Janker, Schuon, Matip (1), Reinhard (Compper) – Thomik, Cimen, Gentner (1) – Delura (Banecki), N. Adler (1) (Senesie), Jansen.
104 **Brasilien**, 24. 6., Tilburg, 1:2 n. V. verloren (U20-WM-Viertelfinale): R. Adler – Janker (Huber (1)), Schuon, Matip, Compper – Thomik (Ottl), Cimen – Gentner – Delura, N. Adler (Bröker), Jansen.
105 **Schweiz**, 14. 9., Biel, 1:2 verloren: Fromlowitz (Neuer) – Polenz (Epstein), Klinger, Bungert, Bieler (R. Müller) – Karl (Calik (1)) – Schröck, F. Müller, Schutzbach – Pagenburg, Grote.
106 **Litauen U21**, 1. 11., Norderstedt, 3:0 gewonnen: Fromlowitz – Huber, Cimen, Zinke, Bieler (Schöneberg) – Delura (1) (Langen), Dejagah, Alushi, Heppke (Schröck) – Senesie (1), Kucukovic (1) (Adler).
107 **Italien**, 7. 12., Isernia, 0:2 verloren: Tschauner – Huber, Zinke (Klinger), Bieler, Compper – Adler (Schöneberg), Cimen, Alushi (Zimmermann), Langen (Grote) – Kucukovic, Dejagah.

2006: 7 Spiele: 3 Siege, 2 Unentschieden, 2 Niederlagen

108 **Italien**, 22. 2., Burghausen, 1:1 unentschieden: Tschauner – Huber, Müller, Bieler, Compper (Schöneberg) – Schuon, Alushi, Cimen (1) – Nehrig (Schaschko), Delura, Senesie (Ziemer).
109 **Österreich**, 22. 3., Traun, 3:2 gewonnen: Neuer – Ottl (Schöneberg), Cimen, Bieler (1), Reinhard (Compper) – Delura, Gentner, Alushi, Grote (Thomik (1)) – Gomez, Dejagah (Epstein (1)).
110 **Schweiz**, 26. 4., Hoffenheim, 1:1 unentschieden: Tschauner – Schöneberg, Callsen-Bracker, Zinke, Compper (Langen) – Gentner, Book, Epstein, Grote (Thomik) – Delura (Kucukovic), Gomez (1).
111 **Österreich**, 16. 5., Bautzen, 2:3 verloren: Tschauner – Russ, Cimen, Callsen-Bracker – Huber (Lerchl), Delura, Epstein (Zinke), Gentner, Langen (Compper) – Nehrig (Schöneberg), Kucukovic (2).
112 **Schweiz**, 30. 8., Wohlen, 1:0 gewonnen: Fromlowitz (Neuer) – Johnson, Tasci (Adlung), R. Müller, Langen – Flessers, Aogo (1), K. Boateng, Epstein – Ede (Heppke), Dejagah (Nehrig).
113 **Österreich**, 14. 11., Celle, 4:1 gewonnen: Neuer (Birkenbach) – Beck, Joneleit, Bertram (Fleßers), Boenisch – Ziegenbein, Kruska (Ebert), K. Boateng (Johnson), Khedira (1) (Artmann) – Dejagah (2), Heller (1) (Ede).
114 **Italien**, 6. 12., Pistoia, 0:1 verloren: Fromlowitz (Birkenbach) – Boenisch, R. Müller, Joneleit, Johnson (Bülow) – Özbek (Grote), Judt, Aogo, Kunert (Ziegenbein) – Adlung (Daghfous), Calik (Polenz).

2007: 6 Spiele: 4 Siege, 1 Unentschieden, 1 Niederlage

115 **Italien**, 21. 2., Reutlingen, 0:0 unentschieden: Fromlowitz (Kirschbaum) – Beck, Müller, Joneleit (Mavraj), Chaftar (Boenisch) – Bülow (Fleßers), Fürstner, Rosenthal (Brinkmann), Halfar – Nehrig, Heller (Hennings).
116 **Österreich**, 23. 3., Wiener Neustadt, 5:2 gewonnen: Kirschbaum – Beck, Fleßers (1), Aogo, Bieler (Boenisch) – Rosenthal (Khedira), Polanski (Judt), Kruska (1), Dum (Özbek) – Kucukovic (1) (Hennings (1)), Heller (Calik (1)).
117 **Schweiz**, 25. 4., Aalen, 4:0 gewonnen: Fromlowitz – Beck, Bertram (Johnson), Hummels, Halfar – Özbek (Book) – Ebert (Ziegenbein), Ede (Heller (1)) – Aogo (2) – Hennings (1), Calik (Reinert).
118 **Österreich**, 5. 9., Kaufbeuren, 0:1 verloren: Männel (Kirschbaum) – Falkenberg, Kotysch, Höwedes, Feick (Hessel) – Konrad, Kruse (Brosinski) – Schindler (Schütz), Ben-Hatira, Johnson (Stindl) – Petersen.
119 **Schweiz**, 21. 11., Liestal, 2:1 gewonnen: Fährmann (Männel) – Falkenberg, Kotysch, Haas (Bertram), Halfar (Feick) – Reinert (Brosinski (1)), Konrad, Ben-Hatira, Sauter (Kruse) – Sam (Lamidi), Tyrala (1).
120 **Italien**, 5. 12., Cuneo, 1:0 gewonnen: Männel (Fährmann) – Falkenberg (Haas), Bertram, Kotysch (1) (Sauter), Feick (Andersen) – Reinert, Konrad, Ben-Hatira (Kruse), Adlung (Lamidi) – Sam, Tyrala (Petersen).

2008: 6 Spiele: 3 Siege, 2 Unentschieden, 1 Niederlage

121 **Österreich**, 6. 2., Pasching, 1:1 unentschieden: Fährmann (Männel) – Jaissle (Evljuskin), Haas, Bertram, Feick (1) – Adlung, Konrad, Ben-Hatira, Kruse (Andersen) – Lamidi (Stindl), Brosinski (Fetsch).
122 **Italien**, 9. 4., Friedrichshafen, 0:0 unentschieden: Männel (Fährmann) – Feick, Haas (Neustädter), Eberlein, Falkenberg (Evljuskin) – Sauter (Kruse), Ben-Hatira, Konrad, Sam (Schindler) – Petersen (Flum), Tyrala (Lamidi).

123 **Schweiz**, 22. 4., Pfullendorf, 3:1 gewonnen: Fährmann (Männel) – Feick, Kotysch, Eberlein (Neustädter (1)), Haas (Brosinski) – Flum, Kruse (1), Konrad, Glockner (Stindl) – Ben-Hatira (Sauter), Sam (Lamidi (1)).
124 **Österreich**, 3. 9., Gütersloh, 4:2 gewonnen: Mickel – Petersch (Badstuber), Jungwirth, Schorch, Oczipka – Th. Müller (1), Latza (1), Vrancic (1), Nsereko (Aydilek) – Naki (1), Soyudogru (Schäffler).
125 **Schweiz**, 8. 10., Ulm: 3:2 gewonnen: Mickel – Diekmeier, Reinartz, Schorch, Oczipka – Risse, Latza (Vrancic), Pezzoni (Badstuber), Perthel – Naki, Schahin (1) (Huke (2)).
126 **Österreich**, 12. 10., Altach , 1:2 verloren: Mielitz – Perthel (Rodenberg), Badstuber, Reinartz, Diekmeier – Kempe (1), Pezzoni (Oczipka), Latza (Vrancic/Huke), Risse (Kegel) – Naki, Schahin.

2009: 12 Spiele: 7 Siege, 2 unentschieden, 3 Niederlage

127 **Schweiz**, 28. 3., Lugano, 0:2 verloren: Burchert – Diekmeier, Jungwirth, Reinartz, Oczipka – Vrancic, Latza – Naki, Gebhart (Großkreutz), Nsereko (Kempe) – Schäffler.
128 **Italien**, 22. 4., Chemnitz, 5:0 gewonnen: Burchert – Kopplin, Schorch, Pezzoni (Vrancic), Oczipka – Risse (1), Jungwirth, Reinartz (Latza), Perthel (2) – Naki (2) (Choupo-Moting), Schahin (1).
129 **Italien**, 19. 5., Biella, 1:0 gewonnen: Mickel (Amsif) – Kopplin, Jungwirth, Eberlein, Rodenberg – Risse (Petersch), Latza (Choupo-Moting), Pezzoni, Feick (Haeder) – Schahin (1), Naki (Neumann).
130 **Südafrika**, 5. 9., Pirmasens, 6:1 gewonnen: Mielitz (Zieler) – Jung, Jungwirth (1), L. Bender (1), Vrzogic (Rodenberg) – Rode, S. Bender (2) (Schulz), Vrancic (1), Aydilek (Schahin) – Sukuta-Pasu (Schäffler (1)), Holtby.
131 **USA**, 26. 9., Suez, 3:0 gewonnen (U20-WM-Gruppenspiel): Zieler – Jung, Jungwirth (1), L. Bender, Kopplin – Funk – Kempe (Schäffler (1)), Holtby (Kaptan), Vrancic, Aydilek (1) (Vrzogic) – Sukuta-Pasu.
132 **Südkorea**, 29. 8., Suez, 1:1 unentschieden (U20-WM-Gruppenspiel: Zieler – Jung, Jungwirth, L. Bender, Kopplin – Funk – Schahin (Vrgozic), Vrancic (Schäffler), Holtby, Aydilek (Kaptan) – Sukuta-Pasu (1).
133 **Kamerun**, 2. 10., Ismailia, 3:0 gewonnen (U20-WM-Gruppenspiel): Mielitz – Jung, Jungwirth, L. Bender, Kopplin – Funk (Schulz) – Holtby (1), Vrancic (Kempe), Aydilek (1) – Schäffler (Schahin), Sukuta-Pasu (1).
134 **Nigeria**, 7. 10., Suez, 3:2 gewonnen (U20-WM-Achtelfinale): Zieler – Jung, Jungwirth, L. Bender, Kopplin (2) – Funk (Vrancic (1)) – Holtby (Kaptan), S. Bender, Vrzogic – Sukuta-Pasu, Kempe.
135 **Schweiz**, 9. 10., Solothurn, 2:3 verloren: Amsif (Vollath) – Strifler (Bäcker), Teixeira, Jantschke, Contento – Ekici, Gündogan, Yalcin (1) (Piossek) – Bigalke (Vukcevic), Testroet (Soyudogru), Beister (1).
136 **Brasilien**, 10. 10., Kairo, 1:2 n. V. verloren (U20-WM-Viertelfinale): Zieler – Jung, Jungwirth, L. Bender, Kopplin – Funk – Holtby (1) (Schäffler), S. Bender (Schahin), Vrancic, Aydilek (Kaptan) – Sukuta-Pasu.
137 **Österreich**, 13. 11., Hoffenheim, 2:2 unentschieden: Vollath (Wiedwald) – Jung (Strifler), Koch, Teixeira (Erb), Jantschke (Contento) – Yalcin (Schürf), Funk – Moritz (1), Ekici, Beister (1) (Bäcker) – Testroet (Esswein).
138 **Italien**, 8. 12., Taranto, 4:1 gewonnen: Amsif (Vollath) – Jung (Schürf), Koch, Teixeira (Latza), Contento (Jantschke) – Bigalke (1), Moritz, Yalcin, Beister (1) (Bäcker (1)) – Schürrle (1) (Testroet), Ekici (Strifler).

2010: 6 Spiele: 5 Siege, 1 Unentschieden

139 **Schweiz**, 3. 3., Berlin, 1:1 unentschieden: Amsif (Baumann) – Jung (Strifler), Jungwirth, Schorch (Koch), Contento – Vukcevic (Bigalke), Ekici (1), Jantschke (Funk), Nsereko (Beister) – Gündogan (Esswein), Bäcker.
140 **Italien**, 7. 4., Hamburg, 4:0 gewonnen: Baumann (Amsif) – Dettmann (Haas), Wollscheid (Schulz), Teixeira, Jantschke – Latza (2) (Groß), Moritz, Holland – Kammlott (Jänicke), Schahin, Beister (1) (Bäcker (1)).
141 **Schweiz**, 6. 9., Schaffhausen, 3:2 gewonnen: Bussmann (Müller) – Koch (Koronkiewicz), Neumann, Erb (Schneider), Cincotta (Salger) – Knoll, Perdedaj – Beister (1) (Stiepermann), Didavi (Geyer), Quaner (1) (Clemens (1)) – Tosun (Uth).
142 **Schweiz**, 7. 10., Heidenheim, 2:0 gewonnen: Heimann (Unnerstall) – Teixeira, Gulde, Hornschuh, Cincotta (Bertram (1)) – Zeitz (Bickel), Knoll – Beister (Radjabali-Fardi), Groß (Bellarabi (1)), Terrazzino (Alvarez) – Tosun.
143 **Polen**, 10. 10., Wloclawek, 1:0 gewonnen: Unnerstall (Müller) – Teixeira, Neupert, Schneider, Radjabali-Fardi – Bickel, Knoll – Bertram (Beister), Groß (Zeitz), Bellarabi (Terrazino) – Alvarez (Tosun (1)).

144 **Italien**, 17. 11., Figline Valdarno, 2:1 gewonnen: Giefer – Teixeira (Geyer), Hübner (Endres), Erb (Neupert), Radjabali-Fardi (Cincotta) – Knoll, Bickel (Groß) – Stiepermann (1), Rupp (Testroet), Terrazzino (1) (Kramer) – Brandstetter (Müller) – Gelb-Rot: Kramer – Rot: Giefer.

2011: 7 Spiele, 5 Sieg, 1 Unentschieden, 1 Niederlage

145 **Italien**, Oberhausen, 9. 2., 3:1 gewonnen: Heimann (Bussmann) – Teixeira (Brown Forbes), Geyer (Hübner), Erb (Neupert), Radjabali-Fardi (Blum) – Perdedaj (Cincotta), Vogt (Wolze) – Stiepermann (Bertram), Rupp (Groß), Bellarabi (Terrazzino) – Esswein (3) (Testroet).
146 **Polen**, 24. 3., Cottbus: 1:1 unentschieden: Müller (Heimann) – Teixeira (Koronkiewicz), Geyer (Endres), Erb (Neupert), Cincotta (Blum) – Kramer (1) (Wolze), Knoll – Beister (Bertram), Rupp (Arslan), Bellarabi (Terrazino) – Brandstetter (Exslager).
147 **Polen**, 31. 8., Offenburg, 4:2 gewonnen: Müller – Schilk, Bell (Avevor), Mustafi, Plattenhardt (Lorenzoni) – Kramer (Cigerci), Yabo – Volland (1) (Klaus (1)), Trinks (Wießmeier), Herrmann (1) (Clemens (1)) – Thy.
148 **Schweiz**, 4. 9., Wohlen, 2:1 gewonnen: Schwolow – Basala-Mazana (Schilk), Avevor, Jensen (1) (Mustafi), Lorenzoni (Plattenhardt) – Cigerci (Perdedaj), Yabo – Volland (Klaus), Trinks (Wießmeier (1)), Clemens (Herrmann) – Thy.
149 **Italien**, 5. 10., Reutlingen, 3:2 gewonnen: Heimann – Schilk, Mustafi (1), Bauer (1), Radjabali-Fardi – Zellner (Perdedaj), Rupp (Kachunga) – Buchtmann (1) (Kargbo) Trinks, Herrmann (Wießmeier) – Thy (Yabo).
150 **Schweiz**, 9. 10., Pfullendorf, 4:1 gewonnen: Müller – Zimmermann, Mustafi, Geyer (Schoppenhauer), Lorenzoni (Radjabali-Fardi) – Perdedaj (Trinks), Yabo – Buchtmann (Wießmeier (1)), Rupp, Herrmann (2) – Kargbo (Thy (1)).
151 **Polen**, 12. 11., Brzeg, 0:1 verloren: Schwolow (Düker) – Zimmermann (Schilk), Mustafi, Bauer (Thoelke), Jung – Yabo (Zellner), Merkel – Blum (Bertram), Trinks (Rupp), Wießmeier (Durm) – Thy.

2012: 4 Spiele, 1 Sieg, 1 Unentschieden, 2 Niederlagen

152 **Italien**, 29. 2., Foggia, 3:4 verloren: Müller (Schwolow) – Zimmermann, Mustafi (1), Thoelke, Plattenhardt (Jung) – Kramer (Avevor), Rupp (Zellner) – Bertram (Kargbo), Malli (Wießmeier), Terrazzino (Thy) – Polter (2).
153 **Polen**, 9. 9., Großaspach, 2:2 unentschieden: Horn (Schwolow) – Vieira da Costa, Mustafi (Kolasinac), Rüdiger, Plattenhardt – Trybull, Bittencourt (Klement) – Derstroff (Füllkrug), Parker (1) (Knoche), Kachunga (Klaus) – Hofmann (1) (Younes).
154 **Italien**, 10. 10., Aachen, 4:1 gewonnen: Schwolow (Horn) – Kreuzer (Vieira da Costa), Mustafi (1), Rüdiger, Plattenhardt (Hartherz) – Knoche, Yabo – Buchtmann (Derstroff), Wurtz (Kittel), Bittencourt (1) (Geis) – Hofmann (Parker (1)) – Dazu kommt ein Eigentor von Sabelli.
155 **Polen**, 14. 11., Gliwice, 1:2 verloren: Rakovsky (Karius) – Vieira da Costa (Kreuzer), Mustafi, Brooks (Hoffmann), Hartherz – Knoche (Geis), Yabo – Füllkrug, Wurtz (Klement), Kittel (Derstroff) – Hofmann (1)

2013: 10 Spiele, 7 Siege, 2 Unentschieden, 1 Niederlage

156 **Italien**, 6. 2., Barletta, 2:0 gewonnen: Schwolow (Rakovsky) – Vieira da Costa, Mustafi, Kolasinac (1), Hartherz – Knoche (Trybull), Yabo – Kittel (Thy), Wurtz (Yildirim), Bittencourt (1) – Hofmann (Parker).
157 **Schweiz**, 22. 3., Köln, 2:1 gewonnen: Schwolow – Zimmermann, Hoffmann, Knoche, Plattenhardt – Yabo, Leitner (1) (Trybull) – Mendler (Derstroff), Younes (Wurtz), Bittencourt (Schilk) – Parker (Hofmann) – Dazu kommt ein Eigentor von Djimsiti.
158 **Schweiz**, 26. 3., Baden, 3:2 gewonnen: Rakovsky – Schilk, Jensen (Knoche), Hoffmann, Hartherz (Plattenhardt) – Trybull (Wurtz), Yabo – Derstroff (1) (Mendler), Leitner (1), Bittencourt – Hofmann (1) – Gelb-Rote Karte: Schilk.
159 **Polen**, 6. 9., Pfullendorf, 2:0 gewonnen: Rakovsky (Dähne) – Schmitz, K. Günter, Cacutalua (Hack), Schorr (Bandowski) – Zenga (Andrich), Gerhardt (Sobottka) – Thiel (Pledl), Kerk, Weiser (Haberer) – Arnold (1) – Rote Karte: Koj (Polen).
160 **Schweiz**, 10. 9., Wohlen, 0:1 verloren: Zingerle (Rakovsky) – Toljan, K. Günter, Perrey (Cacutalua), Bandowski (Schmitz) – Zenga, Gerhardt (Andrich) – Müller (Thiel), Arnold, Pledl (Kerk) – Haberer (Aycicek).
161 **Türkei**, 10. 10., Gemert, 3:0 gewonnen: Müller – Schmitz, Cacutalua, Hack (Sama), Leibold – Zenga, Gerhardt – Thiel (1) (Gümüs), Arnold (Schnellhardt (1)), Weiser (Pledl) – Haberer (Füllkrug (1)).

162 **Niederlande,** 12. 10., Gemert, 4:0 gewonnen: Vlachodimos – Toljan, Sama, Heintz (Cacutalua), C. Günter (Leibold) – Kohr (Gerhardt), Moehwald (Zenga) – Gümüs (1) (Thiel (1)), Schnellhardt (1) (Arnold), Pledl (1) (Weiser) – Füllkrug.

163 **Tschechien,** 14. 10., Gemert, 1:1 unentschieden: Dähne – Schmitz (Toljan), Cacutalua (Sama), Hack (Heintz), Leibold (C. Günter) – Zenga (Kohr), Gerhardt (Moehwald) – Thiel (1) (Gümüs), Arnold (Schnellhardt), Weiser (Pledl) – Haberer (Füllkrug).

164 **Italien,** 14. 11., Rovereto, 1:1 unentschieden: Vlachodimos – Schmitz, K. Günter (Sama), Cacutalua, Leibold – Zenga, Gerhardt – Kerk (1) (Thiel), Arnold (Schnellhardt), Pledl (Rankovic) – Füllkrug.

165 **Polen,** 19. 11., Leczna, 1:0 gewonnen: Dähne (Müller) – Schmitz, Sama (Cacutalua), Heintz, C. Günter (Leibold) – Zenga, Gerhardt – Kerk (Thiel (1)), Schnellhardt (Haberer), Rankovic (Pledl) – Füllkrug (Kohr).

2014: 9 Spiele, 3 Siege, 3 Unentschieden, 3 Niederlagen

166 **Schweiz,** 5. 3., Pirmasens, 3:2 gewonnen: Vlachodimos (Müller) – Schmitz, K. Günter (Heintz), Cacutalua (1), C. Günter (Toljan) – Zenga, Kohr (Yalcin) – Thiel (Haberer), Kerk, Pledl (Eisfeld) – Füllkrug (2).

167 **Italien,** 15. 4., Offenbach, 0:3 verloren: Dähne – Schmitz (Kohr), Cacutalua, Toljan, Schorr (Hack) – Zenga, Gerhardt – Thiel (Schnellhardt), Kerk, Pledl (Füllkrug) – Haberer (Weiser) – Gelb-Rote Karte: Ricci (Italien).

168 **Italien,** 3. 9., Elversberg, 0:1 verloren: Schwäbe – Pachonik (Köpke), Cacutalua, Kempf (Akpoguma), Hagn – Öztunali (Weigl), Gerhardt – Trümner (Stolze), Stendera (Philipp), Lohkemper (Pledl) – Kleindienst.

169 **Schweiz,** 7. 9., Zürich, 0:0 unentschieden: Zetterer (Mesenhöler) – Weippert (Pachonik), Akpoguma, Sarr (Weigl), Güll (Hagn) – Mukhtar, Gerhardt – Philipp (Kleindienst), Öztunali, Stolze (Pledl) – Köpke (Lohkemper).

170 **England,** 9. 10., Heerenveen, 0:1 verloren: Mesenhöler – Pachonik, Süle, Hagn, Wittek – Weigl, Gerhardt – Kerk, Öztunali, Haberer – Kleindienst.

171 **Türkei,** 11. 10., Harkema, 1:0 gewonnen: Bredlow – Schmitz (Pachonik), Akpoguma, Sarr, Holthaus (Wittek) – Mukhtar (1) (Gerhardt), Haberer – Kohr (Öztunali), Kerk, Stefaniak (Harder) – Köpke.

172 **Niederlande,** 13. 10., Harkema, 1:1 unentschieden: Schnitzler – Pachonik, Akpoguma, Sarr (Hagn), Holthaus (Wittek) – Mukhtar (Gerhardt), Öztunali (Harder) – Weigl (1) (Kohr), Kerk (Schmitz), Stefaniak (Köpke) – Kleindienst (Haberer).

173 **Schweiz,** 14. 11., Potsdam, 1:1 unentschieden: Mesenhöler (Zetterer) – Pachonik, Akpoguma, Cacutalua, Holthaus (Wittek) – Gerhardt (1), Weigl – Kerk, Mukhtar (Haberer), Stefaniak (Lohkemper) – Kleindienst (Selke).

174 **Polen,** 18. 11., Stettin, 2:0 gewonnen: Schwäbe – Pachonik (Cacutalua), Syhre, Hagn, Wittek (Holthaus) – Weigl, Gerhardt (Brandenburger) – Dittgen (Kerk (1)), Mukhtar (Kleindienst), Lohkemper (Stefaniak) – Selke (1) – Gelb-Rote Karte: Selke.

2015: 14 Spiele, 8 Siege, 2 Unentschieden, 4 Niederlagen

175 **Polen,** 27. 3., Jena, 1:2 verloren: Schwäbe – Pachonik (Bauer), Akpoguma, Kempf, Wittek – Weigl, Stark (Prömel) – Dittgen (Trümmer), Stendera (1), Stolze (Brandt) – Kleindienst.

176 **Italien,** 21. 4., Frosinone, 1:2 verloren: Zetterer (Wellenreuther) – Prömel (Pachonik), Hagn (Brandenburger), Akpoguma, Stark (Dittgen) – Steinmann (Stefaniak), Dudziak, Mukhtar (1), Selke – Stendera, Öztunali.

177 **Fidschi,** 1. 6., Christchurch, 8:1 gewonnen (U20-WM-Gruppenspiel): Schwäbe – Prömel (1), Akpoguma (Hagn), Stark (2), Kempf – Steinmann, Stendera (1), Mukhtar (3), Bauer – Brandt (Stefaniak (1)), Öztunali (Lohkemper).

178 **Usbekistan,** 4. 6., Christchurch, 3:0 gewonnen (U20-WM-Gruppenspiel): Schwäbe – Prömel, Akpoguma (1), Stark, Öztunali – Steinmann, Stendera (2) (Syhre), Brandt (Dudziak), Kempf – Bauer, Mukhtar (Köpke).

179 **Honduras,** 7. 6., Christchurch, 5:1 gewonnen (U20-WM-Gruppenspiel): Schwäbe – Akpoguma, Stark (1), Kempf, Wittek (Bauer) – Weigl, Stendera (1) (Dudziak) – Prömel (1), Öztunali, Brandt (1) – Mukhtar (1) (Köpke) – Gelb-Rote Karte: Paz (Honduras).

180 **Nigeria,** 11. 6., Christchurch, 1:0 gewonnen (WM-Achtelfinale): Schwäbe – Prömel, Akpoguma, Stark, Weigl – Stendera (Dudziak), Kempf – Öztunali (1), Brandt (Stefaniak), Bauer – Mukhtar (Steinmann).

181 **Mali**, 14. 6., Christchurch, n. V. 1:1 unentschieden, Elfmeterschießen 3:4 (U-20-Viertelfinale): Schwäbe – Prömel, Akpoguma, Stark, Weigl – Kempf, Brandt (1) – Stendera (Dudziak, Lohkemper), Öztunali, Bauer – Mukhtar (Steinmann) – Tore im Elfmeterschießen: Akpoguma, Öztunali, Steinmann.
182 **Italien**, 3. 9., Lucca, 2:0 gewonnen: Bredlow – Pachonik, Schulz, Sprenger, Wittek – Prömel (Öztürk), Stenzel (Dahoud) – Dittgen (Stolze), Waldschmidt (Eggestein (1)) – Stefaniak (1) (Christiansen) – Mees (Amiri).
183 **Polen**, 7. 9., Wloclawek, 1:2 verloren: Gersbeck (Brunst-Zöllner) – Klünter, Christiansen (Sprenger), Schulz, Wittek – Prömel, Dahoud (Waldschmidt) – Öztürk (Barry), Eggestein (Mees), Amiri – Stolze (1) (Stenzel).
184 **Türkei**, 7. 10., Ulm, 1:0 gewonnen (Elite Cup): Schwäbe – Zander, Sprenger, Schulz (Kehrer), Wittek (Guwara) – Christiansen, Bauer – Dittgen (1) (Holtmann), Eggestein (Barry), Amiri (Stefaniak) – Waldschmidt (Rizzo).
185 **Niederlande**, 10. 10., Aalen, 2:1 gewonnen (Elite Cup): Zetterer – Klünter, Friedrich, Kehrer (1), Guwara – Stenzel (Bauer), Prömel (Christiansen) – Holtmann (Amiri), Stefaniak (Dittgen), Barry (1)- Rizzo (Eggestein).
186 **England**, 13. 10., Heidenheim, 1:0 gewonnen (Elite Cup): Bredlow – Zander (Klünter), Sprenger, Wittek (Friedrich), Kehrer – Bauer (Christiansen), Prömel (Stenzel) – Stefaniak, Dittgen (1) (Guwara), Waldschmidt (Amiri) – Barry (Holtmann).
187 **Italien**, 12. 11., Osnabrück, 0:2 verloren: Schwäbe – Klünter (Prömel), Schulz, Kehrer, Guwara (Wittek) – Christiansen (Dahoud), Stenzel (Bauer) – Dittgen (Eggestein), Mukhtar, Amiri (Wolf) – Waldschmidt (Holtmann).
188 **Polen**, 16. 11., Münster, 0:0 unentschieden: Zetterer (Bredlow) – Prömel (Klünter), Friedrich (Guwara), Schulz, Wittek – Dahoud Mukhtar (Stenzel) – Bauer, Holtmann (Dittgen), Eggestein (Waldschmidt) – Amiri.

2016: 2 Spiele, 2 Unentschieden
189 **Schweiz**, 23. 3., Freiburg, 1:1 unentschieden: Mesenhöler – Akpoguma (Klünter), Schulz, Kehrer, Wittek – Bauer, Gaudino (Prömel) – Stolze (Cueto), Mukhtar (1), Dittgen (Barry) – Kleindienst (Platte).
190 **Schweiz**, 26. 3., Delémont, 1:1 unentschieden: Bredlow – Friedrich, Akpoguma, Kehrer (Schulz) – Klünter (Dittgen), Prömel (Bauer), Stenzel (Wittek), Guwara, Barry (1) (Kleindienst) – Mukhtar, Cueto (Platte).

U-20-Spielrunde
Bisherige Sieger: 2002, 2003 Italien – 2004, 2005 Deutschland – 2006 Italien – 2007, 2008 Deutschland – 2009 Schweiz – 2010, 2011, 2012, 2013, 2014 Deutschland – 2015 Polen – 2016 Italien.

Die Bilanz der 992 A1-/A2-Junioren-Länderspiele U19/U18 (bis 2001 U18/U17)

Gegner	Spiele	Siege	Unentsch.	Niederl.	Tore	11-m-Sch.
Ägypten	11	6	1	4	17:9	
Albanien	1	1	–	–	2:0	
Algerien	2	2	–	–	9:0	
Andorra	1	1	–	–	10:0	
Argentinien	2	1	1	–	4:3	
Armenien	1	1	–	–	5:0	
Aserbaidschan	1	1	–	–	7:0	
Australien	3	–	1	2	3:5	
Belgien	34	18	13	3	66:32	4:1, 4:2
Bosnien-Herzegowina	2	2	–	–	13:1	
Brasilien	7	1	2	4	6:15	
Bulgarien	16	11	1	4	37:15	
Burkina Faso	1	–	1	–	1:1	
Chile	1	1	–	–	1:0	
China	8	4	1	3	16:12	

Gegner	Spiele	Siege	Unentsch.	Niederl.	Tore	11-m-Sch.
Costa Rica	1	1	–	–	4:0	
Dänemark	26	16	6	4	61:27	
DDR	10	4	5	1	19:12	3:2
England	26	8	6	12	36:41	
Estland	6	6	–	–	27:4	
Färöer	3	3	–	–	19:0	
Finnland	24	19	4	1	68:22	
Frankreich	109	39	30	40	153:158	4:3
Georgien	1	1	–	–	2:0	
Ghana	1	–	–	1	1:5	
Griechenland	22	12	3	7	44:33	
Iran	2	–	–	2	0:3	
Irland	19	9	7	3	35:20	3:4
Island	2	1	1	–	6:1	
Israel	24	15	5	4	51:22	
Italien	34	13	11	10	45:40	3:4
Japan	6	3	–	3	10:10	
Kanada	3	2	1	–	5:1	
Kasachstan	1	1	–	–	6:0	
Katar	3	2	1	–	9:3	
Kongo	1	1	–	–	4:1	
Kroatien	7	4	3	–	17:6	3:1
Lettland	6	5	1	–	18:1	
Liechtenstein	2	2	–	–	15:1	
Litauen	5	4	1	–	18:3	
Luxemburg	14	13	–	1	66:8	
Mali	2	–	2	–	0:0	4:3
Malta	6	6	–	–	24:1	
Mazedonien	2	2	–	–	10:0	
Mexiko	2	1	–	1	3:3	
Moldawien	2	2	–	–	8:1	
Montenegro	1	1	–	–	2:0	
Namibia	2	–	2	–	1:1	4:2
Niederlande	47	28	8	11	92:61	5:4
Nigeria	1	–	–	1	0:2	
Nordirland	10	7	1	2	24:10	
Norwegen	16	9	3	4	32:19	
Oman	3	1	–	2	6:6	
Österreich	27	17	5	5	58:28	
Polen	33	20	8	5	57:26	
Portugal	25	9	7	9	33:37	1:4
Ruanda	1	1	–	–	3:1	
Rumänien	12	4	4	4	8:10	
Russland (UdSSR/GUS)	39	13	10	16	48:58	
Saarland	1	1	–	–	6:1	
San Marino	1	1	–	–	10:0	
Saudi-Arabien	1	1	–	–	3:0	
Schottland	26	11	10	5	29:21	3:0
Schweden	28	18	8	2	50:26	
Schweiz	26	21	4	1	60:23	
Serbien (Serbien-Montenegro, Jugoslawien)	27	12	8	7	42:33	
Slowakei	12	8	1	3	31:21	
Slowenien	1	1	–	–	3:0	
Spanien	41	14	6	21	51:76	5:3
Sudan	1	1	–	–	3:1	
Südkorea	4	2	1	1	5:5	
Thailand	2	2	–	–	9:0	
Trinidad & Tobago	2	2	–	–	9:0	
Tschechien	22	10	6	6	41:29	

Gegner	Spiele	Siege	Unentsch.	Niederl.	Tore	11-m-Sch.
Tschechoslowakei	15	7	2	6	18:20	
Türkei	25	14	6	5	45:25	
Tunesien	1	1	–	–	5:2	
Ukraine	14	9	1	4	23:13	
Ungarn	28	18	6	4	65:31	
USA	16	11	3	2	39:13	
Ver. Arab. Emirate	3	2	1	–	7:3	
Wales	6	6	–	–	20:5	
Weißrussland	5	4	1	–	17:6	
Zypern	4	3	1	–	11:2	
Gesamt:	992	535	221	236	1946:1135	

2015: 24 Spiele, 13 Siege, 4 Unentschieden, 7 Niederlagen

959 **Slowakei,** 26. 3., Mannheim, 1:1 unentschieden (EM-Qualifikation): Funk – Klünter, Klostermann, Tah, Kijewski – Kehrer, Barry (Gaudino) – Christiansen (1), Sané (Cueto), Amiri – Rizzo (Parker).

960 **Frankreich,** 27. 3., Sarre-Union, 2:1 gewonnen: Königsmann – Bader (Badu), Gschwend, Boeder, Mittelstädt – Serdar, Conde (Ferati) – Strein (Owusu), Ochs, Bunjaki (1) (Wagner) – Teuchert (1) (Fechner).

961 **Irland,** 29. 3., Sandhausen, 3:3 gewonnen (EM-Qualifikation): Funk – Klünter, Kehrer (Föhrenbach (1)), Klostermann, Kijewski (Parker) – Christiansen, Gaudino – Sané, Barry (Cueto (1)), Amiri (1) – Rizzo.

962 **Frankreich,** 30. 3., Biesheim, 0:2 verloren: Reimann – Schumacher, Ziegele, Torunarigha, Badu (Bader) – Besuschkow (Serdar), Owusu (Teuchert) – Wagner (Bunjaki), Fechner (Strein), Ferati – Wekesser (Ochs).

963 **Tschechien,** 31. 3., Walldorf, 6:0 gewonnen (EM-Qualifikation): Funk – Klünter, Tah, Klostermann, Föhrenbach – Parker (Hingerl), Amiri (1), Christiansen (1), Sané (2) – Cueto (1) (Dehm), Rizzo (1) (Barry).

964 **Wales,** 21. 4., Nordhorn, 2:0 gewonnen: Königsmann (Reimann)– Becker, Boeder, Horn, Bahn – Fechner (Bauer), Serdar – Strein (Sauerland), Mörschel (1), Bunjaki (1) (Ferdinand) – Bytyqi (Donkor).

965 **Österreich,** 13. 5., Gersthofen, 0:1 verloren: Reimann (Königsmann) – Badu (Kammerbauer), Bohro, Horn, Häußler (Mergel) – Fechner, Conde – Sauerland (Schumacher), Henrichs, Bunjaki – Teuchert (Ferdinand).

966 **Spanien,** 7. 7., Larissa, 0:3 verloren (EM-Gruppenspiel): Funk – Klünter, Tah, Klostermann, Föhrenbach – Amiri (Öztürk), Kehrer – Barry, Cueto (Rizzo), Sané – Werner (Waldschmidt) – Rote Karte: Pedraza (Spanien).

967 **Niederlande,** 10. 7., Katerini, 1:0 gewonnen (EM-Gruppenspiel): Funk – Klostermann, Klünter, Tah, Föhrenbach – Amiri (Öztürk), Waldschmidt (Rizzo (1)) – Kehrer (Cueto), Christiansen, Werner – Sané.

968 **Russland,** 13. 7., Katerini, 2:2 unentschieden (EM-Gruppenspiel): Funk – Klostermann, Klünter, Tah, Föhrenbach – Amiri (Öztürk), Waldschmidt (Cueto) – Kehrer (1) (Rizzo), Christiansen, Werner (1) – Sané.

969 **England,** 4. 9., Bergisch Gladbach, 2:3 verloren: Königsmann – Bühler (Schad), Boeder, Gimber, Mittelstädt (Horn) – Ferati (Bunjaki), Henrichs (1) – Fechner, Serdar (Wagner), Ochs – Owusu (1).

970 **Niederlande,** 7. 9., Raalste, 2:1 gewonnen: Reimann – Boeder (Ziegele), Torunarigha (Ferati), Horn (Gimber), Schad – Serdar (Condé (1)), Henrichs (Bunjaki (1)) – Marvin Mehlem (Mittelstädt), Fechner, Ochs (Wekesser) – Brömer (Endres).

971 **USA,** 6. 10., Stuttgart, 8:1 gewonnen (Elite Cup): Königsmann – Schad (Bitter (1)), Boeder, Gimber, Horn (Torunarigha) – Henrichs (Endres (1)), Besuschkow (1) (Serdar) – Ferati (Marvin Mehlem (1)), Fechner, Ochs (1) (Bunjaki (2)) – Owusu (Putaro (1)) – Rote Karte: Boeder.

972 **Mexiko,** 9. 10., Großaspach, 1:0 gewonnen (Elite Cup): Königsmann (F. Müller) – D. Schad, Torunarigha (Horn), Gimber, Mittelstädt (Ferati) – Henrichs, Serdar (Fechner) – Marvin Mehlem (Endres), Condé, Ochs (Besuschkow) – Bunjaki (1) (Putaro).

973 **Schottland,** 12. 10., Reutlingen, 2:2 unentschieden (Elite Cup): Reimann – Horn, Boeder, Gimber, Bitter (Endres) – Ochs (Bunjaki), Serdar (1) (Torunarigha) – Fechner, Besuschkow (1), Condé (Putaro) – Ferati.

974 **Niederlande,** 12. 11., Side, 0:1 verloren (Vier-Nationen-Turnier): Dahmen – Baku (Breitenbach), Jaeckel, Pieper, Franke (Jakob) – Touré, Vollert (Beiersdorf) – Ametov (Justvan), Groiß, Hug (Ramaj) – Daferner (Mause).

975 **Schweden,** 13. 11., Völklingen, 3:0 gewonnen (Vier-Nationen-Turnier): Königsmann – Bader (Ronstadt), Boeder, Gimber (Feka), Horn (Uduokhai) – Ferati, Henrichs (Bunjaki (1)) – Serdar (Wagner), Fechner, Besuschkow (1) (Condé) – Putaro (1) (Iyoha).
976 **Tschechien,** 14. 11., Side, 2:3 verloren (Vier-Nationen-Turnier): Köhn – Breitenbach (Groiß), Rinaldi, Pieper, Jakob – Touré, Neuwirt (Baku (1)) – Justvan (Ametov), Beiersdorf, Ramaj – Daferner (Mause (1)).
977 **Serbien,** 15. 11., Pirmasens, 1:0 gewonnen (Vier-Nationen-Turnier: F. Müller – Badu (1) (Wagner), Ziegele, Torunarigha, Schumacher – Condé, Kammerbauer (Ndenge), Neumann, Bunjaki (Wekesser) – Iyoha (Feka), Eckert (Heinrich).
978 **Türkei,** 16. 11., Side, 0:0 unentschieden (Vier-Nationen-Turnier): Schaffran (Dahmen) – Baku, Rinaldi, Groiß, Franke – Touré (Pieper), Vollert – Justvan (Ramaj), Beiersdorf (Neuwirt), Ametov (Hug) – Mause (Daferner).
979 **Frankreich,** 17. 11., Homburg, 3:2 gewonnen (Vier-Nationen-Turnier): Nicolas – Bader (Neumann (1)), Torunarigha (Badu), Gimber (Bunjaki), Horn (Schumacher) – Ferati (1), Fechner, Henrichs, Serdar (1)(Ndenge) – Putaro (Iyoha), Besuschkow (Condé).
980 **Ukraine,** 14. 12., Shefayim, 1:0 gewonnen (Vier-Nationen-Turnier): Schubert – Baku, Rinaldi, Groiß, Franke – Touré, Bender – Justvan (Breitenbach), Beiersdorf, Ramaj (Shipnoski)– Mause (Daferner (1)).
981 **Israel,** 15. 12., Petah Tikva, 2:3 verloren (Vier-Nationen-Turnier): Menzel – Breitenbach (Baku), Rinaldi (Ametov (1)), Jaeckel (Miotke), Leitsch (Franke) – Touré (Schels), Neuwirt – Shipnoski (Ramaj), Beiersdorf (Groiß), Justvan (1) (Mause) – Daferner.
982 **Serbien,** 17. 12., Shefayim, 5:1 gewonnen (Vier-Nationen-Turnier): Schubert (Kraft) – Baku (Schels), Rinaldi (Jaeckel), Miotke (1), Franke (Leitsch) – Groiß (Touré), Bender – Justvan (Shipnoski), Ametov (1) (Neuwirt), Ramaj (2) (Beiersdorf) – Daferner (1) (Mause).

2016: 10 Spiele, 4 Siege, 4 Unentschieden, 2 Niederlagen
983 **Frankreich,** 24. 3., Konz, 0:0 unentschieden: Frommann – Akyol (Franke), Baku, Gül, Abu Hanna – Passlack, Saglam (Busam) – Touré (Köhlert), Friede (Neuwirt), Ramaj (Beiersdorf) – Daferner (Mause).
984 **Südkorea,** 26. 3., Ingelheim, 2:1 gewonnen: Reimann – Neumann (Bader), Ananou (Boeder, Marvin Mehlem), Gimber, Mittelstädt (Horn) – Fechner (Condé), Henrichs – Reese, Ochs (1) (Schumacher), Besuschkow – Putaro (Teuchert (1)).
985 **Frankreich,** 28. 3., Salmtal, 4:1 gewonnen: Schubert (Menzel) – Busam (Baku), Miotke (Touré), Karakas (Abu Hanna), Franke (Akyol) – Gül (1), Neuwirt (Friede) – Justvan (Passlack), Beiersdorf (2) (Saglam), Köhlert (Ramaj) – Mause (Daferner (1)).
986 **Südkorea,** 29. 3., Worms, 1:0 gewonnen: F. Müller – Bader (Ananou), Fechner (Boeder), Gimber (Horn), Schumacher (Mittelstädt) – Condé (Neumann), Henrichs (Marvin Mehlem (1)) – Besuschkow (Reese), Ochs, Iyoha (Putaro) – Teuchert (Ndenge).
987 **Schweiz,** 20. 4., Grenchen, 1:1 unentschieden: Menzel (Dahmen) – Baku, Jaeckel, Nesseler, Hug (Rinaldi) – Saglam (Fellhauer), Burnic (Schels) – Hemmerich (Shipnoski (1)), Özcan, Ramaj (Richter) – Serra (Engelhardt).
988 **Irland,** 10. 5., Rüsselsheim, 2:2 unentschieden: Schubert (Menzel) – Baku, Jaeckel (Franke), Nesseler, Köhlert – Friede (Miotke), Herzog (Fellhauer) – Shipnoski (1), Ametov (Touré), Richter (1) (Ramaj) – Mause (Beiersdorf) – Rote Karte: Menzel.
989 **Italien,** 11. 7., Stuttgart, 0:1 verloren (EM-Gruppenspiel): Reimann – Neumann, Boeder (Marvin Mehlem), Gimber, Mittelstädt – Fechner – Henrichs – Serdar (Reese), Besuschkow – Ochs – Serra (Teuchert).
990 **Portugal,** 14. 7., Großaspach, 3:4 verloren (EM-Gruppenspiel): Reimann – Neumann, Gül (Marvin Mehlem), Gimber, Mittelstädt – Fechner, Henrichs – Serdar (Reese), Besuschkow (Teuchert) – Ochs (3) – Serra.
991 **Österreich,** 17. 7., Reutlingen, 3:0 gewonnen (EM-Gruppenspiel): F. Müller – Neumann (1), Gül (1), Gimber, Horn – Fechner – Henrichs (Boeder), Condé – Ochs – Reese (Serra), Teuchert (1) (Serdar).
992 **Niederlande,** 21. 7., Sandhausen, n. V. 3:3 unentschieden, Elfmeterschießen 5:4 (EM, Spiel um den 5. Platz): F. Müller – Neumann, Gül, Gimber, Horn (Iyoha) – Henrichs – Ochs (1), Condé, Besuschkow (Marvin Mehlem (1)), Mittelstädt – Teuchert (Serra, Serdar (1)) – Tore im Elfmeterschießen: Ochs, Gül, Mittelstädt, Gimber, Henrichs.

Die A-Jugend-Länderspiele (U 18, U 17) finden Sie im KICKER-Almanach von 1989, die dann folgenden nur noch von Saison zu Saison im jeweiligen Almanach danach.

Die Bilanz der 523 B 1-Junioren-Länderspiele U 17 (bis 2001 U16)

Gegner	Spiele	Siege	Unentsch.	Niederl.	Tore	11-m-Sch.
Ägypten	2	2	–	–	3:1	
Albanien	2	2	–	–	9:1	
Argentinien	2	1	–	1	5:2	
Andorra	1	1	–	–	10:1	
Armenien	1	1	–	–	2:1	
Aserbaidschan	4	4	–	–	12:1	
Australien	1	1	–	–	4:1	
Belgien	14	7	4	3	21:109	
Bosnien-Herzegowina	3	3	–	–	12:2	
Brasilien	2	1	–	1	5:5	
Bulgarien	11	8	3	–	24:8	
Burkina Faso	1	1	–	–	3:0	
Dänemark	12	7	1	4	26:16	
DDR	3	2	1	–	6:0	4:5
Ecuador	1	1	–	–	6:1	
England	16	11	3	2	40:22	3:5
Estland	3	3	–	–	16:0	
Färöer	2	2	–	–	12:0	
Finnland	7	5	–	2	18:5	
Frankreich	23	9	5	9	31:27	6:5, 2:4
Georgien	8	7	1	–	19:2	
Ghana	2	2	–	–	5:3	
Griechenland	9	6	1	2	17:9	
Honduras	1	1	–	–	3:1	
Irland	7	5	2	–	15:3	
Island	6	6	–	–	16:5	
Israel	22	12	4	6	50:19	
Italien	32	10	14	8	46:42	1:3, 6:5, 5:4
Japan	2	1	–	1	4:4	
Katar	2	2	–	–	11:0	
Kolumbien	1	–	1	–	3:3	
Kroatien	2	–	–	2	1:5	
Kuwait	1	1	–	–	3:0	
Lettland	1	1	–	–	4:0	
Liechtenstein	1	1	–	–	7:0	
Litauen	1	1	–	–	4:0	
Luxemburg	5	5	–	–	20:2	
Malta	3	3	–	–	21:0	
Mazedonien	2	2	–	–	9:1	
Mexiko	2	–	–	2	3:5	
Moldawien	3	3	–	–	12:1	
Niederlande	24	14	5	5	48:32	4:5
Nigeria	2	–	2	1	4:6	
Nordirland	12	12	–	–	32:4	
Norwegen	5	3	2	–	14:4	
Österreich	22	12	3	7	56:34	
Oman	1	–	–	1	0:1	
Panama	1	1	–	–	2:0	
Polen	6	4	1	1	16:4	
Portugal	19	4	8	7	20:22	5:6
Rumänien	7	5	2	–	20:6	
Russland (UdSSR/GUS)	18	6	3	9	22:19	
San Marino	2	2	–	–	15:0	
Schottland	15	10	3	2	26:9	
Schweden	15	10	4	1	33:15	3:1
Schweiz	20	11	3	6	32:24	
Serbien-Montenegro (Jugoslawien)	7	4	2	1	13:4	

Gegner	Spiele	Siege	Unentsch.	Niederl.	Tore	11-m-Sch.
Slowakei	7	6	1	–	20:2	
Slowenien	5	5	–	–	14:1	
Spanien	26	4	7	15	21:42	2:3, 4:2
Togo	1	1	–	–	2:0	
Trinidad & Tobago	1	1	–	–	5:0	
Tschechien	13	7	4	2	18:9	
Tschechoslowakei	5	1	4	–	4:2	
Türkei	22	8	6	8	30:22	
Ukraine	15	10	3	2	33:12	
Ungarn	9	5	1	3	20:14	
USA	6	4	–	2	13:10	
Ver. Arab. Emirate	1	–	–	1	0:2	
Wales	1	1	–	–	1:0	
Zypern	8	6	1	1	22:8	
Gesamt:	**523**	**287**	**105**	**118**	**1098:519**	

2015: 23 Spiele, 15 Siege, 3 Unentschieden, 5 Niederlagen

490 **Portugal,** 13. 2., Faro, 1:0 gewonnen (Algarve Cup): Frommann – Passlack, Gül (Nesseler), Karakas (Grauschopf), Burnic (Akyol) – Dorsch, Janelt (Saglam) – Ametov (Probst), Schmidt (1), Köhlert (Stefandl) – Eggestein (Serra).

491 **Niederlande,** 15.2., Lagos, 1:0 gewonnen (Algarve Cup): Schubert – Busam, Nesseler, Grauschopf, Akyol (Karakas) – Gül (Dorsch), Saglam (Passlack) – Stefandl (Benko), Özcan (Schmidt), Ramaj (1) – Probst (Serra).

492 **England,** 17. 2., Faro, 2:0 gewonnen (Algarve Cup): Frommann (Schubert) – Busam (Ametov), Nesseler, Karakas (Grauschopf), Akyol – Dorsch, Saglam (1) (Gül) – Passlack, Schmidt (1) (Eggestein), Köhlert (Özcan) – Serra (Ramaj).

493 **Slowakei,** 21. 3., Wetzlar, 3:0 gewonnen (EM-Qualifikation): Frommann – Busam, Gül, Karakas (Nesseler), Akyol – Dorsch, Saglam (Geiger) – Passlack (1), Schmidt (Özcan), Burnic – Eggestein (2).

494 **Ukraine,** 23. 3., Marburg, 3:0 gewonnen (EM-Qualifikation): Frommann – Busam, Nesseler, Karakas, Akyol – Janelt (Gül (1)), Geiger (Schmidt (1)) – Passlack (1), Dorsch, Köhlert – Serra (Eggestein).

495 **Italien,** 26. 3., Wetzlar, 2:2 unentschieden (EM-Qualifikation): Frommann – Busam, Nesseler, Karakas, Akyol (Serra) – Dorsch, Gül (1), Eggestein, Saglam (1) (Janelt) – Passlack, Köhlert (Schmidt) – Rote Karte: Gül.

496 **Belgien,** 6. 5., Burgas, 2:0 gewonnen (EM-Gruppenspiel): Frommann – Busam, Nesseler, Karakas, Akyol (Abu Hanna) – Passlack (1), Dorsch (Özcan), Saglam, Köhlert – Schmidt (1) (Burnic), Eggestein.

497 **Slowenien,** 9. 5., Burgas, 1:0 gewonnen (EM-Gruppenspiel): Frommann – Busam, Nesseler, Abu Hanna, Karakas – Gül, Özcan – Passlack, Schmidt (Geiger), Burnic (Akyol) – Eggestein (1) (Serra).

498 **Tschechien,** 12. 5., Stara Sagora, 4:0 gewonnen (EM-Gruppenspiel): Frommann – Busam, Gül (Nesseler), Abu Hanna, Karakas (1) (Akyol) – Janelt, Saglam (1) – Köhlert, Özcan, Passlack (2) (Geiger) – Serra.

499 **Spanien,** 15. 5., Stara Sagora, 0:0 unentschieden, Elfmeterschießen 4:2 (EM-Viertelfinale): Frommann – Busam, Nesseler, Abu Hanna (Özcan), Karakas – Gül, Janelt – Köhlert, Schmidt (Serra), Passlack – Eggestein (Burnic) – Tore im Elfmeterschießen: Gül, Janelt, Passlack, Özcan.

500 **Russland,** 19. 5., Stara Sagora, 1:0 gewonnen (EM-Halbfinale): Frommann – Busam, Gül, Nesseler, Akyol – Saglam (Schmidt), Özcan – Janelt, Passlack, Burnic (Karakas) – Serra (1) (Abu Hanna).

501 **Frankreich,** 22. 5., Burgas, 1:4 verloren (EM-Endspiel): Frommann – Busam, Nesseler (Özcan), Abu Hanna, Karakas (1) – Gül, Janelt – Köhlert (Saglam), Schmidt (Serra), Passlack – Eggestein.

502 **Italien,** 9. 9., Bremen, 1:2 verloren (Vier-Nationen-Turnier): Grill – D.-J. Itter, Hanraths, Baack, G.-L. Itter (Beste) – Maier, Kübler, Schreck (Tillman), Havertz – Dadashov (1), Y. Otto (Ekene).

503 **Israel,** 11. 9., Oberneuland, 6:0 gewonnen (Vier-Nationen-Turnier): Grill – Amade (1), Sonnenberg, Sechelmann, Beste (1) (Y. Otto) – Schwermann (Havertz (1)), Maina – Ekene (Dadashov (2)), Tillman (Schreck), Bircan (Maier (1)) – Krüger (G.-L. Itter).

504 **Niederlande**, 13. 9., Oberneuland, 2:2 unentschieden (Vier-Nationen-Turnier): Grill – D.-J. Itter (N. Otto), Hanraths, Baack, Beste – G.-L. Itter (Maina), Maier (Kübler), Havertz (Amade) – Schreck (Tillman), Dadashov (2), Bircan (Ekene).
505 **Australien**, 18. 10., Chillan, 4:1 gewonnen (WM-Gruppenspiel): Frommann – Busam, Gül, Abu Hanna, Karakas – Dorsch (Saglam), Janelt (1) – Passlack (1), Özcan (Burnic), Köhlert – Eggestein (2) (Skenderovic).
506 **Argentinien**, 22. 10., Chillan, 4:0 gewonnen (WM-Gruppenspiel): Frommann – Nesseler, Gül (Fritsch), Abu Hanna (Burnic), Karakas – Dorsch, Janelt (1) – Köhlert, Özcan (Schmidt (1)), Passlack (1) – Eggestein (1).
507 **Belgien**, 22. 10., Tubize, 2:1 gewonnen: Bartels – Fisch, Baak, Senkbeil, Schüler – Akkaynak, Tillman (1) – Förster (Grözinger), Schreck, Vujinovic (Schmidt) – Krüger (1) (Ferati).
508 **Belgien**, 24. 10., Tubize, 2:0 gewonnen: Weiner – Cyriacks (Fisch), Schwermann, Baack, Grözinger – Ferati (Krüger), Tomas (Förster) – Bircan (Tillman), Schmidt (Akkaynak), Nieland ((1) Schreck) – Jahn (Vujinovic (1)).
509 **Mexiko**, 25. 10., Talca, 1:2 verloren (WM-Gruppenspiel): Frommann – Busam, Gül, Abu Hanna, Akyol (Karakas) – Dorsch, Saglam (Burnic) – Köhlert, Özcan (Schmidt), Passlack – Eggestein (1).
510 **Kroatien**, 29. 10., Concepcion, 0:2 verloren (WM-Achtelfinale): Frommann – Nesseler (Köhlert), Gül, Abu Hanna, Karakas – Dorsch (Burnic), Janelt (Saglam) – Passlack, Schmidt, Özcan – Eggestein.
511 **England**, 18. 11., Burton-upon-Trent, 5:3 gewonnen: Schauer – D.-J. Itter, Sonnenberg, Senkbeil, Beste (1) – Ferati, Akkaynak (1) (Maier), Tillman (Havertz), Wanner (Maina) – Ekene (1), Wintzheimer (2) (Y. Otto).
512 **England**, 20. 11., Rotherham, 1:2 verloren: Grill – Baack, Amade, Hanraths, G.-L. Itter – Maina (D.-J. Itter), Schreck (Ekene), Maier, Havertz (Beste) – Y. Otto (1), Dadashov (Wintzheimer).

2016: 11 Spiele, 7 Siege, 3 Unentschieden, 1 Niederlage

513 **Niederlande**, 5. 2., Lagos, 1:0 gewonnen (Algarve Cup): Bartels – Amade, Baak, Hanraths, G.-L. Itter – Maier, Baack, Akkaynak, Havertz (Tillman) – Y. Otto (Kübler), Dadashov (1) (Baxmann).
514 **England**, 7. 2., Lagos, 2:2 unentschieden (Algarve Cup): Grill – Beste, Sonnenberg, Baack (1), D.-J. Itter – Kübler, Amade (Havertz) – Tillman (Y. Otto), Schreck (Dadashov (1)), Baxmann (G.-L. Itter) – Wintzheimer (Maier).
515 **Portugal**, 9. 2., Faro-Loulé, 5:0 gewonnen (Algarve Cup): Bartels – D.-J. Itter, Hanraths, Sonnenberg (1), G.-L. Itter (Beste) – Maier (1) (Y. Otto), Akkaynak (Amade), Baack (Kübler), Havertz (Tillman) – Baxmann (1) (Schreck), Dadashov (2) (Wintzheimer).
516 **Slowakei**, 24. 3., Düsseldorf, 5:1 gewonnen (EM-Qualifikation): Bartels – Amade, Baak, Hanraths (Beste), G.-L. Itter – Havertz, Akkaynak (Kübler), Baack, Maier (2) (Schreck) – Dadashov (1), Baxmann (2).
517 **Bulgarien**, 26. 3., Ratingen, 1:1 unentschieden (EM-Qualifikation): Bartels – Amade, Sonnenberg (Baack), Baack, G.-L. Itter – Akkaynak, Havertz (Beste) Maier, Schreck (1) – Dadashov, Y. Otto (Baxmann) – Rote Karte: Amade.
518 **Niederlande**, 29. 3., Düsseldorf, 1:0 gewonnen (EM-Qualifikation): Bartels – G.-L. Itter, Baak, Baack, Beste – Kübler, Akkaynak, Havertz (Hanraths), Maier – Baxmann (1) (Y. Otto), Dadashov (Senkbeil) – Gelb-Rote Karte: Akkaynak.
519 **Ukraine**, 5. 5., Baku, 2:2 unentschieden (EM-Gruppenspiel): Bartels – G.-L. Itter, Baak, Baack, Hanraths (Kübler) – D.-J. Itter, Schreck (1) – Dadashov, Havertz, Maier (Beste) – Y. Otto (1) (Baxmann).
520 **Bosnien-Herzegowina**, 8. 5., Baku, 3:1 gewonnen (EM-Gruppenspiel): Bartels – D.-J. Itter, Baack, Baak, G.-L. Itter – Havertz, Schreck (Beste), Akkaynak (1) (Kübler), Maier – Baxmann (Y. Otto (2)), Dadashov.
521 **Österreich**, 11. 5., Baku, 4:0 gewonnen (EM-Gruppenspiel): Bartels – Amade, Baack, Baak, G.-L. Itter – Havertz (1) (Kübler), Akkaynak (1), Maier (Sonnenberg) – Y. Otto (Baxmann), Beste, Dadashov (1) – Dazu ein Eigentor von L. Meisl.
522 **Belgien**, 14. 5., Baku, 1:0 gewonnen (EM-Viertelfinale): Bartels – Amade, Baack, Baak, G.-L. Itter (Kübler), Maier, Havertz – Y. Otto (Baxmann), Akkaynak, Beste – Dadashov (1) (Sonnenberg).
523 **Spanien**, 18. 5., Baku, 1:2 verloren (EM-Halbfinale): Bartels – Amade, Baack, Hanraths, Beste (Grill) – Maier (Baxmann), Akkaynak – Y. Otto (Schreck), G.-L. Itter – Havertz, Dadashov (1) – Rote Karte: Bartels.

Die B-Jugend-Länderspiele (U 17) finden Sie im KICKER-Almanach von 1989, die dann folgenden nur noch von Saison zu Saison im jeweiligen Almanach danach.

Die Bilanz der 453 B 2-Junioren-Länderspiele U 16 (Schüler) (bis 2001 U15)

Gegner	Spiele	Siege	Unentsch.	Niederl.	Tore	11-m-Sch.
Ägypten	1	1	–	–	2:1	
Argentinien	2	1	–	1	3:2	
Australien	1	1	–	–	5:1	
Belgien	21	14	2	5	60:22	
Brasilien	3	1	1	1	5:6	
Chile	1	–	–	1	0:1	
Dänemark	14	8	2	4	27:15	
Elfenbeinküste	3	–	3	–	4:4	3:5, 5:3
England	78	30	17	31	122:121	1:2
Estland	1	1	–	–	5:1	
Finnland	1	1	–	–	1:0	
Frankreich	87	29	24	34	131:136	6:5
Griechenland	2	1	1	–	5:3	
Irland	15	11	2	2	24:8	
Israel	2	1	1	–	6:1	
Italien	11	7	1	3	20:8	
Japan	3	1	–	2	3:6	
Jugoslawien	1	–	–	1	1:2	
Kamerun	2	1	1	–	5:1	3:4
Lettland	1	1	–	–	5:0	
Liechtenstein	1	1	–	–	7:0	
Luxemburg	1	1	–	–	1:0	
Mali	1	1	–	–	2:0	
Malta	2	1	1	–	5:0	
Mazedonien	3	3	–	–	10:3	
Mexiko	1	1	–	–	3:0	
Niederlande	34	23	5	6	79:30	
Nordirland	13	11	–	2	43:17	
Norwegen	1	1	–	–	2:0	
Österreich	10	7	2	1	32:13	
Polen	3	3	–	–	10:1	
Portugal	9	2	5	2	13:12	7:6, 4:5
Rumänien	3	3	–	–	17:1	
Russland (UdSSR)	13	9	2	2	32:12	
Schottland	8	6	1	1	23:13	
Schweden	4	–	1	3	1:6	
Schweiz	19	13	6	–	53:11	
Slowakei	4	4	–	–	15:1	
Spanien	8	2	3	3	8:12	
Südkorea	1	1	–	–	5:0	
Tschechien	11	10	1	–	38:8	
Türkei	10	5	3	2	17:12	
Tunesien	4	3	1	–	6:1	
Ukraine	4	3	–	1	14:4	
Ungarn	9	4	1	4	16:9	
Uruguay	1	1	–	–	1:0	
USA	4	3	–	1	9:5	
Wales	13	9	4	–	28:10	
Zypern	8	7	–	1	31:4	
Gesamt:	453	248	91	114	955:524	

2015: 6 Spiele, 1 Siege, 3 Unentschieden, 2 Niederlagen

436 **Portugal**, 12. 2., Vila Real de Santo Antonio, 0:0 unentschieden, Elfmeterschießen 4:3 (UEFA-Turnier): Bartels – Amade, Baak (Baack), Sechelmann (Sonnenberg), Beste – Kübler, Akkaynak – Baxmann (Schüler), Kosanic (Havertz), Wanner (Kyeremateng) – Dadachov (Schreck) – Tore im Elfmeterschießen: Havertz, Beste, Kyeremateng, Kübler.

437 **Spanien**, 14. 2., Vila Real de Santo Antonio, 2:2 unentschieden, Elfmeterschießen 3:2 (UEFA-Turnier): Schauer – D.-J. Itter (Amade), Baack, Sonnenberg, Beste – Akkaynak (Kosanic), Schreck (Kübler), Maier (Baak), Havertz (Sechelmann) – Baxmann (1) (Wanner), Kyeremateng (Dadachov (1)) – Tore im Elfmeterschießen: Baak, Havertz, Kübler.

438 **Niederlande**, 16. 2., Vila Real de Santo Antonio, 5:4 unentschieden, Elfmeterschießen 5:4 (UEFA-Turnier): Bartels – D.-J. Itter (Amade), Baak (Baack), Schüler (Havertz) – Kyeremateng (Beste), Maier (Schreck), Kübler (Akkanak), Wanner (Baxmann) – Kosanic (Sechelmann, Sonnenberg), Dadachov (1) – Tore im Elfmeterschießen: Beste, Havertz, Dadachov, Akkaynak, Schreck – Gelb-Rote Karte: Baak.

439 **Italien**, 18. 3., Recanati, 2:0 gewonnen: Grill – Schwermann, Hanraths, Lippert, Beste (1) – Förster (Kade), Maina (Tomas), Herrmann, Tillman – Krüger (1) (Otto), Nieland (Alberico).

440 **Italien**, 20. 3., Grottamare, 0:1 verloren: Koch – Senkbeil (Hanraths), Stanic (Lippert), Kober, Schüler (Beste) – Yilma (Herrmann), Tomas (Nieland) – Alberico (Förster), Kade (Tillmann), Colonna (Maina) – Otto.

441 **Frankreich**, 20. 5., Stuttgart, 0:2 verloren: Bartels (Grill) – D.-J. Itter (Amade), Baack, Hanraths (Baak), G.-L. Itter (Beste) – Akkaynak (Herrmann), Schreck – Kübler, Dadachov (Wanner), Havertz (Baxmann)– Otto (Maier).

442 **Belgien**, 12. 9., Tubize, 5:1 gewonnen: Prinz – Kabuya, Rios Alonso, Lengle, Wellers – Cetin, Stanilewicz (1) – Neiß, Majetschak (2) (Smolinski), Awuku (2) (Kabuya) – Burkardt.

443 **Belgien**, 14. 9., Tubize, 1:2 verloren: Prinz – Smolinski, Böhmer, Isler, Missner – Mbom, Can (Majetschak) – Ahrend, Kabuya (Cetin), Püsküllü (Neiß) – Dreßen (1) (Burkardt).

444 **Österreich**, 22. 10., Kuchl, 4:2 gewonnen: Früchtl (Honsel) – von Cysewski, Russo, Boller, Cetin – Abouchabaka (Raschl), Marx – Ludewig (1), Mai (1), Kühn (2) (Holtschoppen) – Hottmann (Arp).

445 **Österreich**, 24. 10., Rif, 2:1 gewonnen: Honsel – Kolcak (von Cysewski), Rieckmann (Russo), Beyer, Isler – Schell (Marx), Raschl (Mai) – Herrmann (1) (Ludewig), Pena-Zauner (Abouchabaka), Holtschoppen (Kühn) – Arp (Hottmann (1)).

446 **Tschechien**, 19. 11., Bautzen, 3:0 gewonnen: Früchtl – Smolinski (Neiß), Russo, Lengle, Boller (Beyer) – Mai (Mbom), Stanilewicz (Cetin) – Ludewig (Rios Alonso), Majetschak (Abouchabaka (1)), Awuku (Alimler) – Burkardt (2) (Hottmann).

447 **Tschechien**, 21. 11., Zittau, 4:1 gewonnen: Plogmann – Smolinski, Rios Alonso, Beyer, Wellers (Boller) – Mbom (1), Cetin (1) – Awuku (Ludewig), Neiß, Alimler – Hottmann (Abouchabaka (1), Burkardt (1)).

2016: 6 Spiele, 4 Siege, 2 Unentschieden

448 **Portugal**, 4. 2., Vila Real de Santo Antonio, 3:3 unentschieden, Elfmeterschießen 4:5 (UEFA-Turnier): Prinz – Smolinski, Mai (Rios Alonso), Lengle, Boller (Isler) – Cetin, Stanilewicz – Ludewig (1) (Herrmann), Majetschak (Abouchabaka (1)), Kühn (Awuku) – Burkardt (1) (Jastrzembski) – Tore im Elfmeterschießen: Kühn, Marx, Cetin, von Cysewski.

449 **Frankreich**, 6. 2., Vila Real de Santo Antonio, 2:1 gewonnen (UEFA-Turnier): Früchtl – von Cysewski (Smolinski), Rios Alonso (Mai), Wellers, Stanilewicz – Majetschak (1) (Kühn), Abouchabaka (1) (Cetin) – Awuku, Marx (Rieckmann), Herrmann (Boller) – Jastrzembski (Burkardt).

450 **Niederlande**, 8. 2., Vila Real de Santo Antonio, 2:0 gewonnen (UEFA-Turnier): Prinz (Früchtl) – Smolinski (von Cysewski), Rios Alonso (Mai), Boller (Stanilewicz), Wellers (Lengle) – Rieckmann, Abouchabaka (Majetschak), Cetin – Kühn (Awuku), Burkardt (1) (Jastrzembski), Herrmann (1) (Ludewig).

451 **Italien**, 12. 4., Meerbusch, 3:2 gewonnen: Prinz (Früchtl) – Wellers (Boller), Rios Alonso, Nitzl, Haritonov – Mbom (Rieckmann), Heiland (Abouchabaka) – Pena-Zauner (1) (Ludewig (1)), Majetschak (Cetin), Jastrzembski (1) – Arp (Burkardt).

452 **Italien**, 14. 4., Bottrop, 3:0 gewonnen: Klatte – Boller (Majetschak), Nitzl (Wellers, Haritonov), Lengle, Schlax – Rieckmann, Cetin (Heiland) – Ludewig (Jastrzembski), Abouchabaka (Mbom), Neiß (2) (Pena-Zauner) – Burkardt (1) (Arp).

453 **Frankreich**, 16. 5., Soissons, 1:1 unentschieden: Plogmann (Wehking) – Smolinski (Nitzl), Beyer (Ehmann), Can (Siersleben), Wolters (Alimler) – Abouchabaka, Cetin (Sabani), Majetschak – Yeboah, Burkardt (Hottmann (1)), Herrmann.

Die B-Jugend-Länderspiele (U 16) finden Sie im KICKER-Almanach von 1989, die dann folgenden nur noch von Saison zu Saison im jeweiligen Almanach danach.

Die Bilanz der 33 C-Junioren-Länderspiele U 15

Gegner	Spiele	Siege	Unentsch.	Niederl.	Tore	11-m-Sch.
Estland	1	1	–	–	6:2	
Italien	1	–	–	1	1:3	
Niederlande	10	6	1	3	18:11	
Polen	9	5	2	2	24:15	
Portugal	2	2	–	–	7:1	
Russland	1	1	–	–	1:0	
Schweiz	1	1	–	–	4:1	
Schottland	1	1	–	–	2:0	
Südkorea	4	3	1	–	7:3	
USA	1	1	–	–	2:0	
Zypern	2	2	–	–	10:3	
Gesamt:	**33**	**23**	**4**	**6**	**82:39**	

2015: 2 Spiele, 1 Sieg, 1 Niederlage
30 **Niederlande,** 21. 5., Vriezenveen, 1:0 gewonnen: Plogmann – J. Kabuya (P. Kabuya), Russo, Mai, Isler – Keitel (Awuku), Marx, Cetin, Kühn (Sagman) – Burkardt (Simoes (1)), Majetschak (Yilmaz) – Rote Karte: Jacobs (Niederlande).
31 **Niederlande,** 23. 5., Vriezenveen, 1:2 verloren: Früchtl – Mai, Russo, Marx (J. Kabuya), Sagman (Rios Alonso) – Cetin, Majetschak, Kühn (P. Kabuya), Simoes (Burkhardt (1)) – Herrmann (Isler), Awuku (Yilmaz).

2016: 2 Spiele, 1 Sieg, 1 Niederlage
32 **Niederlande,** 19. 5., Leer, 1:0 gewonnen: Klein – Rabold (Asta), Aidonis, Kinitz, Finger – Kurt, Papela – Eyibil (Bozdogan) – Pohlmann (Bias), Batista-Meier (Gudra) – Hartmann (1) (Krauß).
33 **Niederlande,** 21. 5., Wilhelmshaven, 1:2 verloren: 21. Mai in Wilhelmshaven: Kasten – Rabold (Pohlmann), Knoop (Aidonis), Kinitz, Poznanski (Finger) – Krauß (Papela), Lockl (Kurt) – Bias, Bozdogan (Eyibil), Hartmann (1) (Batista-Meier) – Gudra.

Die C-Jugend-Länderspiele (U 15) finden Sie im KICKER-Almanach von 2012, die dann folgenden nur noch von Saison zu Saison im jeweiligen Almanach danach.

Deutsche Meisterschaft A-Junioren U18/U19

Die bisherigen Meister (bis 2001 U18, ab 2002 U19):
1969 VfL Bochum – 1970 Hertha Zehlendorf – 1971 1. FC Köln – 1972 MSV Duisburg – 1973 VfB Stuttgart – 1974 1. FC Nürnberg – 1975 VfB Stuttgart – 1976 FC Schalke 04 – 1977, 1978 MSV Duisburg – 1979 Stuttgarter Kickers – 1980 SV Waldhof Mannheim – 1981 VfB Stuttgart – 1982, 1983 Eintracht Frankfurt – 1984 VfB Stuttgart – 1985 Eintracht Frankfurt – 1986 Bayer Leverkusen – 1987 Bayer Uerdingen – 1988, 1989, 1990, 1991 VfB Stuttgart – 1992 1. FC Kaiserslautern – 1993 FC Augsburg – 1994, 1995, 1996, 1997, 1998 Borussia Dortmund – 1999 Werder Bremen – 2000 Bayer Leverkusen – 2001, 2002 Bayern München – 2003 VfB Stuttgart – 2004 Bayern München – 2005 VfB Stuttgart – 2006 FC Schalke 04 – 2007 Bayer Leverkusen – 2008 SC Freiburg – 2009 1. FSV Mainz 05 – 2010 Hansa Rostock – 2011 VfL Wolfsburg – 2012 FC Schalke 04 – 2013 VfL Wolfsburg – 2014 TSG 1899 Hoffenheim – 2015 FC Schalke 04 – 2016 Borussia Dortmund.

1969
Qualifikation: Karlsruher SC – Hertha BSC 0:3.
Halbfinale: VfL Bochum – Hertha BSC 2:0, 1. FC Saarbrücken – VfL Wolfsburg 5:3.
Um den 3. Platz: Hertha BSC – VfL Wolfsburg 3:2.
Endspiel am 13. Juli 1969 in Saarbrücken: VfL Bochum – 1. FC Saarbrücken 5:3 (0:3)
Bochum: Daniel – Strehlke (Paschke), Pommerin (1) – Böhmer (Berns), Mosch (1), Halstenberg – Böckmann (1), Kerkemeier, Köper, Etterich (2), Kandula – Trainer: Attern.

1970
Qualifikation: Concordia Hamburg – TuS Altrip 0:3.
Halbfinale: Hertha Zehlendorf – Eintracht Frankfurt n. V. 0:0 (Losentscheid für Zehlendorf), VfL Bochum – TuS Altrip 0:1.
Um den 3. Platz: Eintracht Frankfurt – VfL Bochum 6:1.
Endspiel am 12. Juli 1970 in Bochum: Hertha Zehlendorf – TuS Altrip 3:2 (1:2)
Zehlendorf: Hartfiel – Ludwig, Rieger, Hochheim, Kullak (Biermann) – Hanisch, Bertz (Boenke) – Winker, Stolzenburg (1), Pfisterer, Kunert (2) – Trainer: Bialek.

1971
Qualifikation: BFC Preußen Berlin – 1. FC Köln 0:2.
Halbfinale: 1. FC Köln – Ludwigshafener SC 6:0, 1. FC Nürnberg – Eintracht Braunschweig 3:0.
Um den 3. Platz: Eintracht Braunschweig – Ludwigshafener SC 6:1.
Endspiel am 11. Juli 1971 in Fürth: 1. FC Köln – 1. FC Nürnberg 3:1 (2:0)
Köln: Szczepanski – Liebig, Zock, Konopka (2), Nicot – Bläser, Neumann (1), Hein – Evers, Glowacz, Bosbach – Trainer: Röhrig.

1972
Vorrundengruppe Lörrach: FV Lörrach – Dornbreite Lübeck 4:2; MSV Duisburg – SV Fraulautern 2:1; Dornbreite Lübeck – SV Fraulautern n. V. 1:1, Elfmeterschießen 2:4; FV Lörrach – MSV Duisburg 1:3.
Vorrundengruppe Bremerhaven: TuS Bremerhaven 93 – Karlsruher SC 3:5; Eintracht. Trier – Bayern München 1:4; TuS Bremerhaven 93 – Eintracht Trier 3:4; Bayern München – Karlsruher SC 5:0.
Vorrundengruppe Bonn: Bonner SC – Blau-Weiß 90 Berlin 3:2; Kickers Offenbach – Hamburger SV 3:2; Hamburger SV – Blau-Weiß 90 Berlin 6:1; Bonner SC – Kickers Offenbach 2:3.
Vorrundengruppe Kaiserslautern: 1. FC Kaiserslautern – VfB Stuttgart 0:1; Hannover 96 – Borussia Dortmund 6:2; 1. FC Kaiserslautern – Borussia Dortmund 2:3; VfB Stuttgart – Hannover 96 2:1.
Halbfinale in Stuttgart: MSV Duisburg – Kickers Offenbach n. V. 0:0, Elfmeterschießen 5:4; VfB Stuttgart – Bayern München 3:1.
Um den 3. Platz: Kickers Offenbach – Bayern München 5:0.
Endspiel am 2. Juli 1972 in Stuttgart: MSV Duisburg – VfB Stuttgart 2:0 (0:0).
Duisburg: Edelhoff – Häming, Taubenbach, Bruckmann, Schwope – Savkovic, Baake (1), L. Schneider – W. Schneider (1), Worm, Sobbe (Moersdorf, Killich) – Trainer: Kremer.

1973
Vorrundengruppe Saarbrücken: FC Schalke 04 – Saar 05 Saarbrücken 5:1; Hamburger SV – FV Lörrach 3:1; FV Lörrach – Saar 05 Saarbrücken 6:5; FC Schalke 04 – Hamburger SV 2:0.
Vorrundengruppe Andernach: VfB Stuttgart – SpVgg Andernach 5:0; Alemannia Aachen – Werder Bremen 5:2; Werder Bremen – SpVgg Andernach 2:0; VfB Stuttgart – Alemannia Aachen 6:0.
Vorrundengruppe Offenbach: Blau-Weiß 90 Berlin – Heider SV 2:0; Kickers Offenbach – Fortuna Düsseldorf 5:1; Fortuna Düsseldorf – Heider SV 8:4; Kickers Offenbach – Blau-Weiß 90 Berlin 3:2.

Vorrundengruppe Karlsruhe: Bayern München – Karlsruher SC 6:0; Eintracht Braunschweig – 1. FSV Mainz 05 6:1; Karlsruher SC – 1. FSV Mainz 05 9:2; Bayern München – Eintracht Braunschweig 5:2.
Halbfinale in München: VfB Stuttgart – Bayern München 3:2; Kickers Offenbach – FC Schalke 04 1:1, Elfmeterschießen 5:4.
Um den 3. Platz: FC Schalke 04 – Bayern München 5:1.
Endspiel am 8. Juli 1973 in München: VfB Stuttgart – Kickers Offenbach 3:1 (2:1)
VfB Stuttgart: Dreher – Hangstorfer, Schmid, Schäfer, Götz – Martin (1), Hägele, W. Günther – Peters, Salzinger (1), Tochtermann (ein Offenbacher Eigentor) – Trainer: Bögelein.

1974

Vorrundengruppe Hannover: Hannover 96 – Hertha Zehlendorf 2:3; 1. FSV Mainz 05 – 1. FC Nürnberg 0:0, Elfmeterschießen 0:3; Hannover 96 – 1. FSV Mainz 05 4:1; Hertha Zehlendorf – 1. FC Nürnberg 2:5.
Vorrundengruppe Duisburg: MSV Duisburg – FC Schalke 04 2:3; Borussia Neunkirchen – Kickers Offenbach 2:3; MSV Duisburg – Borussia Neunkirchen 0:1; FC Schalke 04 – Kickers Offenbach 2:2, Elfmeterschießen 2:3.
Vorrundengruppe Hamburg: Hamburger SV – Sportfreunde Eisbachtal 4:0; Werder Bremen – Freiburger FC 1:3; Sportfreunde Eisbachtal – Werder Bremen 1:1, Elfmeterschießen 4:2; Hamburger SV – Freiburger FC 2:0.
Vorrundengruppe Kiel: Holstein Kiel – VfB Stuttgart 2:6; 1. FC Köln – Karlsruher SC 1:0; Holstein Kiel – Karlsruher SC 5:1; VfB Stuttgart – 1. FC Köln 1:2.
Halbfinale in Stade: 1. FC Nürnberg – Hamburger SV 3:1; 1. FC Köln – Kickers Offenbach 0:0, Elfmeterschießen 3:2.
Um den 3. Platz: Hamburger SV – Kickers Offenbach 2:2, Elfmeterschießen 2:1.
Endspiel am 9. Juni 1974 in Stade: 1. FC Nürnberg – 1. FC Köln 1:0 (0:0)
Nürnberg: Müller – Lindner, Dämpfling (1), Kraus, Kosian – Weyerich, Reichenbach, Steuerwald – Suffel, Sommer, Dorok – Trainer: Kreißel.

1975

Vorrunde: VfB Lübeck – FC Schalke 04 1:3; SV Bliesen – SpVgg Andernach 3:1, 1:7; FC Singen 04 – OSC Bremerhaven 2:2, 0:3; 1. FC Nürnberg – Kickers Offenbach 0:2, 0:2; 1. FC Köln – 1. FSV Mainz 05 2:0, 2:1; VfB Stuttgart – Borussia Mönchengladbach 0:2, 4:1; Hamburger SV – Atlas Delmenhorst 3:2, 5:2; Rapide Wedding – SV Chio Waldhof 0:6, 3:7.
Viertelfinale: SpVgg Andernach – FC Schalke 04 1:1, 1:3; OSC Bremerhaven – Kickers Offenbach 0:1, 0:3; 1. FC Köln – VfB Stuttgart 0:6, 2:6; SV Chio Waldhof – Hamburger SV 6:1, 5:1.
Halbfinale: VfB Stuttgart – SV Chio Waldhof 5:2, 3:2; FC Schalke 04 – Kickers Offenbach 2:0, 1:2.
Endspiel am 12. Juli 1975 in Marburg: VfB Stuttgart – Schalke 04 4:0 (1:0)
Stuttgart: Höck – Fleischmann, Jost, Günther, Lang – Wörn, Müller, Jakob (1) – Klitz, Beck (3), Frick – Trainer: Hartl.

1976

Vorrunde: Werder Bremen – VfB Lübeck 0:0, 2:1; VfR Mannheim – 1. FC Nürnberg 0:2, 1:1; SpVgg Andernach – Rot-Weiss Essen 1:3, 0:5; 1. FC Köln – ASV Idar-Oberstein 3:3, 1:1, Elfmeterschießen 5:4; Eintracht Frankfurt – FC St. Pauli 5:2, 5:2; VfB Stuttgart – Freiburger FC 4:2, 1:0; SC Saarlouis-Roden – Eintracht Braunschweig 2:3, 4:0; Blau-Weiß 90 Berlin – FC Schalke 04 0:1, 0:5.
Viertelfinale: Rot-Weiss Essen – 1. FC Köln 3:1, 2:3; Eintracht Frankfurt – VfB Stuttgart 2:2, 1:3; SC Saarlouis-Roden – FC Schalke 04 1:5, 0:10; Werder Bremen – 1. FC Nürnberg 1:5, 2:1.
Halbfinale: FC Schalke 04 – 1. FC Nürnberg 2:0, 4:3; Rot-Weiss Essen – VfB Stuttgart 4:3, 2:0.
Endspiel am 24. Juli 1976 in Herne: FC Schalke 04 – Rot-Weiss Essen 5:1 (2:1)
Schalke: Sandhofe – Gorka, Dörmann, Köster (Reichel), Schipper – Santanius (Feldmann), Bittcher (1), Lander (1) – Mentzel, Höfer (2), Schütte (dazu ein Eigentor von Holznagel) – Trainer: Maslo.

1977

Vorrunde: Röchling Völklingen – 1. FSV Mainz 05 2:5, 2:4; Eintracht Braunschweig – Freiburger FC 1:4, 3:6; MSV Duisburg – Werder Bremen 2:0, 3:1; Alemannia Aachen – 1. FC Nürnberg 1:6, 0:8; SV Mehring – FC St. Pauli 1:1, 1:4; FC Schalke 04 – SC Staaken 3:0, 7:0; VfB Stuttgart – Itzehoer SV 1:0, 1:1; Karlsruher SC – FC Burgsolms 3:1, 6:0.
Viertelfinale: MSV Duisburg – 1. FC Nürnberg 3:2, 5:2; VfB Stuttgart – Karlsruher SC 2:3, 3:0; FC St. Pauli – FC Schalke 04 1:7, 2:5; 1. 1. FSV Mainz 05 – Freiburger FC 2:1, 3:4, Elfmeterschießen 9:8.
Halbfinale: 1. FSV Mainz 05 – MSV Duisburg 4:1, 0:4; FC Schalke 04 – VfB Stuttgart 4:5, 0:2.
Endspiel am 23. Juli 1977 in Mannheim: MSV Duisburg – VfB Stuttgart 2:1 (0:0)
Duisburg: Strozyk – Hörstgen, Brocker, Fenten, Jakobs – Quabeck, Klein, Ulitzka (2), Vengels – Jasinek, Schrafen, Buttgereit (Wuschka) – Trainer: Schafstall.

1978

Vorrunde: Hamburger SV – Hertha Zehlendorf 1:7, 2:0; Arminia Hannover – 1. FC Köln 2:2, 1:2; Freiburger FC – 1. FC Saarbrücken 6:0, 2:3; Stuttgarter Kickers – OSC Bremerhaven 0:2, 1:0; FC Augsburg – MSV Duisburg 1:2, 3:3; 1. 1. FSV Mainz 05 – Glas/Chemie Wirges 2:2, 1:1, Elfmeterschießen 4:5; Borussia Dortmund – SV Waldhof Mannheim 2:2, 0:1; Eintracht Frankfurt – VfB Lübeck 2:0, 4:2.
Viertelfinale: Hertha Zehlendorf – 1. FC Köln 3:0, 4:2; Freiburger FC – OSC Bremerhaven 4:2, 3:1; MSV Duisburg – Glas/Chemie Wirges 2:1, 1:1; SV Waldhof Mannheim – Eintracht Frankfurt 2:3, 0:5.
Halbfinale: MSV Duisburg – Eintracht Frankfurt 1:1, 2:1; Hertha Zehlendorf – Freiburger FC 3:2, 1:2, Elfmeterschießen 3:2.
Endspiel am 15. Juli 1978 in Essen: MSV Duisburg – Hertha Zehlendorf 5:2 (2:2)
Duisburg: Fuchs – Jasinek, Gebauer, Blum, Brings – Piepenburg, Wuschka, Steininger (Schmidt) – Weecks (1), Ulitzka (1), Kowalzik (2) (Meyer) – Trainer: Wenzlaff.

1979

Vorrunde: SV Waldhof Mannheim – SFL Bremerhaven 2:0, 4:0; 1. FC Köln – Kickers Offenbach 1:1, 2:3; Holstein Kiel – VfR Sölde 0:2, 1:3; Eintracht Braunschweig – 1. FC Nürnberg 2:2, 2:4; Fortuna Düsseldorf – SC Staaken 2:1, 4:0; Stuttgarter Kickers – Concordia Hamburg 5:2, 3:1; Borussia Neunkirchen – 1. FC Kaiserslautern 2:2, 0:3; FC Emmendingen – TuS Neuendorf 1:2, 2:3.
Viertelfinale: SV Waldhof Mannheim – Kickers Offenbach 4:0, 1:5, Elfmeterschießen 4:3; VfR Sölde – 1. FC Nürnberg 1:3, 0:3; Fortuna Düsseldorf – Stuttgarter Kickers 0:5, 1:7; 1. FC Kaiserslautern – TuS Neuendorf 7:0, 5:0.
Halbfinale: SV Waldhof Mannheim – 1. FC Nürnberg 0:0, 0:2; Stuttgarter Kickers – 1. FC Kaiserslautern 7:2, 3:3.
Endspiel am 29. Juli 1979 in Karlsruhe: Stuttgarter Kickers – 1. FC Nürnberg 2:1 (2:0)
Stuttgart: Rauscher – Stadtmüller, Müller (1), Schröck, Steinbach – Hägele (Kaiser), Bazien, Schulz – Kurbos (1), Buchwald (Eblen), Dienelt – Trainer: Philipp.

1980

Vorrunde: Werder Bremen – 1. FC Nürnberg 1:1, 2:2, Elfmeterschießen 1:3; Concordia Hamburg – 1. FC Saarbrücken 1:0, 0:0; 1. FC Kaiserslautern – Kickers Offenbach 1:1, 4:2; Arminia Hannover – Rot-Weiss Essen 2:1, 3:2; Eintracht Segeberg – TuS Neuendorf 1:5, 0:5; Blau-Weiß 90 Berlin – SSV Ulm 1846 2:0, 1:2; Bayer Leverkusen – SV Waldhof Mannheim 2:3, 2:5; FC Emmendingen – FC Schalke 04 2:5, 1:3.
Viertelfinale: SV Waldhof Mannheim – 1. FC Kaiserslautern 3:1, 1:1; TuS Neuendorf – FC Schalke 04 1:1, 0:2; Arminia Hannover – Blau-Weiß 90 Berlin 1:1, 2:0, Concordia Hamburg – 1. FC Nürnberg 0:7, 0:6.
Halbfinale: Arminia Hannover – Schalke 04 1:2, 0:7; SV Waldhof Mannheim – 1. FC Nürnberg 3:2, 1:1.
Endspiel am 12. Juli 1980 in Oberhausen: SV Waldhof Mannheim – FC Schalke 04 2:1 (1:0)
Mannheim: U. Zimmermann – P. Tsionanis, Pennese, D. Tsionanis, Quaisser – Rühl (Weixler), Rahn (1), Schön – Kispert (Weißenseel), Emig, E. Zimmermann (1) – Trainer: Kobberger.

1981

Vorrunde: Freiburger FC – Werder Bremen 1:0, 2:1; VfB Stuttgart – VfB Lübeck 7:0, 4:0; FC St. Pauli – Bayer Leverkusen 0:2, 3:1, Elfmeterschießen 3:1; 1. FC Saarbrücken – SpVgg Andernach 3:3, 4:1; Blau-Weiß 90 Berlin – VfL Wolfsburg 4:1, 1:2; Karlsruher SC – Borussia Mönchengladbach 1:1, 2:2, Elfmeterschießen 3:4; Bayern München – 1. FC Kaiserslautern 0:0, 0:1; FC Schalke 04 – Eintracht Frankfurt 3:1, 3:1.
Viertelfinale: Borussia Mönchengladbach – VfB Stuttgart 0:5, 0:0; 1. FC Kaiserslautern – FC St. Pauli 1:1, 1:0; Blau-Weiß 90 Berlin – Freiburger FC 0:0, 3:0; FC Schalke 04 – 1. FC Saarbrücken 3:0, 5:0.
Halbfinale: VfB Stuttgart – 1. FC Kaiserslautern 2:0, 2:1; Blau-Weiß 90 Berlin – FC Schalke 04 4:4, 0:4.
Endspiel am 25. Juli 1981 in Karlsruhe: VfB Stuttgart – FC Schalke 04 4:0 (1:0)
Stuttgart: Jäger – Beital, Rath, Stadler, Flad – Jeske (1), Müller, Secker – Tochtermann (1), Bialon (1), Zimmermann (1) – Trainer: Arnold.

1982

Vorrunde: VfB Stuttgart – 1. FC Saarbrücken 2:0, 1:0; SG Wattenscheid 09 – VfR Mannheim 3:1, 1:1; 1. FC Kaiserslautern – BFC Preußen Berlin 7:1, 0:0; Bayer Leverkusen – TSV München 1860 3:2, 0:3; Eintracht Frankfurt – Glas/Chemie Wirges 9:0, 1:1; Hamburger SV – SC Freiburg 3:0, 4:0; MSV Duisburg – Eintracht Braunschweig 2:0, 0:5; Werder Bremen – VfL Lübeck 3:1, 1:1.
Viertelfinale: VfB Stuttgart – SG Wattenscheid 09 1:0, 2:2; 1. FC Kaiserslautern – TSV München 1860 2:0, 1:2; Eintracht Frankfurt – Hamburger SV 3:1, 4:0; Eintracht Braunschweig – Werder Bremen 4:2, 3:6.
Halbfinale: VfB Stuttgart – 1. FC Kaiserslautern 5:0, 4:1; Eintracht Frankfurt – Werder Bremen 5:4, 7:2.

Endspiel am 17. Juli in Karlsruhe: Eintracht Frankfurt – VfB Stuttgart 2:0 (2:0)
Eintracht: Gundelach – Boy, Hofmann, Kahlhofen, Ernst – Kühn, Gabriel, Wöber – Kramer (2), Müller, Rieth (Berthold) – Trainer: Mank.

1983

Vorrunde: FC Schalke 04 – SV Sandhausen 2:0, 2:2; TSV München 1860 – Eintracht Frankfurt 3:2, 0:4; Borussia Mönchengladbach – VfB Stuttgart 0:5, 2:5; Freiburger FC – VfL Osnabrück 0:2, 1:5; Tus Mayen – VfB Lübeck 2:2, 1:2; BFC Preußen Berlin – 1. FC Kaiserslautern 1:2, 1:2; TuS Wulsdorf – 1. FC Köln 4:6, 1:12; Hamburger SV – Borussia Neunkirchen 3:0, 1:2.
Viertelfinale: FC Schalke 04 – Eintracht Frankfurt 4:4, 2:5; VfB Stuttgart – VfL Osnabrück 2:1, 2:1; VfB Lübeck – 1. FC Kaiserslautern 1:3, 0:9; 1. FC Köln – Hamburger SV 6:1, 2:1.
Halbfinale: Eintracht Frankfurt – VfB Stuttgart 5:1, 1:2; 1. FC Kaiserslautern – 1. FC Köln 1:3, 3:2.
Endspiel am 16. Juli 1983 in Marburg: Eintracht Frankfurt – 1. FC Köln 2:0 (1:0).
Frankfurt: Hollenbach – Klepper, Trares, Borkenhagen, Kraaz – Piesker, Binz (Conrad), Rieth, Heider, Wöber (Völker) – Fritz (2) – Trainer: Mank.

1984

Vorrunde: 1. FC Kaiserslautern – Freiburger FC 5:0, 8:0; 1. FC Nürnberg – VfL Marburg 1:0, 2:1; 1. FC Saarbrücken – Concordia Hamburg 1:1, 0:4; TSV Havelse – TSB Flensburg 3:0, 6:1; Eintracht Trier – Bayer Uerdingen 1:0, 0:5; VfB Stuttgart – SV Waldhof Mannheim 1:0, 2:2; Hertha Zehlendorf – 1. FC Köln 1:0, 1:2, Elfmeterschießen 4:3; Werder Bremen – VfL Bochum 0:3, 0:3.
Viertelfinale: 1. FC Kaiserslautern – 1. FC Nürnberg 4:0, 1:2; Concordia Hamburg – TSV Havelse 4:2, 4:5; Bayer Uerdingen – VfB Stuttgart 1:3, 1:4; Hertha Zehlendorf – VfL Bochum 4:2, 0:1.
Halbfinale: 1. FC Kaiserslautern – Concordia Hamburg 5:2, 2:2; VfB Stuttgart – Hertha Zehlendorf 8:0, 1:2.
Endspiel am 28. Juli 1984 in Heilbronn: VfB Stuttgart – 1. FC Kaiserslautern n. V. 3:1 (1:1, 1:0)
Stuttgart: Weber – Rothfuß (Skultety), Pfiz, Scheiffele, Szichta – Cyklarz (1), Waldner, Fritz – Lorch, Peukert (2), Kipper (Hertfelder) – Trainer: Güntner.

1985

Vorrunde: Bayer Uerdingen – Borussia Dortmund 1:4, 1:3; 1. FC Kaiserslautern – Bayer Leverkusen 1:1, 0:1; Borussia Neunkirchen – Werder Bremen 2:1, 0:3; Bayern München – Karlsruher SC 2:2, 0:5; Glas/Chemie Wirges – VfB Stuttgart 0:5, 0:2; FC Konstanz – Eintracht Braunschweig 1:4, 0:5; Reinikkendorfer Füchse – TSV Rendsburg 1:1, 3:1; Eintracht Frankfurt – TSV Reinbek/Hamburg 3:1, 5:2.
Viertelfinale: Borussia Dortmund – Bayer Leverkusen 0:4, 3:2; Werder Bremen – Karlsruher SC 1:1, 0:4; VfB Stuttgart – Eintracht Braunschweig 0:0, 3:1; Reinickendorfer Füchse – Eintracht Frankfurt 2:7, 0:8.
Halbfinale: Bayer Leverkusen – Karlsruher SC 1:0, 2:2; VfB Stuttgart – Eintracht Frankfurt 3:0, 0:4.
Endspiel am 12. Juli 1985 in Mannheim: Eintracht Frankfurt – Bayer Leverkusen 4:2 (1:0).
Frankfurt: Rogowski – Conrad, Reussing (Pistauer), Iglesias (1) – Vucak, Möller, Völker (Gruner), Hestermann, Dembowski (1) – Walz, Reubold (2) – Trainer: Gerster.

1986

Vorrunde: SC Freiburg – Hamburger SV 1:0, 0:2; Fortuna Düsseldorf – TSB Flensburg 2:2, 5:0; Reinikkendorfer Füchse – 1. FC Nürnberg 2:2, 0:3; Germania Metternich – Werder Bremen 1:1, 4:7; FC Homburg – Karlsruher SC 1:2, 0:5; Borussia Dortmund – Bayer Leverkusen 1:1, 0:2; 1. FC Kaiserslautern – Eintracht Braunschweig 3:0, 2:2; SSV Reutlingen – Eintracht Frankfurt 1:3, 1:4.
Viertelfinale: Hamburger SV – Fortuna Düsseldorf 0:2, 1:2; 1. FC Nürnberg – Werder Bremen 8:0, 3:2; Karlsruher SC – Bayer Leverkusen 0:0, 0:6; 1. FC Kaiserslautern – Eintracht Frankfurt 2:1, 0:1, Elfmeterschießen 7:8.
Halbfinale: Fortuna Düsseldorf – 1. FC Nürnberg 1:0, 0:1, Elfmeterschießen 2:4; Bayer Leverkusen – Eintracht Frankfurt 5:4, 3:0.
Endspiel am 11. Juli 1986 in Leverkusen: Bayer Leverkusen – 1. FC Nürnberg 2:0 (1:0)
Leverkusen: Deus – Job – Kühn, Nicolic, Gerhards – Drysdl (Hübner), Schwarz, Reinhardt, Wörsdörfer – Rehbein (2), Legerlotz (Petersen) – Trainer: Reschke.

1987

Vorrunde: Karlsruher SC – Bayer Leverkusen 2:1, 0:3; VfB Stuttgart – Bayern München 3:0, 0:3, Elfmeterschießen 3:4; Werder Bremen – Hannover 96 1:2, 2:1, Elfmeterschießen 2:4; Eintracht Frankfurt – Olympia Neumünster 5:0 , 1:1; SpVgg. Andernach – VfL Bochum 0:3, 0:2; Hamburger TS 1816 – Reinickendorfer Füchse 1:2, 2:0; 1. FC Kaiserslautern – Bayer Uerdingen 2:2, 1:3; ASC Dudweiler – FV Donaueschingen 0:0, 3:3, Elfmeterschießen 4:2.

Viertelfinale: Bayer Leverkusen – Bayern München 3:0, 2:1; Hannover 96 – Eintracht Frankfurt 3:2, 0:5; VfL Bochum – Hamburger TS 1816 2:1, 4:0; Bayer Uerdingen – ASC Dudweiler 2:1, 4:2.
Halbfinale: VfL Bochum – Bayer Uerdingen 1:2, 2:2; Bayer Leverkusen – Eintracht Frankfurt 2:1, 1:2, Elfmeterschießen 3:4.
Endspiel am 17. Juli 1987 in Krefeld: Bayer Uerdingen – Eintracht Frankfurt 2:1 (0:0)
Uerdingen: Teroede – Kempkens – Titgens (Schroers), Brinkmann – Hofschen, Jörißen, Steffen, Fallak – Dondera, Wolff (1), Witeczek (1) – Trainer: Rangs.

1988

Vorrunde: Hannover 96 – SV Kuppenheim 3:0, 1:0; Werder Bremen – Tennis Borussia Berlin 2:1, 3:2; TSV München 1860 – 1. FC Saarbrücken 0:0, 3:0; VfB Stuttgart – TuS Paderborn-Neuhaus 2:0, 9:0; Eintracht Frankfurt – VfB Kiel 2:1, 4:1; Bayer Uerdingen – 1. FC Kaiserslautern 0:1, 1:0, Elfmeterschießen 5:4; Bayer Leverkusen – Eintracht Trier 2:0, 6:0; Hamburger SV – Karlsruher SC 1:1, 2:3.
Viertelfinale: Hannover 96 – Werder Bremen 1:4, 2:2; TSV München 1860 – VfB Stuttgart 2:1, 0:2; Eintracht Frankfurt – Bayer Uerdingen 2:0, 3:5, Elfmeterschießen 3:1; Bayer Leverkusen – Karlsruher SC 4:0, 1:1.
Halbfinale: Werder Bremen – VfB Stuttgart 1:1, 2:2, Elfmeterschießen 3:4; Eintracht Frankfurt – Bayer Leverkusen 2:0, 0:3.
Endspiel am 15. Juli 1988 in Stuttgart: VfB Stuttgart – Bayer Leverkusen 4:1 (1:1)
Stuttgart: Welz – Gradwohl – Lang, Fritz, Mayer (1), Keller, Bufka, Marche (Seitz), Richter (1) – Latifovic (1), Terzic (1) – Trainer: Güntner.

1989

Vorrunde: SV Auersmacher – Bayer Uerdingen 0:5, 0:6; Werder Bremen – Borussia Dortmund 1:1, 0:4; 1. FC Nürnberg – Kehler FV 3:0, 7:0; 1. FC Kaiserslautern – Bayer Leverkusen 2:2, 0:3; SG Betzdorf – Holstein Kiel 0:0, 1:3; Hertha Zehlendorf – Hamburger SV 2:1, 1:2, Elfmeterschießen 3:4; SV Waldhof Mannheim – Hannover 96 5:1, 0:3; VfB Stuttgart – VfL Marburg 6:0, 7:0.
Viertelfinale: 1. FC Nürnberg – Bayer Leverkusen 3:3, 2:1; Holstein Kiel – Hamburger SV 0:6, 1:5; SV Waldhof Mannheim – VfB Stuttgart 1:0, 0:1, Elfmeterschießen 8:9; Bayer Uerdingen – Borussia Dortmund 2:1, 0:1, Elfmeterschießen 5:3.
Halbfinale: Hamburger SV – VfB Stuttgart 0:2, 0:2; Bayer Uerdingen – 1. FC Nürnberg 1:2, 1:2.
Endspiel am 14. Juli 1989 in Stuttgart: VfB Stuttgart – 1. FC Nürnberg 3:2 (1:2)
Stuttgart: Strotbek – Richter – Schneider, Latifovic – Santelli (Dense 1), Mayer, Keller, Gradwohl, Kramny (1) – Beierle (1), Terzic (Chatzikiriakos) – Trainer: Philipp.

1990

Vorrunde: Hertha Zehlendorf – Hamburger SV 2:0, 2:1; VfB Kiel – Hannover 96 1:0, 4:5, Elfmeterschießen 5:4; Werder Bremen – Bayer Leverkusen 0:2, 1:2; Eintracht Trier – Borussia Dortmund 0:2, 1:3; SV Waldhof Mannheim – Eintracht Frankfurt 0:0, 1:1, Elfmeterschießen 3:5; FC Homburg – VfB Stuttgart 0:6, 3:6; Bayer Uerdingen – 1. FC Kaiserslautern 1:0, 1:2, Elfmeterschießen 2:4; SC Freiburg – FC Augsburg 0:1, 0:3.
Viertelfinale: Hertha Zehlendorf – VfB Kiel 8:2, 5:0; Bayer Leverkusen – Borussia Dortmund 1:0, 0:1; Elfmeterschießen 3:5; Eintracht Frankfurt – VfB Stuttgart 2:5, 0:4; 1. FC Kaiserslautern – FC Augsburg 2:0, 2:1.
Halbfinale: Hertha Zehlendorf – Borussia Dortmund 3:0, 0:3, Elfmeterschießen 4:3; VfB Stuttgart – 1. FC Kaiserslautern 3:1, 3:0.
Endspiel am 6. Juli 1990 in Berlin: VfB Stuttgart – Hertha Zehlendorf 5:1 (3:1)
Stuttgart: Sick – Santelli – Papadopoulos, Posch – Endreß (Th. Schneider), Obeida, Otto, Trunkl, Krinke (2) – Kosztovics (Kienle 1), Beierle (1) (Dazu ein Eigentor von Rolbuch) – Trainer: Philipp.

1991

Vorrunde: Bayer Uerdingen – Altonaer FC 93 2:0, 4:0; 1. FC Saarbrücken – SC Freiburg 3:3, 0:1; Bayer Leverkusen – VfB Kiel 4:0, 2:1; VfB Stuttgart – Bayern München 3:1, 1:3, Elfmeterschießen 4:2; Kickers Offenbach – Eintracht Braunschweig 2:2, 0:0, Elfmeterschießen 1:3; VfL Bochum – SC Siemensstadt Berlin 1:2, 2:1, Elfmeterschießen 3:4; Werder Bremen – SV Schwetzingen 2:1, 0:3; Glas/Chemie Wirges – 1. FC Kaiserslautern 1:3, 1:5.
Viertelfinale: Bayer Uerdingen – SC Freiburg 0:0, 2:1; Bayer Leverkusen – VfB Stuttgart 3:2, 0:4; Eintracht Braunschweig – SC Siemensstadt 3:0, 2:1; SV Schwetzingen – 1. FC Kaiserslautern 1:1, 1:2.
Halbfinale: Bayer Uerdingen – VfB Stuttgart 1:1, 4:7; Eintracht Braunschweig – 1. FC Kaiserslautern 1:1, 0:1.

Endspiel am 30. Juni 1991 in Heilbronn: VfB Stuttgart – 1. FC Kaiserslautern 4:1 (1:1)
Stuttgart: Rentel – Endreß (1) – Posch, Reich – Schneider (1), Keckeisen, Otto (1), Remmler, Lenhart (Bittmann) – Kienle, Seifert (Ziegler 1) – Trainer: Rangnick.

1992

Qualifikation: Hamburger SV – Eintracht Frankfurt 0:0, 1:1, Elfmeterschießen 2:3; Energie Cottbus – Bayern München 2:8, 1:6; Werder Bremen – Phönix Lübeck 4:0, 4:0; Carl Zeiss Jena – Hannover 96 0:1, 6:2; Hertha BSC – 1. FC Saarbrücken 2:1, 2:1.
Vorrunde: SV Waldhof Mannheim – Bayer Uerdingen 3:1, 1:0; Dynamo Dresden – Hertha BSC 0:2, 1:2; Sportfreunde Eisbachtal – Carl Zeiss Jena 2:13, 1:6; Bayern München – Werder Bremen 1:1 und 4:1; Borussia Dortmund – Hansa Rostock 3:0, 1:1; 1. FC Magdeburg – 1. FC Köln 1:5, 1:4; Eintracht Frankfurt – VfB Stuttgart 1:0, 1:5; SC Freiburg – 1. FC Kaiserslautern 0:1, 0:2.
Viertelfinale: SV Waldhof Mannheim – Hertha BSC 0:1, 0:4; Carl Zeiss Jena – 1. FC Kaiserslautern 1:3, 0:3; Bayern München – Borussia Dortmund 3:1, 3:0; VfB Stuttgart – 1. FC Köln 1:2, 1:2.
Halbfinale: Hertha BSC – 1. FC Kaiserslautern 2:1, 0:1, Elfmeterschießen 1:3; Bayern München – 1. FC Köln 0:2, 1:2.
Endspiel am 5. Juli 1992 in Köln: 1. FC Kaiserslautern – 1. FC Köln 5:1 (3:0)
Kaiserslautern: Bitzer – Hengen – Simon, Lieberknecht – Leipold, Fetzer, Neumann, Gensel (1), Müller – Dittgen (1) (Brill), Dengel (3) – Trainer: Diehl.

1993

Qualifikation: 1. FC Kaiserslautern – Hallescher FC 3:0, 1:1; VfB Stuttgart – Fortuna Düsseldorf 2:0, 3:0; FC Konstanz – Borussia Dortmund 1:3, 2:7; VfB Leipzig – 1. FC Köln 2:1, 1:3; Hansa Rostock – Karlsruher SC 1:1, 1:2.
Vorrunde: Hannover 96 – Werder Bremen 0:2, 2:3; Phönix Lübeck – Eintracht Frankfurt 0:4, 0:12; Viktoria Frankfurt/O. – 1. FC Köln 1:3, 0:9; FC Augsburg – Hertha Zehlendorf 4:3, 3:1; Eintracht Trier – VfB Stuttgart 1:5, 1:14; Karlsruher SC – 1. FC Saarbrücken 3:0, 3:1; Carl Zeiss Jena – Hamburger SV 2:1, 1:2, Elfmeterschießen 5:3; Borussia Dortmund – 1. FC Kaiserslautern 1:0, 1:4.
Viertelfinale: Werder Bremen – Eintracht Frankfurt 0:0, 3:2; 1. FC Köln – FC Augsburg 0:2, 5:4; VfB Stuttgart – Karlsruher SC 4:1, 1:1; Carl Zeiss Jena – 1. FC Kaiserslautern 2:2, 1:1, Elfmeterschießen 6:7.
Halbfinale: Werder Bremen – FC Augsburg 6:4, 0:2, Elfmeterschießen 4:5; VfB Stuttgart – 1. FC Kaiserslautern 2:3, 0:2.
Endspiel am 4. Juli 1993 in Augsburg: FC Augsburg – 1. FC Kaiserslautern 3:1 (0:0)
Augsburg: Fuchs – Meier – Meggle (1), Neumann – Dobler, Gerster (1), Bachthaler, Rösele (1), Böhringer (Schwalle) – Söhner, Berkant, Oral (Luichtl) – Trainer: Schuhmann.

1994

Qualifikation: TSV Büdelsdorf – Bayern München 1:2, 0:3; Werder Bremen – Tennis Borussia Berlin 5:3, 2:1; Hannover 96 – Carl Zeiss Jena 3:2, 1:0; Eintracht Frankfurt – BSV Brandenburg 7:0, 4:1; Hamburger SV – 1. FC Saarbrücken 3:0, 4:1.
Achtelfinale: Bayer Leverkusen – Chemnitzer FC 3:2, 1:1; VfB Stuttgart – Greifswalder SC 5:1, 5:2; Karlsruher SC – Hannover 96 1:2, 2:0; Werder Bremen – Hallescher FC 5:0, 2:0; Bayern München – 1. FC Kaiserslautern 2:1, 0:2; Bayer Uerdingen – Hamburger SV 1:0, 1:2, Elfmeterschießen 5:4; Sportfreunde Eisbachtal – Borussia Dortmund 1:8, 0:4; Eintracht Frankfurt – SC Freiburg 0:0, 2:2, Elfmeterschießen 4:5.
Viertelfinale: Bayer Leverkusen – VfB Stuttgart 1:5, 4:6; Karlsruher SC – Werder Bremen 1:1, 0:3; 1. FC Kaiserslautern – Bayer Uerdingen 1:2, 1:1; Borussia Dortmund – SC Freiburg 4:0, 4:1.
Halbfinale: VfB Stuttgart – Werder Bremen 1:1, 1:1, Elfmeterschießen 3:4; Bayer Uerdingen – Borussia Dortmund 1:2, 1:3.
Endspiel am 3. Juli 1994 in Delmenhorst: Borussia Dortmund – Werder Bremen 3:2 (2:1)
Dortmund: Malonek – Mehnert – Hundshagen (Zachin), Brücker – Pagels, Wennmann, Ricken (1), Hinz, Sauerland – Grad (Riethmann), Tanko (2) (Danielzyk) – Trainer: Boekamp.

1995

Viertelfinale: Bayern München – Borussia Dortmund 1:1, 0:2; Werder Bremen – 1. FC Kaiserslautern 1:1, 0:1; Hansa Rostock – VfB Stuttgart 1:3, 4:4; Bayer Leverkusen – VfB Leipzig 1:0, 4:1.
Halbfinale: Borussia Dortmund – 1. FC Kaiserslautern 2:0, 9:0; VfB Stuttgart – Bayer Leverkusen 0:0, 1:4.

Endspiel am 2. Juli 1995 in Lüdenscheid: Borussia Dortmund – Bayer Leverkusen 2:0 (1:0)
Dortmund: Melka – Mehnert – Sahin, Brücker – Hundshagen, But (1) (Kalayci), Möller (1) (Horz), Vogt, Sauerland – Grad (Güner), Pagels (Karayildiz) – Trainer: Skibbe.

1996
Viertelfinale: VfB Stuttgart – 1. FC Kaiserslautern 2:0, 2:1; Borussia Mönchengladbach – Borussia Dortmund 1:2 und 1:1; Werder Bremen – Hannover 96 1:0, 2:0; Carl Zeiss Jena – SV Waldhof Mannheim 0:0, 0:2.
Halbfinale: VfB Stuttgart – Borussia Dortmund 1:1, 0:7; Werder Bremen – SV Waldhof Mannheim 1:1, 1:1, Elfmeterschießen 5:6.
Endspiel am 7. Juli 1996 in Mannheim: Borussia Dortmund – SV Waldhof Mannheim 2:0 (1:0)
Dortmund: Kleinsteiber – Kalayci – Knoche (1), Sahin (1) – Volke (Hunger), Eraslan, Timm, But, Vogt (Savvidis) – Grad (Cichon), Güner (Piorunek) – Trainer: Skibbe.

1997
Viertelfinale: Borussia Dortmund – Reinickendorfer Füchse 4:1, 4:0; Borussia Mönchengladbach – VfB Stuttgart 3:2, 0:6; 1. FC Kaiserslautern – TSV München 1860 3:2, 0:2; Carl Zeiss Jena – Hamburger SV 0:1, 2:2.
Halbfinale: Borussia Dortmund – VfB Stuttgart 1:0, 3:2; TSV München 1860 – Hamburger SV 4:2, 3:0.
Endspiel am 6. Juli 1997 in Augsburg: Borussia Dortmund – TSV München 1860 2:1 (1:0)
Dortmund: Kuschmann – Sasy – Knoche, Savvidis – Volke, Öztürk, Dahan (Akcay 1), Ballout, Schäper (Rothholz) – Piorunek (Lindner), Bugri (1) – Trainer: Skibbe.

1998
Viertelfinale: 1. FC Kaiserslautern – FC. St. Pauli 2:2, 1:1, Elfmeterschießen 2:4; Hannover 96 – Borussia Dortmund 1:5, 3:4; Tennis Borussia Berlin – FC Augsburg 3:1, 0:2, Elfmeterschießen 1:3; Bayern München – 1. 1. FSV Mainz 05 4:1, 7:0.
Halbfinale: FC St. Pauli – Borussia Dortmund 1:3, 1:5; FC Augsburg – Bayern München 0:2, 1:4.
Endspiel am 5. Juli 1998 in Dortmund: Borussia Dortmund – Bayern München n. V. 2:2 (2:2, 0:0), Elfmeterschießen 2:1
Dortmund: Kuschmann – Rothholz – Heese, Ballout – Dahan (Abdulai), Rios (Lindner), Schäper, Öztürk (Stock) – Bugri (Beckmann 1), Akcay (1), Timm – Trainer: Boekamp.

1999
Viertelfinale: Karlsruher SC – Reinickendorfer Füchse 0:2, 1:0; KFC Uerdingen 05 – Werder Bremen 3:3, 0:2; 1. FC Kaiserslautern – Hertha BSC 2:1, 1:1; VfB Stuttgart – Bayer Leverkusen 2:1, 2:3, Elfmeterschießen 7:6.
Halbfinale: 1. FC Kaiserslautern – VfB Stuttgart 0:2, 3:3; Reinickendorfer Füchse – Werder Bremen 1:1, 1:5.
Endspiel am 4. Juli 1999 in Stuttgart: Werder Bremen – VfB Stuttgart 4:1 (3:1)
Bremen: Özkul – Schmedes (Kuhl), Krösche (1), Votava, Meyerdierks – Siasia, Borowski (1), Yrievich (Kum) – Greb (Titz), Alexandrovich (1), Di'Iorio (1) – Trainer: Plaat.

2000
Viertelfinale: 1. FC Kaiserslautern – Tennis Borussia Berlin 1:1, 1.3; VfB Stuttgart – Bayer Leverkusen 0:0, 0:2; FC Schalke 04 – Bayern München 2:0, 0:3; Hannover 96 – Werder Bremen 1:5, 1:4.
Halbfinale: Tennis Borussia Berlin – Bayer Leverkusen 1:1, 1:4; Bayern München – Werder Bremen 1:1, 2:3.
Endspiel am 2. Juli 2000 in Leverkusen: Bayer Leverkusen – Werder Bremen 4:2 (3:1)
Leverkusen: Starke – Lazarevic, Bozic, Reckert, Coupek (Bungart) – El Kasmi (1) (Donovan), Habljak, Jerat – Dogan (1), Burkhardt (2) (Käfer-Ewertz) – Bably – Trainer: Hörster.

2001
Viertelfinale: Borussia Dortmund – Werder Bremen 2:1, 0:3; 1. FC Kaiserslautern – Bayer Leverkusen 1:2, 2:4; Bayern München – VfL Wolfsburg 4:1, 3:2; SC Freiburg – Hertha BSC 1:1, 1:0.
Halbfinale: Werder Bremen – Bayer Leverkusen 1:1, 1:1, Elfmeterschießen 3:4; Bayern München – SC Freiburg 5:1, 3:1.

Endspiel am 1. Juli 2001 in Leverkusen: Bayern München – Bayer Leverkusen 3:2 (0:0)
München: Heerwagen – Haas (1), Husterer, Endres (Rietzler) – Contento, Thomik (Barut), Feulner, Lahm, Misimovic (1) – Trochowski (1), Heller (Karayün) – Trainer: Grill.

2002
Viertelfinale: Werder Bremen – FC Schalke 04 2:4, 2:2; Hertha BSC – VfB Stuttgart 1:2, 0:2; 1. FC Kaiserslautern – Bayern München 1:1, 0:4; Hamburger SV – Borussia Dortmund 0:0, 0:3.
Halbfinale: FC Schalke 04 – VfB Stuttgart 0:1, 2:2; Bayern München – Borussia Dortmund 2:3, 2:1, Elfmeterschießen 4:3.
Endspiel am 7. Juli 2002 in Unterhaching: Bayern München – VfB Stuttgart 4:0 (2:0)
München: Rensing – Haas (Aischmann), Ottl, Barut, Stegmayer – Lell (Thomik), Schweinsteiger, Lahm (1) – Trochowski (2), Kilicaslan (1), Atak (Endres) – Trainer: Niedermayer.

2003
Viertelfinale: Hansa Rostock – VfB Stuttgart 2:3, 1:3; VfL Bochum – 1. FC Kaiserslautern 1:1, 5:3; TSV München 1860 – Hannover 96 1:0, 1:2, Elfmeterschießen 5:3; Bayer Leverkusen – VfL Wolfsburg 5:2, 0:2.
Halbfinale: VfB Stuttgart – VfL Bochum 4:2, 2:4, Elfmeterschießen 5:4; TSV München 1860 – Bayer Leverkusen 2:1, 1:6.
Endspiel am 6. Juli 2003 in Leverkusen: VfB Stuttgart – Bayer Leverkusen 5:2 (1:1)
Stuttgart: Bonertz – Aslantas, Caligiuri (1), Schaschko, Franz – Jarosch (1), Gentner, Ricciardi, Mamajev (Walter) – G. Müller (2), Gomez (1) – Trainer: Kleitsch.

2004
Halbfinale: Bayern München – Hannover 96 1:0, 2:1; VfL Bochum – SpVgg Greuther Fürth 3:0, 4:3.
Endspiel am 27. Juni 2004 in Unterhaching: Bayern München – VfL Bochum 3:0 (2:0)
München: Höcker – Rehm, Niedermeier, Mauersberger, Stegmayer – Heinze, Ottl (1) (Storhas), Steinhöfer (Holjevic) – Ortiz (Müller) – Semler (1) (Heidinger), Thomik (1) – Trainer: Niedermayer.

2005
Halbfinale: VfB Stuttgart – SpVgg Greuther Fürth 1:1, 3:3, Elfmeterschießen 3:1; VfL Bochum – Hertha BSC 2:1, 1:2, Elfmeterschießen 3:1.
Endspiel am 25. Juni 2005 in Celle: VfB Stuttgart – VfL Bochum 1:0 (0:0)
Stuttgart: Baum – Pelipetz, Pisot, Tasci, Sauter – Nehrig (Prediger), Demir (Aupperle), Gridnev, Schill – Szalai (1) (Leschinski), Galm – Trainer: Kleitsch.

2006
Halbfinale: Hertha BSC – FC Schalke 04 2:0, 0:3; Bayern München – SC Freiburg 2:1, 1:0.
Endspiel am 4. Juni 2006 in Gelsenkirchen: FC Schalke 04 – Bayern München 2:1 (2:1)
Schalke: Fährmann – Hasanbegovic, Höwedes, Grembowietz, Boenisch (1) – Kunert (Altenbeck), A. Kilian, Altin – Özil – Pisano (1) (Öztürk), Pektürk (Lisyna) – Trainer: Elgert.

2007
Halbfinale: Werder Bremen – Bayern München 2:2, 2:4; Bayer Leverkusen – 1. FC Kaiserslautern 4:1, 2:0.
Endspiel am 24. Juni 2007 in Leverkusen: Bayer Leverkusen – Bayern München n.V. 2:1 (1:1, 0:1)
Leverkusen: Hohs – Petersch (Kaptan), Reinartz, Falkenberg, Oczipka (1) – Selmani – Hegeler (Hettich (1)), Naki – Risse, Schmidt, Schauerte (Sukuta-Paso, Nowak) – Trainer: Hörster.

2008
Halbfinale: VfB Stuttgart – VfL Wolfsburg 1:2, 2:2; SC Freiburg – 1. FC Köln 3:1, 2:2.
Endspiel am 23. Juni 2008 in Wolfsburg: SC Freiburg – VfL Wolfsburg 2:0 (1:0)
Freiburg: Baumann – Klossek, Schlieter, Toprak, Bettmer – Höfler, Bektasi (1) (Sorg), Targamadze (Üner), Gallus (Brud) – Williams – Soyudogru (1) – Trainer: Streich.

2009
Halbfinale: Borussia Dortmund – SC Freiburg 3:3, 3:1; 1. FSV Mainz 05 – Werder Bremen 0:1, 3:0.
Endspiel am 29. Juni 2009 in Mainz: 1. FSV Mainz 05 – Borussia Dortmund 2:1 (1:1)
Mainz: Tekin – Schneider, Rudolf, Kirchhoff (Velemir), Fliess – Ludwig (Wilk), Fring – Gopko (1), Schürrle, Sauter (Oesterreich) – Sliskovic (Mertinitz (1) – Trainer: Tuchel.

2010
Halbfinale: Hansa Rostock – 1. FSV Mainz 05 1:0, 2:2; VfB Stuttgart – Bayer Leverkusen 2:0, 0:4.
Endspiel am 27. Juni 2010 in Leverkusen: Hansa Rostock – Bayer Leverkusen 1:0 (0:0)
Rostock: Müller – Trybull, Grupe, Bremer, Steinfeldt – Pannewitz (V. Cekirdek), Starke – Weilandt (Jordanov), H. Cekirdek – Albrecht (1), Fikic (Quaschner) – Trainer: Hartmann.

2011
Halbfinale: Bayer Leverkusen – VfL Wolfsburg 0:2, 2:5; 1. FC Kaiserslautern – TSV München 1860 0:1, 2:0.
Endspiel am 19. Juni 2011 in Wolfsburg: VfL Wolfsburg – 1. FC Kaiserslautern 4:2 (1:0)
Wolfsburg: Sauss – Schulze, Berzel, Thoelke, Hartherz – Arnold (Millemaci), Chamorro, Knoche, Gogia (1) (Winter) – Scheidhauer (3), Cigerci – Trainer: Schmidt.

2012
Halbfinale: VfL Wolfsburg – FC Schalke 04 2:2, 2:2, Elfmeterschießen 4:2; Bayern München – Hertha BSC 3:1, 1:1.
Endspiel am 17. Juni 2012 in Erkenschwick: FC Schalke 04 – Bayern München 2:1 (0:0)
Schalke: Raeder – Korczowski, Ayhan, Kolasinac, Borgmann – Baus, Klingenburg (1), Balci (Babic), Zander – Max (Meyer, Harder), Hofmann (1) – Trainer: Elgert.

2013
Halbfinale: Bayern München – Hansa Rostock 0:2, 1:1; VfL Wolfsburg – FC Schalke 04 2:0; 2:0.
Endspiel am 23. Juni 2013 in Rostock: VfL Wolfsburg – Hansa Rostock n. V. 3:1 (0:0, 0:0)
Wolfsburg: Klaus – Sauer, Sprenger, Hansen, Kleihs – Strompen – Palacios-Martinez (1) (Borowski), Arnold (1), Brandt (Seguin) – Müller (Uzan (1)) – Avdijaj (Zawada) – Trainer: Kunert.

2014
Halbfinale: Hannover 96 – VfL Wolfsburg 1:1, 2:2, Elfmeterschießen 4:2; FC Schalke 04 – TSG 1899 Hoffenheim 0:1, 0:0.
Endspiel am 22. Juni 2014 in Hannover: TSG 1899 Hoffenheim – Hannover 96 5:0 (1:0)
Hoffenheim: Schwäbe – Weippert, Rapp, Nkansah, Canouse – Özkan (1) (Gimber), Prömel, Amiri (2) (Sessa) – Trümner (Ochs (1)), Atik (1), Mees (Öztürk) – Trainer: Nagelsmann.

2015
Halbfinale: Karlsruher SC – FC Schalke 04 1:2, 1:1; RB Leipzig – TSG 1899 Hoffenheim 2:3, 2:3.
Endspiel am 25. Mai 2015 in Wattenscheid: FC Schalke 04 – TSG 1899 Hoffenheim 3:1 (1:1)
Schalke: Schilder – Koseler, Neubauer, Rasmussen, Kehrer – Köhler (Sané) – Sivodedov (1), Stieber – Lohmar (Reese) – Platte (Neumann), Schröter (2) (Schley) – Trainer: Elgert.

2016
Halbfinale: TSG 1899 Hoffenheim – Werder Bremen 3:1, 2:0; Borussia Dortmund – TSV München 1860 1:2, 2:0.
Endspiel am 29. Mai 2016 in Sinsheim: Borussia Dortmund – TSG 1899 Hoffenheim 5:3 (1:1)
Dortmund: Reimann – Pieper, Schumacher, El-Bouazzati (Binias) – Larsen (Sauerland), Dietz, Burnic, Scuderi – Passlack (1), Serra (2) – Arweiler (2) (Güner, Aydogan) – Trainer: Wolf.

Deutsche Meisterschaft B-Junioren U16/U17

Die bisherigen Meister (bis 2001 U16, ab 2002 U17):
1977 Eintracht Frankfurt – 1978 FC Schalke 04 – 1979 Blau-Weiß 90 Berlin – 1980 Eintracht Frankfurt – 1981 Borussia Mönchengladbach – 1982 SG Wattenscheid 09 – 1983 1. FC Kaiserslautern – 1984 Borussia Dortmund – 1985 VfL Bochum – 1986 VfB Stuttgart – 1987 Bayer Uerdingen – 1988 Hertha Zehlendorf – 1989 Bayern München – 1990 1. FC Köln – 1991 Eintracht Frankfurt – 1992 Bayer Leverkusen – 1993 Borussia Dortmund – 1994, 1995 VfB Stuttgart – 1996 Borussia Dortmund – 1997 Bayern München – 1998 Borussia Dortmund – 1999 VfB Stuttgart – 2000 Hertha BSC – 2001 Bayern München – 2002 FC Schalke 04 – 2003 Hertha BSC – 2004 VfB Stuttgart – 2005 Hertha BSC – 2006 TSV München 1860 – 2007 Bayern München – 2008 TSG 1899 Hoffenheim – 2009 VfB Stuttgart – 2010 Eintracht Frankfurt – 2011 1. FC Köln – 2012 Hertha BSC – 2013 VfB Stuttgart – 2014 Borussia Dortmund – 2014, 2015 Borussia Dortmund – 2016 Bayer Leverkusen.

1977
Qualifikation: Hamburger SV – SC Staaken 1:3.
Halbfinale in Daxlanden: FC Schalke 04 – 1. 1. FSV Mainz 05 5:2; Eintracht Frankfurt – SC Staaken 2:1.
Um den 3. Platz: SC Staaken – 1. FSV Mainz 05 2:1.
Endspiel am 3. Juli 1977 in Niefern: Eintracht Frankfurt – Schalke 04 2:1 (0:1)
Frankfurt: Raps – Wörner, Koch, Kura, Werner, Castellano (1), Hohmann, Strauß, Sarraoca, Müller, Schaub (1) – Trainer: Eigenbrodt.

1978
Qualifikation: VfR Mannheim – 1. FSV Mainz 05 0:2.
Halbfinale in Menden: FC Schalke 04 – 1. FSV Mainz 05 3:1, Concordia Hamburg – Hertha Zehlendorf 2:3.
Um den 3. Platz: 1. FSV Mainz 05 – Concordia Hamburg 2:1.
Endspiel am 2. Juli 1978 in Hamm: FC Schalke 04 – Hertha Zehlendorf 6:0 (1:0)
Schalke: Vogel (Schwarz) – Keiner, Hause, Siewert, Draxler (1) – Opitz, Trompeter, Kügler (2) (Kreuz) – Wuttke (1), Schröder, Falzer (2) – Trainer: van Haaren.

1979
Vorrunde: Werder Bremen – Borussia Dortmund 0:1, 2:2; Arminia Hannover – Fortuna Düsseldorf 0:0, 2:2, Elfmeterschießen 4:3; VfB Lübeck – Blau-Weiß 90 Berlin 0:4, 1:1; FC St. Pauli – 1. FC Köln 1:1, 2:0; 1. FSV Mainz 05 – Kickers Offenbach 0:0, 2:1; Freiburger FC – Saar 05 Saarbrücken 5:0, 1:0; Stuttgarter Kickers – SpVgg Andernach 4:0, 3:1; FC Augsburg – VfR Mannheim 2:1, 3:0.
Viertelfinale: Borussia Dortmund – Arminia Hannover 1:2, 0:6; Blau-Weiß 90 Berlin – FC. St. Pauli 0:1, 2:0; 1. 1. FSV Mainz 05 – Freiburger FC 1:2, 5:2; Stuttgarter Kickers – FC Augsburg 1:2, 1:1.
Halbfinale: Arminia Hannover – Blau-Weiß 90 Berlin 1:2, 2:2; 1. 1. FSV Mainz 05 – FC Augsburg 1:2, 0:5.
Endspiel am 29. Juli 1979 in Berlin: Blau-Weiß 90 Berlin – FC Augsburg n. V. 1:1 (1:1, 0:0), Elfm. 5:4
Berlin: Vollborn – Rießler, Paulitz, Collack, Olschewski, Brandenburger, Schröder (Schubert), Schulze – Schmidt (1), Klatt (Pagels), Geesdorf – Trainer: Helfrich.

1980
Vorrunde: Fortuna Düsseldorf – Werder Bremen 1:0, 1:2, Elfmeterschießen 3:2; 1. FC Köln – Holstein Kiel 5:0, 3:2; Blau-Weiß 90 Berlin – FC Schalke 04 3:1, 1:6; SpVgg Andernach – SV Waldhof Mannheim 0:3, 1:1; Eintracht Frankfurt – FC Tailfingen 3:0, 5:0; TSV München 1860 – 1. FC Kaiserslautern 1:1, 0:1; Offenburger FV – SV Merchweiler 1:2, 2:1, Elfmeterschießen 2:4 2:4; Concordia Hamburg – Arminia Hannover 2:2, 2:3.
Viertelfinale: Fortuna Düsseldorf – Arminia Hannover 2:1, 4:3; 1. FC Köln – FC Schalke 04 1:2, 2:3; SV Waldhof Mannheim – Eintracht Frankfurt 0:2, 1:5; 1. FC Kaiserslautern – SV Merchweiler 2:2, 1:0.
Halbfinale: Fortuna Düsseldorf – FC Schalke 04 3:2, 1:3; Eintracht Frankfurt – 1. FC Kaiserslautern 2:1, 1:0.
Endspiel am 13. Juli 1980 in Gelsenkirchen: Eintracht Frankfurt – FC Schalke 04 2:1 (1:0)
Frankfurt: Gundelach – Boy, Ernst, Kühn, Hofmann (1) – Gabriel, Kramp (Schmidt), Rudel – Berthold, Krämer (Lenz), Müller (1) – Trainer: Mank.

1981

Vorrunde: FC 08 Villingen – 1. FC Kaiserslautern 0:7, 2:6; VfL Bochum – Hamburger SV 2:1, 0:1, Elfmeterschießen 4:3; VfR Neumünster – TSV Osterholz-Tenever 1:2, 1:3; Borussia Mönchengladbach – 1. FC Köln 1:3 , 2:0, Elfmeterschießen 7:6; FC Ensdorf – SpVgg Andernach 2:0, 5:0; FC Augsburg – Eintracht Frankfurt 1:3, 0:4; Spandauer SV – Hannover 96 0:2, 1:2; VfB Stuttgart – Karlsruher SC 1:0, 4:0.
Viertelfinale: VfL Bochum – Hannover 96 1:0, 4:2; TSV Osterholz-Tenever – Borussia Mönchengladbach 1:2, 1:3; FC Ensdorf – Eintracht Frankfurt 0:3, 0:6; VfB Stuttgart – 1. FC Kaiserslautern 0:5, 2:2.
Halbfinale: VfL Bochum – Borussia Mönchengladbach 3:3, 1:2; Eintracht Frankfurt – 1. FC Kaiserslautern 5:3, 2:2.
Endspiel am 26. Juli 1981 in Rheydt: Borussia Mönchengladbach – Eintracht Frankfurt 1:0 (1:0)
Mönchengladbach: Zimmermann – Kühn, Drehsen, Thomessen, Nelles – Meusen, Naumann (1), Dohrmann – Krahen, Kopp, Völl – Trainer: Schmitz.

1982

Vorrunde: Borussia Mönchengladbach – Concordia Hamburg 3:4, 1:2; TSV Osterholz-Tenever – 1. FC Köln 2:2, 0:7; SG Wattenscheid 09 – Hertha Zehlendorf 3:1, 2:3; VfR Neumünster – Arminia Hannover 2:1, 0:0; SV Weil – Eintracht Frankfurt 0:3, 0:7; FC Ensdorf – SV Waldhof Mannheim 0:3, 3:2; 1. FC Nürnberg – TuS Koblenz 3:0, 4:0; 1. FC Kaiserslautern – VfB Stuttgart 4:2, 0:1.
Viertelfinale: Concordia Hamburg – 1. FC Köln 3:3, 1:1, Elfmeterschießen 5:3; SG Wattenscheid 09 – VfR Neumünster 3:2, 6:0; Eintracht Frankfurt – SV Waldhof Mannheim 3:0, 5:4; 1. FC Kaiserslautern – 1. FC Nürnberg 3:0, 1:0.
Halbfinale: Concordia Hamburg – SG Wattenscheid 09 1:2, 0:6; Eintracht Frankfurt – 1. FC Kaiserslautern 0:0, 3:0.
Endspiel am 18. Juli 1982 in Wattenscheid: SG Wattenscheid 09 – Eintracht Frankfurt 3:1 (2:1)
Wattenscheid: Hildebrand – Zander, Skibbe (2), Appel, Heinke – Löring (Drews), Schmies, Yavuz (Linnemann), Kontny (1) – Schmidt, Hilligloh – Trainer: Busch.

1983

Vorrunde: Hannover 96 – Rot-Weiss Essen 3:2, 1:2, Elfmeterschießen 5:4; Borussia Dortmund – Werder Bremen 1:2, 0:0; TSV Rendsburg – Spandauer SV 0:0, 2:1; TSV Reinbek – Bayer Leverkusen 0:1, 1:2; Röchling Völklingen – Bayern München 0:8, 2:4; 1. SV Moersch – Kickers Offenbach 0:4, 1:4; 1. FC Kaiserslautern – SV Waldhof Mannheim 1:0, 3:1; TuS Koblenz – SSV Ulm 1846 0:1, 0:1.
Viertelfinale: Hannover 96 – Werder Bremen 1:2, 1:5; TSV Rendsburg – Bayer Leverkusen 1:3, 0:4; Bayern München – 1. FC Kaiserslautern 0:2, 2:4; Kickers Offenbach – SSV Ulm 1846 3:0, 2:1.
Halbfinale: Werder Bremen – Bayer Leverkusen 1:1, 2:0; 1. FC Kaiserslautern – Kickers Offenbach 0:0, 2:2, Elfmeterschießen 3:1.
Endspiel am 17. Juli 1983 in Kaiserslautern: 1. FC Kaiserslautern – Werder Bremen 2:1 (1:0)
Kaiserslautern: Bertram – Wetz, Strich, Schultheiß, Brenner – Kimmel, Denger, Kunz (2) – Gerstner (Hirschfeld), Kauf, Auschill – Trainer: Diehl.

1984

Vorrunde: TSV Osterholz-Tenever – Bramfelder SV 3:7, 1:6; BFC Preußen Berlin – Hannover 96 2:2, 1:1, Elfmeterschießen 5:3; MSV Duisburg – Bayer Leverkusen 1:1, 0:0, Elfmeterschießen 2:4; VfB Lübeck – Borussia Dortmund 1:3, 2:4; VfB Stuttgart – 1. FC Kaiserslautern 1:1, 2:1; TSV München 1860 – Eintracht Frankfurt 1:2, 3:2, Elfmeterschießen 4:2; Glas/Chemie Wirges – SC Freiburg 1:2, 3:3; FC Ensdorf – SV Waldhof Mannheim 0:4, 0:5.
Viertelfinale: VfB Stuttgart – TSV München 1860 0:1, 0:7; SC Freiburg – SV Waldhof Mannheim 0:3, 0:9; Bayer Leverkusen – Borussia Dortmund 1:5, 0:4; Bramfelder SV – BFC Preußen Berlin 2:3, 3:1.
Halbfinale: TSV München 1860 – SV Waldhof Mannheim 3:2, 2:2; Bramfelder SV – Borussia Dortmund 1:0, 0:2.
Endspiel am 29. Juli 1984 in Dortmund: Borussia Dortmund – TSV München 1860 1:0 (1:0)
Dortmund: Dildey – Gläß, Spyrka (1), Schacht, Germann – Fink (Hill), Mielke, Imming, Wisse – Bolst (Stüwe), Banach – Trainer: Trawinski.

1985

Vorrunde: Sportfreunde Eisbachtal – 1. FC Kaiserslautern 0:3, 1:3; Bayern München – ASC Dudweiler 4:1, 1:1; Hamburger SV – OSC Bremerhaven 4:0, 2:2; VfB Stuttgart – Kickers Offenbach 1:3, 2:1; SV Waldhof Mannheim – Offenburger FV 0:0, 2:1; Fortuna Düsseldorf – Hertha Zehlendorf 1:1, 1:1,

Elfmeterschießen 4:5; Vfl Bochum – Bayer Leverkusen 2:0, 3:2; Eintracht Braunschweig – Holstein Kiel 1:2, 2:1, Elfmeterschießen 2:3.
Viertelfinale: 1. FC Kaiserslautern – Bayern München 1:3, 2:4; Kickers Offenbach – SV Waldhof Mannheim 2:0, 1:1; Hamburger SV – Hertha Zehlendorf 2:0, 3:4; VfL Bochum – Holstein Kiel 5:0, 5:1.
Halbfinale: Bayern München – Kickers Offenbach 0:2, 2:0, Elfmeterschießen 2:3; Hamburger SV – VfL Bochum 0:1, 1:4.
Endspiel am 14. Juli 1986 in Offenbach: VfL Bochum – Kickers Offenbach 3:0 (1:0)
Bochum: Dorny – Wisniewski, Urban, Broos – Tasewski (Felber), Dressel, Liese, Poll, Legat – Trioani (Sieweke 1), Kirschke (2) – Trainer: Schiller.

1986

Vorrunde: TuS Paderborn-Neuhaus – VfB Kiel 4:0, 5:2; West Elmsbüttel Hamburg – Werder Bremen 2:0, 2:2, Hannover 96 – Schwarz-Weiß Essen 0:1, 3:2, Elfmeterschießen 4:5; Bayer Leverkusen – Hertha Zehlendorf 0:2, 0:2; VfB Stuttgart – Sportfreunde Eisbachtal 8:0, 5:0; SC Freiburg – Borussia Neunkirchen 5:1, 1:3; Bayern München – 1. FC Kaiserslautern 1:1, 1:2; SV Waldhof Mannheim – Eintracht Frankfurt 2:2, 0:2.
Viertelfinale: TuS Paderborn-Neuhaus – West Elmsbüttel Hamburg 5:2, 2:3; Schwarz-Weiß Essen – Hertha Zehlendorf 0:3, 5:1; VfB Stuttgart – SC Freiburg 6:0, 4:0; 1. FC Kaiserslautern – Eintracht Frankfurt 3:2, 1:3.
Halbfinale: TuS Paderborn-Neuhaus – Schwarz-Weiß Essen 4:1, 0:3, Elfmeterschießen 3:4; VfB Stuttgart – Eintracht Frankfurt 1:1, 3:1.
Endspiel am 13. Juli 1986 in Essen: VfB Stuttgart – Schwarz-Weiß Essen 5:0 (0:0)
Stuttgart: Welz – Weippert – Fritz, Bufka – Lang, Kihn, Edelmann (1) (Bollian), Poschner (1) – Latifovic (1) (Schneider), Ueding (2), Nickel – Trainer: Mosthaf.

1987

Vorrunde: Olympia Neumünster – 1. FC Köln 2:2, 1:1, Elfmeterschießen 8:9; VfL Bochum – Tennis Borussia Berlin 0:1, 1:2; OSC Bremerhaven – Bayer Uerdingen 1:3, 1:2; Hamburger SV – Hannover 96 0:1, 7:2; Karlsruher SC – SV Auersmacher 3:0, 1:2; SV Wittlich – 1. FC Nürnberg 0:3, 0:5; Freiburger FC – Eintracht Frankfurt 0:3, 0:4; VfB Stuttgart – 1. FC Kaiserslautern 1:0, 2:0.
Viertelfinale: 1. FC Köln – Tennis Borussia Berlin 0:0, 1:1, Elfmeterschießen 2:4; Bayer Uerdingen – Hamburger SV 3:0, 2:1; Karlsruher SC – 1. FC Nürnberg 0:2, 1:1; Eintracht Frankfurt – VfB Stuttgart 0:1, 1:4.
Halbfinale: Tennis Borussia Berlin – Bayer Uerdingen 0:1, 0:0; 1. FC Nürnberg – VfB Stuttgart 1:2, 3:1.
Endspiel am 8. Juli 1987 in Nürnberg: Bayer Uerdingen – 1. FC Nürnberg 4:0 (2:0)
Uerdingen: Schonz – Schoots – Welzing, McConner, Neber, Paßlack – Lewitzky (1) (Borgmann), Lanzafame, Bayertz (2) – Trienekens (Herrmann), Klauß (2) – Trainer: Maes.

1988

Vorrunde: SV Waldhof Mannheim – SC Freiburg 3:1, 3:1; 1. FC Kaiserslautern – SpVgg Andernach 6:1, 2:1; Eintracht Frankfurt – 1. FC Saarbrücken 5:0, 5:4; VfB Stuttgart – Bayern München 2:0, 1:1; Hamburger SV – Itzehoer SV 2:1, 2:0; Hertha Zehlendorf – Werder Bremen 3:1, 1:1; Bayer Leverkusen – TSV Havelse 2:1, 0:0; Eintracht Dortmund – Fortuna Düsseldorf 4:0, 3:2.
Viertelfinale: SV Waldhof Mannheim – 1. FC Kaiserslautern 1:1, 1:2; Eintracht Frankfurt – VfB Stuttgart 0:4, 1:5; Hamburger SV – Hertha Zehlendorf 0:3, 0:2; Bayer Leverkusen – Eintracht Dortmund 0:1, 0:1.
Halbfinale: 1. FC Kaiserslautern – VfB Stuttgart 2:3, 1:4; Hertha Zehlendorf – Eintracht Dortmund 2:1, 3:1.
Endspiel am 17. Juli 1988 in Berlin: Hertha Zehlendorf – VfB Stuttgart 2:1 (0:1)
Zehlendorf: Sommer – Kolbuch – Kremer, Gattl, Polat – Schleite, Block (1), Ziege, Braun (Fulmek) – Gehrwald, Lehmann (1) – Trainer: Przesdzing.

1989

Vorrunde: 1. FC Köln – Hertha Zehlendorf 0:0, 0:0, Elfmeterschießen 3:5; Hannover 96 – Concordia Hamburg 5:1, 4:2; FC Schalke 04 – VfB Kiel 4:1, 1:0; Schwarz-Weiß Essen – Werder Bremen 2:0, 1:1; Eintracht Frankfurt – 1. FC Kaiserslautern 1:0, 2:0; SC Freiburg – VfB Stuttgart 1:6, 1:3; Bayern München – FC Homburg 7:0, 9:0; SpVgg Andernach – SV Waldhof Mannheim 0:0, 2:8.
Viertelfinale: Hertha Zehlendorf – Hannover 96 2:0, 3:1; FC Schalke 04 – Schwarz-Weiß Essen 0:0, 3:0; Eintracht Frankfurt – VfB Stuttgart 0:0, 1:1, Elfmeterschießen 5:4; Bayern München – SV Waldhof Mannheim 4:1, 4:1.

Halbfinale: Hertha Zehlendorf – FC Schalke 04 1:0, 0:1, Elfmeterschießen 4:3; Eintracht Frankfurt – Bayern München 1:2, 1:3.
Endspiel am 16. Juli 1989 in München: Bayern München – Hertha Zehlendorf n. V. 1:1 (1:1, 0:0), Elfmeterschießen 5:4
München: Schöttl – Babbel – Punzelt (Karaula), Schönberger – Roth, Schmidt, Nerlinger (1), Eberl, Gehann – Tripp (Bauer), Papachristous – Trainer: Reupold.

1990
Vorrunde: Bramfelder SV – Bayer Uerdingen 1:1, 1:2; VfB Kiel – SC Siemensstadt Berlin 0:4, 0:2; Borussia Dortmund – Werder Bremen 2:2, 0:5; FC 08 Homburg – 1. FC Nürnberg 0:5, 0:8; KSV Baunatal – SV Waldhof Mannheim 1:2, 1:2; Offenburger FV – Sportfreunde Eisbachtal 1:0, 2:0; 1. FC Köln – Hannover 96 3:0, 0:0; VfB Stuttgart – 1. FC Kaiserslautern 1:1, 3:1.
Viertelfinale: 1. FC Köln – Bayer Uerdingen 3:1, 1:3, Elfmeterschießen 8:7; SC Siemensstadt – Werder Bremen 0:0, 3:2; 1. FC Nürnberg – SV Waldhof Mannheim 6:1, 1:0; Offenburger FV – VfB Stuttgart 1:9, 1:7.
Halbfinale: 1. FC Nürnberg – VfB Stuttgart 1:1, 1:2; 1. FC Köln – SC Siemensstadt 3:0, 0:1.
Endspiel am 22. Juli 1990 in Köln: 1. FC Köln – VfB Stuttgart 2:1 (0:0)
Köln: Sömezoglu – Ploeger – Chang, Schmitt – Carl, Bodelier (1), Jöres, Jores (Kötting), Koob (Biechmann) – Thiam, Lenhart (1) – Trainer: Schaefer.

1991
Vorrunde: Eintracht Frankfurt – 1. FC Nürnberg 5:2, 5:2; Karlsruher SC – TuS Koblenz 6:0, 1:1; SC Freiburg – FC 08 Homburg 1:1, 3:0; 1. FC Kaiserslautern – SSV Reutlingen 1:0, 3:0; Phönix Lübeck – Hamburger SV 0:2, 1:1; Werder Bremen – FC Schalke 04 2:0, 0:3; Hertha BSC – Hannover 96 5:0, 5:4; 1. FC Köln – Bayer Uerdingen 1:2, 1:2.
Viertelfinale: Eintracht Frankfurt – Karlsruher SC 5:1, 1:1; SC Freiburg – 1. FC Kaiserslautern 1:1, 2:2, Elfmeterschießen 4:5; Hamburger SV – FC Schalke 04 1:4, 1:9; Hertha BSC – Bayer Uerdingen 3:0, 2:5, Elfmeterschießen 3:1.
Halbfinale: Eintracht Frankfurt – 1. FC Kaiserslautern 1:1, 2:1; FC Schalke 04 – Hertha BSC 0:4, 1:7.
Endspiel am 14. Juli 1991 in Frankfurt: Eintracht Frankfurt – Hertha BSC n. V. 8:4 (2:2, 1:0)
Frankfurt: Nulle – Wilde – Akkus, Orf – Leuschner, Lense (3) (Buch 2), Niesner, Groh (1), Kresovic (Gessner) – Hagner (2), Anicic – Trainer: Lutz.

1992
Qualifikation: 1. FC Magdeburg – Hamburger SV 1:4, 0:7; Hansa Rostock – Stahl Brandenburg 3:0, 2:0; VfL Stade – Borussia Mönchengladbach 3:7, 3:6; 1. FC Saarbrücken – Rot-Weiß Erfurt 3:2, 2:2; Eintracht Trier – 1. FC Kaiserslautern 0:1, 0:4.
Vorrunde: Borussia Mönchengladbach – Hansa Rostock 1:1, 2:1; Werder Bremen – Bayer Leverkusen 1:4, 1:6; FC Schalke 04 – Phönix Lübeck 4:0, 9:1; Hamburger SV – Hertha Zehlendorf 0:0, 3:4; VfB Stuttgart – Kickers Offenbach 1:1, 3:2; SC Freiburg – 1. FC Saarbrücken 1:0, 1:0; Karlsruher SC – Dynamo Dresden 4:1, 1:2; 1. FC Kaiserslautern – 1. FC Nürnberg 2:1, 0:0.
Viertelfinale: Borussia Mönchengladbach – Bayer Leverkusen 1:1, 2:2, Elfmeterschießen 6:7; FC Schalke 04 – Hertha Zehlendorf 5:1, 5:3; VfB Stuttgart – SC Freiburg 6:1, 1:0; Karlsruher SC – 1. FC Kaiserslautern 0:1, 0:4.
Halbfinale: Bayer Leverkusen – FC Schalke 04 2:0, 2:1; VfB Stuttgart – 1. FC Kaiserslautern 0:2, 0:2.
Endspiel am 26. Juli 1992 in Leverkusen: Bayer Leverkusen – 1. FC Kaiserslautern 2:1 (0:0)
Leverkusen: Ischdonat – Addo – Dawitschek, Chicon – Hahn, Volke, Brcvak (1), Chylla, Poppelreuther (Nguyen) – Skamrahl (1) (Stalmach), Barnes – Trainer: Voigt.

1993
Qualifikation: Holstein Kiel – Bayer Leverkusen 0:2, 1:5; Werder Bremen – Hertha Zehlendorf 4:0, 0:3; Dynamo Dresden – Kehler FV 4:1, 7:3; Eintracht Frankfurt – VfB Stuttgart 1:1, 1:5; Bayern München – Karlsruher SC 3:1, 4:1.
Vorrunde: 1. FC Saarbrücken – SpVgg Andernach 2:1, 2:4; Bayer Uerdingen – Post Neubrandenburg 5:2, 1:0; Hannover 96 – Borussia Dortmund 2:1, 1:7; 1. FC Magdeburg – Carl Zeiss Jena 1:2, 0:7; VfB Stuttgart – 1. FC Kaiserslautern 5:0, 1:2; Bayer Leverkusen – Werder Bremen 3:0, 0:1; FC St. Pauli – Energie Cottbus 2:1, 2:0; Bayern München – Dynamo Dresden 0:1, 0:2.
Viertelfinale: Bayer Leverkusen – FC St. Pauli 1:1, 1:1, Elfmeterschießen 6:7; Bayer Uerdingen – Borussia Dortmund 1:1, 1:2; VfB Stuttgart – Carl Zeiss Jena 1:0, 1:3; Dynamo Dresden – SpVgg Andernach 5:0, 3:0.
Halbfinale: Carl Zeiss Jena – Dynamo Dresden 3:0, 3:2; FC St. Pauli – Borussia Dortmund 1:4, 0:3.

Endspiel am 25. Juli 1993 in Jena: Borussia Dortmund – Carl Zeiss Jena 5:1 (3:0)
Dortmund: Kleinsteiber – Mehnert – Brücker (1), Hancer – Braslan, Hundshagen, Sauerland (Sabin), Danielzyk, Möller (1) – Pagels (1), Grad (2) (Spitzer) – Trainer: Wongrowitz.

1994

Qualifikation: Hansa Rostock – Hamburger SV 0:4, 1:2; Wuppertaler SV – Hannover 96 1:3, 0:3; Energie Cottbus – Hallescher FC 1:2, 0:4; Rot-Weiß Erfurt – 1. FC Saarbrücken 1:1, 1:0; Sportfreunde Eisbachtal – 1. FC Kaiserslautern 1:4, 1:9.
Achtelfinale: 1. FC Kaiserslautern – Kickers Offenbach 4:1, 0:2; Werder Bremen – Bayer Leverkusen 0:4, 1:1; Hertha Zehlendorf – Hallescher FC 2:3, 3:2, Elfmeterschießen 3:0; Hamburger SV – Holstein Kiel 2:0, 4:2; Hannover 96 – Borussia Dortmund 0:0, 4:0; Erzgebirge Aue – Bayern München 0:3, 0:4; Rot-Weiß Erfurt – VfB Stuttgart 0:10, 0:7; Karlsruher SC – SC Freiburg 4:0, 4:1.
Viertelfinale: Bayer Leverkusen – Hertha Zehlendorf 2:1, 3:1; Hamburger SV – Hannover 96 3:4, 2:4; Bayern München – 1. FC Kaiserslautern 0:2, 5:6; VfB Stuttgart – Karlsruher SC 6:1, 2:0.
Halbfinale: Bayer Leverkusen – Hannover 96 0:1, 3:4; 1. FC Kaiserslautern – VfB Stuttgart 2:2, 0:2.
Endspiel am 17. Juli 1994 in Hannover: VfB Stuttgart – Hannover 96 3:0 (0:0)
Stuttgart: Behrendt – Moroff – Lechner, Oswald, Siopidis – Holzhauer (Bicer), Woldeab, Majunke (2), Iseli (Balle) – Catizone (Nuffer), Carnevale (1) – Trainer: Geiger.

1995

Qualifikation: Hannover 96 – Fortuna Düsseldorf 4:1; Reinickendorfer Füchse – Hamburger SV n. V. 0:0, Elfmeterschießen 5:4; Holstein Kiel – Werder Bremen 0:3; Carl Zeiss Jena – VfB Leipzig n. V. 2:2, Elfmeterschießen 6:5; SpVgg Andernach – 1. FC Kaiserslautern 1:2.
Achtelfinale: Hallescher FC – Hannover 96 2:4; Borussia Dortmund – Werder Bremen 2:0; Energie Cottbus – Hansa Rostock 1:5; Reinickendorfer Füchse – Bayer Leverkusen 2:0; FC Augsburg – 1. FC Kaiserslautern 1:3; 1. FC Saarbrücken – Karlsruher SC 1:4; VfB Stuttgart – Eintracht Frankfurt 2:1; Carl Zeiss Jena – Offenburger FV 6:0.
Viertelfinale: Hannover 96 – Borussia Dortmund 1:0; Reinickendorfer Füchse – Hansa Rostock 4:0; 1. FC Kaiserslautern – Karlsruher SC 0:1; Carl Zeiss Jena – VfB Stuttgart 1:2.
Halbfinale: Reinickendorfer Füchse – Hannover 96 3:4; Karlsruher SC – VfB Stuttgart 1:3.
Endspiel am 16. Juli 1995 in Heilbronn: VfB Stuttgart – Hannover 96 3:1 (2:1)
Stuttgart: Reber – Danglmayr – Pinto, Barton, Schwendemann (Grimaudo) – Deligiannidis (1), Hecke (1) (Scaglione), Iseli, Streit (1) (Dale) – Mayer-Vorfelder, Majunke – Trainer: Hocke.

1996

Qualifikation: Holstein Kiel – Tennis Borussia Berlin 1:3; Borussia Dortmund – MSV Duisburg n. V. 2:2, Elfmeterschießen 5:4; VfB Leipzig – VfB Stuttgart n. V. 2:3; Sportfreunde Eisbachtal – 1. FC Kaiserslautern n. V. 2:1; Eintracht Frankfurt – Carl Zeiss Jena 2:1.
Achtelfinale: Borussia Dortmund – Werder Bremen n. V. 2:2, Elfmeterschießen 3:1; Eintracht Frankfurt – VfB Stuttgart n. V. 4:4, Elfmeterschießen 4:1; Energie Cottbus – VfL Wolfsburg 3:2; Tennis Borussia Berlin – Greifswalder SC 3:0; FC St. Pauli – 1. FC Köln 2:4; 1. FC Saarbrücken – SC Freiburg n. V. 1:1, Elfmeterschießen 4:2; Sportfreunde Eisbachtal – Hallescher FC 2:1; 1. FC Nürnberg – Karlsruher SC 0:2.
Viertelfinale: Sportfreunde Eisbachtal – Karlsruher SC 0:3; Borussia Dortmund – 1. FC Köln 4:1; Energie Cottbus – Tennis Borussia Berlin 2:3; 1. FC Saarbrücken – Eintracht Frankfurt n. V. 5:4.
Halbfinale: Tennis Borussia Berlin – Borussia Dortmund 2:4; 1. FC Saarbrücken – Karlsruher SC 1:0.
Endspiel am 21. Juli 1996 in Dortmund: Borussia Dortmund – 1. FC Saarbrücken 6:1 (2:0)
Dortmund: Kuschmann (Brocca) – Hesse – Ballout, Stehger – Rothholz (Woidtke), Bugri, Schäper, Öztürk (1), Vitt (Hoffmann) – Knop (3), Dabovic (1) (Brune) (dazu ein eigentor von Ganster) – Trainer: Wongrowitz.

1997

Qualifikation: Werder Bremen – KFC Uerdingen 05 n. V. 2:2, Elfmeterschießen 4:1; 1. FC Magdeburg – 1. FC Köln 1:2; Hertha Zehlendorf – Hamburger SV n. V. 1:1, Elfmeterschießen 5:4; Dynamo Dresden – 1. FC Kaiserslautern 1:2; Sportfreunde Eisbachtal – Carl Zeiss Jena 0:3.
Achtelfinale: Hertha Zehlendorf – VfL Bochum 1:2; Energie Cottbus – 1. FC Köln 0:7; Werder Bremen – Hansa Rostock 8:0; Hannover 96 – Holstein Kiel 8:0; 1. FC Kaiserslautern – Karlsruher SC 1:2; VfB Stuttgart – Carl Zeiss Jena 8:1; Eintracht Frankfurt – SC Freiburg 6:2; 1. FC Saarbrücken – Bayern München 2:6.
Viertelfinale: VfL Bochum – 1. FC Köln 1:0; Hannover 96 – Werder Bremen 2:3; Karlsruher SC – VfB Stuttgart 2:3; Eintracht Frankfurt – Bayern München 0:4.
Halbfinale: VfB Stuttgart – Bayern München 0:3; VfL Bochum – Werder Bremen 2:3.

Endspiel am 20. Juli 1997 in Unterhaching: Bayern München – Werder Bremen 3:0 (2:0)
München: Küfner – Mamzer, Kling, Bürgermeier, Kelletshofer, Backer, Schöckel, Hofmann (1) (Bönig), Misimovic (2) (Jungwirth), Mölzl (Hitzlsperger), Aydemir (Reinisch) – Trainer: Bassemir.

1998
Qualifikation: Hertha Zehlendorf – Holstein Kiel n. V. 3:5; 1. FC Köln – Hamburger SV 7:1; 1. FC Saarbrücken – Sportfreunde Eisbachtal 5:1; SC Freiburg – Carl-Zeiss Jena 1:0; FV Dresden-Nord – VfB Stuttgart 2:5.
Achtelfinale: Borussia Dortmund – Energie Cottbus 5:0; Hansa Rostock – Borussia Mönchengladbach n. V. 4:4, Elfmeterschießen 4:3; Hannover 96 – 1. FC Köln 1:4; Holstein Kiel – Werder Bremen 0:4; SV Waldhof Mannheim – SC Freiburg 1:2; 1. FC Saarbrücken – 1. FC Magdeburg n. V. 1:2; VfB Stuttgart – Eintracht Frankfurt 3:0; 1. FC Kaiserslautern – Bayern München 1:7.
Viertelfinale: Borussia Dortmund – Hansa Rostock 6:2; 1. FC Köln – Werder Bremen 2:1; 1. FC Magdeburg – SC Freiburg 2:1; VfB Stuttgart – Bayern München n. V. 4:4, Elfmeterschießen 4:2.
Halbfinale: Borussia Dortmund – 1. FC Köln 5:2; 1. FC Magdeburg – VfB Stuttgart 1:2.
Endspiel am 19. Juli 1998 in Dortmund: Borussia Dortmund – VfB Stuttgart n. V. 2:2 (2:2, 1:1), Elfm. 5:4
Dortmund: Ritz – Kozole (Placzek 1) – Boutagrat (Konya), Thorwart – Kügler, Kringe (Wurm), Bendowsky, Löring – Wersching (Kaya), Bogdanov (1), Woidtke – Trainer: Wingrowitz.

1999
Qualifikation: Bayer Leverkusen – Hertha BSC n. V. 0:2; 1. FC Magdeburg – Eintracht Braunschweig n. V. 3:4; Holstein Kiel – Energie Cottbus n. V. 1:2; 1. FC Saarbrücken – 1. FC Kaiserslautern 1:6; 1. FC Nürnberg – Karlsruher SC 2:0.
Achtelfinale: Eintracht Schwerin – Hamburger SV 2:1; Borussia Dortmund – Energie Cottbus 6:1; Werder Bremen – Hertha BSC 3:2; Eintracht Braunschweig – Borussia Mönchengladbach 2:4; SV Wittlich – 1. FC Nürnberg 0:2; VfB Leipzig – VfB Stuttgart 0:4; Carl Zeiss Jena – SC Freiburg 3:2; 1. FC Kaiserslautern – Eintracht Frankfurt 0:1.
Viertelfinale: Eintracht Schwerin – Borussia Dortmund 1:4; Werder Bremen – Borussia Mönchengladbach 4:0; 1. FC Nürnberg – VfB Stuttgart 1:2; Carl Zeiss Jena – Eintracht Frankfurt 0:3.
Halbfinale: Borussia Dortmund – Werder Bremen 3:0; VfB Stuttgart – Eintracht Frankfurt 2:1.
Endspiel am 21. Juli 1999 in Stuttgart: VfB Stuttgart – Borussia Dortmund 3:1 (1:0)
Stuttgart: Miller – Nakas, Fischer, Fink, Rathgeb (1) – Braun, Hinkel, Berger (Rundio) – Lutz (1), Smolcic (Villani 1), Hoeneß (Kuranyi) – Trainer: Kleitsch.

2000
Viertelfinale: Werder Bremen – 1. FC Saarbrücken 1:1, 2:1; Hertha BSC – Eintracht Trier 6:0, 0:1; Bayern München – 1. FC Köln 2:1, n. V. 2:3; Elfmeterschießen 6:5; Borussia Dortmund – VfB Stuttgart 0:2, 1:3.
Halbfinale: Werder Bremen – Hertha BSC 2:0, 0:3; Bayern München – VfB Stuttgart 2:0, n. V. 1:3, Elfmeterschießen 3:2.
Endspiel am 1. Juli 2000 in Berlin: Hertha BSC – Bayern München 1:0 (1:0)
Berlin: Ritter – Chahed (1) – Mamesa, Marszolik (Bahjat) Ulbricht, Kellner, Balta (Mohra), Penk, Kara – Soner (Dejagah), Doguran (Radosavljevic) – Trainer: Wolf.

2001
Viertelfinale: Bayern München – Hamburger SV 2:3, 3:0; VfB Stuttgart – Bayer Leverkusen 2:1, 2:1; Tennis Borussia Berlin – Borussia Dortmund 1:2, 1:1; Werder Bremen – 1. FC Kaiserslautern 0:1, 2:4.
Halbfinale: Bayern München – VfB Stuttgart 2:4, 4:0; Borussia Dortmund – 1. FC Kaiserslautern 3:0, 1:2.
Endspiel am 30. Juni 2001 in München: Bayern München – Borussia Dortmund 4:0 (2:0)
München: Rensing (Grünberger) – Balck, Brode, Lell, Stegmann – Ottl, Oguz, (Schulz) – Schweinsteiger (1) – Thomik (Contento), Kilicaslan (1), Atak (1) (Rakaric) – Trainer: Beckenbauer.

2002
Viertelfinale: Eintracht Frankfurt – Hannover 96 2:1, 1:0; Hertha BSC – FC Schalke 04 3:2, 1:5; 1. FC Kaiserslautern – Hamburger SV 1:0, 1:4; 1. FC Köln – VfB Stuttgart 2:3, 1:5.
Halbfinale: Eintracht Frankfurt – FC Schalke 04 3:2, 0:1, Elfmeterschießen 3:4; Hamburger SV – VfB Stuttgart 2:2, 1:3.
Endspiel am 6. Juli 2002 in Gelsenkirchen: FC Schalke 04 – VfB Stuttgart n. V. 3:1 (1:1, 1:0)
Schalke: Grothuysen – Hoogland – Seiffert, Talarek, Kamba – Nachtigall (Walter), Anton, Aziz – Hesse – Westerhoff (2), Delura (1) – Trainer: Dubski.

2003
Viertelfinale: Hannover 96 – Bayer Leverkusen 1:3, 2:3; Borussia Dortmund – Hertha BSC 1:6, 2:3; VfB Stuttgart – Werder Bremen 3:0, 1:0; TSV München 1860 – 1. FC Kaiserslautern 1:2, 1:0, Elfmeterschießen 4:1.
Halbfinale: Bayer Leverkusen – Hertha BSC 0:4, 0:0; VfB Stuttgart – TSV München 1860 3:1, 2:1.
Endspiel am 5. Juli 2003 in Stuttgart: Hertha BSC – VfB Stuttgart 4:1 (1:1)
Hertha: Lennard – Binder (1), Müller, Bieler – Thomas (Ebert), Cankaya, Boateng, Altin (Hinze), Cubukcu – Dejagah (1) (El-Kadi), Schrödter (2) (Steinwarth) – Trainer: Kunert.

2004
Viertelfinale: Eintracht Frankfurt – VfL Wolfsburg 2:0, 1:1; 1. FC Kaiserslautern – Energie Cottbus 1:0, 0:1, Elfmeterschießen 3:0; VfB Stuttgart – 1. FSV Mainz 05 2:0, 3:0; Hertha BSC – Borussia Dortmund 1:1, 4:2.
Halbfinale: Eintracht Frankfurt – Energie Cottbus 1:1, 2:2, Elfmeterschießen 2:4; VfB Stuttgart – Hertha BSC 2:2, 2:2, Elfmeterschießen 5:4.
Endspiel am 4. Juli 2004 in Cottbus: VfB Stuttgart – Energie Cottbus 2:1 (1:0)
Stuttgart: Baum – Beck, Pisot, Tasci, Katins, Mayer (Berenyi) – Khedira (1), Ikeng (Schmiedel), Sauter (Prediger) – Demir (Papadopoulos), Hess (1) – Trainer: Leicht.

2005
Viertelfinale: TSV München 1860 – VfB Stuttgart 1:1, 1:1, Elfmeterschießen 4:5; Hansa Rostock – VfL Wolfsburg 1:0, 1:2, Elfmeterschießen 4:2; 1. FC Saarbrücken – Hertha BSC 0:4, 0:4; Borussia Dortmund – 1. FSV Mainz 05 3:0, 0:3, Elfmeterschießen 11:10.
Halbfinale: VfB Stuttgart – Hansa Rostock 1:2, 1:1; Hertha BSC – Borussia Dortmund 5:1, 0:4, Elfmeterschießen 4:3.
Endspiel am 3. Juli 2005 in Rostock: Hertha BSC – Hansa Rostock 2:0 (1:0)
Berlin: Burchert – Schmiedebach, Morack, Schorch, Boateng – Reiss (Vogler), Bigalke, Pech, Knoll (Huke (1)) – Lemke, Moschko (1) – Trainer: Kunert.

2006
Viertelfinale: Hansa Rostock – Borussia Dortmund n. V. 1:1, Elfmeterschießen 2:4; Hertha BSC – SC Freiburg 1:0; 1. FC Kaiserslautern – Borussia Mönchengladbach n. V. 1:1, Elfmeterschießen 5:3; TSV München 1860 – VfL Wolfsburg 1:0.
Halbfinale: 1. FC Kaiserslautern – TSV München 1860 0:2; Borussia Dortmund – Hertha BSC 1:0.
Endspiel am 3. Juni 2006 in Hamm: TSV München 1860 – Borussia Dortmund 2:0 (1:0)
München: Rösch – Thomas, Wittek, Jungwirth, Alschinger – S. Bender, Kaiser (Ibrahim), L. Bender, Gebhart (1) (Mayr) – Schäffler (1) (Rudnik), Knauer – Trainer: Schellenberg.

2007
Viertelfinale: 1. FC Kaiserslautern – Bayern München 3:4, 0:4; Eintracht Frankfurt – Tennis Borussia Berlin 1:0, 0:3; Borussia Dortmund – Borussia Mönchengladbach 4:1, 0:1; Hamburger SV – Hertha BSC 2:1, 2:3, Elfmeterschießen 2:4.
Halbfinale: Tennis Borussia Berlin – Borussia Dortmund 0:3, 1:3; Hertha BSC – Bayern München 1:2, 1:2.
Endspiel am 30. Juni 2007 in Dortmund: Bayern München – Borussia Dortmund 1:0 (0:0)
München: Oswald – Schlotter, Herberth, Haas, Schapfl – Erb (Simari) – Soriano (Hummels), Contento – Ekici (Trkulja) – Boenig, Kakoko (1) (Elender) – Trainer: Beckenbauer.

2008
Halbfinale: Hertha BSC – TSG 1899 Hoffenheim 1:6, 3:1; 1. FC Kaiserslautern – Borussia Dortmund 1:3, 1:0.
Endspiel am 21. Juni 2008 in Hoffenheim: TSG 1899 Hoffenheim – Borussia Dortmund 6:4 (4:2)
Hoffenheim: Strähle – Gruber, Gulde (1), Loviso (Atmaca), Grassel (1) – Neupert – Schäfer, Szarka (1) – Groß (1) – Suworow (Bellanave), Terrazzino (2) (Schmidt) – Trainer: Streichsbier.

2009
Halbfinale: Bayern München – VfL Wolfsburg 3:0, 0:1; VfB Stuttgart – Borussia Mönchengladbach 2:1, 1:1.
Endspiel am 28. Juni 2009 in Aschheim: VfB Stuttgart – Bayern München n. V. 3:1 (1:1, 1:1)
Stuttgart: Leno – Halder (Lang), Bauer, Maurer, Hegen – Kiefer, Ribeiro-Pals – Halili (Schaplewski), Janzer (1) (De Benedictis) – Weiß (Jedrzejczyk), Breier (2) – Trainer: Kienle.

2010
Halbfinale: VfB Stuttgart – Bayer Leverkusen 1:2, 0:1; Eintracht Frankfurt – Hertha BSC 2:1, 3:1.
Endspiel am 26. Juni 2010 in Frankfurt: Eintracht Frankfurt – Bayer Leverkusen n. V. 1:0 (0:0, 0:0)
Frankfurt: Özer – Söder, Dudda, Schorr, Wille (Bartheld) – Goncalves (1), Kittel, Hien, Demuth - Asta (Ehlert), Derici (Müller) – Trainer: Schur.

2011
Halbfinale: VfB Stuttgart – Werder Bremen n. V. 2:2, Elfmeterschießen 6:7; 1. FC Köln – TSG 1899 Hoffenheim 3:2.
Endspiel am 5. Juni 2011 in Bremen: 1. FC Köln – Werder Bremen n. V. 3:2 (2:2, 2:1)
Köln: Mesenhöler – Engelke (1), Schell (Rolke), Müller, Berg (Schäfer) – Wiebe, Gerhardt – Schnellhardt, Weiser – Ban (Scepanik (1)), la Monica (1) (Budimbu) – Trainer: Schommers.

2012
Halbfinale: 1. FC Köln – Hertha BSC 1:2, 2:1, Elfmeterschießen 2:3; VfB Stuttgart – 1. FC Nürnberg 0:2, 4:1.
Endspiel am 16. Juni 2012 in Berlin: Hertha BSC – VfB Stuttgart 2:0 (1:0)
Berlin: Gersbeck – Rohloff, Syhre, Regäsel, Mannsfeld – Samson, Kohls – Owusu (Kamarieh), Mukhtar (Malik), Ebot-Etchi – Ademi (1) (Rabiega (1)) – Trainer: Thom.

2013
Halbfinale: FC Schalke 04 – Hertha BSC 0:1, 2:2; Werder Bremen – VfB Stuttgart 1:7, 0:4.
Endspiel am 15. Juni 2013 in Berlin: VfB Stuttgart – Hertha BSC 2:0 (1:0)
Stuttgart: Funk – Ristl, Baumgartl, Jäger, Celik – Besuschkow, Kranitz – Trochalos (Blaser), Öztürk (Martinovic) – Grbic (1) (Bitzer), Ferati – Trainer: Schneider.

2014
Halbfinale: Borussia Dortmund – Hertha BSC 1:2, 4:0; 1. FSV Mainz 05 – RB Leipzig 1:1, 1:2.
Endspiel am 27. Juni 2014 in Leipzig: Borussia Dortmund – RB Leipzig 2:1 (1:0)
Dortmund: Reckert – Passlack (Yerli), El-Bouazzati, Sahin, Schumacher – Kösecik, Fritsch, Burnic – Alici (Nebihi), Arweiler (Kurt), Sauerland (2) (Erhardt) – Trainer: Wolf.

2015
Halbfinale: VfB Stuttgart – Hannover 96 2:0, 1:1; Borussia Dortmund – RB Leipzig 2:0, 2:1.
Endspiel am 14. Juni 2015 in Aspach: Borussia Dortmund – VfB Stuttgart 4:0 (0:0)
Dortmund: Bansen – Sewing (Kösecik), Pieper (Ogrzall), Fritsch (1), Beste – Passlack (1), Burnic, Schwermann, Bruun Larsen (Güner) – Scuderi (Serra (2)), Pulisic – Trainer: Wolf.

2016
Halbfinale: VfB Stuttgart – Borussia Dortmund 2:3, 1:5; Bayer Leverkusen – VfL Wolfsburg 2:2, 3:2.
Endspiel am 19. Juni 2016 in Dortmund: Bayer Leverkusen – Borussia Dortmund 2:0 (0:0)
Leverkusen: Prinz – Popovic, Boller, Shala, Stanilewicz – Akkaynak, Grym (Songue) – Havertz (1), Ekene (Spellerberg), Bednarczyk (1) – Yalcin – Trainer: Anfang.

DFB-Junioren-Vereinspokal der U18/U19

Die bisherigen Sieger (bis 2001 U18, ab 2002 U19 – bis 2003 DFB-jugendkicker-Pokal):
1987, 1988 1. FC Nürnberg – 1989 VfL Bochum – 1990 Stuttgarter Kickers – 1991, 1992 FC Augsburg – 1993 1. FC Nürnberg – 1994, 1995 FC Augsburg – 1996 VfR Heilbronn – 1997 VfB Stuttgart II – 1998 KFC Uerdingen 05 – 1999 1. FC Magdeburg – 2000 TSV München 1860 – 2001 VfB Stuttgart – 2002 FC Schalke 04 – 2003 1. FC Kaiserslautern – 2004 Hertha BSC – 2005 FC Schalke 04 – 2006 SC Freiburg – 2007 TSV München 1860 – 2008 Bayer Leverkusen – 2009 SC Freiburg – 2010 TSG 1899 Hoffenheim – 2011, 2012 SC Freiburg – 2013 1. FC Köln – 2014 SC Freiburg – 2015 Hertha BSC – 2016 Hannover 96.

1987
Vorrunde: Borussia Mönchengladbach – Blau-Weiß 90 Berlin 7:0; FC Schalke 04 – Eintracht Braunschweig n. V. 2:1; TSB Flensburg – TSV Osterholz-Tenever 2:0; Alemannia Aachen – Hamburger SV 3:2; SV Darmstadt 98 – 1. FC Nürnberg n. V. 1:2; Germania Metternich – TSB Schwäbisch Gmünd n. V. 2:0; Borussia Neunkirchen – FV Kuppenheim 4:3; FK Pirmasens – SV Waldhof Mannheim 2:1.
Viertelfinale: Borussia Mönchengladbach – FC Schalke 04 3:1; TSB Flensburg – Alemannia Aachen 1:4; 1. FC Nürnberg – Germania Metternich 2:0; Borussia Neunkirchen – FK Pirmasens 5:2.
Halbfinale: Borussia Mönchengladbach – Alemannia Aachen 1:0; 1. FC Nürnberg – Borussia Neunkirchen 1:0.
Endspiel am 4. Juli 1987 in Rheydt: 1. FC Nürnberg – Borussia Mönchengladbach 2:1 (0:0)
Nürnberg: Romeis – Lang – Kaptan, Grimm, Schilling (Stirnweiß) – Meyer, Frauenknecht, Röhrer (1), Ziemer – Sentürk (1), Schleicher – Trainer: Rüsing.

1988
Vorrunde: SC Pfullendorf – Eintracht Koblenz 3:2; 1. FC Nürnberg – SC Großrosseln 7:2; Stuttgarter Kickers – SV Waldhof Mannheim n. V. 2:2, Elfmeterschießen 6:7; MTV 1817 Mainz – SG Hoechst 3:1; Blau-Weiß 90 Berlin – TuRa Bremen 5:1; VfL Osnabrück – Hamburger SV 1:2; TuS Höhenhaus – Holstein Kiel 0:1; VfL Bochum – Borussia Mönchengladbach 2:6.
Viertelfinale: SC Pfullendorf – 1. FC Nürnberg 1:7; SV Waldhof Mannheim – MTV 1817 Mainz n. V. 0:1; Hamburger SV – Blau-Weiß 90 Berlin 1:0; Holstein Kiel – Borussia Mönchengladbach 1:5.
Halbfinale: 1. FC Nürnberg – MTV 1817 Mainz n. V. 3: 2; Borussia Mönchengladbach – Hamburger SV 3:0.
Endspiel am 8. Juli 1988 in Fürth: 1. FC Nürnberg – Borussia Mönchengladbach 1:0 (0:0)
Nürnberg: Beims – Meyer – Messingschlager, Stirnweiß – Baumgartl, Thomas, Plößner, Ziemer (Herion 1), Bernhardt (Schneider) – Sentürk, Türr – Trainer: Lieberwirth.

1989
Vorrunde: 1. FC Saarbrücken – FC Augsburg 0:3; VfL Bochum – 1. SC Norderstedt 9:0; Tasmania 73 Berlin – VfL Wolfsburg 0:2; Borussia Mönchengladbach – VfB Kiel 4:2; 1. FC Köln – Tura Bremen 5:1; TV 1817 Mainz – SC Geislingen 2:0; CSC 03 Kassel – Glas/Chemie Wirges 1:3; Karlsruher SC – Freiburger FC 4:0.
Viertelfinale: VfL Wolfsburg – VfL Bochum 0:2; Glas/Chemie Wirges – TV 1817 Mainz 0:4; FC Augsburg – Karlsruher SC 2:4; Borussia Mönchengladbach – 1. FC Köln 4:1.
Halbfinale: VfL Bochum – Borussia Mönchengladbach 3:1; TV 1817 Mainz – Karlsruher SC 2:6.
Endspiel am 7. Juli 1989 in Bochum: VfL Bochum – Karlsruher SC 4:1 (2:0)
Bochum: Roch – Schmugge – Guder, Renkhoff – Golicki, Kusch (2), Vogelgesang, Bredenböcker (Zahlmann), Kreielkamp – Yacizi (Schröder), Kotthaus (2) – Trainer: Wittkamp.

1990
Vorrunde: Rheydter SV – TuS Schwachhausen 2:3; VfL Bochum – Viktoria Köln 10:1; Itzehoer SV – Lüneburger SK 0:3; Stuttgarter Kickers – SpVgg Andernach 2:1; TSV München 1860 – SV Sandhausen n. V. 2:2, Elfmeterschießen 2:4; SC Siemensstadt Berlin – SpVgg Blankenese n. V. 0:0, Elfmeterschießen 1:3; SV Darmstadt 98 – FC 08 Villingen n. V. 0:0, Elfmeterschießen 3:4; SV Fraulautern – Wormatia Worms 1:2.
Viertelfinale: TuS Schwachhausen – VfL Bochum 0:3; SpVgg Blankenese – Lüneburger SK 0:1; FC 08 Villingen – Stuttgarter Kickers 1:2; SV Sandhausen – Wormatia Worms 5:1.
Halbfinale: VfL Bochum – Lüneburger SK n. V. 1:1, Elfmeterschießen 5:6; Stuttgarter Kickers – SV Sandhausen 5:0.

Endspiel am 29. Juni 1990 in Stuttgart: Stuttgarter Kickers – Lüneburger SK 3:0 (1:0)
Stuttgart: Kukulinus – Kleyer – Straubmüller, Straube – Lösch (1), Skibowski (1), Ziller (1), Hübner, Ströbel – Kolb, Bobic (Intemperante) – Trainer: Rommel.

1991
Vorrunde: Hamburger SV – Hannover 96 0:2; FC Ensdorf – Karlsruher SC 0:4; SSV Ulm 1846 – Hessen Kassel 3:0; 1. FSV Mainz 05 – FC Augsburg 1:5; FC Schalke 04 – VfB Lübeck 2:1; 1. FC Köln – Borussia Mönchengladbach 7:0; Hertha Zehlendorf – TSV Leeste 5:0; SV Wittlich kampflos weiter, da Südbaden verzichtete.
Viertelfinale: Karlsruher SC – SSV Ulm 1846 2:0; FC Augsburg – SV Wittlich 3:1; Hannover 96 – FC Schalke 04 2:1; 1. FC Köln – Hertha Zehlendorf 2:1.
Halbfinale: Karlsruher SC – FC Augsburg 1:2; Hannover 96 – 1. FC Köln 1:4.
Endspiel am 26. Juni 1991 in Köln: FC Augsburg – 1. FC Köln 3:2 (1:2)
Augsburg: Müller – Tuchel – Niedermair, Rappl – Geneci, Gfreiter, Frey (1), Hoffmann, Bardak – Arslan, Bleicher (2) – Trainer: Schuhmann.

1992
Qualifikation: FC St. Pauli – FC Berlin 2:3 (annulliert, da Berlin drei Spieler auswechselte); Phönix Lübeck – TuS Paderborn-Neuhaus 1:3; OSC Bremerhaven – VfL Rostock 0:1; FC Nalbach – FC Augsburg 0:7; SpVgg Andernach – SV Sandhausen 0:4.
Achtelfinale: FC St. Pauli – Bayer Leverkusen 1:4; TuS Paderborn-Neuhaus – Hallescher FC 2:0; VfL Rostock – Borussia Mönchengladbach 0:3; Eintracht Braunschweig – Stahl Brandenburg 4:2; SV Sandhausen – Eintracht Bad Kreuznach 4:3; VfR Heilbronn – SV Altenburg 10:1; SV Darmstadt 98 – Chemnitzer FC 1:2; FC Augsburg – FC Konstanz 7:0.
Viertelfinale: Bayer Leverkusen – TuS Paderborn-Neuhaus 5:0; Borussia Mönchengladbach – Eintracht Braunschweig 2:3; VfR Heilbronn – SV Sandhausen n. V. 2:2, Elfmeterschießen 6:5; Chemnitzer FC – FC Augsburg 1:2.
Halbfinale: Eintracht Braunschweig – Bayer Leverkusen n. V. 4:2; FC Augsburg – VfR Heilbronn 8:2.
Endspiel am 27. Juni 1992 in Augsburg: FC Augsburg – Eintracht Braunschweig n. V. 1:1 (1:1, 0:0), Eldfmeterschießen 6:5
Augsburg: Fuchs – Tuchel – Geneci, Heberle – Stiller, Hammerl, Söhner (1) (Mair), Gfreiter, Rösele – Hanoglu, Stegmayer – Trainer: Schuhmann.

1993
Qualifikation: Borussia Mönchengladbach – Bayer Leverkusen 3:2; Energie Cottbus – VfL Wolfsburg 3:6; 1. FSV Mainz 05 – VfL Sindelfingen 1:2; Freiburger FC – Dynamo Dresden 3:2; Germania Wernigerode – Rot-Weiß Erfurt 1:6.
Achtelfinale: OSC Bremerhaven – FC St. Pauli 7:2; VfL Wolfsburg – SV Teterow 3:0; Hertha BSC – Borussia Mönchengladbach n. V. 2:2, Elfmeterschießen 3:1; TSB Flensburg – FC Schalke 04 1:5; Freiburger FC – Rot-Weiß Frankfurt 3:1; Karlsruher FV – Rot-Weiß Erfurt n. V. 4:3; 1. FC Nürnberg – Sportfreunde Eisbachtal 5:0; VfL Sindelfingen – FC 08 Homburg 1:0.
Viertelfinale: VfL Wolfsburg – OSC Bremerhaven 0:2; FC Schalke 04 – Hertha BSC 2:0; Karlsruher FV – Freiburger FC 6:2; VfL Sindelfingen – 1. FC Nürnberg 0:4.
Halbfinale: OSC Bremerhaven – FC Schalke 04 1:6; 1. FC Nürnberg – Karlsruher FV 3:0.
Endspiel am 2. Juli 1993 in Gelsenkirchen: 1. FC Nürnberg – FC Schalke 04 2:1 (1:0)
Nürnberg: Müller – Seitz – Führling, Brandt – Jenkner (Tioutius), Licht, Herzog, Skurka, Maus – Oezkan (1), Parastatidis (1) (Herzig) – Trainer: Gebele.

1994
Qualifikation: Hansa Rostock – FC Vahr 5:1; Reinickendorfer Füchse – TSB Flensburg 9:2; Sportfreunde Oestrich-Iserlohn – Concordia Hamburg 2:0; FC 08 Homburg – TuS Koblenz 1:0; SV Sandhausen – FC Augsburg 0:2.
Achtelfinale: Wuppertaler SV – Energie Cottbus 5:2; Magdeburger SV – 1. FC Köln 0:5; Sportfreunde Oestrich-Iserlohn – SV Meppen 4:2; Hansa Rostock – Reinickendorfer Füchse 1:1, Elfmeterschießen 5:4; Stuttgarter Kickers – Rot-Weiß Frankfurt 1:0; Rot-Weiß Erfurt – Dynamo Dresden 1:4; 1. FSV Mainz 05 – FC 08 Homburg 0:2; SC Pfullendorf – FC Augsburg 0:5.
Viertelfinale: FC Augsburg – FC 08 Homburg 5:2; 1. FC Köln – Wuppertaler SV 3:0; Hansa Rostock – Sportfreunde Oestrich-Iserlohn 1:2; Dynamo Dresden – Stuttgarter Kickers 3:1.

Halbfinale: FC Augsburg – Dynamo Dresden 3:1; Sportfreunde Oestrich-Iserlohn – 1. FC Köln 1:1, Elfmeterschießen 1:2.
Endspiel am 26. Juni 1994 in Augsburg: FC Augsburg – 1. FC Köln 2:1 (1:0)
Augsburg: Kampa – Sengewald – Neumann (Harb), Kröger – Anspacher, Krzyzanowski, di Santo, Gerster, Osswald (Galun) – Mansiz, Oral (2) (Lichtl) – Trainer: Schuhmann.

1995

Qualifikation: Motor Eberswalde – VfL Wolfsburg 1:2; Alemannia Aachen – Hamburger SV 0:1; Hallescher FC – Chemnitzer FC 0:4; FC Konstanz – SpVgg Durlach – Erzgebirge Aue n. V. 4:5: VfB Marburg – Stuttgarter Kickers 2:6.
Achtelfinale: Schweriner SC – Hamburger SV 2:5; Rot-Weiss Essen – SC Bremen-Vahr 3:4; FC Berlin – VfL Wolfsburg 3:2; TSV Büdelsdorf – FC Schalke 04 n. V. 1:1, Elfmeterschießen 9:8; TuS Koblenz – SpVgg Durlach 2:1; Rot-Weiß Erfurt – Chemnitzer FC 1:3; Stuttgarter Kickers – 1. FSV Mainz 05 1:0; VfB Theley – FC Augsburg 0:3.
Viertelfinale: SC Bremen-Vahr – Hamburger SV 3:4; FC Berlin – TSV Büdelsdorf 5:1; TuS Koblenz – Chemnitzer FC 0:2; Stuttgarter Kickers – FC Augsburg 1:4.
Halbfinale: FC Berlin – Hamburger SV 3:2; FC Augsburg – Chemnitzer FC 1:0.
Endspiel am 10. Juli 1995 in Berlin: FC Augsburg – FC Berlin 4:2 (2:0)
Augsburg: Kampa – Vujanovic – Kaiser, Merkle – Harb (Eberl 1), Graf, di Santo (Menicanin), Krzyzanowski, Osswald (1) – Lichtl, Oguz (2) – Trainer: Schuhmann.

1996

Qualifikation: FC Burgsolms – Karlsruher SC 3:5; VfR Heilbronn – SC Pfullendorf n. V. 3:2; Energie Cottbus – Hertha Zehlendorf n. V. 4:3; SCB Preussen Köln – FC St. Pauli 2:3; Eintracht Braunschweig – 1. FC Magdeburg 0:3.
Achtelfinale: Arminia Bielefeld – FC St. Pauli 2:1; OSC Bremerhaven – Fortuna Düsseldorf 1:0; Energie Cottbus – 1. FC Magdeburg 2:1; VfR Heilbronn – Karlsruher SC 1:0; 1. FSV Mainz 05 – Chemnitzer FC 1:3; FC 08 Homburg – TSV München 1860 0:5 – Greifswalder SC und SV Jenaer Glas kampflos weiter, da Holstein Kiel und die Sportfreunde Eisbachtal verzichteten.
Viertelfinale: OSC Bremerhaven – Arminia Bielefeld n. V. 2:2, Elfmeterschießen 4:5; Greifswalder SC – Energie Cottbus 0:1; VfR Heilbronn – SV Jenaer Glas 9:0; Chemnitzer FC – TSV München 1860 1:2.
Halbfinale: Energie Cottbus – Arminia Bielefeld 3:0; VfR Heilbronn – TSV München 1860 3:1.
Endspiel am 14. Juli 1996 in Heilbronn: VfR Heilbronn – Energie Cottbus 6:1 (4:0)
Heilbronn: Seeg (Beck) – Schwarz – Leyer, Mucha (Heintzmann) – Gruber, Wenczel (1), Kern (1) (Schmid), Rehm (1), Wagner (1) – Bielohoubeck (1), Baumgart (1) (Celik) – Trainer: Frey.

1997

Vorrunde: SG Wattenscheid 09 – FC. St. Pauli 3:1; Holstein Kiel – VfL Bochum 1:3; Tennis Borussia Berlin – FC Schalke 04 n. V. 2:2, Elfmeterschießen 2:4; Concordia Hamburg – KFC Uerdingen 05 0:2; Eintracht Braunschweig – Bayer Leverkusen 1:2; Energie Cottbus – Greifswalder SC n. V. 1:0; Hertha Zehlendorf – VfL Wolfsburg 1:2; 1. FC Magdeburg – Werder Bremen 1:8; FSV Oggersheim – TuS Koblenz 2:3; 1. FC Nürnberg – Kehler SV 9:1; Dynamo Dresden – SV Jenaer Glas n. V. 2:2, Elfmeterschießen 4:3; Karlsruher SC – SC Freiburg n. V. 4:2; SpVgg Andernach – VfR Heilbronn 0:2; 1. FC Saarbrücken – VfB Stuttgart II 0:1; Bayern München – VfB Leipzig 3:2; 1. FSV Mainz 05 – Eintracht Frankfurt 0:5.
Achtelfinale: Energie Cottbus – Bayer Leverkusen 1:3; Bayern München – Eintracht Frankfurt 1:0; SG Wattenscheid 09 – VfL Bochum n. V. 2:2, Elfmeterschießen 1:4; FC Schalke 04 – KFC Uerdingen 05 n. V. 0:0, Elfmeterschießen 5:4; VfL Wolfsburg – Werder Bremen 1:7; TuS Koblenz – 1. FC Nürnberg 2:1; Dynamo Dresden – Karlsruher SC 2:3; VfR Heilbronn – VfB Stuttgart II 1:3.
Viertelfinale: VfL Bochum – FC Schalke 04 n. V. 1:1, Elfmeterschießen 4:5; Bayer Leverkusen – Werder Bremen 2:4; TuS Koblenz – Karlsruher SC 1:5; VfB Stuttgart II – Bayern München 3:1.
Halbfinale: FC Schalke 04 – Werder Bremen n. V. 5:3; Karlsruher SC – VfB Stuttgart II 2:3.
Endspiel am 5. Juli 1997 in Menden: VfB Stuttgart II – FC Schalke 04 3:1 (1:0)
Stuttgart: Romero – Morazzo (Koschmieder), Morena, Schwendemann, Straub – Pezzulla (D'Andrea), Zivic, Scaglione (Kehrer 1), Rodrigues – Perrino (Hillebrand), Sarajlic (2) – Trainer: Kleitsch.

1998

Vorrunde: VfB Oldenburg – Fortuna Düsseldorf 0:4; Bayer Leverkusen – Energie Cottbus n. V. 3:1; Vorwärts/Wacker Billstedt – Eintracht Braunschweig 3:7; Hertha BSC – FC Schalke 04 n. V. 2:4; KFC

Uerdingen 05 – Hamburger SV 2:0; Reinickendorfer Füchse – Werder Bremen 3:5; Holstein Kiel – Borussia Mönchengladbach 0:4; Eintracht Schwerin II – 1. FC Magdeburg 2:6; Chemnitzer FC – Eintracht Frankfurt 0:3; TuS Koblenz – VfB Stuttgart 1:6; 1. FC Saarbrücken – VfB Stuttgart II n. V. 4:4, Elfmeterschießen 2:4; SpVgg Bayreuth – Carl Zeiss Jena n. V. 2:2, Elfmeterschießen 2:4; Dynamo Dresden – TSV München 1860 2:3; FSV Salmrohr – SC Hauenstein 0:2; SV Waldhof Mannheim – Karlsruher SC n. V. 3:3, Elfmeterschießen 2:1; SpVgg Andernach – SC Freiburg 0:3.
Achtelfinale: Bayer Leverkusen – Fortuna Düsseldorf 8:0; Eintracht Braunschweig – FC Schalke n. V. 2:2, Elfmeterschießen 4:5; KFC Uerdingen 05 – Werder Bremen 3:2; 1. FC Magdeburg – Borussia Mönchengladbach 1:3; Eintracht Frankfurt – VfB Stuttgart 6:3; VfB Stuttgart II – Carl Zeiss Jena 2:0; SC Hauenstein – TSV München 1860 1:4; SV Waldhof Mannheim – SC Freiburg 0:3.
Viertelfinale: Bayer Leverkusen – FC Schalke 04 0:3; KFC Uerdingen 05 – Borussia Mönchengladbach 2:0; Eintracht Frankfurt – VfB Stuttgart II 1:0; TSV München 1860 – SC Freiburg 3:5.
Halbfinale: FC Schalke 04 – KFC Uerdingen 05 n. V. 1:1, Elfmeterschießen 3:4; Eintracht Frankfurt – SC Freiburg 4:3.
Endspiel am 3. Juli 1998 in Rüsselsheim: KFC Uerdingen 05 – Eintracht Frankfurt n. V. 1:1 (1:1, 0:0), Elfmeterschießen 4:3
Uerdingen: Vander – Roethmanns – Gebhardt (Wilms), Taleb-Karimi – Seifert (Manns), Passerschröer, Bradasch (1), König (Bahr), Kaul – Flore, Velardi (Hüsing) – Trainer: Maes.

1999

Vorrunde: SC Vahr – Tennis Borussia Berlin 0:6; SG Wattenscheid 09 – FC Schalke 04 3:1; VfL Bochum – Hannover 96 2:3; Fortuna Düsseldorf – 1. FC Köln 2:5; VfB Leipzig – Hamburger SV 3:0; Holstein Kiel – 1. FC Magdeburg n. V. 2:4; VfL Osnabrück – VfL Wolfsburg 4:2; Hansa Rostock – Energie Cottbus 0:3; SC Freiburg – Eintracht Frankfurt 7:1; Rot-Weiß Erfurt – FSV Salmrohr n. V. 2:3; FV Dresden-Nord – FC 08 Homburg 7:1; Dynamo Dresden – 1. FSV Mainz 05 4:0; Freiburger FC – FC Augsburg 0:4; FK Pirmasens – SG Hoechst n. V. 1:1, Elfmeterschießen 5:3; 1. FC Saarbrücken – SV Waldhof Mannheim 3:0; SV Darmstadt 98 – Stuttgarter Kickers 3:2.
Achtelfinale: Tennis Borussia Berlin – SG Wattenscheid 09 n. V. 2:1; Hannover 96 – 1. FC Köln 3:1; VfB Leipzig – 1. FC Magdeburg n. V. 1:2; VfL Osnabrück – Energie Cottbus 0:3; FSV Salmrohr – SC Freiburg 1:7; FV Dresden-Nord – Dynamo Dresden n. V. 0:0, Elfmeterschießen 4:1; FC Augsburg – FK Pirmasens n. V. 1:1, Elfmeterschießen 5:4; 1. FC Saarbrücken – SV Darmstadt 98 5:0.
Viertelfinale: Tennis Borussia Berlin – Hannover 96 4:6; 1. FC Magdeburg – Energie Cottbus 3:1; FV Dresden-Nord – SC Freiburg 2:3; FC Augsburg – 1. FC Saarbrücken 1:2.
Halbfinale: 1. FC Magdeburg – Hannover 96 1:0; 1. FC Saarbrücken – SC Freiburg 1:0.
Endspiel am 3. Juli 1999 in Magdeburg: 1. FC Magdeburg – 1. FC Saarbrücken 6:1 (3:1)
Magdeburg: Beer – Prest (1) – Lücke, Gröger – Stary, Buchholz, Franz (Uffrecht), Garlipp, Hartmann (Menzel) – Scholze (1), Schüßler (3) (Rasche 1) – Trainer: Pape.

2000

Vorrunde: Fortuna Düsseldorf – Hamburger SV n. V. 1:1, Elfmeterschießen 3:5; Blumenthaler SV – Hansa Rostock 0:10; Borussia Dortmund – Fortuna Köln 2:1; 1. FC Magdeburg – VfL Osnabrück 5:2; Borussia Mönchengladbach – Energie Cottbus 4:1; VfB Oldenburg – VfL Wolfsburg 4:1; Holstein Kiel – Reinickendorfer Füchse 0:2; 1. FC Köln – Hertha BSC 3:1; 1. FC Saarbrücken – 1. FSV Mainz 05 2:4; FC Augsburg – FK Pirmasens 2:0; DJK Donaueschingen – TSV München 1860 0:6; Rot-Weiß Hasborn – SSV Ulm 1846 n. V. 0:0, Elfmeterschießen 10:11; FV Dresden-Nord – Karlsruher SC 1:3; 1. FC Nürnberg – Eintracht Frankfurt 2:6; Dynamo Dresden – Rot-Weiß Erfurt 0:1; SV Steiningen – SV Darmstadt 98 1:7.
Achtelfinale: Hamburger SV – Hansa Rostock 6:3; 1. FC Magdeburg – Borussia Dortmund 0:3; VfB Oldenburg – Borussia Mönchengladbach 0:4; Reinickendorfer Füchse – 1. FC Köln n. V. 2:4; FC Augsburg – 1. FSV Mainz 05 2:3; SV Darmstadt 98 – TSV München 1860 0:3; SSV Ulm 1846 – Karlsruher SC 1:0; Rot-Weiß Erfurt – Eintracht Frankfurt 1:4.
Viertelfinale: .Hamburger SV – Borussia Dortmund n. V. 4:3; Borussia Mönchengladbach – 1. FC Köln n. V. 1:1, Elfmeterschießen 3:4; 1. FSV Mainz 05 – TSV München 1860 3:4; SSV Ulm 1846 – Eintracht Frankfurt 3:4.
Halbfinale: Hamburger SV – 1. FC Köln 4:0; TSV München 1860 – Eintracht Frankfurt 2:0.
Endspiel am 30. Juni 2000 in Vaterstetten: TSV München 1860 – Hamburger SV 2:1 (1:0)
München: Eberherr – Schmitt, Crone, Rappel, Atilgan – Görlitz, Lauth (1) (Kasparek), Heckenberger (Heimpel) – Okeke, Schiessl, Sahin (Mayr 1) – Trainer: Herold.

2001

Qualifikation: Reinickendorfer Füchse – VfB Stuttgart 1:4 – In diesem Jahr nahmen nur die Regional-Pokalsieger teil.
Halbfinale: Hamburger SV – VfB Stuttgart 0:3; FK Pirmasens – Arminia Bielefeld 2:1.
Endspiel am 24. Juni 2001 in Rottenburg: VfB Stuttgart – FK Pirmasens 5:1 (2:1)
Stuttgart: Ercetin – Ilg, Fink, Rundio, Kocholl – Di Biccari (1) (Heilemann 1), Bölstler (2), Rathgeb, Colon (Berger) – Kuranyi (Calamita), Luz (V. Hleb 1) – Trainer: Starzmann.

2002

1. Runde: VfB Lübeck – 1. FC Saarbrücken 3:0; VfL Halle 96 – SV Sandhausen 5:1; Hertha BSC – Energie Cottbus 6:1; VfL Hamm – Eintracht Frankfurt 0:4; Werder Bremen – Hansa Rostock 0:1.
Achtelfinale: Chemnitzer FC – SC Pfullendorf 1:3; Viktoria Aschaffenburg – VfB Stuttgart 1:5; Hansa Rostock – Hamburger SV n. V. 1:2; FK Pirmasens – FC Schalke 04 0:2; Carl Zeiss Jena – Borussia Mönchengladbach 1:2; VfL Halle 96 – Bayer Leverkusen n. V. 4:4, Elfmeterschießen 2:3; Hannover 96 – Eintracht Frankfurt n. V. 2:3; VfB Lübeck – Hertha BSC 0:5.
Viertelfinale: VfB Stuttgart – Borussia Mönchengladbach 2:0; SC Pfullendorf – Eintracht Frankfurt 1:6; Hertha BSC – FC Schalke 04 1:3; Hamburger SV – Bayer Leverkusen 0:3.
Halbfinale: Eintracht Frankfurt – FC Schalke 04 1:4; Bayer Leverkusen – VfB Stuttgart 1:4.
Endspiel am 10. Mai 2002 in Berlin: FC Schalke 04 – VfB Stuttgart n. V. 1:1 (1:1, 1:0), Elfm. 4:3
Schalke: Ünlü – Lamotte, Petereit, Leschinski, Pander (1) – C. Gündogan – Salmutter (Haufe), Holtheuer, Kiral (Dede) – Takyi (Düzgün), Hanke – Trainer: Elgert.

2003

1. Runde: Carl Zeiss Jena – Waldhof Mannheim 2:1; Fortuna Düsseldorf – 1. FC Kaiserslautern 0:2; FC Schalke 04 – VfL Wolfsburg n. V. 2:3; 1.FC Saarbrücken – Niendorfer TSV n. V. 3:3, Elfmeterschießen 4:3; SC Freiburg – Werder Bremen 3:1.
Achtelfinale: Bayer Leverkusen – Hansa Rostock 3:0; 1.FC Saarbrücken – VfB Stuttgart 1:3; Glas/Chemie Wirges – Carl Zeiss Jena 0:1; SC Freiburg – Energie Cottbus 4:0; 1.FC Magdeburg – VfL Wolfsburg n. V. 3:3, Elfmeterschießen 5:6; Holstein Kiel – Hertha BSC 0:6; FV Dresden-Nord – Eintracht Frankfurt 0:1; FC Augsburg – 1.FC Kaiserslautern n. V. 1:1, Elfmeterschießen 1:4.
Viertelfinale: Eintracht Frankfurt – VfB Stuttgart 0:2; Carl Zeiss Jena – Hertha BSC 2:1; 1.FC Kaiserslautern – VfL Wolfsburg n. V. 2:1; Bayer Leverkusen – SC Freiburg n. V. 0:0, Elfmeterschießen 3:1.
Halbfinale: Carl Zeiss Jena – 1.FC Kaiserslautern n. V. 0:0, Elfmeterschießen 4:5; Bayer Leverkusen – VfB Stuttgart 2:0.
Endspiel am 30. Mai 2003 in Berlin: 1. FC Kaiserslautern – Bayer Leverkusen n. V. 4:1 (1:1, 0:0)
Kaiserslautern: Fromlowitz – Schunck, Henn, J. Müller, Garlinski – Lehmann – Gaebler (Angel), Bzducha – Akten (1) (Roth), Moritz (Wischang (2)), Kumbela (1) (Nazarov) – Trainer: Dusek.

2004

1. Runde: Hertha BSC – Energie Cottbus 4:0; Werder Bremen – 1. FC Kaiserslautern n. V. 3:2; Spfr. Saarbrücken — SGV Freiburg/Neckar 1:8; SC Freiburg – 1. FC Köln 0:2; Borussia Mönchengladbach – FC Schalke 04 2:0.
Achtelfinale: 1. FC Magdeburg – Hansa Rostock n. V. 1:1, Elfmeterschießen 5:6; Karlsruher SC – VfL Wolfsburg 2:1; HSV Barmbek-Uhlenhorst – 1. FC Köln 0:5; Borussia Mönchengladbach – Hertha BSC 2:4; SGV Freiburg/Neckar –- VfB Leipzig n. V. 3:3, Elfmeterschießen 4:2; Holstein Kiel – Werder Bremen 0:6; TuS Koblenz – Eintracht Frankfurt 0:3; Carl Zeiss Jena – FC Memmingen 2:1.
Viertelfinale: Carl Zeiss Jena – Werder Bremen 0:3; 1. FC Köln – Eintracht Frankfurt 0:1; Hansa Rostock – Hertha BSC 0:2; SGV Freiburg/Neckar – Karlsruher SC 2:0.
Halbfinale: Hertha BSC – Eintracht Frankfurt 5:0; SGV Freiburg/Neckar – Werder Bremen 2:1.
Endspiel am 28. Mai 2004 in Berlin: Hertha BSC – SGV Freiburg/Neckar 5:0 (2:0)
Berlin: Pellatz – Wallschläger, Müller, Gellner (Ackermann) – Ebert (Röhr), Altin (1), Cubukcu, Steinwarth (1) – Boateng – Schrödter (2), Stachnik (1) (Bozkurt) – Trainer: Schlegel.

2005

1. Runde: Kickers Offenbach – Tennis Borussia Berlin 0:1; Borussia Mönchengladbach – Hamburger SV n. V. 0:0, Elfmeterschießen 1:3; 1. FC Magdeburg – SC Freiburg 1:4; TuS Mayen – VfB Lübeck 1:5; Waldhof Mannheim – Werder Bremen 2:5.
Achtelfinale: Carl Zeiss Jena – 1. FC Kaiserslautern 1:4; Hamburger SV – SC Freiburg 0:3; VfB Lübeck – Energie Cottbus 1:2; Eintracht Bamberg – Bayer Leverkusen 1:5; SGV Freiburg/Neckar – Werder

Bremen 1:2; Tennis Borussia Berlin – 1. FC Saarbrücken 6:1; Hannover 96 – FC Schalke 04 0:2; Dynamo Dresden – Hansa Rostock 0:4.
Viertelfinale: Tennis Borussia Berlin – Energie Cottbus 2:0; Hansa Rostock – 1. FC Kaiserslautern 3:1; Werder Bremen – SC Freiburg n. V. 3:4; FC Schalke 04 – Bayer Leverkusen 2:0.
Halbfinale: SC Freiburg – FC Schalke 04 n. V. 1:1, Elfmeterschießen 2:4; Tennis Borussia Berlin – Hansa Rostock n. V. 2:1.
Endspiel am 27. Mai 2005 in Berlin: FC Schalke 04 – Tennis Borussia Berlin 3:1 (0:1)
Schalke: Neuer – Bayram (Kamba), Klinger, Bungert, Kilian – Baumjohann (Grembowitz), Durmaz (Boenisch), Kisyna – Altin, Öztürk (2), Heppke (1) (Perras) – Trainer: Elgert.

2006

1. Runde: FV Engers – Stuttgarter Kickers 2:3; Rot-Weiss Essen – Hansa Rostock 3:1; Bayer Leverkusen – Energie Cottbus 0:1; Hannover 96 – Hamburger SV 4:0; 1. FC Magdeburg – VfL Bochum 0:4.
Achtelfinale: Carl Zeiss Jena – Tasmania 73 Berlin 4:1; Stuttgarter Kickers – SC Freiburg 0:2; KSV Baunatal – 1. FC Nürnberg 0:7; Büdelsdorfer TSV – 1. FC Saarbrücken 2:1; FV Dresden-Nord – Hannover 96 0:3; Energie Cottbus – VfL Bochum 1:0; 1. 1. FSV Mainz 05 – Karlsruher SC 3:4; Rot-Weiss Essen – Werder Bremen n. V. 2:2, Elfmeterschießen 4:2.
Viertelfinale: Carl Zeiss Jena – Hannover 96 0:1; Rot-Weiss Essen – Karlsruher SC 0:1; SC Freiburg – Energie Cottbus n. V. 2:1; Büdelsdorfer TSV – 1. FC Nürnberg 0:5.
Halbfinale: SC Freiburg – 1. FC Nürnberg 2:0; Karlsruher SC – Hannover 96 n. V. 1:1, Elfmeterschießen 4:2.
Endspiel am 28. April 2006 in Berlin: SC Freiburg – Karlsruher SC 4:1 (2:0)
Freiburg: Solic – Flum (1), Braun, Mollet, Schwaab – Dell'Era (1) (Decortes), Konrad, Schuler (1) (Karkoschka), Pavlovic (1) (Caligiuri) – Roth, Waslikowski (Baillargeault) – Trainer: Streich.

2007

1. Runde: Holstein Kiel – SC Freiburg 2:3; SV Darmstadt 98 – MSV Duisburg 2:1; 1. FC Magdeburg – VfB Stuttgart 1:0; 1. FC Saarbrücken – Werder Bremen 1:6; Karlsruher SC – FC Schalke 04 0:2.
Achtelfinale: Rot-Weiß Erfurt – SC Vier- und Marschlande 2:4; SV Darmstadt 98 – VfL Wolfsburg 1:2; 1. FC Magdeburg – TuS Mayen 7:0; Energie Cottbus – 1. FC Kaiserslautern n. V. 0:1; TSV München 1860 – Werder Bremen 2:0; SC Freiburg – Hansa Rostock 3:6; Chemnitzer FC – Hertha BSC 1:0; FC Schalke 04 – 1. FC Köln 2:0.
Viertelfinale: Chemnitzer FC – FC Schalke 04 n. V. 1:1, Elfmeterschießen 3:2; TSV München 1860 – 1. FC Kaiserslautern 4:1; SC Vier- und Marschlande – Hansa Rostock 1:7; 1. FC Magdeburg – VfL Wolfsburg 2:3.
Halbfinale: Hansa Rostock – TSV München 1860 0:2; Chemnitzer FC – VfL Wolfsburg 0:3.
Endspiel am 25. Mai 2007 in Berlin: TSV München 1860 – VfL Wolfsburg 2:1 (0:1)
München: Mayr – Wittek (Klamt), Jungwirth, Schick – Steiner (Alschinger), Stahl, Eberlein (1), Kaiser – Lechthaler, Hosiner (1) – Trainer: Schromm.

2008

1. Runde: TSG 1899 Hoffenheim – Hansa Rostock n. V. 2:2, Elfmeterschießen 3:4; Energie Cottbus – Werder Bremen 0:3; VfR Horst – TSV München 1860 0:7; FSV Salmrohr – 1. FSV Mainz 05 1:3; VfB Stuttgart – SC Freiburg n. V. 1:1, Elfmeterschießen 3:5.
Achtelfinale: VfB 1900 Gießen – Hansa Rostock n. V. 4:3; Werder Bremen – Bayer Leverkusen 1:2; 1. FC Saarbrücken – Hertha BSC 2:3; SC Vier- und Marschlande – Borussia Dortmund 0:2; Chemnitzer FC – Borussia Mönchengladbach 0:4; TSV München 1860 – 1. FSV Mainz 05 n. V. 1:0; VfL Wolfsburg – Carl Zeiss Jena 1:2; Hallescher FC – SC Freiburg 1:4.
Viertelfinale: Borussia Mönchengladbach – Carl Zeiss Jena 4:1; SC Freiburg – Borussia Dortmund n. V. 1:1, Elfmeterschießen 9:10; Hertha BSC – TSV München 1860 2:1; VfB 1900 Gießen – Bayer Leverkusen 0:2.
Halbfinale: Hertha BSC – Borussia Mönchengladbach n. V. 1:1, Elfmeterschießen 3:4; Borussia Dortmund – Bayer Leverkusen 1:3.
Endspiel am 18. April 2008 in Potsdam: Bayer Leverkusen – Borussia Mönchengladbach 3:0 (0:0)
Leverkusen: Giefer – Petersch, Teixeira, Reinartz, Oczipka – Risse, Selmani, Kaptan, Drexler (Kampl) – Naki (1) – Sukuta-Pasu – Dazu kommen zwei Eigentore von Klitzsch – Trainer: Lewandowski.

2009

1. Runde: VfL Wolfsburg – Borussia Dortmund 1:5; Türkiyemspor Berlin – Karlsruher SC 2:1; 1. FC Köln – SC Freiburg 1:3; MSV Duisburg – Hansa Rostock 1:0; Holstein Kiel – Eintracht Frankfurt n. V. 2:2, Elfmeterschießen 5:4.

Achtelfinale: Borussia Dortmund – 1. FSV Mainz 05 5:3; 1. FC Magdeburg – VfB Stuttgart 2:1; Holstein Kiel – Türkiyemspor Berlin n. V. 0:0, Elfmeterschießen 2:4; SC Freiburg – Hamburger SV 3:2; Dynamo Dresden – Carl Zeiss Jena 0:1; TuS Koblenz – MSV Duisburg n. V. 4:3; 1. FC Saarbrücken – Werder Bremen 5:1; SV Babelsberg 03 – 1. FC Nürnberg 0:4.
Viertelfinale: 1. FC Saarbrücken – Türkiyemspor Berlin n. V. 1:1, Elfmeterschießen 5:3; SC Freiburg – 1. FC Nürnberg 1:0; 1. FC Magdeburg – Carl Zeiss Jena 1:2; Borussia Dortmund – TuS Koblenz 6:1.
Halbfinale: Carl Zeiss Jena – SC Freiburg n. V. 0:2; 1. FC Saarbrücken – Borussia Dortmund 2:3.
Endspiel am 29. Mai 2009 in Potsdam: SC Freiburg – Borussia Dortmund n. V. 2:2 (1:1, 0:0), Elfmeterschießen 6:5
Freiburg: Baumann – Sorg, Lais, Endres, Klein (1) – Ginter (1) (Durak), Höfler, Schmid (Schwär) – Vogler (Zangl), Bickel (Sautner), Bektasi – Trainer: Streich.

2010

1. Runde: Energie Cottbus – Rot-Weiß Erfurt 3:0; Hansa Rostock – SC Freiburg 6:3; FC Augsburg – TSG 1899 Hoffenheim 0:1; Hallescher FC – Concordia Hamburg n. V. 2:3; SV Eichede – 1. FC Saarbrücken 0:4.
Achtelfinale: 1. FC Saarbrücken – 1. FSV Mainz 05 1:3; Stuttgarter Kickers – Hansa Rostock 3:2; 1. FC Köln – TuS Koblenz 3:0; Dynamo Dresden – Energie Cottbus 0:3; TSG 1899 Hoffenheim – Eintracht Frankfurt 5:1; Fortuna Düsseldorf – VfL Bochum n. V. 2:2, Elfmeterschießen 3:4; Eintracht Braunschweig – Werder Bremen 0:6; Concordia Hamburg – Hertha BSC 3:4.
Viertelfinale: VfL Bochum – 1. FSV Mainz 05 n. V. 3:1; 1. FC Köln – Energie Cottbus 2:3; Stuttgarter Kickers – TSG 1899 Hoffenheim 0:5; Werder Bremen – Hertha BSC 1:5.
Halbfinale: TSG 1899 Hoffenheim – Energie Cottbus 3:1; Hertha BSC – VfL Bochum 6:0.
Endspiel am 15. Mai 2010 in Berlin: TSG 1899 Hoffenheim – Hertha BSC 2:1 (2:1)
Hoffenheim: Lück – Lensch (Hirsch), Gulde, Neupert, Szarka – Groß, Schäfer – Bellanave (Alex), Ammann – Thomalla (2), Terrazino (Sökler) – Trainer: Streichsbier.

2011

1. Runde: Hansa Rostock – 1. FSV Mainz 05 1:0; Carl Zeiss Jena – Eintracht Frankfurt 2:0; Borussia Dortmund – Energie Cottbus 2:1; 1. FC Union Berlin – Werder Bremen 0:2; VfL Wolfsburg – 1. FC Köln n. V. 2:0.
Achtelfinale: Borussia Mönchengladbach – VfB Stuttgart 3:0; Carl Zeiss Jena – Hallescher FC 2:0; 1. FC Lokomotive Leipzig – Werder Bremen 0:3; Hansa Rostock – SpVgg Greuther Fürth 1:0; TuS Mayen – TSG 1899 Hoffenheim 1:3; SC Freiburg – Hamburger SV 1:0; Holstein Kiel – VfL Wolfsburg 0:3; 1. FC Saarbrücken – Borussia Dortmund n. V. 1:1, Elfmeterschießen 4:3.
Viertelfinale: SC Freiburg – Borussia Mönchengladbach 2:1; TSG 1899 Hoffenheim – VfL Wolfsburg 0:3; Carl Zeiss Jena – Werder Bremen 1:6; 1. FC Saarbrücken – Hansa Rostock 1:2.
Halbfinale: VfL Wolfsburg – SC Freiburg n. V. 1:1, Elfmeterschießen 3:4; Hansa Rostock – Werder Bremen n. V. 2:1.
Endspiel am 21. Mai 2011 in Berlin: SC Freiburg – Hansa Rostock n. V. 2:2 (2:2, 1:0), Elfmeterschießen 5:3
Freiburg: Schwolow – Schulz (Göppert), Günter, Albutat, Hezel (1) – Gujahr, Lorenzoni, Ginter, Lienhard – Tasli (Falahen (1), Kerk), Knab – Trainer: Streich.

2012

1. Runde: Carl Zeiss Jena – 1. FC Saarbrücken n. V. 1:1, Elfmeterschießen 4:1; Hallescher FC – Hertha BSC 2:7; FC Schalke 04 – VfB Stuttgart 0:2; Chemnitzer FC – 1. FC Kaiserslautern n. V. 2:2, Elfmeterschießen 8:7; TSV Lägerdorf – 1. FC Nürnberg 1:16.
Achtelfinale: Hertha BSC – Energie Cottbus 5:0; Hamburger SV – Werder Bremen n. V. 2:1; Chemnitzer FC – Bonner SC 3:2; Carl Zeiss Jena – TuS Mayen 3:2; VfL Wolfsburg – Hansa Rostock 0:2; Rot-Weiss Essen – VfB Stuttgart 2:0; SC Freiburg – Eintracht Frankfurt n. V. 4:2; 1. FC Nürnberg – TSG 1899 Hoffenheim 2:1.
Viertelfinale: Hamburger SV – Hansa Rostock 2:0; Rot-Weiss Essen – 1. FC Nürnberg n. V. 1:1, Elfmeterschießen 4:5; Chemnitzer FC – SC Freiburg n. V. 1:1, Elfmeterschießen 3:5; Carl Zeiss Jena – Hertha BSC 1:3.
Halbfinale: SC Freiburg – Hamburger SV n. V. 3:1; 1. FC Nürnberg – Hertha BSC n. V. 1:1, Elfmeterschießen 1:4.
Endspiel am 12. Mai 2012 in Berlin: SC Freiburg – Hertha BSC 2:1 (2:1)
Freiburg: Bergdorf – Göppert (Ehret), Ginter, Schulz (Menig), Günter – Stanko, Gutjahr – Kerk, Knab (Tasli), Gouaida – Gabriele (2) (Falahen) – Trainer: Schweizer.

2013
1. Runde: Eintracht Trier – Hamburger SV 0:2; Hansa Rostock – Eintracht Frankfurt n. V. 1:5; Hallescher FC – Hertha BSC 0:2; Werder Bremen – 1. FC Nürnberg 3:0; RB Leipzig – Energie Cottbus n. V. 1:1, Elfmeterschießen 3:4.
Achtelfinale: 1. FC Kaiserslautern – Hertha BSC 2:0; SC Freiburg – VfB Stuttgart 3:1; VfB Lübeck – VfL Wolfsburg 1:4; Karlsruher SC – Hamburger SV 1:0; 1. FC Saarbrücken – Rot-Weiß Erfurt n. V. 1:2; Eintracht Frankfurt – Borussia Mönchengladbach 2:3; 1. FC Köln – Energie Cottbus 4:0; Borussia Dortmund – Werder Bremen 0:1.
Viertelfinale: Karlsruher SC – SC Freiburg 2:0; Borussia Mönchengladbach – VfL Wolfsburg 4:3; Rot-Weiß Erfurt – 1. FC Köln 1:2; 1. FC Kaiserslautern – Werder Bremen 5:1.
Halbfinale: Karlsruher SC – 1. FC Köln 0:1; Borussia Mönchengladbach – 1. FC Kaiserslautern n. V. 2:2, Elfmeterschießen 1:4.
Endspiel am 1. Juni 2013 in Berlin: 1. FC Köln – 1. FC Kaiserslautern 1:0 (0:0)
Köln: Mesenhöler – Schäfer, Müller (Engelke), Tuncer, Wallenborn – Wiebe, Gerhardt – La Monica, Oliveira-Souza (Tobias Berg), Jesic – Ban (1) (Scepanik) – Trainer: Schadt.

2014
1. Runde: SV Elversberg – Holstein Kiel 1:3; Energie Cottbus – 1. FC Kaiserslautern n. V. 1:5; Rot-Weiß Erfurt – Werder Bremen 0:1; 1. FC Magdeburg – Wacker Burghausen 0:4; TuS Koblenz – SC Freiburg 1:4.
Achtelfinale: FC Schalke 04 – Borussia Mönchengladbach 4:0; SV Waldhof Mannheim – Bayer Leverkusen 0:2; 1. FC Kaiserslautern – Eintracht Frankfurt 2:3; Hansa Rostock – VfB Stuttgart 1:6; Hertha Zehlendorf – SC Freiburg 0:2; Niendorfer TSV – Hannover 96 0:6; RB Leipzig – Wacker Burghausen 3:0; Holstein Kiel – Werder Bremen 0:3.
Viertelfinale: SC Freiburg – Eintracht Frankfurt n. V. 2:0; RB Leipzig – FC Schalke 04 n. V. 0:0, Elfmeterschießen 3:4; Hannover 96 – VfB Stuttgart 3:2; Bayer Leverkusen – Werder Bremen n. V. 3:2.
Halbfinale: SC Freiburg – Bayer Leverkusen 2:0; Hannover 96 – FC Schalke 04 n. V. 2:2, Elfmeterschießen 6:7.
Endspiel am 17. Mai 2014 in Berlin: SC Freiburg – FC Schalke 04 n. V. 1:1 (0:0, 0:0), Elfmeterschießen 7:6
Freiburg: Eisele – Schöttgen, Gbadamassi, Föhrenbach, Faller – Hofgärtner, Lickert – Dräger, Dorn (1) (Sattelberger, Rodas Steeg), Bergmann (Sick) – Daouri – Trainer: Gunkel.

2015
1. Runde: Energie Cottbus – Eintracht Frankfurt 5:1; Chemnitzer FC – FC Schalke 04 0:3; SV Elversberg – TSV München 1860 1:4; Hertha BSC – SC Freiburg 2:0; Waldhof Mannheim – VfB Stuttgart 3:1.
Achtelfinale: Energie Cottbus – Hansa Rostock 2:0; Flensburg 08 – FC Schalke 04 0:9; 1. FC Mönchengladbach – Hertha BSC 0:1; Eintracht Trier – FC St. Pauli 0:5; VfL Wolfsburg – VfR Aalen 4:1; Hallescher FC – SV Gonsenheim 1:2; Carl Zeiss Jena – TSV München 1860 0:1; Werder Bremen – 1. FC Köln 2:3.
Viertelfinale: 1. FC Köln – FC Schalke 04 0:2; FC St. Pauli – Hertha BSC 0:1; Energie Cottbus – TSV München 1860 3:1; SV Gonsenheim – VfL Wolfsburg 0:2.
Halbfinale: Energie Cottbus – VfL Wolfsburg n. V. 2:2, Elfmeterschießen 4:3; FC Schalke 04 – Hertha BSC 1:2.
Endspiel am 30. Mai 2015 in Berlin: Hertha BSC – Energie Cottbus 1:0 (0:0)
Berlin: Körber – Regäsel, Beyer (1), Torunarigha, Mittelstädt – Bektic – Pelivan (Klehr) – Kauter (Rausch), Jensen (Hasse), Abderrahmane (Kraeft) – Brömer – Trainer: Hartmann.

2016
1. Runde: Hansa Rostock – Hertha BSC 0:2; Borussia Dortmund – 1. FSV Mainz 05 2:0; 1. FC Saarbrücken – FC St. Pauli 3:1; 1. FC Magdeburg – Fortuna Düsseldorf 0:3; Hannover 96 – VfB Stuttgart 3:1.
Achtelfinale: 1. FC Saarbrücken – Hannover 96 2:4; Holstein Kiel – FSV Zwickau 4:3; Fortuna Düsseldorf – Bayer Leverkusen 2:3; Carl Zeiss Jena – SV Waldhof Mannheim 1:0; SpVgg Greuther Fürth – SC Freiburg 0:3; TuS Koblenz – Hertha BSC 1:5; Energie Cottbus – Borussia Dortmund 0:3; SV Wehen Wiesbaden – Werder Bremen 1:2.
Viertelfinale: Holstein Kiel – Borussia Dortmund 0:4; Bayer Leverkusen – Werder Bremen n. V. 1:1, Elfmeterschießen 2:4; Hannover 96 – SC Freiburg 1:0; Carl Zeiss Jena – Hertha BSC 2:3.
Halbfinale: Werder Bremen – Hertha BSC 4:5; Hannover 96 – Borussia Dortmund 2:0.
Endspiel am 21. Mai 2016 in Berlin: Hannover 96 – Hertha BSC 4:2 (2:2)
Hannover: Neubauer – Morison, Witte, Springfeld, Ritzka (1) – Zentler (Baar), Langer – Epale-Otto, Demir – Huth (1) (Riegel), Darwish (2) – Trainer: Stendel.

Junioren-Länderpokal
Von 1953 bis 1973 A-Junioren-Länderpokal der Regionalverbände; von 1974 bis 1983 A-Junioren der 16 Landesverbände; 1984 bis 1990 B1-Junioren (U16) der 16 Landesverbände; 1991 B2-Junioren (U15) der Regionalverbände; ab 1992 B2-Junioren der Landesverbände.

Die bisherigen Sieger:
1953 Nord – 1954, 1955, 1956 West – 1957 Süd – 1958 Nord – 1959 West – 1960 Nord – 1961, 1962, 1963 West – 1964 Südwest – 1965 West – 1966 Süd – 1967 Südwest und West (nach einem 2:2 wurden beide zum Sieger 2:2 erklärt) – 1968 Berlin – 1969 West – 1970 Süd – 1971 West – 1972 Nord – 1973 West – 1974 Niederrhein – 1975 Südwest – 1976 Westfalen – 1977, 1978 Bayern – 1979 Hessen – 1980 Mittelrhein – 1981 Niedersachsen – 1982 Bayern – 1983 Niedersachsen – 1984 Niederrhein – 1985 Westfalen – 1986 Mittelrhein – 1987, 1988, 1989 Württemberg – 1990 Hessen – 1991 West – 1992 Berlin – 1993 Sachsen – 1994 Mittelrhein – 1995 Hessen – 1996 Mittelrhein – 1997 Niedersachsen – 1998 Württemberg – 1999 Bayern – 2000 Bremen – 2001 Württemberg – 2002 Mittelrhein – 2003 Berlin – 2004 Württemberg – 2005 Bayern – 2006 Südwest – 2007 Württemberg – 2008 Westfalen – 2009 Mittelrhein – ab 2010 siehe Sichtungsturniere.

U18-Sichtungsturnier
2010 Württemberg – 2011 Bayern – 2012, 2013 Württemberg – 2014 Bayern – 2015 Mittelrhein.

U16-Sichtungsturnier
2010 Niederrhein – 2011 Bayern – 2012 Niedersachsen – 2013 Bayern – 2014 Württemberg – 2015 Niedersachsen – 2016 Sachsen.

U15-Sichtungsturnier
2010 Westfalen – 2011 Bayern – 2012, 2013 Mittelrhein – 2014 Hessen – 2015 Niedersachsen – 2016 Westfalen.

U14-Sichtungsturnier
2012 Bayern und Westfalen – 2013 Berlin und Westfalen – 2014 Baden und Bayern – 2014 Baden und Bayern – 2015 Westfalen und Hessen – 2016 Württemberg und Niedersachsen.

Die Meister der A-Junioren-Bundesliga
Nord/Nordost: 2004 Hannover 96 – 2005, 2006 Hertha BSC – 2007 Werder Bremen – 2008 VfL Wolfsburg – 2009 Werder Bremen – 2010 Hansa Rostock – 2011, 2012, 2013, 2014 VfL Wolfsburg – 2015 RB Leipzig – 2016 Werder Bremen.
West: 2004, 2005 VfL Bochum – 2006 FC Schalke 04 – 2007 Bayer Leverkusen – 2008 1. FC Köln – 2009 Borussia Dortmund – 2010, 2011 Bayer Leverkusen – 2012, 2013, 2014, 2015 FC Schalke 04 – 2016 Borussia Dortmund.
Süd/Südwest: 2004 Bayern München – 2005 VfB Stuttgart – 2006 SC Freiburg – 2007 Bayern München – 2008 VfB Stuttgart – 2009 SC Freiburg – 2010 VfB Stuttgart – 2011 1. FC Kaiserslautern – 2012, 2013 Bayern München – 2014, 2015, 2016 TSG 1899 Hoffenheim.

Die Meister der B-Junioren-Bundesliga
Nord/Nordost: 2008 Hertha BSC – 2009 Vfl Wolfsburg – 2010 Hertha BSC – 2011 Werder Bremen – 2012, 2013 Hertha BSC – 2014, 2015 RB Leipzig – 2016 VfL Wolfsburg.
West: 2008 Borussia Dortmund – 2009 Borussia Mönchengladbach – 2010 Bayer Leverkusen – 2011, 2012 1. FC Köln – 2013 FC Schalke 04 – 2014, 2015, 2016 Borussia Dortmund.
Süd/Südwest: 2008 TSG 1899 Hoffenheim – 2009 Bayern München – 2010 Eintracht Frankfurt – 2011 VfB Stuttgart – 2012 1. FC Nürnberg – 2013 VfB Stuttgart – 2014 1. FSV Mainz 05 – 2015, 2016 VfB Stuttgart.

Die Meister der C-Junioren-Regionalligen
Nord: 2005, 2006, 2007, 2008, 2009, 2010 Werder Bremen – 2011 Hannover 96 – 2012 Werder Bremen – 2013 Hamburger SV – 2014 VfL Wolfsburg – 2015 FC St. Pauli – 2016 VfL Wolfsburg.
Nordost (bis 2015 Talenteliga Mitteldeutschland): 2010, 2011, 2012 Hertha BSC – 2013 RB Leipzig – 2014 Hertha BSC – 2015 1. FC Magdeburg – 2016 RB Leipzig.

West: 2007 Borussia Mönchengladbach – 2008, 2009 Borussia Dortmund – 2010 Borussia Mönchengladbach – 2011, 2012 Bayer Leverkusen – 2013 Borussia Dortmund – 2014 Bayer Leverkusen – 2015 1. FC Köln – 2016 Borussia Dortmund.
Südwest: 2010 1. FSV Mainz 05 – 2011 1. FC Kaiserslautern – 2012 1. FC Saarbrücken – 2013, 2014 1. FSV Mainz 05 – 2015 1. FC Kaiserslautern – 2016 1. FSV Mainz 05.
Süd: 2011 VfB Stuttgart – 2012, 2013 TSG 1899 Hoffenheim – 2014 Eintracht Frankfurt – 2015 VfB Stuttgart – 2016 TSG 1899 Hoffenheim.

Hinweis:

In den letzten Jahren haben wir anstelle des Kapitels „Die Olympischen Fußballturniere" sogenannte „Wechselkapitel" eingeschoben, um die Privatarchive unserer Leser mit anderen Wettbewerben zu vervollständigen. Wir bringen heute eine Übersicht, was wann erschienen ist und welche Almanache noch beim Copress-Verlag in München (PLZ 80636), Nymphenburger Straße 86, bezogen werden können.

1991 Mitropa-Cup

1992 DDR (Abschluß) mit allen Länderspielaufstellungen, den zahlenmäßigen Berufungen aller Nationalspieler und ihrer Tore, alle Gegner der DDR-Auswahl, alle Abschlußtabellen von 1948 bis 1991, Torschützenkönige, Fußballer des Jahres, alle Pokalendspiele.

1993 Olympia

1994 Europa-Supercup

1995 Weltpokal

1996 Inter-Totorunde

1997 Olympia

1998 Von Kontinent zu Kontinent

2002 Olympia

2003 Alle Meister und Pokalsieger in Europa

2004 UEFA-Intertoto-Cup

2005 Fußball in der DDR

2006 Olympia

2007 Deutsche Europapokal-Statistik

2008 Deutsche Liga-Tabellen ab 1945

2009 Bundesliga-Spieler-ABC 2008/09

2010 Bundesliga-Spieler-ABC 2009/10 und Olympia

2011 Bundesliga-Spieler-ABC 2009/10 und Olympia

2012 Bundesliga-Spieler-ABC 2011/12 und Olympia

2013 Bundesliga-Spieler-ABC 2012/13 und Olympia

2014 Bundesliga-Spieler-ABC 2013/14

2015 Bundesliga-Spieler-ABC 2014/15

2016 Bundesliga-Spieler-ABC 2015/16 und Mitropa-Cup

Im 96er-Jahrgang ist auch letztmals erschienen alles über unsere B-Elf, U23- und Amateurmannschaft. In allen Almanachen davor wurden diese drei Unterkapitel regelmäßig aufgeführt. Inzwischen sind diese Wettbewerbe längst eingestellt worden.
Lieferbar sind (leider) nur noch die Jahrgänge 2011 bis 2016 des KICKER-Almanach.

KAPITEL 14

DER FRAUENFUSSBALL

Die Bilanz der 431 Frauen-Länderspiele

Gegner	Spiele	Siege	Unentsch.	Niederl.	Tore	11-m-Sch.
Argentinien	2	2	–	–	17:1	
Australien	4	2	1	1	7:4	
Belgien	6	3	2	1	12:5	
Brasilien	11	6	4	1	25:12	
Bulgarien	3	3	–	–	11:2	
China	30	16	6	8	55:30	
Dänemark	21	12	4	5	44:17	
Elfenbeinküste	1	1	–	–	10:0	
England	23	19	3	1	60:14	
Finnland	10	9	–	1	33:2	
Frankreich	15	9	3	3	36:13	5:4
Ghana	1	1	–	–	11:0	
Irland	4	4	–	–	9:2	
Island	14	14	–	–	56:3	
Italien	26	14	8	4	46:18	4:3, 3:4
Japan	13	11	1	1	31:12	
Jugoslawien	1	1	–	–	3:0	
Kanada	14	13	–	1	42:14	
Kasachstan	2	2	–	–	24:0	
Kroatien	6	6	–	–	30:0	
Mexiko	2	2	–	–	8:0	
Neuseeland	2	2	–	–	12:1	
Niederlande	18	11	5	2	43:11	
Nigeria	7	7	–	–	22:2	
Nordkorea	4	4	–	–	9:0	
Norwegen	39	19	6	14	67:50	
Polen	4	4	–	–	21:1	
Portugal	4	4	–	–	41:0	
Rumänien	2	2	–	–	8:0	
Russland (Sowjetunion)	18	16	2	–	63:8	
Schottland	5	5	–	–	20:1	
Schweden	26	19	–	7	50:32	
Schweiz	17	16	1	–	80:4	
Simbabwe	1	1	–	–	6:1	
Slowakei	4	4	–	–	20:1	
Slowenien	2	2	–	–	17:0	
Spanien	3	1	1	–	13:2	
Taiwan	1	1	–	–	3:0	
Thailand	1	1	–	–	4:0	
Tschechien	3	3	–	–	14:0	
Tschechoslowakei	4	3	1	–	9:1	
Türkei	5	5	–	–	40:1	
Ukraine	6	5	1	–	24:3	
Ungarn	8	6	1	1	25:2	
USA	34	5	7	22	34:69	4:3
Wales	4	4	–	–	34:0	
Gesamt:	**431**	**301**	**57**	**73**	**1246:341**	

Die A-Nationalmannschaften der Frauen

1982: 1 Spiel: 1 Sieg

1 **Schweiz**, 10. 11., Koblenz, 5:1 gewonnen: Feiden (Reichler) – Dlugi-Winterberg (Klinzmann), Landers, Degwitz, Klinz – Koekkoek (Neid 2), Trabant, Krug (Offermann) – Bormann (1), Kresimon (1), Gebauer (1) (Bartelmann) – Kapitän: Trabant – Schiedsrichter: Föckler (Deutschland).

1983: 7 Spiele: 1 Sieg, 5 Unentschieden, 1 Niederlage

2 **Belgien**, 5. 3., Bergisch Gladbach, 1:1 unentschieden (UEFA-Wettbewerb): Feiden – Dlugi-Winterberg, Landers, Klinz (Knopf), Degwitz – Raith (Neid), Koekkoek, Trabant – Bormann, Kresimon, Gebauer (1) – K.: Trabant – SR.: Pauly (Deutschland).

3 **Niederlande**, 19. 3., Venray, 2:2 unentschieden (UEFA-Wettbewerb): Feiden – Dlugi-Winterberg, Landers, Degwitz, Krug – Raith (Bartelmann), Trabant, Neid (Eichenlaub) – Bormann (1), Kresimon, Koekkoek – K.: Trabant. SR: Ettekoven (Niederlande). – Dazu ein Eigentor von Campers.

4 **Dänemark**, 1. 5., Delmenhorst, 1:1 unentschieden (UEFA-Wettbewerb): Feiden – Dlugi-Winterberg, Degwitz (Krug), Landers – Bartelmann, Raith, Koekkoek (1), Trabant – Bormann (Neid), Kresimon, Gebauer – K.: Trabant – SR.: Redelfs (Deutschland).

5 **Schweiz**, 7. 9., Basel, 2:0 gewonnen: Feiden (Breuer) – Klinz, Dlugi-Winterberg, Degwitz, Richter – Raith, Bartelmann (1), Knüpp (Trabant) – Bormann (Neid), Kresimon, Eichenlaub 1 (Fischer) – K.: Dlugi-Winterberg – SR: Blattmann (Schweiz).

6 **Dänemark**, 24. 9., Sonderburg, 0:1 verloren (UEFA-Wettbewerb): Feiden – Dlugi-Winterberg, Klinz, Degwitz, Richter – Neid, Trabant, Raith – Bormann (Doll), Kresimon, Bartelmann (Eichenlaub) – K.: Trabant – SR: Sörensen (Dänemark).

7 **Niederlande**, 8. 10., Siegen, 1:1 unentschieden (UEFA-Wettbewerb): Feiden – Richter, Klinz, Degwitz, Dlugi-Winterberg – Raith, Bormann (Henkel), Neid – Offermann (Fischer), Trabant, Eichenlaub (1) – K.: Trabant – SR: Assenmacher (Deutschland).

8 **Belgien**, 22. 10., Brüssel, 1:1 unentschieden (UEFA-Wettbewerb): Feiden – Dlugi-Winterberg, Dietrich, Degwitz, Klinz – Raith, Neid (1), Offermann, Trabant (Bartelmann) – Bormann, Eichenlaub (Kresimon) – K.: Trabant/Dlugi-Winterberg – SR: Crucke (Belgien).

1984: 8 Spiele: 3 Siege, 1 Unentschieden, 4 Niederlagen

9 **Italien**, 25. 1., Mailand, 1:2 verloren: Feiden (Neuser) – Richter (Jahn), Klinz, Degwitz, Doll – Raith (Kreuzberg), Bartelmann, Neid (1) – Koekkoek, Offermann, Koekkoek (Henkel) – K.: Klinz – SR: Benini (Italien) – Vereinbarungsgemäß wurde nur über 2 x 35 Minuten gespielt.

10 **Norwegen**, 2. 5., Helmstedt, 1:4 verloren: Feiden (Melka) – Richter, Doll, I. Zimmermann, Scharras (Klinzmann) – Danner (Schute), Bartelmann, Koekkoek, Henkel – Neid, Kreuzberg (1) – K.: Koekkoek – SR: Dr. Umbach (Deutschland).

11 **Italien**, 19. 8., Caorle, 2:1 gewonnen (Vier-Länder-Turnier): Feiden – Richter, I. Zimmermann, Degwitz, Klinzmann – Raith, Koekkoek, Neid – Henkel, Bartelmann (1), Kreuzberg (Eichenlaub 1) – K.: Koekkoek – SR: Podavini (Italien).

12 **England**, 22. 8., Jesolo, 2:0 gewonnen (Vier-Länder-Turnier): Feiden – Richter, I. Zimmermann, Degwitz, Klinzmann – Raith (Schute), Koekkoek (Gehlen), Neid (2) – Henkel, Bartelmann, Kreuzberg – K.: Koekkoek/Neid – SR: Portelli (Italien).

13 **Belgien**, 23. 8., Caorle, 0:2 verloren (Vier-Länder-Turnier): Neuser (Melka) – Richter, Doll, Klinzmann, Gehlen – Raith, Koekkoek, Neid – Kreuzberg (I. Zimmermann), Schute (Eichenlaub), Bartelmann – K.: Koekkoek – SR: Podavini (Italien).

14 **Italien**, 26. 8., Jesolo, 1:3 verloren (Endspiel Vier-Länder-Turnier): Feiden – Richter, I. Zimmermann, Degwitz, Klinzmann (Scharras) – Raith, Koekkoek, Gehlen – Bartelmann, Kreuzberg (1), Eichenlaub (Schute) – K.: Koekkoek – SR: Zaza (Italien).

15 **Finnland**, 3. 10., Lüdenscheid, 1:0 gewonnen (2. UEFA-Wettbewerb): Feiden – Richter, I. Zimmermann, Degwitz, Klinzmann – Raith, Neid, Koekkoek – Kreuzberg (Voss), Offermann, Eichenlaub (1) – K.: Koekkoek – SR: van Swieten (Niederlande).

16 **Niederlande**, 21. 11., Waalwijk, 1:1 unentschieden: Feiden (Heidecke) – Richter, Kuhlmann, Degwitz, Klinzmann (Unsleber) – Raith, Koekkoek, Neid (Israel) – Voss, Kreuzberg (1), Eichenlaub (Damm) – K.: Koekkoek – SR: van Swieten (Niederlande).

1985: 4 Spiele: 4 Niederlagen

17 **Ungarn**, 9. 4., Siofok, 0:1 verloren: Feiden – Richter, J. Zimmermann, Kuhlmann (Unsleber), Klinzmann – Raith, Koekkoek, Neid (Gehlen) – Kreuzberg (Voss), Bartelmann, Offermann (Lasrich) – K.: Koekkoek – SR: Kovacs (Ungarn).

18 **Dänemark**, 1. 5., Sonerborg, 0:3 verloren (2. UEFA-Wettbewerb): Feiden – Haberlaß, Richter, Klinzmann, I. Zimmermann – Raith (Israel), Koekkoek, Neid – Kreuzberg (Lasrich), Offermann, Bartelmann – K.: Koekkoek – SR: Crucke (Belgien).
19 **Norwegen**, 7. 9., Lüneburg, 2:3 verloren (EM-Qualifikation): Reichler – Zimmermann – Paul (Kuhlmann), Haberlaß, Klinzmann – Neid, Raith, Koekkoek, Richter – Kratz, Limper (2) – K.: Koekkoek – SR: Kayser (Luxemburg).
20 **Finnland**, 5. 10., Turku, 0:1 verloren (EM-Qualifikation): Reichler – Haberlaß, Klinzmann, Kuhlmann, Klinz – Neid, Koekkoek, Richter – Kratz (Raith), Limper, Eichenlaub – K.: Koekkoek – SR: Bo Helen (Schweden).

1986: 6 Spiele: 5 Siege, 1 Unentschieden

21 **Ungarn**, 15. 4., Straubing, 2:1 gewonnen: Isbert (Neuser) – Haberlaß (1) (Unsleber), Richter, Klinzmann, Kuhlmann – Damm (1), Pirrung (Henkel), Koekkoek – Voss, Neid, Chaladyniak (Raith) – K.: Koekkoek – SR: Ermer (Deutschland).
22 **Norwegen**, 19. 5., Oslo, 0:0 unentschieden (EM-Qualifikation): Isbert – Degwitz, Klinzmann, Kuhlmann, Richter – Neid, Koekkoek, Limper (Haberlaß) – Damm, Mohr (Henkel), Voss – K.: Koekkoek – SR: Larsson (Schweden).
23 **Island**, 27. 7., Kopavogur, 4:1 gewonnen: Neuser (Butscher) – Degwitz, Kuhlmann (I. Zimmermann), Richter, Klinzmann – Neid, Koekkoek (Raith), Damm (Limper (1)) – Voss (1) (Henkel), Mohr (1), Bartelmann (1) – K.: Koekkoek/Neid – SR: Olafsson (Island).
24 **Island**, 30. 7., Reykjavik, 5:0 gewonnen: Neuser – Degwitz, I. Zimmermann, Richter (1), Klinzmann (1) – Neid (2), Koekkoek, Limper (Raith) – Voss (1), Mohr, Bartelmann (Henkel) – K.: Koekkoek – SR: Olson (Island).
25 **Dänemark**, 4. 10., Bergisch Gladbach, 2:0 gewonnen (EM-Qualifikation): Isbert – Paul (Damm), Degwitz, Kuhlmann, Richter – Raith, Neid, Koekkoek – Voss, Fitschen (1) (Mohr), Bartelmann (1) – K.: Koekkoek – SR: Constantin (Belgien).
26 **Niederlande**, 19. 11., Nordhorn, 3:1 gewonnen (EM-Qualifikation): Isbert (Neuser) – Paul (Haberlaß), Degwitz, Richter, Kuhlmann – Raith, Koekkoek, Neid (1) – Voss (1), Mohr (1) (Nardenbach), Bartelmann (Hümme) – K.: Koekkoek – SR: Osmers (Deutschland).

1987: 6 Spiele: 6 Siege

27 **Niederlande**, 1. 4., Bad Neuenahr-Ahrweiler, 3:1 gewonnen: Isbert – Haberlaß (Scharras), Kuhlmann, Degwitz, Raith – Richter, Neid (1) (Damm), Koekkoek – Voss (1), Fitschen (1) (Mohr), Bartelmann – K.: Koekkoek – SR: Assenmacher (Deutschland).
28 **Frankreich**, 16. 5., Dillingen/Saar, 2:0 gewonnen: Isbert (Neuser) – Kuhlmann (Limper) – Paul, Degwitz, Trauschke (Minor) – Richter, Koekkoek, Neid (1) – Voss (1) (Stumpf), Fitschen (Mohr), Bartelmann – K.: Koekkoek – SR: Dellwing (Deutschland).
29 **Island**, 4. 9., Verden, 5:0 gewonnen: Neuser – Kuhlmann (1) – Unsleber (1), Klinzmann – Neid, Damm (Mohr), Koekkoek (1). Raith (Scharras) – Voss, Fitschen (1), Stumpf (Nardenbach (1)) – K.: Koekkoek – SR: Mierswa (Deutschland).
30 **Island**, 6. 9., Delmenhorst, 3:2 gewonnen: Wagner – Kuhlmann – Unsleber, Raith – Neid (3), Damm (Richter), Koekkoek (Hümme) – Voss, Nardenbach (Mohr), Stumpf, Fitschen – K.: Koekkoek/Neid – SR: Heitmann (Deutschland).
31 **Ungarn**, 7. 10., Budapest, 1:0 gewonnen (EM-Qualifikation): Isbert – Richter, Raith, Unsleber, Degwitz-Steinmetz – Damm, Neid, Koekkoek (Mohr) – Voss, Fitschen (1), Stumpf – K.: Koekkoek/Voss – SR: Petrescu (Rumänien).
32 **Italien**, 15. 11., Burghausen, 3:0 gewonnen (EM-Qualifikation): Isbert – Limper – Unsleber (1), Raith, Klinzmann – Richter, Voss, Koekkoek (Damm), Neid – Fitschen (2), Bartelmann (Mohr) – K.: Koekkoek/Voss – SR: Goris (Belgien).

1988: 8 Spiele, 3 Siege, 3 Unentschieden, 2 Niederlagen

33 **Italien**, 2. 4., Andria, 0:0 unentschieden (EM-Qualifikation): Isbert – Kuhlmann – Unsleber, Haberlass, Klinzmann – Richter, Fütterer, Damm, Fitschen, Neid – Voss, Mohr – K.: Neid – SR: Lartigot (Frankreich).
34 **Schweiz**, 14. 5., Pforzheim, 0:0 unentschieden (EM-Qualifikation): Isbert – Kuhlmann – Unsleber, Raith, Klinzmann – Damm, Fitschen, Neid – Voss, Fischer (Fütterer), Henkel – K.: Neid – SR. Lemmer (Luxemburg).
35 **Italien**, 20. 7., Arco, 0:1 verloren (Turnier): Wagner – Unsleber (Hümme), Landers, Kuhlmann, Raith, Voss, Damm, Mohr, Fehrmann, Fitschen (Engel), Krause (Trauschke) – K.: Raith – SR: Pozzati (Algerien).

36 **USA**, 22. 7., Arco, 1:2 verloren (Turnier): Lütke – Fehrmann, Kuhlmann, Landers, Raith (1), Klinzmann (Trauschke), Damm, Unsleber, Neid (Krause), Voss, Mohr – K.: Neid/Raith – SR: Cafiero di Roma (Italien).
37 **Schweiz**, 17. 9., Binningen, 10:0 gewonnen (EM-Qualifikation): Isbert – Landers – Unsleber, Fehrmann, Raith (1) – Sonn (2), Damm (Wiese), Neid (1) – Voss (1), Mohr (4), Krause 1 (Landwehr) – K.: Neid – SR: Girard (Frankreich).
38 **Ungarn**, 30. 10., Passau, 4:0 gewonnen (EM-Qualifikation): Isbert – Landers – Unsleber (1), Fehrmann, Raith (1) – Sonn (Nardenbach); Damm, Wiese – Krause (1), Fitschen 1 (Bindl), Mohr – K.: Raith – SR: Goethals (Belgien).
39 **Tschechoslowakei**, 26. 11., Bratislava, 1:1 unentschieden (EM-Viertelfinale): Isbert – Landers – Unsleber, Nardenbach, Raith – Sonn, Damm (Fitschen), Neid – Voss, Mohr, Krause (Bindl (1)) – K.: Neid – SR: Craciunescu (Rumänien).
40 **Tschechoslowakei**, 17. 12., Kaiserslautern, 2:0 gewonnen (EM-Viertelfinale): Isbert – Landers – Unsleber, Nardenbach, Raith, Sonn (Damm), Fehrmann (Fitschen), Neid (1) – Voss, Mohr (1), Bindl – K.: Neid – SR: Gilson (Luxemburg).

1989: 6 Spiele, 5 Siege, 1 Unentschieden

41 **Bulgarien**, 21. 3., Sofia, 3:1 gewonnen: Isbert (Walther) – Landers – Nardenbach, Unsleber, Raith – Sonn (1) (Fitschen). Fehrmann (Damm), Neid (Kuhlmann) – Voss, Mohr (1), Bindl (1) (Lohn)- K: Raith – SR: Alexandrov (Bulgarien).
42 **Dänemark**, 10. 5., Osnabrück, 1:0 gewonnen: Isbert-Landers – Unsleber (Haberlaß), Nardenbach (Fehrmann), Raith (Kuhlmann) – Damm, Neid, Fitschen (Bindl) – Lohn (1), Mohr, Bartelmann (Gottschlich) – K.: Neid – SR: Mierswa (Deutschland).
43 **Italien**, 28. 6., Siegen, 1:1 unentschieden/4:3 im Elfmeterschießen (EM-Halbfinale): Isbert – Landers – Kuhlmann, Nardenbach, Raith – Damm, Fitschen, Neid (1) (Fehrmann) – Voss, Mohr, Lohn (Bindl) – K.: Neid/Raith – SR: Hill (England) – Tore im Elfmeterschießen: Kuhlmann, Bindl, Fitschen, Isbert.
44 **Norwegen**, 2. 7., Osnabrück, 4:1 gewonnen (EM-Endspiel): Isbert – Kuhlmann – Nardenbach, Raith – Haberlaß (Bindl), Fitschen (Fehrmann ()), Neid, Damm, Voss, Mohr (1), Lohn (2) – K.: Neid – SR: Silva Valente (Portugal).
45 **Ungarn**, 1. 10., Straubing, 0:0 unentschieden (EM-Qualifikation): Isbert – Kuhlmann – Nardenbach, Unsleber, Raith – Damm, Wiegmann, Neid – Gottschlich, Fitschen (Sonn), Lohn – K.: Neid – SR: Martino (Schweiz).
46 **Tschechoslowakei**, 22. 11., Marburg. 5:0 gewonnen (EM-Qualifikation): Isbert – Landers – Raith, Uebelhör, Nardenbach – Bindl (1) (Gottschlich), Neid (1), Unsleber (1), Sonn (Damm) – Mohr (2), Bartelmann – K.: Neid – SR: Steindl (Österreich).

1990: 10 Spiele: 9 Siege, 1 Niederlage

47 **Bulgarien**, 11. 4., Sofia, 4:1 gewonnen (EM-Qualifikation): Isbert – Uebelhör – Nardenbach, Raith, Unsleber (1), Fitschen, Bindl, Damm (1) – Lohn (1), Mohr (1), Bartelmann (Gottschlich) – K.: Raith – SR: Constantin (Rumänien).
48 **Tschechoslowakei**, 29. 4., Frydek-Mistek, 1:0 gewonnen (EM-Qualifikation): Isbert – Uebelhör – Nardenbach (1), Raith – Unsleber, Damm, Fitschen, Bindl (Kuhlmann) – Lohn, Mohr, Bartelmann (Gottschlich) – K.: Raith – SR: Pireaux (Belgien).
49 **England**, 5. 8., Minneapolis, 3:1 gewonnen (Nordamerika-Pokal): Goller – Uebelhör, Nardenbach (Kuhlmann), Unsleber – Raith, Damm (Heinrich), Fitschen (Wiegmann), Neid (Bindl) – Lohn (1), Mohr (2), Voss (Gottschlich) – K.: Neid/Raith – SR: Dominguez (USA).
50 **Sowjetunion**, 7. 8., Minneapolis, 3:0 gewonnen (Nordamerika-Pokal): N. Friedrich – Uebelhör (1), Kuhlmann, Unsleber – Raith, Damm (Wiegmann), Fitschen (Bindl), Neid (1) – Lohn (Heinrich), Mohr, Voss (Gottschlich) – Dazu ein Eigentor des Gegners – K.: Neid – SR: Kleinaitis (USA).
51 **USA II**, 9. 8., Minneapolis, 3:2 gewonnen (Nordamerika-Pokal): Goller (N. Friedrich) – Uebelhör, Kuhlmann, Unsleber – Raith (Heinrich), Wiegmann (Bindl), Fitschen (1), Neid (1) (Damm) – Lohn, Mohr (1), Voss (Gottschlich) – K.: Neid/Raith/Damm – SR: Kleinaitis (USA).
52 **USA I**, 11. 8., Minneapolis, 0:3 verloren (Nordamerika-Pokal): Goller – Uebelhör, Kuhlmann (Wiegmann), Nardenbach, Unsleber (Heinrich) – Raith, Fitschen (Damm), Neid – Lohn (Gottschlich), Mohr, Voss – K.: Neid – SR: Kleinaitis (USA).
53 **Bulgarien**, 26 .9., Rheine, 4:0 gewonnen (EM-Qualifikation): Isbert – Uebelhör – Unsleber (1), Raith (Fitschen) – Nardenbach, Wiegmann, Neid (2), Damm – Voss (Landwehr), Mohr (1), Lohn – K.: Neid – SR: Pireaux (Belgien).

54 **Ungarn**, 14. 10., Sopron, 4:0 gewonnen (EM-Qualifikation): Isbert – Uebelhör – Unsleber (1) (Damm), Nardenbach, Raith – Fitschen, Neid, Wiegmann (1) – Voss (1), Mohr (Hengst), Lohn (1) – K.: Neid – SR: Magni (Italien).
55 **England**, 25. 11., High Wycombe, 4:1 gewonnen (EM-Viertelfinale): Isbert – Fitschen – Unsleber, Nardenbach, Raith – Neid, Damm (Wiegmann), Bindl – Voss (Gottschlich), Mohr (3), Lohn (1) – K.: Neid – SR: Uilenberg (Niederlande).
56 **England**, 16. 12., Bochum, 2:0 gewonnen (EM-Viertelfinale): Isbert – Fitschen – Nardenbach, Raith – Uebelhör (Messner), Bindl, Neid, Unsleber (2) – Voss, Mohr, Lohn (Wiegmann) – K.: Neid – SR: Girard (Frankreich).

1991: 15 Spiele: 12 Siege, 3 Niederlagen

57 **Frankreich**, 28. 3., Paris-Antony, 2:0 gewonnen: Walther (Isbert) – Kuhlmann, Hümme (Nardenbach). Uebelhör (Fitschen), Raith, Neid (1), Fütterer, Damm (Unsleber) – Gottschlich (Voss), Landwehr (Wendt), Mohr (1) – K.: Neid – SR: Veniel (Frankreich).
58 **Polen**, 9. 5., Aue, 2:1 gewonnen: Isbert (Walther) – Fitschen – Kuhlmann, Nardenbach (Wiegmann), Raith – Unsleber, Neid (1), Damm (Landwehr (1)) – Voss, Mohr, Weiß (Gottschlich) – K.: Neid – SR: Ziller (Deutschland).
59 **USA**, 30. 5., Kaiserslautern, 2:4 verloren: Isbert – Fitschen – Kuhlmann (Gottschlich), Nardenbach (Landers), Raith – Unsleber (König), Wiegmann (1), Neid, Damm (Landwehr) – Mohr, Voss (1) – K.: Neid – SR: Merk (Deutschland).
60 **China**, 30. 6., Lüdenscheid, 2:0 gewonnen: Isbert – Fitschen – Raith, Nardenbach (1), Kuhlmann – Unsleber, Neid (Bernhard), Bornschein (Damm) – Voss, Mohr (1) (Hengst), Landwehr (Gottschlich) – K.: Neid/Raith – SR: Assenmacher (Deutschland).
61 **Italien**, 11. 7., Frederikshavn, 3:0 gewonnen (EM-Halbfinale): Isbert – Fitschen – Nardenbach, Kuhlmann – Unsleber, Neid, Damm, Raith (1) (Hengst) – Voss (Gottschlich), Mohr (2), Wiegmann – K.: Neid – SR: Philippi (Luxemburg).
62 **Norwegen**, 14. 7., Aalborg, 3:1 n. V. gewonnen (EM-Endspiel): Isbert – Fitschen – Nardenbach, Kuhlmann – Unsleber (Gottschlich), Neid (1), Damm, Raith – Voss (Bornschein), Mohr (2), Wiegmann – K.: Neid – SR: McCluskey (Schottland).
63 **Schweiz**, 28. 8., Weil/Rhein, 3:1 gewonnen: Isbert (Alter) – Fitschen – Unsleber (Paul), Kuhlmann (Wiese) – Raith, Damm, Neid, Wiegmann – Mohr (2), Kubat (1) (Bindl), Hengst (Wendt) – K.: Neid – SR: Gertrud Regus (Hallstadt/Deutschland).
64 **Ungarn**, 25. 9., Mosonmagyarovar, 2:0 gewonnen: Isbert (Alter) – Fitschen – Paul, Nardenbach – Austermühl (Damm), Unsleber (Wendt (1)), Neid, Damm (Wiese), Wiegmann – Voss, Kubat (Mohr (1)) – K.: Neid – SR: Bay (Ungarn).
65 **Belgien**, 9. 10., Brüssel, 2:1 gewonnen: Walther (Isbert) – Nardenbach (Wiegmann) – Kuhlmann (Paul), Wiese, Stumpf – Unsleber (Austermühl), Neid, Damm – Meinert, Lasrich (1) (Voss), Wendt (Kubat (1)) – K.: Neid – SR: Pireaux (Belgien).
66 **Nigeria**, 17. 11., Jiangmen, 4:0 gewonnen (WM-Gruppenspiel): Isbert – Fitschen – Nardenbach, Unsleber (Kuhlmann), Austermühl – Damm, Neid (1) (Bindl), Wiegmann – Voss, Mohr (2), Gottschlich (1) – K.: Neid/Isbert – SR: Medina (El Salvador).
67 **Taiwan**, 19. 11., Zhongshan, 3:0 gewonnen (WM-Gruppenspiel): Isbert – Fitschen – Nardenbach (Kuhlmann), Paul – Bindl, Damm, Wiegmann (1), Austermühl (Wendt) – Voss, Mohr (2), Gottschlich – K.: Isbert – SR: Boucetta (Tunesien).
68 **Italien**, 21. 11., Zhongshan, 2:0 gewonnen (WM-Gruppenspiel): Isbert – Fitschen – Paul, Austermühl – Voss, Unsleber (1), Hengst (Kuhlmann), Wiegmann, Bindl – Mohr (1), Gottschlich (Wendt) – K.: Isbert – SR: McCluskey (Schottland).
69 **Dänemark**, 24. 11., Zhongshan, 2:1 n. V. gewonnen (WM-Viertelfinale): Isbert – Fitschen – Paul, Austermühl – Kuhlmann, Damm, Wiegmann (1), Bindl (Wendt) – Voss, Mohr (1), Gottschlich (Unsleber) – K.: Isbert – SR: Nikakis (Griechenland).
70 **USA**, 27. 11., Guangzhou, 2:5 verloren (WM-Halbfinale): Isbert – Fitschen – Kuhlmann, Nardenbach – Paul, Wiegmann (1), Bindl, Austermühl (Unsleber) – Voss, Mohr (1), Gottschlich (Wendt) – K.: Isbert – SR: Marcone (Chile).
71 **Schweden**, 29. 11., Guangzhou, 0:4 verloren (WM, Spiel um den 3. Platz): Isbert (Walther) – Fitschen – Unsleber, Nardenbach – Gottschlich, Damm, Wiegmann, Bindl (Kubat) – Voss, Mohr, Wendt – K.: Isbert/Voss – SR.: Guedes (Brasilien).

1992: 6 Spiele: 4 Siege, 2 Unentschieden

72 **Italien**, 18. 4., Rom, 1:1 unentschieden: Walther – Fitschen – Unsleber, Bernhard (Stumpf), Austermühl – Wiegmann, Meinert (Hengst), Berens (Roth) – Voss, Kubat (Gottschlich), Grigoli (1) – K.: Voss – SR: Schlup (Schweiz).

73 **Jugoslawien**, 28. 5., Sofia (wegen des Bürgerkriegs nach Bulgarien verlegt), 3:0 gewonnen (EM-Qualifikation): Walther – Fitschen – Bernhard, Austermühl – Unsleber (1), Voss, Minnert, Wiegmann, Hengst (1) – Grigoli (Kubat), Mohr (1) – K.: Voss – SR: Zygmont (Polen) – Rückspiel abgesagt.

74 **Frankreich**, 2. 9., Bad Kreuznach, 7:0 gewonnen: Walther (Goller) – Fitschen (1) – Kuhlmann (Bernhard), D. Pohlmann (Rastetter), Austermühl (Minnert) – Unsleber, Wiegmann, Neid (3) – Voss (1), Mohr (2), Grigoli (Meinert) – K.: Neid – SR: Birlin (Rheinfelden/Deutschland).

75 **Polen**, 5. 9., Jaworzno, 4:0 gewonnen: Walther – Fitschen – Kuhlmann (Bernhard), Minnert (D. Pohlmann) – Messner (Rastetter) – Voss, Neid, Unsleber, Wiegmann (2) –. Mohr (2), Grigoli (Bornschein) – K.: Neid – SR: Grzesiczek (Polen).

76 **Russland**, 11. 10., Moskau, 7:0 gewonnen (EM-Viertelfinale): Walther – Fitschen – Bernhard, D. Pohlmann (Bornschein) – Unsleber (2), Voss (2), Neid (1), Messner, Wiegmann – Mohr (1), Grigoli (1) (Meinert) – K.: Neid – SR: Roduit (Schweiz).

77 **Russland**, 14. 11., Rheine, 0:0 unentschieden (EM-Viertelfinale): Goller – Fitschen – Schlamann (Austermühl), Nardenbach – Meinert, Voss, Unsleber, Neid, Wiegmann – Mohr, Bornschein (Kubat) – K.: Neid – SR: McDonald (Nordirland).

1993: 13 Spiele: 8 Siege, 5 Niederlagen

78 **Schweden**, 11. 3., Ayia Napa, 1:3 verloren (Zypern-Cup): Goller – Bernhard (Minnert), Austermühl, Nardenbach, Fitschen – D. Pohlmann (1) (Rastetter), Voss, Weimar (Gottschlich), Neid – Mohr, Kubat (Bornschein) – K.: Neid – SR: Michanikos (Zypern).

79 **Frankreich**, 12 .3., Ayia Napa, 3:0 gewonnen (Zypern-Cup): Goller – Bernhard (Minnert), Austermühl, Nardenbach, Fitschen (1) – D. Pohlmann (Weiss, Weimar), Voss, Gottschlich, Neid (Kubat) – Mohr (2), Bornschein (Rastetter) – K.: Neid/Voss – SR: Georgiou (Zypern).

80 **USA**, 14. 3., Ayia Napa, 1:0 gewonnen (Zypern-Cup): Goller – Bernhard Austermühl, Nardenbach, Fitschen – D. Pohlmann, Voss (Minnert), Gottschlich (Kubat), Neid – Mohr (1), Bornschein (Rastetter) – K.: Neid – SR: Yiallouros (Zypern).

81 **USA**, 7. 4., Philadelphia, 2:1 gewonnen: Goller (Rottenberg) – Fitschen – Bernhard, Nardenbach, Austermühl (Minnert) – D. Pohlmann, Neid (1), Wiegmann (Unsleber) – Gottschlich (1), – Mohr, Bornschein (Meinert) – K.: Neid – SR: D'Aguila (USA).

82 **USA**, 10. 4., Atlanta, 0:3 verloren: Rottenberg – Fitschen – Bernhard, Nardenbach (Minnert), Austermühl – D. Pohlmann (Bornschein), Wiegmann, Neid (Unsleber) – Gottschlich, Mohr, Meinert (Weimar) – K.: Neid/Mohr – SR: Dias (USA).

83 **Schweiz**, 5. 5., Wädenswil, 1:0 gewonnen: Goller (Rottenberg) – Fitschen – Austermühl (Erhardt), Bernhard, Minnert (Hennen) – Unsleber (Rastetter), Gottschlich (Kubat), D. Pohlmann (1), Wiegmann – Weimar, Mohr – K.: Fitschen – SR: Schluchter (Schweiz).

84 **Italien**, 30. 6., Rimini, 1:1 unentschieden/3:4 im Elfmeterschießen (EM-Halbfinale): Goller – Fitschen – Bernhard, Nardenbach, Austermühl – Neid, Wiegmann, D. Pohlmann – Meinert (Gottschlich), Mohr (1), Bornschein (Unsleber) – K.: Neid – SR: Frisk (Schweden).

85 **Dänemark**, 3. 7., Cesenatico, 1:3 verloren (EM, Spiel um den 3. Platz): Rottenberg – Fitschen – Bernhard, Nardenbach, Austermühl – Wiegmann, D. Pohlmann (Unsleber), Neid – Meinert (1), Mohr, Bornschein (Jones-Field) – K.: Neid – SR.: Jol (Niederlande).

86 **Schweden**, 22. 9., Boras, 2:3 verloren: Walther (Goller) – Fitschen – Austermühl (Gottschlich), Minnert (Bernhard) – Hennen, D. Pohlmann (Jones), Wiegmann, Neid – Mohr (1), Grigoli (1), Weimar (Bornschein) – K.: Neid – SR: Monica Harswik (Norwegen).

87 **Norwegen**, 25. 9., Rade, 3:1 gewonnen: Goller – Fitschen – Minnert, Austermühl – Hennen, Lasrich (2) (Bernhard), Jones (Grigoli), Wiegmann, Neid – Mohr (1) (D. Pohlmann), Bornschein (Gottschlich) – K.: Neid – SR: Eva Ödlund (Schweden).

88 **Schweiz**, 24. 10., Muri, 5:0 gewonnen (EM-Qualifikation): Goller – Fitschen – Minnert, Austermühl – Hennen, Wiegmann, Neid, Jones (Meinert) – Bornschein, Grigoli (3) (Lasrich), Mohr (2) – K.: Neid – SR: Luinge (Niederlande).

89 **Russland**, 7. 12., Tarragona, 1:0 gewonnen (Turnier): Goller – Fitschen – Minnert, Austermühl (König) – Hennen (Wunderlich), Meinert (Jones), Neid, Wiegmann, Bornschein (D. Pohlmann) – Grigoli (1), Mohr – K.: Neid – SR: J. Munoz (Spanien).

90 **Polen**, 8. 12., Tarragona, 7:0 gewonnen (Turnier): Walther – Fitschen – Minnert (Bernhard), Austermühl – Hennen, Wiegmann, Bornschein, Neid (3), Wunderlich (Jones) – Meinert (2) (König), Grigoli (Mohr (2)) – K.: Neid – SR: Crespo (Spanien).

1994: 13 Spiele, 11 Siege, 2 Niederlagen

91 **Wales**, 31. 3., Bielefeld, 12:0 gewonnen (EM-Qualifikation): Goller – Fitschen – Bernhard, Nardenbach – Jones (1) (D. Pohlmann), Wiegmann (3), Neid (2), Voss (2), Bornschein (Grigoli) – Mohr (1), Meinert (3) – K.: Neid – SR: Timofejew (Estland).
92 **Wales**, 5. 5., Swansea, 12:0 gewonnen (EM-Qualifikation): Walther – Fitschen – Bernhard, Nardenbach (Hennen) – D. Pohlmann (Austermühl (1)), Neid (1), Wiegmann (1), Minnert (2) – Voss (1), Grigoli (4), Meinert (2) – K.: Neid – SR: Schelings (Belgien).
93 **Kroatien**, 2. 6., Zagreb, 7:0 gewonnen (EM-Qualifikation): Walther – Fitschen – Bernhard, Nardenbach – Austermühl, Hennen (Minnert), Neid (1), Voss – Grigoli (3), Mohr (2) (Boll), Meinert (1) – K.: Neid – SR: Tivold (Slowenien).
94 **Kanada**, 27. 7., Montreal, 2:1 gewonnen: Goller – Fitschen – Bernhard, Hennen (Grigoli) – Nardenbach, Boll (Austermühl), Neid, Bornschein (D. Pohlmann) – Voss, Meinert (1), Mohr (Prinz (1)) – K.: Neid – SR: Bucci (Kanada).
95 **USA**, 31. 7., Fairfax, 1:2 verloren (Chiquita-Cup): Goller – Fitschen – Bernhard, Nardenbach (Cl. Klein) – Austermühl, Neid (1), Bornschein (Boll) – Voss, Meinert, Grigoli (D. Pohlmann), Mohr (Prinz) – K.: Neid – SR: Denoncourt (Kanada).
96 **Norwegen**, 2. 8., Oakford, 6:3 gewonnen (Chiquita-Cup): Goller – Fitschen – Bernhard, Nardenbach (Cl. Klein) – Austermühl, Neid (Michel), Bornschein (D. Pohlmann), Boll (Mohr (1)) – Voss (1), Meinert (1), Grigoli (2) (Prinz (1)) – K.: Neid/Fitschen – SR: Sheker (USA).
97 **China**, 6. 8., New Britain, 2:3 verloren (Chiquita-Cup): Goller (Walther) – Fitschen – Bernhard, Nardenbach – Austermühl, Neid (Cl. Klein), Bornschein (D. Pohlmann), Boll (Mohr (2)) – Voss, Meinert, Grigoli (Prinz) – K.: Neid/Fitschen – SR: Reed (USA).
98 **Schweden**, 7. 9., Wolfenbüttel, 3:1 gewonnen: Goller – Fitschen – Austermühl, Bernhard – Bornschein (D. Pohlmann), Wiegmann, Neid (1) (Wunderlich P.), Voss – Grigoli-Brocker (1) (Prinz), Mohr (1), Meinert – K.: Neid/Fitschen – SR: Frai (Deutschland).
99 **Kroatien**, 21. 9., Sindelfingen, 8:0 gewonnen (EM-Qualifikation): Walther – Fitschen – Austermühl, Bernhard – Bornschein (Prinz (2)), Voss (1), Neid (1), Wiegmann – Meinert (1), Mohr (Pia Wunderlich), Grigoli-Brocker (3) – K.: Neid – SR: Meese (Belgien).
100 **Schweiz**, 25. 9., Weingarten, 11:0 gewonnen (EM-Qualifikation): Goller – Fitschen – Austermühl, C. Klein – Bornschein (Tina Wunderlich). Voss (1) (Lübbers (1)), Neid (1), Wiegmann (1), Meinert (2), Mohr (2). Grigoli-Brocker (3) – K.: Neid – SR: Young (Schottland).
101 **Russland**, 9. 10., Moskau, 1:0 gewonnen (EM-Viertelfinale): Goller – Fitschen – Austermühl, Bernhard – Bornschein (Pia Wunderlich), Wiegmann, Neid, Voss – Meinert (Prinz), Mohr (1), Grigoli-Brocker – K.: Neid – SR: Anquelov (Bulgarien).
102 **Russland**, 27. 10., Osbrück, 4:0 gewonnen (EM-Viertelfinale): Goller (Walther) – Fitschen – Austermühl, Minnert – Neid (1), Wiegmann, Pia Wunderlich (Bornschein), Voss – Meinert, Mohr (2) (Prinz), Grigoli-Brocker (1) – K.: Neid – SR: Gheorghe (Rumänien).
103 **England**, 11. 12., Watford, 4:1 gewonnen (EM-Halbfinale): Goller – Fitschen – Austermühl, Bernhard – Minnert (Pia Wunderlich), Neid, Voss, Wiegmann (1), Grigoli-Brocker (1) (Prinz), Mohr (2), Meinert – K.: Neid – SR: Piller (Ungarn).

1995: 13 Spiele: 11 Siege, 2 Niederlagen

104 **England**, 23. 2., Bochum, 2:1 gewonnen (EM-Halbfinale): Goller – Nardenbach – Austermühl, Bernhard – D. Pohlmann (Lohn), Voss, Wiegmann, Neid – Meinert, Mohr, Grigoli-Brocker (Prinz (1)), dazu ein Eigentor Waller – K.: Neid – SR: Guerguinov (Bulgarien).
105 **Schweden**, 26. 3., Kaiserslautern, 3:2 gewonnen (EM-Endspiel): Goller – Lohn – Bernhard, Austermühl – Wiegmann (1), Meinert (1), Neid, Voss (P. Wunderlich), D. Pohlmann – Mohr, Grigoli-Brocker (Prinz (1)) – K.: Neid – SR: Koho (Finnland).
106 **Polen**, 13. 4., Potsdam, 8:0 gewonnen: Goller (Francke) – Lohn (Minnert) – Bernhard, Austermühl (T. Wunderlich) – Mohr (2), Neid (1) (Stegemann), Wiegmann (1), D. Pohlmann – Prinz, Meinert (2), G.-Brocker (1) (Smisek (1)) – K.: Neid/Mohr – SR: Christine Frai (Bremen).
107 **Schweiz**, 23. 5., Therwyl, 8:0 gewonnen: Goller (Francke) – Hoffmann (Lohn (1)) – Austermühl (Tina Wunderlich), Bernhard – Neid (1), Voss, Wiegmann (1), D. Pohlmann (1) – Mohr (2), (Prinz (1)), Meinert (Boll), G.-Brocker (1) (Smisek) – K.: Neid/Mohr – SR: Schluchter (Schweiz).
108 **China**, 25. 5., Rotenburg/Wümme, 3:1 gewonnen: Goller (Kraus) – Lohn – Austermühl, Bernhard – Neid (1) Voss, (Minnert), Wiegmann (Prinz), D. Pohlmann (1) – Mohr, Meinert, G.-Brocker (1) – K.: Neid – SR: Regine Nelksma-Koninik (Niederlande).
109 **Japan**, 5. 6., Karlstad, 1:0 gewonnen (WM-Gruppenspiel): Goller – Lohn – Austermühl, Bernhard – Voss (Prinz), Wiegmann, Neid (1), Meinert, D. Pohlmann – Mohr , G. Brocker (Hoffmann) – K.: Neid – SR: Mathabela (Südafrika).

110 **Schweden**, 7. 6., Helsingborg, 2:3 verloren (WM-Gruppenspiel): Goller – Lohn (1) – Austermühl, Bernhard – Voss (Minnert), Wiegmann (1), Neid, Meinert, D. Pohlmann – Mohr, G.-Brocker (Prinz) – K.: Neid – SR: Linda Black (Neuseeland).

111 **Brasilien**, 9. 6., Karlstad, 6:1 gewonnen (WM-Gruppenspiel): Goller – Lohn – Austermühl (Tina Wunderlich), Bernhard (1) – Mohr (2), Voss, Wiegmann (1) (Pia Wunderlich), Neid, D. Pohlmann – Prinz (1), Meinert (1) (G.-Brocker) – K.: Neid – SR: Hamer (Luxemburg).

112 **England**, 13. 6., Västeras, 3:0 gewonnen (WM-Viertelfinale): Goller – Lohn – Bernhard, Minnert – Voss (1), Wiegmann, Neid, D. Pohlmann – Mohr (1), Meinert (1) (Pia Wunderlich), Prinz (G.-Brocker) – K.: Neid – SR: Bente Skogvang (Norwegen).

113 **China**, 15. 6., Helsingborg. 1:0 gewonnen (WM-Halbfinale): Goller – Lohn – Austermühl, Bernhard – Meinert, Voss, Wiegmann (1), Neid, D. Pohlmann – Mohr, Prinz (Pia Wunderlich) – K.: Neid – SR: Mathabela (Südafrika).

114 **Norwegen**, 18. 6., Stockholm, 0:2 verloren (WM-Endspiel): Goller – Lohn – Austermühl, Bernhard – Mohr, Wiegmann, Neid, Voss, D. Pohlmann (Pia Wunderlich) – Meinert (Smisek), Prinz (G. Brocker) – K.: Neid – SR: Ingrid Jonsson (Schweden).

115 **Finnland**, 20. 9., Tampere, 3:0 gewonnen (EM-Qualifikation): Goller – Fitschen – Austermühl, Bernhard – Mandrysch (Pia Wunderlich), Wiegmann (2), Neid, D. Pohlmann, Voss (Prinz) – Grigoli-Brocker (Smisek), Mohr (1) – K.: Neid – SR: Ingrid Jonsson (Schweden).

116 **Slowakei**, 25. 10., Bratislava, 3:0 gewonnen (EM-Qualifikation): Kraus – Fitschen (Mandrysch) – Austermühl, Bernhard – Wiegmann. Nardenbach. Neid (1), Mohr (1), Voss (Lingor) – Grigoli-Brocker (Smisek), Prinz (1) – K.: Neid – SR: Kiss (Ungarn).

1996: 15 Spiele: 8 Siege, 3 Unentschieden, 4 Niederlagen

117 **USA**, 14. 3., Decatur, 0:6 verloren: Goller – Fitschen – Bernhard, Austermühl – Nardenbach, Neid, Meinert, Voss (Pia Wunderlich), Wiegmann – Mohr (Lübbers), Stegemann (Grigoli-Brocker) – K.: Neid – SR: Zimmermann (USA).

118 **USA**, 16. 3., Davidson, 0:2 verloren: Kraus – Fitschen – Bernhard, Austermühl – Minnert (Grigoli-Brocker), Nardenbach, Meinert (Lübbers), Neid (Pia Wunderlich), Wiegmann (Lingor) – Mohr, Stegemann (Voss) – K.: Neid/Mohr – SR: Dominques (USA).

119 **Slowakei**, 11. 4., Unterhaching, 2:0 gewonnen: (EM-Qualifikation): Goller – Fitschen (1) – Austermühl (Lingor), Minnert – Stegemann, Nardenbach, Voss, Wiegmann (1), Bornschein (Smisek) – Mohr (Lübbers). Grigoli-Brocker – K.: Voss – SR: Nicole Mouidi-Petignat (Schweiz).

120 **Norwegen**, 2. 5., Jena, 1:3 verloren (EM-Qualifikation): Goller (Kraus) – Pia Wunderlich – Minnert, Austermühl, Nardenbach – Stegemann, Wiegmann, Lingor (Gottschlich), Voss – Mohr, Grigoli-Brocker (1) (Smisek) – K.: Voss – SR: Hamer (Luxemburg).

121 **Finnland**, 5. 5., Gifhorn, 6:0 gewonnen (EM-Qualifikation): Kraus – Nardenbach – Austermühl (1), Minnert (1), Stegemann, Voss, Pia Wunderlich (1) (D. Pohlmann), Wiegmann – Grigoli-Brocker (Grings), Mohr (2), Smisek (1) (Bornschein) – K.: Voss – SR: Calamosca (Italien).

122 **Norwegen**, 6. 6., Trondheim, 0:0 unentschieden (EM-Qualifikation): Goller – Nardenbach – Austermühl, Minnert – Stegemann (Tina Wunderlich), Neid, Wiegmann, Voss, Pia Wunderlich – Mohr (Lübbers), Grigoli-Brocker (Prinz) – K.: Neid – SR.: van Dijk (Niederlande).

123 **Island**, 28. 6., Mannheim, 8:0 gewonnen: Goller – Fitschen – Nardenbach (1), Austermühl (Minnert) – Stegemann (Grigoli-Brocker (1)), D. Pohlmann (Prinz), Voss (1), Wiegmann, Neid – Mohr (3), Lübbers (1) (Bornschein (1)) – K.: Neid – SR: Francoise Waz (Deutschland).

124 **Island**, 30. 6., Pfogheim, 3:0 gewonnen: Kraus – Fitschen – Tina Wunderlich, Bornschein – Pia Wunderlich (1), Voss (Stegemann), Lingor, Neid (D. Pohlmann) – Smisek (Wiegmann (1)), Prinz (Mohr (1)), Chaladyniak (G.-Brocker) – K.: Neid/Voss/Fitschen – SR: Sandra Schopper (Pforzheim).

125 **Japan**, 21. 7., Birmingham/USA, 3:2 gewonnen (Olympia-Gruppenspiel): Goller – Fitschen – Austermühl, Minnert – Nardenbach, Voss, Neid, Pia Wunderlich (Stegemann), Wiegmann (1) – Mohr (1), Grigoli-Brocker (Prinz) – K.: Neid – SR: Sonia Denoncourt (Kanada). – Dazu ein Eigentor von Tomei.

126 **Norwegen**, 23. 7., Washington, 2:3 verloren (Olympia-Gruppenspiel): Goller – Fitschen – Austermühl, Minnert – Nardenbach, Voss, Neid (Lingor), P. Wunderlich (Stegemann), Wiegmann (1) – Mohr, Grigoli-Brocker (Prinz (1)) – K.: Neid/Voss – SR: Lennie (Australien).

127 **Brasilien**, 25. 7., Birmingham/USA, 1:1 unentschieden (Olympia-Gruppenspiel): Goller – Fitschen – Nardenbach (Stegemann), Austermühl – Minnert, Wiegmann, Neid (D. Pohlmann), Pia Wunderlich (1), Voss – Mohr, Grigoli-Brocker (Prinz) – K.: Neid/Voss – SR: Sonia Denoncourt (Kanada).

128 **Niederlande**, 27. 8., Lichtenvoorde, 3:0 (2:0) gewonnen: Angerer (Gröpper) – Fitschen (Lübbers) – Minnert (Ferber), Stegemann (Scheib), P. Wunderlich (Fuss) – Voss (Hingst), Wiegmann (T.

Wunderlich), Lingor (Jones) – Bornschein (1) (Müller (1)), Mohr (1) (Smisek), Prinz (Grings) – K.: Voss/Jones – SR: Warentorp (Niederlande).
129 **Island**, 18. 9., Reykjavik, 3:0 (1:0) gewonnen (EM-Relegationsspiel): Angerer – Fitschen – Minnert, Hingst – Voss (2), Stegemann (Lübbers), Lingor (Jones (1)), Wiegmann – Mohr (Grings), Prinz, Bornschein – K.: Voss – SR: Vibeke Gabrielsen (Norwegen).
130 **Island**, 29. 9., Koblenz, 4:0 (1:0) gewonnen (EM-Relegationsspiel): Angerer – Jones – Minnert, Hingst (2) – Stegemann (1), Voss (Smisek), Wiegmann, Lingor – Prinz (Müller), Mohr (1) (Grings), Bornschein – K.: Voss/Wiegmann – SR: Florence Dorigny (Frankreich).
131 **Italien**, 11. 12., Benevento, 0:0 unentschieden: Angerer – Fitschen – Hingst, Minnert – Lingor (T. Wunderlich), Stegemann, Voss (Jones), P. Wunderlich, Bornschein (Bernhard) – Müller (Grings), Prinz – K.: Voss/Fitschen – SR: Morello (Italien).

1997: 16 Spiele: 8 Siege, 5 Unentschieden, 3 Niederlagen

132 **England**, 27. 2., Preston, 6:4 (4:3) gewonnen: Angerer (Rottenberg) – Stegemann (Fuss), Fitschen, Jones, Bernhard – Hingst, Wiegmann, P. Wunderlich (2) (Bornschein) – Voss (Lingor) – Meinert, Müller (3) (1 Eigentor) – K.: Voss/Fitschen – SR: Lodge (England).
133 **China**, 20. 3., Euskirchen, 2:2 (2:0) unentschieden: Angerer – Fitschen (1) – Stegemann, Jones, Bernhard – Hingst (Fuss), Meinert (1), Wiegmann, P. Wunderlich – Müller (Bornschein), Smisek (Prinz) – K.: Fitschen – SR: Elke Fielenbach (Much/Deutschland).
134 **China**, 23. 3., Warendorf, 1:1 (1:0) unentschieden: Kraus – Stegemann (Boll), Fitschen, Jones, Bernhard – Hingst (Fuss), Voss (Smisek), Wiegmann (1), P. Wunderlich – Meinert, Müller (Prinz) – K.: Voss/Fitschen – SR: Silke Janssen (Emden/Deutschland).
135 **Spanien**, 24. 4., Lübeck, 6:0 (2:0) gewonnen: Rottenberg (von Lanken) – Fitschen (1) – Stegemann, Jones (Hoffmann), Minnert – Voss, Wiegmann, Meinert, P. Wunderlich (Hingst) – Müller (1) (Prinz (2)), Smisek (2) – K.: Voss – SR: Jutta Wegerich (Braunschweig/Deutschland).
136 **Dänemark**, 27. 5., Kopenhagen, 2:2 (1:1) unentschieden: Angerer – Stegemann, Klein, Jones, Künzer – Meyer, Voss (1) (Smisek), Fuss (Wiegmann), Hingst (P. Wunderlich) – Prinz (Meinert (1)), Grings (Schäfer) – K.: Voss/Wiegmann – SR: Lotte Waede (Dänemark).
137 **Norwegen**, 28. 5., Kopenhagen, 0:3 (0:1) verloren: Rottenberg – Jones – Stegemann, Becher, Hoffmann – Smisek (Künzer), Müller (Meyer), Wiegmann, Meinert, P. Wunderlich – Prinz (Schäfer) – K.: Wiegmann – SR: Gitte Lyngö-Nielsen (Dänemark).
138 **Italien**, 30. 6., Moss, 1:1 (0:0) unentschieden (EM-Endrunde): Rottenberg – Jones – Minnert, Stegemann – Fitschen – Voss (Müller), Meinert (1), P. Wunderlich – Smisek, Prinz – K.: Voss/Fitschen – SR: Katrina Elovirta (Finnland).
139 **Norwegen**, 3. 7., Moss, 0:0 unentschieden (EM-Endrunde): Rottenberg – Jones – Stegemann, Minnert, Fitschen – Voss (Meyer), Meinert, Wiegmann, P. Wunderlich – Prinz, Smisek (Becher) – K.: Voss/Fitschen – SR: Nicole Mouidi-Petignat (Schweiz).
140 **Dänemark**, 6. 7., Moss, 2:0 (0:0) gewonnen (EM-Endrunde): Rottenberg – Jones – Stegemann, Fitschen, Becher – Hoffmann (Meyer (1)), Fuss, P. Wunderlich, Wiegmann – Prinz (1), Smisek (Hingst) – K.: Fitschen – SR: Katrina Elovirta (Finnland).
141 **Schweden**, 9. 7., Karlstad, 1:0 (0:0) gewonnen (EM-Halbfinale): Rottenberg – Jones – Stegemann, Minnert – P. Wunderlich, Meinert (Hingst), Fitschen, Wiegmann (1), Becher – Prinz, Smisek (Meyer) – K.: Fitschen – SR: Nicole Moudi-Petignat (Schweiz).
142 **Italien**, 12. 7., Oslo, 2:0 (1:0) gewonnen (Europameisterschafts-Endspiel): Rottenberg – Jones – Stegemann, Fitschen, Minnert (1) – Hingst, Meinert (Klein), Wiegmann, P. Wunderlich – Prinz (1) (Smisek), Meyer (Müller) – K.: Fitschen – SR: Gitte Lyngö-Nielsen (Dänemark).
143 **England**, 25. 9., Dessau, 3:0 gewonnen (WM-Qualifikation): Rottenberg – Jones – Stegemann, Minnert – Hingst (Smisek (1)), Fitschen, Hoffmann, Meyer (1), Pia Wunderlich – Meyer (1) (Fuss), Prinz (1) – K.: Fitschen – SR: Bente Skogvang (Norwegen).
144 **USA**, 9. 10., Duisburg, 3:1 gewonnen: Rottenberg (von Lanken) – Jones – T. Wunderlich (Fuss), Minnert – Stegemann, Voss, (Prinz (1)), Fitschen, Hoffmann, P. Wunderlich (1) – Smisek (1) (C. Schäfer), Meyer (Nicole Müller) – K.: Voss/Fitschen – SR: Susann Lampe (Rheinsberg).
145 **USA**, 12. 10., Salzgitter, 0:3 verloren: Rottenberg – Jones – Stegemann, Minnert (Tina Wunderlich) – Fuss (Voss), Wiegmann, Fitschen, Hoffmann (St. Gottschlich), Pia Wunderlich (Meyer) – Cl. Müller (Smisek), Prinz – K.: Fitschen – SR: Meyer (Braunschweig).
146 **Norwegen**, 6. 11., Bayreuth, 1:0 gewonnen (WM-Qualifikation): Rottenberg – Jones – T. Wunderlich, Stegemann (Hingst, Cl. Müller) – Wiegmann, Fitschen, Hoffmann, P. Wunderlich (1) – Prinz, Meyer (St. Gottschlich), Smisek – K.: Fitschen – SR: Juri Saar (Estland).
147 **Niederlande**, 13. 12., Almelo, 0:1 verloren (WM-Qualifikation): Rottenberg – Jones – Stegemann, Fitschen, T. Wunderlich – Hingst (St. Gottschlich), Hoffmann, Wiegmann, P. Wunderlich – Meyer (Cl. Müller), Prinz – K.: Fitschen – SR: Gitte Lyngö-Nielsen (Dänemark).

1998: 10 Spiele: 6 Siege, 2 Unentschieden, 2 Niederlagen

148 **Italien**, 5. 2., Catania, 1:0 gewonnen: Rottenberg – Jones – Stegemann (T. Wunderlich), Minnert – Fitschen, Hoffmann, Hingst (Fuss, Brandebusemeyer), St. Gottschlich (Lingor), Cl. Müller (1), Voss (Schmale) – Meyer (Baudzus) – K.: Voss/Fitschen – SR: Calamosca (Italien).

149 **England**, 8. 3., London, 1:0 gewonnen (WM-Qualifikation): von Lanken – Minnert, Jones, Stegemann – St. Gottschlich (Lingor), Hoffmann, Fitschen, Voss, Hingst (Grings) – Smisek (1) (Meyer), Prinz – K.: Voss – SR: Eva Otlund (Schweden).

150 **Niederlande**, 2. 4., Rheine, 2:1 gewonnen (WM-Qualifikation): Rottenberg – Jones, Stegemann, Minnert – Voss (1), Hingst (Meyer), Fitschen, Hoffmann, Pia Wunderlich (St. Gottschlich) – Prinz, Smisek (Grings) – Dazu ein Eigentor von Koning – K.: Voss – SR: Znajdinsky (Weißrussland).

151 **Neuseeland**, 26. 5., Spremberg, 4:1 gewonnen: Rottenberg (Wasems) – Stegemann, Fitschen, Brandebusemeyer, Becher (Hoffmann) – Fuss (Wiegmann), Hingst (Jones), Smisek (1) (Grings), Lingor (Voss (1)) – Cl. Müller (2), Meyer – K.: Fitschen – SR: Peter Müller (Dresden).

152 **Neuseeland**, 28. 5., Dresden, 8:0 gewonnen: Rottenberg – Stegemann, Jones, Fitschen (1), St. Gottschlich (Brandebusemeyer) – Hoffmann, Voss (Lingor), Wiegmann (Meyer (1)), Pia Wunderlich (2) – Grings (3), Vreden (1) – K.: Fitschen – SR.: Christian Schößling (Leipzig)

153 **Norwegen**, 17. 6., Ulefoss, 2:3 verloren (WM-Qualifikation): Rottenberg – Jones – Stegemann, St. Gottschlich – Meyer (Smisek), Meinert, Fitschen, Hoffmann, Pia Wunderlich (1) – Prinz (1), Grings (Vreden) – K.: Fitschen – SR: Bragi Bergmann (Island).

154 **USA**, 25. 6., St. Louis, 1:1 unentschieden: Rottenberg (Angerer) – Jones – Stegemann, Fuss, Fitschen – Meyer (Brandebusemeyer), Hoffmann (1) (Becher), Smisek, Lingor (Hingst) – Vreden (Cl. Müller), Grings – K.: Fitschen – SR: Nancy Lay (USA).

155 **USA**, 28. 6., Chicago, 2:4 verloren: Rottenberg – Jones – Stegemann, Fitschen, Fuss (Becher, Hingst (1)) – Meyer (Brandebusemeyer), Hoffmann, Voss, Smisek (Lingor) – Vreden, Grings (1) (Cl. Müller) – K.: Voss – SR: Seitz-Varnhagen (USA).

156 **Ukraine**, 17. 9., Fulda, 5:0 gewonnen (WM-Qualifikation): Rottenberg – Jones – Fitschen, Minnert – Voss (Meyer), Hoffmann (1), Meinert (Tina Wunderlich), Lingor, Smisek (1), Cl. Müller (1) (Prinz (2)), Grings – K.: Voss/Fitschen – SR: Schaack (Luxemburg).

157 **Ukraine**, 11. 10., Kiew, 1:1 unentschieden (WM-Qualifikation): Rottenberg – Jones – Fitschen, Minnert – Smisek, Hoffmann (Wiegmann), Voss, Lingor, Cl. Müller (Tina Wunderlich) – Prinz (1), Grings (Meyer) – K.: Voss – SR: Kandare (Slowenien).

1999: 15 Spiele: 10 Siege, 3 Unentschieden, 2 Niederlagen

158 **Türkei**, 14. 2., Istanbul, 12:1 gewonnen: Angerer – Fitschen – Tina Wunderlich, Jones, Minnert (1) – Hoffmann (Hingst, Fuss), Voss, Cl. Müller (2) (Meyer (1)) – Prinz (1) (Vreden), Pia Wunderlich (3), Meinert (1) (Lingor (1)) – (Dazu 2 Eigentore von Cakir) – K.: Voss – SR: Lale Orta (Türkei).

159 **China**, 25. 3., Holzwickede, 0:3 verloren: Angerer – Tina Wunderlich (Brandebusemeyer), Jones, Fitschen, St. Gottschlich – Hingst (Voss), Hoffmann (Wiegmann), Lingor, Pia Wunderlich (Meinert) – Grings (Meyer), Prinz. – K.: Fitschen. – SR: Sandra Südholter (Emden).

160 **China**, 28.3, Hamburg, 4:1 gewonnen: Rottenberg – Stegemann (Fuss), Jones, Fitschen, Minnert (1) – Voss, Meinert (1) (Lingor), Wiegmann, Smisek (Schmale) – Cl. Müller (1) (Vreden), Prinz (1) – K.: Voss. – SR: Antje Witteweg (Herzberg).

161 **Dänemark**, 22. 4., Saarbrücken, 3:1 gewonnen: Rottenberg – Stegemann, Jones (St. Gottschlich), Fitschen, T. Wunderlich (Hoffmann) – Voss, Wiegmann (1), Meinert (P. Wunderlich), Smisek (75. Lingor (1)) – Grings (1), Prinz (Cl. Müller) – K.: Voss – SR: Elke Fielenbach (Much).

162 **Schweiz**, 26. 5., Weil/Rhein, 2:0 gewonnen: Angerer – Hingst (St. Gottschlich), Jones, Fitschen, T. Wunderlich (Brandebusemeyer) – Smisek (P. Wunderlich), Lingor (Fuss), Wiegmann, Voss (1) – Meyer (1), Meinert (Grings) – K.: Voss – SR: Brombacher (Kandern).

163 **Frankreich**, 30. 5., Weil/Rhein, 4:1 gewonnen: Rottenberg – Jones – Stegemann, Fitschen, Hingst – Meinert (Lingor), Voss (1) (Hoffmann), Wiegmann (Smisek), P. Wunderlich (1) – Cl. Müller (Prinz), Grings (2) – (Dazu 1 Eigentor von Guilbert) – K.: Voss/Fitschen – SR: Elke Günthner (Bamberg).

164 **Niederlande**, 3. 6., Rheinbach, 2:0 gewonnen: Rottenberg – Jones – Stegemann, Fitschen, Hingst (Smisek) – Voss, Wiegmann, Meinert, P. Wunderlich (1) (Minnert) – Prinz (Cl. Müller), Grings (1) – K.: Voss – SR: Elke Fielenbach (Much).

165 **Italien**, 20. 6., Los Angeles, 1:1 unentschieden (WM-Gruppenspiel): Rottenberg – Jones – Stegemann, Fitschen, Hingst – Wiegmann (1), Smisek (Lingor), Meinert (Meyer), Pia Wunderlich – Prinz, Grings – K.: Fitschen – SR: Elizabeth Abidoye (Nigeria).

Die Frauen-Länderspiele 735

166 **Mexiko**, 24. 6., Portland, 6:0 gewonnen (WM-Gruppenspiel): Rottenberg – Jones – Minnert, Fitschen, Hingst (1) – Smisek (1), Wiegmann (Hoffmann), Meinert (Lingor (1)), Pia Wunderlich – Prinz (Cl. Müller), Grings (3) – K.: Fitschen – SR: Im (Südkorea).
167 **Brasilien**, 27. 6., Washington, 3:3 unentschieden (WM-Gruppenspiel): Rottenberg – Jones (1) – Hingst, Fitschen, Minnert – Voss (Smisek), Wiegmann (1), Meinert, Pia Wunderlich (Tina Wunderlich) – Prinz (1), Grings (Meyer) – K.: Voss/Fitschen – SR: Im (Südkorea).
168 **USA**, 1. 7., Washington, 2:3 verloren (WM-Viertelfinale): Rottenberg – Fitschen – Hingst, Jones, Minnert – Smisek (Lingor), Wiegmann (1), Meinert, Pia Wunderlich (Meyer) – Prinz, Grings (Hoffmann) – (Dazu 1 Eigentor von Chastain) – K.: Fitschen – SR: Toro Pardo (Kolumbien).
169 **Russland**, 2. 9., Plauen, 3:1 gewonnen: Rottenberg – Stegemann, Fitschen, Jones, Minnert (61. Gottschlich) – Voss (Hoffmann), Meinert, Smisek (1) (P. Wunderlich), Wiegmann (1) (Wörle) – Grings (1), C. Müller (Lingor) – K.: Voss/Fitschen – SR: Günthner (Bamberg).
170 **Ukraine**, 23. 9., Fürth, 3:0 gewonnen (EM-Qualifikation): Rottenberg – Jones, Fitschen (1), Stegemann, Hingst – Voss, Wiegmann, Smisek – Meinert (Lingor) – Grings (2), Müller (Hoffmann) – K.: Voss – SR: Carlsen (Norwegen).
171 **Island**, 14. 10., Oldenburg, 5:0 gewonnen (EM-Qualifikation): Rottenberg – Stegemann, Jones, Fitschen (Gottschlich), Hingst – Voss (1), Wiegmann (2), Meinert (Wörle), Smisek – Prinz (Cl. Müller (1)), Grings (1) – K.: Voss – SR: Frederiksen (Dänemark).
172 **Italien**, 11. 11., Isernia, 4:4 unentschieden (EM-Qualifikation): Rottenberg – Stegemann, Fitschen (1), Jones, Hingst – Voss (80. P. Wunderlich), Wiegmann (1), Meinert, Smisek – Grings (2), Prinz (80. C. Müller) – K.: Voss/Fitschen – SR: Nicole Mouidi-Petignat (Schweiz).

2000: 13 Spiele: 8 Siege, 5 Niederlagen

173 **Niederlande**, 16. 3., Arnheim, 0:2 verloren: Rottenberg (Schaller) – Stegemann (Zerbe), Jones, Fitschen, Hingst (Götte) – Voss (Hoffmann), Wiegmann, Meinert, Smisek (Lingor) – Prinz, Grings (C. Müller) – K.: Voss/Fitschen – SR: Adriansen (Niederlande).
174 **Italien** 6. 4., Frankfurt, 3:0 gewonnen (EM-Qualifikation): Rottenberg – Stegemann, Fitschen (Minnert), Gottschlich – Hingst, Wiegmann, Smisek (1) – Meinert (Lingor) – Grings (1) (79. C. Müller), Prinz (1) – K.: Fitschen/Wiegmann – SR: Mattsson (Schweden).
175 **Ukraine**, 11.5., Kiew, 6:1 gewonnen (EM-Qualifikation): Rottenberg – Stegemann (Götte), Hoffmann, Jones (Lingor), Fitschen – Meinert, Minnert, Smisek – Wiegmann – Grings (1) (C. Müller 1), Prinz (4) – K.: Fitschen – SR: Dorigny (Frankreich).
176 **China**, 16. 7., Osnabrück, 1:3 verloren (Turnier 100 Jahre DFB): Rottenberg – Minnert, Jones, Hingst, Stegemann (T. Wunderlich) – Wiegmann – Smisek (Meinert), Lingor, Hoffmann (Gottschlich) – Prinz, Grings (1) – SR: Frai (Bremen).
177 **Norwegen**, 19. 7., Göttingen, 1:4 verloren (Turnier 100 Jahre DFB): Angerer – Gottschlich (Minnert), Jones (1), T. Wunderlich (Stegemann) – Hingst, Hoffmann (P. Wunderlich), Smisek, Wiegmann – Meinert, C. Müller (Grings), Prinz – SR: Fielenbach (Much).
178 **USA**, 22. 7., Braunschweig, 0:1 verloren (Turnier 100 Jahre DFB): Rottenberg – Minnert, Jones (Götte), Hingst, Stegemann – Meinert, Wiegmann, Lingor (Smisek) – Prinz, Grings (M. Müller) – SR: Witteweg (Herzberg).
179 **Island**, 17. 8., Kopavogur, 6:0 gewonnen (EM-Qualifikation): Rottenberg – T. Wunderlich (Hoffmann), Fitschen, Jones (1), Minnert – Hingst (1), Lingor (Smisek), Wiegmann, Prinz (2) – Grings (C. Müller 1), Meinert (1) – SR: Jonsson (Schweden)
180 **Dänemark**, 27. 8., Aachen, 7:0 gewonnen: Rottenberg – Hingst, Jones, Fitschen (T. Wunderlich), Minnert (1) – Smisek (Götte), Wiegmann (1) (Stegemann), Lingor (2), Prinz (1) – Grings (2), Meinert – SR: Fielenbach (Much).
181 **Australien**, 13. 9., Canberra, 3:0 gewonnen (Olympische Spiele, Vorrunde): Rottenberg – Stegemann, Fitschen, Jones, Minnert – Hingst, Wiegmann (1), Meinert, Lingor (1) – Prinz, Grings (1) – SR: Abidoye (Nigeria).
182 **Brasilien**, 16. 9., Canberra, 2:1 gewonnen (Olympische Spiele, Vorrunde): Rottenberg – Stegemann, Fitschen, Jones, Minnert – Hingst, Wiegmann, Meinert, Lingor – Prinz (2), Grings – SR: Toro Pardo (Kolumbien).
183 **Schweden**, 19. 9., Melbourne, 1:0 gewonnen (Olympische Spiele, Vorrunde): Rottenberg – T. Wunderlich, Fitschen, Jones, Minnert – Hoffmann (Lingor), Hingst (1), Wiegmann, Meinert (Brandebusemeyer) – Prinz, Grings (C. Müller) – SR: Toms (Großbritannien).
184 **Norwegen**, 24. 9., Sydney, 0:1 verloren (Olympische Spiele, Halbfinale): Rottenberg – T. Wunderlich, Fitschen, Jones, Minnert – Stegemann, Hingst, Wiegmann, Meinert – Prinz, Grings – SR: Im (Südkorea).

185 **Brasilien,** 28. 9., Sydney, 2:0 gewonnen (Olympische Spiele, Spiel um den 3. Platz): Rottenberg – Stegemann (Hoffmann), Fitschen, Jones, Minnert – Lingor (1), Hingst (Gottschlich), Wiegmann, Meinert – Prinz (1), Grings (Götte) – SR: Im (Südkorea).

2001: 16 Spiele: 13 Siege, 1 Unentschieden, 2 Niederlagen

186 **China,** 6. 3., Augsburg, 1:0 gewonnen: Rottenberg – Götte (Angerer), Minnert, Jones, Stegemann (Wimbersky) – Smisek (Bachor) – Gottschlich, Lingor (Günther), P. Wunderlich (Künzer), Hingst (M. Müller) – C. Müller (1) – SR: Günthner (Bamberg).
187 **China,** 8. 3., Ulm, 2:4 verloren: Rottenberg – Götte, Minnert, Jones, Künzer (Wimbersky) – Smisek (M. Müller), P. Wunderlich (Gottschlich), Stegemannn, Hingst – Lingor, Prinz (1) – SR: Fielenbach (Much) – Dazu kommt ein Eigentor der Chinesinnen.
188 **Italien,** 10. 5., Troisdorf, 1:0 gewonnen: Rottenberg – Stegemann, Hingst, Künzer, Bresonik – Smisek (M. Müller (1)), Omilade, Lingor, Prinz – P. Wunderlich (Wimbersky), C. Müller (Pohlers) – SR: Fielenbach (Much).
189 **Russland,** 17. 5., Gera, 1:1 unentschieden: Rottenberg – Stegemann (Künzer), Hingst, Fitschen, Minnert – Smisek, Wiegmann, Lingor, P. Wunderlich (Bresonik) – C. Müller (1) (Wimbersky), Meinert (M. Müller) – SR: Kirchner (Benshausen).
190 **Kanada,** 14. 6., Goch, 3:0 gewonnen: Rottenberg (Angerer) – Stegemann, Fitschen, Jones, Minnert (Wilder) – P. Wunderlich (1) (Smisek), Wiegmann (Omilade), Lingor (Wimbersky), Prinz – C. Müller (1) (M. Müller), Meinert (1) – SR: Frai (Bremen).
191 **Kanada,** 17. 6., Oberhausen, 7:1 gewonnen: Rottenberg – Stegemann (Hingst), Fitschen, Jones (T. Wunderlich) – Minnert (Bresonik) – P. Wunderlich, Wiegmann (1) (M. Müller 1), Lingor (Smisek 2), Prinz (1) – C. Müller (1) (Omilade), Meinert (1) (Wimbersky) – SR: unbekannt.
192 **Schweden,** 23. 6., Erfurt, 3:1 gewonnen (EM-Vorrunde): Rottenberg – Stegemann, Jones, Fitschen, Minnert – P. Wunderlich (Hingst), Wiegmann, Lingor, Prinz (M. Müller) – Meinert (1), C. Müller (2) (Smisek) – SR: Elovirta (Finnland).
193 **Russland,** 27. 6., Erfurt, 5:0 gewonnen (EM-Vorrunde): Rottenberg – Stegemann (Hingst), Jones, Fitschen, Minnert – Smisek (2), Wiegmann (1), Lingor (Omilade), Prinz (1) – Meinert (1), C. Müller (P. Wunderlich) – SR: Skogvang (Norwegen).
194 **England,** 30. 6., Jena, 3:0 gewonnen (EM-Vorrunde): Rottenberg – Hingst, Jones, Fitschen, Minnert – P. Wunderlich (Bresonik), Wiegmann (1), Lingor (1), Prinz – Smisek (Wimbersky 1), C. Müller (M. Müller) – SR: Skogvang (Norwegen).
195 **Norwegen,** 4. 7., Ulm, 1:0 gewonnen (EM-Halbfinale): Rottenberg – Stegemann, Jones, Fitschen, Minnert (Hingst) – P. Wunderlich (C. Müller), Wiegmann, Lingor, Prinz – Meinert, Smisek (1) (Wimbersky) – SR: Toms (Großbritannien).
196 **Schweden,** 7. 7., Ulm, 1:0 gewonnen (EM-Endspiel): Rottenberg – Stegemann, Jones, Fitschen, Hingst – P. Wunderlich, Wiegmann, Lingor, Prinz – Meinert, Smisek (C. Müller 1) – SR: Petignat (Schweiz).
197 **Japan,** 8. 9., Oakbrook, 1:0 gewonnen (US Cup): Rottenberg (Angerer) – Stegemann, Künzer, Hingst – Zerbe (Hagedorn (1)), Omilade, Lingor, Wimbersky – Smisek, M. Müller, Pohlers (Meier) – SR: Grady (USA)
198 **USA,** 9. 9., Chicago, 1:4 verloren (US Cup): Rottenberg – Becker, Künzer, Hingst, Stegemann – Lingor, Wimbersky, Schmale (70. Hagedorn), Omilade – M. Müller (1), Smisek – SR: Seitz (USA)
199 **England,** 27. 9., Kassel, 3:1 gewonnen (WM-Qualifikation): Rottenberg – Stegemann, Künzer, Hingst, Minnert – Prinz, P. Wunderlich (Wimbersky), Omilade – Lingor – Smisek (2), M. Müller (1) (Hagedorn) – SR: Karlsen (Norwegen)
200 **Portugal,** 25. 10., Wolfsburg, 9:0 gewonnen (WM-Qualifikation): Angerer – Stegemann, Hingst, Künzer (1), Minnert – Pohlers (5), Lingor (Götte), Omilade, Becker (Wilder) – Smisek (Hagedorn), M. Müller (3) – SR: Ihringova (Slowakei)
201 **Niederlande,** 17. 11., Enschede, 3:0 gewonnen (WM-Qualifikation): Rottenberg – Stegemann, Hingst, Künzer, Minnert – Omilade, P. Wunderlich (1), Lingor – Prinz (1) (Becker) – Martina Müller (Garefrekes), Pohlers (J. Meier) – Dazu ein Eigentor der Niederlande. – SR: Persson (Schweden)

2002: 13 Spiele: 9 Siege, 1 Unentschieden, 3 Niederlagen

202 **China,** 23. 1., Huadu, 1:2 verloren (Internationales Turnier): Angerer – T. Wunderlich (Meier), Hingst (1), Künzer, Minnert (Gottschlich) – Stegemann (Wiegmann), Omilade, Lingor, Prinz – Pohlers (Garefrekes), M. Müller – SR: Seitz (USA)
203 **USA,** 25. 1., Panyu, 0:0 unentschieden (Internationales Turnier): Rottenberg – Stegemann, Hingst, Künzer, Gottschlich – Garefrekes (M. Müller), Omilade, Lingor, Wiegmann (Schäpertöns) – Prinz, Smisek (Meier) – SR: Karlsen (Norwegen)
204 **Norwegen,** 27. 1., Guangzhou, 3:1 gewonnen (Internationales Turnier): Angerer – Stegemann, Künzer, Hingst, Gottschlich – Garefrekes (1), Lingor, Wiegmann (1), Omilade, Smisek – Prinz (1) – SR: Zuo Xiui (China)

205 **Dänemark,** 1. 3., Portimao, 3:0 gewonnen (Algarve Cup): Rottenberg – Gottschlich, Künzer, Hingst (1), Stegemann – Smisek, Omilade (Hagedorn), Lingor, Garefrekes (M. Müller (1)) – Wiegmann – Wimbersky (1) (Meier) – SR: Hunt (USA)
206 **China,** 3. 3., Sao Antonio, 2:4 verloren (Algarve Cup): Angerer – T. Wunderlich (Omilade), Künzer, Hingst, Gottschlich – Garefrekes, Lingor (1), Stegemann (1), Smisek (Martina Müller) – Wiegmann, Wimbersky – SR: Zou Xiudi (China)
207 **Finnland,** 5. 3., Olmao, 2:0 gewonnen (Algarve Cup): Rottenberg – Gottschlich (Zerbe), Hingst, Künzer, Stegemann – Hagedorn (Wimbersky (1)), Lingor (Omilade), Wiegmann (1) – Pohlers (Meier), M. Müller, Smisek – SR: Zou Xiudi (China)
208 **Schweden,** 7. 3., Faro, 1:2 verloren (Algarve Cup): Angerer – Gottschlich (T. Wunderlich), Künzer, Hingst, Stegemann – Omilade (Hagedorn), Wiegmann – Smisek (Meier), Wimbersky, Garefrekes (1) – M. Müller (Pohlers) – SR: Toms (England)
209 **Niederlande,** 18. 4., Aschaffenburg, 6:0 gewonnen (WM-Qualifikation): Rottenberg – Stegemann, Künzer (T. Wunderlich), Hingst, Gottschlich – P. Wunderlich (Wilmes),Omilade, Wiegmann (3), Lingor (Wimbersky),Smisek – Prinz (3) – SR: Tacoronto (Spanien)
210 **Portugal,** 4. 5., Barcelos, 8:0 gewonnen (WM-Qualifikation): Rottenberg – Gottschlich, Künzer, Stegemann (1), T. Wunderlich – Omilade (Pohlers), Lingor (3) (Wimbersky), P. Wunderlich (2) (Wilmes) – Prinz (1), Grings (1), Smisek – SR: Ödlund (Schweden)
211 **England,** 19. 5., London, 1:0 gewonnen (WM-Qualifikation): Rottenberg – Künzer, Minnert, Gottschlich (1), Stegemann – Lingor (Hagedorn), P. Wunderlich, Omilade, Wiegmann – Prinz (Schadrack), Grings (Pohlers) – SR: Rinaldi (Italien)
212 **Norwegen,** 14. 9., Grimstad, 3:1 gewonnen: Angerer (Rottenberg) – Minnert, Rech, Zerbe, Stegemann – Omilade, Lingor (Bresonik), Wiegmann (1), Kliehm (Garefrekes) – M. Müller (1) (Pohlers (1)), Grings. – SR: Jonsson (Schweden)
213 **Dänemark,** 17. 10., Ulm, 2:0 gewonnen: Rottenberg (Angerer) – Stegemann, Rech (Grings), Omilade (Bresonik) – P. Wunderlich (Hagedorn), Lingor (1), Hingst, Smisek (M. Müller), Minnert (Kliehm) – Prinz (1) (Bachor), Wiegmann. – SR: Günthner (Bamberg)
214 **Russland,** 14. 11., Lüdenscheid, 4:0 gewonnen: Rottenberg (Angerer) – Stegemann, Rech (P. Wunderlich), Omilade (Bresonik (1)), Minnert – Smisek (M. Müller), Lingor (Wimbersky), Wiegmann, Hingst – Prinz (1), Grings (1) (Pohlers (1)) – SR: Storch-Schäfer (Petersberg)

2003: 20 Spiele: 14 Siege, 4 Unentschieden, 2 Niederlagen
215 **China,** 23. 1., Yiwu, 0:0 unentschieden (Internationales Turnier): Rottenberg – Stegemann, Hingst (Zerbe), Minnert, Bresonik – Omilade (Hagedorn), P. Wunderlich,Kliehm, Wimbersky (Garefrekes), Wiegmann – Prinz. – SR: Hunt (USA)
216 **Norwegen,** 26. 1., Wuhan, 2:2 unentschieden (Internationales Turnier): Rottenberg – Minnert, T. Wunderlich (Stegemann), Bresonik (1), Zerbe – Wiegmann (Wimbersky), P. Wunderlich, Odebrecht, Garefrekes – Prinz, M. Müller (1) (Kliehm) – SR: Xiudi (China)
217 **USA,** 29. 1., Schanghai, 0:1 verloren (Internationales Turnier): Angerer – Bresonik, Minnert (Hagedorn), Stegemann, Zerbe – Odebrecht (Omilade), P. Wunderlich, Prinz, Garefrekes – Wimbersky (Kliehm) – M. Müller – SR: Skogvang (Norwegen)
218 **China,** 4. 3., Gütersloh, 2:2 unentschieden: Angerer – Stegemann, Hagedorn (Zerbe), Minnert, Künzer (Rech) – P. Wunderlich, Grings (Garefrekes), Wiegmann, Lingor (Omilade), Bresonik – M. Müller (2) SR: Frai (Bremen)
219 **China,** 6. 3., Arnsberg, 3:1 gewonnen: Rottenberg – Stegemann, Rech (T. Wunderlich), Minnert Zerbe – P. Wunderlich (Odebrecht), Grings (1), Wiegmann (1), Lingor (Künzer), Bresonik (Garefrekes) – M. Müller (1) – SR: Steinhaus (Hannover)
220 **Schottland,** 27. 3., Potsdam, 5:0 gewonnen (EM-Qualifikation): Rottenberg – Stegemann, Hingst, Minnert, Bresonik – P. Wunderlich (Odebrecht), Wiegmann, Lingor (Smisek), Grings (3) – Prinz (2)– M. Müller (Wimbersky) – SR: Karlsen (Norwegen)
221 **Frankreich,** 17. 4., Ozoir-la-Ferrière, 0:1 verloren: Angerer – Stegemann, Minnert, Hingst, Bresonik (Rech) – Wiegmann, Lingor (Künzer), Odebrecht (Omilade) – Grings (Zerbe), M. Müller, Wimbersky – SR: Louiset (Frankreich)
222 **Dänemark,** 22. 5., Schönberg, 1:1 unentschieden: Rottenberg – Stegemann, Minnert, Hingst, Künzer – Wiegmann (Garefrekes), Lingor, S. Gottschlich, Odebrecht (Omilade) – Prinz (1), Grings (Hagedorn) – SR: Frai (Bremen)
223 **Dänemark,** 25. 5., Haderslev, 6:2 gewonnen: Angerer – Stegemann, Minnert, Hingst (Zerbe), Künzer (Günther) – Lingor (1), S. Gottschlich, Odebrecht, Garefrekes (1) – Wiegmann (1), Prinz (3) – SR: Karlsen (Norwegen)
224 **Nigeria,** 6. 8., Trier, 3:0 gewonnen: Rottenberg – Stegemann (Fuss), Hingst, Minnert (Zerbe), Bresonik (Rech) – Garefrekes (Smisek), Künzer (Odebrecht), Lingor (Günther), Thompson (Gottschlich) – Pohlers (1), Wimbersky (M. Müller 2) – SR: Storch-Schäfer (Petersberg)

225 **Ukraine,** 9. 8., Kiew, 3:1 gewonnen (EM-Qualifikation): Rottenberg – Stegemann, Minnert (1), Hingst, Bresonik (Rech) – Garefrekes (1), Lingor, Künzer (Odebrecht), Gottschlich – M. Müller (1), Smisek (Wimbersky) – SR: Ödlund (Schweden)
226 **Tschechien,** 28. 8., Passau, 4:0 gewonnen (EM-Qualifikation): Rottenberg – Stegemann, Minnert (1), Hingst, Gottschlich (1) – Garefrekes, Odebrecht, Wiegmann (Wimbersky), Bresonik (Fuss) – Prinz (1), Grings (M. Müller 1) – SR: Hänninen (Finnland)
227 **England,** 11. 9., Darmstadt, 4:0 gewonnen: Rottenberg – Stegemann, Hingst (Künzer), Minnert, Bresonik (Fuss) – Garefrekes (Smisek), Jones (P. Wunderlich), Lingor (1) (Gottschlich), Meinert (M. Müller), Wiegmann (1) – Prinz (2) (Pohlers) – SR: Dräger (Kirn-Sulzbach)
228 **Kanada,** 20. 9., Columbus, 4:1 gewonnen (WM-Vorrunde): Rottenberg – Stegemann, Bresonik, Hingst (Künzer), Minnert – Wiegmann (1), Jones, Lingor (Garefrekes 1), Gottschlich (1) – Meinert, Prinz (1) – SR: Ju (Südkorea)
229 **Japan,** 24. 9., Columbus, 3:0 gewonnen (WM-Vorrunde): Rottenberg – Stegemann, Jones, Hingst (Bresonik), Minnert (1) – Garefrekes (Smisek), Wiegmann (Künzer), Lingor, Gottschlich – Meinert, Prinz (2) – SR: Tortura (Brasilien)
230 **Argentinien,** 27. 9., Washington, 6:1 gewonnen (WM-Vorrunde): Rottenberg – Stegemann, Jones (Fuss), Hingst, Minnert – Garefrekes (Pohlers 1), Wiegmann (1), Lingor, Gottschlich (M. Müller 1) – Meinert (2), Prinz (1) – SR: Abidoye (Nigeria)
231 **Russland,** 2. 10., Portland, 7:1 gewonnen (WM-Viertelfinale): Rottenberg – Stegemann, Hingst, Minnert (1), Gottschlich – Garefrekes (2), Wiegmann (Künzer), Lingor (Odebrecht), Meinert – M. Müller (1) (P. Wunderlich 1), Prinz (2) – SR: Ju (Südkorea)
232 **USA,** 5. 10., Portland, 3:0 gewonnen (WM-Halbfinale): Rottenberg – Stegemann, Hingst, Minnert, Gottschlich – Garefrekes (1), Wiegmann, Lingor, P. Wunderlich – Prinz (1), Meinert (1) – SR: Denoncourt (Kanada)
233 **Schweden,** 12. 10., Carson, 2:1 i. V. gewonnen (WM-Finale): Rottenberg – Stegemann, Hingst, Minnert, Gottschlich – Garefrekes (M. Müller), Wiegmann, Lingor, P. Wunderlich (Künzer 1) – Meinert (1), Prinz – SR: Ionescu (Rumänien)
234 **Portugal,** 15. 11., Reutlingen, 13:0 gewonnen (EM-Qualifikation): Angerer – Stegemann, Hingst (1), Minnert (1), Gottschlich (Odebrecht 1) – Künzer (Smisek 1), Fuss (1) (Pohlers 2), Lingor (1), P. Wunderlich – Prinz (4), Garefrekes (1) – SR: Toms (England)

2004: 14 Spiele: 10 Siege, 1 Unentschieden, 3 Niederlagen

235 **Portugal,** 7. 2., Albufeira, 11:0 gewonnen (EM-Qualifikation): Rottenberg – Stegemann, Hingst, Minnert, Gottschlich (Bachor) – Garefrekes (Smisek), Lingor (1) (Pohlers 1), Odebrecht, P. Wunderlich – Prinz (3), Grings (5) – Dazu ein Eigentor von Portugal – SR: Wrohet (Belgien)
236 **China,** 4. 3., Fürth, 0:1 verloren: Angerer (Rottenberg) – Stegemann, Hingst (Carlson), Günther, Gottschlich – Garefrekes (Wimbersky), Minnert, P. Wunderlich (Fuss) – Bachor (Smisek), Prinz, Grings – SR: Günthner (Deutschland)
237 **Italien,** 31. 3., Bozen, 1:0 gewonnen: Rottenberg – Stegemann, Hingst, Minnert, Gottschlich (Fuss) – Garefrekes, Odebrecht, Bachor (Wimbersky), P. Wunderlich (Günther) – Prinz (1), Smisek (Mittag) – SR: de Toni (Italien)
238 **Ukraine,** 28. 4., Oldenburg, 6:0 gewonnen (EM-Qualifikation): Angerer – Stegemann, Hingst, Minnert (1), Günther – Garefrekes (M. Müller), Carlson (Pohlers), Bachor (1) (Wimbersky 1), Fuss – Prinz (2), Smisek (1) – SR: Tacoronte (Spanien)
239 **Schottland,** 2. 5., Livingston, 3:1 gewonnen (EM-Qualifikation): Rottenberg – Stegemann, Hingst, Minnert, Günther – Garefrekes (1), Carlson (Omilade), Bachor, Fuss (Odebrecht) – Prinz (1), Smisek (M. Müller 1) – SR: Djaleva (Bulgarien)
240 **Norwegen,** 21. 7., Hoffenheim, 0:1 verloren: Rottenberg – Stegemann, Hingst, Minnert, Fuss (Günther) – Garefrekes (Bachor), Lingor (Pohlers), Odebrecht (Omilade), P. Wunderlich (Jones) – Prinz, M. Müller (Wimbersky) – SR: Steinhaus (Deutschland)
241 **Nigeria,** 24. 7., Offenbach, 3:1 gewonnen: Rottenberg – Stegemann, Hingst, Minnert (Omilade), Günther (Fuss) – Garefrekes (Bachor), Lingor (Pohlers), Odebrecht, P. Wunderlich (Jones 1) – Prinz (1), Wimbersky (1) (M. Müller) – SR: Frai (Deutschland)
242 **China,** 11. 8., Patras, 8:0 gewonnen (Olympia-Gruppenspiel): Rottenberg – Stegemann, Jones, Hingst, Fuss (Günther) – Garefrekes, Odebrecht, P. Wunderlich (1) (Pohlers 1), Lingor (1) – Wimbersky (M. Müller 1), Prinz (4) – SR: Seitz (USA)
243 **Mexiko,** 17. 8., Athen, 2:0 gewonnen (Olympia-Gruppenspiel): Rottenberg – Stegemann, Jones, Günther, Hingst – Garefrekes (Pohlers), Lingor (Odebrecht), Omilade – Wimbersky (1) (M. Müller), Prinz (1), Bachor – SR: Szokolai (Australien)

244 **Nigeria**, 20. 8., Patras, 2:1 gewonnen (Olympia-Viertelfinale): Rottenberg – Stegemann, Jones (1), Minnert (Fuss), Hingst – Garefrekes, Odebrecht, Lingor, P. Wunderlich (Bachor) – Wimbersky (Pohlers 1), Prinz – SR: Dooth (Indien)

245 **USA**, 23. 8., Iraklion, 1:2 verloren n. V. (Olympia-Halbfinale): Rottenberg – Stegemann, Jones, Minnert, Hingst – Garefrekes, Odebrecht (Fuss), P. Wunderlich (Bachor 1), Lingor – Prinz, Pohlers (M. Müller) – SR: Szokolai (Australien)

246 **Schweden**, 26. 8., Athen, 1:0 gewonnen (Olympia-Spiel um Platz drei): Rottenberg – Stegemann, Jones, Minnert (Günther), Hingst – Garefrekes, Odebrecht (Omilade), Wimbersky (Fuss), Lingor (1) – Prinz, Pohlers – SR: Seitz (USA)

247 **Tschechien**, 25. 9., Pribram 5:0 gewonnen (EM-Qualifikation): Angerer – Fuss (Becher), Stegemann, Günther, P. Wunderlich – Garefrekes (1), Omilade (Carlson 1), Lingor, Pohlers – Prinz (1), Wimbersky (Thompson 1) – Dazu ein Eigentor von Tschechien – SR: Petignant (Schweiz)

248 **Niederlande**, 14. 10., Berlin, 0:0 unentschieden: Rottenberg – Stegemann, Jones (Becher), Hingst (Carlson), Minnert (Smisek) – Garefrekes, Odebrecht, Lingor (Omilade), P. Wunderlich (Günther) – Pohlers, Prinz – SR: Günthner (Deutschland)

2005: 19 Spiele: 17 Siege, 2 Niederlagen

249 **Australien**, 28. 1., Quanzhou, 0:1 verloren (Internationales Turnier): Angerer – Stegemann, Günther, Minnert (Krahn), Becher (Zietz) – Behringer (Bachor), Omilade, Okoyino da Mbabi, Lingor, Pohlers – Prinz, Mittag (Smisek) – SR: Zhang (China)

250 **Russland**, 30. 1., Quanzhou, 1:0 gewonnen (Internationales Turnier): Angerer – Stegemann, Günther, Krahn, Zietz (Becher) – Behringer (Mittag), Carlson, Lingor (1), Bachor (Omilade) – Prinz, Smisek (Okoyino da Mbabi) – SR: Deng (China)

251 **China**, 1. 2., Quanzhou, 2:0 gewonnen (Internationales Turnier): Angerer (Rottenberg) – Stegemann, Krahn, Minnert, Zietz (Becher) – Bachor (Günther), Carlson (1)(Omilade), Lingor (1) (Okoyino da Mbabi), Mittag – Prinz, Smisek (Behringer) – SR: Awdonschenko (Russland)

252 **Schweden**, 9. 3., Lagos, 2:1 gewonnen (Algarve Cup): Angerer – Stegemann, Hingst, Jones (Krahn), Günther (Minnert) – Garefrekes, Carlson, Lingor (Odebrecht), P. Wunderlich (Pohlers) – Smisek (1) (Mittag), Prinz (1) – SR: Tovar (Mexiko)

253 **Norwegen**, 11. 3., Silves, 4:0 gewonnen (Algarve Cup): Angerer – Stegemann, Hingst (Krahn), Jones, Fuss (Minnert/Günther) – Garefrekes (Behringer), Lingor, Odebrecht (Okoyino da Mbabi), P. Wunderlich (Pohlers 1) – Prinz (2), Mittag (1) – SR: Oiwa (Japan)

254 **China**, 13. 3., Alvor, 2:0 gewonnen (Algarve Cup): Rottenberg – P. Wunderlich (1), Hingst, Jones, Fuss – Garefrekes (Behringer), Carlson (Okoyino da Mbabi), Odebrecht, Pohlers (Stegemann) – Smisek (1) (Mittag), Prinz (Lingor) – SR: Girard-Fautrel (Frankreich)

255 **USA**, 15. 3., Faro-Loule, 0:1 verloren (Algarve Cup – Endspiel): Rottenberg – Stegemann, Hingst, Jones, Günther (Fuss) – Carlson (Odebrecht), Lingor (Okoyino da Mbabi), Garefrekes, Pohlers (P. Wunderlich), Mittag (Smisek), Prinz – SR: Ionescu (Rumänien)

256 **Kanada**, 21. 4., Osnabrück, 3:1 gewonnen: Rottenberg – Fuss (1) (Mittag), Hingst, Jones, Minnert (Günther) – Omilade (Odebrecht), Lingor – Garefrekes, Prinz (1), Pohlers (Bachor), Smisek (Grings 1) – Steinhaus (Deutschland)

257 **Kanada**, 24. 4., Hildesheim: 3:2 gewonnen: Angerer – Stegemann, Hingst, Jones, Minnert – Mittag (Garefrekes 1), Lingor (1) (Zietz), Omilade (Odebrecht) – Prinz, Wimbersky (M. Müller), Pohlers (1) (Bachor) – SR: Frai (Deutschland)

258 **Norwegen**, 6. 6., Warrington, 1:0 gewonnen (EM-Vorrunde): Rottenberg – Stegemann, Hingst, Jones, Minnert – Garefrekes, Lingor, Omilade (Carlson) Pohlers (1), (Wimbersky) – Mittag, Grings (Smisek) – SR: Petignat (Schweiz)

259 **Italien**, 9. 6., Preston, 4:0 gewonnen (EM-Vorrunde): Rottenberg – Stegemann (Grings), Hingst, Jones (1), Minnert – Garefrekes, Carlson, Lingor (Wimbersky), Pohlers (1) – Prinz (1), Mittag (1) (Smisek) – SR: Seitz (USA)

260 **Frankreich**, 12. 6., Warrington, 3:0 gewonnen (EM-Vorrunde): Rottenberg – Garefrekes, Hingst, Jones, Minnert (1) – Omilade, Grings (1), Lingor (1) (Carlson), Pohlers (P. Wunderlich) – Mittag (Fuss), Prinz – SR: Ionescu (Rumänien)

261 **Finnland**, 15. 6., Preston, 4:1 gewonnen (EM-Halbfinale): Rottenberg – Garefrekes (Wimbersky), Hingst, Jones, Minnert – Carlson, Grings (2), Lingor (Günther), Pohlers (1) – Mittag (Fuss), Prinz (1) – SR: Damkova (Tschechien)

262 **Norwegen**, 19. 6., Blackburn, 3:1 gewonnen (EM-Finale): Rottenberg – Garefrekes, Hingst, Jones, Minnert – Carlson (Günther), Grings (1) (Smisek), Lingor (1), Pohlers – Mittag (Wimbersky), Prinz (1) – SR: Ihringova (Slowakei)

263 **Kanada**, 1. 9., Vancouver, 3:1 gewonnen: Rottenberg – Stegemann (Becher), Jones, Hingst, Günther – Carlson, Garefrekes (1), Lingor (Okoyino da Mbabi), Mittag (Pohlers 1) – Grings (Wimbersky 1), Prinz – SR: Bennet (USA)

264 **Kanada**, 4. 9., Edmonton, 4:3 gewonnen: Angerer – Stegemann (Zietz), Jones, Krahn (Okoyino da Mbabi 1), Günther – Hingst, Lingor (Carlson), Garefrekes, Pohlers (1) (Mittag) – Prinz (1), Wimbersky (Grings) – Dazu ein Eigentor von Kanada – SR: Seitz (USA)

265 **Russland**, 25. 9., Siegen, 5:1 gewonnen (WM-Qualifikation): Rottenberg – Stegemann, Hingst, Minnert (1), Günther – Garefrekes, Carlson (Okoyino da Mbabi), Lingor (1), Wimbersky (P. Wunderlich) – Prinz (1), Grings (1) (Smisek 1) – SR: Focic (Kroatien)

266 **Schottland**, 20. 10., Bayreuth, 4:0 gewonnen (WM-Qualifikation): Rottenberg – Stegemann (1), Hingst, Minnert, Günther – Carlson (Okoyino da Mbabi/Bajramaj), Lingor – Garefrekes, Mittag – Grings (1) (M. Müller), Prinz (2) – SR: Hänninen (Finnland)

267 **Schweiz**, 12. 11., Ulm, 4:0 gewonnen (WM-Qualifikation): Rottenberg – Stegemann, Hingst, Jones (1), Minnert – Garefrekes, Carlson (2) (Krahn), Lingor, Mittag (Pohlers) – Prinz, Wimbersky (1) – SR: De Toni (Italien)

2006: 13 Spiele: 11 Siege, 1 Unentschieden, 1 Niederlage

268 **China**, 1. 3., Homburg, 0:1 verloren: Angerer – Stegemann, Jones, Minnert, Fuss (Rech) – Carlson, P. Wunderlich (Okoyino da Mbabi) – Garefrekes, Prinz, Mittag (Pohlers) – M. Müller (Smisek) – SR: Günthner (Deutschland)

269 **Finnland**, 9. 3., Loulé, 5:0 gewonnen (Algarve Cup): Angerer – Stegemann (Rech), Jones (Peter), Krahn, Minnert (Fuss 1) – Garefrekes (1), Carlson (Okoyino da Mbabi), Mittag (Behringer 1) – Pohlers (1), Prinz (1), Smisek (Wimbersky) – SR: De Toni (Italien)

270 **Schweden**, 11. 3., Loulé, 3:0 gewonnen (Algarve Cup): Rottenberg – Stegemann, Jones (Peter), Krahn, Minnert (Fuss) – Garefrekes, Carlson (Okoyino da Mbabi), Mittag – Behringer (1) (Wimbersky 1), Prinz (1), Pohlers (Smisek) – SR: Tovar (Mexiko)

271 **Norwegen**, 13. 3., Faro, 1:0 gewonnen (Algarve Cup): Angerer – Stegemann, Rech (Fuss), Jones (Minnert), Peter (Krahn) – Okoyino da Mbabi (Garefrekes), Carlson (Thomas), Wimbersky (1), Smisek – Behringer, Prinz (Pohlers) – SR: Ionescu (Rumänien)

272 **USA**, 15. 3., Faro, 0:0 unentschieden/4:3 im Elfmeterschiessen (Algarve Cup – Endspiel): Rottenberg – Stegemann, Krahn, Jones, Minnert (Fuss) – Mittag (Behringer), Garefrekes, Carlson (Okoyino da Mbabi), Pohlers – Prinz, Wimbersky – SR: Borg (Schweden) – Tore aus dem Elfmeterschießen: Behringer, Okoyino da Mbabi, Pohlers, Wimbersky

273 **Irland**, 10. 5., Cottbus, 1:0 gewonnen (WM-Qualifikation): Rottenberg – Stegemann, Krahn, Minnert, Fuss (Okoyino da Mbabi) – Hingst, Lingor – Garefrekes, Wimbersky (1) (Smisek), Mittag (M. Müller) – Pohlers – SR: Tvanijonaite (Litauen)

274 **Italien**, 3. 8., Krefeld, 5:0 gewonnen: Rottenberg – Stegemann, Krahn, Hingst, Fuss (Rech) – Pohlers (Bachor 1), Garefrekes (1) (Zietz), Okoyino da Mbabi (Omilade), Mittag (M. Müller 1) – Prinz (2), Smisek (Wimbersky) – SR: Schumacher (Deutschland)

275 **Irland**, 26. 8., Dublin, 3:0 gewonnen (WM-Qualifikation): Rottenberg – Stegemann (Rech), Krahn, Jones, Hingst – Omilade, Lingor (Bachor) – Garefrekes (1), Mittag – Prinz (1), Wimbersky (1) (Pohlers) – SR: Arwedahl (Schweden)

276 **Schweiz**, 30. 8., Schaffhausen, 6:0 gewonnen (WM-Qualifikation): Angerer – Stegemann, Krahn, Jones, Fuss – Garefrekes (1), Omilade, Lingor (1), Pohlers (1) (Mittag/Bachor) – Prinz (1), Wimbersky (1) (M. Müller 1) – SR: Noelle (Frankreich)

277 **Schottland**, 23. 9., Perth, 5:0 gewonnen (WM-Qualifikation): Rottenberg – Stegemann, Krahn (Rech), Hingst, Minnert – Garefrekes (1), Omilade, Lingor (1) (Okoyino da Mbabi), Pohlers (M. Müller) – Prinz (2), Smisek (1) – SR: Basimamovic (Kroatien)

278 **Russland**, 27. 9., Moskau, 3:2 gewonnen (WM-Qualifikation): Rottenberg – Stegemann, Krahn, Hingst, Minnert – Garefrekes (1), Omilade, Lingor (Okoyino da Mbabi), Pohlers (Bachor) – Prinz (1), Smisek (1) (Wimbersky) – SR: Skogvangen (Norwegen)

279 **England**, 25. 10., Aalen, 5:1 gewonnen: Schmetz – Stegemann (1) (Peter), Krahn, Hingst, Minnert (Rech) – Garefrekes, Carlson (Wimbersky), Lingor (M. Müller 1), Bachor (Okoyino da Mbabi 1) – Prinz (1) (Pohlers), Smisek (1) – SR: Beck (Deutschland)

280 **Japan**, 23. 11., Karlsruhe, 6:3 gewonnen: Angerer – Stegemann (Zietz), Krahn (Mittag), Hingst, Peter – Garefrekes (1), Carlson (Fuss), Okoyino da Mbabi (1), Bachor (Pohlers 1) – Prinz (1), Wimbersky (2) – SR: Steinhaus (Deutschland)

2007: 21 Spiele: 13 Siege, 5 Unentschieden, 3 Niederlagen

281 **USA**, 26. 1., Guangzhou, 0:0 unentschieden: Rottenberg – Stegemann, Krahn, Hingst, Peter – Carlson (Omilade), Okoyino da Mbabi, M. Müller (Behringer), Wimbersky – Smisek, Mittag (Bresonik) – SR: Junxia (China)

282 **China**, 28. 1., Guangzhou, 0:0 unentschieden: Ullrich – Stegemann, Krahn, Hingst, Fuss (Rech) – Bajramaj, Omilade, Bresonik, Pohlers (Okoyino da Mbabi) – Wimbersky (Behringer), M. Müller (Mittag) – SR: Rayner (England)

283 **England**, 30. 1., Guangzhou, 0:0 unentschieden: Ullrich – Stegemann, Krahn, Hingst, Zietz (Peter) – Wimbersky (Pohlers), Okoyino da Mbabi, Carlson (Bresonik), Mittag – Bajramaj (Omilade), Smisek (M. Müller) – SR: Ping (China)

284 **Norwegen**, 7. 3., Faro, 1:2 verloren (Algarve-Cup): Ullrich – Stegemann, Hingst, Krahn (Jones), Peter – Okoyino da Mbabi (Omilade), Garefrekes, Lingor (1), Mittag (Wimbersky) – Prinz, Smisek (M. Müller) – SR: Bennett (USA)

285 **Frankreich**, 9. 3., Faro, 0:1 verloren (Algarve-Cup): Holl – Stegemann, Hingst, Jones, Bresonik – Garefrekes (Behringer), Lingor (Omilade), Carlson (Okoyino da Mbabi), Wimbersky (Rech) – Prinz, Smisek (M. Müller) – SR: Fukano (Japan)

286 **Dänemark**, 12. 3., Vilareal de San Antonio, 3:0 gewonnen (Algarve-Cup): Holl – Stegemann, Hingst, Jones, Peter – Garefrekes (M. Müller), Lingor, Carlson (Bresonik), Behringer (1) – Prinz, Mittag (1) – Dazu ein Eigentor von Cederkvist – SR: de Silva (Trinidad & Tobago)

287 **Italien**, 14. 3., Olhão, 0:1 verloren (Algarve-Cup): Ullrich – Stegemann, Krahn, Jones, Peter – Garefrekes, Lingor, Okoyino da Mbabi, Behringer – Prinz, Mittag – SR: Adwonschenko (Russland)

288 **Niederlande**, 12. 4., Wattenscheid, 5:1 gewonnen (EM-Qualifikation): Angerer – Stegemann, Krahn, Hingst, Rech – Garefrekes (1), Bresonik, Lingor (2) (Bartusiak), Bajramaj (Pohlers) – Prinz (1), Mittag (1) (Wimbersky) – SR: Palmqvist (Schweden)

289 **Wales**, 10. 5., Haverfordwest, 6:0 gewonnen (EM-Qualifikation): Angerer – Stegemann (1), Peter, Hingst, Rech (Bartusiak) – Garefrekes (1), Bresonik, Lingor, Bajramaj (Kerschowski) – Prinz (3), Mittag (M. Müller 1) – SR: Svendsen (Dänemark)

290 **Dänemark**, 29. 7., Magdeburg, 4:0 gewonnen: Angerer – Stegemann, Minnert, Hingst, Fuss (Bartusiak) – Garefrekes (Pohlers), Laudehr (Omilade), Lingor, Behringer (Bajramaj 1) – Prinz (1), Smisek (Mittag/M. Müller) – Dazu ein Eigentor von Johansen – SR: Beck (Deutschland)

291 **Tschechien**, 2. 8., Gera, 5:0 gewonnen: Angerer – Stegemann, Minnert (Peter), Hingst, Rech – Garefrekes (1), Laudehr (1), Lingor (Bresonik), Wimbersky (Bajramaj) – Prinz (2), Mittag (M. Müller 1) – SR: Kunick (Deutschland)

292 **Schweiz**, 22. 8., Koblenz, 7:0 gewonnen (EM-Qualifikation): Angerer – Stegemann, Minnert, Hingst, Bresonik (Bartusiak) – Garefrekes (3), Laudehr, Lingor (Fuss), Behringer (2) – Prinz (1), Smisek (1)(Mittag) – SR: Ihringowa (England)

293 **Norwegen**, 30. 8., Mainz, 2:2 unentschieden: Angerer – Stegemann, Minnert, Hingst, Fuss (Peter) – Garefrekes, Bartusiak, Lingor (Bajramaj), Behringer (1) – Prinz (1), Mittag (Wimbersky) – SR: Steinhaus (Deutschland)

294 **Argentinien**, 10. 9., Schanghai, 11:0 gewonnen (WM-Vorrunde): Angerer – Stegemann, Hingst, Minnert, Bresonik – Garefrekes (1) (Mittag), Laudehr (Bartusiak), Lingor (1), Behringer (1) (Wimbersky) – Smisek (3), Prinz (3) – Dazu zwei Eigentore von Correa – SR: Ogston (Australien)

295 **England**, 14. 9., Schanghai, 0:0 unentschieden (WM-Vorrunde): Angerer – Stegemann, Krahn, Hingst, Bresonik – Garefrekes, Laudehr, Lingor, Behringer (Bajramaj) – Prinz, Smisek – SR: Palmqvist (Schweden)

296 **Japan**, 17. 9., Hangtschu, 2:0 gewonnen (WM-Vorrunde): Angerer – Stegemann, Krahn, Hingst, Bresonik – Wimbersky, Garefrekes, Lingor, Behringer (Bajramaj) – Smisek (M. Müller), Prinz (1) – SR: Correa (Kolumbien)

297 **Nordkorea**, 22. 9., Wuhan, 3:0 gewonnen (WM-Viertelfinale): Angerer – Stegemann, Krahn (1), Hingst, Bresonik (Minnert) – Garefrekes (1), Laudehr, Lingor (1), Behringer – Prinz, Smisek (M. Müller) – SR: Ogston (Australien)

298 **Norwegen**, 26. 9., Tiandschin, 3:0 gewonnen (WM-Halbfinale): Angerer – Stegemann (1), Krahn, Hingst, Bresonik (Minnert) – Garefrekes, Laudehr, Lingor, Behringer (Bajramaj) – Prinz, Smisek (M. Müller 1) – Dazu ein Eigentor von Rönning – SR: Damkova (Tschechien)

299 **Brasilien**, 30. 9., Schanghai, 2:0 gewonnen, (WM-Finale): Angerer – Stegemann, Krahn, Hingst, Bresonik – Garefrekes, Laudehr (1), Lingor, Behringer (M. Müller) – Prinz (1), Smisek (Bajramaj) – SR: Ogston (Australien)

300 **Belgien**, 28. 10., Lübeck, 3:0 gewonnen (EM-Qualifikation): Angerer – Stegemann, Krahn, Hingst (Fuss), Minnert (1) – Garefrekes (1), Bartusiak, Bresonik, Behringer (Bajramaj) – M. Müller (Mittag), Prinz (1) – SR: Damjanovic (Kroatien)

301 **Niederlande**, 1. 11., Volendam, 1:0 gewonnen (EM-Qualifikation): Angerer – Stegemann (Peter), Krahn (1), Hingst, Minnert (Fuss) – Garefrekes, Bartusiak (Omilade), Bresonik, Behringer – Mittag, Prinz – SR: de Toni (Italien)

2008: 16 Spiele: 11 Siege, 1 Unentschieden, 4 Niederlagen

302 **China**, 28. 2., Freiburg, 2:0 gewonnen: Angerer – Stegemann, Krahn, Hingst, Peter (Zietz) – Wimbersky (1), Laudehr (Goeßling), Lingor (Bartusiak), Behringer (Pohlers) – Smisek (M. Müller), Prinz (1) – SR: N. Schumacher (Deutschland)
303 **Dänemark**, 5. 3., Faro, 0:1 verloren (Algarve-Cup): Rottenberg – Stegemann, Krahn, Hingst, Zietz – Wimbersky (Behringer), Lingor (Bartusiak), Laudehr, Pohlers (Bachor) – Prinz, M. Müller (Goeßling) – SR: Chenard (Kanada)
304 **Finnland**, 7. 3., Faro, 3:0 gewonnen (Algarve-Cup): Angerer – Stegemann, Omilade, Hingst (Krahn), Bartusiak – Bachor (Pohlers), Goeßling, Lingor (1) (Zietz), Behringer (N. Banecki) – Prinz (2), Wimbersky (M. Müller) – SR: Schett (Österreich)
305 **Schweden**, 10. 3., Santo Antonio, 2:0 gewonnen (Algarve-Cup): Rottenberg (Angerer) – Stegemann, Krahn, Hingst, Peter – Bachor (Wimbersky), Lingor (Goeßling), Laudehr, Behringer – Prinz (1), Smisek (1) (M. Müller) – SR: Savolainen (Finnland)
306 **Norwegen**, 12. 3., Santo Antonio, 0:2 verloren (Algarve-Cup): Angerer – Stegemann, Omilade, Hingst, Peter (Bartusiak) – Lingor, Laudehr – Bachor (Goeßling), Prinz, Behringer (Pohlers) – Smisek (M. Müller) – SR: Chenard (Kanada)
307 **Belgien**, 7. 5., Eupen, 5:0 gewonnen (EM-Qualifikation): Angerer – Stegemann, Krahn, Hingst, Bresonik (1) – Garefrekes (2), Laudehr (Mittag), Bartusiak (Zietz), Behringer (Bajramaj) – Prinz, Pohlers (2) – SR: Ionescu (Rumänien)
308 **Wales**, 29. 5., Kassel, 4:0 gewonnen (EM-Qualifikation): Rottenberg (Angerer) – Stegemann, Krahn (1), Omilade, Bresonik – Garefrekes (Behringer 1), Goeßling, Hingst (1), Bajramaj – Pohlers (1) (M. Müller), Prinz – SR: Cohen (Israel)
309 **England**, 17. 7., Unterhaching, 3:0 gewonnen: Angerer – Stegemann (Peter), Krahn (Bartusiak), Hingst, Bresonik – Laudehr, Lingor (Okoyino da Mbabi) – Garefrekes (Pohlers), Prinz (1), Bajramaj (Behringer 1) – Smisek (1) (Mittag) – SR: Beck (Deutschland)
310 **Norwegen**, 23. 7., Sandefjord, 0:2 verloren: Angerer – Stegemann (Peter), Krahn (Bartusiak), Hingst, Bresonik – Laudehr, Lingor (Okoyino da Mbabi) – Garefrekes (Pohlers), Prinz, Behringer (Bajramaj) – Smisek (Mittag) – SR: Ödlund (Schweden)
311 **Brasilien**, 6. 8., Shenyang, 0:0 unentschieden (Olympia-Vorrunde): Angerer – Stegemann, Krahn, Hingst, Bresonik – Laudehr, Lingor – Garefrekes, Prinz, Behringer (Bajramaj) – Smisek (Okoyino da Mbabi) – SR: Seitz (USA)
312 **Nigeria**, 9. 8., Shenyang, 1:0 gewonnen (Olympia-Vorrunde): Angerer – Stegemann (1), Krahn, Hingst, Bresonik – Laudehr (Okoyino da Mbabi), Lingor – Garefrekes, Prinz, Behringer – Smisek (Mittag) – SR: Palmqvist (Schweden)
313 **Nordkorea**, 12. 8., Tianjin, 1:0 gewonnen (Olympia-Vorrunde): Angerer – Stegemann, Krahn, Hingst, Bresonik – Laudehr, Lingor – Garefrekes, Prinz, Behringer (Bajramaj) – Smisek (Mittag 1) – SR: Ferreira-James (Guyana)
314 **Schweden**, 15. 8., Shenyang, n. V. 2:0 gewonnen (Olympia-Viertelfinale): Angerer – Stegemann, Krahn, Hingst, Bresonik (Peter) – Laudehr (1), Lingor – Garefrekes (1), Prinz, Behringer – Mittag – SR: Damkova (Tschechien)
315 **Brasilien**, 18. 8., Shanghai, 1:4 verloren (Olympia-Halbfinale): Angerer – Stegemann, Krahn, Hingst, Peter – Laudehr, Lingor – Garefrekes, Prinz (1), Behringer (Bajramaj) – Mittag (Okoyino da Mbabi) – SR: Hong (Südkorea)
316 **Japan**, 21. 8., Peking, 2:0 gewonnen (Spiel um den dritten Platz): Angerer – Stegemann, Krahn, Hingst, Peter – Laudehr (Okoyino da Mbabi), Lingor – Garefrekes, Prinz, Behringer (Bajramaj 2) – Smisek (Pohlers) – SR: Alvarez (Argentinien)
317 **Schweiz**, 1. 10., Basel, 3:0 gewonnen (EM-Qualifikation): Angerer – Stegemann, Krahn, Hingst, Peter – Garefrekes (1) (Bachor), Bartusiak, Laudehr (Goeßling), Behringer (1) – Smisek (1) (M. Müller), Mittag – SR: Olander (Estland)

2009: 16 Spiele: 10 Siege, 3 Unentschieden, 3 Niederlagen

318 **China**, 25. 2., Bielefeld, 1:1 unentschieden: Angerer – Bachor (B. Schmidt), Omilade, Bartusiak, Peter – Garefrekes (N. Banecki), Bresonik, Goeßling (Kulig), Behringer – Mittag (M. Müller), Grings (1) (Bajramaj) – SR: Kunick (Deutschland)
319 **Finnland**, 4. 3., Albufeira, 2:0 gewonnen (Algarve-Cup): Angerer – B. Schmidt, Fuss, Bartusiak, Peter (Baunach) – Bresonik, Kulig – Garefrekes (1), Grings (N. Banecki), Bajramaj (Behringer 1) – M. Müller (Mittag) – SR: Chenard (Kanada)

320 **China**, 6. 3., Albufeira, 3:0 gewonnen (Algarve-Cup): Angerer – Bachor (Baunach), Omilade, Bartusiak, Peter (B. Schmidt) – Goeßling (Okoyino da Mbabi), Kulig (1) – Garefrekes (2) (Bajramaj), Mittag (M. Müller), Behringer (N. Banecki) – Grings – SR: Gaal (Ungarn)

321 **Schweden**, 9. 3., Faro, 2:3 verloren (Algarve-Cup): Angerer – Fuss, Omilade, Bartusiak, Peter – Bresonik (Goeßling), Kulig (1) – Garefrekes, Bajramaj (Grings 1), Behringer – M. Müller (Mittag) – SR: Melksham (Australien)

322 **Dänemark**, 11. 3., Faro, 0:1 verloren (Algarve-Cup): Angerer – Fuss, Omilade, Bartusiak, Peter – Bresonik (Goeßling), Kulig – Garefrekes, N. Banecki (M. Müller), Behringer (Bajramaj) – Grings – SR: Palmqvist (Schweden)

323 **Brasilien**, 22. 4., Frankfurt, 1:1 unentschieden: Angerer – B. Schmidt, Krahn (Fuss), Bartusiak, Peter – Bresonik, Kulig – Garefrekes (Laudehr), Bresonik – Prinz (M. Müller), Mittag (1) (Bajramaj) – SR: Palmqvist (Schweden)

324 **Niederlande**, 25. 7., Sinsheim, 6:0 gewonnen: Angerer (Holl) – Bresonik, Bartusiak (Krahn), Hingst, Peter – Garefrekes (Stegemann), Laudehr (1) (Bajramaj), Kulig, Behringer (1) – Prinz (1) (Okoyino da Mbabi 1), Grings (1) (M. Müller) – Dazu ein Eigentor von Geurts – SR: Dr. Hussein (Deutschland)

325 **Japan**, 29. 7., Mannheim, 0:0 unentschieden: Angerer – B. Schmidt (Stegemann), Bartusiak (Krahn), Hingst, Peter (Fuss) – Garefrekes, Laudehr, Bresonik, Bajramaj (Okoyino da Mbabi) – Prinz (Mittag), Grings (Kulig) – SR: Kurtes (Deutschland)

326 **Russland**, 6. 8., Bochum, 3:1 gewonnen: Angerer – Stegemann, Krahn, Hingst (Bartusiak), Peter (Fuss) – Garefrekes (1), Kulig, Bresonik, Laudehr (Bajramaj) – Prinz (M. Müller 1), Grings (Okoyino da Mbabi) – Dazu ein Eigentor von Tsybutovich – SR: Kunick (Deutschland)

327 **Norwegen**, 24. 8., Tampere, 4:0 gewonnen (EM-Vorrunde): Angerer – B. Schmidt, Krahn, Hingst, Peter – Garefrekes (Bajramaj 2), Kulig, Bresonik (1), Behringer (Mittag 1) – Prinz, Grings (Okoyino da Mbabi) – SR: Ihringova (England)

328 **Frankreich**, 27. 8., Tampere, 5:1 gewonnen (EM-Vorrunde): Angerer – B. Schmidt, Krahn (1), Hingst, Peter – Garefrekes, Kulig (Bartusiak), Bresonik (1), Behringer (1) (Laudehr 1) – Prinz, Grings (1) (Okoyino da Mbabi) – SR: Monsul (Ukraine)

329 **Island**, 30. 8., Tampere, 1:0 gewonnen (EM-Vorrunde): Angerer – Fuss (Stegemann), Krahn, Hingst, Peter – Mittag, Bartusiak, Laudehr, Bajramaj – Prinz (Grings 1/Okoyino da Mbabi), M. Müller – SR: Heikkinen (Finnland)

330 **Italien**, 4. 9., Lahti, 2:1 gewonnen (EM-Viertelfinale): Angerer – B. Schmidt (Laudehr), Krahn, Hingst (Fuss), Peter – Garefrekes, Kulig, Bresonik, Behringer – Prinz (M. Müller), Grings (2) – SR: Palmqvist (Schweden)

331 **Norwegen**, 7. 9., Helsinki, 3:1 gewonnen (EM-Halbfinale): Angerer – B. Schmidt (Okoyino da Mbabi 1), Krahn, Bartusiak, Peter – Garefrekes, Kulig, Bresonik (Laudehr 1), Behringer (Bajramaj 1) – Prinz, Grings – SR: Heikkinen (Finnland)

332 **England**, 10. 9., Helsinki, 6:2 gewonnen (EM-Finale): Angerer – Bresonik, Krahn, Bartusiak, Peter – Garefrekes (Bajramaj), Kulig (1), Laudehr, Behringer (1) (Okoyino da Mbabi) – Prinz (2), Grings (2) – SR: Damkova (Tschechien)

333 **USA**, 29. 10., Augsburg, 0:1 verloren: Angerer – Bresonik, Krahn, Bartusiak, Peter – Laudehr, Kulig – Garefrekes (B. Schmidt), Bajramaj (Okoyino da Mbabi), Prinz (M. Müller) – Grings (Mittag) – SR: Gaal (Ungarn)

2010: 9 Spiele: 7 Siege, 2 Niederlagen

334 **Nordkorea**, 17. 2., Duisburg, 3:0 gewonnen: Angerer (Weiß) – Bresonik, Bartusiak, Fuss, Peter – Laudehr (1) (Goeßling), Kulig (Popp) – Bajramaj (1), Prinz (M. Müller), Behringer (Garefrekes) – Mittag (Okoyino da Mbabi 1) – SR: Guillemin (Frankreich)

335 **Dänemark**, 24. 2., Parchal, 4:0 gewonnen (Algarve-Cup): Angerer – Garefrekes (B. Schmidt), Krahn (Grings 2), Bartusiak, Peter – Kulig (Zietz), Goeßling – Bajramaj (Okoyino da Mbabi), Prinz (1), Behringer (1) (Popp) – Mittag (M. Müller) – SR: Pye (Kanada)

336 **Finnland**, 26. 2., Parchal, 7:0 gewonnen (Algarve-Cup): Angerer – B. Schmidt, Krahn (Fuss), Bartusiak, Peter – Goeßling (Keßler 1), Prinz – Garefrekes (Popp 2), Grings (3) (M. Müller 1), Behringer (Bajramaj) – Mittag (Okoyino da Mbabi) – SR: Pedersen (Norwegen)

337 **China**, 1. 3., Faro, 5:0 gewonnen (Algarve-Cup): Holl – B. Schmidt, Krahn (Popp), Fuss, Peter (1) – Goeßling (Zietz 1), Prinz (Keßler) – Garefrekes (1) (Behringer), Mittag (2) (Grings), Bajramaj (M. Müller) – Okoyino da Mbabi – SR: Godinez (Mexiko)

338 **USA**, 3. 3., Faro, 2:3 verloren (Algarve-Cup): Angerer – B. Schmidt, Peter, Fuss, Garefrekes – Goeßling (Zietz), Prinz – Bajramaj (Okoyino da Mbabi), Grings (2), Behringer (M. Müller) – Mittag (Popp) – SR: Heikkinen (Finnland)

339 **USA**, 22. 5., Cleveland, 0:4 verloren: Angerer – Bresonik, Krahn (Omilade), Bartusiak, Fuss – Garefrekes, Hingst (Kulig), Laudehr, Behringer (Okoyino da Mbabi) – Prinz (Popp), Grings – SR: Domka (USA)

340 **Kanada**, 15. 9., Dresden, 5:0 gewonnen: Angerer – Fuss, Goeßling (Henning), Bartusiak, Peter – Laudehr (Hingst), Kulig, Garefrekes (Okoyino da Mbabi 1), Prinz (Behringer 1), Bajramaj (1) (Popp 1) – Grings (1) (Mittag) – SR: Damkova (Tschechien)

341 **Australien**, 28. 10., Wolfsburg, 2:1 gewonnen: Holl – Bartusiak, Goeßling, Fuss (Faißt), Peter – Laudehr, Kulig (M. Müller 1), Bajramaj, Garefrekes (Okoyino da Mbabi) – Prinz (Hingst), Grings (1) (Marozsan) – SR: Schett (Österreich)

342 **Nigeria**, 25. 11., Leverkusen, 8:0 gewonnen: Angerer – Peter, Bartusiak (Henning), Goeßling, Faißt – Laudehr (Bresonik), Hingst – Garefrekes (3) (Mittag), Prinz (2) (Maroszan), Bajramaj (Behringer) – Grings (2) (Popp 1) – SR: Pedersen (Norwegen)

2011: 13 Spiele: 11 Siege, 1 Unentschieden, 1 Niederlage

343 **Nordkorea**, 21. 5., Ingolstadt, 2:0 gewonnen: Angerer – Bresonik, Krahn (Peter), Bartusiak (Goeßling), Faißt – Kulig (1), Laudehr (Hingst) – Garefrekes, Prinz (M. Müller), Behringer (Bajramaj) – Popp (Okoyino da Mbabi 1) – SR: Schett (Österreich)

344 **Italien**, 3. 6., Osnabrück, 5:0 gewonnen: Angerer – Bresonik, Bartusiak (Goeßling), Krahn, Peter – Laudehr, Kulig (1) (Hingst) – Garefrekes (M. Müller), Prinz (Okoyino da Mbabi 1), Behringer (Bajramaj) – Grings (Popp 2) – Dazu ein Eigentor von D'Adda – SR: Ihringova (England)

345 **Niederlande**, 7. 6., Aachen, 5:0 gewonnen: Angerer – Schmidt, Krahn (Goeßling), Bartusiak, Peter – Kulig (1), Laudehr (1) (Hingst) – Garefrekes (Grings 1), Prinz (Popp 1), Bajramaj (Behringer) – Okoyino da Mbabi (1) (M. Müller) – SR: Ihringova (England)

346 **Norwegen**, 16. 6., Mainz, 3:0 gewonnen: Angerer – Bresonik, Krahn (Goeßling), Bartusiak, Peter – Laudehr (1), Kulig (Hingst) – Garefrekes (Behringer), Prinz (Bajramaj), Okoyino da Mbabi (M. Müller) – Grings (Popp 2) – SR: Hong (Südkorea)

347 **Kanada**, 26. 6., Berlin, 2:1 gewonnen (WM-Vorrunde): Angerer – Bresonik, Krahn, Bartusiak, Peter – Kulig, Laudehr – Garefrekes (1), Okoyino da Mbabi (1) (Grings), Behringer (Bajramaj) – Prinz (Popp) – SR: Melksham (Australien)

348 **Nigeria**, 30. 6., Frankfurt, 1:0 gewonnen (WM-Vorrunde): Angerer – Bresonik, Krahn, Bartusiak, Peter – Kulig, Laudehr (1) – Garefrekes, Okoyino da Mbabi (Bajramaj), Behringer (Popp) – Prinz (Grings) – SR: Cha (Südkorea)

349 **Frankreich**, 5. 7., Mönchengladbach, 4:2 gewonnen (WM-Vorrunde): Angerer – B. Schmidt, Krahn (Popp), Bartusiak, Peter – Laudehr (Hingst), Goeßling – Garefrekes (1), Okoyino da Mbabi (1), Bajramaj – Grings (2) – SR: Heikkinen (Finnland)

350 **Japan**, 9. 7., Wolfsburg, 0:1 verloren (WM-Viertelfinale): Angerer – Bresonik (Goeßling), Krahn, Bartusiak, Peter – Laudehr, Kulig (B. Schmidt) – Garefrekes, Okoyino da Mbabi, Behringer – Grings (Popp) – SR: Quetzalli Alvarado (Mexiko)

351 **Schweiz**, 17. 9., Augsburg, 4:1 gewonnen (EM-Qualifikation): Angerer – Schmidt, Krahn, Bartusiak, Peter (Faißt) – Laudehr, Goeßling – Bresonik (1), Bajramaj (2), Behringer – Popp (M. Müller 1) – SR: Tea Spinelli (Italien)

352 **Rumänien**, 22. 10., Bukarest, 3:0 gewonnen (EM-Qualifikation): Angerer – Schmidt, Krahn, Peter, Faißt – Laudehr, Goeßling (1) (Odebrecht) – Bresonik (Mittag), Bajramaj (1) (Popp), Behringer (1) – Grings – SR: Adamkova (Tschechien)

353 **Schweden**, 26. 10., Hamburg, 1:0 gewonnen: Angerer – Schmidt, Krahn, Bartusiak, Faißt – Laudehr, Goeßling – Bresonik (Mittag), Bajramaj (M. Müller), Behringer (Huth) – Grings (Popp 1) – SR: Mitsi (Griechenland)

354 **Kasachstan**, 19. 11., Wiesbaden, 17:0 gewonnen (EM-Qualifikation): Angerer – Peter (3), Goeßling, Bartusiak, Faißt – Odebrecht, Laudehr (2) – Bajramaj (1), Okoyino da Mbabi (4) (Maroszan), Behringer (1) (Mittag) – Popp (4) (M. Müller 2) – SR: Vitulano (Italien)

355 **Spanien**, 24. 11., Motril, 2:2 unentschieden (EM-Qualifikation): Angerer – Schmidt, Bartusiak (Krahn), Goeßling, Peter – Laudehr, Odebrecht – Behringer, Okoyino da Mbabi (M. Müller), Bajramaj – Popp – Dazu ein Eigentor von Garcia – SR: Monsul (Ukraine)

2012: 13 Spiele: 10 Siege, 3 Unentschieden

356 **Türkei**, 15. 2., Izmir, 5:0 gewonnen (EM-Qualifikation): Schult – Peter, Goeßling, Bartusiak, Faißt – Odebrecht, Marozsan (1) – Bresonik (Huth), Behringer (2), Okoyino da Mbabi (1) (Mittag) – Popp (M. Müller) – SR: Kuzmanovic (Serbien)

357 **Island**, 29. 2., Lagos, 1:0 gewonnen (Algarve-Cup): Schult – Bresonik, Krahn, Henning, Peter – Odebrecht, Goeßling (Bartusiak) – Mittag (1) (Huth), Okoyino da Mbabi, Behringer – Popp (Lotzen) – SR: Adamkova (Tschechien)

358 **China**, 2. 3., Vila Real de Santo Antonio, 1:0 gewonnen (Algarve-Cup): Schult – B. Schmidt (Wensing), Krahn, Henning, Peter (Faißt) – Odebrecht (Bartusiak), Goeßling (Huth) – Bresonik, Okoyino da Mbabi (Popp), Behringer (1) – Mittag (Lotzen) – SR: Kulcsar (Ungarn)

359 **Schweden**, 5. 3., Parchal, 4:0 gewonnen (Algarve-Cup): Schult – B. Schmidt, Krahn (Bartusiak), Henning, Peter – Odebrecht, Goeßling (Wensing) – Bresonik (Huth), Okoyino da Mbabi (3) (Lotzen), Behringer (Faißt) – Mittag (Popp 1) – SR: Vitulano (Italien)

360 **Japan**, 7. 3., Faro, 4:3 gewonnen (Algarve-Cup, Finale): Schult – B. Schmidt, Krahn, Henning, Peter – Odebrecht, Goeßling (Bartusiak) – Mittag (Huth), Marozsan (1) (Popp), Behringer – Okoyino da Mbabi (3) – SR: Domka (USA)

361 **Spanien**, 31.3., Mannheim, 5:0 gewonnen (EM-Qualifikation): Schult – B. Schmidt, Krahn, Henning, Peter – Odebrecht, Goeßling (Marozsan) – Bresonik (Popp 1), Mittag, Behringer (Bajramaj) – Okoyino da Mbabi (4) – SR: Mitsi (Griechenland)

362 **Schweiz**, 5. 4., Aarau, 6:0 gewonnen (EM-Qualifikation): Schult – Bresonik, Krahn, Bartusiak, Peter – Odebrecht, Goeßling (Henning) – Bajramaj, Okoyino da Mbabi (4), Behringer – Mittag (1) (Popp) – Dazu ein Eigentor von Egli – SR: Schett (Österreich)

363 **Rumänien**, 31. 5., Bielefeld, 5:0 gewonnen (EM-Qualifikation): Schult – B. Schmidt (Henning), Goeßling, Bartusiak, Peter – Odebrecht (Huth), Laudehr – Bresonik – Marozsan (1), Behringer (Krahn) – Popp (3) – SR: Ihringova (England)

364 **Kasachstan**, 15. 9., Karaganda, 7:0 gewonnen (EM-Qualifikation): Angerer – B. Schmidt (1), Goeßling (1), Bartusiak, Peter – Odebrecht (1) (Krahn), Laudehr – Bajramaj, Mittag (1) (Kulig), Behringer – Okoyino da Mbabi (2) (M. Müller 1) – SR: Larsen (Norwegen)

365 **Türkei**, 19. 9., Duisburg, 10:0 gewonnen (EM-Qualifikation): Angerer – B. Schmidt, Goeßling, Bartusiak, Peter – Laudehr (1), Odebrecht (Kulig) – Bajramaj (1), Mittag (1) (M. Müller 3), Behringer (2) – Okoyino da Mbabi (2) – SR: Avdonchenko (Russland)

366 **USA**, 20. 10., Bridgeview, 1:1 unentschieden: Angerer – B. Schmidt (Wensing), Krahn, Bartusiak, Peter – Odebrecht (Kulig), Laudehr – Bresonik (Huth), Marozsan, Behringer (Faißt) – Mittag (1) (Popp) – SR: Domka (USA)

367 **USA**, 24. 10., East Hartford, 2:2 unentschieden: Angerer – Wensing, Krahn, Bartusiak, Peter – Goeßling, Laudehr (Odebrecht) – Bresonik, Mittag (Lotzen), Faißt – Popp (Maroszan 2) – SR: Chenard (Kanada)

368 **Frankreich**, 29. 11., Halle, 1:1 unentschieden: Angerer – B. Schmidt, Krahn, Bartusiak (Henning), Peter – Goeßling (Keßler), Laudehr – Bresonik (Odebrecht), Mittag (M. Müller), Faißt (1) (Behringer) – Okoyino da Mbabi (Lotzen) – SR: Haikkinen (Finnland)

2013: 20 Spiele: 14 Siege, 4 Unentschieden, 2 Niederlagen

369 **Frankreich**, 13. 2., Straßburg, 3:3 unentschieden: Schult – B. Schmidt (1), Krahn (Wensing), Bartusiak, Peter – Kulig (Goeßling), Keßler (2) – Mittag (Maier), Maroszan, Faißt (Huth) – Okoyino da Mbabi – SR: Larsson (Schweden)

370 **Dänemark**, 6. 3., 0:0 unentschieden (Algarve-Cup): Angerer – Bresonik, Wensing, Bartusiak, Peter – Keßler (Goeßling), Kulig (Odebrecht) – Behringer (Lotzen), Bajramaj, Faißt (Maier) – Mittag (Huth) – SR: Mitsi (Griechenland)

371 **Japan**, 8. 3., Parchal, 2:1 gewonnen (Algarve-Cup): Schult – Faißt (1) (Huth), Wensing, Bartusiak, Peter – Keßler (Odebrecht), Goeßling – Mittag (Kerschowski), Maroszan (1), Maier – Okoyino da Mbabi (Popp) – SR: Domka (USA)

372 **Norwegen**, 11. 3., Lagos, 2:0 gewonnen (Algarve-Cup): Angerer – Maier, Wensing (Cramer), Henning, Peter – Odebrecht, Goeßling – Mittag (Huth), Marozsan (Keßler 1), Faißt (Behringer) – Okoyino da Mbabi (1) (Popp) – SR: Di Iorio (Argentinien)

373 **USA**, 13. 3., Faro, 0:2 verloren (Algarve-Cup, Finale): Schult – Maier, Wensing, Henning, Peter (Cramer) – Odebrecht (Keßler/Bresonik), Goeßling – Mittag (Popp), Marozsan (Lotzen), Faißt (Huth) – Okoyino da Mbabi – SR: Chenard (Kanada)

374 **USA**, 5. 4., Offenbach, 3:3 unentschieden: Angerer – Maier, Wensing, Bartusiak, Peter (B. Schmidt) – Keßler, Kulig (1) – Bresonik (Mittag 1), Marozsan (Popp), Behringer (Faißt) – Okoyino da Mbabi (1) – SR: Pedersen (Norwegen)

375 **Schottland**, 15. 6., Essen, 3:0 gewonnen: Angerer – B. Schmidt (Wensing), Krahn, Bartusiak, Peter (Cramer) – Keßler (Laudehr), Goeßling (1) – Mittag, Marozsan (Huth), Maier (Bajramaj) – Okoyino da Mbabi (2) (Lotzen) – SR: Guillemin (Frankreich)

376 **Kanada**, 19. 6., Paderborn, 1:0 gewonnen: Angerer – Maier (1), Krahn (Henning), Bartusiak (Wensing), Cramer – Keßler, Goeßling (Laudehr) – Lotzen (Bajramaj), Marozsan, Mittag (Leupolz) – Okoyino da Mbabi (Linden) – SR: Larsson (Schweden)

377 **Japan**, 29. 6., München, 4:2 gewonnen: Angerer – Maier (1) (Huth), Wensing, Bartusiak, Cramer (Henning) – Keßler (Däbritz), Goeßling – Lotzen (Bajramaj), Marozsan (Laudehr 1), Mittag (Leupolz) – Okoyino da Mbabi (2) – SR: Ihringova (England)

378 **Niederlande**, 11. 7., Växjö, 0:0 unentschieden (EM-Vorrunde): Angerer – Maier, Krahn, Bartusiak, Cramer – Keßler (Laudehr), Goeßling – Lotzen (Leupolz), Marozsan, Mittag – Okoyino da Mbabi – SR: Spinelli (Italien)

379 **Island**, 14. 7., Växjö, 3:0 gewonnen (EM-Vorrunde): Angerer – Maier, Krahn, Bartusiak, Cramer – Keßler, Goeßling (Laudehr) – Lotzen (1) (Bajramaj), Marozsan (Mittag), Leupolz – Okoyino da Mbabi (2) – SR: Heikkinen (Finnland)

380 **Norwegen**, 17. 7., Kalmar, 0:1 verloren (EM-Vorrunde): Angerer – Wensing, Krahn, Bartusiak, Maier – Keßler, Laudehr (Behringer) – Lotzen (Däbritz), Marozsan, Leupolz (Mittag) – Okoyino da Mbabi – SR: Staubli (Schweiz)

381 **Italien**, 21. 7., Växjö, 1:0 gewonnen (EM-Viertelfinale): Angerer – Maier, Krahn, Bartusiak, Cramer – Keßler, Goeßling – Lotzen, Mittag (Marozsan), Laudehr (1) – Okoyino da Mbabi (Däbritz) – SR: Kolcsar (Ungarn)

382 **Schweden**, 24. 7., Göteborg, 1:0 gewonnen (EM-Halbfinale): Angerer – Maier, Krahn, Bartusiak, Cramer – Keßler, Goeßling – Lotzen (Leupolz), Marozsan (1) (B. Schmidt), Laudehr – Mittag – SR: Staubli (Schweiz)

383 **Norwegen**, 28. 7., Solna, 1:0 gewonnen (EM-Finale): Angerer – Maier, Krahn, Bartusiak, Cramer – Keßler, Goeßling – Lotzen (Mittag 1), Marozsan, Laudehr (B. Schmidt) – Okoyino da Mbabi – SR: Dorcioman (Rumänien)

384 **Russland**, 21. 9., Cottbus, 9:0 gewonnen (WM-Qualifikation): Angerer – B. Schmidt (1), Krahn, Bartusiak, Maier – Keßler (2), Goeßling (1) – Lotzen (Bajramaj 1), Marozsan (2), Laudehr (Leupolz 1) – Sasic (1) (Däbritz) – SR: Adamkova (Tschechien)

385 **Slowenien**, 26. 10., Koper, 13:0 gewonnen (WM-Qualifikation): Angerer – B. Schmidt (Behringer), Krahn (1), Bartusiak, Maier (1) – Marozsan, Goeßling (2) – Bajramaj (1), Mittag (3) (Däbritz), Laudehr (1) – Sasic (3) (Popp 1) – SR: Rayner (England)

386 **Kroatien**, 30. 10., Frankfurt, 4:0 gewonnen (WM-Qualifikation): Angerer – Wensing (1), Krahn, Bartusiak, Maier – Marozsan, Goeßling – Laudehr (Däbritz), Mittag (Leupolz), Behringer (Popp) – Sasic (1) – Dazu zwei Eigentore von Moulton – SR: Lehtovaara (Finnland)

387 **Slowakei**, 23. 11., Zilina, 6:0 gewonnen (WM-Qualifikation): Schult – . B. Schmidt, Krahn, Bartusiak, Maier – Keßler (2), Leupolz (Popp 1) – Mittag (2), Marozsan (1), Laudehr (Bajramaj) – Sasic (Däbritz) – SR: Martinez (Spanien)

388 **Kroatien**, 27. 11., Osijek, 8:0 gewonnen (WM-Qualifikation): Schult – B. Schmidt, Krahn, Bartusiak (1), Maier (Kemme) – Keßler – Bajramaj (Behringer), Marozsan (4), Mittag (1) – Sasic (1) (Popp 1) – SR: Medwedewa-Keldjuschewa (Russland)

2014: 13 Spiele: 12 Siege, 1 Niederlage

389 **Island**, 5. 3., Albufeira, 5:0 gewonnen (Algarve-Cup): Angerer – B. Schmidt, Krahn, Wensing, Maier – Keßler (Leupolz), Goeßling (1) (Hendrich) – Mittag (Popp 1), Marozsan (2) (Däbritz), Laudehr (Behringer) – Sasic (1) (Alushi) – SR: Frappart (Frankreich)

390 **China**, 7. 3., Albufeira, 1:0 gewonnen (Algarve-Cup): Schult – Kemme (B. Schmidt), Krahn, Henning, Maier – Keßler (Leupolz), Goeßling – Alushi (Däbritz), Marozsan (Mittag 1), Popp (Laudehr) – Sasic – SR: Dickson (Kanada)

391 **Norwegen**, 10. 3., Albufeira, 3:1 gewonnen (Algarve-Cup): Angerer – B. Schmidt, Krahn, Peter, Cramer (Kemme) – Marozsan (1) (Leupold), Goeßling (Keßler) – Laudehr (1) (Alushi), Mittag (1) (Däbritz), Behringer (Sasic) – Popp – SR: Dorcioman (Rumänien)

392 **Japan**, 12. 3., Faro, 3:0 gewonnen (Algarve-Cup, Finale): Schult – B. Schmidt, Krahn (Wensing), Henning, Kemme – Marozsan (1) (Behringer), Goeßling (Keßler 1) – Alushi, Mittag (1), Laudehr (Leupolz) – Sasic (Däbritz) – SR: Mitsi (Griechenland)

393 **Irland**, 5. 4., Dublin, 3:2 gewonnen (WM-Qualifikation): Angerer – B. Schmidt, Krahn, Henning, Kemme (Lotzen 1) – Keßler (Popp), Goeßling – Laudehr (1), Marozsan, Behringer (Leupolz 1) – Mittag – SR: Vitulano (Italien)

394 **Slowenien**, 10. 4., Mannheim, 4:0 gewonnen (WM-Qualifikation): Angerer – B. Schmidt (Laudehr), Henning, Goeßling, Hendrich – Keßler, Marozsan – Lotzen (1), Mittag (2), Leupolz (1) (Popp) – Sasic (Bremer) – SR: Bastos (Portugal)

395 **Slowakei**, 8. 5., Osnabrück, 9:1 gewonnen (WM-Qualifikation): Schult – Kemme, Henning, Krahn, B. Schmidt – Marozsan (1) (Laudehr 1), Keßler (1) (Goeßling) – Leupolz (1), Alushi (3), Lotzen (Behringer) – Mittag (2) – SR: Zinck (Frankreich)

396 **Kanada**, 19. 6., Vancouver, 2:1 gewonnen: Angerer – B. Schmidt, Krahn, Wensing (Goeßling), Cramer (Hendrich) – Keßler, Marozsan – Lotzen (1), Mittag (Faißt), Laudehr (1) (Behringer) – Popp – SR: Domka (USA)

397 **Russland**, 13. 9., Moskau, 4:1 gewonnen (WM-Qualifikation): Angerer – Hendrich, Krahn, Henning, Cramer (Peter) – Marozsan, Goeßling – Laudehr (1), Mittag (Leupolz), Behringer – Sasic (3) (Huth) – SR: Larsson (Schweden)
398 **Irland**, 17. 9., Heidenheim, 2:0 gewonnen (WM-Qualifikation): Angerer – Kemme, Peter, Krahn, Hendrich – Marozsan, Behringer (1) – Laudehr (Faißt), Mittag (1), Leupolz (Henning) – Sasic (Alushi) – SR: Monzul (Ukraine)
399 **Frankreich**, 25. 10., Offenbach, 0:2 verloren: Angerer – Schmidt, Krahn, Peter (Henning), Hendrich – Marozsan (Leupolz), Behringer – Alushi (Bremer), Mittag (Popp), Laudehr – Sasic (Faißt) – SR: Palmqvist (Schweden)
400 **Schweden**, 29. 10., Örebro, 2:1 gewonnen: Angerer – Kemme (Wensing), Krahn, Henning, Cramer – Leupolz, Marozsan (1) – Alushi (Popp 1), Mittag (Faißt), Laudehr – Sasic (Bremer) – SR: Sörö (Norwegen)
401 **England**, 23. 11., London, 3:0 gewonnen: Schult – Kemme (Wensing), Henning, Krahn, Cramer (Peter) – Behringer (Marozsan), Goeßling – Leupolz (Mittag), Popp, Laudehr (Bremer) – Sasic (2) (Faißt) – Dazu ein Eigentor von Scott – SR: Staubli (Schweiz)

2015: 18 Spiele: 12 Siege, 3 Unentschieden, 3 Niederlagen

402 **Schweden**, 4. 3., Vila Real de Santo Antonio, 2:4 verloren (Algarve-Cup): Angerer – Hendrich (Kemme), Krahn, Wensing, Cramer – Goeßling (Leupolz), Marozsan (1) – Alushi (Mittag), Popp (Faißt), Laudehr (1) – Sasic – SR: Vitulano (Italien)
403 **China**, 6. 3., Vila Real de Santo Antonio, 2:0 gewonnen (Algarve-Cup): Schult – Kemme (Cramer), Krahn (Wensing/Gidion), Peter, Maier – Leupolz (Marozsan), Däbritz – Alushi (Blässe), Mittag (1), Laudehr (Popp 1) – Petermann – SR: Venegas (Mexiko)
404 **Brasilien**, 9. 3., Parchal, 3:1 gewonnen (Algarve-Cup): Schult – Maier, Krahn (Goeßling), Peter, Cramer – Leupolz (Däbritz), Marozsan (1) – Alushi, Popp (1) (Mittag), Laudehr (Faißt) – Sasic (1) – SR: Borjas (Honduras)
405 **Schweden**, 11. 3., Parchal, 2:1 gewonnen (Algarve-Cup, Spiel um den dritten Platz): Schult – Hendrich (Cramer), Krahn, Peter, Kemme – Goeßling, Däbritz (Leupolz) – Alushi (Faißt), Mittag (1), Laudehr (Popp 1) – Petermann (Sasic) – SR: Qin (China)
406 **Brasilien**, 8. 4., Fürth, 4:0 gewonnen: Angerer – Kemme, Krahn, Peter (Henning), Cramer (Gidion) – Marozsan (1), Däbritz – Leupolz (1), Popp (Blässe), Laudehr (1) (Behringer) – Sasic (1) (Mittag) – SR: Hussein (Deutschland)
407 **Schweiz**, 27. 5., Baden, 3:1 gewonnen: Angerer – Maier, Krahn, Bartusiak (Peter), Cramer – Leupolz, Goeßling (Däbritz) – Laudehr (1) (Lotzen), Popp (Bremer), Mittag (Marozsan 2) – Sasic (Behringer) – SR: Adamkova (Tschechien)
408 **Elfenbeinküste**, 7. 6., Ottawa, 10:0 gewonnen (WM-Vorrunde): Angerer – Maier, Krahn, Bartusiak, Kemme – Goeßling, Leupolz (Behringer 1) – Laudehr (1) (Petermann), Mittag (3), Popp (1) – Sasic (3) (Däbritz 1) – SR: Chenard (Kanada)
409 **Norwegen**, 11. 6., Ottawa, 1:1 unentschieden (WM-Vorrunde): Angerer – Maier, Krahn, Bartusiak, Kemme – Goeßling, Marozsan Laudehr (Lotzen), Mittag (1) (Bremer), Popp (Däbritz) – Sasic – SR: Albon (Rumänien)
410 **Thailand**, 15. 6., Winnipeg, 4:0 gewonnen (WM-Vorrunde): Angerer – B. Schmidt, Krahn (Henning), Peter, Cramer – Behringer, Leupolz (1) – Lotzen, Marozsan (Petermann 2), Däbritz (1) – Sasic (Mittag) – SR: Lengwe (Sambia)
411 **Schweden**, 20. 6., Ottawa, 4:1 gewonnen (WM-Achtelfinale): Angerer – Maier, Krahn, Bartusiak, Kemme (Cramer) – Goeßling, Leupolz (Marozsan 1) – Laudehr, Mittag (1), Popp (Lotzen) – Sasic (2) – SR: Ri (Nordkorea)
412 **Frankreich**, 26. 6., Montreal, n. V. 1:1 unentschieden/5:4 im Elfmeterschiessen (WM-Viertelfinale): Angerer – Maier, Krahn, Peter, Kemme – Goeßling (Behringer), Leupolz – Laudehr, Mittag (Marozsan), Popp (Däbritz) – Sasic (1) – SR: Chenard (Kanada)
413 **USA**, 1. 7., Montreal, 0:2 verloren (WM-Halbfinale): Angerer – Maier, Bartusiak, Krahn, Kemme – Leupolz, Goeßling – Laudehr, Mittag (Marozsan), Popp – Sasic – SR: Albon (Rumänien)
414 **England**, 4. 7., Edmonton, n. V. 0:1 verloren (WM, Spiel um den dritten Platz): Angerer – B. Schmidt, Peter, Bartusiak, Kemme – Goeßling (Popp), Behringer (Leupolz) – Laudehr, Däbritz – Petermann, Sasic (Mittag) – SR: Ri (Nordkorea)
415 **Ungarn**, 18. 9., Halle, 12:0 gewonnen (EM-Qualifikation): Schult – Krahn (Leupolz 1), Behringer (1), Bartusiak, Bremer (3) – Goeßling (2), Laudehr (1) – Maier (1), Kemme (1) (Blässe), Mittag (Däbritz) – Popp (2) – SR: Persson (Schweden)
416 **Kroatien**, 22. 9., Zagreb, 1:0 gewonnen (EM-Qualifikation): Schult – Krahn, Behringer, Bartusiak, Bremer – Goeßling, Laudehr (Leupolz) – Maier, Kemme (B. Schmidt), Mittag – Popp (1) (Däbritz) – SR: Bonnin (Frankreich)

417 **Russland**, 22. 10., Wiesbaden, 2:0 gewonnen (EM-Qualifikation): Schult – Maier (1), Krahn (Demann), Bartusiak, Kemme – Goeßling, Behringer – Leupolz (Blässe), Islacker (1) (Magull), Däbritz – Mittag – SR: Mitsi (Griechenland)
418 **Türkei**, 25. 10., Sandhausen, 7:0 gewonnen (EM-Qualifikation): Schult – Maier, Krahn (Demann), Bartusiak, Kemme – Leupolz, Goeßling, Behringer (1) (Blässe), Däbritz (2) – Islacker (1) (Magull 2), Mittag (1) – SR: Daly (Irland)
419 **England**, 26. 11., Duisburg, 0:0 unentschieden: Benkarth – Maier, Krahn, Peter, Rauch – Goeßling, Behringer (Leupolz) – Blässe (Däbritz), Magull (Islacker), Laudehr (Kemme) – Mittag (Marozsan) – SR: Staubli (Schweiz)

2015: 18 Spiele: 12 Siege, 3 Unentschieden, 3 Niederlagen

420 **Frankreich**, 3. 3., Tampa, 1:0 gewonnen (SheBelieves Cup): Schult – Maier (1), Krahn (Henning), Bartusiak, Doorsoun – Goeßling, Behringer (Kemme) – Kerschowski (Blässe), Marozsan, Däbritz (Huth) – Mittag (Popp) – SR: Borjas (Honduras)
421 **England**, 6. 3., Nashville, 2:1 gewonnen (SheBelieves Cup): Benkarth – Hendrich, Bartusiak, Henning (Peter 1), Kemme (Maier) – Marozsan (Däbritz), Behringer (Goeßling) – Blässe, Popp, Kerschowski (Mittag) – Islacker (Magull) – Dazu ein Eigentor von Flaherty – SR: Koroleva (USA)
422 **USA**, 10. 3., Boca Raton, 1:2 verloren (SheBelieves Cup): Schult – Maier, Peter, Bartusiak, Kemme (Huth) – Marozsan, Behringer (Goeßling) – Blässe, Mittag (Islacker), Kerschowski (1) (Petermann) – Popp – SR: Chenard (Kanada)
423 **Türkei**, 8. 4., Istanbul, 6:0 gewonnen (EM-Qualifikation): Schult – Maier, Krahn, Bartusiak, Hendrich – Blässe (Huth), Marozsan (Leupolz), Däbritz, Kerschowski (3) – Popp (2), Mittag (1) (Islacker) – SR: Guillemin (Frankreich)
424 **Kroatien**, 12.4., Osnabrück, 2:0 gewonnen (EM-Qualifikation): Schult – Maier, Peter, Bartusiak, Kemme – Marozsan (1), Däbritz – Bremer (Leupolz), Kerschowski (Huth) – Popp, Mittag (1) (Islacker) – SR: Soro (Norwegen)
425 **Ghana**, 22. 7., Paderborn, 11:0 gewonnen: Schult – Kerschowski (Kemme), Krahn (Peter), Bartusiak (1), Maier (Henning) – Marozsan (2), Behringer, Däbritz (1) (Magull) – Mittag (4) (Leupolz), Popp (1), Laudehr (Islacker 1) – Dazu ein Eigentor von Abobea – SR: Lehtovaara (Finnland)
426 **Simbabwe**, 3. 8., Sao Paulo, 6:1 gewonnen (Olympia-Vorrunde): Schult – Kerschowski (Kemme), Bartusiak, Krahn, Maier – Behringer (2) – Däbritz (1), Marozsan, Mittag (Goeßling), Laudehr (Leupolz) – Popp (1) – Dazu ein Eigentor von Chibanda – SR: Gani (Malaysia)
427 **Australien**, 6. 8., Sao Paulo, 2:2 unentschieden (Olympia-Vorrunde): Schult – Maier, Krahn (Henning), Bartusiak, Kemme – Marozsan (Goeßling), Behringer, Däbritz (1) – Leupolz, Mittag (Kerschowski), Popp – Dazu ein Eigentor von Polkinghorne – SR: Keighley (Neuseeland)
428 **Kanada**, 9. 8., Brasilia, 1:2 verloren (Olympia-Vorrunde): Schult – Henning (Krahn), Peter, Bartusiak, Kemme – Goeßling, Behringer (1) – Kerschowski (Leupolz), Marozsan (Popp), Islacker – Mittag – SR: Ri (Nordkorea)
429 **China**, 12. 8., Salvador, 1:0 gewonnen (Olympia-Viertelfinale): Schult – Maier, Krahn, Bartusiak, Kemme – Däbritz, Behringer (1) – Leupolz (Huth), Marozsan (Goeßling), Mittag – Popp (Islacker) – SR: Monzul (Kroatien)
430 **Kanada**, 16. 8., Belo Horizonte, 2:0 gewonnen (Olympia-Halbfinale): Schult – Maier, Krahn, Bartusiak, Kemme – Behringer (1), Däbritz (1) – Leupolz (Islacker), Mittag (Kerschowski), Marozsan (Goeßling) – Popp – SR: Ri (Nordkorea)
431 **Schweden**, 19.8., Rio de Janeiro, 2:1 gewonnen (Olympia-Finale): Schult – Maier, Krahn, Bartusiak, Kemme – Marozsan (1), Behringer (Goeßling) – Leupolz, Mittag, Däbritz (Huth) – Popp – Dazu ein Eigentor von Sembrant – SR: Chenard (Kanada)

Zu Frauen-Länderspielen wurden berufen:

2 **Alter** Sandra, 10. 1. 1972 (KBC Duisburg) 1991 SUI, HUN
79 **Alushi** (geb. Bajramaj) Fatmire Lira, 1. 4. 1988 (FCR Duisburg 27, Turbine Potsdam 23, 1. FFC Frankfurt 22, Paris Saint-Germain 7) 2005 SCO – 2007 CHN, ENG, NED, WAL, DEN, CZE, NOR, ENG, JAP, NOR, BRA, BEL – 2008 BEL, WAL, ENG, NOR, BRA, PRK, BRA, JPN – 2009 CHN, FIN, CHN, SWE, DEN, BRA, NED, JPN, RUS, NOR, ISL, NOR, ENG, USA – 2010 PRK, DEN, FIN, CHN, USA, CAN, AUS, NGA – 2011 PRK, ITA, NED, NOR, CAN, NGA, FRA, SUI, ROU, SWE, KAZ, ESP – 2012 ESP, SUI, KAZ, TUR – 2013 SCO, CAN, JPN, ISL, RUS, SVN, SVK, CRO – 2014 ISL, CHN, NOR, JPN, SVK, IRL, FRA, SWE – 2015 SWE, CHN, BRA, SWE
146 **Angerer** Nadine, 10. 11. 1978 (1. FC Nürnberg 2, Wacker München 9, Bayern München 3, Turbine Potsdam 42, Djurgardens IF 15, 1. FFC Frankfurt 53, Brisbane Roar 7, Portland Thorns 15) 1996 NED, ISL, ISL, ITA – 1997 ENG, CHN, DEN – 1998 USA – 1999 TUR, CHN, SUI – 2000 NOR – 2001 CHN, CAN, JPN, POR – 2002 CHN, NOR, CHN, SWE, NOR, DEN, RUS – 2003 USA, CHN, FRA, DEN, POR – 2004 CHN, UKR, CZE – 2005 AUS, CHN, SWE, NOR, CAN, CAN – 2006 CHN, FIN, NOR, SUI, JPN – 2007 NED, WAL, DEN, CZE, SUI, NOR, ARG, ENG, JAP, PRK, NOR, BRA, BEL, NED – 2008 CHN, FIN, SWE, NOR, BEL, WAL, ENG, NOR, BRA, NGA, PRK, SWE, BRA, JPN, SUI – 2009 CHN, FIN, CHN, SWE, DEN, BRA, NED, JPN, RUS, NOR, FRA, ISL, ITA, NOR, ENG, USA – 2010 PRK, DEN, FIN, USA, USA, CAN, NGA – 2011 PRK, ITA, NED, NOR, CAN, NGA, FRA, JPN, SUI, ROU, SWE, KAZ, ESP – 2012 KAZ, TUR, USA, USA, FRA – 2013 DEN, NOR, USA, SCO, CAN, JPN, NED, ISL, NOR, ITA, SWE, NOR, RUS, SVN, CRO – 2014 ISL, NOR, IRL, SVN, CAN, RUS, IRL, FRA, SWE – 2015 SWE, BRA, SUI, CIV, NOR, THA, SWE, FRA, USA, ENG
58 **Austermühl** Birgitt, 8. 10. 1965 (TSV Battenberg 19, TSV Calden 7, FSV Frankfurt 32) 1991 HUN, BEL, NGA, TPE, ITA, DEN, USA – 1992 ITA, YUG, FRA, URS – 1993 SWE, FRA, USA, USA, SUI, ITA, DEN, SWE, NOR, SUI, RUS, POL – 1994 WAL, KRO, CAN, USA, NOR, CHN, SWE, CRO, SUI, RUS, RUS, ENG – 1995 ENG, SWE, POL, SUI, CHN, JPN, SWE, BRA, CHN, NOR, FIN, SVK – 1996 USA, USA, SVK, NOR, FIN, NOR, ISL, JPN, NOR, BRA

30 **Bachor** Isabell, 10. 7. 1983 (FSV Frankfurt 2, SC Bad Neuenahr 28) 2001 CHN – 2002 DEN – 2004 POR, CHN, ITA, UKR, SCO, NOR, NGA, MEX, NGA, USA – 2005 AUS, RUS, CHN, CAN, CAN – 2006 ITA, IRL, SUI, RUS, ENG, JPN – 2008 DEN, FIN, SWE, NOR, SUI – 2009 CHN, CHN
5 **Banecki** Nicole, 3. 9. 1988 (Bayern München) 2008 FIN – 2009 CHN, FIN, CHN, DEN
25 **Bartelmann** Petra, 11. 3. 1962 (SC Klinge Seckach 3, SSG Bergisch Gladbach 11, TSV Siegen 7, Asker Club Oslo 4) 1982 SUI – 1983 NED, DEN, SUI, DEN, BEL – 1984 ITA, NOR, ITA, ENG, BEL, ITA – 1985 HUN, DEN – 1986 ISL, ISL, DEN, NED – 1987 NED, FRA, ITA – 1989 DEN, CSV – 1990 BUL, CSV
101 **Bartusiak** Saskia, 9. 9. 1982 (1. FFC Frankfurt) 2007 NED, WAL, DEN, SUI, NOR, ARG, BEL, NED – 2008 CHN, DEN, FIN, NOR, BEL, ENG, NOR, SUI – 2009 CHN, FIN, CHN, SWE, DEN, BRA, NED, JPN, RUS, FRA, ISL, NOR, ENG, USA – 2010 PRK, DEN, FIN, USA, CAN, AUS, NGA – 2011 PRK, ITA, NED, NOR, CAN, NGA, FRA, JPN, SUI, SWE, KAZ, ESP – 2012 TUR, ISL, CHN, SWE, JPN, SUI, ROU, KAZ, TUR, USA, FRA – 2013 FRA, DEN, JPN, USA, SCO, CAN, JPN, NED, ISL, NOR, ITA, SWE, NOR, RUS, SVN, CRO, SVK, CRO – 2015 SUI, CIV, NOR, SWE, USA, HUN, CRO, RUS, TUR – 2016 FRA, ENG, USA, TUR, CRO, GHA, ZIM, AUS, CAN, CHN, CAN, SWE
1 **Baudzus** Vanessa, 15. 1. 1978 (SC Bad Neuenahr) 1998 ITA
2 **Baunach** Katharina, 18. 1. 1989 (Bayern München) 2009 FIN, CHN
13 **Becher** Inken, 2. 9. 1978 (Hertha Zehlendorf 7, Turbine Potsdam 6) 1997 NOR, NOR, DEN, SWE – 1998 NZL, USA, USA – 2004 CZE, NED – 2005 AUS, RUS, CHN, CAN
3 **Becker** Stefanie, 5. 4. 1982 (FSV Frankfurt) 2001 USA, POR, NED
123 **Behringer** Melanie, 18. 11. 1985 (SC Freiburg 32, Bayern München 52, 1. FFC Frankfurt 39) 2005 AUS, RUS, CHN, NOR, CHN – 2006 FIN, SWE, NOR, USA – 2007 USA, CHN, FRA, DEN, ITA, DEN, SUI, NOR, ARG, ENG, JAP, PRK, NOR, BRA, BEL, NED – 2008 CHN, DEN, FIN, SWE, NOR, BEL, WAL, ENG, NOR, BRA, NGA, PRK, SWE, BRA, JPN, SUI – 2009 CHN, FIN, CHN, SWE, DEN, BRA, NED, NOR, FRA, ITA, NOR, ENG – 2010 PRK, DEN, FIN, CHN, USA, USA, CAN, NGA – 2011 PRK, ITA, NED, NOR, CAN, NGA, JPN, SUI, ROU, SWE, KAZ, ESP – 2012 TUR, ISL, CHN, SWE, JPN, ESP, SUI, ROU, KAZ, TUR, USA, FRA – 2013 DEN, NOR, USA, NOR, SCO, CHN, CRO – 2014 ISL, NOR, JPN, IRL, SVK, CAN, RUS, IRL, FRA, ENG – 2015 BRA, SUI, CIV, THA, FRA, ENG, HUN, CRO, RUS, TUR, ENG – 2016 FRA, ENG, USA, GHA, ZIM, AUS, CAN, CHN, CAN, SWE

- 2 **Benkarth** Laura, 14. 10. 1992 (SC Freiburg) 2015 ENG – 2016 ENG
- 1 **Berens** Bettina, 2. 9. 1973 (TuS Ahrbach) 1992 ITA
- 47 **Bernhard** Anouschka, 5. 10. 1970 (VfL Sindelfingen 14, FSV Frankfurt 33) 1991 CHN – 1992 ITA, YUG, FRA, POL, URS – 1993 SWE, FRA, USA, USA, USA, SUI, ITA, DEN, SWE, NOR, POL – 1994 WAL, WAL, CRO, CAN, USA, NOR, CHN, SWE, CRO, RUS, ENG – 1995 ENG, SWE, POL, SUI, CHN, JPN, SWE, BRA, ENG, CHN, NOR, FIN, SVK – 1996 USA, USA, ITA – 1997 ENG, CHN, CHN
- 22 **Bindl** Roswitha, 14. 1. 1965 (Bayern München 15, Wacker München 7) 1988 HUN, CSV, CSV – 1989 BUL, DEN, ITA, NOR, CSV – 1990 BUL, CSV, ENG, URS, USA, ENG, ENG – 1991 SUI, NGA, TPE, ITA, DEN, USA, SWE
- 10 **Blässe** Anna, 27. 2. 1987 (VfL Wolfsburg) 2015 CHN, BRA, HUN, RUS, TUR, ENG – 2016 FRA, ENG, USA, TUR
- 7 **Boll** Monika, 25. 10. 1971 (VfB Rheine/Eintracht Rheine) 1994 CRO, CAN, USA, NOR, CHN – 1995 SUI – 1997 CHN
- 8 **Bormann** Birgit, 14. 3. 1965 (SC Bad Neuenahr) 1982 SUI – 1983 BEL, NED, DEN, SUI, DEN, NED, BEL
- 37 **Bornschein** Katja, 16. 3. 1972 (FSV Frankfurt 31, SG Praunheim 6) 1991 CHN, NOR – 1992 POL, URS, URS – 1993 SWE, FRA, USA, USA, USA, ITA, DEN, SWE, NOR, SUI, RUS, POL – 1994 WAL, CAN, USA, NOR, CHN, SWE, CRO, SUI, RUS, RUS – 1996 SVK, FIN, ISL, ISL, NED, ISL, ISL, ITA – 1997 ENG, CHN
- 8 **Brandebusemeyer** Nicole, 9. 10. 1974 (FFC/Grün-Weiß Brauweiler) 1998 ITA, NZL, NZL, USA, USA – 1999 CHN, SUI – 2000 SWE
- 9 **Bremer** Pauline-Marie, 10. 4. 1996 (Turbine Potsdam 6, Olympique Lyon 3) 2014 SVN, FRA, SWE, ENG – 2015 SUI, NOR, HUN, CRO – 2016 CRO
- 84 **Bresonik** Linda, 7. 12. 1983 (FCR Duisburg 59, SG Essen-Schönebeck 19, Paris Saint-Germain 6) 2001 ITA, RUS, CAN, ENG – 2002 NOR, DEN, RUS – 2003 CHN, NOR, USA, CHN, CHN, SCO, FRA, NGA, UKR, CZE, ENG, CAN, JPN – 2007 USA, CHN, ENG, FRA, DEN, NED, WAL, CZE, SUI, ARG, ENG, JAP, PRK, NOR, BRA, BEL, NED – 2008 BEL, WAL, ENG, NOR, BRA, NGA, PRK, SWE – 2009 CHN, FIN, SWE, DEN, BRA, NED, JPN, RUS, NOR, FRA, ITA, NOR, ENG, USA – 2010 PRK, USA, NGA – 2011 PRK, ITA, NOR, CAN, NGA, JPN, SUI, ROU, SWE – 2012 TUR, ISL, CHN, SWE, ESP, SUI, ROU, USA, USA, FRA – 2013 DEN, USA, USA
- 1 **Breuer** Maria, 7. 3. 1954 (SC Bad Neuenahr) 1983 SUI
- 46 **Brocker** (geb. Grigoli) Patricia, 7. 4. 1966 (VfR Saarbrücken 2, TuS Niederkirchen 44) 1992 ITA, YUG, FRA, POL, URS – 1993 SWE, NOR, SUI, RUS, POL – 1994 WAL, WAL, CRO, USA, NOR, CHN, CAN, SWE, CRO, SUI, RUS, RUS, ENG,- 1995 ENG, SWE, POL, SUI, CHN, JPN, SWE, BRA, ENG, NOR, FIN, SVK – 1996 USA, USA, SVK, NOR, FIN, NOR, ISL, ISL, JPN, NOR, BRA
- 1 **Butscher** Brigitte, 18. 4. 1957 (SG Aulendorf) 1986 ISL
- 31 **Carlson** Britta, 3. 3. 1978 (Hamburger SV 3, Turbine Potsdam 26, VfL Wolfsburg 2) 2004 CHN, UKR, SCO, CZE, NED – 2005 RUS, CHN, SWE, CHN, USA, NOR, ITA, FRA, FIN, NOR, CAN, CAN, RUS, SCO, SUI – 2006 CHN, FIN, SWE, NOR, USA, ENG, JPN – 2007 USA, ENG, FRA, DEN
- 2 **Chaladyniak** Christine, 15. 6. 1968 (TSV Siegen) 1986 HUN – 1996 ISL
- 23 **Cramer** Jennifer, 24. 2. 1993 (Turbine Potsdam) 2013 NOR, USA, SCO, CAN, JPN, NED, ISL, ITA, SWE, NOR – 2014 NOR, CAN, RUS, SWE, ENG – 2015 SWE, CHN, BRA, SWE, BRA, SUI, THA, SWE
- 36 **Däbritz** Sara, 15. 2. 1995 (SC Freiburg 21, Bayern München 15) 2013 JPN, NOR, ITA, RUS, SVN, CRO, SVK – 2014 ISL, CHN, NOR, JPN – 2015 CHN, BRA, SWE, BRA, SUI, CIV, NOR, THA, FRA, ENG, HUN, CRO, RUS, TUR, ENG – 2016 FRA, ENG, TUR, CRO, GHA, ZIM, AUS, CHN, CAN, SWE
- 46 **Damm** Petra, 20. 3. 1968 (Eintracht Wolfsburg) 1984 NED – 1986 HUN, NOR, ISL, DEN – 1987 NED, ISL, ISL, HUN, ITA – 1988 ITA, SUI, ITA, USA, SUI, HUN, CSV, CSV – 1989 BUL, DEN, ITA, N, HUN, CSV – 1990 BUL, CSV, ENG, URS, USA, USA, BUL, HUN, ENG – 1991 FRA, POL, USA, CHN, ITA, NOR, SUI, HUN, BEL, NGA, TPE, DEN, SWE
- 1 **Danner** Karin, 22. 1. 1959 (Bayern München) 1984 NOR
- 2 **Demann** Kristin, 7. 4. 1993 (TSG Hoffenheim) 2015 RUS, TUR
- 1 **Dietrich** Helene, 8. 12. 1960 (TuS Ahrbach) 1983 BEL
- 8 **Dlugi-Winterberg** Gaby, 4. 12. 1948, † 19. 9. 2014 (SSG Bergisch Gladbach) 1982 SUI – 1983 BEL, NED, DEN, SUI, DEN, NED, BEL
- 4 **Doll** Cornelia, 30. 6. 1958 (Bayern München) 1983 DEN – 1984 ITA, NOR, BEL

1 **Doorsoun** Sara, 17. 11. 1991 (SG Essen-Schönebeck) 2016 FRA

12 **Eichenlaub** Rosi, 16. 7. 1958 (Bayern München) 1983 NED, SUI, DEN, NED, BEL – 1984 ITA, ITA, BEL, ITA, FIN, NED – 1985 FIN
1 **Engel** Heidi, 5. 8. 1968 (SSG Bergisch Gladbach) 1988 ITA
1 **Erhardt** Nicole, 4. 4. 1971 (Sportfreunde Werne West) 1993 SUI

27 **Faißt** Verena, 22. 5. 1989 (VfL Wolfsburg) 2010 AUS, NGA – 2011 PRK, SUI, ROU, SWE, KAZ – 2012 TUR, CHN, SWE, USA, USA, FRA – 2013 FRA, DEN, JPN, NOR, USA, USA – 2014 CAN, IRL, FRA, SWE, ENG – 2015 SWE, BRA, SWE
9 **Fehrmann** Angelika, 6. 1. 1964 (SSG Bergisch Gladbach) 1988 ITA, USA, SUI, HUN, CSV – 1989 BUL, DEN, ITA, NOR
1 **Ferber** Nicole, 19. 10. 1977 (FC Rumeln-Kaldenhausen) 1996 NED
3 **Fischer** Nicole, 2. 9. 1961 (Sportfreunde Schliengen) 1983 SUI, NED – 1988 SUI
144 **Fitschen** Doris, 25. 10. 1968 (TuS Westerholz 9, Eintracht Wolfsburg 35, TSV Siegen 40, SG Praunheim 27, 1. FFC Frankfurt 25, Philadelphia Charge 8) 1986 DEN – 1987 NED, FRA, ISL, ISL, HUN, ITA – 1988 ITA, SUI, ITA, HUN, CSV, CSV – 1989 BUL, DEN, ITA, NOR, HUN – 1990 BUL, CSV, ENG, URS, USA, USA, BUL, HUN, ENG, ENG- 1991 FRA, POL, USA, CHN, ITA, NOR, SUI, HUN, NGA, TPE, ITA, DEN, USA, SWE – 1992 ITA, YUG, FRA, POL, URS, URS – 1993 SWE, FRA, USA, USA, USA, SUI, ITA, DEN, SWE, NOR, SUI, RUS, POL – 1994 WAL, WAL, CRO, CAN, USA, NOR, CHN, SWE, CRO, SUI, RUS, RUS, ENG,- 1995 FIN, SVK – 1996 USA, USA, SVK, ISL, ISL, JPN, NOR, BRA, NED, ISL, ITA – 1997 ENG, CHN, CHN, ESP, ITA, NOR, DEN, SWE, ITA, ENG, USA, USA, NOR, NED – 1998 ITA, ENG, NED, NZL, NZL, NOR, USA, USA, UKR, UKR – 1999 T, CHN, CHN, DEN, SUI, FRA, NED, ITA, MEX, BRA, USA, RUS, UKR, ISLI, ITA – 2000 NED, ITA, UKR, ISL, DEN, AUS, BRA, SWE, NOR, BRA – 2001 RUS, CAN, CAN, SWE, RUS, ENG, NOR, SWE
2 **Francke** Christine, 12. 6. 1974 (TuS Ahrbach) 1995 POL, SUI
2 **Friedrich** Niobe, 27. 8. 1964 (Bayern München) 1990 URS, USA
3 **Fütterer** Christine, 14. 7. 1963 (FC Spöck 2, SC Klinge Seckach 1) 1988 ITA, SUI – 1991 FRA
68 **Fuss** Sonja, 5. 11. 1978 (FFC/Grün-Weiß Brauweiler 31, FSV Frankfurt 7, Turbine Potsdam 6, FCR Duisburg 13, 1. FC Köln 11) 1996 NED – 1997 ENG, CHN, CHN, DEN, DEN, ENG, SWE, USA – 1998 ITA, NZL, USA, USA – 1999 TUR, CHN, SUI – 2003 NGA, CZE, ENG, ARG, POR – 2004 CHN, ITA, UKR, SCO, NOR, NGA, CHN, NGA, USA, SWE, CZE – 2005 NOR, CHN, USA, CAN, FRA, FIN – 2006 CHN, FIN, SWE, NOR, NGA, IRL, ITA, SUI, JPN – 2007 CHN, DEN, SUI, NOR, BEL, NED – 2009 FIN, SWE, DEN, BRA, JPN, RUS, ISL, ITA – 2010 PRK, FIN, CHN, USA, USA, CAN, AUS

130 **Garefrekes** Kerstin, 4. 9. 1979 (FFC Heike Rheine 31, 1. FFC Frankfurt 99) 2001 NED – 2002 CHN, USA, NOR, DEN, CHN, SWE, NOR, – 2003 CHN, NOR, USA, CHN, CHN, DEN, DEN, NGA, UKR, CZE, ENG, CAN, JPN, ARG, RUS, USA, SWE, POR – 2004 POR, CHN, ITA, UKR, SCO, NOR, NGA, CHN, MEX, NGA, USA, SWE, CZE, NED – 2005 SWE, NOR, CHN, USA, CAN, CAN, NOR, ITA, FRA, FIN, NOR, CAN, CAN, RUS, SCO, SUI – 2006 CHN, FIN, SWE, NOR, USA, IRL, ITA, IRL, SUI, SCO, RUS, ENG, JPN – 2007 NOR, FRA, DEN, ITA, NED, WAL, DEN, CZE, SUI, NOR, ARG, ENG, JAP, PRK, NOR, BRA, BEL, NED – 2008 BEL, WAL, ENG, NOR, BRA, NGA, PRK, SWE, BRA, JPN, SUI – 2009 CHN, FIN, CHN, SWE, DEN, BRA, NED, JPN, RUS, NOR, FRA, ITA, NOR, ENG, USA – 2010 PRK, DEN, FIN, CHN, USA, USA, CAN, AUS, NGA – 2011 PRK, ITA, NED, NOR, CAN, NGA, FRA, JPN
3 **Gebauer** Ingrid, 13. 2. 1959 (SSG Bergisch Gladbach) 1982 SUI – 1983 BEL, DEN
4 **Gehlen** Marie-Luise, 23. 6. 1961 (STV Lövenich) 1984 ENG, BEL, ITA – 1985 HUN
2 **Gidion** Margarita, 18. 12. 1994 (SG Essen-Schönebeck) 2015 CHN, BRA
92 **Goeßling** Lena, 8. 3. 1986 (SC Bad Neuenahr 25, VfL Wolfsburg 67) 2008 CHN, DEN, FIN, SWE, NOR, WAL, SUI – 2009 CHN, CHN, SWE, DEN – 2010 PRK, DEN, FIN, CHN, USA, CAN, AUS, NGA – 2011 PRK, ITA, NED, NOR, FRA, JPN, SUI, ROU, SWE, KAZ, ESP – 2012 TUR, ISL, CHN, SWE, JPN, ESP, SUI, ROU, KAZ, TUR, USA, FRA – 2013 FRA, DEN, JPN, NOR, USA, SCO, CAN, JPN, NED, ISL, ITA, SWE, NOR, RUS, SVN, CRO – 2014 ISL, CHN, NOR, JPN, IRL, SVN, SVK, CAN, RUS, ENG – 2015 SWE, BRA, SWE, SUI, CIV, NOR, SWE, FRA, USA, ENG, HUN, CRO, RUS, TUR, ENG – 2016 FRA, ENG, NGA, USA, ZIM, AUS, CAN, CHN, CAN, SWE
8 **Götte** Jeanette, 13. 3. 1979 (FFC Flaesheim-Hillen 7, FCR Duisburg 1) 2000 NED, UKR, USA, DEN, BRA – 2001 CHN, CHN, POR
45 **Goller** Manuela, 5. 1. 1971 (SSG Bergisch Gladbach 3, Grün-Weiß Brauweiler 42) 1990 ENG, USA, USA – 1992 FRA, URS – 1993 SWE, FRA, USA, USA, SUI, ITA, SWE, NOR, SZ, RUS –

1994 WAL, CAN, USA, NOR, CHN, SWE, SUI, RUS, RUS, ENG,- 1995 ENG, SWE, POL, SUI, CHN, JPN, SWE, BRA, ENG, CHN, NOR, FIN – 1996 USA, SVK, NOR, NOR, ISL, JPN, NOR, BRA

33 **Gottschlich** Gudrun, 23. 5. 1970 (KBC Duisburg 23, VfL Sindelfingen 7, Grün-Weiß Brauweiler 3) 1989 DEN, HUN, CSV – 1990 BUL, CSV, ENG, URS, USA, USA, ENG,- 1991 FRA, POL, USA, CHN, ITA, NOR, NGA, TPE, ITA, DEN, USA, SWE – 1992 ITA – 1993 SWE, FRA, USA, USA, USA, SUI, ITA, SWE, NOR – 1996 NOR

45 **Gottschlich** Stefanie, 5. 8. 1978 (WSV Wolfsburg 31, VfL Wolfsburg 14) 1997 USA, NOR, NED – 1998 ITA, ENG, NED, NZL, NOR – 1999 CHN, DEN, SUI, RUS, ISL – 2000 ITA, CHN, NOR, BRA – 2001 CHN, CHN – 2002 CHN, USA, NOR, DEN, CHN, FIN, SWE, NED, POR, ENG – 2003 DEN, DEN, NGA, UKR, CZE, ENG, CAN, JPN, ARG, RUS, USA, SWE, POR – 2004 POR, CHN, ITA

96 **Grings** Inka, 31. 10. 1978 (FC Rumeln-Kaldenhausen/FCR Duisburg 94, FC Zürich 2) 1996 FIN, NED, ISL, ISL, ITA – 1997 DEN – 1998 ENG, NED, NZL, NZL, NOR, USA, USA, UKR, UKR – 1999 CHN, DEN, SUI, FRA, NED, ITA, MEX, BRA, USA, RUS, UKR, ISL, ITA – 2000 NED, ITA, UKR, CHN, NOR, USA, ISL, DEN, AUS, BRA, SWE, NOR, BRA – 2002 POR, ENG, NOR, DEN, RUS – 2003 CHN, CHN, SCO, FRA, DEN, CZE – 2004 POR, CHN – 2005 CAN, NOR, ITA, FRA, FIN, NOR, CAN, CAN, RUS, SCO – 2009 CHN, FIN, CHN, SWE, DEN, NED, JPN, RUS, NOR, FRA, ISL, ITA, NOR, ENG, USA – 2010 DEN, FIN, CHN, USA, USA, CAN, AUS, NGA – 2011 ITA, NED, NOR, CAN, NGA, FRA, JPN, ROU, SWE

1 **Gröpper** Astrid, 12. 4. 1977 (SV Kempten) 1996 NED

27 **Günther** Sarah, 25. 1. 1983 (ATS Buntentor 2, Hamburger SV 21, 1. FFC Frankfurt 4) 2001 CHN – 2003 DEN, NGA – 2004 CHN, ITA, UKR, SCO, NOR, NGA, CHN, MEX, SWE, CZE, NED – 2005 AUS, RUS, CHN, SWE, NOR, USA, CAN, FIN, NOR, CAN, CAN, RUS, SCO

10 **Haberlaß** Andrea, 26. 1. 1964 (SSG Bergisch Gladbach 1, TSV Siegen 9) 1985 DEN, NOR, FIN – 1986 HUN, NOR, NED – 1987 NED – 1988 ITA – 1989 DEN, NOR

13 **Hagedorn** Verena, 2. 7. 1982 (SC Bad Neuenahr) 2001 JPN, USA, ENG, POR – 2002 DEN, FIN, SWE, ENG, DEN – 2003 CHN, USA, CHN, DEN

1 **Heidecke** Astrid, 14. 9. 1959 (ABC Wesseln) 1984 NED

4 **Heinrich** Andrea, 17. 2. 1972 (FSV Frankfurt) 1990 ENG, URS, USA, USA

10 **Hendrich** Kathrin, 6. 4. 1992 (Bayer Leverkusen 3, 1. FFC Frankfurt 7) 2014 ISL, SVN, CAN, RUS, IRL, FRA – 2015 SWE, SWE – 2016 ENG, TUR

7 **Hengst** Sandra, 12. 4. 1973 (KBC Duisburg) 1990 HUN – 1991 CHN, ITA, SUI, ITA – 1992 ITA, YUG

10 **Henkel** Beate, 30. 7. 1960 (TSV Siegen) 1983 NED – 1984 ITA, NOR, ITA, ENG – 1986 HUN, NOR, ISL, ISL – 1988 SUI

9 **Hennen** Martina, 24. 8. 1972 (Schmalfelder SV) 1993 SUI, SWE, NOR, SUI, RUS, POL – 1994 WAL, CRO, CAN

31 **Henning** Josephine, 8. 9. 1989 (Turbine Potsdam 2, VfL Wolfsburg 17, Paris Saint-Germain 7, FC Arsenal 5) 2010 CAN, NGA – 2012 ISL, CHN, SWE, JPN, ESP, SUI, ROU, FRA – 2013 NOR, USA, CAN, JPN – 2014 CHN, JPN, IRL, SVN, SVK, RUS, ITA, FRA, SWE, ENG – 2015 BRA, THA – 2016 FRA, ENG, GHA, AUS, CAN

174 **Hingst** Ariane, 25. 7. 1979 (Hertha Zehlendorf 12, Turbine Potsdam 116, Djurgardens IF 30, 1. FFC Frankfurt 16) 1996 NED, ISL, ISL, ITA – 1997 ENG, CHN, CHN, ESP, DEN, DEN, SWE, ITA, ENG, NOR, NED – 1998 ITA, ENG, NED, NZL, USA, USA – 1999 TUR, CHN, SUI, FRA, NED, ITA, MEX, BRA, USA, UKR, ISL, ITA – 2000 NED, ITA, CHN, NOR, USA, ISL, DEN, AUS, BRA, SWE, NOR, BRA – 2001 CHN, CHN, ITA, RUS, CAN, SWE, RUS, ENG, NOR, SWE, JPN, USA, ENG, POR, NED – 2002 CHN, USA, NOR, DEN, CHN, FIN, SWE, NED, DEN, RUS – 2003 CHN, SCO, FRA, DEN, DEN, NGA, UKR, CZE, ENG, CAN, JPN, ARG, RUS, USA, SWE, POR – 2004 POR, CHN, ITA, UKR, SCO, NOR, NGA, CHN, MEX, NGA, USA, SWE, NED – 2005 SWE, NOR, CHN, USA, CAN, CAN, NOR, ITA, FRA, FIN, NOR, CAN, CAN, RUS, SCO, SUI – 2006 IRL, ITA, IRL, SCO, RUS, ENG, JPN – 2007 USA, CHN, ENG, NOR, FRA, DEN, NED, WAL, DEN, CZE, SUI, NOR, ARG, ENG, JAP, PRK, NOR, BRA, BEL, NED – 2008 CHN, DEN, FIN, SWE, NOR, BEL, WAL, ENG, NOR, BRA, NGA, PRK, SWE, BRA, JPN, SUI – 2009 NED, JPN, RUS, NOR, FRA, ISL, ITA – 2010 USA, CAN, AUS, NGA – 2011 PRK, ITA, NED, NOR, FRA

36 **Hoffmann** Melanie, 29. 11. 1974 (FC Rumeln-Kaldenhausen/FCR Duisburg) 1995 SUI, JPN – 1997 ESP, NOR, DEN, ENG, USA, USA, NOR, NED – 1998 ITA, ENG, NED, NZL, NZL, NOR, USA, USA, UKR, UKR – 1999 T, CHN, DEN, FRA, MEX, USA, RUS, UKR – 2000 NED, UKR, CHN, NOR, USA, ISL, SWE, BRA

5 **Holl** Ursula, 26. 6. 1982 (1. FFC Frankfurt 2, FCR Duisburg 3) 2007 FRA, DEN – 2009 NED – 2010 CHN, AUS

4 **Hümme** Anja, 24. 11. 1967 (Fortuna Sachsenroß Hannover) 1986 NED – 1987 ISL – 1988 ITA – 1991 FRA
22 **Huth** Svenja, 25. 1. 1991 (1. FFC Frankfurt 16, Turbine Potsdam 6) 2011 SWE – 2012 TUR, ISL, CHN, SWE, JPN, ROU, USA – 2013 FRA, DEN, JPN, NOR, USA, SCO, JPN – 2014 RUS – 2016 FRA, ENG, USA, TUR, CRO, GHA, CHN, SWE

58 **Isbert** (Feiden) Marion, 25. 2. 1964 (TuS Ahrbach 39, TSV Siegen 19) 1982 SUI – 1983 BEL, NED, DEN, SUI, DEN, NED, BEL – 1984 ITA, NOR, ITA, ENG, ITA, FIN, NED – 1985 HUN, DEN – 1986 HUN, NOR, DEN, NED – 1987 NED, FRA, HUN, ITA – 1988 ITA, SUI, SUI, HUN, CSV, CSV – 1989 BUL, DEN, ITA, NOR, HUN, CSV – 1990 BUL, CSV, BUL, HUN, ENG, ENG – 1991 FRA, POL, USA, CHN, ITA, NOR, SUI, HUN, BEL, NGA, TPE, ITA, DEN, USA, SWE
11 **Islacker** Mandy, 8. 8. 1988 (1. FFC Frankfurt) 2015 RUS, TUR, ENG – 2016 ENG, USA, TUR, CRO, GHA, CAN, CHN, CAN
2 **Israel** Regine, 10. 12. 1958 (TuS Wörrstadt) 1984 NED – 1985 DEN

1 **Jahn** Susanne, 3. 10. 1960 (FSV Frankfurt) 1984 ITA
111 **Jones** Stephanie, 22. 12. 1972 (SG Praunheim 22, FSV Frankfurt 13, SC Bad Neuenahr 20, 1. FFC Frankfurt 56) 1993 DEN, SWE, NOR, SUI, RUS, POL – 1994 WAL – 1996 NED, ISL, ISL, ITA – 1997 ENG, CHN, CHN, ESP, DEN, NOR, ITA, NOR, DEN, SWE, ITA, ENG, USA, USA, NOR, NED – 1998 ITA, ENG, NED, NZL, NZL, NOR, USA, USA, USA, UKR, UKR – 1999 TUR, CHN, CHN, DEN, SUI, FRA, NED, ITA, MEX, BRA, USA, RUS, UKR, ISL, ITA – 2000 NED, ITA, UKR, CHN, NOR, USA, ISL, DEN, AUS, BRA, SWE, NOR, BRA – 2001 CHN, CHN, CAN, CAN, SWE, RUS, ENG, NOR, SWE – 2003 ENG, CAN, JPN, ARG – 2004 NOR, NGA, CHN, MEX, NGA, USA, SWE, NED – 2005 SWE, NOR, CHN, USA, CAN, CAN, NOR, ITA, FRA, FIN, NOR, CAN, CAN, SUI – 2006 CHN, FIN, SWE, NOR, USA, IRL, SUI – 2007 NOR, FRA, DEN, ITA

35 **Kemme** Tabea, 14. 12. 1991 (Turbine Potsdam) 2013 CRO – 2014 CHN, NOR, JPN, IRL, SVK, IRL, SWE, ENG – 2015 SWE, CHN, SWE, BRA, CIV, NOR, SWE, FRA, USA, ENG, HUN, CRO, RUS, TUR, ENG – 2016 FRA, ENG, USA, CRO, GHA, ZIM, AUS, CAN, CHN, CAN, SWE
12 **Kerschowski** Isabel, 22. 1. 1988 (Turbine Potsdam 1, Bayer Leverkusen 1, VfL Wolfsburg 10) 2007 WAL – 2013 JPN – 2016 FRA, ENG, USA, TUR, CRO, GHA, ZIM, AUS, CAN, CAN
29 **Keßler** Nadine, 4. 4. 1988 (Turbine Potsdam 2, VfL Wolfsburg 27) 2010 FIN, CHN – 2012 FRA – 2013 FRA, DEN, JPN, NOR, USA, USA, SCO, CAN, JPN, NED, ISL, NOR, ITA, SWE, NOR, RUS, SVK, CRO – 2014 ISL, CHN, NOR, JPN, IRL, SVN, SVK, CAN
6 **Klein** Claudia, 24. 9. 1971 (Grün-Weiß Brauweiler) 1994 USA, NOR, CHN, SUI – 1997 DEN, ITA
5 **Kliehm** Katrin, 17. 5. 1981 (1. FFC Frankfurt) 2002 NOR, DEN – 2003 CHN, NOR, USA
8 **Klinz** Brigitte, 4. 5. 1962 (SSG Bergisch Gladbach) 1982 SUI – 1983 BEL, SUI, DEN, NED, BEL – 1984 ITA – 1985 FIN
21 **Klinzmann** Christel, 16. 8. 1954 (Eintracht Wolfsburg) 1982 SUI – 1984 NOR, ITA, ENG, BEL, ITA, FIN, NED – 1985 HUN, DEN, NOR, FIN – 1986 HUN, NOR, ISL, ISL – 1987 ISL, ITA – 1988 ITA, SUI, USA
1 **Knopf** Maike-Katrin, 21. 8. 1959 (Eintracht Wolfsburg) 1983 BEL
1 **Knüpp** Anne, 7. 1. 1954 (Tennis Borussia Berlin) 1983 SUI
28 **Koekkoek** Rike, 16. 2. 1960 (FSV Frankfurt 18, TSV Siegen 10)1982 SUI – 1983 BEL, NED, DEN – 1984 ITA, NOR, ITA, ENG, BEL, ITA, FIN, NED – 1985 HUN, DEN, NOR, FIN – 1986 HUN, NOR, ISL, ISL, DEN, NED – 1987 NED, FRA, ISL, ISL, HUN, ITA
3 **König** Gaby, 5. 7. 1971 (FSV Frankfurt) 1991 USA – 1993 RUS, POL
137 **Krahn** Annike, 1. 7. 1985 (FCR Duisburg 81, Paris Saint-Germain 42, Bayer Leverkusen 14) 2005 AUS, RUS, CHN, SWE, NOR, CAN, SUI – 2006 FIN, SWE, NOR, USA, IRL, ITA, IRL, SUI, SCO, RUS, ENG, JPN – 2007 USA, CHN, ENG, NOR, ITA, NED, ENG, JAP, PRK, NOR, BRA, BEL, NED – 2008 CHN, DEN, FIN, SWE, BEL, WAL, ENG, NOR, BRA, NGA, PRK, SWE, BRA, JPN, SUI – 2009 BRA, NED, JPN, RUS, NOR, FRA, ISL, ITA, NOR, ENG, USA – 2010 DEN, FIN, CHN, USA – 2011 PRK, ITA, NED, NOR, CAN, NGA, FRA, JPN, SUI, ROU, SWE, ESP – 2012 ISL, CHN, SWE, JPN, ESP, SUI, ROU, KAZ, USA, USA, FRA – 2013 FRA, SCO, CAN, NED, ISL, NOR, ITA, SWE, NOR, RUS, SVN, CRO, SVK, CRO – 2014 ISL, CHN, NOR, JPN, IRL, SVK, CAN, RUS, IRL, FRA, SWE, ENG – 2015 SWE, CHN, BRA, SWE, BRA, SUI, CIV, NOR, THA, SWE, FRA, USA, HUN, CRO, RUS, TUR, ENG – 2016 FRA, TUR, GHA, ZIM, AUS, CAN, CHN, CAN, SWE
2 **Kratz** Margret, 11. 1. 1962 (1. FC Kaiserslautern) 1985 NOR, FIN
7 **Kraus** Katja, 23. 11. 1970 (FSV Frankfurt) 1995 CHN, SVK – 1996 USA, NOR, FIN, ISL – 1997 CHN
5 **Krause** Thekla, 8. 5. 1969 (Fortuna Sachsenroß Hannover) 1988 ITA, USA, SUI, HUN, CSV

7 **Kresimon** Doris, 22. 3. 1955 (SSG Bergisch Gladbach) 1982 SUI – 1983 BEL, NED, DEN, SUI, DEN, BEL
10 **Kreuzberg** Anne, 29. 10. 1963 (SC Bad Neuenahr) 1984 ITA, NOR, ITA, ENG, BEL, ITA, FIN, NED – 1985 HUN, DEN
3 **Krug** Bettina, 30. 6. 1953 (SSG Bergisch Gladbach) 1982 SUI – 1983 NED, DEN
11 **Kubat** Michaela, 10. 4. 1972 (Grün-Weiß Brauweiler 6, TSV Siegen 5) 1991 SUI, HUN, BEL, SWE – 1992 ITA, YUG, URS – 1993 SWE, FRA, USA, SUI
34 **Künzer** Nia, 18. 1. 1980 (VfB Gießen 2, 1. FFC Frankfurt 32) 1997 DEN, NOR – 2001 CHN, CHN, ITA, RUS, JPN, USA, ENG, POR, ENG – 2002 CHN, USA, NOR, DEN, CHN, FIN, SWE, NED, POR, ENG – 2003 CHN, CHN, FRA, DEN, DEN, NGA, UKR, ENG, CAN, JPN, RUS, SWE, POR
43 **Kuhlmann** Frauke, 27. 9. 1966 (Schmalfelder SV 39, TSV Siegen 2, VfB Rheine 2) 1984 NED – 1985 HUN, NOR, FIN – 1986 HUN, NOR, ISL, DEN, NED – 1987 NED, FRA, ISL, ISL – 1988 ITA, SUI, ITA, USA – 1989 BUL, DEN, ITA, NOR, U – 1990 CSV, ENG, URS, USA, USA – 1991 FRA, POL, USA, CHN, ITA, NOR, SUI, HUN, BEL, NGA, TPE, ITA, DEN, USA – 1992 FRA, POL
33 **Kulig** Kim, 9. 4. 1990 (Hamburger SV 27, 1. FFC Frankfurt 6) 2009 CHN, FIN, CHN, SWE, DEN, BRA, NED, JPN, RUS, NOR, FRA, ITA, NOR, ENG, USA – 2010 PRK, DEN, USA, CAN, AUS – 2011 PRK, ITA, NED, NOR, CAN, NGA, JPN – 2012 KAZ, TUR, USA – 2013 FRA, DEN, USA

15 **Landers** Petra, 16. 1. 1962 (SSG Bergisch Gladbach) 1982 SUI – 1983 BEL, NED, DEN – 1988 ITA, USA, SUI, HUN, CSV, CSV – 1989 BUL, DEN, ITA, CSV – 1991 USA
6 **Landwehr** Ursula, 29. 5. 1968 (VfB Rheine) 1988 SUI – 1990 BUL – 1991 FRA, POL, USA, CHN
3 **von Lanken** Claudia, 3. 6. 1977 (Schmalfelder SV 1, Eintracht Rheine 2) 1997 ESP, USA – 1998 ENG
5 **Lasrich** Melanie, 23. 8. 1968 (VfB Uerdingen 2, TuS Ahrbach 3) 1985 HUN, DEN, – 1991 BEL – 1993 NOR, SUI
99 **Laudehr** Simone, 12. 7. 1986 (FCR Duisburg 51, 1. FFC Frankfurt 46, Bayern München 2) 2007 DEN, CZE, SUI, ARG, ENG, PRK, NOR, BRA – 2008 CHN, DEN, SWE, NOR, BEL, ENG, NOR, BRA, NGA, PRK, SWE, BRA, JPN, SUI – 2009 BRA, NED, JPN, RUS, FRA, ISL, ITA, NOR, ENG, USA – 2010 PRK, USA, CAN, AUS, NGA – 2011 PRK, ITA, NED, NOR, CAN, NGA, FRA, JPN, SUI, ROU, SWE, KAZ, ESP – 2012 ROU, KAZ, TUR, USA, USA, FRA – 2013 SCO, CAN, JPN, NED, ISL, NOR, ITA, SWE, NOR, RUS, SVN, CRO, SVK – 2014 ISL, CHN, NOR, JPN, IRL, SVN, SVK, CAN, RUS, IRL, FRA, SWE, ENG – 2015 SWE, CHN, BRA, SWE, BRA, SUI, CIV, NOR, SWE, FRA, USA, ENG, HUN, CRO, ENG – 2016 GHA, ZIM
48 **Leupolz** Melanie, 14. 4. 1994 (SC Freiburg 17, Bayern München 31) 2013 CAN, JPN, NED, ISL, NOR, SWE, RUS, CRO, SVK, CRO – 2014 ISL, CHN, NOR, JPN, IRL, SVN, SVK, RUS, IRL, FRA, SWE, ENG – 2015 SWE, CHN, BRA, SWE, BRA, SUI, CIV, THA, SWE, FRA, USA, ENG, HUN, CRO, RUS, TUR, ENG – 2016 TUR, CRO, GHA, ZIM, AUS, CAN, CHN, CAN, SWE
7 **Limper** Andrea, 1. 5. 1966 (KBC Duisburg) 1985 NOR, FIN – 1986 NOR, ISL, ISL – 1987 FRA, ITA
1 **Linden** Isabelle, 15. 1. 1991 (Bayer Leverkusen) 2013 CAN
149 **Lingor** Renate, 11. 10. 1975 (SC Klinge Seckach 11, SG Praunheim 8, 1. FFC Frankfurt 130) 1995 SVK – 1996 USA, SVK, NOR, ISL, NOR, NED, ISL, ISL, ITA – 1997 ENG – 1998 ITA, ENG, NZL, NZL, USA, USA, UKR, UKR – 1999 TUR, CHN, CHN, DEN, SUI, FRA, ITA, MEX, USA, RUS, UKR – 2000 NED, ITA, UKR, CHN, USA, ISL, DEN, AUS, BRA, SWE, BRA- 2001 CHN, CHN, ITA, RUS, CAN, CAN, SWE, RUS, ENG, NOR, SWE, JPN, USA, ENG, POR, NED – 2002 CHN, USA, NOR, DEN, CHN, FIN, NED, POR, ENG, NOR, DEN, RUS – 2003 CHN, CHN, SCO, FRA, DEN, DEN, NGA, UKR, ENG, CAN, JPN, ARG, RUS, USA, SWE, POR – 2004 POR, NOR, NGA, CHN, MEX, NGA, USA, SWE, CZE, NED – 2005 AUS, RUS, CHN, SWE, NOR, CHN, USA, CAN, CAN, NOR, ITA, FRA, FIN, NOR, CAN, CAN, RUS, SCO, SUI – 2006 IRL, IRL, SUI, SCO, RUS, ENG – 2007 NOR, FRA, DEN, ITA, NOR, WAL, DEN, CZE, SUI, NOR, ARG, ENG, JAP, PRK, NOR, BRA – 2008 CHN, DEN, FIN, SWE, NOR, ENG, NOR, BRA, NGA, PRK, SWE, BRA, JPN
26 **Lohn** Ursula, 7. 11. 1966 (Grün-Weiß Brauweiler 15, TuS Ahrbach 11) 1989 BUL, DEN, ITA, NOR, HUN – 1990 BUL, CSV, ENG, URS, USA, USA, BUL, HUN, ENG, ENG – 1995 ENG, SWE, POL, SUI, CHN, JPN, SWE, BRA, ENG, CHN, NOR
25 **Lotzen** Lena, 11. 9. 1993 (Bayern München) 2012 ISL, CHN, SWE, USA, FRA – 2013 DEN, USA, SCO, CAN, JPN, NED, ISL, NOR, ITA, SWE, NOR, RUS – 2014 IRL, SVN, SVK, CAN – 2015 SUI, NOR, THA, SWE
8 **Lübbers** Claudia, 18. 6. 1978 (SV Wilhelmshaven) 1994 SUI – 1996 USA, USA, SVK, NOR, ISL, NED, ISL
1 **Lütke** Manuela, 8. 8. 1967 (Tennis Borussia Berlin) 1988 USA
5 **Magull** Lena, 15. 8. 1994 (SC Freiburg) 2015 RUS, TUR, ENG – 2016 ENG, GHA

46 **Maier** Leonie, 29. 9. 1992 (SC Bad Neuenahr 15, Bayern München 31) 2013 FRA, DEN, JPN, NOR, USA, USA, SCO, CAN, JPN, NED, ISL, NOR, ITA, SWE, NOR, RUS, SVN, CRO, SVK, CRO – 2014 ISL, CHN – 2015 CHN, BRA, SUI, CIV, NOR, SWE, FRA, USA, HUN, CRO, RUS, TUR, ENG – 2016 FRA, ENG, USA, TUR, CRO, GHA, ZIM, AUS, CHN, CAN, SWE

2 **Mandrysch** Claudia, 27. 9. 1969 (FC Rumeln-Kaldenhausen) 1995 FIN, SVK

66 **Marozsan** Dzsenifer, 18. 4. 1992 (1. FFC Frankfurt 59, Olympique Lyon 7) 2010 AUS, NGA – 2011 KAZ – 2012 TUR, JPN, ESP, ROU, USA, USA – 2013 FRA, DEN, JPN, NOR, USA, USA, SCO, CAN, JPN, NED, ISL, NOR, ITA, SWE, NOR, RUS, SVN, CRO, SVK, CRO – 2014 ISL, CHN, NOR, JPN, IRL, SVN, SVK, CAN, RUS, IRL, FRA, SWE, ENG – 2015 SWE, CHN, BRA, SWE, BRA, SUI, NOR, THA, SWE, FRA, USA, ENG – 2016 FRA, ENG, USA, TUR, CRO, GHA, ZIM, AUS, CAN, CHN, CAN, SWE

7 **Meier** Jennifer, 13. 4. 1982 (1. FFC Frankfurt) 2001 JPN, NED – 2002 CHN, USA, DEN, FIN, SWE

92 **Meinert** Maren, 5. 8. 1973 (FC Rumeln-Kaldenhausen/FCR Duisburg 68, FFC Brauweiler Pulheim 10, Boston Breakers 14) 1991 BEL – 1992 ITA, FRA, URS, URS – 1993 USA, USA, ITA, DEN, SUI, RUS, POL – 1994 WAL, WAL, CRO, CAN, USA, NOR, CHN, SWE, CRO, SUI, RUS, RUS, ENG – 1995 ENG, SWE, POL, SUI, CHN, JPN, SWE, BRA, ENG, CHN, NOR – 1996 USA, USA – 1997 ENG, CHN, CHN, ESP, DEN, NOR, ITA, NOR, SWE, ITA – 1998 NOR, UKR – 1999 TUR, CHN, CHN, DEN, SUI, FRA, NED, ITA, MEX, BRA, USA, RUS, UKR, ISL, ITA – 2000 NED, ITA, UKR, CHN, NOR, USA, ISL, DEN, AUS, BRA, SWE, NOR, BRA – 2001 RUS, CAN, CAN, SWE, RUS, NOR, SWE – 2003 ENG, CAN, JPN, ARG, RUS, USA, SWE

2 **Melka** Petra, 3. 12. 1951 (FSV Frankfurt) 1984 NOR, BEL

3 **Messner** Susanne, 30. 11. 1972 (VfR Saarbrücken) 1990 ENG – 1992 POL, URS

27 **Meyer** Monika, 23. 6. 1972 (Sportfreunde Siegen 6, SG Praunheim 15, 1. FFC Frankfurt 6) 1997 DEN, NOR, NOR, DEN, SWE, ITA, ENG, USA, USA, NOR, NED – 1998 ITA, ENG, NED, NZL, NZL, NOR, USA, USA, UKR, UKR – 1999 TUR, CHN, SUI, ITA, BRA, USA

1 **Michel** Sylvia, 19. 10. 1972 (USV Jena) 1994 NOR

147 **Minnert** Sandra, 7. 4. 1973 (FSV Frankfurt 54, Sportfreunde Siegen 3, 1. FFC Frankfurt 49, Washington Freedom 3, SC Bad Neuenahr 38) 1992 YUG, FRA, POL – 1993 SWE, FRA, USA, USA, SUI, SWE, NOR, SUI, RUS, POL – 1994 WAL, CRO, RUS, ENG – 1995 POL, CHN, SWE, ENG – 1996 USA, SVK, NOR, FIN, NOR, ISL, JPN, NOR, BRA, NED, ISL, ISL, ITA – 1997 ESP, ITA, NOR, SWE, ITA, ENG, USA, USA – 1998 ITA, ENG, NED, UKR, UKR – 1999 TUR, CHN, NED, MEX, BRA, USA, RUS – 2000 ITA, UKR, CHN, NOR, USA, ISL, DEN, AUS, BRA, SWE, NOR, BRA – 2001 CHN, CHN, RUS, CAN, CAN, SWE, RUS, ENG, NOR, ENG, POR, NED – 2002 CHN, ENG, NOR, DEN, RUS – CHN, NOR, USA, CHN, CHN, SCO, FRA, DEN, DEN, NGA, UKR, CZE, ENG, CAN, JPN, ARG, RUS, USA, SWE, POR – 2004 POR, CHN, ITA, UKR, SCO, NOR, NGA, NGA, USA, SWE, NED – 2005 AUS, CHN, SWE, NOR, CAN, CAN, NOR, ITA, FRA, FIN, NOR, RUS, SCO, SUI – 2006 CHN, FIN, SWE, NOR, USA, IRL, SCO, RUS, ENG – 2007 DEN, CZE, SUI, NOR, ARG, PRK, NOR, BEL, NED

1 **Minor** Eva, 21. 1. 1969 (VfR Saarbrücken) 1987 FRA

144 **Mittag** Anja, 16. 5. 1985 (Turbine Potsdam 67, Karlstad QBIK 3, LdB FC/Rosengard Malmö 57, Paris Saint-Germain 17) 2004 ITA – 2005 AUS, CHN, SWE, NOR, CHN, USA, CAN, CAN, NOR, ITA, FRA, FIN, NOR, CAN, CAN, SCO, SUI – 2006 CHN, FIN, SWE, USA, IRL, ITA, IRL, SUI, JPN – 2007 USA, CHN, ENG, NOR, DEN, ITA, NED, WAL, DEN, CZE, SUI, NOR, ARG, BEL, NED – 2008 BEL, ENG, NOR, NGA, PRK, SWE, BRA, SUI – 2009 CHN, FIN, CHN, SWE, BRA, JPN, NOR, ISL, USA – 2010 PRK, DEN, FIN, CHN, USA, CAN, NGA – 2011 ROU, SWE, KAZ – 2012 TUR, ISL, CHN, SWE, JPN, ESP, SUI, KAZ, TUR, USA, USA, FRA – 2013 FRA, DEN, JPN, NOR, USA, USA, SCO, CAN, JPN, NED, ISL, NOR, ITA, SWE, NOR, SVN, CRO, SVK, CRO – 2014 ISL, CHN, NOR, JPN, IRL, SVN, SVK, CAN, RUS, IRL, FRA, SWE, ENG – 2015 SWE, CHN, BRA, SWE, BRA, SUI, CIV, NOR, THA, SWE, FRA, USA, ENG, HUN, CRO, RUS, TUR, ENG – 2016 FRA, ENG, USA, TUR, CRO, GHA, ZIM, AUS, CHN, CAN, SWE

104 **Mohr** Heidi, 29. 5. 1967 (SV Laudenbach 25, TuS Niederkirchen 58, TuS Ahrbach 21) 1986 NOR, ISL, ISL, DEN, NED – 1987 NED, FRA, ISL, ISL, HUN, ITA – 1988 ITA, ITA, USA, SUI, HUN, CSV, CSV – 1989 BUL, DEN, ITA, NOR, CSV – 1990 BUL, CSV, ENG, URS, USA, USA, BUL, HUN, ENG, ENG – 1991 FRA, POL, USA, CHN, ITA, NOR, SUI, HUN, NGA, TPE, ITA, DEN, USA, SWE – 1992 YUG, FRA, POL, URS, URS – 1993 SWE, FRA, USA, USA, USA, SUI, ITA, DEN, SWE, NOR, SUI, RUS, POL – 1994 WAL, CRO, CAN, USA, NOR, CHN, SWE, CRO, SUI, RUS, RUS, ENG – 1995 ENG, SWE, POL, SUI, CHN, JPN, SWE, BRA, ENG, CHN, NOR, FIN, SVK – 1996 USA, SVK, NOR, FIN, NOR, ISL, ISL, JPN, NOR, BRA, NED, ISL, ISL

45 **Müller** Claudia, 21. 5. 1974 (Fortuna Sachsenroß Hannover 10, SG Praunheim 9, 1. FFC Frankfurt 6, WSV Wolfsburg 20) 1996 NED, ISL, ITA – 1997 ENG, CHN, CHN, ESP, NOR, ITA, ITA USA, NOR, NED – 1998 ITA, NZL, USA, USA, UKR, UKR – 1999 TUR, CHN, DEN, FRA,

NED, MEX, RUS, UKR, ISL, ITA – 2000 NED, ITA, UKR, NOR, ISL, SWE – 2001 CHN, ITA, RUS, CAN, CAN, SWE, RUS, ENG, NOR, SWE
101 **Müller** Martina, 18. 4. 1980 (SC Bad Neuenahr 43, VfL Wolfsburg 58) 2000 USA – 2001 CHN, CHN, ITA, RUS, CAN, CAN, SWE, ENG, JPN, USA, ENG, POR, NED – 2002 CHN, USA, DEN, CHN, FIN, SWE, NOR, DEN, RUS – 2003 NOR, USA, CHN, CHN, SCO, FRA, NGA, UKR, CZE, ENG, ARG, RUS, SWE – 2004 UKR, SCO, NOR, NGA, CHN, MEX, USA – 2005 CAN, SCO – 2006 CHN, IRL, ITA, SUI, SCO, ENG – 2007 USA, CHN, ENG, NOR, FRA, DEN, WAL, DEN, CZE, JAP, PRK, NOR, BRA, BEL – 2008 CHN, DEN, FIN, SWE, NOR, WAL, SUI – 2009 CHN, FIN, CHN, SWE, DEN, BRA, NED, RUS, ISL, ITA, USA – 2010 PRK, DEN, FIN, CHN, USA, AUS – 2011 PRK, ITA, NED, NOR, SUI, SWE, KAZ, ESP – 2012 TUR, KAZ, TUR, FRA
1 **Müller** Nicole, 1. 3. 1980 (1. FC Saarbrücken) 1997 USA

59 **Nardenbach** Jutta, 13. 8. 1968 (TuS Ahrbach 30, TSV Siegen 29) 1986 NED – 1987 ISL, ISL – 1988 HUN, CSV, CSV – 1989 BUL, DEN, ITA, NOR, HUN, CSV – 1990 BUL, CSV, ENG, USA, BUL, HUN, ENG, ENG – 1991 FRA, POL, USA, CHN, ITA, NOR, HUN, BEL, NGA, TPE, USA, SWE – 1992 URS – 1993 SWE, FRA, USA, USA, USA, ITA, DEN – 1994 WAL, WAL, CRO, CAN, USA, NOR, CHN – 1995 ENG, SVK – 1998 USA, USA, SVK, NOR, FIN, NOR, ISL, JPN, NOR, BRA
111 **Neid** Silvia, 2. 5. 1964 (SC Klinge Seckach 4, SSG Bergisch Gladbach 13, TSV Siegen 94) 1982 SUI – 1983 BEL, NED, DEN, SUI, DEN, NED, BEL – 1984 ITA, NOR, ITA, ENG, BEL, FIN, NED – 1985 HUN, DEN, NOR, FIN – 1986 HUN, NOR, ISL, ISL, DEN, NED – 1987 NED, FRA, ISL, ISL, HUN, ITA – 1988 ITA, SUI, USA, SUI, CSV, CSV – 1989 BUL, DEN, ITA, NOR, HUN, CSV – 1990 ENG, URS, USA, USA, BUL, HUN, ENG, ENG – 1991 FRA, POL, USA, CHN, ITA, NOR, SUI, HUN, BEL, NGA – 1992 FRA, POL, URS, URS – 1993 SWE, FRA, USA, USA, USA, ITA, DEN, SWE, NOR, SUI, RUS, POL – 1994 WAL, WAL, CRO, CAN, USA, NOR, CHN, SWE, CRO, SUI, RUS, RUS, ENG – 1995 ENG, SWE, POL, SUI, CHN, JPN, SWE, BRA, ENG, CHN, NOR, FIN, SVK – 1996 USA, USA, NOR, ISL, ISL, JPN, NOR, BRA
8 **Neuser** Rosemarie, 22. 3. 1955 (SSG Bergisch Gladbach 2, TSV Siegen 6) 1984 ITA, BEL – 1986 HUN, ISL, ISL, NED – 1987 FRA, ISL

49 **Odebrecht** Viola, 11. 2. 1983 (Turbine Potsdam 40, VfL Wolfsburg 9) 2003 NOR, USA, CHN, SCO, FRA, DEN, DEN, NGA, UKR, CZE, RUS, POR – 2004 POR, ITA, SCO, NOR, NGA, CHN, MEX, NGA, USA, SWE, NED – 2005 SWE, NOR, CHN, USA, CAN, CAN – 2011 ROU, KAZ, ESP – 2012 TUR, ISL, CHN, SWE, JPN, ESP, SUI, ROU, KAZ, TUR, USA, USA, FRA – 2013 DEN, JPN, NOR, USA
7 **Offermann** Birgit, 12. 8. 1960 (KBC Duisburg) 1982 SUI – 1983 NED, BEL – 1984 ITA, FIN – 1985 HUN, DEN
61 **Omilade** Navina, 3. 11. 1981 (FFC Brauweiler-Pulheim 19, Turbine Potsdam 32, VfL Wolfsburg 10) 2001 ITA, CAN, CAN, RUS, JPN, USA, ENG, POR, NED – 2002 CHN, USA, NOR, DEN, CHN, FIN, SWE, NED, POR, ENG, NOR, DEN, RUS – 2003 CHN, USA, CHN, FRA, DEN – 2004 SCO, NOR, NGA, MEX, SWE, CZE, NED – 2005 AUS, RUS, CHN, CAN, CAN, NOR, FRA – 2006 ITA, IRL, SUI, SCO, RUS – 2007 USA, CHN, ENG, NOR, FRA, DEN, NED – 2008 FIN, NOR, WAL – 2009 CHN, CHN, SWE, DEN – 2010 USA

11 **Paul** Christine, 28. 1. 1965 (Bayern München 4, Wacker München 7) 1985 NOR – 1986 DEN, NED – 1987 FRA – 1991 SUI, HUN, BEL, TPE, ITA, DEN, USA
98 **Peter** Babett, 12. 5. 1988 (Turbine Potsdam 67, 1. FFC Frankfurt 13, VfL Wolfsburg 18) 2006 FIN, SWE, NOR, ENG, JPN – 2007 USA, ENG, NOR, DEN, ITA, WAL, CZE, NOR, NED – 2008 CHN, SWE, NOR, ENG, NOR, SWE, BRA, JPN, SUI – 2009 CHN, FIN, CHN, SWE, DEN, BRA, NED, JPN, RUS, NOR, FRA, ISL, ITA, NOR, ENG, USA – 2010 PRK, DEN, FIN, CHN, USA, CAN, AUS, NGA – 2011 PRK, ITA, NED, NOR, CAN, NGA, FRA, JPN, SUI, ROU, KAZ, ESP – 2012 TUR, ISL, CHN, SWE, JPN, ESP, SUI, ROU, KAZ, TUR, USA, USA, FRA – 2013 FRA, DEN, JPN, NOR, USA, USA, SCO – 2014 NOR, RUS, IRL, FRA, ENG – 2015 CHN, BRA, SWE, BRA, SUI, THA, FRA, ENG, ENG – 2016 ENG, USA, CRO, GHA, CAN
6 **Petermann** Lena, 5. 2. 1994 (SC Freiburg) 2015 CHN, SWE, CIV, THA, ENG – 2016 USA
1 **Pirrung** Eva, 6. 3. 1961 (SV Beeden) 1986 HUN
67 **Pohlers** Conny, 16. 11. 1978 (Turbine Potsdam 56, Atlanta Beat 1, 1. FFC Frankfurt 10) 2001 ITA, JPN, POR, NED – 2002 CHN, FIN, SWE, POR, ENG, NOR, RUS – 2003 NGA, ENG, ARG, POR – 2004 POR, UKR, NOR, NGA, CHN, MEX, NGA, USA, SWE, CZE, NED – 2005 AUS, SWE, NOR, CHN, USA, CAN, CAN, NOR, ITA, FRA, FIN, NOR, CAN, CAN, SUI – 2006 CHN, FIN, SWE, NOR, USA, IRL, ITA, IRL, SUI, SCO, RUS, ENG, JPN – 2007 CHN, ENG, NED, DEN – 2008 CHN, DEN, FIN, NOR, BEL, WAL, ENG, NOR, JPN

37 **Pohlmann** Dagmar, 7. 2. 1972 (FSV Frankfurt) 1992 FRA, POL, URS – 1993 SWE, FRA, USA, USA, USA, SUI, ITA, DEN, SWE, NOR, RUS – 1994 WAL, WAL, CAN, USA, NOR, CHN, SWE – 1995 ENG, SWE, POL, SUI, CHN, JPN, SWE, BRA, ENG, CHN, NOR, FIN – 1996 FIN, ISL, ISL, BRA

74 **Popp** Alexandra, 6. 4. 1991 (FCR Duisburg 29, VfL Wolfsburg 45) 2010 PRK, DEN, FIN, CHN, USA, USA, CAN, NGA – 2011 PRK, ITA, NED, NOR, CAN, NGA, FRA, JPN, SUI, ROU, SWE, KAZ, ESP – 2012 TUR, ISL, CHN, SWE, JPN, ESP, SUI, ROU, USA, USA – 2013 JPN, NOR, USA, USA, SVN, CRO, SVK, CRO – 2014 ISL, CHN, NOR, IRL, SVN, CAN, FRA, SWE, ENG – 2015 SWE, CHN, BRA, SWE, BRA, SUI, CIV, NOR, SWE, FRA, USA, ENG, HUN, CRO – 2016 FRA, ENG, USA, TUR, CRO, GHA, ZIM, AUS, CAN, CHN, CAN, SWE

214 **Prinz** Birgit, 25. 10. 1977 (FSV Frankfurt 50, SG Praunheim 2, 1. FFC Frankfurt 159, Carolina Courage 3) 1994 CAN, USA, NOR, CHN, SWE, CRO, RUS, RUS, ENG – 1995 ENG, SWE, POL, SUI, CHN, JPN, SWE, BRA, ENG, CHN, NOR, FIN, SVK – 1996 NOR, ISL, ISL, JPN, NOR, BRA, NED, ISL, ISL, ITA – 1997 CHN, CHN, ESP, DEN, NOR, ITA, NOR, DEN, SWE, ITA, ENG, USA, USA, NOR, NED – 1998 ENG, NED, NOR, UKR, UKR – 1999 TUR, CHN, CHN, DEN, FRA, NED, ITA, MEX, BRA, USA, ISL, ITA – 2000 NED, ITA, UKR, CHN, NOR, USA, ISL, DEN, AUS, BRA, SWE, NOR, BRA – 2001 CHN, ITA, CAN, CAN, SWE, RUS, ENG, NOR, SWE, ENG, NED – 2002 CHN, USA, NOR, NED, POR, ENG, DEN, RUS – 2003 CHN, NOR, USA, SCO, DEN, DEN, CZE, ENG, CAN, JPN, ARG, RUS, USA, SWE, POR – 2004 POR, CHN, ITA, UKR, SCO, NOR, NGA, CHN, MEX, NGA, USA, SWE, CZE, NED – 2005 AUS, CHN, SWE, NOR, CHN, USA, CAN, CAN, ITA, FRA, FIN, NOR, CAN, CAN, RUS, SCO, SUI – 2006 CHN, FIN, SWE, NOR, USA, ITA, IRL, SUI, SCO, RUS, ENG, JPN – 2007 NOR, FRA, DEN, ITA, NED, WAL, DEN, CZE, SUI, NOR, ARG, ENG, JAP, PRK, NOR, BRA, BEL, NED – 2008 CHN, DEN, FIN, SWE, NOR, BEL, WAL, ENG, NOR, BRA, NGA, PRK, SWE, BRA, JPN – 2009 BRA, NED, JPN, RUS, NOR, FRA, ISL, ITA, NOR, ENG, USA – 2010 PRK, DEN, FIN, CHN, USA, USA, CAN, AUS, NGA – 2011 PRK, ITA, NED, NOR, CAN, NGA

58 **Raith** Silvia, 11. 6. 1960 (Wacker München 8, FSV Frankfurt 8, TSV Siegen 42) 1983 BEL, NED, DEN, SUI, DEN, NED, BEL – 1984 ITA, ITA, ENG, BEL, ITA, FIN, NED – 1985 HUN, DEN, NOR, FIN – 1986 HUN, ISL, ISL, DEN, NED – 1987 NED, ISL, ISL, HUN, ITA – 1988 SUI, ITA, USA, SUI, HUN, CSV, CSV – 1989 BUL, DEN, ITA, NOR, HUN, CSV – 1990 BUL, CSV, ENG, URS, USA, USA, BUL, HUN, ENG, ENG – 1991 FRA, POL, USA, CHN, ITA, NOR, SUI

6 **Rastetter** Tanja, 19. 9. 1971 (SC Klinge Seckach) 1992 FRA, POL – 1993 SWE, FRA, USA, SUI

1 **Rauch** Felicitas, 30. 4. 1996 (Turbine Potsdam) 2015 ENG

20 **Rech** Bianca, 25. 1. 1981 (1. FFC Frankfurt 8, Bayern München 12) 2002 NOR, DEN, RUS – 2003 CHN, CHN, FRA, NGA, UKR – 2006 CHN, FIN, NOR, ITA, IRL, SCO, ENG – 2007 CHN, FRA, NED, WAL, CZE

3 **Reichler** Claudia, 10. 10. 1963 (BV 08 Lüttringhausen 1, KBC Duisburg 2) 1982 SUI – 1985 NOR, FIN

27 **Richter** Elke, 4. 9. 1960 (Rot-Weiß Berrendorf) 1983 SUI, DEN, NED – 1984 ITA, NOR, ITA, ENG, BEL, ITA, FIN, NED – 1985 HUN, DEN, NOR, FIN – 1986 HUN, NOR, ISL, ISL, DEN, NED – 1987 NED, FRA, ISL, HUN, ITA – 1988 ITA

1 **Roth** Judith, 31. 3. 1966 (SSG Bergisch Gladbach) 1992 ITA

126 **Rottenberg** Silke, 25. 1. 1972 (TSV Siegen 4, Sportfreunde Siegen 37, FFC Brauweiler-Pulheim 38, FCR Duisburg 39, 1. FFC Frankfurt 8) 1993 USA, USA, SUI, DEN – 1997 ENG, ESP, NOR, ITA, NOR, DEN, SWE, ITA, ENG, USA, USA, NOR, NED – 1998 ITA, NED, NZL, NZL, NOR, USA, USA, UKR, UKR – 1999 CHN, DEN, FRA, NED, ITA, MEX, BRA, USA, RUS, UKR, ISL, ITA – 2000 NED, ITA, UKR, CHN, USA, ISL, DEN, AUS, BRA, SWE, NOR, BRA – 2001 CHN, CHN, ITA, RUS, CAN, CAN, SWE, RUS, ENG, NOR, SWE, JPN, USA, ENG, NED – 2002 USA, DEN, FIN, NED, POR, ENG, NOR, DEN, RUS – 2003 CHN, NOR, CHN, SCO, DEN, RUS, UKR, CZE, ENG, CAN, JPN, ARG, RUS, USA, SWE – 2004 POR, CHN, ITA, SCO, NOR, NGA, CHN, MEX, NGA, USA, SWE, NED – 2005 RUS, CHN, CHN, USA, CAN, NOR, ITA, FRA, FIN, NOR, CAN, RUS, SCO, SUI – 2006 SWE, USA, IRL, ITA, IRL, SCO, RUS – 2007 USA – 2008 DEN, SWE, WAL

111 **Sasic** (geb. Okoyino da Mbabi) Celia, 27. 6. 1988 (SC Bad Neuenahr 84, 1. FFC Frankfurt 27) 2005 AUS, RUS, CHN, NOR, CHN, USA, CAN, CAN, RUS, SCO – 2006 CHN, FIN, SWE, NOR, USA, IRL, ITA, SCO, RUS, ENG, JPN – 2007 USA, CHN, ENG, NOR, FRA, ITA – 2008 ENG, NOR, BRA, NGA, BRA, JPN – 2009 CHN, NED, JPN, RUS, NOR, FRA, ISL, NOR, ENG, USA – 2010 PRK, DEN, FIN, CHN, USA, USA, CAN, AUS – 2011 PRK, ITA, NED, NOR, CAN, NGA, FRA, JPN, KAZ, ESP – 2012 TUR, ISL, CHN, SWE, JPN, ESP, SUI, KAZ, TUR, FRA – 2013 FRA, JPN, NOR, USA, USA, SCO, CAN, JPN, NED, ISL, NOR, ITA, NOR, RUS, SVN, CRO, SVK,

CRO – 2014 ISL, CHN, NOR, JPN, SVN, RUS, IRL, FRA, SWE, ENG – 2015 SWE, BRA, SWE, BRA, SUI, CIV, NOR, THA, SWE, FRA, USA, ENG
1 **Schadrack** Jana, 27. 12. 1981 (Turbine Potsdam) 2002 ENG
3 **Schäfer** Carmen, 2. 7. 1971 (SC Bad Neuenahr) 1997 DEN, NOR, USA
1 **Schäpertöns** Christa, 18. 5. 1981 (FFC Brauweiler Pulheim) 2002 USA
1 **Schaller** Andrea, 14. 9. 1976 (SC Bad Neuenahr) 2000 NED
4 **Scharras** Susanne, 11. 2. 1965 (SC Hamm 2, SC Poppenbüttel 2) 1984 NOR, ITA – 1987 NED, ISL
1 **Scheib** Miriam, 5. 6. 1975 (VfR Saarbrücken) 1996 NED
1 **Schlamann** Manuela, 15. 1. 1973 (VfB Rheine) 1992 URS
3 **Schmale** Antonia, 12. 2. 1980 (Hamburger SV 2, FFC Brauweiler Pulheim 1) 1998 ITA – 1999 CHN – 2001 USA
1 **Schmetz** Ulrike, 30. 10. 1979 (Bayern München) 2006 ENG
51 **Schmidt** Bianca, 23. 1. 1990 (Turbine Potsdam 27, 1. FFC Frankfurt 24) 2009 CHN, FIN, CHN, BRA, JPN, NOR, FRA, ITA, NOR, USA – 2010 DEN, FIN, CHN, USA – 2011 NED, FRA, JPN, SUI, ROU, SWE, ESP – 2012 CHN, SWE, JPN, ESP, ROU, KAZ, TUR, USA, FRA – 2013 FRA, USA, SCO, SWE, NOR, RUS, SVN, SVK, CRO – 2014 ISL, CHN, NOR, JPN, IRL, SVN, SVK, CAN, FRA – 2015 THA, ENG, CRO
35 **Schult** Almuth, 9. 2. 1991 (SC Bad Neuenahr 11, VfL Wolfsburg 24) 2012 TUR, ISL, CHN, SWE, JPN, ESP, SUI, ROU – 2013 FRA, JPN, USA, SVK, CRO – 2014 ISL, CHN, JPN, SVK, ENG – 2015 CHN, BRA, SWE, HUN, CRO, RUS, TUR – 2016 FRA, USA, TUR, CRO, GHA, ZIM, AUS, CAN, CHN, CAN, SWE
4 **Schute** Eva, 4. 1. 1964 (VfL Wildeshausen) 1984 NOR, ENG, BEL, ITA
133 **Smisek** Sandra, 3. 7. 1977 (FSV Frankfurt 67, FCR Duisburg 34, 1. FFC Frankfurt 32) 1995 POL, SUI, NOR, FIN, SVK – 1996 SVK, NOR, FIN, ISL, NED, ISL – 1997 CHN, CHN, ESP, DEN, NOR, ITA, NOR, DEN, SWE, ITA, ENG, USA, USA, NOR – 1998 ENG, NED, NZL, NOR, USA, USA, UKR, UKR – 1999 CHN, DEN, SUI, FRA, NED, ITA, MEX, BRA, USA, RUS, UKR, ISL, ITA – 2000 NED, ITA, UKR, CHN, NOR, USA, ISL, DEN – 2001 CHN, CHN, ITA, RUS, CAN, CAN, SWE, RUS, ENG, NOR, SWE, JPN, USA, ENG, POR – 2002 USA, NOR, DEN, CHN, FIN, SWE, NED, POR, DEN, RUS – 2003 SCO, NGA, UKR, ENG, JPN, POR – 2004 POR, CHN, ITA, UKR, SCO, NED – 2005 AUS, RUS, CHN, SWE, CHN, USA, CAN, NOR, ITA, NOR, RUS – 2006 CHN, FIN, SWE, NOR, IRL, ITA, SCO, RUS, ENG – 2007 USA, ENG, NOR, FRA, DEN, SUI, ARG, ENG, JAP, PRK, NOR, BRA – 2008 CHN, SWE, NOR, ENG, NOR, BRA, NGA, PRK, JPN, SUI
7 **Sonn** Claudia, 7. 1. 1966 (SC Husen-Kurl) 1988 SUI, HUN, CSV, CSV – 1989 BUL, HUN, CSV
191 **Stegemann** Kerstin, 29. 9. 1977 (Eintracht Rheine 34, FFC Heike Rheine 95, FCR Duisburg 12, FFC Flaesheim-Hillen 18, SG Wattenscheid 09 27, Borussia Friedenstal 5) 1995 POL – 1996 USA, USA, SVK, NOR, FIN, NOR, ISL, ISL, JPN, NOR, BRA, NED, ISL, ISL, ITA – 1997 ENG, CHN, CHN, ESP, DEN, NOR, ITA, NOR, DEN, SWE, ITA, ENG, USA, USA, NOR, NED – 1998 ITA, ENG, NED, NZL, NZL, NOR, USA, USA – 1999 CHN, DEN, FRA, NED, ITA, RUS, UKR, ISL, ITA – 2000 NED, ITA, UKR, CHN, NOR, USA, DEN, AUS, BRA, NOR, BRA – 2001 CHN, CHN, ITA, RUS, CAN, CAN, SWE, RUS, NOR, SWE, JPN, USA, ENG, POR, NED – 2002 CHN, USA, NOR, DEN, CHN, FIN, SWE, NED, POR, ENG, NOR, DEN, RUS – 2003 CHN, NOR, USA, CHN, CHN, SCO, FRA, DEN, DEN, NGA, UKR, CZE, ENG, CAN, JPN, ARG, RUS, USA, SWE, POR – 2004 POR, CHN, ITA, UKR, SCO, NOR, NGA, CHN, MEX, NGA, USA, SWE, CZE, NED – 2005 AUS, RUS, CHN, SWE, NOR, CHN, USA, CAN, NOR, ITA, CAN, CAN, RUS, SCO, SUI – 2006 CHN, FIN, SWE, NOR, USA, IRL, ITA, IRL, SUI, SCO, RUS, ENG, JPN – 2007 USA, CHN, ENG, NOR, FRA, DEN, ITA, NED, WAL, DEN, CZE, SUI, NOR, ARG, ENG, JAP, PRK, NOR, BRA, BEL, NED – 2008 CHN, DEN, FIN, SWE, NOR, BEL, WAL, ENG, NOR, BRA, NGA, PRK, SWE, BRA, JPN, SUI – 2009 NED, JPN, RUS, ISL
22 **Steinmetz** (Degwitz) Monika, 13. 1. 1960 (SSG Bergisch Gladbach) 1982 SUI – 1983 BEL, NED, DEN, SUI, DEN, NED, BEL – 1984 ITA, ITA, ENG, ITA, FIN, NED – 1986 NOR, ISL, ISL, DEN, NED – 1987 NED, FRA, HUN
6 **Stumpf** Daniela, 13. 9. 1965 (FSV Frankfurt) 1987 FRA, ISL, ISL, HUN – 1991 BEL – 1992 ITA

1 **Thomas** Karolin, 3. 4. 1985 (Turbine Potsdam) 2006 NOR
2 **Thompson** Shelley, 8. 2. 1984 (FCR Duisburg) 2003 NGA – 2004 CZE
8 **Trabant** Anne, 1. 1. 1949 (SSG Bergisch Gladbach) 1982 SUI – 1983 BEL, NED, DEN, SUI, DEN, NED, BEL
3 **Trauschke** Cornelia, 5. 12. 1966 (VfB Uerdingen 1, SSG Bergisch Gladbach 2) 1987 FRA – 1988 ITA, USA

11 **Uebelhör** Dagmar, 10. 12. 1965 (Bayern München) 1989 CSV – 1990 BUL, CSV, ENG, URS, USA, USA, BUL, HUN, ENG – 1991 FRA

4 **Ullrich** Stephanie, 29. 7. 1984 (VfL Wolfsburg) 2007 CHN, ENG, NOR, ITA

54 **Unsleber** Britta, 25. 12. 1966 (FSV Frankfurt 45, TSV Siegen 9) 1984 NED – 1985 HUN – 1986 HUN – 1987 ISL, ISL, HUN, ITA – 1988 ITA, SUI, ITA, USA, SUI, HUN, CSV, CSV – 1989 BUL, DEN, HUN, CSV – 1990 BUL, CSV, ENG, URS, USA, USA, BUL, HUN, ENG, ENG – 1991 FRA, POL, USA, CHN, ITA, NOR, SUI, HUN, BEL, NGA, ITA, DEN, USA, SWE – 1992 ITA, YUG, FRA, POL, URS, URS – 1993 USA, USA, SUI, ITA, DEN

125 **Voss** Martina, 22. 12. 1967 (KBC Duisburg 22, TSV Siegen 37, FCR Duisburg 66) 1984 FIN, NED – 1985 HUN – 1986 HUN, NOR, ISL, ISL, DEN, NED – 1987 NED, FRA, ISL, ISL, HUN, ITA – 1988 ITA, SUI, ITA, USA, SUI, CSV, CSV – 1989 BUL, ITA, NOR – 1990 ENG, URS, USA, USA, BUL, HUN, ENG, ENG – 1991 FRA, POL, USA, CHN, ITA, NOR, HUN, BEL, NGA, TPE, ITA, DEN, USA, SWE – 1992 ITA, YUG, FRA, POL, URS, URS – 1993 SWE, FRA, USA – 1994 WAL, WAL, CRO, CAN, USA, NOR, CHN, SWE, CRO, SUI, RUS, RUS, ENG – 1995 ENG, SWE, SUI, CHN, JPN, SWE, BRA, ENG, CHN, NOR, FIN, SVK – 1996 USA, USA, SWE, NOR, FIN, NOR, ISL, ISL, JPN, NOR, BRA, NED, ISL, ISL, ITA – 1997 ENG, CHN, ESP, DEN, ITA, NOR, USA, USA – 1998 ITA, ENG, NED, NZL, NZL, USA, UKR, UKR – 1999 TUR, CHN, CHN, DEN, SUI, FRA, NED, BRA, RUS, UKR, ISL, ITA – 2000 NED

6 **Vreden** Tanja, 10. 2. 1977 (Hamburger SV) 1998 NZL, NOR, USA, USA – 1999 TUR, CHN

2 **Wagner** Marion, 13. 8. 1968 (Jahn Delmenhorst) 1987 ISL – 1988 ITA

17 **Walther** Elke, 1. 4. 1967 (VfL Sindelfingen 15, SSG Bergisch Gladbach 2) 1989 BUL – 1991 FRA, POL, BEL, SWE – 1992 ITA, YUG, FRA, POL, URS – 1993 SWE, POL – 1994 WAL, CRO, CHN, CRO, RUS

1 **Wasems** Kerstin, 20. 9. 1979 (Grün-Weiß Brauweiler) 1998 NZL

5 **Weimar** Bärbel, 14. 12. 1965 (Wacker München) 1993 SWE, FRA, USA, SUI, SWE

1 **Weiß** Lisa, 29. 10. 1987 (SG Essen-Schönebeck) 2010 PRK

2 **Weiß** Birte, 5. 6. 1971 (Wismut Aue 1, Eintracht Wolfsburg 1) 1991 POL – 1993 FRA

9 **Wendt** Beate, 21. 9. 1971 (SC Poppenbüttel) 1991 FRA, SUI, HUN, BEL, TPE, ITA, DEN, USA, SWE

22 **Wensing** Luisa, 8. 2. 1993 (FCR Duisburg 2, VfL Wolfsburg 20) 2012 CHN, SWE, USA, USA – 2013 FRA, DEN, JPN, NOR, USA, USA, SCO, CAN, JPN, NOR, CRO – 2014 ISL, JPN, CAN, SWE, ENG – 2015 SWE, SWE

154 **Wiegmann** Bettina, 7. 10. 1971 (FFC/Grün-Weiß Brauweiler 124, Sportfreunde. Siegen 11, Boston Breakers 19) 1989 HUN – 1990 ENG, URS, USA, USA, BUL, HUN, ENG, ENG – 1991 POL, USA, ITA, NOR, SUI, HUN, BEL, NGA, TPE, ITA, DEN, USA, SWE – 1992 ITA, YUG, FRA, POL, URS, URS – 1993 USA, USA, SUI, ITA, DEN, SWE, NOR, SUI, RUS, POL – 1994 WAL, WAL, SWE, CRO, SUI, RUS, RUS, ENG – 1995 ENG, SWE, POL, SUI, CHN, JPN, SWE, BRA, ENG, CHN, NOR, FIN, SVK – 1996 USA, USA, SWE, NOR, FIN, NOR, ISL, ISL, JPN, NOR, BRA, NED, ISL, ISL – 1997 ENG, CHN, ESP, DEN, NOR, ITA, NOR, DEN, SWE, ITA, ENG, USA, NOR, NED – 1998 NZL, NZL, UKR – 1999 CHN, CHN, DEN, SUI, FRA, NED, ITA, MEX, BRA, USA, RUS, UKR, ISL, ITA – 2000 NED, ITA, UKR, CHN, NOR, USA, ISL, DEN, AUS, BRA, SWE, NOR, BRA – 2001 RUS, CAN, CAN, SWE, RUS, ENG, NOR, SWE – 2002 CHN, USA, NOR, DEN, CHN, FIN, SWE, NED, ENG, NOR, DEN, RUS – 2003 CHN, NOR, CHN, CHN, SCO, FRA, DEN, DEN CZE, ENG, CAN, JPN, ARG, RUS, USA, SWE

5 **Wiese** Birgit, 10. 11. 1965 (TSV Siegen) 1988 SUI, HUN – 1991 SUI, HUN, BEL

2 **Wilder** Madleen, 6. 7. 1980 (Turbine Potsdam) 2001 CAN, POR

2 **Wilmes** Marion, 24. 6. 1984 (Germania Twist) 2002 NED, POR

70 **Wimbersky** Petra, 9. 11. 1982 (Bayern München 17, Turbine Potsdam 33, 1. FFC Frankfurt 20) 2001 CHN, CHN, ITA, RUS, CAN, CAN, ENG, NOR, JPN, USA, ENG – 2002 DEN, CHN, FIN, SWE, NED, POR, RUS – 2003 CHN, NOR, USA, SCO, FRA, NGA, UKR, CZE – 2004 CHN, ITA, UKR, NOR, NGA, CHN, MEX, NGA, SWE, CZE – 2005 CAN, NOR, ITA, FIN, NOR, CAN, CAN, RUS, SUI – 2006 FIN, SWE, NOR, USA, IRL, ITA, IRL, SUI, RUS, ENG, JPN – 2007 USA, CHN, ENG, NOR, FRA, NED, CZE, NOR, ARG, JAP – 2008 CHN, DEN, FIN, SWE

2 **Wörle** Tanja, 6. 7. 1980 (Bayern München) 1999 RUS, ISL

102 **Wunderlich** Pia, 26. 1. 1975 (SG Praunheim 43, 1. FFC Frankfurt 59) 1993 RUS, POL – 1994 SWE, CRO, RUS, RUS, ENG – 1995 SWE, BRA, ENG, CHN, NOR, FIN – 1996 USA, SWE, NOR, FIN, NOR, ISL, JPN, NOR, BRA, NED, ITA – 1997 ENG, CHN, CHN, ESP, DEN, NOR, ITA, NOR, DEN, SWE, ITA, ENG, USA, USA, NOR, NED – 1998 NED, NZL, NOR – 1999 TUR, CHN, DEN, SUI, FRA, NED, ITA, MEX, BRA, USA, RUS, ITA – 2000 NOR – 2001 CHN, CHN, ITA, RUS, CAN,

CAN, SWE, RUS, ENG, NOR, SWE, ENG, NED – 2002 NED, POR, ENG, DEN, RUS – 2003 CHN, NOR, USA, CHN, CHN, SCO, ENG, RUS, USA, SWE, POR – 2004 POR, CHN, ITA, NOR, NGA, CHN, NGA, USA, CZE, NED – 2005 SWE, NOR, CHN, USA, FRA, RUS – 2006 CHN

34 **Wunderlich** Tina, 10. 10. 1977 (SG Praunheim 16, 1. FFC Frankfurt 18) 1994 SUI – 1995 POL, SUI, BRA – 1996 NOR, ISL, NED, ITA – 1997 USA, USA, NOR, NED – 1998 ITA, UKR, UKR – 1999 TUR, CHN, DEN, SUI, BRA – 2000 CHN, NOR, ISL, DEN, SWE, NOR – 2001 CAN – 2002 CHN, CHN, SWE, NED, POR – 2003 NOR, CHN

12 **Zerbe** Christina, 12. 9. 1980 (Sportfreunde Siegen 1, FFC Brauweiler-Pulheim 2, 1. FFC Frankfurt 9) 2000 NED – 2001 JPN – 2002 FIN, NOR – 2003 CHN, NOR, USA, CHN, CHN, FRA, DEN, NGA
15 **Zietz** Jennifer, 14. 9. 1983 (Turbine Potsdam) 2005 AUS, RUS, CHN, CAN, CAN – 2006 ITA, JPN – 2007 ENG – 2008 CHN, DEN, FIN, BEL – 2010 DEN, CHN, USA
11 **Zimmermann** Ingrid, 21. 12. 1959 (FSV Frankfurt) 1984 NOR, ITA, ENG, BEL, ITA, FIN – 1985 HUN, DEN, NOR – 1986 ISL, ISL

Änderung von Vereinsnamen: VfB Rheine ab 1994 Eintracht Rheine, ab 1998 FFC Heike Rheine; Eintracht Wolfsburg ab 1996 WSV Wolfsburg (Übertritt), ab 2003 VfL Wolfsburg (Übertritt); TSV Siegen ab 1996 Sportfreunde Siegen (Übertritt); VfR Saarbrücken ab 1997 1.FC Saarbrücken (Übertritt); FC Rumeln-Kaldenhausen ab 1997 FCR Duisburg, ab 2001 FCR Duisburg 2001; SG Praunheim ab 1. 1.1999 1. FFC Frankfurt; Grün-Weiß Brauweiler ab 2000 FFC Brauweiler-Pulheim; LdB FC Malmö ab 2014 Rosengard Malmö.

Alle Torschützen der Frauen-Länderspiele

Alushi		Goeßling	10	Lasrich	3	Popp	35
(geb. Bajramaj)	18	Gottschlich G.	2	Laudehr	26	Prinz	128
Austermühl	2	Gottschlich S.	3	Leupolz	8	Raith	4
Bachor	3	Grings	64	Limper	3	Richter	1
Bartelmann	4	Haberlaß	1	Lingor	34	Sasic	
Bartusiak	2	Hagedorn	1	Lohn	9	(geb. Okoyino	
Behringer	34	Hengst	1	Lotzen	4	da Mbabi)	63
Bernhard	1	Hingst	10	Lübbers	2	Schmidt, B.	3
Bindl	3	Hoffmann	2	Magull	2	Smisek	34
Bormann	2	Islacker	3	Maier	6	Sonn	3
Bornschein	2	Jones	9	Marozsan	30	Stegemann	8
Bremer	3	Kemme	1	Meinert	33	Thompson	1
Bresonik	8	Kerschowski	4	Meyer M.	5	Uebelhör	1
Brocker		Keßler	10	Minnert	16	Unsleber	13
(geb. Grigoli)	30	Klinzmann	1	Mittag	44	Voss	27
Carlson	4	Koekkoek	2	Mohr	83	Vreden	1
Däbritz	8	Krahn	5	Müller C.	22	Wendt	1
Damm	2	Krause	2	Müller M.	37	Wensing	1
Eichenlaub	4	Kresimon	1	Nardenbach	4	Wiegmann	51
Faißt	2	Kreuzberg	3	Neid	48	Wimbersky	16
Fehrmann	1	Kubat	2	Odebrecht	2	Wunderlich P.	21
Fitschen	16	Künzer	2	Peter	5	Zietz	1
Fuss	3	Kuhlmann	1	Petermann	2		
Garefrekes	43	Kulig	7	Pohlers	28	Eigentore	
Gebauer	2	Landwehr	1	Pohlmann	4	des Gegners	33

Die besten Torschützen der Frauen-Länderspiele

128 Prinz
83 Mohr
64 Grings
63 Sasic (geb. Okoyino da Mbabi)
51 Wiegmann
48 Neid
44 Mittag
43 Garefrekes

37 Müller M.
35 Popp
34 Lingor
34 Smisek
33 Meinert
32 Behringer
30 Brocker (geb. Grigoli)
30 Marozsan

28 Pohlers
27 Voss
26 Laudehr
22 Müller C.
21 Wunderlich P.
18 Alushi (geb. Bajramaj)
16 Fitschen
16 Minnert

16 Wimbersky
13 Unsleber
10 Goeßling
10 Hingst
10 Keßler

Die häufigsten Einsätze

Prinz	214	Behringer	123	Meinert	92	Raith	58
Stegemann	191	Jones	111	Bresonik	84	Unsleber	54
Hingst	174	Neid	111	Alushi		Schmidt B.	51
Wiegmann	154	Sasic		(geb. Bajramaj)	79	Odebrecht	49
Lingor	149	(geb. Okoyino		Popp	74	Leupolz	48
Minnert	147	da Mbabi)	111	Wimbersky	70	Bernhard	47
Angerer	146	Mohr	104	Fuss	68	Brocker	
Fitschen	144	Wunderlich P.	102	Pohlers	67	(geb. Grigoli)	46
Mittag	144	Bartusiak	101	Marozsan	66	Damm	46
Krahn	137	Müller M.	101	Omilade	61	Maier	46
Smisek	133	Laudehr	99	Nardenbach	59	Goller	45
Garefrekes	130	Peter	98	Austermühl	58	Gottschlich S.	45
Rottenberg	126	Grings	96	Isbert		Müller C.	45
Voss	125	Goeßling	92	(geb. Feiden)	58		

Die Bilanz der 19 U 23-Frauen-Länderspiele

Gegner	Spiele	Siege	Unentsch.	Niederl.	Tore	11-m-Sch.
England	4	1	2	1	6:6	
Finnland	3	3	–	–	10:0	
Norwegen	3	2	–	1	2:1	
Schottland	1	1	–	–	5:0	
Schweden	3	2	1	–	6:3	
USA	5	–	2	3	3:11	
Gesamt	**19**	**9**	**5**	**5**	**32:21**	

Seit dem 24. 5. 2012 wurde kein Spiel mehr ausgetragen.

Die Bilanz der 102 U 21-Frauen-Länderspiele (früher U20 u. U19)

Gegner	Spiele	Siege	Unentsch.	Niederl.	Tore	11-m-Sch.
Dänemark	31	17	6	8	73:34	
England	2	1	1	–	4:3	3:4
Finnland	9	4	4	1	21:9	4:5
Frankreich	2	2	–	–	7:1	
Griechenland	1	1	–	–	1:0	
Island	7	6	1	–	23:5	5:6
Italien	1	1	–	–	1:0	
Japan „A"	1	–	–	1	1:5	
Niederlande	8	5	1	2	15:5	
Norwegen	10	2	4	4	11:13	
Österreich „A"	1	1	–	–	4:0	
Polen	3	3	–	–	21:0	
Schweden	11	3	3	6	13:22	5:4
Tschechien	1	–	1	–	3:3	
Tschechien „A"	1	1	–	–	7:2	
Ukraine	1	1	–	–	2:0	
USA	11	2	1	8	15:26	
Gesamt	**102**	**50**	**22**	**30**	**222:128**	

Die U-21-Mannschaft wurde 2007 von der neuen U-23-Mannschaft ersetzt.

Die Bilanz der 53 U20-Frauen-Länderspiele

Gegner	Spiele	Siege	Unentsch.	Niederl.	Tore	11-m-Sch.
Belgien	1	1	–	–	4:0	
Brasilien	2	2	–	–	8:3	
China	2	2	–	–	9:5	
Costa Rica	1	1	–	–	4:2	
Dänemark	1	1	–	–	3:0	
England	3	2	–	1	5:2	
Frankreich	3	3	–	–	11:5	
Ghana	1	1	–	–	1:0	
Japan	4	1	–	3	5:5	
Kanada	2	2	–	–	4:1	
Kolumbien	1	1	–	–	3:1	
DR Kongo	1	1	–	–	5:0	
Mexiko	1	1	–	–	9:1	
Nigeria	2	2	–	–	3:0	
Nordkorea	2	1	–	1	2:2	
Norwegen	8	6	2	–	21:4	
Schweden	5	2	2	1	13:6	
Schweiz	2	2	–	–	11:0	
Südafrika	1	–	1	–	1:1	
Südkorea	2	2	–	–	8:1	
USA	8	3	1	4	10:9	
Gesamt	**53**	**36**	**7**	**10**	**140:49**	

2015: 1 Spiel, 1 Niederlage
50 **Schweden**, 21. 10., Kassel, 0:1 verloren: Pauels (Schlüter) – Rauch, Hartig, Wedemeyer, Schüller (Brandenburg) – Gier (Sehan), Gaugigl (Matheis), Dieckmann, Wolter (Loos) – Freigang (Tietge), Ehegötz.

2016: 3 Spiele, 1 Sieg, 2 Niederlagen
51 **England**, 2. 3., La Managa, 0:1 verloren (Vier-Nationen-Turnier: Pauels – Karl, Hartig, Wedemeyer, Brandenburg (Kempe) – Ehegötz (Kießling), Knaak, Dieckmann (Gaugigl), Sehan (Matheis) – Freigang, Schüller (Sanders).
52 **Norwegen** U23, 4. 3., La Manga, 3:0 gewonnen (Vier-Nationen-Turnier): Schlüter – Hartig (Brandenburg) Specht, Wedemeyer, Kießling (Wolter) – Ehegötz (1) (Gaugigl), Matheis, Knaak, Sehan (Dieckmann) – Freigang (1) (Kempe), Schüller (1) (Sanders).
53 **Japan** U23, 6. 3., La Manga, 0:1 verloren (Vier-Nationen-Turnier: Pauels – Karl, Hartig, Wedemeyer, Brandenburg (Kießling) – Sehan (Wolter), Knaak, Gaugigl (Dieckmann), Freigang (Kempe) – Matheis (Ehegötz), Sanders.

Die Bilanz der 220 U19-Frauen-Länderspiele (bis 2001 U18)

Gegner	Spiele	Siege	Unentsch.	Niederl.	Tore	11-m-Sch.
Aserbaidschan	1	1	–	–	5:1	
Australien	2	1	–	1	4:3	
Belgien	5	4	–	1	20:2	
Brasilien	2	–	1	1	1:2	4:3
China	2	1	–	1	2:2	
Dänemark	10	4	3	3	8:8	
England	12	10	–	2	25:11	
Finnland	7	6	1	–	24:4	
Frankreich	13	8	1	4	30:16	3:5
Georgien	1	1	–	–	18:0	
Griechenland	1	1	–	–	9:0	
Irland	3	3	–	–	10:0	
Island	3	3	–	–	12:3	
Italien	14	8	2	4	28:13	
Japan	2	2	–	–	5:2	
Kanada	5	3	1	1	8:7	
Kasachstan	1	1	–	–	7:0	
Mazedonien	2	2	–	–	19:0	
Mexiko	1	1	–	–	3:1	
Niederlande	6	6	–	–	12:1	
Nigeria	1	–	1	–	1:1	5:4
Nordirland	1	1	–	–	2:0	
Norwegen	19	13	4	2	43:15	2:4
Österreich	2	2	–	–	8:2	
Polen	5	5	–	–	32:1	
Rumänien	1	1	–	–	4:0	
Russland	8	7	–	1	39:8	
Schottland	6	6	–	–	32:2	
Schweden	28	16	6	6	55:23	2:4
Schweiz	8	4	1	3	19:13	
Serbien (Jugolawien)	5	5	–	–	32:6	
Slowakei	2	2	–	–	12:0	
Slowenien	1	1	–	–	8:0	
Spanien	10	8	–	2	22:6	
Thailand	1	1	–	–	6:0	
Tschechien	5	5	–	–	23:2	
Türkei	1	1	–	–	2:0	
Ukraine	3	2	1	–	16:0	
Ungarn	6	6	–	–	29:0	
USA	11	3	1	7	13:19	
Wales	2	1	1	–	8:1	
Weißrussland	1	1	–	–	9:0	
Gesamt	**220**	**157**	**24**	**39**	**665:175**	

2015: 14 Spiele, 11 Siege, 1 Unentschieden, 2 Niederlagen

201 **Serbien**, 11. 2., Stara Pazova, 7:3 gewonnen: Schlüter (Schuldt) – Gasper (Züfler), Wedemeyer (Specht (1)), Knaak (2), Hartig (Loos)) – Schüller (1), Dieckmann (1), Gaugigl (Meier), Rauch (1) – Ehegötz (Schwalm), Sehan (Gier (1)).

202 **Schweden**, 5. 3., La Manga, 2:1 gewonnen (Vier-Nationen-Turnier): Pauels – Rauch (Gier), Knaak, Wedemeyer, Gasper (Brandenburg) – Schüller (Hartig), Matheis (Gaugigl), Dieckmann, Wolter (Loos) – Freigang (1) (Ortega-Jurado), Ehegötz (1).

203 **Italien**, 7. 3., La Manga, 4:0 gewonnen (Vier-Nationen-Turnier): Schlüter – Hartig (Gasper), Jaser, Specht, Brandenburg – Schüller (1), Gaugigl (Ortega-Jurado), Matheis, Wolter (Loos (1)) – Gier (1), Ehegötz (Freigang (1)).

204 **Norwegen,** 9. 4., La Manga, 0:1 verloren (Vier-Nationen-Turnier): Pauels – Brandenburg (Hartig), Knaak, Wedemeyer (Jaser), Gasper (Ortega-Jurado)– Rauch (Gier), Gaugigl, Dieckmann, Wolter (Loos) – Freigang, Ehegötz (Schüller).
205 **Schottland,** 4. 4., Forst, 6:0 gewonnen (EM-Qualifikation): Pauels – Brandenburg, Wedemeyer, Knaak, Hartig – Gaugigl (Gasper), Matheis (Ortega-Jurado)– Schüller (2), Freigang (4), Rauch – Ehegötz (Wolter).
206 **Ukraine,** 6. 4., Schwetzingen, 9:0 gewonnen (EM-Qualifikation): Fischer – Brandenburg, Wedemeyer, Knaak (1), Hartig – Matheis (Loos), Freigang (1) (Gier (2)) – Gaugigl, Wolter, Rauch (1) – Ehegötz (1) (Schüller (2)) – Dazu kommt ein Eigentor von Kravchuk.
207 **Belgien,** 9. 4., Forst, 3:1 gewonnen (EM-Qualifikation): Pauels – Brandenburg, Wedemeyer, Knaak, Hartig – Gaugigl (Loos), Matheis – Schüller (Wolter), Freigang (Gier (1)), Rauch – Ehegötz (1) – Dazu kommt ein Eigentor von Vanwynsberge.
208 **England,** 15. 7., Rishon LeZion, 2:1 gewonnen (EM-Gruppenspiel): Schlüter – Hartig, Knaak (1), Wedemeyer, Brandenburg – Matheis, Schüller (Sehan) – Rauch, Dieckmann, Freigang (Wolter) – Ehegötz (1) (Gier).
209 **Norwegen,** 18. 7., Lod, 0:2 verloren (EM-Gruppenspiel): Schlüter – Brandenburg, Wedemeyer, Knaak, Hartig (Sehan) – Schüller, Dieckmann, Gaugigl, Rauch – Freigang (Gier), Ehegötz (Wolter).
210 **Spanien,** 21. 7., Rishon LeZion, 1:0 gewonnen (EM-Gruppenspiel): Pauels – Brandenburg, Wedemeyer, Knaak, Hartig (Wolter) – Schüller, Dieckmann, Matheis, Rauch – Ehegötz (Gaugigl), Freigang (Sehan) – Eigentor Galvez.
211 **Schweden,** 24. 7., Netanya, n. V. 3:3 unentschieden, Elfmeterschießen 2:4 (EM-Halbfinale): Pauels – Rauch, Wedemeyer, Knaak (1), Brandenburg – Ehegötz (1), Dieckmann (Gier (1)), Gaugigl, Wolter (Schüller) – Sehan (Matheis), Freigang – Tore im Elfmeterschießen: Knaak, Gaugigl.
212 **Ungarn,** 15. 9., Szombathely, 2:0 gewonnen (EM-Qualifikation): Fischer – Kempe (Matuschewski), Specht, Friedrich, Gerhardt – Gasper, Feldkamp, Walkling, Meier (Karl) – Schwalm (Ott), Sanders (2).
213 **Kasachstan,** 17. 9., Buk, 7:0 gewonnen (EM-Qualifikation): Brandt – Gasper (1) (Löber), Krug, Friedrich, Specht (Perri) – Walkling (2), Feldkamp, Karl, Matuschewski (Schwalm) – Ott (2), Sanders (1) – Dazu ein Eigentor von Zakaryayeva.
214 **Serbien,** 20. 9., Szombathely, 6:1 gewonnen (EM-Qualifikation): Fischer – Karl, Friedrich, Specht (Löber), Kempe (Gerhardt) – Walkling (2) (Schwalm (1)), Meier, Feldkamp, Gasper – Ott (1), Sanders (2).

2016: 6 Spiele, 4 Siege, 2 Niederlagen
215 **Irland,** 5. 4., Dublin, 1:0 gewonnen (EM-Qualifikation): Brandt – Gerhardt, Hartig, Specht, Gasper (Kempe) – Walkling, Hausicke, Feldkamp, Schwalm (1) – Ehegötz, Sanders.
216 **Polen,** 7. 4., Dublin, 3:1 gewonnen (EM-Qualifikation): Pauels – Viehl (Gasper), Friedrich, Hartig, Gerhardt – Schwalm, Karl, Hausicke, Walkling (Gieseke (1)) – Feldkamp, Sanders (Ehegötz (2)).
217 **Aserbaidschan,** 10. 4., Dublin, 5:1 gewonnen (EM-Qualifikation): Pauels – Viehl (Gerhardt), Hartig (1), Friedrich, Kempe – Möller, Karl (Ehegötz), Hausicke, Gasper (1) (Schwalm (1)) – Feldkamp, Gieseke (2).
218 **Spanien,** 19. 7., Senica, 0:1 verloren (EM-Gruppenspiel): Pauels – Karl (Möller), Specht (Friedrich), Hartig, Gerhardt – Ehegötz, Feldkamp, Hausicke, Wolter (Sanders) – Freigang, Schüller.
219 **Schweiz,** 22. 7., Senica, 2:4 verloren (EM-Gruppenspiel): Pauels – Möller, Specht, Hartig, Gerhardt – Matheis (Freigang (1)), Hausicke – Sehan (Schüller), Ott (Ehegötz), Feldkamp – Sanders (1).
220 **Österreich,** 25. 7., Senica, 3:1 gewonnen (EM-Gruppenspiel): Fischer – Orschmann, Hartig, Friedrich, Sehan (Möller) – Feldkamp, Freigang (1) – Hausicke (Ott), Wolter (Schüller), Sanders (1) – Ehegötz (1).

Die Bilanz der 246 U17-Juniorinnen-Länderspiele (bis 2001 U16)

Gegner	Spiele	Siege	Unentsch.	Niederl.	Tore	11-m-Sch.
Australien	1	1	–	–	4:0	
Belgien	2	1	1	–	1:0	
Brasilien	1	1	–	–	2:1	
Bulgarien	2	2	–	–	21:0	
China	1	–	1	–	1:1	
Costa Rica	1	1	–	–	5:0	
Dänemark	22	17	4	1	52:7	
England	4	4	–	–	16:5	
Finnland	10	8	2	–	31:5	5:3
Frankreich	43	28	6	9	100:42	5:6, 4:3
Ghana	4	2	–	2	5:5	
Griechenland	1	–	1	–	1:1	
Irland	1	–	–	1	0:1	
Island	9	7	2	–	36:5	
Israel	6	6	–	–	35:1	
Italien	3	2	1	–	6:0	
Kanada	10	5	3	2	18:11	
Mexiko	1	1	–	–	9:0	
Neuseeland	1	1	–	–	5:1	
Niederlande	21	11	6	4	39:16	4:3
Nigeria	1	–	1	–	2:2	
Nordkorea	4	–	1	3	5:8	
Norwegen	12	10	2	–	43:7	4:2
Österreich	4	4	–	2	6:4	
Polen	2	2	–	–	5:0	
Rumänien	2	2	–	–	12:1	
Russland	4	4	–	–	23:1	
Schottland	1	1	–	–	4:2	
Schweden	25	14	7	4	51:32	9:10, 4:5, 4:5
Schweiz	10	8	–	2	38:5	
Serbien	2	2	–	–	15:0	
Spanien	7	2	3	2	13:11	3:1, 3:2
Südafrika	1	1	–	–	10:1	
Südkorea	1	1	–	–	3:0	
Tschechien	3	3	–	–	11:1	
Ungarn	1	1	–	–	6:0	
Uruguay	1	1	–	–	5:2	
USA	18	2	5	11	14:31	
Weißrussland	2	2	–	–	9:0	
Gesamt:	**246**	**156**	**46**	**44**	**663:212**	

2015: 13 Spiele, 11 Siege, 2 Niederlagen

224 **England**, 16. 2., Marlow, 4:2 gewonnen: Winckler – Gerhardt, Friedl (Gieseke), Krug, Kardesler – Möller (1) (Köllner), Minge (1) (Ströfer), Feldkamp (Wimmer), Gwinn (Hoffmann) – Orschmann (J. Dallmann), Sanders (2).

225 **Frankreich**, 18. 2., Marlow, 5:0 gewonnen: Maier – Kardesler (Gwinn), Krug, Gieseke (1), Gerhardt (1) – Feldkamp (Köllner), Ströfer (Wimmer) – Hoffmann, Hipp (1) (Minge), Möller (Orschmann) – Sanders (1) (J. Dallmann (1)).

226 **Weißrussland**, 9. 4., Siena, 6:0 gewonnen (EM-Qualifikation): Winckler – Kardesler (1), Krug, Guttenberger, Gerhardt – Minge, Hipp (1) (J. Dallmann (1)) – Feldkamp, Gwinn (Hoffmann), Möller (Minge) – Sanders (3).

227 **Tschechien**, 11. 4., Montepulciano, 5:1 gewonnen (EM-Qualifikation): Winckler – Kardesler (1), Krug, Guttenberger, Gerhardt – Minge (Friedl), Hipp (Orschmann) – Ströfer, Gwinn (1), Feldkamp (1) – Sanders (1) (Gieseke) – Dazu kommt ein Eigentor von Cizkova.

228 **Italien**, 14. 4., Siena, 5:0 gewonnen (EM-Qualifikation): Winckler – Kardesler, Krug, Guttenberger, Gerhardt – Ströfer (Friedl), Feldkamp – Gwinn, Minge (4) (Hipp), Hoffmann (Möller (1)) – Sanders.

229 **Frankreich,** 20. 5., Worms, 3:1 gewonnen: Winckler (Bockhorst) – Kardesler (Herrmann), Krug (Dörr), Guttenberger (Gieseke), Gerhardt – Feldkamp (1), Ströfer (J. Dallmann) – Gwinn (Hoffmann (1)), Orschmann (1) (Reinkober), Minge (Friedl) – Klein (Möller).

230 **Island,** 22. 6., Grindavik, 5:0 gewonnen (EM-Gruppenspiel): Fischer – Kardesler (Friedl), Krug (1), Guttenberger, Gerhardt – Feldkamp, Minge – Gwinn, Hipp (J. Dallmann (1)), Möller – Sanders (2) (Orschmann (1)).

231 **Spanien,** 25. 6., Akranes, 0:4 verloren (EM-Gruppenspiel): Winckler – Kardesler, Krug, Guttenberger, Gerhardt – Feldkamp, Minge – Gwinn, Hipp (Pawollek), Möller (Reinkober) – Sanders (Orschmann).

232 **England,** 28. 6., Reykjavik, 5:0 gewonnen (EM-Gruppenspiel): Fischer – Kardesler, Krug, Guttenberger (Dörr), Gerhardt – Feldkamp (Friedl) – Gwinn, Hipp, Pawollek (1) (Möller) – Sanders (4).

233 **Schweiz,** 1. 7., Reykjavik, 0:1 verloren (EM-Halbfinale): Fischer – Kardesler, Krug, Dörr (Orschmann), Gerhardt – Feldkamp, Minge – Gwinn, Hipp (Friedl), Pawollek (Möller) – Sanders.

234 **Frankreich,** 2. 9., Baryssau, 2:0 gewonnen (EM-Qualifikation): Doege – Sakar (Opladen), Rieke (Reiter), Wittje (Rößeling), Linder – Minge (1) (Frehse), Pawollek – Ziegler (Memeti (1)), Kögel (Lührßen), Gwinn (1) – Stolze (Hechler).

235 **Polen,** 4. 9., Schodsina, 2:0 gewonnen (EM-Qualifikation): Novotny – Opladen, Rieke, Wittje, Linder (Sakar) – Minge (1) (Hechler), Pawollek (Frehse) – Herrmann (Gwinn (1)), Memeti (Rößeling), Reiter (Lührßen) – Stolze (Kögel).

236 **Weißrussland,** 7. 9., Minsk, 3:0 gewonnen (EM-Qualifikation): Novotny – Sakar (Hechler), Rößeling, Pawollek, Lührßen (Reiter) – Minge (Herrmann (1)), Gwinn (Wittje) – Linder, Kögel (Frehse), Stolze (Memeti) – Rieke (1) (Ziegler).

2016: 10 Spiele, 6 Siege, 4 Niederlagen

237 **Frankreich,** 26. 1., Salou/Spanien, 1:0 gewonnen: Doege – Schöppl, Siems (Martin), Kleinherne, Sakar (Opladen) – Rieke (Bäcker), Pawollek, Gwinn (1) (Ziegler), Kögel (M. Müller), Minge – Stolze (Radke).

238 **Frankreich,** 28. 1., Salou/Spanien, 1:1 unentschieden: Novotny – Sakar (May), Kleinherne (Hechler), Pawollek, Schöppl – Gwinn (1), Minge, Rieke (Reiter), Linder (Radke), M. Müller (Graser) – Ziegler (Martin).

239 **Schweiz,** 19. 3., Enzesfeld-Lindabrunn, 2:0 gewonnenn (EM-Qualifikation): Doege – Linder (Lohmann), Kleinherne, Pawollek, Siems – Minge (1), Kögel (Rieke) – Gwinn (Radke), Schöppl, M. Müller (1) – Stolze.

240 **Russland,** 21. 3., Enzesfeld-Lindabrunn, 3:0 gewonnen (EM-Qualifikation): Leitzig – Linder, Kleinherne, Pawollek (1), Siems – Schöppl (Lohmann), Minge (1) – Gwinn (1), Kögel, M. Müller – Stolze (Graser).

241 **Österreich,** 24. 3., Rohrendorf, 4:1 gewonnen (EM-Qualifikation): Doege – Lohmann, Schöppl (Kleinherne), Pawollek, Siems – Minge, Kögel – Gwinn, M. Müller (Rieke), Linder (1) – Stolze (3) (Radke).

242 **Spanien,** 4. 5., Slutsk, 2:2 unentschieden (EM-Gruppenspiel): Doege – Linder, Kleinherne, Pawollek, Siems – Gwinn, Lohmann, M. Müller, Wieder – Bühl (2) (Rieke), Kögel (Ziegler).

243 **Italien,** 7. 5., Schodsina, 0:0 unentschieden (EM-Gruppenspiel): Doege – Hausdorff, Kleinherne, Pawollek, Siems – Minge, Lohmann (Ziegler), Kögel (M. Müller) – Gwinn, Bühl, Wieder (Stolze).

244 **Tschechien,** 10. 5., Baryssau, 4:0 gewonnen (EM-Gruppenspiel): Doege – Linder (Rieke), Kleinherne, Pawollek, Siems – Ziegler (2), Minge, M. Müller (2) – Kögel, Bühl (Stolze), Gwinn (May).

245 **England,** 13. 5., Schodsina, 4:3 gewonnen (EM-Halbfinale): Doege – Linder, Kleinherne, Pawollek (1), Siems – M. Müller, Kögel (Ziegler (2)) – Wieder (Stolze), Minge, Gwinn – Bühl (1) (Rieke).

246 **Spanien,** 16. 5., Barysaau, 0:0 unentschieden, Elfmeterschießen 3:2 (EM-Endspiel): Doege – Linder, Kleinherne, Pawollek, Siems – M. Müller, Minge, Kögel (Ziegler) – Wieder (Stolze), Bühl, Gwinn – Tore im Elfmeterschießen: Gwinn, Minge, Siems.

Die Bilanz der 67 U16-Juniorinnen-Länderspiele

Gegner	Spiele	Siege	Unentsch.	Niederl.	Tore	11-m-Sch.
Dänemark	10	7	1	2	32:12	
England	2	2	–	–	10:1	
Finnland	6	6	–	–	30:4	
Frankreich	9	5	3	1	21:6	
Island	6	5	1	–	14:2	
Italien	2	1	1	–	2:0	
Niederlande	7	4	4	1	12:7	
Norwegen	12	8	–	4	33:13	
Österreich	2	1	–	1	5:4	
Schottland	3	3	–	–	10:1	
Schweden	5	3	1	1	13:6	
Schweiz	1	–	–	1	2:3	
Spanien	1	–	1	–	1:1	3:4
USA	1	–	–	1	0:2	
Gesamt:	**67**	**45**	**10**	**12**	**185:62**	

2015: 9 Spiele, 7 Siege, 1 Unentschieden, 1 Niederlage

51 **Niederlande,** 19. 2., Vila Real de Santo Antonio, 2:0 gewonnen (UEFA-Turnier): Doege – Martin (Sakar), Hechler, Wittje, Opladen (Linder) – Schüler, Pawollek (Frehse) – Reiter (Haeckel), Herrmann (Kögel (1), Lührßen – Adigo (1) (Mai).

52 **Spanien,** 21. 2., Vila Real de Santo Antonio, 1:1 unentschieden, Elfmeterschießen 3:4 (UEFA-Turnier): Novotny – Sakar, Rößeling, Hechler, Linder (Wittje) – Haeckel (Reiter), Frehse (Schüler (1)), Pawollek, Bartsch (Martin) – Kögel, Mai (Lührßen) – Tore im Elfmeterschießen: Schüler, Martin, Pawollek.

53 **Schottland,** 23. 2., Vila Real de Santo Antonio, 1:0 gewonnen (UEFA-Turnier): Doege (Novotny) – Opladen (1) (Martin), Rößeling, Wittje (Hechler), Lührßen (Pawollek) – Frehse, Bartsch (Schüler) – Linder (Reiter), Herrmann, Mai (Sakar) – Adigo (Kögel).

54 **Norwegen,** 29. 6., Nörre Aaby, 2:1 gewonnen (Nordic Cup): Sieger – Martin (Sakar), Rieke, Wittje, Linder – Lohmann, Kögel (Herrmann) – Reiter, Ziegler, Memeti (1) (Hechler) – Stolze (1) (Adigo).

55 **Schweden,** 30. 6., Kolding, 3:1 gewonnen (Nordic Cup): Doege – Sakar, Rieke, Wittje, Linder (Opladen) – Lohmann (Martin), Reiter – Ziegler (1), Kögel (Hechler), Memeti (Herrmann (1)) – Stolze (1) (Adigo).

56 **Island,** 2. 7., Nörre Aaby, 2:1 gewonnen (Nordic Cup): Sieger – Sakar, Rößeling, Rieke, Opladen – Hechler (2), Martin – Adigo, Ziegler (Stolze), Herrmann – Memeti (Linder).

57 **Niederlande,** 4. 7., Kolding, 0:2 verloren (Nordic Cup, Endspiel): Doege – Sakar, Rieke, Wittje, Linder – Reiter, Lohmann – Ziegler, Hechler (Herrmann), Memeti (Martin) – Stolze.

58 **Dänemark,** 2. 9., Lögumkloster, 3:1 gewonnen: Sieger (Johannes) – Hausdorff (Tellenbröker), Kleinherne, Schöppl, Wieder (Cal) – M. Müller (Schmidt), Schenk (Münch) – Schneider (Ebert), Lattwein (2), Chmielinski – Anyomi (Artin (1)).

59 **England,** 18. 11., Burton-upon-Trent, 7:0 gewonnen: Sieger (Johannes) – Tellenbröker (Riepl), Kleinherne (Schmidt), Schöppl (1), Ebert (1) – M. Müller (Cal), Schenk (Lohmann) – Bühl, Lattwein (1) (Rackow), Chmielinski (2) – Anyomi (2).

2016: 8 Spiele, 6 Siege, 1 Unentschieden, 1 Niederlage

60 **Niederlande,** 11. 2., Vila Real de Santo Antonio, 1:1 unentschieden, Elfmeterschießen 4:2 (UEFA-Turnier): Sieger – Riepl, Gentile, Hausdorff, Wieder – Lohmann, Schenk (Ebert) – Bühl (Schimmer), Lattwein, Chmielinski (1) (Rackow) – Anyomi (Skrotzki) – Tore im Elfmeterschießen: Lattwein, Gentile, Rackow, Ebert.

61 **Schottland,** 13. 2., Vila Real de Santo Antonio, 5:0 gewonnen (UEFA-Turnier): Borggräfe – Münch, Schmidt, Hausdorff (Gentile (1)), Cal – Schimmer (Chmielinski), Schenk (Lattwein (1)), Ebert (Lohmann), Skrotzki – Rackow (Anyomi), Baaß (1) (Bühl) – Dazu kommen zwei Eigentore von Eddie.

62 **Frankreich,** 15. 2., Vila Real de Santo Antonio, 2:0 gewonnen (UEFA-Turnier): Sieger – Riepl (Ebert), Gentile, Hausdorff, Wieder (Rackow) – Lattwein, Bühl (1) – Lohmann, Schimmer, Chmielinski – Anyomi (1) (Baaß).
63 **Österreich,** 12. 5., Traunstein, 3:1 gewonnen: Sieger – Schmidt (1), Gentile, Riedel (Cullik) – Schenk (Brunner), Ebert (1) – Schimmer (Stopka), Chmielinski, Krumbiegel (Momm (1)) – Uebach (Kössler).
64 **Schweden,** 1. 7., Rade, 4:1 gewonnen (Nordic Cup, Gruppenspiel): Sieger – Nüsken, Gentile, Schmidt (Schenk), Gudorf (Grutkamp) – Riepl (Schöppl), Brunner (Münch) – Chmielinski (1) (Uebach), Oberdorf 1) (Krumbiegel), Schimmer (1) (Rackow) – Anyomi (1) (Momm).
65 **Niederlande,** 3. 7., Moss, 3:2 gewonnen (Nordic Cup, Gruppenspiel): Borbe – Gudorf, Schmidt (Krumbiegel), Gentile, Nüsken – Riepl, Oberdorf (1) (Münch) – Uebach, Momm (Rackow), Schimmer (Schenk) – Anyomi (2) (Grutkamp).
66 **Finnland,** 5. 7., Fredrikstad, 9:0 gewonnen (Nordic Cup, Gruppenspiel): Sieger – Gudorf (Münch), Schmidt, Gentile, Schenk (1) (Riepl) – Nüsken (1), Chmielinski (1) (Momm (1)) – Oberdorf (1) (Schimmer (1)), Uebach (1), Krumbiegel (1) – Anyomi (1) (Grutkamp).
67 **Norwegen,** 7. 7., Sarpsborg, 1:3 verloren (Nordic Cup, Endspiel): Borbe – Gudorf, Schmidt, Gentile, Schenk – Riepl, Nüsken – Schimmer, Oberdorf, Chmielinski (Rackow) – Anyomi (Uebach) – Eigentor von Björneboe.

Die Bilanz der 61 U15-Juniorinnen-Länderspiele

Gegner	Spiele	Siege	Unentsch.	Niederl.	Tore	11-m-Sch.
Belgien	2	2	–	–	14:0	
Dänemark	1	1	–	–	3:0	
England	6	4	2	–	21:5	
Irland	2	2	–	–	10:0	
Kanada	4	1	1	2	3:8	
Niederlande	15	10	2	3	45:13	
Norwegen	2	1	1	–	3:1	
Österreich	4	4	–	–	12:3	
Polen	1	1	–	–	4:1	
Russland	2	2	–	–	14:1	
Schottland	17	17	–	–	105:7	
Tschechien	4	4	–	–	16:0	
Wales	1	1	–	–	7:1	
Gesamt:	**61**	**50**	**6**	**5**	**257:40**	

2015: 6 Spiele, 6 Siege

53 **Niederlande,** 23. 4., Emsbüren, 2:0 gewonnen: Sieger – Riepl (Kleinherne), Hausdorff (Gentile), Schöppl (Cal), Ebert (Fuso) – Anyomi (1) (Oberdorf), Lohmann, M. Müller, Wieder (Münch (1)) – Lattwein (Schenk), Stolze (Chmielinski).
54 **Tschechien,** 2. 6., Domazlice, 3:0 gewonnen: Johannes – Wieder (Münch), Kleinherne, Schöppl, Fuso (Hausdorff) – Lohmann (Tellenbröker), Bühl (Schenk), M. Müller (Riepl), Wimmer (Oberdorf) – Lattwein (Ebert), Stolze (3).
55 **Tschechien,** 4. 6., Domazlice, 7:0 gewonnen: Sieger – Hausdorff (1), Schöppl (1), Tellenbröker, Münch (Riepl) – Fuso (1) (Wimmer), M. Müller (Kleinherne), Schenk (Lohmann (1)), Bühl (1) (Oberdorf) – Lattwein (Ebert), Stolze (1) (Wieder) – Dazu kommt ein Eigentor von Sonntagova.
56 **Schottland,** 28. 10., Bingen, 5:1 gewonnen: Willebrandt – Gudorf (S. Müller), Aehling, Wirtz (Nüsken), Zilligen (Klostermann) – Günnewig (Haas (1)), Cin (1) (Fudalla) – Berning (1) (Homann), Oberdorf (1), Wimmer (Trapp) – Corley (Statz).
57 **Schottland,** 30. 10., Bingen, 6:0 gewonnen: Trenz – Gudorf (S. Müller), Aehling, Wirtz, Zilligen (Klostermann) – Nüsken (1) (Cin), Oberdorf (Homann) – Trapp (Statz(1)), Haas (2) (Corley (1)), Wimmer (Fudalla) – Berning (1) (Günnewig).
58 **Belgien,** 28. 11., Tubize, 1:0 gewonnen: Willebrandt – Gudorf, Aehling, Wirtz (Nüsken), Zilligen (Trapp) – Haas (Statz), Oberdorf – Fuso (1), Cin (Günnewig), Wimmer (Fudalla) – Corley (Berning).

2016: 3 Spiele, 2 Siege, 1 Unentschieden

59 **Niederlande,** 27. 4., Rijssen, 3:3 unentschieden: Willebrandt – Gudorf, Aehling (Köster), Stegemann, Zilligen (Trapp) – Günnewig (Berning), Nüsken (1) – Haas (Bahnemann), Oberdorf, Fuso (Fudalla) – Martinez (2) (Corley).

60 **Tschechien,** 24. 5., Flöha, 5:0 gewonnen: Willebrandt – Gudorf, Wirtz (Stegemann), Aehling, Bahnemann – Fuso (Trapp (1)), Günnewig (Cin), Nüsken (Haas), Berning (Jubel) – Oberdorf (3) (Homann), Martinez (Corley (1)).

61 **Tschechien,** 26. 5., Flöha, 1:0 gewonnen: Nelles – Gudorf (Trapp), Wirtz, Stegemann, Zilligen (Bahnemann) – Nüsken (Günnewig), Oberdorf (Berning) – Fuso, Fudalla (Martinez), Wimmer (1) (Jubel) – Haas (Corley).

Ehrentafel
DER DEUTSCHEN FRAUEN-MEISTER

1974	TuS Wörrstadt	1996	TSV Siegen
1975	Bonner SC	1997	Grün-Weiß Brauweiler
1976	Bayern München	1998	FSV Frankfurt
1977	SSG Bergisch Gladbach	1999	1. FFC Frankfurt
1978	SC Bad Neuenahr	2000	FCR Duisburg
1979	SSG Bergisch Gladbach	2001	1. FFC Frankfurt
1980	SSG Bergisch Gladbach	2002	1. FFC Frankfurt
1981	SSG Bergisch Gladbach	2003	1. FFC Frankfurt
1982	SSG Bergisch Gladbach	2004	Turbine Potsdam
1983	SSG Bergisch Gladbach	2005	1. FFC Frankfurt
1984	SSG Bergisch Gladbach	2006	Turbine Potsdam
1985	KBC Duisburg	2007	1. FFC Frankfurt
1986	FSV Frankfurt	2008	1. FFC Frankfurt
1987	TSV Siegen	2009	Turbine Potsdam
1988	SSG Bergisch Gladbach	2010	Turbine Potsdam
1989	SSG Bergisch Gladbach	2011	Turbine Potsdam
1990	TSV Siegen	2012	Turbine Potsdam
1991	TSV Siegen	2013	VfL Wolfsburg
1992	TSV Siegen	2014	VfL Wolfsburg
1993	TuS Niederkirchen	2015	Bayern München
1994	TSV Siegen	2016	Bayern München
1995	FSV Frankfurt		

Die Spiele um die deutsche Frauen-Meisterschaft

1974: TuS Wörrstadt
Gruppe 1: Bayern München – SpVgg Wiehre/Freiburg 3:2, TSV Grötzingen – SV Bubach/Calmesweiler 0:9, SpVgg Wiehre/Freiburg – TSV Grötzingen 5:1, SV Bubach/Calmesweiler – Bayern München 3:2, TSV Grötzingen – Bayern München 1:5, SpVgg Wiehre/Freiburg – SV Bubach/Calmesweiler 2:5 – Gruppensieger: SV Bubach/Calmesweiler.
Gruppe 2: TuS Wörrstadt – Preußen Krefeld 5:1, Oberst Schiel Frankfurt – SV Untergrombach 4:0, Preußen Krefeld – Oberst Schiel Frankfurt 0:2, SV Untergrombach – TuS Wörrstadt 0:5, Oberst Schiel Frankfurt – TuS Wörrstadt 0:1, Preußen Krefeld – SV Untergrombach 4:0 – Gruppensieger: TuS Wörrstadt.
Gruppe 3: SC Bad Neuenahr – Sparta Göttingen 5:0, Bonner SC – SV Kiel-Wik 1:0, Sparta Göttingen – Bonner SC 2:3, SV Kiel-Wik – SC Bad Neuenahr 0:4, Bonner SC – SC Bad Neuenahr 1:0, Sparta Göttingen – SV Kiel-Wik 6:1 – Gruppensieger: Bonner SC.
Gruppe 4: Werder Bremen – Tennis Borussia Berlin 1, Buxtehuder SV – DJK Eintracht Erle 0:2, Tennis Borussia Berlin – Buxtehuder SV 1:1, DJK Eintracht Erle – Werder Bremen 5:1, Buxtehuder SV – Werder Bremen 1:1, Tennis Borussia Berlin – DJK Eintracht Erle 1:2 – Gruppensieger: DJK Eintracht Erle.
Halbfinale: SV Bubach/Calmesweiler – DJK Eintracht Erle 1:3, Bonner SC – TuS Wörrstadt 1:3.
Spiel um den 3. Platz: SV Bubach/Calmesweiler – Bonner SC n. V. 3:3, Elfmeterschießen 4:1.

Endspiel am 8. September in Mainz: TuS Wörrstadt – DJK Eintracht Erle 4:0
Die Siegermannschaft: Manewal – Jung, Mayer (Nickel), Ellmer, Pätzold, Solbach, Israel, Wohlleben, Demler (Petzold), Haarbach, Binder – Tore: Israel 3, Wohlleben – Zuschauer: 3800 – SR: Eschweiler (Bonn).

1975: Bonner SC
Gruppe 1: Jahn Delmenhorst – Tennis Borussia Berlin 1:4 und 1:4, SV Kiel-Wik – TSV Wulsdorf 2:1 und 2:2 – Gruppenendspiele: Tennis Borussia – SV Kiel-Wik 2:1 und 2:0.
Gruppe 2: KBC Duisburg – DJK Eintracht Erle 0:1 und 1:1, Lorbeer Rothenburgsort – Bonner SC 1:2 und 0:7 – Gruppenendspiele: DJK Eintracht Erle – Bonner SC 0:5 und 0:6.
Gruppe 3: TSV Battenberg – SC Bad Neuenahr 2:2 und 0:4, TuS Wörrstadt – Spvgg Freiburg/Wiehre 2:1 und 5:0 – Gruppenendspiele SC Bad Neuenahr – TuS Wörrstadt 0:3 und 0:2.
Gruppe 4: SV Schlierstadt – VfL Schorndorf 1:1 und 1:4, Bayern München – FC Marpingen 6:1 und 1:1 – Gruppenendspiele: VfL Schorndorf – Bayern München 0:5 und 1:6.
Halbfinale: Bayern München – Tennis Borussia Berlin 2:1, TuS Wörrstadt – Bonner SC 0:4.
Spiel um den 3. Platz:: Tennis Borussia Berlin – TuS Wörrstadt 3:2.

Endspiel am 15. Juni in Bad Godesberg: Bonner SC – Bayern München 4:2 (1:2)
Die Siegermannschaft: Klein – Bädorf, Riebartsch, Schmidt, Christa Nüsser, Neuenfeld, Ranger, Pätzold, Charlotte Nüsser, Haarbach-Trabant, Wurps – Tore: Charlotte Nüsser 2, Haarbach-Trabant, Ranger (Niederlöhner, Langer) – Zuschauer: 2337 – SR: Linn (Altendiez).

1976: Bayern München
Gruppe 1: SC Bad Neuenahr – Oberst Schiel Frankfurt 0:0 und 1:2, VfR Rheinfelden – TSV Siegen 2:2 und 2:3 – Gruppenendspiele: TSV Siegen – Oberst Schiel Frankfurt 2:0 und 2:2.
Gruppe 2: SV Kiel-Wik – Tennis Borussia Berlin 1:2 und 0:1; Hamburger SV – FC Marpingen 2:1 und 0:4 – Gruppenendspiele: Tennis Borussia Berlin – FC Marpingen 6:0 und 1:2.
Gruppe 3: Bayern München – VfL Schorndorf 2:1 und 4:0; TuS Niederkirchen – Bonner SC 2:8 und 0:2 – Gruppenendspiele: Bonner SC – Bayern München 1:1 und 2:3.
Gruppe 4: TSV Wulsdorf – KBC Duisburg 0:7 und 0:3; SV Schlierstadt – Sparta Göttingen 2:4 und 1:3 – Gruppenendspiele: KBC Duisburg – Sparta Göttingen 4:3 und 1:3 n. Verl.
Halbfinale: Sparta Göttingen – Tennis Borussia Berlin n. V. 1:3., Bayern München – TSV Siegen 3:2.
Spiel um den 3. Platz: Sparta Göttingen – TSV Siegen 2:1.

Endspiel am 20. Juni in Siegen: Bayern München – Tennis Borussia Berlin n. V. 4:2 (2:2, 1:1)
Die Siegermannschaft: Köhl – Kasimir, Lehner, Völkl, Doll, Niederlöhner (Leroy), Raith, Süß, Mayerhofer, Schmidt, Langer (Wagner) – Tore: Niederlöhner 2, Schmidt, Mayerhofer (Cygon 2) – Zuschauer: 3700 – SR: Hilker (Bochum).

1977: SSG Bergisch Gladbach
Vorrunde: KBC Duisburg – SSG Bergisch Gladbach 1:4 und 0:2, SV Schlierstadt – VfL Wildeshausen 1:1 und 3:2; TuS Niederkirchen – TV Farmsen/Hamburg 1:2 und 3:1; SC Freiburg – FC Schalke 04 0:1 und 3:0; VfL Schorndorf – Bayern München 2:2 und 2:4; TSV Wulsdorf – TSV Rendsburg 0:5 und 0:4; Oberst Schiel Frankfurt – Tennis Borussia Berlin 2:2 und 2:1; FC Marpingen – SC Bad Neuenahr 2:2 und 2:3.
Viertelfinale: SC Bad Neuenahr – SSG Bergisch Gladbach 2:2 und 0:1; SC Freiburg – SV Schlierstadt 0:1 und 0:2; Bayern München – TuS Niederkirchen 0:0 und 2:0; Oberst Schiel Frankfurt – TSV Rendsburg 6:0 und 1:2.
Halbfinale: Bayern München – SSG Bergisch Gladbach 1:3 und 0:4; SV Schlierstadt – Oberst Schiel Frankfurt 1:2 und 1:3.

Endspiele am18. und 25. Juni: SSG Bergisch Gladbach – Oberst Schiel Frankfurt 0:0 und 1:0
Die Siegermannschaft: Schmoll – Göbel, Winkel, Stoffels, Krug – Neuenfeldt, Lesink, Trabant-Haarbach – Dlugi (Frese), Ranger (Hamburger, Klinz), Gebauer – Tor: Gebauer – Zuschauer: 8000 und 3000 – SR: Lutz (Bremen) und Quindeau (Ludwigshafen).

1978: SC Bad Neuenahr
Vorrunde: Rot-Weiß Berrendorf – KBC Duisburg 0:2 und 0:3, TSV Wulsdorf – FC Marpingen 0:3 und 0:4; SV Schlierstadt – TV Farmsen/Hamburg 0:0 und 1:3, Meteor 06 Berlin – Kickers Offenbach 1:0 und 0:2, TSV Siegen – TuS Wörrstadt 1:1 und 3:0, Rotenburger SV – Bayern München 1:6 und 1:1, SC Freiburg – VfL Schorndorf 4:1 und 1:1, SC Bad Neuenahr – Rendsburger TV 6:0 und 3:1.
Viertelfinale: KBC Duisburg – TV Farmsen/Hamburg 3:2 und 0:0, TSV Siegen – Kickers Offenbach 0:1 und 1:2, SC Bad Neuenahr – SC Freiburg 1:1 und 2:1, FC Marpingen – Bayern München 2:2 und 1:0.
Halbfinale: Kickers Offenbach – FC Marpingen 1:1 und 1:2, SC Bad Neuenahr – KBC Duisburg 0:0 und 2:0.

Endspiele am 17. und 25. Juni: SC Bad Neuenahr – FC Marpingen 2:0 und 0:1
Die Siegermannschaft: Breuer – Esch (Bünning), Weyer, Schreiber (Kullmann), Eisenhuth – Richelmann, Förster, Nüsser – Wohlleben, Pütz, Keller – Tore: Nüsser 2 im 1. Spiel; Eigentor Schreiber im 2. Spiel – Zuschauer: 1000 und 4000 – SR: Dreher (Darmstadt) und Schmoock (Konstanz).

1979: SSG Bergisch Gladbach
Vorrunde: SC Bad Neuenahr – Meteor 06 Berlin 1:1 und 5:2, FC Marpingen – KBC Duisburg 1:0 und 0:3, Jahn Delmenhorst – VfL Schorndorf 0:1 und n. V. 4:2, TSV Siegen – Oberst Schiel Frankfurt 1:3 und 5:2, Bayern München – SC Freiburg 3:0 und 4:0, FSV Harburg – TuS Wörrstadt 1:0 und 2:2, SSG Bergisch Gladbach – SV Schlierstadt 2:0 und 2:1, TV Rendsburg – TSV Wulsdorf 1:0 und 2:0.
Viertelfinale: KBC Duisburg – TV Rendsburg 2:0 und 1:0, TSV Siegen – Jahn Delmenhorst 1:1 und n. V. 2:2, Elfmeterschießen 3:1, SC Bad Neuenahr – Bayern München 2:0 und n. V. 0:4, SSG Bergisch Gladbach – FSV Harburg 5:0 und 1:0.
Halbfinale: SSG Bergisch Gladbach – KBC Duisburg 1:0 und 3:0, Jahn Delmenhorst – Bayern München 2:5 und 2:5.

Endspiele am 17. und 24. Juni: Bayern München – SSG Bergisch Gladbach 2:3 und 0:1
Die Siegermannschaft: Schmoll – Klinz, Dlugi, Krug, Winkel, Neuenfeldt, Degwitz, Lesnik (Pestel), Kresimon, Trabant-Haarbach, Gebauer (Frauenrath) – Tore: Kresimon 2, Neuenfeld (Doll, Mayerhofer) im 1. Spiel; Kresimon im 2. Spiel – Zuschauer: 800 und und 12 000 – SR: Walz (Waiblingen) und Burgers (Essen).

1980: SSG Bergisch Gladbach
Vorrunde: Bayern München – FC Schalke 04 2:0 und 2:1, Meteor 06 Berlin – KBC Duisburg 0:2 und 1:3, FSV Frankfurt – SSG Bergisch Gladbach 0:4 und 0:5, TuS Niederkirchen – FC Marpingen 1:0 und 2:1, VfL Schorndorf – VfL Wildeshausen 1:0 und 0:3, FSV Harburg – SC Lauchringen 5:2 und 2:0, TSV Wulsdorf – SC Bad Neuenahr 0:2 und 0:11, TSV Rendsburg – SV Schlierstadt 0:5 und 2:6.
Viertelfinale: SV Schlierstadt – KBC Duisburg 0:2 und 1:3, VfL Wildeshausen – SC Bad Neuenahr 1:0 und 0:2, SSG Bergisch Gladbach – TuS Niederkirchen 4:1 und 7:0, Bayern München – FSV Harburg 5:0 und 0:4.
Halbfinale: Bayern München – SSG Bergisch Gladbach 0:2 und 0:6, KBC Duisburg – SC 07 Bad Neuenahr 5:1 und 6:0.

Endspiel am 15. Juni in Bergisch Gladbach: SSG Bergisch Gladbach – KBC Duisburg 5:0 (2:0)
Die Siegermannschaft: Manewal – Klinz, Winkel, Schmoll, Dlugi – Krug, Neuenfeldt, Trabant-Haarbach (Pestel) – Degwitz (Budney), Kresimon, Gebauer – Tore: Kresimon 2, Krug, Gebauer, Budny – Zuschauer: 5000 – SR: Risse (Hattingen).

1981: SSG Bergisch Gladbach
Vorrunde: SFD Düsseldorf – VfL Wildeshausen 5:3 und 1:2, VfL Schorndorf – TuS Wulsdorf 6:0 und 5:0, FSV Harburg – Tennis Borussia Berlin 2:2 und 1:6, SC Bad Neuenahr – SC Freiburg 3:1 und 0:1, FC Schalke 04 – TuS Wörrstadt 0:1 und 0:4, FSV Frankfurt – TSV Rendsburg 3:0 und 5:0, SV Schlierstadt – SV Weiskirchen 3:0 und 4:0, SSG Bergisch Gladbach – Bayern München 3:0 und 0:1.
Viertelfinale: FSV Frankfurt – SSG Bergisch Gladbach 1:3 und 1:6, TuS Wörrstadt – SFD Düsseldorf 4:1 und 2:3, SC Bad Neuenahr – SV Schlierstadt 3:0 und 1:1, Tennis Borussia Berlin – VfL Schorndorf 2:0 und 4:3
Halbfinale: Tennis Borussia Berlin – TuS Wörrstadt 4:0 und 4:2, SC Bad Neuenahr – SSG Bergisch Gladbach 0:3 und 1:0.

Endspiel am 20. Juni in Bergisch Gladbach: SSG Berg Gladbach – Tennis Borussia Berlin 4:0 (3:0)
Die Siegermannschaft: Geilen (Domhoff) – Klinz, Winkel, Krug, Dlugi – Schmoll, Neuenfeldt, Trabant-Haarbach – Degwitz. Kresimon, Gebauer (Haberlass) – Tore: Kresimon 3, Neuenfeldt – Zuschauer: 4000 – SR: Föckler (Weisenheim).

1982: SSG Bergisch Gladbach
Vorrunde: SC Klinge Seckach – TuS Niederkirchen 3:2 und 7:0, Bayern München – SG Thumby 6:0 und 12:0, Eintracht Wolfsburg – Lorbeer Rothenburgsort 1:0 und 2:0, TSV Siegen – FSV Frankfurt 0:1 und 0:0, Meteor 06 Berlin – VfL Schorndorf 2:3 und 1:4, SSG Bergisch Gladbach – SC Freiburg 11:0 und 11:0, VfR Saarbrücken – TSV Wulsdorf 2:0 und 0:0, SC Bad Neuenahr – KBC Duisburg 2:3 und 2:3.
Viertelfinale: SSG Bergisch Gladbach – VfL Schorndorf 6:0 und 5:0, FSV Frankfurt – Bayern München 0:3 und n. V. 3:1, VfR Saarbrücken – SC Klinge Seckach 1:2 und 2:4, KBC Duisburg – Eintracht Wolfsburg 2:0 und 2:1.
Halbfinale: Bayern München – KBC Duisburg 1:1 und 2:1, SC Klinge Seckach – SSG Bergisch Gladbach 0:4 und 0:3.

Endspiel am 17. Juni in Bergisch Gladbach: SSG Bergisch Gladbach – Bayern München 6:0 (1:0)
Die Siegermannschaft: Domhoff – Dlugi, Winkel, Degwitz, Klinz – Krug (Kozany), Landers, Trabant-Haarbach – Dahl (Frauenrath), Kresimon, Gebauer – Tore: Kresimon 3, Trabant-Haarbach, Gebauer. Frauenrath – Zuschauer: 3500 – SR: Wahmann (Recklinghausen).

Die deutsche Frauen-Meisterschaft 773

1983: SSG Bergisch Gladbach
Vorrunde: Bayern München – VfL Wildeshausen 1:1 und 2:0, SC Bad Neuenahr – Bremer TS Neustadt 7:0 und 3:0, Tennis Borussia Berlin – VfR Saarbrücken 7:0 und 3:1, TSV Rendsburg – VfB Unzhurst 2:3 und 3:1, FSV Frankfurt – KBC Duisburg 1:1 und 2:4, SSG Bergisch Gladbach – TSV Siegen 2:0 und 2:0, TuS Niederkirchen – FSV Harburg 5:1 und 0:2., TSV Vilsingen – SC Klinge Seckach 1:8 und 0:2.
Viertelfinale: SC Bad Neuenahr – TSV Rendsburg 4:0 und 3:0, Bayern München – KBC Duisburg 1:2 und 0:1, TuS Niederkirchen – Tennis Borussia Berlin 2:4 und 1:3, SSG Bergisch Gladbach – SC Klinge Seckach 5:0 und 5:0.
Halbfinale: KBC Duisburg – SSG Bergisch Gladbach 1:2 und 1:4, Tennis Borussia Berlin – SC Bad Neuenahr 0:1 und 4:2.

Endspiel am 25. Juni in Bergisch Gladbach: SSG Bergisch Gladbach – Tennis Borussia Berlin 6:0 (1:0)
Die Siegermannschaft: Domhoff – Dlugi-Winterberg, Landers, Degwitz, Klinz – Schauerova (Winkel), Krug, Trabant-Haarbach – Dahl (Neuenfeldt), Kresimon, Gebauer – Tore: Schauerova 2, Gebauer, Kresimon, Krug, Dlugi-Winterberg – Zuschauer: 3200 – SR: Dellwing (Trier).

1984: SSG Bergisch Gladbach
Vorrunde: Bremer TS Neustadt – ASV Feudenheim 1:0 und 3:6 n.V., Eintracht Wolfsburg – TuS Niederkirchen 4:1 und 2:0, FSV Frankfurt – SV Weiskirchen 6:1 und 4:1, SC Freiburg – Bayern München 0:2 und 2:7, Lorbeer Rothenburgsort – SSG Bergisch Gladbach 0:3 und 1:7, VfL Schorndorf – KBC Duisburg 3:4 und 0:7, Tennis Borussia Berlin – TSV Wentorf 4:0 und 7:1, FC Schalke 04 – SC Bad Neuenahr 2:0 und n. V. 2:5.
Viertelfinale: Tennis Borussia Berlin – KBC Duisburg 1:3 und 2:7, ASV Feudenheim – FSV Frankfurt 0:4 und 0:9, Bayern München – Eintracht Wolfsburg 3:1 und 3:0, SC Bad Neuenahr – SSG Bergisch Gladbach 0:2 und 0:6.
Halbfinale: KBC Duisburg – FSV Frankfurt 0:2 und 1:2, Bayern München – SSG Bergisch Gladbach 0:3 und 0:2.

Endspiel am 30. Juni in Frankfurt: SSG Bergisch Gladbach – FSV Frankfurt 3:1 (1:1)
Die Siegermannschaft: Neuser – Krug, Neuenfeldt, Dlugi-Winterberg, Degwitz – Schauerova, Neid, Bartelmann – Dahl, Kresimon, Gebauer (Haberlass) – Tore: Neid, Bartelmann, Dahl (Jahn) – Zuschauer: 2200 – SR: Fleischer (Hallstadt).

1985: KBC Duisburg
Vorrunde: FC Schalke 04 – SSG Bergisch Gladbach 0:9 und 0:5, FSV Frankfurt – VfL Wildeshausen 3:2 und 3:0, Meteor 06 Berlin – KBC Duisburg 0:4 und 1:5, Bayern München – TuS Niederkirchen 5:0 und 1:0, TSV Wentorf – TuS Ahrbach 1:0 und 1:4, FSV Harburg – TuS Binzen 1:3 und 0:4, Polizei SV Bremen – SC Klinge Seckach 0:7 und 1:5, Eintracht Stuttgart – VfR Saarbrücken 1:1 und 2:8.
Viertelfinale: TuS Binzen – VfR Saarbrücken 1:1 und 0:2, KBC Duisburg – SC Klinge Seckach 7:0 und 2:0, TuS Ahrbach – Bayern München 0:1 und 1:3, FSV Frankfurt – SSG Bergisch Gladbach 1:1 und 0:3.
Halbfinale: VfR Saarbrücken – Bayern München 1:4 und 0:12, SSG Bergisch Gladbach – KBC Duisburg 1:2 und 1:2.

Endspiel am 30. Juni in Duisburg: KBC Duisburg – Bayern München 1:0 (0:0)
Die Siegermannschaft: Reichler – de Koning, Thulke, Dieckmann, Patzel – Limper (Klinkowski), Schiffer, Hohmann (Frey) – Voss, Offermann, Pohl – Tor: Klinkowski – Zuschauer: 5500 – SR: Waltert (Paderborn).

1986: FSV Frankfurt
Vorrunde: Bayern München – TuS Binzen 2:0 und 6:1, Tennis Borussia Berlin – TSV Crailsheim 2:0 und 0:1, FSV Frankfurt – Lorbeer Rothenburgsort 4:1 und 4:0, KBC Duisburg – TSV Siegen 0:2 und 0:1, SC Klinge Seckach – VfR Saarbrücken 1:1 und 1:3, Polizei SV Bremen – VfL Wildeshausen 0:1 und 0:3, SSG Bergisch Gladbach – Schmalfelder SV 9:1 und 5:1, TuS Ahrbach – TuS Wörrstadt 3:0 und 0:0.
Viertelfinale: FSV Frankfurt – Tennis Borussia Berlin 0:1 und 2:0, Bayern München – VfR Saarbrücken 2:1 und 0:0, SSG 09 Bergisch Gladbach – VfL Wildeshausen 3:0 und 3:0, TuS Ahrbach – TSV Siegen 0:3 und 1:2.
Halbfinale: Bayern München – SSG Bergisch Gladbach 0:3 und 2:0, FSV Frankfurt – TSV Siegen 2:2 und n. V. 0:0, Elmeterschießen 3:1.

Endspiel am 28. Juni in Bergisch Gladbach: FSV Frankfurt – SSG Bergisch Gladbach 5:0 (1:0)

Die Siegermannschaft: Melka – Zimmermann – Metz, Lissner, Unsleber – Koekkoek, Jahn, Strauch (Haft), Hamza (Pfeifer) – Mantel, Laufer – Tore: Laufer 2, Jahn, Koekkoek, Mantel – Zuschauer: 2000 – SR: Weber (Essen).

1987: TSV Siegen
Vorrunde: SC Bad Neuenahr – FSV Frankfurt 0:6 und 0:2, KBC Duisburg – VfR Saarbrücken 3:1 und 5:1, VfL Sindelfingen – SpVgg Wiehre 1:0 und n. V. 0:1, Elfmeterschießen 4:3, Bayern München – SC Siegelbach 1:0 und 3:0, SSG Bergisch Gladbach – Lorbeer Rothenburgsort 3:0 und 2:0, Eintracht Wolfsburg – Tennis Borussia Berlin 1:3 und 0:0, ATSV Stockelsdorf – TSV Siegen 2:2 und 0:9, FC Spöck – Polizei SV Bremen 2:1 und n. V. 0:1, Elfmeterschießen 4:3.
Viertelfinale: VfL Sindelfingen – KBC Duisburg 0:4 und 1:6, TSV Siegen – Bayern München 2:1 und 2:0, Tennis Borussia Berlin – FSV Frankfurt 0:1 und 0:1, FC Spöck – SSG Bergisch Gladbach 0:2 und 1:2.
Halbfinale: KBC Duisburg – FSV Frankfurt 2:3 und 2:1, Elfmeterschießen 4:5, TSV Siegen – SSG Bergisch Gladbach 3:0 und 1:0.

Endspiel am 28. Juni in Siegen: TSV Siegen – FSV Frankfurt 2:1 (0:1)
Die Siegermannschaft: Neuser – Kozany – Thomas, Sänger – Haberlaß (Hamm), Koekkoek, Raith, Neid – Czyganowski, Chaladyniak (Pick), Bartelmann – Tore: Neid, Piek (Stumpf) – Zuschauer: 6400 – SR: Mierswa (Hänigsen).

1988: SSG Bergisch Gladbach
Vorrunde: FC Spöck – Polizei SV Bremen 6:0 und 1:0, Lorbeer Rothenburgsort – TSV Siegen 0:5 und 0:1, ATSV Stockelsdorf – TuS Wörrstadt 0:1 und 0:4, Tennis Borussia Berlin – KBC Duisburg 0:4 und 1:1, FSV Frankfurt – Fortuna Sachsenroß Hannover 2:2 und 1:3, SSG Bergisch Gladbach – TSV Crailsheim 2:1 und 3:0, VfR Saarbrücken – TuS Binzen 4:0 und 2:1, TuS Ahrbach – Bayern München 2:2 und n. V. 0:0, Elfmeterschießen 3:1.
Viertelfinale: TuS Wörrstadt – TSV Siegen 0:3 und 0:1, KBC Duisburg – FC Spöck 2:1 und 4:0, TuS Ahrbach – SSG Bergisch Gladbach 2:1 und 0:2, Fortuna Sachsenroß Hannover – VfR Saarbrücken 1:1 und 3:1.
Halbfinale: KBC Duisburg – Fortuna Sachsenroß Hannover 1:0 und 1:0, SSG Bergisch Gladbach – TSV Siegen 2:0 und 2:0.

Endspiel am 26. Juni in Bergisch Gladbach: SSG Bergisch Gladbach – KBC Duisburg n. V. 0:0, Elfmeterschießen 5:4
Die Siegermannschaft: Weiß – Landers – Trauschke, Fehrmann – Meyer, Dahl, Knüpp, Holzhüter, Bünger – Tai-Ving, Jansen (Schute) – Tore im Elfmeterschießen: Tai-Ying, Landers, Trauschke, Fehrmann, Schute (Offermann, Schiller, Voß, Dieckmann) – Zuschauer: 3800 – SR: Broska (Gelsenkirchen).

1989: SSG Bergisch Gladbach
Vorrunde: SSG Bergisch Gladbach – Tennis Borussia Berlin 4:0 und 1:1; KBC Duisburg – TuS Niederkirchen 1:0 und 2:0; Lorbeer Rothenburgsort – VfL Sindelfingen 1:2 und 1:3; Schmalfelder SV – TSV Siegen 0:4 und 0:2; VfR Saarbrücken – SC Klinge Seckach 2:0 und 1:0; TuS Ahrbach – Eintracht Bremen 7:0 und 4:0; FSV Frankfurt – Bayern München 1:0 und 4:2; TuS Binzen – Fortuna Sachsenroß Hannover 1:2 und 1:2.
Viertelfinale: KBC Duisburg – FSV Frankfurt 1:5 und 0:2; VfL Sindelfingen – SSG Bergisch Gladbach 1:3 und 1:3; TuS Ahrbach – TSV Siegen 0:0 und n. V. 0:0, Elfmeterschießen 6:5; Fortuna Sachsenroß Hannover – VfR Saarbrücken 0:1 und 0:3.
Halbfinale: TuS Ahrbach – FSV Frankfurt 3:2 und 2:1; VfR Saarbrücken – SSG Bergisch Gladbach 0:2 und 0:5.

Endspiel am 8. Juli in Montabaur: SSG Bergisch Gladbach – TuS Ahrbach 2:0 (0:0)
Die Siegermannschaft: Wego – Landers – Trauschke, Jansen (Bünger), Hartmann – Meyer (Pradella), Holzhüter, Fehrmann, Dahl – Flues, Ruppaner – Tore: Flues 2 – Zuschauer: 6000 – SR: Umbach (Rottorf).

1990: TSV Siegen
Vorrunde: 1. FC Neukölln – VfR Saarbrücken 1:2 und 1:4, TuS Niederkirchen – Schmalfelder SV 1:0 und n. V. 2:3, Elfmeterschießen 1:3, VfL Sindelfingen – SC Klinge Seckach 1:0 und 4:0, SSG Bergisch Gladbach – KBC Duisburg 3:2 und 2:2, TSV Siegen – TuS Binzen 3:0 und 1:0, Bayern München – Polizei SV Bremen 4:0 und 3:0, FSV Frankfurt – SC Bad Neuenahr 8:0 und 6:1, Lorbeer Rothenburgsort – Eintracht Wolfsburg 0:2 und 1:2.

Viertelfinale: FSV Frankfurt – TSV Siegen 1:2 und 1:1, VfR Saarbrücken – Bayern München 0:0 und 1:2, VfL Sindelfingen – Eintracht Wolfsburg 4:1 und 1:2, Schmalfelder SV – SSG Bergisch Gladbach 0:5 und 0:2.
Halbfinale: TSV Siegen – VfL Sindelfingen 2:0 und 1:1, Bayern München – SSG Bergisch Gladbach 2:1 und n. V. 0:1, Elfmeterschießen 3:4.

Endspiel am 24. Juni in Siegen: TSV Siegen – SSG Bergisch Gladbach 3:0 (2:0)
Die Siegermannschaft: Neuser – Kozany – Sänger, Raith – Wiese, Henkel, Hennecke, Czyganowski (Neid), Knieper – Voß, Fitzner (Kern) – Tore: Voß 2, Hennecke – Zuschauer: 3700 – SR: Berg (Konz).

Die zweigeteilte Frauen-Bundesliga

Die Meister:
Gruppe Nord: 1991, 1992, 1993, 1994 TSV Siegen – 1995, 1996, 1997 Grün-Weiß Brauweiler.
Gruppe Süd: 1991, 1992 FSV Frankfurt – 1993, 1994 TuS Niederkirchen – 1995, 1996, 1997 FSV Frankfurt.
• **Die Abschlusstabellen sind zum letzten Mal im Almanach 1998 erschienen.**

1991: TSV Siegen
Halbfinale: TSV Siegen – TuS Niederkirchen 2:0 und 2:3, FSV Frankfurt – KBC Duisburg 3:2 und 5:0.

Endspiel am 16. Juni in Siegen: TSV Siegen – FSV Frankfurt 4:2 (4:1)
Die Siegermannschaft: Isbert – Wiese – Sänger, Nardenbach, Veldhulzen, Camper (Mink), Neid, Raith (Czyganowski), Knieper – Voss, Kern – Tore: Kern 2, Neid, Voss (Unsleber, Walter) – Zuschauer: 4500 – SR: Osmaers (Bremen).

1992: TSV Siegen
Halbfinale: TSV Siegen – TSV Niederkirchen 2:0 und 2:1, Grün-Weiß Brauweiler – FSV Frankfurt 3:1 und 0:1.

Endspiel am 28. Juni in Siegen: TSV Siegen – Grün-Weiß Brauweiler 2:0 (1:0)
Die Siegermannschaft: Isbert – Nardenbach – Sänger, Camper – Veldhuizen, Voss, Neid, Wiese, Czyganowski (Schmidt) – Meyer, Mink – Tore: Neid, Meyer – Zuschauer: 2649 – SR: Zdunek (Bremen).

1993: TuS Niederkirchen
Halbfinale: TSV Siegen – FSV Frankfurt 2:0 und 3:0, TuS Niederkirchen – Grün-Weiß Brauweiler 4:3 und 1:1.

Endspiel am 20. Juni in Niederkirchen: TuS Niederkirchen – TSV Siegen n. V. 2:1 (1:1, 1:0)
Die Siegermannschaft: Boss – Trimpop – Heitmann, Obermeier, Maier – Wölbitsch (Brecht), Fütterer, Scherer, Dums (Seyfert) – Mohr, Grigoli – Tore: Mohr 2 (Neid) – Zuschauer: 5000 – SR: Peil (Saarland).

1994: TSV Siegen
Halbfinale: TuS Niederkirchen – Grün-Weiß Brauweiler 1:5 und 0:4, TSV Siegen – FSV Frankfurt 3:0 und 1:1

Endspiel am 19. Juni in Pulheim: TSV Siegen – Grün-Weiß Brauweiler 1:0 (0:0)
Die Siegermannschaft: Rottenberg – Fitschen – Nardenbach, Fitzner – Trauschke, Euteneuer, Neid, Unsleber (Camper) – Voss, Kubat, Mink (Chaladyniak) – Tor: Kubat – Zuschauer: 2600 – SR: Janssen (Emden).

1995: FSV Frankfurt
Halbfinale: Grün-Weiß Brauweiler – TuS Ahrbach 3:2 und 6:1, FC Rumeln-Kaldenhausen – FSV Frankfurt 2:2 und 1:5.

Endspiel am 14. Mai in Pulheim: FSV Frankfurt – Grün-Weiß Brauweiler 2:0 (2:0)
Die Siegermannschaft: Kraus – Bernhard – Milke, Austermühl, Stumpf – D. Pohlmann, Minnert, König (Schlösser) – Bornschein (K. Pohlmann), Prinz, Smisek – Tore: Bornschein, Prinz – Zuschauer: 2000 – SR: Gebhard (Hallstadt).

1996: TSV Siegen
Halbfinale: TSV Siegen – FSV Frankfurt 2:1 und 1:1, SG Praunheim – Grün-Weiß Brauweiler 1:0 und 0:0.

Endspiel am 2. Juni in Frankfurt: TSV Siegen – SG Praunheim 1:0 (1:0)
Die Siegermannschaft: Rottenberg – Euteneuer – Trauschke, Röwer – Sefron, Meyer (Alfes), Hansen (Frettlöh), Neid, Kubat – Limper (Fitschen), Chaladyniak – Tor: Kubat – Zuschauer: 3100 – SR: Warns (Hamburg).

1997: Grün-Weiß Brauweiler
Halbfinale: FSV Frankfurt – FC Rumeln-Kaldenhausen 2:1 und 1:3, SG Praunheim – Grün-Weiß Brauweiler 2:4 und 1:1.

Endspiel am 8. Juni in Duisburg: Grün-Weiß Brauweiler – FC Rumeln-Kaldenhausen n. V. 1:1 (0:0, 0:0), Elfmeterschießen 5:3
Die Siegermannschaft: Goller – C. Klein – Gertheinrich, Schwind (Lieth) – A. Klein, Fuss, Nagy (Vidmar), Wiegmann, Brandebusemeyer (Menge) – Gottschlich, Holinka – Tore: Menge (Grings) – Tore im Elfmeterschießen: Wiegmann, Vidmar, A. Klein, Gertheinrich, C. Klein (Meinert, Hoffmann, Mandrysch) – Zuschauer: 5000 – SR: Günthner (Bamberg).

Die eingleisige Frauen-Bundesliga

1998: FSV Frankfurt

1. FSV Frankfurt	22	80:19	56
2. SG Praunheim	22	58:22	50
3. FCR Duisburg	22	57:22	47
4. Grün-Weiß Brauweiler	22	35:28	39
5. Sportfreunde Siegen	22	46:23	38
6. Turbine Potsdam	22	34:43	30
7. FFC Heike Rheine	22	28:32	29
8. 1. FC Saarbrücken	22	32:41	29
9. TuS Niederkirchen	22	26:44	20
10. SC Bad Neuenahr	22	23:49	19
11. SC Klinge Seckach	22	23:58	18
12. Hamburger SV	22	17:78	5

Die Meistermannschaft: Kraus, Volz – Jones, Minnert, Stumpf, Krämer, Soyah, Häusler – Bernhard, König, Koch, A. Walter, Smisek, Prinz, Bornschein, Meier, M. Walter, Vogt. – Trainer: Jürgen Strödter.

1999 1. FFC Frankfurt

1. 1. FFC Frankfurt	22	96:11	59
2. FCR Duisburg	22	77:14	56
3. Sportfreunde Siegen	22	32:28	37
4. Turbine Potsdam	22	41:39	29
5. FSV Frankfurt	22	26:31	29
6. WSV Wolfsburg	22	39:48	27
7. 1. FC Saarbrücken	22	21:31	24
8. TuS Niederkirchen	22	26:54	24
9. Grün-Weiß Brauweiler	22	29:51	23
10. SC Bad Neuenahr	22	18:43	23
11. FFC Heike Rheine	22	29:44	22
12. SC Freiburg	22	18:58	11

Die Meistermannschaft: Wissink, Koch – Tina Wunderlich, Werlein, Serocka, Sefron, Hagmann, Zorn – Fitschen, Pia Wunderlich, Lingor, Baumann, Kliehm, Lindner, Künzer – Meyer, Cl. Müller, Prinz, Feuerbach – Trainerin: Monika Staab.

2000 FCR Duisburg

1. FCR Duisburg	22	85:10	60
2. 1. FFC Frankfurt	22	67:13	45
3. Sportfreunde Siegen	22	48:28	42
4. Turbine Potsdam	22	43:27	41
5. Grün-Weiß Brauweiler	22	50:30	39
6. SC Bad Neuenahr	22	41:28	38
7. WSV Wolfsburg	22	46:37	35
8. FFC Flaesheim-Hillen	22	23:74	20
9. FSV Frankfurt	22	28:52	19
10. 1. FC Saarbrücken	22	25:40	18
11. TuS Niederkirchen	22	16:63	14
12. 1. FC Nürnberg	22	15:85	9

Die Meistermannschaft: Höfkes, Wasems – Albertz, Bükrü, Flacke, Heinbach, Hoffmann, Kulot, Mandrysch, Schubert – Adrian, Katagiri, Kinoshita, Reisinger, S. Smisek, Stegemann, Voss – Grings, Meinert, Schäpertöns – Trainer: Jürgen Krust.

2001 1. FFC Frankfurt

1. 1. FFC Frankfurt	22	81:17	54
2. Turbine Potsdam	22	63:17	44
3. FCR Duisburg	22	43:39	40
4. FFC Brauweiler-Pulheim	22	56:32	37
5. FFC Flaesheim-Hillen	22	30:25	33
6. Bayern München	22	45:52	33
7. FSV Frankfurt	22	28:37	28
8. Sportfreunde Siegen	22	28:46	26
9. SC Bad Neuenahr	22	36:55	26
10. WSV Wolfsburg	22	30:48	20
11. FFC Heike Rheine	22	28:52	20
12. 1. FC Saarbrücken	22	18:66	9

Sportfreunde Siegen erhielt für 2001/02 keine Lizenz, FFC Flaesheim-Hillen zog seine Mannschaft zurück.

Die Meistermannschaft: Holl, Legrand, Wissink – Drijica, Jones, Minnert, Nardenbach, Serocka, Werlein, T. Wunderlich, Zorn – Fitschen, Kliehm, Künzer, Lingor, Rech, Ries, Vollerthun, P. Wunderlich – Affeld, Hartmann, Meier, Prinz – Trainerin: Monika Staab.

2002 1. FFC Frankfurt

1. 1. FFC Frankfurt	22	65:17	58
2. Turbine Potsdam	22	56:23	44
3. FCR Duisburg	22	61:34	44
4. Bayern München	22	59:38	40
5. FSV Frankfurt	22	48:29	39
6. SC Freiburg	22	30:34	35
7. FFC Brauweiler-Pulheim	22	37:27	33
8. FFC Heike Rheine	22	34:34	27
9. SC Bad Neuenahr	22	24:51	22
10. WSV Wolfsburg	22	26:52	17
11. Hamburger SV	22	16:62	8
12. 1. FC Saarbrücken	22	16:71	8

Die Meistermannschaft: Legrand, Wissink – Hansen, Jones, Klein, Krummenuaer, Lange, Meier, Minnert, Nardenbach, T. Wunderlich – Haase, Kliehm, Künzer, Lingor, Rech, P. Wunderlich – Affeld, Prinz – Trainerin: Monika Staab.

2003 1. FFC Frankfurt

1. 1. FFC Frankfurt	22	90:14	57
2. Turbine Potsdam	22	65:15	55
3. FCR Duisburg	22	58:32	44
4. Heike Rheine	22	52:31	38
5. Bayern München	22	45:32	37
6. FFC Brauweiler-Pulheim	22	41:27	31
7. FSV Frankfurt	22	42:54	27
8. SC Freiburg	22	33:43	24
9. WSV Wolfsburg	22	31:49	24
10. SC Bad Neuenahr	22	31:73	23
11. Tennis Borussia Berlin	22	17:68	15
12. TuS Niederkirchen	22	10:77	2

Die Meistermannschaft: Wissink, Holl, Legrand – Jones, Krummenauer, Künzer, Minnert, Rech, T. Wunderlich, Werlein, Zerbe – Hansen, Kliehm, Lingor, Weichelt, Wilmes, Woock, P. Wunderlich – Affeld, Arcangioli, Barucha, Finkenauer, Meier, Prinz, Spee – Trainerin: Monika Staab.

2004 Turbine Potsdam

1. FFC Turbine Potsdam	22	96:17	61
2. 1. FFC Frankfurt	22	68:19	57
3. Heike Rheine	22	64:37	43
4. FCR Duisburg	22	57:38	35
5. Bayern München	22	53:36	34
6. Hamburger SV	22	47:34	34
7. SC Bad Neuenahr	22	40:48	28
8. VfL Wolfsburg	22	35:55	27
9. FSV Frankfurt	22	29:53	21
10. SC Freiburg	22	34:51	20
11. FFC Brauweiler-Pulheim	22	30:57	15
12. 1. FC Saarbrücken	22	7:115	1

Die Meistermannschaft: Angerer, Ullrich – N. Augustinyak, Hingst, Kuznik, Liepack, Machalett, Makowska, Nickel – J. Augustinyak, Becher, Brendel, Omilade, Odebrecht – Mittag, Pohlers, Schadrack, Wimbersky, Zietz – Trainer: Bernd Schröder.

2005 1. FFC Frankfurt

1. 1. FFC Frankfurt	22	78:16	63
2. FCR Duisburg	22	91:20	56
3. Turbine Potsdam	22	79:29	49
4. Bayern München	22	39:37	33
5. SC Bad Neuenahr	22	40:42	33
6. FSV Frankfurt	22	37:51	26
7. Heike Rheine	22	36:54	25
8. SC Freiburg	22	30:56	23
9. Hamburger SV	22	20:48	20
10. SG Essen-Schönebeck	22	28:63	20
11. TSV Crailsheim	22	19:49	18
12. VfL Wolfsburg	22	26:58	17

Die Meistermannschaft: Wissink, Francke – Jannermann, Jones, Koch, Krummenauer, Künzer, T. Wunderlich, Zerbe – Garefrekes, Hansen, Kliehm, Lingor, Weber, P. Wunderlich – Affeld, Albertz, Hartel, Nyembo, Prinz, Stammler, Weichelt – Trainer: Dr. Hans-Jürgen Tritschoks.

2006 Turbine Potsdam

1. Turbine Potsdam	22	115:13	59
2. FCR Duisburg	22	91:11	55
3. 1. FFC Frankfurt	22	97:25	52
4. SC Bad Neuenahr	22	61:40	44
5. Hamburger SV	22	42:40	33
6. SG Essen-Schönebeck	22	44:49	30
7. SC Freiburg	22	45:48	29
8. Bayern München	22	41:48	27
9. Heike Rheine	22	39:56	20
10. FFC Brauweiler Pulheim	22	24:79	13
10. VfL Sindelfingen	22	19:72	11
12. FSV Frankfurt	22	5:142	1

Der FSV Frankfurt löst seine Frauen-Mannschaft auf und verzichtet auf den Startplatz in der 2. Bundesliga.

Die Meistermannschaft: Angerer, Ullrich – Becher, Carlson, Höfler, M. Kerschowski, Kuznik, Peter, Schlanke – Hingst, Omilade, Schiewe, Thomas, Zietz – Cristiane, I. Kerschowski, Mittag, Podvorica, Pohlers, Wimbersky – Trainer: Bernd Schröder.

2007 1. FFC Frankfurt

1. 1. FFC Frankfurt	22	91:17	60
2. FCR Duisburg	22	76:25	51
3. Turbine Potsdam	22	51:23	44
4. Bayern München	22	35:29	38
5. SC Bad Neuenahr	22	45:45	33
6. SG Essen-Schönebeck	22	55:42	32
7. TSV Crailsheim	22	33:37	30
8. VfL Wolfsburg	22	20:49	27
9. Hamburger SV	22	34:34	26
10. SC Freiburg	22	36:57	25
11. Heike Rheine	22	24:57	14
12. FFC Brauweiler Pulheim	22	15:100	0

Die Meistermannschaft: Holl, Janischewski, Rottenberg – Affeld, Jannermann, Jones, Künzer, Marciak, T. Wunderlich, Zerbe – Bartusiak, Hansen, Kliehm, Lingor, Smisek, Thomas, Weber, P. Wunderlich – Garefrekes, Hartel, Prinz, Wimbersky – Trainer: Dr. Hans-Jürgen Tritschoks.

2008 1. FFC Frankfurt

1. 1. FFC Frankfurt	22	87:22	54
2. FCR Duisburg	22	65:20	53
3. Turbine Potsdam	22	48:32	38
4. Bayern München	22	53:38	38
5. SC Bad Neuenahr	22	43:33	37
6. VfL Wolfsburg	22	42:48	34
7. SG Essen-Schönebeck	22	43:40	33
8. SC Freiburg	22	30:63	21
9. TSV Crailsheim	22	28:43	19
10. Hamburger SV	22	23:46	18
11. 1. FC Saarbrücken	22	26:51	18
12. SG Wattenscheid 09	22	17:69	11

Die Meistermannschaft: Rottenberg, Ullrich – Engel, Günther, Jones, Krieger, Künzer, Lewandowski, Marciak, T. Wunderlich – Bartusiak, Hansen, Kliehm, Lingor, Smisek, Thomas, Weber, P. Wunderlich – Garefrekes, Huth, Pohlers, Prinz, Wimbersky – Trainer: Dr. Hans-Jürgen Tritschoks.

2009 Turbine Potsdam

1. Turbine Potsdam	22	67:19	54
2. Bayern München	22	69:22	54
3. FCR Duisburg	22	86:20	53
4. 1. FFC Frankfurt	22	58:25	45
5. SG Essen-Schönebeck	22	46:39	30
6. Hamburger SV	22	53:49	29
7. SC Freiburg	22	36:53	29
8. VfL Wolfsburg	22	53:48	27
9. USV Jena	22	32:56	23
10. SC Bad Neuenahr	22	26:74	18
11. HSV Borussia Friedenstal	22	23:79	14
12. TSV Crailsheim	22	14:79	5

Die Meistermannschaft: Schumann – Braun, Draws, Peter, B. Schmidt, Schumski – Bagehorn, I. Kerschowski, Odebrecht, Sainio, Schiewe, Zietz – Kemme, M. Kerschowski, Larsen Kaurin, Mittag, Podvorica, Wich – Trainer: Bernd Schröder.

2010 Turbine Potsdam

1. Turbine Potsdam	22	84:15	59
2. FCR Duisburg	22	73:16	54
3. 1. FFC Frankfurt	22	84:29	51
4. Bayern München	22	42:35	39
5. VfL Wolfsburg	22	45:30	37
6. SC Bad Neuenahr	22	35:36	32
7. Hamburger SV	22	31:51	28
8. USV Jena	22	31:60	21
9. 1. FC Saarbrücken	22	30:54	19
10. SG Essen-Schönebeck	22	25:58	16
11. SC Freiburg	22	14:53	13
12. Tennis Borussia Berlin	22	17:74	9

Die Meistermannschaft: Sarholz, Schumann – Draws, Henning, Peter, B. Schmidt, Schröder – Bagehorn, Bajmaraj, I. Kerschowski, M. Kerschowski, Keßler, Odebrecht, Schiewe, Zietz – Kemme, Larsen Kaurin, Mittag, Nagasato, Wich – Trainer: Bernd Schröder.

2011 Turbine Potsdam

1. Turbine Potsdam	22	67:17	58
2. 1. FFC Frankfurt	22	103:16	57
3. FCR Duisburg	22	61:19	51
4. Hamburger SV	22	42:42	38
5. Bayern München	22	43:36	35
6. SC Bad Neuenahr	22	54:48	33
7. VfL Wolfsburg	22	52:46	32
8. Bayer Leverkusen	22	32:67	21
9. SG Essen-Schönebeck	22	27:50	20
10. USV Jena	22	24:57	19
11. 1. FC Saarbrücken	22	20:72	14
12. HSV Borussia Friedenstal	22	25:80	5

Die Meistermannschaft: Sarholz, Schumann – Demann, Henning, Peter, B. Schmidt, Wesely – Bagehorn, Cramer, Kemme, I. Kerschowski, Keßler, Löwenberg, Odebrecht, Schröder, Zietz – Andonova, Bajramaj, Mittag, Nagasato, Wich – Trainer: Bernd Schröder.

2012 Turbine Potsdam

1. Turbine Potsdam	22	63:10	56
2. VfL Wolfsburg	22	62:18	53
3. 1. FFC Frankfurt	22	58:17	46
4. FCR Duisburg	22	53:24	45
5. SG Essen-Schönebeck	22	30:28	31
6. Bayern München	22	29:38	28
7. SC Bad Neuenahr	22	26:22	26
8. SC Freiburg	22	22:43	23
9. Hamburger SV	22	23:40	22
10. USV Jena	22	16:46	18
11. Bayer Leverkusen	22	22:55	15
12. 1. FC Lok Leipzig	22	16:79	13

Die Meistermannschaft: Berger, Naeher – Cramer, Demann, Kemme, Peter, Schmidt, Singer, Wesely – Draws, Göransson, Hanebeck, Odebrecht, Zietz – Andonova, Anonma, de Ridder, I. Kerschowski, Kulis, Mittag, Nagasato-Ogimi, Vidarsdottir – Trainer: Bernd Schröder.

2013 VfL Wolfsburg

1. VfL Wolfsburg	22	71:16	53
2. Turbine Potsdam	22	70:16	49
3. 1. FFC Frankfurt	22	52:26	47
4. Bayern München	22	49:24	43
5. SC Freiburg	22	33:31	32
6. SGS Essen	22	26:30	30
7. SC Bad Neuenahr	22	25:29	30
8. Bayer Leverkusen	22	31:40	26
9. FCR Duisburg	22	37:47	24
10. USV Jena	22	24:47	22
11. VfL Sindelfingen	22	14:73	12
12. FSV Gütersloh	22	19:72	7

Die Meistermannschaft: Burmeister, Frohms, A. Vetterlein – Faißt, Henning, Omilade, Tetzlaff, Tietge, L. Vetterlein, Wensing – Blässe, Goeßling, Hartmann, Jäger, Jakabfi, Keßler, Odebrecht, Wagner – Magull, M. Müller, Pohlers, Popp – Trainer: Ralf Kellermann.

2014 VfL Wolfsburg

1. VfL Wolfsburg	22	71:16	53
2. 1. FFC Frankfurt	22	80:15	53
3. Turbine Potsdam	22	64:20	49
4. Bayern München	22	49:27	39
5. USV Jena	22	36:32	31
6. SGS Essen	22	37:42	27
7. Bayer Leverkusen	22	44:38	26
8. SC Freiburg	22	39:42	25
9. TSG 1899 Hoffenheim	22	39:61	23
10. MSV Duisburg	22	27:45	22
11. BV Cloppenburg	22	34:60	17
12. VfL Sindelfingen	22	4:123	2

Die Meistermannschaft: Frohms, Schult – Bunte, Faißt, Fischer, Henning, Maritz, Tetzlaff, L. Vetterlein, Wensing – Blässe, Bunte, Hartmann, Jakabfi, Keßler, Magull, Odebrecht, Wagner – Damjanovic, Meyer, M. Müller, Oparanozie, Pohlers, Popp – Trainer: Ralf Kellermann.

2015 Bayern München

1. Bayern München	22	56:7	56
2. VfL Wolfsburg	22	67:4	55
3. 1. FFC Frankfurt	22	74:19	53
4. Turbine Potsdam	22	52:24	48
5. SGS Essen	22	32:36	28
6. TSG 1899 Hoffenheim	22	29:40	26
7. SC Freiburg	22	34:62	23
8. USV Jena	22	25:40	20
9. Bayer Leverkusen	22	23:42	20
10. SC Sand	22	27:43	19
11. MSV Duisburg	22	18:49	17
12. HSV Borussia Friedenstal	22	18:89	5

Die Meistermannschaft: Korpela, Zinsberger – Abbé, Baunach, Holstad Berge, Lewandowski, Maier, Manieri, Wenninger – Behringer, Brynjarsdottir, Feiersinger, Leupolz, Schnaderbeck – Beckmann, Bürki, Iwabuchi, Lotzen, Miedema, Stengel – Trainer: Thomas Wörle.

2016 Bayern München

1. Bayern München	22	47:8	57
2. VfL Wolfsburg	22	56:22	47
3. 1. FFC Frankfurt	22	49:25	46
4. SC Freiburg	22	38:24	32
5. SGS Essen	22	39:37	32
6. USV Jena	22	30:45	31
7. Turbine Potsdam	22	42:28	30
8. TSG 1899 Hoffenheim	22	33:33	28
9. SC Sand	22	29:30	28
10. Bayer Leverkusen	22	21:56	21
11. Werder Bremen	22	17:53	13
12. 1. FC Köln	22	20:60	12

Die Meistermannschaft: Korpela, Zinsberger – Abbé, Baunach, Falknor, Holstad Berge, Lewandowski, Maier, Manieri, Wenninger – Behringer, Boquete, Däbritz, Feiersinger, Leupolz, Schnaderbeck – Beckmann, Bürki, Iwabuchi, Miedema, Rolser – Trainer: Thomas Wörle.

Ewige Tabelle der Frauen-Bundesliga seit 1990/91

Verein	Saisons	Spiele	S	U	N	Tore	Punkte
1. 1. FFC Frankfurt	26	546	388	71	87	1665:499	1235
2. 1. FFC Turbine Potsdam	22	472	299	68	105	1286:557	965
3. MSV Duisburg	22	468	296	63	109	1319:581	951
4. VfL Wolfsburg	24	502	218	85	199	970:907	739
5. FC Bayern München	18	390	202	63	125	790:553	669
6. FSV Frankfurt	16	326	173	49	104	785:551	568
7. 1. FC Köln	16	330	155	49	126	715:561	514
8. SC 07 Bad Neuenahr	19	406	144	61	201	621:884	493
9. Sportfreunde Siegen	11	216	144	33	39	609:203	465
10. FFC Heike Rheine	16	326	129	66	131	570:561	453
11. SC Freiburg	15	330	105	53	172	472:718	365
12. 1. FC Saarbrücken	16	326	94	60	172	431:753	342
13. SGS Essen	12	264	94	47	123	432:514	329
14. TuS Niederkirchen	11	216	97	30	89	424:397	321
15. Hamburger SV	11	242	74	39	129	348:524	261
16. Bayer 04 Leverkusen	10	206	62	40	104	275:429	226
17. SC Klinge Seckach	8	150	55	39	56	214:247	204
18. FF USV Jena	9	196	52	36	108	232:454	192
19. VfL Sindelfingen	10	194	49	38	107	219:489	185
20. Fortuna Sachsenroß Hannover	7	128	48	22	58	214:276	166
22. Tennis Borussia Berlin	8	154	36	33	85	163:333	141
22. TuS Ahrbach	6	110	39	22	49	194:205	139
23. TSV Crailsheim	6	124	29	21	74	124:259	108
24. KBC Duisburg	4	74	27	20	27	119:154	101
25. Schmalfelder SV	5	92	23	20	49	93:150	89
26. TSG 1899 Hoffenheim	3	66	21	14	31	101:134	77
27. SC Sand	3	62	19	12	31	80:114	69
28. FFC Flaesheim-Hillen	3	62	15	11	36	69:187	56
29. TuS Wörrstadt	3	54	9	10	35	42:160	37
30. VfL Ulm/Neu-Ulm	2	38	10	5	23	40:88	35
31. TSV Ludwigsburg	2	38	8	3	27	28:85	27
32. TSV Battenberg	2	36	6	7	23	36:116	25
33. Herforder SV Borussia Friedenstal	3	66	6	6	54	66:248	24
34. FFC Wacker München	2	36	2	17	17	34:73	23
35. FSV Schwarzbach	2	36	6	5	25	32:114	23
36. SC Poppenbüttel	2	38	5	7	26	38:90	22
37. SG Wattenscheid 09	2	40	6	4	30	36:139	22
38. BV Cloppenburg	1	22	4	5	13	34:60	17
39. FC Erzgebirge Aue	1	20	3	5	12	20:38	14
40. SV Wilhelmshaven	1	18	4	2	12	25:56	14
41. SV Werder Bremen	1	22	3	4	15	17:53	13
42. 1. FC Lokomotive Leipzig	1	22	4	1	17	16:79	13
43. VfL Wittekind Wildeshausen	1	18	3	3	12	10:49	12
44. STV Lövenich	1	18	2	3	13	14:43	9
45. TuS Binzen	1	18	2	3	13	14:46	9
46. 1. FC Nürnberg	1	22	2	3	17	15:85	9
47. FSV Gütersloh 2009	1	22	2	1	19	19:72	7
48. Polizei SV Rostock	1	18	1	3	14	18:57	6
49. TV Jahn Delmenhorst	1	18	0	4	14	5:54	4
50. 1. FC Neukölln	1	18	0	0	18	8:102	0

Einige Vereine entstanden durch Übernahme oder Ausgliederung der Frauen-Fußballabteilung oder durch eine Fusion. So spielte der FFC Heike Rheine bis 1994 unter dem Namen VfB Rheine, bis 1998 als FC Eintracht Rheine, der MSV Duisburg bis Januar 2014 als FCR Duisburg, davor bis 1998 als FC Rumeln-Kaldenhausen, die Sportfreunde Siegen bis 1997 als TSV Siegen, der VfL Wolfsburg bis 1997 als VfR Eintracht Wolfsburg, bis 2004 als WSV Wendschott, der 1. FC Saarbrücken bis 1997 als VfR Saarbrücken, der 1. FFC Frankfurt bis 1998 als SG Praunheim, der FFC Flaesheim Hillen bis 1999 als Rot-Weiß Hillen, der 1. FC Köln bis 2009 als FFC Brauweiler Pulheim, davor bis 2000 Grün-Weiß Brauweiler und die SGS Essen bis 2012 als SG Essen-Schönebeck in der Frauen-Bundesliga. Bayer Leverkusen übernahm 2008 die Frauenfußballabteilung des TuS Köln rrh., der 1996 den mehrmaligen Meister SSG Bergisch Gladbach übernommen hatte. – Die Frauen-Bundesliga wurde bis 1997 in zwei Staffeln Nord und Süd gespielt. Dem SC Freiburg wurden 2005/06 drei Punkte abgezogen.

Ehrentafel
DER DEUTSCHEN FRAUEN-POKALSIEGER

1981	SSG Bergisch Gladbach	1999	1. FFC Frankfurt
1982	SSG Bergisch Gladbach	2000	1. FFC Frankfurt
1983	KBC Duisburg	2001	1. FFC Frankfurt
1984	SSG Bergisch Gladbach	2002	1. FFC Frankfurt
1985	FSV Frankfurt	2003	1. FFC Frankfurt
1986	TSV Siegen	2004	Turbine Potsdam
1987	TSV Siegen	2005	Turbine Potsdam
1988	TSV Siegen	2006	Turbine Potsdam
1989	TSV Siegen	2007	1. FFC Frankfurt
1990	FSV Frankfurt	2008	1. FFC Frankfurt
1991	Grün-Weiß Brauweiler	2009	FCR Duisburg
1992	FSV Frankfurt	2010	FCR Duisburg
1993	TSV Siegen	2011	1. FFC Frankfurt
1994	Grün-Weiß Brauweiler	2012	Bayern München
1995	FSV Frankfurt	2013	VfL Wolfsburg
1996	FSV Frankfurt	2014	1. FFC Frankfurt
1997	Grün-Weiß Brauweiler	2015	VfL Wolfsburg
1998	FCR Duisburg	2016	VfL Wolfsburg

1981: SSG Bergisch Gladbach
Vorrunde: Komet Bremen – Meteor 06 Berlin 0:14 und 0:7, KBC Duisburg – Eintracht Wolfsburg 1:1 und 2:1, SSG Bergisch Gladbach – TSV Siegen 3:1 und 2:1, FV Bellenberg – TSV Hungen 4:2 und 1:4, Hellas Marpingen – SC Bad Neuenahr 0:1 und 0:2, SV Schlierstadt – VfR Rheinfelden 8:1 und 6:0, Inter-Bergsteig Amberg – TuS Wörrstadt 0:0 und 1:4, Wedeler SV – TSG Thumby 1:0 und 1:1.
Viertelfinale: Meteor 06 Berlin – Wedeler SV 5:1 und 5:3, KBC Duisburg – SSG Bergisch Gladbach 0:0 und 2:3, TSV Hungen – SC Bad Neuenahr 1:2 und 1:1, SV Schlierstadt – TuS Wörrstadt 1:2 und 2:3.
Halbfinale: TuS Wörrstadt – Meteor 06 Berlin 1:0 und 1:0, SSG Bergisch Gladbach – SC 07 Bad Neuenahr 6:0 und 3:0.

Endspiel am 2. Mai in Stuttgart SSG Bergisch Gladbach – TuS Wörrstadt 5:0 (2:0)
Berg. Gladbach: Geilen – Klinz, Dlugi, Krug, Neuenfeldt (Budny) – Winkel, Degwitz, Trabant-Haarbach – Schmoll (Haberlass), Kresimon, Gebauer – Tore: Kresimon 3, Degwitz, Trabant-Haarbach – Zuschauer: 35 000 (Vorspiel zum Herren-Finale) – SR: Walz (Waiblingen).

1982: SSG Bergisch Gladbach
Vorrunde: TSV Rendsburg – TSV Farge-Rekum Bremen 2:1, FSV Frankfurt – SC Freiburg 5:0, VfL Schorndorf – TSV Bäumenheim 2:1, VfL Wildeshausen – Meteor 06 Berlin 3:0, Lorbeer Rothenburgsort – SSG Bergisch Gladbach 1:4, TSV Siegen – KBC Duisburg n. V. 0:1, TuS Niederkirchen – SC Bad Neuenahr 0:2, SV Weiskirchen – Germania Untergrombach n. V. 1:1 und 3:0.
Viertelfinale: FSV Frankfurt – VfL Schorndorf 3:0, TSV Rendsburg – VfL Wildeshausen 0:4, SC Bad Neuenahr – SV Weiskirchen 6:0, SSG Bergisch Gladbach – KBC Duisburg 2:0.
Halbfinale: SSG Bergisch Gladbach – FSV Frankfurt 9:0, SC Bad Neuenahr – VfL Wildeshausen 0:2.

Endspiel am 1. Mai in Frankfurt: SSG Bergisch Gladbach – VfL Wildeshausen 3:0 (1:0)
Berg. Gladbach: Domhoff – Klinz, Winkel, Degwitz, Dlugi-Winterberg – Krug, Dahl (Landers), Trabant-Haarbach – Frauenrath, Kresimon, Gebauer (Kozany) – Tore: Dahl, Trabant-Haarbach, Krug – Zuschauer: 61 000 (Vorspiel zum Herren-Finale) – SR: Brückner (Darmstadt).

1983: KBC Duisburg
Vorrunde: Bayern München – SV Oberteuringen 12:1, SC Klinge Seckach – TuS Binzen 5:0, Bremer TS Neustadt – VfL Wildeshausen 2:7, TSV Rendsburg – FSV Harburg n. V. 3:4, FC Schalke 04 – KBC Duisburg 0:5, Tennis Borussia Berlin – SSG Bergisch Gladbach 3:1, FSV Frankfurt – Viktoria DJK Neunkirchen 2:0, TuS Wörrstadt – SC Bad Neuenahr 1:4.
Viiertelfinale: FSV Harburg – VfL Wildeshausen n. V. 2:4, KBC Duisburg – Tennis Borussia Berlin 5:2, FSV Frankfurt – SC Bad Neuenahr 1:0, Bayern München – SC Klinge Seckach 2:3.
Halbfinale: VfL Wildeshausen – KBC Duisburg 0:1, FSV Frankfurt – SC Klinge Seckach 3:0.

Endspiel am 8. Mai in Frankfurt: KBC Duisburg – FSV Frankfurt 3:0 (1:0)
Duisburg: Dykstra – De Koning, Thulke, Halfmann, Frey – Frauenrath, Dieckmann, Carastergiou – Voß, Offermann, Schuh – Tore: Offermann 2, Caratergiou – Zuschauer: 1200 – SR: Meßmer (Mannheim).

1984: SSG Bergisch Gladbach
Vorrunde: TSV Siegen – SSG Bergisch Gladbach 0:5, SC Bad Neuenahr – VfL Unzhurst 5:3, 1. FC Kaiserslautern – VfR Saarbrücken 4:0, Meteor 06 Berlin – FSV Harburg 1:4, KBC Duisburg – BTS Neustadt 16:1, Eintracht Wolfsburg – ATSV Stockelsdorf 4:2, VfL Schorndorf – SC Klinge Seckach 4:1, FC Schweinfurt 05 – FSV Frankfurt 0:8.
Viertelfinale: FSV Harburg – Eintracht Wolfsburg 0:6, SSG Bergisch Gladbach – KBC Duisburg 1:0, VfL Schorndorf – FSV Frankfurt 2:3, SC Bad Neuenahr – 1. FC Kaiserslautern 4:1.
Halbfinale: SC Bad Neuenahr – Eintracht Wolfsburg 1:2, SSG Bergisch Gladbach – FSV Frankfurt 2:0.

Endspiel am 31. Mai in Frankfurt: SSG Bergisch Gladbach – Eintracht Wolfsburg 2:0 (1:0)
Berg. Gladbach: Neuser – Dlugi-Winterberg, Neuenfeldt, Degwitz, Corica (Gebauer) – Dahl, Krug, Klinz (Neid), Schauerova – Kresimon, Bartelmann – Tore: Bartelmann, Dlugi-Winterberg – Zuschauer: 50 000 (Vorspiel zum Herren-Finale) – SR: Neuner (Leimen).

1985: FSV Frankfurt
Vorrunde: SV Weiskirchen – Bayern München 2:4, SC Klinge Seckach – VfL Schorndorf 8:1, Bremer TS Neustadt – Lorbeer Rotheburgsort 1:2, VfL Wildeshausen – Tennis Borussia Berlin 4:0, FC Schalke 04 – KBC Duisburg 0:1, SC Bad Neuenahr – 1. FC Kaiserslautern n. V. 3:1, Rot-Weiß Berresdorf – ATSV Stockelsdorf 4:2, FSV Frankfurt – SC Freiburg 2:0.
Viertelfinale: Lorbeer Rothebursort – VfL Wildeshausen 0:3, KBC Duisburg – Rot-Weiß Berrendorf 2:0, Bayern München – SC Bad Neuenahr 3:2, FSV Frankfurt – SC Klinge Seckach 2:0.
Halbfinale: FSV Frankfurt – VfL Wildeshausen 2:1, KBC Duisburg – Bayern München 2:1.

Endspiel am 26. Mai in Berlin: FSV Frankfurt – KBC Duisburg n. V. 1:1 (1:1, 1:0), Elfmeterschießen 4:3
Frankfurt: Melka – Kurt (Unsleber), Zimmermann, Lissner, Pfeifer – Strauch, Koekkoek, Hamza – Raith, Mantel, Laufer (Scheler) – Tore: Koekkoek (Offermann) – Tore im Elfmeterschießen: Hamza, Mantel, Raith, Unsleber (Thulke, Reichler, Frey) – Zuschauer: 25 000 (Vorspiel zum Herren-Finale) – SR: Horeis (Buchholz).

1986: TSV Siegen
Vorrunde: SV Flörsheim – SC Klinge Seckach 2:3, VfR Saarbrücken – Bayern München 0:4, TuS Niederkirchen – SV Oberteuringen 7:0, TuS Binzen – SC Bad Neuenahr 0:4, KBC Duisburg – Schmalfelder SV 6:0, SSG Bergisch Gladbach – Eintracht Wolfsburg 1:0, Bremer TS Neustadt – TSV Siegen 0:4, Meteor 06 Berlin – Lorbeer Rothenburgsort n. V. 0:0 und 0:1.
Viertelfinale: TSV Siegen – KBC Duisburg 5:0, Bayern München – SC Klinge Seckach 5:0, TuS Niederkirchen – SC Bad Neuenahr 2:4, Lorbeer Rothenburgsort – SSG Bergisch Gladbach 0:4.
Halbfinale: Bayern München – SSG Bergisch Gladbach 0:5, SC Bad Neuenahr – TSV Siegen 0:3.

Endspiel am 3. Mai in Berlin: TSV Siegen – SSG Bergisch Gladbach 2:0 (1:0)
Siegen: Neuser – Kozany – Haberlaß, Sänger, Goebel (Hamm) – Neid, Bartelmann, Raith, Thomas – Henkel, Chaladyniak (Fischbach) – Tore: Chaladyniak, Fischbach – Zuschauer: 50 000 (Vorspiel zum Herren-Finale) – SR: Wiesel (Ottbergen).

1987: TSV Siegen
Vorrunde: SC Bad Neuenahr – STV Lövenich 2:3, Viktoria Jägersburg – TuS Niederkirchen 1:0, Lorbeer Rothenburgsort – Mariendorfer SV Berlin 2:1, FSV Frankfurt – SV Oberteuringen 7:0, Wittenseer SV – TSV Siegen 0:5, FC Spöck – TuS Binzen 0:1, Polizei SV Bremen – VfL Wildeshausen 0:3, VfB Uerdingen – Bayern München n. V. 1:1 und 0:2.

Viertelfinale: Viktoria Jägersburg – Lorbeer Rothenburgsort 0:1, VfL Wildeshausen – FSV Frankfurt 0:3, Bayern München – TSV Siegen 0:4, STV Lövenich – TuS Binzen 4:1.
Halbfinale: STV Lövenich – Lorbeer Rothenburgsort 4:0, TSV Siegen – FSV Frankfurt n. V. 2:1.

Endspiel am 20. Juni in Berlin: TSV Siegen – STV Lövenich 5:2 (2:0)
Siegen: R. Neuser – Kozany – Thomas, Hennecke (Hamm) – Sänger, Raith, Czyganowski, Koekkoek, Neid – Chaladyniak (Pick), Bartelmann – Tore: Neid, Chaladyniak, Hennecke, Pick, Bartelmann (Schotten, Eigentor Czyganowski) – Zuschauer: 30 000 (Vorspiel zum Herren-Finale) – SR: Zimmermann (Kiel).

1988: TSV Siegen
Vorrunde: SC Bad Neuenahr – SC Klinge Seckach 2:3, Husumer FV 1918 – Viktoria Jägersburg 0:6, Fortuna Sachsenroß Hannover – FSV Frankfurt 1:5, TSV Siegen – Polizei SV Bremen 6:0, KBC Duisburg – TuS Binzen 4:0, SSG Bergisch Gladbach – TuS Wörrstadt 2:0, SpVgg Groß-Flottbek – VfL Sindelfingen 0:1, Tennis Borussia Berlin – Bayern München 0:3.
Viertelfinale: Viktoria Jägersburg – Bayern München 0:4, TSV Siegen – KBC Duisburg n. V. 3:1, FSV Frankfurt – VfL Sindelfingen 1:0, SC Klinge Seckach – SSG Bergisch Gladbach 0:1.
Halbfinale: TSV Siegen – FSV Frankfurt 4:0, Bayern München – SSG Bergisch Gladbach 1:0.

Endspiel am 28. Mai in Berlin: TSV Siegen – Bayern München 4:0 (2:0)
Siegen: Neuser – Kozany – Raith, Sänger – Czyganowski, Thomas (Hamm), Neid, Koekkoek, Wiese – Henkel, Cox – Tore: Neid 3, Wiese – Zuschauer: 30 000 (Vorspiel zum Herren-Finale) – SR: Dellwing (Trier).

1989: TSV Siegen
Vorrunde: TSV Ludwigsburg – Tennis Borussia Berlin 2:0, TuS Binzen – Lorbeer Rothenburgsort 0:4, FT Geestemünde – TuS Ahrbach 1:4, FC Spöck – Bayern München 1:4, FSV Frankfurt – VfR Saarbrücken 2:0, TuS Wörrstadt – TSV Siegen 1:3, SSG Bergisch Gladbach – Eintracht Wolfsburg 1:0, ATSV Stockelsdorf – KBC Duisburg 0:8.
Viertelfinale: FSV Frankfurt – Bayern München 3:0, TSV Siegen – TSV Ludwigsburg 2:0, TuS Ahrbach – Lorbeer Rothenburgsort 3:0, KBC Duisburg – SSG Bergisch Gladbach n. V. 0:0, n. V. 3:3, Elfmeterschießen 5:6.
Halbfinale: SSG Bergisch Gladbach – TSV Siegen 1:3, FSV Frankfurt – TuS Ahrbach 4:0.

Endspiel am 24. Juni 1989 in Berlin: TSV Siegen – FSV Frankfurt 5:1 (3:0)
Siegen: Neuser – Kozany – Sänger, Raith – Haberlaß, Neid, Voß, Koekkoek – Henkel, Kern (Schäfer), Knieper (Czyganowski) – Tore: Neid 2, Kern 2, Voss (Unsleber) – Zuschauer: 76 500 (Vorspiel zum Herren-Finale) – SR: Kriegelstein (Berlin).

1990: FSV Frankfurt
Vorrunde: VfR Saarbrücken – TuS Wörrstadt 3:0, TuS Ahrbach – Grün-Weiß Brauweiler 1:2, Eintracht Wolfsburg – VfL Sindelfingen 1:3, SpVgg Wiehre – 1. FC Neukölln 6:2, KBC Duisburg – FSV Frankfurt 3:5, SC Poppenbüttel – Schmalfelder SV 0:3, SC Klinge Seckach – Polizei SV Bremen 6:0, Bayern München – TSV Siegen n. V. 1:1, n. V. 1:1, Elfmeterschießen 5:3.
Viertelfinale: Schmalfelder SV – VfR Saarbrücken 0:2, FSV Frankfurt – Spvgg. Wiehre 10:0, SC Klinge Seckach – Bayern München 1:2, VfL Sindelfingen – Grün-Weiß Brauweiler 0:1.
Halbfinale: Grün-Weiß Brauweiler – Bayern München 0:1, VfR Saarbrücken – FSV Frankfurt n. V. 1:1, n. V. 2:3.

Endspiel am 19. Mai 1990 in Berlin: FSV Frankfurt – Bayern München 1:0 (1:0)
Frankfurt: Harvey – Heinrich – Stumpf, Unsleber, K. Pohlmann – König, Mantel, D. Pohlmann, Bornschein – Walter (Birkenbach), Mink (Rotard) – Tor: Walter – Zuschauer: 45 000 (Vorspiel zum Herren-Finale) – SR: Krug (Gelsenkirchen).

1991: Grün-Weiß Brauweiler
Vorrunde: TuS Binzen – SC Klinge Seckach 0:2, Tennis Borussia Berlin – Eintracht Wolfsburg 1:4, Grün-Weiß Brauweiler – FSV Frankfurt 1:0, TSV Siegen – Lorbeer Rothenburgsort 6:0, TuS Ahrbach – VfR Saarbrücken 0:1, Schmalfelder SV – VfL Sindelfingen n. V. 0:1, GSV Moers – Polizei SV Bremen 3:0, TuS Wörrstadt – Bayern München n. V. 2:2, 0:4.
Viertelfinale: GSV Moers – Eintracht Wolfsburg 1:2, Grün-Weiß Brauweiler – SC Klinge Seckach n. V. 1:1, 5:1, Bayern München – VfL Sindelfingen 1:0, VfR Saarbrücken – TSV Siegen 1:5.
Halbfinale: TSV Siegen – Bayern München 2:0, Grün-Weiß Brauweiler – VfR Eintracht Wolfsburg 6:0.

Endspiel am 22. Juni 1991 in Berlin: Grün-Weiß Brauweiler – TSV Siegen 1:0 (1:0)
Brauweiler: Rottenberg – C. Klein – A. Klein, Walek – Permer-Wrobel (Agocs), Wiegmann, Lovavs-Anton – Fischer (Haberkorn), Richter – Kubat, Lohn – Tor: Kubat – Zuschauer: 40 000 (Vorspiel zum Herren-Finale) – SR: Boos (Friedrichsdorf).

1992: FSV Frankfurt
1. Runde: SV Weiskirchen – FSV Frankfurt 0:7, Wismut Chemnitz – Wismut Aue 0:5, VfL Wildeshausen – USV Jena 1:0, Turbine Potsdam – Schmalfelder SV 2:4, TuS Binzen – Bayern München 0:5, Wittenseer SV – SSG Berg. Gladbach 0:3, SpVgg Landshut – TuS Ahrbach 0:2, SC Bad Neuenahr – SG Praunheim 4:3, SG Wattenscheid 09 – Eintracht Wolfsburg 0:5, VfR Rheinfelden – VfL Sindelfingen 0:7, Hamburger SV – Grün-Weiß Brauweiler 1:6, TuS Erbstorf – Fortuna Sachsenroß Hannover 0:2, Polizei SV Bremen – Tennis Borussia Berlin 1:2, SV Wilhelmshaven – KBC Duisburg n. V. 1:1, Elfmeterschießen 6:5, Motor Halle – SC Klinge Seckach 0:7, SC Oberteuringen – VfR Saarbrücken 0:10.
2. Runde: SV Eiche Branitz – VfB Rheine 0:6, SSG Berg. Gladbach – Hansa Rostock 6:1, SC Poppenbüttel – Tennis Borussia Berlin n. V. 2:4 , Concordia Goch – Eintracht Wolfsburg 1:5, SC Neubrandenburg – Schmalfelder SV 0:5, Grün-Weiß Brauweiler – VfL Wildeshausen 5:0, Fortuna Sachsenroß Hannover – TSV Siegen 0:6, 1. FC Neukölln – SV Wilhelmshaven 1:4, SC Bad Neuenahr – TuS Wörrstadt n. V. 2:2, Elfmeterschießen 1:3, TSV Münchhausen – LTA Dresden 5:1, FC Spöck – FSV Frankfurt 1:3, VfL Ulm – TuS Niederkirchen 1:5, TuS Ahrbach – TUR Dresden-Übigau 3:0, VfR Saarbrücken – Wacker München 5:0, VfL Sindelfingen – Bayern München – Wismut Aue 2:1.
Achtelfinale: SV Wilhelmshaven – FSV Frankfurt 1:5, VfL Sindelfingen – VfR Wolfsburg n. V. 0:1, SC Klinge Seckach – TSV Siegen 0:5, Grün-Weiß Brauweiler – TuS Ahrbach 1:0, VfR Saarbrücken – TuS Niederkirchen n. V. 2:2, Elfmeterschießen 3:4, TSV Münchhausen – TuS Wörrstadt 4:0, VfB Rheine – SSG Berg. Gladbach n. V. 2:1, Tennis Borussia Berlin – Schmalfelder SV n. V. 0:0, Elfmeterschießen 4:1.
Viertelfinale: TSV Siegen – TSV Niederkirchen 3:0, VfB Rheine – TSV Münchhausen 2:0, FSV Frankfurt – VfR Wolfsburg 1:0, Tennis Borussia Berlin – Grün-Weiß Brauweiler 0:3.
Halbfinale: VfB Rheine – TSV Siegen 0:3, FSV Frankfurt – Grün-Weiß Brauweiler n. V. 2:2, Elfmeterschießen 5:4.

Endspiel am 23. Mai 1992 in Berlin: FSV Frankfurt – TSV Siegen 1:0 (0:0)
Frankfurt: Kraus – Heinrich – Schlösser, Stumpf – Unsleber, Mantel, Minnert, König, D. Pohlmann (K. Pohlmann) – Walter (Weise), Bornschein – Tor: König – Zuschauer: 6000 (Vorspiel zum Herren-Finale) – SR: Regus (Hallstadt).

1993: TSV Siegen
1. Runde: Lorbeer Rothenburgsort – STV Lövenich 4:0, BSV Müssen – VfB Rheine 0:1, SV Wittensee – Grün-Weiß Brauweiler 0:8, SC Poppenbüttel – KBC Duisburg 0:5, Schmalfelder SV – Jahn Delmenhorst 3:1, Fortuna Magdeburg – Tennis Borussia Berlin 0:3, Turbine Potsdam – Eintracht Wolfsburg 0:2, SV Wolfenbüttel – Fortuna Sachsenroß Hannover 0:6, FSV Jägersburg – TuS Ahrbach 0:1, SG Kirchardt – TuS Niederkirchen 1:15, SC Siegelbach – VfR Saarbrücken 1:5, SpVgg Landshut – VfL Sindelfingen 0:10, SpVgg Hausen – SG Praunheim 0:2, Grün-Weiß Erfurt – TSV Ludwigsburg 2:3, TSV Crailsheim – SC Klinge Seckach 1:0.
2. Runde: Eintracht Wolfsburg – SSG Berg. Gladbach 2:1, KBC Duisburg – Preußen Borghorst 7:0, VfB Rheine – Lorbeer Rothenburgsort 9:0, GSV Moers – Grün-Weiß Brauweiler 0:8, TSV Siegen – Hansa Rostock 15:1, 1. FC Neukölln – Polizei SV Bremen 1:0, Fortuna Sachsenroß Hannover – USV Jena 8:1, Tennis Borussia Berlin – Schmalfelder SV n. V. 1:0, TSV Crailsheim – TuS Niederkirchen 0:6, FV Faurndau – SV Flörsheim 0:1, TSV Ludwigsburg – SpVgg Wehr 2:1, SC Bad Neuenahr – SG Praunheim 1:2, Bayern München – TuS Ahrbach 0:6, VfL Sindelfingen – Wismut Aue 11:0, VfR Saarbrücken – TSV Münchhausen 3:0, LTA Dresden – FSV Frankfurt 0:2.
Achtelfinale: TuS Niederkirchen – TuS Ahrbach n. V. 1:1, Elfmeterschießen 4:3, Eintracht Wolfsburg – Tennis Borussia Berlin 2:1, 1. FC Neukölln – SG Praunheim 0:3, VfB Rheine – VfL Sindelfingen n. V. 0:0, Elfmeterschießen 4:3, Grün-Weiß Brauweiler – FSV Frankfurt 3:0, TSV Siegen – TSV Ludwigsburg 3:0, Fortuna Sachsenroß Hannover – VfR Saarbrücken 1:3, KBC Duisburg – SV Flörsheim n. V. 1:0.
Viertelfinale: TuS Niederkirchen – VfB Rheine 0:1, SG Praunheim – TSV Siegen 0:1, Eintracht Wolfsburg – KBC Duisburg n. V. 1:1, Elfmeterschießen 5:4, VfR Saarbrücken – Grün-Weiß Brauweiler 2:4.
Halbfinale: VfB Rheine – Grün-Weiß Brauweiler 1:3, TSV Siegen – Eintracht Wolfsburg 6:0.

Endspiel am 12. Juni 1993 in Berlin: TSV Siegen – Grün-Weiß Brauweiler n. V. 1:1 (1:1, 1:1), Elfm. 6:5
Siegen: Rottenberg – Euteneuer – Fitzner (Veldhuizen), Nardenbach, Camper – Unsleber, Neid, Fitschen, Czyganowski – Kubat, Mink (Meyer) – Tore: Fitschen (Wiegmann) – Tore im Elfmeterschießen: Euteneuer, Fitschen, Unsleber, Kubat, Camper, Czyganowski (Nagy, A. Klein, Staubitz, Lovasz-Anton, Wiegmann) – Zuschauer: 40 000 (Vorspiel zum Herren-Finale) – SR: Frai (Bremen).

1994: Grün-Weiß Brauweiler
1. Runde: Schwaben Augsburg – VfL Sindelfingen 1:2, Viktoria Gersten – SSG Berg. Gladbach 1:4, BSV Müssen – Grün-Weiß Brauweiler 0:5, Fortuna Dilkrath – TSV Siegen 0:12, Hertha Zehlendorf – Tennis Borussia Berlin 0:5, PSV Rostock – Fortuna Sachsenroß Hannover 4:2, Wittenseer SV – Eintracht Wolfsburg 0:6, TSV Ludwigsburg – TuS Niederkirchen 0:5, SV Zussdorf – SC Klinge Seckach 1:5, SG Weißkirchen – VfR Saarbrücken 0:8, FSV Schwarzbach – TuS Ahrbach 0:3, TSV Eschollbrücken – FSV Frankfurt 0:5, SC Bad Neuenahr – SG Praunheim 2:7, Fortuna Dresden-Rähnitz – TSV Battenberg n. V. 1:1, Elfmeterschießen 4:5, FC St. Augustin – VfB Rheine 0:5, SV Brackel – KBC Duisburg 2:0 – 16 Mannschaften hatten ein Freilos.
2. Runde: STV Lövenich – VfB Rheine 0:2, Teutonia Weiden – SSG Berg. Gladbach 1:2, Turbine Potsdam – Tennis Borussia Berlin 4:5, Rheinfranken Düsseldorf – Jahn Delmenhorst 2:5, FT Geestemünde – Grün-Weiß Brauweiler 0:12, SV Brackel – TSV Siegen 0:9, Moorfleeter SV – Eintracht Wolfsburg 1:9, PSV Rostock – SG Erbstorf 4:0, Viktoria Neckarhausen – FSV Frankfurt 0:5, Fortuna Magdeburg – TSV Battenberg 0:6, TSV Crailsheim – SG Praunheim 0:5, Bayern München – SC Klinge Seckach 1:4, Wacker München – TuS Niederkirchen 0:1, USV Jena – TuS Ahrbach 0:5, FC St. Georgen – VfL Sindelfingen 1:2, SC Siegelbach – VfR Saarbrücken 0:11.
Achtelfinale: TSV Battenberg – FSV Frankfurt 2:1, SG Praunheim – TSV Siegen 0:2, PSV Rostock – SSG Berg. Gladbach 2:1, SC Klinge Seckach – Eintracht Wolfsburg 4:1, Grün-Weiß Brauweiler – Jahn Delmenhorst 6:0, TuS Ahrbach – Tennis Borussia Berlin 1:0, VfB Rheine – TuS Niederkirchen n. V. 1:1, Elfmeterschießen 2:0, VfL Sindelfingen – VfR Saarbrücken n. V. 1:1, Elfmeterschießen 5:6.
Viertelfinale: Grün-Weiß Brauweiler – TSV Battenberg 7:1, TuS Ahrbach – VfR Saarbrücken n. V. 2:4, SC Klinge Seckach – PSV Rostock 4:1, TSV Siegen – VfB Rheine 2:0.
Halbfinale: SC Klinge Seckach – TSV Siegen 1:4, VfR Saarbrücken – Grün-Weiß Brauweiler 2:9.

Endspiel am 14. Mai 1994 in Berlin: Grün-Weiß Brauweiler – TSV Siegen 2:1 (0:0)
Brauweiler: Goller – C. Klein – A. Klein (Reimann), Hanushek – Hengst, Nagy, Wiegmann, Schwind, Koser – Gottschlich, Menge (Lovacz-Anton) – Tore: A. Klein, Wiegmann (Fitschen) – Zuschauer: 30 000 (Vorspiel zum Herren-Finale) – SR: Günthner (Bamberg).

1995: FSV Frankfurt
1. Runde: Lorbeer Rothenburgsort – Eintracht Wolfsburg 0:11, BVB Halle – Tennis Borussia Berlin 2:7, Breitenthal Oberhausen – TuS Ahrbach 2:7, SV Brackel – Grün-Weiß Brauweiler 1:10, FT Geestemünde – FC Rumeln-Kaldenhausen 7:9, Fortuna Dresden-Rähnitz – SC Klinge Seckach 0:6, TSV Battenberg – SG Praunheim 1:3, KBC Duisburg – Eintracht Rheine 0:5, SpVgg Wehr – VfR Saarbrücken 1:3, SKV Beienheim – FSV Frankfurt 0:7, Hertha Zehlendorf – Fortuna Sachsenroß Hannover 1:4, TSV Georgsdorf – TSV Siegen 0:16, SV Wolfenbüttel – Schmalfelder SV 2:0, TuS Ahrbach II – TuS Wörrstadt 0:4, SC Bad Neuenahr – TuS Niederkirchen 1:9, TSV Crailsheim – FSV Schwarzbach 3:1 – 16 Mannschaften hatten ein Freilos.
2. Runde: Fortuna Wuppertal – FC Rumeln-Kaldenhausen 0:7, USV Jena – Tennis Borussia Berlin 1:3, SC Marktbreit – SC Klinge Seckach 0:3, TSV Crailsheim – FSV Frankfurt 0:3, GSV Moers – TSV Siegen 0:12, BSV Müssen – Eintracht Rheine 1:4, STV Lövenich – Grün-Weiß Brauweiler 0:7, BWG Köln – SSG Berg. Gladbach 3:2, PSV Rostock – Fortuna Sachsenroß Hannover 2:6, SV Wolfenbüttel – Eintracht Wolfsburg 0:2, Wittenseer SV – Turbine Potsdam 0:7, SV Oberteuringen – TuS Ahrbach 0:8, SG Kirchardt – TuS Wörrstadt 1:0, TSV Jägersburg – VfL Sindelfingen 0:4, VfR Saarbrücken – TuS Niederkirchen 3:1, FSV Unterkotzau – SG Praunheim 1:5.
Achtelfinale: Eintracht Rheine – SC Klinge Seckach 1:3, Turbine Potsdam – VfR Saarbrücken 0:5, Eintracht Wolfsburg – FC Rumeln-Kaldenhausen 1:6, TuS Ahrbach – Grün-Weiß Brauweiler 2:3, BWG Köln – VfL Sindelfingen 1:3, TSV Siegen – SG Praunheim 3:1, Fortuna Sachsenroß Hannover – Tennis Borussia Berlin 3:1, SG Kirchardt – FSV Frankfurt 0:8.
Viertelfinale: Fortuna Sachsenroß Hannover – SC Klinge Seckach n. V. 2:3, Grün-Weiß Brauweiler – FC Rumeln-Kaldenhausen n. V. 4:1, TSV Siegen – VfR Saarbrücken 3:1, VfL Sindelfingen – FSV Frankfurt 0:2.
Halbfinale: TSV Siegen – SC Klinge Seckach n. V. 1:1, Elfmeterschießen 4:2, FSV Frankfurt – Grün-Weiß Brauweiler n. V. 1:1, Elfmeterschießen 5:4.

Endspiel am 24. Juni 1995 in Berlin: FSV Frankfurt – TSV Siegen 3:1 (1:1)
Frankfurt: Kraus – Bernhard (K. Pohlmann) – Austermühl, Minnert – Stumpf, König, Unsleber, Bornschein (Schlösser), D. Pohlmann – Prinz, Smisek – Tore: Prinz, König, Austermühl (Fitzner) – Zuschauer: 45 000 (Vorspiel zum Herren-Finale) – SR: Janssen (Emden).

1996: FSV Frankfurt
1. Runde: Blau-Weiß Fuhlenbrock – TSV Siegen 0:12, SG Wattenscheid 09 – FC Rumeln-Kaldenhausen 2:4, Fortuna Dilkrath – FC Eintracht Rheine 1:18, SG Lütgendortmund – Grün-Weiß Brauweiler 0:17, Energie Cottbus – Turbine Potsdam 1:9, Hamburger SV – PSV Rostock 3:5, Hertha Zehlendorf – Fortuna Sachsenroß Hannover 2:4, Fortuna Magdeburg – Tennis Borussia Berlin 1:5, 1. FC Nürnberg – TSV Crailsheim 3:2, FC Forstern – TuS Niederkirchen 1:9, SC Freiburg – SC Klinge Seckach 1:4, VfL Sindelfingen II – VfL Sindelfingen I 1:10, TSV 1880 Gera-Zwötzen – SG Praunheim 1:12, FSV Schwarzbach – FSV Frankfurt 0:5, TSV Eschollbrücken – SC Bad Neuenahr 1:3, SC Solsforf – TuS Ahrbach 0:3 – 16 Mannschaften hatten ein Freilos.
2. Runde: DFC Eggenstein – SC Klinge Seckach 0:3, TuS Niederkirchen II – TuS Niederkirchen I 1:13, Erzgebirge Aue – FSV Frankfurt 1:11, Wacker München – TuS Ahrbach 0:5, VfL Sindelfingen – SG Praunheim 0:2, STV Lövenich – Eintracht Rheine 0:5, BSV Müssen – FC Rumeln-Kaldenhausen 0:7, FC St. Augustin – TSV Siegen 0:6, Grün-Weiß Brauweiler – SC Bad Neuenahr 8:0, SC Wedemark – Tennis Borussia Berlin 0:5, VfL Wildeshausen – Turbine Potsdam 3:1, Polizei SV Bremen – Eintracht Wolfsburg 1:3, SG Thumby – PSV Rostock 0:5, Schmalfelder SV – Fortuna Sachsenroß Hannover 1:3, FC Oster Oberkirchen – VfR Saarbrücken 0:11, 1. FC Nürnberg – TuS Wörrstadt 1:3.
Achtelfinale: FSV Frankfurt – TuS Ahrbach 4:0, SC Klinge Seckach – Tennis Borussia Berlin 4:1, TuS Niederkirchen – Fortuna Sachsenroß Hannover 4:5, SG Praunheim – FC Rumeln-Kaldenhausen 0:1, VfR Saarbrücken – PSV Rostock n. V. 3:3, Elfmeterschießen 5:4, Eintracht Wolfsburg – Eintracht Rheine 2:3, VfL Wildeshausen – Grün-Weiß Brauweiler 0:5, TuS Wörrstadt – TSV Siegen 1:3.
Viertelfinale: Grün-Weiß Brauweiler – TSV Siegen 0:2, VfR Saarbrücken – SC Klinge Seckach 0:3, Eintracht Rheine – FC Rumeln-Kaldenhausen n. V. 0:4, Fortuna Sachsenroß Hannover – FSV Frankfurt 0:8).
Halbfinale: FSV Frankfurt – FC Rumeln-Kaldenhausen 2:0, SC Klinge Seckach – TSV Siegen n. V. 2:2, Elfmeterschießen 4:3.

Endspiel am 25. Mai 1996 in Berlin: FSV Frankfurt – SC Klinge Seckach 2:1 (1:1)
Frankfurt: Kraus – Minnert – Austermühl, Soyah – Stumpf, König, Unsleber – Piekarski, D. Pohlmann – Prinz, Smisek, Bornschein – Tore: Smisek, Prinz (Lingor) – Zuschauer: 25 000 (Vorspiel zum Herren-Finale) – SR: Krumpen (Schmidtheim).

1997: Grün-Weiß Brauweiler
1. Runde: Rot-Weiß Hillen – Grün-Weiß Brauweiler 0:6, SC Brackel – FC Rumeln-Kaldenhausen 0:8, SpVgg Oberaußem-Fortuna – Eintracht Rheine 0:4, TuS Köln rrh. – Spfr. Siegen 0:6, PSV Rostock – Schmalfelder SV 1:5, Hamburger SV – Turbine Potsdam 0:8, TuS Westerholz – Tennis Borussia Berlin 1:5, Fortuna Magdeburg – WSV Wolfsburg 2:3, SC Bad Neuenahr – TuS Niederkirchen 1:8, SV Dirmingen – TuS Ahrbach 0:4, SV Ellingen – VfR Saarbrücken 0:12, Schwaben Augsburg – FSV Frankfurt 0:4, SG Kirchhardt – VfL Sindelfingen 1:5, Wacker München – SC Klinge Seckach 1:0, USV Jena – TSV Crailsheim 0:4, Fortuna Dresden-Rähnitz – FSV Schwarzbach 1:3.
2. Runde: DJK/VfL Willich – Eintracht Rheine 0:10, GSV Moers – Grün-Weiß Brauweiler 0:9, Arminia Ibbenbüren – FC Rumeln-Kaldenhausen 0:10, Jahn Delmenhorst – Turbine Potsdam I 1:6, Turbine Potsdam II – WSV Wolfsburg 0:4, Hertha Zehlendorf – Fortuna Sachsenroß Hannover 2:0 (Zehlendorf wegen Einsatzes einer nicht spielberechtigten Spielerin disqualifiziert), Polizei SV Bremen – Tennis Borussia Berlin 0:2, Nagema Neubrandenburg – Schmalfelder SV 0:9, TuS Wörrstadt – TuS Niederkirchen 0:3, SC Siegelbach – VfR Saarbrücken 1:4, Spfr. Siegen – TuS Ahrbach 3:1, VfB Gießen – SC Sand 0:4, TSV Ludwigsburg – FSV Schwarzbach 0:1, FV Löchgau – FSV Frankfurt 0:15, Wacker München – SG Praunheim 0:12, TSV Crailsheim – VfL Sindelfingen 1:4.
Achtelfinale: VfL Sindelfingen – SC Sand 4:1, Eintracht Rheine – Fortuna Sachsenroß Hannover 4:1, WSV Wolfsburg – Grün-Weiß Brauweiler 0:5, TSV Siegen – SG Praunheim n. V. 2:1, FSV Frankfurt – TuS Niederkirchen n. V. 3:0, VfR Saarbrücken – FC Rumeln-Kaldenhausen 1:3, Turbine Potsdam – Tennis Borussia Berlin 7:3, Schmalfelder SV – FSV Schwarzbach 1:0.
Viertelfinale: VfL Sindelfingen – Grün-Weiß Brauweiler 1:4, FC Rumeln-Kaldenhausen – Spfr. Siegen 2:0, Schmalfelder SV – Turbine Potsdam 0:6, Eintracht Rheine – FSV Frankfurt n. V. 2:2, Elfmeterschießen 4:2.
Halbfinale: Turbine Potsdam – Eintracht Rheine 2:3, Grün-Weiß Brauweiler – FC Rumeln-Kaldenhausen n. V. 4:3.

Endspiel am 14. Juni 1997 in Berlin: Grün-Weiß Brauweiler – Eintracht Rheine 3:1 (1:0)
Brauweiler: Goller – Cl. Klein – Schwind, Gertheinrich – A. Klein, Lieth (Menge), Fuss, Wiegmann (Bleibler), Brandebusemeyer – Gottschlich, Holinka – Tore: Cl. Klein, Fuss, Holinka (Unterbronk) – Zuschauer: 35 000 (Vorspiel zum Herren-Finale) – SR: Zdunek (Leimen).

1998: FCR Duisburg
1. Runde: Nagema Neubrandenburg – Fortuna Sachsenroß Hannover 6:1, Wittenseer SV – Turbine Potsdam 0:4, Wolfenbütteler SV – Schmalfelder SV 4:3, Hertha Zehlendorf – Turbine Potsdam I 2:1, Wacker Merkenich – Spfr. Siegen 0:17, Fortuna Dilkrath – FC Rumeln-Kaldenhausen 1:9, Polizei SV Bremen – Jahn Delmenhorst 0:4, SC Bulach – SC Klinge Seckach 1:4, VfL Sindelfingen – TuS Niederkirchen 1:12, Fortuna Dresden-Rähnitz – FSV Frankfurt 1:9, FSV Schwarzbach – SG Praunheim 0:8, TSV Crailsheim – TSV Eschollbrücken 12:0 – 20 Mannschaften hatten ein Freilos.
2. Runde: SpVgg Rehweiler – 1. FC Saarbrücken 0:14, TSV Ludwigsburg – SC Klinge Seckach n.V. 2:3, SC Freiburg – TuS Niederkirchen 0:1, SV Dirmingen – Eintracht Seekirch 1:6, TuS Linter – FSV Frankfurt 1:7, FC Rennertshofen – SG Praunheim 0:7, TSV Crailsheim – USV Jena 4:1, Nagema Neubrandenburg – Turbine Potsdam 0:4, Tennis Borussia Berlin – Hamburger SV 2:0, WSV Wolfsburg – Hertha Zehlendorf 3:5, Wolfenbütteler SV – Fortuna Magdeburg 6:0, GSV Moers – Spfr. Siegen 0:10, SG Wattenscheid 09 – FC Rumeln-Kaldenhausen 0:5, Jahn Delmenhorst – SC Bad Neuenahr 0:2, SpVgg Oberaußem-Fortuna – Grün-Weiß Brauweiler 0:7, Arminia Ibbenbüren – Eintracht Rheine 0:1.
Achtelfinale: Grün-Weiß Brauweiler – FSV Frankfurt 3:5, SC Bad Neuenahr – Eintracht Seekirch 3:0, Wolfenbütteler SV – FCR Duisburg (früher Rumeln) 0:5, Turbine Potsdam – Spfr. Siegen n. V. 0:1, SG Praunheim – Hertha Zehlendorf 1:0, Tennis Borussia Berlin – TuS Niederkirchen 0:3, SC Klinge Seckach – Eintracht Rheine 0:4, TSV Crailsheim – 1. FC Saarbrücken 0:2.
Viertelfinale: SG Praunheim – FSV Frankfurt 0:1, FCR Duisburg – Eintracht Rheine 2:0, 1. FC Saarbrücken – Spfr. Siegen 0:3, TuS Niederkirchen – SC Bad Neuenahr 3:0.
Halbfinale: FCR Duisburg – TuS Niederkirchen 1:0, Spfr. Siegen – FSV Frankfurt n. V. 2:3.

Endspiel am 16. Mai 1998 in Berlin: FCR Duisburg – FSV Frankfurt 6:2 (4:1)
Duisburg: McKnight – Hoffmann – Fitzner, Nardenbach – Arndt, Voss, Meinert (Kubat), Mandrysch, Albertz – Nieczypor (Schäperthöns), Grings – Tore: Grings 3, Nieczypor 2, Meinert (König, Bornschein) – Zuschauer: 35 000 (Vorspiel zum Herren-Finale) – SR: Witteweg (Goslar).

1999: 1. FFC Frankfurt
Qualifikation: FC Oster Oberkirchen – TuS Ahrbach 0:3.
1. Runde: Fortuna Magdeburg-Wolmirstedt – Turbine Potsdam 0:7, TSV Gera-Zwötzen – WSV Wolfsburg 0:3, Erzgebirge Aue – Hertha Zehlendorf 0:1, Turbine Potsdam II – PSV Rostock (Rostock verzichtete), SV Sereetz – Grün-Weiß Brauweiler 0:7, Hamburger SV – FCR Duisburg 0:2, FC Huchting – FFC Heike Rheine 0:10, Garather SV – TuS Köln rrh. 1:4, Arminia Ibbenbüren – Lorbeer Rothenburgsort 5:0, SV Oberteuringen – Spfr. Siegen 1:11, DFC Eggenstein – SG Praunheim 1:8, 1. FC Nürnberg – FSV Frankfurt 1:2, TuS Linter – SC Freiburg 1:2, SC Klinge Seckach – SC Bad Neuenahr 0:10, SC Siegelbach – TuS Niederkirchen 0:8, TuS Ahrbach – 1. FC Saarbrücken 1:6.
Achtelfinale: 1. FC Saarbrücken – SC Freiburg 3:1, SC Bad Neuenahr – FSV Frankfurt 2:1, TuS Köln rrh. – Eintracht Rheine n. V. 1:4, Hertha Zehlendorf – Grün-Weiß Brauweiler 1:0, Arminia Ibbenbüren – Turbine Potsdam I 0:10, Turbine Potsdam II – WSV Wolfsburg 0:6, FCR Duisburg – Spfr. Siegen 4:1, SG Praunheim – TuS Niederkirchen 3:0.
Viertelfinale: Hertha Zehlendorf – 1. FC Saarbrücken n. V. 1:0, Eintracht Rheine – KBC Duisburg 0:4, WSV Wolfsburg – SG Praunheim 1:4, SC Bad Neuenahr – Turbine Potsdam 2:3.
Halbfinale: 1. FFC Frankfurt (früher Praunheim) – Hertha Zehlendorf 5:0, FCR Duisburg – Turbine Potsdam 2:0.

Endspiel am 12. Juni 1999 in Berlin: 1. FFC Frankfurt – FCR Duisburg 1:0 (1:0)
Frankfurt: Wissink – Tina Wunderlich – Künzer, Zorn – Pia Wunderlich, Lingor (Cl. Müller), Sefron, Fitschen, Kliehm (Serocka) – Meyer (Lindner), Prinz – Tor: Künzer – Zuschauer: 15 000 (Vorspiel zum Herren-Finale) – SR: Fielenbach (Much).

2000: 1. FFC Frankfurt
Qualifikation: FC Huchting – Lorbeer Rotenburgsort 1:5, SV Oberteuringen – Rot-Weiß Göcklingen 3:1, Turbine Potsdam II – Eintracht Schwerin n. V. 8:4.
1. Runde: FSV Schwarzbach – FSV Frankfurt 1:2, SC Sand – 1. FFC Frankfurt 2:7, RSV Drosendorf – 1. FC Nürnberg (Drosendorf verzichtete), SV Oberteuringen – Viktoria Neckarhausen 6:1, TuS Ahrbach – 1. FC Saarbrücken I (Ahrbach verzichtete), 1. FC Saarbrücken II – TuS Niederkirchen 0:3, SC Freiburg – SC Bad Neuenahr 0:5, TSV Westerstede – Grün-Weiß Brauweiler 0:7, SpVgg Oberaußem-Fortuna – Spfr. Siegen 0:6, FFC Heike Rheine – FFC Flaesheim-Hillen 2:1, Lorbeer Rothenburgsort – FCR Duisburg 0:4, SG Wattenscheid 09 – GSV Moers 4:5, Erzgebirge Aue – WSV Wolfsburg 0:3,

788 *Kapitel 14: Der Frauenfußball*

Turbine Potsdam II – Turbine Potsdam I 0:15, Wittenseer SV – USV Jena 3:2, Hertha Zehlendorf – BVB Halle n. V. 3:2.
Achtelfinale: SV Oberteuringen – 1. FC Saarbrücken 0:4, TuS Niederkirchen – 1. FFC Frankfurt 0:3, 1. FC Nürnberg – FSV Frankfurt 0:4, FFC Heike Rheine – FCR Duisburg 0:5, Hertha Zehlendorf – Grün-Weiß Brauweiler (Zehlendorf verzichtete), Wittenseer SV – WSV Wolfsburg 0:11, GSV Moers – Turbine Potsdam 2:10, SC Bad Neuenahr – Spfr. Siegen 1:2.
Viertelfinale: Grün-Weiß Brauweiler – FCR Duisburg n. V. 4:4, Elfmeterschießen 5:3, WSV Wolfsburg – Spfr. Siegen 0:1, 1. FC Saarbrücken – Turbine Potsdam 3:1, FSV Frankfurt – 1. FFC Frankfurt 0:6.
Halbfinale: 1. FC Saarbrücken – 1. FFC Frankfurt 1:3, Grün-Weiß Brauweiler – Spfr. Siegen 0:3.

Endspiel am 6. Mai 2000 in Berlin: 1. FFC Frankfurt – Sportfreunde Siegen 2:1 (0:0)
Frankfurt: Wissink – Tina Wunderlich – Obermeier, Zorn – Künzer, Pia Wunderlich (Affeld), Fitschen (Werlein), Kliehm (Mohr), Lingor – Meyer, Prinz – Tore: Meyer, Lingor (Menge) – Zuschauer: 10 000 (Vorspiel zum Herren-Finale) – SR: Fornacon (Stöckse).

2001: 1. FFC Frankfurt
Qualifikation: Westsachsen Zwickau – Fortuna Magdeburgs-Wolmirstedt 2:5, SC Freiburg – TSV Crailsheim 4:0, Hamburger SV – TuS Köln rrh. 10:2.
1. Runde: Viktoria Gersten – FFC Heike Rheine 2:5, Fortuna Magdeburgs-Wolmirstedt – FFC Flaesheim-Hillen 1:6, PSV Neubrandenburg – WSV Wolfsburg 1:13, Berliner SV 92 – Turbine Potsdam I 0:16, USV Jena – FFC Brauweiler-Pulheim 0:7, Hamburger SV – FCR Duisburg n. V. 2:1, ATS Buntentor – Spfr. Siegen 0:5, Borussia Friedenstal – SV Neuenbrock 5:0, Turbine Potsdam II – SG Essen-Schönebeck 1:4, TSV Pfersee Augsburg – SC Bad Neuenahr 0:5, 1. FC Saarbrücken II – 1. FFC Frankfurt 0:7, FSV Schwarzbach – 1.FC Saarbrücken I 0:2, SpVgg Rehweiler – FSV Frankfurt 0:4, 1. FC Nürnberg – Bayern München 1:5, TuS Niederkirchen – SC Freiburg 0:2, SC Bad Neuenahr II – Viktoria Neckarhausen 1:5.
Achtelfinale: Borussia Friedenstal – WSV Wolfsburg 1:5, Hamburger SV – FFC Flaesheim-Hillen n. V. 1:1, Elfmeterschießen 4:5, SG Essen-Schönebeck – Turbine Potsdam 0:11, FFC Heike Rheine – FFC Brauweiler-Pulheim 1:2, SC Freiburg – SC Bad Neuenahr n. V. 2:2, Elfmeterschießen 4:5, Viktoria Neckarhausen – FSV Frankfurt 0:7, Bayern München – 1.FC Saarbrücken 5:1, 1. FFC Frankfurt – Spfr. Siegen 10:0.
Viertelfinale: FSV Frankfurt – Bayern München 3:2, WSV Wolfsburg – 1. FFC Frankfurt 0:6, SC Bad Neuenahr – Turbine Potsdam n. V. 2:2, Elfmeterschießen 3:4, FFC Flaesheim-Hillen – FFC Brauweiler-Pulheim n. V. 0:0, Elfmeterschießen 3:2.
Halbfinale: FSV Frankfurt – 1. FFC Frankfurt 1:2, Turbine Potsdam – FFC Flaesheim-Hillen n. V. 0:0, Elfmeterschießen 2:4.

Endspiel am 26. Mai 2001 in Berlin: 1. FFC Frankfurt – FFC Flaesheim-Hillen 2:1 (0:1)
Frankfurt: Wissink – Tina Wunderlich, Nardenbach, Minnert – Künzer, Pia Wunderlich, Jones, Affeld (Lech) – Lingor – J. Meier, Prinz – Tore: Prinz, J. Meier (A. Meier) – Zuschauer: 20 000 (Vorspiel zum Herren-Finale) – SR: Beck (Magstadt).

2002: 1. FFC Frankfurt
Qualifikation: Erzgebirge Aue – Eintracht Seekirch n. V. 2:0.
1. Runde: Viktoria Gersten – Hallescher FC 3:2; Tennis Borussia Berlin – Hamburger SV 0:2; 1. FC Saarbrücken II – SC Bad Neuenahr II 0:7; Erzgebirge Aue – Bayern München 2:7; USV Jena – FSV Frankfurt 1:3; Ratzeburger SV – WSV Wendschott 0:5; Turbine Potsdam II – Turbine Potsdam I 0:5; FC Eintracht Schwerin – ATS Buntentor 0:2; Jahn Calden – FFC Heike Rheine 1:5; Sportfreunde Siegen – FCR Duisburg 0:9; TuS Niederkirchen – SC Bad Neuenahr I 1:3; 1. FC Saarbrücken – FFC Brauweiler Pulheim 1:2; Karlsruher SC – 1. FFC Frankfurt 0:20; TSV Pfersee Augsburg – SC Freiburg 0:3; GSV Moers – SpVgg Oberaußem-Fortuna 1:4; Freilos: Borussia Friedenstal.
Achtelfinale: SC Bad Neuenahr II – SC Bad Neuenahr 2:4; SpVgg Oberaußem-Fortuna – Hamburger SV n. V. 1:2; ATS Buntentor – SC Freiburg 0:8; Bayern München – 1. FFC Frankfurt 0:2; Borussia Friedenstal – Turbine Potsdam 0:10; Viktoria Gersten – FCR Duisburg 0:5; WSV Wendschott – FSV Frankfurt 0:7; FFC Brauweiler Pulheim – FFC Heike Rheine 4:0.
Viertelfinale: Hamburger SV – FFC Brauweiler Pulheim 1:0; SC Freiburg – Turbine Potsdam 2:3; FSV Frankfurt – FCR Duisburg 2:1; SC Bad Neuenahr – 1. FFC Frankfurt 0:2.
Halbfinale: FSV Frankfurt – 1. FFC Frankfurt 0:4, Hamburger SV – Turbine Potsdam 3:2.

Endspiel am 11. Mai 2002 in Berlin: 1. FFC Frankfurt – Hamburger SV 5:0 (2:0)
Frankfurt: Wissink – T. Wunderlich, Nardenbach (Rech), Minnert – Künzer, Hansen (Meier) – Kliehm (Affeld), Lingor, P. Wunderlich – Jones, Prinz – Tore: Prinz 3, Lingor, Künzer – Zuschauer: 10 000 (Vorspiel zum Herren-Finale) – SR: Kirchner (Benshausen).

2003: 1. FFC Frankfurt
Qualifikation: SC Sand – DFC Allendorf n. V. 1:2
1. Runde: 1. FC Saarbrücken – SC Bad Neuenahr 0:5; Erzgebirge Aue – Bayern München 0:8; Turbine Potsdam II – Tennis Borussia Berlin 2:4; USV Jena – WSV Wendschott 0:1; FSV Schwerin – Hallescher FC 1:2; ATS Buntentor – FFC Brauweiler-Pulheim 1:16; TSV Schilksee – Hamburger SV II 6:1; FSV Jägersburg – SC Freiburg 0:5; SC Bad Neuenahr II – TuS Niederkirchen 0:4; TSV Crailsheim – 1. FFC Frankfurt 1:11; Karlsruher SC – 1. FC Nürnberg 1:3; DFC Allendorf – FSV Frankfurt 0:10; FSV Westerstede – FCR Duisburg 0:12; TuS Köln rrh. – GSV Moers n. V. 1:2; FC Gütersloh 2000 – Heike Rheine 1:6; Hamburger SV – Turbine Potsdam 2:0.
Achtelfinale: TSV Schilksee – WSV Wendschott 2:5; GSV Moers – FCR Duisburg 0:8; Heike Rheine – 1. FFC Frankfurt 0:7; TuS Niederkirchen – FSV Frankfurt 2:4; Hamburger SV – Bayern München 0:4; 1. FC Nürnberg – SC Freiburg 0:3; Hallescher FC – Tennis Borussia Berlin 0:5; FFC Brauweiler-Pulheim – SC Bad Neuenahr n. V. 1:1, Elfmeterschießen 5:3.
Viertelfinale: FFC Brauweiler-Pulheim – SC Freiburg 2:0; FCR Duisburg – WSV Wendschott 3:0; Bayern München – 1. FFC Frankfurt 0:1; Tennis Borussia Berlin – FSV Frankfurt 0:3.
Halbfinale: FSV Frankfurt – 1. FFC Frankfurt 0:3; FFC Brauweiler-Pulheim – FCR Duisburg n. V. 1:2.

Endspiel am 31. Mai 2003 in Berlin: 1. FFC Frankfurt – FCR Duisburg 1:0.
Frankfurt: Wissink – T. Wunderlich, Zerbe (Weichelt), Minnert, Rech – Hansen, Künzer – Lingor – Barucha (Woock), Affeld (P. Wunderlich) – Meier– Tor: Voss (Eigentor) – Zuschauer: 25 000 (Vorspiel zum Herren-Finale) – SR: Steinhaus (Hannover).

2004: Turbine Potsdam
Qualifikation: Borussia Mönchengladbach – Victoria Gersten 0:3; Bayern München II – Jahn Calden 1:0
1. Runde: TuS Niederkirchen II – TuS Ahrbach 4:1; Viktoria Jägersburg – FSV Frankfurt 1:3; FSV Schwerin – FCR Duisburg 0:10; TuS Niederkirchen – Bayern München 2:4; Bayern München II – 1. FC Saarbrücken 1:3; Karlsruher SC – USV Jena n. V. 3:5; TSV Schilksee – FFC Brauweiler-Pulheim 0:6; Tennis Borussia Berlin – Hamburger SV 0:1; SpVgg Oberaußem-Fortuna – VfL Wolfsburg 0:4; Alemannia Altdöbern – Turbine Potsdam 0:14; 1. FFC Recklinghausen – Victoria Gersten 1:7; Hertha Zehlendorf – Magdeburger FFC 0:3; SC Freiburg II – SC Bad Neuenahr 0:2; TSV Crailsheim – SC Freiburg 1:3; SG Jößnitz – 1. FFC Frankfurt 1:20; FC Oberneuland – Heike Rheine 0:20.
Achtelfinale: VfL Wolfsburg – FCR Duisburg 0:6; Hamburger SV – Turbine Potsdam n. V. 1:2; Bayern München – 1. FFC Frankfurt 0:1; USV Jena – FSV Frankfurt 0:1; Magdeburger FFC – Heike Rheine 0:6; Victoria Gersten – FFC Brauweiler-Pulheim 0:5; TuS Niederkirchen II – SC Freiburg 1:3; 1. FC Saarbrücken – SC Bad Neuenahr 0:4.
Viertelfinale: FCR Duisburg – Heike Rheine n. V. 2:3; 1. FFC Frankfurt – SC Freiburg 3:0; Turbine Potsdam – SC Bad Neuenahr 3:0; FFC Brauweiler-Pulheim – FSV Frankfurt 2:1.
Halbfinale: 1. FFC Frankfurt – Heike Rheine 4:1; FFC Brauweiler-Pulheim – Turbine Potsdam 0:3.

Endspiel am 29. Mai 2004 in Berlin: Turbine Potsdam – 1. FFC Frankfurt 3:0 (1:0)
Potsdam: Angerer – Kuznik, Becher, Augustinyak (Brendel) – Zietz, Hingst, Omilade – Odebrecht – Mittag, Pohlers (Liepack), Wimbersky (Makowska) – Tore: Pohlers, Zietz, Mittag – Zuschauer: 30 000 (Vorspiel zum Herren-Finale) – SR: Schumacher (Oberhausen).

2005: Turbine Potsdam
Qualifikation: PSV Bremen – Hamburger SV II 0:3.
1. Runde: Tennis Borussia Berlin – VfL Wolfsburg 2:4; FFV Neubrandenburg – Heike Rheine 0:6; Magdeburger FFC – SG Essen-Schönebeck 0:9; Erzgebirge Aue – FSV Frankfurt 0:4; SC Bad Neuenahr II – 1. FFC Frankfurt 0:9; USV Jena – FSV Jägersburg 1:2; FFC Oldesloe – TuS Köln rrh. n. V. 2:4; FFC Brauweiler-Pulheim – FCR Duisburg n. V. 3:2; Turbine Potsdam II – Hamburger SV n. V. 2:2, Elfmeterschießen 4:3; FC Gütersloh 2000 – Hamburger SV II 11:3; SC Klinge Seckach – SC Freiburg 1:6; FC Memmingen – Bayern München 1:6; Germania Pfungstadt – SC Bad Neuenahr 0:7; SC Sand – TSV Crailsheim 0:4; 1. FC Saarbrücken – TuS Niederkirchen n. V. 5:2; Jahn Delmenhorst – Turbine Potsdam 1:11.
Achtelfinale: FFC Brauweiler-Pulheim – Turbine Potsdam 2:12 ; FC Gütersloh 2000 – SG Essen-Schönebeck 1:2; 1. FC Saarbrücken – Bayern München 1:3; TuS Köln rrh. – Heike Rheine 0:2; Turbine

Potsdam II – VfL Wolfsburg 2:3; FSV Jägersburg – SC Freiburg n. V. 5:6; 1. FFC Frankfurt – TSV Crailsheim 5:0; SC Bad Neuenahr – FSV Frankfurt 3:1.
Viertelfinale: Turbine Potsdam – SC Bad Neuenahr 5:0; 1. FFC Frankfurt – SG Essen-Schönebeck n. V. 3:0; Heike Rheine – Bayern München 0:1; SC Freiburg – VfL Wolfsburg 4:1.
Halbfinale: Turbine Potsdam – Bayern München 2:0; SC Freiburg – 1. FFC Frankfurt 0:1.

Endspiel am 28. Mai 2005 in Berlin: Turbine Potsdam – 1. FFC Frankfurt 3:0 (2:0)
Potsdam: Angerer – Carlson, Becher, Fuss – Omilade, Hingst, Zietz, Odebrecht (Thomas) – Wimbersky (Cristiane), Pohlers, Mittag – Tore: Pohlers, Wimbersky, Mittag – Zuschauer: 15 000 (Vorspiel zum Herren-Finale) – SR: Dräger (Mainz).

2006: Turbine Potsdam
1. Runde: Eintracht Seekirch – TuS Niederkirchen 0:5; 1. FC Gera 03 – SC Sand 0:6; SV Großdubrau – SG Lütgendortmund 0:3; Polizei SV Bremen – FFV Neubrandenburg 1:6; Fortuna Friedersdorf – Jahn Calden 0:6; Magdeburger FFC – SG Wattenscheid 09 n. V. 0:1; GSV Moers – MTV Wolfenbüttel 0:4; SV Lurup – Holstein Kiel 0:10; SuS Timmel – FC Gütersloh 2000 n. V. 3:1; SV Dirmingen – TuS Köln rrh. 0:4; SC Regensburg – USV Jena 3:0; VfR Niederfell – Karlsruher SC 0:3; 1. FC Lok Leipzig – Wacker München 4:1; Klinge Seckach – 1. FC Saarbrücken 0:6; SV Jungingen – Erzgebirge Aue 0:4; Arminia Ibbenbüren – Victoria Gersten 2:4; SV Titisee – VfL Sindelfingen 1:5; VfR Limburg – FSV Jägersburg 1:3; SpVgg Oberaußem-Fortuna – Tennis Borussia Berlin (nach Rückzug von Oberaußem-Fortuna kampflos für Tennis Borussia).
2. Runde: 1. FFC Frankfurt – SC Freiburg 3:0; SG Essen-Schönebeck – Turbine Potsdam n. V. 2:2, Elfmeterschießen 5:6; Jahn Calden – Hamburger SV 1:2; SG Lütgendortmund – Tennis Borussia Berlin 3:1; Heike Rheine – Holstein Kiel 5:0; 1. FC Lok Leipzig – Bayern München 1:8; TuS Niederkirchen – 1. FC Saarbrücken 0:2; FSV Jägersburg – Karlsruher SC 1:3; FCR Duisburg – SuS Timmel 6:0; MTV Wolfenbüttel – FFV Neubrandenburg 3:5; Victoria Gersten – VfL Wolfsburg 1:2; FFC Brauweiler-Pulheim – SG Wattenscheid 09 n. V. 2:1; SC Regensburg – VfL Sindelfingen 1:4; Erzgebirge Aue – TSV Crailsheim n. V. 2:3; FSV Frankfurt – SC Bad Neuenahr 0:7; SC Sand – TuS Köln rrh. 4:0.
Achtelfinale: FFV Neubrandenburg – TSV Crailsheim 0:4; 1. FFC Frankfurt – FFC Brauweiler-Pulheim 5:0; VfL Wolfsburg – Bayern München 2:4; Karlsruher SC – SC Sand 1:2; VfL Sindelfingen – 1. FC Saarbrücken n. V. 1:2; SC Bad Neuenahr – FCR Duisburg n. V. 2:3; Turbine Potsdam – SG Lütgendortmund 7:1; Hamburger SV – Heike Rheine 2:1.
Viertelfinale: Turbine Potsdam – SC Sand 10:0; FCR Duisburg – Hamburger SV n. V. 4:2; 1. FC Saarbrücken – 1. FFC Frankfurt 0:12; TSV Crailsheim – Bayern München 0:7.
Halbfinale: FCR Duisburg – 1. FFC Frankfurt 1:2; Turbine Potsdam – Bayern München 3:1.

Endspiel am 29. April 2006 in Berlin: Turbine Potsdam – 1. FFC Frankfurt 2:0 (0:0)
Potsdam: Angerer – Carlson (Thomas), Becher, Kuznik – Omilade, Peter, Hingst, Zietz – Mittag (Podvorica), Pohlers (I. Kerschowski), Wimbersky – Tore: Kerschowski, Wimbersky – Zuschauer: 15 000 (Vorspiel zum Herren-Finale) – SR: Kunick (Lissa).

2007: 1. FFC Frankfurt
1. Runde: ASV Hagsfeld – 1. FC Saarbrücken 1:2; FC Finnentrop – SuS Timmel 1:6; SG Lütgendortmund – FFV Neubrandenburg 1:0; Hafen Rostock – Victoria Gersten 0:8; 1. FFV Erfurt – SC Sand n. V. 4:4, Elfmeterschießen 3:4; VfL Kommern – Wacker München 0:4; SV Dirmingen – Erzgebirge Aue 1:0; VfL Oythe – FC Gütersloh 2000 0:8; Bremer TS Neustadt – VfL Wolfsburg 0:16; 1. FC Union Berlin – Holstein Kiel 3:4; MTV Wolfenbüttel – FFC Brauweiler-Pulheim 1:5; FFC Oldesloe – SG Wattenscheid 09 n. V. 3:3, Elfmeterschießen 4:5; Rot-Weiss Flatow – Tennis Borussia Berlin 0:9; Hallescher FC – Jahn Calden 0:4; TGM-SV Jügesheim – TuS Niederkirchen 3:1; FV Löchgau – TSV Crailsheim 0:10; TuS Ahrbach – USV Jena 1:5; VfR Engen – Karlsruher SC n. V. 2:2, Elfmeterschießen 3:5; FSV Jägersburg – VfL Sindelfingen 0:5; SC Siegelbach – TuS Köln rrh. n. V. 2:2, Elfmeterschießen 4:5; TSV Niendorf – Borussia Friedensthal 0:1; Ratinger SV 04/19 – 1. FC Lokomotive Leipzig 1:4; SV Weinberg – SC Regensburg n. V. 2:2, Elfmeterschießen 4:3 (wegen eines Regelverstoßes der Schiedsrichterin neu angesetzt: 3:1 für Weinberg).
2. Runde: Hamburger SV – SG Wattenscheid 09 5:0; 1. FC Lokomotive Leipzig – SG Essen-Schönebeck 0:5; VfL Wolfsburg – Heike Rheine 4:1; FC Gütersloh 2000 – Jahn Calden 9:0; SV Weinberg – 1. FC Saarbrücken 0:3; 1. FFC Frankfurt – FFC Brauweiler-Pulheim 4:0; Bayern München – SC Bad Neuenahr 2:1; TSV Crailsheim – Wacker München 6:0; SG Lütgendortmund – SuS Timmel n. V. 2:1; Turbine Potsdam – FCR Duisburg 2:3; Victoria Gersten – Holstein Kiel 2:1; Borussia Friedenstal – Tennis Borussia Berlin 1:2; SV Dirmingen – SC Sand n. V. 1:3; TGM-SV Jügesheim – USV Jena n. V. 2:4; SC Freiburg – VfL Sindelfingen 4:2; TuS Köln rrh. – Karlsruher SC 4:0.

Achtelfinale: USV Jena – 1. FC Saarbrücken 1:4; VfL Wolfsburg – FC Bayern München n. V. 0:0, Elfmeterschießen 5:4; SG Lütgendortmund – Tennis Borussia Berlin n. V. 1:3; FC Gütersloh 2000 – SC Sand n. V. 1:3; TSV Crailsheim – SC Freiburg 1:0; Hamburger SV – 1. FFC Frankfurt 0:3; SG Essen-Schönebeck – TuS Köln rrh. 10:0; Victoria Gersten – FCR Duisburg 0:6.
Viertelfinale: 1. FFC Frankfurt – SC Sand 9:0; TSV Crailsheim – SG Essen-Schönebeck 0:4; Tennis Borussia Berlin – 1. FC Saarbrücken 1:2; VfL Wolfsburg – FCR Duisburg 0:2.
Halbfinale: SG Essen-Schönebeck – FCR Duisburg n. V. 1:5; 1. FFC Frankfurt – 1. FC Saarbrücken 4:0.

Endspiel am 26. Mai 2007 in Berlin: 1. FFC Frankfurt – FCR Duisburg 1:1 (1:1), Elfmeterschießen 4:1
Frankfurt: Holl – Affeld (Kliehm), Jones, T. Wunderlich – Garefrekes, Lingor (Weber), Bartusiak, P. Wunderlich (Hansen) – Smisek, Prinz, Wimbersky – Trainer: Dr. Tritschoks – Tore: Lingor (Fuss) – Tore im Elfmeterschießen: Prinz, Smisek, Hansen, Wimbersky (Fuss) – Zuschauer: 20 000 (Vorspiel zum Herren-Finale) – SR: Jung (Worms).

2008: 1. FFC Frankfurt
1. Runde: Karlsruher SC – SC Regensburg 0:1; SpVgg Rehweiler-Matzenbach – SV Dirmingen 0:4; Energie Cottbus – Holstein Kiel 0:9; Jahn Calden – 1. FC Lokomotive Leipzig 1:3; Erzgebirge Aue – SC Sand 0:2; Mellendorfer TV – FFC Oldesloe 3:2; FSV Schwerin – Borussia Friedenstal 2:9; SuS Timmel – FC Gütersloh 2000 0:3; SG Lütgendortmund – Victoria Gersten n. V. 1:3; FSC Mönchengladbach – Tennis Borussia Berlin 0:2; Geestemünder SC – 1. FC Union Berlin 0:11; Magdeburger FFC – SG Wattenscheid 09 1:6; ASV Bergedorf 85 – FFV Neubrandenburg 2:8; Hegauer FV – ASV Hagsfeld 0:4; SV Eutingen – 1. FC Saarbrücken 2:6; SV Johannstadt Dresden – USV Jena 1:8; 1. FFV Erfurt – TuS Niederkirchen 2:6; TuS Ahrbach – Wacker München 1:2; Fortuna Köln – TuS Köln rrh. 1:3; TSV Uengershausen – VfL Sindelfingen 0:10; VfR 07 Limburg – FFC Brauweiler-Pulheim 1:0.
2. Runde: SC Regensburg – SC Freiburg 0:4; SG Wattenscheid 09 – Turbine Potsdam 1:6; Heike Rheine – Holstein Kiel 0:5; FFV Neubrandenburg – 1. FC Lokomotive Leipzig 1:2; Bayern München – SV Dirmingen 6:0; Mellendorfer TV – Borussia Friedenstal 1:12; SG Essen-Schönebeck – FCR Duisburg 1:5; Tennis Borussia Berlin – 1. FC Union Berlin 2:1; VfL Wolfsburg – Hamburger SV 1:2; FC Gütersloh 2000 – Victoria Gersten 3:0; VfR 07 Limburg – ASV Hagsfeld 1:0; Wacker München – SC 07 Bad Neuenahr 0:3; VfL Sindelfingen – 1. FFC Frankfurt 1:9; TuS Niederkirchen – TuS Köln rrh. 0:2; SC Sand – 1. FC Saarbrücken 0:2; USV Jena – TSV Crailsheim 0:1.
Achtelfinale: FC Gütersloh 2000 – 1. FC Lokomotive Leipzig 6:0; FCR Duisburg – Borussia Friedenstal 5:0; Holstein Kiel – 1. FC Saarbrücken 1:4; TSV Crailsheim – Hamburger SV 3:2; 1. FFC Frankfurt – Tennis Borussia Berlin 1:0; VfR 07 Limburg – TuS Köln rrh. 0:2; Bayern München – SC Freiburg 2:1; SC Bad Neuenahr – Turbine Potsdam n. V. 4:6.
Viertelfinale: Bayern München – FCR Duisburg n. V. 2:2, Elfmeterschießen 3:0; Turbine Potsdam – 1. FFC Frankfurt 0:1; TSV Crailsheim – 1. FC Saarbrücken 0:2; FC Gütersloh 2000 – TuS Köln rrh. n. V. 1:1, Elfmeterschießen 1:3.
Halbfinale: TuS Köln rrh. – 1. FC Saarbrücken 0:2; Bayern München – 1. FFC Frankfurt 0:4.

Endspiel am 19. April 2008 in Berlin: 1. FFC Frankfurt – 1. FC Saarbrücken 5:1 (1:1)
Frankfurt: Rottenberg – Kliehm, T. Wunderlich, Lewandowski, Krieger – Garefrekes, Thomas, Lingor (Weber), Wimbersky (Smisek) – Pohlers, Prinz – Trainer: Dr. Tritschoks – Tore: Wimbersky, Pohlers, Garefrekes, Pohlers, Prinz (Budge) – Zuschauer: 10 000 (Vorspiel zum Herren-Finale) – SR: Schneider (Limbach-Oberfrohna)

2009: FCR Duisburg
1. Runde: VfR 07 Limburg – 1. FC Saarbrücken 0:10; 1. FC Lübars – Borussia Friedenstal 1:5; SV Bardenbach – SC Sand 2:7; FFV Neubrandenburg – SG Lütgendortmund 1:0; Borussia Bocholt – 1. FC Lokomotive Leipzig 0:8; SV Johannstadt – SG Essen-Schönebeck 1:10; Hegauer FV – SG Wattenscheid 09 1:3; 1. FFC Niederkirchen – FV Löchgau 4:2; FFC Brauweiler Pulheim – TSV Crailsheim 1:5; DJK Arminia Ibbenbüren – Victoria Gersten 3:1; Fortuna Köln – Viktoria Jägersburg 1:2; Niendorfer TSV – FC Gütersloh 2000 0:8; TSV Nahe – Hamburger SV 0:7; Magdeburger FFC – Holstein Kiel 2:1; FSV Schwerin – Mellendorfer TV 2:5; Heike Rheine – FFC Oldesloe 2000 2:3; Werder Bremen – Blau-Weiß Hohen Neuendorf 2:1; VfL Oythe – 1. FC Union Berlin n. V. 3:5; Rot-Weiß Flatow – Tennis Borussia Berlin 0:9; TSG 1899 Hoffenheim – Bayer Leverkusen n. V. 2:2, Elfmeterschießen 4:5; SC Regensburg – VfL Sindelfingen 0:2; 1. FFC Montabaur – SC Freiburg 0:6; 1. FC Gera 03 – USV Jena 1:6; Schwaben Augsburg – Wacker München 1:0; Eintracht Seekirch – ASV Hagsfeld 0:3; Rot-Weiß Göcklingen – SV Dirmingen n. V. 2:4.

2. Runde: DJK Arminia Ibbenbüren – FC Gütersloh 2000 1:0; Werder Bremen – FCR Duisburg 1:10; FFV Neubrandenburg – VfL Wolfsburg 2:4; Magdeburger FFC – Mellendorfer TV 1:6; SG Wattenscheid 09 – FFC Oldesloe 2000 2:0; 1. FC Union Berlin – 1. FC Lokomotive Leipzig 0:2; Tennis Borussia Berlin – Turbine Potsdam 1:6 ; Bayer Leverkusen – Hamburger SV n. V. 1:1, Elfmeterschießen 2:3; SG Essen-Schönebeck – Borussia Friedenstal 4:1; Schwaben Augsburg – SC Freiburg 1:5; 1. FFC Niederkirchen – SC Bad Neuenahr 2:7; TSV Crailsheim – ASV Hagsfeld 3:1; Bayern München – 1. FFC Frankfurt 1:0; SC Sand – SV Dirmingen 3:2; USV Jena – 1. FC Saarbrücken 1:3; VfL Sindelfingen – Viktoria Jägersburg 3:0.
Achtelfinale: DJK Arminia Ibbenbüren – VfL Sindelfingen 0:2; 1. FC Lokomotive Leipzig – SG Essen-Schönebeck 1:4; 1. FC Saarbrücken – SC Freiburg 1:0; Mellendorfer TV – Turbine Potsdam 0:5; SC Bad Neuenahr – Bayern München 2:5; VfL Wolfsburg – TSV Crailsheim 2:0; SG Wattenscheid 09 – SC Sand 4:2; FCR Duisburg – Hamburger SV 5:0.
Viertelfinale: Bayern München – FCR Duisburg n. V. 1:1, Elfmeterschießen 4:5; VfL Sindelfingen – Turbine Potsdam 0:1; SC Freiburg – VfL Wolfsburg 0:2; SG Essen-Schönebeck – SG Wattenscheid 09 1:2.
Halbfinale: FCR Duisburg – VfL Wolfsburg 3:1; Turbine Potsdam – SG Wattenscheid 09 3:0.

Endspiel am 30. Mai 2009 in Berlin: FCR Duisburg – Turbine Potsdam 7:0 (2:0)
Duisburg: Längert – Bresonik, Krahn, Fuss, Popp – Kiesel (Oster), Hegering (Hauer) – Laudehr (Knaak), Maes, Bajramaj – Grings – Trainerin: Voss – Tore: Bajramaj, Kiesel 2, Maes, Grings 2, Popp – Zuschauer: 25 000 (Vorspiel zum Herren-Finale) – SR: Storch-Schäfer (Regensburg).

2010: FCR Duisburg
1. Runde: Hallescher FC – Tennis Borussia Berlin 0:5; ATS Buntentor – Werder Bremen 0:8; SV Bardenbach – SC Sand 0:4; Rot-Weiß Merl – SC Bad Neuenahr 0:11; FSV Jägersburg – 1. FC Saarbrücken 0:2; Mellendorfer TV – Victoria Gersten 2:1; Borussia Mönchengladbach – FFC Oldesloe 0:2; 1. FC Union Berlin – FSV Gütersloh 2009 0:10; FFV Neubrandenburg – SG Lütgendortmund 2:3; SV Weinberg – 1. FC Köln n. V. 1:2; 1. FFV Erfurt – VfL Sindelfingen 1:7; SV Dirmingen – USV Jena 1:7; DJK Eintracht Coesfeld – SG Wattenscheid 09 3:5; FC Angeln 02 – Blau-Weiß Hohen Neuendorf 0:9; SC Eilbek 1913 – Holstein Kiel 0:4; 1. FC Lübars – 1. FC Lokomotive Leipzig 0:1; Rot-Weiß Flatow – VfL Wolfsburg 0:13; 09, 14.00 Leipziger FC 07 – Herforder SV Borussia Friedenstal 2:3; TSG Burg Gretesch – Magdeburger FFC 0:2; TSV Ludwigsburg – TuS Wörrstadt 1:3; TuS Ahrbach – TSV Crailsheim 0:5; 1. FFC Niederkirchen – ASV Hagsfeld 1:3; Jahn Calden – Bayer Leverkusen 0:2; Hegauer FV – Wacker München n. V. 0:1; TSG 1899 Hoffenheim – FV Löchgau 2:0.
2. Runde: SC Freiburg – 1. FC Saarbrücken 2:0; Magdeburger FFC – SG Essen-Schönebeck 1:4; SC Sand – USV Jena 0:5; Turbine Potsdam – FFC Oldesloe 7:0; SG Lütgendortmund – 1. FC Lokomotive Leipzig 1:2; Blau-Weiß Hohen Neuendorf – Werder Bremen 1:4; TSG 1899 Hoffenheim – VfL Sindelfingen 0:1; TSV Crailsheim – 1. FC Köln 2:5; FCR Duisburg – Herforder SV Borussia Friedenstal 9:0; Bayern München – Wacker München 2:1; SG Wattenscheid 09 – ASV Hagsfeld 2:1; Mellendorfer TV – FSV Gütersloh 2009 0:5; VfL Wolfsburg – Hamburger SV 3:0; Bayer Leverkusen – TuS Wörrstadt 7:0; Holstein Kiel – Tennis Borussia Berlin n. V. 0:0, Elfmeterschießen 4:3; SC Bad Neuenahr – 1. FFC Frankfurt 0:4.
Achtelfinale: USV Jena – VfL Sindelfingen 1:0; 1. FFC Frankfurt – SC Freiburg 6:0; SG Essen-Schönebeck – 1. FC Lokomotive Leipzig 4:0; Werder Bremen – FSV Gütersloh 2009 1:5; Bayern München – VfL Wolfsburg 1:3; SG Wattenscheid 09 – 1. FC Köln 0:4; Turbine Potsdam – Holstein Kiel 7:0; Bayer Leverkusen – FCR Duisburg 0:2.
Viertelfinale: Turbine Potsdam – 1. FFC Frankfurt 3:0; VfL Wolfsburg – USV Jena 1:2; 1. FC Köln – FCR Duisburg 0:4; SG Essen-Schönebeck – FSV Gütersloh 2009 1:0.
Halbfinale: FCR Duisburg – Turbine Potsdam 1:0; USV Jena – SG Essen-Schönebeck 3:0.

Endspiel am 15. Mai 2010 in Köln: FCR Duisburg – USV Jena 1:0 (0:0)
Duisburg: Holl – Wensing (Himmighofen), Bresonik, Krahn, Popp – Oster (Knaak), Kiesel (Ando), Hegering, Laudehr – Maes, Grings – Trainerin: Voss-Tecklenburg – Tor: Krahn – Zuschauer: 26 282 – SR: Dr. Hussein (Bad Harzburg).

2011: 1. FFC Frankfurt
1. Runde: VfL Bochum – 1. FC Lokomotive Leipzig 0:3; ETSV Würzburg – 1. FC Köln 2:4 ; ASV Hagsfeld – TB Neckarhausen 3:4; Lichterfelder FC – 1. FC Recklinghausen 2:1; ATSV Scharmbeckstotel – BV Cloppenburg 1:3; Leipziger FC 07 – SG Essen-Schönebeck 0:16; 1. FFV Erfurt – Bayer Leverkusen 0:11; Wacker München – 1. FC Saarbrücken 0:5; TuS Wörrstadt – 1. FFC Niederkirchen 3:9; Alemannia Aachen – TSG 1899 Hoffenheim 0:7; SV Dirmingen – TSV Crailsheim 0:4; Borussia Mönchengladbach

– SC Sand n. V. 2:1; Hallescher FC – FSV Gütersloh 2009 0:7; SV Wilhelmsburg – FFC Oldesloe 0:10; Bremer TS Neustadt – Tennis Borussia Berlin 0:11; Blau-Weiß Hohen Neuendorf – Herforder SV Borussia Friedenstal 0:4; Hafen Rostock – Magdeburger FFC 1:9; Arminia Bielefeld – Victoria Gersten 1:10; Jahn Calden – Holstein Kiel 3:1; TuRa Meldorf – Werder Bremen 0:2; Blau-Weiß Beelitz – 1. FC Lübars 0:6; SC Klinge Seckach – USV Jena 0:18; SpVgg Rehweiler-Matzenbach – VfL Sindelfingen 0:3; Hegauer FV – SC Freiburg 0:7; FC Bitburg – FV Löchgau 0:3.
2. Runde: SG Essen-Schönebeck – Magdeburger FFC 7:0; TB Neckarhausen – 1. FC Köln 0:5; USV Jena – SC Freiburg n. V. 4:2; FV Löchgau – 1. FC Lokomotive Leipzig n. V. 1:0; VfL Sindelfingen – TSG 1899 Hoffenheim 1:2; 1. FC Saarbrücken – TSV Crailsheim 3:1; Jahn Calden – Hamburger SV 1:4; Herforder SV Borussia Friedenstal – FCR Duisburg 0:6; 1. FFC Niederkirchen – Bayern München 0:4; Lichterfelder FC – Turbine Potsdam 0:8; VfL Wolfsburg – 1. FC Lübars 5:0; Tennis Borussia Berlin – FFC Oldesloe 0:3; Werder Bremen – FSV Gütersloh 2009 2:3; Borussia Mönchengladbach – SC Bad Neuenahr 0:1; Bayer Leverkusen – 1. FFC Frankfurt 0:6; BV Cloppenburg – Victoria Gersten 2:4.
Achtelfinale: Hamburger SV – TSG 1899 Hoffenheim 1:0; FFC Oldesloe – FSV Gütersloh 2009 n. V. 1:1, Elfmeterschießen 2:4; Bayern München – Victoria Gersten 8:0; 1. FFC Frankfurt – FV Löchgau 11:0; USV Jena – Turbine Potsdam 0:8; SG Essen-Schönebeck – 1. FC Köln 2:1; SC Bad Neuenahr – 1. FC Saarbrücken 7:0; VfL Wolfsburg – FCR Duisburg 1:5.
Viertelfinale: Turbine Potsdam – SG Essen-Schönebeck 1:0; SC Bad Neuenahr – Hamburger SV 3:1; Bayern München – FCR Duisburg 3:0; FSV Gütersloh 2009 – 1. FFC Frankfurt 0:4.
Halbfinale: 1. FFC Frankfurt – SC Bad Neuenahr 3:1; Bayern München – Turbine Potsdam 2:4.

Endspiel am 26. März 2011 in Köln: 1. FFC Frankfurt – Turbine Potsdam 2:1 (1:1)
Frankfurt: Angerer – Krieger, Hingst, Lewandowski, Weber (Thunebro) – Garefrekes, Smisek, Behringer (Landström), Huth (Pohlers) – Marozsan, Prinz – Trainer: Kahlert – Tore: Huth, Garefrekes (Nagasato) – Zuschauer: 20 312 – SR: Jaworek (Rötsweiler).

2012: Bayern München
1. Runde: Blau-Weiß Beelitz – FFC Oldesloe 1:7; TS Woltmershausen – BV Cloppenburg 0:14; Jahn Calden – 1. FC Neubrandenburg 4:1; FC Riepsdorf – Werder Bremen 0:1; Rot-Weiß Bardenbach – SC Freiburg 0:6; Heidenauer SV – Herforder SV Bor. Friedenstal 0:13; VfL Bochum – 1. FFC Niederkirchen 1:5; TB Neckarhausen – Borussia Mönchengladbach 0:9; GSV Moers – SC Sand 0:5; 1. FFV Erfurt – 1. FC Lokomotive Leipzig 1:5; Tennis Borussia Berlin – USV Jena 1:10; TSG Burg Gretesch – Magdeburger FFC 0:1; Blau-Weiß Hohen Neuendorf – Mellendorfer TV 3:2; Hallescher FC – FSV Gütersloh 2009 2:5; VfL Kommern – 1. FC Köln n. V. 2:1; 1. FFC Recklinghausen – ETSV Würzburg 1:3; Hegauer FV – 1. FC Saarbrücken 2:4; TuS Issel – FV Löchgau 0:3; TSV Neckarau – TSV Crailsheim 0:2; SV Wilhelmsburg – 1. FC Lübars 1:11; Holstein Kiel – SV Meppen 0:1; SV Weinberg – TSG 1899 Hoffenheim 0:4; Rot-Weiß Göcklingen – VfL Sindelfingen 0:3.
2. Runde: SV Meppen – Werder Bremen n. V. 0:1; USV Jena – BV Cloppenburg n. V. 3:2; 1. FC Saarbrücken – Bayern München 0:1; FSV Gütersloh 2009 – 1. FC Lübars 4:2; SC Sand – FCR Duisburg 0:2; VfL Sindelfingen – Borussia Mönchengladbach 8:0; Blau-Weiß Hohen Neuendorf – Hamburger SV 0:3; Herforder SV Bor. Friedenstal – FFC Oldesloe 4:1; Turbine Potsdam – SG Essen-Schönebeck 5:0; Magdeburger FFC – VfL Wolfsburg 0:5; VfL Kommern – 1. FFC Frankfurt 0:6; Bayer Leverkusen – SC Bad Neuenahr 0:1; TSV Crailsheim – TSG 1899 Hoffenheim 4:5; 1. FFC Niederkirchen – FV Löchgau 0:1; SC Freiburg – ETSV Würzburg 6:3; Jahn Calden – 1. FC Lokomotive Leipzig 0:5.
Achtelfinale: Hamburger SV – SC Freiburg 2:0; 1. FFC Frankfurt – VfL Wolfsburg 1:0; 1. FC Lokomotive Leipzig – FV Löchgau 6:1; Turbine Potsdam – VfL Sindelfingen 4:1; FCR Duisburg – Herforder SV Bor. Friedenstal 10:0; SC Bad Neuenahr – TSG 1899 Hoffenheim 3:1; Bayern München – USV Jena n. V. 2:0; FSV Gütersloh 2009 – Werder Bremen n. V. 2:1.
Viertelfinale: Hamburger SV – 1. FC Lokomotive Leipzig 3:2; 1. FFC Frankfurt – Turbine Potsdam 5:1; SC Bad Neuenahr – Bayern München n. V. 0:0,   Elfmeterschießen 5:6; FSV Gütersloh 2009 – FCR Duisburg 0:7.
Halbfinale: 1. FFC Frankfurt – FCR Duisburg n. V. 2:2, Elfmeterschießen 5:4; Bayern München – Hamburger SV 5:2.
Endspiel am 12. Mai 2012 in Köln: Bayern München – 1. FFC Frankfurt 2:0
München: Längert – Huyleur (Rudelic), Wenninger, de Pol, Baunach – Schnaderbeck, Cross – Feiersinger, Bürki (Schöne) – Bachor (Lotzen), Hagen – Trainer: Wörle – Tore: Hagen, Rudelic – Zuschauer: 20 312 – SR: Jaworek (Rötsweiler).

2013: VfL Wolfsburg
1. Runde: ATS Buntentor – USV Jena 0:13; 1. FC Neubrandenburg – FFC Oldesloe 0:5; BSV Al-Dersimspor Berlin – 1. FC Lübars 0:7; Sportfreunde Siegen – TSG 1899 Hoffenheim 0:2; Borussia Brandenburg – Blau-Weiß Hohen Neuendorf 0:7; Mellendorfer TV – Magdeburger FFC 0:18; TuS Ahrbach – 1. FC Saarbrücken 0:9; Hallescher FC – Herforder SV Borussia Friedenstal 1:4; TV Derendingen – TSV Crailsheim 1:2; Fortuna Celle – FSV Gütersloh 2009 0:8; Sportfreunde Uevekoven – VfL Sindelfingen 1:3; FC Bergedorf 85 – SV Meppen 1:3; 1. FFV Erfurt – 1. FC Lokomotive Leipzig 0:6; Borussia Bocholt – 1. FFC Recklinghausen 1:2; FV Löchgau – ETSV Würzburg 0:3; ASV Hagsfeld – 1. FC Köln 1:5; SV Weinberg – 1. FFC Niederkirchen 2:0; RSV Roßdorf – DJK Saarwellingen 2:1; SG Leipzig – Werder Bremen 0:9; Borussia Mönchengladbach – Rot-Weiß Bardenbach 2:1; TSV Schott Mainz – Bayer Leverkusen 2:7;
Hamburger SV – BV Cloppenburg 0:6; PSV Freiburg – SC Sand n. V. 1:3; Hagen Ahrensburg – Holstein Kiel 1:5.
2. Runde: Magdeburger FFC – Werder Bremen 0:3; RSV Roßdorf – TSV Crailsheim n. V. 2:3 ; 1. FC Saarbrücken – SC Bad Neuenahr 0:6; SV Weinberg – SC Freiburg 1:5; BV Cloppenburg – 1. FFC Recklinghausen 6:1; FFC Oldesloe – 1. FC Lokomotive Leipzig 0:5; Borussia Mönchengladbach – SC Sand 0:3; Turbine Potsdam – SGS Essen 5:3; Herforder SV Borussia Friedenstal – FSV Gütersloh 2009 3:1; VfL Wolfsburg – 1. FC Lübars 4:0; Bayer Leverkusen – FCR Duisburg n. V. 1:2; Bayern München – 1. FFC Frankfurt n. V. 1:1, Elfmeterschießen 5:3; 1. FC Köln – ETSV Würzburg 3:2; Blau-Weiß Hohen Neuendorf – USV Jena 0:2; Holstein Kiel – SV Meppen n. V. 1:3; TSG 1899 Hoffenheim – VfL Sindelfingen n. V. 6:4.
Achtelfinale: 1. FC Köln – SC Freiburg 0:1; TSG 1899 Hoffenheim – 1. FC Lokomotive Leipzig 3:1; SC Bad Neuenahr – Turbine Potsdam 0:1; TSV Crailsheim – Herforder SV Borussia Friedenstal 1:5; Werder Bremen – USV Jena 1:4; BV Cloppenburg – SC Sand n. V. 2:2, Elfmeterschießen 2:3; SV Meppen – Bayern München 0:4; FCR Duisburg – VfL Wolfsburg 1:8.
Viertelfinale: TSG 1899 Hoffenheim – Bayern München 1:5; SC Sand – Turbine Potsdam 0:1; SC Freiburg – Herforder SV Borussia Friedenstal 6:2; VfL Wolfsburg – USV Jena 3:0.
Halbfinale: SC Freiburg – VfL Wolfsburg 0:5; Turbine Potsdam – Bayern München n. V. 4:1.

Endspiel am 19. Mai 2013 in Köln: VfL Wolfsburg – Turbine Potsdam 3:2 (1:0)
Wolfsburg: Burmeister – Wensing, Henning, Goeßling, Tetzlaff – Keßler, Odebrecht – Blässe, M. Müller – Magull (Jakabfi), Pohlers (Hartmann) – Trainer: Kellermann – Tore: M. Müller 2, Pohlers (Evans, Ogimi) – Zuschauer: 14 269 – SR: Rafalski (Bad Zwesten).

2014: 1. FFC Frankfurt
1. Runde: 1. FC Neubrandenburg – USV Jena 0:11; Rot-Weiß Bardenbach – TSG 1899 Hoffenheim 0:13; Holstein Kiel – Herforder SV Borussia Friedenstal 2:4; GSV Moers – TuS Wörrstadt 1:0; Eintracht Frankfurt – 1. FFC Niederkirchen 0:4; Karlsruher SC – VfL Bochum 3:6; TV Derendingen – 1. FC Köln 0:4; Viktoria Jägersburg – ETSV Würzburg n. V. 2:2, Elfmeterschießen 3:4; Fortuna Dresden-Rähnitz – BV Cloppenburg 0:4; Wacker München – SC Bad Neuenahr 1:4; Fortuna Köln – VfL Sindelfingen n. V. 0:1; FFC Oldesloe – SV Meppen 0:10; Hallescher FC – FSV Gütersloh 2009 0:4; SV Henstedt-Ulzburg – 1. FC Lübars n. V. 2:3; 1. FFV Erfurt – Magdeburger FFC 2:3; 1. FFC Recklinghausen – Werder Bremen 1:14; BSC Marzahn – TSG Burg Gretesch 0:3; Hegauer FV – SV Weinberg 1:3; Sportfreunde Siegen – SC Sand 0:9; TSV Schott Mainz – TSV Crailsheim 2:4; ATS Buntentor – FFV Leipzig 1:5; FC Bergedorf 85 – Blau-Weiß Hohen Neuendorf n. V. 0:1; Potsdamer Kickers – Viktoria 1889 Berlin 2:5; TuS Issel – 1. FC Saarbrücken 0:4.
2. Runde: BV Cloppenburg – Magdeburger FFC 6:0; FCR Duisburg – Blau-Weiß Hohen Neuendorf 6:0; SC Bad Neuenahr – 1. FFC Frankfurt 0:5; 1. FC Köln – TSG 1899 Hoffenheim 2:0; TSG Burg Gretesch – VfL Wolfsburg 1:9; GSV Moers – Bayer Leverkusen 0:9; 1. FC Saarbrücken – 1. FFC Niederkirchen 3:0; Viktoria 1889 Berlin – SV Meppen 0:2; Herforder SV Borussia Friedenstal – FFV Leipzig n. V. 0:0, Elfmeterschießen 4:5; VfL Bochum – SV Weinberg n. V. 3:1; 1. FC Lübars – Werder Bremen 1:2; SGS Essen – Turbine Potsdam 3:2; FSV Gütersloh 2009 – USV Jena 1:4; SC Freiburg – VfL Sindelfingen 3:1; ETSV Würzburg – SC Sand 0:4; TSV Crailsheim – Bayern München 0:7.
Achtelfinale: 1. FFC Frankfurt – VfL Wolfsburg 1:0; 1. FC Köln – Bayern München 2:0; SC Sand – FCR Duisburg 6:0; SC Freiburg – FFV Leipzig 7:0; Werder Bremen – VfL Bochum 3:1; Bayer Leverkusen – BV Cloppenburg 1:2; SGS Essen – 1. FC Saarbrücken 4:2; SV Meppen – USV Jena 1:2.
Viertelfinale: SC Freiburg – BV Cloppenburg 1:0; Werder Bremen – 1. FFC Frankfurt 0:8; USV Jena – SC Sand 0:2; SGS Essen – 1. FC Köln 5:2.
Halbfinale: SGS Essen – SC Freiburg n. V. 1:0; 1. FFC Frankfurt – SC Sand 2:0.

Endspiel am 17. Mai 2014 in Köln: 1. FFC Frankfurt – SGS Essen 3:0 (3:0)
Frankfurt: Schumann – Schmidt, Bartusiak, Kuznik, Laudehr – Behringer, Marozsan (Garciamendez) – Garefrekes, Crnogorcevic – Alushi (Weber), Ando (Tanaka) – Trainer: Bell – Tore: Ando, Kuznik, Laudehr – Zuschauer: 16 621 – SR: Wozniak (Herne).

2015: VfL Wolfsburg

1. Runde: SV Henstedt-Ulzburg – FFV Leipzig 3:4; TSV Schott Mainz – VfL Sindelfingen 7:1; GSV Moers – Magdeburger FFC 1:2; Blau-Weiß Beelitz – FSV Gütersloh 2009 0:8; SV Union Meppen – 1. FC Lübars 0:5; FC Viktoria 1889 Berlin – SV Meppen n. V. 3:1; Hallescher FC – Werder Bremen 0:5; 1. FFV Erfurt – 1. FC Köln 0:2; Hegauer FV – Alemannia Aachen 3:1; Erzgebirge Aue – TSG 1899 Hoffenheim 0:6; Germania Hauenhorst – 1. FC Union Berlin 1:0; Blau-Weiß Hohen Neuendorf – MSV Duisburg 0:5; FSV Schwerin – BV Cloppenburg 0:6; Blau-Weiss Berlin – Holstein Kiel 1:5; ATS Buntentor – VfL Bochum 0:13; Hamburger SV – Herforder SV Borussia Friedenstal 2:5; SpVgg Rommelshausen – 1. FFC Montabaur 0:3; SG Andernach – SV Weinberg n. V. 3:2; TuS Wörrstadt – ETSV Würzburg 0:5; ASV Hagsfeld – TSV Crailsheim 1:4; Jahn Calden – 1. FC Saarbrücken 2:4; 1. FC Nürnberg – SC Sand 0:9; 1. FFC Bergisch Gladbach – 1. FC Riegelsberg 2:1; SC 13 Bad Neuenahr – 1. FFC Niederkirchen 0:5.
2. Runde: Germania Hauenhorst – Turbine Potsdam 0:8; FFV Leipzig – MSV Duisburg n. V. 2:3; Holstein Kiel – VfL Wolfsburg 1:5; FC Viktoria 1889 Berlin – Herforder SV Borussia Friedenstal 1:5; Hegauer FV – Bayer Leverkusen 0:6; TSV Schott Mainz – Bayern München 1:9; Werder Bremen – SGS Essen 1:4; FSV Gütersloh 2009 – Magdeburger FFC 9:1; BV Cloppenburg – VfL Bochum n. V. 3:1; 1. FC Lübars – USV Jena 0:1; SG Andernach – 1. FFC Frankfurt 1:15; TSV Crailsheim – 1. FFC Montabaur 2:0; SC Freiburg – TSG 1899 Hoffenheim – 2:0; 1. FC Saarbrücken – 1. FFC Niederkirchen 1:3; SC Sand – ETSV Würzburg 6:0; 1. FFC Bergisch Gladbach – 1. FC Köln 1:11.
Achtelfinale: 1. FFC Niederkirchen – SC Freiburg 0:6; SC Sand – MSV Duisburg 2:0; TSV Crailsheim – 1. FC Köln 0:3; USV Jena – Bayern München 0:1; Turbine Potsdam – Herforder SV Borussia Friedenstal 4:0; Bayer Leverkusen – 1. FFC Frankfurt 0:3; VfL Wolfsburg – BV Cloppenburg 8:0; SGS Essen – FSV Gütersloh 2009 0:1.
Viertelfinale: VfL Wolfsburg – SC Sand n. V. 2:1; 1. FC Köln – Turbine Potsdam 0:3; 1. FFC Frankfurt – Bayern München 3:1; SC Freiburg – FSV Gütersloh 2009 n. V. 7:3.
Halbfinale: 1. FFC Frankfurt – Turbine Potsdam 1:2; SC Freiburg – VfL Wolfsburg n. V. 2:4.

Endspiel am 1. Mai 2015 in Köln: VfL Wolfsburg – Turbine Potsdam 3:0 (1:0)
Wolfsburg: Schult – Blässe, Fischer, Peter, Maritz – Bernauer (Simic), Goeßling – Hansen (Ogimi), Popp, Faißt – M. Müller (Wagner) – Trainer: Kellermann – Tore: M. Müller 2, Popp – Zuschauer: 19 204 – SR: Wolk (Worms).

2016: VfL Wolfsburg

1. Runde: VfL Bochum – Werder Bremen 0:3; Hallescher FC – Herforder SV Borussia Friedenstal 0:6; DJK VfL Billerbeck – FFV Leipzig 3:2; Karlsruher SC – 1. FC Köln 1:4; Blau-Weiß Hohen Neuendorf – SV Meppen n. V. 1:5; Magdeburger FFC – GSV Moers 2:1; SV Hegnach – 1. FC Nürnberg 4:1; FFC Gera – FSV Gütersloh 2009 0:12; Union Meppen – Steglitzer FC Stern 1900 6:0; SV Henstedt-Ulzburg – USV Jena 0:6; TuRa Meldorf – 1. FC Neubrandenburg 1:0; ATS Buntentor – Holstein Kiel 2:6; Bramfelder SV – BV Cloppenburg 2:3; 1. FC Union Berlin – 1. FC Lübars 1:4; 1. FFC Niederkirchen – Bayer Leverkusen 1:3; TSV Crailsheim – SC Sand 2:5; Fortuna Köln – 1. FC Saarbrücken 1:6; SC Siegelbach – Borussia Mönchengladbach 2:4; SV Dirmingen – TuS Issel n. V. 3:3, Elfmeterschießen 2:4; TSV Schott Mainz – MSV Duisburg 1:3; Hessen Wetzlar – SV Weinberg 3:0; VfL Sindelfingen – ETSV Würzburg 3:0; 1. FFC Montabaur – Alemannia Aachen 1:6; TSG Neu-Isenburg – PSV Freiburg 0:5; FSV Lokomotive Dresden – FSV Babelsberg 0:5.
2. Runde: PSV Freiburg – 1. FFC Frankfurt 0:14; SV Hegnach – TuS Issel 3:1; DJK VfL Billerbeck – VfL Wolfsburg 0:19; Alemannia Aachen – SC Sand 0:9; Borussia Mönchengladbach – 1. FC Köln 1:4; BV Cloppenburg – USV Jena 1:2; TuRa Meldorf – Werder Bremen 0:8; Holstein Kiel – Turbine Potsdam 0:11; Union Meppen – SGS Essen 0:9; Magdeburger FFC – Herforder SV Borussia Friedenstal 2:1; FSV Gütersloh 2009 – SV Meppen 2:4; FSV Babelsberg – 1. FC Lübars 0:4; MSV Duisburg – Bayern München 0:3; VfL Sindelfingen – SC Freiburg 0:6; 1. FC Saarbrücken – TSG 1899 Hoffenheim 0:5; Hessen Wetzlar – Bayer Leverkusen.
Achtelfinale: 1. FC Köln – USV Jena 0:4; VfL Wolfsburg – SGS Essen 2:1; SV Hegnach – 1. FC Lübars 2:3; Turbine Potsdam – TSG 1899 Hoffenheim 4:0; Herforder SV Borussia Friedenstal –

SC Sand n. V. 3:4; Bayern München – 1. FFC Frankfurt 2:0; SV Meppen – Werder Bremen 1:3; SC Freiburg – Bayer Leverkusen 4:0.
Viertelfinale: USV Jena – SC Sand 1:4; Werder Bremen – Bayern München n. V. 0:3; 1. FC Lübars – SC Freiburg 0:1; Turbine Potsdam – VfL Wolfsburg 0:3.
Halbfinale: SC Sand – Bayern München 2:1; VfL Wolfsburg – SC Freiburg 2:1.

Endspiel am 21. Mai 2016 in Köln: VfL Wolfsburg – SC Sand 2:1 (1:1)
Wolfsburg: Schult – Fischer, Wedemeyer, Dickenmann – Peter, Bernauer (Bussaglia), Goeßling – Kerschowski, Bachmann (Blässe) – Jakabfi (Wullaert), Popp – Trainer: Kellermann – Tore: Jakabfi 2 – Zuschauer: 16 542 – SR: Söder (Schwarzenbruck).

Länderpokal der Frauen
1981 Mittelrhein – 1982 Niederrhein – 1983 Bayern – 1984 Hessen – 1985, 1986, 1987 Niederrhein – 1988 Mittelrhein – 1989 Württemberg – 1990, 1991, 1992 Hessen – 1993 Westfalen – 1994, 1995 Hessen – 1996 Niederrhein – 1997, 1998 Hessen – **ab 1998 für U-20-Mannschaften:** 1999, 2000, 2001 Hessen – **ab 2002 für U-21-Mannschaften:** 2002 Bayern – 2003, 2004, 2005 – **ab 2006 für U-20-Mannschaften:** 2006, 2007 Niederrhein – 2008 Württemberg – 2009 Niederrhein – 2010 Brandenburg – 2011 Rheinland – **ab 2012 für U-19-Mannschaften:** 2012 Bayern – 2013 Brandenburg – **ab 2014 Sichtungsturnier für U18-Mannschaften:** 2014 Hessen – 2015 Westfalen.

Juniorinnen-Länderpokal
Bis 1997 für U19-Mannschaften: 1995 Württemberg – 1996, 1997 Niedersachsen – 1998 Hessen (U18) – **1999 und 2000 für U17-Mannschaften:** 1999 Württemberg – 2000 Brandenburg – **2001 bis 2007 für U18-Mannschaften:** 2001 Niedersachsen – 2002, 2003 Westfalen – 2004 Bayern – 2005 Berlin – 2006 Bayern – 2007 Brandenburg – **ab 2007 für U17-Mannschaften:** 2007, 2008 Westfalen – 2009 Niederrhein – 2010, 2011 Brandenburg – 2012 Hessen – 2013 Brandenburg – seitdem nicht mehr ausgetragen.

U16/U15-Juniorinnen-Länderpokal
Die ersten drei Jahre als Mädchen-Turnier, seit 1991 als Länderpokal.
1988 Hessen – 1989 Niederrhein – 1990 Westfalen – 1991 Hessen – 1992 Südbaden – 1993 Hessen – 1994 Niedersachsen – 1995, 1996 Westfalen – 1997, 1998 Württemberg – 1999, 2000 Bayern – 2001 Westfalen – **ab 2002 für U15-Mannschaften:** 2002 Westfalen – 2003 Mittelrhein – 2004 Niederrhein – 2005 Westfalen – 2006 Hessen – 2007 Saarland – 2008 Bayern – 2009 Württemberg – 2010 Niederrhein – 2011 Westfalen – 2012 Hessen – 2013 Baden – **ab 2014 wieder U16-Mannschaften:** 2014 Brandenburg – 2015, 2016 Westfalen.

U14-Juniorinnen-Länderpokal
2014 Bayern – 2015 Württemberg – 2016 Schleswig-Holstein.

Frauen-Supercup
1992 **TSV Siegen** (– FSV Frankfurt 4:0) – 1993 **TuS Niederkirchen** (– TSV Siegen 2:1) – 1994 **Grün-Weiß Brauweiler** (– TSV Siegen 4:0) – 1995 **FSV Frankfurt** (– TSV Siegen 4:0) – 1996 **FSV Frankfurt** (– Sportfreunde Siegen n. V. 2:0) – 1997 **Grün-Weiß Brauweiler** (– Eintracht Rheine 1:0) – Danach zugunsten des Bundesliga-Saisoneröffnungsturniers eingestellt.

Bundesliga-Saisoneröffnungsturnier
Teilnehmer waren die 12 Vereine der eingleisigen Bundesliga (1998 Hermes-Cup, 1999 Lotto-Hessen-Cup, 2000 OBI-Cup, 2001 Oddset-Pokal):
1997 **SG Praunheim** (– TuS Niederkirchen 0:0, Elfmeterschießen 3:1) – 1998 **FFC Heike Rheine** (– SC Bad Neuenahr 1:1, Elfmeterschießen 4:2) – 1999 **1. FFC Frankfurt** (– FCR Duisburg 4:0) – 2000 **1. FFC Frankfurt** (– Turbine Potsdam 3:0) – 2001 **1. FFC Frankfurt** (– FSV Frankfurt 4:0) – seitdem nicht mehr ausgetragen – 2003 („WM-Cup" während der Frauen-Weltmeisterschaft) **Bayern München** (– Turbine Potsdam 2:0) – 2007 („WM-Cup" während der Frauen-Weltmeisterschaft) **FCR Duisburg** (Punktwertung) – 2011 („Bundesliga-Cup" wegen des frühen Bundesliga-Endes vor der Frauen-Weltmeisterschaft) **Bayern München** (– Turbine Potsdam 2:1).

Frauen-Masters/DFB-Hallenpokal
(1994 inoffziell, ab 1995 unter DFB-Regie):
1994 **Grün-Weiß Brauweiler** (– TSV Siegen n. V. 5:4) – 1995 **FSV Frankfurt** (– FC Rumeln-Kaldenhausen 6:2) – 1996 **FC Rumeln-Kaldenhausen** (– TSV Siegen 3:2) – 1997 **SG Praunheim** (– FSV Frankfurt 0:0, Neunmeterschießen 4:3) – 1998 **SG Praunheim** (– FSV Frankfurt 5:1) – 1999 **1. FFC Frankfurt** (– FCR Duisburg 5:1) – 2000 **FCR Duisburg** (– Sportfreunde Siegen 1:1, Neunmeterschießen 4:3) – 2001 **Sportfreunde Siegen** (– FFC Brauweiler-Pulheim 2:0) – 2002 **1. FFC Frankfurt** (– Bayern München 1:0) – 2003 **Heike Rheine** (– SC Bad Neuenahr 1:0) – 2004 **Turbine Potsdam** (– Hamburger SV 1:0) – 2005 **Turbine Potsdam** (– 1. FFC Frankfurt 5:3) – 2006 **1. FFC Frankfurt** (– FCR Duisburg 1:0) – 2007 **1. FFC Frankfurt** (– Hamburger SV 2:1) – 2008 **Turbine Potsdam** (– FCR Duisburg 2:1) – 2009 **Turbine Potsdam** (– FCR Duisburg n. V. 1:1, Neunmeterschießen 5:4) – 2010 **Turbine Potsdam** (– Bayern München 3:0) – 2011 nicht ausgetragen – 2012 **1. FFC Frankfurt** (– FCR Duisburg 4:0) – 2013 **Turbine Potsdam** (– VfL Wolfsburg 2:1) – 2014 **Turbine Potsdam** (– 1. FFC Frankfurt 1:1, Neunmeterschießen 6:5) – 2015 **Bayer Leverkusen** (– VfL Wolfsburg 1:0) – seitdem nicht mehr ausgetragen.

Die Fußballerinnen des Jahres
1996 Martina Voss (FC Rumeln-Kaldenhausen) – 1997 Bettina Wiegmann (Grün-Weiß Brauweiler) – 1998 Silke Rottenberg (Sportfreunde Siegen) – 1999 Inka Grings (FCR Duisburg) – 2000 Martina Voss (FCR Duisburg) – 2001, 2002, 2003, 2004, 2005, 2006, 2007, 2008 Birgit Prinz (1. FFC Frankfurt) – 2009, 2010 Inka Grings (FCR Duisburg) – 2011 Fatmire Bajramaj (Turbine Potsdam) – 2012 Celia Okoyino da Mbabi (SC Bad Neuenahr) – 2013 Martina Müller (VfL Wolfsburg) – 2014 Alexandra Popp (VfL Wolfsburg) – 2015 Celia Sasic (1. FFC Frankfurt) – 2016 Alexandra Popp (VfL Wolfsburg).

Die Torschützenköniginnen
1991 Heidi Mohr (TuS Niederkirchen) 36 – 1992 Heidi Mohr (TuS Niederkirchen) 24 – 1993 Heidi Mohr (TuS Niederkirchen) 21 – 1994 Heidi Mohr (TuS Niederkirchen) 28 – 1995 Heidi Mohr (TuS Ahrbach) 27 – 1996 Sandra Smisek (FSV Frankfurt) 29 – 1997 Birgit Prinz (FSV Frankfurt) 20 – 1998 Birgit Prinz (FSV Frankfurt) 23 – 1999 Inka Grings (FCR Duisburg) 25 – 2000 Inka Grings (FCR Duisburg) 38 – 2001 Birgit Prinz (1. FFC Frankfurt) 24 – 2002 Conny Pohlers (Turbine Potsdam) 27 – 2003 Inka Grings (FCR Duisburg) 20 – 2004 Kerstin Garefrekes (Heike Rheine) 26 – 2005 Shelley Thompson (FCR Duisburg) 30 – 2006 Conny Pohlers (Turbine Potsdam) 36 – 2007 Birgit Prinz (1. FFC Frankfurt) 28 – 2008 Inka Grings (FCR Duisburg) 26 – 2009 Inka Grings (FCR Duisburg) 29 – 2010 Inka Grings (FCR Duisburg) 28 – 2011 Conny Pohlers (1. FFC Frankfurt) 25 – 2012 Genoveva Anonma (Turbine Potsdam) 22 – 2013 Yuki Ogimi (Turbine Potsdam) 18 – 2014 Celia Sasic (1. FFC Frankfurt) 20 – 2015 Celia Sasic (1. FFC Frankfurt) 21 – 2016 Mandy Islacker (1. FFC Frankfurt) 17.

Die Meister der 2. Frauen-Bundesliga
Nord: 2005 FFC Brauweiler-Pulheim – 2006 VfL Wolfsburg – 2007 SG Wattenscheid 09 – 2008 Herforder SV Borussia Friedenstal – 2009 Tennis Borussia Berlin – 2010 Herforder SV Borussia Friedenstal – 2011 Hamburger SV II – 2012 Turbine Potsdam II – 2013 BV Cloppenburg – 2014 Turbine Potsdam II – 2015 1. FC Lübars – 2016 MSV Duisburg.
Süd: 2005 VfL Sindelfingen – 2006 TSV Crailsheim – 2007 1. FC Saarbrücken – 2008 USV Jena – 2009 1. FC Saarbrücken – 2010 Bayer Leverkusen – 2011 SC Freiburg – 2012 VfL Sindelfingen – 2013 TSG 1899 Hoffenheim – 2014 SC Sand – 2015 1. FC Köln – 2016 TSG 1899 Hoffenheim II.

Deutsche B-Juniorinnen-Meisterschaft
2000 **Turbine Potsdam** (– Bayern München 7:1) – 2001 **DFC Eggenstein** (– Turbine Potsdam 1:0) – 2002 **FC Gütersloh 2000** (– FCR Duisburg 2:1) – 2003 **Turbine Potsdam** (– FC Gütersloh 2000 1:0) – 2004 **Turbine Potsdam** (– SG Wattenscheid 09 3:1) – 2005 **Turbine Potsdam** (– FC Gütersloh 2000 3:0) – 2006 **Turbine Potsdam** (– Bayern München 3:0) – 2007 **FCR Duisburg** (– Bayern München 1:0) – 2008 **Turbine Potsdam** (– Bayern München n. V. 2:0) – 2009 **Turbine Potsdam** (– FCR Duisburg n. V. 1:1, Elfmeterschießen 5:4) – 2010 **Turbine Potsdam** (– TSG 1899 Hoffenheim 3:1) – 2011 **Turbine Potsdam** (– VfL Sindelfingen 3:2) – 2012 **TSG 1899 Hoffenheim** (– Turbine Potsdam 3:1) – 2013 **Bayern München** (– FSV Gütersloh 2009 3:1) – 2014 **Bayern München** (– Turbine Potsdam 1:0) – 2015 **Turbine Potsdam** (– Werder Bremen 3:1) – 2016 **Turbine Potsdam** (– FSV Gütersloh 2009 4:2).

Die Meister der B-Juniorinnen-Bundesliga
Nord/Nordost: 2013, 2014 Turbine Potsdam – 2015 Werder Bremen – 2016 Turbine Potsdam.
West/Südwest: 2013 FSV Gütersloh 2009 – 2014 SGS Essen – 2015, 2016 FSV Gütersloh 2009.
Süd: 2013 1. FFC Frankfurt – 2014 Bayern München – 2015 1. FFC Frankfurt – 2016 TSG 1899 Hoffenheim.

Weltmeisterschaft der Frauen

Die bisherigen Gewinner
1991 USA – 1995 Norwegen – 1999 USA – 2003, 2007 Deutschland – 2011 Japan – 2015 USA.

1991: USA
Deutschland als Europameister automatisch qualifiziert.

Endrunde vom 16. bis 30. November 1991 in China
Gruppe A: China, Norwegen und Dänemark. China – Norwegen 4:0, Dänemark – Neuseeland 3:0, Norwegen – Dänemark 2:1, China – Neuseeland 4:1, China – Dänemark 2:2, Norwegen – Neuseeland 4:0.
Gruppe B: USA und Schweden. Japan – Schweden 0:8, Brasilien – USA 0:5, Japan – USA 0:3, Brasilien – Schweden 0:2, Japan – Brasilien 0:1, Schweden – USA 2:3.
Gruppe C: Deutschland, Italien und Taiwan. Deutschland – Taiwan 3:0, Italien – Nigeria 1:0, Taiwan – Nigeria 2:0, Deutschland – Italien 2:0, Taiwan – Italien 0:5, Deutschland – Nigeria 4:0.

Viertelfinale: Deutschland – Dänemark n. V. 2:1, USA – Taiwan 7:0, China – Schweden 0:1, Norwegen – Italien n. V. 3:2.
Halbfinale: Deutschland – USA 2:5, Schweden – Norwegen 1:4.
Um den 3. Platz: Schweden – Deutschland 4:0.

Endspiel am 30. November1991 in Guangzhou: USA – Norwegen 2:1 (1:1)
USA: Harvey – Werden – Biefield, Hamilton – Higgins, Hamm, Foody, Lilly – Heinrichs, Akers-Stahl, Jennings.
Tore: Akers-Stahl 2 (Medalen) – Zuschauer: 60 000 – SR: Zhuk (Sowjetunion).
Das deutsche Aufgebot (alle eingesetzt): Austermühl, Bindl, Damm, Fitschen, Gottschlich, Hengst, Isbert, Kubat, Kuhlmann, Mohr, Nardenbach, Neid, Paul, Unsleber, Voss, Walther, Wendt, Wiegmann.

1995: Norwegen
Deutschland als Europameister automatisch qualifiziert.

Endrunde vom 5. bis 18. Juni 1995 in Schweden
Gruppe A: Deutschland, Schweden und Japan. Schweden – Brasilien 0:1, Deutschland – Japan 1:0, Schweden – Deutschland 3:2, Brasilien – Japan 1:2, Deutschland – Brasilien 6:1, Schweden – Japan 2:0.
Gruppe B: Norwegen und England. Norwegen – Nigeria 8:0, England – Kanada 3:2, Norwegen – England 2:0, Nigeria – Kanada 3:3, Norwegen – Kanada 7:0, Nigeria – England 2:3.
Gruppe C: USA, China und Dänemark. USA – China 3:3, Dänemark – Australien 5:0, USA – Dänemark 2:0, China – Australien 4:2, USA – Australien 4:1, China – Dänemark 3:1.

Viertelfinale: Deutschland – England 3:0; Schweden – China n. V. 1:1, Elfmeterschießen 3:4; Japan – USA 0:4; Norwegen – Dänemark 3:1.
Halbfinale: Deutschland – China 1:0; USA – Norwegen 0:1.
Um den 3. Platz: USA – China 2:0.

Endspiel am 18. Juni 1995 in Stockholm: Norwegen – Deutschland 2:0 (2:0)
Norwegen: Nordby – Svensson, Espeseth, Nina Nymark – Andersen, Myklebust – Riise, Haugen, Anne Nymark – Andersen, Aarönes – Medalen, Pettersen.
Deutschland: Goller – Lohn – Austermühl, Bernhard – Mohr, Wiegmann, Neid, Voss, D. Pohlmann (Pia Wunderlich) – Meinert (Smisek), Prinz (Grigoli-Brockner). – Nicht eingesetzt während des Turniers: Kraus, Francke, A. Klein.
Tore: Riise, Pettersen – Zuschauer: 17 158 – SR: Ingrid Jonsson (Schweden).

1999: USA

Deutschland qualifizierte sich gegen England 3:0, 1:0; Niederlande 2:1, 0:1; Norwegen 1:0, 2:3; Ukraine 5:0, 1:1.

Endrunde vom 19. Juni bis 10. Juli 1999 in den USA
Gruppe A: USA und Nigeria. USA – Dänemark 3:0, Nordkorea – Nigeria 1:2, USA – Nigeria 7:1, Nordkorea – Dänemark 3:1, Nigeria – Dänemark 2:0, USA – Nordkorea 3:0.
Gruppe B: Brasilien und Deutschland. Brasilien – Mexiko 7:1, Deutschland – Italien 1:1, Brasilien – Italien 2:0, Deutschland – Mexiko 6:0, Deutschland – Brasilien 3:3, Mexiko – Italien 0:2.
Gruppe C: Norwegen und Russland. Japan – Kanada 1:1, Norwegen – Russland 2:1, Norwegen – Kanada 7:1, Japan – Russland 0:5, Kanada – Russland 1:4, Norwegen – Japan 4:0.
Gruppe D: China und Schweden. China – Schweden 2:1, Australien – Ghana 1:1, Australien – Schweden 1:3, China – Ghana 7:0, China – Australien 3:1, Ghana – Schweden 0:2.

Viertelfinale: China – Russland 2:0; Norwegen – Schweden 3:1; USA – Deutschland 3:2; Brasilien – Nigeria i. V. 4:3 („golden goal").
Halbfinale: China – Norwegen 5:0; USA – Brasilien 2:0.
Um den 3. Platz: Brasilien – Norwegen n. V. 0:0, Elfmeterschießen 5:4.

Endspiel am 10. Juli 1999 in Los Angeles: USA – China n. V. 0:0, Elfmeterschießen 5:4
USA: Scurry – Fawcett, Oberbeck, Sobrero, Chastain – Lilly, Akers (Whalen), Foudy – Milbrett (Venturini), Hamm, Parlow (McMillan).
Zuschauer: 90 185 – SR: Nicole Mouidi-Petignat (Schweiz).

Das deutsche Aufgebot: Fitschen, Grings, Hingst, Hoffmann, Jones, Lingor, Meinert, Meyer, Minnert, Cl. Müller, Prinz, Rottenberg, Smisek, Stegmann, Voss, Wiegmann, P. Wunderlich, T. Wunderlich – Nicht eingesetzt: Angerer, Brandebusemeyer.

2003: Deutschland

Deutschland qualifizierte sich gegen England 3:1, 1:0; Niederlande 6:0, 3:0; Portugal 9:0, 8:0.

Endrunde vom 20. September bis 12. Oktober 2003 in den USA
Gruppe A: USA und Schweden. Nigeria – Nordkorea 0:3; USA – Schweden 3:1; Schweden – Nordkorea 1:0; USA – Nigeria 5:0; Schweden – Nigeria 3:0; Nordkorea – USA 0:3.
Gruppe B: Brasilien und Norwegen. Norwegen – Frankreich 2:0; Brasilien – Südkorea 3:0; Norwegen – Brasilien 1:4; Frankreich – Südkorea 1:0; Südkorea – Norwegen 1:7; Frankreich – Brasilien 1:1.
Gruppe C: Deutschland und Kanada. Deutschland – Kanada 4:1; Japan – Argentinien 6:0; Deutschland – Japan 3:0; Kanada – Argentinien 3:0; Kanada – Japan 3:1; Argentinien – Deutschland 1:6.
Gruppe D: China und Russland. Australien – Russland 1:2; China – Ghana 1:0; Ghana – Russland 0:3; China – Australien 1:1; Ghana – Australien 2:1; China – Russland 1:0.

Viertelfinale: USA – Norwegen 1:0; Brasilien – Schweden 1:2; Deutschland – Russland 7:1; China – Kanada 0:1.
Halbfinale: USA – Deutschland 0:3; Schweden – Kanada 2:1.
Um den 3. Platz: USA – Kanada 3:1.

Endspiel am 12. Oktober 2003 in Carson: Deutschland – Schweden i. V. 2:1 (1:1, 0:1) („golden goal")
Deutschland: Rottenberg – Stegemann, Hingst, Minnert, Gottschlich – Garefrekers (M. Müller), Wiegmann, Lingor, P. Wunderlich (Künzer) – Meinert, Prinz – Außerdem eingestzt: Bresonik, Jones, Smisek, Fuss, Odebrecht, Pohlers – Nicht eingesetzt: Angerer.
Tore: Meinert, Künzer (Ljungberg) – Zuschauer: 26 137 – SR: Ionescu (Rumänien).

2007: Deutschland

Deutschland qualifizierte sich gegen Russland 5:1, 3:2; Schweiz 4:0, 6:0; Irland 1:0, 3:0; Schottland 4:0, 5:0.

Endrunde vom 10. bis 30. September 2007 in China
Gruppe A: Deutschland und England. Deutschland – Argentinien 11:0; Japan – England 2:2; Argentinien – Japan 0:1; England – Deutschland 0:0; Deutschland – Japan 2:0; England – Argentinien 6:1.
Gruppe B: USA und Nordkorea. USA – Nordkorea 2:2; Nigeria – Schweden 1:1; Schweden – USA 0:2; Nordkorea – Nigeria 2:0; Nigeria – USA 0:1; Nordkorea – Schweden 1:2.
Gruppe C: Norwegen und Australien. Ghana – Australien 1:4; Norwegen – Kanada 2:1; Kanada – Ghana 4:0; Australien – Norwegen 1:1; Norwegen – Ghana 7:2; Australien – Kanada 2:2.

Gruppe D: Brasilien und China. Neuseeland – Brasilien 0:5; China – Dänemark 3:2; Dänemark – Neuseeland 2:0; Brasilien – China 4:0; China – Neuseeland 2:0; Brasilien – Dänemark 1:0.
Viertelfinale: Deutschland – Nordkorea 3:0; USA – England 3:0; Norwegen – China 1:0; Brasilien – Australien 3:2.
Halbfinale: Deutschland – Norwegen 3:0; USA – Brasilien 0:4.
Um den 3. Platz: USA – Norwegen 4:1.

Endspiel am 30. September 2007 in Shanghai: Deutschland – Brasilien 2:0 (0:0)
Deutschland: Angerer – Stegemann, Krahn, Hingst, Bresonik – Garefrekes, Laudehr, Lingor, Behringer (M. Müller) – Smisek (Bajramaj), Prinz – Außerdem eingesetzt: Bartusiak, Minnert, Mittag, Wimbersky – Nicht eingesetzt: Peter, Fuss, Holl, Rottenberg.
Tore: Prinz, Laudehr – Zuschauer: 31 000 – SR: Ogston (Australien).

2011: Japan
Deutschland als Ausrichter automatisch qualifiziert.

Endrunde vom 26. Juni bis 17. Juli 2011 in Deutschland
Gruppe A: Deutschland und Frankreich. Nigeria – Frankreich 0:1; Deutschland – Kanada 2:1; Kanada – Frankreich 0:4; Deutschland – Nigeria 1:0; Frankreich – Deutschland 2:4; Kanada – Nigeria 0:1.
Gruppe B: England und Japan. Japan – Neuseeland 2:1; Mexiko – England 1:1; Japan – Mexiko 4:0; Neuseeland – England 1:2; England – Japan 2:0; Neuseeland – Mexiko 2:2.
Gruppe C: Schweden und USA. Kolumbien – Schweden 0:1; USA – Nordkorea 2:0; Nordkorea – Schweden 0:1; USA – Kolumbien 3:0; Schweden – USA 2:1; Nordkorea – Kolumbien 0:0.
Gruppe D: Brasilien und Australien. Norwegen – Äquatorial-Guinea 1:0; Brasilien – Australien 1:0; Australien – Äquatorial-Guinea 3:2; Brasilien – Norwegen 3:0; Äquatorial-Guinea – Brasilien 0:3; Australien – Norwegen 2:1.
Viertelfinale: England – Frankreich n. V. 1:1, Elfmeterschießen 3:4; Deutschland – Japan n. V. 0:1; Schweden – Australien 3:1; Brasilien – USA n. V. 2:2, Elfmeterschießen 3:5.
Halbfinale: Frankreich – USA 1:3; Japan – Schweden 3:1.
Um den 3. Platz: Schweden – Frankreich 2:1.

Endspiel am 17. Juli 2011 in Frankfurt: Japan – USA n. V. 2:2 (1:1, 0:0), Elfmeterschießen 3:1

Japan: Kaihori – Kinga, Iwashimizu, Kumagai, Sameshima – Sawa, Sakaguchi – Ohno (Maruyama, Iwabuchi), Miyama – Ando (Nagasato), Kawasumi.

Tore: Miyama, Sawa (Morgan, Wambach) – Elfmeterschießen: Miyama trifft, Nagasato vergibt, Sakaguchi, Kumagai treffen (Boxx, Lloyd vergeben, Wambach verwandelt) – Zuschauer: 48 817 – SR: Steinhaus (Hannover).

Das deutsche Aufgebot: Angerer, Bajramaj, Bartusiak, Behringer, Bresonik, Garefrekes, Goeßling, Grings, Hingst, Krahn, Kulig, Laudehr, Okoyino da Mbabi, Peter, Popp, Prinz, Schmidt – Nicht eingesetzt: Faißt, Holl, M. Müller, Schult.

2015: USA
Deutschland qualifizierte sich gegen Russland (9:0, 4:1), Irland (2:0, 3:2), Kroatien (4:0, 8:0), Slowenien (4:0, 13:0) und die Slowakei (9:1, 6:0).

Endrunde vom 7. Juni bis 6. Juli 2015 in Kanada
Gruppe A: Kanada, China und Niederlande. Kanada – China 1:0; Neuseeland – Niederlande 0:1; China – Niederlande 1:0; Kanada – Neuseeland 0:0; Niederlande – Kanada 1:1; China – Neuseeland 2:2.
Gruppe B: Deutschland und Norwegen. Norwegen – Thailand 4:0; Deutschland – Elfenbeinküste 10:0; Deutschland – Norwegen 1:1; Elfenbeinküste – Thailand 2:3; Thailand – Deutschland 0:4; Elfenbeinküste – Norwegen 1:3.
Gruppe C: Japan, Kamerun und die Schweiz. Kamerun – Ecuador 6:0; Japan – Schweiz 1:0; Schweiz – Ecuador 10:1; Japan – Kamerun 2:1; Schweiz – Kamerun 1:2; Ecuador – Japan 0:1.
Gruppe D: USA, Australien und Schweden. Schweden – Nigeria 3:3; USA – Australien 3:1; Australien – Nigeria 2:0; USA – Schweden 0:0; Australien – Schweden 1:1; Nigeria – USA 0:1.
Gruppe E: Brasilien und Südkorea. Spanien – Costa Rica 1:1; Brasilien – Südkorea 2:0; Brasilien – Spanien 1:0; Südkorea – Costa Rica 2:2; Südkorea – Spanien 2:1; Costa Rica – Brasilien 0:1.
Gruppe F: Frankreich, England und Kolumbien. Frankreich – England 1:0; Kolumbien – Mexiko 1:1; Frankreich – Kolumbien 0:2; England – Mexiko 2:1; Mexiko – Frankreich 0:5; England – Kolumbien 2:1.

Achtelfinale: Deutschland – Schweden 4:1; China – Kamerun 1:0; Brasilien – Australien 0:1; Frankreich – Südkorea 3:0; Kanada – Schweiz 1:0; Norwegen – England 1:2; USA – Kolumbien 2:0; Japan – Niederlande 2:1.

Viertelfinale: Deutschland – Frankreich n. V. 1:1, Elfmeterschießen 5:4; China – USA 0:1; Australien – Japan 0:1; England – Kanada 2:1.
Halbfinale: USA – Deutschland 2:0; Japan – England 2:1.
Um den 3. Platz: England – Deutschland n. V. 1:0.

Endspiel am 6. Juli 2015 in Vancouver: USA – Japan 5:2 (4:1)
USA: Solo – Krieger, Johnston, Sauerbrunn, Klingenberg – Holiday, Brian – Heath (Wambach), Lloyd, Rapinoe (O'Hara) – Morgan (Rampone).
Tore: Lloyd 3, Holiday, Heath (Ogimi, Eigentor Johnston) – Zuschauer: 53 341 – SR: Monzul (Ukraine).

Das deutsche Aufgebot: Angerer – Bartusiak, Cramer, Henning, Kemme, Krahn, Maier, Peter, Schmidt – Behringer, Däbritz, Goeßling, Laudehr, Leupolz, Lotzen, Marozsan – Bremer, Mittag, Petermann, Popp, Sasic – Nicht eingesetzt: Benkarth, Schult

Olympia-Fußballturnier der Frauen
Die bisherigen Gewinner:
1996 USA – 2000 Norwegen – 2004, 2008, 2012 USA – 2016 Deutschland.

1996 in Atlanta: USA
Gruppe A: China, USA. USA – Dänemark 3:0, Schweden – China 0:2, USA – Schweden 2:1, Dänemark – China 1:5, USA – China 0:0, Dänemark – Schweden 1:3.
Gruppe B: Norwegen, Brasilien. Deutschland – Japan 3:2, Norwegen – Brasilien 2:2, Brasilien – Japan 2:0, Norwegen – Deutschland 3:2, Brasilien – Deutschland 1:1, Norwegen – Japan 4:0.
Halbfinale: China – Brasilien 3:2; Norwegen – USA n. V. 1:2.
Um den 3. Platz: Norwegen – Brasilien 2:0.

Endspiel am 1. August 1996 in Athens: USA – China 2:1 (1:1)
USA: Scurry – Chastain, Overbeck, Fawcett – Foudy, Venturini, Akers, Lilly – Hamm (Gabarra), McMillan, Millbrett (Roberts).
Tore: Millbrett, McMillan (Sun Wen) – Zuschauer: 67 841 – SR: Skogvang (Norwegen).

Das deutsche Aufgebot: Austermühl, Fitschen, Goller, Grigoli-Brocker, Lingor, Minnert, Mohr, Nardenbach, Neid, Pohlmann, Prinz, Stegemann, Voss, Wiegmann, P. Wunderlich – Nicht eingesetzt: Kraus.

2000 in Sydney: Norwegen
Gruppe E: Deutschland und Brasilien. Australien – Deutschland 0:3, Schweden – Brasilien 0:2, Australien – Schweden 1:1, Deutschland – Brasilien 2:1, Australien – Brasilien 1:2, Deutschland – Schweden 1:0.
Gruppe F: USA und Norwegen. USA – Norwegen 2:0, China – Nigeria 3:1, USA – China 1:1, Norwegen – Nigeria 3:1, USA – Nigeria 3:1, Norwegen – China 2:1.
Halbfinale: Deutschland – Norwegen 0:1; USA – Brasilien 1:0.
Um den 3. Platz: Deutschland – Brasilien 2:0.

Endspiel am 28. September 2000 in Sydney: Norwegen – USA i. V. („golden goal") 3:2 (2:2, 1:1)
Norwegen: Nordby – Sandaune, Espeseth, Kringen, Jörgensen – S. Gulbrandsen (Lehn), Riise, Knudsen (B. Jensen), Haugenes – Pettersen (Mellgren), R. Gulbrandsen.
Tore: Espeseth, R. Gulbransen, Mellgren (Milbrett 2) – Zuschauer: 22 848 – SR: Denoncourt (Kanada).

Das deutsche Aufgebot: Brandebusemeyer, Fitschen, Götte, Gottschlich, Grings, Hingst, Hoffmann, Jones, Lingor, Meinert, Minnert, Cl. Müller, Prinz, Rottenberg, Stegemann, Wiegmann, P. Wunderlich – Nicht eingesetzt: Angerer, M. Müller, Schaller, Smisek, T. Wunderlich.

2004 in Athen: USA
Gruppe E: Nigeria, Schweden und Japan: Schweden – Japan 0:1; Japan – Nigeria 0:1; Schweden – Nigeria 2:1.
Gruppe F: Deutschland und Mexiko: Deutschland – China 8:0; China – Mexiko 1:1; Deutschland – Mexiko 2:0.
Gruppe G: USA, Brasilien und Australien: Griechenland – USA 0:3; Brasilien – Australien 1:0; Griechenland – Australien 0:1; USA – Brasilien 2:0; Griechenland – Brasilien 0:7; USA – Australien 1:1.
Viertelfinale: Deutschland – Nigeria 2:1; USA – Japan 2:1; Mexiko – Brasilien 0:5; Schweden – Australien 2:1.
Halbfinale: USA – Deutschland n. V. 2:1; Schweden – Brasilien 0:1.
Um den 3. Platz: Deutschland – Schweden 1:0.

Endspiel am 26. August 2004 in Athen: USA – Brasilien n. V. 2:1 (1:1, 1:0)
USA: Scurry – Rampone, Fawcett, Markgraf, Chastain (Reddick) – Boxx – Foudy, Tarpley (O'Reilly), Lilly – Hamm, Wambach.
Tore: Tarpley, Wambach (Pretinha) – Zuschauer: 10 416 – SR: Palmqvist (Schweden).

Das deutsche Aufgebot: Rottenberg, Stegemann, Garefrekes, Jones, Günther, Odebrecht, P. Wunderlich, Wimbersky, Prinz, Lingor, M. Müller, Omilade, Minnert, Bachor, Fuss, Pohlers, Hingst – Nicht eingesetzt: Angerer.

2008 in Peking: USA
Gruppe E: China, Schweden und Kanada. Argentinien – Kanada 1:2; China – Schweden 2:1; Schweden – Argentinien 1:0; Kanada – China 1:1; China – Argentinien 2:0; Schweden – Kanada 2:1.
Gruppe F: Brasilien und Deutschland. Deutschland – Brasilien 0:0; Nordkorea – Nigeria 1:0; Nigeria – Deutschland 0:1; Brasilien – Nordkorea 2:1; Nordkorea – Deutschland 0:1; Nigeria – Brasilien 1:3.
Gruppe G: USA, Norwegen und Japan. Japan – Neuseeland 2:2; Norwegen – USA 2:0; USA – Japan 1:0; Neuseeland – Norwegen 0:1; Norwegen – Japan 1:5; USA – Neuseeland 4:0.
Viertelfinale: USA – Kanada n. V. 2:1; Brasilien – Norwegen 2:1; Schweden – Deutschland n. V. 0:2; China – Japan 0:2.
Halbfinale: Brasilien – Deutschland 4:1; Japan – USA 2:4.
Um den 3. Platz: Deutschland – Japan 2:0.

Endspiel am 21. August 2008 in Peking: USA – Brasilien n. V. 1:0 (0:0, 0:0)
USA: Solo – Mitts, Markgraf, Rampone, Chalupny – O'Reilly (Kai), Boxx, Lloyd, Tarpley (Cheney) – Rodriguez (Cox), Hucles.
Tor: Lloyd – Zuschauer: 51 612 – SR: Damkova (Tschechien).

Das deutsche Aufgebot: Angerer, Stegemann, Peter, Krahn, Bresonik, Hingst, Behringer, Lingor, Bajramaj, Laudehr, Okoyino da Mbabi, Garefrekes, Smisek, Prinz, Mittag, Pohlers – nicht eingesetzt: Holl, Bartusiak.

2012 in London: USA
Deutschland verpasste die Qualifikation durch das Viertelfinal-Aus bei der WM 2011.

Gruppe E: Großbritannien, Brasilien und Neuseeland. Großbritannien – Neuseeland 1:0; Kamerun – Brasilien 0:5; Neuseeland – Brasilien 0:1; Großbritannien – Kamerun 3:0; Neuseeland – Kamerun 3:1; Großbritannien – Brasilien 1:0.
Gruppe F: Schweden, Japan und Kanada. Japan – Kanada 2:1; Schweden – Südafrika 4:1; Japan – Schweden 0:0; Kanada – Südafrika 3:0; Japan – Südafrika 0:0; Kanada – Schweden 2:2.
Gruppe G: USA und Frankreich. USA – Frankreich 4:2; Kolumbien – Nordkorea 0:2; USA – Kolumbien 3:0; Frankreich – Nordkorea 5:0; USA – Nordkorea 1:0; Frankreich – Kolumbien 1:0.
Viertelfinale: Schweden – Frankreich 1:2; USA – Neuseeland 2:0; Brasilien – Japan 0:2; Großbritannien – Kanada 0:2.
Halbfinale: Frankreich – Japan 1:2; Kanada – USA n. V. 3:4.
Um den 3. Platz: Kanada – Frankreich 1:0.

Endspiel am 9. August 2012 in London: USA – Japan 2:1 (1:0)
USA: Solo – LePeilbet, Rampone, Buehler (Sauerbrunn), O'Hara – Rapinoe (Cheney), Boxx, Lloyd, Heath – Morgan, Wambach.
Tore: Lloyd 2 (Nagasato-Ogimi) – Zuschauer: 80 203 – SR: Steinhaus (Deutschland)

2016 in Rio de Janeiro: Deutschland
Gruppe E: Brasilien, China und Schweden. Schweden – Südafrika 1:0; Brasilien – China 3:0; Südafrika – China 0:2; Brasilien – Schweden 5:1; China – Schweden 0:0; Südafrika – Brasilien 0:0.
Gruppe F: Kanada, Deutschland und Australien. Kanada – Australien 2:0; Simbabwe – Deutschland 1:6; Kanada – Simbabwe 3:1; Deutschland – Australien 2:2; Deutschland – Kanada 1:2; Australien – Simbabwe 6:1.
Gruppe G: USA und Frankreich. USA – Neuseeland 2:0; Frankreich – Kolumbien 4:0; USA – Frankreich 1:0; Kolumbien – Neuseeland 0:1; Kolumbien – USA 2:2; Neuseeland – Frankreich 0:3.
Viertelfinale: USA – Schweden n. V. 1:1, Elfmeterschießen 3:4; China – Deutschland 0:1; Kanada – Frankreich 1:0; Brasilien – Australien n. V. 0:0, Elfmeterschießen 7:6.
Halbfinale: Brasilien – Schweden n. V. 0:0, Elfmeterschießen 3:4; Kanada – Deutschland 0:2.
Um den 3. Platz: Kanada – Brasilien 2:1.

Endspiel am 19. August 2016 in Rio de Janeiro: Deutschland – Schweden 2:1 (0:0)
Deutschland: Schult – Maier, Krahn, Bartusiak, Kemme – Marozsan, Behringer (Goeßling) – Leupolz, Mittag, Däbritz (Huth) – Popp.
Tore: Marozsan, Eigentor Sembrant (Blackstenius) – Zuschauer: 52 432 – SR: Chenard (Kanada).

Das deutsche Aufgebot: Schult, Bartusiak, Henning, Kemme, Krahn, Maier, Peter, Behringer, Däbritz, Goeßling, Huth, Laudehr, Marozsan, Mittag, Popp, Islacker, Kerschowski, Leupolz – nicht eingesezt: Benkarth.

U19/U20-Weltmeisterschaft der Frauen

Die bisherigen Gewinner:
(bis 2004 für U19-, ab 2006 für U20-Mannschaften: 2002 USA – 2004 Deutschland – 2006 Nordkorea – 2008 USA – 2010 Deutschland – 2012 USA – 2014 Deutschland.

2014: Deutschland
Gruppe A: Nordkorea und Kanada. Finnland – Nordkorea 1:2; Kanada – Ghana 0:1; Ghana – Nordkorea – Finnland 3:2; Nordkorea – Kanada 0:1; Ghana – Finnland 2:1.
Gruppe B: Deutschland und USA. Deutschland – USA 2:0; China – Brasilien 1:1; Deutschland – China 5:5; USA – Brasilien 1:0; Brasilien – Deutschland 1:5; USA – China 3:0.
Gruppe C: Nigeria und Südkorea. England – Südkorea 1:1; Mexiko – Nigeria 1:1; England – Mexiko 1:1; Südkorea – Nigeria 1:2; Nigeria – England 2:1; Südkorea – Mexiko 2:1.
Gruppe D: Frankreich und Neuseeland. Frankreich – Costa Rica 5:1; Neuseeland – Paraguay 2:0; Neuseeland – Frankreich 0:4; Paraguay – Costa Rica 2:1; Costa Rica – Neuseeland 0:3; Paraguay – Frankreich 0:3.
Viertelfinale: Nordkorea – USA n. V. 1:1, Elfmeterschießen 3:1; Deutschland – Kanada 2:0; Nigeria – Neuseeland 4:1; Frankreich – Südkorea n. V. 0:0, Elfmeterschießen 4:3.
Halbfinale: Nordkorea – Nigeria 2:6; Deutschland – Frankreich 2:1.
Um den 3. Platz: Frankreich – Nordkorea 3:2.

Endspiel am 25. August 2014 in Montreal: Deutschland – Nigeria n. V. 1:0 (0:0, 0:0)
Deutschland: Kämper – Rauch, Wilde, Knaak, Gidion – Dieckmann, Däbritz (L. Dallmann), Magull (Schermuly), Petermann – Panfil, Bremer.
Tor: Petermann – Zuschauer: 15 822 – SR: Chenard (Kanada).

U17-Weltmeisterschaft der Juniorinnen

Die bisherigen Gewinner:
2008 Nordkorea – 2010 Südkorea – 2012 Frankreich – 2014 Japan.

2014: Japan
Gruppe A: Venezuela und Italien. Costa Rica – Venezuela 0:3; Italien – Sambia 2:0; Costa Rica – Italien 0:1; Venezuela – Sambia 4:0; Sambia – Costa Rica 2:1; Venezuela – Italien 1:0.
Gruppe B: Ghana und Kanada. Ghana – Nordkorea 2:0; Deutschland – Kanada 2:2; Ghana – Deutschland 1:0; Nordkorea – Kanada 1:1; Kanada – Ghana 2:1; Nordkorea – Deutschland 4:3.

Gruppe C: Japan und Spanien. Neuseeland – Paraguay 1:1; Spanien – Japan 0:2; Neuseeland – Spanien 0:3; Paraguay – Japan 0:10; Japan – Neuseeland 3:0; Paraguay – Spanien 1:7.
Gruppe D: Nigeria und Mexiko. Mexiko – Kolumbien 4:0; China – Nigeria 1:2; Mexiko – China 4:0; Kolumbien – Nigeria 1:2; Nigeria – Mexiko 3:0; Kolumbien – China 1:3.
Viertelfinale: Venezuela – Kanada 3:2; Ghana – Italien 2:2, Elfmeterschießen 3:4; Japan – Mexiko 2:0; Nigeria – Spanien 0:3.
Halbfinale: Venezuela – Japan 1:4; Italien – Spanien 0:2.
Um den 3. Platz: Italien – Venezuela 4:4, Elfmeterschießeb 2:0.

Endspiel am 4. April 2014 in San Jose: Japan – Spanien 2:0 (1:0)
Japan: Matsumoto – Endo (Kono), Okuma, Ichise, Miyagawa – Matsubara, Nagano, Sugita, Nishida (Saihara) – Kobayashi, Hasegawa.
Tore: Nishida, Kono – Zuschauer: 29 814 – SR: Venegas (Mexiko).

Europameisterschaft der Frauen

Die bisherigen Gewinner:
1984 Schweden – 1987 Norwegen – 1989, 1991 Deutschland – 1993 Norwegen – 1995, 1997, 2001, 2005, 2009, 2013 Deutschland.

1982/84: Schweden
Deutschland wurde in der Qualifikation Dritter hinter Dänemark (1:1, 0:1), den Niederlanden (1:1, 2:2) und vor Belgien (1:1, 1:1).

Halbfinale: England – Dänemark 2:1, 1:0; Schweden – Italien 3:2, 2:1.

1. Endspiel am 21. 5. 1984 in Göteborg: Schweden – England 1:0 (0:0)
2. Endspiel am 27. 5. 1984 in Luton; England – Schweden 1:0 (0:0), Elfmeterschießen 3:4
Schweden: Leidinge – Jansson, Börjesson, Burevik, Kaberg, Svenjeby, Andersson, Hansson (2. Spiel Johannsson), Ahman-Svensson, Videkull (2. Spiel ab 30. Uusitalo), Sundhage.
1. Spiel: Tor: Sundhage. – Zuschauer: 5552 – SR: Bakker (Niederlande) – 2. Spiel: Tor: Curl – Zuschauer: 2665 – SR: Goris (Belgien).

1985/87: Norwegen
Deutschland wurde in der Qualifikation Dritter hinter Norwegen (2:3, 0:0), Dänemark (2:0, 0:3) und vor Finnland (1:0, 0:1).

Endrunde vom 11. bis 14. Juni 1987 in Norwegen:
Halbfinale: Norwegen – Italien 2:0; Schweden – England n. V. 3:2.
Um den 3. Platz: Italien – England 2:1.

Endspiel am 14. Juni 1987 in Oslo: Norwegen – Schweden 2:1 (1:0)
Norwegen: Andreassen – Hoch-Nielsen, Straedet, Storhaug, Mortensen, Scheel, Støre, Haugen, Stendal, Nyborg, Nielsen (Bakken).
Tore: Stendall 2 (Videkull) – Zuschauer: 8470 – SR: Aaho (Finnland).

1987/89: Deutschland
Deutschland wurde in der Qualifikation Gruppensieger vor Italien (3:0, 0:0), Ungarn (4:0, 1:0) und der Schweiz (0:0, 10:0).

Viertelfinale: Norwegen – Niederlande 2:1, 3:0; Dänemark – Schweden 1:5, 1:1; Tschechoslowakei – Deutschland 1:1, 0:2; Italien – Frankreich 2:0, 2:1.

Endrunde vom 28. Juni bis 2. Juli 1989 in Deutschland:
Halbfinale: Deutschland – Italien n. V. 1:1, Elfmeterschießen 4:3; Schweden – Norwegen 1:2.
Um den 3. Platz: Schweden – Italien n. V. 2:1.

Endspiel am 2. Juli 1989 in Osnabrück: Deutschland – Norwegen 4:1 (2:0)
Deutschland: Isbert – Kuhlmann – Nardenbach, Raith – Haberlass (Bindl), Fitschen (Fehrmann), Neid, Damm – Voss, Mohr, Lohn.
Tore: Lohn 2, Mohr, Fehrmann (Grude) – Zuschauer: 22 000 – SR: Silva Valente (Portugal).

1989/91: Deutschland
Deutschland wurde in der Qualifikation Gruppensieger vor Ungarn (0:0, 4:0), der Tschechoslowakei (5:0, 1:0) und Bulgarien (4:0, 4:1).

Viertelfinale: Norwegen – Ungarn 2:1, 2:0; Schweden – Italien 1:1, 0:0; Dänemark – Niederlande 0:0, n. V. 1:0; England – Deutschland 1:4, 0:2.

Endrunde vom 10. bis 14. Juli 1991 in Dänemark:
Halbfinale: Dänemark – Norwegen n. V. 0:0, Elfmeterschießen 7:8; Deutschland – Italien 3:0.
Um den 3. Platz: Dänemark – Italien n. V. 2:1.

Endspiel am 14. Juli 1991 in Aalborg: Deutschland – Norwegen n. V. 3:1 (1:1, 0:0)
Deutschland: Isbert – Fitschen – Nardenbach, Kuhlmann – Unsleber (Gottschlich), Neid, Damm, Raith – Voss (Bornschein), Mohr, Wiegmann.
Tore: Mohr 2, Neid (Hegstad) – Zuschauer: 3100 – SR: McCluskey (Schottland)

1991/93: Norwegen
Deutschland siegte in der Qualifikation in Sofia gegen Jugoslawien 3:0. Das zweite Spiel wurde wegen des Balkankriegs nicht ausgetragen.

Viertelfinale: England – Italien 0:3, 2:3; Dänemark – Schweden 1:1, 2:1; Niederlande – Norwegen 0:3, 0:3; Deutschland – Russland 0:0, 7:0.

Endrunde vom 29. Juni bis 4. Juli in Italien:
Halbfinale: Norwegen – Dänemark 1:0; Italien – Deutschland n. V. 1:1, Elfmeterschießen 4:3.
Um den 3. Platz: Dänemark – Deutschland 3:1.

Endspiel am 4. Juli 1993 in Cesena: Norwegen – Italien 1:0 (0:0)
Norwegen: Seth – Nysveen, Nymark – Zaborowsky, Espeseth, Rilse – Store, Carisen, Nymark, Aarones (Hegstad), Medalen (Sandberg).
Tor: Hegstad – Zuschauer: 8000 – SR: Wieser (Österreich)

1993/95: Deutschland
Deutschland wurde in der Qualifikation Gruppensieger vor Kroatien (8:0, 7:0), der Schweiz (11:0, 5:0) und Wales (12:0, 12:0).

Viertelfinale: Island – England 1:2, 1:2; Russland – Deutschland 0:1, 0:4; Dänemark – Schweden 2:0, 0:3; Italien – Norwegen 1:3, 2:4.
Halbfinale: England – Deutschland 1:4, 1:2; Norwegen – Schweden 4:3, 1:4.

Endspiel am 28. März 1995 in Kaiserslautern: Deutschland – Schweden 3:2 (1:1)
Deutschland: Goller – Lohn – Bernhard, Austermühl – Wiegmann, Meinert, Neid, Voss (T. Wunderlich), D. Pohlmann – Mohr, Grigoli-Brocker (Prinz).
Tore: Meinert, Prinz, Wiegmann (Andersson, Andelen) – Zuschauer: 8500 – SR: Koho (Finnland).

1995/97: Deutschland
Deutschland wurde in der Qualifikation Zweiter hinter Norwegen (1:3, 0:0) und vor Finnland (6:0, 3:0) und der Slowakei (2:0, 3:0). In den Play-offs der Gruppenzweiten und -dritten setzte sich die DFB-Auswahl gegen Island durch (4:0, 3:0).

Endrunde vom 29. Juni bis 12. Juli 1997 in Norwegen und Schweden:
Gruppe A: Schweden und Spanien. Frankreich – Spanien 1:1, Schweden – Russland 2:1, Spanien – Schweden 0:1, Russland – Frankreich 1:3, Russland – Spanien 0:1, Schweden – Frankreich 3:0.
Gruppe B: Italien und Deutschland. Deutschland – Italien 1:1, Dänemark – Norwegen 0:5, Italien – Dänemark 2:2, Norwegen – Deutschland 0:0, Norwegen – Italien 0:2, Dänemark – Deutschland 0:2.
Halbfinale: Schweden – Deutschland 0:1, Italien – Spanien 2:1.

Endspiel am 12. Juli 1997 in Oslo: Deutschland – Italien 2:0 (1:0)
Deutschland: Rottenberg – Jones – Stegemann, Fitschen, Minnert – Hingst, Meinert (Cl. Klein), Wiegmann, Pia Wunderlich – Prinz (Smisek), Meyer (Cl. Müller) – Im weiteren Turnierverlauf eingesetzt: Voss, Becher, Hoffmann, Fuss – Nicht eingesetzt: Angerer, Grings, Künzer, von Lanken.
Tore: Minnert, Prinz – Zuschauer: 2221 – SR: Lyngö-Nielsen (Dänemark).

1999/2001: Deutschland

Deutschland wurde in der Qualifikation Gruppensieger vor Italien (3:0, 4:4), der Ukraine (3:0, 6:1) und Island (5:0, 6:0).

Endrunde vom 23. Juni bis 7. Juli 2001 in Deutschland:
Gruppe A: Deutschland und Schweden. Deutschland – Schweden 3:1, Russland –England 1:1, Deutschland – Russland 5:0, Schweden – England 4:0, England – Deutschland 0:3, Schweden – Russland 1:0.
Gruppe B: Dänemark und Norwegen. Italien – Dänemark 2:1, Norwegen – Frankreich 3:0, Frankreich – Dänemark 3:4, Norwegen – Italien 1:1, Dänemark – Norwegen 1:0, Frankreich – Italien 2:0
Halbfinale: Deutschland – Norwegen 1:0; Dänemark – Schweden 0:1.

Endspiel am 7. Juli 2001 in Ulm: Deutschland – Schweden i. V. 1:0 („golden goal") (0:0, 0:0)
Deutschland: Rottenberg – Stegemann, Jones, Fitschen, Hingst – Wiegmann, Lingor – P. Wunderlich, Meinert, Prinz – Smisek (Cl. Müller) – Im weiteren Turnierverlauf eingesetzt: Bresonik, Minnert, M. Müller, Omilade, Wimbersky – Nicht eingesetzt: Angerer, Wilder, T. Wunderlich.
Tor: Cl. Müller – Zuschauer: 18 000 – SR: Pétignat (Schweiz).

2003/05: Deutschland

Deutschland wurde in der Qualifikation Gruppensieger vor Tschechien (4:0, 5:0), Schottland (5:0, 3:1), der Ukraine (6:0, 3:1) und Portugal (13:0, 11:0).

Endrunde vom 5. bis 19. Juni in England:
Gruppe A: Schweden und Finnland. Schweden – Dänemark 1:1; England – Finnland 3:2; Dänemark – England 2:1; Schweden – Finnland 0:0; England – Schweden 0:1; Finnland – Dänemark 2:1.
Gruppe B: Deutschland und Norwegen. Deutschland – Norwegen 1:0; Frankreich – Italien 3:1; Italien – Deutschland 0:4; Frankreich – Norwegen 1:1; Deutschland – Frankreich 3:0; Norwegen – Italien 5:3.
Halbfinale: Deutschland – Finnland 4:1; Norwegen – Schweden n. V. 3:2.
Endspiel am 19. Juni 2005 in Blackburn: Deutschland – Norwegen 3:1 (2:1)
Deutschland: Rottenberg – Garefrekes, Hingst, Jones, Minnert – Carlson (Günther), Grings (Smisek), Lingor, Pohlers – Mittag (Wimbersky), Prinz – Im weiteren Turnierverlauf eingesetzt: Fuss, Omilade, Stegemann, P. Wunderlich – Nicht eingesetzt: Angerer, Holl.
Tore: Grings, Lingor, Prinz (Mellgren) – Zuschauer: 21 105 – SR: Ihringowa (Slowakei).

2007/09: Deutschland

Deutschland wurde in der Qualifikation Gruppensieger vor den Niederlanden (5:1, 1:0), der Schweiz (7:0, 3:0), Belgien (3:0, 5:0) und Wales (4:0, 6:0).

Endrunde vom 23. August bis 10. September in Finnland:
Gruppe A: Finnland und Niederlande. Ukraine – Niederlande 0:2; Finnland – Dänemark 1:0; Ukraine – Dänemark 1:2; Niederlande – Finnland 1:2; Finnland – Ukraine 0:1; Dänemark – Niederlande 1:2.
Gruppe B: Deutschland, Frankreich und Norwegen. Deutschland – Norwegen 4:0; Island – Frankreich 1:3; Frankreich – Deutschland 1:5; Island – Norwegen 0:1; Deutschland – Island 1:0; Norwegen – Frankreich 1:1.
Gruppe C: Schweden, Italien und England. England – Italien 1:2; Schweden – Russland 3:0; Italien – Schweden 0:2; England – Russland 3:2; Russland – Italien 0:2; Schweden – England 1:1.
Viertelfinale: Finnland – England 2:3; Niederlande – Frankreich n. V. 0:0, Elfmeterschießen 5:4; Deutschland – Italien 2:1; Schweden – Norwegen 1:3.
Halbfinale: England – Niederlande n. V. 2:1; Deutschland – Norwegen 3:1.

Endspiel am 10. September 2009 in Helsinki: Deutschland – England 6:2 (2:1)
Deutschland: Angerer – Bresonik, Krahn, Bartusiak, Peter – Kulig, Laudehr – Garefrekes (Bajramaj), Prinz, Behringer (Okoyino da Mbabi) – Grings – Im weiteren Turnierverlauf eingesetzt: Fuss, Hingst, Mittag, M. Müller, Schmidt, Stegemann – Nicht eingesetzt: Holl, Weiß, Zietz.
Tore: Prinz 2, Behringer, Kulig, Grings 2 (Carney, K. Smith) – Zuschauer: 15 877 – SR: Damkova (Tschechien).

2011/13: Deutschland

Deutschland wurde in der Qualifikation Gruppensieger vor Spanien (5:0, 2:2), Rumänien (5:0, 3:0), der Schweiz (4:1, 6:0), Kasachstan (17:0, 7:0) und der Türkei (10:0, 5:0).

Endrunde vom 10. bis 28. Juli 2013 in Schweden:

Gruppe A: Schweden, Italien und Dänemark. Italien – Finnland 0:0; Schweden – Dänemark 1:1; Italien – Dänemark 2:1; Finnland – Schweden 0:5; Dänemark – Finnland 1:1; Schweden – Italien 3:1.
Gruppe B: Norwegen, Deutschland und Island. Norwegen – Island 1:1; Deutschland – Niederlande 0:0; Norwegen – Niederlande 1:0; Island – Deutschland 0:3; Niederlande – Island 0:1; Deutschland – Norwegen 0:1.
Gruppe C: Frankreich und Spanien. Frankreich – Russland 3:1; England – Spanien 2:3; England – Russland 1:1; Spanien – Frankreich 0:1; Russland – Spanien 1:1; Frankreich – England 3:0.
Viertelfinale: Schweden – Island 4:0; Italien – Deutschland 0:1; Norwegen – Spanien 3:1; Frankreich – Dänemark n. V. 1:1, Elfmeterschießen 2:4.
Halbfinale: Schweden – Deutschland 0:1; Norwegen – Dänemark n. V. 1:1, Elfmeterschießen 4:2.

Endspiel am 18. Juli 2013 in Solna: Deutschland – Norwegen 1:0 (0:0)
Deutschland: Angerer – Maier, Krahn, Bartusiak, Cramer – Keßler, Goeßling – Lotzen (Mittag), Marozsan, Laudehr (Schmidt) – Okoyino da Mbabi – Im weiteren Turnierverlauf eingesetzt: Bajramaj, Behringer, Däbritz, Leupolz, Wensing – Nicht eingesetzt: Benkrath, Henning, Huth, Linden, Schult.
Tor: Mittag – Zuschauer: 41 301 – SR: Dorcioman (Rumänien).

Europameisterschaft U19 der Frauen

Die bisherigen Gewinner (bis 2001 als U18-Wettbewerb):
1998 Dänemark – 1999 Schweden – 2000, 2001, 2002 Deutschland – 2003 Frankreich – 2004 Spanien – 2005 Russland – 2006, 2007 Deutschland – 2008 Italien – 2009 England – 2010 Frankreich – 2011 Deutschland – 2012 Schweden – 2013 Frankreich – 2014 Niederlande – 2015 Schweden – 2016 Frankreich.

2016: Frankreich
Deutschland qualifizierte sich gegen Ungarn (2:0), Kasachstan (7:0), Serbien (6:1) sowie gegen Irland (1:0), Polen (3:1) und Aserbaidschan (5:1).

Endrunde vom 19. bis 31. Juli 2016 in der Slowakei:
Gruppe A: Frankreich und Niederlande. Slowakei – Niederlande 0:6; Frankreich – Norwegen 0:1; Niederlande – Norwegen 1:0; Slowakei – Frankreich 0:6; Niederlande – Frankreich 1:2; Norwegen – Slowakei 0:0 (wegen eines Unwetters abgebrochen, Wertung nach Spielstand).
Gruppe B: Spanien und Schweiz. Spanien – Deutschland 1:0; Österreich – Schweiz 0:4; Deutschland – Schweiz 2:4; Spanien – Österreich 4:0; Deutschland – Österreich 3:1; Schweiz – Spanien 0:5.
Halbfinale: Frankreich – Schweiz 3:1; Spanien – Niederlande 4:3.
Endspiel am 31. Juli 2016 in Senica: Frankreich – Spanien 2:1.

Europameisterschaft U17 der Juniorinnen

Die bisherigen Gewinner:
2008, 2009 Deutschland – 2010, 2011 Spanien – 2012 Deutschland – 2013 Polen – 2014 Deutschland – 2015 Spanien – 2016 Deutschland.
Spiel um den 3. Platz: Spanien – Belgien 4:0.
Endspiel am 28. Juni 2013 in Nyon: Polen – Schweden 1:0.

2016: Deutschland
Deutschland qualifizierte sich gegen die Schweiz (2:0), Russland (3:0) und Österreichn (4:1).

Endrunde vom 4. bis 16. Mai 2016 in Weißrussland:
Gruppe A: England und Norwegen. Weißrussland – Serbien 1:5; England – Norwegen 3:2; Serbien – Norwegen 0:1; Weißrussland – England 0:12; Norwegen – Weißrussland 2:0; Serbien – England 1:4.
Gruppe B: Spanien und Deutschland. Italien – Tschechien 0:0; Deutschland – Spanien 2:2; Tschechien – Spanien 0:1; Italien – Deutschland 0:0; Spanien – Italien 3:1; Tschechien – Deutschland 0:4.
Halbfinale: Spanien – Norwegen 4:0; England – Deutschland 3:4.

Spiel um den 3. Platz: England – Norwegen 2:1.
Endspiel am 16. Juli 2016 in Baryssau: Deutschalnd – Spanien 0:0, Elfmeterschießen 3:2.

Deutschland: Doege – Linder, Kleinherne, Pawollek, Siems – M. Müller, Minge, Kögel (Ziegler) – Wieder (Stolze), Bühl, Gwinn – Tore im Elfmeterschießen: Gwinn, Minge, Siems.

Hinweis: Die kompletten Ergebnisse der U19- und U17-Welt- und Europameisterschaften erschienen letztmals im KICKER-Almanach 2016.

UEFA-Frauen-Pokal (ab 2009/2010 Champions League)

Die bisherigen Gewinner:
2002 1. FFC Frankfurt – 2003, 2004 Umea IK/SWE – 2005 Turbine Potsdam – 2006 1. FFC Frankfurt – 2007 Arsenal LFC/ENG – 2008 1. FFC Frankfurt – 2009 FCR Duisburg – 2010 Turbine Potsdam – 2011, 2012 Olympique Lyon/FRA – 2013, 2014 VfL Wolfsburg – 2015 1. FFC Frankfurt – 2016 Olympique Lyon.

2001/02: 1. FFC Frankfurt
Der 1. FFC Frankfurt setzte sich in der Qualifikation gegen UD Levante/ESP (1:0), Codru Chisinau/MDA (5:0) und College SC Erewan/ARM (18:0) durch.

Viertelfinale: Odense BK/DEN – 1. FFC Frankfurt 0:3, 1:2; LFC Arsenal/ENG – FC Toulouse/FRA 1:1, 1:2; SK Trondheim-Örn/NOR – HJK Helsinki/FIN 2:1, 0:2; Umea IK/SWE – TNK Ryazan/RUS 4:1, 3:1.
Halbfinale: Umea IK – HJK Helsinki 2:1, 1:0; FC Toulouse – 1. FFC Frankfurt 1:2, 0:0.
Endspiel am 23. Mai 2002 in Frankfurt: 1. FFC Frankfurt – Umea IK 2:0 (0:0).
Frankfurt: Wissink – T. Wunderlich, Nardenbach, Minnert – Kliehm (Meier), Jones, Hansen (Rech), P. Wunderlich – Künzer, Lingor, Prinz – Trainerin: Staab.
Tore: Jones, Prinz – Zuschauer: 12 106 – SR: Elovirta (Finnland).

2002/03: Umea IK
Der 1. FFC Frankfurt erte sich in der Qualifikation gegen ZFK Nisch/YUG (2:0), Shamrock Rovers/IRL (7:1) und ZNK Osijek/CRO (8:0) durch.

Viertelfinale: SK Trondheim-Örn/NOR – Fortuna Hjörring/DEN 2:2, 0:1; VVS Samara/RUS – LFC Arsenal/ENG 0:2, 1:1; HJK Helsinki/FIN – 1. FFC Frankfurt 0:2, 0:8; Umea IK/SWE – FC Toulouse/FRA 2:0, 0:0.
Halbfinale: Fortuna Hjörring – LFC Arsenal 3:1, 5:1; Umea IK – 1. FFC Frankfurt 1:1, n. V. 1:1, Elfmeterschießen 7:6.
1. Endspiel am 9. Juni 2003 in Umea: Umea IK – Fortuna Hjörring 4:1 (1:1).
2. Endspiel am 21. Juni 2003 in Hjörring: Fortuna Hjörring – Umea IK 0:3 (0:2).
Umea: Lundgren – Bergkvist, Marklund, Valkonen, Paulson (Eriksson) – Östberg, Moström, Dahlqvist, Sjöström (Runesson) – Ljungberg, Kalmari (Nordbrand, Lindqvistt) – Trainer: Holmlund.
Tore im 1. Spiel: Ljungberg 2, Östberg, Kalmari (Madsen); Tore im 2. Spiel: Moström, Kalmari, Ljungberg – Zuschauer: 7648/2119 – SR: Günthner (Deutschland)/Toms (England).

2003/04: Umea IK
Der 1. FFC Frankfurt setzte sich in der Qualifikation gegen Athletic Bilbao/ESP (8:1), SV Neulengenbach/AUT (7:1) und 1. Dezembro Sintra/POR (4:0) durch.

Viertelfinale: Bröndby IF/DEN – Gömrükcü Baku/AZE 9:0, 3:0; 1. FFC Frankfurt – Fulham LFC/ENG 3:1, 4:1; Energy Woronesch/RUS – Umea IK/SWE 1:2, 1:2; Malmö FF/SWE – Kolbotn IL/NOR 2:0, 0:1.
Halbfinale: Bröndby IF – Umea IK 2:3, 0:1; Malmö FF – 1. FFC Frankfurt 0:0, 1:4.
1. Endspiel am 8. Mai 2004 in Stockholm: Umea IK – 1. FFC Frankfurt 3:0 (1:0).
2. Endspiel am 5. Juni 2004 in Frankfurt: 1. FFC Frankfurt – Umea IK 0:5 (0:2).
Umea: Lundgren – Paulson (Nordbrandt), Valkonen, Marklund, Berqkvist – Juhlin (Hammarström), Moström, Östberg – Marta (Eriksson), Sjöström, Kalmari (Lindqvist) – Trainer: Jeglertz.
Tore im 1. Spiel: Marta 2, Östberg; Tore im 2. Spiel: Sjöström 2, Marta, Östberg, Moström – Zuschauer: 5409/9500 – SR: Ionescu (Rumänien)/Brohet (Belgien).

2004/05: Turbine Potsdam
Turbine Potsdam setzte sich in der Qualifikation gegen Torres Terra Sarda/ITA (7:5), KS AZS Breslau (4:1) und Montpellier HSC/FRA (6:0) durch.

Viertelfinale: Torres Terra Sarda – Arsenal LFC/ENG 2:0, 1:4; Energy Woronesch/RUS – Turbine Potsdam 1:1, 1:4; Djurgardens IF/Älvsjö AIK/SWE – Umea IK/SWE 2:1, 1:0; FC Bobruichanka/BLR – SK Trondheim-Örn/NOR 0:4, 1:2.
Halbfinale: Turbine Potsdam – SK Trondheim-Örn 4:0, 3:1; Djurgardens IF/Älvsjö AIK – Arsenal LFC 1:1, 1:0.
1. Endspiel am 15. Mai 2005 in Stockholm: Djurgardens IF/Älvsjö AIK – Turbine Potsdam 0:2 (0:1)
2. Endspiel am 21. Mai 2005 in Potsdam: Turbine Potsdam – Djurgardens IF/Älvsjö AIK 3:1 (3:1)
Potsdam: Angerer – Carlson, Becher, Fuss (Thomas) – Omilade, Zietz, Hingst, Odebrecht – Wimbersky (Christiane), Pohlers, Mittag – Trainer: Schröder.
Tore im 1. Spiel: Pohlers, Mittag; Tore im 2. Spiel: Wimbersky, Pohlers 2 (Bengtsson) – Zuschauer: 1382/8664 – SR: De Toni (Italien)/Orta (Türkei).

2005/06: 1. FFC Frankfurt
Turbine Potsdam setzte sich in der Qualifikation gegen Montpellier HSC/FRA (0:0), SV Saestum/NED (2:0) und SV Neulengbach/AUT (12:1) durch, der 1. FFC Frankfurt gegen Sparta Prag/CZE (1:1), SC LUwin.ch/SUI (4:0) und Gömrükcü Baku/AZE (11:1).

Viertelfinale: Valur Reykjavik/ISL – Turbine Potsdam 1:8, 1:11; Arsenal LFC/ENG – 1. FFC Frankfurt 1:1, 1:3; Sparta Prag – Djurgardens IF/Älvsjö AIK/SWE 0:2, 0:0; Montpellier HSC – Bröndby IF/DEN 3:0, 3:1.
Halbfinale: Turbine Potsdam – Djurgardens IF/Älvsjö AIK 2:3, 5:2; 1. FFC Frankfurt – Montpellier HSC 0:1, 3:2.
1. Endspiel am 20. Mai 2006 in Potsdam: Turbine Potsdam – 1. FFC Frankfurt 0:4 (0:1)
2. Endspiel am 27. Mai 2006 in Frankfurt: 1. FFC Frankfurt – Turbine Potsdam 3:2 (1:2)
Frankfurt: Holl – T. Wunderlich (Weber), Jones, Künzer, Kliehm – Hansen, Garefrekes, Lingor, Smisek – Prinz (Barucha), Albertz (Bartusiak) – Trainer: Dr. Tritschoks.
Tore im 1. Spiel: Lingor 2, Albertz, Garefrekes; Tore im 2. Spiel: Jones, Lingor, Prinz (Pohlers 2) – Zuschauer: 4431/13 200 – SR: Oedlund (Schweden)/Damkova (Tschechien).

2006/07: Arsenal LFC
Der 1. FFC Frankfurt setzte sich in der Qualifikation gegen UMF Breidablik/ISL (5:0), HJK Helsinki/FIN (2:0) und Universitet Witebsk/BLR (5:0 durch, Turbine Potsdam gegen SV Saestum/NED (2:2), Rapide Wezemaal/BEL (1:0) und Sparta Prag/CZE (4:0).

Viertelfinale: Kolbotn IL/NOR – 1. FFC Frankfurt 2:1, 2:3; Bröndby IF/DEN – Turbine Potsdam 3:0, 1:2; UMF Breidablik – Arsenal LFC/ENG 0:5, 1:4; SV Saestum – Umea IK/SWE 1:6, 2:5.
Halbfinale: Bröndby IF – Arsenal LFC 2:2, 0:3; Kolbotn IL – Umea IK 1:5, 0:6.
1. Endspiel am 21. April 2007 in Umea: Umea IK – Arsenal LFC 0:1 (0:0)
2. Endspiel am 29. April 2007 in Borehamwood: Arsenal LFC – Umea IK 0:0
Arsenal: Byrne – Scott, Asante, Phillip, Chapman – Grant, Ludlow (White) – Sanderson, Fleeting, Yankey, Carney (Davison) – Trainerin: Hayes.
Tor im 1. Spiel: Scott – Zuschauer: 6295/3467 – SR: Beck (Deutschland)/Petignat (Schweiz).

2007/08: 1. FFC Frankfurt
Der 1. FFC Frankfurt setzte sich in der Qualifikation gegen Rapide Wezemaal/BEL (1:1), Everton LFC/ENG (2:1) und Valur Reykjavik (3:1) durch.

Viertelfinale: Rapide Wezemaal – Umea IK/SWE 0:4, 0:6; CF Bardolino/ITA – Bröndby IF/DEN 0:1, n. V. 1:0, Elfmeterschießen 3:2; Olympique Lyon/FRA – Arsenal LFC/ENG 0:0, 3:2; Rossiyanka Krasnoarmeysk/RUS – 1. FFC Frankfurt 0:0, 1:2.
Halbfinale: 1. FFC Frankfurt – CF Bardolino 4:2, 3:0; Olympique Lyon – Umea IK 1:1, 0:0.
1. Endspiel am 17. Mai 2008 in Umea: Umea IK – 1. FFC Frankfurt 1:1 (1:1)
2. Endspiel am 24. Mai 2008 in Frankfurt: 1. FFC Frankfurt – Umea IK 3:2 (1:0)
Frankfurt: Rottenberg (Ullrich) – Kliehm (Günther), T. Wunderlich, Lewandowski, Bartusiak – Weber, Krieger – Garefrekes, Wimbersky (Thomas) – Prinz, Pohlers (Smisek) – Trainer: Dr. Tritschoks.
Tore im 1. Spiel: Pohlers (Marta); Tore im 2. Spiel: Pohlers 2, Wimbersky (Dahlquist, Östberg) – Zuschauer: 4128/27 640 – SR: Gaal (Ungarn)/Ihringova (England).

2008/09: FCR Duisburg
Der 1. FFC Frankfurt wurde in der Qualifikation Zweiter hinter Zvezda-2005 Perm/RUS (0:1) und vor Röa IL/NOR (3:1) und Glasgow City/SCO (3:1), der FCR Duisburg setzte sich gegen Bröndby IF/DEN (4:1), UD Levante/ESP (5:0) und Naftohimik Kalus/UKR (5:1) durch.

Viertelfinale: Bröndby IF – Zvezda-2005 Perm 2:4, 1:3; CF Bardolino/ITA – Olympique Lyon/FRA 0:5, 1:4; Arsenal LFC/ENG – Umea IK/SWE 3:2, 0:6; 1. FFC Frankfurt – FCR Duisburg 1:3, 0:2.
Halbfinale: Olympique Lyon – FCR Duisburg 1:1, 1:3; Zvezda-2005 Perm – Umea IK 2:0, 2:2.
1. Endspiel am 16. Mai 2009 in Kasan: Zvezda-2005 Perm – FCR Duisburg 0:6 (0:1)
2. Endspiel am 22. Mai 2009 in Duisburg: FCR Duisburg – Zvezda-2005 Perm 1:1
Duisburg: Längert (Bellinghoven) – Popp, Fuss, Krahn, Bresonik – Hegering, Griffloen (van Bonn) – Bajramaj (Knaak), Laudehr (Oster, Kiesel), Maes – Grings – Trainerin: Voss.
Tore im 1. Spiel: Maes 2, Grings 3, Bajramaj; Tore im 2. Spiel: Krahn (Apanashchenko) – Zuschauer: 700/28 112 – SR: Brohet (Belgien)/Palmqvist (schweden).

2009/10: Turbine Potsdam
Bayern München setzte sich in der Qualifikation gegen Glasgow City/SCO (5:2), Gintra Universitetas Siauliai/LTU (8:0) und Nortschi Dinamoeli Tiflis/GEO (19:0) durch.

1. Runde: Universitet Witebsk/BLR – FCR Duisburg 1:5, 3:6; Viktoria Szombathely/HUN – Bayern München 0:5, 2:4; FC Honka Espoo/FIN – Turbine Potsdam 1:8; 0:8; Alma KTZH/KAZ – Sparta Prag/CZE 1:0, 0:2; Zhilstroy-1 Charkiw/UKR – Umea IK/SWE 0:5, 0:6; Torres Sassari CF/ITA – Valur Reykjavik/ISL 4:1, 2:1; Unia Ratibor/POL – SV Neulengbach/AUT 1:3, 1:0; ZNK-SFK 2000 Sarajevo/BIH – Zvezda-2005 Perm/RUS 0:3, 0:5; Masinac Nis/SRB – Olympique Lyon/FRA 0:1, 0:5; Röa IL/NOR – Everton LFC/ENG 3:0, 0:2; Standard Femina Lüttich/BEL – Montpellier HSC/FRA 0:0, 1:3; PAOK Saloniki/GRE – Arsenal LFC/ENG 0:9; 0:9; FC Zürich Frauen/SUI – Linköpings FC/SWE 0:2; 0:3; Fortuna Hjörring/DEN – Bardolino CF/ITA 4:0, 1:2; AZ Alkmaar/NED – Bröndby IF/DEN 1:2, 1:1; Rayo Vallecano/ESP – Rossiyanka Krasnoarmeysk/RUS 1:3, 1:2.
Achtelfinale: Montpellier HSC – Bayern München 0:0, n. V. 1:0; Turbine Potsdam – Bröndby IF 1:0, 4:0; FCR Duisburg – Linköpings FC 1:1, 2:0; Röa IL – Zvezda-2005 Perm 0:0, 1:1; Rossiyanka Krasnoarmeysk – Umea IK 0:1, 1:1; Sparta Prag – Arsenal LFC 0:3, 0:2; SV Neulengbach – Torres Sassari CF 1:4, 1:4; Fortuna Hjörring – Olympique Lyon 0:1, 0:5.
Viertelfinale: Turbine Potsdam – Röa IL 5:0, 5:0; FCR Duisburg – Arsenal LFC 2:1, 2:0; Olympique Lyon – Torres Sassari CF 3:0, 0:1; Umea IK – Montpellier HSC 0:0, 2:2.
Halbfinale: FCR Duisburg – Turbine Potsdam 1:0, n. V. 0:1, Elfmeterschießen 1:3; Olympique Lyon – Umea IK 3:2, 0:0.
Endspiel am 20. Mai 2010 in Getafe: Turbine Potsdam – Olympique Lyon n. V. 0:0, Elfm. 7:6
Potsdam: Sarholz – Schmidt, Peter, Henning – Odebrecht, Zietz, Keßler (I. Kerschowski), Kemme (Schröder) – Wich (Nagasato), Bajramaj, Mittag – Trainer: Schröder.
Elfmeterschießen: Zietz gehalten, Peter, Odebrecht, Mittag gehalten, I. Kerschowski, Nagasato, Bajramaj, Sarholz, Schmidt (Franco, Dickenmann, Kaci, Henry gehalten, Herlovsen gehalten, Renard, Simone, Bouhaddi, Thomis Latte) – Zuschauer: 10 372 – SR: Heikkinen (Finnland).

2010/11: Olympique Lyon
Die beiden deutschen Vertreter Turbine Potsdam und 1. FFC Frankfurt waren direkt für die 1. Runde qualifiziert.

1. Runde: CSHVSM Almaty/KAZ – FCR Duisburg 0:5, 0:6; Aland United/FIN – Turbine Potsdam 0:9, 0:6; VV St. Truiden/BEL – Sparta Prag/CZE 0:3, 0:7; Legend-Cheksil Chernigov/UKR – FK Rossijanka/RUS 1:3, 0:4; Masinac Nis/SRB – Arsenal LFC/ENG 1:3, 0:9; MTK Budapest/HUN – Everton LFC/ENG 0:0, 1:7; Breidablik Kopavogur/ISL – Juvisy FCF/FRA 0:3, 0:6; PAOK Saloniki/GRE – SV Neulengbach/AUT 1:0, 0:3; ZNK KRKA Novo Mesto/SVN – Linköpings FC/SWE 0:7, 0:5; Rayo Vallecano/ESP – Valur Reykjavík/ISL 3:0, 1:1; AZ Alkmaar/NED – Olympique Lyon/FRA 1:2, 0:8; FK Zorka-BDU/BLR – Röa IL/NOR 1:2, 0:0; Fortuna Hjörring/DEN – ASD CF Bardolino/ITA 8:0, 6:1; Unia Raciborz/POL – Bröndby IF/DEN 1:2, 1:0; Apollon Limassol/CYP – Zvezda-2005 Perm/RUS 1:2, 1:2; FC Zürich Frauen/SUI – Sassari Torres/ITA 2:3, 1:4.
Achtelfinale: FCR Duisburg – Fortuna Hjörring 4:2, 3:0; Turbine Potsdam – SV Neulengbach 7:0, 9:0; Rayo Vallecano – Arsenal LFC 2:0, 1:4; FK Rossijanka – Olympique Lyon 1:6, 0:5; Bröndby IF – Everton LFC 1:4, 1:1; Sassari Torres – Juvisy FCF 1:2, n. V. 2:2; Linköpings FC – Sparta Prag 2:0, 1:0; Röa IL – Zvezda-2005 Perm 1:1, 0:4.
Viertelfinale: Everton LFC – FCR Duisburg 1:3, 1:2; Juvisy FCF – Turbine Potsdam 0:3, 2:6; Zvezda-2005 Perm – Olympique Lyon 0:0, 0:1; Arsenal LFC – Linköpings FC 1:1, 2:2.

Halbfinale: FCR Duisburg – Turbine Potsdam 2:2, 0:1; Olympique Lyon – Arsenal LFC 2:0, 3:2.
Endspiel am 26. Mai 2011 in London: Olympique Lyon – Turbine Potsdam 2:0 (1:0)
Lyon: Bouhaddi – Renard, Georges, Viguier, Bompastor – Cruz Trana, Necib (Dickenmann), Henry, Abily – Thomis (Le Sommer), Schelin – Trainer: Lair.
Tore: Renard, Dickenmann – Zuschauer: 14 303 – SR: Damkova (Tschechien).

2011/12: Olympique Lyon
Der FCR Duisburg setzte sich in der Qualifikation gegen Slovan Bratislava/SVK (3:0), Crusaders Newtownabbey Strikers/NIR (6:1) und Glasgow Cty/SCO (4:0) durch.

1. Runde: Olimpia Cluj/ROU – Olympique Lyon/FRA 0:9, 0:3; Peamount United/IRL – Paris St.-Germain/FRA 0:2, 0:3; CSHVSM Almaty/KAZ – SV Neulengbach/AUT 2:1, 0:5; Apollon Limassol/CYP – Sparta Prag 2:2; 1:2; PK-35 Vantaa/FIN – Rayo Vallecano/ESP 1:4, 0:3; UPC Tavagnacco/ITA – LdB FC Malmö/SWE 2:1, 0:5; NK Osijek/CRO – Kopparbergs/Göteborg FC/SWE 0:4, 0:7; Glasgow City/SCO – Valur Reykjavík/ISL 1:1; 3:0; Young Boys Bern/SUI – Fortuna Hjörring/DEN 0:3, 1:2; Thor/KA Akureyri/ISL – Turbine Potsdam 0:6, 2:8, ASA Tel Aviv/ISR – Sassari Torres/ITA 0:2, 2:3; FC Twente Enschede/NED – FK Rossijanka/RUS 0:2, 0:1; Bristol Academy/ENG – Energija Woronesch/RUS 1:1, 2:4; FC Bobruchanka/BLR – Arsenal LFC/ENG 0:4, 0:6; Standard Lüttich/BEL – Bröndby IF/DEN 0:2, 4:3; Stabaek FK/NOR – 1. FFC Frankfurt 1:0, 1:4.
Achtelfinale: 1. FFC Frankfurt – Paris St.-Germain 3:0, 1:2; Sparta Prag – Olympique Lyon 0:6, 0:6; SV Neulengbach – LdB FC Malmö 1:3, 0:1; Fortuna Hjörring – Kopparbergs/Göteborg FC 0:1, 2:3; Energija Woronesch – FK Rossijanka 0:4, 3:3; Rayo Vallecano – Arsenal LFC 1:1, 1:5; Turbine Potsdam – Glasgow City 10:0, 7:0; Bröndby IF – Sassari Torres 2:1, 3:1.
Viertelfinale: Olympique Lyon – Bröndby IF 4:0, 4:0; Turbine Potsdam – FK Rossijanka 2:0, 3:0; Arsenal LFC – Kopparbergs/Göteborg FC 3:1, 0:1; LdB FC Malmö – 1. FFC Frankfurt 1:0, 0:3.
Halbfinale: Olympique Lyon – Turbine Potsdam 5:1, 0:0; Arsenal LFC – 1. FFC Frankfurt 1:2, 0:2.
Endspiel am 17. Mai 2012 in München: Olympique Lyon – 1. FFC Frankfurt 2:0 (2:0)
Lyon: Bouhaddi – Franco, Renard, Viguier, Bompastor – Henry, Cruz Trana, Abily, Neib (Dickenmann) – Schelin (Otaki), Le Sommer (Rosana) – Trainer: Lair.
Tore: Le Sommer, Abily – Zuschauer: 50 212 – SR: Palmqvist (Schweden).

2012/13: VfL Wolfsburg
Die beiden deutschen Vertreter Turbine Potsdam und VfL Wolfsburg waren direkt für die 1. Runde qualifiziert.

1. Runde: FC Zürich/SUI – FCF Juvisy Essonne/FRA 1:1, 0:1; BIIK Schymkent/KAZ – Röa IL/NOR 0:4, 0:4; Spartak Subotica/SER – Kopparbergs/Göteborg FC/SWE 0:1, 0:3; Birmingham City/ENG – CF Bardolino Verona/ITA 2:0, n. V. 0:3; Apollon Limassol/CYP – ASD Torres Sassari/ITA 2:3, 1:3; Olimpia Cluj/ROU – SV Neulengbach/AUT 1:1, n. V. 2:2; PK-35 Vantaa/FIN – Olympique Lyon/FRA 0:7, 0:5; FC Barcelona/ESP – Arsenal LFC/ENG 0:3, 0:4; Standard Feminina Lüttich/BEL – Turbine Potsdam 1:3, 0:5; Stabaek FK/NOR – Bröndby IF/DEN 2:0, 3:3; Glasgow City/SCO – Fortuna Hjörring/DEN 1:2, 0:0; UMF Stjarnan/ISL – Zorkiy Krasnogorsk/RUS 0:0, 1:3; ZNK SFK 2000 Sarajevo/BIH – Sparta Prag/CZE 0:3, 0:3; Unia Raciborz/POL – VfL Wolfsburg 1:5, 1:6; MTK Budapest/HUN – LdB FC Malmö/SWE 0:4, 1:6; ADO Den Haag/NED – Rossijanka Krasnoarmeisk/RUS 1:4, 2:1.
Achtelfinale: Zorkiy Krasnogorsk – Olympique Lyon 0:9, 0:2; Stabaek FK – FCF Juvisy Essonne 0:0, 1:2; Fortuna Hjörring – Kopparbergs/Göteborg FC 1:1, 2:3; LdB FC Malmö – CF Bardolino Verona 1:0, 2:0; ASD Torres Sassari – Olimpia Cluj 4:1, 3:0; ; Sparta Prag – Rossijanka Krasnoarmeisk 0:1, 2:2; Arsenal LFC – Turbine Potsdam 2:1, 4:3; VfL Wolfsburg – Röa IL 4:1, 1:1.
Viertelfinale: Arsenal LFC – ASD Torres Sassari 3:1, 1:0; Olympique Lyon – LdB FC Malmö 5:0, 3:0; VfL Wolfsburg – Rossijanka Krasnoarmeisk 2:1, 2:0; FCF Juvisy Essonne – Kopparbergs/Göteborg FC 1:0, 3:1.
Halbfinale: Olympique Lyon – FCF Juvisy Essonne FCF 3:0, 6:1; Arsenal LFC – VfL Wolfsburg 0:2, 1:2.
Endspiel am 23. Mai 2013 in London: VfL Wolfsburg – Olympique Lyon 1:0 (0:0)
Wolfsburg: A. Vetterlein – Wensing, Henning, Hartmann, Popp – Keßler, Goeßling – Blässe, Jakabfi (Magull), M. Müller – Pohlers (Omilade) – Trainer: Kellermann.
Tor: M. Müller – Zuschauer: 19 300 – SR: Albon (Rumänien).

2013/14: VfL Wolfsburg
Die beiden deutschen Vertreter Turbine Potsdam und VfL Wolfsburg waren direkt für die 1. Runde qualifiziert.

1. Runde: Konak Belediyesi GSK/TUR – Unia Raciborz/POL 2:1, 0:0; MTK Budapest/HUN – Turbine Potsdam 0:5, 0:6; Standard Lüttich/BEL – Glasgow City/SCO 2:2, 1:3; Tyresö FF/SWE – Paris Saint-Germain 2:1, 0:0; Pärnu JK/EST – VfL Wolfsburg 0:14, 0:13; FSK St. Pölten/AUT – ASD Torres Sassari/ITA 2:2, 1:3; Apollon Limassol/CYP – SV Neulengbach/AUT 1:2, 1:1; Spartak Subotica/SRB – Rossijanka Krasnoarmeisk 2:4, 1:1; PK-35 Vantaa/FIN – Birmingham City/ENG 0:3, 0:1; FC Zürich Frauen/SUI – Sparta Prag/CZE 2:1, 1:1; Lillestrøm SK/NOR – LdB FC Malmö/SWE 1:3, 0:5; FC Twente Enschede/NED – Olympique Lyon/FRA 0:4, 0:6; Qairat Almaty/KAZ – Arsenal LFC/ENG 1:7, 1:11; FC Barcelona/ESP – Bröndby IF 0:0, 2:2; Thor Akureyri/ISL – Zorkiy Krasnogorsk/RUS 1:2, 1:4; UPCG Tavagnacco/ITA – Fortuna Hjörring/DEN 3:2, 0:2.
Achtelfinale: FC Barcelona – FC Zürich Frauen 3:0, 3:1; Konak Belediyesi GSK – SV Neulengbach 0:3, 0:3; Fortuna Hjörring – Tyresö FF 1:2, 0:4; Rossijanka Krasnoarmeisk – ASD Torres Sassari 1:0, 0:2; Turbine Potsdam – Olympique Lyon 0:1, 2:1; Zorkiy Krasnogorsk – Birmingham City 0:2, 2:5; LdB FC Malmö – VfL Wolfsburg 1:2, 1:3; Arsenal LFC – Glasgow City 3:0, 3:2.
Viertelfinale: Tyresö FF – SV Neulengbach 8:1, 0:0; VfL Wolfsburg – FC Barcelona 3:0, 2:0; ASD Torres Sassari – Turbine Potsdam 0:8, 1:4; Birmingham City – Arsenal LFC 1:0, 2:0.
Halbfinale: Birmingham City – Tyresö FF 0:0, 0:3; Turbine Potsdam – VfL Wolfsburg 0:0, 2:4.
Endspiel am 22. Mai 2014 in Lissabon: VfL Wolfsburg – Tyresö FF 4:3 (0:2)
Wolfsburg: Schult – Wensing, Fischer, Henning, Bunte – Keßler, Goeßling (Hartmann) – Blässe, Wagner (Faißt), Müller – Popp – Trainer: Kellermann.
Tore: Popp, Müller 2, Faißt (Marta 2, Boquete) – Zuschauer: 7000 – SR: Monzul (Ukraine).

2014/15: 1. FFC Frankfurt
Die beiden deutschen Vertreter VfL Wolfsburg und 1. FFC Frankfurt waren direkt für die 1. Runde qualifiziert.

1. Runde: BIIK Schymkent/KAZ – 1. FFC Frankfurt 2:2, 0:4; Stabaek FK/NOR – VfL Wolfsburg 0:1, 1:2; FC Ryazan/RUS – FC Rosengard/SWE 1:3, 0:2; Apollon Limassol/CYP – Bröndby IF/DEN 1:0, n. V. 1:3; Medyk Konin/POL – Glasgow City/SCO 2:0, n. V. 0:3; Gintra Universitetas Siauliai/LTU – Sparta Prag/CZE 1:1, n. V. 1:1, Elfmeterschießen 5:4; MTK Budapest/HUN – SV Neulengbach/AUT 1:2, n. V. 2:2; ZNK Osijek/CRO – FC Zürich/SUI 2:5, 0:2; Slavia Prag/CZE – FC Barcelona/ESP 0:1, 0:3; WFC Pomurje/SVN – Torres Calcio Sassari/ITA 2:4, 1:3; FC Twente Enschede/NED – Paris Saint-Germain 1:2, 0:1; Liverpool LFC/ENG – Linköpings FC/SWE 2:1, 0:3; CA Ouriense/POR – Fortuna Hjörring/DEN 0:3, 0:6; Stjarnan Gardabaer/ISL – UOR-Zvezda Zvenigorod/RUS 2:5, 1:3; ACF Brescia/ITA – Olympique Lyon/FRA 0:5, 0:9; Raheny United/IRL – Bristol Academy/ENG 0:4, 1:2.
Achtelfinale: 1. FFC Frankfurt – Torres Calcio Sassari 5:0, 4:0; SV Neulengbach – VfL Wolfsburg 0:4, 0:7; FC Rosengard – Fortuna Hjörring 2:1, 2:0; Linköpings FC – UOR-Zvezda Zvenigorod 5:0, 0:3; Paris Saint-Germain – Olympique Lyon 1:1, 1:0; FC Barcelona – Bristol Academy 0:1, 1:1; Bröndby IF – Gintra Universitetas Siauliai 5:0, 0:2; FC Zürich – Glasgow City 2:1, 2:4.
Viertelfinale: Bristol Academy – 1. FFC Frankfurt 0:5, 0:7; VfL Wolfsburg – FC Rosengard 1:1, 3:3; Linköpings FC – Bröndby IF 0:1, 1:1; Glasgow City – Paris Saint-Germain 0:2, 0:5.
Halbfinale: VfL Wolfsburg – Paris Saint-Germain 0:2, 2:1; 1. FFC Frankfurt – Bröndby IF 7:0, 6:0.
Endspiel am 14. Mai 2015 in Berlin: 1. FFC Frankfurt – Paris Saint-Germain 2:1 (1:1)
Frankfurt: Schumann – Prießen, Kuznik, Hendrich – Schmidt (Huth), Laudehr (Ando) – Garefrekes – Marozsan, Vero – Crnogorcevic (Islacker), Sasic – Trainer: Bell.
Tore: Sasic, Islacker (Delie) – Zuschauer: 17 147 – SR: Staubli (Schweiz).

2014/16: Olympique Lyon
Die beiden deutschen Vertreter Bayern München, VfL Wolfsburg und 1. FFC Frankfurt waren direkt für die 1. Runde qualifiziert.

1. Runde: Standard Lüttich/BEL – 1. FFC Frankfurt 0:2, 0:6; FC Twente Enschede/NED – Bayern München 1:1, 2:2; Spartak Jaffa/SRB – VfL Wolfsburg 0:0, 0:4; BIIK Schymkent/KAZ – FC Barcelona/ESP 1:1, 1:4; PK-35 Vantaa/FIN – FC Rosengard Malmö/SWE 0:2, 0:7; PAOK Saloniki – KIF Örebro DFF/SWE 0:3, 0:5; Slavia Prag/CZE – Bröndby IF/DEN 4:1, 0:1; ASV Spratzern/AUT – Verona CF/ITA 4:5, 2:2; Lilleström SK/NOR – FC Zürich/SUI 1:0, n. V. 1:1; Atletico Madrid/ESP – Zorkiy Krasnogorsk/RUS 0:2, 3:0; ACF Brescia/ITA – Liverpool LFC 1:0, 1:0; Stjarnan Gardabaer/

ISL – Zvezda Perm/RUS 1:3, 1:3; FK Minsk/BLR – Fortuna Hjörring/DEN 0:2, 0:4; Medyk Konin/POL – Olympique Lyon/FRAU 0:6, 0:3; Olimpia Cluj/ROU – Paris Saint-Germain/FRA 0:6, 0:9; Chelsea LFC/ENG – Glasgow City/SCO 1:0, 3:0.
Achtelfinale: Lilleström SK – 1. FFC Frankfurt 0:2, n. V. 2:0, Elfmeterschießen 4:5; Chelsea LFC – VfL Wolfsburg 1:2; 0:2; FC Twente Enschede – FC Barcelona 0:1, 0:1; KIF Örebro DFF – Paris Saint-Germain 1:1, 0:0; Atletico Madrid – Olympique Lyon 1:3, 0:6; ACF Brescia – Fortuna Hjörring 1:0, 1:1; Slavia Prag – Zvezda Perm 2:1, 0:0; Verona CF – FC Rosengard Malmö 1:3, 1:5.
Viertelfinale: VfL Wolfsburg – ACF Brescia 3:0, 3:0; FC Rosengard Malmö – 1. FFC Frankfurt 0:1, n. V. 1:0, Elfmeterschießen 4:5; FC Barcelona – Paris Saint-Germain 0:0, 0:1; Olympique Lyon – Slavia Prag 9:1, 0:0.
Halbfinale: VfL Wolfsburg – 1. FFC Frankfurt 4:0, 0:1; Olympique Lyon – Paris Saint-Germain 7:0, 1:0.
Endspiel am 26. Mai 2016 in Reggio Emilia: Olympique Lyon – VfL Wolfsburg n. V. 1:1 (1:1, 1:0), Elfmeterschießen 4:3
Lyon: Bouhaddi – Henry, Renard, Mbock Bathy Nka, Majri – Bremer (Thomis), Necib, Kumagai, Abily – Le Sommer (Schelin) – Hegerberg – Trainer: Precheur.
Tore: Hegerberg (Popp) – Tore im Elfmeterschießen: Schelin, Renard, Mbock Bathy Nka, Kumagai (Popp, Kerschowski, Peter) – Zuschauer: 15 117 – SR: Kulcsar (Ungarn).

Die Weltfußballerinnen des Jahres

2001, 2002 Mia Hamm (USA/Washington Freedom) – 2003 Birgit Prinz (Deutschland/Carolina Courage) – 2004, 2005 Birgit Prinz (Deutschland/1. FFC Frankfurt) – 2006, 2007, 2008 Marta (Brasilien/Umea IK) – 2009 Marta (Brasilien/Los Angeles Sol) – 2010 Marta (Brasilien/FC Gold Pride) – 2011 Homare Sawa (Japan/Kobe Leonessa) – 2012 Abby Wambach (USA/vereinslos) – 2013 Nadine Angerer (Deutschland/1. FFC Frankfurt, Brisbane Roar) – 2014 Nadine Keßler (Deutschland/VfL Wolfsburg) – 2015 Carli Lloyd (USA/Houston Dash).

UEFA Best Player in Europe

2013 Nadine Angerer (Deutschland/1. FFC Frankfurt, Brisbane Roar) – 2014 Nadine Keßler (Deutschland/VfL Wolfsburg) – 2015 Celia Sasic (Deutschland/1. FFC Frankfurt).

Welttrainer/in des Jahres Frauenfußball

2010 Silvia Neid (Deutschland/Nationalmannschaft) – 2011 Norio Sasaki (Japan/Natiobalmannschaft) – 2012 Pia Sundhage (Schweden/Nationalmannschaft USA) – 2013 Silvia Neid (Deutschland/Nationalmannschaft) – 2014 Ralf Kellermann (Deutschland/VfL Wolfsburg) – 2015 Jill Ellis (USA/Nationalmannschaft).

KAPITEL 15

ANHANG

Europas Abschlusstabellen und Pokalendspiele 2015/16

Abkürzungen:
(M) = Meister der letzten Saison, (P) = Pokalsieger der letzten Saison, (N) = Aufsteiger, * Absteiger.

ALBANIEN
1.	Skenderbeu Korce (M)	36	73:27	79
2.	Partizani Tirana	36	51:21	74
3.	KS Kukesi	36	41:25	63
4.	Teuta Durres	36	43:28	63
5.	KF Tirana	36	37:25	53
6.	Vllaznia Shkoder	36	36:42	39
7.	KF Laci (P)	36	30:48	36
8.	Flamurtari Vlore	36	34:44	35
9.	Bylis Ballsh (N) *	36	27:53	32
10.	Terbuni Puke (N) *	36	22:81	18

Skenderbeu Korce wurde vom Europapokal ausgeschlossen.
Aufsteiger: Korabi Peshkopi, Luftetari Gjirokaster
Pokal-Endspiel: KS Kukesi – KF Laci n. V. 1:1, Elfmeterschießen 5:3

ANDORRA
1.	FC Santa Coloma (M, P)	20	44:8	47
2.	FC Lusitanos	20	37:28	39
3.	UE Sant Julia	20	41:20	32
4.	UE Santa Coloma	20	34:20	30
5.	UE Engordany	20	37:34	29
6.	FC Ordino	20	32:44	26
7.	FC Encamp	20	22:50	16
8.	P. Encarnada d'Andorra (N)	*20	15:58	3

Nach einer Doppelrunde (14 Spieltage) spielten die ersten vier Mannschaften um die Meisterschaft, die letzten vier gegen den Abstieg.
Aufsteiger: CE Jenlai Sant Julia
Pokal-Endspiel: UE Santa Coloma – UE Engordany 3:0

ARMENIEN
1.	Alashkert Martuni	28	50:24	55
2.	Schirak Gjumri	28	41:27	52
3.	Pjunik Erewan (M, P)	28	44:21	48
4.	Gandzasar Kapan	28	35:27	45
5.	Ararat Erewan	28	28:31	37
6.	Banants Erewan	28	36:34	33
7.	Mika Aschtarak	28	30:32	32
8.	Ulisses Erewan *	28	8:76	2

Ulisses Erewan wurde im Februar wegen finanzieller Unregelmäßigkeiten aus der Liga ausgeschlossen. Alle ausstehenden Spiele werden mit 0:3 gewertet.
Aufsteiger: Da in der zweithöchsten Spielklasse nur 2. Mannschaften der Erstligisten spielen, gibt es keinen sportlichen Aufsteiger. Die Liga spielt 2016/17 mit sieben Klubs.
Pokal-Endspiel: Banants Erewan – Mika Ashtarak 2:0

ASERBAIDSCHAN
1.	Qarabag Agdam (M, P)	36	66:21	84
2.	FK Zira (N)	36	42:31	62
3.	FK Qäbälä	36	44:28	59
4.	Inter Baku	36	39:28	59
5.	Kapaz Gäncä (N)	36	48:40	56
6.	Neftci Baku	36	41:41	49
7.	AZAL Baku	36	26:38	46
8.	Sumqayit FK	36	41:49	39
9.	Rävan Baku (N) *	36	27:63	18
10.	Xäzär Länkäran *	36	16:51	15

FK Zira erhielt keine UEFA-Lizenz, Inter Baku wurde vom Europapokal ausgeschlossen.
Aufsteiger: keine – Da Rävan Baku und Xäzär Länkäran keine Lizenz für 2016/17 erhielten, spielt die Liga nur noch mit acht Klubs.
Pokal-Endspiel: Qarabag Agdam – Neftci Baku n. V. 1:0

BELGIEN
1.	FC Brügge (P)	30	64:30	64
2.	KAA Gent (M)	30	56:29	60
3.	RSC Anderlecht	30	51:29	55
4.	KV Oostende	30	55:44	49
5.	KRC Genk	30	42:30	48
6.	SV Zulte Waregem	30	51:50	43
7.	Standard Lüttich	30	41:51	41
8.	RSC Charleroi	30	36:39	39
9.	KV Kortrijk	30	31:35	39
10.	KV Mechelen	30	48:50	37
11.	KSC Lokeren OV	30	35:40	34
12.	KVRS Waasland-Beveren	30	40:57	33
13.	K. Sint-Truidense VV (N)	30	28:47	30
14.	R. Mouscron-Peruwelz	30	39:51	30
15.	KVC Westerlo	30	35:59	30
16.	Oud-Heverlee Leuven (N) *	30	42:53	29

Nach einer Doppelrunde spielten die ersten sechs Mannschaften um die Meisterschaft. Die Teams auf den Plätzen 7 bis 14 wurden in zwei Vierergruppen eingeteilt. Die beiden Gruppensieger ermittelten in Hin- und Rückspielen den Klub, der gegen den Vierten der Meisterschaftsrunde einen Europa-League-Teilnehmer ausspielte. Eine Relegationsrunde wurde nicht mehr ausgetragen.

Meisterschaftsrunde
1.	FC Brügge (P)	10	25:9	54 (32)
2.	RSC Anderlecht	10	15:16	47 (28)
3.	KAA Gent (M)	10	10:15	42 (30)
4.	KRC Genk	10	20:13	40 (24)
5.	KV Oostende	10	14:19	36 (25)
6.	SV Zulte Waregem	10	11:23	27 (22)

(In Klammern die Bonuspunkte aus der Hauptrunde)

Europa-League-Play-offs, Gruppe A
1. KV Kortrijk   6   13:5   14
2. Standard Lüttich   6   8:5   10
3. Royal Mouscron-Peruwelz 6   5:8   5
4. KVRS Waasland-Beveren   6   3:11   4

Europa-League-Play-offs, Gruppe B
1. RSC Charleroi   6   13:6   11
2. KSC Lokeren OV   6   12:7   11
3. KV Mechelen   6   7:14   7
4. K. Sint-Truidense VV (N) 6   4:9   3

Entscheidungsspiele der Gruppenersten
RSC Charleroi – KV Kortrijk   1:0, 2:1

Sieger gegen den Vierten der Meisterrunde
RSC Charleroi – KRC Genk   2:0, 1:5

Aufsteiger: KAS Eupen
Pokal-Endspiel: Standard Lüttich – FC Brügge 2:1

BOSNIEN-HERZEGOWINA
1. Zrinjski Mostar   30   52:17   69
2. Sloboda Tuzla   30   44:23   62
3. NK Siroki Brijeg   30   56:21   61
4. FK Sarajevo (M)   30   56:28   57
5. Zeljeznicar Sarajevo   30   36:20   55
6. Celik Zenica   30   35:28   46
7. Radnik Bijeljina   30   25:25   45
8. Olimpik Sarajevo (P)   30   36:33   39
9. NK Vitez   30   36:41   39
10. Mladost Doboj Kakanj (N)   30   29:39   39
11. Borac Banja Luka *   30   27:33   36
12. Slavija Istocno Sarajevo * 30   25:37   35
13. NK Travnik *   30   36:47   29
14. Rudar Prijedor (N) *   30   24:38   25
15. Drina Zvornik *   30   24:66   22
16. Velez Mostar *   30   10:55   9

Aufsteiger: Metalleghe-BSI Jaice, FK Krupa – Die Liga spielt 2016/17 mit 12 Klubs.
Pokal-Endspiele: Sloboda Tuzla – Radnik Bijeljina 1:1, 0:3

BULGARIEN
1. Ludogorez Rasgrad (M)   32   55:21   70
2. Levski Sofia   32   36:18   56
3. Beroe Stara Sagora   32   37:27   53
4. Slavia Sofia   32   36:29   49
5. Lokomotive Plovdiv   32   40:45   49
6. Tscherno More Varna (P)   32   36:45   38
7. Botev Plovdiv   32   27:44   33
8. Pirin Blagoevgrad (N)   32   27:45   26
9. FK Montana (N)   32   23:43   21
10. Litex Lovetsch *   0   0:0   0

Litex Lovetsch wurde nach einem Spielabbruch im Januar 2016 zum Zwangsabstieg in die B-Liga verurteilt.

Aufsteiger: Dunav Ruse, Lokomotiv Gorna Orjachowiza, Neftochimik Burgas, FK Vereya Stara Sagora, ZSKA Sofia – Die Liga spielt 2016/17 mit 14 Klubs.
Pokal-Endspiel: ZSKA Sofia – FK Montana 1:0
ZSKA Sofia wurde vom Europapokal ausgeschlossen.

DÄNEMARK
1. FC Kopenhagen (P)   33   62:28   71
2. Sönderjysk Elitsport 33   56:36   62
3. FC Midtjylland (M)   33   57:33   59
4. Bröndby IF   33   43:37   54
5. Aalborg BK   33   56:44   50
6. Randers FC   33   45:43   47
7. Odense BK   33   50:52   46
8. Viborg FF (N)   33   34:42   40
9. FC Nordsjaelland   33   35:51   38
10. Aarhus GF (N)   33   47:49   37
11. Esbjerg fB   33   38:64   30
12. Hobro IK *   33   26:70   18

Aufsteiger: Lyngby BK, Silkeborg IF, AC Horsens – Die Liga spielt 2016/17 mit 16 Klubs.
Pokal-Endspiel: FC Kopenhagen – Aarhus GF 2:1

ENGLAND
1. Leicester City   38   68:36   81
2. FC Arsenal (P)   38   65:36   71
3. Tottenham Hotspur   38   69:35   70
4. Manchester City   38   71:41   66
5. Manchester United   38   49:35   66
6. FC Southampton   38   59:41   63
7. West Ham United   38   65:51   62
8. FC Liverpool   38   63:50   60
9. Stoke City   38   41:55   51
10. FC Chelsea (M)   38   59:53   50
11. FC Everton   38   59:55   47
12. Swansea City   38   42:52   47
13. FC Watford (N)   38   40:50   45
14. West Bromwich Albion   38   34:48   43
15. Crystal Palace   38   39:51   42
16. AFC Bournemouth (N)   38   45:67   42
17. AFC Sunderland   38   48:62   39
18. Newcastle United *   38   44:65   37
19. Norwich City (N) *   38   39:67   34
20. Aston Villa *   38   27:76   17

Aufsteiger: FC Burnley, FC Middlesbrough, Hull City
Pokal-Endspiel: Manchester United – Crystal Palace n. V. 2:1
Ligapokal-Endspiel: Manchester City – FC Liverpool n. V. 1:1, Elfmeterschießen 3:1

FRANKREICH
1. Paris Saint-Germain (M, P) 38 102:19   96
2. Olympique Lyon   38   67:43   65
3. AS Monaco   38   57:50   65
4. OGC Nizza   38   58:41   63
5. Lille OSC   38   39:27   60
6. AS Saint-Etienne   38   42:37   58
7. SM Caen   38   39:52   54
8. Stade Rennes   38   52:54   52

9. Angers SCO (N)	38	40:38	50
10. SC Bastia	38	36:42	50
11. Girondins Bordeaux	38	50:57	50
12. Montpellier HSC	38	49:47	49
13. Olympique Marseille	38	48:42	48
14. FC Nantes	38	33:44	48
15. FC Lorient	38	47:58	46
16. EA Guingamp	38	47:56	44
17. FC Toulouse	38	45:55	40
18. Stade Reims *	38	44:57	39
19. GFC Ajaccio (N) *	38	37:58	37
20. ES Troyes AC (N) *	38	28:83	18

Aufsteiger: AS Nancy, Dijon FCO, FC Metz
Pokal-Endspiel: Paris Saint-Germain – Olympique Marseille 4:2
Ligapokal-Endspiel: Paris Saint-Germain – Lille OSC 2:1

GEORGIEN

1. Dinamo Tiflis (P)	30	74:29	76
2. FK Samtredia	30	66:32	63
3. Dila Gori (M)	30	51:25	62
4. Tschichura Satschchere	30	53:26	57
5. Sioni Bolnisi	30	50:34	50
6. Torpedo Kutaisi	30	50:42	48
7. FC Zchinwali	30	51:36	46
8. Dinamo Batumi	30	41:32	44
9. Saburtalo Tiflis (N)	30	47:61	39
10. Shukura Kobuleti	30	28:39	35
11. Guria Lantschchuti	30	28:49	27
12. Kolcheti Poti	30	21:41	27
13. Lokomotivi Tiflis (N)	30	26:37	25
14. FC Sugdidi	30	30:60	23
15. Merani Martwili *	30	28:62	23
16. Sapovnela Terjola (N) *	30	24:63	21

Aufsteiger: Liachwi Zchinwali, WIT Georgia Tiflis
Pokal-Endspiel: Dinamo Tiflis – Sioni Bolnisi 1:0

GIBRALTAR

1. Lincoln Red Imps (M, P)	27	130:9	76
2. Europa FC	27	82:18	65
3. St. Joseph's FC	27	50:37	45
4. Lions Gibraltar	27	49:44	45
5. Lynx FC	27	37:40	35
6. Manchester 62 FC	27	41:49	32
7. Glacis United	27	40:67	32
8. Gibraltar United (N)	27	28:57	29
9. Britannia XI *	27	35:84	26
10. Angels Gibraltar (N) *	27	20:107	9

Aufsteiger: Europa Point FC, Mons Calpe FC
Pokal-Endspiel: Lincoln Red Imps – Europa FC 2:0

GRIECHENLAND

1. Olympiakos Piräus (M, P)	30	81:16	85
2. Panathinaikos Athen	30	52:26	55
3. AEK Athen (N)	30	43:21	54
4. PAOK Saloniki	30	45:32	45
5. Panionios Athen	30	33:27	44
6. PAS Ioannina	30	36:40	42
7. Asteras Tripolis	30	31:30	41
8. Atromitos Athen	30	26:31	39
9. AO Platanias Chanion	30	32:30	39
10. APO Levadiakos	30	27:36	37
11. Panetolikos Agrinio	30	30:46	35
12. Iraklis Saloniki (N)	30	24:32	35
13. Skoda Xanthi	30	27:32	33
14. AE Veria	30	19:33	27
15. Panthrakikos Komotini *	30	18:58	17
16. AEL Kallonis *	30	19:53	16

Nach Ende der regulären Saison ermittelten die Klubs auf den Plätzen 2 bis 5 den Teilnehmer an der Champions-League-Qualifikation.

2. PAOK Saloniki	6	8:3	12 (0)
3. Panathinaikos Athen	6	8:6	11 (2)
4. AEK Athen	6	5:7	9 (2)
5. Panionios Athen	6	2:7	4 (0)

(In Klammern die Bonuspunkte aus der Vorrunde)

Panionios Athen wurde wegen finanzieller Unregelmäßigkeiten vom Europapokal ausgeschlossen.
Aufsteiger: AE Larisa, AO Kerkyra
Pokal-Endspiel: AEK Athen – Olympiakos Piräus 2:1

ISRAEL

1. Hapoel Beer Sheva	36	66:24	83
2. Maccabi Tel Aviv (M, P)	36	76:24	81
3. Beitar Jerusalem	36	46:37	58
4. Maccabi Haifa	36	45:42	53
5. Bnei Sachnin	36	46:40	48
6. Hapoel Raanana	36	38:48	42
7. Maccabi Petah Tikva	33	34:35	46
8. Bnei Yehuda Tel Aviv (N)	33	37:43	46
9. Hapoel Tel Aviv	33	30:37	42
10. Hapoel Kfar Saba (N)	33	23:37	38
11. Hapoel Ironi Kiryat Shmona	33	32:39	36
12. Hapoel Haifa	33	38:48	34
13. Hapoel Akko *	33	27:48	34
14. Maccabi Netanya *	33	14:50	12

Nach einer Doppelrunde (26 Spiele) spielten die ersten sechs Mannschaften in einer weiteren Doppelrunde um die Meisterschaft, die letzten acht in einer Einfachrunde gegen den Abstieg.
Aufsteiger: MS Ashdod, Hapoel Ashkelon
Pokal-Endspiel: Maccabi Haifa – Maccabi Tel Aviv 1:0

ITALIEN

1. Juventus Turin (M, P)	38	75:20	91
2. SSC Neapel	38	80:32	82
3. AS Rom	38	83:41	80
4. Inter Mailand	38	50:38	67
5. AC Florenz	38	60:42	64
6. Sassuolo Calcio	38	49:40	61
7. AC Mailand	38	49:43	57
8. Lazio Rom	38	52:52	54
9. AC Chievo Verona	38	43:45	50

10. FC Empoli	38	40:49	46
11. CFC Genua 1893	38	45:48	46
12. FC Turin	38	52:55	45
13. Atalanta Bergamo	38	41:47	45
14. FC Bologna (N)	38	33:45	42
15. Sampdoria Genua	38	48:61	40
16. US Palermo	38	38:65	39
17. Udinese Calcio	38	35:60	39
18. FC Carpi (N) *	38	37:57	38
19. Frosinone Calcio (N) *	38	35:76	31
20. Hellas Verona *	38	34:63	28

Aufsteiger: Cagliari Calcio, FC Crotone, Delfino Pescara
Pokal-Endspiel: Juventus Turin – AC Mailand n. V 1:0

KROATIEN

1. Dinamo Zagreb (M, P)	36	67:19	85
2. HNK Rijeka	36	56:20	77
3. Hajduk Split	36	46:28	61
4. Lokomotiva Zagreb	36	56:53	52
5. Inter Zapresic (N)	36	39:48	47
6. RNK Split	36	28:29	46
7. Slaven Belupo Koprivnica	36	41:42	42
8. NK Osijek	36	27:49	34
9. Istra 1961 Pula	36	23:58	24
10. NK Zagreb *	36	27:64	17

Aufsteiger: Cibalia Vinkovci
Pokal-Endspiel: Dinamo Zagreb – Slaven Belupo Koprivnica 2:1

LIECHTENSTEIN

Keine eigene Meisterschaft – die Liechtensteiner Klubs spielen in Schweizer Ligen.
Pokal-Endspiel:
FC Vaduz – FC Schaan 11:0

LUXEMBURG

1. F91 Dudelange	26	65:21	62
2. Fola Esch (N)	26	61:23	62
3. FC Differdange 03 (P)	26	63:32	55
4. Jeunesse Esch	26	48:30	46
5. UNA Strassen (N)	26	50:50	38
6. Progres Niedercorn	26	41:30	36
7. US Mondorf-les-Bains	26	36:34	36
8. RFC Union Luxemburg (N)	26	45:54	35
9. FC RM Hamm Benfica (N)	26	52:49	34
10. US Rumelange	26	38:52	28
11. Victoria Rosport	26	46:49	26
12. FC Wiltz 71 *	26	22:60	21
13. Etzella Ettelbruck *	26	25:70	17
14. CS Grevenmacher *	26	15:53	13

Aufsteiger: UN Käerjeng 97, Union Titus Petange, Jeunesse Canach
Pokal-Endspiel: F91 Dudelange – US Mondorf-les-Bains 1:0

MALTA

1. FC Valletta	33	69:27	53	(26)
2. Hibernians Paola (M)	33	85:33	49	(25)
3. FC Birkirkara (P)	33	64:29	47	(21)
4. Balzan Youths	33	69:33	44	(22)
5. FC Floriana	33	60:42	39	(19)
6. Tarxien Rainbows	33	59:31	35	(18)
7. Sliema Wanderers	33	49:51	30	(12)
8. Pembroke Athleta (N)	33	48:61	24	(12)
9. FC Mosta	33	42:60	22	(15)
10. St. Andrews FC (N)	33	32:90	13	(2)
11. Naxxar Lions *	33	29:95	12	(7)
12. FC Qormi *	33	26:80	9	(4)

Nach einer Doppelrunde (22 Spiele) wurden die Punkte halbiert und aufgerundet. In Klammern die Zahl der gestrichenen Punkte.
Aufsteiger: Gzira United, Hamrun Spartans
Pokal-Endspiel: Sliema Wanderers – Balzan Youths n. V. 0:0, Elfmeterschießen 5:4
Sliema Wanderers erhielt keine UEFA-Lizenz.

MAZEDONIEN

1. Vardar Skopje (M)	32	67:17	80
2. Shkendija Tetovo	32	74:24	75
3. Sileks Kratovo	32	35:40	44
4. Rabotnicki Skopje (P)	32	36:30	43
5. Shkupi 1927 (N)	32	29:34	38
6. Bregalnica Stip	32	42:49	38
7. Renova Dzepciste	33	49:42	41
8. FK Turnovo *	33	45:43	46
9. Metalurg Skopje *	33	27:66	19
10. Mladost Carev Dvor (N) *	33	22:81	19

Nach einer Dreifachrunde (27 Spiele) spielten die ersten sechs Mannschaften in einer Einfachrunde um die Meisterschaft, die letzten vier in einer Doppelrunde gegen den Abstieg.
Aufsteiger: Pobeda Prilep, Makedonija Gjorce Petrov, Pelister Bitola
Pokal-Endspiel: Shkendija Tetovo – Rabotnicki Skopje 2:0

MOLDAWIEN

1. Sheriff Tiraspol (P)	27	50:11	65
2. Dacia Chisinau	27	44:12	65
3. Zimbru Chisinau	27	42:26	49
4. Zaria Balti	27	36:29	42
5. Dinamo-Auto Cioburciu	27	33:34	41
6. Milsami Orhei (M)	27	33:23	36
7. Speranta Nisporeni (N)	27	24:36	31
8. Petrocub Hincesti	27	21:53	21
9. Academia Chisinau	27	18:42	21
10. Saxan Ceadir Lunga	27	10:45	8

Entscheidungsspiel um die Meisterschaft
Sheriff Tiraspol – Dacia Chisinau 1:0
Aufsteiger: CF Ungheni – Da Zweitligameister Spicul Chiscareni keine Lizenz erhielt, wurde der Abstieg ausgesetzt und die Liga auf 11 Klubs aufgestockt.
Pokal-Endspiel:
Zaria Balti – Milsami Orhei n. V. 1:0

MONTENEGRO

1. Mladost Podgorica (P) 33 53:28 67
2. Buducnost Podgorica 33 48:21 63
3. Rudar Pljevlja (M) 33 39:26 58
4. Bokelj Kotor 33 43:28 56
5. Sutjeska Niksic 33 46:31 54
6. Decic Tuzi (N) 33 38:49 39
7. Zeta Golubovci 33 37:42 38
8. Grbalj Radanovici 33 38:49 38
9. Lovcen Cetinje 33 32:42 36
10. Iskra Danilovgrad (N) 33 29:51 34
11. OFK Petrovac 33 33:51 33
12. Mornar Bar * 33 30:48 33

Aufsteiger: Jedinstvo Bijelo Pole
Pokal-Endspiel: Rudar Pljevlja – Buducnost Podgorica n. V. 0:0, Elfmeterschießen 4:3

NIEDERLANDE

1. PSV Eindhoven (M) 34 88:32 84
2. Ajax Amsterdam 34 81:21 82
3. Feyenoord Rotterdam 34 62:40 63
4. AZ Alkmaar 34 70:53 59
5. FC Utrecht 34 57:48 53
6. Heracles Almelo 34 47:49 51
7. FC Groningen (P) 34 41:48 50
8. PEC Zwolle 34 56:54 48
9. Vitesse Arnhem 34 55:38 46
10. NEC Nijmegen (N) 34 37:42 46
11. ADO Den Haag 34 48:49 43
12. SC Heerenveen 34 46:61 42
13. FC Twente Enschede 34 49:64 40
14. Roda JC Kerkrade (N) 34 34:55 34
15. Excelsior Rotterdam 34 34:60 30
16. Willem II Tilburg 34 35:53 29
17. DG. Doetinchem (N) * 34 39:66 23
18. Cambuur Leeuwarden * 34 33:79 18

FC Twente Enschede wurde zunächst die Lizenz entzogen und in die Eerste Divisie versetzt. Gegen diesen Entscheid legte der Klub erfolgreich Einspruch ein.
Im Anschluss an die Meisterschaft ermittelten die Klubs auf den Plätzen 5 bis 8 in einer Play-off-Runde den dritten Teilnehmer an der Europa League:
PEC Zwolle – FC Utrecht 0:0, 2:5
FC Groningen – Heracles Almelo 2:1, n. V. 1:5
Heracles Almelo – FC Utrecht 1:1, 2:0
Aufsteiger: Sparta Rotterdam, Go Ahead Eagles Deventer
Pokal-Endspiel: Feyenoord Rotterdam – FC Utrecht 2:1

NORDIRLAND

1. FC Crusaders (M) 38 79:28 91
2. FC Linfield 38 91:35 83
3. FC Glenavon 38 72:40 69
4. FC Cliftonville 38 58:53 64
5. FC Coleraine 38 47:46 58
6. FC Glentoran (P) 38 46:55 52
-----
7. Dungannon Swifts 38 51:66 43
8. Ballymena United 38 57:81 40
9. FC Portadown 38 43:67 38
10. Carrick Rangers (N) 38 43:68 35
11. Ballinamallard United 38 39:59 34
12. Warrenpoint Town * 38 45:73 34

Nach einer Dreifachrunde (33 Spiele) spielten die ersten sechs Mannschaften um die Meisterschaft, die letzten sechs gegen den Abstieg.
Im Anschluss an die Meisterschaft wurde in einer Play-off-Runde der dritte Teilnehmer an der Europa League ermittelt. Da Dungannon Swifts keine UEFA-Lizenz beantragt hatte, nahmen nur die Klubs auf den Plätzen 4 bis 6 teil.
FC Coleraine – FC Glentoran 1:2
FC Cliftonville – FC Glentoran 3:2
Aufsteiger: FC Ards
Pokal-Endspiel: FC Glenavon – FC Linfield 2:0

ÖSTERREICH

1. RB Salzburg (M, P) 36 71:33 74
2. Rapid Wien 36 66:42 65
3. Austria Wien 36 65:48 59
4. FC Admira Wacker 36 45:51 50
5. Sturm Graz 36 40:40 48
6. Wolfsberger AC 36 33:36 43
7. SV Ried 36 36:52 42
8. SC Rheimdorf Altach 36 39:49 40
9. SV Mattersburg (N) 36 40:70 39
10. SV Grödig * 36 42:56 35

Der SV Grödig verzichtet auf seinen Zweitliga-Startplatz 2016/17.
Aufsteiger: SKN St. Pölten
Pokal-Endspiel: RB Salzburg – FC Admira Wacker 5:0

POLEN

1. Legia Warschau (P) 37 70:32 43 (30)
2. Piast Gleiwitz 37 60:45 40 (29)
3. Zaglebie Lubin (N) 37 55:42 38 (22)
4. Cracovia Krakau 37 66:50 36 (22)
5. Lechia Danzig 37 53:44 32 (19)
6. Pogon Stettin 37 43:43 30 (19)
7. Lech Posen (M) 37 42:47 27 (21)
8. Ruch Chorzow 37 40:60 21 (19)
-----
9. Wisla Krakau 37 61:45 32 (18)
10. Slask Breslau 37 41:46 31 (17)
11. Jagiellonia Bialystok 37 46:62 28 (17)
12. Korona Kielce 37 39:45 27 (18)
13. LKS Nieciecza (N) 37 39:50 26 (16)
14. Gornik Leczna 37 40:53 24 (15)
15. Gornik Zabrze * 37 38:51 21 (12)
16. P. Bielsko-Biala * 37 45:63 20 (19)

Nach einer Doppelrunde (30 Spiele) spielten die ersten acht Mannschaften um die Meisterschaft, die letzten acht gegen den Abstieg. Dabei wurden die Punkte aus der Doppelrunde halbiert und aufgerundet. In Klammern die Zahl der gestrichenen Punkte.
Aufsteiger: Arka Gdingen, Wisla Plock
Pokal-Endspiel: Legia Warschau – Lech Posen 1:0

PORTUGAL

1. Benfica Lissabon (M)	34	88:22	88
2. Sporting Lissabon (P)	34	79:21	86
3. FC Porto	34	67:30	73
4. Sporting Braga	34	54:35	58
5. FC Arouca	34	47:38	54
6. FC Rio Ave	34	44:44	50
7. FC Pacos de Ferreira	34	43:42	49
8. GD Estoril Praia	34	40:41	47
9. Belenenses Lissabon	34	44:66	41
10. Vitoria Guimaraes	34	45:53	40
11. Nacional Funchal	34	40:56	38
12. FC Moreirense	34	38:54	36
13. Maritimo Funchal	34	45:63	35
14. Boavista Porto	34	24:41	33
15. Vitoria Setubal	34	40:61	30
16. CD Tondela (N)	34	34:54	30
17. Uniao Madeira (N) *	34	27:50	29
18. Academica Coimbra *	34	32:60	25

Aufsteiger: GD Chaves, CD Feirense
Pokal-Endspiel: Sporting Braga – FC Porto n. V 2:2, Elfmeterschießen 4:2

RUMÄNIEN

1. Astra Giurgiu	26	42:29	51
2. Dinamo Bukarest	26	36:24	48
3. Pandurii Targu Jiu	26	35:26	47
4. Viitorul Constanta	26	49:30	46
5. Steaua Bukarest (M, P)	26	35:25	44
6. ASA Targu-Mures	26	27:21	38
7. CSMS Iasi	26	22:25	37
8. Universitatea Craiova	26	26:27	31
9. CFR Cluj	26	31:25	27
10. FC Botosani	26	30:35	26
11. ACS Poli Timisoara (N)	26	24:35	25
12. FC Voluntari (N)	26	28:42	24
13. Concordia Chiajna	26	22:46	17
14. Petrolul Ploiesti	26	17:34	8

Nach einer Doppelrunde spielten die ersten sechs Mannschaften um die Meisterschaft, die Teams auf den Plätzen 7 bis 14 gegen den Abstieg.

Meisterschaftsrunde

1. Astra Giurgiu	10	20:9	48	(26)
2. Steaua Bukarest (M, P)	10	18:8	43	(22)
3. Pandurii Targu Jiu	10	12:7	39	(24)
4. Dinamo Bukarest	10	12:15	36	(24)
5. Viitorul Constanta	10	14:21	29	(23)
6. ASA Targu-Mures	10	8:24	22	(19)

Abstiegsrunde

7. CSMS Iasi	14	17:15	39	(19)
8. Universitatea Craiova	14	19:17	39	(16)
9. FC Botosani	14	29:19	38	(13)
10. CFR Cluj	14	25:13	36	(14)
11. Concordia Chiajna	14	19:13	35	(9)
12. FC Voluntari (N)	14	19:20	29	(12)
13. ACS Poli Timisoara (N)	14	14:36	20	(13)
14. Petrolul Ploiesti *	14	9:18	18	(4)

(In Klammern die Bonuspunkte aus der Hauptrunde)

Dinamo Bukarest und Pokalsieger CFR Cluj erhielten keine UEFA-Lizenz; ASA Targu-Mures wurde vom Europapokal ausgeschlossen.
Aufsteiger: Gaz Metan Medias – Rapid Bukarest wurde der Aufstieg wegen finanzieller Unregelmäßigkeiten verweigert. Daher bleibt ACS Poli Timisoara in der Liga.
Pokal-Endspiel: CFR Cluj – Dinamo Bukarest n. V. 2:2, Elfmeterschießen 5:4

RUSSLAND

1. ZSKA Moskau	30	51:25	65
2. FK Rostow	30	41:20	63
3. Zenit St. Petersburg (M)	30	61:32	59
4. FK Krasnodar	30	54:25	56
5. Spartak Moskau	30	48:39	50
6. Lokomotive Moskau (P)	30	43:33	50
7. Terek Grosny	30	35:30	44
8. Ural Jekaterinburg	30	39:46	39
9. Krylja Sow. Samara (N)	30	19:31	35
10. Rubin Kasan	30	33:39	33
11. Amkar Perm	30	22:33	31
12. FK Ufa	30	25:44	27
13. Anschi Machatschkala (N)	30	28:50	26
14. Kuban Krasnodar	30	34:44	26
15. Dynamo Moskau *	30	25:47	25
16. Mordowia Saransk *	30	30:50	24

Aufsteiger: Gazovik Orenburg, Arsenal Tula, Tom Tomsk
Pokal-Endspiel: Zenit St. Petersburg – ZSKA Moskau 4:1

SAN MARINO

Gruppe A

1. La Fiorita Montegiardino	21	56:25	41
2. Pennarossa Chiesanuova	21	32:20	35
3. AC Juvenes/Dogana	21	34:27	31
4. Libertas Borgo Maggiore	21	23:26	27
5. Cosmos Serravalle	21	25:37	17
6. SP Cailungo	21	19:50	16
7. SC Faetano	21	18:35	15
8. SS San Giovanni	21	13:63	6

Gruppe B

1. Tre Penne Galazzano	20	50:14	48
2. Tre Fiori Fiorentino	20	37:27	40
3. SS Folgore/Falciano (M, P)	20	44:25	39
4. FC Fiorentino	20	30:24	35
5. SP Domagnano	20	33:32	30
6. Virtus Acquaviva	20	37:36	28
7. SS Murata	20	35:45	24

Meisterschafts-Play-offs

1. Runde (Zweite – Dritte)
SP Tre Fiori – AC Juvenes/Dogana 1:0
Pennarossa – SS Folgore/Falciano 0:3
2. Runde (Verlierer 1. Runde)
AC Juvenes/Dogana – *Pennarossa*
 n. V. 2:2, E. 7:6
3. Runde (Sieger 1. Runde)
SP Tre Fiori – SS Folgore/Falciano 2:3

4. Runde (Erster Gruppe B – Erster Gruppe A)
SP La Fiorita – *Tre Penne* 1:2
5. Runde (Sieger 2. Runde – Verlierer 3. Runde)
AC Juvenes/Dogana – SP Tre Fiori 1:0
6. Runde (Sieger 4. Runde – Sieger 3. Runde)
Tre Penne – SS Folgore/Falciano
n. V. 1:1, E. 3:0
7. Runde (Sieger 5. Runde – Verlierer 4. Runde)
AC Juvenes/Dogana – SP La Fiorita 0:3
8. Runde (Sieger 6. Runde – Verlierer 6. Runde)
SP La Fiorita – SS Folgore/Falciano 2:1
Endspiel (Sieger 6. Runde – Sieger 8. Runde)
Tre Penne – SP La Fiorita 3:1

Pokal-Endspiel: La Fiorita Montegiardino – Tre Penne Galazzano 1:0

SCHOTTLAND
1.	Celtic Glasgow (M)	38	93:31	86
2.	FC Aberdeen	38	62:48	71
3.	Heart of Midlothian (N)	38	59:40	65
4.	FC St. Johnstone	38	58:55	56
5.	FC Motherwell	38	47:63	50
6.	Ross County	38	55:61	48
7.	Inverness CT (N)	38	54:48	52
8.	FC Dundee	38	53:57	48
9.	Partick Thistle	38	41:50	46
10.	Hamilton Academical	38	42:63	43
11.	FC Kilmarnock	38	41:64	36
12.	Dundee United *	38	45:70	28

Nach einer Dreifachrunde (33 Spiele) spielten die ersten sechs Mannschaften um die Meisterschaft, die letzten sechs gegen den Abstieg.
Aufsteiger: Glasgow Rangers
Pokal-Endspiel: Hibernian Edinburgh – Glasgow Rangers 3:2

SCHWEIZ
1.	FC Basel (M)	36	88:38	83
2.	Young Boys Bern	36	78:47	69
3.	FC Luzern	36	59:50	54
4.	Grasshopper Club Zürich	36	65:56	53
5.	FC Sion (P)	36	52:49	50
6.	FC Thun	36	45:54	41
7.	FC St. Gallen	36	41:66	38
8.	FC Vaduz	36	44:60	36
9.	FC Lugano (N)	36	46:75	35
10.	FC Zürich *	36	48:71	34

Aufsteiger: FC Lausanne-Sport
Pokal-Endspiel: FC Zürich – FC Lugano 1:0

SERBIEN
1.	Roter Stern Belgrad	37	97:27	54	(41)
2.	Partizan Belgrad (M)	37	72:44	40	(27)
3.	FK C. Belgrad (P)	37	48:35	39	(26)
4.	Vojvodina Novi Sad	37	57:44	36	(23)
5.	Radnicki Nis	37	40:35	35	(23)
6.	Borac Cacak	37	46:43	30	(23)
7.	Vozdovac Belgrad	37	34:36	25	(20)
8.	Radnik Surdulica (N)	37	41:65	25	(19)
9.	Mladost Lucani	37	34:44	31	(16)
10.	S. Zl. Voda Subotica	37	37:42	29	(13)
11.	M. Gornji Milanovac (N)	37	41:48	28	(17)
12.	FK Rad Belgrad	37	40:47	27	(13)
13.	Javor Ivanjica (N)	37	25:29	26	(17)
14.	FK Novi Pazar	37	29:50	25	(15)
15.	OFK Belgrad *	37	38:58	18	(14)
16.	FK Jagodina *	37	29:61	15	(13)

Nach einer Doppelrunde (30 Spiele) spielten die ersten acht Mannschaften um die Meisterschaft, die letzten acht gegen den Abstieg. Dabei wurden die Punkte aus der Doppelrunde halbiert und aufgerundet. In Klammern die Zahl der gestrichenen Punkte.
Aufsteiger: Napredak Krusevac, Backa Backa Palanka
Pokal-Endspiel: Partizan Belgrad – Javor Ivanjica 2:0

SLOWAKEI
1.	AS Trencin (M, P)	33	73:28	81
2.	Slovan Bratislava	33	50:25	69
3.	Spartak Myjava	33	41:33	60
4.	Spartak Trnava	33	49:41	54
5.	MSK Zilina	33	58:46	48
6.	MFK Ruzomberok	33	42:41	45
7.	DAC Dunajska Streda	33	38:42	43
8.	ZP Podbrezova	33	43:46	37
9.	FC Zlate Moravce	33	38:57	31
10.	FK Senica	33	30:48	30
11.	Zemplin Michalovce (N)	33	32:55	29
12.	MFK Skalica (N) *	33	30:62	24

Aufsteiger: Tatran Presov
Pokal-Endspiel: AS Trencin – Slovan Bratislava 3:1

SLOWENIEN
1.	Olimpija Ljubljana	36	75:25	74
2.	NK Maribor (M)	36	78:37	68
3.	NK Domzale	36	46:31	55
4.	ND Gorica	36	48:49	52
5.	NK Celje	36	32:46	45
6.	NK Krsko (N)	36	24:48	41
7.	Rudar Velenje	36	34:52	41
8.	FC Koper (P)	36	40:54	40
9.	NK Zavrc *	36	32:41	40
10.	NK Krka *	36	30:56	34

NK Zavrc hatte sich in der Relegation den Klassenerhalt gesichert, bekam dann aber keine Lizenz für die Saison 2016/17.
Aufsteiger: NK Radomlje, Aluminij Kidricevo
Pokal-Endspiel: NK Maribor – NK Celje n. V. 2:2, Elfmeterschießen 7:6

SPANIEN
1.	FC Barcelona (M, P)	38	112:29	91
2.	Real Madrid	38	110:34	90
3.	Atletico Madrid	38	63:18	88
4.	FC Villarreal	38	44:35	64

5. Athletic Bilbao	38	58:45	62
6. Celta Vigo	38	51:59	60
7. FC Sevilla	38	51:50	52
8. FC Malaga	38	38:35	48
9. Real Soc. San Sebastian	38	45:48	48
10. Real Betis Sevilla (N)	38	34:52	45
11. UD Las Palmas (N)	38	45:53	44
12. FC Valencia	38	46:48	44
13. Espanyol Barcelona	38	40:74	43
14. SD Eibar	38	49:61	43
15. Deportivo La Coruna	38	45:61	42
16. FC Granada	38	46:69	39
17. Sporting Gijon (N)	38	40:62	39
18. Rayo Vallecano *	38	52:73	38
19. FC Getafe *	38	37:67	36
20. UD Levante *	38	37:70	32

Aufsteiger: Deportivo Alaves, CD Leganes, CA Osasuna
Pokal-Endspiel: FC Barcelona – FC Sevilla n. V. 2:0

TSCHECHIEN

1. Viktoria Pilsen (M)	30	57:25	71
2. Sparta Prag	30	61:24	64
3. Slovan Liberec (P)	30	51:35	58
4. FK Mlada Boleslav	30	63:37	57
5. Slavia Prag	30	48:26	52
6. Zbrojovka Brünn	30	37:38	47
7. FK Jablonec	30	46:39	41
8. 1. FC Slovacko	30	37:51	40
9. Bohemians 1905 Prag	30	35:37	37
10. Dukla Prag	30	44:41	35
11. Vysocina Jihlava	30	31:54	31
12. FK Teplice	30	37:52	30
13. FC Zlin (N)	30	34:50	30
14. 1. FK Pribram	30	33:53	27
15. Sigma Olmütz (N) *	30	35:49	27
16. Banik Ostrau *	30	27:65	14

Aufsteiger: MFK Karvina, FC Hradec Kralove
Pokal-Endspiel: FK Mlada Boleslav – FK Jablonec 2:0

TÜRKEI

1. Besiktas Istanbul	34	75:35	79
2. Fenerbahce Istanbul	34	60:27	74
3. Konyaspor	34	44:33	66
4. Istanbul Basaksehir	34	54:36	59
5. Osmanlispor Ankara (N)	34	52:36	52
6. Galatasaray Istanbul (M, P)	34	69:49	51
7. Kasimpasa Istanbul	34	50:40	50
8. Akhisar Belediyespor	34	42:41	46
9. Antalyaspor (N)	34	53:52	45
10. Genclerbirligi Ankara	34	42:42	45
11. Bursaspor	34	47:55	44
12. Trabzonspor	34	40:59	40
13. Caykur Rizespor	34	39:48	37
14. Gaziantepspor	34	31:50	36
15. Kayserispor (N)	34	25:41	34
16. Sivasspor *	34	34:48	31
17. Eskisehirspor *	34	39:64	30
18. Mersin Idmanyurdu *	34	31:71	21

Aufsteiger: Adanaspor, Kardemir Karbükspor, Alanyaspor
Pokal-Endspiel: Galatasaray Istanbul – Fenerbahce Istanbul 1:0
Galatasaray Istanbul wurde vom Europapokal ausgeschlossen.

UKRAINE

1. Dynamo Kiew (M, P)	26	54:11	70
2. Schachtar Donezk	26	76:25	63
3. FC Dnipro	26	50:22	53
4. Sorja Luhansk	26	51:26	48
5. Worskla Poltawa	26	32:26	42
6. PFK Oleksandriya (N)	26	30:29	38
7. Karpaty Lwiw	26	26:37	30
8. Stal Kamjanske	26	22:31	29
9. Olimpik Donezk	26	23:35	25
10. Metalist Charkiw *	26	19:46	24
11. Tschornomorez Odessa	26	22:39	22
12. Wolyn Luzk	26	36:36	20
13. Howerla Uschhorod *	26	13:48	7
14. Metalurh Saporischschja *	26	7:50	3

Die Städte Dnipropetrowsk und Dniprodserschynsk wurden im Mai 2016 in Dnipro bzw. Kamjanske unbenannt. Der FC Dnipro wurde vom Europapokal ausgeschlossen.
Metalurh Saporischschja wurde im März aus der Liga ausgeschlossen, Metalist Charkiw und Howerla Uschhorod wurde die Lizenz für 2016/17 verweigert.
Aufsteiger: Sirka Kropywnyzkyj (bis Juli 2016 Sirka Kirowohrad) – Die Liga spielt 2016/17 mit 12 Klubs.
Pokal-Endspiel: Schachtar Donezk – Sorja Luhansk 2:0

UNGARN

1. Ferencvaros Budapest (P)	33	69:23	76
2. Videot. Szekesfehervar (M)	33	42:29	55
3. Debreceni VSC	33	48:34	53
4. MTK Budapest	33	39:37	51
5. Szombathely Haladas	33	33:37	50
6. Ujpest Budapest	33	42:37	46
7. Paksi SE	33	41:40	43
8. Honved Budapest	33	40:39	43
9. Diosgyöri VTK	33	37:47	38
10. Vasas Budapest (N)	33	32:54	32
11. Puskas Akademia *	33	35:51	31
12. Bekescsaba Elöre (N) *	33	25:55	27

Aufsteiger: Gyirmot SE Györ, Mezökövesd-Zsory SE
Pokal-Endspiel: Ferencvaros Budapest – Ujpest Budapest 1:0

WALES

1. The New Saints (M, P)	32	72:24	64
2. Bala Town	32	48:27	57
3. Llandudno FC (N)	32	53:46	52

4. Connah's Quay FC	32	50:42	48
5. AFC Newtown	32	46:54	42
6. Airbus UK Broughton	32	46:55	42
7. Carmarthen Town	32	45:52	47
8. Aberystwyth Town	32	51:47	46
9. Bangor City	32	49:52	45
10. Port Talbot Town *	32	39:56	39
11. Rhyl FC	32	36:50	27
12. Haverfordwest C. (N) *	32	27:57	21

Nach einer Doppelrunde (22 Spiele) spielten die ersten sechs Mannschaften um die Meisterschaft, die letzten sechs gegen den Abstieg. Anschließend ermittelten die Klubs auf den Plätzen 4 bis 7 den dritten Teilnehmer an der Europa League.
– Port Talbot Town erhielt keine Lizenz für die Saison 2016/17.
AFC Newtown – Airbus UK Broughton 1:2
Connah's Quay FC – Carmarthen Town 2:0
Connah's Quay FC – Airbus UK Broughton 1:0
Aufsteiger: Cefn Druids, Cardiff Metropolitan University
Pokal-Endspiel: The New Saints – Airbus UK Broughton 2:0

ZYPERN

1. APOEL Nikosia (M, P)	36	91:26	83
2. AEK Larnaka	36	61:34	75
3. Apollon Limassol	36	61:36	68
4. Omonia Nikosia	36	63:34	67
5. Anorthosis Famagusta	36	57:41	59
6. Nea Salamina Famagusta	36	44:72	37
7. AEL Limassol	36	38:43	47
8. Ermis Aradippou	36	36:52	42
9. Doxa Katokopias	36	46:59	41
10. Aris Limassol (N)	36	43:46	41
11. Ethnikos Achnas	36	43:57	39
12. AE Pafos (N) *	36	41:58	36
13. EN Paralimni (N) *	26	28:47	20
14. AO Agia Napa *	26	17:64	6

Nach einer Doppelrunde (26 Spiele) spielten die ersten sechs Klubs um die Meisterschaft, die Klubs auf den Plätzen 7 bis 12 ermittelten einen weiteren Absteiger. Der Letzte und Vorletzte stiegen direkt ab.
Aufsteiger: Karmiotissa Pano Polemidion, AE Zakakiou, Anagenissi Deryneia
Pokal-Endspiel: Apollon Limassol – Omonia Nikosia 2:1

ABSCHLUSSTABELLEN DER LÄNDER, DIE IM KALENDERJAHR SPIELENM

ESTLAND

1. Flora Tallinn	36	72:24	84
2. Levadia Tallinn (M, P)	36	78:32	76
3. Nomme Kalju	36	69:36	71
4. Infonet Tallinn	36	50:32	62
5. Kalev Sillamäe	36	63:43	59
6. Trans Narva	36	50:46	49
7. Paide Linnameeskond	36	50:73	33
8. Pärnu Linnameeskond (N)	36	38:87	26
9. Tartu Tammeka	36	39:96	25
10. JK Viljandi Tulevik (N) *	36	35:75	22

Aufsteiger: Rakvere Tarvas
Pokal-Endspiel 2016: Flora Tallinn – Kalev Sillamäe n. V. 3:0

FÄRÖER

1. B36 Torshavn (M)	27	60:25	61
2. NSI Runavik	27	73:37	54
3. Vikingur Göta (P)	27	68:35	53
4. HB Torshavn	27	43:31	43
5. KI Klaksvik	27	50:41	41
6. IF Fuglafjördur	27	44:56	27
7. TB Tvöroyri (N)	27	36:47	26
8. AB Argir	27	34:42	24
9. FC Suduroy (N) *	27	39:68	22
10. EB/Streymur *	27	27:92	11

Aufsteiger: Skala IF, B68 Toftir
Pokal-Endspiel 2015: Vikingur Göta – NSI Runavik 3:0

FINNLAND

1. SJK Seinäjoki	33	50:22	60
2. Rovaniemen PS	33	44:29	59
3. HJK Helsinki (M, P)	33	45:30	58
4. Inter Turku	33	45:35	49
5. FC Lahti	33	38:36	48
6. IFK Mariehamn	33	30:36	45
7. HIFK Helsinki (N)	33	42:42	43
8. Tampereen Ilves (N)	33	32:48	40
9. Kuopion PS	33	32:40	38
10. Vaasan PS	33	36:43	33
11. Kotkan TP (N) *	33	27:44	32
12. FF Jaro *	33	27:43	29

Aufsteiger: PS Kemi, PK-35 Vantaa
Pokal-Endspiel 2015: IFK Mariehamn – Inter Turku 2:1

IRLAND

1. FC Dundalk (M)	33	78:23	78
2. Cork City	33	57:25	67
3. Shamrock Rovers	33	56:27	65
4. St. Patrick's Athletic (P)	33	52:34	58
5. Bohemians Dublin	33	49:42	53
6. Longford Town (N)	33	41:53	39

7. Derry City	33	32:42	35
8. Bray Wanderers	33	27:51	33
9. Sligo Rovers	33	39:55	31
10. Galway United (N)	33	39:61	31
11. FC Limerick *	33	46:73	29
12. Drogheda United *	33	32:62	28

Aufsteiger: Wexford Youths, Finn Harps
Pokal-Endspiel 2015: FC Dundalk − Cork City n. V. 2:0

ISLAND

1. FH Hafnarfjördur	22	47:26	48
2. Breidablik Kopavogur	22	34:13	46
3. KR Reykjavik	22	36:21	42
4. Stjarnan Gardabaer (M)	22	32:24	33
5. Valur Reykjavik (N)	22	38:31	33
6. Fjölnir Reykjavik	22	36:35	33
7. IA Akranes (N)	22	31:31	29
8. Fylkir Reykjavik	22	26:31	29
9. Vikingur Reykjavik	22	32:36	23
10. IB Vestmannaeyjar	22	26:37	19
11. Leiknir Reykjavik (N) *	22	20:34	15
12. IF Keflavik *	22	22:61	10

Aufsteiger: Vikingur Olafsvik, Throttur Reykjavik
Pokal-Endspiel 2015: Valur Reykjavik − KR Reykjavik 3:0
Pokal-Endspiel 2016: Valur Reykjavik − IB Vestmannaeyjar 2:0

KASACHSTAN

1. FC Astana (M)	32	55:26	46	(21)
2. Qairat Almaty (P)	32	60:19	45	(22)
3. FK Aqtöbe	32	35:25	32	(22)
4. Ordabassy Schymkent	32	32:31	29	(17)
5. FK Atyrau	32	31:33	27	(18)
6. Irtysch Pawlodar	32	37:39	25	(15)
7. Tobol Qostanai	32	32:42	30	(12)
8. O. Kökschetau (N)	32	36:41	29	(13)
9. FK Taras	32	25:33	26	(12)
10. Schachter Qaraghandy	32	27:47	23	(9)
11. S. Taldyqorghan	32	28:46	22	(8)
12. Qaisar Qysylorda *	32	20:36	16	(8)

Nach einer Doppelrunde (22 Spiele) spielten die ersten sechs Mannschaften um die Meisterschaft, die letzten sechs gegen den Abstieg. Dabei wurden die Punkte aus der Doppelrunde halbiert und aufgerundet. In Klammern die Zahl der gestrichenen Punkte.
Aufsteiger: Aqschajyq Oral
Pokal-Endspiel 2015: Qairat Almaty − FC Astana 2:1

LETTLAND

1. FK Liepaja	24	48:23	52
2. Skonto Riga *	24	43:23	45
3. FK Ventspils (M)	24	39:16	43
4. FK Jelgava (P)	24	26:18	41
5. Spartaks Jurmala	24	20:36	21
6. BFC Daugavpils	24	14:37	14
7. FS Metta-LU Riga	24	19:56	12
8. FB Gulbene (N) *	0	0:0	0

FB Gulbene wurde im Juni 2015 wegen Manipulationsverdacht aus der Liga ausgeschlossen. Skonto Riga erhielt keine Lizenz für die Saison 2016.
Aufsteiger: FC Caramba/Dinamo Riga (ab 2016 Riga FC), Rigas Futbola Skola
Pokal-Endspiel 2016: FK Jelgava − Spartaks Jurmala 1:0

LITAUEN

1. Zalgiris Vilnius (M, P)	36	104:25	94
2. FK Trakai	36	92:33	84
3. Atlantas Klaipeda	36	65:34	70
4. Suduva Marijampole	36	76:34	67
5. Spyris Kaunas (N)	36	47:74	45
6. Utenis Utena (N)	36	41:50	42
7. Stumbras Kaunas (N)	36	51:74	41
8. Granitas Klaipeda *	36	37:83	27
9. FK Siauliai *	36	37:94	20
10. Kruoja Pakruojis *	36	23:72	20

Kruoja Pakruojis zog sich am 25. August 2015 nach wiederholten Manipulationsvorwürfen aus der Liga zurück. Granitas Klaipeda wurde am 29. Oktober 2015 aus der Liga ausgeschlossen. FK Siauliai erhielt keine Lizenz für die Saison 2016. − Spyris Kaunas heißt ab 2016 Kauno Zalgiris.
Aufsteiger: Lietava Jonava − Die Liga spielt 2016 mit acht Klubs.
Pokal-Endspiel 2016: Zalgiris Vilnius − FK Trakai n. V. 1:0

NORWEGEN

1. Rosenborg Trondheim	30	73:27	69
2. Strömsgodset Drammen	30	67:44	57
3. Stabaek IF	30	54:43	56
4. Odds BK Skien	30	61:41	55
5. Viking Stavanger	30	53:39	53
6. Molde FK (M, P)	30	62:31	52
7. Valerenga Oslo	30	49:41	49
8. Lilleström SK	30	45:43	44
9. FK Bodö/Glimt	30	53:56	40
10. Aalesunds FK	30	42:57	38
11. Sarpsborg 08 FF	30	37:49	34
12. FK Haugesund	30	33:52	31
13. Tromsö IL (N)	30	36:50	29
14. Start Kristiansand	30	35:64	22
15. Mjöndalen IF (N) *	30	38:69	21
16. Sandefjord Fotball (N) *	30	36:68	16

Aufsteiger: Sogndal IL, Brann Bergen
Pokal-Endspiel 2015: Rosenborg Trondheim − Sarpsborg 08 FF 2:0

SCHWEDEN

1. IFK Norrköping	30	60:33	66
2. IFK Göteborg (P)	30	52:22	63
3. AIK Solna	30	54:34	61
4. IF Elfsborg Boras	30	59:42	55
5. Malmö FF (M)	30	54:34	54
6. Djurgardens IF	30	52:37	51
7. BK Häcken Göteborg	30	45:39	45
8. Helsingborgs IF	30	43:45	37
9. Örebro SK	30	36:50	37
10. Gefle IF	30	35:50	36
11. Hammarby IF (N)	30	35:39	33
12. GIF Sundsvall (N)	30	34:52	32
13. Kalmar FF	30	31:42	31
14. Falkenbergs FF	30	38:56	25
15. Halmstads BK *	30	21:44	21
16. Atvidabergs FF *	30	25:55	15

Aufsteiger: Jönköpings Södra, Östersunds FK
Pokal-Endspiel 2016: BK Häcken Göteborg – Malmö FF n. V. 2:2, Elfmeterschießen 6:5

WEISSRUSSLAND

1. BATE Baryssau (M, P)	26	44:11	65
2. Dinamo Minsk	26	36:13	53
3. Schachzjor Salihorsk	26	47:27	49
4. Belschyna Babrujsk	26	39:19	43
5. Granit Mikaschewitschi (N)	26	30:32	42
6. FK Minsk	26	29:28	40
7. Torpedo Schodsina	26	31:29	36
8. Njoman Hrodna	26	21:32	32
9. Naftan Nawapolazk	26	34:35	30
10. Slawija Masyr (N)	26	33:50	26
11. FK Sluzk	26	26:30	25
12. Dinamo Brest	26	23:42	24
13. FK Wizebsk (N)	26	21:47	21
14. FK Homel *	26	22:41	18

Aufsteiger: Isloch Minsk Raion, FK Gorodeya, Krumkachy Minsk – Die Liga spielt 2016 mit 16 Klubs.
Pokal-Endspiel 2016: Torpedo Schodsina – BATE Baryssau n. V. 0:0, Elfmeterschießen 3:2

Weltfußballer des Jahres

1982 Paolo Rossi (Italien/Juventus Turin) – 1983 Zico (Brasilien/Udinese Calcio) – 1984, 1985 Michel Platini (Frankreich/Juventus Turin) – 1986 Diego Maradona (Argentinien/SSC Neapel) – 1987 Ruud Gullit (Niederlande/AC Mailand) – 1988 Marco van Basten (Niederlande/AC Mailand) – 1989 Ruud Gullit (Niederlande/AC Mailand) – 1990 Lothar Matthäus (Deutschland/Inter Mailand) – seit 1991 eine offizielle FIFA-Auszeichnung: 1991 Lothar Matthäus (Deutschland/Inter Mailand) – 1992 Marco van Basten (Niederlande/AC Mailand) – 1993 Roberto Baggio (Italien/Juventus Turin) – 1994 Romario (Brasilien/FC Barcelona) – 1995 George Weah (Liberia/AC Mailand) – 1996 Ronaldo (Brasilien/PSV Eindhoven & FC Barcelona) – 1997 Ronaldo (Brasilien/FC Barcelona & Inter Mailand) – 1998 Zinedine Zidane (Frankreich/Juventus Turin) – 1999 Rivaldo (Brasilien/FC Barcelona) – 2000 Zinedine Zidane (Frankreich/Juventus Turin) – 2001 Luis Figo (Portugal/Real Madrid) – 2002 Ronaldo (Brasilien/Inter Mailand & Real Madrid) – 2003 Zinedine Zidane (Frankreich/Real Madrid) – 2004, 2005 Ronaldinho (Brasilien/FC Barcelona) – 2006 Fabio Cannavaro (Italien/Juventus Turin & Real Madrid) – 2007 Kaka (Brasilien/AC Mailand) – 2008 Cristiano Ronaldo (Portugal/Manchester United) – 2009 Lionel Messi (Argentinien/FC Barcelona) seit 2010 „FIFA Ballon d'Or": 2010, 2011, 2012 Lionel Messi (Argentinien/FC Barcelona) – 2013, 2014 Cristiano Ronaldo (Portugal/Real Madrid) – 2015 Lionel Messi (Argentinien/FC Barcelona).

Europas Fußballer des Jahres

1956 Stanley Matthews (England/FC Blackpool) – 1957 Alfredo Di Stefano (Spanien/Real Madrid) – 1958 Raymond Kopa (Frankreich/Real Madrid) – 1959 Alfredo Di Stefano (Spanien/Real Madrid) – 1960 Luis Suarez (Spanien/FC Barcelona) – 1961 Omar Sivori (Italien/Juventus Turin) – 1962 Josef Masopust (Tschechoslowakei/Dukla Prag) – 1963 Lew Jaschin (UdSSR/Dynamo Moskau) – 1964 Denis Law (Schottland/Manchester United) – 1965 Eusebio (Portugal/Benfica Lissabon) – 1966 Bobby Charlton (England/Manchester United) – 1967 Florian Albert (Ungarn/Ferencvaros Budapest) – 1968 George Best (Nordirland/Manchester United) – 1969 Gianni Rivera (Italien/AC Mailand) – 1970 Gerd Müller (Deutschland/Bayern München) – 1971 Johan Cruyff (Niederlande/Ajax Amsterdam) – 1972 Franz Beckenbauer (Deutschland/Bayern München) – 1973, 1974 Johan Cruyff (Niederlande/FC Barcelona) – 1975 Oleg Blochin (UdSSR/Dynamo Kiew) – 1976 Franz Beckenbauer (Deutschland/Bayern München) – 1977 Allan Simonsen (Dänemark/Borussia Mönchengladbach) – 1978, 1979 Kevin Keegan (England/Hamburger SV) – 1980, 1981 Karl-Heinz Rummenigge (Deutschland/Bayern München) – 1982 Paolo Rossi (Italien/Juventus Turin) – 1983, 1984, 1985 Michel Platini (Frankreich/Juventus Turin) – 1986 Igor Belanow (UdSSR/Dynamo Kiew) – 1987 Ruud Gullit (Niederlande/AC Mailand) – 1988, 1989 Marco van Basten (Niederlande/AC Mailand) – 1990 Lothar Matthäus (Deutschland/Inter Mailand) – 1991 Jean-Pierre Papin (Frankreich/Olympique Marseille) – 1992 Marco van Basten (Niederlande/AC Mailand) – 1993 Roberto Baggio (Italien/Juventus Turin) – 1994 Hristo Stoichkov (Bulgarien/FC Barcelona) – 1995 George Weah (Liberia/AC Mailand) – 1996 Matthias Sammer (Deutschland/Borussia Dortmund) – 1997 Ronaldo (Brasilien/FC Barcelona & Inter Mailand) – 1998 Zinedine Zidane (Frankreich/Juventus Turin) – 1999 Rivaldo (Brasilien/FC Barcelona) – 2000 Luis Figo (Portugal/Real Madrid) – 2001 Michael

Owen (England/FC Liverpool) – 2002 Ronaldo (Brasilien/Inter Mailand & Real Madrid) – 2003 Pavel Nedved (Tschechien/Juventus Turin) – 2004 Andriy Shevchenko (Ukraine/AC Mailand) – 2005 Ronaldinho (Brasilien/FC Barcelona) – 2006 Fabio Cannavaro (Italien/Juventus Turin & Real Madrid) – 2007 Kaka (Brasilien/AC Mailand) – 2008 Cristiano Ronaldo (Portugal/Manchester United) – 2009 Lionel Messi (Argentinien/FC Barcelona) – 2009 Lionel Messi (Argentinien/FC Barcelona) – seit 2010 sind die Auszeichnungen „Europas Fußballer des Jahres" und „Weltfußballer des Jahres" zusammengelegt im „FIFA Ballon d'Or". Seit 2011 vergibt die UEFA aber in Zusammenarbeit mit European Sports Media (ESM) aber den „UEFA Best Player in Europe Award": 2011 Lionel Messi (Argentinien/FC Barcelona) – 2012 Andres Iniesta (Spanien/FC Barcelona) – 2013 Franck Ribery (Frankreich/Bayern München) – 2014 Cristiano Ronaldo (Portugal/Real Madrid) – 2015 Lionel Messi (Argentinien/FC Barcelona.

Europas Torjäger des Jahres („Goldener Schuh")

1968 Eusebio (Benfica Lissabon) 42 – 1969 Petar Jekov (ZSKA Sofia) 36 – 1970 Gerd Müller (Bayern München) 38 – 1971 Josip Skoblar (Olympique Marseille) 44 – 1972 Gerd Müller (Bayern München) 40 – 1973 Eusebio (Benfica Lissabon) 40 – 1974 Hector Yazalde (Sporting Lissabon) 46 – 1975 Dudu Georgescu (Dinamo Bukarest) 33 – 1976 Sotiris Kaiafas (Omonia Nicosia) 39 – 1977 Dudu Georgescu (Dinamo Bukarest) 47 – 1978 Hans Krankl (Rapid Wien) 41 – 1979 Kees Kist (AZ '67 Alkmaar) 34 – 1980 Erwin Vandenbergh (Lierse SK) 39 – 1981 Georgi Slavkov (Trakia Plovdiv) 31 – 1982 Wim Kieft (Ajax Amsterdam) 32 – 1983 Fernando Gomez (FC Porto) 36 – 1984 Ian Rush (FC Liverpool) 32 – 1985 Fernando Gomez (FC Porto) 39 – 1986 Marco van Basten (Ajax Amsterdam) 37 – 1987 Rodion Camataru (Dinamo Bukarest) 44 – 1988 Tanju Colak (Galatasaray Istanbul) 39 – 1989 Dorin Mateut (Dinamo Bukarest) 43 – 1990 Hugo Sanchez (Real Madrid) und Hristo Stoichkov (ZSKA Sofia) je 38 – von 1991 bis 1996 wurde kein „Goldener Schuh" verliehen. Die besten Torjäger Europas waren: 1991 Darko Pancev (Roter Stern Belgrad) 34 – 1992* Ally McCoist (Glasgow Rangers) 34 – 1993 Ally McCoist (Glasgow Rangers) 34 – 1994 David Taylor (FC Porthmadog) 43 – 1995 Arsen Avetisyan (Homenmen Erewan) 39 – 1996 Zviad Endeladze (Margveti Zestafoni) 40 – seit 1997 verleiht der Verbund „European Sports Magazines" (ESM) wieder den „Goldenen Schuh", jedoch in einer modifizierten Form, nach der die Stärke einer Liga der UEFA-Fünfjahreswertung angepasst ist (der tatsächlich beste Torschütze Europas ist in *kursiver Schrift* hinzugefügt: 1997 Ronaldo (FC Barcelona) 34 Tore (68 Punkte); *Tony Bird (Barry Town)* 42 – 1998 Nikos Mahlas (Vitesse Arnheim) 34 (68); *Rainer Rauffmann (Omonia (Nicosia)* 42 – 1999 Mario Jardel (FC Porto) 36 (72) – 2000 Kevin Phillips (FC Sunderland) 30 (60); *Mario Jardel (FC Porto)* 38 – 2001 *Henrik Larsson (Celtic Glasgow)* 35 (52,5) – 2002 Mario Jardel (Sporting Lissabon) 42 (63); *Marc Lloyd Williams (Bangor City)* 47 – 2003 Roy Makaay (Deportivo La Coruna) 29 (58); *Andrei Krölov (Tallinna VMK)* 37 – 2004 Thierry Henry (FC Arsenal) 30 (60); *Ara Hakobian (Banants Erewan)* 45 – 2005 Thierry Henry (FC Arsenal) und Diego Forlan (FC Villarreal) je 25 (50); *Marc Lloyd Williams (TNS Llansantffraid)* 34 – 2006 Luca Toni (AC Florenz) 31 (62); *Tarmo Neemelo (Tallinna VMK)* 41 – 2007 Francesco Totti (AS Rom) 26 (52); *Afonso Alves (SC Heerenveen) und Eduardo da Silva (Dinamo Zagreb)* je 24 – 2008 Cristiano Ronaldo (Manchester United) 31 (62); *Rhys Griffiths (Llanelli AFC)* 40. – 2009 Diego Forlan (Atletico Madrid) 32 (64); *Marc Janko (RB Salzburg) 39* – 2010 Lionel Messi (FC Barcelona) 34 (64); *Luis Suarez (Ajax Amsterdam) 35* – 2011 *Cristiano Ronaldo* (Real Madrid) 40 (80) – 2012 *Lionel Messi* (FC Barcelona) 50 (100) – 2013 *Lionel Messi* (FC Barcelona) 46 (92) – 2014 *Cristiano Ronaldo (Real Madrid)* und *Luis Suarez (FC Liverpool)* je 62 (31); 31 Tore erzielte auch *Jonathan Soriano (RB Salzburg)* – 2014 Cristiano Ronaldo (Real Madrid) und Luis Suarez (FC Liverpool) je 31 (62); 31 Tore erzielte auch *Jonathan Soriano (RB Salzburg)* – 2015 Cristiano Ronaldo (Real Madrid) 48 (96) – 2016 Luis Suarez (FC Barcelona) 40 (80).

* 1991 erzielte Otar Korgalidze (Guria Lanchkhuti) 40 Tore, 1992 Merab Megreladze (Samgurali Tshkaltubo) 41 Tore, doch werden beide Leistungen in dieser inoffiziellen Rangliste generell nicht anerkannt.

Welttrainer des Jahres

2010 José Mourinho (Portugal/Inter Mailand und Real Madrid) – 2011 Pep Guardiola (Spanien/FC Barcelona) – 2013 Vicente Del Bosque (Spanien/Nationalmannschaft) – 2013 Jupp Heynckes (Deutschland/Bayern München) – 2014 Joachim Löw (Deutschland/Nationalmannschaft) – 2015 Luis Enrique (Spanien/FC Barcelona).

Die Kontinentalmeisterschaften

Südamerika

Am 1. Juli 1916 begann mit einer britisch-französischen Offensive gegen die deutschen Stellungen in Nordfrankreich eines der blutigsten Kapitel des 1. Weltkrieges. Obwohl auf beiden Seiten über eine Million Soldaten getötet, verwundet oder vermisst wurden, brachte die Schlacht an der Somme keine militärische Entscheidung und wurde Mitte November abgebrochen. Danach ging der Krieg noch über zwei Jahre weiter und forderte Millionen weiterer Opfer.

Während man sich in Europa also einen mörderischen Stellungskrieg lieferte, feierte Argentinien 100 Jahre Unabhängigkeit von Spanien. Aus diesem Grund fand vom 2. bis 17. Juli 1916 in Buenos Aires ein Fußballturnier statt, an dem neben Gastgeber Argentinien noch Brasilien, Uruguay und Chile teilnahmen. Während des Turniers, am 9. Juli 1916, gründeten die vier teilnehmenden Länder die „Confederacion Sudamericana de Futbol", den ersten Kontinentalverband der Welt. Das Turnier wurde so zur ersten Ausgabe der „Copa America", die 2016 ihr 100-jähriges Jubiläum feiern konnte. Das Jubiläumsturnier „Copa America Centenario" fand 2016 allerdings nicht in Südamerika, sondern aus finanziellen Gründen in den USA statt. 1993 nahmen erstmals Gastmannschaften aus anderen Kontinentalföderationen an der Copa America teil, die inzwischen 45-mal ausgetragen wurde.

1916: **Uruguay** (in Argentinien)
Uruguay – Chile 4:0; Argentinien – Chile 6:1; Brasilien – Chile 1:1; Argentinien – Brasilien 1:1; Uruguay – Brasilien 2:1; Argentinien – Uruguay 0:0. Rangfolge: 1. Uruguay (5 Punkte), 2. Argentinien (4), 3. Brasilien (2), 4. Chile (1).

1917: **Uruguay** (in Uruguay)
Uruguay – Chile 4:0; Argentinien – Brasilien 4:2; Argentinien – Chile 1:0; Uruguay – Brasilien 4:0; Brasilien – Chile 5:0; Uruguay – Argentinien 1:0. Rangfolge: 1. Uruguay (6 Punkte), 2. Argentinien, 3. Brasilien (2), 4. Chile (0).

1919: **Brasilien** (in Brasilien)
Brasilien – Chile 6:0; Argentinien – Uruguay 2:3; Uruguay – Chile 2:0; Brasilien – Argentinien 3:1; Argentinien – Chile 4:1; Uruguay – Brasilien 2:2. Rangfolge: 1. Brasilien und Uruguay (je 5 Punkte), 3. Argentinien (2), Chile (0). Entscheidungsspiel: Brasilien – Uruguay n. V. 1:0.

1920: **Uruguay** (in Chile)
Brasilien – Chile 1:0; Argentinien – Uruguay 1:1; Uruguay – Brasilien 6:0; Chile – Argentinien 1:1; Argentinien – Brasilien 2:0; Uruguay – Chile 2:1. – Rangfolge: 1. Uruguay (5 Punkte), 2. Argentinien (4), 3. Brasilien (2), 4. Chile (1).

1921: **Argentinien** (in Argentinien)
Argentinien – Brasilien 1:0; Paraguay – Uruguay 2:1; Paraguay – Brasilien 0:3; Argentinien – Paraguay 3:0; Uruguay – Brasilien 2:1; Argentinien – Uruguay 1:0. – Rangfolge: 1. Argentinien (6 Punkte), 2. Brasilien, 3. Uruguay, 4. Paraguay (je 2).

1922: **Brasilien** (in Brasilien)
Brasilien – Chile 1:1; Uruguay – Chile 2:0; Brasilien – Paraguay 1:1; Argentinien – Chile 4:0; Brasilien – Uruguay 0:0; Paraguay – Chile 3:0; Uruguay – Argentinien 1:0; Uruguay – Paraguay 0:1; Brasilien – Argentinien 2:0; Argentinien – Paraguay 2:0. – Rangfolge: 1. Brasilien, Paraguay und Uruguay (je 5 Punkte), 4. Argentinien (4), 5. Chile (1). Entscheidungsspiel: Brasilien – Paraguay 3:0. Uruguay war aus Protest gegen die Schiedsrichterleistung im Spiel gegen Paraguay vorzeitig abgereist.

1923: **Uruguay** (in Uruguay)
Argentinien – Paraguay 4:3; Uruguay – Paraguay 2:0; Brasilien – Paraguay 0:1; Argentinien – Brasilien 2:1; Uruguay – Brasilien 2:1; Uruguay – Argentinien 2:0. – Rangfolge: 1. Uruguay (6 Punkte), 2. Argentinien (4), 3. Paraguay (2), 4. Brasilien (0).

1924: **Uruguay** (in Uruguay)
Argentinien – Paraguay 0:0; Uruguay – Chile 5:0; Argentinien – Chile 2:0; Uruguay – Paraguay 3:1; Paraguay – Chile 3:1; Uruguay – Argentinien 0:0. – Rangfolge: 1. Uruguay (5 Punkte), 2. Argentinien (4), 3. Paraguay (3), 4. Chile (0).

1925: **Argentinien** (in Argentinien)
Argentinien – Paraguay 2:0; Brasilien – Paraguay 5:2; Argentinien – Brasilien 4:1; Brasilien – Paraguay 3:1; Argentinien – Paraguay 3:1; Argentinien – Brasilien 2:2. – Rangfolge: 1. Argentinien (7 Punkte), 2. Brasilien (5), 3. Paraguay (0).

1926: **Uruguay** (in Chile)
Chile – Bolivien 7:1; Argentinien – Bolivien 5:0; Chile – Uruguay 1:3; Argentinien – Paraguay 8:0; Paraguay – Bolivien 6:1; Uruguay – Argentinien 2:0; Uruguay – Bolivien 6:0; Chile – Argentinien 1:1; Uruguay – Paraguay 6:1; Chile – Paraguay 5:1. Rangfolge: 1. Uruguay (8 Punkte), 2. Argentinien, 3. Chile (je 5), 4. Paraguay (2), 5. Bolivien (0).

1927: **Argentinien** (in Peru)
Argentinien – Bolivien 7:1; Peru – Uruguay 0:4; Uruguay – Bolivien 9:0; Peru – Bolivien 3:2; Uruguay – Argentinien 2:3; Peru – Argentinien 1:5. – Rangfolge: 1. Argentinien (6 Punkte), 2. Uruguay (4), 3. Peru (2), 4. Bolivien (0).

1929: **Argentinien** (in Argentinien)
Uruguay – Paraguay 0:3; Argentinien – Peru 3:0; Argentinien – Paraguay 4:1; Uruguay – Peru 4:1; Paraguay – Peru 5:0; Argentinien – Uruguay 2:0. – Rangfolge: 1. Argentinien (6 Punkte), 2. Paraguay (4), 3. Uruguay (2), 4. Peru (0).

Nach dem WM-Endspiel 1930, das Uruguay mit 4:2 gegen Argentinien gewann, brach Argentinien die Fußballbeziehungen zu Uruguay ab. Erst nach sechs Jahren Pause wurde wieder eine Südamerikameisterschaft ausgetragen, die gleichzeitig als Qualifikation für die Olympischen Spiele 1936 in Berlin galt.

1935: **Uruguay** (in Peru)
Argentinien – Chile 4:1; Peru – Uruguay 0:1; Uruguay – Chile 2:1; Peru – Argentinien 1:4; Peru – Chile 1:0; Uruguay – Argentinien 3:0. – Rangfolge: 1. Uruguay (6 Punkte), 2. Argentinien (4), 3. Peru (2), 4. Chile (0).

1937: **Argentinien** (in Argentinien)
Brasilien – Peru 3:2; Argentinien – Chile 2:1; Uruguay – Paraguay 2:4; Brasilien – Chile 6:4; Uruguay – Peru 4:2; Argentinien – Paraguay 6:1; Uruguay – Chile 0:3; Brasilien – Paraguay 5:0; Argentinien – Peru 1:0; Paraguay – Chile 3:2; Brasilien – Uruguay 3:2; Peru – Chile 2:2; Argentinien – Uruguay 2:3; Peru – Paraguay 1:0; Argentinien – Brasilien 1:0. – Rangfolge: 1. Argentinien und Brasilien (je 8 Punkte), 3. Uruguay, 4. Paraguay (je 4), 5. Chile, 6. Peru (je 3). Entscheidungsspiel: Argentinien – Brasilien n. V. 2:0.

1939: **Peru** (in Peru)
Paraguay – Chile 5:1; Peru – Ecuador 5:2; Uruguay – Ecuador 6:0; Peru – Chile 3:1; Uruguay – Chile 3:2; Peru – Paraguay 3:0; Chile – Ecuador 4:1; Uruguay – Paraguay 3:1; Paraguay – Ecuador 3:1; Peru – Uruguay 2:1. – Rangfolge: 1. Peru (8 Punkte), 2. Uruguay (6), 3. Paraguay (4), 4. Chile (2), 5. Ecuador (0).

1941: **Argentinien** (in Chile)
Chile – Ecuador 5:0; Uruguay – Ecuador 6:0; Chile – Peru 1:0; Argentinien – Peru 2:1; Argentinien – Ecuador 6:1; Uruguay – Chile 2:0; Peru – Ecuador 4:0; Argentinien – Uruguay 1:0; Uruguay – Peru 2:0; Argentinien – Chile 1:0. – Rangfolge: 1. Argentinien (8 Punkte), 2. Uruguay (6), 3. Chile (4), 4. Peru (2), 5. Ecuador (0).

1942: **Uruguay** (in Uruguay)
Uruguay – Chile 6:1; Argentinien – Paraguay 4:3; Brasilien – Chile 6:1; Argentinien – Brasilien 2:1; Uruguay – Ecuador 7:0; Paraguay – Peru 1:1; Brasilien – Peru 2:1; Paraguay – Chile 2:0; Argentinien – Ecuador 12:0; Uruguay – Brasilien 1:0; Paraguay – Ecuador 3:1; Argentinien – Peru 3:1; Peru – Ecuador 2:1; Uruguay – Paraguay 3:1; Argentinien – Chile 0:0 abgebrochen (Als Sieg für Argentinien gewertet, da Chile aus Protest gegen die Schiedsrichterleistung den Platz verlassen hatte.); Brasilien – Ecuador 5:1; Uruguay – Peru 3:0; Chile – Ecuador 2:1; Brasilien – Paraguay 1:1; Chile – Peru 0:0; Uruguay – Argentinien 1:0. – Rangfolge: 1. Uruguay (12 Punkte), 2. Argentinien (10), 3. Brasilien (7), 4. Paraguay (6), 5. Peru (4), 6. Chile (3), 7. Ecuador (0).

1945: **Argentinien** (in Chile)
Chile – Ecuador 6:3; Argentinien – Bolivien 4:0; Brasilien – Kolumbien 3:0; Chile – Bolivien 5:0; Uruguay – Ecuador 5:1; Uruguay – Kolumbien 7:0; Brasilien – Bolivien 2:0; Chile – Kolumbien 2:0; Argen-

tinien – Ecuador 4:2; Argentinien – Kolumbien 9:1; Brasilien – Uruguay 3:0; Bolivien – Ecuador 0:0; Chile – Argentinien 1:1; Uruguay – Bolivien 2:0; Argentinien – Brasilien 3:1; Kolumbien – Ecuador 3:1; Chile – Uruguay 1:0; Bolivien – Kolumbien 3:3; Brasilien – Ecuador 9:2; Argentinien – Uruguay 1:0; Brasilien – Chile 1:0. Rangfolge: 1. Argentinien (11 Punkte), 2. Brasilien (10), 3. Chile (9), 4. Uruguay (6), 5. Kolumbien (3), 6. Bolivien (2), 7. Ecuador (1).

1946: **Argentinien** (in Argentinien)
Argentinien – Paraguay 2:0; Brasilien – Bolivien 3:0; Uruguay – Chile 1:0; Chile – Paraguay 2:1; Argentinien – Bolivien 7:1; Brasilien – Uruguay 4:3; Paraguay – Bolivien 4:2; Argentinien – Chile 3:1; Uruguay – Bolivien 5:0; Brasilien – Paraguay 1:1; Argentinien – Uruguay 3:1; Brasilien – Chile 5:1; Chile – Bolivien 4:1; Paraguay – Uruguay 2:1; Argentinien – Brasilien 2:0. – Rangfolge: 1. Argentinien (10 Punkte), 2. Brasilien (7), 3. Paraguay (5), 4. Uruguay (4), 5. Chile (4), 6. Bolivien (0).

1947: **Argentinien** (in Ecuador)
Ecuador – Bolivien 2:2; Uruguay – Kolumbien 2:0; Argentinien – Paraguay 6:0; Argentinien – Bolivien 7:0; Ecuador – Kolumbien 0:0; Peru – Paraguay 2:2; Uruguay – Chile 6:0; Chile – Peru 2:1, Uruguay – Bolivien 3:0; Chile – Ecuador 3:0; Argentinien – Peru 3:2; Kolumbien – Bolivien 0:0; Paraguay – Uruguay 4:2; Uruguay – Ecuador 6:1; Argentinien – Chile 1:1; Paraguay – Bolivien 3:1; Argentinien – Kolumbien 6:0; Ecuador – Peru 0:0; Paraguay – Kolumbien 2:0; Peru – Kolumbien 5:1; Paraguay – Chile 1:0; Argentinien – Ecuador 2:0; Uruguay – Peru 1:0; Peru – Bolivien 2:0; Argentinien – Uruguay 3:1; Paraguay – Ecuador 4:0; Chile – Kolumbien 4:1; Chile – Bolivien 4:3. – Rangfolge: 1. Argentinien (13 Punkte), 2. Paraguay (11), 3. Uruguay (10), 4. Chile (9), 5. Peru (6), 6. Ecuador (3), 7. Bolivien, 8. Kolumbien (je 2).

1949: **Brasilien** (in Brasilien)
Brasilien – Ecuador 9:1; Bolivien – Chile 3:2; Paraguay – Kolumbien 3:0; Peru – Kolumbien 4:0; Paraguay – Ecuador 1:0; Brasilien – Bolivien 10:1; Chile – Bolivien 2:1; Uruguay – Ecuador 3:2, Paraguay – Peru 3:1; Brasilien – Kolumbien 5:0; Chile – Ecuador 1:0; Bolivien – Uruguay 3:2; Peru – Ecuador 4:0; Chile – Kolumbien 1:1; Uruguay – Paraguay 2:1; Brasilien – Peru 7:1; Bolivien – Ecuador 2:0; Uruguay – Kolumbien 2:2; Peru – Bolivien 3:0; Paraguay – Chile 4:2; Paraguay – Bolivien 7:0; Brasilien – Uruguay 5:1; Peru – Chile 3:0; Ecuador – Kolumbien 4:1; Peru – Uruguay 4:3; Bolivien – Kolumbien 4:0; Chile – Uruguay 3:1; Paraguay – Brasilien 2:1. – Rangfolge: 1. Brasilien und Paraguay (je 12 Punkte); 3. Peru (10), 4. Bolivien (8), 5. Chile, 6. Uruguay (je 5), 7. Ecuador, 8. Kolumbien (je 2). Entscheidungsspiel: Brasilien – Paraguay 7:0.

1953: **Paraguay** (in Peru)
Bolivien – Peru 1:0; Paraguay – Chile 3:0; Uruguay – Bolivien 2:0; Peru – Ecuador 1:0; Brasilien – Bolivien 8:1; Chile – Uruguay 3:2; Paraguay – Ecuador 0:0; Chile – Peru 0:0; Bolivien – Ecuador 1:1; Peru – Paraguay 2:2; Paraguay – Uruguay 2:2; Brasilien – Ecuador 2:0; Brasilien – Uruguay 1:0; Paraguay – Bolivien 2:1; Chile – Ecuador 3:0; Peru – Brasilien 1:0; Brasilien – Chile 3:2; Uruguay – Ecuador 6:0; Paraguay – Brasilien 2:1; Chile – Bolivien 2:2 abgebrochen (Für Peru als Sieg gewertet.); Uruguay – Peru 3:0. – Rangfolge: 1. Brasilien und Paraguay (je 8 Punkte), 3. Uruguay, 4. Chile, 5. Peru (je 7), 6. Bolivien (3), 7. Ecuador (2). Entscheidungsspiel: Paraguay – Brasilien 3:2.

1955: **Argentinien** (in Chile)
Chile – Ecuador 7:1; Argentinien – Paraguay 5:3; Chile – Peru 5:4; Uruguay – Paraguay 3:1; Argentinien – Ecuador 4:0; Peru – Ecuador 4:2; Chile – Uruguay 2:2; Paraguay – Ecuador 2:0; Argentinien – Peru 2:2; Chile – Paraguay 5:0; Peru – Paraguay 1:1; Uruguay – Ecuador 5:1; Argentinien – Uruguay 6:1; Peru – Uruguay 2:1; Argentinien – Chile 1:0. – Rangfolge: 1. Argentinien (9 Punkte); 2. Chile (7); 3. Peru (6); 4. Uruguay (5), 5. Paraguay (3), 6. Ecuador (0).

1956: **Uruguay** (in Uruguay)
Uruguay – Paraguay 4:2; Argentinien – Peru 2:1; Chile – Brasilien 4:1; Uruguay – Peru 2:0; Brasilien – Paraguay 0:0; Argentinien – Chile 2:0; Brasilien – Peru 2:1; Argentinien – Paraguay 1:0; Paraguay – Peru 1:1; Brasilien – Argentinien 1:0; Uruguay – Chile 2:1; Chile – Peru 4:3; Uruguay – Brasilien 0:0; Chile – Paraguay 2:0; Uruguay – Brasilien 1:0. – Rangfolge: 1. Uruguay (9 Punkte), 2. Chile, 3. Argentinien, 4. Brasilien (je 6), 5. Paraguay (2), 6. Peru (1).

1957: **Argentinien** (in Peru)
Uruguay – Ecuador 5:2; Peru – Ecuador 2:1; Argentinien – Kolumbien 8:2; Brasilien – Chile 4:2; Peru – Chile 1:0; Kolumbien – Uruguay 1:0; Argentinien – Ecuador 3:0; Argentinien – Uruguay 4:0; Brasilien – Ecuador 7:1; Chile – Kolumbien 3:2; Uruguay – Peru 5:3; Chile – Ecuador 2:2; Brasilien – Kolumbien 9:0;

Peru – Kolumbien 4:1; Argentinien – Chile 6:2; Uruguay – Brasilien 3:2; Brasilien – Peru 1:0; Kolumbien – Ecuador 4:1; Uruguay – Chile 2:0; Argentinien – Brasilien 3:0; Peru – Argentinien 2:1. – Rangfolge: 1. Argentinien (10), 2. Brasilien, 3. Uruguay, 4. Peru (je 8), 5. Kolumbien (4), 6. Chile (3), 7. Ecuador (1).

1959: **Argentinien** (in Argentinien)

Argentinien – Chile 6:1; Uruguay – Bolivien 7:0; Brasilien – Peru 2:2; Paraguay – Chile 2:1; Argentinien – Bolivien 2:0; Peru – Uruguay 5:3; Paraguay – Bolivien 5:0; Brasilien – Chile 3:0; Uruguay – Paraguay 3:1; Argentinien – Peru 3:1; Brasilien – Boliven 4:2; Chile – Peru 1:1; Argentinien – Paraguay 3:1; Chile – Bolivien 5:2; Brasilien – Uruguay 3:1; Peru – Bolivien 0:0; Brasilien – Paraguay 4:1; Argentinien – Uruguay 4:1; Paraguay – Peru 2:1; Chile – Uruguay 1:0; Argentinien – Brasilien 1:1. – Rangfolge: 1. Argentinien (11 Punkte), 2. Brasilien (10), 3. Paraguay (6), 4. Peru, 5. Chile (je 5), 6. Uruguay (4), 7. Bolivien (1).

1959: **Uruguay** (in Ecuador)

Brasilien – Paraguay 3:2; Uruguay – Ecuador 4:0; Argentinien – Paraguay 4:2; Uruguay – Brasilien 3:0; Ecuador – Argentinien 1:1; Uruguay – Argentinien 5:0; Brasilien – Ecuador 3:1; Argentinien – Brasilien 4:1; Paraguay – Uruguay 1:1; Ecuador – Paraguay 3:1. – Rangfolge: 1. Uruguay (7 Punkte), 2. Argentinien (5), 3. Brasilien (4), 4. Ecuador (3), 5. Paraguay (1).

1963: **Bolivien** (in Bolivien)

Bolivien – Ecuador 4:4; Argentinien – Kolumbien 4:2; Brasilien – Peru 1:0; Peru – Argentinien 2:1; Paraguay – Ecuador 3:1; Brasilien – Kolumbien 5:1; Bolivien – Kolumbien 2:1; Peru – Ecuador 2:1; Paraguay – Brasilien 2:0; Paraguay – Kolumbien 3:2; Argentinien – Ecuador 4:2; Bolivien – Peru 3:2; Peru – Kolumbien 1:1; Argentinien – Brasilien 3:0; Bolivien – Paraguay 2:0; Brasilien – Ecuador 2:2; Paraguay – Peru 4:1; Bolivien – Argentinien 3:2; Ecuador – Kolumbien 4:3; Argentinien – Paraguay 1:1; Bolivien – Brasilien 5:4. – Rangfolge: 1. Bolivien (11 Punkte), 2. Paraguay (9), 3. Argentinien (7), 4. Brasilien, 5. Peru (je 5), 6. Ecuador (4), 7. Kolumbien (1).

1967: **Uruguay** (in Uruguay)

Qualifikation: Chile – Kolumbien 5:2, 0:0; Ecuador – Paraguay 2:2; 1:3.
Endrunde in Uruguay: Paraguay – Ecuador 3:1; Uruguay – Bolivien 4:0; Chile – Venezuela 2:0; Argentinien – Paraguay 4:1; Uruguay – Venezuela 4:0; Argentinien – Bolivien 1:0; Chile – Paraguay 4:2; Paraguay – Bolivien 1:0; Argentinien – Venezuela 5:1; Uruguay – Chile 2:2; Venezuela – Bolivien 3:0; Argentinien – Chile 2:0; Uruguay – Paraguay 2:0; Chile – Bolivien 0:0; Paraguay – Venezuela 5:3; Uruguay – Argentinien 1:0. – Rangfolge: 1. Uruguay (9 Punkte), 2. Argentinien (8), 3. Chile (6), 4. Paraguay (4), 5. Venezuela (2), 6. Bolivien (1).

1975: **Peru** (keine Endrunde)

Gruppe A: Brasilien. Venezuela – Brasilien 0:4, 0:6; Venezuela – Argentinien 1:5, 0:11; Brasilien – Argentinien 2:1, 1:0.
Gruppe B: Peru. Chile – Peru 1:1, 1:3; Bolivien – Chile 2:1, 0:4; Bolivien – Peru 0:1, 1:3.
Gruppe C: Kolumbien. Kolumbien – Paraguay 1:0, 1:0; Ecuador – Paraguay 2:2, 1:3; Ecuador – Kolumbien 1:3, 0:2.
Uruguay als Titelverteidiger fürs Halbfinale gesetzt.
Halbfinale: Kolumbien – Uruguay 3:0, 0:1; Brasilien – Peru 1:3, 2:0 (Peru Sieger durch Losentscheid).
Endspiel: Kolumbien – Peru 1:0, 0:2. Entscheidungsspiel in Caracas: Kolumbien – Peru 0:1.

1979: **Paraguay** (keine Endrunde)

Gruppe A: Chile. Venezuela – Kolumbien 0:0, 0:4; Venezuela – Chile 1:1, 0:7; Kolumbien – Chile 1:0, 0:3.
Gruppe B: Brasilien. Bolivien – Argentinien 2:1, 0:3; Bolivien – Brasilien 2:1, 0:2; Brasilien – Argentinien 2:1, 2:2.
Gruppe C: Paraguay. Ecuador – Paraguay 1:2, 0:2; Ecuador – Uruguay 2:1, 1:2; Paraguay – Uruguay 0:0, 2:2.
Peru als Titelverteidiger fürs Halbfinale gesetzt.
Halbfinale: Peru – Chile 1:2, 0:0; Paraguay – Brasilien 2:1, 2:2.
Endspiele: Paraguay – Chile 3:0, 0:1. Entscheidungsspiel in Buenos Aires: Paraguay – Chile n. V. 0:0, Paraguay aufgrund des besseren Torverhältnisses im Halbfinale Sieger.

1983: **Uruguay** (keine Endrunde)

Gruppe A: Uruguay. Uruguay – Chile 2:1, 0:2; Uruguay – Venezuela 3:0, 2:1; Chile – Venezuela 5:0, 0:0.

Gruppe B: Brasilien. Ecuador – Argentinien 2:2, 2:2; Ecuador – Brasilien 0:1, 0:5; Argentinien – Brasilien 1:0, 0:0.
Gruppe C: Peru. Bolivien – Kolumbien 0:1, 2:2; Peru – Kolumbien 1:0, 2:2; Bolivien – Peru 1:1, 1:2. Paraguay als Titelverteidiger fürs Halbfinale gesetzt.
Halbfinale: Peru – Uruguay 0:1, 1:1; Paraguay – Brasilien 1:1, 0:0.
Endspiele: Uruguay – Brasilien 2:0, 1:1.

1987: Uruguay (in Argentinien)
Gruppe A: Argentinien. Argentinien – Peru 1:1; Argentinien – Ecuador 3:0; Peru – Ecuador 1:1.
Gruppe B: Chile. Brasilien – Venezuela 5:0; Chile – Venezuela 3:1; Brasilien – Chile 0:4.
Gruppe C: Kolumbien. Paraguay – Bolivien 0:0; Kolumbien – Bolivien 2:0; Kolumbien – Paraguay 3:0. Uruguay als Titelverteidiger fürs Halbfinale gesetzt.
Halbfinale: Chile – Kolumbien n. V. 2:1; Uruguay – Argentinien 1:0.
Spiel um den 3. Platz: Kolumbien – Argentinien 2:1.
Endspiel in Buenos Aires: Uruguay – Chile 1:0.

1989: Brasilien (in Brasilien)
Gruppe A: Paruguay und Brasilien. Paraguay – Peru 5:2; Brasilien – Venezuela 3:1; Kolumbien – Venezuela 4:2; Brasilien – Peru 0:0; Peru – Venezuela 1:1; Paraguay – Kolumbien 1:0; Paraguay – Venezuela 3:0; Brasilien – Kolumbien 0:0; Kolumbien – Peru 1:1; Brasilien – Paraguay 2:0.
Gruppe B: Argentinien und Uruguay. Ecuador – Uruguay 1:0; Argentinien – Chile 1:0; Uruguay – Bolivien 3:0; Argentinien – Ecuador 0:0; Ecuador – Bolivien 0:0; Uruguay – Chile 3:0; Chile – Bolivien 5:0; Argentinien – Uruguay 1:0; Chile – Ecuador 2:1; Argentinien – Bolivien 0:0.
Finalrunde: Uruguay – Paraguay 3:0; Brasilien – Argentinien 2:0; Uruguay – Argentinien 2:0; Brasilien – Paraguay 3:0; Argentinien – Paraguay 0:0; Brasilien – Uruguay 1:0. – Rangfolge: 1. Brasilien (6 Punkte), 2. Uruguay (4), 3. Argentinien, 4. Paraguay (je 1).

1991: Argentinien (in Chile)
Gruppe A: Argentinien und Chile. Chile – Venezuela 2:0; Paraguay – Peru 1:0; Chile – Peru 4:2; Argentinien – Venezuela 3:0; Paraguay – Venezuela 5:0; Argentinien – Chile 1:0; Peru – Venezuela 5:1; Argentinien – Paraguay 4:1; Argentinien – Peru 3:2; Chile – Paraguay 4:0.
Gruppe B: Kolumbien und Brasilien. Kolumbien – Ecuador 1:0; Uruguay – Bolivien 1:1; Uruguay – Ecuador 1:1; Brasilien – Bolivien 2:1; Kolumbien – Bolivien 0:0; Brasilien – Uruguay 1:1; Ecuador – Bolivien 4:0; Kolumbien – Brasilien 2:0; Uruguay – Kolumbien 1:0; Brasilien – Ecuador 3:1.
Finalrunde: Argentinien – Brasilien 3:2; Chile – Kolumbien 1:1; Argentinien – Chile 0:0; Brasilien – Kolumbien 2:0; Brasilien – Chile 2:0; Argentinien – Kolumbien 2:1. – Rangfolge: 1. Argentinien (5 Punkte), 2. Brasilien (4), 3. Chile (2), 4. Kolumbien (1).

1993: Argentinien (in Ecuador)
Gruppe A: Ecuador und Uruguay. Ecuador – Venezuela 6:1; Uruguay – USA 1:0; Uruguay – Venezuela 2:2; Ecuador – USA 2:0; Venezuela – USA 3:3; Ecuador – Uruguay 2:1.
Gruppe B: Perau, Brasilien und Paraguay. Paraguay – Chile 1:0; Brasilien – Peru 0:0; Paraguay – Peru 1:1; Chile – Brasilien 3:2; Peru – Chile 1:0; Brasilien – Paraguay 3:0.
Gruppe C: Kolumbien, Argentinien und Mexiko. Kolumbien – Mexiko 2:1; Argentinien – Bolivien 1:0; Argentinien – Mexiko 1:1; Kolumbien – Bolivien 1:1; Mexiko – Bolivien 0:0; Argentinien – Kolumbien 1:1.
Viertelfinale: Ecuador – Paraguay 3:0; Kolumbien – Uruguay 1:1, Elfmeterschießen 5:3; Argentinien – Brasilien 1:1, Elfmeterschießen 6:5; Mexiko – Peru 4:2.
Halbfinale: Mexiko – Ecuador 2:0; Argentinien – Kolumbien 0:0, Elfmeterschießen 6:5.
Spiel um den 3. Platz: Kolumbien – Ecuador 1:0.
Endspiel in Guayaquil: Argentinien – Mexiko 2:1.

1995: Uruguay (in Uruguay)
Gruppe A: Uruguay, Paraguay und Mexiko. Uruguay – Venezuela 4:1; Paraguay – Mexiko 2:1; Uruguay – Paraguay 1:0; Mexiko – Venezuela 3:1; Paraguay – Venezuela 3:2; Uruguay – Mexiko 1:1.
Gruppe B: Brasilien und Kolumbien. Kolumbien – Peru 1:1; Brasilien – Ecuador 1:0; Kolumbien – Ecuador 1:0; Ecuador – Peru 2:1; Brasilien – Kolumbien 3:0.
Gruppe C: USA, Argentinien und Bolivien. USA – Chile 2:1; Argentinien – Bolivien 2:1; Bolivien – USA 1:0; Argentinien – Chile 4:0; Bolivien – Chile 2:2; USA – Argentinien 3:0.
Viertelfinale: Kolumbien – Paraguay 1:1, Elfmeterschießen 5:4; Uruguay – Bolivien 2:1; USA – Mexiko 0:0, Elfmeterschießen 4:1; Brasilien – Argentinien 2:2, Elfmeterschießen 4:2.
Halbfinale: Uruguay – Kolumbien 2:0; Brasilien – USA 1:0.

Spiel um den 3. Platz: Kolumbien – USA 4:1.
Endspiel in Montevideo: Uruguay – Brasilien 1:1, Elfmeterschießen 5:3.

1997: Brasilien (in Bolivien)
Gruppe A: Ecuador, Argentinien und Paraguay. Ecuador – Argentinien 0:0; Paraguay – Chile 1:0; Paraguay – Ecuador 0:2; Argentinien – Chile 2:0; Chile – Ecuador 1:2; Paraguay – Argentinien 1:1.
Gruppe B: Bolivien und Peru. Peru – Uruguay 1:0; Bolivien – Venezuela 1:0; Uruguay – Venezuela 2:0; Bolivien – Peru 2:0; Peru – Venezuela 2:0; Bolivien – Uruguay 1:0.
Gruppe C: Brasilien, Mexiko und Kolumbien. Mexiko – Kolumbien 2:1; Brasilien – Costa Rica 5:0; Kolumbien – Costa Rica 4:1; Brasilien – Mexiko 3:2; Mexiko – Costa Rica 1:1; Brasilien – Kolumbien 2:0.
Viertelfinale: Peru – Argentinien 2:1; Bolivien – Kolumbien 2:1; Mexiko – Ecuador 1:1, Elfmeterschießen 4:3; Brasilien – Paraguay 2:0.
Halbfinale: Bolivien – Mexiko 3:1; Brasilien – Peru 7:0.
Spiel um den 3. Platz: Mexiko – Peru 1:0.
Endspiel in La Paz: Brasilien – Bolivien 3:1.

1999: Brasilien (in Paraguay)
Gruppe A: Paruguay und Peru. Peru – Japan 3:2; Paraguay – Bolivien 0:0; Peru – Bolivien 1:0; Paraguay – Japan 4:0; Bolivien – Japan 1:1; Paraguay – Peru.
Gruppe B: Brasilien, Mexiko und Chile. Mexiko – Chile 1:0; Brasilien – Venezuela 7:0; Chile – Venezuela 3:0; Brasilien – Mexiko 2:1; Mexiko – Venezuela 3:1; Brasilien – Chile 1:0.
Gruppe C: Kolumbien, Argentinien und Uruguay. Kolumbien – Uruguay 1:0; Argentinien – Ecuador 3:1; Uruguay – Ecuador 2:1; Kolumbien – Argentinien 3:0; Kolumbien – Ecuador 2:1; Argentinien – Uruguay 2:0.
Viertelfinale: Mexiko – Peru 3:3, Elfmeterschießen 4:2; Uruguay – Paraguay 1:1, Elfmeterschießen 5:3; Chile – Kolumbien 3:2; Brasilien – Argentinien 2:1.
Halbfinale: Uruguay – Chile 1:1, Elfmeterschießen 5:3; Brasilien – Mexiko 2:0.
Spiel um den 3. Platz: Mexiko – Chile 2:1.
Endspiel in Asuncion: Brasilien – Uruguay 3:0.

2001: Kolumbien (in Kolumbien)
Gruppe A: Kolumbien und Chile. Chile – Ecuador 4:1; Kolumbien – Venezuela 2:0; Chile – Venezuela 1:0; Kolumbien – Ecuador 1:0; Ecuador – Venezuela 4:0, Kolumbien – Chile 2:0.
Gruppe B. Brasilien, Mexiko und Peru. Paraguay – Peru 3:3; Mexiko – Brasilien 1:0; Brasilien – Peru 2:0; Paraguay – Mexiko 0:0; Peru – Mexiko 1:0; Brasilien – Paraguay 3:1.
Gruppe C: Costa Rica, Honduras und Uruguay. Uruguay – Bolivien 1:0; Costa Rica – Honduras 1:0, Uruguay – Costa Rica 1:1; Honduras – Bolivien 2:0; Costa Rica – Bolivien 4:0; Honduras – Uruguay 1:0.
Viertelfinale: Mexiko – Chile 2:0; Uruguay – Costa Rica 2:1; Kolumbien – Peru 3:0; Honduras – Brasilien 2:0.
Halbfinale: Mexiko – Uruguay 2:1, Kolumbien – Honduras 2:0.
Spiel um den 3. Platz: Honduras – Uruguay 2:), Elfmeterschießen 5:4.
Endspiel in Bogota: Kolumbien – Mexiko 1:0.

2004: Brasilien (in Peru)
Gruppe A: Kolumbien und Peru. Kolumbien – Venezuela 1:0; Peru – Bolivien 2:2; Kolumbien – Bolivien 1:0; Peru – Venezuela 3:1; Venezuela – Bolivien 1:1; Peru – Kolumbien 2:2.
Gruppe B: Mexiko, Argentinien und Uruguay. Uruguay – Mexiko 2:2; Argentinien – Ecuador 6:1; Uruguay – Ecuador 2:1; Argentinien – Mexiko 0:1; Mexiko – Ecuador 2:1; Argentinien – Uruguay 4:2.
Gruppe C: Paraguay, Brasilien und Costa Rica. Paraguay – Costa Rica 1:0; Brasilien – Chile 1:0; Brasilien – Costa Rica 4:1; Paraguay – Chile 1:1; Costa Rica – Chile 2:1; Brasilien – Paraguay 1:2.
Viertelfinale: Peru – Argentinien 0:1; Kolumbien – Costa Rica 2:0; Paraguay – Uruguay 1:3; Mexiko – Brasilien 0:4.
Halbfinale: Argentinien – Kolumbien 3:0; Uruguay – Brasilien 1:1, Elfmeterschießen 3:5.
Spiel um den 3. Platz: Uruguay – Kolumbien 2:1.
Endspiel in Lima: Brasilien – Argentinien 2:2, Elfmeterschießen 4:2.

2007: Brasilien (in Venezuela)
Gruppe A: Venezuela, Peru und Uruguay. Uruguay – Peru 0:3; Venezuela – Bolivien 2:2; Bolivien – Uruguay 0:1; Venezuela – Peru 2:0; Peru – Bolivien 2:2; Venezuela – Uruguay 0:0.
Gruppe B: Mexiko, Brasilien und Chile. Ecuador – Chile 2:3; Brasilien – Mexiko 0:2; Brasilien – Chile 3:0; Mexiko – Ecuador 2:1; Mexiko – Chile 0:0; Brasilien – Ecuador 1:0.

Gruppe C: Argentinien und Paraguay. Paraguay – Kolumbien 5:0; Argentinien – USA 4:1; USA – Paraguay 1:3; Argentinien – Kolumbien 4:2; Kolumbien – USA 1:0; Argentinien – Paraguay 1:0.
Viertelfinale: Venezuela – Uruguay 1:4; Chile – Brasilien 1:6; Mexiko – Paraguay 6:0; Argentinien – Peru 4:0.
Halbfinale: Uruguay – Brasilien n. V. 2:2, Elfmeterschießen 4:5; Mexiko – Argentinien 0:3.
Spiel um den 3. Platz: Mexiko – Uruguay 3:1.
Endspiel in Maracaibo: Brasilien – Argentinien 3:0.

2011: Uruguay (in Argentinien)
Gruppe A: Kolumbien und Argentinien. Argentinien – Bolivien 1:1; Kolumbien – Costa Rica 1:0; Argentinien – Kolumbien 0:0; Bolivien – Costa Rica 0:2; Kolumbien – Bolivien 2:0; Argentinien – Costa Rica.
Gruppe B: Brasilien, Venezuela und Paraguay. Brasilien – Venezuela 0:0; Paraguay – Ecuador 0:0; Brasilien – Paraguay 2:2; Venezuela – Ecuador 1:0; Paraguay – Venezuela 3:3; Brasilien – Ecuador 4:2.
Gruppe C: Chile, Uruguay und Peru. Uruguay – Peru 1:1; Chile – Mexiko 2:1; Uruguay – Chile 1:1; Peru – Mexiko 1:0; Chile – Peru 1:0; Uruguay – Mexiko 1:0.
Viertelfinale: Kolumbien – Peru n. V. 0:2; Argentinien – Uruguay n. V. 1:1, Elfmeterschießen 4:5; Brasilien – Paraguay n. V. 0:0, Elfmeterschießen 0:2; Chile – Venezuela 1:2.
Halbfinale: Peru – Uruguay 0:2; Paraguay – Venezuela n. V. 0:0, Elfmeterschießen 5:3.
Spiel um den 3. Platz: Peru – Venezuela 4:1.
Endspiel am Buenos Aires: Uruguay – Paraguay 3:0.

2015: Chile (in Chile)
Gruppe A: Chile und Bolivien. Chile – Ecuador 2:0; Mexiko – Bolivien 0:0; Ecuador – Bolivien 2:3; Chile – Mexiko 3:3; Mexiko – Ecuador 1:2; Chile – Bolivien 5:0.
Gruppe B: Argentinien, Paraguay und Uruguay. Uruguay – Jamaika 1:0; Argentinien – Paraguay 2:2; Paraguay – Jamaika 1:0; Argentinien – Uruguay 1:0; Uruguay – Paraguay 1:1; Argentinien – Jamaika 1:0.
Gruppe C: Brasilien, Peru und Kolumbien. Kolumbien – Venezuela 0:1; Brasilien – Peru 2:1; Brasilien – Kolumbien 0:1, Peru – Venezuela 1:0; Kolumbien – Peru 0:0; Brasilien – Venezuela 2:1.
Viertelfinale: Chile – Uruguay 1:0, Bolivien – Peru 1:3; Argentinien – Kolumbien 0:0, Elfmeterschießen 5:4; Brasilien – Paraguay 1:1, Elfmeterschießen 3:4.
Halbfinale: Chile – Peru 2:1; Argentinien – Paraguay 6:1.
Spiel um den 3. Platz: Peru – Paraguay 2:0.
Endspiel in Santiago: Chile – Argentinien n. V. 0:0, Elfmeterschießen 4:1.

2016: Chile („Copa America Centenario" in den USA)
Gruppe A: USA und Kolumbien. USA – Kolumbien 0:2; Costa Rica – Paraguay 0:0; USA – Costa Rica 4:0; Kolumbien – Paraguay 2:1; USA – Paraguay 1:0; Kolumbien – Costa Rica 2:3.
Gruppe B: Peru und Ecuador. Haiti – Peru 0:1; Brasilien – Ecuador 0:0; Brasilien – Haiti 7:1; Ecuador – Peru 2:2; Ecuador – Haiti 4:0; Brasilien – Peru 0:1.
Gruppe C: Mexiko und Venezuela. Jamaika – Venezuela 0:1; Mexiko – Uruguay 3:1; Uruguay – Venezuela 0:1; Mexiko – Jamaika 2:0; Mexiko – Venezuela 1:1; Uruguay – Jamaika 3:0.
Gruppe D: Argentinien und Chile. Panama – Bolivien 2:1; Argentinien – Chile 2:1; Chile – Bolivien 2:1; Argentinien – Panama 5:0; Chile – Panama 4:2; Argentinien – Bolivien 3:0.
Viertelfinale: USA – Ecuador 2:1; Peru – Kolumbien 0:0, Elfmeterschießen 2:4; Argentinien – Venezuela 4:1; Mexiko – Chile 0:7.
Halbfinale: USA – Argentinien 0:4; Kolumbien – Chile 0:2.
Spiel um den 3. Platz: Kolumbien – USA 1:0.
Endspiel in East Rutherford: Chile – Argentinien n. V. 0:0, Elfmeterschießen 4:2.

Die „Copa America" gewannen: 15-mal: Uruguay – 14-mal: Argentinien – 8-mal: Brasilien – je 2-mal: Peru, Paraguay, Chile – je 1-mal: Bolivien, Kolumbien.

An der „Copa America" nahmen teil: 43-mal: Uruguay – 41-mal: Argentinien – 38-mal: Chile – 36-mal: Paraguay – 35-mal: Brasilien – 31-mal: Peru – 28-mal: Ecuador – 26-mal: Bolivien – 22-mal: Kolumbien – 17-mal: Venezuela – 10-mal: Mexiko – 5-mal: Costa Rica – 4-mal: USA – 2-mal: Jamaika – je 1-mal: Japan, Honduras, Haiti, Panama.

Die „Copa America" richteten aus: 9-mal: Argentinien – je 7-mal: Uruguay, Chile – 6-mal: Peru – 5-mal: Brasilien – 3-mal: Ecuador – 2-mal: Bolivien – je 1-mal: Paraguay, Kolumbien, Venezuela, USA – Dreimal gab es keinen Ausrichter.

Mittelamerika
CCCF-Meisterschaft: 1941 Costa Rica – 1943 El Salvador – 1946, 1948 Costa Rica – 1951 Panama – 1953, 1955 Costa Rica – 1957 Haiti – 1960, 1961 Costa Rica.

Nordamerika
NAFC-Meisterschaft: 1947, 1949 Mexiko – 1990 Kanada – 1991 Mexiko.

Nord/Mittelamerika
CONCACAF-Meisterschaft: 1963 Costa Rica – 1965 Mexiko – 1967 Guatemala – 1969 Costa Rica – 1971 Mexiko – Von 1973 bis 1989 wurde die WM-Qualifikation der CONCACAF-Zone gleichzeitig als Kontinentalmeisterschaft gewertet: 1973 Haiti – 1977 Mexiko – 1981 Honduras – 1985 Kanada – 1989 Costa Rica – seit 1991 CONCACAF Gold Cup: 1991 USA – 1993, 1996, 1998 Mexiko – 2000 Kanada – 2002 USA – 2003 Mexiko – 2005, 2007 USA – 2009, 2011 Mexiko – 2013 USA – 2015 Mexiko.

Afrika
1957, 1959 Ägypten – 1962 Äthiopien – 1963, 1965 Ghana – 1968 Kongo-Kinshasa – 1970 Sudan – 1972 Kongo-Brazzaville – 1974 Zaire – 1976 Marokko – 1978 Ghana – 1980 Nigeria – 1982 Ghana – 1984 Kamerun – 1986 Ägypten – 1988 Kamerun – 1990 Algerien – 1992 Elfenbeinküste – 1994 Nigeria – 1996 Südafrika – 1998 Ägypten – 2000, 2002 Kamerun – 2004 Tunesien – 2006, 2008, 2010 Ägypten – 2012 Sambia – 2013 Nigeria – 2015 Elfenbeinküste.

Asien
1956, 1960 Südkorea – 1964 Israel – 1968, 1972, 1976 Iran – 1980 Kuwait – 1984, 1988 Saudi-Arabien – 1992 Japan – 1996 Saudi-Arabien – 2000, 2004 Japan – 2007 Irak – 2011 Japan – 2015 Australien.

Ozeanien
1973 Neuseeland – 1980, 1996 Australien – 1998 Neuseeland – 2000 Australien – 2002 Neuseeland – 2004 Australien – 2008 Neuseeland – 2012 Tahiti – 2016 Neuseeland.

Weitere bedeutende regionale Turniere

Arab Cup: 1963 Tunesien – 1964, 1966, 1985, 1988 Irak – 1992 Ägypten Olympiaauswahl – 1998, 2002 Saudi-Arabien – 2009 nicht beendet – 2012 Marokko.

Golf Cup: 1970, 1972, 1974, 1976 Kuwait – 1979 Irak – 1982 Kuwait – 1984 Irak – 1986 Kuwait – 1988 Irak – 1990 Kuwait – 1992 Katar – 1994 Saudi-Arabien – 1996, 1998 Kuwait – 2000 nicht ausgetragen – 2002, 2004 Saudi-Arabien (2. Turnier 2004: Katar) – 2007 Vereinigte Arabische Emirate – 2009 Oman – 2010 Kuwait – 2013 Vereinigte Arabische Emirate – 2014 Katar.

Westasien-Meisterschaft: 2000 Iran – 2002 Irak – 2004, 2007, 2008 Iran – 2010 Kuwait – 2012 Syrien – 2014 Katar.

Südasien-Meisterschaft: 1993 Indien – 1995 Sri Lanka – 1997, 1999 Indien – 2003 Bangladesch – 2005 Indien – 2008 Malediven – 2009, 2011 Indien – 2013 Afghanistan – 2015 Indien.

Südostasien-Meisterschaft (bis 2004 Tiger Cup): 1996 Thailand – 1998 Singapur – 2000, 2002 Thailand – 2004, 2007 Singapur – 2008 Vietnam – 2010 Malaysia – 2012 Singapur – 2014 Thailand.

Ostasien-Meisterschaft: 2003 Südkorea – 2005 China – 2008 Südkorea – 2010 China – 2013 Japan – 2015 Südkorea.

AFC Challenge Cup: 2006 Tadschikistan – 2008 Indien – 2010, 2012 Nordkorea – 2014 Palästina – seitdem nicht mehr ausgetragen.

Copa Amilcar Cabral: 1979, 1980 Senegal – 1981, 1982 Guinea – 1983, 1984, 1985, 1986 Senegal – 1987, 1988 Guinea – 1989 Mali – 1990 nicht ausgetragen – 1991 Senegal – 1993, 1995 Sierra Leone – 1997 Mali – 2000 Kap Verde – 2001 Senegal – 2003 nicht ausgetragen – 2005 Guinea – 2007 Mali B – seitdem nicht mehr ausgetragen.

Westafrika-Meisterschaft: (bis 1987 CSSA Nations Cup) 1982, 1983, 1984, 1986 Ghana, 1987 Liberia – 1988 bis 2000 nicht ausgetragen 2001 abgebrochen – 2005 (WAFU West African Unity Cup) Mali – (2007 bis 2009 Tournoi de l'UEMOA) 2007, 2008 Elfenbeinküste, 2009 Senegal – (2010 bis 2013 WAFU Cup of Nations) 2010 Nigeria – 2011 Togo – 2013 Ghana – seitdem nicht mehr ausgetragen.

Ost- und Zentralafrika-Meisterschaft: (bis 1966 Gossage Cup) 1926 Kenia – 1927 nicht ausgetragen – 1928, 1929, 1930 Uganda – 1931 Kenia – 1932 Uganda – 1933, 1934 nicht ausgetragen – 1935, 1936, 1937, 1938, 1939, 1940 Uganda – 1941, 1942 Kenia – 1943 Uganda – 1944 Kenia – 1945 Uganda – 1946 Kenia – 1947, 1948 Uganda – 1949 Tanganjika – 1950 nicht ausgetragen – 1951 Tanganjika – 1952 Uganda – 1953 Kenia – 1954, 1955, 1956, 1957 Uganda – 1958, 1959, 1960, 1961 Kenia – 1962, 1963 Uganda – 1964, 1965 Tansania – 1966 Kenia – (1967 bis 1971 Challenge Cup) 1967 Kenia – 1968, 1969, 1970 Uganda – 1971 Kenia – (seit 1973 CECAFA Cup) 1973 Uganda – 1974 Tansania – 1975 Kenia – 1976, 1977 Uganda – 1978, 1979 Malawi – 1980 Sudan – 1981, 1982, 1983 Kenia – 1984 Sambia – 1985 Simbabwe – 1986 nicht ausgetragen – 1987 Äthiopien – 1988 Malawi – 1989, 1990 Uganda – 1991 Sambia – 1992 Uganda – 1993 nicht ausgetragen – 1994 Tansania – 1995 Sansibar – 1996 Uganda – 1997, 1998 nicht ausgetragen – 1999 Ruanda B – 2000 Uganda – 2001 Äthiopien – 2002 Kenia – 2003 Uganda – 2004, 2005 Äthiopien – 2006 Sudan (als Zweitplatzierter, da Sieger Sambia nur Gastteam war) – 2007 Sudan – 2008, 2009 Uganda – 2010 Tansania – 2011, 2012 Uganda – 2013 Kenia – 2014 nicht ausgetragen – 2015 Uganda.

Zentralafrika-Meisterschaft: (bis 1990 Coupe UDEAC) 1984 Kamerun – 1985 Gabun – 1986, 1987 Kamerun – 1988 Gabun – 1989 Kamerun – 1990 Kongo – (seit 2003 Coupe CEMAC) 2003, 2005 Kamerun Am. – 2006 Äquatorial-Guinea – 2007 Kongo – 2008 Kamerun Am – 2009 Zentralafrikanische Republik – 2010 Kongo – 2013 Gabun – 2014 Tschad.

Südafrika-Meisterschaft: 1997, 1998 Sambia – 1999 Angola – 2000 Simbabwe – 2001 Angola – 2002 Südafrika – 2003 Simbabwe – 2004 Angola – 2005 Simbabwe – 2006 Sambia – 2007 Südafrika – 2008 Südafrika Nachwuchs XI – 2009 Simbabwe – 2010 nicht ausgetragen – 2013 Sambia – 2014 nicht ausgetragen – 2015 Namibia – 2016 Südafrika.

Karibik-Meisterschaft (seit 1991 Qualifikation für den CONCACAF Gold Cup): 1989 Trinidad & Tobago – 1990 Turnier abgebrochen – 1991 Jamaika – 1992 Trinidad & Tobago – 1993 Martinique – 1994, 1995, 1996, 1997 Trinidad & Tobago – 1998 Jamaika – 1999 Trinidad & Tobago – 2001 Trinidad & Tobago – 2003 kein Sieger (Jamaika und Trinidad & Tobago beide für den Gold Cup qualifiziert) – 2005 Jamaika – 2007 Haiti – 2008, 2010 Jamaika – 2012 Kuba – 2014 Jamaika.

Mittelamerika-Meisterschaft (Qualifikation für den CONCACAF Gold Cup): 1991 Costa Rica – 1993, 1995 Honduras – 1997, 1999 Costa Rica – 2001 Guatemala – 2003, 2005, 2007 Costa Rica – 2009 Panama – 2011 Honduras – 2013, 2014 Costa Rica.

Internationale Klub-Wettbewerbe

UEFA Supercup

Europapokalsieger der Landesmeister/Champions-League-Sieger gegen Europapokalsieger der Pokalsieger Cupgewinner/seit 2000 UEFA-Pokal-Sieger/seit 2010 Europa-League-Sieger.
1972: Ajax Amsterdam (– Glasgow Rangers 3:2 und 3:1) – **1973: Ajax Amsterdam** (– AC Mailand 6:0 und 0:1) – 1974: nicht ausgetragen – **1975: Dynamo Kiew** (– Bayern München 2:0 und 1:0) – **1976: RSC Anderlecht** (– Bayern München 4:1 und 1:2) – **1977: FC Liverpool** (– Hamburger SV 6:0 und 1:1) – **1978: RSC Anderlecht** (– FC Liverpool 3:1 und 1:2) – **1979: Nottingham Forest** (– FC Barcelona 1:0 und 1:1) – **1980: FC Valencia** (– Nottingham Forest 1:0 und 1:2) – 1981: nicht ausgetragen – **1982: Aston Villa** (– FC Barcelona 0:1 und 3:0 n. V.) – **1983: FC Aberdeen** (– Hamburger SV 2:0 und 0:0) – **1984: Juventus Turin** (– FC Liverpool 2:0) – 1985: nicht ausgetragen – **1986: Steaua Bukarest** (– Dynamo Kiew 1:0) – **1987: FC Porto** (– Ajax Amsterdam 1:0 und 1:0) – **1988: KV Mechelen** (– PSV Eindhoven 3:0 und 0:1) – **1989: AC Mailand** (– FC Barcelona 1:0 und 1:1) – **1990: AC Mailand** (– Sampdoria Genua 2:0 und 1:1) – **1991: Manchester United** (– Roter Stern Belgrad 1:0) – **1992: FC Barcelona** (– Werder Bremen 2:1 und 1:1) – **1993: AC Parma** (– AC Mailand 2:0 n. V. und 0:1) – **1994: AC Mailand** (– FC Arsenal 2:0 und 0:0) – **1995: Ajax Amsterdam** (– Real Saragossa 4:0 und 1:1) – **1996: Juventus Turin** (– Paris St. Germain 3:1 und 6:1) – **1997: FC Barcelona** (– Borussia Dortmund 2:0 und 1:1) – **1998: FC Chelsea** (– Real Madrid 1:0) –

1999: **Lazio Rom** (– Manchester United 1:0) – 2000: **Galatasaray Istanbul** (– Real Madrid 2:1 i. V.) – 2001: **FC Liverpool** (– Bayern München 3:2) – 2002: **Real Madrid** (– Feyenoord Rotterdam 3:1) – 2003: **AC Mailand** (– FC Porto 1:0) – 2004: **FC Valencia** (– FC Porto 2:1) – 2005: **FC Liverpool** (– ZSKA Moskau n. V. 3:1) – 2006: **FC Sevilla** (– FC Barcelona 3:0) – 2007: **AC Mailand** (– FC Sevilla 3:1) – 2008: **Zenit St. Petersburg** (– Manchester United 2:1) – 2009: **FC Barcelona** (– Schachtar Donezk n. V. 1:0) – 2010: **Atletico Madrid** (– Inter Mailand 2:0) – 2011: **FC Barcelona** (– FC Porto 2:0) – 2012: **Atletico Madrid** (– FC Chelsea 4:1) – 2013: **Bayern München** (– FC Chelsea n. V. 2:2, Elfmeterschießen 5:4) – 2014: **Real Madrid** (– FC Sevilla 2:0) – 2015: **FC Barcelona** (– FC Sevilla n. V. 5:4) – 2016: **Real Madrid** (– FC Sevilla n. V. 3:2).

Weltpokal

Europapokalsieger der Landesmeister/Champions-League-Sieger gegen den Sieger der Copa Libertadores.
1960: **Real Madrid** (– Penarol Montevideo 5:1 und 0:0) – 1961: **Penarol Montevideo** (– Benfica Lissabon 5:0, 0:1 und 2:1) – 1962: **FC Santos** (– Benfica Lissabon 3:2 und 5:2) – 1963: **FC Santos** (– AC Mailand 4:2, 2:4 und 1:0) – 1964: **Inter Mailand** (– Independiente Avellaneda 2:0, 0:1, n. V. 1:0) – 1965: **Inter Mailand** (–Independiente Avellaneda 3:0 und 0:0) – 1966: **Penarol Montevideo** (– Real Madrid 2:0 und 2:0) – 1967: **Racing Avellaneda** (– Celtic Glasgow 2:1, 0:1 und 1:0) – 1968: **Estudiantes de la Plata** (– Manchester United 1:0 und 1:1) – 1969: **AC Mailand** (– Estudiantes de la Plata 3:0 und 1:2) – 1970: **Feyenoord Rotterdam** (– Estudiantes de la Plata 1:0 und 2:2) – 1971: **Nacional Montevideo** (– Panathinaikos Athen 2:1 und 1:1; Ajax Amsterdam verzichtete) – 1972: **Ajax Amsterdam** (– Independiente Avellaneda 3:0 und 1:1) – 1973: **Independiente Avellaneda** (– Juventus Turin 1:0 – nur ein Spiel; Ajax Amsterdam verzichtete) – 1974: **Atletico Madrid** (– Independiente Avellaneda 2:0 und 0:1; Bayern München verzichtete) – 1975: nicht ausgetragen – 1976: **Bayern München** (– Cruzeiro Belo Horizonte 2:0 und 0:0) – 1977: **Boca Juniors** (– Borussia Mönchengladbach 2:2 und 3:0 in Karlsruhe; FC Liverpool verzichtete) – 1978: nicht ausgetragen – 1979: **Olimpia Asuncion** (– Malmö FF 2:1 und 1:0; Nottingham Forest verzichtete) – seit 1980 als „Toyota Cup" in Tokio: 1980: **Nacional Montevideo** (– Nottingham Forest 1:0) – 1981: **CR Flamengo** (– FC Liverpool 3:0) – 1982: **Penarol Montevideo** (– Aston Villa 2:0) – 1983: **Gremio Porto Alegre** (– Hamburger SV n. V. 2:1) – 1984: **Independiente Avellaneda** (– FC Liverpool 1:0) – 1985: **Juventus Turin** (– Argentinos Juniors n. V. 2:2, 4:2 im Elfmeterschießen) – 1986: **River Plate** (– Steaua Bukarest 1:0) – 1987: **FC Porto** (– Penarol Montevideo n. V. 2:1) – 1988: **Nacional Montevideo** (– PSV Eindhoven n. V. 2:2, 7:6 im Elfmeterschießen) – 1989: **AC Mailand** (– Nacional Medellin n. V. 1:0) – 1990: **AC Mailand** (– Olimpia Asuncion 3:0) – 1991: **Roter Stern Belgrad** (– Colo Colo Santiago 3:0) – 1992: **FC Sao Paulo** (– FC Barcelona 2:1) – 1993: **FC Sao Paulo** (– AC Mailand 3:2; Europapokalsieger Olympique Marseille war wegen eines Bestechungsskandals suspendiert) – 1994: **Velez Sarsfield** (– AC Mailand 2:0) – 1995: **Ajax Amsterdam** (– Gremio Porto Alegre n. V.0:0, 4:3 im Elfmeterschießen) – 1996: **Juventus Turin** (– River Plate 1:0) – 1997: **Borussia Dortmund** (– Cruzeiro Belo Horizonte 2:0) – 1998: **Real Madrid** (– Vasco da Gama 2:1) – 1999: **Manchester United** (– Palmeiras Sao Paulo 1:0) – 2000: **Boca Juniors** (– Real Madrid 2:1) – 2001: **Bayern München** (– Boca Juniors 1:0) – 2002: **Real Madrid** (– Olimpia Asuncion 2:0) – 2003: **Boca Juniors** (– AC Mailand n. V. 1:1, 3:1 im Elfmeterschießen) – 2004: **FC Porto** (– Once Caldas n. V. 0:0, 8:7 im Elfmeterschießen) – danach zu Gunsten der FIFA-Club-WM eingestellt.

FIFA-Klub-Weltmeisterschaft

2000: **Corinthians Sao Paulo** (– Vasco da Gama n. V. 0:0, 4:3 im Elfmeterschießen) – 2001 bis 2004 nicht ausgetragen – 2005: **FC Sao Paulo** (– FC Liverpool 1:0) – 2006: **Internacional Porto Alegre** (– FC Barcelona 1:0) – 2007: **AC Mailand** (– Boca Juniors 4:2) – 2008: **Manchester United** (– LDU Quito 1:0) – 2009: **FC Barcelona** (– Estudiantes de La Plata n. V. 1:0) – 2010: **Inter Mailand** (– TP Mazembe 3:0) – 2011: **FC Barcelona** (– FC Santos 4:0) – 2012: **Corinthians Sao Paulo** (– FC Chelsea 1:0) – 2013: **Bayern München** (– Raja Casablanca 2:0) – 2014: **Real Madrid** (– San Lorenzo de Almagro 2:0) – 2015: **FC Barcelona** (– River Plate 3:0)..

Intercontinental-Cup

Ausgespielt zwischen den Siegern der Meisterpokale Afrikas und Asiens.
1986: **Daewoo Royals/KOR** (– FAR Rabat/MAR 2:0) – 1987: **Zamalek Kairo/EGY** (– Furukawa Electric Company/JPN 2:0) – 1988: **Al Ahly Kairo/EGY** (– Yomiuri Kawasaki/JPN 3:1 und 1:0) – 1989: **EP Setif/ALG** (– Al Sadd Doha/QAT 2:0 und 3:1) – 1990 und 1991 nicht ausgetragen – 1992: **Club Africain Tunis/TUN** (– Al Hilal Riyadh/KSA 2:1 und 2:2) – 1993: **WAC Casablanca/MAR** (– Pas Teheran/IRN 0:0 und 2:0) – 1994: **Thai Farmers Bank Bangkok/THA** (– Zamalek Kairo/EGY 1:2 und 1:0) – 1995: **Esperance Tunis/TUN** (– Thai Farmers Bank/THA 1:1 und 3:0) – 1996: **Ilhwa Chunma/KOR** (– Orlando

Pirates/RSA 0:0 und 5:0) – **1997: Zamalek Kairo/EGY** (– Pohang Steelers/KOR 1:2 und 1:0) – **1998: Raja Casablanca/MAR** (– Pohang Steelers/KOR 2:2 und 1:0) – 1999: Endspiel abgesagt.

Südamerika: Copa Libertadores

1960: Penarol Montevideo/URU (– Olimpia Asuncion/PAR 1:0 und 1:1) – **1961: Penarol Montevideo/URU** (– Palmeiras Sao Paulo/BRA 1:0 und 1:1) – **1962: FC Santos/BRA** (– Penarol Montevideo/URU 1:0, 2:3 und 3:0) – **1963: FC Santos/BRA** (– Boca Juniors/ARG 2:1 und 3:2) – **1964: Independiente Avellaneda/ARG** (– Nacional Montevideo/URU 0:0 und 1:0) – **1965: Independiente Avellaneda/ARG** (– Penarol Montevideo/URU 1:0, 2:3 und 4:1) – **1966: Penarol Montevideo/URU** (– River Plate/ARG 2:0, 2:3 und n. V. 4:2) – **1967: Racing Avellaneda/ARG** (– Nacional Montevideo/URU 0:0, n. V. 0:0 und 2:1) – **1968: Estudiantes de la Plata/ARG** (– Palmeiras Sao Paulo/BRA 1:3, 2:1 und 2:0) – **1969: Estudiantes de la Plata/ARG** (– Nacional Montevideo/URU 1:0 und 2:0) – **1970: Estudiantes de la Plata/ARG** (– Penarol Montevideo/URU 1:0 und 0:0) – **1971: Nacional Montevideo/URU** (– Estudiantes de la Plata/ARG 0:1, 1:0 und 2:0) – **1972: Independiente Avellaneda/ARG** (– Universitario Lima/PER 0:0 und 2:1) – **1973: Independiente Avellaneda/ARG** (– Colo Colo Santiago/CHI 1:1, 0:0 und n. V. 2:1) – **1974: Independiente Avellaneda/ARG** (– FC Sao Paulo/BRA 1:2, 2:0 und 1:0) – **1975: Independiente Avellaneda/ARG** (– Union Espanola Santiago/CHI 0:1, 3:1 und 2:0) – **1976: Cruzeiro Belo Horizonte/BRA** (– River Plate/ARG 4:1, 1:2 und 3:2) – **1977: Boca Juniors/ARG** (– Cruzeiro Belo Horizonte/BRA 1:0, 0:1 und 0:0, 5:4 im Elfmeterschießen) – **1978: Boca Juniors/ARG** (– Deportivo Cali/COL 4:0 und 0:0) – **1979: Olimpia Asuncion/PAR** (– Boca Juniors/ARG 2:0 und 0:0) – **1980: Nacional Montevideo/URU** (– Internacional Porto Alegre/BRA 1:0 und 0:0) – **1981: CR Flamengo/BRA** (– Cobreloa Calama/CHI 2:1, 0:1 und 2:0) – **1982: Penarol Montevideo/URU** (– Cobreloa Calama/CHI 1:0 und 0:0) – **1983: Gremio Porto Alegre/BRA** (– Penarol Montevideo/URU 2:1 und 1:1) – **1984: Independiente Avellaneda/ARG** (– Gremio Porto Alegre/BRA 1:0 und 0:0) – **1985: Argentinos Juniors/ARG** (– America Cali/COL 1:0, 0:1 und n. V. 1:1, 5:4 im Elfmeterschießen) – **1986: River Plate/ARG** (– America Cali 1:0 und 2:1) – **1987: Penarol Montevideo/URU** (– America Cali/COL 2:1, 0:2 und n. V. 1:0) – **1988: Nacional Montevideo/URU** (– Newell's Old Boys/ARG 3:0 und 0:1) – **1989: Nacional Medellin/COL** (– Olimpia Asuncion/PAR 0:2 und n. V. 2:0, 5:4 im Elfmeterschießen) – **1990: Olimpia Asuncion/PAR** (– Barcelona Guayaquil/ECU 2:0 und 1:1) – **1991: Colo Colo Santiago/CHI** (– Olimpia Asuncion/PAR 3:0 und 0:0) – **1992: FC Sao Paulo/BRA** (– Newell's Old Boys/ARG 0:1 und n. V. 1:0, 3:2 im Elfmeterschießen) – **1993: FC Sao Paulo/BRA** (– Universidad Catolica Santiago/CHI 5:1 und 0:2) – **1994: Velez Sarsfield/ARG** (– FC Sao Paulo/BRA 1:0 und n. V. 0:1, 5:3 im Elfmeterschießen) – **1995: Gremio Porto Alegre/BRA** (– Nacional Medellin/COL 3:1 und 1:1) – **1996: River Plate/ARG** (– America Cali/COL 0:1 und 2:0) – **1997: Cruzeiro Belo Horizonte/BRA** (– Sporting Cristal Lima/PER 1:0 und 0:0) – **1998: Vasco da Gama/BRA** (– Barcelona Guayaquil/ECU 2:0 und 2:1) – **1999: Palmeiras Sao Paulo/BRA** (– Deportivo Cali/COL 0:1 und 2:1, 4:3 im Elfmeterschießen) – **2000: Boca Juniors/ARG** (– Palmeiras Sao Paulo/BRA 2:2 und 0:0, 4:2 im Elfmeterschießen) – **2001: Boca Juniors/ARG** (– CD Cruz Azul/MEX 1:0 und 0:1, 3:1 im Elfmeterschießen) – **2002: Olimpia Asuncion/PAR** (– AD Sao Caetano/BRA 0:1 und 2:1, 4:2 im Elfmeterschießen) – **2003: Boca Juniors/ARG** (– FC Santos/BRA 2:0 und 3:1) – **2004: Once Caldas/COL** (– Boca Juniors/ARG 0:0 und 1:1, 2:0 im Elfmeterschießen) – **2005: FC Sao Paulo/BRA** (– Atletico Paranaense/BRA 1:1 und 4:0) – **2006: Internacional Porto Alegre/BRA** (– FC Sao Paulo/BRA 2:2 und 2:1) – **2007: Boca Juniors/ARG** (– Gremio Porto Alegre/BRA 3:0 und 2:0) – **2008: LDU Quito/ECU** (– FC Fluminense/BRA 4:2 und 1:3, Elfmeterschießen 3:1) – **2009: Estudiantes La Plata/ARG** (– Cruzeiro Belo Horizonte/BRA 0:0 und 2:1) – **2010:** Das Finale wurde erst nach Redaktionsschluss ausgetragen – **2010: Internacional Porto Alegre/BRA** (– Chivas Guadalajara/MEX 2:1 und 3:2) – **2011: FC Santos/BRA** (– Penarol Montevideo/URU 2:1 und 0:0) – **2012: Corinthians Sao Paulo/BRA** (– Boca Juniors/ARG 2:0 und 1:1) – **2013: Atletico Mineiro/BRA** (– Olimpia Asuncion/PAR n. V. 2:0, Elfmeterschießen 4:3 und 0:2) – **2014: San Lorenzo de Almagro/ARG** (– Nacional Asuncion/PAR 1:0 und 1:1) – **2015: River Plate/ARG** (– UANL Tigres Monterrey/MEX 3:0 und 0:0) – **2016: Atletico Nacional Medellin/COL** (– CSD Independiente del Valle/ECU 1:0 und 1:1).

Südamerika: Supercopa Libertadores

Ausgespielt zwischen den bisherigen Siegern der Copa Libertadores.
1988 Racing Avellaneda/ARG – 1989 Boca Juniors/ARG – 1990 Olimpia Asuncion/PER – 1991, 1992 Cruzeiro Belo Horizonte/BRA – 1993 FC Sao Paulo/BRA – 1994, 1995 Independiente Avellaneda/ARG – 1996 Velez Sarsfield/ARG – 1997 River Plate/ARG – seitdem nicht mehr ausgetragen.

Südamerika: Recopa

Ausgespielt zwischen dem Sieger der Copa Libertadores und dem Sieger der Supercopa. Nachdem der FC Sao Paulo 1993 beide Pokale gewonnen hatte, spielte er gegen den Sieger der Copa Conmebol (FR Botafogo).

1989 Nacional Montevideo/URU – 1990 Boca Juniors/ARG – 1991 Olimpia Asuncion/PAR – 1992 Colo Colo Santiago/CHI – 1993, 1994 FC Sao Paulo/BRA – 1995 Independiente Avellaneda/ARG – 1996 Gremio Porto Alegre/BRA – 1997 Velez Sarsfield/ARG – 1998 Cruzeiro Belo Horizonte/BRA – 1999 bis 2002 nicht ausgetragen – seit 2002/03 ausgespielt zwischen dem Sieger der Copa Libertadores und dem Sieger der Copa Sudamericana: 2003 Olimpia Asuncion/PAR – 2004 Cienciano Cusco/PER – 2005, 2006 Boca Juniors/ARG – 2007 Internacioanl Porto Alegre/BRA – 2008 Boca Juniors/ARG – 2009, 2010 LDU Quito/ECU – 2011 Internacional Porto Alegre/BRA – 2012 FC Santos/BRA – 2013 Corinthians Sao Paulo/BRA – 2014 Atletico Mineiro/BRA – 2015 River Plate/ARG.

Südamerika: Copa Conmebol
1992 Atletico Mineiro/BRA – 1993 Botafogo FR/BRA – 1994 FC Sao Paulo/BRA – 1995 Rosario Central/ARG – 1996 CA Lanus/ARG – 1997 Atletico Mineiro/BRA – 1998 FC Santos/BRA – 1999 Talleres Cordoba/ARG – seitdem nicht mehr ausgetragen.

Südamerika: Copa Mercosur
1998 Palmeiras Sao Paulo/BRA – 1999 CR Flamengo/BRA – 2000 Vasco da Gama/BRA – 2001 San Lorenzo de Almagro/ARG – danach zu Gunsten der Copa Sudamericana eingestellt.

Südamerika: Copa Merconorte
1998 Atletico Nacional Medellin/COL – 1999 America Cali/COL – 2000 Atletico Nacional Medellin/COL – 2001 Millonarios Bogota/COL – danach zu Gunsten der Copa Sudamericana eingestellt.

Südamerika: Copa Sudamericana
2002 San Lorenzo de Almagro/ARG – 2003 Cienciano Cusco/PER – 2004, 2005 Boca Juniors/ARG – 2006 Pachuca CF/MEX – 2007 Arsenal Sarandi/ARG – 2008 Internacional Porto Alegre/BRA – 2009 LDU Quito/ECU – 2010 Independiente Avellaneda/ARG – 2011 Universidad de Chile Santiago/CHI – 2012 FC Sao Paulo/BRA – 2013 CA Lanus/ARG – 2014 River Plate/ARG – 2015: CD Santa Fé/COL.

Nord- und Mittelamerika: Pokal der Landesmeister
1962: CD Guadalajara/MEX (– Comunicaciones Guatemala City/GUA 1:0 und 5:0) – **1963: Racing Club Cap Haitienne/HAI** (– CD Guadalajara/MEX; Racing kampflos Sieger, da Guadalajara nicht antrat) – 1964 und 1965: Turnier abgebrochen – 1966: nicht ausgetragen – **1967: Alianza San Salvador/SLV** (– Jong Colombia Sint Michiels/ANT 1:2, 3:0 und 5:3) – **1968: CD Toluca/MEX** (kampflos, da alle anderen teilnehmenden Vereine suspendiert wurden) – **1969: CD Cruz Azul/MEX** (– Comunicaciones Guatemala City/GUA 0:0 und 1:0) – **1970: CD Cruz Azul/MEX** (kampflos, da alle anderen teilnehmenden Vereine suspendiert wurden) – **1971: CD Cruz Azul/MEX** (– LD Alajuelense/CRC 5:1) – **1972: Olimpia Tegucigalpa/HON** (– Robin Hood Paramaribo/SUR 0:0 und 2:0) – **1973: SV Transvaal Paramaribo/SUR** (kampflos, da alle anderen teilnehmenden Vereine nicht antraten) – **1974: Municipal Guatemala City/GUA** (– SV Transvaal Paramaribo/SUR 2:1 und 2:1) – **1975: Atletico Espanol/MEX** (– SV Transvaal Paramaribo/SUR 3:0 und 2:1) – **1976: Aguila San Salvador/SLV** (– Robin Hood Paramaribo/SUR; San Salvador kampflos Sieger, da Paramaribo nicht antrat) – **1977: CF America/MEX** (– Robin Hood Paramaribo/SUR 1:0 und 0:0) – **1978: Universidad Guadalajara/MEX, Comunicaciones Guatemala City/GUA und Defence Force Chaguaramas/TRI** zum gemeinsamen Sieger erklärt – **1979: Deportivo FAS San Salvador/SLV** (– Jong Colombia Sint Michiels/ANT 1:0 und 8:0) – **1980: UNAM Pumas/MEX** (Sieger des Endrunden-Turniers mit drei teilnehmenden Mannschaften) – **1981: SV Transvaal Paramaribo/SUR** (– Atletico Marte San Salvador/SLV 1:0 und 1:1) – **1982: UNAM Pumas/MEX** (– Robin Hood Paramaribo/SUR 0:0 und 2:1) – **1983: FC Atlante/MEX** (– Robin Hood Paramaribo/SUR 1:1 und 5:0) – **1984: Violette Port-au-Prince/HAI** (kampflos, da alle anderen teilnehmenden Vereine nicht antraten) – **1985: Defence Force Chaguaramas/TRI** (– Olimpia Tegucigalpa/HON 2:0 und 0:1) – **1986: LD Alajuelense/CRC** (– SV Transvaal Paramaribo/SUR 4:1 und 1:1) – **1987: CF America/MEX** (– Defence Force Chaguaramas/TRI 1:1 und 2:0) – **1988: Olimpia Tegucigalpa/HON** – Defence Force Chaguaramas/TRI 2:0 und 2:0) – **1989: UNAM Pumas/MEX** (– FC Pinar del Rio/CUB 1:1 und 3:1) – **1990: CF America/MEX** (– FC Pinar del Rio/CUB 2:2 und 6:0) – **1991: Club Puebla de la Franja/MEX** (– Police FC St. James/TRI 3:1 und 1:1) – **1992: CF America/MEX** (– LD Alajuelense/CRC 1:0) – **1993: Deportivo Saprissa/CRC** (Sieger der Endrunde mit vier Mannschaften) – **1994: CS Cartagines/CRC** (– FC Atlante/MEX 3:2) – **1995: Deportivo Saprissa/CRC** (Sieger der Endrunde mit vier Mannschaften) – **1996: CD Cruz Azul/MEX** (Sieger der Endrunde mit vier Mannschaften) – **1997: CD Cruz Azul/MEX** (– Los Angeles Galaxy/USA 5:3) – **1998: Washington DC United/USA** (– CD Toluca/MEX 1:0) – **1999: CD Necaxa/MEX** (– LD Alajuelense/CRC 2:1) – **2000: Los Angeles Galaxy/USA** (– Olimpia Tegucigalpa/HON 3:2) – 2001 Turnier wurde abgebrochen – **2002: Pachuca CF/MEX** (– Atletico Morelia/MEX 1:0) – **2003: CD Toluca/MEX** (– Monarcas Morelia/MEX 2:1 und 3:3) – **2004: LD Alajuelense/CRC** (– Deportivo Saprissa/CRC 4:0

und 1:1) – **2005: Deportivo Saprissa/CRC** (– UNAM Pumas/MEX 2:0 und 1:2) – **2006: CF America/ MEX** (– CD Toluca/MEX n. V. 2:1 und 0:0) – **2007: Pachuca CF/MEX** (– CD Guadalajara/MEX n. V. 0:0, 7:6 im Elfmeterschießen 7:6 und 2:2) – **2008: Pachuca CF/MEX** (– Deportivo Saprissa/CRC 2:1 und 1:1) – **2009: CF Atlante Cancun/MEX** (– CD Cruz Azul/MEX 0:0 und 2:0) – **2010: Pachuca CF/ MEX** (– CD Cruz Azul/MEX 1:0 und 1:2) – **2011: CF Monterrey/MEX** (– Real Salt Lake/USA 2:2 und 1:0) – **2012: CF Monterrey/MEX** (– Santos Laguna Torreon/MEX 2:0 und 1:2) – **2013: CF Monterrey/ MEX** (– Santos Laguna Torreon/MEX 4:2 und 0:0) – **2014: CD Cruz Azul/MEX** (– CD Toluca/MEX 0:0 und 1:1) – **2015: CF America/MEX** (– Montreal Impact/CAN 1:1, 4:2)) – **2016: CF America/MEX** (– UANL Tigres Monterrey/MEX 2:1, 2:0).

Nord- und Mittelamerika: Pokal der Pokalsieger
1991: Atletico Marte San Salvador/SLV (Sieger der Endrunde mit vier Mannschaften) – 1992: nicht ausgetragen – **1993: CF Monterrey/MEX** (Sieger der Endrunde mit vier Mannschaften) – **1994: CD Necaxa/MEX** (– Aurora Guatemala City/GUA 3:0) – **1995: Universidad Guadalajara/MEX** (– Luis Angel Firpo Usulutan/SLV – Nachdem die Turniere 1996, 1997 und 1998 nicht beendet wurden, wurde der Wettbewerb eingestellt.

Afrika: Pokal der Landesmeister
1964: Oryx Douala/CMR (– Stade Malien/MLI 2:1) – 1965: nicht ausgetragen – **1966: Stade Abidjan/CIV** (– AS Real Bamako/MLI 1:3 und n. V. 4:1) – **1967: TP Englebert/COD** (– Asante Kotoko Kumasi/GHA 1:1 und n. V. 2:2) – **1968: TP Englebert/COD** (– Etoile Filante Lome/TOG 5:0 und 1:4) – **1969: Ismailia SC/EGY** (– TP Englebert/COD 2:2 und 3:1) – **1970: Asante Kotoko Kumasi/GHA** (– TP Englebert/COD 1:1 und 2:1) – **1971: Canon Yaounde/CMR** (– Asante Kotoko Kumasi/GHA 1:0 abgebrochen und gewertet) – **1972: Hafia Conakry/GUI** (– Simba Kampala/UGA 4:2 und 3:2) – **1973: Vita Club Kinshasa/COD** (– Asante Kotoko Kumasi/GHA 2:4 und 3:0) – **1974: CARA Brazzaville/ CGO** (– Mehalla Al Kubra/EGY 4:2 und 2:1) – **1975: Hafia Conakry/GUI** (– Enugu Rangers/NGA 1:0 und 2:1) – **1976: MC Algier/ALG** (– Hafia Conakry/GUI 0:3 und 3:0, 4:1 im Elfmeterschießen) – **1977: Hafia Conakry/GUI** (– Hearts of Oak/GHA 1:0 und 3:2) – **1978: Canon Yaounde/CMR** (– Hafia Conakry/GUI 0:0 und 2:0) – **1979: Union Douala/CMR** (– Hearts of Oak/GHA 1:0 und 0:1, 5:3 im Elfmeterschießen) – **1980: Canon Yaounde/CMR** (– AS Bilima Kinshasa/COD 2:2 und 3:0) – **1981: JE Tizi-Ouzou/ALG** (– Vita Club Kinshasa/COD 4:0 und 1:0) – **1982: Al Ahly Kairo/EGY** (– Asante Kotoko Kumasi/GHA 3:0 und 1:1) – **1983: Asante Kotoko Kumasi/GHA** (– Al Ahly Kairo/EGY 0:0 und 1:0) – **1984: Zamalek Kairo/EGY** (– Shooting Stars Ibadan/NGA 2:0 und 1:0) – **1985: FAR Rabat/ MAR** (– AS Bilima Kinshasa/COD 5:2 und 1:1) – **1986: Zamalek Kairo/EGY** (– Africa Sports Abidjan/ CIV 2:0 und 0:2, 4:2 im Elfmeterschießen) – **1987: Al Ahly Kairo/EGY** (– Al Hilal Omdurman/SUD 0:0 und 2:0) – **1988: Entente Plasticiens Setif/ALG** (– Iwuanyanwu Owerri/NGA 0:1 und 4:0) – **1989: Raja Casablanca/MAR** (– MP Oran/ALG 1:0 und 0:1, 4:2 im Elfmeterschießen) – **1990: JS Kabylie Tizi-Ouzou/ALG** (– Nkana Red Devils/ZAM 1:0 und 0:1, 5:3 im Elfmeterschießen) – **1991: Club Africain Tunis/TUN** (– Nakivubo Villa Kampala/UGA 6:2 und 1:1) – **1992: WAC Casablanca/MAR** (– Al Hilal Omdurman/SUD 2:0 und 0:0) – **1993: Zamalek Kairo/EGY** (– Asante Kotoko Kumasi/GHA 0:0 und 0:0, 7:6 im Elfmeterschießen) – **1994: Esperance Tunis/TUN** (– Zamalek Kairo/EGY 0:0 und 3:1) – **1995: Orlando Pirates/RSA** (– ASEC Mimosas Abidjan/CIV 2:2 und 1:0) – **1996: Zamalek Kairo/ EGY** (– Shooting Stars Ibadan/NGA 1:2 und 2:1, 5:4 im Elfmeterschießen) – **1997: Raja Casablanca/ MAR** (– Obuasi Goldfields/GHA 0:1 und 1:0, 5:4 im Elfmeterschießen) – **1998: ASEC Mimosas Abidjan/CIV** (– Dynamos Harare/ZIM 0:0 und 4:2) – **1999: Raja Casablanca/MAR** (– Esperance Tunis/ TUN 0:0 und 0:0, 4:3 im Elfmeterschießen) – **2000: Hearts of Oak/GHA** (– Esperance Tunis/TUN 2:1 und 3:1) – **2001: Al Ahly Kairo/EGY** (– Mamelodi Sundowns/RSA 3:0 und 1:1) – **2002: Zamalek Kairo/EGY** (– Raja Casablanca/MAR 1:0 und 0:0) – **2003: Enyimba Aba/NGA** (– Ismailia SC/EGY 2:0 und 0:1) – **2004: Enyimba Aba/NGA** (– Etoile du Sahel Sousse/TUN 2:1 und 1.2, 5:3 im Elfmeterschießen) – **2005: Al Ahly Kairo/EGY** (– Etoile du Sahel/TUN 3:0 und 0:0) – **2006: Al Ahly Kairo/ EGY** (– CS Sfaxien/TUN 1:1 und 1:0) – **2007: Etoile du Sahel Sousse/TUN** (– Al Ahly Kairo/EGY 0:0 und 3:1) – **2008: Al Ahly Kairo/EGY** (– Cotonsport Garoua/CMR 2:0 und 2:2) – **2009: TP Mazembe Lubumbashi/COD** (– Heartland FC Owerri/NGA 1:0 und 1:2) – **2010: TP Mazembe Lubumbashi/ COD** (– Esperance Tunis/TUN 5:0 und 1:1) – **2011: Esperance Tunis/TUN** (– Wydad Casablanca/ MAR 1:0 und 0:0) – **2012: Al Ahly Kairo/EGY** (– Esperance Tunis/TUN 1:1 und 2:1) – **2013: Al Ahly Kairo/EGY** (– Orlando Pirates/RSA 2:0 und 1:1) – **2014: ES Setif/ALG** (– Vita Club Kinshasa/COD (1:1 und 2:2) – **2015: TP Mazembe Lubumbashi/COD** (– USM Algier/ALG 2:0 und 2:1).

Afrika: Pokal der Pokalsieger
1975: Tonnerre Yaounde/CMR (– Stella Abidjan/CIV 1:0 und 4:1) – **1976: Shooting Stars Ibadan/ NGA** (– Tonnerre Yaounde/CMR 4:1 und 0:1) – **1977: Enugu Rangers/NGA** (– Canon Yaounde/CMR 4:1 und 1:1) – **1978: Horoya Conakry/GUI** (– MA Hussein-Dey/ALG 3:1 und 2:1) – **1979: Canon**

Yaounde/CMR (– Gor Mahia Nairobi/KEN 2:0 und 6:0) – **1980: TP Mazembe/COD** (– Africa Sports Abidjan/CIV 3:1 und 1:0) – **1981: Union Douala/CMR** (– Stationery Stores Lagos/NGA 0:0 und 2:1) – **1982: Al Mokaoulun Kairo/EGY** (– Power Dynamos Kitwe/ZAM 2:0 und 2:0) – **1983: Al Mokaoulun Kairo/EGY** (– Agaza Lome/TOG 1:0 und 0:0) – **1984: Al Ahly Kairo/EGY** (– Canon Yaounde/CMR 1:0 und 0:1, 4:2 im Elfmeterschießen) – **1985: Al Ahly Kairo/EGY** (– Leventis United Ibadan/NGA 2:0 und 0:1) – **1986: Al Ahly Kairo/EGY** (– AS Sogara Port Gentil/GAB 3:0 und 0:2) – **1987: Gor Mahia Nairobi/KEN** (– Esperance Tunis/TUN 2:2 und 1:1) – **1988: Club Athletique Bizerte/TUN** (– Ranchers Bees Kaduna/NGA 0:0 und 1:0) – **1989: Al Merreikh Omdurman/SUD** (– Bendel Insurance Benin City/NGA 1:0 und 0:0) – **1990: BCC Lions Gboko/NGA** (– Club Africain Tunis/TUN 3:0 und 1:1) – **1991: Power Dynamos Kitwe/ZAM** (– BCC Lions Gboko/NGA 2:3 und 3:1) – **1992: Africa Sports Abidjan/CIV** (– Vital'O Bujumbura/BDI 1:1 und 4:0) – **1993: Al Ahly Kairo/EGY** (– Africa Sports Abidjan/CIV 1:1 und 1:0) – **1994: Daring Motema Pembe/COD** (– Kenya Breweries Nairobi/KEN 2:2 und 3:0) – **1995: JS Kabylie Tizi-Ouzou/ALG** (– Julius Berger Lagos/NGA 1:1 und 2:1) – **1996: Al Mokaoulun Kairo/EGY** (– AC Sodigraf Kinshasa/COD 0:0 und 4:0) – **1997: Etoile du Sahel Sousse/TUN** (– FAR Rabat/MAR 2:0 und 0:1) – **1998: Esperance Tunis/TUN** (– Primeiro de Agosto Luanda/ANG 3:1 und 1:1) – **1999: Africa Sports Abidjan/CIV** (– Club Africain Tunis/TUN 1:0 und 1:1) – **2000: Zamalek Kairo/EGY** (– Canon Yaounde/CMR 4:1 und 0:2) – **2001: Kaizer Chiefs/RSA** (– Inter Luanda/ANG 1:0 und 1:1) – **2002: WAC Casablanca/MAR** (– Asante Kotoko Kumasi/GHA 1:0 und 1:2) – **2003: Etoile du Sahel Sousse/TUN** (– Julius Berger Lagos/NGA 3:0 und 0:2) – danach mit dem CAF-Cup zum Confederation Cup zusammengelegt.

Afrika: CAF-Cup

1992: Shooting Stars Ibadan/NGA (– Nakivubo Villa Kampala/UGA 0:0 und 3:0) – **1993: Stella Abidjan/CIV** (– Simba Dar-es-Salaam/TAN 0:0 und 2:0) – **1994: Bendel Insurance Benin City/NGA** (– Primeiro de Maio Benguela/ANG 0:1 und 3:0) – **1995: Etoile du Sahel Sousse/TUN** (– AS Kaloum Star Conakry/GUI 0:0 2:0) – **1996: KAC Marrakech/MAR** (– Etoile du Sahel Sousse/TUN 1:3 und 2:0) – **1997: Esperance Tunis/TUN** (– Petro Atletico Luanda/ANG 0:1 und 2:0) – **1998: CS Sfaxien/TUN** (– ASC Jeanne d'Arc Dakar/SEN 1:0 und 3:0) – **1999: Etoile du Sahel Sousse/TUN** (– WAC Casablanca/MAR 1:0 und 1:2) – **2000: JS Kabylie Tizi-Ouzou/ALG** (– Ismailia SC/EGY 1:1 und 0:0) – **2001: JS Kabylie Tizi-Ouzou/ALG** (– Etoile du Sahel Sousse/TUN 1:0 und 1:2) – **2002: JS Kabylie Tizi-Ouzou/ALG** (– Tonnerre Yaounde/CMR 4:0 und 0:1) – **2003: Raja Casablanca/MAR** (– Cotonsport Garoua/CMR 2:0 und 0:0) – danach mit dem Pokal der Pokalsieger zum Confederation Cup zusammengelegt.

Afrika: Confederation Cup

2004: Hearts of Oak/GHA (– Asante Kotoko Kumasi/GHA 1:1 und 1:1, 8:7 im Elfmeterschießen) – **2005: FAR Rabat/MAR** (– Dolphin FC/NGA 3:0, 0:1) – **2006: Etoile du Sahel/TUN** (– FAR Rabat/MAR 0:0 und 1:1) – **2007: CS Sfaxien/TUN** (– Al-Merreikh Omdurman/SUD 1:0 und 4:2) – **2008: CS Sfaxien/TUN** (– Etoile du Sahel/TUN 0:0 und 2:2) – **2009: Stade Malien Bamako/MLI** (– ES Setif/ALG 2:0, Elfmeterschießen 3:2 und 0:2) – **2010: FUS Rabat/MAR** (– CS Sfaxien/TUN 3:2 und 0:0) – **2011: MAS Fes/MAR** (– Club Africain Tunis/TUN 1:0, Elfmeterschießen 6:5 und 0:1) – **2012: AC Leopards Dolisie/CGO** (– Djoliba AC Bamako/MLI 2:1 und 2:2) – **2013: CS Sfaxien/TUN** (– TP Mazembe Lubumbashi/COD 2:0 und 1:2) – **2014: Al Ahly Kairo/EGY** (– Sewe Sport/CIV 1:0 und 1:2) – **2015: Etoile du Sahel Sousse/TUN** (– Orlando Pirates(RSA 1:0 und 1:1).

Afrika: Super Cup

Ausgespielt zwischen den Siegern der Pokale der Landesmeister und Pokalsieger/seit 2004 Confederation Cup.
1993: Africa Sports Abidjan/CIV (– WAC Casablanca 2:2, 5:3 im Elfmeterschießen) – **1994: Zamalek Kairo/EGY** (– Al-Ahly Kairo/EGY 1:0) – **1995: Esperance Tunis/TUN** (– Daring Motema Pembe 3:0) – **1996: Orlando Pirates/RSA** (– JS Kabylie Tizi-Ouzou 1:0) – **1997: Zamalek Kairo/EGY** (– Al-Mokaoulun Kairo/EGY 0:0, 4:2 im Elfmeterschießen) – **1998: Etoile du Sahel Sousse/TUN** (– Raja Casablanca/MAR 2:2, 4:2 im Elfmeterschießen) – **1999: ASEC Mimosas Abidjan/CIV** (– Esperance Tunis/TUN n. V. 3:1) – **2000: Raja Casablanca/MAR** (– Africa Sports Abidjan/CIV 2:0) – **2001: Hearts of Oak/GHA** (– Zamalek Kairo/EGY 2:0) – **2002: Al Ahly Kairo/EGY** (– Kaizer Chiefs/RSA 4:1) – **2003: Zamalek Kairo/EGY** (– WAC Casablanca/MAR 3:1) – **2004: Enyimba Aba/NGA** (– Etoile du Sahel Sousse/TUN 1:0) – **2005: Enyimba Aba/NGA** (– Hearts of Oak/GHA n. V. 2:0) – **2006: Al Ahly Kairo/EGY** (– FAR Rabat/MAR n. V. 0:0, 4:2 im Elfmeterschießen) – **2007: Al Ahly Kairo/EGY** (– Etoile du Sahel Sousse/TUN n. V. 0:0, 5:4 im Elfmeterschießen) – **2008: Etoile du Sahel Sousse/TUN** (– CS Sfaxien/TUN 2:1) – **2009: Al Ahly Kairo/EGY** (– CS Sfaxien/TUN 2:1) – **2010: TP Mazembe Lubumbashi/COD** (– Stade Malien Bamako/MLI 2:0) – **2011: TP Mazembe Lubumbashi/COD** (– FUS Rabat/MAR 0:0, Elfmeterschießen 9:8) – **2012: MAS Fes/MAR** (– Esperance Tunis/TUN n. V. 1:1,

Elfmeterschießen 4:3) – **2013: Al Ahly Kairo/EGY** (– AC Leopards Dolisie/CGO 2:1) – **2014: Al Ahly Kairo/EGY** (– CS Sfaxien/TUN 3:2) – **2015: ES Setif/ALG** (– Al Ahly Kairo/EGY, 1:1, Elfmeterschießen 6:5) – **2016: TP Mazembe Lubumbashi/COD** (– Etoile du Sahel Sousse/TUN 2:1).

Asien: Pokal der Landesmeister/Champions League
1967: Hapoel Tel Aviv/ISR (– Selangor FA/MAS 2:1) – **1968: Maccabi Tel Aviv/ISR** (– Yangzee/KOR 1:0) – 1969: nicht ausgetragen – **1970: Taj Club Teheran/IRN** (– Hapoel Tel Aviv/ISR 2:1) – **1971: Maccabi Tel Aviv/ISR** (– Al Shourta Bagdad/IRQ, kampflos, da Al Shourta nicht antrat) – 1972: aus politischen Gründen abgesagt – 1973 bis 1985 nicht ausgetragen – **1986: Daewoo Royals/KOR** (– Al Ahly Riyadh/KSA 3:1) – **1987: Furukawa Electric Company/JPN** (Sieger der Endrunde mit vier Mannschaften) – **1988: Yomiuri Kawasaki/JPN** (– Al Hilal Riyadh/KSA, Yomiuri kampflos Sieger, da Al Hilal nicht antrat) – **1989: Al Saad Doha/QAT** (– Al Rasheed Bagdad 2:3 und 1:0) – **1990: Liaoning Shenyang/CHN** (– Nissan Yokohama/JPN 2:1 und 1:1) – **1991: Esteghlal Teheran/IRN** (– Liaoning Shenyang/CHN 2:1) – **1992: Al Hilal Riyadh/KSA** (– Esteghlal Teheran/IRN n. V. 1:1, 4.3 im Elfmeterschießen) – **1993: Pas Teheran/IRN** (– Al Shabab Riyadh/KSA 1:0) – **1994: Thai Farmers Bank/THA** (– Omani Club Maskat/OMA 2:1) – **1995: Thai Farmers Bank/THA** (– Al Arabi Doha/QAT 1:0) – **1996: Ilhwa Chunma/KOR** (– Al Nasr Riyadh/KSA n. V.1:0) – **1997: Pohang Steelers/KOR** (– Ilhwa Chunma/KOR i. V. 2:1) – **1998: Pohang Steelers/KOR** (– Dalian Wanda/CHN n. V. 0:0, 6:5 im Elfmeterschießen) – **1999: Jubilo Iwata/JPN** (– Esteghlal Teheran/IRN 2:1) – **2000: Al Hilal Riyadh/KSA** (– Jubilo Iwata/JPN i. V. 3:2) – **2001: Suwon Samsung Bluewings/KOR** (– Jubilo Iwata/JPN 1:0) – **2002: Suwon Samsung Bluewings/KOR** (– Anyang LG Cheetahs/KOR n. V. 0:0, 4:2 im Elfmeterschießen) – ab 2003 AFC Champions League, an der nur noch die stärksten 14 Länder teilnahmeberechtigt sind. 14 Länder einer B-Gruppe spielen künftig um den AFC Cup, die am schwächsten eingestuften Länder um den Presidents Cup – **2003: Al Ain SC/UAE** (– BEC Tero Sesana/THA 2:0 und 0:1) – **2004: Al Ittihad Jeddah/KSA** (– Ilhwa Chunma/KOR 1:3 und 5:0) – **2005: Al Ittihad Jeddah/KSA** (– Al Ain SC/UAE 4:2 und 1:1) – **2006: Chonbuk Hyundai Motors/KOR** (– Al Karama Homs/SYR 2:0 und 1:2) – **2007: Urawa Red Diamonds/JPN** (– Sepahan Isfahan/IRN 2:0 und 1:1) – **2008: Gamba Osaka/JPN** (– Adelaide United/AUS 3:0 und 2:0) – **2009: Pohang Steelers/KOR** (– Al Ittihad Jeddah/KSA 2:1) – **2010: Seongnam Ilhwa Chunma/KOR** (– Zob Ahan Isfahan/IRN 3:1) – **2011: Al Sadd Doha/QTR** (– Chonbuk Hyundai Motors/KOR n. V. 2:2, Elfmeterschießen 4:2) – **2012: Ulsan Hyundai/KOR** (– Al Ahli Jeddah/KSA 3:0) – **2013: Guangzhou Evergrande/CHN** (– FC Seoul/KOR 1:1 und 2:2) – **2014: Western Sydney Wanderers/AUS** (– Al Hilal Riyadh 1:0, 0:0) – **2015: Guangzhou Evergrande/CHN** (– Al Ahli Dubai/UAE 1:0 und 0:0).

Asien: Pokal der Pokalsieger
1991: Pirouzi Teheran/IRN (– Al Muharraq/BHR 0:0 und 1:0) – **1992: Nissan Yokohama/JPN** (– Al Nasr Riyadh/KSA 1:1 und 5:0) – **1993: Nissan Yokohama** (– Pirouzi Teheran/IRN 1:1 und 1:0) – **1994: Al Qadisiyah Dammam/KSA** (– South China/HKG 4:2 und 2:0) – **1995: Yokohama Flügels/JPN** (– Al Sha'ab Dubai/UAE 2:1) – **1996: Bellmare Hiratsuka/JPN** (– Al Talaba Bagdad/IRQ 2:1) – **1997: Al Hilal Riyadh/KSA** (– Nagoya Grampus Eight/JPN 3:1) – **1998: Al Nasr Riyadh/KSA** (– Suwon Samsung Bluewings/KOR 1:0) – **1999: Al Ittihad Jeddah/KSA** (– Chunnam Dragons/KOR i. V. 3:2) – **2000: Shimizu S-Pulse/JPN** (– Al Zawra Bagdad/IRQ 1:0) – **2001: Al Shabab Riyadh/KSA** (– Dalian Shide/CHN 4:2) – **2002: Al Hilal Riyadh/KSA** (– Chonbuk Hyundai Motors/KOR i. V. 2:1) – danach mit dem Pokal der Landesmeister zur AFC Champions League zusammengelegt.

Asien: Super-Cup
Ausgespielt zwischen den Siegern der Pokale der Landesmeister und Pokalsieger.
1995: Yokohama Flügels/JPN (– Thai Farmers Bank/THA 1:1 und 3:2) – **1996: Ilhwa Chunma/KOR** (– Bellmare Hiratsuka/JPN 5:3 und 1:0) – **1997: Al Hilal Riyadh/KSA** (– Pohang Steelers/KOR 1:0 und 1:1) – **1998: Al Nasr Riyadh/KSA** (– Pohang Steelers/KOR 0:0 und 1:1) – **1999: Jubilo Iwata/JPN** (– Al Ittihad Jeddah/KSA 1:0 und 1:2) – **2000: Al Hilal Riyadh/KSA** (– Shimizu S-Pulse/JPN 2:1 und 1:1) – **2001: Suwon Samsung Bluewings/KOR** (– Al Shabab Riyadh/KSA 2:2 und 2:1) – **2002: Suwon Samsung Bluewings/KOR** (– Al Hilal Riyadh/KSA 1:0 und 0:1, 4:2 im Elfmeterschießen) – seitdem nicht mehr ausgespielt.

Asien: AFC Cup
2004: Al Wahda Damaskus/SYR (– Al Jaish Damaskus/SYR 2:3 und 1:0) – **2005: Al Faisaly Amman/JOR** (– Al Nijmeh Beirut/LIB 1:0 und 3:2) – **2006: Al Faisaly Amman/JOR** (– Muharraq Club/BHR 3:0 und 2:4) – **2007: Shabab Al Ordon Al Qadisiya Amman/JOR** (– Al Faisaly Amann/JOR 1:0 und 0:0) – **2008: Muharraq Club/BHR** (– Safa Beirut/LIB 5:1 und 5:4) – **2009: Al Kuwait Kaifan/KUW** (– Al Karama Homs/SYR 2:1) – **2010: Al-Ittihad Aleppo/SYR** (– Al Qadsia Kuwait/KUW 1:1, Elfmeterschießen 4:2) – **2011: Nasaf Karschi/UZB** (– Al Kuwait Kaifan 2:1) – **2012: Al Kuwait Kaifan/**

KUW (– Arbil SC/IRQ 4:0) – **2013: Al Kuwait Kaifan/KUW** (– Al Qadsia Kuwait/KUW 2:0) – **2014: Al Qadsia Kuwait/KUW** (– Erbil SC/IRQ n. V. 0:0, Elfmeterschießen 4:2) – **2015: Johor Darul Ta'zim/MAS** (– Istiqlol Duschanbe/TJK 1:0)..

Asien: Presidents Cup
2005: Regar-TadAZ Tursunsade/TJK (– Dordoy-Dinamo Naryn/KGZ 3:0) – **2006: Dordoy-Dinamo Naryn/KGZ** (– FC Vakhsh Qurghonteppa/TJK n. V. 2:1) – **2007: Dordoy-Dinamo Naryn/KGZ** (– Mahendra Police/NEP 2:1)) – **2008: Regar-TadAZ Tursunsade/TJK** (– Dordoy-Dinamo Naryn/KGZ n. V. 1:1, Elfmeterschießen 4:3) – **2009: Regar-TadAZ Tursunsade/TJK** (– Dordoy-Dinamo Naryn/KGZ 2:0) – **2010: Yadanabon FC/MYA** (– Dordoy-Dinamo Naryn/KGZ 1:0) – **2011: Taiwan Power Company Kaohsiung City/TPE** (–Phnom Penh Crown/CAM 3:2) – **2012: Istiqlol Dushanbe/TJK** (– Markaz Shabab Al Amari/PAL 2:1) – **2013: FK Balkan/TKM** (– KRL Rawalpindi/PAK 1:0) – **2014: HTTU Asgabat/TKM** (– 2:1 Rimyongsu Sariwon/PRK) – seitdem nicht mehr ausgetragen.

Ozeanien: Pokal der Landesmeister (ab 2007 O-League)
1987: Adelaide City/AUS (– University-Mount Wellington/NZL n. V. 1:1, Elfmeterschießen 4:1) – **1999: South Melbourne/AUS** (– Nadi FC/FIJ 5:1) – 2000 nicht ausgetragen – **2001: Wollongong City Wolves/AUS** (– Tafea FC/VAN 1:0) – 2002 bis 2004 nicht ausgetragen – **2005: Sydney FC/AUS** (– AS Magenta Noumea/NCL 2:0) – **2006: Auckland City/NZL** (– AS Piraé/TAH 3:1) – **2007: Waitakere United/NZL** (– Ba FC/FIJ 1:0 und 1:2) – **2008: Waitakere United/NZL** (– Kossa FC Honiara/SOL 5:0 und 1:3) – **2009: Auckland City/NZL** (– Koloale FC Honiara/SOL 2:2 und 7:2) – **2010: Hekari United/PNG** (– Waitakere United/NZL 3:0 und 1:2) – **2011: Auckland City/NZL** (– Amicale FC/VAN 4:0 und 2:1) – **2012: Auckland City/NZL** (– AS Tefana Faa'a/TAH 2:1 und 1:0) – **2013: Auckland City/NZL** (– Waitakere United/NZL 2:1) – **2014: Auckland City/NZL** (– Amicale FC/VAN 2:1 und 1:1) – **2015: Auckland City/NZL** (– Team Wellington/NZL n. V. 1:1, Elfmeterschießen 4:3) – **2016: Auckland City/NZL** (– Team Wellington/NZL 3:0).

Wichtige Termine für die Fußballsaison 2016/2017

Sortiert nach Terminen und nach Wettbewerben:

Die Spielzeit Monat für Monat

Juli 2016
Di./Mi., 26./27., Champions League: 3. Qualifikationsrunde, Hinspiele
Do., 28., Europa League: 3. Qualifikationsrunde, Hinspiele
Fr. – So., 29. – 31., 3. Liga (1. Spieltag)

August 2016
Di./Mi., 2./3., Champions League: 3. Qualifikationsrunde, Rückspiele
Mi., 3. – Sa., 20., Olympia-Fußballturniere in Brasilien
Do., 4., Europa League: 3. Qualifikationsrunde, Rückspiele
Fr. – Mo., 5. – 8., 2. Bundesliga (1. Spieltag); 3. Liga (2)
Di., 9., UEFA-Supercup: Real Madrid – FC Sevilla (n. V. 3:2, in Trondheim)
Di./Mi., 9./10., 3. Liga (3)
Fr. – Mo., 12. – 15., 2. Bundesliga (2); 3. Liga (4)
So., 14., DFL-Supercup: Bayern München – Borussia Dortmund (2:0, in Dortmund)
Di./Mi., 16./17., Champions League: Play-offs, Hinspiele
Do., 18. Europa League: Play-offs, Hinspiele
Fr. – Mo., 19. – 22., DFB-Pokal: 1. Runde
Di./Mi., 23./24., Champions League: Play-offs, Rückspiele
Do., 25., Europa League: Play-offs, Rückspiele
Fr. – Mo., 26. – 29., Bundesliga (1. Spieltag); 2. Bundesliga (3); 3. Liga (5)
Mi., 31. Länderspiel: Deutschland – Finnland (in Mönchengladbach)

September 2016
Fr., 2., U-21-Länderspiel: Deutschland – Slowakei (in Kassel)
So., 4., WM-Qualifikation: Norwegen – Deutschland (in Oslo)
Di., 6., U-21-EM-Qualifikation: Finnland – Deutschland (in Seinäjoki)
Fr. – Mo., 9. – 12., Bundesliga (2); 2. Bundesliga (4); 3. Liga (6)
Di./Mi., 13./14., Champions League: Gruppenphase, 1. Spieltag
Do., 15., Europa League: Gruppenphase, 1. Spieltag
Fr. – So., 16. – 18., Bundesliga (3); 2. Bundesliga (5); 3. Liga (7)
Di./Mi., 20./21., Bundesliga (4); 2. Bundesliga (6); 3. Liga (8)
Fr. – Mo., 23. – 26., Bundesliga (5); 2. Bundesliga (7); 3. Liga (9)
Di./Mi., 27./28., Champions League: Gruppenphase, 2. Spieltag
Do., 29., Europa League: Gruppenphase, 2. Spieltag
Fr. – Mo., 30. – 3. 10., Bundesliga (6); 2. Bundesliga (8); 3. Liga (10)

Oktober 2016
Fr., 7., U-21-EM-Qualifikation: Deutschland – Russland (in Ingolstadt)
Sa., 8., WM-Qualifikation: Deutschland – Tschechien (in Hamburg)
Di., 11., WM-Qualifikation: Deutschland – Nordirland (in Hannover)
Di., 11., U-21-EM-Qualifikation: Österreich – Deutschland (in St. Pölten)
Fr. – Mo., 14. – 17., Bundesliga (7); 2. Bundesliga (9); 3. Liga (11)
Di./Mi., 18./19., Champions League: Gruppenphase, 3. Spieltag
Do., 20., Europa League: Gruppenphase, 3. Spieltag
Fr. – Mo., 21. – 24., Bundesliga (8); 2. Bundesliga (10); 3. Liga (12)
Di./Mi., 25./26., DFB-Pokal: 2. Runde
Fr. – Mo., 28. – 31., Bundesliga (9); 2. Bundesliga (11); 3. Liga (13)

November 2016
Di./Mi., 1./2., Champions League: Gruppenphase, 4. Spieltag
Do., 3., Europa League: Gruppenphase, 4. Spieltag
Fr. – Mo., 4. – 7., Bundesliga (10); 2. Bundesliga (12); 3. Liga (14)
Do., 10., U-21-Länderspiel: Deutschland – Türkei (in Berlin)
Fr., 11., WM-Qualifikation: San Marino – Deutschland (in Serravalle)
Mo., 14., U-21-Länderspiel: Polen – Deutschland
Di., 15., Länderspiel: Italien – Deutschland
Fr. – Mo., 18. – 21., Bundesliga (11); 2. Bundesliga (13); 3. Liga (15)
Di./Mi., 22./23., Champions League: Gruppenphase, 5. Spieltag
Do., 24., Europa League: Gruppenphase, 5. Spieltag
Fr. – Mo., 25. – 28., Bundesliga (12); 2. Bundesliga (14); 3. Liga (16)

Dezember 2016
Fr. – Mo., 2. – 5., Bundesliga (13); 2. Bundesliga (15); 3. Liga (17)
Di./Mi., 6./7., Champions League: Gruppenphase, 6. Spieltag
Do., 8., Europa League: Gruppenphase, 6. Spieltag

Do., 8. – So., 18., FIFA-Klub-WM in Japan
Fr. – Mo., 9. – 12., Bundesliga (14); 2. Bundesliga (16); 3. Liga (18)
Fr. – Mo., 16. – 19., Bundesliga (15); 2. Bundesliga (17); 3. Liga (19)
Di./Mi., 20./21., Bundesliga (16)

Januar 2017
Fr. – So., 20. – 22., Bundesliga (17)
Fr. – Mo., 27. – 30., Bundesliga (18); 2. Bundesliga (18); 3. Liga (20)

Februar 2017
Fr. – Mo., 3. – 6., Bundesliga (19); 2. Bundesliga (19); 3. Liga (21)
Di./Mi., 7./8., DFB-Pokal: Achtelfinale
Fr. – Mo., 10. – 13., Bundesliga (20); 2. Bundesliga (20); 3. Liga (22)
Di./Mi., 14./15., Champions League: Achtelfinale, Hinspiele
Do., 16., Europa League: Zwischenrunde, Hinspiele
Fr. – So., 17. – 20., Bundesliga (21); 2. Bundesliga (21); 3. Liga (23)
Di./Mi., 21./22., Champions League: Achtelfinale, Hinspiele
Do., 23., Europa League: Zwischenrunde, Rückspiele
Fr. – Mo., 24. – 27., Bundesliga (22); 2. Bundesliga (22); 3. Liga (24)
Di./Mi., 28./1. 3., DFB-Pokal: Viertelfinale

März 2017
Fr. – Mo., 3. – 6., Bundesliga (23); 2. Bundesliga (23); 3. Liga (25)
Di./Mi., 7./8., Champions League: Achtelfinale, Rückspiele
Do., 9., Europa League: Achtelfinale, Hinspiele
Fr. – Mo., 10. – 13., Bundesliga (24); 2. Bundesliga (24); 3. Liga (26)
Di./Mi., 14./15., Champions League: Achtelfinale, Rückspiele

Di./Mi., 14./15., 3. Liga (27)
Do., 16., Europa League: Achtelfinale, Rückspiele
Fr. – Mo., 17. – 20., Bundesliga (25); 2. Bundesliga (25); 3. Liga (28)
Fr., 24., U-21-Länderspiel: Deutschland – England
Sa./So., 25./26., 3. Liga (29)
So., 26., WM-Qualifikation: Aserbaidschan – Deutschland
Fr. – So., 31. – 2. 4., Bundesliga (26); 2. Bundesliga (26); 3. Liga (30)

April 2017
Di./Mi., 4./5., Bundesliga (27); 2. Bundesliga (27); 3. Liga (31)
Fr. – Mo., 7. – 10., Bundesliga (28); 2. Bundesliga (28); 3. Liga (32)
Di./Mi., 11./12., Champions League: Viertelfinale, Hinspiele
Do., 13., Europa League: Viertelfinale, Hinspiele
Sa. – Mo., 15./17., Bundesliga (29); 2. Bundesliga (29); 3. Liga (33)
Di./Mi., 18./19., Champions League: Viertelfinale, Rückspiele
Do., 20., Europa League: Viertelfinale, Rückspiele
Fr. – Mo., 21. – 24., Bundesliga (30); 2. Bundesliga (30); 3. Liga (34)
Di./Mi., 25./26., DFB-Pokal: Halbfinale
Fr. – So., 28. – 30., Bundesliga (31); 2. Bundesliga (31); 3. Liga (35)

Mai 2017
Di./Mi., 2./3., Champions League: Halbfinale, Hinspiele
Do., 4., Europa League: Halbfinale, Hinspiele
Fr. – Mo., 5. – 8., Bundesliga (32); 2. Bundesliga (32); 3. Liga (36)
Di./Mi., 9./10., Champions League: Halbfinale, Rückspiele
Do., 11., Europa League: Halbfinale, Rückspiele
Sa., 13., Bundesliga (33); 3. Liga (37)

So., 14., 2. Bundesliga (33)
Sa., 20., Bundesliga (34); 3. Liga (38)
Sa., 20., Regionalliga: letzte Spieltage
So., 21., 2. Bundesliga (34)
Mi., 24., Europa League: Endspiel in Solna
Do., 25., Relegation: Bundesliga – 2. Bundesliga, Hinspiel
Do./Fr., 25./26., Aufstieg zur 3. Liga: Hinspiele
Fr., 26., Relegation: 3. Liga – 2. Bundesliga, Hinspiel
Sa., 27., DFB-Pokal: Endspiel in Berlin
Mo., 29., Relegation: 2. Bundesliga – Bundesliga, Rückspiel
Mo./Di., 29./30., Aufstieg zur 3. Liga: Rückspiele
Di., 30., Relegation: 3. Liga – 2. Bundesliga, Rückspiel

Juni 2017
Sa., 3., Champions League: Endspiel in Cardiff
Sa., 10., WM-Qualifikation: Deutschland – San Marino
Fr., 16. – Fr. 30., U-21-EM in Polen
Sa., 17. – So., 2. 7., Confederations Cup in Russland

Die Spielzeit nach Wettbewerben

A-Nationalmannschaft
31. 8., Deutschland – Finnland (in Mönchengladbach)
4. 9., WM-Qualifikation: Norwegen – Deutschland (in Oslo)
8. 10., WM-Qualifikation: Deutschland – Tschechien (in Hamburg)
11. 10., WM-Qualifikation: Deutschland – Nordirland (in Hannover)
11. 11., WM-Qualifikation: San Marino – Deutschland (in Serravalle)
15. 11., Italien – Deutschland
26. 3., WM-Qualifikation: Aserbaidschan – Deutschland

Anhang 845

10. 6., WM-Qualifikation:
Deutschland – San
Marino
17. 6. – 2. 7., FIFA Confederations Cup in Russland

U-21-Nationalmannschaft
2. 9., Deutschland – Slowakei (in Kassel)
6. 9., EM-Qualifikation: Finnland – Deutschland (in Seinäjoki)
7. 10., EM-Qualifikation: Deutschland – Finnland (in Ingolstadt)
11. 10., EM-Qualifikation: Österreich – Deutschland (in St. Pölten)
7. – 15. 11., mögliche Play-offs zur U-21-EM
10. 11., Deutschland – Türkei (in Berlin)
14. 11., Polen – Deutschland
24. 3., Deutschland - England
16. – 30. 6., U-21-Europameisterschaft in Polen

FIFA-Klub-Weltmeisterschaft
8. – 18. 12., FIFA-Klub-Weltmeisterschaft in Japan

UEFA-Supercup
9. 8., Real Madrid – FC Sevilla (n. V. 3:2, in Trondheim)

Champions League
Qualifikation:
  1. Runde
  28./29. 6. und 5./6. 7.
  2. Runde
  12./13. und 19./20. 7.
  3. Runde
  26./27. 7. und 2./3. 8.

Play-offs:
  Auslosung 5. 8.
  Spiele 16./17. und 23./24. 8.

Gruppenphase:
  Auslosung 25. 8.
  Spieltage
  13./14. 9. – 27./28. 9. –
  18./19. 10. – 1./2. 11. –
  22./23. 11. – 6./7. 12.

Achtelfinale:
  Auslosung 12. 12.
  Spiele 14./15./21./22. 2. und 7./8./14./15. 3.
Viertelfinale:
  Auslosung 17. 3.
  Spiele 11./12. und 18./19. 4.
Halbfinale:
  Auslosung 21. 4.
  Spiele 2./3. und 9./10. 5.
Endspiel:
  3. 6. (in Cardiff)

Europa League
Qualifikation:
  1. Runde 30. 6. und 7. 7.
  2. Runde 14. und 21. 7.
  3. Runde 28. 7. und 4. 8.
Play-offs:
  Auslosung 5. 8.
  Spiele 18. und 25. 8.
Gruppenphase:
  Auslosung 26. 8.
  Spieltage 15. 9. – 29. 9. –
  20. 10. – 3. 11. – 24. 11. – 8. 12.
Zwischenrunde:
  Auslosung 12. 12.
  Spiele 16. und 23. 2.
Achtelfinale:
  Auslosung 24. 2.
  Spiele 9. und 16. 3.
Viertelfinale:
  Auslosung 17. 3.
  Spiele 13. und 20. 4.
Halbfinale:
  Auslosung 21. 4.
  Spiele 4. und 11. 5.
Endspiel:
  24. 5. (in Solna)

DFL-Supercup
14. 8., Bayern München – Borussia Dortmund (2:0, in Dortmund)

DFB-Pokal
1. Runde: 19. – 22. 8.
2. Runde: 25./26. 10.
Achtelfinale: 7./8. 2.
Viertelfinale: 28. 2./1. 3.
Halbfinale: 25./26. 4.
Endspiel: 27. 5. (in Berlin))

**Frauen:
A-Nationalmannschaft**
16. 9., EM-Qualifikation: Russland – Deutschland
20. 9., EM-Qualifikation: Ungarn – Deutschland
16. 7. – 6. 8. 2017, Frauen-EM in den Niederlanden

Frauen: Champions League
Qualifikation: 23. – 28. 8. (ohne deutsche Beteiligung)
1. Runde: 5./6. und 12./13. 10.
Achtelfinale: 9./10. und 16./17. 11.
Viertelfinale: 22./23. und 29./30. 3.
Halbfinale: 22./23. und 29./30. 4.
Endspiel: 1. 6. (in Cardiff)

Frauen: Bundesliga
Spieltage:
3./4. 9. – 10./11. 9. –
24./25. 9. – 1./2. 10. –
15./16. 10. – 29./30. 10.
– 5. 11. – 12./13. 11. –
19./20. 11. – 10./11. 12.
– 17./18. 12. – 18./19. 2. –
25./26. 2. – 18./19. 3. –
25./26. 3. – 1./2. 4. –
22./23. 4. – 29./30. 4. –
6./7. 5. – 10. 5. – 14. 5. –
21. 5.

Frauen: DFB-Pokal
1. Runde: 20./21. 8.
2. Runde: 8./9. 10.
Achtelfinale: 3./4. 12.
Viertelfinale: 15. 3.
Halbfinale: 16. 4.
Endspiel: 27. 5. (in Köln)